SÆCULUM XI

B. URBANI II

PONTIFICIS ROMANI

EPISTOLÆ, DIPLOMATA, SERMONES

ACCEDUNT

SÆCULI XI AUCTORES INCERTÆ ÆTATIS ET ANONYMI

SEQUUNTUR

AD SÆCULA IX ET X APPENDICES AMPLISSIMÆ

INTER ALIA COMPLECTENTES

S. MATHILDIS REGINÆ EPISTOLAM INEDITAM

ERUDITISSIMO PHIL. ANT. DETHIERI, PHILOS. DOCTORE ET SOC. ANTIQUIT. THURING-SAXON.
SODAL. AB EPIST., COMMENTARIO ILLUSTRATAM

NECNON

FORMULARUM VETERUM COLLECTIONEM

Quam nuper ex codicibus mss. adornavit vir cl. Eugenius de Rozière in gymnasio quod gallice audit ECOLE DES CHARTES professor

ACCURANTE J.-P. MIGNE

BIBLIOTHECÆ CLERI UNIVERSÆ

SIVE

CURSUUM COMPLETORUM IN SINGULOS SCIENTIÆ ECCLESIASTICÆ RAMOS EDITORE

TOMUS UNICUS

VENIT 1 FRANCIS GALLICIS

EXCUDEBATUR ET VENIT APUD J.-P. MIGNE EDITOREM
IN VIA DICTA *D'AMBOISE*, PROPE PORTAM LUTETIÆ PARISIORUM VULGO *D'ENFER* NOMINATAM
SEU PETIT-MONTROUGE

1853

ELENCHUS

AUCTORUM ET OPERUM QUI IN HOC TOMO CLI CONTINENTUR.

B. URBANUS II PAPA.

	Col.
Vita B. Urbani II.	9
Epistolæ et privilegia.	283
Sermones.	561
SÆCULI XI AUCTORES ANNI INCERTI ET SCRIPTA ΑΔΕΣΠΟΤΑ.	583
MONUMENTA LITURGICA.	807
MONUMENTA DIPLOMATICA.	1021
APPENDIX AD SÆCULUM IX	1259
APPENDIX AD SÆCULUM X.	1283

(Vide *Indicem* ad calcem voluminis.)

Ex typis MIGNE, au Petit-Montrouge.

PATROLOGIÆ
CURSUS COMPLETUS
SIVE
BIBLIOTHECA UNIVERSALIS, INTEGRA, UNIFORMIS, COMMODA, OECONOMICA,
OMNIUM SS. PATRUM, DOCTORUM SCRIPTORUMQUE ECCLESIASTICORUM
QUI
AB ÆVO APOSTOLICO AD INNOCENTII III TEMPORA
FLORUERUNT;
RECUSIO CHRONOLOGICA
OMNIUM QUÆ EXSTITERE MONUMENTORUM CATHOLICÆ TRADITIONIS PER DUODECIM PRIORA
ECCLESIÆ SÆCULA,

JUXTA EDITIONES ACCURATISSIMAS, INTER SE CUMQUE NONNULLIS CODICIBUS MANUSCRIPTIS COLLATAS,
PERQUAM DILIGENTER CASTIGATA;
DISSERTATIONIBUS, COMMENTARIIS LECTIONIBUSQUE VARIANTIBUS CONTINENTER ILLUSTRATA;
OMNIBUS OPERIBUS POST AMPLISSIMAS EDITIONES QUÆ TRIBUS NOVISSIMIS SÆCULIS DEBENTUR ABSOLUTAS
DETECTIS, AUCTA;
INDICIBUS PARTICULARIBUS ANALYTICIS, SINGULOS SIVE TOMOS, SIVE AUCTORES ALICUJUS MOMENTI
SUBSEQUENTIBUS, DONATA;
CAPITULIS INTRA IPSUM TEXTUM RITE DISPOSITIS, NECNON ET TITULIS SINGULARUM PAGINARUM MARGINEM
SUPERIOREM DISTINGUENTIBUS SUBJECTAMQUE MATERIAM SIGNIFICANTIBUS, ADORNATA;
OPERIBUS CUM DUBIIS TUM APOCRYPHIS, ALIQUA VERO AUCTORITATE IN ORDINE AD TRADITIONEM
ECCLESIASTICAM POLLENTIBUS, AMPLIFICATA;
DUOBUS INDICIBUS GENERALIBUS LOCUPLETATA : ALTERO SCILICET RERUM, QUO CONSULTO, QUIDQUID
UNUSQUISQUE PATRUM IN QUODLIBET THEMA SCRIPSERIT UNO INTUITU CONSPICIATUR; ALTERO
SCRIPTURÆ SACRÆ, EX QUO LECTORI COMPERIRE SIT OBVIUM QUINAM PATRES
ET IN QUIBUS OPERUM SUORUM LOCIS SINGULOS SINGULORUM LIBRORUM
SCRIPTURÆ TEXTUS COMMENTATI SINT.
EDITIO ACCURATISSIMA, CÆTERISQUE OMNIBUS FACILE ANTEPONENDA, SI PERPENDANTUR : CHARACTERUM NITIDITAS
CHARTÆ QUALITAS, INTEGRITAS TEXTUS, PERFECTIO CORRECTIONIS, OPERUM RECUSORUM TUM VARIETAS
TUM NUMERUS, FORMA VOLUMINUM PERQUAM COMMODA SIBIQUE IN TOTO OPERIS DECURSU CONSTANTER
SIMILIS, PRETII EXIGUITAS, PRÆSERTIMQUE ISTA COLLECTIO, UNA, METHODICA ET CHRONOLOGICA,
SEXCENTORUM FRAGMENTORUM OPUSCULORUMQUE HACTENUS HIC ILLIC SPARSORUM,
PRIMUM AUTEM IN NOSTRA BIBLIOTHECA, EX OPERIBUS AD OMNES ÆTATES,
LOCOS, LINGUAS FORMASQUE PERTINENTIBUS, COADUNATORUM.

SERIES SECUNDA,
IN QUA PRODEUNT PATRES, DOCTORES SCRIPTORESQUE ECCLESIÆ LATINÆ
A GREGORIO MAGNO AD INNOCENTIUM III.

Accurante J.-P. Migne,
BIBLIOTHECÆ CLERI UNIVERSÆ,
SIVE
CURSUUM COMPLETORUM IN SINGULOS SCIENTIÆ ECCLESIASTICÆ RAMOS EDITORE.

PATROLOGIA BINA EDITIONE TYPIS MANDATA EST, ALIA NEMPE LATINA, ALIA GRÆCO-LATINA. —
VENEUNT MILLE FRANCIS DUCENTA VOLUMINA EDITIONIS LATINÆ ; OCTINGENTIS ET
MILLE TRECENTA GRÆCO-LATINÆ. — MERE LATINA UNIVERSOS AUCTORES TUM OCCIDENTALES, TUM
ORIENTALES EQUIDEM AMPLECTITUR ; HI AUTEM, IN EA, SOLA VERSIONE LATINA DONANTUR.

PATROLOGIÆ TOMUS CLI.

B. URBANUS II PAPA. SÆCULI XI AUCTORES INCERTI ANNI ET SCRIPTA ΑΔΕΣΠΟΤΑ.
MONUMENTA LITURGICA. MONUMENTA DIPLOMATICA. AD SÆCULA IX ET X APPENDICES

TOMUS UNICUS.

EXCUDEBATUR ET VENIT APUD J.-P. MIGNE EDITOREM,
IN VIA DICTA *D'AMBOISE*, PROPE PORTAM LUTETIÆ PARISIORUM VULGO *D'ENFER* NOMINATAM
SEU PETIT-MONTROUGE.

1853

ANNO DOMINI MXCIX.

B. URBANUS II PAPA.

VITA B. URBANI II

AUCTORE DOMNO THEODORICO RUINARTO.

(*Ouvrages posthumes de D. Jean Mabillon et de D. Thierri Ruinart*, tom. III init.)

MONITUM.

Jam ab anno 1706 hæc Urbani papæ II Acta prelo parata erant, digna sane quæ in lucem ederentur, nisi mors auctoris præmatura tam exquisito opere frustrata eruditos fuisset. Ægre fuit, fateor, videre pretiosas illas magni viri reliquias in musæi pulvere cum blattis et tineis conflictantes; præsertim cum ex litteris bene multis cum ad Mabillonium, tum ad auctorem ipsum scriptis, perspectum haberem, opus istud expetitum sæpe, exspectatum diu et enixe flagitatum fuisse. Votis tot eruditorum nunc tandem facio satis, nec dubito quin laboriosa hæc collectio aliis ejusdem auctoris operibus respondere, eosdemque plausus promereri videatur. Hic certe lector totum Ruinartum inveniet. Idem labor, idem in investigandis veteribus monumentis studium, eadem in dijudicandis sagacitas, eadem in explanandis simulque componendis industria; ut, etiamsi suum codici non præfixisset nomen, ipsa operis ratio nomen indicasset.

Quænam illum causæ impulerint ut Urbani potius quam cujusvis alterius Romani pontificis acta colligeret, conjicere, etiam ipso tacente, non difficile est. Altera ex iis fuisse videtur, quod non solum summus ille pontifex præstantissimi ingenii animique dotibus præditus B. Petri sedem præ multis et rerum gestarum numero et vitæ sanctitate decoravit; sed etiam quod professionis, ut auctor, Benedictinæ fuerit : et nativa quadam propensione ferimur in eos qui in eodem vitæ instituto versati, de illo præclare meriti sunt, illique gloriam ac decus addiderunt. Altera sine dubio fuit, quod Urbanus in Remensis Ecclesiæ ditione, imo in ipsa fortasse Remorum civitate natales habuerit suos; auctor autem et ipse Remis oriundus, ecquem potius illustrandum elegisset quam concivem, præsertim in suprema Ecclesiæ dignitate constitutum?

Hanc autem elucubrationem in tres partes distribuerat. Prima Urbani vitam seu acta describebat; secunda epistolas, diplomata, privilegia, canones aliaque hujusmodi instrumenta complectebatur; in postremam rejecerat varia monumenta ex libris editis aut ex chartariis eruta et pleraque cum antiquis codicibus aut etiam cum autographis collata, quæ probationum loco futura erant.

Primam hic integram damus, et ex tertia omnia quæ auctor in Actis laudat et daturum se pollicetur Secundam, ne res eædem iterato editæ et ingererent fastidium et nimio sumptu litteratos onerarent; edendam olim reliquimus D. Simoni Mopinot, qui D. Petri Coustant successor Collectionem pontificiarum epistolarum continuandam in se recepit.

BEATI URBANI II PAPÆ VITA.

I. Urbani nomen, patria et parentes.

Nemo est qui ambigat Urbanum papam, hujus nominis secundum, ante pontificatum Odonem, seu, ut alii scribere solent, *Oddonem*, sive *Ottonem* aut *Othonem*, appellatum, et nobili familia in Gallia prodiisse, et in Remensi Ecclesia fuisse educatum; at non ita exploratum est apud auctores quo in loco natus fuerit. Alii nempe eum Remis, aut in aliquo Remensis pagi vico natum volunt (*circa ann.* 1042), alii vero apud Castellionem, celebre satis supra Maternam oppidum, quod licet haud procul ab urbe Remorum distet, pertinueritque olim, et maxime eo tempore quo in lucem prodiit Urbanus, ad Remensis Ecclesiæ dominium, situm est tamen in A diœcesi Suessionensi. Certe eum *natum Gallum ex oppido Castellionis, quod est super Marnam fluvium in archiepiscopatu Remensi*, disertis verbis asserit cardinalis Pandulfus, qui sub Gelasio II Vitas pontificum exaravit. Consentit Albericus in Chronico, et hæc communior est auctorum, potissimum recentiorum, sententia : unde cum ex nobili familia Urbanum prodiisse omnes consentiant; visum est nonnullis rem omnino certam esse ac exploratam hunc pontificem e nobili Castellionensium in Campania Gallica dominorum familia oriundum fuisse; id Aubertus Miræus in Notitia Ecclesiarum Belgii capite 115, et Andreas Chesnius, in Historia singulari domus Castellionensis, ita pro certo habebant ut ipsi in stemmate gentilitio familiæ Castellioneæ locum dederint, ubi Milonis filius, et Guidonis Manassis ac alterius Milonis frater fuisse dicitur.

At refragatur huic sententiæ Albericus, qui licet Urbanum *ex oppido Castellionis super Marnam natum fuisse*, ut cæteri, scripserit, asseverat tamen, ex Hugone et Guidone auctoribus quos laudat, eum fuisse filium domini *de Lageri*. Tum de ejusdem cognatione subdit : *Habuit* (idem Urbanus) *alium fratrem Rodulfum, patrem Gerardi, cujus filius alter Gerardus genuit Odonem patrem Egidii de Lageri monachi Remensis, cujus soror Hersendis fuit mater Baldulsci,* seu, ut habet codex. ms., *Balduini monachi Igniaci*. Cer:e in Necrologio monasterii Molismensis in Campania. *Nonis Junii* memorantur *Heucherius* seu Eucherius, *et Isabellis uxor ejus, pater et mater domini papæ Urbani, quorum,* ut ibi habetur, *anniversarium debemus facere solemniter.* Et in eodem Necronologio *die iii Kalendas Augusti*, Urbanus dicitur fuisse ejusdem loci *congregationis*, id est precum et aliorum piorum operum particeps; sed sive Eucherius ille, Lageriaci, qui vicus est Remensis diœcesis, dominus, sive Milo Castellionis toparcha Urbani pater fuerit, ipsum Remensis provinciæ alumnum fuisse fatendum est. Imo cum Lageriacum cujus domini, ut infra dicemus, fortasse ex Castellionensibus orti erant, haud procul ab urbe Remorum distet, et ipsum Castellionis castrum, licet extra diœcesim situm, ad Remensem tamen Ecclesiam pertinuerit, ejusque clientes erant et vicedomini Castellionenses toparchæ, utrique Remis ut plurimum morabantur, ob id potissimum quod essent Remensis Ecclesiæ milites; atque adeo ex alterutris Urbanus, in ipsa Remorum civitate nasci potuit. Id certe innuit Ordericus Vitalis libro VIII Historiæ ecclesiasticæ, ubi eum *civem Remensem* diserte appellat. *Odo*, inquit, *natione Gallus, nobilitate et mansuetudine clarus, civis Remensis*, etc.

Neque hoc ab eo auctore temere dictum fuisse aliquis putet. Nam præterquam quod Ordericus præ cæteris scriptoribus accuratus et diligens est, id ipsum a Joanne magistro suo, Remis nato, discere potuerat, illarum rerum probe instructo, utpote qui ex scholastico Remensis Ecclesiæ, in qua cum ipso Odone haud dubio fuerat educatus, factus Uticensis monachus, ejus monasterii scholas tempore Orderici regebat. Haud multum ab ea opinione recedit Guibertus Novigenti abbas, et ipse accuratus auctor, tempore et loco proximus, qui *Urbanum ex Francia claro ex germine oriundum ex territorio et clero Remensi*, post multos gradus ad summi denique pontificatus apicem pertigisse scribit. Ex his autem patet quam late accipienda sint Guidonis abbatis verba, qui tomo I Bibliothecæ Labbeanæ, in historia abbatum sancti Germani Antisiodorensis cap. 8 scripsit: *Urbanum in Antisiodorensis civitatis confinio natum et educatum fuisse*. Et quidem magna esse non debet ea in re ejus scriptoris auctoritas, qui sæculo XIII exeunte vivebat. At multo magis a vero deviavit alius earumdem partium, nuperus auctor (G. Viole) in Vita sancti Germani Antisiodorensis, qui ex nescio quibus falsis, aut male intellectis monumentis scripsit Urbani majores monasterii Regniacensis in diœcesi Antisiodorensi conditores fuisse. Id quippe vel ex hoc solo rejici debet, quod Regniacense monasterium ordinis Cisterciensis longe post Urbani obitum exstructum fuer·t. Denique non immorari juvat in refellendis i s qui Odonem, Urbani in Ostiensi episcopatu successorem, ejus fuisse nepotem dixerunt, cum id nullo argumento, præter nominis similitudinem, probent. Certe id non habet Baldricus, qui hunc Odonem in carminibus tomo IV Chesnii Historic. Franc. laudat quod commune cum Urbano Odonis nomen habuerit, eamdem monachi vitam fuerit professus, eamdem sedem obtinuerit, eamdem denique dignitatem (istum nempe futurum papam prædicebat) habiturus sit, non omissurus consanguineitatem, si aliqua inter illos intercessisset. Neque etiam id habet Guibertus lib II De sacra expeditione, ubi alterius hujus Odonis meminit.

Porro Urbani parentes, quicunque demum illi fuerint, domini erant vici Bainsonensis, ad radices montis in quo situm est Castellionis oppidum positi. Unde quis forte non immerito suspicabitur eos etsi Lageriaci vici dominos, ex stirpe tamen Castellionensium toparcharum, ut mox dicebam prodiisse; cum non modo Bainsonium, sed et Lageriacum quoque haud procul a Castellionensi oppido distent, et Urbanus passim, auctorum tam veterum quam recentiorum consensu, Castellionensis dictus fuerit. Quod vero Bainsonium ad Urbani parentes pertinuerit, ille ipse testatur in diplomate pro ejus loci prioratu, quem suorum *parentum facultatibus* dotatum fuisse asserit. Etenim hunc locum, quem Theobaldus Suessionum episcopus primum suæ Ecclesiæ attribuerat, ac postmodum agente altero Theobaldo, comite palatino Trecensi, ut refert Chesnius, monasterio Coinciacensi sub viginti solidorum annuo censu canonicis Suessionensis Ecclesiæ persolvendo subjecerat, Cluniacensibus confirmavit pontifex, non modo auctoritate, qua pollebat, apostolica; verum etiam ob id, quod hic census *cum patris sui consensu* institutus fuisset, et locus ille *eum ex parentum jure contingeret*. Bainsonensis autem prioratus hodieque subsistit, in catalogo generali beneficiorum ordinis Cluniacensis *Sancti Petri de Buissono* appellatus, *diœcesis Suessionensis in Bria*, seu potius *in Campania, prope Castellionem supra Matronam*.

II. *Urbanus Remis educatus sub S. Brunone.*

Odonem in Remensi Ecclesia, quæ tunc erat magnorum virorum in Galliis seminarium, educatum fuisse omnes uno ore fatentur; et quidem sub Brunone magistro, cujus fama illis temporibus per totam Europam celebris erat, postea tamen multo illustrior futura, cum primus ordinis Carthusianorum institutor et parens factus est. Certe Odonem fuisse Brunonis discipulum auctores vulgati passim tradunt, neque id quisquam jure inficiari potest, cum æque certum sit, nemine dissentiente, et Brunonem tunc temporis Remensis Ecclesiæ scholis præfuisse, et Urbanum a teneris in eadem Ecclesia fuisse enutritum. Utrumque diserte affirmat vetus auctor libelli De institutionibus Carthusianorum, a' Labbeo tomo I Bibliothecæ novæ ex vetusto codice Remigiano editus; qui etiam addit Brunonem Romam adiisse *cogente Urbano, cujus quondam præceptor fuerat.* Et quidem hic libellus habetur in codice ms. Carthusiæ Portarum, quadraginta circiter annis post Brunonis obitum exarato.

His opponet fortasse non nemo eorum opinionem qui Brunonem quinquagenarium obiisse dicunt anno 1101. Si enim semel id admittatur, cum Urbanus anno sui pontificatus duodecimo obierit, et quidem ante Brunonem, dicendus erit ipso Brunone ætate provectior, aut saltem æqualis ei fuisse, ac proinde non potuisse sub ejus magisterio educari; at id falsum esse manifestis argumentis facile demonstrabo.

Verum, priusquam de Brunonis ætate aliquid statuamus, duo præmittenda sunt. Primo, scriptores ferme omnes sive antiquos, sive recentiores, unanimi consensu Brunonem Urbani magistrum appellasse. Secundo, nonnullos alios e Brunonis discipulis ad episcopatum, Urbano adhuc vivente, evectos fuisse, quod proinde æque Urbano ac istis contingere potuit. Sane certum est de Odone Burgundiæ ducis fratre ac principe e regia Francorum stirpe, qui licet litteras, ut ipsemet testatus est, sub Brunone Remis didicisset, anno tamen 1085, monente Viguerio, Lingonensis episcopus factus est, proindeque triennio antequam Urbanus thronum apostolicum conscenderet. Similiter Lambertus Pultariensis, et Petrus S. Joannis Vinearum apud Suessiones abbates, qui etiam Brunonis magisterio, ut ipsi dicunt in rotulis post mortem sancti viri transmissis, adoleverant, has dignitates, vivente adhuc Urbano, obtinuerunt. Cum itaque hæc omnino de illis certa sint, non video qua ratione negarentur de Urbano, quem ex veterum auctorum testimonio constat factum pontificem, cum *ætate mediocris* esset, et ea adhuc florente mortem obiisse.

Jam vero si de Brunonis ætate inquiramus, vix dubitari potest quin vitam ultra quinquaginta annos produxerit. Quod ut evincatur, primo statuendum est tempus quo Remis docere desiit. Certe ex Gregorii VII litteris, et ex Guiberto Novigenti abbate, colligi posse videtur Brunonem Remensis scholæ præfecturam dimisisse occasione turbarum quas in ea Ecclesia Manasses archiepiscopus excitaverat, proindeque anno circiter 1076, aut sequenti. Et quidem, initio anni 1078, *Godefridus cancellarius,* Brunonis in scholis regendis et in cancellarii dignitate successor, subscripsit concilio Suessonensi in causa ecclesiæ Sancti Quintini. At, cum Bruno anno 1101 quinquagenarius, ut volunt adversarii, e vita excessisset, anno 1076 aut sequente, quo scholæ Remensis curam dimisit, vix animum attigisset ætatis suæ vigesimum quintum, aut certe vigesimum sextum. Certum quippe est eum rexisse multis annis scholas Remenses; quod nonnisi ad quindecim aut duodecim annos extendi potest, et sic celeberrimarum harum scholarum præfecturam suscepisset anno ætatis suæ circiter duodecimo, aut ad summum quinto decimo : quod nemo sanæ mentis, ut quidem mihi videtur, dixerit. Brunonem vero diu Remensibus scholis præfuisse disertis verbis affirmant inter alios ejus laudatores, in rotulis post ejus mortem ad varia loca transmissis, Noliensis monasterii canonici regulares, qui *visa schedula quæ Brunonis incomparabilis philosophi obitum patefecit ingemuere, ob tanti viri occasum, qui dudum Ecclesiæ sedis Remensium summus didascalus... et columna totius metropolis diu exstiterat.* Noliensibus consentiunt cæteri Ecclesiarum et monasteriorum conventus in similibus rotulis, ubi eum variis honorum titulis condecorant. Hunc *gemmam sophiæ* appellant canonici Sanctæ Mariæ Blesensis; *lucem ecclesiarum* monachi Bellovacenses Sancti Luciani; *clarissimum sophistam* Miciacenses Sancti Maximini; *doctorem doctorum* Bernacenses; *magistrorum decus, remigium turbæ Remensis* Parisienses Sanctæ Mariæ majoris ecclesiæ canonici; hunc *doctrinæ præbuisse undam gentibus, et cleris,* aiunt Sancti Gervasii Valesienses; *cunctos superasse toto in orbe magistros,* Sancti Timothei Remenses; *ejus doctrina tot factos esse sapientes quot mens nescit* Sanctæ Mariæ Spullingenses; et monachi Sancti Nicolai Andegavensis *ejus doctrinam toto fulgere in orbe,* unde ejus *sequaces* esse optant canonici cathedralis ecclesiæ Sanctæ Crucis Aurelianensis. Nimius essem in cæteris elogiis ejus recensendis. At omittere non licet canonicorum Andegavensis Ecclesiæ cathedralis sancti Mauricii testimonium, quo Brunonem asserunt magistrum fuisse non puerorum, aut minorum clericorum, sed virorum gravium et jam doctorum, qui sub eo *divina,* id est, theologiam addiscebant. Quod sane arguit eum jam tunc maturæ ætatis fuisse cum Remis ante suum secessum doceret. En aliquot eorum versus.

Ejus et eximia celebratur ubique sophia,
Plusquam Maronis laudatur lingua Brunonis,
Gloria Platonis vilescit laude Brunonis.
Hic præcellebat doctoribus, hic faciebat
Summos doctores, non instituendo minores :
Doctor doctorum fuit hic, non clericulorum.
Nam nec honestas verborum, nec gravitates
Sumpsit Brunonis nisi vir magnæ rationis.
Nuntiat egregiam divina docendo sophiam.

Hinc in Chronico Malleacensi Bruno *perfectus philosophus* ab Adhemaro appellatur; quem inter alios non Berengarius, ut quidam male intelligunt, sed Fulbertus Carnotensis, anno 1028 defunctus, philosophiæ suæ hæredem reliquerat.

Jam vero quis dixerit tantum virum, quem omnes ferme Galliarum, Angliæ et Italiæ Ecclesiæ veluti celeberrimum scientiarum magistrum certatim commendarunt, has laudes annos viginti aut paulo plus aut minus natum promeruisse? Quis inquam, sibi in animum induxerit Brunonem ea ætate *diu* scholas adeo celebres cum tanta eruditionis et doctrinæ fama rexisse, ut post viginti secessionis annos mors ejus tanquam omnium doctorum magistri a plerisque orbis Christiani Ecclesiis celebrioribus deplorata fuerit. Denique, si visiones in nostræ causæ subsidium adducere liceat, Bruno senex erat, proindeque quadraginta quinque aut etiam quinquaginta annis major, cum in Calabria moraretur. Etenim Rogerius comes, ut ipse in vulgata ea de re charta narrat, cum Capuam obsideret a *sene reverendi vultus*, qui ei *venerabilis Pater Bruno* esse videbatur, monitus fuit ut ab insidiis Sergii cujusdam proditoris caveret. Ex quibus omnibus facile colligitur nihil omnine impedire quominus admittatur Brunonem Urbani, cum in Remensi schola litteris vacaret, magistrum fuisse, idque anno sæculi undecimi circiter sexagesimo. Unde rerum series sic ordinari potest : Gervasius anno 1055 thronum Remensem adeptus, paulo post Brunonem, jam antea, ut Manasses affirmavit in sua apologia, canonicus Coloniensis Ecclesiæ Sancti Chuniberti, Remos advocavit, eique collata cancellarii, dignitate suæ Ecclesiæ scholarum curam demandavit; enutriebatur tunc inter alios nobiles ejus ætatis clericos Odo noster, quem si anno 1060 octavum decimum circiter ætatis suæ annum attigisse admittamus, quod sane pene certum videtur; nihil omnino obstabit quominus eo tempore sub Brunonis disciplina enutritus, et postea variis dignitatibus decursis, pontificatum Romanum adeptus fuerit anno 1088 ætatis suæ anno circiter 46 *modica ætate*, et tandem anno 1099 decesserit, annum agens 57, adhuc *florens* et vegetus. Hæc forte paulo fusius quam oporteret tractata sunt; sed id exegit Brunonis simul et Odonis seu Urbani causa, cum honorificum sit Brunoni tantum habuisse discipulum, et Odoni sub tam sancti viri disciplina educatum fuisse. Quantum vero sub celebri illo magistro in litterarum studiis et exercitiis virtutum profecerit Odo, pauca quæ ex ejus scriptis supersunt, ac reliqua illius vitæ præclara gesta, quæ suis locis exponemus, satis abundeque testantur.

III. *Urbanus an Remensis canonicus et archidiaconus. Ejus amor in Ecclesiam Remensem.*

Urbanum non solum in Remensis Ecclesie gremio enutritum fuisse, sed etiam in nobili ejus Ecclesiæ canonicorum collegio locum obtinuisse varii auctores passim tradunt. Cum vero illa Ecclesia cæteras non dignitate solum, sed etiam morum sanctitate et vitæ communis observatione tunc anteiret, ejus canonici dicti sunt a nonnullis regulares. Atque inde nata est posteriorum quorumdam auctorum opinio, qui Urbanum olim canonicum regularem fuisse scripserunt, et quidem Lateranensis congregationis, ut alii addidere ; adeo proclivis est a præconceptis opinionibus ad errorem gradus. Sed his immorari non vacat.

Vero similius est, quod scripsit Albericus in Chronico, Urbanum Ecclesiæ Remensis archidiaconum fuisse. Is enim ipse est Odo, si non fallit catalogus archidiaconorum Remensium a Marloto tomo I Metropolis Remensis editus, qui anno 1070 hanc dignitatem obtinebat Cave tamen ne illum confundas cum alio ejusdem nominis archidiacono Remensi, qui variis chartis sub Widone et Gervasio archipræsulibus inter alios subscripsisse memoratur. Cum enim iste hanc dignitatem anno 1052 obtineret, ut patet ex Widonis archiepiscopi charta, quam Marlotus tomo II retulit, alius necessario dicendus est fuisse a nostro Odone, qui anno 1088 cum adhuc modicæ ætatis esset, ut loquitur Ordericus Vitalis, pontifex est renuntiatus. Certe Odonis nomen communius tunc temporis erat, ut quis inficiari velit, duos ejus nominis archidiaconos eo sæculo esse potuisse in Remensi Ecclesia. Si quis vero id perneget, proferemus in testimonium ejusdem Ecclesiæ Necrologium vetus, in quo die quinta Februarii memoratus *obitus Odonis archidiaconi*; diversi procul dubio a nostro qui, mense Julio desinente, pontifex Romanus e vita recessit.

Porro Remensem Ecclesiam semper coluit ac fovit Urbanus etiam post adeptum pontificatum, quod ex variis ejus epistolis, quas suo ordine proferemus, patebit. Ejus quippe et illius archiepiscoporum prærogativas insigni diplomate asseruit ; et altero confirmavit ejusdem Ecclesiæ canonicorum privilegia, dum monachos Remigianos adversus Ingelrannum Lauduni episcopum tuitus est, ut nihil dicam de Basolianis monachis, quos ab advocati sæcularis jugo liberavit. Mirum est autem quantum desudaverit pius pontifex in restituenda episcopali Atrebatum sede, quæ a trecentis ferme annis proprio episcopo caruerat, quod se ideo fecisse passim testatur, ut Remorum metropolim in antiquam suam dignitatem restitueret. *Urbanus* quippe, ut Hermannus habet in Historia restaurationis Sancti Martini Tornacensis, Spicilegii Acheriani tomo XII: *quoniam in Ecclesia Remensi educatus fuerat, valde eam super alias diligebat; et ut antiquam ei dignitatem duodecim episcoporum reddere posset, non parum laborabat.* Etenim præter Atrebatensem, tentaverat etiam Tornacensem Ecclesiam a Noviomensis episcopi subjectione liberare. At quod ipse ob ingruentes difficultates efficere non potuit, ab Eugenio III post aliquot annos, agente sancto Bernardo, præstitum est. Erat autem antiqua Remensis provinciæ in Galliis prærogativa, ut duodecim episcopalibus sedibus gaudens, judicia canonica in proprio sinu, absque alienarum provinciarum ope absolvere posset. Cæterum cum periclitanti Ecclesiæ Remensi post Raynaldi archiepiscopi obitum subvenire voluisset Ivo Carnotensium antistes, Urbani opem imploravit epistola 116, in qua ei hanc Ecclesiam *non solum quod regni haberet diadema, et cæteris pene Ecclesiis Gallicanis exem-*

plum ruinæ vel resurrectionis existeret, commendavit; sed etiam quod illa aliquando ejus *mater* fuisset. *Remensem,* inquit, *metropolim, aliquando matrem vestram,* etc., *vestris consolationibus refoveri postulamus.* Et quidem cassa non fuit Ivonis expostulatio, ut patet ex variis litteris, quas pontifex ea occasione conscripsit, in quibus sincerum erga hanc Ecclesiam animi sui affectum verbis tenerrimis explicat, et affectibus comprobavit. Insignis est præ cæteris ea de re locus in epistola ad clerum, ordinem, milites et plebem Remis existentes, ubi sic eos alloquitur: *Affectionis nostræ viscera, filii in Christo charissimi, angustata sunt, quia vos pastoris sollicitudine..... novimus destitutos. Sed in tribulatione hac per omnipotentis Dei gratiam charitatis nostræ præcordia dilatantur, quia vos,* etc., *ampliori devotione congratulamur.*

IV, V. *Urbanus cogitat de secessu e sæculo. Fit monachus Cluniaci. Romam a Gregorio VII accersitur. Qua occasione.*

Non itaque immerito applaudebat sibi de tanto alumno Remensis Ecclesia; sed ille majora charismata æmulatus ad vitam perfectiorem anhelabat; nec dubium quin ea in re Brunonis consiliis et adhortationibus plurimum adjutus et confirmatus fuerit. Nam Bruno, ut ex ejus epistola, quam multo postea in Calabria positus ad Radulphum præpositum scripsit, patet, sæpius cum aliis Remensis Ecclesiæ primoribus, e quorum numero sane Odo utpote archidiaconus erat, de contemptu mundi, et de alterius vitæ gaudiis colloquia miscere solebat, quibus invicem ad sæculi fugam animabantur. Cæteros autem præcessisse videtur Odo. Nam aliquot annis, antequam Bruno Carthusiensis ordinis fundamenta poneret, ipse, abjectis sæcularibus pompis et curis, in cœnobium Cluniacense secessit. Ibi ab Hugone abbate sanctissimo veste monastica donatus est, cujus ideo se *filium et alumnum* appellat in epistola quam ad eum paulo post suam ad pontificatum assumptionem scripsit. Quo vero id anno contigerit incertum est. At, si Odo fuerit Remensis ille archidiaconus, ut verisimile est, quem ex catalogo Marloti supra laudavimus, Remis adhuc versabatur anno 1070; quippe qui hoc anno subscripserit donationi factæ Ecclesiæ Ruminiacensi, uti videre est apud eumdem Marlotum. Haud tamen diu postea differri potest ejus conversio, si verum sit quod ex Cluniacensi Chartario colligi posse videtur, eum anno circiter 1076, jam priorem Cluniaci exstitisse. Et quidem hoc ipso anno duo alii archidiaconi, nunquam autem plures in Ecclesia Remensi fuerunt, Guido videlicet et Garinus, donationi Manassis archiepiscopi factæ sancti Basoli monasterio subscripsisse cum Brunone cancellario, memorantur.

Odo Cluniaci constitutus institutorem in vita monastica habuit Petrum, qui postmodum Cavensis in Italia abbas et Policastri episcopus fuit, si credamus vetusto auctori qui dedicationis ecclesiæ Cavensis historiam conscripsit. Is enim Urbanum ejusdem Petri discipulum passim appellat; eumque ob id potissimum laudat, quod etiam pontifex factus hunc ipsum Petrum veluti magistrum suum semper reveritus fuerit. Consentiunt vetera alia, maxime domestica, monumenta Cavensis monasterii apud Ughellum. At nihil ea de re habet Venusinus abbas anonymus, qui Petri et aliorum priinorum ejusdem loci abbatum Vitas paulo post illud tempus conscripsit. Exstat tamen ejusdem Petri alia Vita, quam ex eodem ms. Romano penes nos habemus, in qua Urbanus Petri *condiscipulus* olim fuisse dicitur, atque itineris ejus cum e Gallia Cavam rediit comes. Certe utrumque simul apud Cluniacum vixisse vix quisquam inficiari potest, et ipse abbas Venusinus testatur Petrum, cum moraretur Cluniaci, varia simul ibi officia exercuisse. Ut ut sit, ipse Urbanus non modo se filium et alumnum beati Hugonis appellavit, uti jam ex ejus epistola observavimus, verum etiam disertis verbis profitetur se ab eo ipso in monastica disciplina institutum fuisse. En ejus verba ex privilegio quod eidem Hugoni et monasterio Cluniacensi primo pontificatus sui anno concessit. *Est,* inquit, *præterea quod nos tibi non minus, tuoque monasterio faciat debitores, quoniam per te monasticæ religionis rudimenta suscepi, in tuo cœnobio per secundam S. Spiritus gratiam sum renatus.*

Verum oculatior erat S. Hugo quam ut tantam lucernam sub modio delitescere diu sineret. Quare illum Cluniaci priorem instituit (circa an. 1076). Ea dignitate se aliquando potitum fuisse ipse Urbanus palam professus est in sermone quem habuit in dedicatione majoris altaris ejusdem loci, uti infra videbimus. Id vero non multum post ejus conversionem factum fuisse testatur Guibertus libro II Historiæ Jerosolymitanæ, his verbis : *Is Cluniacus factus ex clerico monachus.... non multo post rexit officium prioratus,* ut scilicet abbati suo Hugoni, variis negotiis occupato, adjumento esset. Quid autem hac in dignitate constitutus præstiterit, ignotum nobis est, nisi quod nonnullis chartis subscripsisse inveniatur. Præsens erat apud Avalonem, quando Hugo Burgundionum dux ecclesiam Sanctæ Mariæ illius castri Cluniaco subjecit. Ibi enim ipse *Odo prior Cluniaci* eumdem Hugonem cum fratribus ejus, Odone, et Roberto tunc clerico, atque Widone comite Matisconensi, aliisque Burgundiæ proceribus, qui huc convenerant, in *fratrum Cluniacensium societatem admisit, ut scilicet in orationibus et eleemosynis, vel etiam cæteris jam dicti loci benefactis a modo participes existerent.* Habitus est hic conventus xi Kalendas Martii anno 1078; quod probat præter nostrum exemplar indictio I ibi apposita, quamvis ad annum præcedentem in Spicilegii Acheriani tomo VI, eadem donatio referatur. Coram eodem Odone priore Bernardus quidam in capitulo dimisit ea quæ Cluniacensi monasterio rapuerat e bonis quæ frater ejus Toscerauus ad conversionem veniens contulerat, ut narratur in chartis 146 et 605.

earum quæ sub sancto Hugone factæ sunt; idem Odo prior memoratur in charta 521.

Quanti autem meriti fuerit, inde colligere possumus quod, cum Gregorius VII, qui tunc Romanæ Ecclesiæ, difficillimis temporibus, præerat, ab Hugone abbate aliquot e suis monachis viros scientia et virtute præstantes petiisset, quos in maximis, quæ tunc urgebant, Ecclesiæ negotiis adjutores posset adhibere, inter alios primus, Hermanno teste, electus fuerit Odo, qui his in angustiis pontifici præsto esset (an. 1078). Sic enim ille in Historia restaurationis Sancti Martini Tornacensis jam laudata : *Tempore domni Hugonis Cluniacensis abbatis, contigit ut quidam Remensis Ecclesiæ canonicus, magnæ probitatis vir, nomine Odo, vitam sæcularem relinqueret, et in eadem Cluniacensi Ecclesia monachus fieret. Cumque ibi per aliquot annos religiosissime vixisset, et domnus papa Gregorius VII eidem domno Hugoni abbati mandasset ut sibi aliquos de monachis suis viros sapientes transmitteret, quos competenter episcopos ordinare posset, domnus Hugo ei inter cæteros præfatum Odonem transmisit, quem papa urbi Ostiensi episcopum consecravit.* Guibertus etiam *proficiente merito, Odonem civitati Ostiæ Gregorii VII papæ jussu destinatum fuisse* tradit. Quibus auctoribus consentiens Ordericus Vitalis libro IV Historiæ ecclesiasticæ, addit alios quoque Cluniacenses monachos Odoni socios datos fuisse, a pontifice animo gratanti susceptos, Odonemque præ cæteris in consiliarium electum fuisse: *Poscenti*, inquit, *papæ Hugo Cluniacensis abbas Odonem, præfati, Cluniacensis, monasterii priorem, qui Remensis Ecclesiæ monachus fuerat, cum aliis idoneis cœnobitis Romam transmisit. Quos papa velut a Deo sibi missos adjutores ovanter suscepit. Odonem nempe præcipuum sibi consiliarium elegit, et Ostiensi Ecclesiæ pontificem constituit.* Hæc Ordericus ad annum 1078, ubi occasione electionis Gregorii VII ad pontificatum, multa in unum congessit, quæ, illo sedente, variis temporibus contigerunt. Odonem vero ante annum 1078 Romam non adiisse plusquam probabile est ex donatione Hugonis Burgundiæ ducis superius laudata, quam hoc ipso anno factam fuisse diximus, cum adhuc Odo prior esset monasterii Cluniacensis : nisi forte dicatur Odonem primo ante illud tempus à Gregorio Romam accersitum, deinde in Gallias rediisse, unde postea anno 1078 iterum in Italiam profectus fuerit, Ostiensem episcopatum accepturus. Certe Petrus Cavensis quicum Odo in Italiam accessisse dicitur, si alteri ejus Vitæ scriptori credamus, ab Hildebrando nondum pontifice revocatus fuerat. At nulla videtur esse hujus duplicis itineris admittendi necessitas ; Odonis vero cum ejus sociis in Italiam accersendi occasio hæc videtur fuisse, mors scilicet Geraldi Ostiensis episcopi, cui anno, ut scribit Bertoldus, 1077 defuncto, Henricus Augustus factiosum quemdam hominem Joannem nomine substituerat. Verebatur enim Gregorius, ne, si schismatici eo modo invaderent plures Ecclesias, res Catholicorum in pejus abirent. Quare operæ pretium esse censuit vigilantissimus pontifex ut aliquos secum præsto haberet viros morum sanctitate ac sapientiæ fama illustres, quos pro opportunitate, ut habet Hermannus, præficeret Ecclesiis viduatis. Electi ad hoc sunt inter alios Odo noster, et Petrus qui ante aliquot annos e Cavensi prope Salvinum monasterio Cluniacum transmigraverat.: vir adeo industrius, ut ibi septem, et, ut alii dicunt, etiam plura officia simul Cluniaci exercuerit.

VI. *An Cavæ moratus sit Urbanus.*

Hos in Italiam appulsos, post salutatum pontificem, Cavam divertisse vix dubitari potest, cum eos ibi aliquandiu simul vixisse disertis verbis affirmet vetus auctor Historiæ dedicationis ejusdem loci : nec sane alio titulo potuerit Urbanus, ut mihi videtur, inter viros illustres istius monasterii, ut passim fit, recenseri. Fateor equidem abbatem Venusinum, qui in Vita sancti Petri eumdem Petrum e Gallia, permittente Hugone, Cavam reversum fuisse scribit, nihil prorsus habere de Odone, aut ejus sociis a Gregorio expetitis : at illius silentio præponderant auctor laudatus Historiæ dedicationis Cavensis, alter Vitæ sancti Petri scriptor, et alia monumenta Cavensia. Deinde cum certum sit utrumque, sive simul, sive seorsim, his temporibus e Galliis in Italiam transmigrasse, verisimile est eosdem, si quidem uterque non statim atque huc advenerunt, ad infulas pontificales sunt assumpti, aliquod temporis intervallum in aliquo monasterio exegisse ; et quidem potius in Cavensi, quam in alio quocunque, quod illud Cluniacensi ordini addictum esset ; quodque ibi Petrus, cujus Odo saltem amicus erat, et apud Cluniacum vitæ monasticæ socius vitam monasticam professus fuisset. Fabulantur nonnulli, iique nescio quibus decepti scriptoribus, Urbanum Romæ primum in Lateranensi monasterio canonicam vitam amplexum, arctioris deinde vitæ studio in Cavense secessisse ; hinc transmigrasse Cluniacum, ibique sub Odilone aut Hugone vixisse cum Hildebrando, qui tum et ipse Cluniaci monachus erat ; ab eodem postea, simul atque is Romanus pontifex creatus est, Romam accersitum, cardinalisque dignitate atque Ostiensis episcopatu ornatum fuisse. Sed hæc omnia meræ nugæ sunt, quibus refellendis immorari piget.

VII. *Urbanus fit episcopus Ostiensis.*

Non diu licuit Odoni aut Petro in Cavensi solitudine commorari. Nam Gregorius hoc ipso, quo in Italiam advenerant, anno 1078, post exturbatum, ut testatur Ughellus in Italia sacra, Joannem schismaticum, Odonem episcopum Ostiensem creavit ; Petrus vero *non multo post suum, ut narrat secundus ejus Vitæ auctor, e Cluniaco reditum, Policastrensis episcopus ordinatus est.* Neque nos movere debet utriusque Vitæ S. Petri auctoritas, ubi Petrus non solum a clero et populo, sed etiam a Gisulfo Salernitano principe Policastrensis urbis episcopus postulatus esse dicitur. Nam Gisulfus jam ab anno

1075 Salernitano principatu spoliatus a Roberto Guiscardo fuerat, ut scribit anonymus Casinensis in Chronico, atque hoc ipso anno Romam ad Gregorium confugerat. Quid ergo ad electionem Petri, si facta fuisset anno 1078, princeps ille exutus conducere potuit? Nisi forte apud Gregorium intercesserit, ut Petrus, quem virum bonum et sanctum probe noverat, in Policastrensi solio collocaretur. Atque hoc modo facile conciliatur uterque Vitæ Petri scriptor cum aliis historicis. Nam Gisulfi etiam e patria pulsi multum intererat ut aliquis sibi notus hanc dignitatem obtineret. Certe Petrus *non multo post suum e Cluniaco reditum*, ut habet secundæ Vitæ auctor, Policastrensis episcopus factus est. Qua in dignitate cum *parum temporis expendisset*, in monasterium Cavense reversus, statim Leoni abbati paulo ante ejus mortem, ut ex utroque Vitæ auctore constat, substitutus est. Leo autem, uti ex Kalendario Cavensi et Chronico brevi ad cyclos paschales certum videtur, obiit mense Julio anni 1079: quæ omnia cum intra unius anni et aliquot mensium spatium facile contingere potuerint, nostro calculo optime concordant. His non admodum consentit bulla quam Urbanus in Cavensium favorem dedit. Verum in hac bulla complura, quæ variis temporibus evenerunt, simul in unum congesta sunt. Deinde multis interpolationibus, ut legenti patet, deformata est; neque etiam in variis exemplaribus sibi constat, ita ut multa in uno occurrant quæ in altero exemplo desiderantur.

Si tamen certum cuipiam videatur Petrum ante Gisulfi fugam creatum episcopum fuisse, ut certe innuit uterque Vitæ auctor, dicendum erit Petrum multo ante Odonem in Italiam fuisse reversum, quem nonnisi post aliquot annos Odo subsecutus Cavam convenerit, errasseque secundum Vitæ auctorem qui illud iter quod hi viri sancti seorsim confecerant, simul ab iis susceptum fuisse crediderit.

VIII. *Fit papæ consiliarius*.

Quid vero Odo factus Ostiensis episcopus primis episcopatus sui annis fecerit, nusquam legitur apud auctores antiquos; at eum tunc Gregorio magnis negotiis pene obruto semper præsto fuisse haud dubium est. Certe huc revocari potest Orderici locus, jam a nobis supra laudatus, in quo Gregorius dicitur *sibi Odonem præcipuum consiliarium elegisse*. Qui reipsa toto sui episcopatus primo quadriennio semper pontificis lateri adhæsit, ut eum suis consiliis, suaque opera adjuvaret. Id innuit Benno pseudocardinalis et Gregorii atque Romanæ Ecclesiæ hostis infensissimus, qui Odonem *Gregorii pedisequum* appellare solet. Idem ipse auctor narrat in Vita Gregorii VII Odonem nostrum et Cunonem, fervente quæstione de eucharistia contra Berengarium in concilio Romano anni 1079, missos a Gregorio fuisse ad Sanctam Anastasiam, ut ibi cum Suppone ejusdem Ecclesiæ archipresbytero, jejunio et orationibus operam dantes tribus diebus, recitatis totidem psalteriis, ac missis celebratis, a Deo audire mererentur, ut olim sancto Gregorio simili occasione contigerat, quid de eucharistiæ fide sentiendum esset.

IX. *De Wiberto antipapa*.

Certe difficillima erant tunc tempora ob graves discordias quæ inter sacerdotium et imperium tum maxime vigebant (an. 1080), quasque fermę insanabiles reddiderat Henricus Germaniæ rex electione Guiberti hominis facinorosi, quem jam a triennio sede Ravennensi extrusum, hoc anno in pseudopontificem renuntiari curavit, ut hanc larvam Gregorio legitimo pontifici opponeret. Id factum est apud Brixinam Norici urbem in conciliabulo triginta episcoporum schismaticorum anno 1080, septimo Kalendis Julii, ut videre est apud auctores passim vulgatos.

X. *Urbanus scribit Simonis epitaphium*.

Anno 1082 Romæ adhuc morabatur Odo, si verum sit eum Simonis e Crispeiensi comite tunc Jurensis monachi, eo anno, ut notat Albericus, defuncti, epitaphium scripsisse; nec mirum est hunc honorem Simoni fuisse delatum, cui locus inter apostolicos tumulos in Vaticana basilica concessus fuit, non solum ob eximiam ejus generis nobilitatem, sed et id maxime, ob ingentia merita in Ecclesiam Romanam, cui tuendæ a Gregorio in Italiam accersitus fuerat, uti narratur in ejus Vita, Sæculo V, parte II Act. SS. ordinis Benedictini.

XI. *Wiberto in Vaticana basilica intronizato, concilium indicitur. Odo ab Henrico capitur*.

Ecclesiæ calamitates novo facinore auxit Henricus Augustus, anno 1083, cum post tentatam frustra superioribus annis urbem Romam, una ejus parte hoc anno potitus, captaque Leonina urbe, Guibertum suum in sancti Petri basilica sub falso Clementis III nomine pontificem proclamari curavit; quem non Ostienses et Albanenses seu Portuenses antistites, ad quos id muneris juxta privilegium eorum sedibus a SS. Patribus concessum, ut ait Bertoldus, pertinebat, sed Mutinensis et Ariminensis episcopi *jam multis annis depositi et anathematizati inthronizaverunt*, quod alii ab aliis episcopis factum scribunt. Præferenda esset Bertoldi auctoritas, utpote qui tunc vivebat, et res singulas per singulos annos accurate digessit, si sibi constaret. At ipsemet anno 1084 loco Ariminensis Aretinum nominat; quod alii quoque auctores habent. Et quidem episcopos Mutinensem et Aretinum non benedictionem, sed damnationem quam habebant, imposuisse Wiberto, scribit Gebehardus Salisburgensis archiepiscopus in epist. ad Hermannum Metensem. Haud dubium quin et Ariminensis et Aretinus episcopi huic cæremoniæ adfuerint: nam Bertoldus observat, ad annum 1084, præter eos quos nominat, cæteros quoque episcopos excommunicatos Wiberti ordinationi interfuisse, quam anno subsequenti Albertus Stadensis et alii auctores consignant.

In tanta rerum perturbatione visum est Ecclesiæ proceribus operæ pretium esse congregare synodum, cujus *statuta*, inquit Bertoldus, *de causa regni, nec Henrico, nec Romanis, imo nulli penitus liceret prævaricari*. Eam Gregorius mense Novembri habendam indixit, litteris ea de re ad omnes episcopos et abbates datis. Henricus vero in Langobardiam reversus, adhibito jurejurando, pollicitus est omnem securitatem universis qui aut ad synodum ituri essent, aut, ea finita, ad propria reverterentur ; at promissorum suorum immemor, paulo post, fracta fide, plerosque eorum qui ad concilium properabant, ac inter alios ipsum Odonem Ostiensem episcopum, quem ad eum Gregorius legatum miserat, in itinere apprehendi jussit, atque in captivitate detentos multis tormentis immaniter cruciari. Audiendus ea de re Bertoldus, qui rem his verbis exponit : *Legati Theutonicorum principum ad concilium ire debuerant, sed ab Henrico in via apud Forum-Cassii capti et foedati sunt circa festum sancti Martini, licet omnibus illam synodum petentibus securitatem juramento promiserit. .... Erant autem religiosissimi monachi et clerici, quos in captivitate fecit cruciari, cum quibus et Ottonem venerandum Ostiensem episcopum captivatum, videlicet ad ipsum ab apostolica sede transmissum.* Hæc ille : verum nec illa, nec etiam vis acerbior Odonem a Gregorii legitimi pontificis obedientia unquam dimovere potuerunt. Is econtrario cum suis collegis, Albanensi et Portuensi episcopis, *libentius*, uti ad annum sequentem habet Bertoldus, extrema quæque sustinere præoptasset, quam *tam sacrilegæ, Guiberti ordinationi tanquam superbissimæ præsumptioni immisceri*. Bonam voluntatem effectu comprobarunt, si quidem *domino apostolico* Gregorio conjuncti eamdem ordinationem synodali judicio canonice condemnarunt.

XII. *De pace agitur; Odo liberatur.*

(An. 1084.) Tantas vero tamque graves Ecclesiæ calamitates ægre patiebantur viri passim religiosi, e quibus nonnulli, qui neutri parti suspecti erant, ad pacem inter pontificem et regem conciliandam operam contulerunt. Hæc ex Pandulfo discimus in Gestis pontificum, ubi inter alios signanter exprimit Hugonem Cluniaci abbatem, qui cum aliis viris probis Henricum monuit ne anathemata a tot pontificibus illata parvipenderet. Paruit ille, aut certe, ut innuit ille auctor, parere simulavit; atque Odone, cæterisque captivis libertate redeundi ad propria donatis, cum Gregorio se pacem initurum spopondit, si ille sibi vellet imperiale diadema imponere. Sed eum Gregorius id se facturum negaret nisi sub certis conditionibus, quas Henricus recusabat, res infecta remansit; et ille, in schismate obfirmatus, coronam a suo Guiberto solemniter recepit; quo facto fas deinceps non fuit atrox illud scandalum ab Ecclesia removere. Libet Pandulfi locum integrum proferre; *In tertio*, inquit, *quoque anno rex ad obsidendam Romam reversus est; sed quia se ipsum excommunicatum a Cluniacensi abbate, atque aliis religiosis Deum timentibus pro certo haberi cognovit, ut eorum simplicitatem melius circumvenire posset, ad callida se argumenta convertit. Post captionem itaque Ostiensis episcopi et aliorum multorum, quos recepit, absolutos dimisit ; universis Romam visitare volentibus firmam securitatem dedit, quam juramento publice confirmavit. Et ut favorem popularem omnino prosequeretur et gratiam, in publico dixit, quod a domino Gregorio papa imperialis coronæ dignitatem vellet accipere.... At Gregorius respondit :* « *Ego versutias et calliditates regis frequenter expertus sum. Si autem vult in iis in quibus manifeste peccavit Deo et Ecclesiæ satisfacere, libenter absolvam, et imperialem sibi coronam cum benedictione imponam* » ... *quod verbum cum rex, remordente conscientia, penitus denegaret facere.... Pontifex diffidens sese in Crescentii castrum recepit,* etc.

XIII. *Henricus a Guiberto coronatur; excommunicatur.*

Henricus vero qui Lateranensem basilicam invaserat, ipsa Dominicæ resurrectionis die, coronam in Ecclesia, *non gloriæ*, ut ait Bertoldus, *sed confusionis*, a suo Guiberto suscepit, Gregoriumque legitimum pontificem in altera urbis parte obsedit. Inutiles tamen fuere ejus conatus : nam pontifex, Roberti Guiscardi Northmannorum in Italia principis opera paulo post liberatus, synodum in ipsa Urbe celebravit, in qua schismatici rursus excommunicati fuerunt. De hac synodo Bertoldus ad hunc annum : *Dominus autem papa*, inquit, *collecta synodo, iterum sententiam anathematis in Guibertum hæresiarcham, Henricum et omnes eorum fautores promulgavit, quod et in festo sancti Joannis Baptistæ præterito jamdudum Romæ fecit, cum Henricus adhuc ibi moraretur*. Tum addit hanc sententiam a legatis apostolicis, Petro videlicet Albanensi episcopo in Francia, et Ottone Ostiensi episcopo in terra Theutonicorum ubique fuisse divulgatam. Atque hæc prima est legationis apostolicæ mentio, qua Odo noster in Germania functus est.

XIV. *Odo legatus in Germania. Gebehardum episcopum Constantiensem ordinat.*

Una autem e præcipuis ejus curis in ea legatione fuit, ut antistites ecclesiis orbatis provideret, animi vigore et probitate morum præstantes, quales sane exigebat iniquorum illorum temporum necessitas. Ex his fuit Henricus comes de Aslo, quem Hermanni regis ac cleri ac populi Paderbornensis consensu ac Odonis legati apostolici auctoritate Paderbornæ episcopum institutum fuisse memorat Schatenus in ejusdem Ecclesiæ Annalibus. Huc etiam revocari debet Reinwardi in Mindensem episcopum electio, si verum sit, ut idem auctor habet, *cum acclamante clero et populo ab Ottone Ostiensi episcopo, legato apostolico Gregorii pontificis per Saxoniam in Egilberti demortui locum subrogatum fuisse*. Sed nemo ex his celebrior fuit Gebehardo filio Bartoldi ducis, quem legatus morum sanctitate et natalium splendore illustrem, ex monacho Hirsaugiensi episcopum Constantiensem creavit ; postea futurum sedis apostolicæ legatum, et strenuissimum in Germania Ecclesiæ catholicæ defensorem. Hunc *invitum, imo multum reclamantem ac ejulan·em, clericis et laicis petentibus et laudantibus,* ab Odone hoc anno xı Kalendas Januarii consecratum fuisse observat Bertoldus. Cum *pridie, id est, festo sancti Thomæ presbyter,* cum ipsomet Bertholdo Chronici scriptore et aliis clericis, fuisset ordinatus. Gebehardum a nostro Ottone fuisse consecratum testatur etiam Paulus Bernrediensis in Vita Gregorii VII; nec audiendus contra tantos testes Bruschius recens auctor, qui id a Petro Albanensi factum fuisse scribit. Et quidem anonymus apologiæ Henrici IV auctor Ottoni (sic quippe Odonem nostrum appellare amant scriptores Germani) vitio vertit hanc ordinationem, quasi hoc facto canones violasset, qui id, etsi non esset provinciæ metropolitanus, absque Moguntini archiepiscopi facultate facere ausus fuisset. Erat vero, uti omnes consentiunt, Gebehardus vir sanctus, et episcopali dignitate haud indignus, qui, ut refert Trithemius in Chronico Hirsaugiensi, *regularis vitæ* fervorem quem in monasterio *innocenter vivens servare consueverat,* episcopus factus minime intermisit. Cæterum Odonem Constantiæ aliquandiu commoratum fuisse, multaque ibi ad Ecclesiæ bonum ordinasse ex canonibus concilii Quindeliburgensis anno proximo habiti colligitur.

XV. *Odo colloquio in Saxonia interest.*

Initio anni sequentis (1085), Odo Hermannum, quem Saxones adversus Henricum loco Rudolfi in regem elegerant, convenit; et colloquio quod inter ipsos Saxones et Henricianos habitum est die 15 post festum Epiphaniæ interfuit. Sed nihil ibi decretum est, propterea quod utraque pars, post multas concertationes, sibi quasi de victoria applaudens a colloquio discesserit. Non convenit inter auctores quo in loco habitus fuerit ille conventus, quem abbas Urspergensis et Trithemius in Chronico Hirsaugiensi apud Berbares oppidum Thuringiæ, alii Gestrungæ aut Goslariæ in eadem provincia celebratum fuisse volunt. Ibi Gebehardus Salisburgensis archiepiscopus catholicorum partes prolixa oratione tuitus est; cui cum Werilo archiepiscopus Moguntinus in Henrici favorem respondisset, res eo devenit ut non modo verbis, sed etiam armis acriter fuerit pugnatum. Eodem tempore Odo apostolicus legatus Udonem Hildesheimensem episcopum, qui relictis Saxonibus ad schismaticorum partes transierat, sacris interdixit. Nihil vero adeo catholicorum animos permovit ac nova Wicelonis archiepiscopi assertio, qui in pleno conventu veritus non est affirmare quemcumque hominem tandiu divinis legibus subjacere non posse, quandiu ille fuerit rebus suis spoliatus. Quam quidem sententiam hæresim, ipsumque adeo Wicelonem *hæresiarcham* deinceps Catholici appellare non dubitarunt.

XVI. *Convocat concilium Quindeliburgense.*

Turbata his rixis Germania, ii qui Gregorio adhærebant, ut se suosque contra adversariorum conatus tuerentur, synodum indicendam statuerunt, quæ in ipsa Paschatis hebdomada apud Quindeliburgum, seu, ut illorum temporum auctores Germani scribunt, Quintilineburgum Saxoniæ superioris urbem celebrata est, cum ibidem Odo legatus, Hermannus rex et alii proceres peregissent festa paschalia. Huc convenere cum legato duo archiepiscopi, Gebehardus Salisburgensis et Hartwigus Magdeburgensis, aliique complures episcopi, qui multa et quidem præclara, in hac synodo statuerunt, quæ a Bertoldo ad hunc annum referuntur.

In eadem synodo condemnata est Weziliana, uti eam vocabant, hæresis, de qua superius diximus; et synodali judicio, ut habet Bertoldus, laudata atque confirmata fuit ordinatio domni Gebehardi Constantiensis episcopi, quam Odo anno præcedenti celebrarat; imo, uti ille auctor prosequitur, hic confirmata fuere ea *omnia quæ præfatus sedis apostolicæ legatus, cum esset Constantiæ, ordinaverat.* Tum anathema dictum est in episcopos schismaticos, eorumque caput Wibertum sedis apostolicæ invasorem, ejusque pseudocardinales, Hugonem Album, Joannem Portuensem, Petrum cancellarium, etc.; quam sententiam, ne aliqua solemnitas deesset, Patres omnes accensas candelas manibus gestantes publice promulgarunt. Mirum est in hujus concilii subscriptionibus, quæ referuntur in Appendice ad tomum X conciliorum Labbei, Odonem sub solo *monachi Cluniacensis et legati Gregorii papæ* titulo recenseri, nulla pontificalis ejus dignitatis facta mentione; licet certum sic eum tunc episcopum Ostiensem fuisse. Episcopi vero sanctionis Henricianæ, qui tertia hebdomada post finitam hanc synodum Moguntiam convenerant, pariter excommunicarunt Gregorii defensorem, atque episcopos catholicos ex suæ potestatis civitatibus expulerunt, sublectis in eorum locum aliis, qui ipsis adhærerent. Hujus conciliabuli episcoporum nomina prætereo, quæ videsis in eadem conciliorum Labbei Appendice : at Catholici quatuordecim concilii Quindeliburgensis, quos illi excommunicarunt, ii erant : *Gebeharus Salisburgensis, Hardwicus Magdenburgensis,* seu Magdeburgi, *Adalbero Wirtzburgensis, Altmannus Bathavensis,* seu Patavii, *Bernardus,* an *Wernharius,* seu *Guernerius, Mersburgensis, Guntherus Citicensis, Benno Mœsianus,* seu potius Misnensis, *Albertus Vangionus,* id est Wormatiæ, *Burkardus Halberstatensis, Hermannus Mediomatricus, Reginardus Mindensis, Wigoldus Augustanus, Gebehardus Constantiensis, et Henricus Bambergensis.*

XVII. *Gregorius VII moritur.*

Interea Gregorius, qui, relicta Urbe, primum in monasterium Casinense secesserat, Salerni moritur die vıı Kalendas Junii (1085), ubi in ecclesia Sancti Matthæi ab eo consecrata honorifice sepultus est. Cum vero proximus esset morti, interrogatus quid sentiret de futuro sibi successore, nonnullos ad id munus aptos designasse fertur, Hugonem scilicet Lugduni archiepiscopum, Anselmum Lucensem,

Odonem Ostiensem, aut certe Desiderium abbatem Montis Casini: sic plerique antiqui auctores. At Petrus Casinensis ait Gregorium hortatum fuisse episcopos et cardinales ut Desiderium eligerent, aut, si id fieri non posset, unum aliquem ex tribus aliis memoratis. Anselmum omittit Paulus Bernradiensis in Vita Gregorii, sed, recensitis tribus aliis quos pontifex indicaverit, subjungit: *Verum quia Otto nondum a Germaniæ et Galliæ partibus redierat, ubi apostolica legatione functus..., et alia nonnulla ad stabilimentum Ecclesiæ prudenter ordinaverat; Hugo quoque sua lustrans gubernacula procul aberat, interim suasit eligi vicinum Desiderium licet brevissime victurum*, etc. At vix unquam adduci potuit Desiderius ut pontificatum quem statim post Gregorii obitum ei omnes detulerunt, assumeret, resque in longum protracta est.

XVIII. *Odo Cluniaco transit. Nantuæ corpus S. Maximi elevat. — S. Hugonis miraculum.*

Odo autem ex Germanica legatione in Italiam hoc anno reversus Cluniacense suos in transitu invisit, ibique infirmorum ecclesiam consecravit, uti discimus ex historia translationis sancti Maximi. Quæ translatio solemni ritu hoc anno in monasterio Nantuacensi a nostro Odone facta est. Hanc historiam ab auctore anonymo sed æquali descriptam, ex codice ms. ejusdem loci, in hujus voluminis Appendice integram referemus; sed interim pauca ex ea delibanda sunt. Nantuacum, seu, ut vulgo hodie dicitur, Nantua, celebre est monasterium diœcesis Lugdunensis apud Sebusianos, olim abbatiæ titulo donatum, quod postmodum Cluniacensi monasterio subjectum fuit. Ibi servabantur sancti Maximi, uti putabant, Regiensis episcopi, reliquiæ, sed absque ullo cultu, eo quod hactenus retectæ terra publice fidelium venerationi nondum exhibitæ fuissent. Ex adventu Odonis, Hugo Cluniaci abbas Nantuacique monasterii tum prior, censuit opportunam sibi sacras illas e terra levandi reliquias oblatam esse occasionem, quare consilio cum eo cæterisque, qui ibi forte aderant, inito, præmissisque jejuniis et orationibus, die VI Kalendarum Septembrium, sancti Antistitis ossa e vetusto tumulo in capsam paratam translata publicæ populorum venerationi exhibuerunt, quod hoc anno contigisse colligimus ex ipsis historiæ laudatæ verbis, ubi Hugo dicitur, die Dominica, IX Kalendas Septembris, capitulum convocasse. Quippe ab anno 1078, quo Odo factus fuit episcopus Ostiensis, ad annum 1088, quo conscendit thronum apostolicum, dies Dominica semel tantummodo in diem 24 Augusti incidit, idque anno 1085: cui proinde consignanda est hæc corporis sancti Maximi elevationis solemnitas. Et quidem certum est hoc ipso anno Odonem e Germania in Italiam rediisse, quo in itinere Cluniacum et Nantuam invisere facile poterat. In veteri Nantuacensi Kalendario memoria habetur translationis sancti Maximi, etc.; sed die VII Kalendas Septembris, quod videtur esse nostri exempli mendum: nam in historia dicitur statutum fuisse, ut in posterum ejus festivitas die VII Kalendas ejusdem mensis celebraretur.

Huc revocari debet res mira, quam sancto Hugoni apud *Nantuacum*, dum hic Odo noster morabatur, contigisse memorant. Cum enim ei relatum fuisset Willencum, qui tum erat prior Charitatis, ex hac vita migrasse, statim vir sanctus ad altare pro defuncto hostiam vivam Deo Patri oblaturus accessit. At non passus est tantum virum falli veritatis auctor, revelatumque ei est, non Willencum, sed Orium fato functum esse. Quod sanctus abbas completo sacrificio astantibus palam declaravit: Erat ibi, inquit Hugo monachus Vitæ sancti Hugonis auctor æqualis, *Odo, qui prior fuit Cluniacensis, post episcopus Ostiensis, deinde apostolicæ sedis pontifex summus Urbanus secundus: qui, legatione transmissa, invenit, juxta viri Dei verbum, non Willencum obiisse; sed Orium*. Odo post hæc in Italiam rediit, ubi nihil omisit cum cæteris Romanæ Ecclesiæ fidelibus, ut dignus Gregorio successor daretur.

XIX. *Desiderius pontificatum recusat. Odo nominatur, sed absque effectu.*

(An. 1086.) Effluxerat jam pene annus integer a morte Gregorii sine pontifice, quod nullo pacto Desiderius Casinensis abbas adduci posset ad Ecclesiæ regimen suscipiendum. Has moras etiam in schismaticos rejecit Bertholdus, qui cum Guiberto suis factionibus Catholicos perturbabant. Sed tandem, ut narrat Petrus Diaconus in continuatione Leonis Ostiensis, libro III Chronici Casinensis, capite 66, quotquot erant Romæ Ecclesiæ et beato Petro viri fideles, sive ex clero, sive ex nobilibus aut populo, in diaconiam Sanctæ Luciæ convenerunt; ibique, quod jam semel et iterum atque iterum palam et privatim fecerant, Desiderium multis precibus et lacrymis cœperunt urgere, ut ne diutius Ecclesiam Romanam, quæ eum ad pontificatum elegerat, in tanto rerum discrimine orbatam pastore remanere permitteret; sed frustra. Quare illi rogant ut saltem eum qui ad tantum onus suscipiendum illi aptus videretur judicaret. Accepit ultro Desiderius conditionem, habitoque consilio cum Cencio consule Romanorum, statim Odonem Ostiensem episcopum in pontificem nominavit. Ibant omnium suffragia in Odonem, cum ecce, inquit ille auctor, *repente quidam de cardinalibus, cujus nomen non retulit, contra canones hanc esse electionem affirmans, nequaquam se consensurum clamavit*, cæteris contra nitentibus, *et pro tempore, pro necessitate hoc ferre oportere astruentibus*. Sed frustra; *nam cæteri hunc nequaquam ad suam sententiam flectere valuerunt*. Quid vero in hac Odonis electione contrarium sacris canonibus inventum fuerit, non exprimit Petrus; at, si bene judico, nihil aliud obtendere poterat cardinalis ille anonymus, nisi quod cum Odo jam esset Ostiensis episcopus, ad Romanæ Ecclesiæ regimen transferri non posset absque aliqua canonum infractione, qui passim prohibebant episcoporum ex una ad aliam ecclesiam translationes. Verum quod retal

Ecclesia ad reprimendam ambitiosorum aut avarorum episcoporum immoderatam cupiditatem, seu nimiam dominandi in clero libidinem, illud ipsum quandoque permittit, imo et nonnunquam exigit, cum aliqua urget necessitas: qualis sane tunc maxime instabat in tanta rerum perturbatione. Vicit tamen unici illius obfirmata in suo sensu pervicacia; caeterique omnes ei cedere coacti, iterum unanimi sententia in Desiderii electionem concurrunt; ac statim, velit, nolit, eum cappa rubea indutum ipso die Pentecostes anni 1086 pontificem sub Victoris III nomine proclamant: verum cum ille necdum plane electioni suae consentiret, ejus consecratio in sequentem annum dilata est.

XX. *Odo Victorem III consecrat.*

Anno insequenti (1087) celebrato apud Capuam concilio ad quod Odo noster Ostiensis Hugonem Lugdunensem invitaverat, Victor episcoporum ac principum qui cum eo erant precibus et lacrymis devictus, pontificia insignia, quae statim post suam electionem Casinum remeans dimiserat, recepit ac die XII Kalendas Aprilis in Dominica Palmarum indutus purpura, cruce praecedente, in publicum solemniter processit, celebratisque in monte Casino paschalibus festis, Romam perrexit, ubi, post expulsum e basilica Vaticana Guibertum, in ea consecratus est ab Odone nostro Ostiensi, Petro Albanensi, Portuensi et Tusculano Romanis episcopis, aliisque, cardinalibus quoque, episcopis atque abbatibus assistentibus; quod quidem, ut auctor est idem Petrus, Dominica post Ascensionem, die VII Idus Maii factum est. Consecratus tamen fuisse dicitur *exeunte Maio* apud Bertoldum, sed forte error est librarii, legendumque est *ineunte Maio.*

XXI. *Odonis defensio contra Hugonem Lugdunensem.*

Accusat Odonem Hugo Lugdunensis fractae fidei, quod Victorem contra propriam sententiam et promissa sibi aliisque facta, humani aliquid passus ordinaverit. Plura habet ea de re in duabus epistolis ad comitissam Mathildem quam sibi conciliare atque ad suas partes attrahere nititur. In iis vero litteris ea refert quae adversus Victorem machinatus fuerat. *Cum,* inquit, *Ostiensis episcopus nobiscum bene per omnia cucurrisset, ut vidit quod abbas, sic Victorem appellare consuevit, per potentiam principis Jordani ad consecrandum se Romam ire intendebat; timens forte ne sua dignitate privaretur, si ab aliis prima manus consecratio ei imponeretur, conversus est in die belli; et immemor factus propositi, et factae nobis sponsionis, quod dicere pudet, cum abbate pacem faciens, reverentiam ei v*r omnia sicut papae exhibuit.* Verum quod Hugo in Odone occasione hujus ordinationis reprehendit, videtur esse laude dignum. Nam etsi forte aliquid in Victore reprehendendum fuerit, quod non ausim dicere, non tamen tanti esse poterat momenti, ut electio jam facta et ab omnibus, imo et ab ipso Hugone ejusque sequacibus (ut ipse fatetur, et ei Victor in concilio Beneventano exprobravit) approbata infirmari deberet; maxime cum periculum esset, si id Odo fuisset aggressus, ne ea occasione Ecclesia, tot jam procellis agitata, novo schismate vexaretur. Unde recte satius judicavit vir prudens Victoris electioni unanimi omnium Catholicorum assensu factae et confirmatae consensum praebere, quam specie majoris studii disciplinae ciere novos tumultus. Hinc merito Hugo ipse et cardinalis Richardus Massiliensis abbas, antea legatus apostolicus, qui soli videntur Victoris ordinationi contradixisse, in Beneventano concilio a Victore, caeteris Patribus hanc sententiam *judicio et auctoritate sua,* ut habet Petrus in Chronico Casinensi, approbantibus, communione privati sunt, quod sese ipsi a caeterorum Catholicorum unanimitate sejunxissent. Et quidem Mathildis, quam duabus epistolis Hugo sollicitaverat, a Victoris obedientia retrahi non potuit. Hugonem vero ipsum hac in re, sicut et Richardum, quod Odoni exprobrabant, aliquid humani passos fuisse, eorum agendi ratio satis superque ostendit. Etenim, ut Victor ipse in concilio Beneventano coram Patribus exposuit, antequam Victor suae electioni consensisset, cum ad pontificatum suscipiendum Hugo et Richardus simulate adhortabantur, subjectionemque ei omnem tunc spondebant; quod sperarent eum in sua sententia perseveraturum, ac sic alterutrum ex ipsis ad pontificatum, quem ille pervicaciter recusabat, perventurum; at cum Victor assensum tandem praebuisset, nulla eis relicta adipiscendae hujus dignitatis spe, nisi Victor ipse pelleretur, *conceptam ambitionis flammam,* ut aiebat pontifex in concilio mox laudato, *clibanus exturatus evomuit.* Illi nempe sua exspectatione frustrati, fere in apertum schisma eruperunt, Odonemque, quod Victorem ordinasset, vituperare et conviciis onerare ausi sunt. Verum, cum illi hunc naevum postea, ad Ecclesiae unitatem redeundo, abluerint, ipseque Hugo in secunda ad Mathildem epistola contestatus fuerit se nunquam a caeterorum Catholicorum communione discessisse, parco de hujusmodi culpa diutius disserere, ne cineri illorum atque ossibus dolorem inurere voluisse videar. Moneo tantum alteram ex duabus Hugonis ad Mathildem epistolis insertam ab Hugone Flaviniacensi fuisse in Chronico Verdunensi, alteram vero ex ms. cod. Cluniacensis monasterii editam esse tom. II Spicilegii Acheriani; Acta denique concilii Beneventani legi apud Petrum Diaconum l. III Chronici Casinensis. At Urbani epistolas, quas sibi ab Hugone Cluniacensi monstratas fuisse dicebat Hugo, in quibus pontifex Cluniacenses monebat, ut sese ab ejusdem Hugonis et Richardi Massiliensis abbatis communione removerent, nusquam vidimus.

XXII. *Victoris III mors. A quo vicarius et successor designatur Odo.*

Dignitatem quam aegre adeo susceperat Victor haud diu retinuit. Etenim cum Beneventi, ubi concilium celebrabat, in morbum lapsus, exitus sui diem imminere persensisset, Casinum statim rediit, ibique Oderisio sibi in monasterii regimine substituto, episcopos et cardinales qui in ejus comitatu erant convocavit, eosque monuit ac præcepit, uti narrat Petrus libro III Chronici Casinensis, capite 75, ut Odonem Ostiensem episcopum, post suam ipsius mortem, quam proxime eventuram esse non dubitabat, juxta Gregorii morientis votum in Romanum pontificem eligerent : *Quem, quia præsens aderat, manu apprehensum cæteris episcopis tradidit, dicens : Accipite eum et in Romana sede locate; meamque vicem in omnibus, quousque id facere possitis, habete.* Paulo post, mense scilicet Septembri, Victor moritur; sed ejus successoris electio, ob temporum difficultates, in sequentem annum dilata est.

XXIII. *Urbani III electio. Litteras ea de rescribit, ex quibus aliquot supersunt.*

Decursis a Victoris obitu sex circiter mensibus, de successore tandem actum est. Conventus ea de re apud Terracinam Campaniæ Romanæ urbem, mense Martio, anno 1088, habitus est, in quo Catholicorum omnium unanimi consensu simul et applausu Odo episcopus Ostiensis Romanus pontifex renuntiatus fuit sub *Urbani II* nomine. Nemo autem non laudavit quod Odonis generis nobilitas, animi mansuetudo, suavitas morum, vitæ innocentia, in tractandis negotiis prudentia et dexteritas, in adversis constantia insuperabilis, aliæque virtutes, quæ maximum pontificem decent, omnibus essent notæ. Eum nebulosis illis temporibus, *a Deo Israel maximum principem contra allophylos constitutum* fuisse scribit Ordericus Vitalis libro VIII, cui *Dominus turrem David cum propugnaculis contra faciem Damasci committeret.* Tum eum sic repræsentat : *Hic erat natione Gallus, nobilitate et mansuetudine clarus, civis Remensis, monachus Cluniacensis, ætate mediocris, corpore magnus, modestia discretus, religione maximus, sapientia et eloquentia præcipuus.* Urbani electionem laudat quoque Domnizo, lib. II, cap. 7, ubi eum ob eloquentiam *rhetorem* appellat, qui, inquit, *ut Salomon dicebat, et considebat ut justus Leo.* Eumdem *doctrina et sanctitate vitæ quovis grandi magistratu dignum fuisse* Platina asseverat.

Venia autem dignus est Bertoldus, qui in Germania constitutus contra aliorum auctorum testimonium, et ipsius Urbani epistolas, scripsit hanc electionem Romæ fuisse factam, at a cæteris in celebrandis hujusce pontificis laudibus non dissentit. *Romæ,* inquit, *cardinales et episcopi, et reliqui de clero et populo catholico Ottonem Ostiensem episcopum, religione et eruditione celebrandum, papam* CLXI *ordinaverunt; eique nomen Urbani secundi indiderunt,* IV *Idus Martii.* Hac ipsa eadem die Urbani electio consignatur in brevi Chronico Cavensi ad cyclos paschales; imo et in ipsis Urbani litteris, quas ea de re scripsit.

Et quidem Bertoldus testatur novum pontificem statim post suam electionem litteras encyclicas per totum orbem Christianum misisse. *Insequenti,* inquit, *die, missis litteris omnibus Catholicis, et suam ordinationem omnibus declaravit, et se in omnibus vestigia sui prædecessoris piæ memoriæ Gregorii papæ observaturum denuntiavit.* Testis est Domnizo, lib. II, cap. 5, Urbanum tunc aut certe paulo postea ad Mathildem comitissam scripsisse, ut eam ad perseverandum in tuenda adversus schismaticos sedis apostolicæ causa adhortaretur. Cæterum non epistolas modo, sed etiam legatos ab Urbano in diversas plagas missos fuisse tradit Ordericus libro laudato, ut principes Christianos in fide et unitate confirmaret. *Confisus in Domino cælorum,* ait hic auctor, *qui non relinquit virgam peccatorum super sortem justorum, misit legatos et epistolas Romanæ auctoritatis Francis et Græcis, aliisque gentibus per orbem constitutis, ut in fide catholica irrefragabiliter persisterent et omnem scissuram a lege Dei et corpore Christi, quod est Ecclesia, callide præcaverent.*

Aliquot ex epistolis illis, ab Urbano statim post suam electionem scriptis, supersunt. Una inscripta est Salisburgensi metropolitano, aliisque Germaniæ episcopis catholicis, quos ad perseverantiam in Ecclesiæ catholicæ obedientia paucis, sed maxime efficacibus, verbis adhortatur. Alteram scripsit ad episcopos Viennensis in Gallia provinciæ, in qua, post significatam eis suam electionem, illos monet ut suæ metropoli succurrant, quæ ob diuturnam sedis vacationem jacturas graves patiebatur. Eadem occasione, eodemque tempore, pontifex ad Hugonem abbatem Cluniacensem, suum olim in disciplina monastica magistrum, scripsit, qua verbis tenerrimis eum adhortatur, ut quanto citius fas ei fuerit Romam accedat, ipsi, ad tam grave onus portandum opem allaturus. Similes litteras, sed quæ exciderunt, Raynaldum Remorum antistitem ab Urbano recepisse conjicit Marlotus tomo II metropolis Remensis, ex charta initio anni sequentis data, in qua Raynaldus, invitante Urbano, se Romam adire testatur. An etiam ad Anglorum antistites, quorum primam sedem tunc obtinebat beatus Lanfrancus Cantuariæ archiepiscopus, scripserit novus pontifex haud certum est : at ex sancti Anselmi Gestis colligitur Urbanum ante ejusdem sancti electionem nec admissum nec rejectum in Anglia fuisse.

XXIV. *Urbanum omnes amant.*

Tanta autem erat apud omnes de Urbano opinio, ut nullus eum non amaret, nullusque pro vero et optimo pontifice eum libenter non agnosceret, præter Henricum Augustum, ejusque sequaces : quos tamen adeo, pro sua prudentia et lenitate morum demulsit, ut plerosque illorum puderet se tam amabili, tam sancto viro adversari. Hinc sub ejus vitæ finem vix aliqui supererant qui Guiberto pontifici adhærerent. *Solus,* inquit Ordericus, *Henricus Theutonum princeps et pedisequi ejusdem Guiberto adhærebant; Galli vero et Angli, aliæque gentes pene omnes per orbem Urbano pie obsecundabant. Quin et Pisani,* ut habet Bertoldus, *Genuenses et alii multi ex Italia,* debellato uno ex Africanis regibus, *eum apostolicæ sedis tributarium fecerunt.* Cujus expeditionis meminit Chronicon Pisanum, in quo duæ munitissimæ urbes die sancti Xixti captæ memorantur.

XXV. Particularis ejus electionis descriptio ex Chronico Casinensi.

Huc usque varios auctores, qui data occasione summatim de Urbani electione scripserunt, laudavimus: jam vero proferre libet egregiam ejus descriptionem, quam Petrus diaconus libro IV Chronici Casinensis cap. 2 inseruit, ubi omnem ejus seriem cum singulis circumstantiis fuse et particulatim explicat.

« Post mortem Victoris tristitia ingens et desperatio cunctos nostræ partis invasit; et jam fere quid agerent, vel qualiter se de Ecclesia intromitterent, ignorabant. Episcopis circumquaque dispersis frequentes nuntii, crebrique legati tam Romanorum quam Ultramontanorum et comitissæ Mathildæ ad eosdem episcopos transmissi, hortabantur pariter ac rogabant ut... in unum convenientes caput facere Christianitatis satagerent: membra Dei auxilio capiti non defutura. Tandem itaque rursum in unum coadunati, una cum abbate nostro Oderisio miserunt litteras Romanis clericis ac laicis, Sancti Petri fidelibus, ut quotquot ex eis possent, prima hebdomada Quadragesimæ, Terracinam venirent: quotquot vero non possent, assensum suum in persona, quam ipsi concordi voto eligerent, propriis litteris repræsentarent. Similiter etiam miserunt litteras universis circumquaque per Campaniam, Principatum, atque Apuliam manentibus episcopis atque abbatibus, ut quicunque possent absque canonica excusatione per seipsos ad prædictum locum et tempus occurrerent; non autem valentes, aut per idoneas personas, aut certe per litteras, consensum suum transmittere perstuderent. Factum est, et quarta feria primæ hebdomadis Quadragesimæ, VIII scilicet Idus Martii, congregati sunt apud Terracinam Campaniæ civitatem cum episcopis et cardinalibus Romanis supra nominatis, atque cum nostro abbate Oderisio, archiepiscopi, episcopi, atque abbates ex diversis partibus, numero quadraginta; ab urbe autem Roma, Joannes Portuensis episcopus, omnium cardinalium et clericorum catholicæ duntaxat parti faventium; Benedictus vero præfectus, universorum laicorum fidelium legationem et consensum unanimem per litteras attulerunt. Legatorum autem Ultramontanorum et Mathildæ comitissæ nonnulli interfuerunt, orantes instanter ut eidem propter quam convenerant rei, cum auxilio et gratia Spiritu sancti, ita studerent ut læta illis a quibus legati fuerant nuntia referre valerent. Altera igitur die, convenerunt omnes pariter ad episcopium prædictæ civitatis in ecclesia beati apostolorum principis et sancti Christi levitæ Cæsarii, et cum resedissent, surgens in medium Tuscanensis episcopus, retulit per ordinem omnia quæ de ordinatione Ecclesiæ, vel papa Gregorius antea, vel postmodum papa Victor statuerant, simul etiam quam ob causam ipsimet universi tunc in eodem loco convenerant. Dehinc surgens A episcopus Portuensis, et Benedictus præfectus, retulerunt et ipsi tam clericorum quam laicorum fidelium a Roma super hoc negotio legationem pariter atque consensum; videlicet, ut quemcunque ipsi tunc unanimi voto ad hoc officium promoverent, eumdem omnes pari et simili consensu in apostolica sede statuendum reciperent. Cumque hujus monasterii abbas et archiepiscopus Capuanus, et ad postremum qui convenerant, benefactum recteque dictum laudassent.... statuerunt demum communi consilio, ut per tres illos dies, id est quintam et sextam feriam, ac Sabbato triduanum specialiter jejunium celebrarent in abstinentia et orationibus ac eleemosynis, divinitus ostendi sibi personam tantæ dignitati condignam continuis precibus impetrarent. Dominica itaque die valde mane omnes iterum in eadem ecclesia congregati, cum inter se pariter nonnulla de re hujuscemodi tractavissent, exsurgentes tres cardinales episcopi, qui caput ejusdem concilii erant, Portuensis scilicet, Tusculanensis et Albanensis, ambonem ascenderunt, factoque silentio, uno simul ore pronuntiant Ottonem episcopum placere sibi in Romanum pontificem eligendum. Cumque utrum omnibus idem quoque placeret, sicut est consuetudo, requirerent; repente mirabili ac summa concordia, omnes magna voce hoc sibi placere, dignumque illum universi conclamant apostolicæ sedis papam existere. Tunc Albanensi episcopo pronuntiante, *Urbanum* illum placere vocari; mox cuncti surgentes capiunt, eumque cappam laneam exuentes, purpuream induunt, et cum acclamatione, atque invocatione Spiritus sancti ad altare beati Petri apostoli illum pertrahentes, in pontificali solio ponunt quarto Idus Martii; sicque ab eodem pontifice missa solemniter celebrata, universi gaudentes, Deoque gratias referentes, redierunt ad sua. Hæc Petrus diaconus, quibus jungenda quæ ipse Urbanus habet in epistolis supra laudatis

XXVI. Pontifex Casini miraculo sanatur. Inde assumit Joannem diaconum.

Narrat idem Petrus libro IV, cap. 5. Urbanum post suam electionem sacrum Casini montem invisisse, ibique sancti Patris Benedicti meritis a gravissimo lateris dolore, quo frequenter afflictari solebat, tuncque vehementer afficiebatur, liberatum fuisse. Subjungit Petrus hoc miraculum testimonio sui *corporis* apud Casinum *præsentiæ* a beato Benedicto patratum fuisse, quod, inquit, ea de re pontifex dubitare videretur (*Bullar. Casin.* t. I, p. 12). Et quidem vulgati auctores bullam Urbani ea occasione datam laudant. Sed hæc a Baronio ad annum 1088, aliisque viris doctis, veluti spuria rejicitur. De hujus sinceritate alii judicabunt: at dissimulare non licet eam ob notarum chronologicarum defectus, et rerum in ipsa contentarum insolentiam, imo ipsum etiam stylum apud cordatos homines et eruditos in falsi suspicionem non immerito venisse. Et quidem licet nolimus inficiari Urbanum sancti Benedicti meritis in sacro monte sanitatem recuperasse, haud tamen admittimus, quod ille auctor narrat, sanctum Patrem pontifici apparuisse, ut eum de praesentia sui ipsius corporis apud Casinum, quam antea non credebat, faceret certiorem. Liquet enim ex aliis passim locis, Petrum ejusmodi historiolas occasione miraculorum reipsa a sancto Benedicto patratorum passim suis narrationibus immiscuisse, quae cum rerum gestarum veritate stare non possunt.

Si eidem auctori credamus, Urbanus monasterium Casinense rursus invisit paulo ante Trojanum synodum. *Quo tempore*, inquit, cap. 7, *supradictus papa Urbanus iterum ad has partes deveniens Joannem Cajetanum loci hujus, id est Casini, monachum diaconum in Lateranensi patriarchio ordinavit.* At Joannis promotio, ut in hunc locum observat Angelus de Nuce, ad primum Urbani accessum revocari debet, idque compluribus et indubitatis diplomatibus certum est, quae a Joanne hoc ipso anno 1088 Urbani pontificatus primo subscripta passim reperiuntur. Certe hanc notam diserte habent Urbani litterae pro primatu Toletanae Ecclesiae in Hispaniis, privilegium Cluniacense, et alia quibus subscripsit Joannes *praesignatoris* titulo usque ad annum 1089 quo cancellarii dignitatem obtinuit.

XXVII. *Bantinum monasterium dedicat et privilegio donat; quod violatum denuo firmatur.*

Adhuc in Casinensi monasterio versabatur Urbanus, cum a Rogerio duce et fratre ejus Boamundo, Roberti Guiscardi filiis, simul et ab Ursione abbate monasterii Bantini prope Acheruntiam in Apulia siti, invitatus est, ad ejusdem loci ecclesiam in honorem beatae Mariae consecrandam. Quod cum fecisset pontifex, illorum principum eorumque *comitum et baronum* interventu, idem monasterium maximis praerogativis donavit. Quae fusius in diplomate ea de re donato explicantur. Illud privilegium inter Urbani epistolas primum locum obtinet in editione conciliorum Labbeana, sed sub hoc falso titulo : *De ecclesia Sanctae Mariae Casinensis monasterii a se consecrata et privilegio munita.* Exstant apud Ughellum, tomo VII Italiae sacrae, ubi de Acheruntinis archiepiscopis litterae Paschalis secundi, quae hoc ipsum Urbani privilegium confirmant. Quin et cum Apuliae quidam proceres, Rogerio procul dubio atque Boamundo alio intentis, monachos ejusdem loci, direptis etiam monasterii bonis et chartis, vexarent; Urbanus ea de re ad Rogerium et ejus fratrem scripsit, ut sua auctoritate temerarios illos compescerent, minatus insuper se sacrilegos adeo homines anathemati subjecturum, nisi brevi resipiscerent.

Papae monitis obsecundarunt pii principes, monasteriumque novo privilegio munierunt, quod ab ipsis aliisque comitibus et nobilibus viris subscriptum est; ne chartarum et diplomatum quae perierant jactura, detrimentum aliquod locus ille sacer pateretur. In novo autem illo instrumento Rogerius ac ejus frater Boamundus inter caetera sibimet ipsis gratulantur, quod eorum opera summus ipse pontifex propriis manibus hujus monasterii ecclesiam consecrasset. Tum laudant privilegium ab eodem pontifice concessum, quod *triginta duobus catholicis Patribus innixis singulis pastoralibus virgis, astantibus, praesente comitum et baronum innumera multitudine*, roboratum fuisse testantur. Et, ne quid loci tutelae firmitatis deesset, narrant quibus conditionibus id a pontifice praestitum fuerit. *Monasterium ipsum*, inquiunt, *dominus papa consecrare omnino renuit, priusquam idem et omnia sua in nostra et haeredum nostrorum speciali cura et defensione omnimoda reciperemus, et convicini comites et barones qui aderant, apostolica jussione evangelicis sacramentis astricti, eidem monasterio et rebus omnibus suis pacem et defensionem perpetuam, et generalem libertatem se ubique custodire promitterent.* Tum recensent varias donationes a seipsis factas, confirmantque et augent monasterii immunitates. Quia vero privilegii quod ab Urbano datum fuerat autographum simul cum aliis chartis direptum, non amplius inveniebatur, curarunt providi principes, ut aliud ejus exemplar authenticum describeretur, quod primi locum et auctoritatem haberet. Digna sunt eorum verba quae hic inserantur. *Nos*, aiunt, *tacti dolore intrinsecus, et extrinsecus aspersi rubore, quoniam labor debitae nostrae sollicitudinis pretiosum apostolicum instrumentum, nostris supplicationibus constitutum, et subreptum tempore nostro nunc usque reperiri non potuit; secundum quod fideliter ab eo exemplatum invenimus, nostra nostrorumque comitum et baronum pari memoria protestante, praesens hoc simile liberatorium scriptum per manus magistri Theodosii nostri notarii scribi mandavimus, et plumbea bulla, nostro solito typario impressa confirmari*, etc. Quae apud Baronium habentur ad annum 1090, ubi instrumentum istud datum Canusii mense Julio, indictione XIII, integrum habetur, cum Rogerii Boamundi aliorumque optimatum subscriptionibus.

XXVIII. *De falso instrumento dedicationis Cavae.*

Ex his autem facile intelligitur quantum a vero aberraverit Ughellus tomo VII Italiae sacrae, ubi in catalogo antistitum Acheruntinorum hanc Bantini monasterii dedicationem ad annum 1093 ex veteri, ut putat, monumento revocare conatur. Etenim quamvis inficiari nolimus Urbanum anno 1093, aut etiam aliis temporibus, ut innuit Petrus diaconus in continuatione Chronici Casinensis, Casinum invisere potuisse, imo et eum in Apuliam cum memoratis principibus variis temporibus non semel convenisse, si tamen certa sunt monumenta quae numero superiori laudavimus, et sane illa esse certa haud dubitari potest; vix ultra annum 1088 differri potest hujus dedicationis celebritas. Etenim anno 1090 quo datum est secundum illud Rogerii et Boamundi instrumentum, jam a celebrata dedicatione aliquod, et qui tem satis longum temporis intervallum effluxisse debuerat, ut non solum Apuliae proceres immemores suorum promissorum, Bantini monasterii bona et chartas diripuerint; sed etiam ut tempus habuerit

Urbanus, instante Ursione abbate, jam dictos principes commonendi, ut tantum scandalum sua auctoritate comprimerent. Quod re ipsa mense Julio, uti fert, eorum diploma, coactis totius provinciæ viris nobilibus anno ipso 1090 jam fecerant.

Jam vero, si libeat, dicere quid de hoc Ughelli monumento sentiamus. Illud ad Bantinum monasterium nihil pertinere, sed aut ab aliquo nebulone confictum fuisse, aut certe ad monasterium Cavense referri debere, nobis videtur. Et quidem *monasterium sanctæ Mariæ de Pauso, vulgariter Doventum nuncupato*, quod in ea charta memoratur, nemo novit; nec nisi divinando Ughellus, ac post eum Lubinus in Notitia abbatiarum Italiæ, et forte alii nonnulli recentiores illud esse monasterium Bantinum conjecerunt. Si vero hoc qualecunque instrumentum simul cum Cavensis monasterii privilegiis et dedicationis ejus historia conferatur, ex iis plane illud consarcinatum fuisse, quisque facile advertere poterit : quod probant sanctissimæ Trinitatis mentio, indulgentiæ utrobique eædem, dedicatio utraque mense Septembri facta, eædem gratiæ utrique loco ac ecclesiæ Compostellanæ indultæ, bulla in favorem novæ dedicationis utrobique Salerni mense Octobri data, et alia quæ huc appellare non vacat. De Cavensi dedicatione infra ad annum 1092 agemus.

XXIX. *Urbani iter in Siciliam.*

Urbanum eodem anno in Siciliam transmisisse, non modo recentiores auctores, sed ipse etiam testatur Gaufredus Malaterra, monachus Benedictinus, auctor illorum temporum accuratus, qui res Rogerii comitis gestas, ipso adhortante, quatuor libris conscripsit. Is narrat libro IV, cap. 13, Rogerium Siciliæ comitem, fratrem Roberti Guiscardi, adeoque alterius Rogerii ducis Apuliæ et Boamundi patruum, *anno* 1088 *inchoante Aprili* Buceram Siciliæ urbem obsedisse, ibique suscepisse Urbani legatos *cum litteris sigillatis*, quibus invitabat eum pontifex, ut Troinam, quo ipse properabat, quam posset celerrime accederet, secum de rebus gravibus colloquium habiturus. Adfuit, condicto die, comes, ut prosequitur ille auctor, et finito colloquio pontificem *multis donariis honoratum dimisit*. Quid vero negotii inter eos agerelur, Gaufredus diserte non retulit, nisi forte id fuerit quod subjungit de Constantinopolitano imperatore, Alexio Comneno, quem Urbanus missis *ante paucos dies*, id est statim post suam in pontificatum electionem, legatis Nicolao abbate Cryptæ ferratæ, et Rogerio diacono, *paterna increpatione commonuerat*, quod in provinciis sibi subjectis Latinos sacerdotes, abjectis azymis, in pane fermentato sacrificare cogeret. Addit idem auctor imperatorem, suscepta humiliter pontificis increpatione, cum per eosdem *legatos* ex itinere jam reversos invitasse *chartulis litteris aureis scriptis*, ut intra unius anni et dimidii terminum in Græciam veniret; ad tractandum ea de re in concilio apud Constantinopolim celebrando : sicque communi utriusque gentis consensu pax firma in Ecclesia sanciretur. Hoc quidem, ut refert idem auctor, Rogerius Urbano consulebat; sed veritus pontifex ne, se absente, Guibertini, qui Romæ potentes erant, omnino prævalerent, illud iter aggredi ausus non est : et eosdem aut certe alios legatos sui loco Urbanus ad imperatorem iterato misit, qui pacem anno sequenti utcunque cum illo composuerunt. Certe urgentissimum et quidem improvisum aliquod magni momenti negotium huic in Siciliam itineri occasionem præbuisse inde colligimus, quod pontifex, qui ante aliquot dies Casini versabatur, imo et in Apulia ad Bantinam ecclesiam dedicandam cum Rogerio et Boamundo comitis Rogerii ex fratre nepotibus nihil aliud cogitans accesserat, Terracinam reversus, repente dimissis omnibus in Siciliam *longo itinere*, uti Gaufredus habet, *fatigatus* transmiserit, ut cum Rogerio colloqueretur, qui hoc anno captis, ut refert Lupus Protospata, Syracusis, Bruceram, ut ex Gaufredo diximus, tunc, *mense* scilicet *Aprili*, obsidebat. Aiunt vulgati apud Rocchum Pyrrhum in Sicilia sacra auctores Urbanum ea occasione in sacello quodam subterraneo cathedralis ecclesiæ Troinensis missam celebrasse, atque in ejus rei memoriam appositam fuisse inscriptionem, qua vetitum est ne deinceps in locum illum mulieres ingrederentur.

XXX. *Anselmo archiepiscopo Mediolanensi mittit pallium,* etc.

Respirabat tunc Mediolanensis Ecclesia sub Anselmi catholici viri pontificatu, qui ante aliquot annos in locum Tedaldi schismatici suffectus, baculum a rege susceperat, ob id ne, aut certe ob aliquam aliam causam, quam incertam esse Ripamontius dicit, in Gregorii pontificis offensionem incurreret; sed ei post modum pœnitenti culpam condonavit Urbanus, atque ipsi in solium, quod sponte dimiserat, restituto ac confirmato, pallium per Herimannum cardinalem misit cum epistola, cujus solum superest fragmentum in Urbani Vita, quod referetur inter ejus epistolas. Idem ferme præstitit Urbanus erga Henricum Suessionensem episcopum, qui cum episcopatus investituram a Philippo rege accepisset, Romam veniens coram pontifice sponte dignitatem abdicavit : huic tamen renitenti et nolenti præcepit Urbanus, ut sedem repeteret, accepto juramento se nunquam iis, qui a sede apostolica fuissent excommunicati, communicaturum esse, aut interfuturum eorum consecrationibus, qui per nefas episcopatus vel abbatias occupassent. Idem factum fuisse Belvacensi episcopo tradit Pandulfus in Vita Urbani, id quod etiam Platina testatur. Redeo ad Anselmum Mediolanensem.

Huic Urbanus litteras scripsit de reconciliatione lapsorum, ex quibus lvo parte IV, c. 407, decretalem epistolam excerpsit, quæ passim edita, sed multum ex vulgato Anselmo Lucensi aucta, dabitur inter Urbani litteras, cum duobus aliis canonibus, in concilio Belvacensi anni 1114 nostro pontifici pariter attributis, quorum primus *clero,* alter *populo Medio-*

tanensi inscriptus est. Hunc utrumque canonem, etsi nonnulli censeant Alexandro II tribuendum esse, Urbano abjudicare visum non est, cum forte simili malo idem omnino remedium ab utroque pontifice adhibitum fuerit. Neque enim insolens videri debet unum et eumdem canonem a duobus pontificibus promulgatum fuisse. Nam canon *presbyterorum filios*, dist. 56, cap. 1, magna ex parte repetitur c. 11, *Nisi aut*, qui Urbano utroque in loco assignatur, et reipsa inter Melphitani et aliorum Urbani conciliorum decreta occurrit: et tamen in concilio Belvacensi supra memorato dicitur esse Gregorii VI et Urbani II. Et apud Ivonem parte vi, c. 410, Gregorii VII et Urbani II. Visum est aliquando mihi, idem ferri posse judicium de canone *clerico jaciente* dist. 50, c. 37, quod ex Urbani epistola *ad Guernerium Narbonensem*, antequam pontifex fieret, defunctum, decerptus diceretur. At postmodum a viris doctis didici errorem in titulum irrepsisse, legendumque esse. *Guernerio Mersburgensi*, qui reipsa Urbani II tempore vixisse memoratur. Quare illum canonem sub sincero ejus titulo referemus in appendice. Quo autem anno hæc ad Guernerium epistola scripta fuerit, haud liquet. Bucelinus observat Guernerium pro Gregorio VII stetisse, et tamen inter episcopos catholicos qui concilio Quintiliburgensi anno 1085 subscripserunt, legitur Bernardus Mersburgensis, an idem qui Wernarius seu Guernerius dictus sit, Bucelinus quippe Bernardum non recenset.

XXXI. *Ecclesia Cremonæ dotatur.*

Hoc ipso anno ecclesiam collegiatam Sanctæ Agathæ apud Cremonam, quam Gregorius VII ampliaverat, Urbanus dotavit, attributis ei ecclesiarum Sancti Valerii et Sancti Christophori, prope eamdem urbem sitarum, reditibus, ut refert Joseph Bresceanus in Chronico Cremonensi ms. quod præ manibus habemus. Clericos sæculares hujus basilicæ in regulares canonicos mutasse circa annum 1090, dicitur idem pontifex apud Merulam, sed illi postea ad sæcularem statum rediere. Aliud privilegium hoc etiam anno indulsit Urbanus monasterio Sanctæ Crucis Saxivivi, in territorio Fulginensi, quod Mainardo ejus auctori et primo abbati inscriptum dicitur in ejusdem loci Chronico italico. At ejus exemplar habere non licuit, sicut nec alterius quod hoc ipso anno datum fertur Petro abbati Carrofensi apud Pictones in Gallia, quanquam istud, si non fallor, aliud non est ab eo quod anno 1096 eidem monasterio concessum suo loco dicemus.

XXXII. *De rebus Hispanicis. Turbæ in Ecclesia Iriensi. Concilii Fussellensis tempus. Primatus Ecclesiæ Toletanæ restitutus.*

Quod ad res Hispanicas attinet. Augebatur ibi quotidie novis incrementis catholica fides Christianorum principum fortitudine, qui pulsis Mauris urbes præclaras, et provincias interdum integras recuperabant. Auctor Indiculi rerum Aragonicarum a Pistorio tom. III Hispaniæ illustratæ editi habet Urbanum Alfonso Aragoniæ regi ejusque successoribus et regni proceribus condonasse, ut decimæ in ditionibus quas a Mauris recuperarent, ab eis reciperentur, exceptis episcoporum sedibus et dignitatibus.

At sedente Urbano, non Alfonsus, sed Sancius et Petrus Arragoniam obtinebant; quare id, ni fallor, intelligendum est de Petro, cui Urbanus hanc facultatem indulsit. Etsi id etiam Alfonso regi concessum dicatur, id referri debet ad Aldefonsum seu Alfonsum Legionis et Castellæ regem tunc inter reges Hispanos eminentem, qui, recepto ante aliquot annos ex Barbaris Toleto, *imperatoris Hispaniæ* titulum accepit curavitque ut ei urbi Bernardus monachus Cluniacensis, qui tum monasterio Sancti Facundi præerat, archiepiscopus præficeretur. Atque ea fuit occasio renovandi hujus Ecclesiæ antiqui splendoris, quem diuturna Barbarorum dominatio obscuraverat.

Iriensi Ecclesiæ, cui tunc suberat urbs Compostella, jam ab aliquot annis præfecerat rex Sancius Didacum, virum haud ignobilem, sed qui, ut ait auctor Historiæ Compostellanæ, adeo externis curis implicitus erat, ut interiora non satis curaret. Hunc nescio quo casu commotus Alfonsus in vincula conjecit, unde magna tumultuatio, turbæ ingentes in hac Ecclesia concitatæ. Cum itaque omnia pessum irent, nec celeberrimæ Ecclesiæ, quæ jam tunc beati Jacobi reliquiarum possessione gloriabatur, cladem æquo animo ferre valerent viri probi, Alfonsus ut hanc a se injuriam amoliretur, alium episcopum in Didaci locum intrudere conatus est. Opportunam hujus concilii exsequendi occasionem offerebat ei, ut quidem ipsi videbatur, synodus apud sanctam Mariam de Fusellis, quam tunc Ricardus Sancti Victoris abbas, legatus sedis apostolicæ a Gregorio VII in Hispaniis institutus, congregaverat. Quare immissis subornatoribus, persuasum est callide Didaco ut, si vellet absolvi a vinculis, se reum in concilio fateretur, et humilitate procul dubio cor regis emolliendum fore, nec aliam ei superesse obtinendæ libertatis viam. Assensit ille, sed res alio vertit quam ipse putaverat. Quippe cum Alfonsus in concilium venisset, adductusque, eo jubente, fuisset Didacus, atque uti edoctus fuerat, virga et annulo in manus legati consignatis, episcopali dignitate coram omni populo se indignum proclamasset, statim pronuntiavit legatus cum episcopali dignitate decidisse, licentiamque dedit alterum in ejus locum substituendi. Nec mora, Petrus Candidiniensis abbas, qui data opera præsto erat, a rege designatus in episcopum, statim assumptus atque consecratus est. Is Biennio rexit Ecclesiam Iriensem, ad annum scilicet 1091, quo in Legionensi concilio a Rainerio apostolicæ sedis legato exauctoratus fuit, cum jam Ricardus, re ad Urbanum delata, apostolica legatione spoliatus fuisset. Hæc omnia discimus ex veteri Historia Compostellanæ

Ecclesiæ quæ initio sæculi duodecimi, jubente altero Didaco, primo Compostellæ archiepiscopo scripta est a Geraldo ejus familiari. Ex hac Historia ea quæ ad rem nostram pertinent referemus in Appendice, excerpta anno 1703 ex eod. ms. doctissimi Ferreræ apud Madritum parochialis ecclesiæ rectoris, a viro cl. Joanne *Lé Grand*, cum esset a secretis illustrissimo abbati Estræo, qui tum Christianissimi regis legatione ad Philippum V Hispaniarum regem in ea urbe fungebatur.

Inter cætera vero quæ ex eadem Historia discimus, illud sane observatione dignum est quod inde facile colligi possit quo tempore celebratum fuerit concilium Fussellense, variis temporibus ab auctoribus Hispanis assignatum. Non enim ad annum 1135 revocari debet, ut putavit Sandovallius, aut ad Paschalis II pontificatum, ut visum est piæ memoriæ cardinali Aguiri ordinis Benedictini splendori, qui illud cum Palentino in quo, ut legitur in Vita beati Geraldi, recitatum fuit Bracarensis Ecclesiæ privilegium, confudit : sed anno 1088 desinente, aut sequentis initio celebratum fuisse dici debet. Nam Petrus abbas, qui ejus concilii tempore, aut saltem statim atque finitum fuit, Iriensem Ecclesiam occupavit, post duos regiminis annos exauctoratus fuit a Rainerio legato sedis apostolicæ, in concilio Legionensi, quod ex omnium consensu anno 1091 consignari debet. Ejusdem veteris monumenti ope multum illustrantur aliquot Urbani epistolæ, in quibus pontifex vehementer conqueritur apud Alfonsum regem, de captivitate *episcopi sancti Jacobi*, ac de ejusdem illegitima exauctoratione, a Richardo contra regulas attentata. Hinc etiam discimus cur Urbanus, ablata Richardo legatione, vices suas in Hispania Bernardo Toletano antistiti commiserit. Cætera suis locis exponentur.

Cum itaque his turbis Galliciæ agitarentur, Bernardus jam consecratus Toleti episcopus, ut plerique existimant, quod quidem verisimilius est, aut certe solummodo ad hanc sedem designatus, si, ut alii volunt, verum sit eum ab Urbano, quod ipse nunquam dixit, consecratum fuisse, Romam venit adversus Richardum, si Roderico Toletano credamus, conquesturus, vel, ut aliis placet, ad visitanda apostolorum limina, et ut obsequia sua novo pontifici, sive ille fuerit Victor, ut quidam dicunt, sive successor ejus Urbanus, quod magis videtur antiquis monumentis consentaneum, deferret : eo etiam intendebat ut ea occasione antiquorum Ecclesiæ Toletanæ privilegiorum obtineret restitutionem : quod colligi potest, imo diserte habetur in Urbani epistolis. Certe Bernardum cum litteris commendatitiis Alfonsi regis venientem benigne ab Urbano exceptum fuisse testatur ipse idem pontifex in epistola ad eumdem regem, qui in altera ad Hugonem Cluniacensem, ait Bernardum a se *reverenter* fuisse *exceptum*, tum ob ejus commendationem, tum ob ipsius Bernardi, et sedis Toletanæ,

quam regebat, reverentiam. Hinc statim eidem primatum in cæteras Hispaniarum Ecclesias Urbanus contulit, data bulla Anagniæ Idibus Octobris hujus anni, in qua pallii privilegium, et primatum in Hispaniis se ei conferre declarat, ad id *precibus Ildefonsi regis* excitatus, ob antiquas Ecclesiæ Toletanæ prærogativas. Qua de re non regem modo aut Hugonem abbatem, sed etiam universos Hispaniarum archiepiscopos certiores fecit. Litteras vero quas hujus rei causa scripsit pontifex, etsi notis chronologicis careant, ad hunc annum pertinere nemo non videt. Præmissum Toletanæ Ecclesiæ privilegium in Appendice locum habebit, sicut et Gregorii IX de eadem re rescriptum ad Rodericum Toletanum archiepiscopum, qui privilegiorum Ecclesiæ suæ exemplaria sua authentica ab eo pontifice postulaverat. Ipsas autem litteras edendas relinquimus laborioso eruditoque pontificiarum epistolarum collectori, ne repetita sæpius earumdem rerum editione litteratis librorum emptoribus oneri simus.

XXXIII. *Artaldus Helenensis ab Urbano consecratur.*

Emersit circa illud tempus gravis controversia in provincia Narbonensi inter Artaldum electum Helenensem episcopum et Dalmatium ejus metropolitanum, qui eum ob Simoniæ suspicionem consecrare renuebat. Artaldus hanc repulsam passus Romam adiit, ibique præstito sacramento purgatus, ab Urbano ipso consecratus est. Id fusius, uti conjicere licet, descriptum erat in Urbani Gestis, ex quibus canonem Artaldus in suum decretum Gratianus invexit 8, q. 3, c. 2, ubi ille mendose, uti dicemus, *episcopus Arelatensis* appellatur. De quo errore cum hic canon ad Urbanum nostrum spectet, juvat hic paulo accuratius inquirere. Franciscus Bosquetus merito reprehendit Gratiani editores, quod pro *Arelatensis*, legendum esse *Electensis* censuerint, cum, inquit, certum sit Electensem Ecclesiam, etsi Narbonensi provinciæ ab initio subjectam, ante Joannis XXII tempora episcopali titulo ornatam non fuisse. At cæteris felicior non fuit vir eruditus in vulgata lectione propugnanda, quam retineri debere contendit, ut inde probaret Arelatenses episcopos olim Narbonensi metropolitano subjectos fuisse. Etenim nec Arelatensis Ecclesia unquam ad provinciam aut primatum Narbonensem pertinuit, nec inter Arelatenses episcopos Artaldus ullus usquam memoratur. Alia itaque solvendæ hujus difficultatis via ineunda est, quam videtur invenisse vir cl. Stephanus Baluzius in additis ad librum v De concordia sacerdotii et imperii cap. 41, ubi monet legendum esse in hoc canone *Artaldus Elenensis episcopus*, Helenensis quippe Ecclesia tunc temporis subjecta erat metropoli Narbonensi. Et quidem tunc vivebat Artaldus, qui Elenensem sedem eo sæculo desinente tenuit, ut confirmatur ex his verbis libri IV Marcæ Hispanicæ, *Artalli electi episcopi Helenensis mentio fit* VI *Idus Maii, anno* 27 *regnante Philippo rege.* Qui quidem Philippi annus si a patris ejus obitu computetur, ad annum 1088 revocari debet, quo reipsa Artaldum electum fuisse credimus, et sub ejusdem anni finem Romæ, quo post varias peregrinationes jam redierat Urbanus, consecratum. Laudat idem Baluzius duos codices vetustos ms. : unum scilicet Puteanum, qui nunc exstat in Bibliotheca regia, et alterum quem penes se servat, in quibus hic dicitur, *Artaldus Alanensis episcopus*, quæ lectio etsi mendosa, sinceram tamen quam propugnamus confirmat. His adde Urbani epistolam anno sequenti scriptam ad Raynerium apostolicæ sedis legatum, qua pontifex ei causam haud dubio istam, quæ inter episcopum Elenensem et Narbonensem metropolitanum versabatur, discutiendam committit. Hic exhibendus est locus integer ex decreto Gratiani, cum *Gesta Urbani secundi*, ex quibus hic canon depromptus dicitur, modo non habeantur.

Post electionem, pro indemnitate Ecclesiæ, licet electo juramentum præstare (8, q. 3, c. 2).

« Artaldus Arelatensis [*lege* Helenensis] episcopus, Narbonensis Ecclesiæ suffraganeus, Romam consecrandus ad dominum Urbanum papam venit, suus quippe archiepiscopus eum consecrare nolebat, quoniam post electionem suam propter bona Ecclesiæ conservanda canonicis juravit. Consecratus itaque est a domino papa Urbano, ante purgatus hujusmodi juramento. « De juramento quod canonicis nostræ Ecclesiæ feci post electionem, nullam conventionem ante ut eligerer feci. Narbonensis vero archiepiscopus nullius præter id criminis causa consecrationem nostram omisit, me sciente, neque mihi criminis conscius sum propter quod a sacra me unctione [*mss.* a sacerdotio me] repellat. »

Contra hanc ordinationem Narbonensem archiepiscopum reclamasse discimus ex epistola ad Raynerium modo laudata : quem tamen causa cecidisse patet tum ex isto canone, tum ex eo quod Artaldus Ecclesiam Helenensem diu postea quiete rexerit, variisque conciliis, ac potissimum Nemausensi, ubi præsens erat ipse pontifex, inter alios catholicos antistites interfuerit, ut probat Baluzius locis laudatis. Porro Elenensis seu Helenensis episcopatus sedes post varias fortunas, quas idem Baluzius describit in notis ad Gratianum, translata Perpinianum, tandem ante aliquot annos a Tarraconensis archiepiscopi jurisdictione subtracta, Narbonensi antiquæ suæ metropoli restituta est.

XXXIV. *Privilegium Cluniacense.*

Urbanus qui Idibus Octobris Anagniæ erat, uti ex privilegio Toletanæ Ecclesiæ patet, paulo post Romam reversus, ibi ipso die primo Kalendarum Novembrium amplissimum privilegium sancto Hugoni ejusque monasterio Cluniacensi concessit, in quo, inter cætera observatione digna, pontifex se sancto abbati ejusque cœnobio *debitorem agnoscit*, *quod per eum monasticæ religionis rudimenta susceperit, et in eo loco per secundam sancti Spiritus gratiam fuerit renatus;* quibus verbis professionem monasticam non obscure alterum baptismum appellat.

XXXV. *Magalonæ episcopi speciali jure pontifici Romano subjecti.*

Mense sequenti pontifex Gotofredo episcopo Ecclesiam Magalonensem cum comitatu Substantionensi confirmavit, litteris ea de re hoc anno datis Romæ xix Kalendas Januarii. Cur vero tunc Gotofredo necessaria fuerit Ecclesiæ Magalonensis confirmatio, qui multo antequam Urbanus pontifex fieret, hanc sedem obtinuerat, discimus ex Antonio de Verdala, ejusdem Ecclesiæ episcopo, in libello De serie episcoporum Magalonensium apud Labbeum tomo I Bibliothecæ novæ, ubi ille auctor refert Petrum Melgorii comitem anno 1085 Kalendis Maii dedisse Gregorio VII pontifici Romano jus omne quod habebat in episcopatu Magalonensi, simul cum comitatu Substantionensi in manus Petri episcopi Albanensis, sedis apostolicæ legati, et Gotofredi ejusdem Ecclesiæ jam tunc episcopi. At pontifex, accepta donatione, comitatum Petro ejusque successoribus *in feudum* reddidit *sub sacramento fidelitatis et censu annuo unius unciæ auri optimi*; jus vero omne, quod apostolica sedes hac donatione acquisierat, transfudit in Gotofredum, qui ex eo tempore vices pontificis ea in re obtinuit, et ejus Ecclesia *sub speciali Romanæ sedis tutela posita fuit* : unde comites Substantionenses Magalonensium episcoporum facti sunt feudatarii, et ipsi episcopi Romanis pontificibus specialiter addicti fuerunt : quæ omnia huic confirmationis bullæ de qua agimus locum præbuere. Porro Gotofredus postea multas ecclesias et possessiones suæ Ecclesiæ canonicis contulit, ut eos ad vitam communem, et regulam sancti Augustini amplectendam incitaret. Qua in re auctoritate Urbani adjutum fuisse docet idem auctor, qui observat datam fuisse ab Urbano ea occasione potestatem Gotofredo, ejusque successoribus *insistendi*, quod frustra ab ejus decessore tentatum fuerat, *ut clerici ad canonicam et religiosam vitam converterentur, arguendo, obsecrando et increpando.*

XXXVI. *Guidonem epistol. Viennensibus commendat.*

Hoc ipso anno, ut ex Chronico antistitum Viennensium a Burnone ejusdem urbis archiepiscopo edito discimus, Viennensis post diuturnam, quod conqueritur Urbanus in epistola ad ejus provinciæ episcopos, aliquot annorum cunctationem, in archiepiscopum elegerunt Guidonem, e Burgundionum principum familia, qui confestim ad Urbanum accessit et benigne ab eo exceptus, ac per aliquod tempus in curia Romana retentus est. Eum postea Viennam revertentem pontifex litteris, ad omnes ejus urbis ordines datis, commendavit. Has ad hujus anni finem revocandas esse suadet rerum gestarum series.

XXXVII. *Benedicto episcopo Nannetensi privilegia concedit.*

Circa idem tempus, ut quidem videtur, Urbanus

Benedicto Nannetensium episcopo, qui ei, ut conjicimus, recens electo gratulatus fuerat, rescripsit ejusque Ecclesiæ, ac monasterii Kemperlegiensis, cui etiam abbas præerat, privilegia confirmavit. At canonizationem sancti Garlœsii quam idem antistes efflagitabat, in aliud tempus distulit, quod hæc causa in plenaria synodo expendi deberet.

XXXVIII. *Romæ hiemem transigit in magnis angustiis.*

Totam hujus anni hiemem pontifex transegit Romæ, sed in tantis angustiis, ut vix ei necessaria suppeditarentur. Guibertus nempe cum suæ factionis hominibus ita pontificios exagitabat, ut nequidem respirare eis tuto liceret. Urbanum in turre quadam captivum detentum fuisse, ac postea a Roberto Wiscardo inde liberatum tradit Gerohus apud Tegnagellum, sed hic auctor quod Gregorio VII contigit, incaute ad Urbanum refert. Certius est Domnizonis testimonium, quod in Appendicem nostram referemus, ex libro II, cap. 5, ubi ait Odonem quemdam *de Tulliere* a Guiberto suis ipsius copiis fuisse præfectum, ut Urbanum bello continuo lacesseret. At nemo melius ea de re scripsit quam Pandulfus in Vita Gelasii secundi. Gelasius porro is ipse est Joannes Cajetanus, quem Urbanus diaconum cardinalem et cancellarium creavit, cujus constantiam Pandulfus summopere laudat, ob id potissimum quod pontificem tot tantisque ferme obrutum calamitatibus nunquam deseruerit. Libet hic hujus auctoris verba proferre.

« In diebus igitur illis non, sicut credo, ab-que Spiritus consolatoris oraculo, frater Joannes Cajetanus jam adolescens, monachus Casinensis, ab omni simul catholica Romana Ecclesia et Urbano papa, qui ei præerat, in tantarum perturbationum auxilium ac consilium, partemque est sollicitudinis vocatus, etc. Domnus Urbanus... eum accivit, imminente persecutione Allemannica, in tantum miseriarum per Girbertum astrictus, quod prætermissis aliis, a quodam famosissimo viro atque illustri, Petro-Leonis Romæ in insula Lycaonia, intra duos egregii Tiberis pontes, vix ab inimicorum insidiis sustentatus matronarum Romanarum, et aliquando muliercularum pauperum eleemosynis sustentabatur. » Huc, nisi fallor, aut certe, ut jam diximus, ad prima ejus pontificatus initia revocari possunt Domnizonis versus ex cap. 5, lib. II, in quibus Urbanus a Guibertinis impetitus ad Mathildem scripsisse dicitur, ut Gregorii præceptorum memor Ecclesiæ causam non deserat, quod quam virili animo fecerit mulier fortissima, exponit idem auctor in consequentibus, nosque suis locis dicemus.

XXXIX. *Rerum in Germania et Henrici status. B. Stanislai translatio.*

At quantumvis graves fuerint Romæ et in Italia Ecclesiæ et regni turbæ, quas Henriciani et fautores pseudopapæ Wiberti his temporibus excitarunt, haud tamen minores fuere tumultus in Germania, adeo ut, divisis inter se in varias factiones urbibus et provinciis, ipse etiam Henricus non semel in vitæ et imperii periculum inciderit. Welpho autem Bavariæ dux, qui ei adversabatur, jam ab initio hujus anni, ut narrat Trithemius, Augustam Vindelicorum occupaverat, capto ejus urbis episcopatus invasore Sigefrido. Quo etiam tempore alius schismaticus, qui Wormatiæ sedem antea invaserat, facti pœnitens, relicto episcopatu, Hirsaugiam secessit et monachus ibi effectus est. Interea Hugo comes de Egentheim Alsatiam recepit; et Metenses, cum audiissent Urbanum in Victoris demortui locum suffectum fuisse, idque in Germania fuisse promulgatum, pulso Brunone pseudoepiscopo, qui post alterum invasorem, sed jam tunc pœnitentem, hanc sedem occupare tentabat, palam protestati sunt nullum se unquam alium episcopum, præter Hermannum, qui verus et legitimus eorum pastor erat, ob idque ab Henricianis in Tuscia captivus detinebatur, recepturos. Unde Bruno adeo ab omnibus despectus est, teste Bertoldo, ut anno sequenti *ad Catholicorum partem repedare compulsus fuerit.*

Hoc etiam anno, aut certe sequenti, crebrescentibus ad tumulum beati Stanislai Cracoviensis episcopi miraculis, sacrum ejus corpus die 27 Septembris ex sancti Michaelis templo in ecclesiam cathedralem solemni ritu translatum fuit. Ei postea Innocentius IV sacros honores decrevit, et exhinc inter martyres celebratur. Hæc fusius apud Longum ejus Vitæ scriptorem.

At prosperos illos eventus mors aliquot sanctorum virorum interturbavit. Ex his fuit Burchardus Halberstatensis episcopus, quem schismatici immani sacrilegio die VIII Idus Aprilis interfecerunt. Hunc brevi secuti sunt Wigoldus episcopus Augustanus, Bernhardus, qui fuerat Constantiensis Ecclesiæ scholarum magister, Bertoldus item egregius doctor, et qui præ cæteris illustris erat, Gebehardus archiepiscopus, Salisburgensis Ecclesiæ catholicæ propugnator indefessus, ad quem ejusque collegas Urbanus primam omnium, pontifex factus, epistolam de sua electione scripserat. Obiit XVII Kal. Julii ut in ejus Vita legitur, edita Augustæ Vindelicorum. Librum scripsit contra schismaticos, quem Tegnagellus in sua collectione integrum exhibet. Præter hæc, Saxonibus cum Henrico reconciliatis, Hermannus qui adversus eum in regem electus fuerat, compulsus est in Lotharingiam se recipere, ubi paulo post defunctus, Metis sepultus est. Verum postea, mutatis vicibus, Saxones iterum adversus Henricum rebellarunt, et ipse insignibus regiis spoliatus turpiter victus fugatusque fuit, ut refert Bertoldus ad finem hujus anni, ubi scribit Henricum *biduana obsidione ad confessionem anathematis et expetitionem reconciliationis adactum fuisse.* At diuturna non fuit nec sincera hæc reconciliatio, et paulo post suorum promissorum oblitus rursus rediit ad vomitum. Hæc licet Dodochinus sancti Disibodi abbas anno sequente consignat in Appendice ad Marianum Scotum, quem sequitur Trithemius: præferenda est B. rtoldi tum viventis auctoritas, qui hanc cladem Henrico illatam bis commemorat, sub finem nempe hujus anni et sequentis initio, quod pro more suo a Christi Natalium festivitate repetit. Porro victoriam, quam ea occasione Ekkehardus marchio de Henrico reportavit, tantam fuisse asseverat Bertoldus, ut imperator, perditis regalibus insignibus, vix de manibus insequentium ereptus, e Thuringia ubi Gleicham arcem obsidebat, Banbergam usque fugere coactus fuerit, ibique Natalium Christi festivitatem absque ullo apparatu *inglorius solemnizare*.

XL. *Epistola decretalis ad Pibonem.*

Circa illud tempus Urbanus a Pibone Tullensium episcopo de variis causis interrogatus decretalem ad eum epistolam, *cum consensu synodalis concilii*, rescripsit, quam primis Urbani pontificatus annis scriptam fuisse ex eo colligimus, quod in ea pontifex capite 4 innuat se Piboni respondere, antequam ullum concilium generale celebrasset. At anno 1089, ut habet Bertoldus, Urbanus *generalem synodum 115 episcoporum collegit*. Forte Pibo, cum post iter Jerosolymitanum in monasterio Sancti Benigni Divione monachum induisset, ad ecclesiam suam redire paulo postea jussus, has Urbano difficultates proposuit. Iter illud susceperat anno 1083, et Tullum jam reversus erat anno 1088, ubi obiit anno 1107.

XL bis. *Urbanus Romæ moratur.*

Primos hujus anni (1089) menses, *Romæ in insula*, ut refert Bertoldus, *quæ inter duos pontes sita est*, transegit Urbanus, et quidem his in angustiis positus, quas paulo superius ex Pandulfo commemoravimus, nihil omnino subtrahens utilium, quominus gregi sibi commisso in omnibus prodesset; ita majora negotia pertractans, ut tamen ea quæ tanti non videbantur esse momenti curaret; ac sic iis quæ ad universale Ecclesiæ regimen pertinebant intentus, ut non negligeret privatorum negotia, quæ ad eum referebantur. Hæc omnia rerum ab eo gestarum series vera esse comprobabit. Hujus anni initio privilegium olim exhibendum concessit canonicis regularibus sancti Joannis de Vineis apud Suessionas ut eos sub apostolicæ sedis tutela positos ad arctiorem regulæ suæ praxim, quam paulo ante susceperant, magis ac magis observandam adhortaretur: quare super omnia statuit, ut *canonicæ constitutiones, perpetuis temporibus in eorum Ecclesia inviolabiter observarentur*. Has constitutiones vidisse et approbasse Urbanus dicitur in veteri ejus loci Chronico, cujus auctor id probat ex earum titulo, qui in authentico earum exemplari, et forte autographo, suo tempore habebatur. Hæc sunt ejus verba de Urbano loquentis: *Is primus fuit erga canonicam nostram*, sic veteres canonicorum regularium monasteria appellare consueverant, *benedictionum apostolicarum et largitionum distributor, qui constitutiones nobis proprias et particulares approbavit et corroboravit, quemadmodum titulus illis præfixus connotat.* « Incipiunt canonicæ institutiones Ecclesiæ Sancti Joannis in Vineis, editæ secundum regulam Sancti Augustini, confirmatæ a bonæ memoriæ viro Urbano pontifice II quas debemus inviolabiliter servare. Duabus autem et quadraginta lectionibus absolvuntur, » etc. Certe Urbanum pontificem speciali dilectione prosecutum fuisse canonicos regulares sancti Augustini, qui tunc recens excitati in Ecclesia florebant, probant varia ejus diplomata quæ supersunt, suis locis proferenda. Ex quibus Gerosius præpositus Reicherspergensis in expositione psalmi 64 seu libro De corrupto statu Ecclesiæ ad Eugenium III papam, tomo V Miscellaneorum Baluz. edito locum insignem profert, quem seorsum edere visum non est, cum iisdem omnino verbis habeatur in plerisque canonicorum regularium privilegiis. Porro aliud Sancti Joannis Suessionensis privilegium ex Sirmondi schedis, quod etiam ex codice ms. reginæ Sueciæ, nunc Ottoboniano, Romæ habemus, edidit Labbeus tomo X Conciliorum, sed quod prioris excerptum facile crederemus, nisi præter pauca alia, diversam haberet chronicam notam. Et quidem non omnino insolens est, ut idem pontifex duobus diplomatibus, diverso tempore datis, eadem ferme jura uni loco concesserit; quo autem anno datum istud fuerit, ne conjiciendo quidem expiscari potuimus, præsertim cum in cod. ms. decretalis formam præferat.

XLI. *Privilegium S. Victoris Massiliensis.*

Ad hujus quoque anni initia revocandum est privilegium quod Urbanus monasterio Massiliensi Sancti Victoris primo pontificatus sui anno indulsit, non quidem indictione XI, ut vulgata exemplaria præferunt, sed XII, quæ huic anno convenit. Et quidem anno præcedenti die X Kalendas Martii (nam hoc mense datum dicitur) nondum Urbanus sedem apostolicam conscenderat, et Richardus abbas cui inscriptum est, adhuc in Hispania tunc temporis morabatur, ubi legationis apostolicæ, quam a Gregorio VII acceperat, munia exercebat, licet a Victore primum defecisset, postea fortasse ipsi reconciliatus. At hoc anno Ricardus, illa dignitate ab Urbano, quod minus caute, ut ait Rodericus, legationis officium obiret, et forte ob alias nobis ignotas causas exutus, et ad monasterium suum reversus, hoc privilegium a pontifice obtinere potuit. Nec mirum videri debet, tunc illi Urbanum gratificari voluisse; necessarium quippe erat tantum virum, cujus animus eo ablatam sibi legationem exasperari potuisset, conciliare sibi, et reipsa Richardus, sicut et Hugo Lugdunensis, qui simul a Victoris obedientia recesserant, Urbano semper postea addictissimi fuere. Non itaque submovendum est ab hoc anno privilegium illud Massiliense, quod ad cod. ms. Tolosanum beatæ Mariæ deauratæ collatum alias proferetur.

XLII. *De rebus Germanicis.*

Nihil autem magis cordi erat Urbano quam ut Germaniæ subveniret quam sciebat a schismaticis multum eo tempore conturbari. Supererant quidem adhuc ea in regione præter Hermannum Metensem, qui ante aliquot dies sedem suam receperat, et alios paucos, omnino quatuor catholici episcopi, *quorum*, inquit Bertoldus, *in Teutonicis partibus conformamento reliqui catholici schismaticis a principio restiterunt*. Ii erant Adalbero *Niceburgensis*, Altmannus *Pataviensis*, Adelbertus *Wormatiensis*, et Gebehardus *Constantiensis*. Is ultimus ab Urbano, cum in Germania apostolicæ sedis apocrisiarius esset, in episcopum consecratus, probe ei notus erat : quare eumdem pontifex factus apostolicæ sedis legatum *in tota Alemania, Bajoaria, Saxonia, vicinisque regionibus* creavit litteris ea de re *Romæ datis* xiv *Kalendas Maii*, et qu'dem hoc anno, uti docet nos Bertoldus, tantaque visa est earum auctoritas, ut ab Ivone et Gratiano in decretis suis veluti regulæ juris omnino certæ et approbatæ laudari meruerint. *Decretalem epistolam* appellat Bertoldus, *litteras synodales* cardinalis Baronius, quod eas *ex synodo* scriptas fuisse existimaverit *ut ex ejus fragmento*, inquit, *patet quod ab Ivone laudatur*. Sed id jam omnino certum est, ex ejus ipsius, quam modo habemus integram, lect'one : hanc nempe a se scriptam fuisse pontifex testatur *fratrum suorum communicato consilio, diuque excommunicationis*, de qua potissimum in ea agitur, *quæstione tractata* atque adeo in subsequentibus conciliis nihil aliud ea de re, quam quod in ea epistola præscribitur, decretum fuit. Præter alia vero bene multa, quæ potissimum in his litteris novo suo legato commendat Urbanus, præclaras regulas præscribit de modo recipiendorum excommunicatorum ad pœnitentiam. Qua in re acerbissimis illis temporibus magna cautela adhibenda erat, ne facilitate recipiendi lapsos Ecclesiæ disciplina labefactaretur, aut econtrario nimia austeritate exacerbarentur animi eorum, qui quadam veluti necessitate, aut certe levitate ingenii, potius quam malitia in excommunicationem incurrerant : quippe cum, uti observat Bertoldus, *Guibertus ejusque complices*, per fas et nefas, sæpe etiam accepto pretio, sectatores suos per diversa loca *ordinare non cessarent, excommunicationis malum intantum propagabatur, ut etiam, Catholici vix se ab eorum contagio possent illæsos custodire*. Quare providus pontifex et pius complures excommunicatorum gradus distinguit, ut et superborum ac pervicacium temeritati resistatur, et simul succurratur simplicium ac infirmorum imbecillitati.

Quod vero in ea epistola Urbanus declarat se, in his pœnitentiæ gradibus assignandis, Gregorii VII vestigiis inhæsisse, confirmatur ex epistolæ fragmento, quod Hugo Flaviniacensis in Chronico suo refert, in quo Gregorius morti proximus dicitur omnes, exceptis Henrico et Guiberto, ac *principalibus personis quæ consilio aut auxilio favebant illorum nequitiæ et impietati* absolvisse et benedixisse.

Jam vero si quæratur qua in synodo gravis illa quæstio de excommunicatis agitata fuerit, de qua ad Gebehardum scribit Urbanus, non admodum facilis erit responsio, nisi forte id factum fuisse dicatur in illa synodo generali 115 episcoporum quam hoc anno et quidem Romæ, ut multi volunt, Urbanus apud Bertoldum collegisse dicitur, in qua ut idem auctor ait : *Ecclesiastica statuta suorum prædecessorum apostolica auctoritate confirmavit*. Illud tamen incommodi est in hac sententia quod Urbanus *communicato* quidem *fratrum consilio* epistolam ad Gebehardum se scripsisse dicat, sed paulo inferius id *in synodo generali* factum non fuisse aperte fateatur. Ut ut sit, certum est ea in synodo Romæ aut quovis alio in loco habita, quam Bertoldus commemorat, sicut et Urbanus in epistola sua faciendum decernit, mitius actum fuisse cum iis, qui nonnisi occasione aut metu, aut vi ad schismaticos defecerant, posteaque ad Ecclesiam fuerant reversi. Unde Romani, ut idem auctor narrat, in tantum adversus Guibertum efferbuerunt, ut ab iis *turpiter fuerit expulsus* et coactus *juramento promittere*, quod *non amplius apostolicam sedem invadere præsumeret*, adeo ut, *jam aliquantulum diuturna regni discordia inter Catholicos et schismaticos exinde tepescere cœperit, ut non jam bellum ad invicem, sed pacem componere sanius judicarent*. Imo res eo processerat ut, colloquio inter Henricum et eos qui ab Urbano stabant habito, spes aliqua effulgeret pacis in Ecclesia et imperio restituendæ. Isti enim Henrico pollicebantur se ei *auxilio et consilio* nusquam non adfuturos, si dimisso Guiberto vellet *ad ecclesiasticam communionem per catholicum pastorem remeare. Quam conditionem non multum* Henricus *respuebat*. Sed restitere suæ ipsius factionis episcopi, quod vererentur ne pace composita cum Guiberto et ipsi exauctorarentur. Quare et *ei penitus hac vice dissuaserunt ne sanctæ Ecclesiæ reconciliaretur*.

XLIII. *Schismaticorum furor. Mors Bonizonis episcopi.*

Ea, uti videtur, occasione ita crevit schismaticorum in Catholicos odium, ut etiam aliquot Catholicorum episcopos interimere ausi fuerint. Horret animus in referenda Bonizonis Sutriensis crudeli morte, quem et cum propria urbe ejectum Placentini pro episcopo recepissent, schismatici, effossis oculis truncatisque pene omnibus membris, immaniter, uti refert Bertoldus, trucidarunt, quod 14 Julii contigisse discimus ex ejus epitaphio apud Ughellum tomo II Italiæ *sacræ* : simili fere supplicio affectus fuit a schismaticis Liprandus presbyter Mediolanensis, *cui nasum et aures in contumeliam præciderunt*. Porro Bonizonis aliquot opuscula recenset Lambecius tomo II Bibliothecæ Cæsareæ, nempe *paradisum Augustinianum* ex beati Augustini sententiis et verbis omnino contextum, quem sancto Joanni Gualberto nuncupavit; Librum decretalem, et Epitomen historiæ pontificum Romanorum, quam Martinus Polonus laudavit. Idem scripsit librum *De sacramentis* ad Galterium Leonensis monasterii abbatem, quem in codice ms. Ambrosianæ bibliothecæ invenit Mabillonius : ad rem nostram magis spectat ejus liber De gestis Urbani ibidem memoratus, quem etiam ipsemet sub finem Epitomes laudat, his verbis a Lambecio libro II, c. 8, relatis : *Urbani vero pontificis acta et de ejus victoria si quis scire voluerit, legat librum quem scripsit in Hugonem*, cardinalem scilicet schismaticum cognomento Album, *et ibi inveniet ad plenum dilucidata quæ voluerit*.

At istud opus aut periit, aut certe incognitum alicubi latet; sicut et *dialogus* Gualfredi episcopi Senensis *de utroque apostolico*, in quo interlocutores producebat Urbanum et Guibertum, ut videre est apud Ughellum tomo III Italiæ sacræ. Sed ad schismaticos revertamur, qui non minus in Germania quam in Italia sæviebant. Ibi enim Hugo comes de Egensheim strenuus Catholicorum defensor, cum Argentorati apud episcopum nihil diffidens moraretur, ab ejus ministris pridie Nonas Septembris, ut narrat Bertoldus, dolose interemptus est. Hoc ipso etiam anno, uti idem auctor refert, Petrus Albanensis episcopus, cognomento Ignitus, in persequendis Simoniacis nominatissimus obiit, cujus memoriam VI Idus Januarii vulgata Martyrologia celebrant. Eodem anno die IV Nonas Maii, ut habet Hugo Flaviniacensis abbas in Chronico Virdunensi, tomo II Bibliothecæ novæ Labbeanæ, Theodoricus Virdunensis antistes supremum obiit diem, Ecclesiæ Romanæ reconciliatus a Gerardo antea archidiacono, tunc monacho Sancti Vitoni, cui pontifex excommunicatos absolvendi potestatem contulerat, ut paulo fusius narrat Laurentius de Leodio in Historia episcoporum Virdunensium, tomo XII Spicilegii Acheriani.

XLIV. *Mathildis Welphoni nubit.*

Urbanus interea, ut novo robore Catholicorum partes firmaret, voluit Mathildem comitissam, Godefridi ducis relictam, Welphoni alterius Welphonis ducis Bavariæ filio nuptui tradere, quod reipsa hoc anno factum fuisse tradit Bertoldus, *non tam pro incontinentia*, nunquam enim matrimonio usi fuerunt, ut idem auctor asserit paulo inferius, *quam pro Romani pontificis obedientia, ut nempe Mathildis virilius sanctæ Romanæ Ecclesiæ contra schismaticos posset subvenire*. Volunt nonnulli Urbanum harum nuptiarum occasione Senas usque in Tusciam properasse, ubi Mathildem convenisse dicitur, quod quidem Bertoldus reticuit; sed testatur Catholicorum hostes nihil omisisse, ut Welphonem lacesserent, quem tamen frustra *impetere tentaverunt :* quare cum, ut idem auctor prosequitur, *ei resistere non possent treugas usque in Pascha ab eo per interventum conjugis ejus imploraverunt*. Nec plura potuit Henricus. De *prædicto conjugio tristatus* expeditionem in Saxoniam paravit, ex qua paulo post fractis viribus *sine honore reverti compulsus est*.

XLV. *Gebehardi episcopi zelus.*

Interim Gebehardus auctoritate legationis apostolicæ, qua initio hujus anni, ut diximus, donatus fuerat, gnaviter utebatur; eo etiam titulo maxime laudandus, quod, uti Trithemius refert, inter episcopales curas, regularis vitæ fervorem, quem sub Wittelmo abbate Hirsaugiæ hauserat, nunquam intermiserit. Is monasterium Hirsaugiense ab eodem sancto abbate recens restructum, et cellam Richenbacensem auctoritate Urbani consecravit; sed sua in defendendis Ecclesiæ causis magnanimitas tunc potissimum enituit, occasione Ottonis cujusdam in Alemannia comitis, quem ob publicum cum uxore Ludovici comitis quam vivente marito sibi copulaverat, adulterium excommunicavit : satis quippe non fuit novo illi Baptistæ adulterum viventem arguisse, nisi eum quoque post mortem quam impœnitens pertulerat, insequeretur. Cum enim Ottoni Ludovici milites, qui tantum domini sui dedecus ferre non poterant, caput amputassent, ac ejus corpus in quodam monasterio ab eo constructo fuisset sepultum; illud Gebehardus foras projici jussit, atque, asini, ut ex Scripturæ verbis (*Jer*. XXII, 19), refert Bertoldus, sepultura donari id est absque sepultura dimitti : quod revera factum est, et bona ejus a militibus direpta fuere, ut in eo, ait idem auctor, maledictiones Prophetæ in Judam traditorem *Et diripiant alieni labores ejus* (*Psal*. CVIII, 11) adimplerentur.

XLVI. *Fiscamni exemptio firmatur.*

Haud minori animo sedis apostolicæ majestatem vindicavit in Northmannia ipse Urbanus. Quippe cum Willelmus archiepiscopus Rothomagensis ob sublatum Ecclesiæ suæ a comite Roberto Gisortii oppidum, totam Northmanniam sacris interdixisset, ac monachi Fiscamnenses, quod soli Romano pontifici subjecti essent, officium divinum intermittere noluissent, ab archiepiscopo excommunicati sunt. Sed re ad Urbanum delata, ille archiepiscopum ipsum pallii usu interdixit : quem non nisi post multas preces, et legationes tam ab ipso archiepiscopo, quam a comite Romam missas ei restituit; et ne quid in posterum simile fieret Ecclesiæ Fiscamnensis privilegia novo diplomate confirmavit. Non quidem licuit Urbani litteras invenire, sed superest ejus rei notitia in veteri instrumento tunc temporis, scripta quæ in collectione epist. pontif. integra exhibebitur. An vero de hac interdictione intelligendus sit Eadmerus lib. IV Novor. quam levatam fuisse interventu sancti Anselmi scribit, alii viderint.

XLVII. *Monachos Becci apud Pontisaram urbem tuetur.*

Eidem Willelmo archiepiscopo Urbanus scripsit circa illud tempus in gratiam monachorum Beccensium, qui in ecclesia Sancti Petri apud Pontisaram degebant. Hoc Pontisarensis oppidi accolæ, canonicis Sancti Mellonis adjuncti, prohibere conabantur, ne signa ad officium divinum pulsarent. Quod *irreligiosum esse ac inhumanum* pronuntiat pontifex, vultque ut deinceps id eis liberum sit : litteræ datæ sunt *trans Tiberim* III *Kalendas Augusti*, quas proinde ad hunc annum revocandas esse conjicimus.

VITA.

XLVIII. *Privilegium S. Pontii Tomeriarum.*

Paulo ante illud tempus, id est ipsis Kalendis Julii, insigne privilegium concessit Urbanus Frotardo abbati Sancti Pontii Tomeriarum in Gallia Narbonensi, quo locum illum a cujuscunque episcopi jurisdictione eximit, aliisque compluribus praerogativis exornat : illud debemus beneficio clarissimi viri Stephani Baluzii, atque ultima est, nisi fallor, bulla, in qua Joannes *praesignatoris domini papae* titulo usus est.

XLIX. *Urbanus scribit de restauranda Tarraconensi urbe.*

Scripsit quoque eadem die pontifex ad Cataianiae proceres quos ad reparandam Tarraconensem urbem adhortatur, ut praesidium sit firmum adversus Sarracenos, et in ea *cathedra episcopalis* restitui possit. Tunc commissa erat jam a multis annis episcopo Ausonensi cura Tarraconensis Ecclesiae, exstincta in ea provincia metropolitica dignitate, quae ad Narbonensem archiepiscopum decreto comprovincialium episcoporum et populorum consensu devoluta fuerat. Hanc vero restitutionem potissimum urgebat Berangerius Ausonensis episcopus, sperans se eo pacto ad metropolitani dignitatem haud dubie perventurum, et quidem eadem causa diu, ut testatur ipse pontifex, Romae moratus est, cum huc ad invisenda apostolorum limina, suaque obsequia novo pontifici reddenda, hujus anni initio, aut sub finem praecedentis accessisset. Datae sunt hae litterae Romae, Kalendis Julii hoc anno. Tarraconensis tamen Ecclesia nonnisi biennio postea, ut dicemus, dignitatem suam recuperavit.

L. *Joannes diaconus fit cancellarius.*

Porro litterae quas ea occasione Urbanus scripsit, datae dicuntur *per manus Joannis sanctae Romanae Ecclesiae diaconi cardinalis et cancellarii*, cum antea, ut diximus, Joannes *praesignatoris domini Urbani* titulum semper adhibuisset : unde conjici potest, eum tunc primum Romanae Ecclesiae cancellarii dignitatem obtinuisse. Certe Pandulfus in Vita Gelasii II (qui est ipse Joannes) observat eum ab Urbano, qui tunc Romae inter duos pontes in magnis angustiis constitutus morabatur, cancellarium fuisse institutum, proindeque non in Casinensi monasterio, quando primum in pontificis comitatum assumptus fuit, aut reliquo tempore, quod in variis itineribus in quibus pontifici adhaesit, exactum est. Haec sunt Pandulfi verba post enarratas calamitates, quas Romae pontifex sub finem anni praecedentis, et hujus initio pertulerat. *Tunc papa litteratissimus et facundus fratrem Joannem virum utique sapientem ac providum sentiens, ordinavit, admovit, suumque cancellarium ex intima deliberatione constituit : ut per eloquentiam sibi a Domino traditam, antiqui leporis et elegantiae stylum, in sede apostolica jam pene omnem deperditum, sancto dictante Spiritu, Joannes Dei gratia reformaret, ac Leoninum cursum lucida velocitate reduceret.* Et quidem omnes ferme Urbani bullae datae sunt *per manus Joannis diaconi cardinalis*, etc. Unde mirari subit Petrum Diaconum in libro De viris illustribus Casinensis monasterii cap. 31 laudasse Leonem quemdam cardinalem qui *scripsit ex nomine Urbani papae quamplures epistolas, et fecit registrum ejus.* In quem locum Marus, post reprehensos Baronium et Possevinum, aliosque auctores, qui hunc Leonem cum Leone Marsicano, vulgo Ostiensi dicto, Chronici Casinensis auctore, de quo Petrus capite praecedenti egerat, confuderunt, subjungit Leonem istum complures epistolas exarasse, ex quibus, inquit, viginti sub Urbani nomine apud Binium tomo VII Conciliorum editae sunt. At nusquam reperire licuit ullam sive bullam sive epistolam Urbani, quae a Leone scripta fuisse dicatur, sed, ut diximus, pleraeque, imo fere omnes a Joanne scriptae fuerunt ; quod mirum est a Petro, etiam ubi de illo Joanne sub Gelasii II nomine egit, omissum fuisse.

LI. *Rainaldi archiepiscopi Remensis iter Romam.*

Circa medium hujus anni Raynaldus Remorum antistes Romam advenit ab Urbano invitatus, quod iter ante Maii finem eum incoepisse colligitur ex illius charta in gratiam monachorum Remigianorum data hoc anno 1089, indictione XII, Philippi Francorum regis 30, proindeque ante diem vicesimum tertium Maii. Nam hoc ipso die Philippus tricesimum regni sui annum incoepit, consecratus Remis ante sui patris obitum, die sacro Pentecostes, anno 1059. In illa autem charta, quam Marlotus edidit tomo II Metropolis Remensis, libro II, cap. 4 Rainaldus, *cum ex petitione domini papae Urbani apostolorum limina Ecclesiamque Romanam visitare aggrederetur, ante corpus beatissimi et gloriosissimi patroni sui Remigii oratione facta, in capitulum perrexit de suo itinere locuturus*, ibique *altare de vico sancti Remigii* abbati Henrico totique archicoenobii Remigiani congregationi concessit. Cum vero, ut Bertoldus refert, Urbanus hoc anno litteras *Philippi regis Francorum debitam subjectionem ei promittentis* susceperit, verisimile est eas a Raynaldo fuisse delatas. Erat enim, ut ipse pontifex in quadam epistola testatur, Philippo acceptissimus. Forte reliquum hujus anni exegit Romae : nam, ut inferius dicemus, amplissimum privilegium ab Urbano sub hujus anni finem accepit.

LII. *Pax cum Graecis inita.*

Aliquam etiam inter Graecos et Latinos concordiam eodem tempore initam fuisse colligi potest ex Bertoldo, qui refert Urbanum per suos legatos absolvisse imperatorem Constantinopolitanum ab excommunicatione. Is erat Alexius Comnenus, qui anno praecedenti, ut ex Gaufredo Malaterra vidimus, § 29, Urbanum Constantinopolim invitaverat, ut *concilio congregato, disputatio inter Graecos et Latinos fieret, dicens se libenter discussioni catholicae assensurum.* Unde vero simile est, quod etsi id ob temporum difficultates per seipsum praestare non potuerit Urbanus, suos tamen legatos in Graeciam miserit, qui hanc qualemcunque pacem inter Latinam et Graecam

Ecclesiam composuerint, forte utrique genti suum ritum permittendo : nam, de fermenti usu in eucharistia potissimum agebatur, donec aliquid firmius in concilio generali decerneretur.

LIII. *De pace agitur inter Roberti Guiscardi filios ab Urbani legato composita.*

Pacem quam Urbanus per legatum suum composuisse dicitur hoc anno inter Rogerium et Boamundum Roberti Guiscardi filios, qui ob paternam hæreditatem inter se dissidebant, ut narrat Roccus Pyrrhus tomo III Siciliæ sacræ in notitia vi quæ est de Ecclesia Mazarensi. Is auctor profert fragmentum libri tricesimi historiarum Leonis Marsicani de Gregorio VII et Urbano II, in quo hujus dissidii historia memoratur. At illud Leonis opus ignotum est, nisi, quod quidem verum existimo, sit *Historia peregrinorum* quam Petrus Diaconus libro III De viris illustribus monasterii Casinensis, capite 30, eidem Leoni tribuit : in ea quippe agitur de illa pace inter Roberti filios inita. Et quidem isti *peregrini* non videntur alii esse ab iis qui post concilium Claromontanum in Orientem profecti sunt ad sacras expeditiones, ex quibus fuit Henricus monachus ordinis Benedictini ad hanc inter fratres concordiam componendam ab Urbano legatus, qui postmodum cum Boamundo ad bellum sacrum profectus, factus est primus ex Latinis Antiochenus patriarcha; cujus in hac expeditione acta Leo qui fuerat ejus educator, in laudato fragmento potissimum narrat. Sic autem, post multa de illius parentibus præmissa, sermonem prosequitur : *Henricus jam adolescens anno* 1089 *transmittitur a papa Urbano II, ut pacem ineat inter Rogerium et Boamundum fratres, contendentes de regno Calabriæ et Apuliæ post obitum patris Roberti Guiscardi ; a quibus constitutus arbiter et judex, æquali lance regnum divisit. Inde ad Urbanum rediit, ut de felici legatione rationem redderet.*

Meminit etiam Gaufridus Malaterra libro IV, cap. 10, alicujus dissensionis quæ inter Rogerium et Boamundum, post Roberti eorum patris obitum, orta ad biennium usque perduravit. Sed cum idem auctor capite sequenti innuere videatur hoc dissidium, de quo loquitur anno 1086, utriusque principis *fidelium consilio* fuisse compositum, nonnulli fortasse existimabunt Gaufridum de iis quæ ante Urbani pontificatum contigerant, Leonem vero de altera inter fratres altercatione quam Urbani legatus composuit, scripsisse. At utrumque auctorem de uno et eodem bello, quod Urbani tempore inter eos principes exarsit, fuisse locutum, facile demonstratur. Etenim præterquam quod nemo dixerit inter Roberti obitum qui anno 1085, mense Julio, contigit, et annum 1086, biennium intercessisse, Gaufridus ipse scrupulum omnem removet, ubi ait, hujus pacis gratia Barium Boamundo cessisse : certum quippe est ex Joanne archidiacono Barensi, qui tunc temporis in illis partibus vivebat, Barensem urbem paulo ante synodum Melphitanam, cui anno 1089 præfuit Urbanus, e Rogerii potestate in Boamundi ejus fratris ditionem translatam fuisse. Hic quippe auctor in Historia inventionis sancti Sabini de Eliæ archiepiscopi consecratione agens ait, Eliam in Barensem archiepiscopum *voluntate et consensu Rogerii ducis* proindeque ejus loci domini, fuisse electum. Tum subjungit Urbanum papam, qui eo tempore synodum apud Melphiam celebrabat, a Boamundo, *qui Barum jam suo tenebat sub dominio,* invitatum in eamdem urbem venisse, ubi Eliam consecravit. Ex quo loco manifestum est Barium paulo ante synodum Melphitanam ad Rogerium pertinuisse, quando quidem Eliæ electio cum ejus consensu facta est; et paulo post transiisse ad Boamundum, cum jam sub finem concilii eam *sub suo habuisse dominio* dicatur; quod cum ex pacis initæ conditione factum fuisse Gaufridus scripserit, concludendum est eam pacem, quam ille auctor memorat, aut paulo ante concilium Melphitanum, aut certe eo durante, proindeque anno 1089, quem etiam Leo in fragmento laudato assignavit, fuisse compositam. Nostram sententiam confirmant Lupus Protospata et Robertus Salernitanus, auctores domestici, qui scribunt bellum Rogerium inter et Boamundum Roberti filios exarsisse anno 1088, nec tamen assentiri possum Peregrinio suspicanti in castigationibus ad Lupum initam illam fuisse concordiam in ipso concilio Melphitano. Ea enim, ut ex Leonis fragmento constat, interveniente Urbani absente legato facta est, non proinde in concilio Melphitano, cui Urbanus ipse præsens aderat et præsidebat. Non idcirco tamen dixerim pacem illam diu ante concilium initam fuisse. Quin potius in eo pontificis et Patrum auctoritate confirmatam fuisse libenter asseverarem, nisi Leo ea de re in laudato fragmento siluisset.

LIV. *Concilium Melphitanum. Ejus canones. Alia statuta.* — *In hac synodo Rogerius fit sanctæ sedis ligius, et mitra Petro abbati datur.*

Illud concilium ineunte autumno præsentis anni Urbanus celebravit apud Melphiam Apuliæ urbem, cui episcopi septuaginta cum duodecim abbatibus interfuisse dicuntur; huc convenientibus, uti scribit Lupus Protospata in Chronico, omnibus episcopis Apuliensium, Calabrorum et Brutiorum, cum duce Rogerio et universis comitibus Apuliæ et Calabriæ ac aliarum provinciarum. Hoc est, ut forte nonnullis videbitur, concilium quod Bertoldus ad hunc annum *generalem synodum* 115 *episcoporum* appellat, in qua Urbanus suorum prædecessorum statuta auctoritate apostolica confirmavit. Quanquam alii, et quidem, ut fatendum est, non absque aliquo probabili fundamento, synodum a Bertoldo laudatam Romæ habitam fuisse volunt, ut supra, num. 43, diximus. Conditi sunt in hac Melphitana synodo canones sexdecim in quibus præclara, potissimum adversus Simoniam et incontinentiam clericorum, statuta continentur. Decernitur etiam cujus ætatis esse debeant promovendi ad ordines sacros, quive sint ab iis repellendi ; tum prohibentur clericis vestes indecoræ et sæculares, nonnullaque alia statuuntur de monasteriorum bonis : denique monentur episcopi, ut a falsis poenitentiis caveatur.

Præterea Joannes diaconus cardinalis et cancellarius Romanæ Ecclesiæ, in epistola ad abbatem Molismensem, quæ in Labbeana editione hujus concilii canonibus subjungitur, nonnulla de eo concilio habet, quæ prima fronte in vulgatis ejus canonibus videntur desiderari : ut scilicet, *quæ usque ad istud concilium per principes data monasteriis fuerant, firma et integra illis permanerent, et de cætero abbates ab hujusmodi acquisitionibus abstinerent :* quo, uti prosequitur, temperamento, *et abbates ab ecclesiarum invasionibus abstinuerunt, et episcopi non omnino spoliare monasteria voluerunt.* Sed his verbis nihil aliud indicare voluit Joannes, quam ea quæ in canonibus quinto et sexto concilii constituta fuerant adversus abbates, qui ecclesiarum bona ipsis data absque episcoporum consensu recipere non verebantur. Aliud item hujus concilii statutum refert Lupus Protospata, quod in canonibus vulgatis non invenitur, *ut scilicet sancta trevia retineretur ab omnibus subjectis :* quibus verbis significari contendit Peregrinius concordiam inter Rogerium et Boamundum fratres initam, de qua superius diximus ; cui quidem sententiæ haud refragabor, si hæc Lupi verba de fœderis illius antea pacti confirmatione et manutentione intelligantur.

In eadem synodo *dux Rogerius*, teste Romualdo archiepiscopo Salernitano, *ligius* Urbani *factus promisit jure jurando, se servaturum fidem Romanæ Ecclesiæ et eidem papæ ejusque successoribus canonice intrantibus ; et accepit per vexillum ab eo terram cum ducatus honore.* Consentit Ptolomeus Lucensis in libro De genealogiis edito a Surita, ubi scribit hoc sacramentum a Rogerio in synodo Melphitana præstitum fuisse, qui *se ligium hominem Ecclesiæ confessus est pro terris Apuliæ.* Idem auctor multa ibidem congerit de Rogerii successoribus, qui præstito pari sacramento se esse Ecclesiæ feudatarios agnoverunt, quosque pontifices vexilli porrectione investire consueverant. Urbanum et Rogerium conjunctissimos fuisse patet, quod utriusque jussu Guillelmus Apuliensis res Northmannorum præclare in Italia gestas versibus descripserit, uti ipse initio sui operis testatur.

Plerique etiam contendunt in hac synodo contigisse, quod de Petro abbate Carensi passim apud vulgatos auctores legitur, Urbanum scilicet ei, cum inter alios concilii Patres nudo capite sederet, mitram misisse, qua deinceps uteretur. Et quidem licet non adeo constet, qua id occasione aut loco factum fuerit, res tamen ipsa videtur esse certa, utpote relata ab anonymo abbate Venusino, in ejusdem beati viri Vita, quam paulo post ipsius obitum conscripsit. Non ingratum erit ejus verba huc proferre : *In synodo,* inquit, *ei more suo nudo capite residenti, sanctæ memoriæ papa Urbanus pontificalem infulam misit, quam utique vir Domini, et pro summi pontificis reverentia venerabiliter recepit, et officiosissime salutavit ; et tamen ejus sacerdotalis mitræ usum, etiam rogante papa, contempsit.* Eidem sancto viro Urbanus imperavit ut modico vino uteretur, quod ob debilitatum omnino stomachum vocem pene amisisset, ut narrat idem auctor, et post eum vetus poeta anonymus apud Ughellum tomo VII Italiæ sacræ relatus : hæc erat nostri pontificis adversus sanctos viros charitas et sollicitudo. Petrum vero Melphitano concilio interfuisse discimus ex ipso Urbano, qui in decreto in causa Carensis monasterii eo tempore lato testatur Alfanum Salernitanum archiepiscopum et Pertanum episcoporum adversus Petrum conquestos fuisse quod aliquot monasteria, quæ ad ipsos pertinebant, invasisset : quam causam concilii tempore cum in sua camera, assistentibus sibi aliquot episcopis, expendisset pontifex, secundum Carenses pronuntiavit, ut ipse testatur in laudato decreto, quod ex archivo Carensi descriptum exhibebitur.

Synodum Melphitanam anno 1089, consignarunt vetustissimi quique auctores, quibus consentit brevis præfatio ejus canonibus etiam in cod. ms. præfixa, nec ulla esset ea de re difficultas, nisi Baronius et plerique recentiores eam ad annum sequentem revocare conati fuissent ; decepti procul dubio auctoritate Romualdi Salernitani, qui, ut ipsis videtur, hanc synodum ad annum 1090 retulit. At vereor, nisi sit librarii erratum, ut suspicatur Peregrinius, ne auctores illi falsi fuerint ex modo computandi quem plerique ejus temporis auctores in illis ulterioris Italiæ regionibus adhibere solebant : illi enim annum inchoant cum indictione Romana a mense Septembri ; ita ut vulgarem calculum in annorum designatione quatuor mensibus anteverant. Sic anonymus Barensis a Peregrinio editus, aliique passim illarum partium scriptores vulgati annos incipiunt ; quos si hic imitatus fuerit Romualdus, ut quidem vero simile est, differre dicendus est a cæteris auctoribus in assignanda hujus synodi epocha, utpote quæ exeunte mense Septembri, indictione XIII, celebrata fuit. Verum ut ut fuerit de Romualdi opinione, certum est hanc synodum anno 1089 habitam fuisse. Quod diserte habent cum Lupo Protospata alii etiam auctores æquales. Nihil apertius haberi de re potest, quam Joannis diaconi et cancellarii qui huic concilio interfuit, testimonium in epistola supra laudata ad abbatem Molismensem, in qua sic habet : *Secundo pontificatus sui anno dominus noster Urbanus papa concilium apud Melphiam Apuliæ urbem celebravit.* Et post pauca : *Hoc sane concilium Melphitanum celebratum est anno Dominicæ Incarnationis 1089 ; quæ autem scribimus, præsentes nos et audisse et vidisse noscatis.* Idem probat Joannes archidiaconus Barensis, qui, uti cæteri auctores, disertis verbis locat Eliæ archiepiscopi consecrationem, quæ ipso Urbano teste anno 1089, mense Octobri, celebrata est, proxime post concilium Melphitanum. Sic enim loquitur in Historia inventionis sancti Sabini apud Baronium ad annum 1091, et Ughellum tomo VII Italiæ sacræ :

Post. obitum Ursionis successit Elias archiepiscopus Barensis, *qui primus abbas fuerat, corpusque sancti Nicolai sua in procuratione absque ordinatione tenebat. Hoc autem electo in archiepiscopum voluntate atque consensu ducis Rogerii filii ducis dicti Roberti, Melfiam papam Urbanum adivimus, qui ibidem synodum celebrabat mense Septembri, quem rogavimus, ut usque Barum descenderet, prædictumque consecraret Eliam in archiepiscopatus honorem, domino Boamundo eumdem papam nobiscum deprecante, qui eo tempore Barum jam suo tenebat sub dominio.* His consentit bulla ipsius Urbani ad Petrum Cavæ abbatem data hoc anno die xi Kalendas Octobris, in qua præter alia multa pontifex Cavensis monasterio confirmat ea loca, de quibus *nuper* inquit, id est in concilio Melfitano, ut patet ex decreto quod laudatum est num. præcedenti, *habita quæstio* fuerat.

LV. *Urbanus Bari transfert ossa S. Nicolai et Eliam episcopum consecrat.*

Invitatus itaque Urbanus a Boamundo, post finitam synodum Melphitanam Venusia transiit, ubi bullam quam modo laudabamus, concessit in gratiam Cavensium; tum invisit Barensem ecclesiam tunc temporis celeberrimam, ob frequentia miracula, quæ ad corpus sancti Nicolai, hoc anno 1087 allatum, fieri dicebantur. Ibi beatissimi antistitis ossa pontifex propriis manibus *in locum parati adiii* collocavit, et licet hoc fuerit *contra morem*, ut ipse loquitur, *Romanæ et apostolicæ Ecclesiæ, in propria sede Eliam Barensis et Canusinæ quæ jam tunc unitæ erant, ecclesiarum archiepiscopum electum ob devotionem sancti Nicolai, et populi id efflagitantis dilectionem* consecravit. Hæc omnia fusius exponit ipse Urbanus in privilegio, num. 26, quod ea occasione Eliæ et ejus Barensi Ecclesiæ concessit die 9 Octobris datum. Porro ipsum consecrationis Eliæ diem discimus ex Chronico anonymi Barensis ad annum 1095 quem pro more suo a Septembri præcedentis anni simul cum indictione inchoat, ubi sic habet : 1080, *indict.* xiii, *mense Septembri*, id est anno 1089, juxta vulgarem computandi modum, *intravit Urbanus papa in civitate Bari pridie Kal. Octobris : et in Kal. Octobris ædificavit confessionem sancti Nicolai.* Eadem ferme habet Lupus Protospata ad annum 1089 : *Urbanus venit in civitatem Barum et consecravit illic confessionem sancti Nicolai et Eliam archiepiscopum.* Elias ex monacho Carensi factus abbas Sancti Benedicti prope portum Barensem, primus omnium in suam ecclesiam susceperat corpus sancti Nicolai ex Licia anno 1087 advectum, deinde præfectus fuerat ecclesiæ recens eidem sancto exstructæ in ipsa urbe Barensi, ut ex Joanne archidiacono Barensi narrat Ordericus Vitalis libro vii, cui tandem in archiepiscopum assumpto, suffectus est in abbatiæ regimine Eustachius monasterii. Omnium Sanctorum prope eamdem urbem conditor, secundus et ultimus Sancti Nicolai abbas; nam eo pariter in archiepiscopum electo, ecclesia Sancti Nicolai ad canonicos sæculares translata est, ut narrat Ughellus tomo VII, et post eum Lubinus et alii. Eustachio abbati sancti Nicolai insigne privilegium concessit Paschalis II anno 1106, in quo pontifex testatur *corpus sancti Nicolai tempore Victoris III, ex transmarinis partibus in urbem Barisinam advectum*, ab Urbano II *loca quo nunc*, inquit, *reverentia digna servatur, in crypta inferiori summa cum veneratione, desuper altare in honorem Domini* consecrato, reconditum fuisse.

LVI. *An tunc concilium Trojæ habitum sit.*

Alterum in Apulia concilium sub hujus anni finem Trojæ celebratum fuisse volunt Baronius, Binius, Chesnius in Vitis pontificum cæterique illorum auctorum sequaces, qui illud concilium primum Trojanum sub Urbano II appellant, a Petro diacono, Ivone Carnotensi, Gratiano, Magistro sententiarum ; aliisque passim celebribus auctoribus, uti aiunt, memoratum. At merito refragantur alii viri eruditi; qui unicum sub Urbano II Trojanum concilium admittunt, anno 1093, uti ex Bertoldo constat, celebratum. Unde primum illud, quod Baronius et alii auctores laudati anno 1089 consignant, expungendum esse contendunt : et quidem, nemo unquam ante illos nostræ, aut nostrorum Patrum ætatis auctores, duo concilia Trojæ sub Urbano habita laudavit ; quæ vero a Trojano concilio, uti Labbeus observavit, Ivo, Gratianus aut alii auctores antiquiores protulere, nullam habent temporis notam, unde colligi possit ea uno potius quam altero anno sancita fuisse. Denique nec Petrus ipse cujus testimonio potissimum niti videtur Baronius, duas usquam Trojæ synodos agnovit; imo nec certum tempus Trojanæ synodo assignavit libro iv, cap. 7, Chronici Casinensis, unde tamen argumentum suum repetunt adversarii; sic enim caput illud absolute inchoat: *Sequenti tempore papa Urbanus iterum ad has partes*, Montis-Casini, *adveniens*, etc. *Quo tempore dum apud Trojam synodum celebraret.*

At, inquies, Petrus loco laudato Joannis Cajetani ordinationem in diaconum eo tempore ab Urbano factam fuisse refert, quo *apud Trojam synodum* idem pontifex celebravit. Unde cum certum sit, uti superius probatum est, ex multis diplomatibus, Joannem primo Urbani anno diaconum fuisse ordinatum, inferre licet synodum Trojanam quam hic Petrus memorat, ad Urbani pontificatus primordia esse revocandam; proindeque cum æque certum sit eumdem pontificem anno 1093 synodum eadem in urbe celebrasse, duo Trojana concilia necessario admittenda erunt. Verum nihil certi ex hoc Petri testimonio inferri potest, nempe qui, uti observavit Angelus de Nuce in notis ad hunc locum, eo loci, quod et alias sæpe ei contigit, *exactam temporum rationem non servavit.* Deinde Joannes ab Urbano, quando primum ad Casinense monasterium advenit, diaconus ordinatus est ; at Petrus hic non de illo sed de secundo pontificis ad sacrum montem accessu diserte loquitur; proindeque non de prima

Joannis ordinatione, sed de altera, nempe de illius in *diaconum patriarchii Lateranensis* promotione intelligendus est, quæ sane promotio ad annum 1093, quo Trojæ concilium celebratum fuit, revocari potest, sicque nulla remanet duas Trojæ synodos admittendi, etiam ex Petri testimonio, necessitas: sed ad rerum seriem revertendum est.

LVII. *Urbanus ecclesiam Brundusii consecrat.*

Consecrato itaque apud Barium Elia archiepiscopo, Urbanus Brundusium in provinciam Hidruntinam perrexit, ubi eum anno præsenti ecclesiam dedicasse memorat Lupus Protospata auctor æqualis, qui post ea quæ superius de Barensis archiepiscopi consecratione retulimus, hæc subjungit: *Et consecravit Brundusinam ecclesiam prædictus papa Urbanus.* Ex hoc Lupi testimonio emendandus est Ughellus tomo IX Italiæ sacræ, ubi hanc dedicationem anno præcedente consignavit. Eidem ecclesiæ episcopalem dignitatem, quæ ob cladem Brundusio a Saracenis illatam Urium translata fuerat, restitui imperavit Urbanus, scriptis ea de re litteris ad Godinum episcopum, qui quod ei Uritana commoratio magis arrideret, omisso Brundusii titulo, Uritani episcopi nomine contentus erat, et quidem Brundusinum non nisi post Urbani mortem dignitatem suam recepit, ut ex Paschalis ejus successoris epistola patet apud Ughellum tomo IX. Urbani ea de re epistolam, cujus fragmentum exhibet, integram in Historia Brundusina haberi monuit Ughellus loco laudato. At hanc historiam, aut saltem epistolam integram invenire non licuit.

LVIII. *Rhegium invisit.*

Cæterum in extremam usque Calabriam penetrasse Urbanus dicendus est, si eum hoc anno Rhegium Calabriæ ulterioris metropolim invisisse, atque ab Arnulfo archiepiscopo susceptum hospitio fuisse verum sit, uti dicitur apud Ughellum. Verum etsi inficiari nolim Urbanum in Calabriam adiisse, hoc tamen iter ab eo post Trojanam synodum susceptum fuisse sustineri nequit. Etenim anno 1093, quo celebratum fuit Trojanum concilium, et quidem unicum sub Urbano, uti probavimus, jam dudum Arnulfus e vivis excesserat, sed Ughellus recentiorum duas synodos Trojanas admittentium opinione haud dubie præoccupatus in hunc errorem impegit, sicque quod hoc anno 1089 factum fuerat, ad alium transtulit.

LIX. *Episcopum Melitæ ordinat Urbanus.*

Ad illud idem iter, si conjecturis uti liceat, revocari debet Gualterii, primi post recuperatam a Rogerio comite et Saracenis insulam Melitensis episcopi, ordinatio, quam hoc anno ab Urbano secundo celebratam fuisse testatur Rochus Pyrrhus tomo III Siciliæ sacræ. Certe Gualterius, sub finem hujus anni, nam indictio XIII jam tunc currebat, subscripsit cuidam instrumento Sicelghaitæ uxoris Roberti ducis, quod ab eodem auctore tomo II in notitia Ecclesiæ Panormitanæ refertur: quod quidem instrumentum differri ulterius non potest, nam Sicelghaita anno sequenti defuncta est, die XVI Kalendas Maii, ut ex Necrologio Casinensis monasterii discimus.

LX. *S. Bruno Urbanum comitatur.*

Eadem etiam occasione Brunonem Carthusianorum parentem cum Urbano Calabriam perlustrasse plusquam probabile est. Is nempe a pontifice, suo olim, ut diximus, cum litteras vir sanctus in Rhemensis Ecclesiæ academia doceret, discipulo evocatus, hoc anno ad illum accessit, nec dubium quin etiam eum secutus fuerit in Apuliam et Calabriam, cum eo animo Brunonem accersivisset Urbanus, ut ejus consiliis in rebus difficillimis, quæ tunc frequenter emergebant, uteretur. Aliud habetur ejusdem rei argumentum, quod nempe Brunonis sanctitas ex eo tempore adeo nota fuerit apud Calabros, ut paulo post datus ei fuerit locus in ea regione ad inhabitandum, quem reipsa anno sequenti cum nonnullis e suis incolebat. Id constat ex Rogerii comitis diplomate quod G. Surianus in notis ad Vitam S. Brunonis, et Ughellus tomo IX simul cum Theodori Squillacensis episcopi confirmatione ediderunt.

LXI. *Donatio facta Casinensi monasterio.*

Ex eo, uti videtur, itinere Urbanum per Hirpinos Romam redeuntem invisit Balduinus dominus Castri Pontis S. Anastasii in comitatu Telesino, qui ejusdem pontificis assensu et monitu, consentiente etiam Roffrido archiepiscopo Beneventano, dedit Casinensi monasterio ecclesiam S. Dionysii prope illud castrum sitam, non tamen ante quam eam a fundamentis reparatam multis donis et possessionibus locupletasset. Hanc donationem Marius Vipera in chronologia archiepiscoporum Beneventanorum refert ad præsentem annum ex Petri diaconi registro et lib. IV chronici Casin. At quod subjungit ex Falconis chronico de legatione 110 ferme nobilium Beneventanorum ad Urbanum papam f. cta, erratum est. Hæc nempe ad Paschalem II revocanda est; quod Vipera facile advertere potuisset, cum ipse eam anno 1102, scilicet triennio post Urbani obitum, consignaverit.

LXII. *An Urbanus Farfæ abbatis electioni interfuerit.*

Celebrata etiam hoc anno fuit Raynaldi in Farfensem apud Sabinos abbatem electio, cui Urbanum interfuisse asseverat auctor chronici brevis ejusdem monasterii, quod chronicon manu exaratum penes nos est; quanquam suspicari licet Urbani nomen pro Wiberto in chronicon illud errore amanuensis irrepsisse. Refert enim Gregorius ejusdem loci monachus et oculatus testis Wibertum, quem Clementem appellat, omnem in hoc monasterio, quod erat speciali jure imperatori subjectum, potestatem habuisse. Imo idem auctor narrans Raynaldi paulo post Berardo locum facere coacti electionem, nihil de Urbano aut Guiberto habet. Et quidem Diaconius et alii inter Guiberti cardinales recensent Theodoricum abbatem et Maginulfum monachum Farfenses, et ipse Theodoricus sub Sylvestri III nomine pontificatum ambiit.

LXIII. *Concilium Santonense.*

Cum hæc in Italia gererentur, Amatus Oleronensis episcopus et vicarius apostolicæ sedis in Aquitania, concilium die quarta Novembris celebravit apud Santonas, in quo, teste chronico Malleacensi, ad sedem Burdigalensem, quæ jam ab annis ferme tribus vacua manserat, translatus est. Hanc translationem *nolente*, nisi sit error librarii, forte legendum *volente*, Guillelmo Aquitaniæ duce factam fuisse testatur Adhemarus episcopus Ecolismensis in charta donationis ab eo coram illa synodo factæ monasterio S. Maxentii apud Pictones, quæ refertur a Sammarthanis tomo I Galliæ Christianæ. In eadem forte synodo agitari debebat controversia inter monachos Vindocinenses et Sancti Albini Andegavensis mota, de prioratu Credonensi, uti innuitur in veteri instrumento tomo II Miscellan. Baluz. edito. At ne id fleret, impedivit comes Andegavensis, nec plura rescire licuit de illa synodo, quam Sammarthiani in Gallia Christiana et Lopezius in Burdigalensi Historia, anno præcedente non bene consignant, decepti haud dubie charta Adhemari modo laudata, quæ data dicitur anno 1088 *Nonis Novembris, indictione* XII, at legendum 1089, quod probatur, non modo ex chronico Malleacensi modo laudato, verum etiam in charta Willelmi cujusdam Ferrani ab ipsis Sammarthanis relata: Qui quidem Willelmus nonnulla ecclesiæ Sancti Severini apud Burdigalam ablata restituit anno 1088 *tertio Nonas Decembris, Simone Agennensium episcopo locum Burdigalensis archiepiscopi* jam ante biennium defuncti *tenente*. Quod sane falsum esset, si mense Octobri ejusdem anni Amatus in concilio Santonensi factus fuisset archiepiscopus. Et quidem post Gotcelini archiepiscopi obitum, qui anno 1086 contigit, sedes tribus circiter annis, ut ipsi Sammarthiani observarunt, vacua remansit, proindeque ad annum 1089.

LXIV. *Privilegium pro Ecclesia Remensi et pro monasterio Balmæ.*

Anno labente Urbanus Romam reversus privilegia nonnullis ecclesiis et monasteriis concessit. Insigne est præ cæteris illud quod Raynaldo Remorum archiantistiti ejusque ecclesiæ indulsit seu potius confirmavit, datum Romæ die VII Kalendas Januarii, ex quo proinde inferre licet pontificem hoc anno natalium Christi solemnitatem in Urbe celebrasse. Illud privilegium ex veteri codice ms. descriptum lege, si otium est, in Appendice. Hoc sequetur aliud post dies tres concessum Balmensi apud Sequanos nobili monasterio, quod ex ipso autographo descriptum ab ejusdem loci ascetis accepimus.

LXV. *Dalmatii archiepiscopi Narbonensis iter Romam.*

Vix etiam ultra hujus anni finem differri potest iter Dalmatii archiepiscopi Narbonensis Romam, quod, præter alias causas, ob pervulgatam Urbani ad Catalauniæ proceres de restauranda Urbe Tarraconensi epistolam suscepit; veritus ne hac occasione, quamvis id *se salva Narbonensis Ecclesiæ justitia* velle declarasset pontifex, provincia Tarraconensi a sua jurisdictione subtraheretur. Hoc enim se præstiturum satis innuerat pontifex, nisi Narbonensis antistes hanc antiquam metropolim *auctoritate privilegii Romani* ipsi subjectam fuisse probare posset. Quo privilegio se munitum non esse haud ignorabat Dalmatius. Hoc vero iter ab eo tunc temporis susceptum fuisse inde colligimus, quod mense Martio sequentis anni concilium provinciale in sua metropolitana urbe celebraverit, et quidem redux e Romano itinere. Id ex eo patet quod in hac ipsa synodo finita fuerit controversia, inter ipsum Dalmatium et abbatem Crassensem orta, de qua apud pontificem Romæ idem Dalmatius conquestus fuerat, quamque Urbanus Raynerio legato suo componendam commendaverat. Si enim ante Romanum iter sopitæ fuissent illæ contentiones, ut revera in ista synodo sopitas fuisse declarant ejus acta, frustra postea Dalmatius illas ad pontificium tribunal Romæ detulisset, frustra etiam Urbanus de his sopiendis ad legatum suum scripsisset. Hanc porro synodum initio anni sequentis celebratam fuisse ex iisdem ejus actis patet apud Baluzium in conciliis provinciæ Narbonensis, et Labbeum in appendice tomi X Conciliorum generalium, ubi *anno Domini Incarnationis* 1090 *decimo tertio Kalendas Aprilis* habita fuisse disertis verbis dicitur.

LXVI. *Varia negotia Raynerio legato commendat Urbanus.*

Quid vero eo in itinere profecerit Dalmatius discendum est ex litteris quas ea occasione conscripsit Urbanus. Primo cum pontifex clero populoque Narbonensi, ac etiam comiti et vicecomiti commendavit, eisque præcepit ut illi tanquam patri et Christi vicario obedientiam et honorem exhiberent, minatus se eos qui Ecclesiæ Narbonensis bona retinerent anathematis gladio feriturum. Deinde Raynerio cardinali, quem in Hispaniam legatum miserat, binas litteras scripsit, quibus maxime illi commendat ut potissimum inquirat de injuriis quas Dalmatius se a Frotardo Tomeriarum abbate pertulisse conquerebatur. Fortasse ille abbas abutebatur insigni privilegio, quod, uti diximus, mense Julio hujus anni ab Urbano acceperat; unde pontifex maxime insistit in utraque ad legatum epistola, ut hanc causam diligentissime examinet, pro qua specialiter missus fuisse dicitur. Nam Frotardus, qui Romam primus venerat, res multo aliter, ut ait ipse Urbanus in prima epistola, quam Dalmatius, præsente legato ante ejus in Hispaniam discessum, pontifici retulerat. Dalmatius quippe et Barcinonensis episcopus ad id Romam potissimum venisse videbantur, ut adversus illum abbatem *justitiam sedis apostolicæ flagitarent.* Denique ad ipsum Frotardum scripsit Urbanus, ut se penitus legati judicio subjiciat; et si vera essent ea quæ de illo ferebantur, plene et *congrue* satisfaciat ambobus illis antistitibus. Denique ei maxime commendat pontifex, ut *Narbonensem antistitem sicut proprium et pastorem spiritualem.... revereatur et diligat.*

LXVII. *Tarraconensem provinciam Narbonensi archiepiscopo commendat.*

Quod vero spectabat ad jus metropoliticum in Tarraconensem provinciam quo brevi se spoliatum iri verebatur Dalmatius, quoniam res erat difficilis, mandavit legato suo Urbanus, ut dum Tarraconensis urbs repararetur, nihil prorsus ea de re innovaret. Res enim, ut ait V. Cl. Petrus de Marca libro IV Marcæ Hispanicæ, erat lubrica et anceps : quare ausus non est Urbanus Dalmatii querelas insuper habere, qui, uti ipse pontifex loquitur, *præjudicium sibi factum de illa Tarraconensium episcoporum subtractione intimabat,* quos Narbonensis Ecclesia *per annos quadringentos sine alterius ecclesiæ reclamatione possederat.* At ex altera parte haud ignota erat Urbano antiqua Tarraconensis Ecclesiæ dignitas, quæ casu, non ob aliquod malum facinus, miserabiliter exciderat; cum scilicet ipsa metropoli a barbaris occupata, residui provinciæ episcopi cum suis ecclesiis, inconsulto Romano pontifice, Narbonensis metropolitani, utpote vicinioris, custodiæ et curæ, potius quam jurisdictioni, multo minus servituti attributi fuerant. Quare in his rerum ambagibus, prudens pontifex neminem vel specietenus lædere volens, caute agendum ratus provisorio decreto constituit ut, donec Tarraconensis urbs repararetur, Tarraconensis provinciæ episcopi Narbonensi archiepiscopo tanquam proprio metropolitano subjicerentur. Quia vero, paulo ante Toletano archiepiscopo primatum, salvis metropolitanorum juribus, in universas Hispanias contulerat, voluit ut iidem episcopi Toletano archiepiscopo tanquam privati obedirent, *donec archiepiscopus Narbonensis se eorum primatem fuisse certa possit auctoritate monstrare.* Dalmatius quippe Urbano dixerat *privilegia de primatu ecclesiam suam habuisse,* ac multa protulerat ad id probandum instrumenta : quare Urbanus legato suo præscribit ut de illis privilegiis *diligenter* inquirat, non quidem ut de iis judicaret, sed ut ad se ipsum hæc causa, magni utique momenti, referretur. Atque res eo in statu mansere usque ad annum 1091, quæ omnia in epistolis quatuor Urbani fusius exponuntur. At hic observare juvat, præter has Urbani litteras quæ apud Labbeum tomo X Conciliorum editæ sunt, unam de his controversiis in ejusdem tomi appendice haberi, *L. cardinali presbytero* datam, in qua agitur de controversia inter Narbonensem archiepiscopum *et abbatem Comoriensem* nata. Sed hæc epistola ea ipsa est *Raynario legato* inscripta, sub quo eodem titulo ejus fragmentum jam Labbeus ipse retulerat, inter alias Urbani epistolas. Eum fefellit exemplar quo usus est, in quo amanuensis errore L. pro R. in titulum irrepserat, sicut et *Comoriensem,* pro *Tomeriensem.* Qua de re lectorem monitum velim, ne quis ea occasione intrudere velit abbatiam *Comoriensem* aliunde ignotam : aut denique, ut cardinali Aguirio accidit, legatum Urbani L. qui nunquam extitit, admittat. In his porro litteris præclara multa habet vigilantissimus pontifex de legati officio, cum Raynerium potissimum monet, ut ne favore aliquo, aut nimio zelo actus, in alterutram partem contra veri rectique regulas se abripi patiatur. Hoc ipso anno Attilanus, Zamoræ episcopus, ab Urbano canonizatus dicitur in Martyrologio Romano, quod an verum sit, non una est apud auctores etiam Hispanos sententia.

LXVIII. *Privilegium monasterii S. Joannis de Pinna.*

Antequam Hispanias dimittamus, paucis agendum est de percelebri monasterio Sancti Joannis Baptistæ de Pinna, cujus loci abbatem Aymericum Sancius Aragonum rex Romam misit, privilegiorum sui monasterii confirmationem ab Urbano petiturum. regis et abbatis petitioni assensit pontifex, et quidem sub hujus anni finem, aut certe sequentis initio, ut conjicere est ex ipso diplomate Sancii id referentis, quod datum est *æra* MCXXXVIII, VIII *Idus Maii, anno III pontificatus domni Urbani papæ II, anno ab Incarnatione Domini* 1090, *indictione* XIII, etc. Mirum autem est quantis donis et privilegiis cumulaverint Aragoniæ reges locum istum sacrum, qui ad eorum sepulturam erat deputatus. Sed præ cæteris enituit potissimum Sancius, qui ter quaterve Romam ejus monasterii abbates misit, ad asserenda privilegia et bona, quæ a regibus et præsulibus huic monasterio collata fuerant. Juvat ea quæ in uno illius diplomate pertinent ad Urbanum huc proferre; in quo sic loquitur : « Sancio abbate defuncto et domno Aymerico abbate in locum ejus posito, cupiens hoc cœnobium adeo prorsus munire et tueri apostolicae simul et regali patrocinio, domnum Aymericum abbatem Romæ ad beatissimum papam Urbanum misi secundum, obnixe deprecans paternitatem illius, ut prædictum locum in defensione et patrocinio beatorum apostolorum Petri et Pauli susciperet, et privilegium tale eidem loco conferre dignaretur, quo a rapacitate malorum hominum, vel ab invasione episcoporum, nec non a præjudicio cardinalium et archiepiscoporum, seu a dominatione mala succedentium regum, locus iisdem tueri aut defendi possit : et ut abbas ejusdem loci liberæ, ipse et sui, ad sedem Romanam in omnibus causis et judiciis ecclesiasticis vel sæcularibus nec non et in ordinationibus abbatum, possint se reclamari. Qui beatissimus Pater Urbanus, audita meæ humilitatis petitione, credo non meis meritis, sed sancti Joannis gratia commotus, locum hunc in apostolica suscepit protectione, dataque libertatis privilegio, apostolico patrocinio munivit. » Hæc ibi Sancius, quæ paulo fusius referre visum est ad supplendum privilegii defectum, quod invenire non licuit. Regium vero illud diploma integrum exhibet Hieronymus Blanca in commentariis rerum Aragonensium.

LXIX. *Urbani decretum de libertate nuptiarum.*

Idem rex, hac aut altera occasione, Urbanum consuluit de sua ipsius nepte, an invita viro copulanda esset, cui eam cogente necessitate sponsam promiserat. Respondit pontifex id nequaquam fieri debere, cujus ea de re rescriptum ab Ivone et Gratiano in suis decretis adoptatum, et ab Hildeberto lib. II, epist. 26, alias 42, relatum. Huc revocare visum est, quod nullam usquam præferat temporis notam. Sancius, qui ab anno 1067 Aragonibus imperabat, quarta die Junii anno 1094 occubuit, cum Oscam urbem obsideret; ad eum responsionem habet apud Ivonem Dec. pag. 8, cap. 24, et apud Gratianum 31, q. 2, c. 3, in Bullario Casinensi F. 2, p. 118.

LXX. *Epistola pro monasterio Padolironensi.*

Habetur alia ejusdem pontificis epistola, quam sub hujus anni finem, aut saltem ante Mantuanam obsidionem, initio sequentis anni incœptam, Mathildi comitissæ scripsit in gratiam Padolironensis monasterii adversus Mantuanum episcopum. Hic ecclesiam Sancti Floriani ad illud monasterium pertinentem injuste retinebat, adeoque vult Urbanus, ut Mathildis episcopum ad restitutionem adigat.

LXXI. *Thiemo Salisburgensis archiepiscopus ordinatur.*

Anni 1090 initio cum Catholici, uti narrat Bertoldus, in Bajoaria invalescerent, Thiemonem antea Sancti Petri abbatem, in Salisburgensem archiepiscopum elegerunt, quem statim solemni ritu Altmannus episcopus Pataviensis sedis apostolicæ legatus, assistentibus sibi Adalberone Wirtzburgensi et Meginwardo Frisingensi catholicis episcopis consecravit. Ille vero Gebehardi sanctissimi decessoris sui *vestigiis insistens*, uti in ejusdem Gebehardi Vita legitur, *in defensione veritatis catholicæ et propagatione religionis divinæ* multum insudavit. Hanc ordinationem vii idus Aprilis celebratam fuisse observat auctor Chronici Salisburgensis apud Canisium tomo VI, qui addit Thiemonem ab Urbano II pallio donatum fuisse.

LXXII. *Privilegia varia.*

Eodem tempore, si nullus in anno et mense designandis error irrepserit, Urbanus præposituram R. tempurchensem in Frisingensis Bavariæ urbis diœcesi sitam, apostolicæ sedi a Welphone jumiorum duce ejusque conjuge Juditha ablatam, *sub speciali* Romanæ Ecclesiæ *tuitione* suscepit. Bullam ea de re refert Hundius tomo III metropolis Salisburgensis. At non satis sibi constant chronologici characteres in ea appositi; data quippe dicitur Anagniæ mense Februario hujus anni, indictione XV quæ eo anno erat XIII; deinde sententia Scripturæ sacræ quæ in sigillo adhiberi solet, Urbano III non II convenit. Urbano tamen III hæc bulla tribui non potest. An Lanfrancus, qui illam, absente, aut alias impedito Joanne cancellario, conscripsit, aliam sententiam adhibuerit, incertum. Cætera vero omnia in his notis optime sibi cohærent, nec locus ullus esse videtur de ejus sinceritate dubitandi. Forte illa errata ex amanuensium incuria irrepserunt.

Nondum tamen Romam reversus fuisse videtur die 25 Martii hujus anni, cum hac ipsa die *episcopi urbis*, id est cardinales Ubaldus *Savinensis et Joannes Tusculanensis*, ecclesiam Sanctæ Mariæ *ad Pineam* dedicasse *tempore domini Urbani II papæ* dicantur in veteri inscriptione quam Martinellus in Roma sacra, et Mabillonius referunt. At paulo post varia Romæ consistens diplomata diversis locis concessit.

Ex his est privilegium pro monasterio canonicorum regularium Sancti Antonini apud Ruthenos, quod datum est Romæ die v ante Kalendas Aprilis. Aliud ibidem ipsis Kalendis Aprilis indulsit Guillelmo abbati monasterii Sancti Theofredi apud Vellavos, diœcesis Aniciensis, in quo recensentur et confirmantur ejusdem monasterii possessiones. Quod aliud edidit Baluzius in suis Miscell. t. II, p. 117 in gratiam Hugonis episcopi Gratianopolitani, hac ipsa eadem die hujus anni, ut quidem nobis videtur, indultum, licet apud Baluzium ut in apographo nostro, quod ex Gratianopolitanæ Ecclesiæ chartario habemus, annum sequentem præferat, sed amanuensis errorem esse verisimile est, non solum quod alii chronologici characteres ibi appositi annum præsentem designent, verum etiam quod *scriptum per monum Gregorii scriniarii atque notarii sacri palatii*, ut præcedens hac ipsa eadem die datum, sicut et alia nonnulla ejusdem temporis, dicatur quod non habent diplomata anni sequentis, imo nec ulla alia aliorum annorum, si bene memini. Vetat pontifex in hac bulla alienationes ecclesiasticorum bonorum; et ne res defuncti episcopi, vel ecclesiæ a quopiam rapiantur, quas vult a canonicis integras reservari episcopo successori futuro.

Aliud insigne privilegium, apud Tambur. *De jure abb.*, t. II, p. 468, paulo post præcedens, id est sexta die ejusdem mensis Aprilis, indulsit Urbanus Vallumbrosanis monachis, quo non modo Vallis-Umbrosæ monasterii principis jura et possessiones, sed etiam totam multorum monasteriorum, quæ ibi recenset, congregationem, ante aliquot annos a Joanne Gualberto institutam, confirmavit. Tum decernit pontifex ut alia monasteria, quæ deinceps novellæ huic congregationi aggregabuntur, iisdem privilegiis gaudeant; eorumque omnium caput sit ipsa Vallis-Umbrosæ abbatia; adeoque constituit ut ad ejus abbatis electionem, præter loci monachos, superiores quoque cæterorum omnium monasteriorum congregationis suffragii jus habeant; et si quispiam ex illis abbatibus, ad *generale regimen electus* fuerit, dimissa propria abbatia, *ad principale cœnobium transeat*, cujus nutu *omnia unita monasteria regantur*. Datum est Romæ hoc anno 1090, indictione XIII, die VIII Idus Aprilis, Urbani pontificatus anno 3; quæ notæ omnes apprime sibi cohærent;

at mirum est in illo privilegio nusquam abbatem, qui tunc Valli-Umbrosæ præerat, nominatum fuisse; forte quod, cum in omnis congregationis gratiam concessum fuisset ad ejus generale regimen statuendum, satius judicaverit pontifex illud omnibus universum membris quam cuiquam abbatum specialiter inscribere. Tunc vero Valli-Umbrosæ præerat Rusticus beati Joannis Gualberti post Rodulfum successor.

LXXIII. *Decretum Rusticο abbati Vallumbrosæ, etc., inscriptum. An aliud pro limitibus diœcesis Baionæ.*

Is ipse est Rusticus, qui simul cum Petro episcopo Pistoriensi Urbanum consuluerat, de ordinatione Daimberti quem a Wecilone archiepiscopo Moguntino, schismatico simul et Simoniaco, diaconum ordinatum, ipse pontifex in episcopum Pisanum consecraverat. Urbani responsum a Labbeo tomo X Conciliorum ex ms. codice S. Victoris Parisiensis editum est. Cui jungenda altera ad eosdem responsio, seu potius, ut quidem verisimile est, ejusdem responsionis altera pars quæ apud Gratianum habetur 1, q. 7, c. 24, *Daibertum*. In utraque Urbanus agnoscit sibi non incompertum fuisse Daimbertum a Wecilone schismatico diaconatum suscepisse. Sed tamen qui ille *non Simoniace fuerat ordinatus, ac corpore et spiritu ab hæreticis egressus fuerat*, eumdem *utilitatibus Ecclesiæ pro viribus incudantem, ex integro, Ecclesiæ necessitate ingruente, diaconum se constituisse* respondet pontifex. Nulla est in utroque illo responso temporis nota, ac cum certum sit Daimberti ordinationem, cujus occasione scriptæ sunt illæ litteræ, ad primos pontificatus Urbani annos revocandam esse, vix ultra hunc annum differri possunt. Quare eas huc referre visum est.

Huc etiam referri posse mihi aliquando visum est Urbani bullam, qua pontifex Baionensis in Novempopulania Galliæ provincia diœcesis limites præscripsisse dicitur apud Sammarthanos, tomo II Galliæ Christianæ, laudato ea de re scripto, quod datum aiunt v *Idus Aprilis, indictione* xiii, anno 1106. Et quidem hoc anno defunctus erat Urbanus; sed ex indictione, quæ anno 1090 convenit, emendandum esse conjiciebam exscriptoris erratum. Verum, visis ejus Ecclesiæ monumentis, quæ mecum illustrissimus antistes Renatus Franciscus de Beauveau communicari jussit, deprehendi errorem esse Sammarthanorum, qui Paschalis II bullam incaute ad Urbanum transtulerunt. In ea tamen legendum *indictione* xiv, aut certe dicendus est pontifex ut sæpe alias, secutus fuisse calculum Pisanum, quo annus a fine præcedentis Martii inchoabatur.

LXXIV. *Privilegium Majoris Monasterii.*

Hoc item mense datum est Romæ privilegium Majoris-Monasterii prope Turonum urbem, Bernardo abbati inscriptum; quo Urbanus ipsum monasterium, uti jam a Victore III indultum fuerat, sub speciali sedis apostolicæ tutela suscipit; eo pacto, inter alia, ut electus abbas a Turonensi archiepiscopo *consecrationem accipiat*, sed *sine omnis professionis exactione*. Hanc clausulam inseri curavit pontifex occasione professionis, quam episcopi ab ordinandis abbatibus exigere tunc temporis volebant; cum econtrario hanc præstare renuerent abbates, etiam non exempti, quod in ea nescio quid Simoniaci invenirent: præterea exempti timebant, ne eo pacto episcoporum jurisdictioni subjici viderentur. De qua controversia actum est fusius in præfatione ad primam partem Actorum sanctorum ordinis S. Benedicti Sæculi XI, § 3. Datum est Majoris-Monasterii privilegium die xvi Kalendas Maii. At magnis postea controversiis occasionem præbuit. Quippe cum ex antiqua consuetudine archiepiscopus et clerus urbis solerent paschale festum in Majori-Monasterio celebrare, et ea occasione multa fierent illicita tantæque solemnitati haud congruentia, quæ hoc privilegio abolebantur, id ægre tulerunt clerici, ac nihil non adversus monachos intentarunt, obtenta etiam adversus eos a Rodulpho archiepiscopo excommunicationis sententia, ut illud privilegium irritum facerent; exinde veluti aperto bello in monachos ita desævierunt ut etiam annonas, quæ in monasterium deferebantur, diriperent. Rodulfo archiepiscopo mortuo, ei alter cognominis in sede et in odio adversus monachos successit, et licet pallium ab Urbano impetrare non potuisset, quin prius fuisset pollicitus se Majoris-Monasterii privilegio obediturum, sponsionis tamen suæ post paululum immemor, monachos vexare decessoris sui exemplo non destitit, donec, re variis in episcoporum conventibus agitata, tandem in concilio Claromontano concordia inita fuit, ut dicemus ad annum 1095. Tamen has rixas post Urbani obitum recruduisse ex Ivonis epistola 108 facile colligi potest.

Eo tempore, aut certe, ut videtur, jam antea, Bernardo ejusdem loci abbati scripserat Urbanus de dimittendo monasterii regimine cogitanti, quod nescio quid vitiosi, in suam ipsius ordinationem irrepsisse vereretur. Sed eam culpam si aliqua fuisset, ac quomodocunque contigisset, ei condonavit pontifex, ea conditione, ut de cætero fratrum suorum *saluti vigilantius ac ferventius instare non desineret*. Porro ex Ivonis Carnoteni epistola 73 intelligimus, ni fallor, hoc ipsum quod in ordinatione Bernardi reprehendebatur, nihil aliud fuisse, quam professionem archiepiscopo ab eo cum benediceretur præstitam. Ibi enim ait Ivo mirari se quod Majoris-Monasterii fratres ægre suo abbati obedirent, eam ob causam quod ab archiepiscopo excommunicato benedictus, sedi ejus metropolitanæ subjectionem promisisset. Quod frivolum Ivoni videbatur, abbatibus hac in re et monachis minime faventi.

LXXV. *Concilium Tolosæ.*

Quo tempore hæc Urbanus in Italia gerebat, ejus legati apud Tolosam concilium in Galliis celebrarunt circa festum Pentecostes, quod Bertoldus *generalem synodum* appellat, et ad quam *episcopos diversarum provinciarum* convenisse, ibique Urbanum per suos legatos *multa in ecclesiasticis causis quæ corrigenda erant, correxisse* scribit. In eo concilio, uti prosequitur idem auctor, *Tolosanus episcopus de illatis sibi criminibus expurgatus est, et legatio pro restauranda Christianitate in Toletana civitate, rege Hispanorum supplicante, destinata* fuit. Hanc porro nonnulli anno 1089, imo et alii præcedente consignarant, cui Bernardum Toletanum archiepiscopum, ex itinere Romano, ut vult Rodericus Toletanus, redeuntem interfuisse dicunt. At his præferenda est Bertoldi, tum viventis, auctoritas, qui disertis verbis eam anno 1090 circa festum Pentecostes celebratam fuisse asserit. Haud tamen diffitemur Bernardum Toletanum ei interfuisse, quod colligere licet ex Urbani epist. ad Gotthiæ fideles, pro monasterio Sancti Ægidii. Quænam vero *legatio* illa sit, quæ in Hispaniam, efflagitante Alfonso rege, ad restaurandam *Toleti Christianitatem destinata est*, vix intelligi potest, nisi his verbis indicari dicamus, librorum officii divini juxta ritum Romanæ Ecclesiæ editorum receptionem, ut scilicet deinceps, abrogatis Gotthicis, Hispanicæ Ecclesiæ Romanis libris uterentur. Certe anno sequenti, agente Raincrio legato apostolico, qui huic quoque synodo interfuerat, id in concilio Legionensi, ut ibi dicemus, cautum fuit.

LXXVI. *Tarraconensis urbs Romano pontifici data.*

Soluta autem Tolosana synodo, Raynerius Urbani legatus in Hispaniam pergens per Catalauniam transivit, ubi Raymundus Barcinonis comes, aggregatis provinciæ optimatibus, urbem Tarraconensem sedi apostolicæ solemniter donavit ea conditione, ut eam et universa quæ ad illam attinebant, ipse ac ejus *posteri teneret per manum et vocem sancti Petri, ejusque vicarii Romanæ sedis apostolici, per quinquennium persolventes ei censum viginti quinque librarum purissimi argenti*; quæ donatio facta est *per manum domni Raynerii Romanæ Ecclesiæ cardinalis, qui nunc,* inquit Raymundus, *legatione fungitur in partibus nostris. Æra millesima [centesima] vigesima octava, anno ab Incarnatione Domini* 1090. Hujus donationis instrumentum a Labbeo, Aguirio aliisque conciliorum collectoribus editum est cui inter alios complures Berengarius, quod sane mirum est, nisi id amanuensis liberalitati debeatur, sub *Tarraconensis archiepiscopi* titulo subscripsit, quamvis hac dignitate ante annum sequentem potitus non fuerit. Forte Berengarius Ausonensis Ecclesiæ, cui diœcesis Tarraconensis unita erat, episcopus, jam tunc metropolitani nomen assumpserat, cujus auctoritatem nonnisi anno sequenti adeptus est.

LXXVII. *Urbanus Bantinum monasterium protegit.*

Querelas interea ad Urbanum detulit Urso Bantini monasterii in Apulia abbas, adversus nonnullos istius provinciæ optimates, qui ejus monasterii res et chartas diripuerant, ipsumque contumeliis affectum latronum more spoliaverant. Rem indigne tulit pontifex, moxque conscriptis ad Rogerium et Boamundum, Apuliæ principes, litteris, eos commonuit ut tam gravi scandalo conveniens remedium afferrent. Quod revera ab ipsis præstitum est, ut fusius exposuimus ad annum 1088. Urbani epistola ea de re nullam habet chronologiæ notam; at eam hoc anno, et quidem ante mensem Julium scriptam fuisse facile colligitur ex Rogerii et Boamundi instrumento, quod Baronius integrum retulit: *Datum Canusio anno Dominicæ Incarnationis* 1090, *ducatus* v, *mense Julio, indictione* xm, quo quidem instrumento illi principes, Urbani monitis excitati, convocatis apud Canusium provinciæ optimatibus Bantini monasterii privilegia et possessiones confirmarunt, ut eo pacto damna tam sancto loco illata utcunque resarcire conarentur.

LXXVIII. *De filio Jordani principis Capuani. Excommunicatur Cenomanorum comes.*

Huc etiam revocare libet aliud exemplum, quo comprobari potest Urbani studium adversus eos qui justitiæ jura violabant. Illud est judicium, quod pontifex in Raynaldum Rinellum provisorie tulit, accusatum, quod Jordani principis Capuani filiam adolescentulam raptu potius, quam justi conjugii spe, invitis parentibus sibi desponsasset. Certe hunc Raynaldum hominem violentum fuisse patet ex Chronico Casinensi libro iv, cap. 9, ubi dicitur castrum *Fractarum* dolo a Casinatibus abstulisse. Quod postea vi et armis retinere conatus est. Hoc autem judicium quod Ivo et Gratianus retulerant, ideo revocamus ad præsentem annum, quod ipsum ulterius differre prohibeat Jordani obitus, quem sub hujus anni finem contigisse ex antiquis auctoribus Camillus Peregrinius probat.

Aliud item Urbani in emendandis vitiis sollicitudinis exemplum suggerit nobis Ordericus Vitalis libro viii, ubi scribit. Hugonem comitem Cenomanorum ab eodem pontifice hoc anno sacris fuisse interdictum, quod legitimam suam uxorem Roberti Wiscardi filiam repudiasset.

LXXIX. *Schismatici ob Catholicorum mortem insolescunt. Iis respondet Stephanus episcopus Halberstatensis.*

Finitis induciis, quæ usque ad Pascha, uti anno superiore diximus, perdurare debebant, cum Hermannus Metensis antistes et Bertoldus dux Alemanniæ, acerrimi sedis apostolicæ defensores, sororque Bertoldi, Hungarorum regina, mense Maio, ut Bertoldus scribit, obiissent; ac paulo post Eggebertus Saxoniæ marchio occubuisset, insidiis, uti aiunt, Quintiliburgensis abbatissæ, quæ Henrici Augusti soror erat, occisus, schismatici ad arma recurrere constituerunt, tanta cum animi elatione, ob eos, uti eis videbatur, felices successus, ut de pontificiis actum esse palam divulgarent. Certe ea erat Walbrami Magdeburgensis antistitis (Cicensem seu Noviburgensem episcopum appellat Trithemius in Chronico Hirsaugiensi) sententia, qui litteras ad Ludovicum principem eo tempore scripsit, ut eum desperatis pontificiorum rebus, quorum præcipui fautores, justo Dei judicio, ut ipse jactitabat, misere perierant, ad Henrici partes attraheret. At longe ab ea opinione aberant Catholici, ut ex Ludovici responso discimus, quod ejus nomine Stephanus, qui et Herrandus dicebatur, ex abbate Ilseburgensi episcopus Halberstatensis, Waltramo dedit. Utrasque litteras retulit Dodochinus abbas S. Disibodi, in Appendice ad Marianum Scottum, quæ ibi videri possunt. Certe is Stephanus locum habere debet inter strenuos Urbani propugnatores, ob multa alia scripta quibus Ecclesiam defendisse apud Trithemium loco laudato dicitur. E re nostra fuissent quatuor epistolæ ad Urbanum pontificem, quas ille auctor memorat. At exciderunt.

LXXX. *Henrici expeditio in Italiam. Bononiensium et aliarum Longobardiæ civitatum militiæ. — Pœnitentia militibus in justo bello permissa.*

Inter hæc Henricus parata expeditione in Italiam ingreditur, cui Langobardiam devastanti Welpho Italiæ dux, Mathildis uxoris suæ, uti scribit Bertoldus, adhortationibus *confortatus*, resistere conabatur. At Mathildem suos exercitus ipsammet duxisse testatur Domnizo, qui totam hanc expeditionem, rudibus licet versibus, egregie describit capite quarto, quod ideo fere integrum retulimus in Appendice. Sigonius hac occasione commissum fuisse censet ingens illud prælium Sorberiense, in quo Ebrardus Parmensis et Gandulfus Regiensis episcopi, qui Guiberti partes tuebantur, a Mathildis militibus victoria potitis capti fuere. At fallitur vir eruditissimus: Sorberiensis quippe victoria, vel ipso Domn'zone testante, ante Urbani pontificatum obtigit, quanquam capite 3 nonnulla de Urbano miscuerit ille auctor, quæ anticipato retulit. Et quidem Bertoldus, testis omni majori exceptione, amborum istorum episcoporum mortem anno 1085 consignat. Cæterum cum Henricus hoc anno Mantuam obsideret, Welpho et Mathildis, hanc urbem ut eam magis ac magis in sua fide continerent, ab omni tributo et vectigali exemerunt, dato ea de re diplomate Mantuæ anno 1090, v Kalendas Julias, quod Sigonius refert; sed hæ liberalitates urbis deditionem non impedivere, anno sequenti factam. *Magna* autem, ut refert Bertoldus, *hoc anno fames multas regiones repente afflixit, quamvis non magna sterilitas præcesserit terræ:* unde eam contigisse dubium non est occasione internorum illorum discidiorum quæ a schismaticis commovebantur.

Tradunt historiæ Bononienses scriptores (GIRARDACCI, *Hist. di Bologna,* lib. II), nec dissentit Sigonius, suæ urbis cives in illis bellorum tumultibus egregie pontificis partes adjuvisse, memorantque institutam ea occasione militiam, in quatuor cohortes distributam, ex totidem tribubus, in quas urbs divisa fuerat; assignatis unicuique cohorti suis tribunis et vexillis. Inde Bononienses *vexilliferos* appellatos fuisse volunt. Addit Sigonius cæteras quoque Longobardiæ urbes Bononensium imitatione idem institutum recepisse. Cum vero iis temporibus aperto bello pontificii adversus schismaticos decertarent, subiit in quorumdam animos scrupulus, an subjiciendi pœnitentiæ essent Christi fideles, qui in congressibus bellicis, tunc frequentibus, excommunicatos occidissent. Huc quippe, nisi mea me conjectura fallat, revocari debet Urbani rescriptum Lucano episcopo, quod Ivo Carnotenus et Gratianus in suis decretis retulere. Interrogatus ea de re pontifex respondit, quod etsi excommunicatorum interfectores in justo bello, quale tunc urgebat, homicidæ censendi non essent; quia tamen aliquid sinistri in eorum voluntatem irrepere potuerit, congruam eis *secundum eorum intentionem* satisfactionem injungendam esse. Sic antea Patres concilii provinciæ Remensis anno 923 pœnitentiæ subjecerant eos qui in prælio Suessionico inter Robertum et Carolum de regno decertantes interfuerant, quod procul dubio vix fieri possit, ut in ejusmodi bellis intestinis solo pacis aut boni publici intuitu pugnetur. Et quidem Theodosium Magnum simili occasione laudavit sanctus Ambrosius, quod post victoriam de Eugenio tyranno reportatam aliquandiu a sacris abstinuerit. Videndus ea de re Isidorus Pelusiota lib. IV, epist. 200.

LXXXI. *Brunonis discipulis Carthusia restituitur. Ipse cum aliis in Calabriam secedit. Recusat archiepiscopatum Rhegiensem. Ejus apud pontificem auctoritas.*

Quid inter hos turbines fecerit Urbanus non produnt veteres historici. At Bruno Carthusianorum institutor, quem anno præcedenti, ut diximus, pontifex ad s*e* Galliis evocaverat, tum cum eo versabatur, ut eum consiliis suis adjuvaret. Erant etiam cum Brunone ipsius discipuli, qui cum tanti Patris absentiam ferre non valuissent, eum paulo post ejus discessum, dimissa Carthusia, in Italiam secuti fuerant, quare Bruno Carthusiæ locum Segnio abbati Casæ-Dei, commisit. Verum sive quod inter tot tumultus boni illi eremitæ regularibus exercitiis vacare quiete non possent, sive quod Bruno ipse moleste ferret dilectam suam Carthusiam omnino vacuam relinqui, illis tandem persuasit ut illuc sub Landuini, quem vir sanctus in sui locum Carthusiæ priorem instituerat, regimine victuri revertantur: acceptis ab Urbano litteris, queis Seguinum rogabat ut illis Carthusiæ eremum restitueret. Quod ita factum fuit die hujus anni xv Kalendas Octobris. Hinc colligere licet Brunonis discipulos circa mensem Julium ex Italia discessisse. Et quidem non multo post Bruno ipse cum Lanuino et aliis sociis in Calabriam secessit, ubi cum a Rogerio Calabriæ et Siciliæ comite inter venandum, uti narrant vulgati auctores, inventi fuissent, locum condendo monasterio aptum ab eo acceperunt. Ut ut sit de ea historia, Rogerius ipse in diplomate, quod hoc anno in eorum gratiam edidit, *notum omnibus vult esse, per Dei misericordiam, a Galliarum partibus ad regionem Calabriæ sanctæ religionis viros, Brunonem scilicet* et *Lanuinum cum eorum sociis, pervenisse; qui, contempta mundialis gloriæ vanitate, soli Deo elegerant militare.* Horum itaque, pii principis verba refero, desiderium ego cognoscens, et ipsorum meritis et precibus apud Deum adjuvari desiderans, ab eorum charitate multis precibus obtinui, *ut in terra mea locum sibi habitabilem eligerent, in quo ad serviendum Deo qualia vellent habitacula præpararent.* Tum eis locum solitarium assignat inter *Arena et oppidum Stilum*, cum tota silva, etc., per leucæ spatium in circuitu. Hujus eremi ecclesiam dedicari curavit idem Rogerius anno 1094, quod ab archiepiscopo Panormitano, assistentibus aliis quinque episcopis, factum fuisse, declarat in altera charta, quæ edita est a Roccho Pyrrho tomo III Siciliæ sacræ. Primam vero ejus principis donationem firmavit et ampliavit Theodorus Squillacensis antistes, in cujus diœcesi sita erat nova illa Carthusia, uti ex ejus charta patet data, die 16 Decembris hujus anni, quam simul cum Rogerii donatione Urbanus post biennium, et tandem Paschalis ejus successor confirmaverunt, ut videre est apud Ughellum tomo IX Italiæ sacræ.

Quanti autem Brunonem fecerit Urbanus, ex eo patet quod, vacante tunc temporis Rhegiensi Ecclesia, quæ præcipua est Calabriæ metropolis, ad eam ipsum evehere modis omnibus conatus fuerit, sed frustra. Vir quippe sanctus Carthusiam suam omnibus sæculi dignitatibus anteponebat; imo et eam prætulisset ipsi etiam pontificis comitatui, si illi fuisset permissum, quod ipse contestatur in epistola ad suos Carthusienses conscripta, in qua sic loquitur : *De me, fratres, scitote, quoniam mihi unicum post Deum est desiderium veniendi ad vos, et quando potero, opere adimplebo*. Plura ibi habet de mundi contemptu et eorum felicitate qui omnibus curis exempti uni Deo in solitudine vacare possunt. Similia, imo et plura habentur, in altera ejus epistola ad Radulphum Viridem tunc præpositum, postea archiepiscopum Remensem, suum olim, cum in ea urbe moraretur, familiarem. Porro ad hunc annum Brunonis ad Rhegiensem archiepiscopatum electionem, quam vulgati auctores anno 1095 consignare solent, ideo revocamus, quod hoc solummodo anno sub Urbani pontificatu sedes illa vacua fuerit, morte scilicet Arnulphi archiepiscopi, cui, recusante dignitatem illam Brunone, substitutus est sub hujus anni finem Rangerius. Hic quippe privilegium Theodori Squillacensis episcopi supra laudatum confirmavit die 17 Decembris anno 1090, *archiepiscopus Rhegiensis electus*, ac deinceps ad annum 1106 variis conciliis et publicis instrumentis subscripsisse memoratur sub archiepiscopi titulo, ut videre est apud Ughellum tomo IX Italiæ sacræ. Verum etsi Bruno nulla fulgeret dignitate, nihilo tamen minor fuit apud pontificem ejus auctoritas, ut præter cætera probat Paschalis II epistola ad Lanuinum ipsius in Calabrici monasterii regimine successorem, quem sic pontifex alloquitur : « Te in locum sanctæ memoriæ magistri Brunonis successisse cognovimus. Sit ergo in te ejusdem viri spiritus, idem sit eremiticæ vitæ vigor, eorum morum et gravitatis constantia; quia nos, opitulante Domino, quidquid auctoritatis et potestatis ipsius Magistri probabilis sapientia et religio ab apostolica sede promeruit personaliter, hoc tibi eodem te spiritu comitante concedimus. » Certe non Brunonem modo, sed et ipsum Lanuinum quandoque Urbanus ad se accersebat, ut ex brevi ejus epistola manifestum est.

LXXXII. *Urbanus Campaniam invisit.* — *Privilegium S. Basoli.*

Visum est Urbano circa hujus anni medium, cum ei Romæ vix respirare liceret, provincias Rogerio et Boamundo subjectas adire, ut ibi paulo liberius rerum ecclesiasticarum curam ageret. Certe eum sub medium mensis Augusti hoc anno in Campania exstitisse constat ex privilegio sancti Basoli, quod Sinuessæ datum est hoc anno die XVIII Kalendas Septembris, Burchardo ejusdem loci abbati inscriptum.

LXXXIII. *S. Anselmo scribit pro Fulcone episcopo Bellovacensi.* — *Anselmi responsio.*

Paulo ante, nempe ipsis Kalendis Augusti, nam ex rerum serie id hoc anno factum fuisse constat, pontifex ex urbe Capua ad beatum Anselmum tunc temporis Beccensem in Northmannia abbatem scripserat, ut ei Fulconem Bellovacensem episcopum, antea monachum Beccensem et ipsius Anselmi discipulum, commendaret; quia vero ille ad tantum onus sustinendum impar, si solus esset, videbatur, beato abbati mandat pontifex, ut ei ipse, aut certe, eo impedito, aliquis ex ejus fratribus, semper assistat illius episcopi *monitor, corrector atque consultor*. Tum certiorem eum facit, se, quidquid in ejusdem episcopi ordinatione vitiosum irrepere potuerat, *indulsisse*. Denique varia Anselmo negotia commendat, quæ in ejus epistola explicantur. At ibi, sicut et in aliis passim Urbani epistolis, observare licet illius sollicitudinem et curam in accersendis ad se viris doctis et piis, qui eum ad pontificatus onera sustinenda adjuvarent. Respondit post aliquod tempus Urbani litteris Anselmus, ut ei de Fulconis, per quem illas acceperat, electione rationem redderet. Ei viro assensum suum præbuisse asseverat *coactum Francorum regis et cleri Bellovacensis, instantia, cum assensu Remensis archiepiscopi, nullo resistente*; ita ut, nisi, inquit vir sanctus, *hoc facerem, Deum timerem offendere*. Quare pontificem rogat, ut datis ad archiepiscopum, aliosque provinciæ Remensis antistites, imo et ad Bellovacenses proceres aliis litteris, Fulconem jam secundo Romam profectum adversus malevolos homines a quibus ferme opprimebatur, sua auctoritate communiat. Tum compatitur vir sanctus in hac epistola, quæ est 33 libri II, pontifici in medio tribulationum posito, ideoque ipsi suas suorumque fratrum preces pollicetur, *ut ei Deus mitiget a diebus malis, donec fodiatur peccatori fovea*. Denique prædicit *quod Deus non relinquet virgam peccatorum super sortem justorum; quia hæreditatem suam non derelinquet, et portæ inferi non prævalebunt adversus eam.* Denique privilegium pro suo Beccensi monasterio postulat, quod an unquam impetraverit incertum est. Quid vero postea Fulconi contigerit in consequentibus dicemus.

LXXXIV. *Confirmat privilegia Ecclesiæ Ravellensis. Episcoporum ordinationes. Ex his forte Berengarius Venusii. An Guitmundus Aversæ.*

Interea Urbanus, cum apud Salernum esset, Ravellensis seu Rebellensis Ecclesiæ, quam Victor III ejus decessor in episcopalem sedem erexerat, privilegia confirmavit, dato diplomate die ipso Nonarum Octobrium.

Creavit etiam Urbanus diversos episcopos per illud tempus, ex quibus Petrus in Chronico Casinensi libro IV, cap. 7, duos laudat ex Casinensi monasterio assumptos, Benedictum scilicet in Sardinia insula, et Raynaldum Caietæ, qui hoc anno, ut idem auctor habet capite sequenti, altare Sancti Erasmi, et anno sequenti ex anonymi Chronico, ecclesiam Sancti Andreæ in sacro monte consecravit. Hoc eodem anno, ut jam diximus, Rangerius Rhegiensis Ecclesiæ regimen suscepit. Is primum in Majori Monasterio prope Turonos monachus fuerat, unde Cavam translatus, Urbano notus fuit, a quo, ut habet Ughellus tomo IX Italiæ sacræ, cardinalis tum Rhegiensis archiepiscopus factus est. Idem auctor tomo VI scribit amicum sancti Vincentii de Volturno hoc quoque anno creatum ab Urbano fuisse *cardinalem presbyterum Sanctæ Crucis in Jerusalem*, qui postea in Æserniensem episcopum assumptus, demum Casini temporibus Calixti II obiit.

Ad hunc etiam annum, uti videtur, revocari potest Berengarii promotio ad Venusinum episcopatum. Hic in Uticensi Sancti Ebrulfi monasterio Northmanniæ sub beato Theoderico abbate educatus, Robertum Theoderici successorem, quem Osbernus invasor e monasterio excedere coegerat, in Apuliam fuerat secutus, ubi cum per multos annos monasterio Sanctæ Trinitatis apud Venusium præfuisset, tandem, uti Ordericus Vitalis refert libro VII, *pro vitæ merito et sapientiæ doctrina ad pontificatum præfatæ urbis a papa Urbano promotus est.* Tunc tamen a *plebe electum Venusinæ urbis episcopatum suscepisse* asserit idem auctor libro III. Et quidem utrumque potest esse verum. At mirum est hunc Berengarium ab Ughello in catalogo Venusinorum antistitum tomo VII Italiæ sacræ recensitum non fuisse.

Laudat idem Ordericus Vitalis libro IV Guitmundum monachum Crucis Sancti Buderni, seu Sancti Leufredi in Northmannia, quem post varias fortunas Gregorius VII *cardinalem sanctæ Romanæ Ecclesiæ præfecit, et Urbanus papa jam probatum in multis metropolitanum Aversis urbis solemniter ordinavit.* Consentit Calixti bulla apud Ughellum tomo I Italiæ sacræ; sed qua ratione id componi possit cum aliis auctorum etiam æqualium testimoniis vix intelligi potest. Nemo quidem nescit Guitmundum seu Witmundum e monacho Sancti Leufredi, ob scripta in Berengarii errores celebrem in Aversanum episcopum assumptum fuisse. Id enim præter Ordericum, Ivo Carnotensis antistes, epist. 78; Willelmus Malmesburiensis et alii graves auctores passim affirmarunt. At idem Ivo decreti parte IV, cap. 213; Gratianus, dist. 8, cap. 5 : *Si consuetudinem*, et alii decretum proferunt ex Gregorii VII epistola ad Witmundum Aversanum scripta, in quem titulum errorem irrepsisse nemo dixerit, si consulat codices mss. et editos, in Baluzii notis ad Gratianum laudatos. Quid igitur? si divinare licet, aut duo fuere Guitmundi Aversani episcopi, ut suspicatus est Ughellus, aut certe Gregorius nostrum Guitmundum primo Aversæ urbis episcopum creavit, et Urbanus eumdem pallii concessione archiepiscopi titulo et honore condecoravit; tum ut tantum hominem aliqua prærogativa singulari illustraret; cum, ut Northmannis principibus, qui hanc urbem exstruxerant et potissimum colebant, gratum faceret. Certe Ordericus innuit Urbanum nescio quid singularis privilegii ea occasione Guitmundo in Northmannorum gratiam concessisse. *Hæc urbs*, inquit, *tempore Leonis IX a Northmannis, qui primo Apuliam incoluerant constructa est, et a Romanis, quia ab adversis sibi cœtibus ædificabatur, Adversis dicta... divitiis opulenta Cisalpinorum... Northmannorum optione soli papæ gratanter obedit, a quo Guitmundum sophistam mystici decoris pallio insigniter redimitum pontificem accepit. Qui archipræsul eam diu rexit, et apostolicis privilegiis ab omni mortalium exactione liber plausit.* Hæc conjiciendo dicta sint, donec aliquis certiora inveniat. Huic Guitmundo rescripsit Urbanus, de recipiendis excommunicatorum, modo resipuerint, eleemosynis. Quam epistolam, aut certe insignem ejus partem, circa Julium mensem, sed anno incerto, scriptam Ivo, et post eum Gratianus in decretis suis, retulere.

LXXXV. *Mors Adalberonis episcopi Wirzburgensis.*

Verum eo tempore quo variis Ecclesiis in Italia pastores providebat Urbanus, egregium ac invictissimum sedis apostolicæ propugnatorem in Germania amisit, Adalberonem scilicet Wirzburgensem episcopum, qui licet e patria extorris fuerit, et frequenter e sua sede pulsus, ecclesias tamen dedicare, monasteria restaurare, aut de novo condere, aliaque sui ordinis munia exercere non destitit. Etsi *post innumera*, ut ait Bertoldus, et consentit Vitæ hujus auctor, *pericula*, *et varias persecutiones, in bona confessione diem clausit extremum* die sexta Octobris, sepultus in monasterio Lambacensi, quod a suis parentibus conditum et multis a se bonis locupletatum, ordini Benedictino addixerat. Ejus Vitam ab auctore suppari monacho Lambacensi scriptam dedimus inter Acta sanctorum ordinis S. Benedicti, parte II, sæculi VI.

LXXXVI. *Canonicorum regularium Aroasiensium institutio.*

Illustratus etiam fuit hoc anno Urbani pontificatus institutione canonicorum regularium congregationis Aroasiensis, sic dictæ ab Aroasia principe monasterio in diœcesi Atrebatensi, quod sub se viginti abbatias olim habuisse perhibetur. Primus eorum præpositus, nondum enim tunc temporis canonicis regularibus abbates præesse consueverant, fuit Hildemarus, qui cum duobus aliis eremitis fundamenta posuit hujus ordinis, cujus vitæ austeritatem egregie describit Jacobus a Vitriaco in Historia occidentali, capite 23, et post eum Locrius et alii passim auctores laudarunt; sed hæc fusius persequi non pertinet ad nostrum institutum.

LXXXVII-VIII. *Erectio abbatiæ Tauniaci.*

Circa idem tempus ecclesia Sanctæ Mariæ, quæ corpore sancti Hippolyti martyris nobilitabatur, apud Tauniacum Santonum oppidum, e clericali ad monasticum ordinem translata est; constituto ibi cum aliis Angeriacensibus monachis primo abbate Fulcherio, sub clientela monasterii Angeriacensis, cui nova hæc abbatia subjecta remanere debebat. Hæc facta est Gaufridi Tauniacensis domini, loci conditoris præscripto, qui ut id ipsum ab Urbano papa obtineret, Romam adierat. Qua de re papa, ut legitur in veteri instrumento, *valde lætificatus, ex auctoritate beatorum Petri et Pauli, et sua, quidquid de ecclesia fiebat, et danti* Gofrido scilicet, *et accipienti* Odoni abbati Angeriacensi, *diligenter annuit, secutus antecessorem suum Ildebrandum, magnæ et admirandæ sanctitatis virum, qui, dum adhuc viveret, hoc ipsum Gofrido concessisse cognoscitur.* Itaque auctoritate, ut in eadem charta legitur, *sedis apostolicæ et privilegio* Odo monachos eo in loco instituit, ex quibus unum, Fulcherium nomine, Ramnulfus episcopus in abbatem benedixit, data omnibus potestate ut quicunque vellent, possint novæ illi abbatiæ bona sua conferre. Hæc ex ipso veteri instrumento delibavimus, quod in archivo Angeriacensi servatur, datum anno 1090, *indictione* XIII. Gofridus autem hujus abbatiæ institutor, is ipse est adversus quem alter Gofridus Vindocini abbas, lib. III, epist. 32, scripsit ad Ramnulfum Santonensem episcopum, quem rogat ut nullas ei inducias concedat, quin prius sibi *secundum domini papæ decretum* satisfecerit. Sed rem de qua agitur non explicat.

LXXXIX. *Henriciani Romæ prævalent. Mantuam capiunt.*

Dominus papa eo tempore, id est anni 1091 initio, ut Bertoldi verbis utar, *in partibus Campaniæ morabatur, et ab omnibus Catholicis debita reverentia colebatur, videlicet a Constantinopolitano imperatore, et a Philippo Francorum rege, aliisque diversorum regnorum principibus, tam ecclesiasticis quam sæcularibus, excepto Teutonicorum regno, ubi multi ex Catholicis in partem excommunicatorum avaritia decepti sponte sua se transtulerunt. Omnem enim tunc movebat lapidem Henricus, ut quosvis etiam vi aut fraude ad suas partes attraheret, adeo ut Romanos suæ ipsius factionis ad id facinus adduxerit, ut turrem Crescentii,* sic tum S. Angeli castellum appellabant, *quæ eatenus domino papæ obediebat, dolo captam diruere tentaverint.* Magnopere enituit hac occasione optimi pontificis animo profunde insita mansuetudo, qui cum, ut prosequitur Bertoldus, *facile Romam cum exercitu intrare, et rebellium contumaciam domare potuisset, magis cum mansuetudine causam suam agere delegit,* cedendo scilicet patienter temporis iniquitati, potius quam armis dimicando. Illud tamen facinus Henrico, qui tum Mantuæ incubabat, animum adjecit. Imo Mantua ipsa post diuturnam undecim mensium obsidionem, feria sexta Parasceves, die 11 Aprilis capta, civium proditione, ut Domnizo habet, aliquot civitates ei vicinæ, rejecto Welphonis ducis, seu Mathildis ejus sponsæ dominio, Henrici partes amplexæ fuerunt. Unde qui rebelles Romæ erant, insolentiores facti, *Guibertum hæresiarcham quem jamdudum expulerant, iterum Romam intrare et sanctam ecclesiam suis, non benedictionibus, sed maledictionibus infestare permiserunt.*

XC. *Urbanus in Campania versatur. Willelmus abbas Hirsaugiensis nuntius. Privilegium Ecclesiæ Cataniensis.*

Urbanus interea varias Campaniæ regiones peragrabat, huc illucque pro temporum necessitate commeare coactus. Quod cum referret Trithemius sic exclamat : *O tempora, o mores! Romæ, in cathedra sancti Petri Wigbertus sedebat idolum, et verus Christi vicarius nullum manendi locum poterat invenire tutum!* Et quidem cum tunc Willelmus Hirsaugiensis abbas, vir sanctitate morum et fide insedem apostolicam insignis, Gebehardum monasterii sui priorem ad Urbanum *misisset eum supplicatoriis litteris, postulans sibi, vel parum aliquid reliquiarum beati Petri destinari :* benigne quidem Gebehardum except pontifex, sed Guiberto Romam obtinente, ei non potuit quidquam ex apostolorum reliquiis donare. Verumtamen ne nuntius ad tam sanctum virum, qui ob sedis apostolicæ causam frequenter exagitatus fuerat, vacuus rediret, alias quas secum ferre consueverat pontifex sanctorum exuvias ei tradidit Hirsaugiam beato abbati deferendas. Certe nonnulla vidimus passim eorum temporum instrumenta, etiam in Galliis conscripta, quæ data dicebantur *Urbano sanctæ Romanæ Ecclesiæ præsidente sub persecutione Henrici tyranni,* aut sub similibus formulis, quæ idem aliis verbis exprimebant. Haud tamen sine honore erat, etiam in his angustiis pontifex, quem viri utriusque ordinis illustriores earum regionum quas invisebat ut plurimum comitabantur. Ita hoc anno sub finem mensis Januarii, *cum papa Urbanus Capuæ esset,* uti narrat Petrus Diaconus libro IV Chronici Casinensis, cap. 9, Raynaldus Rivellus, qui castrum Fractarum paulo ante in Casinenses vi invaserat, *ibi astantibus multis clericis atque nobilibus Capuanis,* publice Orderisio abbati *discalceatis pedibus satisfecit* ac indulgentiam promeruit. Scio equidem nonnullos id factum ad annum 1092, quo dedicata est ecclesia Sancti Andreæ, distulisse ex Petri verbis male intellectis; sed hanc dedicationem, eodem die, non vero eodem anno, ut quidem putarunt, quo Raynaldus Fractas invasit, celebratam fuisse scite advertit Camillus Peregrinius in serie abbatum Casinensium, ubi hanc publicam satisfactionem anno 1111 consignari debere multis et quidem invictis, si bene judico, argumentis probat. An vero postea Rômam statim redierit pontifex incertum est; sed ipsum Anagniæ initio Martii exstitisse constat ex privilegio Ecclesiæ Cataniensis, quod in ea urbe VII *Idus Martii* Ansgerio episcopo indulsit.

XCI. *Concilium Beneventi. Ejus canones, annus. Ibi asserta Ecclesiæ monopolis libertas. Bulla Casinensis de corpore sancti Benedicti. Privilegium S. Crucis Pictav. Privilegium Crispiniense.*

Paulo post Urbanus, fervente licet schismaticorum furore, *generalem synodum*, uti a Bertoldo appellatur, Beneventi *collegit, in qua sententiam anathematis super Guibertum hœresiarcham et omnes ejus complices synodali judicio confirmavit*. Beneventanam Ecclesiam tunc regebat Roffridus episcopus, a quo pontifex in urbem adveniens, ut tradit Ughellus, honorifice susceptus fuit. Canones quatuor de disciplina ecclesiastica in eadem synodo conditi vulgo circumferuntur, qui locum olim inter Urbani epistolas habebant. In quarto præcipitur omnibus viris et feminis, tam laicis quam clericis, ut in capite jejunii quadragesimalis *cinerem supra capita sua accipiant*. Hoc porro concilium anno 1091 celebratum fuisse, præter Bertoldum, disertis verbis legitur in veteri codice Romano, ex quo Labbeus ejus canones edidit, et quidem *die* V *Kalendas Aprilis, indictione* XIV, nec dissentit codex Anianensis, licet annum 1090 habeat, sed quem, uti ex notis chronicis quas exhibet, facile advertitur, ad paschale festum sequentis anni producit. In utroque autem codice observatur tot episcopos et abbates ad illud concilium convenisse, *ut eorum numerus facile adnotari non potuerit*. Inter eos vero, si Baronio credamus, celebris erat Petrus Cavæ abbas, quamvis alii auctores, ut jam diximus, aliter sentiant, cui pontifex etiam reluctanti mitræ usum concessit. Verum sive in hoc concilio, sive in Melphiensi, aut etiam in Claromontano, ut nonnullis placet, sive tandem in Trojano, ut habet domesticum Cavense Chronicon, perinde est ad probandam Urbani erga viros sanctos reverentiam et Petri abbatis humilitatem. Id autem Petrus fecit, si Venusino abbati ejus Vitæ auctori fidem habeamus, *ut quorumdam arrogantiam humilitatis exemplo condemnaret. Qui, dum se inaniter extollunt, indebitos sibi sanctæ Ecclesiæ honores non metuunt usurpare*. Nec plura se habuisse de hac synodo fatetur Labbeus.

Discimus tamen ex bulla Urbani ad Romualdum episcopum Monopolitanum in ea synodo actum quoque fuisse de controversia quæ inter hunc episcopum et archiepiscopum Aritanum seu Brundusinum vertebatur. Contendebat Brundusinus antistes Ecclesiam Monopolis debere esse metropoli suæ subditam. Quod pernegabat Romualdus, prolatis in suæ causæ subsidium veteribus instrumentis quæ illam soli Romano pontifici subjectam esse probabant. Et quidem examinatis in pleno concilio illis privilegiis, Brundusinus archiepiscopus causa cecidit, et confirmata est omnium Patrum suffragiis Monopolitanæ Ecclesiæ libertas, ut testatur ipse Urbanus in bulla ea de re Beneventi hoc anno, Kalendis Aprilis data, quam apud Ughellum videre licet. Ex his colligi potest bullam sub Urbani nomine datam Capuæ hac ipsa die Kalendarum Aprilium, De *præsentia corporis sancti Benedicti apud Casinum*, ad hunc annum revocari vix posse, licet indictionem XIV, quæ reipsa præsenti anno convenit, præferat in suis notis chronologicis; nisi forte quis dicere velit Urbanum mane Beneventi privilegium Monopolitanum concessisse, tum profectum Capuam, ibique hac ipsa die subsignasse illam Casinensium bullam. Sed hoc non unum est istius rescripti vitium, ut fusius diximus ad annum 1088. Ipsum tamen olim referetur suo ordine, ne illud, qualecunque fuerit, instrumentum Casinensibus nostris invidere videamur. Multo majoris, imo certæ fidei est privilegium quod, ejusdem concilii Beneventani tempore, Adhelis, abbatissa Sanctæ Crucis apud Pictavos, ab Urbano obtinuit die IV ante Kalendas Aprilis. Illud ex apographo descriptum dabitur inter Urbani epistolas. Denique adhuc Beneventi morabatur Urbanus, cum accessit ad illum Raynerius abbas Crispiniensis in Belgio, atque ab eo *munimentum sui monasterii obtinuit*, ut legitur apud Surium et Bollandum die 7 Aprilis, in Vita sancti Aiberti, tunc temporis reclusi in eodem monasterio, qui suum abbatem hoc in itinere comitatus est; sed ejus privilegii exemplum nusquam invenire licuit.

XCII. *Siciliæ ecclesiæ restauratæ.*

Ea tempestate, uti discimus ex Gaufrido Malaterra et variis instrumentis passim editis, Rogerius comes, pulsis e Sicilia Sarracenis, eo potissimum animum intendit ut ecclesias quæ a Barbaris penitus destructæ fuerant restitueret. Hinc monasteria passim reparavit, nonnulla vero de novo construxit. Quæ omnia Urbani consilio agebat, accepta ab eo auctoritate erigendi novas, aut veteres episcopales sedes restituendi, etiam in ipsis monasteriis, cum res exigeret. Atque adeo quotiescunque subsequentibus temporibus difficultates emersere circa Siciliæ ecclesiarum dispositiones, pontifices Romani, qui tunc fuerunt, ad Urbani constitutiones recurrendum esse censuerunt. Ita Paschalis II in diplomate pro Mazariensi Ecclesia decernit, ut res eo in statu permaneant, *sicut, annuente Deo, et Mazariensis et cæterarum parochiæ per apostolicum bonæ memoriæ Urbanum dispositæ sunt*. Et Eugenius III in bulla ad Robertum Messaræ episcopum, ejus Ecclesiæ privilegia confirmavit, *Urbani papæ dispositioni inhærens*. At nemo melius hanc rem exposuit quam ipse Rogerius in variis instrumentis ea occasione confectis, ex quibus unum inter alia insigne selegimus, in gratiam Catanensis Ecclesiæ datum, quod integrum refert Rocchus Pyrrhus. In eo Rogerius testatur Urbanum *ore suo sanctissimo*, haud dubium quando eum in Siciliam convenerat, uti ex Malaterra ad annum 1088 diximus, sibi præcepisse et rogasse ut Siciliæ Ecclesiarum curam susciperet, *quare*, inquit, *per diversa Siciliæ loca idonea ecclesias ædificavi jussu summi pontificis apostolici, et episcopos ibidem collocavi.... ipso laudante et concedente, et ipsos episcopos consecrante*. Tunc donat pius princeps Ansgerio episcopo simul et abbati urbem Catanensem. In altera charta, quam idem Rocchus Pyrrhus exhibet, Rogerius, post recensitas multas donationes Catanensi Ecclesiæ a se factas, subjungit Urbanum se *suppliciter exorasse ut suam ea de re constitutionem confirmaret*. Quod ab eo præstitum esse ait, *dira intentante in illos qui eam tam benefactam violarent, vel aliquid inde subtraherent, aut monachos ibi Deo servientes unquam perturbarent*. Ea est ipsa bulla quam supra num. 90 laudavimus. *Ansgerio episcopo et abbati Cataniensi* ideo inscripta, quod in ecclesia Sanctæ Agathæ cathedrali monachi Benedictini canonicorum loco, sicut et in plerisque aliis Siciliæ Ecclesiis, tunc haberentur, idemque esset eorum abbas qui et episcopus : quæ consuetudo hodieque subsistit in metropolitana ecclesia Montis regalis et in Cataniensi Ecclesia usque ad finem sæculi decimi sexti observata fuerat. Ansgerius vero hic laudatus, qui e monasterio Sanctæ Euphemiæ assumptus, celebre postea monasterium Catanæ excitavit cum amplissimo templo, quod, ut refert Rocchus Pyrrhus, in *tota Sicilia maximum* est.

XCIII. *Episcopatus a Rogerio instituti. Troini sedes Messanam translata.*

Quænam vero fuerint sedes illæ episcopales a Rogerio comite per id tempus in Sicilia institutæ, aut potius restitutæ, docet nos Robertus Troinensis seu Messanensis episcopus, in quadam charta pro monasterio Liparensi, apud Rocchum Pyrrum in notitia Ecclesiæ Pactensis, tomo III Siciliæ sacræ relata, in qua illæ recensentur his verbis : *Primum Traginensem ecclesiam in pristinum statum restituit Rogerius, in qua dominum et venerabilem Robertum primum constituit episcopum; deinde Agrigentinam, et Mazarensem; sequenter autem Catanensem, ac ultimum Syracusanam constituit ecclesiam*, etc. Plura habet Gaufridus Malaterra, libro IV, cap. 7, ubi exibet nomina episcoporum, qui primi has sedes obtinuere. *Comes*, inquit, *ecclesias per universam Siciliam reparat..... In urbe Agrigentina pontificalibus infulis cathedram sublimat...* « Huic Ecclesiæ Gerlandum quemdam, natione Allobrogem, virum, ut aiunt, magnæ charitatis et ecclesiasticis disciplinis eruditum, episcopum ordinans præfecit. Haud secus, apud Mazaram facere addens... Stephanum quemdam Rothomagensem, honestæ vitæ virum, episcopum ordinavit. Apud Syracusam vero adjiciens, Rogerium decanum Ecclesiæ Troinensis....., in provincia ortum pontificalibus infulis sublimavit. ... Apud Sanctam Eufemiam monachum quemdam natione Brittonem Ecclesiæ Catanensi ordinari curavit. » Is est Ansgerius de quo modo loquebamur. Monasterium vero Sanctæ Eufemiæ, quod hic memoratur, præ cæteris erat celebre, in quo Robertus Wiscardus Robertum abbatem Uticensem e suo monasterio ab invasore pulsum constituerat, cum aliis monachis, qui suum abbatem e Normannia secuti fuerant. Hinc factum ut eo in loco, sicut et apud Sanctam Trinitatem Venusii, et Sanctum Michaelem Meliti, quæ etiam duo monasteria idem princeps Roberto regenda commiserat, consuetudines monasterii Sancti Ebrulfi Uticensis vigerent, ut Ordericus Vitalis observavit libro III Hist. ecclesiasticæ.

Jam vero si Roccho Pyrro credamus, Troinensis sedes episcopalis, cui tunc Robertus præerat, hoc ipso, aut certe anno præcedenti Messanam, agente eodem Rogerio comite, translata est; et quidem Urbani consilio, ut id ipse Rogerius testatur in instrumento apud eumdem auctorem relato, in quo idem princeps pontificalem sedem in ecclesia sancti Nicolai, quam ipse Messanæ construxerat, a se institutam fuisse testatur. Quin et plerique episcoporum, quos ex Malaterra superius laudavimus, hoc etiam ipso anno consecrati dicuntur apud eumdem Rocchum Pyrrum, nempe Gerlandus Agrigenti, Stephanus Mazaræ, et Ansgerius Catanæ; Rogerius Syracusis anno 1093 ordinatus est. De his antistitibus et eorum sedibus, cum opportuna erit occasio, suis locis iterum dicemus.

XCIV. *Monasteria reparata. Privileg. monast. Lipar. S. Angeli Militens. Privileg. generale Rogerii.*

Cæterum haud minus sollicite religiosus princeps monasteriis reparandis, ac restituendis episcopatibus incumbebat; ut probant varia ejus instrumenta apud Rocchum Pyrrum. Qua in re Rogerium Urbani *ordinationem* secutum fuisse patet ex duabus ipsius chartis; una videlicet pro monasterio Sanctæ Mariæ de Mili, et altera pro monasterio de Itala seu Gitala, prope Messanam, quæ chartæ referuntur in parte IV Siciliæ sacræ, ubi de abbatiis. Porro inter alia monasteria, quæ tunc temporis restaurata fuerunt, celebris erat abbatia Sancti Bartholomæi in insula Lipari sita, cui idem Rogerius anno 1088 fratrem *Ambrosium* præfecit, hunc ipsum quem Urbanus Militi in Calabria hoc anno existens privilegio donavit III nonas Junii. Circa idem tempus aliud privilegium indulsit pontifex monasterio Sancti Angeli Militensis, quod paulo ante Rogerius comes exstruxerat. Nullas quidem præfert chronologiæ notas hoc diploma, in ejus apographo, quod ab eminentiss. D. cardinali Coloredo accepimus, sed rerum et locorum convenientia nos adduxit, ut illud hic simul cum aliis comitis Rogerii benefactis commemoraremus. Cæterum idem Rogerus generale ab Urbano privilegium habebat, ut quæcunque monasteria in ditionibus sibi subditis dotasset, omnino libera essent; cujus rei ipse testis est in charta pro monasterio Boicensi Panormitanæ diœcesis, data anno 1098, in qua locum illum declarat *ab omni onere et servitute et molestia liberum fore; sicut*, inquit, *a domino Urbano sanctissimo papa Romano potestatem et cautelam accepi, ut monasteria mea libera facerem ab omni persona*. Sed jam ad Urbani gestorum seriem revertendum est.

XCV. *Ecclesiæ Corsicæ episcopo Pisano subjectæ.*

Quo autem ille post absolutum concilium Beneventanum perrexerit, non omnino liquet. Si verum esset quod ait Ughellus in præmissis ad catalogum Pisanorum episcoporum, tomo III Italiæ sacræ, Urbanum bullam in Pisanæ Ecclesiæ gratiam in Kal. Junii, apud Beneventum dedisse; id certo nobis constaret. At cum idem auctor hanc ipsam bullam postea integram exhibuerit IV *Kalendas Julii datam*, res in incerto manet. Hanc vero ultimam lectionem alteri præferendam esse plusquam probabile est. Nam, uti ex altera mox laudata bulla patet, Urbanus Mileti in Calabria erat III Nonas Junii. At vix fieri potuerit, ut tam brevi temporis intervallo, tantum iter, nempe ex Campania in Calabriam ulteriorem, confecerit. Deinde prima die Julii Urbanus Capuæ, proindeque prope Beneventum versabatur. Hinc verisimile est eum absoluto concilio Calabriam invisisse; indeque reversum, insignem hanc bullam, qua Corsicæ Ecclesiæ ad apostolicam sedem pertinentes Pisano episcopo subjiciuntur, Beneventi dedisse. Hanc vero gratiam Dagbertus, Pisanus tunc temporis antistes, meruerat ob suam et Pisanorum civium fidelitatem in Ecclesiam Romanam, cui difficillimis illis temporibus semper addictissimi fuerunt.

XCVI. *Restitutio Tarraconensis metropolis.*

Paulo post nempe ipsis Kalendis Julii, cum idem pontifex, ut mox dicebamus, esset Capuæ, Tarraconensem Ecclesiam in pristinam suam dignitatem omnino restituit. Dalmatius nempe Narbonensis metropolitanus, rejectis a pontifice quas proferebat ad jus suum stabiliendum Stephani papæ litteris, quæ spuriæ aut saltem interpolatæ inventæ sunt, causa cecidit; cum nullo probabili instrumento probare potuisset Tarraconensem metropolim aliqua auctoritate apostolica suæ Ecclesiæ subjectam fuisse. Ea occasione arrepta, Urbanus Berengarium episcopum Ausonæ, cujus Ecclesiæ antistitibus diœcesis Tarraconensis cura demandata fuerat, Tarraconensem archiepiscopum, quod jamdudum meditabatur, statim renuntiavit, eique pallium concessit, dato ea de re diplomate. Hoc facto Narbonenses archiepiscopi jus omne metropoliticum, quod tam diu Tarraconensem provinciam exercuerant, amisere.

XCVII. *Concilium Legionense de causa episcopatus Iriensis et de officiis ecclesiasticis.*

Interea cum occasione exsequiarum Garsiæ regis, ut narrant Hispanici scriptores, Reynerius legatus apostolicus, Bernardus Toleti archiepiscopus, aliique antistites et abbates, Legionem convenissent, concilium ibi celebrarunt. In eo agitata est Didaci Sancti Jacobi episcopi causa, quam Urbanus, ut ex ejus litteris supra laudatis patet, potissimum Reynerio commendaverat. Et quidem Petrus abbas, quem, uti diximus, Richardus, anno 1088, in hanc sedem ordinari passus fuerat, in hac synodo exauctoratus est. At Didacus sedem suam non recepit, sive quod ea indignus esset, sive, quod quidem verisimilius est, id ausi non fuerint Patres, ne Alfonsi regis, cui ille invisus erat, animum eo pacto exacerbarent. Quare ejus Ecclesiæ cura Didaco Gelmindi iterum commissa fuit; donec, uti conjicere est, statueret pontifex quid facto opus esset. Id certe colligi posse videtur ex Historia Compostellana superius data, cujus fragmentum, uti jam polliciti sumus, in Appendice referemus. Ex ea vero liquet Dalmatium abbatem ex familia Cluniacensi, post unius anni intervallum, omissis Didaco et Petro, *auctoritate sanctæ Romanæ Ecclesiæ*, Compostellanum seu Iriensem episcopum tandem ordinatum fuisse.

Porro multa in hac Legionensi synodo de officiis ecclesiasticis statuta fuisse, Rodericus Toletanus libro VI, cap. 30, Lucas Tudensis, et alii passim auctores scripsere, quod de mutatione Officii Muzarabici in Romanum, in aliis Hispaniæ conciliis jam imperata, nonnulli interpretantur, atque huc revocari posse putant, id quod a Patribus decretum fuisse dicitur, *ut secundum regulam S. Isidori ecclesiastica officia in Hispaniis regerentur*. At hunc locum ad Muzarabicum Officium nihil pertinere monet piæ memoriæ cardinalis Aguirius, qui contendit his verbis nihil aliud designari quam epistolam sancti Isidori ad Landefredum episcopum Cordubensem scriptam, in qua singula officia eorumque sanctiones particulatim explicantur. Quippe cum hæc ob Maurorum invasiones diu in Hispaniis neglecta haud dubium fuissent, ea synodi Patres ad praxim revocanda esse censuerunt. Statutum denique in eo concilio fuit ut, omissis litteris Gothicis, quas Gulfilas episcopus adinvenerat, deinceps Gallicani characteres adhiberentur.

XCVIII. *Virorum sanctorum in Germania obitus. Res ibi turbatæ.*

Multi viri illustres his temporibus in Germania obierunt, inter quos celebris fuit Fridericus *comes et marchio*, egregius apostolicæ sedis defensor, qui, ut ait Bertoldus ad annum sequentem, ubi plura de eo habet, *sub habitu sæculari more sancti Sebastiani, strenuissimi militis* partes agebat. Hujus obitus contigit die III Kalendas Julii. Eum brevi secutus est Willelmus Hirsaugiæ abbas sanctissimus, qui mediis in persecutionibus, ut habet ejus Vitæ auctor in Actis sanctorum ordinis Benedictini, invicto animo causam catholicæ Ecclesiæ agens, nihil non ad ejus defensionem audebat, adeo ut plerumque innumeram propemodum omnis conditionis hominum, qui ad eum confugiebant, multitudinem in monasterio suo receperit, et aluerit. Hic III Nonas Julii abiit ad superos, quem post unum mensem, die scilicet sexta Augusti, secutus est sanctus Altmannus episcopus Pataviensis, cujus Vita a monacho Gotwicensi anonymo conscripta, alia ab ea quam Tegnagellus vulgavit, edita est. Augustæ Vindelicorum, anno 1619 simul cum Vita sancti Gebehardi Salisburgensis, et sancti Adalberonis Herbipolensis episcoporum, qui omnes in catholicæ Ecclesiæ defensione perditissimis iis temporibus maxime claruerunt. Paulo ante Willelmum obierant duo alii abbates etiam ob vitæ sanctitatem, et fidem in apostolicam sedem celeberrimi, Wolphelmus scilicet Brunwillarensis in diœcesi Coloniensi, die 21 Aprilis, et Benedictus Clusinus in faucibus Alpium die 31 Maii.

Mense Augusto sequenti, ut tradit Bertoldus, Welpho, Bavariæ dux, Henricum in Longobardiam convenit, cum eo pacem initurus, si ille Wibertum dimittere et bona quæ sibi injuste ablata fuerant restituere voluisset. At renuente has conditiones Henrico, dux in Alemanniam reversus est, ubi turbæ ita excreverunt, ut paulo post de novo rege eligendo actum sit. Quod re ipsa factum fuisset, inquit Bertoldus, *si quorumdam vigritia sive malevolentia non impedisset*. Ita ille.

XCIX. *Novum in Germania religionis genus.*

Mirum autem est tam calamitosis temporibus succrevisse in Alemannia novam vivendi formam, quæ apostolicos mores æmulabatur. Hi enim *etsi habitu nec clerici nec monachi viderentur*, ut idem Bertoldus narrat oculatus testis, *nequaquam tamen eis dispares erant... qui abrenuntiantes sæculo, se et sua ad congregationes tam clericorum quam monachorum regulariter viventium devotissime contulerunt, ut sub eorum obedientia communiter vivere et eis servire mererentur*. Hæc est *religio quadrata*, a Paulo Bernriedensi in Vita Gregorii VII laudata, quam cum nonnulli, nescio quo acti livore seu invidentia vituperare ausi fuissent, tueri aggressus est Urbanus, cui apud Teutones apostolica legationo fungenti, pii ejus instituti sanctitas probe nota fuerat. Unde hoc anno illam solemniter approbavit et confirmavit, datis ea de re ad monasteriorum præpositos litteris. Cum vero anno sequenti, ut idem auctor habet, laicus quidam novum id vivendi genus professus, ab eo temere resiliisset, hunc Urbanus scriptis ad Gebehardum Constantiæ episcopum legatum suum litteris, anathemate feriri præcepit, nisi quamprimum *apostasiæ suæ* et tanti sacrilegii crimen pœnitentia condigna diluere conaretur. Hinc, crescente novi ejus instituti fama, non solum innumeri viri et mulieres, qui in urbibus aut in monasteriorum viciniis commorabantur, illud tam sanctum propositum arripuerunt, qui sub clericorum et monachorum obedientia, mancipiorum more iis quotidiani pensi servitium persolvebant; verum etiam eadem vivendi forma in villis et locis agrestibus, recepta fuit; *ubi*, teste eodem Bertoldo, *filiæ rusticorum innumeræ conjugio et sæculo abrenuntiare, et sub alicujus sacerdotis obedientia vivere, et religiosis cum summa devotione non cessaverunt obedire..... etiam multæ villæ ex integro se religioni contradiderunt, seque invicem sanctitate morum prævenire incessabiliter studuerunt. Sic utique Deus*, exclamat Bertholdus, *sanctam suam Ecclesiam in periculoso tempore mirabiliter consolari dignatus est : ut de multorum conversione gauderet, quæ de excommunicatorum aversione jamdiu non cessavit dolere*. Huc ni fallor, revocari debet quod Gerohus in Syntagmate De statu Eccclesiæ apud Tegnagellum edito, refert, cap. 16, multos clericos et monachos occasione persecutionis amplexos fuisse vitam asperiorem in agris suburbanis et monasteriis campestribus.

C. *Paviliacensis monasterii restauratio.*

In Galliis reparato per Galterium Sanctæ Trinitatis de Monte, seu Sanctæ Catharinæ prope Rothomagum abbatem, Paviliacensi Sanctæ Austrebertæ monasterio, quod a Northmannis dirutum fuerat, Urbanus Guillelmo archiepiscopo Rothomagensi, ad cujus diœcesim locus ille pertinebat, scripsit ut eum ad pium illud opus promovendum et absolvendum excitaret, atque adeo universis qui eidem cœnobio aliquid conferrent, quartam pœnitentiarum ab episcopo aut presbytero injunctarum partem relaxavit. Datæ sunt pontificiæ litteræ *Cessimi*; alii legerunt *Cossinii*, forte Casini, IV Idus Octobris hujus anni, quas lapidi e ruderibus ecclesiæ erecto insculptas unus e nostris descripsit. In eodem lapide diplomati pontificio subjuncta erat loci donatio facta Galterio abbati per Thomam de Pacisy militem ; cui instrumento Guillelmus archiepiscopus et alii viri nobiles subscripsisse dicebantur.

CI. *Urbani litteræ pro S. Cypriano Pictavensi.*

Erat Urbanus hoc anno, uti ex tempore ordinationis Ivonis Carnoteni colligimus, apud Altarium Latii urbem initio Novembris, ibique IV Nonas ejusdem mensis litteras Raynaldo abbati Sancti Cypriani Pictavensis concessit, quibus ei confirmat *quidquid juris et canonicæ potestatis habebat in ecclesia Sanctæ Crucis apud Englam*. Hac cautione usus est in hoc rescripto pontifex, veritus, monente Ivone qui tum in Carnotensem episcopum electus in curia Urbani erat paulo post ab eo consecrandus, ne, si Raynaldo hæc ecclesia simpliciter concederetur, eam ille pulsis clericis qui ibi degebant ad monachos transferret. Id tamen paulo post evenisse discimus ex ipso Ivone, epist. 36 ad Petrum Pictavensem episcopum ; in qua graviter adversus hunc antistitem conqueritur quod post expetitum diu et impetratum clericum huic Englensi ecclesiæ præficiendum, eumdem postea repulisset, ut in ea institueret monachos Sancti Cypriani. Tum, laudatis Urbani ea de re litteris, eas monachorum causæ patrocinari non debere contendit, quod se ab ipso pontifice rescivisse contestatur, cui eas *dictanti*, præsens adfuerat, non quidem *a latere*, ut se emendasse putavit Juretus in notis ad hanc Ivonis epistolam, sed *Alatri*, ut veteres codices habent, et omnino evincunt laudatæ Urbani litteræ.

CII. *Ivonis Carnoteni ordinatio. Quo anno facta.*

Multum etiam laboravit pius pontifex hoc anno pro ecclesia Carnotensi, quam Gaufridus episcopus multorum criminum reus, ut ex Ivonis epistola 8 patet, labefactabat. Hic jam ante aliquot annos ab Hugone Diensi sedis apostolicæ in Galliis legato, loco motus fuerat ; at injuria se condemnatum causatus, Romam tetendit, ubi cum nullus ejus accusator comparuisset, dato supra corpus beati Petri corpore sacramento, eum a Simoniæ labe utcunque purgatum Gregorius VII sedi suæ restituerat. Verum renovatis postea contra illum accusationibus, cum ejus crimina Urbano plane innotuissent, nec ille sese ab eis innocuum probare valuisset, rursus e sua sede auctoritate pontificis pulsus est, facta Carnotensibus potestate alium antistitem in ejus locum substituendi ; qui statim unanimi consensu Ivonem, quem illis Urbanus commendaverat, elegerunt. At Ivonem consecrare recusavit Richerius Senonensis metropolitanus, qui contendebat Gaufridi exauctorationem contra canones factam fuisse ob id, quod ejus causæ cognitio primum a se suisque comprovincialibus episcopis fieri debuisset, antequam ad pontificium tribunal deferretur. Hinc Ivo nihil se apud Richerium obtenturum fore prævidens, Urbanum adiit, a quo, ut ipsemet pontifex, in litteris ea de re datis testatur, *salva ecclesiæ* Senonensi *debita obedientia*, consecratus est ; et quidem sub finem Novembris, ut in iis litteris exprimitur, sed absque ullius anni designatione. Unde incertum apud auctores mansit quo anno sit consignanda Ivonis consecratio, quam alii, anno 1090, nonnulli vero 1091, aut etiam sequenti factam fuisse scripserunt.

Hanc Labbeus anno 1091 consignavit, quod Ivo die 15 Novembris, quæ eo anno in Dominicam incidebat, ab Urbano consecratus fuisse dicitur. Et quidem, si bene idem auctor Stampensem synodum ad annum 1092 revocavit, Ivonis ordinatio, quæ mense Novembri exeunte facta est, ad præcedentem annum necessario referri debet ; certum quippe in hanc synodum a Richerio metropolitano convocatam fuisse ad rescindendam Ivonis ordinationem, quam contra canones factam fuisse, ut mox dicebamus, contendebat. Favet huic calculo una charta a Jureto laudata, quæ data dicitur *anno* xxv Ivonis *episcopatus ;* quin et ipse Ivo in altera charta, quam idem Juretus refert, totidem sui episcopatus annos commemorat. At, si ab anno 1115 aut sequenti, quo defunctus Ivo dicitur, detrahantur anni illi viginti quinque, quos in episcopatu integros exegisse aut saltem inchoasse fatendum est, invenietur annus 1091, quo proinde ejus ordinatio consignari debet. His argumentis addendum est vetus instrumentum ab Ægidio Bri in Historia Perticensi relatum, quo Robertus de Belismo ecclesiam Sancti Leonardi Belismensis monachis Majoris-Monasterii tradidit anno 1092; cui quidem chartæ subscripsit Ivo jam episcopus, proindeque consecratus anno saltem præce-

denti. Cum enim ille fuerit sub finem Novembris, ut quidem constat, ab Urbano in Italia ordinatus, in suam diœcesim ante sequentis anni saltem initia, reversus esse non potuit.

Verum etsi hæc omnia rem omnino non evincerent, certa tamen esse videtur ex ipsiusmet Ivonis testimonio. Is enim epistola 67 Urbano pontifici, quem adversus se nonnihil commotum audierat, scribens, rogat eum, ut *jam transacto septenio*, ex quo *vineam sibi commissam pro suo posse excoluerat*, liceat tandem sibi *octavo anno* eam dimittere. At si anno 1092, quo plerique Ivonem ordinatum fuisse volunt, septem annos adjiciamus, omnino completos, habebimus finem anni 1099, quo Ivo *octavum* sui episcopatus annum incœperit. Nam uti certum est, mense Novembri Romæ consecratus est. Verum id dici non potest, cum jam tunc Urbanus defunctus esset, nempe mense Julio ejusdem anni ad cœlos assumptus. Imo cum hæc epistola post Natalium Christi festivitatem, ut ipsemet Ivo ibi indicat, scripta fuerit, ad annum 1111, proindeque longe post Urbani obitum defferenda esset, quod sane nemo dixerit. Omnia vero juxta calculum nostrum apprime sibi concordant. Hanc quippe epistolam initio anni 1099, quo adhuc vigebat Urbanus, ab Ivone scriptam fuisse dicimus, cum tunc annum sui episcopatus, siquidem anno 1091 incepit, octavum inchoaret. Res etiam in ea epistola relata anno 1099 conveniunt, coronatio nempe regis Philippi a Rodulfo archiepiscopo Turonensi in præcedenti festo Nativitatis Christi celebrata, et Joannis cujusdam juvenis in Aurelianensem episcopum electio, die sanctorum Innocentium : nam hujus et ejus æmuli Sanctionis nomine consecrationem Sausseius ex Monumentis Ecclesiæ Aurelianensis ad annum 1099 re ipsa consignavit, septennio scilicet, ut observavit, post Ivonis Carnoteni ordinationem.

At, inquies, Sigebertus auctor gravis, qui Ivonis ætate vivebat, ejus ordinationem ad annum 1092 in Chronico suo retulit. Verum, etsi hic locus ita in nonnullis Sigiberti exemplaribus habeatur, hoc tamen additamentum esse patet ex aliis exemplaribus, in quibus hæc verba non comparent. Certe desiderantur in Miræi editione, quæ cæteris accuratior est. At fateamur id a Sigeberto scriptum fuisse. Is sane, sicut et alius quilibet auctor, scribere potuit Ivonem anno 1092 Carnotenam sedem iniisse, quippe cum sub præcedentis anni fidem Capuæ in Italia ab Urbano consecratus fuerit, revera nonnisi anno 1092 potuit suæ Ecclesiæ possessionem adire. Hæc adversus eos qui Ivonis ordinationem ultra annum 1091 differunt.

At alii, ut Souchetus in Notis ad Ivonis epistolas, aliam difficultatem movent. Ii quippe contendunt Ivonis ordinationem ultra annum 1090 differri non posse, idque probant ex eo quod anno 1115 obierit, cum jam annos xxv episcopatus saltem attigisset. Deinde, ipsemet ep. 268 Waloni Bellovacensi aliisque episcopis in concilio, uti videtur, Bellovacensi mense Decembri anno 1114 habito congregatis inscripta, diserte ait se jam *viginti quinque annis in episcopatu moratum fuisse*. Denique in charta quadam data eodem anno 1114, Paschalis papæ annus xvi cum Ivonis xxv componitur. Quæ sane probant Ivonis ordinationem ad summum anno 1090 debere consignari. Verum si Ivonis obitus ad annum 1116, ut nonnulla Kalendaria habent, revocetur, nulla erit circa ejus episcopatus annos difficultas. Tunc quippe etiam anno 1091 ordinatus, annos viginti quinque episcopatus emensus e vita excessisse dici potest. At demus eum anno 1115, ut Carnotentia martyrologia præferunt, obiisse, cum ejus mors, consentientibus omnibus, sub finem Decembris contigerit; etiam juxta illum calculum Ivo annum sui episcopatus vicesimum quintum attigisse dicendus est, ac proinde ipse etiam scribere potuit paulo ante mortem se jam viginti quinque annos, rotundo numero, ut fieri solet, in episcopatu moratum fuisse. Gravior est altera difficultas, si mendum nullum in exemplum chartæ a Soucheto laudatæ irrepserit. At non tanta videtur esse hujus fragmenti auctoritas ut receptam ab universis auctoribus, etiam antiquis, qui omnes Ivonis ordinationem ultra annum 1090 differunt, sententiam elevare possit. Si quis tamen hanc aut similes chartas indubitatæ omnino fidei esse probaverit, haud multum refragabor, cum Urbanus in Campania, ubi Ivonem ordinavit, æque anno 1090 ac sequenti versatus fuerit, et argumenta quæ protulimus id potissimum evincant Ivonem ante annum 1092, quod plerique putaverunt, consecratum ab Urbano fuisse.

Pontifex celebrata Ivonis ordinatione orationem ad eum habuit, qua ei, pro antiquorum temporum more, præclara de munere ipsi imposito monita dedit ; hæc inter Urbani epistolas dabitur, cui subjungentur ejusdem pontificis litteræ, ad Carnotensem clerum et populum scriptæ die vm Kalendas Decembris, et aliæ, die sequenti, ad Richerium metropolitanum Capuæ datæ, ut eos de Gaufredi exauctoratione et Ivonis ordinatione certiores faceret. At his non stetit Richerius, qui anno sequenti, instigante potissimum episcopo Parisiensi, concilium Stampense eo animo celebravit, ut Ivonis ordinationem convelleret. Videndæ ea de re ejusdem Ivonis epistolæ, 8 potissimum, quæ est ad ipsum Richerium, et 12 Urbano pontifici inscripta. Irriti tamen Ivonis adversariorum conatus fuere, et ipse ad mortem usque Carnotensem Ecclesiam rexit, sed non absque gravibus et fere continuis animi angustiis, et sollicitudinibus, quas passim, potissimum in epistolis 5, 12 et 25 ad ipsum Urbanum datis commemorat, in iis autem se *uterinum et specialem sedis apostolicæ filium* esse gloriatur, ob hoc nempe quod ab ipso pontifice fuisset consecratus. Porro ad Romanum illud Ivonis iter revocanda sunt, ut quidem videtur, ea quæ in epistola 211 ad Rodulphum archiepiscopum Remensem scribit de consanguinitate quæ inter Flandriæ comitis filium et filiam comitis Rodonensis intercedebat, ubi præsentem se fuisse ait in curia Romana, cum eorum genealogia, jubente Urbano papa, examinaretur.

CIII. *Flandriæ cleri libertas vindicata.*

Turbata quoque fuit hoc anno, aut certe, ut aliis placet, sequenti, Flandriæ Ecclesia a Roberto comite, cognomento Frisio, qui pravam consuetudinem jam dudum antiquatam renovare aggressus, constituerat ut, sublata clericis testandi facultate, eorum hæreditas fisco attribueretur. Hanc injuriam ægre omnino tulit clerus Flandrensis ; cumque nec abbatum nec episcoporum preces aut monita apud comitem profecissent, imo nec eum ipsa metropolitani Remensis auctoritas a proposito retrahere valuisset, res est ad Urbanum delata. Qui statim litteras ad Robertum scripsit, ut eum a tali vexatione deterreret ; *datæ sunt Castraneti iv Nonas Decembris*, seu ut habet Locrius, *apud Sanctum Petrum anno 1091*. Certe jam mense Novembri Romam hoc anno redierat Urbanus, si Ivo in epistola 27 ad Eudonem de eo itineri Italico loquatur, in quo ab Urbano ordinatus fuit. Sic quippe habet : *De ipso vero papa, de quo quæsiisti..... mense Novembri cum eo Romam pacifice intravi, mense Januario ibi eum dimisi. Ibi adhuc moratur, et adversariis Romanæ Ecclesiæ, quantum Deo donante prævalet, obluctatur*. Neminem vero movere debet quod alii Urbanum *Romæ*, alii *extra Romam* ob Guiberti factionem tunc exstitisse scripserint, *Romæ* enim nomine plerique, maxime extranei, loca etiam Urbi vicina, quæ Bertoldus *Sancti Petri terræ* vocabulo designare solet, comprehendebant. Cæterum Urbani monitis non paruit Robertus, donec anno sequenti causa ad concilium Remense delata, ei a Patribus denuntiatum est, ut nisi cito, pontificiis ac episcoporum commonitionibus obtemperaret, et ablata restitueret, ipse diro anathemati, tota vero ejus terra interdicto ecclesiastico subjiceretur. Quas minas ille veritus Patribus ac clero plene satisfecit, ut ex ejus concilii actis discimus, quæ a Sirmundo ex codice Montis-Dei descripta Labbeus tomo X Conciliorum inseruit.

CIV. *Gervinus in sede Ambianensi firmatur.*

Ad hunc quoque annum revocari debere censemus Gervini, ex monacho Remigiano abbatis Centulensis electionem in Ambianensem episcopum, quam cum nonnulli convellere conarentur, ipse Romam cum sui metropolitani litteris commendatitiis contendit, causam suam coram pontifice defensurus. Et quidem cum post duos menses nemo accusator adversus eum comparuisset, pontifex ejus electionem comprobavit, datis ea de re litteris ad populum et clerum Ambianensem, quibus eis mandat ut eum pro vero et legitimo pastore haberent. Post modum iterum accusatus, iterum etiam Romæ purgatus est, et novis litteris a pontifice impetratis in sua sede confirmatus. Primæ datæ sunt mense Decembri, sed annum non exprimunt. Haud tamen videntur ultra hunc annum differri posse. Non enim datæ sunt anno 1093 exeunte. Nam hoc ipso anno Gervinus jam episcopus subscripsit chartæ pro ecclesia Sancti Acheoli; imo interfuit concilio Remensi, quod in causa Atrebatensis Ecclesiæ mense Martio celebratum est, quæ ratio vetat etiam ne ad finem anni 1092 revocari possint. Non enim verisimile est Gervinum intra tam angustum temporis spatium cum pontificiis litteris vix ad sedem suam reversum, a suis exagitatum, concilio Rhemensi interfuisse, ibique accusatum Simoniæ, iterum adiisse Romam, ubi sese altera vice purgasset. Hæc enim omnia intra sex menses fieri debuissent, si primæ Urbani litteræ mense Decembri exeunte, et secundæ mense Julio sequenti consignentur. Quare, si bene conjicio, convenientius est Gervini primum iter Romanum ad finem anni 1091 revocare, secundum ad annum 1093, post concilium Rhemense, atque eo modo hic antistes exeunte anno 1091, vigesima scilicet die Decembris, acceptis ab Urbano litteris Roma profectus, Ambianum initio sequentis anni redierit, ubi cum aliquandiu degisset, iterum exagitatus est. Forte quod clericorum concubinariorum pravitati, ut Urbanus innuit in secundis illis litteris, adversaretur; aut certe ob ejus vitia, non enim apud plerosque ejus ævi auctores optime audiit. Certe in concilio Rhemensi initio anni 1093, cui eum interfuisse constat, Simoniæ accusatus est : quare Romam adire constituit, ubi hac etiam altera vice purgatus, litteras a Pontifice impetravit datas xv Kalendas Augusti, quæ suo loco proferentur. Hæc conjiciendo dicta sint, dum quis certiora deprehendat, non enim difficile erit has litteras aliis etiam annis illigare.

CV. *Urbanus extra Urbem festum Natalis Domini celebrat.*

Hoc autem anno ad finem vergente, ut Bertoldus scribit, pontifex *in terram sancti Petri reversus*, extra Urbem festum Natalis Domini celebravit, quod Guibertus *prope Sanctum Petrum incastellatus inde absque sanguinis effusione*, quod pius pontifex maxime abhorrebat, pelli non potuisset. Henricus interea, nihilo mitior factus in Langobardia, ubi jam a biennio commorabatur, susdeque omnia vertebat, nec locis, nec personis parcens, ut Welphonem ejusque conjugem Mathildem ab Urbani obsequio dimoveret. Sed frustra : cumque bellum magis ac magis exardesceret, impedivit Welpho pater, qui dux erat Bavarorum, ne Henricus cum rege Hungarorum ad colloquium, quod communi consilio indixerant, posset accedere.

CVI. *Mathildis victoria in imperatorem relata.*

Conradus tunc temporis, id est anni 1092 initio, cum Henrico patre suo in Longobardia versabatur, eo uterque intentus, ut Adheleidis comitissæ Taurinensis defunctæ bona invaderent, quæ Friderici comitis filio debebantur. Narrat Sigonius imperatorem hoc anno multa loca trajecto Pado occupasse, sed unum e filiis suis amisisse, qui, in prælio occisus, Veronæ sepultus fuit. At ejus nomen non refert, sicut nec Domnizo, ex quo hæc mutuatus est. Hic vero, libro II Vitæ Mathildis, cap. 7, pluribus describit bella quæ per hos annos inter Henricum et Mathildem gesta sunt, multumque laudat Joannem quemdam abbatem seu eremitam, qui victoriam, quam comitissæ prædixerat, ei suis suorumque monachorum precibus mense Octobri prope Canusium dimicanti obtinuit. Eo in prælio vexillum Henrici captum est a Mathildis militibus, qui illud in monasterio Sancti Apollonii deposuerunt.

CVII. *Urbani pars prævalet.*

Die VIII Kalendas Aprilis apud castrum Montigium versabatur Henricus, ut ex uno ejus diplomate apud Ughellum tomo V Italiæ sacræ relato patet, quo Petro episcopo Comensi *Berinzonam* donat *ob fidei suæ integritatem et puritatem servitii*, nihil enim Henricus omittebat ut episcopos et alios proceres suis partibus assereret. Hoc tamen Comenses ab eligendo sibi catholico episcopo revocavit : hinc cum Petro Guidonem substituissent, Urbano addictissimum, passi non sunt ut Landericus, quem imperator intrudere conabatur, Ecclesiæ suæ thronum obtineret. Et quidem si eos excipias, qui Simoniaca labe aut Nicolaitarum hæresi contaminati erant, paucos invenies qui Henrico adhæserint : cum econtrario ex universis pene orbis Christiani partibus episcopi et archiepiscopi, etiam præcipuarum sedium, simul cum abbatibus et aliis omnium ordinum fidelibus Christianis ad Urbanum, tanquam ad proprium pastorem, et legitimum successorem Petri convenirent. Tunc qui in Alemannia Urbano adhærebant, Bertholdum Gebehardi episcopi Constantiensis fratrem, ducem nomine tenus antea appellatum, Sueviæ ducem unanimi omnium assensu constituerunt, *ad defensionem*, inquit Bertoldus, *sanctæ matris Ecc'esiæ contra schismaticos* : Thiemo vero, seu, ut eum appellat Bertoldus, Dimo, Salisburgensis metropolitanus cum episcopis Constantiensi et Wormaciensi Udalricum in Pataviensem episcopum consecravit die ipso Pentecostes, quæ res Bajoariæ Catholicos, ut subdit idem auctor, in sedis apostolicæ obedientia plurimum confirmavit.

CVIII. *Ericus rex Danorum Urbani opem implorat. Lundensis metropolis erectio.*

Iisdem etiam temporibus, quod mirum est in tanta Ecclesiæ Romanæ perturbatione contigisse, Ericus Danorum rex ab Hammaburgensi archiepiscopo, qui Henrici partes sectabatur, exagitatus ad Urbanum venit, ut se suumque regnum contra hujus antistitis conatus apostolico præsidio tutaretur. Rem narrat Saxo Grammaticus, libro XII Historiæ Danicæ, his verbis : *Forte Amburgensis antistes ob inanes et falsas suspiciones Ericum exsecratione multandum censuerat, quod veritus rex appellatione sententiam præcucurrit, Romamque e vestigio petivit ; ubi causæ suæ examine diligentius habito, pontificis accusationem potenter repulit ; cunctisque defensionis partibus actore superior rediit.* Nec satis fuit Erico archiepiscopum in judicio superasse, nisi etiam se ac suæ ditionis populos ab ejus jurisdictione liberaret, quod postea in altero Romano itinere impetravit. Huc forte secundo accessit, quod Hammaburgensis antistes Urbani, cui non parebat, sententiæ obtemperare noluisset. Erecta autem in novam metropolim Lundensi urbe, deinceps non Dania solum, sed etiam Suecia et Norvegia, ante creatos ab Eugenio III Upsaliæ et Nidrosiæ archiepiscopos, ei subjectæ fuerunt, atque adeo Hammaburgensium antistitum auctoritas hac occasione multum imminuta fuit. Erat tunc, ut ex eodem Grammatico colligimus, Ascerus Lundensis antistes qui, paulo antequam Ericus Romam primo proficisceretur, Egino successerat.

CIX. *Metropolis Pisanæ erectio.*

Novam quoque hoc ipso anno metropolim in Italia excitavit Urbanus, Pisanam, scilicet, cui Corticæ insulæ episcopos antea absque medio subjectos Romano pontifici, suffraganeos assignavit; cum anno præcedenti ejusdem insulæ Ecclesiarum curam Daiberto Pisano episcopo jam demandasset. Id vero se fecisse declarat pontifex cum cleri sui consensu ad Mathildis comitissæ petitionem, potissimum, præter alias rationes, ob præclara Pisanorum, ac eorum episcopi Daiberti, cui pallii honorem concedit, in sedem apostolicam merita; quod nempe semper et ubique, etiam inter medias persecutionum et bellorum tempestates, Ecclesiæ Romanæ fideles exstitissent. Bulla erectionis apud Ughellum data est Anagniæ hoc anno x die Kalendas Maii. Hujus metropolis erectionem ægre tulerunt Januenses quod Corsicanos episcopos Pisano antistiti subjectos esse nollent. At licet nonnihil immutata sit hæc suffraganeorum dispositio, stetit tamen inconcussum Pisæ privilegium.

CX. *Privilegium S. Sophiæ Beneventinæ. Aliud monachorum Silvaniaci.*

Jam ab initio mensis præcedentis versabatur Anagniæ Urbanus, uti patet ex privilegio quod pridie in ea urbe, Idus Martii concessit Madelmo abbati monasterii Sanctæ Sophiæ apud Beneventum.

Mense Aprili ibidem aliud privilegium indulsit monachis seu eremitis quibusdam qui ante paucos annos, apud Silvaniacum locum desertum, in Biturigum finibus, monasterium construere cœperant. Duo ex illis ad pontificem accesserant tuitionis litteras ab eo impetraturi, sed eas nonnisi interposita conditione indulsit prudens pontifex, quod nec locum, nec monachos illos probe novisset: Illas vero litteras ideo ad hunc annum, licet in apographo præcedentem exhibeant, referimus, non solum ob indictionem xv ibi annotatam, et quod Anagniæ datæ sint, iii *Idus Aprilis*, ubi tunc Urbanus versabatur; sed etiam quod vetus instrumentum ejusdem loci in quo iidem omnino characteres chronici leguntur, dicatur scriptum anno bissextili, quæ nota huic anno 1092 non vero præcedenti, competere potest. Sic autem habet : *Anno ab Incarnatione Domini nostri Jesu Christi* 1091 *indictione* xv, *sacrosanctæ Romanæ Ecclesiæ papa Urbano, sub persecutione Henrici tyranni, Philippo in Francia regnante, bissexto Kalendas Martii, ego Raynandus paganus,* etc. Nonnulla confert *Andreæ* priori monachorum Silvaniaci *infra lucum suum quod vocatur Corniliacum*. Is ipse est Andreas Sancti Joannis Gualberti Wallumbrosanorum monachorum parentis discipulus, qui in Franciam a comite quodam Cabilonensi, ut aiunt, adductus, ibi primum insedit, ac postea Casalis Benedicti celebris apud Bituriges monasterii primus abbas ac conditor fuit. Ejus meminit Ordericus Vitalis sub finem libri viii. Cæterum abbas factus aliud privilegium, ut suo loco dicemus, anno 1099 ab Urbano impetravit; Silvaniacum vero, seu potius Corneliacum (Cornilly), hodieque sub prioratus titulo a Casalis Benedicti abbatia pendet, in ducatu Sancti Aniani (S. Aignan) situm.

CXI. *Pontifex Tarraconis reparationem urget. Privilegium S. Laurentii Aversæ.*

Prima die Maii, seu, ut alia editio habet, sub finem Aprilis, Urbanus ad Berengarium Tarraconensem archiepiscopum scripsit, eumque reprehendit, quod Tarraconensis urbis restauratio negligeretur, quamvis ei anno præcedenti hac conditione pallii honorem contulisset; ut tam ipse quam alii provinciæ optimates huic operi absolvendo totis nisibus insisterent. Hæ litteræ datæ dicuntur apud Odoricum Raynaldum vii Kal. Maii ; in Conciliis vero Hispaniæ cardinalis Aiguirii, tomo II et III, ipsis Kalendis ejusdem mensis. Sed parum interest utra lectio sit alteri præferenda. Easdem vero Anagniæ datas fuisse inde colligimus, quod adhuc in ea urbe tum pontifex exstiterit, quippe qui die septima ejusdem mensis insigne privilegium ibidem concessit monasterio Sancti Laurentii prope Aversam sito, cujus loci abbas et monachi eum in angustiis, quas descripsimus, positum egregie adjuverant. Ejus privilegii exemplum quod ex ejus loci archiviis ab amico nostro R. P. domno Erasmo a Caieta Casini decano accepimus, suo loco proferetur.

CXII. *Fulco, abbas Divensis, ad Urbanum confugit.*

Circa illud tempus Fulco ex monacho et priore Uticensi jam ab annis viginti Sanctæ Mariæ supra Divam in Nortmannia abbas, cum monasterium sibi commissum, ut habet Ordericus Vitalis, libro x, *rigide rexisset, multisque modis ecclesiam provexisset, invidente et instigante Satana, injuste criminatus et depositus*, ad Urbanum confugit ; quod quidem hoc anno contigisse ex eodem auctore colligimus, qui Fulconem post annos septem exsilii, totidemque post suam restitutionem exactos, anno 1106, die iii Kalendas Aprilis senem obiisse commemorat. Socius itineris ei a Rogerio abbate Uticensi datus fuerat Joannes ejusdem loci monachus, vir pietate et doctrina celebris, quem suum Ordericus magistrum et in litteris sacris institutorem appellat. Is tamen non solum ob suas ipsius præclaras dotes Fulconi itineris comes designatus fuit; verum etiam, si bene conjicio, quod Remis natus et e scholastico Remensi monachus factus, Urbano notus procul dubio et gratus esse sciebatur, atque adeo poterat ejus animum in Fulconis favorem inclinare, quod re ipsa factum fuisse conjicimus. Nam ille post aliquot annos in monasterio Casinensi transactos, anno 1099, ut ibi dicemus, locum suum recepit.

CXIII. *Concilium Stampense in causa Ivonis. Parisiense pro S. Cornelio compendiensi. Remense pro clero Flandrensi. Suessionense adversus Roscelinum.*

Ivo interea ex Italia, ubi ab Urbano Carnotensium episcopus ordinatus fuerat, redux, multa a suis æmulis pertulit, potissimum a comprovincialibus episcopis qui cum Richerio Senonensi archiepiscopo apud Stampas convenere, ut eum synodali judicio exauctorarent: at ille appellatione ad sedem apostolicam interposita, eorum conatus, ut anno præcedenti diximus, irritos fecit. Ad hunc quoque annum Labbeus laudat concilium Parisiense, et confirmationem in eo factam privilegii sancti Cornelii Compendiensis; sed chronicæ notæ, quæ in regis Philippi charta, ex qua sola hujus synodi notitiam habemus, referuntur, sicut episcoporum scriptiones ibi appositæ, melius anno 1072 conveniunt, ut jam observavit Marlotus tomo II Metropolis Remensis; nec dubium quin isto anno celebratum fuerit hoc concilium: quare dicendum est erratum ex amanuensis oscitantia provenisse. Aliud idem Labbeus, sicut et Iperius in Chronico sancti Bertini, concilium exhibet hoc anno Remis habitum in causa Roberti Flandriæ comitis, qui, ut diximus, sui dominii clericis facultatem condendi testamentum auferre moliebatur. At, licet certum sit hanc synodum reipsa Remis coactam fuisse, haud tamen omnino constat an hoc aut sequenti anno debeat consignari. Majoris momenti fuit Suessionense concilium, quod Raynaldus Remorum metropolitanus hoc anno convocavit, adversus Roscelinum, quemdam Compendiensem clericum, qui novos errores circa sanctissimæ Trinitatis personas eo tempore disseminabat. Hunc posteriores auctores Petri Abælardi magistrum appellavere, sive quod reipsa ejus discipulus fuerit Abælardus, aut certe ob similes errores ab utroque propugnatos. Quænam vero fuerint illa falsa ejus dogmata, exponit sanctus Anselmus libro II, epist. 41 ad Fulconem episcopum Bellovacensem, et in libro De Incarnatione quem Urbano pontifici nuncupavit. In eo libro Anselmus Roscelinum tres in Deo personas eodem modo tres res esse sicut tres angelos asserentem refellit; tum calumnias adversus Lanfrancum, et etiam in seipsum ab eo nebulone hæretico temere disseminatas confutat. Is nempe impudenter fuerat mentitus tantos viros causæ suæ patrocinatos fuisse. At hæresim suam coram synodi Patribus abjurare coactus est, quam tamen si Ivoni credamus epist. 7, *in clandestinis disputationibus* postea ut ejus farinæ homines facere solent, defendere perrexit; sed ejus conatus irriti fuere.

CXIV. *Urbanus Philippi regis adulterinas nuptias detestatur. Iis resistit Ivo, et alii. A quo celebratæ?*

Urbanus vero, licet animo lenis et pacis studiosissimus fuerit, atque in magnis tunc constitutus angustiis indigere videretur favore principum, ut seipsum adversus Henrici Augusti ejusque sequacium insidias tutaretur, haud tamen unquam eorum vitia dissimulavit, aut obsecutus est pravis eorum voluntatibus, ut sibi illos deviniret. Hinc Philippo Francorum regi, qui dimissa propria uxore ad nuptias adulterinas convolare nitebatur, nunquam assentatus est: econtrario vetuit ne ullus unquam antistes huic mulieri, quam sibi rex copulare illicite volebat, coronam imponere audeat, ipsumque principem comminatus est, teste ipso Ivone epist. 28, sibi, nisi a malo proposito recederet, sacris interdicturum. Et quidem, cum rex nullis monitis ac precibus a semel concepto consilio dimoveri potuisset, ab Hugone legato apostolico, quod repudiata propria conjuge Berta, alteram, scilicet Bertradam Fulcanis Andegavensis comitis uxorem, assentantibus nonnullis episcopis, publice sibi conjunxisset, communione privatus est. Quantum vero desudaverit religiosus pontifex, quamque sollicitus fuerit, ut regem a tanto facinore, cum sive per seipsum, sive per alios, monendo, obsecrando et etiam minas intentando deterreret, testes sunt ejus epistolæ ea de re, et conciliorum decreta quæ supersunt. Certe Urbanum ad omnes regni archiepiscopos et episcopos graves de hoc negotio litteras scripsisse testis est hac in re omni exceptione major Ivo Carnotenus, qui eas, ut ex ejus epistola 25 ad ipsum Urbanum data certum est, cæteris episcopis distribuendas receperat. Idem testatur Ordericus Vitalis libro VIII Historiæ ecclesiasticæ, ubi scripsit pium pontificem ea occasione *legatos apostolicæ sedis in Galliam destinasse, et per epistolas et sacerdotum prædicationem erroneum regem arguisse, obsecrasse et increpasse, qui legitimam conjugem repudiaverit, adulteramque sibi contra legem Dei sociaverit.* Haud vero præcipiti impetu res tractabat prudentissimus pontifex, sed omnia mature ponderando nihil omittebat ex his quæ ad causæ cognitionem conducere videbantur. Unde susceptis a comite Andegavensi legatis, qui Bertradam repetebant, gradus consanguinitatis coram se computari ac probari fecit, ut refert Ivo epist. 211 ad Radulfum archiepiscopum Remensem, antequam quidquam pronuntiaret. Non enim ille fieri quidquam temere volebat, ita ut Ivo, ipse fortasse aliquando ferventior quam par esset, ac moræ impatiens, ejus hac in re tarditatem notare videatur epist. 30.

Idem Ivo a rege ad nuptias Parisios invitatus renuit illo ire, nisi divortii causa antea fuisset approbata ab episcopis in concilio generali, ut ipsemet epistola 15 ad ipsum regem data declaravit; imo et suæ epistolæ quam regi scripserat exemplum aliis episcopis qui ad has quoque nuptias convocati fuerant misit, cum aliis litteris, quibus eos monebat ut ne fierent sicut canes muti latrare non valentes, scripsit etiam de eadem re ad Raynoldum archiepiscopum Remensem, cui sese ad has nuptias non iturum spopondit, nisi ille ipse eas esset celebraturus, quod, cum Remensis *Ecclesia*, inquit, *regni diadema habeat*, nihil absque illius antistitis consensu deberet fieri. Jactitabat quidem Philippus causam ab Urbano papa fuisse definitam, approbatamque a Raynoldo archiepiscopo ejusque suffraganeis. At his dictis non credebat Ivo. Et certe Raynoldum nunquam Philippi nuptiis consensisse plus quam probabile est. Id sane certum est, has nuptias a Raynoldo, quod tamen privilegium erat suæ Ecclesiæ antistitum, nunquam fuisse celebratas; Urbanus vero non obscure, aut privatim, sed palam et disertis verbis non semel eas detestatus est, ut ex ejus epistola ad eumdem Raynoldum cæterosque provinciæ Remensis episcopos data constat, in qua graviter illos reprehendit quod tantum scandalum sua auctoritate non impedivissent. Imo, si Orderico fidem habere licet, nullus antistes in Gallia regis cupidini assensit. Quin et idem auctor post verba quæ paulo superius laudavimus, Gallicanorum præsulum religionem laudat, quod *nullus*, ut quidem ipse putabat, *exsecrabilem* hanc *consecrationem dignatus sit facere*. Ii enim, uti prosequitur, *in rigore stantes ecclesiasticæ rectitudinis Deo magis quam hominibus studuerunt placere; et omnes turpem copulam unanimiter detestati sunt pari anathemate*. Tum subjungit quod si forte tunc Philippus in aliquod *oppidum vel urbem advenisset, cessabat omnis clangor campanarum et generalis cantus clericorum*, quod apud Senonas per dies fere quindecim factum fuisse narrat Hugo Flaviniacensis, sed hic auctor ea quæ ante et post Urbani obitum contigere, simul confundit. Hoc quippe factum est cum Philippus mortuo Urbano, ad vomitum suum reversus, a legatis Paschalis papæ in concilio Pictavensi sacris interdictus fuisset. Nihil tamen impedit quominus id sub utroque pontifice evenerit. Nam Willelmus Malmesburiensis lib. v de Henrico rege, ait quod cum Philippus ab Apostolico excommunicatus fuisset, in quamcunque villam veniret, nihil ibi fieret divini servitii.

Certe Ordericus loco laudato Odonem Bajocensem episcopum prævaricationis accusat, quod acceptis *in compensatione infausti famulatus* Madenti oppidi ecclesiis, *exsecrandam hanc Philippi regis et Bertradæ desponsationem*, quod facere renuebant Franciæ antistites, celebraverit. Hoc a Willelmo archiepiscopo Rotomagensi factum fuisse tradit Malmesburiensis modo laudatus, ob idque eum ab Urbano sacris interdictum ac nonnisi post multos annos, intercedente beato Anselmo, absolutum fuisse scribit. Et quidem certum est has nuptias a Raynoldo Remensi archiepiscopo, ad quem ex antiqua sedis suæ prærogativa id muneris, ut habet Ivo, pertinebat, celebratas non fuisse. Reprehendit tamen Raynoldum Urbanus, quod id a Silvanectensi episcopo ejus suffraganeo fieri non prohibuisset. An Odo Bajocensi aut Willelmus primum interfuerint sponsalibus Philippi et Bertradæ, quorum postea nuptias Silvanectensis episcopus benedixerit, incertum. Certe alios etiam episcopos præstingit ob eamdem rem Hugo Flaviniacensis, qui asserit Philippum *in episcopis* regni sui *invenisse quos sibi sociaret, quosque tanti sacrilegii ministros efficeret;* nempe *Philippum Trecensem episcopum et Walterium Meldensem, cui ob hoc episcopatum dedit, ut sacrationi cujus Trecensis esset operator, hic foret consentaneus et minister*. Et quidem testis est Ivo epist. 66 et sequentibus Philippum ac pellicem ejus Bertradam episcopatus et abbatias venales reddidisse. At idem Ivo, auctor minime suspectus, epist. 16 testatur Walterium Meldensem episcopum adulterino huic conjugio, saltem priusquam fieret, non consensisse. Unde Hugonem de his rebus non satis accurate scripsisse crediderim; maxime cum ipse Urbanus in epistola jam non semel laudata ad Raynaldum Remensem archiepiscopum ejusque suffraganeos, id a Silvanectensi episcopo præstitum fuisse disertis verbis affirmet.

CXV. *Dedicatio ecclesiæ Cavensis*.

Ex eadem Urbani epistola, quæ mense Octobri anni hujus 1092 data est, certe colligitur divortium Philippi cum Berta conjuge hoc ipso anno contigisse, quod tamen alii passim auctores post Chronici Turonensis scriptorem male anno sequenti consignarunt. Consentit Clarius auctor æqualis. Is in Chronico Sancti Petri Vivi Senonensis diserte tradit Philippum anno 1092, dimissa uxore sua Berta, Bertradam accepisse, quam Philippus, uti tradunt nonnulli, rapuit in ecclesia Sancti Joannis, cum ibi canonici Sancti Martini fontes sacros in pervigilio Pentecostes benedicerent; quod quidem hoc anno factum fuisse, præterea quæ diximus, alia etiam monumenta probant.

Celebris fuit hoc anno dedicatio ecclesiæ monasterii Cavensis ab ipso Urbano facta. Exstat haud procul a Salerno oratorium, ubi pontifex substitisse dicitur, cum Cavam adiret. Ejus loci dedicationis historiam quod multum ad ejusdem pontificis Gesta illustranda conferat integram in Appendice proferre visum est ex Ughello tomo VII Italiæ sacræ, et ex Martio Bollandiano, ubi habetur ex codice ms. ejusdem loci descripta ad calcem Vitæ S. Petri, qui tunc illud monasterium regebat. Visitur hodieque in hac ipsa basilica inscriptio incisa lapidi, in tantæ solemnitatis memoriam posita, quæ in Annalibus Baronii, et apud Chesnium in pontificum Vitis sic habetur:

CRUCEM HOC IN LAPIDE SCULPTAM QUAM CERNIS SANCTISSIMUS URBANUS SECUNDUS ROMANUS PONTIFEX IN SACRA HUJUS ECCLESIÆ DEDICATIONE PROPRIIS MANIBUS IN SACRÆ REI SIGNUM OLEO LINIVIT ANNO SALUTIS MXCII NONIS SEPTEMBRIS INDICTIONE XV.

Hujus dedicationis memoriam præter Chronicon

breve Cavensis monasterii ad cyclos Paschales, celebrant fasti Benedictini ad diem 5 Septembris, sicut et Ferrarius in Catalogo generali sanctorum qui non sunt in Martyrologio Romano. Idem Ferrarius in adnotationibus ad eamdem diem laudat duo Urbani diplomata in illius Ecclesiæ gratiam occasione dedicationis ejus concessa, sed mendose eorum notas chronicas refert. Utrumque præ manibus habemus. Primum ipsummet est privilegium, quod Urbanus, peracta dedicatione, Salernum reversus concessisse huic loco dicitur, ab eo cæterisque episcopis et cardinalibus, qui ipsum comitati fuerant, subscriptum. Datum est hoc anno XVIII Kalendas Octobris, indictione xv, pontificatus anno v, et in eo Pontifex privilegia jam huic monasterio a Gregorio VII concessa confirmat cum bonis omnibus quæ Rogerius dux aliique viri nobiles eidem loco contulerunt. Alterum Urbani diploma, quod eadem occasione indultum vulgo circumfertur, editum est tomo 1 Bullarii Casinensis; estque veluti prioris Breviarum, aut certe prius nihil aliud est quam istud amplificatum. At notæ chronologicæ, quæ in priori bonæ sunt, in isto nec sibi constant, nec huic anno conveniunt. Datum dicitur Salerni hoc anno 1092, die IX Kal. Februarii, indictione xv, pontificatus Urbani anno v, quo tempore, nempe mense Januario aut Februario hujus anni, dedicata nondum fuerat basilica Cavensis. Si tamen hæ notæ ad annum sequentem referantur, repetendo, ut fit passim, anni initium a paschali solemnitate, modo constet Urbanum tunc Salerni exstare potuisse, nihil in his notis, imo in toto illo instrumento præter indictionem emendandum occurrit. Et quidem, si bene judico, istud postremum probabiliorem, quam præcedens, sinceritas speciem præfert; aut certe, si utrumque admittatur, istud fuit prioris privilegii iisdem pene verbis, ut nonnunquam alias factum est, data confirmatio, quare primum hoc anno, secundum vero anno 1093 cum aliæ ejus notæ chronicæ conveniunt, datum fuerit. Porro illius secundæ bullæ aliud exemplum nuper accepimus ex archivo Cavensi, in quo nulla loci aut temporis nota habetur; unde conjici potest, notas illas quæ in laudatis exemplaribus habentur, additas aut vitiatas ab aliquo fuisse. Cæterum præter duas jam memoratas bullas, unam supra memoravimus cum decreto Urbani in gratiam Cavensium, quæ duo instrumenta multo melioris, imo certissimæ notæ videntur.

CXVI. *Rescriptura pro Carthusia Calabrensi.*

Tradunt plerique auctores vulgati Brunonem Carthusiani ordinis institutorem anno 1092 ab Urbano in Italiam accersitum fuisse: quod multo antea contigisse superius demonstratum est. Et quidem pontifex hoc anno, cum in Calabria esset, donationes a Rogerio comite Brunoni, qui tunc monasterium Turris in Squillacensi diœcesi incolebat, factas, et a Theodoro episcopo approbatas confirmavit et laudavit, additis nonnullis privilegiis quæ in ejus rescripto ea de re II Idus Octobris dato referuntur.

Hinc mirari subit, Urbanum, si quidem ejus rescripto, quod vulgavit ea de re Ughellus, credatur, sub suæ vitæ finem, hæc Cavensis monasterii privilegia rescidisse, aut saltem restrinxisse in Alfani archiepiscopi Salernitani gratiam. Tamen cum ageretur de concedendis nostris Casinatibus pontificalibus ornamentis, laudatum hanc in rem fuit privilegium Cavense in congregatione cardinalium concilii Tridentini interpretum, ut testatur Tamburinus de jure abbatum disp. 23, quæst. 1. Imo quotiescunque illud idem privilegium impetitum fuit, stetit semper statque etiam nunc inconcussum ac inviolatum, ut patet ex variis instrumentis authenticis, quæ cum pontificiis diplomatibus ac congregationum, seu commissariorum decretis in ejusdem loci archivo conservantur. Rescriptum vero Urbani, qualecunque tandem illud sit, suo ordine olim dabitur, ne aliquid in nostrorum gratiam dissimulasse videamur.

CXVII. *Urbani judicium de Ecclesia Credonensi Mate*·*am venit.*

Urbanum vero hoc mense et sequenti in Calabria exstitisse probant nonnulla instrumenta antiqua. His accenseri debet ejus decretum, quod post multas utriusque partis altercationes sancivit in negotio monachorum Vindocinensium et Andegavensium Sancti Albani, qui pro Credonensis Sancti Clementis ecclesia jamdudum interesse litigabant. Ea de re jam sententiam tulerat Amatus Burdegalensis archiepiscopus Urbani nomine, cujus legatus erat in Aquitania, sed cum ejus judicio utrique stare noluissent, causa ad ipsum pontificem delata fuit, missique ex utraque parte legati qui cum *in provincia Calabriæ apud monasterium Sanctæ Mariæ quæ dicitur de Malina*, convenerunt. Agitata multum ibi die primo hæc causa fuit coram pontifice, sed minime absoluta : idem factum die sequenti. At die tertia, quæ erat XII Kalendas Decembris, *re diu multumque inquisita*, residente pontifice in Anglone civitate Apuliæ cum multis episcopis, cardinalibus, comitibus et aliis tam ecclesiasticis quam sæcularibus personis, controversia illa amice tandem composita fuit; eo pacto, ut Sancti Clementis ecclesia Credonensis penes Vindocinenses monachos remaneret, cum onere unam e tribus ecclesiam in compensationem Albinianis cedendi. Et reipsa a Vindocinensibus data est adversæ parti ecclesia Sancti Joannis supra Ligerim, quam hodieque Albiniani monachi possident. Mirum est Goffridum, qui paulo post ea Vindocini abbas fuit, contra hanc tam solemnem concordiam reclamasse. Id tamen ab eo factum esse patet ex illius epistola ad Paschalem II, quæ octava est libri I, in qua ait Urbanum ab Albinianis hoc in negotio deceptum fuisse; tum addit judicium antea latum ab eodem pontifice, visis Vindocinensibus privilegiis, *retractatum* fuisse. Stetit nihilominus primum Urbani decretum, quod Paschalis ejus successor habitis insuper Godefridi querelis, novo diplomate anno 1115 confirmavit, ut videre est apud Baluzium tomo II Miscellaneorum, ubi illud diploma cum aliis ejusdem controversiæ actis profertur. Videndæ eti m de hoc negotio epistolæ Goffridi, scilicet 8 libri I, et 44 libri IV, cum Sirmondi notis. Præter hæc habemus Amati legati apostolici judicium, quod nomine Urbani, antequam pontifex quidquam ea de re decrevisset, Burdigalæ initio hujus anni, ut diximus, prolatum est. At ipsius Urbani decretum quod referetur inter ejus epistolas, Tarenti VIII Kalendas Decembris, in nonnullis exemplaribus, anno 1092; in aliis vero anno sequenti datum dicitur, sed perinde est quomodocunque legas. Certum quippe est ex anno pontificatus Urbani, qui in omnibus exemplis indicatur, quinto, et ex rerum gestarum serie, illud anno 1092 consignandum esse, qui tamen recte in illo instrumento 1093 dici potuit, more plerorumque ejus ævi et regionis auctorum, qui, ut jam non semel observavimus, annum simul cum indictione a mense Septembri in illis ulterioribus Italiæ plagis inchoabant.

Eo calculo, uti ex aliis locis patet, usus est Lupus Protospata, cum scripsit: *Anno 1093, indictione I, obiit Eugenia abbatissa Sancti Benedicti monasterii Materiensis, mense Octobris: et eodem mense Urbanus papa venit in Materam, et applicuit ad cœnobium Sancti Eustachii cum grandi plebe hominum.* De his monasteriis pauca supersunt, ut videre est apud Ughellum tomo VII Italiæ sacræ, et Lubinum in Notizia abbatiarum Italiæ; Materanensis vero et Acheruntina diœcesis simul junctæ unicum habent archiep.

CXVIII. *Atrabatensis Ecclesia a Cameracensi separatur.*

Defuncto III Idus Augusti hujus anni Gerardo Cameracensium episcopo, Atrebatenses de ecclesia sua, quæ, Atrebato a Wandalis diruto, Cameracensis antistitis, utpote vicinioris, curæ demandata fuerat, in pristinam libertatem restituendo cogitarunt. Et quidem, licet res difficilis videretur, opportuna tamen tunc, si unquam fuerit, ad id audendum erat occasio, Urbano nempe, qui in Remensi provincia natus et educatus fuerat, probe nota erat antiqua Atrebatensis Ecclesiæ et Urbis dignitas, nec ignorabat quantum Atrebatenses a Cameracensibus, Henrico imperatori, qui sui ipsius hostis infensus erat, addictis passi fuissent. Favebat Atrebatensium causæ miserabilis Ecclesiæ Cameracensis status, quæ tum in varias factiones divisa erat ob successoris electionem. Has turbas augebat Henricus, persuasum habens sua multum interesse, ut aliquis cui tuto fidere posset ea in sede locaretur. Et quidem Atrebatenses sua ipsorum non fefellit semel concepta opinio. Urbanus nempe hanc occasionem relevandæ pristinæ, ut frequenter in suis epistolis testatus est, Remorum Ecclesiæ dignitatis, nactus, exceptis benigne Atrebatensium missis, nihil omisit ut eorum desiderio satisfaceret. Qui reipsa post multas hinc et inde concertationes, post varios labores et curas, proprium tandem episcopum obtinuere. Multæ ultro citroque ea de re scriptæ fuerunt epistolæ, habiti sunt etiam ea occasione tum Remis cum Atrebati varii conventus, imo et nonnulla concilia celebrata fuerunt, legationesque Romam missæ, ex quibus omnibus ea quæ ad nostrum institutum spectant suis locis referemus. Sed qui plura ea de re, quam quæ a nobis aut a Locrio, Acherio nostro aut certe á Labbeo referuntur, cupit, adeat tomum V Miscellaneorum Baluzianorum, ubi accuratam totius hujus negotii narrationem inveniet, simul cum variorum epistolis et aliis monumentis, quæ omnia ex veteri codice ms. Ecclesiæ Atrebatensis vir eruditus descripsit.

Urbanus itaque, suscepta Atrebatensium legatione, scripsit statim ad ejus civitatis clerum et populum ut, Cameracensium excusso jugo, sibi proprium episcopum eligant, electumque metropolitano suo consecrandum præsentent. Ne vero ipse metropolitanus difficultate aliqua ab hac ordinatione celebranda dimoveretur, ad eum pariter, is tunc erat Raynaldus Remorum Ecclesiæ post Manassis exauctorationem præfectus, pontifex scripsit velle, ut restituto Ecclesiæ Atrebatensi proprio suo episcopo Remensis metropolis in antiquam suam dignitatem redintegraretur; id est ut duodecim episcopalium sedium numero exornata, in ferendis judiciis canonicis ad provincias extraneas recurrere opus non haberet. Quæ, ut jam diximus, solius Remensis provinciæ in Galliis prærogativa olim specialis fuit, uti videre est in antiquioribus notitiis. Binas hac de re litteras scripsit Urbanus, in quibus licet annus diserte non indicetur, facile tamen ex rerum serie intelligi potest. Quin et nullas loci aut temporis notas habet ea quæ Raynaldo archiepiscopo inscripta est; altera vero, quæ est ad Atrebatenses, in nonnullis codicibus dicitur, *data IV Nonas Decembris*, absque aliqua loci designatione. Tamen vetus codex, quem habemus præ manibus locum ipsum indicat, nempe *Castraneti*, alii mss. et editi habent *Romæ*. Fortasse Castranetum locus erat prope Romam, in quo tunc versabatur pontifex, cum nondum ei liceret ob Guiberti factiones Urbem ingredi. Etenim Urbanus papa, uti scribit Bertoldus, hoc anno *Natale Domini extra Romam in terra Sancti Petri celebravit, eo quod nondum Romam absque armata manu intrare potuit, Guibertistis quidem et excommunicatis, multum adhuc ibi prævalentibus, nec facile absque violentia inde repelli permittentibus.*

CXIX. *Constantienses pseudoepiscopum rejiciunt.*

Paulo autem ante illud festum Udalricus, qui Aquileiæ episcopatum ab Henrico imperatore simul cum abbatia S. Galli jam acceperat, conatus est etiam episcopatum Constantiensem, expulso Gebeardo, per quemdam e suis monachis sibi addictum, nomine Arnoldum, occupare; at utriusque conatus fuere irriti. Etenim Constantiæ cives invasorem illum, licet jam ab imperatore investituram recepisset, turpiter cum ejus socio, qui illuc possessionis ineundæ causa simul advenerant, e civitate paulo ante Natalem Domini ejecerunt.

CXX. *Hugoni Lugdunensi reddita apostolica legatio.*

Eodem anno desinente, aut certe sequentis initio, Ivone Carnoteno, ut ex ejus epistola 12 ad Urbanum et 109 ad Paschalem ejus successorem colligitur, intercedente, reddita est Hugoni Lugdunensi archiepiscopo apostolici in Galliis legati dignitas qua diu caruerat. Hæc ei ablata fuerat tempore Victoris III, quod post probatam et laudatam cum cæteris episcopis catholicis ejusdem pontificis electionem, eam tamen postea Richardo abbati Massiliensi junctus irritam facere conatus fuisset, imo et ab ejus obedientia recessisset. Quare simul excommunicati et apostolica legatione privati in concilio Beneventano ab eodem Victore III fuerant. Verum etsi tanta fuerit utriusque audacia, quam etiam Hugo litteris ad Mathildem datis approbare conatus fuerat, ut jam suo loco diximus, neuter tamen ad schismaticos defecit; sed paulo post, Urbano post Victoris obitum in pontificem assumpto, inviolabiliter ei adhæsere. Hugoni, ob restituta mei ab Urbano legationem, gratulatur Ivo epistola 24 ad eum data; ubi eidem, ob temporum difficultates hanc dignitatem suscipere nonnihil repugnanti, parendum esse pontifici probat, Tempus autem quo id factum fuit indicat idem Ivo, cum ait tunc in Italia *alterum Achab*, id est Henricum, et in Galliis *novam Jezabelem*, nempe Bertradam, ut eam etiam appellat Hugo Flaviniacensis, surrexisse. Hanc autem epistolam sub anni finem, aut sequentis initio scriptam fuisse ex eo patet quod in ea Hugonem rogat Ivo ut ei significet quo loco eum circa Quadragesimæ initium convenire commode possit.

CXXI. *Guibertus in Longobardia. Romæ an Urbanus concesserit privileg. Figiaci. Privileg. Cavense.*

His temporibus, ut narrat Bertoldus, *Guibertus cum imperatore in Longobardia morabatur, et quidquid potuit cum ipso contra Welphonem et ejus uxorem Mathildam, sancti Petri filiam machinabatur,* ut pluribus narrat Domnizo, cujus excerpta in Appendice referentur. Consentit Sigonius libro ix De regno Italiæ, ubi res hujus temporis ex his auctoribus descripsit.

Urbanus vero adhuc Romæ erat mense Februario anno 1093, si legitimum sit Figiacense privilegium, quod a Cruceo relatum est in Historia episcoporum Catarcensium, et nullus error irrepserit in notas ejus chronicas. Datum nempe dicitur *Lateranis* hoc anno 1093, pontificatus Urbani quinto, die v Idus Februarii. Sed, etsi illæ notæ bonæ sint, locus dati privilegii vitiosus est, cum nondum tunc Urbanus Lateranense palatium obtinuerit, coactus, ut modo ex Bertoldo dicebamus, Natalium Christi festivitatem extra urbem celebrare, quippe qui absque sanguinis effusione, quod semper abhorruit pius pontifex, in eam ingredi non potuisset. Et quidem Lateranum nonnisi anno sequenti recuperavit Urbanus, ope Gofridi Vindocinensis abbatis, qui ad id, uti dice-

mus, magnam pecuniæ summam contulit. Certe hoc diploma dubiæ omnino fidei videtur esse; in quo nempe, præter ea quæ continet his temporibus parum consentanea, maxime displicet quod Stephano episcopo Cadurcensi, alias penitus ignoto, inscribatur. Plura de eo refert Cruceus in Historia episcoporum Cadurcensium; quem, si lubet, consulas. Paulo majoris est auctoritatis privilegium Cavense, de quo ad annum præcedentem egimus, datum Salerni xix Kalendas Februarii anno v Urbani, indictione v, anno 1092, quamvis loci et temporum notæ haud sibi constantes admitti non possint. Utrumque lectorum eruditorum judicio et censuræ permittimus.

Porro etsi toto eo tempore quo Lateranense palatium, ubi præcipua erat pontificum Romanorum sedes, in Guibertinorum potestate fuit, nunquam licuerit Urbano intra Romanæ urbis mœnia ingredi: cum tamen in suburbanis, sive, ut passim loquitur Bertoldus, *in terra Sancti Petri* frequenter tunc moraretur, censebatur Romæ præsens adesse. Quare nil mirum est si quædam ejus litteræ passim occurrant quæ *Romæ* his temporibus *datæ* dicuntur, quemadmodum plerique ejus ævi auctores scribunt episcopos et abbates Romam tunc adiisse, ut Urbanum aut apostolorum limina inviserent.

CXXII. *Fulco Bellovacensis episcopus in sede confirmatus.*

Ejusmodi fuerunt litteræ Urbani ad Fulconem episcopum Bellovacensem, et aliæ ad clerum et populum ejusdem urbis, quæ *Romæ* vi aut xvi *Kalendas Martii* datæ dicuntur. Iis litteris confirmat antea pontifex a Gregorio VII latam sententiam de Castellania Bellovacensi, quas quidem hoc anno scriptas fuisse probat rerum gestarum series. Etenim Fulco, de quo jam supra egimus, apud Urbanum accusatus quod male res sui episcopatus administrasset, quodque facinorosorum aliquot hominum criminibus sese immiscuisset, litteras illas accepit mense Februario. Statimque Romam adiit suam approbaturus coram pontifice innocentiam, et quocunque modo causa verteret, sedem suam dimittere paratus. Et quidem ea erat sancti Anselmi, ejus olim magistri et abbatis apud Beccum, sententia, quod facile ex ejus epistola 54 libri ii ad ipsum Urbanum scripta, intelligitur, quamvis paulo antea, nempe epistola præcedenti, cum pontifici commendasset. Idem Anselmus factus post modum archiepiscopus Cantuariæ, iterum *supplex* pro Fulcone *oravit* apud pontificem, libro iii, epist. 57, ut ei succurrat, *proinde ejus judicabit prudentia.* Nec vana fuit tanti viri commendatio. Urbanus quippe perspecta Fulconis innocentia, non ferens episcopum injuste opprimi, eum Simoniaca hæresi, quæ ipsi a nonnullis affingebatur, purgatum in sede Bellovacensi confirmavit, ac remanere jussit. Imo cum idem antistes in Gallias reversus anno sequenti a comprovincialibus episcopis in judicium ea de re vocatus fuisset, illos objurgavit pontifex, quod causam a sede apostolica judicatam ausi fuissent retractare. Exstat ea de re Urbani epistola ad Raynoldum archiepiscopum ejusque suffraganeos, quæ cum anni 1094 initio Maii, ut suo loco demonstrabimus, scripta sit, invicte probat, binas has litteras, de quibus hic agitur, cum Fulconis purgatione Romæ peracta, ad præsentem annum 1113 debere revocari.

CXXIII. Concilium Trojanum. Canones.

Vere ineunte hujus anni, Dominus papa Urbanus, Bertoldi verba ipsa refero, generalem synodum centum pene episcoporum in Quadragesima ex diversis provinciis in Apulia congregavit, et diversis Ecclesiarum necessitatibus synodali provisione competenter succurrere curavit. Hanc synodum apud Trojam, quæ Apuliæ civitas est episcopalis, habitam fuisse scribit Romualdus Salernitanus archiepiscopus in Chronico, cui consentiunt plerique omnes; sed eam nonnulli recentiores secundam nuncuparunt, quod alteram eadem in urbe ab Urbano congregatam anno 1089 admiserint. At unicam solummodo, ut jam diximus, ad annum 1089 agnoscunt veteres auctores, quam anno 1093 celebratam fuisse ex Bertoldi testimonio, aliisque certis et indubitatis monumentis constare debet. Ejus concilii titulum ex codicibus manuscriptis descriptum exhibet Labbeus tomo X Conciliorum his verbis: *Anno Dominicæ Incarnationis 1093, v Idus Martii convenit Trojæ in Apulia concilium episcoporum fere 75, abbatum 12.* Totidem episcopos et abbates ei interfuisse legitur apud Ivonem in editis exemplaribus, quamvis scriptum a Labbeo laudatum *octoginta* præferat. Eamdem synodum memorat Petrus-Diaconus libro IV Chronici Casinensis cap. 7; at numerum pontificum aut abbatum, qui ad eam convenerant, nusquam habet. Duo supersunt hujus concilii canones, quos post Urbani epistolas proferet pontificiarum epistolarum collector. Primus, qui de dissolvendis intra certam consanguinitatis lineam initis matrimoniis agit, ab Ivone Carnoteno, Gratiano, Magistro Sententiarum et aliis passim auctoribus laudatur et refertur; alter vero, occasione *Treviæ* conditus, ejus infractores excommunicatione multandos decernit.

CXXIV. Urbanus concedit privilegium ecclesiæ S. Pauli Narbonensis.

Soluto concilio, Urbanus Romam reversus est, uti colligimus ex privilegio quod ibi Narbonensi Ecclesiæ sancti Pauli concessit hoc anno, pontificatus Urbani VI, die XIV Kalendas Aprilis, indictione I, quæ notæ nullam habent difficultatem. In eo diplomate, canonicos Sancti Pauli laudat pontifex ob regularem vivendi formam, quam recens amplexi fuerant. Quod quidem vitæ genus *suscitare*, inquit, *non minori pene æstimandum est meriti.... quam florentem monachorum religionem custodire.* Similia passim elogia occurrunt in aliis canonicorum regularium privilegiis ab Urbano indultis, qui eo pacto bonos in proposito retinendo confirmari; alios vero, quorum vita non adeo regulæ astricta erat, ad idem institutum amplectendum, excitari posse arbitrabatur.

CXXV. Conradus imperatoris patris sui partes deserit.

Interea Henrici Augusti negotia in pejus abibant, plerisque in dies ab ejus et Guiberti pseudopapæ obedientia deficientibus. Tunc quippe, referente Bertoldo, *in Longobardia prudentissimi milites Sancti Petri Welpho dux, et uxor ejus Mathilda, jam triennio contra schismaticos viriliter dimicantes, tandem multum contra ipsos, Deo opitulante, confirmati sunt.* Sed nihil adeo catholicorum partes adjuvit, quam Conradi, ipsius Henrici filii, a patre defectio ad Welphonem ducem, cui deinceps inviolate adhæsit. Nullam tam insperatæ mutationis causam affert Bertoldus; at ex Dodechino discimus eam occasione Praxedis, Adelaidem appellat ille auctor, reginæ uxoris Henrici contigisse; quam eo usque odio tunc habuisse imperator dicitur, ut eam aulicis suis, imo et ipsi Conrado, dehonestandam prodiderit. Tantum facinus exhorruit pius princeps, qui, ut ait idem auctor, *erat in omni bonitate et probitate conspicuus, humilis et modestus.* At hac repulsa commotus furibundus pater, ita adversus eum excanduit, ut exinde eum pro filio habere recusaverit, se asserens non esse illius patrem. Tunc Conradus, relicto patre, ad pontificios cum iis qui sibi addicti erant confugit. Quin et multi alii, uti habet Domnizo, tam immanis sceleris horrore perculsi, primo Henricum et Guibertum spernere, tum etiam omnino deserere ejus partes constituerunt, qua occasione Catholicorum vires ingens incrementum accepisse memoratur. Testis est Bertoldus nobiliores Longobardiæ civitates Mediolanum Cremonam, Laudam et Placentiam eo tempore *contra Henricum in viginti annos conjurasse*; quo pacto Catholici, occupatis Alpium faucibus, impediverunt ne Henrici fautores et Germania in Langobardiam ad eum accederent. Quare Augustenses, vicinarum urbium exemplo excitati, abjecto pseudoepiscopo, quem eis Henricus præfecerat, *catholicum sibi pastorem elegerunt.*

CXXVI. Lotharingi Urbano addicti.

Haud minori studio Urbanum colebant Lotharingiæ urbium populi, Metenses videlicet, Tullenses et Virdunenses, qui Ægilberto Trevirorum pontifici provinciæ suæ metropolitano obedientiam præstare omnino abnuerunt, quod ille schismaticis communione jungeretur. Plus ausi sunt Metenses, qui rejecto illo, procul dubio Adalberone, sic quippe eum Meurissius in Historia Metensium episcoporum et alii appellant, seu Albertum, ut dicemus infra, quem eis præfici volebat imperator, Popponem ex archidiacono Trevirensi, virum catholicum et sedi apostolicæ addictissimum in antistitem sibi elegerunt, eumque, uti Bertoldus habet, *a Gebehardo Constantiensi episcopo, sedis apostolicæ legato, consecrari fecerunt sexto Kalendas Aprilis in medio Quadragesimæ.*

CXXVII-VIII. *Conradus fit rex Longobardiæ.*

Una tamen occasio inopinata tot prosperos eventus ferme labefactavit, captivitas nempe Conradi principis, quem Henricus dolo circumventum ceperat. At ille paulo post, ut Bertoldus scribit, *misericordia Dei* ereptus, luctum illum in gaudium vertit. Paulo post, annuente Welphone duce Italiæ, ac Mathilda ejus conjuge, elevatus in regem, concurrente ad hæc solemnitatem magna fidelium Sancti Petri frequentia, a Mediolanensi episcopo solemniter coronatus fuit. Interea Welpho Bajoariæ dux in Langobardiam advenit, ubi cum sese Urbani asseclis adjunxisset, ita repentino illo casu Henrici animum dejecit, ut *in quamdam munitionem,* verba sunt Bertoldi, *se contulerit, ubi diu absque regia dignitate moratus, nimioque dolore affectus, se ipsum, ut aiunt, morti tradere voluerit; sed, a suis præventus, ad effectum venire non potuit.* Eum tunc Veronæ aliquod tempus exegisse discimus ex Udalscalco in Vita Eginonis apud Canisium tomo II lectionis antiquæ, sed in tantis angustiis, ut ei ex omni parte circumvento nec Langobardiam ingredi, *obstante domna Mathilde,* liceret, nec Italia excedere, quod Teutonici principes ei in Germaniam reditum omnino præclusissent. Haud enim minus in illis partibus quam in Italia Catholicorum res prosperabant.

CXXIX. *Welpho pater fit miles. Conventus Ulmæ.*

Paulo post Welphonem patrem in Germaniam reversum, Gebehardus antistes, uti narrat Bertoldus, *per manum in militem accepit, sicut et proprium fratrem Bertholdum ducem Alemanniæ jamdudum fecerat;* tum Ulmæ in frequenti Alemanniæ principum conventu, ubi idem antistes cum Bertholdo suo fratre et eodem Welphone præsens aderat, communi omnium assensu decretum fuit, ut omnes omnino Gebehardo præsuli *omnimode secundum statuta canonum,* Bertholdo vero duci et comitibus *secundum legem Alemannorum* obedire tenerentur. Deinde, ut idem auctor prosequitur, *firmam pacem tam duces quam comites, tam majores quam minores, se observaturos a septimo Kalendas Decembris usque in Pascha, et a Pascha in duos annos juraverunt.* Ut vero omnis infringendæ illius concordiæ timor a fidelium mentibus auferretur, principes, qui conventui illi interfuerant, ad propria reversi, pacem hanc omnibus quique sub sua potestate constitutis *viritim jurare fecerunt.*

CXXX. *Monasteria in Alemannia condita.*

Nonnulla etiam his temporibus de novo excitata sunt in his regionibus monasteria, quæ, uti Bertoldus refert, a Gebehardo apostolicæ sedis legato dedicata fuerunt. Primum in Silva Nigra a fundamentis erexit ejusdem antistitis frater dux Bertholdus, quod abbatiali dignitate auctum, et sub speciali apostolicæ sedis tuitione constitutum dedicavit ipse Gebehardus hoc anno, die prima Augusti. Mense sequenti Idem episcopus alterum consecravit in honorem sancti Martini, quod Hartmannus comes et frater ejus Odo in proprio allodio condiderant, eo ipso loco, quo Danubius et Ilaris amnes in unum conveniunt. Quo item tempore tertium haud procul a præcedenti dissitum sub sancti Georgii nomine ab eodem pontifice consecratum est, in quo sicut et in præcedenti Otto Sancti Blasii abbas regularem disciplinam instituit. Præter ea Sigefridus Scaphusæ abbas, veritus ne propter schismaticorum infestationes loco cedere cogeretur, impetravit hoc anno a Richardo Massiliensi Sancti Victoris abbate cellam Nobiliacum dictam, ubi cum suis, si aliquando instaret monasterii sui deserendi necessitas, perfugii locum haberet. Et idcirco hanc domum omnibus ad regularem disciplinam observandam necessariis instruxit.

CXXXI. *Concilium Remis de restaurando Atrebatensi.*

In Galliis Atrebatenses accepta ab Urbano pontifice, uti anno superiore diximus, eligendi proprii episcopi facultate, ad Raynaldum provinciæ metropolitanum scripsere, ut aliquem *clericum discretum et nobilem, seu abbatem* e suo latere Atrebatum mittat, qui electioni celebrandæ pro se *vicarius* intersit. At ille rescripsit se Cameracensibus, qui hanc electionem impedire conabantur, ad Dominicam *Oculi mei semper,* id est tertiam Quadragesimæ, quæ hoc anno in diem 20 Martii incidebat, diem dixisse, ut in concilio totius provinciæ, quod eo tempore Remis celebrandum indixerat, intercessionis suæ rationes proferrent. Adeoque hac etiam occasione Atrebatenses monet ut et ipsi quoque ad dictam diem adsint, causam suam coram concilii Patribus adversus Cameracensium conatus propugnaturi. Adfuerunt itaque die condicto utriusque Ecclesiæ legati. Primum Atrebatenses laudatis antiquis Galliæ provinciarum notitiis, prolatisque multis veterum testimoniis, potissimum ex Vita et testamento sancti Remigii desumptis, asseruerunt suam urbem, unam olim e nobilioribus Belgicæ secundæ civitatibus, proprium episcopum quondam habuisse atque adeo juxta pontificum et conciliorum decreta, hoc jus, ei jam in pristinum splendorem revocatæ, debere restitui, maxime quod id ipsum Urbanus pontifex datis litteris fieri decrevisset. Nihil ad ea respondentibus Cameracensibus legatis, nec quidquam in suæ causæ patrocinium proferentibus, archiepiscopus dixit eam reipsa Atrebatensis episcopatus restitutionem a pontifice fuisse imperatam. Statimque litteras Urbani tum ad se, tum ad Atrebatenses ea de causa scriptas proferri jussit in medium, quæ omnia ita esse Burchardus Sancti Basoli abbas et Dudo capellanus, recens e curia Romana reversi, palam testati sunt. Deinde archiepiscopus, rogatis episcoporum et aliorum, qui ibi præsentes aderant, consiliis, quamvis illi inducias postularent, Atrebatensium votis assensum præbere paratus erat, cum Cameracenses, desperata causa, ad apostolicam sedem appellarunt. Hanc appellationem statim, annuente universo concilio, admisit archiepiscopus, ac utrique parti diem dixit, ad diem Dominicam ante Ascensionem, aut certe ad sequentem hebdomadam, qua coram pontifice Romano, cui ea de re litteras scripturus esset, causam suam propugnarent, atque ita concilium solutum est.

CXXXII. *Res coram pontifice agitur episc.*

Post dies paucos Joannes et Drogo ab Atrebatensibus ad suam eorum causam coram pontifice agendam electi Romam proficiscuntur, quos Urbanus benigne exceptos, exspectatis frustra Cameracensium legatis, post elapsum a concilio Remensi præfinitum tempus, ad Raynaldum archiepiscopum remisit, cum litteris, quibus ei præcipiebat ut electum ab Atrebatensibus episcopum consecraret; aut certe si id nollet, ipsum ad apostolicam sedem transmitteret, a se, salvo Remensis Ecclesiæ jure, consecrandum. Iæ litteræ, sicut et aliæ, quas eadem occasione pontifex ad Atrebatenses scripsit, nullas habent chronicas notas; at ex rebus gestis facile colligitur, utrasque una aut altera die post Dominicam infra octavam Ascensionis, id est ultima aut penultima mensis Maii datas fuisse. Legati itaque in Gallias reversi, Remos statim adierunt pontificis litteras ad archiepiscopum delaturi, quibus ille acceptis, legatis ipsis consuluit ut, nulla interposita mora, Atrebatum reversi electionem urgerent; sed litteras, quas illi ab eo efflagitabant, ad clerum et populum Atrebatensem, veritus procul dubio ne hoc facto Cameracensium animos in se commoveret, scribere recusavit, ea specie quod *necessarium* non esset, nec *idoneum*, ut *litteris papæ* electionem novi episcopi jam semel et iterum *præcipientibus*, suas quoque, quod tamen præceperat pontifex, epistolas adjungeret.

CXXXIII. *Lambertus eligitur. Archiepiscopus Remensis differt consecrationem.*

Solis itaque Urbani litteris contenti legati Atrebatum redierunt, statimque indicta est electionis faciendæ dies ad vi Idus Julii, quæ Dominica erat. Ad quam non modo Atrebatensis, sed etiam vicinarum aliquot Ecclesiarum clerici, atque inter alios Insulensis Ecclesiæ collegiatæ canonici, vel ob majorem solemnitatem, vel ob antiquam consuetudinem, aut inter utrosque societatem convocati sunt. Convenit ea die in majorem Sanctæ Mariæ ecclesiam infinita propemodum clericorum et laicorum multitudo, ibique celebratis missarum solemniis, ac præmissa sancti Spiritus invocatione, publice e pulpito lectæ sunt Urbani pontificis litteræ de restituenda Atrebatensis Ecclesiæ dignitate, et electione episcopi facienda. Cumque a Gualberto præposito, Guiberto decano cæterisque omnibus canonicis in capitulo uno consensu Lambertus Insulensis Ecclesiæ cantor in episcopum designatus fuisset, statim in conspectu totius ecclesiæ manifestatus est, ac sic a clero electus, et tertio acclamatus ac laudatus a populo, licet invitus eligitur, capitur, et in sede pontificali inthronizatur. Ipso vero, cum aliis Insulanæ Ecclesiæ canonicis, qui tantum virum sibi eripi ægre ferebant, reclamante, publice lecta est Urbani sententia ex prima ejus epistola, quæ sic habet : *Ei vero, qui canonico consensu cleri et populi electus fuerit, apostolica auctoritate interdicimus, ne impositam sibi electionem dissimulatione aliqua hujus novæ ordinationis subterfugiat :* ac sic omnes electioni factæ acquieverunt.

Scriptum statim est ad Raynaldum metropolitanum, ut diem qua esset novi episcopi facienda consecratio indicaret; at ille, nulla die statuta, respondit se cum cæteris comprovincialibus communicaturum *in magno episcoporum et clericorum conventu, quem in festo sanctæ Mariæ, mediante Augusto, Remis haberet.* Verum cum die indicto Atrebatensium legati comparuissent ea de re rogaturi, inducias iterum postulavit archiepiscopus ad festum omnium Sanctorum. Tot cunctationum pertæsi Atrebatenses, legatos jam tertia vice Romam mittunt ad Urbanum, Odonem scilicet cantorem, et Joannem diaconum, qui pontifici rerum omnium rationem redderent, ejusque opem iterum implorarent adversus archiepiscopum, qui ejusmodi tergiversationibus mandata apostolica velle eludere videbatur. Litteræ quas ea occasione Atrebatenses ad pontificem scripserunt, dabuntur suo tempore, sicut et illæ quas ipse pontifex, exceptis benigne, ut solebat, Atrebatensium legatis, ad Raynaldum ea de re scripsit, quibus illi præcipiebat ut *infra triginta dierum spatium*, postquam suas ipsius litteras receperit, aut Lambertum ipse consecraret, aut certe eum Romam transmitteret in Romana curia consecrandum. Eadem ferme repetit in alia epistola, quam eadem occasione ipsi Lamberto electo conscripsit, quæ cum v Idus Octobris data dicatur, inde colligimus præcedentem, quæ nullam præfert notam, initio quoque Octobris scriptam fuisse.

Archiepiscopus itaque, receptis circa Novembris medium Urbani litteris, Lamberto electo Atrebatensi scripsit, ut ad se *legatum* aliquem *infra octavas sancti Andreæ* mitteret, per quem quid de illius consecratione cum aliis provinciæ suæ suffraganeis statuerit ei renuntiaturus esset. Et quidem assignato tempore adfuerunt legati Atrebatensium, sed neque tunc certum responsum ab archiepiscopo habere potuerunt. Quare Atrebatenses, tot morarum impatientes, electum ipsum Remos tandem mittendum esse censuerunt ad archiepiscopum, ut eum aut ipse præfixo per ipsum pontificem tempore consecraret, ut jam sæpius ab eo efflagitaverant, aut certe cum litteris commendatitiis Romam juxta apostolicum mandatum mitteret, ubi ab ipso pontifice consecraretur. Lambertus itaque Remos profectus, ibi die Dominica, quæ xv seu potius xv Kalendas Decembris erat, et ultimus præfiniti a pontifice Romano ad ejus consecrationem temporis terminus, suo Atrebatensis cleri ac populi nomine litteras archiepiscopo *præsentavit*, quibus illum, ut tandem huic negotio alterutro modo, ut pontifex statuerat, finem imponeret, « Vestræ, inquiunt, in hoc supplici libello Atrebatenses, excellentiæ dignitati multiplices referimus gratias, quia hactenus gratanter nobis, ut pius pater juvamen exhibuistis .... sed paternitatem vestram miramur plurimum in calce nostri praedecessoribus jam habuerant, ab eo impetrare. negotii infrigidatam existere, cum infra terminum Apostolicae sedis protectionem adversus bonorum ab apostolico vestrae magnificentiae electi nostri Ecclesiae invasores ultro concessit Urbanus, datis consecrationis injunctum, nec solemniter litteris ea de re litteris ad principem et populum Dolensis vestris, ut arbitrabamur, ad consecrationem electum urbis; at in concedendo pallii usu, quod maxime nostrum vocastis; nec diem certum infra terminum efflagitabat Rollandus, qui se, ut sui ab annis plus designastis. Nunc autem cum consecratio deinceps quam ducentis praedecessores, archiepiscopum nuninfra triennalem metam nequit fieri, saltem litteras cupabat, se difficiliorem exhibuit : verebatur enim vestrae auctoritatis quae apostolico deferantur, ut aequus pontifex, ne id faciendo, jura Turonensis ipse jussit, pro consecratione nostri electi nobis Ecclesiae, quam unicam provinciae Lugdunensis terdare velitis plurima pace precamur. » Cum itaque tiae veram et antiquam esse metropolim sciebat, nullus superesset subterfugiendi locus, Raynaldus, convelleret : nec quidquam impetrare potuit Rol-Lamberto electo, Romam adeundi potestatem fecit, landus, donec, prolatis Gregorii VII litteris, probadatis ei ad Urbanum litteris, quibus ille acceptis, in visset usum pallii ac provisionem archiepiscopalis ipso Natalis Christi pervigilio Remis egressus est; juris in Britannia minori Ireno praedecessori suo ac post varia pericula et itineris difficultates, anni fuisse concessam. Sed quia exempla tantummodo sequentis initio, ut ibi dicemus, Romam pervenit. harum litterarum proferebat, ab eo Urbanus exegit Litterae quas Raynaldus ad Lambertum scripserat, ut sacramento praestito juraret nihil amplius auet illae quas tandem hac occasione ad Urbanum de- minus in Gregorii autographis litteris quam quod ferendas, tum idem archiepiscopus, cum Atrebaten- ipse protestabatur continere. Quo facto pontifex ei, sis Ecclesia scripsere, in pontificiarum epistolarum salvo metropolis Turonensis jure, pallii honorem ac collectione referentur, post eas quas Urbanus ipse, archiepiscopales honores, sicut Gregorius pontifex ut mox dicebamus, utrisque paulo ante conscripse- Ireno fecerat, indulsit, datis ea de re litteris, quasrat. Ex his porro quas ultimo loco ad Urbanum licet nullam habeant chronicam notam, ex iis taRaynaldus per Atrebatensem electum scripsit, sicut men, quae anno sequenti de eadem controversia et ex responsione pontificis, intelligimus quo consilio datae sunt, certum est ad hunc annum revocari deis antistes, novi episcopi consecrationem tam diu bere. distulerat, quaeve causa fuerit tot ejus tergiversationum : quod scilicet vereretur, ne, si Atrebatensis episcopatus restitutioni facilem praebuisset assensum, inde ansam arriperent Cameracenses, qui Henrico imperatori schismatico parebant, a sua et Ecclesiae Remensis obedientia discedere : quare maluit eam ordinationem a pontifice quam a se ipso celebrari, ut nulla querelarum occasio adversus se aut Ecclesiam suam Cameracensibus praeberetur. Huc spectant aliae peculiares ejus litterae ad pontificem, de rebus Cameracensibus, ad quas Urbanus, ut dicemus num. 145, respondit.

CXXXIV. *Gervinus in episcopio Ambianensi firmatus.*

Jam supra, § 104, egimus de Gervino episcopo Ambianensi, qui ab Urbano insuper habitis ejus aemulorum accusationibus, in throno Ambianensi confirmatus fuit. At postea a suis iterum exagitatus pontificem rursus adire coactus est, a quo, etiam hac vice benigne exceptus, secundas litteras obtinuit, clero et populo Ambianensi, uti primae erant, inscriptas, quibus praecipit ut illum a Simonia purgatum pro vero et legitimo pastore Ambianenses haberent. Datae sunt xv *Kalendas Augusti*, hoc anno, si bene conjicio, quare eas a cl. viro Stephano Baluzio acceptas referet pontificiarum epistolarum collector.

CXXXV. *Dolensis episcopus pauum impetrat.*

Circa ejusdem anni, uti videtur, medium accessit ad Urbanum Rollandus Dolensis in minori Britannia antistes, pontificis opem adversus Dolensem principem, qui ejus Ecclesiae bona invaserat, imploraturus; tum etiam, ut pallium, quod nonnulli ex suis

CXXXVI. *Radulfus episcopus Turonem. contra. Dolenses. Pallium obtinet.*

Adhuc in pontificis comitatu erat Rollandus, cum Radulfus Turonum archiepiscopus, contra eum intercessurus Beneventum advenit, ubi tunc pontifex versabatur. Multa ibi adversus Dolenses protulit coram pontifice Radulfus, ut Ecclesiae suae jura in Dolensem et alias Britanniae Ecclesias stabiliret; quibus cum Rollandus nihil aliud responderet quam se *non agendum venisse*, quamvis paratus esset cum episcopis provinciae suae congruo tempore respondere, Urbanus ex partium consensu tempus utrisque constituit ad medium Quadragesimae sequentis, quo res finiretur. Haec fuse refert ipse pontifex in sententia quam adversus Dolenses anno sequenti, ut ibi dicemus, tulit.

Eo in itinere Radulfo contigit, quod de eo legitur in Gestis episcoporum Turonensium et abbatum Majoris-Monasterii. Narrat horum Gestorum auctor Radulfus ab Urbano pallium quod enixe postulabat, nunquam impetrare potuisse, quin prius ab infestatione Majoris Monasterii se cessaturum, privilegio ejusdem loci consensurum, et pontifici prorsus obediturum spopondisset. Quod cum coram ejusdem monasterii aliquot monachis, qui ibidem aderant, praestitisset, pallii honor a pontifice donatus est. Haud tamen stetit promissis suis, nec destitit monachos Majoris-Monasterii persequi, ut suis locis dicemus.

CXXXVII. *Pausensis monasterii dedicatio.*

Ughellus tomo VII Italiae sacrae, in catalogo archiepiscoporum Acheruntinorum ad hunc annum profert vetus, ut ipse putat, instrumentum de dedicatione ecclesiæ monasterii *Sanctæ Mariæ de Pauso, vulgariter nuncupati Deventuum*, quem locum ipse pontifex, si huic instrumento aliqua sit fides, paulo ante consecraverat, magnisque indulgentiis cumulaverat, atque hæc omnia confirmata fuisse dicuntur bulla pontificia, hoc anno xviii Kal. Octobris apud Salernum data. Sed hæc, ut jam diximus ad annum 1088, nullius sunt auctoritatis, quæ ob id solum hic memoramus ut nulli fucum faciant.

CXXXVIII. *Urbanus collectas fieri rogat. Concilium Burdigalense.*

Circa hæc tempora cum recuperandæ Romanæ urbis spes aliqua affulgeret, quod sanguinis effusione nunquam fieri voluerat mansuetissimus pontifex, pecunia et muneribus id se assequi posse in animum induxit. Quare scriptis in varias provincias litteris episcopos et abbates invitavit, ut Romanæ Ecclesiæ suis bonis ea occasione suppetias aliquas ferre non abnuerent. Binas ea de re epistolas habemus, quarum prior die iv Nonas Novembris et quidem hoc anno, ut probat rerum series, data est *episcopis et abbatibus per Aquitaniam, Guasconiam et inferiorem Burgundiam constitutis*; altera vero Raynaldo abbati Sancti Cypriani prope Pictavos, quem pontifex ad ejusmodi pecunias colligendas cum Gervasio Sancti Savini abbate destinaverat. Forte hujus collectionis occasione habitum est concilium Burdigalæ ab Amato, ejusdem urbis archiepiscopo et apostolicæ sedis legato, convocatum, de quo in Chronico Malleacensi leguntur hæc verba: *Anno 1093... concilium Burdigale fuit.* Plura de eo concilio habentur, in Chartario Sancti Petri de Regula, in quo exhibetur instrumentum restitutionis *cœnobii Sancti Caprasii Pontonis* monasterio Floriacensi, a quo Regulense pendet, in hoc concilio factæ per Bernardum episcopum Aquensem, agente Osgerio priore. Complures episcopos et abbates huic concilio interfuisse ex hac charta discimus; huic quippe subscripsere Amatus archiepiscopus Burdigalæ et sedis apostolicæ vicarius, Willelmus Bernardi Auxiensis; episcopi, Simon Agenni, Reynaldus Petragoricæ, Ademarus Egolismæ, Hodo Bigorræ, Berandus Convenarum, Petrus Aduræ, Stephanus Vasatum et Bernardus Aquensis. Quid vero ex his collectis profecerit Urbanus, non tradunt auctores, nisi huc referatur, quod sub finem hujus anni Romam ingressus est, ut mox dicturi sumus; et quod Goffridus, hoc ipso anno institutus abbas Vindocini, qui quatriduana febre detentus nondum accedere ad pontificem potuerat, ut ex ejus epistola 1, lib. i ad ipsum Urbanum data patet, his litteris, ut videtur excitatus sub hujus anni finem aut initio sequentis cum magna pecuniæ summa Romam advenerit, pontifici, ut dicemus anno sequenti, magno adjumento futurus.

CXXXIX. *Privilegia pro monasteriis novo Pictaviensi, S. Quintiniano Bellovacensi, Burgulensi et Ecclesia Syracusana.*

Nonnulla privilegia hoc anno labente diversis Ecclesiis concessit Urbanus. Unum ex his est pro monasterio novo Pictaviensi, quo privilegium eidem loco a Gregorio VII, indultum confirmatur simul cum ecclesia Sancti Nicolai, quæ, pulsis exinde canonicis male viventibus, in concilio provinciali eidem monasterio fuerat attributa. Hæc bulla ex archivo ejusdem loci descripta, data est die xvi Kalendarum Novembrium, Ceperani, qui locus est in latio diœcesis Verulanæ ad Lyrim fluvium. Ceperano digressus pontifex Anagniam venit, ubi cum aliquod tempus egisse ex variis diplomatibus colligimus. Primum ex his datum est in gratiam canonicorum regularium Sancti Quintini prope Bellovacum, die iii Idus Novembris; alterum die 20 ejusdem mensis pro monasterio Burguliensi diœcesis Andegavensis, cui loco tunc præerat celebris Baldricus, postea Dolensis antistes; tertium Rogerio Syracusanæ Ecclesiæ in Sicilia episcopo inscriptum, cui a se recens consecrato Urbanus omnia omnino confirmat quæ Rogerius comes Ecclesiæ Syracusanæ contulerat. Error irrepsit apud Rocchum Pyrrhum in Sicilia sacra, ubi hæc bulla data dicitur indictione xv; nam cæteræ notæ chronicæ præsenti anno, quem diserte reipsa indicat, omnino conveniunt. Et quidem Rogerius tunc *in conquestu Siciliæ episcopales ecclesias ordinavit*, ut ille ipsemet testatur in duabus chartis ejusdem anni, ab eodem Roccho Pyrro relatis, quarum una pro Ecclesia Agrigentina, altera pro Ecclesia Mazariensi, mense Octobri data fuit.

CXL. *Christiani in Hispania prævalent. Rescriptum pro Sancto Saturnino.*

Quod Rogerius in Sicilia, hoc ipsum varii principes Christiani apud Hispanias in catholicæ religionis augmentum præstabant, eo scilicet intenti ut, Mauris pulsis, simul cum regno terreno etiam Christi imperium in his regionibus redintegraretur. Testis est ejus rei locuples, Bertoldus ad hunc annum, qui *scribit* Aldefonsum, regem Castellæ et legionis, quem ille auctor *Cluniacensis abbatis obedientiarium* appellat, paganis sæpe prostratis et fugatis, multas ecclesias, quæ ab illis barbaris destructæ fuerant, *his temporibus* reparasse. Haud minori animo agebat in Mauros Sancius Aragonensium rex, quem Urbanus in rescripto ad abbatem Sancti Joannis de Penna, *charissimum amicum* suum appellat. Quo autem tempore datum fuerit hoc rescriptum haud liquet; at cum anno sequenti Sancius rex, quem Urbanus in eo scripto salvere jubet, initio mensis Junii occubuerit in Oscæ urbis obsidione, vix ultra præsentem annum potest differri. In eo abbatem Pinnensem reprehendit pontifex, quod ecclesias Sancti Saturnini Tolosani canonicis debitas invasisset.

CXLI. *Decretalis ad Dominicum patriarcham Gradensem. Privilegium Lirinense.*

Haud dissimili ratione ad hunc quoque annum revocari potest decretalis Urbani epistola ad Dominicum Gradensem patriarcham, *de excludendis a suo-*

rum graduum dignitate subdiaconis si continentes esse nolunt. Ejus epistolæ fragmentum Gratianus retulit in decreto dist. 32, cap. 11, *Erubescant*. Dominicum autem, cui inscribitur hæc epistola, sub hujus anni finem, aut initio sequentis oblisse colligimus ex eo quod, teste Ughello in Italia sacra, Joannes et Petrus, unus post alterum ei anno 1094 in Gradensi Ecclesia successerint. Denique ad hunc annum referimus privilegium monasterii Lirinensis Aldeberto abbati inscriptum, quod, etsi in vulgatis exemplis nullam chronologiæ notam præferat, a Barrali tamen, qui vetera ejus monasterii instrumenta conspexerat, hoc anno consignetur in chronologia Lirinensi. Ad eumdem annum, si bene conjicio, revocari debet bulla pro parthenone Sanctæ Mariæ in Campo Martio ordinis Benedictini, Romæ, qua Urbanus duos abbates Romanos et unum Ariminensem conservatores ejus loci possessionum designat, ut habet Chronicum ejus loci apud Martinellum. Data dicitur apud sanctum Petrum 28 Novembris, anno vi pontificatus Urbani, quem male interpretatur annum 1094 Hiacynthus de Nobili Chronici auctor. Id tamen incommodi est, quod ex bulla pro Ecclesia Syracusana superius laudata Urbanus Kalendis ipsis Decembris adhuc Anagniæ versabatur.

CXLII. *Anselmi archiepiscopi Mediolanensis mors. Arnolfus ei succedit.*

Amisit sub hujus anni finem Urbanus papa strenuissimum partium suarum propugnatorem, Anselmum Mediolanensem archiepiscopum, a quo, ut diximus, Conradus ante aliquot menses regni Langobardiæ corona insignitus fuerat. Ejus mortis annum indicat Bertoldus, diem vero discimus ex veteri catalogo archiepiscoporum Mediolanensium, quem noster Mabillonius tomo I Musæi Italici vulgavit, ubi Anselmus sedisse dicitur annos vii, menses v et dies iv, ac obiisse pridie Nonas Decembris, sepultus in basilica apostolorum. Substitutus est ei Arnolfus seu Arnolfus, quem Bertoldus *Arnoldum de Porta argentea* nuncupat. Plura de his habent Puricellus, Sigonius in Historia regni Italici, et Papebrochius in catalogo Mediolanensium episcoporum tomo VII Maii Bollandiani, quæ ad nostrum institutum non attinent. Arnulfus nonnullis fortasse videbitur, ut quidem plerique censent, is ipse fuisse Mediolani archiepiscopus, qui, ut in Urbani Vita legitur, ab uno tantum episcopo catholico ordinatus fuit, multis aliis præsentibus quidem et assentientibus, sed manum, quod schismatici essent, non imponentibus : quique investituram ab Henrico recepisse dicitur, ob idque a legato apostolico exauctoratus in monasterium secessisse, ibique perseverasse, usque dum ab Urbano Ecclesiæ suæ restitutus ac pallio donatus fuerit; sed hoc melius Anselmo ejus prædecessori conveniunt: nam constat Anselmum ab Henrico huic sedi impositum fuisse; quamvis postea, ut diximus, ad annum 1088 ad Urbani partes accesserit. Et quidem Arnulfus, ut ex Bertoldo auctore æquali et accurato constat, non ab uno, quanquam id post unum annum integrum a sua electione factum fuerit, sed a tribus episcopis catholicis, quorum nomina idem auctor recenset, consecratus fuit, ut suo loco dicemus. Hæc occasione obitus Anselmi.

CXLIII. *Anselmus fit episcopus Cantuariæ. Cum rege dissidet.*

Jacturam, quam morte Anselmi Mediolanensis perpessa est Ecclesia Romana, egregie resarcivit alterius Anselmi in Cantuariensem archiepiscopum ordinatio, quæ hac ipsa die celebrata est, id est ii Nonas Decembris, qua Mediolanensis Anselmus e vivis excessit. Hanc tamen graves dissensiones subsecutæ sunt inter ipsum sanctum virum et Henricum regem obortæ, quæ diu multumque Anglicanam Ecclesiam afflixerunt. Remanserat Ecclesia Cantuariensis episcopo orbata post Lanfranci mortem toto quadriennio, cum pridie Nonas Martii hujus anni, Dominica prima Quadragesimæ, electus est in ejus locum, summo totius regni ac ipsius regis applausu Anselmus, tunc Beccensis abbas, qui ob quædam monasterii sui negotia forte in Angliam transmiserat, nihil tale cogitans. Omnem lapidem movit vir sanctus, ut a se tantum onus amoliretur, ad quod se minus aptum esse sincero animo reputabat. Visa est ei opportuna declinandæ hujus dignitatis occasio, schisma quod tunc Ecclesiam Romanam afflictabat. Quippe cum nondum in Anglia, sic rege volente, quis pro vero pontifice esset habendus, declaratum fuisset, ipse palam denuntiavit se semper, quocunque modo res verteret, Urbano, sicuti usque nunc fecerat, obediturum. Idque contestatus est, quod revera sic in animo haberet, tum quia ex declaratione sperabat se ab Anglis rejectum iri. At nihil omnino profecit. Illi enim constanter in proposito perseverarunt. Quod ipse testatur in epistola 24, libri iii, sic ad Hugonem Lugdunensem scribens : *Antequam præberem assensum, palam dixi me favere domino papæ Urbano ad Guiberto adversari. Et feci et dixi per sex menses quod potui sine peccato, ut dimitterer.* Illustre paulo post et publicum suæ erga Urbanum pontificem reverentiæ et obsequii argumentum præbuit, cum ei librum de fide, seu Incarnatione Verbi, quod contra Roscelinum hæreticum conscripserat, nuncupavit eo pacto, ut ipsum ejus censuræ committeret. Non abs re erit huc proferre ipsa Anselmi verba quibus hunc ei librum rescripsit. « Domino et Patri universæ Ecclesiæ in terra peregrinantis summo pontifici Urbano frater Anselmus, vita peccator, habitu monachus, sive jubente, sive permittente Deo, Cantuariæ metropolis vocatus episcopus, debitam subjectionem cum humili servitio et devotis orationibus. *Tum librum suum pontificis judicio committit his verbis :* Quoniam, inquit, divina providentia vestram elegit sanctitatem, cui vitam et fidem Christianam custodiendam, et Ecclesiam suam regendam committeret, ad nullum alium rectius refertur, si quid contra catholicam fidem oritur in Ecclesia, ut ejus auctoritate corrigatur. Opus vero suum esic ei xaminandum proponit, ut si quid in eo corrigendum est, *ejus* censura castigetur, et quod regulam veritatis tenet, ejus auctoritate roboretur. »

Cum itaque nihil Anglos ab efflagitando in archiepiscopum Anselmo revocare posset, accedente archiepiscopi sui, id est Rothomagensis, in cujus diœcesi Beccum situm est, auctoritate, omniumque bonorum consilio, Cantuariæ tandem consecratus est pridie Nonas Decembris anno 1093, ac paulo post Christi Natalium festivitatem solemniter simul cum rege celebravit. Mirum quidem est eum ab Anglicanis episcopis, qui adhuc ancipites erant an Urbano papæ, aut Wiberto ejus æmulo obedire deberent, ordinatum fuisse, cum ipse palam protestaretur se ab Urbani obedientia, ut mox dicebamus, nunquam recessurum. Sed nemo tamen, nec ipse pontifex, id aut Anselmo, aut Anglicanis episcopis vitio vertit. Unde cum postea Walterus illud ipsum Anselmo exprobrasset, ille hoc potissimum argumento se defendit, quod id sciens pontifex non solum non improbaverit factum, sed etiam ei postea pallium absque ulla difficultate concesserit. Hæc fuere pontificatus Anselmi lata initia, sed quam brevi in amaritudines conversa fuere! Quippe cum Anselmus regi *mille libras denariorum*, ut Eadmerus refert, *pro agendis munificentiæ suæ gratiis dare renuisset*, in illius indignationem incurrit. Prima hæc Willelmum regem inter et sanctum antistitem dissidiorum germina, paulo post multum excrevere, cum eidem regi in transmarinam expeditionem processuro sanctus antistes monita salutis dare voluisset. Hæc anno 1093 et initio sequentis acta fuere; quid inde post regis in Angliam reditum consecutum fuerit, dicemus ad annum 1095.

CXLIV. *Urbanus Romæ degit.*

Romam sub hujus anni finem reversus Urbanus, ibi Nativitatem Domini, deficiente in dies Guiberti factione, solemniter celebravit, ut habet Bertoldus initio anni 1094; solet quippe hic auctor annos a Christi Natalibus exordiri. At Guibertus simul cum Henrico imperatore tunc Veronæ versabatur, ita animo fractus, ut eodem Bertoldo teste, *papatum se libenter dimissurum simulaverit, si alio modo pax in Ecclesia recuperari non potuerit*. Multos tamen adhuc habebat Romæ homines suæ parti addictos, qui servientes tempori, occasionem latenter exspectabant, ad novos motus ciendos. At hæc dissimulabat Urbanus, quod absque militari expeditione abigi ab urbe non potuissent. Nihil quippe, ut jam sæpe cum Bertoldo, qui et illud singulis ferme annis repetit, diximus, adeo aversabatur mansuetissimus pontifex, quam ut armis decertaretur, et suam auctoritatem sanguinis effusione ampliaret, quare, uti idem auctor prosequitur, cum *absque militari manu adversarios suos non facile potuerit expellere, maluit*

eorum injustitiam ad tempus tolerare, quam Romanos cives armata manu inquietare.

CXLV. *Guibertinorum insidiæ.*

Mirum est tantam pontificis lenitatem Guibertinorum animos non emolliisse. Quin econtrario cum ipse *prope sanctam Mariam-Novam in quadam firmissima munitione moraretur*, illi vero, *turrim Crescentii* seu Adriani molem, id est castrum Sancti Angeli, adhuc occuparent, pyratarum more omnem viatoribus per Tiberis pontem ad pontificem accedere volentibus aditum intercludebant; adeo ut, si qui forte in manus eorum inciderent, captivi ab eis more plusquam barbaro detinerentur, et pessime haberentur. Id contigit abbati cellæ Sancti Petri in Alemannia, quam Gebehardus Constantiæ episcopus, et dux Bertoldus ejus frater Urbano legatum miserant. Hinc Egino, qui postea abbas Sanctæ Afræ Augustensis fuit, laudatur ab Udalscalco, ejus Gestorum scriptore, quod ab eodem Gebehardo non semel ad Urbanum missus, deposita veste monastica, sæculari habitu indutus, sub ea specie Guibertinorum diligentiam fallens ad pontificem accesserit. Eodem modo Goffridus Vindocini abbas libro 1, epist. 8, ait *famulum famulorum suorum se fecisse*, ne ab Urbani hostibus agnosceretur.

CXLVI. *Atrebatensis et Cameracensis Ecclesiæ divisio firmata.*

Hæc initio anni 1094 Romæ agebantur, ubi Urbanus cum audisset Lambertum Atrebatensem electum e Gallia in Urbem advenire, ut ibi consecraretur, quod ut jam diximus, veritus esset Raynoldus, ne si ipse ei imposuisset manus, Cameracenses a Remensi Ecclesiæ obedientia recederent, ad eumdem archiepiscopum scripsit, pollicitus ei apostolicam tuitionem adversus quemcunque, qui Cameraci episcopum præter Remensem metropolitanum ordinare aggrederetur. Post hæc eidem archiepiscopo injungit, ut jam Atrebatensi quam Cameracensi Ecclesiæ, unicuique suum proprium episcopum *incardinare* non differat, nisi forte Cameracenses vellent Romam venire ad proximam sequentem Quadragesimam, causam suam præsente Lamberto Atrebatensi electo acturi. Denique Manassis archidiaconi Remensis in episcopum Cameracensem electionem, quam a Cameracensibus generali omnium consensu factam fuisse ipsi scripserat Raynaldus, confirmavit eo pacto, ut Cameracenses Atrebatensis Ecclesiæ restitutionem non turbarent, quamvis ad id sese temerario sacramento obligassent. Hæc omnia habentur in Urbani epistola ad ipsum Raynoldum, qui ei de iis rebus seorsim, ut jam diximus, scripserat, quam pontificis responsionem, et si nullam habeat temporis notam, huc tamen referri debere, ea quæ complectitur satis indicant. Et quidem anno sequenti, rejecto Gualcherio, Manassis electio confirmata fuit in Claromontano concilio, ut suo loco dicemus.

CXLVII. *Lambertus electus Atrebatensis Romam advenit. Ab Urbano consecratur ac privilegium obtinet. Variæ ea de re litteræ.*

Interim Lambertus post multa viarum et hiemis

discrimina, quæ fuse in ejus libello apud Locrium et Baluzium tomo V Miscellan. describuntur, Romam advenit ad porticum Sancti Petri, feria sexta ante Dominicam *Esto mihi in Deum protectorem*, inquit ejus Gestorum scriptor, id est die 17 Februarii, biduo ante Dominicam Quinquagesimæ, quæ eo anno in diem 29 ejusdem mensis incidebat. Cum vero ob Guibertinorum insidias difficilis esset ad pontificem, qui tunc apud sanctam Mariam-Novam commorabatur, aditus, summo mane sequentis diei Lambertus, relictis ad Sanctum Petrum sociis, solus ad Urbanum accedit, « cui se prosternens cum lacrymis petiit ab electione absolvi, *imparem se esse asseverans* ad tam importabile onus, tum pro Henrici infestatione, ad quem Cameracus pertinebat, tum pro infestatione Cameracensium clericorum et laicorum divitum, etc., *ac denique* pro ipsius Atrebatensis Ecclesiæ paupertate et nimia vastatione. Sed beatissimus papa (ut auctor ille prosequitur), facta absolutione, et data benedictione, sicut mos est apostolicæ sedis, suscepit eum in osculo sancto, et floccipendens hæc omnia, dixit ei : Frater, non sunt condignæ passiones hujus temporis ad futuram gloriam quæ revelabitur in nobis, et cætera verba consolatoria, quæ, inquit ille, ad plenum memoriæ non occurrunt. » Tum ab eo sciscitatus pontifex ubi ejus essent socii, Daiberto Pisano archiepiscopo demandavit, ut simul cum Petro Leonis curam haberet Lamberti socios ad se e *porticu Sancti Petri*, ubi remanserant, adduci in præparatum hospitium, quod statim factum fuit. Ac deinceps Lambertus, aliique qui cum eo advenerant liberum habuere ad pontificem accessum.

Exspectatum est ad aliquod tempus, si forte Cameracenses advenirent causam suam defensuri; sed tandem cum jamdudum terminus præfixus ad causam dicendam transactus fuisset, Urbanus accepto *episcoporum et cardinalium suorum et Romanorum consilio*... *omnem Ecclesiæ Atrebatensis actionem fecit recitari*, diemque statuit quo Lambertus in episcopum Atrebatensem ordinaretur. Hæc fuit Dominica Quadragesimæ, quæ, post exspectatos frustra per integrum mensem Cameracensium legatos, ut ipse pontifex in bulla sua declaravit, Lambertus in episcopum Atrebatensem ab ipso Urbano consecratus est. Ejus ordinationis circumstantias refert jam laudatus auctor Gestorum Lamberti his verbis: *Ille*, Lambertus, inquit : *tandem requiescens ordinatur Romæ apud Sanctam Mariam-Novam a domno apostolico Urbano anno Dei Christi* 1093, anni initium a Paschate repetit, nam et characteres omnes chronologici ab eo prolati, quod et ipsa rerum series necessario exigit, annum 1094 designant, xiv *Kalendas Aprilis, quæ tunc Dominica Lætare Jerusalem habebatur*, id est quarta Dominica Quadragesimæ, die vero 19 mensis Martii, *sub testimonio venerabilium episcoporum Joannis Tusculani, Humbaldi Sabinensis, Joannis Portuensis, Brunonis Signensis, domni quoque Daiberti Pisanorum archiepiscopi, et cardinalium presbyterorum et maximæ multitudinis Romanorum*. Post aliquot dies Urbanus Lamberto privilegium insigne ad stabiliendam Ecclesiæ Atrebatensis restitutionem concessit; quod postea in variis synodis, ac demum in Claromontano concilio recitatum et confirmatum fuit, illudque Paschalis II ac demum pontifices subsequentes passim laudarunt et approbarunt. Datum est x Kalendas Aprilis, Indictione II, anno 1095, quod scilicet, ut modo dicebamus, in instrumentis de eo negotio datis, anni initium a Paschate passim desumatur, quod tamen Urbanus in aliis bullis eo tempore datis non servavit, ut in sententia pro Turonensi Ecclesia adversus Dolensem aliisque observare licet. Cæterum hoc privilegium inter Urbani epistolas dabitur, sicut et quatuor epistolæ, quas eadem de causa diebus sequentibus pontifex ad archidiaconos Ecclesiæ Atrebatensis, ad ejusdem diœcesis abbates et abbatissas, ad Raynoldum archiepiscopum cæterosque provinciæ Remensis antistites, ac demum post aliquot dies ad Robertum Flandriæ comitem conscripsit. Exinde stetit sedes Atrebatensis, cujus restitutionis bullam cum Paschalis II litteris, in quibus se *a sanctæ memoriæ prædecessoris sui Urbani ea de re institutio nunquam recessurum fore protestatus est*, Remis in Ecclesia beatæ Mariæ conservari ait auctor Gestorum Lamberti, *in sacrario, in locello aureo, qui vulgo dicitur Berceolum*, uti videre est apud Baluzium tomo V Miscellaneorum pag. 275, ubi vir eruditus; ut jam monuimus, illa Gesta cum instrumentis ad ea pertinentibus integra exhibuit.

CXLVIII. *Dolensis, et cæteri, episcopi Britanniæ, Turonum restituuntur.*

Hoc ipso tempore quo Lambertus Romæ consecratus est, Radulfus Turonum archiepiscopus ibi litem prosequebatur adversus Dolensem episcopum, qui, ut anno superiori diximus, metropolitani Britanniæ minoris titulum et jura suorum aliquot prædecessorum exemplo ambiebat. Verum eum tempore condicto nec ipse Dolensis antistes, nec quisquam alius pro eo comparuisset, Turonensis vero archiepiscopus adversus eum varia præcedentium pontificum ac etiam conciliorum protulisset decreta, sententia adversus Dolensem pronuntiata fuit, restitutaque est in suum pristinum jus Turonum metropolis, asserta ei jurisdictione in Dolensem aliasque Britanniæ minoris Ecclesias. Hoc decretum bulla sua firmavit Urbanus, in qua totam controversiæ seriem retulit, quæ Nonis Aprilis hujus anni data, suo ordine referetur, cum ejusdem pontificis epistola ad universos Britanniæ minoris episcopos, qua eos monet litem hanc tandem finitam esse secundum Turonensem archiepiscopum; adeoque illis præcipit ut ipsi tanquam vero et proprio suo metropolitano obediant. Hoc autem Urbani decretum ita invaluit ut, subsequentibus temporibus, quotiescunque recruduit hæc controversia, quod non semel contigit, ad illud recurri debere pontifices semper censuerint, ut post alios ipse Innocentius III fecit, qui solemni tandem sententia Dolenses episcopos ab omni spe recuperandæ unquam metropolicæ dignitatis prorsus removit. Porro acta integra celebris hujus causæ cum variis epistolis et aliis antiquis monumentis quæ ad hanc controversiam attinent, edidit noster Edmundus Martene in nova collectione veterum scriptorum, quæ anno 1090 edita est Rothomagi. At nec ibi, nec alias usquam reperire licuit, Urbani epistolam quam Turonenses in responsionibus ad Dolensium objecta ibi laudant pag. 148, in qua pontifex testatur Britannorum feritatem et pertinaciam tantam fuisse, ut non solum ulla excommunicatione ad Turonensis Ecclesiæ obedientiam revocari potuerint, sed etiam eos *Christianam fidem se deserturos* dixisse, si ad id quovis modo adigerentur.

CXLIX. *Lambertus Atrebati inthronizatur.*

His ita Romæ peractis, Radulfus Turonensis et Lambertus Atrebatensis episcopi simul in Galliam repedare constituerunt. Roma egressi, *feria sexta de Dominica Quasimodo geniti*, id est die 21 Aprilis, *apud Ostiam mare intrarunt*. Die vero ipso Pentecostes Lambertus Atrebatum reversus *ante horam tertiam in pontificali sede*, summo totius cleri et populi consensu et applausu, *inthronizatus fuit*.

CL. *Goffridi Vindocinensis expensæ pro Romana Ecclesia. Urbani angustiæ.*

Verum priusquam Romam dimittamus, agendum est de Goffrido abbate Vindocinensi, qui etiam ea tempestate in Urbe morabatur, quo ad suppetias pontifici summis in angustiis constituto deferendas ante aliquot tempus advenerat. Is anno præcedenti xii Kalendas Septembri, ut habet Chronicon Vindocinense alias Andegavense a Labbeo editum, Vindocini abbas ab Ivone Carnotensi episcopo ordinatus, audito quod Urbanus in summa pressura esset, opem ei conferre statuit. Quare Romam statim profectus, quantum ibi pontifici profuerit ex ipsius epistola 8 libri I ad Paschalem Urbani successorem scripta discendum est. In ea postquam se *proprium et specialem, non adoptivum* pontificis *filium*, ac monasterium suum *beati Petri propri..m alodium et patrimonium ex fundatorum ipsorum voluntate esse* præmisisset, subjungit se *tredecim millia solidorum monetæ*, inquit, *nostræ in Romanæ Ecclesiæ servitium, sola dilectione, non ulla qualibet necessitate compulsum* expendisse. Postea totam rem enucleatius exponit, cujus adeo ipsa verba referre operæ pretium est, quod Urbani et Ecclesiæ Romanæ ea tempestate statum egregie repræsentent. « Inter cætera, inquit, quæ mea humilitas Romæ Ecclesiæ in sua necessitate fecit servitia, unum, quia celeberrimum fuit, nec possum, nec debeo silere....

« Primo anno, quo, Deo volente vel permittente, nomen abbatis suscepi, audivi piæ recordationis dominum papam Urbanum in domo Joannis Fricapanem latitare, et contra Guilbertissam hæresim viriliter laborare. Licet locus noster pauper esset, Romam tamen veni, illius persecutionum et laborum volens particeps fieri, et suam pro posse meo desiderans supplere inopiam, quod et Dei gratia fec?. Mala quæ in itinere et in civitate passus sum, nostrorum per omnia, ne agnosceret, factus famulus famulorum, longum est enarrare. Quasi alter Nicodemus ad dominum papam in domum prædicti Joannis nocte veni, ubi eum pene omnibus temporalibus bonis nudatum, et alieno ære nimis oppressum inveni. Ibi per Quadragesimam mansi cum illo; et, si fas est profiteri veritatem, ejus onera, in quantum potui, charitatis humeris supportavi. Quindecim vero diebus ante Pascha, Ferruchius, quem Lateranensis palatii custodem Guitbertus fecerat, per internuntios locutus est cum domino papa, quærens ab eo pecuniam, et ipse redderet illi turrim et domum illam. Unde dominus papa cum episcopis et cardinalibus qui secum erant locutus, ab ipsis pecuniam quæsivit; sed modicum quid apud ipsos, quoniam persecutione et paupertate simul premebantur, invenire potuit. Quem ego cum non solum tristem, verum etiam præ nimia angustia lacrymantem conspexissem, cœpi et ipse flere, et flens accessi ad eum dicens, ut secure cum Ferruchio iniret pactum. Ibi aurum et argentum, nummos, mulas et equos expendi; et sic Lateranense habuimus et intravimus palatium, ubi ego primus osculatus sum domini papæ pedem; in sede videlicet apostolica, in qua longe ante catholicus non sederat papa. » Epistola sequenti ad eumdem Paschalem scripta, sibi ipsi gratulatur quod *post papam Urbanum, et præcipuum sanctæ Romanæ ecclesiæ filium Petrum-Leonis Guitberto abstulerit Lateranense palatium*, pecuniæ scilicet ingenti summa, quam eam in rem expenderat. Eadem compendiosus passim repetit Goffridus, potissimum epistola 13, ejusdem libri ad Calixtum papam, ubi de impensis a se in Romanum pontificem servitiis iterum loquens, ait se *plusquam duodecim millia solidorum* ex occasione consumpsisse, quæ summa, eo ipso teste, *centum marcas argenti* valebat.

CLI. *Privilegium Vindocinense.*

Paulo antequam Urbanus Lateranum Goffridi ope recuperaret, nempe pridie Idus Martii, insigne privilegium concessit Vindocinensi monasterio, quo ejus jura et possessiones asseruntur. Id confirmatum postea fuit in concilio Claromontensi, uti suo loco dicemus, quod integrum ex archivo ejusdem monasterii, inter Urbani epistolas dabitur. Huc quoque revocari debent duæ ejusdem pontificis epistolæ, quæ *Romæ datæ* dicuntur 2 *Kalendas Aprilis*. Primam scripsit pontifex Willelmo Pictaviensium comiti, ut illum ad restituendam Vindocinensibus monachis ecclesiam Sancti Georgii in Insula Olerensi sitam, quam ille cuidam Ebloni, uni e suis militibus donaverat, adhortaretur; altera Amato legato apostolicæ sedis aliisque duobus episcopis inscripta est, quibus pontifex injungit ut Guillelmum pro excommunicato habeant, nisi intra tempus a se præfinitum bona Vindocinensibus monachis injuste ablata restituere faciat. Hæc duo rescripta ultra præsentem annum differri non posse ex eo colligimus, quod Willelmus in quadam charta, ea de re edita, testetur se has Urbani litteras accepisse, priusquam ille in Gallias concilia celebraturus advenisset, quam quidem chartam cum multum conferat ad illustranda Urbani Gesta, et complectatur totam hujus controversiæ, quæ sæpe recruduit, seriem, jam habes apud Beslium in probationibus historiæ comitum Pictavensium, sed rursus ad veteres Vindocinensis monasterii membranas collata dabitur; utrumque vero pontificis rescriptum ex ejusdem loci archivio proferetur inter ejus epistolas.

CLII. *Goffridus ab Urbano fit presbyter. S. Priscæ ecclesia.*

Urbanus, itaque adepta Lateranensis palatii possessione, Goffridum, qui anno præcedenti, cum diaconus solum esset, ab Ivone Carnotensi episcopo in abbatem benedictus fuerat, hoc anno presbyterum ordinavit, eique ecclesiam Sanctæ Priscæ, ex qua Vindocinenses monachi a Guibertinis ejecti fuerant, restituit. Hæc in variis libri primi epistolis passim testatur ipse Goffridus, potissimum epistola 14 ad Honorium papam; item epistola 11 Calixo II scripta, se ab Urbano *tanquam unicum filium* dilectum fuisse gloriatur. Quod vero ad ecclesiam Sanctæ Priscæ attinet, titulus est presbyteri cardinalis, quem Vindocinenses abbates diu retinuerunt, locusque ejus a monachis Vindocinensibus inhabitabatur, sed de his locus hic non est fusius disserendi. Plura de his habet Sirmondus in notis ad Goffridi epistolas. Certe jam a multis annis Vindocinenses monachi eam amiserunt, atque hodie nominetenus abbates Vindocini cardinales nuncupantur, qua nomen dignitate eos adhuc tempore Constantiensis concilii ornatos fuisse observat idem Sirmondus.

CLIII. *Episcopi Ravellensis ordinatio.*

Porro cum ex Goffridi ordinatione constet Urbanum eo tempore in Laterano palatio ordines publice contulisse, huc forte revocari potest Constantini Ravellensis episcopi consecratio, qui hoc anno Ursoni successisse, et ab Urbano, quod hæc ecclesia Romano pontifici absque medio subjecta sit, ordinatus fuisse dicitur apud Ughellum tomo I Italiæ sacræ.

CLIV. *Urbani pars in Germania prævalet.*

Haud minus res Urbani eo tempore in Germania quam apud Italos prospere succedebant, quod contigisse observat Bertoldus ob summam concordiam quæ inter Welphonem Bajoariæ ducem, et Bertoldum ducem Alemanniæ vigebat, ita ut inde *pax a Francia, Teutonica et Alsatia, usque ad Bajoariam imo et Hungariam propagata* fuerit, quam quidem pacem ideo firmam ac constantem fuisse observat idem auctor, quod principes *quisque in sua potestate justitiam facere non cessarent;* inter quos Bertoldum ducem præ cæteris eminuisse scribit. Ne vero commercium quod cum excommunicatis plerique pro sua conditione vix ac ne vix quidam vitare poterant, eam tranquillitatem perturbaret, ita excommunicationis sententiam Gregorii VII exemplo temperavit prudentissimus pontifex, ut, teste eodem Bertoldo, viatores, rustici, servi et ancillæ, uxoresque ac filii excommunicatorum iis communicando in eam labem non incurrerent, nisi forte illi prava sua voluntate sese ipsos vinculis excommunicationis astringerent.

CLV. *Synodus Constantiæ.*

Hæc publica tranquillitas præclaram resarciendæ in his provinciis ecclesiasticæ disciplinæ occasionem præbuit Gebehardo Constantiæ antistiti, et sedis apostolicæ vicario, qui eo animo, ut refert Bertoldus, cui soli hujus conventus notitiam debemus, *magnam synodum* Constantiæ, hebdomada majore ante Pascha cum *abbatibus et clericis innumeris, ac ducibus* Welphone Bajoariæ, Bertoldo Alemanniæ, *et reliquis Alemanniæ principibus canonice celebravit, ibique multa, quæ corrigenda erant, correxit.* In ea synodo presbyterorum incontinentia et *violentia* Simoniacorum damnatæ fuerunt, statutumque est ut mensis *Martii jejunium* juxta sanctorum Patrum statuta in prima hebdomada Quadragesimæ, et jejunium Junii in ipsa hebdomada Pentecostes celebrarentur. Certe variæ erant eo tempore in variis Ecclesiis observandorum illorum jejuniorum consuetudines, qua de re scripsit Sigebertus tractatum singularem, quem ex ms. codice descriptum, si aliquando sese opportuna obtulerit occasio, in lucem proferemus. Exstat etiam de eadem re concilii Claromontani decretum, at plura habentur apud Sirmondum in notis ad Goffridum Vindocinensem lib. III, epist. 25, quæ Hildeberto Cenomannensi inscripta est.

Resecata quoque fuit in eadem synodo peculiaris diœcesis Constantiensis consuetudo celebrandi festive totam Paschatis hebdomadam, in Pentecoste autem unicam tantum diem, contra vicinarum, et pene omnium orbis Christiani Ecclesiarum receptum morem, definitumque fuit ut tam in festo Pentecostes quam in Paschate dies omnino tres observarentur. Actum denique de Praxede regina, quæ dimisso clam Henrico imperatore, qui tum Veronæ morabatur, ad Mathildem hujus anni initio, ut habet idem Bertoldus, confugerat. Hæc ipsa dicitur venisse ad hanc synodum, ubi cum coram omnibus universa quæ a suo marito perpessa fuerat exposuisset, omnes in sui commiserationem facile permovit. Ejus fugam descripsit quoque Dominzo in suis versibus, at de illius ad synodum Constantiensem accessu nihil habet.

CLVI. *Clades in Germania. Multi convertuntur.*

Multa subjungit Bertoldus de cladibus quæ hoc anno totam ferme Europam, sed potissimum Germaniam afflixerunt. Tanta fuit Ratisponæ, ut narrat ille auctor, *mortalitas, ut intra duodecim hebdomadas hominum octo millia cum quingentis in ea urbe interierint.* In una villa, cujus nomen idem auctor reticuit, homines mille et centum intra sex hebdomadas, et in altera quadraginta homines una die obierunt. At hæc corporum clades salus erat animarum. Qui enim illo morbo impetebantur, quasi certi essent se brevi morituros, ita præparabantur ad exitum, ut id tunc ultro præstarent, quod alio tempore, inquit Bertoldus, vix a sanctioribus viris exspectari potuisset; qui vero superstites erant, ita percellebantur metu imminentis morbi, ut a vitiis et peccatis omnino abstinerent, sicque multi ea occasione ad meliorem adducti frugem fuerunt; imo, plerique ad seipsos reversi, a schismaticis defecerunt. Celebris tunc erat in Alsatia Manegoldus de Lutenbach monasterii Murbacensis canonicorum regularium institutor. Is auctoritate sibi ab Urbano collata multos, etiam ex provinciæ nobilioribus, ad ipsum catervatim convenientes ecclesiasticæ communioni restituit, qui accepta salubri pœnitentia deinceps, Simoniacorum et incontinentium presbyterorum contubernia exosi, fideles fuere in sanctæ sedis et legitimi pontificis obedientia. Hinc, ut observat idem Bertoldus, *ecclesiastica religio jamdudum in illis partibus extincta mirabiliter reaccensa est*, monasteriis etiam restauratis, aut de novo conditis. Nam præter Murbacense a Manegoldo, ut mox dicebamus, constructum, et alia, de quibus supra diximus, monasterium Sancti Blasii in Nigra silva hoc anno, III Idus Septembris a fundamentis ædificari cœptum est sub Ottone abbate; qua etiam ipsa die, idem abbas Harmannum priorem cum aliquot sociis in *orientale regnum*, *in marcham Hungaris collimitaneam* direxit ad novam abbatiam *in episcopatu Pataviensi*, in loco, qui Cotheric dicitur, instituendam. Ibi, ut habet Bertoldus, habitabant primitus clerici regulares, sed illi postea a Romano pontifice et per eum a proprio episcopo impetrarunt, ut deposito clericali habitu vitam monasticam profiterentur. Celebre est illud monasterium, Gotwicense dictum, quod a sancto Altmanno episcopo Pataviensi, ut in ejus Vita legitur, constructum, hodieque sub regula Benedictina perseverat. Nominatissimum etiam tunc erat in istis partibus sub sancto Theogero abbate, postea episcopo Metensi, monasterium Sancti Georgii in Hercinia silva, hodie Villengam translatum, quod pontifex, datis litteris hoc anno, sub speciali apostolicæ sedis tutamine recepit. Certe Urbanus Theogerum, ut in ejus Vita legitur, apostolis et apostolicis viris comparandum esse censebat.

CLVII. *Fulconem episcopum Bellovaci Urbanus protegit.*

In Gallia hujus anni initio episcopi Remensis provinciæ Fulconis episcopi Bellovacensis causam, quæ, ut anno præcedenti diximus, ab Urbano judicata fuerat, retractare ausi ab ipso pontifice reprehensi sunt, datis ea de re litteris ad Raynoldum metropolitanum ejusque suffraganeos *Laterani IV Idus Maii*, proindeque hoc anno, nam annis præcedentibus Lateranum in Urbani potestate non erat; anno autem sequenti, quo defunctus est Fulco, idem pontifex in Langobardia mense Maio longe ab Urbe morabatur. Porro hac occasione Ivo Carnotensis episcopus, qui epist. 30 Fulconem ipsum monuerat, *ut sui officii memor mundanam superbiam non armis mundanæ malitiæ*, quod videtur fuisse accusationis in eum intentatæ præcipuum caput, *sed armis Christianæ militiæ superare decertaret*, audita post modum ejus per pontificem absolutione, ferre non potuit, ut illius causa a Belgicæ episcopis in conventu provinciali retractaretur. Id ex ejus epist. 3 novæ editionis intelligimus, in qua post commendatum Urbano, cui scribebat, Fulconem, sic de eodem prosequitur : *Mihi non videtur rationabiliter posse fieri ut a minori persona debeat retractari, quod sub vestri judicii examine finem sortiri meruit*. Et quidem, ut idem Ivo paulo ante scripserat, et confirmat ipse Urbanus in litteris ad Anselmum suo loco laudatis, Fulco, qui alias vir erat miræ simplicitatis, nec omnino sufficiens ad tantæ diœcesis regimen obeundum, a plerisque tamen impetebatur *non tam zelo justitiæ, quam virtutum æmulatione*. Tamen Ecclesiæ suæ auctoritate pontificia redditus, eam usque ad vitæ finem rexit.

CLVIII. *Lis inter archiepiscopum Viennæ et episcopum Gratianopolis.*

Emersit eodem fere tempore in Galliis gravis controversia inter Guidonem archiepiscopum Viennensem et Hugonem Gratianopolitanum episcopum de pago Salmoriacensi, quem uterque ad suam diœcesim pertinere contendebat. Ea de re libellum edidit ipse Hugo, quem inscripsit : *De injuriis quas fecit Guido archiepiscopus Viennensis Ecclesiæ Gratianopolitanæ*, etc., in quo libro vir sanctus particulatim explicat totam hujus controversiæ seriem, ac refert pontificias litteras, quæ ejus occasione scriptæ fuerunt. Et quidem illud opusculum, non modo ea complectitur quæ ad hujus controversiæ notitiam habendam necessaria sunt, verum etiam multum conferre potest ad illustranda alia Urbani Gesta, eaque suis quæque temporibus consignanda. Unde cum nihil fere contineat quod ad institutum nostrum non debeat revocari, visum est illud ex codice ms. ad Jacobi Petiti editionem collatam in Appendice integrum referre, epistolis Urbani, quæ in eo habentur, collectori relictis. Hæc autem tota summa est celebris illius litis. Pagum seu archidiaconatum Salmoriacensem possidebat Gratianopolitana Ecclesia, quando Guido Viennæ archiepiscopus contendens eum ad suæ Ecclesiæ jura antiquitus pertinuisse, litem ea de re movit adversus Hugonem Gratianopolitanum episcopum. Cum vero nec Viennæ, nec apud Romanos, post diversas concertationes res componi potuisset, Guido vi pagum invasit. Ea de re commoti Gratianopolitani canonici ad sedem apostolicam appellarunt, quorum querelas excepit Urbanus, statimque Hugoni Lugdunensi suo legato dijudicandæ hujus causæ provinciam commisit. Hic apud Baonem auditis partibus, provisionem Gratianopolitanis adjudicavit, pollicitus se hanc litem in proximo concilio, quod in Galliis celebraturus esset, plane dirempturum. At Guido his prætermissis pagum retinuit, misitque Romam legatos, qui ab ipso pontifice, nulla hujus controversiæ mentione facta, generalem Ecclesiæ suæ privilegiorum et possessionum confirmationem postularent. Quod facile ab Urbano nihil mali suspicante impetravit. Et quidem id ipsum est fortasse, quod Goffridus Vindocini abbas innuit lib. 1, epist. 11 ad ipsum Guidonem jam Pontificem sub Calixti II nomine scripta; ubi ei in memoriam revocat quantum, cum olim Romæ esset, pro eo ejusque legatis apud Urbanum laboraverit. Certe Guidonis legatus privilegium quale optaverat brevi consecutus est, atque in eo, quod forte pontifex controversiam illam de Salmoriacensi pago aut nesciret prorsus, aut certe quid de ea a legato statutum fuerit, ei dissimulatum fuisset, inter cætera Viennensis Ecclesiæ jura interseri curavit, omnem *in archidiaconia Salmoriacensi potestatem*. Neque id Viennensi legato difficile erat, quod Warmundus Guidonis decessor, simile prorsus privilegium a Gregorio VII apposita tamen conditione, quæ in isto reticetur, jam impetrasset. Quin et idem privilegium non semel postea a subsequentibus pontificibus confirmatum fuit, potissimum a Guidone ipso, cum papa sub Calixti II nomine factus est. Quod quidem mirum est, cum Urbanus ipse in variis passim epistolis, fucum sibi eo in negotio factum fuisse contestatus fuerit. Etenim Gratianopolitani detecta fraude, Romam statim ad Urbanum legatos miserunt, qui de hac *fraudulenta privilegii subreptione*, apud eum conquererentur, eidemque renuntiarent quod Guido, contempta apostolicæ sedis legati auctoritate, ejus judicio non paruisset. His auditis, pontifex statim litteras ad Hugonem Lugdunensem, tum alias ad Hugonem Gratianopolitanum episcopum scripsit, eisque præcepit ut, nulla habita ratione privilegii, quod paulo antea Guido obtinuerat, tota illa controversia de pago Salmoriacensi dirimeretur. Cæterum Hugo Lugdunensis, receptis Urbani litteris, rem totam ad concilium Æduense, quod post aliquot menses erat celebraturus, referendum esse censuit: quod ita factum fuisse inferius videbimus.

CLIX. *Fulco comes Anaegavensis absolutus in conventu apud Florentium. Privilegium Montis Belli.*

Idem Hugo Lugduni antistes mandatum aliud eo tempore ab Urbano recepit, nempe ut Fulconem Rechinum Andegavorum comitem qui jamdudum ob captum in bello et carceri mancipatum fratrem suum Gaufridum, excommunicatus fuerat, si salva justitia fieri posset, communioni restitueret. At illud negotium non levis esse momenti ratus Hugo, aliquot episcopos et abbates invitavit, ut secum ea de re tractarent. Convenerunt itaque cum eo apud cœnobium Sancti Florentii Aldebertus archiepiscopus Bituricensis, Ouveldus, seu Ivellus Cenomanorum episcopus, et abbates Guillelmus Sancti Florentii, Bernardus Majoris Monasterii, alter Bernardus Sanctorum Sergii et Bacchi, Girardus Sancti Albini, Nualdus [*forte*, Natalis] Sancti Nicolai, Buldricus Burgulii et Goffridus Vindocini, qui omnes uno animo censuerunt Fulconem absolvendum esse sub certis conditionibus, quarum una erat, ut absque legati consilio uxorem non duceret, *de quarum numerositate culpabatur*. Id actum fuisse hoc anno 1094 ipso die Nativitatis Sancti Joannis Baptistæ, probat vetus instrumentum ea de re confectum, cui omnes supradicti episcopi et abbates subscripserunt. Editum est a Sirmondo in præmissis ad Goffridi Vindocinensis abbatis opuscula. Tunc Urbanus Romæ adhuc erat, etenim die 29 ejusdem mensis Junii, quæ beati Petri martyrio consecrata est, ibidem privilegium concessit monasterio Montis Belli prope Placentiam, ut patet ex Historia ecclesiastica ejusdem urbis, a Petro Maria Campi canonico Placentino edita. Hoc vero monasterium, quod olim ad nostrum Benedictinum ordinem pertinebat, unitum tandem est an. 1484 ab Innocentio VIII congregationi Eremitarum sancti Hieronymi, uti observavit Lubinus in notitia abbatiarum Italiæ.

CLX. *Philippi regis adulterinæ nuptiæ. Concilium Remense. Professio Lamberti Atrebatensis. Confirmata divisio Atrebatensis Ecclesiæ a Cameracensi.*

Graves autem turbæ tunc Gallias exagitabant occasione Philippi regis qui, pulsa, ut jam diximus, uxore sua, Bertradam adulterino conjugio sibi copulatam, insuper habitis episcoporum ac pontificis ipsius monitis, retinere perseverabat. Plura ea de re passim habentur in Ivonis Carnotensis episcopi litteris: nec dubium quin ea occasione habitum sit concilium Remense quod hoc anno XIV Kalendas Octobris convocatum est. Et quidem cum Berta, legitima Philippi uxor, hoc anno, uti Clarius in Chronico Sancti Petri Vivi habet, mortua fuerit, sperabat forte Philippum episcopos de sua in Bertradam superinductam severitate aliquid esse remissuros. Nihil enim non movebat, omniaque pollicebatur, ut sibi hæc mulier saltem ad aliquod tempus, ut in epist. 47 Ivo ad Widonem dapiferum scribit, relinqueretur. Nihil tamen in his quæ ex concilio Remensi supersunt, legitur de Philippi nuptiis; nisi forte quod ad hanc synodum invitatus Ivo ire renuit, ut patet ex ejus epistola 35 ad Richerium Senonensem et alios Patres in ea congregatos scripta potissimum ob id, quod prævidebat non sibi fas futurum hac in synodo veritatem dicendi. Unde cæteris episcopis nimiam eorum indulgentiam exprobrat, regi ipsi nimis exitiosam: quem nempe, si remedia ejus malo convenientia et cauteria, juxta morem peritorum medicorum adhibere voluissent, *perduxissent ad perfectam sanitatem*. Multos vero episcopos et principes ad illud Remense concilium convenisse testis est ipse Raynaldus archiepiscopus Remorum in epistola ad comitem Flandriæ: nec mirum cum ei ipse rex interfuerit, et episcopos quamplures huc adesse voluerit, ut discimus ex jam laudato Clario, qui ad hunc annum 1094 refert Philippum regem congregasse *archiepiscopos et episcopos regni sui in civitate Remensi*, eumque a Richerio metropolitano Senonensi, ægre ferente illud concilium extra suam provinciam celebrari, impetrasse, ut Remos quoque cum cæteris episcopis conveniret, quod Raynoldus podagrico dolore contractus progredi non posset e sua sede. Tres archiepiscopi et episcopi septem qui huic synodo interfuere, recensentur in codice ms. quem præ manibus habemus. Ii erant Raynoldus Remensis, Richerius Senonensis, et Raulfus Turonensis metropolitani; episcopi vero Gaufridus Parisiensis, Gauterius Meldensis, Hugo Suessionensis, Helinandus Laudunensis, Rabodus Noviomensis, Gervinus Ambianensis, et Hugo Silvanectensis. Quid autem ab eis statutum fuerit, nec in isto codice habetur, nec liquet ex ullo alio monumento. At nonnihil de eadem synodo dicimus ex gestis Lamberti Atrebatensis episcopi, quem antistitem ei interfuisse constat; unde mirum est illum inter cæteros, quos supra ex cod. ms. recensuimus, locum non habere. Hic quippe post adeptam die Pentecostes, ut diximus, sedis suæ possessionem, cum Remos non venisset solitam comprovincialium Belgicæ secundæ episcoporum matri ecclesiæ et ejus archiantistiti subjectionem juxta canones professurus, conquestus est ea de re Raynoldus metropolita, ut patet cum ex litteris excusatoriis Lamberti ad ipsum Raynoldum, tum etiam ex aliis ad metropolitanæ ecclesiæ clerum datis, quibus protestatur sibi nondum licuisse iter illud aggredi, quod se toto animo facturum pollicetur, quamprimum ei facultas data fuerit; et reipsa paulo postea Remos venit ac professionem fecit, *mense Septembri XI, Kalendas Octobris, die Natali beati Matthæi apostoli et evangelistæ, indictione II, anno 1094* et quidem in ipso concilio, quod jam a xv Kalendas ejusdem mensis incœptum erat, ut ex Raynoldi epistola ad Robertum comitem Flandriæ patet. Lamberti autem *consecratio* post susceptam ejus more ecclesiastico professionem, a Raynaldo metropolitano cæterisque provinciæ episcopis, *juxta domini papæ Urbani præcepta* confirmata fuit, ut testatur idem ipse Raynoldus in epistola mox laudata ad Flandriæ comitem, ideoque referenda inter Urbani litteras. Recitatum quoque ibi fuisse Atrebatensi Ecclesiæ privilegium discimus ex nostro jam laudato ms. cod., ubi legitur id *in metropolitana basilica beatæ Mariæ semper virginis dominæ nostræ* factum fuisse, *in provinciali et celebri concilio, cui interfuit Philippus rex Francorum, quod celebravit Raynoldus, considentibus ejus concilio duobus archiepiscopis et episcopis septem*, quos supra memoravimus; *archidiaconis quoque et abbatibus provinciæ Remensis in eodem concilio cum honesto clero et populo consistentibus*. Hæc scribebat vetus auctor paulo post Raynoldi Remensis et Hugonis episcopi Suessionensis mortem, utpote quorum primum *illustris et venerandæ memoriæ*, alterum *dignæ memoriæ dominum* appellat, cæteris vero absque ullo addito recenset, nisi quod Hugonem *gloriosum Silvanectensem episcopum* nuncupavit.

In eadem synodo comprobatam fuisse divisionem utriusque, Cameracensis scilicet et Atrebatensis Ecclesiæ, innuit ipse Lambertus in epistola ad Odonem episcopum Cameracensem, qui velle videbatur terminos inter utramque Ecclesiam constitutos auctoritate imperatoris convellere. In hac epistola Lambertus testatur divisionem Atrebatensis Ecclesiæ a Cameracensi factam fuisse, *per consilium et auxilium Roberti comitis, in cujus potestate Atrebatum erat; necnon per licentiam et assensum Philippi Francorum regis de cujus regno Atrebatum esse dignoscitur, et per concilia sub Raynaldo archiepiscopo Remis habita, et per auctoritatem apostolicæ sedis et Urbani Romani pontificis II*. Unde patet hanc episcopalis antiquæ sedis restaurationem absque legitimis conditionibus, quod aliqui recentiores existimarunt, haud consummatam fuisse.

Unum præterea ex nostro, item cod. ms., discimus in eadem synodo factum, Manassem scilicet ad Cameracensem Ecclesiam electum, nescio quibus occulte eum incitantibus, petiisse ut Atrebatum restitueretur Ecclesiæ Cameracensi. Referenda sunt auctoris nostri verba. « Dum ergo, inquit, Remorum venerabilis archiepiscopus Raynoldus Manassem, archidiaconum Remensem, Cameracensi Ecclesiæ jam designatum episcopum, commonefaceret, ut ad titulum Cameracensis Ecclesiæ sacros ordines episcopalemque consecrationem suscipere procuraret, hortatu quorumdam suorum ait : Reddite mihi Atrebatum, cui providus et sapiens archiepiscopus quasi invective respondit : Domine Manasses, vultis esse primus excommunicatus ab apostolica sede, et ejus decretorum et constitutionum violator existere ? pro hac ergo præsumptuosa Atrebati reclamatione et obloqutione ad increpationem archiepiscopi culpam recognovit, veniam petiit, et in concilio absolutionem satisfaciens suscepit. » Nec plura de hac synodo habet ille auctor, nisi quod Lambertus antequam Remis egrederetur, invitatus ad concilium Æduense fuerit ab Hugone Lugdunensi archiepiscopo, qui illud ad diem Iduum Octobris celebrandum juxta Urbani mandatum indixerat. Manasses vero nonnisi post longum tempus ordinatus fuit ob schisma Gualcherii Cameracensis archidiaconi, qui a factionis suæ hominibus electus Cameracensem Ecclesiam invadere nitebatur.

CLXI. *Concilium Ostionense seu Æduense. Excommunicatur Philippus rex. Privilegium Atrebatense. Archiepiscopi Turonensis causa cum monachis Majoris Monasterii, et lis pro pago Salmoriacensi.*

Primam Augustodunensis synodi notitiam debemus Bertoldo, scribenti *generale concilium in Galliarum civitate, quam Ostionem vulgariter dicunt*, hoc anno VIII *Kalendas Novembris*, congregatum *fuisse ab Hugone Lugdunensi archiepiscopo et apostolicæ sedis legato, cum archiepiscopis et abbatibus diversarum provinciarum*, quæ quidem verba Baronio ejusque sequacibus ansam præbuere concilium *Ostiense*, alias omnino ignotum intrudendi. At illud ab Augustodunensi concilio, quod hoc anno habitum fuisse ex auctoribus æqualibus constat, aliud non esse certissimum est : quod quidem *Ostionense* Bertoldus, homo exterus, appellavit ex urbis Augustodunensis vulgari vocabulo *Autun*, seu ut pronuntiari solet *Ostun*, vel potius *Otun*, ex quo illi qui postea in hunc errorem impegerunt *Ostionem* urbem effinxere. Hugo Flaviniacensis in ipsa Augustodunensi diœcesi abbas, auctor illorum temporum gravis et accuratus, Augustodunensis seu Æduensis illius synodi meminit in Chronico Virdunensi, ubi triginta duos episcopos cum pluribus abbatibus et viris religiosis ad eam convenisse narrat; sed nihil habet de his quæ a Patribus ibi statuta fuere. Nonnulla tamen ex ejus decretis excerpta refert Bertoldus, qui ait *renovatam* fuisse in ea synodo excommunicationem in Henricum regem, et in Guibertum eorumque complices; Philippum quoque regem ibi, quod, vivente sua ipsius uxore, alteram superinduxisset, excommunicatum fuisse ; item damnatam *sub excommunicatione* fuisse Simoniacam hæresim, et presbyterorum incontinentiam ; ac denique vetitum monachis ne parochialia sacerdotum officia in parochiis usurpent; *quæ omnia*, inquit idem auctor, *ibi sunt constituta et apostolica legatione firmata*.

Ad eamdem synodum invitatus, ut jam diximus, Lambertus Atrebatensis antistes, ei interfuit, ut ex nostro ms. cod. discimus, in quo legitur eum ibi a *Dommo Hugone benigne susceptum, recitasse privilegium venerabilis Remorum archiepiscopi*, id est quod ab eo antistite impetraverat ad sedis Atrebatensis restitutionem confirmandam, *coram numerosa archiepiscoporum et episcoporum, et abbatum, cleri quoque et populi non parva multitudine consistentis*. Quare statim Hugo Urbani nomine ad comitem Flandriæ scripsit, ut Lambertum pro vero et legitimo Atrebatum episcopo haberet; eumque adhortatus est ut ipsi ad recuperanda Ecclesiæ Atrebatensis bona, adjutorium impenderet; hæc epistola, inter Urbani, cujus nomine scripta est, litteras proferetur ad nostrum codicem ms. collata.

Actum etiam est in eadem synodo de gravi controversia, quæ jamdudum vertebatur inter Rodulfum Turonensem archiepiscopum, et monachos Majoris-Monasterii, occasione privilegii, quo isti, ut ad annum 1090 diximus, ab Urbano donati fuerant. Hæc causa jam paulo antea ventilata fuerat in concilio Brivatensi coram eodem Hugone legato, assidentibus ei duobus aliis archiepiscopis, *Auxiensi* scilicet *et Narbonensi, cum multis diversarum provinciarum episcopis et abbatibus; assistentibus* etiam *diversorum graduum ac dignitatum personis*. Sed quæ ibi componi non potuerat, feliciorem assecuta fuisset exitum in hac Æduensi synodo, si Rodulfus archiepiscopus concordiæ, cui videbatur consensisse, stare voluisset. Etenim cum ex una parte ipse Rodulfus, et Joellus Cenomannensis episcopus, ex altera vero Bernardus Remensis prior Majoris-Monasterii, Hilgodus Suessionensis episcopus tunc ejusdem loci monachus, qui ipsum privilegium Romæ impetraverant, et ejusdem Hilgodi frater Andreas multum ultro citroque decertassent, pax tandem inter eos inita est, sed quæ brevi postea fracta fuit, ut ex colloquio Dolensi colligimus. Ibi enim coram eodem Hugone, ac Amato Burdegalensi, archiepiscopis et apostolicæ sedis legatis præsentibus Pictaviensi et Cenomannensi, aliisque multis episcopis eadem causa cum multa contentione rursum agitata fuit, Bernardo abbate cum suis monachis ex una parte, et Rodulfo archipræsule cum suo clero ex altera stantibus. Sed nihil quoque ibi profectum est, lisque indecisa mansit ad annum sequentem, quo, ut ibi dicturi sumus, in concilio Claromontano omnino fuit absoluta. Hæc fusius referuntur in libello de rebus Majoris-Monasterii per Bochellum edito ad calcem Historiæ Gregorii Turonensis, quem librum qui plura cupit consulat. De eadem re Radulfo Turonensi scripsit Ivo Carnotenus epist. 235, ex qua intelligitur id potissimum in hac causa archiepiscopo displicuisse, quod ei Bernardus abbas subjectionis professionem facere detrectaret.

Convenerant etiam ad illam synodum Æduensem Guido Viennensis archiepiscopus et Hugo Gratianopolitanus, quorum lis de Salmoriacensi pago ibi quoque coram synodi Patribus ventilata fuit, sed minime composita. Nam cum Guido prolatis falsis litteris jamjam esset condemnandus, pollicitus est se Hugoni quamprimum Viennæ satisfacturum esse; sed nec ipse suis promissis stetit, ut videre est in Hugonis libello, qui in Appendice hujus voluminis habetur.

CLXII. *Turbæ occasione Philippi regis.*

Haud dubium quin excommunicatio adversus Philippum regem in eadem synodo Æduensi intentata aliquot in Gallia motus excitaverit. Certe moderatiores fuerunt Patres concilii Remensis, quod forte Philippo magis addicti essent : et quidem Raynoldus Remensis archiepiscopus, qui illi synodo præfuit, magna apud regem pollebat auctoritate, unde Urbanus Hugoni Lugdunensi scribens de causa pagi Salmorianensis, eum monet, ut *pro conservanda pace et negotio facilius peragendo*, utatur concilio Remensis archiepiscopi, *quod in ejus manu familiarius causa regis versaretur*; ob scilicet ejus sedis dignitatem, et forte propria merita : nam hunc antistitem ipse Urbanus, et alii quoque ejus ævi viri illustres multis laudibus sunt prosecuti. Cæterum, si bene conjicio, occasione hujus excommunicationis indicta fuit synodus Trecensis, quæ, ut habet Ivo, epist. 46, ad Urbanum data celebrari debebat Dominica prima post festivitatem omnium Sanctorum, ad quam *Remensis, et Senonensis, et*

Turonensis archiepiscopi suos suffraganeos invitaverant. Cum tamen nullam tunc synodum Trecis celebratam inveniamus, hæc ipsa forte est, quæ apud Remos hoc anno mense Septembri, ut vidimus, ab ipsis tribus archiepiscopis habita fuit, haud dubium in hanc urbem translata, quod, ut ex Clario observavimus, Raynoldus Remensis antistes, infirmitate detentus, extra urbem suam progredi non valeret : atque eo pacto illud concilium, non occasione jam latæ excommunicationis, nam Æduensem synodum præcessit, fuisset indictum; sed quod Philippus id ut fieret in synodo Æduensi, quod revera contigit, vereretur. Ut ut fuerit, ex laudata Ivonis epistola discimus, Philippum hac sententia exasperatum legatos ad Urbanum misisse, qui *impunitatem hujus flagitii,* sic loquitur Ivo, *a pontifice postularent,* minas intentaturi, ut nisi regi ab anathemate soluto *corona,* id est, cæremonia eum in præcipuis festivitatibus coronandi in Ecclesia restitueretur, eum brevi ab ejus obedientia discessurum. Ivo interea, qui huic concilio interesse noluit, *timens ne quid contra justitiam, aut sedem apostolicam moliretur ille conventus,* quique adulterinas Philippi nuptias palam et privatim, scriptis et verbis, impugnare non cessabat, ab eodem rege ad placitum invitatus, ire recusavit, ob interdictum, ut ipsi regi scribit epist. 28, ei ab Urbano torum mulieris adulteræ, quam uxoris loco illegitime habebat : in cujus rei odium idem antistes in carcerem inductus est, et ejus Ecclesiæ bona direpta sunt, ut ex variis ejus epistolis patet, non quidem regis jussu, sed qui hoc ab aliis factum dissimulabat. Imo vero, cum rex eumdem Ivonem ad concilium invitasset, tamen non solum ei, qua de re epist. 35 conqueritur, commeatum providere renuit, sed etiam vetuit, ut ipsemet testatur Ivo, epist. 28, ne *ullum* ei, quod tamen præceperat pontifex, *sacramentum de securitate fieret.* Hinc Ivo tædio affectus, et tot turbarum pertæsus Urbano non semel scripsit, ut ei ab episcopalibus curis absoluto, privatam vitam agere permitteret.

CLXIII. *Urbanus cum rege moderate agit.*

Cæterum Urbanus post concilium Æduense, recepta Philippi legatione, quam ex Ivonis epist. 46 supra memoravimus, remissius cum eo egisse videtur; quod forte hanc causam, quæ sane difficilis erat et maximi momenti, in Placentina synodo accuratius cum cæteris episcopis examinare jam decrevisset : exinde tamen nonnulli episcopi, qui antea regi plane adversabantur, aliquantum timbare cœperunt, quos Ivo in primo proposito confirmare nisus est. Huc nempe revocari debere non dubitamus ejus epistolam 16, in qua Waltero Meldensi episcopo sic scribit : *Vobis, consulo, ut regis conjugium, quod ante factum ratione resistente non laudastis, post factum nec dicto nec facto inconsulte approbetis.* Idem dicendum de ejusdem epistola ad Fulconem Bellovacensem inferius laudanda. Quin et pontifex, si Hugoni Flaviniacensi credamus, Philippo Trecensi, et eidem Waltero Meldensi episcopis, qui prævaricati, ut ille auctor scribit, fuerant, non modo culpam remisit; verum etiam Hugonem legatum suum eo adegit, datis Romæ litteris, ut eos in communione et pacis osculo reciperet. Nemo tamen sibi persuadeat Urbanum unquam illis Philippi nuptiis consensisse, aut saltem cupiditati regiæ, ob humanos timores non satis viriliter restitisse, ut ibi innuere videtur Hugo Flaviniacensis. E contrario certum est eum hac in re nunquam a vero et recto deflexisse, ut patet ex ejus epistola ad Raynoldum Remensem archiepiscopum ac ejus suffraganeos ea de re data. Imo ipse Ivo, quem nemo dixerit hac in re Urbano, aut cuiquam hominum pepercisse, epist. 30 ad Fulconem Bellovacensem episcopum, talia fortasse cogitantem, ad perseverantiam adhortatur, eique exemplar litterarum pontificis post legatorum regis discessum conscriptarum transmittit, ut sciatis, inquit, *quia domnus papa, etsi non antecedit, non tamen retro cedit.* At qui regi favebant id spargebant in vulgus, quod ansam præbuit Hugoni Flaviniacensi et forte aliis nonnullis paulo liberius hac occasione de Urbano loquendi, sed immerito plane. Nec defuerunt etiam qui conarentur Ivonem ad regis partes attrahere, aut saltem ei persuadere ut rem dissimularet. Id probant duæ ejus epistolæ 23 scilicet et 47 ad Widonem regis dapiferum, qui eum ad concordiam sub hac specie cum rege ineundam invitaverat, sed incassum. Cœptis quippe fortiter hæsit intrepidus antistes, Urbani litteris, quas ea de re ad archiepiscopos et episcopos Galliarum idem pontifex scripserat communitus; unde Ivo, sicuti semper fecerat, invehi non destitit in eos episcopos, quos credebat regis pravitati nimium indulgere.

CLXIV. *Litteræ Urbani ad comitem Tolosanum pro Moissiaco, et cœmeterio beatæ Mariæ Deauratæ.*

Pauca antequam hunc annum absolvamus dicenda sunt de nonnullis Urbani epistolis, quæ etsi notis chronicis destitutæ sint, ex iis tamen quæ complectuntur, videntur potius anno præsenti quam alteri debere illigari. Certe ex iis nonnullæ ultra hunc annum differri non possunt. Prima ex iis est ad Guillelmum comitem Tolosanum, in qua hunc principem laudat pontifex ob pia quædam ejus opera, et tuitionem in monasteria Moissiacense et Lezatenze irrogatam. Tum ei indulget, ut cœmeterio in beatæ Mariæ ecclesia instituto, ibi cum sua omni ejus progenie liceat sepeliri. In hac epistola memorat Urbanus alias litteras a se in Asquilini abbatis Moissiacensis gratiam datas episcopo Caturcensi, quas præ manibus habemus ex cod. ms. in quo *Guillelmo* ejus urbis episcopo inscriptæ habentur; sed cum nullus ejus hominis, vivente Urbano, Caturcensi Ecclesiæ præfuerit episcopus, vereor ne in referendo eo nomine error in codicem irrepserit, legendum haud dubie *Gerardo,* qui toto Urbani vitæ tempore rexit hanc Ecclesiam; unde conjici potest in primariis ejus epistolæ exemplis primam solummodo ejus nominis litteram G. appositam fuisse, quam amanuenses temere ad Guillelmum pro Gerardo deflexerunt. Certe Aymericum Peyrat abbatem Moissyaci in Chronico qui eas, uti ait, refert *ex originale*, sed quod *vix legi* poterat, in multis errasse ex ipso ejus authentico patet, quod in Bibliotheca Colbertina asservatur. Porro ideo has litteras ad præsentem annum revocamus, quod hoc ipso, aut certe anno sequenti, Guillelmus comitatum Tolosæ abjecisse videatur; præcedenti vero, nondum ecclesia Sanctæ Mariæ ad sepeliendos comites deputata fuerit, ut patet ex veteri instrumento anni 1093 apud Catellum relati : quo post longas inter ecclesias Sancti Stephani et Sancti Saturnini pro jure cœmeterii concertationes, statutum ex partium consensu ab Isarno Tolosano cæterisque comprovincialibus episcopis fuit, ut episcopi, comites, milites, ac eorum uxores, ac filii et filiæ apud Sanctum Saturninum ; cæteri vero omnes apud Sanctum Stephanum sepelirentur, nulla beatæ Mariæ mentione facta. Hinc nonnisi post initam illam concordiam, Guillelmus, qui erga sanctam Dei Genitricem bene affectus erat, ab Urbano impetrasse dicendus est ut tam ipse quam sui posteri in ejus percelebri basilica tumularentur : quam Urbani concessionem Paschalis II ejus successor postea confirmavit. Visitur hodieque in ea ecclesia, vulgo Beatæ Mariæ Deauratæ (*La Daurade*) dicta, quæ nostræ congregationi Sancti Mauri ordinis Benedictini addicta est, epitaphium unius ex Alfonsi comitis filiis, sæculo sequenti in cunis mortui, marmori inscriptum, in quo Urbani ea de re decretum laudatur his versibus :

Vir sacer Urbanus Romanus papa secundus
Esse cimeterium præcipit hoc comitum.
Insuper, ut didici, jubet illos hic sepeliri,
Sacro mandato civibus inde dato.

Circa idem tempus monachis Silvæ Majoris qui apud Sanctum Antonium degebant indulsit pontifex ut in propria ecclesia sepeliri possent, contra quam a Simone episcopo statutum fuerat, ut ex ejusdem Simonis instrumento patet, cui S. Geraldus Silvæ Majoris abbas subscripsit anno 1095 defunctus.

CLXV. *Bilionensium canonicorum repressa temeritas.*

Ad hujus quoque anni finem revocari posse visum est ejusdem pontificis epistolam Duranno Arvernensi episcopo, qui anno sequenti mortuus est, inscriptam adversus Bilionenses canonicos, qui immani sacrilegio ecclesiam, omnemque sacram et communem suppellectilem prioratus Sancti Lupi, a Celsinianensi ordinis Cluniacensis monasterio dependentis, diripuerant. Hæc controversia, quam Durannus non composuerat, paulo post ejus mortem recruduit, re ad Guillelmi illius successoris curiam delata. Bilionenses causa prorsus cecidere, ut fusius narratur in veteri instrumento quod ex chartario Celcinianensi vidimus.

CLXVI. *Urbanus in Tuscia prævalet. Henricus in Longobardia. Placentina synodus indicta.*

Roma jamdudum exierat, ut Bertoldus scribit, Urbanus, cum sub hujus anni finem *Natalem Domini in Tuscia gloriosissime celebravit;* ubi indefessum suarum partium defensorem habebat *Dagobertum*, seu Daibertum antistitem Pisanum, quem idem pontifex, ut diximus, pallii honore aliisque archiepiscopalibus insignibus ac juribus jam antea donaverat. Octobris initio Pisis versabatur Urbanus, si credimus (et cur iis ea in parte non crederemus?) iis litteris quas Humbaldus Lemovicum episcopus falsavit, ut ad initium anni 1096 dicemus. Henricus interea, id est sub hujus anni finem et sequentis initio, ut prosequitur Bertoldus, in Longobardia morabatur *pene omni regia dignitate privatus*, quod Conradus ejus filius, qui anno 1093 ineunte rex Italiæ renuntiatus fuerat, Mathildi comitissæ, cæterisque Sancti Petri, uti eos appellabant, fidelibus conjunctus, totum robur paterni exercitus in Longobardia obtineret ; quare pontifex, cujus res adeo tunc prosperæ erant, hac temporum opportunitate bene utendum ratus, *in media Longobardia*, ait Bertoldus, *in civitate Placentina*, inter ipsos schismaticos, et contra ipsos generalem synodum condixit, ad quam episcopos Italiæ, Burgundiæ, Franciæ, Alemanniæ, Bajoariæ, aliarumque provinciarum canonica et apostolica auctoritate missis litteris convocavit. Has ad metropolitanos universos transmissas fuisse, ut ipsi suos suffraganeos cum abbatibus eis subjectis ad concilium invitarent, discimus ex epistola Raynoldi Remorum archiepiscopi ad Lambertum Atrebatensem episcopum ea occasione scripta, quæ adeo inter Urbani epistolas, cum ipsæ pontificiæ litteræ amplius non existant, referetur.

CLXVII. *Urbanus Bononiam venit.*

Pontificem e Tuscia profectum Bononiam adiisse scribit Ghirardaceus, in ejus urbis Historia, ubi asserit eum magno cum apparatu ibi fuisse a civibus susceptum, atque inde abeuntem septum fuisse tribus equitum Bononiensium cohortibus, quæ ipsum Claromontem usque comitatæ fuerunt, præsidii procul dubio simul et honoris causa.

CLXVIII. *Urbanus synodum Guastellensem celebrat. Canusii a Mathilde excipitur.*

Eumdem tunc temporis magno cardinalium, episcoporum ac principum Italiæ comitatu stipatum apud Guardescallum, seu ut vulgo appellatur Guastallum, synodum habuisse narrat Sigonius, libro IX De regno Italiæ; quod etiam alii auctores habent. Et quidem Pandulfus in Urbani Vita, inter alia concilia quæ ab eo celebrata fuisse memorat, unum occurrit *Ewardastallense in Longobardia:* in quo factam fuisse præfationem de beata Maria scribit, quæ vulgo ipsi tribuitur. Verum cum nihil ibi statutum fuisse usquam legatur, ob id solum hanc synodum coactam fuisse verisimile est, ut quæ ad Gallicanum iter, et ad concilium Placentinum, quod jamjam pontifex erat celebraturus, necessaria erant, rite disponerentur. Favet huic conjecturæ Sigonius ipse, qui eamdem synodum ad hujus anni 1094 finem revocat; tum subjungit Urbanum inde profectum magnifico apparatu Canusii a Mathilde comitissa exceptum fuisse. Wardastallum ac Canusium pontificem adiisse testis quoque est Ripamontius, cui alii auctores astipulantur. Nonnulla habet Domnizo de Urbani in Longobardiam adventu, sed locum non exprimit ubi a Mathilde fuerit susceptus, nec aliam præter Placentinam synodum commemorat. At Ciaconius synodo Placentinæ præmittit aliam *apud Willam Rastallam super ripam Padi*, cui Mathildem interfuisse scribit.

CLXIX. *Urbanus Cremonæ. Privilegium dat S. Ægidio et Parthenonii Cremonensi.*

Placentiam pergens Urbanus Cremona transivit, ibique scripsit epistolam ad universos Gotthiæ fideles in gratiam monachorum Sancti Ægidii Vallis Flavianæ, quibus Raymundus comes nonnulla restituerat, quæ huic monasterio ipse et ejus antecessores injuste abstulerant. In pontificiis ea de re litteris, quæ postea in synodo Placentina relectæ et confirmatæ fuerunt, datis Cremonæ hoc anno xii Kalendas Martii, mentio fit Herviræ uxoris Raymundi, cujus nomen hic commemoramus, quod illud varie apud varios etiam antiquos auctores referatur. Idem pontifex privilegium concessit Gissæ abbatissæ monasterii Sancti Joannis Evangelistæ prope eamdem Cremonam urbem, quod cum nullum habeat in codice ex quo illud habemus, chronologiæ notam, huc revocare visum est. Mirum autem est nullam hujus monasterii mentionem inveniri, ne quidem apud Lubinum in Notitia abbatiarum Italiæ, cujus conditores fuisse Bernardum comitem, et Bertham ejus uxorem tempore Gregorii VII ex hoc diplomate discimus.

CLXX. *Concilium Placentiæ.*

Sub finem Februarii pontifex Placentiam advenit concilium mox celebraturus, quod hoc anno habitum fuisse omnes consentiunt. Si vero concilium Placentinum auctor Chronici Malleacensis, aliique nonnulli auctores anno 1094 consignarint, hac in re secuti sunt veterem Gallorum computandi morem, qui anni exordium a Paschate repetebant. Placentinam Ecclesiam tunc regebat, si Ughello credamus, Addo seu Aldus, Henrici Augusti consiliarius, cui, post Bonizonem Sutriensem, præmittit ille auctor Vindicium anno 1091 et Watrium, natione Gallos, quos forte huic Henriciano episcopo Urbanus opposuerat, eo modo quo ipsius Urbis cives Ecclesiæ Romanæ addictissimi Bonizonem antea adoptarant. Porro ad concilium tanta convenit ex omni natione quæ sub cœlo est hominum multitudo, ut eos nulla ecclesia nullave domus publica aut privata, imo nulla etiam platea urbis continere potuerit; quare pontifex synodi conventus extra urbem in campo celebravit, ipso testante Bertoldo, qui etiam paulo inferius scribit ad eam clericorum quatuor fere millia, laicorum vero plus quam triginta millia occurrisse. Hinc ejus Acta apud Holstenium et Labbeum testantur *concilium primo ac tertio die in campo sedisse*, quod tantus populus ad illud convenisset, ut nulla eos ecclesia capere valuerit.

CLXXI. *Quo tempore habitum sit Placentiæ concilium, et qui ei adfuerint.*

Hanc synodum *circa mediam Quadragesimam* celebratam fuisse scribit Bertoldus, id est ipsis Kalendis Martii, ut habet vetus codex a Labbeo laudatus, et consentit Domnizo in versibus quos in app. referemus. Eam vero diebus septem perdurasse Acta jam laudata perhibent his verbis: *Septimo tandem die post tractationem diuturnam synodi capitula prolata, et assensu totius concilii comprobata fuere.* Certe eam ultra dies octo non productam fuisse colligimus ex Urbani epistola ad Noviomenses data die vii Idus Martii, post absolutam synodum. At nusquam legitur quot vel qui episcopi ei interfuerint, nisi quod in veteri Chronico Saxonico, quod ms. habemus, dicatur Henricus in ea synodo *a ducentis fere Patribus communione ecclesiastica privatus fuisse.* Idem testatur Albertus Stadensis abbas in suo Chronico. Acta vero quæ modo ex Labbeo laudabamus, habent hanc synodum *præsidente domino Urbano cum episcopis et abbatibus tam Galliarum quam et Longobardiæ et Tusciæ* fuisse celebratam; sed nonnullos quoque episcopos *ex Alemannia, Bajoaria, aliisque* provinciis huc convenisse Bertoldus affirmat, ex quibus Dimonem, seu Thiemonem Salisburgensem archiepiscopum et Udalricum episcopum Pataviensem ex Bajoaria, Gebehardum Constantiensem ex Alemannia et Udalricum Augiæ abbatem, data occasione, recenset; certe Udalricus illis temporibus, ut idem auctor scribit, ab ipso pontifice *in abbatem consecratus fuit.* Aliorum quorumdam antistitum nomina ex aliis monumentis discimus. Sic Hœllus Cenomannorum antistes in Actis ejus Ecclesiæ episcoporum, editis tomo III Analectorum Mabillonianorum, dicitur eo tempore Romam adiisse, atque benigne ab Urbano acceptus et cum eo *apud Placentiam apostolico interfuisse concilio.* Idem colligimus de Radbodo episcopo Noviomensi ex epistola mox laudata, et de Hugone Gratianopolitano, ex epistolis de controversia pagi Salmoriacensis. Haud dubium quin eidem synodo interfuerint Narbonensis et Arelatensis archiepiscopi cum episcopis Nemausensi et Magalonensi, quibus Urbanus Psalmodiensium causæ cognitionem adversus Massilienses Sancti Victoris monachos hoc anno commisit, si non fallit instrumentum ea de re confectum. At probabilius est annum 1094 pro 1096 initio ejus instrumenti irrepsisse. Alios fortasse nobis suppeditabunt alia antiqua monumenta, sed nullum plures indicat quam privilegium Sancti Ægidii jam laudatum, quod in hac synodo cum Urbano confirmarunt multi cardinales, episcopi et tres abbates, quorum nomina huic privilegio subnectuntur. Pontifici in eadem synodo consiliarium adfuisse sanctum Brunonem, parentem Carthusianorum, omnes ferme vulgati auctores tradiderunt, nec animus est hanc opinionem impugnandi; at illis assentiri non possum qui asserunt huic sancto viro tunc temporis oblatum fuisse a pontifice archiepiscopatum Rhegiensem in Calabria. Hoc enim ad aliud tempus revocandum esse, ut jam alias diximus, ex eo evincitur quod tunc ejus Ecclesiæ sedes vacua non fuerit. Ut ut sit, certum est Brunonem, etsi Urbanum Placentiam usque comitatus sit, in Gallias cum eo non rediisse; quod forte ei grave fuisset per tot civitates ac provincias pererrare : quare in Calabriam secessit, ubi jam tum ordinis sui fundamenta posuerat multisque donatus fuerat possessionibus, ut patet ex Rogerii comitis et aliorum instrumentis, quæ passim in libris editis occurrunt.

CLXXII. *Quid in eodem concilio tractatum. De divortio Praxedis Augustæ. Excommunicatur Philippus rex. Expeditiones sacræ.*

Auctor est Ordericus Vitalis, initio libri IX, Urbanum papam in concilio Placentino *de pace aliisque utilitatibus sanctæ Ecclesiæ diligenter tractasse.* Sed quæ hic auctor summatim protulit operæ pretium est paulo accuratius ex aliis scriptoribus, ac potissimum ex Bertoldo, singulatim, prout fas erit, expendere. Ad hanc synodum venerat Praxedis Augusta, a chronographo Saxonico, quem jam laudavimus, et a Dodechino dicta Adheleidis, cujus ab Henrico imperatore secessum approbarunt Patres, cum ab ea audiissent varias contumelias, *et inauditas fornicationum spurcitias* quas a marito *passa* fuerat. Hinc commissorum delictorum quæ nonnisi invita perpetrasse videbatur, venia ei data est, et remissa pœnitentia quæ injungenda fuisset ad tantorum facinorum expiationem, quod delicta sua palam non erubuisset confiteri. Hæc vero, recepta in concilio absolutione, in patriam suam revertisse dicitur, ubi reclusa in monasterio vitæ religiosæ exercitiis operam navans, sancto fine quievit.

Philippus Francorum rex, qui anno præcedenti, ut diximus, ab Hugone legato sedis apostolicæ ob adulterinas ejus nuptias excommunicatus in Augustodunensi concilio fuerat, *legatione* ad hanc synodum missa, inducias a pontifice accepit ad festum Pentecostes ; ipse vero Hugo, quod, ab Urbano vocatus ad synodum, nec ipse nec ullus ab eo missus interfuisset, a legationis apostolicæ officio suspensus est.

Advenerunt ad eamdem synodum Alexii Constantinopolitani imperatoris legati, ad implorandam pontificis et Christianorum principum opem adversus infideles, qui ad muros usque Constantinopolitanos omnia subjugarant. Illis in concilio expositis, multi ad expeditionem in has regiones suscipiendam jam tunc se astrinxerunt; quod famosæ illius, quæ postea in Claromontano concilio decreta fuit, expeditionis aliquod veluti præludium fuit. Et quidem Petrus eremita, ut scribunt vulgati auctores historiæ expeditionum Jerosolymitanarum, ex Oriente reversus pontificem, antequam Roma exiret, jam anno præcedenti convenerat, eique nomine patriarchæ Jerosolymitani exposuerat quam necessarium foret ut Christiani principes, simul in unum conjunctis viribus, sacram expeditionem susciperent in Orientem, ad locorum sacrorum recuperationem et tutamen Christianorum, qui in his regionibus positi sub infidelium jugo opprimebantur ; quare dum Urbanus absoluta Placentina synodo, aliam celebraturus eadem de causa in Gallias veniret, Petrus ipse varias provincias eo animo peragrabat, ut populorum et potissimum virorum nobilium animos ac principes ad has expeditiones amplectendas præpararet.

CLXXIII. *Hæreses proscriptæ.*

Proscriptæ in eadem synodo hæreses quæ Ecclesiam tunc temporis perturbabant. Præcipuæ erant Simoniacorum et eorum qui ab ipsis, quos uti tales noverant, fuerant ordinati; item Nicolaitarum, seu presbyterorum aliorumque majorum clericorum incontinentium. Renovata sunt etiam ibi, ut refert Bertoldus, dira in *Berengarianam hæresim* jam ab antiquo sæpissime anathematizatam; et contra eam *sententia catholicæ fidei firmata fuit : videlicet quod panis et vinum cum in altari consecrantur, non solum figurate, sed etiam vere et essentialiter in corpus et sanguinem Domini convertantur.* Denique anathemata *cum candelis ardentibus* in Guibertum et ejus complices, quod jam non semel factum fuerat, iterum pronuntiata et renovata uno omnium Patrum voto et consensu fuerunt. Ejusdem et Henrici *facta* damnata a Patribus fuisse narrat Domnizo, qui refert Henrici in Praxedem flagitia in publicum evulgata, multis occasionem deserendi imperatoris præbuisse: quod Urbano animum adjecerat ad iter in Longobardiam suscipiendum, ibique synodum celebrandam. Videsis ejus auctoris versus in Appendice.

CLXXIV. *Augia episcopo Constantiensi subjecta.*

Testis est Bertoldus Urbanum in ea synodo *omnem potestatem in clerum et populum Augiensis insulæ* Udalrico Augiæ abbati, quem ipsemet eo tempore consecraverat, interdixisse, eamque concessisse Gebehardo Constantiensi episcopo, qui concilio præsens erat; hinc cum paulo post Udalricus *de illa sese intromisisset* litteris Urbani redargutus est. Sed illæ litteræ interierunt.

CLXXV. *Canones. De Ecclesiæ disciplina.*

Præclara etiam in eadem synodo circa mores et disciplinam ecclesiasticam instituta et promulgata fuere, quorum nonnulla capita recenset idem Bertoldus. Inter alia, inquit ille auctor, cautum est ut ad pœnitentiam non recipiantur qui concubinas, et odium ex corde, et quodlibet mortale peccatum dimittere nollent. Ut nullus presbyter, nisi proprius episcopus hanc ei curam commiserit, quempiam ad pœnitentiam recipiat. Ut iis qui corpore non vero mente inter excommunicatos morantur, ad confessionem rite venientibus Eucharistia non denegetur ; modo excommunicatorum sacramentis non communicaverint. Ut eorum qui ab excommunicatis ordinati fuerint irrita non sit ordinatio, modo probare valeant se nesciisse suos ordinatores fuisse excommunicatos : » ex quo canone patet ejus concilii Patres non censuisse ordinationes ab excommunicatis factas, invalidas esse. « Statutum quoque fuit ut pro chrismate, baptismo et sepultura nihil unquam exigatur : denique, ut jejunia Quatuor Temporum custodiantur statis hebdomadis, quae ibi designantur. » Ejusdem concilii canones quindecim haberi in collectione Anselmi Lucensis episcopi scripsit Baronius, qui reipsa passim in codicibus mss. ejus auctoris occurrunt, sed id intelligendum est de additionibus ad hanc collectionem factis, quippe cum Anselmus novennio ante illam synodum ad coelos abierit. Illi autem canones Anselmiani, ii ipsi sunt quos Labbeus ex variis codicibus mss. vulgavit tomo X Conciliorum : quippe qui omnino conveniunt cum iis statutis, quae ex Bertoldo laudavimus. Iidem passim in variis Gratiani et aliorum compilatorum decretis occurrunt. Ex his septem priores conditi sunt adversus Simoniacos, aut eos qui ab illis ordines susceperint; quinque sequentes eos tangunt qui ab ipso Guiberto antipapa, aut ejus complicibus et aliis schismaticis fuerant ordinati. Decimus quintus, qui in aliquot codicibus desideratur, et tamen laudatur a Gratiano, vetat ne quis ordinetur absque titulo, aut ne ordinatus in una ecclesia ad aliam transmigret, neve aliquis duabus in Ecclesiis tituletur. Addunt nonnulli codices canonem unum passim a variis auctoribus laudatum, contra clericos qui investituram dignitatum ecclesiasticarum a laicis recipiunt.

CLXXVI. *Praefatio de B. Maria.*

Recepta est apud auctores vulgatos traditio, Urbanum papam in hoc concilio decimam praefationem quae est de beata Maria, novem antiquis addidisse. Id diserte habetur in veteri codice nis. archimonasterii Remigiani apud Remos, ab annis circiter quingentis scripto, ubi post relatum sub Pelagii papae nomine de novem praefationibus decretum, eadem manu adduntur haec verba : *Decima addita fuit in concilio Placentino sub Urbano papa celebrato.* Rem vero sic contigisse ferunt. Cum pontifex *apud Sanctam Mariam de Campania, vetustissimae pietatis templum, sacris operaretur, ut Deus incoepta concilii bene verteret, jamque praefationem offerret ; repente ex instinctu divino in illa dulcissima verba populo demirante prorupit :* « Et te in veneratione beatae Mariae virginis collaudare, benedicere et praedicare; quae ex Unigenitum tuum sancti Spiritus obumbratione concepit, et virginitatis gloria permanente huic mundo lumen aeternum effudit Jesum Christum Dominum nostrum, per quem, » etc. quam praefationem universalis post modum Ecclesia adoptando probavit, et etiam nunc retinet. Hanc nonnulli a beato Brunone editam fuisse volunt; at eam ab ipso Urbano *factam fuisse* diserte tradit Pandulfus in ejus Vita, non quidem in Placentina, sed in *Ewardastallensi*, ut jam monuimus, synodo. Plura de hac praefatione habet Petrus Maria Campus in Historia Placentina, lib. XII ad an. 1095 ; quae cum non satis sibi constent, huc referre visum non est.

CLXXVII. *Confirmatum S. Aegidii privilegium. Item Cluniacense. Lis de pago Salmoriacensi.*

Actum etiam in Placentina synodo de aliquot privatis monasteriorum et aliarum Ecclesiarum negotiis. Certe jam supra observavimus Urbani diploma, quo bona quaedam monasterio Sancti Aegidii a Raymundo comite restituta, coram hujus concilii Patribus recitatum ac laudatum fuisse. Confirmata etiam ibi fuere privilegia monasterii Cluniacensis, ut ipse pontifex testatur in diplomate ea de re dato post aliquot dies, sancto Hugoni, inscripto. Litem de Salmoriacensi pago inter Guidonem Viennae et Hugonem Gratianopolis episcopos jam in variis conventibus, ut diximus, ventilatam, in hac quoque synodo agitatam fuisse discimus ex ipsius Hugonis libello, in quo refert pontificis epistolam ad Guidonem datam Placentiae die IV Idus Martii, ut eum ad meliorem sensum revocaret. Sed frustra; at die praecedenti scripserat pontifex ad Robertum Flandriae comitem, ut Lamberto episcopo Atrebatensi suppetias ferret ad recuperanda suae ipsius Ecclesiae bona, quae ob ejus cum Ecclesia Cameracensi unionem distracta fuerant. Hac etiam ipsa die, ut codex noster ms. praefert, alias litteras scripsit idem pontifex Gualchero electo Cameracensi, ut ne impeteret quod a sede apostolica de divisione Cameracensis et Atrebatensis Ecclesiarum constitutum fuerat ; ex quibus epistolis colligere licet actum quoque fuisse in concilio Placentino de restitutione Atrebatensis Eccles. jam in multis conciliis confirmata.

CLXXVIII. *Urbanus synodo absoluta varia concedit privilegia. Hirsaugiense, etc. Epistola ad Noviomenses. Duae pro Atrebatensi Ecclesia. Una pro lite Salmoriacensi. Privilegium Magalonense. Privilegium Cluniacense.*

Haec de negotiis quae in ipsa synodo tractata fuerunt, quantum licuit collegimus, at hinc inferre non licet epistolas quas laudavimus, durante adhuc concilio conscriptas fuisse, cum certum sit ex ea quae ad clerum et populum Noviomi de Radbodo episcopo data est, hanc synodum solutam fuisse die VII Iduum Martii. In ea quippe Urbanus scribit se Radbodum remandare ad suam ipsius urbem, cum ad concilium, quod, inquit, *Placentiae, annuente domino, egimus, pervenisset.* Pontifex itaque non statim post concilii finem Placentia excessit, sive quod nondum omnia ad ejus iter Gallicanum necessaria disposita essent, sive propter alias quasvis rationes, quas divinare nihil interest. Eo vero temporis spatio, quod ibi exegit, de variis rebus litteras scripsit, quarum nonnullas, quod ad synodum Placentinam spectarent, supra memoravimus. De caeteris vero juxta temporis seriem paucis hic agendum.

Primo occurrit nobis insigne privilegium Hirsaugiensi monasterio, quod Gebehardus sancti Willelmi discipulus, cui inscriptum est, tunc regebat, concessum die VIII Idus Martii, proindeque ultimo concilii Placentini die, aut certe, si intra dies septem absolutum fuit, die proximo post ejus celebrationem. Nihil autem mirum est Urbanum monachis Hirsaugiensibus adeo favisse, cum certum sit neminem in Germania ferventiorem illis in insequendis verbo et scripto schismaticis fuisse, ut ex apologia Henrici Augusti patet a Frehero in collectione auctorum Germanicæ historiæ edita. Quin et Hirsaugiense monasterium semper tutissimum asylum tempore Wilhelmi abbatis fuisse omnibus qui pro Gregorio VII stabant, discimus ex ejusdem sancti Vita, quæ Sæculo VI Benedictino vulgata est. Trithemius aliique nonnulli aliud etiam vulgarunt ejusdem loci privilegium, sed multo minoris, si recte judico, auctoritatis, quod tamen omnino omittere visum non fuit, ne, quod alii pro legitimo habuerint, temere videar rejecisse. Maxime quod Trithemius in ejusdem loci Chronico testetur hoc ipsum a Richardo Moguntino metropolitano probatum et admissum fuisse.

Die sequenti, id est nona Martii, scripsit Urbanus epistolam ad Noviomenses quam jam non semel laudavimus, pro Radbodo eorum episcopo, ut eum in pastorem recipiant. Et quidem eum nemo, quandiu in curia Romana fuerat versatus, cujusquam criminis accusaverat.

Post duos dies, scilicet undecima ejusdem mensis Martii, idem pontifex epistolam unam Gualcherio electo Cameracensi, et alteram Roberto comiti Flandriæ conscripsit, in gratiam Atrebatensis Ecclesiæ, ut diximus numero præcedenti. Has sequitur ejusdem pontificis epistola ad Guidonem Viennensem archiepiscopum occasione Salmoriacensis pagi, itidem superius laudata, quæ IV Idus id est 12 die Martii conscripta fuit.

Pridie Idus ejusdem mensis Urbanus varias possessiones a Gotofredo episcopo concessas Magalonensibus canonicis, qui regularem vitam juxta regulam Sancti Augustini amplexi fuerant, confirmavit, data eis sua benedictione, et peccatorum absolutione. Hujus rescripti meminit Antonius de Verdalla ejusdem Ecclesiæ episcopus, qui sedis suæ antistitum Historiam scripsit editam tomo I Bibliothecæ Labbeanæ. An vero Gotofredus ipse, qui forte tunc Placentiæ erat, illud ipse impetraverit, non exprimitur, quod tamen verisimile est, cum ipse multum desudasse dicatur in restituenda Ecclesiæ suæ canonicorum regulari vita.

Hoc privilegium aliud sequitur amplissimum quod post duos dies, id est 16 Martii, sancto Hugoni Cluniacensi abbati pontifex indulsit. In eo recensentur Ecclesiæ eidem monasterio in variis provinciis subjectæ, confirmanturque omnia alia privilegia superiorum pontificum ; tum interdicit, sicut, inquit pontifex, a *Gregorio in Romana synodo*, et *nuper a nobis in Placentina statutum* fuerat, cuilibet archiepiscopo, episcopo, aut etiam legato apostolico omnem facultatem Cluniacenses interdicendi vel excommunicandi, aut cognoscendi eorum causas, potestatem vero utendi mitra et aliis pontificalibus ornamentis, quæ jam Hugoni abbati pro octo festivitatibus præcipuis concessa fuerat, pontifex ad illius quoque successores extendit.

Adhuc Placentiæ erat Urbanus initio April's, ubi pridie Nonas ejusdem mensis simile fere privilegium monasterio Sancti Victoris Massiliensis concessit, Richardo cardinali et abbati inscriptum, qui diu apostolicæ sedis legati munere functus fuerat in Hispania. Datum in nostris exemplis dicitur anno 1096; sed mendum est ab amanuensibus commissum, quod facile ex aliis chronicis notis sanari potest, nisi annus, ut in plerisque aliis hujus et sequentis anni diplomatibus observare licebit, ibi a Martio mense præcedenti, in isto privilegio inchoetur.

CLXXIX. *Richerus episcopus Virduni Urbano paret.*

Quo tempore hæc in Italia agebantur, Richerus, qui ab annis septem in Virdunensem episcopum electus baculum ab Henrico Augusto acceperat, ad Hugonem Lugduni archiepiscopum accessit, a quo post ejuratum schisma consecratus est ipso die sancto Resurrectionis Dominicæ, ac paulo post, Dominica scilicet secunda post Pascha, Virduni cum ingenti civium applausu susceptus fuit, agente Rodulfo Sancti Victoris abbate, qui Urbani partium erat defensor acerrimus. Hæc discimus ex Laurentio de Leodio in Historia ejus urbis episcoporum, quæ tomo XII Spicilegii Acheriani edita est.

CLXXX. *Urbanus a Conrado reae excipitur Cremonæ.*

Pontifex vero Placentia initio Aprilis egressus, multas urbes, ut habet Domnizo, peragravit ; ac primo, ut quidem exigere videtur itineris series cum antiquorum auctorum relationibus composita, Cremonam rursus adiit, ubi Conradum Henrici filium Italiæ regem IV Idus Aprilis, ut Bertoldus refert, habuit obvium, qui ei *stratoris officium exhibuit*, ac fecit *fidelitatem juramento de vita, de membris et de papatu Romano*. Urbanus vero recepit illum in filium sanctæ Romanæ Ecclesiæ, eique consilium et adjutorium ad obtinendum regnum, et coronam imperii acquirendam coram populo firmissime promisit, salva quidem justitia illius Ecclesiæ et statutis apostolicis ; maxime de investituris in spiritualibus officiis a laico non usurpandis. Hæc cum accepisset Ivo Carnotensium antistes litteras pontifici scripsit quibus ei gratularetur. Huc enim revocandam esse non dubito ejus epistolam 43 ipsi Urbano inscriptam, in qua *gaudium suum nullis syllabarum meis explicari posse affirmat*, « quod audierit Romanam Ecclesiam sub ejus regimine ita prosperare, ut ad portum pene pervenerita, Italiæ regnum jamdiu rebelle in conspectu ejus totum pene conticeat, et novus rex, (procul dubio Conradus) sese omnino ad Dei, ejusque voluntatem in ejus manus dederit. » Et quidem, ut observavit Sigonius, cum Henricus imperator ex Italia excessisset, brevi omnes ad

Conradi partes accurrerunt, cum jam initio hujus anni, ut ex Bertoldo diximus, idem princeps Mathildi junctus totum paterni exercitus robur obtinuisset.

CLXXXI. *Welpho in Mathildem movet. Conradus Rogerii comitis filiam uxorem ducit.*

Novum tamen hostem eo tempore sustinere compulsa Mathildis, Welphonem scilicet patrem, ducem Bavariæ, qui ægro animo ferens Welphonem suum filium a Mathildis ejus uxoris toro *sequestratum* vivere, veritus ne eo pacto bonis ejus frustraretur, ad Henricum descivit, ut ea bona si non sponte, vi saltem ab ea extorqueret; sed irriti fuere ejus conatus. Mathildis quippe, animo imperterrita, artes ejus elusit et potentiam fregit; nec mirum. Illa enim, uti refert Willelmus Malmesburiensis, qui nec Urbano nec Mathildi favere consuevit, *oblita sexus, nec dispar antiquis amazonibus, ferrata virorum agmina in bellum agebat femina.* Nec felicior in Alemannia Welpho fuit, ubi multum, teste Bertoldo, cum aliis principibus nonnullis frustra laboravit in procuranda Henrici restitutione in regnum.

Interea Conradus, crescente in dies ejus potentia, Pisas cum apparatu regio adiit, ibique Rogerii comitis Siciliæ et Calabriæ filiam cum *inaudita pecunia* in sponsam accepit: quod Urbani et Mathildis consilio factum fuisse testatur Gaufridus monachus libro IV, ubi litteras a pontifice ea occasione ad Rogerium scriptas commemorat. Sed hæ exciderunt, summa earum ex illo auctore hæc erat: Urbanum Rogerio scripsisse *sibi magno honori et proficuo futurum, si filia filio regis futuro sponso jungatur; et juvenis sanctæ Romanæ Ecclesiæ fidelitate adhærens, sed sumptibus, quibus contra patrem, qui eum injuste oppugnabat, minus sufficiens, quos pater cum filia daret, viribus victus [f., auctus] ad debellandos inimicos sanctæ Dei Ecclesiæ prævaleret.* Quod a Rogerio præstitum fuisse subjungit, missa ad hanc rem ingenti classe *cum multis thesaurorum xeniis.*

CLXXXII. *Petrus rex Aragonum sedi apostolicæ addictissimus.*

Hoc ipso tempore suscepit Urbanus litteras a Petro Aragonum rege, quibus ille præter obedientiam filialem papæ debitam, sese etiam obligabat ad census illius solutionem, quem olim suus pater Sancius tempore Gregorii VII sedi apostolicæ reddendum instituerat. Has litteras ex Joanne Briz Martinejo abbate Pennatensi laudat vir illustrissimus Petrus de Marca in Historia Bearnensi, easque hoc anno scriptas fuisse dicit. Et quidem hunc annum præfert insignis Urbani bulla, harum litterarum occasione, uti videtur, in ejusdem regis gratiam data. In ea Urbanus regem de ejus in Ecclesiam reverentia et propensione gratulatur; tum conqueritur quod nonnullos antistites, qui ei favere debuissent, adversarios pateretur; ac denique multa ei ejusque prosapiæ principibus, ac aliis regni proceribus præclara jura concedit in ecclesias, quas vel liberaverint a Saracenorum jugo, aut certe de novo exstruxerint. Hoc privilegium, ex historicis Hispanicis dabitur inter Urbani epistolas; in quo quidem satis sibi constant chronicæ notæ, sed id habet incommodi, quod datum dicatur *Romæ* 16 Aprilis hujus anni: quo tempore certum est Urbanum in Longobardia versatum fuisse. Joannes etiam ibi *præsignator domini Urbani* dicitur, quem titulum, ut observavimus, primis tantum Urbani annis, quibus Petrus nondum regnabat, usurpavit. Verum hæc ex amanuensium incuria provenire potuerunt: quod eo verisimilius est, quo cætera in hoc monumento rerum veritati, et temporum circumstantiis apprime conveniant.

CLXXXIII. *Privilegium S. Leonis Tullensis canonici regulares primo abbates obtinent.*

Varias tunc peragrabat Longobardiæ urbes pontifex, teste Bertoldo, ut nempe eas sibi deviniciret, ac sua præsentia confirmaret, nec post suum in Gallia discessum ab eo deficerent. Certe in illis partibus versabatur cum Lutolfus Tullensis Ecclesiæ decanus ab eo privilegium impetravit pro monasterio a se recens condito prope eamdem urbem in honorem beati papæ Leonis IX, qui ante adeptum pontificatum Tullensis episcopus fuerat. Eo in loco canonicos regulares Augustinianos sub præpositi regimine instituerat Lutolfus, sed hunc præpositum Tullensis antistes postea in abbatem solemniter consecravit. Quid vero in Urbani privilegio contineretur, haud certum est, cum ejus exemplar recuperare non licuerit; at ejus occasione rem notatu dignam observavit Bertoldus: nempe hunc morem primo in illis partibus invaluisse, ut monasteriorum clericorum, quæ Romani *canonica* appellabant, rectores, antea *præpositi* solum dicti, nominarentur abbates, eoque titulo consecrarentur, hoc tantum excepto quod baculos non gestarent. Hic usus postmodum in alias quoque regiones penetravit, et canonicorum regularium præpositi deinceps non modo dimisso præpositi titulo sese abbates nuncupaverunt, sed etiam mitræ usum et alia abbatum insignia, permittentibus pontificibus, ut alii, usurparunt. Videsis Rupertum libro IV in regulam Sancti Benedicti, ubi epistolam ea occasione a Friderico archiepiscopo Coloniensi scriptam refert.

CLXXXIV. *Urbanus Mediolani privilegium Ecclesiæ Carcassonensi dat. Epist. de lite Salmoriacensi. Humbaldus episcopus Antissiodori consecratur. Arnulfus Mediolanensis. Herlembaldi translatio.*

Mediolani magnam mensis Maii partem exegit Urbanus, ubi die 21 regulares canonicos, quos Petrus Carcassonensis episcopus in sua cathedrali aliisque ecclesiis instituerat confirmavit, dato ea de re rescripto, cui aliud olim subjungetur post aliquot dies ad clerum et populum Salmoriacensis archidiaconatus datum, quo eis præcipit pontifex ut episcopo Gratianopolitano obediant, donec aliud a sede apostolica decretum fuerit. At jam ab initio hujus mensis Urbanus Mediolanum advenerat, si non fallunt vetera monumenta Ecclesiæ Antissiodorensis, in quibus legitur Humbaldum ejus urbis episcopum ab ipso pontifice Mediolani vi Nonas Maii ordinatum fuisse : et quidem hoc anno, ut habet breve Chronicon a Labbeo editum tomo I Bibliothecæ novæ, cui consentiunt antiqua alia documenta. Hinc emendare oportet Chronicum Hugonis monachi Sancti Mariani ejusdem urbis, ubi legitur Humbaldum anno 1096, post Robertum Ecclesiam Antissiodorensem rexisse, si tamen hæc verba de ejus regiminis initio accipienda sint, aut si annum non inceperit a mense Martio. Hunc enim calculum plerique alii auctores Gallicani, maxime cum de Urbani itinere agitur, secuti fuerunt. Quod vero in Gestis abbatum Sancti Germani legitur primo Humbaldi regiminis anno, concilium Nemausense ab Urbano fuisse celebratum, intelligi debet de Humbaldi inthronizatione : quippe qui mense Maio in Italia consecratus, ante Julium mensem suæ sedis possessionem inire non potuit a quo tempore ejus regiminis annos ille auctor repetiit. Ut ut sit, cum constet eum ante Urbani iter in Galliam Mediolani fuisse consecratum, ejus ordinatio ultra Maium hujus anni differri non potest. De ea sic habet historia episcoporum Antissiodorensium, cap. 53, a Labbeo edita loco laudato : *Humbaldus a clero et populo civitatis* Antissiodori *in Pontificem eligitur; electus quidem apud Mediolanum Italiæ civitatem a clericis papæ Urbano, qui pro quibusdam a sana doctrina declinantibus in Lombardiam descenderat, consecrandus præsentatur, et ab eodem ibidem consecratus ad propriam civitatem reducitur,* etc.

At, præ cæteris quæ Mediolani peregit Urbanus, celebris imprimis fuit Arnulfi ejusdem urbis archiepiscopi restitutio, seu, ut verius dicam, prima ejus institutio in hac sede, ad quam biennio antea electus fuerat. Is nempe, ut narrat Bertoldus, anno 1093 in locum Anselmi defuncti substitutus, a legato apostolico interdictus fuerat, quod annulum et baculum ab imperatore recepisset; quam pœnam æquo ille animo ferens in monasterium secessit noxam hanc expiaturus, ibique vixit privatus, donec, concedente Romano pontifice, ut habet idem Bertoldus, a Thiemone Salisburgensi archiepiscopo, Udalrico Pataviensi et Gebehardo Constantiensi, episcopis, qui ad concilium Placentinum properabant, consecratus, ac paulo post ab Urbano pallio donatus, plenam Ecclesiæ possessionem adeptus fuerit. In veteribus ejusdem Ecclesiæ antistitum catalogis mss. legitur, referente Puricello, Arnulfum *in festo Sancti Georgii super quodam equo albo sedentem una cum confanonariis Mediolanensibus numero duodecim ab ecclesia Sancti Dionysii in sedem suam processisse.* Et quidem ejus ac Urbani paulo post Mediolanum adventus ita rerum statum ea in urbe mutavit, ut ejus cives *Urbani auctoritate,* inquit Sigonius, *victi, qui antea inter se decertabant, veteribus positis simultatibus, in gratiam tanta animorum, facta mutatione redierunt, ut nobiles ac populares oscula inter se per fora ac vias, manantibus præ gaudio lacrymis darent.* Hæc ille auctor, qui tamen falsus est, ut jam ad annum 1093 observavimus, scribendo Arnulfum ob id a catholicis episcopis tunc, ut putat, reordinatum fuisse, quod ab uno tantum episcopo catholico manus imponente consecratus fuisset. Cæterum Arnulfus, si Ughello, Ripamuntio et aliis nonnullis vulgatis auctoribus credatur, Urbanum in Galliam proficiscentem comitatus est, ac concilio Claromontano cum eo interfuit. Verum priusquam ex ea urbe excederent, Herlembaldi seu Hernebaldi, cujusdam martyris, catholicorum ea in urbe ducis, qui tempore Gregorii VII a schismaticis interemptus fuerat, corpus transtulere in ecclesiam Sancti Dionysii, ubi juxta alterum istorum temporum martyrem, Arialdum nomine, diaconum Mediolanensem, depositum est. Ejus epitaphium ex Ughello huc referre visum est, sed mirum videri potest ejus memoriam nusquam in Martyrologiis reperiri; sic vero habet :

Hic HERNEBALDUS *miles Christi reverendus*
Occisus tegitur, qui cœli sede potitur;
Incestos reprobat, simonias et quia damnat,
Hunc Veneris servi perimunt Simonisque maligni.
Urbanus summus præses dictusque secundus,
Noster et Arnulfus, pastor pius atque benignus,
Hujus ossa viri tumulant beati.

CLXXXV. *Urbanus Comi dedicat ecclesiam et Astæ Fructuariensis monasterii privilegium confirmat; item Pinariolensis.*

Initio Junii Urbanus Comum venit, ibique ecclesiam Sancti Abundii ejusdem urbis episcopi et patroni, *quem præcipua religione,* ait Sigonius, *illa civitas colit, magna cæremonia* dedicavit; et quidem tertia die Junii, ut fert antiqua ejus urbis traditio, cui rerum gestarum series omnino convenit. Inde progressus pervenit Vercellas, uti colligimus in Historia Hierosolymitana Alberti canonici Aquensis. Tunc Astam Liguriæ urbem adiit, si vera est antiqua patriæ traditio qua dicitur ejus urbis majorem ecclesiam ab eo pontifice consecratam fuisse. Id quidem Ughellus ad annum sequentem refert, in reditu Urbani e Gallia. At verisimilior est Augustini ab Ecclesia opinio, censentis hanc dedicationem pontificem celebrasse ante suum in Gallias adventum, quam tamen ineunte anno 1096 consignavit, secutus fortasse inscriptionem ab Ughello relatam, quæ eumdem annum præfert, haud dubie juxta Pisanum calculum, quo annus a Martio præcedenti inchoatus annos vulgares mensibus novem prævertit. Et quidem dies *Kalendarum Juliarum,* quo hæc dedicatio facta fuisse dicitur in illa inscriptione, anno 1096 convenire non potest : certum quippe est Urbanum ea die anno 1096 adhuc in Gallia exstitisse. En ipsa inscriptio, qualem illam Ughellus ex veteri Kalendario, ut ipse ait, retulit tomo IV Italiæ sacræ in catalogo episcoporum Astensium. *Kalendis Julii, anno D. Incarnationis 1096, dicata est Astensis ecclesia a D. Urbano papa, qui omnibus vere pœnitentibus* et confessis ad dictam ecclesiam, et reverentiam Dei et beatæ Mariæ virginis venerint in die dedicationis ipsius, et per totam octavam unum annum et 40 dies de injuncta pœnitentia relaxavit et indulsit; D. vero episcopus Astensis, 40 dies. Jam vero utrum hæc inscriptio omnino certa sit et antiqua, aliis judicandum relinquo. Otto tunc Ecclesiam Astensem regebat, cujus invitatu Urbanus hanc ecclesiam dedicasse dicitur apud Ughellum. Intercedente Bruhone Signensi episcopo, Urbani comite individuo et fideli amico, qui in urbe Astensi natus et ejus Ecclesiæ canonicus fuerat antequam episcopus creatus fuisset. Cum vero ibi adhuc esset pontifex, privilegia monasterii Fructuariensis, cui tunc præerat Ubertus seu Guibertus abbas, confirmavit et ampliavit, si Augustino ab Ecclesia credamus, qui id asserit in Chronologia Pedemontana, cap. 27; at fallitur in anno 1089 designando quo id contigisse scribit, quanquam hunc errorem, deperdito hocce privilegio, certo emendare difficillimum sit.

Etiam Pinariolo Urbanum transisse conjicimus ex bulla hoc anno concessa Uberto abbati Beatæ Mariæ monasterii prope hanc urbem siti qua ei omnia bona confirmantur quæ ab Adelaide comitissa et aliis quibusvis collata fuerant. Tum vetat pontifex ne quidquam ex illis a quovis hominum in posterum distrahatur. Non licuit hujus diplomatis exemplum habere, quamvis ea de re semel et iterum per amicos Pinariolum scribi curavimus, haud dubie quod istud monasterium, nunc a Fuliensibus possessum, in hesternis bellis conflagraverit. An etiam Clusinum celebre Sancti Michaelis monasterium inviserit tunc pontifex, incertum est: at constat ex subsequentium pontificum bullis hunc locum privilegio Urbani donatum fuisse, sed quod deperditum est.

Hæc de Urbani Gestis antequam in Gallias adveniret, quantum licuit, ex variis documentis collegimus, quid vero præstiterit in hoc itinere dicemus, postquam nonnulla præmiserimus de Anglicanis rebus, valde hoc anno occasione sancti Anselmi perturbatis.

CLXXXVI. *Anglicanæ turbæ ob S. Anselmum. Conventus Rochinganiæ. Anselmus Hugonem Lugdunensem archiepiscopum consuluit. Accipit pallium. Papæ scribit.*

Deficientibus itaque ferme universis ab Henrico ejusque pseudopontifice Guiberto, quem Clementem III appellabat, solus supererat Guillelmus cognomento Rufus, Angliæ rex, qui licet Guiberto non obtemperaret, Urbanum tamen nondum pro legitimo pontifice palam agnoscere voluerat, adeo ut *duo essent, ut in Anglia ferebatur*, inquit Eadmerus libro I Novorum, *qui dicebantur Romani pontifices, Urbanus et Clemens*, quæ res in tantum Angliæ Ecclesiam occupavit, ut a morte Gregorii VII per plures annos *nulli loco papæ subdi aut obedire voluerit*. Contestatus tamen fuerat Anselmus coram rege ipso et universis regni ordinibus, cum in archiepiscopum anno 1093 expetitus fuisset, se nunquam nisi soli Urbano obediturum atque ea conditione Cantuariæ thronum con-

scenderat; at rex ei infensus, ut jam diximus, ejus monita veluti injurias aversabatur. Unde cum ab eo recens in Angliam reverso Anselmus hoc anno pontificem *adeundi licentiam pro pallii petitione* proposuisset, ac sciscitanti ipsi quem papam vellet adire, Urbanum respondisset, ad Urbani nomen infremuit rex, dixitque, ut Eadmerus cæterique Anglicani scriptores referunt, se hunc nondum *pro aposlolico recepisse, ac nec suæ nec paternæ consuetudinis esse ut absque sua electione alicui liceret in regno suo papam nominare*. Cumque Anselmus ei frustra conaretur in memoriam revocare quod apud Rovecestram, cum in archiepiscopum peteretur, contestatus fuisset se nunquam ab Urbani obedientia discessurum; et ex altera parte rex ipse Anselmo persuadere non posset omnimodam sibi fidem et obedientiam deberi etiamsi Urbanum pro pontifice non haberet, visum est rem ad generalem totius regni episcoporum et procerum conventum referre.

Habitus est hic conventus anno 1095 Rochinganiæ, die V Idus Martii, in quo Anselmus, teste Eadmero, qui hæc fusius narrat, tanta cum animi constantia ac vigore episcopali de sua ipsius electione et de obedientia pontifici Romano, tum etiam regi debita peroravit, ut re quam volebat rex infecta, conventus post triduum fuerit solutus, dataque sint induciæ ad Pentecosten; episcopis inter ea plerisque Anselmo, cui videbant regem esse infensum, obedientiam, quod laici proceres non fecere, denegantibus. Anxius quid in tanto rerum discrimine ageret Anselmus, sedem dimittere meditabatur, cum nulla spes affulgeret, ut ei videbatur, flectendi regis animum, nec obtinendi ab eo licentiam adeundi legitimum pontificem, a quo nondum pallium exceperat. Consuluit ea de re Hugonem Lugduni archiepiscopum, qui tunc temporis pontificis vices in Galliis agebat, scripta ad eum epistola, quæ est 24 libri III, in qua ei Anglicanæ Ecclesiæ statum egregie repræsentat. Verum cum hæc animo agitaret, duo clerici quos Willelmus, Anselmi constantiam frangi posse desperans, Romam miserat, ut explorarent Urbanus an Guibertus ibi potentior esset, in Angliam rediere cum Waltero cardinale Albanensi, qui pallium afferebat, Urbani nomine Anselmo archiepiscopo destinatum, quæ res spem aliquam pacis habendæ attulit. Rex quippe statim edixit ut in tota Anglia solus Urbanus pro vero et legitimo pontifice haberetur.

Verum cum omisso Anselmo legatus ad regem pallium detulisset, speravit ille se ab archiepiscopo pecuniam aliquam accepturum, eam saltem summam quam, si Romam archiepiscopus adiisset, fuisset in eo itinere expensurus, aut saltem sibi redderet quidquid ipse ad pallium ab Urbano impetrandum insumpserat; sed nihil ab Anselmo extorqueri potuit. Imo cum ab eo petitum fuisset ut *pro regiæ majestatis magnificentia* pateretur saltem sibi a rege pallium solemniter imponi, illud quoque plane renuit sanctus antistes, contestatus se nec pecunias ullas pro pallio unquam daturum, nec unquam commissurum ut sibi a quoquam hominum illud sibi imponatur. Et quidem ita factum fuit. Etenim post varias hinc et inde concertationes, quas Eadmerus, Willelmus Malmesburiensis et alii passim auctores referunt, tandem convenit inter partes ut pallium supra altare deponeretur, illudque exinde assumptum Anselmus, sibi ipsi aptaret; atque ita Anselmus absque ullo Simoniæ nævo, pallium suscepit, et Urbanus absque ecclesiasticæ libertatis jactura, a rege et populis pro vero et legitimo pontifice in Anglia haberi cœpit. Scribit Willelmus Malmesburiensis Waltero Cantuariam venienti, qui pallium in arcula argentea deferebat, Anselmum inter populorum applausus nudipedem, et sacerdotalibus vestibus redimitum obviasse; cumque pallium supra altare Sancti Salvatoris fuisset depositum, illud sibimetipsi super humeros aptavisse, ac demum processisse ad sacra peragenda : quod cum die Dominica iv Idus Junii factum fuisse observaverit, id hoc anno 1095, quo hæc dies incidebat in Dominicam, contigisse constat.

Accepto pallio Anselmus Urbano epistolam scripsit, hæc est 37 libri iii ut ei ob tantum beneficium gratias referret, excusaretque se, quod Romam illud ab eo ipso recepturus non accessisset; sed hic mirare beati viri modestiam et charitatem, qui inter alias excusationis causas, ne verbum quidem habet de molestiis quas ea occasione a rege et episcopis gravissimas pertulerat.

CLXXXVII. *Anglia pacata, Herbertus sedi Thetfordensi restituitur. Privilegia pro monasteriis S. Ivonis, Belli.*

Exinde vero liberum fuit inter Urbanum et Anglos commercium, et Herbertus, qui, quod Urbanum pontificem agnovisset sede sua pulsus a regiis ministris fuerat, eam recepit. Hic e monacho Fiscamnensi abbas Ramesiensis factus episcopatum Thetfordensem haud sine Simoniæ suspicione adeptus fuerat; cumque ea de causa Romam adiisset, ut sese Urbani censuræ subjiceret, a rege increpitus fuerat, et baculo, quem ei pœnitenti reddiderat pontifex, privatus. Sed rebus eo modo quo diximus, compositis, sedi suæ relictus est, quam anno sequenti, Norwicum, constructa ibi nova basilica, transtulit, eamque usque ad mortem pacifice tenuit. Circa idem tempus Willelmus prior Sancti Ivonis in comitatu Huntidoniensi a Ramesiæ abbatia pendentis privilegium accepit ab Urbano, quo omnes ejus loci possessiones ac immunitates confirmantur. Illud habetur in Monastico Anglicano, ubi nullam chronicam notam habet. Idem pontifex, ut habet Eadmerus, concessit monachis abbatiæ Belli apud Excestriam commorantibus, ut in proprio monasterio sepelirentur. Litteras ea de re ab Urbano scriptas ad Osbernum episcopum Excestriensem laudat Paschalis II epist. 97; sed illæ exciderunt. Certe ejus loci monachis infensos fuisse clericos Exonienses discimus ex ipso Anselmo lib. iii, epist. 20 ad eumdem Osbernum, ubi eum adhortatur ut monachos de *Batailla* in ejus urbe commorantes adversus clericorum injurias tueatur, eisque permittat signa ad officium divinum pulsare, ut ordo monasticus, quod ille fieri prohibebat, exigit. Sed jam ad Urbani Gallicanum iter revertendum est.

CLXXXVIII. *Urbanus transit in Gallias.*

Urbanus itaque Alexii Græcorum imperatoris precibus, ut Guibertus testatur initio libri ii Historiæ Jerosolymitanæ, aliique passim auctores consentiunt, excitatus ac multo magis *generalis Christianitanis* periculo, quæ quotidianis barbarorum incursionibus deperibat, incensus, imo et sacrorum locorum recuperandorum, quod omnes efflagitabant, desiderio potissimum actus, rebus in Longobardia bene dispositis, *marino itinere*, uti habet Bertoldus, seu *transcensis Alpibus*, quod alii passim auctores volunt, *in Gallias divertere cœpit;* et quidem mense Julio vertente, ut ex Hugone Flaviniacensi colligere licet. Nam is in Chronico refert Hugonem Lugduni archiepiscopum die tertia ante octavam Sancti Joannis Baptistæ ex urbe Compostella reversum *nuntios habuisse papæ urbis de Apulia venientis et ad Gallias festinantis.* Favet etiam traditio Astensium, qui, uti diximus, putant majorem suæ urbis ecclesiam Kalendis Julii hujus anni ab Urbano in Gallias properante consecratam fuisse : unde falli necesse est eos qui aiunt, quod nemo veterum dixit, pontificem in pervigilio apostolorum Petri et Pauli Magalonam hoc adveniese; et quidem id ad sequentem annum referri debere suo loco ostendemus.

CLXXXIX. *Anicii festum Assumptionis celebrat. Ecclesiæ Valentiæ dedicatio.*

Id porro certum est ex Bertoldo aliisque auctoribus, Urbanum, qui in Gallias ad celebrandum concilium advenerat, apud Anicium Vallavorum urbem vulgo Podium [*Le Puy en Velay.*] dictam, Assumptionem Deiparæ Virginis celebrasse. Consentit Gaufridus prior Vosiensis in Chronico, tomo II Bibliothecæ Labbeanæ, ubi addit Urbanum, quem *virum prædicandum* appellat, *per Burgundiam et Franciam in Gallias* venisse, quibus verbis totum ejus iter comprehendit, quod ab eo ante concilium Claromontanum confectum est. Si tamen non fallit chronica nota epistolæ ipsiusmet pontificis ad Lambertum Atrebatensem episcopum, ille jam sub medium Julii Anicii versabatur; hæc quippe dicitur *data* in ea urbe xviii *Kalendas Augusti.* At fallor ego ipse nisi legendum sit xviii *Kalendas Septembris*, quæ ipsa dies est Assumptionis beatæ Mariæ, ab auctoribus ejus ævi, uti diximus, memorata. Et quidem mendum hoc loco in Urbani epistolam irrepsisse fatendum est, quod in mense Julio, qui sex Nonas habet, nullus dies occurrat xviii ante Augusti Kalendas; nisi notarius appellaverit xviii Kalendas Augusti, diem ipsam 15 ejusdem mensis Augusti, quo Kalendæ in Augusto, etsi a sequenti mense vulgo dicantur, recenseri incipiunt, cujus rei fortasse alia exempla proferri possent. Id sane dicendum est, si verum sit majorem Valentiæ urbis basilicam ab Urbano, cum ad concilium Claromontanum properaret, Nonis Augusti dedicatam fuisse; quod qui em verum esse certis argumentis constare videtur.

Primo Chronicum vetus episcoporum Valentinorum sic de Guntardo episcopo habet: *Eo præsidente, bonæ memoriæ Urbanus II pontifex Romanus Ecclesiarum Christi curam gerens, dum ad generale concilium iret Claromontem per hanc urbem iter faciens,* etc. Idipsum diserte testatur Hugo Gratianopolitanus episcopus, in sæpe laudato libello, quem integrum in Appendice referemus. Quod vero hæc ecclesia Nonis ipsis Augusti dedicata fuerit, probat anniversaria ejus solemnitas, hoc ipso die in vetusto Missali assignata; imo quæ etiam nunc quotannis eadem die Valentiæ celebratur. Iis omnibus suffragatur vetus inscriptio, litteris uncialibus lapidi insculpta, et uni ex ejusdem ecclesiæ januis affixa, quæ Calvinianorum furorem, quamvis nonnihil violata, cum hanc ecclesiam sæculo XVI diruerent, evasit. Sic vero habet:

> ANNO AB INCARNATIONE DOMINI MILLESIMO NONAGESIMO . . . . NONAS AUGUSTI, URBANUS PAPA SECUNDUS CUM DUODECIM EPISCOPIS IN HONORE BEATÆ MARIÆ VIRGINIS ET SANCTORUM MARTYRUM CORNELII ET CYPRIANI HANC ECCLESIAM DEDICAVIT.

Quinam autem fuere duodecim illi episcopi, qui huic celebritati cum Urbano interfuere divinare non licet; at ex Hugonis libello discimus Guidonem archiepiscopum Viennensem pontifici Valentiam ad dedicandam majorem ejus urbis ecclesiam accedenti occurrisse, ibique pontificem ei diem dixisse apud Romanos, ubi volebat litem de Salmoricensi pago, quæ jamdudum inter ipsum et Hugonem Gratianopolitanum episcopum vertebatur, omnino definire. Adfuit Hugo, ut ipse de se loquitur, die condicta: at Guido, haud dubium quod causæ suæ diffideret, occupata loci Rotmanensis munitione, comminatus est se papam ibi retenturum, si contra ipsum sententiam ferret; quare pontifex, ut mitissimus erat, judicium hujus litis ad futuram synodum reservavit. An vero Rotmannos tunc adierit, non adeo certum est; id tamen innuere videtur Hugo, sed observat pontificem hac occasione *suo jure, abbatia videlicet Rotmanensi,* quæ ad *Romanam Ecclesiam pertinebat exspoliatum fuisse.*

CXC. *Anicii indicit concilium apud Clarummontem.*

Ex his patet Urbanum post dedicatam initio Augusti Valentinam ecclesiam, sive per Rotmanense oppidum, sive alia qualibet via, paulo ante medium ejusdem mensis Augusti Anicium advenisse, ubi concilium quod postea apud Clarummontem habitum est, celebrare constituerat. Id ultimum diserte habent auctores etiam æquales. *Transactis Alpibus,* inquit Albertus Aquensis libro I Historiæ Jerosolymitanæ, *conventum totius occidentalis Franciæ, et concilium apud Podium civitatem Sanctæ Mariæ fieri decrevit.* Hanc synodum, si Willelmo Tyrensi archiepiscopo credamus, *primum apud Vigiliacum, deinde apud Podium convocare disposuerat,* sed cum, uti conjicere est, nondum res essent dispositæ, ipsam tandem, cum Anicii esset, apud Clarummontem Arvernorum civitatem celebrandam indixit. Certe litteræ quibus Lambertum Atrebatensem pontifex ad hoc concilium invitavit, Anicii, ut mox dicebamus, datæ sunt; et Bertoldus de Urbano loquens apud Podium versante, *synodum,* inquit, *ad Montemclarum in octavam Sancti Martini apostolica auctoritate condixit, ad quam diversarum provinciarum episcopos, missis litteris, canonica vocatione invitavit.* Has litteras ad metropolitanos scriptas fuisse, ut ipsi non solum suffraganeos suos episcopos aut abbates, sed etiam alios Ecclesiarum præpositos, imo et sæculares principes ad concilium pontificis nomine convocarent, discimus ex epistola Raynoldi archiepiscopi Remensis ad Lambertum Atrebensem ea occasione data. Et quidem operæ pretium erat ut etiam principes ad concilium venirent, cum ob id potissimum celebrari deberet ut expeditio bellica adversus infideles decerneretur, quæ eos maxime spectabat. Hæc Raynoldi metropolitani epistola, quod encyclica Urbani perierit, dabitur inter ejus pontificis litteras, quam sequetur altera jam superius laudata, quam pontifex ad Lambertum scripsit, ut paratus sit Ecclesiæ suæ causam adversus Cameracenses in concilio mox futuro propugnare.

CXCI. *Varias regiones peragrat Urbanus. Festive ubique susceptus.*

Cum itaque pontifex res non ita dispositas invenisset ut concilium possit intra paucos dies celebrari, varias urbes ac provincias interdum invisere constituit, in quibus ecclesias dedicaret, aut negotia, quæ jamdudum excitata terminari non potuerant, coram positus facilius componeret, quod ab ipso factum fuisse discimus ex variis passim instrumentis antiquis et pontificiis diplomatibus. Mirum autem est quanto animi affectu, quantave reverentia pontifex ubique receptus fuerit, pro innata in Francorum mentibus ergà sedem apostolicam et ejus antistites sincera devotione, quæ eo major tunc fuit, quod pontifex ex ipsa Francicæ gentis nobilitate exortus, sanctitate ac virtute et doctrina celebris esset, et præclaris animæ ac corporis dotibus probe instructus. Addit Guibertus aliam tantæ lætitiæ causam: *Papa,* inquit, *regni nostri fines ingrediens tanta urbium, oppidorum, villarumque lætitia et concursione excipitur, quanto omnium qui adviverent memoriis incompertum fuerat quod aliquando apostolicæ sedis antistes in regiones has venisse videretur.* Nullus quippe pontifex a Leonis IX tempore in Gallias ad Urbani tempora venisse memoratur.

CXCII. *Ecclesiam Casæ Dei dedicat. Privilegia concedit. Item Blasiliensi parthenoni.*

Urbanus itaque Anicio egressus, primum in monasterium Casæ Dei divertisse videtur, ubi ad preces Pontii ejus loci abbatis ecclesiam a sancto Roberto primo monasterii abbate et conditore inceptam et ab ipso Pontio tunc absolutam, in honorem sanctorum Vitalis et Agricolæ martyrum solemniter dedicavit xv Kalendas Septembris. Id ipse pontifex testatur in bulla quam paulo post eidem monasterio apud Sanctum Ægidium concessit. De his vetus auctor Historiæ ejus loci sic loquitur: *Anno 1095 Urbanus papa ad preces abbatis nostri Pontii, basilicam Casedeensem a beato Roberto incœptam, tuncque absolutam et consummatam solemni ritu die 18 Augusti dedicavit, ac paulo post monasterium liberum et immune ab episcoporum jurisdictione fecit, ut patet ex diplomate pontificio.* Consentit Gaufridus prior Vosiensis, qui in Chronico ait Urbanum hoc anno *monasterium Sancti Roberti de Casa Dei in honore sanctorum Agricolæ et Vitalis, quorum reliquias ibidem quondam Renco episcopus Arvernensis collocaverat,* xv *Kalendas Septembris consecrasse.* In veteri notitia quæ subjicitur bullæ pontificiæ mox laudatæ, memorantur quidam episcopi qui pontifici in hac solemnitati adfuerunt. *Facta est autem,* ut ibi legitur, *dedicationis hujus solemnitas* xv *Kalendas Septembris præsentibus et cooperantibus domino papæ Urbano reverendis episcopis Hugone Lugdunensi, Aldeberte Bituricensi, Amato Burdigalensi, Durando Arvernensi, Hugone Gratianopolitano, Giraldo Cadurcensi, Joanne Portuensi, Daiberto Pisano, Brunone Signensi.* In ejus beneficii memoriam Urbani nomen non solum in Casæ Dei principe monasterio, sed etiam in cellis ei subjectis celebre evasit, ut ex Necrologio Sancti Roberti Cornilionis prope Gratianopolim patet. Præter bullam superius laudatam, aliud privilegium concessit Urbanus eidem monasterio in ista memoratum, quod forte etiam occasione hujus dedicationis datum est. Nullam habet in nostro exemplo chronicam notam, quod ideo huc revocare visum est. In eo recensentur præcipua monasteria Casæ Dei tunc subjecta, ac ejus possessiones confirmantur; tum vetat pontifex ne ejus loci abbas cuiquam subjectionis professionem faciat, salva tamen debita episcopo Arvernensi reverentia.

Eo ipso die quo consecrata fuit ecclesia Casæ Dei, Urbanus ad petitionem Florentiæ Blasiliensis parthenonis abbatissæ apud Arvernos privilegia ejusdem loci confirmavit, ac monasterium ipsum quod ab Ermengarde comitissa ejus conditrice sancto Petro oblatum fuerat, sub speciali apostolicæ sedis tutela antecessorum suorum exemplo suscepit. At nihil habet pontifex de querelis quas ejusdem loci sanctimoniales et clerici ad eum detulerant contra Casæ Dei monachos, qui, ut illi dicebant, ecclesiam Sancti Stephani et Sancti Leonis ad Blasiliæ monasterium pertinentem, vi ereptam retinebant. Blasiliensium litteræ ea occasione scriptæ, inter Urbani epistolas referentur, easque subsequetur privilegium ipsum, quod a se visum et pro sincero agnitum Philippus Bituricensium archiepiscopus in Gallicam linguam transtulit, et suo testimonio confirmavit feria quinta majoris hebdomadæ anni 1243.

CXCIII. *An abbatiam Rotmanensem adierit Urbanus.*

Quo Urbanus post Casæ-Dei dedicationem ad extremos usque Occitaniæ et Provinciæ fines perrecturus primum diverterit, incertum est. Habemus quidem præ manibus privilegium x Kalendas Septembris hujus anni concessum canonicis ecclesiæ cathedralis Caturcinæ, qui regularem vitam recens amplexi fuerant, sed cum in vulgato exemplo *Romæ* datum dicatur, quod est omnino impossibile, nihil fere lucis afferre potest, nisi forte pro Romæ legatur *Romanis,* qui locus est in Dalfinatu, diœcesis Viennensis, abbatia insignis, ubi pontifex, uti diximus, litem de Salmoriacensi pago dirimere constituerat: verum illa restitutio magis arrideret, si data fuisset hæc bulla initio hujus mensis, quo certum est, uti probavimus, Urbanum Valentiam adiisse, a qua urbe haud multum Romanense monasterium distat. Huc tamen bullam illam revocare visum est, quæ annum 1096 ejus scilicet anni initium a Martio præcedenti repetendo, ut plerumque aliæ, præfert: certum quippe ex aliis notis eam ad præsentem annum pertinere, nec sequenti competere posse.

CXCIV. *Nemauso transierit. Apud S. Ægidium versatur. Privilegium Casæ-Dei.*

Sub finem mensis Augusti pontifex Nemausum adiisse videtur. Etenim licet nonnisi anno sequenti ejus urbis ecclesiam dedicaverit, ut ibi ostensuri sumus, cum tamen auctor Chronici Maleacensis scripserit Urbanum tunc, id est anno 1096 *Nemausum remeasse,* satis innuit eum jam ante invisisse hanc urbem. Et quidem certum est pontificem festum sancti Ægidii prima die Septembris in ejusdem sancti monasterio Vallis Flavinianæ, quod ad diœcesim Nemausensem pertinet, hoc anno celebrasse. Id quippe ipse pontifex testatur in privilegio, quod Odiloni abbati ejusdem loci paulo post concessit, in quo ait se *erga beatum Ægidium devotione ferventem* coercuisse Nemausensem episcopum, qui ejus loci monachis infensus erat. Ibi adhuc erat die 7 Septembris, quæ monasterio Casæ Dei privilegium concessit, in quo, ut modo dicebamus, alterum eidem loco jam indultum, additis nonnullis in gratiam basilicæ a se recens consecratæ prærogativis, confirmavit.

CXCV. *Tarascone locum monasterii benedicit.*

Inde Tarascone, quod oppidum est Provinciæ in sinistra Rhodani ripa paulo infra Avenionem situm, transiens, quemdam locum a Stephania comitissa monasterio Sancti Victoris Massiliensis, ut ibi ecclesia construeretur, datum, assistentibus sibi tribus cardinalibus et abbatibus Sancti Victoris et Montis-Majoris *aqua lustrali aspersit, manu propria benedixit, ibique crucem erexit* die 11 Septembris, concessa indulgentia iis, qui ad ecclesiæ constructionem aliquid conferrent, ut ibi monasterium in honorem Sancti Nicolai cum cœmeterio institueretur. Prioratus vero S. Nicolai hic memoratus hodieque subsistit prope Tarasconem, Sancto Victori Massiliensi subjectus.

CXCVI. *Avenione dat privilegium S. Ægidio.*

Die sequenti, quæ erat 12 Septembris, Urbanus Avenione privilegium, quod jam supra laudavimus, monasterio Sancti Ægidii, in quo hospitatus fuerat, concessit. Eo diplomate pontifex Odiloni abbati ejusque monachis abbatiam Sancti Eusebii et alias possessiones confirmat, vultque eos sub speciali sedis apostolicae tuitione haberi, ac *tanquam oculi sui pupillam custodiri.*

CXCVII. *Tricastri privilegia dat canonicis S. Rufi.*

Ejusdem mensis die 19 pontifex apud Tricastrensem Sancti Pauli urbem Dalphinatus bullam dedit in gratiam Alberti, seu potius Arberti abbatis, et canonicorum S. Rufi, quorum monasterium, congregationis cognominis caput, tunc prope muros Avenionenses situm, postea ob Albigensium clades in suburbium Valentiae, ac tandem in eam urbem saeculo XVI translatum est. In eo diplomate Urbanus Ecclesias Sancto Rufo subjectas recenset, easque cum aliis ejus possessionibus confirmat, salva Avenionensis episcopi canonica reverentia. Aliud item Urbani rescriptum ad Albertum etiam Sancti Rufi abbatem, sed sine ulla temporis nota ex cod. ms. habemus, in quo praeclara habentur canonicae vitae elogia, ea omnino quae in aliis ad alios canonicos regulares epistolis et bullis passim habentur; sed Sammarthani tomo IV Galliae Christianae, in catalogo abbatum sancti Rufi Arberium et Adelbertum, ac si duo diversi abbates fuerint, distinguunt, ac priori tribuunt privilegium primo loco a nobis laudatum, ejusque maximam partem exhibent; de Adelberto autem nihil aliud habent, nisi quod ei *Urbanus II direxit rescriptum; quod in scriniis* inquiunt, *hujus abbatiae* servatur. At fallor nisi idem ipse sit cui utrumque Urbani rescriptum tribuendum est, licet ejus nomen, uti fieri solet, alii aliter expresserint. Ut ut sit, parum nostri interest. Praeter haec apud Ivonem, Gratianum, et alios decretorum collectores, duo occurrunt canones ejusdem ferme argumenti, prior apud Gratianum, c. 19, q. 2, c, 2. *Duae sunt, capitulo Sancti Rufi,* aut *Rufini,* inscriptus, in Urbani litteris non habetur; alter vero eadem causa 19, q. 5. c. 5, *statuimus abbati Sancti Rufini,* ex secundo ex laudatis privilegiis excerptus est. Hunc praecedit alius canon de eodem argumento, sed nemini inscriptus.

CXCVIII. *Monasterii et ordinis Antonii origo.*

Tradunt auctores vulgati Urbanum tunc temporis condendo percelebri Sancti Antonii monasterio occasionem praebuisse. Cum enim, uti illi aiunt, Viennensem provinciam illo anno peragraret, audivit virum quemdam nobilem, Guidonem aliis Guigonem Desiderii appellatum, solere secum per diversa hac illacque itinera corpus sancti Antonii, magni quondam illius eremitarum patriarchae, deferre, quod Constantinopoli ab aliquot annis advectum a majoribus suis acceperat. Id indigne tulisse dicitur pontifex, ac sub anathematis interminatione vetuisse ne id in posterum fieret, imperasseque ut tam venerabiles reliquiae, in ecclesia aliqua, quam ipse Guido mallet, sub monachorum bene viventium custodia deponeretur. Urbani jussis obtemperavit Guigo, advocatisque a Monte Majori prope Arelatem monachis, sacrum corpus in vico Mota Desiderii nuncupato depositum eis tradidit. Postmodum fervente morbo, qui Ignis Sancti-Antonii vulgo appellatur, adjunctum est monasterio xenodochium, ubi pauperes undequaque advenientes reciperentur, fratresque nonnulli in eorum ministerium deputati fuerunt, qui cum primum monachis per aliquod tempus paruissent, postea, ob ingentes eleemosynas quae erogabantur, elatiores facti, eis subesse detrectarunt. Graves inter utrosque rixae et dissensiones ortae sunt, quibus in dies crescentibus, res eo devenit, ut hospitalarii illi potentiores effecti, jugo monachorum penitus excusso, sui juris esse coeperint, ac tandem in ordinem insignem excreverint, qui hodieque perseverat. Hanc esse originem abbatiae et ordinis Antoniani aiunt. Sed pontificii itineris seriem persequamur.

CXCIX. *Urbanus Matiscone concedit privilegia.*

Urbanum Vienna et Lugduno pertransiisse verisimile est, at nullis instrumentis probare possumus; eum vero die 17 Octobris Matiscone exstitisse colligimus ex veteri notitia privilegii, quod hac ipsa die, et quidem anno 1096 pro 1095, uti habere solent pleraque ejus aevi instrumenta, monasterio canonicorum regularium Sancti Petri prope hanc urbem sito concessit, ac statim Cluniacum profectus est. Hujus privilegii exemplum reperire non licuit, quare visum est ejus loco illius notitiam in Appendice referre ex veteri cod. ms. a Severtio relatam.

CC. *Cluniaci dat privilegium episcopo Matisconensi. Altare dedicat.*

Postridie, id est 18 Octobris, pontifex Cluniaci existens Landrico Matisconensi episcopo, qui eum haud dubie secutus fuerat, tuitionem sedis apostolicae efflagitanti libenter indulsit, data bulla, qua ei et ejus successoribus omnia Matisconensis Ecclesiae bona et privilegia confirmantur. Vetat etiam pontifex ne quisquam ejusdem Ecclesiae clericis, aut claustro, suae ejus domibus audeat violentiam aliquam irrogare. Data est XV Kal. Novembris.

Cum advenit Cluniacum Urbanus, jam a septem annis insignem basilicam exstruere coeperat sanctus Hugo ejus loci abbas, quam ab ipso pontifice dedicari cupiebat. Verum cum nimium tunc adhuc esset imperfecta, curavit sanctus abbas res ita disponi, ut saltem majus altare, adveniente pontifice, eo in statu esset ut posset ab illo consecrari, quod reipsa factum est die 25 Octobris. Hujus dedicationis meminit auctor Chronici Cluniacensis ad annum 1095, et Ordericus Vitalis initio libri IX, ubi ait Urbanum multas sanctorum basilicas in Galliis dedicasse, quas privilegiis apostolicae sedis sublimavit. Tum signanter laudat consecrationem *altaris Sancti Petri apud Cluniacum coenobium* ab eo factam. At quod iste auctor alique passim, data occasione, uno verbo laudaverunt, fusius exponitur in veteri instrumento quod sub titulo *libertatis loci Cluniaci* editum est in Bibliotheca Cluniacensi. Ibi legitur non solum majus, sed et matutinale altare ab Urbano, alia vero tria a tribus aliis episcopis, nempe Hugone Lugdunensi, Daiberto Pisano et Brunone Signiensi consecrata fuisse. Tum refertur prolixa satis oratio, quam pontifex inter missarum consecrationisque solemnia habuisse dicitur, in qua limites jurisdictionis monasterii designavit. Præter ea invenimus in vetusto cod. ms. aliam ejusdem rei notitiam, ubi, post recensita multa beneficia quæ Urbanus monasterio Cluniacensi contulerat, statutum a sancto Hugone fuisse dicitur ut ejusdem pontificis commemoratio, quandiu viveret, in generali missa specialiter ageretur; et ut post ejus mortem, præter debita singulis ejusdem loci monachis suffragia, ejus anniversaria depositionis dies solemniter in perpetuum celebraretur. Cæterum *banni* seu jurisdictionis Cluniacensis terminos ab Urbano præstitutos confirmarunt subsequentes pontifices, ac potissimum Innocentius II qui, hoc ipso die quo Urbanus majus altare consecraverat, basilicam ipsam dedicavit, ut ex ejus et aliorum pontificum diplomatibus patet in Bibliotheca Cluniacensi editis. Hinc utriusque dedicationis memoria simul in antiquis aliquot Martyrologiis recolitur. Hæc postrema dedicatio anno 1130 non sequenti, ut fallit chronographus Cluniacensis, peracta est.

Cæterum non modo Cluniaci principis monasterii, sed aliorum quoque ad illud spectantium jura et prærogativas asserere studuit Urbanus, ut patet ex multis, quæ passim occurrunt, monumentis. Laudatur hanc in rem ejus bulla data octavo ejus pontificatus, id est præsenti anno qua Charitatis Beatæ Mariæ supra Ligerim monasterii jura et exemptionem confirmat. At excidit hæc bulla, cujus notitiam debemus Actis controversiæ, quæ sub Rollando abbate Cluniaci exorta est, anno 1220 occasione electionis prioris de Charitate.

CCI. *An Remis concilium celebraverit. Dolensem ecclesiam dedicat.*

Si Andreæ Chesnio credamus, Urbanus, mense Octobri hujus anni, Remis habuit concilium, in quo anathema jam antea adversus Philippum regem latum confirmavit, expeditionem sacram adversus infideles decrevit, sancivitque ut deinceps in Assumptionis Deiparæ virginis pervigilio jejunium ab omnibus observaretur; ac denique indixit aliud concilium apud Clarummontem proximo mense habendum. Hæc ille in Historia Romanorum pontificum Galliæ edita. At quantum a vero vir sane eruditissimus aberraverit, patet non solum ex aliorum auctorum, veterum et recentiorum silentio, sed etiam ex Urbani itinerum serie, ac omnibus ejus ævi instrumentis a nobis prolatis, quæ nullam tunc temporis synodum Remis habitam fuisse super satisque probant. Et quidem Raynoldus, Remorum tunc metropolitanus suos suffraganeos ad concilium Claromontanum ex Urbani præscripto invitavit; revocato ob hanc rationem, quod initio Novembris celebrandum indixerat, concilio provinciali, ut ipse dicit in epistola jam laudata ad Lambertum. Deinde ipse pontifex peculiaribus litteris monuit Lambertum ut paratus sit in concilio Claromontano suæ Ecclesiæ restitutionem nuper factam tueri, quod ibi astituri essent Cameracenses adversus eam decertaturi. Denique in ejusdem Lamberti Gestis, ubi continuata rerum hoc anno gestarum series, cum itinere Remensis provinciæ episcoporum ad Claromontanam synodum accurate et singulatim describitur, nihil omnino de hac synodo occurrit, quam proinde fictitiam esse merito credendum est. Haud magis certum est quod Souchetus in Notis ad Ivonis epist. 78 et Robertus ex Amalrico Biterrensi in veteri Gallia Christiana aiunt, Urbanum ecclesiam abbatiæ Dolensis apud Bituriges hoc anno dedicasse. Vix enim id ferre potest pontificii itineris series; et quidem hæc dedicatio a Paschali II Urbani successore facta fuisse dicitur in Chronico Turonensi.

CCII. *Silviniaci corpus S. Majoli transfert. Privilegium dat apud Monticulum.*

Cluniaco itaque egressus Urbanus Silviniacum prope Molinas Burbonensium oppidum venit, ubi corpus sancti Majoli transtulit in locum decentiorem, et Archimbaldum super tumulum patris sui Archimbaldi quarti jurare fecit se toto vitæ suæ tempore bona, quæ a patre aut a majoribus suis monasterio collata fuerant, illibata servaturum. Id ipsum testatur pontifex in bulla quam ejus loci monachis Idibus Novembris apud Monticulum concessit, in qua declarat se præsente Duranno episcopo Arvernensi, monasterium Silviniacum sub speciali sedis apostolicæ tuitione suscepisse, ejusque possessiones, quas singillatim recenset, confirmasse : hanc bullam Joellus Remorum archiantistes, petentibus Silviniaci monachis, a se visam et collatam anno 1245 integram ac illibatam inventam fuisse declaravit publico instrumento, quod sigillo suo munivit. Pontificem in eo loco dies fere octo exegisse discimus ex veteri instrumento chartarii Silviniacensis, occasione Archimbaldi Burboniensis principis modo memorati facto, qui malas consuetudines a patre suo exactas, et ab eodem morti proximo relaxatas renovare moliebatur. « Eodem tempore, *verba ipsius chartæ refero*, facto intra Gallias pro quibusdam sanctæ Ecclesiæ utilitatibus adventu domni Urbani papæ II, cum apud Silviniacum fere per dies octo moraretur, et quodam die in capitulo resideret, cunctorum circumsedentium fratrum cœtus ejus pedibus provolutus auxilium implorare cœpit super malis quæ jamdiu fuerant perpessi. Suscepta eorum petitione benignissime dominus papa, cum altera die rogaretur a jam dicto Archimbaldo, ut patris sui animam apostolica auctoritate absolveret, expletam absolutionem, antequam a se Archimbaldus idem a se discederet, antequam etiam a tumulo pedes removeret, monitis ipsius princeps præfatas omnes malas consuetudines quas injuste quærebat reliquit; et ut melius sui dicti memor esset osculum pacis ab eodem papa accepit. » Sed eorum immemor eas paulo post renovavit : quare res ad concilium Claromontanum delata est, ut infra dicemus.

CCIII. *Clarummontem advenit Urbanus.*

Peragratis Urbanus his provinciis Clarummontem die Novembris 14 aut sequenti advenit, cum interea episcopi ex variis orbis Christiani regionibus huc properarent. Ex his Lambertus Atrebatensis e sua urbe die 28 Octobris profectus, Pruvino Senonum transiit, quo ex oppido egressus vııı Idus Novembris a Guarnerio quodam inilite castelli de Pont captus est. At ea de re monitus pontifex Guarnerium statim litteris ob tantam temeritatem objurgavit; simulque alias litteras Richerio Senonum archiepiscopo scripsit, ut eumdem militem commonefactum, si non resipisceret, simul cum suo ejus *loco excommunicationi subjiceret.* Verum priusquam eas recepisset Guarnerius, a Philippo episcopo Trecensi suo fratre increpitus jam satisfecerat Lamberto; eumque sibi reconciliatum Antissiodorum usque, ubi die v Iduum ejusdem mensis advenit, honorifice fuerat comitatus. Occasione tamen hujus facinoris videtur conditus fuisse canon 32 concilii Claromontensis, ut suo loco dicemus. Porro Lambertus Antissiodori præter Richerium Senonensem, comprovinciales ac vicinos suos Gervinum Ambianensem et Gerardum Morinensem episcopos reperit, quibuscum reliquum itineris confecit, et Clarummontem advenit die xv Kalendas Decembris, quæ Dominica erat, ubi *a pontifice benigne in osculo sancto susceptus* benedictionem apostolicam recepit.

CCIV. *Simul et alii episcopi, etc., apud Clarummontem conveniunt.*

Cum itaque omnia ad celebrandum concilium disposita essent, ad id enim longo antea Urbanus Henricum Siculum, qui post varias fortunas cardinalis et patriarcha Antiochenus tandem fuit, præmiserat, convenerunt autem condicto die apud Clarummontem ex omnibus ferme Europæ plagis cum Urbano papa archiepiscopi, episcopi, abbates, aliique omnium ordinum viri illustres pene innumeri. Auctor Chronici Sancti Vitoni Virdunensis, tomo I Bibliothecæ Labbeanæ, ait ad illud concilium *episcopos pene totius orbis congregatos fuisse, exceptis Lotharingis, Alemannis et Hungaris.* Hoc tamen *celeberrimum* fuisse scribit Robertus libro ı Historiæ Jerosolymitanæ, *conventu Gallorum ac Germanorum tam episcoporum quam principum.* At Alemanni, quorum nonnulli Urbano erant addictissimi, huc forte non convenerant, quod ante paucos menses Placentino concilio, uti vidimus, interfuissent. Ex Lotharingis autem, si Meurissio credimus et Sammarthanis, huic concilio adfuere Poppo Metensis episcopus, et Pibo Tullensis, qui Pibo, si P. Benedicto Capucino, auctori novæ Tullensis Historiæ, credamus, in suam diœcesin e concilio, cui cum Renardo Tullensi comite et Petro ejus fratre interfuerat, redux, ad sacram expeditionem suscipiendam plerosque istius regionis viros nobiles adduxit. Richerius vero Virduni episcopus, qui paulo ante illud tempus, ejurata Henrici secta, ab Hugone Lugdunensi fuerat consecratus, ad Urbanum, cum apud Clarummontem esset, *aona ac legatos transmisit,* teste Laurentio Leodiensi in Historia episc. Virdunensium. Nullus vero ex Anglia episcopus huc advenisse usquam memoratur: Boso tamen monachus, qui postmodum Becci abbas fuit, a sancto Anselmo Cantuariensis archiepiscopo missus, ejus nomine ibi interfuit, ut ex ipsius Bosonis Vita discimus.

CCV. *Eorum numerus*

Bertoldus *tredecim archiepiscopos cum suis suffraganeis,* ad hanc synodum, quam *generalem* appellat, convenisse tradit in qua 205 *pastorales virgæ notatæ sunt.* Urbanum *omnes episcopos Galliæ et Hispaniæ apud Clarummontem congregasse,* ibique *concilium ingens celebrasse* ait Ordericus Vitalis initio libri ıx, cui, inquit, interfuerunt archiepiscopi tredecim, episcopi ducenti et viginti quinque, *cum multitudine abbatum, aliarumque personarum, quibus adeo sanctarum curæ delegatæ sunt Ecclesiarum.* Consentit auctor Gestorum Lamberti episcopi Atrebatensis, qui totidem archiepiscopos et episcopos cum Romanis cardinalibus ad hoc *generale* concilium convenisse tradit, et præter eos *abbates nonaginta et eo amplius, exceptis honestis et religiosis diversarum regionum et provinciarum clericis et laicis.* Idem postea in fine repetit; nisi quod archiepiscopos *quatuordecim* habeat in aliquot editis et mss. Unus tamen codex noster, et quidem vetustior solummodo tredecim præfert. In veteri notitia ejusdem concilii apud Labbeum ex codice Cencii Camerarii consedisse cum Urbano dicuntur archiepiscopi duodecim, episcopi octoginta et innumeri abbates. Clarius vero scribit in Chronico Sancti Petri Vivi Senonensis huic concilio præsentes fuisse trecentos episcopos et abbates. Novus scriptor Gestorum Dei per Francos, trecentos et decem tam episcopos quam abbates. Denique Guibertus hoc concilium *tanto celebrius fuisse* dicit, *quanto excellentis et inusitatæ personæ,* Urbanum intelligit, *ora cernere, verba audire erat desiderabilius.* Tum subdit : *Illic præter episcoporum et abbatum examina, quos circiter quadringintos per prominentes ferulas fuisse aliqui numeraverant, totius Franciæ et appendicium comitatuum litteratura confluxit.* Nec mirum si Franci tanto cum ardore ad illustrem adeo et inusitatum cœtum confluxerint. Etenim præter nativum fervorem, Philippus rex, ut Urbani votis obsecundaret, omnibus regni sui episcopis et abbatibus potestatem fecerat huc cum omni securitate commeandi, quod ipse pontifex in litteris ad Garnerium supra laudatis testatus est. Cum vero hujus concilii Acta accurate descripta non habeantur, nihil mirum est si varii quandoque fuerint auctores in assignando episcoporum qui huic concilio interfuere numero. Qui autem minorem quam cæteri numerum assignarunt, id fecisse videntur quod, cum omnes præsules omnibus sessionibus præsentes non fuerint, illi eos tantum recensuerint qui singulari alicui sessioni interfuerant. Et id sæpius occurrit in instrumentis potissimum de aliquo particulari negotio confectis. Ita Urbanus ipse in decreto pro confirmatione primatus Lugdunensis, huic definitioni interfuisse testatur, præter Richerium Senonensem archiepiscopum, *duodecim archiepiscopos cum episcopis octoginta, abbatibus nonaginta et eo amplius.* Sed magis ad rem pertinet, quod auctor Gestorum episcoporum Turonensium et abbatum Majoris Monasterii paucos omnino recenseat antistites qui privilegio ejusdem monasterii in concilio subscripserint, quamvis ipsum concilium *in præsentia quingentorum ferme Patrum celebratum* fuisse ipsemet antea observasset.

CCVI. *Sedes et nomina nonnullorum. Ministri papæ.*

Hæc de numero episcoporum qui ad Claromontanam synodum convenere; at quinam illi fuerint, quarumve sedium antistites, nemo est, ut puto, qui divinare velit, deficientibus probis instrumentis. Nonnullos tamen, qui passim in revolvendis eorum temporum monumentis occurrerunt, recensere haud ingratum putavimus; alios forte alii indicabunt. Ex his aliquot erant cardinales ex pontificis comitatu, ejus nempe officiales, scilicet Joannes Portuensis episcopus, Bruno Signensis, Walterus seu Gualterus Albiensis, seu potius Albanensis, qui paulo antea in Angliam legatus fuerat, Daimbertus archiepiscopus Pisarum. His addit liber De gestis archiepiscoporum Turonensium mox laudatus Rangerium archiepiscopum Rhegiensem, Richardum, cum forte qui tunc abbas erat Sancti Victoris et cardinalis, aut illum archidiaconum Metensem, infra ex Meurissio memorandum; Joannem Gaëtellum seu potius Gaetanum, cancellarium pontificis, Gregorium Papiensem diaconum et Hugonem Virdunensem diaconum Romanæ Ecclesiæ ministros. Gregorius, hic memoratus, is est ipse, nisi fallor, hujus nominis cardinalis, qui, teste Roberto, in Historia sacræ expeditionis, post Urbani orationem omnium nomine in concilio confessionem fecit et absolutionem obtinuit. Alibi invenio Teusonem et Ranchionem etiam cardinales, quibus addendi ex pontificis ministerio Milo ex monacho Sancti Albini, postea ejus legatus, et Henricus Siculus, jam supra laudatus, quem pontifex ut necessaria ad synodum disponeret, Placentiæ adhuc existens in Gallias præmiserat. Præter hos, si tamen ex illis non fuit, Meurissius in Historia episcoporum Metensium Richardum archidiaconum Metensem memorat, quem ab Henrico imperatore olim cum Herimanno episcopo suo pulsum, et a Gregorio VII episcopatu Albanensi donatum, in ea synodo cardinalem et legatum in Lotharingiam et Germaniam ab Urbano factum fuisse scribit. Et quidem Ughellus in catalogo Albanensium episcoporum Richardum recenset, sed ab Urbano presbyterum cardinalem et a Paschale II episcopum factum, quem cum Richardo Massiliensi abbate confundit. Et fortasse Ughellus ut personas, ita Meurissius etiam varia tempora in unum miscuit. Nam Gualterius non Richardus tunc Albanensis episcopus erat. Archiepiscopi, præter Pisanum et Rhegiensem supra memoratos, erant Hugo Lugdunensis, Amatus Burdigalensis, uterque in Gallia pontificis vicarius, Bernardus Toletanus et ipse Urbani vicarius in Hispaniis; cæteri Raynaldus Remensis, Adebertus Bituricensis, Rodulfus Turonensis, Richerius Senonensis, Dalmatius Narbonensis, Guido Viennensis, Berengarius Tarraconensis, et [Petrus] Axiensis, seu forte Aquensis. Nonnulli, uti jam supra observavimus, addunt Anselmum Mediolanensem, quod an verum sit asserere non ausim. Rolandus vero Dolensis, qui ob pallii honorem dicebatur archiepiscopus, non videtur locum habuisse inter metropolitanos. Episcopos vero inveni, ex Remensi provincia Lambertum Atrebatensem, Gerardum Morinensem, Gervinum Ambianensem, Rogerum Bellovacensem, Letaldum Silvanectensem, Gualcherium Cameracensem, et cæteros ejusdem métropolis suffraganeos, ut habet auctor Gestorum Lamberti, ipseque pontifex innuit in epistola ad Cameracenses, scripta altera die post solutum concilium. Ex quibus haud dubium erat Hugo Suessionensis, ut monet Dormasius Suessionensis Historiæ scriptor. His addendus est Hilrodus ejusdem Ecclesiæ antea episcopus, qui tunc dimissa sede in Majori-Monasterio morabatur; is ipse quem postea in abbatem electum nonnulli rursus benedicendum esse autumabant, reclamante Ivone epist. 88 ad Pascalem II ea de re scripta. Ex provincia Trevirensi interfuisse dicuntur, ut supra observavimus, Poppo Metensis, et Pibo Tullensis, cum legato Richerii episcopi Virdunensis. Ex Lugdunensi, Agano Æduensis, et Landricus Matisconensis. Ex Rothomagensi, Odo Bajocensis, Gislebertus Ebroicensis et Serlo Sagiensis, suis et aliorum ejusdem provinciæ antistitum, quorum legati erant, nominibus, ut habet Ordericus libro IX. Ex Turonensi, seu Lugdunensi tertia, Hoellus Cenomannensis, Gaufridus Andegavensis, Benedictus Namnetensis, et Rolandus Dolensis, qui locum inter metropolitanos ambiebat. Ex Senonensi seu Lugdunensi quarta, Ivo Carnotensis, Joannes Aurelianensis, et alii provinciæ suffraganei ex Urbani bulla pro primatu Lugdunensi. Ex Viennensi Hugo Gratianopolitanus, et Guntardus Valentiæ. Ex Arelatensi, Desiderius Cavellicensis defunctus concilii tempore, et Willelmus Arausicensis, qui Adhemaro Podiensi sacræ expeditionis ductori socius adjunctus est. Ex Bituricensi Durannus Claromontensis, cui defuncto substitutus est Guillelmus, ab ipso, ut quidem aiunt, Urbano consecratus Humbaldus Lemovicensis, Adhemarus Podii seu Aniciensis, qui crucesignatorum dux seu antesignanus institutus fuit. Ex Burdigalensi, alter Adhemarus Ecolismensis, Petrus Pictavensis, Ramnulfus Sanctonensis, Raynoldus Petracoricensis, qui in sacra expeditione martyr occubuisse dicitur, et Raymundus Rutenensis. Ex Narbonensi Gotofredus Magalonensis, Bertrandus Nemausensis et, ut volunt, Bertrandus Lutevensis, qui in sacra expeditione obiisse dicitur anno 1099. Ex Hispania vero Dalmatius Iriensis seu Compostellanus, et Petrus Pampilonensis. Papebrochius in Propylæo, seu Conatu ad catalogum Pontificum Roman., ait de Urbano II sanctum Oldegarium Barcinonensem, solum ex Hispania episcopum Claromontano huic concilio interfuisse, cujus Acta, inquit, Barcinonem reportavit. At fallitur vir eruditus, ac ea quæ in Vita ejus sancti die 5 Martii, de altero concilio Claromontano sub Innocentio II papa celebrare habentur, ad istud Urbani concilium incaute retulit, ut ex ipso Vitæ Oldegarii loco, quem laudat, scilicet cap. 4 manifestum est.

Jam vero inter abbates qui eidem concilio interfuerunt, hos ex variis monumentis colligimus, Richardum nempe Sancti Victoris Massiliæ, qui erat Romanæ Ecclesiæ cardinalis; Gervinum Centulensem abbatem simul et Ambianensem episcopum, qui abbatiam dimittere in concilio coactus fuit; Guibertum Sancti Germani Antissiodorensis, in eadem synodo, aut certe in Nemausensi anno sequenti exauctoratum; Robertum archimonasterii Remigiani apud Remos abbatem et primum auctorem Historiæ Jerosolymitanæ, qui et ipse postea sui monasterii regimen dimittere compulsus est. Adfuit etiam Lambertus abbas Sancti Bertini, ex Historia Morinorum; Lanzo Sancti Vincentii Metensis, cui Urbanus anno sequenti privilegium indulsit. Baldricus tum Burgulii abbas, postea Dolensis episcopus, qui et ipse Historiam Jerosolymitanæ expeditionis et alia opuscula scripsit; Hugo Cluniacensis, vel suo nomine clarissimus, quod præter alia indicat Paschalis bulla ad eum ipsum data pro subjectione sancti Cypriani Pictaviensis, quam habet Souchetus in notis ad Vitam Bernardi Turonensis. Bernardus Majoris Monasterii, et Stephanus Nucariens's ex diœcesi Turonensi, Goffridus Vindocinensis, rebus gestis et scriptis celebris, Jarento Sancti Benigni Divionensis, Guntardus Gemeticensis sub finem concilii, ut habet Ordericus Vitalis libro x, defunctus, quem ad concilium *cum cæteris collegis suis Northmanniæ pastoribus perrexisse* idem auctor narrat libro IV; unde colligitur plures ex eadem provincia abbates huic synodo interfuisse, quorum nomina exciderunt. His addendi Natalis Sancti Nicolai prope Andegavos abbas, Guillelmus Sancti Florentii ex eadem diœcesi; Gausmarus Sancti Petri Insulæ Germanicæ, seu de Cella prope Trecas, Raynaldus Sancti Cypriani, Gervasius Sancti Savini et Petrus Carrofensis apud Pictones; Petrus Anianæ in diœcesi Magalonensi, Ademarus Sancti Martialis apud Lemovicas, et ex eadem diœcesi Gerardus Usercensis Ansculfus Sancti Joannis Angeriacensis ex diœcesi Santonensi. Ex Arvernia vero, præter Petrum Sancti Illidii Claromontani, aderant Petrus Auriliacensis et Prultus Casæ Dei abbates, anonymus Sancti Symphoriani de Thigemo, et decanus Sancti Petri de Mauriaco, quibus jungendi sunt Alodus Sancti Vedasti, et Hamericus Aquicentensis abbates, qui cum episcopo suo Lamberto Atrebatensi et aliis ejusdem diœcesis primoribus ad concilium profecti fuisse dicuntur in ipsius Lamberti Gestis. Aderat etiam ex Taurinensi provincia Ermengaudus abbas Clusensis, ut ex ejus epistola discimus, quam ms. habemus; in ea quippe Ramnulfum episcopum Santonensem rogat ut negotium de Ecclesia Vallis, quod contra Angeriacensem abbatem habebat, componeret, sicut ei in concilio Claromontensi pollicitus fuerat.

CCVII. *Concilium inchoatur.*

Congregatis itaque ex omni parte pontificibus, Urbanus XIV Kalendas Decembris concilium inchoavit ipsa die octava festi sancti Martini, ut observat Bertoldus, cui consentit Clarius in Chronico Sancti Petri Vivi Senonensis, sicut et ipsius concilii notitia ex cod. Camerarii jam laudato eruta. Certe Urbanus ipse in epistola ad Lambertum Atrebatensem illam synodum *in octavis sancti Martini* celebrandam fore denuntiaverat; quod de ipsa die octava intelligendum esse patet ex Raynoldi Remensis epistola invitatoria nomine Urbani ad eumdem Lambertum, in qua diserte legitur, concilium *in octavis sancti Martini* XIII *videlicet die Kal. Decembris* celebrari debere. Hinc emendandum est Chronicon Malleacense, in quo illud III Idus Novembris coactum fuisse legitur.

CCVIII. *Durandi episcopi Claromontani mors et exsequiæ.*

Tantam solemnitatem paulo turbavit Durandi ipsius Arvernicæ urbis episcopi mors, quæ primo concilii die contigit. Hic ex Casæ Dei abbate factus episcopus, tum Claromontanam Ecclesiam regebat, quando huc advenit pontifex ut concilium celebraret, sed in necessariis ad pontificem aliosque episcopos et decebat excipiendos præparandis defatigatus est, et contracto gravi morbo, adveniente papa, jam de ejus vita pene desperaretur. Et quidem, ut habet Hugo Flaviniacensis in Chronico Virdunensi, ab Urbano *visitatus et absolutus cum jam extremum spiritum traheret, nocte sequenti primam scilicet, concilii diem, spiritum Creatori reddidit.* Funeris curam suscepere Hugo Gratianopolis episcopus, Jarento Sancti Benigni, et Pontius Casæ Dei abbates, qui tres sub eo apud Casam Dei monasticam vitam duxerant; nec unquam celebriores exsequiæ visæ fuerant, ad quas nempe cum pontifice Romano tot antistites et omnium ordinum, et illustres viri ex toto pene orbe Christiano convenisse videbantur. Has paucis verbis Hugo Flaviniaci sic descripsit loco laudato. *Lotus,* inquit, *et curatus summa filiorum, id est abbatis Divionensis, abbatis Casæ Dei, episcopi Gratianopolitani, et aliorum diligentia. Et sic antequam concilium inciperetur toto orbe, ad ejus exsequias occurrente, ab ipso papa et episcopis terræ est mandatum cum gloria; et sedem ejus Willelmus de Basia adeptus est laude cleri et populi præcepto ejusdem apostolici.* Duplex ejusdem antistitis epitaphium scripsit Baldricus tum Burguliensis abbas, in quibus ejus exsequias triumpho similes fuisse, cumque 13 die ante Decembrem obiisse testatur his versibus:

Exsequias celebres, quæ forma fuere triumphi,
Dispensavit ei gratia summa Dei.
Urbanus synodo generali papa vocata,
Patres bis centum movit ad obsequium.
Tertia, quæ decimam lucem præit ante Decembrem,
Vitæ præsentis lumen ademit ei, etc.

In altero epitaphio inter cætera sic habet:
Ipsius exsequias dicas similasse triumphum,
Et dispensantis signa fuisse Dei;
Adfuit Urbanus centeno præsule septus,
Abbatum vero major erat numerus, etc.

CCIX. *Quid in concilio Claromontano gestum. Cur diverse a diversis canones referuntur.*

Multa et quidem gravis momenti negotia in concilio Claromontano tractata fuisse nemo est, qui non fateatur; at illa singillatim expendere difficilimum esset, cum pleraque monumenta ejus temporis exciderint, et ea quæ supersunt in variis auctoribus dispersa non semper uno modo res repræsentent; imo, quod magis mirere, canones ejus concilii diversi sunt in diversis auctoribus. Ne tamen in animum inducas eos qui supersunt ab istis auctoribus fuisse confictos, memineris, quod uni aliquot canones, alii alios, cæteris omissis, quos ad se spectare non putabant, retulerint; imo nec ipsi canones, quos omnes, aut plerique exhibent, eodem ordine ac iisdem verbis repræsentantur, quod eorum tantum substantiam, non ipsa verba referre auctores illi in animo habuerint: unde breviaria seu summaria canonum, potius quam hujus concilii canones appellari debent. Bertoldus paucis verbis tria præcipuis hujus synodi capitibus ita exhibet: In ea synodo *dominus papa*, inquit, *eadem statuta, quæ et in præterita synodo Placentina confirmavit; insuper et Philippum regem Galliarum excommunicavit, eo quod, propria uxore dimissa, militis sui uxorem sibi in conjugium sociavit; ibi etiam aliam synodum in tertiam subsequentis Quadragesimæ hebdomadam Turonis celebrandam denuntiavit*. At non solum quæ in Placentinam, sed etiam quæ in prioribus synodis Melphiæ, Beneventi et Trojæ decreta fuerant, Claromonti confirmata fuisse, præter alios diserte exprimit canon 5 ex codice ms. Cencii Camerarii. Imo et nonnullos antiquiorum conciliorum canones in eadem synodo lectos et confirmatos fuisse innuit Lambertus Atrebatensis in charta donationis prioratus Ambrisnæ Gualtero abbati Sanctæ Trinitatis Rothomagensis factæ, in qua statuit, ut monachus, qui ei loco præficeretur, eo quod foret ex aliena diœcesi, sibi suisque successoribus promittere debeat canonicam obedientiam, *sicut in Chalcedonensi*, inquit, *concilio legitur confirmatum, et in Claromontensi dignæ memoriæ venerabili Urbano II est renovatum*. Nonnulli aiunt Fulconem Andegavorum comitem eo in concilio adversus Francorum regem litem movisse ob Bertradam sibi ab eo ereptam, quod alii silent;

Philippum vero regem ibi ob illum raptum fuisse excommunicatum non Bertoldus solum, sed et Ivo Carnotenus epist. 211, Willelmus Malmesburiensis, Sigibertus et alii passim asseverant. At frustra movent inde quæstionem nonnulli, an etiam Galiæ regnum tunc temporis interdicto subjectum fuerit, cum certum sit hujusmodi excommunicationes nihil unquam populos affecisse, ac multo minus aliquid ex debita regibus obedientia aut reverentia detraxisse, ut ex Ivonis aliorumque, qui ferventius in adulterinas Philippi nuptias invehebantur, scriptis patet: quanquam Urbanus, ut tantum scandalum ab Ecclesia amoliretur, censuerit eum communione esse privandum, abstinendumque a solemni ejus coronatione, quæ tunc temporis, a Remensi archiepiscopo, aut eo absente, ab aliquo alio episcopo in præcipuis festivitatibus fieri solebat. Nec aliud quidquam intelligunt Ivo similesque ejus ævi auctores cum de coronæ privatione aut restitutione loquuntur.

CCX. *Canonum Claromontani concilii collectiones.*

Porro inter eos, qui majorem in colligendis canonibus Claromontanis diligentiam præ cæteris adhibuisse videatur, censeri debet auctor codicis Lamberti Atrebatensis episcopi, qui ejus concilii canones triginta duos exhibet. Labbeus decem adjecit ex veteri membrana Petri Pithœi, novem ex codice Cencii Camerarii, ac tredecim ex codice Dionysiano, quos Gallice a Belforestio libro IV Annalium Francorum descriptos, Serarius in Latinum transtulerat. Viginti quinque omnino apud Ordericum Vitalem initio libri IX recensentur, ac ferme totidem apud Willelmum Malmesburiensem et Matthæum Parisium, Anglicanos scriptores. Præter hos omnes, alii etiam nonnulli passim occurrunt apud varios auctores data occasione laudati, qui cum ad res privatarum ecclesiarum aut personarum pertineant, simul cum cæteris non habentur. Hos omnes simul collectos habebis inter Urbani epistolas.

CCXI. *Quid in eis statutum. De beneficiis. De investituris. De treugis.*

Eo autem potissimum intendebat in condendis hujus concilii canonibus pontifex, ut adversus vitia, quæ tum in Ecclesia, maxime Gallicana, vigebant, remedia opportuna præpararet, quod jam olim observavit Ordericus Vitalis libro IX. Hinc in plerisque illis decretis vitia carpuntur, quæ tum in beneficiis ecclesiasticis adipiscendis aut retinendis ut plurimum admittebantur; a quibus proinde arcentur Simoniaci, concubinarii, spurii. Vetantur etiam beneficiorum pluralitas, et ex uno in alterum translationes; statuitur ut, qui dignitatem aliquam in Ecclesiis voluerit adipisci, eo ordine decoratus sit, qui ad illum gradum conveniens est; et nullus ex laicis aut clericis infra diaconatum constitutus ad episcopatum assumatur; ut laici decimas solvant, nec bona ecclesiarum, aut ecclesiasticorum hominum, post eorum mortem spolia rapiant. Jejuniorum atque ordinationum tempora statuuntur. Investituræ prohibentur vulgatis canonibus 15 et 16, ita tamen, ut interpretatur, et se ab Urbano ipso audivisse asseverat Ivo epist. 60 ad Hugonem Lugdunensem, ut concilium *reges tantum a corporali investitura excludat ; non ab electione, in quantum sunt caput populi, vel concessione*, etc. Qua in re cum Francorum reges pontificibus consenserint, nulla de investituris controversia Gallicanam Ecclesiam perturbavit. At canon sequens, contra eos qui regibus fidelitatem ligiam præstant, nullum unquam in Galliis habuit vigorem, ut ex ipsius Ivonis epist. 190 patet ad Paschalem II scripta, qua de re agunt Juretus in notis ad hanc epistolam, et Petrus de Marca lib. VIII Concordiæ, cap. 21.

Provisum etiam in hoc concilio fuit publicæ securitati, maxime eorum qui sua conditione aut natura ab omni armorum strepitu abstinere debebant. Hinc canone, quo certi induciarum dies statuuntur, sancitum fuit ut omni tempore monachi, clerici, feminæ, et qui cum eis fuerint, *in pace permaneant.* Celebres postea hæ induciæ sub treugæ et pacis nominibus potissimum occasione sacrarum expeditionum fuerunt; de quibus erudite pro suo more disserit, præter alios quamplures auctores, illustriss. Petrus de Marca in notis ad hunc canonem; qui in aliis notis ad hoc concilium Claromontanum multa etiam habet de communione, de chrismationibus, etc., sicut et in libris De concordia, et in opusculo De primatibus, quæ omnia hic fusius pertractare ad nostrum institutum nihil spectat.

CXII. *Canon de redemptione altarium. Ejus occasione turbæ excitantur. Goffridus Vindocinensis abbas vindicatur.*

Mirum autem est canonem de altarium redemptione, qui adeo apud auctores celebratur, in vulgatis passim hujus synodi canonum collectionibus desiderari. Et tamen præter codicem Cencii Camerarii apud Labbeum tomo X Concil. et alium Ananicensis monasterii apud Baluzium in notis ad cap. 51, libri VI De concordia sacerdotii et imperii, hunc canonem laudant Goffridus Vindocini abbas libro III, epist. 12 ad Ulgerium Andecavensem episcopum, et Paschalis II papa ad Ramnulfum Santonensem et Ivonem Carnotensem episcopos, qui huic concilio interfuerant. Sed forte ii canonum collectores istum omiserunt, quod in concilio Nemausensi iisdem omnino verbis ex isto Arvernensi repetatur. Ut ut est, occasionem hujus canonis condendi cam fuisse observant viri eruditi Petrus de Marca et Jacobus Sirmundus, quod cum multi antea pii homines ecclesias a se conditas, aut quolibet modo suo juri subjectas monasteriis contulissent; id permiserant episcopi diœcesani (necessarius quippe ad hoc erat eorum consensus) ea lege, ut statis temporibus, nempe singulis vicariorum, seu uti appellabant, personarum aut presbyterorum, qui videlicet nomine abbatis aut monachorum ejusmodi parochiæ curam sustinebant, mutationibus certa eis pecuniæ summa penderetur : qui census *altarium redemptio* appellatus est, et hæc altaria *sub personatu* concessa dicebantur; alia vero quæ nullam præstationem debebant, censebantur *impersonaliter* teneri. Ast cum post aliquod tempus animadversum fuisset a viris piis et oculatus has pensiones absque aliqua Simoniæ labe dari non posse, ut scripserat Ivo epist. 12 ad ipsum Urbanum, pontifex primum in Arvernensi concilio, tum etiam in Nemausensi, ac demum alii pontifices exemplo vetuerunt, ne deinceps pecunia ulla pro altarium redemptione episcopis daretur. Ne tamen hac occasione episcopi, quod nonnisi cum onere solvendæ illius pecuniæ consensum suum præbuissent, altaria monasteriis donata auferre, sibique attribuere molirentur, statutum in concilio fuerat, ut monasteriis, quæ per annos triginta ejusmodi altaria, seu decimas possederant, quiete possidenda relinquerentur. Atque eam concilii et Urbani mentem fuisse ex ipso pontifice discimus, qui ea de re scripsit ad Ingelramnum episcopum Laudunensem, tum etiam ad monachos sancti Bertini.

Verum cum hoc decretum, salvo episcoporum annuo censu, quem illi ex antiquo jure habere in diœceseon suarum ecclesiis, seu, ut appellabant, altaribus, consueverant, sancitum esse pontifex declarasset, nonnulli episcopi hac occasione pecunias illas quas ad singulas personarum, uti diximus, mutationes pro altarium redemptione percipiebant, ad veterem illum censum annuum quem sub synodici, circadæ, procurationis aut alio quovis nomine habere soliti erant, conati sunt adjungere, illud scilicet vetus debitum novi census accessione adaugendo : at reclamarunt abbates et monachi. Nec dubium quin huc revocari debeat Goffridi Vindocinensis epistola 12, libri III ad Ulgerium episcopum Andegavensem, et altera ejusdem ad G. legatum apostolicæ sedis, lib. I, epist. 27. Imo pontifices ipsi monachorum hac in re patrocinium susceperunt, uti patet ex una Paschalis papæ epistola ad Ivonem Carnotenum et Ramnulfum Santonensem episcopos, et ex alia quam Gaufridus item Carnutum episcopus et apostolicæ sedis legatus de eodem argumento scripsit (ex Goffridi lib. I, ep. 27) ad R. archidiaconum et Ilu. decanum Andegavensis Ecclesiæ; quas litteras Baluzius retulit in notis ad lib. VIII, cap. 31 De concordia sacerdotii et imperii. Quare ut in hac quæstione nihil confundatur, apprime distinguendum est novi census exactio, aut additio ad veterem occasione redemptionis altarium, a veteris census debito. Fatebantur enim omnes, si non fallor, veterem censum, de quo mox loquebamur, episcopis reddendum esse; at controversia erat inter aliquot episcopos et abbates, an loco redemptionis altarium quam synodus aboleverat, introduci deberet aut posset novus aliquis census, aut antiquus debitus augeri. Id contendebant aliquot præsules negantibus abbatibus, et merito quidem, ut ex epistolis Urbani et Paschalis supra laudatis patet, in quibus pontifices monachorum patrocinium contra episcopos suscepere. Et quidem de novi ejus census exactione solummodo agebatur inter Goffridum Vindocini abbatem et Ulgerium Andegavensem et alios episcopos. Unde licet Paschalis in epistola laudata editionis Baluzianæ aliquem annuum censum episcopis debitum admiserit, ubique tamen rejiciendum esse pronuntiavit eum censum quem Ivo et Ramnulfus *simplicitati incongruas duplicitates innectentes ex personarum redemptione mutatis nominibus extorquere* conabantur. Nec iis episcopis imponi poterat, utpote qui ipsi concilio Arvernensi, uti post Urbanum Paschalis ibidem asserit, interfuerant. Goffridus autem nusquam veterem illum censum impugnare aggressus est, aut ullo modo unquam contendit eum fuisse in Arvernensi concilio vetitum ; sed eum censum reprobabat, quem Ulgerius de novo nitebatur inducere. Contendebat enim Goffridus, ut ille ipse scripsit, lib. I, epist. 27 ad Gaufridum episc. Carnotensem *annullari* decretum Urbani in concilio Arvernensi contra Simoniam redemptionis altarium, *quæ in illo magno concilio pravitas hæretica vocata* fuerat, sancitum, si id quod nonnisi semel per vicarios antea solvebatur, sub *nomine censûs annui* de novo instituti ab episcopis deinceps extorqueretur : quod parum interesset ad Simoniam conflandam, an illa pecunia rarius, sicuti antea fiebat, scilicet tantummodo in personarum mutationibus, an frequentius, nempe singulis annis, sub alio nomine penderetur. Eadem ferme repetit Goffridus in epist. 12, l. III, ad ipsum Ulgerium scripta. At in his controversiis nunquam ulla quæstio fuit de veteri censu episcopis debito; unde immerito Goffridum *temeritatis* videretur notare eruditus Baluzius in notis ad Gratianum 1, q. 3, c. *quæsitum*, quasi ille abbas malo animo clausulam expunxisset a canone Claromontano, quæ salvum esse volebat episcopis annuum censum, ut eis omnem omnino censum, sive veterem *synodalem*, ut ipse Baluzius appellat, sive novum denegaret. Certum est enim ex utraque epistola Goffridi laudata, ut jam diximus, quod etiam cuilibet illas epistolas attente legenti, ut reor, patebit, eum nonnisi de censu novo, quem loco illius exactionis, quæ ad singulas vicariorum mutationes antea fieri solebat, episcopi intrudere volebant; locutum fuisse. Unde et episcopi adversus quos agebat Goffridus causa ceciderunt, et abolitus est omnino auctoritate pontificum novus ille census quem illi exigere tentaverant. Cur vero clausula illa *salvo utique censu*, etc., in Chartario Vindocinensi desit, nihil juvat divinare, cum de ea nulla unquam fuerit inter Goffridum, seu ejus successores et episcopos controversia. Non enim auctoritate illius canonis se unquam a quolibet censu, sed tantum a novo illo solvendo, quem loco redemptionis altarium intrudere episcopi volebant, liberos esse contenderunt Vindocinenses, quod reipsa verum erat. Et fortasse non sublata aut a Vindocinensibus hæc verba, sed ab aliis ad majorem canonis intelligentiam ista in aliis codicibus addita fuerunt, ut aliquis in codice sancti Albini ad vocem *censu* addidit *syn-* *odali*, ne qua superesset in eo canone difficultatis umbra.

CCXIII. *Canonis de redemptione altarium appendix.*

Canon 7 vulgatarum collectionum videtur esse præcedentis de altarium redemptione appendix. Eo quippe cavetur, ut altaria quæ canonicis aut monachis per personas data fuerint, post personarum mortem ad episcopos redeant, nisi ipsi episcopi ea per litteras aut privilegia monasteriis confirment. Huc enim revocatur possessio triginta annorum, quæ in canone de altarium redemptione, ad altaria monasteriis asserenda præscribitur. Quod vero in eo statuitur, ut vicarii a monachis instituti in parochiis, curam animarum ab episcopis quidem suscipiant, sed monachi reddant temporalium rationem, nullam patitur difficultatem. Si tamen plura quis cupiat ea de re, adeat Baluzium in additis ad cap. 51 libri VI De concordia sacerdotii et imperii illustriss. viri Petri de Marca, et alios canonici juris interpretes.

CCXIV. *Alia decreta.*

Præter hos canones, Goffridus Vindocini abbas lib. II, epist. 29 et 30 ad Goffridum episcopum Carnotensem, « laudat prolatam ab Urbano papa in concilio Arvernensi sententiam, omnibus episcopis et abbatibus, qui aderant, laudantibus, ut quicunque sine vocatione et judicio exspoliarentur, etiam sine vocatione et judicio investirentur ; ne scilicet sub occasione vocationis et judicii interveniret dilatio, et per dilationem aut diuturna aut sempiterna maneret exspoliatio. » Consule notas in epist. 172 Ivonis Carnoteni. Idem Ivo aliud laudat ejusdem concilii decretum, quo sancitur ut excommunicatus ab uno episcopo, a vicinis quoque episcopis excommunicetur. Hæc de canonibus illis observare visum est. Plura cupienti præsto erunt libri De conciliorum decretis editi. At notas singulares in Claromontanos canones fecit illustriss. Petrus de Marca tom. X Concil. Labbei, ad quos etiam spectat liber ejus De primatibus.

CCXV. *Variæ causæ in synodo Claromontana tractatæ. Primatus Lugdunensis.*

Inter varias causas, quæ in synodo Claromontana agitatæ sunt, celebris ea est quæ ad primatum Lugdunensem pertinet. Obtinuerat Gibuinus Lugduni archiepiscopus litteras a Gregorio VII, quibus ei primatum in quatuor Lugdunenses provincias, id est in ipsam Lugdunensem, Rothomagensem, Turonensem, et Senonensem confirmabat, scriptis etiam aliis litteris ad illarum provinciarum metropolitanos, quibus eis injungebat, ut *Lugdunensi Ecclesiæ honorem et reverentiam, a majoribus,* inquit pontifex, *nostris, de ecclesiis vestris præfixam,* exhiberent. Pontificiis litteris statim paruit Rodulfus Turonensis, forte quod eo pacto Dolensem ac cæteros Britanniæ minoris episcopos, qui sese ab ejus Ecclesiæ obedientia subduxerant, facilius restituendos, favente pontifice, speraret; at Richerius Senonensis, qui et ipse ex Joannis VIII privilegio primatum se habere contendebat, omnem prorsus Ecclesiæ Lugdunensi subjectionem denegavit. Hunc imitatus est Rothomagensis antistes, cujus provincia tunc Francorum dominio subjecta non erat, atque adeo nihil fere tunc profuit Gebuino Gregorii decretum. At Hugo post Gebuini obitum e Diensi ad Lugdunensem Ecclesiam translatus, qui ob vicariatum sedis apostolicæ sibi demandatum maxima auctoritate pollebat, omnem movit lapidem, ut primatum sedi suæ assereret, nactusque præclaram hujus rei præstandæ occasionem, causam ad concilium Claromontanum detulit, quæ jam in variis minoribus conciliis agitata fuerat. Citatus Richerius Senonensis, qui præsens aderat, post varias tergiversationes, cum de die in diem respondere differret, sexta die causa cecidit; ac post duas alias dies, cum adhuc obedientiam promittentibus ejus suffraganeis, eam promittere detrectaret, pallii usu et jurisdictione in suos suffraganeos privatus est, donec decreto obtemperaret. Eadem pœna in archiepiscopum Rothomagensem, qui concilio non intererat, decreta est, nisi intra tres menses primati Lugdunensi subjectionem *scripto, siquidem viva voce non posset, polliceretur;* atque eo pacto primatus Lugdunensis in eas ecclesias invaluit. Hæc omnia fusius exposita sunt in bulla Urbani ea de re post aliquot dies data.

CCXVI. *Lis de Salmoriacensi pago.*

Haud minori contentione agebatur tunc temporis, licet nor tanti fuerit momenti, controversia inter Guidonem Viennensem metropolitanum, et Hugonem Gratianopolitanum episcopum de pago Salmoriacensi, quem uterque suæ esse diœcesis contendebat. Res secundum Hugonem, ut jam non semel factum fuisse diximus, judicata est, qui a Guidonis sui metropolitani obedientia absolutus fuit, donec ille decreto concilii obediret, ut ipse pontifex in litteris ad Guigonem comitem ac clerum et populum Gratianopolitanum declaravit.

CCXVII. *De Dolensi archiepiscopatu.*

Actum quoque ibi est de causa Dolensis Ecclesiæ, cujus episcopi a Turonensis metropolis subjectione se subtrahere conabantur. Et quidem res jam ab Urbano definita fuerat, uti diximus; sed, quia Rollandus Dolensis antistes pallio donatus, archiepiscopi titulo et insignibus utebatur, verebatur Radulfus Turonensis, ne ejus quoque successores idem ambirent; quare effecit ut Urbani de subjectione Dolensis Ecclesiæ decretum in concilio confirmaretur, et quidem Rollandus Radulfo metropolitano suo obedire compulsus est, ut testatur Willelmus episcopus Pictaviensis, qui ante episcopatum haud dubium in episcopi sui comitatu eidem concilio interfuerat. Instrumentum ea de re Martenius noster retulit in veterum Scriptorum nova collectione p. 68.

CCXVIII. *De privilegiis Majoris-Monasterii.*

Ad eamdem synodum delata fuit causa jam in multis agitata conventibus inter eumdem Radulphum et monachos Majoris-Monasterii, quos ille uti excommunicatos haberi volebat. Ea de re coram pontifice et cæteris concilii Patribus conquestis monachis, archiepiscopus factum negavit, si monacho, qui libellum De gestis archiepiscoporum et abbatum Majoris-Monasterii a Bochelle editum scripsit, fidem habeamus, respondítque *quod, si tale aliquid unquam ex ejus ore evaserat, plus ex commotione cum indignatione animi, qaam ex deliberatione processisse.* Visum itaque est, omissis circumstantiis, causam ipsam accuratius examinare. Quare repetitis iis, quæ in variis conciliis ac conventibus agitata et decreta de hac re fuerant, pontifex privilegium a se Majori-Monasterio concessum coram omni consessu recitari fecit : tum cum paucis verbis demonstrasset, nihil in eo contineri, quod a sede apostolica indulgeri non potuerit, *illud auctoritate Dei, et beati Petri apostoli, omniumque apostolorum et sua, modo indissolubili firmavit et auctorizavit.* Latum est hoc decretum præsentibus ex una parte archiepiscopo et ejus clericis; ex altera vero, Bernardo abbate Majoris-Monasterii cum ejus monachis, inter quos recensentur Rangerius cardinalis et archiepiscopus Regiensis, Gausmarus abbas Sancti Petri Trecensis, Stephanus abbas Nucariensis, et Hilgodus qui Suessionensem episcopatum dimiserat. Ex curia vero Romana præsentes erant Portuensis, Pisensis, et Signiensis episcopi, Richardus Sancti Victoris Massiliæ abbas, Hero, Albertus cardinales, et alii. Ex Gallicanis episcopis Hugo Lugduni, Amatus Burdigalæ, Raynoldus Remorum, Richerius Senonum, Rollandus Dolensis, Narbonensis, Axiensis, et ex Hispania Toletanus, archiepiscopi; episcopi vero Hoellus Cenomannensis, et Gaufridus Andegavensis, qui duo ex Turonensi provincia huic controversiæ componendæ, ut refert Ivo epist. 231 multum insudaverant; ex aliis vero provinciis, ipse Ivo Carnotensis, Johannes Aurelianensis, Rogerius Bellovacensis, Namnetensis, Pictavensis et alii episcopi, cum nonnullis abbatibus et proceribus, qui omnes *Fiat, fiat* ad confirmationem privilegii acclamaverunt.

CCXIX. *Alia item privilegia asserta. Vindocinense. Atrebatense.*

Approbata item fuere in eo concilio alia aliarum ecclesiarum et monasteriorum privilegia. Certe hoc, sicut et ipse Urbanus in variis rescriptis, de sui monasterii privilegio affirmat Goffridus Vindocinensis abbas, lib. II, epist. 17 ad Gaufridum episcopum Carnotensem, in qua Urbani ea de re decretum exhibet, quod suo loco inter ejus pontificis epistolas proferetur. Tunc etiam excommunicatus fuit Eblo, *omnium religiosorum qui aderant assensu,* eo quod Oleronis ecclesiam, quæ ad Vindocinenses pertinebat, injuste retineret; cujus rei testem habemus Guillelmum Aquitaniæ ducem, qui id in charta sua affirmat.

Tempore ejusdem synodi privilegium insigne concessit Urbanus parthenoni sanctæ Mariæ Santonensis, qui ab ipsis loci conditoribus Romanæ Ecclesiæ juri mancipatus fuerat. Privilegium Arsendi abbatissæ inscriptum, datum est die vi Kalendas Decembris, anno 1096 pro 1095, ut pleraque alia ejus temporis monumenta, juxta calculum Pisanum præferunt.

Observanda omnino sunt ea, quæ de confirmatione *privilegii renovationis et restitutionis Ecclesiæ Atrebatensis* narrat auctor Gestorum Lamberti. Is refert pontificem die iv Kalendas Decembris, cum jamjam concilio finem esset impositurus, jussisse, ut illud *recitaretur in conspectu totius concilii, in quo cardinales Romani ei consedebant, et archiepiscopi 14, et episcopi 225, et abbates nonaginta et amplius, aliisque propemodum infinitis personis. Recitatum autem fuit, et distincte et aperte lectum, atque ab omni consensu concilii sub magno silentio intente auditum, collaudatum et confirmatum anno Dei Christi 1095.* Hinc mirum non est, si exinde inconcussa semper steterit Atrebatensis Ecclesiæ a Cameracensi exemptio, quæ a tot tantisque præsulibus, post varias synodos provinciales et Romanas in generali tandem concilio comprobata et confirmata fuerat.

CCXX. *Schisma in Cameracensi ecclesia compressum.*

Atrebatensium causæ favebat schisma in Cameracensi Ecclesia his temporibus excitatum, scilicet inter Manassem, ex archidiacono Remensi episcopum electum, in quem Remorum antistes, provinciæ metropolitanus, propendebat, et Gualcherium qui hanc sedem Simonia ambiisse dicebatur. Venerat quidem iste ad concilium, suæ Ecclesiæ, uti autumabat, jura contra Atrebatenses propugnaturus; at, cum sua ipsius causa examinata fuisset, inventus est episcopali gradu indignus; quare fuga elapsus, et tertio frustra admonitus, ut coram patribus ipse ageret causam suam, cum minime comparuisset, *ab omni sacerdotali et episcopali officio,* ut in Gestis Lamberti legitur, approbata Manassis electione, *depositus est;* intentata in eum excommunicatione, si *se ulterius de Ecclesiæ Cameracensis prælatione intromittere tentaret,* ut habet Urbanus ipse in epistola ea de re ad Cameracenses scripta. Is quidem Gualcherius in episcopum a nescio quo consecratus fuerat; sed, quia hanc *electionem et episcopalem Cameracensis Ecclesiæ benedictionem subripuerat per invasionem, et per manus Henrici excommunicati imperatoris; sanctum concilium adjudicato* Manassi episcopatu, decrevit, *ut in Cameracensi Ecclesia,* rejecto Gualcherio, *ordinaretur episcopus;* qui tamen nonnisi sub finem anni sequentis ob comitis Flandriæ absentiam, et turbas ab ipso Gualcherio excitatas consecratus est, ut ex Manassis Remensis archiepiscopi epistola ad Cameracenses patet, quanvis dies ad hanc consecrationem celebrandam, *in octavis Pentecostes* dicta fuisset, ut ex alia ejusdem metropolitani epistola ad Lambertum Atrebatensem invitatoria discimus. Manassi postea suffectus est Odo ex abbate Tornacensi Sancti Martini, qui etiam a Manasse metropolitano, assistentibus ei Lamberto Atrebatensi aliisque provinciæ episcopis ordinatus est, cum interea Gualcherius, Henrico imperatore adjuvante,

et comitissa Montensi contra legitimos episcopos ei favente, schisma in ea Ecclesia foveret, ut discimus ex libello De restauratione Sancti Martini Tornacencis Spicilegii tomo I, et ex variis epistolis tomo V Miscellaneorum Baluzii relatis. Hæ turbæ Sammarthanis errandi occasionem præbuerunt in Gallia Christiana, ubi duos Manasses duosque Gualcherios admiserunt his temporibus, ob varia instrumenta, in quibus Manasses, tum Gualcherius, et postea Manasses, ac iterum Gualcherius memorati habentur.

CCXXI. *Gervinus episcopus Ambianensis abbatia Centulæ privatur.*

Ambianorum Ecclesiam in eadem Remensi provincia tunc regebat Gervinus, qui ex monacho Remigiano apud Remos factus Centulensis abbas, hanc sedem non absque Simoniæ suspicione adeptus fuerat. Utcunque tamen eo vitio purgatus, uti supra ss. 114 et 134 diximus, abbatiam simul et episcopatum retinebat, magno monasterii damno cujus bona ab eo dilapidabantur. Cum itaque nulla subesset emendationis spes, *fratres Centulenses, a Remensi Ecclesia* consilium acceperunt, *ut domino papæ Urbano,* qui eo tempore concilium in Claromonto erat *de proximo habiturus, loci desolationem aperirent et majestatis ejus clementiam implorarent.* Et quidem res prospere eis successit. *Nam pontifex in concilio residens prolata in eum sententia, baculo abbatis et monachorum cura spoliando absolvit.* Hæc dubio procul causa fuit condendi canonis 4 apud Ordericum et alios auctores relati, quo vetatur, ne quis episcopus simul et abbas sit. Sententiam in Gervinum pontificis ore prolatam refert Hariulfus domestico auctor, in Chronico Centulensi tomo IV Spicilegi, ubi sic habetur: « Tu abbatiam Sancti Richarii, quæ nobilis olim et dives fuerat, tam pessime tractasti, ut suis ecclesiam ornamentis spoliaveris, et monachos multos tuis vitiis resistentes exsules fec ris: unde dignus eras ut omnem gratiam ecclesiasticæ dignitatis ex toto perderes, veluti ovium Christi mactator, et sanctæ Ecclesiæ dissipator; sed, ne bina te ultione ferire videamur, esto contentus Ambianensi episcopatu, quem tam dure acquisisti, monachis autem Sancti Richarii sit copia eligendi abbatis cui tu contraire nulla ratione præsumas, quod in virtute Spiritus sancti te observare jubemus. » Rediit itaque Gervinus in suam sedem abbatia Centulensi privatus, qui etiam post aliquot annos episcopatu cedere coactus in Majus-Monasterium secessit, ubi postea defunctus est, Godefrido sancto viro, in ejus locum ex abbate monasterii Sancti Quintini prope Peronam, postquam hæc sedes ferme biennio vacasset, substituto in concilio Trecensi anno 1095, ut refert Guibertus Novigenti lib. II Vitæ suæ, cap. 2.

CCXXII. *Unio monasteriorum Figiacensis et Conchensis firmata.*

Confirmata fuit in eadem Claromontana synodo Conchensis et Figiacensis monasteriorum sub unico abbate unio; et, quia contra illud institutum Conchenses abbatem proprium sibi elegerant, hunc concilii Patres exauctoraverunt. Verum cum hæc rerum dispositio controversiarum perenne esset seminarium, in concilio Nemausensi sequenti anno mutata fuit, ut ibi dicemus.

CCXXIII. *Anianæ abbatis præsumptio repressa.*

Conquestus est coram synodi Patribus Bertrandus Magalonensis antistes, uti refert Gariet in ejusdem Ecclesiæ episcoporum Historia, adversus Petrum Anianæ abbatem, quod ille, se ipso episcopo diœcesano insuper habito, exteros antistites invitaret ad consecrandas ecclesias aliaque pontificalia munia in suo monasterio exsequenda; imo et excommunicatos propria auctoritate solveret, aliaque auderet contra jus Ecclesiæ Magalonensis. Quam quidem præsumptionem pontifex, salvis tamen Anianensis monasterii privilegiis, repressit, confirmata sententia, quam olim Alexander II in simili causa jam tulerat.

CCXXIV. *Variæ aliæ causæ minoris momenti.*

Plures aliæ controversiæ ad concilium Claromontanum delatæ fuerunt, sed quæ tanti momenti visæ non sunt antiquis auctoribus, ut eas proferrent, aut certe tales non sunt, quæ debeant hic fusius exponi. Ex his fuit querela canonicorum Sancti Stephani Tolosæ, qui ecclesiam beatæ Mariæ, quam sui juris esse contendebant, a Cluniacensibus repetiisse dicuntur. Variæ etiam erant inter Hugonem Cluniaci et Pontium Casæ Dei abbates contentiones, quæ ibidem Urbani auctoritate, ac Hugonis Lugdunensis et Aldeberti Bituricensis archiepiscoporum interventu compressa fuerunt, ut patet ex instrumento ea de re confecto IV Kalendas Decembris. Forte huc etiam revocari debet id quod Paschalis II habet in privilegio S. Hugoni an. 1100 concesso edito in appendice Bibl. Cluniacensis, ubi pontifex confirmat omnia de *quibus* in concilio Claromontano adversus eum *nulla quæstio mota est* Idem sanctus Hugo ad concilium detulit Silviniacensium monachorum causam adversus Archimbaldum Borbonii principem, eos, ut supra jam diximus, vexare pergentem exemplo patris sui, qui frustra a beato abbate frequenter monitus, et in synodo Cariloci ea occasione habita reprehensus, nonnisi morti proximus resipuerat. Ille vero patris sui, imo et suorum, ut supra § 202 dictum est, promissorum pontifici factorum immemor, Silviniaco adhuc erat infestus: quare Hugo ut in instrumento ibidem laudato refertur, *in illa magna synodo, quæ apud Arvernensem celebrata est civitatem donni papæ auribus hæc intimavit.* At vero isdem papa, *ut semper paratus erat in omnibus jam dicti patris obtemperare votis, evocato ad concilium Archimbaldo, ad hoc coegit, ut promitteret se juxta consilium archiepiscopi Bituricensis et episcopi Aniciensis,* Guillelmi quoque de Baffia, is est qui in locum Duranni episcopi Claromontani defuncti suffectus est, et aliorum quorumdam nobilium virorum cuncta prave a se contra domnum abbatem gesta emendaturum, quod reipsa paulo post fecit coram iisdem memoratis viris apud Silviniacum, quo ad placitum ea de re indictum convenerant, ut ejusdem placiti publico instrumento constat. In eadem synodo Stephanus prior Sancti Flori apud Arvernos conquestus est adversus Bernardum ac ejus filios, quos Urbanus excommunicavit ob invasam ecclesiam Sancti Martini de Calidis-aquis, ut infra num. 232 dicitur: similem pœnam pertulit Eblo, ut jam diximus, qui ecclesias Vindocinensium in Olerona insula inique occupabat. Assertæ etiam in eodem concilio fuerunt Cluniacensi monasterio variæ possessiones quas singulatim recensere inutile foret. Nec plura dicere vacat de societate precum quas nonnulli abbates ex variis provinciis ad hoc concilium congregati inter sese inierunt, ut discimus ex veteri notitia ejus rei in ms. codice monasterii Illidiani ejusdem urbis relata. In ea memorantur cum abbate Sancti Illidii, abbates Sancti Florentii, Sancti Nicolai Andegavensis, Sancti Cypriani prope Pictavum, Sancti Savini item apud Pictones, Casæ-Dei; tum monachi Portus-Dei, Sancti Petri Mauriacensis, et abbas ac monachi Sancti Symphoriani Thiernensis.

CCXXV. *Expeditio sacra ibi decreta. Orationes pontificis. Episcopus Podii exercituum dux eligitur.*

Verum nihil adeo concilii Claromontani famam posteris commendavit ac celebris illa in terram sanctam expeditio, quæ ibi primum communi omnium ordinum consensu et applausu sancita et promulgata fuit. Urbani hac occasione in dicendo facundiam laudant passim vulgati auctores, quem reipsa veluti *tubam cœlestem intonuisse* scribit Eugenius III ad Ludovicum Francorum regem, ut ei ad similem expeditionem suscipiendam animum adjiceret. Audiendus ea de re Guibertus Novigenti abbas, qui post laudatam pontificis in ea expeditione promulganda magnanimitatem, sic eum concilio præsidentem repræsentat: *Erat ibi spectare quam serena gravitate, ponderosa comitate præsideret; et, ut Sidonii verbis utar, quam piperata facundia ad objecta quælibet papa disertissimus detonaret. Notabatur quanta vir clarissimus modestia tolerabat suas tumultuose causas ingerentium loquacitatem, quam parum appretiabatur, nisi secundum Deum, cujuspiam personalitatem; quod* in eo maxime apparuit, uti prosequitur ille auctor, *quod Philippum regem tanta auctoritate excommunicavit, ut intercessiones spectabilium personarum, et multiplicium munerum illationes contempserit; et quod intra regni ipsius demorabatur limites non extimuerit.*

Finitis itaque variis negotiis, quæ ad concilium delata fuerant, pontifex, ut Robertus Remigianus abbas refert, qui præsens aderat, *exivit in quadam spatiosæ latitudinis platea, quia non poterat illas capere cujuslibet ædificii clausura,* ubi orationem, quam idem auctor summatim refert, habuit, ut ad illam expeditionem astantium animos excitaret; quos revera ita permovit, ut statim omnes conclamaverint *Deus illud vult, Deus illud vult,* quæ verba postmodum in tesseram peregrinantium, veteri gallico idiomate *Deu lo woll* assumpta fuere, quibus milites et alii peregrini in gravioribus itinerum et viarum difficultatibus, seu in mediis certaminibus adversus infideles, sese invicem ad strenue agendum cohortabantur. Idem auctor narrat Gregorium cardinalem (is postea pontifex factus, Innocentius II dictus est), statim post finitam Urbani exhortationem *pro omnibus terrœ prostratis confessionem suam dixisse, et sic omnes pectora sua tundentes impetrasse de his, quœ male commiserant, absolutionem; et facta absolutione benedictionem, et benedictione consecuta ad propria remeandi licentiam,* ut scilicet quæ ad tantum iter, quod deinceps *Via-Dei* appellatum fuit, necessaria erant sibi providerent, ac alios, qui absentes erant, ad eamdem expeditionem suscipiendam adhortarentur.

Postridie convocatis, ut idem auctor prosequitur, episcopis, Urbanus de eligendo sacræ expeditionis duce agendum esse proposuit, ac unanimi omnium consensu electus est Adhemarus Podii episcopus, utpote *qui humanis rebus ac divinis valde esset idoneus, et utraque scientia peritissimus, suisque in actionibus multivividus*. Qui statim *licet invitus suscepit quasi alter Moses ducatum ac regimen Domini populi cum benedictione domini papæ ac totius concilii*. Vices suas ipsi *super Christianum populum quocunque venirent* pontificem commendasse tradit Guibertus, *unde*, inquit, *et manus ei apostolorum more, data pariter benedictione, imposuit*. Quam vero egregie hujus legationis partes impleverit Adhemarus, *probat*, inquit ille auctor, *mirabilis operis tanti exitus*. Et quidem egregia illius antistitis facinora passim apud auctores memorantur. Ejus vero exemplum alii episcopi subsecuti, expeditioni sacræ postea nomen dederunt; quod in ipso etiam Claromontano concilio fecisse dicitur Willelmus Arausicensis. Eodem etiam se voto obstrinxerat Bernardus Toleti archiepiscopus, sed ab eo voto absolvit eum pontifex, quod turbatis in Hispania rebus satius esset ut ibi remoraretur. Ejus absolutionis meminit Paschalis II in epist. ad clerum et populum regni Alfonsi, apud Tamaiam die 3 Aprilis, ubi dicitur Urbanus Bernardi votum commutasse in restaurationem urbis et Ecclesiæ Tarraconensis promovendam. Si Bonfinio et aliis historicis credamus, in ejus expeditionis ducem electus est sanctus Ladislaus Hungariæ rex, eamque, uti aiunt, provinciam jam receperat; ac domesticis tumultibus, ac etiam ipsa morte, qua hoc anno functus est, ne id exsequeretur impeditus fuit.

Orationes, quas ea occasione habuit pontifex, ex antiquis auctoribus, et veteribus schedis editæ sunt a Baronio et in variis conciliorum editionibus. Eas retulere Willelmus Malmesburiensis, Ordericus Vitalis, Robertus Sancti Remigii et Guibertus Novigenti abbates, Willelmus Tyriensis et alii auctores antiqui, qui data opera hujus sequentiumque expeditionum sacrarum historiam scripserunt, simul editi anno 1611, Hanoviæ typis Wechelianis sub titulo *Gesta Dei per Francos*. Earum vero sinceritatem nemo in dubium revocare debet quod varie apud varios auctores referantur, plerique enim eorum illas, ut quidem Baldricus et Guibertus de se ipsis fatentur, sensu solummodo et *intentione*, ut audiendo retinere potuerant, non ipsis Urbani verbis repræsentarunt. Deinde cum non semel ea de re pontifex sermonem habuerit, uni unam, alii aliam ejus orationem retulisse quis inficiabitur? Quas vero ex iis magis germanas invenire potuerimus, in appendice referemus.

CCXXVI. *Urbani in promulganda hac expeditione magnanimitas. Pœnitentiæ loco instituta profectio ad expeditionem. Preces eadem occasione institutæ.*

Ex istis porro scriptoribus, quos quidem historiæ sacræ studiosos evolvere non pœnitebit, videre est quanta ab Urbano præstita fuerint ad hanc promulgandam, promovendamque expeditionem. Eum a *Deo Israel maximum principem contra Allophylos constitutum* fuisse ea occasione prædicat Ordericus Vitalis libro VIII, *cui ille turrem David cum propugnaculis contra faciem Damasci commiserat*. Plura habet libro IX. Eumdem pontificem *apud omnes illustre suæ magnanimitatis argumentum* ea occasione præbuisse ait Guibertus, cum *ex hujus profectionis incentivo, quod dum primus ipse præbuit, quonam pacto id fieret totus mundus obstupuit*. Et quidem mirum est pontificem pauperem, uti tum erat Urbanus, absque regum ope, sine ulla exactione aut tributo, tantam principum virorumque nobilium ac cæterorum ex omni ordine, statu et regno multitudinem congregasse, qui ad difficilem adeo expeditionem sponte et animo alacri properarent; quibus pro stipendio sola proponebatur peccatorum indulgentia, et pro præmio spes vitæ æternæ.

Habebant autem, ut jam diximus, pro tessera has voces *Deu lo wolt*, pro militari signo crucem, cujus imaginem sibi in vestibus super scapulam dexteram imprimebant. Hinc *crucesignatorum*, et *cruciatorum* nomina inolevêrunt. Refert Hermannus in Historia Sancti Martini Tornacensis, Urbanum in concilio Claromontano episcopos monuisse, ut cum ad suas diœceses reversi fuissent, subjectis sibi populis pro peccatorum remissione injungerent in pœnitentiæ locum nomen his expeditionibus dare. Hinc in canone 2 vulgatæ editionis legitur, ut qui ad liberandam Dei Ecclesiam Jerusalem profectus fuerit, iter illud pro omni pœnitentia reputetur. Consentit Ordericus, cujus verba huc referre non gravabor. « *Providus*, inquit, *papa omnes, qui congrue arma ferre poterant, ad bellum contra inimicos Dei excivit; et pœnitentes cunctos ex illa hora, qua crucem Domini sumerent, ex auctoritate Dei ab omnibus peccatis suis absolvit; et ab omni gravedine quæ fit in jejuniis aliisque macerationibus carnis pie relaxavit,* » etc. Alius insuper in crucesignatorum gratiam canon conditus passim legitur, ut scilicet omnia eorum bona semper et ubique salva essent, rejecta quavis rationis specie, usque ad eorum reditum. Quæ quidem duo privilegia alii pontifices subsequentibus temporibus iis qui, similibus expeditionibus nomen darent, confirmaverunt, et id Urbani exemplo, ut diserte habetur in concilio Lateranensi, quod anno 1122 sub Calixto II celebratum est.

Vidi in cod. Bigotiano, nunc regiæ Bibliothecæ, epistolam Paschalis II ad archiepiscopos, episcopos et abbates Galliæ, qua pontifex post captam Jerosolymam jubet *fratribus, qui post perpetratam divinitus victoriam revertuntur, sua omnia restitui; sicut beatæ memoriæ Urbano synodali definitione sancitum fuerat.* Ne vero animi levitate aut cujuscunque causæ obtentu, milites qui crucem acceperant, medio in itinere retro aspicientes, ab exercitu recederent, *Urbanus*, inquit Ordericus, lib. x, *generali sanxerat auctoritate, et apo tolico jussu inviolabiliter teneri coegerat in omni Latinitate, ut universi qui Christi crucem acceperant, nec iter in Jerusalem pro defectione voluntatis peregerant, in nomine Domini reciprocum callem inirent, aut anathemate percussi extra Ecclesiam pœnas luerent.* Et quidem Stephanus Blesensis comes, ut omnes norunt, cum nescio quo pavore perterritus exercitum deseruisset, postea ad expeditionem redire compulsus est, in qua obiit anno 1101.

Ferunt etiam hac ipsa sacræ expeditionis occasione preces horarias beatæ Mariæ, quæ jam antea a Petro Damiano in suis monasteriis erant institutæ, a clericis imo et ab ipsis laicis ex Urbani præscripto frequentari cœpisse; ut eo pacto, qui expeditioni suscipiendæ inhabiles essent, his saltem precibus milites adjuvarent, eis tantæ Virginis patrocinium promerendo. Addit Gofridus Vosiensis prior Chronici cap. 27 ejusdem beatæ Virginis officium, quod hodieque Sabbato celebrari solet, eadem occasione fuisse institutum. Quin et nonnulli sanctum Antoninum laudant, referentem hoc a pontifice in concilio statutum fuisse, ut ab ipso die quo exercitus esset profecturus in expeditionem, vespere et mane in omnibus ecclesiis cathedralibus et monasteriis signum trino campanæ pulsu daretur, quo excitarentur populi ad orationes pro felici expeditionis successu fundendas. Quod quidem institutum mori pulsandæ salutationis angelicæ, qui postmodum apud omnes invaluit, occasionem præbere potuit.

Præter hæc Robertus de Monte in accessionibus ad Sigebertum, quas noster Acherius post Guiberti opera edidit, decretum fuisse scribit *in concilio Arvernensi authentico et nominatissimo, ut quæcunque civitas mari magno transito, a paganorum posset excuti jugo, sine ulla contradictione sub sanctæ Jerusalem dominio vel ditione perenniter obtineretur.* Quod etiam paulo post in concilio Antiocheno confirmatum ab omnibus fuisse testatur.

CCXXVII. *Urbani apologia in his expeditionibus promulgandis.*

Hic vero locus esset Urbanum tuendi a nonnullorum conviciis, qui ei immerito exprobrarunt, quod hanc expeditionem, aut injuste adversus gentes, in quas, uti aiunt, nullum jus habebat, aut certe temere edixisset, quæ principes et populos Christianos in tam arduis et periculosis bellis implicuit. At utramque criminationem ab Urbano amoliri facile est : cum illa bella et justa et pene orbi Christiano necessaria fuisse nullo negotio demonstrari possit. Quid enim æquius cogitari potest, quam ut pater communis omnium fidelium vires Christianorum in unum recolligat ad retundendos communis hostis insolescentis impetus, qui nihil non adversus eos machinabatur; quid vero magis necessarium ad Christianæ reipublicæ tutamen, quam ut armis arma eorum repellantur, qui plerasque Christianorum provincias jam devastarant, aliis imminebant, omnibus vero infensissimi erant. Atqui talem tunc orbis Christiani statum fuisse nemo est qui ausit inficiari, si vel leviter delibare voluerit historias illorum temporum. Nam ut de Hispaniis, Siciliæ et Italiæ regionibus taceam, totum ferme Orientem, in quem præcipue indicta illa expeditio fuit, Mahumetani occupabant. Non enim sola Jerosolymorum civitas sancta, aut Nicæa, Antiochia, aliæque civitates celeberrimæ et vastissimæ regiones iis urbibus viciniores sub eorum tyrannico jugo gemebant; sed et multæ etiam aliæ imperii Constantinopolitani provinciæ ab iis barbaris vexabantur, quarum plerasque suo jam subjugaverant imperio; adeo ut ad muros usque Constantinopolitanæ regiæ urbis omnia depopularentur. *Urbanus,* inquit Fulco comes, in sæpe laudato Historiæ fragmento, *admonuit gentem nostram ut irent Jerusalem, expugnaturi gentilem populum, qui civitatem illam et totam terram Christianorum usque Constantinopolim occupaverat.*

Quid igitur mirum est si tanto tamque urgenti Christianæ reipublicæ periculo subvenire conatus fuerit communis Christianorum pater et pastor, maxime cum ab eo ipse imperator, et orientales Ecclesiæ ac populi, auxilium repetitis frequentissime precibus per litteras et legatos efflagitassent. Id verum esse non solum probant Acta conciliorum Placentini et Claromontani, sed ipsi etiam æquales auctores Bertoldus, Guibertus et alii passim testificeantur. Et quidem Urbanum de Ecclesia optime hac occasione meritum fuisse, una semper fuit omnium sententia, quod publice testatum fecit vetus inscriptio juxta sanctum Petrum in palatio apostolico insculpta his verbis :

URBANUS II, AUCTOR EXPEDITIONIS IN INFIDELES.

CCXXVII *bis. Claromonti Urbanus privilegia, etc., ecclesiis dat. S. Dionysio Novigentino. Molismo. Epistola ad Gratianopolitanos. Acta contra Anianenses.*

Soluta est Claromontana synodus die IV Kalendarum Decembris, quo, uti supra observavimus ex codice Lamberti, privilegium Atrebatensis Ecclesiæ coram omnibus recitatum atque confirmatum fuit. Complura alia privilegia concessit Urbanus diebus sequentibus apud Clarummontem, ubi usque ad mensis Decembris initium substitit. Die iii Kalendarum Decembrium confirmavit Cluniacensibus monasterium Sancti Dionysii de Novigento, cujus possessiones in variis diœcesibus sitas singillatim recenset. Eadem die Molismense monasterium, cui tunc sanctus Robertus præerat, sub apostolicæ sedis tutela suscepit, salvo Lingonensis episcopi diœcesani jure, ad cujus petitionem pontifex hoc privilegium concessit. Scripsit quoque hac ipsa die epistolam ad Guigonem comitem, clerum et populum Gratianopolis, qua eos, uti diximus § 216, certiores facit de Salmoriacensi archidiaconatu Ecclesiæ Gratianopolitanæ asserto. Eadem item die, si Garieli auctori Historiæ episcoporum Magalonensium fidem habeamus, idem pontifex Alexandri II diploma in gratiam Bertrandi Magalonensis episcopi datum contra Petrum Anianæ abbatem in Acta concilii Claromontani referri curavit, ne deinceps Anianæ abbates quidquam extra suæ potestatis limites auderent. Qua de re, uti suo loco diximus, querelas ad synodum idem Bertrandus detulerat.

CCXXVIII. *Scribit ad Cameracenses, ad Ecolismenses.*

Die sequenti, id est pridie Kalendas Decembris, pontifex scripsit ad Cameracenses, juxta quod in synodo statutum fuerat, ut eos de sententia in Gualcherium intrusum lata commoneret; qua de re multa superius § 210 observavimus. Alias eadem die ad canonicos Ecolismenses dedit, quibus pontifex eis confirmat præposituram de Juliaco, quam illis in commune viventibus Ademarus episcopus concesserat.

CCXXIX. *Decretum de primatu Lugdunensi.*

Kalendis Decembris data est celebris Urbani bulla, in qua post relatas varias concertationes de primatu Lugdunensi in concilio habitas, primatum huic Ecclesiæ in quatuor Lugdunenses asserit et confirmat. Cui definitioni archiepiscopos octo, episcopos octoginta, ac nonaginta abbates et eo amplius interfuisse dicit. Hanc bullam primus illust. Petrus De Marca publici juris fecit. Cæterum ex Orderico Vitali lib. IX colligimus synodales litteras ad absentes episcopos scriptas fuisse nomine concilii, saltem ad eos qui *excusatorias* miserant. Nam cum Odo et alii Northmanniæ præsules cum *excusatoriis apicibus* comprovincialium synodo interfuerant, *cum benedictione apostolica regressi synodales epistolas coepiscopis suis detulerunt.*

CCXXX. *Urbanus Celsinianam ecclesiam dedicat.*

Dimisso tandem Urbanus Claromonte varias regiones, ut ante concilium fecerat, peragravit, in quibus ecclesias et monasteria passim consecravit, lites diremit, locorum sacrorum quieti providit, concilia celebravit, ac denique omnium animos humanitate et morum innocentia sibi devinxit.

Primum die tertio Decembris apud Celsinianas Cluniacensis ordinis celebre monasterium substitit, ejusque ecclesiam solemni ritu dedicavit, uti ipse testatur in bulla post aliquot dies data. Tanti beneficii memores loci illius monachi nomen Urbani cum elogio in suo Necrologio inseruerunt, his verbis : « IV Kalendas Augusti, officium' pro domno Urbano papa II. Hic venerabilis et Deo dignus apostolicus, inter cætera laudabilia opera sua, etiam istud monasterium cum magna auctoritate et devotione III Nonas Decembris dedicavit; in qua consecrationis die per successiones temporum, omnibus peccata confitentibus, et ad istius diei festum convenientibus, atque vota sua persolventibus maximam ac desirabilem absolutionem fecit.

CCXXXI. *Brivate privilegium dat Cluniaco. Alterum Compostellæ.*

Inde Brivatem, ubi nobile et vetus habetur canonicorum, qui vulgo comites nuncupantur, collegium, progressus pontifex, ibi quarta die Decembris, ecclesias, altaria et decimas quæ Cluniacensibus monachis hactenus data fuerant, insigni rescripto sancto Hugoni confirmavit. Hac ipsa die bullam indulsit Dalmachio episcopo Compostellano, qui concilio Arvernensi præsens adfuerat, ejusque successoribus inscriptam, quo diplomate cathedram episcopalem quæ Iriæ hactenus substiterat, Compostellam transtulit in honorem sancti Jacobi, cujus corpus ibi asservari jam multo antea credebatur. Tum novo hanc ecclesiam privilegio exornavit, statuendo scilicet, ut ejus antistes, nullum præter Romanum pontificem metropolitanum agnosceret. Quo tamen in gradu haud diu substitit Compostellana Ecclesia, quæ jure et dignitate metropolis paulo post aucta fuit a Calixto II, cujus ea de re litteræ exstant anno 1124 datæ.

CCXXXII. *S Flori ecclesiam dedicat, et privilegium dat. Privilegium pro Marciniaco. Piperacum fit abbatia. Mors Joannis episcopi Por.uensis apud S. Florum.*

Relicto Brivate Urbanus ad Sancti Flori oppidum a Stephano ejusdem loci priore ordinis Cluniacensis invitatus accessit, ibique, ut habet vetus notitia, edita a Mabillonio in appendice tomi VI Annal. Benedictinorum, num. 25, ecclesiam Sancti Martini de Aquis-Calidis, quæ in concilio Claromontano monachis Sancti Flori contra quosdam ejus invasores asserta fuerat, *eisdem perpetuo habendam et possidendam firma concessione donavit, et donum illud sui privilegii auctoritate firmavit.* Illud est fortasse privilegium, quod Petrus prior et ejusdem loci monachi *fere consumptum pro sui nimia vetustate,* renovandum Urbano IV obtulere, ut ex eorum libello supplici observavit vir cl. Stephanus Baluzius in notis ad Vitas Pap. Avenion., pag. 740. Neutrius exemplum habere licuit. Tunc autem pontifex, *comitante sacro cardinalium collegio,* ut veteres loci schedæ referunt, *basilicam e novo exstructam dedicavit B. confessoris Flori, ejusque reliquiæ post altare in loco eminenti repositæ sunt in capsula tribus seris clausa :* quod die 7 Decembris factum fuisse colligimus ex anniversaria ejus dedicationis solemnitate, quæ hac ipsa die etiam nunc in illa ecclesia, a Joanne XXII in episcopalem sedem erecta, celebratur. Eadem die pontifex duo privilegia ibidem concessit in gratiam Cluniacensium, unum pro sanctimonialibus Marciniacensis Parthenonis a sancto Hugone conditi, alterum pro monachis Celsiniacensibus, jam superius a nobis laudatum.

Hac, uti conjicere licet, occasione, Bernardus, qui sub præpositi nomine Piperaci canonicis regularibus præerat, suam Ecclesiam in abbatiæ titulum erigi obtinuit. Id enim ab Urbano circa istud tempus factum fuisse ferunt; et quidem Piperacum haud longe a Sancto Floro dissitum est; et Urbanus, ut ex Bertoldo observavimus, canonicorum regularium præpositis abbatialem titulum, absque tamen baculi usu, indulsit. Urbanum vero aliquandiu apud sanctum Florum demoratum fuisse ob ægritudinem Joannis Portuensis episcopi, qui ibi defunctus ac sepultus fuit, verisimile est. Certe etiam nunc visitur Joannis illius sepulcrum in dextera cathedralis ecclesiæ ala inter primam et secundam columnam positum, sed absque ulla, uti mihi assertum est, inscriptione. Monasterium Sancti Flori *sanctissimus Urbanus*, uti in supra laudato libello habetur, non solum ob sancti Flori *devotionem*, et *consecrationis* ejus loci a se factæ *reverentiam* privilegio donavit, sed etiam *pro dilectione veri Patris Joannis cardinalis episcopi Portuensis* ibidem *tumulati*, singulari affectu prosequebatur.

CCXXXIII. *Urbanus pontifex Auriliaco transit. Mauricii Burdini fortuna.*

Urbanum postea Auriliacum adiisse ex veteri Chronico ejusdem loci tomo II Analect. Mabillon. edito discimus, in quo hæc legimus de Petro Soliacensi, ejusdem monasterii, quod ex Benedictino ordine tandem ad sæculares canonicos defecit, tunc abbate : *Hic Urbanum papam post Claromontense concilium*, cui idem abbas interfuerat, *Auriliacum devexit.*

Inde Lemovicum provinciam ingressus pontifex, Uzercam, invitante Gerardo abbate, divertit, ibique monasterii ecclesiam juxta quod ei fuerat pollicitus, dedicare constituerat; at Urbanum ab eo consilio Humbaldus episcopus Lemovicensis, nescio qua ratione, avocavit. Forte quod Natalium Christi solemnia apud Lemovicas a pontifice celebrari cuperet. Urbanus quippe, ut mox dicebamus, paulo amplius quam crediderat ob Joannis Portuensis ægritudinem in itinere moratus est. Ob hoc tamen, si chronici ejus loci domestico auctori credamus, Gerardus in episcopum commotus Adhemaro Sancti Martialis abbati sese adjunxit, a quibus coram pontifice accusatus episcopus, paulo post, uti dicturi sumus, a sua sede dejectus fuit. At Gerardus mense sequenti, ipso die festo sancti Mauri excessit e vita. Userceæ quando illac transiit Urbanus tunc degebat Mauricius Burdinus, ejus loci monachus, quem cum Bernardus Toleti archiepi-scopus, qui tunc forte adhuc in pontificis comitatu erat, hominem industrium et aptum ad magna negotia gerenda invenisset, ei ut secum in Hispaniam transiret persuasit. Quid de eo postea factum fuerit omnes norunt. Is nempe post obtentum episcopatum Conembricensem, Braccarensis metropolis sedem adeptus, ac legatione apostolica honoratus, demum ab Henrico imperatore contra Gelasium papam Romanus pontifex dictus est, et famosam vitam post varias fortunas, misero tandem exitu, in carcere conclusit. Sed ad Urbanum redire oportet, qui teste Gaufrido priore Vosiensi *in festo sancti Thomæ*, scilicet die 21 hujus mensis, *Uzerchiæ hospitatus est*. Atque inde profectus, Lemovicas post biduum advenit : quid vero in ea urbe præstiterit ex Gaufredi Vosiensis Chronico parte I, cap. 27, tomo II Bibliot. Labbeanæ referre juvat, ubi sic habet :

CCXXXIV. *Urbani gesta apud Lemovicas. S. Martialis dedicatio.*

Decimo Kalendas Januarii Urbanus *Lemovicas devenit*. In festivitate Natalis Christi, *missam de Galli cantu Dominicæ Nativitatis in ecclesia puellarum sanctæ Mariæ, quæ dicitur ad Regulam*, nobile est monasterium ordinis Benedictini hactenus subsistens, *decantavit. Missam de luce in basilica regali apud Sanctum Martialem celebravit : inde triumphaliter coronatus ad sedem apostolicam episcopalem*, sic cathedralem ecclesiam appellat, *quod sanctum Martialem primum ejus sedis episcopum inter apostolos annumerare gaudeant Lemovicenses, rediit, ubi reliqua solemnitatis officia peregit. Altera die, quæ est post festum Innocentium, cathedralem ecclesiam in honore protomartyris Stephani dedicavit, sequenti die quievit. Pridie Kalendas Januarii basilicam regalem*, scilicet monasterii Sancti Martialis ut jam supra eam appellaverat, *in honorem Salvatoris mundi consecravit, ejusque antiquam libertatem, nobilemque prærogativam novis privilegiis roboravit.* Urbani bulla de privilegiis Sancti Martialis post aliquot menses apud Santonas data fuit. Istud autem monasterium e Cluniacensi ordine ad canonicos sæculares devolutum est. Sed Gaufredi narrationem prosequamur. « Huic, inquit, Sancti Martialis dedicationi, quæ peracta est anno Dominicæ Incarnationis 1095, interfuerunt plures episcopi, quorum nomina silentio non sunt tegenda. Hugo Lugdunensis, Audebertus Bituricensis, Amatus Burdegalensis, Robertus, seu potius Daibertus Pisensis, Rangerius Rhegiensis, hi omnes archiepiscopi, primus Bruno Signiensis, Petrus Pictaviensis, Arnulfus, imo Rannulfus, cognomine de Barbesillo, Sanctonensis, Raynaldus Petragoricensis, Raymundus Ruthenensis, Humbaldus Lemovicensis, hi omnes episcopi. Hi, postquam Romanus pontifex aquam benedixerat, circa basilicam more ecclesiastico aspergebant; dominus papa propriis manibus venerandum altare consecravit, missamque super illud solemniter celebravit. Inde ad benedicendos populos in publicum processit, quorum tanta illic erat multitudo, ut in circuitu civitatis, citra unum milliarium nonnisi hominum capita viderentur; oblationum vero tanta copia fluxit, ut arca sepulcri apostolici, id est Sancti Martialis, quæ vulgo *Gauteau* appellabatur, præter alias plena redundaret. » Hæc Gaufredus, qui paulo antea, si tamen locus ille ex alio ms. erutus ei tribui debeat, scripserat Urbanum *Sancti Stephani ecclesiam, et beati Martini monasterium* dedicasse, ubi pro *Sancti Martini*, legendum haud dubie *Sancti Martialis*, quanquam apud Lemovices habeatur quoque monasterium Sancto Martino sacrum. At nihil utrobique habet de dedicatione Sanctæ Mariæ de Regula, quam tamen ab Urbano, qui quidem ibi ex ipso Gaufredo missam mediæ noctis cantavit, factum fuisse legimus in duobus veteribus chronicis mss. Sancti Martialis.

Cæterum hæc omnia ferme iisdem verbis narrantur in veteri notitia Lemovicensis Ecclesiæ ea de re facta, quam post Beslium varii auctores ediderunt. In ea quippe legitur pontifices omnes supra recensitos Natalium Christi solemnitatem simul cum Urbano apud Lemovicas celebrasse, eumque ad Sanctum Martialem euntem, et exinde habito prius ad populum sermone, coronatum ad majorem ecclesiam redeuntem comitatos fuisse. Hi omnes, ut ibidem dicitur, die sexta Nativitatis Domini, quæ in Dominicam incidebat, iterum cum Urbano ad Sanctum Martialem, ubi dies octo exegit, convenerunt, cumque die sequenti basilicam aqua, ab ipso pontifice prius benedicta, interius exteriusque perlustrassent, ipse eadem aqua altare Domini Salvatoris lavit, chrismate et oleo sancto perunxit, pignora sanctorum ibi reposuit, ac demum, astante innumera populorum multitudine, missa ibi cantata, sancivit ut hæc dedicationis dies 11 Kalendas Januarii solemnis in posterum singulis annis haberetur. Hanc basilicam a Ludovico Pio olim exstructam, sed variis cladibus attritam, in pristinum splendorem restituerat Adhemarus ejus loci abbas, paulo antequam pontifex Lemovicas adveniret.

CCXXXV. *Urbanus hoc anno Arelatum non adiit. Episcopi Wirceburgensis reconciliatio.*

Ex his vero, quibus alii etiam auctores suffragantur, patet quantum aberraverit a vero Bertoldus, auctor alias omni exceptione superior, qui in Chronico scripsit Urbanum hoc anno *Nativitatis Dominicæ diem Arelati cum diversarum provinciarum episcopis gloriosissime celebrasse*. At licet in hoc erraverit, non tamen est ei deneganda fides narranti Wirciburgensem episcopum, qui ei probe notus erat, circa hæc tempora relictis schismaticorum partibus, ad Urbanum accessisse absolutionem ab eo petiturum. *Quam*, inquit ille, *ab eo consecutus est; ita tamen ut eadem misericordia a legatis papæ in Teutonicis partibus perficeretur eidem.*

CCXXXVI. *Urbanus varia dat diplomata. Monasterio Angeriaco subjicit Bassacum. S. Eparchium. Figiacum tuetur. Ecclesias S. Martiali restitui curat.*

Hæ porro solemnitates Urbanum non impediebant, quominus aliis etiam negotiis vacaret, quod probant varia ejus diplomata his ipsis diebus data. Ex his unum est inscriptum Ansculfo Angeriacensi abbati, cui subjicit monasterium Basiacense. Datum est apud Lemovicas die xiv Kal. Decembris. Eodem die et eodem loco scripsit pontifex litteras ad Adhemarum Ecolismensem episcopum, quibus ei injungit, ut monachorum Sancti Eparchii *præsumptionem* reprimat, qui abbati Angeriacensi, cui monasterium eorum subjectum esse debebat, obedire detrectabant, etiam post latam in eos excommunicationis sententiam. Porro Adhemarus ut jussis pontificiis faceret satis Ansculfum Angeriaci abbatem *in pleno capitulo, videntibus canonicis suis*, investivit de abbatia Sancti Eparchii, tradito ei pastorali baculo; et ille domnum Hugonem monachum Angeriacensem in Sancti Eparchii abbatem ordinavit, ut in instrumento ea de re confecto narratur.

Hac ipsa die, 11 Kal. Januarii, qua Sancti Martialis basilicam consecravit pontifex, præceptum ibidem dedit in gratiam Figiacensis monasterii, Caturcensi, aliisque vicinis episcopis inscriptum, adversus eos qui loci hujus possessiones male invaserant. Quo etiam tempore, uti ex Gaufredi Chronico discimus, *papa Urbanus investivit solemniter ecclesiam S. Martialis et abbatem ipsius Ademarum de ecclesia Sancti Petri Montandrensis, et de ecclesiis de Salomo cum pertinentiis suis, ubi requiescit corpus S. Martini abbatis, illius quondam terræ principis*, cujus sancti Vitam tempore Northmannicarum incursionum deperditam fuisse deplorat idem auctor, in magnum ejusdem monasterii detrimentum.

CCXXXVI bis. *Privilegium Tutelense.*

Anno sequenti, die secunda Januarii, Urbanus adhuc Lemovicibus existens privilegium indulsit Willelmo Tutelensi abbati, quo bona ejusdem monasterii sub apostolicæ sedis tutela suscipit; meminit in eo pontifex nonnullorum militum in ea urbe commorantium, ob mala sua facinora excommunicatorum, quorum occasione vetat, ne monasterium ipsum *excommunicetur*, nisi forte ibi ad officia divina excommunicati illi admitterentur.

CCXXXVII. *Humbaldus episcopus Lemovicensis deponitur.*

Ecclesiæ Lemovicensium tunc præerat Humbaldus, qui in hac sede post varias concertationes, obtentu litterarum apostolicarum, sed ab eo ipso adulteratarum, firmatus fuerat. Verum, cum pontifex apud Sanctum Martialem versaretur, forte Ademarum abbatem aliquando reprehendit, quod hunc episcopum absque suo nutu admisisset, contra id quod Romæ de eo statutum fuerat. Qua de re attonitus abbas litteras apostolicas sibi ab Humbaldo redditas pontifici ostendit; unde ille, fraude agnita, statim Humbaldum *publice* deposuit, in cujus locum post aliquod tempus substitutus est Guillelmus Sancti Martialis prior. Hæc narrat Gaufredus Vosiensis in Chronico, cap. 26 et 28, cui consentit Chronicon Malleacense. At litteras ab Humbaldo *falsatas* nondum hactenus quisquam viderat ; quas simul cum antiqua ejus rei notitia ex ms. cod. Ecclesiæ Lemovicensis qui fuerat penes V. Cl. Anton. Faure Ecclesiæ Remensis præpositum, nobiscum a V. Cl. Baluzio communicatas referemus in Appendice.

CCXXXVIII. *Carrofi altare consecrat.*

Cum autem Urbanus pridie Kalendas Januarii accesserit ad Sancti Martialis monasterium, ibique, ut jam observavimus, octo dies transegerit, hinc facile colligitur eum ibi Epiphaniæ festivitatem celebrasse, an vero die sequenti in urbem redierit, nescimus. At certum est eum feria quinta ante festum sancti Hilarii, quæ mensis Januarii dies est decima tertia, Carrofensis apud Pictones monasterii basilicæ hujus altare propriis manibus a Petro ejus loci abbate invitatum consecrasse assistentibus ei plurimis episcopis. Id discimus ex veteri notitia, quam ex archivis hujus monasterii erutam in Appendice dabimus. Idem habetur ex Sirmundi schedis in tomo II Bibliothecæ novæ Labbeanæ pag. 755 ; sed ibi omissa vocula *ante*, hanc consecrationem die festo sancti Hilarii factam fuisse mendose legitur. Cæterum ipse Urbanus in privilegio ejusdem monasterii, quo ejus bona et privilegia a Leone IX et Alexandro II concessa confirmat, decernit, ut nemo præter pontificem Romanum in illud altare, quod ipse suis propriis manibus consecraverat, audeat excommunicationis aut interdicti proferre sententiam.

CCXXXIX. *Pictavis celebrat festum S. Hilarii, etc. Benedicit monasterium novum.*

Sancti Hilarii festum, quod die 13 Januarii occurrit, Urbanum in ipsa Pictavorum urbe celebrasse, testis est auctor Chronici Malleacensis. Quo tempore Petrus ejusdem urbis episcopus controversiam inter monachos Trenorchienses et canonicos Sanctæ Crucis Lausdunensis (*Loudun*) natam diremit, ejusque sententiæ ipse pontifex subscripsit cum Amato Burdigalensi et Hugone Lugdunensi archiepiscopis, Girardo Engolismensi episcopo et aliis, uti in veteri apographo legitur. Aliud placitum habuit ipse pontifex in ecclesia Sancti Hilarii, sed quod ad mensem Martium, quando Urbanus iterum Pictavos adiit, referendum est. Verum huc revocari debet *benedictio* monasterii novi in eadem urbe, quæ non VI, ut habet Chronicon Malleacense, sed XI Kalendas Februarii, ut ex veteribus domesticis instrumentis constat, ab ipso pontifice facta est. Id evincitur ex veteri Martyrologio ms. ejus loci, in quo hæc ecclesia die festo sancti Vincentii consecrata dicitur, his verbis : « Abbas domnus Gerardus II sub cujus tempore ecclesia nostra fuit dedicata et sacrata die sancti Vincentii per manus summi pon- tificis Urbani II, » etc. In altero codice hæc leguntur : « Die XI Kal. Februarii Urbanus II cum tribus archiepiscopis, totidemque episcopis, templo in honorem sanctæ Dei genitricis et beatorum apostolorum Joannis et Andreæ dedicato, hoc altare majus in honore sanctorum martyrum Stephani protomartyris, Laurentii, Vincentii, Chrysanti et Dariæ venerabiliter consecravit, et reliquias eorum posuit. » Porro ipse Urbanus in suo diplomate testatur hanc ecclesiam a se fuisse consecratam, adeoque sub speciali apostolicæ sedis tuitione esse debere.

CCXL. *Andegavos a Milone ducitur. Ibi cruciatam prædicat.*

Post hæc, uti prosequitur auctor Chronici Malleacensis, pontifex *perrexit Andegavis et benedixit monasterium Sancti Nicolai*, quod prope hanc urbem situm est. Urbanum a Milone suo ipsius legato, antea monacho Sancti Albini, huc perductum fuisse legitur in Chronico Andegavensi apud Labbeum tomo I Bibliothecæ novæ, et quidem ut ecclesiam Sancti Albini consecraret. Sed id monachi ejus loci, nescio qua causa, noluerunt, ut habet alterum Chronicum in vetusto codice Christinæ reginæ Sueciæ, qui nunc in Bibliotheca Ottoboniana Romæ asservatur ; sic quippe ibi res exponitur : « Anno 1096, Urbanus papa apud Andecavam civitatem descendit, et ecclesiam Sancti Nicolai consecravit. Monachi enim Sancti Albini, ut sua ecclesia consecraretur noluerunt, pro qua re maxime papa veneral, adductus a Milone antea beati Albini monacho, suae temporis legato suo. » Hujus Milonis meminit Hugo Flaviniacensis abbas in Chronico, ubi eum episcopum factum fuisse scribit. Sed ejus sedis nomen in Labbei editione non exprimitur, ob detritum eo loco codicem ms.; at hæc lacuna ex domesticis Sancti Albini instrumentis facile suppleri potest, in quibus nempe Milo *Prænestinus* episcopus fuisse haud semel dicitur. Et quidem is est ipse qui post Bernardi obitum ad hanc sedem contra Hugonem Candidum, famosum schismaticum, provectus est, ac eo nomine interfuit electioni Paschalis II a quo in Galliam legatus missus est, ac demum anno circiter 1101, ut scribit Ughellus, e vivis excessit.

Aliam Andegavensis hujus itineris ab Urbano suscepti causam affert Fulco comes Andegavorum in fragmento Historiæ tomo X Spicilegii Acheriani edito, ut nempe ejus provinciæ incolas ad suscipiendam sacram expeditionem excitaret. Quod etiam habet vetus Chronicon Sancti Albini. Nec mirum ; nam *ubicunque pontifex fuit*, inquit auctor Chronici Malleacensis, *præcepit cruces facere hominibus, et pergere Jerusalem, et liberare eam a Turcis et aliis gentibus*. Consentit vetus auctor apud Chesnium tomo IV, pag. 90, qui refert Urbanum omnibus episcopis imperasse, ut singuli in suis diœcesibus hanc expeditionem prædicarent, idque reipsa ab eis fuisse præstitum. Et quidem, ut omnes norunt, præcipua hæc erat pontificii in Gallias itineris causa ; cujus rei alius præter Urbanum ipsum testis quærendus non est, qui eo animo ad principes et cæteros Flandriæ fideles litteras scripsit tunc temporis, ut eos de re decreta in concilio Claromontano sacra expeditione, indulgentiisque iis qui illam susciperent concessis, faceret certiores. Unde universos monet, ut si qui ad illud verbum proficisci voluerint, parati sint omnino ad proximam Deiparæ assumptionis festivitatem; quo tempore Adhemarus episcopus Aniciensis, vicarius pontificis in illa expeditione institutus, iter cum aliis cruce signatis aggressurus esset.

CCXLI. *Manassem Remensem electum confirmat. Lis Trenorchii dilata.*

Andegavi, quo *appropinquante Quadragesima*, ut testatur Fulco comes, *venit Urbanus*, mortem accepit Reginaldi Remorum pontificis, qui, ut ex epistola cleri Remensis ad Lambertum Atrebatensem, et ex Balderici Burguliensis versibus, ubi eum *patriarcham* appellat, discimus, xII Kalendas Februarii defunctus est. Unde mirari subit ejus obitum ad annum præcedentem a Labbeo revocari, cum certum sit, ut de multis veteribus instrumentis taceam, hunc antistitem Claromontano concilio mense Novembri interfuisse. Manassis ejusdem Ecclesiæ præpositi, qui in ejus locum substitutus est, electionem cum elogio statim Urbanus approbavit, uti patet ex tribus ejus epistolis, ea de re Andegavi vIII Idus Februarii datis, in quibus suum erga Ecclesiam, clerum, milites ac plebem Remensem, affectum amanter exprimit. De eadem re in Manassis gratiam Urbano scripserat Ivo Carnotenus, epist. 48, in qua maximi esse momenti dicit, ut non differatur ejus electionis confirmatio, ob insignes Remensis Ecclesiæ, quæ olim ipsius Urbani *mater*, inquit, tunc vero filia erat, prærogativas. Quod nempe hæc *sedes* haberet *regni diadema*, et cæteris Ecclesiis Gallicanis *in ruinæ aut resurrectionis exemplum* pro sua dignitate esse soleret.

Eodem tempore monachi Trenorchienses pontificem adiere, conquesturi adversus episcopum et canonicos Andegavenses, quod Ecclesias Doadi castelli quæ ad monasterium suum pertinebat, injuste sibi arrogarent. Verum cum econtrario canonici eas sui juris esse contenderent, videretque pontifex litem illam alicujus esse momenti, eam ad futurum concilium Turonense remisit; ubi reipsa, ut suo loco dicemus, agitata fuit.

CCXLII. *Dedicat Urbanus basilicam S. Nicolai. Transfert corpus Goffridi comitis. Scribit monachis S. Vitoni.*

Die IV Idus, id est decima Februarii, dedicata est ab Urbano basilica Sancti Nicolai in Andegavorum suburbio sita. Hanc ipsam diem, quæ hodieque in hoc monasterio celebris est, præter vetus Chronicon ms. Sancti Albini, assignat charta fundationis beatæ Mariæ de Rota prope Credonium : quare emendari debet Ordericus Vitalis, qui libro IX scripsit Sancti Nicolai dedicationem *in medio Quadragesimæ* factam fuisse. Certe Fulco Andegavorum comes, qui præsens aderat, disertis verbis refert in fragmento Historiæ Andegavensis, hanc basilicam *in Septuagesima* dedicatam fuisse; et Urbani bulla in qua dedicationis mentio habetur, data est mense Februario, proindeque ante initium Quadragesimæ, ut nihil dicam de concilio Turonensi, quod præsidente Urbano in media Quadragesima, qui adeo Andegavis tum non erat, celebratum fuit. Quam vero solemnis hæc dedicatio fuerit ex eo colligi potest, quod variæ chartæ passim occurrant in Andegavensibus monumentis, ab anno vel die ejus dedicationis datæ. Et quidem ob id maxime laudatus Natalis abbas in versibus Baldrici Burguliensis apud Chesnium, tomo IV, quod eam a pontifice fieri obtinuerit. Ut vero etiam ad posteros ejus celebritatis memoria propagaretur, idem pontifex in laudata bulla eos, qui ad anniversariam illius solemnitatem convenire voluerint, ab omni hostium incursu liberos esse præcepit, multisque gratiis donavit. *Constituit etiam*, ut testatur Fulco comes in fragmento Historiæ mox laudato, *idem apostolicus, et edicto jussit ut in eodem termino, quo dedicationem fecerat, indictum publicum celebraretur uno quoque anno apud Sanctum Nicolaum, et septima pars pœnitentiarum populo convenienti ad illam celebritatem dimitteretur.*

Eadem occasione pontifex a Fulcone comite, qui præsens aderat, rogatus, Goffridi Martelli, qui in monastico habitu defunctus et in ejusdem monasterii capitulo sepultus fuerat, corpus transtulit in ecclesiam a se dedicatam, ut ipse Fulco narrat in fragmento laudato, qui a pontifice monitus partem *forestæ Catiæ* Sancto Nicolao pro ejusdem Goffridi animæ requie dedit. Sed hæc donatio magnæ litis segetem postea præbuit inter ejus loci monachos, et Albinianos, quod isti silvam illam integram ad se pertinere contenderent. Sopita est tandem ope Gaufridi Meduanensis Andegavorum episcopi et Willelmi abbatis Sancti Florentii, ut videre est apud Pelleterium in Historia Sancti Nicolai, ubi inter alia multa monumenta, concordiæ hujus initæ instrumentum profert. At non satis sibi constat in assignando loco, quod tumulus Goffridi suo tempore situs erat. Hodie visitur haud procul ab altari majori tumba, sed absque ulla inscriptione, quam ipsi s Goffridi esse putant. Dicitur tamen in veteri instrumento pag. 29, in navim Ecclesiæ tunc translatus fuisse et sepultus; et paulo ante pag. 25, scripserat ipse Pelleterius : *Hujus sepulturæ fidem facit pictura et lapis a terra circiter ad tres pedes elevatus anterior altaris sancti Andreæ, quod est ad sinistrum majus altare cum hoc elogio : Dum viguit*, etc., quæ omnia hodie non comparent.

Hac ipsa dedicationis Sancti Nicolai die, id est IV Idus Februarii, Urbanus litteras ad Philippum Catalaunensem episcopum scripsit, quibus eum adhortatur, ut monachos Sancti Vitoni Virdunensis qui in ejus diœcesis prioratu Sancti Nicolai morabantur, a nonnullorum *parochianorum* suorum vexationibus liberaret; et in posterum sub ejus protectione securos esse juberet.

CCXLIII. *Eclipsis. Monasterii Rotæ confirmatio. Ejus loci abbas Robertus de Arbrisello.*

Postridie, ut in Chronico Andegavensi apud Labbeum edito legimus, scilicet III *Idus Februarias, cum prædictus papa in Andecava urbe resideret, luna cum esset* XIII *terribilem eclipsim passa est.* « Qua die idem pontifex in camera Gaufridi episcopi ejusdem urbis *manus suæ impositione* confirmavit fundationem monasterii canonicorum regularium beatæ Mariæ de Rota, prope Credonium siti, die præcedenti, a Renaldo Roberti Burgundi filio factam. Fundationis litteris subscripserunt Hugo Lugdunensis, et Amatus Burdigalensis archiepiscopi; episcopi vero, Ivo Carnotensis, Hoellus Cenomannensis et Gualterus Albanensis. Cum Urbano vero eam firmaverunt Gaufridus Andegavensis, et Bruno Signiensis episcopi; Teuthio, Albertus et Rangerius cardinales; Emorrandus de Seissuns et Milo monachus Sancti Albini, clerici papæ, » qui omnes dedicationi ecclesiæ Sancti Nicolai ad quam *magna senatus Romani pars* occurrisse dicitur, interfuerant. Edita sunt ejus rei instrumenta tomo IV Galliæ Christianæ a Sammarthanis, et tomo II Miscellaneorum Baluzianorum.

Rotensis cœnobii abbas, et quidem primus fuit Robertus de Arbrisello, Fontis-Ebraldi monasterii et totius ordinis paulo postea futurus institutor sub extremis Urbani annis. Hujus vero cum famam audiisset Urbanus ipsum Andegavos accersivit, ac in dedicationis Sancti Nicolai solemnitate, ad quam, inquit Baldericus ejusdem Roberti Vitæ auctor, *confluxisse putares totam orbis amplitudinem,* sermonem haberi jussit, *cujus verba, ut idem auctor prosequitur, valde Domino papæ complacuerunt;* unde injuncto ei prædicationis officio *secundum a se eum statuit Dei seminiverbium:* qua *legatione* functus in variis diœcesibus, sui monasterii regimen dimisit, ut liberius ministerio verbi insudaret.

CCXLIV. *Urbanus pontifex S. Maurum invisit.*

Relicta autem Andegavorum urbe, pontifex Glannafoliense Sancti Mauri olim celebre monasterium invisit, quod tunc temporis Fossatensibus monachis ab annis ferme ducentis subjectum erat. Ea de re loci monachi cum vicinis incolis et provinciæ magnatibus conquesti sunt apud Urbanum, ab eo efflagitantes ut tam illustrem locum ab exterorum jugo liberaret. Sed ille causam hanc, quæ videbatur esse alicujus momenti, ad concilium Turonense sequenti mense celebrandum, deferendam esse censuit, ut dato Fossatensibus sese tuendi loco, res, mature perpensis ex utraque parte momentis, judicaretur. Quod reipsa factum est, et Fossatenses causa, uti infra dicemus, ceciderunt.

CCXLV. *An Cainone Goffredum Barbatum liberavit.*

Hinc Cainonem in finibus Turonum versus Pictavos progressus est pontifex, si verum sit eum illud oppidum adiisse, ut innuit Ordericus Vitalis, causa liberandi Goffredi Barbati olim Andium comitis, qui ibi a multis annis Fulconis Rechini comitis jussu captivus detinebatur. Hunc quippe, ait ille auctor libro X, *Urbanus hortatu et potestate a vinculis liberavit.* Et libro IX scribit eumdem Goffredum *Urbano papa præsente et imperante* absolutum fuisse, qui apud *Chinonem* castrum per annos ferme triginta in carcere reclusus fuerat. Hæc Ordericus : at si alios passim vulgatos auctores audiamus, aut nunquam e carcere liberatus fuit Gauffredus, quod diserte habet Hildebertus, qui ibi tunc vivebat, in Vita sancti Hugonis; aut certe id multo post Urbani adventum in Galliam contigit, ut videre est apud Menagium libro III Historiæ Sablolíensis, cap. 16; sed has difficultates fusius persequi nihil nostrum interest.

CCXLVI. *Sablolii bullam dat pro S. Nicolao.*

Die XVI Kalendas Martii, id est Februarii 14, Urbanus Sablolii, quod oppidum est in Andegavensium et Cenomannorum finibus situm dato diplomate confirmavit privilegia et possessiones monasterii Sancti Nicolai Andegavensis, cujus basilicam ante paucos dies manibus suis consecraverat. In hac bulla, multa beneficia decernit, uti diximus, in eorum gratiam, qui eamdem basilicam die anniversario ejus dedicationis inviserint.

CCXLVII. *Cenomannis tribus diebus moratur Urbanus pontifex.*

Cenomannorum quoque urbem adiisse Urbanum testis est Fulco comes in fragmento jam laudato, ubi triduum Hoellis episcopi sumptibus exegisse dicitur in Actis ejusdem urbis episcoporum tomo III Analectorum Mabillon. editis, qua occasione laudatur ille antistes, quod *inter omnes antecessorum suorum titulos solus universalis papæ ei sacerdotum omnium principis sacrosancto hospitio honoratus* fuerit. Et quidem adeo celebris apud illius regionis populos Urbani Cenomannos adventus evasit, ut inde in publicis instrumentis quandoque pro epocha fuerit adhibitus. Hac, uti videtur, occasione, aut certe cum Andegavi esset, idem pontifex Hoello curam demandavit restitutionis *Loconaci* monachis Sancti Albini faciendæ, quem locum, olim a Childeberto rege illis donatum, viri quidam nobiles invaserant.

CCXLVIII. *Vindocini dies undecim commoratur. Professionem episcopo factam irritam facit. Consecrat altare Crucifixi.*

Vindocinum inde profectus pontifex, ibi dies undecim commoratus est, teste Goffrido ejus loci tunc abbate, qui libro I, epist. 18, hæc ad Cononem episcopum sedis apostolicæ legatum scribit: *Optimæ memoriæ papa Urbanus, et qui nunc est dominus Paschalis papa, in Ecclesia nostra, ubi suæ charitatis gratia per undecim dies manserunt, privilegia nostra viderunt et ore proprio legerunt, et suæ auctoritatis decreto firmaverunt.* Ea procul dubio occasione Urbanus didicit ab ejus loci monachis Goffridum abbatem, cum ab Ivone Carnoteno benediceretur, professionem ei tanquam diœcesano episcopo fecisse; quod ægre tulit pontifex, *abbatemque vehementer increpavit, columbam seductam cor non habentem illum appellans,* quare quod *illicite* commissum fuerat, *irritum fecit,* ac postea Romam reversus lato decreto sancivit, ne quis postmodum Vindocini abbas *cuiquam episcopo profiteatur,* quod Paschalis successor Urbani *iterum sua apostolica auctoritate firmavit.* Hæc omnia narrat ipse Goffridus epis . 7 et 11, lib. II, ad Ivonem scriptis. Decretum vero ipsum profert epist. 27 ad Gaufredum Ivonis successorem, quod suo loco proferemus.

Huc quoque revocandum est quod de illo monasterio legitur in Chronico Andegavensi, apud Labbeum tomo I Bibliothecæ novæ, ubi ad annum 1095 veteri stylo, quo scilicet novi anni exordium a Paschate desumitur, hæc habet : *Eodem anno IV Kalendas Martias consecravit Urbanus papa Crucifixum Sanctæ Trinitatis Vindocinensis cœnobii, atque perdonavit septimam partem peccatorum suorum omnibus, qui unoquoque anno anniversarium ejusdem consecrationis diem ibidem celebrarent.* Idem omnino legitur in veteri cod. ms. Vindocinensis monasterii; Crucifixi autem nomine intelligendum est altare Sanctæ Crucis, quod hodieque retro majus altare subsistit, vulgo *Matutinale* appellatum, ut constat ex veteri Missali ms. ejusdem monasterii, in quo dedicationis hujus festivitas sub hoc titulo memoratur. *De altari Matutinali,* etc. Notitiam integram referemus in Appendice.

CCXLIX. *Concilium Rothomagense.*

Quo tempore pontifex has regiones invisebat, Northmanniæ præsules cum abbatibus et aliis clericis, ac provinciæ optimatibus a Willelmo metropolitano Rothomagum convocati ad concilium provinciale, mense Februario, ibidem *capitula synodi, ut* narrat Ordericus libro IX, *quæ apud Clarummontem facta est, unanimiter contemplati sunt ; scita quoque apostolica confirmaverunt,* additis octo canonibus, quos idem auctor refert, et habentur apud Labbeum.

CCL. *Jarentonis abbatis in Angliam legatio.*

Ad idem tempus revocanda est Jarentonis abbatis Divionensis in Angliam legatio apostolica, quam describit Hugo Flaviniacensis in Chronico Virdunensi. Impetraverat quidem Willelmus Angliæ rex a Waltero episcopo Albanensi, qui pallium pro sancto Anselmo nomine Urbani attulerat, ut nullus a se e apostolica in Angliam legatus mitteretur absque regis præcepto ; at Jarentonis fama adeo celebris erat, tantaque fuit ejus in alloquendo regem *inadulata mentis constantia,* ut rex ei palam contradicere veritus, *consiliis ejus ac votis acquieturum promitteret.* Sed fallere volebat callidus rex ea specie viri pii incautam simplicitatem ; jam quippe ad Urbanum nuntios clam miserat, novas ab eo petiturus inducias, quas cum reipsa impetrasset, idque Jarentoni declarasset, ille, infectis rebus, ex Anglia statim discessit. In Galliam reversus substitit in Northmannia, ubi pacem inter eumdem regem ac fratrem ejus Northmanniæ ducem, qui paulo post ad sacrum bellum profectus est, composuit. Sed ad Urbani iter reflectenda est oratio.

CCLI. *Turonos Urbanus pontifex advenit. Scribit pro Manasse archiepiscopo Remensi. Publice prædicat. Majoris monasterii basilicam dedicat. Statuta pro S. Martino.*

Initio mensis Martii Turonos advenit, ubi primum hospitatus fuisse videtur apud Majus-Monasterium. Huc enim accessit die tertia ejus mensis, uti colligitur ex narratione dedicationis ejusdem loci basilicæ, quæ VI Idus Martii, die octavo ejusdem adventus in monasterium, facta est. Hinc habemus totam dierum seriem quos pontifex eo in itinere exegit. Erat quippe, ut vidimus, die 14 Februarii Sablolii, unde postridie profectus Cenomannos advenit, ubi diebus tribus, id est decimo sexto et duobus sequentibus commoratus est. Decimo nono perrexit Vindocinum, ubi cum ex Goffridi epistolis, dies undecim transegerit, exinde ante diem secundam aut tertiam Martii proficisci non potuit, quo reipsa alterutro die Turonos advenisse dicendus est.

Die quarta ejus mensis ad Remensis Ecclesiæ suffraganeos episcopos scripsit, ut ne diutius Manassis electi eorum metropolitani ordinationem differrent. Quibus litteris illi morem gessere : nam Manasses in basilica archimonasterii Remigiani die X Kal. Aprilis ab Hugone Suessionensi, astantibus ei manus ei imponentibus quinque aliis comprovincialibus episcopis consecratus est. Hic vero constituerat statim post suam inaugurationem pontificem adire, ut ex ejus epistola ad Lambertum Atrebatensem apud Baluzium tomo V Miscellan. edita patet; sed utrum id præstiterit, incertum est. Urbanus vero interea Sancti Martini ecclesiam frequenter invisebat, modo in ejus castello, modo etiam in ipsa urbe, aut in vicino Majori-Monasterio commorans, quandiu versatus est apud Turonos.

Die autem VII Idus, id est Nona Martii, quæ Dominica erat, celebratis in Majori-Monasterio missis, ad gradum ligneum, qui supra fluvii Ligeris ripam paratus fuerat, accessit pontifex, ibique orationem habuit, cui cum Fulcone Audium comite, tunc temporis Turonum domino, et aliis proceribus interfuit innumera omnis conditionis et ætatis hominum multitudo. Pontificem ea occasione de sacra expeditione locutum fuisse plusquam probabile est. Et quidem huc, nisi fallor, revocari debet quod de Hugone de Calvomonte, et Hamerico de Currone legitur in Historia Ambasiæ tomo X Spicilegii, qui ibi dicuntur *in ecclesia beati Martini Majoris-Monasterii in præsentia papæ, multis sibi adjunctis, vestibus superamictis sanctæ crucis vexillum consuisse.*

Postridie, seu VI Idus Martii, pontifex cum aliis episcopis et cardinalibus majorem ejusdem monasterii basilicam solemniter dedicavit, et die sequenti benedixit cœmeterium. Quas cœremonias, relatis eorum pontificum qui præsentes aderant nominibus, egregie descripsit vetus auctor apud Bochellum, cujus ea de re opusculum in Appendice integrum referre visum est, addita veteri notitia de aliquot juribus, quæ ea occasione Hugo de Calvomonte supra laudatus monasterio cessit. Celebritatem vero ejus dedicationis testantur varia ejusdem loci instrumenta, quæ ab anno quo facta fuit, data dicuntur. Ferunt tunc pontificem in capitulo monachorum ingressum cum iis sedisse, ac facta exhortatione, iisdem absolutionem pro more illorum temporum impertiisse.

Cum itaque per dies septem et amplius, Urbanus frequenter beati Martini ecclesiam invisisset, die II Idus Martii in ejus *castello* existens præceptum dedit, quo modus in eam basilicam suscipiendorum apostolicæ sedis legatorum ordinatur; et quia in quibusdam ejusdem Ecclesiæ privilegiis concessum ejus canonicis erat *proprium habere episcopum*, sancivit Urbanus, ut *ejus vice* deinceps *Romano specialiter adhærerent pontifici et graviores eorum causæ ejus penderent judicio*. Atque hac occasione hic referre juvat quod in veteri ms. cod. legitur de catenis ferreis, quæ hodieque quatuor majores columnas chori ejus basilicæ prope fornicem colligare conspiciuntur. Sic habet : *Urbanus papa II in signum unionis episcopi proprii hujus Ecclesiæ Romano pontifici et Ecclesiæ Romanæ, quatuor præcipuas chori ejusdem Ecclesiæ columnas catenis quatuor ferreis cingi jussit*. In Chronico Turonensi dicitur idem pontifex *per dies septem et eo amplius*, ut jam diximus, invisisse sancti Martini sepulcrum, ac receptus quotidie solemniter fuisse in porta thesaurarii a clero ejusdem ecclesiæ.

CCLII. *Concilium Turonense. Ibi ordinatus Marbodus Redonensis episcopus. Glannafoliensis monasterii S. Mauri restitutio. Cormaricum S. Martino assertum. Quinam concilio interfuerint. Primatus Lugdunensis episcopi confirmatus. An Philippus rex ibi absolutus. Eblo excommunicatus. Privilegium Bainsonense. Privilegium Tetrorchiense. Lis Tetrorchienses inter et canonicos Andegavenses composita. Rotæ fundatio confirmata. Privilegium S. Vincentii Metis.*

Hebdomada sequenti, quæ tertia erat Quadragesimæ, *dominus papa*, ut habet Bertoldus, *synodum celebravit cum diversarum episcopis provinciarum in civitate Turonensi, ubi iterum suorum præteritorum statuta conciliorum generalis synodi assensione roboravit*. Idem habet Ordericus Vitalis initio libri IX quod concilium *in monasterio Sancti Martini* celebratum fuisse affirmat auctor Chronici Malleacensis. An autem novi in eo canones conditi fuerint, incertum, cum nusquam ulli inveniantur; et eo animo potissimum a pontifice celebratum fuerit istud concilium, ut præcedentibus synodis robur adjiceret. Varia tamen in eo negotia pertractata fuisse, et causas finitas ex veteribus auctoribus et instrumentis discimus. Ubi etiam Marbodus, ut ex Chartario Sancti Albini referunt Sammarthani in Gallia Christiana, an Andegavensi archidiacono episcopus Redonensis, *electus a reverendo papa Urbano in Turonensi concilio sanctissimæ sedis apostolicæ Ecclesiæ, annuente Deo, ordinatus est pontifex*. Idem testantur monachi Sancti Albini, in epistola encyclica de ejus morte, quam dimisso episcopatu monachus inter eos factus subiit anno 1125.

Inter alias vero causas quæ ibi agitatæ fuerunt, celebris restitutio est Glannafoliensis monasterii S. Mauri in pristinam libertatem, quam ei ab annis plusquam ducentis Fossatenses abbates ademerant. Ejus rei meminit auctor Chronici Malleacensis; Petrus Diaconus libro IV Chronici Casinensis addit Glannafolium ea occasione principi monasterio Casinensi, ut semper ante Fossatensium invasionem fuerat, fuisse restitutum; sed nemo melius hanc rem exposuit quam ipse Urbanus in duabus bullis ea de re datis : prima Gerardo novo abbati inscripta; altera Orderisio abbati Casinensi, cui restitutio facta fuit. In his bullis quadraginta quatuor Patres, archiepiscopi scilicet, episcopi, et abbates concilio Turonensi interfuisse dicuntur, quibus de hoc negotio aliquid absque accurato examine et deliberatione matura pronuntiare, fuerat religio; unde cum postea Fossatensium instigatione contra hoc judicium Ivo Carnotensis epistola 159 Paschalem pontificem interpellasset, nihil potuit obtinere, et Glannafolienses deinceps a Fossatensium jugo liberi fuere. Corpus tamen sancti Mauri in Fossatensi monasterio retentum est, quod inde sensim sancti Mauri nomen accepit, hodieque retinet, duabus circiter leucis a Parisiorum urbe dissitum, monachis in canonicos conversis.

Actum etiam fuit in synodo illa Turonensi de Cormaricensi monasterio, quod injuste a sancti Martini subjectione avulsum fuerat; quare statutum est, ut ei restitueretur, et ut deinceps, defuncto abbate Cormaricensi, ejus baculus supra sancti Martini sepulcrum deponeretur, quem exinde *communi decani et capituli jussu*, qui successor legitime electus fuerit reciperet, antequam ab archiepiscopo Turonensi in abbatem *secundum communem Ecclesiæ consuetudinem* benediceretur. Hæc fusius habentur in bulla Urbani, ea de re post aliquot dies Pictavis data, ex qua sicut et ex veteri instrumento dedicationis ecclesiæ Majoris-Monasterii, quod supra laudavimus, habentur nomina aliquot episcoporum qui huic concilio interfuere. At nec ibi, nec in alio quopiam veteri monumento reperire licuit nomen Bernardi Toletani archiepiscopi, quem tamen ad hanc synodum venisse nonnulli recentiores volunt. Ei quidem interfuit mense Junio sequenti dedicationi ecclesiæ Sancti Saturnini apud Tolosam, et mense Julio concilio Nemausensi, uti suis locis dicemus. Certe cum nulla habeantur ejus concilii gesta, nil mirum si plerorumque eorum nomina ignoremus qui huc convenere, qui enim noti sunt, id casu, ut plurimum factum est. Sic Benedictum Namnetensem antistitem, et Raynaldum abbatem Sancti Cypriani tunc Turonis exstitisse discimus solum ex ejus episcopi donatione tum facta Sancto Cypriano, cujus donationis notitiam in Appendice dabimus.

Eodem modo ex bulla Urbani, quæ in gratiam

Hugonis Lugdunensis episcopi anno 1099 data est, nobis liquet hunc antistitem querelas ad istud concilium iterum detulisse adversus Richerium Senonensem metropolitanum, decreto de primatu Lugdunensi in suam Ecclesiam obedire adhuc detrectanti.

At falluntur ii qui aiunt Philippum regem eo in concilio ab excommunicatione absolutum fuisse, cum certum sit ex ipsius Urbani epistola quam paulo post ad Franciæ episcopos conscripsit, id tunc tentare quidem voluisse aliquot Gallicanos episcopos, sed eis cum pontifice restitisse hujus synodi Patres. Confirmata etiam ibi fuit excommunicatio jampridem lata in Eblonem invasorem ecclesiæ S. Gregorii insulæ Oleronis, quæ ad Vindocinenses monachos pertinebat; cujus rei testem adducimus Guillelmum Pictavorum comitem in sæpe laudato instrumento, quod referetur suo loco.

Die xiii Kalendas Aprilis, id est 20 Martii, pontifex monasterii Bainsonensis, quod haud procul a castellione supra Matronam situm et parentum suorum hæreditate, sui juris esse dicit, libertatem rescripto apostolico asseruit; qua etiam ipsa die aliud privilegium concessit Petro Trenorchiensi abbati, quod post confirmationem ejus loci et bonorum et possessionum asserit eidem monasterio, juxta quod in ipso Turonensi concilio judicatum fuerat, duas ecclesias Lausduni sitas, quas monachi Sancti Florentii sui juris esse contendebant. Præter hanc bullam exstat ea de re vetus instrumentum in probationibus Historiæ Trenorchiensis ex veteri apographo a Chiffletio editum, unde habetur unum hujus synodi decretum, alias incognitum. Hoc porro Urbani judicium confirmavit Calixtus II in privilegio quod anno 1122 Franconi abbati indulsit ab eodem Chiffletio ibidem pag. 409 editum.

Litem quæ inter idem monasterium et episcopum atque canonicos ecclesiæ cathedralis Andegavensis vertebatur de quibusdam Doadi castelli ecclesiis, ad synodum Turonensem ab Urbano delatam fuisse diximus. Sed quemnam illa exitum habuerit discendum est ex charta Gaufredi Andegavensis episcopi quam in Trenorchiensis Historiæ probationibus videre licet. In ea Patres Turonos convenisse dicuntur coram Hugone Lugdunensi, Rodulfo Turonensi, Guidone Viennensi, Hildeberto Bituricensi archiepiscopis, Brunone Signiensi, Hoello Cenomanensi, Guillelmo electo Arvernensi episcopis ac Adalberto et Theutone cardinalibus, aliisque judicibus a pontifice delegatis, ubi post multa hinc et inde allata, cum judices sententiam essent prolaturi, iisdem intercedentibus utrique in hoc concordarunt ut, reservatis Ecclesiæ Andegavensi quibusdam juribus ac censibus, quæ in charta referuntur, Ecclesiæ Doadi monachis remanerent, in quibus, post canonicorum qui ibi supererant obitum, monachos possent substituere.

Die xii Kalendas Aprilis in eodem concilio confirmata fuit fundatio monasterii Rotensis prope Credonium, quæ, ut supra diximus, jam ab Urbano apud Andegavos approbata fuerat. Qua quidem die, quæ ob sancti Benedicti festivitatem celebris erat, ut in veteri instrumento legitur apud Sammarthanos, et tomo II Miscellaneorum Baluzii, *vir apostolicus devotissime missam* celebravit. Hac item ipsa die pontifex privilegium Lanzoni abbati Sancti Vincentii apud Metas concessit, quæ ei, ejusque successoribus, post bonorum ac possessionum assertionem, confirmat, ut absente episcopo Metensi, sicut jam a suis antecessoribus statutum fuerat, abbas Sancti Vincentii festivis diebus in cathedrali urbis ecclesia cum sandaliis et dalmatica missarum solemnia celebrare possit.

CCLIII. *Concilii Turonensis finis. Solemnis processio.*

Nusquam me legisse memini qua die absolutum fuerit Turonense concilium, quamvis ipsum *in tertia Quadragesimæ hebdomada* fuisse celebratum omnes consentiant. At, si non fallor, conclusum fuit celebri illa processione quam Fulco comes Andegavensis, qui præsens aderat, describit in fragmento Historiæ jam laudato, his verbis : « Datis venerabili concilio decretis, pontifex media Quadragesima coronatus est, et cum solemni processione ab ecclesia Sancti Mauricii, ipsa est archiepiscopi sedes, ad ecclesiam Beati Martini deductus, ubi mihi florem aureum, quem in manu gerebat, donavit, quem ego etiam ob memoriam et amorem illius in Osanna, id est in processione Palmarum, uti conjicio, semper mihi meisque successoribus deferendum constitui. Chronicon Turonense refert eumdem pontificem in media Quadragesima in ecclesia beati Martini more Romano corona palmarum se coronasse, ibique missam ad altare Dominicum celebrasse. » An vero id præstiterit ipsa feria quinta mediæ Quadragesimæ, aut die sequenti, qua, ut diximus, in festo sancti Benedicti missam *devotissime* celebravit, aut certe Dominica insequenti, quæ prima eo anno erat post medium Quadragesimæ, ut ex tabulis temporariis constat, non omnino liquet : quod tamen verisimilius est. Etenim processio in qua pontifex rosam auream gestare solet, hac ipsa Dominica mediæ Quadragesimæ, in qua scilicet *Lætare* canitur, fieri consuevit etiam antiquitus, ut ex veteribus ordinibus Romanis, a Mabillonio tomo II Musæi Italici editis, et ex Glossario Cangiano, aliisque passim auctoribus patet.

CCLIV. *Privilegium Corbeiæ. Episcopi Strasburgensis reconciliatio. Epistola ad episcopos Franciæ. Concilii Arelatensis judicium.*

Feria tertia sequenti, viii scilicet Kalendas Aprilis, quæ dies ob Annuntiationis Dominicæ festum celebris est, Urbanus adhuc apud Turonos existens privilegium concessit Nicolao abbati Corbeinsi, quo insignia ejus loci jura et prærogativas confirmavit. Forte ibi adhuc erat pontifex, cum *non multo post concilium Turonense*, uti habet Bertoldus, *episcopum Strasburgensem de excommunicatione resipiscentem, recepit in communionem, ita tamen ut de illatis criminibus se purgaret*. Ad idem quoque tempus revocari potest Urbani epistola ad Richerium Senonensem aliosque Franciæ episcopos scripta, qui excommunicationem adversus Philippum regem, ob ejus adulterinas nuptias decretam, insuper habere videbantur. In hac epistola convocat pontifex eosdem antistites ad concilium, quod sub finem Junii habere apud Arelatem decreverat. Et re quidem ipsa, sed Nemausi, celebratum est.

CCLV. *Pictavis papa privilegium S. Martini firmat. Placitum pro lite canonicos S. Hilarii inter et monachos Monasterii Novi. Privilegium Anglense.*

Sub finem mensis Martii Pictavos pontifex rursus adiit, uti docent nos tria diplomata pro canonicis Sancti Martini ibi tunc data. In primo testatur pontifex se Simoniæ labem, quæ in præbendis Ecclesiæ Martinianæ adipiscendis invaluerat, penitus resecasse; tum laudat et confirmat privilegia istius insignis basilicæ, et repetit quod jam alias ab eo constitutum fuerat, ut scilicet, suppresso proprio illius ecclesiæ, ipse et sui successores pontifices Romani ejus loco futuri essent. Data est hæc bulla IV Kal. Aprilis, quam Innocentius papa Lugduni XVII Kal. Maii, pontificatus sui anno V de verbo a verbum ex autographo descriptam et collatam approbavit, et nova bulla confirmavit. In altero rescripto, quod die sequenti, id est III Kal. Aprilis, datum est, Urbanus omnes archiepiscopos et episcopos Galliæ adhortatur ut privilegia et bona ecclesiæ Sancti Martini in suis quique diœcesibus sita tueantur. Quo item die datum est tertium privilegium quo, juxta quod in Turonensi synodo sancitum fuerat, monasterium Cormaricense Sancti Martini basilicæ asseritur. Huic diplomati cum Urbano papa subscribunt alii archiepiscopi et episcopi ibi recensiti.

Haud dubium quin et eadem occasione B. pontifex sepulcrum sancti Hilarii iterum inviserit, cujus festivitatem mense Januario solemniter jam celebraverat. Hic enim cum multis episcopis et optimatibus *placitum* habuit *in capitulo Sancti Hilarii*, ut controversiam dirimeret inter ejus ecclesiæ canonicos et monachos Monasterii Novi, natam occasione ecclesiæ Sancti Nicolai, quæ his monachis, ut jam diximus, attributa fuerat. Sententiam ea de re tulit pontifex assidentibus sibi tribus archiepiscopis, totidem episcopis, duobus abbatibus, et aliis quamplurimis ex utroque ordine viris illustribus, ut ipsemet narrat in rescripto ea de re post aliquot dies dato apud Santonas. Porro, si ex locorum vicinia illud conjicere liceat, huc etiam revocari potest Urbani privilegium cœnobio Anglensi apud Pictones canonicorum regularium datum, quod ex Innocentii III bulla a Sammarthanis tomo IV Galliæ Christianæ laudatur, nec plura de ipso dicere fas est, cum illud recuperare non licuerit.

CCLVI. *Apud S. Maxentium dat privilegium Glannafolenses.*

Pridie Kalendas Aprilis apud sanctum Maxentium in eadem provincia nobile ordinis Benedictini monasterium, quod oppido nomen dedit, hospitatus est Urbanus, ubi novo Sancti Mauri Glannafoliensis monasterii abbati Gerardo amplissimum privilegium concessit, cujus jam supra laudati exemplum ex archivo monasterii Casinensis erutum inter epistolas pontificias olim dabitur.

CCLVII. *Angeriaco transit Urbanus pontifex et privilegia concedit.*

Hinc Santones ingressus pontifex ad Angeriacense oppidum divertit, in monasterium Sancti Joannis, uti ipsemet testatur in rescripto, quo ejus loci possessiones et potissimum Buriacensem Ecclesiam in diœcesi Bellovacensi sitam, Ansculfo abbati et cæteris ejusdem monasterii monachis confirmavit. Illud rescriptum, quod in chartario Angeriacensi notis chronicis destitutum est, huc referimus: at ibi septimam Aprilis diem exegisse docet nos privilegium Monasterii Novi Pictavensis, quod hac ipsa die *Angeliaci* datum dicitur. Ibidem renovata iterum fuit in Eblonem invasorem ecclesiæ Sancti Georgii in insula Oleronis excommunicatio, uti in sæpe laudato Willelmi Aquitaniæ ducis instrumento legitur.

CCLIX. *Apud Santonas celebrat Pascha. Privilegium S. Martialis. Privilegium S. Albini. Ecclesiæ Remensis usus confirmat. Maledicitur Eblo invasor. S. Eutropii altare consecrat.*

Inde profectus pontifex apud Santonas advenit, ubi sacram resurrectionis Dominicæ festivitatem solemniter celebravit, uti habet Fulco comes in fragmento Historiæ Andegavensis, et probant vetera passim instrumenta. Consentit auctor Chronici Malleacensis, qui post memoratum concilium Turonense subdit: *Inde reversus est Santonas civitatem, et celebravit ibi sanctum Pascha.* Quibus verbis hic auctor pontificem semel et iterum Santonum urbem adiisse innuit, quod alii scriptores non habent. Eum a Ramnulfo episcopo ibi susceptum fuisse Idus Aprilis scripsit Sirmundus in notis ad Goffridum Vindocinensem. At id uno saltem aut altero die antea factum fuisse vel ex hoc solo conjicere licet, quod verisimile non fuerit Urbanum ipso die Paschæ sese itineri commisisse. Certe ante dies octo, uti vidimus, Urbanus Angeliacum appulerat; et quidem constat eum saltem in Paschatis pervigilio apud Santonas fuisse, ut ex ejus bulla colligimus quæ data est hoc ipso die in gratiam Adhemari abbatis Sancti Martialis Lemovicensis. Insigne est illud privilegium, quo post confirmatas huic monasterio varias possessiones et ecclesias, quas singillatim recenset pontifex, « statuit ut, absente Lemovicum episcopo, abbas Sancti Martialis cum majoribus ecclesiæ canonicis præcipue diœcesis curam gerat, tum ut episcopalis electio ex ejus potissimum arbitrio disponatur; ac denique ut præcipua ejusdem Ecclesiæ negotia, etiam præsente episcopo, ejus consilio peragantur. » Hanc bullam, quam ex autographo Lemovicensi noster Stephanotius descripserat, et ex aliis quoque mss. et editis habemus, vir clarissimus Stephanus Baluzius ad aliud quoque, ut ipse mihi testatus est, autographum contulit in monasterio Cluniacensi, sed quæ ibi habetur absque bulla plumbea, et nonnullæ occurrunt variæ lectiones. In utroque autem autographo data dicitur anno 1097 pro 1096, quod et in aliis plerisque indubitatæ prorsus fidei instrumentis observare licet; in quibus scilicet juxta Pisanum calculum annus ab Incarnatione Domini, mense Martio præcedente annum currentem incipit. Idem privilegium Paschalis II altera bulla, quæ anno 1103 Romæ data est, et plumbo sigillata, confirmavit. Utriusque autographum a se Cluniaci visum fuisse mihi testatus est eruditus Baluzius.

Feria secunda Paschæ, quæ dies 14 erat Aprilis, confirmavit ibidem pontifex possessiones omnes monasterii Sancti Albini Andegavensis, data bulla. Diploma eadem die et in eadem urbe datum, in gratiam Monasterii Novi Pictavensis, in quo ea refert pontifex quæ in conventu apud Hilarium habito, de quo supra diximus, statuta fuerant, occasione controversiarum quæ inter canonicos Sancti Hilarii et monachos Monasterii Novi in prioratu S. Nicolai degentes exortæ fuerant. Denique eodem etiam die pontifex consuetudines Ecclesiæ Remensis confirmavit ad petitionem canonicorum ejusdem Ecclesiæ, qui ad Urbanum aliquot e suis, quos ille benigne excepit, ea de causa legaverant. Pontificias litteras refert Guillelmus Marlotus, qui censet consuetudines in eo rescripto memoratas illas ipsas esse quæ ab eo tomo II metrop. Remensis editæ sunt.

In eadem urbe pontifex Ebloni jam tot vicibus ob invasionem ecclesiæ Sancti Georgii Oleronis insulæ excommunicato *maledixit*, quod *judicio archiepiscoporum, episcoporum, abbatum et religiosorum clericorum comprobatum fuisset jamdiu injuste terram monachorum Vindocinensium tenuisse*. Quare a papa *maledictus discessit*; datumque Amato Burdigalensi archiepiscopo mandatum ut Guillelmum Aquitanorum ducem adiret, eum adhortandi causa ut ejusdem terræ restitutionem Vindocinensibus faciendam procuraret, quod reipsa factum est. Hæc omnia in ejusdem ducis charta referuntur, quam, etsi jam a Beslio editam, recudere tamen ex chartario Vindocinensi visum est, quod in ea tota hujus rei series perspicue habeatur, multumque ad illustranda Urbani Gesta conferre possit.

His temporibus monachi Cluniacenses, qui ab aliquot annis vetustum Sancti Eutropii monasterium Santonense incolebant, et renovarant cryptam in qua sancti martyris reliquiæ continebantur, cum duobus altaribus : quare præclaram hanc nacti occasionem, pontificem adierunt, eumque rogarunt ut unum saltem ex his altaribus propria manu consecrare non dedignaretur; quorum petitioni ille annuit, relicta alterius altaris consecratione Ramnulfo episcopo diœcesano. Hoc autem factum fuisse Dominica in albis legitur in veteri notitia ab auctore æquali conscripta, quam in hujus voluminis Appendice referemus. Unde colligitur duas circiter hebdomadas Urbanum apud Santonas exegisse.

CCLX. *An Inculismam adierit Urbanus.*

An inde Inculismam adierit, incertum. At ex Historia ejus urbis episcoporum et comitum caput 35, tomo II Bibliothecæ Labbeanæ edita discimus restitutionem cujusdam præpositurœ ecclesiæ Sancti Petri, id est cathedrali, factam, Adhemaro episcopo efflagitante, ab eo pontifice confirmatam fuisse.

CCLXI. *Burdigalæ dedicat majorem ecclesiam.*

Verum, ut ut sit ea de re, certum est Urbanum sub finem Aprilis Burdigalam appulisse, ubi primo die Maii Majorem ecclesiam solemni ritu dedicavit : id discimus ex veteri codice apud Lopesium laudato; qui licet hanc consecrationem anno 1026 factam fuisse mendose præferat, eam tamen anno præsenti consignandam esse rerum gestarum series invictissime probat. Certe Urbanus ipse in rescripto ad canonicos Burdigalenses, testatur ejus urbis Majorem ecclesiam a seipso consecratam fuisse; et qui in eo scripto recensentur, ejus itineris comites erant. At non abs re erit huc proferre ejus solemnitatis descriptionem ex veteri illo codice, prout a Darvalio in supplemento chronicæ Burdigalensis, et a Lopezio cap. 5 Historiæ ejusdem urbis exhibetur.

« Anno Incarnationis Domini 1016, lege 1096, videlicet Kalendis Maii, dedicata fuit Ecclesia Burdigalensis, quæ est domus Domini, in honorem beatorum apostolorum Andreæ et Petri, et beati Joannis Baptistæ, sancti Stephani, Laurentii, Vincentiique martyris, et beati Macharii confessoris, sanctarumque virginum Agathæ, Eulaliæ, quarum reliquiæ conditæ sunt in majori altari in ipsa consecratione a domino papa, et ab Amato sanctæ Romanæ Ecclesiæ legato Burdigalensique archiepiscopo. Adfuerunt quinque decani, Simeon Agennensis episcopus, Bruno Signensis episcopus, Albertus (*Valterus*) Albanensis et alii cardinales. » Mirum est ejus dedicationis anniversarium die 21 Aprilis celebrari, forte ob concursum festivitatis beatorum Jacobi et Philippi, aut forte ob aliam ejus ecclesiæ antiquam consecrationem.

CCLXII. *Neraci dedicat ecclesiam monasterii S. Thomæ.*

Pontifex Neraco, quod Vasconiæ oppidum est, transiens, ibi solemniter consecravit ecclesiam in honorem S. Thomæ et sancti Nicolai, in qua Arsinus de Albione, data eo pacto Loci villa, monacho e Sancti Petri Condomiensis monasterio accitos locavit, precibus Raymundi ejus fratris, qui tunc Condomii abbas erat. Ejus loci cœnobitæ sæculo decimo sexto, monachos ecclesiæ Condomiensis, quæ in cathedralem a Joanne XXII erecta fuerat, imitati, togam sæcularem in canonicos conversi induerunt. Brevem ejus dedicationis notitiam e chartario Condomiensi dabimus in Appendice.

CCLXIII. *Leiraci monasterii Montis Alti confirmat Cluniaco.*

Nonis seu 7 die Maii idem pontifex Leiracum

invisit, ubi prioratus est ordinis Cluniacensis, ibique cum aliis decem consecravit ecclesiam Sancti Saturnini martyris Tolosæ episcopi, et altare in honorem ejusdem martyris gloriosissimi, et sancti Assisceeli martyris; posuitque maximam partem capitis gloriosissimi Saturnini, reliquiasque sancti Assisceeli martyris et aliorum sanctorum, et reliquias sancti Exuperii episcopi Tolosani. »

Adhuc in ea urbe morabatur pontifex, cum canonici cathedralis ecclesiæ Sancti Stephani ad eum querelas detulerunt adversus monachos Sancti Michaelis de Clusa, qui ecclesiam Sanctæ Gavellæ, Ecclesiæ Tolosanæ collatam sui juris esse contendebant. Placitum apud Sanctam Mariam Electi indixit pontifex, in quo lis ista dirimeretur; sed renuentibus monachis ad illud venire, negotium tunc infectum remansit, cujus totam seriem, sed quæ nihil ad nos attinet, videre est in veteri instrumento apud Catellum libro v Commentariorum historiæ Occitaniæ, pág. 875. Certe Clusino monasterio complura harum partium monasteria subjecta erant, inter quæ ex Urbani bulla quæ excidit, recensent monasterium Mansi Garnerii prope Virdunum ad Garumnam in diœcesi Tolosana, hodie congregationi Sancti Mauri addictum.

reséripto ad Hugonem Cluniaci abbatem dato cellam S. Michaelis de Monte Alto cum omnibus ejus appendiciis Cluniaco a Willelmo, postea archiepiscopo Ausciensi, cum monachus factus est, collatam confirmavit. Illud rescriptum olim dabitur inter Urbani epistolas ex veteri apographo, forte autographo, descriptum.

CCLXIV. *Tolosæ dat privilegium Moyssiaco. Privilegium S. Orientii.*

Eadem die, si non fallunt chronicæ notæ in exemplis nostris, aut certe locus dati rescripti sincerus est, Tolosam advenit pontifex, ubi litteras, num. 192 ad vicinos episcopos dedit in gratiam monachorum Moyssiacensium, ut eorum bona, quisque in sua diœcesi, tuerentur.

Post aliquot dies monasterium Moyssiacense ipse pontifex invisit, ibique iii Idus Maii alias litteras sancto Hugoni scripsit in gratiam monachorum Cluniacensium S. Orientii prope urbem Ausciorum, quibus, ut jam a Leone IX sancitum fuerat, confirmat jus cœmeterii. Has litteras idem pontifex alio rescripto confirmavit, ut inferius suo loco dicemus. Ejusdem monasterii altare S. Salvatoris consecravit Urbanus, si Chronico credamus quod Aymericus de Peyrac hujus loci abbas conscripsit. Idem refert Urbano ibidem existente unum cardinalem obiisse, ac in arcu monasterii fuisse tumulatum, ad cujus *sepulcrum se vidisse testatur in altum pendere capellum suum, nimia vetustate quasi penitus consumptum.*

CCLXV. *Tolosæ dat privilegium Belliloci. Dedicat ecclesiam S. Saturnini. Lis canonicos Tolosæ inter et Clusinos.*

Tolosam reversus pontifex Bellilocense monasterium apud Lemovicos, quod nulla ibi servaretur disciplina regularis, Cluniacensi ordini addixit, datis ea de re litteris ad sanctum Hugonem die 23 hujus mensis.

Die autem sequenti, id est ix Kalendas Junii, Urbanus ecclesiam Sancti Saturnini in eadem urbe solemniter dedicavit, ut varii auctores observarunt, ipseque pontifex in bulla ad ejusdem Ecclesiæ canonicos post aliquot menses data testatus est. Certe Paschalis II in epistola ad Aragonum regem ait ecclesiam Sancti Saturnini ab Urbano decessore suo cum septemdecim archiepiscopis et episcopis consecratam, et privilegiis apostolicis munitam fuisse, et Amelius Tolosanus antistes confirmavit privilegia a Gregorio VII, Urbano II et Paschali II *de libertate ecclesiæ Sancti Saturnini* concessa. Sed rem fusius exponit antiqui Chronici auctor apud Catellum, libro II Historiæ comitum Tolosæ, cap. 3, et in Appendice ex veteri cod ms., in quo hæc leguntur : « Anno Domini 1096, indictione IV, nono Kalendas Junii dominus papa Urbanus cum archiepiscopo Toletano Bernardo, et Amato Burdegalis archiepiscopo Pisanoque archiepiscopo et Tisano (*Albanensi*) archiepiscopo, Gallero Albiensi et Petro Pampilonensi episcopo

CCLXVI. *Carcassonam adit Urbanus pontifex.*

Relicta Tolosa, Carcassonam pontifex adiit, uti exigere videtur locorum situs et dierum series. Huc vero quarta feria, die 14 Junii advenisse, atque in ea urbe exegisse quinque dies discimus ex veteribus historiæ ejusdem urbis centonibus, qui sic habent : *Anno Dominicæ Incarnationis* 1096, *indictione* IV, LXXIV [*forte, luna* XXIV] *feria quarta, Urbanus papa Carcassonam ingressus est, et missas ibidem celebravit; vivos et defunctos benedicens absolvit, etiam ecclesiæ Beati Nazarii*, id est cathedralis, *saxa benedixit;* quæ scilicet, ut interpretatur Beslius, ad perficiendam hanc ecclesiam jamdudum antea inchoatam, parata fuerant ; *et subsequenti sexta feria super beatæ Mariæ semper virginis sanctique Salvatoris altare missas celebravit, sermonem nobis fecit, cœmeterium propriis manibus salis aspersione absolvit; et sic diebus quinque nobiscum commoratus, vivis ac defunctis consignatis cum laude et gratiarum actione discessit.* Ilis consentiunt Beslius in Historia episcoporum Carcassonensium, et Sammarthani in eorumdem catalogo tomo II Galliæ Christianæ. Porro abbatia Sanctæ Mariæ et Sancti Salvatoris, cujus hic altare memoratur, in suburbio Carcassonens sita, sæculo sequenti transiit ad canonicos sæculares; quæ postea in Albigensium bellicis tumultibus destructa, tandem, seu potius, locus ubi sita erat, Patribus Capucinis cessit, qui ibi conventum habent. Huic loco, uti observat Beslius, præerat anno 1085 Pontius abbas ; sed an tunc adhuc in vivis esset, quando Urbanus huc accessit, incompertum est. Petrus vero Ecclesiæ Carcassonensis tunc episcopus erat. Exstat in ejusdem urbis diœcesi nobile monasterium Beatæ Mariæ de Crassa; cui etiam

Urbanus privilegium, sed quod excidit, indulsisse dicitur in subsequentium pontificum bullis.

CCLXVII. *Adit tum Tomerias. Privilegium Pampilonæ.*

Inde profectus Urbanus nativitatem sancti Joannis Baptistæ in Tomeriarum oppido, nomine et monasterio Sancti Pontii, quod in cathedralem ecclesiam postea erectum est, insignito celebravit, ubi hac ipsa die confirmavit privilegia aliaque jura Ecclesiæ Pampilonensis, cujus diœceseos limites singulatim expressit. Bulla pontificia ea de re Petro de Roda seu de Rota ejusdem urbis episcopo, qui antea Tomeriensis monachus fuerat, inscripta est.

CCLXVIII. *Magalonam consecrat Urbanus.*

Urbanum exinde ad Montempessulanum divertisse ex Ivonis Carnoteni epistolis facile colligitur; at non ita constans est apud multos, an insulam Magalonensem, quod ab eo pontifice hoc aut præcedenti anno factum fuisse consentiunt omnes, tunc consecraverit. Certe si anno 1095 Astensem ecclesiam Urbanus in Gallias properans, uti diximus, dedicaverit Kalendis ipsis Julii, dici non potest eum exeunte Junio ejusdem anni Magalonæ exstitisse. Et quidem si sibi constaret Arnaldus de Verdala Magalonensis episcopus in serie suorum antecessorum, nulla superesse videretur difficultas. At ille res et tempora confundit. Is enim hanc insulæ benedictionem anno 1096 consignat, sed statim ei subjungit concilii Arvernensis celebrationem; quod quidem concilium anno 1095 habitum fuisse nemo inficiari potest. Si tamen notis chronicis, quas ille auctor profert, stare velimus, et certe multo facilius in assignando anno quam in notis chronicis referendis, quas ipse non videtur excogitasse, falli potuit; id ab Urbano præstitum fuisse hoc anno 1096 multo verisimilius est, cum scilicet in Italiam repedaret. Hic nempe auctor ait pontificem in apostolorum pervigilio Magalonam advenisse, ac secunda sui adventus die, *quæ Dominica erat,* insulam benedixisse; quæ quidem notæ nequaquam anno 1095, omnino vero 1096, conveniunt. Hoc quippe anno, dies 29 Junii, sanctis Petro et Paulo sacra, in Dominicam incidebat. Sed referre juvat integrum Arnaldi locum, in quo omnia Urbani apud Magalonam gesta paucis verbis repræsentat. « Anno, inquit, 1096, in vigilia apostolorum Petri et Pauli, Urbanus papa II, qui ad visitandas et confirmandas Galliæ ecclesias Alpes transierat, ad preces Gotofredi episcopi intravit Magalonam, ibique stetit per quinque dies; et tunc secunda die adventus sui, scilicet die Dominica, congregato totius pene Magalonensis episcopatus clero et populo, sermone facto, assistentibus archiepiscopis Pisano et Tarraconensi, ac episcopis Albanensi, Signensi, Nemausensi et Magalonensi, præsentibus comite Substantionensi, Guillermo Montispessulani domino, confluentibus undique terræ nobilibus, totam insulam Magalonensem solemniter consecravit, et omnibus in ea sepultis et sepeliendis absolutionem omnium delictorum concessit, et multa alia privilegia eidem Ecclesiæ donavit, et secundo loco post Romanam Ecclesiam honorificandam decrevit, et ut se fideles de quibuscunque locis ibidem sepeliri facerent diligenter monuit. Et tunc constitutum est ab ipso Gotofredo episcopo ut, in commemoratione ac veneratione processionis hujusmodi, singulis annis a clero et populo hac die in circuitu dictæ ecclesiæ processio solemnis fiat, et duodecim pauperes reficiantur.

CCLXIX. *Apud Montempessulanum agit de electione episcopi Parisiensis.*

Apud Montempessulanum, quæ urbs hodie Magalonensis episcopi sedes est, pontifex rogante rege Philippo de electione Guillelmi in episcopum Parisiensem inquisivit; quippe qui nonnullis ob id fidei dubiæ habebatur quod Guillelmus ille electus Bertradæ, quam Philippus, uxore repudiata, sibi copulaverat, frater esset, ac proinde locus erat suspicandi ne a clero Parisiensi favore aliquo aut timore humano ille postulatus fuisset. Rem in partibus examinandam Ivoni Carnotensi episcopo, viro integro et ab omni adulatione valde alieno, qui tunc in Romana curia versabatur, commisit Urbanus, ita ut si omnem Simoniæ suspicionem juramento amolirentur canonici Parisienses, Guillelmus a Richerio Senonensi suo ipsius metropolitano ordinari posset, indulta ei hac solum occasione, pallii utendi licentia, quæ ei in concilio Arvernensi, ob denegatam Hugoni Lugdunensi primati obedientiam, interdicta fuerat. Et quidem cum dato sacramento clerici Parisienses electionem a seipsis factam purgassent, Guillelmus ante festum sancti Remigii a Richerio ordinatus fuit. Id narrat ipse Ivo in epistolis 50 et 54, qui jam ante illud tempus in ejusdem electi gratiam scripserat, epist. 43, quod ille, utpote in Ecclesia Carnotensi enutritus, probe ei notus esset. Hic porro observare juvat quam Urbanus sollicitus fuerit ne in ordinationibus episcoporum aliquid sinistri obreperet; has enim ob id solum adhibuit cautiones vigilantissimus pontifex, ut vel omnem mali speciem ab hac electione amoliretur.

CCLXX. *Nemausi concilium celebrat Urbanus. Ecclesiam cathedralem consecrat. Lis episcopum Tolosæ inter et canonicos S. Saturnini. Privilegia S. Saturnini confirmata. Figiacenses inter et Conchenses controversia. Raymundi cessio facta S. Egidio. Rivipullensis monasterii jura serrata. Primatus Lugdunensi episcopo assertus. Guibertus abbas Antissiodorensis depositus. Anselli Bellovacensis electi causa suspensa. An Philippus rex ibi depositus? Monachi vindicati. Privilegium S. Marcini a Campis.*

Ineunte mense Julio Urbanus Nemausi, quæ nobilis est Narbonensis provinciæ civitas, concilium habuit, quod ab eo primum Arelatam indictum fuisse ex ejusdem pontificis epistola ad Richerium Senonensem modo laudata jam observavimus. In eo concilio nonnulla quæ in prioribus synodis statuta fuerant, confirmata fuere. Nonnulla etiam de novo sancita, quæ simul sexdecim canonibus in vulgatis conciliorum editionibus comprehenduntur, at ejus Acta perierunt. Quare ut aliquid præter memoratos canones, qui cum aliis Urbani conciliis olim dabuntur, hic exhibeamus, juvat hic ea referre quæ in variis antiquis monumentis de hac synodo reperire licuit. Et primo quidem nonnulli recensentur antistites ex his qui Nemausensi concilio interfuerunt, in charta Raymundi comitis, qua monasterio Sancti Egidii vallem Flavianam confirmavit. Ii sunt metropolitani omnino sex, Daimbertus Pisarum, Hugo Lugduni, Amatus Burdigalæ, Bernardus Toleti, qui tres apostolicæ sedis legati erant, Hugo Bisuntinus et Guido Viennensis archiepiscopi: episcopi quinque scilicet, Gauterius Albanensis, Bruno Signensis, Gotofridus Magalonensis, Hugo (*Humbaldus*) Antissiodorensis et Bertramnus Nemausensis; cardinales non episcopi quinque, inter quos erat Richardus abbas Massiliensis. Chartam ipsam ex Spicilegio Acheriano ubi integrior habetur, quam in conciliis Labbeanis, habes in Appendice. Porro tres etiam alios episcopos Hispanos, scilicet Berengarium Tarraconensem, Bernardum Gerundensem, et Artaldum Helenensem; et totidem abbates, Petrum Coxanensem, Benedictum Balneolensem et Bernardum Rivipollensem ad eamdem synodum convenisse scribit Petrus de Marca in Marca Hispanica, col. 472 et ex eo cardinalis Aguirius tomo III Conciliorum Hispaniæ. At plures ex ipsius Urbani diplomate in causa episcopi Tolosani et canonicorum S. Saturnini dato habemus. Nam ibi, præter septem metropolitanos supra memoratos, alii tres archiepiscopi, nempe Radulfus Turonensis, Gibelinus Arelatensis, et Ebredunensis nominantur, quos cum *episcopis et abbatibus* 86 eidem concilio præsentes fuisse testatur pontifex. Aliorum nomina ex aliis monumentis, quorum nonnulla quæ supersunt infra laudabimus, erui poterunt. Certe exempli causa nemo, ut quidem mihi videtur, negabit Ivonem Carnotenum eidem concilio interfuisse, qui, seipso teste in epistolis superius laudatis, colloquium tunc temporis cum Urbano habuit apud Montempessulanum de electione Guillelmi in Parisiensem episcopum.

Quo autem die incœperit vel absoluta fuerit illa synodus, nemo, quod quidem sciam, diserte adnotavit. At pontificem sexta die mensis Julii jam apud Nemausum exstitisse ex domesticis ecclesiæ ejus urbis cathedralis instrumentis discimus, in quibus eam ecclesiam hac ipsa die ab Urbano consecratam fuisse legitur, astantibus compluribus archiepiscopis et episcopis, cum comite Raymundo. Forte hac solemnitate synodus initium accepit; certe vii Idus, id est die 8 Julii in ea actum est de controversia quæ inter episcopum Tolosanum et canonicos Sancti Saturnini jamdudum vertebatur, quæque, ut testatur ipse pontifex in superius laudata bulla die v Idus ejusdem mensis post varias altercationes definita fuit. Totam vero hujus controversiæ seriem hic exponere superfluum esset, cum habeatur in laudato Urbani diplomate, et in alia ejus bulla ad canonicos Sancti Saturnini. Utrumque suo loco referetur. Cæterum Urbani judicio ægre consensisse canonicos ecclesiæ cathedralis Tolosanæ patet ex veteri illorum de eadem re instrumento, quod Catellus, et post eum Labbeus tomo X Conciliorum edidere, ubi Calixtum. II pontificem, qui Nemausensi concilio, tum archiepiscopus Viennensis, interfuerat, inducunt ita ea de re disserentem: *Ego in concilio Nemausensis in quo dominus Urbanus papa præfuit, cum multis aliis interfui, ibique clericos Sancti Saturnini dominum papam interpellantem audivi; quatenus quartam partem oblationum altaris beati Saturnini episcopo Isarno, qui tunc temporis eam in dominio suo tenebat, auferret, et sibi daret; et dominus papa petitionibus eorum condescendi videbatur, quibus episcopus Isarnus magnanimiter resistebat*, etc. Tum subjungunt Guidonem ipsum cum fratre suo archiepiscopo *Briassensi*, legendum *Bisontinensi*, Isarni partes egregie in ipsa synodo sustinuisse, ita ut idem Isarnus nonnisi post absolutum concilium Urbani judicio consenserit, promisso ei quod *de ecclesia Sancti Saturnini semper cum suis victum haberet, quod et dum vixit habuit*. Fatentur tamen iidem canonici quod, rursus examinata postmodum in præsentia ipsiusmet Calixti ista controversia, ecclesia cathedralis post varias concertationes ea de re multis in locis habitas nihil obtinere potuerit. At id negligentiæ episcopi, qui tunc Ecclesiæ Tolosanæ præerat, tribuendum esse asseverant. Sed ad concilium revertamur.

In eo confirmata sunt omnia privilegia et jura quæ Urbanus et Raymundus comes eidem Sancti Saturnini ecclesiæ in ejus dedicatione indulserant. Quod non solum ex pontificiis bullis, sed etiam ex aliis veteribus instrumentis constat. Duas ea de re chartas exhibet Catellus in Historia comitum Tolosanorum, in quarum priori Bertrandus comes sic decernit, pag. 153: *Ecclesiam Sancti Saturnini liberam ab omnibus statuo, sicut melius illam se it liberam papa Urbanus cum suis episcopis, et pater meus Raymundus comes in consecratione ipsius ecclesiæ, et in concilio Nemausensi*. Idem omnino habet, pag. 166, Willelmus comes Pictavensis cum uxore sua Philippia, in altera charta, quæ anno 1098 data est.

Die vii Idus, id est 9, Julii actum est in concilio de controversia inter Figiacenses et Conchenses monachos occasione conjunctionis factæ amborum monasteriorum sub unico abbate mota, quæ unio, multorum dissidiorum origo fuerat. Quid de re ab Urbano sancitum in concilio fuerit, dicemus infra, ubi de ejus rescripto apud Vallem Flavianam ea occasione dato agendum erit.

Die 12 Julii laudatus comes Raymundus, coram pontifice et universo concilio Vallem Flavianam, cum omnibus honoribus et consuetudinibus, quas in ipsa *Villa Flaviana et extrinsecis tam juste quam injuste* tenuerat, Odiloni abbati et monasterio Sancti Egidii dimisit, patet ex ejusdem comitis instrumento, et Urbani bulla illud confirmantis.

Eodem fere modo satisfecit Berengarius Tarraconensis antistes Bernardo abbati Rivipullensi, qui adversus episcopum querelas ad concilium detulerat, quod insuper habitis sedis apostolicæ privilegiis, ecclesias Rivipullensi monasterio subjectas interdixisset. Berengarius quippe hoc se inscio factum fuisse declaravit. Forte id fecerant eo inconsulto clerici Ausonienses, in quorum diœcesi, hodie Vicensi, quæ Tarraconensi ecclesiæ tunc unita erat, situm est Rivipullense monasterium. Quare satis fuit episcopo polliceri sese de cætero privilegia apostolica fideliter custoditurum. Id narrat illust. Petrus de Marca libro IV Marcæ Hispanicæ, et ex eo cardinalis Aguirius tomo III Conciliorum Hispaniæ. At plura habentur in. veteri ejusdem loci Historia, quæ edita est in Appendice ejusdem Marcæ Hispan., num. 44. Berengarius quippe, ut ibi dicitur, ne quid simile in posterum attentaretur, monasterii privilegia *laudavit*, *corroboravit et propria manu firmavit*, facta ea de re charta. Et paulo post idem abbas Bernardus Urbanum ad monasterium Sancti Egidii secutus fuisse dicitur, ubi insigne ab eo privilegium obtinuit, quo omnia ejus jura et bona confirmantur.

Conquestus etiam est in synodo Nemausensi Hugo Lugduni antistes adversus Richerium Senonensem metropolitanum, qui nondum adduci potuerat ut, juxta conciliorum Arvernensis et Turonensis decreta, primatum Ecclesiæ Lugdunensis cognosceret, et quidem confirmatus iterum fuit Hugoni primatus in hac synodo, sed nunquam ei sese Richerius subjecit, qui ea de causa interdictus paulo post e vivis excessit, ut ex Urbani ipsius rescripto anno 1099 dato colligere licet.

In eodem concilio Guibertus Sancti Germani Antissiodorensis abbas ab Humbaldo ejusdem urbis episcopo citatus ob varia crimina quæ ei impingebantur, loco cedere coactus est ; ejus baculum Urbanus episcopo tradidit, eo pacto ut huic monasterio aliquem e Casa Dei, aut Majori Monasterio, aut Cluniaco monachum præficeret, qui in loco tam *illustri*, sic et merito quidem appellatur, disciplinam regularem restaurare niteretur. Id fusius narrat Guido ejusdem loci abbas in gestis antecessorum suorum tomo I Bibliothecæ Labbeanæ. Atque ea occasio fuit Cluniacenses in hoc monasterium inducendi, ut colligitur ex Urbani rescripto, de quo inferius dicemus. Aliam causam insignem in eadem synodo agitatam discimus ex epistola Lamberti episcopi Atrebatensis ad Paschalem II papam, in qua ait Gerardum Morinorum episcopum in Nemausensi synodo *ab omni episcopali officio suspensum a beatæ memoriæ Urbano fuisse* Et quidem Manasses Remorum archiepiscopus eidem Lamberto scripsit, ut ei curam Morinorum ecclesiæ ad se, inquit, devolutam committeret, quod *exsequendi officii sui potestas* Gerardo ejus Ecclesiæ episcopo, *non esset concessa*. Qua autem de causa hæc Gerardo injuria illata fuerit, nec ibi nec in aliis epistolis t. V Baluzianorum Miscellaneorum editis usquam exprimitur. Malbranchus ait, libro IX De Morinis, cap. 7, Gerardum de Simonia accusatum fuisse, ac etiam convictum quod pecunia, sed ec inscio, ad procurandum ei hunc episcopatum data fuerit. Rem apertius exponit auctor Vitæ beati Joannis, qui Gerardo in ea sede successit. Hic nempe ait Gerardum a clero quidem electum et a populo expetitum fuisse ; sed regis assensum eo quidem inscio, pactione pecuniæ obtentum fuisse, quam pecuniam Gerardus postea solvere coactus fuerat. Id procul dubio ignoraverat Gregorius VII, qui lib. II, epist. 1 Roberto Flandriæ comiti Gerardum *canonice electum et per ostium* in ovile Christi *ingressum* commendavit. Ut ut sit, causam ejus episcopi judicatu difficilem fuisse ex laudatis epistolis colligitur, ex quibus nempe patet Gerardum *ab omni episcopali officio suspensum* quidem, sed non exauctoratum fuisse. Unde ipse Lambertus Atrebatensis anno sequenti ejus causam pontifici commendare veritus non est, ut infra videbimus.

Similem ferme sortem eo in concilio habuit Anselli Bellovacensis electi causa, quæ ibi agitata quidem, sed minime definita fuit. Quamvis enim multi, inter quos erat Hugo Lugduni antistes, pro Ansello intercederent, noluit tamen pontifex ejus electionem approbare ; sed nec eam irritavit, ut ex Ivonis epistola 85 colligitur, in qua Urbanum adhortatur ut Ansello favere pergat, succurratque Ecclesiæ Bellovacensi hunc ambienti ac propter ejus ordinationis suspensionem magnis turbis agitatæ, aut rem per seipsum absolvendo, aut certe permittendo ejus judicium metropolitano cæterisque provinciæ episcopis. De eodem Ansello scripsit Urbanus ad Hugonem epist. 200.

Si Chronico Malleacensi fidem habeamus, Philippus rex Francorum eo in concilio ab Urbano Ecclesiæ reconciliatus est. Nec dissentit Bertoldus, licet locum ubi id factum fuerit non exprimat, hæc in Chronico scribens : *Philippus rex Galliarum, jamdudum pro adulterio excommunicatus tandem domino papæ, dum adhuc in Galliis moraretur, satis humiliter [ad] satisfactionem venit ; et abjurata adultera in gratiam receptus est, seque in servitium domino papæ satis promptum exhibuit*. Ex quibus verbis nonnulli inferunt Philippum Nemausi synodo præsentem fuisse, quod tamen, silentibus auctoribus, verisimile non est, maxime cum ejus nomine Ivo adierit Urbanum atque cum eo apud Montempessulanum tunc collocutus fuerit. Imo Philippus ante anni sequentis initia non videtur plene fuisse Ecclesiæ reconciliatus, uti patet ex ipsiusmet pontificis epistola ad Manassem Remensem cæterosque Franciæ episcopos ea occasione data, quæ in Collectione dabitur. Illis adde canonem 10 hujus concilii contra adulterinas nuptias, qui Philippum tangere videtur. Fabulas narrat canonicus Turonensis in Chronicis, cum ait Philippum ea occasione amisisse omnes regni sui episcopatuum electiones, ac electionem Andegavensis episcopi comiti Fulconi tum collatam fuisse.

Monachorum etiam partes monasticæque vitæ dignitatem et sanctimoniam egregie tuiti sunt Patres Nemausensis concilii adversus eorum æmulatores, qui ipsos *temerario ausu*, ut antiquiorum exemplo aiunt, a clericalibus functionibus arcere nitebantur. Id duobus potissimum canonibus præstitum est. Hæc de concilio Nemausensi.

Solutum erat, ut videtur pridie Idus Julii, qua die Urbanus monasterium Sancti Martini a Campis prope Parisios ordini Cluniacensi asseruit, ejusque possessiones, quas singillatim recenset, confirmavit, indulto ea de re privilegio quod Hugoni Cluniacensi abbati inscriptum est.

CCLXXI. *Urbanus apud S. Ægidium. Ejus præceptum pro Figiaco. Privilegium Rivipullense. Privilegium Balneolense.*

Hac ipsa die aut certe sequenti, Nemauso egressus pontifex, divertit ad Sanctum Ægidium in Valle Flaviana, ibique ea quæ in synodo Nemausensi sancita fuerant de controversia inter Figiacenses et Conchenses monachos rescripto confirmavit, dato in ipso monasterio Sancti Ægidii Idibus Julii, quod ex veteri membrana edidit noster Joannes Mabillonius Sæc. III Bened., parte II, pag. 448, ubi legitur statutum fuisse ut uterque locus proprium, seu, ut ibi loquitur pontifex, *cardinalem* abbatem haberet, ita tamen ut Figiacum, quod Cluniacenses repetierant, sub cura et provisione Cluniacensis abbatis remaneret. At in alio apographo, quod ex archivo Figiacensi descriptum nobiscum communicavit vir claris. Stephanus Baluzius, prætermissa abbatis Cluniacensis mentione, definitum in concilio dicitur fuisse ut utrumque monasterium sisteret sub proprii sui abbatis cura. Utra autem lectio sit præferenda alii viderint; at certum est Figiacense monasterium sub Cluniacensi ordine perseverasse usque ad sæculum XVI, quo ejus loci monachi, abjectis cucullis, in sæculares canonicos mutati sunt. Rescriptum illud cum lectionum varietatibus inter Urbani epistolas dabitur.

Die XVII Kalendas Augusti, occasione eorum quæ adversus Rivipullensis monasterii ecclesias facta fuerant, uti paulo antea dicebamus, Urbanus ejusdem monasterii privilegia, recensitis etiam singulatim ejus possessionibus, firmavit insigni bulla, in monasterio S. Ægidii data. Postridie, idem Urbanus monasterium Balneolense apostolico privilegio, quod Benedicto abbati inscriptum est, ibidem munivit. Porro istud privilegium, sicut et præcedens, illust. Petrus de Marca libro IV Marcæ Hispanicæ ad annum 1097 retulit. Sed notæ aliæ chronologicæ, rerum gestarum series et locus in quo data fuerunt, invicte probant ea ad annum 1096 revocanda esse, licet 1097 præferunt, juxta calculum Pisanum, quo, ut jam non semel observavimus, anni initium a Martio præcedente desumitur.

Die XIV Kal. Augusti insigne privilegium concessit Galburgi seu Walburgi Juviniacensi Sanctæ Scholasticæ abbatissæ in diœcesi Trevirensi, od laudatum fuit in *placitatione* an. 1128 inter Lanzonem abbatem Sancti Michaelis ad Mosam et Harduidem abbatissam Juviniaci, a Baluzio edita tomo IV Miscellan., ex qua colligitur Harduidem anno 1124 electam fuisse decem et octo annis post Walburgis mortem, quæ proinde anno 1106 obiisse dicenda est.

Sequenti die Urbanus adhuc in monasterio Sancti Ægidii versabatur, uti indicat ejus diploma pro ecclesia Sancti Saturnini, in quo pontifex causam inter canonicos ejus ecclesiæ et Isarnum Tolosæ episcopum, in concilio Nemausensi, uti supra diximus, agitatam fuse exponit.

CCLXXII. *Avenione aliud datum ab Urbano privilegium. Item pro S. Ægidio. Item pro monasterio S. Andreæ. Avenionis ecclesia canonicis regularibus data.*

Eadem ferme repetit in bulla ad canonicos ejusdem ecclesiæ post duos dies data apud monasterium Montis Andaonis, seu Sancti Andreæ situm in suburbio Avenionensi, quod hodie Villanova appellatur. Qua etiam ipsa die, scilicet 22 Julii, confirmavit donationem vallis Flavianæ a Raymundo comite monasterio Sancti Ægidii factam in concilio Nemausensi, uti suo loco diximus. Ne vero ipse erga suos hospites ingratus videretur, die sequenti monasterium Sancti Andreæ, in quo tunc degebat sub apostolica tuitione suscepit ac privilegiis munivit, data ea de re bulla Petro abbati inscripta. Aiunt Sammarthani tomo I Galliæ Christianæ *ex publicis Ecclesiæ* Avenionensis *tabulis* ejusdem urbis principalem ecclesiam ab Urbano II canonicis regularibus traditam fuisse, ac inter illos Alfonsum Aragoniæ regem, qui tunc provinciæ comes erat, annumerari voluisse; quod inficiari nolimus, at qua id occasione factum fuerit non referunt, nec vacat divinare.

CCLXXIII. *An pontifex Arelatem adierit.*

Haud magis liquet an unquam idem pontifex Arelatem adierit, ubi tamen a Gibelino ejusdem urbis archiepiscopo, qui tum in pontificio comitatu erat, cum e Galliis in Italiam rediret, magnifico apparatu exceptus fuisse dicitur. Hoc quidem nonnulli cum Saxio et Sammarthanis scribunt, sed non ex certis monumentis, certe nulla omnino in ejus rei confirmationem ferunt. Constat quidem ex ipsiusmet pontificis epistola jam non semel laudata ad Richerium et alios episcopos Gallicanos, synodum eam in urbem ab eo indictam fuisse. At haud minus liquet eam synodum ibi non fuisse celebratam, quod quidem confirmari potest ex Ivonis epistola 56 respondentis Philippo regi conquerenti adversus Hugonem Lugdunensem, quod post duo hoc anno in Galliis ab ipso pontifice habita concilia, id est Turonense et Nemausense, tertium, videlicet post Urbani discessum convocasset. Unde conjicitur synodum quæ Arelatem ab Urbano convocata fuerat, hanc ipsam esse quam idem pontifex Nemausi celebravit. Haud tamen plane inficiari nolumus Urbanum Arelatem, a qua urbe tunc haud procul aberat, invisisse.

CCLXXIV. *Montismajoris privilegium Cabellione datum.*

Forte tunc ibi erat pontifex, cum ei Guillelmus Montis Majoris prope eamdem urbem abbas libellum supplicem obtulit adversus ecclesiæ suæ bonorum invasores. Et quidem Urbanus post aliquot dies, tertio scilicet Kal. Augusti, apud Cabellicum ejusdem monasterii privilegia et possessiones ad Guillelmi abbatis petitionem confirmavit data bulla, quæ simul cum laudato libello supplici dabitur. In ea vero bulla non omnia bona monasterii recensentur de quibus abbas in libello suo conquestus fuerat, quod, ut quidem opinor, noluerit pontifex inauditis partibus aliquid de iis quæ controvertebantur, aut quæ in privilegiis superiorum pontificum non diserte expressa erant, pronuntiare. Hic vero observare libet quod in hac Urbani bulla, pro consueta ejus Scripturæ sacræ sententia, habeantur simpliciter hæc verba *legimus, confirmamus*, quæ etiam in aliis ejus bullis similiter adhibita invenimus.

CCLXXV. *Aptæ ecclesiam S. Eusebii consecrat Urbanus.*

Initio mensis Augusti Aptam Juliam adiit pontifex, ubi, testante Anastasio IV summo pontifice, ecclesiam suburbanam monasterii Sancti Eusebii consecravit. Sic enim ille habet in bulla anno 1154 eidem monasterio concessa : *Omnem libertatem, franquesiam supradicti monasterii per antecessorem nostrum Urbanum, qui ecclesiam S. Eusebii consecravit, privilegium contributum præsentis privilegii pagina roboramus.* Hanc vero dedicationem anno præsenti factam fuisse colligimus ex domesticis instrumentis ejusdem loci, in quibus Urbanus Guilafredi abbatis tempore *basilicam Sancti Eusebii a fundamentis de novo erectam Nonis Augusti solemni pompa ac ritu consecrasse* dicitur. Certe Urbanum hoc anno in ea regione exstitisse certum est; dies vero Nonarum Augusti, quem hic temere designatum nemo dixerit, indicat id ad hunc potius quam ad præcedentem annum revocari debere. Nam ipsis Nonis Augusti anni præcedentis Urbanus Valentiæ cathedralem ecclesiam, uti suo loco diximus, consecravit. Communis est autem in his partibus opinio, non modo ecclesiam Sancti Eusebii, sed etiam alteram prioralem vicini vici, qui Clarusmons dicitur, ubi olim insigne erat castrum, ab eodem pontifice fuisse consecratam, in cujus rei signum, ut quidem putant, visebatur manus dextera quasi populum benedicens ad parietem in utraque ecclesia exsculpta, quæ figura licet apud Sanctum Eusebium, in basilicæ instauratione excisa sit, perstat tamen etiam nunc supra majorem portam ecclesiæ Clarimontis, quam reipsa in dedicatione ejus memoriam appositam fuisse innuit inscriptio ei vicina veteribus characteribus : II IDUS JANUARII DEDICATIO ECCLESIÆ. Sed quæ Urbano competere non potest, nisi forte posita sit post aliquod temporis intervallum ab uno aliquo, qui cum Bertoldo putaverit, Urbanum Natalium Christi festivitatem Arelate celebrasse.

CCLXXVI. *An Massiliam inviserit.*

Si Guesnaio et aliis recentioribus auctoribus fidem habeamus, Massiliam quoque invisit Urbanus, cum e Galliis in Italiam repedaret, ubi, ut aiunt, a Sancti Victoris celebris monasterii cœnobitis magno apparatu receptus est. At altum est ea de re apud veteres silentium; imo nec liquet qua via, quove die e Galliis excesserit, quamvis certum sit ipsum aliquot hebdomadas in regionibus illis maritimis exegisse

CCLXXVII. *Crucesignatorum profectio.*

Dies 25 Augusti, uti discimus ex ipsius Urbani epistola ad Robertum Flandriæ comitem superius laudata, indicta erat ad crucesignatorum profectionem, quæ forte præsente adhuc in Galliis Urbano inita fuit. Sic de ea inter cæteros loquitur Fulco comes Andegavensis in fragmento historiæ, ubi, post recensita varia itinera quæ pontifex hujus anni initio confecerat, sic prosequitur : « Sequenti æstate ex præcepto ejus inierunt iter Jerosolymitanum non solum populi, sed etiam duces populorum, quorum nomina ad evidentiam posterorum hic adnotata sunt, Hugo Magnus frater Philippi regis Gallorum, Rotbertus dux Northmannorum, Rotbertus comes Flandriæ, Raymundus comes de sancto Ægidio, Stephanus comes Blesensis filius Theobaldi Campaniæ comitis, Godefredus Lotharingorum, et pater ejus Eustachius comes Boloniæ : quorum societati Podiensis episcopus, Adhemarus expeditionis dux ab Urbano institutus in concilio Arvernensi, est adjunctus, multique alii magnæ virtutis proceres et episcopi... Multi per Pannoniam causa breviandi itineris; complures portum Sancti Nicolai, id est Barii in Apulia, Constantinopolim pervenerunt. » His consentiunt alii auctores qui habentur in unum collecti in libro De gestis Dei per Francos. Ex quibus Fulcherius refert complures per turmas singulis mensibus a Martio ad Octobrem profectos fuisse, prout sese opportune offerebat occasio, quod etiam adnotavit anonymus, sed æqualis auctor quem hac enus ineditum noster Mabillonius tomo I Musei Italici evulgavit. Cæterum nonnullos temeritatis arguit laudatus Fulco, quod cæteris non exspectatis mare transmiserint, et ea occasione ab infidelibus fusi victique fuerint.

Jam vero Urbanus e Galliis excesserat, cum episcopi, qui ab eo designati fuerant ad litem dirimendam, quæ inter Psalmodienses, et Sancti Victoris Massilienses monachos vertebatur, in Caissaro castro aggregati die 16 Septembris eam definierunt, Psalmodiensibus a Victorinorum subjectione liberatis. Hujus rei instrumentum quod sane præclarum est in Appendice referemus.

CCLXXVIII. *Urbanus in Italiam reversus.*

Itaque *dominus papa*, inquit Bertoldus, *bene dispositis rebus in Gallia, post reconciliationem regis Gallorum. et post multa concilia, tandem in Longobardiam cum magno triumpho et gloria repedavit; et exaltationem sanctæ crucis apud Hortorium* [forte, *Mortarium*], *qui locus insignis est inter Ticinum* et Novariam in ducatu Mediolanensi, *prope Papiam solemniter celebravit, multosque episcopos et principes in suo comitatu habuit.*

Paulo post, id est viii Kal. Octobris, ex veteri catalogo apud Mabillon. tomo I Musei Italici edito, Arnulfus Mediolani antistes excessit e vita, cui Anselmus de Buiz substitutus stolam seu pallium archiepiscopale *per legatum domini papæ sibi delatam induit*, ut narrat Laudulfus de Sancto Paulo apud Puricellum et Ughellum tomo IV Italiæ sacræ. Vereor tamen ne hæc pallii per legatum delatio ad alterum Anselmum, de quo diximus ad annum 1093 revocanda sit, ut ex Pandulfo in Urbani Vita ibi observavimus.

CCLXXIX. *Cremonæ privilegium dat S. Basolo.*

Pridie Idus, seu die 14 Octobris, Cremonæ pontificem hospitatum fuisse colligimus ex bulla ibidem concessa monasterio Sancti Basoli in agro Remensi. Etsi enim annum 1098 in veteri apographo, quo usi fuimus, præferat, hanc tamen ad præsentem annum referri debere persuadent, præter locorum circumstantiam omnes notæ chronologicæ ibi appositæ. In ea, sicut et in præsenti, pro Scripturæ sententia, hæc verba referuntur intersertis crucibus, *legimus, firmamus, sancte Basole*, quæ forte pontifex adhibuerit ob singularem ejus affectum in Sanctum Basolum, in cujus monasterii vicinia natus aut certe educatus fuerat. Ea nempe advocati ejus monasterii sæculares penitus abrogantur; qui quidem, si Urbanus ex Castilionensium dominorum familia fuerit, sui ipsius consobrini erant.

CCLXXX. *Latini episcopi Græcis in Calabria substituti.*

His temporibus mortuo apud Calabros Theodoro Squillacensi episcopo, Rogerius comes in animum sibi induxit hac in ecclesia, omissis Græcis, e quorum gente ultimus fuit Theodorus, episcopum Latinum, quia multo plures Latini, scilicet Northmanni, quam Græci, tum ibi habitabant, instituere. Quod et reipsa præstitit, assentientibus aliis episcopis Latinis, quos ea de causa e Sicilia advocaverat, et potissimum Saxone seu Sassone Cassanensi episcopo, qui Urbani in Calabria erat vicarius. Joannes itaque statim e decano Militensi huic Ecclesiæ præfectus est, uti legitur in Rogerii charta quam Ughellus tomo IX Italiæ sacræ pag. 591 edidit. Hæc omnia ab Urbano confirmata fuere, qui etiam ea occasione hanc Ecclesiam Romanæ sedi, omisso quocunque metropolitano, proxime subjecit, uti ex Paschalis bulla ibidem pag. 597 relata intelligimus; nam Urbani ea de re diploma amissum est.

CCLXXXI. *Lucæ Urbanum crucesignati invisunt.*

Cum vero ipse Lucam Tusciæ urbem pervenisset, eum huc adiere Robertus Northmanniæ et Stephanus Elesarum comites, qui per Italiam ad sacram expeditionem properabant. Hoc secuti complures alii, ut narrat Fulcherius, qui et ipse ex illis erat, accepta pontificis benedictione, statim Romam perrexerunt. At Guibertini, quorum tunc nondum bene compressa erat protervia, peregrinorum ad Vaticanam basilicam accedentium donaria rapiebant, occisis etiam nonnullis quos Urbano sciebant addictos esse. Verum illi latrunculi post pontificis in Urbem adventum brevi fugati dissipatique fuerunt.

CCLXXXII. *Urbano obviat Mathildis.*

Eidem e Gallia redeunti obviam ivisse comitissam Mathildem testis est Domnizo, qui ejus reditum in Italiam et in Urbem adventum barbaris versibus expressit. Sigonius libro ix De regno Italiæ, ait Urbanum a Mathilde cæterisque in Lombardia summis honoribus excultum Romam adiisse. At Bertoldus ejus in urbem reditum triumpho comparat, annum 1097 pro more suo a Natalibus Christi inchoans his verbis: *Dominus papa tandem ad apostolicam sedem cum magna gloria et tripudio reversus, Nativitatem Domini Romæ cum suis cardinalibus gloriosissime celebravit; quippe tota Romana urbe pene sibi subjugata, præter turrim Crescentii, in qua adhuc latitabant Guibertini.* Guibertum ipsum a plebe pulsum fuisse canit Domnizo, cujus ea de re versus videsis in Appendice. Mathildem vero, quod tamen non habet ille auctor, Romam usque Urbanum comitatam fuisse ex ipsiusmet pontificis epistola ad Hugonem Lugdunensem post aliquod tempus scripta, colligi potest, in qua nempe hæc leguntur: *Usque ad Urbem cum comitissa M. pacifice venimus, Urbem honestissime cum præcedentium stipatione frequentissima introivimus.* Et quidem Fulcherius testatur pontificem ejusdem comitissæ auxilio Urbem, quam adhuc Guibertini tenebant, temperasse, quam Sigonius, loco jam laudato, a Guiberto occupatam, sed ab Urbano II expugnatam fuisse refert, pseudopontifice in arcem compulso auxilio eorum, quos ad sacram expeditionem pontifex animaverat. Idem habent cæteri auctores cum Fulcherio, qui observat *Urbanum eo ipso anno, quo Franci Jerusalem ituri per Romam transierunt, totam omnino apostolicam potestatem adeptum esse.* Tantum enim fuisse numerum principum et militum qui Romam eo anno adierunt testatur Robertus libro ii Historiæ Jerosolymitanæ, ut ex his multi extra urbem, cum domus non sufficerent, tentoria figere coacti fuerint: Certe Robertum Northmanniæ ducem et Odonem episcopum Bajocassinum Romæ cum Urbano colloquium tunc habuisse testis est etiam ipse Ordericus Vitalis. libro x, quos *ejus percepta benedictione in Apulia hiemasse* scribit. De his aliisque peregrinis eadem omnino narrant alii quoque auctores, quos post visitata Romanæ urbis loca sacra, monasterium etiam Casinense adiisse scribit Petrus Diaconus in Chronico Casinensi libro iv, cap. ii, ut se suaque sancto Patri Benedicto, ejusque monachorum precibus commendarent.

CCLXXXIII. *Henrici miserabilis status.*

Haud magis prospera erant in Italia Henrici quam ejus pseudopontificis negotia, qui quidem absente Urbano Nogeram obsederat, sed frustra, ut habet Domnizo, qui hanc obsidionem describit. Mathildis vero *quæ*, verba sunt Bertoldi, *pene sola cum suis contra Henricum et hæresiarcham Guibertum complicesque eorum jam septennio pugnaverat;* tandem hoc anno imperatorem, procul dubio tot tantorumque hominum, qui Urbani hortatu ad sacras expeditiones properabant, adventu in Italiam exterritum, recuperatis suis bonis, penitus *è Longobardia fugavit; et ille cum paucis Ratisbonam veniens totam ibi exegit æstatem, et circa castrum Nuremberg satis private moratus tandem Nemetum migravit, ibidem satis private diu moratur.*

CCLXXXIV. *Urbanus concilium Laterani celebrat.*

Cum itaque Urbanus Romæ prævaleret, ubi, ut ipse scribit ad Hugonem Lugdunensem, *honeste, tute et alacriter* versabatur, visum est ei, ad Urbem sibi magis magisque asserendum, ejus *cives et regiones omnes sacramentis* suo officio *adstringere.* Certe jam ab ipso anni 1097 initio Lateranensi palatio potiebatur, ut patet ex ejus bulla ad Hugonem Cluniacensem abbatem *data Laterani* v *Idus Januarii, indictione* v, in qua privilegia et possessiones monasterii Cluniacensis ac locorum ei subditorum confirmavit: qui utpote vigilantissimus pontifex suarum rerum prosperitatem ad Ecclesiæ commodum referens, concilium statim convocavit, procul dubio ut ea quæ in Gallicanis synodis constituta fuerant, in Italiam quoque propagaret. Istud *generale* appellat Sigonius libro ix De regno Italiæ, cui Otto Frisingensis et alii auctores consentiunt. Ipse pontifex in epistola mox laudata ad Hugonem Lugdunensem hanc ipsam *synodum Laterani solemniter celebratam* fuisse testatur. Porro etsi nullas præferat chronologiæ notas hæc epistola, ipsam tamen hujus anni initio consignandam esse ex eo facile colligitur quod in ea mentio fiat Daimberti recens electi in archiepiscopum Senonensem, quem hoc anno intrante in Richerii locum substitutum fuisse constat. Idem probat causa Lemovicensis electi ibi memorata; nam paulo post Guillelmus episcopus ordinatus est. Certe insignis est epistola, utpote quæ multa et gravia variarum Galliæ ecclesiarum negotia complectitur, et Urbani in servandis Ecclesiæ regulis studium probat. Hæc olim dabitur ex ms. Baluziano descripta. Porro etsi ex dictis certum videatur Urbanum haud multo post suum in urbem reditum concilium istud apud Lateranum celebrasse, vix tamen quidquam ex ejus Actis aut decretis superesse fatendum est, quod forte nihil novi ibi sancitum fuerit. Huc solum revocari posse censemus (nullam quippe aliam Urbanus synodum Laterani habuit) fragmentum epistolæ ad Gothfredum Magalonensem episcopum, in quo pontifex statuit, juxta quod *in Lateranensi concilio promulgaverat,* qua ratione dividendæ sint eleemosynæ mortuorum qui in monasteriis sepeliri desideraverant. Illud statutum, quod in nonnullis exemplaribus post canonem 12 *Quesita*, apud Gratianum 13, q. 2 habetur, inter alias Urbani epistolas num. 210 proferetur.

CCLXXXV. *Daimberti episcopi Senonensis ordinatio dilata.*

Mortuo autem sub finem Decembris præcedentis, ut jam observavimus, Richerio Senonensi archiepiscopo, Daimbertus in ejus locum substitutus est; sed cum ille, sui decessoris vestigia secutus, primatui Lugdunensis Ecclesiæ subjici nollet, Hugo archiepiscopus intercessit ne ab episcopis comprovincialibus ordinaretur. Qua occasione Ivo Carnotenus, qui a Daimberto, ut eum consecraret, invitatus fuerat, Urbanum quid facto opus esset, consuluit epistola 165. In ea excusat se Ivo apud pontificem, quod post suum ab ejus comitatu discessum nondum licuisset ad eum redire, aut saltem per nuntios ipsum salutare; tum ei commendat Parisiensem episcopum Romam profectum, cui abbas Latiniacensis, sub specie novi privilegii a pontifice impetrati, obedientiam denegabat. Certe præ manibus habemus privilegium illud Latiniacense, quod, cum in apographo nullam habeat chronicam notam, huc revocari posse ex hac Ivonis epistola censemus, atque adeo in Appendice a nobis exhibendum. Porro Ivonis epistolam initio hujus anni scriptam fuisse inde colligimus quod nondum tunc quando illam scripsit, audierat quid Urbano Romam ingredienti accidisset, ut ipse testatur his verbis : *De pace sanctæ Romanæ Ecclesiæ et vestra prosperitate det nobis Dominus audire quod optamus.*

CCLXXXVI. *Gerardus episc. Morinorum sedem dimittit.*

Circa eadem tempora cum Morinorum Ecclesia variis turbis agitaretur, quod Gerardus ejus sedis episcopus in concilio Nemausensi, ut diximus, ab officio suspensus fuisset, Lambertus Atrebatensis antistes, cui Manasses metropolitanus Remorum ejus ecclesiæ curam commendaverat, in Gerardi gratiam Urbano scripsit. Quid responderit pontifex ignoramus. At Gerardus tot forte morarum pertæsus, et quod, *excusare se,* ut habet auctor Vitæ Joannis ejus successoris, saltem ex omni parte *non posset,* episcopatu cessit, ut refert ille auctor et post eum Malbrancus, atque in monasterium Montis Sancti Eligii prope Atrebatas se recepit, ubi, substituto ei paulo postea, uti infra dicemus, Joanne, reliquum vitæ suæ *in pace* egit. Lamberti ea de re epistolam, deficiente Urbani responso exhibere in Appendice visum est. Eidem Gerardo antea Urbanus rescripserat adversus canonum contemptores, sed solum superest ejus epistolæ fragmentum apud Ivonem.

CCLXXXVII. *Pontificis affectus in monachos, quos ad dignitates evehit.*

Hujus anni initio, aut certe sub præcedentis finem, nam 1096 præfert Chronicon Cavense ms. *ecclesiam Sancti Pauli dedit Urbanus papa Petro abbati Sanctæ Trinitatis de Cava.* Haud dubium, ut in tam celebri loco regularem disciplinam firmaret, aut forte aliquantum tepescentem restauraret. Nihil enim omittebat religiosus pontifex, ut in monasteriis potissimum Benedictini ordinis regulæ observatio accurata servaretur, quod probant variæ ejus bullæ, in quibus eo potissimum animo se privilegia monasteriis indulgere declarat, ut monachi, a sæcularibus rebus et curis liberi, ferventius ad cœlestia anhelarent. Sciebat quippe ejusmodi loca sacra, cum a monachis bonis et piis inhabitantur, esse veluti seminaria magnorum virorum, qui Ecclesiæ laboranti auxilio esse possent. Et quidem id maxime attendebat ut, si forte alicubi lateret ejusmodi aliquis monachus, eum ad Ecclesiæ dignitates promoveret. Jam nonnullos ex his laudavimus, sed duo nobis præcipue occurrunt hic memorandi : Albertus nempe qui, ut Ughellus refert tomo VII Italiæ sacræ, hoc anno ex monacho Sancti Savini de Placentia presbyter cardinalis, ac tandem archiepiscopus Sipontinus factus est, alter fuit sanctus Bernardus, ex Ubertorum familia nobilis Florentinus, quem semel et iterum Urbanus frustra commonitum, tandem adhibitis censuris ecclesiasticis, ut in ejus Vita legitur, ad se venire coegit, eumque hoc etiam ipso anno presbyterum tituli sancti Chrysogoni cardinalem creavit. Multis functus legationibus, cum Parmæ episcopus factus fuisset, miraculis et sanctitate illustris ex hac vita migravit sub Paschalis II pontificatu. His duo alii adjungi possunt; Milo, ex monacho Sancti Albini Andegavensis, de quo jam diximus, qui circa hunc annum ab Ughello dicitur Bernardo Prænestino episcopo substitutus fuisse contra Hugonem Album pseudocardinalem, famosum schismaticum, et Joannes Marticanus, quem ab Urbano Tusculanum episcopum creatum fuisse Ughellus tradit. Is forte ipse est Joannes monachus, quem Hugo Flaviniacensis in Chronico memorat. Hic tamen, si sincera sit ejus auctoris narratio, aliquanto post hunc annum factus est episcopus, nam ab Urbano, cum e Galliis Romam rediret, secum adductus dicitur, et primum abbatia, tum episcopatu donatus. En ipsa Hugonis verba : *Anno Incarnationis Dominicæ* 1181, *Joannes Tusculanus episcopus a papa in Angliam missus est propter censum S. Petri. Hic canonicus Sancti Quintini Bellovacensis regularis professione violata, habitu deposito, ad sæculum rediit; et cum improperium ferre nequiret, Becci monachus factus, cum esset natione Romanus, papa Urbano ad Gallias veniente familiaritatem ejus adeptus est, Romamque reductus, et defuncto Lavicano episcopo, cum jam de abbatia quadam muneratus esset, de abbate in episcopum promotus est.* Si vero is ipse sit Joannes abbas Sancti Salvatoris prope Telesinam urbem, apud quem sanctus Anselmus divertit, ut anno sequenti ex Eadmeri libro II Novorum dicemus, vix dici potest ab Urbano factus fuisse episcopus, cum id Eadmerus, ut quidem conjicere est, reticere non debuisset. Nonnulla autem momenta eumdem, alia diversos fuisse ejusdem nominis viros probare videntur. Certe uterque Romanus erat *genere*, et Becci monachus, et quidem uno eodem tempore sub abbate Anselmo. At Joannes Hugonis, canonicus Bellovacensis fuerat, et ab Urbano ipso in Italiam reductus; ille vero qui ab Eadmero laudatur, causa *studii litterarum* in Franciam venisse dicitur, ac fama Anselmi permotus Becci monasticam vitam suscepisse, unde post aliquot annos ab Urbano accersitus fuerat, ut eum monasterio Telesino præficeret. Certe, ex his patet nihil omisisse Urbanum ut viros religiosos ad se ex omni parte accerseret, quorum opera in difficillimis negotiis uteretur, qua de re, ut jam observavimus, ad ipsum Anselmum tum Becci abbatem scripserat, ut si aliquem ejusmodi in sua congregatione haberet, eum aut adduceret secum, aut certe, si ipse venire non posset, ad se mitteret. Idem pontifex epistola 48 Joannem quemdam, ex clerico Romano ecclesiæ monachum Becci factum repetit. Denique Eadmerus in Vita sancti Anselmi laudat Petrum alium monachum Cluniacensem, *magnæ auctoritatis* virum, qui Urbani ac postea Paschalis pontificum camerarius fuerat. Hunc nonnulli, sed immerito, suspicantur fuisse Petrum celebrem, postea abbatem Cluniaci, Venerabilem dictum. Is nempe anno 1092 jam sedente Urbano natus est.

CCLXXXVIII. *Concilium Santonense.*

Inter hæc Amatus Burdigalensis archiepiscopus et legatus sedis apostolicæ vi Nonas Martii concilium apud Santonas celebravit, a Labbeo et aliis anno præcedenti consignatum, quod reipsa indictionem IV et annum 1096 in charta Vindocinensi, unde habetur, exhibeat (Vid. *Anecd. Thes.* t. IV, p. 123). At, ut ut fuerit de indictione, quæ hic mendosa est, si nullus error in annum irrepserit, repetendum est in ea charta, sicut passim fieri solet, ejus initium a Paschali festivitate. Certe annum 1097 diserte præfert instrumentum Silvæ Majoris, in eo concilio factum, pro restitutione *terræ de Doeria et de Tosco* quam Achelmus ejusdem loci abbas ibidem impetravit. Non dissentit Chronici Malleacensis auctor, qui, licet ad annum 1096 hanc synodum revocat, eam tamen nonnisi sub finem hujus anni locat, post recensita scilicet multa alia quæ per totum ejus decursum contigerant. Uno verbo, omnino certum est hanc synodum mense Martio anni 1096 celebratam non fuisse. Tunc enim Amatus, qui ei præfuisse dicitur, apud Santonas esse non potuit, utpote qui eo tempore in pontificis comitatu ægrotabat apud Turonos, ubi concilium ab ipso Urbano celebrabatur, ut videre est in instrumento dedicationis basilicæ Majoris Monasterii, et ex aliis monumentis indubitatis constat. Deinde Raymundus Ausciensis archiepiscopus, qui eidem synodo Santonensi interfuisse dicitur, nondum mense Martio anni 1096 ad hanc ecclesiam promotus fuerat, anno 1097 a pontifice pallio donatus. Deinde Marbodus unus etiam ex Patribus Santonensibus in ipso concilio Turonensi ab Urbano fuit consecratus; eidem synodo interfuit Hildebertus episcopus Cenomanensis, qui Johello anno 1098, IV Kal. Augusti defuncto successit, ut habent ejus ecclesiæ Acta, tomo III Analect. Mabillon., pag. 302. Ex quo loco, si mendum non obrepserit, hæc synodus anno 1098 consignanda erit; quod vero rem omnino evincit, hanc anno 1096 habitam non fuisse, ipsa charta Vindocinensis, unde præcipuam ejus notitiam habemus, multa recenset per hanc synodum facta, quæ tamen mense Maio et sequentibus ad finem usque anni 1096 contigisse memorat. Ex ea discimus 43 tam episcopos quam abbates ad hoc concilium Santonas convenisse, inter quos, præter Amatum, octo episcopi huic instrumento subscripserunt, cum tribus abbatibus Gaufrido Malleacensi, Guarnerio Sancti Maxentii, et Goffrido Vindocini ; alii duo abbates memorantur in instrumento concordiæ quæ tunc inter Angeriacense et Carrofense monasteria ibidem inita est, nempe Petrus Carrofi, et Ansculfus Angeriaci. In illa autem synodo *imperatum est*, ut habet Chronicum Malleacense, *omnibus vigiliis apostolorum jejunare*. Ibidem actum de gravi controversia, quæ inter monachos Nantonienses et canonicos Sancti Emiliani vertebatur, ut discimus ex eorumdem canonicorum epistola ad Urbanum pontificem ea de re scripta, in qua tam gravia facinora Nantoniensibus monachis imponunt, ut vix credi possint a viris religiosis admissa fuisse. Has tamen litteras, deficiente Urbani responso, dabimus in Appendice.

CCLXXXIX. *Glannafolium Casino confirmatum.*

Eodem mense Martio Terracinæ bullam dedit in gratiam monasterii Casinensis, Oderisio abbati et cardinali inscripta, cui monasterium Sancti Mauri Glannafoliense, uti in concilio Turonensi statutum fuerat, a Fossatensium jugo liberatum restituit.

CCXC. *Urbanus Capuam, etc., invisit.*

In eo itinere, uti conjicere est, pontifex Capuam, cujus tunc episcopus erat Sennes, invisit, ubi, teste Ughello, octo dies hoc anno transegisse dicitur. Certe vix inficiari potest Urbanum tunc Beneventum usque accessisse. Id probatur ex ejus rescripto ad Petrum Aragonensium et Pampilonensium regem, dato *Beneventi* IV *Nonas Martii*, quod ad hunc annum revocari necessario debet. Datum quippe est post annum 1094 quo Sancius Petri regis pater mense Junio sagitta confossus in Oscensi obsidione interiit; nec revocari potest ad duos annos sequentes quos pontifex in Tuscia et in Gallicano itinere exegit, nec etiam ad annos 1098 et 1099; nam eo mense, utroque illo anno Urbanus Romæ versatus est. Solus itaque superest annus præsens cui hoc rescriptum consignari possit. In eo pontifex Ecclesiam Pampilonensim multum regi cæterisque earum regionum fidelibus commendat.

CCXCI. *Expeditionem prædicat Theatæ.*

Fortasse hoc iter susceperat Urbanus, ut Rogerium Apuliæ ducem conveniret; aut certe has partes invisebat, ut quemadmodum in aliis regionibus, ita etiam illic sacram expeditionem promulgaret, quod innuere videtur Berardus libro III Chronici Casauriensis tomo V Spicilegii, ubi Urbanus hanc expeditionem *prædicans Thietum* accessisse dicitur, *ibique perendinans non multis diebus cum episcopis et baronibus de via Jerosolymitana habuisse commune colloquium.* Hac occasione usus Raynulfus, qui tunc Theatinus episcopus erat, confirmationem a pontifice accepit multarum ecclesiæ suæ possessionum, quæ ei nuper restitutæ aut donatæ fuerant, dato, uti inferius dicemus, ea de re rescripto. Tunc etiam temporis Grimoardus Piscariensis seu Casæ Aureæ monasterii electus abbas, variis calamitatibus a vicinis Northmannis aliisque viris præpotentibus affectus, cum nec ad imperatorem contra eos recurrere, neque apud alium quemquam confugium habere posset, ad Urbanum accessit, a quo benigne acceptus, receptoque ex ejus manu baculo pastorali, cum hactenus pro pedo hujus loci abbates sceptro regio usi fuissent, ab eo in abbatem benedictus est; et inde hæc abbatia, quæ huc usque soli imperatori paruerat, sub apostolicæ sedis tuitione, uti refert Berardus, esse cœpit. Hac occasione in authentico ms. cod. ejus Chronici, qui in Bibliotheca Regia modo asservatur, repræsentatur Urbanus Grimoaldo abbati pedum porrigens, eumque alloquens his duobus versibus:

Cæsaris ob sceptrum baculum tibi porrigo dextrum,
Quo bene sis fretus: plus Cæsare dat tibi Petrus.

CCXCII. *Crucesignati ex omni gente in Orientem solvunt.*

Cæterum plerique ex militibus diversarum gentium, qui ad sacram expeditionem profecti per Italiam iter susceperant, tunc temporis in iis maritimis regionibus quas visitabat Urbanus versabantur, ex quibus Robertus Northmanniæ, et Stephanus Blesensis comites cum suis militibus et copiis paulo post, nempe die Nonas Aprilis Brundisii e portu solverunt. Urbanum cum iis proficisci voluisse asserit Ciaconius, sed a Catholicis retentus est, qui nolebant Ecclesiam Romanam tot turbis agitatam pastore destitui. Concurrebant vero eo tempore ex omni Europa ad expeditiones illas principes et populi, Francorum exemplo, et Urbani adhortationibus, aut certe ejus rei fama incitati. Observat ea occasione Petrus Diaconus in Chronica Casinensi, quod jam ante cum Roberto libro II Historiæ Jerosolymitanæ ac alii auctores domestici scripserant, Boamundum et alios in Apulia, Calabria et Sicilia, intermissis aliis bellis, aut suis propriis negotiis dimissis, sese sacræ expeditionis militibus qui per Italiam transibant adjunxisse. Plura habet Ordericus Vitalis, qui Anglos etiam, Brittones, Wascones, et ipsos in extrema Hispania Gallicios, huc convenisse scribit; sicut et ex Italia Venetos, Pisanos, Januenses, aliosque qui Mediterranei maris aut Oceani littora incolebant. Nulla ferme urbs est in Italia, quæ ad id milites se suppeditasse non gloriatur. Quatuor Apuliensium millia sub Tancredo duce, et triginta Longobardorum et Mediolanensium itidem millia sub Boamundo militasse affirmat idem auctor libro IX, ubi præclara omnino habet de hac expeditione et de iis qui illi nomen dederunt; consentiunt cæteri eorum temporum scriptores. Legendi ea de re Fulconis cujusdam poetæ ejus ætatis versus, qui tomo III Chesnii Historiæ Francorum scriptorum editi sunt. In iis ille, sicut et alii passim auctores, hos etiam laudat qui alia via per Germaniam perrexere. Bertoldus commendat comitem Harduanum de *Alemannia*, et Ottonem Strasburgensem episcopum, licet schismaticum, quod cum cæteris hanc viam inierit. Is est ipse, nisi fallor, qui ex eodem Bertoldo, ut supra diximus, Urbano anno superiori reconciliatus est. Celebris est etiam ob hanc rem Ulricus episcopus Curiensis, qui, relicta Geroldo monacho Fabariensi suæ diœcesis cura, cum aliis multis ad illam expeditionem profectus est.

CCXCIII-IV. *Romæ pro crucesignatis scribit Urbanus Alexio imperatori. Privilegia Casini auget.*

Cum vero has expeditiones, instigante potissimum Alexio Constantinopolitano imperatore, promulgasset Urbanus, visum est ei de felici ejus successu scribere, ut scilicet crucesignatos ei commendaret. At spem Christianorum fefellit versipellis ille imperator : veritus quippe ne a tanta hominum exterorum multitudine opprimeretur, insidias eis occultas paravit, et subductis passim quæ ad victum necessaria erant subsidiis, in causa fuit ut multi ex iis perierint. Paulo tamen postea societatem cum ipsis utcunque inivit, postquam ei, ut refert anonymus Barensis, securitatem de suo illius regno Constantinopoli fecissent. Multa demum eis contulit dona, et navigia suppeditavit, quibuscum in infidelium terras penetrarent. Atque hæc fuere famosarum illarum expeditionum initia, quæ per tot annorum spatia inter varias fortunas continuata deinceps fuerunt. At de earum eventibus fusius agere non est nostri instituti. Legendi auctores, ut jam non semel monuimus, qui simul sub titulo Gestorum Dei per Francos editi sunt.

Reversus autem, ut modo dicebamus, Romam Urbanus ibi insignem bullam Oderisio cardinali et abbati Casinensi concessit, in qua nova privilegia monasterio Casinensi multis jam antea concessis adjecit, et possessiones ejus, singillatim ut plurimum recensitas, confirmat. Hæc partim jam edita in Bullario Casinensi, ex chartario Petri Diaconi, quod in bibliotheca principis Pamphili habetur, integra olim inter Urbani epistolas proferetur. Data est hoc anno vi Kal. Aprilis.

CCXCV. *Cluniacum protegit. Urbanus.*

Mense ipso Aprili pontifex Cluniacensium monachorum, quos nonnulli perturbabant, patrocinium suscepit, dato rescripto ad Hugonem abbatem, quo statuit ut, etiamsi interdicta loca vicina essent, aut etiam diœceses integræ in quibus Cluniacenses degunt, ipsis liceret januis occlusis divina officia peragere.

Emerserat eodem tempore gravis controversia inter eosdem Cluniacenses et Petrum abbatem et monachos Trenorchienses. Contendebant Cluniacenses ab istis injuste usurpatam fuisse *piscaturam* in *Sagona et borariis fluminis Salliæ* ; quam litem prosecutus fuerat in curia comitis Matisconensis Hugo Cluniaci cellerarius. At cum Trenorchienses nullo judicio acquiescere vellent, res ad Urbanum delata est, qui statim Hugoni Lugdunensi archiepiscopo rescripsit ut Petro Trenorchiensi *in cathedra abbatiali sedere* interdiceret, donec satisfecisset Cluniacensibus. Cui mandato hic tandem paruit anno 1097, indictione v, ordinationis Hugonis 49, ut habet vetus instrumentum ex quo hæc descripsimus.

CCXCVI. *Privilegium ecclesiæ Arvernensis.*

Idem pontifex die 18 Aprilis insigni bulla confirmavit omnia privilegia ac possessiones Ecclesiæ Arvernensis ; statuitque ut ejus Ecclesiæ antistes in ordinatione metropolitani Bituricensis primum locum obtineret.

CCXCVII. *Bona Theatinæ Ecclesiæ confirmata.*

Sequenti die scripsit idem pontifex ad clerum et proceres comitatus Theatini, de his quæ coram positus, cum Theati mense Martio proxime elapso esset, constituerat. Rescriptum, seu potius ejus fragmentum exhibet Ughellus, sed omnino mutilum ; at facile suppleri potest ex bulla Paschalis II, quam idem auctor refert tomo VI in catalogo Theatinorum episcoporum, in qua *ex Urbani scripto* singillatim recenset varias possessiones a comitibus Roberto et Tassione ejus fratre restitutas aut datas, quas Raynulfo episcopo, et ejus Ecclesiæ cum aliis ab eo acquisitis Urbanus confirmaverat.

CCXCVIII. *Philippus rex absolutus.*

Eo tempore nuntius a Philippo Galliarum rege ad Urbanum missus Romam advenit, qui dato sacramento affirmavit regem ad Bertradam, quam jubente pontifice dimiserat, nunquam rediisse. Quare Urbanus Gallicanis episcopis, ac præcipue Manassi Remensi archiepiscopo, ad quem potissimum regni diadema pertinebat, scripsit, regem ab omni interdicto esse absolutum ; atque adeo posse uti corona, pro illorum temporum more, in magnis solemnitatibus. Hæc epistola, quæ in Spicilegio chronica nota carebat, viii *Kal. Maii, Laterani data* dicitur in nostro cod. ms.

CCXCIX. *S. Orientii jura tuetur.*

Paulo post, id est tertio Kal. hujus mensis, Urbanus Raymundo, qui hoc anno Ausciensem metropolim regendam susceperat, scripsit ut audaciam ejusdem Ecclesiæ clericorum reprimi sataberet, qui contra Leonis papæ, et sui etiam ipsius decretum, cœmeterium Sancti Orientii violaverant.

CCC. *Udalrici mors.*

Sub finem Octobris Udalricus comes, Urbani in Germania partium propugnator acerrimus, e vivis excessit ; qui vi Kalendarum Novembrium die sepultus est apud Brigantium, ubi, teste Bertoldo, ad hunc annum, monachos instituerat.

CCCI. *Narbonensis Ecclesiæ jura confirmata.*

Defuncto etiam hoc anno archiepiscopo Narbonensi, Urbanus Bertrandum, quem antea ipse Nemausi episcopum consecraverat, ad hanc metropolim electione comprovincialium episcoporum, *exigente necessitate* transtulit, quod nulli se deinceps permissurum testatur. Id ex ejus diplomate discimus, quo ipsi Bertrando metropolitanæ Narbonensis Ecclesiæ jura, et ejus in Aquensem metropolim primatum confirmavit. Datum dicitur Laterani VIII Idus Novembris, quod jam ab illustrissimo Petro de Marca in Appendice ad librum De primatibus editum est. Isti alia duo rescripta ex iisdem codicibus subjungentur, quæ ad eamdem metropolim pertinent, et nullas præferunt chronicas notas. Utrumque adversus Aquensem archiepiscopum, qui Narbonensi primati obedire detrectabat, datum est ; unum ipsi Aquensi, alterum Hugoni Lugdunensi vicario sedis apostolicæ inscriptum.

CCCII. *Privilegium Ecclesiæ Verulensis.*

Ad idem quoque tempus revocandum est Verulense privilegium, quod Urbanus *Albani*, si non fallit ejus exemplum ab Ughello editum, hoc anno et quidem desinente, uti probat indicio sexta ibi apposita, Alberto ejusdem Ecclesiæ episcopo concessit. Certe huic privilegio sicut et Narbonensi, de quo numero præcedenti diximus, *Lanfrancus vices gerens cancellarii* subscripsit, unde conjicimus utrumque eodem ferme tempore, nempe circa mensem Novembrem, absente aut ægrotante Joanne cancellario, fuisse conscriptum.

CCCIII. *Robertus abbas Remigianus ab Urbano confirmatus.*

Hoc ipso etiam anno, ut diserte habet vetus instrumentum quod ex ms. Mauriacensi habemus, et ex tabulario archimonasterii Remigiani apud Remos eruit cl. memoriæ Cangius in Glossario Latino editum, Urbanus e Galliis Romam reversus judicium tulit in Roberti ejusdem monasterii abbatis gratiam, adversus Bernardum Majoris Monasterii abbatem. Robertus Majoris Monasterii monachus in abbatem a Remigianis in Henrici locum ante aliquot annos expetitus, ea conditione a Bernardo concessus fuerat, ut, si aliquando ille professionis suæ immemor contra regulam quidquam ageret, correctioni Majoris Monasterii abbatis subderetur. Res ita evenit. Robertus nempe factus abbas Claromontano concilio cum cæteris interfuit, ac postea, jure an injuria, incertum mihi est, male apud Bernardum audiit, qui, ut ipse dicebat, *inordinata et irregularia ab eo multa fieri* acceperat. Robertum itaque primum litteris monuit, cum nihil responsi acciperet, diem *per idoneas personas* ei dixit, ut ad Majus Monasterium veniret, *de sua vita et conversatione* in capitulo rationem redditurus. Quæ cum, insuperhabitis etiam archiepiscopi sui monitis, nihilo ille penderet, excommunicatus a Bernardo fuit, et hanc sententiam Manasses metropolitanus et cæteri Belgicæ provinciæ episcopi et abbates in concilio apud Remos confirmarunt, censueruntque Robertum ad abbatem suum remitti debere, quod ejus disciplinæ etiam tunc ex priori voto subjicere esset. Verum ille ad sedem apostolicam appellavit, ac Romam petivit suam causam defensurus. Et quidem, illo audito, pontifex ea quæ tum a Bernardo, tum a concilii Remensis Patribus facta fuerant rescidit ; asserens monachum, statim atque alterius monasterii abbas factus est, *emancipatum* esse, nec debere amplius prioris monasterii abbati subjacere. Hæc omnia ex laudato instrumento et tribus epistolis ea de re scriptis discimus. Primum scripsit Lambertus Atrebatensis episcopus ad Urbanum, in qua hujus omnis negotii rationem ei reddit ; secunda est ipsius pontificis concilii sententiam irritantis ; tertia denique Roberti ad Lambertum, ut eum ad suæ causæ, quam pontifex bonam judicaverat, patrocinium suscipiendum invitaret. Has omnes in Appendice referre visum est. Porro ad hanc etiam controversiam, si recte judico, revocari debent Baldrici Burguliensis abbatis versus ad Odonem Ostiensem episcopum et cardinalem tomo IV Chesnii Hist. Francorum editi, quibus ei commendat causam abbatis Remigiani, quem, etsi a pontifice confirmatum, Remorum archiepiscopus e monasterio expulerat. Certe non videtur Robertus unquam in suam dignitatem restitutus fuisse ; qui forte pertæsus ob has turbas Burchardo locum fecit, ac Jerosolymitanum iter suscepit, cujus et sacræ expeditionis Historiam, in cella Remigiana Senuco dicta in Franciam reversus postea conscripsit. Anno tamen 1114 in concilio Pictavensi, ut habet Hugo Flaviniacensis in Chronico, rursus de *ejus injusta expulsione et illicita Burchardi substitutione tractatum est* ; sed, licet ejus promotio authentica et canonica, introitus *legitimus*, et *conversatio sancta* inventa fuissent, nihilominus, cum, occasione litterarum apostolicarum quæ nonnullis dubiæ fidei esse videbantur, difficultates aliquot emersissent, earum examine ad sedem apostolicam remisso, res infecta remansit ; Burchardus tamen paulo post locum cedere coactus est, sed non ideo restitutus est Robertus. Nam hoc ipso anno Azenarius ex Trimoliensium dominorum nobili familia factus est abbas Remigianus, uti Marlotus in metropolis Remensis Historia ex variis chartis colligit. Quin et Robertus etiam Senucensis cellæ administratione, quæ ei ad vitam transigendam indulta fuerat, postmodum privatus est, ut idem auctor probat Callisti rescripto, quod est datum Laterani, XVIII Kalendas Junii, proindeque post annum 1120 quo primum Calixtus Romam mense Junio advenit.

CCCIV. *Concilium Gerundense.*

Sub currentis anni finem, id est Idibus Decembris, Bernardus Toleti antistes, qui in Hispaniis Urbani vicarius erat, concilium habuit apud Gerundam, uti in Marca Hispanica, et in Collectione conciliorum cardinalis Aguirii legitur, *ad corroborandam ecclesiasticæ libertatis dignitatem*. Huic synodo præter Bernardum interfuere Tarraconensis metropolitanus, Rotensis, Barcinonensis et Gerundensis episcopi, ac forte alii quorum memoria excidit.

CCCV. *Baldricus fit episcopus Noviomi et Tornaci.*

In Galliis Ecclesia Noviomensis, quæ toto hoc anno variis agitata turbis fuerat, pacem recepit. Jam quidem ab hujus anni exordio in locum Rabbodi defuncti Baldricus e cantore Morinensi ejus Ecclesiæ episcopus electus fuerat, diesque ad ejus consecrationem octava Pentecostes a Manasse Remensi metropolitano fuerat indicta, ut ex ejusdem archiepiscopi litteris ad Lambertum Atrebatensem patet. Verum, intercedentibus nonnullis, qui ex Urbani nescio quibus litteris autumabant ea occasione reddendum esse Tornacensibus, ut Atrebatensibus indultum fuerat, proprium episcopum, Balderici ordinatio ad sequentem annum dilata fuit. Et quidem non erat absque aliquo fundamento mota illa difficultas. Tornacensium quippe civitas ante suam ruinam proprium habuerat episcopum, nec nisi provisoriæ Noviomensis antistitis curæ commissa fuisse videbatur ; deinde hæc urbs haud minus ampla aut populosa erat, quam Atrebatum, cui, agente Urbano, proprius episcopus restitutus fuerat : et quidem hanc suam esse ipsius mentem declarasse videbatur ipse pontifex, in litteris ad Noviomenses, ubi ea tantum privilegia Noviomensibus episcopis confirmarat, quæ a legitimis pontificibus indulta fuerant. Quare visum est Remensi archiepiscopo Baldricum ipsum electum Romam mittere, ut ipse Ecclesiæ suæ causam coram pontifice ageret. At Urbanus nescio quas ob causas, forte ob graves labores quos occasione restitutionis Atrebatensis Ecclesiæ devorare coactus fuerat, pertæsus, nihil ea vice mutandum esse duxit, dato rescripto provisorio ad Manassem Remensem archiepiscopum, ut *secundum Deum* meliori quo posset modo vacanti jamdudum Ecclesiæ hac vice provideret. Ille vero, nihil cunctatus, Dominicam proximam post *Theophaniæ* festum ad Baldrici consecrationem statim indixit ; datis ea de re litteris, quas Baluzius cum aliis quatuor ejusdem argumenti ex cod. Lamberti edidit tomo V Miscellaneorum. Ex his illam quæ Urbani est ad hujus anni finem revocandam esse ex eo colligimus, quod in ipso ejus epitaphio Baldricus defunctus dicatur pridie Kalend. Junii, anno 1092 suæ prælationis xv, quam proinde ante mensem Junium anni inierat, et hæ notæ calculo nostro apprime conveniunt, quo Baldricus Dominica prima post Epiphaniam a Manasse consecratus dicitur, cum paulo antea, nempe sub præsentis anni 1097 finem, pontificium rescriptum suscepisset. Is porro est Baldricus auctor Chronici Cameracensis et Atrebatensis, in quo res a Clodoveo I ad annum 1030 gestas prosecutus est. Eidem tribuitur Chronicon Morinense, quod in monasterio quodam Cenomannensi ms. dicit Vossius libro II De historicis Latinis, et typis editum esse Marlotus ait in metropoli Remensi. At fallor si hoc opus aliud sit a Chronico Cameracensi, quod omnes norunt.

CCCVI. *Urbanus Romæ degit, fugiente Guiberto.*

Dominus papa, uti habet Bertoldus ad annum 1098, quem pro suo more a Nativitate Christi orditur, *Romæ Natalem Domini celebravit, maximamque pacem in ipsa urbe et ejus finibus firmissime composuit ; ibidemque Paschalem solemnitatem cum magna gloria itidem solemnizavit.* Addit idem auctor Guibertum pseudopontificem, tum in Ravennæ partibus, quo se, ut canit Donnizo, adveniente Romam Urbano receperat, e demorantem ; amisisse munitionem quamdam supra Padum, nomine *Argentum*, in qua maximam semper spem habuerat, quod ex ea suis facile esset transeuntes distringere. » Sigonius tamen scribit Guibertum Roma clam elapsum Albam Marsorum tunc temporis se recepisse, ubi firmum præsidium habebat. At ubicunque locorum fuerit Guibertus, certum est, ut narrat Eadmerus libro II Novorum qui et ipse periculum illud fuerat expertus, eum tunc Roma pulsum *omni religiosæ personæ Romam petenti per se suosque quocunque valebat modo insidias struxisse* : unde, inquit idem auctor, *quidam episcopi, monachi et religiosi clerici ea sæviente persecutione capti, spoliati, multisque contumeliis affecti necati sunt.* Huic rei, ut Eadmerus prosequitur, *homines potissimum Alemannici regis intendebant* : unde colligitur haud minus in Germania quam in istis Italiæ patribus sævisse illam persecutionem ; nec dissentit Bertoldus, qui observat *Manegoldum* præpositum Marbacensem Urbani egregium defensorem tunc temporis ab Henrico interceptum, diu in captivitate detentum fuisse, quod nollet schismaticis adhærere. Hoc etiam ipso anno Ruthandus Moguntiæ antistes, Henrico imperatori, ut refert Dodechinus, *favere nolens*, profugus in Thuringiam secedere coactus est ; quem *Ecclesiæ catholicæ* fuisse *restitutum per dominum Urbanum* testis est ipse Paschalis ejus successor in epistola ad Gebehardum Constantiensem episcopum, e Serario lib. V, Rerum Mogontinarum, ex ms. cod. descripta.

CCCVII. *Gebehardus ex abbate custos S. Sepulcri.*

Tum etiam, ut narrat Bertoldus, Gerhardus, seu potius Gebehardus abbas Schaphusensis, annuente Urbano papa, monasterii sui regimen dimisit, atque cum aliis crucesignatis ad sacram expeditionem profectus est. Capta anno sequenti a Christianis exercitus Jerosolymorum urbe, primus sepulcri Dominici custos, institutus fuit, ut apud eumdem auctorem legitur. Hic idem ipse est Gebehardus, cui Bernardus presbyter librum suum nuncupavit De vitandis excommunicatis et lapsis reconciliandis, et de conciliorum ac pontificum auctoritate, editum a Tegnagello. Bertoldus vero ad annum 1091 laudat alium librum ejusdem Bernardi, eumque multa alia sui ingenii monumenta reliquisse scribit ; sed eum reprehendit quod eos qui ab excommunicatis ordinati fuerunt reordinari debere censuerit.

CCCVIII. *Daimbertus Senonensis metropolitanus consecratur.*

Interea Daimbertus jamdudum in Senonensem metropolitanum electus, qui post multas tergiversationes primatum Ecclesiæ Lugdunensis tandem agnoverat, Romæ ab ipso pontifice consecratus est, et Senonas cum pallio archiepiscopali reversus, ibi xiv Kalendas Maii solemni pompa in ecclesia sua receptus fuit. At non hic fuit de primatu Lugdunensi controversiæ finis; quæ nempe brevi postea recruduit, ægre ferentibus Senonensis Ecclesiæ archiepiscopis alteri subjici, qui ipsi Galliæ et Germaniæ primatus titulo gloriabantur.

CCCIX. *Rescriptum pro S. Andreæ Viennensis monachis.*

Ad hujus quoque anni initium revocari posse censemus Urbani litteras in gratiam monachorum Sancti Andreæ Viennensis, quos et eorum bajulos in tantum vexabat Guido ejusdem urbis archiepiscopus, ut etiam ex iis nonnullos in carcere retineret. Datum est hoc rescriptum *Laterani* vi *Idus Februarii*, sed annus non exprimitur; unde cum mensem Februarium Urbanus Laterani anno 1097 et duobus sequentibus exigere potuerit, haud omnino liquet cuinam ex his tribus annis consignandæ sint pontificiæ illæ litteræ. Si tamen conjecturis uti liceat, cum monachi Viennenses Romam adiisse dicantur querelas suas contra archiepiscopum ad Urbanum delaturi, in anni 1097 initio, quo vix Romam pertigerat pontifex, factum fuisse non videtur. Mediam viam eligimus; ita tamen illud rescriptum anno 1098 consignando, ut si cui alia sententia magis arriserit, multum refragari nolimus.

CCCX. *Monasterium S. Vigoris subjectum S. Benigno.*

Pontificem vero Romæ toto mense Martio hujus anni substitisse probant privilegia ibidem variis ecclesiis indulta. Primum Laterani datum est pridie Idus Martii, quo confirmatur donatio monasterii Sancti Vigoris Bajocensis ab Odone episcopo facta Jarentoni abbati Sancti Benigni Divionensis.

Eadem die, et quidem eodem anno, si bene conjicio, scripsit pontifex epistolam ad Ivonem Carnotensem et Ramulfum Santonum episcopos in gratiam monachorum Vindocinensium, quos ab omni episcoporum subjectione immunes esse declarat. Alias ejusdem pontificis litteras ea de re post aliquot dies *omnibus Ecclesiæ filiis* inscriptas refert Goffridus ejusdem loci abbas epist. 27 ad Goffredum Ivonis successorem.

CCCXI. *Litteræ pro S. Michaele ad Mosam.*

Tunc etiam monachis Sancti Michaelis supra Mosam in diœcesi Virdunensi indulsit Urbanus, ut omissa sepeliendorum fratrum suorum in veteri monasterio consuetudine, eos prope monasterium novum sepelire in posterum licite possent. Epistola pontificis ea de re data est Laterani vii Kalendas Aprilis, hoc anno, inscripta Udalrico abbati, qui llam ea de causa consuluerat. Ex utriusque vero litteris patet hunc abbatem Urbano maxime addictum fuisse, cujus monasterium tempore schismatis commune catholicorum asylum erat.

CCCXII. *Ordinis Cistercii initia.*

Nihil vero magis annum præsentem illustrasse videtur, quam Cisterciensis monasterii et ordinis primordia, auctore sancto Roberto Mol'smensi abbate. Hic dimisso sui monasterii regimine cum viginti duobus e suis discipulis in solitudinem Cisterciensem initio hujus anni transmigravit, ibique die 21 Martii, sancto Patri Benedicto sacra, celebris ordinis prima fundamenta jecit annuente Wallerio diœcesano episcopo Cabilonensi, suppetias ferente Odone duce Burgundionum, omnia vero confirmante Hugone Lugdunensi metropolitano, sua et Urbani, cujus vicarius in Galliis et apostolicæ sedis legatus erat, auctoritate. Hugonis epistolam ea de re Labbeus tomo I Bibliot. novæ, Manriquez et alii ediderunt. Quid exinde Roberto contigerit, suis locis exponemus.

CCCXIII. *Privilegium Urgellense.*

Quod autem ad res Hispanicas attinet, Urgellensis Ecclesiæ possessiones confirmavit pontifex dato diplomate ad Odonem ejusdem Ecclesiæ episcopum, viii Idus Aprilis, indict. vi, anno pontif. xi, quæ notæ huic anno conveniunt. Ejus tamen exemplum in Marca Hispanica editum annum Incarnationis 1099 indicat. Sed hoc est amanuensis erratum; aut certe, ut alias sæpe factum est, annus a Martio præcedenti ibi inchoatur. Paulo post, id est v Idus Maii, Oscensem urbem, quam anno 1096 Sancius Aragonum rex Mauris eripuerat, in pristinam dignitatem restitui voluit Urbanus, ei episcopali sede, quæ Jaccam translata fuerat, reddita. Insignem ea de re bullam edidit præ memoriæ cardinalis Aguirius tomo III Concil. Hispaniæ. In qua pontifex donationes a variis Aragonum regibus eidem Ecclesiæ factas confirmat; sed et alia multa scitu haud indigna complectitur.

CCCXIV. *Anselmi iter Romam. Secedit in solitudinem.*

Jam vero tempus est ut ad Anselmum Cantuariensem redeamus, qui ineunte vere hujus anni Romam accessit. Cum enim novæ, ut Eadmerus fuse exponit, difficultates quotidie inter ipsum et Guillelmum Angliæ regem orirentur, Anselmus a rege petierat ut sibi Romam adeundi licentiam concederet, quam tandem post multas rixas obtinuit Idibus Octobris anni præcedentis. Nec mora, dispositis Ecclesiæ suæ rebus, iter parat, ac Doveram adiit, ubi jussu regis sarcinæ ejus visitatæ fuerunt; tum transmisit in Franciam, ibique Natalium Christi festivitatem cum sancto Hugone abbate Cluniaci celebravit. Inde Lugdunum progressus, cum magna pompa ab altero Hugone hujus urbis archiepiscopo exceptus est. Ibi veritus ne forte hoc iter pontifici displiceret, anxius hærebat, nesciens an deberet ulterius progredi; quare nuntium cum litteris ad Urbanum misit, ut quid facto opus esset, ab eo ipso edoceretur. Hæc est epistola in vulgatis editionibus 166 libri tertii, quam integram exhibet Eadmerus libro II Novorum, cum hac inscriptione : *Domino et Patri cum amore reverendo, et cum reverentia amando, summo pontifici Urbano, frater Anselmus, servus Ecclesiæ Cantuariæ, debitam subjectionem et orationum devotionem,* etc. In ea vir sanctus post expositas pontifici varias tribulationes, quibus ab inito episcopatu agitatus et pene attritus fuerat, petit ab eo ut sibi dimittendæ sedis licentiam indulgeat. At litteris tanti viri acceptis pontifex gavisus est, nihilque aliud ei respondit, nisi ut, postposita omni excusationis causa, statim Romam accederet. Cui absque mora vir sanctus obtemperans, illico profectus est; ac celebratis prope Segusium in monasterio Sancti Justi Vallis-asperæ, tum apud Sanctum Michaelem de Clusa Passionis ac Resurrectionis Dominicæ solemniis, evitatisque feliciter Guibertinorum, quæ paratæ ei erant, insidiis, Romam tandem cum duobus tantum sociis pervenit. Postridie Urbano in palatio Lateranensi, ubi eo jubente hospitatus fuerat, præsentatus, *humiliat se pro more ad pedes summi pontificis, sed statim ab ipso erigitur ad osculum ejus, et in sella sedere jubetur.* Aderat ibi cuncta Romanæ urbis et curiæ nobilitas tantum virum videndi desiderio aggregata, cumque ab eo pontifex itineris ejus causas audivisset, multaque in ejus laudes palam fuisset persecutus, *plenam ei subventionem pollicitus est,* tum mandavit ut interim in Lateranensi palatio secum vir sanctus commaneret, ubi *subventionis ipsius effectum præstolaretur.* Interim litteras Urbanus ad Anglorum regem scripsit, quod et fecit Anselmus. At rex utrisque susceptis, nequidem *digito tangere* eas quæ Anselmi erant dignatus est. Hæc et alia quæ de Anselmo referimus, Eadmerus ejus socius, et itineris ac laborum comes individuus, qui rebus gestis præsens fuit, fusius narrat in ejusdem sancti Vita, et in libris Novorum, in quibus multa plura habet de summa veneratione quæ ei ab omnibus in urbe exhibebatur. At tædebat Anselmum his honoribus excoli; quare, transactis Romæ diebus decem, invitatus a Joanne olim suo ejus apud Beccum discipulo, tunc vero abbate Sancti Salvatoris prope Telesium urbem in Terra-Laboris, ad eum divertit, a quo ductus in villam sui monasterii, nomine Sclaviam, in vicino monte sitam, aliquandiu ibi vitam a curiæ tumultibus omnino immunem duxit, exercitiis spiritalibus potissimum addictus, et studio sacrarum rerum. Hoc otio optime usus Anselmus egregium opus, quod jamdudum in Anglia inchoaverat, sub titulo *Cur Deus homo,* penitus absolvit. Cum vero ibi penuria esset aquæ, fontem vivum suis precibus a Deo obtinuisse dicitur, quod miraculum Petrus Divensis cum aliquando Becci hospitaretur, inter alia ejus gesta versibus, quos aliquando in ms. codice legimus, satis eleganter pro tempore expressit.

CCCXV. *Rogerium ducem adit pontifex.*

Obsidebat his temporibus Capuam urbem Rogerius dux Apuliæ, qui, audita beati viri fama, eum ut ad se accederet invitavit, advenientique obvius ingenti nobilium turba stipatus processit. Mansit cum eo aliquot dies vir sanctus, sed procul ab aulæ strepitu in loco solitario, quem princeps ei ut faveret, præparari jusserat. Urbanus interea, ne hoc bello Italiæ res turbarentur, ad castra Rogerii gratia pacis componendæ etiam accessit, quam cum tunc conciliare non potuisset, ibi, aut certe in vicinia, uti Eadmerus habet, cum sancto Anselmo usque ad urbis deditionem remanere constituit, dum hæc discidia facilius componi possent. Ordericus libro x compendiose Anselmi gesta replicans, scribit eum in Apulia Urbanum invenisse, atque cum eo concilio Barensi interfuisse, ac apud Clarummontem crucem Domini prædicasse. Sed res ibi ac tempora confundit auctor alioqui accuratus et diligens, qui lectores ad Eadmerum merito remittit, in hoc multo magis audiendus, quam credendus in iis quæ ipsemet ea de re narraverat. At Gaufredus Malaterra, auctor ejus temporis, qui et ipse rebus gestis præsens aderat, refert Urbanum, cum nihil in Rogerii castris proficeret, *ecclesiasticis negotiis plusquam expeditionalibus negotiis intentum, totalibus tumultibus mente declinatis,* data principibus, nam ibi Rogerius uterque cum Richardo Capuæ principe aderant, et omni exercitui apostolica benedictione, *Beneventum secessisse,* ibique perseverasse ad solutam Capuæ obsidionem.

CCCXVI. *Beneventum se recipit.*

Forte pontifex tempore hujus obsidionis, cum nulla pacis componendæ spes affulgeret, Beneventum, quæ urbs, ut idem auctor observat, erat ditionis apostolicæ, adiit, ac postmodum capta Capua ad Rogerium reversus est. Certe Beneventum hisce temporibus se invisisse inquit ipse Urbanus in epistola ad Ansonem ejus urbis dominum, mense Novembri sequente scripta, de qua inferius agemus; qua quidem occasione pontifex Ansonem in principatu Beneventanæ urbis confirmavit, quo nonnisi post annos tres a Paschali II exutus est, uti fusius exponit Peregrinius initio Castigationum ad Chronicum Falconis. Ejusdem itineris meminisse etiam videtur Urbanus ipse in rescripto ad Casinenses hoc anno exeunte dato adversus Cinglensem abbatissam, cum ait litem quæ inter hanc abbatissam et Oderisium Casini abbatem vertebatur, se *Roma pro ecclesiasticis causis egressum in utriusque partis præsentia* tractasse. Hoc rescriptum, sicut et epistola ad Ansonem, suo ordine sub finem hujus anni in nostra collectione habetur. Porro Capuæ obsidionem Lupus Protospata, anonymus Casinensis, et alii auctores commemorant, sed variis annis ob diversam ab iis adhibitam computandi rationem, nisi id librariorum errore evenerit, ut videre est in Peregrinii Castigationibus.

CCCXVII. *Anselmus sedem dimittere non permittitur.*

Eadmerus aute scribit Anselmum statim post solutam Capuæ sidionem simul cum Urbano Aversam petiisse, ubi pontifex in ipsa urbe, Anselmus vero in vicino Sancti Laurentii monasterio ordinis nostri hospitatus est. Cum vero ibi quadam die Anselmus a pontifice postularet ut sibi, dimisso episcopatu, privato liceret in monasterio degere, non solum non assensit Urbanus, sed etiam ei acrioribus verbis reprehenso in virtute obedientiæ præcepit ut ne unquam commissi gregis curam abjiceret. Verba ipsa pontificis huc referre juvat. « Audit, inquit ille auctor, papa quod ille postulat, et illico miratus exclamat : O episcopum! o pastorem! nondum cædes, nondum vulnera perpessus es, et iam Dominici curam ovilis subterfugere quæris. Christus in cura ovium suarum probat Petri amorem erga se ; et Anselmus, Anselmus, inquam, ille sanctus, ille talis ac tantus vir, solummodo quiescere volens, oves Christi et ante pugnam luporum morsibus dilaniandas non veretur exponere. Ah! quid dicam! quo amore sperat Domino copulari, qui hoc fugit quo ipse Dominus se teste probatur amari! Absint hæc a te, absint a tua religione, dilectissime frater Anselme, potius ne me in istis ulterius inquietes. Scias quod non solum non concedo tibi facere quod petis ; imo ex parte Dei omnipotentis, vice beatissimi Petri apostolorum principis, tibi per sanctam obedientiam præcipio, quatenus curam Anglici regni tibi commendatam, quandiu retinere, ut hactenus, poteris, non abjicias. Quod si propter tyrannidem principis, qui nunc ibi dominatur, in terram illam redire non permitteris, jure tamen Christianitatis, semper illius archiepiscopus esto, potestatem ligandi atque absolvendi super eam dum vixeris obtinens, et insignibus pontificalibus more summi pontificis utens ubicunque fueris. » Ad hæc Anselmus obedientiam pollicitus, respondit se nec cædes fugere, nec vulnera, imo neque ipsam mortem; at se ideo voluisse renuntiare suæ sedi, quod sibi impossibile visum esset integram beato Petro obedientiam exhibere simul cum fide, quam regi terreno debitam esse Angli contendebant. Cui pontifex : « Ratione, inquit, duceris ; ego quoque, ne de his atque aliis tibi non jure illatis videar non curare, eaque gladio sancti Petri nolle vindicare, moneo, quatenus concilio quod apud Barum ante corpus beati Nicolai Kalendis Octobris celebrare constitui, præsentiam tuam exhibeas, ut quod de ipso rege Anglico, suisque ac sui similibus, qui contra libertatem Ecclesiæ Dei se erexerunt, mediante æquitatis censura me facturum disposui, auditu visuque percipias. » His auditis, vir Dei, ut prosequitur Eadmerus, Sclaviam reversus est, ibi usque ad Barense concilium commoraturus. Quanti vero obedientiam fecerit vir sanctus, ex Willelmo Malmesburiensi accipiendum est ; qui libro I De gestis pontificum narrat eum ab Urbano impetrasse ut sibi aliquem præficeret, cujus jussis obedire teneretur, præpositoque ei Eadmero obtemperasse, ut absque ejus venia vix ausus esset *latus invertere*.

CCCXVIII. *Urbani cum Rogerio congressus.*

Interim capta Capua, cum pontifex accepisset utrumque Rogerium Salernum divertisse, huc eos adire constituit, antequam Rogerius comes in Siciliam rediret. Urbano advenienti cum archiepiscopis et cætero comitatu, obviam itum est cum solemni processione. Ibique dies aliquot exegit frequenti colloquio comitis Rogerii : nam amicissimi erant recreatus, uti habet Gaufredus Malaterra, lib. IV. Ea occasione, ut idem auctor scribit, cum Urbanus advertisset Rogerio displicere, quod Robertus Trainensis episcopus eo inconsulto legatus apostolicus in Sicilia institutus fuisset, mutata rerum dispositione, hanc dignitatem ipsi Rogerio ob præclara ejus in Ecclesiam merita *hæreditaliter* attribuit, pollicitus se neminem unquam legatum alium in Siciliam illo invito missurum, *dum ipse comes advixerit, vel aliquis hæredum suorum zeli paterni ecclesiastici exsecutor, superstes fuerit*. Hinc famosa illa constitutio apostolica ea de re emanavit, data hoc anno III Nonas Julii, quæ post Gaufredum a diversis auctoribus edita ad mss. etiam codices collata proferetur, sed etsi sinceræ sint cæteræ ejus chronologicæ notæ, adulterata tamen in ea est indictio. Porro multa hujus constitutionis occasione hinc et inde scripta sunt, quæ ad nos nihil attinet fusius indagari. Ea, si lubet, videsis apud Baronium tomo XI ; Rocchum Pyrrhum tomo II Siciliæ sacræ, pag. 452 et seqq., ac alios auctores. An vero hæc legatio sese etiam in Calabriam, ubi tunc Sasso Cassanensis episcopus legatione apostolica fungebatur, extenderit, incertum est, quod innuere videtur Gaufredus.

CCCXIX. *Primatus Ecclesiæ Salerni datus.*

Paulo post id tempus, die scilicet 20 Julii sequentis, pontifex ad alterius Rogerii, nempe ducis Apuliæ, et Alfani archiepiscopi preces, insigne privilegium Salernitanæ Ecclesiæ concessit, collato ei primatu in duas metropoles Compsanam et Acheruntinam, quæ olim ipsi jure metropolitico subjectæ fuerant. Data est bulla die XIII Kalendas Augusti, anno 1099, ut præferunt ejus exemplaria, sed qui a mense Martio anni præcedentis inchoandus est, ut ad præsentem annum revocari possit. At indictio IV quæ ibi apponitur excusari nequit, nisi error in Amanuenses rejiciatur. Locus hic esset de altero Urbani rescripto agendi, quo in gratiam ejusdem Ecclesiæ privilegia Cavensis monasterii revocantur, si datum Romæ non diceretur, et indictio VII quam præfert, huic anno convenire posset. De eo inferius.

CCCXX. *Rescriptum pro sancto Brunone.*

At sincerum omnino et penitus indubium est illud, quod mense Septembri hujus anni Urbanus sancto Brunoni Carthusianorum parenti, qui tunc in Squillacensi eremo morabatur, concessit, ad ei confirmanda et asserenda omnia bona quæ a Rogerio comite et Joanne Squillacensi episcopo ipsius monasterio collata fuerant. Illud datum est Salerni, hoc anno, mense Septembri, indictione VI, unde conjicimus Urbanum ea in urbe usque ad Barense concilium permansisse.

CCCXXI. *Crucesignati Antiochiam capiunt.*

Cum autem hæc in Italia gererentur, crucesignati post varia prælia, et multas passim urbes hoc et precedenti anno expugnatas, Antiochiam mense Junio hujus anni occuparunt. Verum paulo post Barbari ex variis provinciis, hujus tantæ suorum cladis fama exciti, simul convenientes quasi pro communi salute dimicaturi Christianos in ea urbe adeo arte circumdederunt, ut jam nulla evadendi spes eis affulgeret. At humano deficiente supernum adfuit auxilium, cum inventa, haud absque miraculi opinione, sacra lancea qua latus Christi Domini perforatum fuisse credebatur, adeo excitati sunt nostrorum animi ut, prælato hoc quasi certo victoriæ signo, milites in barbarorum exercitus effusi, eos ingenti clade affectos omnino fugaverint ac prostraverint. Hæc omnia, præter auctores historiæ sacrarum expeditionum, referunt ipsi Christianorum duces et principes in epistola ad Urbanum eo tempore scripta, in qua post hujus victoriæ narrationem, ei mortem annuntiant Adhemari Aniciensis episcopi, qui sedis apostolicæ legatus et dux expeditionis institutus, post superatos multos labores, jam pacatis omnino rebus, Antiochiæ ipsis Kalendis Augusti e vivis excesserat; tum pontificem rogant ut ille ipse, qui sacræ expeditioni auctor et promulgator præcipuus fuerat, in Orientem veniat eorum dux et princeps futurus, ut post adeptam Romæ Petri cathedram, in qua jam ab aliquot annis sedebat, simili quoque honore in altera ejusdem apostoli cathedra Antiochiæ frueretur. Hæc epistola scripta fuit 11 *die intrante Septembrio, indictione* IV, ut indicat editio Baluziana libro I Miscell. pag. 419, ubi integrior habetur quam apud Fulcherium in libro de gestis Dei per Francos. Ipsam autem integram referre visum non est operæ pretium, cum apud illos auctores facile haberi possit; quare sufficiat hic titulum ejus exhibere : « Domino sancto ac venerabili papæ Urbano, Buamundus, et Raymundus sancti Ægidii comes, Godefridus dux Lothariensis et Rotbertus comes Northmanniæ, et Rotbertus Flandrensium comes, et Eustachius comes Boloniæ, salutem et fidelia servitia, et ut filii suo patri spirituali veram in Christo subjectionem. Volumus autem omnes et desideramus vobis notum fieri quam magna Dei misericordia, quamque evidentissimo ipsius Dei adminiculo a nobis capta est Antiochia, » etc. Quid vero his litteris responderit pontifex, nobis est incompertum; at certum est eum nunquam ullum iter in Orientem suscepisse. Nec dubium quin hic revocanda sit Daimberti ad crucesignatos legatio, quam hoc anno commemorat Bertoldus his verbis : « Dominus papa, inquit ille auctor, ad eamdem multitudinem suam legationem direxit, videlicet venerabilem Theobe... ... e Ecclesiæ archiepiscopum, qui et illis in omnibus apostolica vice adesset, et ecclesias in locis unde pagani expulsi sunt instauraret. » Is postea captis Jerosolymis, Arnulfo locum cedente, ejus urbis patriarcha proclamatus est, ut passim alii auctores observarunt. Januenses eo tempore sancti Joannis Baptistæ reliquias e Myra Liciæ urbe domum retulisse memorantur, quas etiam nunc habent in ecclesia metropolitana. Has Christianorum victorias, solus inter Christianos principes Constantinopolitanus imperator perturbabat, adeo ut, inquit Bertoldus, etiam urbes quæ ab occidentalibus captæ fuerant *incendio devastare et paganis reddere* non dubitaverit; et *iter Jerosolymitanum per suam potestatem omnibus peregrinis, quantum potuit, omnino prohibuerit.*

CCCXXII. *Schismaticorum Romæ conventus.*

Porro etsi illis temporibus, quibus omnes ubique gentium in Urbani obedientiam uno animo consentire videbantur, res schismaticorum desperatæ omnino esse debuissent, haud tamen illi a suis conventibus, absente licet Guiberto, abstinuere, quod ex eorum pseudosynodica epistola *universis Deum timentibus,* ut ipsi mentiuntur, *et salutem Romanæ reipublicæ diligentibus* inscripta patet, quam ex Bennone in Vita Hildebrandi Baronius ad hunc annum et Labbeus in Appendice tomi X Conciliorum retulerunt. Ex hac vero discimus quinam tunc Romæ fuerint præcipui factionis Guibertinæ fautores, quorum nomina et dignitates hoc ordine in ea recensentur. *Adalbertus episcopus sanctæ Rufinæ Silvæ Candidæ, Joannes episcopus Ostiensis, Hugo episcopus Prænestinus, Albertus episcopus Nepesinus, Benno cardinalis presbyter urbis Romæ, Octavianus presbyter cardinalis designatus, Paulus primicerius Romanæ Ecclesiæ, Nicolaus electus abbas Sancti Silvestri urbis Romæ, N. abbas Sancti Pancratii urbis Romæ, et clerus, et clarissimi principes Theobaldus Chinebii, et Udalricus de Sancto Eustachio et populus Romanus.* « Illi ter se convenisse in diversis urbis Romæ ecclesiis aiunt, ad destruendas hæreses ab Hildebrando, sic etiam tunc Gregorium VII appellabant, adinventas; primo quidem Nonis Augusti apud Sanctum Blasium, tum VIII Idus apud Sanctum Celsum et postridie apud Sanctam Mariam, quæ dicitur Rotunda (tres itaque has ecclesias Romæ adhuc possidebant), ibique illas hæreses condemnasse. Tum pollicentur securitatem cuilibet occurrere volenti ad proxime futuram synodum, quam *circa Kalendas Novembres* celebrare disponunt. » *Data est hæc epistola Romæ contra schismaticos,* ut vocant, *in sacro conventu, anno ab Incarnatione Domini* 1098, *indictione sexta,* VII *Idus Augusti.* At cum nullos e Catholicis ad suum ipsorum conventum adventuros esse certo præviderent, « testes advocarunt cœlum et terram, se nequaquam eorum perversitati (sic de Catholicis loquebantur) consentire, quod ut re etiam probarent, statim eorumdem Catholicorum libros, quos præ manibus habebant, in ignem projecere, quod variis conciliorum convocationibus per annos sexdecim factis et iteratis, illi nunquam ipsorum monitis aures præbere voluissent. » Hæc de schismaticis, qui cum Bennone pseudocardinali pontificem nostrum *Turbanum* appellare amabant, ob id, quod Gregorii vestigiis inhærens, turbas, ut ipsi calumniabantur, continuaret. Sed talium hominum convicia, tot sunt veri pontificis elogia. Et certe Urbanum pacis amantem, et omnium hominum, qui tunc, ut de Moyse loquitur Scriptura, in terra morabantur, mitissimum fuisse, etiam ipsi schismatici fateri vel inviti cogebantur. Quænam vero hæresis illa erat, quam schismatici Gregorio VII impingebant, discimus ex eodem Bennone in Gregorii Vita, ubi sic habet : « Gloriosus Hildebrandus et pedisequus ejus Turbanus nova potestate solventes decreta Chalcedonensis concilii, non solum verbis, sed et scriptis publicis consenserunt extra ecclesiam communicare et baptizare, quam cæci essent, quam hæretici propriis scriptis deprehensi, etc.; uterque in hæresim Liberii incidit, qui postquam publice communicavit excommunicatis, duas Ecclesias faciens unitatem scidit, » etc. Sic ipsi schismatici auctores catholicos et unitatis amatores schismaticos appellare haud dubitabant.

CCCXXIII. *Concilium Barense hoc anno celebratum.*

Catholici vero die condicta Kalendarum Octobrium, seu, ut habet anonymus Barensis, die tertia ejusdem mensis, apud Barium celebrem Apuliæ urbem ad concilium ab Urbano indictum convenere. Hæc synodus potissimum ad id coacta videtur, ut Græcos inter et Latinos de fide conveniret, ne scilicet sacris expeditionibus noceret in credendo diversitas. Hanc synodum anno præcedenti Baronius et ejus sequaces, imo et Labbeus tomo X Conciliorum, consignaverunt : at merito alii refragantur, Lupum Protospatam et anonymum Barensem æquales et domesticos auctores secuti, qui eam initio Octobris anni 1099, quem scilicet suo more a Septembri præcedenti, anno 1098 inchoant, celebratam fuisse testantur : alium habemus ejusdem rei testem omni exceptione majorem, Eadmerum, qui eidem concilio interfuit. Is nempe, ut jam diximus, refert l.bro II Novorum, Anselmum mense Octobri anni 1097 licentiam a Willelmo rege Anglorum extorsisse Romam adeundi, et post hæc rerum a beato antistite gestarum seriem particulatim prosequitur ad Barense concilium, quod anno subsequenti, proindeque 1098, convocatum fuisse narrat. Deinde Urbanus, ut idem auctor habet, post illam synodum reversus Romam Willelmo regi inducias concessisse dicitur ad festum sancti Michaelis anni subsequentis, quem quidem terminum nec rex, nec ipse pontifex attigerunt. At si illæ induciæ statim post Barense concilium anno 1097 indultæ fuissent, ad earum finem uterque pertigissent et Willelmus et Urbanus. Certum quippe est utrumque ad annum 1099 pervenisse. Ex his, quæ quidem omnino certa sunt, colligere etiam licet, synodum Romanam, quæ a nonnullis anno 1098 consignatur, aliam ab ea non esse quæ anno subsequenti, ut auctores æquales referunt, celebrata est; quam Baronius et Labbeus ex male locata synodo Barensi uno anno tempus prævertentes ad annum 1098 cum ejus canonibus incaute retulerunt.

CCCXXIV. *Barensis synodi acta.*

Porro licet præcipuam eorum quæ in Barensi synodo gesta sunt notitiam Anglicanis historicis debeamus, qui de ea occasione sancti Anselmi scripserunt, haud tamen, ut jam observatum est, aliis auctoribus, et quidem gravibus, loco et ætate proximis, ignota fuit. Certe multos cleri et nobilium proceres ad eam convenisse scribit anonymus Barensis his verbis : *Anno* 1099, quem sicut et indictionem a Septembri præcedentis anni, ut mox dicebamus, inchoat, *indictione* VII, *tertia die intrante mense Octobri, venit papa Urbanus cum pluribus archiepiscopis et episcopis et abbatibus, et comitibus, et intraverunt in Barri, et suscepti sunt cum magna reverentia, et præparavit domino Heliæ, sexto pro recto casu adhibet, ut ex Malmesburiensi infra patebit, nostro archiepiscopo, mirificam sedem intus in ecclesia beatissimi Nicolai confessoris Christi, et fecit ibi synodum per unam hebdomadam. Post completis diebus octo perrexit in pace, et in mense Julii obiit ipse Urbanus.* Huic synodo quam *universam* Urbanus ipse in rescripto de Cinglensi cella, *plenariam* appellat, centum et octoginta episcopos interfuisse asserit Lupus Protospata, sed quinam illi fuerint nemo litteris prodidit. At quo loco, quove habitu in concilio sederit pontifex ex Wilelmo Malmesburiensi discimus. Ergo, inquit, *ventum est ad concilium. Apostolicus ante corpus sancti Nicolai, constratus tapetibus et palliis, ipse casula cum pallio amictus tribunal ascendit; cæteri cum cappis sedebant.* Paulo inferius observat *archidiaconum Romanum ante papam sedisse, ut moris est.* In concilio Remensi anno 1094 Leo papa *sacerdotalibus quasi ad celebrandam missam infulis redimitus processit* ad concilium *cum cruce et Evangelii libro antecedentibus cum sacri ordinis ministris,* etc. In ista juxta Urbanum Anselmus Cantuariæ archiepiscopus honoris causa, sive etiam ut facilius adversus Græcos disputans auscultaretur, sedere jussus est : cum antea, ut scribit idem auctor, ingruente tumultu, oblitus fuisset pontifex locum ei specialem et honorificum designare. Idem habet Eadmerus de Casula et pontificum cappis ; sed ait Anselmum primum ordine suo inter cæteros antistites sedisse, dum incalescente disputatione dictum ei esset ut propius accederet. *Dum,* inquit ille auctor, *in ipso concilio plurima de fide catholica summus pontifex facunda ratione, rationabilique facundia disseruisset,* mota quæstio est a Græcis de processione Spiritus sancti, quam pontifex multis argumentis, et quidem ut plurimum ex Anselmi epistola, quam *illi olim de Incarnatione Verbi* inscripserat, petitis approbare nisus est. Idem refert Joannes Sarisberiensis in ejusdem Anselmi Vita. Verum, inquit Eadmerus, cùm res longius procedederet, adhucque Anselmus *in ordine cæterorum inter primos concilii Patres* pro suæ sedis dignitate consederet, clamavit pontifex : *Pater et magister Anselme, Anglorum archiepiscope, ubi es?* Qui statim adnitentibus, qui ei proximi erant, episcopis ad apostolici consessum, ut habet Willelmus, *levatus*, juxta archidiaconum sedere jussus est. Hunc pontifex, referente Eadmero qui præsens erat, sic tunc est affatus : « Quid, quæso, facis; cur in aliorum silentio degis? Veni, veni, obsecro; ascende usque ad nos et adjuva nos, pugnans pro matre tua et nostra, cui suam integritatem vides Græcos istos conari adimere, et nos in idipsum nefas, si facultas eis tribuitur, præcipitare. Succurre igitur quasi vere pro hoc a Deo missus huc. » Quod sequenti die egregie præstitit Anselmus, regente, ut scribit idem auctor, cor et linguam ejus Spiritu sancto; atque eam quæstionem ita tractavit, disseruit et absolvit, ut in ipso conventu nemo existeret qui non sibi inde satisfactum consentiret. Cum vero dicendi finem fecisset sanctus antistes, in eum pontifex intendens ait. « Benedictus sit cor et sensus tuus, et os et sermo oris tui sit benedictus. » Cæterum hæc ipsa argumenta quæ ibi coram Patribus prosecutus fuerat vir sanctus, postea rogantibus amicis, et potissimum Hildeberto tum Cenomannorum episcopo, ut patet ex illius epist. 22, et Guillelmus Gemetici monachus refert libro vi, cap. 9, enucleatius tractavit in libro *De processione Spiritus sancti*, quod ab eo præstitum est, ut doctrina catholica per totum orbem Christianum pervaderet. Et quidem cum postea a Waleramno episcopo Neuburgensi de illis quæstionibus fuisset interrogatus, hunc ad illos tractatus remisit pontifex. Qua occasione res admiratione digna contigit, quod scilicet hunc episcopum nequidem more solito salutari voluerit Anselmus, ob id solum quod adhuc eum crederet Henriciano schismati addictum, ut ipsemet testatur. Videsis ejus epistolas seu responsiones ad istius Waleramni quæstiones et querelas; nos vero quæ in synodo gesta sunt interim prosequamur.

Ventum est itaque ad causam Anselmi cum Willelmo Anglorum rege, quam cum pontifex coram sacro conventu ac illatas beato viro injurias palam exposuisset, clamatum est ab omnibus Willelmum regem, beati Petri gladio feriendum esse; sed id ne fieret solus Anselmus obstitit. *Audiens enim hæc vir sanctus*, uti Eadmerus narrat, et consentiunt cæteri Angliæ scriptores, *illico surrexit, et flexis genibus coram papa præfatum regem jam tunc excommunicare parato, vix obtinuit ne in regem faceret quod communis omnium sententia promulgavit.*

Ex Urbani epistola ad Ansonem Beneventanum dominum data, discimus monachos Casinenses ad idem concilium venisse, ut monasterium Sanctæ Sophiæ Beneventanum sibi assererent. Sed cum ejus loci abbas concilio se subtraxisset, lis indecisa remansit. Parem exitum ibi habuit altera Casinensium controversia adversus Cinglensem abbatissam, ea nempe non comparente, causæ judicium ad aliud tempus dilatum est, ut ipse pontifex testatur in inscripto ad Casinenses, quod inferius memorabimus.

CCCXXV. *Privilegium Ecclesiæ Agrigentinæ.*

Die vi Idus Octobris Barii adhuc versabatur pontifex, cum diœcesis Agrigentinæ limites, prout a Rogerio comite constituti fuerant, confirmavit dato diplomate, in quo Roberti ducis et comitis Rogerii ejus fratris optima in Ecclesiam merita multis laudibus, et quidem jure, prosequitur. Hanc bullam habes apud Rocchum Pyrrhum, sed nonnihil emendandam in notis chronologicis. Non enim indictio viii, quæ ibi notatur, huic anno convenit; sed ad summum septima a mense Septembri aut ab Octobris initio. At hic error ex Amanuensium culpa forte contigit; qui cum advertissent hoc privilegium finem anni 1099 præferre, indictionem anno vulgari aptare voluerint. At, exeunte illo anno, jam e vivis abierat Urbanus. Quare dicendum est in ea bulla pontificem adhibuisse Barensis regionis, in qua tunc versabatur, computandi modum, quo, ut jam diximus, annus, sicut et indictio, ab Octobri anni vulgaris præcedentis incipiebat. Alii fortasse dicent in eo diplomate annum ab Incarnatione, id est a mense Martio anni præcedentis, ut alias passim factum est, inchoari, sed perinde est, cum utroque modo constet annum 1099 hic pro vulgari 1098 recte assignari.

CCCXXVI. *Concilium Burdigalæ.*

In Galliis eodem mense, III scilicet Nonas Octobris, Amatus apostolicæ sedis in Aquitania legatus concilium habuit Burdigalæ, cujus urbis tunc erat archiepiscopus; ad quod convenisse cum eo dicuntur Rolandus Dolensis, Petrus Aginnensis, et alii diversarum provinciarum episcopi. Sed quid in eo statutum, quave occasione convocatum fuerit, plane incompertum est. Nec plura habet ipse Labbeus tomo X Conciliorum.

CCCXXVII. *Urbanus Benevento transit.*

Urbanus vero post synodum Barensem Romam rediens Benevento transivit, ubi Cinglensis monasterii cum Casinensibus, qui illud sibi subjicere volebant, litem dirimere constituerat, scriptis eo animo ad abbatissam ejus monasterii litteris, ut causam suam actura comparere coram eo ultra non differret. Sed tamen etiam tunc res infecta remansit, ut ipse pontifex fusius exponit in diplomate jam laudato, quod suo loco referetur. Ibidem in monasterio Sanctæ Sophiæ, ubi forte hospitium habebat, causam ejusdem loci abbatis, qui Casinensi abbati obedire detrectabat, examinavit, sed non absolvit. Etenim paulo post die nempe III Nonas Novembris sequentis cum Ceperani esset, scripsit ad Ansonem Beneventi dominum ut, auditis partibus, litem hanc dijudicaret, aut si forte monachi Sanctæ Sophiæ coram eo, utpote homine sæculari, ea de re respondere noluerint, diem eis dicat, quo Romam convenirent a seipso sententiam accepturi. Hoc est Urbani rescriptum jam passim memorat) de primatu Lugdunensi, quæ omnia sibi laudatum, quod die 3 Novembris, et quidem hoc anno consignandum esse, ex mentione Barensis consilii *nuper* celebrati, certo colligitur.

CCCXXVIII. *Romæ scribit pro Vindocinensibus.*

Reversus Romam Urbanus, sub finem Novembris privilegia Vindocinensis monasterii confirmavit variis diplomatibus, quæ omnia uno eodemque die data dicuntur; unde conjicimus Gofridum ejusdem loci abbatem, qui magna apud Urbanum auctoritate pollebat, tunc temporis Romæ versatum fuisse in suo Sanctæ Priscæ titulo, ubi Vindocinenses monachi habitabant; qui hæc omnia privilegia facile a pontifice impetrare potuerit; non uno quidem comprehensa diplomate, quod ad varia negotia pertinerent, et potius veterum confirmationes quæ jam in diversis rescriptis habebantur, quam novorum privilegiorum concessiones essent. Unde complura ejusdem ferme tenoris, et quidem una et eadem die, ut diximus, data occurrunt. Quatuor ejusmodi ex Vindocino archivis eruimus; quintum ipse Goffridus suppeditat in epistola 27 libri II: quæ omnia in pontificiarum epistolarum collectione referentur.

CCCXXIX. *Romæ Goffridus loquitur de episcopo Andegavensi.*

Ad hoc etiam, ni fallor, Romanum Goffridi iter revocandum est, quod ille de seipso refert lib. I epist. 28 ad Hugonem Lugdunensem, ubi fatetur se a papa de Gaufredo Andegavorum episcopo interrogatum, quædam de illo antistite ipsi dixisse, quæ pontificem celare non poterant. Et quidem ea non levis momenti fuisse, ex hoc colligimus, quod paulo post idem Gaufredus monente Urbano episcopatu cesserit factus monachus Cluniacensis, uti ex Chronico S. Albini observarunt Sirmondus in notis ad epist. 1 lib. III ejusdem Goffridi, et Juretus in epistolas Ivonis Carnotensis.

Idem Goffridus tunc temporis defensionem suscepit Ivonis Carnoteni episcopi, quem nonnulli apud Urbanum papam insimularant. Huc enim revocari debere non dubito ea quæ ipse Goffridus scripsit de illa accusatione libro II, epist. 18, quidquid dicat Sirmondus, qui hanc epistolam ad Paschalis II tempus pertinere in suis notis contendit. Certe si hæc Goffridi epistola simul conferatur cum epistola 67 Ivonis ad Urbanum ipsum initio anni sequentis scripta, nemo non advertet, ut quidem mihi persuasum est, utramque ad unum et idem negotium pertinere. Goffridus nempe in sua scribit se papam Romæ invenisse, qui eam urbem tunc *et Romanam Ecclesiam cum magna pace possidebat et magna tranquillitate*. Et hic quidem tunc erat rerum status Romæ sub Urbano, ut ipse Bertoldus et alii diserte tradunt, sed adversus Ivonem male affectum occasione haud dubium primatus Lugdunensis, ut ex iis quæ in eadem epistola sequuntur facile colligi potest. Ivo autem in epistola laudata ait pariter se accepisse pontificem adversus se commotum fuisse occasione quarumdam litterarum (quas etiam Goffridus com-

omnino invicem cohærent. Jam vero cum hæc Ivonis epistola octavo ejus episcopatus anno inchoante, ut ipsemet testatur, paulo post festum Natalis Christi scripta fuerit, necessario ad anni 1099 initia, ut alias diximus, debet revocari, ac proinde etiam ipsa Goffridi epistola.

CCCXXX. *Philippus rex iterum interdictus.*

Cæterum ex eadem Ivonis epistola colligimus Philippum regem Franciæ post suam reconciliationem haud diu in pœnitentia perseverasse, siquidem iterum hoc anno ob revocatam Bertradam a legato apostolico sacris interdictus est. Qua tamen interdictione posthabita Rodulfus Turonum archiepiscopus ei coronam in Natali Domini imponere veritus non est, ut ex eadem Ivonis epistola et sequenti ad Hugonem Lugdunensem patet. Hinc colligo id quod legitur in quadam charta Sancti Juliani Turonensis, Philippum anno 1091 Rodulfi archiepiscopi manibus Turonis coronam suscepisse, aut esse mendosum, aut, quod verisimilius est, de alia ejusdem regis coronatione debere intelligi. Reges quippe tunc temporis in magnis solemnitatibus ab archiepiscopo Remensi si præsens esset, aut eo absente, a diœcesano metropolitano, aut quovis alio qui, jubente rege, Remensis vices supplebat, solebant coronari. Interdictum autem a legato in regem latum ab Urbano confirmatum fuisse innuit Ivo epist. 84 ad Joannem alterum legatum et cardinalem, paulo post Urbani obitum. At hanc secundi interdicti sententiam ante finem anni 1097 dari non potuisse ex Urbani rescripto ad Manassem Remensem de quo supra 1098 certo colligi potest. Regem vero ei non paruisse discimus cum ex prædicta Ivonis epistola, tum ex iis quæ in concilio Pictaviensi postea gesta sunt. Certe frequentes fuisse Philippi regis lapsus et relapsus indicavit Guibertus lib. I De pignoribus, ss., cap. 1, ubi observat Philippum regem curandarum *scopharum circa jugulum* privilegium ob incidentes culpas amisisse, quo Ludovicus VI ejus filius, adhibito crucis signo, passim utebatur.

CCCXXXI. *Privilegium S. Cucuphatis.*

Die prima Decembris hujus anni concessit Urbanus insigne privilegium monasterio Octaviensi Sancti Cucuphatis prope Barcinonem, in quo singulæ ejus loci possessiones recensentur.

Post aliquot dies aliud rescriptum quod jam sæpe a nobis laudatum est, dedit pontifex, in quo post varias concertationes, quas singulatim recenset, decernit monasterium Cinglense apud Capuam cum sanctimonialibus in eo degentibus Casinensi abbati debere esse subjectum. *Scriptum dicitur Romæ die 7 Decembris per manum Petri scriniarii; et postridie datum per manus Joannis diaconi cardinalis*, qui modus frequenter in subsequentibus diplomatibus occurrit.

CCCXXXII. *Rex Angliæ inducias obtinet.*

Inter hæc Anselmus, quem post Barense concilium simul cum Urbano Romam rediisse memorat Eadmerus, causæ suæ exitum præstolabatur; at nuntius, qui ex parte Willelmi regis tunc in urbem advenit, omnem ejus spem frustravit. Is nempe post multas hinc et inde disceptationes, tandem in festivitate Natalis Domini inducias a pontifice regi impetravit ad festum sancti Michaelis archangeli, sed hunc terminum neuter attigit. Innuit Eadmerus eas a Willelmi regis ministro obtentas fuisse *munera iis dispertiendo et pollicendo,* quibus *ea cordi esse* animadverterat, quod ab Urbanum quoque extendere non veretur Willelmus Malmesburiensis, in Romanos pontifices nonnunquam magis quam decet, iniquus. Et quidem qua ratione præfracte aliquas inducias regi Willelmo renuisset dare pontifex, quas nemini homini, quantumvis vili et abjecto, vix negare potuisset; tantumdem enim temporis requirebatur ad evocandos ex Anglia testes, advehendaque documenta, quæ necessaria esse videbantur ad causæ examen. Certe Urbanus, qui terminum ad causam dicendam in primo cum regis nuntio congressu od Pascha præfixerat, non poterat inducias illas ad aliquod tempus non protrahere, cum ipse rex per suum nuntium ex ultimis orbis partibus, se etiam post causæ examen satisfacturum pollicitus, id enixius peteret : rex, inquam, quicum ut mitius ageretur, postulabant Ecclesiæ necessitas, rerum temporumque circumstantiæ; rex denique, qui non ita pridem, ad pontificis obedientiam, spretis schismaticis, accesserat. Certe nec tunc, nec post illud tempus Urbanus pravis Willelmi regis voluntatibus connivere unquam visus est, nec in posterum minus quam antea Anselmo favit; imo, ut ipse Eadmerus refert, cum vellet vir sanctus Lugdunum redire, *a papa prohibitus est, propter concilium quod tertia hebdomada Paschæ Romæ se habiturum statuerat.*

CCCXXXIII. *Honores Anselmo delati.*

Quo autem loco habitus quove honore sit donatus in urbe vir sanctus toto eo temporis intervallo, exponit idem auctor tum in ejus Vita, tum in libris Novorum, his verbis : « Morati itaque sumus, inquit ille auctor, ferme per dimidium annum, continue circa papam degentes, et quasi in commune viventes, nec enim duæ, sed una videbatur amborum curia esse. Unde et ipse papa frequenter ad Anselmum veniebat læte sese cum eo agendo, et curiam ei faciendo. Dedit quoque illi hospitium, in quo conversabamur..... Ipse *Anselmus* in conventu nobilium, in processionibus, in stationibus semper et ubique a papa secundus erat, præ cunctis honoratus, cunctis acceptus. Rem subdit in Vita memoratu dignam. Angli illis temporibus Romam venientes pedes Anselmi ad instar pedum Romani pontificis sua oblatione honorare desiderabant. » Nec vero invidiam ea de re aliquam passus est Urbanus, aut id ægre unquam tulit; imo cum rescivisset Anselmum huic Anglorum devotioni acquiescere nunquam voluisse, *admiratus in homine humilitatem mundique contemptum, jussit ei sese in se tenere, et nullum bene facere ultra volentem prohibere; sed omnes pro tali* causa advenientes patienter admittere. Hæc erat utriusque sancti viri humilitas, et in alterutrum charitas.

CCCXXXIV. *Anselmi cum pontifice colloquia.*

Ad hæc Anselmi cum pontifice colloquia, quæ Eadmerus laudat, pertinent haud dubium aliquot ejus sancti viri epistolæ, in quibus variis dubiis respondet juxta id quod a papa Urbano audierat. Ita epist. 130, lib. III, P. monachum Sancti Martini Sagiensis ab adeunda Jerosolymorum urbe dehortatur, quod tale iter voto stabilitatis et obedientiæ, quæ apostolico debetur, contrarium esset. Is enim, inquit Anselmus, *magna auctoritate præceperat, ne monachi* hanc *viam arriperent absque prælati obedientia. Ego,* ut subdit, *præsens adfui quando istam sententiam apostolicus propugnavit.* Apostolicum vero, cujus hic Anselmus nomen reticet, Urbanum fuisse diserte asserit Goffridus Vindocini abbas epist. 21, lib. IV, in qua Odonem abbatem Majoris Monasterii, uti censet Sirmondus, ab eodem peregrinandi desiderio retrahere conatur: « quod Urbanus, qui eundo Jerusalem peregrinari præceperat laicis, ipsam peregrinationem monachis prohibuisset, quod se ex ipso pontificis ore audivisse testatur. » Alia vice Anselmus ab Urbano postulavit, ut sibi quandoque liceret canonum rigorem paulo temperare, cum id rerum statui in Anglia conducibilius sibi videretur. Quod tum ab eo pontifice, tum etiam a Paschali facile impetravit, ut ex ejusdem Paschalis epistola patet, lib. III, num. 45 inter Anselmianas. Interdum quæstiones etiam de variis ecclesiasticæ disciplinæ capitibus in his colloquiis familiaribus miscebantur. His accenseri debet, ut quidem videtur, ea quam tractat Anselmus lib. III, epist. 159, de altari quod e suo loco motum fuerat, an deberet iterum consecrari. Eo loci, sicut et Ivo epist. 72 et 80, atque alii ejus ævi canonistæ, non modo altare, sed et ipsam ecclesiam ea occasione de novo consecrandam esse censent, quod Lobiis factum fuisse discimus in Gestis ejus loci abbatum tomo VI Spicilegii, pag. 609; at iste ritus modo in desuetudinem abiit. Hæc autem quæstio *assistentibus quibusdam episcopis,* ut Anselmus testatur, coram Urbano agitata fuit, cunctis ea quæ sibi recta videbantur libere proferentibus. Unde patet complures in ejusmodi collationibus, et quidem diversi ordinis homines adfuisse. Certe, ut modo videbamus, et Anselmus archiepiscopus, et Goffridus abbas præsentes erant, cum actum fuit in ejusmodi pontificis consessu de monachorum Jerosolimitana peregrinatione. Forte uni ex his colloquiis interfuerat archipresbyter Andegavensis, qui Roberto Arbrissellensi, ut in ejus Vita habetur, proponenti Petronillam viduam ut abbatissa fieret, palam testatus est, ne id remoraretur, se audiisse cum Romæ esset ab Urbano II viduam quatuor virorum pro necessitate abbatiæ præfici posse.

CCCXXXV. *Schismaticorum in Anselmum reverentia.*

Tanta vero sanctitatis et doctrinæ fama, qua Romæ pollebat Anselmus, haud inutilis Ecclesiæ fuit, cum multi schismatici ea permoti ad Urbani obedientiam tanti viri exemplo accesserint, frementibus, uti observat Joannes Sarisberiensis in ejus Vita, Henricianis. Mirum est quod ea de re habet Eadmerus. *Quid*, inquit, *referam nonnullos cives Urbis, quorum ingens multitudo propter fidelitatem imperatoris ipsi papæ erat infesta, nonnunquam in unum conglobatos, Anselmum a Lateranis ad sanctum Petrum euntem cum suis propter odium papæ capere volentes; sed mox viso vultu ejus territos projectis armis terra procumbere, et se illius benedictione deposcere insigniri*. Hæc in specimen dicta, plura habentur apud Eadmerum et alios auctores Anglicanos, quos consulere licet.

CCCXXXVI. *Urbanus Romæ synodum indicit.*

Urbanus itaque, deficientibus in dies Romæ Henricianorum viribus, magis ac magis in adversarios prævalebat, ita ut Natali Domini *cum magna pace*, inquit Bertoldus, Romæ celebrato, Urbem omnino sub suo dominio tunc habuerit. *Nam et*, ut prosequitur ille auctor, *castellum Sancti Angeli cum aliis munitionibus in sua potestate detinuit, omnesque æmulos suos in civitate cum Dei adjutorio satis viriliter aut placavit, aut vi perdomuit*. Unde cum e re Christiana censeret esse pontifex generale concilium convocari, *synodum suam in tertia hebdomada Romæ celebrandam post Pascha, missis litteris usquequaque denuntiavit*. Eum vero reliquum tempus usque ad synodi celebrationem in Urbe transegisse ex Eadmero et Bertoldo facile colligitur, licet ea quæ tunc ab illo gesta fuerint ignoremus, nisi quod illo intervallo duo privilegia totidem monasteriis concesserit, quæ supersunt. Primum est monasterii Anianensis in Occitania, inscriptum Petro ejusdem loci abbati, datum Laterani die 14. Alterum die 19 ejusdem mensis *in porticu beati Petri*, quo monasterium Sancti Saturnini in diœcesi Urgellensi, cujus Petrus tunc abbas erat, insignibus privilegiis et juribus decoratur. Hæc duo privilegia a Petro scriniario scripta, et per manum Joannis diaconi data dicuntur. Aliam Urbani bullam laudant, qua Gellonense Sancti Guillelmi de Deserto monasterium antea Anianæ subjectum, ab eo jugo liberatur. Sed eam videre non licuit, nec in alterutrius monasterii archivo habetur.

CCCXXXVII. *Concilium Romanum.*

Interea Romam conveniebant ex variis provinciis episcopi ad concilium ab Urbano convocatum, quod *magnum concilium* Hovedenus, *generalem synodum* codex Lamberti, Bertoldus, auctor æqualis Vitæ Joannis Ternannensis, et alii appellant. Huic 150 *episcopos et abbates, innumerabilesque clericos* interfuisse scribit idem Bertoldus, ad quam primates, archiepiscopos et episcopos convocatos fuisse legitur in codice Lamberti, quosque *ex Italia et Gallia* congregatos, *in modum coronæ*, sedisse Eadmerus observat. Anselmo autem Cantuariensi archiepiscopo, cum nullum sibi assignatum locum haberet, sedes jussu pontificis *in corona posita est*, id est ex opposito papæ, *qui locus*, uti Eadmerus prosequitur, *non obscuri honoris in tali conventu solet haberi*. Certe in concilio Remensi anno 1099 sedebant Patres in *modum coronæ* dispositi, ita ut Leo IX pontifex sedens *verso vultu ad sepulcrum sancti Remigii*, haberet ex opposito *ante oculos* Remensem et Trevirensem archiepiscopos, qui primas sedes occupabant. In veteribus Remensis provinciæ monumentis Cameracensis episcopus, ex opposito metropolitani locum habere conspicitur, ut et Dolensis in provincia Turonensi, quæ duæ Ecclesiæ etsi sunt illustres inter alias, neutra tamen suæ provinciæ post metropolim, protothronus seu primaria sedes est. Nam in Belgica secunda hanc dignitatem Suessionensis, et in Lugdunensi tertia Cenomannensis Ecclesia semper obtinuit, uti ex vetustioribus Galliarum notitiis constat.

Concilium in basilica Sancti Petri celebratum fuisse diserte habet vetus codex ejus canonum, Lamberti Atrebatensis dictus, et quidem *hebdomada tertia Paschæ*, seu *post Pascha*, ut Bertoldus et Hovedenus habent; et aperte omnino codex Lamberti, in *secunda Dominica post Albas, qua misericordia Domini causatur*. Is cum subjungit ejusdem synodi decreta *pridie Kalendas Maii data* fuisse, innuit synodum perdurasse tota hac hebdomada. Unde nec Chronicon Malleacense aberravit, ubi legitur hanc synodum VII Kalendas Maii celebratam fuisse; nec codices a Binio, Sirmondo, aut Labbeo laudati, qui diem 7 aut 6, aut etiam II Kalendas Maii præferant. Certe ipsa Dominica tertiæ hebdomadæ, quæ hoc anno in diem 24 Aprilis, seu VIII Kalendas Maii incidebat, complures antistites Romæ simul congregati rescripto pontificio in gratiam Hugonis Lugdunensis pro primatu contra Daimbertum Senonensem decertantis subscripserunt. Ex hoc rescripto, discimus Daimbertum tunc temporis primatum Lugdunensem agnovisse, et comperta habemus aliquot antistitum nomina, qui Romano illi concilio interfuerunt. Ii sunt, præter Daimbertum Senonensem et aliquot cardinales Ecclesiæ Romanæ presbyteros, Anselmus Cantuariæ, Leodegarius Biturigum et Amatus Burdigalæ metropolitani; episcopi vero Gualterius Albanensis, Odo Ostiensis, Guntardus Tundanus, Leutaldus Silvanectensis et Ismeon Diensis, qui etiam ultimus erat Hugonis Lugdunensis legatus. Quamvis autem unicus hic memoretur Remensis provinciæ Letaldus episcopus, plures tamen interfuisse huic synodo e sua provincia Manasses metropolitanus testatur in epistola quam infra laudabimus de Morinensi episcopo. Certe id diserte habetur, in codice Lamberti tum ms., tum edito tomo V Miscellaneorum Baluzii, id quo hæc verba leguntur: *Huic quoque concilio cum cæteris Remensis provinciæ episcopis interfuit Lambertus Atrebatensis episcopus*. Ibi etiam aderant, uti ex iis quæ modo dicemus patebit, Bisancius archiepiscopus Tranensis, Reingerus Luccensis, Humbaldus Antissiodorensis et Gotofredus Magalonensis episcopi, quibus adjungi debet Norgandus Æduensis, cui a Roma reverso apud Sedelocum, occurrit Hugo jam tunc Flaviniacensis abbas, uti ipse narrat in Chronico. Denique iis etiam annumerandus esse videtur Hugo Gratianopolitanus antistes, qui post reditum Urbani pontificis in Italiam duobus annis in Apulia infirmitate detentus commoratus est, ut ipse testatur in libello De controversia, quam habuit cum Guidone Viennensi occasione Salmoriacensis archidiaconatus.

Hæc porro synodus convocata dicitur in codice Lamberti *pro errore et hæresibus Græcorum*, ad quos ejus decreta etiam spectare subjungit his verbis, apud Baluzium relatis : *Qualia autem decreta prædictus papa Urbanus de Latina et Græca Ecclesia et de ministris altaris, et de ordinatis a Simoniacis, et de beneficiis et officiis ecclesiasticis per pecuniam adeptis ante corpus beati Petri dederit, studiosus lector legendo invenire poterit.* Unde mirum est nihil speciale de Græcorum erroribus in vulgatis hujus concilii canonibus occurrere. Id forte evenit, quod horum canonum collectores, cum Latini fuerint, ea tantum quæ ad occidentales pertinebant retulerint; quemadmodum id quod occasione sancti Anselmi decretum ibidem fuit, a solis Anglicanis scriptoribus memoratur. Sic etiam Bertoldus et alii passim auctores de hac synodo solummodo habent, Urbanum in ea prædecessorum suorum statuta confirmasse, iterasse anathemata in Guibertum ejusque complices jam sæpius lata et confirmata, egisseque de promovenda Jerosolymitana expeditione. Canones vero septemdecim hujus concilii, qui vulgo circumferuntur, jam in prioribus conciliis ut plurimum promulgati fuerant, ut legenti patebit. At nusquam invenire licuit, quod de eadem synodo refert auctor Chronici Malleacensis, in ea scilicet a pontifice decretum fuisse, ut singuli Christiani omni feria sexta servarent jejunium *pro peccatis suis, et maxime pro illis quibus non confessi sunt immemores*.

Quod ad res Anglicanas spectat, Eadmerus libro II Novorum, et post eum Rogerius Hovedenus, scribunt, « Urbanum in eadem synodo sententiam excommunicationis protulisse in adversarios sanctæ Ecclesiæ, ac in omnes laicos, qui investituras dabant, aut clericos qui eas accipiebant, aut ejusmodi homines ad officium dati honoris consecrabant. Denique in eos, qui pro ecclesiasticis honoribus laicorum homines fiunt, quod exsecrabile videatur, inquit pontifex, sacerdotum manus, quæ in tantam eminentiam excreverunt, ut, quod nulli angelorum concessum est, Deum cuncta creantem suo ministerio creent, et eumdem ipsum pro redemptione et salute totius mundi summi Dei Patris obtutibus offerant; in hanc ignominiam detrudi, ut ancillæ fiant earum manuum, quæ die ac nocte obscenis contagiis inquinantur, » etc. Hac prolata sententia acclamatum est ab omnibus : *Fiat, fiat, et in his consummatum est concilium*. Hæc omnia se in *concilio a veneræ memoriæ domino papa Urbano* audivisse testa-

tur ipse Anselmus lib. III, epist. 73 ad Paschalem II. Et quidem Boso postea Becci abbas, amicus et discipulus sancti Anselmi, nunquam adduci potuit ut hominium regi Henrico, qui Northmanniæ etiam dux erat, præstaret, quod id se nunquam facturum pollicitus papa fuerat ut in ejus Vita legitur. Neque hic omittendum est quod Reingerus Luccensis episcopus in eadem synodo fecisse ab Eadmero dicitur. Hic quippe a pontifice propter sonoram, qua pollebat, vocem designatus ad legenda publice quæ in synodo statuta fuerant, cum id exsequeretur, repente interrupta decretorum serie, mutato vultu ac vocis et totius corporis habitu, terram pede suo verberans multa interseruit in Anselmi honorem, et de his quæ ille a rege Anglorum passus fuerat, graviter conquestus, quod post tantam in urbe moram non ei fuisset satisfactum. Sed, monente papa, lectionem canonum persecutus, quæ decreta ea de re fuerant, ut mox dicebamus, tandem cum cæteris approbavit.

Interea pontifex haud negligebat eorum causas, qui ad ipsum recurrebant, quibus vel ipse solus providebat; aut certe eas referebat ad synodum, si tanti essent, ut id operæ pretium esset. Et quidem durante concilio, nempe die 26 Aprilis ad petitionem Andreæ abbatis monasterium Casalis Benedicti, quod ille apud Bituriges juxta Vallumbrosanorum instituta sub regula sancti Benedicti construxerat, bona ac possessiones confirmavit, data bulla. Aliud privilegium die sequenti ad petitionem Amati Burdigalensis archiepiscopi, et Fulconis abbatis, qui forte cum eo antistite Romam ad concilium venerat, concessit monasterio Sanctæ Crucis Burdigalensis.

At negotia majoris momenti in concilio tractabantur. Ex iis fuit canonizatio sancti Nicolai Peregrini : tales enim causas juxta illius ævi disciplinam *plenariæ synodi communi assensu firmari debere* ipse Urbanus jam antea ad Benedictum Namnetensem, ut suo loco diximus, statuerat. Atque adeo Bisancius Tranensis archiepiscopus, qui Nicolai canonizationem prosequebatur, miracula ab eo patrata, præcipiente Urbano, *coram universo concilio recitavit;* quibus lectis pontifex ei facultatem concessit ut quidquid hac in re melius videretur, ad Dei gloriam institueret, datis ea de re litteris ad clerum, nobiles et plebem Tranensis civitatis, et quidem ad hunc annum, ad quem pertinere, etiam absque ullis chronicis notis, quivis facile ex dictis intelligit.

Compressum etiam hac in synodo fuit Tarvennensis Ecclesiæ schisma, confirmato in ejus urbis antistite Joanne, quem diœcesani abbates, rejectis aliis, delegerant, postquam Gerardus qui, uti diximus, in Nemausensi concilio a suis muniis suspensus fuerat, in monasterium Montis Sancti Eligii secessisset. Hujus rei præcipuus auctor fuit Lambertus abbas Sithiensis, sancti Anselmi amicus, qui ea de re, ut Malbrancus refert, orationem coram synodi Patribus habuit. Litteras de hoc negotio scripsit pontifex ad Manassem Remensem archiepiscopum, tum ad Tarvennenses, ac etiam ad ipsum Joannem, cui prohibet ne electioni suæ contraire audeat; sed hæ solum ultimæ supersunt, quas ex ejusdem Joannis Vita, olim præferentur. Loco autem earum quæ ad Manassem scriptæ erant, dabimus in Appendice ejusdem archiepiscopi epistolam ad ipsos Tarvennenses, qua eos ad Joannem juxta pontificis et concilii mandata suscipiendum adhortatur, quibus reipsa eos paruisse ex ipsorummet litteris ad Lambertum Atrebatensem, a Baluzio tomo V Miscellan. relatis patet. Ibi enim *se papæ litteras accepisse* aiunt *super confirmatione electionis domni Joannis archidiaconi Atrebatensis;* quibus se *corde et animo* obtemperaturos profitentur. Et quidem paulo post, videlicet II nonas Junii hujus anni, Joannes presbyter ordinatus est; tum mense sequenti XVI Kalendas Augusti, Remis a Manasse metropolitano consecratus episcopus, tandem Tarvennæ *summa cleri, procerum et populi exsultatione susceptus*, IX Kal. ejusdem mensis *cathedræ pontificali inthronizatus est*, ut refert Joannes ejus Vitæ auctor æqualis apud Rollandum die 27 Januarii, quo ejus memoria in aliquot Martyrologiis celebratur.

Porro Lambertus abbas, qui pro electione Joannis in synodo perorasse dicitur, Cluniacensium fama illectus, eos in suum Sancti Bertini monasterium, in quo disciplina regularis intepuerat, inducere jampridem meditabatur; opportuna hujus itineris Romani usus occasione, id impetravit ab Urbano, interveniente Clementia comitissa, cujus ad eumdem pontificem litteras ea de re deferebat. Et quidem absque ulla mora litteras ad Hugonem Cluniaci abbatem scripsit pontifex, eumque monuit ut Sancti Bertini Sithiense monasterium sub sua cura reciperet, quod Robertus Flandrensium comes an. 1106 ex peregrinatione Jerosolymitana reversus, Atrebati confirmavit, ut ex ejus charta patet, relata in Bibliotheca Cluniac., col. 538. Quin et ipse Lambertus, post pauca relicto monasterii sui regimine, Cluniacum secessit, ac nova professione sese regulæ strictius astrinxit, unde postmodum ad suam abbatiam remissus, ejus curam usque ad vitæ finem egit. Cæterum monachi Bertiniani, imo et ipse Lambertus haud diu Cluniacensis abbatis post beati Hugonis mortem jugum ferre valuerunt, uti fuse narrant Iperius in Chronico ejusdem loci, et Malbrancus lib. IX De Morinis. Exstant ea de re Honorii papæ II litteræ in gratiam Petri Cluniacensis, ad abbatem Sancti Bertini, qui ei obedire detrectabat, sed hæc fusius prosequi non vacat.

Eamdem fere fortunam, sed ob diversas causas, expertum est in hac synodo monasterium Sancti Germani prope Antissiodorum, cujus abbas in Nemausensi concilio exauctoratus fuerat. Cum enim perdiu, sed semper frustra, tentata fuisset ejus abbatis restitutio, locusque adeo insignis absque capite in pejus omnino abiret, visum est concilii Patribus post triennium, uti ex Gestis ejus loci abbatum colligitur, illius curam Hugoni abbati Cluniacensi ad Stephani comitis ejusque uxoris preces, committere. Exstant ea de re Urbani litteræ, quibus pontifex id exsecutioni mandari præcipit, ita tamen ut ille *locus proprio abbate non careat.* Quantum vero laborandum fuerit ut hæc abbatia a Cluniacensium jugo eximeretur, ex Guidone discendum est in Gestis abbatum Sancti Germani tomo I Bibliothecæ Labbeanæ.

Disceptatum est postea coram ejusdem synodi Patribus de cœmeterii jure in urbe Burdigala, cujus possessionem ecclesiæ Sancti Andreæ cathedralis canonici sibi deberi contendebant, contra nitentibus clericis Sancti Severini. Sed hi ultimi causa ceciderunt, ut ex Urbani rescripto discimus, quod post aliquot dies ea de re ad canonicos Sancti Andreæ dedit.

Huc quoque advenerunt monachi Molismenses, conquesturi adversus Robertum suum eorum abbatem, qui ipsis dimissis ad Cisterciensem eremum, nova ibi erecta abbatia, transmigraverat. Eorum petitioni annuerunt concilii Patres; et ipse pontifex *infatigabili Molismensium*, ut in Chronico Arelatensi legitur, *querela* actus legato suo in Galliis Hugoni scripsit, ut Roberto ad suos Molismenses reditum persuadere conaretur; aut si id fieri non posset, res ita componat, ut utriusque monasterii fratres in suo quique loco deinceps quieti permaneant. Dato ea de re decreto, quo cavetur ne deinceps monachi eorum monasteriorum e loco ad locum transmigrare pergant. Urbani epistola dabitur ex variis scriptis et editis; et postea ejusdem ea de re decretum ex Orderico Vitali. Cæterum Hugo, receptis Urbani litteris, rem cum aliis provinciæ episcopis et abbatibus in colloquio apud Portum-Ancillæ tractavit, atque ibi decretum est ut Robertus reddita episcopo Cabilonensi virga Cisteriensis abbatiæ, relaxatisque ab obedientiæ promissione sibi facta monachis Cisterciensibus, Molismum, cum iis qui eum sequi voluerint reverteretur; ita ut nulli deinceps, nisi juxta quod permittit sancti Benedicti regula, [transitus ad aliud monasterium licitus sit. Robertus itaque, Alberico in Cisterciensem abbatem sibi substituto, Molismum repetiit, ibique ad finem vitæ perseveravit. Hæc initia sunt ordinis Cisterciensis, quibus sicut et natalibus sancti Bernardi anno 1091 exorti illustratus est Urbani pontificatus. De his consulendi Manriquez in Annalibus Cisterciensibus, Ordericus Vitalis, anonymus auctor a Labbeo tomo I Bibliothecæ editus, qui etiam vetera instrumenta, sicut et alii passim Historiæ ecclesiasticæ scriptores passim exhibent.

Eodem anno et forte etiam in eadem synodo restitutus fuit in gradum suum Fulco Divensis Sanctæ Mariæ monasterii in Northmannia abbas, qui *instigante Satana*, ut jam ex Orderici libro X diximus, *injuste criminatus et depositus* fuerat ante annos septem, quos in monte Casino, monitu ut videtur Urbani, ad quem confugerat, transegit. Ejus destitutionis et restitutionis tempus ex eodem auctore colligimus, qui scribit Fulconem anno 1106 Guentæ, id est Wintoniæ, in Anglia obiisse iii Nonas Aprilis, suæ restitutionis anno septimo quæ facta fuerat post alios septem annos quos exsul Casini exegerat. Hunc vero tum in abbatiam suam rediisse *cum papæ apicibus* affirmat idem Ordericus ; at hæ litteræ perierunt.

CCCXXXVIII. *Anselmus Roma exit.*

Prima autem post solutum concilium die Anselmus, teste Eadmero, recepta a pontifice licentia abeundi, Roma exivit, ac superatis viarum, quas Henrici et Guiberti fautores occupabant, periculis, Lugdunum pervenit incolumis, ubi ab Hugone archiepiscopo summo cum honore exceptus est. Ad nostrum institutum non attinet fusius ejus Gesta persequi, quæ ex Eadmero aliisque Anglicanis auctoribus repetenda sunt.

CCCXXXIX. *Privilegium Psalmodiense.*

Hac eadem die, nempe Kalendis Maii, pontifex monasterii Psalmodiensis in Septimania, possessiones et privilegia confirmavit, dato diplomate, quod ex autographo, lacero quidem et pene consumpto, sed tamen indubiæ fidei dabitur. Hoc monasterium post varias fortunas ad Aquas mortuas (*Aiguesmortes*) translatum et sæculari toga donatum tandem ab aliquot annis Alesiensi (*Alais*) novo episcopatui, ex Nemausensi detracto, unitum est. Post duos dies pontifex rescriptum dedit pro canonicis Burdegalensibus, quod modo laudavimus. Et die sequenti, 10 Maii, privilegium insigne concessit monasterio Conquenti apud Ruthenos, quo ejus jura et possessiones confirmantur, resecato abusu qui in illis partibus invaluerat, sanctorum reliquias, etiam invitis monachis, ad placita publica deferendi. Paulo post, id est die 14 Maii, pontifex Ruthenensis matris ecclesiæ canonicis, qui regularem vitam amplexi fuerant, privilegia concessit, et varias possessiones ad vitam communem ducendam eis asseruit, dato diplomate. Eodem mense Maio, nulla assignata die, consignatur Urbani rescriptum ad Alfanum Salernitanum antistitem, quo revocatis a se per subreptionem, ut ibi dicitur, concessis monasterio Cavensi privilegiis, illud et alia ejusdem diœcesis monasteria archiepiscopo reddit et confirmat. Datum fertur Romæ anno 1098, indict. vii, mense Maio, quæ notæ sibi non cohærent. Et quidem anno 1098, mense Maio, jam ut quidem videtur, profectus in Apuliam erat Urbanus, quare potius visum est illud ad præsentem annum, cui indictio vii convenit, revocare. Mirum est autem, si rescriptum hoc sincerum sit, Urbanum in ea dixisse sibi subreptum usque tunc fuisse ea in re, et visis tunc primum Romæ privilegiis Ecclesiæ Salernitanæ, quæ hactenus sibi incomperta fuerant, emendasse sententiam, cum Salernum antea non semel adiisset post concessa Cavensi monasterio privilegia et jura anno præcedenti in hac ipsamet residens confirmasset, nulla hujus subreptionis facta mentione, quæ omnia rescriptum illud valde dubium faciunt, ne dicam falsum. Imo anno 1089 pontifex idem, visis ut vidimus *cartulis et pactionibus* ex utraque parte prolatis in concilio Melphitano, secundum Cavenses pronuntiaverat. Quin et nuper accepimus viri cujusdam in his partibus eruditi observationes in hoc privilegium, quod accurate expenderat factas, in quibus ait se illud quidem in archivo archiepiscopali Salerni inspexisse in pergameno scriptum integro et sano, sed charactere qui his temporibus non convenit, cum notis chronicis sed falsis, absque ullo signo, aut sigillo et subscriptione. Et quidem nunquam ab eo tempore suis privilegiis excidit Cavensis abbatia. Quæ etiam peculiari rescripto expresse confirmavit post multos variorum temporum pontifices Gregorius XIV. Illud tamen qualecunque sit Salernitanæ Ecclesiæ scriptum ex Ughello dabitur, de cujus sinceritate judicium aliis permittimus.

CCCXL. *Archidiaconatus Salmoriaciensis Hugoni Gratianopolitano asseritur.*

Initio Junii Urbanus, e Vaticano Lateranum reversus, Hugoni Lugdunensi suo in Galliis vicario rescripsit ii Nonas ejusdem mensis in gratiam Gratianopolitanæ Ecclesiæ adversus Guidonem Viennensem archiepiscopum, qui rursus Salmoriacensis archidiaconatus Ecclesias invaserat. In fine litterarum fatetur religiosissimus pontifex se hucusque in permittendis apud Gallias episcoporum translationibus nimis facilem fuisse; tum addit se deinceps juxta Nicænæ synodi statuta ab eo abusu abstenturum, atque hoc est ultimum rescriptum quod quidem cum notis chronicis supersit, ab Urbano datum: huic aliud subjungetur ipsi Hugoni Gratianopolitano inscriptum, quo eidem, et Magalonensi episcopo, cognitionem causæ quæ inter Vigilienses et Cluniacenses monachos vertebatur, committit: sed caret omni temporis nota. Exstant in Chartario Calmeliacensi aliæ Calixti litteræ eidem Hugoni et P. Diensi episcopis de eadem Vigiliensi Ecclesia, quas in uno cod. Urbano tributas invenimus, sed perperam, ut ex aliis duobus exemplis constat, et ejus *data, Privati Kal. Maii*, quæ Urbano convenire nequit. Gratianus 33, q. 2 et 3, laudat fragmentum alterius rescripti Urbani ad eumdem Hugonem de extraordinaria pollutione, quod suo loco inter ejus decreta proferetur.

CCCXLI. *Rescriptum pro Corbiniaco.*

Ad extrema quoque Urbani pontificatus tempora revocandum esse credimus ejus rescriptum in gratiam monachorum Sancti Remigii Remensis, quos Ingelramnus Laudini antistes vexabat occasione altaris Corbiniaci. Et quidem cum anno tantum 1098 Ingelramnus hanc sedem iniisse, Elinando, qui Manassis metropolitani ordinationi anno 1096 interfuerat, defuncto dicatur, haud minus quam unius circiter anni spatium exigitur, ut ille antistes monachis negotium facessierit, et ipsi ad Urbanum recurrerint atque impetrarint illud rescriptum.

CCCXLII. *Adalbertus abbas Schaffusæ.*

Inter hæc die 24 Junii, Nativitate sancti Joannis Baptistæ, Gebehardus Urbani in Germania legatus Adalbertum in Schaffusensis monasterii abbatem solemni ritu benedixit loco Gerhardi qui, annuente pontifice, ut ex Bertoldo diximus, monasterii curam dimiserat.

Si Theobaldus, ut vulgati catologi habent, hoc tantum anno monasterii Malleacensis regimen suscepit, huc quoque consignandum est Urbani decretum, quo jussit ut ille abbas Hugoni Cluniacensi, quem procul dubio offenderat, satisfaceret. Quid rei ageretur haud notum est. At Urbani sententiam ex Paschalis II ejus successoris epistola ms. ad Petrum Pictaviensem dicimus, in qua post nonnulla de monasterio Sancti Cypriani præmissa hæc subdit: *De Malleacensi quoque abbate præcipimus ut juxta domini Urbani præceptum abbati Cluniacensi satisfaciat: alioquin vide ne tu pro eis sedis apostolicæ indignationem experiaris, et ipsi condignam sententiam non effugiant.* Forte ille abbas, sicut et Cyprianensis, Cluniaco subjici recusabat.

CCCXLIII. *Magalonensis Ecclesiæ jura vindicata.*

Circa eadem tempora Raymundus comes Melgoriensis a Gotofredo episcopo Magalonensi, quod ejus Ecclesiæ jura invasisset excommunicatus, Romam perrexit; Gotofredum, qui paulo ante illum, procul dubio ut concilio interesset, profectus fuerat, secutus. Cum vero ambo coram pontifice causam suam egissent, comes paterni testamenti violati reus convictus est ab episcopo; quare ea quæ invaserat *in præsentia cardinalium et aliorum virorum illustrium guerpivit in manu domini papæ*; a quo post factum ipsi hominium, comitatum recepit, ea conditione ut Romano pontifici singulis annis auri unciam persolveret. Hæc autem omnia in patriam reversus die Nativitatis Sanctæ Mariæ in publico placito comes confirmavit, et statim ad sanctum Jacobum profectus est. Instrumentum ea de re hoc anno 1099 confectum referunt Arnaldus de Verdala tomo I Bibliothecæ novæ Labbeanæ, in Historia episcop. Magalonensium Gariel, et ex parte Sammarthani tomo II Galliæ Christianæ.

CCCXLIV. *Cœmeterium S. Vincentio Cenomannis assertum.*

Exorta est circa idem tempus gravis contentio apud Cenomannos inter canonicos ecclesiæ cathedralis et Sancti Vincentii monachos occasione unius canonici defuncti, cujus corpus quidam e canonicorum grege factiosi in terra profana sepelierant; cum tamen jus esset monachorum Sancti Vincentii, prisca consuetudine simul et lege firmatum, ut episcopi et canonici in eorum cœmeterio sepelirentur. Post multas rixas, cum hæc controversia episcopi auctoritate componi non potuisset, rem monachi ad Urbanum detulere, ad quem episcopus in eorum gratiam epistolam scripsit. Hanc in Appendice a Chartario Vincentiano exhibere visum est, tum quod in ea tota rei series exponatur, tum etiam ob ejus auctoris famam. Hunc enim esse Hildebertum multis aliis scriptis celebrem, et temporum circumstantiæ, et styli, si mea me non fallit conjectura, conformitas, vix dubitandi locum relinquunt. An vero aliquid ea de re statuerit Urbanus, incertum, et forte morte interceptus id non potuit, at in ejusdem monasterii Chartario habetur *concordia* inter canonicos et ejus loci monachos tempore Hildeberti episcopi et Ranulfi abbatis inita, qua conventum fuit, ut canonici sepelirentur quidem in cœmeterio Vincentiano, sed in loco honestiori, atque a laicorum sepulturis sejuncto, quam conventionem hujus occasione discidii factam fuisse haud dubitamus.

CCCXLV. *Urbani obitus Romæ.*

Huc denique revocari potest Urbani epistola ad Albertum episcopum Metensem, a Gratiano 1, q. 5, c. 3, relata, de quodam qui oblata pecunia sacerdotium fuerat adeptus. Hic nempe Albertus, is ipse est Adalbero seu Albero, qui post Hermanni obitum ab Henrico imp. in sedem Metensem contra Popponem fuerat intrusus. (*Vide* Chronicon Sithiense, p. 600.) Certe ex Vita Sancti Theogeri, quam sæc. XII in Actis SS. ord. sancti Benedicti dabimus, sicut et hac Urbani epistola, colligi potest hunc Albertum seu Alberonem aliquando pro episcopo habitum fuisse. De hoc fuse agit prædictæ Vitæ auctor ejusque depositionem in concilio Remensi anno 1115 præsidente Conone legato decretam narrat, cui ipse Theogerus substitutus est. Cæterum post hanc epistolam aliæ nonnullæ, et aliquot Urbani decreta subjungentur, quæ cum nullam aut certe indeterminatam notam præferant, alicui certo anno consignare fas non fuit.

Urbanus post infinitos labores pro Ecclesia superatos, rebus jam omnino sedatis, recuperatisque quas in Urbe ipsa schismatici tandiu occupaverant munitionibus, ac Romanis omnibus sibi conciliatis, ipsaque universali Ecclesia in tranquilliorem, ultra quam longe antea fuisset et sperari posset, statum revocata, tandem meritorum multo magis quam dierum plenus, morte ejus, ut nonnulli auctores observarunt, eclipsi aliisque visis cœlestibus prænuntiata, ad superos evolavit eo ipso tempore, quo in Oriente sacra Jerosolymorum civitas a Christianorum exercitu, quam ad hanc expeditionem pius pontifex summopere incitaverat, capta est. *Romæ* in morbum incidit, ut testatur Ordericus Vitalis libro x, initio, ubi *mercedem a Deo percepturus pro bonis studiis, quibus apprime floruit, ex hac vita migravit* IV *Kalendas Augusti.* Certe eum Romæ hac die obiisse anno 1099 constat ex Paschalis ejus successoris epistola ea de re scripta ad Hugonem abbatem Cluniacensem, quam in Appendice nostra referemus. Pontificatum tenuit annos xi, menses iv, dies xviii. Bertoldus numero rotundo *menses quinque scripsit,* atque de his nulla est apud veteres aut recentiores dissensio, etsi nonnulli ob varias computandi rationes ejus mortis annum aliter expresserint. Hunc tamen die III Kalendas Augusti forte errore librarii, vitam finiisse legitur in Chronico Kemperlegiensi tomo I Baluzii Miscellaneorum. Cæteri passim auctores Chronicorum diem IV assignant, quibus monasteriorum et aliarum ecclesiarum Necrologia consentiunt, excepto Molismensi, in quo die III memoratur, ejus *loci congregationis* dictus. Celebris vero deinceps fuit in plerisque locis ejus memoria, ob recepta ab eo beneficia, veluti in Cluniacensi, in Casæ Deensi apud Cornelionem, in Flavianensi Sancti Ægidii, in Lemovicensi Sancti Martialis, in Pictavensi Monasterii Novi, in Nantuacensi, in Divionensi Sancti Benigni, et in aliis aliarum Ecclesiarum Necrologiis quas ipse sacraverat, aut privilegiis munierat.

Corpus ejus ex ædibus Petri Leonis apud sanctum Nicolaum in carcere Tulliano, ubi supremum diem obierat, per regionem Transtiberinam delatum est in basilicam Vaticanam, in qua honorifice sepultum est. In Gestis Lamberti Atrebatensis episcopi, *dignæ memoriæ religiosus papa Urbanus* dicitur anno 1099, IV *Kalendas Augusti, indictione* VII *ingressus viam universæ carnis et sepultus in ecclesia beati Petri apostoli juxta sanctum Leonem papam et Ephesini concilii auctorem*. Manlius et alii qui de Vaticana basilica scripsere, memorant Urbani *sepulturam satis pulchro schemate constructam fuisse*, quæ hodieque prope oratorium Adriani primi visitur, a fidelibus frequentata ob memoriam, uti refert Baronius, tanti pontificis, adeo de universa sancta Ecclesia bene meriti. Exsequias ejus celebres fuisse testatus est ipse ejus amicus, qui eas curavit, *præcipuus sanctæ Romanæ Ecclesiæ filius*, uti eum appellat Gofridus Vindocini abbas lib. v, ep. 9 Petrus Leo in ejus epitaphio, quod in Appendice ex Orderico Vitali referemus cum aliis carminibus et elogiis, quæ cum ejus Vita ex Pandulfo, Domnizonis versibus et aliis analectis huc potius rejicere visum, quam hic exhibere, ne nimium interrumpatur narrationis series. Ejus exsequias *totius urbis Romanæ luctu et tristitia* celebratas fuisse asserit Paschalis ejus successor in epistola jam laudata, ob scilicet amissum tantum pontificem *doctrina et vita tam clarum*.

Hunc in florenti adhuc ætate ex hac luce fuisse ereptum legitur in altero ejus epitaphio, quod Philippo Bonæ Spei abbati tributum item ex Orderico ad calcem dabimus. Et quidem gravissimi labores, quos toto sui pontificatus tempore pertulit, variaque itinera in extremis vitæ suæ annis confecta satis indicant eum tunc temporis senio fractum non fuisse. Ejusdem corporis et animæ dotes paucis exponit, ut jam diximus, Ordericus Vitalis libro VIII ubi scribit : Eum *corpore magnum* fuisse, *modestia discretum, religione maximum, sapientia et eloquentia præcipuum, quem apostolicam sedem strenue viriliterque rexisse* ait initio libri x *et mercedem a Deo percepturum pro bonis studiis, quibus apprime floruesat, ex hoc mundo migrasse. Cujus*, inquit, *opera quam laudabilia fuerunt, nitore famaque magnitudinis suæ per orbem late divulgata sunt, inimicorum etiam lamenta eo defuncto contestata sunt*. Et paulo inferius dicit : *Urbano papa in domo Domini lucente, ut tenebras de cordibus mortalium prædicationibus et exemplis dignitate effugante*, Guiberti conatus fuisse irritos. Ipsum denique *sanctæ tripudiantem obiisse* asseverat, tanta erat ejus in Dei misericordiam fiducia! Eumdem morti proximum *instinctu divino*, cardinalem Reimerum abbatem Romanum sibi successorem designasse refert Albertus Stadensis, quod alii etiam scriptores observarunt. At Fulcherius Carnotensis Balduini regis Jerosolymitani capellanus in libro De expeditione Jerosolymitana, ait *Urbanum virum egregium vita et moribus fuisse, qui semper Ecclesiæ sanctæ statum sublimius promovendum super omnia consulte ac strenue moderari sategit*. Postea eum cum Guiberto comparans, ait : « *Urbanum virum prudentem et venerandum pacem renovasse Ecclesiæque jura modos in pristinos restituisse, et per regiones incedentem, populos in aliquantis devios Deo conciliasse*; » *et quoniam*, inquit, *cuncta quæ Dei sunt exaltare omnino studebat, omnes fere paternitati suæ sub ejus obedientia libenter sese dediderunt*. Tum addit : « *Eumdem recte electum et ab episcopis cardinalibus consecratum, a majori et sanctiori populi parte acceptatum fuisse*; licet ejus opera adversarii ipsius velut irrita et nulla vilipenderent. » Denique ait : *Urbanus prosperior et justior erat, imo et fortior, utpote qui cupiditates tanquam hostes subjecit*. Ex alia vero parte « Guibertum repræsentat *superbiæ stimulo irritatum*, qui populum ad confusionem auxilio imperatoris suffultus concitabat, quem licet suam inter sibi consentientes potestatem exerceret, et potentia ac divitiis afflueret, » *nunquam tamen populus melior sequi voluit*. Consentit antiquus auctor *Gestorum Francorum expugnantium Jerusalem*, qui eumdem pontificem fuisse ait *virum egregium, vita et moribus omnique prudentia scientiaque edoctum*, etc. Eum adhuc viventem *virum scientia et religione præstantissimum* appellavit Deusdedit tunc cardinalis presbyter Sancti Petri ad Vincula tituli Eudoxiæ, qui alteram canonum collectionem sub ejus pontificatu edidit. Adelferius vero auctor etiam æqualis in Actis Sancti Nicolai Peregrini parte II, cap. 1 apud Bollandianos die II Junii, sic habet : « Cum Romanæ sedis secundus, forte sanctus, gloriosissimus Urbanus, opere et doctrina præpotens, et eloquentiæ fonte redundans apostolorum et apostolicorum vestigia prosequens, ac pastorali cura intentus ecclesiarum feliciter gubernaret regimina, » etc. Paucioribus verbis omnia concludit elogia Gerohus in Syntagmate cap. 16 apud Tegnagellum : « *Urbanus sicut in dignitate, ita quoque virtute Gregorii VII, imo et ipsius Petri legitimum se successorem exhibuit*. » Et Berardus Chronici Casaurensis scriptor, eum sicuti alii auctores passim *sanctum* et *sanctæ* seu *beatæ recordationis virum* appellat, in quo Ecclesia habuit *bonum pastorem Christianitatis amatorem et fidei defensorem.* Unde suæ ætati gratulatur Joannes de Colle Medio auctor Vitæ beati Joannis Tervanensis, quod sub Urbani, quem paulo antea *fortissimum Simoniacæ pestis impugnatorem* appellaverat, pontificatu ecclesia potissimum Gallicana religione et scientia præstantes episcopos habuerit. « O tempora, inquit, felicia, quibus superne indulta probantur beneficia! Ecce Urbano præsidente, Urbano pastoralibus supra gregem Dominicum excubiis invigilante, et per singula ovilis sui late sollicitorum custodias excubitorum prudenter ordinante, ab ovibus, quas tibi, Christe, redemisti, rapacium morsus luporum prohibet efficaciter. » Hunc ipsum privilegii ecclesiastici ardentissimum defensorem felici obitu excessisse scribit Laurentius de Leodio in Historia episcoporum Virdunensium, ejus mortem in conspectu Domini pretiosam fuisse testatur Paschalis ejus successor in sæpe laudata epistola h's verbis : *Urbani, inquit, doctrina et vita, quam sancta, quam grata Deo exstiterit, exitus profecto melior approbat.* Unde Deo ea de re gratias agendas esse concludit. Denique Aymericus de Peraç abbas Moisiacensis post enarratas in Chronico multas ejusdem pontificis actiones, plura paucis verbis concludenda esse dicit « eum felicem prædicando ob impensam ejus in res sacras et loca Deo dicata curam, ob schismatis exstirpationem, regum potentissimorum correctionem; ac multo ob suas virtutes et merita feliciorem quæ ei cœlestis gloriæ fruitionem Dei misericordia acquisierunt; quare amplissimo studio esse lætandum, quod ejus *sanctissimi viri* precibus sublato pestifero schismate, ulceris inveterati fomentum, et sub obtentu unius valentissimi domini veram pacis et redintegrationis unionem ecclesia acceperit. » Cætera ejus elogia, quæ passim apud auctores occurrunt, recensere nil juvat, cum hæc quæ protulimus ad asserendam ejus sanctitatis famam abunde sufficiant.

Eumdem vero post obitum claruisse miraculis testis est Guibertus Novigenti abbas, vir minime credulus, et a religione muliebri multum alienus. Sic autem de eo scribit initio libri II Historiæ Jerosolymitanæ. « Attestatur statui mentis finis ejus splendens miraculis. Defuncto enim ac sepulto eo, sicut succedens ei Ostiensis episcopus, cum plurima signa jam fierent, astitit quidam sepulcro illius juvenis, et membrorum damnum sibi imprecatus est, si per Urbani merita, qui Odo diceretur signum unquam factum fuerit, ac fieret. Necdum pedem e loco extulerat, cum officio sermonis amisso, et altero laterum paralysi intercurrente correpto, postridie Urbani virtutum testimonia mortuus ipse perhibuit. » Idem miraculum auctor veteris Chronici apud Chesnium in probationibus Historiæ domus Castellionensis cap. 8 narrat. Hinc non mirum si ejus sepulcrum a fidelibus frequentatum olim fuisse dicatur. Certe eum *sanctæ* aut *beatæ memoriæ virum* et *pontificem* non solum veteres ac recentiores scriptores, sed etiam pontifices Romani in suis epistolis ac decretis passim appellant, a *cujus semita nunquam recessurum* Paschalis ejus successor variis in occasionibus protestatus est, ac potissimum in ea fidei professione, quam in concilio Lateranensi anno 1112 emisit, quam universi Patres suis acclamationibus approbaverunt. Eodem *sancti viri* titulo donatur a Goffrido Vindocinensi, ab auctore Vitæ sancti Petri Cavensis abbatis et ab aliis passim. *Sanctæ memoriæ papam Urbanum pandentem plane et vere apostolicum virum* appellat Petrus Diaconus libro IV Chronici Casinensis. Plura habet Domnizo in suis versibus quos habes ad calcem. *Sanctum Urbanum* absolute appellant Berardus jam laudatus in Chronico Casaurensi et vetustissimus auctor Historiæ Jerosolymitanæ tomo I Musei Italici Mabilloniani editus. Denique Pandulfus in ejus Vita scribit eumdem, *confessorem et bonum Christi athletam Deo animam reddidisse;* quem in vita Paschalis ejus successoris, *solemnis memoriæ dominum Urbanum papam magnanimum* dicit.

Non itaque mirum videri debet, si Urbani nomen in plerisque Martyrologiis aut sanctorum catalogis die 29 Julii, quo excessit e vita inscriptum reperiatur; quamvis ejus festivitatem nunquam in Ecclesia celebratam fuisse fatendum sit. His verbis ejus memoria in Martyrologio Benedictino Arnoldi Wionis et Hugonis Menardi habetur : *Romæ depositio beati Urbani papæ secundi, quondam monachi Cluniacensis Cruciatæ ad recuperationem terræ sanctæ auctoris libertatisque ecclesiasticæ defensoris acerrimi; qui post multas ab Henrico imperatore IV acceptas injurias, post exsilium et graves ærumnas, aliaque id genus tandem sanctitate clarus confessor occubuit.* Idem sanctitate clari elogium ei tribuitur in Dorganii Kalendario, ubi præterea Officii beatæ Mariæ institutor, et pulsus campanæ mane et vespere ad Salutationem angelicam *inventor* fuisse dicitur. Memoratur etiam cum *beati* titulo apud Philippum Ferrarium in catalogo sanctorum, qui non habentur in Martyrologio Romano. Plura habent Bucelinus in Menologio Benedictino, Saussayus in Martyrologio Gallicano, Arnoldus Wion in Ligno vitæ. His addendi Vincentius Bellovacensis, sanctus Antoninus, Trithemius, Platina, Michael Buchingerus Colmariensis, Onufrius-Panvinius, Ciaconius et alii, qui de viris sanctis aut de pontificibus Romanis aliquid scripserunt, sed quos singillatim recensere nec vacat, nec est operæ pretium. Uno verbo, nullus ferme occurrit auctor Chronicorum, aut Historiæ ecclesiasticæ, vetus aut recens, qui data opera, aut certe pro occasione, nostrum Urbanum laudibus prosecutus non fuerit. Eos saltem præcipuos, laudavimus suis locis cum sese opportuna obtulit id faciendi occasio.

Locum etiam inter scriptores ecclesiasticos meruit Urbanus, cui non solum varias epistolas, sed alia quoque opuscula nonnulli tribuerunt, ut videre est apud Platinam, Wionem et similes auctores. Carolus a sancto Jacobo in bibliotheca pontificia refert illum scripsisse contra hæreticorum dogmata, et de injuriis sibi ab Henrico imperatore illatis cum Gregorii VII legatione fungeretur, præter orationes nonnullas et varias epistolas. Ejus orationes quas in concilio Claromontano pronuntiasse dicitur cum paucis aliis, habemus; necnon epistolas satis magno numero; at cætera opuscula nescimus.

Hæc forte ex Platina ille auctor hauserat, qui ait : *Urbanum sanctissimum pontificem non opere solum et exemplo, verum etiam scriptis, contra hæreticorum dogmata Ecclesiam confirmasse.* Similia ferme habent Bergomensis libro XII et Trithemius in Chronico Hirsaugiensi ad annum 1087 ubi de Urbano ita scribit : *Vir fuit doctrina et sanctitate præcipuus, qui verbo et opere simul ac scriptis contra insultus hæreticorum fortiter defensavit Ecclesiam, multaque scripsit atque statuit ad utilitatem communem,* quæ sane Urbano optime conveniunt, et si plura non scripserit, quam quæ nobis supersunt. Verum ut ut sit de ejus scriptis, certo constat eum fuisse virum doctum et eruditum. *Rhetorem* absolute eum Domnizo passim appellat. *Litteratissimum et facundum* Pandulfus in Gelasii II Vita ; et *doctorem*, quo moriente *diserta lingua orbis ruit* Baldericus in ejus epitaphio in Appendice relato. Idem Pandulfus in ipsius Vita, quam etiam ibi invenies, eum ait *virum fuisse strenuum, divinis Scripturis eruditum atque ecclesiasticis traditionibus imbutum, et in earum observatione constantissimum perseveratorem.* Infinitus sim, si ea omnia quæ passim apud auctores de ejus doctrina et eloquentia habentur huc congerere velim, quas potissimum in eo laudaverunt ejus ætatis auctores, qui de sacris expeditionibus scripsere : unum pro omnibus audire sufficiat Guibertum Novigenti abbatem, qui de his ita loquitur : « Ejus scientiæ litterali, eloquentiæ cooperabatur agilitas. Non enim ei minor videbatur in Latinæ prosecutione locutionis libertas, quam forensi cuilibet potest esse in materno sermone pernicitas. Nec altercantium multitudo obtendebat, concinnantis ingenium ; sed, licet prædicabilium grammaticorum elegantiis ambiretur, et oratorum superexundare copias, de sermonum quorumcunque facetias superequitare litterali luculentia putabatur. » Ejusdem epistolas *succo plenas* laudat Bergomensis, quas tanti fecit Baronius, ut eas *tot fuisse gemmas quot apices* non dubitaverit asseverare : quarum magnæ partis jacturam ideo deplorat, referendo in specimen aliquot fragmenta illius, quæ ad Lucium præpositum sancti Juventii inscripta est ; in quibus revera pontifex reconditam magnam eruditionem exhibet in proferendis sacræ Scripturæ et sanctorum Patrum testimoniis ad stabiliendam de valore baptismi et aliorum sacramentorum Ecclesiæ catholicæ traditionem. Verum hæc epistola omnino integra cum aliis permultis antea ignotis in pontif. epist. collectione proferetur.

Locus hic esset de viris illustribus agendi, qui sub Urbani pontificatu claruerunt, aut de cardinalibus quos ad hanc dignitatem promovit. Ast cum de primis, cum sese obtulit occasio, si quando aliquid ad Ecclesiæ utilitatem contulerunt, suis locis egimus, et cardinales memoravimus, quos ex probabilibus saltem argumentis ab Urbano creatos fuisse deprehendimus, non opus est hic de utrisque fusius agendi. Cardinales omnino triginta et septem, præter ignotos, ab Urbano promotos recensent Ciaconius, Onuphrius, et ex iis alii. Sed quorum plerumque nomina nuda referuntur. Ex iis septem episcopi, quorum quinque Paschalis electioni interfuerunt : Odo scilicet Ostiensis, Urbani in ea sede successor, qui Paschalem consecravit. Gualterius Albanensis, beati Petri Igniti successor, Milo ex Albiniano monacho episcopus Prænestinus, Mauricius qui Joanni Portuensi in Gallia defuncto successit, et Crescentius Sabinensis, cujus decessor Ubaldus etiam ab Urbano promotus fuerat post Gregorii mortem. Septimus ex illis episcopis fuit Joannes Tusculi episcopus, de quo multa diximus supra. Presbyteri 16 fuere Oderisius Casini abbas ex diacono presbyter ab Urbano ordinatus, Robertus tituli Sancti Clementis, Albertus postea archiepiscopus Sipontinus ; Raynerius qui Urbano sub Paschalis nomine successit, tituli Sancti Clementis ; Rangerius ex monacho Majoris Monasterii archiepiscopus Rhegiensis ab eodem pontifice ordinatus ; Albericus tituli Eudoxiæ Sancti Petri ad Vincula, proindeque Deusdedit celebri canonum collectori suffectus ; Petrus tituli Equitii, seu Sanctorum Petri et Martini in Montibus ; amicus abbas Witurnensis tituli Sanctæ Crucis in Jerusalem ; Paulus tituli Sancti Xisti ; Bonifacius tituli Sancti Marci ; Joannes tituli Sanctæ Anastasiæ, Robertus Parisiensis Gallus, tituli Sancti Eusebii ; Risus tituli Sanctorum Laurentii et Damasi, qui archiepiscopus Barensis fuit ; Bernardus Ubertinus ex Camaldulensi ordine, tituli Sancti Chrysogoni, tum episcopus Parmensis ; Theodericus Germanus tituli Sanctorum Joannis et Pauli, postmodum multis legationibus in Germania celebris ; Laudulfus tituli Lucinæ Sancti Laurentii. His addendus Goffridus Vindocini abbas, atque eo nomine cardinalis Sanctæ Priscæ, quem ipse Urbanus presbyterum ordinavit. Diaconi recensentur 13 ; ii sunt : Bernardus, Gregorius abbas Sublacensis, tituli Sanctæ Luciæ ad septem Solia, Damianus, Joannes, Azo, Leo Marsicanus, monachus Casinensis, qui Urbani nomine complures epistolas scripsisse dicitur ; de eo egimus § 51 ; Jonatas tituli Sanctorum Cosmæ et Damiani ; Theodinus Casinensis monachus, tituli Sanctæ Mariæ in Porticu ; Theobaldus tituli Sanctæ Mariæ Novæ ; comes tituli Sanctæ Mariæ in Aquirio ; Gregorius tituli Sancti Angeli, qui postea sub nomine Innocentii II pontifex evasit ; Joannes tituli Sancti Adriani, ac denique Joannes Cajetanus Sanctæ Mariæ in Cosmedin, Urbani cancellarius, et tandem pontifex Gelasius

secundus dictus. Hos illi auctores recensent, alii in A sed qui forte a præcedentibus pontificibus promoti
his quæ diximus, cardinales memorati occurrunt, erant.

APPENDIX AD VITAM URBANI II PAPÆ.

(Diplomata Urbani quæ Appendix ista complectebatur, locum obtinent opportuniorem inter epistolas beati
pontificis.)

HISTORIA TRANSLATIONIS
RELIQUIARUM S. MAXIMI APUD NANTUACUM.

Ex ms. codice Nantuacensi.

Multis rutilantibus signis quibus constare poterat B raret, quæ necessaria tali negotio putaret, quatenus qua hora conventus assisteret, nulla mora interveniret quæ translationis agendæ opus impediret. Sed et fratribus injunxit ut canerent et psalmodiæ vacarent, nullusque accederet nisi qui jussus foret. Porro domno Odoni episcopalis ordinis jure cedens, imposuit curam principalem manum mittendi et prima ossa reverentia debita contingendi et extrahendi, totiusque operis ineundi ac finiendi usque quo reponeretur in alio suo locello venerabile corpus; non tamen se exc'piens quin juravet manusque suas post episcopales adhib ret.
Maximum esse honestius atque sublimius collocandum, contigit adesse venerandum Patrem Cluniacensis monasterii simulque rectorem Nantuacensis, Hugonem, de quo superius prælibavi, quod revelationem suam Maximus ad ejus tempora protelandam differendamque censuerit. Hic ergo, tam mirifica gesta comperiens, et ea quæ de Maximo Regiensi audierat virtutum magnalia eis conferens, insuper et in corpore ejus fuisse Viennensibus impertitum ipsum quod erat de Nantuacensibus per quemdam clericorum qui illud perdiderant dicens [al., differens], in capitulum venit die Dominica, ix Kalendas Septembris, ibique cum fratribus tractavit de instanti negotio, qualiter videlicet fieri posset tam sancti viri humi jacentis exaltatio ; ut qui in cœlo erat sublimis non permaneret in terra humationis suæ despectus. Viri autem qui consultationi erant, Hostiensis tunc Otto episcopus, qui nunc est sanctus papa Urbanus, vir magnæ in litteris prudentiæ et in divinis causis auctoritatis et gratiæ, laudavit ipse, et qui aderant cæteri hinc sublimari et in loco edito cunctis mirandum spectandumque præberi, qui talibus indiciis meruisset inveniri, inventusque tot insigniri miraculis.
Igitur soluto sic isto capitulo fecerunt cuncti solemnem processionem, nec in basilicæ gremium de multitudine maxima, quæ ad hoc confluxerat, quemquam admiserunt, sed semper ipsi circumstantes psallere cœperunt, atque neque appropinquare volentibus [al., atque appropinquare debentibus] locum dederunt. Tunc vero Ostiensis præsul, dealbatus fo- C ris et intus præparatus atque accinctus fide, non minus quam perhibebat vestis candore, accedit et exorcismum pro scuto assumit, atque auctoritate episcopali interdicit ne, si partis erat sinistræ, auderet apparere, sive extrahendum præbere se; si autem meriti illius cujus putabatur se esse, recognoscebat, cujus caro hæc fuerat apparendi licentiam haberet extrahendique præberet. Quid plura? Quod [al., quo et quis] domni abbatis cor tetigerat, ipse etiam tangens episcopi mentem sic afflavit, ut ipse perhiberet quod pro certo in illo loco divinum aliquid jaceret, unde talis benedictio spiritualis erumperet, quæ accedentium corda sic vivificaret ac si ipse auctor suavitatis præsens esset.
Sed Pater egregius, in omnibus sibi agendis morosus atque discretus, rem differendam judicavit, quousque consuleret diligenti examinatione, per jejuniorum et precum vota, supernæ voluntatis arbitrium. Præcepit itaque hanc discussionem fore in crastinum, ut eo die jejunando et I tanias cum processione agendo fieret unde hominibus innotesceret quid Deo exinde placeret. Ipse vero, cum conventu interim capitulum subit clanculum se ab aliis segregans, locum sepulcri adivit, seque in orationem dedit tanto liberius quanto secretius, tantamque ibi devotionis flammam concepit et compunctionis gratiam sensit ut nullatenus ambigendum putaret quod ille apud Dominum vere maximus esset, qui ibi jacens tantum secum divinæ virtutis haberet, ut prunas efficeret quos carbones tetigisset, ac, mortuus vivis inter mortuos vivens, in Deo [adeo] ardorem spiritus caloremque pietatis infunderet. Inde igitur se referens explorator occultus ad suos rediit, jussitque præparari qui suscipiendus foret aut reponendis, cum transferretur venerandi illius corpusculi thesaurus. Transactoque sequenti die et post jejunium celebratum luce tertia succedente, in capitulum rursus veniens Pater venerandus ex consensu omnium definivit ut fieret quod distulerat, ut consultius fieri posset. Præcepit cuidam fratri, Ricardo nomine, qui locum noverat, ubi illud cum Guillermo jam dicto reposuerat, quando ad ecclesiam revectum fuerat, ut diligenter fossam aperiens cuncta præpa-
Intelligens ergo ipse quid significaret qui per signa loquebatur, domnus, appropinquavit humiliter manumque immittens reverenter extrahendum ossium principium dedit, ac deinde patri suo locum præbuit ut secundus extracier fieret qui primus esse D noluisset. Ita paulatim fratribus sibi succedentibus, et illis quibus accedere, idque facere licebat, factum est diligentia qua decuit ut pretiosa corporis illius margarita, de imo in quo jacuerat loculo, levaretur, et in excelso loco ponenda vasculo fabrefacto atque ejus modulo cooptato reciperetur, sic cum laudibus divinis levaretur ubi decentius postmodum coleretur. Quibus sine tumultu populari in pace completis, præmissa turba irruens, quid tripudiaverit, quid jubilaverit, quid laudum, quid gratiarum reddiderit, quid votorum fecerit cum sufficere perpendere ex virtutum factarum circumquaque audita opinione, superfluum videtur verbis inculcare aut litteris commendare. Vix namque silentium impetrari potuit ut omnis ipse loqueretur et sermocinando audiretur, vel de Gregorio VII papa, cujus causa tunc

generaliter per totum fere orbem ventilabatur, vel de Maximo hoc tot signis comperto, cujus translationis recens negotium tractabatur, et festivitas primitiva celebrabatur, et celebranda in posterum jubebatur atque inventum esse non dubitaretur, qui sentiri in beneficio non solebat, nec videri in se ipso poterat. Dato tamen silentio post multa talia quæ prælibavi manifestanda, hoc quoque institutum noscitur indictumque fuisse ut in reliquum eo die celebritas hujus translationis a populo frequentaretur quo circa ejusdem mensis Augusti finem tertio, videlicet Kalendas Septembris, nundinæ solent apud Nantoacum ex antiquo tempore confluere, licet fratribus non hæc licentia daretur ut ab eis ageretur, nisi vii Kalendas Septembris, quando est dies translationis, sicut tunc fuit, anno scilicet eodem quo ecclesia infirmorum dedicata est ab eodem tunc præsule venerabili Odone in monasterio Cluniacensi.

Hic igitur Maximus primo cœpit quasi lucifer oriri, deinde instar solis radios extendere quousque meridianum fulgorem posset translatus per tam laudabilium personarum manus expandere. Sequuntur in codice ms. aliquot miracula quæ post eam translationem contigerunt. Sed ea mittimus quod ad Odonem nihil attineant.

EX HISTORIA ECCLESIÆ SANCTI JACOBI DE COMPOSTELLA,

Auctoritate Didaci, secundi Compostellanæ sedis episcopi et primi archiepiscopi, auctore Giraldo ejusdem antistitis familiari.

Porro in eadem cathedra (Sancti Jacobi) Didacus Pelais a domino rege Sancio sublimatus est. In hoc tempore apud Hispanos lex Toletana obliterata est, et lex Romana recepta; et prædictus quidem Didacus multo tempore nobilitate ac generositate in hac præsenti vita floruit, sed adeo curis exterioribus implicitus exstitit quod ecclesiastici habitus normæ internam intentionem, ut debuit, non servavit. Unde a domino rege Adefonso suis exigentibus meritis captus spatio quindecim annorum permansit in vinculis.

PROMOTIO

Petri Cardinensis monasterii monachi in Compostellanum episcopum.

Inter hæc si quidem dominus rex Adefonsus, vir catholicus, intima consideratione comperiens quod beatissimi apostoli Ecclesia, in periculo viduitatis posita, nisi in pastorali muniret providentia, sine damno ullomodo constare posset, alium in pontificalem ecclesiæ beati Jacobi sublimare cathedram satagebat. Celebrante itaque Richardo sanctæ Romanæ Ecclesiæ cardinali atque legato apud Sanctam Mariam de Fusellos concilium, idem rex Adefonsus adfuit et prædictum episcopum quem diutius vinclis mancipari fecerat, quasi solutum, sed tamen sub custodia ad concilium venire jussit, videlicet ut eum a pontificali dignitate dejiceret. Tunc prædictus episcopus metu regis et spe liberationis præjudicium Romani cardinalis passus est, et coram omni concilio se indignum episcopatu proclamans annulum et virgam pastoralem cardinali reddidit. Cardinalis autem alium, videlicet Petrum nomine, Cardiniensem abbatem in pontificalem ecclesiæ Beati Jacobi cathedram inthronizandi licentiam concessit. Post hæc idem episcopus, quanquam præjudicio gravatus captioni tamen regis iterum mancipatus est; ea propter his demum Romæ ventilatis prædictus Richardus sanctæ Romanæ Ecclesiæ cardinalis atque legatus confusionis atque ignominiæ jaculo confossus est. Hunc enim papa Urbanus atque sancta Romana Ecclesia admodum objurgavit atque confudit utpote qui pridem Compostellanum episcopum captioni mancipatum præjudicio gravaverat et injuste deposuerat, proinde ipse quoque legatione qua talia præsumpserat gravatus est.

Rex autem Adefonsus, communi consilio sapientum virorum Hesperiæ, quemdam abbatem Cardinensis monasterii, nomine Petrum, huic apostolicæ prætulit Ecclesiæ, qui pro commissi gregis regimine biennio in episcopatu permanens quia sine consensu matris nostræ sanctæ Romanæ Ecclesiæ ad tanti honoris arcem provectus fuit, in quodam concilio Legione a domino cardinali Regnerio celebrato (1091), qui postea in urbe Roma factus papa sortitus est nomen Paschalis, juste et canonice depositus est.

Præceptis domini Didaci secundi Compostellanæ sedis episcopi libenti et devoto animo obtemperans, ipsius prædecessorum gesta quam verissime potui, huc usque paginæ commendavi. Nunc vero reverendi episcopi successus quos in hoc honore habuit, et adversa quæ in concilio viriliter pertulit, atque ea quæ ipse ad Dei honorem et suæ Ecclesiæ utilitatem, Domino cooperante, discrete et sapienter peregit, describere et ad posterorum memoriam revocare divina præveniente gratia aggredior. Adjutorium nostrum in nomine Domini, qui fecit cœlum et terram. Amen.

DE PRÆLATIONE DIDACI GELMIRIDÆ.

Cum itaque dominus Raymundus vir idoneus atque discretus, condolens Compostellanæ Ecclesiæ, non juxta canonum instituta, ut supra exposuimus, ordinate non inconsultis quatuor episcopis, videlicet Petro Lucensi, Gunsalvo Mindoniensi, Ruderico Tudensi, Petro Auriensi, quosdam seniorum et populum hujus Ecclesiæ ex affectu internæ pietatis sic alloquitur, dicens: Ite, et vobismet ipsis consulentes, quemcunque a me repetere volueritis protectorem et defensorem, Domino miserante, in præsentia rum habere poteritis. Hæc ergo audientes, seorsim sumpto consilio, in conspectu domini Raymundi totius principes Galleciæ pariter advenerunt, et coram eo assistentes summis precibus ab eo quemdam clericum, nomine Didacum Gelmiridem, honestum et magnæ discretionis virum uno ore petierunt, cujus patrem Iliam et ei vicinam provinciam, videlicet inter duos fluvios Uliam et Tamazeam, mirabili discretione et summo rigore moderaminis multis annis gubernasse recolebant. Quorum petitioni venerabilis comes, viscere tenus condescendens, domnum Didacum Ecclesiæ S. Jacobi canonicum, quem per manum et licentia omnium canonicorum pro cancellario et secretario suo secum in curia honorifice retinebat, omni terræ et honori reverendissimi Jacobi præposuit, qui, luce inexpugnabilis intentionis suffultus, nobiliorum virorum prudenti consilio adjutus, cœpit destructa restaurare et restaurata conservare, conservata quasi ad statum rectitudinis multo labore perducere.

DE DALMACHIO CLUNIACENSI MONACHO
in episcopum Compostellæ promoto.

Præterea delapso unius anni spatio venerandus rex Ildefonsus, ejus gener dominus Raymundus et uxor sua nobilissima domina Urraca, consilio et cleri et populi beati Jacobi, auctori sanctæ Romanæ Ecclesiæ quemdam monachum Cluniacensis religionis D. (Dalmacium) pudicum et religiosum virum et abbatis benedictione et licentia Compostellanæ Ecclesiæ, Domino auxiliante, fecerunt episcopum. Hic, sedem quasi incultam reperiens vineam, sicut formam sanctæ doctrinæ noverat utilitati sanctæ Ecclesiæ ardentissimo amore instituit. Nam cum dominus Urbanus sanctæ Romanæ Ecclesiæ providentissimus episcopus apud Clarummontem concilium celebraret, religiosus idem Dalmatius cum quibusdam comprovincialium episcoporum, qui germana juncti charitate ejus sanctitati inhæserant, in eodem concilio domino papæ se præsentavit; ubi ab omnibus valde honoratus hoc privilegium, in sequenti serie conscriptum, quod nemo prædecessorum suorum impetrare potuerat, cum ipsis subsequentibus litteris de confraternitate hujus Ecclesiæ scriptis apud gratiam domini papæ summis precibus impetravit.
Libertas Compostellanæ Ecclesiæ.
Urbanus episcopus, etc.

DISSOLUTIO DALMATII EPISCOPI ET PRÆLATIO SECUNDA DIDACI GELMIRIDÆ.

Inde tanto dono rediens decoratus, Compostellanam Ecclesiam libertatis robore decoravit; sed quia non durat quem mors prosternere curat, octo dies durat quod nos dolor ejus adurat. Clerici ergo qui se de tot periculis ac tribulationibus ad portum quietis pervenisse putabant, quasi navis in medio maris ingruente tempestate de littore solet excuti, sic inter procellas hujus mundi huc illuceque se quasi conspiciunt. Sed omnipotentis Dei clementia, quæ secundum suæ providentiæ dispositionem dissoluta nave naufragantibus manum perfectæ consolationis porrigit, gubernatorem nostrum catholicum regem domnum Ildefonsum, generumque ejus piissimum comitem domnum Raymundum cum uxore sua domina Urraca divinitus animavit ut eos de hujusmodi assiduis incursibus ad portum tranquillitatis misericorditer retraheret. Quod sic factum fuisse recte ordine describitur. Clerus et populus Ecclesiæ beati Jacobi omnium beneficiorum quæ dominus Didacus Gelmirides eis primitus fecerat non immemores existentes, tam importuna petitione januam misericordiæ prædictorum principum suppliciter pulsare studuerunt, quid apud eorum gratiam eumdem domnum Didacum pro gubernatore et domino impetrarunt.

SEMOTIO DIDACI PRIMI AB EPISCOPATU.

Domnus itaque Didacus Pelais prædictus episcopus, a captione regis jam liberatus, audiens sanctissimum Dalmacium episcopum naturæ debita persolvisse, et hunc alium solum totum honorem non pontificali dignitate, sed vicaria potestate pro tempore obtinere, Romam percita festinatione petiit, ibique dignitatem pontificalem se injuste amississe et vim passum fuisse importunis clamoribus conquestus est. Unde sic factum est quod, post mortem domni Dalmacii, Ecclesia ista, inter diversas angustias posita, hoc negotium quatuor annorum spatio permansit indefinitum; per illos autem quatuor annos contiguos dominus Didacus Gelmirides vicarius totum hujus Ecclesiæ honorem communi bonorum consilio ex assensu gubernavit, divina tandem pietate inspirante et ad communem utilitatem providentia persuadente, excellentissimus idem rex Adefonsus volens diffinite præfati negotii causas tam diutina protelatione agitatas, misit Romam nuntios suos cum clericis hujusce Ecclesiæ suas rationes contra eumdem Didacum Pelais calumnias adhuc in eum injuste devolventem propalaturos et pertractaturos, qui Romam pia intentione pervenientes bonæ memoriæ papam Urbanum, ad quem mittebantur defunctum, et Paschalem ei in honorem jam subrogatum invenerunt. Hic Paschalis ante papatus adeptionem, Ranerius dictus, in Hispania fuerat jam legatus, et totam hanc dissensionem, et beati Jacobi Ecclesiæ calamitatem certissime noverat.
Reverendissimus igitur sanctæ Romanæ Ecclesiæ episcopus P. eorum rationes et objectiones patula cordis aure perspicacius audiens, ac tantæ inquietudinis summam subtili consideratione discernens, Didacum Pelagidem tantæ dignitatis prælatione indignum esse dictante justitia censuit; unde hæc Ecclesia, quæ spatio quindecim annorum in supradictis miseriis quasi languida permanserat, Domino miserante liberata, idem papa venerabili regi nostro, clero et populo beati Jacobi subsequentes remisit litteras.

Prosequitur ille auctor historiam electionis Didaci, qui Romam adiens pallium primo obtinuit, ac tandem a Calixto secundo, ut ecclesia Compostellana in metropolim augeretur.

EX DOMNIZONE DE VITA MATHILDIS DUCATRICIS.

(Cap. 4 lib. II.)

Rex ut Henricus factus gravis est inimicus
Ecclesiæ sanctæ dominæque Mathildis amandæ,
In quocunque loco poterat sibi tollere, toto
Nexu tollebat terras ubicunque tenebat,
Præsertim villas ac oppida, quæ comitissa
Hæc ultra montes possederat a genitrice,
Abstulit omnino, nisi castrum Brigerinum,
Forte quod magnum, locuples erat undique largum.
Hoc Rex aggressus nequit intus ponere gressus.
Cum bis quinque quasi transirent jam simul anni
Rex quod ab Italia discesserat, armat equina
Dorsa viris, jurans per septem tempora, supra
Mathildis terram persistere, pace neglecta,
Castra vocat densa, descendit ad Itala regna.
Tertius et mensis foliis florebat et herbis,
Urbs dominæ quædam prædictæ chara manebat,
Tempore longævo vocitatur Mantua vero,
Ex multis rebus dives satis ac speciebus.
Rex cupiens ipsam, fixit tentoria circa,
Quam mox athletis de sumptibus atque replevit
Nobilis et fortis Mathildis, maxime doctrix (ductrix),
Ipsa tenens montes, inimicos despicit omnes
Regis bella phalanx dabat urbi sæpius atra,
Exsiliunt cives, simul athletæ comitissæ,
Occidunt, frangunt, cœtum pellant Alemannum
Urbs bene protecta, etc.

PRIVILEGIUM ECCLESIÆ MATISCONENSIS.

In nomine Verbi incarnati. Omnibus sanctæ Dei Ecclesiæ filiis sit notum quod, anno ab Incarnatione Domini nostri Jesu Christi millesimo nonagesimo sexto, et die XVII mensis Octobris, apud Matisconem, felicis recordationis domnus Urbanus Dei providentia papa secundus, per suas apostolicas multa et laudabilia privilegia atque indulta monasterio S. Petri prope civitatem Matisconensem contulit et inter cætera motu proprio excommunicat et maledicit æternaliter omnes homines cujuscunque conditionis existant, qui præfatum monasterium, canonicos et omnia ejus membra temere et indebite molestant, atque qui eorum privilegia, libertates, bona, possessiones, decimas, oblationes, instrumenta, immunitates, statuta, redditus, prædia et exemptiones inordinate et injuste retinent. Cunctis autem eidem monasterio sua bona et jura servantibus, sit pax Domini nostri Jesu Christi atque apostolorum Petri et Pauli. Amen.

ORATIONES AB URBANO HABITÆ IN CONCILIO CLAROMONTANO.

(Edimus seorsim infra.)

NOTITIA

De consecratione Dominici altaris Carrofensis monasterii, ab Urbano papa II facta anno 1096.

Quoniam ab antiquis temporibus mos prudenter obtinuit ecclesiasticus quæ Christianæ religionis utilitatibus profutura crediditi ad posterorum memoriam scribendo reducere, congruum fore decrevimus per scriptum successoribus nostris, quasi vivum ac recens, delegare, qualiter Dominicum altare apud Carrofum a domno papa Urbano secundo tempore domini Petri, post Fulcradum abbatis consecratum fuerit. Prædicto igitur papa concilium apud Claromontem celebrante, præfati abbatis prudentia ipsius apostolici viri majestatem humiliter adiens, rogavit quatenus specialis ejus benignitas Carrofense monasterium visere atque consolari dignaretur ; summumque ejus altare ecclesiæ ab ipso solemniter consecraretur. Jam etenim multo ante Leo sanctissimus papa, Magni Caroli contemporaneus, aliud in eodem cœnobio auctoritate apostolica benedixerat, super ipsum autem aliam Carrofenses construxerant aram. Ad hujus ergo altaris consecrationem totiusque monasterii reconciliationem dexteram abbas exigebat apostolicam. Qui ut pius semper exstitit, magnorum virorum habito concilio ad abbatis preces curæ pastoralis inclinando aures cum illo suorum sanctissimo comitatu Carrofum divino ducatu tandem pervenit. In cujus adventu quanta qualiave nobilium nec non populorum occurrerint gaudia tam venerabilis loci, ipsiusve Romani pontificis debita reverentia intuitu perspicaci competenter considerata facilius poterit perpendi. Hic quippe locus a prisco tempore, utpote Regi regum honori specialiter dedicatus, non solum a finitimis, verum etiam a longe remotis usque ad id temporis maxime est in honore habitus. Cæterum omnes nimium lætabantur divinæ pietati gratias agentes nostris in partibus tantum pastorem perspexisse, cum suorum perpaucos antecessorum comprobari possit tale quid contigisse. Ad tantam itaque novitatem rei merito undique hilari mente confluebant populi ; vix enim oculus visu, et auris satiatur auditu. Arbitrabantur vero se magnam suorum peccatorum indulgentiam adepturos si, ut decebat, ad tam gloriosæ officium consecrationis coadunari quoquo modo valerent, quod et Domino efficiente ad effectum pius illorum affectus militavit. Religiosus tandem apostolicus summi Salvatoris aram Spiritus sancti virtute consecraturus, altaris gradus conscendens, ante ipsum stetit, gyrantibus illum non vilibus personis simulque in tanto mysterio humili cum devotione cooperantibus, quorum nomina sigillatim subscribentur. Quam speciosum, quam salutiferum episcopales, archiepiscopales, illas insuper papales manus intueri quam sancte, quam artificiose, affectuose, suum certatim exercendo moderarentur officium ! Ipse namque pastor Urbanus urbane ac curialiter omnia sicut omnium caput et magister incipiens, sacrata largitate lympha chrismate cum oleo copiose ipsum altare irrorans propriis manibus infundens atque liniens, filiisque in Domino ut idem agerent modesto vultu indicens, donec, ut mos apostolicus in tam sublimi observat officio, cuncta viriliter peregit toto mentis ac corporis nisu elaborabat. Peracta igitur more ecclesiastico consecratione, super ipsum altare solemnem isdem pontifex Romanus missam celebravit. Huic si quidem operi adfuerunt domnus Amatus Burdegalensis archiepiscopus, sanctæque sedis Romanæ legatus, Hugo Lugdunensis archiepiscopus similiterque legatus, Daimbertus Pisarum archiepiscopus, Raingerus quoque [Regiensis] archiepiscopus, Petrus Pictavorum, Bruno Signensis episcopus, Joannes cardinalis diaconus. Facta sunt autem hæc iv Idus Januarii feria scilicet quinta, quæ tunc ante beati Hilarii festum fuit, anno ab Incarnatione Domini 1096, pontificatus domni Urbani II papæ anno octavo.

De altari matutinali.

Hæc consecratio debet celebrari a fidelibus ad honorem sanctæ et individuæ Trinitatis iv Kalend. Martii, quæ facta fuit a domno Urbano papa in honore victoriosissimæ crucis et sancti martyris atque pontificis Xantonensis Eutropii, qui in præsenti ecclesia requiescit. Ibi domnus papa Urbanus edictum promulgavit generale, perpetuumque sancivit memoriale, quatenus in anniversaria consecratione futuræ nationes semper conveniant, et domum Dei sui honorificent ob peccatorum suorum indulgentiam. Indulsit enim papa sæpe memorandus omnibus Christianis ad hanc consecrationem convenientibus septimam partem pœnitentiarum, ut quanti votum habuerint taliter et pœnitentibus ipsa conveniendi difficultas prodesset.

Sequitur *Missa de hac solemnitate*, quæ ea die dicebatur.

In ejusdem monasterii chartario invenitur vetus instrumentum donationis factæ consilio, uti conjicere est, ejusdem pontificis; sic quippe incipit:

Cum quodam tempore domnus apostolicus Urbanus, Dei forte dispositione istam nostram regionem peragrando visitaret, in monasterium Sanctæ Trinitatis, quod ibidem situm est honorifice ab abbate atque monachis ibi Deo servientibus susceptus est. Quo cum moraretur, quidam miles Hubertus filius Manuum nomine, ad eum venit, cujus filius quadam dudum infortunia præventus defunctus fuerat. Cumque multum mœstus de illo cum apostolico plura perorasset pro absolutione illius animæ, imo suæ patris quoque ac matris obtulit Deo, id est Sanctæ Trinitati medium capellæ, etc.

TEXTUS

De dedicatione ecclesiæ hujus sancti Majoris nostri monasterii.

Anno ab Incarnatione Domini 1095, sexto Idus Martii, luna xi, epacta xxiii, concurrentibus ii, qui est annus Philippi Francorum regis xxxvii, et Bernardi hujus monasterii no tri abbatis ab ordinatione sua annus xiii, Urbanus secundus papa gloriosus, et in nullo apostolica dignitate indignus, ab urbe Roma veniens et sola charitatis gratia Gallias invisens, cum in Claromontano concilio in præsentia quingentorum ferme Patrum, archiepiscoporum scilicet, pontificum et abbatum, ipsis universis una cum Radulfo Turonensi archiepiscopo acclamantibus et auctorizantibus privilegia libertatis et immunitatis, quæ ipse papa nobis et cœnobio nostro per manus reverendorum fratrum nostrorum domni Bernardi Remensis, cognomento Pontii, tunc prioris nostri, dominique Rangerii, qui postea presbyter cardinalis sanctæ Romanæ Ecclesiæ, ac deinde Regiensis archiepiscopus fuit, et in præfato concilio ut archiepiscopus et cardinalis sedit, ab urbe Roma miserat, auctorizasset, anno apostolatus sui viii, id est in octavis festi hiemalis beati Martini, tandem pacis et concordiæ gratia inter nos et Turonenses B. Mauricii canonicos jam tunc decennio nos persequi non cessantes faciendæ (*occasione stationis paschalis sublatæ, de qua ad an. 1090 diximus*), monasterio nostro ab eodem visitato, ipsoque ab exiguitate nostra pro tempore competenter satis, ut decuit, excepto, et apud nos diebus septem non sine multis expensis repausato, sive refrigerato, octava demum adventus sui die (videlicet vi Idus Martii), qui est terminus in prima fronte paginæ adnotatus, dedicavit Deo in honorem sanctæ crucis ac beatissimæ Dei genitricis perpetuæque virginis Mariæ, ac sanctorum apostolorum Petri et Pauli, necnon et beati Martini majorem basilicam nostri hujus Majoris Monasterii, in qua fratres die noctuque divino servitio incumbunt.

Pridie siquidem, quæ fuerat dies Dominica, celebratis ex more missis ab eodem, adierat gradum ligneum sibi ad loquendum populo, ut est consuetudinis, in littore Ligeris præparatum, et super eum cum archiepiscopis et episcopis et cardinalibus stans, diutissime populo infinito, qui ob hoc ipsum undequaque sitienter convenerat, solemniter exhortationis verbum faciens, et monasterii nostri ordinem ac religionem vehementissime collaudans et extollens, atque adversariorum nostrorum, canonicorum videlicet, non minus exsecrans controversiam, ac præcipue ipsorum detestans in nos actam decennio tyrannidem; innocentiam nostram in auribus tam egregii Andegavorum comitis, Fulconis junioris et procerum ejus, qui sermoni ipsi intererant, quam omnium, qui illuc undecunque confluxerant, ipse papa exposuerat et assignaverat, et adoptatos nos ab ipso in speciales sanctæ Romanæ Ecclesiæ filios edixerat, quos nulla prorsus de causa deinceps posset aliquis archiepiscoporum vel episcoporum absque ipsius aut successorum suorum licentia excommunicare; et ad ultimum cœnobio nostro et nobis præfato comiti ac proceribus ejus, cæteroque populo commendatis benedixerat, ex præfatorum privilegiorum tenore, et absolverat omnes qui nos et universa nostra custodirent fideliter, et tuerentur atque honorarent. Omnes vero qui nos et nostra quælibet inquietarent, molestarent, affligerent et inhonorarent maledixerat, et donec inde satisfacientes Deo atque nobis pœniterent, perpetui anathematis catena ligaverat. Unde rediens, sermone finito, ipsa die in refectorio nostro cum duobus archiepiscopis et uno episcopo [*al.*, quatuor episcopis] atque cardinalibus suis refecit, et, sicut dictum est, in crastino ecclesiam nostram solemniter dedicavit. Cui dedicationi Turonensis archiepiscopus, Aurelianensis Rodolphus interfuit, qui propris suis manibus pignora sanctorum, quorum nomina subscribuntur, sub Dominico altari, jubente papa collocavit, et una cum archiepiscopo Lugdunensi et primate Hugone ab infirmorum capella, pridie a Brunone Signiensi episcopo jussu papæ dedicata, reliquias sanctorum, quæ inibi pernoctaverant, humeris propriis in majorem basilicam deportavit, et una cum domino Rangerio supradicto alphabetum latinum, illo Græcum faciente, fecit et basilicæ ipsius parietibus, jubente papa, crucis vexillum ex oleo imposuit, atque altare de Crucifixo jussu papæ mox sacravit.

In altari ergo Dominico est ineffabile corporis Christi sacramentum collocatum cum horum pignoribus sanctorum. Particula scilicet victoriosissimæ crucis Christi, et de vestimentis gloriosæ Dei Genitricis, de capillis et barba Petri apostoli, de vestimento Joannis Evangelistæ et reliquiis sancto um martyrum Stephani, Mauritii, Cypriani, Ermetis, Saturnini, Ferreoli, Nerei, Achillei, Pancratii, confessorum autem Mauritii, Aviti, Sulpitii, Gundulphi, Desiderii, virginum vero Anataliæ et Praxedis. Locatis ergo de more sanctorum pignoribus, et sacrato altari Dominico, dotaverunt ipsum, jubente papa, comes Fulco et Robertus de Rupibus, atque Hugo (1) de Calvomonte, sed et cæteri proceres, quorum ibi copia multa erat, dote quadam admodum nobis grata, id est auxilio, tuitione et consilio suo.

Nomina sane pontificum, qui dedicationi huic interfuerunt, hæc sunt: Hugo primus et legatus Lugdunensis archiepiscopus, Radulfus de Aurelianis archiepiscopus Turonensis. Rangerius supradictus, Bruno Signiensis episcopus. Dominus vero Amatus (archiepisc. Burdigalæ) ægrotabat apud nos, foris scilicet in camera, sed ejus tamen ope et consilio facta est dedicatio ipsa. Cardinales isti adfuerunt: Albertus presbyter, Thesto presbyter, Gregorius diaconus Ticinensis, Joannes Garcellus diaconus et primicrinius, qui omnes in Claromontano concilio fuerant. Dominus etiam abbas noster Bernardus, et abbas Puilliensis Otho adfuerunt.

Ipsa die sacratum est cœmeterium ultra murum nostri cœmeterii usque ad viam quæ ducebat ad molendinos, a domino Rangerio et ab episcopo Signiensi visu papæ. In crastino vero sacravit ipsa papa cœmeterium Sancti Nicolai spargens aquam benedictam, et jubente eo, dominus Hugo primas et dominus Rangerius sacraverunt cœmeterium, undique per marginem Ligeris spargentes aquam benedictam usque ad ligneam crucem, quæ est supra molendinos nostros, et inde per viam versus ecclesiam Sancti Joannis, usque ad limitem cœmeterii pridie sacrati, et inde versus occidentem inter viridarium nostrum et vineam usque ad viam quæ de Sancto Nicolao ducit ad portam monasterii nostri; deinde per vineam, videlicet usque ad Morevum burgi, aquam spargentes per pasticum et vineam extra burgum usque prope ecclesiam Sancti Gorgonii, itemque inde usque ad ipsam Ligerim indirectum, atque iterum inde ad locum unde spargere aquam cœperant in gyro sacrantes cœmeterium, ut dictum est, redierunt.

Hugo de Calvomonte, filius Sulpicii de Ambaziaco, cum puer adhuc esset, et mater ejus quæ neptis erat Gaufredi de Calvomonte, consenserunt venditioni factæ monachis Majoris Monasterii de duabus quartis terræ apud culturam Rathonis. Postea cum factus esset juvenis et patri successisset in honore, et cum Ambaziaco simul Calvummontem loco Gaufredi avunculi sui possideret, easdem quartas repetere voluit. Contigit interim Dei nutu Urbanum papam virorum gloriosum humilitatem nostram dignanter invisere, et post paucos dies venire ad Majus Monasterium et basilicam nostram solemniter dedicare, cui dedicationi interfuit ipse Hugo. Sacrato autem ex more et inuncto altari, papa residens advocavit Fulconem (scilicet comitem Andegavensem, qui nuper Turoniam Blezensi Theobaldo eripuerat) et circumstantium turbam procerum monens eos, ut ecclesiæ et altari noviter dedicatis providenter dotem secundum morem solitum. Submonitus itaque a nobis supradictum Hugonem ad se vocavit, et monuit ut quartas illas nobis relinqueret. Quod ille gratanter fecit; cui rei interfuit multitudo, utpote ad tantam celebritatem undique congregata. Inter cæteros hi nominatim censentur. Ex clericis primas et archiepiscopus Lugdunensis Hugo, Radulfus Turonensis archiepiscopus, Rangerus cardinalis, qui fuerat archiepiscopus Regiensis, Bruno Signiensis episcopus, Albertus presbyter cardinalis, Tezo presbyter cardinalis, Gregorius Papiensis diaconus cardinalis, deinde domnus Bernardus de sancto Venantio abbas noster, etc. Ex laicis vero: Fulco comes Andegavensis, Sigebrannus constabularius ejus, Robertus de Rupibus, Gausbertus præpositus de Calvomonte. Tandem sorores Hugonis præfati Adenordis et Ermensendis idem concesserunt.

SYNODUS HABITA ANNO 1096,

In qua absolutum fuit a dominio et regimine abbatum Sancti Victoris Massiliensis cœnobium Psalmodiense.

Notitia definitionis quæ facta est inter Richardum abbatem Massiliensem et ejus monachos, et Psalmodiensis cœnobii abbatem, videlicet Fulconem ejusdemque monasterii monachos.

Anno Dominicæ Incarnationis 1094, Psalmodienses monachi venerunt ante domini Urbani papæ præsentiam et fecerunt ei querimoniam super Massiliensi abbate suisque monachis, et quod contra apostolicam auctoritatem Psalmodiense monasterium sibi subdidissent, quod audiens venerabilis papa Massiliensem abbatem, Richardum videlicet, qui tunc in his partibus legatus ejus fuerat advocavit, præcipiens ei ut hæc proclamatio Bertranni Narbonensis metropolitani (2) et Gibelini Arelatensium instrumentum sequens.

---

(1) In Hist. episc. Turon. et abbat. Majoris Monast. *Hugo Ambaziacensis, Rainaldus Feriensis de Castello, et Raguellanus de Malliaco.* Jed., etc. Hugo de Calvomonte et Ambaziacensis idem est. Vide

(2) Dalmatius tunc erat Narbonæ archiepiscopus, cui Bertrannus successit, Raymundo ei in Nemausensi sede substituto, an. 1096. Unde emendanda

archiepiscopi, atque episcoporum Raymundi Nemausensis et Gotofredi Magalonensis judicio, qui tunc in præsentia ejus erant, ibi audirent et diffinirent. Quæ res non minimum Massilienses monachos et etiam ipsum Richardum ad tantam iracundiam provocavit ut non solum violenter Psalmodium retinerent, verum etiam monachos, qui prædictam querelam domino papæ fecerant, de suo monasterio expellerent. Unde accidit quod Psalmodienses, nimia coacti necessitate, Romam reclamantes Masilienses de medio sui ejecerunt, a minimo usque ad maximum, jurantes super quatuor Evangelia se cum Massiliensibus nullam participationem in prædicto monasterio habituros se amplius fore. Quo pacto prædictus Richardus prænominatos archiepiscopos et e iscopos adiit, eorumque justitiam ex parte domini papæ sibi fieri postulavit, qui consilio accepto convenientes in unum, prius Psalmodium Massiliensibus reddiderunt. Psalmodiensibus propter jusjurandum de monasterio egressis omnibus; deinde diem et locum statuerunt quo tantus clamor audiretur et diffiniretur.

Ad statutum denique diem Massilienses et Psalmodienses venerunt cum prædictis judicibus, in quorum judicio dominus papa definitionem prædictæ quermoniæ posuerat. Omnibus itaque ex utraque parte circumstantibus, Gibelinus Arelatensis archiepiscopus ita locutus est : Prima pars placita laudat ut Psalmodienses dicant unde de Massiliensibus conquerantur.

Ad hæc surrexerunt Stephanus Calcatellus, cui a cæteris commissum fuit ut responderet pro se et pro aliis, et ait : Fratres nostri Psalmodienses conqueruntur Deo et sancto Petro, et vobis archiepiscopis et episcopis, qui jubente domino papa nostram querelam diffinire debetis de Massiliensibus, quo Psalmodiense monasterium per violentiam , per manum laicam, per sanguinis effusionem, per monachorum expulsionem, ad ultimum per pecuniæ concessionem sibi attraxerunt, et nobis abstulerunt quamvis Psalmodium secundum privilegia apostolica, scilicet Joannis et Stephani, et per præcepta regalia, id est Caroli, Ludovici, aliorumque regum, quorum auctoritates hic nos habemus, liberum semper fuerit, et nemini debeat subjici nisi Romanæ Ecclesiæ. Adhuc conquerunt fratres nostri Psalmodienses super Massiliensibus, quoniam prædictam querimoniam, domino papæ deposuerunt, et, eo jubente, res deberet perduci ad finem, dominus iste Richardus, qui præsens est, monachos Psalmodienses, qui prædictam querelam fecerant, de proprio monasterio expulit, atque in exteras nationes abire et mori fecit. Hæc est querimonia unde fratres nostri Psalmodienses conqueruntur super Massiliensibus, præter alia mala quæ Psalmodio intulerunt.

Ad hæc Richardus abbas Massiliensis, sedisque apostolicæ legatus cum suis Massiliensibus ita respondit : Nulli dubium est, fratres mei, Psalmodienses monachos sæculariter et extra regulam vixisse usque ad tempora prædecessoris nostri Bernardi Massiliensis abbatis, qui volens eorum vitia corrigere, Raymundo comite deprecante, suorumque procerum consilio adeptus est jam dictum monasterium, et de irregulari fecit eum regulare, et ita tenuit eum usque ad diem obitus sui. Ex tum ego qui in locum ejus successi, tenui eum usque in hodiernum diem sub regularibus disciplinis, monachis ejusdem loci accipientibus abbates et priores de nostro monasterio per bonas successiones. Hanc contra eorum querimoniam responsionem facimus.

Cumque Massilienses et Psalmodienses hæc et alia multa inter se conferrent, primati (legato apostolico) judices dixerunt ut, si quid aliud auctoritatis Massilienses adversus Psalmodienses habebant

nomina hic illorum episcoporum, qui tamen ii ipsi has sedes obtinebant, cum illa causa finita est. Si

ostenderent, atque jusserunt sibi reddi privilegia et præcepta regalia, quibus dicebatur nulli alteri Ecclesiæ Psalmodium debere submitti, nisi Romanæ. Sicque consideratis utriusque partis rationibus et congruentiis, et Psalmodii auctoritatibus perspectis, Bertrandus et Gibelinus archiepiscopi et Gotofredus, atque Raymundus episcopi, præfato Richardo in medio eorum existente, quia legatus erat, judicaverunt præfatam querimoniam ut sequitur :

Licet, domine Richarde, vices domini papæ in nostris partibus vos habeatis, tamen ex auctoritate ejus et vestro assensu, nobis datum est ut ad perpetuam pacem ponamus totam controversiam Psalmodiensium et Massiliensium. Judicium tale est : Secundum privilegia apostolicorum Joannis et Stephani, et præcepta regalia Caroli, Ludovici, aliorumque regum, solius Romanæ Ecclesiæ jus antiquissimum, est Psalmodium, et nemini debet subjici nisi soli domino papæ, ac pro causa ista Psalmodienses, ut causa eorum velocius definiretur, firmiter jurasse nunquam amplius se habituros esse societatem in prædicto Psalmodio cum Massiliensibus, et ideo omnes de suo monasterio, postquam Massiliensibus per investituram restitutum est, egressi sunt justitiam quærentes. Vobis igitur, domine Richarde, non expedit jura beati Petri apostoli minorari, qui ejus vicarius estis, nec etiam defendere vel retinere quæ male commissa seu acquisita sunt ab antecessoribus vestris; sed potius convenit canonice corrigere et emendare. Et quia non sufficiunt Massiliensibus auctoritates, quibus Psalmodium per justitiam possint habere, decernimus ut Psalmodiensibus suum monasterium libere et absolute reddatur, nullamque dominationem Massiliensium ibi habeant amplius. Præcipimus etiam, si vobis placet, ut hoc judicium scribatur, et domino papæ præsentetur, et si ipse laudaverit, teneatur, et in Psalmodio reservetur, nec deinceps inde aliqua inquietudo inter eos assurgat.

Ad hæc Richardus, habito consilio cum Massiliensibus, inquit, judicium vestrum laudamus et suspicimus, atque Psalmodium cum omnibus sibi pertinentibus Deo et sancto Petro et domino papæ ejusdemque monachis cum charta et sine charta in perpetuum solvimus.

Factum est publice apud Caislarum castrum, in loco qui dicitur Toirozella, regnante Philippo rege Francorum, anno ab Incarnatione Domini 1096, xvi Kal. Octobris, de sanctorum Lucii et Geminiani, indictione ix [iv] concurrente iv, epacta xv, clave xi, in præsentia supradictorum judicum et Ebrardi, abbatis Sancti Tiberii, Fulconis ejusdem monasterii Psalmodii abbatis, Stephani Calcatelli, Raymundi Stephani, Guillelmi Archimiberti, Guillelmi Bonasus, Guillelmi de Albanis, Raymundi Itherii, Guillelmi Bernardi, Stephani Bernardi, Pontii de Noceto, et Petri Bernardi; monachorum, Juliani Gondrici, Gontherii presbyteri ; laicorum Raymundi, de Cavi, Raynerii fratris ejus, Pontii Gaucelini, Gaucelini, fratris ejus, Pontii Bremundi de Sommedrio, Bremundi fratris ejus, Pontii Petri de Sancto Justo, Raymundi de Sancto Juliano, Bremundi de Lestrancheriis, Bertrandi fratris ejus, Raymundi Galterii, Raymundi Eldrici, Raymundi Rainonis, Guillelmi Itherii.

Ego Richardus Massiliensis abbas octava die supradictæ definitionis, viii Kal. Octobris, apud Montem-Pessulanum, laudo hanc definitionem cum hac charta monachis Psalmodiensibus in perpetuum. S. ego Pontius Stephani firmo. S. ego Bernardus Petiti firmo. S. ego Guillelmus firmo. S. ego Armannus firmo. S. ego Arnaldus firmo. S. ego Pontius firmo. S. ego Ebrardus firmo. Isti omnes monachi Massilienses fuerunt.

tamen initio hujus instrumenti legitur an. 1096 pro 1094, omnia sibi concordabunt.

Laudamentum hoc jussu prænominati Richardi, in præsentia Bertranni archiepiscopi, Gotofredi Magalonensis episcopi, Angerii archidiaconi, Gaucelini de Lunello, Raymundi Rainonis et multorum aliorum. Gotofredo episcopo dictante Pontius scripsit.

Hæc definitio missa fuit ad dominum Urbanum papam secundum, qui eam confirmavit bulla sua, data Romæ apud Sanctum Petrum; per manum Joannis diaconi cardinalis Kalendis Maii, indictione XII, anno 1099, pontificatus sui anno XII, quam habemus.

EXCERPTA EX LIBRO DOMNIZONIS
DE VITA MATHILDIS

Lib. II, capp. 3, 8, 10, 11, 12, 13, ubi multa de Urbano papa.

(Vide Patrologiæ tom. CXLVIII, Opp. S. Gregorii VII.)

DONATIO ARSINI DE ALBIONE.

Notum sit omnibus Christi fidelibus quod Arsinus de Albione, ad preces Raymundi de Albione fratris sui abbatis Sancti Petri de Condomio, accersito consultu totius nobilitatis suæ provinciæ, dedit Deo, et Sancto Petro de Condomio et habitatoribus ejusdem loci, tam præsentibus quam futuris, fundum et dominium villæ, quæ dicitur Nerag, in præsentia prædicti Raymundi abbatis fratris sui, et in manu domini Urbani papæ secundi, qui et ibidem in honore sancti Thomæ apostoli et sancti Nicolai episcopi et confessoris Christi nobis ecclesiam dedicavit.

EPISTOLÆ LAMBERTI ATREBATENSIS EPISCOPI
AD URBANUM PAPAM.

(Vide in Lamberto ad an. 1115.)

EPISTOLA ROBERTI ABBATIS S. REMIGII
AD LAMBERTUM ATREBATENSEM.

(Vide in Lamberto.)

EPISTOLA MANASSE ARCHIEPISCOPI REMENSIS
AD MORINOS.

(Vide in Manasse Remensi.)

EPISTOLA HILDEBERTI EPISCOPI CENOMANENSIS
AD URBANUM PAPAM.

Vide in Hildeberto Cenomanensi.)

EXCERPTUM EX LIBRO FULCONIS
COMITIS ANDEGAVENSIS

Quo generis sui originem, et majorum ac proprias res gestas describit.

(Apud Acherium, Spicil. t. X, p. 593.)

In fine istius anni 1096, appropinquante Quadragesima, venit Andegavum papa Romanus Urbanus, et admonuit gentem nostram ut irent Jerusalem expugnaturi gentilem populum, qui civitatem illam et totam terram Christianorum usque Constantinopolim occupaverant. Tunc in Septuagesima dedicata est ecclesia S. Nicolai ab ipso papa. Constituit etiam idem apostolicus, et edicto jussit, ut in eodem termino quo dedicationem fecerat, indictum publicum celebraretur unoquoque anno apud S. Nicolaum, et septima pars pœnitentiarum populo convenienti ad illam celebritatem dimitteretur. Unde discedens Cenomannum venit, et inde Turonum; ibique datis venerabili concilio decretis media Quadragesima c ronatus est, et cum solemni processione ab ecclesia S. Mauricii ad ec lesiam Beati Martini deductus, ubi mihi florem aureum quem manu gerebat donavit. Quem ego etiam ob memoriam et amorem illius in Hosanna semper mihi meisque successoribus deferendum constitui.

NOTITIA DIPLOMATICA

IN EPISTOLAS BEATI URBANI II PAPÆ.

(JAFFÉ *Regesta pont. Rom.*, 448.)

In Urbani II bullis leguntur modo usitati Incarnationis anni, quorum initium a nativitate Christi fuit, modo anni Florentinorum (a. 1094), qui tribus mensibus post nativitatem, modo Pisanorum (a. 1095 et 1096 potissimum), qui mensibus novem ante eam cœpti sunt. Neque indictionum par ratio ubique. Etenim qua priores pontifices usi erant, Constantinopolitana indictione prorsus ut videtur abjecta, notarii alias Constantinianam seu Cæsaream admiscerunt, quæ die 25 m. Sept.; alias Pontificiam seu Romanam, quæ die 1 m. Januarii habebat principium.

Sententia addita hæc est : BENEDICTUS DEUS ET PATER DOMINI NOSTRI JESU CHRISTI (5, 9, 63, 83, 93, 106, 113, 126, 167, 179, 218, 219, 236, 289); pro qua nonnusquam sic est inter duos circulos : LEGIMUS, FIRMAMUS (211).

Subscripserunt :
Episcopus Albanensis Petrus (22), *Oddo* (66), *Gualterius* (292).
» *Ostiensis Odo* (292).
» *Portuensis Joannes* (127).
» *Prænestinus Bernardus* (66).
» *Sabinensis Minutus* (22), *Ubaldus* (66).
» *Signiensis Bruno* (22, 177).
Presb. card. (ex tit. Quatuor Coronatorum) *Hermannus* (66).
» (tit. S. Vitalis) *Gregorius* (66).
» (tit. S. Susannæ) *Benedictus* (66).
» de tit. SS. Joannis et Pauli *Bonus Senior* (127), *Teuzo* (292).
» ex tit. S. Clementis *Nunerius* [l. *Rainerius*] (292).
» ex tit. S. Anastasiæ *Joannes* (292).
» S. R. E. et Massiliensis abbas *Richardus* (127).
» *Albertus* (127, 177, 186), *Teuzo* (127, 177, 186).
Diac. card. *Gregorius* (127, 186), *Hugo* (127), *Herimannus* (127
» *Rogerius* (127, 177).
Card. *Rainerius* (211), *Joannes* (241).
Scriptæ bullæ sunt p. m.
Gerardi notarii regionarii et scriniarii S. R. E. (22, 246).
Gregorii scriniarii atque notarii sacri palatii (35, 37, 38, 40, 41).
Lanfranci notarii sacri palatii (49, 220).
Lanfranci vice agentis cancellarii sacri palatii (58).
Bonihominis Scriniarii sacri palatii (106).
Petri notarii regionarii et scriniarii sacri palatii (113, 218, 219, 224, 233, 247, 290, 291, 299).
Joannis S. R. E. scriniarii, Constantini filii (234).
Datæ :
A die 15 Oct. 1088 ad diem 1 Julii 1089 :
P. m. *Joannis diaconi S. R. E. et prosignatoris domini Urbani II papæ* (5, 9, 10, 12, 17, 18, 19).
Mense Julio 1089 :
P. m. *Joannis S. R. E. diaconi et cancellarii* (20, 22).
Cæteræ :
P. m. *Joannis S. R. E. diaconi cardinalis* (26, 27, 28, 35, 36, 38, 59, 40, 41, 48, 49, 50, 51, 52, 59, 60, 61, 62, 63, 65, 66, 67, 79, 84, 87, 93, 94, 106, 113, 118, 126, 127, 128, 129, 131, 135, 136, 137, 158, 139, 141, 143, 145, 148, 149, 151, 152, 155, 154, 157, 158, 159, 160, 161, 164, 165, 166, 167, 168, 169, 170, 175, 177, 178, 179, 180, 181, 182, 185, 186, 186 *bis*, 188, 189, 190, 196, 197, 200, 201, 202, 202 *bis*, 203, 204, 205, 211, 218, 219, 220, 233, 234, 237, 258, 259, 240, 242, 247, 289, 290, 291, 292, 297, 299).
P. m. *Hotesculici presbyteri vicem gerentis cancellarii* (37).
» *Lanfranci vicem agentis cancellarii* (224, 236).
Scriptæ et datæ p. m. *Lanfranci, vicem gerentis cancellarii* (227, 228).

BEATI URBANI II

PONTIFICIS ROMANI

EPISTOLÆ ET PRIVILEGIA.

I.

Epistola Urbani papæ II ad Salzburgensem aliosque episcopos. — Eos de sua in summum pontificem electione certos facit, hortaturque ut viriliter pro Ecclesia certent.

(Anno 1088.)

[Dom Martène Ampl. Collect. I, 520, ex ms. Sancti Germani a Pratis.]

Urbanus episcopus, servus servorum Dei, venerabili Salzeburgensi archiepiscopo, cæterisque reverendissimis episcopis, Pataviensi, Wirceburgensi, Wormatiensi, Augustensi, Constantiensi, et venerandis abbatibus, et gloriosissimis Welphoni B. et B. atque omnibus majoribus et minoribus beati Petri fidelibus, salutem et apostolicam benedictionem.

Nosse volumus beatitudinem vestram, quæ circa nos gesta sunt noviter: reverendissimi siquidem fratres nostri episcopi et cardinales, Saviensis videlicet, Tusculanensis, Albanensis, Signensis præterea et Portuensis legationem, et consensum, et petitionem ferens omnium fidelium laicorum nostræ parti faventium clericorum Romæ eligentium, et religiosissimus abbas Casinensis omnium diaconorum, et R. cardinalis tituli S. Clementis omnium cardinalium, nec non et B. præfectus omnium fidelium laicorum, una cum 21 episcopis et quatuor abbatibus apud Terracinam coadunati, et triduano jejunio cum multis precibus communiter celebrato, Dominico tandem die IV Idus Martii mihi omnium indignissimo contra omne votum et desiderium, Deus scit, et plurimum renitenti regimen sedis apostolicæ commisere, et omnium tam præsentium quam et absentium prædictorum fidelium consensu me eligentes, et auctoritatem atque imperium sanctæ memoriæ prædecessorum meorum Gregorii et Victoris habere se super hoc asserentes, longe impar viribus meis imposuerunt; sed quoniam, ut ante Deum loquar, nulla honoris ambitione, nulla omnino præsumptione, sed sola tot tantorumque religiosorum virorum non absque periculo contemnenda obedientia, confidens insuper de misericordia omnipotentis Dei, tantum onus in præsenti in tam periculoso tempore subire sum coactus. Rogamus et obsecramus in Domino Jesu, ut in ea quam cœpistis et quam domino et prædecessori nostro beatæ memo-

(3) Creatus est summus pontifex Urbanus II quarto Idus Martii, anno 1088. *Die altera, id est III Idus Martii,* inquit Bertoldus ad hunc annum, *missis litteris omnibus catholicis, et suam ordinationem omnibus declaravit, et se in omnibus vestigia sui præ-*

riæ Gregorio semper ostendistis fidelitate et devotione, et benevolentia firmiter maneatis, sanctamque Romanam Ecclesiam matrem vestram, omnibus quibus valeatis auxiliis et consiliis adjuvetis. De me porro ita in omnibus confidite, et credite sicut de beatissimo Patre nostro papa Gregorio, cujus ex toto sequi vestigia cupiens, omnia quæ respuit respuo, quæ damnavit damno, quæ dilexit prorsus amplector, quæ vero rata et catholica duxerit confirmo et approbo, et ad postremum in utramque partem qualiter ipse sensit in omnibus omnino sentio atque consentio. Nunc ergo precor et amplector fraternitatem vestram, ut agatis viriliter atque constanter, et confortemini in potentia virtutis. Dei ascendentes ex adverso et opponentes murum pro domo Israel, ut strenuissimi Domini bellatores stetis in prælio in die ipsius. Vos ergo qui spiritualiter estis, eos qui instructi non sunt verbis et exemplis instruite, et exhortamini, sicut scitis et necessitas exigit hujus periculosi temporis. Cum enim apud vos eram, tales vos omnes inveni, ut voce ipsius Domini possem clamare: *Amen dico vobis, non inveni tantam fidem in Israel; qui autem perseveraverit in finem, hic salvus erit.* Insuper apud omnipotentis Dei misericordiam continuas preces effundite, quatenus et Ecclesiam suam sanctam in gradum pristinum misericorditer restaurare dignetur. Ipse autem Deus pacis conterat Satanam sub pedibus vestris velociter. Gratia Domini nostri Jesu Christi sit cum omnibus vobis, dilectissimi in Christo.

Datum apud Terracinam III Idus (3) Martii.

II.

Epistola Urbani II papæ ad Hugonem abbatem Cluniacensem. — Pontificatum sibi delatum nuntiat. Rogat ut ad se veniat.

(Anno 1088.)

[Mabill., Annal. Bened. V, 251.]

Urbanus episcopus, servus servorum Dei, Hugoni reverendissimo abbati Cluniacensi, omnique ejus sancto conventui salutem et apostolicam benedictionem.

Quoniam sanctitatem vestram satis avidam exaltationis Romanæ Ecclesiæ novimus, ea quæ circa nos acta sunt compendio vobis notificare curamus. Notum itaque facimus dilectioni vestræ, quod apud Ter-

decessoris piæ memoriæ Gregorii papæ observaturum denuntiavit. Has porro litteras a Baronio desideratas eo libentius evulgamus, quo plura de creatione Urbani II continent, quæ aut leguntur nusquam, aut plane aliter referuntur.

racinam Campaniæ civitatem sanctæ Romanæ Ecclesiæ episcopi et cardinales, Portuensis videlicet, Sabinensis, Tusculanus, Albanensis et Signensis, cum aliis episcopis numero sexdecim et abbatibus quatuor, aliisque quamplurimis viris religiosis convenientibus ; cum Portuensis episcopus omnium Romanorum clericorum catholicæ parti faventium se legatum diceret, abbas vero Casinensis cardinalis diaconus cæterorum diaconorum ; P. quoque cardinalis tituli Sancti Clementis omnium cardinalium ; præfectus autem Urbis laicorum omnium se ferre assereret legationem, cumque post triduanum jejunium, supplicationibus multis magnisque ad Deum precibus vehementer insisterent, quod ego quidem omnino dignus non fui, tandem me sibi quarto Idus Martii in pontificem elegerunt. Quibus, Deum testor, non ambitionis causa, nec alicujus dignitatis desiderio assensum præbui; sed quia tot tantisque viris inobediens esse verebar, talique quali tempore si quantum ad me periclitanti Ecclesiæ non subvenirem, Deum me offendere metuebam ; præsertim cum prædecessores meos viros omni veneratione dignos, Gregorium scilicet atque Victorem, hoc sibi divine præcepisse asserunt. Rogo igitur, desiderantissime, nimiumque te deprecor ut, si qua tibi sunt pietatis viscera, si qua filii et alumni tui est tibi memoria, me multum id cupientem tua præsentia consolari, sanctamque matrem tuam Romanam Ecclesiam, si unquam possibile fuerit, tuo multum nobis optabili adventu visitare digneris. At vero, si id fieri nequit, ut tales de filiis tuis confratribus meis te ad nos mandare non pigeat, in quibus te videam, te suscipiam, tuæ consolationis in immensis perturbationibus positus verba cognoscam, qui tuam charitatem tuæque dilectionis affectum mihi repræsentent, qui qualiter et tu omniumque fratrum nostrorum se habeat congregatio mihi denuntient. Precor autem ut omnem sanctorum fratrum congregationem commonere facias, ut apud omnipotentis Dei clementiam preces effundant, quatenus et nos et Ecclesiam suam sanctam, quæ tantis videtur subjacere periculis, in pristinum restaurare statum dignetur. Noveris enim omnibus specialius hoc negotium super te pendere. Vale.

Datum III Idus Maii apud Terracinam (3*).

III.

Urbani II papæ epistola ad episcopos, clerum et populum Viennensis provinciæ. — De Viennensi archiepiscopo eligendo, cum hæc metropolis jam diu pastore esset destituta.

(Anno 1088.)

[D. BOUQUET, *Recueil*, tom. XIV, pag. 689, *ex Biblioth. Floriac.*, parte III, p. 74.]

URBANUS episcopus, servus servorum Dei, venerabilibus episcopis et confratribus, Valentino (*Gontardo*), Genevensi (*Guidoni*), Maurianensi (*Conrado*), Gratianopolitano (*Hugoni*), Diensi (*Ismioni*) et Vivariensi (*Joanni*), et universo clero et populo Viennensis Ecclesiæ, salutem et apostolicam benedictionem.

Nolumus latere fraternitatem vestram nos sola gratia Dei, nullis nostris præcedentibus meritis, de unanimi et universali catholicorum consensu ad Romanam Ecclesiam ac Romani pontificalis culmen electos. Unde quoniam, ut Scriptura testatur, *frater fratrem adjuvans, civitas munita et fortis* (*Prov.* XVIII, 19), rogamus vos et obsecramus in Domino Jesu Christo, ut tam pro nobis quam pro sancta matre vestra Romana Ecclesia incessanter Dominum exoretis, quatenus quod ejus nutu inchoare potuimus, universis inimicorum obstaculis superatis, ad dignos sibique placentes effectus perducere valeamus. Nos autem pro certo sciatis Ecclesiam vestram multum diligere, eamque inter cæteras nostræ providentiæ commissas Ecclesias magno amoris voto cupere honorare. Quoniam igitur jamdiu vestra metropolis pastore cognoscitur destituta, apostolica vobis præceptione mandamus ut eidem Ecclesiæ, quantocius poteritis, aptum et idoneum pastorem eligere procuretis. Tanta enim dilatio magnum detrimentum, magnam animarum solet afferre perniciem. Canonica etiam auctoritate cautum esse nostis, quod ultra tres menses episcopo suo Ecclesia vacare non debet; quanto igitur minus per tot annorum curricula! Et quoniam solitum est, in spatio quo vacat Ecclesia, a nonnullis irreligiosis boni ejus ac beneficia diripi, apostolica hoc omnimode auctoritate interdicendum mandamus ; hoc quoque specialiter præcipientes ut Ecclesia Romanensis et Ecclesia B. Petri de Campania, quæ sub jure ac ditione Viennensis Ecclesiæ antiquitus fuisse noscuntur, eidem Ecclesiæ quiete permaneant, et nulla magna parvaque persona vel ipsas Ecclesias, vel earum bona Viennæ Ecclesiæ, absque alicujus personæ molestatione seu diminutione, quieta et illibata permanere sub sui pontificis apostolica auctoritate decernimus. Obtemperantes vos jussionibus nostris omnipotens Deus benedicat.

IV.

Urbani II papæ epistola ad Lanfrancum Cantuariensem archiepiscopum. — De Ecclesiæ angustiis ac de suscepto pontificatu.

(Anno 1088.)

[Edidit THEINERUS, *Disquisit. critic.*, p. 207.]

URBANUS episcopus, servus servorum Dei, LANFRANCO sanctæ Cantuariorum Ecclesiæ reverendissimo archiepiscopo salutem et apostolicam benedictionem.

Non latere credimus prudentiam tuam, charissime Pater, quot procellis, quot tempestatibus ex longo jam tempore patitur navis Petri jactata seu negligente illo seu potius dormiente ad ipsam fere subvertit, unde in Siciliam transmiserit. Quanquam haud verisimile est Urbanum tam sero electionem suam amantissimo Patri significasse.

(3*) Hæc epistola scripta videtur postridie ejus electionis, adeoque forte legendum III Idus Martii, nisi si post dedicationem Bantini monasterii Terracinam

mersionem perducta sit. Pervenisse etiam ad aures religionis tuæ non dubitamus, quod expetente nos atque cogente universa catholicorum duntaxat Ecclesia, præcedente quoque gemina dominorum prædecessorum nostrorum Gregorii atque Vitellii inevitabili præceptione, temporis etiam necessitate permaxima constringente, ad summum Romanæ sedis sacerdotium indigni omnino et prorsus tanto officio impares quo nescio de judicio provecti sumus. Quod videlicet quomodo et qualiter gestum sit, si non forsitan plene addicisti, dilectissimus filius noster Rogerus, cardinalis Ecclesiæ nostræ subdiaconus, ordine toto referre valebit. Nunc itaque, quoniam sanctæ Romanæ Ecclesiæ matris videlicet tuæ unum te hoc tempore de primoribus filium nobilissimum et verissimum scimus, ad ejus servitium, ad ejus defensionem, ad ejus denique debitam obedientiam fraternitatem tuam litteris præsentibus invitamus, et ut ei in tantis necessitatibus tantisque periculis et consilii et auxilii tui dexteram porrigas, enixius flagitamus. Religio siquidem prudentia et fides egregia tua ubique terrarum Dei gratia famosa et celebris est. Ecclesia vero, cui præsides, quam specialius esse Romanæ debeat Ecclesiæ obediens ac devota, per quam scilicet catholicæ fidei rudimenta suscipiens a servitute est dæmoniaca liberata, non est incognitum. Studeat igitur ac satagat prudentia tua pro scire pro posse Romanæ Ecclesiæ modis omnibus subvenire, studeat nostras Ecclesias locorum scilicet diversitate distantes, catholicorum morum unitate connectere, et si quid in partibus illis apostolicæ sedi contrarium, si quid forte ejus auctoritati repugnans inveneris secundum datam tibi divinitus sapientiam redargue, fortiter reprime, sagaciter cura corrigere. Regem etiam ipsum nostrum charissimum filium, auctorabilis fraternitas tua conveniat, hortetur et moneat, ut et ipse quoque pro modo suo pro officio suo multis periculis et maximis necessitatibus laborantem matrem suam Romanam Ecclesiam consilio et solatio suo adjuvare et honorare studeat. Et quoniam, ut Scriptura loquitur, amicus in necessitate probatur, et item : Non cognoscitur in bonis amicus, nec celatur in malis inimicus, necessitatis hoc tempus minime negligendum ducat, sed si quam fidem, si quam Romanæ Ecclesiæ amicitiam debet, nunc cum opportunum quammaxime est, liberalis et devotus ostendat. Pecuniam porro, quam de regno eodem beatus Petrus consuetudinaliter solebat accipere, per hunc supradictum filium nostrum Rogerum sive per alium suum fidelem legatum una cum eo vel usque Cluniacum quantocius potuerit transmittat; ut et gratiam ejusdem beati Petri adipisci valeat, et nos super augmentatione et exaltatione regni sui promptos semper et paratos inveniat. Præterea orationibus sanctitatis tuæ nos devotissime committentes, præsentium latorem Rogerum tibi plurimum commendamus, ut et ei in servitio beati Petri et adjutorium in omnibus, quibus indiguerit, tribuas exoramus.

Data apud Terracinam quarta Idus Aprilis.

V.

Primatus Ecclesiæ Toletanæ in Hispaniis restituitur.

(Anno 1088.)

[MABILLON et RUINART, *Ouvr. posth.* III, 544.]

URBANUS episcopus, servus servorum Dei, reverendissimo fratri BERNARDO, archiepiscopo Toletano, ejusque successoribus in perpetuum.

Cunctis sanctorum decretales scientibus institutiones liquet quantæ Toletana Ecclesia dignitatis fuerit ex antiquo et quantæ in Hispanicis et Gallicis regionibus (1) auctoritatis exstiterit, quantæque per eam in ecclesiasticis negotiis utilitates accreverint, sed peccato populi promerente a Saracenis eadem civitas capta, et ad nihilum Christianæ religionis illic libertas redacta est, adeo ut per annos trecentos pene septuaginta nulla illic viguerit Christiani pontificii dignitas. Nostris autem temporibus divina populum suum respiciente clementia, studio *Ildefonsi* gloriosissimi regis, latore populi Christiani Sarracenis expulsis, Christianorum viribus [*al.*, juribus] Toletana civitas est restituta. Igitur voluntate et consensu unanimi comprovincialium populorum, pontificum atque principum, et Ildefonsi excellentis regis te, frater charissime Bernarde, primum illius urbis post tanta tempora præsulem eligi divinæ placuit examini majestatis. Et nos ergo miserationi supernæ gratiæ respondentes, quia per tanta terrarum mariumque discrimina Romanæ auctoritatem Ecclesiæ suppliciter expetisti, auctoritatem Christianam Toletanæ Ecclesiæ restituere non negamus. Gaudemus etiam corde [*al.*, gaudentes ergo corde, etc.] lætissimo, et magnas, ut decet, Deo gratias agimus, quod tantam nostris temporibus, dignatus est Christiano populo donare victoriam, statumque ejusdem urbis quoad nostras etiam facultates stabilire atque augere, ipso adjuvante, præoptamus, tum benevolentia Ecclesiæ Romanæ solita, et digna Toletanæ Ecclesiæ reverentia, tum charissimi filii nostri præstantissimi regis Ildefonsi precibus invitati, pallium tibi, frater venerabilis Bernarde, ex apostolorum Petri et Pauli benedictione contradimus, plenitudinem scilicet omnis sacerdotalis dignitatis, teque, secundum quod ejusdem urbis antiquitus constat exstitisse pontifices, in totis Hispaniarum regis primatem privilegii nostri sanctione statuimus. Primatem te universi præsules Hispaniarum respiciant, et ad te, si quid inter eos quæstione dignum exortum fuerit, referent, salva tamen Romanæ Ecclesiæ auctoritate, et metropolitanorum privilegiis singulorum. Toletanam ergo ecclesiam jure perpetuo tibi tuisque, si divina præstiterit gratia, successoribus canonicis tenore hujus privilegii confirmamus, etc.

Datum Anagniæ per manus Joannis S. R. E. dia-

---

(1) Id de Galliæ parte intelligendum quæ Wesigotthis parebat, nempe Narbonensi provincia.

coni cardinalis et præsignatoris domini Urbani secundi papæ Idibus Octobris, anno Dominicæ Incarnationis 1088, indictione xi, anno pontificatus domini Urbani papæ primo.

VI.

Urbani II epistola ad Ildefonsum Galleciæ regem : — Toletanam Ecclesiam Sarracenis ereptam gratulatur. Commendat Bernardum, archiepiscopum Toletanum, a sese pallio donatum, prima^temque in totis Hispaniarum regnis constitutum.

(Anno 1088.)

[MABILLON et RUINART, *Ouvrages posth.* III, 346.]

URBANUS, etc., ILDEFONSO regi Galliciæ.

Duo sunt, rex Ildefonse (4*), quibus principaliter mundus hic regitur, sacerdotalis dignitas et regalis potestas; sed sacerdotalis dignitas, fili charissime, tanto potestatem regiam antecedit, ut de ipsis regibus omnium rationem posituri sumus regi universorum. Quapropter pastoralis nos cura compellit, non solum de minorum, sed de majorum quoque salute pro viribus providere : quam pastori vero suas oves illæsas restituere, quæ nobis commissæ sunt valeamus, tuæ præcipue debemus saluti prospicere quem Christianæ fidei propugnatorem Ecclesiæ Christus effecit. Memento ergo, memento, fili mi amantissime, quantam tibi gloriam divinæ contulit gratia majestatis, et sicut ipse tuum præ cæteris regnum nobilitavit, ita tu ei studens præ cæteris devotius ac familiarius deservire. Dicit enim ipse Dominus per prophetam : *Honorificantes me honorificabo; qui autem me contemnunt, erunt ignobiles* (I Reg. ii, 30). Gratias itaque Domino et laboribus tuis agimus quod de Sarracenorum jure Toletana est Ecclesia liberata. Fratrem autem venerabilem *Bernardum* ejusdem urbis præsulem tuis exhortationibus invitati digne ac reverenter excepimus, et ei pallium contradentes, privilegium quoque Toletanæ Ecclesiæ antiquæ majestatis indulsimus. Ipsum enim in totis Hispaniarum regnis primatem statuimus, et quidquid Toletana Ecclesia antiquitus noscitur habuisse, nunc quoque ex apostolicæ sedis liberalitate in posterum habere censuimus. Tu illum ut patrem charissimum exaudias, et quæque tibi ex Domino nuntiaverit, obedire curato ; et Ecclesiam ejus temporalibus non desistas auxiliis ac beneficiis exaltare. Inter cætera vero laudum tuarum præconia pervenit ad aures nostras, quod sine gravi dolore audire nequivimus, episcopum scilicet sancti Jacobi a te captum, et in captione ab episcopali dignitate depositum, quod canonibus noveris omnino contrarium, et catholicis auribus non ferendum, quod tanto nos amplius contristavit, quanto te ampliori affectione complectimur. Nunc tibi, rex gloriosissime Ildefonse, Dei et apostolorum vice mandamus, orantes, quatenus eumdem episcopum suæ integræ restituas per Toletanum archiepiscopum dignitati ; neque id per Richardum cardinalem sedis apostolicæ factum excusaveris; quia et canonibus omnino est contrarium, et Richardus tunc legatione sedis apostolicæ minime fungebatur. Quod ergo ille tunc gessit, quem Victor papa sanctæ memoriæ tertius legatione privaverat (5), nos irritum judicamus. In remissionem peccatorum et sedis apostolicæ obedientiam suæ dignitati episcopo restituto (6), et ad nostram præsentiam cum legatis tuis ipse perveniat canonice judicandus; sin autem facere nos erga dilectionem tuam compelleres invitos, quod nos quoque fecisse nollemus. Memento religiosi principis Constantini, qui sacerdotum judicia nec audire voluit, indignum judicans dictos (7) ab hominibus judicari. Audi ergo in nobis Dominum et apostolos ejus, si te ab ipsis velis, et a nobis in iis quæ postulaveris exaudiri. Rex regum Dominus cor tuum gratiæ suæ fulgore illustret, victorias tibi tribuat, regnum tuum exaltet, itaque te semper vivere concedat, ut et temporali regno perfruaris feliciter, et æterno perenniter gratuleris. Amen.

VII.

Urbanus II archiepiscopos Hispaniæ monet de restitutione primatus Toletani.

(Anno 1088.)

[MABILL. et RUINART, *Ouvr. posth.* III, 549.]

URBANUS, etc., Terraconensi (8) et cæteris Hispaniarum archiepiscopis.

Quisquis voluntatem gerit, ut sibi alii subjiciantur, dedignari non debet, ut ipsi quoque aliis sit subjectus. Hic enim ordo regiminis atque prælationis non solum in terrestri, sed in supercœlesti quoque Ecclesia observatur, rege omnium disponente, ut si omnium principe alii aliis principentur. Toletanum siquidem archiepiscopum privilegii nostri auctoritate primatem in totis Hispaniarum regnis fore decrevimus, salva sedis apostolicæ auctoritate, et metropolitanorum privilegiis singulorum. Si quid igitur inter vos grave contigerit, quia ab apostolica sede procul estis, ad eum velut ad primatem vestrum omnium

---

(4*) Alias Aldefonsus seu Alfonsus, *Hispaniæ imperator* dictus. Ferdinandi filius, et frater Sancii Castellæ regis, qui anno 1072 successit ad annum 1109.

(5) Richardus abbas Sancti Victoris Massiliæ a Gregorio VII post Bernardum suum fratrem in Hispaniæ legatiis, in concilio Beneventano an. 1087 excommunicatus fuerat cum Hugone Lugdunensi, quod post approbatam Victoris electionem, sese postmodum ejus obedientiæ subduxerant, ut in Gestis Urbani diximus, ex Chronico Casinensi lib. iii, cap. 72.

(6) De hoc Compostellani episcopi negotio agimus in Urbani Gestis, vide excerpta ex Historia Compostellana supra.

(7) Labb. Aguir., etc., *deos*, legendum forte *dictos*. *deos*, v. Rufin, etc.

(8) Vereor ne *Terraconensi* irrepserit. Quippe cum anno 1088 Bernardus Toleti antistes primatum recepit, nondum Terraconensis Ecclesia in metropolim restituta fuerat. Non enim videtur in subsequentes annos posse rejici hæc epistola, quæ non uni Terraconensi, sed universis Hispaniarum archiepiscopis inscripta est, ut eos moneat de Toletani primatus restitutione, quæ hoc anno facta est. Calistus II, epist. 34 *Ovetensem et Legionensem Ecclesias* Toletano archiepiscopo ab Urbano concessas fuisse scribit.

recurretis, ejusque judicio quæ vobis sunt gravia terminabitis. Quod si quid forte ipsius quoque judicio nequiverit definiri, ad apostolicam sedem, ut dignum est, velut omnium sedium principem referetur. Qui autem vestrum sine metropolitanis propriis sunt, ipsi interim velut proprio subesse debebunt. Valete.

VIII.
Urbani II epistola ad Hugonem abbatem Cluniacensem de primatu collato Ecclesiæ Toletanæ.
(Anno 1088.)
[MABILL. et RUIN., *Ouvr. posth.* III, 350.]

URBANUS, etc., HUGONI, abbati Cluniacensi, etc.

Venerabilem fratrem nostrum Bernardum Toletanæ Ecclesiæ præsulem tam pro tuæ postulatione dilectionis, quam pro ipsius reverentia religionis et Toletanæ Ecclesiæ honore reverenter excepimus. Ipsi etiam ad sedis apostolicæ et Romanæ Ecclesiæ ut matris omnium majestatis, quemadmodum dignum est devote ac simpliciter concurrenti antiqua Ecclesiæ suæ prout rogasti munimenta concessimus, et privilegii nostri paginam pristina plenam dignitate, libenter indulsimus. Primatem episcoporum omnium, qui in Hispaniis sunt effecimus, et quæque super eo tua nos charitas flagitavit, cum pallii datione contradidimus. Tibi ergo par est amoris nostri studio respondere, et nostris ac Romanæ Ecclesiæ auxiliis fideliter deservire. Nos enim et præcipua te ac fratres tuos affectione diligimus, et omnia monasterii vestri loca, ubi liberum fuerit, in nostræ specialiter manus protectionem suscipimus; ita nec episcopus quilibet, nec legatus, nisi cui a nobis idipsum specialiter injunctum fuerit, præter voluntatem tuam de vestris audeat negotiis judicare, salvo tamen jure episcoporum, quod in eis hactenus habuisse noscuntur. Vos ergo nostri semper in omnibus vestris ad Dominum precibus memores sitis; et sicut nos vos et vestra specialiter fovemus, ita vos nos apud Dominum spiritualiter commendare curetis; nosque ac Romanam Ecclesiam, ubi oportet, et ubi facultas est adjuvetis. Dominus omnipotens sua nos gratia foveat, conservet ac protegat. Amen.

IX.
Urbanus II monasterii Cluniacensis possessiones et privilegia confirmat, et Hugoni abbati mitræ, dalmaticæ chirothecarum, sandaliorum usum concedit.
(Anno 1088.)

[*Bibliotheca Cluniacensis*, p. 514.]

URBANUS episcopus, servus servorum Dei, HUGONI sanctissimo abbati Cluniacensi, ejusque successoribus in perpetuum.

Cum omnibus sanctæ filiis Ecclesiæ ex sedis apostolicæ auctoritate, et benevolentia debitores existimus, venerabilibus tamen personis atque locis, maxime quæ apostolicæ sedi semper specialius adhæserunt ac devotius, quæque ampliori religionis gloria eminent, propensiori nos convenit charitatis studio imminere. Tibi ergo, sanctissime, reverentissime ac dilectissime frater, tam ex antiquæ sedis apostolicæ familiaritate, quam ex nobilissima tuæ tuique cœnobii religionis reverentia, singularis a nobis debetur prærogativa dilectionis. Est præterea quod nos tibi non minus, tuoque monasterio faciat debitores, quoniam per te monasticæ religionis rudimenta suscepi. In tuo cœnobio per secu. dam sancti Spiritus gratiam sum renatus, cui hactenus impensiori gratia Romana Ecclesia dilectionis ac protectionis curam impendisse dignoscitur. Quidquid igitur libertatis, quidquid immunitatis, quidquid auctoritatis tibi, tuisque successoribus, tuoque cœnobio, per antecessorum nostrorum privilegia concessum fuisse constat, nos quoque hujus nostri decreti pagina conferimus, tradimus, confirmamus. Hæc insuper adjicientes, ut monasterium Sanctæ Mariæ de Charitate, monasterium S. Martini de Campis apud Parisios, monasterium Sancti Dionysii apud Nungentum, S. Mariæ de Nazara, S. Gervasii de Exis, S. Mariæ de Arulis, S. Petri de Campo-rotundo, S. Genesii in Elnensi episcopatu, S. Pauli in Valle olci, S. Mariæ de Cubaria, S. Mariæ de Salella, S. Mariæ de Tolosa, S. Trinitatis in Marciniaco, quod tu in alodio proprio ædificasti, nunquam tuo, tuorumque successorum regimini ordinatione subtrahatur. Cætera vero omnia quæ antecessores nostri vestro monasterio privilegia tradiderunt, nos quoque contradimus atque firmamus. Moisiacense sane cœnobium, in ea, qua nunc est, in posterum libertate permaneat, nisi forte episcopus admiserit, propter quod ejus debeat ditione privari. Quicunque autem melioris vitæ appetitu, vestrum voluerit advenire cœnobium, libera tibi, tuisque successoribus facultas maneat, secundum tenorem regulæ S. Patris nostri Benedicti eos suscipere. Præterea decernimus atque stabilimus ne quis ultra legatus Romani antistitis vices in vestris partibus agens, absque ipsius licentia vel præceptione, buccam in vos, aut vestra monasteria audeat aperire, vel nisi ad idipsum specialiter dirigatur. Episcopis vero, in quorum diœcesibus vestræ sunt facultates, omnino non liceat de vestris monachis aut monasteriis judicare. Salvo canonico illo jure, quod in eis hactenus habuerunt. Si quid autem causæ in eos habuerint, te, tuosve successores appellent. Quod si per vos lis nequiverit definiri, ad sedem apostolicam referatur, ejus solius, vel legati ejus judicio definiendum. Tibi plane peculiari devotione concedimus, ut in processionum missarumque solemnibus mitra utaris episcopali. In præcipuis vero festivitatibus, id est in quinque, quas præcipuas habetis, et in Theophania, et in Ascensione, nec non et in Dedicatione vestræ Ecclesiæ, dalmaticam, chirothecas et sandalia induaris. Et hoc ad tuæ religionis evidentiam atque ostensionem nostræ peculiaris dilectionis, quam ex sede apostolica magis meritis exigentibus promereris. Tuam de cætero condecet sanctitatem, quemadmodum ab Romana Ecclesia specialius honoratur, ita ejusdem Ecclesiæ servitiis et utilitatibus singulariter insudare, quatenus et hactenus vobis ab eadem Ecclesia concessa stabili tenore permaneant, et dignius vestrum sit coenobium in futuro majoris præmia gloriæ adipisci.

Datum Romæ per manus Joannis diaconi sanctæ Romanæ Ecclesiæ, prosignatoris domni Urbani II papæ. Kal. Novemb., indict. xi, anno Dominicæ Incarn. 1088, pontificatus vero ejusdem domni Urbani papæ primo.

X.

Urbani II papæ epistola ad Gothofredum Magalonensem episcopum. — Substantionensis comitatus et Magalonensis episcopatus investituram de manu ejus recipit. Quapropter eam Ecclesiam et comitatum sub speciali Romanæ Ecclesiæ protectione ponit, et curam percipiendi censum annuum unius unciæ auri de prædicto comitatu ei demandat.

(Circa annum 1088.)
[D. Bouquet, *Recueil*, t. XIV, p. 690.]

Urbanus episcopus, servus servorum Dei, Gothofredo Magalonensi episcopo ejusque successoribus in perpetuum.

Universum sanctæ Ecclesiæ corpus miserante Deo, per unigeniti Filii sui Redemptoris nostri sanguinem propria constat et perpetua libertate donatum; sed pravorum hominum astu, pastorum negligentia, quædam per orbem Ecclesiæ ditioni sunt sæcularium potestatum addictæ. Supernæ autem miserationis respectu idcirco ad universale sedis apostolicæ regimen promoti sumus, quatenus debeamus omnibus modis quæ ad earum spectant salutem et gloriam providere, ut, ab omni servitutis vinculo liberæ, sua semper libertate gaudeant. Ad hoc autem omnipotens Dominus Romanam Ecclesiam Ecclesiarum matrem principemque constituit, ut ea disponente corrigantur quæ mala sunt, et quæ recta sunt confirmentur. Tibi itaque, frater Gothofrede Magalonensis episcope, Magalonensem Ecclesiam, tuisque successoribus canonicis, sub Romana libertate specialiter permansuram jure perpetuo confirmamus; quam nimirum Ecclesiam, pastorum qui in illis partibus fuerant, permittente incuria, multis temporibus ex consuetudine nefanda Substantionensis comites suæ jugo servitutis attraxerant. At bonæ memoriæ comes [Melgoriensis] Petrus, Dei timore compunctus, B. Petro ejusque vicariis ex toto episcopatum reddidit, et scripti actione refutavit; comitatum quoque, qui sui juris erat, sub jure B. Petri ejusque vicariorum per testamentum paginam dereliquit, eo videlicet tenore ut hæredes sui Romani pontificis milites fierent, et ex ejus manu comitatum obtinerent: quod si hæredum successio destitisset, sub Romani pontificis ordinatione et Magalonensis cura episcopi haberetur; quin etiam censum Lateranensi palatio persolvendum ob ejusdem hæredibus auri unciam quotannis instituit. Magalonensi

(9) *Guezelonem hæreticum fuisse.* Hanc epistolam Urbani secundi papæ ex manuscripto bibliothecæ Sancti Victoris Parisiensis cum aliis pluimis, de quibus supra descriptam misit excudendam reverendus dominus Joannes Picardus Sancti Victoris Parisiensis ecclesiæ sæpe dictæ canonicus regularis.

A igitur episcopatus et Substantionensis comitatus investituram ex manu fraternitatis tuæ vice prædicti comitis per annulum recipientes, et ejusdem comitatus donationis constituta religiosa firmantes, prædictam Ecclesiam atque comitatum sub B. Petri et Romanæ Ecclesiæ protectione specialiter confovendum suscipimus, salva Narbonensis metropolitani auctoritate ac reverentia, siquidem legitime ordinatus fuerit. Porro ipsam Ecclesiam tibi tuisque successoribus canonice substitutis regendam perpetuo confirmamus, et quæcunque ad Magalonensem episcopatum, vel ad fratrum ibi degentium communiam, regum comitumve liberalitate, vel quorumcunque fidelium oblatione juste hactenus pertinuisse noscuntur, quæque in posterum juste poterit adi-
B pisci in urbibus et municipiis, in ecclesiis, in decimis, cæterisque redditibus, contradicendo contradicimus, et præsenti nostri decreti pagina constituimus atque sancimus quatenus nullus omnino sacerdotum aut cujuslibet ordinis clericorum, nullus imperatorum, regum aut comitum de his quæ eidem Magalonensi Ecclesiæ a quibuslibet donata fuerint, vel in futuro donabuntur, sub cujuslibet causæ occasionisve specie minuere vel auferre, vel suis juribus applicare, vel aliis quasi piis causis pro suæ avaritiæ excusatione audeat distrahere. Quia vero sæpius contingere solet, ut, invito clero et populo, sæculares potestates nequiter nituntur inthronizare personas, decernimus atque censemus ut te qui episco-
C pus es, vel tuorum quolibet obeunte, institutione pontificis nullum sibi honorum, nullum fas potestas quælibet arroget sæcularis, sedis secundum canonum statuta constituatur, quem clerus et populus gratis communi consilio et sine pravitate elegerit. Præterea fraternitati tuæ tuisque successoribus, quandiu tales fuerint ut sedis apostolicæ communionem et gratiam habere mereantur, prædicti Substantionensis comitatus curam injungimus, ut vos censum annuum exigatis. Ad ostensionem autem specialis hujus acceptæ a Romana Ecclesia libertatis, ex episcopatu unam auri unciam quotannis Lateranensi palatio tu tuique successores persolvetis.

Datum Romæ, xix Kal. Januarii, per manum Joannis diaconi sanctæ Romanæ Ecclesiæ præsigna-
D toris D. Urbani II, anno Domini 1088, pontificatus ejusdem D. Urbani primo.

XI.

Epistola Urbani II ad Pistoriensem et Rusticum Vallis Umbrosæ abbates. — De Wezelone (9) Moguntino archiepiscopo ob simoniam deposito.

(Circa an. 1088.)
[Mansi *Concil.* XX, 664.]

Urbanus secundus papa Pistoriensi et Rustico Vallis Umbrosæ abbatibus.

Quæ cum hactenus nullibi impressa fuerit, et quamdam de simonia decretalem constitutionem contineat, dignam judicavi quæ in lucem emitteretur. Hic Guezelo, ut bene notandum esse monuit dictus dominus Picardus, idem est quem passim Urspergensis abbas nuncupat Wicelonem Sigefridi

Scripsistis nobis maximum apud vos scandalum emersisse, quo Pisanum episcopum consecraverimus, quod a Guezelone hæretico diaconus fuerat ordinatus. Et nos profecto scimus Guezelonem hæreticum fuisse, Moguntinumque episcopatum Simoniaco crediimus facinore invasisse propter quem aut alium acquirendum regi sub anathemate posito diu servierat, et propter acquisitum omni vitæ suæ tempore deservivit. Eumdem et ipsi nos pro eadem causa, qui ab excommunicatis consecratus est, in synodali concilio excommunicavimus, condemnavimus, et ab omni ecclesiastico officio sine spe restitutionis aliqua deposuimus.

XII.
Urbani II papæ privilegium pro abbatia S. Joannis de Vineis.

(Anno 1089.)

[DE LOUEN, *Histoire de l'Abbaye royale de Saint-Jean-des-Vignes*, Preuves, pag. 281.]

URBANUS episcopus, servus servorum Dei, charissimo fratri ROGERO, abbati canonicæ Sancti Joannis, qui cognominatur *de Vineis*, juxta Suessionem, fratribusque ibidem sub regula beati Augustini constitutis et constituendis salutem et apostolicam benedictionem.

Justis votis assensum præbere, justisque petitionibus aures accommodare nos convenit, qui, licet indigni, justitiæ præcones, atque custodes in excelsa apostolorum Petri et Pauli specula, dispensatione sumus divina constituti. Quia igitur inspirante domino, dictam canonicam secundum beati Augustini regulam delegistis, bono ac laudabili voto devotione debita congaudemus, et ut laudabile propositum laudabiliora subsequantur incrementa paterna vos affectione, ut filios charissimos, cum omnibus appendiciis vestris, sub protectione sedis apostolicæ suscipimus, et scripti nostri privilegio communimus : statuentes siquidem in primis, ut ordinis vestri canonicæ institutiones secundum Deum et beati Augustini regulam, perpetuis in ecclesia vestra temporibus, inviolabiliter observentur : præterea quascunque possessiones, quæcunque bona, in futurum vel regum, atque pontificum liberalitate; vel oblatione fidelium poteritis adipisci (salva diœcesanorum debita reverentia) integra vobis vestrisque possessoribus, et illibata permaneant. Adjicientes præterea interdicimus ne aliquis sæcularis in parochialibus ecclesiis vestris substituatur presbyter, nisi qui ab abbate vestro, cum consensu capituli vestri, diœcesano fuerit præsentatus episcopo. Vobis autem claustri vestri canonicos per parochiales ecclesias vestras liceat ordinare. Præsenti etiam decreto statuimus ut nulli ecclesiastici ordinis personæ, vel a vobis, vel ab ecclesiis ad jus vestrum pertinentibus, præter synodales, liceat aliquid exigere, nullique liceat novam ecclesiam vel atrium intra terminos parochiarum vestrarum, sine vestro et episcopi vestri consensu, constituere. Statuimus etiam quod parochianos ecclesiarum vestrarum sine parochialium sacerdotum consensu, nulli liceat sepelire, vel servos vestros sine consensu vestro in fratrem recipere. Interdicimus etiam ne aliquis terminos parochiarum de laica vel ecclesiastica manu, sine consensu vestro recipiat. Si quam etiam terram de qua vobis decima consuevit exsolvi, ad aliam manum transferre contigerit; nihilominus inde vobis decima tribuatur. Sane novalium vestrorum quos propriis manibus vel sumptibus colitis, decimas nemo præsumat exigere. Decernimus igitur ut nulli omnino liceat vestra vel auferre, vel aliquibus exactionibus infestare. Porro si quis hoc privilegium nostræ sanctionis temerario ausu infringere præsumpserit, a Christi cum et Ecclesiæ corpore segregamus auctoritate apostolica; conservantibus autem pax a Domino et misericordia conserventur. Amen, amen, amen.

Datum Romæ per manus Joannis, sanctæ Romanæ Ecclesiæ diaconi cardinalis et prosignatoris, Dominicæ Incarnat. millesimo octuagesimo nono, indict. XII, III Idibus Jan., anno pontificatus domni Urbani primo.

XIII.
Urbanus II, monasterio S. Victoris Massiliensi bul am tribuit.

(Anno 1089.)

[Vide MABILLON et RUINART, *Ouvrages posthumes*, III, 51.]

XIV.
Urbani II epistola ad Gaufridum Constantiensem episcopum. — Perfugam e monasterio Schafhusensi tertio revocari mandat, et parere recusantem anathemati tradit.

(Anno 1089.)

[MANSI, *Concil.* XX, 707.]

URBANUS episcopus, servus servorum Dei, dilecto fratri et coepiscopo GAUFRIDO Constantiensi salutem et apostolicam benedictionem.

Dilectissimus filius noster N. conquestus est nobis quod quidam vir, nomine N., postquam se suaque omnia super altare Domini Salvatoris et omnium sanctorum in Schafhusen obtulerat; instinctu diaboli apostatando se suaque ab eodem monasterio alienare præsumpserit. Volumus ergo, tuæque charitati injungimus, ut eumdem virum secundum evangelicam auctoritatem secundo et tertio canonice ut revertatur commoneas. Si vero, quod absit, in pravitate sua perstiterit; tu in promptu ulcisci

---

Moguntini archiepiscopi demortui successorem, seu potius Moguntinæ ecclesiæ invasorem ab Henrico rege intrusum, ut patet ex iis quæ supra dicta sunt in concilio Quintilineburgensi sub Gregorio septimo. Nec obstat quod apud Urspergensem Wecilo nominetur, quem Urbanus papa hic Guezelonem appellat : nam familiare est Gallis aliisque nationibus ut nomina omnia propria, quæ apud Germanos scribuntur in principio per geminum W, ipsi primam litteram V in G convertant, adeoque pro Wezelone scriptum fuerit Guezelo. SEV. BIN.

XV.

Urbani II epistola ex synodo Romana scripta ad Gebehardum Constantiæ episcopum canonica, qua eidem legationem apostolicam, et procurationem Ecclesiarum in Saxonia, Alemannia, defert et conconfirmat.

(Anno 1089.)

[Mansi, *Concil.* XX, 715.—Ex cod. Vatic. 382 eruit Schannat., ex quo Harthzeim conc. Germ. t. III, p. 210.)

Urbanus episcopus, servus servorum Dei, Gebehardo Constantiensi episcopo, salutem et apostolicam benedictionem.

Quia te speciale, post Dominum, manuum nostrarum opus esse perpendimus, et quia specialem in te religionis gratiam esse cognoscimus, idcirco te adjuvare tuisque necessitatibus specialiter subvenire, Domino annuente, satagimus. Quæstiones autem quas tuis litteris significasti vestris in partibus agitari, apud nos quoque satis frequenter noveris commoveri.

Fratrum itaque communicato consilio, diuque excommunicationis quæstione tractata, sancti prædecessoris nostri Gregorii sententiam confirmantes, ita eam Domino inspirante determinavimus.

Primo quidem gradu Ravennatem hæresiarcham, Romanæ Ecclesiæ invasorem, cum Henrico rege, ejusdem perversitatis capite, ab omnibus Ecclesiæ catholicæ membris alienum et excommunicatum esse censemus.

Secundo, eos qui armis, pecunia, consilio aut obedientia, ecclesiasticos maxime ordines aut honores ab eis aut eorum fautoribus accipiendo, eorum nequitiæ adminiculum subministrant: hos igitur principaliter anathematis vinculo astringentes.

In tertio gradu communicantes eis non quidem non excommunicavimus, sed quia ipsi se eorum communione commaculant, in nostram eos societatem nequaquam sine pœnitentiæ ultione et absolutione recepimus. Sanctis quippe canonibus cautum constat ut qui excommunicatis communicaverit, excommunicetur. Ipsius autem pœnitentiæ atque absolutionis modos ea moderatione discrevimus, ut quicunque seu ignorantia, seu timore, seu necessitate negotii cuiquam maxime necessarii eorum se convictu, salutatione, oratione, osculatione contaminaverit cum minoris pœnitentiæ absolutionisque medicina societatis nostræ participium sortiatur; eos vero qui aut spontanee aut negligenter inciderint, sub ea volumus disciplinæ coercitione suscipi, ut cæteris metus incutiatur, cujus disciplinæ moderamina, quod ad tuam curam spectat nostræ providentiæ, prout oportere videris, pro temporibus et personarum competentia servanda committimus.

Quarto. Porro de clericis qui ab excommunicatis episcopis ordinati sunt necdum quidem sententiam fiximus, quia generalis mali contagium generalis synodi est cauterio comburendum. Tuæ tamen paternitati hoc respondemus ad præsens ut ab excommunicatis quondam tamen catholicis episcopis ordinatis si quidem non Simoniace ordines ipsos susceperint et si ipsos episcopos non simoniacos fuisse constiterit; ad hoc si eorum religiosior vita et doctrinæ prærogativa visa fuerit promereri, pœnitentia indicta quam congruam duxeris in ipsis quos acceperunt ordinibus manere permittas; ad superiores autem ascendere non concedimus, nisi necessitas et utilitas maxima flagitaverit, et ipsorum sancta conversatio promoverit, et hoc tamen ipsum rarius cum cautela præcipua est concedendum.

Quinto. De presbyteris, diaconis aut subdiaconis qui post acceptum ordinem in aliquo crimine lapsi fuerint, sive palam sive clam, constat quidem canonum censura ab ecclesiasticis eos officiis inhiberi; tuæ tamen discretioni providentiæque committimus utrum aliqui, qui tamen infamiæ notis non fuerint aspersi, necessitate Ecclesiæ urgente, et ipsorum sancta conversatione promerente, in suis gradibus recuperari debeant. Hoc autem secundum indulgentiam dico, non secundum imperium, ut vestra major vestris in partibus contra hæreticos habeatur auctoritas, salva tamen auctoritate canonum et sanctorum Patrum decretalibus institutis. Si quem vero, quod absit, aut post acceptum, aut ante acceptum officium, contigerit peremptorie, sive clam sive palam, occupatum crimine inveniri, eos maxime, qui mundo adhuc vivunt, ab omni altaris ministerio sequestramus.

Sexto. Sane insulam Augiam sub jurisdictione B. Petri ac Romanæ Ecclesiæ constat specialiter contineri; sed quia eorum privilegium, quod ab Romana Ecclesia obtinent, non satis meminimus, causam facile determinare non possumus; salva tamen ejus privilegii auctoritate, tibi singulariter in clerum et in populum illic habitantem, præter monachos, omnem concedimus episcopalem regiminis potestatem. Cæterum ut in eodem abbatem catholicum regulariter vice nostra præstituere studeas, tuæ obedientiæ imperamus; nec solum in eo, sed et in S. Galli cœnobio, et in cæteris, si quæ sint, propriis abbatibus destituta, nostra fretus auctoritate, cum consilio quorum interesse noveris, abbates eligere atque electos consecrare procura. Idem etiam tibi studendum de Augustensi et Curiensi episcopatibus injungimus; nec non et de cæteris ad quæ Pataviensis episcopus advocari vel adesse nequiverit.

Septimo. Et ipsi enim, quemadmodum et tibi, Saxoniæ, Alemanniæ, aut cæterarum quæ prope sunt regionum, vice nostra procurationem injunximus, ut ordinationes improbandas improbetis, roborandas roboretis, et quidquid ecclesiastici negotii disponendum fuerit, communicato religiosorum virorum consilio, disponentes, quoad usque privationem, annuente Domino, legatum sedis apostolicæ suscipere valeatis. Vos qui Dei zelo fervetis, et scientia doctrinaque præcellitis, omni cura atque sollicitudine utilitatibus ecclesiasticis insudate, scientes quoniam et nos in ipsis vestris utilitatibus libentissime annuemus : labores autem Romanæ Ecclesiæ communicare, eosque opis vestræ auxilio sublevare nullo modo pigri sitis. Benedictionum suarum vos omnipotens Deus ubertate perfundat, incolumes custodiat, et ad vitam perducat æternam.

Dat. Romæ xiv Kalend. Maii, anno ab Incarnat. Domini nostri Jesu Christi 1089.

XVI.

Urbani II epistola ad episcopos Germaniæ. — Illis indicat pro excommunicatis qui homines habendi sint.

(Anno 1089.)
[Mansi, *Concil.* XX, 719.]

URBANUS episcopus, servus servorum Dei, episcopis Germaniæ in unitate Ecclesiæ constitutis salutem et apostolicam benedictionem.

Fratrum nostrorum communicato concilio, diuque excommunicationis quæstione tractata, sancti prædecessoris nostri Gregorii sententiam confirmantes, ita cum Domino inspirante determinavimus. Primo siquidem gradu Ravennatem hæresiarcham, Romanæ Ecclesiæ invasorem, cum ejusdem perversitatis capite ab omnibus Ecclesiæ catholicæ membris alienum et excommunicatum esse censemus; secundo qui armis, pecunia, consilio aut obedientia ecclesiasticos maxime ordines aut honores ab eis aut eorum fautoribus accipiendo eorum nequitiæ adminiculum subministrant : hos igitur principaliter anathematis vinculis astringentes, in tertio gradu communicantes eis nos quidem non excommunicamus, sed qui se eorum communione commaculant nequaquam in nostram societatem sine pœnitentiæ ultione et absolutione recipimus. Sanctis quippe canonibus sancitum constat ut qui excommunicatis communicaverit, excommunicetur. Ipsius tamen pœnitentiæ et absolutionis modos ea moderatione discrevimus, ut quisquis seu ignorantia, seu timore, seu necessitate negotii cujusque maximi et maxime necessarii eorum se convictu, salutatione, oratione vel osculo contaminaverit, cum minoris pœnitentiæ absolutionisque medicina nostræ societatis participium sortiatur. Eos vero qui spontanee aut negligenter inciderit sub ea, nolumus disciplinæ coercitione suscipi ut cæteris metus incutiatur.

XVII.

Urbani papæ II bulla pro canonicis regularibus S. Augustini in cœnobio S. Joannis Rivipollensis a Berengario præsule institutis.

(Anno 1089.)
[Florez, *España Sagrada*, t. XXVIII, p. 292, ex chartulario S. Joannis Rivipollensis.]

URBANUS episcopus, servus servorum Dei, charissimo fratri Berengario Ausonensi episcopo futurisque post eum rectoribus in abbatia Sancti Joannis Rivipollensi in perpetuum.

Justis petitionibus aurem accommodare, justisque votis assensum præbere nos convenit, qui auctore Domino, licet indigni, utque præcones in excelsa apostolorum principum Petri et Pauli specula positi sumus. Quia igitur, inspirante Deo, charissime frater, B. Joannis abbatiam secus Teserem fluviumque Rivipollensis a sæculari dominatione eripiens, canonicos ibi secundum B. Augustini regulam statuisti : nos, eorum professione religionis providentes augmenta, petitioni tuæ libenter annuimus, et eamdem ecclesiam specialiter in sedis apostolicæ tutelam protectionesque suscepimus; quam videlicet ecclesiam Bernardus Bisulduensis comes per manus proposita cautione sua potestate exutus, sua etiam liberalitate donatam, tuis in manibus Domino recusavit, tuamque tu prædictis canonicis ad sanctæ vitæ conversationem conferens alodiorum tuorum collatione ditasti. Quandiu igitur religionis tramitem secundum apostolicam disciplinam ipsi ipsorumque successores servaverint, prædictam eis ecclesiam ad honorem sedis apostolicæ confirmamus, et ab ea omnem sæcularem dominationem excludimus, virtute sancti Spiritus et apostolorum Petri et Pauli auctoritate sancientes, quatenus omnia quæ hodie per tuam concessionem vel per supradicti comitis donationem, vel per aliorum oblationem fidelium possidet, sive quæ in futurum juste poterit, largiente Domino, adipisci, integra eis et illibata permaneant. Eos autem qui bona ad locum ipsum pertinentia volentes retinent, agnito præsentis tenore privilegii, secundo tertiove commoniti, nisi intra xL dies ea restituerint, aut pacto congruo satisfecerint, ab ecclesiarum eos liminibus coercemus. Tu itaque, venerabilis frater B. q. . . . . ., eamdem ecclesiam tua industria . . . . . tuis etiam collationibus locupletasse dignosceris, vice nostra eis omni vitæ tuæ tempore, patrocinium et dominium exhibebis. Post tuum transitum nullus eis in abbatem præstituatur, nisi quem ipsi consensu communi, aut ipsorum pars præstantior, ad honorem sedis apostolicæ cum consensu Bernardi comitis Bisulduensis, secundum Dei timorem, elegerint; salva tamen Ausonensium pontificum canonica reverentia, quandiu prædictam abbatiam benigne tractaverint. Vos igitur, charissimi filii, oportet regularis ordinis tramitem ferventer insistere, ut quantum ab sæcularibus tumultibus liberiores estis, tanto divinis studiosius serviliis insudetis. Ad indicium autem perceptæ hujus a Romanæ Ecclesiæ libertatis, dilectioni vestræ dignum est mancusos III Valentianæ monetæ Lateranensi palatio quotannis exsolvere et Romanorum pontificum diligentius decreta servare. Sane hoc nostræ privilegium sanctionis si quis in crastinum archiepiscopus, aut episcopus, rex, princeps, dux, marchio, comes aut vicecomes, aut persona quælibet magna, vel parva, potens aut impotens, scienter infringere aut temere violare præsumpserit, et constitutum prædictæ abbatiæ ordinem evertere, vel ejus bona invadere, molestare, aut suis usibus nequiter applicare tentaverit, secundo tertiove commonitus, si non satisfactione congrua emendaverit, a Christi et Ecclesiæ corpore auctoritate apostolica segregamus. Conservantibus pax a Deo, et mercedem (sic) præsentibus, et futuris sæculis conservetur. Amen.Amen. Amen.

Datum Romæ per manus Joannis Sanctæ Dei Ecclesiæ diaconus cardinalis et prosignateris domini Urbani papæ II, an. Dominicæ Incarnat. 1089, indict. XII, XIV Kal. Junii, anno pontificatus ejusdem domini Urbani II.

Ad calcem leguntur sequentia.

In concilio apud Tolosam habito, cui interfuerunt xx episcopi et abbates complurimi, Renerius, cardinalis et legatus sanctæ Romanæ Ecclesiæ, et Amatus archiepiscopus et legatus Urbani papæ, cum cæteris episcopis, judicaverunt de negotio et querimoniis quæ clerici S. Joannis deposuerant coram eis de Ricardo abbate et ejus Massiliensibus monachis, ut idem Ricardus et monachi ejus redderent beato Joanni et ipsis clericis omnia prædia et possessiones, et ornamenta, et cætera mobilia quæ ipsi eo tempore quo tenebant ecclesiam ejusdem S. Joannis, abstulerunt, et donaverunt, et donare fecerunt, et raptoribus censuerunt.

Et infra.

Renerius, cardinalis S. R. E. et legatus ejusdem, venerabilibus episcopis B. Gerunden., B. Auson., atque B. Urgellen., sive A. Elnensi, et B. Barchinon., salutem. Volumus esse notum dignitati vestræ, clericos B. Joannis Rivipollensis deposuisse querimoniam in concilio Tolosano super parochianis vestris, qui, omni reverentia postposita, auferunt B. Joanni ecclesias et nonnulla ecclesiastica prædia. Unde monemus, et auctoritate apostolica præcipimus, ut eos ab hac rapina cessare admoneatis, et B. Joanni quæ sui juris sunt prædicatione et excommunicatione reddere faciatis. Quod si noluerint, sciant se excommunicatos et ab omni Christiana communicatione ejectos auctoritate BB. apostolorum Petri et Pauli, et reverentissimi papæ Urbani et conventus totius concilii Tolosani, quoadusque resipiscant, et quæ invaserunt dimittant, quos eodem modo a vobis excommunicari S. R. Ecclesiæ auctoritate præcipimus, donec ad dignam satisfactionem veniant.

XVIII.

Urbani II papæ privilegium pro monasterio Jesu Nazareni.

(Anno 1089.)

[Aynsay, *Fundacion, excelencias, grandezas y cosas memorables de Huesca.* Huesca, 1619 fol. 1, pag. 454.]

Urbanus episcopus, servus servorum Dei, dilectissimis in Christo filiis regularibus fratribus ecclesiæ quæ dicitur Jesu Nazareni, eorumque successoribus regulariter victuris in perpetuum.

Justa fidelium petitio effectu debet prosequente compleri, ut et laborantium in Ecclesia devotio sancta clarescat, et utilitas ecclesiastica Domino semper largiente proficiat. Quia igitur charissimus noster in Christo filius sanctus Aragonensis sive Pampilonensis rex, ecclesiam vestram in domini nostri Jesu Christi Nazareni nomine per ipsum ædificatam, in Romanæ Ecclesiæ tutelam specialiter suscipi postulavit, etc. *Y prosigue la dicha bulla, la qual entre otras clausulas que tiene favorables o esta casa, son las siguentes.* Constituimus enim et apostolica auctoritate decernimus ut ab omnium omnino hominum cujuscunque sit ordinis jugo liberi maneatis, solique sanctæ et apostolicæ Romanæ Ecclesiæ subditi, tranquille et quiete Domino omnipotenti serviatis, etc. Confirmamus, etc., omnia quæ idem rex vobis, vel quicunque fidelium de suis possessionibus contulerunt, aut quæ de jure suo pontificum quilibet concesserunt, quæque in futurum, annuente Domino, juste ac legitime poteritis adipisci, etc. Porro nulli episcopo liceat ejusdem Ecclesiæ fratres quos in Romanæ Ecclesiæ filios speciali electione assumpsimus, excommunicare, aut divinum eis officium interdicere, sed sub sola sedis apostolicæ protectione judicioque liberi annuente Domino securique permaneant, etc. (*Concluye esta bulla, cum estas palbras*): Hoc igitur nostri privilegii sanctionis, si quis in crastinum agnoscens archiepiscopus, aut episcopus, imperator aut rex, princeps, dux, vel marchio, comes aut vicecomes, judex, castaldio, vel persona quælibet magna vel parva, potens aut impotens, contra eam temere venire præsumpserit, et ejusdem ecclesiæ bona invadere, molestare, vel suis usibus applicare tentaverit, secundo tertiove commonitus, si non satisfactione congrua emendaverit, a Christi eum et Ecclesiæ corpore auctoritatis apostolicæ potestate segregamus, et honoris sui piaculo subjacere decernimus : conservantibus autem pax a Deo et misericordia præsentibus ac futuris sæculis conservetur. Amen, amen, amen.

Data Romæ Kalendis Julii per manus Joannis sanctæ Romanæ Ecclesiæ diaconi cardinalis prosignateris domini Urbani papæ II; anno Dominicæ Incarnationis 1089, indictione XII, anno II pontificatus ejusdem domini Urbani papæ.

XIX.

Urbanus II Frotardo, abbati S. Pontii Tomeriarum privilegium concedit quo locum a cujuscunque episcopi jurisdictione eximit aliisque compluribus prærogativis exornat.

(Anno 1089.)

[Ruinart, *Vita Urbani* in Mabill. et Ruinart *Ouvr. posth.* III, 57.]

XX.

Epistola Urbani II papæ ad proceres provinciæ Tarraconensis de restauratione ecclesiæ Tarraconensis.

(Anno 1089.)

[Mansi, *Concil.* XX, 701, ex chartutario ecclesiæ Tarraconensis.]

Urbanus episcopus, servus servorum Dei, charissimis filiis Berengario Barchinonensi comiti marchioni, Ermengaudo Urgellensi, Bernardo Bisuldunensi comitibus, omnibusque Tarraconensis et Barchinonensis provinciæ episcopis, vicecomitibus, et cæteris nobilibus et potentibus, sive clericis sive laicis, salutem et apostolicam benedictionem.

Dilectissimus et reverendissimus frater noster Berengarius Ausonensis episcopus devotione et labore maximo ad apostolorum limina veniens, diu nobiscum moratus est; cujus nos prudentia et bonis moribus, ut dignum est, delectati, privilegia quibus sua, videlicet Tarraconensis Ecclesia per Romanam Ecclesiam donata est diligenter inspeximus, et quod ad nos est, eamdem Ecclesiam tum pro sanctorum reverentia, tum pro prædicti fratris nostri dilectione, prout justitia exegerit, honorare et exaltare optamus. Quia igitur corporalia spiritualibus, temporalia æternalibus, cœlestibus dignum est terrestria famulari, hortamur et obsecramus in Domino prudentiam vestram ut summa ope nitamini Tarraconensis urbis statum eatenus reparare, quatenus ibi cathedra haberi possit episcopalis. Vobis ergo in pœnitentiam peccatorumque remissionem mandamus ut potentia et divitiis vestris in restitutionem ejusdem ecclesiæ devotissime et intentissime desudetis. Eis autem qui vel in Hierusalem vel in partes alias pœnitentiæ spiritu vel devotionis ituri sunt, suademus totam illam viæ et sumptus operam restitutioni ecclesiæ Tarraconensis impendere, quatenus auxiliante Domino et cathedra inibi tuto habeatur episcopalis, et civitas eadem Saracenorum opposita populis in murum et antemurale Christicolæ populi celebretur, quibus eamdem ex Dei misericordia indulgentiam pollicemur quam promererentur si indictæ viæ prolixitatem explerent. Nos siquidem, si vestræ bonæ voluntatis effectum et ferventis studii sollicitudinem cognoverimus, prædicto fratri nostro et Tarraconensi ecclesiæ quæ ad antiquam ejus dignitatem spectant libentissime impendemus, et corporalia vestra spiritualibus infulis prosequemur, salva tamen Narbonensis Ecclesiæ justitia. Si enim Romani auctoritate privilegii Tarraconensem provinciam canonice vindicare Narbonensis antistes nequiverit, nos omni querela liberi Tarraconensi Ecclesiæ jus suum restituere et fratri nostro Berengario pallii dignitatem conferre non prætermittemus, prout mereri studia vestra videbimus. Iterum iterumque vos, charissimi filii, admonemus ut fratrem nostrum Berengarium in restitutionem Tarraconensis ecclesiæ adjuvetis, quatenus et in præsenti gloriam et in futuro vitam percipiatis æternam. Porro si noster ad vos legatus Domino annuente pervenerit, ei pro sedis apostolicæ reverentia debitam obedientiam exhibere curate.

Datum Romæ Kalend. Julii per manus Joannis sanctæ Romanæ Ecclesiæ diaconi cardinalis et cancellarii, anno secundo domni Urbani papæ II; indictione duodecima.

XXI.

Urbanus II monasterio SS. Amani et Laurentii bullam tribuit.

(Anno 1089.)

[In tabular. Vatic. V. Pertz *Archiv.* VII, 24.]

XXII.

Urbani II privilegium pro clericis et laicis Vellitrensibus.

(Anno 1089.)

[Borgia, *Istoria della Chiesa e citta di Velletri*, Nocera 1723, 4°, p. 204.]

Urbanus episcopus, servus servorum Dei, omnibus Vellitrensibus clericis, et laicis beato Petro fidelibus salutem et apostolicam benedictionem.

Nec ignotum, dilectissimi fratres, vobis esse cognoscimus qua immani crudelitate Guilbertus hæresiarcha sedis apostolicæ invasor, antiquus hostis, nostris temporibus per apostatas et tyrannos sanctæ Ecclesiæ Hugonem Album, et Joannem Portuensem antiepiscopos, et Petrum quondam cancellarium, Uvezelonem, et Ottonem tyrannum membra diaboli seduxerit filios Dei, cogitans eos blanditiis et atrocitate suis pedibus posse submittere. In eum vero sperantes qui suos non despicit, constanter per vos et alios filios nostros illorum incursum comprimemus. Quapropter de præsenti dilectos Rainerium presbyterum, Formosum nostrum dapiferum, et Fornicem nostrum emissarium cum præsentibus scriptis vobis mandamus, a quibus velut a nobis audietis quanta prælia nostri fideles strenue commiscere, et quomodo ad Christi sponsæ utilitatem ultra montes accelerare disposuimus. Nos itaque, quia pro Ecclesia ludibria, verbera, vincula, carceres. . . . . *(qui il pergameno e lacero)* diversas mortes experti estis, auctoritate apostolica et corroboratione episcoporum, et nobilium Romanorum penitus remotis a vobis omnibus quæ aliquomodo impediri possunt; confirmamus vobis omnes vestros usus, et diuturnos mores provobis a quolibet introductos in perpetuum. Liceat autem vobis facere conventum vestris episcopis, et sine verborum obligatione reddere apostolica vestris episcopis, vel suis ordinatis, scilicet tertiam partem testamentorum, tertiam oblationis panis tantum, et ceræ de tribus missis, quartam decimarum, et si vestra Ecclesia proprio caret episcopo, jus episcopi Ecclesiæ, et clericis accrescat. Viaticum et eleemosynas specialiter vobis attributas urbis concedimus. Et salvo ut vos clerici cum episcopo sicut in more habetis, et mecum egistis compendiosum unius comestionis dispendium nostræ curiæ solvatis; vos vero, laici, communiter exhibeatis nobis alterius comestionis dispendium, et hostem, et parlamentum, hostem per maritimam et Campaniam. Præterea confirmamus ut sine ulla contradictione possideatis terras cultas et incultas, silvas, montes, colles, planities, paludes, et omnia quæ continentur in antiquis privilegiis vestræ civitatis nobis cognitis. Maneatis sub quiete, pace ac vestro jure in perpetuum. Quicunque autem, quod Deus avertat, hujus nostri edicti violator exstiterit aut alicujus conditionis forma super hoc inducere tentaverit, anathematis vinculo religetur. Qui vero custos et observator, benedictionis gratiam consequatur, et aperiente clavigero Petro, cujus vicarii sumus, culmen cœli conscendat.

Scriptum per manum Girardi sanctæ Romanæ Ecclesiæ scriniarii, anno Dominicæ Incarnationis millesimo octuagesimo nono, ind. XII.

† Ego Petrus Dei gratia Albanensis episc. interfui et subscripsi.

† Ego Minut. Dei gratia Lavicanensis episcop.

† Ego Bruno Signensis episc. assensum per hunc triangulum præbui

Magnus Dominus noster, et magna virtus ejus.

Dat. Romæ VIII id. Julii per manus Joannis S. Romanæ Ecclesiæ card. et cancellarii.

XXIII.

Urbani II epistola ad Anselmum abbatem Beccensem. — Ut episcopo rerum ecclesiasticarum imperitiori adsit. Ut non differat sedem apostolicam visitare, et ad eam mittere quæ Hubertus subdiaconus ejus legatus collegerat ex censu B. Petri.

(Anno 1089.)
[*Opp. S. Anselmi*, p. 353.]

URBANUS episcopus, servus servorum Dei, ANSELMO venerabili et dilectissimo abbati, salutem et apostolicam benedictionem.

Religionis ac scientiæ tuæ prærogativam scientes, Belvacensi episcopo quæ in ejus ordinatione jujus a videbantur, indulsimus, et in tuæ studio industriæ confidentes curam ei episcopatus invito renitentique injunximus. Nunc ergo tibi eum commendamus attentius, quatenus ei in omnibus ut filio tuo adjutor, monitor, corrector atque consultor assistas; et cum ipse adesse nequiveris, quemlibet ei fratrum tuorum (qui super ipsum spirituali zelo sollicitus sit) præsentem esse mandabis, ut quod in ejus initiis minus canonicum cernitur, bonis in posterum profectibus valeat operari. Si quid autem tibi vel per eumdem Belvacensem episcopum, vel per filium nostrum Rogerum de servitio S. Romanæ Ecclesiæ mandabimus, ut talem virum decet, impiger et paratissimus exsequeris. Sane monachum tuum Joannem nostræ Ecclesiæ filium apud nos retinere voluimus ; super quo in vos querela Romanæ pendet Ecclesiæ, quod ipsius clericum monachare, et altioribus gradibus provehere præsumpsisti. Verumtamen Belvacensis episcopi precibus inclinati, eum ad te sub hoc tenore remittimus, ut ante exactum a præsenti Quadragesima annum aut illum ad nos remittas, aut ipse veniens tecum ducas, et si quem alium de vestra congregatione nobis utilem noveris. Porro quanto ipse citius potueris, sedem apostolicam visitare ne differas, ut dilectionis mutuæ præsentia devotione debita perfruamur. Huberti vero nostri subdiaconi, qui apud vos defunctus dicitur, si quæ res apud te dimissæ sunt, ad nos citius destinabis. Cum enim a domino prædecessore nostro sanctæ memoriæ Gregorio legationem in Anglorum regno acceperit, multa ex censu beati Petri dicitur collegisse; quæ si apud vos sunt, citius ad nos volumus destinari necessitati sanctæ Ecclesiæ profutura.

Data Capuæ Kal. August.

XXIV.

Urbani II epistola ad Pibonem Tullensem episcopum.

(Anno 1089.)
[MANSI *Concil.* XX, 676.]

URBANUS episcopus, servus servorum Dei, dilecto fratri PIBONI Tullensi episcopo, salutem et apostolicam benedictionem.

Super quæstionibus quas ad nos Adalbero, vestræ Ecclesiæ filius, detulit, hæc a nobis sunt in synodalis assensu concilii capitula per Dei gratiam confirmata.

CAP. I. Episcopus omnia sui episcopatus membra, videlicet archidiaconatus, archipresbyteratus, decanias, vel aliquas præposituras Ecclesiæ suæ canonicas, gratis absque omni venalitate distribuat. Quisquis autem ea pretio dederit, depositioni subjaceat.

CAP. II. Eos qui a subdiaconatu uxoribus vacaverint ab omni sacro ordine removemus, officioque atque beneficio Ecclesiæ carere decernimus. Si vero episcopi consenserint earum pravitatibus, a suis se noverint officiis interdictos.

CAP. III. (D. LVI, *Presbyterorum.*) Presbyterorum filios a sacri altaris ministeriis removendos decernimus, nisi aut in cœnobiis, aut in canonicis religiose probati fuerint conversati. Absque præjudicio tamen capitulorum istorum, eis qui præbendas aut ipsi ante hanc sedis apostolicæ interdictionem emerunt aut emptas se nescientibus possiderunt, habendas eas permittimus, si eorum personæ tuo arbitratu visæ fuerint promereri. Eis autem qui fidem possessionis suæ irritam facientes, post subdiaconatus acceptionem vacare uxoribus præsumpserint, et officium et conjugium penitus interdicimus, eisque quoniam seipsos apostatando destruxerunt, et voluptatem corporis Domino prætulerunt, omni vitæ suæ tempore aut in cœnobiis, aut in canonicis regularibus pœnitentiam decernimus injungendam. Presbyterorum vero filios, qui secundum præcepti nostri conditionem aut in cœnobiis aut in canonicis religiose probati fuerint conversati, quia patrum peccata cum sæculo [*f.* sæculi] possessionibus abdicarunt, pro religionis ac scientiæ prærogativa apostolico moderamine tolerandos ducimus, et ad sacros ordines et ad honores ecclesiasticos permittimus provehendos.

CAP. IV. Porro de clericis qui ab excommunicatis episcopis sunt ordinati necdum quidem sententiam fiximus, quia generalis mali contagium generatis synodi est cauterio comburendum. Tuæ tamen fraternitati hoc respondemus ad præsens, ut (9, c. 1, *Ab excommunicatis*) ab excommunicatis quondam tamen catholicis episcopis ordinatos, si quidem non Simoniace ipsos ordines acceperunt, et si episcopos istos non Simoniacos fuisse constiterit, et adhuc si corum religiosior vita et doctrinæ prærogativa visa fuerit promereri, pœnitentia indicta quam congruam duxeris, in ipsis quos acceperunt ordinibus manere permittas. Ad superiores autem ascendere non concedimus, nisi necessitas vel utilitas maxima flagitaverit Ecclesiæ. Hoc tamen ipsum rarius et cum cautela est præcipua concedendum.

CAP. V. Episcopos ac clericos quos Simoniacos esse constat, a sacris officiis et beneficiis removendos omnino decernimus. In ecclesias vero quæ ab hujusmodi Simoniacis exsecratæ sunt, non aliter quam in locis orandum videtur, donec subversis altaribus benedictione et unctione catholici antistitis consecrentur.

CAP. VI. De his qui sine titulis ordinati sunt, licet ejusmodi ordinatio sanctorum canonum sanctioni contraria judicetur, utrum tamen aliqui in acceptis sint ordinibus permittendi, discretioni tuæ pro præsenti Ecclesiæ necessitate committimus, si tamen alias sine pravitate eos ordinatos fuisse constiterit.

CAP. VII. Bigamos et viduarum maritos a sacris ordinibus, secundum communem Ecclesiæ consuetudinem, auctoritate nostri officii segregamus. Hæc universa tanquam apostolicæ sedis præcepta sanctorum conciliorum sententiis consonantia, religionis tuæ strenuitas et in Ecclesia sibi commissa Deo juvante custodiat et custodienda aliis innotescat. Nec senectutem tuam oblatrantium canum multitudo perterreat. Major enim est qui in nobis est quam qui in illis. Ipse siquidem confirmans discipulos suos ait : « Nolite timere pusillus grex, quia complacuit Patri vestro dare vobis regnum. » Ipse misericordia sua nos confirmet ac protegat, et ad cœlestia regna perducat. Amen.

XXV

Urbanus II monasterii Cavensis possessiones confirmat.

(Anno 1089.)

[Dom RUINART, *Vita Urbani II*. MABILL. et RUINART, *Ouvr. posth.*, III 65.]

XXVI.

Urbani II epistola ad Eliam episcopum Barensem. — De reliquiarum sancti Nicolai translatione, et Barensis ecclesiæ dignitate et juribus.

(Anno 1089.)

[MANSI, *Concil.*, XX, 645.]

Urbanus episcopus, servus servorum Dei, charissimo fratri Eliæ archiepiscopo, salutem et apostolicam benedictionem.

Quia nostris temporibus Ecclesiam quam Deo auctore regis, frater charissime, Barensem, quæ et Canusina dicitur, omnipotens Deus beati confessoris sui Nicolai corpore visitare dignatus est, nos auctore Deo apostolorum Petri Pauliquæ vicarii, propter ecclesiastica negotia exsequenda in Apuliæ provinciam descendentes, charissimorum filiorum Romanæ Ecclesiæ Rogerii ducis et fratris ejus Boamundi, atque vestris deprecationibus invitati, civitatem vestram pro beati confessoris Nicolai dilectione præcipua visitavimus : cum magna undique convenientis populi frequentia, lætitiaque B. Nicolai reliquias in locum parati adyti conferentes, contra morem nostræ Romanæ et apostolicæ Ecclesiæ, te, dilectissime frater, in sede propria consecravimus, B. Nicolai reverentia, et tui populi dilectione devicti. Te igitur in specialem Romanæ Ecclesiæ filium amplectentes amoris intimi brachiis, tuamque, cui Deo auctore præsides, Barensem, quæ et Canusina habetur Ecclesia, exaltare, et populum tuum tam temporaliter quam æternaliter glorificare, largiente Domino et favente justitia, cupientes, confirmamus tibi præsentis paginæ auctoritate integrum Barensem, qui et Canusinus est, archiepiscopatum, ut tu tuique successores episcopali jure illum regas, disponas atque possideas, salva Romanæ auctoritate Ecclesiæ, quæ instituente Domino Ecclesiarum omnium princeps est, cuique ut matri summa debet ab universis reverentia exhiberi.

Absque præjudicio ergo justitiæ quarumlibet Ecclesiarum, sequentes tenorem qui nostrorum continetur privilegiis prædecessorum, Barensis sive Canusinæ Ecclesiæ possessiones sive diœceses tibi tuisque successoribus perpetuo possidendas regendasque contradimus. Hæ autem sunt : Canusina, Bisticium, Bitonum, Midunium, Juvenatium, Melficta, Rubum, Tranum, Canna, Minervinum, Aqua tecta, Mons meliorus, Lavellum, Rapulba, Melfis, Bitalbis, Salpicupersanum, Palimarum, simul et cætera quæ intra marini littoris oram sita esse cognoscuntur. Hæc vero et alia municipia, sive civitates prædictis civitatibus adjacentes, sive longe positæ, sed ad eas pertinentes, confirmamus vobis, et omnes fundos et casales una cum casis et vineis, cum servis et ancillis, cum massis et massaritiis atque molendinis, cum portubus, montibus et pratis, simul cum plebibus sive ecclesiis, cum omnibus titulis sive capellis suis, simul etiam cum monasteriis virorum seu feminarum, Græcis aut Latinis, cum universis ordinibus ecclesiasticis, et quidquid honoris, possessionis seu dignitatis, per legalem largitionem et juxta concessionem antiquitus tenuisset, et quidquid justitiæ non contradicit, et antiquitus superadditum esse probatur, et in futurum juste poterit Barensis et Canusina Ecclesia adipisci. Atque hujusmodi privilegia præsenti auctoritatis nostræ decreto indulgentes, statuimus nullum regum vel imperatorum, antistitum, nullum quacunque dignitate præditum, vel quemquam alium audere minuere, alienare sive suis usibus applicare de iis quæ eidem Ecclesiæ a quibuslibet hominibus de proprio jure jam donata sunt, vel deinceps, Domino favente, donari contigerit. Præterea fraternitati tuæ pallii usum ex more concedimus, ut eo inter missarum solemnia, iis duntaxat festivitatibus utaris, videlicet nativitate Domini, S. Stephani, Epiphania, Cœna Domini, Resurrectione, Ascensione, Pentecoste, nativitate S. Joannis Baptistæ, Natalitiis apostolorum, et tribus festivitatibus sanctæ Mariæ, festivitatibus sanctorum Nicolai et Sabini, festivitate omnium sanctorum, in anno ordinationis tuæ die, in ordinatione episcoporum seu cæterorum clericorum, in consecratione etiam ecclesiarum, in translatione etiam Domini confessoris Nicolai. Hortamur itaque fraternitatem tuam ut honor tantæ dignitatis, supplementum utique totius sacerdotalis ordinis, moribus tuis conveniat; et non solum exteriori homini tuo decorem præstet et gratiam, sed et interiorem quoque multiplici virtute corroboret. Siquidem ista sunt pallii, ista sunt hujusmodi indumenti ut Deum ex toto corde, tota anima et omni virtute diligas, et proximum tuum sicut te ipsum. Nam licet ad usum pallii omnium virtutum ornamenta sint necessaria, inseparabiliter tamen charitas, quæ omnes superexcedit, hac pollentem dignitate comitari convenit. Ad imitanda igitur omnium bonorum instrumenta vitæ et scientia tua subditis tuis sit forma et regula, ut, si quid in eis ex humana fragilitate reprehensibile deprehenditur, intuitu conversationis tuæ ad rectitudinem sinceritatis tuæ corrigatur. Quibus sic studeas dispensationis tuæ jura moderari, ut in corrigendis vitiis et zelo rectitudinis ferveas, et modum temperantiæ non excedas. Et ut multa paucis explicemus, quid in sanctorum Patrum dictis repereris, ad tuam et eorum qui tibi subduntur utendum censeas ædificationem, quatenus documentis tuis instructi, atque boni pastoris vestigia consecuti, ad regnum summi Pastoris tecum valeant pertingere, et perpetuæ vitæ felicitatem Deo annuente percipere. Amen.

His mox subjicitur sigillum.

Datum apud Barum per manus Joannis diaconi, anno Dominicæ Incarnationis millesimo octogesimo nono, anno vero pontificatus domini Urbani papæ secundo, indictione decima tertia, nono Octobris.

XXVII.

Urbani II epis'ola ad Rainoldum archiepiscopum Remensem. — Illi pallium tribuit ac totius secundæ Belgicæ provinciæ primatum jusque consecrandi Francorum reges asserit.

(Anno 1089.)

[MABILLON et RUINART, Ouvr. posth. III, 332.]

URBANUS episcopus, servus servorum Dei, RAINALDO charissimo fratri Remorum archiepiscopo ejusque successoribus legitimis in perpetuum.

Potestatem ligandi atque solvendi in cœlis et in terra beato Petro ejusque successoribus, auctore Deo, principaliter traditam, illis Ecclesia verbis agnoscit, quibus Petrum est Dominus allocutus:

(9°) Philippus du Bec senio confectus hujus consecrandarum reginarum prærogativæ meminit in litteris excusatoriis ad Henricum magnum, quod annos 86 natus ejus uxoris reginæ coronationi interesse non posset.

(10) Hanc Remensium archiepiscoporum prærogativam propugnavit sanctus Bernardus ad Eugenium III scribens epist. 247. Vide notas fusiores in hanc epistolam, et Marlot. De inaugurationibus Regum.

(11) Vicariatum scilicet apostolicæ sedis, quo

Quæcunque ligaveris super terram erunt ligata in cœlis, et quæcunque solveris super terram erunt soluta et in cœlis (Matth. xviii, 18). Ipsi quoque et propriæ firmitas, et alienæ fidei confirmatio, eodem Deo auctore, præstatur, cum ad eum dicitur: *Rogavi pro te ut non deficiat fides tua,* Petre, *et tu aliquando conversus confirma fratres tuos (Luc.* xxii, 32). Oportet ergo nos, qui, licet indigni, Petri residemus in loco, prava corrigere, recta firmare, et in omni Ecclesia ad interni arbitrium judicis sic disponenda disponere, ut de vultu ejus judicium nostrum prodeat, et oculi nostri videant æquitatem. Fraternitatis igitur tuæ justis petitionibus annuentes ex antiquo Remensis Ecclesiæ usu, apostolicæ sedis auctoritate ac benevolentia concessum tibi pallium hujus decreti nostri pagina confirmamus, primatemque totius secundæ Belgicæ provinciæ secundum antecessorum tuorum dignitatem esse censemus. Statuimus etiam ut nulli, nisi solummodo Romano pontifici, subjectionem et obedientiam debeas, omnisque causæ tuæ judicium solius Romani pontificis diffiniatur arbitrio. Primam præterea præcipuamque tibi tuisque successoribus potestatem contradimus Francorum reges consecrandi: ut sicut beatus Remigius ad fidem Chlodoveo converso primum illi regno regem Christianum instituisse cognoscitur; ita tu quoque, tuique successores, qui ejusdem sancti Remigii vice in Remensi Ecclesia, Domino disponente, fungimini, ungendi regis et ordinandi sive reginæ, (9°) prima potestate fungamini. Statuimus etiam præsentis nostræ paginæ auctoritate firmantes, ut sicut primum diadematis insigne per vestræ manus impositionem Francorum reges suscipiunt, ita quoque [*f. add.*, opus] in solemnibus processionibus quibus eosdem reges fuerit coronari, te præsente, vel tuorum Catholicorum quomodolibet successorum a nullo alio archiepiscopo vel episcopo coronetur (10). Vestram ergo dilectionem apostolicæ sedis gratiæ vicem debita subjectione rependere, ejusque decreta inviolabiliter observare, [*f. add.*, monemus] ut a subjectis tibi Franciæ populis ut observentur pro viribus exigere. Nos siquidem antiquam omnem vestræ Ecclesiæ dignitatem servare speciali devotionis intuitu cupientes, totum honoris, totum dignitatis et excellentiæ tibi, tuisque legitimis successoribus manere decrevimus, quidquid (11) beato Remigio prædecessor noster *Ormisda* legitur contulisse. Itaque dilectionis tuæ reverentia, frater charissime Raynolde, secundum antecessorum tuo-

præter primatum, quinam etiam nunc archiepiscopi Remenses sub *legati-nati* titulo, ob hoc passim *primates in Gallias* appellati, et duæ cruces olim ante illos deferebantur, ut in vetusto Rituali legitur. Hanc concessionem ad Hormisdam refert Urbanus ex Hincmaro, quæ potius ab Anastasio collata dici debet. Cæterum reges Francorum ne pontificibus parciores erga Remigii sedem, quam metropolim appellarunt, viderentur, Remorum archiepiscopum primum Franciæ ducem et parem constituerunt.

rum consuetudines pallio uti noverit ad missarum solummodo celebrationes diebus tantum determinatis, videlicet Dominicæ Nativitatis, Circumcisionis et Epiphaniæ, Sabbato sancto, Resurrectione et secunda feria, Ascensione, Pentecoste, in solemnitatibus sanctæ Dei genitricis et virginis Mariæ, Natalitiis quoque Joannis Baptistæ, atque omnium apostolorum, et festis sanctorum Nicasii, Remigii, Martini; in commemoratione etiam omnium Sanctorum, in consecratione Chrismatis, ecclesiarum et tam episcoporum quam aliorum clericorum, in benedictione regis ac reginæ, in anniversario tuæ consecrationis et ecclesiarum Sanctæ Mariæ, Sanctique Remigii dedicationis die. Cujus indumenti honor quoniam modesta actuum vivacitate servandus est, hortamur ut ei morum tuorum ornamenta conveniant; quatenus, auctore Deo, recte utrobique possis esse conspicuus. Quamobrem, charissime frater, quem pastoralis curæ constringit officium, dilige fratres, ipsi quoque adversarii propter mandatum Dominicum tuo circa te copulentur affectu; pacem sequere cum omnibus; sanctimoniæ, sine qua nemo videbit Deum, piis vaces operibus; virtutibus polleas, fulgeat in pectore tuo rationale judicii cum superhumerali actione conjunctum. Ita procedas in conspectu Dei et totius Israel hujusmodi gregi commisso præbeas exempla, ut videant opera tua bona et glorificent Patrem nostrum qui in cœlis est. Sit in lingua sermo, sit zeli fervor in animo. Creditum tibi agrum Dominicum exerce dum licet, semina in timore dum tempus est, bonum faciendo ne deficias, tempore suo metes indeficiendo. Vigilanter itaque terrena negotia relinquendo cœlestibus anhela, quæ retro sunt obliviscens, in ea quæ ante sunt temetipsum enixius extende. Mens tua in sæculari vanitate non diffluat, in unum currat atque confluat finem, quem mira suavitate David respexerat, cum dicebat: *Unam petii a Domino, hanc requiram, ut inhabitem in domo Domini omnibus diebus vitæ meæ* (*Psal.* xxvi, 4). Sancta Trinitas fraternitatem tuam gratiæ suæ protectione circumdet, et ad finem qui non finitur pervenire concedat.

Datum Romæ per manus Joannis sanctæ Romanæ Ecclesiæ diaconi cardinalis, anno Dominicæ Incarnationis 1089, indictione xiii, viii Kalend. Januarii, anno pontificatus domni Urbani II papæ secundi.

XXVIII.

Urbanus II monasterii Balmensis apud Sequanos possessiones, petente Hugone, archiepiscopo Vesontionensi, confirmat.

(Anno 1089.)

[MABILL. et RUINART, *Ouvr. posth.*, III, 355.]

URBANUS episcopus, servus servorum Dei, HUGONI charissimo filio Balmensi abbati, ejusque successoribus legitimis in perpetuum.

Potestatem ligandi atque solvendi in cœlis et in terra beato Petro ejusque successoribus, auctore Deo, principaliter traditam illis Ecclesia verbis agnoscit, quibus per eum Dominus allocutus est: *Quæcunque ligaveris super terram erunt ligata et in cœlis, et quæcunque solveris super terram erunt soluta et in cœlis* (*Matth.* xviii, 18). Ipsi quoque et propriæ firmitas, et alienæ fidei confirmatio, eodem Deo auctore, præstatur, cum ad eum dicitur: *Rogavi pro te ut non deficiat fides tua, Petre, et tu aliquando conversus confirma fratres tuos* (*Luc.* xxii, 32). Oportet ergo nos, qui, licet indigni, Petri residemus in loco, prava corrigere, recta firmare, et in omni Ecclesia ad interni arbitrium judicis, sic disponenda disponere, ut de vultu ejus judicium nostrum prodeat, et oculi ejus videant æquitatem. Tuis igitur, charissime fili Hugo, Bisuntinique archiepiscopi Hugonis piis petitionibus annuens, tibi tuisque legitimis successoribus Balmense cœnobium (12) regendum ac disponendum præsentis decreti nostri pagina confirmamus, cunctaque tam in monasteriis quam in ecclesiis ad idem Balmense monasterium pertinentia. Videlicet monasterium Sanctæ Mariæ Grandis-fontis cum omnibus appendiciis suis, monasterium Sancti Petri Gaude cum omnibus appendiciis suis, monasterium Sanctæ Mariæ infra urbem Bisunticam, quod vocatur Jusanum (13), cum appendiciis suis, monasterium Sancti Eugendi Eticæ cum omnibus appendiciis suis, monasterium Sancti Lauteni cum omnibus appendiciis suis; ecclesiam Sancti Joannis Balmæ cum capella Francet; ecclesiam Sancti Gervasi Victoris cum appendiciis suis, ecclesiam Sancti Nicolai Carneti; ecclesiam Laviniaci. Montis Huin Caveriaci Cavaniaci, Brariaci cum appendiciis suis; ecclesiam Sancti Desiderati, Lædonis, Sisintiaci, Laraeni, Desnensis cum appendiciis earum; ecclesiam Dumblensem cum appendiciis suis; ecclesiam de Guars, Montis-Tolosæ, Asnensis, Montis-Alacris, Neblensis Castri cum appendiciis earum; ecclesiam Sarmaciæ, Sabonariæ, Olæfractæ, Costumnæ, Mulnet, Ver, Biyiliaci, Sancti Mauritii et Sancti Germani Gravæ, Baensis, Bellimontis, Montis Roolenis, Esiconis, Rancinaci, Gelerengis, Beneventi cum omnibus appendiciis earum; ecclesiam Bellæ-Vavræ, Ciensisvillæ cum capella Castri, Sancti Reneberti, Sancti Stephani de Ponte, Doni-Petri de Arlico, Wistruciici, cum appendiciis earum; ecclesia Poloniaci, cum capellis scilicet Castri Mariaci, Platani, Sancti Sabini, et cum omnibus appendiciis suis; ecclesiam Aquensis, Solciaci, Spinctensis cum appendiciis earum. Præterea per præsentem nostri privilegii paginam

---

(12) Celebre est illud monasterium quod postea Cluniaco filiæ suæ subjectum est, ob S. Bernonem ejus loci abbatem, qui exinde transmigrans, primus fuit Cluniaci abbas, et S. Odonis institutor, hodieque subsistit in Burgundiæ comitatu, de quo vide Bibliothecam Cluniac. col.

(13) Jussano monast. regulam fere ex Benedictina omnino excerptam tradidit S. Donatus Vesontionis antistes de Sæculo VII. ineunte. Nunc hic locus PP. Minimis cessit.

apostolica auctoritate statuimus ut quæcunque nunc idem cœnobium possidet sive in crastinum largitione principum, concessione pontificum vel oblatione fidelium legitimis modis poterit adipisci, firma tibi tuisque successoribus et illibata permaneant. Decernimus ergo ut nulli omnino hominum liceat idem cœnobium temere perturbare, aut ei subditas possessiones auferre, minuere vel temerariis vexationibus fatigare; sed omnia integre conserventur eorum, pro quorum sustentatione concessa sunt, usibus profutura, salva Bisuntini archiepiscopi canonica reverentia. Sane si quis in crastinum archiepiscopus aut episcopus, imperator aut rex, princeps aut dux, comes aut judex, aut persona quælibet, magna vel parva, potens aut impotens, hujus nostri privilegii paginam sciens contra eam tamen venire tentaverit, secundo tertiove commonitus, si non satisfactione congrua emendaverit, Christi et Ecclesiæ corpore cum auctoritate potestatis apostolicæ segregamus; conservantibus autem pax a Deo et misericordia præsentibus ac futuris sæculis conservetur.

Ego Urbanus catholicæ Ecclesiæ episcopus.

Datum Romæ v Kal. Jan. per manus Joannis S. R. E. diaconus cardinalis, anno Dominicæ Incarnationis 1088, anno pontificatus domini Urbani papæ II secundo.

XXIX.

Urbani II epistola ad Rainerium cardinalem presbyterum. — Multa mandat ad res Hispanicas spectantia.

(Anno 1089.)

[Mansi, Concil. XIX, 698.]

Quantum de religione tua confidentes, qua fide, qua charitate, in partes illas reduximus, ipse tu, frater dilectissime, recognoscis. Age ergo pro spe quam de tua providentia gerimus, et negotia quæque poteris, Domino adjuvante, canonice diffinire procura, et ea maxime pro quibus missus es, videlicet quæ inter Narbonensem antistitem et Comoriensem abbatem jactantur. Veniens si quidem ad nos cum Barchinonense fratre nostro venerabili episcopo, reverendissimus frater noster Narbonensis archiepiscopus, quem jamdudum vita et religione spectatum habemus, plurima adversa contra Comoriensem abbatem conquestus est, scilicet quod ecclesias suæ diœcesis, sæcularibus potestatibus fultus, invadat; quod excommunicatos ab eo sine omni ejus absolutione recipiat; quod in Jacensi sede sine sui licentia fecerit episcopum consecrari; quodque audito horrendum est, mortuum quemdam sub anathemate, ab ejus monachis extumulatum, et inter monasterium tumulatum asserit. Inter cætera, præjudicium sibi factum de Tarraconensium episcoporum subtractione per Romanam Ecclesiam suppliciter intimavit, circa eos [f. cum eos ac deinde possederit] Narbonensis metropolis per annos quadringentos sine alterius reclamatione prius sederit. Nostra igitur vice in partibus illis fungens, Tarraconensibus episcopis nostra auctoritate præcipito ut interim Narbonensi, tanquam proprio metropolitano, obediant, donec, parante Domino, Tarraconensis restauretur ecclesia : Toletano autem, sicut primati, reverentiam exhibeant, donec Narbonensis archiepiscopus se eorum primatem fuisse certa possit auctoritate monstrare. Novit siquidem tua fraternitas primatem a nobis Toletanum sic institutum, ut salva sint metropolitanorum privilegia cæterorum. Abbatem quoque, ut sanctæ opinionis virum, admoneas, præcipiens ne ulterius quæ episcopalis juris sunt sine episcopi concessione recipiat, et de injuriis Narbonensi archiepiscopo illatis competenti emendatione satisfaciat : de cætero ut proprium et sanctæ consecrationis revereatur antistitem, et pacem cum eo fraternæ charitatis inviolabiliter retinere procuret. Tu autem in omnibus Romanæ auctoritatis memorem te exhibe, ut nulla de te possit suspicio remanere. Quia vero Narbonensis archiepiscopus privilegia de primatu ecclesiam suam habuisse memoravit, quæ a suo prædecessore translata, se tamen sperat, parante Domino, repertururum : tu causam diligenter inquire, inquisitam ad nos referre procura. Quod si privilegiorum auctoritas nequiverit reperiri, tu cum principibus terræ de restauratione Tarraconensis ecclesiæ stude. Interim tamen Tarraconenses episcopos ei, tanquam metropolitano proprio, obedire præcipito. Elnensis quoque episcopi causam diligenter inquirito, et inter Narbonensem episcopum et ipsum justo omnia judicio diffinito. Idem quoque te de Crassensi cœnobio inter Narbonensem archiepiscopum et monachos ejusdem cœnobii exercere præcipimus.

XXX.

Urbani II epistola ad Raynerium S. R. Ecclesiæ presbyterum et legatum. — Illum inter episcopum Barcinonensem [Bertrannum] et abbatem S. Pontii Tomeriensem [Frotardum] judicem constituit.

(Anno 1089.)

[Mansi, Concil. XX, 679.]

Urbanus, servus servorum Dei, charissimo atque dulcissimo fratri Raynerio sanctæ Romanæ Ecclesiæ presbytero atque legato, salutem et apostolicam benedictionem.

Postquam a nobis, frater charissime, discessisti, fratres charissimi nostri Narbonensis et Barcinonensis antistites pervenerunt ad nos justitiam sedis apostolicæ super suis querimoniis flagitantes in abbatem beati Pontii. Barcinonensis querebatur dicens se post susceptum episcopatus officium sub manu propria quiete cœnobium Sancti Cucufatis anno integro, ut speciale suæ Ecclesiæ beneficium possedisse abbatemque inibi per se electum, consentiente et laudante legato Romanæ Ecclesiæ Ricardo, regulariter fuisse, quem postea Tomeriensis abbas una cum monachis, renitente episcopo, violenter monasterio exturbavit. Porro quam diversa his te adhuc nobiscum posito beati Pontii abbas retulerit tua fraternitas recognoscit. Tuæ ergo prudentiæ intererit, cui hujusmodi negotia in partibus illis discutienda et definienda commisimus, causam hanc diligenter inquirere, et ita Domino donante agere ne locum justitia perdat, neve favore cujuslibet aut zelo in partem alteram supplanteris. Memor esto consilii quod a nobis tibi datum est abeunti, et consilio religiosorum virorum communicato sic disponenda dispone, ut Romana æquitas nulli sit obloculioni obnoxia, sed in omnibus judicium tuum veritatem exsequens discretionis apostolicæ semitam non relinquat. Sane his te suspectum scire noveris quia in domo adversarii commoraris. Et solent plerumque officia a rigore animos commutare. Præcipimus ergo dilectioni tuæ ne abbatis aut ullius hominis causa omittas quin hanc causam sententia irretractabili omnino decidas, nec eorum aliquem super hoc ulterius apostolicam sedem appellare permittas. De ecclesia quoque Beati Sylvestri, quam Salmodienses monachi Beato Rufo abstulisse dicuntur, justum omnino et irretractabile determinato judicium. *Cætera videntur desiderari.*

XXXI.

Urbani II epistola ad Frotardum Tomeriensem abbatem. — Hortatur ut de illatis archiepiscopo Narbonensi injuriis satisfaciat.

(Anno 1089.)
[Mansi, *Concil.* XX, 678.]

Urbanus episcopus, servus servorum Dei charissimo et reverendissimo fratri Frotardo Tomeriensi abbati salutem et apostolicam benedictionem.

Venientes nuper ad nos reverendissimi fratres Narbonensis ac Barcinonensis antistites *Dalmatius et Bertrandus* adversus fraternitatem tuam multum conquesti sunt. Narbonensis enim ecclesias suas a te invasas et excommunicatos a te receptos et in Jacensi sede per te sine sua licentia asserebat episcopum consecratum. Mortuum quoque sub anathemate monachos tuos extumulasse, et intra cœnobium tumulasse dicebat. Quod audito quoque videtur horrendum. Super his omnibus si vera sunt tuam religionem ei congrue satisfacere legati nostri judicio, et ab invasione eorum quæ sunt episcopalis juris de cætero abstinere, et pacem cum eo firmam habere ut dignum est vobis deprecamur atque præcipimus. Barcinonensis præterea querebatur cœnobium Sancti Cucufatis, quod sui juris est, te invadente sublatum monachis violenter expulsis; idem etiam de cœnobio sancti Laurentii factum astruxit. Quia igitur et vir talis est morum dignitate et pontificali gratia ut ei discredere non possimus, et tu olim nobis aliter retulisti, causæ hujus judicium irretractabili sententia terminandum legato nostro mandavimus, et te ei judicio volumus obedire, ut neque tu, neque ille ulterius super hoc sedem apostolicam permittamini appellare. Præterea rogantes rogamus, quemadmodum de tua speciali et familiari religione confidimus, ut Narbonensem antistitem sicut proprium et Patrem spiritualem respectu ejus cujus vice fungitur reverearis et diligas.

XXXII.

Urbani II epistola ad Raymundum comitem, Aymericum vicecomitem, clerum populumque Narbonensem.

(Anno 1089.)
[Mansi, *Concil.* XX, 678.]

Urbanus episcopus, servus servorum Dei, clero et populo Narbonensi, Raymundo videlicet comiti atque Aymerico vicecomiti charissimis filiis, salutem et apostolicam benedictionem.

Venientem ad nos reverendissimum fratrem nostrum Dalmatium, vestratem archiepiscopum, debita veneratione suscepimus, ejusque probitatem et religionem jamdudum agnoscentes, ipsum dilectioni vestræ apostolicæ sedis apicibus commendavimus. Vos itaque ei ut dilecto et catholico Patri, dilecti filii, obedite, reverentiam et debitam subjectionem ut domini vicario in omnibus exhibete, decimas unicuique ecclesiæ pertinentes ex integro reddite, et quæcunque episcopalis justitiæ sunt, integra sibi conservate. Quæ autem vobis ex Domino dixerit, devote ac libenter audite et obedite. Pro Christo enim legatione fungitur inter vos obsecrans pro Christo ut reconciliemini Deo. Ipsum ergo sicut Christum audientes et honorantes mores vestros corrigite, a vitiis abstinete, Deo in omnibus placere curate. Si enim Deo placere studueritis, pastorem profecto Deo placentem habebitis, et summum pro vobis judicem interpellans, nisi vestra delicta impediant, copiosius audietur. Eis autem qui bona Narbonensis Ecclesiæ injuste detinent et violenter auferunt, denuntiamus in nomine Domini Jesu et apostolica auctoritate præcipimus quatenus aut ea archiepiscopo reddant, aut pactum cum eo tale faciant, quod ipsi debent complacere, ne bona injuste detinendo, et auferendo terrena, et animæ incurrant periculum et bonis priventur æternis. Quod si nostra præcepta contempserint, cum iterata ad nos querela pervenerit, nos canonum ultionem et gladium spiritus exeremus; obedientes vero monitis nostris misericordia divina custodiat.

XXXIII.

Urbani II papæ epistola ad clerum et plebem Viennensem. — Archiepiscopum Viennensem commendat, et præcipit ut ea restituantur quæ de bonis Ecclesiæ Viennensis Ataldus præpositus dissipaverat.

(Anno 1089.)
[D. Bouquet, *Recueil*, t. XIV, p. 691, ex *Biblioth. Floriac.* parte III, p. 76.]

Urbanus episcopus, servus servorum Dei, dilectis filiis, clero et ordini monastico, nec non nobilibus et plebi Viennæ consistentibus, salutem et apostolicam benedictionem.

Beati Petri filium, nostrum autem fratrem, venerabilem atque charissimum archiepiscopum vestrum, venientem ad nos congrua reverentia et debita dulcedine charitatis excepimus. Quia vero antehac nobis facie ignotus exstiterat, morum honestatem et indolis ejus egregiæ volentes industria experiri, nobiscum eum aliquandiu propensiori affectione deximus detinendum. Gratias autem Deo, quia in eo et scientiæ saporem et honestatis odorem bonum invenimus. Morum igitur ejus maturitate, industriæ probitate, animique prudentia plurimum delectati, cum jam de charo chariorem, de familiari familiariorem effecimus, adeo ut dehinc non tanquam Gallum, sed tanquam Romanum in Romana curia censeamus. Unde et revertentem ad vos nostris litteris prosecuti, charitati vestræ attentius commendamus, ut qui per se vobis charus hactenus et venerabilis habitus est, per nos deinceps charior et venerabilior habeatur. Nos enim cum pro generalis æquitatis debito, tunc pro speciali ejus dilectione, quidquid honoris, quidquid dignitatis, antecessores nostri Viennæ Ecclesiæ contulerunt, Domino largiente, firmum perpetuumque servabimus. De bonis autem Ecclesiæ vestræ, quæ Ataldus præpositus dissipavit, ut in ejusdem archiepiscopi manus restituantur omnino præcipimus; si qui vero contumaciter bona eadem retinere præsumpserint, apostolicæ profecto justitiæ sentient ultionem. Neque enim Viennensem Ecclesiam antiquis bonis minuere, sed per Dei gratiam conservare et augere, justitia dictante, disponimus. Omnipotens Deus potentiæ suæ dextera interius vos exteriusque custodiat.

XXXIV.
Urbani papæ II epistola ad suffraganeos Ecclesiæ Arelatensis. — Illis significat extorta ex Guibilino episcopo juramenta irrita a se facta esse; quem qui ceperint, eos infames declarat.

(Circa annum 1089.)
[Mansi, *Concil.* XX, 700.]

Urbanus episcopus, servus servorum Dei, suffraganeis Ecclesiæ Arelatensis salutem et apostolicam benedictionem.

Illa omnia sacramenta quæ adversus Ecclesiæ justitiam atque religionem confrater Guibilinus archiepiscopus vester invitus et omnibus modis coactus jurasse cognoscitur, quia, ut prædiximus, Deo et Ecclesiæ constitutionibus adversantur, decreti nostri auctoritate irrita omnino esse censemus et Arelatensi Ecclesiæ annuente Domino perpetuo permanere decernimus. Eos autem qui prædictum virum captum gladiis et membrorum detruncationibus perterrentes nefandis sacramentis ausi sunt implicare, infames in perpetuum esse sancimus; et nisi congruam pœnitentiam egerint, a Christi corpore et sanguine ab ecclesiarum introitu segregamus.

XXXV.
Urbani II bulla pro canonicis Pistoriensibus.
(Anno 1090.)
[Zacharia, *Anecdota medii ævi*, 222.]

Urbanus episcopus, servus servorum Dei, charissimis filiis Pistoriensis Ecclesiæ canonicis, eorumque successoribus in perpetuum.

Justis votis assensum præbere justisque petitionibus aures accommodare nos convenit, qui, licet indigni justitiæ cultores atque præcones in excelsa apostolorum principum Petri et Pauli specula positi, Domino disponente, existimus, quod igitur necessitatibus peregrinorum charitate debita providentes, hospitalem domum, juxta portam vestræ Pistoriensis urbis, quæ S. Petri dicitur, adjuvante Domino, vestris impensis ædificastis; nos, prout dignum est, vestrum studium collaudamus, præsentisque paginæ auctoritate decernimus ut decimarum, quæ vobis a populo dantur, pars decima, et laborum vestrorum decima, quemadmodum a vobis unanimiter est statutum, eidem hospitali domui deinceps in perpetuum conferantur. Præterea apostolica auctoritate censemus ut quæcunque hodie eadem hospitalis domus juste possidet, sive in crastinum concessione pontificum, largitione principum, vel oblatione fidelium juste atque canonice poterit adipisci, firma ei et illibata permaneant. Decernimus ergo ne ulli omnino hominum liceat eamdem domum temere perturbare aut infra eam aliquem capere, aut eis subditas possessiones auferre, minuere, vel temerariis vexationibus fatigare. Sed omnia integra conserventur, eorum pro quorum conservatione concessa sunt usibus, eorumque saluti qui obtulerint profutura. Ejusdem tenoris privilegium cæteris quoque, qui per vestrum episcopatum sunt, hospitalibus indulgemus, ei videlicet, quæ juxta Villam Quarratam est ædificata, ei quæ juxta Capariam oppidum, ei quæ in prato quod dicitur Episcopi, ei quæ juxta locum qui dicitur Crux Brandelliana, ei quoque quæ in Blisceto vestris studiis impens'sque ædificata est. Quæ vestræ illi juxta portam S. Petri domui hospitali, sicut hodie est, in perpetuum subjecta esse præsentis auctoritate paginæ confirmamus. Quæ vero extra urbem hospitales domus consistunt, hujus privilegii decreto statuimus ut infra unum stadium nemo juxta eas aliquem capere, prædari, aut hostiliter disturbare præsumat; quorum omnium ordinationes ac dispositiones vobis vestrisque successoribus committimus, ut eorum, qui in vobis spirituales ac religiosiores fuerint voluntate communi, communicato etiam fratrum Vallis Imbrosianæ consilio, consensu etiam vestri episcopi, si catholicus fuerit et religiosus, adhibito. Rectores eisdem domibus præponimus, qui secundum Deum earum curam habere, et pauperibus et convenientibus sollicite ministrare procuret. Sane si quis in crastinum episcopus, archiepiscopus, imperator, aut judex, princeps, aut dux, comes, aut vicecomes, aut persona quælibet, parva vel magna, potens aut impotens, hujus nostri privilegii [paginam] sciens, contra eam temere venire tentaverit, secundo tertiove commonitus, si non satisfactione congrua emendaverit; a Christi et Ecclesiæ corpore eum auctoritate potestatis apostolicæ segregamus. Hi autem qui, ob Dei proximique dilectionem et sedis apostolicæ institutionem, prædictas domos suis bonis ditare et exaltare curaverint, Dei apostolorumque ejus benedictione, et peccatorum absolutione ditentur, sive donentur. Qua adjuti ad vitam perveniant sempiternam. Amen.

Scriptum per manum Gregorii scriniarii atque notarii sacri palatii.

B. V.

Datum Romæ per manus Joannis, S. Rom. Ecc. diaconi cardinalis, anno Dominicæ Incarnationis millesimo octuagesimo nono, indictione tertiadecima [duodecima], quarto Idus Januarii, anno vero pontificat. domni Urbani papæ secundo.

XXXVI.

Urbanus II monasterii Raitenbuchensis, a Welfone, Bavariæ duce, ejusque conjuge Jutta condili, protectionem suscipit.

(Anno 1090.)

[Lang, *Regesta*, I, 104.]

XXXVII.

Privilegium Urbani papæ II pro canonicis Sancti Antonini, diœcesis Ruthenensis.

(Anno 1090.)

[D. Martene, *Thesaur. Anecd.*, I, 248.]

Urbanus episcopus, servus servorum Dei, charissimo filio Petro, præposito canonicæ S. Antonini martyris in Condacensi termino siti, ejusque successoribus canonice ordinandis, in perpetuum.

Cum universis sanctæ Ecclesiæ filiis ex apostolicæ sedis auctoritate ac benevolentia debitores existamus, ill's tamen locis atque personis quæ specialius ac familiarius Romanæ adhærent Ecclesiæ, quæque amplioris religionis gratiæ eminent, propensiori nos convenit charitatis. . . . . . . Quia igitur, venerabili fratre nostro Amato episcopo nobis referente, cognovimus præfatam canonicam, jussu beatissimæ recordationis papæ Gregorii VII, tam ipso Amato episcopo quam reverendissimo fratre nostro Hugone Lugdunensi archiepiscopo mediantibus, cum omni monastica et canonica religione destituta esset, institutam, tam bonis initiis oportet nos benevolentiæ manum porrigere, ac religionis quieti prospicere. Propter quod tuis, charissime fili Petre, justis petitionibus annuentes prædicti fratris nostri Amati episcopi litteris exorati, prænominatam S. Antonini canonicam in jus, tutelam protectionemque sanctæ Romanæ Ecclesiæ suscipimus, præsenti ei decreto privilegia confirmantes omnia quæ vel nunc juste possidet, vel in posterum, largiente Domino, juste poterit adipisci, et ab omnium omnino hominum potestate sub sanctæ apostolicæ sedis tuitione liberam permanere auctoritate apostolica sancimus, salva episcopali justitia canonica, quousque vel qui ad præsens ibi Domino Deo nostro famulantur canonici, vel qui futuris ibidem temporibus sunt servituri, regulariter vivere, et communiter vivendo, propriumque non habendo, tam apostolicas quam beatorum Hieronymi et Augustini de conversatione communiter viventium clericorum studuerint statuta servare. Decernimus ergo atque statuimus ut nulli omnino hominum liceat eamdem canonicam temere perturbare, aut ei subditas possessiones auferre, minuere, vel temerariis vexationibus fatigare; sed omnia integra conserventur, eorum pro quorum sustentatione concessa sunt usibus profutura. Vos igitur, filii in Christo charissimi, oportet regularis disciplinæ institutioni sollicitius ac devotius insudare, ut quanto a sæcularibus ostiis tumultibus liberi, tanto studiosius placere Deo totius mentis et animæ virtutibus anheletis : præcipue studentes Romanæ Ecclesiæ decreta veneranda servare, cujus patrocinio ab omnium jugo viventium estis, annuente Domino, præmuniti. Ad indicium autem perceptæ hujus a Roma Ecclesia libertatis, per annos singulos quinque solidos monetæ illius terræ Lateranensi palatio persolvetis. Sane si quis in crastinum archiepiscopus aut episcopus, imperator aut rex, princeps, aut dux, comes aut vicecomes, aut judex, aut persona quælibet, magna vel parva, potens aut impotens, hujus nostri privilegii paginam sciens, contra eam temere venire tentaverit, secundo tertiove commonitus, si non satisfactione congrua emendaverit, a Christi et Ecclesiæ corpore eum auctoritate potestatis apostolicæ segregamus. Hæc autem conservantibus pax a Deo et misericordia præsentibus ac futuris sæculis conservetur. Amen, amen, amen.

Scriptum per manum Gregorii scriniarii atque notarii sacri palatii.

Datum Romæ per manus Hotesculici presbyteri vicem gerentis cancellarii, v Kalendas Aprilis, anno Domini 1090, indictione XIII, anno III domni Urbani papæ II.

XXXVIII.

Privilegium Urbani papæ II pro Ecclesia Gratianopolitana.

(Anno 1090.)

[Baluz., *Miscell.* edit. Luc., III, 8.]

Urbanus episcopus, servus servorum Dei, charissimo fratri Hugoni Gratianopolitano episcopo ejusque legitimis successoribus in perpetuum.

Potestatem ligandi atque solvendi in cœlis et in terra beato Petro ejusque successoribus auctore Deo principaliter traditam illis Ecclesia verbis agnoscit quibus Petrum est Dominus allocutus : *Quæcunque ligaveris super terram, erunt ligata et in cœlis; et quæcunque solveris super terram, erunt soluta et in cœlis*. Ipsi quoque et propriæ firmitas et alienæ fidei confirmatio eodem Domino auctore præstatur, cum ad eum dicitur : *Rogavi pro te ut non deficiat fides tua, Petre. Et tu aliquando conversus confirma fratres tuos*. Oportet ergo nos, qui, licet indigni, Petri residemus in loco, prava corrigere, recta firmare, et in omni Ecclesia ad interni arbitrium judicis sic disponenda disponere ut de vultu ejus judicium nostrum prodeat, et oculi nostri videant æquitatem. Tuis igitur, dilectissime in Christo frater Hugo Gratianopolitane episcope, justis petitionibus annuentes, tibi tuisque legitimis successoribus Gratianopolitanum episcopatum regendum, disponendum, et jure perpetuo possidendum præsentis decreti pagina confirmamus, salva in omnibus Romanæ Ecclesiæ auctoritate. Constituimus ergo ne ulli omnino hominum qualibet subreptionis astutia liceat vestri episcopatus possessiones invadere, minuere, vel auferre, aut episcopatus vestri decimas sine vestra concessione subripere aut subreptas tenere, neque vestri juris ecclesias per manum laicam obtinere; sed omnia quæ juste hactenus vestra possedit Ecclesia, sive in futurum Domino adjuvante juste atque canonice poterit adipisci, in tua tuorumque successorum manu integra semper et illibata permaneant. Præterea ecclesiam Sancti Donati in archiepiscopatu Viennensi sitam, quam a tyrannica potestate auctoritate episcopali adjuvante Domino extorsisti, tibi tuisque successoribus regendam, disponendam, ac jure perpetuo possidendam hujus auctoritate privilegii confirmamus, constituentes, ne ulli successorum tuorum liceat eamdem ecclesiam alicui personæ vel ecclesiæ gratis pretiove concedere, sed semper incommutabiliter cum omnibus ad ipsam pertinentibus in Gratianopolitani episcopi potestate et possessione permaneat. Quia vero perversa quorumdam præsumptio inolevit ut defunctis episcopis res ecclesiasticæ pervadantur, auctoritate apostolica prohibemus ut cum vitæ tuæ tuorumve successorum terminus contigerit, Ecclesiæ vestræ res et possessiones diripere nemo præsumat, sed cuncta libera et inconcussa in canonicorum potestate persistant, illi ex integro conservanda qui eis canonice episcopus ordinabitur. Porro sanctorum canonum decreta ubique inviolabiliter conservari cupientes, constituimus atque censemus ut interdictos a vobis aut excommunicatos in communionem recipere aut mortuos sepulturæ tradere nemo præsumat. Vestra sane, charissime frater, intento erit gregi commisso curam vigilanter impendere et Romanæ Ecclesiæ decreta inviolabiliter observae; quatenus multiplicato laborum fructu, ad vitam valeatis perpetuam pervenire. Sane si quis in crastinum archiepiscopus aut episcopus, imperator aut rex, princeps aut dux, comes aut vicecomes, aut judex, aut persona quælibet magna vel parva, potens aut impotens, hujus nostri privilegii paginam sciens, contra eam temere venire tentaverit, secundo tertiove commonitus, si non satisfactione congrua emendaverit, a Christi Ecclesia eum auctoritate potestatis apostolicæ segregamus. Conservantibus autem pax a Deo, misericordia præsentibus ac futuris sæculis conservetur. Amen, amen, amen.

Scriptum per manum Gregorii scriniarii atque otarii sacri palatii.

Datum Romæ per manum Joannis, sanctæ Romanæ Ecclesiæ diaconi cardinalis, anno Dominicæ Incarnationis 1091, indictione xiii, pontificatus domni Urbani papæ II anno iii, die Kalend. Aprilis.

XXXIX.
Urbanus II monasterii S. Theotfredi Calmiliacensis bona confirmat.
(Anno 1090.)
[MABILL. *Acta SS. ord. Bened.*, V, 274.]

XL.
Privilegium Urbani II pro Vallumbrosanis.
(Anno 1090.)
[ZACHARIA, *Anecdota medii ævi*, 225 ex archivo S. Michaelis de Furculis.]

URBANUS episcopus, servus servorum Dei, dilectissimis filiis, universæ Vallis Imbrosanæ congregationi, salutem et apostolicam benedictionem.

Cum universis sanctæ Ecclesiæ filiis ex apostolicæ sedis auctoritate ac benevolentia, debitores existamus, illis præcipue locis atque personis quæ specialius ac familiarius Romanæ adhærent Ecclesiæ, quæque ampliori religionis gratia eminent, propensiori nos convenit charitatis studio imminere. Quia igitur propositum nostrum, divina præveniente ac subsequente clementia, religionis vestræ simplicitas bonæ opinionis odorem, et prope et longe positis aspiciunt, nos vestro provectui annuente Domino provectus adjungere cupientes, cœnobium vestrum pro beatæ Mariæ semper virginis reverentia, cui dicatum est, in Romanæ Ecclesiæ proprietatem, et tutelam atque protectionem apostolicæ sedis accipimus, et, apostolicæ illud auctoritatis privilegio munientes, ab omnium principum jugo liberum permanere decernimus. Per præsentem igitur nostri privilegii paginam, apostolica auctoritate statuimus ut quæcunque hodie vestrum cœnobium jure possidet, sive in crastinum concessione pontificum, liberalitate principum, vel oblatione fidelium jure atque canonice poterit adipisci, firma vobis vestrisque successoribus et illibata permaneant. Illis successoribus, dico, qui eamdem religionis usum, et fidei constantiam observare ac strenue omnipotenti Domino in eodem proposito deservire satagerint. Chrisma, oleum sanctum, consecrationes altarium, sive basilicas, ordinationes clericorum liceat vobis a quocunque volueritis catholico episcopo Romanæ Ecclesiæ gratiam atque communionem optinente percipere. Qui, nostra fultus auctoritate, quæ postulant indulgeat. Ad hæc censemus atque statuimus ne ulli omnino hominum liceat idem cœnobium emere, perturbare, aut ei subditas possessiones auferre, minuere, vel temerariis vexationibus fatigare; sed omnia integra observentur eorum pro quorum sustentatione ac gubernatione concessa sunt usibus profutura. Nec ulli episcopo potestas sit excommunicationem aut interdictionem vobis ingeminare, ut qui in speciales estis filios apostolicæ sedis, nullius alterius judicio temere exponamini. Quia vero plura sancta monasteria, congregatio videlicet dicta Salvii juxta Florentiam, Sancti Fidelis de Strumii, Sancti Salvatoris de Sophena, Sanctæ Mariæ de Nerana, Sancti Coxiani de Monte Scbalario, Sancti Angeli de Passiniano, Sancti Laurentii de Cultuboni, Sancti Salvatoris de Ficiclo, Sancti Angeli juxta Pistoriam;

Sancti Salvatoris de Vadeno, Sancti Petri de Mischeto, Sancti Pauli de Rasolo, Sanctæ Reparatæ de Marradio Faventinæ diœcesis, et congregatio de Rivis Cæsaris, et congregatio de Fontana Taonis, et congregatio de Monte Armato in Bononiensi diœcesi, inspirante Domino in eamdem vobiscum formam religionis consenserint, nos, et ipsis et omnibus qui se in crastinum eidem religionis usui ex integro sociare voluerint, præsentis privilegii libertate apostolica auctoritate concedimus quandiu in eadem religionis et consuetudinis unitate persistere procuraverint. Constituimus autem ut eorum omnium caput vestrum, quod in Valle Imbroxiana situm est, monasterium habeatur. Sane cum terminus vitæ pastori vestro divina dispositione contigerit, qui ejus loco substituendus fuerit, quia et vobis et aliis omnibus præesse debebit, omnium, qui cæteris præsunt monasteriis, consensu et judicio eligatur. Quod si forte ex ipsis abbatibus quilibet Domino disponente ad hoc generale regimen electus fuerit, ad vestrum principale cœnobium principaliter transeat, et ejus mox judicio, sicuti in diebus venerandæ memoriæ Joannis primi abbatis vestri factum constat, cætera omnia unita vobis monasteria disponantur. Vos igitur, filii in Christo dilectissimi, nolite negligere gratiam, quæ in vobis est, quæ data est vobis per unitatem sanctæ observationis et religionis. Hæc meditamini, in his estote, ut profectus vester manifestus sit omnibus (*I Tim.* iv, 15). Participes enim Christi effecti estis, si tamen initium substantiæ ejus usque ad finem firmum retinentis (*Heb.* iii, 14). Mementote quod Dominus ait : *Qui perseveraverit usque in finem, hic salvus erit* (*Matth.* xxiv, 13). Itaque *sic luceat lux vestra coram hominibus, ut videant opera vestra bona, et glorificent Patrem vestrum qui in cœlis est* (*Matth.* v, 16). Ad indicium autem perceptæ hujus a Romana Ecclesia libertatis per annos singulos duodecim sagi cilicii brachia Laterani palatio persolvetis. Sane si quis in crastinum archiepiscopus, aut episcopus, imperator, aut rex, princeps, aut dux, comes, aut judex, aut persona quælibet magna vel parva, potens aut impotens, hujus nostri privilegii paginam sciens contra eam temere venire tentaverit, secundo tertioque commonitus, si non satisfactione congrua emendaverit, a Christi et Ecclesiæ corpore cum auctoritate potestatis apostolicæ segregamus. Conservantibus autem pax a Deo, et misericordia præsentibus et futuris sæculis conservetur. Amen. Amen. Am n. Scriptum per manum Gregorii scriniarii atque notarii sacri palatii.

Datum Romæ per manus Joannis sanctæ Romanæ Ecclesiæ diaconi cardinalis, anno Dominicæ Incarnationis 1090, indictione xiii, octavo Idus Aprilis, anno pontificatus domni Urbani papæ secundi tertio.

Bartholomeus, quondam Baronis imperiali auctoritate judex ordinarius atque notarius, scriptum privilegium, et apostolicas litteras, et omnia scripta, unde hoc exemplum scriptum est, vidi et legi, et, prout ibi inveni, hic inde transcripsi, et fideliter exemplavi, et ad majorem fidem habendam signum meæ manus apposui ex auctoritate mihi concessa, et data a venerabili Patre domino Thoma, Dei gratia Pistoriensi episcopo in episcopatu Pistoriensi, præsentibus domino Ticcio plebano plebis de Laiatico, et presbytero juncta capellano plebis prædictæ, et Armaleone quondam Infrangipanis et Curso Doni testibus rogatis et vocatis ad hæc, sub annis Dominica Nativitate 1288, indictione secunda, die vigesima Septembris.

XLI.

Urbanus II Majoris-Monasterii tutelam suscipit possessionesque ejus confirmat.

(Anno 1090.)

[Mabill., *Annal. Bened.* V, 272.]

Hoc ipso anno Bernardus, Majoris-Monasterii abbas, amplissimum ab Urbano II privilegium obtinuit. In eo præfatur pontifex, cum universis ecclesiis debitor sit, illis tamen locis atque personis quæ ampliori religionis gratia eminent, se propensiori charitatis studio consulere debere, adeoque Sancti Martini monasterio, cum pro beati confessoris devotione ac reverentia, tum pro religionis prærogativa, qua sacri illius loci monachi præcellebant. Quam ob rem ait se omnes ejus possessiones confirmare, eumdemque locum in suam tutelam suscipere ; vetare ne missæ illic publicæ ab episcopis celebrentur, neu monachi ad externas stationes aut exsequias, præter ipsorum abbatis voluntatem compellantur, aut a quovis excommunicentur ; sed præcipere, ut omnes eorum causæ graviores ex apostolicæ sedis judicio pendeant. Ut libera sit abbatis electio, qui ab archiepiscopo Turonensi, si communionem sedis apostolicæ habeat *consecrationem* gratis accipiat, absque ulla professionis exactione : sin minus, aut ad Romanum pontificem *consecrandus* accedat, aut a quocunque episcopo *consecrandum* se offerat. Idem sancit pontifex de sacro chrismate, de consecratione altarium seu basilicarum, et de ordinationibus sacris. Tum subdit monachos alloquens : *Vos igitur, filii in Christo dilectissimi, oportet regularis disciplinæ institutioni sollicitius et devotius insudare : quatenus quanto ab sæcularibus tumultibus liberiores existitis, tanto amplius placide Deo devotius mentis et animæ virtutibus anheletis.* Denique pro hac libertate singulis annis unam auri unciam persolvi jubet. *Scriptum per manum Gregorii scriniarii atque notarii sacri palatii. Datum Romæ per manum Joannis S. R. E. diaconi cardinalis, anno Dominicæ Incarnationis 1090, indictione* xiii, *pontificatus domni Urbani papæ II tertio, sexto decimo Kal. Maii.*

XLII.

Urbanus II Burchardo S. Basoli abbati bullam tribuit.

(Anno 1090.)

[Mabill. et Ruinart, *Ouvrages posth.* III, 87.]

XLIII.
Urbanus II Ecclesiæ Ravellensis libertatem ac possessiones, petente Ursone episcopo, confirmat.

(Anno 1090.)

[UGHELLI, *Italia sacra* I, 1185.]

URBANUS episcopus, servus servorum Dei, dilecto in Christo fratri Urso Ravellensi episcopo, ejusque successoribus canonice instituendis in perpetuum.

Sanctæ Romanæ et apostolicæ universalis Ecclesiæ dignitas exigit ut sibi fideliter adhærentes remuneret, et exaltet. Quia igitur Romanæ Ecclesiæ fidelitatem ac libertatem ardenter requisisti, et obsequiis prævenisti, ad id vestra civitas, Domino præstante, pervenit, ut prædecessoris nostri reverendæ memoriæ Victoris III tempore episcopum meruerit adipisci. Nos itaque nihilominus exaltationi vestræ congaudentes, et antecessoris nostri statuta firmamus, et eam vobis libertatem adjicimus, ut Ravellensis Ecclesia deinceps ab omnis potestatis subjectione libera, in solius Romani pontificis jure dominationeque consistat. Dignum quippe est ut qui in corporalibus rebus vehementer excrevistis, spiritualium quoque munerum perceptione, Domino largiente, crescatis. Vestram igitur Ecclesiam in apostolicæ sedis gremio specialiter confoventes tibi legitime confirmamus, coepiscope Urse, tuisque legitimis successoribus, omnem Ravellensem diœcesis ambitum præsentis auctoritate paginæ confirmamus, potestatem vobis indulgentes intra eam absque ullius contradictione chrisma conficere...
(*Multa desunt in privilegio, quia fuit recisum, et cum filo consutum, ut ad præsens exstat.*) Statuta Ecclesiæ præstante Domino irrefragabiliter observare, ejusque honori pro viribus semper insistere. Si quis autem in crastinum archiepiscopus aut episcopus, imperator aut rex, princeps aut dux, aut patritius, comes aut vicecomes, aut judex, aut persona quælibet magna vel parva, potens aut impotens, hujus nostri privilegii paginam sciens, concessam vobis libertatem auferre tentaverit, secundo tertiove commonitus, si non satisfactione congrua emendaverit, is, ut a Christi et Ecclesiæ corpore segregandus, honorisque sui et officii periculo subjacere debebit. Conservantibus autem hæc, pax a Domino et misericordia præsentibus et futuris sæculis conservetur. Amen, amen, amen.

Datum Salerni per manus Joannis S. R. E. diaconi card. Nonis Octobris, ind. XIII, anno Incarn. Dominicæ 1090, pontificatus vero D. Urbani papæ II tertio.

XLIV.
Urbani II epistola ad clerum et plebem Carnotensem. — De Gaufredi episcopi depositione, et Ivonis consecrati in ejus locum subrogatione.

(Anno 1090.)

[MANSI, *Concil.* XX, 650.]

URBANUS episcopus, servus servorum Dei, dilectis in Christo filiis clero et populo Carnotensi, salutem et apostolicam benedictionem.

Nos quidem tum pro beatæ Mariæ semper Virginis devotione et reverentia, tum pro nostri officii debito, Ecclesiæ vestræ dilectionem, protectionem et curam specialius impendentes, ejusque labores diuturnos, quos a Gaufredo quondam episcopo passa est, propensiore animo perpendentes, rei veritate diutius atque diligentius pertractata, largiente Domino, justitiæ satisfecimus. Bonam itaque animi vestri voluntatem prævenientes ac subsequentes, venerabilem virum Ivonem presbyterum, quem, Gaufredo per nos deposito, catholice atque canonice secundum nostra monita elegistis, ne quod ulterius hac in re detrimentum vestra Ecclesia pateretur, sine moræ longioris obstaculo consecravimus.

Nunc eum ad vos remittentes, tanquam B. Petri manibus consecratum, B. Petri vice vos rogamus et obsecramus quatenus eum benigne suscipientes debita ut pastoris veri membrum obedientia honoretis; debita sollicitudine quæ vobis annuntiaverit observetis; et ut ipse Deo placere, et eum pro vestris valeat excessibus digne intercedendo placare, vos quoque placere Deo totis conaminibus procurate. Si enim placere Deo statueritis, pastorem procul dubio Deo placentem habebitis, nos quoque in vestris opportunitatibus ad exaudiendum paratos invenietis. Porro de Gaufredo, qui sine conditione omni nostris manibus episcopatum reddidit, indignum se patenter-agnoscens, præcepimus et præcipimus ne quis ei ulli modo ad episcopatum reinvadendum vel infestandum assensum accommodare præsumat, alias et ipsum et ipsius fautores excommunicationi subjacere censemus. Obedientes vos vero monitis nostris gratia divina custodiat.

Data Capuæ octavo Kalendas Decembris.

XLV.
Urbani II papæ epistola ad Richerium, archiepiscopum Senonensem. — Ivonem, episcopum Carnotensem illi commendat Gaufredum, si invadere episcopatum tentaverit, anathematizatum declarat.

(Anno 1090.)

[MANSI, *Concil.* XX, 651.]

Quantas pro Gaufredo quondam episcopo Carnotensis Ecclesiæ molestias sustinuerit, quantæ ad apostolicam sedem querelæ perlatæ fuerint, delectionis tuæ strenuitas recognoscit. Tandem rei veritate diligentius perquisita, largiente Domino, justitiæ satisfecimus, et ab ipso in nostris manibus sine cujuslibet tenore conditionis episcopatus refutatus est. Tandem ad tuam fraternitatem scripta direximus, rei gestæ ordinem indicantes, et ut tuum Carnotensibus ad eligendum et consecrandum antistitem auxilium contribueres flagitantes. Nostra itaque fulti licentia Carnotenses venerabilem virum presbyterum Ivonem canonico ordine in episcopum elegerunt. Cum autem a te consecrationis gratiam pro more Ecclesiæ petivissent, tua fraternitas ei manum imponere recusavit. Ad nos igitur ipsis venientibus, et consecrationis ejusdem gratiam deposcentibus, nos, qui viri religionem jam dudum noveramus, et ejus eligendi licentiam dederamus, petitioni justæ deesse nequivimus. Consecratum igitur cum salva tuæ Ecclesiæ obedientia remittentes, dilectionis tuæ dulcedinem postulamus, ut omni litis fomite consopito, benignitate eum debita complectaris, et ad Ecclesiæ regimen auxilium tuum ei largiaris. Porro Gaufredum, si episcopatum invadere, aut Ecclesiam infestare tentaverit, ipsum ipsiusque fautores anathemati subjacere decrevimus.

Data Capuæ septimo Kalendas Decembris.

XLVI.

Urbani II epistola ad Altmannum Pataviensem episcopum.

(Fragm. — Anno 1090.)

[*Vita Altmanni* ap. BOLLAND, t. II, Aug. p. 174.]

URBANUS episcopus, servus servorum Dei, charissimo fratri ALTMANNO, episcopo Paluviensi, salutem et apostolicam benedictionem.

Strenuitatem tuam in Dei rebus et Ecclesiæ laboribus audientes, in Domino gaudemus; et ideo preces vestras in his quæ contra morem nostræ videntur Ecclesiæ, audivimus, etc.

XLVII.

Urbani II epistola ad Lanzonem et Rodulfum abbates, et Adalberonem primicerium. — Confirmat electionem Metensis episcopi ab eis factam.

(Anno 1091.)

[MANSI, *Concil.* XX, 705.]

URBANUS episcopus, servus servorum Dei, dilectis in Christo filiis LANZONI, RODULFO abbatibus, ADALBERONI primicerio, archidiaconis, et omni catholico Metensis Ecclesiæ clero ac populo salutem et apostolicam benedictionem.

Gaudemus, filii in Christo charissimi, quia vos gaudetis in Domino, quia catholicæ fidei lucernam, quæ in Herimanno sanctæ memoriæ permansit episcopo, necdum exstincta est; quia prædecessori bono successorem probabilem providistis. Et nos igitur bonis votis vestris robur præstantes auctoritatis apostolicæ devotionem, et electionem vestram litteris præsentibus approbamus. Vestris quoque postulationibus assensum conferimus, ut vestri intersit arbitrii, a quibus potissimum catholicis debeat episcopis consecrari. Illud sane omni modo requirendum est utrum per manum Trevirensis illius dicti archiepisc. Simoniace fuerit in diaconem ordinatus. Quidquid enim ab eo extraordinarie indigneque susceperit, nos sancti Spiritus judicio irritum esse censemus, ut eosdem ordines ab aliquo sortiatur episcopo catholico præsenti auctoritate præcipimus. Talis enim ordinator, cum nihil habuerit, dare nihil potuit. Vos itaque filii in Christo charissimi, perseverate in his quæ a reverentissimo confratre nostro, nunc angelorum concivi, Herimanno episcopo didicistis. Agite quæ agitis, quia serpentis caput calcantibus æterna a Domino corona præbebitur. Ipse vos sua gratia fideliter certare tribuat, et æterni mercedem bravii dignetur.

Data Beneventi Kalendis Februarii.

CAPUT XLVIII.

Urbanus II parthenonis S. Crucis Pictaviensis possessiones confirmat.

(Anno 1091.)

[MABILL., *Annal. ord. S. Bened.* V, 282.]

Pictaviensi Sanctæ Crucis nobilissimo parthenoni post Petronillam abbatissam præfuit Adelais, quæ ab Urbano II sedis apostolicæ tuitionem et confirmationem possessionum obtinuit, diplomate dato Beneventi per manum Joannis S. R. E. diaconi cardinalis, IV Kal. Aprilis, anno Dominicæ Incarnationis 1091, pontificatus Urbani anno IV. Sub finem diplomatis abbatissam et sorores commonet ut apostolicæ sedis benignitati sanctis actibus respondeant, regularis disciplinæ institutionibus studiosius dent operam, et ad æternam gloriam totis viribus anhelent. Eodem diplomate statuit pontifex, ut collegiata B. Radegundis ecclesia Sanctæ Crucis regimini in perpetuum, uti antea, subjaceat. Quod jam prius definierant Amatus Ellorensis et Hugo Diensis episcopi, apostolicæ sedis legati, in concilio Santonensi; idemque Gregorius VII litteris suis confirmaverat, Hugoni et cæteris clericis ejusdem ecclesiæ inscriptis.

CAPUT XLIX.

Urbani II epistola ad Romualdum Monopolitanæ Ecclesiæ episcopum. — Ex concilii Beneventani sententia episcopatum Monopolitanum non Ecclesiæ Brundusinæ sed Romanæ sedi subjectum declarat.

(Anno 1091.)

[MANSI, *Concil.* XX, 739.]

URBANUS episcopus, servus servorum Dei, dilecto fratri ROMUALDO, Monopolitanæ Ecclesiæ episcopo, suisque successoribus canonice substituendis in perpetuum.

Sacrorum canonum et decretorum pontificalium deposcit auctoritas ut majores Ecclesiarum causæ apostolicæ sedis judicio terminentur, cui nos licet indigni divinæ dispositionis arbitrio præsidentes, eamdem sollicitudinem universis per orbem Ecclesiis, prout nobis apostolorum suorum divinæ dignatio majestatis scire et posse impendit, impendimus. Cum ergo præstante Domino Incarnationis Dominicæ anno 1091 synodale concilium in Beneventana esset Ecclesia sub nostra præsentia congregatum, et adversus fraternitatem tuam Brundusinus, seu Oritanus conquereretur episcopus, et tuæ et illius Ecclesiæ munimenta perspecta sunt. Quibus in conspectu nostro concilii universi diligentiori indagine perquisitis a venerabilibus nostris episcopis presbyterisque cardinalibus adjudicatum est Monopolitanam Ecclesiam majori scriptorum pontificalium auctoritate fultam Brundusinæ Ecclesiæ subjectionem et obedientiam non debere. Quorum nos sententiam approbantes nostræ auctoritatis robore confirmavimus, et per præsentis privilegii paginam te tuosque successores ab Oritanæ seu Brundusinæ Ecclesiæ subjec ione liberos sub solius apostolicæ sedis obedientia in perpetuum permanere decernimus, statuentes ut quamcumque Monopolitana Ecclesia hactenus juste possedit, aut hodie possidet, sive in crastinum juste atque canonice poterit adipisci in castellis, villis, silvis, in ecclesiis, in monasteriis tibi tuisque successoribus episcopali jure regenda, disponenda ac possidenda firma et illibata persistant, salva in omnibus Romanæ et apostolicæ Ecclesiæ reverentia. Obeunte te, vel tuorum quolibet successorum, clero populoque Monopolitano facultas sit, semota omni pravitate, episcopum canonice eligendi, electus autem a Romano pontifice consecrabitur. Sane si quis in crastinum archiepiscopus aut episcopus, imperator aut rex, princeps aut dux, comes aut vicecomes, judex aut persona quælibet magna vel parva, potens aut impotens, hujus nostri privilegii paginam sciens, contra eam temere venire tentaverit, secundo tertiove commonitus si non satisfactione congrua emendaverit, eum honoris sui et officii periculo subjacere decernimus, et a Christi atque Ecclesiæ corpore auctoritate potestatis apostolicæ segregamus; conservantibus autem pax a Deo, et merito præsentibus ac futuris sæculis conservetur. Amen, amen, amen.

Scriptum per manus Lanfranci notarii sacri p latii.

Datum Beneventi per manus Joannis S. R. E. diaconi card., anno Domini incarn. 1091, indict. xiv Kal. Aprilis, anno pontificatus D. Urbani papæ II quarto.

L.

Urbanus II monasterium S. Bartholomæi in Lipara insula tuendum suscipit et ejus bona confirmat.

(Anno 1091.)

[UGHELLI, *Italia sacra*, I, 775.]

URBANUS episcopus, servus servorum Dei, dilecto fratri AMBROSIO, abbati Liparitano, ejusque successoribus regulariter substituendis in perpetuum.

Cum universæ insulæ secundum instituta regalis juris sint, constat profecto quia religiosi imperatoris Constantini privilegio in jus proprium B. Petro jusque successoribus occidentales omnes insulæ condonatæ sunt, maxime quæ circa Italiæ oram habentur, quorum multæ peccatis exigentibus accolarum a Saracenis capta Christiani nominis gloriam amiserunt. Inter quas Liparis B. Bartholomæi apostoli corpore quondam insignita, eremi instar redacta cognoscitur; quam multis annorum curriculis evolutis, cum Saracenorum vires divinæ misericordiæ potentia repressisset, religiosi fratres divinæ servitutis studio eamdem ingressi insulam, monasteria illi domicilia construere curaverunt, et plurimos in eamdem insulam colonos sua industria constituerunt. Nos itaque, quibus ex divinæ arbitrio voluntatis per apostolicæ sedis culmen cunctarum sollicitudo imminet Ecclesiarum, licet in eadem insula episcopatum quondam fuisse in S. Gregorianæ paginæ registris agnoscamus, quia tamen episcopi dignitatem nunc ipsius loci exiguitas et accolarum raritas non meretur, monasterium tamen illi habere, et totius insulæ ambitum possidere præsentis paginæ auctoritate sancimus. Ipsum etiam monasterium, cui fraternitas tua, auctore Domino, præsidet, in B. Bartholomæi honore et nomine consecratum, in S. R. et apostolicæ sedis favendum speciali protectione suscipimus. Per præsentem igitur nostri privilegii paginam apostolica auctoritate statuimus ut quæcunque hodie idem cœnobium juste possidet, sive in posterum concessione pontificum, liberalitate principum, vel oblatione fidelium, juste atque canonice poterit adipisci, firma tibi tuisque successoribus et illibata permaneant. Decernimus ergo ut nulli omnino hominum liceat idem cœnobium temere perturbare, aut ei subditas possessiones auferre, vel ablatas retinere, vel minuere, vel temerariis vexationibus fatigare; sed omnia integra conserventur eorum pro quorum sustentatione et gubernatione concessa sunt, usibus profutura. Obeunte te nunc ejusdem loci abbate, vel tuorum quolibet successorum, nullus ibi qualibet subreptionis astutia vel violentia præponatur, nisi quem fratres communi favore vel fratrum pars consilii sanioris elegerit, electus autem ad Rom. pont. consecrandus accedat. Vos itaque, filii in Christo dilecti, oportet regularis disciplinæ institutioni ferventer insistere, et divinæ legis præcepta studiosius observare, ut quanto a sæcularibus tumultibus liberiores estis, tanto solertius placere Deo totis mentis et animæ viribus anheletis. Ad indicium autem perceptæ a Romana Ecclesia libertatis, unam auri unciam per annos singulos Lateranensi palatio persolvatis. Sane si quis in crastinum archiepiscopus, episcopus, imperator aut rex, princeps aut dux, comes aut vicecomes, aut judex, aut persona quælibet, magna vel parva, potens vel impotens, hujus nostri privilegii paginam sciens contra eam temere venire tentaverit, secundo tertiove commonitus, si non satisfactione congrua emendaverit, eum honoris sui et officii periculo subjacere decernimus, et a Christi atque Ecclesiæ corpore auctoritate apostolica segregamus. Conservantibus autem pax a Deo, et misericordia præsentibus et futuris sæculis conservetur. Amen, amen, amen.

Datum Militi per manus Joannis S. R. E. diac. card., III Nonas Junii, ind. xviii, incarn. Domini 1091, pont. vero D. Urbani II anno quarto.

LI.

Urbanus II Corsicam insulam, sub Gregorio VII in pristinam Ecclesiæ Romanæ ditionem redactam, Daimberto, episcopo Pisano et ejus successoribus committit.

(Anno 1091.)

[UGHELLI, *Italia sacra*, III, 369.]

URBANUS episcopus, servus servorum Dei, dilecto fratri DAIMBERTO, Pisanorum episcopo, ejusque successoribus canonice substituendis in perpetuum.

Cum omnes insulæ secundum statuta legalia juris

publici habeantur, constat etiam eas religiosi imperatoris Constantini liberalitate ac privilegio in beati Petri vicariorumque ejus jus proprium esse collatas. Intercidentibus autem plurimis divina dispositione judiciorum calamitatibus, proprietatis hujus in quibusdam passa est Ecclesia Romana jacturam. Cæterum et canonicis, et legalibus institutis Romanæ dignitatis proprietas non prolixitate temporum, non divisione regnorum ulla diuturnitate possessionis excluditur. Licet igitur annis plurimis Romana Ecclesia Corsicæ possessione caruerit, prædecessoris tamen nostri Gregorii VII in ejusdem jus noscitur auctore Domino rediisse. Nos igitur dilectiss. fr. nostri Daimberti Pisanorum episcopi, ac nobilium civium, et charissimæ beati Petri filiæ Mathildis comitissæ postulationibus inclinati, quia multum jam dudum obsequiis Pisanorum gloriosa nobilitas Romanam sibi Ecclesiam fecit obnoxiam, prædictam insulam vice nostra Pisanæ Ecclesiæ consilio clericorum cardinalium, aliorumque nostrorum fidelium committimus et condonamus, ita videlicet ut quandiu eadem Pisana civitas episcopum non invasione tyrannica, sed cleri et populi electione canonica per Romani pontificis manus acceperit, quemadmodum Landulphum, Gerardum, et te, charissime frater Daimberte, accepisse dignoscitur, et quandiu in ea quam hodie exhibet Ecclesiæ Romanæ fidelitate perstiterit, hujus nostræ donationis locationisve gratia perfungatur, ea scilicet conditione interjecta, ut per annos singulos Lucanæ monetæ libras quinquaginta Lateranensi palatio, remota qualibet occasione, persolvat. Hujus ergo nostræ locationis tenorem inconcussum omnino manere nostra apostolica auctoritate sancimus, quandiu ac ipsi præscriptæ fidelitatis pensionisque tenorem debita devotione servaverint. Quocirca successores nostros rogamus ut tam pro beatæ Mariæ semper virginis reverentia, quam pro nobilissimæ civitatis Pisanorum amore ac familiaritate eamdem honorificentiam Pisanæ Ecclesiæ semper impendant : rogamus, et Daimberti præsentis episc. successores, et universos Pisanæ urbis cives post præsentia tempora secuturos, ut eamdem fidelitatem eamdemque devotionem Romanæ Ecclesiæ semper exhibeant, ut firma inter utrosque fides, benignitas amicitiaque, Domino annuente, permaneat.

Datum Beneventi iv Kal. Jul. per manus Joannis S. R. E. diaconi cardinalis, indict. xiv, anno Domini incarn. 1091, pontif. autem D. Urbani papæ II quarto.

LII.

Urbani II epistola ad Berengarium Ausonensem episcopum. — Eum constituit Tarraconensem archiepiscopum.

(Anno 1091.)

[Mansi, *Concil*. XX, 648.]

Urbanus episcopus, servus servorum Dei, dilecto fratri Berengario, Ausonensi episcopo, in Tarraconensem metropolim translato, ejusque successoribus canonice substituendis in perpetuum.

Inter primas Hispaniarum urbes Tarraconem fuisse insignem et gentilem, etiam Christianæ paginæ judiciis demonstrant. Justus autem Dominus in viis suis, et sanctus in omnibus operibus suis, qui, cum in plerisque judiciis incomprehensibilis habeatur, in nullo unquam valet reprehensibilis æstimari, ipse transfert regna et mutat tempora : ipsi visum est in eadem urbe olim Tarraconensis urbis gloriam exaltare; ipsi visum est in eadem urbe peccata populi sui visitare. Cum enim in ea Christianorum populus habitaret, visitavit in virga iniquitates eorum et in verberibus peccata eorum. Sed ecce jam transactis trecentis nonaginta annis, ex quo præfatam urbem Agarenorum gens prope solitariam fecerit, principum suorum cordibus inspirare dignatus est ut ejusdem urbis restitutioni, secundum præceptum apostolicæ sedis, cui auctoritate Dei [f., auctore Deo], licet indigni, præsidemus, insisterent. Berengarius siquidem, Barchinonensis comes, auctoritatis nostræ persuasione commonitus, pro animæ suæ salute, cum suæ potestatis magnatibus non solum restitutioni præfatæ urbis insistit [institit], sed et urbem ipsam, et omnem suæ potestatis terram, B. Petro ejusque vicariis legali stipulatione tradidit, censumque quinque librarum argenti Lateranensi palatio [add., singulis] annis solvendum instituit. Nos itaque, præstante Deo, restitutionis hujus optimus cooperatores existere, prædicti comitis institutum, libertatesque et consuetudines, quas novis Tarraconensis urbis colonis promulgasse cognoscitur, collaudamus, et rata manere auctoritate nostra decernimus. Cum universa siquidem ipsius comitis terra quam B. Petro obtulit, et Tarraconensem urbem ac populum, Domino sibi aspirante, collectum, sub apostolicæ sedis tutela specialiter confovendum suscipimus, libertatemque illius per comitis Berengarii scripto [f. scriptum] collatam eatenus confirmamus, ut nemini quidquam ultra persolvant, nisi sponte propria Romanæ se faciant Ecclesiæ debitores. Ut igitur hæc omnia, Deo auctore, inconcussa permaneant, nos antecessorum nostrorum privilegia sequentes, qui Ausonensem Ecclesiam Tarraconensis quondam instituere vicariam, tibi, o charissime fili Berengari, quia tuo potissimum studio hæc est restitutio instituta, ex Romanæ Ecclesiæ liberalitatis gratia pallium, totius scilicet sacerdotalis dignitatis plenitudinem, indulgemus.

Præterea tibi tuisque successoribus legitime substituendis, qui in Tarraconensis civitatis et ecclesiæ restaurationem pari studio insudaverint, præfatam Tarraconensem ecclesiam jure proprio possidendam per hujus privilegii paginam confirmamus, una cum omnibus ecclesiis quas proprio jure noscitur antiquitus possedisse, præcipientes de his quæ Saracenorum ad præsens subjacent ditioni, ut cum eas Deo placuerit potestati populi Christiani [*deest* restituere. Hard.], ad debitam ecclesiæ vestræ obedientiam referantur, salva tamen in omnibus Romanæ Ecclesiæ auctoritate. Porro Ausonensem ecclesiam tibi tuisque successoribus tandiu concedimus possidendam, donec, auctore Deo, ad pristini status plenitudinem vestro studio Tarraconensis ecclesia reformetur. Pallio itaque in missarum solemniis intra ecclesiam solummodo uti debetis, in præcipuis tantum festivitatibus, videlicet nativitate Domini, Epiphania, Hypapante, Cœna Domini, Sabbato sancto, Resurrecionis prima et secunda feria, Ascensione Domini, Pentecoste, tribus festivitatibus sanctæ Mariæ, sancti quoque Michaelis, et sancti Joannis Baptistæ, in natalitiis omnium apostolorum, et eorum martyrum quorum pignora in vestra ecclesia continentur, in commemoratione nihilominus omnium sanctorum, in consecrationibus ecclesiarum, episcoporum, clericorum, in annuo consecrationis tuæ die, in solemnitatibus etiam sanctæ virginis Theclæ, sanctique martyris Fructuoi ac sociorum ejus. Te igitur, reverentissime frater, affectione intima exhortamur quatenus dignum te tanti honoris pontificio semper exhibeas, Christianis ac Saracenis sine offensione esse procurans, ad fidem infideles quærere, Deo largiente, verbis studeas et exemplis. Sic exterius pallii dignitate præcellas in oculis hominum, ut interius virtutum excellentia polleas coram supernæ oculis majestatis.

Plane per præsentis privilegii paginam officii nostri auctoritate decrevimus ut quicunque se Tarraconensis ecclesiæ bona injuste hactenus obtinuisse cognoscunt, ea deinceps eidem ecclesiæ restituere, præ judicii divini formidine et sedis apostolicæ reverentia studeant. Si quis autem in crastinum archiepiscopus aut episcopus, imperator aut rex, princeps aut dux, comes aut vicecomes, judex aut quilibet magistratus, vel persona ecclesiastica, vel sæcularis, hujus privilegii paginam sciens, contra eam venire temere tentaverit, secundo tertiove commonitus, si non satisfactione condigna emendaverit, eum honoris sui et officii periculo subjacere decrevimus, et a Christo atque Ecclesiæ corpore segregamus, conservantibus autem pax a Deo et misericordia præsentibus et futuris sæculis conservetur. Amen, amen.

Datum Capuæ Kalendis Julii, per manus sanctæ Romanæ Ecclesiæ Joannis diaconi cardinalis, iudictione quarta, anno Dominicæ incarnationis millesimo nonagesimo primo, pontificatus autem domini Urbani II anno quarto.

LIII.

Litteræ Urbani papæ II ad Vallis Umbrosæ et Camalduli priores, ne a communione Pisani episcopi se alienent.

(Anno 1091.)

[MITTARELLI, *Annal. Camaldul.* III, append., 92.]

URBANUS episcopus, servus servorum Dei, venerabilibus in Christo filiis R . . . . Vallumbrosano M . . . Camaldulensi et congregationibus eorum regimini commissis, salutem et apostolicam benedictionem.

Religionis vestræ zelum merito collaudamus et gratias agimus, quia contra Simoniacam pravitatem immenso fervore ardetis, et alios etiam ardere compellitis. Illud autem in vobis miramur, illud arguimus quod contra sanctorum Patrum constitutiones ante probatam rem, ante negotium definitum sanctitatem vestram a communione confratris nostri Pisani antistitis, suspenditis. Neque enim vos decet, assidue divinis vacantes servitiis, aliter agere quam divinis instruimini disciplinis; ipse quippe occultorum cognitos Deus Sodomorum mala noluit audita judicare priusquam manifeste quæ dicebantur agnosceret: *Descendam*, ait, *et videbo utrum clamorem qui venit ad me opere compleverint;* unde beatus martyr et pontifex Evaristus ait: « Mala audita nullum moveant, nec passim dicta absque certa probatione quisque unquam credat, sed ante audita diligenter inquirat, ne præcipitando quis aliquid agat. » Si enim Deus omnium Sodomorum mala quorum clamor pervenerat usque ad cœlum, omnia sciens, nec credere prius, nec judicare voluit quam ipse eam cum fidelibus testibus diligenter investigans, quæ audierat ex opere veraciter cognosceret, multo magis nos humani et peccatores, quibus incognita sunt occulta judicia Dei, hæc præcaventes, nullum ante veram justamque probationem judicare aut damnare debemus, manifeste Apostolo dicente: *Tu quis es qui judicas alienum servum ? Suo Domino stat, aut cadit ?* Quod capitulum Apostoli, beatus Augustinus exponens ait: « Noluit enim hominem ab homine judicari ex arbitrio suspicionis, vel etiam extraordinario usurpato judicio, sed potius ex lege Dei secundum ordinem Ecclesiæ, sive ultro confessum sive accusatum, atque convictum; alioquin illud cur dixit: *Si quis frater nominatur, aut fornicator, aut idolis serviens*, etc., nisi quia eam nominationem intelligi voluit quæ fit in quemquam, cum sententia ordine judiciario atque integritate profertur ? Nam si nominatio sufficit, multi damnandi sunt innocentes, quia sæpe falso in quoquam crimine nominatur. » Decuit ergo vos die ac nocte in lege Domini meditantes ista et hujusmodi plura observasse, nec ante legitimam discussionem, aut a communione vos Pisani antistitis subtraxisse, aut tanta eum infamia denotasse. Quia tamen vos ex religionis merito veneramur, et ex amore justitiæ id egisse credimus, vestræ in hoc simplicitati benignitate apostolica parcimus; maxime cum in litteris vestris alios hujus criminationis auctores ostenderitis, et vos ab ejus intentione removeritis. Rogamus autem vos, et tanquam obedientiæ filiis præcipimus ut eos nobis ex nomine designare curetis, quatenus auctore Deo accusatoribus cognitis infamia hæc aut comprobetur canonice aut removeatur. Præterea notum vobis volumus ipsos jamdudum a nobis per communes Pisani populi litteras evocatos. Si ergo necdum venire cœperunt vos eos vice nostra, ut ad nos veniant per apostolicæ sedis obedientiam admonete, et ne forte causentur ad priorem terminum non posse occurrere, usque ad proximam B. Mariæ Nativitatem inducias protelamus. Quod si vel tunc venire contempserint, canonica se noverint ultione plectendos; si autem illi venerint, omnino volumus, ut ex vobis duos vel tres ad hujus rei definitionem perspiciendam cum eis pariter ante nostram præsentiam dirigatis. Interim vos a confratris nostri diffamatia desistite, et ejus communionem nullo modo recusate. Quicunque etiam vestrum in Pisanæ Ecclesiæ diœcesi commorantur, debitam ei obedientiam impendere non recusent. De cætero obsecramus ut vestris nos apud omnipotentem Deum orationibus commendetis.

Data Trojæ 11 Idus Julii.

LIV.

Urbanus II, Guillelmum, archiepiscopum Rothomagensem, ad restituendum monasterium S. Austrebertæ Paviliacense excitat, « atque universis qui eidem cœnobio aliquid conferant, quartam pœnitentiarum ab episcopo aut presbytero injunctarum partem relaxat. »

(Anno 1091.)

[RUINART, *Vita Urbani*, MABILLON et RUINART, *Ouvrag. posth.* III, 103.]

LV.

Urbani II epistola ad clerum et populum Ambianensem. — Significat se Gervinum episcopum sanxisse.

(Anno 1091.)

[MABILL., *Annal. Bened.* V, 280.]

URBANUS episcopus, servus servorum Dei, clero et populo Ambianensi salutem et apostolicam benedictionem.

Reverentissimus frater noster Gervinus, vester episcopus, ad sedem apostolicam veniens, causam suam cum testimonio litterarum reverentissimi confratris nostri Remorum archiepiscopi Rainoldi et legatorum ipsius nobis notificavit. Nos autem electionem ejus canonicam approbantes, et illum qui ex transverso se injecit, reprobantes, simulque diu nobiscum eum retinendo, et si qui contra eum venire vellent attendendo, postquam in duorum mensium spatium, quo nobiscum deguit, nemo contra eum quidquam attulit; et condescensione misericordiæ rigorem justitiæ temperantes, in loco eum et officio suo confirmatum vobis remittimus. Propter quod fraternitatem vestram auctoritate apostolica commonemus ut omnem ei obedientiam, velut idoneo pastori, exhibeatis, omnem consilio et auxilio ad retinendum et regendum episcopatum sollicitudinem impendatis, ut cum ipso tam de doctrina sua quam de obedientia vestra gaudere valeatis. Quod si post hanc commonitionem quisquam ei de episcopatu contradicere præsumpserit, eique sicut episcopo suo subdi recusaverit, sententiam, qua ipse pro inobedientia eum mulctavit, nos apostolica auctoritate confirmamus.

Data XIII Kal. Januarii.

LVI.

Urbani II epistola ad prælatos laicorum communem vitam agentium.

(Anno 1091.)

[BERNOLDI *Chronicon*, ad an. 1091.]

Quosdam accepimus morem vestrorum cœnobiorum corrodentes, quo laicos sæculo renuntiantes et se suaque ad communem vitam transferentes, regendos in obedientia suscipitis. Nos autem eamdem conversationem et consuetudinem, sicut oculis nostris inspeximus, laudabilem, et eo perpetua conservatione dignissimam quo in primitivæ Ecclesiæ formam impressa est judicantes, approbamus, sanctam et catholicam nominamus, et per præsentes litteras apostolica auctoritate confirmamus.

LVII.

Urbani II epistola ad G[ebhardum], episcopum Constantiensem, Welfonem et B[ertholdum] duces et B. comitem. — Illos hortatur ut abbatem monasterii S. Salvatoris Schaflusensis tueantur contra Tutonem, donatum monasterio prædium auferre conantem.

(Anno 1092.)

[MANSI, *Concil.* XX, 708.]

URBANUS episcopus, servus servorum Dei, Constantiensi episcopo N. et N. comitibus salutem et apostolicam benedictionem.

Venerunt ad nos litteræ abbatis monasterii Sancti Salvatoris, conquerentes Deo et sancto Petro quod vir quidam nomine N. veniens ad prædictum monasterium, sæculo renuntiavit, promissionem stabilitatis secundum consuetudinem monasterii fecit, et sua eidem ecclesiæ secundum legem Suevorum multis coram testibus tradidit et confirmavit; abbas autem, ut est devotus et prudens dispensator et fidelis, in eodem prædio monasterium venuste construxit, fratres ordinavit, et cætera quæ ad monasticam pertinent regulam instituit. Prædictus autem N., ut omnia vidit abbatis labore et studio ordinata atque perfecta, postquam prædictum monasterium idem prædium per septennium et eo amplius sine omni contradictione obtinuit, instinctu diaboli, nunquam se tradidisse fatetur, et si quidquam ob hoc molestiæ sustinuerit, non solum auferre, sed et ipsum monasterium minatur evertere. Quapropter, filii excellentissimi, obnixe vos exoramus ut pro Domini Salvatoris devotione ac reverentia beati Petri et nostri amore eumdem virum a tanta apostasia prohibere et abbati et monasterio curetis assistere. Dicit vero Innocentius: *Error cui non resistitur approbatur*; ac Apostolus: *Non solum qui faciunt digni sunt morte, sed qui consentiunt facientibus*. Volumus autem, fili, te eumdem pestilentem virum, si jam non factum est, secundo et tertio canonice commonere ut resipiscat; quod si contempserit, ut cæteri metum habeant, gladium anathematis in illum evaginare, quatenus in interitum carnis traditus Satanæ discat non blasphemare, et salvus sit in die Domini. Incolumes vos et monitis

LVIII.

Confirmatio erectionis canonicæ S. Mariæ in Rettenbach, quæ sub apostolicæ sedis protectione recipitur; confirmatisque bonis omnibus ad eam spectantibus, nonnulla eidem conceduntur privilegia.

(Anno 1092.)
[COCQUELINES, *bullar., privileg., summ. pont. ampl. Collect.* II, 67.]

URBANUS episcopus, servus servorum Dei, charissimo filio ULDARICO præposito canonicæ, quæ in loco Raitenpuech ad honorem S. Dei genitricis et virginis Mariæ sita est, ejusque successoribus canonice substituendis, in perpetuum.

Potestatem ligandi atque solvendi in cœlis et in terra, B. Petro ejusque successoribus, auctore Deo, principaliter traditam, illis Ecclesia verbis agnoscit quibus Petrum est Dominus allocutus: *Quæcunque ligaveris super terram, erunt ligata et in cœlis; et quæcunque solveris super terram, erunt soluta et in cœlis* (*Matth.* xvi, 19). Ipsi quoque et propriæ firmitas et alienæ fidei confirmatio, eodem Deo auctore, præstatur, cum ad eum ait: *Rogavi pro te, Petre, ut non deficiat fides tua, et tu aliquando conversus confirma fratres tuos* (*Luc.* xxii, 52). Oportet ergo nos qui, licet indigni, Petri residemus in loco, prava corrigere, recta firmare et in omni Ecclesia ad æterni arbitrium Judicis sic disponenda disponere ut de vultu ejus judicium prodeat, et oculi nostri videant æquitatem (*Psal.* xvi, 2). Quia igitur fidelissimi Romanæ Ecclesiæ filii, Welfo dux Bavariorum, et conjux ejus Juditha, pro animarum suarum salute canonicam fratrum secundum regulam B. Augustini viventium, in loco qui Rettenbach dicitur, constituentes, eamdem domum B. Petro devotione obtulere, nos tum pro reverentia et devotione B. Dei genitricis semperque virginis Mariæ, cujus nomine locus ipse dedicatus est, tum pro dilectione prædictorum filiorum nostrorum, etiam pro fraternitatis vestræ religione præfatam canonicam, cui, Deo disponente, præsidere cognosceris in protectionem perpetuam ac in tutelam apostolicæ sedis specialiter suscipimus. Tibi itaque tuisque successoribus eamdem regendam ac disponendam præsentis decreti nostri pagina confirmamus, cum omnibus quæ ei jam et prædictorum ducum facultatibus, seu aliorum concessa sunt oblatione fidelium.

Quamobrem, per præsentem nostri privilegii paginam, apostolica auctoritate statuimus ut quæcunque hodie idem cœnobium jure possidet, sive in posterum concessione pontificum, liberalitate principum, oblatione fidelium jure atque canonice poterit adipisci, firma tibi tuisque successoribus et illibata permaneant. Decernimus ergo ut nulli omnia hominum liceat eamdem canonicam temere perturbare, aut ei subditas possessiones violenter auferre, minuere et temerariis vexationibus fatigare, sed omnia integra conserventur, eorum, pro quorum sustentatione ac gubernatione concessa sunt usibus profutura.

Obeunte nunc ejusdem loci præposito, vel tuorum quolibet successorum, nullus ibi qualibet subreptionis astutia præponatur nisi quem fratres communi consensu vel fratruum pars consilii sanioris elegerint. Consecrationes altarium sive basilicarum, ordinationes clericorum, chrisma, oleum sanctum, et cætera ad episcopale officium pertinentia ab episcopo Frisingen . . ., in cujus diœcesi estis, accipietis, si tamen catholicus est, et gratiam ac communionem apostolicæ sedis habuerit et gratis et sine pravitate impendere voluerit. Alias vero, vobis liceat catholicum quem volueritis adire antistitem, et ab eo consecrationum sacramenta suscipere, vel ad sedem apostolicam recurrere; qui fultus apostolica auctoritate sine ambiguitate postulata concedat. Præterea advocatum vobis sive protectorem constituimus. Gulfonem egregiæ strenuitatis ducem, ejusque post eum filios, si ejusmodi, Deo præstante, fuerint, ut ecclesiæ vestræ utiles et paternæ institutionis existant exsecutores. Sin autem, vestri erit arbitrii quem placuerit eligere vestræ Ecclesiæ idoneum protectorem, qui sine lucri sæcularis exactione id divinæ servitutis obsequium strenue ac reverenter exhibeat. Omnipotenti autem Domino, cujus melior est misericordia super victimas, gratias agimus, quia vos estis qui SS. Patrum vitam probabilem renovatis, et apostolicæ instituta disciplinæ, in primordiis Ecclesiæ sanctæ exorta, sed crescente Ecclesia jam pene deleta, instinctu sancti Spiritus suscitatis. Duo enim ab Ecclesiæ sanctæ primordiis vitæ ejus filiis sunt instituta; una, qua infirmorum debilitas retinetur, altera qua fortiorum vita beata perficitur; una remanens in Segor parvula, altera ad montis altiora conscendens; una lacrymis, et eleemosynis quotidiana peccata redimens, altera quotidiana instantia merita æterna conquirens; alteram tenentes, inferiorem terrenis bonis utuntur; alteram sequentes, superiorem bona terrena despiciunt ac relinquunt. Hæc autem quæ a terrenis divino favore divertitur in duas unius pene ejusdemque præpositi dividitur portiones, canonicorum scilicet atque monachorum. Harum secunda per divinam misericordiam jam frequentia facta etiam in sæculo universo elucet; prima vero de calescente fervore fidelium jam pene omnino defluxit. Hanc martyr et pontifex Urbanus instituit, hanc Augustinus suis regulis ordinavit. Hanc Hieronymus suis epistolis informavit, hanc Gregorius Augustino Anglorum archiepiscopo instituendam præcepit. Itaque non minoris æstimandum est meriti, hanc vitam Ecclesiæ primitivam aspirante et prosequente Domini spiritu sustentare, quam florentem monachorum religionem ejusdem spiritus perseverantia custodire.

Vestrum ergo propositum nostri auctoritate officii confirmamus, et firmos vos in eo persistere adhortamur et tanquam Deo per nos exhortante obsecramus. Quamobrem omnibus in vestro cœnobio vitam canonicam secundum hujus tenorem ordinis profitentibus, et in ea, adjuvante Domino, permanentibus, nos, licet indigni apostolorum vicarii, eorum ac nostrorum benedictionem, peccatorumque absolutionem potestate illis a Domino indulta concedimus, constituentes, ne cuiquam liceat omnino hunc vestri statum ordinis commutare, de quo in Domino confidimus multum fructum excrescere. Statuimus etiam ne professionis vestræ quispiam, postquam Dei vice super caput sibi hominem imposuerit, alicujus levitatis instinctu vel districtioris religionis obtentu, ex eodem claustro audeat sine præpositi totius congregationis permissione discedere; discedentem vero nullus abbatum, vel episcoporum et nullus monachorum sine communium litterarum cautione suscipiat, decimas quoque novalium ejusdem canonicæ ad eamdem pertinere decernimus, salvo vicinarum jure ecclesiarum. Vos igitur, filii in Christo charissimi, oportet regularis disciplinæ institutione sollicitius ac devotius insudare, ut quanto estis a sæcularibus tumultibus liberi tanto studiosius placere Deo totius mentis et corporis viribus anheletis, præcipue studentes Romanæ Ecclesiæ decreta veneranda servare cujus patrocinio ab omni jugo viventium estis donante Domino præmuniti. Ad indicium autem hujus a Romana Ecclesia libertatis, per annos singulos ad nostrum nostrorumque successorum usum quotidianum albam lineam et stolam Lateranensi palatio persolvatis. Sane si quis in crastinum archiepiscopus, episcopus, imperator, aut princeps aut dux, comes aut vicecomes, judex, persona quælibet, potens aut impotens, hujus nostri privilegii paginam sciens contra eam temere venire, et eorum quæ concessa sunt vel statuta, quidquam irritum facere tentaverit, secundo tertiove commonitus, si non satisfactione congrua emendaverit, eum honoris et officii sui periculo subjacere decernimus, et a corpore Christi et Ecclesiæ auctoritate apostolicæ potestatis segregamus. Conservantibus autem pax et misericordia a Deo præsentibus et futuris sæculis conservetur. Amen.

Datum Agnaniæ Kal. Feb., anno Dominicæ incarnationis 1090, indict. xv, pontificatus domini Urbani II papæ.

Scriptum per manum Lanfranci vices gerentis cancellarii sacri palatii, cum signo ejusdem.

LIX.
Bulla Urbani II papæ pro Cataniensi cœnobio (14).
(Anno 1092.)

[*Acta sanctorum Bolland.* Febr. t. I, 655.]

URBANUS episcopus, servus servorum Dei, dilecto fratri ANSGERIO Cataniensi episcopo et abbati ejusque successoribus canonice instituendis in perpetuum.

Sicut beatissimi Patris et doctoris elegantissimi Gregorii I scriptis veridicis edocentur, constat Cataniensem, ubi B. Agatha et orta et passa est, civitatem dignitatis episcopalis antiquitus gloria claruisse. Capta autem a Saracenorum populis Siciliæ insula, et illic, et per alias universæ provinciæ civitates et episcopalis gloria petiit et Christianæ fidei dignitas interiit. Post annos vero fere quadringentos, divina populum suum respiciente clementia, per strenuissimum comitem Rogerium Christianorum juri ea lem est insula restituta. Porro idem egregius comes, Romanæ Ecclesiæ devotissimus filius, ubique urbium antiquæ dignitatis anhelans pro tempore gloriam reformare, B. Agathæ matrem ecclesiam Catanæo sitam, monasterium fore disposuit, quatenus illic fratres, Dei servitiis insistentes, pro ipsius salute, pro uxoris, defunctæ et militum animabus, qui eamdem terram Christianorum ditioni suo sanguine reparaverunt, omnipotentis Domini misericordiam implorarent.

Nos itaque tanti viri devotionem, prout dignum est, approbantes, monasterium quidem illic perpetuo permanere præsentis paginæ auctoritate sancimus. Sed enim, quia, ut prædiximus, episcopali quondam prærogativa Cataniensium civitas illustris agnoscitur, adjicimus et præsenti decreto statuimus ut nostro quoque tempore ad eamdem prærogativam redeat, et quicumque in prædicta ecclesia a monachis electus fuerit in abbatem, idem populo quoque præesse debeat in antistitem. Porro, et civitas universa et quæ circa, vel civitates, vel villæ, vel oppida, quæ prædictus comes eidem monasterio et beato Petro obtulit, vel oblaturus est, et quidquid ad Cataniensem ecclesiam ex antiquo jure pertinuisse poterit comperiri, tam in diœcesi quam in possessionibus in abbatis et episcopi jurisdictione ex integro semper existant; idemque abbas et episcopus et monasterium regulariter, et clerum et populum universum canonice regere, Domino opitulante, procuret.

Te igitur primum post tanta tempora Cataniensis urbis antistitem nostris, tanquam B. Petri manibus consecratum, præsentis privilegii auctoritate donantes, tuis quoque successoribus decretum hoc ratum perpetuo permanere decernimus, ut semper a Romano pontifice consecrentur, semper et monachis in abbatem et populo præsint in antistitem. Denique ut hæc perpetuo firma, integra et illibata consistant, charissimo filio nostro Rogerio comiti, Christianæ fidei propugnatori, ejusque uxori et filiis et militibus, pro quorum redemptione Cataniensem urbem cum tota diœcesi sua B. Petro apostolorum principi, suo labore restitutam, obtulit, Dei et apostolorum ejus gratiam, et benedictionem et peccatorum absolutionem ex apostolicæ auctoritatis quam indigne gerimus vice benevolentiamque donamus, quatenus et in præsenti eorum triumphi, eorumque acta magnifica, dona oblationesque vigeant, et in futuro præmia æternæ beatitudinis inveniant.

Si quis autem (quòd absit) his nostris apostolicis constitutionibus pertinaciter obviam ire tentaverit, secundo tertiove commonitus, si non satisfactione

---

(14) Notæ temporis sunt vitiosæ.

congrua emendaverit, noverit se omnipotentis Dei et sanctorum apostolorum indignatione graviter puniendum, et sedis apostolicæ quam contempsit, anathemate confodiendum. Conservantibus autem hæc pax a Deo et misericordia præsentibus et futuris sæculis conservetur. Amen, amen.

Datum Anagniæ vii Idus Martii, indict. xiv, per manus Joannis sanctæ Romanæ Ecclesiæ diaconi cardinalis, anno Dominicæ incarnationis 1091, pontificatus vero domni Urbani II papæ quarto.

LX.

Urbanus II monasterium S. Sophiæ Beneventanum tuendum suscipit, et ejus possessiones juraque confirmat.

(Anno 1092.)

[MANSI, *Concil.* XX, 699.]

URBANUS episcopus, servus servorum Dei, dilecto in Christo filio MADELMO, abbati venerabilis monasterii S. Sophiæ intra Beneventum sibi, suisque successoribus regulariter substituendis in perpetuum.

Potestatem ligandi atque solvendi in cœlis et in terra, sancto Petro apostolo suisque successoribus, auctore Domino, principaliter traditam illis Ecclesia verbis agnoscit, cujus iterum est Dominus locutus [f. quibus eum est Dominus allocutus] : *Quæcunque ligaveris in terra, erunt ligata et in cœlis; et quæcunque solveris super terram, erunt soluta et in cœlis* (*Matth.* XVI). Ipsi quoque et proprie firmitas, et plenæ fidei confirmatio, eodem Domino auctore, præstatur, cum ad eum dicitur : *Rogavi pro te ut non deficiat fides tua, et tu aliquando conversus confirma fratres tuos* (*Luc.* XII). Oportet ergo nos, qui, licet indigni, Petri residere videmur in loco, prava corrigere, recta firmare, et in omni Ecclesia ad æterni arbitrium judicis sic disponenda disponere, ut de vultu ejus judicium nostrum prodeat, et oculi nostri videant æquitatem. Tuis igitur, fili Madelme, justis petitionibus annuentes, Beatæ Sophiæ cœnobium, cui, Domino auctore, præsidere cognosceris, sub tutela et jurisdictione sedis apostolicæ, sicut hactenus mansit, perpetuo permanere præsentis paginæ auctoritate sancimus : ut soli Romanæ Ecclesiæ subditum, ab omnium ecclesiarum seu personarum jugo liberum habeatur; cuncta etiam, quæ prædecessoribus tuis, vel tibi, ad ejusdem monasterii immunitatem vel possessionem, nostrorum prædecessorum sunt privilegiis attributa, nos quoque tibi ac successoribus tuis, regulariter promovendis præsenti privilegio contribuimus. Cellas præterea, vel ecclesias, vel villas, quæ aut industria prædicto videntur cœnobio juste ac rationabiliter acquisita, possidendas in perpetuum confirmamus, id est, ecclesiam, etc.

(*Enumerat cœnobii possessiones.*)

Per præsentem igitur nostri privilegii paginam apostolica auctoritate constituimus ut quæcunque hodie idem cœnobium juste possidet, quæque in crastinum concessione pontificum, liberalitate principum, aut oblatione fidelium, juste atque canonice poterit adipisci, firmamus tibi tuisque successoribus, illibata ut permaneant.

Decrevimus ergo ut nulli omnino hominum liceat idem cœnobium temere perturbare, aut ei subditas possessiones auferre, vel ablata retinere, vel minuere, vel temerariis vexationibus molestare, aut etiam fatigare; sed omnia integra conserventur, eorum quorum substantia ac gubernatione concessa sunt, usibus omni modo profutura. Obeunte autem nunc abbate, vel quolibet successorum, nullus ibi qualibet subreptionis astutia vel violentia præponatur, nisi quem fratres communi consensu, vel fratrum pars consilio saniori elegerint; electus a Romano pontifice consecretur; chrisma, oleum sanctum, consecrationes altarium sive basilicarum, ordinationem monachorum qui ad sacros sunt jam nunc ordines promovendi, ab episcopis in quorum diœcesibus estis, accipietis; siquidem gratiam et communionem apostolicæ sedis habuerint, et si gratis ea et sine pravitate impenderint. Si quid autem horum obstiterit, liceat vobis a quocunque volueritis catholico episcopo, quæ prædicta sunt sacramenta percipere. Tibi vero, quem propensiore charitate amplectimur, ex apostolicæ sedis peculiari benignitate id muneris personaliter indulgemus, ut per annum quinquies, id est, in die sanctæ Resurrectionis, et Pentecostes, et Natalis Domini nostri Salvatorisque Jesu Christi, solemnitatisque duodecim sanctorum fratrum, necnon et sancti martyris Mercurii, ad missarum tantum solemnia, chirothecis atque etiam campagis utaris. Sane si quis in crastinum archiepiscopus aut episcopus, imperator aut dux, rex, princeps, aut comes, aut vicecomes, judex, aut persona quælibet, magna aut parva, potens aut etiam impotens, juris nostri privilegii paginam sciens, contra eam venire temere aut primaria mente tentaverit, secundo tertiove commonitus atque adhortatus, si non satisfactione congrua emendaverit, eumdem honoris sui et officii periculo subjacere, necnon et submovere decrevimus, et a Christi atque Ecclesiæ corpore auctoritate apostolicæ potestatis segregamus : conservantibus autem ea, pax a Domino et misericordia præsentibus et futuris sæculis conservetur. Amen. Bene valete.

Datum Anagniæ per manus Joannis, S. R. sedis diaconi, prid. Id. Mart., indict. xv, anno pontificatus domini maximi Urbani II papæ quinto, incarnationis autem Domini nostri Patrisque æterni Jesu-Christi anno 1092.

LXI.

Urbani II papæ privilegium pro monasterio Reinhardsbornensi.

(Anno 1092.)

[*Thuringia sacra*, Francofurti, 1737, fol., p. 64.]

URBANUS episcopus, servus servorum Dei, GISILBERTO dilecto in Christo fratri, abbati venerabilis monasterii Sanctæ Dei genitricis et Virginis Mariæ Sanctique Joannis evangelistæ, quod in loco situm est qui Reginherisbrunnum dicitur, ejusque successoribus regulariter substituendis, in perpetuum. Justis volis assensum præbere, justisque petitionibus aures accommodare nos convenit, qui, licet indigni justitiæ custodes atque præcones in excelsa apostolorum principum Petri et Pauli specula positi, Domino disponente, videmur existere. Tuis igitur, fili in Christo venerabilis atque charissime, justis petitionibus annuentes, monasterium Reginherisbrunnum cui, Deo auctore, præsides, ad honorem sanctæ Dei genitricis et Virginis Mariæ sanctique Joannis evangelistæ, quorum nomini dedicatum est, sub tutela apostolicæ sedis specialiter confovendum protegendumque suscepimus; quod nimirum monasterium Ludovicus comes infra silvam quæ vocatur Luiba, propriis sumptibus ædificans et propriarum possessionum collatione ditans, pro animæ suæ ac parentum suorum salute beatis apostolis Petro et Paulo noscitur obtulisse, ac in Romani pontificis defensionem jure perpetuo delegasse. Ejus ergo votum assertionis nostræ favore firmantes, pro hujus nostri privilegii pagina apostolica auctoritate statuimus ut quidquid idem religiosus comes in mancipiis, in campis, silvis, pratis, aquis aquarumque decursibus, in molendinis ac in mansis circa silvam Luibæ prædictam præfato cœnobio contulit, quidquid præterea hodie juste possidet, sive in crastinum concessione pontificum, liberalitate principum vel oblatione fidelium juste atque canonice poterit adipisci, firma tibi tuisque successoribus ac illibata permaneant. Decernimus ergo ut nulli omnino hominum liceat idem cœnobium temere perturbare, aut ei subditas possessiones auferre vel ablata retinere, minuere vel temerariis vexationibus fatigare, sed omnia integra conserventur, eorum pro quorum sustentatione ac gubernatione concessa sunt usibus omnimodis profutura, salvo episcoporum jure canonico; sane prædictum comitem vestri cœnobii advocatum, sicut a vobis est electus, permanere, quandiu vixerit, ejusque posteros, si idonei fuerint, statuentes de cætero sancimus ut nullus unquam vestri monasterii advocatus esse præsumat, nisi quem fratres communi consensu providerint eligendum; ad indicium autem perceptæ hujus in Romana Ecclesia libertatis, secundum jam dicti comitis constitutionem, per annos singulos, duos monetæ vestræ solidos Lateranensi palatio persolvetis : si quis autem in crastinum archiepiscopus aut episcopus, imperator aut rex, princeps aut dux, comes aut vicecomes, judex aut persona quælibet, potens aut impotens, sciens contra eam tentaverit, secundo tertiove commonitus, si non satisfactione congrua emendaverit, eum honoris sui et officii periculo subjacere decernimus, et a Christi atque Ecclesiæ corpore auctoritate potestatis apostolicæ segregamus; conservantibus autem pax a Deo et misericordia præsentibus, et futuris sæculis conservetur. Amen.

Data Anagniæ per manus Joannis sanctæ Romanæ Ecclesiæ diaconi cardinalis, x Kal. April., indict. xv, anno Dominicæ Incarnationis 1092.

LXII.

Urbanus II monachorum Silvaniacensium possessiones confirmat, « licet, inquit, congregatio vestra et locus adhuc nobis incognitus sit. »

(Anno 1092.)

[Mabill., Annal. Bened. V, 297.]

Dilectis filiis in loco qui Silvaniacum dicitur, ad omnipotentis Dei servitium et monasticæ disciplinæ militiam congregatis, salutem et apostolicam benedictionem.

Duo ad nos ex vestris fratribus venientes, apostolicæ sedis suppliciter expetivere suffragium ut videlicet loco vestro apostolicæ tuitionis privilegium mererentur. Nos, licet congregatio vestra et locus adhuc nobis incognitus sit, quia tamen magnis ad nos laboribus pervenerunt, pro solita apostolicæ sedis misericordia petitioni eorum et vestræ omnino deesse noluimus. Per præsentis igitur decreti paginam concedimus et confirmamus quidquid vobis et loco vestro usque in hanc horam juste et rationabiliter concessum est, et quidquid in futurum juste et legaliter concedetur. Quin etiam, ut, annuente Domino, monasticæ religionis vigor, qui illic jam triennio inolevit, et promoveatur et crescat, vicinos et longe positos adhortamur ut locum ipsum ad salutem animarum suarum, bonorum suorum collationibus honorare, ditare et exaltare procurent, etc.

Datum per manum Joannis diaconi cardinalis, III Idus Aprilis, indictione xv. Anagniæ.

LXIII.

Urbanus II Ecclesiæ Pisanæ, ob civium erga Romanam Ecclesiam merita, episcopatus Corsicanos subjicit, petente Mathilda comitissa.

(Anno 1092.)

[Ughelli, Italia sacra, III, 369.]

Urbanus episcopus, servus servorum Dei, dilecto in Christo fratri Daiberto, Pisanorum episcopo, ejusque successoribus canonice substituendis in perpetuum.

Cum universis sanctæ Ecclesiæ filiis, ex apostolicæ sedis auctoritate, ob benevolentiam debitores nos existamus, illis tamen locis atque personis quæ specialius ac familiarius Romanæ adhærent Ecclesiæ, quæque ampliorem ejus gratiam obedientia gratiori, officiis frequentioribus et auxiliis amplioribus promerentur, propensiori nos convenit charitatis studio imminere. Ipse enim per prophetam Dominus ait : « Honorificantes me honorificabo; » discipulis quoque suis angustiarum, quas pro eo pertulerant, retributionem promittens dixit : « Vos estis, qui permansistis mecum in tentationibus meis, et ego dispono vobis, sicut disposuit Pater meus regnum. » Quia igitur in tanta tamque diuturna schismaticorum tempestate, Pisanorum gloriosa civitas, multis jamdudum laboribus et obsequiis sanctam Romanam et apostolicam Ecclesiam sibi fecit obnoxiam, tua quoque fraternitas divino charitatis ardore succensa ob ejusdem S. R. E. libertatem non solum impendit, sed et ipsa super impendi parata est, et nostris laboribus cooperata, multisque modis tribulationum particeps effecta, cooperante Domino, beneficiorum meritis respondere curamus, ut, sicut nos præteritorum memores sumus, ita et ipsi tantæ gratiæ favore donati futuris temporibus S. R. E. fideliores ac devotiores existant, et benigniori matri semper auxiliando, adjuvando, obsequendo respondeant. Divinæ siquidem majestatis dispositio Pisanæ urbis gloriam nostris temporibus, et Saracenorum triumphis illustrare, et sæcularium rerum provectibus promovere, u. præ comprovincialibus exaltare dignata est. Eapropter et nos divinæ pietatis prosecutores et cooperatores, eam in spiritualibus quoque glorificare decrevimus, sicut prædecessores nostros multis civitatibus olim fecisse scriptorum ecclesiasticorum testimoniis comprobatur. Consilio itaque confratrum nostrorum episcoporum, presbyterorum ac diaconorum cardinalium, aliorumque nostrorum fidelium, assensu, imo precibus incitati, charissimæ quoque beati Petri filiæ Mathildis comitissæ, quæ se extremis quibusque pro causa apostolicæ sedis exposuit obnixis postulationibus inclinati, ad honorem sanctissimæ dominæ nostræ Dei genitricis Mariæ, sanctorumque Petri et Pauli apostolorum principum Corsicanæ insulæ episcopatus regendos, ac disponendos sanctæ Pisanæ Ecclesiæ, cui, auctore Deo, charissime frater Daiberte, præsides, præsentis decreti auctoritate committimus atque subjicimus, teque, frater venerabilis, in archiepiscopum ejusdem insulæ promovemus, idem juris et idem honor's tuis quoque successoribus perpetuo indulgentes, qui cleri ac populi electione legitima per Romani pontificis manus intraverint, quemadmodum Landulphum, Gerardum, et te ipsum ordinatos esse cognoscitur. Corsicana etenim insula, tam prolixitate spatiorum quam negligentia pastorum, tam insolentia dominorum quam nostrorum dissuetudine legatorum, multis intervenientibus impedimentis, ab apostolicæ sedis obedientia ac devotione deforbuit, et dissolutioni ac dissipationi dedita, ecclesiastici ordinis pene deseruit disciplinam, quam profecto tua tuorumque successorum vigilantia, quia es illis vicinior, et sedis apostolicæ familiarior es, in justitiæ regulam, et Christianitatis vigorem, annuente Domino, reformari optamus atque præcipimus. Unde, frater in Christo charissime, ves ræ jurisdictioni, dispositioni, procurationique committimus ecclesiarum illarum bona secundum Deum regenda, defendenda, et quæ male destructa, et illicite usurpata reperieritis, in usus ecclesiasticos restituenda, ut, auctore Deo, illic ecclesiasticæ religionis disciplina reserveat. Palleum igitur fraternitati tuæ, plenitudinem videlicet pontificalis officii ex apostolicæ sedis liberalitate concedimus, quo jure ecclesiastico tantum ad missarum celebranda solemnia tibi, ac successoribus tuis uti licebit, iis tantum qui subscripti sunt diebus solemnibus, id est Nativitate Domini, Epiphaniæ, Hypapanton, Cœnæ Domini, Pascha, Ascensionis, Pentecoste, tribus solemnitatibus sanctæ Dei genitricis ac virginis Mariæ, Natalitiis S. Joannis Baptistæ ac SS. apostolorum, Commemoratione Omnium Sanctorum, Consecratione basilicæ et suffraganeorum episcoporum, ac clericorum, et annuo natalitii tui die, in solemnitate etiam beati martyris atque pontificis Sixti, cujus indumenti honor efficaci actuum vivacitate servandus est. Ejus ergo te volumus per omnia genium vindicare. Hujus enim indumenti honor, humilitas atque justitia est. Tota igitur mente fraternitas tua se exhibere festinet in prosperis humilem, et in adversis, si quando eveniunt, eum justitia erectum, amicum bonis, perversis contrarium; nullius unquam faciem, pro veritate loquentem premens (sic, ut infra insistens, etc.), misericordiæ operibus juxta virtutem substantiæ insistens, et tamen insistere etiam supra virtutem cupiens, infirmis compatiens, benevolenti bus congaudens, de alienis gaudiis, tanquam de propriis exsultans, in corrigendis vitiis sæviens, in fruendis virtutibus auditorum animum demulcens, in iracundia animi sine ira terrens. Hoc est, frater charissime, pallii accepti dignitas, quam si sollicite servaveris, quod foris accepisse ostenderis, intus habebis.

Datum Anagniæ per manum Joannis S. R. E. diaconi cardinalis, x Kal. Maii, indict. xv, anno Dominicæ incarnationis 1092, pontificatus vero D. Urbani papæ II, anno v.

LXIV.

Urbani II epistola ad B[erengarium] Tarraconensem archiepiscopum. — Monet ne in erigenda ecclesia Tarraconensi negligenter agat, utque primati, archiepiscopo Toletano, nunc suo in Hispania universa et in Narbonensi provincia constituto vicario, obediat.

(Anno 1092.)

[Mansi, Concil. XX, 682.]

Novit dilectio tua, frater in Christo venerabilis, quo tenore, qua conditione pallium tibi privilegiumque concesserimus: quomodo nobis et tu in fide tua, et comprovinciales primates per scriptum promiseritis vos in restitutionem Tarraconensis ecclesiæ omnimodis instituros; nunc autem frequenti fama audimus vestram illam industriam, vestrum studium jam cessare, et Tarraconensem restitutionem jam pene deficere. Te igitur litteris præsentibus admonemus ut hujus boni operis perfectionis sedulus operator existas. Memineris tamen ita te archiepiscopum institutum, ut tam tu quam universi provinciæ Tarraconensis episcopi Toletano tanquam primati debeatis esse subjecti. Sic enim a vobis in Toletanæ Ecclesiæ privilegio constitutum est, quod nos omnino ratum volumus permanere. Nunc autem multo amplius, quia ei nostræ sollicitudinis vices in Hispania universa et in Narbonensi provincia ministrandas injunximus.

Datum vii Kalendas Maii.

LXV.

Urbanus II Guarino, monasterii S. Laurentii Aversani abbati, mitræ et annuli usum concedit.

(Anno 1092.)

[Mabill., Annal. Bened., V, 292.]

Anagniæ versabatur nonis Maii Urbanus papa hoc

anno quo tempore apostolicæ protectionis gratiam impertiit Guarino abbati monasterii Sancti Laurentii martyris, quod juxta urbem Aversanam situm, juris beati Petri esse dicitur, et iisdem temporibus *de parvo ad magnum excrevisse.* Ad hoc vero privilegium indulgendum ideo se inductum ait pontifex quod illius monasterii *fratres Romanæ Ecclesiæ tribulationibus et angustiis fideliter communicaverant.* Inter alias ejus loci prærogativas, Guarino abbati ejusque successoribus concedit *usum mitræ ubilibet in celebrationibus divinorum; annuli vero tantum in celebratione missarum præcipuarum festivitatum, et consessu conciliorum.*

Datum Anagniæ per manum Joannis, S. R. E. diaconi cardinalis, indictione xv, *Nonis Maii, anno Dominicæ incarnationis* 1092, *pontificatus anno* v.

LXVI.

Urbani II epistola ad Petrum abbatem Cavensem. — De privilegiis ejusdem monasterio concessis.

(Anno 1092.)

[Mansi, *Concil.* XX, 652.]

Urbanus episcopus, servus servorum Dei, reverentissimo fratri Petro, cœnobii Cavensis abbati, et successoribus canonice promovendis, salutem et apostolicam benedictionem in perpetuum.

Cum universis sanctæ Ecclesiæ partibus pro sedis apostolicæ auctoritate ac benevolentia debitores existamus, illis tamen locis atque personis qui specialius ac familiarius Romanæ adhæserint Ecclesiæ, quique amplioris religionis gratia eminere noscuntur, propensiori nos inducunt charitatis studio imminere. Apostolicæ ergo memoriæ prædecessoris nostri Gregorii septimi institutis tenacius adhærentes, Cavense cœnobium, cui summa religio viget, quod ipse singulariter dilexit, et suæ institutionis privilegio communivit, nos quoque hujus nostri privilegii pagina communimus, et ab omni tam sæcularis quam ecclesiasticæ personæ jugo liberum esse omnino decernimus. Idem namque apostolicus pontifex, dum in Romana sancta Ecclesia archidiaconatus adhuc officio fungeretur, prædictum locum a Gisulpho, Salernitano tunc principe, in cujus manu fuerat, postulavit. Cellas quoque plurimas, quas usque ad id temporis spatium idem princeps in manu propria detinuerat, ab ipso acquirens, eidem sancto loco contulit absolute cum omnibus habitantibus et habituris, tam in Cilenti monte ejusque pertinentiis, quam in locis Pasciano, Metelliano, castro Sancti Adjutoris, et pertinentiarum eorumdem locorum, cum juribus, angariis, parangariis, pensionibus solutis, tam ratione terrarum quam pro quolibet foculari ipsorum locorum, sicut nos ipsi in registro ipsius principis enucleatius vidimus contineri. Quam donationem nos auctoritate apostolica ex certa scientia confirmamus. Præterea Cluniacum locum illum famosum dirigens, inde te ut abbatem prædicto monasterio præponeret ascivit, quem deinceps cum universis subjectis sive locis, sive personis, singulariter dilexit, fovit atque tuitus est ; mox pontifex factus, eorum libertatem decreti sui pagina confirmavit, sic præstante Deo ab omnium viventium jugo liberum usque ad tempora nostra permansit. Nostris autem diebus Alphanus, Salernitanæ Ecclesiæ archiepiscopus, confrater noster, ad ejusdem loci subjectionem modis cœpit omnibus anhelare. Nobis itaque disponentibus basilicam ipsius loci dedicare, ille suæ Ecclesiæ minui jura clamitabat, cui nos ex abundanti satisfactionem juris obtulimus : ille autem, cum ad postulatum et acceptatum actionis terminum pervenisset, actionem aggredi refutavit.

Sic nos præsentibus fratribus nostris reverendissimis episcopis Ubaldo Sabinensi, Oddone Albanensi, Berardo Præestino, Joanne Tusculanensi, Brunone Signino, Rangerio Regitano, Gerardo Trojano, Joanne Rioppolano, et cardinalibus Ecclesiæ nostræ Hermanno presbytero ex titulo Quatuor Coronatorum, Gregorio presbytero tituli Sancti Vitalis, Benedicto presbytero Sanctæ Susannæ, Gregorio ex diaconia Sanctæ Mariæ in via Lata, Joanne ex diaconia Sanctæ Mariæ in schola Græca, Petro ex diaconia in Sancto Adriano, Jacobo ex diaconia Sancti Eustachii, et Tencrone ex diaconia Sancti Georgii ad Velum aureum, diaconibus, astante etiam dilectissimo filio nostro duce Rogerio cum innumera clericorum et laicorum turba, præstante Domino nostro Jesu Christo, cujus vicem, licet immeriti, gerimus in terris, ad honorem summæ et individuæ Trinitatis manibus nostris propriis in eodem loco, qui Metelliana Cava vulgariter nuncupatur, basilicam dedicavimus die Nonarum Septembrium, indulgentes eidem monasterio contemplatione cujusdam prærogativæ specialis charitatis, quam experti fuimus in eodem cœnobio, imo potius perfectam religionis observantiam, dum adhuc essemus in minoribus ordinibus constituti.

Ut quicunque in statu pœnitentiæ, Domino opitulante, fuerit positus, et ad dictum locum accedens, fuerit ibi uno die ante ipsius basilicæ consecrationem, et per totum diem sequentem, nec non in die Jovis sancti, atque per totam diem Veneris sancti sequentem, de omnibus peccatis, de quibus vere contritus fuerit et confessus, illam indulgentiam et veniam a Domino consequatur, quam mereretur in eundo et redeundo ad sanctum Jacobum Compostellanum, reliquis vero temporibus et diebus singulis causa devotionis illuc accedentes quatuor annorum et totidem quadragenarum indulgentiam suorum peccatorum obtineant de sedis apostolicæ gratia speciali. Qui vero ad capellam tuam sitam in eodem monasterio, ac eodem die consecratam per venerabilem fratrem nostrum prædictum Brunonem episcopum Signinum, in diebus et festivitatibus supradictis venerit, septem annos et totidem quadragenas de indulgentia pro suis peccatis confessis a domino consequatur. Accedentes similiter ad ecclesiam constructam in casali eidem monasterio adjacenti et eminenti, dedicatam ipso die per jam dictum venerabilem fratrem nostrum Rangerium episcopum Regitanum, in diebus festis prædictis, nec non et in omnibus festivitatibus Virginis gloriosæ, ad cujus vocabulum constructa est ecclesia memorata, septem annos et quadragenas totidem de indulgentia a Domino promereantur.

Concedentes et edicto perpetuo confirmantes, ut tam tu quam successores tui per terras tui monasterii habitas et habendas libere possis ecclesias construere, cum cruce signare, aliaque pontificalia et spiritualia exercere, sacrorum ordinum collationis, basilicarum et altarium consecrationis, ac chrismatis confectionis, tibi tuisque successoribus duntaxat abdicata penitus potestate. Decernentes ut tam ipsius cœnobii caput, quam ecclesiæ quas nunc habet, sive plebanæ fuerint, vel rurales, in civitate et diœcesi tantummodo Salernitana situatæ, ab omni jure et jurisdictione episcopali sint exemptæ, de plenitudine potestatis et gratia speciali; ita ut nullo jure seu foro contentioso tu vel tui successores fratres ipsius monasterii seu clerici sæculares, in prædicta civitate et diœcesi per Salernitanum præsulem ac capitulum aliquatenus constringantur, quinimo ecclesiæ cum omnibus suis juribus et pertinentiis pleno jure ipsi monasterio sint subditæ. Si vero aliquos de tuis monachis, seu clericos sæculares, in ecclesiis civitatis prædictæ et diœcesi commorantes ad sacros elegeris ordines promoveri, liceat tibi tuisque successoribus quemcunque malueris episcopum convocare, dummodo catholicus fuerit, sed in aliis diœcesibus requisito duntaxat primitus diœcesano : de quibus ecclesiis sitis in jam dicta civitate et diœcesi nihil diœcesanus exigere præsumat, imo potius tam monachi, si clerici defuerint, quam ipsi clerici, absque quorumlibet contradictione totum officium sacerdotale, quod animarum cura exigit et requirit, exerceant.

De his autem quæ a catholicis Christianis eidem monasterio tam inter vivos quam in ultima voluntate donata fuerint vel legata a quocunque, vel ubicunque, nulli episcoporum diœcesanorum licitum sit, quartam vel tertiam partem in ipsis legatis seu donatis, tam in stabilibus quam in mobilibus, exigere prætextu consuetudinis cujuscumque. Et si processu temporis per quoscunque contra tenorem hujusmodi nostræ concessionis fuerit per aliquos attentatum, illud ex nunc decernimus juribus vacuatum, præscriptione in hoc longi temporis non currente. Si quis vero ad eumdem locum vel ejus ecclesias sibi sepulturam elegerit, licitum sit tibi tuisque successoribus et fratribus in ecclesiis ipsius cœnobii commorantibus ipsum in suo cœmeterio sepelire absque cujuslibet contradictione, dummodo Christianus et catholicus habeatur. Statuimus insuper perpetuo valiturum, ut quoties inter vassallos ejusdem monasterii orta fuerit quæstio, quod ipsum quamvis contingat cœnobium, liceat tibi tuisque successoribus et partibus [*forte* patribus] ipsius querelas hujusmodi decidere, justitia mediante, jure communi super hoc edito in aliquo non obstante.

Insuper memoratus excellentissimus dux, visa hujusmodi dedicationis solemnitate, compunctus, ut credimus, divino Spiritu, nobis et nostro apostolatui attentius supplicavit, ut donationem et confirmationem, quam ipse eidem monasterio facere ob reverentiam sanctæ et individuæ Trinitatis; et suorum peccatorum remedium, intendebat, dignaremur auctoritate apostolica confirmare, nostroque mandaremus inseri privilegio diligenter. Nos igitur suis in hac parte precibus justissimis inclinati, in favorem ipsius loci, quem speciali prosequimur dilectione pariter et devotione, concessiones et donationes ipsas in nostro præsenti privilegio inseri fecimus ad cautelam.

Privilegium Rogerii ducis monasterio Cavensi.

Concessit siquidem prædictus dux eidem monasterio in perpetuum, ut patres dicti monasterii absque qualibet contrarietate hæredum et successorum suorum possint exigere et recipere integram decimam, partem piscium qui capti fuerint in mari a-vallone qui de Gallocauda [Gallocauta] dicitur, usque ad fluvium de Cætra [Cætera], qui est de territorio ipsius monasterii per quinque millia passuum intra mare. Prædictum vero monasterium mercimonia sua absque omni datione, solutione, seu exitura, libere vendat, nedum in suis littoribus vel portubus, imo per totum suum ducatum tam ipsum cœnobium quam ementes ejus mercimonia liberos constituit perpetuo a qualibet præparatione. Indulsit etiam quod omnes homines quos dictum cœnobium habet et habebit in prædictis locis, Metelliano, Pasciano, villula adjacenti, castro sancti Adjutoris in Cilenti monte, et pertinentiis eorumdem locorum, tam clerici quam laici semper sint liberi ab omni exactione pecuniæ, vel rerum quarumlibet aliarum, quas pro aliqua opportunitate vel causa ipse, sui hæredes vel [et] successores aliquando duxerint a suis hominibus faciendas, et ut de ipsis hominibus liberam curam [curiam] et forisfacturas omnes sine ullo suo bajulo vel ministro habeatis, et in curia ipsius monasterii per ejus summosam veniant ad justitiam faciendam et a judicibus quos eis statueritis debeant rationabiliter judicari, quos et notarios publicos statuendi liberam vobis tribuit facultatem, tam in causis civilibus, quam in criminalibus omnibus prætermissis causis, de quibus condemnati legitime debeant mori, de aliis autem criminalibus omnibus, de quibus pœnam aliam absque morte subire debeant, quidquid volueritis faciatis. Similiter et de duellis, si ex ipsis causis intervenerint. Appellationes vero si fuerint vestris hominibus opportunæ, ad vestram curiam appelletur, quoniam quidquid in prædictis hominibus locorum ipsorum, et in tenimento in quo morantur, posset ipse dux et ejus successores erigere, et statuere, et ordinare, statuendi et erigendi vobis perpetuo tribuit potestatem. Concessit etiam vobis in perpetuum, ut in quacunque parte sui ducatus tu vel successores tui personaliter fueritis, et unus vel plures homines ibi fuerint ad mortem, vel ad quodlibet supplicium judicati, possitis eos, sicut volueritis liberare, et ubicunque per suum ducatum transitum feceritis, obviosque habueritis in vestro transitu condemnatos, qui ad suspendium vel decollationis supplicium deportentur, valeatis eos, si vobis placuerit, facere liberari.

Si vero homines vassalli ipsius monasterii vendunt, offerunt, donant, et modis aliis alienant terras quas ab eodem monasterio tenent, asserantque eorum consuetudines esse ut id possint facere, sancivit et firmiter inhibuit praedictus dux, ut omnes terras, quas ipsi homines ab eodem coenobio tenent, et quae alienantur absque ipsius requisitione, dummodo evidenter appareat quod ipsius monasterii sint, liceat vobis eas capere, et ad dominum ipsius coenobii revocare, consuetudine aliqua non obstante, nisi forsan, quod terras ipsas habuerint praescriptionibus legitimis vel aliis justis rationibus inde valeant se tueri.

Largitus est quoque jam dictus dux ut si quis ex suis comitibus, baronibus, militibus aliisque catholicis hominibus totius sui ducatus, de eo quod ab ipso in feudum tenent, voluerint in partem vel in totum dicto monasterio offerre et alienare, potestatem illud habeant faciendi qualiter voluerint, dictumque monasterium bona ipsa ad ipsum taliter devoluta sine omni sua haeredumque et successorum suorum contradictione liceat percipere, valeat in suo dominio retinere, et a quolibet servitio, vel praeparatione feudum ipsum, vel pars ipsius, deinceps sit immune. Si vero aliquis tam de vassallis ipsius monasterii, quam de aliis, tenens de bonis suis stabilibus vel mobilibus, sine haerede legitimo vel naturali decesserit, vel forisfactum fecerit, per quod ipsa ad manus reipublicae de jure possent applicari, licitum sit vobis per vos eadem bona ad vestrum dominium revocare, omni sua haeredum, successorum suorum, officialium contradictione remota, nulla super bonis ipsis potestate sibi vel reipublicae reservata. Tenentes nihilominus bona ipsius monasterii concessit vos posse ad vestram curiam vocare, ad docendum qualiter bona ipsa teneant: et nisi rationabiliter docuerint bona eadem ad se spectare, vel se praescriptione legitima, videlicet centenaria, ostenderint se munitos, bona ipsa valeatis taliter occupata ad dominium ejusdem monasterii auctoritate hujus indulgentiae revocare, jure communi super hunc articulum penitus revocato.

Concessit insuper vobis in perpetuum, ut si tua, successorum et patrum ipsius monasterii manifesta culpa non intervenerit contra eumdem ducem, haeredes et successores suos, et praedictae suae congregationis futuris temporibus propter quamlibet causam aliam fuerint, vel in totum, vel in partem oblivioni traditae vel omissae, et praescriptio ipsa per suum sacramentum tunc nobis praesentibus praestitum, et per suam hanc sanctionem constituit, ut prorsus irrita reputetur: et quocunque tempore ipsum haeredem et successores suos super hoc duxeritis postulandos, dedit et reliquit eis omnibus sub divinae nostraeque benedictionis obtentu firmiter in mandatis, ut ipsas omnes concessiones et exceptiones per eorum vobis privilegia debeant confirmare sine omni pretio et taedio tarditatis; et nullus ipsorum praesumat eas infringere vel mutare, sed ipsas, illaesas servare debeant et tenere, donec vos in sua, haeredum et successorum suorum fide sincera fueritis permanentes. Quas concessiones, confirmationes, exceptiones, et indulgentias collatas eidem monasterio per ipsum dilectissimum filium ducem Rogerium ratificamus, approbamus, et ex certa scientia confirmamus, auctoritate apostolica et plenitudine potestatis.

Decernentes et edicto perpetuo roborantes, ut quicunque dictum monasterium in suis juribus, possessionibus et libertatibus laeserit, aut etiam perturbaverit, liceat tibi, successoribus tuis, et patribus ipsius monasterii, cujuscunque praeeminentiae sive status fuerint, ipsos auctoritate praesentis nostri privilegii canonica monitione praemissa excommunicare, et excommunicatos fore denuntiare, atque quod absolvi non possint, nisi digne satisfecerint; privilegio eis concesso, vel concedendo quod excommunicari et interdici non possint aliquatenus, non obstante, nisi de indulto hujusmodi plenam et expressam fecerint mentionem. Si quis autem contra hanc nostri decreti auctoritatem venire tentaverit, salva sedis apostolicae, et legatorum ejus reverentia et dignitate, sciat se B. Petri apostoli gratiam amissurum, et indignatione apostolica feriendum. Obedientes vero et hujusmodi privilegii scripta servantes dignam a Deo retributionem recipiant, et benedictionem apostolicam consequantur.

SUBSCRIPTIONES.

Ego Urbanus catholicae Ecclesiae episcopus subscripsi.

Ego Ubaldus Sabinensis episcopus subscripsi.

Ego Berardus Praenestinus episcopus subscripsi.

Ego Oddo Albanensis episcopus subscripsi.

Ego Joannes Asculanus episcopus subscripsi.

Ego Bruno Siginus episcopus subscripsi.

Ego Joannes Rioppolanus episcopus subscripsi.

Ego Rangerius Regitanus episcopus subscripsi.

Ego Gerardus Trojanus episcopus subscripsi.

Ego Hermannus presbyter cardinalis subscripsi.

Ego Gregorius presbyter cardinalis subscripsi.

Ego Benedictus presbyter cardinalis subscripsi.

Datum Salerni per manus Joannis sacrae Romanae Ecclesiae diaconi cardinalis octavo decimo Kalendas Octobris, quinta decima indictione, anno Dominicae incarnationis millesimo nonagesimo secundo, pontificatus domini Urbani papae secundi anno quinto.

LXVII.

Urbanus II S. Brunoni, Carthusianorum fundatori, et Lanino asserit locum a Rogerio comite concessum et a Theodoro, episcopo Scyllacino confirmatum.

(Anno 1092.)

[*Acta sanctorum Bolland*. Octobris tom. III, die 6, pag. 643.]

Urbanus episcopus, servus servorum Dei, dilectis in Christo filiis Brunoni et Lanino salutem et apostolicam benedictionem.

Piæ voluntatis affectus studio debet prosequente compleri. Quia igitur nostri officii interest, servorum Dei quieti, prout Dominus posse dederit, providere, petitionibus vestris, filii in Christo charissimi et reverendissimi, clementer annuimus. Per hujus ergo apostolici privilegii paginam apostolica auctoritate statuimus ut locus ille, quem inhabitationi vestræ, disponente Domino, elegistis, a jugo, potestate, injuria, molestia omnium hominum omnino liber cum tota silva et monte, terra et aqua in spatium unius leugæ [*al.*, leucæ] in omni parte adjacenti in vestra omnimodis et successorum vestrorum dispositione permaneat, sicut vobis a dilecto nostro filio Rogerio comite condonatus est, et a confratre nostro Theodoro, Squillacino episcopo, confirmatus. Nemini intra prædictum spatium liceat pascuæ, agriculturæ seu piscationis aut lignorum occasione aut quacunque ex causa vobis aut vestris successoribus injuriam aut molestiam irrogare, sed totum secundum voluntatem vestram possideatis, disponatis, ordinetis et erogetis. Si quid præterea episcopalis officii indigueritis, ad quem potissimum vicinorum antistitum volueritis recurrendi præsenti decreto liberam licentiam indulgemus. Decimarum quoque usum ex vestris, vel puerorum vestrorum laboribus vestri juris esse censemus. Quod si quæ puerorum vestrorum offensa contigerit, in vestra tantum manu omnis eorum correctio maneat. Nec ullus se de his quæ ad vos pertinent, sine vestra voluntate occasione aliqua intromittat, quatenus omnipotentis Dei speculationi liberis mentibus insistatis, et ad ejus faciei dulcedinem, ipso præstante, pervenire valeatis. Sane si quis in crastinum archiepiscopus aut episcopus, imperator aut rex, princeps aut dux, comes aut vicecomes, judex aut persona quælibet potens aut impotens, hujus nostri privilegii paginam sciens, contra eam temere venire tentaverit, secundo tertiove commonitus, si non satisfactione congrua emendaverit, cum honoris sui et officii periculo subjacere decernimus, et a Christi atque Ecclesiæ corpore auctoritate potestatis apostolicæ segregamus. Conservantibus autem pax a Deo et misericordia præsentibus ac futuris sæculis conservetur. Amen, amen, amen.

Datum per manum Joannis S. R. E. diaconi cardinalis, pridie Idus Octobris, indictione prima, anno Dominicæ incarnationis millesimo nonagesimo secundo, pontificatus autem domini Urbani II anno quinto.

LXVIII.

Urbani II epistola ad Raynoldum archiepiscopum Remensem et suffraganeos ejus. — *Illos reprehendit quod a rege et uxorem dimitti et alteram duci passi sint.*

(Anno 1092.)

[Mansi, *Concil.* XX, 686.]

Urbanus episcopus, servus servorum Dei, venerabilibus confratribus et coepiscopis Raynaldo Remensi, et suffraganeis ejus, salutem et apostolicam benedictionem.

Si sacerdotale quod geritis officium consideratione debita pensaretis, tanti facinoris infamia ad aures nostras saltem impunita non pervenisset. Cum enim domui Israel speculatores a Deo dati, impiis impietates suas annuntiare et pro domo Israel, murum opponere deberetis, qualibet ratione vos pati potuisse miramur, ut tam inclyti regni rex, humani pudoris oblitus, divini timoris immemor, contra jus, contra fas, contra legum et canonum sanctiones, contra totius catholicæ Ecclesiæ consuetudines, et suam uxorem inordinate relinqueret, et propinqui sui conjugem amore sibi nefario copularet. Quod factum utique et regni totius confusionem, et Ecclesiarum vestrarum dissipationem portendit, et ad animam vestram redundat infamia. Peccanti enim, cum possis, non contradicere, consentire est. Te autem, charissime confrater Raynoldo, noxa hæc maxime impetit, pro eo quod Silvanectensis subjectus tibi episcopus, hoc publici adulterii crimen, suo, ut audivimus, firmavit assensu, cum mœchis illis benedictionis sacerdotalis manum imposuit. Quod etsi licite nuberent, bigamis tamen impendi secundum canones non liceret: nunc igitur vobis apostolica auctoritate præcipimus ut his visis apicibus, quod etiam non jubentibus nobis jamdudum fecisse vestram prudentiam decuisset, mature convenire curetis regem, et ex Dei nostra pariter et vestra parte instanter commoneatis, arguatis, obsecretis, increpetis, et a tanto tamque horrendo facinore desistere compellatis. Quod si contempserit, et nobis et vobis necessitas imminebit, ut ad ulciscendas divinæ legis injurias pro nostri officii debito accingamur, et Phinees gladio Madianitas adulteros perforemus.

Eamdem quoque instantiam pro ereptione confratris nostri Carnotensis episcopi adhibete. Quod si monitis vestris, qui eum cepit, obtemperare contempserit, vos et ipsum excommunicationi subjicite, et castellis in quibuscunque eum retinuerit, et terræ ejus divinum officium interdicite, ne similia deinceps in viris hujus ordinis præsumantur. Ut ordinem vestrum diligitis, ita hoc accelerare omnibus modis satagetis. Valete.

Data sexto Kalendas Novembris, anno videlicet Dei Christi 1092.

LXIX.

Urbani II epistola ad Goffridum, abbatem S. Albini Andegavensem, et Bernonem, abbatem S. Trinitatis Vindocinensis. — Illos hortatur ut suam de eorum controversia sententiam observent.

(Anno 1092.)

[Mansi, *Concil.* XX, 684.]

Urbanus episcopus, servus servorum Dei, dilectis in Christo filiis Goffrido abbati Sancti Albini Andegavensis, et Bernoni abbati Sanctæ Trinitatis Vindocinensis, salutem et apostolicam benedictionem.

Anno Dominicæ incarnationis 1092, pontificatus nostri v, indictione I, cum essem in provincia Calabriæ apud monasterium Sanctæ Mariæ quæ dicitur de Matina, monachi Sancti Albini, Girardus prior, Milo, Stephanus, adversus monachos Sanctæ Trinitatis de Vindocino, Frotmundum priorem, Ingebaldum ostiarium, qui præsentes aderant conquesti sunt quod Vindocinenses fratres ecclesiam Sancti Clementis Credonensis, quæ a monachis Sancti Albini juste secundum illorum temporum consuetudinem acquisita, et per triginta annos quiete et sine interruptione possessa, violenter ablatam injuste detinerent. Qui cum suis instrumentis et rationibus causam suam defendere niterentur, primo die proclamationis res diu et multum ventilata nullo potuit fine terminari, secundo vero die similiter multum discussa, ad nullum tamen est finem deducta, die autem tertio, xii scilicet Kalendas Decembris, residentibus nobis in Anglone civitate Apuliæ, præsidentibus religiosis et venerabilibus tam episcopis, quam sanctæ Romanæ Ecclesiæ cardinalibus, sive diaconibus; astantibus etiam nobilibus Romanis et comitibus Apuliæ gloriosissimis, Boamunte et Guillelmo; re iterum diu et multum inquisita, tandem inspirante Deo lucidius eluxit in quam potius partem justitia declinaret. Cum enim utraque pars suis nobis allegationibus obviaret, et hinc pactionem abbatum, confirmationem pontificum, Romanæ Ecclesiæ legatorum, illinc vero legitimum introitum, et canonicam triginta annorum possessionem nobis opponerent, nos qui omnium fidelium causas æqua lance pensare debemus, utriusque utilitati providentes, ipsam litem concordiæ convenientis æquitate decidere maluimus. Omnes igitur qui nobiscum aderant hanc sententiam collaudantes, consentientibus prædictis utriusque cœnobii fratribus, et in manus nostras fidem pollicendo firmantibus, concordia et pax inter eos hoc modo posita est; ut scilicet Vindocinenses monachi de his tribus ecclesiis, aut ecclesiam Manitilium vel Sancti Saturnini, sive Sancti Joannis supra Ligerim, unam quam congregatio tota Sanctæ Trinitatis elegerit, cum omnibus quæ ad camdem ecclesiam tam mobilibus quam immobilibus interius exteriusque ad præsens pertinent, infra dies triginta postquam domum redierint monasterio Sancti Albini in perpetuum tradant. Fratres itaque S. Albini omnem litem omnemque calumniam ex causa hac in manus nostras et Vindocinensium fratrum refutarunt: Vindocinenses vero unam supradictarum ecclesiarum in manus nostras reddiderunt, et per nos eosdem monachos investierunt. Præsenti igitur auctoritate fraternitatem vestram admonemus, et præcipimus, ut hoc pactum a nobis intentione pacis et quietis dispositum et statutum, omni tempore deinceps ratum et inconcussum teneatis et observetis. Quæcunque autem pars hanc nostræ decisionis sententiam non susceperit, vel transgredi præsumpserit, tam canonum severitati subjaceat, quam legitimæ compositionis pœnam, id est auri centum librarum sustineat et a causa penitus cadat.

Data Tarenti viii Kal. Decemb.

LXX.

Urbani II epistola ad Robertum Flandriæ comitem. — Ut a vexandis clericis abstineat.

(Anno 1092.)

[Mansi, *Concil.* XX, 745.]

Urbanus episcopus, servus servorum Dei, dilecto filio suo Roberto, totius Flandriæ strenuo militi, salutem et apostolicam benedictionem.

Memento, charissime fili, quantum omnipotenti Deo debeas, qui te contra voluntatem parentum tuorum de parvo magnum, de paupere divitem, de humili gloriosum principem fecit, et quod maximum est, inter sæculi principes rarum, dote litterarum, scientiæ atque religionis donavit. Ejus igitur memor esto, qui te talem fecit, et omnibus modis elabora ut tantis beneficiis non inveniaris ingratus. Honora igitur eum in Ecclesiis suis, et ulterius sub aliqua occasione eos qualescunque sint vexare minime præsumas, nec eorum prædia in tuos usus post eorum exitum redigas. Nec pecuniam seu quæcunque de patrimonio suo eis dimittunt, violenter auferas. Sed libera sit eis facultas et Deo serviendi, et res sui patrimonii cuicunque voluerint impendendi. Quod si prætendis hoc ex antiquo usu in terra tua processisse, scire debes Creatorem tuum dixisse: « Ego sum veritas, » non autem usus vel consuetudo. Quæ ergo diximus, fili charissime, volumus et per beati apostolorum principis claves præcipimus ut observes, et super libertate clericorum te Christum honorantem honorifices; ipse vero attestatione sui ipsius honorificantem se honorificabit. Vale.

Data Castraneti iv Nonas Decembris.

LXXI.

Urbani II epistola ad clerum et populum Atrebatensem. — Ut, excusso jugo Cameracensis episcopi, episcopum eligant a metropolitano consecrandum.

(Anno 1092.)

[Mansi, *Concil.* XX, 671.]

Urbanus episcopus, servus servorum Dei, clero et populo Atrebatensi, salutem et apostolicam benedictionem.

Atrebatensis Ecclesia, una ex nobilioribus Ecclesiis comprovincialibus Remensis metropolis, solemnibus canonum monumentis feta, olim principalis sedes episcopatus fuit, proprium pontificem habuit;

suam diœcesim et cætera pontificalia jura firmis antiquitate rationum instrumentis obtinuit. Volumus itaque et apostolica auctoritate præcipimus ut, jugo Cameracensis subjectionis ab Ecclesia vestra excusso, et recepta dignitate primis temporibus rationabili firmitate possessa, cardinalem episcopum vobis et Ecclesiæ vestræ utilem eligere, et electum per manum metropolitani vestri consecrare, et Ecclesiæ vestræ incardinare studeatis. Ei vero qui canonico consensu cleri et populi electus fuerit, apostolica auctoritate interdicimus ne impositam sibi electionem dissimulatione aliqua hujus novæ ordinationis subterfugiat. Solet enim fieri ut Ecclesiæ persecutionis tempore suis ordinibus, suis populis, subsidiis etiam temporalibus destitutæ, aliis temporaliter committantur Ecclesiis ; postquam vero his quibus imminutæ fuerant, Deo donante, abundare cœperint, pristinam recipiant dignitatem.

Castraneti, iv Nonas Decembris.

LXXII.

Urbani II epistola ad Rainoldum Remensem archiepiscopum. — Mandat ut, quem clerus populusque Atrebatensis elegerint, episcopum consecret.

(Anno 1092.)

[Mansi, *Concil.* XX, 670.]

Urbanus episcopus, servus servorum Dei, dilecto confratri Rainoldo, Remorum archiepiscopo, salutem et apostolicam benedictionem.

Noverit tua fraternitas quod Atrebatensis Ecclesia una ex nobilibus Ecclesiis Remensis metropolis fuit, et pontifices viros religiosissimos et cætera pontificalia jura firmis rationum monimentis obtinuit. Mandamus itaque tibi atque præcipimus ut illum, quem Ecclesia illa canonico consensu cleri et populi sibi in episcopum elegerit, consecrare et eidem Ecclesiæ incardinare non differas. Solet enim fieri ut Ecclesiæ persecutionis tempore suis ordinibus, suis populis, subsidiis etiam temporalibus destitutæ aliis temporaliter committantur Ecclesiis ; postquam vero his quibus imminutæ fuerant, Deo disponente, abundare cœperint, pristinam recipiant dignitatem. Solius etenim apostolici est episcopatus conjungere, conjunctos disjungere, aut etiam novos construere. Fretus itaque nostra auctoritate id ne timeas adimplere. Voluntatis etenim nostræ est Remensis [f., Remensi et mos, episcopatuum. Hard.] Ecclesiæ olim xii episcopatum dignitatem, Deo cooperante, in pristinum gradum revocare.

LXXIII.

Urbani II epistola ad Guimundum episcopum Aversanum. — Id quod de Richardo, filio Burrelli, fecerit, probat.

(Anno 1088-1093.)

[Gratiani *Decret.*, causa xxiv, qu. 2, cap. 5.]

Sane quod super Richardo filio Borelli vestra fraternitas egisse innotuit pro zelo Dei, et animarum charitate, laudamus. Sed non adeo timendum, non adeo est vobis ab ejus eleemosynis abstinendum. Inter cæteros quippe nostra fidei patres beatus Leo papa doctor egregius [quibus vivis, inquit, non communicavimus, nec mortuis communicare debemus]. Constat ergo quoniam quibus vivis (ut ex opposito loquamur) communicavimus, mortuis quoque communicare possumus. Nos plane inter duo oppugnantia positi, inter impios videlicet et schismaticos, schismaticis ullo modo communicare non possumus, aut licet : peccatoribus vero, et prædonibus dispensative propterea communicavimus, quia et Ecclesiam hactenus sustentaverunt et se fideles in posterum pollicentur. Alioquin oportet nos de hujus mundi partibus exire. Sub qua etiam sponsione nos ei nuper in beati Petri natalitiis absolutionem indulsimus. Quia ergo prædictus vir neque nominative excommunicatus, neque communicans cum excommunicatis ex nomine exiit, sed in Domini sui fide atque servitio permansit, licet nobis dispensative, id est, quandiu eos patimur, ejus eleemosynis communicare et defuncti animam Christianæ religionis modis omnibus adjuvare.

LXXIV.

Urbani II epistola ad Anselmum Mediolanensem archiepiscopum. — De reconciliatione lapsorum.

(Anno 1088-1093.)

[Mansi, *Concil.* XX, 645.]

Discretioni nostræ videtur, quatenus secundum præcepti nostri tenorem, quando secundum ecclesiæ vestræ morem sacros daturos quibuslibet aliis ordines benedicere cœperis, eos, quos tua duxerit solertia reconciliandos, inter benedicendum et manus imponendum facias interesse ; quibus cætera omnia consecrationis instrumenta præter unctionis explebis, et sic ac sancta ministeria reconciliabis.

LXXV.

Guernerio Merseburgensi conceditur ut clericus qui lapide jacto puerum interemerat, suscepta sempiterna pœnitentia, in suo ordine permaneat.

(Fragmentum. — Anno 1088-1093.)

[Gratiani, *Decret.*, causa I, dist. 50, cap. 37.]

Clerico jaciente lapidem puer dicitur interemptus. Nos pro amore tuo in suo ordine eum permanere permittimus : ut tamen semper in pœnitentia et timore permaneat.

LXXVI.

Urbani II epistola ad Albertum episcopum Metensem. — Ut in sacerdote quemdam, dignitatem Simoniace adeptum mansuetudine utatur.

(Anno 1091-1093.)

[Gratiani, *Decret.* C. I, qu. 5, c. 5.]

Præsentium portitorem, quem parentum incuria per pecuniam non episcopo, sed cuidam principum ejus datam, invitum sacerdotii dignitatem obtinuisse significasti, licet sancti canones deponendum esse testentur, tamen, quia culpam istam nesciens et coactus commisit : et quia ab eodem ordine ut deponeretur, supplicavit ultroneus, ex consideratione discretionis (quæ mater est omnium virtutum) magis quam ex rigore canonum, misericordiæ viscera adhibendo ipsum in eodem ordine esse, fraternitati tuæ consulimus : ita tamen, ut si † Ecclesia illa, cui deseruit † sacerdotum penuriam non patitur, suspensus a sacerdotali officio permaneat: quod si fortasse Ecclesiæ utilitas exegerit, ut curam regiminis assumat, liceat ei ex concessione sui episcopi fratrumque obedientia sacerdotali officio fungi.

LXXVII.

Urbani papæ II epistola ad universos episcopos Britanniæ. — Dolensi episcopo concedit pallium, salvo jure Turonensis Ecclesiæ.

(Anno 1095.)

[MARTEN., *Thesaurus anecd.*, III, 878.]

Expetendi pallii gratia confrater noster R. [Rollandus], Dolensis episcopus nostro se conspectui repræsentans, sancti prædecessoris nostri Gregorii VII litteras obtulit, quas idem apostolicus pontifex pro Eveno Dolensi episcopo vestræ fraternitati mandaverat. Illarum itaque litterarum tenore continebatur quod eidem Eveno prædictus pontifex pallii usum pro vestra et totius provinciæ dilectione concesserit, ea conditione intersita ut opportuno tempore exhibere se nullatenus recusaret ad discutiendam querimoniam quam Turonensis archiepiscopus de subjectione sedis illius, et de negata sibi obedientia, jampridem apud suam et antecessorum suorum fecerat audientiam. Sequitur post hæc in eisdem litteris: « Quod si ratione et justitia demonstrante, ut ei subjecta esse debeat apparuerit, nos quidem sanctæ Turonensis Ecclesiæ jus suum conservari, et debitam subjectionem a Dolensi Ecclesia exhiberi volumus et apostolica auctoritate censemus. Usum tamen pallii non minus huic suisque successoribus, donec eorum introitus et vita probabilis fuerit, concedimus et firmamus. Si vero ab hujus subjectionis jugo eam solutam esse legali defensione constiterit, quæcunque sibi dignitatis privilegia de cætero competere visa fuerint, apostolica non denegabit auctoritas, atque interim ut ei sicut archiepiscopo subjectionem et obedientiam exhibeatis præsenti auctoritate constituimus. » Prædictus itaque confrater et coepiscopus Roll. coram fratribus nostris super Evangelia sancta juravit quia papa Gregorius VII harum litterarum sententiam miserit episcopis Britanniæ, et in exemplari illo nec minus nec amplius haberetur quam in litteris quas ipse misit. Sic nos de apostolicarum litterarum veritate firmati, prædicto confratri nostro sub eadem conditione pallii munus ex apostolicæ sedis liberalitate concessimus. Eum ergo ad vos auxiliante Domino remittentes, dilectioni vestræ litteris præsentibus commendamus, ut ipsum cum omni honore et reverentia suscipientes, ad restituendum susceptæ Ecclesiæ statum fraternis affectibus et officiis adjuvetis.

LXXVIII.

Urbani papæ II epistola ad principes et populum Dolensis Ecclesiæ. — Ut ablata Dolensi Ecclesiæ bona restituant.

(Anno 1095.)

[MARTEN. *ubi supra*, col. 879].

Audivimus Dolensis Ecclesiæ bona ita per vestram violentiam usurpari, ut nihil justitiæ de rebus ejusdem Ecclesiæ frater noster Dolensis archiepiscopus R. [Rollandus] valeat obtinere. Mandamus igitur dilectioni vestræ ne ecclesiæ ipsius bona ulterius retinere invito episcopo præsumatis; alioquin sedis apostolicæ indignationem invenietis, et quamcunque in vos sententiam idem frater noster canonica auctoritate dictaverit, nos auctoritate apostolica confirmabimus.

LXXIX.

Urbanus II canonicorum Sancti Pauli Narbonensis propositum vitam regularem profitendi confirmat.

(Anno 1095.)

[*Gallia Christiana*, tom. VI, Instr., p. 26, ex archiv. archiepisc. S. Pauli Narbon.]

URBANUS episcopus, servus servorum Dei, dilectis in Christo filiis GUILLELMO abbati, et ejus fratribus in ecclesia Beati Pauli secus muros Narbonæ sita, vitam regularem professis, et eorum successoribus in regularis vitæ observantia permansuris in perpetuum.

Piæ voluntatis affectus prosequente debet studio confoveri, ut ecclesiastica utilitas apostolicæ sedis favore vires accipiat et accrescat. Omnipotenti Domino, cujus *melior est misericordia super vitas*, gratias egimus, quia sanctorum Patrum vitam probabilem renovare proposuistis, et apostolicæ instituta doctrinæ primordiis Ecclesiæ sanctæ insolita, sed crescente jam pene deleta, resuscitare instinctu sancti Spiritus devovistis. Duæ enim ab Ecclesiæ sanctæ primordiis vitæ ejus sunt filiis institutæ; una qua infirmorum debilitas retinetur; altera qua fortiorum virtus beata perficitur; una remanens in Segor parvula, altera ad montis altiora conscendens; alteram tenentes inferiorem, bonis terrenis utuntur, alteram sequentes superiorem, bona terrena despiciunt et relinquunt. Hæc autem, quæ a terrenis divino favore divertitur, in duas pene ejusdem propositi portiones, canonicorum scilicet et monachorum: hæc secunda per divinam misericordiam frequentata satis jam sæculo universo elucet; prima vero, decalescente fervore fidelium, jam pene omnino defluxit: hanc martyr et pontifex Urbanus instituit, hanc Augustinus suis regulis ordinavit, hanc Hieronymus suis epistolis informavit. Itaque non minoris pene æstimandum est meriti vitam hanc Ecclesiæ primitivam aspirante et prosequente Domini Spiritu suscitare, quam florentem monachorum religionem ejusdem Spiritus perseverantia custodire. Vestrum ergo votum, vestrum propositum nostri auctoritate officii confirmamus, et firmos vos in eo persistere adhortamur, et tanquam Deo exhortante per nos obsecramus. Quandiu igitur in hujus religionis observantia vos ac vestri permanserint successores, nos Ecclesiam vestram sub apostolicæ sedis tuitione fovendam recipimus, salvis tamen privilegiis et jure canonico Narbonensis antistitis. Quia vero in vobis adhuc quidam sunt qui ne dum se huic proposito devoverunt, statuimus atque censemus ut, illis aut ad regularem vitam conversis, aut de sæculo emigrantibus vestræ Ecclesiæ bona omnia, quæ nunc in potestate ipsorum detinentur, et quæ deinceps vestræ Ecclesiæ collata fuerint, in usum regularium cedant, nec ullus ibi fiat vel ordinetur canonicus, nisi qui canonice se victurum professus fuerit. Abbatem, qui et præpositus dicitur, alium eis præferri auctoritate apostolica prohibemus, nisi quem suæ professionis communis electio fratrum regulariter viventium de suo collegio vel de alieno, si necesse fuerit, cum archiepiscopi consilio secundum Deum decreverit eligendum, et hoc ad ædificationem, non ad destructionem. Vos ergo filii in Christo charissimi dilectionis nostræ studiis semper præstantioribus respondentes, strenue quæ Deo promisistis implere satagite. *Luceat lux vestra coram hominibus, ut videant opera vestra bona, et glorificent Patrem vestrum qui in cœlis est* (Matth. v, 16), cujus Patris, hæc ut firma permaneant, et Filii, et Spiritus sancti virtute sanciums.

Datum Trojæ per manus Joannis, sanctæ Romanæ Ecclesiæ diaconi cardinalis, xiv Kalend. Aprilis, indictione prima, anno Dominicæ Incarnationis 1093, pontificatus autem domini Urbani papæ secundi anno vi.

LXXX.

Urbani II epistola ad Rainaldum archiepiscopum Remensem. — Iterum mandat ut Ecclesiæ Atrebatensi episcopum præficiendum curet.

(Anno 1093.)
[MANSI, *Concil.* XX, 670.]

URBANUS episcopus, servus servorum Dei, dilecto in Christo fratri et coepiscopo RAINALDO Remensi salutem et apostolicam benedictionem.

Atrebatenses clerici cum fraternitatis tuæ litteris ad nostram præsentiam redierunt pro restitutione Ecclesiæ suæ suppliciter implorantes. Sustinuerunt autem Cameracensium clericorum adventum usque ad tempus quod utrisque in provinciali concilio fuerat constitutum. Cæterum Cameracensium ante nos nullus advenit. Nos igitur idipsum repetitis litteris fraternitati tuæ significamus, idipsum præcipimus. Omnino enim volumus ut Remensis metropolis ad integritatem antiquæ dignitatis annuente Domino reducatur. Ideoque omnino præcipimus in Atrebatensi Ecclesia episcopum ordinandum, nisi forte ejusdem urbis possessionem Cameracensis Ecclesia valeat auctoritatis Romanæ privilegio vindicare. Hoc enim justitiæ ratio exigit, animarum utilitas postulat, Ecclesiæ honor implorat. Quod si forte æmulorum vereris invidiam, et obsequentium latratus pro gravitate tuæ religionis horrescis, quemcunque in præfata Ecclesia te annuente clerus et populus secundum Deum elegerit, ad nos cum communi decreto et sollicitudinis tuæ litteris transmittatur. Nos cum divinæ gratiæ adjutorio, salvo Ecclesiæ tuæ jure, eum tanquam B. Petri manibus consecrabimus.

LXXXI.

Urbani II epistola ad clerum et populum Atrebatensem. — Quæ superiore epistola Rainaldo archiepiscopo, eadem illis scribit.

(Anno 1093.)
[MANSI, *Concil.* XX, 671.]

URBANUS episcopus, servus servorum Dei, dilectis filiis clero et populo Atrebatensi salutem et apostolicam benedictionem.

Duo Ecclesiæ vestræ clerici confratris nostri reverendissimi Remorum archiepiscopi litteras offerentes ante nostram præsentiam redierunt pro restitutione Ecclesiæ vestræ suppliciter implorantes; sustinuerunt autem Cameracensium clericorum adventum usque ad tempus quod utrisque fuerat in provinciali concilio constitutum. Cæterum Cameracensium ante nos nullus advenit. Nos igitur id ipsum repetitis litteris significamus, idipsum præcipimus. Omnino enim volumus ut Remensis metropolis ad integritatem antiquæ dignitatis, annuente Domino, reducatur. Ideoque omnino præcipimus in Ecclesia vestra episcopum ordinandum, nisi forte ejusdem urbis vestræ possessionem Cameracensis Ecclesia valeat Romanæ auctoritatis privilegio vindicare. Quod si se ab hujus nostræ præceptionis effectu vester archiepiscopus provida dissimulatione subtraxerit, vos quemcunque in pastorem vobis ipso consentiente secundum Deum elegerit, ad nos cum communi decreto et ejusdem archiepiscopi litteris transmittere procurabitis; nos eum, salvo Remensis Ecclesiæ jure, opitulante divina gratia, consecrabimus.

LXXXII.

Urbani II epistola ad clerum et populum Ambianensem. — Illos jubet Gerewino episcopo, de Simonia purgato, obedire.

(Anno 1093.)
[BALUZ., *Miscell.* edit. Luc., II, 176.]

URBANUS episcopus, servus servorum Dei, clero et populo Ambianensi salutem et apostolicam benedictionem.

Accusationem Simoniacæ pravitatis venerabili fratri nostro Gerewino vestro episcopo, coram metropolitano et comprovincialibus episcopis intentatam, nos quidem vires nullas habere censuimus, quia ad unius, præsertim infamis aut minus idonei, vocem contemnendum neminem arbitramur. Ideoque cum nullus ad nos adversus eum canonice accusationem attulerit, nos nullam ab eo expurgationem duximus exigendam. Ipse tamen, opinionis suæ religionis in posterum providens, ultro se tactis sacrosanctis Evangeliis expurgavit quod pro abbatia Sancti Richarii aut pro Ambianensi episcopatu pecuniam ipse nec dedit nec promisit, nec pro se ipso alius sciente. Quamobrem a præsentis accusationis læsione liberum arbitrantes, ad vos cum nostræ gratiæ plenitudine remandamus. Vobis itaque officii nostri auctoritate præcipimus ut eum tanquam pastorem proprium obedientia debita vereamini et ejus monitis obsequamini, ut errata præterita corrigentes, ad Dominicorum præceptorum observantiam convertamini. Clericos quos contra sanctorum canonum disciplinam mulieribus copulari, contempto catholicæ Ecclesiæ usu, accepimus, apostolica auctoritate præcipimus ut ab hujusmodi aliisque quibus involvuntur flagitiis omnino desistant, et secundum antistitis sui judicium divinæ se mancipent servituti. Si vero, quod absit, nostra præceptione contempta, vestro antistiti ad salutis vestræ jacturam pertinaciter resistere ulterius præsumpseritis, quamcunque in vos sententiam justitia dictante protulerit, nos auctoritatis nostræ pondere confirmamus.

Data xv Kal. Augusti.

LXXXIII.

Epistola Urbani papæ II ad omnes fideles. — De ecclesia Sanctæ Mariæ Casinensis monasterii a se consecrata, et privilegio munita.

(Anno 1093.)

[Mansi, *Concil.* XX, 645.]

Urbanus episcopus, servus servorum Dei, universitati Christi fidelium notum in perpetuum.

Divinæ miserationis intuitu, cujus munere, licet immeriti, catholicæ Ecclesiæ præsidemus, et universæ fidelium potestates consistunt, condecet apostolicæ sedis piam sollicitudinem et benignam principum magnificentiam ecclesiarum debitam curam gerere, et pro earum pace et quiete cum omni diligentia misericorditer insudare : quatenus id divina operante clementia, quique jura sua æquo moderamine possidentes, prælati simul et subditi, pariter attingere valeant ad promissa fidelibus gaudia sempiterna. Nos itaque in Casino monte filiorum nostrorum Rogerii ducis et Boamundi fratris ejus, et Ursonis abbatis, precum instantia fatigati, cum multitudine confratrum nostrorum episcoporum ad consecrandum Bantinum monasterium in honore Dei Genetricis constructum eadem auxiliante pervenimus ; cumque opitulatione Domini consecrationibus ejus nostris devotis manibus rite peractis, eorumdem virorum illustrium et suorum comitum et baronum interventionibus piis, ad summam ejusdem libertatem, securitatem et pacem, a monasterio ipso, et ecclesiis ejus, et rebus ac locis omnibus suis habitis et habendis, omnia episcopalia jura et publicas omnes exactiones apostolica auctoritate generali perpetua constitutione exclusimus. Attamen a sola tantum Acherontina ecclesia Sanctæ Anastasiæ intra muros civitatis constructa Acherontino archiepiscopo annis singulis unam auri unciam suscipere indulgemus. Hæc interea irrefragabiliter statuentes, ut chrisma, oleum sanctum, consecrationes altarium seu basilicarum, ordinationes clericorum suorum, et cætera spiritualia sacramenta, ab episcopis diœcesanis, vel quibuscunque catholicis Bantini monasterii fratres accipiant, qui mandato apostolicæ sedis et auctoritate suffulti faveant, et eisdem petentibus fratribus eadem sacramenta gratis et sine aliqua pravitate exhibeant. Insuper autem B. Petri apostolorum principis auctoritate sancimus ut omnes cujuscunque conditionis homines clericos et laicos, qui in morte vel vita ad præscriptum monasterium, et ecclesias ejus, et loca cum rebus suis transire, aut in suis domibus commorantes quælibet bona temporalia sua eleemosynarum largitione conferre voluerint, nullius contradictio inhibeat, et iisdem quæcunque contulerint, patrocinio apostolicæ sedis iidem fratres quiete et generaliter libera perpetuo possidebunt.

Decernimus etiam ut nulli omnino hominum præfatum monasterium temere perturbare, aut ejus possessiones auferre, minuere, vel ablatas retinere, seu quibuslibet vexationibus fatigare [*deest forte audeant*], omni titulo super ea re quarumlibet oppositionum semper excluso. Indulgemus autem eis hæc omnia apostolicæ sedis paterna pietate, inducti et confratrum nostrorum discreto consilio, et prædictorum virorum nobilium strenuo interventu, et quia monasterium ipsum post introitum Northmannorum cum intrinseca sui exspoliatione, et locorum suorum miserabili depopulatione cum sacrilegiis usurpationibus episcoporum innumera lugenda detrimenta et indigna sustinuit, quæ breviatim in privilegio comitis Amici notantur. Talibus ergo rationibus apertis commota viscera pietatis apostolicæ sedis, monasterium idem cum rebus omnibus suis habitis et habendis, tanquam beati Petri possessionem, cujus est et jus et proprietas a juribus universis, atque servitiis cujuslibet dignitatis vel ordinis omnium hominum, anathematis gladio digne subtrahunt et defendunt. Ad indicium autem perceptæ hujus a Romana Ecclesia libertatis per annos singulos auri unciam nobis nostrisque successoribus ejusdem monasterii abbates persolvent.

Si qua igitur in futurum ecclesiastica sæcularisve persona hanc nostræ constitutionis paginam sciens, contra eam temere venire tentaverit, secundo tertiove commonita, nisi reatum suum digna satisfactione correxerit, potestatis honorisque sui dignitate careat, reamque se divino judicio existere de perpetrata iniquitate cognoscat, et a sacratissimo corpore ac sanguine Dei et Domini redemptoris nostri Jesu Christi aliena fiat; atque in extremo examine divinæ ultioni subjaceat. Cunctis autem eidem sua jura servantibus sit pax Domini nostri Jesu Christi, quatenus et hic fructum bonæ actionis percipiant, et apud districtum judicem præmia æternæ pacis inveniant. Amen, amen.

Sequebantur ista subscriptiones atque sigilla. Porro pontificium signum, in quo apostolorum nomina, et a tergo imagines plumbo fusæ habentur, cum ejusmodi in extimo circulo inscriptione legitur : Benedictus Deus et Pater Domini nostri Jesu Christi.

LXXXIV.

Urbanus II statuit ut qui diebus certis monasterium S. Mariæ adierint, peccatorum absolutione fruantur.

(Anno 1093.)
[Ughelli, *Italia sacra*, VII, 27.]

Urbanus episcopus, servus servorum Dei, ad perpetuam rei memoriam, ad honorem summæ et individuæ sanctisssimæque Trinitatis.

Perpetuis temporibus duraturæ ipsæ stationes et indulgentiæ per Urbanum papam secundum religioso et venerabili monasterio Sanctæ Mariæ de Pauso, vulgariter nuncupato Deventuum, cujus ecclesiam idem summus pontifex manibus propriis consecravit, die nono Kalendas Septembris, concessæ contemplatione cujusdam prærogativæ spiritualis sanctitatis, quam expertus fuit in eodem cœnobio, imo potius propter perfectam religionis observantiam dum esset in eodem cœnobio in minoribus ordinibus constitutus, videlicet quod omnes fideles causa devotionis dictum monasterium visitantes prædicta die Nonas Kalendas Septembris, et per totum diem sequentem, necnon in die Jovis sancti, et per totum Veneris sancti, et per octavam, et festa Resurrectionis sequentia, et in omnibus festivitatibus beatæ Virginis Mariæ de omnibus peccatis de quibus confessi fuerint, vel saltem contriti, cum proposito confitendi, plenariam consequantur indulgentiam, et gaudeant omnibus indulgentiis plenariis perpetuis, et temporalibus gratiis et remissionibus, quibus gaudent personaliter civitas et ecclesia Sancti Jacobi de Compostella; reliquis vero temporibus et diebus festivis, causa devotionis illuc accedentes, quatuor annos et totidem quadragenas de vera indulgentia consequantur, de sedis apostolicæ gratia speciali. Qui vero capellam majorem ipsius monasterii eadem die consecratam per venerabilem fratrem Brunonem episcopum Signanum, in diebus festivis et omnibus diebus Dominicis totius anni visitaverint, septem annos et totidem quadragenas de vera indulgentia consequantur. Visitantes etiam ecclesiam constructam in casali ipsius monasterii, consecratam per venerabilem fratrem Rogerium episcopum..... ipso die ix Kal. Septembris, et omnibus diebus Dominicis et festivis, et etiam in diebus festivis beatæ Virginis Mariæ, ad cujus honorem constructa est et suo vocabulo nuncupata, prædictam indulgentiam annorum septem et totidem quadragenarum consequantur.

Apparent hæc omnia ex bulla plumbea.

Datum Salerni per manus Joannis, sanctæ Romanæ Ecclesiæ diaconi cardinalis, decimo octavo Kalendas Octobris, indictione prima, anno Domini millesimo nonagesimo tertio, pontificatus Urbani papæ secundi anno sexto.

LXXXV.

Urbani II epistola ad Raynoldum Remensem archiepiscopum. — Illum vituperat quod electum Atrebatensem nondum consecraverit.

(Anno 1093.)
[Mansi, *Concil.* XX, 671.]

Urbanus episcopus, servus servorum Dei, reverendissimo confratri et coepiscopo Raynaldo Remensi, salutem et apostolicam benedictionem.

Quod de Atrebatensi Ecclesia constituimus, cum pro animarum salute multiplici, tum pro vestræ metropolis redintegratione, tum etiam pro justitiæ exhibitione perfecimus. Etsi enim in tempore frater fratri, soror sorori vel annis minor, vel infirmitate defectior committatur, non tamen idcirco cum ad emancipationem venerit, tutelæ ejus vel curæ legalibus sanctionibus subjacebit. Gravamur igitur quod huic nostræ constitutioni, et tuæ metropolis restitutioni tandiu tam obstinaciter restitisti, et electum Atrebatensis Ecclesiæ consecrare usque hodie distulisti. Tuæ igitur reverentiæ præsentium litterarum auctoritate præcipimus ut eumdem electum, postquam has litteras videris, infra triginta dierum spatium consecrare procures, omni tortitudine semota, omni dissimulatione postposita. Quod si fortassis occultiori aliquo consilio adimplere nolueris, eum ad nos cum litterarum tuarum astipulatione transmitte. Si vero et hoc contempseris, nos eum ad nos venire præcipimus consecrationis gratiam recepturum.

LXXXVI.

Urbani II epistola ad Lambertum Atrebatensem episcopum. — Illi gratulatur ac de superioribus ad Raynaldum litteris significat

(Anno 1093.)
[Mansi ubi supra, col. 672.]

Urbanus episcopus, servus servorum Dei, dilecto confratri et consacerdoti Lamberto, Ecclesiæ Atrebatensis electo, salutem et apostolicam benedictionem.

Lætamur propter te in Domino, frater charissime, quia ipso disponente in Atrebatensi Ecclesia, quæ tandiu proprii pastoris solatio caruit, nunc tandem secundum nostrum præceptum novus pastor electus es. Speramus etenim per divinitus tibi datam scientiam et religionem quorumdam vestratium relatione nobis insinuatam, maximum eidem Ecclesiæ et corporalium et spiritualium rerum commodum adfuturum. Scire autem te volumus de consecratione tua archiepiscopo scripsisse. Tu igitur ejus conspectui te præsentare procura. Quod si ille infra triginta dies postquam nostras litteras acceperit, te consecrare nolueril, nos te quantocius potueris ad nos venire præcipimus. Interim commissæ tibi Ecclesiæ bona interius exteriusque custodi.

Data v Idus Octobris.

LXXXVII.

Urbani II papæ epistola ad Geraldum abbatem Monasterii Novi Pictaviensis. — Adjudicatam canonicis in concilio Santonensi ecclesiam S. Nicolai secus muros urbis Pictaviensis confirmat Monasterio Novo ejusdem urbis.

(Anno 1095.)

[Dom Bouquet, *Recueil*, t. XIV, p. 706.]

Urbanus episcopus, servus servorum Dei, in Christo filio Geraldo abbati Monasterii Novi quod in Pictaviensi suburbio situm est, ipsiusque successoribus regulariter substituendis in perpetuum.

Ad hoc sedi apostolicæ, omnipotente Deo et beato Petro cooperante, promoti cognoscimur, ut pro data divinitus facultate injustitiam opprimere, justitiam erigere et religionem augere curemus; unde servorum Dei quieti providere magnopere satagimus, ut, a sæcularibus tumultibus liberi, divinæ contemplationi ardentius inhærere prævaleant. Tuis igitur, charissime fili Geralde abbas, piis votis, et reverendissimi confratris nostri, quondam autem Patris mei, Hugonis Cluniacensis abbatis justis petitionibus annuentes, omnem libertatem sive immunitatem vestro Novo-Monasterio, post apostolicæ memoriæ Gregorii VII prædecessoris nostri privilegium attributum, nos quoque præsentis decreti auctoritate conferimus. Præterea B. Nicolai ecclesiam, secus muros Pictavis ab Agnete comitissa ædificatam, tibi tuisque successoribus perpetuo possidendam concedimus, sicut a legato nostro Amato Burdegalensi episcopo, et a reverendissimo confratre nostro Petro Pictaviensi episcopo, præsentibus episcopis et abbatibus, cum filii nostri Guillelmi comitis favore in concilio (15) definitum esse cognovimus, sicut et venerabilis filius noster Rainaldus, monasterii B. Cypriani abbas, se publicè constitutum veridica coram nobis assertione testatus est. Quia enim statuti canonici secundum accepti a Romana Ecclesia privilegii tenorem vivere contempserunt, et ab ipsius civitatis episcopo sive a legatis nostris admoniti, ad suæ regulæ propositum conniti pertinaciter renuerunt, non immerito, juxta evangelicum judicium, regnum Dei ab eis ablatum; et fructus ejus facientibus datum est. Vestra itaque interest, filii in Christo charissimi, apostolicæ sedis liberalitati [*ed.*, libertati] et gratiæ dignis actionibus respondere, regu-

---

(15) Forte in concilio Santonensi, quod an. 1081 ab Amato celebratum fuit, vel eo quod ibidem anno 1089 celebratum tradit chronographus Malleacensis.

(15*) Eadem ecclesia clericis quoque regularibus data fuerat; sed vi litterarum istarum ejecti postmodum fuere clerici, institutique S. Cypriani monachi. Qua de re gravem Ivo Carnotensis detulit querelam ad Petrum Pictaviensem episc., epist. 36, in qua laudatis Urbani papæ litteris, eas monachorum causæ patrocinari non debere contendit. Ait enim : « Nec satis tuentur vestram fraternitatem litteræ domni papæ quibus dictandis a latere [*legendum* Alatri] interfuimus, quæ confirmant abbati S. Cypriani jus illud prædictæ ecclesiæ, quod se habere dicebat ex legitima concessione quorumdam monachorum, qui (ut audivimus) quietam possessionem

---

A laris disciplinæ ordini sollicite insudare, ut quanto a sæcularibus tumultibus liberiores estis, tanto amplius placere Deo totius mentis et animæ virtutibus anheletis. Si quis vero regularium, sacerdotum, judicum atque sæcularium persona hanc meæ constitutionis paginam agnoscens, contra eam, etc.

Datum.... per manus Joannis sanctæ Romanæ Ecclesiæ diaconi card., XVI Kal. Novembris, indictione prima, anno Dominicæ Incarnationis 1095 pontificatus autem Urbani papæ II anno VI.

LXXXVIII.

Urbani II papæ epistola ad Raynaldum abbatem S. Cypriani Pictaviensis. — Quidquid juris et canonicæ potestatis acquisierat in ecclesiam Sanctæ Crucis apud Englam, eidem concedit, et apostolica auctoritate confirmat.

(Anno 1095.)

[D. Bouquet, *Recueil*, t. XIV, p. 696.]

Urbanus episcopus, servus servorum Dei, dilecto in Christo filio R... [Raynaldo] abbati B. Cypriani, salutem et apostolicam benedictionem.

Ex nostri officii debito commonemur servorum Dei quieti prospicere, ut a sæcularibus tumultibus separati, omnipotentis Dei servitiis valeant liberius insudare. Ea propter nos tuis precibus, fili in Christo charissime Raynalde, annuimus. Quidquid enim juris, quidquid canonicæ potestatis in ecclesia Sanctæ Crucis apud Englam vel ex concessione eorum quorum antea juris fuit (15*), vel episcopali traditione vestro cœnobio concessum est, nos quoque concedimus, et præsentiarum litterarum auctoritate firmamus.

Data apud oppidum Alatri, IV Nonas Novembris.

LXXXIX.

Urbani II papæ epistola ad episcopos et abbates Aquitaniæ, Guasconiæ et inferioris Burgundiæ. — Ut ad comparandam apostolicæ sedis libertatem pecuniarum subsidia corrogari faciant, et ad se transmitti per manus Rajnaldi abbatis S. Cypriani Pictaviensis.

(Anno 1095.)

[D. Bouquet, *Recueil*, tom. XIV, p. 697.]

Urbanus episcopus, servus servorum Dei, charissimis fratribus, episcopis, abbatibus per Aquitaniam, Guasconiam et inferiorem Burgundiam constitutis, salutem et apostolicam benedictionem.

Dilectissimus ac familiaris noster filius R. [Rai-

clericorum approbant, monachorum vero S. Cypriani intrusionem prorsus improbant. Ad hoc enim prædictus abbas modis omnibus nitebatur, ut prædictæ ecclesiæ prioratus ei a domno papa concederetur; quod domnus papa, nobis reclamantibus et libertatem clericorum pro posse nostro defendentibus, facere noluit, præcavens (sicut ipse dicebat) ne sub hac occasione prædictus abbas clericos molitetur excludere, et monachos suos introducere. Clericorum autem ordini publicam infertis injuriam, qui monachorum ordinem ea tam ruinosam superbiam erigitis, ut clericos eis subjugare studeatis; quorum tanta debet esse excellentia ut, secundum B. Augustinum, *vix etiam bonus monachus bonum clericum faciat*, » etc.

naldus] monasterii B. Cypriani abbas, nobiscum aliquandiu commoratus, et oppressionem quam Ecclesia Romana patitur, et consolationem quam in proximo [*al.*, in Christo] sperat, diligenter intuitus est. Per ipsum itaque charitatis vestræ sollicitudinem admonemus, et beatorum apostolorum Petri et Pauli vice deposcimus, ut circa vestrum omnium matrem sanctam Romanam Ecclesiam debito vigore conferveat. De omnipotentis siquidem Dei miserationibus per sanctorum apostolorum merita orationesque confidimus, quod in proximo (16) apostolicæ sedis libertas restituetur, et per eam cæteris per orbem Ecclesiis diu optata tranquillitas reparabitur. Studeat ergo unusquisque vestrum præsentibus ejus laboribus pro data sibi divinitus facultate succurrere, et quod, aspirante Deo, corde hilari destinaverit, per fidelem ministrum latorem præsentium dirigere non cunctetur, ita tamen ut quod quisque contulerit, ascriptio sui nominis titulo nostræ notitiæ repræsentet; quod si forte charitatis vestræ viscera circa sedem apostolicam effundere debita devotione neglexeritis, id saltem quod ex censu annuo Lateranensi palatio vos debere cognoscetis, latori præsentium reddere, et per eum nobis transmittere nullo modo detrectetis. Si qui vero abbatum tuam beato Petro justitiam restituere aliqua occasione renuerint, confratres episcopi hoc sibi hac nostra noverint auctoritate injunctum, et per ipsos quod reddendum est reddere compellantur; obedientes vero monitis nostris misericordia divina custodiat.

Data iv Nonas Septembris.

XC.

Urbani II papæ epistola ad Raynaldum abbatem S. Cypriani Pictaviensis. — Curam ei demandat colligendæ pecuniæ in subsidium Romanæ Ecclesiæ.

(Anno 1093.)

[Dom Bouquet, *Recueil*, t. XIV, p. 697.]

Urbanus episcopus, servus servorum Dei, charissimo filio Raynaldo (16*), abbati S. Cypriani, salutem et apostolicam benedictionem.

De religione tua et prudentia confidentes, apostoli Pauli obedientiæ dilectioni tuæ injungimus, ut, sicut de ministerio quod fiebat in sanctos qui Hierosolymis habitabant, gentiles Paulus quos Deo operante converterat admonebat, ita tu quoque episcopis atque proceribus cæterisque catholicis terræ vestræ fideliter devotus insistas, quatenus pauperum Romanæ Ecclesiæ memores sint, eorumque inopiam sua abundantia supplere non negligant. Ad quod exsequendum charissimum filium nostrum G. (17) abbatem S. Sabini laboris tui comitem esse constituimus, ut maturatius valeatis pressurarum nostrarum angustiis subvenire. Quod igitur quisque corde suo destinaverit, alacriter beatis apostolis Petro et Paulo offerat; et prænotatis nominibus suis apud vos collationem deponant, quatenus per vos eorum charitas Romanæ Ecclesiæ innotescat, ut et Romana Ecclesia in suis eos debeat necessitatibus velut pios et honorabiles viros exaudire. Ita igitur studete in minimo, quatenus elucescat quod de vobis debeamus etiam in maximis mox sperare. Præterea vobis injungimus ut cœnobiorum quæ nostri juris sunt, specialiter censum (18) exigatis instanter.

XCI.

Urbanus II canonicis regularibus S. Quintini Bellovacensis bullam tribuit.

(Anno 1093.)

[Ruinart in *Vita Urbani.* Mab. et Ruinart, *Ouvr. posth.*, III, 139-140.]

XCII.

Item monasterio Burguliensi.

(Anno 1093.)

[Ruinart *ubi supra*, p. 140.]

XCIII.

Syracusana Ecclesia, a Rogerio comite ejectis Agarenis, confirmatur, indicta pœna excommunicationis contra eam quomodolibet perturbantes.

(Anno 1093.)

[Cocquelines, *Bullar. Collect.*, II, 77.]

Urbanus episcopus, servus servorum Dei, dilecto fratri Rogerio, Syracusanæ civitatis episcopo ejusque successoribus canonice promovendis in episcopatu.

Universis fere per orbem Christianorum populis notum esse credimus Siciliæ insulam, multis quondam et nobilibus illustratam Ecclesiis, opibusque et populo copiosam, multorumque religione effulsisse virorum, et quarumdam sanctissimarum martyrum et virginum claruisse martyrio. Verum, peccatis exigentibus, tanta species rerum tantaque probitas morum ad nihilum subito redacta est; effera etenim Saracenorum gens, præfatam insulam ingressa, quoscunque ibi Christianæ fidei cultores reperit alios gladio peremit, quosdam exsilio deputavit, plures miserabili servitute oppressit, sicque Christiana religio per ccc fere annos a Dei sui cultura cessavit. Dominator autem rerum omnium Deus, cujus sapientia et fortitudo, quando vult, regnum

---

(16) Quod scilicet recuperandæ Romanæ et Lateranensis palatii ubi Guibertini præsidia sua locarant, spes aliqua effulgeret : cujus rei gratia multam pecuniæ vim expendit Urbanus.

(16*) Rainaldo de quo Gaufridus Grossus in Vita B. Bernardi Tiron. abbatis : « Est autem ab hac civitate (Pictaviensi) non longe positum S. Cypriani monasterium, quod eo tempore regebat abbas quidam, cui vocabulum Raynaudus, vir apprime litteris eruditus, tanta sapientia præditus ut in publicis conciliis causarum perorator esset elegantissimus. Cujus rei gratia in Romana etiam curia bene notus et acceptus erat, et in Aquitania famosissimus habebatur. »

(17) Gervasium, qui tum in S. Cypriani monasterio vitam agebat, *vir summæ abstinentiæ, omniumque virtutum ornamento præclarus*, inquit Gaufridus ibidem. Quem tamen acriter reprehendit Amatus A. S. legatus.

(18) Pleraque monasteria quæ juris erant apostolicæ sedis, seu quæ privilegio exemptionis potiebantur, censum unius unciæ auri, vel etiam quinque solidorum, quotannis pendere tenebantur Romanæ Ecclesiæ.

transfert, et mutat tempora, quemadmodum ex occidentis partibus militem Rogerium, scilicet virum et consilio optimum, et bello strenuissimum, ad eamdem insulam transtulit, qui multo labore, frequentibus præliis, et crebris suorum militum cæde et sanguinis effusione regionem prædictam a servitute gentilium opitulante Domino liberavit. Syracusanam itaque Ecclesiam novissime restaurans, venerabilem filium nostrum Rogerium Traginensis Ecclesiæ decanum, consilio episcoporum illius provinciæ, pontificem Syracusæ elegit Ecclesiæ, nostrisque obtulit manibus consecrandum. Illius igitur piæ devotionis affectum sacerdotali studio prosequentes, ejusque justis petitionibus annuentes, Syracusanam Ecclesiam cui, Deo auctore, Rogeri frater in Christo venerabilis, præsides, tibi tuisque successoribus regendam, disponendam et largiente Domino propagandam præsentis privilegii auctoritate concedimus et confirmamus. Quæcunque igitur a prædicto filio nostro Rogerio comite eidem ecclesiæ concessa sunt, infra hos terminos adjacentia : a castro videlicet Limpiados usque ad flumen Salsum, ubi in mare defluit, sicut ostendit supra intra divisiones castri Joannis Anaor; indeque tendens ad Mauraneum ascendit ad flumen de Cathaelfar, et vadit inde ad Pontem Ferreum, tendens Heutbachayn, quod vadit in flumen de Paternione Natenius; et sic hoc flumen currit Visam cadens in mare, inde per maritimam usque Syracusam, Syracusa usque ad castrum Limpiados quod est Caltha, ubi cœpit hæc divisio ; infra quas divisiones Syracusa est cum omnibus pertinentiis suis Lentina, Nota, Pantegra, Cassibula, Bizinias, Ess'na, Calthæalphar, Lespera, Isbarbia, Modica, Sclicla, Anaor, Ragusa, Botera cum omnibus eorum pertinentiis, et alia castella et casalia quæ infra prædictos terminos, ædificata sunt vel ædificabuntur. Et quidquid deinceps eidem ecclesiæ juste a quocunque concessum fuerit, firma tibi tuisque successoribus, et illibata manere, præsentis decreti pagina decernimus, et sancimus ut ex iis omnibus ecclesiis decimas, et consuetudines ecclesiasticas perpetuo habeatis, jura pontificalia.

Statuimus ut nulli omnino hominum liceat prædictam Ecclesiam temere perturbare, vel temerariis vexationibus fatigare, sed omnia, sicut superius designata sunt, immota perpetuo conserventur et integra. Tu autem, frater in Christo charissime, commissum tibi officium debita sollicitudine attende; cura in conspectu Dei esse quod diceris, luceat lux tua, ut non credentes tuis bonis exemplis et assiduis exhortationibus ad Dominum convertantur, et credentes Deum Patrem, qui in cœlis est, glorificent. Si quis vero sacerdotum, regum, principum, ducum, comitum, judicum, aut quorumlibet sæcularium, hanc nostræ confirmationis paginam sciens, contra eam temere venire tentaverit, secundo tertiove commonitus, si non satisfactione congrua emendaverit, potestatis honorisque sui dignitate careat, et a sacratissimo corpore et sanguine Dei et Domini Redemptoris nostri Jesu Christi alienus fiat, atque in extremo examine districtæ ultioni subjaceat. Cunctis autem eidem Ecclesiæ justa servantibus sit pax Domini nostri Jesu Christi, quatenus et hic fructum bonæ actionis percipiant, et apud districtum Judicem æternæ pacis præmium inveniant. Amen, amen, amen.

Datum Anagniæ per manus Joannis sanctæ Romanæ Ecclesiæ diaconi cardinalis, Kal. Decembris indict. I, anno Dominicæ Incarn. 1093, pontificatus autem domini PP. Urbani secundi anno VI.

XCIV.

Urbanus II congregationi monasterii Vindocinensis scribit relatum sibi esse episcopum Carnotensem (Ivonem) a Gaufrido, eorum abbate, « in consecratione professionem extorsisse. » Hanc professionem rescindit, ac, « ne abbas monasterii eorum deinceps episcopo professionem faciat » præcipit.

(Anno 1093.)

[Opp. Godefridi Vindocin., edit. Sirmond., in-12, p. 87.]

URBANUS episcopus, servus servorum Dei, venerabili congregationi Vindocinensis monasterii salutem et apostolicam benedictionem.

Relatum nobis est quod Carnotensis episcopus a charissimo filio nostro Gaufrido vestro abbate in consecratione quam accepit ab eo professionem extorserit. Quam quia contra Romanæ Ecclesiæ auctoritatem factam agnovimus, abbati quidem nos misericorditer hujusmodi noxam indulsisse noveritis. Professionem vero ipsam ita annullamus, ut nullas penitus vires obtineat. Insuper etiam, ne abbas monasterii vestri deinceps episcopo professionem faciat, et nostræ auctoritatis privilegio firmatum est, et præsentibus litteris prohibemus. Si quis autem in posterum contra hæc venire tentaverit, a sanctæ ecclesiæ liminibus arceatur, et maneat excommunicatus, donec resipiscat, et Romanæ Ecclesiæ satisfaciat.

Datum Romæ VIII Kal. Decembris.

XCV.

Urbani II epistola ad Rainaldum archiepiscopum Remensem. — Monet ne Cameracensibus Ecclesiam Atrebatensem ad se vindicantibus aurem præbeat.

(Anno 1093.)

[MANSI, Concil. XX, 672.]

URBANUS episcopus, servus servorum Dei, dilecto fratri et coepiscopo RAINALDO Remensi, salutem et apostolicam benedictionem.

Decuerat fraternitatis tuæ prudentiam ad reparandam dignitatem commissæ tibi Ecclesiæ diligentius insudare. Miramur ergo quod nunc quoque Cameracensium injustis clamoribus aures inclines, ut eis Atrebatensis subjiciatur Ecclesia, cum constet eos ipsum quoque Ecclesiæ suæ clericum quem secundum litterarum vestrarum tenorem sibi unanimiter elegerunt, non nisi per manum excommunicati et hæretici velle suscipere. Propter quod solum debitæ etiam dignitatis merentur detrimenta perferre. Illud autem nullomodo verearis, ut sub hac occasione suum in Cameracensi Ecclesia jus metropolis Remensis amittat. Quisquis enim illic nisi per Remensem archiepiscopum præsumpserit ordinari, una cum ordinatore suo districtionis apostolicæ gladio ferietur. Quamobrem tuam sollicitudinem expedit vigilanter insistere ut utraque Ecclesia cardinali non destituatur episcopo, nisi forte Cameracenses privilegium Romanæ auctoritatis ostenderint, quod eis Atrebatensem subdat Ecclesiam. Unde, frater, virtus tua eos præmonere procuret, quatenus in proxima Quadragesima cum Atrebatenses pro electi sui confirmatione ad nos venerint, ipsi quoque cum Ecclesiæ suæ auctoritatibus nostræ se audientiæ repræsentent. Porro electionem quam de communi filio Manasse eos generaliter fecisse significasti, collaudamus et confirmamus, nisi quælibet talia obvient quæ sanctis debeant canonibus coerceri. Quod ut ad effectum veniat, Cameracenses ipsos a sacramento illo temerario parati sumus absolvere, si tamen et ipsi electum suum recipere, et de temeritate illa parati fuerint secundum tuum consilium pœnitentiam exhibere. Alioqui datam in eos fraternitati tuæ interdictionis sententiam confirmamus.

XCVI.

Urbanus papa super Arragonum regem, qui neptem suam cuidam militi se daturum sub fidei promissione firmaverat, canonicum profert capitulum.

(Intra an. 1088-94.)
[Mansi, *Concil.* XX, 713.]

De neptis tuæ conjugio, quam te cuidam daturum necessitatis instante articulo sub fidei pollicitatione firmasti, hoc æquitate dictante decernimus, ut si illa virum, ut dicitur, omnino renuit, et in eadem voluntatis auctoritate persistit, ut viro illo prorsus se deneget nupturam, nequaquam eam invitam et renitentem ejusdem viri cogas conjugio sociari; quorum enim unum corpus est, debet esse et animus, ne forte cum viro alii invita fuerit copulata contra Domini apostolique præceptum, aut reatum dissidii, aut crimen fornicationis incurrat. Cujus videlicet peccati malum in eum redundare constet, qui eam conjunxit invitam.

XCVII.

Urbani II epistola ad abbatem S. Joannis de Pinna. — Præcipit ne decimas quasdam canonicis ecclesiæ S. Saturnini Tolosanæ auferat.

(Intra an. 1088-94.)
[Baluz., *Miscell.*, edit. Luc., II, 180.]

Urbanus episcopus, servus servorum Dei, abbati Sancti Joannis de Pinna, salutem et apostolicam benedictionem.

Clamor canonicorum Sancti Saturnini de injuria quam a te patiuntur jam ad nos rediit, non longitudine itineris, non asperitate remansit laboris. Pampilonensis episcopus, vitæ venerabilis vir ac religiosus, dedit eis in episcopatu suo quamdam ecclesiam, cui tu aufers maximam partem decimarum contra jus et contra voluntatem prædicti episcopi et contra voluntatem et diffinitionem, ut aiunt, abbatis Favel Poncii. Asserit enim Hugo de Conchis, noster clericus in Romana Ecclesia satis dilectus, quod abbas prænominatus, causa utriusque audita, pacem inter te et Hugonem composuit, et quod partem illam decimarum unde lis erat inter vos canonici Beati Saturnini haberent judicavit ac laudavit. Hanc pacem retinendo decimas eorum rupisti. Litteris abbatis tui monentibus ut emendares non obedisti. Quapropter monemus te et per obedientiam præcipimus ut prædictas decimas canonicis Beati Saturnini deinceps non auferas, et eis judicio Pampilonensis episcopi de illis quas retinuisti satisfacias. Quod si infra triginta dies postquam litteras has videris, non emendaveris, confratrem nostrum Pampilonensem episcopum monemus ut vice nostra ita te et monachos tuos constringat ne vinculum anathematis quod in privilegiis Beati Saturnini firmatum est, vos incurrere permittat, atque ne amplius querimonia ad aures nostras redeat. Regem Sancium charissimum amicum nostrum ex nostra parte saluta, et comitissam sororem ejus.

XCVIII.

Urbani papæ epistola ad Villelmum archiepiscopum Rothomagensem et canonicos S. Mellonis de Ponte Isaræ et habitatores ejusdem castri. — Præcipit « ne prohibeant monachos Beccenses pulsare signa sua ad horas secundum ordinem suum. »

(Anno 1094.)
[Mansi, *Concil.* XX, 701.]

Urbanus episcopus, servus servorum Dei, Willelmo dilecto fratri Rothomagensi archiepiscopo et canonicis Sancti Mellonis de Ponte Isaræ et habitatoribus ejusdem castri salutem et apostolicam benedictionem.

Significatum nobis est quia prohibetis monachos Beccenses qui sunt in ecclesia Sancti Petri de Ponte Isaræ pulsare signa sua ad horas secundum ordinem suum. Quod, nisi vobis parceremus, quam religiosum et inhumanum sit, et de qua radice procedat, detegeremus. Paterna igitur monitione et præsenti auctoritate præcipimus ne ulterius hanc prohibitionem faciatis aut fieri permittatis, sed illos secundum ordinem monachicum et signa pulsare et per omnia ordinem suum servare absque omni impedimento concedatis.

Data trans Tiberim III Kal. Augusti.

XCIX.

Bulla Urbani II papæ, qua donationem a Mathilda comitissa factam monasterio S. Blasii confirmat.

(Anno 1094.)
[Gerbert, *Cod. diplom. Silvæ Nigræ*, t. III, p. 33, ex archiv. S. Blasii.]

Urbanus episcopus, servus servorum Dei, universis per Sueviam fidelibus, salutem et apostolicam benedictionem.

Sicut irrationabilia poscentibus negari debet assensus, sic justa petentium votis benigna debemus assensione concurrere. Idcirco charissimæ filiæ nostræ Mathildæ (19) comitissæ devotioni duximus annuendum. In pago namque Spirensi juris sui prædium, quod Titensheim (20) dicitur, pro salute suæ animæ in B. Blasii monasterium, quod in Suevia situm est, et nonnulla alia obtulit, quæ nostra postulat auctoritate firmari. Nos igitur præsentis decreti auctoritate sancimus ut tam præfatum prædium quam cætera omnia, quæ comitissa eadem Beato Blasio obtulit, integra semper et illibata permaneant servorum Dei, pro quorum sustentatione ac gubernatione concessa sunt, usibus omnimodis profutura. Nulli omnino hominum liceat præfato monasterio illa subtrahere vel minuere, vel quasi piis de causis suis usibus applicare. Si quis vero, quod absit, huic nostro decreto in perpetuum mansuro contraire tentaverit, anathemate feriatur, et honoris atque officii sui periculum patiatur, nisi præsumptionem suam digna satisfactione correxerit. Observantibus autem hæc pax a Domino et misericordia perenniter conservetur. Amen.

Data Romæ vııı Idus Februarii, indictione ııı, per manum Joannis sanctæ Romanæ Ecclesiæ diaconi cardinalis, anno Dominicæ Incarnationis 1093, pontificatus vero domni Urbani II papæ anno sexto.

C.
Urbani II epistola ad Saxones catholicos. — Nuntiat se Halberstadensem electum consecrasse, neglecto Moguntino metropolitano ob schisma.
(Anno 1094).
[MANSI, *Concil.* XX, 710].

URBANUS episcopus, servus servorum Dei, dilectis fratribus N. Magdeburgensi archiepiscopo et N. Virdunensi episcopo, et cæteris episcopis et abbatibus Saxoniæ in catholica fide persistentibus salutem et apostolicam benedictionem.

Qualiter in Halberstadensi ecclesia venerabilis frater noster H. [HERVAUDUS] cui nos Stephani nomen imposuimus, jam dudum electus fuerit, quemadmodum dolis, et blanditiis, minis ac terroribus ab eadem Ecclesia sit exturbatus, prudentiam vestram latere non credimus. Respexit tamen populum suum miserationis supremæ dignatio cum eumdem electum ad sanctorum apostolorum limina et ad nostram præsentiam adduxit, et quia in metropolitana Moguntinæ Ecclesiæ sede pro tanta schismaticorum tempestate ordinari non poterat, cum in ipsa catholicorum omnium matris Romanæ Ecclesiæ sede consecrari concessit. Cum vero venisset ad nos, quibus licet indignis, apostolorum principis vice ac loco cunctarum per orbem Ecclesiarum cura ac dispositio cernitur imminere, ipsius electionem justam atque canonicam cognoscentes, præsentisque temporis necessitatem considerantes,

(19) Mathildis hæc alia haud est quam celebris Tusciæ comitissa, tum in vivis adhuc degens, quæ ex hæreditate materna, seu ex primo cum duce Lotharingiæ connubio, nonnulla adhuc bona in illo terrarum tractu habuit.
(20) Locus hic in pago Spirensi in Paulini pagis Germaniæ dicitur *Didinesheim*, hodie *Deydesheim*.
(21) Neci tradito ob catholicæ partis defensionem

communicato confratrum nostrorum episcoporum et cardinalium ac nobilium Romanorum consilio, eum annuente Domino consecravimus. Oportuit siquidem nos pro commissi nobis servitute officii tam diutinam ejusdem ecclesiæ desolationem attendere et tot animarum saluti largiente Domino providere. Hunc itaque nostri laboris socium cum litterarum præsentium commendatione remittimus, obsecrantes pro Christo, atque præcipientes ut ad evellendas Dominici agri sentes communi consilio et auxilio insudemus. Nulla vos dissimulatio retrahat, nulla segnities impediat, quin ipsum ad recuperandam ecclesiæ suæ sedem viriliter adjuvetis, et ei resistentes tam clericos quam laicos potentia vestra coercere curetis. Illum nimirum qui se in Halberstadensem Ecclesiam post canonicam hujus electionem præsumptuose et irreverenter ingessit, nos eum pro personæ inutilitate, tum Ecclesiæ ipsius necessitate ab usurpatione indebita per præsentis decreti paginam sequestramus, et omnes qui ei sacramento astricti sunt quantum ad episcopatus honorem a vinculo ipsius fidelitatis absolvimus. In illis sane partibus, catholici non habentur parochiis episcopi, unde si quid ex abundantiori apostolicæ gratiæ et nostræ auctoritatis plenitudine disposuerit, ratum habetote, ipsum et divinorum et sæcularium negotiorum consiliis socium adhibete. Ita contra eum vos in omnibus agite, ut et nos pro eo vobis gratias debeamus, et catholicæ veritatis lumen contra unumquemque resplendeat. Fraternitatem vestram superna dignatio per tempora multa servet incolumem.

Data Romæ vııı Idus Februarii.

CI.
* *Urbanus II omnibus per Saxoniam Ecclesiæ catholicæ filiis significat He[rrandum] episcopum Halberstadensem consecratum a se esse. Cui ut obediant præcipit. Omnes ab invasoris fidelitate solvit. (Ad consecrationem Herrandi referenda hæc verba sunt: ‹ Actum Romæ in ecclesia S. Mariæ quæ dicitur Nova, ıv Kal. Febr. [Dominico die 29 Jan.], anno Dom. Inc. 1093, pont. an vı). ›*
(Anno 1094).
[WEDEKIND, *Noten zu einigen Geschichtschreibern des deutschen Mittelalters. — Hamburg* 1823, in-8°, III, 293, teste Jaffé *Regesta pontif. Rom.*, p. 459].

CII.
Urbani II epistola ad clerum et populum Halberstadensem. — Laudat quod episcopo in schisma delapso alium loco ejus elegerint, quam electionem approbat (21).
(Anno 1094).
[MANSI, *Concil.* XX, 708].

URBANUS episcopus, servus servorum Dei, dilectis Burchardo II, Halberstadensi episcopo, anno 1088, Thietmarum diaconum pars catholica elegit; sed eo veneni propinatione a schismaticis haud diu post exstincto, in eamdem cathedram assumitur Hervaudus, qui et Stephanus abbas Ilsineburgensis; quem in hac epistola respicere Urbanum censeo. Hæc desumpsi ex Annalista Saxone Eccardi.

filiis, clero ac populo Halberstadensi, salutem et apostolicam benedictionem.

Non exigua salutis vestræ jactura perpenditur quod tandiu Ecclesia vestra pastoris est solatio destituta. Venerabilis siquidem frater noster, quem communi consensu secundum sanctorum canonum scita in pontificem vobis elegeratis, schismaticorum vi cogente, partim dolis et blanditiis, partim terroribus et minis, a vestra est Ecclesia contra sanctiones canonicas et consuetudines ecclesiasticas conturbatus. Neque vero licuit susceptam semel juste et canonice pro apostolicæ sedis licentia vel permissione deserere. Respexit tamen vos supernæ miserationis dignatio, cum eum ad sanctorum apostolorum limina, et ad præsentiam nostram venire concessit. Nos igitur, quibus, licet indignis, pro apostolorum principis vice ac loco cunctarum per orbem terrarum cura ac dispositio cernitur imminere, ipsius electionem justam atque canonicam cognoscentes præsentisque temporis necessitatem, quod a Moguntina sede accipere consecrationem in tanta schismaticorum tempestate non posset, considerantes, eum in prima primorum apostolorum principis sede, annuente Domino consecravimus, consecratum ad vos cum præsentium litterarum commendatione remittimus. Vos itaque antiquæ fidei et obedientiæ memores tanto eum devotius illic usque suscipite, quanto amplius vos vestræ salutis et fidei vestræ apostolicæ Ecclesiæ debitores esse cognoscitis. Sanctæ siquidem memoriæ, noster in sede apostolica prædecessor Gregorius II primum vestræ gentis archiepiscopum beatum Bonifacium pallio donans, et vicis suæ auctoritatis corroborans vestræ ecclesias instruxit religionis. Et nos igitur diuturnam vestræ Ecclesiæ desolationem pro nostri officii debito perpendentes, hunc ad vos salutis vestræ dirigimus instructorem. Quem vos eo reverentius suscipere et obedientius convenit exaudire, quo eum ab ipso fidei et salutis vestræ fonte conspicitis destinatum. Omnis autem qui eum ut pastorem suum debito honore atque affectione tractaverit, nos omnipotentis Dei et apostolorum ejus donamus benedictione; qui vero huic constitutioni nostræ obviam ire tentaverit, clericos quidem a clericatus officio removemus; laicis autem gratiæ apostolicæ consortium interdicimus. Illum nimirum, qui se in vestram Ecclesiam post hujus catholici pastoris electionem præsumptuose, ac irreverenter ingessit, nos cum pro personæ inutilitate, tum pro vestræ Ecclesiæ necessitate ab usurpatione indebita per præsentis decreti paginam omnibus modis sequestramus, et omnes qui ei sacramento adstricti sunt, quatenus ad episcopatus honorem ab ejus fidelitate absolvimus. Hunc ergo, dilectissimi in Christo filii, tanquam angelum Domini et catholicæ fidei legatum excipite, huic tam in divinorum quam in sæcularium negotiorum con-

siliis obedite. Sane quæ catholicorum in vestris partibus episcoporum magna est raritas, si, quid et in alienis parochiis disposuerit, ex abundantiori apostolicæ gratiæ, et nostræ auctoritatis disposuerit plenitudine, ratum inconvulsumque permaneat. Omnipotens Dominus apostolorum suorum meritis vos a peccatis absolvat, et æternæ vitæ consortes efficiat.

CIII.

Urbani II epistola ad Fulconem episcopum Belvacensem. — Multa et gravia recenset capitula quibus accusabatur. Præcipit ut purgandi sui causa aut ad [Rainaldum] archiepiscopum Remensem aut ad sese accedat.

(Anno 1094.)

[Dom Bouquet, *Recueil*, XIV, 706.]

Urbanus episcopus, servus servorum Dei, dilecto fratri Fulconi, Belvacensi episcopo, salutem.

Multa et gravia adversus fraternitatem tuam ad nos pervenere capitula, unde satis mirari non sufficimus et graviter condolemus. Nos enim cum pro tua egregia indole, tum pro monastici ordinis disciplina, non minimam de te confidentiam gessimus, quod eruditionis præteritæ regula simplicitatem tuam a sæcularium negotiorum pravitatibus cohibet. Nunc autem, contra opinionem nostram, nonnulla audivimus sacerdotalis ordinis puritati valde contraria. Diceris enim (quod absit!) homicidiis et hominum proditionibus commisceri. Commissæ namque Ecclesiæ tuæ clerici conqueruntur, quod Hubertum, Silvanectensis episcopi (22) fratrem, infra treugam Domini pro exspoliatione pecuniæ in vincula conjeceris, et ipsius bona, effractis domibus, diripueris, tandem regiæ tradideris captioni: Quamobrem Belvacensis Ecclesia jam diu destituta officiis ingemiscit quod nequam excommunicationibus variis te inimisceri clamitant; quod anathemia regni vestri episcopis pro communi pace sancitum parvipendis, et a Parisiensi Ecclesia excommunicatum in communionem recipis, atque ipsius apostolicæ memoriæ prædecessoris nostri Gregorii de Odoni castellani rebus, præsente prædecessore tuo Guidone, confirmatum temerarius infregisti. Multas enim de eadem castellania per te sibi illatas injurias idem Odo conqueritur. Tuo enim instinctu, sui servi ac servientes eum ante domum propriam sunt aggressi; et cum homicidium et proditionem perfecisse non possent, apud te facinoris sui tutamen sunt adepti. Euntem etiam ad conjugem deducendam frater (23) tuus et milites insidiis circumvenire moliti sunt; sed spe frustrata, quia alia iste via regressus est, te tutorem, te patronum tantæ nequitiæ habuerunt. Sexto præterea ante nativitatem Dominicam die, domus ejus fores obsideri fecisti; et quia ibi tunc capi interficique non potuit, urbis etiam portas, ne egredi posset, observari usque in diei alterius meridiem præcepisti, portarum claves, quas ipse ex more

---

(22) Erat tunc Silvanectensis episcopus Ursio.
(23) Lancelinus, Domini Martini (*Dammartin*) comes.

tenuerat, ademisti; Ancelbertum ejus famulum, et Isabellam famuli conjugem, ipsius ancillam, ac Helinandum Isabellæ fratrem, qui eum tibi prodere conati sunt, cum hæredibus suis violenter ab eo liberos et immunes fieri compulisti; capellanum ipsius, qui proditionem ejus meditatus fuerat, tuis subsidiis foves, tuo munimine quasi insontem protegis. Nunc igitur præsentium tibi litterarum auctoritate præcipimus, ut, visis his litteris, infra quindecim dies suos ei servos in propriam restituas potestatem. Nullum enim invitis dominis liberum fieri et regalibus et canonicis provisum est institutis. Quod si pro eisdem servis abbas S. Petri de Dimegio (*f. Jumiége*), cui eos captiose subdidisti, adversus hunc agere voluerit, coram Remensi archiepiscopo agant, ut cum ante hic amissa possessione maneat investitus; vinum et quod ejus domo diripuisti, et cætera quæ injuste sibi ablata probaverit, vel ipsa, vel quod tantumdem valeat, infra præscriptum terminum restituenda censemus, et Ecclesiæ ostium rescrandum, quod ejus odio seris et lapidibus obstruxisti. Capellani vero supradicti causa coram archiepiscopo Remensi convenienti tempore pertractetur : de quo interim te sollicitum esse convenit, ne judicium subterfugiens alio secedat, et quibus liber est cis inimicus adhæreat. Post rerum autem suarum restitutionem, infra dies quindecim confratri nostro Remensi archiepiscopo te omnino præsentare curato, et de clericorum querelis et hujus injuriis juxta ejus judicium satisfacturus, nisi forte eum tanta infirmitas impediverit ut hujusmodi negotium diffinire non possit. Quod si forte contigerit, nos te infra trium mensium spatium ad nostram audientiam invitamus. Cæterum si utrumque neglexeris, et hujusmodi flagitiis tuam cognoscis conscientiam coinquinatam, a sacerdotali te convenit officio abstinere. Porro illud te expedit sollicite meminisse quod in manus nostras, cum te in episcopalis officii plenitudinem restituimus, promisisti, quod videlicet quandoque tibi a nobis præceptum fuerit, ab episcopali sis officio cessaturus. Ita ergo præterita corrige, et futura præcave, ne quod sponte pollicitus es, invitus quoque (quod absit!) implere cogaris.

Datum vi Kal. Martii.

CIV.

Urbani II papæ epistola ad clerum populumque Bellovacensem. — Castellaniam Odoni militi a sese assertam nuntiat.

(Anno 1094.)

[BOUQUET, *Recueil*, tom. II, p. 707.]

URBANUS episcopus, servus servorum Dei, dilectis filiis clero et populo Belvacensi, salutem et apostolicam benedictionem.

Ex apostolicæ memoriæ Gregorii prædecessoris nostri litteris novimus discordiam quamdam et litem de castellania inter Guidonem, vestræ civitatis episcopum, et Odonem castellanum fuisse promotam, quæ videlicet lis in conspectu ejusdem apostolici consummata est. Guido enim episcopus in manu ejusdem militis, quæ in querimoniam venerant universa restituit : quod ipsum domnus apostolicus sua auctoritate firmavit, constituens ut, si quis eam inturbaret definitionem, et Odonis Castellani res per vim obtineret, et ipse et ipsius fautores excommunicati habeantur, et dum in urbe vel in castro fuerint, divinum illic non celebretur officium, donec ad satisfactionem redeant. Et nos quoque sub eadem excommunicatione eamdem castellaniam prædicto militi et ejus hæredibus confirmamus, nisi forte quid commiserit propter quod castellaniam amittere in Remensis episcopi vel Romani pontificis præsentia judicetur.

Datum Romæ, etc.

CV.

⁎ Urbanus II monasterii Vindocinensis jura et possessiones confirmat.

(Anno 1094.)

[RUINART in *Vita Urbani*. — MAB. et RUINART *Ouvr. posth.*, III, 151.]

CVI.

Urbani II epistola ad Lambertum Atrebatensem episcopum, sive privilegium Atrebatensis Ecclesiæ.

(Anno 1094.)

[MANSI, *Concil.*, XX, 668.]

URBANUS episcopus, servus servorum Dei, dilecto in Christo fratri LAMBERTO Atrebatensi episcopo nostris manibus consecrato, ejusque successoribus canonice substituendis in perpetuum.

Liquet sanctorum canonum institutis integram esse provinciam, et metropolitanum proprium debere sortiri, quæ duodecim constat episcopatibus. Secundam igitur Belgicam constat integritatem provinciæ obtinere, quæ duodecim quondam scitur episcopos habuisse, et Remensem Ecclesiam jure metropolitanam haberi, quæ tot soleat suffraganeis eminere. Cæterum peccatis exigentibus accolarum, cum irruentibus barbaris urbes quædam detritæ sunt, duodecimus ille numerus imminutus est. Inter quas Atrebatensis nobilis quondam et populosa civitas, quæ per B. Remigium episc. Vedastum obtinuit, post nonnullorum antistitum obitum episcopalis cathedræ perdidit dignitatem, et per nonnulla tempora Cameracensi episcopo subdita obedivit. Porro nostris temporibus supernæ miserationis respectu prædicta civitas in ejusmodi statum reducta est, ut et populi frequentia et divitiarum abundantia Cameracensem superet civitatem. Dignum igitur Spiritui sancto et auctoritati apostolicæ visum est ut Atrebatensi Ecclesiæ cardinalis restitueretur antistes. Sanctum enim Sardicense concilium statuit non passim episcopum ordinari, nisi aut in civitatibus quæ episcopos habuerunt, aut quæ tam populosæ sunt ut habere mereantur episcopum. In secundo quoque concilio Africano decernitur, ut illa diœcesis quæ aliquando habuit episcopum, habeat proprium. Et si accedente tempore, crescente fide Dei populus multiplicatus desideraverit habere proprium rectorem, ejus videlicet voluntate in cujus potestate est diœcesis constituta, habeat proprium episcopum. B. quoque Gregorius in Sardinia apud Phausianam oppidum secundum pristinum modum reordinari præcepit antistitem, et nos ergo Atrebatensis Ecclesiæ restitutioni, et Remensis metropoli redintegrationi pro nostri officii debito imminentes, te frater charissime Lamberte cleri plebisque consensu electum unanimi, B. Vedasto et sanctis qui in urbe ipsa quondam præsedere pontificibus constituimus successorem. Per præsentis itaque privilegii paginam legitimum perpetuum statuimus, ut Atrebatensis Ecclesia deinceps cardinalem semper episcopum sortiatur. Quidquid autem prædictæ Ecclesiæ B. Remigius contulit, quidquid antiquis temporibus dum episcopali dignitate polleret eam possidere constiterit, salvis legalibus institutis et Romanæ ecclesiæ privilegiis, ratum tibi ac tuis successoribus sancimus permanere. In quibus nominatim archidiaconias duas, quarum una Atrebatensis, altera dicitur Obstrevadensis, præfatæ Ecclesiæ confirmamus, et illos omnino limites inter Atrebatensem et Cameracensem Ecclesias fore præcipimus, quos antiquitus fuisse vel scriptorum monimentis vel territoriorum diremptione, vel certis aliquibus indiciis poterit comprobari, ut annuente Deo Ecclesiarum pax nulla occasione turbetur, et quæ pro fidelium salute statuta sunt, perenni tempore inconvulsa stabilitate persistant. Sane si quis in crastinum archiepiscopus, episcopus, imperator aut rex, princeps aut dux, comes aut vicecomes, judex aut persona quælibet magna vel parva hujus nostri privilegii paginam sciens, contra eam temere venire tentaverit, secundo tertiove commonitus, si non satisfactione congrua emendaverit, potestatis honorisque sui dignitate careat, reumque se divino judicio existere de perpetrata iniquitate cognoscat, et a sacratissimo corpore et sanguine Dei ac Domini Redemptoris nostri Jesu Christi alienus fiat, atque in extremo examine districtæ ultioni subjaceat. Cunctis eidem ista loco servantibus sit pax Domini nostri Jesu Christi, quatenus et hic fructum bonæ actionis percipiant, et apud strictum judicem præmia æterna pacis inveniant.

Benedictus Deus et Pater
S. S.
Petrus Paulus Urbanus.
PP. II.
Domini nostri Jesu Christi.

Scriptum per manum Bonihominis scriniarii sacri palatii. Datum Romæ per manum Joannis, S. R. E. diaconi cardinalis, x Kalend. Aprilis, indictione II, anno Dominicæ Incarnationis 1093 (24), pontificatus autem domini Urbani II papæ septimo.

Recitatum est autem hoc privilegium in Claromontensi concilio ex præcepto domni Urbani II, cui ipse præsedit, et cum eo cardinales Romani, archiepiscopi XIII, episcopi CCXXV, abbates vero xc et eo amplius; exceptis honestis et religiosis diversarum regionum et provinciarum clericis et laicis. Et intente et sub magno silentio ab omni concessu concilii au-

(24) Falsa notatio temporis Hard.

ditu collaudatum et confirmatum est iv Kalendas Decembris indictione iv, anno dominicæ Incarnationis MXCV, pontificatus autem domni Urbani papæ II.

CVII.

Urbani II epistola ad Alardum Atrebatensem, Bernardum Obstrevandensem archidiaconum, etc. — Hortatur ut Lamberto episcopo Atrebatensi deinceps obediant.

(Anno. 1094.)

[Mansi *Concil.* XX, 674.]

Urbanus episcopus, servus servorum Dei, dilectis filiis Alardo Atrebatensi, Bernardo Obstrevandensi, archidiaconis, et omnibus præpositis atque decanis cum omnibus clericis qui in prædictis archidiaconiis sunt, salutem et apostolicam benedictionem.

Apostolicæ sedis nos compellit auctoritas universis per orbem terrarum Ecclesiis providere, et sua jura poscentibus paterna compassione succurrere. Quia igitur Atrebatensis Ecclesia multis jam temporibus propria carens dignitate Cameracensis Ecclesiæ jugum pertulit, dignum profecto duximus ut propitiante Domino amissa ei dignitas ex apostolicæ sedis dignitate restitueretur. Neque enim subjectionem Atrebatensis Ecclesiæ aliquod Romanæ auctoritatis chirographum, Cameracensibus vindicat, et Atrebatensis urbis populositas longe illam cui hactenus subdita fuerat antecedit. Et canonum itaque decretis, et prædecessorum nostrorum exemplis freti, nunc tandem annuente Domino Atrebatensium votis justis et petitionibus importunis effectum dedimus, et venerabilem virum Lambertum, quem communi assensu electum ad nos cum communi decreto deduxerant, in episcopum consecravimus. Et quæque ad Atrebatensem parochiam antiquitus pertinuisse noscuntur, ipsi et ipsius successoribus perpetuo regenda, et episcopali jure possidenda privilegii auctoritate firmamus. Nominatim archidiaconias duas, quarum una Atrebatensis, altera dicitur Obstrevandensis. Vestram ergo dilectionem litteris præsentibus admonemus atque præcipimus ut ei deinceps tanquam cardinali episcopo, tanquam B. Petri manibus consecrato subesse et obedire curetis. Unde et vos et clericos universos qui in prædictis archidiaconiis sunt, a professione Ecclesiæ Cameracensis absolvimus. Si qui vero inter vos hujus nostræ constitutionis tenore perspecto prædicto confratri nostro Atrebatensi episcopo obedire contempserint, quamcunque in eos sententiam ipse episcopali moderatione dictaverit, auctoritatis nostræ pondere firma permaneat.

Data Romæ ix Kal. Aprilis.

CVIII.

Urbani II epistola ad Aloldum S. Vedasti, Richardum Marcianensem, Albertum Hasnoniensem, Hamericum Aquicinctensem, abbates, et S. Ragenfredis et Strumensem abbatissas. — Illos parere Lamberto episcopo Atrebatensi jubet.

(Anno 1094.)

[Baluz., *Miscell.* edit. Luc. II, 133.]

Urbanus episcopus, servus servorum Dei, dilectis

filiis ALOLDO Sancti Vedasti, Richardo Marcianensi, Alberto Hasnonensi, Hamerico Aquicinensi abbatibus; item abbatissæ Sanctæ Ragenfredis, et abbatissæ Strumensi, salutem et apostolicam benedictionem.

Apostolicæ sedis, etc., *ut supra usque* dignum duximus ut ejusdem Ecclesiæ filiis amissam repetentibus dignitatem, nostræ benignitatis inclinaremus assensum. Neque enim, etc., *ut supra usque* episcopali jure possidenda firmavimus, nominatim, etc., *ut supra usque* dictaverit firma permaneat. Datum, *ut supra*.

CIX.

Urbani II epistola ad Rainaldum archiepiscopum Remensem et ejus suffraganeos. — Lambertum episcopum Atrebatensem illis commendat.

(Anno 1094.)

[MANSI *Concil.* XX, 673.]

URBANUS episcopus, servus servorum Dei, dilectis fratribus et coepiscopis RAYNALDO Remensi et suffraganeis ejus, salutem et apostolicam benedictionem.

Cum Atrebatenses clerici electum suum cum decreto communi præsentiæ nostræ exhibuissent, nos eos apud nos integro mensis spatio retinuimus, Cameracensium præstolantes adventum, si forte aliquod munimentum afferrent per quod Cameracen i Ecclesiæ Atrebatensis videretur esse subjecta. Ipsi autem sicut in præteritis terminis, ita et tunc non venerunt, nec causas cur non venerant direxerunt. Nos igitur justam omnino causam Atrebatensium perpendentes, et labores pro Ecclesiæ suæ restitutione jam diutinos apostolica mansuetudine respicientes, sanctorum canonum decretis et apostolicæ sedis auctoritate muniti, religiosum ac sapientem virum Lambertum, quem ad nos deduxerant, B. Vedasto et sanctis aliis pontificibus qui in Atrebatensi Ecclesia quondam præsederunt, tandem largiente Domino instituimus successorem. Salva in omnibus Remensis metropolis reverentia, quam videlicet multis retro temporibus imminutam, nunc tandem per humilitatem nostram omnipotens Deus in parte hac redintegrare dignatus est. Eum itaque ad vos cum litteris præsentibus remittentes charitati vestræ attentius commendamus, rogantes ac præcipientes ut ei ad redintegrandum commissæ sibi Ecclesiæ statum tanquam confratri et coepiscopo sollicite assistatis. Nos siquidem auctore Deo legitimum sempiternum statuimus, ut Atrebatensis Ecclesia cardinali deinceps potiatur episcopo. Quod annuente Deo et religionis augmento et animarum saluti, et temporali ipsius Ecclesiæ revelationi plurimum credimus profuturum. Nunc tuæ sollicitudinis interest, charissime frater Rainolde, qui tam Atrebatensi Ecclesiæ quam Cameracensi metropolitani auctoritate præsidere cognosceris, eos omnes qui secundum privilegii nostri tenorem ad Atrebatensem videntur pertinere parochiam, ad episcopi Atrebatensis obedientiam tuis litteris invitare, et sententiam nostram tuis suffragiis prosequi, ut quicunque in duabus archidiaconiis, videlicet Atrebatensi et Obstrevandensi, clerici sunt, a professione Cameracensis Ecclesiæ absolvantur. Si qui vero obedire contempserint, quamcunque in eos sententiam ipse episcopali moderatione dictaveris firma permaneat.

Data Romæ VIII Kalendas Aprilis

CX.

Urbani II epistola ad Guillelmum Pictaviensium comitem. — Hortatur ut ablata monasterio Vindocinensi reddat.

(Anno 1094.)

[Opp. Godefridi Vindocin. ed. Sirmond., in-12, not., p. 91.]

URBANUS episcopus, servus servorum Dei, dilecto filio GUILLELMO Pictaviensium comiti, salutem et apostolicam benedictionem.

Sæpe tuam indolem commonuimus ut egregii principis patris tui devotionem atque prudentiam imiteris. Ipse principatus sui ecclesias devotissime coluit, plures rebus suis ditavit, novas etiam a fundamentis exstruxit. De te vero miramur: qui cum aliis bonis studiis quantum ad militem polleas, in hoc a patris tui probitate degenerare perhiberis, quod ecclesiarum jura perturbes, et quas ille fundavit exspolies. Pervenit ad nos quod monasterio Vindocinensi ecclesiam Beati Georgii, in Oleronis insula sitam, cum quadam optima terra abstuleris. Te itaque, charissime fili, præsentibus litteris admonemus ut sicut sanctorum apostolorum et nostram gratiam diligis, ecclesiam illam et cætera quæ Vindocinensibus monachis abstulisti, in eorum potestatem omnino restituas. Res enim eorum parentum tuorum eleemosynæ sunt et apostolicæ sedis alodium. Quod si infra dies triginta visis his litteris quod mandamus adimplere contempseris, et indignationem nostram incurristi, et apostolicæ sedis anathemate te percussum indubitanter agnoscas. Monasterium Vindocinense et res ad ipsum pertinentes ita apostolica auctoritate corroboratæ noscuntur, ut si quid inde ablatum vel distractum a quoquam fuerit, a prædecessoribus nostris excommunicatum non dubites; et quem beati illi viri excommunicaverunt non possumus solvere, nec debemus: sed quod fecerunt, nos eadem auctoritate firmamus.

Datum Romæ II Kalendas Aprilis

CXI.

Urbanus II « Amato, legato apostolicæ sedis, aliisque duobus episcopis injungit ut Guillelmum (comitem Pictaviensem) pro excommunicato habeant, nisi intra tempus a se præfinitum bona Vindocinensibus monachis ablata restituere faciat. »

(Anno 1094.)

[RUINART in *Vita Urbani*. — MAB. et RUIN. *Ouvr. posth.* III, 154.]

CXII.

Urbani II epistola ad Rotbertum, Flandrensium comitem. — Illi Ecclesiam et episcopum Atrebatensem commendat.

(Anno 1094.)
[Mansi, Concil. XX, 674.]

Urbanus episcopus, servus servorum Dei, dilecto filio Rotberto, Flandrensium comiti, salutem et apostolicam benedictionem.

Magna tibi exsultatione gratulandum est quod ecclesiæ quæ in tua ditione sunt tuis temporibus amissam recipiunt dignitatem. Ecce enim civitas Atrebatensis, quæ in comitatu tuo principalis est, ex apostolicæ sedis dignitate cardinalem recepit episcopum. Eum ergo et ei commissam Ecclesiam nobilitati tuæ litteris præsentibus commendamus, et in peccatorum tuorum remissionem præcipientes ut eum debita obedientia venereris, tuearis, adjuves, atque ad restituenda ipsius Ecclesiæ bona auxilii tui brachium modis omnibus porrigas

Data Romæ II Kalend. Aprilis.

CXIII.

Urbani papæ II sententia de subjectione Dolensis Ecclesiæ ad Turonensem.

(Anno 1094.)
[Marten. Thesaur. Anecd. III, 879.]

Urbanus episcopus, servus servorum Dei, dilecto fratri Radulpho, Turonensi archiepiscopo, ejusque successoribus canonice substituendis in perpetuum.

Sanctorum canonum decernit auctoritas ut majores ecclesiarum causæ apostolicæ sedis judicio decidantur. Qualiter igitur Turonensis Ecclesiæ contra Dolensem episcopum querela nostris sit temporibus pertractata, et præsentium volumus notitiæ certum fieri, et futurorum memoriam non latere. Dolensis siquidem episcopus Rolandus anno Dominicæ Incarnationis 1093 ad nostram præsentiam veniens, pallium quasi Britannorum archiepiscopus expetivit. Cujus cum preces diutius aversaremur, apostolicæ memoriæ Gregorii septimi litteras præferebat, quibus ostendebatur Ivano cuidam Dolensi episcopo et ejus successoribus pallium ab eodem apostolico contributum, salva tamen querela Turonensis Ecclesiæ, ut si quando actione legitima potuisset probare Dolensem cæterosque Britanniæ citerioris episcopos debere metropoli Turonicæ subjici, subjicerentur quidem, Dolensis tamen usum pallii obtineret. Has litteras Gregorii papæ nec minus nec amplius quam papa jusserat continere, cum frater noster Dolensis episcopus jurejurando firmasset, nos ei pallium sub eadem conditione concessimus. Veniens post hæc ad nos dum Beneventi essemus tua strenuitas, charissime frater Radulfe Turonensis archiepiscope, ejusdem papæ Gregorii nostro conventui litteras præsentavit, quæ significabant causam hanc Romæ in concilio retractatam, ubi post discussionem diutinam dispositum fuerat ut a legatis sedis apostolicæ concilium in provincia convocarent, in quo causa sollicitius agitaretur, et siquidem per alicujus catholici et legalis papæ auctoritatem authenticam se tueri Dolensis nequiret episcopus; de cætero et ipse et cæteri Britannorum antistites Turonicæ Ecclesiæ tanquam metropoli propriæ obedirent, ipsius quoque in episcopatu successores nunquam ulterius pallium obtinerent. Ostensa est etiam legatorum qui in provincia concilium egerant perpetrata definitio, qui cum Dolensis nulla causam suam authentica auctoritate potuisset defendere, Gregorius papa sententiam . . . . . scriptis et subscriptionibus omnimodis statuerunt, ut videlicet tam Dolensis quam cæteri Britannorum episcopi Turonicæ semper Ecclesiæ subjacerent. Cum ad hæc Dolensis, qui adhuc aderat, responderet se non ad agendum venisse, paratum tamen cum episcopis provinciæ congruo tempore respondere, nos, utroque consentiente, disposuimus ut in proximi anni media Quadragesima uterque nostro se conspectui præsentarent: qui autem se tunc sine canonico impedimento subtraheret aut deficeret, causam amitteret. Statuto autem tempore, cum nos in Urbe moraremur, Dolensis neutiquam venit, tua fraternitas præsto fuit. Quæsita est in registro B. Gregorii papæ VII sententia. Et ita omnino sicut audieramus inventa. Ostensa sunt etiam Nicolai et Joannis Romanorum pontificum monimenta id astruentia; Leonis quoque IX decretum eamdem causam sub anathematis additione confirmans. Auditæ sunt et fratris nostri Dolensis episcopi per quemdam nuntium excusationes: non tunc legitimæ videbantur. Omnibus itaque pertractatis, inconcussa confratrum nostrorum Joannis Portuensis, Ubaldi Sabinensis, Joannis Tusculanensis, Brunonis Signiensis, Daiberti Pisani, Lamberti Atrebatensis episcoporum, et nonnullorum nostræ Ecclesiæ clericorum, Romanorum quoque judicum et aliorum consularium: ex communi consilio visum est harum rerum, quæ per tot apostolicos pontifices confirmatæ fuerant, definitionem plenam non debere differri, nec illum lucrari debere absentiam, qui se argula calliditate subtraxerit. Et nos igitur sanctorum, quos prædiximus, prædecessorum nostrorum statuta firmantes, præsenti decreto sancimus ut, sicut ab ipsis decretum est, tam Dolensis quam cæteri deinceps Britannorum episcopi Turonensem Ecclesiam suam esse metropolim recognoscant, et debitam ei reverentiam semper exhibeant: nec ullo ulterius tempore post Rolandi obitum ad pallii usum Dolensis aspiret episcopus. Tuam itaque sollicitudinem, frater in Christo charissime, adhortamur, ut tantæ dignitatis gratia dignam se semper studeat exhibere. Quanto altius præminet, tanto altius bonorum operum luce præfulgeat. Pacem cum omnibus sequatur et sanctimoniam: in prosperis humilis, et in adversis, si quando eveniunt, inveniatur cum justitia erecta amica bonis, perversis contraria, nullius unquam faciem contra veritatem recipiens, nullius unquam faciem pro veritate loquentem premens. Misericordiæ operibus juxta virtutem substantiæ insistens, et tamen insistere supra virtutem cupiens, infirmis compatiens, bene volentibus congaudens, de alienis gaudiis tanquam de propriis exsultans, in corrigendis vitiis pie sæviens, in fovendis virtutibus auditorum animum demulcens, in ira judicium sine ira tenens, in tranquillitate severitatis justæ censuram non deserens, ut officium quod forinsecus administras, interius coram divinæ majestatis oculis impleas. Fraternitatem tuam superna dignatio per tempora longa conservet incolumem. Scriptum per manum Petri scriniarii sacri palatii.

S. Petrus. S. Paulus.

Urbanus papa II.

Locus monogrammatis.

BENEDICTUS DEUS ET PATER DOMINI NOSTRI JESU CHRISTI.

Datum Romæ per manum Joannis sanctæ Romanæ Ecclesiæ diaconi cardinalis, Nonis Aprilis, indictione II, anno Dominicæ Incarnationis, 1094, pontificatus vero domni Urbani II papæ septimo.

CXIV.

Urbani papæ II epistola ad universos episcopos per Britanniam constitutos. — Confirmat sententias aliorum summorum pontificum, præcipitque eis ut Turonensi archiviscovo tanauam metropolitano pareant.

(Anno 1094.)

[MARTEN. *Thes. Anecd.* III, 881.]

Pro confratris nostri Dolensis episcopi et aliorum ex vobis quorumdam obedientia Turonensi Ecclesiæ denegata, frequentes querelas ad sedem apostolicam provenisse, multas ejusdem rei discussiones perpetratas esse, fraternitatem vestram ignorare non credimus : cum sciamus prædecessoris nostri Gregorii papæ duplices ad vos litteras super hoc negotio destinatas, quin etiam Sanctonensi concilio plerosque vestrum interfuisse existimamus, in quo a legatis ejusdem apostolici causa eadem diligenti investigatione discussa, ubi cum Dolensis causam suam nulla potuisset authentica auctoritate defendere, secundum præfati papæ sententiam omnino statutum est ut tam Dolensis quam cæteri Britannorum episcopi Turonensi semper Ecclesiæ subjacerent. Qualiter autem nos anno præterito Dolensi episcopo pallium indulserimus, nostris tunc fuistis litteris informati. Porro tam ipsi quam Turonensi archiepiscopo terminum constituimus, quo uterque se cum suæ Ecclesiæ munimentis pro querelæ hujus decisione nostro conspectui præsentaret. Cum Dolensis non veniret, Turonensis in tempore præsto fuit. Tunc in audientia clericorum simul et laicorum Romanæ Ecclesiæ retractata sunt, quæ vel nostro vel Gregorii papæ tempore super hoc negotio gesta recurrerunt; recitata sunt etiam Romanorum pontificum Nicolai, Joannis et Leonis scripta, quibus decretum est ut universi Britannorum episcopi Turonicæ debeant metropoli subjacere. Quibus omnibus diligentius exquisitis, ex communi consilio tam confratrum nostrorum episcoporum et nonnullorum nostræ Ecclesiæ clericorum Romanorum quam judicum et aliorum consularium adjudicatum est, harum rerum quæ per tot apostolicos pontifices confirmatæ fuerant, definitionem plenam non debere differri. Igitur et nos eorum statuta firmantes, præsentium vobis auctoritate præcipimus ut, sicut ab ipsis decretum est, Turonensi deinceps archiepiscopo eam, quæ metropolitanum decet, obedientiam exhibere curetis.

Datum Romæ III Idus Aprilis

CXV.

Urbani II epistola ad Rainoldum Remensem archiepiscopum. — Quod Fulconem Belvacensem episcopum coram se purgatum a crimine iterum purgari voluerit, queritur.

(Anno 1094.)

[MANSI. *Concil.* XX, 711.]

URBANUS episcopus, servus servorum Dei, charissimis fratribus R. Remensi archiepiscopo ejusque suffraganeis salutem et apostolicam benedictionem

Fraternitati vestræ notissimum credimus quem admodum anno præterito ad apostolorum limina Fulco Belvacensis episcopus veniens ultro in manibus nostris episcopatum ex integro refutavit. Nos autem necessitati ecclesiasticæ dispensatione apostolica providentes, eidem fratri nolenti et renitenti episcopatus curam injunximus, retenta tamen pontificalis officii plenitudine; quoniam quidem patrem ejus pro ipsius electione pecuniam obtulisse rumor exstiterat. Cæterum post aliquantum temporis et pater ejus et Odo venerabilis Belvacensis Ecclesiæ canonicus ad nostram præsentiam pervenientes, tactis sacrosanctis Evangeliis ab omni cum Simoniacæ pravitatis suspicione liberum reddiderunt. Ita nos Ecclesiæ nostræ fratribus satisfactam justitiæ judicantibus, plenitudinem illi pontificalis officii restituimus.

Cum igitur nemini unquam apostolicæ sedis liceat retractare judicium, cum nemini de se confesso credi debeat; cum ad unius accusationem nemo valeat legitime condemnari, miramur qua præsumptione post datam a Petri vicario sententiam præjudicium intulistis, quo spiritu prædictum confratrem et coepiscopum nostrum ob unius accusationem hominis addixistis, qua temeritate eidem uni semetipsum Simoniacum accusanti adversus alium adeo credideritis, ut quem de causa eadem canonico ordine discussum Ecclesia Romana absolverat, vos in ejus injuriam iterato illum judicio purgationi canonicæ subjiceretis. Quia ergo adversus matrem vestram Romanam Ecclesiam brachium extendistis, magna estis animadversione dignissimi, quippe ut auctoritatem sanctorum canonum conculcantes. Te præcipue, charissime ac reverendissime frater R. Remensis archiepiscope, salva dilectionis inclytæ reverentia, te super hoc ducimus arguendum, quod in conspectu tuo tantam pati potueris apostolorum principi injuriam irrogari. Nos itaque accusationem illam, et sententiam illam contra sanctorum canonum instituta prolatam omnino irritam esse censemus, et Belvacensem episcopum religiosæ et simplicis vitæ virum loco suo et officio restitutum firmamus. Sane quicunque ex vobis adversus eum non judicium, sed præjudicium protulerunt, noverint se auctore Petro et judicium usque ad satisfactionem congruam subituros, et jacturam quam frater ille perpessus est, æstimatione legitima soluturos. Illum autem ita absolutum esse censemus, ut si qua in eum deinceps quæstio emerserit, solo Romanæ sedis judicio terminatur. De cætero rogamus te, reverendissime frater Remensis archiepiscope, ut Belvacensem episcopum nostræ gratiæ plenitudinem obtinentem in suis tam spiritualibus quam corporalibus opportunitatibus adjuvetis.

Data Lateranis III Idus Maii.

CXVI.

Urbani II epistola ad Hugonem archiepiscopum Lugdunensem,

(Anno 1094.)

[D. Ruinart, *Vita Urbani*. Mab. et Ruin. *Ouvr. posth.* III, 359.]

Urbanus episcopus, servus servorum Dei, dilecto fratri et episcopo Hugoni Lugdunensi, et sanctæ Romanæ Ecclesiæ legato, salutem et apostolicam benedictionem.

Sollicitudinis nostræ vices, et agendorum consiliorum providentiam strenuitati tuæ pure simpliciterque commisimus. Sed pro conservanda pace et negotio facilius peragendo, utilius æstimavimus confratris nostri Remensis archiepiscopi (25) consilium consciscere, quia in ejus manu familiarius causa regis versatur. Tua vero intererit sive cum ejus, sive sine ejus consilio, prout tibi a Domino copiam ministrari conspexeris, injunctæ legationis officium exercere, et pullulantes vitiorum palmites divini verbi falce recidere. Inter Viennensem archiepiscopum Guidonem, et Gratianopolitanum episcopum Hugonem quid rerum sit, sagacitas tua longe melius intra provinciam investigare prævalet, quam nos qui tam longis terrarum spatiis absumus. Quod igitur de eodem negotio tua fraternitas statuit, nos de tuæ justitiæ integritate securi nostra assertione firmamus. Si quas vero nostræ auctoritatis litteras Viennensis objecerit, nosse nos volumus quia nos nihil ipsi aut Ecclesiæ Viennensi concessimus, nisi quod juste hactenus possedisse cognoscitur, etiamsi per subreptionem forte, quod absit, aliquid videatur extortum; sua enim cuique volumus jura servari. Tu hanc eorum dissentionem quanto citius poteris, adjuvante Domino, sopire procura. In his et in aliis quæ Dei sunt, in promptu habeas te Dei ministrum spiritu ferventissimo exhibere. Orantem pro nobis sanctitatem tuam gratia divina custodiat.

Data Romæ XVII Kal. Junii.

CXVII.

Urbani II epistola ad Hugonem Gratianopolitanum episcopum. — Illi de superioribus ad Hugonem Lugdunensem epistolis significat.

(Anno 1094.)

[Ruinart, *Vita Urbani*, ubi supra, p. 360.]

Urbanus episcopus, servus servorum Dei, dilecto fratri Hugoni, Gratianopolitano episcopo, salutem et apostolicam benedictionem.

Pro negotio tuo confratri nostro Lugdunensi Hugoni archiepiscopo rescripsimus quod enim ipse nostra vice statuit, nos nostra assertione corroboramus. Si quas vero nostræ auctoritatis litteras Viennensis archiepiscopus opposuerit, nihil causæ tuæ officere arbitreris. Nos enim nihil ipsi, aut Ecclesiæ Viennensi concessimus, nisi quod juste hactenus possedisse cognoscitur, sua enim cuique volumus jura servari. Orantem pro nobis fraternitatem tuam miseratio divina custodiat.

Data Romæ XVII Kalend. Junii.

CXVIII.

Urbani II privilegium pro canonicis Pistoriensibus.

(Anno 1094.)

[Zacharia, *Anecdota medii ævi*, p. 224.]

Urbanus episcopus, servus servorum Dei, dilectis in Christo filiis Ugoni præposito, et cæteris Pistoriensis canonicæ fratribus, eorumque successoribus in regularis vitæ observantia permansuris in perpetuum.

Piæ voluntatis affectus studio debet prosequente compleri, ut ecclesiastica utilitas apostolicæ sedis favore vires accipiat et accrescat. Proinde religiosa vota vestra accipimus, et æquis petitionibus libenter impertimur assensum, ut canonicæ vitæ ordinem, quam professi estis, auctoritatis nostræ privilegio muniamus. Præsenti igitur decreto statuimus ut nemini viventium liceat vos et successores vestros a vitæ canonicæ communione distrahere, neve alicui vestrum post professionem liberum sit a congregatione discedere et latioris viæ prærupta sectari. Quamobrem decernimus ut, si ex vobis quispiam a proposito aberraverit, ad corrigendum eum, et secundum disciplinam regulæ coercendum, tibi, vel successoribus tuis, et cæteris, qui præfuerint, nulla debeat persona obsistere. Obeunte te, vel cæteris canonicæ vestræ rectoribus, nullus ibi qualibet subreptionis astutia, vel violentia præponatur, nisi quem regulares fratres secundum Dei timorem, vel de suis, si talem inter se repererint, vel de alienis, si oportuerit, cum consilio episcopi, qui canonice electus, et per Romanam fuerit Ecclesiam ordinatus, elegerint. Quæ omnia ut opitulante Domino firma semper, et illibata permaneant, præsentis decreti auctoritate sancimus, ut nemini omnino liceat vestram canonicam temere perturbare, vel ejus possessiones auferre, vel ablatas retinere, minuere,

---

(25) s erat Raynoldus, qui pro suæ sedis dignitate et propriis meritis, multa auctoritate apud regem pollebat.

vel temerariis vexationibus fatigare; sed, tam ea quæ ex episcoporum donatione quam et ea quæ ex quorumcunque fidelium oblationibus hodie possidetis, perpetuo vobis integra conservetutur. Ex quibus nominatim hæc designanda duximus. Plebem de Viliano cum omni decimatione, et plebem de S. Quirico similiter, et cæteras decimationes sive infra civitatem sive extra ab episcopis vobis concessas, et quartam portionem oblationum, quas litaniæ offerunt, et decimationes de Gropole, et de Collina, et ecclesiam S. Blasii cum terris positis in aqua vivola, et in Virsano, et in Falagrano, et in Barzani, et in Glandaria, sicut eas dedit Girardus filius Baconchi (26), et Ronaldus cum Davizzo genero suo. Illud etiam, quod ab episcopis vestris statutum est, nostræ auctoritatis assertione firmamus, ut si qui ex ordinariis clericis adhuc in domo sua manentibus sæculo emigraverint, quidquid eorum ordini pertinere videtur, in usum canonicorum regulariter viventium redigatur, ea nimirum diligentia curaque adhibita, ne rerum augmentis in libertatem carnis, et velamen matitiæ abutamini, ne quoquo modo res augere, et fratrum debeatis numerum imminuere; sed tantus canonicorum numerus conservetur, quantum loci vestri facultas pati posse videbitur, ne religionis et servitii debiti detrimentum Ecclesia patiatur. Ad hæc adjicimus ut quæcunque hodie vestra canonica juste possidet, sive in futurum juste atque canonice, episcoporum concessione, liberalitate principum, vel oblatione fidelium poterit adipisci, vobis, vestrisque successoribus, qui in eadem religione permanserint, firma semper et illibata persistant, eorum, pro quorum substentatione et gubernatione concessa sunt, usibus omnimodis profutura. Vos igitur, filii in Christo charissimi, oportet regularis vitæ institutionibus diligenter insistere, et in omnibus apostolicæ sedis decreta servare, ut post vitæ præsentis augustias opitulante Domino ad supernæ latitudinis gloriam mereamini pervenire. Sane si quis in crastinum archiepiscopus, aut episcopus, imperator, aut rex, marchio, comes, vicecomes, judex, aut castaldio, aut persona quælibet magna vel parva, hujus privilegii paginam sciens contra eam temere venire tentaverit, secundo tertioque commonitus, si non satisfactione congrua emendaverit, potestatis honorisque sui dignitate careat, reumque se de divino judicio existere de perpetrata inquitate cognoscat, atque a sacratissimo corpore et sanguine Dei et Domini Redemptoris nostri Jesu Christi alienus fiat, et in extremo examine districtæ ultioni subjaceat. Cunctis autem eidem loco justa servantibus sit pax Domini nostri Jesu Christi, quatenus et hic fructum bonæ actionis percipiant, et apud districtum judicem præmia æternæ pacis inveniant. Amen, amen, amen.

Datum Pistoriæ. Per manum Joannis S. R. Ecclesiæ diac. card., xiv Kal. Jan., indict. iii, anno Dominicæ Incarnationis 1094, pontificatus vero domini Urbani II pp. septimo.

CXIX.

Urbani II epistola ad Durannum Arvernorum episcopum. — Mandat ut a canonicis Biliomensibus cœnobium B. Lupi restitui monachis Cluniacensibus jubeat.

(Anno 1094.)

[MABILL., *Annal. Bened.*, V, 356.]

URBANUS episcopus, servus servorum Dei, DURANNO charissimo fratri Arvernorum episcopo, salutem et apostolicam benedictionem.

Adversus fraternitatem tuam pro Biliomensibus canonicis, qui tuæ ditionis habentur, non exigua querela provenit. Hi nimirum Beati Lupi cœnobium, quod sub Cluniacensis cœnobii jure multis jam ultra nostram memoriam temporibus est retentum, invasione horrenda, et catholicis auribus non ferenda, contra omne jus et fas usurpantes, altare ipsius cœnobii diruerunt, reliquias in eo latentes diripuerunt, quodque dictu et auditu nefas est, ipsum quod super altare ad infirmorum usus repositum fuerat corpus Dominicum, ipsis supercœlestibus virtutibus reverendum, humo dispergere minime timuerunt; et cætera ornamenta, omnemque monasterii supellectilem in usus proprios asportaverunt. Hæc quam gravia, quam horrenda, quam catholicis auribus importabilia videantur, fraternitatis tuæ non credimus latere prudentiam. Quomodo igitur inulta hæc pati sollicitudo tua poterat, non minimum, si ita se rei veritas habeat, admiramur. Præsentibus ergo litteris officii tui debitum admonemus, ut prædictum locum, et ex eo direpta utensilia universa, Celsiniacensibus restitui facias: quibus reinvestitis, si quam in loco illo justitiam se habuisse canonici Biliomenses confitentur, tempore congruo cum Celsiniacensibus monachis nostro se conspectui repræsentent. Si autem nostræ huic jussioni Biliomenses canonici obedire contempserint, divinum iis officium interdicito, quoadusque resipiscentes, Celsiniacensi præposito et fratribus quæ diripuerunt restituant. Quod si episcopalis auctoritatis judicium neglexerint, nostra se a divinis officiis auctoritate noverint interdictos, ut nec ipsi uspiam, nec alii in eorum ecclesia id exhibere præsumant, quoadusque hæc a nobis præcepta perficiant.

CXX.

Urbani II epistola ad Guillelmum, comitem Tolosanum. — Illum de expulsis abbatibus Moissiacensi et Lesatensi objurgat.

(Circa annum 1094.)

[BALUZ. *Miscell.* edit. Luc., II, 181.]

URBANUS episcopus, s rvus servorum Dei, GUILLELMO, comiti Tolosano, salutem et apostolicam benedictionem.

Super religione et eleemosynis quas erga Deum et ejus famulos diceris exhibere maximo gaudio exsultamus, maximas agimus lætitias. Est autem

---

(26) Forte *Raconti;* sancti quippe Baconti apud Pistorienses celebre nomen.

quod nostram benevolentiam te... afficiat quod adeo justitiam exsequi te audivimus. Hoc autem ex eo accipit augmentum quia Moyssiacensis et Lezatensis coenobii abbates injuste expelli et in eorum locis inique alios subrogari pati nullo modo potuisti. Notum autem tibi facimus quod venerabilem fratrem nostrum Ansquilinum in Moyssiacensem abbatem consecravimus, Hunaldum autem invasorem ex eodem coenobio recedere decrevimus; idque totum episcopo Caturcensi nostris litteris intimavimus. Studeat ergo religio tua sedis apostolicae decretis vigilanter insudare et ut nostris affectibus praeceptorum detur insistere. Sane quia te sanctae Mariae deauratae apud Tolosam omnino ecclesiam diligere et honorare accepimus (27), tuis assentientes precibus, tuae dilectionis religioni concedimus quatenus tibi tuaeque progeniei illic coemeterium construas et benedici facias. Ut autem beatae Mariae beatique Petri apostoli studeas devotis servitiis incubare, te et omnes qui in eodem loco religionis gratia optaverint sepeliri, per beati Petri gratiam ab omnibus absolvimus vinculis delictorum. Episcopo autem civitatis ut illud consecret ex nostri parte mandabis.

CXXI.

Urbani II epistola ad Guillelmum [Geraldum?] episcopum Caturcensem. — Mandat ut, expulso Hunaldo, Ansquilinum in monasterium Moissiacense reducat.

(Circa annum 1094.)

[BALUZ. *Miscell.* edit. Luc., II, 181.]

URBANUS episcopus, servus servorum Dei, GUILLELMO, Caturcensi episcopo, salutem et apostolicam benedictionem.

Quamvis supra matrem suam et Ecclesiarum omnium Romanam Ecclesiam calcaneum elevaverit Hunaldus ex monasterio Moyssiacensi, qui in ipso coenobio abbas factus contra Romanae Ecclesiae voluntatem Ansquilinum ejecit, tamen ex sedis apostolicae benignitate ac patientia sententiam suspendimus et tantae parcimus praesumptioni. Jubemus autem ut Hunaldum ab eodem monasterio repellas et fratrem nostrum venerabilem virum Asquilinum in eodem loco restituas in abbatem, et hoc infra quadraginta dies postquam litteras nostras acceperis a nobis. Quod nisi infra praescriptum perfeceris terminum, etiam invitum ab omni te suspendemus officio. Ut autem omnino satagas, noveris te Domini nostri oris benedictionem nostrae manus dispositione assecuturum. Si ergo nostris obedieris praeceptis, apud nos bene judicaberis. Sin autem, te jaculis nostris feriemus. Qualem ergo te exhibueris, talem nos habebis.

CXXII.

Urbani II epistola ad Godefridum Lucanum episcopum. — Quod non sint homicidae existimandi qui excommunicatos zelo Ecclesiae occiderint.

(Intra an. 1088-95.)

[MANSI, *Concil.* XX, 715.]

Excommunicatorum interfectoribus prout morem Romanae Ecclesiae nosti secundum ipsorum intentionem modum congruae satisfactionis injunge. Non enim eos homicidas arbitramur, quod adversus excommunicatos zelo catholicae matris ardentes, eorum quoslibet trucidasse contigerit. Ne tamen ejusdem Ecclesiae matris disciplina desaeviat, tenore quem diximus, poenitentiam eis indicito congruentem, qua divinae simplicitatis oculos adversus se complacere pervaleant, si forte quid duplicitatis pro humana fragilitate in eodem flagitio contraxerunt(27').

CXXIII.

Urbani II epistola ad Cyriacum, episcopum Januensem. — Qui jurejurando propinquitatem firmare debeant.

(Intra an. 1090-95.)

[GRATIANI *Decret.* C. xxxv, qu. 6, c. 5.]

Notificamus tibi, ut postquam tres, aut duo ex propinquioribus jam defunctae uxoris ejus, qui accusatur, vel vivae, hanc propinquitatem jurejurando firmaverint, vel tres, aut duo ex antiquioribus Genuensibus, quibus haec propinquitas nota est, qui bonae famae et veracis testimonii sint, remoto amore, timore, pretio et omni malo studio, supradicto modo consanguinitatem firmaverint, sine omni mora conjugia dissolvantur. Quod si propinqui, aut extranei verbis tantum propinquitatem testantur et juramento probare, vel noluerint, vel nequiverint, conjugium nullatenus dissolvatur: sed competens eis poenitentia propter infamiam, vel peccati maculam (si forte in hac re contraxerint aliquam) injungatur.

CXXIV.

Urbani II epistola ad Rogerium ducem et Boamundum fratres. — Monachos ab invasoribus defendit.

(Intra annum 1094-95.)

[MANSI, *Concil.* XX, 647.]

URBANUS episcopus, servus servorum Dei, ROGERIO duci et BOAMUNDO fratri ejus, salutem et apostolicam benedictionem.

Proclamationem ante nostram praesentiam fecit Urso Bantinus abbas de quibusdam comitibus et baronibus, qui callida invidiosa [invidiosaque] episcoporum machinatione seducti, ipsum et ejus monasterium nostris manibus consecratum modo plus conturbant. Unde, quia praedictum monasterium ad jus B. Petri pertinere vestram non latet notitiam, ex auctoritate B. Petri et nostra monasterium et abbatem vobis commendamus, quatenus custodiatis, adjuvetis, et a malis hominibus, sicut B. Petri proprietatem, fideliter defendatis, et neque depraedationes, neque aliquam sui juris diminutionem a quocunque fieri patiamini.

---

(27) *Histoire des comtes de Toulouse*, pag. 125.
(27') Haec ipsa verba ex epist. Urbani ad Sancium decerpsit Gratianus 32, q. 2, can. *De neptis*.

Semper recordantes, quia in [*forte* et] consecratione ejusdem monasterii abbatem, et ipsum in manus vestras specialiter commendavimus. Itaque e priore commendatione, et harum litterarum jussione, ab omnibus monasterium nostrum, et præcipue a Goffredo, Amici comitis filio, sicut fideles B. Petri defendite. Qui abbati, etiam pro defensione suæ rerum Ecclesiæ partes maritimas conterenti, constipatus latronibus sese obviam contulit : atque ab eo sub recto [*forte* subrepto] pretioso privilegio nostro, vestris supplicationibus constituto, et aliis scriptis, spolia ejus diripiens, cum suis confratribus satiatum opprobriis cum peditem dereliquit : ac inde quæque jam a patre suo comite eidem monasterio debitæ restaurationis gratia condonata, ad suas manus sacrilegas nequiter revocavit. Quod si privilegium et quæque direpta sacrilegus ille renuerit reddere, et abbatibus ac fratribus dignissime satisfacere, præ ipimus ut cogatis. Alioquin ipse et fautores ejus anathemati subdentur.

CXXV.

Epistola Urbani II ad Beringerum abbatem S. Laurentii Leodiensis, Simoniacorum et Wibertistarum insectatorem, ab H[einrico] imperatore et Oberto episcopo expulsum.

(Intra annum 1094-95.)
[Mansi, *Concil.* XX, 915.]

Urbanus episcopus, servus servorum Dei, dilecto in Christo fratri Beringero (28) abbati salutem et apostolicam benedictionem.

Gratias agimus Deo pro vobis in gratia Dei quæ data est vobis, qui in hoc malo tempore, cum omnis pene Gallia erroris caligine jacet immersa, oculos mentis vestræ ad cognitionem veritatis illuminavit, ut ad amorem justitiæ, et catholicæ fidei defensionem, igne sui spiritus cor vestrum accendat. Gratias illi qui vos præclaro calice gratiæ suæ inebriavit, et Spiritum Domini in ratione vestra ferventem ad tolerantiam multiplicis injuriæ paratum reddidit, et ad perferendos labores et pericula pro defensione veritatis excitavit. Quod Dei munus speciale esse non dubitamus, qui provida dispensationis suæ gratia electos suos persecutionis tempore utiliter probat et discutit; sed ne penitus aberrent, aut labefactati funditus dejiciantur, potentia virtutis suæ sustentat, ut ad omnia propter se sustinenda paratiores fiant, fortiores excitat, antehac et pro certo compertum habemus, aliis pro defensione veritatis et justitiæ laborantibus, cum omni officio charitatis subvenire solebatis et cum magna cordis lætitia, et vultus hilaritate, sanctorum necessitati supra vires vestras ministrare. Simoniacos, et Wibertistas, novos Ecclesiæ hostes, validis verborum jaculis impetere, et nutantem rationis eorum murum ariete fidei pulsare, et athletas Dei, qui in acie Christianæ religionis defecerant, confortare. Nunc ergo devotionem vestram pietas divina inspexit, et tandem majestas excelsa dignatur ut pro eo patiamini, qui pro vestra gloria crucis ignominiam ferre non erubuit. Huic tanto cœlestis gratiæ beneficio prudentia vestra debet respondere aliquid, et calice salutari gratanter accepto gloriam et honorem æterni regis quærere, et in omni vitæ vestræ statu nomen ejus, qui vobis tribuit intellectum, invocare, laudare, benedicere et magnificare. Nec damna rerum temporalium vos debent movere, neque quod H. (28*), homo Christianæ pacis eversor et ecclesiarum sacrilegus venditor, Romani imperii destructor, hæreticorum auctor et defensor, vos de Ecclesia vestra per satellitem suum Obertum (29) episcopum expulit, curare. Nam si Patremfamilias Beelzebub invocavit [*leg.*, vocavit], quanto magis domesticos ejus? » (*Matth.* x, 25.) Si Romanæ sanctæ et apostolicæ Ecclesiæ funestas manus intulit, mirum vobis videtur, sic usque ad vos gladius insaniæ ejus pervenit. Si sacerdotem summum, cui omnipotens Dominus per Petrum singulari privilegio potestatem aperiendi et claudendi quibus voluerit januas cœlestis regni dono dedit, de cathedra pontificali tyrannice exturbavit, et pro eo statuam auream in loco sancto erexit, et ad adorandum eos quos potest cogit, turbamini quod vos violenter expulit, et in loco vestro fictile et conflatile idolum abominationis collocari fecit. Imo potius gaudete, quia Deus laborum sanctorum suorum consortem vos vult esse. Si rapinam bonorum temporalium pro Christo ferre non vultis, quomodo mortis asperitatem pro Christiana veritate sustinere gauderetis? Credo quod voluntas Dei est, imo divinæ propitiationis opus, ut aliqua vis humana fossam illam maledictionis et nequitiæ vos compellat exire, ne justus Lot pereat cum injustis, ne sanctitatis vestræ speculum admittat quidquam contagionis ex cohabitatione malitiæ circumstantis. Quis enim murus staret inconcussus, quæ mens immobilis in sua firmitate permaneret, ubi crassi sues grunnirent assidue, ubi innocentiæ vestræ simplicitatem turba malignantium obsideret? Obertus, Antichristi signifer, Satanæ jumentum, perfidiæ Simonis manifestus sectator, apostolicorum judiciorum contemptor, Ecclesiæ quantum in ipso est conculcator, ecclesiarum quas in suam perditionem temerarius emptor invasit, prædo et destructor et profanus venditor nunc minis intonaret, nunc diabolicis blandimentis astutiæ caput vertit in sedem sancti Petri sublimato Wiberto, et exturbato Gregorio VII sanctissimo. Ip.

---

(28) Beringerus ex priore Andaginensis monasterii S. Auberti factus primus prior S. Laurentii Leodiensis, deinde abbas creatus in locum Volbodonis abbatis ab Henrico episcopo depositi omnium fratrum suffragiis suffectus est anno 1075. Martene.

(28*) Henricus IV, rex Romanorum, hujus nominis imperator III, qui schisma in Ecclesia suscitavit,

(29) Otbertus Leodiensis S. Crucis præpositus, defunctus anno 1090, Henrico episcopo, ad Henricum regem confugit, et magna pecunia episcopatum ab eo comparavit, qui statim Beringerum abbatem expulit, et Wolbodonem restituit, uti *scribit auctor coævus* Historiæ S. Huberti. Ip.

stri rigoris incurvare contenderet. Quem nos ex decreto concilii a nobis nuper acti damnatum auctoritate Dei et B. Petri, et sanctæ Romanæ Ecclesiæ, cui auspice Deo deservio, jam excommunicavimus, et cum suo Wiberto, bestia terribili et varia, quæ ascendit de mari, et facit bellum cum sanctis, quam adorant quorum non sunt nomina scripta in libro vitæ et agni, portionem maledictionis et dedimus pro eo quod Simoniacus est, et episcopatum data pecunia usurpavit, et quia vos injuste de loco vestro ex præcepto sui regis expulit, et eum qui propter contumaciam et inobedientiam publico judicio adjudicatus et condemnatus erat, accepta ab eo pecunia supposuit, et quia cuidam Lupo (30) et Simoniaca hæresi, et aliis capitalibus culpis publice et juste damnato manus imposuit. Similiter et illum Ecclesiæ profanum pervasorem damnavimus, et excommunicavimus Wolbodonem, quia Simoniace ac tyrannica potestate per male acquisitam pecuniam abbatiam vestram, et locum unde per insolentiam suam, sicut diabolus de cœlo deciderat, invasit (31) et cum eo omnes militiæ ejus adjutores et fautores. Omnes quoque quibus ipse oblationes fidelium res ecclesiæ, et prædicta divinis usibus tradita vel vendidit vel dedit, pariter cum illo a gremio sanctæ Ecclesiæ apostolica auctoritate pellimus, anathematizamus, damnamus, et sacrilegos judicamus, usque dum sua Ecclesiæ restituant. Vos autem, frater charissime, gaudete, quia rex Israel filium suum vult super flumina Babylonis sedere et flere, et ad reditum in terram promissionis libero cordis affectu suspirare, non in ipsis fluminibus et studiis sæcularibus implicitum interire. Summa nostræ voluntatis est ut teneat prudentia vestra quod ratio persuadet, Scriptura divina testatur, sanctæ religionis ordo requirit, martyrum sanguis insinuat, mater nostra, sancta scilicet Ecclesia, præcipit et commendat. Veritas ipsa ut ad veritatem nos converteret mori voluit, nihilque animas nostras, nisi sola Veritas a potestate diaboli liberabit. Salutant vos in Christo et qui vobiscum sunt fratres vestros in præsenti nobiscum congregati episcopi, clerici, abbates et monachi, ut memoriam nostri in vestris sanctis orationibus habeatis, ut pro pace nostra et sanctæ Ecclesiæ eum qui natus pacem terris attulit, quique suo sanguine eam sibi desponsavit, rogetis suppliciter exoramus. Charissimus filius noster Gerbertus, harum litterarum gerulus, quando, ubi, quomodo, cum quibus ad nos sine impedimento Satanæ venire possitis, secreto indicabit vobis. Bene valete.

(30) Sive Luponi abbati Trudonensi qui ab Henrico Leodiensi pulsus sua dignitate fuerat. Vide Caron. Trud. Spicileg. t. VII. ID.
(31) Hinc de eo antiquus auctor Historiæ S. L. Laurentii a nobis edendus (edidit t. IV *Vet. Monum.*)

CXXVI.

Bulla Urbani papæ II pro monasterio S. Petri de Puteolis Lucanæ diœcesis.

(Anno 1095.)

[MITTARELLI, Annal. *Camaldul.* tom. III, Append., p. 114.]

URBANUS episcopus, servus servorum Dei, dilecto filio MARTINO priori monasterii S. Petri, quod in Lucanæ Ecclesiæ parochia situm est, loco quod vocatur Puteolis, ejusque successoribus in perpetuum.

Desiderium quod ad religiosum propositum et animarum salutem pertinere monstratur, auctore Domino, sine aliqua est dilatione complendum. Ea propter, fili in Christo charissime, tuis petitionibus annuentes, monasterium Sancti Petri, cui Domino auctore præsides, præsentis decreti auctoritate munimus. Statuimus enim ut quæcunque hodie idem cœnobium juste possidet, sive in crastinum concessione pontificum, liberalitate principum, vel oblatione fidelium, juste atque canonice poterit adipisci, firma tibi tuisque successoribus et illibata permaneant. Possessionum etiam, quæ in monasterii proprietate continentur, decimas absque ulla vos molestia possidere perpetuo volumus. Sepulturam quoque ejusdem loci omnino liberam haberi sancimus, ut eorum qui illic sepeliri deliberaverint, devotioni et extremæ voluntati nullus obsistat salvo parochianæ ecclesiæ debito. Decernimus ergo ut nulli omnino hominum liceat idem cœnobium temere perturbare aut ei subditas possessiones auferre, vel oblata retinere, minuere, vel temerariis venationibus fatigare, sed omnia integra conserventur eorum pro quorum sustentatione ac gubernatione concessa sunt, usibus omnimodis profutura, salva Lucanæ ecclesiæ debita et canonica reverentia. Sane si quis in crastinum archiepiscopus aut episcopus, imperator aut rex, comes aut vicecomes, judex aut castaldio, aut persona quælibet magna vel parva hujus nostri privilegii paginam sciens contra eam temere venire tentaverit, secundo tertiove commonitus, si non satisfactione congrua emendaverit, potestatis honorisque dignitate careat, reumque se divino judicio existere de perpetrata iniquitate cognoscat, et a sacratissimo corpore Dei et Domini Redemptoris nostri Jesu Christi alienus fiat, atque in extremo examine districtæ ultioni subjaceat. Cunctis, etc.

BENEDICTUS DEUS ET PATER DOMINI NOSTRI JESU CHRISTI. AMEN.

Datum Florentiæ per manum Joannis sanctæ Romanæ Ecclesiæ diaconi cardinalis, Kal. Februarii indictione III, anno Dominicæ Incarnationis 1095, pontificatus vero domni Urbani secundi pp. septimo.

‹ Pecuniam, inquit, multam a mercatoribus hujus patriæ mutuo accepit, quam de ecclesia ista persolveret: unde ipse rex trecentas marcas habuit. Obertus autem non parvam inde partem accepit. › ID.

CXXVII.

Urbani II bullæ pro monasterio Sancti Ægidii, confirmatæ in concilio Placentino.

(Anno 1095.)

[BALUZ., *Miscell.* edit. Luc., II, 177.]

URBANUS episcopus, servus servorum Dei, universis per Gothicam provinciam fidelibus salutem et apostolicam benedictionem.

Notum omnibus vobis volumus quia dilectus filius noster Raimundus, Tolosanus comes, tam nostris quam aliorum religiosorum virorum monitis excitatus et omnipotentis Dei timore compunctus partem, imo rapinam quam ex parentum suorum invasione in altari Sancti Ægidii et reliquis ipsius altaris ecclesiæ altaribus habere solitus erat, Deo ac sanctæ Dei Genitrici Mariæ sanctisque apostolorum principibus Petro ac Paulo et beato confessori Ægidio reddidit. Quæ redditio sive dimissio in Tolosana synodo facta est coram legato nostro Bernardo, Toletano archiepiscopo, et pluribus tam episcopis quam abbatibus. Item in festivitate sancti Ægidii coram eodem legato nostro aliisque quamplurimis episcopis vel abbatibus eamdem redditionem cum uxore sua Hervira et filio Bertranno super altare beati Ægidii confirmavit, duobus illic nummis Ægidiensis monetæ positis. Igitur nos secundum ipsius comitis postulationem pro sua et parentum suorum salute factum hoc auctoritate apostolica confirmamus et omnipotentis Dei misericordiam deprecamur quatenus quod de rerum ecclesiasticarum usurpatione hactenus admiserunt, sua eis propitiatione indulgeat et a suorum delictorum vinculis per sanctorum apostolorum et sancti Ægidii merita et preces absolvat. Porro tam ipsum quam ejus posteros universos, si altarium oblationem ulterius invadere tentaverint, anathemati subjicimus et ab universo Ecclesiæ consortio segregamus. Quicunque etiam vel ab ipso comite vel ab aliquo quolibet de oblationibus illis feudum tenet, hujus decreti tenore cognito nisi omnino Ecclesiæ reddiderit, eidem anathemati subjaceat. Ipsis etiam monachis sub anathemate interdicimus ne ullo unquam tempore laicorum cuiquam in ipsis altarium oblationibus partem habere permittant. Alioquin et qui dederit et qui receperit anathemati quod proposuimus subjacebit.

Data per manum Joannis, sanctæ Romanæ Ecclesiæ diaconi cardinalis, Cremonæ XII Kalendas Martii, indictione III, anno ab Incarnatione Domini 1095, pontificatus vero domni Urbani papæ septimo.

(32) Relecta vero et confirmata in concilio quod idem papa Placentiæ celebravit.

Ego Joannes Portuensis episcopus cardinalis subscripsi.

Ego Albertus cardinalis subscripsi.

Ego Richardus presbyter cardinalis sanctæ Romanæ Ecclesiæ et Massiliensis abbas subscripsi.

---

(32) Sequentia addita postea sunt.

Ego Bonus senior presbyter cardinalis subscripsi.
Ego Teuzo presbyter cardinalis subscripsi.
Ego Gregorius diaconus cardinalis subscripsi.
Ego Daibertus Pisanus archiepiscopus subscripsi.
Ego Rodulphus Turonensis archiepiscopus subscripsi.
Hugo cardinalis diaconus sanctæ Romanæ Ecclesiæ subscripsi.
Herimannus cardinalis.
Ego Philippus Lunensis episcopus subscripsi.
Ego Aurasicensis episcopus Gilelmus subscripsi.
Ego Rogerius sanctæ Romanæ Ecclesiæ diaconus subscripsi.
Ego Joannes Portuensis cardinalis episcopus subscripsi.
Ego Willelmus Ausciensis archiepiscopus cum meis suffraganeis, scilicet Dodo Bigorritano episcopo, Sancio Lascurrensi episcopo, Ottone Olorense episcopo, Willelmo Consorano episcopo, subscripsi.
Ego Imolensis episcopus Otto subscripsi.
Ego Rodulfus Reginus archiepiscopus subscripsi.
Petrus Venetus patriarcha, Petrus archiepiscopus Mediolanensis, Gotafridus episcopus Magalonensis, Berengarius episcopus Forojuliensis, Amatus archiepiscopus Burdegalensis, Aldebertus archiepiscopus Bituricensis, Petrus archiepiscopus Aquensis, Fulco Belvacensis episcopus interfuerunt.

Tetbaldus Bercellensis abbas laudavit. Poncius abbas Casæ Dei, Frotardus abbas Sancti Pontii.

Isti et omnes archiepiscopi, episcopi et abbates in Placentina synodo residentes hanc dimissionis chartam præcepto domini papæ laudaverunt et confirmaverunt, ac hujus dimissionis deinceps invasorem vel subreptorem perpetuo anathemati subdiderunt, et monasterium omne, si aliquando invasio accideret, ab omni divino officio interdicendo cessare jusserunt.

CXXVIII.

Urbanus II pontifex monasterium D. Georgii in Nigra Silva in suam protectionem recipit atque insignes ei libertates concedit.

(Anno 1095.)

[SCHOEPFLIN., *Alsat. dipl.*, tom. I, p. 177.]

URBANUS episcopus, servus servorum Dei, dilecto filio THOGERIO abbati monasterii Sancti Georgii, quod situm est in Silva Nigra, juxta flumen Briganam, ejusque successoribus regulariter substituendis in perpetuum.

Desiderium quod ad religiosum propositum et animarum salutem pertinere monstratur, auctore Deo, sine aliqua est delatione complendum. Quia igitur nobiles viri Herilo et Hesso in episcopatu Constantiensi, in pago nomine Bara, in comitatu Ascheim, in silva quam dicunt Nigram, juxta flumen Briganam, in honore sancti Georgii martyris monasterium ædificaverunt, et beato Petro apostolo id ipsum cum universis quæ illic obtulerant delegaverunt, nos secundum eorum devotionem præfatum locum sub apostolicæ sedis tutela specialiter confovendum suscipimus. Per præsentis igitur privilegii paginam apostolica auctoritate statuimus ut quæcunque prædia sive possessiones præfati viri vel alii quilibet ex suo jure supradicto cœnobio obtulerunt, quemcunque in futurum concessione pontificum, liberalitate principum, seu oblatione fidelium juste atque canonice poterit adipisci, firma tibi tuisque successoribus et illibata permaneant. Nulli præterea sacerdotum, regum vel ducum aut comitum, seu quarumlibet personarum liceat in eo loco aliquas sibi proprietatis conditiones, non hæreditarii juris, non advocatiæ, non cujuslibet potestatis usurpationem, quæ libertati monasterii noceat, vindicare. Advocatum sibi constituendi, quem voluerint, abbas cum suis fratribus liberam habeant potestatem. Et si is postmodum monasterio inutilis fuerit, remoto eo alium constituant. Obeunte te nunc ejus loci abbate vel tuorum quolibet successorum, nullus ibi qualibet subreptionis astutia vel violentia præponatur, nisi quem fratres communi consensu vel fratrum pars consilii sanioris secundum Dei timorem et regulam beati Benedicti elegerint. Ut autem fratres in eodem loco collecti omnipotentis Dei servitiis liberius valeant insudare, decernimus ut nulli omnino hominum liceat idem cœnobium temere perturbare aut subditas ei possessiones auferre, minuere vel temerariis vexationibus fatigare, sed omnia integra conserventur, eorum pro quorum sustentatione ac gubernatione concessa sunt usibus omnimodis profutura. Vos vero, filii in Christo charissimi, oportet regularis disciplinæ institutionibus diligenter insistere, et totius animæ ac mentis virtutibus anhelare, ut per arctam viam gradientes omnipotenti Deo placere et ad supernam beatitudinem pervenire valeatis. Ad indicium autem perceptæ hujus a Romana Ecclesia libertatis per annos singulos aureum Bizantium Lateranensi palatio persolvetis. Sane si quis in crastinum archiepiscopus aut episcopus, imperator aut rex, dux aut marchio, comes aut vicecomes, aut persona qualibet ecclesiastica vel sæcularis hujus nostræ constitutionis paginam sciens contra eam temere venire tentaverit, secundo tertiove commonitus, si non satisfactione congrua emendaverit, potestatis honorisque sui dignitate careat, reumque se divino judicio existere de perpetrata iniquitate cognoscat, atque a sacratissimo corpore Dei ac Domini Redemptoris nostri Jesu Christi alienus fiat, et in extremo examine districtæ ultioni subjaceat. Cunctis autem eidem loco justa servantibus sit pax Domini nostri Jesu Christi, quatenus et hic fructum bonæ actionis percipiant et apud districtum judicem præmia æternæ pacis inveniant. Amen, amen, amen.

Datum Placentiæ per manum Joannis sanctæ Romanæ Ecclesiæ diaconi cardinalis, VIII Idus Martii, indict. III, anno Dominicæ Incarnat. 1095 (53), pontificatus autem domni Urbani secundi papæ septimo.

CXXIX.
Monasterium Hirsaugiense Spirensis diœcesis sub protectione sedis apostolicæ recipitur, bonaque omnia eidem confirmantur.

(Anno 1095.)

[COCQUELINES, *Bullar. collect.*, II, 80.]

URBANUS episcopus, servus servorum Dei, dilecto filio GEBEHARDO, monasterii Hirsaugiensis abbati, ejusque successoribus regulariter substituendis, in perpetuum.

Cum universis sanctæ Ecclesiæ filiis pro apostolicæ sedis auctoritate ac benevolentia debitores existamus, illis tamen, locis ac personis, quæ specialius et familiarius Romanæ adhærent Ecclesiæ, quæque ampliori religionis gratia eminent, propensiori nos convenit charitatis studio imminere. Unde nos, bonæ memoriæ prædecessoris nostri Gregorii formam sequentes, eadem tibi tuisque legitimis concedimus successoribus, quæ ipse prædecessori tuo Willelmo et ejusdem monasterio precibus Adalberti comitis, concessit et confirmavit; qui æternæ retributionis amore succensus in prædio suo quod dicitur Hirsaugia, monasterium a progenitoribus suis antiquis constructum, nuper amissa restituens venuste reparavit, et in usus fratrum inibi Deo servientium pluribus possessionibus, et redditibus ampliavit. Quam suæ liberalitatis institutionem ne ulla in posterum perversorum hominum audacia minuere aut violare præsumat apostolicæ auctoritatis privilegio muniri, et sanctæ Romanæ Ecclesiæ tuitione roborari postulavit. Quamobrem, præfatum monasterium sub apostolicæ sedis protectione ac tutela specialiter amplectentes, præsentis privilegii pagina statuimus, ut quæ hodie idem cœnobium juste possidet, sive in futurum concessione pontificum, libertate principum, vel oblatione fidelium, juste et canonice poterit adipisci, firma tibi, tuisque successoribus, et illibata permaneant. In quibus hæc nominatim designanda duximus: cellulas S. Georgii, quæ dicitur Richenbac, et S. Martini, quæ dicitur Vischbahajo, et prædium quod dicitur Gilstein, quod datum est pro cella S. Petri; constituentes, ne vel tu, fili charissime Gebeharde, vel quilibet tuorum successorum, præfatas cellulas destruere, vel ea, quæ illis concessa sunt seu concedentur, temere præsumatis imminuere. Præterea decernimus, ut nulli omnino hominum liceat idem

---

(53) Errant qui Eugenium IV omnium primum æram Incarnationis in rescriptis suis adhibuisse sibi persuadent, atque adeo omnes bullas ante Eugenium IV annis Incarnationis notatas interpolationis reddunt suspectas. Pontifices jam a Leonis IX ætate æra Incarnationis subinde usi fuerunt, ast sub Eugenio IV ejusque successoribus usus ille constans esse cœpit. (MABILLON. *De re Diplom.*, lib. II, cap. 25; PAGI, *Vitæ pontificum* tom. II, pag. 556.)

cœnobium temere perturbare, vel ejus possessiones auferre, minuere, vel temerariis vexationibus fatigare; sed omnia integra conserventur, eorum pro quorum sustentatione concessa sunt, usibus omnimodo profutura. Constitutionis quoque immunitatis, et libertatis modos, quos præfatus comes illustris Adalbertus scripto suæ traditionis inseruit, et regio sigillo imprimi curavit, ad posteritatis cautelam, et arcendos infestantium impetus diligenter statuimus, uti nec de promissis quidlibet negligatur, nec de vetitis quidlibet præsumatur. Obeunte vero te, nunc ejus loci abbate, vel tuorum quolibet successorum, nullus ibi qualibet subreptionis astutia vel violentia præponatur, nisi quem fratres communi consensu, vel fratrum pars sanioris consilii, secundum Deum, et beati Benedicti regulam elegerint. Consecrationes altarium sive basilicarum, ordinationes quoque clericorum, oleum sanctum, et cætera ad episcopale officium pertinentia, ab episcopo Spirensi, in cujus estis diœcesi, accipietis si tamen catholicus fuerit, et communionem apostolicæ sedis habuerit; si ea gratis, sine simoniaca pravitate impendere voluerit; alias vero liceat catholicum, quem volueritis, episcopum adire, et ab eo consecrationum sacramenta accipere; qui apostolica fultus auctoritate, quæ postulastis, indulgeat. Advocatum præterea sive protectorem vobis Godfridum, præfati comitis Adalberti filium, instituimus, si hujusmodi Deo præstante fuerit, ut Ecclesiæ et servis Dei honorem debitum exhibeat, et prædicti monasterii utilis et studiosus defensor fuerit; sin autem in vestra sit potestate eligere vestræ ecclesiæ idoneum protectorem, qui sine lucri sæcularis exactione id divinæ servitutis obsequium strenue ac reverenter exhibeat. Vos igitur, filii in Christo charissimi, oportet regularis disciplinæ institutionibus sollicitius et devotius mentis et animæ virtutibus anhelectis; præcipue studentes Romanæ Ecclesiæ decreta veneranda servare, cujus patrocinio ab omni jugo viventium estis annuente Domino, præmuniti. Ad judicium autem perceptæ hujus a Romana Ecclesia libertatis per annos singulos Bisantium aureum Lateranensi palatio persolvetis. Sane si quis in crastinum episcopus et archiepiscopus, imperator aut rex, comes aut vicecomes,

(54) Placentinum concilium an. 1095 celebratum fuit, Kal. Martii, ex Bertholdi Chronico.
(55) Radbodus reum se simoniæ confessus fuerat Hugoni Diensi episcopo et A. S. legato, prout narrat Hugo ipse in epist. ad Greg. VII. Cum vero res ad concilium Pictav. anni 1078 perlata fuisset, causæ definitio permissa est archiepiscopo Gregorii VII qui nihil definisse videtur. Urbanus autem hac epistola rem reliquit in pendulo. « Cum vero judicatum fuisset ut cum duobus episcopis se de simonia purgaret (inquit Herimannus in Hist. restauratæ Tornacensis S. Martini ecclesiæ, num. 72) magister Anselmus, tunc temporis Laudunensis s holæ doctor præcipuus et per totam Fanciam pro sua scientia famosissimus, auxilium episcoporum ei consilio suo abstulit, conscius eos secure non posse jurare cum innocentem foro. Ubi vero ei,

judex aut persona quælibet magna vel parva, hujus privilegii nostri paginam sciens, contra eam temere venire tentaverit, et eorum quæ concessa sunt vel statuta, quidquam irritum fecerit, secundo tertiove commonitus si non satisfactione congrua emendaverit æterno se innodatum anathemate, et a corpore Christi, et Ecclesia, ex auctoritate potestatis apostolicæ segregatum cognoscat. Conservantibus autem hæc pax a Deo et misericordia præsentibus et futuris sæculis conservetur. Amen.

CXXX.

Urbani II epistola ad clerum et populum Noviomensem. — Remandat ipsis cum gratiæ suæ plenitudine Radbodum episcopum, qui Placentino concilio interfuerat, et confirmat privilegia Ecclesiæ Noviomensi a prædecessoribus suis concessa.

(Anno 1095.)

[D. BOUQUET, *Recueil*, t. XIV, p. 712.]

URBANUS episcopus, servus servorum Dei, dilectis filiis clero et populo Noviomensi salutem et apostolicam benedictionem.

Noverit dilectio vestra fratrem nostrum Radbodum, antistitem vestrum, ad concilium quod Placentiæ (54) annuente Domino egimus, pervenisse. Quandiu autem apud nos fuit, nemo adversus eum (55) aliquid protulit. Eum igitur ad vos cum gratiæ nostræ plenitudine remandamus. Si quæ tamen vel de episcopatus introitu, vel aliunde, adversus eum querela emerserit, apud (Hugonem) legatum Lugdunensem diligentius audiatur. Ecclesiæ autem suæ authentica privilegia, quæ antecessores ejus a nostris legitimis prædecessoribus meruerunt, nos rata manere et inconcussa servari sancimus.

Datum Placentiæ, VII Idus Martii.

CXXXI.

Bulla Urbani II pro abbatia S. Petri in Nigra-Silva.

(Anno 1095.)

[SCHŒPFLIN, *Historia Zaringo-Badensis*. Carlsruhæ 1763, in-4°, V, 29.]

URBANUS episcopus, servus servorum Dei, dilectis in Christo filiis in loco qui Cella S. Petri dicitur, sub B. Benedicti regula dimicantibus, eorumque successoribus regulariter substituendis in perpetuum.

multis intervenientibus, concessum est ut sua manu se purgaret, Hugo Lugdunensis archiepiscopus, et apostolicæ sedis legatus, videns eum velle jurare, surgens coram omnibus : « Quid facis, inquit, infelix, qui male jurando animam tuam interficere quæris! Desine ab hoc juramento, et nos impetrabimus ut modo non deponaris, sed per biennium dilationem habens postea pontificatum sponte quasi religionis vel senectutis causa, honeste dimittes : si enim juraveris, ecce tibi prædico quod de hoc anno cum honore non exibis. » Episcopus, sicut cœperat, manum super textum evangelicum posuit; et se innocentem de simonia jurans, securus de concilio exivit, et Tornacum rediit. Post paucos dies Brugis abiit, etc., ubi repentino fato defunctus est, die Dominica intra octavam Epiphaniæ 1097, vel 1098 more Gallico.

Desiderium quod ad religiosum propositum et animarum salutem pertinere monstratur, auctore Deo sine aliqua est dilatione complendum. Quia ergo egregiæ nobilitatis vir Bertholdus dux in comitatu Brisaquensi, in Constantiensi episcopatu, in *Silva* quæ dicitur *Nigra* ad honorem sancti Petri apostolorum principis monasterium ædificavit, ipsum quoque allodium Romanæ Ecclesiæ juri mancipavit. Nos ejus devotionem nostra auctoritate firmantes locum ipsum sub apostolicæ sedis tutela specialiter fovendum suscepimus. Per præsentis igitur privilegii paginam apostolica auctoritate statuimus, ut quæcunque prædia sive possessiones præfatus dux, vel alii viri ex suo jure vestro monasterio obtulerint, sive in futurum concessione pontificum, liberalitate principum, seu oblatione fidelium juste atque canonice poteritis adipisci, firma vobis, vestrisque successoribus et illibata permaneant. Decernimus ergo ut nulli omnino hominum liceat idem cœnobium temere perturbare, vel ei subditas possessiones auferre, minuere, vel temerariis vexationibus fatigare, sed omnia integre conserventur, vestris, vestrarumque successorum usibus omnimodis profutura. Obeunte eo qui in vobis abbatis fungitur ministerio, nullus ibi sub qualibet subreptionis astutia vel violentia præponatur, nisi quem vestri collegii universitas, vel sanioris consilii pars secundum timorem Dei, et B. Benedicti regulam elegerit. Advocatus, quem vestris juribus decreveritis, nullam in monasterio vestro aliquid disponendi habeat potestatem : nulli etjam sæculari personæ in eodem loco liceat habitare.

Vos autem, filii in Christo charissimi, oportet regularis disciplinæ institutionibus diligenter insistere, et totius animæ ac mentis virtutibus anhelare, ut per arctam viam gradientes omnipotenti Deo placere, et ad supernam latitudinem pervenire valeatis. Ad indicium autem perceptæ hujus a Romana Ecclesia libertatis aureum bysantium per singulos annos Lateranensi palatio persolvetis.

Sane si quis in crastinum archiepiscopus aut episcopus, imperator aut rex, princeps aut dux, comes aut vicecomes, judex aut persona quælibet magna vel parva, sæcularis vel ecclesiastica, hujus nostræ constitutionis paginam sciens contra eam temere venire tentaverit, secundo, tertiove commonitus, si non satisfactione congrua emendaverit, potestatis honorisque sui dignitate careat, reumque se divino judicio existere, ut a sacratissimo corpore et sanguine Dei ac Domini Redemptoris nostri Jesu Christi alienus fiat; atque in extremo examine districtæ ultioni subjaceat. Cunctis autem eidem loco juxta servantibus sit pax Domini nostri Jesu Christi, quatenus et hic fructum bonæ actionis percipiant, et apud districtum judicem præmia æternæ pacis inveniant. Amen.

Datum Placentiæ per manum Joannis, sanctæ Romanæ Ecclesiæ diaconi cardinalis, vi Idus Martii, Indict. iii, anno Dominicæ Incarnat. 1094, pontificatus autem domni Urbani II papæ vii.

CXXXII.

Urbani II epistola ad Rotbertum Flandrensium comitem, et ejus optimates. — Hortatur ut Lambertum, episcopum Atrebatensem, in recuperandis Ecclesiæ possessionibus adjuvet.

(Anno 1095.)

[Mansi, *Concil.* XX, 675.]

Urbanus episcopus, servus servorum Dei, dilecto filio Rotberto, Flandrensium comiti, et optimatibus suis, salutem et apostolicam benedictionem.

Pro charissimo fratre nostro Lamberto, Atrebatensi episcopo, repetitis vos litteris exhortamur et oramus, ut ei ad reparandam renovati episcopatus dignitatem consilii et auxilii vestri manus porrigatis, et possessiones ejusdem episcopatus a Cameracensibus episcopis, quibus ecclesia eadem commissa fuerat, male distractas, de manibus tenentium eripere, et eidem ecclesiæ restituere pro vestrorum peccatorum remissione omnibus modis laboretis. Volumus præterea, et apostolica auctoritate jubemus, ut nullo deinceps tempore præfatam Ecclesiam alicui Ecclesiæ subjici vel infestari patiamini, sed ipsam tanquam matrem vestram et dominam, salvo Remensis Ecclesiæ jure honorare, ab injuriis tueri et defendere procurate.

Data Placentiæ v Idus Martii.

CXXXIII.

Urbani II epistola ad Gualcherum episcopum Cameracensem. — Hortatur ne Ecclesiæ Atrebatensis jura lædat.

(Anno 1095.)

[Mansi, *Concil.* XX, 675.]

Urbanus episcopus, servus servorum Dei, dilecto filio Gualchero, Cameracensi electo, salutem et apostolicam benedictionem.

Meminisse te convenit quod jurejurando promiseris apostolicæ sedis decreta te fideliter observaturum. Quod igitur de Atrebatensi Ecclesia sedes apostolica statuit, cave ne tentes qualibet occasione turbare. Imo volumus atque præcipimus ut ea omnia quæ ad jus illius Ecclesiæ secundum privilegium nostrum pertinere cognoscis, quiete ab ea possideri et inconvulsa manere permittas.

CXXXIV.

Urbani II epistola ad Guidonem Viennensem archiepiscopum.

(Anno 1095.)

[D. Ruinart, *Vita Urbani*, p. 363.]

Urbanus episcopus, servus servorum Dei, Guidoni, Viennensium archiepiscopo, salutem et apostolicam benedictionem.

Necessitati et utilitati Ecclesiæ providentes, in promotione tua quod ætati deerat, toleravimus; contra Ecclesiæ nostræ morem, absenti tibi pallium contribuimus, privilegium quoque concessimus, in quo tamen legatus tuus id per subreptionem fecit ascribi quod usque ad tua tempora Gratianopolitanus episcopus possederat, quem in Romana Ecclesia plurimum carum habemus. Qua de re cum sæpe apud nos et apud legatum nostrum venerabilis confrater noster supradictus episcopus conquestus fuerit, tu, tantorum beneficiorum immemor, neque nostris, neque legati nostri litteris vel præcepto obedisti. Nuper autem ad concilium quod annuente Deo Placentia celebravimus, idem episcopus veniens, de eadem re, de Salmoriacensi pago videlicet, in communi audientia conquestus est, plurimorum etiam assertionibus patuit pagum illum sub nonnullis episcopis Gratianopolitanam Ecclesiam possedisse. Illam igitur subreptionem, per quam res sub querimonia positas quasi per privilegium vindicas, nos irritam esse, et vires nullas obtinere decernimus. Unde synodali judicio eum de pago illo, salva tuæ Ecclesia justitia, reinvestivimus, et tibi præsentium litterarum auctoritate præcipimus ut eamdem investituram adimpleas et cum quiete possidere permittas, donec aut ante nos, aut ante legatum nostrum canonico judicio decidatur; quod si contempseris, profecto noveris beati Petri ac nostram te gratiam amissurum.

Data Placentiæ quarto Idus Martii.

CXXXV.

Urbanus papa II translationem Aucensis episcopatus parochiarumque divisionem in Fusellensi concilio factam, confirmat.

(Anno 1095.)

[FLOREZ, España sagrada, XXVI, 403.]

URBANUS episcopus, servus servorum Dei, dilecto fratri GOMESANO, Burgensi episcopo, ejusque successoribus canonice substituendis in perpetuum.

Claruisse plurimas quondam in Hispania civitates Christianæ religionis gloria et episcopalis cathedræ dignitate, et sanctorum martyrum seu confessorum, monimenta declarant, et Toletanorum conciliorum frequentia numerosa significat. Ex quibus nonnullas eversas esse cognoscimus. Miseratione tamen omnipotentis Domini multæ postmodum in Christianorum jus revocatæ, pristinæ dignitatis infulas receperunt. Aliarum quæ sololenus eversæ fuerant, dignitas in urbes proximas est translata. Ita nimirum cum Auca civitas episcopalis quondam defecisset, ne ad eam pertinens diœcesis universa pastoris proprii solatio careret, per Christianos princeps Burgis civitas Aucæ est vicaria instituta : ubi videlicet charissimus noster filius Ildefonsus rex episcopalem ecclesiam suis sumptibus ædificavit. Quam institutionem ut in perpetuum patrante Domino stabilis perseveret, nos præsentis decreti pagina auctoritate apostolica confirmamus.

Parochiarum etiam divisiones, quæ inter Burgensem et Oxomensem ecclesiam coram sedis apostolicæ legato Richardo cardinali presbytero, et Mansiliensi abbate, in synodo apud monasterium de Fusellis constitutæ sunt, sicut ex ejusdem confratris nostri assertione didicimus, vim perpetuam obtinere mandamus. Præterea statuimus ut tam Valeranicense quam cætera monasteria, seu villæ, quæ per catholicorum principum testamenta Burgensi ecclesiæ collata noscuntur, semper in tua, charissime frater, et tuorum successorum dispositione ac possessione permaneant. Quidquid etiam in futurum eadem Burgensis ecclesia juste et canonice, sive liberalitate principum, seu oblatione fidelium poterit adipisci et perpetuo ei jure possidenda præsentis decreti auctoritate præcipimus. Sane si quis in crastinum archiepiscopus aut episcopus, imperator aut rex, princeps aut dux, comes aut vicecomes, judex aut persona quælibet sæcularis, aut ecclesiastica, hujus nostri decreti paginam sciens, contra eam temere venire tentaverit, secundo tertiove commonitus, si non satisfactione congrua emendaverit, potestatis honorisque sui dignitate careat, reumque se divino judicio existere de perpetrata iniquitate cognoscat, et a sacratissimo corpore ac sanguine Dei et Domini Redemptoris nostri Jesu Christi alienus fiat, atque in extremo examine districtæ ultioni subjaceat. Cunctis autem eidem loco justa servantibus sit pax Domini nostri Jesu Christi, quatenus et hic fructum bonæ actionis percipiant, et apud districtum judicem premia æternæ pacis inveniant.

Datum Placentiæ per manum Joannis, S. R. E. diaconi cardinalis, pridie Idus Martii, indictione III, anno Dominicæ Incarnationis 1095, pontificatus autem domini Urbani secundi papæ anno octavo.

CXXXVI.

Bulla Urbani II pro confirmatione vitæ canonicæ in Ecclesia Magalonensi institutæ.

(Anno 1095.)

[*Gall. Christ. nov.*, t. VI, p. 552.]

URBANUS episcopus, servus servorum Dei, dilectis in Christo filiis ORGERIO archidiacono, RAIMUNDO sacerdoti, et DEODATO subdiacono, cæterisque in Magalonensi ecclesia canonicam vitam professis, eorumque successoribus in eadem religione victuris in perpetuum.

Piæ voluntatis affectus prosequente debet studio conforveri, ut ecclesiastica utilitas apostolicæ sedis favore vires accipiat, et accrescat. Omnipotenti Domino, cujus melior est misericordia super vitas, gratias agimus, quia vos estis, qui sanctorum Patrum vitam probabilem renovare proposuistis, et apostolicæ institutæ doctrinæ primordiis Ecclesiæ sanctæ insolita, sed crescente Ecclesia jam pene deleta, instinctu sancti Spiritus suscitatis. Vestrum ergo votum, vestrum propositum nostri auctoritate officii confirmamus, et firmos vos in eo persistere adhortamur, et tanquam Deo exhortante per nos obsecramus. Quamobrem omnibus in vestro cœnobio vitam canonicam secundum beati Augustini regulam profitentibus, et in ea adjuvante Domino permanentibus, nos licet indigni apostolorum vicarii, eorum ac nostram benedictionem peccatorumque absolutionem potestate illis a Domino indulta concedimus, constituentes ne cuiquam omnino liceat hunc vestri statum ordinis commutare. Statuimus etiam ne professionis canonicæ quispiam, postquam deifice super caput sibi hominem imposuerit, alicujus levitatis instinctu, vel districtioris religionis obtentu ex eodem claustro audeat sine præpositi totiusque congregationis permissione discedere : discedentem vero nullus abbatum, vel episcoporum, et nullus monachorum sine communi litterarum cautione suscipiat : præpositum autem, vel archidiaconum, seu cujuslibet dispensationis ecclesiasticæ ministrum, nisi quem suæ professionis communis fratrum electio regulariter viventium secundum Deum elegerit, vobis præferri auctoritate apostolica prohibemus. Quia vero nonnulli in vobis adhuc sunt qui necdum quidem vitam canonicam elegerunt, sed ipsi vos tanquam inter ultimos fraterna sustinent charitate, ipsos quidem ad propositum vestrum transire non cogimus, sed illis aut ad regularem vitam conversis, aut sæculo emigrantibus eorum honores sive possessiones ecclesiasticas cum suis augmentis sive meliorationibus, et terras quæ deinceps vestræ Ecclesiæ datæ fuerint, in regularium fratrum possessionem cedere præsenti auctoritate censemus, et nullum deinceps ibidem fieri vel ordinari canonicum, nisi qui se canonice victurum professus fuerit. Quidquid præterea confrater noster Godefridus vester episcopus in usum dedit, ecclesias videlicet de Villanova, de Montepessulano, de Gigeano, cum decimatione villæ Paderni, ecclesias S. Eulaliæ et Leocadiæ de Valle, S. Michaelis de Monteilio, S. Joannis de Cucone, S. Marcelli de fratribus, S. Andreæ de Maurone, S. Petri de Monte-Arbedone, S. Hilarii de Centranegis, S. Stephani de Bezanicis, S. Joannis de Vedace, S. Felicis de Veruna, S. Stephani de Pignano, S. Joannis de Buia, et S. Andreæ, et S. Dionysii de Monte-Pistellereto, S. Martini de Pruneto, omnes cum capellis, cum decimis et oblationibus, et allodiis suis, et quæcunque deinceps dederit, nos vobis firme et integre permanere concedimus. Præcipimus etiam ne deinceps episcopo liceat sine vestro consilio aliquid quod ad jus matris Ecclesiæ pertineat, cuiquam vel monachorum, vel canonicorum in possessionem concedere, aliter vero acceptum irritum habeatur. Decedente episcopo, quæcunque ejus sunt sub vestra provisione permaneant, donec alter in ejus loco canonice subrogetur, quam subrogationem vestra potissimum volumus electione constitui. Ut autem opitulante Domino propositum vitæ canonicæ, quod cepistis, perseveranter et inviolabiliter teneatis, nos omnem immunitatem a sanctis canonibus et legibus generaliter ecclesiis decretum, omnem libertatem catholicorum principum, et præcipue Ludovici imperatoris præceptis ad Argimirum episcopum datis vestræ Ecclesiæ singulariter impensam vobis vestrisque successoribus in canonicæ vitæ observatione mansuris præsentis decreti auctoritate firmamus. Ad hæc adjicimus ut juxta Villam novam quæ vestræ facultatis est, inflexis insulæ nemini unquam liceat munitionem aliquam, quæ vobis vestrisque successoribus noceat, ædificare. Si quis in crastinum archiepiscopus aut episcopus, imperator aut rex, princeps aut dux, comes aut vicecomes, judex aut persona quælibet, sæcularis vel ecclesiastica hujus nostri decreti paginam sciens contra eam temere venire tentaverit, secundo tertiove admonitus, si non satisfactione condigna emendaverit, potestatis honorisque sui dignitate careat, reumque se divino judicio existere de perpetrata iniquitate cognoscat et a sacratissimo corpore et sanguine Dei ac Domini redemptoris nostri Jesu Christi alienus fiat; atque in extremo examine districtæ ultioni subjaceat; cunctis autem justa servantibus sit pax Domini nostri Jesus Christi, quatenus et hic fructum boni operis percipiat, et apud districtum judicem præmia æternæ pacis inveniat, amen, amen, amen.

Datum Placentiæ per manum Joannis, sanctæ Romanæ Ecclesiæ cardinalis, pridie Idus Maii, indict. III, anno Dominicæ Incarnat. 1095 ; pontificatus autem domni Urbani secundi pontificis anno VIII.

CXXXVII.
Privilegium pro monasterio Cluniacensi.
(Anno 1095.)
[*Bibliotheca Cluniacensis*, p. 516.]

URBANUS episcopus, servus servorum Dei, reverentissimo fratri HUGONI, monasterii Cluniacensis abbati, ejusque successoribus regulariter substituendis in perpetuum.

Cum omnibus sanctæ Ecclesiæ filiis ex sedis apostolicæ auctoritate ac benevolentia debitores existamus, venerabilibus tamen personis atque locis, maxime quæ apostolicæ sedi semper specialius ac devotius adhæserunt, quæque ampliori religionis gloria eminent, propensiori nos convenit charitatis studio imminuere. Tibi ergo, reverentissime ac dilectissime frater, tam ex antiqua sedis apostolicæ familiaritate, quam ex nobilissima tuæ tuique cœnobii religionis reverentia, singularis a nobis debetur prærogativa dilectionis. Quidquid igitur libertatis, quidquid immunitatis, quidquid auctoritatis tibi tuisque successoribus, tuoque cœnobio, per antecessorum nostrorum privilegia concessum fuisse constat, nos quoque hujus nostri decreti pagina conferimus, tradimus, confirmamus. Ea propter nos capellæ illi quam in honore et nomine S. Odonis tua strenuitas extra burgum, ad orientalem partem ædificavit, eam omnino libertatem, eam immunitatem præsentis decreti auctoritate concedimus, quam apostolicæ memoriæ prædecessor noster Gregorius capellis cæteris ejusdem burgi suo privilegio confirmavit.

Ad hæc adjicimus ut monasterium S. Stremonii de Mauzaca, S. Mariæ de Verziaco [Vizeliaco], S. Petri de Alta-Petra, monasterium quod dicitur Sales, nunquam tuæ tuorumque successorum ordinationi et regimini subtrahatur. Hoc ipsum de universis quæ inferius scripta sunt monasteriis ecclesiisve statuimus, videlicet : In episcopatu Lugdunensis, ecclesia S. Justi, S. Desiderii; ecclesia de Frontenaico, de Rorterio. In Matisconensi, ecclesia de Meleto, de Otgers, de Saviniaco, de Seniciaco, de Berziaco; ecclesia S. Hippolyti, S. Martini, Sanctæ Mariæ de Casellis. In Augustudinensi ecclesia de Monrisalt, de Pulignio, de Blanchiaco, de Monte S. Joannis, de Luciaco, de Crupellis, de Milpont ; ecclesia S. Mammetis, S. Christophori. In Lingonensi, ecclesia S. Eulaliæ. S. Joannis de Laona, de Trualt, de Arcu, de Vandovra, de Marmaissa, de Altars. In Basila * ecclesia Sancti Albani. In Cabilonensi, ecclesia de Viniules. In Arvernensi, ecclesia S. Amandi, S. Sepulcri de Lavenna, S. Mariæ de Castello, de Canariis, de Montania, de Nigro-Stapulo, de Angerolis de Arumna. In Viennensi, ecclesia de Artaz, Moras, Mantula, Loteng, Monte-Castaneto. In Gratianopolitano, ecclesia de Alavart, de Avalun, de Teies, de Valbones, de Visilia. In Valentiniensi, ecclesia de Cabetul, de Castellis, de Ales, de Urz. In Diensi ecclesia Sancti Sebastiani, Sanctæ Eufemiæ, Sancti Petri de Trefrort, de Arun, de Aurel, de Calciun, de Castello-novo. In Tulensi, ecclesia de domna Maria, de Frondonis villa. In Metensi, ecclesia de Tibencurt. In Lemovicensi, monasterium quod dicitur Boort. In Belvacensi, ecclesia Sancti Lupi, Sancti Christophori. In Meldensi, ecclesia Sanctæ Mariæ de Nantolio. In Parisiensi, ecclesia Sanctæ Mariæ de Longoponte, de Alnes. In Ambianensi, ecclesia Sancti Petri de Lehun. In Morinensi, ecclesia Sancti Michaelis. In Suessionensi, ecclesia Sancti Petri de Cusiaco. In Longobardia, monasterio Sancti Valeriani de Castello Rothobio, Sancti Majoli de Papia, S. Michaelis de Mucharione, Sancti Majoli de Castemola, Sanctæ Mariæ de Feraria, cum omnibus quæ in Lomello et Lomellina Gonteranus dedit : ecclesia Sanctæ Mariæ de Lacu. In Vercellensi episcopatu, monasterio Sancti Petri de Castellitio, Sancti Joannis de Baina, Sanctorum Joannis et Pauli de Sandaliano, S. Martini de Salamone, Sanctæ Mariæ Ferminiana : ecclesia de Parione, de Calvallio, Sancti Petri de Sade. In Pergamensi, monasterio Sancti Jacobi de Ponticla, cum his obedientiis, Presiate, Mediolaco, Portiziana, Mauringo, Glariola, Verziliano, Maglo, Sala, Vultulina : Sancti Pauli cum his obedientiis, Sanctæ Mariæ de Sarnecho, S. Petri de Umbriano, Sanctæ Trinitatis de Cremina, Sancti Petri de Madegniaco, Sancti Michaelis de Sencino, Sancti Martini de Rudiliano, Sanctæ Juliæ de Cazacho, S. Thomæ de Quintiano, Sancti Salvatoris de valle Camonicha, Sancti Andreæ Brigniano, Sanctæ Mariæ de Canturi, S. Ægidii de Vergesima. Monasterio S. Petri de Rodingo, Sancti Petri de Provallo cum his cellis, Trigulis Alfianello. S. Gabrielis de Cremona cum cellis suis quæ sitæ sunt in castro Fontanellæ, Trigulo, Grumello, Scandolario, Brixiana juxta Virolam. In Placentia, monasterio Sancti Gregorii, cum his cellis, ecclesia Sancti Leonis de Miradolo, Sancti Laurentii de Cuminiaco. In Laudensi, monasterio Sancti Marci, cum his cellis, Sanctorum Firmi et Rustici de Fratta, Sanctæ Crucis de Vicodardo, Sanctæ Mariæ de Calventiano. Monasterio Sancti Joannis de Vertumade cum suis ecclesiis, Sanctorum martyrum Cassiani et Hippolyti de Ulzade, Sanctæ Mariæ de Laveno, et Sanctæ Helix de Monte Veglimo cum universis appendiciis et pertinentiis suis.

Hæc omnia, vel quæ in futurum, Domino adjuvante, juste poteritis adipisci, tibi tuisque successoribus ita perpetuo regenda, disponenda ac possidenda firmamus, ut nemini unquam liceat eorum aliquid a cœnobii Cluniacensis unitate subtrahere. Porro sicut a beatæ memoriæ papa Gregorio in Romana synodo, et a nobis nuper in Placentina statutum est, præsentis privilegii auctoritate decernimus, ut nulli sit archiepiscopo, nulli episcopo, nulli apostolicæ sedis legato facultas, sine certo Romani pontificis præcepto, adversum vos aut vestrum cœnobium excommunicationis aut interdictionis proferre sententiam, neque vestra, vobis invitis, judicia ventilare. Dalmaticæ, compagorum (*sandaliorum*), chyrotecarum et mitræ usum in festivitatibus octo præcipuis, sicut tibi concessus est, ita tuis quoque successoribus, pro tuæ religionis ampliori dilectione, concedimus. Si qua vero ecclesiastica sæcularisve persona hujus privilegii paginam sciens, contra eam temere venire tentaverit, secundo tertiove commonita, si non satisfactione congrua emendaverit, potestatis honorisque sui dignitate careat, reamque se divino judicio existere de perpetrata iniquitate cognoscat, et a sacratissimo corpore ac sanguine Dei et Domini nostri Jesu Christi aliena fiat; atque in extremo examine districtæ ultioni subjaceat. Cunctis autem eidem loco justa servantibus sit pax Domini nostri Jesu Christi. Amen.

Datum Placentiæ per manum Joannis, sanctæ Romanæ Ecclesiæ diaconi cardinalis, XVII Kalend. April., indict. III, anno Dominicæ Incarnationis 1095, pontificatus autem domni Urbani secundi papæ anno VIII.

CXXXVIII.
Privilegium Urbani papæ II pro ecclesia S. Petri de Guastalla.
(Anno 1095.)

[Affo, *Istoria della città e ducato di Guastalla.* Guastalla 1785, in-4°, t. I, p. 325.]

Urbanus episcopus, servus servorum Dei, dilectis filiis Andreæ, archipresbytero Ecclesiæ Beati Petri quæ in Guastallensi pago sita est, ejusque fratribus tam præsentibus quam futuris canonice substituendis in perpetuum.

Justis votis assensum perhibere justisque petitionibus aures accommodare nos convenit, qui, licet indigni, justitiæ custodes atque præcones in Ecclesia apostolorum principum Petri et Pauli specula Domino disponente videmur existere. Quapropter, fili in Christo charissime Andrea, devotionis tuæ precibus annuentes, beati Petri apostoli, cui Domino auctore præsides ecclesiam quæ in Guastalla in suo prædio constituta a dilectissima beati Petri filia Ermengarda regina et a domino Garimano ejusdem ecclesiæ fundatore Deo ac beato Petro oblata est, et a prædecessore nostro felicis memoriæ papa Gregorio quinto in plebem de capella promotam et consecratam sub apostolicæ sedis protectione specialiter confovendam suscipimus, et tibi eam tuisque successoribus canonice substituendis jure perpetuo concedimus atque firmamus cum tribus capellis, videlicet S. Bartholomæi, S. Georgii et S. Martini, et cum omnibus suis possessionibus seu decimis ad ipsas pertinentibus. Constituimus ut nullus infra terminos vestræ parochiæ ecclesiam ædificare præsumat nisi per vestram licentiam et quæ vobis debeat esse subjecta. Et quæcunque præsentialiter vestra ecclesia juste ac legaliter possidet, sive in futurum concessione pontificum, liberalitate regum vel principum, seu oblatione fidelium juste et canonice poteris adipisci, firma vobis vestrisque successoribus permanere præsentis privilegii auctoritate sancimus. Decernimus ergo ut nulli omnino hominum liceat eamdem Ecclesiam temere perturbare aut ei subditas possessiones auferre vel abbatas retinere, minuere, vel temerariis vexationibus fatigare, sed omnia integra conserventur eorum pro quorum sustentatione et gubernatione concessa sunt usibus omnimodis profutura. Obeunte autem te nunc ejus loci præposito vel tuorum quolibet successorum nullus ibi qualibet subreptionis astutia vel violentia proponatur nisi quem fratres communi consensu vel fratrum pars consilii sanioris secundum Dei timorem regulariter elegerint; nec ipsis vobis, nec alicui loci illius ministro facultas sit ecclesiæ bona in feudum militibus vel aliquibus personis sæcularibus impertiri. Hoc quoque præsenti capitulo subjungimus ut ipsa ecclesia et ipsius Ecclesiæ canonici ab omni sæcularis servitii sint infestatione securi omnique gravamine mundanæ oppressionis remoti in sanctæ religionis observatione seduli atque quieti, nulli alii nisi Romanæ et apostolicæ sedi cujus juris est aliqua teneantur occasione subjecti. Chrisma vero, oleum sanctum, consecrationes ecclesiarum, ordinationes clericorum, et alia ecclesiastica mysteria a quocunque volueritis catholico libere suscipiatis episcopo. De cætero nullus archiepiscopus, episcopus, abbas, vel abbatissa, dux, marchio, comes, vicecomes, judex, gastaldio, aut quælibet ecclesiastica sæcularisque persona hujus privilegii paginam sciens, contra eam venire tentaverit, secundo tertiove commonitus si non satisfactione congrua emendaverit potestatis honorisque sui dignitate careat, reumque se divino judicio existentem pro patrata iniquitate cognoscat, et a sacratissimo corpore et sanguine Dei et Domini nostri Jesu Christi alienus fiat atque extremo examine districti judicii subjaceat. Cunctis autem eidem loco, justa servantibus sit pax Domini nostri Redemptoris Jesu Christi, quatenus et hic fructum bonæ actionis percipiant et apud districtum judicem præmia æternæ pacis inveniant. Amen, amen, amen.

Ego Urbanus catholicæ Ecclesiæ episcopus.

Datum Placentiæ per manus Joannis sanctæ Romanæ Ecclesiæ cardinalis, pridie Kalend. Aprilis, indict. III, anno Dominicæ Incarnationis 1096, pontificatus autem domni Urbani secundi PP. octavo.

CXXXIX.
Urbani II papæ ad Richardum sanctæ Romanæ Ecclesiæ cardinalem epistola.
(Anno 1095.)
[DUCHESNE (Fr.), *Histoire de tous les cardinaux français;* Paris, 1660, in-fol., t. II, p. 40.]

URBANUS episcopus, servus servorum Dei, dilecto in Christo fratri et compresbytero RICHARDO, sanctæ Romanæ Ecclesiæ cardinali et Massiliensi abbati, ejusque successoribus regulariter substituendis in perpetuum.

Justis votis assensum præbere, justisque petitionibus aures commodare nos convenit, qui licet indigni justitiæ custodes atque præcones in excelsa apostolorum principum Petri et Pauli specula Domino disponente videmur existere. Quia igitur, et antecessorum tuorum et tui strenuitas in reparando quorumdam cœnobiorum statu strenue ac sollicita vigilavit, petitioni tuæ duximus annuendum non immerito, ut in eisdem monasteriis disponendis, abbatum scilicet ordinationibus atque correctionibus nostras tibi tuisque legitimis successoribus vices committere debeamus, sicut prædecessori tuo venerabili viro Bernardo ab apostolicæ memoriæ Gregorio prædecessore nostro commissæ sunt, et a religiosis episcopis ac principibus confirmatæ, in quorum parochiis habentur monasteria : Videlicet monasterium Sanctæ Mariæ de Riupoly in episcopatu Ausoniensi. In Girondensi monasterium S. Stephani de Baleolis, et S. Petri de Bisalduno. In Elnensi monasterium S. Michaelis de Coxano. In Bigorritano monasterium S. Savini et S. Severi. In Albiensi monasterium S. Benedicti de Castris, ubi beatus Vincentius levita et martyr requiescit. In Tolosano episcopatu monasterium Sanctæ Mariæ de Soricino. In Rhutenensi monasterium S. Amantii, et Vabrense. In Carcassionensi monasterium Sanctæ Mariæ de Crassa. In Nemausensi monasterium S. Petri de Psalmodio. In Arelatensi, S. Petri de Monte Majori. In quibus omnibus defuncto abbate, tibi tuisque successoribus cura sit, communi religiosorum fratrum consilio, de ipsorum congregatione regulariter eligere successorem. Quod si inter ipsos huic regimini nequiverit idoneus inveniri, de vestra, id est Massiliensi congregatione sibi abbatem assumant, unde institutionis suæ ac religionis videntur sumpsisse principia. Si vero, quod absit, ordinatus abbas a sui ordinis rectitudine deviaverit;

vestra interierit cum parochiani episcopi consilio abbatis ipsius delicta regulari austeritate corrigere. Qua in re episcopis ipsis non liceat vobis aliqua pravitate resistere. Porro ea quæ per episcoporum concessionem, per principum liberalitatem, vel per oblationem fidelium tua strenuitas acquisivit, nos tibi tuisque successoribus ad usum fratrum vestrorum perpetuo possidenda præsentis decreti auctoritate firmamus, salva episcoporum canonica reverentia. Videlicet juxta Avenionem civitatem cellam Sancti Saturnini. In episcopatu Uzetico Sancti Mammetis cellam Luræ. In archiepiscopatu Aquensi parochialem ecclesiam de Cretis, et parochiam de Aflnel, et parochiam de Boch et de Caudalonga cum eodem castro, parochiam de Roseth, ecclesiam parochialem de Sparo, et Arhga. Castrum de Papia juxta Marimanam cum portu de Bagneras, parochiam de Cofors. In Forojuliensi ecclesiam parochialem de Grimal, parochiam de Aix et de Flayosco, ecclesiam Sancti Petri cum parochiali ecclesia de Salernis, ecclesiam Sanctæ Mariæ cum alia contigua ecclesia de Cabaza, parochiam de Luch. In Carpenterascnsi episcopatu ecclesiam S. Felicis. In Ebreduuensi archiepiscopatu parochiam de Turries. In Vapicensi ecclesiam Sancti Erigii in castro de Medoilo apud Zeniam. S. Victoris cellam in proprio Massiliensis coenobii jure constructam. In Sardinia, in Gallurensi episcopatu ecclesiam Sancti Stephani de Pausada, cum cæteris ecclesiis quas tam episcopus quam judex Mallilieni monasterio contulerunt. In Calarifano judicatu ecclesiam Sancti Luciferi cum subjectis ecclesiis. Ecclesiam Sanctæ Catellinæ, in Semellia; monasterium quoque Sancti Saturnini et Sancti Antiochi a Caralitano episcopo vobis traditum in perpetuum vestro coenobio firmamus, ita videlicet ut pro decreto quod a nobis venerabilis idem frater noster et coepiscopus Hugo promeruit supra episcopalis obedientiæ jus nihil sibi in eis Calatitani episcopi debeant vindicare. Episcopis autem interdictam volumus, ne inconsultis vobis aut locorum præpositi loca vestra vel ecclesias excommunicent aut interdicant. Porro in ecclesiis interdictis vobis licentiam indulgemus, cum ad ea loca veneritis, seorsum divina officia celebrare. Sane si quis in crastinum archiepiscopus aut episcopus, imperator aut rex, princeps aut dux, marchio, comes, vicecomes, judex aut quælibet ecclesiastica sæcularisve persona hujus decreti paginam sciens, contra eam temere venire tentaverit, secundo et tertio commonitus, si non satisfactione congrua emendaverit, potestatis honorisque sui dignitate careat, reumque se divino judicio existere de perpetrata iniquitate cognoscat, et a sacratissimo corpore ac sanguine Dei et Domini redemptoris nostri Jesu Christi alienus fiat, atque in extremo districtæ ultioni subjaceat. Cunctis autem vestro coenobio justa servantibus, sit pax Domini nostri Jesu Christi, quatenus et hic fructum bonæ actionis percipiant, et apud districtum judicem præmia æternæ pacis inveniant. Amen.

Actum Placentiæ per manum Joannis, sanctæ Romanæ Ecclesiæ diaconi cardinalis, pridie Nonas Aprilis, indictione III, anno Dominicæ Incarnationis 1096, pontificatus autem domni Urbani II papæ VIII.

CXL.

Urbani II decretum quo statuit ut Ecclesia Arausicana post G[uillelmi] episcopi mortem conjungatur cum Tricastinensi Ecclesia.

(Anno 1095.)

[MANSI, *Concil.* XX, 809.]

URBANUS, etc. Ad præsentium notitiam et futurorum memoriam non latere volumus quoniam inter Tricastinos et Arausicos diuturna contentio habita est. Tricastinis quidem de unitione, Arausicis vero de parochiarum ecclesiarum divisione contestantibus. Et concertatio cum reverendissimo pontifici Gregorio prædecessori nostro ... Arausici ... litteras dirigens, legatum pro hujus rei discussione ad eos se missurum pollicitus est : quod tamen postea ... indagare nequivimus. In hac autem suspensione..... G..... ecclesiam episcopus electus et consecratus est. Tricastinus ergo episcopus Pontius Arausicensem ecclesiam asserens per multos annos a suis prædecessoribus fuisse possessam, querelam hanc cum ad nostras aures pro multis Ecclesiæ Romanæ persecutionibus proferre non posset in pluribus Transalpinis conciliis exponi procuravit. Novissime cum ad nostram notitiam pervenisset, nos quoque eam ad concilii proxime celebrandi audientiam differri præcepimus. Interim venerabili fratri nostro Guillelmo Arausicensi episcopo significare curavimus ut ad synodum veniens, se ad defendendum hujusmodi negotium præpararet. Cum autem venisset, ipse quidem divisionis istius canonicas causas proferre non potuit. Tricastinus vero post diuturnam et plusquam centenariam possessionem venerabilium pontificum Romanorum, et Gregorii, et Alexandri privilegiis, causæ suæ partes tuebatur. Quare nos de Gregorii decreto, quo ab ipsa fuit Ecclesia potitum, quædam inter fratres nostros quæstio orta est, placuit alium adhuc definiendi causæ terminum adhiberi, in quo et Arausicensis episcopus, si quam posset, defensionem nancisceretur, et Tricastinæ Ecclesiæ clerici de eodem privilegio nos jurejurando facerent certiores. Cumque ..... convenissent et confrater noster Arausicensis episcopus, sicut promiserat non venisset, nec excusationes aliquas præmisisset, et tunc nobis placuit negotii finem in tempus aliud protelari. Cæterum clericis et itineris difficultates, et rerum longa dispendia prætendentibus, nec longiores posse moras pati instantissime proclamantibus, visum est fratribus nostris, tam episcopis quam et nostræ apostolicæ Ecclesiæ cardinalibus, ut Tricastinorum clericorum satisfactionem suscipere deberemus. Tres itaque Tricastinæ Ecclesiæ clerici super Evangelia sacrosancta jurarunt se vidisse et legisse Romani pontificis Gregorii bullarum privilegium Bonifacio Tricastino episcopo attributum, per quod prædictæ Ecclesiæ fuerant counitæ. Cujus videlicet privilegii tenorem secutus sanctæ memoriæ pontifex Alexander II præfatas ecclesias censuerat sub uno semper episcopo permanere. Post hoc Arausicensis episcopus cum Ecclesiæ suæ clericis veniens, eas quas præsignavimus Gregorii papæ VII litteras, detulit; alia quoque chartarum monimenta monstravit, quibus et rerum veritas certius claruit, et Tricastinorum relatio vires accepit. Et nos ergo instrumentis talibus roborati secundum fratrum nostrorum judicium præsenti decreto sancimus ut, defuncto fratre nostro venerabili episcopo qui ad præsens Arausicensi Ecclesiæ præsidet, utraque mox Ecclesia in pristinam redeat unitatem, nisi forte post proximam quam præparante Domino exspectamus Pentecosten infra unius anni spatium..... constiterit eas certo Romani pontificis præcepto et decreto fuisse divisas. Alioquin omnis sopiatur... ut defuncto confratre nostro superius nominato episcopo eadem Ecclesia ad aliam transeat. Illa vero quæ hactenus prima habita est, et deinceps principatum obtineat. Ita tamen ut episcopus qui utrique præfuerit nihil de proventionibus clericorum, reddito, ornatu, ministeriis, quæ vel quomodocunque in alterius patrimoniis habentur, modo quocunque vel occasione qualicunque patiatur imminui. Si quis vero hanc nostræ constitutionis paginam, etc.

Actum Cremonæ xvii Kal. Maii ..... anno Dom. Incarnat. 1095.

CXLI.

Privilegium apostolicum Urbani II papæ pro monasterio S. Abundii Comensis.

(Anno 1095.)

[TATTI, *Annali sacri della città di Como.* Como, 1663, tom. II, pag. 864.]

URBANUS episcopus, servus servorum Dei, filio JOSEPH, monasterii S. Abundii abbati; quod juxta Cumanum urbem situm est, ejusque successoribus regulariter substituendis in perpetuum.

Desiderium quod ad religiosum propositum et animarum salutem pertinere monstratur, auctore Deo, sine aliqua est dilatione complendum. Quia igitur dilectio tua protectionem sedis apostolicæ suppliciter expetivit, nos tuis justis petitionibus annuentes, beati Abundii confessoris monasterium, cui largiente Domino præsides, præsentis decreti auctoritate munimus. Statuimus enim ut quæcunque hodie idem cœnobium catholicorum pontificum concessione, liberalitate principum, vel oblatione fidelium possidet, sive in futurum, Domino adjuvante, juste atque canonice poterit adipisci, firma tibi, tuisque successoribus, et illibata permaneant. Decernimus ergo ut nulli omnino hominum liceat eumdem locum temere perturbare, aut ejus possessiones auferre, aut ablatas retinere, minuere, vel temerariis vexationibus fatigare. Sed omnia integra conserventur eorum pro quorum sustentatione ac gubernatione concessa sunt usibus omnimodis profutura; salva Romanæ Ecclesiæ canonica reverentia. Sane si quis in crastinum, archiepiscopus aut episcopus, imperator aut rex, princeps aut dux, marchio, comes, vicecomes, judex, aut ecclesiastica quælibet sæcularisve persona, hujus decreti paginam sciens, contra eam temere venire tentaverit, secundo tertiove commonitus, si non satisfactione congrua emendaverit, potestatis honorisque sui dignitate careat, reumque se divino judicio existere de perpetrata iniquitate cognoscat, atque a sacratissimo corpore, ac sanguine Dei ac Domini redemptoris nostri Jesu Christi alienus fiat, et in extremo examine districtæ ultioni subjaceat. Cunctis autem eidem loco justa servantibus sit pace Domini nostri Jesu Christi, quatenus et hic fructum bonæ actionis percipiant, et apud districtum judicem præmia æternæ pacis inveniant. Amen, amen, amen.

Datum Mediolani per manum Joannis, sanctæ Romanæ Ecclesiæ diaconi cardinalis, xvii Kal. Junii, indict. iii, anno Dominicæ Incarnationis 1096, pontificatus autem domni Urbani secundi PP. octavo.

CXLII.

Litteræ apostolicæ Urbani II, quibus institutam a Petro Carcassonensi episcopo clericorum regularium normam in ecclesia S. Nazarii et aliis confirmat.

(Anno 1095.)

[*Gall. christ.* t. VI, Instrum., p. 451.]

URBANUS episcopus, servus servorum Dei, dilecto fratri PETRO, Carcassonensi episcopo, salutem et apostolicam benedictionem.

Petitionis tuæ justitiam agnoscentes, institutionem regularium clericorum, quam tuæ prudentiæ sollicitudo apud matricem ecclesiam S. Nazarii et apud ecclesias S. Mariæ, seu B. Stephani Domino cooperante disposuit, præsentium litterarum auctoritate firmamus, et eam sub apostolica protectione suscipimus. Præcipimus ergo, et per virtutem S. Spiritus interdicimus, ut nulli successorum tuorum, nulli sæcularis vel ecclesiasticæ potestatis liceat easdem canonicas evertere, et per te illic dispositum regulare propositum dimovere. Universa etiam quæ canonicis ipsis ex tua liberalitate collata sunt, aut deinceps conferentur, sive quæ deinceps alii quilibet fideles ex suo jure contulerint, firma semper et illibata permaneant, clericorum ibidem sub regularis vitæ observantia servientium usibus omnimodis profutura. Si quis vero, quod absit! hujus decreti nostri jure cognito obviam ire tentaverit, animadversione spiritualis gladii feriatur. Observantibus autem hoc pax a Deo et misericordia perpetua conservetur.

Datum Mediolani xii Kal. Junii, anno 1088 (36).

---

(36) Nota temporis falsa. JAFFÉ.

CXLIII.

Urbanus II ecclesiæ S. Petri Standalmontensis, a Mathilde comitissa B. Petro traditæ, protectionem suscipit et bona confirmat, ea lege ut clerici quotannis denarium aureum, aut quarto quoque anno bisantium, palatio Lateranensi persolvant.

(Anno 1095.)

[Dom CALMET, *Hist. de Lorraine*, Preuves, p. 505.]

URBANUS episcopus, servus servorum Dei, dilectis in Christo filiis LEUBRICO et GUACELINO, cæterisque Dei servis, tam clericis quam secum manentibus laicis, in loco qui dicitur Standalmont in episcopatu Metensi, eorumque successoribus in eadem religione permansur s in perpetuum.

Desiderium quod ad religiosum propositum et animarum salutem pertinere monstratur, auctore Deo sine aliqua dilatione est complendum. Vestris ergo, filii in Christo venerabiles, precibus, et charissimæ beati Petri filiæ Mathildis comitissæ intercessionibus inclinati, vestræ habitationis locum, qui dicitur Standalmont, et destinatam apostolorum principis nomini ecclesiam, sub jure et protectione sedis apostolicæ specialiter confovendam suscipimus. Quem videlicet locum certis terminis circumscriptum, præfata beati Petri filia Mathildis comitissa, vestræ religioni ad agendam communem et canonicam vitam tradidit, sub censu denarii aurei annuo Lateranensi palatio persolvendo. Per præsentis ergo privilegii paginam apostolica auctoritate statuimus ut quæque dona quasque possessiones eadem comitissa vestræ contulit ecclesiæ, vel in futurum Domino inspirante contulerit, quidquid etiam fideles quilibet in quoque episcopatu de suo jure pro suarum animarum salute deinceps obtulerint, quidquid præterea concessione pontificum, liberalitate principum juste canoniceque poteritis adipisci, firma vobis vestrisque successoribus et illibata permaneant.

Decernimus ergo ut nulli omnino hominum liceat eumdem locum temere perturbare, aut ejus possessiones auferre, vel ablatas retinere, minuere, vel temerariis vexationibus fatigare, sed omnia integra conserventur, eorum pro quorum sustentatione ac gubernatione concessa sunt, usibus omnimodis profutura. Obeunte congregationis vestræ præposito, nullus ibi qualibet subreptionis astutia vel violentia præponatur, nisi quem fratres communi consensu, vel fratrum pars consilii sanioris, secundum Dei timorem institutionemque canonicam providerint eligendum. Statuimus etiam ne cui fratrum, post professionem exhibitam, liceat ex eodem claustro sine præpositi seu congregationis permissione discedere : discedentem vero nullus abbatum vel episcoporum, nullus monachorum seu canonicorum sine communium cautione litterarum suscipiat. Consecrationes ecclesiarum, ordinationes clericorum ab episcopo in cujus diœcesi estis, accipietis ; siquidem catholicus fuerit, et si gratiam et communionem apostolicæ sedis habuerit, et si eas gratis impendere ac sine pravitate voluerit : alioquin a quoque A volueritis catholico episcopo, eas accipere liberum sit.

Ad hoc adjicimus ut episcopus locum ipsum gravare non audeat, nec aliquam consuetudinem quæ regularium fratrum quieti noceat, irrogare. Porro in ecclesiis quas per diversos episcopatus sub jure vestri loci habetis, de congregationis vestræ fratribus rectores instituendi liberam vobis concedimus facultatem, salvo jure catholici episcopi in cujus diœcesi ecclesiæ sitæ sunt. Ad indicium autem perceptæ hujus a Romana Ecclesia libertatis, supradictum censum per annos singulos, aut in quarto anno bisantium, Lateranensi palatio persolvetis. Si qua sane in crastinum ecclesiastica sæcularisve persona, hujus decreti paginam sciens, contra eam temere venire tentaverit, secundo tertiove commonita, si non satisfactione congrua emendaverit, potestatis honorisque sui dignitate careat, reamque se divino judicio existere de perpetrata iniquitate cognoscat, atque a sacratissimo corpore et sanguine Dei ac Domini Redemptoris nostri Jesu Christi aliena fiat, et in extremo examine districtæ ultioni subjaceat. cunctis autem eidem loco justa servantibus sit pax Domini nostri Jesu Christi, quatenus et hic fructum bonæ actionis percipiant, et apud districtum judicem præmia æternæ pacis inveniant. Amen.

Datum Mediolani per manum Joannis, sanctæ Romanæ Ecclesiæ diaconi cardinalis, VII Kalend. Junii, indict. III, pontificatus autem domni Urbani secundi papæ octavo.

CXLIV.

Urbani II papæ epistola ad Salmoriacenses, tam clericos quam laicos.

(Anno 1095.)

[D. BOUQUET, *Recueil*, t. XIV, p. 760.]

URBANUS episcopus, servus servorum Dei, dilectis filiis tam clericis quam laicis, in pago Salmoriacensi commorantibus, salutem et apostolicam benedictionem.

Quoniam frater Viennensis archiepiscopus nostro et concilii quod largiente Domino Placentiæ celebratum est judicio obedire contempsit, ut videlicet Gratianopolitano episcopo Salmoriacensem archidiaconiam restitueret, sicut de ea fuerat investitus, nos vobis præsentium litterarum auctoritate præcipimus ut, ejusdem Viennensis archiepiscopi subjectione posthabita quam a vobis videtur violenter exigere, Gratianopolitano deinceps tanquam proprio episcopo obediatis, donec utrisque præsentibus idem negotium in nostra vel legati nostri audientia canonico judicio definiatur. Si vero etiam nunc Viennensis archiepiscopus usque ad canonicum judicium super investitione hac inquietare præsumpserit, nos ipsum interim ab illius obedientia subtrahimus.

Data Mediolano septimo Kal. Junii.

CXLV.
Urbani II privilegium pro Ecclesia Vesontiensi.
(Anno 1095.)
[Dunod, *Hist. des Séquanais*, tom. II, p. 585.]

Urbanus episcopus, servus servorum Dei, dilecto filio Hugoni, tertio sanctæ Vesontionensis Ecclesiæ archiepiscopo, ejusque successoribus, canonice substituendis in perpetuum.

Potestatem ligandi atque solvendi in cœlis et in terra, beato Petro ejusque successoribus, auctore Deo, principaliter traditam, Ecclesia verbis illis agnoscit : *Quæcunque ligaveris super terram, erunt ligata et in cœlo, et quæcunque solveris super terram, erunt soluta et in cœlis;* ipsique firmitas et alienæ fidei confirmatio eodem auctore Deo præstatur, cum ad illum dicitur : *Rogavi pro te ut non deficiat fides tua; tu autem conversus confirma fratres tuos.* Oportet ergo nos, qui, licet indigni, Petri residere videmur in loco, prava corrigere, certa firmare, et in omni Ecclesia, ad interni arbitrium judicis disponendo sic disponere, ut de vultu ejus judicium nostrum prodeat, et oculi videant æquitatem. Tuis ergo, fili in Christo charissime Hugo, justis petitionibus annuentes, sanctam Bisuntinam Ecclesiam, cui Deo auctore præsidere et apostolicæ sedis auctoritate videris, statuimus; quascunque urbes, quascunque parochias, quas decessorum tuorum tempore præfatæ metropoli, apostolicæ sedis concessio subdidit, perpetuo subditas permanere. Abbatias etiam intra urbem, quas Bisuntina Ecclesia antiquo jure possedisse agnoscitur, in eadem semper concedimus possessione pertinere. In his autem quæ extra urbem sunt sitæ; videlicet Balmensi, Castri Canonis, Laonensi, Alte Petrensi, Cusatensi, Valleclusensi, Palmensi, Luxoviensi, Lutrensi, Faverniacensi, Sancti Urcissini, id juris tua fraternitas habeat, quod prædecessores tuos constat, permissione sedis apostolicæ habuisse. Ad hæc quascunque possessiones, quæcunque bona, prædecessorum tuorum, vel tui ipsius industria, sanctæ Bisuntinæ Ecclesiæ jugiter ac legaliter acquisivit, vel in futurum, largiente Domino, poterit adipisci, firma semper habere et illibata sancimus. Præterea pallium, totius videlicet pontificalis dignitatis plenitudinem, tibi ex apostolicæ sedis benignitate ac gratia, indulgemus, quo tua fraternitas, intra ecclesiam tuam uti ad missarum solemnia celebranda meminerit, illis solummodo diebus, quos prædecessoribus tuis apostolicorum privilegiorum auctoritate concessum. Crucem quoque ante faciem tuam secundum antiquam tuæ ecclesiæ consuetudinem bajulandam tuæ dilectioni concedimus. Pallii vero genium, te volumus per omnia vindicare, hujusque indumenti honorem, humilitatem atque justitiam. Tota igitur mente fraternitas tua festinet, se exhibere in prosperis humilem, et in adversis si quando emerserint formam, cum justitia boni amica perversis contraria ; nullius unquam faciem contra veritatem respiciens, nullius unquam faciem pro veritate loquentem premens, misericordiæ opibus juxta virtutem substantiæ insistens, et tamen super virtutem insistere cupiens, infirmis compatiens, benevalentibus congaudens, de alienis gaudiis tanquam de propriis exsultans, in corrigendis vitiis sæviens, in fovendis virtutibus auditorum animos demulcens, in ira judicium sine ira tenens, in tranquillitate autem severitatis justæ censuram non deserens. Hæc est, frater charissime, pallii accepti dignitas, quam si sollicite servaveris, quod foris accepisse ostenderis, intus habebis. Fraternitatem tuam superna dignatio, per tempora longa conservet incolumen.

Data apud Ostiam, per manum Joannis, sanctæ Romanæ Ecclesiæ cardinalis, quinto Kal. Julii, indictione III, anno Dominicæ Incarnationis 1096, pontificatus autem domni Urbani II papæ VIII.

CXLVI.
Urbani II epistola ad Lambertum Atrebatensem episcopum.
(Anno 1095.)
[Mansi, *Concil.* XX, 694.]

Urbanus episcopus, servus servorum Dei, dilecto fratri Lamberto, Atrebatensi episcopo, salutem et apostolicam benedictionem.

Noverit dilectio tua nos in proximo Novembri, in octavo videlicet S. Martini, apud Clarummontem, annuente Domino, synodale concilium statuisse, ad quod tuam providentiam invitamus, ut, omni occasione seposita, statuto in tempore, prædicto in loco, non omittat occurrere. Noveris præterea Cameracense a ep'scopum missis ad nos litteris ac nuntiis pro Atrebatensi Ecclesia vehementer interpellasse, dicentem se et Ecclesiam suam Romanis privilegiis esse munitam ; unde oportet prudentiam tuam ad hujus negotii responsionem paratam cum tuis clericis convenire.

Data apud Anicium XVIII. Kal. Augusti (37).

CXLVII.
Urbani II papæ privilegium pro monasterio monialium S. Petri Blaziliensis.
(Anno 1095.)
[Cocquelines, *Bullar., privileg. summ. pont. Collect.*, II, 108.]

Urbanus episcopus, servus servorum Dei, dilectæ in Christo filiæ Florentiæ, abbatissæ monasterii S. Petri de Blasilia [*al.*, de Bleffe], et eis quæ in ipsius loci regimine successerint regulariter, in perpetuum.

Ad hæc nos disponente Domino in apostolicæ sedis servitium promotos agnoscimus, ut ejus filiis auxilium implorantibus efficaciter subvenire, et ei obedientes tueri ac protegere, prout Dominus dederit, debeamus. Unde oportet nos venerabilibus locis manum protectionis extendere, et servorum atque ancillarum Dei quieti attentius providere.

(5.) Leg. XVIII Kal. Sept.

Tuis igitur, dilecta filia in Christo Florentia, precibus annuentes, B. Petri de Blazilia monasterium in Arvernensi comitatu situm, cui Deo auctore præsides, ab Ermengarda comitissa constructum, et Romanæ Ecclesiæ traditum, sub jure et protectione sedis apostolicæ suscipimus, quemadmodum a prædecessoribus nostris constat esse susceptum. Per præsentem itaque privilegii paginam apostolica auctoritate statuimus, ut quæcunque idem cœnobium hodie juste possidet, vel in futurum juste et canonice possidebit, et poterit adipisci, in cellis, in ecclesiis, in villis, et in cæteris rebus mobilibus sive immobilibus, tibi tuisque sororibus tam præsentibus quam futuris, regulariter victuris, firma semper et illibata permaneant.

Decernimus ergo, ut nulli omnino hominum liceat, idem cœnobium temere perturbare, aut ejus possessiones auferre, vel ablatas retinere, minuere vel temerariis vexationibus fatigare; sed omnia integra conserventur earum, pro quarum sustentatione et gubernatione concessa sunt, nisibus omnimodis profutura, salvo canonico sedis apostolicæ jure. Ad indicium autem hujus perceptæ a Romana Ecclesia libertatis, per singulos annos quinque monetæ vestræ solidos Lateranensi palatio persolvetis. Si quis sane in crastinum archiepiscopus, episcopus, imperator aut rex, aut princeps, aut dux, aut comes, aut vicecomes, judex, aut quælibet ecclesiastica vel sæcularis persona, sciens hujus privilegii paginam, contra eam venire temere tentaverit, secundo tertiove commonitus, si non satisfactione congrua emendaverit, potestatis honorisque sui dignitate careat.

Reliqua desiderantur.

CXLVIII.

Caturcensis ecclesiæ canonici confirmantur in professione vitæ regularis, quam recens professi erant.

(Anno 1095.)

[COCQUELINES, tom. II, p. 84.]

URBANUS episcopus, servus servorum Dei, dilectis in Christo filiis, GOSBERTO priori, ejusque fratribus in Caturcensi ecclesia canonicam vitam professis, et eorum successoribus, in eamdem religione permansuris, in perpetuum.

Piæ postulatio voluntatis effectu debet prosequente compleri, quatenus et devotionis sinceritas laudabiliter enitescat, et utiliter postulata vires indubitanter assumat. Quia igitur vos, o filii in Christo charissimi, per divinam gratiam aspirati, mores vestros sub regularis vitæ disciplina coercere, et communiter secundum SS. Patrum institutionem omnipotenti Domino deservire proposuistis ; nos votis vestris atque petitionibus paterna benignitate impertimur assensum. Vitæ quippe canonicæ ordinem, quem professi estis, præsentis privilegii auctoritate firmamus; et ne cui post professionem exhibitam sine prior's seu congregationis licentia de claustro discedere liceat, interdicimus, et tam vos quam vestra omnia sedis apostolicæ protectione munimus. Vobis itaque, vestrisque successoribus in eadem religione permansuris, ea omnia perpetuo possidenda sancimus, quæ venerabilis frater noster Giraldus Caturcensis episcopus ad gubernationis vestræ solatia noscitur contulisse; ecclesiam scilicet S. Juliani de Bovena, ecclesiam S. Petri de Mortrado; reditus villæ, quæ dicitur Pardinas, medietatem oblationum ex altari beati Stephani, medietatem census monetæ Caturcensis, qui episcopo competere videtur, tertiam partem paratarum, quæ parochiani solent episcopo comparari, cætera omnia quæ idem episcopus vel jam vobis contulit, vel in futurum est largiente Domino collaturus. Ea etiam quæ olim ad Caturciensium canonicorum usum collata, sed post eorum negligentiis detrita, et in manus militum cæterorumque sæcularium dissipata sunt. Decernimus ergo ut nulli omnino hominum liceat eamdem canonicam temere perturbare, vel ejus possessiones auferre, vel ablatas retinere, minuere, vel temerariis vexationibus fatigare; sed omnia integra conserventur eorum, pro quarum sustentatione ac gubernatione concessa sunt, usibus omnimodis profutura. Illud etiam supranominati episcopi constitutum præsentis decreti pagina stabilimus, ut præpositura, sive archidiaconatus, et cæteri ecclesiastici honores Caturcensis ecclesiæ vestris vestrorumque successorum consiliis ordinentur. Si qua vero in futurum ecclesiastica sæcularisve persona hujus nostræ constitutionis paginam sciens, contra eam temere venire tentaverit, secunda tertiove commonita, si non satisfactione congrua emendaverit, potestatis honorisquesui dignitate careat; reamque se divino judicio existere de perpetrata iniquitate cognoscat; atque a sacratissimo corpore ac sanguine Dei et Domini redemptoris nostri Jesu Christi aliena fiat, et in extremo examine districtæ ultioni subjaceat. Cunctis autem eidem loco justa servantibus sit pax Domini nostri Jesu Christi, quatenus et hic fructum bonæ actionis percipiant, et apud districtum judicem præmia æternæ pacis inveniant. Amen, amen, amen.

. . . . Joannis sanctæ Romanæ Ecclesiæ diaconi cardinalis, x Kal. Sept. indict. III, anno Dominicæ Incarnationis 1096 (38), . . . , bani secundi papæ octavo.

CXLIX.

Privilegium pro monasterio Casæ-Dei.

(Anno 1095.)

[MABILL. *Annal. Bened.*, V, 337.]

URBANUS episcopus, servus servorum Dei, dilectis filiis PONTIO abbati monasterii quod Casa-Dei dicitur, et universæ congregationi salutem et apostolicam benedictionem.

Cum omnipotentis Dei gratia vestrum monasterium per nos visitari, et in honore ac nomine san-

---

(38) Leg. 1095.

ctorum martyrum Vitalis et Agricolæ ipsius cœnobii basilicam dedicare disposuit, dignum duximus ut tam pro beati Roberti meritis, qui cœnobium sua quondam opera fundavit, et nunc suis meritis protegit, quam pro religionis vestræ reverentia, vobis vestrisque successoribus in regularis disciplinæ observatione mansuris spiritualia sedis apostolicæ dona largiremur. Vos igitur in speciales Romanæ Ecclesiæ filios suscipientes, etc.

Datum apud burgum Sancti Ægidii per manus Joannis, S. R. E. diaconi cardinalis, VIII Idus Septembris, anno Dominicæ Incarnationis 1095, pontificatus autem domni Urbani II papæ anno VIII.

CL.

Urbanus universos per Gothiam et Provinciam fideles hortatur ut conferant ad ecclesiam S. Nicolai construendam in prædio a Stephania comitissa monasterio S. Victoris Massiliensi per ipsum apud Tarasconem tributo.

(Anno 1095.)

[MARTENE, *ampl. Collect.* I, 556.]

URBANUS episcopus, servus servorum Dei, universis per Gothiam et Provinciam fidelibus salutem et apostolicam benedictionem.

Dilectionem vestram noscere volumus, Stephaniam comitissam cum nobilibus suæ terræ, pro animarum suarum remedio, prædiolum quoddam Massiliensi monasterio B. Victoris martyris apud Tarasconem per manum nostram concessisse, ad construendam ecclesiam B. Nicolai confessoris. Vos igitur...... [dilecti] filii, litteris præsentibus admonemus ut ad ejusdem construendam [constructionem], et fratrum illic Deo servientium sustentationem, opem vestram et auxilium impendatis. Quicunque vero locum illum eleemosynis suis de suarum rerum jure amplificare, quicunque monachos ibi Deo servientes ope sua et consilio adjuvare curaverit, atque cœmeterium quod juxta prædictam ecclesiam constitutum est, liberum illibatumque servaverit, suorum indulgentiam peccatorum a Domino consequatur, ipsiusque Dei gratia et apostolorum Petri et Pauli benedictione donetur.

CLI.

Bulla Urbani II papæ pro monasterio S. Ægidii.

(Anno 1095.)

[*Gall. Christ.*, t. VI, p. 183.]

URBANUS episcopus, servus servorum Dei, dilectis in Christo filiis ODONI, abbati monasterii S. Ægidii, et universæ congregationi salutem et apostolicam benedictionem.

Gratiæ supernæ miserationi tam per nos quam et per vestram religionem agendæ sunt, quia nos ad vestrum cœnobium pervenire, et una vobiscum B. Ægidii solemnitatem celebrare disposuit. Unde nos erga B. Ægidium ampliori devotione ferventes, tam vos quam vestra omnia ampliori sedis apostolicæ munimine protegere et confirmare curamus. Omnem igitur libertatem seu immunitatem vobis ac vestro cœnobio per antecessorum nostrorum privilegia contributam nos quoque præsentis decreti pagina roboramus et quidquid super ea nos vobis hactenus concessisse cognoscimur. Unde etiam vestræ quieti attentius providentes, Nemausensem episcopum vobis infestum nostra studuimus auctoritate coercere. Cum enim vos super ecclesia S. Andreæ de Bernice et aliis quibusdam, quas antecessorum suorum temporibus possederatis, inquietaret, nos ei omnino ab hujusmodi molestiis cessare præcipimus, et sic vobis omnia quiete dimittere, sicut antecessorum nostrorum tempore vos possedisse constiterat. Abbatiam præterea Beati Eusebii et omnes possessiones, quas hodie juste possidere videmini, vobis vestrisque successoribus perpetuo possidendas apostolica auctoritate firmamus. Statuimus etiam ut de cætero nullo archiepiscopo liceat super vestrum cœnobium vel abbatem manum excommunicationis aut interdictionis extendere, sed in B. Petri et ejus vicariorum manu quieti semper ac liberi per omnipotentis Dei gratiam maneatis; pœnitentibus vero qui pro scelerum suorum venia cœnobii vestri basilicam, in qua beati Ægidii corpus quiescere dignoscitur, expetierint, eam intrare, et illic Domino sua concedimus vota persolvere. A conjugiis etiam liberos ad monachatum admitti sine episcoporum contradictione concedimus. Vos enim pro ejusdem B. Ægidii meritis et religionis vestræ reverentia quietos omnino persistere, et tanquam oculi nostri pupillam volumus custodiri. Hæc omnia ut in perpetuum firma et intemerata permaneant Dei omnipotentis, Patris, et Filii, et Spiritus sancti judicio et potestate sancimus.

Datum Avenione per manum Joannis, sanctæ Romanæ Ecclesiæ diaconi cardinalis, pridie Idus Sept., indict. III, anno Dominicæ incarn. 1096 [1095], pontificatus autem domni Urbani II papæ anno octavo.

CLII.

Urbanus II papa confirmat regularem disciplinam canonicorum S. Avenionensis ecclesiæ, qui cum bonis omnibus ad canonicam ipsam spectantibus sub protectione sedis apostolicæ suscipiuntur.

(Anno 1095.)

[COCQUELINES, tom. II, p. 81.]

URBANUS episcopus, servus servorum Dei, dilectis filiis SYLVESTRO præposito, et ejus fratribus, in Avenionensis ecclesia canonicam vitam professis, eorumque successoribus, in perpetuum.

Piæ postulatio voluntatis effectu debet prosequente compleri, quatenus et devotionis sinceritas laudabiliter enitescat, et utilitas postulata vires indubitanter assumat. Quia igitur vos, o filii in Christo charissimi, per divinam gratiam aspirati, mores vestros sub regularis vitæ disciplina coercere, et communitei secundum SS. Patrum institutionem omnipotenti Deo deservire proposuistis; nos votis vestris paterno congratulamur affectu. Unde etiam petitioni vestræ benignitate debita impertimur assensum, et vitæ canonicæ ordinem, quem professi estis præsentis privilegii auctoritate firmamus; et ne cui post professionem exhibitam proprium quid habere, neve sine præpositi congregationis licentia de claustro discedere liceat, interdicimus, et tam vos quam vestra omnia sedis apostolicæ protectione munimus. Vobis itaque vestrisque successoribus, in eadem religione permansuris, ea omnia perpetuo possidenda sancimus, quæ impræsentiarum pro communis victus sustentatione possidere videmini: ecclesiam scilicet S. Agricolæ de Lupera, et sancti Pauli de Palude, S. Domi.... et S. Columbæ de Cortedune, et S. Georgii de Garriga, pagi de Mairranica partem quartam, et insularum ad ipsum pertinentium. Universas præterea Avenionensis ecclesiæ præbendas et honores seu dispensationes, quas hodie possidetis vos, qui, auctore Domino, vitam canonicam ducitis; sive quas clericorum quidam obtinent, qui necdum propriis obrenuntiaverint, communitatis vestræ usibus confirmamus, quocunque in tempore illas aperiri contigerit, et quæcunque deinceps concessione pontificum, liberalitate principum, vel oblatione fidelium, juste atque canonice poteritis adipisci. Ad hæc decernimus ut, defuncto Ecclesiæ vestræ episcopo, successoris vestrum electio potissimum vestrorumque successorum qui canonice vixerint, deliberatione persistat. Id ipsum etiam et universæ Ecclesiæ, seu claustri vestri præpositis, sive dispensatoribus eligendis perpetuo observandum censemus. Si qua sane in crastinum ecclesiastica sæcularisve persona, hujus nostræ constitutionis paginam sciens contra eam temere venire tentaverit, secunda tertiave commonitione si non satisfactione congrua emendaverit, potestatis honorisque sui dignitate careat, reamque se divino judicio existere de perpetrata iniquitate cognoscat, a sacratissimo corpore et sanguine Dei et Domini Redemptoris nostri Jesu Christi aliena fiat, et in extremo examine districtæ ultioni subjaceat. Cunctis autem eidem congregationi justa servantibus sit pax Domini nostri Jesu Christi, quatenus et hic fructum bonæ actionis percipiant, et apud districtum judicem præmia æternæ pacis inveniant.

Datum Avenione per manum Joannis, Romanæ Ecclesiæ diaconi cardinalis, xvii Kal. Octob., indict. iii, anno Dominicæ Incarnationis 1095, pontificatus domni Urbani papæ anno octavo.

CLIII.

Privilegium ab Urbano II ecclesiæ S. Ruffi concessum, salva in omnibus Avenionensis episcopi canonica reverentia.

(Anno 1095)

[*Gall. Christ. vet.*, t. IV, p. 802.]

URBANUS episcopus, servus servorum Dei, dilectis in Christo filiis ARBERTO abbati, ejusque fratribus in ecclesia S. Ruffi canonicam vitam professis, et eorum successoribus in eadem religione permansuris in perpetuum.

Desiderium quod ad religiosum propositum et animarum salutem pertinere monstratur, auctore Deo, sine aliqua est dilatione complendum. Quia igitur, filii in Christo charissimi, per omnipotentis Dei gratiam aspirati, primam nascentis Ecclesiæ conversationem multis jam temporibus destitutam renovare proposuistis, ut secundum SS. Patrum instituta corde uno et una anima sub jugo regulæ omnipotenti Domino serviatis; nos religioni vestræ paterno congratulamur affectu. Et ut semel inchoata religio, auctore Deo, semper inviolabilis perseveret, tam vos quam vestra omnia sedis apostolicæ gremio confoventes, præsentis privilegii auctoritate munimus. Statuimus enim ut nemini inter vos professione exhibita proprium quid habere, nec sine tua, fili Arberte abba, et eorum qui post te in eadem regimine successerint, aut sine communi congregationis licentia de claustro discedere liberum sit; et si decesserit, et commonitus redire contempserit, tibi tuisque successoribus facultas sit ejusmodi ubilibet a suis officiis interdicere: interdictum vero nullus episcoporum abbatumve suscipiat. Præterea per præsentis decreti paginam apostolica vobis auctoritate firmamus ecclesiam Sanctæ Mariæ infra urbem Lugdunensem; ecclesiam Sancti Petri secus Diam, ecclesiam S. Jacobi de Melgorio, ecclesiam de Buxa, ecclesiam de Turre, ecclesiam de Cancyrag, ecclesiam de Vences, ecclesiam de Armazanazas cum capella, ecclesiam de Boterita, et omnia quæ episcopi Avenionensis Benedictus Rostagnus et Gibillinus vestræ Ecclesiæ contulerunt. Ad hæc etiam adjicimus ut quæcunque hodie vestrum cœnobium juste possidet, sive in futurum concessione pontificum liberalitate principum, et oblatione fidelium juste ac canonice poterit adipisci, vobis vestrisque successoribus, qui in eadem religione permanserint, integra semper illibataque permaneant. Decernimus ergo ut nulli omnino hominum liceat idem cœnobium temere perturbare, aut ejus possessiones auferre, vel ablata retinere, minuere, vel temerariis vexationibus fatigare; sed omnia integra conserventur eorum, pro quorum sustentatione et gubernatione concessa sunt, usibus omnimodis profutura, salva in omnibus Avenionensis episcopi canonica reverentia.

Datum Tricast., per manum Joannis, sanctæ Romanæ Ecclesiæ diaconi cardinalis, indictione tertia, decimo tertio Kalend. Octobris, anno Dominicæ Incarnationis millesimo nonagesimo sexto, pontificatus vero domni Urbani II papæ viii.

CLIV.

Urbani II papæ privilegium pro Ecclesia Matisconensi.

(Anno 1095.)

[*Gall. Christ.*, t. IV Opp., p. 284.]

URBANUS episcopus, servus servorum Dei, dilecto fratri LANDRICO Matisconensi episcopo suisque successoribus canonice promovendis in perpetuum.

Justis votis assensum præbere justisque petitionibus aures accommodare nos convenit, qui, licet indigne, custodes atque præcones in excelsa apostolorum principum Petri et Pauli specula positi, Domino disponente, videmur existere. Tuis igitur, frater in Christo reverendissime Landrice, justis petitionibus annuentes, sanctam Matisconensem Ecclesiam, cui, auctore Deo, præsides apostolicæ sedis auctoritate munimus. Statuimus enim ut ecclesia de Prisciaco, de Fabricis, de Verchessoto, de Mardubrio, ecclesia Sancti Amoris et cætera omnia quæ tua fraternitas ex hostium manibus erepta reparavit, universa etiam quæ juste ad eamdem ecclesiam pertinere noscuntur, tibi tuisque successoribus libera semper et illibata serventur. Interdicimus etiam ut, te ad Dominum evocato, vel tuorum quolibet successorum, nullus omnino invitis vestræ ecclesiæ clericis aut episcoporum aut ecclesiæ res auferre, diripere vel distrahere audeat; ipsum autem clericorum claustrum, et claustri domos ita semper liberas permanere sancimus ut nemini illis violentiam liceat irrogare. Ad hæc adjicientes decernimus ut quæcunque in posterum liberalitate principum vel oblatione fidelium vestra ecclesia juste et canonice poterit adipisci, firma tibi tuisque successoribus et illibata permaneant. Si quis sane archiepiscopus, aut episcopus, aut imperator, aut rex, dux, comes, vicecomes, judex, aut ecclesiastica quælibet sæcularisve persona, hujus privilegii paginam sciens, contra eam temere venire tentaverit, secundo tertiove commonitus, si non satisfactione congrua emendaverit, potestatis honorisque sui dignitate careat, reumque se divino judicio existere de perpetrata iniquitate cognoscat, atque a sacratissimo corpore et sanguine Dei ac Domini Redemptoris nostri Jesu Christi alienus fiat, et in extremo districtæ ultioni subjaceat. Cunctis autem eidem Ecclesiæ justa servantibus sit pax Domini nostri Jesu Christi, quatenus et hic fructum bonæ actionis percipiant, et apud districtum judicem præmia æternæ pacis inveniant. Amen.

Datum Cluniaci, per manus Joannis, sanctæ Romanæ Ecclesiæ diaconi cardinalis, xv Kalendas Novembris, indictione III, anno Dominicæ Incarnationis millesimo nonagesimo sexto, pontificatus autem domini Urbani II papæ octavo.

CLV.

Urbani II epistola ad Guarnerium de Castellione. — Illi sub excommunicationis pœna præcipit ut Lambertum, episcopum Atrebatensem, in itinere ad synodum captum dimittat.

(Anno 1095.)

[Mansi, Concil. XX, 695.]

Urbanus episcopus, servus servorum Dei, dilecto filio Guarnerio, Pontionis filio, salutem et apostolicam benedictionem, si obedierit.

Venerabilem fratrem nostrum Atrebatensem episcopum ad concilium venientem te cepisse audivimus, et cur ceperis plurimum miramur. Rex enim Francorum non solum venire ad nos alios non prohibet, verum etiam omnibus suæ potestatis episcopis et abbatibus venire ad concilium licentiam dedit. Unde litteris te præsentibus ut captum commonemus episcopum pro reverentia B. Petri ac nostro amore cum suis omnibus liberum adire permittas; alioquin quandiu illum tenueris, et te et terram tuam excommunicationi subjicimus.

CLVI.

Urbani II epistola ad archiepiscopum Senonensem. — Mandat, commoneat Guarnerium ut episcopum Atrebatensem dimittat.

(Anno 1095.)

[Mansi, Concil. XX, 695.]

Urbanus episcopus, servus servorum Dei, charissimo fratri Senonum archiep. Richerio, salutem et apostolicam benedictionem.

Audivimus Guarnerium, Pontionis filium, venerabilem fratrem nostrum Atrebatensem episcopum ad concilium venientem cepisse, captumque retinere, ea propter litteris te præsentibus jubemus ut eumdem Guarnerium captum præsulem cum suis omnibus libertati restituere commoneas. Quod si contempserit, quandiu illum tenuerit, et ipsum et locum suum excommunicationi subjicias.

CLVII.

Privilegium pro monasterio Silviniacensi.

(Anno 1095.)

[*Bibliotheca Cluniacensis*, p. 509.]

Urbanus episcopus, servus servorum Dei, filiis in Domino charissimis Silviniacensis cœnobii monachis, salutem et apostolicam benedictionem.

Quoniam supernæ benedictionis dignitate multimoda actum est ut nos ipsi monasterium vestrum, et beati Majoli corpus intra ecclesiam ad locum alium transferre meruerimus, dignum duximus, cum Cluniacensis cœnobii, cui tanquam membra capiti singulariter inhæretis, dilectione præcipua, tum religionis vestræ reverentia, vos et locum vestrum specialius sedis apostolicæ protectione munire. Eapropter præsente confratre nostro venerabili Durantio, Arvernensi episcopo, constituimus ne pro communi parochiæ excommunicatione, vel interdictione, ullo unquam tempore cœnobium vestrum interdictionis alicujus jacturam sentiat, nec ulli viventium facultas sit infra monasterium, seu villæ adjacentis ambitum, aut assultum facere, aut quemlibet hominem capere vel deprædari. Unde etiam egregium militem Archimbauldum sub manus propriæ stipulatione in manum nostram polliceri, supra parentis proprii tumulum fecimus, ut universa quæ pater aut avi ejus loco vestro contulerant, tam in rebus quam in immunitatibus et consuetudinibus, omni vitæ suæ tempore debeat illibata servare, etc.

Datum apud Monticulum, per manum Joannis, sanctæ Romanæ Ecclesiæ diaconi cardinalis, Idibus Novembris, indict. III, anno Dominicæ Incarnationis 1097, pontificatus autem domni papæ Urbani VIII.

CLVIII.

Definitio quæ fuit inter Gothofredum Magalonensem episcopum et Petrum Anianensem abbatem in concilio Claromontano.

(Anno 1095.)

[Mansi, Concil. XX, 910.]

Cum apud Claromontem, Arvernorum civitatem, dominus papa Urbanus II in concilio resideret, consedentibus in eodem concilio diversarum provinciarum primatibus, archiepiscopis, abbatibusque quamplurimis, veniens ante venerabilem papam Gothofridus, Magalonensis episcopus, clamorem fecit super abbate Petro et monachis Anianensis monasterii, quod monachorum et abbatis ordinationes et consecrationes ecclesiarum aliunde quam ab Ecclesia Magalonensi quærerent aut acciperent, et quod contra fas præsumptione illicita sub obtentu privilegii pœnitentia daudi excommunicandique ac absolvendi seu reconciliandi vel alienos parochianos undecunque passim recipiendi ad sepulturam inaudito more licentiam vindicarent. Quod narratum in concilio valde displicuit omnibus. Placuit autem domino papæ Urbano et universo sancto collegio ut tale privilegium cassaretur et abraderetur, et ut abbas Anianensis Petrus in medio concilii ante Magalonensem episcopum veniens in manu ejus obedientiam debitam promitteret Ecclesiæ Magalonensi de ordinationibus et consecrationibus et judiciis, salvis tamen privilegiis Anianensis monasterii, inquantum secundum canones pro salute et stabilitate ipsius monasterii constituta fuerant. Quam definitionem inter utramque Ecclesiam Alexander II papa antea fecerat, sic scribens : *Alexander episcopus, servus servorum Dei, abbati et universæ congregationi Anianensis monasterii salutem et apostolicam benedictionem. Pervenit ad nos querela Magalonensis episcopi super intolerabili præsumptione et inobedientia vestra, quod, quamvis Romanam Ecclesiam episcopum eum censere et tolerare cognoveritis, nullius tamen episcopalis reverentiæ honorem sibi attribuitis, imo et contemptu ejus, illicita vobis usurpantes, in corpus totius Ecclesiæ graviter ac nefande delinquitis. Nam quod excommunicatos illius nulla auctoritate fulti suscipitis, et quod ejus manus impositione contempta ordinationes vestras ad libitum vestrum aliunde petitis, in hoc et canonicæ traditionis instituta corrumpitis, et exemplo reprobo grave scandalum in Ecclesia generalis. Unde vos auctoritate apostolica commonemus ut hæc et alia hujusmodi penitus relinquentes præfato episcopo vestro deinceps totius subjectionis et reverentiæ debitum exhibeatis, scientes quoniam si hæc querela ulterius ad nos delata fuerit, districtam in se temeritatis vestræ pertinacia vindictam provocabit.* Ne autem inter utramque Ecclesiam Magalonensem et Anianensem dissensionis aut discordiæ occasio ulla remaneret, dominus papa Urbanus hanc definitionem scribi jussit, scriptamque sigillo apostolicæ sedis firmavit.

Datum apud Arverniam xiii Kal. Decembris, per manus Joannis, S. R. E. diaconi cardinalis, anno Dominicæ Incarnationis millesimo nonagesimo quinto, indictione tertia, anno pontificatus domini Urbani papæ II octavo.

CLIX.

Bulla confirmationis privilegiorum monasterii Celsiniacensis.

(Anno 1095.)

[Baluz., Miscell. II, 175.]

Urbanus episcopus, servus servorum Dei, dilectis filiis Celsiniacensis cœnobii monachis salutem et apostolicam benedictionem.

Ad hoc nos disponente Domino in apostolicæ sedis servitium promotos agnoscimus ut ejus filiis auxilium implorantibus efficaciter subvenire et ei obedientes tueri ac protegere prout Dominus dederit debeamus. Unde oportet et nos venerabilibus locis manum protectionis extendere et servorum Dei quieti attentius providere. Igitur tam pro vestra speciali religione quam pro venerabilis fratris nostri Hugonis Cluniacensis abbatis dilectione, ad cujus curam ex Cluniacensis cœnobii jure locus vester pertinet, vestris, filii in Christo charissimi, precibus annuentes, monasterium vestrum præsentis decreti auctoritate munimus. Statuimus enim ut quæcunque hodie vestrum cœnobium juste possidet sive in futurum concessione pontificum, liberalitate principum, vel oblatione fidelium juste atque canonice poterit adipisci, firma vobis vestrisque successoribus semper et illibata permaneant, in quibus hæc propriis nominibus duximus exprimenda : in ipso videlicet burgo qui monasterio adjacet Sanctæ Mariæ et Sancti Martini, in pago Ucionensi ecclesiam Sancti Remigii de Carniaco, Sancti Jacobi de Varennis, Sancti Quintini, Sancti Stephani, Sancti Juliani de Paleariis, Sanctæ Mariæ de Masliaco, Sancti Germani Brennacum, ecclesiam novam in Luridensi pago, cœnobium Calcidi montis, Sanctæ Mariæ de Beverias, ecclesiam de Monterevello, de Viverolo, de Bafia, de Grandirivo, de Zalmantanias, de Ambert, de Marcac, de Teulerias, ecclesiam Sanctæ Mariæ de Monte, Sancti Ferreoli, Sancti Eligii, in Privatensi pago ecclesiam Sanctæ Florinæ, Sancti Gervasii, ecclesiam de Abulnac, de Burnunculo, de Leuton, de Lendan, de Clais, de Vescon, de Girmae, in pago Talendensi ecclesiam Sancti Hilarii, Sancti Martialis, ecclesiam de Chidrac, de monte Acuto, de Plauzac, de Ozac, de Soletis, capellam de Monte, in pago Todornensi ecclesiam Sancti Lupi, Sancti Juliani et Sanctæ Mariæ apud Cauriacum, ecclesiam de Matesc cum ecclesiis ad ipsum locum pertinentibus, in pago Taluensi ecclesiam Sanctorum Martyrum Cyrici et Julitæ, Sancti Pardulfi, Sancti Donati, Sancti Victoris, ecclesiam de Cingulis, cum universis possessionibus et appendiciis eorum. Præterea decernimus ut nulli omnino liceat eamdem ecclesiam temere perturbare aut ejus possessiones auferre, vel ablatas retinere, minuere, vel temerariis vexationibus fatigare, sed omnia integra conserventur eorum pro quorum sustentatione et gubernatione concessa sunt usibus omnimodis profutura; salva tamen in omnibus debita abbatum Cluniacensium reverentia. Nulli etiam facultas sit adjacentem monasterio burgum invadere, deprædari, vel noxias aliquas consuetudines exactionis imponere. Porro sepulturam ejusdem loci omnino liberam esse decernimus, ut eorum qui illic sepeliri deliberaverint devotioni et extremæ voluntati, nisi forte excommunicati sint, nullus obsistat. Et quia, largiente Domino, monasterii vestri ecclesia nostris manibus est consecrata, hoc quoque præsenti capitulo subjungimus, ut pro beati Petri et nostræ consecrationis reverentia nullus deinceps audeat in idem monasterium excommunicationis aut interdictionis proferre sententiam, quatenus ab omni servitii singularis infestatione securi omnique gravamine mundanæ oppressionis remoti in sanctæ religionis observatione seduli atque quieti omnipotenti Domino placere totius mentis et animæ virtutibus]anhelis. Si qua sane ecclesiastica sæcularisve persona hanc nostræ constitutionis paginam sciens contra eam temere venire tentaverit, secundo tertiove commonita si non satisfactione congrua emendaverit, potestatis honorisque sui dignitate careat, reamque se divino judicio existere de perpetrata iniquitate cognoscat, et a sacratissimo corpore et sanguine Dei et Domini Redemptoris nostri Jesu Christi aliena fiat, atque in extremo examine districtæ ultioni subjaceat. Cunctis autem eidem loco justa servantibus sit pax Domini nostri Jesu Christi, quatenus et hic fructum bonæ actionis percipiant et apud districtum judicem præmia æternæ pacis inveniant. Amen, amen, amen.

Datum apud oppidum Sancti Flori per manum Joannis, sanctæ Romanæ Ecclesiæ diaconi cardinalis, indictione III, VII Idus Decembris, anno Dominicæ Incarnationis 1095, pontificatus autem domini Urbani II papæ VIII.

CLX.

Urbani II papæ epistola ad canonicos Engolismenses, qua præpositræ de Juliaco attributionem ipsis ab Ademaro factam confirmat.

(Anno 1095.)

[Mansi, Concil. XX, 919.]

Urbanus episcopus, servus servorum Dei, dilectis filiis Engolismensis Ecclesiæ canonicis salutem et apostolicam benedictionem.

Officii nostri nos hortatur auctoritas pro Ecclesiarum statu sollicitos esse, et quæ recte statuta sunt stabilire. Illam igitur constitutionem quam venerab. frater noster Ademarus episcopus de præpositura illa constituit, quæ est in villa Juliaco in pago Sanctonensi, nos litterarum præsentium auctoritate firmamus. Constituimus enim ut præpositura eadem nulla unquam venalitate distrahatur, nulla unquam vel consanguinitatis vel successionis occasione fratrum communiter in Engolismensi ecclesia viventium gubernationi et victui subtrahatur, ita ut nec episcoporum Engolismensium alicui liceat illius villæ, seu præpositruæ redditus in usos alios vindicare, sed tam ipsa quam cætera quæ juste hodie possidetis, et quæcunque vel de amissis recuperare, vel aliunde legitime poteritis acquirere, vobis vestrisque successoribus in communi vita permanentibus integra semper et illibata permaneant. Si quis vero constitutioni huic et decreto nostræ auctoritatis pertinaciter contraire tentaverit, per convenientes inducias monitus, nisi satisfactione congrua emendaverit, sancti Spiritus gladio et apostolicæ districtionis ultione plectatur.

Data apud Clarummontem Arverniæ XI Kalen. Decemb. per manum Joannis, S. R. E diaconi cardin., indict. III, ann. Dom. 1096 [1095], pontif. domini Urbani II PP. VIII.

CLXI.

Urbanus II papa monasterii Aubechiensis possessiones et jura confirmat.

(Anno 1095.)

[Gall. Christ. III, Instrum., 17.]

Urbanus episcopus, servus servorum Dei, dilecto filio Rogerio, abbati monasterii quod situm est in parochia Cameracensi, in insula quæ dicitur Abbatias, salutem et apostolicam benedictionem.

Officii nostri nos hortatur auctoritas, quæ recte statuta sunt, stabilire. Quamobrem, charissime fili Rogeri, tuis petitionibus apostolicæ benignitatis aures inclinantes, monasterium sanctissimæ Trinitatis, cui, auctore Deo, præsides, præsentis decreti auctoritate munimus, et quæcunque bona venerabilis confrater noster Gerardus Cameracensis episcopus, cujus nimirum donatione locus ipse institutus esse cognoscitur, præfato monasterio contulit : quæcunque præterea quilibet fideles de suo jure concesserunt integra semper et illibata manere apostolica auctoritate sancimus. Decrevimus itaque ut nulli omnino hominum liceat eumdem locum temere perturbare, vel ejus possessiones auferre, minuere, vel temerariis vexationibus fatigare; sed omnia integra conserventur eorum pro quorum sustentatione ac gubernatione concessa sunt usibus omnimodis profutura. Quisquis autem locum ipsum pro divini timoris reverentia, vel rebus suis ditare, protegere, vel pro sua facultate exaltare studuerit, omnipotentis Dei misericordiam et apostolorum ejus gratiam consequatur. Qui vero contra hujus nostri decreti tenorem pertinaciter agere tentaverit, sancti Spiritus gladio plectatur.

Datum apud Clarummontem Arverniæ per manum Joannis, sanctæ Romanæ Ecclesiæ diaconi cardinalis, III Kal. Decembris, indict. III, anno Dominic. Incarnationis 1095; pontificatus autem domni Urbani II papæ anno VIII.

CLXII.
Confirmatio S. Dionysii de Nogento, per domnum Urbanum II papam facta.
(Anno 1095.)

[*Bibliotheca Cluniacensis*, p. 544.]

URBANUS episcopus, servus servorum Dei, universæ congregationi monasterii S. Dionysii quod situm est inter flumen Igunæ castrumque Nogenti, salutem et apostolicam benedictionem.

Sicut irrationabilia poscentibus negari debet ascensus, sic justa petentium votis benigna debemus assentione concurrere. Idcirco dilecti filii nostri Gaufridi comitis de Mauritania, et ejus conjugis Beatricis devotioni duximus annuendum. Is siquidem comes B. Dionysii martyris monasterium in Carnotensi parochia inter Igunæ fluvium et castrum Nogenti ab avo suo Gaufrido fundatum, et a patre suo Rotroco ex parte ædificatum, sua tandem instantia consummavit, consummatum et rebus suis donatum, annuentibus venerabilibus viris Richerio Senonensi archiepiscopo, et Gaufrido Carnotensi episcopo, collaudantibus et subscribentibus tam uxore ejus supra nominata Beatrice, quam filio Rotroco, sanctis apostolis Petro et Paulo et Cluniacensi cœnobio sub reverendissimi confratris nostri Hugonis abbatis præsentia obtulit. Quam oblationem nostra postulaverunt auctoritate firmari. Nos igitur tam præfatum beati Dionysii monasterium, quam omnia ad id pertinentia, sub jure et dispositione Cluniacensium fratrum perpetuo permanere sancimus. Præcipientes et sub distrïctione anathematis interdicentes, ne quis unquam eumdem locum a Cluniacensis cœnobii unitate subtrahat. Apostolica etiam auctoritate statuimus ut quæcunque dona, quascunque possessiones præfati comites vel alii quilibet fideles de suo jure eidem monasterio contulerunt, sub apostolicæ sedis tutela integra semper et illibata permaneant. Vicus scilicet supra memoratæ adjacens ecclesiæ cum decem prati agripennis, et tota in circuitu ecclesiæ terra usque ad Roduam fluvium, et super ipsum duo molendina. Terra Burchardi cum broilo. Terra de Belseria, de Asconis villa. Ecclesia S. Hilarii cum decimis et appendiciis suis omnibus. Ecclesia S. Leobini de Flaciaco, S. Leobini de Bracle, S. Hilarii de Bebanisuilla, S. Albini de Coldreciolo, S. Mariæ de Margone, S. Petri de Bruyeria, S. Martini de Berduys. Ecclesiæ S. Joannis de Mauritania, S. Macuti, et S. Germani. Ecclesia S. Albini de Campo rotundo cum tota Nigellæ terra et appendiciis suis omnibus super Eram fluviolum. In loco qui dicitur Vivariis terra omnis culta et inculta, exquisita et inquirenda, cum pratis, silvis, et servorum rebus, ibique, et in comitatu Mauritaniæ morantium. In Cenomanensi episcopatu ecclesia S. Petri de Cetone, saltus consuetudinarii tam ad usus ecclesiæ, quam ad usus monachorum et hominum suorum, præter saltum Perticuli. In omnibus saltibus pascua porcorum monasterii gratis. In loco qui dicitur Oratorius, terra unius aratri. In Morisim villa unius aratri terra. In fracta valle decem agripenni vineæ, molendinum de Ruitaria. Terra de Bremuncurte, terra Bonnaci cum mediatoriis earum. Piscariæ in Iogniæ fluvio a vado Bellivilaris usque ad aquam quæ dicitur Edera, medietas Bebanisvillæ, et silva quæ dicitur Ostenganis. Decima telonei Mauritaniæ castri. Tolonei quoque decima Nogenti castri. Decima etiam Pasnadii silvæ, quæ nominatur Resno. Item ecclesia S. Stephani, et S. Joannis in Nogenti castro. S. Hilarius, S. Joannes, S. Stephanus, S. Maria in castro Noiomi. S. Martinus de Magone, S. Albinus de Campo rotundo, S. Albinus de Codricello, S. Maria Magdalene de Ferraria, S. Hilarius de Belenvilla. S. Joannes de Petrafixa, S. Petrus de Aponviller, S. Anastasius de Ronviller, S. Salvator de Campo rotundo, S. Petrus de Boscenileto, S. Martinus de Unverre, S. Leobinus de Flacci, ecclesia Oratorii cum appendiciis et decimis omnibus. Hæc habentur in episcopatu Carnotensi. In Cenomanensi episcopatu ecclesiam S. Petri de Cetone, ecclesiam S. Ulfacii, S. Petrus de Mauvis, S. Prejectus de Vileris, S. Hilarius qui est juxta Sanctam Ceronnam, S. Maria de Bure, S. Martinus de Loiseel, S. Germanus de Loisilz, S. Maria, S. Joannes, S. Macutus de Mauritania, S. Audoenus de Tesval, S. Gervasius de Feris, S. Audoenus de Verreriis, S. Martinus de Beloto, S. Martinus de Berziis, S. Martinus de Jamagiis, S. Petrus de Brueria. Præterea quæcunque vestrum cœnobium hodie juste possidet, sive in futurum juste canoniceque poterit adipisci, firma vobis, vestrisque successoribus et illibata permaneant. Decernimus ergo ut nulli omnino hominum liceat idem cœnobium temere perturbare, aut ejus possessiones auferre, vel ablatas retinere, minuere, vel temerariis vexationibus fatigare, sed omnia integra conserventur eorum, pro quorum sustentatione ac gubernatione concessa sunt usibus omnimodis profutura, salva canonica Carnotensis episcopi reverentia. Si qua sane in futurum ecclesiastica sæcularisve persona hujus decreti paginam sciens contra eam temere venire tentaverit, secundo tertiove commonita, si non satisfactione congrua emendaverit, potestatis honorisque sui dignitate careat, reamque se divino judicio existere de perpetrata iniquitate cognoscat, et a sacratissimo corpore ac sanguine Dei ac Domini Redemptoris nostri Jesu Christi aliena fiat, atque in extremo examine districtæ ultioni subjaceat. Cunctis autem eidem cœnobio justa servantibus, sit pax Domini nostri Jesu Christi, quatenus et hic fructum bonæ actionis percipiant, et apud districtum judicem præmia æternæ pacis inveniant. Amen.

CLXIII.
Urbani II papæ epistola ad Guigonem comitem.
(Anno 1095.)

[D. BOUQUET, *Recueil*, t. XIV, p. 761.]

URBANUS episcopus, servus servorum Dei, Guiconi comiti, clero et populo Gratianopolitano, salutem et apostolicam benedictionem.

Querelam venerabilis confratris nostri Hugonis vestri episcopi de Salmoriacensi pago jam diu agitatam, concilii quod apud Clarummontem civitatem Arverniæ celebravimus, auctoritate noveritis definitam. Quia enim confrater noster Viennensis archiepiscopus Guido sæpe et nostris litteris et viva nostri oris voce commonitus, de eadem causa obedire contempsit, et investituram quam eidem vestro episcopo Placentiæ fecimus, exsequi noluit, nos possessionem illam quam et idem frater Hugo et nonnulli suorum antecessorum possedisse noscuntur, supradicto fratri nostro et Gratianopolitanæ Ecclesiæ restituimus, et quandiu Viennensis archiepiscopus huic definitioni obedire contempserit, tam ipsum quam Gratianopolitanam Ecclesiam ab ejus obedientia subtraximus. Omnibus etiam in eodem pago commorantibus tam clericis quam laicis, ne Viennensi archiepiscopo obediant interdicimus, donec aut judicium quod factum est exsequatur, aut querela hæc ante nos canonico judicio inter utrumque comprobata, certiorem finem accipiat.

Data III Kal. Decembris apud Clarummontem Arverniæ.

CLXIV.
Urbani synodica ad clerum populumque Cameracensem.

(Anno 1095.)

[MANSI, *Concil.* XX, 917.]

URBANUS episcopus, servus servorum Dei, universis in clero et populo Cameracensi salutem et apostolicam benedictionem.

In concilio apud Clarummontem Arverniæ celebrato, cum pro electione dilecti filii nostri Manassis et item Gualcherii a vobis facta quæstio habita, et diligenti fuisset investigatione tractata, patuit Manassem quidem a vobis canonice electum, Gualcherium vero contra sanctorum canonum auctoritatem in vestram se ecclesiam intrusisse. Totius igitur concilii judicio placuit Gualcherium quidem, tanquam invasorem a vestra Ecclesia propellendum, Manassem vero electioni suæ et Ecclesiæ vestræ restituendum. Gualcherius itaque, suæ conscientiæ malefidens, et justitiæ sententiam audire pertimescens, concilio se subtraxit. Tertio igitur evocatum cum omnino subterfugisset, nos ejus fugam pro confessione habentes, secundum universalem concilii sententiam ex sanctorum canonum auctoritate prolatam ab omni episcopali ordine deposuimus, et Manassem electioni suæ et vestræ Ecclesiæ restituimus, collaudantibus et corroborantibus tam metropolitano vestro Remensi antistite quam et universis ejusdem metropolis suffraganeis. Nunc vos litteris præsentibus commonemus, et apostolica auctoritate præcipimus, ne Gualcherium ulterius recipere præsumatis, Manasse autem tanquam vestro vere catholico episcopo obedientiam plenius impendatis. Neque vos lateat Gualcherium anathemati esse subjectum, si se ulterius de Ecclesiæ vestræ prælatione profana præsumptione intromittere tentaverit. Si quis igitur deinceps his decretorum nostrorum præceptis contraire præsumpserit, omnipotentis Dei, et apostolorum ejus indignationem inveniet et ultionis apostolicæ gladio ferietur. Omnes autem qui Gualcherio fidelitatem juraverunt, ab ejusdem sacramenti vinculo apostolica auctoritate absolvimus.

Data apud Arverniam II Kal. Decembris.

CLXV.
Urbani II decretum de primatu Lugdunensi.

(Anno 1095.)

[MANSI, *Concil.* XX, 828.]

URBANUS episcopus, servus servorum Dei, venerabili fratri HUGONI, Lugdunensi archiepiscopo et primati, ejusque successoribus canonice promovendis in perpetuum.

Ex apostolicæ sedis debito et sanctorum canonum auctoritate impellimur, in omnibus ubique terrarum Ecclesiis, prave acta corrigere, recte statuta firmare. Unde cum nos in Galliarum partes venire supernæ dispositionis dignatio concessisset, curæ nobis fuit apud Clarummontem Arverniæ generale concilium convocare. Ibi inter alia quæ ad synodalem audientiam discutienda perlata sunt, fraternitas tua de primatu sanctæ Lugdunensis Ecclesiæ querelam exposuit, multis jam ante provincialibus conciliis agitatam. Lecta sunt in eodem concessu eumdem primatum astruentia Romanæ et apostolicæ auctoritatis privilegia. Cum igitur Richerius Senonensis archiepiscopus pro causa hac die altero respondere præceptus esset, nullamque excusationis rationem legitimam reddidisset, placuit tamen nobis ex apostolicæ mansuetudinis abundantia, ad deliberandum de subjectione hac, in diem tertium inducias indulgere. Tertio itaque die, cum se ille partim pro negotii gravamine, partim pro ægritudinis occasione, synodali conventui subtraxisset, per legatos requisitus, et obedire renuens, adhuc deliberandi inducias flagitabat. Definitionis etiam jam imminente sententia, rursum ab Senonensis ecclesiæ suffraganeis in diem alterum, ut eum familiarius convenirent, induciæ impetratæ sunt; ea nimirum pollicitatione præmissa, ut si etiam illo tunc pertinaciter reniteretur, ipsi tamen definitioni concilii unanimiter obedirent.

Porro die jam sexto concilii evoluto, cum ille adhuc inducias expetendo resisteret, ex totius synodi favore et judicio sancitum est Senonensem archiepiscopum Lugdunensi tanquam primati subjectionem obedientiamque debere, quia et catalogorum auctoritas, et sedis apostolicæ idipsum contestabatur auctoritas. Cui profecto sententiæ se humiliter obedituros, Senonensis Ecclesiæ suffraganei propria quisque voce professus est. Idipsum etiam de Rothomagensi Ecclesia confirmatum est. De

Turonensi enim, quia jam a retroactis temporibus sine refragatione obedierat, nulla jam quæstio movebatur. Die vero concilii octavo, tua iterum fraternitas quæsta est Senonensem archiepiscopum a legatis tuis, Aganone scilicet Æduensi et Lamberto Atrebatensi episcopis admonitum, nullam adhuc Lugdunensi Ecclesiæ pro primatu reverentiam profiteri. Eapropter nos, toto consentiente concilio, pallii usum et suffraganeorum obedientiam, donec ipse obediret, Senonensi archiepiscopo interdiximus. In Rothomagensem quoque, qui aberat, eamdem sententiam promulgamus, nisi infra tres menses post sententiam cognitam, siquidem viva voce non posset, subjectionem debitam scripto polliceretur. Ipsius itaque suffraganeis, qui præsentes aderant, sententiam nostram debita humilitate suscipientibus ac obedientiam promittentibus, sic tandem Lugdunensis Ecclesiæ querela diuturna, annuente Domino, terminata est. Per præsentis igitur privilegii paginam, Lugdunensi Ecclesiæ tuæ primatum super quatuor provincias confirmamus, et per eam tibi tuisque successoribus, his tantum qui eo ordine eoque tenore electi vel promoti fuerint, qui per sanctæ memoriæ Gregorii VII privilegium prædecessori tuo Gibuino præfixus et præscriptus est. Provinciam autem illas quas vobis confirmamus, dicimus Lugdunensem, Rothomagensem, Turonensem et Senonensem, ut hæ videlicet provinciæ condignam Lugdunensi Ecclesiæ obedientiam solvant, et honorem quem Romani pontifices reddendum esse scriptis propriis præfixerunt, devote humiliterque, salva in omnibus sedis apostolicæ reverentia et auctoritate. Si qua sane in crastinum ecclesiastica sæcularisve persona, hujus privilegii paginam sciens, contra eam venire tentaverit, secundo tertiove commonita, si non satisfactione congrua emendaverit, potestatis honorisque sui dignitate careat, reamque se divino judicio existere de perpetrata iniquitate cognoscat, et a sacratissimo corpore ac sanguine Dei et Domini Redemptoris nostri Jesu Christi aliena fiat, atque extremo examine districtæ ultioni subjaceat. Cunctis autem eidem Ecclesiæ justa servantibus sit pax Domini nostri Jesu Christi, quatenus et hic fructum actionis percipiant, et apud districtum judicem præmia æternæ pacis inveniant. Amen.

Interfuerunt autem definitioni huic archiepiscopi diversarum provinciarum numero duodecim, cum episcopis octoginta, abbatibus nonaginta, et eo amplius.

Datum apud Clarummontem Arverniæ per manum Joannis, sanctæ Romanæ Ecclesiæ diaconi cardinalis, Kalendis Decembris, indictione tertia, anno Dominicæ Incarnationis millesimo nonagesimo quinto, pontificatus autem domini Urbani secundi papæ anno octavo.

CLXVI.
Privilegium pro ecclesia S. Jacobi Compostellana.
(Anno 1095.)
[Florez, *España Sagrada*, XX, 21.]

Urbanus episcopus, servus servorum Dei, dilecto fratri Dalmachio, Compostellano episcopo, ejusque successoribus canonice promovendis in perpetuum.

Veterum synodalium et gestorum pontificalium series confitetur semper sedi apostolicæ licuisse ut et pro temporis ratione conjuncta disjungeret, et disjuncta conjungeret, et sedes sedibus commutaret. Hac igitur præcedentium Patrum auctoritate firmati, tibi, frater in Christo charissime Dalmati, tuisque successoribus, decreti præsentis auctoritate concedimus pro B. apostoli Jacobi reverentia, ut sicut episcopatus cathedram prædecessores vestri in urbe quæ Ilia (39) dicitur habuerunt, ita perenni deinceps tempore in ea quæ Compostella dicitur, et ecclesiam continet in qua B. Jacobi corpus requiescere creditur, habere debeatis. Universa ergo ad præfatæ Iliæ civitatis diœcesim pertinentia, tibi tuisque successoribus integra semper et illibata permanere decrevimus. Ad hæc pro singulari B. Jacobi devotione concedimus ut tam tu quam tui deinceps successores, nulli præter Romano metropolitano subjecti sint; et omnes qui tibi in eadem sede successerint, per manum Romani pontificis tanquam speciales Romanæ sedis suffraganei consecrentur. Præterea mansuro in perpetuum decreto sancimus ut quidquid hactenus juste beati Jacobi ecclesiæ testamentis regalibus oblatum est, quidquid catalogis legitimis continetur, quidquid parochiarum Iriensis cathedra juste habuisse cognoscitur, tibi tuisque legitimis successoribus Compostellæ permanentibus firmum semper integrumque servetur. Vestram de cætero condecet sanctitatem, sanctæ Romanæ Ecclesiæ decreta in omnibus observare, et ita virtutum luce interius exteriusque fulgere, ut videant omnes vestra bona opera, et glorificent Patrem vestrum qui in cœlis est.

Sane si quis in crastinum archiepiscopus aut episcopus, imperator aut rex, princeps aut dux, marchio, comes, vicecomes, judex aut ecclesiastica quælibet sæcularisve persona, hujus decreti paginam sciens, contra eam temere venire tentaverit, secundo tertiove commonitus, si non satisfactione congrua emendaverit, potestatis honorisque sui dignitate careat, reumque se divino judicio existere de perpetrata iniquitate cognoscat, et a sacratissimo corpore ac sanguine Dei et Domini nostri Jesu Christi alienus fiat, atque in extremo examine districtæ ultioni subjaceat. Cunctis autem hæc observantibus, et præfatam B. Jacobi ecclesiam venerantibus, sit pax Domini nostri Jesu Christi, quatenus et hic fructum bonæ actionis percipiant, et apud districtum judicem præmia æternæ pacis inveniant. Amen, amen, amen.

---

(39) Passim *Ilia* vel *Ilia* scribitur, quæ *Iria* sicut et *Irienses*, vel portus *Iriensis*), in eodem codice nominatur.

Datum apud Privatam (40) oppidum per manum Joannis, sanctæ Romanæ Ecclesiæ diaconi cardinalis, Nonis Decembris, indictione tertia, anno Dominicæ Incarnationis 1095 (41), pontificatus autem domini Urbani secundi papæ vIII.

CLXVII.

Urbani II epistola ad Hugonem Cluniacensem abbatem. — Cluniacensibus monachis facultatem tribuit altaria et decimas retinendi quæ pretio comparassent et decimas e manu laicorum retrahendi si secundum Deum fieri possit.

(Anno 1095.)

[D. Bouquet, *Recueil*, XIV, 716.]

URBANUS episcopus, servus servorum Dei, venerabili fratri Hugoni, Cluniacensi abbati, et fratribus sub ejus regimine constitutus, salutem et apostolicam benedictionem.

Sedis apostolicæ benignitas omni semper tempore consuevit Dei servos tanquam mater filios confovere, et in perturbationibus positis consolationis manum clementer alacriterque porrigere. Quia igitur per omnipotentis Dei gratiam jam diu longe lateque religione præcipua floruistis, et bonæ opinionis odore plurimos aspersistis, dignum nobis est quieti vestræ in posterum providere, et contra æmulorum insectationes monasterio vestro, tam capiti quam membris, clypeum apostolicæ protectionis opponere. Præsentis itaque decreti auctoritate sancimus ut nulli deinceps episcoporum facultas sit pro altaribus et ecclesiis sive decimis quas ante interdicta nostra vel papæ Gregorii vobis cognita possedistis, seu post episcoporum concessione acquisistis, gravamen aliquod aut molestiam irrogare; sed sicut eorum permissione, quædam ex parte, quædam ex integro habuistis, ita ut in futurum perenniter habeatis (41*). Ipsarum quoque quas non hab tis ecclesiarum decimas, quæ a laicis obtinentur, si secundum Deum eorum potestati subtrahere vestræ religionis reverentia potuerit, ad vestram et pauperum gubernationem vobis liceat possidere. Hæc omnia ut omnino firma et immobilia stabilitate persistant, omnipotentis Patris, et Filii et Spiritus sancti potestate et apostolica auctoritate confirmamus. Si quis vero decreti hujus tenore agnito, pertinaciter ei obviare præsumpserit, ejusdem Patris et Filii apostolorumque ejus indignationem inveniat, et sancti Spiritus gladio feriatur; cunctis autem vos ac vestra foventibus misericordia, pax et gratia ab Auctore omnium in perpetua sæcula conferatur.

Datum apud Brivatam oppidum, per manum Joannis, sanctæ Romanæ Ecclesiæ diaconi cardinalis, Nonis Decembris, indictione III, anno Dominicæ Incarnationis 1095, pontificatus vero domni Urbani II papæ vIII.

CLXVIII.

Diploma Urbani II papæ, quo privilegia et bona omnia prioratus Marciniacensis confirmat.

(Anno 1095.)

[*Bibliotheca Cluniacensis*, Append., p. 86.]

URBANUS, servus servorum Dei, Marciniacensis cœnobii sanctimonialibus salutem et apostolicam benedictionem.

Ad hoc nos, disponente Domino, in apostolicæ sedis servitium promotos agnoscimus, ut ejus auxilium implorantibus efficaciter subvenire, et ei obedientes tueri ac protegere, prout Dominus dederit, debeamus. Unde oportet nos venerabilibus locis protectionis manum porrigere, et Deo servientium quieti attentius providere. Igitur tam pro vestra speciali religione quam pro venerabilis fratris nostri Hugonis Cluniacensis abbatis dilectione, ad cujus curam ex Cluniacensis cœnobii jure locus vester pertinet, vestris, filiæ in Christo charissimæ, precibus annuentes, monasterium vestrum præsentis decreti auctoritate munimus. Statuimus enim ut quicunque hodie idem cœnobium juste possidet, sive in futurum concessione pontificum, liberalitate principum, oblatione fidelium juste atque canonice possit adipisci, vobis et iis qui post vos in loco eodem ac religione successerint, firma semper et illibata permaneant. In quibus hæc propriis nominibus duximus exprimenda. In episcopatu Augustodunensi ecclesia de Varennis, de Briano et de Sarorio, de Begiaco, de Camboliaco, ecclesiam S. Nicetii, S. Fidei, S. Christofori, S. Leodegarii, S. Mariæ ex oppido Semmuro, cum decimis et cœmeteriis suis; quartam partem ecclesiæ S. Martini extra Semmurum. In episcopatu Matisconensi ecclesiam S. Jacobi. In Lugdunensi medietatem villæ Vitriaci, ecclesiam S. Martini, ecclesiam S. Reveriani, apud Brianonum, ecclesiam S. Romani, capellam de Celerias, terram Hugonis Letbaldi, cum aliis quibusdam apud Casictum. In episcopatu Arvernensi, ecclesiam S. Petri de Lodda, S. Vincentii de Lodessa cum decimis et cœmeteriis, S. Nicolai ad Tres Fontes. In episcopatu Diensi apud oppidum seu territorium de Orello, ecclesias quatuor. In Valentino episcopatu ecclesiam S. Stephani de Balmam. In comitatu Beardensi, ecclesiam S. Fidei, apud villam quæ dicitur Furcas. In episcopatu Pictaviensi ecclesias duas. In Sanctonensi ecclesiam de Montoso. In Leodiensi, villa quæ dicitur Argules, cum ecclesia et decimis,

---

(40) *Privatium* aliis dicitur, in Vavariensi Galliæ tractu, non longe a Rhodano.

(41) In codicibus quos mihi videre licuit, annus 1116 scriptus: corruptissime abs dubio, cum Urbanus ante ann. 1100 defunctus sit. Inversi ego numeri cx pro xc, et non vi, sed v, addendus, ut sit ann. 1095, qui solus ex adjunctis evincitur, nempe ex concil. Claromontano, ex indict. III et ex octavo pontificatus ejus, qui anno 1088, die 12 Martii cathedram ascendit.

(41*) Nimirum recentis concilii Placentini canone 2 sancitum erat, quidquid in sacris ordinibus vel in ecclesiasticis rebus, vel data vel promissa pecunia, acquisitum est, irritum esse et nullas unquam vires obtinere. Inde perturbationes quas ab episcopis patiebantur Cluniacenses, quibusque dignum duxit Urbanus clypeum apostolicæ protectionis opponere.

et aliam quæ dicitur Raicampas. In Rothomagensi, nobio Angeriacensi subjectum, sed pravorum monachorum præsumptionibus esse subreptum; quos nimirum monachos in nonnullis conciliis pro eadem præsumptione excommunicatos, testante venerabili confratre et vicario nostro Amato metropolitano episcopo, cognovimus. Tuæ igitur strenuitati per præsentis scripta præcipimus ut eamdem excommunicationem in tua parochia facias observari, donec iidem monachi supradicto abbati regulariter obedire consentiant. villam quæ dicitur Aqua-Bella. In Petragoricensi mansos quindecim Agilmodis priorissæ, apud villam Maurensem. In Caturcensi, ecclesiam Sancti Constantii. In Vivarensi [Vaurensi] episcopatu, villas tres, Villeta, Ataid, Glangla, cum universis possessionibus et appendiciis suis. Præterea decernimus ut nulli omnino hominum liceat eamdem ecclesiam temere perturbare, aut ejus possessiones auferre, aut ablatas retinere, minuere, vel temerariis vexationibus fatigare : sed omnia integra conserventur earum, pro quarum sustentatione ac gubernatione concessa sunt, usibus omnimodis protutura, salva in omnibus debita abbatum Cluniacensium reverentia. Sepulturam ejusdem loci omnino liberam esse sancimus, ut eorum qui illic sepeliri deliberaverint, devotioni et extremæ voluntati, nisi forte excommunicati sint, nullus obsistat. Hoc quoque præsenti capitulo subjungimus ut nulli jam liceat congregationi vestræ vel excommunicationis gravamen inferre, vel divinum officium interdicere, sepulturæ debitum prohibere, aut interdicti cujuslibet molestiam irrogare : quia pro Dei timore clausæ, et sæculo jam estis emortuæ, quatenus ab omni infestatione securæ, gravamine mundanæ oppressionis remotæ, ad æterni Sponsi semper desiderabilem visionem totius mentis et animæ viribus anheletis. Si qua sane in posterum ecclesiastica sæcularisve persona, hanc nostræ constitutionis paginam sciens, contra eam temere venire tentaverit, secundo tertiove commonita, si non satisfactione congrua emendaverit, potestatis, honorisque sui dignitate careat, reamque se divino judicio de perpetrata iniquitate cognoscat, et a sacratissimo corpore ac sanguine Dei et Domini Redemptoris nostri Jesu Christi aliena fiat, ac in extremo examine districtæ ultioni subjaceat. Cunctis autem eidem loco justa servantibus sit pax Domini nostri Jesu Christi, quatenus et hic fructum bonæ actionis percipiant, et apud districtum judicem præmia æternæ pacis inveniant. Amen, amen, amen. Benedictus Deus Pater Domini nostri Jesu Christi. Amen.

Datum apud oppidum Sancti Flori per manum Joannis, S. R. E. diaconi cardinalis, indict. III, anno Dominicæ Incarnationis 1096, pontificatus autem domni Urbani II papæ VIII, VII Idus Decembris.

Data apud Lemovicas, IV Kal. Januarii, per manum Joannis diaconi cardinalis.

CLXX.

Bulla Urbani II papæ pro monasterio Tutelensi.

(Anno 1096.)

[BALUZE, *Historia Tutelensis*, Appendix, p. 437.]

URBANUS episcopus, servus servorum Dei, dilecto filio WILLELMO, monasterii Tutelensis abbati, ejusque successoribus regulariter substituendis in perpetuum.

Piæ postulatio voluntatis effectu debet prosequente compleri, quatenus et devotionis sinceritas laudabiliter eniteseat et utilitas postulata vires indubitanter assumat. Quia igitur dilectio tua ad sedis apostolicæ portum confugiens ejus tuitionem devotione debita requisivit, nos supplicationi tuæ clementer annuimus et Beati Martini Tutelense monasterium, cui, Deo auctore, præsides, decreti præsentis auctoritate munimus. Statuimus enim ut quæcunque hodie idem cœnobium juste possidet, sive in posterum concessione pontificum, liberalitate principum, vel oblatione fidelium juste atque canonice poterit adipisci, firma tibi tuisque successoribus et illibata permaneant. Decernimus ergo ut nulli omnino hominum liceat præfatum cœnobium temere perturbare aut ejus possessiones auferre vel ablatas retinere, minuere, vel temerariis vexationibus fatigare, sed omnia integra conserventur, eorum pro quorum sustentatione ac gubernatione concessa sunt usibus omnimodis profutura. Si quæ vero ecclesiæ vel prædia Tutelensi monasterio pertinentia per irreligiosos abbates vel monachos hactenus laicis data vel per laicos in aliorum monasteriorum facultatem citra legitimam possessionem usurpata sunt, vestro penitus monasterio restituenda præcipimus. Ad hæc adjicientes statuimus ne pro malefactis militum Tutelensi castro habitantium monasterium ipsum excommunicetur, ea tamen conditione, ut iidem milites, si excommunicati fuerint, ad divina illic officia non admittantur. Possessiones etiam Tutelensis cœnobii pro ipsorum militum offensis depopulari aut infestari auctoritate apostolica prohibemus. Porro sepulturam loci illius secundum antiquam et canonicam consuetudinem permanere decernimus, salva Lemovicensis episcopi reverentia. Obeunte te nunc ejus loci abbate vel tuorum quolibet successorum, nullus ibi qualibet subreptionis astutia vel violentia præponatur, nisi quem fratres communi consensu vel fratrum pars consilii sanioris secun-

CLXIX.

Urbani II papæ epistola ad Ademarum Engolismensem episcopum. — Ut monachos S. Eparchii per excommunicationis censuram obedire compellat abbati S. Joannis Angeriacensis.

(Anno 1095.)

[D. BOUQUET, *Recueil*, t. XIV, p. 717.]

URBANUS episcopus, servus servorum Dei, venerabili fratri ADEMARO, Engolismensi episcopo, salutem et apostolicam benedictionem.

Charissimus noster in Christo filius Angeriacensis abbas (*Ausculfus*) propria nobis relatione suggessit S. Eparchii monasterium tuo quondam favore cœ-

dam Dei timorem et beati Benedicti regulam elegerint. Unde sub districti anathematis interdictione sancimus ne ulli omnino personæ facultas sit regulari abbatis electioni obsistere aut pro ea munus quodlibet exigere, ut ipsius monasterii fratres omni gravamine mundanæ oppressionis remoto in sanctæ religionis observatione seduli atque quieti omnipotenti Deo placere totis mentis et animæ virtutibus anhelent. Si qua sane in crastinum ecclesiastica sæcularisve persona hanc nostræ constitutionis paginam sciens contra eam temere ire tentaverit, secundo tertiove commonita si non congrua satisfactione emendaverit, potestatis honorisque sui dignitate careat, reamque se divino judicio existere de perpetrata iniquitate cognoscat, et a sacratissimo corpore ac sanguine Dei et Domini Redemptoris nostri Jesu Christi aliena fiat atque in extremo examine districtæ ultioni subjaceat. Cunctis autem eidem loco justa servantibus sit pax Domini nostri Jesu Christi, quatenus et hic fructum bonæ actionis percipiant et apud districtum judicem præmia æternæ pacis inveniant. Amen, amen, amen.

Datum Lemovici, per manum Joannis, sanctæ Romanæ Ecclesiæ diaconi cardinalis, iv Nonas Januarii, indictione quarta, Dominicæ Incarnationis 1096, pontificatus autem domni Urbani papæ secundi anno viii.

Bene valete.

CLXXI.

Urbani II epistola ad suffraganeos Ecclesiæ Remensis. — Illos hortatur ut Manassi, in locum Rainoldi archiepiscopi demortui suffecto, obediant.

(Anno 1096.)

[BALUZ., *Miscell.*, edit. Luc. II, 138.]

URBANUS episcopus, servus servorum Dei, dilectissimis confratribus et consacerdotibus Remensis Ecclesiæ suffraganeis, salutem et apostolicam benedictionem.

Defuncto venerabili confratre nostro, vestræ metropolis archiepiscopo, ejusdem Ecclesiæ præpositum Manassen communi cleri plebisque consensu secundum sedis apostolicæ decreta cognovimus ad ipsius metropolis regimen esse provectum. Quæ scilicet provectio, quia sanctis videtur convenire canonibus, non grata nobis esse non potest. Eam igitur auctoritatis nostræ pondere confirmantes, dilectionem vestram litteris præsentibus exhortamur ne ab ejusdem electi persona quod vestri officii interest dissimulatione qualibet subtrahatis, sed omnino satagite ut quod bene incœptum est, largiente Domino, melius compleatur, ne diutius tanta Ecclesia officiorum episcopalium administratione privetur.

Data Andegavi viii Idus Februarii.

CLXXII.

Clerum, ordinem, milites et plebem Remensem hortatur ut Manassi electo archiepiscopo fidem præstent.

(Anno 1096.)

[BALUZ., *Miscell.* II, 139.]

URBANUS episcopus, servus servorum Dei dilectis filiis clero, ordini, militibus et plebi Remis consistentibus, salutem et apostolicam benedictionem.

Affectionis quidem nostræ viscera, filii in Christo charissimi, angustiata sunt, quia vos pastoris sollicitudine, nos vero confratris et coepiscopi Rainoldi solatio novimus destitutos. Sed in tribulatione hac per omnipotentis Dei gratiam charitatis nostræ præcordia dilatantur, quia vos sollicitudine debita, affectione sollicita, sine dolo, sine pravitate de vestræ Ecclesiæ filiis pastorem elegisse comperimus. Asserit autem spei vestræ fiduciam unanimitatis vestræ consensus. Ubi enim universorum postulatio congruit, dubitare nos nequaquam oportet ibi Dominum Jesum et voluntatis auctorem et petitionis arbitrum fore et ordinationis præsulem et largitorem gratiæ. Bonis ergo studiis vestris ampliori devotione congratulamur, et quod secundum apostolicæ sedis decreta juste sancteque cœpistis, nos per omnipotentis Dei gratiam sedis apostolicæ assertione firmamus. Vos siquidem in apostolicæ sedis libertatem consurrexistis, ut sicut caput regni existitis, ita etiam religionis et auctoritatis catholicæ in eodem regno principium existitis. Nihil itaque super vos iniquorum verba prævaleant, nihil terrenæ pravitas intentionis obfuscet. Quod enim omnipotens Dominus aspirando prævenit, per merita et preces beatæ et gloriosæ semper virginis Mariæ sanctique Patris vestri Remigii adjuvando prosecuturum fore confidimus. In ipso igitur confidentes quod simpliciter et sine pravitate [cœpistis] prosequi procurate. Neque enim vobis in parte hac apostolicæ sedis brachium contrahetur. Nullus in hoc negotio idololatriæ fucus interveniat, nullæ minæ, nulli terrores nobilitatem vestram ab hac libertate dimoveant; ne forte, quod absit! cum spiritu cœperitis, carne consummemini. Ecclesiæ vestræ suffraganeis auctoritatis nostræ scripta direximus ut in electo quod sui est officii nulla negligant occasione complere. Quod si fortassis illi se aliqua, quod non arbitramur, pravitate subtraxerint, vos eum tempore congruo nostro conspectui præsentabilis. Novit enim beati Petri libertas et gratia in se confidentibus non deesse. De dilectione et obedientia erga eum vivaciter exhibenda vos cohortari minus necessarium duximus. Neque enim ambigimus quod qui tantam vobis in ejus electione unanimitatem, tantum studium, tantam flagrantiam aspiravit, ipse etiam mentes vestras ad diligendum, ad obediendum, ad serviendum ardore sui spiritus illustrabit. Ipse vos sua gratia benedicat, ipse corroboret, et pastorem et gregem ad æternæ refectionis pascua introducat.

Data Andegavi viii Idus Februarii.

CLXXIII.

Manassi electo archiepiscopo Remensi gratulatur. Monet ι caveat prorsus et vigilet ne regiæ superbiæ qualibet inconstantia subjiciatur. › Adjutorium pollicetur.

(Anno 1096.)
[BALUZ., *Miscell.* II, 139.]

URBANUS episcopus, servus servorum Dei, dilecto filio MANASSI, Remensium electo, salutem et apostolicam benedictionem.

Omnipotenti Deo gratias agimus quia personam tuam, de cujus probitate plurimum confidimus, ad Remensis Ecclesiæ regimen electam sine pravitate cognovimus. Nunc igitur dilectionem tuam apostolicæ gratiæ litteris visitantes, hortamur ut bona initia studeas provectibus melioribus exaltare. Nullæ igitur minæ, nulli terrores prudentiam tuam impediant quin in cœpta simplicitate ac libertate persistas. Cave prorsus et vigila ne regiæ superbiæ qualibet inconstantia subjiciaris, ne cum spiritu cœperis, carne consummeris. De apostolicæ sedis adjutorio in nullo diffidas, quia si in ejus libertate permanseris, ejus per omnia auxiliis munieris.

Data Andegavi viii Idus Februarii.

CLXXIV.

Urbani II epistola ad Philippum Catalaunensem episcopum. — Commendat ei et fratri ejus Hugoni comiti Campaniæ monachos S. Vitoni Virdunensis, ab ecclesia S. Nicolai in Silva Lugolli per parochianos ejus ejectos.

(Anno 1096.)
[Dom BOUQUET, *Recueil*, XIV, 719.]

URBANUS episcopus, servus servorum Dei, dilecto fratri PHILIPPO, Catalaunensi episcopo, salutem et apostolicam benedictionem.

Frater iste lator præsentium apud nos conquestus est et se et fratres suos a quibusdam parochianis tuis, tam clericis quam laicis, in ecclesia S. Nicolai, constructa in silva quæ dicitur Lugolli, multis injuriis affectos, et eorum priorem de eadem ecclesia exturbatum. Quamobrem dilectioni tuæ præsentia scripta dirigimus, præcipientes ut eosdem parochianos tuos super hujusmodi injuriis ipsis fratribus satisfacere, et in posterum cessare compellas. De cætero etiam rogamus ut fratres ipsos pro amore B. Petri et nostro sub alarum tuarum munimine tuearis, et eos sub dispositione venerabilis Rodulfi Virdunensis abbatis quiete et stabiliter facias permanere. Fratrem quoque tuum Hugonem comitem [Trecensem] tam per nos quam per te rogatum volumus, ut eumdem locum pro animæ suæ salute tueatur et protegat, et infestatores ejus brachio suæ potestatis coerceat.

Data Andegavis, v Idus Februarii.

CLXXV.

Privilegium ab Urbano II monasterio S. Nicolai concessum, salva episcopi Andegavensis canonica reverentia.

(Anno 1096.)
[PETIT, *Theodori Pœnitentiale*, tom. II, p. 612.]

URBANUS episcopus, servus servorum Dei, dilecto filio NATALI, abbati monasterii Sancti Nicolai, quod secus Andegavum situm est, ejusque successoribus regulariter substituendis.

Religiosis desideriis dignum est favorabilem præbere consensum, ut fidelis donatio cœlorum sortiatur effectum. Tuæ igitur devotionis, ac Fulconis egregii Andegavorum comitis precibus aurem accommodantes, Beati Nicolai monasterium, quod, disponente Domino, nostris manibus consecramus, præsentis decreti auctoritate munimus. Statuimus ut ea quæ prædictus comes in ipsius Ecclesiæ dedicatione nostris exhortationibus per nostras manus obtulit tantum scilicet terræ in Silvacane, quantum tribus sufficere debeat, et terra de Avallo, quam idem comes Guillelmus Aurelianensis dederat, quidquid etiam immunitatis seu donationis de suo jure, ipsius prædecessores comites Joffredus et Fulco eidem ecclesiæ contulerunt, et quæcunque hodie juste possidet, sive in futurum juste atque canonice poterit adipisci, firma tibi tuisque successoribus et illibata permaneant. In quibus hæc propriis duximus nominibus exprimenda: Ecclesiam de Ariaco, de Sancta Comma, de Castillio, Segregio de Bulleio, de Paucio, de Aracaio, de Cupollio; in pago Pictaviensi ecclesias de Monasterolo, de Alaneio, de Rilliaco, de Borchiaco, de Pusanviis; in episcopatu Cenomanensi ecclesias de Geprona, de Potroniaco; in episcopatu Sancti Machuti ecclesiam Sancti Paterni; in Naunotonensi ecclesiam Sancti Lamberti, capellam de Donacelli, de Cornioquense, de Prugniaco; in Anglia, in episcopatu Lincobensi ecclesiam de Gniongta, de Spalmeta cum ecclesiis quæ ad eam pertinent de Guilguenna; in episcopatu Costronensi ecclesiam de Quircheberia; in Guallis, in episcopatu de Glumnorgant, ecclesiam de Caillone cum appendiciis et possessionibus earum.

Ipsum itaque locum visitandum, honorandum ac protegendum universis fidelibus commendamus, pro cujus devotionis beneficio, et omnipotentis Dei misericordia, et SS. apostolorum auctoritate fidentes per beati Michaelis merita, judicii pro peccatis accepti partem septimam illis remittimus, qui in dedicationis die animo devoto huc convenire curaverint; eo nimirum tenore, ut die ipso pauperes abbas et monachi pascant, et die altero psalmos cum litaniis septem in conventu decantent, et missam publicam celebrent, quos profecto omnes eundo et redeundo ab adversariis cujuscunque securos esse præcipimus. Ad hæc adjicientes decrevimus ut nulli omnino hominum liceat id cœnobium temere perturbare, aut ejus possessiones auferre, vel ablatas retinere, minuere, vel temerariis vexationibus fatigare; sed omnia integra conserventur eorum pro quorum sustentatione et gubernatione concessa sunt, usibus omnimodis profutura, salva Andegavensis episcopi canonica reverentia.

Datum apud Sableolium per manum Joannis, sanctæ Romanæ Ecclesiæ diaconi cardinalis, xvi

Kalend. (42), indict. IV, anno Domini 1096, pontificatis autem domini Urbani II papæ VIII.

CLXXVI.
Urbani II epistola ad suffraganeos Ecclesiæ Remensis.

(Anno 1096.)

[BALUZ., *Miscell.* II, 139.]

URBANUS episcopus, servus servorum Dei, dilectis fratribus et coepiscopis HUGONI Suessionensi, LAMBERTO Atrebatensi, PHILIPPO Catalaunensi, GERARDO Morinensi, cæterisque Remensis Ecclesiæ suffraganeis, salutem et apostolicam benedictionem.

Scripsimus nuper fraternitati vestræ, et ecce iterum scribimus, ne cujuslibet occasionis obtentu venerabili confratri nostro Manassi in archiepiscopum vestræ metropolis per divinam gratiam electo quod vestri officii interesse cognoscitis subtrahatis. Per obedientiam igitur quam sedi apostolicæ vos debere non ignoratis dilectioni vestræ præcipimus ut quocunque in tempore ad ordinationem seu consecrationem suam vos advocaverit, alacriter ad hoc ipsum et vivaciter occurratis, sicut et vestri ordinis integritatem et gratiæ nostræ plenitudinem desideratis.

Data Turonis IV Nonas Martii.

CLXXVII.
Urbani II epistola ad clerum Turonensem. — Privilegia Turonensis Ecclesiæ confirmat.

(Anno 1096.)

[MANSI, *Concil.* XX, 656.]

URBANUS episcopus, servus servorum Dei, universis sanctæ Ecclesiæ filiis salutem et apostolicam benedictionem.

Notum fore volumus tam futuris quam præsentibus quoniam omnium bonorum largitor Deus devotionem nostram ad B. Martini tumulum visitandum sua miseratione perduxit. Quia vero in ejusdem B. confessoris ecclesia quædam inoleverant quæ in melius promovenda salutis falce exstirpanda videbantur, nos per septem dies et eo amplius immorati, medicinam animarum, frequentius inter eos intrantes et exeuntes eis impertivimus, et nobis in omnibus obedientes et benevolos, Deo aspirante et in eis cooperante nobiscum, experti sumus. Sed quoniam ad nostras aures pervenerat quod legatos Romanæ Ecclesiæ suscipere cum processionis benignitate supersederant, neque etiam eis, videlicet legatis, auctoritas hujus Ecclesiæ per notitiam privilegiorum ejus innotuerat, succensuimus, et graviter eos increpavimus, cur tantam inobedientiæ offensionem incurrerent. Illis itaque humiliter nobis scripta patrum nostrorum Romanorum pontificum prætendentibus diligenter attendimus eorum privilegia. Et quia præter apostolicum, et regem, et Turonensem archiepiscopum, semel in vita sua neminem ad processionis susceptionem admittebant studiose notavimus, nostris cardinalibus, Teuzone Alberto, Gregorio Papiensi, Rausgerio, et Hugone Lugdunensi primate, et aliis tam episcopis quam aliarum dignitatum personis, præsentibus Brunone Signiensi episcopo, et Ingelramno Suessionensis ecclesiæ archidiacono.

Porro nos tanta auctoritate refecti, eorum antiquam consuetudinem, eorum scriptis suffragantes, auctoritate nostra corroboravimus in præsentia nostrorum prædictorum fratrum. Et quia filius noster Amatus, Burdigalensis archiepiscopus, unus erat de legatis Romanæ Ecclesiæ a Gregorio septimo prædecessore nostro in Galliam destinatus, non ab hac Ecclesia processionis solemnitate susceptus: unde etiam graviter contra eosdem clericos commotus in Exuldunensi concilio eos excommunicatione perfoderat; eum in concordiam et pacem eorum reformavimus. Neque eos ad ullam satisfactionem, quia auctoritate pollente sese munierant, compulimus; neque qualibet pro tali excessu absolutione purgandos censuimus, denique quoniam in quibusdam suæ ecclesiæ privilegiis proprium eis habere episcopum concessum est, ejus vice nos Romano eos sancimus specialiter adhærere pontifici, et graviores eorum causas ex ejus pendere judicio.

Si quis sane in crastinum cardinalis, aut legatus, aut episcopus, aut quilibet a nostro latere missus, hanc nostræ confirmationis paginam sciens, contra eam temere venire tentaverit, et nostram perfringens auctoritatem, processionem ab ipsa sancti confessoris ecclesia expetierit; si commonitus non destiterit, potestatis honorisque dignitate careat, reumque se divino judicio existere de perpetrata præsumptione cognoscat ; cunctis autem ista servantibus sit pax Domini nostri Jesu Christi. Amen, amen, amen.

Datum Turonis in castello Sancti Martini per manum Joannis, sanctæ Romanæ Ecclesiæ diaconi cardinalis, II Idus Martii, indictione quarta, anno Dominicæ Incarnationis 1097 [1096], pontificatus autem domini Urbani II papæ nono.

CLXXVIII.
Urbani II epistola ad monachos S. Petri Bainsonensis. — Bainsonensem ecclesiam a parentibus suis Cluniacensi cœnobio donatam, auctoritate sedis apostolicæ munit, et Suessionensis Ecclesiæ jura determinat.

(Anno 1096.)

[Dom BOUQUET, *Recueil*, t. XIV, p. 720.]

URBANUS episcopus, servus servorum Dei, monachis S. Petri apud Bainsonum, salutem et apostolicam benedictionem.

Et religionem augere, et religiosorum quieti prospicere officii nostri nos impellit auctoritas. Religionis igitur conservandæ gratia nos Bainsonensem locum, in quo per Dei gratiam conversa-

---

(42) Videtur deesse *Martias*.

mini, qui nos ex parentum jure contingit, Cluniacensi cœnobio contradentes, tam vos quam successores vestros decreti præsentis auctoritate munimus. Ipsum enim locum, sicut et cætera Cluniacensis cœnobii membra, liberum perpetuo permanere decrevimus, ut quæcunque hodie juste, vel ex parentum nostrorum dono, vel ex aliorum fidelium oblatione possidet, sive in futurum possidebit, sive juste et canonice poterit adipisci, firma vobis semper et illibata permaneant, nec parochiæ ipsius episcopo, nec episcopi archidiaconis liceat, aut vobis aut capellanis vestris molestias aliquas vel injurias irrogare, nec aliquid prorsus exigere præter annuos solidos viginti, qui ex præcedentium episcoporum et patris mei consensu instituti sunt, Suessionensibus canonicis persolvendi. Alias tam vos quam capellani vestri quieti semper ac liberi, salvo episcopalis reverentiæ debito, permanebitis. Si quis autem, præcepti hujus tenore cognito, contraire præsumpserit, tanquam sedis apostolicæ contemptor Ecclesiæ judicio et Spiritus sancti gladio feriatur.

Datum Turonis per manum Joannis cardinalis, XIII Kal. Aprilis, anno Incarnat. Dominicæ 1096, pontificatus domni Urbani II nono, indict. IV.

CLXXIX.
Urbanus II papa Trenorciensis monasterii bona juraque omnia in tutelam apostolicæ sedis recipit.
(Anno 1096.)
[COCQUELINES, ampl. Collect., II, 87.]

URBANUS episcopus, servus servorum Dei, dilecto filio PETRO Trenorciensi abbati, ejusque successoribus regulariter substituendis in perpetuum.

Pia postulatio voluntatis effectu debet prosequente compleri, quatenus et devotionis sinceritas laudabiliter enitescat, et utilitas postulata vires indubitanter assumat. Quia igitur dilectio tua ad sedis apostolicæ portum confugiens, ejus tuitionem devotione debita requisivit, nos supplicationi tuæ clementer annuimus et Trenorciensis cœnobium, cui, Deo auctore, præsides, cum omnibus ad ipsum pertinentibus, sub tutelam apostolicæ sedis excepimus. Per præsentis igitur privilegii paginam apostolica auctoritate statuimus, ut quæcunque bona, quæcunque possessiones catholicorum imperatorum seu cæterorum principum largitione, episcoporum concessione, seu cæterorum fidelium oblatione, ad idem cœnobium impræsentiarum pertinent, sive in futurum juste poterit adipisci, firma tibi tuisque successoribus, et illibata permaneant. Decernimus ergo ut nulli omnino hominum liceat idem cœnobium temere perturbare, aut ejus possessiones auferre, vel oblationes retinere, minuere, vel temerariis vexationibus inquietare; sed omnia integre conserventur, eorum pro quorum sustentatione concessa sunt, usibus omnimodis profutura. Cætera etiam quæ per reverendæ memoriæ Joannis papæ privilegium Trenorciensi monasterio confirmata sunt, confirmamus. Querelam autem monachorum S. Florentii, quam de ecclesiis Lausduni, Sanctæ Crucis videlicet et Sancti Nicolai, contra te et Ecclesiam tuam faciunt, quamque in præsentia nostra Turonis habitam diligenter pertractavimus, debito fine, Deo auctore, terminamus: apostolica iterum auctoritate præcipientes quatenus nullam tibi vel Ecclesiæ molestiam ex his inferre præsumant, sed absque eorum inquietudine præfatas ecclesias, tu successoresque tui jure perpetuo possideatis. Si quæ sane ecclesiastica sæcularisve persona contra hanc nostræ constitutionis paginam venire tentaverit, potestatis honorisque sui dignitate careat, et a sacratissimo corpore ac sanguine Domini nostri Jesu Christi aliena fiat, quousque digna satisfactione resipiscat. Cunctis autem eidem loco justa servantibus sit pax Domini nostri Jesu Christi, quatenus et hic fructum bonæ actionis percipiant, et apud districtum judicem præmia æternæ pacis inveniant. Amen, amen, amen.

CLXXX.
Privilegium pro monasterio S. Vincentii Metensi.
(Anno 1096.)
[Dom CALMET, Hist. de Lorraine, Preuves, p. 507.]

URBANUS episcopus, servus servorum Dei, dilecto filio LANZONI, abbati monasterii S. Vincentii, quod Metti situm est, ejusque successoribus regulariter instituendis in perpetuum.

Piæ postulatio voluntatis effectu debet prosequente compleri, quatenus et devotionis sinceritas laudabiliter enitescat, et utilitas postulata vires indubitanter assumat. Quia igitur dilectioni tuæ ad sedis apostolicæ portum confugienti, ejus tuitionem devotione debita requisivit, nos supplicationi tuæ, tam pro beati Vincentii martyris devotione, quam etiam pro tuæ religionis reverentia clementer annuimus, et ejusdem martyris monasterium, cui, Deo auctore, præsides, præsentis decreti auctoritate munimus: statuimus enim ut quæcunque dona, quascunque possessiones idem cœnobium hodie juste possidet, sive in futurum concessione pontificum, liberalitate principum, vel oblatione fidelium juste atque canonice poterit adipisci, firma tibi, tuisque successoribus et illibata permaneant.

Decernimus ergo ut nulli omnino hominum liceat præfatum cœnobium temere perturbare, aut ejus possessiones auferre, vel ablatas retinere, minuere, vel temerariis vexationibus fatigare; sed omnia integra conserventur, eorum pro quorum sustentatione ac gubernatione concessa sunt, usibus omnimodis profutura, salva Metensis episcopi canonica reverentia. Obeunte te nunc ejusdem loci abbate, vel tuorum quolibet successorum, nullus ibi qualibet subreptionis astutia vel violentia præponatur, nisi quem conventus communi consensu, vel fratrum pars consilii sanioris, secundum Dei timorem et beati Benedicti regulam, elegerint. Præterea secundum venerabilium prædecessorum nostrorum Joannis et Benedicti statuta concedimus, ut si episcopus Metti defuerit, liceat tibi tuisque successoribus, in festivis diebus, ad sedem episcopalem accedere, ibique cum dalmatica et sandaliis, missarum solemnia celebrare.

Sane si quis in crastinum archiepiscopus aut episcopus, imperator aut rex, princeps aut dux, comes, vicecomes, judex, aut ecclesiastica qualibet sæcularisve persona, hanc nostræ constitutionis paginam sciens, contra eam temere venire tentaverit, secundo tertiove commonitus, si non satisfactione congrua emendaverit, potestatis honorisque sui dignitate careat, reumque se divino judicio de perpetrata iniquitate cognoscat, et a sacratissimo corpore et sanguine Dei et Domini Redemptoris nostri Jesu Christi alienus fiat, atque in extremo examine districtæ ultioni subjaceat. Cunctis autem eidem loco justa servantibus, sit pax Domini nostri Jesu Christi, quatenus et hic fructum bonæ actionis percipiant, et apud districtum judicem præmia æternæ pacis inveniant. Amen, amen, amen.

Datum Turonis per manum Joannis, sacræ Romanæ Ecclesiæ diaconi cardin., xii Kalend. April., indict. iv, anno Dominicæ Incarnat. 1096, pontificatus autem domni Urbani II papæ anno ix.

CLXXXI.

Urbanus II confirmat abbatiæ S. Bertini ordinis S. Benedicti Audomaropoli omnia altaria sua atque possessiones.

(Anno 1096.)

[Miræus, *Opp. diplom.*, III, 21.]

Urbanus episcopus, servus servorum Dei, dilecto filio Lamberto, abbati monasterii confessoris Christi Bertini ejusque successoribus regulariter substituendis in perpetuum.

Piæ postulatio voluntatis effectu debet prosequente compleri, quatenus et devotionis sinceritas laudabiliter enitescat et utilitas postulata vires indubitanter assumat.

Quia igitur dilectio tua ad sedis apostolicæ portum confugiens ejus tuitionem devotione debita requisivit, nos supplicationi tuæ clementer annuimus, et Beati Bertini confessoris monasterium, cui, Deo auctore, præsides, quod videlicet monasterium idem B. Bertinis in honorem SS. apostolorum Petri et Pauli fundasse cognoscitur, et omnia ad ipsum pertinentia sub tutela apostolicæ sedis excipimus. Per præsentis igitur privilegii paginam apostolica auctoritate statuimus ut quæcunque hodie vestrum cœnobium juste possidet, sive in futurum concessione pontificum, liberalitate principum vel oblatione fidelium juste atque canonice poterit adipisci, firma tibi tuisque successoribus et illibata permaneant. Quoniam vero quidam Simoniacæ pravitatis ramus in Galliarum partibus jam diutius adolevit, ut ecclesiæ quæ vulgari vocabulo apud vos altaria nuncupantur, monasteriis datæ sæpius ab episcopis sub palliata avaritia venundentur, mortuis nimirum seu mutatis clericis quos personas vocant; nos auctore Deo venalitatem omnem tam ex ministris quam ex rebus ecclesiasticis propellentes, hoc ulterius fieri auctoritate apostolica prohibemus.

Porro quæcunque altaria vel decimas ab annis triginta et supra sub hujusmodi redemptione monasterium vestrum possedisse cognoscitur, quiete deinceps et sine molestia qualibet vobis vestrisque successoribus possidenda firmamus; salvo utique episcoporum censu annuo quem ex his hactenus habuerunt. Ecclesiam videlicet de Stenkerca in Tarnanensi parochia, ecclesiam de Gueninga, ecclesiam de Brogurgh cum capellis suis, ecclesiam Sanctæ Margaretæ, Sancti Joannis, Sancti Martini, ecclesiam de Pitarnesse, de Longanessa, de Gisnes, de Peparingehem cum ipsa villa, de Arcas, de Arbella, de Coiea, de Helcin, de Gueserna, de Aquina, de Bofrichem, de Scasas, de Humela, cum villis earum, ecclesiam de Turboteshem. In Noviomensi parochia ecclesiam de Calmunt; in Tornacensi ecclesiam de Rukeshem, de Hetlingehem, de Huminkehem, de Guestkercke. In Coloniensi parochia ecclesiam de Frekena, de Guildesdorp. In Belvacensi terram Huboisin dictam, cum omnibus pertinentiis earum, seu appendiciis earum.

Decernimus itaque ut nulli omnino hominum liceat vestrum cœnobium temere perturbare aut ejus possessiones auferre vel ablatas retinere; vel temerariis vexationibus fatigare, sed omnia integra conserventur, eorum pro quorum sustentatione ac gubernatione concessa sunt usibus omnimodis profutura; salva canonica episcopi Morinensis reverentia.

Obeunte te nunc ejus loci abbate, vel tuorum quolibet successorum, nullus ibi qualibet subreptionis astutia proponatur, nisi quem fratres communi consensu vel fratrum pars consilii sanioris secundum Dei timorem et beati Benedicti regulam elegerint. Vos igitur, filii in Christo dilecti, Dei semper timorem et amorem in cordibus vestris habere satagite, ut quanto a sæcularibus tumultibus liberiores estis, tanto amplius placere Deo totius mentis et animæ virtutibus anheletis. Si qua sane in crastinum ecclesiastica sæcularisve persona hujus privilegii paginam sciens, contra eam temere venire tentaverit, secundo tertiove commonita, si non satisfactione congrua emendaverit, potestatis honorisque sui dignitate careat, reamque se divino judicio existere de perpetrata iniquitate cognoscat, et a sacratissimo corpore ac sanguine Dei et Domini Redemptoris nostri Jesu Christi aliena fiat, atque in extremo examine districtæ ultioni subjaceat. Cunctis autem eidem loco justa servantibus sit pax Domini nostri Jesu Christi, quatenus et hic fructum bonæ actionis percipiant, et apud districum judicem præmia æternæ pacis inveniant. Amen.

Datum Turonis per manum Joannis, S. Romanæ Ecclesiæ diaconi cardinalis, ix Kal. Aprilis, indict

IV, anno Dominicæ Incarnationis 1096, pontificatus autem domini Urbani II papæ VII.

CLXXXII.
Privilegium Urbani II pro Marbacensi ecclesia.
(Anno 1096.)
[*Gall. Christ. nov.*, t. V, p. 474.]

URBANUS episcopus, servus servorum Dei, dilectis filiis in Marbacensi ecclesia canonicam vitam professis, eorumque successoribus in eadem religione permansuris in perpetuum. Religiosis desideriis dignum est facilem præbere consensum, ut fidelis devotio celebrem sortiatur effectum. Proinde nos vestris per familiarem nostrum, vestrum autem præpositum Manegaldum precibus annuentes, tam vos quam vestra omnia sub tuitione apostolicæ sedis excipimus, et præsentis privilegii auctoritate munimus. Statuimus enim ut nemini inter vos professione exhibita proprium quid habere, nec sine præpositi aut sine communi congregationis licentia de claustris discedere liberum sit. Quod si discesserit et redire contempserit, ei ejusque successoribus facultas sit ejusmodi ubilibet a suis officiis interdicere, interdictum vero episcoporum vel abbatum sine ejus consensu nullus absolvat. Præterea per præsentis privilegii paginam apostolica auctoritate statuimus, ut quæcunque hodie vestra ecclesia juste possidet, sive in futurum concessione pontificum, liberalitate principum vel oblatione fidelium jure atque canonice poterit adipisci, firma vobis vestrisque successoribus et illibata permaneant. Decernimus ergo ut nulli omnino hominum liceat eamdem Ecclesiam temere perturbare, aut ejus possessiones auferre, vel ablatas retinere, minuere, vel temerariis vexationibus fatigare; sed omnia integra conserventur eorum, pro quorum sustentatione et gubernatione concessa sunt, usibus omnimodis profutura. Ad hæc adjicientes statuimus ut nullus vobis violentia vel astutia qualibet in præpositum constituatur, nisi quem fratres omnes communi consensu, vel fratrum pars consilii sanioris secundum Dei timorem regulariter providerint eligendum; chrisma, oleum sanctum, consecrationes altarium sive basilicarum, ordinationes clericorum ab episcopo in cujus diœcesi estis, accipietis, siquidem gratiam atque communionem apostolicæ sedis habuerit, et si ea gratis ac sine pravitate voluerit exhibere, alioquin liceat vobis catholicum quem malueritis adire antistitem, et ab eo consecrationum sacramenta suscipere. Si qua autem ecclesiastica sæcularisve persona, hanc nostræ constitutionis paginam sciens, contra eam venire tentaverit, secundo tertiove commonita, si non satisfactione congrua emendaverit, potestatis honorisque sui dignitate careat, reamque se divino judicio existere de perpetrata iniquitate cognoscat, et a sacratissimo corpore et sanguine Dei et Domini Redemptoris nostri Jesu Christi aliena fiat, atque in extremo examine districtæ ultioni subjaceat; cunctis autem eidem loco justa servantibus sit pax Domini nostri Jesu Christi, quatenus et hic fructum bonæ actionis percipiant, et apud districtum judicem præmia æternæ pacis inveniant. Amen, amen, amen.

Datum Turonis per manum Joannis, sanctæ Romanæ Ecclesiæ diaconi cardinalis, IX Kal. April., indict. IV, anno Dominicæ Incarnationis 1096, pontificatus autem domni Urbani II papæ IX.

CLXXXIII.
* *Urbanus II monasterii Corbeiensis privilegia confirmat.*
(Anno 1096.)
[MABILL., *Annal. Bened.* V, 372.]

CLXXXIV.
* *Gerardo, novo abbati monasterii S. Mauri Glannafoliensis « amplissimum privilegium concedit. »*
(Anno 1096.)
[D. RUINART, *Vita Urbani*, p. 254.]

CLXXXV.
In concilio Turonensi controversiam inter canonicos S. Martini et monachos Cormeriacenses componit Urbanus, sententia secundum canonicos lata; qua statuit ut abbates Cormeriacenses baculum pastoralem de sepulcro S. Martini, communi decani et capituli jussu sumant.

(Anno 1096.)
[MANSI, *Concil.* XX, 926.]

URBANUS episcopus, servus servorum Dei.

Querelam de Cormaricensi cœnobio inter B. Martini canonicos et illius loci monachos diutius agitatam, qualiter in conspectu nostro, archiepiscoporum abbatumque judicio definita sit ad utrorumque quietem perpetuam, nostræ auctoritatis litteris præcipimus adnotandum. Lectis enim in conspectu publico B. Martini privilegiis, ipsius etiam cœnobii monumentis, patuit locum illum ex supradictæ ecclesiæ stipendiis, canonicorum ipsorum studio fuisse ædificatum. Qui postea per Andegavensem comitem, advocatiæ seu defensionis occasione, ex canonicorum potestate sublatus est. Ex considentium igitur fratrum qui nobiscum Turonis ad ecclesiastica negotia finienda convenerant, deliberatione atque judicio, Cormaricensis abbas Guido, baculum non ordinate acceptum B. Martini canonicis reddidit. Qui mox super B. Martini tumulum positus est: postea tamen ex eodem tumulo eidem abbati, quia religiosæ conversationis habebatur, restitutus est. Perpetuo itaque decreto ratum esse præcepimus ne deinceps in Cormaricensi cœnobio aliter eligatur quam in supradictæ ecclesiæ privilegio continetur. Electus autem supradicto tenore de B. Martini sepulcro baculum sumat: item defuncto abbate, semper ad eumdem locum baculus referatur, ut super illa sanctissima confessoris apostolici membra, communi decani et capituli jussu, signum illud pastoralis regiminis semper accipiatur: salvo Turonensis archiepiscopi jure, quod in abbatis ordinatione secundum communem Ecclesiæ consuetudinem exercendum est. Si quis sanctæ constitutioni huic obviam ire, et Cormaricense cœnobium ecclesiæ B. Martini subtrahere tentaverit, apostolicæ indignationis gladio et sancti Spiritus judicio feriatur.

Signum Urbani papæ.
Signum Hugonis Lugdunensis archiepiscopi.
Signum Radulphi Turonensis archiepiscopi.
Signum Guidonis Viennensis archiepiscopi.
Signum Hildeberti Bituricensis archiepiscopi.
Signum Amati Burdegalensis archiepiscopi.
Signum Ileuzonis cardinalis.
Signum Alberti cardinalis.
Signum Gregorii cardinalis.
Signum Ivonis Carnutensis episcopi.
Signum Goffredi Andegavensis episcopi
Signum Hoelli Cenomanensis episcopi.
Signum Morvani Venetensis episcopi.
Signum Benedicti Nannet. episcopi.
Signum Guillelmi Arvernensis episcopi.
Signum Brunonis Signiensis episcopi.
Signum Marbodi Rhedonensis electi.
Signum monachorum Cormaricensium, Simonis prioris, Bernerii.
Signum Burchardi præcentoris S. Martini.
Signum Fulcherii præpositi.
Signum Matthæi præpositi.
Signum Sichardi præpositi.
Signum Alexandri subdiaconi.

Datum Pictavis per manum Joannis, S. R. E. diaconi cardinalis, III Kalendas Aprilis, indictione IV, anno Domini 1096, pontificatus Urbani papæ IX.

CLXXXVI.

Urbani II epistola ad canonicos S. Martini Turonensis. — Contra Simoniacos.

(Anno 1096.)

[Mansi, *Concil.* XX, 658.]

Urbanus episcopus servus servorum Dei dilectis filiis ecclesiæ B. Martini canonicis tam præsentibus quam futuris in perpetuum.

Bonorum omnium largitori Deo gratias agimus, qui devotionem nostram ad B. Martini tumulum visitandum sua miseratione perduxit. Quia vero in ejusdem beati confessoris ecclesia consuetudo pravitatis ejusmodi inoleverat ut honores seu præbendæ omnes pretio acquirerentur, nos locum sanctum emundare ab hac peste exsecrabili cupientes, religiosos viros ad præmonitionem nostram decrevimus præmittendos. Quibus estis fideliter, Domino inspirante, polliciti et præceptis nostris omnimodis obedire, et Simoniacæ pravitatis inquinamenta deserere. Quod et præsentibus nobis per Dei gratiam perfecistis, in nostra tanquam B. Petri manu firmantes, nihil vos ulterius honorum, nihil præbendarum vendituros aut empturos, nec ut vendantur aut emantur aliquando consensuros. Adjicientes etiam nullum deinceps in canonicorum numerum admittendum, nisi eamdem sponsionem jurejurando firmaverit. Quæ videlicet universa nos sanctorum apostolorum auctoritate firmavimus, et violatores omnes anathematis mucrone confodimus. Et præter-

itorum igitur gratiæ respondentes, et futurorum spem longe meliorem gerentes, secundum prædecessorum nostrorum Romanæ Ecclesiæ pontificum privilegia, vos in spirituales filios apostolicæ sedis assumpsimus, et eadem auctoritate statuimus nullum pontificum, nullum regum, nullum cujusque dignitatis aut ordinis, præter præpositos vestros, in vestra Ecclesia vel ejus pertinentiis potestatem aut dominium exercere, ut Romanæ Ecclesiæ præcepta servantes Romanæ Ecclesiæ libertate perpetua gaudeatis, salvo nimirum jure seu consuetudine quam hactenus erga vos Turonensis noscitur archiepiscopus habuisse.

Quæcunque igitur venerabilis illa B. Martini ecclesia legitimo jure vel pontificum collatione, vel regum et principum liberalitate, vel fidelium oblatione possidet, seu in futurum præstante domino juste poterit et canonice adipisci, firma vobis semper et illibata permaneant. Nullus in villis, aut mansionibus, sive territoriis, sive ecclesiis, aut pagis ad vestram ecclesiam pertinentibus, invitis vobis judicia agere, ingenuos servosve sæculi potestate constringere, nec teloneum aut naulum præsumat exigere. Possessionum vero vestrarum decimæ seu novæ [nonæ] in pauperum usus omnino proficiant. Episcopus autem in cujus diœcesi eædem possessiones sunt, ordinandorum clericorum tantum curam gerat, nihil de cætero gravaminis clericis inferat, nec ecclesiarum altaria, vel alia bona, per regum præcepta vobis antiquitus data, et pontificum Romanorum privilegiis confirmata, vel aliis dare, vel venalitate distrahere, vel modo quolibet alienare præsumat.

Quidquid præterea libertatis, quidquid immunitatis, vel prædecessores nostri Romani pontifices, vel Turonenses archiepiscopi, vel Gallicanarum ecclesiarum apud Tussiacum in Tullensi parochia generalis synodus congregata pro beati apostolici confessoris Martini reverentia vestræ ecclesiæ vestrisque prædecessoribus contulerunt, nos præsentis decreti pagina confirmamus. Et quia in quibusdam vestræ Ecclesiæ privilegiis proprium vobis habere episcopum concessum est, nos ejus vice Romano vos sancimus specialiter adhærere pontifici, et graviores vestri causas ex ejus pendere judicio. Si quis sane in crastinum archiepiscopus aut episcopus, imperator aut rex, princeps aut dux, comes, vicecomes, judex aut ecclesiastica quælibet sæcularisve persona, hanc nostræ constitutionis paginam sciens, contra eam temere venire tentaverit, secundo tertiove commonitus, si non satisfactione congrua emendaverit, potestatis honorisque sui dignitate careat, reumque se divino judicio existere de perpetrata iniquitate cognoscat, et a sacratissimo corpore ac sanguine Dei et Domini Redemptoris nostri Jesu Christi alienus fiat, atque in extremo examine districtæ ultioni subjaceat; cunctis autem eidem Ecclesiæ justa servantibus sit pax Domini nostri Jesu Christi, quatenus et hic fructum bonæ actionis percipiant, et apud districtum judicem præmia æternæ pacis inveniant. Amen, amen, amen.

Datum Pictavis per manum Joannis, sanctæ Romanæ Ecclesiæ diaconi cardinalis, quarto Kalendas Aprilis, indictione quarta, anno Dominicæ Incarnationis 1097 [1096], pontificatus autem domini Urbani secundi papæ nono.

CLXXXVI bis.
Urbani II papæ privilegium pro S. Martini Turonensis canonicis.

(Anno 1096.)

[LAUNOII *Opp.*, tom. III, part. II, pag. 59.]

URBANUS episcopus, servus servorum Dei, venerabilibus fratribus archiepiscopis et episcopis per Gallias constitutis, salutem et apostolicam benedictionem.

Beatum confessorem Martinum quanta per universam Christianarum gentium latitudinem gloria Christus extulerit barbararum quoque nationum Jeritas attestatur, et tam Græcæ quam Latinæ linguæ veneratio unanimis asseverat ; inter quas beatus idem confessor, secundum sancti doctoris Ambrosii prædicationem, apostoli vicarius æstimatur. Vere enim apud Galliarum populos apostoli vicem obtinere promeruit, cujus potissimum doctrina et virtutibus ad fidem conversi sunt, cujus post sanctos martyres meritis a Domino proteguntur. Unde et venerabiles apostolicæ sedis pontifices ecclesiam, in qua ejus sanctissimum corpus, disponente Domino, requiescit, ampliori benevolentia protegere et insignioribus curaverunt privilegiis communire ; et nos eodem spiritu erga sanctissimi viri devotionem flagrantes, cum in Gallias pro ecclesiasticis negotiis transissemus, ejus venerabilem tumulum visitare, etiam fragilitatem nostram ejus quasi præsentius meritis commendare curavimus. Ipso autem propitiante, cum illud suum egregium domicilium a simoniacæ pestis sordibus emundare summo desiderio optaremus, congregationis ipsius fratres obedientes invenimus. Universis itaque confratribus nostris notum fore volumus quia nos eos, secundum antiqua Romanorum pontificum privilegia, in speciales apostolicæ sedis assumpsimus ; etiam tanquam Romanæ Ecclesiæ decreta servantes, Romana tueri protectione decrevimus. Ea propter vestram charitatem litteris præsentibus deprecamur, ut omnia quæ eorum sunt per diœceses vestras tueamini, nec eis aut per vos, aut per personas aliquas, injurias inferri vel molestias patiamini. Qui enim pro beati confessoris Christi Martini devotione, et apostolicæ sedis reverentia adjutor eis et protector exstiterit, apostolicæ sedis gratiam promerebitur ; qui vero ipsos, aut quæ eorum sunt, impugnare præsumpserit, indignationis apostolicæ gladio feriatur.

Data Pictavii, III Kalendas Aprilis per manum Joannis sanctæ Romanæ Ecclesiæ cardinalis diaconi, indict. IV, anno Domini 1096.

CLXXXVII.
Urbani II epistola ad Richerium Senonensem et cæteros Francorum episcopos. — De rege excommunicato non absolvendo.

(Anno 1096.)
[MANSI, *Concil.* XX, 665.]

URBANUS episcopus, servus servorum Dei, dilecto fratri RICHERIO Senonensi, et cæteris Francorum episcopis, salutem et apostolicam benedictionem.

Auditum est apud nos quosdam confratres nostros in tantam audaciam prorupisse, ut asserant se nequaquam a regis societate abstenturos ; imo etiam regem ipsum ab excommunicationis vinculo soluturos, quanquam feminam illam, pro qua per nos excommunicatus fuerat, non dereliquit : sed qui hoc loquuntur aut profecto Scripturas nesciunt, aut pertinaciter excedere nequaquam pertimescunt. Sanctorum quippe canonum sanxit auctoritas, et ea passim Ecclesiæ consuetudo servat, ut a quolibet juste excommunicatum episcopo alius absolvere non præsumat. Ipsa etiam suffraganeorum ligamenta metropolitani, qui videlicet eorum majores sunt, sanctorum Patrum institutionibus prohibentur absolvere. Quod si a quibuscunque id servatur episcopis, videant venerabiles fratres nostri quemadmodum apostolicæ sedis valeant acta dissolvere, cum profecto luce jam clarius constet apostolicæ sedis pontifici non solum episcopos et primates, sed ipsos etiam patriarchas, divina institutione subjectos, cum noverint ab omnibus ad ipsum, ab ipso autem ad neminem appellandum, cum sciant et soli fas esse de omni Ecclesia judicandi, ipsum vero nullorum su jacere judicio. Nec eos illud credimus ignorare quod sola, nulla synodo præcedente, se,les apostolica valeat suo statui restituere quos synodus inique damnaverit, ipsius vero nemini liceat retrahere judicia. Certe cum de leprarum, id est de criminum varietatibus ad Moysen Dominus loqueretur : *Considerabit*, inquit, *leprosum sacerdos, et immundum judicabit* (Levit. XIII), ac deinde subjungit : *Et clausus tenebitur ad arbitrium sacerdotis* (ibid.). Videtis ergo quia ad illius sacerdotis arbitrium clausus teneri præcipitur, cujus arbitrio judicatus est immundus. Quomodo itaque ad aperiendum manum porrigent, ad quem claudendum os aperire non ausi sunt. Cum quatriduanum Lazarum Dominus suscitasset, non legitur ad absolvendum eum circumstantium aliquis se injecisse, dum ipsius Salvatoris præcepto jam viventem, jam stantem, discipuli absolverunt, ut profecto seculuris daretur exemplum, quia etiam pœnitens quis solvendus non est, nisi per illius arbitrium, cujus voce vel gemitu a sepulcro criminosus educitur. Sed neque illud venerabilibus fratribus arbitramur ignotum, quia Deus superbis resistit, prope est autem obtritis corde. *Super quem enim respiciam, ait Dominus, nisi super humilem et quietum et trementem verba mea* (Isa. LXVI). Viderint ergo quo pacto peccatorem conentur absolvere, præter illius vel præsentiam, vel præceptum, cujus est judicio in generali synodo compeditus. Nobis sane, et omnibus qui Turonis nobiscum Deo propitiante convenerunt, liquido paruit, et legis et Evangelii et sanctorum canonum documentis, nullam solvendi quem nos ligavimus fraternitati vestræ suppetere potestatem. Unde et filium nostrum Francorum regem, donec Deo in nobis et sanctæ Romanæ Ecclesiæ satisfaciat, excommunicatum asserimus, et tam episcopos, quam alios quoslibet ei pertinaciter communicantes esse sancimus, et privilegium potestatis amittere, si quis in ejus absolutione inconcessa abuti præsumpserit potestate. De cætero universos vos Arelatem (43) in octavis apostolorum Petri et Pauli ad concilium, omni seposita occasione, invitamus.

CLXXXVIII.

Bulla Urbani papæ II pro monasterio Novo Pictaviensi. — Monasterium Novum, cujus ecclesiam dedicaverat, sub sedis apostolicæ protectione suscipit, illudque Cluniacensi monasterio subjicit.

(Anno 1096.)

[Dom MARTENE, *Thesaur. Anecd.* I, 267.]

URBANUS episcopus, servus servorum Dei, reverendissimo fratri HUGONI, Cluniacensi abbati, salutem et apostolicam benedictionem.

Ad hoc nos, disponente Domino, in apostolicæ sedis servitium promotos agnoscimus, ut ejus filiis auxilium implorantibus efficaciter subvenire, et ei obedientes tueri ac protegere, prout Dominus dederit, debeamus. Unde oportet nos venerabilibus locis manum protectionis porrigere, et servorum Dei quieti attentius providere. Proinde venerabili monasterio quod bonæ memoriæ Guillelmus, Pictavorum comes, in ipsius urbis suburbio, ad honorem beatæ Mariæ semper virginis, et sanctorum apostolorum Joannis et Andreæ construxit, nos tam pro ejusdem dominæ nostræ, et sanctorum apostolorum devotione, quam pro tuæ religionis eximiæ dilectione, hujusmodi privilegium ex benignitate sedis apostolicæ indulgemus. Statuimus enim ut quæcumque bona, quascumque possessiones supramemoratus comes, seu fideles alii de suo jure eidem monasterio contulerint, et quæcumque hodie juste possidet, sive in futurum juste et canonice poterit adipisci, firma semper et illibata permaneant, tam a te quam ab eis qui in tuo officio locoque successerint, perenni tempore, sine inquietudine aliqua possidenda, regenda ac disponenda, sicut a prædecessore nostro sanctæ memoriæ Gregorio VII juxta petitionem supradicti comitis institutum est. Decernimus ergo ut nulli omnino hominum liceat eamdem ecclesiam temere perturbare, aut ejus possessiones auferre, vel ablatas retinere, vel temerariis vexationibus fatigare; sed omnia integra conserventur eorum pro quorum sustentatione et gubernatione concessa sunt usibus omnimodis profutura. Item constituimus ut, obeunte abbate, non alius ibi quacunque obreptionis astutia vel violentia præponatur, nisi quem tu tuique successores secundum timorem Dei elegeritis. Electus autem a Pictaviensi episcopo consecretur, omni professionis exactione seposita. Consecrationes altarium sive basilicarum, ordinationes monachorum sive clericorum, qui ad sacros fuerint ordines promovendi, ab eodem episcopo accipiant; siquidem gratiam atque communionem apostolicæ sedis habuerit, si ea gratis ac sine pravitate voluerit exhibere: alioquin, liceat eis catholicum quem maluerint adire antistitem, et ab eo consecrationum sacramenta suscipere. Quia vero ejusdem monasterii ecclesia, largiente Domino, nostris est manibus consecrata, hoc quoque præsenti capitulo subjungimus ut nec episcopo, nec episcopi ministerio cuiquam facultas sit temere citra nostram vel legati nostri licentiam in locum illum excommunicationis proferre sententiam, quatenus et abbates ejus et monachi, ab omnis servitii sint infestatione securi, omnique gravamine mundanæ oppressionis remoti, in sancta religionis observatione seduli, quietique persistant, nec ulli alii nisi abbati Cluniacensi aliqua teneantur occasione subjecti. Si qua sane ecclesiastica sæcularisve persona hanc nostræ constitutionis paginam sciens, contra eam venire tentaverit, secundo tertiove commonita, si non satisfactione congrua emendaverit, potestatis honorisque sui dignitate careat, reamque se divino judicio existere de perpetrata iniquitate cognoscat, et a sacratissimo corpore et sanguine Dei et Domini Redemptoris nostri Jesu Christi aliena fiat, atque in extremo examine districtæ ultioni subjaceat; cunctis autem eidem loco justa servantibus sit pax Domini nostri Jesu Christi, quatenus et hi fructum bonæ actionis percipiant, et apud districtum judicem præmia æternæ pacis inveniant. Amen, amen, amen

Datum apud Angeliacum per manum Joannis, sanctæ Romanæ Ecclesiæ diaconi cardinalis, VII Idus Aprilis, indictione IV, anno Dominicæ Incarnationis 1096, pontificatus autem domni Urbani secundi papæ IX.

CLXXXIX.

Bulla pro monasterio Sancti Martialis Lemovicensis.

(Anno 1096.)

[BALUZ., *Miscell.* edit. Luc., II, 178.]

URBANUS episcopus, servus servorum Dei, dilecto filio ADEMARO, abbati Lemovicensis cœnobii quod in honore beati Martialis ædificatum est ejusque successoribus regulariter substituendis in perpetuum.

Ad sollicitudinem ac benignitatem apostolicæ sedis pertinet et religionem augere et religiosis locis sive personis auxilium suæ protectionis impendere. Quamobrem devotioni tuæ, fili in Christo charissime Ademare abbas, non minimum gratulamur quod in Beati Martialis apud Lemovicas monasterio per te potissimum, præcepto scilicet atque industria reverentissimi Hugonis Cluniacensis abbatis, religionis

---

(43) Nemausi celebratum fuit mense Julio, anno 1096.

status largiente Domino instauratus est. Quam instaurationem per beati et apostolici confessoris Martialis merita augeri et provehi cupientes, per præsentis decreti paginam stabilimus locum ipsum sicut hodie est, et sicut ab episcopo atque canonicis Lemovicensis Ecclesiæ noscitur institutum, semper sub disciplina, dispositione et custodia Cluniacensis abbatis persistere, et ut obeunte abbate nullus ibi qualibet subreptionis astutia vel violentia præponatur nisi quem præfatus Cluniacensis abbas illic vel successores ejus secundum Dei timorem elegerint. Quia vero disponente Domino et sancti ejus confessoris dignatione factum est ut per nos ipsos ejus tumulum visitare et loci ipsius ecclesiam in honore sancti Salvatoris consecrare meruerimus, nos pro ejusdem confessoris apostolici devotione et reverentissimi confratris nostri Hugonis abbatis dilectione, pro tuæ etiam religionis petitione, et monasterium ipsum et quæcunque ipsius sunt sub tutela apostolicæ sedis perpetuo confovenda suscipimus; in quibus hæc propriis nominibus duximus exprimenda. In Lemovicensi pago monasterium Sanctæ Valeriæ, Sancti Valerici, Sanctæ Mariæ, quæ vocatur Subterranea, capellam de Buxo, ecclesias de Valera, videlicet Sancti Sulpitii, Sanctæ Mariæ, Sancti Martini, ecclesiam Sancti Martialis de Rociaco, Sanctæ Mariæ de Claravalle, apud Pairac ecclesias Sancti Martini et Sancti Dionysii, item Sancti Dionysii de Murs, Sanctæ Mariæ de Roera, Sancti Petri de Parazol, Sancti Silvani de Castel, Sancti Martialis de Rot, Sancti Martialis de Roser, Sancti Petri de Vernol, Sancti Alpiniani de Tarne, Sancti Martialis de Manave, abbatiam Sancti Petri Vosiensis, monasterium Sancti Pardulfi de Arnaco, capellas de Colret et de Monzac, ecclesiam de Sirac, Sanctæ Mariæ Magdalenæ de Quadris, Sancti Martialis de Cosei, capellam Sancti Michaelis quæ dicitur Anteana, et castellum vestro monasterio circumsitum cum universis pertinentiis suis, sicut illud religiosus imperator Hlodouvicus beato Martiali tradidisse cognoscitur. In Santonensi monasterium Sancti Martialis apud castrum Colesium, Sancti Petri de Monte Andro, Sancti Martini de Saliono, Sancti Salvatoris, quæ dicitur Vita æterna, Sancti Petri de Anesio, ecclesiam de Doaz. In Arvernensi ecclesiam Sancti Martini de Vernojol. In Bituricensi monasterium Sancti Martialis apud Rosiacum, ecclesiam Sancti Leodegarii de Malvera, Sancti Martialis de Duno. In Pictaviensi apud castrum Monmorde ecclesiam Sancti Martini de Monzac, et juxta castellum novum beati Martialis ecclesiam. In Rutenensi ecclesiam de Teuciac, Sanctæ Mariæ de Panesa, Sancti Martialis de Rivo petroso. In Biterrensi ecclesias de Laurence et de Paimolo. In Narbonensi ecclesiam Sancti Cassiani. In Petrogoricensi monasterium Sancti Martialis apud Palnatum. In Engolismensi ecclesiam Sancti Martialis de Multene et de Cantrazac, et capellam in silva Biarga, et aliam in bosco Nigreto, et Sancti Hilarii in castello de Roca. In Burdegalensi ecclesias Sancti Petri de Tortirac et de Fornel et de Petraficta. In Diensi ecclesias Sanctæ Mariæ de Sermea et de Soant cum pertinentiis et appendiciis suis. Quæcunque præterea in præsenti vestrum cœnobium juste possidet, sive in futurum juste atque canonice poterit adipisci, firma vobis vestrisque successoribus et illibata permaneant.

Decernimus ergo ut nulli omnino hominum liceat idem monasterium temere perturbare, aut ejus possessiones auferre, vel ablatas retinere, minuere, vel temerariis vexationibus fatigare, sed omnia integra conserventur eorum pro quorum sustentatione et gubernatione concessa sunt usibus omnimodis profutura. Salva Lemovicensis episcopi canonica reverentia, siquidem catholicus fuerit et gratiam et communionem apostolicæ sedis habuerit. Alioquin quandiu forte, quod absit, Lemovicensis ecclesia pastore caruerit, vobis vestrisque successoribus liceat ordinationum sive consecrationum quarumlibet gratia catholicum quem malueritis episcopum adire et ab eo quæ sunt opportuna suscipere. Item constituimus ut secundum antiquæ consuetudinis modum, absente episcopo, Beati Martialis abbas præcipue cum majoribus canonicis Lemovicensis ecclesiæ curam gerat, et episcopalis electio ex ejus potissimum arbitrio disponatur. Præsente quoque episcopo, non sine ejusdem abbatis consilio graviora ipsius ecclesiæ negotia peragantur. Hoc quoque præsenti capitulo subjungimus ne pro communi parochiæ interdicto vel excommunicatione monasterium vestrum interdicto excommunicationive subdatur, ut tamen excommunicati illic vel interdicti nequaquam ad divina officia admittantur. Si qua sane ecclesiastica sæcularisve persona hanc nostræ constitutionis paginam sciens, contra eam temere venire tentaverit, secundo tertiove commonita, si non satisfactione congrua emendaverit, potestatis honorisque sui dignitate careat, reamque se divino judicio existere de perpetrata iniquitate cognoscat, et a sacratissimo corpore ac sanguine Dei et Domini nostri Redemptoris Jesu Christi aliena fiat, atque in extremo examine districtæ ultioni subjaceat. Cunctis autem eidem loco justa servantibus sit pax Domini nostri Jesu Christi, quatenus et hic fructum bonæ actionis percipiant et apud districtum judicem præmia æternæ pacis inveniant. Amen, amen, amen.

Datum Sanctonis per manum Joannis, sanctæ Romanæ ecclesiæ diaconi cardinalis, 11 Idus Aprilis, indictione IV, anno Dominicæ Incarnationis 1097, pontificatus autem domni Urbani secundi papæ IX.

CXC.

Urbani II papæ epistola ad Raimundum Ausciensem archiepiscopum. — Adversus clericos qui cœmeterium S. Orientii violaverant.

(Anno 1096.)

[Dom Bouquet, *Recueil*, t. XIV, p. 725.]

Urbanus episcopus, servus servorum Dei, dilecto fratri Raimundo, Auxiensi archiepiscopo, salutem et apostolicam benedictionem.

Cum in Auxiensi metropoli per Romanam Ecclesiam noviter sis ordinatus, sedis apostolicæ decretis obedire te irrefragabiliter oportet. Mandamus ergo fraternitati tuæ ut de clericis sedis tuæ, qui cœmeterium quod beati papæ Leonis et nostro decreto ecclesiæ Beati Orientii firmatum fuerat, violaverunt, justitiam facere canonica æquitate procures. De cætero et teipsum et tuæ sedis clericos ita custodias, ut Romanæ Ecclesiæ decreta inconvulsa apud vos, Domino largiente, conserventur et integra.

Data Romæ, III Kalendas Maii.

CXCI.

* Urbanus II monasterii S. Albini Andegavensis possessiones confirmat.

(Anno 1096.)
[Ruinart, Vita Urbani, p. 256.]

CXCII.

* Refert quæ in conventu apud S. Hilarium habito statuta sint occasione controversiarum quæ inter canonicos S. Hilarii et monachos monasterii Novi Pictaviensis in pr.oratu S. Nicolai degentes exortæ fuerant.

(Anno 1096.)
[Ruinart, Vita Urbani, p. 255.]

CXCIII.

Urbani II papæ epistola ad Ansculphum Angeriacensem abbatem. — Buriacensem ei ecclesiam, dono episcopi Belvacensis acquisitam, et astipulatione regis Francorum munitam confirmat.

(Anno 1096.)
[Dom Bouquet, Recueil, t. XIV, p. 724.]

Urbanus episcopus, servus servorum Dei, dilectis filiis Ansculpho, Angeriacensi abbati, et ejus fratribus, salutem et apostolicam benedictionem.

Quia disponente Domino locum vestrum per nosmetipsos visitare meruimus, dignum duximus quieti vestræ auctoritatis nostræ litteris providere. Omnia igitur quæ impræsentiarum juste possidere videmini, firma vobis et integra perpetuo manere sancimus. In quibus vobis nominatim Buriacensem (44) ecclesiam confirmamus, ut sicut reverendæ memoriæ Wido Belvacensis episcopus vestro eam monasterio contulit, consentientibus videlicet Belvacensis Ecclesiæ canonicis, et sicut eamdem donationem Francorum rex sua astipulatione firmavit, sic eam, ex nostræ auctoritatis robore sine personæ alicujus inquietudine possidere in perpetuum debeatis, salva nimirum Belvacensis episcopi canonica reverentia.

CXCIV.

* Urbanus II monasterio Cluniacensi cellam S. Michaelis de Monte Alto asserit.

(Anno 1096.)
[Ruinart, Vita Urbani, p. 258.]

(44) Buriacensis ecclesia (Bury-sur-le-Térain), anno 1084, VI Kal. Martii, adeoque anno 1085, concessa fuit Angeliacensibus monachis in Santo-

CXCV.

* Urbanus II Ecclesiæ Pampilunensis privilegia, petente Petro de Roda episcopo, confirmat.

(Anno 1096.)
[Ruinart, Vita Urbani, p. 260.]

CXCVI.

Bulla confirmationis privilegiorum monasterii Moyssiacensis.

(Anno 1096.)
[Baluz., Miscell. II, 179.]

Urbanus episcopus, servus servorum Dei, dilectis fratribus et coepiscopis Isarno Tolosano, Simoni Agennensi, Geraldo Caturcensi, Raymundo Lectorensi, salutem et apostolicam benedictionem.

Fraternitatem vestram non ignorare credimus, quod Moyssiacense monasterium magnæ quondam religionis et magnæ famæ magnæque fuerit excellentiæ. Postmodum vero cum illic habitantium negligentia religionis gloria decrevisset, substantiarumque copia diminuta et pene ad nihilum redacta est. Gratias autem Deo, qui nostris temporibus per Cluniacensium abbatum industriam religionem in eo loco abolitam reparare dignatus est. Oportet ergo et vestram fraternitatem pro beatorum Petri et Pauli devotione, quorum nomini locus ipse dicatus est, operam dare quatenus antiquarum possessionum substantias recipere et quas in præsenti tenent retinere firmiter, ad usus servorum ibidem manentium mereatur. Proinde monasteria vel abbatias quas nunc usque tenuerunt vel tenent confirmamus ecclesiæ Moyssiacensi apostolica auctoritate, ut possideant et teneant sub dominio Cluniacensis abbatis, scilicet in episcopatu Tolosano abbatiam Lezatensem, in Agennensi abbatiam Sancti Gervasii Exiensis, in Elenensi Sanctæ Mariæ Arulensis, in Gerundensi Sancti Petri Campirotundi. Sed in hac constituimus et mandamus ut non ibi amplius abbas ordinetur, sed a Moyssiacensi abbate ibi prior præponatur. Prioratum etiam Sanctæ Mariæ Tolosæ, Sancti Petri de Coquinis, et Sancti Genii Lectorensis, et Durivollis et Villænovæ in Ruthenensi pago, et conquetas cum appendiciis suis, et omnia quæ nunc in præsenti tenent, ut in æternum possideant in pace volumus et mandamus; et hoc ex beatorum apostolorum Petri et Pauli auctoritate et nostra adjicientes, ut in abbatiis supra enumeratis sine Moyssiacensis abbatis consilio et voluntate abbas nullatenus eligatur vel ab aliquo ordinetur. Quod si contigerit ausu temerario ab aliquo fieri, et electus et eligentes, ordinatus et ordinator, excommunicentur et a suis ordinibus ex beati Petri auctoritate sub anathematis interminatione deponantur. Conquerentur etiam ipsi fratres Moyssiacenses plurimas sui juris ecclesias a laicis hominibus occupari, in Tolosano quidem episcopatu ecclesiam Sancti Martini de Melzago

nibus; cujus concessionis, necnon confirmationis regis Francorum meminit Mabillonius t. V Annal. Benedict., p. 144.

[*al.*, Mansacho], Sancti Juliani, Sancti Rustici, ecclesiam de Affiniano, de Corduba, de Bisingis, de Monte Berterio, in Agennensi ecclesias Sancti Amancii de Trangon [*al.*, Tairago], de Verbegaria, de Angairiago, in Caturcensi ecclesias Sancti Martini et Sancti Vincentii de Antejago, Sancti Petri de Biolo, Sancti Stephani de Liciaco, Sanctæ Liberatæ, Sancti Amancii, Sancti Martini, Sanctæ Mariæ, et Sancti Petri de Casces, Sancti Saturnini de Bes, Sancti Joannis de Pertica, ecclesiam Sancti Saturnini quæ conjuncta est ecclesiæ Sancti Petri, et ecclesiam d'Antiago, Sancti Petri de Brugarias, Sanctæ Mariæ de Troilo et ecclesiam de Cogornago, de Gratacumba, Sancti Lupi de Malausa, ecclesiam cum curia quæ dicitur de Sals, ecclesiam de Arduno, ecclesiam Sancti Sulpicii, Sancti Mauricii, item in Lectorensi episcopatu, in parochia Lomaniæ, ecclesiam de Sarraciago, de Flamalingis, de Aliciano, de Oriols, Ecclesiam Sancti Martini, Sancti Quiriaci, Sancti Hilarii, Sancti Saturnini Mancionis villa. Vestram igitur prudentiam litteris exhortamur atque præcipimus, ut supradictarum ecclesiarum occupatores pro vestri officii debito commoneatis, ut quæ Dei servis vel ipsi vel ipsorum parentes perperam abstulerunt restituere compellatis. Quod si vestris noluerint commonitionibus obedire, noverint se beatorum apostolorum indignationem sicut ecclesiasticarum rerum pervasores in pervasione ipsa contumaciter permanentes habere et excommunicatos esse.

Data Tolosæ Nonis Maii, indictione IV, anno Dominicæ Incarnationis 1097, per manum Joannis sanctæ Romanæ Ecclesiæ diaconi cardinalis.

CXCVII.
Epistola Urbani II papæ ad Hugonem abbatem Cluniacensem.
(Anno 1096.)
[Dom Bouquet, *Recueil*, t. XIV, p. 322.

URBANUS episcopus, servus servorum Dei, venerabili fratri HUGONI, abbati Cluniacensi, salutem et apostolicam benedictionem.

Apostolicæ sedis sollicitudo nos admonet religiosorum, locorum quieti attentius providere. Idcirco tuas, charissime frater, per communem filium Guidonem S. Orientii priorem et fratres ipsius, preces nequaquam contemnendas duximus, tum justitiæ universitatis intuitu, tum speciali illa dilectione quam tibi, sub cujus cura et sui monasterii jura consistunt, omnibusque fratribus tuis pro ampliori religione debemus. Sancti igitur Orientii monasterium in Auxiensi suburbio situm, cui experientiæ tuæ præcepto ac dispositione præsidet, cum universis ad id pertinentibus, per decreti præsentis paginam vestro Cluniacensi cœnobio confirmantes, apostolicæ sedis auctoritate munimus; illud præcipue ac singulariter statuentes, ut antiqua ipsius cœmeterii constitutio nulla æmulorum quorumlibet infestatione turbetur; sed, sicut sanctissimi prædecessoris nostri Leonis IX, auctoritate sancitum est, quiete in perpetuum perseveret. Proinde nec extra urbem, nec intra, Auxiensi archiepiscopo et ejus canonicis liceat novum cœmeterium instituere; sed tam archiepiscopi quam regulares, aut irregulares clerici, sive laici de quibus consuetudo hactenus fuit, sepulturæ locum apud vos futuris temporibus sortiantur, etc.

Data apud Moyssacum, per manum Joannis, S. Romanæ Ecclesiæ diaconi cardinalis, III Idus Maii, indict. IV, Dominicæ Incarn. anno 1097 (45), pontificatus autem domni Urbani papæ II, anno IX

CXCVIII.
Urbani papæ II diploma de donatione abbatiæ Belli-Loci.
(Anno 1096.)
[*Bibliotheca Cluniacensis*, p. 525.]

URBANUS episcopus, servus servorum Dei, venerabili fratri HUGONI, Cluniacensi abbati, salutem et apostolicam benedictionem.

Belli-Loci monasterium longis jam temporibus sine monasticæ regulæ disciplina fuit, et sicut rerum sæcularium detrimentis, ita etiam animarum perditionibus patuit. Et monachi enim abbatem suum sæculari præsidio fulti expulerant, et adversus monachos abbas assiduis clamoribus querebatur. Unde etiam locus ille per confratrem nostrum Bituricensium archiepiscopum aliquandiu excommunicationi addictus fuerat; et miles ille Hugo, qui contra fas eidem monasterio incumbebat, etiam monachis ad prave vivendum patronus exstiterat, post secundam vel tertiam admonitionis nostræ dulcedinem beati Petri gladio, et canonicæ districtionis ultione percussus est. Nunc secundum omnipotentis Dei dispositionem, et frater ille quem a monasterio monachorum nequitia exturbaverat, humanis rebus exemptus est: et miles ille qui sæculari potestate monasterium occupabat, præsente domino suo comite Raimundo, quidquid ille hactenus potestatis exercuerat, nostris manibus refutavit; et locum ipsum per nos Deo ac beato Petro restituit, rogans et obsecrans ut per tuam et fratrum tuorum sollicitudinem in eodem loco vigor monastici ordinis repararetur. Cujus petitioni assensum præbentes, eumdem locum tam tuæ quam tuorum successorum curæ perpetuo regendum ac disponendum præsentis decreti auctoritate committimus, rogantes atque præcipientes ut Belli-Loci monasterium omnino deinceps, tanquam Cluniacensis cœnobii membrum, sollicite regas; et abbatem illic de Cluniacensi semper congregatione constituas, quatenus, auxiliante Domino, per vestram sollicitudinem, vigor illic regularis disciplinæ restauretur, et conservetur.

Datum Tolosæ, x Kal. Junii.

(45) Anno 1096, qui more Pisanorum computabatur annus 1097, inceptus a die Martii 25 *illius anni*.

CXCIX.

In concilio apud Nemausum, abolito Gregorii VII præcepto, Urbanus monasteria Figiacense et Conchense uniri vetat. Utrumque monasterium gubernari a proprio abbate jubet.

(Anno 1096.)

[MAB.LL., *Acta SS. Bened.*, Sæc III, p. II, p. 448.]

URBANUS episcopus, servus servorum Dei.

Cum pro negotiis ecclesiasticis in partes Galliæ venissemus, apud Arverniam largiente Domino plenariam synodum convocavimus. Illic a Conchensis monasterii fratribus reverendæ memoriæ GG. VII PP. litteræ præsentatæ sunt, præcipientis Figiacense cœnobium Conchensi cœnobio uniendum. Et quia per idem tempus utrique loco abbates proprii præsidebant, alterutro defuncto eum qui superstes esset, utrique monasterio præferendum. Conchensis itaque cœnobii abbas, quia contra litterarum ipsarum tenorem substitutus fuerat, in eodem concilio depositus, et Figiacensis, qui supervixerat, utrique loco prælatus est. Cœpit ergo inter utrumque monasterium discordia tanta versari, ut et bona plurima distraherentur, et animarum salus detrimentis maximis pessumdaretur. Præterea cum ad aures Cluniacensis abbatis hujusmodi constitutio pervenisset, cœpit supradictas GG. PP. litteras tanquam subreptitias calumniari, et definitionem ejusdem negotii se præsente aliter perpetratam testari: quandoquidem ab eodem pontifice Figiacensis locus Cluniacensi monasterio per privilegium fuerit confirmatus. Igitur cum largiente Domino tertia per instantiam nostram apud Nemausum synodus convenisset, cœpit ejusdem negotii quæstio graviter agitari. Post longum vero super hac re episcoporum abbatumque tractatum, placuit cum pro apostolici privilegii conservatione, tum pro communi monasteriorum salute, ut utrique loco, sicut antea fuerat, abbas cardinalis restitueretur, et Figiacenses monachi sub Cluniacensis abbatis cura deinceps et provisione persisterent. Et nos igitur commune concilii decretum apostolicæ auctoritatis pondere confirmantes, definitionis hujus ordinem perpetuo permansurum nostri nominis litteris adnotari, et sigilli nostri præcepimus impressione firmari. Si quis autem hujusce definitionis tenorem temerario ausu fuerit conatus infringere, sciat se apostolicæ indignationis ultionem incurrere, et detrimentum sui ordinis vel officii invenire.

Actum in concilio apud Nemausum in ecclesia Sanctæ Mariæ VII Id. Julii, anno Dominicæ Incarnationis 1096 [*leg.* 1096], indict. IV, anno vero pontificatus domni Urbani II PP. IX.

Datum apud Vallem Flavianam in monasterio Sancti Egidii, Id. Julii.

CC.

Bulla Urbani II papæ pro S. Martino de Campis.

(Anno 1096.)

[FÉLIBIEN, *Histoire de Paris*, Preuves, tome III, p. 12.]

URBANUS episcopus, servus servorum Dei, venerabili fratri HUGONI, Cluniacensi abbati, salutem et apostolicam benedictionem.

Piæ postulatio voluntatis effectu debet prosequente compleri, quatenus et devotionis sinceritas laudabiliter enitescat, et utilitas postulata vires indubitanter assumat. Tuæ igitur voluntati et communis filii Ursionis prioris postulationibus annuentes, beati Martini monasterium quod de Campis dicitur in Parisiensi parochia situm, præsentis decreti auctoritate munimus, ut quemadmodum cætera Cluniacensis cœnobii membra semper sub apostolicæ sedis tutela permaneat, et cuncta quæ ad locum ipsum in præsentiarum pertinere videntur; ecclesiæ videlicet de Agonvilla, de Nova Villa, de Marcio, de Monte-Martyrum, de Loveriis, de Castenio, de Noa, Sancti Remigii, de Noa Sancti Martini, de Benzegio, de Bolbincio, de Caleio, de Confluentia, de Copeyo, de Fontanis, de Flamma-Regia-Villa; de Valle-Villaris, de Monciaco, villa quæ dicitur Bonzeia, Nuceium magnum, Nuceium minus, Anetum, Majoriolas, Sancta Gemma, Rodanivilla, Ursionisvilla, Clamardum, Sorvillare, Pentinum, Ceurennum, Sanctus Hilarius cum ecclesiis et pertinentiis earum, ecclesia etiam de Cona, de Bonella, de Pringeio. Quidquid præterea idem locus hodie juste possidet vel collatione bonæ memoriæ Henrici Francorum regis, qui ejusdem loci fundator exstitit, vel filii ejus Philippi, cujus donatione cella eadem ad vestitum cœnobium noscitur pertinere; quidquid a quibuslibet fidelibus de suo jure eidem loco collatum est, vel in futurum conferri contigerit, firma semper et illibata permaneant, tam a te quam ab his qui per te vel successores tuos eidem loco præpositi fuerint, perpetuo possidenda, regenda ac disponenda.

Decernimus ergo ut nulli omnino hominum liceat idem cœnobium temere perturbare, aut ejus possessiones auferre, vel ablatas retinere, minuere, vel temerariis vexationibus fatigare; sed omnia integra conserventur eorum pro quorum sustentatione ac gubernatione concessa sunt usibus omnimodis profutura. Si qua igitur in crastinum, ecclesiastica sæcularisve persona hujus decreti paginam sciens contra eam temere venire tentaverit, secundo tertiove commonita, si non satisfactione congrua emendaverit, potestatis honorisque sui dignitate careat, reamque divino judicio se existere de perpetrata iniquitate cognoscat, et etiam a sacratissimo corpore ac sanguine Dei et Domini Redemptoris nostri Jesu Christi aliena fiat, atque in extremo examine districtæ ultioni subjaceat. Cunctis autem, eidem loco justa servantibus sit pax Domini nostri Jesu Christi, quatenus et hic fructum bonæ actionis percipiant, et apud districtum judicem præmia æternæ pacis inveniant. Amen, amen, amen.

Datum Nemausi per manum Joannis, sanctæ Romanæ Ecclesiæ diaconi cardinalis, 11 Idus Julii, indictione IV, Incarnationis Dominicæ anno 1097, pontificatus autem domni Urbani secundi papæ IX.

CCI.
Urbanus Burgensem Ecclesiam Romanæ immediate subjicit, illam ab aliarum metropoleon absolvens obedientia.

(Anno 1096.)
[FLOREZ, *España Sagrada*, XXVI, 464.]

URBANUS episcopus, servus servorum Dei.

Postquam apud Nemausum præsidentibus nobis per omnipotentis Dei gratiam plenaria fuisset synodus celebrata, Toletani archiepiscopi Bernardi ad audientiam nostram querela perlata est, Burgensis episcopi tanquam suffraganei proprii obedientiam requirentis, quasi in Oximæ parochia Burgos esset ædificata: Oxima enim pars Toletanæ provinciæ non incerta cognoscitur. Ille vero ad Tarraconensem potius metropolim suam Ecclesiam pertinere protestabatur; quam quidem nos Burgensem urbem Auæ decreveramus haberi vicariam, quæ, ut dicitur, antiquitus Tarraconensi fuerat metropolitano jure subjecta. Cæterum Alfonsus, Hispaniæ Citerioris rex, Burgensem episcopum Tarraconensi metropolitano nequaquam patiebatur esse subjectum, ea de causa quod infra regni sui terminos Burgus sit, Tarracon autem in Barcinonensis comitis potestate. His ergo de causis nostræ et fratrum qui nobiscum aderant discretioni visum est ad Ecclesiarum illarum sedandam seditionem, ut Burgensis deinceps episcopus manu tantum Romani pontificis regeretur, et Ecclesia illa suorum antistitum consecrationem ab apostolica sede perciperet, nisi archiepiscopus ipsa eum ad se pertinere authentica posset ratione monstrare. Interim eum ab utriusque metropolis obedientia et subjectione absolvimus.

Post hæc Burgensis episcopus Gomizo adversus eumdem archiepiscopum querelam exercuit, quod post primam Massiliensis abbatis definitionem, qui per id tempus apostolicæ sedis vice illis in partibus functus fuerat, partem quamdam Burgensis parochiæ usurpasset. Nominatim vero Burgensis Ecclesiæ proprietatem ac dominium occuparet villam, quæ Fenicularis dicitur, Valeranicense monasterium, cellam S. Mariæ de Ravenaria. Super his tribus quod Ecclesiæ Burgensis seu Aucensis proprietas esset, archiepiscopus ipse concessit, et episcopum in nostra præsentia revestivit. Rogatu tamen nos*r*, consentiente episcopo, Valeranicense monasterium usque ad annos tres eidem metropolitano habere permisimus. Villam vero Fenicularem, et cellam S. Mariæ de Ravenaria tandiu teneat, quandiu Oxomensem in manu sua Ecclesiam retinuerit, in cujus parochia eadem loca sita sunt, sed Aucensi Ecclesiæ in proprietatem præceptis attributa. Quod si Oxomensi Ecclesiæ cardinalis fuerit episcopus restitutus, ad Aucensem sui juris proprietas revertatur. Porro parochiæ partem, quam Burgensis episcopus post legati definitionem sibi subtractam reclamabat, idem archiepiscopus asserebat ab ipso episcopo in manum suam sponte et episcoporum judicio refutatam. Cum vero episcopus gravatum eo et coactum in eo negotio responderet, Nos tamen, ne confratrem nostrum Bernardum archiepiscopum videremur vehementius aggravare, causam hanc sicut erat, sic esse permisimus, donec refutationem ipsam sponte et judiciario ordine perpetratam idoneis testibus in nostra posset audientia comprobare.

Datum apud Vallem Flavianam in monasterio S. Egidii Idus Julii, indictione IV, anno Dominicæ Incarnationis 1097, pontificatus autem domni Urbani papæ II anno IX, per manum Joannis S. R. E. diaconi cardinalis.

CCII.
Urbanus II papa confirmat bona monasterii Rivipollensis, cui nonnulla immunitatis ac exemptionis privilegia conceduntur.

(Anno 1096.)
[COCQUELINES, II, 99.]

URBANUS episcopus, servus servorum Dei, dilecto filio BERNARDO, abbati venerabilis monasterii Sanctæ Mariæ quod Rivipollense dicitur, in comitatu Ausonensi inter duo flumina constitutum, ejusque successoribus regulariter substituendis in perpetuum.

Apostolicæ sedis auctoritate debitoque compellimur pro universarum ecclesiarum statu satagere, et earum quieti auxiliante Domino providere. Ea propter petitionibus tuis, fili in Christo charissime Bernarde, non immerito annuendum esse censuimus, ut Rivipollense monasterium, cui Deo auctore præsides, ad prædecessorum nostrorum Sergii et Agapiti exemplar apostolicæ sedis privilegio muniremus. Per præsentis igitur decreti paginam apostolica auctoritate statuimus ut quæcunque hodie idem cœnobium juste possidet, sive in futurum concessione pontificum, liberalitate principum, vel oblatione fidelium juste atque canonice poterit adipisci, firma tibi tuisque successoribus et illibata permaneant; in quibus hæc propriis duximus nominibus adnotanda: ecclesiam Sancti Petri eidem monasterio adjacentem cum cæteris ei subjectis ecclesiis: in castro Cervariæ ecclesiam Sancti Martini, capellam Sancti Nicolai, cellam Sancti Petri cum ecclesia castri de Monte Palatii, cellam Sancti Quintini, monasterium Sanctæ Mariæ quod dicitur Gualterii, Sancti Andreæ inter Pontonos, Sanctæ Mariæ de Panizaris, Sanctæ Mariæ de Monte Serrato, ecclesiam Sancti Stephani de Grannolariis, Sancti Stephani de Ripa cum alodiis Bernardi vicecomitis, quæ cœnobio delegavit; mercati vero quod penes idem monasterium fieri consuevit, teloneum et omnem justitiam tibi tuisque successoribus confirmamus: castrum quoque Menslei cum terminis et pertinentiis suis, castrum de Torsa cum ecclesiis et dominicaturis, et portibus maris, piscationibus, et omnibus sibi pertinentibus; piscationes aquarum de Tezer a Ripa mala usque ad Spatam, et de flumine Freverii a ponte Cor'a usque Tezer: omnem etiam dominicaturam, quam Bernardus Bisuldunensis Beatæ Mariæ tradidit tam in Rivipollensi valle quam in aliis locis. Quidquid præterea possessionum, villarum, sive ecclesiarum, cum decimis, primitiis, vel oblationibus suis per antecessorum nostrorum privilegia in quibuslibet regionibus possidetis; quidquid authenticis pontificum scriptis, vel principum, vel quorumque fidelium juste et legaliter vel in præsenti habetis, vel in futurum Domino largiente habituri estis, sæpe fato Beatæ Mariæ monasterio confirmamus.

Decernimus ergo ut nulli omnino hominum liceat idem cœnobium temere perturbare aut ejus subditos præter abbatis et fratrum voluntatem sæculari judicio vel potestate constringere, aut ejus possessiones auferre, vel ablatas retinere, minuere, vel temerariis vexationibus fatigare; sed omnia integra conserventur eorum, pro quorum sustentatione ac gubernatione concessa sunt, usibus omnimodis profutura. Obeunte te nunc ejusdem loci abbate, vel tuorum quolibet successorum, nullus ibi qualibet subreptionis astutia, vel violentia proponatur, nisi quem fratres communi assensu, vel fratrum pars consilii sanioris secundum Dei timorem, et B. Benedicti regulam elegerint. Chrisma, oleum sanctum, consecrationes altarium sive basilicarum, ordinationes clericorum ipsius loci vestri, seu monachorum qui ad sacros ordines fuerint promovendi, a quocumque volueritis catholico accipietis episcopo. Ad hæc adjicimus, ut episcoporum quilibet claustrum ipsum, et illic Domino servientes, temerario ausu excommunicare, sed neque capellas quæ circa ambitum monasterii sitæ sunt, sine Romani pontificis vel legati ejus audientia interdicere vel excommunicare non debeat; neque cæteris ad vos pertinentibus locis sine certis causis præjudicium canonicæ ultionis inferre. Sepulturam sane ejusdem loci omnino liberam esse decernimus, ut eorum, qui illic sepeliri deliberaverint devotioni, et externæ voluntati, nisi forte excommunicati sint, nullus obsistat. Missas quoque publicas præter abbatis et fratrum voluntatem in eodem monasterio ab episcopo celebrari, vel stationes fieri prohibemus, ne forte in servorum Dei recessibus, popularibus occasio præbeatur ulla conventibus. Si quis in crastinum archiepiscopus aut episcopus, imperator aut rex, princeps aut dux, comes, vicecomes, judex aut ecclesiastica quælibet sæcularisve persona, hujus decreti paginam sciens, contra eam temere venire tentaverit, secundo tertioque commonitus, si non satisfactione congrua emendaverit, potestatis honorisque sui dignitate careat, reumque se divino judicio existere de perpetrata iniquitate cognoscat, et a sacratissimo corpore ac sanguine Dei et Domini nostri Jesu Christi alienus fiat, atque in extremo examine districtæ ultioni subjaceat. Cunctis autem eidem loco justa servantibus sit pax Domini nostri Jesu Christi, quatenus et hic fructum bonæ actionis percipiant, et apud districtum judicem præmia æternæ pacis inveniant. Amen.

Datum in monasterio Sancti Ægidii per manum Joannis, sanctæ Romanæ Ecclesiæ diaconi cardinalis, xvii Kalendas Augusti, indictione iv, Incarnationis Dominicæ anno 1096, pontificatus autem domini Urbani secundi nono.

CCII bis.
Urbani II papæ privilegium pro monasterio Balneolensi.
(Anno 1096.)
[COCQUELINES, *Bullar. Rom. pont. Collect.*, II, 91.]

URBANUS episcopus, servus servorum Dei, dilecto filio BENEDICTO, abbati venerabilis monasterii sancti protomartyris Stephani, quod situm est in loco qui Balneolis dicitur, in comitatu Bisuldunensi, ejusque successoribus regulariter substituendis in perpetuum.

Apostolicæ sedis auctoritate debitoque compellimur pro universarum ecclesiarum statu satagere, et earum quieti auxiliante Domino providere. Ea propter petitionibus tuis, fili in Christo charissime Benedicte, non immerito annuendum censuimus, ut Balneolense monasterium, cui Deo auctore præsides, apostolicæ sedis privilegio muniremus. Per præsentis ergo privilegii paginam apostolica auctoritate statuimus ut quæcunque hodie idem cœnobium juste possidet firma tibi tuisque successoribus et illibata permaneant: parochia videlicet de ipsa valle Balneoli, ecclesia Sancti Benedicti et Sancti Petri de Agemal, Sancti Romani de Millancas, cum cœmeterio suo, Sancti Christophori, Sancti Jacobi cum decimis et primitiis suis, et cum medietate decimarum seu primitiarum de villa Figerolis et de Eremitanis, ecclesia Sanctæ Mariæ, Sancti Laurentii cum cimeterio de Porcarii, ecclesia Sancti Mauritii de Calvis, Sancti Quirici, Sancti Martini de Campo majori in valle de Milliariis, ecclesia Sancti Petri, Sancti Andreæ de Ritulis, Sancti Vincentii de Saliente, Sancti Juliani de Augustino, Sanctæ Mariæ de villa Azert, Sancti Martialis de Quarantela, cella Sanctæ Mariæ de Rivo d'Azar, cum decimis, oblationibus, ac cæteris pertinentiis suis. In comitatu Petralatensi ecclesia Sancti Martini, Sancti Sylvestri. In valle mala, cella Sancti Joannis de Crosis, Sancti Cypriani de Pineta, cum decimis, oblationibus, et cæteris earum pertinentiis; in comitatu Empuritanensi, cella Sanctæ Crucis, Sancti Nicolai cum cœmeteriis et alodiis suis, et castrum Colepodium cum pertinentiis suis. In comitatu Gerundensi, ecclesia Sanctæ Mariæ de Fenestris, Sancti Felicis de Buada cum decimis, oblationibus, et cæteris earum pertinentiis. In comitatu Barchinonensi monasterium Sancti Martialis de Monte Signi; in Tazilano ecclesia Sancti Salvatoris: mercati quoque quod penes vestrum cœnobium fieri solet, teloneum et omnem justitiam, tibi tuisque successoribus confirmamus. Quidquid præterea vel per antecessorum nostrorum apostolicæ sedis pontificum privilegia vel per authentica regum seu principum scripta vel ex quorumcunque fidelium oblationibus loco vestro juste et legaliter collatum est, vel in futurum largiente Domino habituri estis, ratum vobis et integrum servari præcipimus. Decernimus ergo, ut nulli omnino hominum liceat idem cœnobium temere perturbare, aut præter abbatis et fratrum voluntatem eorum familiam sæculari judicio et potestate constringere, aut cœnobii possessiones auferre, minuere, vel temerariis vexationibus fatigare; sed omnia integra conserventur, eorum pro quorum sustentatione ac gubernatione concessa sunt, usibus omnimodis profutura. Obeunte te nunc ejusdem loci abbate, vel tuorum quolibet successorum, nullus ibi qualibet subreptionis astutia vel violentia præponatur, nisi quem fratres communi consensu, vel fratrum pars consilii sanioris secundum Dei timorem, et beati Benedicti regulam elegerint. Chrisma, oleum sanctum, consecrationes altarium, sive basilicarum, ordinationes clericorum loci vestri seu monachorum, qui ad sacros fuerint ordines promovendi, a quocunque volueritis catholico accipietis episcopo, sicut a nonnullis prædecessoribus nostris monasterio vestro est concessum, et a comprovincialibus est episcopis confirmatum. Ad hæc adjicimus ut episcoporum quilibet claustrum ipsum, et illic Domino servientes, temerario ausu, aut sine Romani pontificis vel legati ejus audientia interdicere, vel excommunicare non debeat, neque cæteris ad vos pertinentibus locis sine certis causis præjudicium canonicæ ultionis inferre. Missas vero publicas præter abbatis et fratrum voluntatem in eodem monasterio per episcopum celebrari, aut stationes fieri, vel ad agendas causas populares conventus aggregari prohibemus, ne in servorum Dei recessibus popularibus occasio præbeatur ulla conventibus. Sepulturam quoque ejusdem loci omnino liberam esse sancimus, ut eorum qui illic sepeliri deliberaverint, devotioni, et extremæ voluntati, nisi excommunicati sint, nullus obsistat. Si qua igitur in crastinum ecclesiastica sæcularisve persona, hujus decreti paginam sciens contra eam temere venire tentaverit, secundo tertiove commonita, si non satisfactione congrua emendaverit, potestatis honorisque sui dignitate careat, reamque se divino judicio existere de perpetrata iniquitate cognoscat, et a sacratissimo corpore ac sanguine Dei et Domini nostri Jesu Christi aliena fiat, atque in extremo examine districtæ ultioni subjaceat. Cunctis autem eidem loco justa servantibus sit pax Domini nostri Jesu Christi, quatenus et hic fructum bonæ actionis percipiant, et apud districtum judicem præmia æternæ pacis inveniant. Amen, amen, amen.

Datum in monasterio Sancti Ægidii apud vallem Flavinianam per manum Joannis, sanctæ Romanæ Ecclesiæ diaconi cardinalis, xvi Kal. Augusti, indictione quarta, Incarnationis Dominicæ anno 1096, pontificatus autem domni Urbani secundi papæ nono.

CCIII.
Privilegium monasterii Juviniacensis.
(Anno 1096.)
[Mabill., Annal. Bened., V, 658.]

Urbanus episcopus, servus servorum Dei, dilectæ filiæ Galburgi, abbatissæ monasterii Juviniacensis, et cæteris quæ post eam regulariter in ejusdem monasterii regimine substituendæ sunt.

Apostolicæ sedis auctoritate debitoque compellimur pro universarum Ecclesiarum statu satagere, et earum maxime quæ ejus sedi specialius adhærent, et tanquam proprio jure subjectæ sunt, quieti, auxiliante Domino, providere. Quapropter, filia in Christo charissima Galburgis, devotionis tuæ precibus clementer annuimus, et beatæ Scholasticæ virginis monasterium, cui, Domino auctore, præsides, apud villam quæ Juviniacum dicitur constitutum, sub apostolicæ sedis protectionem specialiter confovendum præsentis decreti auctoritate suscipimus. Quod videlicet monasterium egregiæ memoriæ Bonifacius marchio, et ejus uxor Beatrix, cum insigni filia sua domina Mathilde, beato Petro et episcopis sanctæ Romanæ Ecclesiæ obtulerunt. Per præsentis igitur privilegii paginam apostolica auctoritate statuimus ut quævis bona a prædictis principibus eidem monasterio data, firma et illibata semper permaneant: ipsa videlicet Juviniacensis villa integra cum utrisque medietatibus suis, quarum alteram præfatus marchio et ejus conjux in vita sua, alteram post obitum eorum comitissa Mathildis beatæ Scholasticæ tradidisse cognoscitur: Remonis villa cum pertinentiis suis et redditibus, medietas villæ Verinoli Magni, Yreia cum duabus ecclesiis, Bosonis villa cum appendiciis suis, Minus Virol'num totum, in villa Vismoli mansi duodecim, in Marecio tres mansi cum ecclesia, in Clymenceio terra cum quarta parte ecclesiæ, in Hastoit mansi quatuor et tertia pars ecclesiæ cum molendino, in Betrui mansi duo cum ecclesia, in Vellanis mansi duo et semis, sexta pars mansi ecclesiæ et molendini et piscationis; in Gualkeringi mansus unus, apud Ase juxta Mascenceium terræ, apud aliud Ase quarta pars mansi, apud Nemachium mansus, apud Ham mansus cum quarta parte ecclesiæ et molendini. Confirmamus etiam vobis ecclesiam de Surreio cum alodio et municipiis, novem perticata vinearum Læsura, quadraginta et septem diurnata boum in Remoni villa, quæ tua prudentia ab Arluino pretio comparavit. Quidquid præterea idem beatæ Scholasticæ monasterium juste possidet, aut in futurum concessione pontificum, liberalitate principum, vel oblatione fidelium juste atque canonice poterit adipisci, ratum vobis illibatumque servari sancimus. Decrevimus ergo ut nulli omnino hominum liceat supra dicti cœnobii congregationem temere perturbare, aut ejus possessiones auferre, aut oblata [al., ablata] retinere, minuere, vel temerariis vexationibus fatigare, sed omnia integra conserventur, earum pro quarum sustentatione ac gubernatione concessa sunt, usibus omnimodis profutura, salva Trevirensis Ecclesiæ canonica reverentia. Obeunte te, nunc ejus loci abbatissa, vel earum quæcunque post te in ejusdem loci regimine successerint, nulla ibi quælibet subreptionis astutia vel violentia præponatur, sed quam sorores communi consensu, vel sororum pars consilii sanioris secundum Deum et beati Benedicti regulam providerint eligendam, adhibito etiam diœcesani episcopi consilio, si catholicus religiosusque exstiterit, ut jam omnino non liceat infra abbatiam ipsam aliquid violentiæ vel pravæ consuetudinis vindicare, aut gravaminis quidquam, quod ancillarum Domini Dei quieti impediat, irrogare. Advocatum quoque ejusdem loci non alium fore statuimus, nisi quem monasterio utilem abbatissa cum religiosarum suarum voluntate poposcerit. Nec ipsi aut abbatissæ, nec alicui loci ipsius ministræ facultas sit ecclesiæ bona vel in feudum personis sæcularibus dare, vel sub censum redigere, vel modis quibuslibet alienare. Nullum præterea clericum in monasterio vestro ministrare permittimus, nisi de regulariorum canonicorum numero quos apud beati Montani (46) ecclesiam religionis vestræ sollicitudo constituit, quibus delegatum ex vestrarum facultatum portionibus victum, ne qua in' posterum persona subtrahere audeat, interdicimus. Ad indicium autem perceptæ a Romana Ecclesia libertatis, Virdunensis monetæ sex argenteos quotannis Lateranensi palatio persolvetis.

Si qua igitur in crastinum ecclesiastica persona sæcularisve hujus decreti paginam sciens, contra eam temere venire tentaverit, secundo tertiove commonita, si non satisfactione congrua emendaverit, potestatis honorisque sui dignitate careat, reamque se divino judicio existere de perpetrata iniquitate cognoscat, et a sanctissimo corpore et sanguine Dei et Domini Redemptoris nostri Jesu Christi aliena fiat, atque in extremo examine districtæ ultioni subjaceat. Cunctis autem eodem loco justa servantibus sit pax Domini nostri Jesu Christi, quatenus et hic fructum bonæ actionis percipiant et apud districtum judicem præmia æternæ pacis inveniant. Amen, amen, amen.

Datum in monasterio S. Ægidii, apud vallem Flavinianam, per manum Joannis, S. Romanæ Ecclesiæ diaconi cardinalis, XIV Kal. Aug., indict. IV, Incarnationis Dominicæ anno 1096, pontificatus autem domini Urbani II papæ IX.

CCIV.
Privilegium pro monasterio S. Ægidii.
(Anno 1096.)
[MANSI, *Concil.* XX, 938.]

URBANUS episcopus, servus servorum Dei.

Sicut injusta poscentibus nullus est tribuendus effectus, sic legitima desiderantium non est differenda petitio. Comes nimirum Tolosanorum ac Ruthenensium, et marchio Provinciæ, Raimundus, potentatus sui partem a Romana Ecclesia detinens, honores omnes ad beatum Ægidium pertinentes tam in valle Flaviniana quam extrinsecus, quidquid juste sive injuste videbatur tenere, omnes rectas sive pravas consuetudines, quas ipsius antecessores aut ipse habuerant, ob honorem Dei et beati Ægidii reverentiam dereliquit. Quam videlicet missionem, apud Nemausense concilium jurans in manu nostra, Odiloni abbati, et ejus fratribus fecit, in Hierosolymitanam expeditionem iturus, seque et universos successores suos, si forte hoc donum irritum facere pertentarent, quod ad se erat, damnatione et maledictione mutavit. Quod igitur suggerente ipso, et monachis exorantibus, in totius concilii conspectu firmavimus, necnon et per auctoritatis nostræ litteras stabilimus. Si quis ergo ecclesiastica sæcularisve persona hanc supradicti comitis missionem, et nostram atque totius concilii confirmationem evacuare aut pervertere præsumpserit, usquequo satisfaciat, excommunicationi anathematique subdatur, et honoris atque officii sui evacuatione plectatur.

Post hæc divinæ voluntatis dispositione actum est ut apud B. Ægidii monasterium, basilicæ novæ aram omnipotenti Deo nostris manibus dicaremus. Sanximus igitur et sancimus, et ad posterum memoriam litteris designamus, ne quis ulterius archiepiscopus aut episcopus, adversus eamdem ecclesiam audeat excommunicationis aut interdictionis proferre sententiam, quatenus idem monasterium ex ipsius B. Ægidii traditione sanctæ Romanæ Ecclesiæ juri proprio subditum, Romanæ semper libertatis gratia perfruatur. Si quis autem, decreti hujus tenore cognito, obviam venire tentaverit, honoris et officii sui detrimentum patiatur, atque a sacratissimo corpore et sanguine Dei ac Domini Redemptoris nostri Jesu Christi alienus fiat, atque in extremo examine districtæ ultioni subjaceat. Cunctis autem eidem loco juxta servantibus pax et misericordia a Deo et Patre nostro et Domino Jesu Christo præsentibus ac futuris sæculis conservetur. Amen, amen, amen.

Datum per manum Joannis, S. R. E. diaconi cardinalis ac bibliothecarii, apud Avenionem in monasterio S. Andreæ, XI Kalendas Augusti, indictione quarta, Incarnationis Dominicæ 1096, pontificatus autem domini Urbani II papæ IX.

CCV.
Bulla pro ecclesia Sancti Saturnini Tolosæ.
(Anno 1096.)
[BALUZ., *Miscell.* II, 179.]

URBANUS episcopus, servus servorum Dei dilectis in Christo filiis canonicis in ecclesia Beati Saturnini

---

(46) Superest haud procul a Juviniaco ecclesia S. Montani, qui S. Remigii ortum prædixerat, ut duo eremitæ degunt sub clientela monasterii.

regularem vitam professis, et eorum successoribus in eadem religione victuris in perpetuum.

Sicut injusta poscentibus nullus est tribuendus effectus, ita legitima desiderantium non est differenda petitio. Querela siquidem illa quæ inter vos et fratrem nostrum Isarnum, Tolosanum episcopum, de oblationum altaris et ecclesiæ parte quarta prolixis temporibus agebatur per omnipotentis Dei gratiam præsentibus nobis (47) synodique est judicio pertractata et legitimorum testium qui audierant et viderant jurejurando finita est. Patuit enim clericos quondam, qui apud beati Saturnini ecclesiam ante vestra tempora citra canonicam disciplinam vixerant; oblationum altaris seu ecclesiæ et quartam et cæteras portiones integras tenuisse. Quod videlicet tunc temporis ita actum etiam ante testium probationem ipsemet episcopus fatebatur. Quoniam ante Petrum Rogeri, Tolosanum episcopum, qui oblationes omnes causa ædificandæ novæ basilicæ recollegit in suis domibus viventes clerici libere Beati Saturnini oblationibus fruebantur. Iniquum itaque visum est ut quod sæcularibus clericis anteriores episcopi permiserant vobis jam per Dei gratiam communiter et sub regulari disciplina viventibus auferretur. Unde etiam idem frater noster Isarnus in præpositi et quorumdam de vestro collegio quartam partem illam quam tenebat in conspectu nostro et fratrum qui nobiscum aderant refutavit, atque ut id nostro privilegio firmaretur suppliciter exoravit. Secundum ipsius ergo et vestram petitionem, et quartam illam et cæteras oblationum altaris vel ecclesiæ portiones in integrum vestro vestrorumque successorum usui per præsentis decreti paginam apostolica auctoritate perpetuo confirmamus, et ne quis episcopus eas deinceps exigere debeat interdicimus. Præterea quoniam largiente Domino Beati Saturnini ecclesiam nostris manibus consecravimus, et sanximus et sancimus ne quis episcopus aut archiepiscopus sine nostra vel legati nostri audientia interdictionis vel excommunicationis in locum audeat proferre sententiam; nec alicui liceat eum qui illic hodie habetur statum ordinis commutare; nec post possessionem canonicorum cuiquam facultas sit aut proprium habere aut sine præpositi vel congregationis licentia de claustro discedere. Quod si discesserit, et commonitus redire contempserit, præposit intersit, si opportunum viderit, eum ubilibet a suis officiis interdicere. Interdictum vero episcoporum vel abbatum sine ipsius permissione nullus absolvat. Obeunte ejusdem loci præposito, nullus ibi qualibet subreptionis astutia vel violentia præponatur, nisi quem fratres regulares communi consensu vel fratrum pars consilii sanioris secundum Dei timorem providerint regulariter eligendum. Si qui sane clerici cum episcoporum suorum licentia conversionis gratia locum ipsum adierint, præposito liberum sit præter omnem episcopi Tolosani contradictionem suscipere,

(47) Nimirum in concilio Nemausensi.

ut nulla eis erga præpositum suum inobedientiæ causa et superbiæ relinquatur. Porro præpositurœ, decaniæ, sacristiæ, capitiscolæ, et cætera ecclesiæ vestræ bona omnia vobis vestrisque successoribus confirmamus. Archidiaconatus etiam dignitatem et cœmeterium, sicut in episcopi et canonicorum Sancti Stephani chirographo continetur. Candelas quoque cereas, quas filius noster Raimundus, Tolosanus comes, in ecclesiæ dedicatione nobis præsentibus abdicavit, ne quis ulterius exigere audeat interdicimus. Prohibemus etiam ne quis ejusdem ecclesiæ claustrum violenter insilire, aut infra id rapinam aut injuriam audeat irrogare. Ad hæc ecclesias Beati Petri de Valeriis et de Artaxena, abbatia quoque Sancti Aviti, Sancti Cypriani, ecclesia Sancti Petri de Slamaco et de Mascarano, quidquid præterea eadem ecclesia juste possidet sive in futurum juste atque canonice poterit adipisci, vobis vestrisque successoribus regulariter viventibus confirmamus. Si quis igitur in crastinum archiepiscopus aut episcopus, imperator aut rex, princeps aut dux, comes, vicecomes, judex, aut ecclesiastica quælibet sæcularisve persona hujus decreti paginam sciens, citra eam temere venire tentaverit, secundo tertiove commonitus, si non satisfactione congrua emendaverit, potestatis honorisque sui dignitate careat, reumque se divino judicio existere de perpetrata iniquitate cognoscat, et a sacratissimo corpore ac sanguine Dei ac Domini Redemptoris nostri Jesu Christi alienus fiat, atque in extremo examine districtæ ultioni subjaceat. Cunctis autem eidem loco justa servantibus sit pax Domini nostri Jesu Christi, quatenus et hic fructum bonæ actionis percipiant, et apud districtum judicem præmia æternæ pacis inveniant. Amen.

Datum apud Montem Audaonis in monasterio Sancti Andreæ per manum Joannis, S. R. E. diaconi cardinalis, xi Kal. Augusti, indictione iv, Incarnationis Dominicæ anno 1097, pontificatus autem domini Urbani II papæ ix.

CCVI.

Urbanus monasterii S. Andreæ Avenionensis privilegia et possessiones confirmat.

(Anno 1096.)

[Ruinart, *Vita Urbani*, p. 270.]

CCVII.

Epistola Urbani papæ II ad Colomanum Hungariæ regem, adversus Guibertum antipapam, vel Clementem III.

(Anno 1096.)

[Ménard, *Histoire de Nîmes*, Paris, 1750, in-4°, t. 1, Preuves, 15.]

Urbanus episcopus, servus servorum Dei, dilecto in Christo filio Colomanno, magnifico Ungarorum regi, salutem et apostolicam benedictionem.

Audientes magnificentiam tuam omnipotentis Dei dispositione ad Ungarici regni regimen esse provectam, gaudio non modico exsultamus. Retulit enim nobis venerabilis filius noster Odilo, S. Ægidii abbas, strenuitatem tuam, præter sæcularem qua præcellis industriam, Scripturis etiam ecclesiasticis eruditam, et quod potissimum judiciariam condecet potestatem, sanctorum canonum pollere scientia. Unde oportet te, fili in Christo charissime, supra cæteros qui te in ejusdem regni regimine præcesserunt, tam pro tua quam pro commissorum tibi populorum salute curam gerere. Et potentes enim, ut divina Scriptura pronuntiat, potenter tormenta patientur; et cui plus datur, plus profecto exigitur. Erige igitur, o rex, vexillum catholicæ fidei gloriosum, quod sæcularibus regni tui vexillis victoriam debeat et gloriam comparare. Jam diu enim Ungarorum populi errorum devia secuti sunt, et derelictis suæ salutis pastoribus, alienorum gregum vestigiis adhæserunt. Reminiscat tunc strenuitas tua religiosi principis Stephani, qui generis tui primus a sancta Romana et apostolica Ecclesia fidei religionem suscepit, et regularis dignitatis jura permeruit. Quanto enim amplius te divini dispositione judicii in terra dignitate provectum intelligis, tanto humilius debes potestatis divinæ principibus, Petro ac Paulo, fili charissime, obedire, et eorum ecclesiæ subjectionem et honorem a præfato principe institutum fideliter exhibere. Nulla te pseudoapostolorum qui eorum ecclesiam invaserunt, venena corrumpant; nulla perversitas a vera religione seducat. Nec enim latere te credimus, hæresiarcham Guibertum ab omnibus ubicunque catholicis excommunicatum atque damnatum, qui contra divinæ legis scita, contra Evangelii statuta, contra sanctorum canonum decreta, viventis patris ac domini cubile ascendit, et Gregorii septimi apostolicæ memoriæ pontificis cathedram invasit, matrem fidelium omnium Romanam Ecclesiam incestavit: sed furem cum et latronem existere per divinæ clarificationis causam totus pene jam orbis agnoscit. Quid etiam in Henricum hujusce iniquitatis et præsumptionis auctorem divinæ majestatis justitia operata sit et operetur, ad tuam existimamus notitiam pervenisse. In sensum enim reprobum datus et ea quæ non conveniunt, imo quæ Deo et hominibus exsecrabilia sunt operans, publicis est expositus ignominiis. In illo nimirum illud quodammodo divinæ Scripturæ impletum videtur elogium, « Quid superbit terra et cinis, » quia in vita sua projicit intima sua. Ipsi quippe quos intimos habuerat, quos tanquam sua viscera diligebat, non tantum familiares, sed ipse etiam filius, pro suis eum abominationibus exsecrati, ab ejus se consortio sequestrarunt. Jam per Dei misericordiam et judicium principalem illam regni sui partem per quam Romanæ Ecclesiæ incubabat amisit. Inter has diabolicæ persecutionis procellas, jam diu regnum tuum ab apostolicæ sedis obedientia descivit, et erroris hujus principibus administris, deditum per latioris viæ devia seductum est. Nec tandem ad ejus populi velamen auferendum, perso-

A nam tuam divina, ut credimus, gratia sublimavit. Unde nos quibus, licet indignis, pro apostolicæ sedis ministerio Ecclesiarum omnium sollicitudo imminet, quia Græcis et barbaris, sapientibus et insipientibus debitores sumus, tuam super his prudentiam duximus admonendam: tui profecto animi voluntatem agnoscere utrum ad salutem regni tui et ad populi tui eruditionem apostolicæ sedis, apocrisiarios destinari consentias. Ad cujus videlicet operis ministerium supradictum beati Ægidii abbatem cooperatorem prædestinavimus. Super hoc ergo negotio certam tui animi voluntatem nobis per latorem præsentium rescriptis tuis intimare non differas. Porro de nobis ita tuam excellentiam confidere volumus, ut quidquid honoris, quidquid dignitatis prædecessor tuus Stephanus ab apostolica nostra Ecclesia promeruisse cognoscitur, certa devotione exquiras, plena liberalitatis benignitate percipias, dummodo in unitate ejusdem apostolicæ Ecclesiæ firma stabilitate permaneas, et ei quidquid honoris, quidquid reverentiæ, rex præfatus instituit, fideli benignitate devotus exhibeas.

Datum vi Kal. Augusti.

CCVIII.

Urbani II P. M. epistola ad Gebehardum episcopum Constantiensem, ut a Reitenbuchensibus quemdam monachum Scafhusensibus monachis restituendum curet.

(Anno 1096.)

[Pez, *Thes. Anecd.* VI, 1, 297.]

Urbanus episcopus, servus servorum Dei, venerabili fratri G. Constantiensi episcopo, salutem et apostolicam benedictionem.

Inter Scafusensium et Reitenbuchensium congregationes quare et quam diutina discordia fuerit, fraternitati tuæ liquido patet. Nuper cum Turonis essemus, per filium nostrum Manegoldum, magistrum scholarum, pacificos eos audieramus. Communis autem filius Gerardus, Scafusensis monachus veniens, eamdem apud nos querelam replicavit, quia videlicet fratres illi monachum reddere noluerunt. Mandamus itaque dilectioni tuæ ut ad reformandam inter ipsos concordiam cum religiosis adhuc invigiles. Quod si modo obedire contempserint, et post nostrarum litterarum acceptionem infra dies xxx monachum illum pro quo inter eos discordia crevit, Scafusensi abbati non restituerint, eos deinceps nostra sententia noveris interdictos.

Data vii Id. Aug. apud Forum Cholcheri.

CCIX.

Ejusdem papæ epistola ad Odalricum, seu Udalricum, præpositum Reitenbuchensem. — De eadem re.

(Anno 1096.)

[Pez, *ubi supra*, p. 298.]

Urbanus episcopus, servus servorum Dei, dilectis filiis O. præposito, M. decano Reitenbuchensium, salutem et apostolicam benedictionem.

Jamdudum dilectionem vestram missis ac remissis litteris exhortati sumus exhortationibus, et preces adjecimus, ut cum venerabili Scafusensium abbate vel congregatione in pacem integram redi- retis, restituto eis fratre quem ex eorum claustro dolosis circumventionibus eduxistis. Vos autem, quod religionem vestram minime decuit, et preces nostras sprevistis, et auctoritatem in nobis sedis apostolicæ parvipendistis. Quin etiam Deum, qui charitas est, offendistis, cum religiosos viros ad reconciliationem vestram congregatos, et venerabilem Scafusensium abbatem, solo charitatis intuitu in conspectu vestro humiliatum, irridere et proposita præsumpsistis pollicitatione frustrari. Quam inobedientiæ et dolositatis culpam, qua deberemus austeritate persequi, vestram ipsorum prudentiam in cordis tabula legere non diffidimus. Post harum igitur litterarum acceptionem, nisi infra dies XXX eidem abbati satisfeceritis, divinorum deinceps officiorum......

CCX.

Epistola Urbani II papæ ad Bononienses. — Eorum fidem laudat. Omnibus qui bello Hierosolymitano interfuerint, peccatorum veniam proponit.

(Anno 1096.)

[SAVIOLI, Annali Bolognesi. Bassano, 1784, in-4°, I, II, 157.]

URBANUS episcopus, servus servorum Dei, dilectis filiis catholicis in clero, populo Bononiensi salutem et apostolicam benedictionem.

Bonitati vestræ gratias agimus quod inter schismaticos et hæreticos constituti, quidam semper in fide catholica permansistis, quidam vero per Dei gratiam veritate comperta et errorum devia dimisistis, et jam quæ catholicæ fidei sunt sapitis. Hortamur ergo in Domino dilectissimi, ut in veritatis via viriliter incedatis et bonis initiis meliores eventus addere procuretis. Non enim qui cœpit, sed qui perseveraverit usque in finem hic salvus erit. Venerabilem fratrem nostrum et coepiscopum Bernardum, quem pastorem vobis per manus nostras divina providentia conferre dignata est, charitati vestræ attentius commendamus ut si Deum diligitis in ejus vicario ostendatis. Ipse enim de hujusmodi dixit : *Qui vos audit, me audit*. Nonnullos vestros in Hierusalem eundi desiderium concepisse audivimus quod nobis plurimum complacere noveritis. Sciatis autem eis omnibus qui illuc non terreni commodi cupiditate, sed pro sola animæ suæ salute et Ecclesiæ liberatione profecti fuerint, pœnitentiam totam peccatorum de quibus veram et perfectam confessionem fecerint per omnipotentis Dei misericordiam et Ecclesiæ catholicæ preces, tam nostra quam omnium pene archiepiscoporum et episcoporum qui in Galliis sunt auctoritate dimittimus, quoniam res et personas suas pro Dei et proximi charitate exposuerunt, neque clericis vero, neque monachis sine episcoporum vel abbatum licentia illuc eundi concedimus facultatem. Porro episcopis cura sit ne parochianos suos sine clericorum consilio et provisione dimittant. Juvenibus etiam conjugatis providentiam est ne temere tantum iter sine conniventia uxorum suarum aggrediantur. Omnipotens Deus in suo vos timore et amore corroboret, et ab universis peccatis et erroribus absolutos ad summæ charitatis et veræ pietatis perducat intuitum.

Data Papiæ, XIII Kal. Octob.

CCXI.

Urbani II papæ bulla, qua monialibus Cremonensibus Sancti Joannis Evangelistæ, omnia illarum jura confirmat.

(Anno 1096.)

[MURATORI, Antiq. Ital. V, 809.]

URBANUS episcopus, servus servorum Dei, dilectæ filiæ GISILÆ, abbatissæ monasterii Sancti Joannis Evangelistæ secus Cremonam, et post eam regulariter in eodem loco substituendis in perpetuum.

Desiderium quod ad religiosum propositum et animarum salutem pertinere monstratur, auctore Deo sine aliqua est dilatione complendum. Tuis igitur tuarumque sororum votis apostolicæ benignitatis aures paterno inclinamus affectu, et beati Joannis Evangelistæ monasterium, cui auctore Deo præsidere dignosceris, Romanæ auctoritatis privilegio communimus. Quod videlicet monasterium Bernardus comes, et uxor ejus Berta, sumptibus suis ædificaverunt, et in manus reverentissimæ memoriæ Gregorii septimi, prædecessoris nostri, beato Petro et sanctæ ejus Romanæ Ecclesiæ obtulerunt. Statuimus ergo ut quæcunque bona eidem loco per supradictos comites vel fideles quoslibet de suo jure obla a sunt, vel in futurum largiente Domino offerri contigerit, vobis et iis quæ post vos successuræ sunt, firma semper illibataque permaneant. Decernimus ergo ut nulli omnino hominum liceat eumdem locum temere perturbare, aut ei subditas possessiones auferre, minuere, vel temerariis vexationibus fatigare; sed omnia integra conserventur earum pro quarum sustentatione et gubernatione concessa sunt, usibus omnimodis profutura; salva canonica justitia Cremonensis episcopi, siquidem catholicus fuerit, et communionem et gratiam apostolicæ sedis habuerit. Cui tamen omnino non liceat idem monasterium prægravare, aut exactionem vel consuetudinem, quæ libertati et quieti monasticæ noceat, sororibus illic viventibus irrogare. Sane ad indicium hujus perceptæ a Romana Ecclesia protectionis, per annos singulos Mediolanensis monetæ denarios duodecim Lateranensi palatio persolvetis. Si quis igitur in crastinum archiepiscopus aut episcopus, imperator aut rex, princeps aut dux, comes, vicecomes, judex, aut ecclesiastica quælibet sæcularisve persona, hanc nostræ constitutionis paginam sciens, contra eam temere venire tentaverit, secundo tertiove commonita, si non satisfecerit emendatione congrua, potestatis honorisque sui dignitate careat, reamque se divino judicio existere de perpetrata iniquitate cognoscat, et a sacratissimo corpore et sanguine Dei et Domini ac Redemptoris nostri Jesu Christi aliena fiat, atque in extremo examine districtæ ultioni subjaceat. Cunctis autem eidem loco justa servantibus sit pax Domini nostri Jesu Christi quatenus et hic fructum bonæ actionis percipiant, et apud districtum judicem præmia æternæ pacis inveniant.

Ego URBANUS, catholicæ Ecclesiæ episcopus, subscripsi.

Datum Cremonæ per manum Joannis, sanctæ Romanæ Ecclesiæ diaconi cardinalis, XVII Kalendas Novembris, indictione V, Incarnationis Dominicæ anno 1096, pontificatus autem domni Urbani secundi papæ nono.

CCXII.

Urbani II epistola ad Alexium Constantinopolitanum imperatorem. — De expeditione in terram sanctam, et de cruce suscipienda.

(Anno 1096.)

[MANSI, *Concil.* XX, 660.]

URBANUS secundus, Romanus pontifex, ALEXIO Constantinopolitano imperatori, etc.

Cum statutum fuisset ad Clarum montem Arverniæ ut communibus votis bellum adversus Sarracenos gereretur, tanta hominum multitudo cruce signata est, ut ad trecenta hominum millia censa fuerint. Ducum autem fortissimorum tantus ardor, ut de recuperanda Hierosolyma multum sperare debeamus. Primus omnium Petrus eremita innumerabilibus se ducem præluit, cui Godefredus, Eustachius et Balduinus fratres, Bolionii comites, se addiderunt, majores etiam copias paraverunt. Hinc Podiensis episcopus belli dux, et Raimundus Sancti Ægidii comes, inde Hugo Magnus, Philippi Francorum regis frater, et Robertus Northmanniæ, et alter Robertus Flandriæ, et Stephanus Carnuti comites. Quid dicam de Boamundo ipso qui ingenti animi magnanimitate iis se comitem adjunxit cum septem millibus delectæ juventutis Italicæ, relicta fratri rerum omnium cura, quo cum diu bello contenderat? Ad hos belli maximos apparatus unum illud imprimis est necessarium, ut tuo præsidio commeatuque tantæ copiæ juventur. Quare ab te peto majorem in modum, ut quibuscunque rebus poteris justissimo bello gloriosoque faveas. Illud autem, tametsi non dubitem abs te curatum iri, volui tamen te per litteras nostras scire id mihi et universæ Christianæ reipublicæ jucundissimum fore. Vale.

Romæ, etc.

CCXIII.

Urbani epistola ad Gerardum Tarvannensem. — Canonum contemptores excommunicandos esse

(Intra annum 1088-97.)

[IVO, *Decret.*, IV, c. 219.]

Canonum contemptores excommunicandi sunt et damnandi, quandoquidem a sacris altaris mysteriis est removendus qui sacris non vult obedire canonibus.

CCXIV.

Urbanus monasterii Cluniacensis libertates et privilegia confirmat augetque.

(Anno 1097.)

[*Biblioth. Cluniac.*, p. 520.]

URBANUS episcopus, servus servorum Dei, venerabili fratri HUGONI, Cluniacensi abbati, ejusque successoribus regulariter substituendis in perpetuum.

Cum omnium fidelium petitionibus et necessitatibus subvenire debeat apostolicæ charitatis gratia, multo magis his est impertienda ejus beneficii clementia, quos singulariter filios se gaudet habere Romana mater Ecclesia. Inter quos quoniam Cluniacensis congregatio, divino charismate cæteris imbuta plenius, ut alter sol enitet in terris, adeo ut his nunc temporibus ipsi potius conveniat quod a Domino dictum est, *Vos estis lux mundi*, eo magis, o charissime frater Hugo, sublimitatis apostolicæ auctoritas cogitur præbere vestris petitionibus assensum; cum etiam pro sanctimonia vitæ desideriis vestris parere novimus Auctorem omnium. Ea propter quidquid libertatis, quidquid tuitionis, quidquid auctoritatis prædecessores nostri Ecclesiæ Romanæ pontifices, præsertim apostolicæ memoriæ Gregorius VII, vestro monasterio et locis ad id pertinentibus contulerunt. Nos quoque præsenti decreto auctore Deo confirmamus, scilicet ut cuncta loca et monasteria ad Cluniacense cœnobium pertinentia, quæ ab aliquibus fidelibus Christianis, regibus, episcopis, ducibus, comitibus seu principibus, eidem loco sunt concessa, et ab antecessoribus tuis acquisita, et quæcunque ad eumdem locum aliquo modo pertinere videntur, vel in posterum dabuntur, sive terræ, sive ecclesiæ, sive decimæ, et quæcunque quorumcunque beneficia fidelium, absque ullius contradictione cum magna quiete et securitate tu et tui possideatis, et per te universi successores tui in perpetuum. Necnon sub divini judicii promulgatione, et confirmatione, et anathematis interdictione corroborantes decrevimus ut nullus episcopus, seu quilibet sacerdotes in eodem venerabili cœnobio, neque omnino in aliquo loco huic subdito pro aliqua ordinatione seu consecratione altaris, vel ecclesiæ, presbyterorum, vel diaconorum missarumque celebratione, nisi ab abbate ejus cœnobii, vel prioribus eidem cœnobio subditis invitatus fuerit, venire ad agendum præsumat. Sed liceat monachis tuis ubicunque positis, cujuscunque voluerint ordinationis gradum suscipere ubicunque tibi et aliis vestrisque successoribus placuerit. Interdicimus autem sub simili anathematis promulgatione, ut neque Cluniacum, neque loca ad id pertinentia ubicunque episcopi vel sacerdotis deprimantur interdictionis titulo, seu excommunicationis vinculo vel anathematis. Non enim patitur sedis sanctæ apostolicæ auctoritas, ut ullius cujuscunque personæ obligatione proscindatur a se cuilibet concessa libertatis potestas. Non igitur fratres tui et monachi, ubicunque, cujuscunque episcopi vel maledictionis, vel excommunicationis, seu interdictionis vinculo teneantur astricti.

Quod si quis sciens hanc nostram paginam, contra hanc facere præsumpserit, auctoritate beati Petri, cui Conditor omnium ligandi atque solvendi potestatem commisit, ecclesia vestra et ipsi monachi absolvantur. Et is quicunque sit, qui apostolicæ sedis filium ligare, sive maledicere contra decretum nostrum voluerit, maledictione perpetua ligetur, anathematizetur, condemnetur. Si qua vero competens ratio adversus quidquam moverit, et hoc aliter determinari vel diffiniri nequiverit, judicium apostolicum, quod nulli præjudicium prætendere patitur, super hoc patienter præstoletur, et humiliter requiratur. Liceat quoque vobis seu fratribus in ecclesiis vestris presbyteros eligere, ita tamen ut ab episcopis, vel ab episcoporum vicariis animarum curam absque venalitate suscipiant, quas si committere illi, quod absit, ex pravitate noluerint, tunc presbyteri ex apostolicæ sedis benignitate officia celebrandi licentiam assequantur. Ecclesiarum vero, seu altarium consecrationes ab episcopis in quorum diœcesibus sunt, locorum vestrorum fratres accipiant; siquidem gratis ac sine pravitate voluerint exhibere. Alioquin a catholico, quem malueritis, episcopo consecrationum ipsarum sacramenta suscipiant.

Decernimus etiam illius cujus vice, quamvis indigni, fungimur, et auctoritate sancimus, ut idem locus et loca ei subdita omnibus ob salutem confugientibus sint misericordiæ sinus, sint totius pietatis et salutis portus; obtineat in iis locum justus, nec repellatur pœnitere volens injustus; præbeatur innocentibus charitas mutuæ fraternitatis, non negetur offensis spes salutis et indulgentia pietatis. Et si aliquis etiam cujuscunque obligatus anathemate eumdem locum vel loca ei subdita expetierit, sive pro corporis sepultura, seu alterius utilitatis ac salutis gratia, minime a venia et optata misericordia excludatur, sed oleo medicamenti salutaris fovendus benigniter obligetur, quia et justum sic est, ut in domo pietatis et justo præbeatur dilectio sanctæ fraternitatis, et ad veniam confugienti peccatori non negetur medicamentum indulgentiæ et salutis. Sit autem omnibus ibi advenientibus causa salutis hic et in perpetuum, divinæ miserationis et pietatis refugium, et apostolicæ benedictionis et absolutionis præsidium. Hanc etiam vobis prærogativam concedimus ut quisquis ad vos alieni monasterii monachus pro vitæ melioratione transierit, licenter recipiatur, remotis prioris loci querimoniis, ut, largiente Domino, salutis quam quærere videtur apud vos potiatur effectu. Clericos quoque regulares, quos canonicos vocant, qui vel in locis suis salvari non possunt, vel pro necessitatibus ad loca vestra confugiunt, suscipiendi, et vestrum propositum admittendi licentiam impertimur. Decernimus præterea, et omnino constituimus, ut prædictis loci obeunte abbate, non ibi alicujuscunque personæ violentia constituatur ordinandus, sed ab ipsa congregatione loci secundum timorem Dei et institutionem legislatoris Benedicti, Pater qui sibi præesse debeat, eligatur, atque ad eum ordinandum qualiscunque illis placuerit episcopus advocetur. Præterea constituimus ut nulli omnino hominum liceat vestrum venerabile cœnobium et loca ei subdita temere perturbare, sed eorum ecclesiæ, decimæ, possessiones et bona cætera, quæ pro animarum salute jam donata sunt, vel in futurum, Domino miserante, donari contigerit, firma vobis vestrisque successoribus et illibata permaneant. Si qua igitur ecclesiastica sæcularisve persona hanc nostram constitutionem sciens, contra eam temere venire tentaverit, secundo tertiove commonita, si non satisfactione congrua emendaverit; potestatis honorisque sui dignitate careat, reamque se divino judicio existere de perpetrata iniquitate cognoscat, et a sanctissimo corpore et sanguine Dei, et Domini Redemptoris nostri Jesu Christi aliena fiat, atque in extremo examine districtæ ultioni subjaceat. Cunctis justa eidem cœnobio suisque locis servantibus sit pax Domini nostri Jesu Christi, quatenus hic fructum bonæ actionis percipiant, et apud districtum judicem præmia æternæ pacis inveniant. Amen.

Datum Laterani v Idus Januarii, indictione v.

CCXV.

Urbani II papæ epistola ad clerum et populum Tranensis Ecclesiæ.

(Anno 1097.)

[*Acta sanctorum*, t. I Jun., p. 249.]

URBANUS episcopus, servus servorum Dei, clero et ordini, nobilibus et plebi Trani consistentibus, salutem et apostolicam benedictionem.

Cum largiente Domino nuper cum magna episcoporum abbatumque frequentia synodale concilium ageremus, venerabilis frater noster Bisantius, vestræ civitatis archiepiscopus, venerabilis viri Nicolai (qui apud vos Peregrinus nominatur) nonnulla miracula coram universo concilio scripto edita recitavit, et eumdem Dei hominem, auctoritate nostra, in sanctorum catalogo annumerari instantissime postulavit. Nos igitur causam ipsam eidem fratri nostro commisimus, de ejus nimirum probitate ac scientia nihil hæsitantes, ut quod ei revelante Domino visum fuerit, maturiori deliberatione constituat; ad laudem et gloriam illius qui gratuita misericordia famulos suos mirifice gratificare consuevit.

CCXVI.

Urbani II epistola ad Hugonem archiepiscopum Lugdunensem.

(Anno 1097.)

[BALUZ., *Miscell.* edit. Luc. II, 180.]

URBANUS episcopus, servus servorum Dei, venerabili fratri et coepiscopo Hugoni, apostolicæ sedis legato, salutem et apostolicam benedictionem.

Quod de Guapicensi seu Diensi coepiscopis prudentiam tuam egisse significasti nobis admodum gratum est, et si jam amplius actum esset, gratius haberemus, ut Guapiensis ab incubantis porci faucibus crueretur, et Diensis pastore quem appetit frueretur. In Ecclesia Lemovicensi nil potestatis confratri nostro A. nos dedisse cognoscas, nisi quod cum ab ipso pro eadem Ecclesia rogaremur, ut apud comitem Lemovicem consuleret pro ampliori familiaritate præcipimus. Electionem igitur sive consecrationem illic non jure factam nos quidem irritam habemus, sed adhuc sententiam pro non spernenda domni patris nostri Cluniacensis abbatis postulatione distulimus. Suppliciter enim exoravit ne in fratrem illum impatienter ageremus. Nos autem in nullo legationis tuæ jus operante Domino minuemus, et quæ dictante justitia oris nequaquam per nos suo robore cessabunt. De Aurelianensi quod statuisti et nos statuimus, siquidem quæ de eo tam apud nos quam apud te allegata sunt vera esse constiterit. Quod autem de Senonensibus clericis postulasti libentius exsequemur, si clerici ipsi pro electi sui causa ad nos forte pervenerint. De Belvacensi etiam quod egisti nobis omnino non displicet, quia pro personis nullis sanctos canones volumus aut impune præstante Domino patimur conculcari. Pro causa Cluniacensis monasterii strenuitatem tuam sollicitam volumus, ut cum a domino abbate requisitus fueris, de duce Burgundiæ, de Aimone Borbonensi, qui eos acriter molestant, congruentem justitiam exsequaris. De statu nostro nobiscum Deo gratias age, quia usque ad Urbem cum Com. M. pacifice venimus, urbem honestissime cum procedentium stipatione frequentissima introivimus. Urbem ipsam majori jam ex parte habemus. Synodum Laterani solemniter celebravimus. Cives nobis et regiones omnes sacramentis astringimus. Gratias Deo, honeste, tute, alacriter sumus. Vos nobiscum Deo gratias agite, et pro nobis ejus misericordiam exorate, neque inter hæc matri vestræ Romanæ Ecclesiæ subvenire attentius negligatis.

CCXVII.
Urbanus Petro Aragonensium et Pampilonensium regi cæterisque earum regionum fidelibus ecclesiam Pampilonensem commendat.
(Anno 1097.)
[Ruinart, *Vita Urbani*, p. 282.]

CCXVIII.
Urbanus Oderisio, cardinali Ecclesiæ Romanæ et abbati monasterii Casinensis, a sese consecrato, monasterium Glannafoliense, monachis Fossatensibus adjudicatum restituit.
(Anno 1097.)
[Mansi, *Concil.* XX, 928.]

Urbanus episcopus, servus servorum Dei, reverentissimo et charissimo fratri Oderisio, nostris per Dei gratiam manibus et in cardinalem sanctæ Romanæ Ecclesiæ sacerdoti, et in abbatem Casinensis monasterii consecrato, ejusque successoribus regulariter substituendis in perpetuum.

Pater et princeps monachicæ institutionis, gratia et nomine Benedictus, discipulum suum beatissimum Maurum ob religionis studium docendum et augendum in Gallias destinavit, sicut in eorum gestis luce clarius reperimus, qui ad loca destinata perveniens monasterium quod Glannafolium dicitur in Andecavensium diœcesi, divina gratia prosequente, construxit, quod Casinensi cœnobio, unde prodierat, commisit, ubi cum plurimis virtutum insignibus, cooperante Domino, effulsisset, Bertulfum discipulum suum abbatem substituens, monachis Casinensibus qui una secum venerant super eum sollicitius invigilare præcepit, ne in aliquo a rectitudine regularis tramitis deviaret, sicque temporalis vitæ finem sortitus est, ac sepultus. Post nonnulla igitur annorum curricula, peccatis exigentibus, idem monasterium a Gaidulfo quondam destructum, sed postmodum religiosorum virorum studio reparatum. Eo itaque tempore venerandæ memoriæ Adrianus papa simul cum Carolo, rege Francorum et patritio Romanorum, præfatum monasterium Glannafoliense venerabili Theodemario Casinensi abbati super hac re querimoniam facienti, cognita ratione restituit, atque auctoritate apostolica confirmavit. Verum quia Dei judicia abyssus multa, jam dictum cœnobium barbarorum incursu vastatum iterum et destructum asseritur. Depopulationis ergo illius barbariæ solitudine permanente, illustrium principum studio provisum fuit quatenus Glannafoliensis locus, monachicæ tunc quieti incongruus, per Fossatenses monachos disponeretur; quæ quidem dispositio usque ad tempora nostra immobiliter perduravit. Cæterum cum Fossatensis etiam locus ab observatione religionis desiisset, Glannafoliensis ecclesia per loci ipsius præpositos non tam disposita quam dissipata diutius videbatur. Contigit autem divinæ dispositione clementiæ, cum pro ecclesiasticis causis in Gallias transissemus nos locum illum cum confratribus nostris episcopis et Romanæ Ecclesiæ cardinalibus visitasse. Fratrum igitur Deo servientium illic et circum habitantium nobilium virorum nos turba circumstetit super dissipatione multimoda conquerentium quæ ab his inferebatur, quorum eos oportuerat industria gubernari; adjectæ his sunt communis filii nostri Joannis, S. Romanæ Ecclesiæ diaconi cardinalis, et vestri Casinensis cœnobii monachi, pro parte tua et venerabilis fratris nostri Goffridi Andecavensis episcopi, et filii nostri Fulconis Andecavensis comitis preces, proprium loci illi abbatem sub ditionem Casinensis ecclesiæ auctoritate sedis apostolicæ restitui postulantium, nec parum in brevi profectum loco eventurum sperabant, et de tricesimo, qui nunc inerat, monachorum numero, repente ampliorem futurum, siquidem a Fossatensium erepti tyrannide abbatis proprii regimine fruerentur. Proinde Fossatensibus monachis diem certum statuimus, quo se nostræ audientiæ, si habentes privilegiis præsentarent.

Considentibus ergo nobiscum in Turonensi ecclesia archiepiscopis, episcopis et abbatibus, numero quadraginta quatuor, facta de hoc negotio quæstione, chartam nobis prædicti fratres in communi audientia præsentarunt, quasi Romani pontificis Adriani, quæ omnino falsa manifestis est indiciis comprobata. Placuit itaque cunctis in commune fratribus qui consederant, quandoquidem in Fossatensi monasterio religionis observantia jam per tempora loca [f. longa] defecerat, et Glannafoliensis locus per eos non meliorationi, sed deteriorationi videbatur expositus, cessante causa etiam cessaret effectus, et Glannafoliensibus monachis abbatis cardinalis solatium redderetur. Et tunc ergo communi decreto sancimus, et nunc per præsentis privilegii paginam legitimum sempiternum apostolica auctoritate statuimus, ut in loco illo venerabili sæpe superius nominato cardinalis abbas perpetuis temporibus habeatur, salva per omnia reverentia, et obedientia matris suæ ecclesiæ Casinensis. Prædecessorum nostrorum ergo Romanorum pontificum Adriani et Nicolai vestigia comitantes, prænominatum Glannafoliense coenobium cum omnibus pertinentiis suis, salva libertate et dignitate ejusdem loci, tibi tuoque Casinensi monasterio præsentis nostri privilegii pagina cum omnibus possessionibus suis confirmamus. In quibus hæc propriis duximus nominibus adnotanda. In primis villa Blazon, etc. Statuimus etiam ut obeunte Girardo nunc ejus loci abbate, nullus ibi subreptionis astutia vel violentia præponatur, nisi quem fratres communi consensu, vel fratrum pars consilii sanioris secundum B. Benedicti regulam elegerint, apud Casinum secundum tenorem privilegiorum suorum benedicendum. Quod si forte, quod evenire vix credimus, in ipsa congregatione aliquis ad hoc officium idoneus non reperitur, de Casinensi coenobio abbatem sibi eligant ibidem similiter benedicendum, sicque præposituram Casinensem et vicariatum ejusdem Casinensis abbatis per totam Galliam accipiens ad suum coenobium redeat. Omnibus autem quinque annis limina B. Benedicti Casinensis visitet, in Mauri loco resideat in Casino, et in omnibus cellis ejus super eum nullus abbas sedeat, et nulli alio loco, nisi tantum Casinensis subdatur. Si quid vero de ordine monastico tractandum fuerit arbitrio tam præpositi Casinensis, quam et abbatis B. Mauri disponatur. Insuper autem præsenti privilegio supradictum locum una cum omnibus suis pertinentibus, ecclesiis et possessionibus per totum orbem roboramus, atque ut nullius alterius ecclesiæ, vel episcopi, nisi Casinensis ecclesiæ ditionibus submittatur, auctoritate apostolica interdicimus. Quæcumque præterea in futurum sive concessione pontificum, sive liberalitate principum vel oblatione fidelium juste atque canonice poteritis adipisci, firma eidem loco et illibata permaneant. Decernimus ergo ut nulli omnino hominum liceat idem coenobium temere perturbare, aut ejus possessiones auferre vel ablatas retinere, minuere vel temerariis vexationibus fatigare; sed omnia integra conserventur eorum pro quorum sustentatione ac gubernatione concessa sunt usibus omnibus modis profutura; sepulturam quoque ejusdem loci liberam esse facimus, ut eorum qui illic sepeliri deliberaverint devotioni et extremæ voluntati nullus obsistat. Si qua sane in crastinum ecclesiastica, sæcularisve persona hanc nostræ constitutionis paginam sciens, contra eam temere venire tentaverit, secundo tertiove commonita, si non satisfactione congrua emendaverit, potestatis honorisque sui dignitate careat, reamque se existere divino judicio de perpetrata iniquitate cognoscat, et a sanctissimo et sacratissimo corpore et sanguine Dei et Domini Redemptoris Jesu Christi aliena fiat, atque in extremo examine districtæ ultioni subjaceat. Cunctis autem eidem vestroque coenobio justa servantibus sit pax Domini nostri Jesu Christi, quatenus et hic fructum bonæ actionis percipiant et apud districtum judicem præmia æternæ pacis inveniant; amen, amen.

Scriptum per manum Petri, scriniarii sacri palatii.

Data apud Tarracinam per manum Joannis, S. R. E. diaconi cardinalis, XII Kal. Aprilis, indictione V, anno Dominicæ Incarnationis 1097, anno autem pontificatus domni papæ Urbani secundi X.

CCXIX.

Urbanus II papa sacrum Casinense coenobium ejusdemque bona ab omni jurisdictione liberum sub sanctæ Romanæ Ecclesiæ protectione confirmat, cæterisque per Occidentem monasteriis præferendum esse declarat.

(Anno 1097.)

[MARGARINI, *Bullar. Casin.*, t. II, p. 119.]

URBANUS episcopus, servus servorum Dei, reverentissimo ac charissimo fratri ODERISIO, nostris per Dei gratiam manibus, et in cardinalem sanctæ Romanæ Ecclesiæ et sacerdotem, et in abbatem Casinensis monasterii consecrato ejusque successoribus regulariter substituendis in perpetuum.

Præter generale charitatis debitum, præter singularem vestri coenobii prærogativam, quæ in monasticæ legis latione, et latore sanctissimo Benedicto, universorum per Occidentem monasteriorum caput a Domino institutum est; illa etiam benignitatis magnificentia, quæ sem, er, et nostris præcipue temporibus, congregatio vestra, sanctæ Romanæ subvenit Ecclesiæ, multum nos eidem loco fore compellit obnoxios. Is enim locus, nostrorum pauperum relevatio, fugientium refugium, fessorum sedis apostolicæ filiorum requies indefessa permansit et permanet. Et nos ergo tam divinæ constitutionis, quam et fraternæ benignitatis dulcedini respondentes, locum ipsum, et universa ad eum pertinentia, quieta semper, omnium mortalium jugo libera permanere, et sub solius sanctæ Romanæ Ecclesiæ jure ac defensione perpetua haberi decernimus. Sed prædecessorum nostrorum munimina Casinensi coenobio collata, proprium robur obtineant. Eorumdem et nos vestigiis insistentes, Casinense coenobium cæteris per Occidentem coenobiis præferendum asserimus, et tam te quam successores tuos in omni conventu episcoporum, seu principum, superiorem omnibus abbatibus consedere, atque in omnibus judiciis priorem cæteris tui ordinis juris scientiam proferre sancimus. Si quis sane in crastinum archiepiscopus aut episcopus, imperator aut rex, princeps vel dux, comes, vicecomes, judex aut ecclesiastica seu sæcularis persona, hanc nostræ constitutionis paginam sciens, contra eam temere contraire tentaverit, secundo tertiove commonita si se non satisfactione congrua emendaverit, honoris sui dignitate careat, reamque se divino judicio existere de perpetrata iniquitate cognoscat, et a sacratissimo corpore, et sanguine Dei et Domini Redemptoris nostri Jesu Christi aliena fiat; atque in extremo examine districtæ ultioni subjaceat. Cunctis autem eidem loco justa servantibus, sit pax Domini nostri Jesu Christi, quatenus et hic fructum bonæ actionis percipiant et apud districtum judicem præmia æternæ pacis inveniant. Amen, amen.

Scriptum per manum Petri scriniarii sacri palatii.

Datum Laterani per manum Joannis, sanctæ Romanæ Ecclesiæ diaconi cardinalis, IV Kalendas Aprilis, anno Dominicæ Incarnationis 1097, anno autem pontificatus domni Urbani papæ II decimo.

CCXX.

Privilegium Urbani II papæ ad S. Hugonem pro immunitate cellarum Cluniacensium et interdicto, ac libertate convocandi apud Cluniacum quem voluerit antistitem ad chrisma conficiendum et oleum benedicendum.

(Anno 1097.)
[*Bullar. Cluniac.*, 28.]

Urbanus episcopus, servus servorum Dei, reverentissimo fratri Hugoni abbati, et universis Cluniacensis cœnobii fratribus, salutem et apostolicam benedictionem.

Quoniam abundante iniquitate refrigescit charitas multorum, oportet nos pro loci nobis divinitus commissi regimine paucorum, id est servorum Dei religioni attentius providere. Per illos enim plerisque in locis servi Dei et monachi perturbantur, per quos potissimum eos foveri ac protegi expediret. Quæ nimirum culpa nonnullos nostri temporis episcopos respicit, qui dum terrenis inhiant, eos qui terrena videntur despexisse perturbant. Quorum profecto molestiis per apostolicæ sedis dispensationem duximus obviandum; quatenus opitulante Deo a sæcularibus tumultibus liberi, tam pro nobis, quam et pro ipsis, et universis Christi fidelibus exorare sollicitius valeatis. Præsentis igitur constitutione sancimus, ne cellarum vestrarum ubilibet positarum fratres pro vicinarum diœcesum interdictione, vel excommunicatione divinorum officiorum suspensionem patiantur, sed tam monachi ipsi, quam et famuli eorum, qui videlicet monasticæ se professioni devoverunt, clausis ecclesiarum januis, non admissis diœcesanis, divinæ servitutis officia celebrent, et sepulturæ debita peragant. Vobis præterea, qui in ipso Cluniacensi cœnobio commoramini, licentiam indulgemus ut ad chrisma conficiendum, sive oleum benedicendum vestris vestrorumque usibus, quem malueritis catholicum episcopum advocetis, qui nostra fultus auctoritate quæ postulant indulgeat. Si quis vero episcopus, vel episcoporum minister, super his molestiam vobis ingerere, et nostris constitutionibus obviam ire præsumpserit, pro sedis apostolicæ contemptu, secundum beati Gelasii sententiam, sui erit ordinis et honoris elisor.

Scriptum per manus Lanfranci, notarii sacri palatii.

Datum Laterani per manum Joannis, sanctæ Romanæ Ecclesiæ diaconi cardinalis, xv Kalendas Maii, indictione v, anno Dominicæ Incarnationis 1097, pontificatus autem domni Urbani papæ secundi anno decimo.

CCXXI.

Urbanus II Ecclesiæ Arvernensis privilegia et possessiones confirmat, « statuitque ut ejus Ecclesiæ antistes in ordinatione metropolitani Bituricensis primum locum obtineat. »

(Anno 1097.)
[Ruinart, *Vita Urbani*, p. 285.]

CCXXII.

Urbani II papæ epistola ad Raimundum Ausciensem archiepiscopum. — Adversus clericos, qui cœmeterium S. Orientii violaverant.

(Anno 1097.)
[Dom Bouquet, *Recueil*, t. XIV, p. 725.]

Urbanus episcopus, servus servorum Dei, dilecto fratri R. [Raimundo], Auxiensi archiepiscopo, salutem et apostolicam benedictionem.

Cum in Auxiensi metropoli per Romanam Ecclesiam noviter sis ordinatus, sedis apostolicæ decretis obedire te irrefragabiliter oportet. Mandamus ergo fraternitati tuæ ut de clericis sedis tuæ, qui cœmeterium quod beati papæ Leonis et nostro decreto ecclesiæ Beati Orientii firmatum fuerat, violaverunt, justitiam facere canonica æquitate procures. De cætero et teipsum et tuæ sedis clericos ita custodias, ut Romanæ Ecclesiæ decreta inconvulsa apud vos, Domino largiente, conserventur et integra.

Data Romæ, III Kalendas Maii.

CCXXIII.

Salmoriaci pagus Ecclesiæ Gratianopolitanæ asseritur.

(Anno 1097.)
[Ruinart, *Vita Urbani*, III, 366.]

Urbanus episcopus, servus servorum Dei, reverentissimo fratri et coepiscopo Hugoni, apostolicæ sedis vicario, salutem et apostolicam benedictionem.

Quam arroganter, quam indigne adversus nos et sanctam Romanam Ecclesiam frater noster Viennensis archiepiscopus Guido se habuerit, scientiam vestram nequaquam latet; præter cætera vero cervicem suam adversus humilitatem nostram adeo sustulit, ut et Romanensem abbatiam a nobis interdictam reinvaderet, et fratri nostro Gratianopolitano episcopo ecclesias quas nobiscum ipse restituerat sine judicio reauferret. Tuam ergo fraternitatem pro nobis omnino ad justitiam excitari præcipimus. Sentiat ut adamantem et silicem faciem tuam, remotaque præteritæ lenitatis reverentia, omnino secundum justitiam Gratianopolitanæ Ecclesiæ sua jura restituas, et apostolicæ sedis injurias ulciscaris, in episcoporum mutationibus hactenus nimis lenis pro apostolicæ mansuetudinis gratia Gallicanorum petitionibus condescendimus, deinceps autem id penitus præcaveri præcipimus, neque enim Nicænæ synodi, quam æque ut sanctum Evangelium veneramur, auctoritatem hujusmodi occasionibus evacuari ulterius patiemur.

Data Lateranis II Nonas Junii.

CCXXIV.

Urbani II papæ epistola ad Bertrandum Narbonensem archiepiscopum. — Ecclesiæ Narbonensis privilegia corroborat.

(Anno 1097.)

[D. Bouquet, *Recueil*, t. XIV, p. 727.]

URBANUS episcopus, servus servorum Dei, dilecto in Christo fratri BERTRANDO, Narbonensi archiepiscopo, perpetuam salutem in Domino.

Potestatem ligandi atque solvendi in cœlis et in terra B. Petro ejusque successoribus, auctore Deo, principaliter traditam illis Ecclesia verbis agnoscit, quibus Petrum est Dominus allocutus: *Quæcunque ligaveris super terram, erunt ligata et in cœlis, et quæcunque solveris super terram, erunt soluta et in cœlis* (*Matth.* XVIII, 8). Ipsi quoque et propriæ firmitas et alienæ fidei confirmatio, eodem Domino auctore, præstatur, cum ad eum dicitur: *Rogavi pro te, ut non deficiat fides tua. Et tu aliquando conversus confirma fratres tuos* (*Luc.* XXII, 32). Oportet ergo nos, qui, licet indigni, Petri sedem videmus habere, prava corrigere, recta firmare, et in omni Ecclesia ad æterni arbitrium judicis sic disponenda disponere, ut de vultu ejus judicium nostrum prodeat, et oculi nostri videant æquitatem. Fraternitatis igitur tuæ justis petitionibus annuens, sanctam Narbonensem Ecclesiam, cui divina largiente clementia præsides, possidendam, regendam, ac disponendam præsentis tibi decreti pagina confirmamus. Nos enim te in Nemausensi Ecclesia episcopum consecravimus, et, exigente necessitate, ad tuam te transferri metropolim per suffraganeorum electionem auctoritatis nostræ scriptis permisimus; quod nulli deinceps concedimus permittendum. Has igitur civitates eidem Ecclesiæ tuæ fraternitati sancimus esse subjectas, Tolosam, Carcassonam, Elxam, Biterrim, Aydam, Magalonam, Nemausam, Uticem, Lugdevem, salvo tamen in omnibus sedis apostolicæ jure. Præterea primatum Aquensis metropolis, quæ est Narbonensis secunda, et quidquid dignitatis vel honoris eamdem Narbonensem Ecclesiam antiquitus jure habuisse constiterit, nos quoque præsentis decreti pagina inconcussum et inviolabile perpetuo manere decernimus. Pallium autem fraternitati tuæ ad missarum tantum solemnia celebranda ex more concedimus, quo in subscriptis tibi solummodo licebit uti diebus, in epiphania, in omnibus B. Mariæ festivitatibus, in cœna Domini, in resurrectione Domini duobus diebus, in Ascensione Domini, in Pentecoste, in nativitate B. Joannis, in natalitiis apostolorum omnium, in festo B. Martini, in solemnitatibus S. martyrum Justi et Pastoris, ac Pauli confessoris, in consecratione episcoporum et ecclesiarum, in ordinatione clericorum. In quo quid ponderis tibi ac sollicitudinis injungitur considerare te diligentissime convenit. Hujus enim indumenti honor humilitas atque justitia est, etc.

Scriptum per manum Petri, scriniarii sacri palatii.

Datum Laterani, VIII Idus Novembris, per manus Lanfranci, vicem agentis cancellarii, anno Dominicæ Incarnationis 1097, indictione VI, pontificatus autem domni Urbani II papæ anno X.

CCXXV.

Urbani II papæ epistola ad Petrum Goffredi Aquensem archiepiscopum. — Mandat ut Narbonensi archiepiscopo, tanquam primati, reverentiam exhibeat.

(Anno 1097.)

[D. Bouquet, *Recueil*, t. XIV, p. 728.]

URBANUS episcopus, servus servorum Dei, dilecto fratri Aquensi archiepiscopo, salutem et apostolicam benedictionem.

Frater noster Narbonensis archiepiscopus conquestus est super te, quod ei jure primatus obedire contemnas. Præsentibus igitur litteris tuæ dilectioni mandamus ut Narbonensi Ecclesiæ reverentiam debitam exsolvas; alioquin, tanquam apostolicæ sedis contemptor, apostolicæ sedis judicio subjacebis.

CCXXVI.

Urbani II epistola ad Hugonem Lugdunensem archiepiscopum. — Ut Aquensem archiepiscopum primati suo Narbonensi archiepiscopo obedire compellat.

(Anno 1097.)

[D. Bouquet, *Recueil*, t. XIV, p. 728.]

URBANUS episcopus, servus servorum Dei, venerabili HUGONI, apostolicæ sedis vicario salutem et apostolicam benedictionem.

Frater noster Narbonensis archiepiscopus conquestus est super Aquensi archiepiscopo, quod ei jure primatus obedire contemnat. Unde fraternitati tuæ præsentia scripta dirigimus, præcipientes ut eumdem Aquensem archiepiscopum juxta sedis apostolicæ instituta primati tuo obedire compellas. Vale.

CCXXVII.

Privilegium pro Ecclesia Verulana

Anno 1097.)

[UGHELLI, *Italia Sacra*, 1, 1390.]

URBANUS episcopus, servus servorum Dei, dilecto fratri ALBERTO, Verulensi episcopo, ejusque successoribus canonice substituendis in perpetuum.

Justis votis assensum præbere, justisque petitionibus aures accommodare nos convenit, qui, licet indigni, justitiæ custodes atque præcones in excelsa apostolorum principis Petri et Pauli specula positi, Domino disponente videmur existere. Tuis igitur, frater in Christo charissime, Alberte, justis petitionibus annuentes, S. Verulanam Ecclesiam, cui auctore Deo præsides, apostolicæ sedis auctoritate munimus. Statuimus enim ut quæcunque eidem venerabili loco a quibuslibet hominibus de proprio jure jam donata sunt, vel in futurum concessione pontificum, liberalitate principum, vel oblatione fidelium, Deo miserante, collata fuerint, firma tibi tuisque successoribus et illibata permaneant. Vallis scilicet de Literana cum affinibus suis; lacus cum pertinentiis suis, Astianum, Pattena, Mundezanum, Paternum, casale, Criptæ Anselmi, Cassianum cum eorum pertinentiis; ecclesia S. Crucis, S. Mariæ, quæ dicitur Rotunda, S. Archangeli, S. Mariæ de Paretis cum pertinentiis suis, Molendinum, quod est in Masena, cum pertinentiis suis, ecclesia S. Stephani, et S. Viti cum pertinentiis earum, ecclesia SS. Cosmæ et Damiani, cum pertinentiis suis, ecclesia S. Angeli de Forgna cum silvis et territoriis suis, ecclesia S. Joannis in territorio Frusinonis, quæ sita est juxta flumen casam cum omnibus ad ipsum pertinentibus. Lacus de Masciano, et quidquid in territorio Surricis per authentica chartarum monumenta eidem Verulanæ Ecclesiæ pertinere cognoscitur. Per ipsam itaque tam tibi, quam tuis successoribus episcopali jure regenda perpetuo, ac disponenda concedimus, atque firmamus civitate Verulanæ cum omnibus adjacentibus Eccl. intus, vel foris Frusinonem, cum omnibus suis. Oppida Turricis, Larnaria, Paphen cum ecclesiis S. Petri, et S. Columbæ, monasterium S. Sylvestri. Ripas, Castrum, monte Nigrum, Fabrateriam cum finibus et pertinentiis earum, Ceperannum, Cannetum, Castellum novum, Strangulagallum, Carpenum, Montem S. Joannis, cum ejusdem nominis monasterio. Ecclesia S. Petri de Arenula, S. Pudentianæ, Babucum cum omnibus ecclesiis eidem castello adjacentibus. Duo præterea canonicorum monasteria; unum videlicet S. Paterniani, alterum S. Petri de Cannelo. Ecclesia S. Joannis in Ceperano, et S. Magni cum omnibus aliis. Ecclesia S. Benedicti inter Castrum, et montem Nigrum sita cum suis omnibus pertinentiis. Ecclesia S. Angeli de Meruleta, et S. Stephani cum omnibus aliis, tuæ, tuorumque successorum dispositioni perpetuo subesse sancimus. In monasterio monachorum, quod dicitur SS. Joannis et Pauli, quidquid ad antiquum Verulani episcopi jus canonice pertinet, integrum vobis perpetuo servari censemus, salva nimirum nostræ S. R. Ecclesiæ reverentia. Ad hæc per præsentis privilegii paginam, apostolica auctoritate decernimus, ut nulli omnino hominum liceat eamdem Ecclesiam temere perturbare, aut ejus possessionem auferre, aut sub cujuslibet causæ occasionisve specie minuere, sive suis usibus applicare, vel aliis quasi piis de causis pro suæ avaritiæ excusatione concedere; sed omnia integre conserventur, tam vestris quam clericorum ac pauperum usibus omnimodis profutura. Si quis igitur sacerdotum aut clericorum, imperatorum aut regum, principum aut ducum, comitum, vicecomitum, judicum, vel quarumlibet magnarum parvarumque personarum, hanc nostræ constitutionis paginam sciens, contra eam temere venire præsumpserit, potestatis honorisque sui dignitate careat, reumque se divino judicio existere de perpetrata iniquitate cognoscat, et nisi ea quæ ab illo sunt male ablata, restituerit, vel digna pœnitentia illicite acta defleverit, a sacratissimo corpore et sanguine Dei ac Domini redemptoris nostri Jesu Christi alienus fiat, atque in extremo examine districtæ ultioni subjaceat. Cunctis autem eidem loco justa servantibus, sit pax D. N. J. C., quatenus et hic fructum bonæ actionis percipiant, et apud districtum judicem præmia æternæ pacis inveniant. Amen, amen, amen.

Scriptum Albani, et datum per manum Lanfranci vices gerentis cancellarii, anno Domini 1097, indictione sexta, domini Urbani II papæ anno x.

CCXXVIII.

Urbanus II ecclesiæ S. Mariæ Buronensis protectionem suscipit; bona confirmat, privilegia constituit, imposito fratribus bizantii aurei censu annuo.

(Anno 1097.)

[PETRUS, *Suevia ecclesiastica*. Augustæ et Dillingæ 1699, in-fol., p. 212.]

URBANUS episcopus, servus servorum Dei, dilecto filio BERTHOLDO præposito, ejusque fratribus in ecclesia cui vocabulum est B. Martini, quæ consecranda est in honorem B. Mariæ Virginis, in loco qui Buron dicitur, inter duos montes, super ripam fluminis Danubii, in territorio Constantiensi, canonicam vitam professis, eorumque successoribus in perpetuum.

Sicut irrationabilia poscentibus negari debet assensus, sic justa petentium votis benigna assensio concurrere. Tuis igitur, fili Bertholde in Christo charissime, justis petitionibus annuentes, ecclesiam Dei Genitricis et semper Virginis Mariæ, quam filius noster Peregrinus in proprio fundo constructam B. Petro ejusque sacræ Romanæ Ecclesiæ in allodium proprium obtulit, cui auctore Deo præsides, sub apostolicæ sedis protectione specialiter confovendam, tanquam jus proprium suscipimus, et contra pravorum omnium nequitiam auctoritatis ejus et nostræ privilegio communimus. Præsenti itaque decreto statuimus ut quæcunque hodie vestra ecclesia juste possidet, sive in futurum concessione pontificum, liberalitate principum vel oblatione fidelium, juste atque canonice poterit adipisci, firma vobis vestrisque successoribus et illibata sub apostolicæ sedis semper tutela permaneant; ad hæc adjicientes sancimus ut nemini inter vos professione exhibita proprium quid habere, nec sine tua, fili charissime Bertholde, vel eorum qui potestate in eodem regimine successerint, aut sine communi congregationis licentia de claustro discedere liberum sit; quod si discesserit, et commonitus redire contempserit, tibi tuisque successoribus facultas sit ejusmodi ubilibet a suis officiis interdicere; interdictum vero nullius episcoporum abbatumve seu præpositorum suscipiat. Obeunte vero te, nunc ejusdem loci præposito, vel tuorum quolibet successorum, nullius ibi qualibet subreptionis astutia vel violentia præponatur, nisi quem fratres communi consensu vel fratrum pars consilii sanioris secundum Dei timorem, vel ex eadem congregatione, vel ex alia ejusdem professionis providerint eligendum. Decernimus ergo ut nulli omnino hominum liceat eamdem ecclesiam temere perturbare, aut ejus possessiones auferre, ablatasve retinere, minuere, vel temerariis vexationibus fatigare; sed omnia integre conserventur, vestris vestrorumque successoribus et pauperum usibus profutura, salvo, si catholicus fuerit, Constantiensis episcopi jure canonico et reverentia. Ad indicium autem perceptæ hujus a Romana Ecclesia libertatis, bizantium aureum, aut ejusdem pretii argentum quotannis Lateranensi palatio persolvetis.

Si quis igitur in crastinum archiepiscopus aut episcopus, imperator, aut rex, aut dux, comes, vicecomes, judex, advocatus, vel cujuscunque ordinis homo hanc decreti nostri paginam violaverit, aut sciens contra eam venire tentaverit, secundo tertiove commonitus, si se satisfactione congrua non emendaverit, potestatis honorisque sui dignitate careat, reumque se divino judicio existere de perpetrata iniquitate cognoscat, et a sacratissimo corpore ac sanguine Dei et Domini redemptoris nostri Jesu Christi alienus fiat, atque in extremo examine districtæ ultioni subjaceat. Cunctis autem eidem loco sua jura servantibus sit pax Domini nostri Jesu Christi, quatenus et hic fructus bonæ actionis percipiant, et apud districtum judicem præmia æternæ pacis inveniant. Amen, amen, amen.

Scriptum et datum per manus Lanfranci, vices agentis cancellarii, anno Dominicæ Incarnationis millesimo nonagesimo septimo, indictione quinta, pontificatus autem domini Urbani secundi papæ anno decimo

CCXXIX.
Urbani II epistola ad Manassem Remensem archiepiscopum.

(Anno 1097.)

[Dom. MARLOT, *Metropolis Remensis*, II, 221.]

URBANUS episcopus, servus servorum Dei, venerabili fratri MANASSÆ, Remensi archiepiscopo, salutem et apostolicam benedictionem.

Abbatis S. Remigii causa in præsentia nostra et confratrum nostrorum episcoporum et cardinalium diligentiori discussa est inquisitione, et ad hunc tandem finem producta. Judicium episcoporum prolatum super eum hac ratione reprobatum noveris, quia postquam filius a patre emancipatus est, sub curam et dominationem patris redire districtione legum non cogitur, nisi (48) sponte ipse rogaverit. Promotionem enim abbatis emancipationem accipimus, et ideo sub potestatem abbatis redire non debere judicamus.

CCXXX.
Urbani II papæ epistola ad Bernardum Bononiensem episcopum. — *Commendat fratres quosdam ab hæreticis invite ordinatos.*

(Anno 1097.)

[SAVIOLI, *Annali Bolognesi*, t. I, p. II, p. 138.]

URBANUS episcopus, servus servorum Dei, venerabili fratri BERNARDO, Bononiensi episcopo, salutem et apostolicam benedictionem.

De ordinationibus ab hæresiarcha Guiberto factis postquam a beatæ memoriæ Gregorio papa et a Romana Ecclesia damnatus est, quæque etiam a pseudoepiscopis per eum postea ordinatis perpetratæ sunt, Placentinæ synodi generali judicio definitum est ut irritæ habeantur, nisi probare voluerint se cum ordinarentur eos nescisse damnatos. Quia vero fratres super quibus rogas religiosos asseris et omnino vim passos et tractos ad ordinandum confiteris, magnam etiam Ecclesiæ tuæ necessitatem conquereris, utrum eis in sacerdotali ordine condescendendum sit, tuæ providentiæ pro graviori opportunitate committimus. Vestra vero experientia caveat ne in eis aut scandalum, aut infamiam Ecclesia patiatur: in aliis, quando eadem religionis gratia et violentiæ illatione excusabiles non sunt, omnino synodalis judicii sententiam persequereris. Si quos tamen propensiori necessitate restitueris, non sine pœnitentiæ quotidianæ remedio patieris; et ipsos autem inter eos quibus ordinandis manum imponis, dum orationum solemnitas agitur interesse præcipito. Quod tamen omnino præcipimus ne sine graviori Ecclesiæ necessitate et personarum merito ullatenus præsumatur

Data Laterani xv Kal. Maii.

CCXXXI
* *Jarentoni, abbati S. Benigni Divionensis, Urbanus asserit monasterium S. Vigoris Bajocense, ab Odone episcopo donatum.*

(Anno 1098.)

[RUINART, *Vita Urbani*, p. 292.]

CCXXXII.
Urbani epistola ad Udalricum, abbatem monasterii S. Michaelis ad Mosam. — *Concedit ut circa ecclesiam novam cœmeterium constituat.*

(Anno 1098.)

[BALUZ., *Miscell.* edit. Luc., III, 61.]

URBANUS episcopus, servus servorum Dei, dilecto filio UDALRICO, abbati Sancti Michaelis, salutem et apostolicam benedictionem.

Benignitati tuæ gratias agimus quia venerabilibus fratribus et coabbatibus, Rodulpho scilicet et Lanzoni, fraternæ charitatis sinum expandis, et persecutionis æstu laborantes tuæ quietis umbraculo protegis, sicut nos ex ipsorum relatione comperimus. Unde et rogamus ut quod cœpisti nunc magis pro nostræ postulationis reverentia vigilantius ac

---

(48) Vide S. Bernardum, epist. 87.

devotius prosequaris. Quod vero nobis legatione petitoria suggessisti, de construendo videlicet circa novam ecclesiam cœnobii vestri cimeterio, siquidem fratribus laboriosum et religioni contrarium est, ut scripsisti, ad veteris ecclesiæ locum, quia longius sita est, fratrum funera deportare, nos præsentium litterarum auctoritate concedimus.

Data Laterani vii Kal. Aprilis, anno ab Incarnatione Domini, secundum Dionysium, millesimo nonagesimo octavo, secundum vero certiorem Evangelii probationem millesimo centesimo vicesimo primo, indictione vi, epacta xv, concurrente iv.

CCXXXIII.
Urbani II papæ bulla pro monasterio Wiblingensi.
(Anno 1098.)

[D. Gerbert, *Historia Nigræ-Silvæ*, III, 34.]

Urbanus episcopus, servus servorum Dei, dilecto filio Wernero, abbati monasterii S. Martini, quod Wiblingen dicitur, ejusdem successoribus regulariter promovendis in perpetuum.

Religiosis desideriis dignum est facilem præbere consensum, ut fidelis devotio celerem sortiatur effectum. Quia igitur Romanæ Ecclesiæ filii Hartmannus comes et Otho frater ejus B. Martini ecclesiam in loco qui dicitur Wiblingen suis sumptibus ædificatam B. Petro et S. sedi apostolicæ tradiderunt, eam in jus et tutelam suscipientes apostolicæ auctoritatis, privilegio communimus, statuentes ut quæcunque prædia, quæcunque dona, tam ex ipsorum fratrum largitione, quam ex devotorum fidelium oblatione supradicta B. Martini ecclesia impræsentiarum possidet sive in futurum juste atque canonice adipisci poterit, firma tibi tuisque successoribus et illibata permaneant.

Decernimus ergo ut nulli omnino hominum liceat idem monasterium temere perturbare, aut ejus possessiones auferre, vel ablatas retinere, minuere, vel temerariis fatigare vexationibus, sed omnia integre conserventur eorum, pro quorum sustentatione et gubernatione concessa sunt, salva Constantiensis [episcopi] canonica reverentia, cui tamen non liceat omnino exactionem aliquam, vel consuetudinem, quæ regularium quieti noceat, irrogare. Advocatiam ipsius monasterii post Hartmannum religiosum comitem, hæres ejus, quem abbas cum fratribus elegerint, administret; qui si postmodum monasterio inutilis fuerit, remoto eo alium præficiant. Sepulturam quoque ejusdem loci omnino liberam esse decernimus, ut eorum, qui illic sepeliri deliberaverint, devotioni et extremæ voluntati, nisi forte excommunicati sint, nullus obsistat. Præterea mansuro in perpetuum decreto sancimus, ut nulli omnino viventium liceat, in vestro monasterio aliquas proprietatis conditiones, non hæreditarii juris, non investituræ, nec cujuslibet potestatis, quæ libertati et quieti fratrum noceat, vindicare. Chrisma, oleum sanctum, consecrationes altarium, sive basilicarum, ordinationes monachorum, qui ad sacros ordines fuerint promovendi, ab episcopo, in cujus diœcesi estis accipietis, siquidem gratiam et communionem apostolicæ sedis habuerit, etsi ea gratis, ac sine pravitate voluerit exhibere, alioquin liceat vobis catholicum, quem malueritis, adire antistitem, et ab eo consecrationum sacramenta suscipere, qui apostolicæ sedis fultus auctoritate, quod postulatur, indulgeat. Obeunte te nunc ejus loci abbate, vel tuorum quolibet successorum, nullus ibi qualibet subreptionis astutia seu violentia præponatur, nisi quem fratres communi consensu, vel fratrum pars consilii sanioris secundum Dei timorem, et D. Benedicti regulam elegerint. Ad judicium autem perceptæ a Romana Ecclesia libertatis Bizantium aureum singulis annis Lateranensi palatio persolvetis.

Si qua igitur ecclesiastica sæcularisve persona hanc nostræ constitutionis paginam sciens, contra eam temere venire tentaverit, secundo tertiove commonita, si se non satisfactione congrua emendaverit, potestatis honorisque sui dignitate careat, reamque se divino judicio existere de perpetrata iniquitate cognoscat, et a sacratissimo corpore ac sanguine Dei et Domini redemptoris nostri Jesu Christi aliena fiat, atque in extremi judicii examine districtæ ultioni subjaceat. Cunctis autem eidem loco justa servantibus, sit pax Domini nostri Jesu Christi, quatenus et hic fructum boni actus percipiant, et apud districtum judicem præmia æternæ pacis inveniant. Amen, amen, amen.

Scripta per manum Petri, scriniarii sacri palatii.

Data Laterani iii Nonas Aprilis per manum Joannis, sanctæ Romanæ Ecclesiæ diaconi cardinalis, anno Dominicæ Incarnationis 1098; pontificatus vero domni Urbani II papæ xi.

CCXXXIV.
Bulla Urbani II pro Ecclesia Urgellensi.
(Anno 1098.)

[Marca, *Marca Hispanica*, Append., p. 1207.]

Urbanus episcopus, servus servorum Dei, dilecto fratri Odoni, Urgellensi episcopo, ejusque successoribus canonice promovendis in perpetuum

Justis votis assensum præbere justisque petitionibus aures accommodare nos convenit, qui, licet indigni, justitiæ custodes atque præcones in excelsa apostolorum principum Petri et Pauli specula positi Domino disponente videmur existere. Tuis igitur, frater in Christo charissime Odo, justis petitionibus annuentes, sanctam Urgellensem Ecclesiam, cui auctore Deo præsides, apostolicæ sedis auctoritate munimus, Statuimus enim ut universa quæ juste ad eamdem Ecclesiam sive parochiali sive proprietario jure pertinere noscuntur, tibi tuisque successoribus libera semper et illibata serventur, scilicet Cerdaniensis pagus, Libianensis, Bergitanensis, Paliarensis, Ribacurcensis, Gestabiensis, Cordosensis, Anabiensis, Tirbiensis, et locum Sanctæ Deodatæ cum finibus suis, castrum de Gisona cum omnibus terminis suis, castrum de

Lanera cum finibus suis, castrum Celsona et ecclesia Beatæ Mariæ Celsonæ cum omnibus sibi pertinentibus, castrum Aguda de Vallearia cum finibus suis, castrum Clusa cum finibus suis, castrum Figerola et Fontaned cum omnibus eorum pertinentiis, castrum Perarua, castrum Sallent, et villa Montaniocel et de Cubilar cum finibus earum, castrum Corneliana cum terminis suis, et villa Tossen cum finibus suis, castrum Turris et villa Biscaran, et villa Archavel cum earum pertinentiis, et vallem Andorra cum omnibus finibus suis, castrum Rivi Matrici, castrum Colomers, castrum Sarred, castrum Arnoll, castrum Archalis, cum omnibus eorum pertinentiis, et villa Saort, et villa Languanes, et villa Aquatepida, Calbiciniano et Feners, et sub monte et Alass, Leton, Clopedera, Ges, Sardine, ambæ Nocolonæ, ambo Boxedera, villam sancti Stephani, et villa ipsius sedis Urgellensis, cum omnibus earum pertinentiis. In Ausonensi parochia castrum de Turizella, castelleto subtus Menresa, salvo parochiali jure Ausonensis episcopi. Confirmamus etiam tibi tuisque successoribus tertiam partem telonei sive mercati in omnibus locis ad vestrum episcopium pertinentibus, primitias quoque ac decimas secundum canonicas sanctiones distribuendas. Quidquid præterea impræsentiarum vestra Ecclesia juste possidet, sive in futurum juste atque canonice poterit adipisci, tibi tuisque successoribus firmum semper integrumque permaneat. Ad hæc adjicientes statuimus ut parochiæ vestræ clerici nullius sæcularis potestatis districtionibus addicantur, sed juxta sanctorum canonum instituta episcopali semper sint subditi disciplinæ. Si quis sane in crastinum archiepiscopus, imperator, rex, princeps, aut dux, marchio, comes, vicecomes, judex aut ecclesiastica quælibet sæcularisve persona, hanc nostram constitutionis paginam sciens, contra eam temere venire tentaverit, secundo tertiove commonita, si se non satisfactione congrua emendaverit, potestatis honorisque sui dignitate careat, reamque se divino judicio existere de perpetrata iniquitate cognoscat, et a sacratissimo corpore ac sanguine Dei et Domini nostri redemptoris Jesu Christi aliena fiat, atque in extremo examine districtæ ultioni subjaceat. Cunctis autem eidem loco justa servantibus sit pax Domini nostri Jesu Christi, quatenus et hic fructum bonæ actionis percipiant, et apud districtum judicem præmia æternæ pacis inveniant.

Scriptum per manus Joannis, sanctæ Ecclesiæ Romanæ scriniarii, Constantini filii, in mense et indictione subscripta.

Datum Laterani per manum Joannis, sanctæ Romanæ Ecclesiæ diaconi cardinalis, vɪɪɪ Idus Aprilis, indictione vɪ, anno Dominicæ Incarnationis 1098, pontificatus autem domni Urbani secundi papæ xɪ.

CCXXXV.

Urbanus Landulfo, præposito ecclesiæ S. Ambrosii Mediolanensis, asserit « altaris majoris oblationes et cæterorum altarium quæ intra parietes ecclesiæ B. Ambrosii statuta sunt vel statuentur. »

(Anno 1098.)

[Giulini, *Memorie di Milano.* Milano 1760, in-4°, t. IV, p. 542.]

CCXXXVI.

Bulla Urbani II papæ pro monasterio Jesu Nazareni (Montis Aragonensis.)

(Anno 1098.)

[Aynsa, *Fundacion, excelencias, grandezas y cosas memorables de Huesca,* p. 455.]

Urbanus episcopus, servus servorum Dei, charissimo filio Eximino præposito, et cæteris fratribus canonicis Domini nostri Jesu Nazareni eorumque successoribus in perpetuum, etc.

(*Es su data...* Laterani per manum Joannis, sanctæ Romanæ Ecclesiæ diaconi cardinalis, ɪv Nonis Maii, indictione vɪ, Incarnationis Dominicæ anno 1099, pontificatus autem domni Urbani II papæ anno xɪ.

CCXXXVII.

Urbani epistola ad Petrum Oscensem episcopum. — Oscensem Ecclesiam caput Jacensis Ecclesiæ constituit.

(Anno 1098.)

[Mansi, *Concil.* XX, 702.

Urbanus episcopus, servus servorum Dei, venerabili fratri Petro, Oscensi episcopo, ejusque successoribus canonice promovendis in perpetuum.

Miserationibus Domini multiplices a nobis gratiarum habentur actiones, quia post multa annorum curricula nostris potissimum temporibus Christiani populi pressuras relevare, fidem exaltare dignatus est. Nostris siquidem diebus in Asia Turcos, in Europa Mauros Christianorum viribus debellavit, et urbes quondam famosas religionis suæ cultui gratia propensiore restituit. Inter quas Oscam quoque pontificalis cathedræ urbem Saracenorum tyrannide liberatam, charissimi filii nostri Petri Aragonensis regis instantia catholicæ suæ Ecclesiæ reformavit. Æquum igitur fore perpendimus ut et nos omnipotentis Dei benignitatem ipso præstante liberalitate sanctæ sedis apostolicæ prosequamur, et cui multiplici miseratione ipse fidei suæ reddidit libertatem, et nos quoque restituamus episcopalis cathedræ dignitatem. Præsentis ergo decreti auctoritate statuimus ut eadem Oscitana ecclesia, totius parochiæ quæ nunc Jaccensi Ecclesiæ subdita est, et ipsius Jaccensis Ecclesiæ, caput deinceps temporibus perpetuis habeatur. Locus autem episcopalis cathedræ in majori illa mezcita servetur, quam Sancii regis dono Saracenorum temporibus canonici Domini nostri Jesu Christi Nazareni possederant, sed Petrus ejus filius rex tuæ fraternitati capta civitate concessit; cujus etiam dona cætera vestræ ecclesiæ collata, non præsentis decreti auctoritate firmamus, et universa prædia, sive possessiones, aut redditus vectigalium seu tributorum, quæ bonæ memoriæ

Ranimirus rex præsentis regis Petri in Domino charissimi filii avus cum filio suo Sanctio Jaccensi Ecclesiæ per regalis excellentiæ scripta concessit, nos largiente Domino supradictæ Oscitanæ ecclesiæ illibata in perpetuum permanere censemus, sicut etiam idem rex Petrus in oblationis suæ litteris optasse ac statuisse cognoscitur, exceptis nimirum his quæ præfatus ejus filius Sanctius rex una cum filio suo Petro sæpe superius nominato, consentientibus prædecessoribus tuis Sanctio et Garsia, te quoque id ipsum confirmante, de illa Ranimiri parentis sui constitutione mutavit. Item tam tibi quam successoribus tuis, et ecclesiæ vestræ in perpetuum stabilimus quidquid ab egregio rege Sanctio oblatum cognoscitur, his exceptis quæ de ipsius chirographo præfatus rex Sanctii filius, consentientibus ecclesiæ tuæ clericis, et eximio præposito canonicæ D. N. Jesu Nazareni, teque idipsum confirmante mutavit.

Venientes enim ad nos sedis tuæ archidiaconus Lupus, et idem eximius Ecclesiæ D. N. Jesu Nazareni præpositus in nostra audientia collaudaverunt, et mutuo consensu confirmari petierunt diffinitionem illam quæ inter te et filium nostrum Petrum Aragonensem, seu Pampilonensem regem acta est apud castrum Calasanz, de rebus ac redditibus ecclesiæ tuæ et canonicæ D. N. Jesu Nazareni. Dilectio siquidem tua quartam decimarum partem de toto monte Aragone, et quidquid præter animarum curam, et ecclesiarum seu clericorum consecrationem ad se episcopali jure pertinebat, intercedente supradito rege illius canonicæ clericis tradidit, et scripti cautione firmavit. Illi vero medietatem decimarum quam de Oscitana civitate per manum ejusdem regis accipere consueverant, tuæ tuorumque successorum ditioni restituerunt. De laboribus autem domui regis decimarum medietas tibi et episcopalis cathedræ clericis, altera autem medietas canonicis D. N. Jesu Christi mutua charitate convenit. Cætera vero omnia secundum Sanctii bonæ memoriæ regis, et supradicti ejus filii chirographum communi concordia statuistis, et a nobis eadem stabiliri per supradictos nuntios postulastis.

Ad hæc adjicientes statuimus ut parochiarum fines qui adhuc Saracenorum oppressionibus detinentur, ad Oscitanam Ecclesiam antiquo jure pertinentes, in idipsum referantur, cum eas omnipotentis Dei dignatio Christianæ restituerit ditioni. Hasien [ecclesiam] quoque canonicam nostri juris, quam supradicti Ranimiri regis filius, Petri vero regis avunculus, Sancius comes suo studio ædificatam sanctæ Romanæ Ecclesiæ obtulit, nos tam tibi quam successoribus tuis, et ecclesiæ vestræ canonicis, apostolicæ sedis decreta servantibus et gratiam obtinentibus, regendam seu disponendam secundum fundatoris votum committimus; eo videlicet tenore ut et regularem illic disciplinam servari attentius faciatis, et ex loco ipso censum annuum Lateranensi palatio auri unciam dimidiam persolvatis.

Præter hoc universa decimarum seu primitiarum debita tam ex ipsa civitate Osca quam ex cæteris finibus quos ad eam episcopali jure pertinere constiterit, tam tibi quam tuis successoribus canonice ordinatis seu cathedræ ipsius clericis confirmamus, præter illam reddituum partem quam supradicti regis Petri precibus fraternitas tua Jesu Nazareni canonicis benigniore liberalitate concessit. Si qua igitur ecclesiastica sæcularisve persona hanc nostræ constitutionis paginam sciens, contra eam temere venire tentaverit, etc.

Datum Laterani per manum Joannis, S. R. E. diaconi cardinalis, v Idus Maii, indict. vi, Incarnationis Dominicæ anno 1098, pontificatus autem domini Urbani II papæ anno xi.

CCXXXVIII.

* *Urbanus Willelmo regi Anglorum scribit « ut res Anselmi (archiepiscopi Cantuariensis) liberas in regno suo faciat ac de suis omnibus illum revestiat. »*

(Anno 1098.)
[Vide Eadmeri *Hist. nov.*, l. ii, p. 51.]

CCXXXIX.

Urbanus epistola ad Rogerium comitem Siciliæ. — De privilegio monarchiæ Siciliæ.

(Anno 1098.)
[Mansi, *Concil.* XX, 659.]

Urbanus episcopus, servus servorum Dei, charissimo filio Rogerio, comiti Calabriæ et Siciliæ, salutem et apostolicam benedictionem.

Quia prudentiam tuam supernæ majestatis dignatio multis triumphis et honoribus exaltavit, et probitas tua in Saracenorum finibus Ecclesiam Dei plurimum dilatavit, et sanctæ [sanctæque] sedi apostolicæ devotam se multimodis semper exhibuit, nos in specialem atque charissimum filium ejusdem universalis Ecclesiæ te assumpsimus. Idcirco de tuæ probitatis sinceritate plurimum confidentes, sicut verbis promisimus, ita litterarum auctoritate firmamus ; quod omni vitæ tuæ tempore, vel filii tui Simonis, vel alterius qui legitimus tui hæres exstiterit, nullum in terra potestatis vestræ, præter voluntatem aut consilium vestrum legatum Romanæ Ecclesiæ statuemus. Quinimo quæ per legatum acturi sumus, per vestram industriam legati vice cohiberi volumus. Quando ad vos ex latere nostro mitteremus [*al.*, miserimus] ad salutem sanctarum [*al.*, videlicet] ecclesiarum quæ sub vestra potestate consistunt [*al.*, existunt], ad honorem B. Petri sanctæque ejus apostolicæ sedis, cui devote hactenus obedisti, quamque in necessitatibus suis strenue et fideliter adjuvisti. Si vero celebratur [*al.*, celebrabitur] concilium, et tibi mandavero quatenus episcopos et abbates tuæ terræ mihi mittas, quos et quos volueris mittes [*al.*, mittas], alios vero ad servitium ecclesiarum tuarum [*al. add.* et ad tutelam] retineas. Omnipotens Deus actus tuos in beneplacito suo dirigat, et te a peccatis absolutum in vitam æternam perducat.

Datum Salerni per manus Ioannis, sanctæ Romanæ Ecclesiæ diaconi, tertio Nonas Julii, indictionis septimæ, anno pontificatus nostri undecimo.

CCXL.

Alphano, archiepiscopo Salernitano, ejusque successoribus Acherontinæ et Cousentinæ provinciarum primatum asserit, petente Rogerio duce.

(Anno 1098.)

[UGHELLI, *Italia sacra*, VII, 393.]

URBANUS episcopus, servus servorum Dei, dilecto fratri ALPHANO, Salernitano archiepiscopo, ejusque successoribus canonice promovendis in perpetuum.

Singulare semper sedis apostolicæ privilegium claruit subjectas sibi per orbem terrarum Ecclesias, et auctoritate disponere, et benignitate clementius confovere. Quibus autem supernæ majestatis dignatio gratiæ suæ pleniorem contulit largitatem, ipsa etiam consuevit excellentiorem contribuere dignitatem. Unde non immerito æstimamus Salernitanam amplioribus nostræ benignitatis muneribus honorandam, quam omnipotens Dominus eximiæ suæ donationis prærogativa per misericordiam gratuitam sublimavit. Ex novissimis namque terrarum finibus B. Matthæi apostoli et evangelistæ corpus ad hanc deferri, apud hanc haberi clementissima suæ dispositionis dignatione permisit; cujus scilicet apostoli quanta sit in Deo et Ecclesia gloriæ excellentia collatorum divinitus munerum gratia cumulata demonstrat. Hic enim primus inter cæteros Evangelii seriem scribere inspiratione divina exorsus est. Hic in divini seminis fructu trium ordinum coronam centesimam singulariter reportavit, ut simul apostolus, evangelista et martyr existeret. Adjecit ad hæc omnipotens Dominus ut eamdem Ecclesiam gloriosorum martyrum, Fortunati, Gaii et Anthes triumphis simul et corporibus honoraret. Apposuit etiam tertii muneris claritatem, ut eam, nostris temporibus, Gregorii apostolicæ memoriæ papæ VII tam exsilio quam tumulo illustraret. Cujus quam egregia vita, quam præclara doctrina, quam miranda constantia, fuerit, Romana Ecclesia prædicat, Occidens universus agnoscit, tyrannorum pertinacia tolerata et conculcata testatur. Nec illud tanquam ingrati præterimus quod, inter multimodas sedis apostolicæ persecutiones, quas nostris temporibus pertulit Ecclesi eadem, gloriosissimorum ducum Roberti et filii eju. Rogerii devotione, ac studio filiorum sedis apostolicæ, nonnunquam etiam nostri ipsius requies et portus fuit. Cum igitur, per omnipotentis Dei gratiam, sedis apostolicæ, licet indigni, moderamina teneamus, tantis divinæ gratiæ beneficiis et vestræ devotionis officiis, per sententiæ Romanæ Ecclesiæ liberalitatem, concurrendum et respondendum arbitrati sumus, ob reverentiam siquidem S. et gloriosæ semperque Virginis Dei genitricis Mariæ, et B. apostoli, evangelistæ ac martyris Matthæi, ob devotionem reverendissimi Patris ac prædecessoris nostri Gregorii, ob petitionem nihilominus tam tuam quam charissimi filii nostri ducis Rogerii, qui semper apostolicæ sedi fideliter obsecutus est, veterum etiam Ecclesiæ vestræ privilegiorum rationibus informati, tibi, deinceps tuisque successoribus, super Consanam et Acheruntinam Ecclesias, et earum suffraganeos primatum gerere ex apostolicæ sedis liberalitate concedimus. Has nimirum Ecclesias, sive civitates Ecclesiæ vestræ privilegia continent, tanquam vestræ metropoli olim ex apostolicæ sedis concessione subjectas. Verum, et ipsæ, qua nescimus ratione, æt pallei dignitatem, et privilegiorum auctoritatem præteritis temporibus a sede apostolica meruerunt.

Verum quia prædecessorum nostrorum statuta inconvulsa et intemerata manere cupimus, eis quidem propriæ dignitatis gratiam conservamus, ut archiepiscopali honore ac nomine potiantur. Vestræ vero Ecclesiæ suorum privilegiorum integritatem hoc ordine restituimus. Quidquid igitur reverentiæ, quidquid subjectionis primatibus persolvendum sacrorum canonum decreta constituunt, tibi deinceps tuisque successoribus legitimis a Consano, et Acheruntino archiepiscopo persolvatur. Quin etiam ex abundantia gratiæ plenioris adjicimus, ut etiam præsente Romanæ legato Ecclesiæ in supradictis duabus metropolitanis urbibus, cum tuo semper, aut successorum tuorum consilio archiepiscopi eligantur, cum vestris etiam litteris, et nuntii consecrandi ad sedem apostolicam dirigantur, et item ipsi ad successorum tuorum electionem nihilominus advocentur. Post consecrationem vero, vel pallium ab apostolica sede perceptum, tibi tuisque successoribus, tanquam primati, obedientiam promittant et exhibeant, salva in omnibus, secundum canonicas sanctiones, Romanæ auctoritate Ecclesiæ, ipsarum etiam urbium privilegiis robur proprium obtinentibus. Oportet igitur et vos propensiorem deinceps apostolicæ sedi devotionem et obedientiam exhibere, ejus in omnibus decreta efficacius observare, ut quanto per eam altius supra cæteros sublimamini, tanto ei humilius, et cordis affectione, et operis exhibitione subjiciamini. Vitam etiam vestram et mores sollicitiori expedit custodia moderari, ut qui aliorum judices eligimini, vosmetipsos prius secundum Apostoli sententiam districtius judicetis. Mandatum Domini sine macula, et irreprehensibile conservate, ut cum apparuerit Princeps pastorum, percipiatis immarcessibilem gloriæ coronam. Fraternitatem vestram superna dignatio per tempora multa conservare dignetur incolumem. Si quis autem hanc nostræ constitutionis paginam sciens contra eam temere venire tentaverit, secundo tertiove commonitus, si se non satisfactione congrua emendaverit, potestatis honorisque sui dignitate careat, reumque se divino judicio existere de perpetrata iniquitate cognoscat, atque. in extremo examine districtæ ultioni subjaceat. Conservantibus autem hæc pax Domini nostri Jesu Christi et misericordia conservetur, quatenus et hic fructum bonæ actionis percipiant, et apud districtum Judicem præmia æternæ pacis inveniant. Amen, amen, amen.

S. Petrus, S. Paulus. Urbanus PP. II.

Datum Salerni per manum Joannis S. R. E. diaconi cardinalis, xiii Kal. Aug., indictione vi, [vii] Incarn. Dom. anno 1099, pontificatus autem D. Urbani II papæ xi.

CCXLI.

Urbanus II Brunonis et Lanuini (eremitarum) possessiones concessas a [Rogerio] comite et Joanne, episcopo Scyllacensi, confirmat.

(Anno 1098.)

[UGHELLI, *Italia sacra*, IX, 427.]

URBANUS episcopus, servus servorum Dei, dilectis in Christo filiis BRUNONI et LANUINI, salutem et apostolicam benedictionem.

Quia igitur nostri officii interest servorum Dei quieti et commodis, prout in Domino possibile erit, providere, petitionibus vestris, filii in Christo charissimi ac reverendissimi, clementer annuimus. Per hujus igitur apostolici privilegii paginam apostolica auctoritate concedimus, et firmam et stabilem et in perpetuum permansuram confirmamus donationem terrarum quæ vobis datæ sunt in Squillacensi territorio, et conscriptæ et determinatæ, et designatæ per terminos certos a dilecto nostro filio R. Comite, et Joanne confratre nostro Squillacensi episcopo concedente et confirmante. Quocirca prædicta auctoritate præcipimus, statuimus, et ea quæ vobis concessa sunt, licentia interdicimus ut a die in antea neque comiti ipsi, neque alicui hæredum suorum supradictam vestram donationem et hanc nostram confirmationem violare vel dearctare liceat. Neque de his quæ confirmamus aliqua re intromittat personam sine vestra voluntate, quatenus omnipotentis Dei speculationi mentibus liberis insistatis, et ad ejus faciei dulcedinem ipso præstante pervenire valeatis. Si qua vero persona aut hæres comitis ipsam violaverit, nisi ad condignam venerit satisfactionem, eum honoris vel officii sui periculo subjacere decernimus, et a Christo ac Ecclesiæ corpore segregatus, atque in æterno examine districte subjaceat ultioni sine intermissione et remedio. Conservantibus autem pie a Deo et misericordia ejus præsentibus et futuris sæculis conservetur. Amen. Si vero tam legalis comes, aut ejus hæres, addere aliquid huic voluerit donationi, sub hac nostra confirmatione ratum esse statuimus

Urbanus catholicæ Ecclesiæ episcopus.
Ego Rainerius card. subscripsi.
Ego Joannes card. ss.
Ego Alphanus Salernitanus archiepisc. ss.
Ego Amatus capellanus et sacerdos ss.
Ego Dis. capellanus ss.
Ego Constantinus Catacensis episc. ss.

Datum Salerni mense Septembri, indict. vi, anno ab Incarnatione Dominica 1098.

CCXLII.

Urbanus consecrato Gerlando episcopo fines restitutæ ecclesiæ Agrigentinæ confirmat.

(Anno 1098.)

[MANSI, *Concil.* XX, 951.]

URBANUS episcopus, servus servorum Dei, dilecto fratri GERLANDO, Agrigentino episcopo, ejusque successoribus canonice promovendis in perpetuum.

Omnipotentis Dei dispositione mutantur tempora, transferuntur regna; hinc est quod magni nominis nationes dirutas et depressas, viles vero atque exiguas nonnunquam legimus exaltatas; hinc est quod in quibusdam regionibus Christiani nominis potestatem paganorum feritas occupavit, in quibusdam iterum paganorum tyrannidem Christianæ potentiæ dignitas conculcavit. Sicut nostris temporibus gloriosissimorum principum Roberti ducis et Rogerii comitis fortitudine supremæ dignationis miseratio omnem Saracenorum molestiam in Sicilia insula expugnavit, et antiquum Ecclesiæ sanctæ statum pro voluntatis suæ beneplacito recuperavit. Unde et ipsius ineffabili misericordiæ gratias agimus, et ipsius gratiam super illos egregios fratres, alterum jam defunctum, alterum ipso patrante superstitem imploramus, et ad ecclesiarum quæ in eadem insula sunt, restitutionem, seu ordinationem pro nostri officii debito anhelamus. Sicut igitur annuente Deo cæterarum jam parochias disposuimus, ita et Agrigentinæ diœcesis præsentis decreti auctoritate disponimus; statuimus enim, charissime frater Gerlande, quem omnipotens Dominus in ipsa Ecclesia nostra tanquam B. Petri manibus consecrare dignatus est, ut tibi deinceps tuisque legitimis successoribus episcopali jure regendum ac disponendum perpetuo maneat quidquid infra fines subscriptos continetur, videlicet a loco ubi oritur flumen subtus Corilionem usque desuper petram de Zineth, et inde tenditur per divisiones Jatinæ et Cephalæ, et deinde ad divisiones Biccari; inde vero usque ad flumen salsum, quod est divisio Panormi, et Thermarum, et ab ore hujus fluminis, ubi cadit in mare protenditur hæc parochia juxta mare usque ad flumen Tortum; et ab hoc abinde unde oritur, tenditur ad Pyra subtus Petram Eliæ, atque inde ad altum montem, qui est supra Pyra; inde autem ad flumen salsum, ubi jungitur cum flumine Petræ Eliæ, et ex hoc flumine sicut ipsum descendit ad Lympiadum, qui locus dividit Agrigentum et Buterium, atque inde per maritimam usque ad flumen de Bilichi, quod est divisio Maxariæ, et adhuc tenditur, sicut hoc flumen currit usque subtus Corilionem, ubi incipit divisio, exceptis Biccaro, Corilione, et Thermis. In proprietate autem tam tui quam successorum tuorum jure Casale Cathal cum centum villanis, sicut a supradicto filio nostro comite Rogerio traditum est, conservetur. Præterea quæcumque in posterum liberalitate principum vel oblatione fidelium eadem Ecclesia Agrigentina juste atque canonice poterit adipisci, firma tibi tuisque successoribus et illibata permaneant. Decernimus ergo ut nulli omnino hominum liceat eamdem Ecclesiam temere perturbare, aut ejus possessiones auferre, vel ablatas retinere, minuere, vel temerariis vexationibus fatigare, sed omnia integre conserventur tam tuis quam canonicorum, et clericorum omnium, ac pauperum usibus profutura. Si quæ autem ecclesiastica sæcularisve persona hanc nostræ constitutionis paginam sciens, contra eam venire tentaverit, secundo tertiove commonita, si se non satisfactione congrua emendaverit, potestatis honorisque sui dignitate careat, reamque se divino judicio existere de perpetrata iniquitate cognoscat, atque a sacratissimo corpore et sanguine Dei et Domini redemptoris nostri Jesu Christi aliena fiat, et in extremo examine districtæ ultioni subjaceat. Cunctis autem eidem Ecclesiæ justa servantibus sit pax Domini nostri Jesu Christi, quatenus et hic fructum bonæ actionis percipiant, et in loco judicii præmia æternæ pacis inveniant. Amen, amen, amen.

Datum Barii per manus Joannis, S. R. E. diaconi card., vi Id. Octobr., indict. viii, Incarnat. Domini 1099, pontif. Urbani II PP. xi.

CCXLIII.
Urbani II epistola ad fratres S. Huberti Andaginensis.

(Anno 1098.)

[Martene, *amplissima Collect.*, IV, 1013.]

Urbanus episcopus, servus servorum Dei, Arduennensis monasterii B. Huberti catholicis fratribus, salutem et apostolicam benedictionem.

Audivimus, et auditum non dolere non possumus, quia Otberti pseudoepiscopi violentia venerabilis filius noster Theodericus, vester abbas, pro catholicæ fidei gratia de vestro sit monasterio expulsus, et Wiredus pseudomonachus per ejusdem Otberti violentiam super capita vestra sit ingestus. Quod omnino nobis displicere sciatis. Unde vos litteris præsentibus salutantes, ut vestræ fidei constantiam conservetis hortamur, et licentiam indulgeo ut si in monasterio vestro secundum regulam beati Benedicti et apostolicam veritatem vivere non valetis, ad quodcunque religiosum volueritis monasterium secedatis, donec omnipotens Deus locum vestrum respiciat, et secundum beneplacitum suum in pristino statu reformet. Illum autem Wiredum monasterii vestri invasorem cum suis omnibus subditis, quandiu ab ipsius monasterii invasione non destiterit, a sancta Romana Ecclesia excommunicatum esse scriptis vobis præsentibus innotescimus.

CCXLIV.
Urbani II epistola ad Leodienses pro Theoderico abbate.

(Anno 1098.)

[Marten., *ubi supra.*]

Urbanus episcopus, servus servorum Dei, catholicis omnibus in clero Leodiensi et populo S. et A. B.

Dolemus pro vobis graviter, filii in Christo dilectissimi, quia jam tanto tempore vestram Ecclesiam errorum tenebræ contegunt, et a veritate sedis apostolicæ alienant. Unde vos tanquam viscerum meorum filios paterna dilectione corripimus, admonentes et obsecrantes ut ad meræ veritatis lumen mentium vestrarum oculos elevetis. Auferte malum ex vobis ipsis; lupum illum dico et furem, qui non ad salutem vestram per ostium introivit, sed aliunde ascendit, ut mactet et manducet et perdat. Aut igitur Ecclesiæ invasorem et occupatorem, Obertum dicimus, Henrici complicem et Guiberti, ex vobis, si quo modo possibile, pellite; aut ei tanquam a sancta Romana Ecclesia alieno, et excommunicato, obedientiam vestram consortiumque vestrum subtrahite. Hoc ipsum de Wiredo pseudoabbate præcipimus, qui per ejusdem pseudoepiscopi violentiam Arduennense monasterium B. Huberti occupavit. Si quis autem deinceps eis communicare præsumpserit, donec ecclesiarum quibus incubant oppressione deserta, Deo et sedi apostolicæ satisfaciant, sciant se ejusdem excommunicationis vinculo innodatos. Vobis sane et cæteris omnibus notum sit quia religioso abbati Theoderico licentiam dedimus ut a schismaticis conversos, qui ad ipsum confugerint, a vinculo excommunicationis absolvat.

Datum.....

CCXLV.
Urbani II rescriptum pro Casinensi monasterio.

Urbanus episcopus, servus servorum Dei, charissimo filio Ansoni Beneventanorum domino, salutem et apostolicam benedictionem.

Cum nuper a te discessimus, nosti sub quanta te affectione dimisimus : in eadem vero affectione, in eamdem benignitatem et nos tibi manere, et te nobis volumus permanere, quoniam quidem nos honorem tuum servare, et in melius augere curabimus, si et tu in beati Petri apostoli et nostra curaveris fidelitate et amore persistere. De monasterio Sanctæ Sophiæ quoties et ex quanto jam tempore Casinenses monachi reclamaverint, te ipsum ignorare non credimus. Nuper in Barensi concilio cum scriptis et monimentis ecclesiæ suæ justitiam suam astruere parati fuissent, abbas Sanctæ Sophiæ occasione tui causæ actionem fugit. Cum Beneventum etiam venissemus in ipsa beatæ Sophiæ domo, fratres ipsi quantum questi fuerint audisti. Quid nos tibi de eadem causa dixerimus meministi, tunc nobis pro voluntatis tuæ placito respondisti. Nos autem diutius pati nolumus ut Casinense monasterium de his quæ ad ipsum pertinere videntur, injuriam diutius patiatur. Locus enim ipse per Dei gratiam beati Benedicti meritis non tantum nobis, qui prope sumus, sed universæ etiam Italiæ opportunus et necessarius est, multumque nos deceret ut, si possibile esset, locum ipsum de nostris etiam dicaremus, nedum sua, favente justitia, non recipiat. Tibi igitur, tanquam charissimo et fideli nostro mandamus ut venerabili fratri nostro Casinensi abbati et ejus fratribus de Sanctæ

Sophiæ monasterio vice nostra justitiam facias. Quod si ante te quasi sæcularem potestatem causam agere excusaverint, tu eos ad præsentiam nostram venire compelle. Quo autem termino ante nos pro causa hac convenire debeant, nobis ante significa, ut et nos Casinensi abbati significemus. Porro quidquid nos exinde statuerimus, tuum erit, his etiam renitentibus, adimplere; alioquin auctoritatis nostræ injuriam diutius pati nequibimus, quin adversus contumaces quod officii nostri est impleamus, et Casinensi abbati quæ sua sunt restituamus, quem, in quantum videtur, plenam habere justitiam credimus.

Data Ciperani tertio Nonas Novembris.

CCXLVI.

Bulla Urbani II papæ pro monasterio Sancti Cucuphatis.
(Anno 1098.)

[MARCA, *Marca Hispanica*, Append., p. 1203.]

URBANUS episcopus, servus servorum Dei, dilecto filio BERENGARIO, abbati monasterii Sancti Cucuphatis quod Octoviense dicitur, ejusque successoribus regulariter substituendis in perpetuum.

Piæ postulatio voluntatis effectu debet prosequente compleri, quatenus et devotionis sinceritas laudabiliter enitescat, et utilitas postulata vires indubitanter assumat. Quia ergo dilectio tua ad sedis apostolicæ portum confugiens ejus tuitionem devotione debita requisivit, nos supplicationi tuæ clementer annuimus. Beati siquidem Cucuphatis venerabile monasterium, cui disponente Domino in abbatem præesse dignosceris, nos juxta venerabilium prædecessorum nostrorum exemplar sub apostolicæ sedis protectione specialiter in perpetuum manere sancimus, et tam ipsum quam universa ad ipsum pertinentia tibi tuisque legitimis successoribus possidenda, regenda ac disponenda firmamus, alodium scilicet quod in monasterii ipsius ambitu circumsitum est cum ecclesia Sancti Petri et Sancti Severi, cum omnibus finibus pertinentiisque suis, sicut in prædecessorum nostrorum privilegiis continetur, monasterium Sanctæ Cæciliæ de Monte-Serrato cum terminis et possessionibus et pertinentiis suis; ecclesiam Sancti Laurentii cum ecclesia Sancti Stephani et castellari cum terminis, adjacentiis, possessionibus pertinentiisque suis; ecclesiam Sancti Pauli extra muros Barcinonæ cum alodio quod ibi obtulit Girbertus et uxor ejus, cum omnibus quæ modo possidet, et inantea acquisierit; ecclesiam Sanctæ Mariæ de Fonte-Rubea cum alodio quod tibi obtulit Geraldus Mironis; ecclesiam Sancti Petri de Clariano, ecclesiam Sancti Vincentii de Aqua-Obba, ecclesiam Sanctæ Mariæ et Sancti Stephani de Palatio; ecclesiam Sancti Cucuphatis de Rifano, ecclesiam Sancti Stephani de Rivipullo, ecclesiam Sancti Asiscli de Villa Auziri, ecclesiam Sancti Martini et Sancti Romani de Monte-Gato, ecclesiam Sancti Felicis de Castellario, ecclesiam Sancti Sebastiani de Monte-Majore cum ipso monte, ecclesiam Sanctæ Mariæ de Toldelo, ecclesiam Sancti Felicis de Villa de Milanos, ecclesiam Sanctæ Mariæ et Sancti Petri quod castrum Felix dicitur, ecclesiam Sanctæ Mariæ et Sancti Joannis quod Monasteriolum vocant, ecclesiam Sanctæ Crucis et Sancti Sylvestri de Vallerana, ecclesiam Sancti Cucuphatis de Moia, et aliam ecclesiam Sancti Cucuphatis de Garriga, ecclesiam Sancti Benedicti de Spiselis, ecclesiam Sancti Stephani de Castelleto, ecclesiam Sancti Juliani de Sancta Oliva cum castello, ecclesiam Sancti Salvatoris Bactensis cum possessionibus et pertinentiis suis; ecclesiam Sancti Petri et Sanctæ Crucis de Mosquefa, ecclesiam Sanctæ Mariæ de Capelades, ecclesiam Sancti Felicis de Castro Odilione, ecclesiam Sanctæ Mariæ de Castello de Clariana cum ipso castello, ecclesiam Sanctæ Mariæ de Aqualata, ecclesiam Sancti Petri de Viri, castellum Sancti Vincentii cum ipsa ecclesia, castellum de Albiniana cum ecclesia sua, ecclesias Sancti Sepulchri et Sanctæ Mariæ de Amposta cum universis possessionibus et pertinentiis eorum, ecclesias Sancti Martini et Sancti Felicis, et Sancti Genesii quæ sunt ad ipsam curtem de Faio, ecclesiam Sancti Genesii et Sanctæ Eulaliæ quam vocant Tapioles, alodium quod est intra muros civitatis Barcinonæ, scilicet cum domibus, curtibus, hortis et hortalibus, vel quantum infra territorium prædictæ civitatis præfatum monasterium habere videtur, alodium quod est infra terminos de castro Fonte rubea, et de Monte-Acuto, et de Piniana, et de Carolo, et de castro Virli, alodium de Olorda cum ipsa turre, et alodium quod est in duodecimo sive in Misano, alodium quod habet infra terminum de Terratia et de Castellaro, et in Arraona et in Barbarano et de palatio Ausit, et de palatio Palatano, et in villa de Mogodo et de Moleto, et in palatio de Aries, et in Lisiano superiore et inferiore, et in parochia de Parietes, et de Gallegos, et Plegarnanis et de Petiaco, quod dicunt bellum ditinum, et de Bitilona, et de Palumbare et de Otto et de Rivopullo et de Valle de Ariolfo, et de Grannularios, et de Lerona, et de Moserata, et de Samatus et de Canovas et de Corrone superiore et subteriore, alodium de Turres Beses, cum alio quod Nelma femina ibi obtulit, alodium de Ausona, alodium de Storria, et omnia alodia quæ habet et habere debet in prædicto comitatu Barcinonensi, Gerundensi, Ausonensi, et in comitatu Minorisa, cum universis terminis suis; ecclesiam Sancti Quirici cum decimis et primitiis et oblationibus suis. Decimas quoque quas de his sive de aliis locis ante triginta annos monasterium vestrum prædecessorum nostrorum concessione possedit, nos in perpetuum vestris usibus omnino quietas et integras conservari censemus. Præterea per præsentis privilegii paginam apostolica auctoritate statuimus ut quæcunque bona sive possessiones in præsenti cœnobium vestrum juste possidet, sive in futurum concessione pontificum, liberalitate principum, vel oblatione fidelium, juste ac canonice poterit adipisci, firma tibi tuisque successoribus et illibata permaneat.

Decernimus ergo ut nulli omnino hominum liceat eamdem Ecclesiam temere perturbare, aut ejus possessiones auferre, vel oblatas retinere, vel juste datas suis usibus vindicare, minuere, vel temerariis vexationibus fatigare; sed omnia integra conserventur eorum pro quorum sustentatione et gubernatione concessa sunt usibus omnimodis profutura. Sepulturam quoque ejusdem loci liberam omnino esse decernimus, ut eorum qui se illic sepeliri deliberaverint devotioni et extremæ voluntati, nisi forte excommunicati sint, nullus obsistat. Obeunte te nunc ejus loci abbate vel tuorum quolibet successorum, nullus ubi qualibet subreptionis astutia seu violentia præponatur, nisi quem fratres communi consensu vel fratrum pars consilii sanioris secundum Dei timorem et beati Benedicti regulam elegerint. Electus autem a diœcesano episcopo consecretur, siquidem gratiam et communionem apostolicæ sedis habuerit, et gratis ac sine pravitate id exhibere voluerit. Alioquin ad Romanum pontificem recurrat, aut ab alio quem maluerit catholico antistite consecretur. Idem et de ordinationibus fratrum, de chrismate, de altarium sive basilicarum consecratione statuimus. Ad indicium autem præstitæ a Romana Ecclesia libertatis pro ecclesia Sancti Pauli, morabatinum unum quotannis Lateranensi palatio persolvetis. Si qua sane ecclesiastica sæcularisve persona hanc nostræ constitutionis paginam sciens, contra eam temere venire tentaverit, secundo tertiove commonita, si se non satisfactione congrua emendaverit, potestatis honorisque sui dignitate careat, reamque se divino judicio existere de perpetrata iniquitate cognoscat, et a sacratissimo corpore ac sanguine Dei et Domini Redemptoris nostri Jesu Christi aliena fiat, atque in extremo examine districtæ ultioni subjaceat. Cunctis autem eidem loco justa servantibus sit pax Domini nostri Jesu Christi, quatenus et hic fructum bonæ actionis percipiant, et apud districtum judicem præmia æternæ pacis inveniant.

Scriptum per manus Gerardi notarii regionarii et scriniarii sanctæ Romanæ Ecclesiæ, anno Dominicæ Incarnationis millesimo nonagesimo octavo, indictione septima, mensis Decembris die primo.

CCXLVII.

Urbani II bulla pro Casinensi monasterio.
(Anno 1098.)

[MABILL., *Annal. Bened.*, V, 665.]

URBANUS episcopus, servus servorum Dei, dilectis filiis Casinensis cœnobii monachis, salutem et apostolicam benedictionem.

Ex officii nostri debito et auctoritate compellimur Ecclesiarum saluti et paci, prout Dominus scire et posse dederit, providere, vestri præcipue monasterii, quod sanctæ nostræ sedis apostolicæ semper familiarius ac devotius adhæsit, et in omni persecutionis opportunitate promptius ac benignius ad fuit. Ideoque opportunum duximus, secundum petitionem venerabilis fratris nostri Oderisii abbatis vestri, nostris in posterum litteris adnotare qualiter Cinglensis cellæ causa, unde vestrum cœnobium diutius inquietatum est, nuper in nostra sit audientia nostro judicio diffinita. Quod enim dilectio vestra plenius novit, sæpe de eodem negotio in Romana Ecclesia, inter synodales actus, ante prædecessores nostros quæstio acta est a sanctæ memoriæ Desiderio (*Victore III papa*), apostolicæ sedis presbytero cardinali et monasterii Casinensis abbate, qui postmodum divinæ dignationis gratia ad summi pontificatus apicem pervenit, sed exiguo tempore supervixit. Nostro etiam tempore in synodalibus gestis a confratre vestro, quem superius nominavimus, Oderisio, sanctæ nostræ Ecclesiæ presbytero cardinali, de causa ipsa coram nostra est præsentia sæpius proclamatum. Accidit autem ut Robertus comes ad beati Benedicti devotionem promptius conversus, locum ipsum ad vestri monasterii jus pertinere cognosceret, qui mox eumdem locum in manum præfati fratris nostri Oderisii reddidit : eo siquidem tempore abbatissa, quæ in cellam violenter ingressa fuerat, pro ejusdem comitis timore discesserat. Cœpit inter hæc illa nostræ auctoritatis aures, dum in urbe essemus, crebris clamoribus appellare, unde nos ex latere nostro viros strenuos usque Capuam destinavimus, qui diligenter causam utramque cognoscerent et pacifice definirent; quo tunc quidem quibusdam occasionibus ad effectum pervenire non potuit. Post aliquantum pro causis ecclesiasticis Urbem (49) egressi, cum eamdem causam diligentius in utriusque partis præsentia tractaremus, cognovimus præfatum venerabilem fratrem nostrum Oderisium abbatem vestrum, non malitiæ intentione, sed justitiæ respectu locum illum, tanquam sui juris, de quo sæpius proclamaverat, recepisse. Enimvero et pontificalibus decretis, et regalibus instrumentis, et terræ principum scriptis, et loci fundatoris chirographo cellam ipsam ad vestrum monasterium pertinere ostendebatur. Quia tamen sine judicio præcedente receperat, æquum nobis visum est ut abbatissa, quæ se quærebatur exspoliata, reinvestiretur; post reversionem vero nostram, in utramque partem legitimum judicium ageretur. In iis diebus, largiente Domino, plenarium in Barensi urbe concilium celebrare disponebamus. Post menses igitur sex abbatissam illam et litteris et nostri oris invitatione vocavimus ; venire quidem renuit, sed nuntium destinavit : cum autem minus plenas, nec satis rationabiles causas de illius absentia coram concilio reddidisset, nos, ne quod illa gravamine pati quereretur, ejusdem causæ actionem usque ad nostrum reditum duximus differendam. Porro Beneventum venientes, iterum nostras ad illam litteras destinavimus, diem et locum quo

(49) Cum scilicet has partes adiit ante aliquot menses, quo tempore Capua a Rogerio obsidebatur.

causa ventilanda fuerit, designantes. Cùm autem nec tunc venisset, ad locum alium eam tertio vocavimus. Venit illa, sed causam aggredi recusavit, asserens se nequaquam omnia Cinglensis cellæ munimenta et litteras recepisse; ad quod fratrum nostrorum quidam sacramentis asserere parati fuerant, se nec plures, nec alias in loco eodem chartas, quam quas reddiderant, invenisse. Illa secreto nonnullis fratrum qui nobiscum erant munimenta sua prodidit, nobis autem ostendere detrectavit. Cumque judiciario ordine causam nec vellet agere nec valeret, nos eam ut ad abbatis et fratrum vestrorum concordiam satageret, commonuimus, nec monita suscepit, et judicium penitus subterfugit. Iterum cœnobii vestri munimina vidimus; iterum pontificum Romanorum privilegia et imperatorum scripta perspeximus; iterum fundatoris loci chirographum, et Beneventani principis, qui tunc temporis fuerat, concessionem audivimus : quibus omnibus instructi et prius sumus, Cinglensem cellam ab ipso fundationis exordio ad Casinense cœnobium pertinuisse, et per Casinensis abbatis voluntatem sanctimonialium ibi congregationem fuisse dispositam. Sic post multas tandem dilationes, negotii veritate perspecta, communicato cum fratribus nostris episcopis, seu Romanæ Ecclesiæ cardinalibus, judicibusque consilio, venerabili fratri Oderisio abbati vestro Cinglense monasterium ex integro restituimus; ita tamen ut de loco ipso sanctimoniales minime expellantur, sed semper illic puellarum Dei congregatio conversetur, tanto, ut speramus, religiosius, quanto sanctiori patrono monasterioque commissæ sunt, salva in omnibus sedis apostolicæ reverentia. Quam scilicet restitutionem litteris præsentibus ratam et inviolatam perpetuo manere censemus, dico decernimus. Si quis autem post hæc, hujusce actionis tenore cognito, constitutioni nostræ temere obviare tentaverit, apostolicæ indignationis ultione plectetur; qui vero conservator exstiterit, divinæ benedictionis gratia perfruatur.

Scriptum per manum Petri scriniarii nostri sacri palatii, indictione septima, mensis Decembris die VII.

Datum Romæ apud Beatum Petrum per manum Joannis, sanctæ Romanæ Ecclesiæ diaconi cardinalis, sexto Idus Decembris, indictione septima, anno Dominicæ Incarnationis 1098, pontificatus autem domini Urbani II papæ XI.

CCXLVIII.
Urbani II epistola ad Manassem Remensem archiepiscopum.
(Anno 1098.)
[BALUZ., *Miscell.* edit. Luc., II, 144.]

URBANUS episcopus, servus servorum Dei, reverentissimo fratri et coepiscopo MANASSE, Remensi archiepiscopo, salutem et apostolicam benedictionem.

Quamvis clericorum Noviomensium litteras de Tornacensis Ecclesiæ conjunctione falsas ex parte non ambigamus (non enim in vita tantum venerabilis fratris nostri Rabbodi unitatem ipsarum Ecclesiarum sanxeramus, et authentica tantum Novio mensium privilegia rata manere decreveramus), nil tamen ad præsens super hac re vel mutandum vel stabiliendum duximus. Fratrem autem Baldricum, quem ad nos misistis, Noviomensem electum nos tuæ fraternitati remittimus. Tu ipsi et Ecclesiæ in qua electus est secundum Deum atque salutem tuæ et ipsius animæ providere debita sollicitudine procurato. Vale

CCXLIX.
Bulla pro abbate Majoris Monasterii Turonensis.
(Circa an. 1098.)
[BALUZ., *Miscell.* edit. Luc., II, 181.]

URBANUS episcopus, servus servorum Dei, venerabili filio BERNARDO Majoris Monasterii abbati, salutem et apostolicam benedictionem.

Sic apud bonos viros est servanda humilitas, ut veritatis ac justitiæ non deseratur auctoritas. Ita ergo humilitatem tuam suscipimus ut veritatem ac justitiam teneamus. Te siquidem per omnipotentis Dei gratiam catholicum ac vere religiosum habemus. Si quid vero in ordinationis tuæ primordiis vel per ordinantis culpam vel per tuam negligentiam deliquisti, nos tibi, beati Martini meritis confidentes, beati Petri vice et auctoritate dimittimus. Hanc autem tibi pœnitentiam indicimus ut de cætero commissorum fratrum saluti vigilantius ac ferventius insistere non desinas. In hac siquidem parte omnibus adversus te oblocutionis vocem auferimus et perpetuum silentium imperamus. Universis autem vestri cœnobii fratribus præsentium litterarum auctoritate præcipimus ut devotione plenissima debitam tibi reverentiam obedientiamque persolvant, quatenus annuente Deo et ipsi de tuæ sollicitudinis gratia et tu de ipsorum obedientia pariter gaudere possitis.

CCL.
Urbani II epistola ad episcopum Magdeburgensem. — *Ne vacillet, sed rectæ causæ insistat, hortatur.*
(Intra an. 1098-1099).
[MANSI, *Concil.* XX, 711.]

URBANUS episcopus, servus servorum Dei, N., Magdeburgensi episcopo, salutem et apostolicam benedictionem.

Indolis tuæ, dilecte in Christo frater, strenuitatem miramur, imo aliquantulum circa pietatis viscera timemus, ne incurrentis erroris persuasio infra præcordia jamdudum tibi pullulasset, quod absit; quandoquidem per utriusque sexus fideles religiosos veraciter tibi exoptatos aliquoties nostras direximus litteras tuæ, ut speramus, fidelitati, nullumque, aut prorsus raro, uti talem ac tam strenuum, decet virum, nobis dedisti responsum. Cave ergo, cave interim, quæso, ne collum tuum Pharaoni subdatur quo decidente veteri controversia, quæ, peccatis nostris exigentibus, magno temporis spatio Ecclesiam Dei per diversa orbis climata, pene per interiores medullas fatigavit;

salvo tamen paucorum interiore nomine, Baal paulatim confusus est et mundo absordet donorum episcopi sancti fraudulentus mercator. Tu ergò qui, ut a Deo, ita et ab hominibus culmen accepisti, quod magistro apostolorum, cujus vicem adeptus es, suisque successoribus spopondisti. Quod si perseverare valeas salvus eris. Nemo enim mittens manum suam in aratrum, si retro prospiciat, faciens injustum sulcum, aptus est regno Dei; et qui tetigerit picem, inquinabitur ab ea. Sunt autem alia non modulo chartulæ commendanda, quæ Deo disponente præsens legatus verbis auri secrete intimabit, quæ precamur honeste remittas quantocius poteris. Gloriosus Deus mentem tuam atque provideat tuos actus.

CCLI.

Urbanus II Hartmannum, abbatem Gottwicensem, « Gebehardo, Constantiensi episcopo, in apostolica legatione adjutorem constituit. »

(Intra an. 1088-1099.)

[Vide *Acta sanctorum*, Aug. t. II, p. 376, in Vita Altmanni, episcopi Patav.]

CCLII.

Urbanus II monasterii Gottwicensis privilegia, rogante Hartmanno abbate, confirmat.

(Intra an. 1088-1099.)

[Vide *Acta sanctorum* ubi supra.]

CCLIII.

Privilegium immunitatis Schafhusano in Hirsaugia monasterio concessum.

(Intra an. 1088-1099).

[MANSI, *Concil.* XX, 706.]

URBANUS episcopus, servus servorum Dei, dilecto in Christo filio Schafhusensi abbati, ejusque successoribus regulariter substituendis in perpetuum.

Cum universis sanctæ Ecclesiæ filiis et apostolicæ sedis auctoritate ac benevolentia debitores existamus, illis tamen locis atque personis quæ specialius ac familiarius Romanæ adhærent Ecclesiæ, quæque amplioris religionis gratia eminent, propensiori nos convenit charitatis studio imminere. Igitur tam tuis et tuorum fratrum, quam et religiosi comitis N. piis votis et petitionibus annuentes, Sancti Salvatoris venerabile cœnobium, ab N. quondam comite apud villam H. sub honore omnium sanctorum ædificatum, et beato Petro oblatum, in jus perpetuum et tutelam recipimus apostolicæ sedis, sicut a piæ memoriæ prædecessore nostro Gregorio VII constat fuisse susceptum. Quidquid etiam immunitatis idem pontifex loco ipsi contulit, nos quoque concedimus, et præsenti decreto corroboramus. Apostolica itaque auctoritate statuimus ut universa quæ præfati comites vel alii quilibet fideles cœnobio vestro de suis facultatibus contulerint, quæque hodie posset, sive in futurum concessione pontificum, liberalitate principum, vel oblatione fidelium juste atque canonice poterit adipisci, firma tibi, tuisque successoribus et illibata permaneant. De cellis autem Beatæ Agnetis et Beatæ Mariæ in villa N. nominatim interdicimus, ne quis occasione qualibet eas audeat a præfati monasterii proprietate subtrahere vel alienare, sed in eo ordine semper maneant; quo a te, charissime fili N., institutæ sunt, nec tibi nec successorum tuorum alicui liceat eas distrahere, vel earum bona temere aut violenter minuere vel auferre. Si quis vero hactenus eorum quidquam abstulit, donec restituat, ab omnipotentis Dei gratia alienus existat. Præterea mansuro in perpetuum decreto sancimus, ut nulli omnino viventium liceat in vestro monasterio aliquid proprietatis, conditionis, hæreditarii juris, advocatiæ, investituræ aut cujuslibet potestatis, quæ libertati et quieti fratrum noceat, vindicare. Abbas sane cum fratribus advocatum sibi, quem utiliorem providerint, instituat. Qui si postmodum monasterio inutilis fuerit, remoto eo alium præficiant. Sepulturam ejusdem loci liberam omnino esse decrevimus, ut eorum qui ibi sepeliri deliberaverint, devotioni et extremæ voluntati, nisi forte excommunicati sint, nullus obsistat. Si quas vero decimas pertinentes ecclesiis, quas habetis et habebitis, a laicis recuperare, annuente Domino, potueritis, vestris usibus perpetuo mancipandas absque omnium episcoporum contradictione censemus, salva episcopali reverentia. Laicos seu clericos sæculares ad conversionem suscipere, nullius episcopi vel præpositi contradictio vos inhibeat. Ad hoc adjicimus ut nulli episcoporum facultas sit sine Romani pontificis licentia loca vestra vel monachos interdictioni, vel excommunicationi subjicere. Nulli præterea homini liceat sæpefatum monasterium temere perturbare, vel ejus possessiones, seu res cæteras auferre, ablatas retinere, minuere vel temerariis vexationibus fatigare; sed omnia integra conserventur, eorum pro quorum sustentatione ac gubernatione concessa sunt, usibus omnimodis profutura, quatenus illic Deo servientes fratres ab omni potestate liberi Romanæ liberalitatis gratia potiantur, et a sæcularibus tumultibus alieni, omnipotentis Dei speculationi licentius vacare prævaleant. Obeunte te nunc ejusdem loci abbate, vel tuorum quolibet successorum, nullus ibi qualibet subreptionis astutia, seu violentia præponatur, nisi quem fratres communi consensu vel fratrum pars consilii sanioris secundum beati Benedicti regulam elegerint. Consecrationes altarium basilicarum, ordines clericorum, chrisma, et cætera ad episcopale officium pertinentia ab episcopo Constantiensi, in cujus estis diœcesi, accipiatis, si tamen catholicus est, et gratiam et communionem apostolicæ sedis habuerit. Alias vero liceat vobis catholicum, quem volueritis, adire antistitem, et ab eo consecrationis sacramenta suscipere, vel ad sedem apostolicam recurrere: qui apostolica fultus auctoritate, quæ postulantur indulgeat. Ad indicium autem perceptæ a Romana Ecclesia libertatis auri unciam quotannis Lateranensi palatio persolvetis. Si qua sane *deinceps* ecclesiastica sæcularisve persona, hujus privilegii paginam sciens, contra eam temere venire tentaverit, secundo tertiove commonita, si non satisfactione congrua emendaverit, potestatis honorisve sui dignitate careat, reamque se divino judicio existere de perpetrata iniquitate cognoscat, atque a sanctissimo corpore et sanguine Dei ac redemptoris nostri Jesu Christi aliena fiat, et in extremo examine districtæ ultioni subjaceat. Cunctis autem eidem loco justa servantibus sit pax Domini nostri Jesu Christi, quatenus et hic fructum bonæ actionis percipiant, et apud districtum judicem præmia æternæ pacis inveniant.

CCLIV.

Urbani II epistola ad Rodulphum comitem. — Pro immunitate ecclesiastica.

(Intra an. 1088-1099.)

[MANSI, *Concil.* XX, 659.]

Nosse te volumus quia nulli sæcularium domino potestatem in clericos habere licet ; sed omnes clerici episcopo soli esse debent subjecti. Quicunque vero aliter præsumpserit, canonicæ procul dubio sententiæ subjacebit.

CCLV.

Urbani II epistola ad Hugonem Lugdunensem archiepiscopum.

(Intra an. 1088-1099.)

[MANSI, *Concil.* XX, 677.]

URBANUS II HUGONI Lugdunensi archiepiscopo.

Lugdunensis parœciæ clericos, quos contra statuta canonum et ab alterius parœciæ episcopis ordinatos litterarum tuarum significatione monstrasti, cum graduum suorum honore recipere religionis tuæ prudentia poterit, si eos alias canonice et sine gravitate aliqua ordinatos constiterit, si tamen eorum vitam probabilem id indulgentiæ prospexeris promereri. Legimus quippe sanctum Epiphanium episcopum ex diœcesi sancti Joannis Chrysostomi quosdam clericos ordinasse, quod sanctus vir omnino non fecisset, si eis detrimentum ferre perpendisset. Quos igitur recipiendos moderato tua arbitrata fuerit, injunctæ satisfactionis gratia propter Ecclesiam quam offenderunt congrua pœnitentia miserationis intuitu in suo quemque honore recipias, salva in omnibus sanctorum canonum disciplina.

CCLVI.

Urbani II epistola ad Ebredunensem, Vapincensem et Diensem episcopos. — Antequam reconcilientur, fidelitatem excommunicatis nullus servare cogitur.

(Fragm. — Intra an. 1088-1099.)

[GRATIAN., *Decret.*, C. xv, qu. 6, c. 5.]

Juratos milites Hugoni comiti, ne ipsi, quandiu excommunicatus est, serviant, prohibeto. Qui si sacramenta prætenderint, moneantur oportere Deo magis servire quam hominibus. Fidelitatem enim quam Christiano principi jurarunt, Deo ejusque sanctis adversanti, et eorum præcepta calcanti, nulla cohibentur auctoritate persolvere.

(50) Quæ prius Cluniacenses ad informandum Sithiense S. Bertini monasterium advocaverat Clementia, eadem anno 1112 ut inde ejicerentur illi

CCLVII.

Urbani II epistola ad Hugonem, episcopum Gratianopolitanum. — Extraordinaria pollutio in naturalibus non impedit matrimonium.

(Fragm. — Intra an. 1088-1099.)

[GRATIAN., *Decret.*, C. xxxv, qu. 2, c. 11.]

Extraordinaria pollutio non nisi in naturalibus admissa, vel sæpius reiterata, citra maritalem affectum, si præbitis sacramentis ita esse constiterit quemadmodum nobis tuis significatum est litteris, non videtur matrimonium impedire, quamvis ipsa est criminosa et damnabilis.

CCLVIII.

Urbani II papæ epistola ad Hugonem Cluniacensem abbatem. — S. Bertini monasterium ei juxta consuetudines Cluniacenses informandum concedit.

(Intra an. 1088-1099.)

[D. BOUQUET, *Recueil*, t. XIV, p. 757.]

URBANUS episcopus, servus servorum Dei, venerabili fratri HUGONI, Cluniacensi abbati, salutem et apostolicam benedictionem.

Justis precibus ministerium nostrum deesse non debet. Idcirco Flandrensis comitissæ preces, quas abbate B. Bertini suggerente mandavit, admittendas fore decrevimus. Postulavit (50) enim ut B. Bertini monasterium tuæ tuorumque successorum providentiæ disponendum curandumque committeremus: quod nos, qui pro commisso officio saluti omnium providere debemus, clementer annuimus. Tuam ergo fraternitatem auctoritate præsentium litterarum commonemus, ut monasterium ipsum in tua deinceps provisione suscipias, abbatemque, si disciplinæ monasticæ inconveniens fuerit, amovere facultas vobis libera permittatur, salvo quidem diœcesani episcopi jure, scilicet ut vobis in monasterii correctione obviare non valeat.

CCLIX.

Privilegium Urbani II papæ Ragincro abbati monasterii S. Petri Crispiniensis Romæ concessum.

(Intra an. 1088-1099.)

[*Gall. Christ.*, tom. III, Instrum., p. 26.]

URBANUS episcopus, servus servorum Dei, charissimo filio suo RAGINERO, abbati monasterii Sancti Petri, quod est situm in villa quæ vocatur Crispinium super fluvium Hon, in pago Hainau.

Tuis igitur, dilectissime in Christo fili, justis postulationibus annuentes per præsentis privilegii paginam Beati Petri monasterium, in quo beatus Christi confessor Landelinus quiescit, situm in villa quæ dicitur Crispinium, super fluvium Hon, in pago Hainau, regendum ac disponendum tibi tuisque legitimis successoribus confirmamus. Adjacentem etiam villam supranominatam a Novo Fossato cum omnibus possessionibus suis in pratis, in agris cultis aut incultis, in aquis aquarumve decursibus, et silvis quæ Ambligis dicitur, sicut a bonæ memoriæ comite Balduino et matre ejus Richilde beato Landelino vires et animum applicuit. De quo legendus Iperius apud Martenium, tom. III Anecdot., col. 608.

reddita, et a venerabili viro Gerardo Cameracensium episcopo confirmata sunt, integra prorsus et omni exactione libera præfato Beati Petri monasterio in perpetuum possidenda manere decernimus. Præterea apostolica auctoritate statuimus ut quæcunque hodie idem monasterium juste possidet, sive in crastinum concessione pontificum, largitione principum vel oblatione fidelium juste atque canonice poterit adipisci, firma tibi tuisque successoribus illibata permaneant, salva Cameracensis episcopi canonica reverentia. Decernimus ergo ne ulli omnino hominum liceat idem monasterium temere perturbare, aut ei subditas possessiones auferre, minuere, vel temerariis vexationibus fatigare, sed omnino integra conserventur eorum pro quorum sustentatione ac gubernatione concessa sunt usibus profutura. Sane si quis in crastinum archiepiscopus aut episcopus, imperator aut rex, princeps aut dux, comes aut vicecomes, aut judex, aut persona quælibet magna vel parva, potens vel impotens, hujus nostri privilegii paginam sciens contra eam venire tentaverit, secundo tertiove commonita si non satisfactione congrua emendaverit, a Christi Ecclesiæ corpore cum auctoritate potestatis apostolicæ segregamus. Conservantibus autem pax a Deo et misericordia præsentibus ac futuris sæculis conservetur. Amen.

CCLX.
Urbanus II « cœnobium Generense in Guasconia in jus et proprietatem apostolicæ sedis recipit et privilegio communit sub annuo censu II unciarum auri. »
(Intra an. 1088-1099.)
[Centii Camerarii Liber censualis, apud MURATORI *Antiq. Ital.*, V, 885.]

CCLXI.
Urbani II papæ privilegium pro monasterio Latiniacensi.
(Intra an. 1088 1099.)
[MABILLON et RUINART, *Ouvr. posth.*, III, 401.]

URBANUS episcopus, servus servorum Dei, dilecto filio ARNULPHO Latiniacensi abbati ejusque successoribus regulariter promovendis in perpetuum.

Piæ postulatio voluntatis effectu debet prosequente compleri, quatenus et devotionis sinceritas laudabiliter elucescat, et utilitas postulata vires indubitanter assumat. Quia igitur electio tua ad sedis apostolicæ portum confugiens, ejus tuitionem devotione debita requisivit, nos supplicationi clementer annuimus, et beati Petri Latiniacense monasterium, cui Deo auctore præsides, et tam ei adjacentem villam quam cætera omnia ad ipsum pertinentia sub tutelam apostolicæ sedis excipimus. Per præsentis ergo privilegii paginam apostolica auctoritate statuimus ut tam præfata Latiniacensis villa quam cætera omnia quæ vestrum hodie monasterium possidet, sive in futurum concessione pontificum, liberalitate principum vel oblatione fidelium juste atque canonice poterit adipisci, firma tibi tuisque successoribus, et illibata permaneant. Decernimus ergo ut nulli omnino hominum liceat eumdem locum temere perturbare aut ejus possessiones auferre vel ablatas retinere,

minuere vel temerariis vexationibus fatigare, sed omnia integra conserventur, eorum pro quorum sustentatione ac gubernatione concessa sunt usibus omnimodis profutura, salvo scilicet Parisiensis Ecclesiæ jure canonico, ita tamen quod neque ejusdem Ecclesiæ episcopo, neque archidiacono liceat temerariæ excommunicationis vel executionis aut consuetudinis gravamen aliquod fratribus irrogare. Obeunte te nunc ejusdem loci abbate, vel tuorum quolibet successorum, nullus ibi quibusvis subreptionibus astutia vel violentia præponatur, nisi quem fratres communi consensu, vel fratrum pars consilii sanioris, seu secundum Dei timorem et beati Benedicti regulam elegerint. Electus vero, a Parisiensi episcopo consecretur. Ad judicium autem perceptæ a Romana Ecclesia libertatis auri unciam quotannis Lateranensi palatio persolvetis. Vos igitur, fili in Christo dilecti, Dei timorem et amorem in cordibus habere satagite, ut quanto a sæcularibus tumultibus liberiores estis, tanto amplius placare Deo totius mentis et animæ virtutibus anheletis. Sane si quis in crastinum archiepiscopus aut episcopus, imperator aut rex, aut dux, comes, vicecomes, judex, aut ecclesiastica quælibet sæcularisve persona, hanc nostræ auctoritatis paginam sciens, contra eam temere venire tentaverit, secundo tertiove commonitus, si non satisfactione congrua emendaverit, potestatis honorisque sui dignitate careat, reumque se divino judicio de perpetrata iniquitate cognoscat, et a sacratissimo corpore ac sanguine Dei et Domini Redemptoris nostri Jesu Christi alienus fiat, atque in extremo examine districtæ ultioni subjaceat. Cunctis autem eidem loco justa servantibus sit pax Domini nostri Jesu Christi, quatenus et hic fructum bonæ actionis percipiant et apud districtum Judicem præmia æternæ pacis inveniant. Amen.

CCLXII.
Urbani II epistola ad Rotgerium Suessionensem episcopum. — Ut in parochianis ecclesiis canonici regulares ordinentur.
(Intra an. 1088-1099.)
[MANSI, *concil.* XX, 677.]

URBANUS papa ROTGERIO Suessionensi abbati.

Justis votis assensum præbere, justisque postulationibus aures accommodare nos convenit, qui, licet indigni, justitiæ custodes atque præcones in excelsa apostolorum principum Petri et Pauli specula positi Domino disponente videmur existere. Ut igitur propositi vestri ordinem secundum beati Augustini regulam commissi tibi fratres tranquille valeant absque sæcularium tumultuum perturbationibus annuente Domino custodire, postulationi tuæ libenter annuimus, et præsentium litterarum auctoritate concedimus, ut in parochianis ecclesiis quæ ad vestrum monasterium pertinent, regulares vobis liceat claustri vestri clericos [canonicos] ordinare, qui et ecclesiis ipsis religiose serviant, et adjacentis populi parochiam secundum timorem Dei, salvo episcopi jure dubito, sollicite procurare non negligant, quatenus omnia quæ domus Dei sunt a sapientibus et sapienter administrentur.

Data II Idus Julii.

CCLXIII.
Urbani papæ epistola ad Bernardum archiepiscopum Toletanum.
(Intra an. 1088-1099.)
[Mansi, *Concil.* XX, 701.]

Urbanus episcopus, servus servorum Dei, dilecto fratri et coepiscopo Bernardo Toletano salutem et apostolicam benedictionem.

Litterarum præsentium lator ad nos veniens ab exorcista usque ad sacerdotium nullum ordinem se accepisse confessus est. Quod audientes plurimum mirati sumus. Et quia ejus persona nobis ignota sine litteris et sine ullis indiciis nostro se præsentavit conspectui, eum strenuitati tuæ remisimus, præcipientes ut causam ejus diligenter inquiras; et si quod refert verum esse constiterit, a sacerdotio male et inordinate accepto, indicta quam dignam duxeris pœnitentia, per annum cessare jubebis. Anno vero transacto, si ejus vita et conversatio talis visa fuerit et alia non impediunt ut honore digna sit tanto, omnes ordines quos non accepit cum ipso pariter presbyteratu, siquidem presbyteratum gratis assumpserit, illi restituas.

CCLXIV.
Bulla Urbani II papæ ad Petrum episcopum Jaccensem.
(Intra an. 1088-1099.)
[Martinez, *Historia de la fundacion y antiguedades de San Juan de la Peña.* Caragoça, 1620, in-fol., p. 235.]

Urbanus episcopus, servus servorum Dei, venerabili fratri Petro Jaccensi episcopo, salutem et apostolicam benedictionem.

Cum monasticæ religionis in religioso claustro rudimenta susceperis, miramur plurimum quod ejusdem religionis viros plurimum adverseris. Queritur enim venerabilis filius noster abbas Sancti Joannis in Pinna quod ipsius loci cœmeterium vehementer impugnes, et ab eo viros retrahas sæculares; quod quam prave facias, etiam sæcularibus potes legibus informari, quæ sanctis cœnobiis consonantes, extremas deficientium voluntates ratas haberi constituunt. Dixeris etiam devotos monasterio viros, prava illinc suasione, retrahere, de quibus magnopere metuendum est, ne secundum Apostoli dictum damnationem incurrant, quia primam fidem irritam fecerunt. Tuam igitur dilectionem litteris præsentibus admonemus atque præcipimus, ne ulterius quorumlibet suasione, locum illum, qui sub beati Petri jure specialiter continetur, hujusmodi vexationibus defatiges; nec a conversione devotos, nec a cœmeterio mortuos ulterius retrahi patiaris. Super detrimento etiam, quod per hujusmodi occasiones monasterio illatum est, aut justitiam integram, aut convenientem concordiam, supradicto abbati præcipimus exhiberi. Illi vero qui contra votum suum a monasterio recesserunt, redire omnino ad monasterium, et votum suum adimplere cogantur.

Datum, etc.

CCLXV.
Urbani II papæ privilegium pro Ecclesia Jaccensi.
(Intra an. 1088-1099.)
[Aynsa, *Fundacion, excelencias, grandezas y cosas memorables de Huesca,* p. 539.]

Urbanus episcopus, servus servorum Dei, Petro Oscitano episcopo, ejusque successoribus canonice promovendis in perpetuum.

Misericordiæ mater et justitiæ custos sedes Romana a Domino Jesu Christo, qui beatis apostolis Petro et Paulo ligandi atque solvendi potestatem concessit, observare justitiam et misericordiam impendere didicit. Sequentes igitur constitutionis paginam prædecessoris nostri PP. Gregorii VII, de terminis Oscen. episcopatus et Jaccen. quos ipse jure antiquitatis summæ et precibus gloriosi regis Ranimiri filio ejus et nostro charissimo Garsiæ episcopo Oscen. et Jaccen. in parte orientali concessit; sicut Cinca Fluvius a Pirannis montibus descendens, per montana et plana discurrit, usque ad vallem Lupariam, infra quos terminos etiam ecclesias de Belsa, et de Gestan, et de Alquezar, et de Barbastro eidem antecessori tuo, o Petre, episcopo Oscen. privilegii assertione confirmavit : et nos quoque pari spiritu eosdem terminos cum prædictis ecclesiis et terminis earum, et canonicis tuis præsenti auctoritate corroboramus, et omnes alias Ecclesias, quæ hac in die sunt inter duo flumina Alcanatre videlicet, et Cinca, vel in posterum Deo miserante in præscripto termino ædificabuntur : ut scilicet deinceps querela, quam archidiaconi tui Luppo Fortunionis et Luppo Eneconis fecerunt nobis pro ecclesiis, quas de sedis tuæ parochia condignis postulationibus Sancti Regis, quia terram cum gladio acquisierat, capellæ suæ Montis-Aragonis concesseramus, in posterum omnino sopiretur : et Ecclesiæ tuæ pro eo quod prædecessor tuus Garsias episcopus contra censuram privilegii Romani, de Ecclesia jam prænominata, videlicet de Alquezar, per violentiam fuerat expulsus, per nostram manum illas ecclesias cum suis pertinentiis libere, et sine inquietatione quorumlibet posterorum in pace bona postmodum obtineat. In parte etiam septentrionali eodem tenore, quo per ejusdem regis Ranimiri similiter instantiam, cum supra positis assignatis terminis videlicet, et usque ad locum qui vulgo dicitur Planamayor inclusa tota terra Pintana, et valle Orsella, cum ecclesiis suppositorum castellorum de Us scilicet, et de Sos, et de Lusia, et de Bel, et de Aguero, et de Moriello : et nos...... eosdem Oscen. et Jaccen. Ecclesiæ in perpetuum concedimus, dignum judicantes ut tam ista quam alia omnia quæ præfatus rex die qua canonica in Jacca fuit constituta episcopo et canonicis in præsentia novem pontificum, ad ordinis sustentationem libere donavit, scilicet Lierfæ villam, et Sesave, et locum qui dicitur septem fontes, cum omnibus eorum pertinentiis, cultis et incultis et cum decimis omnium redituum regalium, et eorum qui quibuscunque ex causis regibus unquam persolventur in Jacca, et circumquaque per totam Aragoniam, illibata deinceps servitio canonicorum per infinita sæcula habeantur. Si qua sane in posterum ecclesiastica, sæcularisve persona, hujus nostræ assertionis tenorem sciens, contra eum temere venire tentaverit, secundo tertiove commonitus, si non congrue satisfecerit, potestatis honorisque sui dignitate careat... Divino judicio de perpetrata iniquitate cognoscat, et a sacratissimo corpore ac sanguine Domini nostri Jesu Christi aliena fiat. Cunctis autem præfixa Ecclesiæ Oscen. et Jaccen. jura servantibus sit pax Domini nostri Jesu Christi, et vita æterna.

CCLXVI.

Urbanus Petronium, episcopum Legionensem, ex matre non legitima editum, ab hujus peccati vinculo absolvit.

(Intra an. 1088-1099.)

[GRATIAN., *Decret.* 1, dist. 56, c. 14.]

Quia simpliciter ad sedem apostolicam veniens humiliter peccatum confessus es quod pontificii tui videbatur officium impedire, videlicet, quod ex matre non legitima procreatus sis, quam vivente propria uxore pater tuus cognovisse dignoscitur; ✝ Nos, apostolicæ mansuetudinis gratia admonente, a cæteris quæ sacerdotium impediunt criminibus tam tui professione quam fratrum testimonio, qui tecum sunt, immunem te agnoscentes et vitam tuam religiosam audientes, ab hujus te peccati vinculo absolutum in suscepto sacerdotali officio confirmamus.

CCLXVII.

Urbanus II papa committit Mathildi comitissæ restitutionem ecclesiæ Sancti-Floriani, faciendam ab episcopo Mantuano ad favorem monasterii Sancti Benedicti de Padolyrone.

(Intra annum 1088-1099.)

[MARGARINI, *Bullar. Casin.*, II, 118.]

URBANUS episcopus, servus servorum Dei, inclytæ MATHILDI, unicæ beati Petri filiæ, salutem et apostolicam benedictionem.

Conquestus est filius noster cœnobii Sancti Benedicti abbas super quadam ecclesia Sancti Floriani a beatæ memoriæ patre tuo B. in prædio ejusdem monasterii fundata, et a religione tua jam dicto cœnobio postea reddita. Quam cum monasterium illud quiete tenuisset et a capellanis suis eam regi, utpote quod suum erat, sine molestia et alicujus controversia administrari fecisset facta commutatione inter Mantuanum episcopum, et monasterium, de monasteriis episcopatus, et de ecclesiis abbatiæ, sicut bene novit prudentia tua, cumque postea id destructum fuisset, utrisque partibus, quod proprium erat, recipientibus, hanc solam ecclesiam, de qua fit querimonia, episcopus sibi retinuit, eamque monasterio reddere noluit. Quando etiam monasterium illud Ecclesiæ Sancti Petri, cui, licet indigni, præsidemus, concessione tua traditum est; abbatis ca-

pellanus populum illius terræ regebat, baptisma celebrabat, et quidquid ad animarum curam pertinet, permissione Mantuanorum episcoporum ibi regebat. Volumus itaque et præcipimus ut monasterium nostrum, quod suum erat, quodque jure tenebat, ex integro recipiat; nullamque bonorum suorum diminutionem ullomodo de his quæ tenebat patiatur. Oportet igitur ut in præsentia Regiensis episcopi, et aliorum prudentium virorum, Mantuanum episcopum conveniens eique præcipias ut ea quæ monasterii fuerunt sibi restituat et alia in pace ipsum possidere permittat.

CCLXVIII.

Urbani II epistola ad clerum populumque Salernitanum. — Pro immunitate ecclesiastica.

(Intra an. 1088-1099.)

[MANSI, *Concil.* X, 660.]

URBANUS episcopus, servus servorum Dei, dilectis filiis clero et populo Salernitano salutem et apostolicam benedictionem.

Lanzonem presbyterum, qui ecclesiam Sanctæ Mariæ per manum laicam invasit, expulso eo qui legitime possidebat, noveritis sententia nostra officio et beneficio interdictum. Omnes præterea qui ecclesias vel ecclesiastica beneficia aut capellanias sine episcopi sui consensu per manum laicam obtinuerint, donec satisfaciant suo episcopo, secundum sanctorum canonum constituta, ab officio et beneficio interdicimus.

CCLXIX.

Urbani II epistola ad Godinum, antistitem Uritanum. — Mandat ut sedem episcopalem, in urbem Uriam quondam translatam, Brundisio urbi reddat.

(Intra an. 1088-1099.)

[UGHELLI, *Italia sacra*, IX, 30.]

URBANUS II episcopus, servus servorum Dei, dilecto in Christo fratri GODINO, Oritano antistiti, salutem et apostolicam benedictionem.

Quia nobis virorum veracium assertione, qui rem diligenter investigarunt, compertum est cathedram tuam, quæ nunc apud Oritanum municipium habetur, apud Brundusii civitatem antiquitus exstitisse, postea civitate desolata in Oritanum municipium esse translatam, nunc, miserante Domino, Brundusii est civitas restituta, volumus et præsentis paginæ auctoritate sancimus ut eadem episcopalis cathedra Brundusium referatur, eo tenore ut Goffridus egregius comes noster in Christo filius pollicitus est, etc.

CCLXX.

Urbani epistola ad Vitalem presbyterum [Brixiensem]. — In dignitate servanda Simoniacis misericordia potest impendi, si eos vita commendat.

(Intra an. 1088-1099.)

[GRATIAN. *Decret.*, C. 1, qu. 5, c. 2.]

Eos qui ecclesiam emerunt, si persona talis fuerit quam vita commendet, videlicet ut in canoniis, vel monasteriis regulariter vivat, in sui honoris officio, misericorditer condescendendo, ministrare concedimus, absque tamen sanctorum canonum præjudicio.

CCLXXI.

Ad eumdem. — Filii, vel filiæ ante vel post compaternitatem geniti legitime conjungi possunt.

(Intra an. 1088-1099.)

[GRATIAN. *Decret.*, C. xxx, qu. 3, c. 4.]

Super quibus consulit nos tua dilectio, hoc videtur nobis ex sententia respondendum; ut et baptismus sit, si instante necessitate femina puerum in nomine Trinitatis baptizaverit, et quod spiritualium parentum filii, vel filiæ, ante, vel post compaternitatem geniti possunt legitime conjungi; præter illam personam per quam compatres sunt effecti.

CCLXXII.

Ad eumdem. — Uxor simul cum viro filium alicujus in baptismate non suscipiat.

(Intra an. 1088-1099.)

[GRATIAN. *Decret.*, C. xxx, qu. 4, c. 6.]

Quod autem uxor cum marito in baptismate simul non debeat suscipere puerum, nulla auctoritate reperitur prohibitum. Sed ut puritas spiritualis paternitatis ab omni labe et infamia conservetur immunis, dignum esse decernimus ut utrique insimul ad hoc aspirare minime præsumant. Quia vero piaculare flagitium commisit, qui duabus commatribus velut duabus sororibus nupsit, magna juxta modum culpæ pœnitentia sibi debet injungi.

CCLXXIII.

Ad Lucium, præpositum Sancti Juventii. — De valore baptismi aliorumque sacramentorum a criminosis sacerdotibus collatorum.

(Intra an. 1088-1099.)

[MANSI, *Concil.* XX, 660.]

URBANUS episcopus, servus servorum Dei, dilecto filio Lucio, præposito ecclesiæ Sancti Juventii apud Ticinum, salutem et apostolicam benedictionem.

Salvator prædixit in Evangelio circa finem sæculi pseudochristos et pseudoprophetas surgere, et multos seducere, et fideles suos in mundo multas habituros pressuras; sed tamen portas inferi adversus Ecclesiam non prævalituras. Proin quia, ut ait Apostolus (*I Cor.* xi), *oportet hæreses esse, ut qui probati sunt manifesti fiant*, oportet nos cum propheta ex adverso ascendere, et murum opponere pro domo Israel, et cum eodem apostolo per multas tribulationes intrare in regnum Dei, unde non sunt condignæ passiones hujus temporis ad futuram gloriam quæ revelabitur in nobis. Igitur quia innotuisti nobis quod tibi objicitur: Utrum vendere ecclesiasticam rem Simoniacum sit? hoc Simoniacum esse patenter colligitur ex hoc quod B. Petrus apostolus ait Simoni: *Pecunia tua tecum sit in perditionem, quia existimasti donum Dei pecunia possideri* (*Act.* viii). Donum quippe Dei est Spiritus sanctus, et donum Dei est res ipsius ecclesiæ oblata. Et si bene advertis, Simon Magus, qui ficte ad fidem accessit, non Spiritum sanctum propter Spiritum sanctum, quo ipse indignus erat (quoniam ut scriptum est, *Spiritus sanctus disciplinæ effugiet fictum* [*Sap.* 1]), sed ideo, quantum in ipso erat, emere voluit, ut ex venditione signorum quæ per cumdem fiebant multiplicatam pecuniam quam obtulerat lucraretur. Nec apostolus emptionem Spiritus sancti quam bene noverat fieri non posse, sed ambitionem talis quæstus, id est avaritiam, quod est idolorum servitus, in eodem Simone exhorruit, et maledictionis jaculo percutit.

Quisquis itaque res ecclesiasticas quæ Dei dona sunt, quoniam a Deo fidelibus et a fidelibus Deo donantur, quæque ab eodem gratis accipiuntur, et ideo gratis dari debent, propter sua lucra vendit vel emit, cum eodem Simone donum Dei pecunia possideri existimat. Ideo qui easdem res non ad hoc ad quod institutæ sunt, sed ad propria lucra, munere linguæ, vel indebiti obsequii, vel pecuniæ largitur vel adipiscitur, Simoniacus est, cum principalis intentio Simonis fuerit sola pecuniæ avaritia, id est idolatria, ut ait apostolus Paulus. Alioquin cur synodus Chalcedonensis sexcentorum triginta episcoporum procuratorem vel defensorem Ecclesiæ, vel quemquam regulæ subjectum, adeo per pecuniam ordinari prohibet, ut interventores quoque tanti sceleris anathematizet, nisi quod eosdem Simoniacos judicet? Quod si præfati milites Ecclesiæ ob hujus scelus taliter percelluntur, nemo sapiens negabit non militantes Ecclesiæ multo damnabilius hanc ob causam, id est venditionis vel emptionis, debere percelli.

Sed et beatus prædecessor noster Paschalis (51) de consecratione, et de rebus quæ proveniunt ex consecratione, affirmat quod quisquis alterum eorum vendit, sine quo alterum habere non potest, neutrum non venditum derelinquit. Ac per hoc eum qui rem Ecclesiæ vendit vel emit Simoniacum intelligit; in nomine vero procuratoris intelligit præfata synodus quemlibet ecclesiasticarum rerum administratorem; ut ver. gr. præpositum, œconomum, vicedominum: defensoris nomine advocatum sive castaldum, et judicem: in subjecto regulæ archipresbyterum, archidiaconum, canonicum, monachum, vel quemlibet ecclesiastico mancipatum officio. Quod vero Spiritum sanctum, quantum in se est, vendat vel emat qui præposituram vel hujusmodi vendit vel emit, audi Augustinum super Joannem: « O quot proposita fecerunt! Alterum propositum habet Carthagine Primianus, alterum habet Maximianus, alterum habet in Mauritania Rogatus, alterum habent in Numidia illi et illi quos jam nec nominare sufficimus. Circumit ergo aliquis emere columbam? unusquisque propositum suum laudat quod vendit, » etc.

Ecce venerabilis Augustinus de præposituræ distractione agens, in nomine columbæ sancti Spiritus venditionem vel emptionem accipit, sicut et omnes hujus evangelici capituli tractatores. Pen-

(51) Paschalis primus.

sandum vero est qua pœna multentur qui jam Deo et Ecclesiæ suæ oblata vendunt vel emunt, si cum flagellis a Dei templo ejecti sunt, qui quæ Deo erant offerenda vendebant vel emebant. Si de offerendorum venditoribus vel emptoribus dictum est : *Vos fecistis domum Patris mei domum negotiationis, et speluncam latronum* (*Joan.* II, 16; *Marc.* XI, 17), quid dicetur jam de Ecclesiæ oblatorum venditoribus vel emptoribus ? Et ne quis insanus objiciat merito hos Dominum tam acerbe vindicasse, quia tunc illa in Dei templo, ecclesiasticæ vero res modo extra templum distrahantur, attendat super his Augustini non determinantem locum venditionis vel emptionis propositorum, sed tantum indefinite dicentem : « Circumit aliquis emere columbam ? » unusquisque propositum suum laudat quod vendit, non adjiciens, in templo vel extra templum. Hæc contra venditores vel emptores sacrarum rerum.

Ad hoc vero quod in epistola tua sequitur, id est : Utrum obedire tentantibus ad mortem nefas sit ? et circa finem ejusdem epistolæ hoc idem iterum inculcatur, illud beati Petri respondemus : *Obedire Deo oportet magis quam hominibus* (*Act.* V). In quo exemplo notandum est hominibus interdum obediri debere, sed magis Deo ; hominibus quidem in his quæ contra fidem et religionem non sunt, quoniam cives Jerusalem legimus Babylonis civibus militasse, ut sanctum Joseph et socios Danielis ; quorum primus stuprum dominæ, sequentes vero idololatriam perhorrentes, rem publicam et alienigenarum principum strenue gubernaverunt. Et in Evangelio habes (*Matth.* V), cum eo qui te angariaverit uno milliario, alia duo ambulare debere, et reddere quæ sunt Cæsaris Cæsari, et quæ sunt Dei Deo. Item Hieronymus super epistola ad Philippenses : « Si dominus ea jubet quæ non sunt adversa Scripturis sanctis, subjiciatur domino servus ; si vero contraria præcipit, magis obediat spiritus quam corporis domino, » et infra : « Si bonum est quod præcipit imperator, jubentis exsequere voluntatem ; si malum, respondere : *Obedire oportet Deo magis quam hominibus* (*Act.* V). »

Ad hoc vero quod subjungitur in eadem epistola, id est : Utrum sit utendum ordinationibus et reliquis sacramentis , a criminosis exhibitis, ut ab adulteris , vel sanctimonialium violatoribus, vel hujusmodi ? ad hoc, inquam, ita respondemus : Si schismate vel hæresi ab Ecclesia non separantur, eorumdem ordinationes, et reliqua sacramenta sancta et veneranda non negamus, sequentes beatum Augustinum, qui super Joannem de hujusmodi tam copiose quam veraciter disseruit. Ait enim : « Baptizet servus bonus, sive servus malus, non sciat se ille qui baptizatur baptizari ab eo qui non sibi renuit baptizandi potestatem ; » et paulo post : « Non horreat columba ministerium malorum, respiciat Domini potestatem. Si fuerit superbus minister,

(52) Nisi in casu necessitatis « Qui a præciso accepit sacramentum extra casum necessitatis, cum zabulo computatur, sed per illum Christi sacramentum non contaminatur. Quod per illum fluit, purum est, quod per illum transit, liquidum est. » Item : « Spiritualis vero virtus sacramenti ita est ut lux, quæ et ab illuminandis pura excipitur, et, si per immunda transeat, non inquinatur. Quos baptizat ebriosus, quos baptizat homicida , quos baptizat adulter, Christus baptizat. » Et cætera hujusmodi. Attamen decessores nostri Nicolaus et Gregorius a missis sacerdotum, quos tales revera esse constiterit, fideles abstinere decreverunt, ut et peccandi licentiam cæteris auferrent, et hujusmodi ad dignæ pœnitentiæ lamenta revocarent. Scripsit hoc prædecessor noster Gregorius Rodulpho et Bertholdo ducibus inter cætera (GREGORIUS VII, lib. II, epist. 45) : « Officium Simoniacorum, et in fornicatione jacentium scientes nullo modo recipiatis, et quantum potestis , tales sanctis deservire mysteriis vi, si oportuerit, prohibeatis, » etc.

Porro ad hæc quæ tibi syllogistice in eadem epistola objiciuntur, id est, si corpus et sanguis Christi non sunt, et alia quæ prædiximus, proprias non habent virtutis dignitates, quid agentibus obsunt ; quod si habent, cur spernuntur, sicubi ab indigno præsumuntur ? Ad hæc, inquam, ita respondemus : Proprias quidem habent virtutis dignitates, ut præfatus Augustinus ait super Joannem contra Donatistas, sed agentibus vel suscipientibus eadem sacramenta contra præfatorum pontificum instituta, (52) nisi forte sola morte interveniente, utpote ne sine baptismate vel communione quilibet humanis rebus excedat: eis, inquam, in tantum obsunt, ut veri idololatræ sint, cum talibus et ordinationum et sacramentorum confectio, et aliter quam præmissum est scienter susceptio, vehementer a sanctis canonibus prohibeatur. Ait namque Samuel propheta : *Quoniam peccatum hariolandi est repugnare, et quasi scelus idololatriæ noli acquiescere* (I *Reg.* XV). Hæc de malis catholicis qui intra Ecclesiam sunt. Cæterum schismaticorum et hæreticorum sacramenta, quoniam extra Ecclesiam sunt juxta sanctorum Patrum traditiones, scilicet Pelagii, Gregorii, Cypriani, Augustini, Hieronymi, formam quidem sacramentorum, non autem virtutis effectum habere profitemur, nisi cum ipsi, vel eorum sacramentis initiati, per manus impositionem ad catholicam redierint unitatem.

Sciendum vero est quod canones apostolorum, quorum auctoritate Orientalis et ex parte Romana unitur Ecclesia, et insignis martyr Cyprianus, et octoginta episcopi cum eodem baptismum hæreticorum lavacrum diaboli appellant. Stephanus vero et Cornelius martyres et pontifices Romani, et venerabilis Augustinus in libro De baptismate eumdem Cyprianum, et præfatos episcopos hanc ob causam vehementer redarguunt, affirmantes *baptismum peccat, non item qui a malo*. » (THOM, p. III, q. 6, art. 6 ad 2 ; et q. 6 7, art. 2.)

sive ab hæretico sive schismatico ecclesiastico more celebratum ratum esse ; et merito, quia alia in baptismo, et alia in reliquis sacramentis consideratio est: quippe cum et ordine prior et necessarior sit; subito enim morituro prius baptismate, quam Dominici corporis communione vel aliis sacramentis consulitur. Et dum forte catholicus non invenitur, satius est ab hæretico baptismi sacramentum sumere quam in æternum perire. Et hanc sententiam præscriptorum pontificum Cornelii, Stephani, et Augustini, secuti sunt Innocentius, Siricius, Leo, Anastasius et magnus Gregorius, et omnis Ecclesia catholica. Et quoniam epistolaris brevitas propositis tibi quæstionibus fortasse non sufficit, eorumdem temeritatem ad sedem apostolicam instruendam mitte, aut, juxta Apostolum, *veluti sanæ doctrinæ adversarium post secundam et tertiam correptionem devita* (Tit. III). Tu vero esto fidelis usque ad mortem, ut percipias coronam vitæ.

Data Romæ.

CCLXXIV.

Urbanus ecclesiæ S. Trinitatis, in loco qui Pons Guinizeli dicitur, privilegia instituit, ea lege ut clerici (Mediolanensis monetæ nummos sex quatuor annis Lateranensi palatio persolvant.)

(Intra an. 1088-1099.)

[MURATORI, *Rer. Ital. Script.*, V, 479.]

URBANUS episcopus, servus servorum Dei, dilecto filio LIPRANDO, etc.

Statuimus ecclesiam illam cum prædiolo, in quo fundata est . . . . . vel per alios fideles illic Domino largiente collata fuerint, ab omni sæculari oppositione quietam perpetuo manere, et liberam. Clericis vero ibi victuris vivendi regulariter concedimus facultatem, eosque decernimus tam proprias ordinationes, quam altarium et ecclesiarum consecrationes, cæterorumque dona sacramentorum a Mediolanensi archiepiscopo suscipere, si quidem catholicus fuerit, et communionem ac gratiam apostolicæ sedis habuerit, et si ea gratis et non privatim indulserit, alias autem liberum eis arbitrium sit sacramenta eadem suscipere a quocunque voluerint catholico episcopo. Decernimus ergo ut neque Mediolanensi archiepiscopo, neque alicui viventium liceat eamdem ecclesiam, et fratres qui illic Deo servierint, quolibet occasionis jugo deprimere, aut bona eorum distrahere et suis usibus applicare, vel temerariis vexationibus fatigare, sed omnia integre conserventur vobis, et successoribus vestris omnimodis profutura, salva ejusdem Mediolanensis archiepiscopi catholica reverentia. Ad indicium autem hujus perceptæ libertatis a Romana Ecclesia Mediolanensis monetæ nummos sex quatuor annis Lateranensi palatio persolveritis. Si qua igitur in crastinum ecclesiastica sæcularisve persona , hujus decreti paginam sciens, contra eam temere venire tentaverit, potestatis honorisque dignitate careat, reamque se divino judicio existere de perpetrata iniquitate cognoscat, atque a sacratissimo corpore et sanguine Christi Dei ac Domini Redemptoris nostri Jesu Christi aliena fiat, et in extremo examine districtæ ultioni subjaceat. Cunctis autem eidem loco justa servientibus sit pax Domini nostri Jesu Christi, quatenus et hic fructus bonæ actionis percipiant, et apud districtum judicem præmia æternæ pacis inveniant. Amen.

CCLXXV.

Urbanus papa in epistola ad populum S. Vincentii Vulturnensis, juxta Capuam.

(Intra an. 1088-1099.)

[MANSI, *Concil.* XX, 714.]

Si adulteri vel alias criminosi hæresi vel schismate, id est præcisione vel depositione ab Ecclesia non separantur, sacramenta eorum sancta non negamus, sic Augustinum sequentes ; sed prædecessores nostri Gregorius et Nicolaus a missis talium abstinere præceperunt, ut hoc terrore et peccandi licentiam cæteris auferrent, et ipsos rubore sui contemptus ad digna pœnitentiæ lamenta revocarent.

Et post modicum : Proprias habent criminosorum sacramenta virtutis dignitates, ut beatus Augustinus super Joannem contra Donatistas ait; sed agentibus et suscipientibus eadem sacramenta contra sanctorum pontificum instituta, nisi forte sola morte interveniente, utpote ne sine baptismate vel communione quilibet, humanis rebus excedat, eis inquam, in tantum obsunt, ut veri idololatræ sint, cum talibus et ordinationum, et sacramentorum confectio, et aliter quam præmissum susceptio, vehementer a sacris ordinibus prohibeantur.

Item post pauca : Hæc de malis catholicis qui intra Ecclesiam sunt. Cæterum schismaticorum et hæreticorum sacramenta quoniam extra sunt, juxta sanctorum Patrum traditiones, Pelagii scilicet, Gregorii, Cypriani, Augustini, Hieronymi, formam quidem sacramentorum, non autem virtutis effectum habere profitemur, nisi cum ipsi vel eorum sacramentis initiati per manus impositionem ad catholicam veritatem redierint.

CCLXXVI.

Urbanus II permittit ut Jordani, principis filia, infantula Rainaldo, Rodeli filio, invitis matre et parentela, desponsata, alii viro nuptum detur.

(Intra an. 1088-1099.)

[GRATIAN. *Decret.*, C. XXXI, qu. 5, c. 1.]

Si verum esse constiterit, quod nobis legati Jordanis principis retulerunt, scilicet, quod ipse coactus et dolens filiam suam infantulam nolentem, flentem, et pro viribus renitentem, non assentientibus, sed valde dolentibus matre et parentela, Raynaldo, Rodeli filio, desponsaverit; quoniam canonum et legum auctoritas talia sponsalia (ut infra ostenditur) non approbat, ne ignorantibus leges et canones, nimis durum, quod dicimus, videatur, ita sententiam temperamus, ut si princeps cum filiæ, matris, et parentelæ assensu, id quod cœptum est, perficere voluerit, concedamus. Sin autem legatus noster utrasque partes audiat; et si nihil fuerit ex parte supradicti Raynaldi amplius, quod impediat, ab ipso Jordane sacramentum, quod ita constent hæc, ut dicta sunt, accipiat; et nos canonum ac legum scita sequentes, deinceps non prohibemus, quin alii viro si voluerit, prædicta filia ejus nubat, tantum in Domino.

CCLXXVII.
Aliud Urbani II decretum.
(Intra an. 1088-1099.)
[GRATIAN. *Decretum*, C. XIX, qu. 2, c. 3.]

Nullus episcopus clericos suos, nisi forte, quibus ecclesiasticarum rerum dispensatio commissa fuerit, sibi jurare compellat.

CCLXXVIII.
Aliud Urbani II decretum.
(Intra an. 1088-1099.)
[MANSI, *Concil.* XX, 714.]

Urbanus papa secundus, Duæ, inquit, leges sunt, una publica, altera privata; publica lex est quæ a sanctis Patribus scripta est firmata, ut est lex canonum, quæ quidem propter transgressores est tradita; verbi gratia, decretum est in canonibus clericum non debere de suo episcopatu ad alium transire, nisi commendatitiis litteris episcopi sui, quod propter criminosos sic statutum est, nec videlicet infames ab aliquo episcopo suscipiantur personæ. Solebant enim officia sua cum non poterant in suo, in episcopatu altero celebrare, quod jure præceptis, et scriptis detestatum est. Lex vero privata, quod instinctum est sancti Spiritus, in corde scribitur, sicut de quibusdam dicit Apostolus, qui habent legem Dei scriptam in cordibus suis, et sibi et ipsi sancti sunt lex. Si quis horum in Ecclesia sua sub episcopo suo proprium retinet, et sæculariter vivit, si afflante Spiritu sancto in aliquo monasterio se salvare voluerit, quia lege privata ducitur, nulla ratio exigit ut ad publica constringat [*f.*, ut a publica constringatur]; dignior est enim privata lex quam publica. Spiritus quidem Dei lex est, et qui Spiritu Dei aguntur, lege Dei ducuntur. Et quis est qui possit Spiritu sancto digne resistere? Quisquis ergo hoc Spiritu ducitur, et episcopo suo contradicene, est liber nostra auctoritate. Justo enim lex non est posita, et ubi Spiritus Domini ibi libertas, et si Spiritu Dei ducimini, non estis sub lege.

CCLXXIX.
Urbanus II canonicis regularibus quibusdam scribit de canonicorum disciplina restituenda.
(Intra an. 1088-1099).
[MANSI, *Concil.* XX, 712].

Oportet nos qui, licet indigni, Petri residemus in loco, prava corrigere, recta firmare, et in omni Ecclesia arbitrium judicis ejus judicium nostrum prodeat, oculi nostri videant æquitatem. Omnipotenti ergo Deo, cujus melior est misericordia super vitas, gratias agimus: quod vos estis qui sanctorum Patrum vitam probabilem renovatis et apostolica instituta disciplinæ in primordiis Ecclesiæ sanctæ exorta, sed crescente Ecclesia jam pene delecta instinctu sancti Spiritus suscitatis. Duæ enim ab Ecclesiæ sanctæ primordiis vitæ ejus filiis sunt institutæ, una, qua infirmorum debilitas retinetur: altera, qua fortiorum virtus beata perficitur. Una remanens in Segor parvula, altera ad montis altiora conscendens. Una lacrymis et eleemosynis quotidiana peccata redimens; altera quotidiana instantia merita æterna conquirens. Alteram tenentes inferiorem, terrenis bonis utuntur, alteram sequentes superiorem, bonam terram despiciunt ac relinquunt. Hæc autem quæ a terrenis divertitur, in duas pene unius ejusdemque propositi dividitur portiones, canonicorum scilicet et monachorum. Harum secunda per divinam misericordiam frequentata satis jam sæculo universo elucet. Prima vero decalescente fervore fidelium jam pene omnino defluxit. Hanc martyr et pontifex Urbanus instituit. Hanc Augustinus suis regulis ordinavit. Hanc Gregorius Augustino Anglorum archiepiscopo instituendam præcepit. Itaque non minoris æstimandum est meriti, hanc vitam Ecclesiæ primitivæ aspirante ac prosequente Domini Spiritu suscitare, quam florentem monachorum religionem ejusdem Spiritus perseverantia custodire.

CCLXXX.
Urbani epistola ad Bernardum Toletanum archiepiscopum. — *Cum Ricardo Massiliensi episcopo sit adempta legatio, ipse invigilet omnibus: archiepiscopus Compostellanus vinculis solutus, suo restituatur officio. Moneat cui committendam legationem putet.*
(Intra an. 1096-1099.)
[MANSI, *Concil.* XX, 697.]

Semper te memorem esse oportet benedictionis et gratiæ, excellentisque liberalitatis quam a sede apostolica accepisti; semper te quanti geras culmen officii, et rebus ostendere; rivum te a fonte Petri apostoli descendisse, et flammam quam ab ignis ejus camino susceptam foves, semper in altiora producere. Nunc præcipue fraternitatem tuam ampliorem principum Petri et Pauli disciplinam instruere, tuique officii oportet exhibere censuram; nunc præcipue, cum nullus in vestris partibus apostolicæ sedis legatus existit. Ricardo enim legationem, quam hactenus habuit, denegavimus, neque alii cuipiam vestrarum partium legationem injunximus. Te igitur, ut prudentem ac religiosum virum, hortamur et obsecramus in Domino ut quæ dicta sunt studiose exerceas, bonos in melius acuas, pravos corrigas, et canonicam in omnibus disciplinam ad Romanæ Ecclesiæ gloriam tuique studii mercedem, ferventer et indesinenter observare procures. Adesto, invigila, insta cum fratribus nostris episcopis, regibus, principibus ac populo, quatenus aberrantes ad rectum propositum redeant, manentes in fidei veritate ad exitum usque viriliter perseverent. Id vero præcipue te laborare *volumus* et rogamus, ut Sancti Jacobi episcopus, emancipatus vinculis, suo restituatur officio. De quo quidquid, auxiliante Domino, egeris, tuis nobis litteris indicabis. De cæteris, et quæ in Hispaniarum regnis per nos disponenda provideris, et cui potissimum committenda sedis apostolicæ legatio videatur, tuis nos nuntiis et apicibus informabis. Labores autem quos in membris suis apostolorum principes quotidie patiuntur, nolito ullo modo oblivisci ; sed os semper in corde bajulans, et fidelibus omnibus commendans, solatiorum vestrorum ope lenire festina.

CCLXXXI.
Urbani II papæ epistola ad Galonem, S. Quintini Bellovacensis præpositum. — Confirmat donationem terræ de Alnella factam a Guillelmo Parisiensi episcopo.

(Intra an. 1096-1099.)

[Dom Bouquet, *Recueil*, XIV, 734.]

Urbanus episcopus, servus servorum Dei, dilecto filio Galoni (53), præposito ecclesiæ S. Quintini, quæ Belvaci sita est, salutem et apostolicam benedictionem.

Et commissi officii nos compellit auctoritas, et specialis charitas exhortatur, ut quæ recte statuta sunt confirmare, et eis quæ sub tutela nostræ sedis sita sunt, propensiorem debeamus protectionem impendere. Idcirco donationem terræ quæ dicitur Alnella, a Parisiensi episcopo Guillelmo (54) vestræ ecclesiæ factam, præsentium litterarum assertione firmamus : quam videlicet terram prædictus episcopus a canonicis S. Germani Antissiodorensis acceperat, data nimirum in commutationem præbenda quadam Parisiensis Ecclesiæ, præsentibus et subscribentibus fratribus utriusque capituli. Nulli deinceps commutationem hanc violare liceat, nisi forte apostolicæ nostræ sedis judicio retractetur.

CCLXXXII.
Urbanus mittit « litteras in gratiam monachorum S. Andreæ Viennensis quos et eorum bajulos in tantum vexaverat Guido, ejusdem urbis archiepiscopus, ut etiam ex his nonnullos in carcere retineret. »

(Intra an. 1097-1099.)

[Vide Ruinart in Vita Urbani II, p. 292.]

CCLXXXIII.
Urbanus Ivoni Carnotensi et Ramnulfo Santonensi episcopis scribit « in gratiam monachorum Vindocinensium, quos ab omni episcoporum subjectione immunes esse declarat. »

(Intra an. 1097-1099.)

[Vide apud Ruinart ubi supra.]

CCLXXXIV.
Monasterii Vindocinensis libertas confirmatur.

(Intra an. 1097-1099.)

[*Opp. Sirmundi*, III, 468.]

Urbanus episcopus, servus servorum Dei, venerabili congregationi Vindocinensis monasterii, salutem et apostolicam benedictionem.

Relatum nobis est quod Carnotensis episcopus a charissimo filio nostro Gaufredo, vestro abbate, in consecratione quam accepit, ab eo professionem extorserit. Quam quia contra Romanæ Ecclesiæ auctoritatem factam agnovimus, abbati quidem nos misericorditer hujusmodi noxam indulsisse noveritis. Professionem vero ipsam ita adnullamus, ut nullas penitus vires obstineat. Insuper etiam ne abbas monasterii vestri deinceps episcopo professionem faciat, et nostræ auctoritatis privilegio firmatum est, et præsentibus litteris prohibemus. Si quis autem in posterum contra hæc venire tentaverit, a sanctæ Ecclesiæ liminibus arceatur, et maneat excommunicatus donec resipiscat et Romanæ Ecclesiæ satisfaciat.

Datum Romæ viii Kal. Decemb.

CCLXXXV.
Urbani epistola ad archiepiscopos et episcopos Franciæ. — Philippum regem, qui dimissa uxore sese adulteræ addixerat, gaudet ad cor rediisse.

(Intra an. 1097-1099.)

[Dachery, *Spicil.*, t. III, p. 431.]

Urbanus episcopus, servus servorum Dei, charissimis in Christo fratribus Manasse Remensi archiepiscopo, et cæteris per Franciam tam archiepiscopis quam episcopis, salutem et apostolicam benedictionem.

Charissimi filii nostri Philippi Francorum regis nuntius ad sedem apostolicam veniens, debitæ humilitatis litteras ac devotionis attulit verba ; atque de illius mulieris culpa, pro qua venerabilis confrater noster Lugdunensis archiepiscopus interdictionis in ipsum sententiam protulerat, secundum fratrum nostrorum consilium satisfecit. Juravit enim quod idem rex mulierem illam postquam in manu nostra, imo per nos in beati Petri manu refutavit, nunquam eam carnaliter habuerit. Postea vero cum confratribus nostris consilium habentes, statuimus ut rex de episcopis et regni sui primatibus usque ad festivitatem Omnium Sanctorum aliquot ad nos dirigat, qui hoc ipsum quod nuntius ejus juravit, debeant affirmare. Ejusmodi igitur per legatum ipsius satisfactione accepta, eumdem filium nostrum regem ab interdictionis, quæ pro hac causa in eum prolata fuerat, vinculo absolvimus, et utendi pro more regni corona auctoritatem ei præbuimus.

Data Laterani viii Idus Maii.

CCLXXXVI.
Urbani epistola ad Hugonem, Cluniacensem abbatem. — Illi significat « in Romana nuper synodo » se decrevisse ut monasterium S. Germani Antissiodorense, ab abbate in concilio Nemausensi sibi « refutatum, » ei committeretur.

(Intra an. 1097-1098.)

[Baluz., *Miscell.* edit. Luc., II, 177.]

Urbanus episcopus, servus servorum Dei, vene-

---

(53) Seu *Waloni*, discipulo et successori Ivonis Carnot., qui et ipse evasit Parisiensis episcopus anno 1104.

(54) Guillelmo de Monteforti, fratri famosæ illius Bertradæ quæ regi Philippo nupsit. Hic in Ecclesia Carnotensi educatus sub disciplina Ivonis, ipso agente Parisiensem episcopatum adeptus est an. 1096, licet infra requisitos ætatis annos electus.

rabili fratri HUGONI, Cluniacensi abbati, salutem et apostolicam benedictionem.

In Nemausensi concilio monasterii Sancti Germani, quod Altissiodori situm est, abbas eamdem abbatiam in manu nostra refutavit, et sæpe ab eo rogati locum ipsum ei restituere noluimus. Filius præterea noster Stephanus comes cum uxore sua nos deprecatus est ut idem monasterium tibi committeremus. Hoc ipsum in Romana nuper synodo coram ejusdem civitatis episcopo et prædicti loci fratribus a nobis statutum est. Fraternitati igitur tuæ litteris præsentibus mandamus ut præfatam abbatiam in tua deinceps provisione perpetuo disponendam suscipias, et monasticam ibi religionem secundum fratrum tuorum conversationem instituas, ita tamen ut locus idem proprio abbate non careat.

CCLXXXVII.
Bulla Urbani II qua Barbastrensis sedes constituitur.

(Circa annum 1099.
[FLOREZ, *España Sagrada*, t. XLVI, p. 245.]

URBANUS episcopus, servus servorum Dei, dilecto filio PONTIO, Barbastrensi episcopo.

Miserationibus Domini multiplices debemus gratiarum actiones quod nostris temporibus Ecclesia propagatur, Saracenorum dominatio diminuitur, antiquus episcopalium sedium honor, præstante Domino, restauratur. Inter quas Ilerdæ urbis parochia Petri Aragonum regis studio majori jam ex parte Christianorum est reddita potestati, unde et nos ejusdem regis postulationibus annuentes, apud Barbastrum, quod præcipuum oppidum apud Ilerde adjacet, episcopalem sedem manere statuimus. Omnes etiam ejusdem Barbastrensis termini vel fines ad Ilerde diœcesin pertinentes qui in Christianorum reducti sunt vel fuerint potestate, tuæ tuorumque successorum dispositioni episcopali jure subjacere præcipimus cum oppido Alquezar. Quod ut perpetuus (*sic*) firmum inviolatumque permaneat, omnipotentis Patris, Filii, et Spiritus sancti auctoritate firmamus.

CCLXXXVIII.
Urbani epistola ad Ingelrannum Laudanensem episcopum. — Hortatur ut fratribus B. Remigii altare Corbiniacense restituat.

(Anno 1099.)
[MANSI, *Concil.* XX, 678.]

URBANUS episcopus, servus servorum Dei, INGELRANNO, Laudunensi episcopo, salutem et apostolicam benedictionem.

Quanto familiarius ab Ecclesia Romana diligeris, tanto charius quos ipsa diligit favore debueras et amplecti. Idcirco ab infestatione fratrum Beati Remigii fraternitas tua cesset, et altare quod in villa quæ Corbiniacus dicitur iidem fratres habuisse noscuntur, eis restituas. Etenim personas removimus, non tamen antiquæ possessionis jus monasteriis abstulimus. In illa siquidem personarum mutatione avaritiæ renovatio, et ecclesiasticarum rerum distractio contingebat. Porro altaria quæ per XI seu XXX annos monasteria possederunt, sicut in synodo constitutum est, immota eis permanere volumus.

CCLXXXIX.
Urbanus II confirmat monasterium Blaubeurense in diœcesi Constantiensi, ac donationes omnes eidem ab Adelaide patruisque factas.

(Anno 1099.)
[COCQUELINES, *bullar. Rom. pont. Collect.* II, 105.]

URBANUS episcopus, servus servorum Dei, dilecto AZELINO, monasterii Blaubeurensis abbati, ejusque successoribus regulariter substituendis in perpetuum.

Sicut irrationabilia poscentibus negari debet assensus, sic justa petentium votis benigna debemus assensione concurrere. Ea propter charissimæ filiæ nostræ Adelaidis comitissæ desiderio ac petitioni duximus annuendum. Hæc nimirum ad limina sanctorum apostolorum veniens, et tuam, et viri, et et leviri sui devotionem strenue adimplere curavit : Burrhonensem namque ecclesiam, cui nunc auctore Deo tua fraternitas præsidet, soceri sui studio a fundamentis ædificatum, secundum ipsorum vota supra sacrosanctum B. Petri altare obtulit, et per manum nostram in proprium sedis apostolicæ allodium delegavit : quam videlicet oblationem scriptorum nostrorum petiit auctoritate confirmari. Nos igitur præsentis decreti auctoritate sancimus ut tam præfatus locus quam universa quæ ibidem supradictorum comitum Henrici et Hugonis, seu prænominatæ Adelaidis comitissæ largitione collata sunt, vel in futurum ipsorum aut aliorum fidelium oblationibus conferentur, sub apostolicæ sedis tutela integra semper et illibata permaneant, servorum Dei illic degentium usibus omnimodis profutura ; salva Constantiensis episcopi canonica reverentia : ut tamen ex eodem loco unius bisantii census annuus Lateranensi palatio persolvatur.

Decernimus ergo ut nulli omnino hominum liceat idem cœnobium temere perturbare, aut ejus possessiones auferre, minuere, vel piis de causis suis usibus applicare. Obeunte te nunc loci abbate, vel tuorum quolibet successorum, nullus ibi qualibet subreptione vel violentia præponatur, nisi quem fratres communi consensu, vel fratrum pars consilii sanioris, secundum Dei timorem et B. Benedicti regulam elegerint. Si quis igitur sacerdotum, clericorum, ducum, comitum et judicum, vel sæcularium personarum, hanc nostræ constitutionis paginam agnoscens, contra eam venire tentaverit, secundo tertiove commonitus, si non satisfactione congrua emendaverit, potestatis honorisque dignitate careat, reumque se divini judicii existere de perpetrata iniquitate cognoscat, et a sacratissimo corpore ac sanguine Dei et Domini Redemptoris nostri Jesu Christi alienus fiat, atque in extremo examine districtæ ultioni subjaceat. Cunctis autem eidem loco justa servantibus sit pax Domini nostri Jesu Christi, quatenus et hic fructum bonæ actionis percipiant et apud districtum judicem præmia æternæ pacis inveniant.

Datum Laterani per manum Joannis, sanctæ Romanæ Ecclesiæ diaconi cardinalis, vııı Kal. Februarii, indict. septima, anno Dominicæ Incarnationis 1099, pontificatus autem domni Urbani secundi papæ undecimo anno.

CCXC.

Urbani II papæ bulla, qua monasterium S. Blasii in sedis apostolicæ protectionem recipit.

(Anno 1099.)

[D. GERBERT, *Hist. Nigræ Silvæ*, III, 36.]

URBANUS episcopus, servus servorum Dei, venerabili filio HUTONI (55), abbati monasterii S. Blasii, quod est situm in Nigra Silva, ejusque successoribus regulariter promovendis, in perpetuum.

Piæ postulatio voluntatis effectu debet prosequente compleri, quatenus et devotionis sinceritas laudabiliter crescat, et utilitas postulata vires indubitanter assumat. Quia igitur dilectio tua ad sedis apostolicæ præsidium confugiens ejus tuitionem devotione debita requisivit, nos supplicationi tuæ clementer annuimus, et monasterium cui Deo auctore præsides, cum omnibus ad eum pertinentibus sub tutela apostolicæ sedis excipimus. Per præsentis igitur privilegii paginam apostolica auctoritate statuimus ut quæcunque hodie idem cœnobium possidet, sive in futurum concessione pontificum, liberalitate principum vel oblatione fidelium juste et canonice poterit adipisci, firma tibi tuisque successoribus et illibata permaneant.

Decernimus ergo ut nulli omnino hominum liceat idem monasterium temere perturbare, aut ejus possessiones auferre, vel oblatas retinere, minuere, vel temerariis vexationibus fatigare; sed omnia integra conserventur eorum pro quorum sustentatione et gubernatione concessa sunt, usibus omnimodis profutura. Consecrationes altarium sive basilicarum, ordinationes monachorum, chrisma, oleum sanctum, et cætera ad episcopale officium pertinentia, ab episcopo Constantiensi, in cujus diœcesi estis, accipietis, si tamen catholicus erit, et gratiam ac communionem apostolicæ sedis habuerit, et ea gratis et sine pravitate impendere voluerit : alias liceat vobis quem volueritis adire antistitem, et ab eo consecrationum sacramenta suscipere, vel ad sedem apostolicam recurrere, qui fultus auctoritate apostolica sine ambiguitate postulata concedat. Sane sepulturam ejusdem loci omnino liberam esse decernimus, ut eorum qui illic sepeliri deliberaverint devotioni et extremæ voluntati, nisi forte excommunicati sint, nemo obsistat. Laicos sive clericos sæculares ad conversionem suscipere nullius episcopi vel præpositi contradictio vos inhibeat. Obeunte te nunc ejusdem loci abbate, vel tuorum quolibet successorum, nullus ibi qualibet subreptionis astutia seu violentia præponatur, nisi quem fratres communi consensu, vel fratrum pars sanioris consilii secundum Dei timorem et B. Benedicti regulam elegerint. Si qua igitur ecclesiastica sæcularisve persona hanc nostræ constitutionis paginam sciens, contra eam venire attentaverit, secundo tertiove commonita, si non satisfactione congrua emendaverit, potestatis honorisque sui dignitate careat, reamque se divino judicio de perpetrata iniquitate cognoscat; et a sacratissimo corpore et sanguine Dei et Domini Redemptoris nostri Jesu Christi aliena fiat, atque in extremo examine districtæ ultioni subjaceat. Cunctis autem eidem loco justa servantibus sit pax Domini nostri Jesu Christi, quatenus et hic fructum bonæ actionis percipiant, et apud districtum judicem præmia æternæ pacis inveniant. Amen, amen.

Scriptum per manum Petri, notarii regionarii et scriniarii sacri palatii.

Datum Laterani per manum Joannis, sanctæ Romanæ Ecclesiæ diaconi cardinalis, vii Kal. Aprilis, indictione vii, anno Dominicæ incarnationis 1099, pontificatus autem domni Urbani II papæ xii.

CCXCI.

Bulla Urbani II pro monasterio Sancti Saturnini in pago Urgellensi.

(Anno 1099.)

[MARCA, *Marca Hispanica*, p. 1208.]

URBANUS episcopus, servus servorum Dei, dilecto filio PETRO, abbati monasterii Sancti Saturnini, quod situm est prope amnem Valeriæ in parochia Urgellensi, ejusque successoribus regulariter promovendis in perpetuum.

Piæ postulatio voluntatis effectu debet prosequente compleri, quatenus et devotionis sinceritas laudabiliter enitescat, et utilitas postulata vires indubitanter assumat. Proinde nos postulationi tuæ paternæ benignitatis accommodantes assensum, beati Saturnini venerabile monasterium, cui auctore Deo præsides, sub apostolicæ sedis tutela suscipimus, et in ea semper libertate manere decernimus quam egregiæ memoriæ Carolus imperator instituit, et Leo, venerabilis sanctæ sedis apostolicæ pontifex, privilegii sanctione firmavit, et provinciales episcopi scriptorum assertionibus consenserunt, ut videlicet sub jure semper et proprietate sedis apostolicæ locus ipse servetur, nulla super eum laicalis persona dominatum exerceat, sed placita omnia sive judicia et districtiones omnium eidem in monasterio pertinentium in abbatis potestate persistant, nec diœcesano episcopo liceat aliquam eidem monasterio excommunicationem inferre, nec molestiam irrogare, sed quæcunque in præsentiarum quiete in authentica possessione possidere cognoscitur, quæcunque in futurum concessione pontificum, liberalitate principum, vel oblatione fidelium juste atque canonice poterit adipisci, firma tibi tuisque successoribus et illibata permaneant, ea præsertim quæ venerabilis memoriæ Erimbaldus Urgellensis et Arnulfus Ripacorcensis episcopus in dedicatione ejus-

---

(55) Est hic Udo, seu *Utto*, quartus S. Blasii abbas, Gisilberti an. 1088 successor usque ad an. 1108.

dem monasterii tradidisse et concessisse leguntur in ecclesiis, ecclesiarum decimis, primitiis et oblationibus sive cœmeteriis per Urgellensem sive Ripacorcensem parochiam, per Cerdaniam, Bergitanum, sive Paliarum, ecclesiam quoque Sancti Petri de Villanita, apud quam statum disciplinæ monasticæ reformastis, cujus castello suo Carogio, et rocha quæ dicitur Sancti Romani, et cæteris ad eam pertinentibus, vestro, sicut hodie est, monasterio in perpetuum subjectum esse concedimus. Ad hæc adjicientes decernimus ut nulli omnino hominum liceat præfominatum Saturnini monasterium temere perturbare, aut ejus possessiones auferre, vel ablatas retinere, minuere, vel temerariis vexationibus fatigare, sed omnia integra conserventur eorum pro quorum sustentatione et gubernatione concessa, sunt usibus omnimodis profutura. Obeunte nihilominus ejusdem loci abbate vel tuorum quolibet successorum, nullus ibi qualibet subreptionis astutia seu violentia præponatur, nisi quem frater communi consensu, vel fratrum pars consilii sanioris, secundum Dei timorem et beati Benedicti regulam elegerint. Ad indicium autem perceptæ a Romana Ecclesia libertatis, quotannis unam argenti libram Lateranensi palatio persolvetis.

Si qua sane in futurum ecclesiastica sæcularisve persona hanc nostræ constitutionis paginam sciens, contra eam temere venire tentaverit, secundo tertiove commonita, si non satisfactione congrua emendaverit, potestatis honorisque sui dignitate careat, reamque se divino judicio existere de perpetrata iniquitate cognoscat, et a sacratissimo corpore ac sanguine Dei et Domini Redemptoris nostri Jesu Christi aliena fiat, atque in extremo examine districtæ ultioni subjaceat, cunctis autem eidem loco justa servantibus sit pax Domini nostri Jesu Christi, quatenus et hic fructum bonæ actionis percipiant, et apud districtum judicem præmia æternæ pacis inveniant. Amen, amen, amen.

Scriptum per manum Petri, notarii regionarii et scriniarii sacri palatii.

Datum Romæ in portica Beati Petri per manum Joannis, sanctæ Romanæ Ecclesiæ diaconi cardinalis XIII Kal. Maii, indict. VII, Incarnationis Dominicæ anno 1099, pontificatus autem domni Urbani II papæ XII.

CCXCII.

Urbani epistola ad Hugonem, archiepiscopum Lugdunensem. — Nuntiat tandem primatum ejus a Daimberto, archiepiscopo Senonensi, agnitum Romæ esse.

(Anno 1099.)
[Mansi, Concil. XX, 877.]

Urbanus episcopus, servus servorum Dei, venerabili fratri et coepiscopo Hugoni, Lugdunensi primati, salutem et apostolicam benedictionem.

Pro querela quam adversus Senonensem Ecclesiam et prædecessorum tuorum et tua hactenus fraternitas vehementer exercuit, quantis contentionibus, quantis clamoribus, et nostro et antecessorum nostrorum tempore sedes apostolica interpellata sit, non est necessarium memorare : quoniam et antecessorum nostrorum scripta indicant, et conciliorum quæ nos auctore Deo in Galliis celebravimus, communis memoria protestatur. Ea siquidem causa in plenario Arvernensi concilio tractata ac definita est. Et cum Richerius, Senonensis archiepiscopus, synodali definitioni minime acquievisset, in Turonensi pariter ac Nemausensi concilio per tuam est industriam repetita; et supradictus quidem Richerius pro sua pertinacia interdictus obiit, suffraganeis ejus tibi tanquam primati et synodali judicio obedientiam jam professis. Frater autem noster Daimbertus, qui eidem nunc Ecclesiæ, disponente Domino, præsidet, sicut tibi nostris significatum est litteris, sub eadem querela per ministerium meum gratiam consecrationis accepit. Nuper autem, cum ad apostolorum limina, tam pro ejusdem causæ actione quam pro communi synodica vocatione, rediisset, præsentibus legatis tuis, Ismeone Diensi episcopo, Girino decano et item Girino capellano, sedis apostolicæ cogente judicio, omni demum tergiversatione cassata, in manu nostra professus est se et Lugdunensis Ecclesiæ super Senonensem primatum agnoscere, et de cætero tibi tuisque legitimis successoribus tanquam primatibus obedire. Similiter etiam pollicitus est statuto a nobis tempore, id est usque ad proximam beati Dionysii solemnitatem, se ad vos venturum, et in conspectu Lugdunensis Ecclesiæ idipsum ore proprio professurum, nisi canonicum impedimentum evenerit : quo transacto infra triginta dies idipsum implere curabit. Sic enim vicariis vestris, per eos tibi ac Lugdunensi Ecclesiæ in manum assignavimus, præsentibus fratribus nostris, quorum infra scripta sunt nomina : Anselmo videlicet Cantuariensi, Leodegario Bituricensi, Amato Burdigalensi, archiepiscopis; Gualterio Albanensi, Odone Ostiensi, Guntardo Fundano, Leutaldo Silvanectensi, episcopis; Nunerio de titulo Sancti Clementis, Teuzone de titulo Sanctorum Joannis et Pauli, Joanne de titulo Sanctæ Anastasiæ, nostræ sedis apostolicæ presbyteris cardinalibus; Petro Leonis, Joanne Frejapane, Romanis proceribus. Tua ergo fraternitas quid apostolicæ sedi debeat propensiori deinceps et amoris et obsequii exhibitione perpendat.

Datum Romæ apud Beatum Petrum, per manum Joannis sanctæ Romanæ Ecclesiæ diaconi cardinalis, indictione septima, VIII Kalendas Maii, anno Dominicæ Incarnationis 1099, pontificatus domini Urbani papæ XII.

CCXCIII.

* *Urbanus in monasterio Casalis S. Petri « eam semper disciplinæ regularis institutionem conservari jubet, quam juxta Vallumbrosanorum fratrum consuetudinem Andreas, monasterii conditor, stabilierat. »*

(Anno 1099.)
[Vide Mabill. Annal. Bened., V, 406.]

CCXCIV.

* *Monasterii S. Crucis possessiones, rogante Amato, archiepiscopo Burdigalensi, confirmat.*

(Anno 1099.)

[Vide MABILL. *ubi supra.*]

CCXCV.

Urbani epistola ad Hugonem archiepiscopum Lugdunensem. — De Roberto abbate Cisterciensi ex eremo revocando.

(Anno 1099.)

[MANSI, *Concil.*, XX, 666.]

URBANUS episcopus, servus servorum Dei, venerabili fratri et episcopo HUGONI, apostolicæ sedis vicario, salutem et apostolicam benedictionem.

Molismensium fratrum magnum in consilio clamorem accepimus, abbatis sui reditum vehementius postulantium. Dicebant enim religionem suo choro eversam, seque pro abbatis illius absentia odio apud principes et cæteros vicinos haberi. Coacti tandem a fratribus nostris, dilectioni tuæ per præsentia scripta mandamus, significantes gratum nobis existere ut, si fieri posset, abbas ille ab eremo ad monasterium reducatur. Quod si implere nequiveris, curæ tibi sit ut et qui eremum diligunt conquiescant, et qui in cœnobio sunt regularibus disciplinis inserviant.

CCXCVI.

Urbani II epistola pro Joanne archidiacono Atrebatensi.

(Anno 1099.)

Dom BOUQUET, *Recueil*, t. XIV, p. 239.]

URBANUS episcopus, servus servorum Dei, dilecto filio suo JOANNI, Atrebatensi archidiacono, salutem et apostolicam benedictionem.

Quoniam relatum est in auribus nostris te communi voto religiosorum virorum, tam clerici quam populi, in Ecclesia Morinensi esse electum, plurimum congaudemus, auctoritate igitur apostolicæ sedis electionem illam confirmamus et corroboramus; et ne aliqua occasione eam subterfugiat, eadem auctoritate omnino interdicimus....

CCXCVII.

* *Urbanus monasterii Psalmodiensis libertatem confirmat (ne ullam dominationem Massilienses ibi habeant.)*

(Anno 1099.)

[Vide relationem apud MABILLON et RUINART. Ouvrages posth., III, 395, et infra in append. ad epistolas Urbani.]

CCXCVIII.

Urbani II papæ epistola ad canonicos S. Andreæ Burdegalensis. — Notum facit eorum controversiam cum clericis S. Severini ita definitam fuisse in concilio Romano, ut ecclesia S. Andreæ proprium habeat cœmeterium in perpetuum.

(Anno 1099.)

[Dom BOUQUET, *Recueil*, XIV, 756.]

URBANUS episcopus, servus servorum Dei, dilectis filiis canonicis S. Andreæ salutem et apostolicam benedictionem.

Notum sit, fratres charissimi, dilectioni vestræ, quod altercationem quam clerici S. Severini vobiscum diu habuerunt de cœmeterio matris vestræ ecclesiæ a nobis per Dei gratiam consecratæ, ad justum et legitimum perduximus finem. In concilio enim Romano, quod Dei voluntate ante corpus beatissimi Petri apostolorum principis solemniter celebravimus, rationibus vestris per Petrum decanum enarratis, et adversariorum vestrorum oppositionibus diligenter pertractatis, decrevit sancta Synodus matrem vestram, Burdegalensem scilicet Ecclesiam, filiam vero nostram unico privilegio amoris nobis semper adjunctam, suum, quod requirebat, debere in perpetuum habere cœmeterium. Igitur communi decreto concilii, cœmeterium, quod requirebatis ad sepulturam fidelium, ecclesiæ statim vestræ restituimus, et jure perpetuo auctoritate apostolica possidendum concessimus: subinde Petrum decanum vestrum in conspectu concilii manu nostra investivimus. Neque ergo persona contra hanc concilii definitionem et nostram concessionem aliquando venire præsumat, auctoritate Dei omnipotentis, et beatorum apostolorum Petri et Pauli atque Andreæ, et nostra, modis omnibus interdicimus.

Datum Romæ apud S. Petrum, v Nonas Maii, indict. VII, Incarnationis Dominicæ anno 1099, pontificatus autem domni Urbani II papæ XII.

CCXCIX.

Epistola Urbani II papæ ad Petrum præpositum et canonicos ecclesiæ Ruthenensis.

(Anno 1099.)

[BALUZ., *Miscell.* III, 91.]

URBANUS episcopus, servus servorum Dei, PETRO præposito et ejus fratribus in ecclesia Ruthenensi canonicam vitam professis, eorumque successoribus in eadem religione permansuris in perpetuum.

Piæ postulatio voluntatis effectu debet prosequente compleri, quatenus et devotionis sinceritas laudabiliter enitescat, et utilitas postulata vires indubitanter assumat. Quia igitur vos, o filii charissimi, per divinam gratiam aspirati, mores vestros sub regularis vitæ disciplina coercere et communiter secundum sanctorum Patrum institutionem omnipotenti Domino deservire proposuistis, nos votis vestris paterno congratulamur affectu. Unde etiam petitioni vestræ benignitate debita impertimur as ensum. Vitæ namque canonicæ ordinem, quem professi estis, præsentis privilegii auctoritate firmamus; et ne cui post professionem exhibitam proprium quid habere, neve sine præpositi vel congregationis licentia de claustro discedere liceat, interdicimus. Quod si discesserit, et commonitus redire contempserit, tibi tuisque successoribus facultas sit ejusmodi ubilibet a suis officiis interdicere; interdictum vero nullus episcoporum abbatumve suscipiat, quandiu scilicet illic canonici ordinis tenor Domino præstante viguerit. Vobis itaque vestrisque successoribus in eadem religione permansuris ea omnia perpetuo possidenda sancimus quæ in præsentiarum pro communis victus sustentatione possidere videmini, ecclesiam videlicet Sancti Salvatoris de Veirieiras, et ecclesiam Sancti Petri de Colnac, et ecclesiam Sancti Geraldi de Salas, universas præterea paratas sive symbolas, quas synodos vocant, tam ecclesiarum jam dictarum quam ex cæteris ecclesiis quas Ruthenensis Ecclesiæ antistites, Petrus quondam Berengarii, Poncius Stephani, Raymundus Frotardi, et Ademarus, qui inpræsentiarum eidem Ruthenensi Ecclesiæ præsidet, vobis in sumptus vestium concesserunt. Præposituram quoque dignariam Ruthenensis parochiæ, archidiaconiam, oblationes quoque vestræ matricis Ecclesiæ, quas dono præfati Ademari confratris nostri et coepiscopis possidetis, vestræ communitatis usibus confirmamus, et quodcunque deinceps vos aut successores vestri concessione pontificum aut liberalitate principum vel oblatione fidelium juste atque canonice poteritis adipisci. Ut autem omnipotenti Deo quietius deservire et canonici ordinis disciplinam districtius observare possitis, cœmeterium vobis apud matrem ecclesiam, ubi communiter vivitis, juxta præfati fratris nostri Ademari vestri episcopi petitionem habere concedimus, in quo fratrum vestrorum sive parochianorum, quibus viventibus mysteria divina ministratis, deficientium corpora tumulentur. Si qua sane ecclesiastica sæcularisve persona, hanc nostræ constitutionis paginam sciens, contra eam temere venire tentaverit, secundo tertiove commonita, si non satisfactione congrua emendaverit, potestatis honorisque sui dignitate careat, reamque se divino judicio existere de perpetrata iniquitate cognoscat, et a sacratissimo corpore et sanguine Dei et Domini redemptoris nostri Jesu Christi aliena fiat, atque in extremo examine districtæ ultioni subjaceat. Cunctis autem eidem loco justa servantibus sit pax Domini nostri Jesu Christi; quatenus et hic fructum bonæ actionis percipiant, et apud districtum judicem præmia æternæ pacis inveniant.

Scriptum per manum Petri, notarii regionarii sacri palatii.

Datum Romæ apud Sanctum Petrum per manum Joannis, sanctæ Romanæ Ecclesiæ diaconi cardinalis II, Idus Maii, indictione VII, Incarnationis Dominicæ anno 1099, pontificatus autem Domini Urbani papæ secundi duodecimo.

CCC.

Urbani epistola ad Alfanum, Salernitanum archiepiscopum.

(Anno 1099.)

[UGHELLI, *Italia sacra*, VIII, 393.]

URBANUS episcopus, servus servorum Dei, ALFANO, Salernitanæ Ecclesiæ archiepiscopo, suisque successoribus.

Quia monasterio S. Trinitatis, quod in vestra parochia situm est, precibus P. abbatis ejusdem monast. pro charitate fratrum in eo religiose viventium libertatem concessimus, et illud sub tuitione et subjectione solius S. R. E. recepimus, et ipsi abbati suisque successoribus concessimus, ut abbatis benedictionem a Romana tantum Ecclesia reciperent, et ecclesiarum, et altarium, et clericorum consecrationes a Salernitano archiepiscopo acciperent, si catholicus esset, et nostram, successorumque nostrorum gratiam haberet, alioquin præfato abbati suisque successoribus liceret a quocunque vellent episcopo prædicta recipere. Modo vestræ Ecclesiæ privilegia videntes, quæ prius ignorabamus, in veritate comperimus quod antecessores nostri Ecclesiæ vestræ concesserint omnes ecclesias, et omnia monasteria, tam constructa quam construenda, sive infra civitatem, sive extra, ut eidem subjectæ Ecclesiæ vestræ, et integrum jus in ipsis, et in clericis earum haberet, sicut canones SS. Patrum præcipiunt. Advertimus tandem nobis persuasum fuisse contra canones sanctorum Patrum, et contra auctoritatem antecessorum nostrorum de omnibus suprascriptis quæ præfato abbati suisque successoribus concesseramus. Ideoque suprascripta omnia per subreptionem nobis suggesta advertimus, et advertentes irrita... deinceps fore decernimus, et Ecclesiæ vestræ ac vobis vestrisque successoribus de prædicto monasterio, et de aliis monasteriis, et de omnibus ecclesiis, vel clericis eorum secundum canones sanctorum Patrum, et secundum privilegia antecessorum nostrorum vestræ Ecclesiæ facta canonicum jus reddimus in integrum. Præterea si prædictum monasterium vel alia monasteria aliquas ecclesias habuerunt in parochia vestra ante decreta venerabilis mem. Gregorii VII papæ, antecessoris nostri, illas habeant. Quod si prædictum monasterium et reliqua monasteria aliquas ecclesias post decreta præfati papæ in vestra parochia sive vestra concessione, vel prædecessorum et successorum vestrorum quomodolibet acquisierunt, vel acquisierint, Ecclesiæ vestræ illas reddimus et stabilimus. Tantum si prædicto monasterio, aut reliquis monasteriis quamlibet injustitiam aliquis fecerit, et præterea ad auxilium Romanæ Ecclesiæ confugerint, a tuitione nostra, et successorum nostrorum illa non repellimus.

Datum Romæ anno Dominicæ Incarnationis 1098, mens. Maii, ind. VII.

DUBIA.

CCCI.

Bulla Urbani II papæ qua beatissimi legislatoris et monachorum patriarchæ Benedicti corpus Casini quiescere, ex ejusdem S. Patris revelatione, et signo restitutæ salutis, declarat.

(Intra an. 1088-1099.)
[MARGARINI, *Bullar. Casin.*, I, 12.]

URBANUS episcopus, servus servorum Dei, omnibus Ecclesiæ catholicæ filiis Redemptoris nostri sanguine pretioso redemptis, salutem et apostolicam benedictionem.

Scriptum est, sine pœnitentia sunt dona et vocatio Dei. Illud vero donum quod omnipotens Deus beatissimo Patri nostro Benedicto, et per eum suo Casinensi concessit cœnobio, nulla potest ratione convelli, nulla violentia permutari, quin ipse omnium monachorum Pater, et ejus jam dictum Casinense monasterium, caput omnium monasteriorum perpetuo habeatur; et merito : nam ex eodem loco de Benedicti pectore monastici ordinis veneranda religio, quasi de paradisi fonte manavit; quem etiam idem venerabilis Pater virtutibus et sua corporali requie memorabilem toto orbi effecit. Cujus dum sacratissima limina, more prædecessorum nostrorum, ipso die vigiliarum ejusdem Patris visitassemus, consuetudinario lateris dolore attacti devenimus; cumque jam salutis spes funditus nobis adimi videretur, ac de corporali ejusdem Patris Benedicti in eodem loco præsentia, in nostro animo dubietas versaretur, nocte qua ejusdem Patris agebatur solemnitas, idem sanctissimus Benedictus nostræ exiguitati visibiliter apparens dixit : « Cur de nostra corporali præsentia dubitas? » Quem dum quis esset interrogassemus, sanctus Domini respondit : « Ego sum frater Benedictus, hujus Casinensis cœnobii custos et habitator in sempiternum? Quia autem tu me hic dubitasti quiescere, id ne amplius dubites, meumque hic quiescere corpusculum credas, hoc tibi signum erit. Cum primum ad nocturnale officium pulsatum fuerit, ulterius dolore isto non laborabis; ». et his dictis disparuit. Adveniente autem hora (juxta quod sanctus Domini dixerat) sanitati pristinæ redditi, cum episcopis et cardinalibus, Deo et sanctissimo confessori Benedicto grates permaximas referentes ejus festivitatem digna cum veneratione peregimus.

Ob quam rem rogamus et obsecramus in Domino Jesu qui pro nostra salute incarnari et mori dignatus est, et ex auctoritate B. Petri apostolorum principis, cujus vice Romanæ Ecclesiæ præsidemus, et in virtute Spiritus sancti expresse præcipimus, ne quis ulterius falsam Patris Benedicti translationem celebrare præsumat, contradictoribus hujus nostri apostolici instituti divinum judicium intentantes, et anathematis vinculo innodantes. Et quia ex dispensatione sacratissimæ sedis beati Petri apostolorum principis, cui Deo auctore, licet indigni, administramus, totius Dominici gregis curam gerere, pastorali sollicitudine compellimur, Casinensi congregationi divino cultui perpetuo juri mancipatæ, tanto nos plus debere gratiæ scimus, quanto per Patrem Benedictum nos sanitati pristinæ redditi sumus, et illos ab omni sæculari inquietudine convenit esse remotos, quatenus fidelis mens, expedita impedimentis mundialibus, et etiam intensius creatoris sui laudibus [insistat], et nos sanctarum orationum suffragiis peccatorum onere subleyemur. Quocirca sequentes statuta sanctorum prædecessorum nostrorum, confirmamus in perpetuum sancto Casinensi cœnobio quidquid a temporibus Justini et Justiniani imperatorum usque ad hunc diem eidem loco per totum orbem terrarum oblatum, concessum, venditum vel commutatum est, sive quod amodo et in futurum tempus juste et canonice poterit adipisci. Confirmantes insuper omnia privilegia Romanorum pontificum, præcepta imperatorum, regum, marchionum, ducum et principum, et oblationes quorumcunque fidelium, quæ B. Benedicto et per eum Casinensi cœnobio concessa sunt. Si quæ sane in posterum, ecclesiastica, sæcularisque persona, hanc nostræ constitutionis sciens paginam, contra eam temere venire tentaverit; secundo tertiove commonita, secundum satisfactionem congruam non emendaverit, potestatis honorisve sui dignitate careat, reamque se divino judicio de perpetrata iniquitate cognoscat; et a sanctissimo et sacratissimo sanguine Dei et Domini Redemptoris nostri Jesu Christi aliena fiat, atque in extremo examine districtæ ultioni subjaceat. Cunctis autem eidem loco justa servantibus sit pax Domini Jesu Christi, quatenus et in futurum bonæ actionis mercedem percipiant, et apud districtum judicem præmia æternæ pacis inveniant.

Datum, etc.

CCCII.

Urbanus Petro Hispaniarum regi ejusque successoribus rite substituendis concedit « ut ecclesias villarum, tam earum quas in Saracenorum terris cupere potuerint, quam earum quas ipsi in regno ædificare fecerint, per quæ voluerint monasteria, sedibus duntaxat episcopalibus exceptis, distribuant; regni proceribus eamdem licentiam concedens; ut ecclesias quas in Saracenorum terris jure belli acquisierint, vel in propriis hæreditatibus fundaverint, sibi suisque hæredibus cum primitiis et decimis propriarum duntaxat hæreditatum retineant, vel quarumlibet capellarum vel monasteriorum dictioni subdant. »

(Intra an. 1088-1099.)
[ANDUECO, *Cátedra episcopal de Zaragoza*, Zaragoza, 1685, in fol., 639.]

CCCIII (56).

Urbanus clero et populo Lemovicensi præcipit ut Humbaldo episcopo de Simonia purgato, a seque in integrum restituto, obediant.

(Anno 1094.)

[Baluz., *Miscell.*, II, 182.

Urbanus episcopus, servus servorum Dei, clero et populo universo Lemovicensium salutem et apostolicam benedictionem.

Universos vos scire credimus quemadmodum anno præterito vester episcopus, cum se nostro conspectui præsentasset super quibusdam capitulis accusatus quæ secundum sanctorum canonum regulam tam electionem ejus quam consecrationem ejus, præsente etiam Bituricensi archiepiscopo, qui eum consecraverat, infirmabant, super quibus omnibus cum se canonice expurgare nequiverit, imparatus quippe sine defensoribus venerat, ille, episcopatu, sub spe licet misericordiæ, abdicato, Jerosolymam petiit, rediens misericordiam imploravit, nos multis multorum filiorum nostrorum precibus inclinati eamdem causam reverentissimo confratri nostro H. Lugdunensi archiepiscopo permisimus intra provinciam diligentiori examine quærendam, ubi et accusatorum personæ notæ sunt, et episcopus de testium absentia conqueri nullo modo valeret. Causa igitur diligentius requisita, cum Simoniacum eum accusatores probare nequiverint, misericordiæ et ecclesiasticæ pacis intuitu facultas ei concessa est ut se ab hoc una cum idoneis testibus expurgaret. Igitur cæteris, licet depositionem solam asserant, apostolicæ mansuetudinis pietate propter pacem et tranquillitatem vestræ Ecclesiæ indultis, Simoniaco scelere jusjurandum præstitit quod pro adipiscendo episcopatu pecuniam nec ipse dederit aut promiserit aut pro ipso alius se sciente. Quod videlicet sacramentum, quia per tantas hujus temporis angustias comprovinciales episcopi coram nostra neutiquam possent

A præsentia convocari, Stirpensis F. et J. Floriacensis abbates pariter, viri nimirum religiosæ vitæ et famæ integræ, cum aliis tribus clericis suis, sacramentis asseruerunt. Eum itaque ad vos cum nostræ gratiæ et episcopalis officii plenitudine remandantes, ut ipsi tanquam pastori proprio obediatis præsentibus apicibus admonemus. Obedientes vos misericordia divina custodiat.

CCCIV.

Clero et populo Lemovicensi Humbaldum episcopum iterum commendat.

(Anno eodem.)

[Baluz. *Miscell.*, II, 182.]

Urbanus episcopus, servus servorum Dei, clero et populo universo Lemovicensium salutem et apostolicam benedictionem.

Veniens ad nos confrater noster Humbaldus vestræ civitatis episcopus multas matri Ecclesiæ a filiis suis questus est injurias irrogari. Quidam enim militum et Ecclesiarum bonis violenter abutuntur et honores tanquam possessionem hæreditariam exigunt, et non consentienti episcopo tanquam hosti molestias ingerunt. Unde nos dilectionem vestram cum litteris præsentibus exhortamur atque præcipimus ut a præsumptione hac abstinere deinceps omnino satagatis. Quod si post hæc contempseritis, quamcunque sententiam in vos episcopus vester canonica auctoritate dictaverit, assensus nostri auctoritate confirmamus. Nos enim universas diœceses ecclesias episcopo subjectas esse et canonicam volumus reverentiam exhibere, salvis, si qua sunt, Romanæ Ecclesiæ privilegiis. Universis sane tam clericis quam laicis eum commendatum volumus, tanquam ad vos cum benignitatis nostræ gratia revertentem. Obedientes vos monitis nostris misericordia divina custodiat.

Data Pisis VI Idus Octobris.

(56) Supposita, ut et sequens, ab Humbaldo Lemovicensi.

EPISTOLÆ DIVERSORUM AD URBANUM II

I.

Epistola Boamundi principis Antiochiæ, Raymundi comitis Sancti Ægidii, Godefridi ducis Lotharingiæ, Roberti comitis Northmanniæ, Roberti comitis Flandrensis, et Eustachii comitis Boloniæ, ad Urbanum II papam (57-9).

(Baluz. *Miscell.* édit. Luc. III, p. 60.)

Domino et venerabili papæ Urbano Boamundus et Raymundus comes Sancti Ægidii, ac Godefridus dux, Robertus que comes Northmanniæ, atque Robertus comes Flandrensium et comes Boloniæ, salutem et fidelia servitia, et ut filii suo Patri spirituali veram in Christo subjectionem.

Volumus omnes et desideramus notum vobis fieri quam magna Dei misericordia quamque evidentissimo ipsius Dei adminiculo a nobis capta est Antiochia, et Turci, qui multa Domino nostro Jesu Christo intulerant opprobria, capti et interfecti sunt, et nos Hierosolymitani Jesu Christi injurias, summi Dei, vindicavimus, et nos, qui Turcos prius obsidendo deviceramus, qualiter postea a Turcis de Chorasan et Hierusalem et Damasco multisque aliis terris venientibus obsessi fuimus, et quomodo tandem misericordia Jesu Christi liberati sumus.

Cum igitur capta Nicæa, illam maximam multitu-

(57-9) Exstat apud Fulcherium Carnotensem, cap. 15.

dinem Turcorum, sicut audistis, in Kalendis Junii nobis obviam in valle Doretillæ devicissemus, et illum magnum Sullimannum fugavissemus, suisque hominibus et terra ac rebus exspoliassemus; acquisita et pacificata tota Romania, ad obsidendam Antiochiam venimus. Qua obsessa, multa mala perpessi sumus, tum de bellis summorum Turcorum et paganorum nobis tam frequenter et copiose irruentium ut verius diceremur obsessi quam quos in Antiochena civitate obsederamus. Tandem omnibus bellis superatis, eorumque eventu Christiana fide exaltata, ego Boamundus conventione facta cum quodam Turco qui mihi ipsam tradidit civitatem, scalas parum ante diem cum multis Christo militantibus muro applicui, et ita civitatem antea Christo resistentem in Nonas Junii accepimus, et ipsum Cassianum ipsius civitatis tyrannum cum multis suorum millibus interfecimus, eorumque uxores et filios ac familias cum auro et argento et omnibus eorum possessionibus retinuimus. Asylum autem Antiochenum a Turcis præmunitum habere non potuimus. Sed cum in crastino ipsum asylum aggredi voluissemus, infinitam multitudinem Turcorum, quam multis diebus ad nos bellandum venturam extra civitatem exspectaveramus, per omnes campos discurrentem vidimus. Qui tertia die non nos obsederunt, et asylum prædictum plusquam centum millia eorum intraverunt, ac per portam ejusdem asyli ad civitatem cum asylo constitutam nobis illisque communem irrumpere voluerunt. Sed nos in alio monte consistentes ipsi asylo opposito, viam inter utrumque exercitum ad civitatem descendentem, ne ipsi nobis multo plures irrumperent, custodientes, et intus et extra nocte et die debellantes portas ad civitatem asyli intrare et ad castra remeare compulimus. Cum ergo vidissent quod ex illa parte nocere nobis nihil potuissent, ita nos ex omni parte circumierunt ut nulli ex nostris exire vel ad nos venire potuerint. Quare ita desolati et afflicti fuimus quod fame et aliis multis angustiis morientes, equos et asinos nostros famelicos interficientes multi nostri comederunt.

Sed interim clementissima misericordia omnipotentis Dei nobis subveniente et pro nobis vigilante, Dominicam lanceam, qua latus Jesu Christi Longini manibus perforatum fuit, sancto Andrea apostolo cuidam famulo Dei ter revelante (60), et ipsum locum ubi lancea jacebat demonstrante, in ecclesia Beati Petri apostolorum principis invenimus. Cujus inventione et multis aliis divinis revelationibus ita confortati et corroborati fuimus ut qui ante afflicti et timidi fueramus, tunc ad bellum faciendum audacissimi promptissimique, alii alios hortabamur. Igitur tribus hebdomadibus et quatuor diebus obsessi, in vigilia apostolorum Petri et Pauli (61), in Deo confidentes, et de omnibus iniquitatibus nostris confessi, petentes portas civitatis cum omni exercitu nostro bellico, ad portas exivimus; ac tam pauci eramus quod nos ipsi non nos pugnare contra eos sed fugere affirmant. Nos autem omnibus paratis, et tam peditibus quam militibus certis ordinibus dispositis, ubi major virtus et fortitudo eorum erat audacter requisivimus cum Dominica lancea, et a prima belli statione fugere coegimus. Ipsi autem, ut mos eorum est, se undique dispergere cœperunt, et colles occupando et vias ubicunque poterant appetendo, nos gyrare voluerunt, quia sic nos omnes interficere putaverunt. Sed nobis multis bellis contra eorum calliditates et ingenia edoctis ita gratia Dei et misericordia subvenit, ut qui paucissimi ad eorum comparationem eramus, omnes illos in unum coegimus, et coactos, dextera Dei nobiscum dimicante, fugere et castra cum omnibus quæ in castris erant relinquere compulimus. Quibus victis totaque die insecutis, et multis millibus eorum interfectis, ad civitatem læti et hilares remeavimus. Asylum autem supra scriptum Admirabilis quidam qui in eo erat cum mille hominibus, Boamundo reddidit. Et ita Dominus noster Jesus Christus totam civitatem Antiochenam Romanæ religioni et fidei mancipavit (62). Sed quia semper solet aliquid mœstum lætis intervenire rebus, ille Podiensis episcopus, quem tuum vicarium nobis commiseras, bello peracto, in quo honeste fuit, et pacificata civitate, Kalendis Augusti mortuus est.

Nunc igitur filii tui Patre commisso orbati, tibi spirituali Patri nostro mandamus ut qui hanc viam incœpisti, et sermonibus tuis nos omnes terras nostras et quidquid in terris erat relinquere fecisti, et crucem bajulando Christum sequi præcepisti, et Christianum nomen exaltare commonuisti, complendo quæ hortatus es ad nos venias, et quoscunque poteris ut tecum veniant submoneas. Hinc enim Christianum nomen sumpsit exordium. Postquam enim beatus Petrus in cathedra quam quotidie cernimus inthronizatus fuit, illi qui prius vocabantur Galilæi, hic primum et principaliter vocati sunt Christiani. Quid igitur in orbe rectius esse videtur quam ut tu, qui Pater et caput Christianæ religionis existis, ad urbem principalem et capitalem Christiani nominis venias, et bellum quod tuum est proprium ex tua parte conficias. Nos enim Turcos et paganos expugnavimus. Hæreticos autem Græcos, et Armenos, atque Syrios, Jacobitasque expugnare nequivimus. Mandamus igitur et remandamus tibi charisimo Patri nostro ut tu, Pater, ad tuæ paternitatis locum venias, et qui sancti Petri es vicarius, in cathedra sancti Petri sedeas et nos filios tuos in omnibus recte agendis obedientes habeas; et omnes hæreses, cujuscunque gentis sint, tua auctoritate et nostra virtute eradices et destruas; et sic nobiscum viam Jesu Christi a nobis inceptam et a te prædicatam perficias, et etiam portas utriusque Hierusalem nobis aperias, et sepulcrum Domini

(60) Vide Witel. Tyr. lib. vi, c. 14.
(61) Ibid., c. 220.

(62) Idem, lib. vi, c. 1.

liberum atque Christianum nomen super omne exaltatum facias. Si enim ad nos veneris et viam per te inceptam nobiscum perfeceris, totus mundus tibi obediens erit. Quod ipse te facere faciat Deus qui vivit et regnat in sæcula sæculorum. Amen (63).

Mihi quidem relatum est unum, quod valde Deo omnibusque Christicolis contrarium est, quod signati sancta cruce a te licentiam habeant inter Christicolas morari. Quod multum miror. Quia tu inceptor sancti itineris cum sis, differentes sanctum iter a te consilium vel aliquid boni habere non debent, nisi cœptum iter adimpleant. Et non est nobis opus ut bonum quod cœpisti disturbes, sed etiam tuo adventu et omnium bonorum virorum, quoscunque poteris adducere tecum, nos corrobores. Decet enim ut nos Dei auxilio tuisque sanctis precibus acquisitores totius Romaniæ, Ciliciæ, Asiæ, Syriæ, te habeamus post Deum adjutorem et subvenientem. Tu vero nos filios per omnia tibi obedientes, Pater piissime, debes separare ab injusto imperatore, qui multa bona promisit nobis, sed minime fecit. Omnia enim mala et impedimenta quæcunque facere potuit, nobis fecit.

Hæc charta fuit scripta die xi intrante Septembrio, indictione iv [vii].

II.

Theodorici abbatis et filiorum Ecclesiæ B. Huberti Andaginensis libellus supplex ad Urbanum papam contra Viredum intrusum.

(MARTEN. *ampl. Collect.* IV, 1010.)

Domino et universali papæ URBANO filii Ecclesiæ B. Huberti pro defensione veræ fidei ejusque legitimi apostolatus passi dispersionem in oculis Dei quod dicitur esse.

Dormiente Domino Jesu, navis apostolica in medio maris jactabatur fluctibus: ipso quoque nunc dissimulante, peccatis exigentibus: sanctæ Ecclesiæ unitas a schismaticis perturbatur; et amarissimis persecutionum tempestatibus passim veritas et justitia confunditur. Hujus persecutionis procellam jam per septem annos sine refragatione passi, tandem ad consilium Romanæ Ecclesiæ confugimus; quod quidem jam diu ideo distulimus, ne vobis essemus oneri, cum usui non fuerimus. Post decessum domni Henrici Leodiensis legitimi episcopi, Otbertus quidam dono Henrici dicti regis, cum quo in expeditione contra Romanam Ecclesiam morabatur, episcopatum invasit, et hic sine canonica electione cleri et populi. Qui cum se fautorem et defensorem Guiberti hæresiarchæ publice jactaret, et quamplura quæ non sunt nostræ accusationis contra sacros canones ad confusionem ecclesiasticam temere exordinaret, causa timoris Dei et apostolatus vestri visum est nobis subjectioni ejus nos subtrahere, cujus violentiæ non poteramus resistere. Eductis nobiscum autem quibusdam fratrum nostrorum, per cellas nostras divertimus, quas in Remensi et Laudunensi episcopio habebamus. Ibi interim per domnum Raginoldum Remorum episcopum, perque venerabilem Hugonem Lugdunensem primatem et hujus Romanæ Ecclesiæ legatum, in sententia quam tenebamus confirmati, adeo provocavimus adversum nos iram Otberti, ut publice quasi inobedientes sibi nos excommunicaret, et locato judicio quorumdam abbatum et archidiaconorum suorum officium abbatis omnino nobis interdiceret. Inde juvenem quemdam Lobiensis cœnobii sine regulari electione loco nostro substituit, eumque contradicentibus fratribus violenter ingessit. Cujus juvenilibus ideoque incompositis moribus, quibus per biennium fere quo præfuit, dissipatis rebus ecclesiasticis, religio quoque quæ in loco eodem gloriose vigebat deperiit. Unde compulsus Otbertus a duce Godefrido aliisque provinciæ principibus quos gravabat ejusdem loci dispersio, illum suum ejecit ex eo. Sic nobis patente loco revertendi, cum rediremus ad fratres nostros, revocantibus eis, indignatus adversum nos Otbertus, cum audisset nos forte infirmari, sepulturam communem nobis, si moreremur, interdixit, ministris abbatiæ ne nobis obedirent prohibuit, monachos ejicere et pro eis clericos reponere, et possessiones ecclesiasticas militibus suis dividere, nisi recederemus, juravit. Nos vero dantes locum iræ, cum imminens ecclesiæ nostræ periculum Lamberto Atrebatensi episcopo, et domno Rodulfo Virdunensi abbati, multisque aliis sani consilii viris deploraremus, ad hunc tandem finem devenimus, ut sponte nostra privati baculum pastoralem loco nostro fratribusque remitteremus, ne propter nos eis eveniret quod timebamus. Huic tamen nostræ privationi ex consilio prædictorum virorum ea conditio est interposita et signatis litteris firmata. Me eo pacto privari consensi, si communis consensus fratrum loco meo eligeret præesse sibi quemdam Beringerum abbatem S. Laurentii, qui prius monachus nostri cœnobii, eamdem sententiam quam tuebamur, videbatur tueri. Hoc idem fieri censuimus, ut idem Beringerus a domno Henrico venerabili pontifice consecratus in abbatem, iterandæ consecrationis ab Otberto vitaret necessitatem. Quod cum omnino facere nollet, et tædio hujus dilationis Otbertus eligendum abbatem fratribus indiceret, et illi quemdam suorum communiter eligerent, frater Wiredus nobiscum olim causa tuendæ fidei egressus de monasterio, et Otberti tunc acerrimus impugnator, prædictæ quoque electionis spontaneus assertor, eidem electo persuasit, ut interim domi cessaret, ne gratiam electionis suæ dono excommunicati inficeret, ipseque ad Otbertum se contulit, et præter conscientiam nostram et fratrum electionem de manu Otberti abbatiam invasit. Cogitationibus autem ejus se invicem accusantibus, cum se aliquandiu a suscipienda consecratione Otberti subtraheret, et Otbertus hoc ipsum intelligens, cum ad consecrandum sæpius evocaret, fratres communionem et subjectionem suam contradixerunt ei, si

(63) Hæc non exstant apud Fulcherium.

ab Otberto pateretur consecrari. Præter omnia autem quæ supra diximus, gravabat ecclesiam castrum quoddam non longe ab ea situm, quod Henricus episcopus destruxerat, et ne quis illud restrueret, perpetuo anathemate damnaverat. Hoc anathemate postposito, ad oppressionem monasterii illud reformaverat, et fratres corpus B. Huberti, quasi ad obtinendam misericordiam illo deferentes, usque ad sanguinis effusionem propria manu mactaverat. Hæc omnia cum de Otberto Wiredus nosset, rapto tamen semel honore privari timuit, et mutata sententia, quam nobiscum tenuerat, Dei gloriam contempsit, et suam quæsivit, sicque consecratus ab Otberto, invitis fratribus, pro patre se violenter ingessit. Hac indignatione fratres dispersi, cum insequerentur ab eo, quibusdam sæcularibus conductis confugerunt auxilium Ecclesiæ Remensis et Laudunensis. Eo quoque illos prosequente, cum in præsentia domni Manasse Remorum episcopi et Engelranni Laudunensem episcopi rerum gestarum inter nos ratio fieret, ex decreto utriusque firmata est nobis sententia, adire nos Romanæ sedis audientiam, et super his vestrum exspectare judicium et justitiam. Venimus ergo huc multorum religiosorum impulsi consilio, quorum maxima exspectatio ex nostro pendet spectaculo, ut vel ex nostra consolatione ad defensionem veræ fidei et vestræ fidelitatis proficiant, vel, quod absit, ex nostra desolatione et defectione et ipsi deficiant. Consulite igitur vestræ justitiæ, vestræ famæ, vestræque auctoritati, nec infidelium aut rebellium violentiam per impunitatem crescere sinatis (64).

III.
Epistola monialium Blasiliæ in Arvernis ad Urbanum papam II (65).
(BALUZ., *Miscell.* edit. Luc., II, 181.)

Summo domino papæ Romanæ Ecclesiæ URBANO humilis grex monialium seu clericorum monasterii Blasiliæ in Domino optimam gratiam et salutem atque in omnibus obedientiæ sibi servitutem.

Apostolica et venerabilis tua dignitas, domine Pater, manifeste sciat et credat nos quotidie flexis genibus Deum orare ut te tuosque salvos et incolumes custodiat nec non digne et laudabiliter regimen vestrum omni Ecclesiæ vigere et præsidere concedat. Vestra enim larga nobis arma et scutum inexpugnabile debet esse. Vestri autem privilegii auctoritas nos tutos ac liberos ab omni aliorum servitute sibi in perpetuum debet habere. Temporibus igitur priscis matrona quædam nomine Ermengarda comitissa, uxor Bernardi comitis Pictavorum, pro salute sua utriusque sui et pro animabus filiorum suorum defunctorum, Warini scilicet et Willelmi, monasterium Blasiliæ in prædiis suis constituit atque circa adjacentibus campis et villis et ecclesiis sanctimoniales Deo servientes ibi unde viverent hæreditavit. Deinde diligenter Romam petivit, ipsumque cœnobium beato Petro apostolo atque episcopo qui tunc temporis apostolicæ sedi præsidebat in proprio jure concessit. Ipse autem papa huic dono benigne favens quinque solidos monetæ Pictaviensis sancto Petro semel in anno [dari] decrevit, insuper etiam apostolici privilegii auctoritate idem cœnobium abbatiam monacharum in perpetuum constituit, altare etiam quod adhuc habemus sua propria manu consecratum per ipsam matronam nobis transmisit. Apostolicam quidem absolutionem et benedictionem nostris benefactoribus; excommunicationem atque anathematizationem, calumniam atque inquietudinem nobis inferentibus propriis litteris semper nobis notavit. His igitur firmissimis decretis et constitutionibus nostrum monasterium ædificatum cum omnibus nobis appendiciis diu in pace et magna in prosperitate permansit. Statim ut Roma caput nostrum et defensio nostra inquietari et perturbari cœpit, insurrexerunt monachi Casæ Dei, et ecclesiam Sancti Stephani protomartyris et Sancti Leonis papæ urbis Romæ, quem Romani, quia Carolus imperator elegit eum, excæcaverunt, corpus cujus, ut credimus, ibi requiescit, manu ac violentia cujusdam potentis Stephani Mercoriensis nobis contradicentibus abstulerunt, et auxilio domini Durandi Claromontensis episcopi ipsum tenuerunt quandiu vixit supradictus Stephanus. Post mortem vero ejus, judicio præpositi et abbatis Claromontensis septem presbyteri nostri juraverunt alodium esse sancti Petri, ut altaris Blasiliæ, recipiente episcopo hoc sacramentum. Ipsi tamen monachi, adhuc rebelles, rectum quod firmaverunt per septem milites tenent, et excommunicatione episcopi illam ecclesiam destitutam et absque ministerio faciunt esse, ministrum etiam ejus in modum sacrilegi extra ecclesiam. Ideoque suppliciter et benigne rogamus et obsecramus ut consuetudinem quam tui antecessores fecerunt, facias, et ecclesiam quam amaverunt atque monasterium nostrum cum omnibus rebus suis ab invasione et ereptione supradictorum monachorum eripias et nos a servitute omnium aliorum in perpetuum protegas et defendas. Vale.

(*Epistolas S. Anselmi Cantuariensis, Ivonis Carnotensis, Hugonis Lugdunensis, Hugonis Cluniacensis, Raynaldi Remensis, Lamberti Atrebatensis, Goffridi Vindocinensis, ad* URBANUM *papam, vide inter eorum scripta mox edenda.*)

(64) Recitata in præsentia Urbani papæ hujus clamoris pagina, et a Romanis sæpius et diligenter ventilata, abbatem sic destitutum ob fidelitatem ecclesiæ Romanæ condoluerunt, et W. nisi resipisceret, et loco cederet, excommunicandum sine dilatione decreverunt. Suffragante autem Rainero, qui Urbano in pontificatu successit, tunc quidem dilata est sententia hæc excommunicationis, usque in diem inter utrosque præstitutæ discussionis si forte adveniente Wiredo certior fieret agenda discussio. Illo domi remanente, probatus est quasi conscius culpæ condictam sibi audientiam subterfugisse. Ideoque in solemnitate Omnium Sanctorum excommunicatione a papa formata, et data coram se ejusdem excommunicationis epistola.

(65) Vide lib. I *Hist. geneal. gentis Arvern.*, cap. 1.

IN SEQUENTES URBANI SERMONES
ADMONITIO
(*Histoire littéraire de la France*, t. VII, p. 546.)

On a recueilli, en tout ou en partie, quelques-uns des discours du pape Urbain; il entre dans notre dessein d'en donner une notice. Si l'on avait été soigneux de nous transmettre tous ceux qu'il fit dans le cours de son pontificat, il y aurait sans doute de quoi en faire un volume entier. On sait effectivement qu'il ne dédiait point d'église, ou de simples autels, qu'il ne parlât aux assistants sur quelque sujet d'édification. Il en usait de même à l'ouverture des conciles auxquels il présidait, et parlait même de la sorte à différentes reprises pendant que durait la même assemblée.

Nous n'avons cependant que fort peu de tous ces discours, et peut-être aucun en entier. Il ne reste qu'un très-petit fragment de celui qu'il prononça à la consécration du grand autel de l'église de Cluni (*Clun. Bib. app.*, p. 98). L'on y reconnaît sans peine la douceur de son style, et c'est dommage qu'on ne l'ait pas imprimé entièrement.

Foucher de Chartres nous a conservé un morceau beaucoup plus considérable d'un autre discours que fit Urbain à l'ouverture du concile de Clermont (Fulc., *Gest. Fr.*, lib. I, p. 816, 817); mais il ne le rapporte qu'en un style étranger, ce qui en diminue le mérite. L'auteur y adresse la parole aux prélats de l'assemblée, et, après leur avoir exposé le triste état auquel l'Eglise se trouvait alors réduite, il les exhorte pathétiquement à y apporter un remède efficace, comme étant le sel de la terre. Entre les moyens les plus propres à cet effet qu'il leur propose, il insiste principalement sur le bon exemple, sans lequel l'on réussit rarement à recommander la pratique de la vertu et la fuite du vice.

Le même Foucher et les autres historiens de la croisade nous ont conservé six ou sept autres discours ou plutôt fragments de discours, pour la plupart, comme tous faits à l'occasion et sur le projet de ce grand événement qui eut tant de suites dans ce siècle, et encore plus dans les deux suivants. En les rapportant, ces historiens donnent à entendre ou disent même expressément qu'ils furent tous prononcés au Concile de Clermont. Mais il y a beaucoup plus d'apparence que la plupart le furent en d'autres assemblées, comme celle de Plaisance et les autres qui la suivirent, soit en France ou en Italie; car on sait que notre pontife prêchait partout la croisade depuis qu'elle fut solennellement conclue.

Il y a cependant trois de ces discours qui ont certainement été prononcés à Clermont. Ce qui le persuade, c'est qu'ils sont rapportés comme tels, l'un par Guillaume de Tyr, écrivain judicieux, exact, fidèle, et les deux autres par Baudri, alors abbé de Bourgueil, et par Robert de S. Remy de Reims, qui étaient de l'assemblée. Il serait au reste fort difficile de prononcer définitivement lequel des trois précéda les autres. Mais il ne paraît point y avoir de difficulté que ce ne soient trois discours différents l'un de l'autre, quoiqu'on n'ait pas de raisons suffisantes pour assurer qu'ils sont entiers, au moins ceux que rapportent Guillaume de Tyr et Baudri; car, pour celui que rapporte l'abbé Robert, il est visible que ce n'est qu'un simple fragment d'une plus longue pièce (Rob., *Gest. Fr.*, l. I, p. 31, 32).

Celui-ci semble fait pour les Français en particulier, à qui le pape adresse la parole, et dont il relève extrêmement la valeur. C'est d'eux effectivement qu'il attendait le plus de secours pour cette grande entreprise. Les motifs qu'il y emploie sont pris de cette même valeur, de la réputation qu'ils s'étaient acquise autrefois sous Charlemagne et Louis le Débonnaire; des maux extrêmes que souffraient les fidèles d'Orient, leurs frères, sous la tyrannie des Turcs; de la sainteté des lieux que Dieu avait choisis pour son héritage, et que Jésus-Christ avait consacrés par sa présence, sa mort, sa sépulture; enfin, du mérite qui leur reviendrait de cette expédition, où ils trouveraient un moyen assuré d'expier leurs péchés.

Le discours rapporté par Baudri (*Gest. Fr.*, l. I, p. 86-88) est le même que le second imprimé dans Baronius (*an.* 1095, n. 45-49), et la Collection générale des conciles (tom. X, pag. 514-516), et le premier dans l'appendice de la Vie du pape Urbain, par dom Ruinart (*Urb. Vit. app.*, p. 369-373). Il est un des plus prolixes de tous, et commence par ces mots: *Audivimus, fratres dilectissimi*. Les motifs que le pape expose pour persuader ses auditeurs sont en partie les mêmes que les précédents, mais plus étendus et plus pathétiquement touchés, auxquels il en ajoute encore d'autres. Il n'y parle ni de valeur ni de réputation parce qu'il n'y adresse pas la parole à une nation en particulier, comme dans le précédent, mais à tous les Chrétiens généralement, en la personne de ceux qui l'écoutaient. Outre l'oppression cruelle où se trouvaient leurs frères d'Orient, la profanation des saints lieux, leur ancienne dignité, le moyen d'expier leurs péchés, il leur dit que les croisés, en chassant les Turcs de la Palestine, accompliront la figure de ce qui s'était passé parmi les Israélites, lorsqu'ils détruisirent les Jébuséens. Il les flatte de l'espérance des dépouilles de l'ennemi du nom chrétien; motif, au reste, fort déplacé. Enfin, il assure la couronne du martyre à ceux qui mourront dans cette guerre. Urbain y rappelle la merveille des cierges allumés miraculeusement, et finit par exhorter les évêques et les prêtres à prêcher aussi la croisade dans leurs églises.

Le style de ce discours, tel que nous l'avons, représente assez naturellement celui de notre pontife; d'où il suit qu'il est hors de doute qu'il a été recueilli à peu près tel qu'il l'avait prononcé. Nous n'entrons après tout dans ces détails que pour qu'on puisse mieux distinguer ces discours les uns des autres, et juger que leur diversité vient plutôt de leur multiplicité que de ce que chacun des historiens qui les rapportent aurait fait parler le pape suivant ce qui lui aurait paru plus vraisemblable.

Celui qu'a copié Guillaume de Tyr (l. I, n. 15), le même que le premier dans Baronius (ib., n. 35-42) et dans la Collection générale des conciles (ib., p. 514-515), et le second dans dom Ruinart (*Urb. Vit.* ib., p. 373-377), commence ainsi: *Nostis, fratres dilectissimi*. Le pape le prononça après la lecture de la lettre du patriarche de Jérusalem, que Pierre l'Ermite avait apportée; et les motifs qu'il y emploie sont les mêmes, en substance, que quelques-uns des discours précédents, mais différemment tournés, et quelquefois plus chargés de circonstances. Tels sont en particulier les motifs pris de la considération de que les saints lieux étaient l'héritage du Seigneur et de l'oppression qu'y souffraient les Chrétiens. Non-seulement Urbain y exhorte, mais enjoint encore de se porter à cette guerre sainte pour obtenir la rémission de ses péchés, promettant aux croisés qu'eux et leurs biens seraient sous la protection du Saint-Siége. Le style du discours paraît fort conforme à celui des autres pièces de notre pontife.

Guillaume, moine de Malmesburi (*De Reg. Angl.*, l. IV, c. 2, p. 151, 152), en a fait entrer un quatrième dans son Histoire des rois d'Angleterre, lequel a été réimprimé d'après lui par dom Ruinart (*Urb. Vit.* ibid., p. 377, 584). Ce discours est le plus long de tous, et fort différent des trois autres. Mais on n'y reconnaît point le style du pape Urbain. Il faut donc dire que celui qui le rapporte n'a eu égard qu'au fond des choses, et ne l'a point copié tel qu'il avait été prononcé. Le pape y débute par exposer le déluge de péchés qui inondait le Christianisme, et dont la guerre contre les Turcs deviendrait le remède, ajoutant que les travaux qui l'accompagneront sont beaucoup au-dessus de ceux qu'il y a à commettre le péché. Après quoi il entre dans le détail de tous les pays que les Turcs avaient envahis : l'Asie, l'Afrique, l'Espagne, les îles Baléares, et oppose ces vastes régions au peu de terrain qu'occupaient les Chrétiens. Il passe de là à opposer le courage et la valeur des Européens à la lâcheté et à la poltronnerie des Turcs, et dit un mot de la bravoure des Français en particulier. Mais il s'arrête principalement à élever les croisés au-dessus de la crainte de la mort, jusqu'à leur en inspirer du mépris, et la leur faire regarder comme un grand avantage, et finit par fixer leur départ au printemps prochain.

Guibert, abbé de Nogent (*Gest. Fr.*, l. II, c. 2), produit un cinquième discours de notre pape, encore différent de tous les autres. Il a raison d'avertir que, s'il ne le rapporte pas tel qu'il fut prononcé, il contient au moins ce qu'Urbain s'était proposé d'y établir. Il est visible, en effet, que ce n'est point là la manière de s'exprimer de ce pontife. Au lieu d'un style net, coulant, naturel, tel qu'était le sien, c'en est un embarrassé, rude, affecté. Les motifs que l'auteur fait valoir dans ce discours sont pris de l'excellence de l'Eglise de Jérusalem au-dessus de toutes les autres, comme en étant la mère; de l'exemple des Machabées, qui soutinrent si généreusement tant de combats en faveur de leur nation et de son temple; de l'extinction presque entière du Christianisme en Orient, de l'espérance de l'y rétablir, et de repeupler de Chrétiens cette partie du monde, pour combattre l'Antechrist, qui devait s'y élever; enfin des contributions accablantes qu'on exigeait du peu de Chrétiens qui y restaient, et des avanies cruelles qu'on faisait à ceux qui allaient visiter les lieux saints. L'auteur s'étend principalement sur ces deux derniers motifs, et entre sur le dernier, en particulier, dans un détail qui suppose d'horribles cruautés de la part des Turcs.

« Frizon (*Gall. purp.*, p. 20-22) et François du Chesné (*Hist. de tous les cardinaux français*, t. II, p. 43, 44 nous présentent un sixième discours, qu'ils ont tiré de la Chronique de Jean Naucler, mais qui parait avoir été inconnu à tous les anciens historiens de la croisade. Quoi qu'il en soit, il est encore différent de tous les autres, non seulement pour le fond des choses, mais aussi pour l'ordre et la manière de les dire. Il n'y en a aucun où il se trouve tant d'élégance, et de plus grands traits d'éloquence. Le début annonce qu'il fut prononcé au concile de Clermont; ce qui paraît encore par la suite du discours. Après une courte mais vive description des maux inouïs que les Turcs et les Sarrasins faisaient souffrir aux Chrétiens du pays, et à ceux qui y allaient d'ailleurs en pèlerinage, Urbain passe à l'énumération des diverses régions de l'Europe que ces infidèles avaient ravagées : l'Espagne, partie de l'Aquitaine, l'Italie jusqu'à Rome. Puis apostrophant les principales nations chrétiennes, les Français, les Allemands, les Saxons, les Polonais, les Hongrois, etc., il leur fait observer que leurs pays auraient déjà subi le même sort, sans l'empire de Constantinople qui leur servait comme d'un mur de défense, et les mettait à couvert des mêmes incursions. Le pape a encore prouvé dans ce discours le motif des dépouilles sur l'ennemi. Il le finit par accorder l'indulgence plénière à ceux qui se croiseraient, et les assurer qu'eux et leurs biens seraient sous la protection de l'Eglise Romaine.

« Foucher de Chartres (*ibid.* p. 817, 818), à l'imitation des autres historiens de la croisade, a aussi inséré dans son ouvrage un morceau d'un discours d'Urbain sur ce sujet. Mais le style de cette pièce informe n'a aucune ressemblance avec la manière de s'exprimer de notre pontife, quoique les motifs qui y sont employés se lisent, mais un peu diversement exprimés, dans les autres discours, dont nous venons de rendre compte. De sorte qu'on ne peut s'empêcher de juger que ce morceau aura été composé après coup sur les autres discours d'Urbain, soit par Foucher même, ou par quelque autre qui le lui aura communiqué. C'est le même morceau, mais un peu plus abrégé, que rapporte l'anonyme (*Gest. Dei per Fr.* t. I, p. 561), qui, dans le recueil de Bongars, suit immédiatement l'abbé Guibert.

« Pierre Tudebode (*Gest. Fr.* l. I, p. 777), autre historien de la croisade, cite un simple passage, qui se lit un peu plus étendu dans l'anonyme publié par dom Mabillon (*Mus. It.* t. I, p. 159), comme faisant partie du discours de notre pape au concile de Clermont. Mais cet endroit, tel qu'il est rapporté, ne se trouve point dans aucun des autres discours précédents. » Louis Jacob, auteur de la Bibliothèque pontificale (l. I, p. 222), a avancé qu'il se trouve un de ces discours dans la chronique de Bertholde de Constance. Mais s'il y avait regardé de plus près, il aurait vu qu'il n'y en a point.

URBANI II PAPÆ
SERMONES

I.

SERMO POST CONSECRATIONEM ECCLESIÆ CLUNIACENSIS.

(*Bibliotheca Cluniac.*, 518.)

Anno Incarnationis Dominicæ millesimo nonagesimo quinto, indictione III, VIII Kalend. Novemb., domnus et venerabilis Urbanus papa secundus sacravit altare primum et majus novi nostri monasterii in honorem Dei, in memoriam beatorum apostolorum Petri et Pauli. Sacravit etiam per se et altare secundum missæ matutinalis. Lugdunensis autem archiepiscopus Hugo, Pisanus archiepiscopus Dabertus; episcopus Signanus Bruno eodem die in ipso monasterio, jubente papa, tria in tribus primis cancellis sacrarunt altaria. Tunc papa inter sacrando missasque agendo, post alia salutis hortamenta, coram episcopis et cardinalibus multorumque personis, hujuscemodi sermonem habuit ad populum :

Sancti Patres et majores nostri Romani pontifices, qui sanctæ sedi apostolicæ præsederunt, ex quo locus Cluniacus institutus est ab initio, et monasterium istud fundatum, tam locum hunc quam rectores, vel habitatores ejus propensius dilexerunt, foverunt, et curaverunt attentius. Et merito. Nam pius ille Willelmus, istius olim monasterii institutor, nulli alii advocato, nulli patrono, nulli regi, vel principi curam ipsius tutelamque commendavit, nisi Deo et beato Petro, ejusque vicariis, Romanis scilicet pontificibus. Quorum numero vel ordini divina me dignatio, licet indignum, associavit, me olim monachum prioremque monasterii hujus sub domno ac venerabili Hugone, Dei misericordia adhuc superstite et benevalente. Igitur sicut pontifices summi ante me succedebant sibi in apostolica sede, successerunt etiam ad tuendum curandumque propensius locum istum. Verumtamen nullus eorum per suam corporalem præsentiam locum istum hactenus visitavit. Mihi vero, sicut impræsentiarum cernitis, id divina concessit clementia. Denique inter alias causas quæ nos ad visitandas Gallias impulerunt, hæc prima et præcipua fuit ut locum istum et congregationem hanc speciali nob.s cognatione germanam nostra præsentia lætificaremus, nostro accessu et alloquio juvaremus, et ad omnem utilitatem vel commodum nostrum eis operam impenderemus. Itaque hic vobiscum hodie præsentes, altare primum et majus cum cæteris quæ parata sunt, novi hujus monasterii sacramus, et ad eam quæ de eodem monasterio restat structuram, vestros animos incitamus. Placet etiam nobis, vobisque placeat suademus (nam hoc ipsum et bonum videtur et justum), huic loco, qui vobis et cæteris Christianis in veneratione et cura bona habendus est, quosdam certos limites immunitatis ac securitatis, circumcirca undique assignare, ipsosque limites sacri banni. Infra quos terminos, nullus homo, cujuscunque conditionis ac potestatis unquam invasionem aliquam grandem vel parvam, aut incendium, aut prædam, aut rapinam facere, aut homines rapere, vel per tram ferire, aut quod multo gravius est, homicidium perpetrare, vel truncationem membrorum hominis, sacra auctoritate arcente, ullatenus audeat, nec audendo pertentet. Itaque termini sacri banni sunt hi. Versus Berziacum terminus est ad bivium citra Sarratam; unde una via venit ad Cluniacum, altera ad Masilias. In strata versus Bellumiocum terminus est, contra quarruvium, quod est desuper molendinum cellerarii Cluniacensis citra Viengias. Ultra Cluniacum versus Masilias, terminus est ad bivium, unde una via tendit ad Masilias, altera ad Sanctam Mariam de Bosco. Super Rufiacum terminus est ad summitatem defensi, ad bivium, unde una via tendit ad Bezorniacum, altera ad Cavellam. Versus Setgiacum terminus est intra quarruvium, citra locum ubi dicunt Adturgum. In strata versus Cabilonensem pagum terminus est ad grossam Cassaniam super Marziacum. Versus Brancedunum terminus est in via super Boscum Bannedum. Versus Trinorchium terminus est super rivulum quem dicunt Longam Aquam, inter Blanoscum et Donziacum. Versus Perronem vel Laziacum, terminus est ad Tres Fagos; ubi partiuntur, noster boscus de Cluniaco, et boscus comitalis. Versus Igiacum terminus est ad Carmos, super montem medium. Nos igitur terminos sacrati banni huic monasterio Cluniaco, et villæ ac burgo pariter præfigimus, hos limites plena certitudine assignamus, præcipientes in nomine Domini Dei omnipotentis, et auctoritate beatorum apostolorum Petri et Pauli, universos vos atque omnem hominem qui hæc lecturus vel auditurus est, contestantes ut bannum hunc scienter non infringatis, ut ejus legem et singuli et omnes teneatis. Si quis vero eam in uno horum quæ supra vetita sunt scienter infregerit, et ab abbate, vel priore, vel camerario, vel decano Cluniacensis conventus, et sicut visum fuerit ab eis, inductatus, congrua satisfactione non emendaverit, jam tunc, quisquis ille fuerit, excommunicationi subjacebit. Etiam si qui vestrum contra illum talem, ab abbate vel fratribus interpellati fuerint, coercere eum, et ad emendationem urgere debebunt. Excommunicatus autem pro banno fracto, ubi emendationem congruam fecerit, absolvatur. Lex autem banni hujus non vobis solis ponitur qui præsentes estis, sed et cunctis absentibus et filiis et posteris vestris. Sed jam finem rei, pro qua nunc satagimus, videamus. Omnes igitur loco huic Cluniaco malefacientes et contra congregationem istam inique agentes, anathemate digni erunt, et beati Petri gladio feriendi usque ad emendationem congruam. Omnes autem loco huic Cluniaco benefacientes, et erga congregationem istam recte agentes, pacemque servantes, gratiam et misericordiam Christi Domini Dei nostri consequantur perpetuam, et beatos apostolos Petrum et Paulum primos et præcipuos adjutores habeant apud Deum. Amen.

II.

ORATIO AD IVONEM CONSECRATUM.

Quoniam, ut credimus, divino te nutu vocante clerus et populus civitatis illius unanimiter elegerunt rectorem, et nos usque perducentes petierunt consecrari episcopum, et ideo, Deo annuente, per manus nostræ impositionem episcopus consecratus es, amodo, frater charissime, scias te maximum pondus suscepisse laboris, quod est sarcina regiminis animarum, et commodis deservire multorum, omniumque fieri minimum atque ministrum, et pro credito tibi talento in die divini examinis rationem redditurum. Nam si Salvator noster dixit : Non veni ministrari, sed ministrare, et animam suam ponit pro ovibus suis (Matth. xx), quanto magis nos desidiosi servi summi patrisfamilias debemus maximo sudore incumbere oves Dominicas nobis a summo Pastore consignatas ad ovile Dominicum, suffragante divina gratia, absque morbo et mancha [macula] perducere? Exhortamur itaque dilectionem tuam ut fidem quam in exordio tuae consecrationis breviter dilucideque digessimus, illibatam et inviolabilem custodias, quia fides est fundamentum omnium virtutum. Scimus autem quod ab infantia sacris litteris eruditus, et canonum institutis edoctus; attamen breviter ad te noster est dirigendus sermo. Nullus te favor extollat, nulla adversitas atterat, id est, non in prosperis cor tuum elevetur, nec adversis in aliquo dejiciatur, sed omnia et in omnibus caute et cum discretione agere te volumus, ut absque reprehensione ab omnibus vivere comproberis. Sancta Trinitas fraternitatem tuam sua protectione custodiat, ut, dum tali moderamine in Domino nostro onus quod suscepisti peregeris, in die aeternae retributionis, eo dicente, audire merearis: *Euge, serve bone et fidelis, quia super pauca fuisti fidelis, supra multa te constituam; intra in gaudium Domini tui (Matth. xxv.)*

III.

ORATIONES IN CONCILIO CLAROMONTANO HABITÆ

De expeditione Hierosolymitana

I.

(Ex tomo X *Conc.* LABBEI, col. 514, et D. RUINART, *Vita Urbani*, Append. pag. 369.)

Audivimus, fratres dilectissimi, et audistis, quod sine profundis singultibus tractare nequaquam possumus, quantis calamitatibus, quantis incommoditatibus, quam diris contritionibus in Jerusalem et in Antiochia et in caeteris orientalis plagae civitatibus Christiani nostri, fratres nostri, membra Christi flagellantur, opprimuntur, injuriantur germani fratres nostri, contubernales vestri, couterini vestri: nam et ejusdem Christi et ejusdem etiam Dei filii estis: et in ipsis suis domibus haereditariis ab alienis dominis mancipantur, vel ex ipsis explodentur, aut inter vos mendicant, aut quod gravius est, in ipsis suis patrimoniis venales exsulant et vapulant. Effunditur sanguis Christianus, Christi sanguine redemptus, et caro Christiana, Christi consanguinea, nefandis ineptiis et servitutibus nefariis mancipatur. Illis in urbibus ubique luctus, ubique miseriae, ubique gemitus. Suspirio haec dico: ecclesiae in quibus olim divina celebrata sunt sacrificia, proh dolor! ecce animalibus eorum sunt stabula. Nequam homines sanctas occupaverunt civitates. Turcae spurci et immundi nostris fratribus dominantur. Antiochiae beatus Petrus praesedit episcopus: ecce in ipsa Ecclesia gentiles suas collocaverunt superstitiones, et religionem Christianam, quam potissimum coluisse debuerant, ab aula Deo dedicata turpiter eliminarunt.

Praedia sanctorum stipendiis dedita, et nobilium patrimonia sustentandis pauperibus contradita, paganae tyrannidi subjiciuntur, eisque in proprios usus redactis domini crudeles abutuntur. Sacerdotium Dei humotenus conculcatum est, sanctuarium Dei per nefas ubique profanatum est: si qui adhuc ibi latitant Christiani, ubi audistis, exquiruntur tormentis. De sancta Jerusalem, fratres . . . . . loqui dissimulavimus quod valde de ea loqui pertimescimus, quoniam ipsa civitas, in qua, prout omnes nostis, Jesus Christus pro nobis passus, peccatis nostris exigentibus, sub spurcitiam paganorum redacta, Deique servituti, ad ignominiam nostram dico, subducta est. Quod enim superest imperii nostri tantillum est, Christianorum qui ista promeruimus est dedecus. Cui servit nunc ecclesia beatae Mariae in qua ipsa pro corpore sepulta fuit in valle Josaphat? Sed quid templum Salomonis, imo Domini, praetermittimus, in quo simulacra sua barbarae nationes contra jus et fas modo collocata venerantur? De sepulcro Dominico ideo reminisci supersedemus, quoniam oculis vestris vidistis quantae abominationi traditum sit.

Inde violenter abstrahunt quas ibi pro cultu illius multoties intulistis oblationes. Ibi nimirum multas et innumeras religioni nostrae ingerunt irrisiones. Et tamen in illo loco (non ignara loquor) requievit Deus: ibi pro nobis mortuus est. Neque equidem ibi Deus hoc annuatim praetermittit facere miraculum, cum in diebus passionis suae exstinctis omnibus et in sepulcro et in ecclesia circumcirca luminibus, jubare divino lampades exstinctae reaccenduntur. Cujus pectus silicinum factum tantum miraculum non emolliat? Credite mihi, bestialis homo et insulsi capitis est, cujus cor virtus divina tam praesens ad fidem non verberat, et cum gentiles cum Christianis ita videant communiter, nec emendantur. Perterrentur equidem hi, nec convertuntur ad fidem: nec mirum, quoniam mentis obcaecatio illis dominatur. Quantis afflictionibus vos qui adestis, qui redistis, invaserunt, vos ipsi melius nostis, qui substantias vestras, qui sanguinem vestrum ibi Deo immolastis.

Haec idcirco, fratres, diximus, ut vos ipsos sermonis nostri testes habeamus. Plures sunt et fratrum nostrorum miseriae, et ecclesiarum Dei depopulationes, quae sigillatim possemus referre; sed instant lacrymae ac gemitus, et instant suspiria et singultus. Ploremus, fratres, eia ploremus, et cum Psalmista medullitus plorantes ingemiscamus, nos miseri, nos infelices, quorum tempore Dei prophetia ista completa est: *Deus, venerunt gentes in haereditatem tuam, polluerunt templum sanctum tuum; posuerunt Jerusalem in pomorum custodiam. Posuerunt morti-*

cina servorum tuorum escas volatilibus cœli, carnes sanctorum tuorum bestiis terrœ. Effuderunt sanguinem ipsorum tanquam aquam in circuitu Jerusalem, et non erat qui sepeliret (*Psal.* LXXVIII). Væ nobis, fratres, nos qui jam *facti sumus opprobrium vicinis nostris, subsannatio et illusio his qui in circuitu nostro sunt* (*Ibid.*). Condoleamus et compatiamur fratribus nostris, saltem in lacrymis. Nos abjectio plebis facti, et omnibus deteriores, immanissimam sanctissimæ terræ plangamus devastationem. Quam terram merito sanctam diximus, in qua non est etiam passus pedis quem non illustraverit et sanctificaverit vel corpus vel umbra Salvatoris, vel gloriosa præsentia sanctæ Dei Genitricis, vel amplectendus apostolorum commeatus, vel martyrum ebibendus sanguis effusus. Quam beati, o Stephane protomartyr, qui te laureaverunt lapides! Quam felices, o tunc Baptista Joannes, qui tibi ad Salvatorem baptizandum servierunt Jordanici latices! Filii Israel ab Ægyptiis educti, qui Rubri maris transitu vos præfiguraverunt, terram illam armis suis, Jesu duce, sibi vindicaverunt; Jebusæos et alios convenas inde expulerunt, et instar Jerusalem cœlestis Jerusalem terrenam excoluerunt.

Quod dicimus, fratres, audite et intelligite. Vos accincti cingulo militiæ magno supercilio fratres vestros dilaniatis, atque inter vos dissecamini. Non est hæc militia Christi quæ destruit ovile Redemptoris. Sancta Ecclesia ad suorum opitulationem sibi reservavit militiam (ut veritatem fateamur) cujus præcones esse debemus. Non tenetis vere viam per quam eatis ad salutem et vitam. Vos pupillorum oppressores, vos viduarum prædatores, vos homicidæ, vos sacrilegi, vos alieni juris direptores, vos pro effundendo sanguine Christiano exspectatis latrocinantium stipendia, et sicut vultures odorantur cadavera, sic longinquarum partium auspicamini et sectamini bella. Certe via ista pessima est, quoniam a Deo omnino remota est. Porro si vultis animabus vestris consuli, istius modi militiæ cingulum quantocius deponite, et ad defendendam orientalem Ecclesiam velocius concurrite. Hæc est enim de qua totius vestræ salutis emanaverunt gaudia, quæ distillavit in os vestrum divini lactis ubera, quæ nobis propinavit evangeliorum sacrosancta dogmata. Hæc ideo, fratres, dicimus, ut et manus homicidas a fraterna nece contineatis, et pro fidei domesticis vos externis nationibus opponatis, et sub Jesu Christo duce vestro acies Christiana, acies invictissima, melius quam ipsi veteres Israelitæ pro vestra Jerusalem decertetis, et Turcos qui in ea sunt nefandiores quam Jebusæi impugnetis et expugnetis.

Pulchrum sit vobis in illa civitate mori pro Christo, in qua pro vobis Christus mortuus est. Cæterum si vos antea mori contigerit, id ipsum autumate mori in via, si tamen Christus in sua vos invenerit militia. Deus enim denarii retributor est prima et hora sexta. Horrendum est, fratres, horrendum est vos in Christianos rapacem manum extendere. In Sarracenos gladium vibrare singulare bonum est, quia et charitas est pro fratribus animas deponere. Ne vero de crastinis eventionibus solliciti sitis, sciatis quia timentibus Deum nihil deest, nec iis qui eum diligunt in veritate. Facultates etiam inimicorum nostrorum vestræ erunt, quoniam et illorum thesauros exspoliabitis, et vel victoriosi ad propria remeabitis, vel sanguine vestro purpurati perenne bravium adipiscemini. Tali imperatori militare debetis, cui panis deesse non potest, cui quæ rependat nulla desunt stipendia. Via brevis est, labor permodicus est, qui tamen immarcescibilem vobis rependat coronam. Jam nunc ergo auctoritate loquamur prophetica: *Accingere, homo unusquisque, gladio tuo super femur tuum potentissime* (*Psal.* XLIV). Accingimini, accingimini, inquam, *et estote filii potentes, quoniam melius est nobis mori in bello quam videre mala gentis nostræ et sanctorum* (I *Mach.* III). Non vos demulceant illecebrosa blandimenta mulierum rerumque vestrarum, quin eatis; nec vos deterreant perferendi labores, quatenus remaneatis.

Vos, fratres et coepiscopi, consacerdotes et cohæredes Christi, per Ecclesias vobis commissas idipsum annuntiate, et viam in Jerusalem toto ore universaliter prædicate. Confessi peccatorum suorum ignorantiam, securi de Christo celerem impetrent veniam. Vos autem qui ituri estis, habebitis nos pro vobis oratores, nos habeamus vos pro populo Dei pugnatores. Nostrum est orare, vestrum est contra Amalecitas pugnare. Nos extendemus cum Moyse manus indefessas orantes in cœlum; vos exerite et vibrate intrepidi præliatores in Amalec gladium. Amen.

II.

(*Concil. ibid.* col. 501; D. RUINART, *ibid.*, p. 573.)

Nostis, fratres dilectissimi, et vestram nosse id expedit charitatem, quomodo humani generis Reparator pro nostra omnium salute carnem assumens, et homo inter homines conversatus, terram promissionis, quam pridem patribus promiserat, propria illustravit præsentia, et assumptæ dispensationis operibus, et crebra simul miraculorum exhibitione reddidit specialiter insignem; id enim et Veteris et Novi pene in omnibus syllabis docet series Testamenti. Quadam sane dilectionis prærogativa certum est eam dilexisse, ita ut eam orbis partem, imo particulam, hæreditatem suam dignatus est appellare, cum ejus sit omnis terra et plenitudo ejus. Unde per Isaiam ait: *Hæreditas mea Israel* (*Isa.* XIV). Et item: *Vinea Domini sabaoth domus Israel est* (*Isa.* V). Et licet totam in partem præcipuam sibi dedicaverit ab initio, peculiarius tamen urbem sanctam sibi adoptavit in propriam, testante propheta qui ait: *Diligit Dominus portas Sion super omnia tabernacula Jacob* (*Psal.* LXXXVI). De qua gloriosa dicuntur, videlicet quod in ea docens, passus et resurgens Salvator, salutem operatus est in medio terræ. Ad hoc a sæculis est prælecta ut tantorum esset conscia et cella familiaris mysteriorum. Electa nimirum, quod ipse qui elegit testatur dicens : *Et de Jerusalem civitate quam elegi veniet vobis Salvator.*

Quam etsi, peccatis inhabitantium id exigentibus, justo judicio suo in manus impiorum sæpius tradi permiserit Dominus, et duræ jugum servitutis ad tempus eam sustinere passus sit, non tamen arbitrandum est quod eam quasi a se repudiatam abjecerit, cum scriptum sit : *Flagellat Dominus omnem filium quem recipit* (Hebr. XII); illi vero thesaurizat iram cui dicitur : *Recessit zelus meus a te, jam amplius non irascar tibi* (Ezech. XVI). Diligit ergo eam, nec intepuit erga eam dilectionis fervor cui dicit : *Eris corona gloriæ in manu Domini et diadema regni in manu Dei tui; et non vocaberis amplius desolata, sed vocaberis voluntas mea quia complacuit Domino in te* (Isa. LXII).

Hæc igitur salutis nostræ cunabula, Domini patriam, religionis matrem, populus absque Deo, ancillæ filius Ægyptiæ, possidet violenter, et captivatis liberæ filiis extremas imponit conditiones, quibus versa vice merito servire tenebatur.

Sed quid scriptum est? *Ejice ancillam et filium ejus* (Gen. XXI). Sarracenorum enim gens impia et mundanarum sectatrix traditionum loca sancta, in quibus steterunt pedes Domini, jam a multis retro temporibus violenta premit tyrannide; subactis fidelibus, et in servitutem damnatis, ingressi sunt canes in sancta; profanatum est sanctuarium, humiliatus est cultor Dei populus, angarias patitur indignas genus electum, servit in luto et in latere regale sacerdotium, princeps provinciarum facta est sub tributo civitas Dei. Cujus non liquefiat anima? cujus non tabescant præcordia iis ad animum recurrentibus? Quis hæc siccis oculis audire potest, fratres charissimi? Templum Domini, de quo zelans Dominus vendentes ejecit et ementes ne domus Patris ejus fieret spelunca latronum, factum est sedes dæmoniorum. Id ipsum enim et Matthathiam sacerdotem magnum, sanctorum progenitorem Machabæorum, ad zelum accendit commendabilem, sicut ipse testatur dicens : *Templum Domini quasi vir ignobilis, vasa gloriæ ejus abducta sunt captiva,* (I Mach. II). Civitas Regis regum omnium, quæ aliis regulas intemeratæ tradidit fidei, gentium superstitionibus cogitur invita deservire. Sanctæ resurrectionis ecclesia, requies dormientis Domini, eorum sustinet imperia, fœdatur spurcitiis eorum qui resurrectionis non habebunt participium, sed stipula ignis æterni perennibus participium, sed diis. Loca venerabilia divinis deputata mysteriis, quæ Dominum in carne susceperunt hospitem, signa viderunt, senserunt beneficia, quorum omnium in se plena fide prætendunt argumenta, facta sunt gregum præsepia, stabula jumentorum. Laudabilis populus, cui benedixit Dominus exercituum, sub angariarum et sordidarum præstationum pondere gemit fatigatus; rapiuntur eorum filii, matris Ecclesiæ chara pignora, ut gentium immunditiis deser-

viant, et nomen Dei vivi abnegent, vel ore blasphement sacrilego compelluntur : aut impia detestantes imperia cæduntur gladiis more bidentium, sanctis martyribus sociandi. Non est sacrilegis locorum differentia, non est personarum respectus. In sanctuariis occiduntur sacerdotes et levitæ, coguntur virgines fornicari, aut per tormenta perire, nec matronis ætas maturior suffragatur.

Væ nobis qui in hanc tam periculosi temporis descendimus miseriam, quam in spiritu prævidens electus a Domino David, rex fidelis, deplorat dicens : *Deus, venerunt gentes in hæreditatem tuam ; polluerunt templum sanctum tuum* (Psal. LXXVIII). Et item : *Populum tuum humiliaverunt et hæreditatem tuam vexaverunt. Utquid, Domine, irasceris in finem, accendetur velut ignis ira tua?* (Psal. XCIII.) *Ubi sunt misericordiæ tuæ antiquæ, Domine?* (Psal. LXXXVIII.) Verumne est quod dicitur : *Non obliviscetur misereri Deus, non continebit in ira sua misericordias suas? Recordare, Domine, quid acciderit nobis, intuere et vide opprobrium nostrum* (Thren. V). *Væ nobis! utquid nati sumus videre corruptionem populi nostri et contritionem civitatis sanctæ et sedere illic, cum dantur in manibus inimicorum sancta* (I Mach. II).

Vos igitur, dilectissimi, armamini zelo Dei, accingimini unusquisque gladio suo super femur suum potentissime (Psal. XLIV). *Accingimini, et estote filii potentes : melius est enim nobismori in bello quam videre mala gentis nostræ et sanctorum* (I Mach. III). Si quis zelum legis Dei habet, adjungat se nobis. Subveniamus fratribus nostris, *dirumpamus vincula eorum et projiciamus a nobis jugum ipsorum* (Psal. II). Egredimini et Dominus erit vobiscum. Arma quæ cæde mutua illicite cruentastis, in hostes fidei et nominis Christiani convertite. Furta, incendia, rapinas, homicidia, et cætera qualia qui agunt regnum Dei non possidebunt, hoc Deo beneplacito redimite obsequio, ut delictorum quibus Dominum ad iracundiam provocastis, celerem indulgentiam pro vobis obtineant hæc pietatis opera et deprecatio collata sanctorum. Monemus igitur et exhortamur in Domino, et in remissionem peccatorum injungimus, ut fratribus nostris et cœlestis regni cohæredibus (omnes enim invicem sumus membra, hæredes quidem Dei, cohæredes autem Christi [Rom. VIII]) qui Hierosolymis et in finibus ejus habitant, afflictioni et laboribus compatientes, infidelium insolentiam, qui sibi regna, principatus et potestates subjicere contendunt, debita compescatis animadversione, et illis totis viribus occurratis, quibus est propositum nomen delere Christianum. Alioquin futurum est ut in proximo Ecclesia Dei jugum indebitæ præferens servitutis, fidei sentiat dispendium, prævalente gentilium superstitione. In quanta enim positi sint afflictione noverunt ex vobis nonnulli qui hæc quæ loquimur oculata conspexerunt fide, et præsens illorum per manum Petri viri venerabilis, qui præsens est, ad nos delata docet epistola. Nos autem de misericordia Dei et beatorum Petri et Pauli apostolorum auctoritate confisi, fidelibus

Christianis, qui contra eos arma susceperint, et onus sibi hujus peregrinationis assumpserint, immensas pro suis delictis pœnitentias relaxamus. Qui autem ibi in vera pœnitentia decesserint, et peccatorum indulgentiam et fructum æternæ mercedis se non dubitent habituros. Interim vero eos qui ardore fidei ad expugnandos illos laborem istum assumpserint, sub Ecclesiæ defensione et beatorum Petri et Pauli protectione, tanquam veræ obedientiæ filios recipimus, et ab universis inquietationibus tam in rebus quam in personis statuimus manere securos. Si vero quispiam molestare eos ausu temerario præsumpserit, per episcopum loci excommunicatione feriatur et tandiu sententia ab omnibus observetur, donec et ablata reddantur, et de illatis damnis congrue satisfaciat.

Episcopi vero et presbyteri, qui talibus fortiter non restiterint, officii suspensione mulctentur, donec misericordiam sedis apostolicæ obtineant.

III.

(Ex Willelmo Malmesburiensi, l. IV, cap. 2, p. 74.)

Multa, fratres charissimi, diebus his vobis dicta recolitis, quædam in concilio nostro jussa, quædam inhibita. Inconditum et confusum scelerum chaos exigebat multorum dierum interstitium; veternus morbus volebat cauterium. Dum enim indulgenti fune clementiæ dimittimus lineam, multa modo apostolatus nostri offendit officium quæ præscinderet, nulla quibus parceret. Sed fuerit hactenus humanæ fragilitatis quod peccastis, quod illecebrarum involucris sopiti, cœlestem exasperastis misericordiam, suspensam parvipendendo iracundiam. Fuerit mundanæ temulentiæ quod, legitima non curantes matrimonia, alieni cubilis non pensastis injuriam. Fuerit aviditatis nimiæ quod fratres vestros, illo magno et eodem pretio emptos, ut quisque poterat illaqueantes, contumeliose pecuniis emunxistis. Nunc vobis inter ista peccatorum naufragia constitutis portus placidæ quietis aperitur, nisi negligatis : parvi laboris in Turcos compendio retribuetur vobis perpetuæ statio salutis. Comparate nunc labores quos in scelerum exercitio habuistis et eos quos in itinere quod præcipio habituri estis. Plures vel adulterii vel homicidii meditatio dat timores (nihil enim timidius nequitia, ut ait Salomon [Sap. xvii]), multos labores; quid enim laboriosius injustitia? *Qui autem ambulat simpliciter, ambulat confidenter* (Prov. x, 9). Horum laborum, horum timorum exitus erat peccatum. *Stipendium autem peccati mors* (Rom. vi, 23), *mors vero peccatorum pessima* (Psal. xxxiii, 22). Nunc a vobis par labor atque metus pretio meliore petuntur. Horum laborum erit causa charitas, si sic præcepto Dominico admoniti animas pro fratribus ponatis (*I Joan.* iii, 16); charitatis stipendium erit gratia Dei; Dei gratiam sequetur vita æterna. Ite ergo feliciter, ite confidenter ad inimicos Dei persequendos. Illi enim jam pridem (proh quantus Christianorum pudor!) Syriam, Armeniam, omnem postremo Asiam minorem (cujus provinciæ sunt Bithynia, Phrygia, Galatia, Lydia, Caria, Pamphylia, Isauria, Lycia, Cilicia) occuparunt; nunc Illyricum et omnes inferiores terras insolentes inquietant, usque ad mare quod *brachium Sancti Georgii* vocatur. Quid quod Dominicum monumentum, unicum fidei pignus, ditioni suæ vindicant, et ejus urbis introitum peregrinis nostris venditant, quæ solis Christianis patere deberet, si aliquod solitæ virtutis vestigium eis inesset. Hoc si solum esset, frontes nostras onerare sufficeret; jam vero quis ferat nisi multum iners, nisi Christianæ gloriæ invidus, quod non ex æquo divisimus orbem. Illi Asiam, tertiam mundi partem, ut hæreditarium nidum inhabitant, quæ a majoribus nostris æqua duabus residuis partibus et tractuum longitudine, et provinciarum magnitudine non immerito æstimata est. Ibi olim devotionis nostræ rami pullularunt, ibi apostoli omnes, præter duos, mortes suas consecrarunt; ibi modo Christicolæ, si qui supersunt, pauperculo agricolatu transigentes inediam, nefandis illis vectigal pensitant, vel tacitis suspiriis vestræ libertatis desiderantes conscientiam, quia perdidere suam. Illi Africam, alteram orbis partem, ducentis jam annis et eo amplius armis possessam tenent, quod ideo Christiani honoris periculum pronuntio, quia fuerit terra illa olim præclarorum ingeniorum altrix, quæ divinis scriptis omnem vetustatis situm a se repellent, quandiu fuerit qui Latinas litteras legat. Norunt litterati quod loquor. Tertium mundi clima Europa restat, cujus quantulam partem inhabitamus Christiani, nam omnem illam barbariem quæ in remotis insulis glacialem frequentat Oceanum, quia more belluina victitat, Christianam quis dixerit? Hanc igitur nostri mundi portiunculam Turci et Sarraceni bello premunt, jamque a trecentis annis Hispania et Balearibus insulis subjugatis, quod reliquum est spe devorant, homines inertissimi, et qui cominus pugnandi fiduciam non habentes, fugax bellum diligunt. Nunquam enim Turcus pede conserto martem audet ; sed pulsus loco longe tendit nervos et permittit vulnera ventis; et quia habet tela mortifero succo ebria, in hominem quem percutit non virtus sed virus mortem facit. Quidquid igitur agit, fortunæ, non fortitudini attribuerim, et quod pugnat fuga, veneno [*al.*, quod pugnat, fuga et veneno]. Constat profecto quod omnis natio quæ in ea plaga nascitur, nimio solis ardore siccata, amplius quidem sapit, sed minus habet sanguinis; ideoque vicinam pugnam fugiunt, quia parum sanguinis se habere norunt. Contra populus qui oritur in arctos pruinis, et remotus est a solis ardoribus, inconsultior quidem, sed largo et luxurianti superbus sanguine, promptissime pugnat. Vos estis gens in temperatioribus mundi provinciis oriunda, qui sitis et prodigi sanguinis ad mortis vulnerumque contemptum, et non careatis prudentia; namque modestiam servatis in castris et in dimicatione utimini consiliis. Itaque scientia et fortitudine præditi aggredimini memorabile iter, totius sæculis prædicandi si fratres vestros periculo exueritis, præsentibus ex Dei nomine præcipio, absentibus mando. Ituri et Christianitatem propugnaturi, specimen crucis vestibus insigniant, ut intestinæ fidei foras amorem prætendant, habentes per Dei concessum et beati Petri privilegium omnium absolutionem criminum; et hac interim lætitia laborem itineris allevient, habituri post obitum felicis martyrii commercium.

Ponentes ergo ferias sceleribus, ut saltem in his regionibus liceat Christianis pacifice vincere, vadite, illam fortitudinem, prudentiam illam quam in civili conflictu habere consuestis, justiori effundentes prælio. Ite prædicabiles per orbem milites, ite et prosternite ignavas gentes. Eat famosa Francorum virtus cum appendiciis sibi gentibus solo sui nominis terrore totum orbem motura. Sed quid diutius vos immoror, ut fortitudinem gentilium verbis extenuem. Imo proponite animis vestris deificam sententiam, *Angusta est via quæ ducit ad vitam* (Matth. vii, 14). Esto ergo ut sit semita itinerantium arcta, plena mortibus, suspecta periculis; sed hæc eadem vos amissam ducet ad patriam, per multas enim tribulationes oportet vos ingredi in regnum Dei. Spectate ergo animo, si prensi fueritis cruces, spectate catenas, quæcunque denique possunt tormenta infligi; operimini pro fidei vestræ robore horrenda supplicia, ut si necesse fuerit, damno corporum agatis animarum remedium; mortem ne timetis, viri fortissimi fortitudine et audacia præstantes? nihil certe poterit comminisci in vos humana nequitia quo superna pensetur gloria. *Non enim sunt condignæ passiones hujus temporis ad futuram gloriam quæ revelabitur in nobis* (Rom. viii, 18). An nescitis quod vivere hominibus est calamitas, mori felicitas? Hæc vobis doctrina, si recordamini, cum lacte matrum affusa est sacerdotum verbo, hanc majores vestri martyres prætenderunt exemplo. Mors enim a cœnulento carcere liberat animas ad proprium locum pro meritis evolaturas; mors accelerat bonis patriam, mors præscidit reis malitiam; per mortem ergo liberæ animæ vel oblectantur gaudiis, spe meliora præsumentes, vel fruuntur suppliciis, nihil pejus timentes. Dum autem vinculis corporum irretiuntur trahunt ab ipsis ferrulenta contagia, et quod veraciter quis dicat, mortuæ sunt. Nec enim luteum cœlesti, nec divinum mortali pulchre cohæret. Plurimum quidem potest anima etiam nunc corpori juncta; instrumentum enim suum vivificat, latenter id movens, et ultra mortalem naturam gestis producens. Verumtamen cum sarcina qua in terram trahitur absoluta, proprium locum recepérit, beatam et undique liberam participat fortitudinem, quomodocunque divinæ naturæ invisibilitati communicans. Gemino ergo functa officio, corpori vitam ministrat cum adest, causam vero mutationis, cum recedit. Videtis quam jucunde anima in dormiente corpore vigilet, et a sensibus seducta pro divina cognatione multa futura prævideat. Cur ergo mortem timetis, qui somni requiem, quæ instar mortis est, diligitis? Res est nimirum dementiæ pro cupiditate brevis vitæ invidere sibi perpetuam. Quin potius, fratres charissimi, si ita contigerit, ponite pro fratribus animas vestras, vacuate ab impiis Dei sacrarium, extrudite latrones, inducite pios, nulla vos necessitudinis pietas contineat, quia prima hominis pietas in Deum. Nullum natalis soli charitas tricet, quia diversis respectibus Christiano totus est mundus exsilium et totus mundus patria, ita exsilium patria et patria exsilium. Nullum patrimoniorum amplitudo remoretur, quia ampliora sunt quæ promittuntur; nec ea quæ inani spe miseris adulentur, vel ignavam mentem pigro rerum medicamine palpent, sed crebris exemplis exhibita, frequenti usu comprobata. Et hæc quidem sunt dulcia, sed caduca, et quæ cum temporibus suis centuplicatum pretium importent. Hæc edico, hæc mando, terminumque proximi veris affigo. Aderit Deus euntibus, ut eis bonus arrideat annus, cum copia frugum, tum serenitate temporum. Morituri cœli intrabunt triclinium, victuri videbunt sepulcrum Dominicum; et quæ major felicitas, quam ut homo in terris agens videat loca illa in quibus cœlorum Dominus conversatus est humanitus. Felices qui ad hæc vocantur munia, ut illa nanciscantur munera; fortunati qui ista meditantur prælia, ut illa consequantur præmia.

IV.

(D. Ruinart, *Vita Urbani*, Append., p. 381, *ex Historia Italiæ Hieronymi* Briani, l. vii.)

Gratias ago Deo maximas quod vos tanta animarum consensione atque alacritate arma pro Christo Redemptore vestro suscepturos esse ostenditis. Nos autem, ut studia vestra, quoad possumus, adjuvemus, misericordia Dei, et beatorum Petri ac Pauli auctoritate confisi, omnibus qui ad hoc bellum prodierint, omnia pro delictis suis piacula relaxamus, eosque sub Ecclesiæ tutelam ac beatorum Petri et Pauli clientelam tanquam veræ obedientiæ filios suscipimus, et ab omnibus vexationibus corporum fortunarumque tutos esse statuimus.

V.

(Duchesne, *Script. Franc.*, IV, 816, *Historia Hierosolymitana* Fulcherii *Carnotensis*, lib. i, cap. 4.)

Dilectissimi fratres, apostolatus apice Dei permissu orbi terræ prælatus, occasione necessaria supereminente, tanquam monitionis divinæ legatus, ad vos Dei servos has in partes condescendi Urbanus. Et quos dispensatores ministeriorum Dei æstimavi, tales et fideles, simulationis explosa eluvione, reperiri optavi. Quod si aliquid gibbosum vel tortuosum, modestia rationis justitiæ semota, contra legem Dei obsistat, præsente subfragamine divino, diligenter expedire satagam. Dominus enim supra familiam suam, ut ei pro tempore pabula modesto sapore condita ministretis, vos dispensatores constituit. Beati autem eritis, si fideles tandem dispensationis exactor vos invenerit. Pastores etiam nuncupamini:

videte autem ne mercenarii more fungamini. Veri ergo pastores, et baculos semper in manibus habentes, estote; nec dormitantes, gregem vobis commissum undique conservate. Nam si per incuriam vestram aut negligentiam ovem quamvis lupus abripuerit, mercedem nimirum vobis paratam apud Dominum nostrum amittetis: et delictorum flagris primitus asperrime cæsi, postmodum vero in custodiam funestæ conversationis truculenter subruemini. Vos vero juxta sermonem evangelicum, *sal estis terræ*; quod si defeceritis, ambigitur quomodo saliatur. O quanta salitio! vere necesse est vos plebem idiotam, et mundi lasciviæ supra modum inhiantem, sapientiæ sale corrigendo salire, ne delictis putrefacta, dum eam alloqui quandoque volueritis, Domino insalsa puteat. Nam si vermes, hoc est peccata, causa desidiæ procurationis vestræ, in ea repererit, illico vilipensam in præcipitium spurcitiarum eam subigi præcipiet. Et quia tantum perditum ei restaurare nequiveritis, vos judicio damnatos a familiaritate dilectionis suæ prorsus exterminabit. Sed hujusmodi salitorem oportet esse prudentem, provisorem, modestum, edoctum, pacificum, scrutatorem, pium, justum, æquum, mundum. Nam quomodo, indoctus doctos, immodestus modestos, immundus mundos efficere valebit? Quod si pacem oderit, quomodo pacificabit? Aut si quis habuerit manus suas sordidas, quomodo sordes alterius coinquinationis tergere poterit? Lectum est etiam quod si cæcus cæcum duxerit, ambobus cavea patebit. Cæterum vos ipsos prius corrigite, ut irreprehensibiliter subditos queatis emendare. Siquidem amici Dei vultis esse, quæ sentitis ei placita libenter exercete. Res ecclesiasticas præcipue in suo jure constare facite, et ut Simoniaca hæresis nullatenus apud vos radicet, cavete ne vendentes aut ementes pariter flagris flagellati Dominicis, per angiportus ad exterminium confusionis miserabiliter propellantur. Ecclesiam suis ordinibus omnimode liberam ab omni sæculari potestate sustentate, decimasque Deo proprias de omnibus terræ cultibus fideliter dari facite; nec vendantur, aut retineantur. Quod qui episcopum ceperit, omnino exlex habeatur. Quod qui monachos vel clericos, vel sanctimoniales, et eorum famulos ceperit aut exspoliaverit, vel peregrinos vel mercatores, anathema sit. Raptores, et domorum combustores, et eorum consentientes, ab Ecclesia extorres, anathemate feriantur. Summopere igitur considerandum est qua multandus sit pœna qui aliena diripit, si inferni damnatione percutitur qui propria non largitur. Sic enim diviti in Evangelio memorato contigit : qui non idcirco punitus est quod aliena abstulisset, sed quia rebus acceptis seipsum male dereliquit. His vero, ut dictum est, iniquitatibus, charissimi, mundum vidistis gravissime diu confusum fuisse, adeo ut nullus in aliquibus provinciarum vestrarum, sicut nobis a referentibus patefactum est, per imbecillitatem forsitan justificationis vestræ virtute per viam gradi audeat, quin vel die a prædonibus, vel nocte a latronibus, aut vi, aut ingenio maligno, in domo vel extra subripiatur. Quapropter treviam, sic vulgariter dictam, jam dudum a sanctis Patribus nostris determinatam, reformari oportet : quam firmissime unusquisque vestrum in episcopatu suo teneri faciat, monendo flagito. Quod si aliquis sive aviditate, sive superbia seductus, eam sponte infregerit, Dei auctoritate et hujus concilii decretorum sanctione anathematizetur.

Quoniam, o filii Dei, si pacem apud vos tenendam et Ecclesiæ jura fideliter conservanda sustentare, virilius solito Deo polliciti estis, exstat operæ pretium ut insuper ad quoddam aliud negotium Dei et vestrum emendatione Dominica nuper vegetati, probitatis vestræ valitudinem versetis. Necesse enim est quatenus cum fratribus vestris in orientali parte habitantibus, auxilio vestro jam sæpe proclamato indigis, accelerato itinere succurratis. Invaserunt enim eos, sicuti plerisque vestrum jam dictum est, usque mare Mediterraneum, ad illud scilicet quod *Brachium Sancti Georgii* vocant, Turci et Arabes, apud Romaniæ fines : et terras illorum Christianorum magis magisque occupando, lite bellica jam vice septuplicata victos superaverunt, multos occidendo vel captivando, ecclesiasque subvertendo, regnum quoque vastando. Quos quidem si sic aliquandiu quiete permiseritis, multos latius fideles Dei supergredientur. Qua de re supplici prece hortor, non ego, sed Dominus, ut cunctis cujuslibet ordinis tam peditibus quam equitibus, tam pauperibus quam divitibus, edicto frequenti vos, Christi præcones, suadeatis, ut ad id genus nequam e regionibus nostratibus exterminandum tempestive Christicolis opitulari satagant. Præsentibus dico, absentibus mando : Christus autem imperat. Cunctis autem illuc euntibus, si aut gradiendo, aut transfretando, sive contra paganos dimicando, vitam finierint, peccaminum remissio præsens aderit: quod ituris annuo, dono tanto investitus a Deo. O quantum dedecus, si gens tam spreta, degener, et dæmonibus ancilla, gentem cunctipotentis Dei fide præditam, et Christi nomine splendidam, sic superaverit! O quanta impropria nobis ab ipso Domino imputabuntur, si eos non juveritis qui professione Christiana censentur, sicut et nos! Procedant contra infideles ad pugnam jam incipi dignam, tropæo explendam, qui abusive privatum certamen contra fideles consuescebant distendere quondam. Nunc fiant milites, qui dudum exstiterunt raptores. Nunc rite contra barbaros pugnent, qui olim contra fratres et consanguineos dimicabant. Nunc æterna præmia nanciscantur, qui dudum pro solidis paucis mercenarii fuerunt. Pro honore duplici laborent, qui pro detrimento corporis et animæ se fatigabant. Quinimo hic tristes et pauperes, illic locupletes; hic inimici Domini, illic amici ejus erunt. Ituris autem mora non differat iter : sed propriis locatis, sumptibusque collectis, cessante bruma, verno subsequente, Domino prævio tramitem alacriter intrent.

VI.

(Gesta Dei per Francos, Opp. GUIBERTI, *S. Mariæ Novigenti abbatis,* edit. DACHERY, pag. 577.)

Si inter Ecclesias toto orbe diffusas aliæ præ aliis reverentiam pro personis locisque merentur: pro personis, inquam, dum apostolicis sedibus privilegia majora traduntur; pro locis vero, dum regiis urbibus eadem quæ personis dignitas, uti est civitas Constantinopolitana, præbetur: illi potissimum Ecclesiæ deberemus, ex qua gratiam redemptionis et totius originem Christianitatis accepimus. Si enim verum constat quod a Domino dicitur, quia videlicet *Salus ex Judæis est (Joan.* IV, 22) et Dominum Sabaoth semen nobis reliquisse constat, ne s'eut Sodoma simus et Gomorrhæ similes fiamus *(Rom.* IX, 29), et semen nostrum Christus est, in quo salus et omnium gentium benedictio est, ipsa terra et civitas in qua habitavit et passus est, Scripturarum testimonio sancta vocatur. Si enim hæc terra, Dei hæreditas et templum sanctum, antequam ibi obambularet ac pateretur Dominus, in sacris et propheticis paginis legitur, quid sanctitatis, quid reverentiæ obtinuisse tunc creditur, cum Deus majestatis ibidem incorporatur, nutritur, adolescit, et corporali vegetatione hac illacque perambulat aut gestatur? et, ut cuncta quæ longo verborum gyro narrari possunt, digna brevitate constringam, ubi Filii Dei sanguis, cœlo terraque sanctior, effusus est; ubi corpus, paventibus elementis mortuum, in sepulcro quievit, quid putamus venerationis emeruit? Si, ipso Domino nostro recens interfecto, et a Judæis adhuc civitate possessa, sancta civitas ab evangelista vocatur, cum dicitur: *Multa corpora sanctorum qui dormierant, surrexerunt, et venerunt in sanctam civitatem, et apparuerunt multis (Matth.* XXVII, 53); et a propheta Isaia dicitur: *Erit sepulcrum ejus gloriosum (Isa.* XI, 10), cum ipsa sanctitas, civitati semel Deo ipso sanctificatore per seipsum indita, nullo malo superveniente exinaniri valeat, et eodem modo indivisibiliter sepulcri gloria constet, summis studiis, fratres charissimi, vobis elaborandum est, ut sanctitas civitatis, ac sepulcri gloria, quæ gentilium frequentatione quantum in ipsis est crebro polluitur, si ad Auctorem illius sanctitatis et gloriæ aspiratis, si ea quæ in terra sunt vestigiorum ejus signa diligitis, si expeditis, Deo vos præcunte, Deo pro vobis præliante, mundetur.

Si Machabæis olim ad maximam profuit pietatis laudem, quia pro cæremoniis et templo pugnarunt, et vobis, o milites Christiani, legitime conceditur ut armorum studio libertatem patriæ defendatis, si limina etiam apostolorum, vel sanctorum quorumlibet, tanto sudore petenda putatis, quid crucem, quid sanguinem, quid monumentum eruere, quid visitare, quid pro his eruendis animarum pretia impendere, detrectatis? Indebita hactenus bella gessistis, in mutuas cædes, vesana aliquoties tela solius cupiditatis aut superbiæ causa torsistis; ex quo perpetuos interitus, et certa damnationis exitia meruistis. Nunc vobis bella proponimus quæ in se habent gloriosum martyrii munus, quibus restat præsentis et æternæ laudis titulus. Ponamus modo in Jerusalem Christum neque mortuum, nec sepultum, nec ibidem vixisse aliquando. Certe, si hæc deessent omnia, solum illud, ad subveniendum terræ et civitati vos excitare debuerat, quia de Sion exierit lex, et verbum Domini de Jerusalem *(Isa.* II, 5); si enim ex Jerosolymitano, quidquid Christianæ prædicationis est fonte manavit, rivuli, quaquaversum toto terrarum orbe dispersi, catholicæ multitudinis corda retorqueant, ut solerter attendant quid fonti tam irriguo debeant. Si *ad locum unde exeunt, flumina revertuntur, ut iterum fluant,* juxta dictum Salomonis *(Eccle.* I, 7), gloriosum vobis videri debet, si ei loco repurgium possitis impendere, unde baptismatis purgamentum, et fidei documentum vos constitit accepisse.

Et et vobis præterea summa deliberatione pensandum, si ipsam matrem Ecclesiarum Ecclesiam, vobis elaborantibus, ad Christianitatis cultum reflorere, Deo per vos agente, contigerit, ne forte contra propinqua Antichristi tempora ad fidem partes Orientis aliquas restitui velit. Perspicuum namque est Antichristum non contra Judæos, non contra gentiles bella facturum, sed, juxta etymologiam sui nominis, Christianos pervasurum. Et, si Antichristus ibidem Christianum neminem sicuti hodie vix aliquis habetur inveniat, non erit qui sibi refragetur, aut quem jure pervadat. Juxta enim Danielem, et Hieronymum Danielis interpretem, fixurus est in Oliveti monte tentoria, et Jerosolymis, *in Dei templo, tanquam sit Deus,* certum est, Apostolo dicente, quod *sedeat (II Thess.* II, 4), et juxta eumdem prophetam, tres reges *(Dan.* VII, 24), Ægypti videlicet, Africæ ac Æthiopiæ, haud dubium quin pro Christiana fide primos interficiat. Quod quidem nullatenus fieri poterit, nisi, ubi nunc paganismus est, Christianitas fiat. Si ergo piorum præliorum exercitio studeatis, ut sicut ab Jerosolymis Dei notitiæ seminarium accepistis, ita illic mutuate redhibitionem gratiæ restituatis, ut per vos nomen catholicum propagetur, quod Antichristi Antichristianorumque perfidiæ refragetur. Quis non conjicere potest quod Deus, qui universorum spem exuberantia virtutis exsuperat, per scintillam vestram tantæ paganitatis arundineta consumat, ut Ægyptum, Africam Æthiopiamque, quæ a nostræ credulitatis communione desciscunt, intra hujus rudimenta legis includat, et homo peccator, filius perditionis aliquos rebelles inveniat?

Et ecce Evangelium clamat Jerusalem calcandam a gentibus, donec impleantur nationum tempora *(Luc.* XXI, 24). Bifariam intelligi possunt tempora nationum, aut quia Christianis dominatæ sunt ad placitum, et pro suis libidinibus turpitudinum omnium volutabra sectatæ sunt, et in cunctis his nullum obicem habuerunt, tempus enim suum habere dicuntur quibus ad votum cuncta suppetunt, ut est illud: *Tempus meum nondum advenit; tempus autem vestrum semper par-*

tum est (Joan. VII, 6), unde et voluptuosis solet dici : Vos habetis tempus vestrum : aut rursus, tempora nationum sunt plenitudines gentium, quæ antequam Israel salvus fiat, subintraturæ sunt; hæc tempora, fratres charissimi, modo forsitan implebuntur, dum per vos, Deo cooperante, paganorum potentiæ repellentur, et fine sæculi jam propinquo, et si gentes desinent converti ad Dominum, quia, juxta Apostolum, *oportet fieri a fide discessionem* (II Thess. II, 5). Primum tamen necesse est, juxta prophetas, ante adventum Antichristi, in illis partibus, aut per vos, aut per quos Deo placuerit, renovari Christianitatis imperium, ut omnium malorum caput, qui ibidem regni thronum habiturus est, fidei aliquid contra quod pugnet reperiat nutrimentum

Cogitate itaque apud vos quod vos Omnipotens ad hoc fortasse provideat, quatenus Jerusalem per vos a tanta conculcatione restituat. Rogo, perpendite quibus cordibus gaudia illa poterunt concipi, cum sanctam civitatem vestro adminiculo viderimus suscitari, et prophetica nostris temporibus, imo oracula divina, compleri. Moveat memoriam vestram quod voce ipsius Domini de Ecclesiam dicitur : *Ab Oriente adducam semen tuum, et ab Occidente congregabo te* (Isa. XLIII, 5). Semen nostrum Deus adduxit ab Oriente, quia duplici modo orientalis illa provincia edidit primitiva incrementa nobis Ecclesiæ: Sed ab Occidente eam congregat, dum per eos qui ultimi, fidei documenta cœperunt, Occidentales scilicet (quod per vos, præstante Deo, fieri posse putamus), Jerosolymitana damna restaurat.

Si Scripturarum vos non excitant dicta, nec nostra vestros animos penetrant monita, excitet saltem vos, eorum qui sancta loca adire desiderant magna miseria. Perpendite eos qui peregrinantur, et per Mediterranea illuc vadunt, siquidem opulentiores sunt, quantis redhibitionibus, quantis violentiis subjacent, dum pene per singula milliaria pensiones coguntur, et tributa dependere, per quasque civitatis portas, per ecclesiarum et templorum ingressus redemptiones exsolvere; ad quasque de locis ad loca demigrationes, inflicta qualibet accusatione, ad redemptionem compellere? dare vero munera detrectantes, quomodo gentilium præfecti consueverint, verberibus truculenter urgere? Quid de his dicturi sumus, qui nihil prorsus habentes nudæ fiducia paupertatis, dum nil præter corpora videantur habere quod perdant, iter illud arripiunt? Dum ab eis pecunia, quæ non est, suppliciis intolerandis exigitur, dum callos talorum ne forte quidpiam ibi insuerint, dissecando ac revellendo rimantur, crudelitas nefandorum ad hoc usque perducitur ut aurum vel argentum miseros absorbuisse putantes, aut data in potum scamonia, usque ad vomitum, vel etiam eruptionem eos vitalium urgent, vel ferro, quod dici nefas est, discissis ventribus, intestinorum quorumcunque involucra distendentes, quidquid habet natura secreti, horribili concisione aperiunt. Recolite, precor, eorum millia qui detestabiliter perierunt, et pro sanctis locis agite, unde vobis pietatis rudimenta venerunt; ante vos, in sua bella mittendos, Christum fore signiferum indubitanter credite, et præcursorem individuum.

VII.

(*Petri* TUDEBODI, *sacerdotis Suriacensis, Historia de Hierosolymitano itinere*, l. I, c. 1, apud DUCHESNE, *Script. Franc.* IV, 777.)

Fratres, oportet nos multa pati pro nomine Christi, videlicet miserias paupertatum, persecutionum, egestatum, infirmitatum, nuditatis, famis et sitis, et alias hujusmodi, sicut idem Dominus suis ait, dicens : *Oportet vos pati pro nomine meo;* et : *Nolite erubescere loqui ante facies hominum; ego vero dabo vobis os et sapientiam,* ac deinceps subsequetur vos larga retributio.

VIII

(DUCHESNE, *Histoire de tous les cardinaux français*, t. II, p. 45, et FRIZO, *Gallia purpurata.*)

Existimastis forte, qui hic loci ad nos acciti convenistis, veri Christiani, solam fuisse rei ecclesiasticæ ad normam fidei religionis componendæ causam, quæ me ab Urbe venire compulerit; fuit equidem in eo aliquid causæ, sed alia urgentior, et qua major ulla dici non possit, nec excogitari, nos traxit. Paucos ante annos, gens a Perside Agarena, quam corrupte Sarracenam dicitis, sanctam civitatem Hierusalem, sanctamque terram invadens, cepit, diripuit, incendit, sacrosanctum Domini sepulcrum (quod sine lacrymis dicere nequimus) profanatum, fœdata etiam ecclesiæ sacella, templaque ritus nostri aut solo æquata sunt, aut in profanos usus commutata. Abacti inde Christiani, pars fragilis, et cruciatuum impatiens saluti abrenuntiavit, circumciso præputio facta est Sarracena, pars, in fide constans, per varios mortis modos lacerati laniatique, ut felix fuerit, quem carnifex petitum gladio obtruncavit. Mulieres Christianæ, in urbibus oppidisque frequentissimæ, quas ex vestris quorumdam, qui astatis, urbibus et oppidis devotio ad sancta inspicienda et adoranda loca per tot terras traxerat, omnia passæ sunt quæ dictu obscœna crudelis Christi hostis, non ad suam magis explendam libidinem, quod ad Christianorum dedecus excogitare potuit. Et, si Christiani, imo si viri estis, nec æquo audire animo potestis, nec patienter tolerare. In quæ omnia, ut illis pro dignitate nominis Christiani providere velitis, majorum exempla, maximum, quod imminet negligentibus, periculum, et præmiorum spes, vos non ducere magis quam trahere debebunt. Etenim subjectas quondam Romanorum imperio civitates, et terram sanctam a Turcis Sarracenisque nostris hostibus possideri, neminem esse vestrum qui ignoret certum habemus. Quas vero Europæ provincias, quas urbes iidem premant, occupent, lacerentque infideles; si omnes simul ignoratis, unusquisque in sua provincia novit, nisi forte vos, Galli remotiores, hæc non sentitis, qui Hispanorum Aquitanorumque, ab ea gente oppressorum; dum in servitutem rapiuntur, in Africam abducuntur, clamores ejulatusque singulos per dies audire debetis. Sed nunquid vos, Germani, Saxones, Poloni, Bohemi, Hungari, etsi Turcas et Sarracenos intra viscera sævire vestra nondum sentitis, quam a vobis distent, vel fretis, vel fluminibus ignoratis? Italiam nunc alloquor, quam multos ante annos Sarraceni dimidiam pene occuparunt, in eamque adeo penetrarunt ut Christianorum caput, Petri sedem Romam, martyrum sanguine adhuc madentem, invasam obsederint, captasque apostolorum Petri et Pauli basilicas inquinaverint. Venetos hic video, Dalmatas, et alios sinus Adriatici accolas, qui, dum perpetua cum Sarracenis prælia, ut se tueantur, exercent, quod est Italiæ reliquum defensant. Quid multis? fuit hactenus in extremis ad septentrionem partibus Europæ Constantinopolitanum imperium obex et tanquam murus, qui Turcas atque Sarracenos continuit et prohibuit, ne Hungaros, Polonos, Bohemos, ipsosque Alemannos primo, deinde cæteros obruerent Christianos. Pulsus vero ante paucos annos Asia imperator, de retinendis Constantinopolitanis Europæ regionibus laborat. Si nunc ea respicitis consideratisque sola quæ ante oculos sunt, si irruituro brevi Turcæ et Sarraceno obsistere non pergitis, qui sacrum Domini sepulcrum, sanam Jesu Christi terram pedibus conculcatam a spurcissima gente tot annos inquinari neglexistis, eamdem in vestrum caput irruere brevi sentietis, matronas a complexu vestro, vestras virgines, ab earum sinu, pueros et adolescentes vestros in servitutem vobiscum rapi dolentes moestique videbitis. Melius et majori cum gloria nostri progenitores inchoatam Romæ et in Italia et per Europam dignitatem, ad totius orbis monarchiam extulerunt, per cujus omnes provincias et regiones nomen floruit Christianum quod nostris temporibus ad parvum orbis angulum coangustari, et quotidie de excidio periclitari videmus. Sed propinquiora attingamus, Carolus iste, cognomento magnus vester, Germani, pene avita origine: Vester, Franci, rex vestrum ingens decus, Hispaniæ, Aquitaniæ et ipsis Franciæ finibus incumbentes Sarracenos infinita mortalium examina deturbavit. Carolus Sarracenos Italia (ut fama vos vulgatis) terra sancta Hierosolimisque expulit. Et quo audebitis pacto post hæc dicere, solam esse vel primariam gentem Franciam, quam vere Christianam appellare liceat, si in ea quæ vobis adest, opulentia, Sarracenos et Turcas, post captum inquinatumque Domini sacrum sepulcrum, populi etiam Christiani reliquias capi opprimique per ignaviam permiseritis? Expergiscimini, obtestamur, et per viscera misericordiæ Dei nostri oramus, viri fortes orbi Christiano exemplum incitamentumque futuri, arma capite, turmas, cohortes, legiones educite, tam multos habituri sequaces, quam id ardenti animo facere ostendetis. Aderit vobis omnipotens Deus, angelos suos ante faciem vestram, qui dirigant gressus vestros, cœlo dimittet. Capite igitur et arripite arma, Christiani, Dominicum sepulcrum liberaturi, in quo omnes æternam vobis comparabitis gloriam, tum etiam rerum sæculi incomparabiles divitias parabitis. Nos denique de misericordia Dei, beatorum Petri et Pauli auctoritate confisi, fidelibus Christianis, qui contra paganos venerabilia loca hujusmodi detinentes arma susceperint, cunctas sibi pro delictis suis pœnitentias relaxamus. Interim vero, eos qui ardore fidei laborem istum assumpserint, sub Ecclesiæ Romanæ protectione, tanquam veræ obedientiæ filios suscipimus, et ab universis inquietationibus tam in persona quam in rebus statuimus manere securos.

EPITAPHIUM SIMONIS
COMITIS CRESPEIENSIS

Scriptum in pyramide ejusdem, a domno papa Urbano, cognomento Odone (66).

Simon habens nomen, majorum sanguine claro,
Francorum procerum, pars ego magna fui.
Paupertatis amans, patriam mundumque reliqui,
Christum divitiis omnibus anteferens.
Post ad apostolicam cœlestis principis aulam
Eximius tanti me patris egit amor.
Quo duce promerear tandem super astra levari:
Hospitor hic sacras conditus ante fores.

Olim facta patris renovans dictamine fratris
Discipulis normam scripsi sub paupere forma;
Sed quia nec sprevit Deus hæc, nec pauperiora,
Ostendit Moyses, operi capiendo minora.
Quare lectorem cupiens auxiliatorem,
Me legat absentem posco virtute carentem.

(66) Illud epitaphium habetur etiam in cod. ms. monasterii Clarimariscensis in Flandria cum ejusdem Simonis Vita. Verum sex versus posteriores videntur esse auctoris Vitæ, qui eos prioribus ab Urbano pontifice editis adjunxit.

B. URBANI EPITAPHIUM DUPLEX

(D. Ruinart, *Vita Urb.*, App., p. 280.)

I.

Canonicus Remensis Odo, quem Cluniacensis
 Hugo facit monachum, papa fit eximius?
Hic vivens lux Urbis erat, nox morte perennis,
 Urbs stetit Urbano stante, cadente cadit [*al.,*
  [ruente ruit].
Lege regens, et pace fovens te, Roma, beavit,
 Servans a vitiis intus, ab hoste foris.
Non flexit, non extulit hunc, non terruit unquam
 Dives, fama, potens; munere, laude, minis.
Eloquium linguam, sapientia pectus, honestas
 Mores ornabant, exteriora decor.
Ecce per hunc urbs sancta patet, lex nostra triumphat,

A Gentes sunt victæ, crescit in orbe fides.
Sed citius rapitur rosa, quæ plus vernat in horto,
 Sic et florentem fata tulere virum.
Mors hominem, requies animum, cisterna cadaver,
 Solvit dura, fovet grata, profunda tegit.
Suscipit, inter nos, nil nisi fama manet.

II.

Urbanum papam, quem Francia dixit Odonem,
 Quæ regio tenerum protulerat puerum,
Vitales auræ morientem deseruere,
 In quo sic orbis lingua diserta ruit,
Ut simili careat doctore superstite mundus
 Hic igitur posuit flens sua Roma suum.

SÆCULI XI
AUCTORES ANNI INCERTI

ACCEDUNT

SCRIPTA ΑΔΕΣΠΟΤΑ

VALCANDUS
MEDIANI MONASTERII IN LOTHARINGIA MONACHUS

NOTITIA IN VALCANDUM
(Histoire littéraire de la France, tom. VII, pag 239.)

Valcande, inconnu à tous nos biographes, mérite néanmoins de tenir rang entre les écrivains ecclésiastiques. On sait peu de chose de sa personne, mais on est plus instruit des productions de sa plume. Il était moine de Moyenmoutier, au diocèse de Toul en Lorraine, et florissait encore après l'an 1014 (Mart. *Anec.*, t. III, p. 1109-1124). Les preuves de ceci se tirent de ses propres écrits. En parlant de S. Hidulfe, fondateur de cette abbaye, il le nomme son père et son nourricier. Ailleurs il rapporte plusieurs miracles opérés sous l'épiscopat de Berthold, et le gouvernement de l'abbé Nardulfe, qui commença en 1011 et finit en 1026 ou l'année suivante. Parmi ces événements il y en a un arrivé en 1014, ce qui montre que l'auteur n'écrivait qu'après cette époque (Cal. *His. de Lor*, t. IV, par. II, p. 61). Si cependant on s'arrêtait à un autre endroit où il est parlé de Lambert, un des successeurs de Nardulfe, vers le milieu du même siècle, on croirait que Valcande aurait vécu jusque-là (Mart., *ib.*, p. 1121). Mais dom Calmet (*ib.*, p. 56), ayant imprimé cet endroit entre deux crochets et en lettres italiques, nous fait juger que c'est une addition faite après coup. C'est aussi ce qui paraît visiblement par la lecture de l'ouvrage. Le nom de notre auteur n'a été connu du public qu'en l'année 1721. Pour ce qui est de ses écrits,

1°. On a de lui une Vie de S. Hidulfe, d'abord évêque de Trèves, puis fondateur et abbé de Moyenmoutier. Cet ouvrage, dans les manuscrits, ne porte le nom d'aucun auteur; et Jean-Jacques Chifflet a tenté de le donner à Brunon, depuis pape sous le nom de Léon IX, de quoi dom Martene et dom Durand, les premiers éditeurs, ne paraissent pas éloignés. Mais c'est un sentiment purement hasardé, et qui ne peut se soutenir. Brunon n'était point encore en âge d'écrire pour la postérité lorsque l'ouvrage est sorti des mains de son auteur. Il est plus juste de s'en rapporter à dom Humbert Belhomme, abbé de Moyenmoutier, qui, ayant travaillé à l'histoire de son abbaye, et fait à ce sujet des recherches particulières, a découvert que l'auteur, qu'il croyait d'abord anonyme, n'est autre que Valcande.

Son écrit est proprement un commentaire d'une Vie de S. Hidulfe, faite en 964, sur une autre beaucoup plus ancienne et fort prolixe du même saint, dont elle n'est qu'un simple abrégé. Cette première Vie, qui passait pour être une production des disciples de S. Hidulfe, et que dom Mabillon souhaitait extrêmement de recouvrer, est perdue depuis qu'elle fut abrégée ; de sorte qu'il ne nous reste plus que l'abrégé qu'en firent en 964 les moines de Moyenmoutier, et le commentaire dont Valcande l'a illustré, en y conservant presque tout le texte de l'abrégé fait par ses confrères. Il y en a, à la vérité, encore un autre beaucoup plus court, mais qui ne mérite presque pas qu'on en parle.

Celui-ci, dont on ignore le temps et l'auteur, a été d'abord imprimé dans le supplément de Surius, par Mosander, son confrère, qui en a changé le style (Sur., supp. 14 Jul., p. 575, 576). En 1723, les continuateurs de Bollandus l'ont réimprimé au IIIe volume de leur mois de Juillet, sur un manuscrit d'Utrecht, à la faveur duquel ils lui ont rendu sa première intégrité. L'année suivante, dom Belhomme le fit entrer dans la première partie de son Histoire de Moyenmoutier, qui parut à Strasbourg en un volume in-4°.

Dans l'une et l'autre édition ce plus court abrégé est précédé de celui qui fut fait vers l'an 964, et suivi de l'ouvrage de Valcande. On donne le premier sur un manuscrit de Moyenmoutier, ancien au moins de sept cents ans, et l'autre sur les manuscrits de Moyenmoutier, d'Epternac et de Paderborn.

Le tout est accompagné d'amples et savantes observations préliminaires, et de notes historiques et critiques de la façon de dom Belhomme et des autres éditeurs. On s'y attache à montrer et à rectifier les fautes énormes, surtout contre la chronologie, qui se trouvent dans l'un et l'autre ouvrage. Dès 1717 dom Martène et dom Durand avaient publié celui de Valcande sur le manuscrit de Paderborn dont on vient de parler.

2° Cet ouvrage dans le seul manuscrit de Moyenmoutier est immédiatement suivi d'un sermon du même auteur, dont les éditeurs n'ont pas jugé à propos de charger leurs recueils. C'est une invective contre la corruption des mœurs de ce temps-là, d'où Valcande prend occasion d'exhorter ses confrères à imiter les vertus de S. Hidulfe et de ses disciples.

3° Au lieu de ce sermon, les manuscrits de Paderborn et d'Epternac contiennent tout de suite un traité des successeurs de S. Hidulfe en Vosge. Il est hors de contestation que cet autre écrit appartient à l'auteur du précédent (1), qui l'y promet en termes non équivoques. Nous avons trois éditions de cet ouvrage de Valcande. Dom Martène et dom Durand l'ont d'abord donné à la suite de la Vie de S. Hidulfe. Mais ils en ont retranché plusieurs chapitres vers la fin, sur ce qu'ils leur ont paru peu intéressants. Ils ne contiennent en effet que quelques miracles. Dom Belhomme l'a inséré depuis dans la seconde partie de son Histoire de Moyenmoutier, et enfin dom Calmet parmi les preuves de l'Histoire de Lorraine. L'ouvrage est entier dans l'une et l'autre édition. Valcande l'emploie à donner la succession des abbés de son monastère, depuis S. Hidulfe jusqu'à Nardulfe, avec quelques traits de leurs Vies. Il y en a joint quelques autres touchant les divers états dans lesquels s'est trouvé Moyenmoutier pendant cet espace de temps. S'il n'en rapporte pas davantage il faut s'en prendre, selon lui, au défaut de monuments qui pouvaient l'en instruire. Son ouvrage, au reste, n'est pas exempt de fautes. Valcande y parlant d'un Fortunat, à qui Charlemagne donna l'abbaye de Moyenmoutier, le représente comme patriarche de Jérusalem. Mais les savants sont persuadés qu'il l'était de Grade, et le même que celui qui, se voyant poursuivi par les Vénitiens, se retira en France vers 803.

4° On croit avec beaucoup de probabilité que Valcande a aussi retouché la Vie de S. Dié, ou Diey, d'abord évêque de Nevers, puis fondateur et abbé du monastère du même nom en Lorraine (BOLL. 19 Jun., p. 883, not.). Ce qui sert à appuyer ce sentiment, c'est que l'auteur de cette Vie, telle que nous l'avons, renvoie ses lecteurs à celle de S. Hidulfe, retouchée par Valcande, comme on l'a vu, et que d'ailleurs ce sont les mêmes fautes contre la chronologie dans l'une et l'autre. On peut ajouter que les temps y conviennent, puisque l'auteur ou réviseur n'écrivait que quelques années après l'élévation du corps de S. Dié, qui se fit en 1003 (Spic. t. III, p. 313).

En remontant plus haut, on trouvera que cette Vie de saint Dié aura eu les mêmes aventures que celle de S. Hidulfe (BOLL. ib. p. 870, 871, n. 3, 6). La tradition du XIe siècle, portait effectivement que les actes de ce saint avaient été originairement recueillis par ses disciples, et ensuite remaniés par un saint et savant abbé de Moyenmoutier. Cette seconde circonstance, il est vrai, ne peut se soutenir en tout, mais elle subsiste pour le fond. Il est clair par le texte que le dernier réviseur y a conservé cette circonstance remarquable, que ce fut non un abbé de Moyenmoutier, mais un moine de Val-Galilée, aujourd'hui Saint-Dié, qui remania ces actes. Il l'avait fait par conséquent avant 980, qui est le temps auquel les chanoines prirent la place des moines. Enfin Valcande les revit à son tour, et les rendit tels que nous les avons. Il y promet une relation des miracles du saint. Mais, cet écrit projeté est demeuré en idée, ou il faut dire qu'il est encore caché ou entièrement perdu. Dans la suite ces actes furent envoyés au pape Léon IX, qui les approuva dans un concile tenu à Rome en 1049, la première année de son pontificat.

Nous en avons plusieurs éditions, et quelques traductions en notre langue. Mosander en a fait entrer dans son Supplément à Surius (Sur. Supp. 19 Jun., p. 539-546). Mais, outre qu'il en a changé le style, la préface et la fin manquent dans son édition. En 1619 (BOLL. ib. p. 870, n. 3) ils furent réimprimés à Nancy en leur entier. Dès 1594 Jean Royr, secrétaire du chapitre de Saint-Dié, les avait traduits en français et

---

(1) Abbatum Mediani-Monasterii in Vosago siti, nunc *Moyenmoutier* appellati, historia, Vitæ sancti Hidulfi ipsius cœnobii fundatoris adjecta, nonnisi ad Hardulfi abbatis, qui anno 1016 depositus dicitur, tempora est deducta. Ideo jam ante anno 1020 opus confectum et Valcando cuidam monacho esse tribuendum, Belhomme minus recte statuit. Cum eo facit Rivet Hist. litt. VII, pag. 240, qui hanc rem nimis leviter dijudicavit. Nam scriptor ille Brunonis Tullensis tempora vidit et diserte anni 1043 mentionem facit; quæ quominus posit addita esse cum Belhommio putemus, codex antiquus et fere cœvus impedit. Eidem auctori Vitam S. Deodati interpolatam deberi constat, quæ cum anno 1049 Brunoni jam papæ ordinati probanda sit porrecta, auctorem, sive abbas, sive monachus Mediani-Monasterii fuerit, eodem fere tempore utrumque opus conscripsisse et Leoni IX papæ transmisisse verisimile est. — Vitam S. Hildulfi antiquiorem auxit atque interpolavit eique alterum librum adjecit, quo et successorum Gesta et miracula ab ipso sancto facta narravit, priscis temporibus traditionem quamdam monasterii secutus, postea rerum ibidem gestarum satis gnarus. Liber tamen neque rerum quas continet gravitate neque narrandi ratione se commendat. Richerius in Historia Senoniensi et Joannes a Bayono, qui sæculo XIV majorem Mediani-Monasterii historiam edidit, ex hoc fonte quamplurima hauserunt. (G. WAITZ, *Prœm. ad lib. De succ. S. Hidulphi*, ap. PERTZ, *Mon. Germ. hist.*, Script. t. IV, p. 86.)

publiés à Troyes. Il les inséra depuis dans son ouvrage des *Saints et antiquités de Vosges*, imprimé à Épinal en 1654. François Riguet, grand prévôt de Saint-Dié, les publia à son tour, en 1679, sur l'édition de Nancy. Enfin les successeurs de Bollandus les ont donnés sur plusieurs manuscrits, collationnés aux éditions précédentes, et les ont enrichis de savantes notes et observations préliminaires.

VITA SANCTI HILDULPHI

EPISCOPI TREVIRENSIS ET FUNDATORIS MEDIANI-MONASTERII

(Marten. *Anecd.* III, 1093.)

CAPUT PRIMUM.

S. Hildulfi primordia. — [Quoniam] quicunque baptizati Christum induti sunt (*Gal.* IV, 27), et hæreditatem animo suspirarunt æternæ salutis, ut aliquando illam valerent consequi, usi sunt lumine charitatis per quam unicus Dei Filius, cum solus esset in regno Patris æterni, ut cohæredes haberet homines, fratres sibi adoptavit, quibus in domo Patris sui mansiones collocaret. Ad hanc ergo festinantes, viros Dei solos venire puduit, cum scirent eos qui secum alios traherent certam manere mercedem, adeo ut quo plures veherent, eo majori præmio cumularentur, fisi illa attestatione, qua servus ille evangelicus, talentum sibi creditum cum lucro referens, gaudio domini sui donatus est. Ad hujus itaque gaudii ineffabilem dulcedinem ille bonus Pater familias omnes volens introducere, missis in mundum servis suis, cunctos præcepit invitari, et, ne in via deficerent aut errarent, tritico vitæ et lampade charitatis geminæ sustentari; cumque hoc Omnipotentis divinitati diu agere placuisset, ut conservis suis suo in tempore tritici mensuram erogaret, ad laborem præsentis vitæ futurum pastorem populis, Hildulphum nomine, jussit prodire, qui claro Nerviorum genere ortus, inter scholares alas sacræ militiæ alitus est. [Circa illius temporis ætatem Garibaldus regebat eamdem Noricorum, hoc est Bavariorum, gentem, cujus filiam, nomine Trudelindam, Agilulfus, rex Longobardorum, sortitus fuerat uxorem. Hujus etiam Agilulfi ad obsidionem urbis festinantis præcellentissimus domnus papa Gregorius mentionem facit (*In comment.* in *Ezechielem*). Ea quoque tempestate Austrasiis imperabat Theudebertus, ex Chidelberto Brunichildis filio procreatus, cujus in aula educabatur beatus Arnulfus, Arnoaldi vel Arnoldi sub Clotario vel Dagoberto illustris viri filius, ex majoredomus post modum Mediomatricæ urbi pontifex destinatus; quique ad extremum renuntians apici tanti pontificatus, anachoreticæ vitæ sectator effectus est devotus. Verum puer Dei ab ipso Conditore perelectus misericorditer Hildulphus] et mox futurus Christianæ defensor religionis ac doctor studiis litterarum traditus, divina gratia cooperante, in brevi efficacissime claruit. Atque unde multi per abrupta vitiorum defluunt, et in cœno superbiæ devolvuntur,

A videlicet si de mundi scientia quidpiam attigerint, inde iste adhuc bonæ indolis puer, omnibus excellentior factus, in dies proficiebat integer ab his vitiis quibus juvenilis ætas implicatur; dum enim multi talium controversiis forensibus, alii ludis multiplicibus, alii, licet admodum rari, in investigandis sæcularium nodis disciplinarum, intenti obstupescant, hic pervigil in orationibus, assiduus lectioni erat, atque ultra vires operibus misericordiæ intentus succurrere laborantibus, opem ferre egenis, miseris assistere diligebat. Talium ergo virtutum incrementis quid futurus pastor Ecclesiæ faceret permonstrabat.

CAPUT II.

Fit clericus nec multo post monachus. — Interea B moribus ecclesiasticis assuefactus apud urbem vulgo Regensburg (2) dictam clericatus honore donatus est. Quia vero semen rectæ intentionis semel jecerat omnipotens Agricola in bono arvo pectoris illius, paulatim assurgebat in eo robustæ operationis culmus, attonitus nempe et avidus nec surdus auditor existens Evangelii, non remissus obauditor ardebat fieri, illud Dominicum sine intermissione ingerens sibi: *Qui reliquerit domum, aut patrem, aut matrem, aut fratres, aut sorores, aut agros propter nomen meum, centuplum accipiet et vitam æternam possidebit* (*Matth.* XIX, 29). Talia enim quæ videbat sibi adesse, plurimum suæ arbitrabatur perfectioni obesse; uxoris vero filiorumque causa non ejus animum stimulabat, quibus hactenus carebat. Non C denique per illud tempus tam indifferenter distribuebantur ordines ecclesiastici sicut cernimus hac nostra ætate distribui, sed perpetuum professoribus castimoniæ aut virginitatis. Sed vir iste beatus, Spiritus sancti gratia præventus, a cunabulis illibatum a corruptione carnis servavit pectus, in cujus latebris mentem suam informabat et alebat. Præmissis et aliis evangelicæ institutionis verbis, prudenter advertens non solum sanctis hæc dicta aut donata apostolis, verum etiam cunctis in unitate fidei apostolica suggestione fundatus, tandem exemplo fidelis Abrahæ, terra, cognatione domoque parentum egressus, iter arripuit Sicambriam versus, subiitque civitatem Trevirim, quam tunc copiosus incolebat populus; monachorum etiam bonæ opinionis odorem circumcirca spargentium decorabat

(2) In vet. ms. leg. *Regenesbuorch.*

conventus. Quibus, spem sæculi irridens imperterritus agonotheta Christi, sociatus, monasticam normam professione explevit et actibus; adeoque frixura sancti zeli, circa monasticam perfectionem, exussit cor ejus ut terrori et exemplo minoribus, venerationi vero et amori fuerit majoribus. Itaque Milo (3) reverendi Lutroini filius tunc archiepiscopus, perpendens hunc sanctum virum scientia fultum, discretione maturum, conversatione angelicum, diversarumque virtutum tendere gradibus ad perfectionis cumulum, cœnobio abstractum secum retinere voluit, atque secundam a se sedem ei indulsit, quatenus vice ipsius pastorale subministraret officium, sarcinam perferendo sibi creditarum ovium, sanis et debilibus consulendo secundum quod senserat congruum. Quod quam pie quam strenue exsecutus est, sequentis series lectionis declarabit.

CAPUT III.

Trevirensi sedi præficitur. — Sub hoc tempore, apud Gallias Francorum regibus a solita fortitudine et scientia degenerantibus, hi qui majores domus regalis esse videbantur, administratione regni potentiam, et quidquid regibus agere mos est ceperunt; quippe cum cœlitus esset dispositum ad horum progeniem Francorum transvehi regnum. Eratque illis in diebus in regio palatio Angisus, Arnulfi filius, de nomine Anchisæ quondam Trojani, ut putatur, appellatus, administrans principatum sub nomine majorisdomus, cujus quoque ætatem attigit Heraclius, Romanæ reipublicæ Augustus, qui revexit sanctissimæ crucis lignum a Chosroæ tyranni partibus. [Pippinus post multum temporis patri Angiso decedenti succedens, rempublicam Galliarum gubernavit florentissime, vir magnæ potentiæ, miræque pietatis et audaciæ, qui hostes suos statim aggrediendo contrivit sæpissime; nam super quemdam suum adversarium Rhenum transgressus, cum uno tantum satellite suo irruit, eum in suo cubiculo residentem cum suis trucidavit; bella quoque multa cum Saxonibus et maxime cum Rathbodo Fresonum rege fortiter gessit. Hic et alios filios habuit, sed ex his præcipuus Carolus exstitit, qui ei post in principatu successit. Quod idcirco fortassis plus justo visum est prosequi, ne similitudo nominum decursuque temporum in sequentibus injiciat scrupulum lectori, nempe præfatus dux Carolus primi ex Francis magni imperatoris Caroli exstitit avus. Publicis igitur utilitatibus invigilante Angiso jam dicto (4)] et Milone archiepiscopo Trevirensium rebus humanis exuto, Trevirenses præsule indigebant. Grex itaque Domini, pastore destitutus, conversus ad Dominum totis precibus incumbit, et ut Ecclesiæ suæ, turbine sæculi fluctuanti, rectorem tribuat exposcit. Tunc subito Hildulphi nomen per ora omnium sonuit, quod vir esset nobilis, scientia eruditus, lingua urbanus, vita moribusque [Deo placita, hominibus approbata ac moribus clero et plebi proficuis congruisque compositus.] Mox sermo in aula regis percrebuit, atque exiit edictum ut vir talis ac tantus pastorale subiret ministerium. Quo completo, vir Dei in diversa nitens [versus nativitatis suæ solum fugam arripuit; siquidem anxiabundus suspecto honore sublimandus refugiens in peregrinis quasi ignobilem se posse delitescere suspicabatur in propriis] nam eremum concupierat, nisi populi devotio præcavens obstitisset. Ab Histria igitur raptus Galliam Belgicam usque deductus est. [Cujus secundum desiderium, licet fuerit dilatum, non tamen est ablatum.] Fit conventus totius regni, accurrunt principes cum episcopis, cœtus clericorum monachorumque cum populorum turbis, una omnium acclamatio Hildulphum esse honore episcopali dignissimum, cum vir Dei e diverso se omnino reclamaret indignum; nam [persæpe (5)] fragilitatis robustus prospector semetipsum in se metiendo sibi timebat, quia quæ et qualis sit ratio animarum reddenda cogitabat, quod si nunc homines perpendere vellent, dum liberi et quiete vivere possunt, regimen ecclesiasticum, ad quod viri sancti vix cogebantur, nequaquam tam prompte pecuniis mercatum irent. Sed tandem vicit devota populi acclamatio fidelis atque [apostolicæ per omnia conformatus fidei post beatum Eucharium Petri apostoli discipulum tricesimus tertius] communi omnium voluntate Trevirorum confirmatus antistes. Qualis vero jam fuerit, et qualem se cunctis præbuerit, quia difficile explicabitur, attentare veremur.

CAPUT IV.

Ejus in episcopatu virtutes. — Igitur beatus vir, non modo de boni operis [seu monastici rigoris] proposito semel arrepto aliquid non minuit, sed velut centuplicatum augmentavit. Enimvero quasi puer aut adolescens quidquid ubique jacet scelerum perpetrasset, sic in pœnitudinem conversus se contra se erexit. Videres hominem exesum jejuniis, vix ossibus hærere, ad sanctorum memorias indefessum jacere, inundantia lacrymarum sedulo madere, noctes insomnes ducere. Quid enim dicemus eum pauperes, mediocres et divites summo studio omnique diligentia curare? Quidquid sibi erat omnibus commune faciebat, divitibus et egenis idem semper erat. His præcipiebat non superbe sapere, neque sperare in incerto divitiarum, sed in Domino qui dat omnibus omnia affluenter (*I Tim.* vi, 17), et ut rerum abundantia pauperum inopiam suppleret, quatenus in futuro pauperum abundantia divitum inopiæ fieret supplementum (*II Cor.* viii, 14). Omnino autem pauperes rebus admonebat ut

---

(3) Milo iste pseudoarchiepiscopus exstitit tardiusque vixit quam ut vices suas Hildulfo committere potuerit. Itaque lapsus est auctor in nomine antistitis.

(4) Pro his quæ ansulis clauduntur, hæc tantum in Vita ms. leguntur. *Pippinus itaque tunc temporis vir magnæ pietatis, genitor videlicet Caroli Magni, rempublicam Galliarum florentissimam gubernabat.*

(5) In vet. ms. leg. *propriæ.*

scirent spiritu pauperes esse, et in humilitate gratias agere Deo, dicente ipso Domino : *Beati pauperes spiritu* (*Matth.* v, 3). Perquirebat quem sanctorum in aliquo bono imitari valeret, cum diem se perdidisse querebatur, quo parum aliquid non profecisset in actibus, seu in mandatis Dei. Sacrificium pro salute mundi totius et requie defunctorum, nullo offerre Deo prætermittebat die, sciens se Domino dicere : *Benedicam Dominum in omni tempore, semper laus ejus in ore meo* (*Psal.* xxxiii, 2); et : *Voluntarie sacrificabo nomini tuo, Domine, quoniam bonum est* (*Psal.* liii, 8). Quidquid vir Dei igitur fieri sibi volebat, juxta evangelicum præceptum, nulli negabat, sed omni poscenti se libentissime tribuebat, portum scilicet laborantibus, consolatorem mœstis, nudis coopertorem, susceptorem viatoribus. Quis enim unquam expetiit et ejus bonitatem expertus non est? Quotidiana illum sollicitudo animarum aliquo percunte compellebat gemere; quanquam tantæ esset pietatis ut, quovis scandalizante se, crederet offendisse; et quoniam incolam se et peregrinum hic noverat (*Psal.* cxviii, 19), ubi non habere se manentem civitatem sciebat (*Hebr.* xiii, 14), ostium suum viatori nunquam clausit, neque buccellam suam solus comedebat. [Ut dulcissimus pater filios spirituales dulciter admonendo, quatenus cœlestis patriæ hæreditati inhiarent non desistebat; divinæ legis gratiam in pectore gestabat, ex cujus sale sermonem sui oris condiebat. Vanitatem mundi sic horrescebat ut crederet ac profiteretur miseros esse amatores ejus. Eleemosynis maxime insudabat, hospitalitati largissime, ac si hanc ipsi Christo exhiberet, insistebat. Quem videbat tristem et dolentem, consolationis verbo et subsidio necessario exhilarabat, discordantes ad concordiam reducebat.] Cæterum omnibus omnia se faciebat, ut omnes salvos faceret (*I Cor.* xi, 22), et ut bonus pastor, quidquid gregi dicebat agendum operum exhibitione monstrabat.

CAPUT V.

Corpus S. Maximini transfert. — Cum hujusmodi cæterarumque virtutum eminentia antistiti congruerent, omnium mira colebatur veneratione. Vir erat enim nobilitate generosus, religione præcipuus, consilio cautus, operibus famosus ; inter magnifica namque opera, quæ multiplicia gessit, corpus beatissimi [atque gloriosissimi] præsulis Maximini [cujus ipse successor habebatur jam tunc vicesimus nonus] ex crypta ubi illud beatus Paulinus præsul magni meriti ex Aquitania revectum tumulaverat, in domum qua nunc veneratur transtulit. Quia enim eadem crypta insolitas evomebat aquas, quæ tribus altiores cubitis superficiem totius pavimenti ejus occupaverant, nec tamen ad mausoleum reverendorum artuum licentiam habebant, sed solide sicut murus hinc inde illud tangebant, perpendens vir beatus tam signo hoc quam plurimis aliis revelationibus se admoneri, quatenus ædificata basilica corpus sanctum inde transferret, omni diligentia perficiendum id censet. Ergo maximis impendiis constructo oratorio, vigilantique studio ad unguem producto, adest clerus cunctus cum populo. Nec mora venerabilis antistes cum duobus coepiscopis suis Clemente et Chotberto enormis magnitudinis cooperculo manus admovet, quod tanta celeritate sublatum est ceu pondere careret ; ipsum tamen cooperculum, post a trecentis viris et quadraginta boum paribus tentatum, mansit immotum. Tandem venerandis artubus honorifice, ut decebat, in arca reconditis cypressina, et sic in marmorea, quarto Kalendas Junii, oratorio intulit, quod a fundamentis susceperat et ad perfectum produxerat. In quo pariter imposita sunt trecentorum martyrum Thebeæ legionis corpora ; quem locum sic nobilitavit supellectili ac fundis, replevit cœnobitis, ut ex tunc nullatenus inferior videatur episcopio ipsius urbis. Circa quem locum dum vir beatus de die in diem nimio insudasset pietatis affectu, prævidens futura sagaci spiritu, veritus superfluas tyrannides successorum, prædictum totum regio jure nobilitati tradidit, ut habetur in præsenti.

CAPUT VI.

Episcopatum dimittit. — Et post tam multiplices pro grege Christi labores, licet in pontificatu positus nihil (6) possidere voluit, quidquid tamen illud erat quod [occasione seu prætextu regiminis] habere [vel præsumpsisse sibi] videbatur relinquens, ut olim animo conceperat, eremum petere destinavit. [Monastici] siquidem [non immemor voti] reputabat actus suos sibi minus posse sufficere ad salutem, cum Dominus dixerit : *Nisi quis renuntiaverit omnibus quæ possidet, non potest meus esse discipulus* (*Luc.* xiv, 33). [Oculati] quippe cœlestis quasi animalis circumspectionem retinens, non revertebat incedens, ac eorum quæ retro sunt oblitus, in anteriora ferebatur extensus (*Phil.* iii, 13). Equidem noverat plurimos ante humana judicia interim stantes videri per bonorum operum exsecutionem, sed ante omnipotentis Dei oculos corruisse per meliorum deliberationem, eo quod bonum opus talium minus Deo foret placitum, quo per mentis deliberationem in meliori gradu incunctanter est positum. Ne ergo postmodum frustra quæreretur hujusmodi detrimentum suæ menti subrepsisse, unicam deliberationem quam sibi suspirabat adhuc deesse, accelerabat perficere. Quod cum primum rumor ad aures vulgi detulit, quasi barbaris insequentibus, omnis ætas omnisque sexus in urbem ruit, visoque viro Dei, clamor in cœlum attollitur; et quasi omni provinciæ exitium immineret, unus omnium ferebatur luctus. Cur (7) gregis tibi custodiam cominissam derelinquis? quare, quare tantarum futurum discrimen non metuis? putas qui erunt hujus Eccle-

(6) In vet. ms. *licet in omni vita nihil.*

(7) In vet. ms. leg. *cui, Pater.*

suæ sævissimi vastatores? namque dilaniabunt gre- gem tuum lupi rapaces. Talibus itaque vir sanctus lamentationibus, præcipue piarum supradicti loci ovium commotus, ut erat pietate plenus, in lacrymas resolvitur. Conversusque ad plebem sic tandem profatur: « Vos populus Dei et oves pascuæ ejus estis ; ipse vos custodiet, qui nobis promittit, dicens: *Ecce ego vobiscum sum omnibus diebus usque ad consummationem sæculi* (Matth. xxviii, 20).» Nam custodia mea hactenus nulli profuit, qui me ipsum minus circumspexi, si quid autem deinceps insuper est temporis, sinite ut expleam quo et mihi et vobis prosim. [Obfirmatus] igitur adversus lugubres querelas gregis se prosequentis, quasi tenacioribus vinculis, quæ libertatem animi ejus sibi subigere tentabant, disruptis, Nicomadum (8) sibi successorem, ovibus vero suis designans pastorem, post ultimum vale, animum, oculos ac pedes accepto itineri restituit, tantum elevatus scientia, assumptus vita, indignatione spiritus sui amarus abiens, pennas sibi dari columbæ gemebundus expetebat, quibus volando requiesceret, et quibus elongando fugiens in solitudinem maneret (*Psal.* LIV, 7, 8). Quemadmodum enim Deo dignus papa Gregorius ait : Dulce est esse in rebus humanis, sed ei adhuc qui de coelestibus gaudia nulla gustavit ; at si quis jam cordis ore gustaverit quæ sit illa dulcedo coelestium præmiorum, huic quanto illud dulce sit quod intus videt, tanto in amaritudines vertuntur quotquot foris sustinet. Rixatur secum de rememoratis iniquitatibus, reprehendit se de cogitationibus, insequitur de verbis, et punit flendo de factis. Itaque nisi hoc modo Spiritus sanctus mentem viri hujus in amaritudinem temporalium et delectationem æternorum commovisset, terram desertam et inviam tanto æstu cordis non quæsisset.

CAPUT VII.

Favente Tullensi episcopo in Vosagum secedit. — Per illud tempus Jacob (9) vir conversatione moribusque admirabilis Leucam regebat [ecclesiarum] urbem, qui [cum pro sui sanctitate in ora omnium penderet, regibus quoque] stupendus erat. Ad quem cum vir Dei Hildulphus venisset, ut charitate mediante secretum illi provideret locum libentissime collaboravit. Si quidem a prædecessore ejus quondam pontifice, Girbaldo (10) nomine, viro æque sanctissimo, Deodatus vir summæ sanctitatis olim Nivernensis episcopus renuntians sæculo, in saltu Vosagi locum obtinuerat, ubi sanctissime conversatus [est], monasteria statuit, atque post diutinam in Christi agone militiam vitæ senatum laureatus intravit. In quo etiam saltu virorum sanctorum cellulæ inerant. [Denique Sanctivagium jam tunc erat spirituali monachorum exercitio institutum. Porro domnus Gundelbertus, olim Senonum præclaris-

---
(8) In recentiori ms. leg. *Weomadum.*
(9) Fallitur hic auctor in assignando episcopi nomine, qui longe post Hildulfum vixit.
(10) In vet. ms. leg. *Garibaldo.*

simus archiepiscopus, circa tempus illud Senoniense coenobium in Grandiavio a se constructum ex relictæ urbis vocabulo denominavit. Primus Bodo etiam jam dicti Jacob decessor Leucæ bonus pastor virgineis catervis, quibus locum studio suo ad unguem produxerat repleverat, quemque suo de nomine nuncupatum iri censuerat, præesse voluit Christi famulam Tietbergam, quam ante pontificale decus susceperat ex debito conjugii filiam.] Inter hos ergo athleta Christi Hildulphus prædicti viri Jacob consultu adminiculante locum habitationis elegit.

CAPUT VIII.

Medianum-Monasterium condit. — Enimvero est locus in Vosago montibus undique septus, quem fluvius quidam ob validum cursum, Rabado nomine, præterfluit (11), super quem [vir sanctus] Spiritu sancto dictante ecclesias fundavit, primam videlicet nomine beatæ Dei genitricis et semper virginis Mariæ, quam et [VIII Kal. Martii] dedicavit, eamque Medianum-Monasterium appellavit ; aliam vero ex nomine beati Petri principis omnium apostolorum honore [XVII Kal. Novembris] consecravit. His ita statutis, Deo sibique vivere coepit ; cumque præconium sancti nominis ejus fama multorum longe lateque deferret, viri potentes et nobiles visitationis gratia ad eum sæpius confluebant, cumque e diversis partibus multi accurrerent, aliquanti ad vitæ iter accensi cum viro Dei manere decreverunt : Quod cum vir Deo plenus videret, a Domino id fieri arbitratus est ; et, quoniam ipse olim professus monachum fuerat, habitationes monachis utiles coepit ædificare. Id vero populus cum comperisset, devotione crescens, plus solito confluebat ; nam per merita viri sancti sibique subjectorum, cæci ibi illuminabantur, claudi convalescebant, dæmones fugabantur. Unde turbas confluentium vix ferre valens, extra claustra ecclesiam S. Joannis Baptistæ ædificans dedicavit, atque domos, in quibus supervenientes reciperentur, instituit.

CAPUT IX.

Congregatis discipulis abbatem præfecit Leubaldum. — Cernens interea vir fidelis Domini servus hujuscemodi solitudinis partem non minimam adventus sui occasione paulatim excultam, ac velut novellis olivarum spiritualibus filiis in circuitu suo vestitam, anima ejus super Domini salutaris sui præsentia delectationem concipiebat maximam. Cum vero dudum deserta et impexa eremus esset Christi pauperes singulari annorum proventibus, ne deficerent in via sæculi istius, etiam juxta litteram compleri gaudebat quod olim propheta de veteris legis mysteriis et novi populi refectione prædixerat. Deserta in ubertatem versa advenæ comedent, frequens quoque vulgus fidelium sedulo virum Dei invisentum numerosa construxerat habitacula circa

---
(11) Hujus capitis initium ita legit codex antiquior : *Quem videlicet locum montibus undique septum fluviolus quidam ob validum cursum, Rapido nomine, præterfluit.*

cellas sanctorum propter vicinitatem eorum vel habitalitatem locorum. Sed vir Dei quoniam jam gustarat et viderat suavem esse Dominum, nil dulcius habebat, quam vacare et videre ineffabiliter esse Dei... præcellit. Nostrorum itaque accrescente ibi numero fratrum, sanctus ille, ut semper circumspectus, custos sui metuens erat, cura eorum aut frequentia sæcularium a dilecta quiete suæ contemplationis quoquo modo divelli, quapropter domnum Leubaldum venerabilem virum abbatem designavit, quem divinarum et humanarum rerum notitia haud parva præditum intellexit, quatenus fratribus pastorali vigilantia præesset, adventantium sese negotiis impertiret; qui quamque devote, quamque strenue id officii administrarit, auctoritas promoventis credulis mentibus satisfacit, quoniam sanctus antistes hunc nequaquam tantæ catervæ monachorum promoveret, nisi præ cæteris ad hoc dignum judicasset.

CAPUT X.

Spinulum Joannem et Benignum viros pios recipit. — At vero cum rumor fratrum ibi accresceret, inter reliquos vitæ cœlestis amatores tres venerunt, quorum primus Spinulus; reliqui vero qui carne et spiritu germani erant, prior Joannes, alter Benignus vocati sunt, [qui ex cœnobio beatissimi Maximini, quod prædictus Pater fundaverat, advenisse referuntur, statuerantque penes virum Dei degere, quod ejus conversatione et charitate nimium delectarentur. Horum vero miracula in subsequentibus multiplicibus quædam explanabimus, ut quanti sint meriti apud Deum fiat luce clarius] [nam] a viro Dei benigne suscepti, paterne instructi, ipsique devote conversantes, ad viam vitæ anhelabant, et quanquam omnium virtutum negotiis se vicissim præcedere vellent, humilitate tamen et obedientia se alterutrum vincere festinabant. Assidue in ore illorum Christus, jugiter vitæ æternæ præconia resonabant, utque monachos decet, juxta præceptum Patris omnia exercebant [absque pusillanimitate, rancore vel amaritudine, subjecti in timore et amore Christi, jejuniis et vigiliis semet macerantes, orationibus contriti, humilitatique cordis indefesse instantes, malebant quidquid usquam putatur intolerabile perferre quam Christum in aliquo offendere.] Et quoniam invidia diaboli mors introivit in orbem terrarum (*Sap.* II, 24), sciens Dei athleta Hildulphus se suosque quandoque Adæ debitum reddituros, sepulturæ locum quærere destinavit. Sed quia ut in convallibus solet, circa monasterium aquarum erat abundantia, minime aptum cœmeterio locum judicavit; ad austrum vero collis monasterio imminet, super quem vir sanctus ecclesiam construens, ex nomine beati Gregorii papæ consecravit, atque circum hanc cœmeterium benedixit.

CAPUT XI.

Ab Erardo episcopo visitatur. — Fama interea præconii ejus circumpositas terras transvolans, remotiores quoque penetraverat; cumque e diversis partibus multi ad virum Dei venirent, Erhardus vita etiam sanctissimus, carne quidem beato Hildulpho germanus, ordine vero coepiscopus nomine hujus [ascitus (12)] accurrit. Diu itaque quæsitum cum invenisset, labori ejus congratulans, inquit: Ecce, frater, desiderium cordis tui tribuit tibi Deus, et voluntate tua non te fraudavit (*Psal.* xx, 3). Quem enim diu concupisti locum tuæ conversationi habilem invenisti. Tu ergo sta viriliter in fide, et confortare in Domino (*Psal.* xxvi, 14), et in potentia virtutis ejus certus, quod qui perseveraverit usque in finem hic salvus erit (*Matth.* xxiv, 13). Per [annos] igitur aliquot [continuos] secum manentes, æternæ vitæ vicissim resonabant [fratribusque (15) congregatis utrique vitæ necessaria prævidebant, et tabernacula erigebant.]

CAPUT XII.

Otiliæ Eticonis ducis filiæ visum et baptismum confert. — Ad eorum merita vero ostendenda renovantur a Deo miracula stupenda. [Viris etenim Dei ibi adhuc pariter conversantibus,] Eticonis ducis Elisacii filia cæca nata ad viros Dei defertur, utque ejus misereantur a mœstis parentibus humili prece poscuntur. Quam cum adhuc gentilem (14) esse rescissent, more ecclesiastico catechizaverunt atque ad orationem prostrati pro salute puellæ clementiam Domini precabantur. Monitis itaque catholicæ fidei edoctam, sanctus Hildulphus baptizavit, eamque de sacro fonte mente et carne illuminatam beatus Erhardus excepit, et dato nomine Otiliam vocavit: [quæ in sanctimoniæ sanctitate permanens, boni rectique imitatrix non mediocriter existens, nunc jam cum Christo regnans dat in terris innumerorum signorum miracula dietim.] Quæ res intantum valuit ut non mediocres, verum etiam personæ potentes virum Dei Hildulphum venerarentur ac diligerent, eique ad augmentum loci auxilia præberent. [Erat enim totius honestatis decore compositus, æqualiter se affabilem exhibens omnibus.]

CAPUT XIII.

De Begonis donis et pio obitu S. Spinuli. — Quidam [enim] vir Bego, dictus nomine, sancti viri necessitati communicans, rerum suarum aliquid usibus fratrum sub beato viro Deo militantium delegare statuit, atque locum qui usque hodie Begonis-Cella dicitur, et partem Vosagi quæ Folchodi-Rupes appellatur, destinavit. Denique vir Dei Hildulphus in cella jam dicta sanctæ scilicet cruci dicata virum summæ humilitatis et obedientiæ Spinulum, nomine constituit, in qua idem homo fideliter Deo serviens post multiplices in Christi agone labores ac numerosa miraculorum insignia vitæ æternæ consecutus est præmia. Quem omnipotens Trinitas apud se glorificatum in terris, gloriosum ostendere

(12) In vet. ms. *excitatus*
(13) In vet. ms. *per dies*.

(14) Gentilem hic improprie appellat auctor, non quasi idola coleret, sed quia nondum erat baptizata.

volens in cœlis, per ministerium angelicum beato Hildulpho notificat, ut glebam sancti ad monasterium tumulandum revehat, [sicut ipse beatus adhuc vivens fratribus cum multa prece mandaverat.] Nec mora senex imperanti obediens cinerem quo fatigatos artus collocaverat excutit, convocatisque fratribus hominis Dei nuntiat obitum, qui licet tanto fratris auxilio destituti mœrerent, tamen gloria ejus congaudebant, accensisque cereis ad beati [viri glebam⁷ exsequias properabant.

CAPUT XIV.

Ad cujus tumulum fiunt miracula. — Vis itaque ventorum plus solito inhorruerat, adeo ut non modo frutices, verum etiam annosas quercus excelsasque abietes eradicaret. In tali ergo turbine ante sancti viri glebam ardentes cerei usque ad locum sepulcri delati sunt. Sepultum igitur terris, ut apud se vivere Deus demonstraret in cœlis, omnibus infirmantibus ad sancti viri tumulum venientibus voluit subvenire. Quanti ibi paralytici venis redintegratis solidati sunt, verbo aut scripto non facile explicabitur, omnis cæcitas clarificata [est, cum] lumine diem mirata obstupuit, universa debilitas ibi recuperatis usibus robur amissum persensit ; unde turbis irruentibus reperta est aqua salsissima.

CAPUT XV.

Quæ cessare imperat S. Hildulfus ne fratrum tranquillitas turbetur. — Cupiditate igitur salutis, habitateque loci, aquarum abundantia populi confluentes, forum ibi statuere tentaverunt, quam inquietudinem vir Dei Hildulphus sentiens indoluit, [baculo artus regente] ecclesiam beati Gregorii, ut ei moris erat oraturus intravit, deinde oratione expleta surrexit, et ad tumulum S. Spinuli venit, atque, ut erat piæ mentis, ora perfusus lacrymis, inquit : Gratias, frater Spinule, Deo agimus, quod te in pacis regione quiescere credimus, et apud omnipotentem Deum posse plurimum confidimus, nosce te etiam scimus, quomodo et quare nos [scilicet desiderio liberius vacandi orationibus ac deserviendi Deo] tumultu populorum relicto hanc solitudinem devenimus. Tu igitur tranquillitate potitus, nostri qui in via mortis sumus, et inter ejus pericula fluctuamus, miserere oramus, quin etiam si fas est exigimus illa ipsa virtute præclaræ maximæque obedientiæ, quæ in te refulsit dum temporaliter viveres, cujus quoque merito æternaliter, ut evidentibus et quotidianis signis liquet, gaudes, ne popularibus negotiis religioni monasticæ indicibilis periclitationis procellam suscites. Si enim hac populorum confluentia pressi fuerimus, non parum a proposito declinabimus, quin paulatim sæcularium jurgiis et causis ac si nimio pulvere infecti atque fœdati, omnium mundissimo minime inhærebimus Creatori, quodque absit! ordo monasticus hic jam Deo propitio stabilitus, pessumdabitur funditus. Licet enim, Deo cooperante, subsidia corporum nostro conferantur loco, tamen animarum timemus pericula ; unde concurrentium comprime turbas, et hilarem affluentemque datorem Deum implora, ut benedictionis ejus sentiamus gratiam, quatenus penuria necessarii victus ac vestitus expulsa, occasioneque laqueos deceptionis optandi invidissimo diabolo sublata, impleamus nostræ professionis vota. Tunc vero videres spiritum carne solutum, et vita potitum obedire mortali, ac si idem teneretur vinculo mortis. Nam signis cessantibus, venisque cohibitis salinarum, frequentia quoque desinit populorum. Ad confutandum tamen impudentem garrulitatem invidorum et incredulorum, datur ibidem usque hodie prospici evidentissima indicia trium quondam puteorum. Denique sanctus finita prece ac querimonia, alacer ac fidens se jam consecutum optata, ad fratres regressus sollicitos vigilesque orationi insistere hortatur, quo repressa concursante turba ab Omnipotente consolatio voluntariæ paupertatis aliunde eorum dirigeretur.

CAPUT XVI.

Donationes factæ monasterio, S. Hildulphi mortificatio, sibi fuga consulit. — Precibus namque beati Spinuli meritisque beati viri mox subsecuta est benedictio Domini. Nam nondum septem diebus decursis, Hagio vir illustris, qui et Flariulphus (15) solebat cognominari adfuit, ac cujusdam nobilis prædii Berchem (16) dicti maximam partem contulit loco S. Petri; cujus traditio solemniter acta, extemplo est litteris innodata, præfatoque Leutbaldo tunc temporis abbati est credita, quibus convinceretur, si aliqua quandoque hinc machinaretur violentorum controversia. Multi deinde nobilium juris sui prædia præfato loco contulerunt, nec multo post aliqua portio villæ Hundinis-Heym nuncupatæ eidem loco cessit jure possessoris. Perpendat digne, qui valet; quam profunda vir iste mortificatione sui, Deo vitæque suæ inhæsisset. Apostolo equidem, quodque est excellentius, ipsi Christo videtur crucifixus, potens dicere veris animi vocibus : *Mihi mundus crucifixus est, et ego mundo* (Gal. vi, 14). Et : *Vivo, jam non ego, vivit vero in me Christus* (Gal. ii, 20). Crucifixus quippe ipsi fuerat mundus in maligno positus (I Joan. v, 19), qui nec adversa pertimescebat, nec prospera appetebat. Ipse deinde mundo quem abominabatur mortuus, ex parte diaboli, cujus blandientis viscum vitavit, sævientis impetum non horruit, honorari verens in propriis, commisit se peregrinis, in quibus se glorificari postquam intellexit, fugæ consuluit ; sed tandem insecutum gloria, flentem et reluctantem violenter retinuit, qua tamen se non multo post excutiens, hanc eremi habitatricem fore diffidens, invias exploravit sedes. Illuc etiam nec tunc quidem gloria ab insecutione tam

---

(15) In recentiori ms. legitur *Hariulphus.*
(16) Ita in ms. Mediani-Monasterii, ita etiam infra legitur in cap. 19; codex tamen Paderbornensis legit *Berenfini.*

laudabilis fugitivi fatigata, quasi saltem egentissimo totius opis facilius persuasura, et quod majus erat subjectorum pecuniaria, qui nequaquam movebatur suasio quoque non stat confisa paratu, subrepere illi quæsivit (17) divinorum signorum amictu, quatenus vereretur vir ille se culpatum iri, si repudiaret quasi divinitus procuratis interim fulciri. Quis, quæso, religiosorum hac nostra tempestate non ambiat negotiis sæculi res suas augeri, adventantium concursibus extolli? quis porro talia sibi suppetere videns, non credat se cœlitus honorari, enumerans sibi vel potius fingens de se quædam maxima, quæ jam apud Deum constant minima aut nulla? Verum Deicola instar beati Abrahæ non casurus tentabatur a Domino sciente vel quid ipse esset facturus, vel quid lateret in famulo suo, quatenus nobis aperiretur nimium intima ejus mortificatio, sed jam calamus reddatur operi cœpto.

CAPUT XVII.

Defuncto abbate Leutbaldo resumit curam pastoralem in monachos. — Dominus tandem Leutbaldus fideliter atque prudenter administrato dispensationis sibi creditæ officio, ex hujus vitæ subtractus lubrico, artus solo, spiritum reddidit cœlo, perenniter inhæsurum Domino, cui nihil prætulit in mundo. Mox monachorum anxia turba idonei pastoris provisione temporali destituta, ad pietatis pontificem recursitat, et eum luctuosa reflectere prece quæritat, ne dedignaretur ovium resumere sarcinam, pro quibus pastorum Pastor probrosæ mortis amplexus est injuriam. Verum vir docibilis, Dei cedere gnarus pietati, non autem emeritæ jam senectuti haudquaquam judicavit refutandum quod animadvertebat Christum jubere, de suorum præcordiis pauper pastoralis. Itaque gregis grave onere denuo suscepto, tribus solummodo annis quibus superstes fuit in sæculo instanter porrexit fratribus virgam correptionis cum sustentationis baculo, eo quidem ad emetiendum curriculi pauxillum quod restabat reddebatur alacrior quo correpto spatio cœperat bravio fieri vicinior.

CAPUT XVIII.

S. Erardus ipsi valedicit. — Inde beatus Erhardus constructa ecclesia ex nomine S. confessoris Apri non procul a monasterio, ad lævam scilicet jam dicti fluminis, fratri suo viro Dei post exhortationem in Creatoris militia dixit : Dominus possedit tibi locum, adfuturus omnibus quæ egeris : tamen moneo et peto ut novissimorum jugiter nostrique memor sis, me sane oportet separari a te, aspectu non corde, facie non mente ; angelus autem Domini bonus juxta beneplacitum ejus comes fiat meæ peregrinationis sedem propriam revisere disponentis. [Cui contra, frater, beatus antistes inter cætera secretorum cœlestium colloquia, fratres quos Deo venerabilique patrono Maximino aggregarat, attentius committit, ut eis pro posse intra et extra fidele jugeque præsidium sit, quod vir Deo plenus libentissime annuit]. Tandem dulces in amplexus ruentes, ac mutuis multisque fletibus se perfundentes, oratione pariter fusa, non sine maxima cordis contritione mutua visione caruere. Beatus autem Erhardus, Rheno transvadato, Regensborg (18) civitatem suam sedem videlicet tam sancto præsule celebrem futuram subiit. In qua non post plurima temporum curricula sexto Idus Januarii de morte ad vitam transiit. Sanctus vero Hildulphus ab opere Dei non deficiebat, sed jejuniis et laboribus fatigatos artus spiritui servire cogebat, fratribus sibi subjectis ac maxime Joanni et Benigno [quorum mentionem supra fecimus], quos quotidie ad meliora tendere gaudebat, quos etiam non solum publica exhortatione, sed interdum privata ac amicabili collocutione sui memores fore monebat, pro statu Ecclesiarum Dei, pro pace regum et pro salute populorum orare suadebat, viam vero vitæ quam semel arripuerant fideliter currere, et bravio supernæ remunerationis scienter anhelare, illud Dominicum sollicito corde assidue replicando : *Nemo mittens manum suam ad aratrum et respiciens retro, aptus est regno Dei* (*Luc.* IX, 62). Aiebat enim : Fidelis est Deus, et mentiri nescit, bonis moribus consuefieri studerent, victu ac vestitu mediocri contenti esse discerent, obedientiam humilem mutuo sibi ac solerter exhiberent, Christi vestigiis ante omnia insisterent, institutioni beati Benedicti alacriter insudarent, discretioni per omnia docebat invigilare, quam sæpius inculcabat matrem (19) virtutum esse ; murmurationis, animositatis, verbositatis, detractionis, otiositatisque malum nec in plebe fidelium dicebat deprehendendum, quanto minus in claustris monachorum. Sic beatus senex per ordinem cuncta disponens, plusque exemplo fratres quam verbo instruens, ad omne opus bonum promptos et alacres reddebat, namque manuum suarum labore cibum suæ sanctæ senectuti erat conquirens, jugiter tam sibi quam aliis illam apostolicam sententiam ingerens : *Qui non vult operari nec manducet* (II *Thess.* III, 10).

CAPUT XIX.

Ejus disciplinæ se subdit vir illustris Theudoaldus. — Cumque luculentæ conversationis ejus speculare jubar, veri solis trajectum quaquaversum evibraret luceme virtutum ad arguendam noctem mortalium, nonnulli sæcularium fallaciter sibi arridentem deridentes mundum, ne ipsi veraciter a mundo irriderentur, post modicum facultates suas pauperibus jurique S. Petri contradidere, atque stultæ sapientiæ edomita cervicositate, sapientem stultitiam Christi sub beato viro militaturi suscepere. His diebus quidam vir, nomine Theudoaldus, inter regni proceres illustris habebatur, qui tenax glutinum mundi

---

(17) In ms. leg. *quæsivit.*
(18) In ms. Median. *Renesbuorch.*

(19) In ms. Paderbor. legitur *Mercedem.*

molliter sed exitiabiliter pretiosas animas inescare quærentis, prudenti declinans oculo, consensu uxoris jam initiatæ sanctimoniæ proposito, deposito militari cingulo, beati viri se subdidit magisterio, cum suo naturali filio, nomine Abbo. Hic inter cætera collationis suæ xenia contulit etiam huic cœnobio basilicam honori perpetuæ virginis Mariæ dicatam in jam dicto prædio Berchem sitam multiplicitate redituum præcipuam.

CAPUT XX.

S. Hildulphi obitus et sepultura. — Huic negotio eximius Pater insistens, nec omnino annis proprioque corpori parcens, magnopere satagebat tam præsentium quam etiam futurorum ibidem cœnobitarum necessitati et quieti providere, ne cujuscunque rei indigentia se minus regulari actioni posse inservire excusationem quantulamcunque valerent obtendere. Quod maxime desidiosis et arctam vitam remisse tenentibus est familiare; cumque jam laboribus effeto corpore spiritus ferventior esset, pius Deus cum vocare voluit ad coronam justitiæ. In vigiliis itaque constitutus, febre est correptus; qua per dies ingravescente, fratres turbati ad stratum senis accurrunt, qui namque, utcunque poterat, semper Christum annuntiabat. Qui cum mœsti fierent, et se desolari dolerent, una erat omnium vox plangentium precantumque ne pastor ovium [*f.*, oves] desereret. His querimoniis lacrymisque commotus, ut erat jam extrema parte corporis præmortuus, in extrema lectuli parte resedit, et circumspectis fratribus, Pax, inquit, vobis. Demum manu elevata, his eos verbis benedixit: O Deus omnipotens, benedicito clemens, præsentesque tuos serva per sæcula servos. His igitur finitis, humillimus prece humillima fratres exoravit continuatim ad altare Christi in omnique divino officio memoriam retinere sui nominis, ne contingeret eum suosque, quos hic temporaliter rexit, almi Patris Benedicti abesse conturberniis; atque supradictis milleque solatiis aliis quieti ovicularum suarum impigre provisis, virtutum plenus atque dierum, mundo qui jam talem habere non merebatur, subtrahitur Pater venerabilis, securus in porta regni cum senatoribus terræ inter quos nobilis habebitur Christus vir sanctæ Ecclesiæ. Iste denique vir beatus Hildulphus quoniam exemplo Dominicæ parabolæ in arvo contriti et humiliati cordis sparserat semen rectæ intentionis, quod ultro fructificans, primum herbam teneræ actionis, dein spicam provectionis, pervenerat ad frumentum perfectionis divina falce, temporaliter ejus vita deserta, ut granum a palearum recrementis selectum, inducitur in æternæ vitæ horrea. Eminuit tamen ab ærumnabili incolatu hujus nostri exsilii piissimus pastor ac nutritor noster sanctus Hildulphus, quinto Idus Julii, cum ageretur annus ab Incarnatione Jesu Christi 707, consulatu Justiniani Minoris Augusti, a Leone contra eum rebellante narium detruncatione deformati, quinta indictione, Sergio venerabili papa, cujus duo proximiores successores nomen Joannis possederunt, Romanam Ecclesiam regente, qui invenit miram portionem ligni salutaris in sacrario beati Petri. [Hujus diebus Theudobaldus, rex Anglorum, qui multa in sua patria bella gesserat, ad Christum conversus properavit Romam, qui per Cunipertum Longobardorum regem veniens mirifice susceptus est. Is cum Romam pervenisset, a prædicto papa baptizatus, Petrusque appellatus, adhuc in albis constitutus, ad cœlestia regna migravit (20).] Quin etiam hac tempestate domnus Beda, vir monasticæ religionis præcipuus in doctrina et arte calculatoria, florebat magnificus, et floruit diu post obitum Patris nostri Hildulphi, et licet videres discipulorum examina hinc inde certatim confluxisse, piique Patris et magistri funus pio cum gemitu cons.ipasso, qui licet pie gauderent tam præclari institutoris sibi non defore cœlitus patrocinia, tamen pie deflebant humanitatis consueta sibi subtracta solatia. Tandem officiose curato cadavere semper reminiscendi Patris, humaverunt illud in basilica beati papæ Gregorii a dextris altaris, adulta jam luce secundæ feriæ anno tricesimo sexto habitationis suæ in hujus terribilis eremi vastitate, quadragesimo vero a gloriosa domini pontificis Maximini translatione, quæ exstitit sub hoc nostro archipræsule, Pippino superius dicto jam tunc Gallias gubernante. Verumtamen cum lux meritorum beati Hildulphi crebris claresceret miraculis, relatum ab ecclesia sepulturæ suæ mirabile corpus, devotione ac studio fratrum templo beatæ Mariæ Virginis est illatum, in quo dextrorsum eleganti fornice aliquantum delituit tempore, cujus in præsenti laudibus occupari, meritis sublevari, vestigiis informari, et in futuro gaudiis valeamus copulari, præveniente ac subsequente efficacissima misericordia et misericordissima efficacia Factoris Refectorisque nostri potentissimi ac benignissimi, qui crucis nudæ expeditos sequaces præ filiis hominum glorificat, cum eos securos non modo suorum meritorum actitat, sed judices alienorum habendos denuntiat.

CAPUT XXI.

De felici obitu sanctorum Joannis et Benigni. — Post beatum gloriosi Hildulphi transitum Reymbertus vir spectabilium ornamentis decenter præditus morum, concordi voto fratrum regiminis subiit officium. Hujus tempora et opuscula sub regibus Theodorico atque Childerico Juniore, Pippinoque filio ducis Caroli sunt decursa, restant sane quamplurima Deo dignissimi Patris nostri Hildulphi successorumque ejus acta meritis illius condita, quæ pro fastidio lectoris interim differenda, et alio opusculo judicavimus deleganda. Præclarissimum vero invictæ charitatis in vita, in morte ac post mortem inexstinguibiliter conservatæ experimentum non

---

(20) Ansulis inclusa desunt in ms. Paderborn

videtur impræsentiarum differendum, omnibus sui dilectoribus castis dulce omnino ac proficuum. Duo siquidem discipuli laudabilis magistri Joannes et Benignus, quos, ut prædictum est, germanos exstitisse carne ac spiritu, quorum prior presbyteratu, alter vero fungebatur diaconatu. In cujus jugiter soliti assistere obsequio, quotidianas Deo hostias redemptionis nostræ et mortificationis suæ mactantes, laudabili initio laudabiliorem jungentes finem, ad cœleste regnum secuti dilectum institutorem, pridie Kalendas Augusti ad Christum pariter migraverunt, videlicet post migrationem sancti vigesimo primo die. Quod indultum fuisse intimæ charitati trium, non vero exstitisse fortuitum nemo refragabitur fidelium, cum legamus fratrem inter alios non vocatum precibus venerandi Anastasii obitu suo prævenisse ejus diem septimum. Hinc jam calamum dum nimium inhiat mente, pigeat enucleatius percurrere seriem rei gestæ. Beato ac semper reminiscendo magistro Hildulpho ex lubrico hujus vitæ senatum regni ingressuro, in commune charissimis filiisque monens fraternitatis societatisque sanctæ congregationis almi præsulis Maximini, ut decebat, tam spiritaliter quam corporaliter meminisse, sub Christi Ecclesiæque testimonio his duobus germanis se secuturos ad cœlestia gaudia innotuit spiritu prophetico. Qui extemplo utrique languore depressi decubuerunt lectulo (21) [cum Agno victuri]. Quo per dies augmentum capiente, dissolutioni corporum se senserunt propinquare, cum repente S. Joannes, qui et major natu erat, unum e fratribus direxit, sciscitatus qualiter se haberet seorsum decumbens dilectissimus frater. Quantocius ergo perficiens imperata monachus, reperit Dei famulum sacramentis Dominicis communitum evasisse nexus mortalitatis hujus. Cucurrit, renuntiavit. Beatus vero ille, quem sollicitabat adhuc suspectus excessus junioris et dilecti fratris, si post obitum ejus contigisset, eum aliquandiu interesse rebus humanis, audito jam discessu ejus, lætabundus, inquit? « Maximas tuæ pietati, piissime formator hominis, gratias repondo, quod fratrem meum ad regnum tuum ante me mitto, et jam securus et gaudens hinc post eum ad te vado. » His expletis, interrogatus a fratribus an singulatim essent tumulandi, adjecit: Absit, domini mei, ut separemur ab invicem, et in futuro et in præsenti! unius enim nos genitricis in hanc lucem effudit uterus, una et sub uno instructi sumus monasticis actibus, unus uni Deo commendat ab hac luce exitus, unus omnimodis recipiat et claudat terræ matris omnium nostrum sinus, quoadusque veniens nos excitet Dominus. Tandem ubi hunc finivit sermonem, pariter etiam lucem temporalem, subsecutus sanctus sanctum fratrem, et utrique dilecti dilectum præceptorem olim cœlestibus inhiare monentem, nunc promissis majora exhibentem. Verum quid multis diu hic hærebimus?

(21) Paulo aliter et brevius sic hunc locum legit codex Mediani-Monasterii : *Hildulpho mortali vitæ*

uno decenter reconditi mausoleo, sepulturæ sunt traditi in Beati Gregorii oratorio, quod sociale decus nostris adhuc datur et dabitur futuris prospici diebus.

CAPUT XXII.

Ad eorum tumulum sanctimonialis manus arida sanatur. — Innumeris post mortalitatis hujus evasionem sanctos istos omnipotens majestas nobilitavit miraculis, quibus pateret quam bonus thesaurus in agro cordis eorum, dum advixerunt, latuit. Sed sufficiant pauca subjecta de pluribus. Sub eodem tempore exstitit sanctimonialis quædam, Hymeldrudis nomine, tenuis quidem facultate, sed opima fide, quæ sive peccatis exigentibus, sive ut merita horum amicorum suorum in ea manifestaret cœlica virtus, naturali sua subductione destituta gestabat inutile et cruciabile pondus manus aridæ. Hæc sedulo excubans erat in præfato oratorio, ubi advoluta tumulo eorum subvenire petebat sibi prece, fletu ac gemitu importuno. Igitur mulierculæ isti, nullatenus ab incœptis quiescenti, nocte quidam vir astitit fulgidus in habitu monachali, inquiens ei : Hymeldrudis, aderit tuæ incommoditati medicina cœlestis. Verumtamen cave de cætero aliquibus implicari flagitiis, ne pereas cum eis. Et, manu ejus contrectata, sanavit eam ope præstantissima. Isdem autem vir asseverabat se Joannem esse penes quem alter junior illo videbatur pulcherrimus stare, qui una protestabatur velle se inde exire.

CAPUT XXIII.

Mulier cœca illuminatur. — Aliud itidem miraculum inibi ostensum est. Ne alicui forte videatur onerosum, succincta narratione est aggrediendum. Non longe a monasterio quasi curriculo milliarii vix dimidii degebat, nomine Agnes, anicula, multorum decursione annorum visu multata, quæ gestatorio aselluli et ductu suorum adire ecclesiam illam erat solita. Die quadam igitur de more adveniens, seque post expletionem missæ tumbæ sanctorum prosternens, diutius erat orationi insistens, extædiatis tandem ejus comitibus precis prolixitate, aggressi sunt a loco eam dimovere, asserentes horam regressionis præteriisse. Quæ surgens profitetur se suos præsentesque cunctos optime perspicere. Gratulantibus ergo omnibus, gratesque Deo referentibus, ipsa per se tunc et deinceps repetivit sua, magis magisque æstuans lætificatori suo placere actione recta.

CAPUT XXIV.

Tertium nihilominus miraculum subnectitur secundo. Poeta quidam Domino cecinit gaudere pari numero (VIRGIL. *Egl.* 8, v. 15). Quaquaversum pervagante horum justorum fama, quos semper habebit æterna memoria ex prædio S. Stephani Danorum opus solito vocitari, quod corrupte nunc Danobrium vocitant cuncti Mosæ fluvii adjacentes littori. Quidam cæcus se immiscens frequentiæ populari

subtracto, præfati duo germani parili languore depressi, mox decubuerunt lectulo.

huc properanti, excitus gravi incommodo sui et spe beneficii affuit cum munere manuali. Nocte igitur precibus impensa nec sperata exhilaratus medela, facto mane obnixe satagebat revisere propria. Sed quid aget miserabilis quibusque festinantibus se reddere propriis, hic stipendiis hærebat alienis, et duplici anxius modo, sive quod carebat sperato beneficio, vel quod familiari tugurio vecordium abjectus ludibrio, quidam tamen fratrum manum illi porrigens, ad locum qui dicitur Visio-Vallis usque medium deduxit. Ubi tandem homo erumpens in querimoniam, miserabiliter detestari infelicitatem suam his verbis cœpit: Heu piget aut pudet me miserum attigisse has partes et adeo diffamatos adesse patronos ac Patres! divulgabitur cunctis me infelicissimum et nequissimum] mortalium esse, sicut nunc experior et fateor integre. O quot et quanti pari vehementiorique infortunio detenti per sanctos illos sunt adepti, nunc me unum, uti perspicuum est, infeliciorem infelicissimis redire contigit absque effectu voti. Hæc atque hujusmodi plura animosis cum prosequeretur querelis, obtinente præstantissime ubivis præsentia amicorum Dei, unum effectorum cum illo et in illo qui et ubique et præsens et potens existit in loco ex proventu genuino, Cori-

A lætum vocitato, detersa caligine cæcitatis, se sibi liberum itineris ducem redditum ex insperato sensit, ac oblitus querelæ jugis, verbis affectibus mutatis, repente duci suo gratulabundus inquit: « Video te, silvasque hinc inde, et in cunctis me sentio compotem viæ. Totis itaque animis ingentes gratiarum actiones divinæ Omnipotentiæ, efficacibusque sanctorum quos miserrimus adii meritis refero, quod me mihi donatum agnosco. » Lætus ergo frater lætum dimisit ad sua. Ipse cœnobii repetens claustra, utrique lætos efficientes, hic monachos, ille populos, ubi narrarunt gesta in via. His innumerisque [aliis miraculis hactenus locus idem divinæ dignationis opitulante munere claruit. Quæ pro sui copia, scriptorum quoque inopia, ac lectorum so-

B cordia prior ætas aut funditus attingere exhorruit, aut vix alicujus incultæ argumentationis exemplari notificare saltem extrema valuit vel voluit; ipse vero manus dare inobedientiæ veritus qualicunque lectione incompta latere futuros minime sum passus. [Si quis vero librum miraculorum super hæc transcurrere studuerit, evidentissimis agnoscere indiciis poterit, quantus hic beatus Pater noster Hildulphus exstiterit, qualesque viros dictante Spiritu sancto sanctæ Ecclesiæ educaverit.]]

DE SUCCESSORIBUS S. HILDULPHI

IN MONASTERIO MEDIANENSI

(*Vide Patrologiæ tom.* CXXXVIII, *col.* 203.)

VITA SANCTI DEODATI

DE SANCTO DEODATO

PRIMUM EPISCOPO NIVERNENSI, DEIN ABBATE VALLIS GALILÆÆ IN VOSAGO

COMMENTARIUS PRÆVIUS

(*Acta sanctorum Bolland.*, Junii t. III, die 19, p. 869.)

De sancti cultu, vita, ætate ac monasterio.

1. Vosagus mons, saltus, silva, eremus per confinia Alsatiæ, Burgundiæ et potissimum Lotharingiæ extenditur; præbuitque olim variis sanctis, tam eremitis, quam cœnobitis, domicilia seu monasteria. Inter hæc potiora quinque censebantur in modum crucis distenta; ex quibus in capite erat ad septentrionem. Bodonis monasterium a S. Bodone Tullensi episcopo, cujus infra latior fit mentio, constructum, jam dirutum. Inde ab oriente est « Senonense monasterium, a S. Gumberto seu Gundoberto archiepiscopo » Senonensi conditum, uti latius ad hujus Vitam, 21 Februarii est relatum, quod modo exstat sub Benedictina S. Vitoni congregatione. E regione ab occidente visitatur monasterium Stinagium, vulgo *Estinan*, ad Morthanr fluvium,

C quod postea ad ordinem Præmonstratensem est translatum. Ibidem etiam invenitur « Medium seu Medianum Monasterium, a S. Hildulpho, dimisso archiepiscopatu Trevirensi » erectum; de quo ejusque fundatore plurima infra dicentur. Ipsum modo cum Senonensi aggregatum est Benedictinæ S. Vitoni congregationi. Monasterium demum Vallis-Galilææ, quod Juncturas dixerant, ad meridiem, quasi in pede crucis, quam ista cœnobia formant, a S. Deodato, cujus hic Acta illustramus, conditum et excultum fuit; obituque ejusdem, et sepultura ac miraculis clarum; unde ab illo jam pridem nomen accepit oppidum, quod eidem paulatim accrevit, ad dictum fluvium Mortham, vulgo *Saint-Dié-en-Lorraine* nuncupatum (est enim aliud ad Ligerim

Saint-Dié-sur-Loire ubi pro monachis introducti sæculo x canonici, eumdem S. Deodatum patronum venerantur.

2. Coluntur die XII, hujus mensis Junii SS. Nabor et Nasarius; quorum sacra corpora S. Crodegandus episcopus Metensis Roma detulit, et corpus quidem S. Naboris posuit in monasterio Hilariaco per S. Fridolinum (uti ad utriusque Vitam VI Martii diximus) in hodierna Lotharingia constructo; in cujus monasterii, jam dicti S. Naboris, ms. Martyrologio, ad hunc 19 Junii ista leguntur. « Eodem die S. Deodati, episcopi et confessoris. » Grevenus in Auctario Usuardi anno 1515 et 1521, excuso, celebrat « Deodatum, episcopum Nivernensem et confessorem, » quem longissimo encomio exornat Saussayus in Martyrologio Gallicano. Trithemius lib. III De viris illustribus ordinis Benedictini, cap. 304, ista scribit : « Adeodatus, abbas monasterii Vallis-Galilææ, ac postmodum episcopus Nivernensis, magnis virtutibus et meritis clarus emicuit, et quamvis pontifex esset, tamen monachi propositum in nullo violavit. Cujus festum agitur XIII Kalendas Julii. » Thrithemium sequuntur Wion et Dorganius, itemque Menardus et Bucelinus, qui Deodatum appellant, et ex ejus Actis accurate docent, episcopatu relicto, decessisse ad monachatum. Eumdem episcopum Nivernensem Adeodatum Menologio Scotico 23 Martii et hoc die ascripsit camerarius ; et Theodatum appellat Fitz-Simon in Kalendario Hibernico. Sed hæc ipsis Actis ultro refutantur. In ms. Florario ad diem II Januarii celebratur depositio Deodati, Nivernensis episcopi et confessoris.

3. Acta ejus nacti sumus, a Joanne Gamansio descripta ex papyraceo codice ms. Bibliothecæ Patrum Capucinorum Paderbornæ, et collata cum ms. pergameno Passionali cœnobii Bodecensis in eadem Paderbornensi diœcesi, canonicorum regularium S. Augustini ; sed in hoc desideratur caput 4. Eadem habuimus in ms. Ultrajectino S. Salvatoris, sed in hoc desunt quæ sub initium num. 1, et quæ sub finem a num..27 narrantur. Simile exemplar habuit Mosander, in quo eadem, sed stylo non nihil emendato, pro supplemento Surii edidit. Integra etiam hæc Acta edita sunt Nancæi anno 1619 ; e quibus omnibus a damus more nostro distincta et illustrata. Eadem postea Gallice transtulit Joannes Ruyrus vel Ruerus (nam utroque modo nomen imprimi fecit) secretarius Ecclesiæ et capituli S. Deodati ; ediditque Trecis anno 1594, ac postmodum inseruit operi suo itidem Gallico De sanctis et antiquitatibus Vosagensibus par. II lib. II, excuso Spinalti anno 1634. Ilic in epistola dedicatoria primæ editionis ad Gabrielem de Reynette, magnum præpositum, et canonicos insignis ecclesiæ S. Deodati, asserit hæc Acta ex prima collectione a discipulis S. Deodati facta, fuisse postmodum conscripta a quodam viro docto et sancto, ac Monasterii Mediani antistite, postquam tertiæ visione ad id fuisset divinitus incitatus. Illud ipsum esse attestatum in epistola carmine descripta, atque cum hisce Actis directa Waldrado magno præposito et venerabili collegio S. Deodati. Exstat Historia Senonensis abbatiæ, auctore Richerio ejusdem cœnobii monacho, a Luca Acherio, tom. III Spicilegii, et par. II, sec. III, Benedicti.i vulgata, unde aliquod miraculum et translationis notitiam subjungimus. Reliqua ibidem legi possunt.

4. Hactenus paucis ante mortem annis Henschenius, cujus cœpta prosequens, noto, quod « transiit de morte ad vitam domnus Deodatus (uti num. 20 dicitur) tertio decimo Kalendas Julii Dominico die, sexcentesimo septuagesimo nono anno a D. N. Jesu Christi Incarnatione. » Qui characteres cum inter se conveniant optime, nolim ab illis dimoveri propter quasdam in aliis ejusdem Vitæ circumstantiis hallucinationes quoad nomina episcoporum, nescio an Auctori Deodatensi, an interpolatori Medianensi potius imputandas ; alias integrum fere sæculum differendus obitus iste esset, prout eum distulit noster P. Labbe, jubens pro 679 scribi 769, qui fuit Caroli Magni primus ; nam ea Zyfrarum conversio, quam est facilis scriptu, tam est impossibilis probatu ; neque Labbeo venisset in mentem, si cogitasset, apud Doubletium in San-Dionysianis exstare ipsius Caroli tunc datum diploma, quo declarat se donare « ad casam S. Dionysii martyris.... monasteriolum qui nuncupatur a S. Deodato, infra Vosago silva, sicut eum Pippinus genitor in sua investitura tenuisse comprobatus est. » Pridem ergo, etiam ante Pippini regnum, obierat sanctus, a cujus nomine dicebatur monasteriolus iste, quem non putamus esse alium, quod ipsum de quo agimus Vallis-Galilææ. Non etiam admiserim quod illo ipso, quo hic dicitur sanctus, obiisse anno, e sua abductus eremo sit, ut cum S. Wilfrido Romam proficisceretur. Caroli le Cointe opinio illa fuit hanc ob causam coacti differre ejus obitum usque ad annum 684. Confudit ille hunc, de quo agimus, S. Deodatum cum Adeodato Tullensi episcopo, qui anno 680 Romanæ subscriptus synodo, sicut fusius explicuit ad Vitam S. Wilfridi Henschenius XXIV Aprilis, cap. 4, S. Wilfridum fuit comitatus. Prioris corpus, uti a prædicto Ruyro scribitur, a Bertoldo episcopo Tullensi elevatum fuit anno 1003 die 17 Junii, adnitente beatrice vidua Frederici Lotharingiæ ducis cum filio Theodorico, qua de translatione est, cap. 15 Chronici Senonensis, producti ferme ad finem sæculi XIV.

5. Franciscus Riguetus Magnus, S. Deodati præpositus, juxta Nanceianum vetus exemplum, prædictam illius sancti Vitam recudi fecit ; recusamque Henschenio misit anno 1679, ascriptis manu sua, tam in margine quam ad calcem libelli, Gallica lingua observationibus suis, minime contemnendis ; has vero sequenti deinde anno cumulavit nobis eadem lingua memoriis historicis ac chronologicis, simili cura Antuerpiam missis. Non vacabat Henschenio recognoscere ad illas suum hunc præviam commentarium, notasque ad Vitam paratas. Id ego nunc facio, simulque auctori reddo debitam commemorationem studii erga sanctum suum patronum,

6. Præfatur ille, in primis observationibus, auctorem Vitæ sibi videri « monachum Vallis-Galilææ, » qui num. 11 dicit « hujus monasterii » et num. 20. « In hanc Vallem-Galilæam » ubi cum pro monachis canonici sint introducti circa annum 980 consequens videtur, ut illa Vita ante dictum annum, aut etiam multo prius scripta sit. Phrases prædictæ (ut verum fatear) aptiores sunt illius monasterii quam Mediani monacho. Sed dum ad calcem Vitæ notatum lego-quod ipsam, anno 1049, Romæ in synodo lectam, Leo papa IX, in Ecclesia Dei recitandam decreverit; dumque ex Rigueto intelligo, in Deodatensi archivio etiamnum servari membranarum Legendarium, ubi eadem Vita in lectiones verbotenus digesta fuisse intelligitur, ex potiori parte etiamnum ibi residua, cogor opinari quod non habeamus primam Deodatensis monachi compositionem, stylo forsitan multo simpliciori exaratam, et verosimiliter nullis vel paucioribus mendis chronologicis obfuscatam. Ea menda Medianensis antistes, sanctior quam doctior, tanto operiosius cumularit, quo magis conatus est aptare se cuidam Tullensium episcoporum corruptissimo (ut apparet) catalogo, unde nomina huc inferenda accepit, de quibus infra in notis. Sane Waldradus ille præpositus, ad quem directam Vitam Ruyrus scribit, idem esse videtur, de quo prædictus Leo papa, anno 1051, Udoni Tullensi sic scribit : « Frater noster charissimus Weldradus, præpositus cœnobii S. Deodati, cum quibusdam fratribus suis nobiscum præsentes » in curia Henrici III, sub tempus quo ibi ipse papa electus fuit, « nostrum imploraverunt auxilium. » Idem ergo eadem occasione

Leoni obtulerit, qualem a Medianensi antistite acceperat Vitam, Romæ in synodo prima approbandam; sicque transierit in membranas prædictas, sed absque epistola, cujus meminit Ruyrus, quam ipse utinam edidisset, nunc enim nuspiam inveniri indicat Riguetus.

7. Utendum interim ista qualiquali Vita, et cætera aptanda erunt anno mortis: Qui annus, cum suis indictionis Dominicæque adjunctis, potuit certius fuisse cognitus. Ita quamvis Vitæ auctor vel interpolator dicat sæpius venisse sanctum in Vallem-Galilæam anno 669, eo tamen hic venerit decennio citius. Causam errandi dederit privilegium inventum sub nomine S. Hildulfi Trevirensis episcopi quasi datum S. Deodato tali anno, pro suo in Valle-Galilæa monasterio; existimante auctore, hoc fuisse initium monasterii; neque ad manus habente aut Childerici regis donationes, ad monasterium jam condi cœptum collatas circa annum 1160 (quarum ne nunc quidem inveniuntur chartæ) neque S. Numeriani episcopi Trevirensis, Hildulfo prioris, privilegium vetustius et anno ut summum 665 datum; quod in Mediano Monasterio invenisse sibi gratulatur Riguetus, utpote exemplar, ad quod alterum Hildulphi postea vel factum vel confictum fuit. Agit autem illud de jam plene constituto monasterio, quod ut sic haberetur, quinque ut minimum vel sex anni requiruntur. Porro aliorum ibidem « opinio fuerit (cui, inquit auctor, num. 14, nec refragamur, nec suffragamur, quoniam penitus refellere aut defendere non valemus) B. Deodatum, post triginta annos ab egress: ipsius ex Francia, hanc vallem intrasse. » Qui triginta anni, simul cum prioribus viginti, constituunt annos quinquaginta, inter Vosagi solitudines, loco non uno, nec uno monasterio condito actos. Sic autem intelligetur Deodatus venisse ex Francia, ubi aliquantulis saltem annis episcopatum administrarat, sub annum 630 jam quadragenario proximus, aut major, adeoque obiit vere « grandævus, » uti num. 16 dicitur; « emeritæque militiæ veteranus » circa annum 590, natus. Quæ omnia in nostris ad Vitam adnotatis, multo quam Henschenius reliquerat prolixioribus, probabuntur optime cohærere cum certiori historia, prælucentibus Rigueti observationibus et memoriis.

8. Orditur is primas describendo præsentem ecclesiæ suæ statum, qualem non incongruum fuerit adnectere huic prævio commentario. « Canonicis, inquit, viginti quatuor constat hodiernum collegium, atque insuper præposito majori, qui caput est omnium, suo numero complectentium decanum, cantorem atque scholasticum, quorum pro ratione eminentioris super cæteros dignitatis, præbenda etiam amplior est. Olim triginta numerabantur; sed majores nostri præbendarum trium suppressionem impetraverunt Roma, conservando organo, alendoque organistæ, cum quatuor pueris choralibus musicæque magistro: quartam præbendam auctoritate pontificia abstulerunt principes nostri, pro erigenda nova Nanceii ecclesia, quam primatialem dicunt. Officium in ecclesia persolvunt canonici, una cum vicariis; quorum nunc neque numerus, neque stipendium est definitum; ante bella plerumque undecim vel duodecim erant. Ex institutione Leonis IX qui majoris præpositi titulum et officium aliquando apud nos gessit, factum creditur ut successoribus pontificaliter officiantibus pedum ac mitra sit, cum peculiari quoque ornamento sericeo, in formam piscatorii retis cooperiente albam, tunicellam atque dalmaticam; a cingulo usque ad pedes, quod vulgo *rete* vocant, *retiatum* Latine diceremus. » Et hæc opinio confirmari potest ex privilegio pallii et mitrarum, quod idem Leo IX in memoriam Clementis II decessoris sui, antea Babenbergensis episcopi, concessit episcopo, et dignioribus canonicis istius ipsius Ecclesiæ Babenbergensis. « In tali ornatu assistit præpositus solemniorum d'erum officiis, alias adesse non tenetur; si tamen adesse velit, obligatur venire in habitu episcopali; hieme quidem in cappa violacea, pelliculis muris Armenii farta, æstate vero linteatus cum epomide et cruce pectorali.

9. « Episcopalem quoque jurisdictionem habet præpositus, non solum in oppido S. Deodati, sed per totam vallem, a limitaneis diœcesibus Argentinensi, Tullensi, atque Basileensi abjunctam, complexamque duodecim magnas parochias; quibus decimam tertiam ego addidi, pro majori commoditate parochorum; quos ad synodos meas voco, et ad quorum institutionem concursus celebro, habens ministros curiæ meæ spiritualis, a quo non nisi Romam appellatio est, officialem, promotorem; aliosque, plane sicut episcopi. In iis, quæ Roma ad nos veniunt, bullis simpliciter dicimur provinciæ Trevirensis, nulla diœcesi nominata, et ad eas functiones, ad quas consecratio episcopalis requiritur, liberum nobis est rogare episcopum quemcunque, neminé non admittente dimissoriales ordinandorum a nobis signatas. Territorium nostrum, ex donatione Theodorici II facta S. Deodato, per montana extenditur septem leucis in longitudinem, in latitudinem quatuor; merum olim desertum, nunc, occasione monasteriorum et cellularum a sancto exstructarum, habitationibus etiam sæcularium frequens; quorum omnium decimas Ecclesia nostra percipit, licet nunc pars solum tertia territorii supremæ jurisdictionis titulo nobis pareat. Prioribus etiam sæculis regalia nobis competebant, ut sunt jus monetæ cudendæ, militiæ conscribendæ, et tributi exigendi aliaque hujusmodi. Invenimus autem in registris nostris Magni titulum præpositis datum fuisse jam inde a sæculo XIII, eoque usum Lotharingiæ ducem in charta quam nobis signavit anno 1272. »

10. Hactenus ille, qui deinde ad posteriores memorias sic præfatur: « Sequar, quatenus potero, antiquam Vitam, a Leone IX probatam; cogar nihilominus adjungere quædam ibi omissa, et refutare nonnulla, prorsus incompatibilia cum aliis ejusdem Vitæ locis, sollicitus imprimis, ut falsa secernam a veris. Qua in re haud paulo meliorem successum spero quam habuerint alii, me quidem doctiores; sed qui majoribus lucubrationibus intenti, aut longius positi, otium non habuerunt singulas circumstantias expendendi, neque facultatem scrutandi monumenta archivii nostri, ipsaque loca in quibus res actæ personaliter adeundi; quapropter aliud facere non potuerunt; quam sese referre ad hanc Vitam, velut omnis notitiæ a se sperandæ unicum fontem. » Ad hæc ergo subsidia aggredior Adnotata Henscheniana recognoscere et augere.

VITA S. DEODATI

Primum a Deodatensi monacho scripta, dein a Mediolanensi abbate interpolata

Ex ms. codicibus et editione Nanciana.

CAPUT PRIMUM.

Ortus, episcopatus Niversensis, vita solitaria.

1. Catholica fides, et Christiana pietas, quanto vivacius aciem mentis in invisibilibus defigit, tanto segnius visibilia attendit, quia eorum vanitate se posse cæcari animadvertit; nec mulcetur qualicunque specie caducorum, quæ miratur et ambit fluxa carnalium curiositas exterius, quoniam aut fœda interdum, aut vacua novit interius. A quibus ideo oculos avertit quatenus veri et solidi boni oblectamine in æternum perfrui possit; cujus sobrio vino sic inebriatur ut ignoret quo tramite ad hæc infirma revertatur. Ad hujusmodi merum sic nos hortatur Canticum canticorum : *Bibite, amici, et inebriamini charissimi (Cant.* v, 1). Animæ ebrietas gemina est; aut enim inebriata amore sæculi, obliviscitur Creatoris sui, aut inebriata præclaro calice charitatis Dei, sic ardenter adhæret Conditori ut non sentiat quidquid est mundi. Quod frequenter audimus et videmus factum, quando nonnulli pro desiderio vitæ æternæ, parentes carnis et patriam suam, nullo compellente, sub jugo Patrum spiritualium victuri fugiunt; et quondam elati, cupiunt esse quod paulo ante despexerant, et odisse incipiunt quod fuerant. Amarescunt eis olim dulcia, et dulcescunt amara; prospera formidant, adversa exoptant, obliti facultatum suarum, omniumque carnalium affectionum; nec importunis fletibus conjugum revocantur, seu pietate parvulorum, sic festini ad laborem quasi ad requiem. Hoc sancti Spiritus musto quidam pleni, opulentarum urbium suarum sunt obliti in hac paupere Vosago, fame et frigore tabescere contenti. De quorum numero piissimus Pater noster Deodatus, præcipuo nobis prædicandus est præconio (22).

. Beatus Deodatus generoso occidentalium Francorum sanguine procreatus, morum et actuum prærogativa in suæ prosapiæ linea eminuit primus, quamvis ex corporis ætatula censeretur postremus.

A De virtute in virtutem itaque, per ætatis incrementa gradatim eundo, gratum se ex gemina charitate exhibebat Deo et populo, divitias salutis, sapientiam videlicet ac scientiam, pariterque timorem Domini, infatigabiliter complectens, pro incorruptibili thesauro. Tandem pari et unico assensu cleri et plebis, a Deo (cui se totum dederat) juxta nominis sui exemplar donatus est pontificio Nivernis, ne sancta ejus actio diutius lateret sub modio, velut lucerna præclarissima decentissimo præfigenda candelabro, ut tam verbo quam facto luceret omnibus in Domini sanctuario. Quod quanta devotione et industria, sub infula pontificali, illustraverit, nemo priorum ambigit, quando omnem ejus laudem finis perfectus canit. In quo pernoscitur clarius luce eum in episcopatu non sua, sed quæ sunt Jesu Christi tantum quæsisse (23); nec saltem ab hominibus reverentiam debitam, sed a Deo remuneratione illibatam ex honore illo optasse cui tam perfecte valuit renuntiare.

3. Denique sanctissimus antistes, sagitta charitatis divinæ salubriter vulneratus, trahi et currere post Jesum expetebat totus (24); perpendens mundum in maligno positum (*I Joan.* v, 9), seque in medio scandalorum. Etenim sicut superborum est minimum, seu certe nil boni agere et semet perfectissimos in oculis Dei æstimare, sic profecto humilium est, quæ præcepta sunt omnia facere, seque inutiles servos (*Luc.* xvii, 10), et omnibus hominibus inferiores ac viliores, non solum suo ore pronuntiare, verum etiam intimo cordis affectu credere. Quippe a malitia conversi, et effecti in oculis suis parvuli, Domino parvulos custodienti (*Psal.* cxiv, 6) deflent mente supplici : *Imperfectum meum viderunt oculi tui (Psal.* cxxxviii, 16). Hoc utique pacto, vir summæ sanctitatis Deodatus in civitate Dei humilitate perfecta radicatus et fundatus (*Psal.* xlvii, 2, 3), necnon respectu districti Judicis extremæque discussionis attonitus, et sciens quia cui plus committitur, plus ab eo exigitur (*Luc.* xii,

---

(22) Hinc incipit ms. Ultrajectinum præpositis his verbis : « Piissimus Pater noster Deodatus, præcipuo nobis hodie prædicandus est præconio qui generoso, » etc., et secutus Mosander.
(23) Carolus le Cointe ad annum 657, num. 16, profert « privilegium, quod Emmo archiepiscopus Senonensis S. Petri-Vivi in synodo collecta concessit, » cui subscripsit inter alios episcopus Nivernensis, quem le Cointe arbitratur fuisse hunc S. Deodatum; sed (si is, ut vult Riguetus, sub an. 640, ut autem ego, 650, episcopatu abiit) longe excerrat

conjectura illa; æque ac Sammarthanorum, qui episcopatum ejus differunt usque ad an. 668, quem præcesserit Gilbertus pro anno 665 ex ms. Nivernensis Ecclesiæ notus. Quare mihi videtur Deodatus assumptus post Agricolum qui primis suis annis præsens synodo Masliconensi anni 581, facile potuit ultra 620, Vitam protraxisse.
(24) Apud Mosandrum apponuntur ista : « Dicens ei cum sponsa : *Trahe me post te, curremus simul in odorem unguentorum tuorum (Cant.* 1, 3). »

48), ad sequendum Christum perfecte est animatus. Deliberatione ergo tantæ rei prorsus arrepta (25), abnegavit sua et aliena negotia, successore sibi delecto ad suæ diœcesis gubernacula (26), ne navis Ecclesiæ Christi periclitaretur, tam idoneo remige privata. Sic frequentiæ sui gregis, piis ad se retinendum armatæ fletibus, valedicens, cum aliquot sibi unanimis regressus Niversensi oppido, sponte exsulat a naturali solo, concivis et cohæres adnumeratus Christo. Quem exspectare cupiebat in solitudine mansurus, salvus et immunis factus a pusillanimitate spiritus et tempestate popularis tumultus (*Psal.* LIV, 9). Hic jam non pigeat nos agere, quod pretiosorum metallorum vestigatores et effossores constat actitare; quibus si qualitas terrenæ venæ arriserit, atque per se ad divitem massam ventum iri promiserit aut renuntiaverit, exemplo animosis vangis (27) et marris cuncta rudera egerunt, donec ad cupitum metallum perveniunt. Sic nos hujus viri sancti animum, huic mundo mortuum, et cum Christo in Deo absconsum, metiamur et perpendamus, si possumus, ex qualitate exteriorum ejus actuum. Consideremus quanti æstimaverit præsens sæculum, cui valefecit quando ei arridebat plurimum, secutus ad lamenta spiritus contribulati et contriti cordis Dominum Jesum (*Psal.* L, 19) qui, ne hic periremus, ad hanc vallem descendit lacrymarum. Nec pauperculus quilibet homuncio tanta alacritate reliquit vile tuguriolum, culmo et cespite contectum, quanta hic Dei cultor urbem Niversensium, cujus in summa rerum copia administrabat episcopium. Sed, quia sunt intimis interiora, jam veniatur ad sequentia.

4. Igitur terque quaterque beato Deodato, centuplum a Christo et vitam æternam capessenti, præ cæteris comites tantæ mercedis cohæsisse feruntur isti, Arbogastus et Florentius (28) quorum prior in sacro nemore (quod Teutonico idiomate Heiligestorst vocitatur) eremitica vita est functus; indeque ad episcopatum Argentinæ civitatis raptus. Cui decedenti altera solitudine Hasale abstractus successor est datus (29). Hi postquam plurima terris monstravere suorum insignia meritorum, vocati a Domino requiescunt spiritu in cœli aula, corpore autem in locis, quæ instituisse eos diximus supra. Tunc Willigodus, domnolus, et univocus ejus Deodatus, quos a sancto viro labor non disparavit ultus, certatim insistendo obsequiis, et parendo jussis illius, satius duxerunt cum eo inter ignotos tribulari, quam cum notis in terra suæ nativitatis lætari.

5. Domino itaque Girbaldo (30) viro sanctissimo præsidente diœcesi sanctæ Tullensis Ecclesiæ, fidelis Domino servus Deodatus, renuntians sæculo, decrevit in saltu Vosagi locum habitationis eligere. Veniens tandem cum suis Romonum (31) (quod tunc hæreditaria sorte duo fratres sibi diviserant prædium) qualis vir esset nutu divinitatis est declaratum. Nam inibi prior illorum fratrum, Asclas dictus, locatis artificibus, insistens erat ædificationi novæ domus. Quibus supremo propinquantibus operi trabalis materies transversim medioximo imponenda apici,

(25) Impressa *abrepta*, credo (pro usu medii ævi, præpositionem *ad* invariatam scribentis) fuisse in originali expressum, *adrepta*.

(26) In ms. Bodecensi et Ultrajectino desunt hæc de *successore delecto*, etc. Is autem, si Riguetî sententia, deberet censeri Rauracus, ad an. 650, concilio Cabilonensi subscriptus. Nec obest, etc. Vide append., t. VI. Junii pag. 216, c. 2.

(27) Ita ms. *consule* quæ de *vangis* disseruimus XI Aprilis ad Vitam S. Isaac, ex III Dialogorum S. Gregorii. Idem nomen habetur etiam XIV Januarii, in Vita S. Felicis Nolani. Est autem *vanga* genus ligonis. Mosander explicat, « marris et instrumentis aliis. » Impressa legunt *vasis*. Censet porro Riguetus, ætate auctoris fuisse minera in montanis istis, « quibus, inquit, eruendis vidimus nostra ætate frustra allaborari. Interim chartularia nostra docent an. 1290, solutas fuisse Ecclesiæ nostræ decimas argenti, quod eruebatur. Non allego autem ecgraphum chartæ, tanquam signatæ an. 989, quia sinceritas ejus mihi valde est suspecta. » Ita ille.

(28) Colitur S. Arbogastus 21 Julii et S. Florentius 7 Novembris, ambo Martyrologio Romano inscripti. Quæ de iis hic dicuntur, exposui in Diatriba de tribus Dagobertis, lib. II, c. 5. Floruerunt autem sub Dagoberto secundo, filio S. Sigeberti, qui (uti exposui in Diatriba Dagobertina innovata et ante tomum III Aprilis excusa) regnavit ab anno 661, in Adrhenanis provinciis, et post occisum Childericum in reliqua Austrasia usque ad annum 680, quo et ipse occisus est. Dubitat tamen Riguetus an hi sancti Deodatum secuti Nivernis sint, et mavult credere Richerio, Chronici Senonensis auctori, aliisque asserentibus eorum amicitiam in Alsatia coaluisse, cum jam tertium anachoreseos suæ locum incoleret sanctus. Movet eum, non solum quod ambo

dicantur ex Scotia oriundi; sed maxime quod S. Arbogastus dicatur obiisse anno 668, cum 27 annis, adeoque ab anno 641 Argentinæ præfuisset; atqui non est electus episcopus, ni-i post probatam annis pluribus Alsatiis virtutem suam, proinde ad illos potuit, si non debuit, ante S. Deodatum venisse. Quod pluribus ad ejus Vitam licebit examinare.

(29) Scilicet S. Florentius, qui sibi oratorium condiderat prope Haselium Alsatiæ rivulo; « nec procul a Bruschio percelebri amne, » inquit Gaspar Bruchius in episcopis Argentinensibus; sed inter utrumque sanctum medium ponit Rodtharium, ex equestri ordine assumptum; et eos qui tertio loco sedisse hunc dicunt, falli asserit toto cœlo, idque ex vetustis diplomatis certissimo demonstrari posse.

(30) Girbaldus hic amandandus est ad sæculum proximum, et substituendus videtur Bodo de quo Richerius lib. I Chronici Senonensis cap. 10, ista scribit : « Elapso modico tempore, postquam vir beatissimus ille Deodatus in hanc subintravit Vosagum, erat vir æque sanctissimus, nomine Bodo, Tullensis episcopus, qui Dei ductus zelo, in quodam prædio suo, quod ejus nomine Bodonis monasterium appellatur, adunato non modico conventu sanctimonialium claustrum ibidem statuit, et eidem monasterio pluribus collatis reditibus ordo sanctimonialium multo tempore ibidem perseveravit. » Colitur S. Bodo 11 Septembris, quando hæc accuratius erunt discutienda, uti et 29 Decembris ad Vitam S. Hilduardi qui creditur Girbaldus ab aliis appellari.

(31) Vulgo *Romont*, et sic ipsum Riverius appellat; Riguetus addit respectu oppidi S. Deodati longius quam Remberti Villare situm esse, spatio parvæ leucæ, adeoque leucis V ab illo.

cui cuncta contignatio habebat inniti, nulla arte per tres dies eidem potuit aptari, modo obstante brevitate, modo curvitate, seu aliqua alia tortitudine. Unde dominus ille opificibus iratus convicia ingessit, quod qui silvam in promptu habuerint, velut inertes diu sub illa materie et frustra sudaverint. Sed his jam fessis opere et mœstis euntibus pransum, contigit sanctum virum eamdem subintrasse domum, et in eadem resedisse ex itinere fessum. Qui causæ illius seriem a quodam puerulo edoctus visceribus misericordiæ, ab infantia secum adultæ, et de matris utero secum egressæ; commotus, tentavit subvenire mœrentibus, accitoque beato Willigodo cum cæteris, materiem opportuno loco paulatim aptavit (32), ac se mox cœpto itineri reddidit. Adhuc non longe digressus, reducitur, tam benevolo ejus opere comperto a primate fundi illius. Hic ut peregrinationis ejus votum percontatus accepit, vel quis fuerit, prædium ipsum eidem contradidit, usu tantum inde sibi retento, dum advixerit, appensurus sancto viro quinque argenti siclos annis singulis (33). Nec dubitavit pauper Christi suscipere aliena, qui abdicaverat sua; quatenus merces cumularetur devoto laico ex eleemosyna, qua præviderat sustentari posse pauperes, quos Christo aggregavit postea; aut utique dubium, quia in spiritu noverat, locum illum nobilitatum iri, sui dilecti discipuli Willigodi sepultura. Ad cujus exanimum corpus, illic nunc usque tot et tanta monstrantur miracula (34) ut palam sit ejus spiritum perpetua in cœlis remunerari gloria.

6. Inde progressus pontifex devotissimus devenit Argentillam (a rivulo suo sic vocitatam (quam tamen nunc rusticum vulgus corrupte Arentellam dicit (35). Ibi labore tantæ viæ extædiatus, demorari consensit, atque impensas ad sibi construendum monasterium inibi præparavit. Cujus fundamenta dum ad aliquod perduxisset fastigium, offendi cœpit ac lædi pravitate et injuriis accolarum, eidem invidentium, quasi in dies

(32) Richerius, cap. 4 : « Ipsam magnæ nobis trabem ipsius domus in excelso, nulla fortitudine obstante, ubi poni debuerat, collocavit. »
(33) Ex Richerio, qui scribebat anno 1203, et ex Mediani Monasterii chronico, quod anno 1326 compilavit Joannes de Bajoña Dominicanus; probat Riguetus, ejusmodi censum, ipsorum quoque ætate solvi solitum; sed dubitat an ejusmodi census non sit posterioris temporis, imo negat proprietatem loci unquam a Domino fuisse alienatam, qui hactenus constituit partem marchionatus Gerbervillariensis. Prioratum vero, quem ibi postea constituit S. Willigodus, ait non ad ecclesiam S. Deodati, sed ad abbatiam Besuensem pertinere.
(34) Mirum proinde est, antiquis fastis non inveniri ascriptum Willigodi nomen; nam cultus memoria nulla in præsens ibi superest.
(35) Ruyrus inter Marivillam et Angivillam situm fuisse locum ait. Riguetus fatetur situm ignorari, sed rivulum, a quo nomen traxit, ait oriri sub Bruariis, atque transire Gran-Villare. Petri-Pontem, atque Stagnum (ita dictum prædium ad jus canonicorum pertinens) sanctæque Helenæ et Gergonæ vicos, donec sub Remberti Villari Majori se amni misceat.
(36) Richarius, nulla facta Arentellæ mentione,

usurpaturo fundos eorum; erant enim et apprime militares, sed libertatem quasi velamen malitiæ suæ habentes. Quorum protervium mox ut Dei servus humiliter declinavit et fugit, ira cœlestis a leo super eos incubuit, quatenus tam ipsi quam cuncta posteritas eorum, aut juveniles annos et sibi tunc dulcissimos non exiissent, aut certe minuti intellectu affinibus suis despicabiles et ridiculi remansissent, donec nequam stirps illa de medio ablata fuisset.

7. Hinc venerabilis vir post nimios aviæ et anfractuosæ solitudinis circuitus, Elisacium (36), introiit; ubi inter Amalricivillare, et Ungisi villare, apud Wilram (erecto sibi habitaculo) consedit; cujus hodieque ibidem ostenduntur plurimæ parietinæ, et fons perspicuus atque saluberrimus, ejus famosus nomine. Ubi cum circumcirca quasi quidam intellectualis sol radios beneplacitæ Deo actionis evibraret, et dociles animos religiosorum bono odore Christi ad se traheret; aliquis eximiorum procerum Hunus, cum conjuge Iluna dum in vicinia commaneret, magisque ex debito quam ex intentione huic mundo deserviret; Dei servo in amicitiis junctus est familiariter, similis quippe simili cohæret, dissimilisque dissimiles refugere solet. Accessit inter eos et illud ad solidæ dilectionis plenitudinem, quod præsul sanctus et baptizavit, et a salutaris fontis lavacro suscepit ejus prolem (37). Sed sanctæ charitatis, totiusque bonæ operationis osor diabolus, ut vidit non parvos Domino posse assurgere fructus, verbo et exemplo illius, si tantus colonus religionis ulterius in impia illa gente et sterili bonorum operum remoraretur; ad eum inde effugandum relevavit nefandum caput. Repentino denique furore stolidum et indocile vulgus adversus sanctum, qua alieni juris pervasorem, concitavit; per quod patronos regionis inflammavit, donec continuis lacessitus jurgiis ac minis, illinc egredi compulerit. Cui dum suus compater Hunus humillime supplicaret, ne se

primo pervenisse sanctum ait ad quemdam locum, qui Teutonico idiomate Heligewoist, Latine sanctum desertum vocatur, juxta oppidum, quod Hagenowia dicitur in Alsatiæ inferioris finibus situm, ubi se sui voti requiem reperisse credens, aliquantum delituit; sed inde invidorum injuriis propulsus, ad claustrum quod Abregennisten vocatur, venerit; » ubi primam familiaritatem contraxerit cum sancto Arbogasto. Interim bene Riguetus censet imperitia librariorum Teutonicam linguam ignorantium, ex Ebersheim munster id est Domus-Apri-Monasterium, factum Abresennisten; est autem abbatia illa, cujus primum abbatem ipsum S. Deodatum faciunt aliqui, in loco olim dicto Novietum, ut Atticus, qui hujus monasterii fundator fuisse dicitur, Pater S. Ottiliæ, diu post hæc tempora, restaurator potius sit quam fundator; quod verosimile multis de causis Riguetus censet; et in primis, quia ibi haberi dicitur corpus S. Deodati. Hic est socius et discipulus Deodati Nivernensis, a magistro suo, post locum utcunque ordinatum ibi collocatus, et cum illo confunditur a multis.
(37) Ruirus lib. ii, c. 1, ait Adeodatum vocatum puerum, ac postea sub ipso sancto monachum factum.

desereret, eique gratanter sui juris possessiones ad commanendum offerret, vir Dei respondit lacrymabiliter : Ut quid tot annis exsul et profugus hanc provinciam habeo oberrare, cum in ea (peccatis meis facientibus) nequeam pedi meo optatam requiem reperire? Jam ad moriendum dabo me vastæ et ignotæ solitudini; viderit pietas Domini cujus desiderio patriam respui, et hos fines expetii. Hoc dicto datoque pacis osculo, sub amplexu mutuo discessum est, non sine fletu utriusque plurimo.

8. Sed famulo suo persecutionem pro justitia patienti miseratio divina non defuit; quæ ei habilem et optatum locum providit, et persecutores ejus contumeliosa et miserabili plaga in sua sobole percussit. Nam primatum illorum dies dimidiavit, eosque ab hac luce in dulcioribus sibi annis rapuit. Quod nunc usque in posteritate eorum exercuit in tantum ut aliquoties eximii proceres ac tres illustres matronæ, tam dolendam conditionem suæ genealogiæ metuentes sibi, capita sua ac fundos multaverint sancto isti, ne pro iniquitate patrum suorum mererentur a Deo multari. Quotquot autem ruricolarum in eadem villa (donec mansit) nati fuere, cum strumoso gutture jugiter vixere (38), quo dedecore prorsus caruere quotquot in ulteriori littore interfluentis torrentis nasci potuere. Quod animadvertentes enixuræ feminæ, torrentem illum solebant transire.

CAPUT II.

Discessus in Vallem Galilæam. Ecclesia et monasterium constructum, ac privilegiis munitum.

9. Tunc miles Christi, infatigabili quidem corde, sed nimium fatigato corpore, per scopulosa juga arduorum montium, per concava squalidarum vallium reptabundus, tandem Vallem nuncupatam Galilæam (39), anno ab incarnato Verbo sexcentesimo sexagesimo nono (40), subiit anhelus, quam interluit et irrigat Mortha piscosus et vastus fluvius (41); penes quem in Australi ejus ripa (reperta spelunca, et amœnissimo fonte) aliquanto inibi delituit tempore, herbarum tantum agrestium et pomulorum esu corporeæ succurrens inediæ, optans exemplo sanctorum Patrum vivere qui degentes in solitudinibus, erravere in montibus et speluncis et cavernis terræ

Interea Dominus, sollicitus ac servo nil cogitanti de crastino, religiosum virum Hunum aliter in somnio suo dignatur alloquio. Cur fame permittis in solitudine perire compatrem tuum, Deodatum Nivernensem episcopum, causa mei exsulem et inopem factum, qui præ humilitate vix minimi s i actus te fecit conscium? Cui respondenti se nescire quorsum eum quærere deberet, præcepit dicens : Onera saginarios (42) tuos bonis, quæ tibi præstiti, et, invocata majestate divina, eos per se dimitte istud iter aggredi; mihi crede, ductor non deerit. Hoc exspergefactus cum retulisset devotæ conjugi, omnimodis accelerandum cœpit hortari. Quid plura? Sagmarii, ut jussum fuerat, abire permissi, per inviam eremum, recti itineris linea pervenerunt ad speluncam sancti : quorum via notata ab his, qui pene pedetentim fuerant eos illuc usque prosecuti, reperitur famulus Dei. Quos prior percontatus, cur venerint, omnem rem seriatim discit. Nec mora ; grates affectuosis lacrymis conditas Deo reddidit quem sui non oblitum in necessitate comprobavit. Dein tam eos quam jumenta necessariis refocillatos cibariis, suo Domino gratias agens remisit. Sic viri Dei reperta casa, non solum ipse Hunus, sed et aliquot alii religiosi ministraverunt ei postea. Hinc si recolamus antiquorum Patrum vitam, nequaquam iis imparem in hoc facto beatissimum reperiemus Deodatum; cui, ut sanctissimus Frontonio, Benedicto, atque Columbano (43), destinavit Dominus necessarium victum.

10. Hac ergo benignitate Domini, tam bene pro se prospicienti, vir perspicacissimus, intelligens gressus suos illuc retortos divinitus, ad instituendam sibi cellulam est animatus. Qua ibidem erecta, et B. Martini (44) antistitis venerationi dicata, reposuit illic et alia pretiosissima sanctorum pignora, secum a patrio solo delata. Cumque opinio sanctitatis ejus diatim, non solum huic nostræ viciniæ commigraret, verum et ulteriores terras avide peragraret, fiebat ut fideles ad eum catervatim undecunque attraheret. Ex quibus nonnulli hilariter conferebant prædia, plurimi ad monasterium construendum pecunias, et quæcunque alia poterant impendia, aliquando vero non tantum sua, sed insuper accensi ad imitandum, subdebant seipsos ejus discipulatui nimia instantia ;

(38) Jam enim nullam esse villam monet Riguetus ; vereor autem, ne fabulositatis aliquid admistum huic narrationi sit, fundamentum nactæ ex frequenti invocatione sancti contra ejusmodi malum.

(39) Describit eam Vallem Richerius, cap. 6, « speciosam et spatiosam, nemoribus undique consitam, aquis irriguis et piscosis copiosam ; quam cum vir Dei diligenter conspiciendo perlustrasset, tandem in quodam loco, juxta montem qui Comberg dicitur, resedit ; ibique oratorium in honorem S. Martini, quod usque hodie perdurat, erexit et consecravit. » Riguetus ait, prius venisse ad locum cui a *bono homine* nomen etiam nunc sit, fortassis ab ipsomet sancto ibi morato.

(40) Errorem in numero esse monet Riguetus; cum ex chartulario loci possit decerni stabilitum

fuisse monasterium ante annum 684. Abundavit fortassis denariis unus, in numero litteralior scripto apud Deodatensem monachum, aut transpositis literis legebatur 649.

(41) Paucos fluvios vidisse auctorem oportet. Riguetus ait, « qui vastum fluvium *Mortham* appellet. » Perdidit ille nomen suum, duabus leucis infra Nanceiam illabens Mosellæ.

(42) Impressa, *saginarios;* sed a *sagmis* sermone rustico *saumes*, id est clitellis, *sagmarios* dici, equos, mulos, asinos, oneribus ferendis destinatos, notum est.

(43) In Vita S. Frontonis 14 Aprilis hæc leguntur n. 6. Noti sunt etiam Benedictus et Columbanus.

(44) Nunc appellatur *Clivus*, seu *Collis S. Martini*, Gallice *la Côte Saint-Martin*.

non enim erubescebat fama ex bonis, quæ de absente disseminabat, quia in præsenti adhuc meliora exhibebat. Illis in diebus, jam sæpe dictus Hunus prædia, et a se agnominatum Hunivillare cum ecclesia eidem concessit devotus. In qua ipse cum conjuge sancta monstratur sepultus (45), sed miraculis vivere pariter in cœlis comprobantur. Tunc etiam liberalis munificentia Childerici excellentissimi regis (46), a fisco abscissam eamdem Vallem Galilæam, cum omni integritate, viro Dei successoribusque ejus annulo suo firmavit in ævum, ab exortu . . . . cunctorum rivulorum seu omnium præfatam vallem intrantium, usque ad ipsorum ab ea exitum, quatenus inibi construeret cœnobium, et servientium Deo aggregaret, quem censeret, numerum. Credentes pro tam multis molestiis, quibus eotenus cingebatur et angebatur, quando exsul hac et illac fugatus pervagabatur, quod ejus animam sanctam Dominus modo ad plenum consolaretur, eique his verbis sancti vatis Isaiæ quasi blandiretur : *Paupercula, tempestate convulsa, et absque ulla consolatione, ecce ego sternam per ordinem lapides tuos* (Isai. LIV, 11), *quia ad punctum in modico dereliqui te, et in miserationibus magnis congregabo te* (ibid., 7).

11. Hoc vir Dei docibilis intelligens, ac si divinitus et humanitas juvari videns, ibidem prope S. Martini oratoriolum construendo monasterio erat insistens. Sed aliquis discipulorum ejus, dum ultra amnem in Urimonte (qui nunc monasterio præeminet) operariis materies ædificio illi necessarias succedentibus ac lævigantibus per diem intenderet, vesperi autem ad cellam rediret, quodam vespero cum transire Mortham pigeret, atque maturius reverti ad opus optaret, in colliculo Juncturas nuncupato contigit, ut sub noctem maneret. Qui colliculus ideo sic vocitari putatur, quoniam Robach et Mortha non longe a pede ejus junguntur. In quo frater ille reclinatus somno, oratorii ibidem construendi beatæ Dei genitrici perpetuæque virgini Mariæ in visu accepit præceptum a Domino. Quod cum mane retulisset sanctissimo magistro, in loco ostensæ visionis lapidem erigi præcepit pro signo ; cui non multo post tempore circumædificata basilica fuit, imposita ara, et honori piissimæ Matris Domini omniumque apostolorum, pariterque præcipuorum Trevericæ urbis pontificum, Eucharii, Valerii, Materni (47), et Maximini (48) consecrata. Propter hanc postmodum alterum fabricatur oratorium, quod beato Mauritio (49), ipsiusque devotissimo collegio constat dicatum, in quo facto aperte datur animadverti beatissimum Hidulphum archiepiscopum (50) exstitisse familiarissimum sanctissimo Deodato præsuli, a fundamentis hujus sui monasterii, quem creditur donasse reliquiis prædictorum præsulum Trevirensis populi, præsertim S. Maximini, cujus dignissimos artus nuperrime transtulerat in ædem, qua nunc dignissime venerantur, quando scilicet ab incarnato Domino sexcentesimus sexagesimus septimus annus volvebatur, et famulus Dei Deodatus in Elisacio morabatur. Nam anno ab Incarnatione Domini sexcentesimo sexagesimo nono, Vallem Galilæam intrasse comprobatur (51).

12. Non ab re enim fuisse dignoscitur devotissimum Deo præsulem, tot et tam pretiosa sanctorum patrocinia suæ Franciæ prætermisisse. Equidem peresse ; sed ejus fidem probat ex infra nominando privilegio Numeriani Trevirensis, quod ipse anno 664 adscribit. Meminit illud quidem Thedorici, ut cui Treviri suberant, sed non ut dotatoris ; quare eatenus nihil prohibet donationes illas factas esse post obitum Dagoberti, et scriptum a Numeriano privilegium. Magis tamen placet sententia prior, nec enim, nisi jam stabilito regia auctoritate monasterio, privilegia tanta videtur indulsisse Numerianus. Consule Diatribam nostram de tribus Dagobertis regibus innovatam.

(47) De hisce tribus primis Trevirorum apostolis egimus 29 Januarii ad Vitam S. Valerii, at seorsim coluntur, S. Eucharius 8 Decembris, et S. Maternus 14 Septemb.

(48) Acta S. Maximini illustravimus ad diem 29 Maii, cum translatione mox indicata.

(49) S. Mauritius cum suis Thebæis colitur 22 Septembris.

(50) De S. Hidulphi rectius Hildulfi ætate egimus in Diatriba præcitata l. IV, c. 5, ostendimusque eam perperam ad tempora Pippini regis translatam, quod hinc probatur. Colitur 9 Julii.

(51) « Imo ex privilegio Numeriani anni 664 certo constat, inquit Riguetus, jam tum plene fundatum monasterium fuisse : » sed hoc forsitan anno, altero post S. Maximini translationem, excurrerat Treviros Deodatus, novum archiepiscopum salutaturus, ab eoque impetraturus confirmationem ampliationemque privilegii, a S. Numeriano prius obtenti.

---

(45) Agit de horum sanctitate Ruyrus, pag. 2, lib. II, cap. 1, asseritque Hunam a Leone X papa anno 1520, in sanctorum numerum relatam 15 Aprilis, quo die Ferrarius in catalogo generali refert memoriam S. Hunæ in Alsatia, citato Kalendario regionis ejusdem, et hoc sequitur Arturus, uti diximus inter prætermissos. Riguetus eadem confirmat ex Herculano, cantore et canonico Ecclesiæ suæ, qui vivebat et scribebat de loci antiquitatibus paulo post dissipationem reliquiarum ab hæreticis factam anno 1540, quique dicit quod annis 20 prius reliquiæ istæ fuerint ex sua tumba elevatæ, mandante Leone X, ad instantiam Ulrici ducis Wittenbergensis XVI Kal. Maii. Addit etiam ex Herculano Riguetus tantam fuisse S. Hunæ erga pauperes charitatem ut lavandis pauperum linteaminibus solita accedere ipsa ad remotum a domo sua fontem, meruerit alium viciniorem sibi a S. Deodato elici, et in hujus ecclesia magnam illius esse venerationem, reliquiamque in altari haberi, quæ singulis annis exponi soleat populo.

(46) Childericus rex post mortem S. Sigeberti cœperat regnare in Austrasia, anno circiter 659, reverso autem ex Hibernia sub annum 661, Dagoberto, Sigeberti filio, relinquens ei post aliquam contentionem Alsatiam, cum provinciis transrhenanis, præerat reliquæ Austrasiæ. Postea ab anno 671 obtinuit etiam Neustriam et Burgundiam, occisus an. 673. Quidquid ergo contulit S. Deodato, contulisse debuit anno circiter 660. Plura dicere non possumus, dum Riguetus fatetur neque originale, neque ecgraphum chartæ Childericianæ su-

poterat vir Domini Hidulphus, eremiticam vitam ducturus, Arduennæ vastissimos expetere saltus (sicut aliqui vicinorum ejus fecisse inveniuntur), aut Histriæ (52) deserta revisere, a quibus ad præsulatum Trevirorum olim fuerat raptus; sed nimium intimo amore dulcissimi Deodati ad hanc nostram Vosagium fuit attractus. Cui opinio si quis calumniosorum reluctatur, privilegiis Vallis Galilææ convincetur; ubi mutua charitas nostrorum charissimorum Patrum evidenter monstratur. At nobis quia occasio se obtulit apte, de antiqua immunitate sive libertate ipsius loci hic inserantur aliqua. In quibusdam jam sæpe dicti cœnobii chirographis, regali et pontificali auctoritate firmatis, beati Patris Hidulphi nomen reperitur præfixum, titulis duodecim subscribentibus episcopis. Inibi sanctæ compassionis vir archiepiscopus, imo patriarcha (quia patriarchæ tantum debetur pontificum turma) profitetur sanctam et compunctam religiosamque postulationem venerabilis viri Deodati episcopi suarum aurium intima penetrasse, et viscerali affectu pietatis ita cor suum charitativa petitione emollivisse ut voluntatem ejus libentissime non implere nimis irreligiosum putaverit fore.

13. Consequenter etiam ibidem adnotatur (53), quoniam sancti desiderii ardore succensus reverendus Deodatus episcopus, in Valle Galilæa, quam ex regis fisco promeruerat, cœnobia (54) apud Juncturas (sicut supradiximus) construxit primus. Ubi monachos, vel peregrinos sub sanctissimorum Patrum Benedicti et Columbani regula victuros (55), deliberabat collocare devotus. Cui tandem communi decreto sanctorum antistitum conceditur (56), ut nullus regum, vel principum, aut episcoporum, seu quorumcunque clericorum, suis usibus audeat aliquando usurpare quidquam eorum quæ ad Dei famulos, ibidem sub evangelica perfectione degentes, pertinere videntur, et quæ ab ipso Patre Deodato episcopo acquisita fuerint, aut regio munere, seu reliquorum fidelium collatione, tam in sanctis voluminibus donariisque altaris et ecclesiasticis ornamentis quam in his quæ deinceps ipsi servi Dei proprio labore addere potuerint. Et quandocunque sæpe dictus Deodatus (qui nunc est Pater ipsius monasterii) a Deo fuerit vocatus, quem illa congregatio ex sese unanimiter elegerit abbas subrogetur, et ad altaria benedicenda, vel sacros ordines percipiendos, quem voluerint episcopum expetant; ullaque ecclesia absque privilegiis vivens quidpiam sperare, vel auferre ab eis præsumat, et nemini (nisi invitatione aut permissione totius congregationis) liceat monasterii ipsius septa intrare. Quod si quilibet pontificum, ab eis communiter postulatus, pro ipsorum utilitate accesserit, mox secundum voluntatem congregationis (expleto suo ministerio) abeat absque requisitione ullius muneris, quatenus sub sancta regula viventes, de percepta quiete, juvante Domino, per tempora exsultent, et pro statu Ecclesiæ catholicæ plenius Deum exorent. Si autem aliquam transgressionem regulæ suæ fecerint, et a proprio pastore objurgari noluerint, etiamsi episcopus eorum, qui et abbas, seditionem congregationis sedare nequiverit, tunc alios abbates eamdem regulam professos, ad ipsum monasterium convocet, qui sententia regulari scandalum deprimere curent. Quod utique privilegium, qui infringere ausus fuerit, præsentium auctoritate præsulum anathemate innodatur, et per venerabiles viros Bibliobaldum presbyterum, et Labinum diaconum absentibus ad subscribendum detestatur. Quod et devote fuisse factum superius est dictum. Hactenus ad istud; jamjam, quod restat, agatur.

(52) Nulla verosimilitudine dicitur ex Istria abstractus Hildulphus, qui natus in Bavaria, a Ratisponensibus scholis immediate Treviros transivit; an autem in Vosago junior viderit S. Deodatum, ex indeque ei affici cœperit, in medio relinquo; dum nihil habeo, unde id probem.

(53) Fatetur Riguetus hujusmodi S. Hidulphi chartam, seu veram, seu fictam, nusquam exstare in archivo, sed in Mediano Monasterio anteriorem aliquam S. Numeriani invenisse se gratulatur, in qua hæc eadem contineantur; cujus, utinam! ecgraphum integrum misisset descriptum, verbotenus huic loco apte inserandum, et examinandum. Quantum enim ex missis a Rigueto fragmentis colligo, nominatur quidem ibi rex Childericus, cui scilicet Treviri suberant dum privilegium dicitur indulgeri, « quatenus monachi pro statu Ecclesiæ catholicæ, et pro desiderabili salute Childerici principis, plenius Dominum valeant exorare; » sed non exprimitur annus regni, nedum Christi, ignotus ejus temporis Francorum regibus. Tota igitur ratio adscribendi ipsum anno 664 Riguetо fuit, subsignatus « episcopus Virdunensis Gisloaldus, » quem Wasseburgius statuit obiisse an. 665, quod ut verum sit, solum probat non esse serius scriptum privilegium istud, licet potuerit ipso anno 660 datum fuisse; cum necdum redisset ex Hibernia Dagobertus, et Childericus adhuc Alsatiam obtinebat, ipsi autem episcopi Numerianus et Gisloaldus pridem Ecclesiis præsiderent.

(54) Ea monasteria, seu potius eremitoria, per Vallem Galilæam sparsa, esse conversa in parochias, præposito subditas, notat Riguetus.

(55) Numeriani chartam a sex episcopis subsignatam, ait Riguetus, et esse fontem atque principium jurisdictionis quasi episcopalis, quam abbates sui ac postea præpositi obtinuerint et obtinent; Carolus le Cointe ad an. 671, n. 15, relato hoc loci ista adnotat: « Vallis-Galilæa non procul distat Luxovio, ubi vigebat institutum S. Columbani; cujus memoria per vicinas regiones tunc erat celeberrima. Nomen S. Benedicti, quod in ea provincia minus notum erat, intrusit auctor Benedictinus. Similes interpolationes sæpe jam redarguimus. » Hæc le Cointe. De rei veritate judicet lector, cum prius legerit quæ in suorum defensionem habet Mabilio, ante sæcula Benedictina agens de regulæ diffusione, contra ipsum le Cointe.

(56) Simili modo Numeriani privilegium committi Blidoaldo presbytero et Vahino diacono deferendum absentibus, Tullensi scilicet Metensi, ac Virdunensi, notat Riguetus, ut videantur eadem nomina a librariis corrupta, majoremque inferant suspicionem fictionis, eo solum ordinatæ, ut quidquid ultra Numeriani privilegium juris acquisiverunt abbates, id successor Numeriani dedisse crederetur.

CAPUT III.

Mutua charitas SS. Deodati, et Hildulphi; illius obitus, et sepultura et hujus successio.

14. Igitur decurrente sexcentesimo septuagesimo primo anno, ab adventu autem domini Deodati ad Galilæam tertio (57), semper imitandus Pater Hidulphus (archipræsulatu Trevirorum abrenuntiato (58), semet ad commoriendum Christo addicens, huic aridæ eremo dulcissimus vicinus, et pacatissimus affinis accessit suo Deodato, Jacob (59) reverendissimi præsulis Leucorum collaborante suffragio. Hic nobis ne forte succenseat ullus, et duos pontifices Leucorum (Godonem scilicet et Bodonem) fuisse inter Girbaldum (cujus diebus B. Deodatus reliquisse episcopatum fertur) et inter Jacob, cujus tempore (venit) dominus Hidulphus; nec convenire rationi, ut quatuor episcopi administraverint pontificium vix annis tribus, breviter quæstioni obviamus. Brevitatem humanæ vitæ, et vicissitudines consideramus, etiam intra annum plures quam quatuor sibi ordine succedentes posse defungi, non denegamus. Sed nos ab incerto argumentum non assumimus, præsertim cum B. Bodonem plurimis annis præsedisse episcopio, atque in Vosago monasterium virginum instituisse noverimus. Ergo dicendum est trium episcoporum priorum intercessisse obitum, a tempore quo B. Deodatus reliquit pontificale decus, usque in annum ingressus sui in hanc Vosagum, atque sic contigisse, ut I anno B. pontificis Jacob vir Dei Hidulphus veniret huc post eum. Demonstratur hoc ex prædicto privilegio, et B. Bodonis subscriptione, anno ab Incarnatione Domini 670 et ex adventu domini Hidulphi ad nos, anno Domini 601. Nam Dei amicus Deodatus, sub præfatis tribus episcopis (60) nonnullis annis mansit in locis (de quibus eum fugatum fuisse supradiximus) tandemque intravit Vosagum quasi in novissimis suis diebus; sicque contigit ut Dei famulo interdum remorante, interdum hac et illac fugitante, Girbaldus et Godo hominem quæsis-

A sent; atque in primo anno perventus sui ad nos, Bodo penultimum sui sacerdotii annum ageret. Qui defungens subsequente anno successorem accepit dominum Jacob; cujus, ut diximus, I anno qui erat jam III. S. Deodato in hac Vosago, athleta Dei Hidulphus se credidit eremo, licet quidam velint B. Deodatum, post XXX annos ab egressu ipsius ex Francia, hanc vallem intrasse, quibus cum decem istis expletos addunt, procul dubio quadraginta fiunt. Sed nos huic opinioni nec refragamur, nec suffragamur, quoniam penitus refellere aut defendere non valemus (61).

15. Itaque beati ac semper reminiscendi Patres, Hidulphus et Deodatus, in eremo (ut optaverant) vicini facti (62) non dormitaverunt, sed alacriter vigilaverunt erga custodiam amoris mutui atque sinceri, tanto familiariores effecti quanto viciniores sibi. Ut enim ampliorem splendorem, vel ardorem suscites, si luminare luminari, vel ignem igni adjicias, sic sanctis viris ex vicinitate, visione et collocutione amicabili crevit sancta charitas. Quibus quamvis maxima jucunditas esset simul semper conversari et esse, indignum tamen erat tantos hospites, velut duo mundi clarissima luminaria, sub unius cellæ angustia latitare, cum vix caperent singulos singula, præsertim quia plurimos ad Deum poterant secum ducere. Unde charissimi pontifices statuerunt semel in anno (dum in hac vita manserint) alter alterius cellam invisere, atque ibi sub noctem commanere. Quam insomnes totam in sanctis colloquiis et divinis laudibus solebant expendere, diluculo autem ad suam redire. Porro discipuli eorum intercurrebant, et velle, ac tolle, seu posse alterius alteri intimabant. Et dominus quidem Hidulphus non procul a cella cum suis occurrebat venienti ad se Domino Deodato et suis (63), quem data manu ducebat ad orationem secundum antiquorum Patrum consuetudinem, et institutionem sanctissimi Benedicti abbatis; sicque pariter oratione fusa salutabant se invicem cum spirituali

---

aut Numeriano substitutus sit Hildulphus, tanquam in Vosago notus sanctus. Adde quod stylus Numeriani, ut magis barbarus, sic magis sincerus sit. Imo dubitat Riguetus an S. Hildulphus unquam fuerit plus quam Numeriani archiepiscopi chorepiscopus, de quo videbimus alias.

(57) Imo facile decimo tertio.

(58) Vel saltem vicaria administratione diœcesis Trevirensis.

(59) Circa episcopos Leucorum, id est Tullenses, toto cœlo hic aberrat auctor, frustraque se torquet, nescio quibus catalogis manifeste turbatis procul abreptus; hic enim nominatus Jacob (uti ad ejus Natalem 23 Junii dicemus) sub Pippino floruit, anno 756, subscribens Gorziensis ecclesiæ privilegio; successeratque Girbaldo, vel Garibaldo: hunc præegressi erant eodem sæculo S. Godo et Dodo: Beatus autem Bodo, alias S. Leudinus, successerat Theufredo, ad annum 640 noto. Atque post hos Eborinus, vel Ebroinus, tum Adeodatus, sub Agathone papa anno 680 nominatus; dein Ermantheus, Magnaldus, solis nominibus indicantur. Ruyrus, Eborinum putat S. Hildulpho fuisse secessus sui

auctorem. Malim dicere ipsummet Bodonem, anno, ut infra dicitur, 670 adhuc viventem.

(60). Imo potius sub Eudolo, Theufredo, Bodone.

(61) « Grande, inquit Riguetus, auctoris hujus beneficium quod hanc opinionem nobis indicarit, fassus etiam nil habere se quo illam efficaciter refutaret. » Non sum ego, ut ille, sollicitus, qua ratione servari possit decennium, quod ei auctor in Valle-Galilæa auctum superaddit, ex proprio suo calculo; sed libenter concedam vicennium ibidem actum; quo ad tricennium a majoribus acceptum addito, fient anni quinquaginta, quos inter Vosagi solitudines egerit Deodatus, e Francia advectus circa an. 629.

(62) Medianum a S. Hildulpho inchoatum monasterium, a monasterio S. Deodati distat leucis duabus, medium (unde et nomen accepit) inter Stivalensem et Senonensem abbatias, a quibus utrinque deceptos fundos, ac S. Hildulpho donatos, scribit Riguetus.

(63) Addit Riguetus, « media quoque via in loco cui Belli-Campi nomen, ubi sibi mutuo solebant occurrere, erectum ab iis fuisse sacellum, hodieque subsistere, nec nisi a paucis annis intermissam con-

gaudio, et tum demum sociabantur sibi in sancto illibatæ pacis osculo, et in reliquo charitosæ affectionis officio.

16. Idem piissimus Pater Deodatus devotissime faciebat charissimo suo Hidulpho, cui cum suis occurrebat Mortha transito, nam, quoad vixit, cellam priorem apud S. Martini oratoriolum non deseruit. Vir quippe erat grandævus, emeritæque militiæ Christi jam veteranus, nec poterat sufferre populares concursus, fratrumque interesse studiis exterioribus; maxime qui nil dulce habebat, nisi vacare et videre quoniam Dominus ipse est Deus (*Psal.* XLV, 11), et gustare et videre, quoniam suavis est Dominus (*Psal.* XXXIII, 9). Statura quidem, ut fertur, procerissimus, forma elegantissimus, cordeque clementissimus, sed jam nimio labore et annis confectus erat et incurvus (64). Qui interdum ad fratres operantes transibat; atque considerato ac disposito opere singulorum, ad cellam noctu redibat. Unde etiam hodie demonstratur semita (65), qua solebat monasterium adire apud Juncturas. At contra, Hidulphus statura medius, facie angelicus, mente compunctissimus, voluntariæ paupertatis amicissimus; quem promptum et alacrem ad omne opus bonum reddebat adhuc viridis senectus, et in Deo suspensus animus; nam etiam in extremis vitæ suæ annis, labore manuum suarum vixit. Moribus quidem ambo pares, sed ætate impares, alter alterum sibi invicem præferebat, et humillimus quidem Hidulphus sanctissimum senem Deodatum, ex famulatu Christi et emerito senio priorem censebat; sed devotissimus omnipotenti Deodatus, in juniore Hidulpho dignitatem patriarchii atque morum maturitatem attendebat (66).

17. Quam dulce erat et delectabile piis animabus jugiter attendere duas cœlestis fabricæ columnas a Deo decenter creatas, et non contra Deum, sed ad Dominum pie elevatas, quæ solido et inflexibili robore mente sic assistebant summo Opifici ut optarent maxillam lapillorum congeriem sibi imponi, pro parte in qua meruere locari. Denique quasi certatim multitudine minimorum Christi, tam et præsentium quam et futurorum, gaudentes epistilia sua, id est capitella gravari (dummodo sint qui possint Domino lucrari) pusillitatem alienæ fidei, et gravedinem alienorum peccaminum in suæ charitatis latitudine suscipientes tolerant, ut viribus meritorum suorum, et suæ longanimitatis labore sublevatos ad ædificium cœleste ferant. Putares sanctos Patres istos gallinas esse intellectuales, et parvulos pullos alis meritorum et rostris orationum suarum ab invisibilium milvorum rapacitate defensare, manibus ac pedibus alimoniam eis providere, atque frigidos Deo plurimis exemplorum fovendo calefacere. Præterea et extra nidulum proprium amabant interdum pennas extendere, dum vicissim satagebant alter alterius pullis prodesse, ex Dei et proximi dilectione. Mutata voce, et dissipata sui corporis specie, infirmabantur in infirmis, ut habes in Apostoli verbis : *Quis infirmatur et ego non infirmor?* (*II Cor.* 11, 29.) Sic Patres nostri ad tempus vixere solliciti ut filii eorum tam præsentes quam futuri forent quandoque securi. Nec piguit eos laboris et sudoris sui dum tantum successores sui remanerent in tuto locati. Hoc exigebant eorum structuræ, hoc quærebant illorum fugæ, beati Deodati Patris nostri præcipue, qui tot loca sibi magno sudore constructa mutavit, donec filiis spiritualibus sedem quietam invenit. Nam si sua tantum quæsissent, facillime requievissent; victum enim et vestitum sibi habentes, his contenti essent (*I Tim.* VI, 8), maxime qui abrenuntiando divitiis, ad paupertatem summo cum desiderio pervolassent. Verum hæc alias. Igitur Deo dignissimi antistites, spirituali insistentes negotio, nullatenus ab incœptis deficiebant, aut deviabant a proposito de die in diem semetipsis meliores existendo. Etenim tanto reddebantur quotidie alacriores ad laborem, quanto viciniores ad requiem, nec sentiebant in Christi vinea pondus diei et æstus, quibus jam prope erat ut redderetur nummus.

18. Tandem ubi in hac Vosago pariter in corde uno et anima una, septem continuos expleverunt annos cum sex mensibus, largus remunerator Deus beatissimo Deodato decrevit laborum suorum reddere fructus. Percurso enim præsentis vitæ stadio, jam strenuus athleta inhiabat coronæ, et supernæ remunerationis bravio. Unde vocatus a Domino, accessu languoris correptus, detinetur lectulo. Quod cum absentibus discipulis tristis attulit nuntius, extemplo mœsti concurrunt ad cellam ejus; mentes enim præsagæ luctus futuri, audita ejus infirmitate, non poterant non turbari. Flentes ergo jacentis magistri grabato assistebant, ne tam dulcis Pater filios desereret, communi ei ululatu et gemitu acclamabant. Quos sanctus ille verbo salutari commonens compescebat, et ad regulæ sanctæ observantiam et sui memoriam, quantumcunque poterat, animabat, ac super omnia Christo bono Pastori pie commendabat.

---

suetudinem, qua hinc canonici inde monachi ad prædictum sacellum quotannis deferebant suorum sanctorum fundatorum corpora, eaque vicissim commutabant nec restituebant nisi sub reditum post multas utrinque decantatas preces. »

(64) Utpote ex nostro calculo fere nonagenarius cum obiit, nec multum a septuagenario distans, quando in Vallem-Galilæam venit, quadragenarius circiter egressus e Francia, ut vel paucis annis episcopus fuerit.

(65) Post constructum S. Deodati oppidum, non amplius exstare hanc *semitam*, ait Ruyrus.

(66) Omnino existimat Riguetus, postquam Apri-Monasterium vidit, et loci traditiones ac monumenta attentius consideravit, vere S. Deodatum istic multis annis vixisse, ac tandem cognominem sibi discipulum ibi collocasse, cujus ibidem defuncti reliquiæ occasionem dederint confundendi synonymos sanctos. De aliis locis superius actum est.

19. Super hoc facto et tam sancti viri obitu, dilectissimus ejus Hidulphus in visu noctis divinitus commonetur, ut ad eum properaret quantocius; decebat enim ut amicus amico ad Deum præcedenti extremum valediceret, sui non oblivisci devoto supplicaret, commendationem ecclesiasticam faceret, viaticum præberet; os et oculos, manus et pedes ejus rite componeret, funus ejus, debita veneratione procuratum, deduceret, atque in sepulcro cautissime collocaret. Quæ cuncta, Deo volente, a Domino Hidulpho constat circa piissimum Patrem Deodatum impleta. Nam ut evigilavit, ad beatum quantocius, sicut a Domino jubebatur, properavit; quem adhuc vivum reperit. Cujus optato visu sanctus recreatus (67), vehementer est in Domino gavisus, qui famulo suo Hidulpho ejus obitum revelare, et eum ad suum funus curandum destinare est dignatus. Nec mora, discessurus (ab hac vita), ad suscipiendum regimen ovium, quas ibidem hactenus nutriebat obedientia et charitas, superstitem amicum compulit, suisque mandavit, ut domnum Hidulphum vice sua Patrem retinerent, quandiu vixerit. Hinc communiter jam omnibus quæ charissimus charissimo istinc proficiscenti debebat a Domino Hidulpho expletis, inter ejus manus animam sanctam, multa prece Deo commendatam, innumeris et continuis laboribus pro Dei regno et justitia ejus exercitatam et elimatam, plurimisque virtutibus refertam et adornatam, lætissimus cœlo refudit, sed lætior futurus in perventione, qua Deum facie ad faciem sine fine videre promeruit. Qui (ut in Ecclesiastico scribitur) *mortuus est, et quasi non est mortuus, similem enim sibi reliquit post se. In vita sua vidit, et lætatus est in ipso, et in obitu suo non est contristatus, nec confusus est coram inimicis; reliquit enim defensorem domui suæ contra inimicos, et amici reddentem gratiam* (Eccli. xxx, 4-6).

20. Transiit autem de morte ad vitam, de exilio ad patriam amabilis Pater, domnus Deodatus, tertio decimo Kalendas Julii (68) Dominica die, sexcentesimo septuagesimo nono anno a Domini nostri Jesu Christi Incarnatione, septima indictione, ab ingressu vero ejus in hanc vallem Galilæam anno undecimo mediante (69), Theodorico filio Clodovei fratreque Childerici regnante (70), sub quo pessimus et apostata Ebroinus excellentissimum martyrem Leodegarium Augustodunensem episcopum (71), diversis tormentis prius mactatum truncavit ense. Omni autem cum reverentia curato tanti Patris funere, nimium lacrymosis exsequiis a discipulis deportatur ad ecclesiam beatæ Dei genitricis Mariæ, ubi pro eo immolata salutari hostia a devotissimo archiepiscopo, et expleto ritu catholicæ Ecclesiæ, pretiosissimum corpus vilissimæ committitur terræ (72), quia aquosum erat cœmeterium prioris ejus cellulæ, utpote situm in convalle, et oportebat tanti patroni corpus in præsentia fratrum, laudes et preces Deo persolventium, adesse; quem etsi noverant piæ animæ non esse flendum, cohibere tamen nequibant inundantiam lacrymarum, quas non impetus carnis, sed spiritus eliciebat ab intimis præcordiorum. Neque enim deflebant, quia obierit, sed quia ad Deum illos præcesserit, sicut doctissimus Pater Ambrosius de seipso dixisse consuevit; nec invidebant ejus gloriæ, sed cupiebant cum eo esse, cum perpenderent se in luctu remansisse, cum scirent se futuram patriam inquirere, nec hic manentem civitatem habere (Hebr. xiii, 114). Præterea sub gaudio Spiritus sancti pios emittebant fletus, cum recolerent (memoriam) dulcissimæ paternitatis et familiaritatis ejus, qui currus et auriga fuerat eis benignissimus (IV Reg. ii, 12), portando eos in suis manibus, et hortando ad meliores actus. Hujusmodi lacrymæ quantum distant ab his quas carnales homines solent pro charis suis vel pro damnis inconsolabiliter fundere, effreni audacia non metuentes ad divinorum judiciorum publicam detestationem prosilire! Quia enim sempiternis bonis non inhiant, post temporalium amissionem quid ultra sperent, ignorant; et ideo quos (neglecto Deo) inutiliter amant, nolunt hinc tolli, quia eis in voluptatibus carnis et usu mundi optant, si possent, in æternum perfrui. In tales Jeremias sanctus sic invehitur: *Maledictus vir qui confidit in homine, et ponit carnem brachium suum et a Domino recedit cor ejus* (Jer. xvii, 5).

21. Itaque vir Dei Hidulphus sic paruit extremæ petitioni defungentis amici, ut viginti octo annis et dimidio (quibus illi superstes fuit in sæculo) invigilasset ejus gregi, per præpositos administrans utilitatem ipsius loci, et quamvis pro se abbatem (73)

---

(67). Impressum vetus, *optato vir sanctus creatus*, Riguetus correxit *obtutu . . . . recreatus.*

(68) Conveniunt characteres, lit. Dominicali B; quos characteres si ex antiqua traditione vel scriptura auctor habuit, nihil certius potest pro anno 679 alteri cuicunque præferendo requiri. Esto hanc certitudinem obscuraverit ille, male composito episcopatu Garibaldi cum excessu Deodati ex Francia, et Jacobi cum adventu Hildulphi in Vosagium.

(69) Imo « vigesimo primo. »

(70) Theodoricus post cædem Childerici receptus anno 675, dein ab anno 680 monarcha, mortuus est anno 693.

(71) Leodegarius occisus est anno 688, die 2 Octob. quo colitur.

(72) « Intra arcam tamen lapideam, inquit Riguetus, quæ servatur etiam nunc, do.ec perficere-tur major, quæ inchoata habebatur ecclesia S. Mauritii, nunc S. Deodati dicta, ubi ante altare S. Crucis conditum in eadem arca corpus est. » Sed quid si primo terra nuda conditum corpus in arcam istam compositum credatur in ipsa translatione? « Non tamen tunc accepit formam crucis ecclesia nostra, quam nunc habet, quamque constat ex bulla Nicolai III opus esse anni 1278, » inquit Riguetus.

(73) Hic finiuntur in membranis loci lectiones de sancto, per octavam distributæ, et hactenus de verbo ad verbum eædem cum impressis. Abbas autem a Hildulfo constitutus, dicebatur Lentebaldus; sed præmortuus illi necessitatem imposuit sancto resumendi per ultimos tres annos regiminis, uti scribit Ruyrus.

suæ congregationi præfecerit (quia desiderio supernæ contemplationis accensus, exterioribus negotiis occupari refugerit) tamen Vallem Galilæam a cura sua non expunxit, quandiu in hac luce mansit (74). Vis enim perfecti amoris erga sanctissimum Deodatum faciebat ei tolerantiam laborum. Nec lassescebat ad curandum aliena, qui præ lassitudine alii imposuerat sua, quia quod recusabat sufferre imbecillis senectus, et soli Deo vacare cupiens animus, desiderabiliter amplexabatur fraternæ dilectionis affectus, et sanctæ obedientiæ virtus, tanquam jugiter sic seipsum adhortaretur : Qua fronte ibis ad amicum, si ejus ultimum refutaveris mandatum ? Pro cujus perenni vita in cœlis et gloria, primo depositionis illius anno cœnobium Vallis Gallilææ multoties adire solitus, frequentabat ad sanctum corpus missarum solemnia; sciebat enim scriptum : *Nescit homo utrum amore an odio dignus sit, sed omnia in futuro reservantur incerta* (*Eccli.* ix, 1, 2). Et illud acutissimi Patris Augustini dictum : « Væ laudabili vitæ hominum, si remota pietate judicatur. Nam quis hominum audebit dicere : *Venit princeps mundi hujus, et in me non habet quidquam* (*Joan.* xiv, 30); nisi inter mortuos liber ?» (*Psal.* lxxxvii, 6.) Quapropter, quod solum et singulare beneficium defunctis fore noverat, post amicum viam universæ carnis ingressum transmittere non cessabat. Quod quamvis pia mater Ecclesia post filios suos cunctos indifferenter mittat, quia occulta judicia Dei nondum penetrat, justus tamen Judex s'c suorum vota acceptat ne omnino frustrata doleant; cum juxta sanctorum Patrum sententiam, pro valde bonis sint gratiarum actiones, pro non valde malis propitiationes, pro valde malis autem qualescunque vivorum consolationes. Sed quia in hac vita omne meritum comparatur, quo post hanc vitam unusquisque aut relevetur aut gravetur, constat devotissimum Christi famulum Deodatum istic pio comparasse merito, quatenus omnis pro eo supplicatio fieret illic gratiarum actio.

CAPUT IV.
Veneratio SS. Deodati, et Hidulphi in tunicis et corporibus. Elevatio eorumdem. Vita approbata.

22. Elapso tandem anno a glorioso obitu domini Deodati, in quo beatus patriarcha Hidulphus assidua visitatione et frequenti immolatione salutaris hostiæ curabat prodesse ejus spiritui, deinceps pristinam institutionem resumpsere fratres utriusque loci. Denique ut prius semel in anno solebant sancti antistites suas cellas invicem visitare, sic postea studuerunt facere. Sed viro Dei Hidulpho invisenti Vallem Galilæam vice domni Deodati, occurrebant ejus discipuli, præferentes tanti magistri tunicam. Quam reverenter susceptam sanctus pontifex, tanquam dulcissimum pignus amici exosculans, amplexabatur, et in veste nomen sancti illius dulcissime venerabatur, cumque in ea sibi videre videbatur. Hoc ipsum faciebat, quando pl. cito tempore ea a discipulis sancti ad Medium Monasterium referebatur. Et quidquid venerationis impendebat insensibili tunicæ, charissimo suo Deodato se impendere lætabatur; quem sentire devotum sibi charitatem arbitrabatur, cujusque efficacibus meritis seipsum, adhuc in stadio hujus vitæ decertantem, atque spirituali palæstra desudantem, sustentari inter dulcia suspiria precabatur. Confidebat enim illum, jam prostrato atque proculcato adversario, palma et corona a Domino donatum; et apud eum posse plurimum, utpote in ordine cœlestis curiæ indelebiliter ascriptum. Sed cum viri sancti temporalis vita in multos annos (Deo disponente) tenderetur, quatenus ejus exemplo ad æternam vitam plurimi accenderentur, factum est ut circa ultimos annos, senio jam prægravatus et fractus continuatoque labore debilitatus, cellam suam, nec solitæ visitationis gratia, egrederetur; non tamen ideo discipuli beatissimi Deodati præterunisserant ad eum ferre tunicam magistri, sicut erant soliti.

23. Cumque divina miseratio emeritum militem suum Hidulphum a nimio labore decrevisset in æternum requiescere, per dilectissimum sibi Deodatum dignatus est eidem transitus sui diem denuntiare, et ut satageret ambas eorum cellas (sicut res poscebat) disponere. Unde vir sanctus multum in Domino est lætatus, quia ex turbulento conflictu mundi ad perpetuæ pacis tranquillitatem mox erat iturus, ubi omni lacryma ab oculis ejus abstersa (*Apoc.* xxi, 14), perpetim consolaretur. Itaque fratribus suæ cellæ designato abbate domno Raimberto, Valli autem Galilææ domno Marcinanno, emicuit ab hoc exsilio, ab Incarnatione Jesu Christi anno septingentesimo septimo. Cujus quidem sanctam mentionem istic tenore narrationis ducti, vix summatim attingere curavimus, ne fastidiosis auribus escas collegisse et inculcasse arguamur; avidum tamen lectorem ad Vitam sancti destinamus (75). Porro domnus Marcinannus, quem prælatum beatissimi Deodati cœnobio supra memoravimus, in provisione cœnobii talis utilitatis fuit studiosissimus. Is quippe longo superfuit tempore sub regibus Theodorico atque Childerico Juniore, a quo etiam Aquisgrani promeruit descriptionem totius abbatiæ suæ roborari regia auctoritate.

24. Deinde tam sanctorum decessorum idonei successores Raimbertus et Marcinannus, charitativam societatem, a sanctissimis magistris susceptam et sibi quasi lege hæreditaria relictam, non imminuerunt, verum potius augmentaverunt. Quod utique

● (74) Hic desinit ms. Ultrajectinum et Vita a Mosandro edita.
(75) Riguetus suspicatur ipsummet composuisse Vitam Hildulphi a Mosandro editam; certe vel idem utriusque est interpolator, vel auctor Vitæ S. Hildulphi, dum Miloni eum successisse facit, aliaque multa in chronologiam peccat, hujus Vitæ interpolatorem in errores pertraxit, quibus confundi vidimus sæcula duo.

ex breviariis vel syngraphis illius temporis hactenus monstrabatur, in quibus nomina fratrum utriusque monasterii, tam defunctorum quam et vivorum, diligentissime adnotata et altaribus superposita conservabantur; pro quibus in missarum solemniis verissime dicebatur, quod sic in libris sacramentorum passim reperitur. Et quorum nomina super sanctum altare tuum scripta adesse videntur. Interea a devotissimis (discipulis) inviolabiliter fuit observatum, quod a piissimis magistris recolebant traditum, videlicet, ut semel in anno, et isti inviserent cellas eorum, et illi istorum, tanquam præcipua pignora præferendo tunicas magistrorum (siquidem et discipuli domni Hidulphi ipsius tunicam retinuerant sibi) quibus cum tanta devotione occurrebatur, et tanta veneratio exhibebatur ut dulcissimi Patres ad filios redisse post longa sæculorum volumina crederentur.

25. Quod si peccatis facientibus, cœlestis ira in populum grassaretur, et siccitate seu nimia imbrium refusione, aut pestilentia vel qualicunque plaga feriretur, mox hinc inde conglobatus (conventus) tunicas patronorum suorum cum luctuosis precibus offerebat et ingerebat divinis obtutibus, moxque removebat pietas quod promeruerat impietas. Nam contra desævientis flagelli impetum tantum valebant sanctorum merita et plebis fides ut nec mora misericordissimus Conditor justi judicii sui severitatem a populo cohiberet, atque optatæ misericordiæ consolationem eis distillaret. Sic denique temporalis et parva consolatio fidei fiebat maxima provectio, quæ unumquemque pro modulo suo ad correctionem pravitatis suæ et imitationem sanctorum, atque ad debitam venerationem hortabatur assurgere, quos intelligebant tantum de Deo meruisse; quo possent iram ejus a peccatrice gente avertere, et tales cupiebant esse quales divina benignitas dignatur clementer respicere. Jam perpendamus, si possumus, quid mer iti vel virtutis habuerint horum Patrum nostrorum sanctæ animæ interius, quorum vilissimæ tunicæ, oculis Dei repræsentatæ exterius, a populo pleno peccatis suspenderent iram ejus.

26. Ergo hæc consuetudo tam pia et religiosa integerrime conservata est inter hæc duo cœnobia, donec sancta corpora plurimis miraculis declarata sublevarentur de terræ gremio, divina disponente gratia. Tunc quod consueverant facere in tunicis sanctorum, usque ad hæc nostra tempora, conservarunt in corporibus eorum, cum eis invicem se visitando, aut sibi complacito loco dulciter occurrendo. Ubi inter se pias commutando sarcinas, aliquandiu velut proprios dominos gestare amant; nec quemlibet eorum a se credunt alienum, quando concio Vallis Galilææ B. Hidulphum recognoscit suum, utpote viginti octo annis et dimidio sibi prælatum; e diverso plebecula Medii monasterii insignem Christi confes-

sorem Deodatum vindicat sibi, cui domnus Hidulphus attribuerat prioratum sui loci, inibi eum dignissime suscipiendo, dum advixit, et nihilominus tunicam ejus, postquam obiit. Super hæc etiam accumulant eorum charitatem mutuam, qua effectum est ut omnia illis forent communia. Sicut philosophica insinuat sententia : « Vicinorum pleraque sunt communia, amicorum vero omnia (Aristot. lib. viii Etha. cap. 9). » Quocirca sicut tunc solebant mutuo suscipere horum sanctorum tunicas, scilicet corporum exuvias; sic nunc quoque suscipiunt eorum corpora, animarum utique exuvias. Quorum per meritum pax nobis nunc et in ævum. Igitur hæc jam sufficiant religiosis animis, quæ pauperculo sermone cursim explicuimus de piissimi Patris nostri Deodati gestis, vix attingentes pauca de innumeris, minima de maximis : Quibus sancta Trinitas in terris glorificay.t dilectum suum pro sanctæ vitæ meritis. Cæterum tot et tantis quotidie miraculis venerabile corpus ejus nobilitatur, quot et quanta vix, ut putatur, sufficit aliquis facundissimus (enarrare) (76).

27. His adeo diffamatus mundo innotuit ut hac nostra jejuna et sterili narratione prædicari non indiguerit. Sed quoniam Christianæ perspicaciæ est magis requirere atque attendere opera quæ unumquemque sanctum faciunt, quam quæ sanctum ostendunt, delectatque quidem visibilibus sanctorum factis, sed tamen ad invisibilia eorum facta pervenire, omnimodis appetit, et sitibunda mavult ex fonte quam ex rivo suam restinguere sitim; unde enim gaudendum sit, a Domino Jesu didicit, qui suis ait discipulis : *In hoc nolite gaudere quia spiritus vobis subjiciuntur; gaudete autem quod nomina vestra scripta sunt in cœlis* (Luc. x, 20). Quod utique mereamur animæ sanctitate, non miraculorum ostentatione, maxime cum in die judicii dicturus sit multis, qui in ejus nomine virtutes multas fecerint : *Nescio vos* (Matth. vii, 22-23). Hinc est quod omnes laborantes et oneratos ad se invitans, non ait : *Discite a me signa facere*, sed *quia mitis sum et humilis corde, et invenietis requiem animabus vestris* (Matth. xi, 29). Hoc plane quod dicimus a capite, debemus et ex præcipuis membris ejus discere, quia ardentius exquirit fides Ecclesiæ quales illi, quos veneratur, fuerit ex invisibilibus animæ virtutibus, quam quales ex signis visibilibus, quæ profecto sunt lac parvulorum, non solidus cibus robustorum. Sed sicut a lacte ad solidum cibum pervenitur, sic a signis imperfectio fidei nostræ vegetata, ad solidas animæ virtutes quandoque perducitur; ut jam necesse non habeat suggere, sed tantum ruminare. Hinc istud est, charissimi, quod cum pasceremini quotidianis et eximiis miraculis dignissimi confessoris Christi Deodati, ad tantum robur mentis estis perducti ut his solummodo jam non essetis contenti,

---

(76) Theodericus præfuit ab anno 720 ad 737, et post interregnum, Childericus ultimus Merovingorum assumptus est anno 743, abdicatus anno 751.

sed anxie quæreretis sanctam esuriem vestram sancta vita illius refici. Nostis enim apprime inter miracula animum vestigari debere, et quod merito cessante bono, miracula nil sunt.

28. Jam nunc piissimo Conditori omnium gratias agamus in communi, non usquequaque vos fraudatos tam bona voluntate; ex paucis etenim, quæ præmisimus, quàm bonus fuerit thesaurus cordis ejus agnoscimus (*Eccli.* LX, 14). Qui, præ gaudio inventæ margaritæ, omnia quæ habuit sic vendidit (*Matth.* XIII, 46), ut etiam seipsum abnegaverit, et exsul in labore et ærumna, in vigiliis multis, in fame et siti et jejuniis multis, in frigore et nuditate, apostolum Paulum imitatus (*II Cor.* XI, 27), multis annis pro Christo oberraverit; nec dulcedinem geminæ charitatis, in qua tota lex pendet et prophetæ (*Matth.* XXII, 40), ulla mundi pressura ei extorquere valuerit. Itaque, juxta libri Ecclesiastici monita, *Laudemus viros gloriosos, Patres nostros, in generatione sua* (*Eccli.* XLIV, 1) : sed sic laudemus, quatenus eorum exemplo pravitatem vitæ nostræ dirigamus atque informemus. Ut enim doctissimi P. Augustini se habet sententia : « Bene loqui, et male vivere, nihil est aliud quam seipsum sua voce damnare. » Præcipue autem Patrum nostrorum vitam contuendo ad contemptum mundi armemur, eosque in tam perfecto opere imitemur. Nolimus diligere mundum, neque ea quæ sunt in mundo (*I Joan.* II, 15), quia, ut B. evangelista Joannes protestatur, quidquid in mundo est, *concupiscentia carnis est, et concupiscentia oculorum, et superbia vitæ* (*I Joan.* II, 16), quæ non sunt a Patre. Hæc tria utique reliquorum vitiorum sunt causæ, quæ sic calescunt ex mundi amore, ut a charitate Christi prævaleant innumerabilem populum separare; a quibus omnino immunes erimus, si dilectionem mundi a pectoribus nostris excludamus. Quod cum fecerimus, sanctorum patrociniis nos ubique juvari non ambigamus, quorum vestigiis prompto corde inhiamus. Quia vero exteriora miracula testimonium dant bonæ vitæ, in subsequentibus conabimur (77) (si Deus permiserit) ex his aliqua posteris transmittere, ut ex paucis colligatur quanta piissimus nutritor noster Deodatus gloria sublimetur in æterna vita, ad cujus mortua ossa tanta cœlitus conferuntur corporibus et animabus solatia. Ipsius tandem meritis innitentes et precibus, cum fiducia ad thronum gloriæ divinæ accedamus (*Hebr.* IV, 16), postulantes nobis debita nostra dimitti (*Matth.* VI, 2), et templi patroni exemplo ad beneplacitam Deo conversationem perseveranter accingi, præveniente ac subsequente nos misericordia Patris æterni, cum coessentiali sibi Filio et Spiritu sancto, in trina Unitate, et una Trinitate inseparabiliter dominantis, viventis atque regnantis in sæculum sæculi. Amen.

29 (78). Anno ab Incarnatione Domini nostri Jesu Christi millesimo quadragesimo nono, indictione II, concurrente sexto, epacta XIV, regnante Henrico filio Conradi imperatoris anno X, ac imperante III, hæc gesta, quæ de piæ memoriæ pontifice Deodato scripta sunt, ad summum apostolicæ sedis apicem delata sunt, atque in provinciali synodo ejusdem sanctæ Romanæ Ecclesiæ est constitutum ut in præsentia episcoporum, abbatum, clericorum et laicorum recitarentur, et cum recitata fuissent, data auctoritate ab ipso summo papa Leone nono (79), primo anno sui apostolatus, decretum est quatenus in Ecclesia Dei legerentur, et firmissime servarentur, ad laudem et gloriam Domini nostri Jesu Christi, et honorem ipsius beatissimi patroni nostri Deodati, et ad ædificationem multorum per cuncta sæcula sæculorum.

---

(77) Conatumne hunc voluntatis ad operis effectum deduxerit auctor, ignoramus; nulla certe miracula inscriptis reperit Riguetus, paucissima Ruyrus, de quibus infra.

(78) Quod sequitur haud dubie postea ascriptum fuit.

(79) S. Leo IX papa colitur 19 Aprilis, quo die dedimus ejus Acta, et ostendimus synodum hic indicatam fuisse Romæ post Dominicam in Albis celebratam; et conveniunt characteres omnes hic relati.

GUDINUS LUXOVIENSIS

GUDINI PLANCTUS RHYTHMICUS

Super morte Constantii monachi Luxoviensis.

(Mabill. *Analect.* nov. edit. v. 217.)

Tam ignotus est Gudinus, istius rhythmici planctus scriptor, quam ignoratus Constantius, cujus hic mortem luget. Uterque sine dubio monachus fuit Luxoviensis Rotberto rege, sub Milone abbate, et Constantius quidem Luxoviensibus scholis præfectus, quem celebrem fuisse hinc intelligitur.

Ergo plange pium cantor modulando magistrum,
Hactenus tetendi lyram musicæ per semitas :
Nunc meum extendam cursum charas ad exsequias,
Quas deprimit lamentando mœsti cordis charitas.
   Grande pondus, magnum luctus vim constringit
[pristinam,
Quam non valeo supplere, quod prius decreveram :
Nudis tamen dicam verbis pectoris augustiam.
   Cœlum, stellæ, terra, mare, homines ac bestiæ,
Ad lamentum hujus rhythmi auditum extendite,
Et Constantio sophistæ fidos planctus reddite.
   Cujus nomen nunquam dico sine mente lugubri,
Cujus mihi vultum fingo forma non dissimili,
Quem amplector, cui jungor corde semper vigili.
   Cujus exitus deflendus cingit orbis spatium
Sapientibus regnorum immittens justitium,
Quo primates et coloni perturbantur nimium.
   Nunquam vidi, nec videbo tam pium philoso-
[phum,
Qui cibus discipulorum existens post Dominum,
Blandimentis, non terrore, ministrabat studium.
   Hæc dum duo valde gemo, lacrymas et provoco,
Insiti plenus mœroris languore deficio,
Tam præclaro destitutus ac tali consilio.
   Lacrymentur ergo mecum codices eximii,
Quos descripsit pulchra manus inclyti Constantii,
Se plangentes negligendos doctore consimili.
   O Jesu Redemptor mundi, quid commisit sæcu-
[lum,
Dum in terris tulisti summum vitæ desiderium,
Necne spem doctrinæ puræ, philosophiæ filium?
   Corruisset plaga mundi magno sub interitu,
Claritas et clari solis palluisset habitu,
Antequam pius magister raptus esset obitu.
   Permutassent nox et dies qualitates temporum,
Repulissent undæ maris vela navigantium,
Ne Gudinus perdidisset dominum Constantium.
   Credo cœlum doluisse tantum ad exitium,
Dum lucentis globi lunæ mutans vultum pristinum
Innuit mundo venturum tam grave naufragium.
   Plangit Oriens et Auster, Occidens et Aquilo.

(1) Besançon.

A Plangunt urbes et castella pro pio Constantio :
Instat passim cœnobitis flebilis compassio.
   Mœret plebs Luxoviensis lacrymis continuis,
Plangit Milo pius abbas planctibus piissimis,
Amplius non habiturus tantæ jubar lampadis.
   Jam mœrore fatigata luget urbs Chrysopolis (1),
Firma Stephani triumphis, vallo cincta fluminis :
Tangunt cœlum Strasburgenses questibus diutinis :
   Obstupescit et Lugdunum, laus magnarum ur-
[bium :
Cabilon ac Matiscensis admirantur plurimum,
Pias aures inclinantes ad tam durum nuntium.
   Gloria regum Robertus et corona sæculi,
Regium deponit vultum funere Constantii,
Quem prudentem cognoscebat famulatu Domini.
B   Francia, regnorum decus, felix est et florida,
Plus Constantio refulgens, quam valens potentia,
Ejus sorte sepulcrali permansit pulcherrima.
   Amisistis, Lingonenses, sociale gaudium,
Cognoscentes jam obisse præclarum philosophum,
Monachorum margaritam, clericorum pretium.
   Ædua non impar ulli pietatis munere,
Voto facili dissolve viscera clementiæ,
Et Constantio clementer jam defuncto censule.
   Henricus in Romano residens palatio,
Et arcana sapientum comprobant ingenio,
Dolet nusquam inveniri similem Constantio.
   Stant in luctu et in planctu principes Burgundiæ :
Mundi plangunt detrimentum præsules Germaniæ :
Allemanni, Longobardi locum dant tristitiæ.
C   Ecquis famam tanti viri, quis nomen et audiet,
Qui non illi benedicat, et affectu visitet?
Nullus, credo, præter ipsum, cui Christus displicet.
   Quis est homo et non homo disserit jocundius?
Clarior quis erit rhetor caris sub sermonibus?
Matheseos in doctrina quis valebit melius?
   O Constanti mi, diserte, summa pars et animi,
Inexhausta cura mei pectoris ac studii,
Quare jaces præda mortis sub clausura tumuli?
   Semper mihi promittebas, quem lugens desidero,
Modo miser et infelix, te vel ipsis careo

Proh dolor ! cur me vivente tu non vivis sæculo !
Tu magister magistrorum, doctior, doctissimus,
De virtute in virtutem melior te optimus,
Jure es ex meritorum factus Constantissimus.
Omnes laudo sapientes, te sed cunctis præfero:
Tui animam commendo Flamini sanctissimo
Quo ductore perfruaris sanctorum consortio.
Sis beatus, sis et felix centies ac millies;
Aula pulchri paradisi fiat tibi requies :
Dextra Christi sis protectus millies ac millies.
Ecce lyra planctum dedi cunctorum charissimo,
Audientes nunc imploro dent ut preces Domino,
Veniam qui delictorum tribuat Constantio.
Præstante Domino Jesu Christo, cui est honor et
[gloria in sæcula sæculorum. Amen.

CIRCA AN. M.

WIDO MONACHUS

WIDONIS EPISTOLA AD HERIBERTUM
COLON. ARCHIEP.

(Baluz., *Miscellanea* edit. Luc., tom. II, pag. 114.)

Tria antiqua epistolæ sequentis, quæ ab Ivone quoque in parte secunda Decreti, cap. 84, edita est, exemplaria habuimus, unum ex bibliotheca Regia, reliqua ex Colbertina. In uno istorum ea nullum titulum habet, in alio vero hunc : *Epistola sancti Paschasii papæ ad Mediolanensem archiepiscopum Simoniaca hæresi laborantem*. Constat sane ævo Paschalis secundi, qui Paschasius quoque dictus est a nonnullis, Petrum Grosulanum Mediolanensem archiepiscopum accusatum fuisse quod archiepiscopalem dignitatem pretio mercatus fuisset. Verum cum de istiusmodi Simonia non agatur in hac epistola, eaque scripta videatur ab homine qui minoris esset dignitatis quam is ad quem scribebatur, facile adducor ut credam veriorem esse inscriptionem quam præfert codex regius, in quo sic legitur : *Epistola Widi monachi ad Heribertum archiepiscopum*, Coloniensem nimirum, quem variis calumniis impetitum fuisse docet in Vita ejus Rupertus abbas Tuitiensis. Ob eam vero causam in primis nos illam hic repræsentare voluimus, ut eam auctori suo integram restitueremus.

Fraternæ mortis crimen incurrit quisquis, cum potest, fratrem a morte minime defendit. Nos quoque, qui excellentiæ vestræ summum discrimen audivimus, summi reatus pœnam incurrimus si taceamus, Domino per prophetam terribiliter attestante (1) quod profecto sanguinem fundit qui impiorum iniquitatem tacendo dissimulat. Audivimus enim, quod valde miramur, quod sacri apud vos ordines pecuniis distrahuntur, dum quicunque tale aliquid attentaverint, omnino hæretici comprobentur, sancto Spiritu per Gregorium intonante quia quisquis per pecunias ordinatur, ad hoc ut fiat hæreticus promovetur. Et ut hujus nostræ paginulæ non præsumptionem sed timoris causam fuisse monstremus, beatus idem prosequitur (S. Gregor., lib. iv, epist. 51, 55, 56, et lib. vii, ind. ii, epist. 810; i. q. 1, c. 5, *Quisquis*) : *Quisquis* (2) *contra Simoniacam et neophytorum hæresim pro officii sui loco vehementer non arserit, cum eo se non dubitet habiturum portionem* (3) *qui prius commisit hoc piaculare flagitium*. Quibus in verbis cum hæretica et Simoniaca et neophytorum hæresis exprimatur, quod æterna morte dignissimum crimen sit apertissime declaratur, protestante per Augustinum divino oraculo ac dicente (Fulgent. *De fide ad Petr.* c. 391) : *Firmissime tene et nullatenus dubites omnem hæreticum vel schismaticum, quamvis multas eleemosynas faciat, vel etiam pro Christo sanguinem fundat, cum diabolo et angelis ejus æterni ignis incendio mancipandum, nisi ante finem hujus vitæ catholicæ fuerit incorporatus et redintegratus Ecclesiæ*. Hinc est quod Dominus vendentes et ementes de templo ejecit, Dathan et Abiron ambientes terra glutivit, Simonemque tentantem Petrus damnavit (4), omnesque in eo Simoniacos ecclesiasticis jaculis Petrus perpetuo anathemate condemnavit. Et turpe nimium est ut in plenissimo jam vigore (5) confirmata Ecclesia tam ferali inimico succumbat, de quo in primordio suæ infantiæ tanta virtute triumphat. Si quis (1, q. 3, c. 7, *Si quis objecerit*) autem objecerit non consecrationes sed res ipsas quæ ex consecratione proveniunt vendi, videtur (6) quidem aliquid

---

(1) *Terribiliter attest.* In uno codice Colbertino legitur *intestante*, in alio *intonante*. In utroque autem deest vox *terribiliter*.
(2) *Quisquis.* In Colbertinis scriptum est : *Quia quis*.
(3) *Habiturum port.* Eadem exemplaria habent *portionem habere*.
(4) *Damnavit.* Hæc vox et quæ sequuntur usque ad vocem *condemnavit* non exstant in eisdem exemplaribus, et videntur superflua.

(5) *Plenissimo jam vigore.* Ita codices Colbertini. At regius habet *plenissimum jam vigorem*.
(6) *Vendi, videtur.* Retinuimus lectionem codicis regii. In uno Colbertino scriptum est, *vendi videtur quid est aliquid dicere nisi aut penitus nihil sapere*. In alio, ubi vox *vendi* non exstat, ita legitur hic locus : *quid ut aliquis aliud dicere, nisi autem penitus nihil sapere*.

dicere, nihil autem penitus sapere. Nam cum corporalis Ecclesia aut episcopus aut abbas aut tale aliquid sine rebus corporalibus et exterioribus in nullo proficiat, sicut nec anima sine corpore temporaliter vivit, quisquis horum alterum vendit sine quo alterum habere non provenit, neutrum venditum derelinquit (7). Quam tamen objectionem sacer penitus canon exterminat (*concil. Chalcedon.*, c. 2), cum procuratorem vel defensorem Ecclesiæ vel regulæ subjectum adeo per pecunias ordinari prohibeat ut interventores quoque tanti sceleris anathematis mucrone succidat. Quid plura? Si anathematizati et excommunicati et ut vere hæretici Simoniaci et neophyti a numero sunt fidelium Ecclesiæ separati, quis non videat quia hujusmodi sacerdotum vel clericorum missæ et orationes Deum ad iracundiam super populum provocent, quem placari talibus credebamus? Scriptum est enim : *Omne quod non est ex fide peccatum est (Rom.* xiv). Et item : *Veri sacrificii locus extra catholicam Ecclesiam non est* (i, q. 1, c. 71, *Extra*). Unde et dicitur : *Hæreticum hominem post primam et secundam correptionem devita* (*Tit.* iii). Quomodo ergo tales episcopos vel abbates vel reliquos clericos devitamus si eorum missas audimus, cum quibus si vel semel oramus (8), excommunicationem subimus? Quos quidem sacerdotes esse saltem credere omnino errare est cum Petrus Simoni dicat : *Pecunia tua tecum sit in perditionem, quia æstimasti donum Dei pecuniis possideri* (*Act.* viii). Ubi cum *æstimasti* dicitur, patet quia non pro eo quod fecerit, sed quia facere se posse crediderit condemnatur, cum tamen minus sit æstimare quam credere. Cum itaque hæreticum qualemcumque esse sit certa et indubitata damnatio, quid valet Arianos, Sabellianos, Photinianos. impiosque Manichæos orbe pepulisse, si Simoniaca et neophytorum hæresis, quæ, ut beatus Gregorius dicit, ante omnes in Ecclesia diabolica fraude subrepserit, quasi primam et maximam Ecclesiæ castitatem fœda nimium pollutione contaminet? Igitur id propter Deum, vestram excellentiam et omnes fideles Christi rogamus et obtestamur, si habere partem in Christo cupitis, summopere instate ut tam sæva pestis, quæ innumeros populos jam usquequaque sæviendo æterna morte mulctavit, vestra auctoritate et exemplo penitus destruatur, ne ulterius, quod absit, in Spiritu sancto peccare, neque hic neque in futuro sæculo remittatur.

(7) *Neut. vent. derel.* Ita Colbertini. Regius, *neutrum non vendit non derelinquit.*

(8) *Semel oramus.* Colbertini, simpliciter, *audimus.*

RAYMUNDUS ARNALLI

EPISTOLA R. MONACHI S. VICTORIS
AD B. ABBATEM SUUM

Excusat se quod nondum redierit ex Italia, oratque ut studio legum operam dare sibi liceat

(Dom Martene, *Amplissima Collectio.* I, 469.)

MONITUM.
(*Histoire littéraire de la France*, t. VII, p. 570.)

Intéressante pour les premiers temps où l'étude de la jurisprudence fut renouvelée, l'inscription montre qu'elle est écrite à un abbé de Saint-Victor de Marseille, dont le nom n'est exprimé que par un B, et que l'auteur, dont le nom n'est désigné que par un R, était un moine du même monastère. Mais il y a toute apparence que le B marque l'abbé Bernard, et l'R, Raymond Arnalli, moine sous le même abbé. Dans cette supposition, qui n'est rien moins que hasardée, la lettre fut écrite en 1065, qui est l'année de l'élection de Bernard, ou l'année suivante : car il est visible par le texte qu'il y avait peu de temps que cet abbé était à la tête de la communauté de Saint-Victor.

Le but principal que s'y propose Raymond est d'obtenir la permission d'étudier la jurisprudence, et de quoi subsister pendant le cours de cette étude. Il nous apprend lui-même avec ingénuité ce qui lui en fit naître le dessein. Ayant été député à Rome pour quelque affaire importante de sa maison, et sa monture lui ayant manqué en chemin, il s'arrêta en divers lieux d'Italie. Il y fut témoin du concours extraordinaire d'étudiants que ce nouveau genre d'étude attirait de toutes parts, de Provence même comme des autres pays, et ce qui lui avait fait encore plus d'impression, c'est que les moines en augmentaient même le nombre. Frappé de leur exemple, il conçut le désir de les imiter. En conséquence il marque à son abbé qu'il va à Pise attendre sa réponse. Mais afin que Bernard fît moins de difficulté de lui accorder ce qu'il lui en fit a soin de le prévenir, en lui protestant que, bien loin d'employer les connaissances qu'il espérait acquérir à faire le métier d'avocat dans les tribunaux séculiers, comme c'était alors la coutume de quelques moines, il ne s'en servira que pour soutenir et défendre les droits de Saint-Victor contre quiconque tenterait d'y donner atteinte.

EPISTOLA R. MONACHI AD B. ABBATEM SUUM.

B. (1) Suo reverentissimo domino summæque laudis dignissimo monasterii Massiliensis divinæ largitatis munificentia dispensatori quam optimo, R. ejusdem servus omnium licet sibi famulantium humillimus, non in dilectione tamen minimus, debitæ servitutis obsequium.

Evangelista testante, liquet ab angelis fuisse declaratum quod *in terra pax hominibus bonæ voluntatis*. Et alibi scriptum est : *Sufficit bona voluntas*. Jure igitur, sicut voluntas aliquod perficiendi bonum, etsi proficere nequeat, sufficiens esse perhibeatur, eadem quoque mihi quam erga vos semper habui, sufficere procul dubio credatur. Nam postquam vestræ magnitudinis fama, quæ jam diu meis intonuerant auribus, corporeis oculis videre promerui, vestræ dilectionis immensitati, prout multis scire licuit, meæ parvitatis ingenium inseparabiliter adhibere studui, sed ut probatio dilectionis quæ infra pectoris septa æstuando latitabat, operis exhibitione quandoque redoleret, admodum optare solebam. Nec ideo quia Deus plebem suam visitavit, quoniam vos ad optimam, quam elegit sibi Maria, partem sublimavit, et monasterium Massiliense jam rectoris indigentia penitus offuscatum vestrarum illustratione virtutum mirifice decoravit. Quantum constat me gaudere, si omnes artus in linguas verterentur, impossibile est cuiquam explicare.

Si autem vestræ solitæ bonitati placeat, attende : ubi vos ad prædictum, Deo ducente, gradum provectum fuisse comperi, uti vestris obtemperarem jussibus, cur venire distuli, causam tamen etsi non sufficientem reddere sum paratus. Noscat itaque vestra, desiderantissime Pater, clementia, me quondam prædicti cœnobii fratrum accepta licentia, pro quodam nobis imminenti et intolerabili negotio satis, ut credo, jam vobis notificato, Romam ire cœpisse, ac usque Papiam sine collega proprio nimia paupertate dimisisse, Romam cum extraneis profectum fuisse; sed quia divinæ voluntati me cœptum iter complere non libuit, animal cujus vehiculo Romam usque tendere satagebam, in itinere prius infirmatum prorsus ibidem mihi defuit. Quapropter ulterius incedere quia non valerem, infectoque negotio statim redire vehementer erubescerem, prius quidem titubare cœpi, postremo tamen litterarum studiis operam dare disposui, ibique paucis Dei gratia interpositis moris, hactenus animum exercendo moratus fui. Hæc est igitur causa, dulcissime domine, cur postquam illud quod anima mea diu optaverat, evenisse concepi, ad vos festinare distuli. Imo magis ac magis, ut melius vobis amodo vita comite deservire valeam, studere proposui. Nunc autem quia per totam fere Italiam scholares et maxime Provinciales, nec non ipsius ordinis de quo sum, quia plures legibus catervatim studium adhibentes incessanter conspicio, et monasterium nostrum a clericis et a laicis sine intermissione placitando lacessiri, atque justarum possessionum detrimentum pati considero, aliquantulam hujusmodi scientiam habere desidero. Nam si quid in hoc opere, divina largiente gratia, prævalerem, nec sæcularibus placitis inhiarem, sed solam nostri monasterii justitiam, quantum possem, adjuvarem. Si vestræ igitur, summe Pater, dignitati placeat ut in hoc opere studium pro posse meo exerceam, quæso et suppliciter obsecro, quatenus super hoc negotio charitativam mihi licentiam impendatis, et Pisano priori vestris litteris, ut mihi subveniat, mandare disponatis. Si enim quod exspecto apud vestram misericordiam impetravero, Pisas ad exercendum ibi studium, si Deus concesserit, adiero. Interim autem usque ad festivitatem sancti Michælis vestræ consolationis præceptum exspectavero. Valete.

(1) Forte Bernardo, qui ab anno 1065 ad 1079 Massiliense S. Victoris monasterium rexit.

ALWALO

EPISTOLA ALWALONIS AD L. PONTIFICUM

(Marten., *Thes. Anecd.* I, 105.)

Hanc et sequentem epistolam eruimus ex veteri codice ms. oratorii Trecensis, cujus character annos 600 superare videtur. Quisnam fuerit primæ auctor Alwalo et L. summus pontifex ad quem scribit, necdum divinare potui. Si conjecturis aliquid tribuere liceat, L. non Romanus pontifex, sed simplex episcopus fuit. Certe in sequenti epistola nudum episcopi titulum accipit. Nec vacat exemplis quibus simplices episcopi appellantur summi pontifices. Ita Bruno Coloniensis archiepiscopus *summus pontifex appellatur* a Widrico in Vita S. Gerardi Tullensis episcopi. Heldricus vero abbas, ad quem iste scribit, is esse videtur Bel. congregationis monasticæ Pater, ad quem exstat epistolæ Brunonis episcopi fragmentum, qui Bruno anno 980 Lingonicæ sedis thronum ascendit, Hildricus scilicet Antissiodorensis, S. Germani abbas, qui anno 996 præerat.

I.

EPISTOLA ALWALONIS AD L. PONTIFICEM.

Petit absolvi ab excommunicatione inflicta ob illatas præposituræ Capuleiensi injurias.

ALWALO, miserrimus plus cæteris mortalibus, peccatorum onere pressus, L. summo pontifici, nostris temporibus unico pene Dominicæ vineæ procuratori, quidquid patri filius dominove servus.

Dominicæ animadversionis, propriis exigentibus peccatis, ultione percussus, mortis timore territus, animæ tantum salutis cupidus, ad vos seu ad unicum animarum medicum confugio, et quæ meis ulceribus adhibenda sint medicamina salubriter intimari exposco. Nostis namque ipse quanto excommunicationis astrictus teneor anathemate ob Capuleiæ præposituram S. Martini scilicet potestatem. Unde si mihi vitæ protelati fuerint dies, canonicorum ipsius sancti me decrevi examen expetiturum, et juxta consilii vestri decretum in omnibus me spondeo acturum. Cæterum si spe vitæ frustratus exstitero, uxori et natis meis sub Christi testimonio in eorum fide hæc agenda committo; eo tamen tenore, ut obsequia quæ Christianis exhibenda sunt morientibus, mihi abnegare non permittatis.

II.

EPISTOLA L. EPISCOPI AD HELDRICUM ABBATEM.

Significat qua ratione Alwalonem absolverit ab excommunicatione.

Dilectione Christi ferventi abbati HELDRICO omnique ejus congregationi episcopus peccator L. salutem et sanitatem.

Gratias reddo vobis, fratres charissimi, quod sanctæ auctoritatis amore ferventes, a communione sanctæ Ecclesiæ privatum Alwalonem suscipere noluistis in sepulturam : sed hunc quo tenore absolverim notum faciam vobis. Misit namque ad gratiam nostræ majestatis uxor cum filiis duos viros ferentes litteras promittentes omnem emendationem, et petentes fieri absolutionem. Quorum ego verbis non credens, nolui assentiri, donec ipsi sacramento juraverunt quod uxor cum filiis usque in festivitatem S. Martini, ipsi beato Martino ejusque canonicis recta fide emendarent quidquid principum censura judicaret eos debere emendare, et secundum morem legis persolverent : quod si facere noluerint, isti duo viri qui petitores sunt absolutionis, in obsidione canonicorum et in potestate se tradent die festivitatis S. Andreæ. Hoc ergo tenore absolvimus Alwalonem auctoritate Patris, et Filii, et Spiritus sancti, et sancti Martini, omniumque sanctorum et nostra, et damus vobis licentiam in sepultura recipiendi. Vobis autem mandamus ut et vos eum absolvatis, sicque Deus benedicat vobis. Uxorem vero et filios sciatis non esse absolutos, donec emendatio sit facta et persoluta, et sine ejus præsentia et filiorum jubemus cum mitti in terra, ut per hoc sciant se excommunicatos.

ANSELLUS SCHOLASTICUS

NOTITIA

(MANSI, apud Fabric. *Biblioth. med. et inf. lat.*, t. I, p. 111.)

Hunc Ansellum credo monachum. Hujus est opusculum in cod. 57 S. Illidii Claromontensis, apud P. Montfaucon, Bibl. mss., pag. 1263. Est vero operis titulus : *Visio cujusdam monachi in monasterio S. Remigii, descripta ab Ansello, discipulo S. Abbonis, abbatis Floriacensis, jussu Oddonis abbatis.*

VISIO ANSELLI SCHOLASTICI.

(Edidit D. Edelestand DU MÉRIL, *Poésies latines populaires*, t. I, p. 200.)

In Salomonis ferculo,
Quod construxit de Libano
Ex lignis mirabilibus,
Mystica signans altius,
Ubi reclinatorium
Ex auro struxit optimum
Ascensuque purpureum,
Ob Hierusalem filias,
Quæ designant Ecclesiam,

Spiritale convivium
Reperias quam plurimum.
Ibi cum pleno copia
Cornu infert cibaria
Ut nostras querelas levet,
Diversis cibis satiet,
Quo cesset humanum genus
Flere miseros exitus.
Sed carpens poma dulcia

Et convallium lilia
Inter flores dulcissimos
Ac mellis gustus sapidos,
Unum quiddam reperies
Quod gustabis suaviter.

Est civitas metropolis,
Remis dicta pernobilis,
Quam Remus quidam condidit

ANSELLI SCHOLASTICI VISIO.

Qui frater fuit Romuli,
Urbis Romanæ principis.
Hujus urbis præcipuæ
Et quondam magnæ gloriæ
Præsul fuit egregius
Magnus olim Remigius ;
Qui dum pontifex legitur
Ac digne benedicitur,
Dum deest liquor olei
Quo ungatur pontificis
Sacrum caput a præsule,
Columba volans aere,
Rostro defert citissime
Ampullam plenam oleo,
Ore portat mitissimo
Quo pontifex perungitur (1)
Dignus semper Remigius.
Hujus festum dum populus,
In Kalendis Octobribus,
Dum devotus concelebrat
Tripudiansque advolat,
Inter fideles cæteros
Et in Christo catholicos
Quidam affuit monachus,
Oratum venit sedulus,
Ut deplorans facinora,
Sua defleat crimina.
Hic intra monasterium
Dum possidet hospitium
Et copulatur fratribus
Et charitate jungitur,
Dum membra locat lectulo
Ac dormit dormitorio,
In visione placida
Hoc quod vidit sic intimat.
Adesto nunc mihi, Deus,
Qui es unus atque trinus,
Et visiones gravidas
Ezechielis aperis,
Ac Danielis abditas
Visiones elucidas !
Pande salutarem viam
Ut laudes tuas nuntiem,
Qualiter ruptis inferis
Animas inde tuleris,
In passionis tempore,
Et in Paschæ sacro die,
In qua totus tripudiat
Orbis simul et consonat!
  Dum sopor premit oculos
Et corpus cubat lectulo
In pulpito Remigii,
Pontificis egregii,
Me subito transpositum

Diaconi officium
Ministrare me video
Coram spectante populo.
Erat dies Dominica
Qua Judæorum plurima
Turba processit obvia
Christo, Filio hominis,
Et vere Filio Dei
Non narrat Evangelium,
Postquam venit in sæculum,
Quod tantus honor fuerit
Illi datus a populis
Quantus ipso die fuit.
Hosanna ! clamant pueri,
Benedictus et qui venit
In nomine nunc Domini !
Hujus honoris gratia,
Plebs invida Judaica,
Christum cruci adjudicans,
Passioni subjiciens,
Latus lancea pungitur,   duntur?] ;
Sanguis et aqua funditur [t. fun-
Anima corpus deserit,
In manus Patris abiit.
Hanc passionem timidus
Dum replico devotius,
Finitamque dum defleo,
Et descendo de pulpito,
Sinistra Evangelium
In ulnis gestans propriis,
Videre mihi videor
Descendere imaginem
Christi de cruce propriam,
Atque signum victoriæ
Quod crux vocatur hodie
In forti gestare manu
Meque his verbis alloqui :
« Si credis quod fideliter
Tu, frater, legisti nuper ? »
Ego supplex ac humilis
Verum responsum reddidi ?
« Cum sim pulvis exiguus
Atque cinis sim terreus,
Ut ore legi, Domine,
Sic corde scito credere ;
Nec est ulla dubietas
In cordis mei intima
Quin te credam verum Deum
Natum, passum ac mortuum,
Ac revixisse tertia
Die, credo per sæcula. »
Ille sic statim imperat :
« Sine mora me sequere
Quo me vides incedere. »

In momento tunc oculi,
Quod nec sperare potui,
Ad inferna progreditur,
Crucem gestans in manibus.
Ego sequor impavidus,
Nihil habens quod paveam
Tanti ducis fiducia.
Tunc tenebrarum principes
Ac pallidæ mortis duces,
Tortoresque sævissimi,
Pervasoresque rapidi
Diffugiunt citissime,
Non audentes attendere,
Neque ausi conspicere
Aspectum tanti fulminis,
Atque tam clari luminis.
Per campos et convallia
Sævi sparguntur dæmones,
Nigriores fuligine,
Teterrimi nigredine,
Et discolores specie ;
Ululantque ac mugiunt
Dira voce ac rugiunt ;
Velut leones sæviunt,
Dum perdunt suos catulos ;
Flent per noctem atque diem
Et carmen miserabile (2)
Tetro diffundunt gutture.
Tunc occurrunt et angeli,
Applaudunt læto Judici,
Excipientes animas.
Quas a tenebris liberans
Christus ducit ad gaudia ;
Tunc cœlo laudes resonant
Et melodias intonant :
Quod non vidit quis oculus,
Nec auris audita capit,
Nec in cor potest cadere
Quanta fuerint gaudia
Vel quam grandis lætitia
Dum redeunt ad superos
Mortis ereptæ tumulo.
O Jesu, bone Domine !
Quis te laudare congrue
Usquam potest vel poterit,
Qui miserentis miseris,
Qui ingratos et perditos
Reduces facis superos ?
Ad visionis somnium
Stylum flectamus indicem
Qui vere narrat ordinem
Visionis mirabilem.
Cum ergo, dum hæc cernerem
Et gaudens pede oergerem,

---

(1) Les historiens placent ce miracle au baptême de Clovis : « Sanctificato denique fonte, nutu divino chrisma defuit : sanctus autem pontifex, oculis ad cœlum porrectis, tacite traditur orasse cum lacrymis, et ecce subito columba seu nix advolat candida, rostro deferens ampullam cœlestis doni chrismate repletam. » Flodoard, *Historia Remensis*, l. 1, ch. 13 ; voyez aussi Hincmar, *Opera*, t. 1, p. 744.

(2) C'est une réminiscence des *Géorgiques*, l. IV, v. 515 :

Carnis putans me pondere
Jam liberatum corpore
Sereno vultu placidus
Me tunc respexit Dominus :
« Quo tu lætus progrederis ?
— Te sequor, splendor luminis,
Admirans tantam gloriam,
Cujus opto participem
Me fieri ac socium. »
Ille benigne intulit :
— « Siste gradum quantocius
Ne procedas ulterius.
Sed redi monasterium;
Nondum tempus venit tuum. » —
Ego nil ausus dicere,
Quid enim contradicere
Vel quid mutire cuperem ?
Uno verbo conticui,
Totus in me contremui :
— « Qua via pergam, Domine !
— Qua venisti regredere,
— Tot hostes vias sæpiunt !
Si solus hinc regredior,
Non revertar ad superos. » —
Ille tunc dicto citius,
Sinistram partem intuens,
Trucem cernit imaginem,
Nigram et diabolicam ;
Innuit huic digito :
— « Serve nequam, accedito !
Serve male, hoc facito ! » —
Potestative imperat :
— « Hunc sanum et incolumem
Fratrem reduc ad patriam,
Et ad sanctum Remigium
Reduc cito hunc monachum.
Vide ne quisquam noceat,
Sed impavidus redeat,
Neque tui consimiles
Illum tangant vel leviter. » —
Comitante diabolo
Sic dimissus a Domino ;
Commiserat ovem lupo,
Sed fauces malas strinxerat
Et Leviathan vinxerat,
Cujus fauces sævissimas
Atque guttur nequissimum
Hamo perforavit suo.
Tunc simul chaos Erebi
Intrantes, occurrunt mali
Spiritusque nequissimi,
Qui redeuntes proprias,
Sedes habent, sed vacuas ;
Unde magis atque magis

Plus tabescant in tenebris.
Dentes stringunt cum fremitu,
Voces torvas cum gemitu
Dant, tormentorum socios
Diro clamore concitant,
Aduncis ut me manibus
Et uncinis candentibus
Me rapiant attentius,
Unum pro multis ut caput
Pœnas luat non meritas.
Sed, si fractus orbis ruat (3)
Et cœlum cum terra cadat,
Et omne simul pereat
Quod natura consolidans
Stringit irresolubili
Vinculo, nexu quadrupli (4)
Me ferient impavidum
Christi regis diaconum.
Tunc ductor malus cætero
Alloquio terret suo :
« Si vos hunc solum lædere
Malo vultis conamine,
Quid facietis, miseri,
Dum Christus huc redierit ?
Ne tangatis prohibeo,
Nec lædatis vobis veto.
Sinitote hunc pergere
Quo jussum est a principe
Qui nos terret sua cruce,
Cujus virtus terribilis
Est nobis formidabilis,
Quam sufferre non possumus
Nec nominare volumus.
Noster princeps non sapiens,
Dum carnis videt tegumen
Purum putavit hominem,
Ignorans Dei Filium
Carne esse absconditum. »
His verbis duros mitigans,
Tantum pavoris incutit
Ut per ignes teterrimos
Et per telorum acies,
Ac per nigras voragines,
Illæsus et incolumis
Sancti sistor Remigii
Infra septa cœnobii
Tutoris ope pessimi
Qui me nondum deseruit.
Super altare præsulis
Textum depono Domini,
Deinde pono casulam
Super altaris tabulam
Cum stola, albam pariter
Tum depono celeriter;

Dux me malus non deserit
Usque ad locum lectuli.
Statim et e vestigio
Corpus in stratum colloco.
Astat cum nigris dentibus
Et cum solutis crinibus,
Cum oculis sanguineis,
Urso pede consimilis,
Ungues leonum similans,
Nigram capram pilo gerens :
— « Fac me consortem lectuli
Qui fui dux itineris ;
Ne verearis socium
Recipere in gremium :
Quis in via non nocuit
In lectulo non poterit. »
Ego audax, non timidus,
Christo fidens, non viribus,
Vertor in dextro latere ;
Locum do quam celerrime.
Pedem ponit in stramine
Os ori pene jungitur,
Alternis verbis loquimur.
Securus de Christo meo,
Illum haud nihil metuo :
— « Dic, sodex [sodes] et dux
  [pessime
Veritatis contrariæ [veritati contra
  [rio?],
Quæ causæ nunc exstiterint
Vel quæ ratio fuerit
Quare Christus ad inferos
Descenderit, quo animas
Vobis tolleret miseras,
Et de servitutis jugo
Tantos redderet liberos,
Peccati mole gravidos
Vestro tolleret jugulo.
Miror equidem nimium
Tam validum imperium
Sic fractos postes ferreos
Unius Christus digito. »
Ipse infrendens, barbarum,
Horrendum, resonans, tetrum,
Ore distorto incipit
Labrisque fremit tremulis :
— « Audi nunc, male monache,
Aure cordis et percipe,
Vera invitus intimo
Quod (sic) celare sed nequeo :
Nam meum non est dicere
Quod verum est omnimode
Pontifices sacrilegi,
Abbates normæ nescii,

Flet noctem, ramoque sedens miserabile carmen
Integrat, et mœstis late loca questibus implet.
(3) Ansellus se rappelle ici la str. 2 du poëme 5
du liv. III des Odes d'Horace :
  Dux inquieti turbidus Hadriæ,
  Nec fulminantis magna manus Jovis,

Si fractus illabatur orbis,
  Impavidum ferient ruinæ.
(4) Peut-être faut-il lire :
  Vinclo, nexu quadruplici.
Quadrupli manque dans tous les glossaires.

Infelices presbyteri
Scortatores nequissimi
Mendacesque diaconi,
Et nonæ meretriculæ
Cum clericellis parvulis
Et monachis sat invidis
Murmuratores turbidi
Instant dies atque noctes
A Paschæ cursu celebri
Quoad vestrum Pascha redit;
Semper orantes Dominum
Cum missarum solemniis
Pro animabus perditis,
Et laboratores mali
Dant suas eleemosynas
Egenis et pauperibus.
Hi nobis tollunt animas
Nostra fecerunt [quæ] opera (5)
Horum placatus precibus (6)
Atque malis operibus,
Vobis bonus, nobis malus
Jesus, nostri sat æmulus,
Sic nobis aufert animas
Quæ fecerunt placentia.
Postquam surgens a mortuis
Heu! proh dolor! nos superans
Imperium comminuit
Nostrumque decus abstulit (7).
Dum redeunt Paschalia
Vobis grata solemnia,

Nobis semper sed timida;
Sic consuevit facere
Non veritus nos vincere (8);
Sed in uno laudabilis
Nobis est gratus invidis
Quod eos qui criminibus
Diris tenentur arctius
Stricti malis operibus,
Homicidæ, adulteri,
Raptores, prædæ fervidi
Sodomitæque pessimi,
Assueti perjuriis,
Quos facere non puduit
Quod lex vestra prohibuit,
Neque eos pœnituit,
Hos non tulit, nec liberat
In hoc ut justus maneat :
Justis promisit præmia
Et pessimis supplicia
Si mutaret sententiam,
Faceret injustitiam.
— O perdite! respondeo,
Cur tui es sic immemor?
Cur pœnitens non flecteris?
Et cur veniam non petis,
Ut quod perdis superbia
Et tumoris audacia
Humiliatus habeas,
Ac dignitatem perditam,
Etiam [I., et jam] decoram gloriam

Poscendo portes veniam? —
Ille spernens hæc monita,
Rursus respondit talia :
Erras, nescis quid moneas;
Nescis quidve suadeas;
Attende, paucis indico [indicam]
Quæ sit mea sententia.
Me casus clarum genuit;
Sed dignitatem perdidi,
Hæreditate carui.
Vos qui de terra geniti,
Et mortales et fetidi,
Mortis debita solvitis
Progenies terræ fæcis
Hæreditatem tollitis,
Quam nos habere decuit.
Qui servire debuerat,
Ille nunc nobis imperat.
O pudor! o miseria!
Ut dominus subserviat
Et servus jussa faciat.
Inter servum et dominum,
Si servus tollit præmium,
Dic quæ pax esse poterit,
Vel quæ fiet concordia?
Inter nos et vos, hoc scias
Et pro certo hoc teneas,
Semper erit discordia
Insaniaque maxima,
Quandiu vester Dominus

(5) Quæ qui se trouve dans le ms. 4587 est nécessaire pour le sens; mais à moins d'être éliminé par une élision tout à fait exceptionnelle, il donne au vers une syllabe de trop.

(6) Du temps de saint Grégoire, qui mourut en 604, on croyait déjà à l'efficacité du sacrifice de la messe pour délivrer les âmes du purgatoire; *Dialogorum* t. IV, ch. 55, t. II, col. 464, édit. de Paris, 1705.

(7) L'origine de cette croyance populaire est dans l'*Evangile de Nicodème*. « Et cum hæc ad invicem loquerentur Satan et princeps inferni, subito facta est vox de tonitruum et spiritualis clamor : *Tollite portas, principes, vestras, et elevamini portæ æternales, et introibit Rex gloriæ.* » Hæc autem cum audisset princeps tartari, dixit ad Satan : « Recede a me et exi de meis sedibus foras; si potens es præliator, pugna adversum Regem gloriæ : sed quid tibi cum isto? » Et ejecit foras Satan de sedibus suis. Et dixit princeps ad suos impios ministros : « Claudite portas, crudeles, æreas, et vectes ferreos supponite, et fortiter resistite, ne captivi ducamur in captivitatem.... Supervenit in forma hominis Dominus majestatis, et æternas tenebras illustravit, et indissolubilia vincula disrupit, et invincibili virtute visitavit sedentes in profundis tenebris delictorum, et in umbra mortis peccatorum. » 6 (*Nicodemi Evangelium*, chap. 21, ap. Fabricium, *Codex apocryphus Novi Testamenti*, pag. 282.) On ne saurait douter de la grande publicité de ce passage, puisqu'une partie est entrée dans l'office du dimanche des Rameaux; nous en citerons quelques autres preuves empruntées à différentes langues :

Ille dein princeps barathri petit arma sueta,
  Queis genus humanum subdidit ipse sibi;
Sed mox ut vidit ruitantia limina fracta,
  Territus, attonitus fugit ad ima domus.
Non tamen evasit tenebrosa per antra tyrannus.
  Fortior intravit qui sua vasa tulit.
Attractus, captus, vinctus, strictisque catenis
  Detentus, domitus, pulsus ab arce prius
Qua mundi princeps elatus sederet olim
  Bestia sæva, vorax, atque diu indomita.
Sed victor mundi, præstantior omnibus unus,
  Totum collisit comminuitque caput.

  Joannes Scotus, *Christi descensus ad inferos*, v. 5; ad. Mai, *Classicorum auctorum fragmenta*, t. V, p. 439.

E mieg d'Ifern a mes Sathan,
Al col li pauza. 1. *Carcan;*
Los pes e'ls mas fortz l'a liatz
E mieg d'ifern escrobantatz.

  Evangile de Nicodème en vers provençaux, ap. Raynouard, *Lexique Roman*, t. I, p. 511.

(8) Nous n'avons rencontré nulle part cette idée, mais on croyait généralement qu'en souvenir de la résurrection du Christ les souffrances des damnés étaient suspendues :

Sunt et spiritibus sæpe nocentibus
Pœnarum celebres sub Styge feriæ,
Illa nocte sacer qua rediit Deus
Stagnis ad superos ex Acheronticis.

Marcent suppliciis tartara mitibus,
Exsultatque sui carceris otio
Umbrarum populus liber ab ignibus,
Nec fervent solito flumina sulphure.
  (AURELIUS PRUDENTIUS, *Cathemerinon*, hymn. v, vers. 125.)

Nobis fuerit æmulus,
Et vos nobis prætulerit,
Et chariores fecerit.
Ad hæc respondit monachus,
Constans atque intrepidus :
Tu pro tua superbia
Atque cordis audacia,
Vanaque extollantia
Perdidisti cœlestia,
Dum putans [putas] Deo similis
Per superbiam fieri ;
Et de claro archangelo
Factus es niger Æthiops.
Si nostri Dei bonitas
Atque misericordia
Nobis donat quod tumidus
Atque tu perdis turgidus,
Nos humiles acquiramus.
Quid refert ut tu doleas,
Nos fieri quod fueras ?
Plures sermones sparsimus :
Ac de multis questi sumus
Quæ tulerunt insomnia
Et a cordis memoria
Oblivioni tradita.
Adhuc unum quiddam manet
Quod vobis stylus deferet
Ut audiatis seduli,

Si vobis placet, domini.
Tunc nequam inquit spiritus :
— « Jam matutinis terminus,
Appropinquat Remigius,
Quo laudes vestras habeat
Et lectiones audiat.
Sed te monet quæ [quam] nescio
Consuetudo improba
Ut postquam tinnitus tuas
Percusserit auriculas,
Statim lecto exilias,
Et primus in ecclesia
Si potes, citus abeas;
Nam dum potes quiescere.
Et membra somno tradere
Ac dulciter quiescere;
Ut stultus, monasterii
Primus petis introitum.
Dum Venite protrahitur,
Quartus et nonagesimus (9).
Qui morose dum canitur,
Tunc satis potes surgere
Ut occurras in ordine. —
— O castigator improbe
Imperet tibi Dominus
Nusquam tu bene habeas,
Sed semper bonis careas,
Qui suades ut dormiens

Contra regulam faciant
Quæ jubet nos mox surgere,
Ut tinnitus signierit
Auritus (10) ab auriculis
Tunc est necesse fratribus
Ut occurrant quam citius;
Si quid tu male, pervigil,
Dum dormiunt suaseris,
Hoc defleant cum lacrymis
Ante conspectum Domini,
Sed quid te nostrum cavere
Spectat, lupe trux pessime (11) :
— Ego curro per omnia
Et volo velox aera ;
Sum velocior Euro
Et lustro monasteria ;
Si quem meum reperiam,
Quidquid volo hoc faciat. —
— Tandem modum nequitiæ
Jam tu mendax, fige tuæ,
Et desinas blasphemiis.
Alternis cessamus loqui,
Evanescit ex oculis,
Somnus gravis me deserit;
Copulatus cum cæteris,
Oro Deum Remigii
Ut visioni somnium
Faciat esse congruum.

(9) Il vaudrait mieux pour le sens que l'on changeât ces deux vers de place :
  Dum VENITE protrahitur,
  Qui morose dum canitur,
  Quartus et nonagesimus,
  Tunc satis potes surgere.
Mais les deux manuscrits les placent de la même manière, et l'on s'écartait alors sans aucun scrupule de l'ordre grammatical des mots.
(10) Probablement il faut lire auditus; signierit,

aura sonné, au vieil allemand sing, cloche, qui s'est conservé dans tocsin
  Les clercs à haulte voix et clere
  TE DEUM LAUDAMUS chantèrent
  Quartus et nonagesimus
  Les SEINS et les cloches sonnèrent
(11) Dans l'hymne de Flavius, Ad lotionem pedum in Cœna Domini, Opp. S. Gregorii, t. III, p. 334, il y a :

  Trux lupe, Juda pessime.
  Fers agno miti basia.

DE MUSICIS OPUSCULIS SEQUENTIBUS

MONITUM.

(Dom GERBERT, Scriptores ecclesiastici de musica, t. I, Præfat.)

Claudimus inquit D. Gerbert, primum hoc Collectionis nostræ volumen variis dimensionibus monochordi, quod instrumentum suo ex nomine unius chordæ in theoria musicæ veteris post malleos Pithagoræ certum et infallibile fundamentum fuit ad inveniendas demonstrandasque consonantias et intervalla musica. Atque inde musica scientia ad certitudinem mathematicam assurgit, radiosque Divinitatis nobis ostentat in operibus naturæ, corporibus nempe quibuscunque sonoris, in quibus eædem constanter rationes inveniuntur innumeris tam harmonicis quam arithmeticis, et eadem quidem demonstrationum evidentia in pondere et mensura, qualis in geometria habetur : quibus omnibus ad Deum rerum conditorem erigimur, prout omnia in mensura, et numero, et pondere disposuit (Sap. xi, 21)

BERNELINI
CITA ET VERA DIVISIO MONOCHORDI
IN DIATONICO GENERE.

Edimus sequens opusculum ex cod. membranaceo reginæ Sueciæ Christinæ, qui asservatur in bibl. Vaticana signatus olim 480, nunc 1661. In fronte hæc habet *Abaci regulæ et alia quædam.* Charactere recentiori additur : *G. Scholasti Abacus. Bernelini Abacus, musica. Arith. et Geom. Gerberti ad Adalboldum nonnulla,* etc. illum nimirum Adelboldum, qui adhuc scholasticus, factus postea episcopus Trajectensis, Gerberto jam pontifici sub nomine Silvestri II vicissim inscripsit libellum. Gerbertus vero se scholasticum nominat in *regula de Abaco computi,* quæ in laudato codice legitur post Bedæ versus *De confectione,* etc. Sequitur p. 18 *præfatio Abaci, quem junior Bernelinus edidit Parisius. Domino Amelio Bernelinus suus æternæ felicitatis munus. Mirari, Pater sancte, non desino exactionis tuæ instantiam,* etc. Appellatur in eadem præfatione *Amelius venerabilis sacerdos et monachus :* mentionem quoque facit operis *dni pp. Gerberti.* p. 54. Opusculo de Abaco mox subjungitur præsens *Cita et vera divisio monochordi.*

Dimidium proslambanomenos est Mese, hujus autem dimidium est nete hyperboleon, cujus tertia pars sibi addita est nete diezeugmenon. Ejusdem nete hyperboleon medietas similiter ei addita, est paranete diezeugmenon ; cujus quarta pars (1) est paranete hyperboleon, hujus autem medietas sibi addita est trite diezeugmenon, hujus autem quarta pars (2) est trite hyperboleon. Nete diezeugmenon autem tertia pars sibi addita est paramese. Ecce habes octo divisiones, quarum unicuique ad suam diapason, scilicet usque proslambanomenon, et habebis quindecim sonos, in his diapason constitutos. Prima species diatessaron constat ex tono, semitonio et tono (3). Secunda ex duobus tonis et semitonio. Tertia ex semitonio et duobus tonis. Prima species diapente constat ex prima specie diatessaron adjecto tono superius. Secunda ex secunda diatessaron adjecto tono superius. Tertia ex tertia diatessaron adjecto tono inferius. Quarta ex prima specie diatessaron adjecto tono inferius. Protus constat ex prima specie diapente, et prima specie diatessaron superius ; subjugalis ejus ex eadem specie diapente, et eadem specie diatessaron *superius* (4). Deuterus constat ex secunda specie diapente, et secunda specie diatessaron superius ; subjugalis ejus ex eadem specie diapente, et *tertia* (5) specie diatessaron inferius. Tritus constat ex tertia specie diapente, et tertia specie diatessaron ; (6) subjugalis ejus ex eadem specie diapente, et eadem specie diatessaron inferius. Tetrardus constat ex quarta specie diapente, et prima specie diatessaron superius : subjugalis ejus ex eadem specie diapente, et eadem specie diatessaron inferius. Omnis tropus subjugalis eamdem habet diapente et diatessaron, quam authenticus ejus. Differt autem, quod authenticus diatessaron habet supra diapente, subjugalis infra. Protus et tetrardus contrarii sunt, eo quod diapente proti habet prius duos tonos, et postea semitonium, et in fine tonum ; Diapente vero tetrardi prius tonum et semitonium, postea duos tonos. Concordant autem prima specie diatessaron, excepto, quod Tetrardi est *inferior* (7). Deuterius et tritus omnino contrarii sunt ; cum diapente Deuteri prius tres tonos habeat, et postea semitonium ; diapente vero triti prius semitonium, postea tres tonos ; et diatessaron deuteri sit duorum tonorum et semitonii, diatessaron autem triti semitonii et duorum tonorum. Si converteris diapente proti, efficitur diapente tetrardi. Rursus tetrardi diapente conversa resonat diapente proti. Diatessaron vero ipsorum non convertitur. Si converteris diapente deuteri, efficitur diapente triti. Rursus triti diapente conversa resonat diapente deuteri. Similiter et converti potest diatessaron eorum.

MENSURA FISTULARUM ET MONOCHORDI.

Rogatus a pluribus quam sæpe, pro captu ingenii demonstrare, quæ ratio sit ut mensuralitati monochordi nequeat respondere, aut si istud inter secreta adhuc latentis naturæ interceptum deficiat, saltem ne alia quælibet inveniendi earum mensuras regula se offerat, ne judicio tantum aurium illud committamus, et Aristoxeno proximare videamur, a Boetio autem et Pythagoricis condemnemur. Primum dico, Boetium non culpandum, quasi non experta dixisse, maxime cum Pythagoræ inventis videatur institisse, sed et Macrobius, et Censorinus ad Cerellum de natali suo, videantur his consentanea reliquisse, sed forte alio modo foramina fistularum ad inspirandum formata apud eos fuisse, quod et nos utrum curiositate adhibita perscrutati fuerimus, nec ne, supersedemus dicere. Sed quia hoc forte plures lecturi sunt, et aliquibus etiam ipsa monochordi commensuralitas ignota erit, numeros, quibus constat metiendi regula, et quomodo paulatim ad eam pluralitatem perventum sit, compendiose prosequemur, ut et ad eos quibuslibet additis, fistularum etiam numeri et mensuræ patescant, et hi refellantur qui

---

(1) Adde : *ex eadem sublata.*
(2) Hic denuo addendum : *eidem sublata.*
(3) Hæc et sequentia conferenda sunt cum Monochordo Guidonis, et facilius intelligantur.
(4) Lege : *inferius.*
(5) Melius : *secunda,* seu *eadem.*
(6) Adde : *superius.*
(7) Melius : *superior.*

putant, Boetium majores, quam necesse fuerit, numeros in armonica regula mensuranda commentatum esse. Numeri enim, qui interruptim symphonias ostenderent, pene intra duodenarium, vel maxime intra XXIIII. inveniri poterant, ut subjecta descriptio docet (8).

Sed continuandis xv sonitibus, vel etiam trium generum tetrachordis omnibus multo numerosiores exstant necessarii. Ad inveniendos enim duos continuos tonos in diatessaron, vel tres in diapente, vel sex (9) contra Aristoxenum, vel quaslibet alias superparticulares proportiones, possunt sufficere lectiones Boetii vel in musica, vel in Arithmetica. Ut autem paulatim progressi ad II. CCC. IIII., qui primus est trium generum numerus, perventum est, sic ceptum est. Primus, et quo minor, qui epogdoum constituat, non invenitur, octonarius est, ejus octava sibi addita efficit novenarium, qui statim epogdoica ratione destituitur, ac per hoc si (10) duo continui toni hic sibi succedunt; quos si per quoslibet usque ad octonarium multiplices, nihilo plus perficies. Jam vero per octonarium octonarius LXIIII. fiunt, quorum octava, quæ est VIII. eisdem addita, LXXII. facit, (11) qui et ipse epogdoi ratione caret; ad diatessaron vero supplendam, quæ duobus tonis et semitonio constat, vel quatuor terminis, id est, tribus intervallis, hi numeri, id est, LXIIII. LXXII. LXXXI. sufficerent, nisi quod primus eorum tertia parte caret, quæ eidem addita quartum terminum constituere deberet. Quocirca ter eidem numeri ducti efficiunt eos, quos constat Boetium a Timeo Platonis mutuasse, id est, c. XCII., cc. XVI., cc. XLIII., quorum primo si tertiam suam addideris, cc. LVI., id est, quartum terminum supplesti, ut sit integra diatessaron c. XCII., cc. XVI., cc. XLIII., cc. LVI., quorum primus vel per bis octo duodecies, vel per ter octo octies, vel per quater octo sexies, qui omnes musicæ congruunt, numeris solidatur, vel si qua est alia ejus natura docente *Calcidio* (12) patebit. His vero alii epogdoica ratione usque ad integrum diapason possunt aptari, nisi quia septimus terminus integro non potest numero dividi. Ponantur per ordinem tales numeri in infinitum, ut sub aspectu pateat, quotiens eos necesse fuit tamdiu produci, donec et trite synnemmenon, vel paramese, et *tonum* (13) non modo diatonicum, sed et chromaticum, et enarmonium genus integris possit numeris designari (14).

(8) *Deest descriptio.* Forte talis esse deberet.

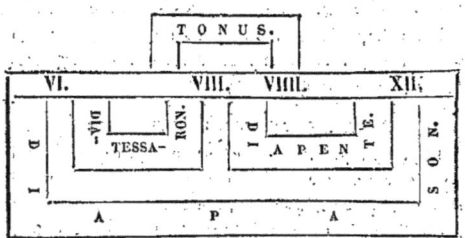

(9) Supple: *in diapason.*
(10) Melius: *nec.*
(11) Numerus LXXII. epogdoys cum sit, hic suppleri debet: *horum* (nempe LXXII.) *si octava, quæ est VIIII, eisdem denuo addatur, efficitur LXXXI. qui et ipse,* etc.
(12) Potius: *calculo.*
(13) Melius: *tonorum.*
(14) Ut sequens tabella fieret clarior, eosdem numeros in altera columna cyfris Arabicis expressi,

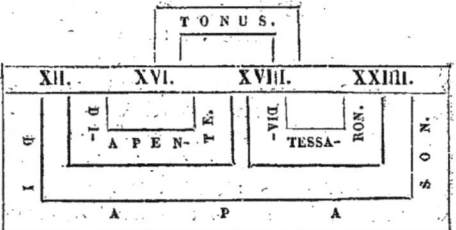

et inter singulos numeros singulas interposui differentias, ut tam tonorum progressio, quam differentiarum et minutiarum reductio magis pateat. Consultum quoque duxi, signa minutiarum, quæ in sequentibus occurrunt, ex Regulis Dni Oddonis super Abacum, hic apponere, adjuncto cujuslibet valore cyfris Arabicis; superpositis insuper aliis signis, quæ ob defectum aliorum in typis, in sequentibus adhibentur.

Non queraris, aut ignorasse putes nos, quod literas vel notas, quibus Boetius utitur, non posuerimus, quod propter facilitatem, et ut melius agnoscerentur, factum est, ut eis potius litteris, quibus organa nostra notata sunt, hos numeros præsignaremus, ut (15) cum propter minutias numerorum, id est bisse, semis, triens, quadrans, et cætera, propter quæ fere indivisibilia jam liquet, Boëtium, vel potius antiquos, majores numeros excogitasse, quilibet horum numerorum non facile

T.	f.	XVIII.		II. ζ.		T.	f.	18.		2. ¼.
T.	e.	XX. ζ.				T.	e.	20. ½.		2. ½. ⅓.
T.	d.	XXII. ς. ζ. etc.		III. ς. ζ.		T.	d.	22. ½.¼.⅓.		1. ⅙. 1/16. ¼. 3. ½.¼.
S.	c.	XXIIII.		III.		S.	c.	24.		3.
T.	b.	XXVII.				T.	b.	27.		
T.	a.	XXX. ζ. σ.		V.		T.	a.	30. ¼.⅓.		3. ⅛. 1/16. 5. 1. ½. ⅜.
S.	g.	XXXII.				S.	g.	32.		
T.	f.	XXXVI.		IIII.		T.	f.	36.		4.
T.	e.	XL. ς.		IIII. ς.		T.	e.	40. ½.		4. ½.
T.	d.	XLV. ς. σ.		VII. ς.		T.	d.	45. ½. ¼.		5. 4/16. 7. ½. 2. ½. ⅛. 1/16.
S.	c.	XLVIII.		VI.		S.	c.	48.		6.
T.	b.	LIIII.				T.	b.	54.		
T.	a.	LX. ς. ζ.		X.		T.	a.	60. ¼.⅓.		6. ¼.¼. 10. 5. ¼.
S.	g.	LXIIII.				S.	g.	64.		
T.	f.	LXXII.		VIII.		T.	f.	72.		8.
T.	e.	LXXXI.		VIIII.		T.	e.	81.		9.
T.	d.	XCI. σ.		XV.		T.	d.	91. ⅛.		10. ⅛. 15. 4. ½. ¼. ⅛.
S.	c.	XCVI.				S.	c.	96.		
T.	b.	C. VIII.		XII.		T.	b.	108.		12.
T.	a.	C. XXI. ς.		XX.		T.	a.	121. ½.		13. ½. 20. 6. ¼.
S.	g.	C. XXVIII.				S.	g.	128.		16.
T.	f.	C. XLIIII.		XVI. XVIII.		T.	f.	144.		18.
T.	e.	C. LXII.				T.	e.	162.		20. ¼. 30. 9. ½. ¼.
T.	d.	C. LXXXII. ζ.		XXX.		T.	d.	182. ¼.		
S.	c.	C. XCII.				S.	c.	192.		24.
T.	b.	CC. XVI.		XXIIII.		T.	b.	216.		27. 40. 13.
T.	a.	CC. XLIII.		XXVII. XIII. XL.		T.	a.	243.		
S.	g.	CC. LVI.				S.	g.	256.		32. 36.
T.	f.	CC. LXXXVIII.		XXXII. XXXVI.		T.	f.	288.		
T.	e.	CCC. XXIIII.				T.	e.	324.		40. ¼. 60. 19. ½.
T.	d.	CCC. LXIIII. ς.		XL. ς.		T.	d.	364. ½.		
S.	c.	CCC. LXXXIIII.		XVIIII. ς. LX.		S.	c.	384.		48.
T.	b.	CCCC. XXXII.		XLVIII.		T.	b.	432.		54. 80. 26.
T.	a.	CCCC. LXXXVI.		LIIII. XXVI. LXXX.		T.	a.	486.		
S.	g.	D. XII.				S.	g.	512.		64. 72.
T.	f.	D. LXXVI.		LXIIII. LXXII.		T.	f.	576.		
T.	e.	DC. XLVIII.				T.	e.	648.		81. 39. 120.
T.	d.	DCC. XXVIII.		LXXXI. XXXVIII. C. XX.		T.	d.	729.		
S.	c.	DCC. LXVIII.		XCVI.		S.	c.	768.		96.
T.	b.	DCCC. LXIIII.				T.	b.	864.		108. 52. 160.
T.	a.	DCCCC. LXXII.		C. VIII. LII. C. LX.		T.	a.	972.		
S.	g.	I. XXIIII.		C. XXVIII.		S.	g.	1024.		128. 144.
T.	f.	I. C. LII.		C. XLIIII.		T.	f.	1152.		
T.	e.	I. CC. XCVI.				T.	e.	1296.		162. 78. 240.
T.	d.	I. CCCC. LVIII.		C. LXII. LXXVIII. CC. XL.		T.	d.	1458.		
S.	c.	I. D. XXXVI.		C. XCII.		S.	c.	1536.		192.
T.	b.	I. DCC. XXVIII.				T.	b.	1728.		216. 104. 320.
T.	a.	I. DCCCC. XLIIII.		CC. XVI. CCC. XX. C. IIII.		T.	a.	1944.		
S.	g.	II. XLVIII.		CC. LVI		S.	g.	2048.		256.

(15) Melius :

divisioni patuerit, nisi incipias a majoribus; verbi gratia a v̄iiii. cc. xvi. cui superponatur F, cujus medietati superponatur aliud F, id est, numero iiiī. dc. viii. Quartæ superponatur tertium F, iī. ccc. iiii. Octavæ f. quartum, i. c. lii. Sextæ decimæ f. quintum, d. lxxvi. Trigesimæ secundæ f. sextum, id est, cc. lxxxviii, Sexagesimæ quartæ f septimum, id est, c. xliiii. Centesimæ vigesimæ octavæ f octavum, id est, lxxii. Ducentesimæ quinquagesimæ sextæ f nonum, id est, xxxvi. Quingentesimæ duodecimæ f decimum, id est, xviii. Millesimæ vigesimæ quartæ f undecimum, id est, viiii. Hæc quidem exempli gratia de integris numeris posita monent, idem posse fieri etiam de his qui ultimas habent resolutiones in minutiis; quales sunt, quibus supernotantur a et d, quia hi propter semitonia divisiones habent difficiliores, dum denominationes augentur, quantitas minuitur. Quod in quadraturis trium terminorum duæ sunt differentiæ inclusæ, in majoribus quidem numeris sunt discretæ, in minoribus vero, quia propter minutias, quas afferunt semitonia, non facile discernuntur, conjunctæ sunt ubique per semitonium et tonum, quia sæpe contin-

A git, ut si una habuerit in se (15*), altera habeat trientem, quæ redintegrant unum, sicut ϛ et ϛ, et ϛσ et ϛϛ, et cætera secundum rationem unciarum. Diligens vero computator poterit eas separare adhibita ratione, ut a majoribus, ubi discretæ sunt, incipiens, descendensque per medias dividendo, vel quartas, et octavas, et cæteras secundum prænotationem similium a b e darii literarum ad indivisibilia usque diminuat.

SUPERIORUM NUMERORUM NOTATIO.

Quia superiorum numerorum descriptio fere ita decurrit, ut modo quidem duos tonos, modo tres (16) sequatur. Sed placuit et tales hic subscribere, qui continua duorum tonorum superius et B semitonii ostendant tetrachorda, ut ad liorum similitudinem quilibet quincuplum notatum dis diapason possit continuare, vel intendendo per superius ostensam regulam, hos ad duplos, quadruplos, octavos et reliquos; vel remittendo ad subduplos, subquadruplos, suboctavos et cætera, ut aut denominatio augeatur, et quantitas minuatur, aut dum quantitas augetur, denominatio minuatur.

F.	c. xc. ii.	xxiiii.
T. E.	cc. xvi.	xxvii.
T. D.	cc. xliii.	xiii.
S. C.	cc. lvi.	xxxii.
T. B.	cc. lxxxviii.	xxxvi.
T. A.	ccc. xxiiii.	xvii. ϛσ.
S. G.	ccc. xli. ϛσ.	xlii. ϛϛ.
T. F.	ccc. lxxxiiii.	xlviii.
T. E.	cccc. xxxii.	liii.
T. D.	cccc. lxxxvi.	xxvi.
S. C.	d. xii.	lxiiii.
T. B.	d. lxxvi.	lxxii.
T. A.	dc. xlviii.	xxxiiii. ϛϛ.
S. G.	dc. lxxxii. ϛϛ.	lxxxv. ϛσ.
T. F.	dcc. lxviii.	

F.	192.	24.
T. E.	216.	27.
T. D.	243.	13.
S. C.	256.	32.
T. B.	288.	36.
T. A.	324.	17.¼.
S. G.	341.¼.	42.¼.
T. F.	384.	48.
T. E.	432.	54.
T. D.	486.	26.
S. C.	512.	64.
T. B.	576.	72.
T. A.	648.	34.¾.
S. G.	682.¼.	85.¾.
T. F.	768.	

Igitur hi, quorum est initium c. xcii., cc. xvi., cc. xliii., cc. lvi., implent integrum diatessaron, ut vero deinceps diapente integris perficiatur numeris, quibus duabus symphoniis impleatur diapason,

T. F.	iī. ccc. iiii.	cc. lxxxviii.	
T. E.	ii. d. xcii.	cccc. xxiiii.	
T. D.	ii. dcccc. xvi.	c. lvi.	cccc. lxxx.
S. C.	iii. lxxii.	ccc. lxxxiiii.	
T. B.	iii. cccc. lvi.	cccc. xxxii.	
T. A.	iii. dccc. lxxxviii.	cc. viii.	dc. xl.
S. G.	iiii. xcvi.		Tonus divisus per d. xii. duo Semitonia.
S. T.	iiii. ccc. lxxiiii. Trite synnemenon.	cc. lxxviii. cc. ϛxxiiii.	
S. F.	iiii. dc. viii.	dlxxvi.	
T. E.	v̄. c. lxxxiiii.	dc. xlviii.	
T. D.	v̄. dccc. xxxii.	ccc. xii. dcccc. lx.	
S. C.	vi. c. xliiii.	dcc. lxviii.	
T. B.	vi. dcccc. xii.		
T. A.	vii. dcc. lxxvi.	dccc. lxiiii. cccc. xvi. l. cc. lxxx	
S. G.	viii. c. xcii.	i. xxiiii.	
T. F.	viiii.		

T. F.	2304.	288.	
T. E.	2592.	324.	
T. D.	2916.	156.	480.
S. C.	3072.	384	
T. B.	3456.	432.	
T. A.	3888.	208.	640.
S. G.	4096.		Tonus divisus per duo Semitonia.
S. T.	4374. Trite synnemenon.	278. 234.	512.
S. F.	4608.	576.	
T. E.	5184.	648.	
T. D.	5832.	312.	960.
S. C.	6144.	768.	
T. B.	6912.		
T. A.	7776.	864. 416.	1280.
S. G.	8192.	1024.	
T. F.	9216		

(15*) Legendum : bisse. Conferantur Regulæ Dni Oddonis de Abaco.

(16) Potius legendum : sequatur semitonium, placuit et tales hic subscribere, etc.

fieri nequit. Sequitur enim numerus cc. LXXXVIII. A quem perficit numerus cc. LVI. cum octava sua. Is igitur cum octava sua explet numerum ccc. XXIIII., quorum quia octava non invenitur, superior numerus, id est, cc. LXXXVIII. octies multiplicatur, et in II. ccc. IIII. consurgit. Non quia ante hos, scilicet II. ccc. IIII. non possint alii inveniri, in quibus apparere possit diapason integris numeris; sed quia necdum chromaticum, et enarmonium, (17) sed nec saltem trite synnemenon vel paramese diatonici ante hos numeros pleniter, id est, II. ccc. IIII. possit inveniri. Insuper talis est is numerus, scilicet cc. LXXXVIII., ut divisus per medias, quartas, octavas et deinceps, trigesimam secundam habeat VIII., qui æque ad trigesimam secundam superioris, cc. LVI., quæ est VIII. epogdoa ratione jungatur, inter B quos duos numeros cc. LVI., et cc. LXXXVIII., quos constat esse Platonicos, et finis est diatessaron, et initium diapente, quæ duæ diapason perficiunt symphoniam. Incipientibus itaque primum diapason a c. XCII. occurrit sextus terminus, id est, ccc. XXIIII. qui non habet octavam; incipientibus aliud diapason a DCCC. LXXXIIII., (18) vel incipientibus quartum diapason a I. D. XXXVI. in nullo horum, sicut nec in primo occurrit paramese, id est, non possunt continuari duo tetrachorda conjuncta hyperboleon et diezeugmenon. Item incipientibus diapason a cc. LXXXVIII., vel aliud diapason a D. LXXVI. in neutro occurrit trite synnemenon; quod

cum (19) eveniat, diligens computator prævidebit in numeris ordinatim dispositis, vel ad efficiendum diatessaron quartum numerum ante parameses locum, id est, nete diezeugmenon, non habere tertiam, vel ad efficiendum diapente, nec proximum ante posse dividi per octavam, id est, trite diezeugmenon, nec quintam, id est trite hyperboleon per medium; (20) ad II. cc. IIII. perventum est, omnes symphoniæ, et omnia tetrachorda vel pentachorda omnium generum in infinitum occurrent. Qui vero attentior factus dixerit, a I. c. LII. etiam incipientibus omnia tetrachorda omnium generum bene successura? et nos concedimus. Sed forte quia numerus trite synnemenon, id est, II. c. LXXXVII. impar erat casurus, auctorem et hos subduplos, sicut et superiores subquadruplos et suboctuplos devitasse, cum incipienti a II. ccc. IIII. nullus peinceps, *sed nec octavæ vel differentiæ eorum cadant in imparem, numerus, his breviter adscriptis ostendendum est, jam* (21) qui ex supra ordinatis numeris propinquius per quemlibet communem unum efficiant quindecim tonorum in omni genere differentias, et is sit communis duodenarius, quem omnino constat musicum, ut ad eamdem similitudinem eodem pro existimatione paulum augmentato, scilicet duodenario, præscripti quilibet ad diapason vel bisdiapason numeri pertinentes, fistularum ostendant figuras.

C

F.	II. CCC. IIII.	p.	XII.	XXIIII.	fiunt CC. LXXXVIII.
E.	II. D. XCII.	p.	XII.	XXVII.	fiunt CCC. XXIIII.
D.	II. DCCCC. XVI.	p.	XII.	XIII.	fiunt C. LVI.
C.	III. LXXII.	p.	XII.	XXXII.	fiunt CCC. LXXXIIII.
B.	III. CCCC. LVI.	p.	XII.	XXXVI.	fiunt CCCC. XXXII.
A.	III. DCCC. LXXXVIII.	p.	XII.	XVII. ς σ.	fiunt CC. VIII.
G.	IIII. XCVI.	p.	XII.	XLII. ςς.	fiunt D. XII.
F.	IIII. DC. VIII.	p.	XII.	XLVIII.	fiunt D. LXXVI.
E.	V. C. LXXXIIII.	p.	XII.	LIIII.	fiunt DC. XLVIII.
D.	V. DCCC. XXXII.	p.	XII.	XXVI.	fiunt CCC. XII.
C.	VI. C. XLIIII.	p.	XII.	LXIIII.	fiunt DCC. LXVIII.
B.	VI. DCCCC. XII.	p.	XII.	LXXII.	fiunt DCCC. LXIIII.
A.	VII. DCC. LXXVI.	p.	XII.	XXXIIII. ςς.	fiunt CCCC. XVI.
G.	VIII. C. XCII.	p.	XII.	LXXXV. ςσ.	fiunt I. XXIIII.
F.	VIIII. CC. XVI.	D.	XII.	XCVI.	fiunt I. C. LII.

(22) Ab isto, qui subscribitur, numero, ab excellentissimo doctore W. reperto, potest intendi monochordum cum fistulis organorum sine ulla adjectione minutiarum, III. LXXII.

Igitur verbi gratia per XII. XXIIII. ducti faciunt differentiam cc. LXXXVIII. qui sunt octava primi numeri II. ccc. IIII., quæ differentia primo termino juncta efficit secundum terminum II. D. XCII. sic

(17) Adde: *genus*.
(18) Legi debet: *DCC. LXVIII.*
(19) Melius: *cur.*
(20) Legendum puto: *Quando vero ad*, etc.
(21) Sensus omnino obscurus est; forte ita legendum: *sed nec octavæ vel differentiæ eorum cadant in imparem. Numeris his breviter adscriptis ostendendum est jam*, qui ex, etc.
(22) Hæc verba: *Ab isto*, etc. usque *III. LXXII.* non videntur ad contextum pertinere, sed forte in Msc. alia manu sunt addita.

deinceps. Sed hanc octavam primi numeri quasi communem vocemus diametrum fistularum, sicut dictum est de chordis, ut ad taciturnitatem usque gravitas ipsa descendat, atque in acumine nervi nimium tensi vocis tenuitate rumpantur, ita et in fistulis hæc rata videtur mensura, ut minor octies, media decies sexies, maxima tricies et bis hanc octavam vel *dimidiam* (23) habeat. Ita F. octies diametrum habeat; E. novies; D. decies diametrum et *septimam* (24) diametri; C. decies diametrum et bisse diametri ςϛ; B. duodecies diametrum; A decies et ter diametrum et medietatem; G. decies et quater diametrum, et duas nonas diametri; F. decies sexies diametrum; E. decies octies diametrum; D. vigesies diametrum, et quartam diametri; C. vigesies et semel diametrum et tertiam diametri; B. vigesies et quater diametrum; A. vigesies septies diametrum. G. vigesies octies diametrum, et quatuor nonas diametri, id est, ςϛ. ξ. et ω (25); F. trigesies et bis diametrum. Liquet igitur, quod numeri præscripti a xxiiii. usque ad duplum xlviii. efficiant diapason, et *differunt* (26) per duodenarium computati, quæ differentiæ singulis jam inventis a iī. ccc. iiii. numeris additæ, efficiunt quosque sequentes, quæque in unum junctæ (27) efficiunt eundem iī. ccc. iiii. numerum; sicut et illi, a xxiiii. qui per duodenarium ducti eas efficiunt, si jungantur, c. xcii. repræsentant, qui et ipsi duodecies ducti, iī. ccc. iiii. restituunt. Æque in aliø diapason evenit, iidem numeri a xlviii. usque ad duplum, id est, xcvi. efficiunt secundum diapason et differentias per duodenarium computati, quæ differentiæ singulis jam inventis a iiii. dc. viii. (28) numerum, sicut et illi a xlviii. qui per duodenarium ducti eas efficiunt, si junguntur, repræsentant ccc. lxxxiiii. qui et ipsi duodecies ducti iiii. dc. viii. restituunt. Medius autem in utroque diapason tam in numeris, quam et in mensuris vel monochordi vel fistularum is est, qui ad primum quidem vel octavum est quintus, ad octavum vero vel quintum decimum est subquartus, ita ut ad alterum sit sesquialter vel diapente, ad alterum sesquitertius vel diatessaron, et unus dicatur sescuplaris, alter triplus, utriusque vero diapason sibi comparatus sit duplus. Sicut enim octavus ad primum, sicut quintus decimus ad octavum, ita duodecimus ad quintum duplicitatis obtinet rationem. Medios autem in utroque diapason quintum et duodecimum esse, ostendere possunt vel differentiæ, vel numeri, per duodenarium easdem facientes, ut quatuor vel differentiæ vel numeri a primo ad quintum, vel ab octavo ad duodecimum simul juncti, non efficiunt plures quam tres æque numeri vel differentiæ si jungantur vel a quinto ad octavum, vel a duodecimo ad quintum decimum. Hoc ideo dictum sit, quod quantumlibet in mensuris fistularum octava supergreditur primam, vel quinta decima octavam plusquam duplum, differentiam tamen totam quærit vel a prima ad octavam, vel ab octava ad *duodecimam* (29). Quintam in primo diapason, vel duodecimam in secundo divide mediam, et cuique parti æquam ex ea relinque portionem (30). Data igitur primæ vel minori fistulæ qualibet longitudine, sed melius videtur, diametro foraminis octies longitudini dato, ubicunque deinceps tenus est faciendus, major habeat minorem totam, et diametrum, et diametri ejus octavam. In diatessaron major minorem et ejus tertiam, et insuper diametri tertiam. In diapente major minorem, et ejus mediam, et insuper diametri mediam. In diapason major minorem duplo, et totum insuper diametrum. Cæteræ vero facile per numeros occurrent. Est autem diametrum vel circuli, qui est in foramine ex ampliori parte, medietas, vel foraminis transversitas ex deductiori parte, qua inspiratur fistula, et cui foramini subjacet *una*. Ut autem minoribus id ostendatur numeris, sed tamen interruptis secundum symphonias, ita erit figurandum.

XVI.	VIIII.
XXV.	VIIII.
XXXIIII.	XVIIII. ϛ.
LIII. σ.	XVIIII. σ.
LXXII. ζ.	

Hi numeri interruptim positi sub exemplo consonantias tantum monstrant, xvi. namque ad xxxiiii. primum diapason; xxxiiii. ad dxxii. et quadrans secundum diapason; xxv. in medio primi diapason ad alterum diapente, ad alterum diatessaron est, sicut et liii. et octavum σ. in medio secundi diapason ad alterum diatessaron, ad alterum diapente est; viii. et viii. et xviii. σ. et xviii. σ. sunt differentiæ. Sed si positos hos numeros multoties duxeris, qui interponendi sunt, mox integri occurrent, secundum regulam infra demonstratam. Sicut in monochordo monstratum est, ita erit et in fistulis, ut in primo diapason quinta, in secundo duodecima sint mediæ (31) *et in terminis scilicet a*

---

(23) Potius : *Diametrum*.
(24) Lege, *octavam*.
(25) ⅔ id. est, ½ et $\frac{1}{36}$. conferatur nota 11, col. 655.
(26) Melius : *Et differentias*
(27) A CC. LXXXVIII. ad DXII. inclusive, septem videlicet termini; quod etiam in mox sequentibus notandum.
(28) Clarum est, hic omissa esse sequentia : *Numeris additæ efficiunt quosque sequentes, quæque in unum junctæ efficiunt eundem IIII. DC. VIII. nu-merum, etc.*
(29) Forte *quintam decimam*.
(30) Quid auctor per hæc dicere velit, intelligere non dossum, forte aliqua sunt omissa.
(31) Legerem ego : *Sint mediæ tam et in terminis scilicet, quam et in differentiis, et nihilo minus* (non minus) *in mensuris, id est*, etc. Alias enim omnino nullus est sensus. Forsitan autem quædam sunt omissa, unde sensus redditur obscurus.

quinta in differentiis, et nihilominus in mensuris, id A est, inter primam et octavam sit quinta, inter octavam et quintam decimam sit duodecima, et sicut octava non solum duplicitate, sed et diametro vincit primam, ita et quintadecima non modo duplicitate sed (32) *et diametri duplo, et insuper* diametri ipsius octava superat octavam, ac per hoc continget, primam a quintadecima non tantum quadruplicitate, sed etiam quadruplicato diametro, insuper et octava diametri superari. Aliter enim non fieret, ut sicut ab octava prima (33), *vel* a quinta decima octava plus quam duplicitate vincatur. Habet autem (34) differentiam primi diapason duplo, et insuper diametro et octava diametri. Disponantur et hi numeri fistulis apti cum differentiis, quas quidam communes numeri per alios ex supradictis constituant, sicut et in monochordo.

F.	$\overline{\text{II}}$. CCC. IIII.					
		p	XIII. ς.	XXIIII.	fiunt	CCC. XXIIII.
E.	$\overline{\text{II}}$. DC. XXVIII.					
		p	XIII. ς.	XXVII.	fiunt	CCC. LXIIII. ς.
D.	$\overline{\text{II}}$. DCCCC. XCII. ς.					
		p	XIII. ς.	XIII.	fiunt	C. LXXV. ς.
C.	$\overline{\text{III}}$. C. LXVIII.					
		p	XIII. ς.	XXXII.	fiunt	CCCC. XXXII.
B.	$\overline{\text{III}}$. DC.					
		p	XIII. ς.	XXXVI.	fiunt	CCCC. LXXXVI.
A.	$\overline{\text{IIII}}$. LXXXVI.					
		p	XIII. ς.	XVII. ςσ.	fiunt	CC. XXXIIII.
G.	$\overline{\text{IIII}}$. CCC. XX.					
		p	XIII. ς.	XLII. ςς.	fiunt	D. LXXVI.
F.	$\overline{\text{IIII}}$. DCCC. XCVI.					
		p	XIIII. ςσ. et χ.	XLVIII.	fiunt	DC. LXXXVIII. ς.
E.	$\overline{\text{V}}$. D. LXXXIIII. ς.					
		p	XIIII. ςσ. et χ.	LIIII.	fiunt	DCC. LXXIIII. ς. etc.
D.	$\overline{\text{VI}}$. CCC. LVIIII. etc.					
		p	XIIII. ςσ. et χ.	XXVI.	fiunt	CCC. LXXII. ςςς. etc.
C.	$\overline{\text{VI}}$. DCC. XXXII.					
		p	XIIII. ςσ. et χ.	LXIIII.	fiunt	DCCCC. XVIII.
B.	$\overline{\text{VII}}$. DC. L.					
		p	XIIII. ςσ. et χ.	LXXII.	fiunt	$\overline{\text{I}}$. XXXII. ς. et ζ.
A.	$\overline{\text{VIII}}$. DC. LXXXII. ς. et ζ.					
		p	XIIII. ςσ. et χ.	XXXIIII. ςς.	fiunt	CCCC. XCVII. ζ.
G.	$\overline{\text{VIIII}}$. C. LXXX.					
		p	XIIII. ςσ. et χ.	LXXXV. ςσ.	fiunt	$\overline{\text{I}}$. CC. XXIIII.
F.	X. CCCC. IIII.					

Iidem numeri et differentiæ cyfris arabicis.

F.	2304.					
		p	13. $\frac{1}{2}$.	24.	fiunt	324.
E.	2628.					
		p	13. $\frac{1}{2}$.	27.	fiunt	364. $\frac{1}{2}$.
D.	2992. $\frac{1}{2}$.					
		p	13. $\frac{1}{2}$.	13.	fiunt	175. $\frac{1}{2}$.
C.	3168:					
		p	13. $\frac{1}{2}$.	32.	fiunt	432.
B.	3600.					
		p	13. $\frac{1}{2}$.	36.	fiunt	486.
A.	4086.					
		p	13. $\frac{1}{2}$.	17. $\frac{1}{3}$.	fiunt	234.
G.	4320.					
		p	13. $\frac{1}{2}$.	42. $\frac{2}{3}$.	fiunt	576.
F.	4896.					
		p	14. $\frac{1}{3}$. et $\frac{1}{96}$.	48.	fiunt	988 $\frac{1}{2}$.
E.	5584. $\frac{1}{2}$.					
		p	14. $\frac{1}{3}$. et $\frac{1}{96}$.	54.	fiunt	774 $\frac{1}{2}$. et $\frac{6}{96}$
D.	6359. $\frac{6}{96}$.					
		p	14. $\frac{1}{3}$. et $\frac{1}{96}$.	26.	fiunt	372. $\frac{10}{12}$. et $\frac{10}{96}$. hoc est $\frac{90}{96}$.
C.	6732.					
		p	14. $\frac{1}{3}$. et $\frac{1}{96}$.	64.	fiunt	918.
B.	7650.					
		p	14. $\frac{1}{3}$. et $\frac{1}{96}$.	72.	fiunt	1032. $\frac{1}{2}$. et $\frac{1}{4}$.
A.	8682. $\frac{1}{2}$. $\frac{1}{4}$.					
		p	14. $\frac{1}{3}$. et $\frac{1}{96}$.	34. $\frac{1}{3}$.	fiunt	497 $\frac{1}{4}$.
G.	9180.					
		p	14. $\frac{1}{3}$. et $\frac{1}{96}$.	85. $\frac{1}{3}$.	fiunt	1224.
F.	10404.					

Et hic sicut in superioribus per XIII σ. multiplicatus est numerus XXIIII. et cæteri, et fecerunt differentias, quæ inventis numeris vel terminis additæ, fecerunt sequentes terminos in primo duntaxat diapason; in secundo vero per XIIII. et trientem et nonagesimam sextam multiplicati numeri XLVIII. LIIII., et cæteri itidem fecerunt; (35) sed quia difficile erat divisioni minutias has χ, id est, nonagesimam tam bisse addere, vel invicem ducere, placui[t] [in]termittere, (36) cum per differentias B primi diapason junctas, quæ medietatem sui dant a prima ad quintam et a quinta ad octavam, in secundo diapason eodem modo quantulum desit, facile possit agnosci. Si enim differentias, quæ sunt ab octava ad quintam decimam collegeris, et medietatem earum octavæ ad efficiendam duodecimam addideris, item alias medietatem inventæ duodecimæ ad efficiendam quintam decimam adjunxeris, invenies, propter minutias neglectas duodecimam non plus quam unicam duodecimam ($\frac{1}{12}$.), et deci-

(32) Hæc verba : *et diametri duplo, et insuper*, absque dubio in describendo fuerunt omissa.

(33) Melius : *Ita*.

(34) Supple : *Secundum diapason*.

(35) Adde : *Differentias, quæ inventis numeris vel terminis additæ, fecerunt sequentes terminos*,

(36) Intermissæ sunt hæ minutiæ in termino D., VI. CCC. LVIII., ac in differentiis DCC. LXXIIII., et CCC. LXXII., ubi nimirum signum, etc, additum est, ut patet ex tabella, in qua eosdem numeros cyphris Arabicis expressi, ubi omnes minutiæ sunt appositæ.

mam quintam non plus quam duas duodecimas ($\frac{4}{11}$. seu $\frac{1}{6}$.) perdidisse. Poteramus et nos eas minutias computare, sed totiens quilibet præscriptum numerum potest ducere, ut omnia integris numeris valeat definire. Igitur ut breviter et interruptim per symphonias perstringamus, habet prima octies diametrum, quarta undecies, quinta duodecies et semissem; vel ita, octava decies septies diametrum, duodecima vigesies sexies diametrum, et semissem, et insuper decimam sextam diametri, quinta decima trigesies sexies diametrum, et ejus octavam. Cæterarum, quæ interruptæ sunt, numerum, et multa necessaria prætermittamus, ut et fastidium devitemus, et ad minutias inveniendas lectoris animum acuamus (37).

A summa quacunque locata vigesimam septimam ($\frac{1}{27}$.) subtrahas, ex relicta decimam octa- **B** vam ($\frac{1}{18}$.) quæras, inventam integræ summæ adjungas, et semitonium habebis (38).

Deinde Apotome invenire si vis, semitonii differentiæ tertiam, et tertiæ centesimam quartam, quæ est totius differentiæ trecentesima duodecima, cum ipsa tota differentia ultimo termino componas, et tonum ad primum (*terminum*), Apotome ad secundum habebis (39).

Ad tonum et semitonium continuandum, cujuscunque numeri dati sextam sumas, deinde sextæ nonam, quæ est totius quinquagesima quarta, has simul partes (40) in unum conjungas et tonum cum semitonio habebis (41).

Ad duos tonos continuandos quocunque numero dato quartam ipsius accipias, deinde quartæ decimam sextam, id est, totius sexagesimam quartam, et has simul partes (42) et duos tonos habebis (43).

DIATONICUM GENUS.

CC. LXXXVIII.	II. CCC. IIII.	II.	o T. o	F. Nete hyperboleon.	I M.
CCC. XXIIII.	II. D. XCII.	HH.	T. o	E. Paranete hyperboleon.	M.
C. LVI.	II. DCCCC. XVI.	FF.	s T.	D. Trite hyperboleon.	N.
CCC. LXXXIIII.	III. LXXII.	DD.	o T.	C. Nete diezeugmenon.	I M.
CCCC. XXXII.	III. CCCC. LVI.	CC.	o T.	B. Paranete diezeugmenon.	M.
CC. VIII.	III. DCCC. LXXXVIII.	Y.	s T.	A. Trite diezeugmenon.	N.
DC. XL.	IIII. XC. VI.	X.	o s T.T	G. Paramese.	I M.
CCCC. XXXII.	III. CCCC. LVI.	V.	o T.	B. Nete synemmenon.	I M.
CCCC. LXXXVI.	III. DCCC. LXXXVIII.	T.	o T.	A. Paranete synemmenon.	M.
CC. XXXIIII	IIII. CCC. LXXIIII.	Q.	s T.	G. Trite synemmenon	N.
D. LXXVI.	IIII. DC. VIII.	O.	o T.	F. Mese.	I M.
DC. XLVIII.	V. C. LXXXIIII.	M.	o T.	E. Lichanos meson.	ME.
CCC. XII.	V. DCCC. XXXII.	I.	o T.	D. Paraypate meson.	N.
DCC. LXVIII.	VI. C. XLIIII.	H.	s T.	C. Hypate meson.	M.
DCCC. LXIIII.	VI. DCCCC. XII.	G.	o T.	B. Lichanos hypaton.	M.
CCCC. XVI.	VII. DCC. LXXVI.	E.	o T.	A. Parhypate hypaton.	I M.
I. XXIIII.	VIII. C. XCII.	B.	s T.	G. Hypate hypaton.	I M.
	VIIII. CC. XVI.	A.	T.	F. Proslambanomenos.	I M.

(37) Hic finem esse arbitror hujus tractatus. Quæ sequuntur, cum sine ordine jam de monochordo, jam de fistulis agant, in modum supplementi vel annotationum addita videntur, et quidem non eadem manu, cum ea, quæ hic usque ad tabellam sequentem leguntur, in fine denuo vix non iisdem verbis repetantur.

(38) E. g. in tabella pag. seq. ex trite hyperboleon 2916. ejus vigesimam septimam, quæ est 108, subtrahas, remanent 2808, horum decimam octavam, nempe 156, adde 2916, et habebis 3072 : quæ est nete diezeugmenon, a trite hyperboleon semitonio distans.

(39) Ita differentia semitonii inter trite diezeugmenon 3888, et Paramese 4096, est 208. si igitur hujus differentiæ tertiam, quæ est 69$\frac{1}{3}$. et ejusdem differentiæ trecentesimam duodecimam, quæ est $\frac{2}{3}$. cum ipsa tota differentia 208. ultimo termino, nempe Paramese 4096. addas, habebis 4374. Trite synemmenon, quod est Apotome et Paramese, a trite diezeugmenon vero, seu Paranete synemmenon, tono distans.

(40) Adde: *Unacum numero dato*.

(41) E. g. Si ad Lichanos hypaton 6912. ejus sextam 1152. et hujus sextæ nonam 128. addas, habebis 8192. Hypate hypaton, a Lichanos hypaton tono cum semitonio distans.

(42) Adde: *Numero dato conjungas*.

(43) E. g. Numero dato Hypate meson 6144. adde ejus quartam 1536., et hujus quartæ decimam sextam, 96., et fiet 7776. Parhypate hypaton, ab hypate meson duobus tonis distans.

BERNELINI MUSICA.

CHROMATICUM GENUS SUBCONTINETUR.

CCCC. XXXII.	ĪI. CCC. LII.	II.	s s s T. T. T	Nete hyperboleon.	M.
C. LXXX.	ĪI. DCC. XXXVI.	GG.	s T.	Paranete hyperboleon.	M.
C. LVI.	ĪI. DCCCC. XVI.	FF.	s T.	Trite hyperboleon.	N
D. LXXVI.	ĪII. LXXII.	DD.	s s s T. T. T.	Nete diezeugmenon.	I M.
CC. XL.	ĪII. DC. XLVIII.	BB.	s T.	Paranete diezeugmenon.	M
CC. VIII.	ĪII. DCCCC. LXXXVIII.	AA.	T.	Trite diezeugmenon.	N.
DC. XL.	ĪIII. XCVI.	X.	o s T. T.	Paramese.	I M.
DC. XLVIII.	ĪII. CCCC. LVI.	V.	s s s T. T. T.	Nete synemmenon.	I M.
CC. LXX.	ĪIII. C. IIII.	S.	s T.	Paranete synemmenon.	M.
CC. XXXIIII.	ĪIII. CCC. LXXIIII.	Q.	s T.	Trite synemmenon.	M.
DCCC. LXIIII.	ĪIII. DC. VIII.	O.	s s s T. T. T.	Mese.	I M.
CCC. LX.	V̄. CCCC. LXXII.	N.	s T.	Lichanos meson.	M.
CCC. XII.	V̄. DCCC. XXXIII.	I.	T.	Parhypate meson.	N.
I. C. LII.	V̄I. C. XLIIII.	H.	s s s T. T. T	Hypate meson.	I M.
CCCC. LXXX.	V̄II. CC. XCVI.	F.	s T.	Lichanos hypaton.	M.
CCCC. XVI.	V̄II. DCC. LXXVI.	C.	T	Parhypate hypaton.	N.
I. XXIIII.	V̄III. C. XC. II.	B.	o T.	Hypate hypaton.	I M.
	V̄III. CC. XVI.	A.		Proslambanomenos.	M.

ENARMONIUM GENUS SUBCONTINETUR:

DC. XII.	ĪI. CCC. IIII.	II.	o o T. T.	Nete hyperboleon.	M.
LXXVIII.	ĪI. DCCCC. XVI.	FF.	Q.	Paranete hyperboleon	I M.
LXXVIII.	ĪI. DCCCC. XCIIII.	EE.	Q.	Trite hyperboleon.	N.
DCCCC. XVI.	ĪII. LXXII.	DD.	o o T. T.	Nete diezeugmenon.	I M.
C. IIII.	ĪII. DCCC. LXXXVIII.	Y.	Q.	Paranete diezeugmenon.	M.
C. IIII.	ĪII. DCCCC. XCII.	Z.	Q.	Trite diezeugmenon	N.
DC. XL.	ĪIII. XCVI.	X.	o s T. T. o vel T. Q. Q. o o T. T.	Paramese.	I M.
DCCCC. XVIII.	ĪII. CCCC. LVI.	V.		Nete synemmenon.	I M.
C. XVII.	ĪIII. CCC. LXXIII.	R.	Q.	Paranete synemmenon.	M.
C. XVII.	ĪIII. CCCC. XCI.	P.	Q.	Trite synemmenon.	N.
I. CC. XXIIII.	ĪIII. DC. VIII.	O.	Q. Q. o o T T.	Mese.	I M.
C. LVI.	V̄. DCCC. XXXII.	L.	Q.	Lichanos meson.	M.
C. LVI.	V̄. DCCCC. LXXXVIII.	K.	Q.	Parhypate meson.	N.
I. DC. XXXII	V̄I. C. XLIIII.	H.	Q. o o T. T.	Hypate meson.	I M.
CC. VIII.	V̄II. DCC. LXXVI.	G.	Q.	Lichanos hypaton.	M.
CC. VIII.	V̄II. DCCCC. LXXXIIII.	D.	Q.	Parhypate hypaton.	N.
I. XXIIII.	V̄III. C. XCII.	B.	Q. o T.	Hypate hypaton.	I M
	V̄III. CC. XVI.	A.		Proslambanomenos.	I M

(44) Si tonum quæris, major fistula minorem habeat, et ejus octavam. Si diatessaron, major minorem et ejus tertiam, et tertiæ decimam, et undecimæ sextam. Si diapente, major minorem, et ejus mediam, et medietatis octavam, et octavæ octavam Si diapason major, minorem duplo, et insuper ejus unam octavam, et octavæ octavam. Si diapason et diapente, major minorem triplo, et ejus duas octavas, id est, quartam. Si bis diapason, major minorem quadruplo, et insuper ejus tres octavas.

ITEM IDEM ALIO MODO.

Si fistulæ æqualis grossitudinis erunt, major minoris longitudinem quater in se habeat, et insuper diametri (45), quod in concavo est, quater mensuram contineat, (46) bis diapason consonantiam resonabit. Si major minorem in sua longitudine bis habuerit, et insuper concavitatis ejus semel diametrum, diapason ad se invicem resonabunt. Si major minorem in se totam habuerit, et insuper longitudinis ejus medietatem, simul cum medietate diametri, quod in concavo est, diapente resonabit. Item si fistula major minorem fistulam in se totam habuerit, et insuper longitudinis octavam partem, cum octava diametri, tonum resonabit. Item si fistula major minorem in se habeat totam, et insuper longitudinis ejus sextam decimam partem, cum sexta decima diametri, semitonium fere consonabit. Sed tamen melius sumetur semitonium per diatessaron quam per sextas decimas.

MENSURA MONOCHORDI ET ORGANORUM IN GENERE DIATONICO, IN PRIMO DIAPASON.

(47) E habet F et ejus octavam, id est, sesquioctavum. D totum E et ejus octavam, id est, epogdoum. C totum F et ejus tertium, quod est sesquitertium, vel epitrita, id est diatessaron. B totum C et ejus octavam, quod est tonus; vel totum E et ejus tertium, quod est diatessaron, vel totum F et ejus medium, quod et diapente. A totum B et ejus octavam, equod est tonus, vel totum D et ejus tertium, quod et diatessaron, vel totum E et ejus medium, quod est diapente. G habet totum C et ejus tertium, quod est diatessaron. G autem, quod est trite synemmenon, habet totum D primi diapason et ejus medium, id est, diapente. G. G. A. B. C. D. E. F.

IN SECUNDO DIAPASON MENSURA.

F habet totum G, (48) et ejus octavum, quod est tonus, vel totum B et ejus tertium, quod est diatessaron, vel totum C et ejus medium, quod est diapente, vel aliud F duplo, quod est diapason. E totum F et ejus octavum, quod est tonus, vel totum A et ejus tertium, quod est diatessaron, vel totum B et ejus medium, quod est diapente, vel aliud E duplo, quod est diapason. D totum E et ejus octavum, quod est tonus, vel totum G trite synemmenon, et ejus tertium, quod est diatessaron, vel totum A et ejus medium, quod est diapente, vel aliud D duplo, quod est diapason. C totum F et ejus tertium, quod est diatessaron, vel totum G paramese, et ejus medium, quod est diapente, vel aliud C duplo, quod est diapason. B totum C et ejus octavum, id est tonus, vel totum E et ejus tertium, quod est diatessaron, vel totum F et ejus medium, quod est diapente, vel aliud B duplo, quod est diapason, vel aliud F triplo, id est diapason et diapente. A totum B et ejus octavum, vel totum D et ejus tertium, vel totum E et ejus medium, vel aliud A duplo. G totum C et ejus tertium, vel totum G paramese duplo. F totum G et ejus octavum, vel totum B et ejus tertium, vel totum C et ejus medium, vel aliud F duplo, vel tertium F quadruplo. F. G. A. B. C. D. E. F. G. G A. B. C. D. E. F

MONITUM AD SEMITONIUM INVENIENDUM.

A summa quacunque locata vigesimam septimam subtrahas, ex relicta octavam decimam quæras,

---

(44) Quæ hic sequuntur, cum præcedentibus et sequentibus non concordant; igitur corrigenda, ut sequitur: *Si tonum quæris, major fistula minorem habeat, et ejus octavam, et ipsius octavæ octavam*-(a); *si diatessaron, major minorem et ejus tertiam, et tertiæ decimam, et vigesimæ sextam;* (b). *Si diapente, major minorem, et ejus mediam, et medietatis octavam* (c). *Si diapason, major minorem duplo, et insuper ejus unam octavam* (d). *Si diapason et diapente, major minorem triplo, et ejus duas octavas, id est, quartam: et insuper octavæ mediami, et hujus medie-* tatis octavam (e). *Si bis diapason, major minorem quadruplo, et insuper ejus quatuor octavas, et octavæ octavam* (f). Majoris claritatis gratia singulorum exempla subjungo, quæ, cum tabella fistularum col. 665, 666 conferri debent.

(45) Qui fit octava pars longitudinis.
(46) Adde: *Cum octava diametri*.
(47) In his et sequentibus conferatur tabella col. 667, 668.
(48) Paramese.

(a)	F. minor fistulæ.	2304
	ejus octava.	288
	octavæ octavæ.	56
	E. tono distans ab F.	2628
(b)	F. minor fistula.	2304
	ejus tertia.	768
	tertiæ decima.	76 8/10
	vigesimæ sexta	19 4/5
	C. diatessaron ad F.	3168
(c)	F. minor fistula.	2304
	ejus media.	1152
	medietatis octava.	144
	D. diapente ad F.	3600

(d)	minoris fistulæ 2304 duplum.	4608
	ejus octava.	288
	F. diapason ad F.	4896
(e)	minoris fistulæ 2304 triplum.	6912
	ejus quarta.	576
	octavæ 288 media.	144
	hujus medietatis octava.	18
	B. diapason et diapente ad F.	7650
(f)	minoris fistulæ 2304 quadruplum.	9216
	ejus quatuor octavæ.	1152
	octavæ octava.	36
	F. bis diapason ad F.	10404

nventam integræ summæ adjungas, et semitonium habebis.

AD APOTOME INVENIENDAM.

Deinde Apotome invenire si vis, semitonii differentiæ tertiam, et tertiæ centesimam quartam, vel potius differentiæ trecentesimam duodecimam cum ipsa tota differentia ultimo termino adjungas, et tonum ad primum terminum, apotome ad secundum sine ulla ambiguitate invenies.

(49) Melius : *Duos*.

AD TONUM ET SEMITONIUM CONTINUANDUM.

Cujuscunque termini dati sextam sumas, deinde sextæ nonam, has simul partes integræ summæ adjungas, et tonum cum semitonio habebis.

AD SECUNDOS (49) TONOS CONTINUANDOS.

Quocunque numero dato quartam ipsius accipias, deinde quartæ decimam sextam, vel totius sexagesimam quartam, et has simul partes integræ summæ adjicias, et duos tonos invenies.

ANONYMI I MUSICA.

MONITUM.

Ex Msc. Bibliothecæ nostræ San-Blasianæ damus scripta quædam Anonyma. Primum, breviter id quidem, præter genus diatonicum, soli usui ecclesiastico conseratum, etiam chromaticum et enharmonicum attingit. Alteri subjungitur Tonarius sat amplus, quem præ cæteris ejuscemodi edendum duceremus, siquidem liceret typis nostris veteres etiam notas musicas exprimere, quibus perpetuis est perscriptus. Continenter subditur carmen, qua ratione in digitis manus octo toni seu modi musici apte disponantur. Sequitur monochordi descriptio divisioque. Quæ vero proxima est in eodem codice octo tonorum explicatio, omittenda nobis visa est, quod magnam partem ex Aureliano sit exscripta. Nec abludit, quod ibi sequitur sub titulo : quid sint illa Verba *Nonenoeane*. Proximum est *Fragmentum musices*, quo canones quidam musicæ Boetianæ dilucidantur: Sequitur ejusdem Boetii; et id genus aliæ dimensiones monochordi, Guidonis etiam, et Otberti Ratisponensis ex Msc. Ottoburano: schemata demum monochordorum Boetii triplicis generis diatonici, chromatici, et enharmonii; Oddonis item ad instar notarum enchiridialium et Guidonis Aretini.

ARGUMENTUM. — 1. *Triplicis generis divisio in monochordo*. 2. *Diatonicum genus*. 3. *Chromaticum et enharmonicum*. 4. *Chordarum nomina*. 5. *Quinque tetrachorda*. 6. *Consonantiæ*. 7. *Earumque species*. 8. *Octo cantionum modi*.

1. Duo semisphæria, quas magadas (1) vocant, concavo instrumento hinc et hinc superponuntur, inter quas porrecta epiphania lineæ quasi chordæ supra tensæ divisiones exarantur. Si tria monochordorum genera mensurare disponas, superficiem a magada ad magadam lineis protentis in tria dividas, et in subteriori diatonicum; in medio chromaticum, in superiori enharmonicum secundum regulam componas. Sed priusquam eorum dimensionem incipiam, rationem vocabulorum paucis absolvam. *Diatonicum* enim dicitur, quod tonorum dimensione et compositione exquiritur: quod reliqua non obtinent, dum hæc per semitonia, illud per dieses, quod in sequentibus patebit, exaratur. Hoc genus fortius et durius comprobatur. Et ne animi audientium vel canentium dulcedine cantus emolliantur, ecclesiastico usui eligitur. Musica enim suavitate vel morositate animos commutari et quilibet in se ipso potest experiri, et sapientium scripta novimus attestari. *Chromaticum* quasi coloratum dicitur, quod a diatonico primum discedens alterius sit quasi coloris; chroma enim color dicitur. Hoc genus mollissimum comprobatur, quocirca ecclesiastico usui non applicatur. *Enarmonium* autem, quod ex utrisque his modeste compactum et temperatum sit, nomen accepit ab har-

B monia, quæ est diversarum rerum concordabilis convenientia. Hoc genus quasi medietatis locum possedit, ut nec durum nec molle sit, sed ex utrisque compositum dulcescit.

2. Nunc diatonici mensuram ordiamur. A dextro semisphærio, quod est T. usque ad sinistrum, quod est A., protenta epiphania quadripartiatur, et lineæ ductæ his litteris annotentur : S. prima in dextram partem, II. media, D. tertia. Dehinc a T. usque ad S. tripartito spatio quarta superaddatur, et linea ducta P. notetur. Rursus a T. usque ad S. bipartita superficie, tertia superapponatur, quæ linea O. signetur. Item a T. usque ad O. epiphania quadripartiatur : et ubi tertia ceciderit, linea ducta B. apponatur. Quo facto ab II. usque ad O. latitudinem spatii, in quo diatonicum metitur, linea æqualiter dividens dicatur, et bipartitæ O. lineæ partem superiorem L. teneat; prædictum O. inferiorem possideat. Post a T. usque ad R. spatium in duo diducatur, et tertia superaddita linea transversa bipartita ducatur, cujus superior K. inferior vero pars N. notetur. Rursus a T. usque ad N. vel K. interstitio quadripartito, ubi tertia evenerit linea Q. signetur. Hinc a T. usque P. intervallo tripartito, quarta superapponatur, quæ linea transversa non transibit, sed subtraducta M. notetur. De hinc a T. usque ad Q. superficie bipartita, et tertia superjuncta linea transversum non transiens, sed superiorem partem tenens I. notetur. Rursus a T. usque ad II. inter-

---

(1) Magade, μαγάδιον. Du Cange-Gloss. lat. h. v.

stitio tripartito, et quarta addita linea ducta E. signetur. Item a T. usque ad E. epiphania in tria disparata, et quarta superapposita linea B. notetur. De hinc a T. usque ad D. intervallo in quatuor dissipato, ubi tertia ceciderit linea G. inscribatur. Rursus a T. usque ad G. bipartita superficie tertia adjungatur, ubi C. apponatur. De hinc a T. usque ad C. intervallum quadripartiatur, et tertia signata F. apponatur. Sic Diatonicum exaratur.

3. De hinc lineæ, quæ B. et C. notantur in chromaticum ducantur, et spatium inter D. et E. bipartiatur: et retro inter D. et C. medietate posita, linea ducatur. Pari modo E. et F. ducantur, et spatii, quod est inter O. et H. medietate retro, inter G. et F. data linea trahatur. Post H. et I. et L. ut in diatonico, sic et in isto ducatur: et ab H. usque ad I. linea divisionis ducatur, et subtus M. et N. trahantur. Item interstitium, quod inter K. et L. dividatur, et retro inter K. et L. medietate posita lineam transversam transiens notetur. Hinc spatii inter P. et L. medietas inter I. et K. ponatur, et linea subtus transversam ducatur. Eodem modo P. et Q. ducantur, et medio interstitii, quod inter R. et S. retro inter R. et Q. dato linea ducatur, et ultima S. tracta chromaticum compleatur. Deinde B. et C. ut in diatonico et chromatico, sic et in enarmonio ducantur, earum interstitium linea media dividatur. Rursus E. et F. ducantur, et in duas dieses semitonium dividatur. Post H. ducta et L. linea divisionis ut in aliis ad H. ad L. ducatur, et inter H. et L. media ponatur. Sic sub transversa M. et N. ductis, media inseratur. Pari modo P. Q. S. tractis, et inter P. et Q. media posita enarmonium fluatur. Sic diatonicum per tonos et semitonia, Chromaticum per semitonium, semitonium, et triemitonium incompositum, Enarmonium vero per diesin et diesin, id est, dimidium semitonium et ditonum incompositum exaratur.

4. Sed quoniam mensurandi regulam dedimus, nomina chordarum apponere supervacuum non judicamus. Prima igitur, quæ A. titulata est, proslambanomenos dicitur, B. hypate hypaton, C. parhypate hypaton, D. lychanos hypaton, E. hypatemeson, F. parhypatemeson, G. lychanosmeson, H. mese, I. trite synemmenon, K. paranete synemmenon, L. nete synemmenon, M. paramese, N. trite diezeugmenon, O. paranete diezeugmenon, P. nete diezeugmenon, Q. trite hyperboleon, R. paranete hyperboleon, S. nete hyperboleon. Et hæc sunt earum nomina, quarum inventionis ordinem et vocabulorum rationem et Boetius in Musica plenissime exequitur. Quæ nobis, quoniam brevitati studemus, et parum aut nihil utilitatis afferunt, prætermittenda videntur, ut eorum loco dicantur utiliora. Quantum enim ad utilitatem attinet, si primum nervum proslambanomenos dixeris, tantum si eum A. nominaveris. Quare, his omissis, alia videamus.

5. Quinque tetrachorda in monochordi dimensione inveniuntur, quæ pari modo semitonio, id est, non dimidio sed imperfecto tono (semum enim Græce imperfectum dicunt) et duobus tonis complentur. Tonum vero dicimus sesquioctavam proportionem, quem etiam epogdoum vocant. Nam si a T. usque ad S. in octo partiaris, et nonam superadjiceris, tonum inter S. et R. te invenisse videbis: et sic spatium a T. usque ad R. intervallum a T. usque ad S. totum, et insuper ejus octavam continebit: ut si novem octonario contuleris, eum totum et ejus continet octavam, videlicet unitatem. Sic tonus, ut simpliciter et breviter describatur, in sesquioctava proportione invenitur. Tetrachorda igitur duobus tonis et semitonio complentur; et inde vocabulum trahunt, quod sub quatuor nervis vel voculis continentur. Quorum primum est B C D E. quod hypaton, id est, principale dicitur, quod primum locum hypatis occupet, et cæteris gravius et morosius sonet. Secundum vero est E F G H. quod meson, id est, medium nuncupatur. Nam hinc illi, quod hypaton diximus, conjungitur; hinc vero illi, quod synemmenon dicitur, copulatur. Synemmenon enim, id est, conjunctum, sub H I K L. continetur: quod idcirco sic vocatur, quod medio conjungatur; ad differentiam scilicet quarti M N O P. quod diezeugmenon, id est, disjunctum appellatur, quia tono interjecto a medio disparatur. Quintum autem, quod est P Q R S. hyperboleon, id est, excellens dicitur, quod in acutioribus et idcirco excellentioribus vocibus inveniatur. Et hæc quinque tetrachorda pari modo semitonio et duobus tonis adimplentur.

6. Sed, his breviter libatis, ad consonantiam veniamus. Consonantia est diversarum vocum concentus suaviter et uniformiter accidens auribus, ut si in lira vel alio aliquo musico instrumento diligenter tensis et remissis nervis, primam et quartam, seu primam et quintam, vel primam et octavam simul ferias vocem: quarum prima, quæ et minima, diatessaron dicitur; secunda diapente, tono major; tertia ex his duabus compacta diapason; quarta diapason et diapente; quinta bis diapason, vel disdiapason. Quibus si secundum Ptolomæi rationabile judicium diapason et diatessaron adjicias; sex habebis consonantias. Sed cum hæc et nomen et diffinitionem sui generis recipiat, cur excludatur, ratio non apportat. Nam si equus est substantia animata sensibilis, pro certo speciebus intererit animalis: quod si diapason et diatessaron est diversarum vocum concentus suaviter et uniformiter accidens auribus, jure interponetur consonantiæ speciebus; sed eam hoc esse nemo negare poterit; igitur consonantiis intererit. Prima ergo, quam diatessaron diximus, in sesquitertia proportione consistit: ut si ternario conferatur quaternarius. Diapente vero in sesquialtera: ut si quaternario conferatur senarius. Diapason in dupla: ut si prædicto ternario idem senarius. Diapason et diatessaron in duplici sesquitertia; ut si eidem senario quatuordecim. Diapason et diapente in tripla: ut si sæpedicto senario decem et novem. Bis diapason in quadrupla: ut si eidem

senario contuleris xxiv. Sed nos earum alium non quærimus ordinem, nisi secundum monochordi exarationem, et simpliciorem numerum, verbi gratia collationem. Cujus rei talem habeas subscriptionem.

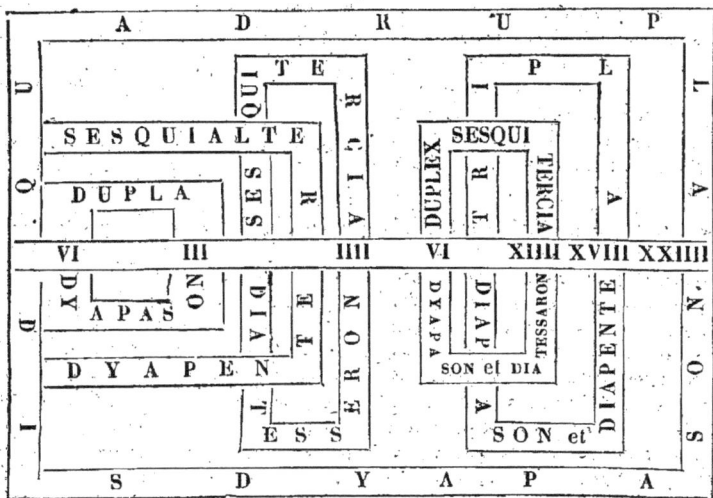

Nemo autem existimet idem esse diatessaron quo sesquitertium, diapente quod sesquialterum, diapason quod duplum. Nam quod arithmetici sesquitertium dicunt, musici diatessaron, quod sonat *de quatuor*: quod sub quaternis vocibus talis proportio contineatur. Diapente *de quinque*, quod sub totidem contineatur. Diapason *de omnibus*; vel quod harum duarum omnes voces contineat, vel, quod melius puto, omnium vocum discrimina in se concludat. Nam septem duntaxat sunt vocum distantiæ, videlicet A B C D E F G, quod si octavam, quæ est H, tetigeris, eamdem invenies primæ. Unde nullius scientiæ ignarus inquit Virgilius:

Obloquitur numeris septem discrimina vocum.

Aliarum autem nomina hæc scienti sunt manifesta.

7. Nunc his prætaxatis, species earum ostendamus. *Diatessaron*, quæ minima est, tres tantum habet species, una minus quatuor voces: quarum prima constat tono semitonio et tono, quæ est A B C D. secunda forma est B C D E. quod est semitonium et ditonum. Tertia C D E F. quod est ditonum et semitonium; et sic per quaternas per omnem chordarum seriem computando, excepto inter F et M, et I et P. has alternatim tres formas te scias inventurum. *Diapente* vero, quæ unam plus vocem, unam plus habet et speciem: quarum prima est D E F G H. Secunda E F G H M. Tertia F G H M N. Quarta G H M N O. Has si diligenter inspicias, tonorum et semitoniorum positiones invenies diversas, et per seriem vocum alternatim dispositas, exceptis tribus locis: videlicet inter B. et F. et E. et I. et M. et Q. *Diapason* autem, quoniam his duabus consonantiis completur, tot habebit formas, quot sub his amplectuntur. Septem igitur continet species, pro diapente quatuor, pro diatessaron tres; quarum prima inter A. et H. continetur. Secunda a B ad M. porrigitur. Tertia C et N. terminatur. Quarta a D ad O. protenditur. Quinta E et P. limitatur. Sexta ab F ad Q. intenditur. Septima ab R ad G. remittitur. Quas omnes, si tonorum et semitoniorum situm inspexeris, a se invicem distantes videbis. Quod si octavam ad H per M et N. intendendo ad S. adjeceris, a prima non dissentire videbis. Quod si ab H. per I et K. ad S. ascenderis, eamdem quintæ notabis. Sic ergo diapason septem habet species, unam minus quam voces, in quibus septem modorum diversa sit positio, quod sequens expediet ratio.

8. Septem tantum, secundum diapason species, modos primum fuisse, sed Ptolomæum octavum superaddidisse, Boetium in Musicis tradidisse novimus: quorum nomina diversitatemque, quoniam brevitatem et simplicitatem promisimus, secundum ecclesiasticum usum expediamus. Octo cantionum modis, quos abusive tonos vocat, ecclesiasticus ordo utitur, quorum quatuor excellentiores voces monochordi sortiti, sic vocantur: Autentus protus, id

est, primus magister : autentus deuterus, id est, secundus magister : autentus tritus, id est, tertius magister : autentus tetrardus, id est, quartus magister. Autentos enim Græci magistros dicunt, quasi auctoratos, id est, auctoritate præditos, videlicet quorum auctoritas præcellit. Unde a comparatione altioris gradus hos modos ita vocari obtinuit usus. Alii vero quatuor inferiora loca possidentes sic vocantur : Plagis proti, id est, lateralis primi, subauditur autenti, quasi sub latere ejus contineatur, et inferior sit : simili ratione Plagis deuteri, Plagis triti, Plagis tetrardi. Sed nos eorum regulas dantes, latinis utamur nominibus, et excelsiores magistros, inferiores vero discipulos appellemus.

Sed antequam eorum intensiones vel remissionem incipiamus, finales omnium nervos ostendamus. Quatuor sunt voces, quæ vocantur finales, quod in unaqualibet regulares finiantur cantiones, D E F G. id est, lychanos hypaton, hypate meson, parhypate meson, lychanos meson; quæ idcirco ex omnibus electæ sunt finales, quod inter septem vocum discrimina inveniantur sonoriores : extra quas si vel vetus vel nova cantio fiat, irregularis sine dubio judicetur. Cantus igitur primi magistri ejusque discipuli D. finitur : secundi ejusque discipuli E : tertii ejusque discipuli F : quarti ejusque discipuli E : tertii ejusque discipuli F : quarti ejusque discipuli G. Et primum magistrum primum modum appellamus, ejus discipulum secundum : secundum magistrum tertium, ejus discipulum quartum : tertium magistrum quintum : ejus discipulum sextum : quartum magistrum septimum, ejus discipulum octavum.

Sed quoniam nomina et finales eorum diximus, intensionis et remissionis limites aperiamus. Primus magister ascendit ad P. et descendit ad A. ejus vero discipulus intenditur ad H vel M. et remittitur ad idem A. Secundus magister ascendit ad Q. et descendit ad B. Ejus discipulus intenditur ad Q. et remittitur ad idem B. Tertius magister ascendit ad R. et remittitur ad C. cujus discipulus intenditur ad O. et descendit ad idem C. Quartus magister intenditur ad S. et descendit ad D. cujus discipulus intenditur ad P. et remittitur ad idem D. Hæc est enim intensionis eorum antiqua regula et remissionis, quod probari potest in multis cantilenis. Si autem susum vel jusum hos limites excedant, nemo contendat, quod emendari non debeant. Sed Juniores subtilius et acutius dijudicantes, et certius legaliusque discriminantes, non ex toto consentiunt, nec ex toto dissentiunt : aiunt enim, inter modos esse certas oportere differentias, ut, cujuscumque sint, cognoscere possimus cantilenas. Sed si primus modus remittatur ad A. secundus vero ab M. ad idem descendat A. si inter H. et A. cantus non excedens componatur, et in D. finali utriusque regulariter terminetur, incertum est, cui potius deputetur. Pari modo, si tertius

a Q. deponatur ad B. quartus vero ab N ad idem remittatur B. cantus, qui intra M. et B. compositus est, finitur (2) cujus potius duorum sit, incertum habetur. Idem contingit in cæteris : ad quam incertitudinem propulsandam Juniorum comprobamus regulam, cujus quoniam est probabilior tractatus, fiat diligentior.

Finales, uti prædiximus, serventur. Intensiones vero et remissiones aliquantulum varientur. Primus modus intenditur ad O. raro autem ad P. descendit ad C. continens quartam inter D et O diapason formam, supra vero et infra chordam. Secundus modus ascendit ad H. raro autem ad M. vel I. remittitur ad A. possidens primam inter A. et H. diapason speciem, supra vero rarenter vocem : et hi sunt primus magister ejusque discipulus. Magistri autem cantus incipitur sex nervis, scilicet C D E F G H. habet vero cola et commata, id est, membra et incisiones, quas distinctiones cantus appellamus, in eisdem. Cantus discipuli habet principia legalia quatuor, A B C D. a multis vero usitata sex, in quibus etiam cola et commata, A B C D E F. Quodsi primi cantus C vel D vel E vel F. inceperis, non minus quam ad H intendas, ut cujus sit modi, ascendendo discernas. Si vero secundi cantum in eisdem inceperis, non minus quam ad B. deponas, ut, cujus sit, demittendo ostendas. Sed in eo quidem judicio quatuor tantum principia unicuique dabuntur discipulo.

Tertius modus intenditur ad P., raro autem ad Q. descendit ad D., habet principia cantus et distinctiones sex, D E F G H M possidens quintam inter E et P. diapason speciem, supra vero et infra vocem. Quartus modus ascendit ad M. raro autem ad N. dimittitur ad B. continens secundam inter B. et M. diapason formam, supra vero chordam : cujus cantus secundum multos sex nervis incipitur, legaliter vero quatuor B C D E. et sex distinguitur B C D E F G vel H. Et hi sunt secundus magister, ejusque discipulus. Quod si magistri cantum D vel E. inceperis, non minor quam ad O. sit modus intensionis. Si discipuli, non minor quam ad C. depositionis, ut cujus modi sit, intendendo vel remittendo discernas.

Quintus modus intenditur ab E ad Q. raro autem ad R. continens sextam inter F et O. diapason speciem, supra vero et infra vocem : cujus cantus principia et distinctiones sunt sex, E F G H M N. Sextus modus ascendit a C. ad N. rarenter vero ad O. possidens tertiam inter C et N diapason formam, supra vero chordam : cujus cantus legalia principia sunt quatuor C D E F. distinctiones sex C D E F G H. Et hi sunt tertius magister ejusque discipulus. Si magistri cantum E vel F. ad R. rarenter autem ad P. (3) sit minimus modus intensionis : discipuli vero ad D. remissionis, ut cui imputari debeat, tali differentia patefiat.

---

(2) Supple, in E. et. (3) Supple ex superioribus : *inceperis*.

Septimus modus intenditur ab F. ad R. rarenter autem ad S. continens septimam inter G. et R. diapason speciem, supra vero et infra vocem. Hujus cantus principia et distinctiones sunt sex F G H M N O. Octavus modus ascendit ad O. raro autem ad P. possidens quartam a D ad O. secundum primum magistrum diapason formam, supra vero chordam. Huic N. Ptolomæus annexuit. Et quia diapason octava specie caret, quartam ut primus obtinuit : qui quamvis eamdem teneat speciem, diversam habet finalem, et non eamdem ad C. remissionem. Hujus cantus initia ut aliorum discipulorum legalia sunt quatuor, D E F G. distinctiones sex, D E F G. H M vel I. Et hi sunt quartus magister ejusque discipulus. Si magistri cantum F. vel G. inchoaveris ad Q. sit minimus modus intensionis, discipuli vero, causæ supradictæ differentiæ, ad E remissionis.

ANONYMI II TRACTATUS DE MUSICA

Quinque sunt consonantiæ musicæ, Diatessaron, quæ et sesquitertia dicitur : Diapente, quæ et sesquialtera : Diapason, quæ et dupla vocatur : Diapente et Diapason, quæ et tripla nuncupatur : Bis diapason, quæ et quadrupla. Duas harum, id est, diatessaron et diapente in frequentiori usu tenemus ; tertia, id est, diapason raro utimur, cæteras in nostris cantilenis non adhibemus. Diatessaron igitur vocum quidem est quatuor; quia quatuor chordarum est, sed tamen intervallorum trium : Constat ex duobus tonis et semitonio minore. Est autem tonus quod et sonus; semitonium vero est majus et minus. Semitonium autem dicitur, quod non dimidius sit tonus, sed quia non sit perfecte tonus. Diapente vero vocum est quinque, quia quinque chordarum est, intervallorum quatuor, quia constat tribus tonis et semitonio minore. Diapason rursus constat ex diatessaron et diapente, id est, ex quinque tonis et duobus semitoniis minoribus, qui non impleant tonum.

Hæ igitur tres principales consonantiæ, diatessaron videlicet, diapente ac diapason in decem et octo chordis per tetrachorda et pentachorda et octochorda apte distinguuntur. Nam omne quod est tetrachordum resonat consonantiam diatessaron ; sunt enim quinque principalia tetrachorda, hypaton videlicet, meson, synemmenon, diezeugmenon, hyperboleon : quæ in diatonico genere melorum resonant consonantiam diatessaron. Tria siquidem sunt genera melorum, diatonon scilicet, chroma et enarmonium; sed diatonon durius et naturalius est cæteris : unde quasi repudiatis aliis hoc usitatius habetur. Dicitur autem diatonum, quod in omni tetrachordo per tonum ac tonum et semitonium progrediatur. Habet autem hæc eadem consonantia diatessaron tres species : Primam videlicet, qua per tonum ac tonum semitoniumque progreditur : Secundam vero, qua per tonum semitonium ac tonum modulatur : Tertiam quoque, qua per semitonium tonum ac tonum canitur. Diapente autem consonantia distinguitur per pentachorda, quæ et ipsa quatuor habet species. Et prima progreditur quidem per tonum tonum semitonium et tonum : Secunda per tonum semitonium tonum ac tonum : Tertia per semitonium et tres tonos continuos : Quarta per tres continuos tonos et semitonium. Diapason quoque consonantia distinguitur per octo chordas. Constat enim, ut dictum est, ex quinque tonis et duobus semitoniis minoribus, continens videlicet in se diatessaron et diapente. Habet autem et ipsa species septem, quæ quoniam in raro usu habentur, brevitatis causa a nobis prætermittentur.

Nomina autem chordarum, in quibus hæ consonantiæ distinguuntur, hæc sunt. Prima et gravissima omnium est proslambanomenos, duplici ratione immobilis, vel quia scilicet fundamentum est reliquarum vocum, vel quia in tribus generibus melorum, diatonico videlicet, chromatico et enarmonio, sono et nomine permanet uniformis. Ad quam obtinet toni proportionem sequens hypate hypaton, et ipsa similiter duplici ex causa immobilis : vel quia scilicet in tribus generibus est consimilis, vel quia a prima præcedente ad tertiam sequentem sine hac non potest cantilena intendi, neque a tertia sequente ad primam sine hac remitti. Tertia namque sequens post has est parhypate hypaton, nec in totum mobilis, nec in totum immobilis : quia in diatonico quidem et chromatico genere uniformis habetur, in enarmonio vero variatur. Et rursus a præcedente secunda ad sequentem quartam sine hac tertia potest cantus intendi, vel a quarta consequente ad secundam præcedentem remitti. Est itaque semitonii inter hypate hypaton, et parhypate hypaton. Post has itaque consequitur quarta lychanos hypaton mobilis per omnia, quia videlicet in tribus generibus variatur, et ab inferioribus ad superiora, vel a superioribus ad inferiora sine hac facilis patet in intensione vel remissione modulandi via. Est autem tonus inter parhypate hypaton et lychanos hypaton. A prima igitur proslambanomenos ad quartam lychanos hypaton intenditur consonantia diatessaron, et ab eadem quarta ad primam per tonum et semitonium et tonum remittitur.

Quinta dehinc subsequitur hypate meson immobilis, sicut et hypate hypaton, tono quidem distans a lychanos hypaton, ad hypate hypaton autem resonans consonantiam diatessaron, ad proslambanomenos quoque symphoniam diapente, sive a superioribus ad inferiora remittatur cantilena, sive ab inferioribus ad superiora intendatur. Deinde sexto loco ponitur parhypate meson, nec in totum mobilis, nec in totum immobilis, sicut et parhypate hypaton; et ipsa quoque semitonio differt ab hypate meson. Sed ad parhypate hypaton obtinet symphoniam diatessaron intensam vel remissam. Septimo denique ordine succedit lychanos meson, per omnia mobilis, sicut et lychanos hypaton; quæ a parhypate meson quidem tono distat, ad lychanos hypaton autem diatessaron resonat, ad parhypate hypaton vero diapente concrepat. Octavo deinceps loco collocatur mese, quæ est media superiorum et inferiorum, immobilis et ipsa sicut et proslambanomenos; quia nec a superioribus vocibus ad inferiores pervius descensus, nec ab inferioribus ad superiores sine hac facilis patet ascensus. Et hæc rursus a lychanos mesen distans tono, ad hypate meson vero facit consonantiam diatessaron, ad lychanos hypaton autem diapente, ad proslambanomenos quoque resonat diapason. Ubi aperte datur int l ¡g¡, quod supradictum est, di..tessaron et diapente in diapason contineri. Nam a mese in hypate meson invenitur missa diatessaron, et ab hypate meson in proslambanomenos diapente remissa : itemque diapente remissa a mese in lychanos hypaton, et ab eadem in proslambanomenos remissa diatessaron ; conversimque a proslambanomenos in lychanos hypaton intensa diatessaron, et ab eadem in mese intensa diapente; rursusque a proslambanomenos in hypate meson intensa diapente, et ab eadem in mese intensa diatessaron. A mese igitur in proslambanomenos remissa diapason.

Deinde sequuntur duo tetrachorda partim synemmenon partim diezeugmenon; sed synemmenon tetrachordum conjungitur cum mese per semitonium, quod est inter mese et trite synemmenon : diezeugmenon autem tetrachordum disjungitur a mese per tonum, qui est inter mese et paramese. Unde et illud appellatur synemmenon, id est, conjunctarum; istud vero diezeugmenon, id est, disjunctarum. Si igitur a mese, quæ est octava, intendas semitonium, occurret nona trite synemmenon, nec in totum mobilis, nec in totum immobilis, faciens ad parhypate meson consonantiam diatessaron. A qua si rursus intendatur tonus, occurret decima, parahete synemmenon, mobilis per omnia, et facit diatessaron ad lychanos meson per tonum semitonium et tonum ; ad parhypate meson vero resonat consonantiam diapente. Post hanc quoque intenso tono sequitur nete synemmenon undecima, quæ ad mesen quidem resonat consonantiam diatessaron, ad lychanos vero meson diapente. Si autem a mese quis intendat tonum, occurret paramese, quæ relicto tetrachordo synemmenon quasi post mesen videtur esse nona, sed hoc aptato comprobatur esse duodecima. Est autem immobilis et ipsa sicut et hypate hypaton, ad quam videlicet ipsa facit consonantiam diapason. Hæc eadem quoque paramese ad hypate meson quidem remittit consonantiam diapente per

tres tonos continuos et semitonium, sed ad parhypate meson non valet remittere diatessaron ; unde et remota videtur a tetrachordo meson, et omnimodis est contraria trite synemmenon, adeo, ut si utralibet harum in cantu proferatur, altera nullatenus inferatur. Ab eadem paramese intenso semitonio consequitur decima tertia trite diezeugmenon, nec in totum mobilis nec in totum immobilis, sicut et parhypate hypaton, ad quam hæc ipsa facit consonantiam diapason. Et est ea ipsa consona paranete synemmenon, nomine tantum discrepans ab ea, et quod a mese ad hanc fit intensio per tonum et semitonium, ad illam vero per semitonium et tonum. Ab eo rursus intenso tono occurret decima quarta paranete diezeugmenon mobilis per omnia, sicut et lychanos hypaton, ad quam ipsa facit consonantiam diapason. Hæc eodem suo sono sonorumque proportione æquiparat nete synemmenon. Nam sicut a mese ad illam intenditur diatessaron per semitonium tonum et tonum, sic et ad istam per tonum semitonium et tonum. Remittit hæc eti..m sicut et illa, consonantiam diapente ad lychanos meson. Item ab eadem paranete diezeugmenon intenso tono sequitur decima quinta nete diezeugmenon, immobilis sicut et hypate meson, ad quam ipsa reddit consonantiam diapason. Resonat autem hoc tetrachordum a paramese inchoatum, sicut et reliqua, consonantiam diatessaron. Cui addito tono quidem inter mese et paramese fit consonantia diapente. Huic aptatur tetrachordum hyperboleon : intenso enim semitonio a nete diezeugmenon nascitur decima sexta trite hyperboleon, nec in totum mobilis, nec in totum immobilis, sicut et parhypate meson, ad quam ipsa resonat consonantiam diapason. Ab ea quoque intenso tono succedit decima septima paranete hyperboleon mobilis per omnia, sicut et lychanos meson, ad quam ipsa facit consonantiam diapason. A qua rursus intenso tono subsequitur decima octava nete nete hyperboleon, immobilis sicut et mese, ad quam ipsa reddit duplicem sonum. Quemadmodum enim proslambanomenos ad mesen intendit diapason, ita mese ad nete hyperboleon. Unde et proslambanomenos ad nete hyperboleon facit bisdiapason, quæ et quadrupla nuncupatur. Sed hæc, ut dictum est, in nostris cantilenis non adhibetur.

Ex supradictis igitur speciebus consonantiarum nascentur octo modi sive tropi, per quos omnis cantus moderatur. Horum primus et omnium gravissimus vocatur hypodorius, secundus hypophrygius, tertius hypolydius, quartus dorius, quintus phrygius, sextus lydius, septimus mixolydius vel hyperdorius, octavus hypermixolydius. Et primus quidem superatur a secundo in cacumine tono : secundus autem a tertio tono : tertius vero a quarto semitonio : quartus quoque a quinto tono : quintus autem a sexto tono : sextus vero a septimo semitonio : septimus autem ab octavo tono : quod in monochordi partitione in promptu est videre, ubi ea, quæ est mese hypodorii, æquiparat in sui dispositione lychanos meson hypophrygii, et perhypate meson hypolydii, nec non hypate mesen dorii. Mese autem hypophrygii est paramese hypodorii : mese quoque hypolydii est trite diezeugmenon ejusdem hypodorii : itemque mese dorii est paranete diezeugmenon ejusdem hypodorii ; distat igitur mese dorii diatessaron consonantia (1). Sicque sequentes tropi sese alterutrum in acumine superant, ut nete hyperboleon hypodorii inveniatur, mese hypermixolydii; facitque eadem hypermixoiydii ad dorii mesen consonantiam diapente, ad mesen vero hypodorii resonat consonantiam diapason ; siquidem ea ipsa, quæ est media primi, est et prima octavi. Quocirca plerumque contingit, ut cantus eminentiorum troporum a sui status rectitudine resolvantur in chordas inferiores. Ex his itaque quatuor dicuntur authentici, id est, magistri vel principales : eisque vicissim supponuntur alii quatuor, qui vocantur plagi, id est, laterales vel particulares (2).

Indicis a summo capiens exordia primus
In minimi primo flexu postrema reponit,
Quæ sedes stat principium finisque secundi,
Tertius a summo rursum capit indicis ortum.
In summo finem distinguens auricularis.
Hic caput et finis quarti dinoscitur esse.
Indicis in medio quintus sumit caput artum,
Et medii finem modulaminis aptat in unque :
Qui locus exortum sexti finemque tuetur.
Indicis hinc radix septem perficit ortum.
Summus apex medii cujus postrema resumit,
Octavus hac sede caput finemque reponit.

(1) Supple : *A mese hypodorii.*
(2) Habetur hic in ms. tonarius per omnes octo modos, antiquis notis musicis perscriptus, ob quarum tamen defectum, ut supra monitum, ipsum tonarium omittere necessum fuit. Postea hoc modo

A Prius dividenda est tota linea in quatuor partibus per tria puncta semper a dextero latere procedens, id est, a dextra magada. In primo puncto pone P. quæ chorda vocatur nete hyperboleon. In secundo pone H. et vocatur mese. In tertio D. et vocatur lychanos hypaton. In quarto autem pone A. vel in sinistra magada, cujus chorda proslambanomenos. Deinde divide per octo partes usque ad P. et pone novem usque ad O. et erit tonus, cujus chorda vocatur trite hyperboleon : et iterum octo partes usque ad O. et novem usque ad N. et erit tonus; chorda ejus vocatur trite hyperboleon. Et hæc sunt sesquioctavæ proportiones. Deinde divide usque ad P. in tres partes, et in quarta pone M. et erit symphonia diatessaron; chorda ejus vocatur
B trite diezeugmenon. Divide iterum in duas partes usque ad P. et in tertia pone I. et erit symphonia diapente; chorda ejus vocatur paramese. Porro divide ab I. usque ad H. et in horum medio superpone figuram trite, cujus chorda vocatur trite synemmenon. Item divide usque ad I. in duas partes, et in tertia pone G. et iterum erit symphonia diapente, cujus chorda vocatur lychanos meson. Divide iterum in duas partes usque ad H. et in tertia pone F. cujus chorda vocatur parhypatemeson. Divide iterum in duas partes usque ad I. et in tertia pone E. cujus chorda vocatur hypate meson. Item divide usque ad F. in tres partes, et in quarta pone C. et erit symphonia diatessaron, cujus chorda vocatur parhypate hypaton. Divide item usque ad E.
C in tres partes, et in quarta pone B. cujus chorda vocatur hypate hypaton (3).

pergit : *Indicis*, etc.
(3) Hæc in fine manca esse videntur. Sequitur inde de octo tonis, ut supra, in ALCUINO, et in AURELIANO habetur; quæ, ne itidem repetantur, omisimus.

ANONYMI III FRAGMENTUM MUSICES.

Ab omni superparticulari si continuam ei superparticularem quis auferat proportionem etc. Ac si dixisset : Si minor proportio de majore detrahatur proportione, id, quod relinquitur, geminatum non efficit integritatem minoris proportionis, quæ aufertur. Verbi gratia : Tolle diatessaron, de diapente, id est, duos tonos et semitonium de tribus tonis et semitonio, et remanet tonus : qui geminatus non efficit integrum diatessaron, remanet enim semitonium. Iterum sesquiquarta auferatur de sesquitertia, remanet semitonium : nam sesquiquarta duobus tonis constat. Ipso semitonio triplicato sesquitertia non pervenit ad integritatem sesquiquartæ. Idque in cæteris, hoc est, sesquiquinta tollatur de sesqui-
D quarta, remanet diesis, id est, quarta pars toni : nam sesquiquinta constat ex tono, et semitonio et diesi. Diesis autem quadruplata, quia sesquiquarta est, tonum integrum efficit, et remanet semitonium et diesis, vel ulterius. Sed tamen si hoc feceris in arithmeticis proportionibus, usque ad infinitum progreditur. Nam si sesquitertium de sesquialtero tollas, quod remanserit, si duplicaveris, ad sesquitertiam usque proportionem pervenire nequibit, quoniam sesquioctava proportio, quæ remanet ; duplicata integritatem sesquitertiæ implere non poterit. Quod probari potest etiam in sesquiquarta et sesquiquinta.

Ab omni superparticulari si continuam ei super-

particularem quis auferat proportionem. Quod dicit, his exemplis probari potest. Sit propositus terminus unus et idem, ad quem aptetur sesquialtera et sesquitertia proportio. Hic sit vi. ad quem viii. sesquialter est, viii. vero sesquitertius: qui disponantur hoc modo. vi. viii. viiii. Et quoniam hæ duæ proportiones continuæ superparticulares sunt, in tribus terminis constitutæ vi. viii. viiii. auferamus primum terminum, ad quem viii. est sesquitertius, viii. sesquialter, remanet viii. et viiii. qui sesquioctavi sunt. Sed sesquioctava proportio non est medietas minoris proportionis, id est, sesquitertiæ; quoniam duplicata non efficit eam, sed minor est. Duplicemus igitur sesquioctavam proportionem, et sint tres numeri ita dispositi, qui a proportione viii. et viiii. non recedant, flantque octies viii. et octies viiii. et novies viiii. id est, lxiiii. lxxii. lxxxi. vel duo, quoniam primus ad secundum et secundus ad tertium sesquioctavam constituunt habitudinem; sed tertius ad primum minus est quam sesquitertius. Non est ergo sesquioctavus medietas sesquitertii. Et in omnibus superparticularibus continuis hoc speculandum est, quoniam si minor a majore subtrahitur, id quod relinquitur, minus est medietate subtractæ proportionis, quoniam duplicatum non ei coæquatur, quod monstrat subjecta descriptio. Hujus descriptionis hæc ratio est x. et vii. et x. et viii. sesquiseptimam decimam proportionem inter se habent, quæ sola sesquiseptima decima in sola unitate intelligitur. Si iterum alteram sesquiseptimam decimam proportionem addidero, erunt ii. et si ii. addam super x. et vii. id est, bis sesquiseptimam decimam, erunt x. et viiii. qui x. et viiii.

non statuunt sesquioctavam proportionem ad x. et vii. nam deest octava pars unitatis, et ex hoc intelligitur, quia non faciunt duæ sesquiseptimæ decimæ tonum integrum. De x. et vii. ii. et octava pars unius sunt octava pars, qui duo et octava pars uni si addantur et x. et vii. fiunt x. et viiii. et octava pars unitatis ad x. et vii. sesquioctavus. Est autem hæc ratio necessaria primo capitulo sequentis libri.

Si superparticularis proportio binario multiplicatur, id quod fit, neque superparticulare est neque multiplex etc. (1). Binario dicitur multiplicari proportio, quando ea duplicatur, et qualis sit prima talis est et secunda: id est, quemadmodum habet se primus terminus ad secundum, sic secundus se habet ad tertium. Sit superparticularis proportio, ut iiii. ad vi. hæc quoniam una est, binario multiplicetur: bis enim unum ii. fiunt. Oportet ergo, ut sint iiii. ad vi. sic esse vi. ad alium quemlibet numerum, hic sunt viiii. duo, quoniam novem ad iiii. nec multiplex est, nec superparticulare. Quod si id, quod ex tali multiplicatione nascetur, neque multiplex est neque superparticulare: tamen illud, quod multiplicatum est, vel superparticularis vel alterius generis, non vero multiplicis (erit). Quod ex priori multiplicatione natum est, duplex sesquiquartus est, ut sunt viiii. ad iiii. id neque multiplex neque superparticulare est, sed multiplex superparticularis. Et quod binario multiplicatum est, multiplicis generis, non est, sed vel superparticularis vel alterius generis. At hic neque multiplicis neque alterius, sed diffinitæ superparticularis est multiplicata sesquialtera proportio. Est vero hæc ratio necessaria decimo capitulo hujus libri.

(1) Vid. Boet. p. 1095 et 1130 edit. Basileensi anno 1546.

MENSURA MONOCHORDI BOETII

Ex codice Benedicto-Burano Sæc. XII.

Totum monochordum partire inprimis in quatuor, et in initio monochordi pone F. et in primo passu fac B. in secundo F. mese, in tertio F. quartus finit. Tunc a fine fac tres passus in ultimum F. duo in acutissimum, et in quarto passu habes c. superius. Item a fine fac duos passus in eamdem F. et in tertio habes b. superius. Tunc ab eadem b. fac ad finem quatuor passus, quorum primus finit in superius e. item a fine fac duos passus in eamdem e. et retro in tertio habes a. superius. Tunc ab eodem a. fac ad finem quatuor passus, quorum primus terminabitur in D. superius. A fine fac tres passus in C. superius, et retro in quarto habes G. superius. A fine fac duos passus in D. superius, et retro tertium G. synemmenon. Postea duplica spatium uniuscu-

jusque litteræ in suum æquivocum, id est, fac unum passum a fine, id est, ab acumine in unamquamque litterarum superiorum, secundum passum in suum cognominem gravem.

MENSURA MONOCHORDI.
Ex Cod. S. Blas. sæc. xii.

Monochordum disparaturus totam epiphaniam in novem partes distribue, et in primo puncto sinistræ partis Γ. notato, in secundo A. in quarto D. in quinto F.

in sexto A. in septimo D. in octavo a. Item usque A. in novem disparetur linea, et proveniet in primo ab A. secundo B. in tertio E. in quinto ♮. quadratum, in sexto e. in septimo ♮. Item tota epiphania in quatuor resoluta in sinistro secundæ partis puncto dat C. in tertio, G. in quarto. Item usque G. in quatuor distributa redditur c. usque E. quadripartita in secundo puncto b. molle, in tertio F. ab F. quadripartita ad finem facit b synnemmenon modernum ab g. tripartita dat d ab c. bipartita c.

Finis.

DE MENSURA MONOCHORDI.

Ex eodem cod. msc. S. Blas. sæc. XII.

Si regularis monochordi divisionem secundum authenticam Boetii institutionem scire volueris, simplici hanc sermone tibi studebo patefacere. Cum ergo in utramque partem monochordi magadas posueris, totam ejus longitudinem inter magadas, per quatuor æqua partire, et his punctis seu his litteris convenit notare F. B. F. F. C. Deinde quartam partem, quæ ad dextram dividenti occurrit, id est, F. Z. per octo divide, et nonam eidem adde, ibique E. pone, scilicet ut E. Z. sesquioctava proportione, id est, tono distet. Rursus E. Z. per octo divide, et octavam adjiciens D. signato, secundumque tonum habeto. Postea pristinam quartam partem, id est, F. Z. per tria divide, et tria eidem adde, ibique C. pone, eritque C. Z. ab. F. Z. sesquitertia proportione distans vel epitrita, id est, diatessaron consonantia, a D. Z. vero semitonio. En habes tetrachordum hyperboleon, constans tono, tono, semitonio. Exin B. quod a C. tono convenit distare, sive octava C. Z. eidem addita, id est, sesquioctava, sive in E. Z. ipsi adjecta, id est, epitrito, seu dimidia F. Z. superaucta, id est, hemiolio vel sesquialtero, quod resonat diapente symphoniam, poteris invenire. Itidem A. quod tono distat a B. sive per octavam, sesquioctavam ipsi, sive per tertiam D. Z. sesquitertium, seu per mediam E. Z. sesquialterum eidem facito. Confestim G. quod semitonio distat ab A. per tertiam partem ei præpone C. Z. sesquitertium illi facere, ibique secundum tetrachordum diezeugmenon, item tono, tono, ac semitonio constans convenit finire: sicque tonum usque ad secundum F. in medio monochordi positum invenies remanere. Hoc in loco tetrachordum synemmenon debes innectere, cujus acutissima chorda supradicto B. connexa est; secunda prædicto A. tertiaque ab A. tono, et a secundo F. semitonio distare debet, sive per octavam A. Z. sesquioctavam illi facias, seu per mediam D. Z. hemioliam ac sesquialteram eidem reddas. Quo peracto et hoc tetrachordum tono, tono ac semitonio usque ad secundum F. perspicies constare. En diapason consonantiam a priori F. usque secundum in dupla proportione constantem finivimus. Huic aliud diapason usque in tertium F. eadem a secundo F. mensurandi ratione, eadem litterarum redeunte positione, eodem tonorum ac semitoniorum ordine debes subjungere E. si quidquid ab F. tono distat, vel per octavam E. Z. adjecta nona, vel per tertiam A. Z. adjecta quarta, vel per dimidium B. Z. addita tertia, vel duplicato altero E. Z. debes invenire. D. vero, quod ab E. tono distat, vel per octavam E. Z. addita nona, vel per dimidiam A. Z. addita tertia, seu per duplicationem alterius D. Z. Deinde C. quod semitonio distat a D. sive per tertiam F. Z. quarta apposita, sive per dimidiam G. Z. addita tertia, seu per duplicationem alterius C. Z. reperies. Sicque et hoc tetrachordum meson ab F. usque C. tonum tonum ac semitonium uti priora constat habere. Postea B. quod tono distat a C. in quarta totius parte monochordi positum occurrit, quamvis et aliter multimodis inveniri possit. A. vero, quod item tono differt a B. vel per octavam B. Z. nona superacuta, sive per tertiam D. Z. quarta juncta, seu per dimidiam E. Z. tertia ad acuta, seu per duplicationem alterius A. Z. quære. Exin G. quod semitonio distat ab A. vel tertia C. Z. quarta adjuncta, seu per duplicationem alterius G. Z. invenies, et hoc tetrachordum hypaton a C. usque in G. in tono tono ac semitonio, uti priora, consummabis. Adhuc restat tonus a C. usque in tertiam F. in quo secundum diapason finitur, et totius mensura monochordi in diatonico melorum genere plene perficitur. Sed ut hanc mensuram facilius possis memoria tenere, breviter universalem de supradictis regulam non gravemur subponere. Quicumque soni tono invicem respondent, sesquioctavo seu epogdoö eos intervallo secerne: id est, acutiorem seu breviorem chordam per octo æqua divide, et nona graviorem seu longiorem facias superare, ut minor octo portes, novem major obtineat.

Quicumque soni diatessaron symphonia invicem constant, in duobus tonis et semitonio epitrito seu sesquitertio distant intervallo, minor chorda tres partes, major quatuor habet. Quicumque soni diapente symphonia, id est, tribus tonis et semitonio concordant, hemiolia seu sescupla sive sesquialtera proportione differunt, minor quippe chorda duas partes, major obtinet tres. Quicumque soni diapason symphonia consonant, id est, quinque tonis et duobus semitoniis, distant diplasio, id est duplo constant, minor H. chorda duplicata majorem creat. In hac H. diapason symphonia septem variarum discrimina constant vocum. Octava eadem quæ et prima est: ideo etiam superius mensuram monochordi septenis tantum litteris in diatonico genere designantes notavimus. Sed si chromaticum genus et enarmonicum etiam mensurari volueris, in uno tetrachordo diatonici generis generaliter poteris doceri. Ad metiendum quippe chromaticum sume minimum et acutissimum in quolibet tetrachordo diatonici generis tonum, et eum in duo divide, sicque circinum in sequentem tonum majorem verte, sicque tria semitonia, facto signo, simul complectere, et duo reliqua semitonia ex tetrachordo lineis distingue.

Ad metiendum vero enarmonicum duos continuos diatonici generis tonos complectere, et sequens tantum semitonium in duo æqua, facta linea, distingue, et sic in omnibus tetrachordis diatonici generis duo haec genera metire

ITEM AD MONOCHORDUM REGULA.

Organalis mensura hoc exigit, ut infra finales tonus sit, supra ditonus, id est ab A. in G. quae hujusmodi disponitur. Inscribo A. in quocumque loco voluero, in fronte vel in medio monochordi, sed melius in medietate gravium et acutarum, et ab eodem A. facio quatuor passus ad dexteram in finem, et primus passus terminabit in D. reliqui vacant. Iterum ab eodem A. intendo ad finem tres passus, quorum primus terminabit in E. reliqui vacant. Remitto a fine in eamdem E. tres passus, quartum in B. intendo ab eadem B. in finem tres passus, et primus finit in F. reliqui vacant. Remitto a fine in idem F. tres passus, quartum in C. Intendo a C. in finem tres passus, et primus finit in C. Intendo a D. in finem quatuor passus, et primus terminabit in S. synemmenon, et finita est mensura.

MENSURA GUIDONIS
Ex Cod. Benedicto-Burano saec. XII. (1).

Cum primum a G. ad finem novem passibus monochordum partiris, primus passus terminabitur in A. secundus vacat, tertius in D. quartus vacat:

A quintus in a. superius, sextus in d. septimus in a. reliqui vacant.

Item cum ab A. ad finem novennis partiris, primus passus terminabitur in B, secundus vacat, tertius in E. quartus vacat. Quintus in quadrum ♮. Sextus in e. septimus in ♮. reliqui vacant.

Tunc a G. ad finem quaternis dividas, et primus terminabitur in C. secundus in G. tertius in g. quartus finit.

Similiter a C. quaternorum passuum ad finem, primus terminabitur in F. secundus in c. tertius in e. quartus finit.

Ab F. autem quaternorum passuum ad finem, primus terminabitur in b. rotundum, secundus in superius f. reliqui vacant.

A. b. rotundo ad finem duorum passuum prior terminabitur in excellens rotundum b. A. d. superiori in finem duorum passuum prior excellens a. vel. b.

Tunc demum fac a fine unum passum in rotundum superius b. Secundum passum retro in grave T. synemmenon, quod subjungendum est inter grave A. et grave B. et finita est.

(1) Vid. Pez. t. V. Anecd., p. 225.

OTKERI RATISBONENSIS
MONACHI ÆTATIS INCERTÆ
MENSURA QUADRIPARTITÆ FIGURÆ
Ex cod. Benedicto-Burano saec. XII.

Quidam Ratisbonensis monachus nomine Otkerus adinvenit hanc mensuram quadripartitam, et nominavit eam *Theorema troporum*, quod dicere possumus *cribrum Monochordi*. Nam in ea vides aperte, quomodo conveniunt omnes graves et omnes finales, et omnes superiores, ac omnes excellentes: et simul vides omnes species diatessaron et omnes species diapente, et quorsum cursus sit cujusque toni susum vel jusum. Quam mensuram sic debes disponere.

Partito unum latus monochordi in quatuor partes, spacio supra vel infra ad latus unius culmi, relicto, in quo utrinque litteras mensurae possis scribere. Et ita uno latere quadrifariam diviso mensura latus Guidonice, et punctis in summa linea cum litteris, et in ima linea eisdem punctis et litteris notatis, da singulas partes singulis authenticis tonis et suis plagalibus, scilicet summam partem da Tetrardo et ejus plagis, hoc est septimo tono et octavo. Ante penultimam partem da trito authentico et ejus discipulo, id est, quinto tono et sexto. Penul-

C timam partem deputa Deutero et ejus subjugali, hoc est tertio tono et quarto. Ultimam, id est, imam partem da Protae et ejus laterali, id est primo tono et secundo. Summae parti, quae est Tetrardi da nomen TE. ante penultimae parti da nomen TR. penultimae parti da nomen DE. ultimae parti da nomen PR.

Mensura Guidonice facta, et punctis superne et infra cum litteris positis, tunc pone regulam transversim a puncto in punctum et secundum haec monogramma incide incipiens a G. et quam partem debeas incidere, docet te hic cantus TE. TR. TE. TR. SY. id est, synemmenon. TE. DE. SE. id est, semitonium. TE. TR. TE. DE. PR. TE. TR. DE. PR. TE. TR. PR. TE. DE. PR. TE. TR. DE. PR. TE.
D TR. PR. SY. TE. DE. PR. SE. TE. TR. TE. SY. TR. DE. PR. SE. TR. SE. DE. PR. TE. TR. SE. PR. TE. DE. PR. TE. TR. DE. PR. TE. TR. PR. SE. PR. TR. DE. PR. PR.

Tunc metire ab gravi A. Triti ad finem novem passus, et primus passus y. y. (1)

(1) Caetera desunt, quae omnia distinctius explanantur in Musica S. Wilhelmi Hirsaugiensis quam infra dabimus.

MONOCHORDUM ENCHERIADIS

(Edidit D. Ravaisson, *Rapports sur les bibliothèques des départements de l'Ouest*, Append., p. 370.)

Monochordum Encheriadis constat in X et VIII cordis, ex quatuor videlicet gravibus et quatuor finalibus quatuorque mediis ac totidem excellentibus, adjunctis duabus superexcellentibus; componuntur ex tono et semitonio duobusque tonis. Hujus autem monocordi particio sic disponitur.

Primum totam tabulam per quatuor divide sectiones, quarum prima in sinistra magoda primæ gravis nomine titulatur. Secunda quarta gravis nominatur. Tercia autem quarta finalis dicitur. Et quarta terciæ excellentis vocabulo pollet. Iterum eamdem tabulam in novem divide, nonamque partem in sinistra protono constitue. Atque ipsa corda secunda gravis vocatur. Deinde a dextra magoda usque quartam gravem in VIII divide, nonamque inante porrectam pro tercia gravi accipe. Item usque ad eamdem quartam gravem per IX metieris. Et nona pars erit prima corda finalis, usque ipsam finalem per IX metiendo. Faciendo faciet nona pars II finalem in semitonio. Inde usque supradictam quartam finalem VIII partes disponens, nona in ante protensa, ostendit III finalem. Mox etiam ad ipsam quartam finalem per IX partieris, nonaque pars primam mediam demonstrabit. Hinc usque primam mediam per IX divide, et nona pars pandet secundam mediam in semitonio. Retro a quarta finali usque terciam jam dictam excellentem per medium divide, in C ipsoque meditullio terciam mediam constitue. Dehinc usque ad ipsam terciam mediam per IX metire, nonamque partem pro quarta media pone, et usque quartam mediam per IX dividendo, in nona parte primam excellentem constituito. Insuper ipsam primam excellentem per IX partieris, in parte nona fiet secunda excellens. Usque terciam vero supradictam per IX metiens, nona pars monstrabit quartam excellentem. Per novem bis multiplica, et in fine ultimos excellentes multiplica : prima gravis, secunda gravis, tercia gravis, quarta gravis ; prima finalis, secunda finalis, tercia finalis, quarta finalis; prima media, secunda media, tercia media, quarta media ; prima excellens, secunda excellens, tercia excellens, quarta excellens, superexcellentes duæ. Prima finalis inclinum S. ad caput ita S; Secunda finalis E versum ad caput ita E; tercia iota simplex et inclinum ita I; quarta finalis E dimidium ad caput ita E. Graves retroversi finales ita..... Superiores demissi capita finales ita...... Excellentes demissi capita graves ita......, excepto trito qui in gravibus notam habet II, inclinum. In superioribus H versum et inclinum....... in excellentibus iota perfixum † Duo residui signa habent jacentis proti et deuteri. Sunt omnes XXVIII, quo videlicet singuli extremam suam symphoniam attingant, id est XV sonum.

CIRCA AN. M.

A. CIVIS SPIRENSIS
EPISTOLA

AD HERIBERTUM COLONIENSEM ARCHIEPISCOPUM

Adversus præproperas peccatorum absolutiones.

(Edidit Marten. Ampl. Collect. I, 357.)

Nobilissimæ sedis archiepiscopo nobiliori H. A. inquilinus civis ex urbe Spiræ summam felicitatis æternæ (1).

Novi quosdam vestri ordinis, et quidem satis probos atque eruditos, qui quoties in ecclesiis suis populo Dei triticum spirituale distribuunt, expletis omnibus quæ ad fructum sanctæ ædificationis pertinere intelligunt, manus sursum levare et peccata sua confiteri jubent, quo facto, confestim absolutionem et remissionem eorum omnium illis tribuunt tanta facilitate, quanta forsitan de pecunia propria obolos tres nollent cuique relaxare. Hoc itaque audientes, nonnulli fratrum, qui ex divino munere aliquantam sacræ Scripturæ facultatem habent, et Vitæ S. Heriberti, cui proinde scriptam existimavimus.

(1) Hanc epistolam in vetustissimo codice Tuitiensis monasterii prope Coloniam reperimus ad calcem

tamen propter reverentiam obloqui nihil audent, vehementer scandalizantur, scientes rem prorsus illicitam fieri, quæ nulla sanctorum Patrum auctoritate possit defendi, et ad internecionem imperitæ multitudinis laqueus diabolicus sit, existimantis se nec confessione postea indigere, sed omnia crimina sua tanquam denuo baptizatis, dimissa sibi esse, acceptaque hac mortifera securitate, non pericula animarum suarum incurrunt, et iterare flagitia sua vel graviora addere pro nihilo ducunt : quippe quæ iterum atque iterum tam facile ignoscenda sibi esse confidunt.

Vides itaque, domine mi, quam late pateat hoc malum, quod nefarium, quod plenum blasphemiæ et omnino illicitum esse evangelica tuba intonante, toto mundo ostenditur. *Quis enim potest peccata dimittere nisi solus Deus ?* cui nimirum dicit omnis homo veraciter : *Tibi soli peccavi*. Putant autem se hanc potestatem accepisse in eo quod dixit Dominus discipulis suis : *Quæcunque ligaveritis super terram, erunt ligata et in cœlis, et quæcunque solveritis super,terram, erunt soluta et in cœlis*. Sed hoc sancti doctores nostri ad officium dispensationis, non ad jus potestatis pertinere volunt, ut quod ante tribunal divini examinis de actibus humanis invisibiliter decernitur, hoc ipse velut quidam mortalis Deus, apud homines visibili quadam specie exsequatur. Dictos quippe Deos esse sacerdotes quisquis sacras litteras scrutatur non ignorat; sed et ista Ecclesia terrestris beatæ illius civitatis imaginem quamdam gerit, ut quisquis ab illa ob immanitatem alicujus sceleris exsulaverit, idem ab hac tanquam leprosus extra castra separandus sit; cumque per modum legitimæ satisfactionis illuc rediisse videbitur, tunc per sacerdotale ministerium quasi mundatus huic redintegratur. Denique sacerdotes Testamenti Veteris non mundabant leprosos, sed mundatos in templum inducebant. Qua ergo tenuitate [*f.*, temeritate] sacerdotes Novi Testamenti lepram spiritualem mundare se profitentur ? Quem unquam sanctorum inveniunt cuique peccatori dixisse : Ego tibi dimitto peccata tua, ac non potius communicatis jejuniis et orationibus, id eis quibus subvenire volebant a Domino impetrasse; quod legimus in ecclesiastica Historia fecisse Joannem apostolum pro juvene illo, quem a latrocinio revocatum, Christo iterum parturiebat. Sed et ipse Filius hominis habens potestatem in terra dimittendi peccata, devitata personæ suæ expressione, non ait : Remitto tibi peccata tua, sed quasi verecunde : *Homo*, inquit, *remittuntur tibi peccata tua*. Noverat plane paralyticum illum longo atque acerbissimo dolore purgatum indulgentiam mereri, sicut et illum qui xxx et vm annos in infirmitate habentem in probatica piscina, Evangelio testante, curavit. Et audent filii hominum aliena peccata ignota atque indiscussa dimittere, quorum neque ipsi conscii sunt, neque pœnitentiæ testes existunt. Nonne hoc est quod de fallacibus prophetis per prophetam suum Dominus conqueritur dicens : *Mortificant animas quæ non moriuntur, et vivificant animas quæ non vivunt*. Quo ergo ordine potestas ista administrari debeat, per prophetam alium evidenter pronuntiat : *Probatorem*, inquit, *dedi te in populo meo robustum, et scies et probabis vias eorum*. Probandi utique sunt gressus singulorum, qualiter incesserint per viam morum, et antequam proferatur humanum judicium, quorsum vergat divina sententia vigilanter intuendum est. Denique Lazarus prius est a Domino vivificatus, et postea a discipulis solutus; quem si ante vocem Domini solvissent, ille nihilominus insensibilis, fetidus jaceret. Ita nempe examinis anima prius excitetur, evocante Domino ab inferis peccatorem, et sic absolvatur ministerio sacerdotum. Quisquis aliter agit, certum est nihil illum alii proficere, sibi vero plurimum obesse; quia sicut ait B. Gregorius, *ipsa ligandi atque solvendi potestate se privat, qui hanc pro suis voluntatibus, et non pro subjectorum meritis exerceat*.

Considerandum itaque est juxta regulam sanctorum Patrum quæ culpa præcesserit, quæ satisfactio sit secuta, habitaque sagaci discretione, tum demum timide atque humiliter potestas officii est adhibenda, nec ita dicendum : « Dimittat tibi Dominus peccata tua, et ego tibi dimitto, » nisi forte familiaris sit injuria, quæ sacerdoti ipsi a reo sit illata. De tali utique peccato fidenter dicere potest : « Indulgeat tibi Dominus et ego. » Sed quemadmodum nemo ita justus, nemo ita sanctus est, ut dicere ipse præsumat : « Ego justus sum, ego sum sanctus, » sic et multo magis cavenda est hæc blasphemia in Spiritum sanctum, cujus proprium opus est remissio peccatorum, ne quisque homo homini dicere audeat (2) : « Ego peccata tua dimitto. » Si enim hoc potest, potest consequenter illud dicere : « Ego te justifico ; » et non de solo Deo dicemus, Deus qui justificat impium : quod tam impium est corde cogitare quam sacrilegum ore proferre.

Poterant autem qui hujusmodi sunt, et hanc calumniam facile devitare, et cætera omnia multo simplicius agere, si venerabilium doctorum quorum sermones fructuosos quotidie audiunt, imitari exempla vellent. Illi enim cum ad verbi divini tractatum se expediebant, primo omnium attentionem audientium blanda et benevola allocutione præformabant, deinde ingressi evangelicam sive apostolicam seu etiam propheticam explanationem, pro captu popularis intelligentiæ mysticorum sensuum caliginem dilucidare studebant, atque inter omnia terrorem incutere peccatori. Per confessionem vero et pœnitentiam veniam polliceri, justum ad melius exhortari, tum de instabilitate rerum præsentium, de brevitate atque incertitudine hujus vitæ, de futuri examinis severitate, postremo de ineffabili beatitudine sanctorum, de infelicissima damnatione im-

---

(2) Ex tota hujus epistolæ serie apparet, auctorem *illius* aliam non admisisse absolutionis in sacramento pœnitentiæ formulam, nisi deprecatoriam.

piorum. De his ac talibus catholici prædicatores-nostri alii latius et suavius, alii angustius et austerius, prout singulis gratia divina largita est, sermones ecclesiasticos texuerunt. Has vero nescio quas novas absolutiones, quas verius dicimus publicas deceptiones, nec in litteris eorum reperimus, nec fecisse eos credimus, nisi uno illo die, quo communionem ecclesiasticam more antiquitus instituto pœnitentibus reddebant. Audacter hoc, sed fideliter et nullo modo arroganter majestati vestræ scribendum esse putavi, sciens per auctoritatis vestræ gladium nascentem et adhuc latentem istam hæresim posse levius resecari, quoniam omnis sententia apud multos tantum habet ponderis quantum est persona proferens potentiæ sæcularis. At vero prudentia vestra nequaquam ita sentit, neque rationem pensat ex fortuna hominis, sed hominem metitur ex momento rationis. Deus omnipotens augeat vobis facultatem intelligendi et exsequendi suam voluntatem.

CIRCA AN. MLVII.

MONACHI CUJUSDAM
EPISTOLA.

AD ODERICUM ABBATEM MONASTERII VINDOCINENSIS.

De Haymonis Homiliario (1).

(Apud MABILL., Annal. Bened., lib. LXI, tom. IV, p. 574.)

Domno suo abbati O. frater R. orationes in Christo.

Pater charissime, scire vos volumus quod codicem de quo audivistis, pretio magno a Martino, qui est modo præsul, comitissa emit. Una vice libri causa centum oves illi dedit; altera vice causa ipsius libri unum modium frumenti, et alterum sigalis, et tertium de milio. Iterum hac eadem causa centum oves; altera vice quasdam pelles martirinas. Cumque separavit se a comite, quatuor libratas, ovium emendi causa, ab illa accepit. Postquam autem requisivit denarios, ille conqueri cœpit de libro. Illa statim dimisit illi quod sibi debebat.

(1) Hæc epistola, tametsi in speciem non magni momenti, hic referenda videtur, ex qua nimirum intelligitur quanti tunc temporis constarent libri quantique hoc Homiliarium haberetur.

CONGREGATIONIS S. ALBINI ANDEGAVENSIS
EPISTOLA
AD P. PAPÆ NEPOTEM

Conqueritur de injustitia legati apostolici in causa ecclesiæ S. Clementis de Credonio (1).

(MARTEN. Anecdot. 1, 201.)

Domno P. papæ nepoti congregatio S. Albini.

Quam diligenter, D. vir nobilissime, domnus G. [Gerardus], Ostiensis episcopus, jussui apostolico obedierit, dignitati vestræ non minimum solliciti fuimus intimare. Certe D. papa, nisi nos fefellit memoria, sagacitate vestra interveniente, jusserat quod si legatorum pars Romam, aliis revertentibus, jerat, tempestive rediret ille, causam nostram in subtili indagatione examinatam justo fine determinaret: quod si fieri nequisset, scilicet mora prædictæ partis diutius tardantis impediente, vel rei veritatem testimonio exploratam sibi renuntiaret. Ille igitur, litteris apostolicis perlectis, legato nostro nihil certitudinis prius respondit. Postea vero patriam nostram ingressus, Turonisque plures dies demoratus, causam nostram etiam obscuratus au-

(1) Acta controversiæ quæ inter monachos S. Albini Andegavensis et Vindocinensis de ecclesia S. Clementis de Credonio agitata est, edidit V. C. Stephanus Baluzius in Miscellaneorum lib. II, ad quam respicit hæc epistola.

dire nolens, extra fines nostros sequi se nos admonuit, dicens se narrationem nostram auditurum Vindocino vel apud Carnotum. Uterque locus nobis nimium contrarius. Hinc quod undique imminentibus insidiis hostium, tam munerum quam personarum tali quæstioni congruentium, copiam illuc conducere nobis vel impossibile stabat vel difficillimum. Inde quod adversariis aderat facultas, sicuti dominis sive domesticis illius regionis, tam pecuniæ ad animos judicum corrumpendos, quam amicorum ad ipsam justitiam magis garrulitate impudenti, quam facundia laudabili pervertendam astutorum. Quid ergo? Vix cum paucis suffragiis, Vindocino præterito, Carnotum ingressi, in curia pontificis A. [Artaldi] Vindocinensium quondam monachi multis personis tam sub monachali, quam sub clericali habitu degentibus, ipso G. narrationem cum contrariis nullius opposita objicientibus ponderis habuimus, qua bis aut amplius duos dies dilucidissime perorata, cunctis præter eorum fautores susurrantibus, seu aperte affirmantibus S. Albinum causam habere justissimam et honestissimam : illos vero e contrario. Nos expectantes sententias judicum ex auctoritate canonum et cardinalis definitionem juxta papæ præceptum, nulla eum impediente repugnantia, excepto Carnotensium episcopo, homine, ut dicunt, versutiarum magistro; ex conventu ipse cardinalis et prædictus A. in quoddam diversorium consulendi gratia conduxerunt. Nobis autem possessionem ecclesiæ jure hæreditario stabilem propter pecuniam numeratam renuentibus ex petitione eorum alienari, asseruit cardinalis se nihil causæ impositurum definitionis in sessione præsenti, jubens secum ire ad aliud concilium Parisius post paucos dies adfuturum. Nos vero in ipso itinere arripiens, cuique singulatim capere nummos suadendo, quantum precum, quantum minarum, nunc blandiendo, nunc deterrendo consumpsit, in epistola scribi non potuit : Vel inde lux clarius apparuit eum magis paratum partes eorum specialiter defendere, quam inter partes æquanimiter judicare, cum leges sæculares prohibent quem defensorem simul esse et judicem. Parisius etiam multum et a multis..... xatus coram.... episcopisque pluribus qui aderant, ut finem labori nostro daret, testibus nostris præsentibus, jus nostrum affirmare paratis, cum nimia ira nihil profuturos respondens, ad illud nescio quod consilium in alienis partibus affuturum invitavit; ita tamen quod si nec illi quæstio finiretur, Romam item repeteremus. Impedimentis nos non posse tres hebdomadas jam secum demotos pluribus palam ostensis, excipere necessitatem noluit.

Quid plura? Gaudium ab apostolica majestate vestra adeptum benignitate, vertitur in mœrorem. Quam aspere, imo quam crudeliter nos deterruit, exasperavit, cum quibusdam publice contendit, opprobrium fecit, et in absconso sæpe jus facturum, si Romanam synodum expeteremus, promisit. Quam inhoneste Frotmundum bene vobis notum, ex hospitio suo ipse pulsando manibus suis expulit? Fastidium vobis fieri metuentes, quippe homini de tantis rebus tractanti non fuimus ausi, justitiæ adipiscendæ omnem spem prorsus abscidit. Nos igitur tristitia constrictos redeuntes episcopus A. arripiens ducentas libras propter ecclesiam contra canonum interdicta multis precibus persuasit. Heu tristes in capitolio suo fuga justitiæ compellente annuimus. Insuper ab abbate nostro extorsit, quod illam conventionem in capitulo suo Andecavis monachis suis faceret confirmari : qua de re nondum consensu congregationis S. Albini audito, chartam contra consuetudinem fieri Carnoto præcepit. Noster igitur abbas, priore suo absente, nec vocatis decanis, nec viris majoris intelligentiæ et ætatis, minorem partem, quæ præsens inerat in capitulo, suo sensu vel ætate puerilem conventioni annuere coegit, quibusdam aperte repugnantibus, cunctis pene clamantibus, se invitos, se coactos, tali concordare pacto. Unde inter nos exarsit contentio pejor quam civilis seditio, ac propter hoc præsens malum noveritis hinc germinare non parvum Ecclesiæ inantea detrimentum. Nam nulli ecclesiæ ministri auctoritatem ex apostolico legato retinentes, vendere aut donare amplius verebuntur, parvipendentes calumniam pauperum ab hæreditate ecclesiastica stipem exspectantium. Et hoc pro certo sciatis, nullum deinceps, audito causæ nostræ fine, Romam petiturum causa justitiæ. In ore enim omnium volvitur illud proverbium Jugurtinum : Romam venalem esse, si emptorem invenerit, et omnes Roma discedentes. Quare, vir prudentissime, tanti morbi pullulationi resistite, ne rata remaneat elaborate. Hoc apostolici vigilantiæ suggerite, ut ad nihilum redigatur.

ANONYMI FISCANNENSIS

LIBELLUS

DE REVELATIONE, ÆDIFICATIONE ET AUCTORITATE FISCANNENSIS MONASTERII.

(R. P. Art. DU MONSTIER, *Neustria Pia*, Rothomagi, 1663, p. 193.)

ADMONITIO PRÆVIA.

Quidam opinati sunt abbatiam Fiscannensem ex recentioribus esse quæ sub finem secundæ stirpis regum

Francorum initium sumpsere; at quam longe aberraverint, inde clarius patebit quod eadem abbatia, prius esset monasterium sanctimonialium, construi cœptum a B. Waningo, viro illustrissimo tempore S. Audoeni Rothomagensis archiepiscopi, et D. Wandregisili, Fontanellensis abbatis, circa annum Christi 662. Verum ut debitus ordo, in compluribus hujusce inclytæ abbatiæ monimentis mox à nobis producendis, servetur, operæ pretium est dignumque in primis judicavimus, opusculum vetus ms. venerandæ antiquitatis, simul et historicæ veritatis schediasma peroptimum, in lucem nunc edendum et scholiis quibusdam illustrandum, quo tota rei historicæ series comprobaretur ac fulciretur, animusque Benigni lectoris haud parum juvaretur. Exstat autem Fiscani apud D. Nicolaum de *Marseilles*, hujusce abbatiæ infirmarium, monachum.

INCIPIT PROLOGUS

Incipit libellus de revelatione et auctoritate Fiscannensis monasterii; in quo quidem libello invenire potes, si sedulo legas, qualiter ædificata et dedicata fuit, dicta Fiscannensis ecclesia, in nomine sanctæ et individuæ Trinitatis.

Libellum de revelatione, ædificatione, et auctoritate Fiscannensis monasterii, Pater inclyte Guillelme, composui, et compositum tuæ dilectionis sincero judicio, corrigendum et confirmandum destinavi, quatenus tuæ celsitudinis assensus, et libellum edere præcipiat, et edito libello pondus et auctoritatem concedat. Ego quidem, Pater inclyte, ignorantiam meam maluissem tanto silentio tegere, quam alicujus scripturæ præsumenti judicio publicare; sed, fratrum nostrorum jussione instanti et instantia jubenti, compellitur noster animus possibilitatem excedere, suamque justitiam multorum aspectibus hominum improvisus aperire. Compellitur, inquam, noster animus suam ignorare ignorantiam, et nostrorum fratrum roganti imperio exhibere obedientiam; cui exhibendæ, et mentis judicium nullatenus acquiescit, et propositi verecundia omnino contradicit. Verum, cùm obedientia sancta, nullum opus difficile vel impossibile excuset, aut excusare debeat, diu cunctans multarumque procrastinationum inducias fingens, urgente fraternæ dilectionis continua jussione, onus tandem imperatum suscepi, et Fiscannensis monasterii exordia, libelli subsequentis, agresti et ignobili stylo, aperui et exposui; in quo libello nulla falsa fallaciter interposui, verum sacras historias, antiquorum virorum fideli narratione cognitas, suorumque posterorum tenacis memoriæ sinu custoditas et nostris temporibus succedentium virorum diligenti relatione illatas scripsi, et scriptas, ad auctoritatem Fiscannensis ecclesiæ et ad utilitatem legentium fratrum edidi. Hujus igitur libelli principium, non omnium, sed paucorum, rationabilium relatorum auctoritatem secutus, miraculum de cervo proposui, et juxta chronicarum exquisitam diligentiam, ducis Ansegisi primam fuisse revelationem constitui. Quod vero ab ipso antiquo exordio, non gloriosæ et incontaminatæ virginis Mariæ, ut quidam volunt, sed sanctæ et individuæ Trinitatis titulo, insignitam fuisse Fiscannensem ecclesiam prosecutus sum. Ratio fuit quatenus rem ambiguam, in illam declinarem sententiam, quæ nullius falsitatis consequeretur ignominiam. Omnis enim ecclesia, licet illius, vel istius distinguatur titulo sancti, principaliter fundatur, constituitur, dedicatur, sub nomine et patrocinio sanctæ et individuæ Trinitatis.

Explicit prologus.

INCIPIT TRACTATUS

Postquam summæ deitatis ineffabilis Trinitas, suæ clementiæ arcano consilio, humanam naturam liberare, antiqui serpentis virulentas persuasiones publicare disposuit, cujusdam virginis corporis incontaminati partem incontaminatam, excluso virili opere, inenarrabiliter tulit, quam, humanæ speciei compagine divinitus conformatam, rationali anima, ubertate totius cœlestis gratiæ fecundata vivificans, in perfecti hominis substantiam composuit et expolivit. Istum ergo, ex incorruptæ Virginis utero, hominem sine homine, tota quidem sancta et incommutabilis Trinitas composuit, sanctificavit; verum Verbi solius sublimitas, suæ proprietatis personam personaliter sociavit et conjunxit (1). Oportebat enim duabus personis obedire unam, quæ suæ humilitatis exemplo, creaturas informaret, qualiter inferiores suo Creatori obedirent, cum ab æquali, æqualibus tantæ obedientiam humilitatis exhiberi cognoscerent. Hujus autem humilitatis officium, quasi cujusdam dilectionis privilegio, Filius Dei exigebat Deo, quatenus reconciliaret homines, factus homo, quos sua et virtute et sapientia creaverat ex nihilo. Suæ igitur dilectionis dulcedinem dulcedinis exuberantiam, exuberantiæ magnitudinem misericorditer hominibus manifestam, Dei Verbum efficitur caro, concipitur ex illibatæ virginis utero, progreditur de suo thalamo, non Deum convertens in hominem, verum incommutabili Deo personaliter conjungens hominem, Dei et hominum benignum constituens. Ergo Christus, perfectus homo, suæ

(1) Caute hæc legenda.

majestatis exinanivit formam suorum, servorum induit naturam, induit infirmitatem, quatenus redimendis hominibus facilius praedicaret peccatorum indulgentiam, probabilius suaderet conversionis et reversionis utilitatem, quorum naturae et infirmitati, divinae sublimitatis nequaquam dedignabatur conjungere formam. Poterat plane multis aliis modis Satanam damnare, suas tergiversantes insidias, insidiantes tergiversutias excludere, aut imperans nutu solo, aut angelorum utens obsequio; verum ostendenda videbatur hominibus reversionis via, quatenus potentiam praecederet patientia, et patientia consequeretur potentiam.

Clemens igitur Deus, secreta providentia per hominem hominibus consulens, de humilitate superbiam, de morte damnavit mortem, originalis noxae maledictionem conculcans, novae gratiae benedictionem, sui sanguinis effusione, renatis fidelibus clementer impertiens. Ad istius incomprehensibilis gratiae solemnis convivii jucunditatem summae Trinitatis ineffabilis benignitas convivas convocavit, convocari constituit, quorum avidas mentes coelestibus epulis abundanter satiaret, suosque torrentis delectabili poculo debriaret. Diriguntur ergo electi discipuli per orbem universum, coelestis thesauri bajulatores, beatitudinis redditae annuntiatores, promissae gratiae nuntii fideles. Praedicatur charitatis nimietas, incarnationis humilitas, passionis tolerata silenter crudelitas, mortis suscepta gratulanter asperitas. Praedicatur, inquam, conversis peccatoribus, peccatorum perfecta donanda remissio, veteris vitae adhibenda correctio, novae vitae aedificanda constructio; publicantur daemonum falsitates, famulantium daemonibus convincuntur errores. Coelestium nubium voluntarium imbrem miraculorum comitante copiosae coruscationes, quibus validae idololatriae famulantia comminuuntur, et Christo militantia corda corroborantur, et sublevantur. Imbribus ergo coelestis gratiae, totius mundi cultura fecundatur, antiqua veprium proterva asperitas exstirpatur et succiditur; laetae prorumpunt segetis flores, sacris colliguntur horreis beatae sationis maturatae messes. Promissi temporis completa plenitudo, cunctarum deliciis divitiarum caelestis sacramenti nuptias ditat, quibus sponso omnium rerum speciosissimo thalamis spiritualibus copulatur Ecclesia, immaculata virgo. Ergo invitatae conveniunt cunctarum gentium nationes et coelestis sponsi convivio concinunt coelestis harmoniae suavitates. Regalia atria complentur ordinibus discumbentium, quorum intentio, perennis aulae gaudiis sublimata, obliviscitur temporalium voluptatum. In tympano igitur et choro, in cithara et psalterio, in chordis et organo consonant coelestes paranymphi, quorum continuae laudis modulata symphonia, totus congregatur mundus, supernae curiae conciliatur chorus angelorum.

Caput primum. — *Hic explicit quare sanctorum basilicae aedificantur.*

Cernens ergo incorruptae Trinitatis sublimis divinitas suae gratiae populum divinis laudibus assistere, temporalium rerum negotia contemnere, imperat aedificari sacras aedes, quas terrenis negotiis claudi et solis suis laudatoribus constituit aperiri. Aedificantur ergo templa sacra, templorum sacrorum aedificia gloriosa, quibus ecclesiastica sacramenta religiosius celebrentur, legalium Scripturarum mysteria revelentur, sanctorum Evangeliorum sententiae recitentur et audiantur. Consurgunt beatorum populorum sanctae basilicae spiritualibus officiis consecratae, quas summi Imperatoris aeterna providentia sublimium virorum nominibus insigniri ac titulis constituit appellari: Sanctis igitur ecclesiis sanctis hominibus consecratis, sancti homines exorantur et venerantur; et solus Deus colitur et adoratur. Suis igitur locis BB. apostoli, martyres et confessores, necnon gloriosae virgines, suas basilicas sortiuntur, sortitis commorantur, quibus concurrentium devotiones aspiciant, orationes exaudiant, postulata beneficia misericorditer impendant.

Cap. II. — *Quomodo vallem Fiscannensem suo nomini consecrandam elegit Deus.*

Constructis igitur et consecratis sanctis summae hominibus venerationis habitaculis, ratio exigebat quatenus trino et uni Deo, rerum omnium Creatori potentissimo, caeteris gloriosius aedificaretur templum, quod sui nominis regali privilegio insigniret, et suae singularis celsitudinis praesentia exornaret ac custodiret. Tanti igitur imperatoris habitaculo, Galliarum maritimae fines eliguntur, qua Calciacensis provincia respiciens laeva, Sequana octo millibus distante, voracitati occidentalis Oceani, quodam eminenti promontorio, duorum fluviolorum exponit aquas. Ibi ergo eligitur Calciacensis provinciae Fiscannus, vallis maritima, quae, et silvarum et veprium densitate obscura, et ingentium supereminenti extollentia circummunita, non rerum Creatori habitaculum, verum feris et marinis latronibus credebatur praebere latibulum. O divinae majestatis humilitatem maximam! O humilitatis maximae imaginem mortalibus proponendam! non civitas, non ager cultus; sed tanti tituli speciali privilegio, quaedam vallis opaca et horrenda insignitur Fiscannus. Quaeritur cujus revelationis verba aut miraculorum signa claruerint, quibus aeterna et incommutabilis Trinitas praedictum locum suo servitio segregari et sui nominis oraculo judicaverit honorari. Quaestionis solutionem propositae crebra antiquorum nostrorum relatione cognovimus, cognitamque styli sequentis diligentia enucleare curavimus.

Cap. III. — *De duce Ansegiso.*

Virorum igitur fideli narratione cognovimus Ansegisum ducem Gallis antiquitus imperasse, quem nobilium actuum strenuitas praeclara exterius mundo, et multae religionis virtus inclyta interius commendabat Deo. Barbarorum quippe acies horrendas et incursiones truculentas audaci gladio Gallorum finibus arcebat, et, subjectas provincias pace continens securas, justitiæ laudibus commendabat et morum sanctitate exornabat. Non ejus ambitione suo regno adjacentia regna marcebant aut vastabantur; verum suæ virtutis consilio vigebant et pacificabantur. Nullius avaritiæ clandestinis consiliis provinciales suos hostiliter exspoliabat, sed suæ facultatis opibus suorum procerum divitias regaliter ampliabat; pauperum vero indigentias misericorditer sustentabat. Tantorum igitur meritorum viro Fiscannensis ecclesiæ primæ revelationis argumenta conceduntur, primorum argumentorum revelationes manifestantur. Prædictus enim dux in mundo, velut extra mundum, cujusdam theoriæ prærogativa, constitutus, non commissa regni gloria pascebatur, verum cœlestis imperii manentes opulentias meditabatur, quarum dulcedinis gratia rerum temporalium negotia invitus tractabat, voluntarius declinabat, et multo venandi studio vacans, silvarum solitudine delectabatur, et frequentis occasione laboris exercebatur. Quocirca Calciacensis provinciæ partem maritimam frequentabat, quæ, annosis nemoribus copiosa, diversis ferarum generibus præbebat latibula.

CAP. IV. — *De contractis canibus et equis.*

Quadam igitur die dux Ansegisus, solito maturus consurgens, suos venatores convocavit, canes copulari disposuit, plagas, venabula cæteraque venandi instrumenta ad saltum Fiscannensium, imas valles et arduos montes comportari præcepit. Jussis igitur sui domini venatores obaudiunt, canes convocant, silvarum latebras jussarum intrant, tendunt retia, custodes adhibent, explorata et implorata loca summa diligentia perlustrant. Tandem duci, et suis venatoribus, magno labore et multo inveniendi desiderio æstuantibus et anhelantibus, miræ magnitudinis occurrit cervus: qui, niveo corpore totus candidus, nullius varietatis macula distinguebatur. Protinus obstupescentium venatorum clamore maximo, et irruentium canum latratu dissono sublimia æris spatia complentur, et respondentes nemorosi colles clamore feruntur: Absolvuntur canes omnibus copulis, dimissisque habenis totis viribus admittuntur equi. Verum speciosus cervus, omnipotenti patrono tutus, persequentium sævitiam facile illudebat; et opposita retia aut transilibat, aut sui violentia pectoris illæsus dissolvebat. Ergo frustra canum incitatur sagacitas, equorumve calcaribus crebris velocitas exigitur, aut nimbus telorum ingens prosequitur. Cervus enim, non divertendo discurrens, aut discurrendo divertens, lento passu tranquillus incedebat, et ad locum sui propositi suos persecutores fideliter adducebat. Tandem itaque præfatam venerat ad vallem, ad vallis partem ubi æterna et incommutabilis Trinitas futuram sui nominis titulo disponebat aram. Illuc igitur perveniens substitit,

atque demissis cornibus, suo genere, cujusdam benignitatis vultum prætendens, securus suos persecutores respexit. Ibi circumlatrantes innocentem nocentes canes ultio consequitur divina, eorumque omnia membra contrahens, cunctarum virium petulantia festinanter privat. Videres alios non latrare hiantes; alios emissam linguam non reducere; alios irruentes immobiles remanere. Tanti igitur miraculi spectaculo conveniunt dux et venatores sui, et pede flagrantes, cupiditatem feræ velut captæ congratulantur ex imo. Mira res! repentina ultio ducem suosque venatores corripuit, eorumque equorum omnia membra contraxit, et canum similitudine, cunctis viribus exspoliavit. Quod miraculi signum, aut signi miraculum maximus heros cernens, latentisque sacramenti silentium mentis vivacitate contemplans: «Cessate, exclamat, cessate, venatores mei, non cervum, sed summi Dei nuntium agitare, vel persequi! Cervus iste, inquit, candidus, designat nobis locum propositum, et loci propositi aliquem summæ virtutis habitatorem et patronum. Quapropter equis nostris festinantes descendite, potentissimumque omniumque rerum Creatorem devotione supplici exorate, quatenus ignorantiæ nostræ manifestare dignetur quæ tantæ formalitatis cervo, insolitæ rei evidentia significari conspicimus. Descendentes igitur, prosternuntur humiliter solo, prostratique reverenter supplicant rerum Dominatori potentissimo. Qui eorum suspiciens devotionem, præsentis miraculi patefecit significationem, et suis equis et canibus restituit pristinam sanitatem. Nam cum, finita oratione, surgerent et oculos ad cervum studiose reducerent, cervus demisso capite, ad similitudinem sphæræ in eodem loco circuitum edidit, tacito motu innuens illic, illi nomine, ædificandum habitaculum, qui suæ magnitudinis potentia orbem administraret universum. Quo facto cervus evanuit, circumstantium notante nullo utrum sursum ascenderit, aut terram intraverit, aut aliter alias declinaverit. Dux igitur exsultans, præsentisque miraculi significationem cognoscens, divinæ providentiæ gratias reddidit; ramos arborum concidi concisaque præcepit comportari, et quamdam ecclesiæ imaginem viminibus et ramis proposito cervi loco festinus compaginavit, constituens animo se maturius ædificaturum ibi trino et uni Deo operosæ magnitudinis oratorium. Verum, Deo aliter disponente, regique alii tanti operis gloriam disponente, dux Ansegisus hominem exuit, et, labentibus multis temporibus, prænominatus locus, incultus perseverans, ignotus et inhonoratus mansit.

ADNOTATIO.

Quis, aut qualis fuerit iste dux Ansegisus, præcise non exprimitur, nisi ad Trithemium et alios, priscorum Gallorum regum et principum genealogias interminatas oculos deflexeris; quos lubens pertranseo (2). Quantum vero spectat ad cervum, miro

---

(2) Trithemius de origine et regib. Francor.; Annius Viterbiensis, ibid.; Charronus in Histor. universal. Gall.; Wasseburgius in Antiquit. Gall. Belgic.

facti ordine, eidem duci Ansegiso apparentem, nil insolitum, nec novum, cum BB. Eustachio, Huberto, etc., simillima, imo et longe ampliora evenerint. Quæ erudite discutit ac percurrit Joannes Roberti (3), post S. Joannem Damascenum, lib. III De imaginibus.

Cap. V. — *De B. Vaningo, et quomodo fuit a febre correptus.*

Multorum igitur profluxerant temporum dies, et dignus inveniebatur nullus qui aut significatum oraculum ædificaret, aut cui summæ clementiæ ineffabilis Trinitas ædificandi significationem declararet. Exspectabat enim divinæ providentiæ celsitudo virum, quem, carnalis desiderii carcere liberum, sancto Spiritui consecraret et custodiret templum delectabile. Oportebat quippe hominem, spirituale templum Dei, ædificare Deo corporale templum, qui sui interioris considerata imagine conciperet qualiter exterius rerum universarum Creatori templum ordinare et ædificare deberet. Quocirca tandem tantæ deliberationis ædificando oraculo sanctus et gloriosus confessor Vaningus eligitur, electusque monetur. Cujus nobilium actuum excellentiam Galli proceres admirabantur, et coelestium morum gratiæ coelestis curia congratulabatur. Possidebat enim quod non multi, verum divites pauci possidere solent, æternorum desiderium et affluentiam temporalium bonorum; quorum clementi expensa nullorum respiciebat, aut favorem, aut retributionem mortalium. Talium igitur meritorum gratia, et Deo amicus, et mundo clarus et regi Lothario habebatur familiaris et secretaneus. Lotharius enim rex B. Vaningo regni sui partem maximam commendaverat; nihilominus etiam, in totius summa ordinanda vel administranda, B. viri prudens consilium sequebatur et audiebat. Commendaverat, inquam, B. Vaningo rex Lotharius provinciam Calciacensem, quæ, ob antiquarum silvarum abundantiam et ferarum diversarum venationem jucundam, valles diligebat nullisque, nisi familiari et fideli committere rationabiliter judicabat. Commissas igitur silvas fideliter custodiens B. Vaningus, frequenter visitabat, visitando perlustrabat; non tantum capiendarum ludo aut capturum ferarum lucro gaudens quantum carnalium tumultuum refrigerationem, umbræ silvarum, solitudine quærens. Tali itaque studio commodiores Fiscannenses saltus judicabat, judicando frequentabat, ignorans ducis Ansegisi revelationem præteritam, sancti loci manifestationem et futuri oraculi reverentiam observandam. Loco enim sancto S. Vaningus reverentiam nullam exhibebat, verum ibi frequentes canes copulabat, aut retia tendebat, vel agitabat fugientes feras, vel suis privabat exuviis captas. Quam prævaricationem nimiæ juris ignorantiæ corrigendam divina sublimitas miserata, sanctum corripuit virum, et complendi miraculi manifestum dedit indicium.

Ingentium quippe febrium virum sanctum repen-

(3) In Historia S. Huberti part. III, quæst. 5.

tinus ardor invasit; qui, totius corporis compagem labefacians cunctisque viribus membra omnia inclementer privans, auferre vitam et mortem minabatur inducere præsentem. Ingravescente ergo molestia, penitus vigor vitalis concluditur, conclusus exstinguitur; atque consumpto exteriori, suus homo interior in cujusdam exstasis translatione maxima extenditur et inducitur. Deducitur, inquam, sanctus Vaningus ad BB. virorum gloriosa loca, et hominum miserorum crudelia tormenta; ubi quantas, et justorum coronas, et reproborum poenas, reversus narravit, suorumque actuum evidentia patenter exposuit. Visis ergo beatitudinis et miseriæ perpetuis domibus, judici cuidam S. Vaningus præsentatur, atque excelso suæ majestatis throno deponitur et collocatur. Verum cum et sedis incircumscriptum fulgorem et sedentis aspectum terribilem circumstantiumque innumeram multitudinem contemplaretur, et contemplans terreretur, corruit; et toto corpore prostratus, coram Judicis præsentia velut exanimis et conturbatus jacuit. Tunc judex : Quomodo, inquit, Vaninge, Fiscannensem vallem nomini meo consecrandam ignoras, et ignorando exhonoras? Qua ratione consecrationis meæ locum nequaquam attendens, contaminare exhorrescis? Num veteris incurrere iram meam, cujus fideliter cognoscis omnipotentem voluntatem ? Dixerat, et circumstantium chorus seniorum sui Imperatoris sententiam gravitatis severo vultu confirmabat. Sanctus autem Vaningus valde perterritus, nullatenus ora solvebat, aut caput solo erigere præsumebat; sed sui animi puritate et fatebatur culpam, et postulabat veniam, et prætendebat ignorantiæ excusationem solam. Silentibus igitur cunctis astantibus, suoque silentio et inferendam disciplinam et exhibendam indulgentiam contestantibus; sola sancta virgo Eulalia surrexit, et jacentis causam suscipiens, clementis judicis severitatem delinivit, indulgendam ignorantiam exoravit, suique familiaris et amici S. Vaningi, præsentem vitam viginti annorum protelatione interventu suo prolongavit. Virgo itaque S. Eulalia exauditur, eique exauditæ sanctus commendatur Vaningus, quatenus eum perfecte instruat, qualiter sanctum oraculum constituat, constitutumve quibus personis committere debeat. Cui virgo : «Convalesces, inquit, Vaninge, et vives, tuisque possessionibus restitueris, ad Fiscannensem vallem. At in Fiscannensi valle, duci Ansegiso manifestatum locum ab incolis diligenter exquire, et inventum festinus excole ibi summæ et individuæ Trinitatis congruum templum fideliter construe. Completum autem templum sanctis virginibus commendabis, quibus Chil demarcham, Burdegalensem virginem, inibi multarum virginum matrem, inclytam abbatissam præponere curabis. »

Cap. VI. — *De Fiscannensi ecclesia primo per regem Lotharium fundata, et ditissimis prædiis dotata.*

Finitis demum tantæ revelationis sermonibus,

cum vita sospitatem, et cum sospitate vitam S. Vaningus suscepit æqualiterque suis cunctis convalescentibus membris, regem Lotharium expetiit, suæ revelationis seriem totam explicuit. Quibus rex Lotharius compunctus et perterritus : « Festinus, inquit, fili Waninge, regredere, et sanctum locum, juxta relationis tuæ veritatem, diligenter inquire, rebusque meis, et tuis, summi Imperatoris palatium, quam maturius gloriosiusve volueris, construe.» Quod læto audiens animo, B. Vaningus, ad Calciacensem provinciam, continuo remeavit; ingressusque Fiscannensem silvam, prænominatum locum exquisivit, invenit, excoluit. Adhibitis ergo operariis, annosæ quercus cæduntur et prosternuntur, viminave et vepres exstirpantur et comburuntur, et antiquæ solitudinis dumis et sentibus locus cœlestis habitaculi purgatur et liberatur. Ponuntur fundamenta, et ineffabili celeritate consurgunt parietes sacri; et, velut divinæ virtutis omnipotenti operatione, collocantur tecta, complenturque ædificia præmissæ revelationis. Consummato igitur, completoque ædificio, Galliarum rex Lotharius invitatur multarum urbium sancti Patres convocantur, et congregantur, et rerum omnium Creatoris et administratoris titulo factum oraculum insignitur et consecratur; consecratumque regalibus gazis et prædiis liberaliter dotatur, et divitiarum cumulo abundantius ditatur et ampliatur.

CAP. VII. — *Quomodo rex Lotharius ipsius templi curam Childemarcæ et pluribus virginibus commisit, administrantibus SS. Audoeno et Wandregesillo.*

Imperat rex Lotharius sanctas virgines congregari, et congregatis virginibus juxta B. Eulaliæ jussionem, Childemarcam, summæ sanctitatis virginem præponi, totiusque Ecclesiæ summam administrationem sanctis et beatissimis confessoribus Audoeno, et Wandregesillo committit et injungit.

CAP. VIII. — *Quomodo B. Leodegario linguam abscinderat Ebroinus, et postea divinitus recuperavit.*

Devotæ igitur virgines sacræ conveniunt, promissæ virginitatis cœlesti sponso chirographa immobilia conscribunt; suæque conversationis aromaticis cunctis odoribus circumjacentes provincias cunctipotenti famulari Deo admonent, et accendunt. Congratulatur B. Trinitas, incommutabilis Deus, et completo templo, et convenientium virginum famulatui cœsto; quarum trecentarum sexaginta sex diurnas nocturnasve continuas contemplans laudes, et mortis liberationem et in mansura civitate promittit et præparat beatæ retributionis immarcessibilem coronam. Illo tempore, B. et gloriosus martyr Leodegarius Fiscannum deducitur, quem efferus et nefandus apostata Ebroinus, episcopatus sui sede injuste expulerat, rerum affluentia multarum exspoliaverat, et lingua inclementer abscissa, totius officio sermonis privaverat. Verum, cum gloriosus martyr episcopus, summi et omnipotentis Dei sacras ingrederetur ædes, et psallentium virginum audiret angelicas voces, ablatæ officium linguæ recepit; et, per annorum vertiginem duorum, cum sanctis virginibus conversatus, humilitatis et patientiæ formam exhibuit, et audientium corda, rore cœlestis doctrinæ irrigavit et fecundavit. Cernens igitur B. Vaningus, inopinatam templi gloriam, sanctæque congregationis religionem, et multitudinem cœlestem, cunctas suæ proprietatis divitias recensuit sanctarumque in usus virginum delegavit; et toto vitæ suæ cursu totius famulatus humilitatem et obedientiam, in eadem ecclesia, ratione et consuetudine servientium exhibuit.

ADNOTATIO.

Ex qua quidem narratione, nonnulla veniunt observanda; 1° Clotharium, ceu Lotharium, (cujus fit mentio) esse tertium hujusce nominis, Clodovei II filium qui regni habenas suscepit post an. 662 et regnavit annis IV (4). Regia autem munificentia, qua illud cœnobium ditavit, fundator recte agnoscitur; 2° Sanctum Audoenum, Rothomagensem archiepiscopum, non parum insudasse, sua pontificali auctoritate et vigilantia pastorali, pro hujuscemodi abbatia fundanda; cujus rei causa et ipse fundator nuncupatus reperitur ab Orderico, dum constanter scribit quod « unum cœnobium sanctimonialium Fiscanni condiderit (5). » Illudque Nicolaus Gillius admittit: sed uterque in assignatione temporis fallitur ; 3° Sanctum Wandregesillum, Fontanellensem abbatem, titulum etiam fundatoris meruisse, tum ob illustrissimam generis prosapiam, et ingentia quæ possederat bona, huic eidem abbatiæ procul dubio collata, tum propter directionem spiritualem, et monasticæ observantiæ disciplinam, quam inibi edocuit, justa Sigibertum : « S. Wandregisillus (inquit) qui et Wando, Ansegisi majoris domus ex Walchiso fratre nepos, hoc tempore claruit : qui cœnobia Fiscannum et Fontinellam Deo construxit (6).» Hallucinatur autem, cum ille sanctus obierit anno 665 (7).

Itaque dicimus cœnobium istud Fiscannense ædificatum esse post an. 662, non vero an. 659, ut autumat Antonius Yeppes, vel 660, uti opinatur Thesaurus Chronologicus. Deinde, cum constet S. Leodegarium, Æduensem episcopum, apud Fiscannum diversatum fuisse, tempore sui exsilii, sequitur inibi moram egisse ante annum 685, quo martyrio coronatus est, per impium Ebroinum, majorem domus regiæ Theodorici I (ex Sigeberto, Baronio, Surio, et aliis) (8). Denique apparet præfatum S.

---

(4) Sigebertus an. 662; Petrus Roverius adnotat 1 in Historiam monasterii. S. Joannis Reomaens. an. 660; Nicolaus Gillius, in Histor. Franc. an. 662; Carion. in Chronic., et Corrozetus, lib. I Thesauri Histor. Franc., titul. 1, an. 663; Baronius tom. VIII Annal. Eccles. an. 664.

(5) Ordericus lib. III Histor. Eccles. ad an. 678; Cœnalis in S. Audoeno archiepiscop.; Nicolaus Gillius an. 698; Charronus cap. 105 Histor. Universal. Galliæ.

(6) Sigebertus in Chronico ad an. 492; Belforestus lib. I Annal. Franc., cap. 41; Theuntus, tom. II Cosmograph. lib. xv, cap. 9; Nicolaus Gillius, Charronus; Corrozetus titul. 29 sup.; Quercetanus lib. VII Antiquitat. Franc. cap. 6; Choppinus lib. II Monastic., titul. 2, § 20.

(7) Surius tom. 2 Julii et Gazetus; Baronius ibid. in notis ad Martyrol. Roman. et tom. VIII Annal.

(8) Part. II Annal. ord. Benedictin. centur. 2, ad an. 659, cap. 2.

Waningum diem obiisse extremum, circa an. 685. Nam, ut ex visione cœlitus sibi facta comprobatur, vita illi prorogata est per spatium viginti annorum; nempe, ab incœptione structuræ hujusce abbatiæ, an. circiter 662 usque ad an. 682. Ex quo Ferrarius corrigendus, aiens floruisse circa an. 707 et 730, tam enim verum est quam quod subdit : « Apud Caletes, in Gallia S. Waningi, monachi Fiscannensis (9). » Non me latet de eo agi apud Martyrologium Benedictinum; sed absque monachatus indigitatione, his verbis : « Fiscanni sancti Waningi, confessoris. » Quod animadvertens Hugo Menardus, vir alioqui pius et eruditus, scite hæc intulit. « Dicitur in eodem Legendario eumdem B. Waningum in votis habuisse se monastico ordini tradere; sed aliter a Deo provisum. Quod quamvis verum sit, non tamen removendus est ab ordine Benedictino; quippe, qui multos annos cum sanctimonialibus Fiscannensibus, vixerit, et ut credibile est, regulariter; nam, cum totis votis vitam monasticam exoptaverit, nihil prohibebat eum, earumdem virginum ritu vivere (10). » Quare Molanus absolute, clareque ita de eo affatus est : « In Northmannia Depositio beati Waningi, confessoris : » Hic nobile monasterium Fiscannense fundavit, et Leodegarinam exsulem fovit (11). Cui astipulatur Saussayus (12). Porro, in cœnobio Hamensi, ordin. S. August. canonicor. regul. Diœces. Noviodunens. sacræ ejus reliquiæ, summo cultu, venerationeque custodiuntur; apertum feretrum fuit hujusmodi reliquiarum, an. 1199. Odone III Hami principe, et Joanne abbate, præsentibus; tuncque charta in illud illata, quæ rei memoriam testaretur posteritati. Iterum autem reclusum, anno 1382, tertio denique anno 1562, cœtu frequentissimo ordinis utriusque spectante. Ejus Natalem Hamenses cives, et vicini pia devotione venerantur 9 Januar. (13).

Postremo, inferendum, necesse est, S. Hildemarcham, Fiscannum advenisse, ante an. 665 quo (uti nuper diximus) mortuus est S. Wandregesilius archimandrita, ad quem illa divinitus missa fuerat, ut novi monasterii regimen, curam sanctimonialium ibidem degentium susciperet; illis quippe præfecta fuit a præfato S. Audoeno, Rothomagensi metropolitano, atque in abbatissam benedicta. Ubi tandem ipsamet decessit e vita, die 25 Octobris, post an. 685, quo S. Leodegarius martyrii laurea coronatus cœlum invectus est. Porro eadem die, ipsius sanctæ virginis memoria recolitur, apud Martyrologium Benedictinum : « Eodem die S. Hildemarchæ, abbatissæ Fiscannensis primæ (14). » Gallicisque Dipticis insertus est a Saussayo (15). Perperam ergo scribitur De S. Eulalia, virgine et martyre, ipsi B. Waningo, apparente, quod prima abbatissa istius loci exstiterit (16-17)

Cap. IX. — *De Barbaro um irruptione, templique vestatione, sacrarumque virginum expulsione et interfectione.*

Defuncto autem B. Vaningo multorumque dierum transcurrente spatio, inferiores Galliarum provincias invadunt Sequanenses pagani. Qua cum crudelitate urbes delentes, castra subvertentes, villas vicosve depopulantes, multorum populorum interfectorum, aut fugatorum exuvias, et divitias congregatas asportaverunt et consumpserunt. Illius ergo tempestatis crudelissimo turbine, Fiscannensis ecclesia invaditur et corripitur, et multorum meritorum sanctæ virgines expelluntur et effugantur. Proh dolor! Tanti nominis oraculi sublimia comburuntur, directi parietes confodiuntur, et ipsa fundamenta templi, suis secretis locis extrahuntur, et comminuuntur. Multæ sanctæ virgines, quas gloriosi templi amor nimius retinuerat, hostili gladio, ante ipsam sacram aram corruerunt, suique cruoris effusione, vastantium violentiam frustra tardaverunt, tardandoque exstinguere laboraverunt. Quid multa ? prævalentibus flammis sacrum templum comburitur, sacro templo adjacentia ædificia annihilantur; et solæ remanentes ruinæ, magni apparatus opera præcessisse testantur. O divinam patientiam ! o deitatem patientem! o patientiæ magnitudinem admirandam! o omnipotentissime Deus! Suis exigentibus culpis cunctas Galliarum provinci s insana barbaries depopuletur saltem domus tuæ celsitudinis, singulari privilegio insignita, reservetur, custodiatur. Quid enim templum tuum destruendo, agas, utrum corrigas culpam, an exerceas patientiam, vel latentium turpitudinum punias immunditiam, omnino ignoramus. Ignorantes omnino discutere non præsumimus, cujus igitur præcesserit, nobis occultatur. Verum, sacri loci confusionem, antiquarum quoque veprium reversionem, et solitudinem fuisse, et usque ad tempora Guillelmi II, Northmannorum ducis, perseverasse audivimus et cognovimus.

ADNOTATIO.

Qui fuerint illi pagani, Fiscannensis cœnobii eversores, expresse hic non scribitur; at ipsos procul dubio exstitisse Northmannos, adhuc gentiles, quique fatentur auctores (18). Horum itaque tempore, circa an. 842, etc., cum frequentibus incursionibus et expilationibus cuncta per Neustriam et Galliam devastarent et ipsum virginum monasterium furori eorum patuit expositum, quarum complures pro Christo necatæ sunt merito proinde, a Menardo, inter sanctas virgines martyres ordinis S. Benedicti recensitæ, in hunc modum : « Sanctimoniales multæ cœnobii Fiscannensis a Danis, ceu Northmannis cæsæ (19). » Pace autem reddita Ecclesiæ et regno, an. 912, Rollone Northmannorum duce, Christo Deo, per baptismum colla subdente, locus præfatus Fiscannensis denuo excultus fuit et inhabitatus a nonnullis sanctimonialibus usque ad an. circiter 989, non vero 990, 996 et 999, quo exinde virgines transactæ sunt et collocatæ apud cœnobium Montis-Villare, jam ab an. 675 illic exstructum, in eadem diœcesi, et Caletacensi

(9) Ferrarius in Catalog. SS. ad 9 Januarii. Item in nova Topograph. ad Martyrol. Roman, verb. *Fisci-campus.*

(10) Menardus lib. » Observation. ad Martyrolog. Benedict. 8 Januar.

(11) Molanus in additionibus ad Usuardum 9 Januarii.

(12) Saussayus in Martyrolog. Gallican. ead. die.

(13) Hemeræus in Augusta Veromanduorum illustrata ad an. 1108, pag. 142.

(14) Martyrolog. Benedictin. 25 Octob.

(15) Saussayus in supplemento ad Martyrol.

Gallican. ead. die; Ferrarius in nova Topograph. sup. verb. *Fontanella* et *Rothomagus.*

(16-17) Antiquitates mss. Northman. pag. 52, apud D. Bigot.

(18) Supra in abbatia S. Audoeni, cap. 3, et in Fontanellens., cap. 9.

(19) Menardus in 2 Appendice ad Martyrolog. Benedict. sub littera S. ex mss. Codic. Fiscannens.; Yeppes, tom. II Chronic. ordin. S. Benedict., centuria 2, ad ann. 659, cap. 2 ; Saussayus, in Appendice ad Martyrolog. Gallicanum, littera S. Charronus, cap. 114 Histor. Gal.

regione (20). Ex qua quidem translatione, perperam arbitratus est Antonius Yeppes, duo Fiscanni exstitisse virginum monasteria, jureque eum reprehendit illius interpres Matthæus Oliverius, cum omnino diversa sint solo et oppido.

Constat igitur Fiscannense monasterium primo incoluisse virgines. Quibus alio translatis successerunt canonici regulares sub Guillelmo I Longaspatha, duce Northman. Rei historiam gestæ audiamus ex codice ms. jam toties allato.

CAP. X. — *De renovatione ecclesiæ Fiscannensi sub duce Guillelmo.*

Longa igitur bellorum miseria contritis et fatigatis Galliarum provinciis, aliquando divina severitas delinitur, suarumque antiquarum misericordiarum reminiscitur, et inopinatæ opitulationis consolationem laborantibus populis largitur. Divinarum quippe affluentia gratiarum errantes pagani compunguntur, compuncti convertuntur, inquam, barbarorum truculentæ mentes; religionisque Christianæ veritatem summa devotione sectantur et venerantur, quam paulo ante ferali vesania persequebantur et abominabantur. Unde contigit ut dono et concessione Caroli, Galliarum regis, extremas et maritimas septem provincias sortirentur (21); quas sui laboris incolatu externo excolerent, et ab irruentium barbarorum invasionibus defenderent et custodirent. Divinitus itaque conciliatis populis, pax mundo redditur, urbes deletæ muniuntur, subversaque castra vallo competenti et aggere cinguntur, et revertentibus colonis villæ et agri replentur et excoluntur. Denique Northmanni spiritualium gratia sacramentorum innovati, suas acceptas provincias, *North*, venti sui vocabulo, *Northmanniam* appellaverunt; cujus terræ ducatum Rollo I et Guillelmus, Rollonis filius, habuit secundus. Hujus ergo ducis tempore, æternæ et individuæ Trinitatis oraculum reperitur, reportumque notitiæ et utilitati multorum populorum reducitur et renovatur. Dux enim Guillelmus præcepit servis suis quatenus Fiscannense oppidum renovarent, atque in renovato oppido multæ speciositatis et magnitudinis palatium ædificarent. Obedientes autem servi opus aggrediuntur imperatum; oppidoque renovato, excelsi fastigii ædificare moliuntur palatium. Ubi dum discurrerent, et ædificando palatio lapides et cæmenta invenire satagerent, sacrarum ædium ruinas reperiunt, repertasque in ædificium humanæ habitationis transportare disponunt. Verum, repentino consilio divinitus aspirati, illius loci antiquos et indigenas convocant, inventarum ruinarum causas interrogant, et cujus imperatoris alterius potentiæ per summa palatia illas ruinas præcesserint diligenter investigant. Locus iste, inquiunt, interrogati indigenæ, olim clarus et celebris vallis fuit, rerumque omnium imperatoris insignitus titulo, multis A virginibus quietem, et habitationem secretam præstitit. Quibus auditis sancti operarii sacrarum ædium deflent vastationem, suique paganismi exhorrent inhumanitatem, et sanctis cineribus donantes libertatem, alibi sui propositi operis satagunt exquirere materiam. Qua inquisita et facile reperta, multæ ambitionis palatium extollunt, suique ducis jussionem complentes, brevi intervallo, arrepti operis magnitudinem consummarunt. Expleto igitur tanti laboris præcepto, artifices invitarunt ducem Guillelmum, castrumque et palatium consummatum suæ auctoritatis judicio et sententiæ reddunt. Quorum Guillelmus dux peritiam et formam completorum operum commendans, eorum negligentiam reprehendit, quod in castro, juxta palatium, ecclesiæ nullius oraculum invenerit. Super cujus negligentiæ culpa, suos artifices arguens: Ite, inquit, et illarum ruinarum loco sancto ædificate ecclesiam, cujus aspectus sancti templi memoriam contuentibus reddat; et mihi, aut alicui meo hæredi, antiquam ecclesiam reparandi voluntatem aliquando incutiat. Ducis jussionem audientes operarii, accedunt ad sacra loca, atque in ipsa incendii et excidii confusione, cujusdam ecclesiolæ ponunt fundamenta, signatoque primæ aræ loco, ruinarum lapidibus et fragmentis, non multæ extollentiæ parietes erigunt, erectosque ad propositæ quantitatis summam, nulla intercapedine, deducunt. Completis ergo parietibus, tectum solum deerat; cujus perlato munimine, aerias inclementias ab universa domo arceri oportebat. Quocirca lignorum inquiruntur fabri, et inventi adducuntur; eisque cura faciendi tectum injungitur et relinquitur. Fabri autem instrumenta corripiunt, imperato operi augendo habiliora reddunt, electasque silvas maturius intrare disponunt.

CAP. XI. — *De tecto, quod mare attulit de Constantiensi provincia, et duobus lignis, quæ defuerunt.*

Verum discurrente deliberationis intervallo, divina omnipotentia et fabros a proposita laboris sudore liberavit et revocavit, et suæ magnitudinis præsentiam in præfata ecclesiola, eximii miraculi gloriosa attestatione declaravit et docuit (in cod. ms. domini Bigot sup. habetur, *in pago Constantino, apud quamdam insulam in mari*). Constantiensis enim provinciæ homines, S. Marculphi cuidam ecclesiæ quoddam tectum præparaverant, atque præparatum eidem ecclesiæ superponere disponebant. Illud ergo tectum pelagus supergrediens invasit et sustulit, levisque undæ obsequio, ad Fiscanna littora devexit; et dictu mirabile! coram sanctæ ecclesiolæ erectis parietibus officiose deposuit, suique littoris alveo lapsu innocuo refluxit. Mirantur operarii et pelagus refluens, et tectum remanens, et in remanente tecto, nullius clavi, proquitates Northman. ms. pag. 225 et 226, apud D. Bigot; Cœnalis. tom. II Hierarchiæ Neustriæ, in episcopo 14 Abrincens.

(21) Provincias vocat Neustriæ, episcopatus, qui sunt 7.

---

(20) Idem Yeppes, Quercetanus lib. vii; Antiq. Gall. cap. 6; Chronica Chronicar., part. ii, fol. 20, in Richardo I duce Northman.; Grisius, De clericis regular., section 13, § 9; Lanovius in Syntagmate historico de SS. Franciæ cancellariis, in notis ad Vitam S. Audoeni archiepiscopi Rothomag.; Anti-

cellarum impulsu, apparere labefactationem. Consequitur majus miraculum ; nam dum suis parietibus alienum tectum superponunt, tantæ æqualitatis, quantitatisve parilitate inveniunt, quæ convenientiores metientium lineæ, vel arundines concordiam exprimere possunt. Ligna duo deerant, quæ commissa pelagus non fraudaverat, sed quæ Constantiensium hominum manus cæteris lignis tecti nondum compaginaverat. Præcipitur fabris ligna cædere, cæsaque sua industria, lignis superpositi tecti indigentiam supplere et complere. Fabri obediunt, cædunt ligna, metiuntur cæsa; tecti membris cæteris moliuntur conciliare frequentius imposita. Verum frustratur omnino labor desudans, et peritia diligens; quam nullius artificio lineæ sui laboris opus operi cœlestis gratiæ possunt conjungere. Qua incommoditate mœstos artifices, ac sollicitos, quidam superveniens relevavit, maximisque littoribus duo ligna jacere nuntiavit quarum impositione imperfectionem posse compleri penitus asseruit. Unde exhilaratis artificibus, ligna deportantur, totiusque lineæ amoto officio, facile suæ proprietatis loco collocantur : suisque naturalibus membris universa tecti fabrica consummatur et perficitur.

CAP. XII. — *De angelo, et cultello, et vestigiis remanentibus in eodem lapide de quo ascendit angelus.*

Tanta ergo miraculorum multitudine artifices excitati, ducem Guillelmum expetunt, suarum rerum eventus maximos exponunt, et ad dedicationem constructæ ecclesiæ, paucis persuasionibus accersunt. Tunc dux, multa cœlestium gratiarum abundantia prædicandus, episcopos et proceres multos convocavit; quorum multitudine Fiscannum venit, novam ecclesiam intravit; cuncta dedicationi necessaria præparari præcepit. Quibus ergo sufficienter præparatis et congregatis, dux et episcopi, cum multis proceribus, ecclesiam consecrandam intrant, et cujus sancti titulo insigniri debeat diligenter pertractant. Ubi, dum diversa sentirent sententiasque diversas defenderent, et, juxta devotionem quam singuli ad singulos sanctos habebant, ecclesiam consecrandam contenderent, vir quidam vultu et vesto speciosissimus, caput prolixamque barbam, canis candidissimis coopertus, ecclesiam intravit, suaque lumina nusquam flectens directo itinere ad altare consecrandum pervenit; super quod reverenter inclinans, cultellum deposuit, nulloque sermone suum silentium corrumpens, converso gradu ecclesiam exivit; et quamdam curiam ecclesiæ pene contiguam ingressus, ibi positum molarem lapidem ascendit, atque inde se sustollens in aera, non comparuit.

CAP. XIII — *Quomodo dux et pontifices admirabantur angelum tam subito evanescere.*

Multi autem qui dedicationis gratia illa die Fiscannum convenerant, prosequentes remeantem angelum, ad lapidem quem ascenderat confluxerunt, in quo lapide angeli vestigia, velut in arena, aut in sicco pulvere impressa reperiunt. Cujus rei admiratione perturbati, Guillelmi ducis præsentiam adeunt, tantæque excellentiæ miraculum velut ignoranti, quisque præcedens, sequens narrare contendit. Gaudent omnes, et altare, super quod cultellum angelica manu deponi conspexerant, convenientium corona circumcingunt, atque quid prætendat cultellus depositus, cuncti enucleari quærunt. Tunc sancti præsules cultellum accipiunt, atque in accepto scripturam inveniunt; cujus indicio, et procerum controversia finitur, et in cujus titulo ecclesia debeat dedicari declaratur. Erat enim in cultello scriptum : *In nomine sanctæ et individuæ Trinitatis*. Quod audiens Guillelmus dux præclarus, multo gaudio exsilivit, atque in honore sanctæ et individuæ Trinitatis, præsentem ecclesiam dedicari præcepit, multæ promissionis se firmans sacramento, suo opere eamdem ecclesiam aliquando ampliari, atque ecclesiam tanti nominis privilegio concinentem magnificari et extolli. Verum divina providentia aliter disponente, dolo ac fraude Flandrensium, præfatus dux interficitur, suoque filio Richardo, ampliandi sancti templi gloria transfertur et conceditur.

CAP. XIV. — *Quomodo dux Richardus existens in quadam sublimi fenestra sui palatii, petiit quænam scilicet ibi esset ecclesia.*

Quadam igitur die, cum præfatus dux Fiscannensis palatii cuidam sublimi fenestræ accumberet, et sanctæ individuæque Trinitatis ecclesiæ longe inferius positam conspiceret, velut ignorans, astantes suos proceres interrogavit, nomenque præsentis ecclesiæ, suæ lenitatis sapido sermone inquisivit. Cui illi : Pater, inquiunt, tuus ecclesiam istam fundavit, tituloque deificæ Trinitatis insigniri et dedicari præcepit. Quibus auditis gloriosus dux maximo doloris jaculo compungitur, et erumpentium lacrymarum distillantibus rivis, suam roseam faciem, et barbam niveam madefecit ; et diu silens, caputque concutiens, tandem singultibus sermonem irrumpentibus : O, inquit, quam male congruit me hominem tantæ ambitionis habitare palatio, et Deum omnipotentem tali latere tuguriolo! O, inquam, quam male congruit superiorem et cœlestem Dominum inferius habere tugurium, et inferiorem et terrenum servum superius tenere palatium! Quam rationabilius converteretur me habere parvum aut nullum, et Dominatorem omnium rerum tenere et solum et maximum ! Dixerat, et effluentium lacrymarum undas, nulla animi virtute, nullaque manus crebra deliberatione, aut continere, aut exsiccare poterat. Deinde adjecit : Multi in opere cæmentarii inquirantur, inventique adducantur, quoniam hoc palatium in comparatione illius ecclesiolæ, quam despicitis, faciam apparere ut nullum.

CAP. XV. — *Quare dux Richardus in reædificatione ecclesiæ Fiscannensis posuit manupropria lapidem, supra quem angelus ascenderat, in fundamento ecclesiæ.*

Accepta igitur jussione ducis, fideles famuli cæmentarios inquirunt, inquirendo inveniunt, inventosque sui domini desiderio et præsentiæ adducunt. Quorum peritiam dux diligenter discutiens : Ite (inquit) circumquaque per montes, et per valles, et pro ædificando unius et trinæ deitatis templo, lapidum materiam inquirite, et singularis formositatis ac magnitudinis, illius ecclesiolæ loco ecclesiam ædificate (22). Nec mora; inventi lapides comportantur, magnorum multitudo rogorum concrematur, futurique templi magna multaque materia præparatur et congregatur. Fundamento denique ponendo dux sanctus adfuit, arreptoque sarculo, terram primus aperuit, et lapidis, de quo, Guillelmi ducis tempore, angelus ascenderat, partem unam ipso fundamenti principio primus deposuit. Cernentibus summa delectatio concedebatur, quando tantus dux, niveo capite, prolixa barba, procero corpore, conspicuus, omnes operarios circuibat, alios admonebat, corrigebat istos, vacantes impellebat; illis laborantibus subveniebat, cunctos æqualiter, sui fervoris exemplo, ad cœpti operis maturationem accendebat. Tali igitur ac tanto flagrantis ducis desiderio, brevi intervallo sanctæ et individuæ Trinitatis gloriosum templum perficitur, decorum illa qualitate et quantitate, quam peritorum artificium diligentia, illo tempore, majorem et pulchriorem valuit excogitare. Sancti oraculi intestini parietes historialiter depinguntur, laquearia vero concatenatis floribus admirandæ compaginationis variato opere distinguuntur. Exquisito ergo totius decoris ornamento, parietes templi singuli expoliuntur, et in suæ proprietatis pulchritudinem perfectam, et perfectionem pulchram, deducuntur et consummantur. Quocirca dux exhilaratus, suæque voluntatis judicio completi operis respondere speciem admiratus, vasis et ornamentis aureis et argenteis novam ecclesiam multipliciter ditavit, cortinarumque sericarum, linearum atque lanearum triplici adornatione copiosissime vestivit, miroque modo, et sacri altaris ornamentis, et sacerdotalibus indumentis aureis et gemmis honoravit et ampliavit. Quibus omnibus ducis nimia liberalitate compositis et completis, totius Northmanniæ aliarumque provinciarum principes et episcopi convocantur et congregantur, atque in nomine sanctæ et individuæ Trinitatis consummata ecclesia dedicatur et titulatur. Codex ms. præfatus D. Bigot numerat 14 episcopos tunc inibi interfuisse.

CAP. XVI. — *Quoddam admirabile miraculum de corpore et sanguine Domini nostri Jesu Christi.*

Eo tempore, quoddam miraculum relatione dignum, juxta Fiscannum contigit. Sacerdos enim quidam, nomine Isaac, cum finitis orationibus sacrosancta sacramenta Dominici corporis et sanguinis assumere deberet, substantiam corporis et sanguinis, non panis, aut vini specie reperit coopertam, sed evidentissime carnis et sanguinis colorem et qualitatem protendentem. Cujus rei novitate sacerdos perturbatus, Richardum ducem, et sanctorum præ-

(22) *Eadem refert. codex ms. domini Bigot.*

A sulum congregationem festinus adiit, insolitique miraculi magnitudinem patefecit. Tunc dux, cunctique episcopi, et populi maxima multitudo, illuc pergunt, et, secundum sacerdotis revelationem, rei gestæ veritatem inveniunt, et reverenter tanti ponderis mysteria sustollentes, ad consecratam ecclesiam deferunt, ubi sacro calici patinam consigillantes, ad similitudinem angeli cultelli, quem in crucifixo incluserant, in ipsius sanctæ Trinitatis ara, sacrosancta mysteria concludunt et reponunt.

Præsentis ergo miraculi magnitudinem, miraculorum antiquorum multitudini, dux providus diligenter concilians, atque utrorumque miraculorum convenientia consecrandæ ecclesiæ auctoritatem compensans, multos canonicos elegit, electisque canonicis B sanctæ ecclesiæ commendavit, quatenus in ea devote habitarent, et rerum universarum Creatori et Domino æternas laudes, obsequiaque spiritualia solverent. Omnibus ergo tandem officiis consummatis, totiusque ecclesiæ statu summaque dispositis et determinatis, dux alacrior ducatus sui administrationi revocatur, episcopique commissarum ovium speculationi vigilantiores revertuntur.

ADNOTATIO.

Ea res miraculosa sic memoratur apud Robertum de Monte, in appendice ad chronicam Sigeberti, sub an. 1182 : « Hoc etiam accidit cuidam sanctissimo presbytero juxta Fiscannum, dum cantaret missam in die dedicationis ecclesiæ Sanctæ Trinitatis Fiscanni. Qui mittens diaconum suum vocavit episcopos, qui ad dedicationem convenerant. Et venerunt, et presbyter tulit in manibus suis, in calice, ita ut erat revestitus, et posuerunt illud in altari. Hæc fecit pietas Domini, ad confirmandam fidem sacramentorum suorum in nobis, in quos fines sæculorum evenerunt. » Eadem vero sic commemorat codex ms. domini Bigot sup. : « Illis in diebus erat quidam presbyter nomine Isaac, vir bonæ vitæ, frequenter missarum solemnia celebrans, ad altare S. Machuti, episcopi et confessoris, haud procul a Fiscanno distans duobus milliaribus. Qui quadam die, » etc. Vide, in ea, ad 27 Martii in Neustria Sancta. Alia similia alibi evenisse in Gallia scribit Rolliardus, in Historia Melodunensi pag. 406 et 407.

CAP. XVII. — *Quomodo dux Richardus ejicere fecit canonicos ab ipsa ecclesia : et ibidem monachos introduxit.*

Interea contigit Fiscannenses canonicos aliorum D canonicorum mores imitari, latas perditionis vias ingredi, et rerum temporalium luxus et desidias voluptuose sectari. Quam canonicorum miseram vitam et viventem miseriam, dux prudentissimus Richardus audiens, et audiendo cognoscens, valde doluit; hominumque pravorum mores et conversationem exhorrens, legato festinanter Cluniacum direxit, et sanctum Majolum, magnæ humilitatis precibus Fiscannum accersivit, atque secundum S. Benedicti regulam et institutionem disponi et ordinari novam ecclesiam, exoravit. Cui S. Majolus: Hujus, inquit, laboris magnitudinem tali rationis conditione, charissime fili Richarde, suscipiam, si per totum ducatum tuum, consuetudinem, quæ vulgariter Pasnagium dicitur, Deo donaveris, nullumque tuæ potestatis principem aliquando amplius exigere decreveris. Ubi Richardus dux, non morbo avaritiæ, verum occulta Dei providentia disponente, et sancto Guillelmo abbati gloriam ordinandi S. ecclesiam transferente, suorum hominum consilio acquievit, et sancti Majoli sanctam interpellationem non exaudivit. Unde contigit, ut S. Majolus Cluniacum reverteretur, et canonicorum correctio, vel expulsio, per aliquot tempora protelaretur.

CAP. XVIII. — *Quomodo dux Richardus in lecto ægritudinis jacens, filium suum Richardum hæredem sibi constituit, et ecclesiam Fiscannensem commendavit.*

Tandem igitur prolixæ ætatis sancto senio dux inclytus Richardus, fatigatus, cujusdam ægritudinis ingenti molestia corripitur, et corpore dissoluto, cunctis eliminatis viribus, ad extrema deducitur. Qui dum ingravescente molestia, extremam imminere cognosceret horam, ducatus sui cunctis congregatis proceribus, Richardum filium suum vocavit, rerumque suarum omnium hæredem, et successorem constituit. Fili, inquit, Richarde, mei ducatus et nominis hæredem te et successorem constituo, et sanctæ Trinitatis Fiscannensem ecclesiam, tuæ strenuitatis tutelæ et administrationi trado et committo, quatenus meæ intentionis ardens propositum in illa complens, canonicorumque sordes et immunditias ab illa excludas et expellas, et sanctorum monachorum, imitatrici apostolorum, multitudini sanctam Ecclesiam tradas et committas. Corpus meum intra S. ecclesiam non tumulabis, sed extra, in stillicidio tecti mihi communem dabis sepulturam, quatenus stillantium guttarum sacro tecto diffluens infusio, abluat jacentis ossa, quæ omnium peccatorum labe fœdavit et maculavit negligens et neglecta vita mea. Quibus leni et hilari sermone peroratis, sopore velut aggravaretur levi, expalluit; suoque adepto desiderio, animam suam pane vitæ et intellectus saginandam, æternæque beatitudinis gloria coronandam, rerum omnium potentissimo Judici reddidit, emisit et commisit. Cernens igitur Richardus sancti patris mortem et absentiam, velut lapis diriguit, lamentisque et clamoribus totam aulam replevit. Tandemque receptis viribus, amentis similitudine, super exanime corpus irruit, et diu deosculans, quasi recedentem revocaret, attonitus laboravit; animi vero virtute, longo post tempore reformatus, procerumque circumstantium consolatione relevatus Richardus, sancti patris exsequias, per multos dies celebravit ; et postremo, juxta jussionem factam, in sanctæ ecclesiæ stillicidio sepelivit, atque super sepulcrum patris, in honore S. Thomæ apostoli, basilicam ædificavit, et ibi ad honorem Dei et cognitionem sancti confessoris, frequenter gloriosa miracula clarescunt, et sepulti ducis merita intelligentibus animis enucleatissime ostendunt.

CAP. XIX.—*Quomodo Richardus II fecit appropriare usui monachorum Fiscannensem ecclesiam.*

Richardus igitur filius Richardi, totius Northmanniæ ducatum accipiens, ipso sui ducatus initio, suos rebellantes Northmannos prudenter sustinuit, feliciter superavit, et paterni jugi consuetudinibus potenter reddidit et supposuit. Quibus repente civium suorum seditionibus mitigatis, circumjacentibusque provinciis, paternæ probitatis imagine pacificatis et confœderatis, dux inclytus Richardus cæpit clarescere, suarumque virtutum fragrantias exsurgentes per mundi partes diversas effundere et dilatare; suorum quippe antecessorum claritatem et eminentiam incomparabili actuum nobilitate præcellebat et obfuscabat, suisque successoribus vivendi imaginem imitabilem nonnullis compingebat, et proponebat. Totius fere mundi sanctarum congregationum fraternitatem exigebat : atque acceptæ fraternitatis sanctis congregationibus, per annos singulos, juxta propositam quantitatem, magnæ liberalitatis vectigal voluntarius exsolvebat. Tanta suæ devotionis nimietas fuisse fertur ut ingressus civitatem, non prius egrederetur, quam totius civitatis ecclesias, antelucanus circumiret, atque in singulis ecclesiis sacras excubias celebraret, et multarum lacrymarum flumina funderet et relinqueret. Ubi, si casu orantes reperiebat, suæ dapsilitatis immenso munere replebat, adventuque suo indigentes multos ad nocturnas orationes excitabat et provocabat. Cum dux inclytus Richardus, tantarum gratiarum fulgenti lampade, mundo pene universo, coruscans, sui Patris jussionem gloriosam recoluit, et se recolere ipsius operis effectu et evidentia comprobavit. Congregatis enim summæ peritiæ operariis, Fiscannum venit, et claustra, officinasque alias, omnesque domos monachorum usibus congruas, ore proprio limitavit, disposuit et ædificavit. Cunctis ergo officinis completis, solius aquæ usus deerat, quam laboriose circumducens, atque in castrum volutis competentibus subter ducens, per turres ipsius ecclesiæ postremas, in curiam manare, atque per cunctas monasterii officinas abundanter fecit diffluere. Interea diligenter investigabat et investigans inquirebat cui potissimum, juxta S. Benedicti regulam et institutionem, disponendam et regendam sanctæ et individuæ Trinitatis crederet et committeret ecclesiam. Illo tempore, beatæ memoriæ Guillelmus abbas summæ religionis affluentia, totius partes Romani imperii illustrabat, abbatumque multorum trepidos animos sui fervoris imagine reformabat et accendebat. Apprime enim liberalibus artibus eruditum, atque disciplinis ecclesiasticis, cunctisque spiritualibus officiis, nihilominus etiam fere virtutum omnium gratia imbutum, et illuminatum, Divionensium ecclesiæ B. Majolum præposuerat et constituerat abbatem et magistrum. Tanto igitur ac tali viro dux inclytus Richardus suos legatos direxit, et sui propositi intentionem patefecit, atque ut Fiscannensem ecclesiam, juxta B. Benedicti regulam, disponeret et erudiret, magnæ humilitatis precibus exoravit. Quibus B. memoriæ Guillelmus abbas primum respondisse fertur: Charissimi filii, audivimus duces Northmannos, homines barbaros et truculentos, subvertere, et non ædificare sancta templa; delere et effugare, et non colligere aut nutrire spiritualium hominum congregationes sanctas. Quapropter ad ducem vestrum redite, et nos hujus rei imparatos omnino respondete, cum et nobis fratribus deducendis desunt equi, atque stipendiis conducendorum fratrum desunt clitellarii

Quod reversorum legatorum relatione dux inclytus comperiens, extimuit, multosque equos et clitellarios festinus præparavit; quos revertentibus legatis, B. memoriæ abbati Guillelmo humiliter remisit. Tunc B. abbas ducis importunitatem et perseverantiam, atque de importunitate et perseverantia compensans animi voluntatem et devotionem istam, collecta spiritualium fratrum multitudine maxima, iter arripuit, paucisque diebus decursis, æstuantis ducis desiderio suam et multorum fratrum præsentiam exhibuit. Quem dux egregius, totius animi sinceritate totiusque sinceritatis dilectione suscipiens, velut suscepto Christo, aliis amotis servientibus, ipse propriis manibus servivit, medioque brevis temporis intervallo Fiscannum deduxit, et Sanctæ Trinitatis ecclesiam donavit et tradidit, eamque donatam et traditam, juxta regulam S. Benedicti et institutionem disponi et ordinari exoravit. Donavit, inquam, et tradidit dux egregius Richardus beatæ memoriæ abbati Guillemo Sanctæ Trinitatis Fiscannensem ecclesiam, canonicorum carnalium expulit enormem multitudinem, quorum possessiones ecclesiæ penitus retinens et reddens, expulsis et converti nolentibus canonicis, alibi congruam restituit compensationem. Nocte igitur, cujus sequenti die Fiscannensis ecclesia spirituales suscepit monachos, carnalesque expulit canonicos, ipsis canonicis ecclesiæ culmen totum aquilis videbatur operiri; quibus aquilis ingredientium monachorum theoria et spiritualis volatus, ac deinceps protegentium angelorum descensus et conversatio congrue figuratur. Igitur B. et gloriosus abbas Guillelmus susceptam ecclesiam cœpit gubernare et administrare, et juxta S. Benedicti institutionem disponere et corrigere, atque de diversis provinciis vere fideles convocare, et in obsequiis cœlestibus unire et confirmare. Subita igitur conversione Fiscannensis ecclesia cœlestium virorum studiis fervebat et flagrabat, et multæ opinationis gloria circumpositas ecclesias præcellebat et obscurabat. Fastigium quippe tantæ celsitudinis sua momentanea translatione Fiscannensis ecclesia consequebatur, quatenus ita omnes Galliarum ecclesias transcendens re et habitu summæ religionis, quemadmodum transcendebat verbo et speciali privilegio suæ nuncupationis. Parcimonia, et pudicitia et voluntariæ paupertatis abundantia, Fiscannensis ecclesia valde radiabat, luce virtutum, quarum evidentia latentem suæ formæ, cæteris forma pulchritudinem designabat, atque contuentium mentibus, suæ conversationis consilium inire et imitari, perfectarum argumento virtutum accendebat et provocabat. Ignorabat illo tempore Fiscannensis ecclesia totius proprietatis singularitatem, soliusque communitatis cognoscebat unitam dilectionem, quæ, juxta diversitates indigentium, partes diversas distribuens, SS. apostolorum renovabat et repræsentabat primitivam imaginem. Quorum igitur bonorum eminenti perseverantia dux Richardus Fiscannensis ecclesiæ totus alligabatur, atque utilitatibus ejusdem ecclesiæ, totius providentiæ diligentia transferebatur. Adeo enim Fiscannensis ecclesiæ illustrium virorum regularem vitam, et religionem veram diligebat, et diligens frequentabat ut totius ducatus sui collecta, ut ita dicam, pinguedine cœlesti congregationi deserviret; atque epulaturis fratribus servientium multitudine frequenter ipse ministraret, tantæque humilitatis completo ministerio, fratrum omnium ultimus resideret et regularium epularum delectabili pabulo refici congauderet.

CAP. XX. — *De libertate Fiscannensis ecclesiæ monasterii; vel quomodo dux absolvit ab omni episcoporum jugo.*

Sensit igitur dux inclytus quorumdam clericorum corrosiones et detractiones præsagiique cujusdam futuras adversitates, quos, ob ducis nimiam charitatem, et sanctæ Ecclesiæ maximam religionem, invidiæ morbus infecerat, infectosque crudeli intestini livoris molestia cruciabat. Horum ergo detrahentium malevolentiam dux comperiens, clericorumque præsumptiones superbas et præsumentes superbias cognoscens, totius Northmanniæ episcopos, et viros nobiles, festinus Fiscannum convocavit, et Fiscannensis Sanctæ Trinitatis ecclesiam, ab omni episcoporum jugo et consuetudine, justa, vel injusta, eripuit et liberavit. Hanc autem libertatem Rothomagensis archiepiscopus fecit, et fieri voluit; atque alias quatuordecim ecclesias, ob patris sui memoriam, et fratris præsentis jussionem, ac voluntatem, ab omni episcopali consuetudine, et exactione, absolvit et liberavit; donatæ libertatis chartam archiepiscopus, aliique episcopi, signo et consensu corroboraverunt, atque corroboratam virorum nobilium astipulationibus tradiderunt. Cupiens ergo dux providus sanctam ecclesiam modis omnibus confirmare et præmunire, Robertum regem, et multos Galliarum proceres, Fiscannum accersivit; atque regali charta et auctoritate, suorumque æqualium consensu, et astipulatione, ab omni episcoporum jugo et consuetudine Fiscannensem ecclesiam eripuit et liberavit, et suam suorumque nobilium chartam et ordinationem firmavit et corroboravit.

CAP. XXI. — *Quomodo Guillelmus abbas perrexit jussu ducis, et quomodo privilegia a domino papa obtinuit.*

Ecclesiæ igitur Fiscannensis constitutæ libertati dux Richardus congratulans, futuramque perennem mentis vivacitate discutiens, beatæ memoriæ Guillelmum abbatem compellavit, suæque legationis injuncto officio, ad Romanæ sedis apostolicam auctoritatem, multis onustum xeniis direxit. Confecto itaque itinere, abbas Guillelmus Romam pervenit, et piæ memoriæ papæ Benedicto, adventus sui rationem, et mittentis ducis voluntatem aperuit, et factæ chartæ confirmationem, et apostolici privilegii auctoritatem, magnæ humilitatis oratione congrua postulavit. Papa igitur Benedictus, ducis diligentiam admirans et suscepti amici præsentiæ summam excellentiam, privilegia postulata confirmavit, et voluntarius tradidit, et Fiscannensem Sanctæ Trinitatis ecclesiam ab omni episcoporum jugo, subjectione et consuetudine liberans et eripiens, sub solius Romanæ Ecclesiæ gubernatione et patrocinio constituit et suscepit. Constituit, inquam, Fiscannensem soli Romanæ Ecclesiæ subjacere, atque ab omni aliarum Ecclesiarum potestate immunem et absolutam et omnino liberam, forma Cluniacensis monasterii permanente. Acceptis igitur apostolicæ auctoritatis exquisitis privilegiis, beatæ memoriæ Guillelmus abbas festino cursu Northmanniam remeavit, et ducis Richardi desiderio suæ voluntatis effectum, injunctæque legationis officium feliciter consummatum, enucleavit et ostendit. Unde dux ineffabiliter exhilaratus, trino et uni Deo gratias totius intensionis fervore reddidit; qui ecclesiam, quam Richardus pater fundaverat atque ipse patris Richardi rogatu et jussione compleverat ac ordinaverat, divinæ providentiæ arcano consilio, tantarum personarum convenientia, ab omnium hominum jugo et prælatione absolvebat et liberabat. Magnis deinde xeniis suum dilectissimum abbatem Guillelmum honoravit, honoratumque Sanctæ Trinitatis ecclesiæ Fiscannensis remisit : iterum atque iterum enixius exorans, quatenus commissæ ecclesiæ, juxta cœpti ordinis religionem, custodiret, et custodiendo perficeret ac confirmaret. Cujus sanctas preces sanctarumve precum nimias humilitatis, beatus abbas, velut oracula Dei suscipiens, Fiscannum intravit, et per multorum annorum vertiginem, usque ad ducatum Hierosolymitæ Roberti Fiscannensem ecclesiam rexit, subjectosque suos verbo et exemplo succendit et reformavit ad imaginem et similitudinem, honorem et gloriam Dei omnipotentis, qui vivit et regnat per omnia sæcula sæculorum. Amen.

LIBELLUS SUPPLEX MONACHORUM ARULENSIUM

Ad Patres in concilio apud S. Tiberium anno 1050 congregatos, adversus bonorum monasterii invasores.

(Mansi, Concil. xix, 793.)

Orthodoxis Patribus omnigena vene a omne dignis, quos sancta ex diversis aggregavit fides partibus, quosque rectit in dilectione fraternitatis vinculum geminæ charitatis, pontificibus videlicet, quibus collata est cura ecclesiarum Dei, grex tantillus almæ Dei Genitricis Mariæ cœnobii Arulas hanc querimoniæ clementiæ vestræ dirigit paginam, in qua sunt adnotata prædia quæ se causatur ab injustis et pravis hominibus per vim seu per donationes illicitas, seu sub prætextu cujuslibet fraudulentiæ, a suo jure distracta. Nam noscat almitas vestra præfatum cœnobium noviter ædificari cœptum pro tantorum amissione prædiorum, non est posse nostrum illud ad perfectum usque perducere, necessaria deficiente quæ sustentationi competunt fragilitatis humanæ. Idcirco prædictus tam variis casibus fatigatus, Dei omnipotentis supplex vestramque omnium deposcit clementiam, ut ob amorem ejusdem gloriosæ genitricis auctoritate pontificali feriantur a vobis vinculo justæ damnationis, et excommunicationis quousque retinuerint prædicta prædia prædictæ Virginis. Hæc sunt vero nomina prædiorum et militum ea possidentium. In primis alodem S. Mariæ, quem habet in comitatu Berchitano, id est in Marola cum ipsa ecclesia, et in Avisano tenet mulier Reinaldi qui fuit quondam cum filio suo. Remundus Arnaldi alodem de Orlarios, Gausbertus ipsum de Pidre et de Ursiniano, Guillelmus Oliba ipsum de Corneliano, Guillelmus Johannis tenet S. Mariam de Panisar, et ipsas vineas de Clusa. Willelmus Dalmatii ipsum alodem de Maras, et de campo Eldrici, et de Tressera, et de villa Mulacha, et ipsum de Keixanos, Bernardus Olivæ alodem de Rutmors, et de Kastelione et de Rodas, Aicardus Odonis alodem de Rabdos, Bernardus Adalberti ecclesiam de Chasamori, Arnaldus Johannis alodem de Elsinas, Seniofredus Mironis alodem de Terradas, et in Pines medium mansum, Deusdefranc mansum unum in Terrodas, Segarus Berardi ipsos mansos et ipsos alodes de Terradas, et in Cirasia mansos tres, et ipsos mansos cum alode de Ortos, et ipsos mansos cum alode de villa Rubeo, et ipsos de Vilaro castellano, et ipsum alodem de Costa et ipsum de Felgus, et de Valedella, et de Campo Sambuce. Seguinus tenet in Albiniano inter mansos et bordas septem, et ipsum decimum de Rabugadas cum medium mansum, etc., et multa alia nobis aufert. Udalgerius vicecomes tenet totum alodium de Alleles.

Synodus anathema pronuntiat adversus invasores bonorum monasterii.

Cum sancta cogeret nos fides ex diversis in unum congregari partibus, sanctam celebraturi synodum

Idibus Julii apud beatum Thiberium, cum religiosorum multitudine abbatum, et honestissimorum virorum utriusque sexus, ætatis vel ordinis; oblata est querimoniæ pagina oculis nostris ex monachis almæ Mariæ Virginis cœnobio Arulis, simul cum prænotata prædia quæ sibi ab injustis tolluntur hominibus: pro qua amissione rerum compulsi adire præsentiam nostram, suffragium expetentes nostrum: quod illis negare non est nostri ordinis, nec rectum, cum in periculis subvenire debeamus, et in necessitate constitutis ferre justitiam. Ob hoc igitur nos humiles Jesu Christi pontifices advertentes tantam tamque inauditam servorum Dei querimoniam, instinctu ejusdem provocamur ad compescendum eam juxta posse nostrum ad decreta canonum. Idcirco ego. Wifredus almæ primæ Narbonæ metropolitanus confirmo. † Ugo episcopus Uzetensis. † Arnallus episcopus Magalonensis. † Berengarius episcopus Biterrensis. † Bernardus episcopus Lutoviensis. † Goutarius episcopus Agatensis. † Berengarius episcopus Elnensis. Illi qui fuerunt ad subversionem de Malo, de S. Maria, de Riarde, Roland videlicet et alii qui consensi fuerunt, cum legatis cæterorum coepiscoporum nostrorum et cum abbatibus religiosis ex diversis ordinibus Gothiæ ac Spaniæ, nolentes exorbitare a regulis SS. Patrum, accensi flamma Spiritus sancti, percutimus eos, qui in supra scripta culpa atque negligentia sunt aut erunt irretiti, secundum quod in culpa sunt aut erunt implicati, per gladium Patris, et Filii, et Spiritus sancti, et per anathematizationem omnium quæ sunt, fuerunt et erunt fidelium Dei, nisi ad veram pœnitentiam venerint, et secundum posse illorum emendaverint, sint extorres a liminibus sanctæ Dei Ecclesiæ, in anathematizatione sint omnes superius nominati, omnesque maledictiones Veteris et Novi Testamenti super eorum capita multiplicamus. Maledicti sint in civitate, maledicti in agro, maledicta horrea eorum et cellaria eorum, maledicti cibi eorum et reliquiæ ipsorum, maledicta sint inferiora ventris eorum et fructus terræ ipsorum, armenta et greges ipsorum; maledicti ingredientes et egredientes. Mittat super eos Dominus famem et pestilentiam et increpationem in omnia opera eorum quæ faciunt, donec conterat eos et perdat velociter propter adinventiones eorum pessimas, in quibus relinquunt Dominum. Adducat Dominus super illos pestilentiam donec deleat eos de terra quam possident. Percutiat eos egestate et febri et frigore, ardore et æstu, et aere corrupto, ac rubigine; et persequatur eos donec pereant. Tradat illos Dominus corruentes coram inimicis suis. Sint cadavera illorum volatilibus in escam et bestiis terræ, et non sit qui abigat. Sint percussi cæcitate, et amentia ac furore mentis; et palpent in meridie sicut palpari solet cæcus in tenebris; et non dirigantur gressus eorum. Maledicta sint capita eorum per septem portas, id est per nares, et aures, et oculos, et per buccam eorum. Maledictum sit cerebrum eorum, capilli, humeri, brachia, manus, digiti, frons, cilia, linguæ, dentes, gulæ, pectus, dorsum, cor, venter, umbilicus, interiora, exteriora, et posteriora, vitalia, inguines, coccæ, geniculi, tibiæ, tali, pedes, plantæ, articuli, venæ, juncturæ, viscera, ossa, medulla. Hæc omnia prænominata illorum maledicta sint nisi resipuerint, et ad veram pœnitentiam venerint. Et hæc regula maledictionis atque anathematizationis servetur, et permaneat in omnibus primatum ecclesiis. Quicunque igitur cum prænominatis hominibus locuti fuerint scienter, nisi emendare eos hortati fuerint, aut cum eis manducaverint, biberint, dormierint, in aliquove participati fuerint, nisi resipuerint; si clericus fuerit, proprio ordine periclitabitur, si laicus aut femina, nisi paupertate aut metu deprehensus fuerit, prædicta damnatione perdendum, et anathematizandum et excommunicandum se esse perhorrescat.

Acta synodus Idus Julii anno incarnati Verbi 1050, indictione III, anno XX, regnante rege Henrico in Francia, anni cycli octavi decimi VI. Sriptum per manus Olivæ † Guislibertus, gratia Dei episcopus Barcinonensis, Wifredus præsul †.

SERMO DE SANCTO MARCULFO

ABBATE NANTENSI, CONFESSORE,

(MABILL. *Acta SS. Bened.*, Sæc. VI, p. II, p. 517, *ex ms. codice cœnobii S. Vincentii apud Laudunum.*)

1. Venerandi Patres ac dilecti fratres, quos in domo sua Deus habitare facit unanimes, exhortationis nostræ alloquia, imo divinæ virtutis insignia beati Marculfi meritis ostensa vestrorum benigne percipiant aures: Salomone testante, imo Spiritu sancto Salomonis ore loquente, didicimus quia *gloria regum celare verbum, gloria vero Dei investigare sermonem (Prov.* XXV, 2) (1). Quapropter, delictissimi, vestra dilectio noverit nos investigasse quædam operum Salvatoris nostri Dei, quæ Pater ejus per naturam, noster vero per gratiam, usque modo operatur, et idem Filius operari cum Patre non desinit. Igitur fidelis ac boni testimonii viri relatu comperimus quod ad gloriam Dei san-

(1) Hic locus hodie in Vulgata nostra contrario sensu sic effertur: *Gloria Dei est celare verbum, et gloria regum investigare sermonem.*

ctorumque ejus honorem litteris tradere studuimus.

2. Nocte sequente diem Annuntiationis Dominicæ, in ecclesia in qua beatus Marculfus requiescit corpore, talem virtutem Deum credimus operatum esse. Eadem namque nocte jam mediante, exstincto in ecclesia lucernæ lumine, solitæ noctis redierunt tenebræ. Ædituus denique a somno excitatus, ut circumspexit ac sensit luce visibili basilicam carere, relicto stratu dormitorium et coquinam fratrum non timuit adire, quatenus ibi candela succensa lucem redderet domui sanctæ. Sed et in dormitorio lucernam, et in ipsa etiam coquina prunas reperit exstinctas, non fortuitu, sed ut remur, ut manifestarentur Dei opera. Quid ergo idem ædituus ageret ignorabat. Tandem nimia mœstitia attonitus oratorium rediit, ibique prostratus coram altari diutinæ orationi incubuit, supplicans divinæ majestati ut meritis sancti sui ibidem quiescentis in hac opportunitate succurreret ei, ne scilicet lumen deesset fratribus matutinalem synaxim proxime cantaturis. Nec distulit Omnipotens exaudire et auribus percipere lacrymas pauperis ad se in afflictione clamitantis. Nam affectus tristitia, fessus etiam oratione ipsa, dum Elbertus (sic enim vocatur præfatus ædituus) dum, inquam, stratus sui repetiisset spatiola, tunc quoque lacrymatur, et sibi omnino reputans quasi sui negligentia luce careret ecclesia, Dei nutu respectus circumspexit, totamque basilicam cœlesti luce clarescere vidit. Repente gaudio gavisus magno, lucernam paulo ante exstinctam adiit, eamque clarissime ardentem reperit. Mox etiam lacrymis tristitiæ gaudii lacrymas superfundens, Deo et beato Marculfo præconiorum jubilos retulit, sicque securior dormitum init. Mane autem discusso noctis peplo, dieque radiante sereno, fratres loci, monachos videlicet beatissimi Remigii, accersivit, eisque (me præsente qui hæc scripsi) rem gestam pandit, contestans Dei virtutem sanctorumque ejus auctoritatem omnia, quæ aiebat, quæque huic pitaciolo decrevimus inferenda, sic haberi.

3. Adhuc autem sub hac nostra ærumnosa ætate non dispar omnipotens Deus miraculum in eadem ecclesia ostendit, ut quoniam electum suum ineffabiliter glorificatum habebat in cœlis, non minus ad capacitatem mortalium mirificare dignaretur in terris. Nam illius infirmitatis sanandæ (quam regium morbum [1] vocant) tanta ei gratia cœlesti dono accessit, ut non minus ex remotis ac barbaris quam ex vicinis nationibus ad eum ægrotantium catervæ perpetuo confluant. Quodam itaque die hujusce gratia quidam homo ad ecclesiam devenit, suæ devotionis munus obtulit ; eique cujus id erat officii, sui adventus causam patefecit. Is autem qui super sacra ecclesiæ ministeria custodiam habebat, vir magnæ in Christo reverentiæ erat, qui ex sæculi fluctibus ad monasterii portum convolaverat, ibique per aliquot annos ministraverat. Cumque ab eodem domno Roberto (sic enim vocabatur) omnia quæ ei ad salutem provenirent, ex more percepisset, ægrotus adjecit : « Ego quidem, mi Pater, quoniam de longinquo sum, in præsenti repatriare dispono : sed hoc ob devotionem peto, ut hæc quam obtuli candelam, ante hoc sacratissimum sepulcrum quandiu durare poterit, usque ad consummationem ardeat, quoniam cum in patria mea essem, si non ex actione, certe ex desiderio eam beato Marculfo sæpissime offerebam. Erat autem non modicæ quantitatis ut infinite per tres dies dare lumen in ecclesia sufficeret, jamque ante altare quod est in honore ejusdem Christi confessoris, revoluta super pavimentum ardebat : acceptaque sponsione a monacho quod quæ petiverat adimpleret, peregrinus recedebat, cum Elbertus, de quo superius meminimus, quasi aliud quid agere vellet pede superposito candelam exstinxit, juxta arcam seorsum exstinctam deposuit, post peregrinum valvas ecclesiæ obseraturus abiit. Nec mora, firmatis ostiis, antequam ille rediret, candela divinitus accensa est, tantusque ex ea ignis exilivit, ut et arcam et vestes arcæ superpositas subito in favillam redegerit ; ipsaque candela (sicut pauper sancti petierat) illico consummata est. Res mirabilis quod quasi duobus momentis et flamma multiplex excreverit, et quæ arripuerat omnino consumpserit. Sed si consideremus unius devotionem et alterius negligentiam, liquet profecto pro irrogata fraude juste divinitus vindictam subsecutam esse. Vidisses, fateor, miraculum de rebus insensibilibus ad redarguendam rerum sensibilium, id est hominum avaritiam. Accurrere fratres qui in vicino aderant; nam crepitum ignis audierant custodemque subclamantem. Quid dicerent agerentve non habebant, quoniam nihil jam remanserat quod igni substraherent. Ille autem se reum, se huic discrimini obnoxium totis singultibus fatebatur, acceptaque pœnitentia a fratribus, in communi statutum atque anathematis vinculo confirmatum est ut oblata a fidelibus luminaria nunquam hactenus alias nisi in usibus ejusdem ecclesiæ fratrumque ibi servientium expenderentur.

4. Necessarium est, charissimi fratres, in laude hujus sanctissimi patroni ac protectoris nostri Marculfi quod, Deo donante, nostris oculis præsentatum est, memoriæ tradere, quem omnipotens Deus apud se dignatus est specialem dare pro nobis intercessorem. Ipse est enim qui assidue orat pro populo suo, et pro habitatoribus hujus sancti monasterii sui. Tempore igitur quo eumdem beatum virum apud castrum Peronam (*Péronne* in Picardia) miraculis coruscare hi qui interfuerunt et viderunt, et manibus tractaverunt, nobis, qui in ejus gloriosa sede remansimus, quanti eam haberet mirabili operatum ; nam alioqui lepram hoc nomine veteres appellant.

---

(1) Vides strumarum morbum (huic enim medendo præsidet S. Marcullus) *regium* olim appellatum ; nam alioqui lepram hoc nomine veteres appellant.

ratione patefecit. Erat enim ante altare ubi ipse biniaci millesimo octogesimo quinto anno incarnati pretioso requiescit corpore, lampas ardens, quæ Verbi.
nullo modo die noctuque exstinguebatur, quia quamvis modicum abesset corporaliter, non tamen deerat spiritualiter. Is itaque qui ecclesiæ officio præerat, cœpit secum cogitando dicere quoniam idem luminare in vanum ardebat, eo quod corpus beati Marculfi in præsenti non esset, non considerans ibidem Dominicum corpus (3) (quod majus et præcipuum erat) cum angelorum adesse custodia. Quod cum prave et inaniter cogitasset, exstincta lucerna abiit; sed post transactum horæ spatium, causa cogente aliqua reversus, dictu mirabile! illico oculis ejus apparuit. Vidit namque eamdem lampadem angelica claritate fulgentem, ita ineffabili modo pendere, ut nec fune desuper teneretur, nec terræ deorsum incumberet. Erat autem magnæ visionis miraculum quod inter funem et lampadem habebat cubiti spatium, et inter lampadem et terram cubiti similiter spatium ; et, ut dixi, lumine cœlesti accensa mirabiliter ardebat. Non tibi forsitan ad credendum animus suffecisset, nisi fratrum populique concursus testimonium effecisset. Nam ille timore pariter et admiratione correptus, ex toto vico rem videre mirabilem maximam concionem plebis evocavit. Multi denique exuberavere lacrymis, dicentes : Quoniam piissimus Christi confessor Marculfus, ipsorum post Deum custos vigilantissimus, et apud Deum multiplex advocatus, quamvis modico tempore esset aliorsum, suos tamen filios per ostensionem miraculi consolari ac visitare est dignatus. Actum est Cor-

5. Igitur, dilectissimi, qui hoc audire, et, ut remur, credere non renuistis, scitote quia hoc tam evidens miraculum ad honorem sancti sui, ad utilitatem quoque nostri Deus dignatus sit operari. Nec immerito : quia enim beatus Marculfus, dum in convalle lacrymarum carne moraretur, opera tenebrarum abjecit, et indutus armis lucis viriliter ejusdem lucis principi militavit ; merito carnis onere leviatus, et ad superna polorum, ut credimus, vectus, auctori claritatis inhærere promeruit. Ergo non dubitandum est quin exstinctam lucem reparaverit, qui tenebras noctis in basilica sua esse abhorruit. Veruntamen quoniam nihil fit in terra sine causa, et beato Gregorio dictante, comperimus quia Deus et Dominus noster ad bene agendum aliquando verbis, aliquando nos admonet ipsis miraculorum exemplis ; curemus hujus sancti ac beati patroni nostri Marculfi, ante cujus sacros cineres excubamus, cujus etiam memoriam hodie solemniter celebramus ; curemus, inquam, hujus patrocinium quærere, obsecrantes ut suis piis precibus fuget tenebras cæcitatis et ignorantiæ nostræ, impetret nobis lucem cœlestis gratiæ : qua illuminati opera tenebrarum abjiciamus, piisque intenti actibus armis lucis induamur ; his quoque muniti principem tenebrarum proteramus : sic etiam victoria potiti, Conditori lucis adhærere mereamur, qui vivit et regnat trinus et unus Deus.

(3) In archivo cœnobii Remigiani legi litteras Simonis abbatis attestantis, Odonem de Sarceio monachum de conniventia sua redditus acquisivisse, et de ipsis redditibus in ecclesia S. Remigii *ante majus altare super quod corpus Domini reponitur, cereum perpetuo ardere instituisse.* Id factum Willelmo archiepiscopo Remensi, sub annum 1165. Præiverat uno sæculo Paulus abbas S. Albani in Anglia, qui referente Matthæo Parisio, *pelvem argenti dedit, constituendo, ut cereum contineret jugiter ardentem ante majus altare.* Aimoinus observat Floriaci morem fuisse a priscis institutum Patribus, ut tam diebus quam noctibus trium lucernarum lumine memorata illustraretur ecclesia. Lucernæ ergo communiter adhibebantur olim, rarius cerei, ad continuum in basilicis lumen.

OPUSCULUM DE SEPTEM ARTIBUS

(Edidit D. Ravaisson, *Rapports sur les bibliothèques des départements de l'Ouest*, Append., p. 404, ex codice ms. sæculi xii in bibliotheca Alenconiensi.)

Ad mensam philosophiæ sitientes currite,
Et saporis tripertiti septem rivos bibite,
Uno fonte procedentes, non eodem tramite,
Quem Pythagoras rimatus excitavit phisicæ,
Inde Socrates et Plato honestarunt ethicæ,
Aristotiles loquaci desponsavit logicæ.
Ab his sectæ multiformes, Athenis materiam nactæ,
Hoc liquore totam irrigarunt Græciam,
Quæ redundans infinite fluxit in Hesperiam ;
Non tamen sine ductore vel tuto remigio,
Quia navem gubernantes Maro atque Cicero
Centum nautas asciverunt quemque suo studio.
Sic recta philosophia minas vicit æquoris,

Nostra sumens elementa pro Achivis litteris,
Tandem læta venit Romam per fluenta Tibridis.
Erat enim Roma potens bellorum victoriis,
Et ut omnes gentes suis subjecit imperiis,
Sic dicebat ut præstaret gemmis philosophicis.
Has ad sese Tulliana torsit eloquentia,
Cujus tonat vehementer trifida rethorica.
His imbuta pulsat astra Mantuana fistula.
Hinc non paucis evolutis annorum curriculis
Severinus his successit in nullo dissimilis,
Quæ philosophiam spectant nullo minor meritis.
Præter hunc et supra dictos extiterunt plurimi,
Præceptores et poetæ vel historiographi,

Quorum quosdam hic dicamus, nam convenit ordini.
Hi sunt Plautus, Naso, Flaccus, Nevius, Terentius,
Livius, Lucanus, Varro, Stacius, Salustius,
Plinius, Quintilianus, Juvenalis, Persius,
Ennius, Cato, Catullus, Macer et Macrobius,
Marcianus, Victorinus, Donatus et Servius,
Priscianus primæ artis restaurator strenuus.
Multos tamen et præstantes vertimus et liquimus.
Nunc quedam hic libare nitemur ex artibus
Profutura studiosis harum facultatibus.
Prime sedis fundamento presidens grammatica,
Preter denas atque ternas partes dividua,
In primis quinque pertita per bis quaternaria
Hæc in ipsis studiorum discitur crepundiis,
Et sub ope instrumenti viam parat ceteris,
Informando, edocendo infinitis regulis.
Huic secunda sociatur civilis rethorica
Et verbosa super omnes, partibus quinaria,
Genera causarum tria cujus materia.
Hec forenses lites sedat, causas agit, clamitat,
Discernendo, recusando, defendendo judicat,
Et quo vult leges retorquet, dicit, negat, implicat.
Cujus genere communis hinc est dialectica,
Quæ natura prior extat etiam grammatica,
Dum cunctas ligat et solvit, pervideri nescia :

A Hec diffinit et discernit, dividit et asserit,
Ratiocinari potens, vincens invincibilis,
Quam lampas clarificavit Manljani luminis.
Transtulit hanc resolvendo binis Analeticis,
Introducens Isagogas binis commentariis,
Et idem Kategorias cum Perierminiis,
Topica cum Sillogismis atque Differentiis,
Diffinicionum librum cum Divisionibus
Explicavit, addens unum Propositionibus.
Hinc abstractas quantitates edocet quadrivium
Numeris et simphoniis mensurisque proprium,
Et perpendit celi vias cursus atque siderum.
Hujus quattuor in partes solvitur scientia,
Enarrando binis formis sui sub essentia.
Hinc testatur Severini diligens sollertia;
B Quarum prima ceterarum mater arithmetica,
Et postea septem vocum moderatrix musica,
Tercia geometria, hinc ars astrologica.
Hæc perpendit celum, terram, solem et zodiacum,
[lunam, polos,
Parabellas, axem, decem circulos,
Stellarumque noscit situs in occasum geminos.
Exultate Papienses cives inclitissimi,
Apud quos quiescunt ossa insignis Boecii,
Vos his rivis inclarescentes jure post eximii.

FORMA EXCOMMUNICATIONIS

[Mabill. *Analect.*, Nov. edit., p. 162.]

Hæc excommunicatio facta est sub finem sæculi decimi, quo fere tempore excommunicationem subiit Ragenardus comes Senonensis cum Gauzfrido et Geilone canonicis Senonensibus; cujus excommunicationis exemplum primo typis editum est in tomo X Spicilegii, tum apud Steph. Baluzium in Appendice ad Reginonem. Varias excommunicandi formulas sæculo ix usitatas videsis apud Reginonem abbatem Prumiensem in lib. ii De ecclesiasticis disciplinis, cap. 407 seqq.

Hæc est excommunicatio, in qua fuit sanctus Theutbaldus, Viennensis archiepiscopus, et Isarnus, Gratianopolitanus episcopus.

Quicunque habitantes Arelati hanc scripturam legeritis, admoneo, precor et adjuro per Patrem, et Filium, et Spiritum sanctum, per unum Deum et creatorem omnium, et per beatam Mariam Dei Genitricem, et per omnes sanctos Dei præsentiæ assistentes, ne dimittatis, quin omnibus palam annuntietis, nec sit aliquis qui tollat eam desuper altare beati Stephani, nisi dum lecta fuerit et audita, donec audiatis persecutores Dei Ecclesiæ, pro quibus rex agitur, ad satisfactionem venire. Noverit itaque omnium fidelium Dei prudentia, qualiter ego Aimo, Valentinensis sedis gratia Dei humillimus præsul, proclamaverim me ante præsentiam Gondradi regis senioris nostri, quod Aikardus terram beati Apollinaris egregii confessoris Christi, atque beati Cypriani gloriosi martyris injusto ordine tenebat, et contra Deum et sanctos ejus crudeli temeritate possidet. Et quoniam nulla ratione ipsum ad

C rectitudinem faciendam invitare potui, dignum duxi ut judicium æterni Regis Domini nostri postularem, et ejus ineffabilem misericordiam exorarem. Veraciter enim scimus quia gladius et ignis cœlestis imperatoris contra filios diffidentiæ vindictam operatur. Hac igitur necessitate imminente, protegente Domino Salvatore nostro, consilium et juvamen a senioribus nostris episcopis circa nos morantibus deprecati sumus, quorum mercede et consecuti sumus secundum animi voluntatem. Habemus enim excommunicationem domni Theutbaldi, Viennensis archiepiscopi, domni Amblardi, Lugdunensis archimandritæ, domni Widonis, Aniciensis præsulis, domni Isarni, Gratianopolitanæ sedis antistitis, necnon domni Gerauldi, Genevensis episcopi:
D quorum in re hujuscemodi una est sententia atque consensus. Et quoniam Arelas caput est et esse debet istius Galliæ, proclamationem nostram ante præsentiam rectoris ejus deferre decrevimus, quatenus ne dedignetur merces ejus tantis patronibus prælibatis assensum accommodare. Sint itaque

excommunicati tam Aicardus crudelis ecclesiæ Dei repervasor, quam omnes illi consentientes in re tam injusta, auctoritate Patris, et Filii, et Spiritus sancti, omniumque sanctorum Dei et angelorum atque archangelorum præsentiæ Dei astantium, et omnium episcoporum auctoritate, quoad usque ad satisfactionem veniant. Sint super eos omnes maledictiones quæ in Veteri et in Novo Testamento leguntur, ita ut pereant gladio Dei velociter, et deducantur ad infernalem locum, ubi exstincta sit lucerna eorum in perpetuum, nisi ad emendationem venerint. Amen.

DYPTICHA ECCLESIÆ ARELATENSIS

(MABILL. *Analect.* nov. edit. p. 220.)

In pervetusto libro sacramentali Gregorii papæ, qui liber ad usum quondam fuit Ecclesiæ Arelatensis, ascripta sunt hæc pontificum Arelatensium nomina ad finem Canonis missæ, ubi crucis signo sancti designantur. Multa est diversitas hujus indicis a vulgatis, quos conferre poterunt studiosi. Unus ponitur Cæsarius, nullus octavo sæculo, contra Sigebertum aliosque, qui sanctum Ægidium ad id tempus referunt. Ipsummet esse non dubitamus Ægidium abbatem, qui Symmacho papæ libellum obtulit cum Messiano notario, in gratiam Ecclesiæ Arelatensis; cui libello pontifex respondit data epistola ad Cæsarium episcopum consulatu Fl. senatoris, id est anno 515.

Commemoratio Dionysii episcopi.
† Trofini episcopi.
† Reguli episcopi.
† Marinii episcopi.
Martini episcopi.
Nicasi episcopi.
† Crescenti episcopi.
† Concordi episcopi.
Grati episcopi.
Ambrosi episcopi.
Martini episcopi.
Ingenui episcopi.
Augustini episcopi.
Geronymi episcopi, *additus alia manu.*
Savini episcopi.
Erotis episcopi.
† Patruli episcopi.
Euladi episcopi.
† Honorati episcopi.
† Hilari episcopi.
† Ravenni episcopi.
† Leontii episcopi.
† Eonii episcopi.
Joannis episcopi.
† Cæsari episcopi.
Feliciani episcopi, *additur alia manu.*
Saturnini episcopi, *additus quoque manu recentiori.*
Presai episcopi.

Osani episcopi.
† Aureliani episcopi.
† Sapaudi episcopi.]
Liceri episcopi.
Paschasii episcopi.
† Virgilii episcopi.
Floriani episcopi.
Teudosi episcopi.
Johannis episcopi.
Item Johannis episcopi.
Anastasi episcopi.
Austroberti episcopi.
Vulberti episcopi.
† Aureli episcopi.
Policarpi episcopi.
Martini episcopi.
Protasi episcopi.
Imnodi episcopi.
Georgi episcopi.
Ratberti episcopi
Kautsari episcopi.
Wilimaris episcopi.
Wiliaris episcopi.
Arladis episcopi.
Alafanti episcopi.
Luponi episcopi.
Johannis episcopi.
Notoni episcopi.
† Rotlandi episcopi.
Rostagni episcopi.
Manassei episcopi, *alia manu.*
. . . .

Hyterii episcopi.
Qui sequuntur, alio item charactere scripti sunt.
Annoni episcopi.
Ponti episcopi.
Raimbaldi episcopi.
. . . .
Ab alio scriptore qui sequuntur.
Aicardi archiepiscopi.
Gibilini archiepiscopi.
Attoni archiepiscopi.
Bernardi archiepiscopi.
Willelmi episcopi.
Alia item manu adduntur sequentes.
R. bonæ memoriæ archiepiscopi.
Item R. . . .
Hugo.
Hugo.
Joannes.
Bertrandus
Florentius.
Raymundus.
Bernardus.
Bertrandus.
Rostagnus.
Petrus.
Arnaldus.
Galhardus.
Milhardus.
Gislebertus.
Joannes.

NOMINA EPISCOPORUM
ANCTÆ GRATIANOPOLITANÆ ECCLESIÆ.
(MABILL. *ubi supra.*)

Magno adjumento erit hic catalogus, tum ad supplendos complures episcopos Gratianopolitanos, qui in editis desunt, tum ad distinguenda tempora quibus vixerunt, itidem archiepiscopi Viennenses. Hunc vero catalogum cum forma excommunicationis superius edita ex ms. codice vetusto eruit, mihique liberaliter communicavit vir de republica litteraria optime meritus Antonius Vionius Herovallius, cameræ computorum auditor.

Domninus episcopus.
Diogenius episcopus.
Amicus episcopus.
Sebastianus episcopus.
Vitalianus episcopus.
Ciratus episcopus.
Viventius episcopus.
Victor episcopus.
Ursolus episcopus.
Siagrius episcopus.

Isicius episcopus.
Clarus episcopus.
Ferreolns episcopus.
Boso episcopus.
Item Isicius episcopus.
Austrobertus episcopus.
Ramnoldus episcopus.
Ragnomarus episcopus.
Austoricus episcopus.
Corbus episcopus.

Leopertus episcopus.
Ardincus episcopus.
Odolardus episcopus.
Radoldus episcopus.
Sulpertus episcopus.
Ebroardus episcopus.
Adalulfus episcopus.
Ebbo episcopus.
Bernerius episcopus.
Isaac episcopus.

Alcherius episcopus.
Isarnus episcopus.
Umbertus episcopus.
Mallenus episcopus.
Artaldus episcopus.
Pontius episcopus.
Item Pontius episcopus.
Hugo episcopus.

Series archiepiscoporum Viennensium et episcoporum Gratianopolitanæ sedis.

Barnardus archiepiscopus.

Agilmarus archiepiscopus, cui contemporaneus fuit Ebbo Gratianopolitanus episcopus, et idem Ebbo episcopus contemporaneus sancti Adonis archiepiscopi.

Ottrannus archiepiscopus successor sancti Adonis, cui contemporaneus fuit Bernerius Gratianopolitanus episcopus.

Barnoinus archiepiscopus, successor Othranni', cui contemporaneus fuit Isaac Gratianopolitanus episcopus.

Raganfridus archiepiscopus, successor Barnoini, cui contemporaneus fuit Isaac Gratianopolitanus episcopus.

Alexander archiepiscopus, cui contemporaneus fuit Isaac Gratianopolitanus episcopus.

Sobo archiepiscopus, et contemporaneus ejus Alcherius Gratianopolitanus episcopus.

Sanctus Theudbaldus archiepiscopus, et contemporaneus ejus Isarnus Gratianopolitanus episcopus.

Brocardus archiepiscopus, et contemporaneus ejus Humbertus Gratianopolitanus episcopus.

Leodegarius archiepiscopus.
Artmannus archiepiscopus.
Gormundus archiepiscopus.
Guido archiepiscopus.

Item alia series.

Sanctus Barnardus.

Ebbo Gratianopolitanus episcopus fuit contemporaneus Agilmari archiepiscopi, sicut in catalogo libro Lugdunensis Ecclesiæ reperitur, tempore Karoli filii Lotarii imperatoris.

Anno Dominicæ Incarnationis 860 obiit Agilmarus archiepiscopus Viennensis, et Remigius sanctæ Lugdunensis Ecclesiæ, et Ebbo Gratianopolitanus episcopus, cum clero et populo Viennensium elegerunt archiepiscopum sanctum Adonem, regnante Carolo jam dicto

Anno Dominicæ Incarnationis 876, Indictione nona, obiit sanctus Ado archiepiscopus, et clerus et populus elegerunt Othtrannum archiepiscopum Viennensem; et Bernerius Gratianopolitanus episcopus consecrationi ejus interfuit tempore Karoli regis.

Post hunc Othtrannum archiepiscopum electus et consecratus est Barnoinus archiepiscopus, cui contemporaneus fuit Isaac sanctæ Gratianopolitanæ Ecclesiæ episcopus, sicut invenimus in libris Lugdunensis Ecclesiæ, tempore Bosonis regis et Ludovici filii sui.

Anno Dominicæ Incarnationis 890, Indictione II, regnante Ludovico rege, obiit domnus Barnoinus archiepiscopus Viennensis ad Christum.

Anno Incarnationis Dominicæ 898, Indictione II, quinto Kalendarum Februarium, die Dominica consecratus est archiepiscopus Raganfridus, cui consecrationi interfuit Isaac sanctæ Gratianopolitanæ Ecclesiæ humilis episcopus tempore Ludovici regis filii Bosonis. Et hoc invenimus in libris Ecclesiæ Lugdunensis.

Post hunc Raganfridum archiepiscopum fuit successor ejus Alexander archiepiscopus Viennensis, cui contemporaneus fuit Isaac jam dictus Gratianopolitanus episcopus, anno Dominicæ Incarnationis 912, Indict. XV, sicut invenimus in chartis Valentinæ Ecclesiæ.

Post hunc Alexandrum Viennensem archiepiscopum fuit successor ejus Sobo archiepiscopus : cui contemporaneus fuit Alcherius Gratianopolitanus episcopus, sicut in electione episcopi Alcherii jam dicti invenimus, tempore Condradi regis.

Post hunc Sobonem Viennensem archiepiscopum, cum nondum esset alius archiepiscopus in loco ejus electus, et Ecclesia Gratianopolitana careret pastore, invenimus in chartis Valentinæ Ecclesiæ Odilbertum Valentinensem episcopum cum cæteris coepiscopis suffraganeis Viennensis Ecclesiæ, una cum consensu clericorum Viennensium ordinasse Isarnum episcopum Gratianopolitanæ Ecclesiæ successorem Alcherii Gratianopolitani episcopi : qui Isarnus jam dictus episcopus fuit contemporaneus sancti Theutbaldi, tempore Gondradi regis.

Post hunc Isarnum Gratianopolitanum episcopum, fuit successor ejus Humbertus episcopus, qui fuit contemporaneus sancti Theutbaldi, tempore Gondradi regis jam dicti.

Post sanctum Theutbaldum archiepiscopum fuit successor ejus Brocardus archiepiscopus, cui fuit contemporaneus jam dictus Humbertus, anno ab Incarnatione Domini millesimo duodecimo, sicut in charta S. Laurentii in monasterio Gratianopolitano invenitur.

NOMINA ANTISTITUM SANCTÆ MATISCENSIS ECCLESIÆ

(MABILL. ubi supra ex codice ms. illustris. Boherii præsidis in senatu Divionensi.)

Primus Nicetius confessor. II Almus. III Justus sanctus Eusebius. IV Inclitus Decius. V Egregius Momulus. VI Beatus Florentinus. VII Sanctus item Decius. VIII Gundulfus vocatus episcopus. IX Adalramnus. X Braidemus. XI Bernardus. XII Lambertus. XIII Gumtardus. XIV Sacratus Giraldus. XV Berno. XVI Maimbodus. XVII Tercelinus. XVIII Ado. XIX Joannes. XX Milo. XXI Ledbaldus. XXII Gauslenus. XXIII Walterius. XXIV Drogo. XXV Landricus. XXVI Berardus. XXVII Joceranus. XXVIII Pontius, XXIX Stephanus. XXX Renaudus. XXXI Poncius. XXXII Haymo.

MONUMENTA QUÆDAM
DE TREUGA DOMINI

(MARCA, *De concordia sacerdotii et imperii.* lib. IV, cap. 14, edente et adnotante Baluzio.)

MONITUM

Inducias illas quæ vulgo *Treuga* et *Pax* dicebantur ubique decretas fuisse, non solum ab episcopis, sed etiam a proceribus cujusque regionis, adnotavit vir illustrissimus [De Marca, lib. IV, cap. 14, *De conc. sac. et imp.*] afferens etiam Barcinonensium exemplum. Nos vero in prima quam procuravimus istarum dissertationum editione nonnulla illorum temporum monumenta, quæ docerent in eadem ora maritima Hispaniæ Tarraconensis et Galliæ Narbonensis sancitam fuisse treugam et pacem ab episcopis et proceribus, in publicum emisimus, concilium videlicet Tulugiense apud Ruscinones, synodum Helenensem sub Oliba episcopo Ausonensi gerente vices Berengarii episcopi Helenensis tunc temporis in partibus transmarinis peregrini, concilium Narbonense habitum anno 1054. Excerpta concilii apud Sanctum Ægidium in prima Narbonensi habiti anno 1056 et concilium Trojæ in Apulia celebratum ab Urbano II, anno 1093. Sed quonam demum anno habitum fuerit istud concilium Tulugiense non adeo exploratum habetur. Animus olim fuerat eam synodum revocare ad annum 1045 quod viderem eo anno Guifredum archiepiscopum Narbonensem et Olibam episcopum Ausonensem peregisse consecrationem ecclesiæ Sancti Michaelis Flavianensis apud Emporitanos, huicque consecrationi adfuisse Poncium comitem Emporitanum. Videbam præterea Gauzfredum comitem Ruscinonensem, qui ea omnino ætate vivebat, subscripsisse actis illius dedicationis a Guifredo et Oliba confectis. Atque ut etiamnum in ea sententia perstem istud facit quod Oliba episcopus Ausonensis, cujus decretum in synodo Helenensi editum confirmavit ea quæ ab episcopis in prato Tulugiensi congregatis statuta fuerant de treuga et pace, mortuus est anno 1047, ut fidem facit vetus auctor ms. *De gestis comitum Barcinonensium.* Præterea Guillelmus, comes Bisuldunensis, qui Tulugiensi concilio interfuit, obiit anno 1052, ut fidem facit idem vetus auctor. Demum acta concilii Narbonem habiti anno 1054 loqui videntur de institutionibus concilii Tulugiensis. Hæc, inquam, suadent Tulugiense concilium fuisse habitum anno 1045, uti dicebamus. Sed ne ita sentiamus faciunt multa. Primum Raymundus nondum erat Helenensis episcopus, utpote qui circa annum tantum 1064 ad eam cathedram pervenit. Nam certissimis testimoniis compertum habeo Berengarium fuisse episcopum Helenensem ab anno saltem 1032 usque ad annum millesimum quinquagesimum tertium, huic successisse Arnaldum, qui anno 1056 interfuit concilio Tolosano et dedicationi ecclesiæ Barcinonensis anno 1058, XIV Kal. Decembris. Arnaldo successit Berengarius, quem Helenæ sedisse reperio anno 1058, IV Idus Decembris. Post Berengarium denique video Raymundum Helenensem episcopum fuisse annis 1064 et 1084, XIV Kal. Junii. Istis argumentis probari puto concilium Tulugiense non fuisse celebratum anno 1045, quandoquidem Raymundus, qui synodo interfuit, vicesimo tantum circiter post anno ad Helenensem cathedram pervenit. Præterea Berengarius episcopus Gerundensis, qui concilio item Tulugiensi interfuit, anno tantum 1050 factus est episcopus (ut adnotavit Franciscus Didacus in catalogo episcoporum Gerundensium) adeoque anno 1045 interesse non potuit huic concilio Tulugiensi ut episcopus Gerundensis. Sed si ita stat sententia, quid faciemus decreto Olibæ episcopi Ausonensis, qui in actis synodi Helenensis disertam mentionem facit eorum quæ de treuga et pace statuta fuerant ab episcopis qui convenerunt *in comitatu Rossilionense in prato Tulujes*? An dicemus Olibam loqui de superiore quodam concilio Tulugiensi, in quo actum fuerit de treuga et pace? An vero decretum illud Olibæ dicemus esse falsum ac suppositium? Prorsus difficilem esse rem video, et cui explicandæ opportunior alibi fortassis erit locus. Superest igitur ut eadem vetera monumenta, quæ, uti dicebamus, in prima editione istarum dissertationum emisimus in publicum, hic quoque rursum edamus; si prius monuero lectorem Tulujas oppidum esse agri Ruscinonensis, haud procul Perpiniano, tertio videlicet ab ea urbe milliario, quod circa annum 880 vocatur *villa Tulujes*, et *de Tulugiis, in comitatu Russilionensi*, ut fidem faciunt acta vetera quæ exstant in chartulario ecclesiæ Helenensis. Hodie vocatur *Tulujas* ab incolis illarum partium.

De concilio porro Trojano, quod hic quoque edi voluimus, admonendum putavi descriptum illud fuisse in registro Urbani II, ut testantur Ivo parte ix, cap. 53 et duæ vetustæ canonum collectiones, quarum una fuit illustrissimi viri Petri de Marca archiepiscopi Parisiensis, alia clarissimi viri Claudii Puteani. Quæ postrema collectio exstat hodie in Bibliotheca Regia. Celebratum autem fuit hoc concilium anno 1093, mense Martio, ut constat ex his quæ nunc edimus, et ex bulla quadam Urbani, quæ exstat in archivio archiepiscopi Narbonensis, data Trojæ xiv Kal. Aprilis, anno 1093. Frustra porro sunt qui duo concilia Trojana ab Urbano II celebrata fuisse existimant. Codex enim Anianensis, qui nunc exstat in bibliotheca Colbertina, canones Trojanos uni synodo ascribit. Quod verum esse subodoratus est illustrissimus cardinalis Baronius. Gerardum autem episcopum Trojanum fuisse per illas tempestates patet ex Chronico Cavensi quod Ferdinandus Ughellus edidit in catalogo archiepiscoporum Salernitanorum, itemque ex subscriptionibus privilegii monasterii Cavensis apud Baronium ad annum 1092.

I.

Concilium Tulugiense habitum sub Guifredo archiepiscopo Narbonensi.

Hæc est treuga et pax confirmata ab archiepiscopo Narbonensi domno Guifredo, et a Berengario Gerundensi episcopo, et a domno Raymundo Helenensi episcopo, et a comitibus Russilionensium, domno scilicet Gauzfredo et Guilaberto filio ejus, et a domno Poncio Impuritanensi comite, et a domno Guillelmo Bisullunensium comite, et a domno Raymundo Cerritanensium comite, et a domno Gauzberto vicecomite de Castronovo, cum cæteris magnatibus Helenensis episcopatus, in Tulugiensi prato, quod est in comitatu Rossilionis. Constituerunt namque prædicti pontifices, cum consensu cæterorum nobilium, ut in comitatu Russilionensi, vel Confluentano, vel Vallispirineni, ullus homo ecclesiam non infringat, neque cœmeteria vel sacraria xxx passuum ecclesiasticorum in circuitu uniuscujusque ecclesiæ, nisi episcopus propter hominem excommunicatum, aut propter suum censum. Si vero aliquis homo aliter infregerit ecclesiam vel spatium xxx passuum ipsius ecclesiæ in prædicto episcopatu Helenensi, quidquid ei commiserit emendet ut justum fuerit ipsi homini cui injuriam fecerit, et ecclesiæ in qua fecerit satisfaciat legaliter, et insuper compositionem sacrilegii Helenensi componat episcopo. Ecclesias vero illas ubi castra fuerint constructa, sive ubi fures vel rapaces congregaverint furta vel prædam vel malefacta, tandiu posuerunt eas jamdicti episcopi in defensione præscriptæ pacis quousque querimonia prædictarum ecclesiarum deferatur Helenensi episcopo, et ejus judicio aut juste emendetur quod in ipsis ecclesiis commissum fuerit, aut ab eodem episcopo ipsæ ecclesiæ a defensione prælibatæ pacis separentur.

Iidem episcopi præfati constituerunt ut in jam A dicto episcopatu Helenensi nullus violenter infringat dominicaturas canonicorum vel monasteriorum, neque aliquid rapiat inde. Clericum vero armá non ferentem, vel monachum, vel sanctimonialem, sive viduam, nemo apprehendat, nec illis aliquid injuriæ inferat. Villanum neque villanam nemo apprehendat nisi propter culpam quam ipse villanus vel villana fecerint. Et si eos apprehenderit, non distringat nisi per directum. Et ut prædam nemo faciat in jam dicto episcopatu de equabus vel pullis sive mulis earum ætatis unius anni, neque de bobus, neque de vaccis, sive vitulis earum, neque de asinis vel asinabus sive pullis earum, neque de ovibus, arietibus, hircis, capris, sive earum fetibus. Mansiones villanorum nemo incendat, neque evertat. Terras in contentione B positas nullus villanus laboret postquam commonitus fuerit ab eo in quo justitia placiti non remanserit. Si vero ter commonitus, postea ibi laboraverit, et propterea damnum acceperit, non requiratur pro pace fracta. Si quis autem fidejussor exstiterit, si fidem non portaverit, de suo proprio pignoretur, nec pro pace fracta habeatur. Si quis autem prædictam trevam et pacem infregerit, simpla tantum compositione emendet illi cui infregerit infra primos xv dies. Si vero infra primos xv dies simpliciter non emendaverit, compositionem mali quod intulit in duplo componat, ita, ut medietatem istius duplæ compositionis habeat querelator, et alteram medietatem habeat episcopus et ipse eorum qui adjutor fuerit eidem episcopo ad hanc justitiam faciendam. Si quis autem prædictam pacem vel trevam [fregerit], et inde justitiam facere noluerit, infra xv dies quod querelator suam querelam præsentaverit ante episcopum et ejusdem clericos ac comitem ipse malefactor et consiliatores et adjutores ejus emendare noluerint, egrediantur a treva et pace, et malum quod propter hoc illatum fuerit, eis non requiratur pro pace vel treva fracta. Et si malefactor et adjutores ejus postea jamdicto querelanti ullum malum fecerint intra trevam, emendet pro treva et pace fracta. Item prædicti episcopi firmaverunt trevam Domini. Videlicet ut omni tempore teneatur ab omnibus Christianis ab occasu solis quartæ feriæ, id est Merchoris die, usque ad ortum solis secundæ feriæ, id est Lunis die. Item continuatim teneatur a prima die Adventus Domini usque ad octavas Epiphaniæ Domini, quando festivitas sancti Hilarii agitur. Item similiter continuatim teneatur a die Lunis quæ antecedit caput jejunii usque ad diem Lunis qui est primus post diem Dominicam octavarum Pentecosten. Et tres festivitates sanctæ Mariæ cum suis vigiliis. Et nativitatem sancti Joannis cum sua vigilia, et festivitatem sanctorum Justi et Pastoris, et Abdon et Sennen, et sancti Felicis, et sancti Genesii, et sancti Nazarii, et sancti Laurentii, et sancti Michaelis, et festivitatem Omnium Sanctorum, et sancti Martini, et duæ festivitates sanctæ Crucis, et Cathedra sancti Petri, et festivitatem sancti Ennesii, quæ est xii Kal. Septembris, et Decollationem sancti Joannis Baptistæ, cum vigiliis et cum omnibus noctibus jam dictarum festivitatum. Et omnes dies et noctes Quatuor temporum. Si quis autem infra hanc prædictam trevam Domini aliquod malum alicui fecerit, in duplum ei componat, et postea per judicium aquæ frigidæ trevam Domini in sede sanctæ Eulaliæ (1) emendet. Si quis autem infra hanc trevam hominem occiderit sine aliquo casu, ex consensu omnium Christianorum diffinitum est, ut omnibus diebus vitæ suæ exsilio damnetur. Si autem cum casu hoc fecerit, egrediatur tamen a terra usque ad triennium quem episcopus vel canonici existimaverint esse imponendum. Si quis vero infra hanc trevam se miserit in aguit (2), vel ipsum aguet stabiliter pro morte vel apprehensione alicujus hominis, aut pro apprehensione alterius castelli, et tamen si hoc agere non potuerit, similiter emendet ad judicium episcopi et canonicorum ejus ipsam trevam Domini, sicut faceret si fecisset quod agere tentavit. Item prohibuerunt ne in terminibus his continuatis trevis, videlicet tempore Adventus Domini, seu Quadragesimæ, nullus castrum vel munitionem ædificare præsumat nisi xv diebus ante continuatas prædictas trevas hoc inchoaverit. De prædicta autem treva vel pace querela ad episcopum vel ad ejus canonicos seu fatigatio omni tempore fiat; et sicut superius scriptum est in pace de ecclesiis, ita fiat. Et ipsi in quibus episcopus vel canonici prædicti se fatigaverint de direptione præfatæ pacis vel trevæ Domini, sive fidejussores, vel hostatici pro pace vel treva Domini, et malam fidem inde portantes episcopo vel canonicis ejusdem sedis, excommunicentur ab episcopo vel a canonicis ejusdem sedis cum protectoribus et adjuvantibus se quandiu se contenderint sicut infractores pacis vel trevæ Domini, ipsi et res eorum non habeantur in pace et treva Domini.

Ego Gauzfredus comes juro tibi Petro Helenensi episcopo et facio tibi hostaticum ut per duo tempora anni, scilicet ad dedicationem B. Eulaliæ, id est viii Idus Octobris, et ad caput jejuniorum, per unumquemque annum, quandiu vixeris, revertar ad hanc sedem B. Eulaliæ; et non separabo hinc me sine licentia tua vel ipsorum clericorum quibus tu commiseris, si æs non habuero; et si æs habuero, eo transito infra viii dies revertar, et non separabo hinc me sine licentia tua vel ipsorum clericorum quibus tu commiseris, per Deum et hæc sancta.

II.

Synodus Helenensis sub Oliba episcopo Ausonensi.

Anno Dominicæ Incarnationis xxvii post millesimum, xvii Kal. Junii, convenit Oliba pontifex Ausonensis ad vicem Berengarii Elenensis episcopi tunc temporis in transmarinis partibus peregrini una cum Udalchero sanctæ Elenensis Ecclesiæ archipresbytero, et Gancelino archidiacono, et Ellemaro sacriscrinio et Coraule, Gauzberto, et cæteris præfatæ sedis canonicis, cœtumque sacrorum ducum, catervam quoque fidelium, non solum virorum, sed etiam feminarum. Convenerunt autem in comitatu Rassilionense, in prato Tulujes. Quo cum convenissent, primo rogantes Domini misericordiam ut corda fidelium suorum ad se converteret, mentes quoque et actus dirigeret, dein requisierunt si quæ hactenus a præfatis episcopis statuta fuerant observarentur. Sed cum pene omnia invenissent nisi solum pedibus conculcata, sed etiam oblivioni dedita, iterum reparare studuerunt eodem tenore quo fuerant hactenus condita. Constituerunt itaque præfati episcopi simul cum omni clero et fideli populo ut nemo in toto supradicto comitatu vel episcopatu habitans assaliret aliquem suum inimicum ab hora sabbati nona usque in die Lunis hora prima, ut omnis homo persolvat debitum honorem diei dominico, neque ullo modo aliquis assaliret monachum cum clericum sine armis incedentem, neque aliquem hominem ad ecclesiam cum concilia euntem vel redeuntem, neque aliquem hominem cum sportella proficiscentem, neque aliquem hominem cum feminis euntem, neque aliquis auderet ecclesiam vel domos in circuitu positas a xxx passibus violare aut assallire. Hoc autem pactum sive treguam ideo constituerunt, quoniam divina lex et pene omnis Christiana religio ad nihilum deducta, ut legitur, abundabat iniquitas, et refrigescebat caritas. Et ideo præcipimus nos supradicti episcopus, clerus simul, et omnis ordo serviens divinis cultibus, et coram Deo interdicimus ut nullus homo vel femina de suprascriptis aliquid voluntarie temerare vel infringere præsumat, nec invadat res sanctæ matris ecclesiæ Elenensis sive cæteris ecclesiis vel monasteriis debitas. Neque aliquis, se sciente, in incestu usque ad sextum gradum perma-

---

(1) Id est in cathedrali ecclesia Helenensi. (2) Id est insidias struxerit.

neat. Neque aliquis uxorem propriam dimittat, nec alteram feminam habeat. Quod si quis fecit, sive inantea fecerit, nisi resipuerit et pro posse emendaverit et ad plenam satisfactionem sanctæ matris Ecclesiæ coram supradictis canonicis infra mensium trium spatium venerit, a liminibus sanctæ catholicæ Ecclesiæ et omnium Christianorum cœtu excommunicatus permaneat. Et ut noveritis omnes quale peccatum sit jungi excommunicatis, nullus Christianus debet manducare cum eis, vel bibere, neque osculum eis porrigere, neque cum eis loqui nisi de satisfactione; neque si excommunicati defuncti fuerint, debentur ad ecclesias sepeliri; neque aliquis clericus vel fidelis debet pro eis orare. Si vero pro nihilo duxerint excommunicationem, transactis tribus mensibus, anathematis vinculo, id est, ut perditi sicut Judas proditor, damnentur. Et si, quod Deus avertat, in hac perfidia obierint, corpora illorum cum psalmis et hymnis vel spiritalibus canticis non ducantur ad sepulturam, nec inter fideles mortuos eorum nomina ad sacrum altare recitentur. Et quia peccatum perpetraverunt ad mortem, nisi pœnituerint, sine fine damnentur in æternam damnationem. Omnibus canonicis suprascriptæ sedis interdicimus coram Deo et sanctis ejus ut nullus eorum de his aliquid solvere audeat sine consensu præfati archipresbyteri vel archidiaconorum sive sacriscrinii et caputscholaris vel cæterorum fratrum canonicorum. Ministeria autem divina sine intermissione fiant pro excommunicatis per spatium trium mensium, ut det illis Deus pœnitentiam, et resipiscant a laqueis diaboli, a quibus capti tenentur ad ipsius voluntatem. Quod qui noluerit perficere, noverit se multandum, nisi resipuerit, suprascripta excommunicatione. Omnibus autem supradicta observantibus pax et misericordia concedatur a Domino Jesu Christo hic et in perpetuum. Amen.

III.

Concilium Narbonense habitum anno 1054.

Anno Dominicæ Incarnationis millesimo quinquagesimo quarto, indictione septima, epacta nona, concurrente V, octavo Kal. Septembris, conventus erat apud urbem Narbonam decem venerabilium episcoporum, Bernardi scilicet Biterrensis, et Gonterii Agathensis, et Rostagni Luctevensis, et Arnaldi Magalonensis, Froterii quoque Nemausensis, Guifredi vero Carcasensis, imo Berengarii Gerundensis, Guifredi Barchinonensis, nec non et Guillelmi Albiensis; inter quos fuere legati domni Guillelmi Urgellensis videlicet Berengarii, et Ugonis Uzetensis. Præsidente domno Guifredo, prædictæ urbis archipræsule, cujus industria prædicta synodus, opitulante Petro Ramundi comite, atque Berengario vicecomite, una cum abbatum et clericorum ac quorumdam nobilium et ignobilium non minima multitudine, ad confirmandam pariter et custodiendam tregam et pacem et dilectionem quam universalis Ecclesia unanimiter instituit, et reformandam ejusdem statum, qui a pravis conculcabatur hominibus,

Dominicis obtemperantes jussibus pro temporalibus commodis commissæ sibi plebi impensis, a summo omnium pastore, ut æterna præmia mercantur adipisci in sæcula. Primo ergo omnium institutionum nostrarum, quæ in hoc tomo scribenda sunt, monemus et mandamus secundum præceptum Dei et nostrum ut nullus Christianorum alium quemlibet Christianum occidat, quia qui Christianum occidit, sine dubio Christi sanguinem fundit. Si quis vero, quod non optamus, injuste hominem occiderit, per legem eum emendet.

Iterum mandamus atque confirmamus ipsam tregam Dei quæ a nobis dudum constituta fuerat, et nunc a pravis hominibus disrupta esse videtur, ut firmiter deinceps ab omnibus teneatur. Igitur obsecramus per Deum et monemus ut nemo Christianorum quemlibet Christianum requirat ad malefaciendum ab occasu solis quartæ feriæ usque secundæ feriæ illucescente sole. Præcepimus etiam ut a prima Dominica adventus Domini usque octavas transactas Epiphaniæ, sive a prima Dominica quæ est ante caput jejuniorum usque transactas octavas Paschæ, sive a Dominica ante Ascensionem Domini usque octavas Pentecosten expletas, vel de festivitatibus sanctæ Mariæ, et in vigiliis ejusdem, et in vigilia sancti Joannis Baptistæ, vel in festivitate ejusdem, atque in vigiliis apostolorum, et in festivitatibus eorumdem, et in vigilia Vinculæ sancti Petri, et in festivitate ejusdem, et in vigilia sanctorum Justi et Pastoris, et solemnitate eorumdem, et in vigilia sancti Laurentii, ejusdemque festivitate, et in festivitate sancti Michaelis, et in vigilia omnium sanctorum, et in festivitate eorumdem, et in festivitate sancti Martini, et in jejuniis quatuor tempora, in præscriptis jejuniis, sive festivitatibus, atque vigiliis, nemo Christianorum quemlibet alium Christianum lædat, neque dehonestare aut deprædare de suis rebus præsumat. Hanc tregam Domini firmiter custodiri præcipimus; et omnes qui eam tenuerint, et fideliter observarint, benedictionem sempiternam ab ipso Jesu Christo Domino et Salvatore nostro percipiant, et hæreditatem æternæ vitæ sine fine possideant. Illi autem qui rebelles exstiterint vel transgressores, sive qui auxilium eis in aliquo præbuerint, tamdiu anathematis vinculo subjaceant quousque digne arbitrio proprii episcopi satisfaciant. Si quis autem voluntarie vel scienter hominem occiderit in hac treuga aut apprehenderit, aut castrum cujuslibet tulerit aut destruxerit, aut in...... indictam treugam insidiando aut aguitando facere volens comprobatus fuerit, ab omni cœtu Christianorum definitum est ut in omni vitæ suæ perpetuo damnetur exsilio. Si quis autem aliter alicui aliquam injuriam fecerit aut damnum, in judicio proprii episcopi aut clericorum ejusdem, quibus idem episcopus commiserit, secundum modum culpæ directionem faciat per judicium aquæ frigidæ, aut per exsilium, sicut statutum est. Quicunque vero appropinquante Quadragesimæ tempore, sive Ascensionis Domini, vel Pentecostes, necnon et Adventus Domini, qui est per tregam Domini, castrum vel munitionem construere voluerit, non illi facere hoc liceat, nisi duas hebdomadas cunctis scientibus ante prædictum tempus incipiant. De debitoribus vero et fidejussoribus præcipimus ut si contendunt ea quæ debent, projiciantur ab Ecclesia, et in illorum parochias nemo faciat sacrum ministerium usque præscripti debitores reddant debita. Oliveta namque, cujus pignoribus in ipso aquarum diluvio pacem legimus terris redditam, et de cujus liquore sanctum chrisma conficitur, necnon et altaria sancta illuminantur, sub tam firmam pacem statuimus ut nemo Christianorum eam præcidere audeat, vel ad deformitatem truncare, neque earumdem fructus rapere. Quod qui fecerit, juxta quod definitum de cæteris, per tregam Dei emendet. Oves ergo et earum pastores eas custodientes similiter in tregam Dei permaneant cunctis diebus in cunctis locis, ita ut nullus Christianus eas deprædare præsumat, neque illas neque illarum pastores lædere vel invadere. Quod qui fecerit, per Dei tregam hoc totum emendet.

DE PACE.

Pacem autem a nobis sive a principibus olim constitutam mandamus sive firmamus ut ab hodierna die et deinceps ecclesiam nullus hominum infringat, neque mansiones quæ in circuitu ecclesiarum sunt et erunt, neque aliquid ex omnibus quæ infra xxx passus sunt ecclesiæ et erunt, violenter auferre audeat, aut præsumere (nisi episcopus, aut cui ipse jusserit, propter suum censum, aut propter hominem excommunicatum, excepta munitione quæ infra prædictos passus xxx ecclesiæ sita fuerit) ad concitandum bella et contentiones. Censemus iterum ut ne quis hominum terras vel res cujuscunque ecclesiæ vindicare præsumat sine dono et permissione illius cujus eadem ecclesia fuerit. Redditus vero synodales nemo laicorum in opus suum retineat præter consensum episcoporum vel clericorum; sed quibus jure debentur omnino restituat. Monemus iterum ut nullus laicorum in opus suum retineat primitias, neque oblationes, neque cœmeteriorum pretia, neque ova, aut ea quæ ad eos dantur per aspersionem salis et aquæ in Cœna Domini, neque trigintarios (*les trentenaires*) qui recte debentur a clericis recipi pro fidelium defunctorum orationibus, sed clericis qui eisdem ecclesiis præsunt utendos relinquat; nec quidquam ex feyo quod pro eadem ecclesia tenet minuere præsumat. Clericis quoque, monachis, atque sanctimonialibus feminis, et comitibus eorum militaria arma non portantibus, ut aliquid ex bonis eorum nemo apprehendat, nec rapiendo auferat. Eas vero res, et terras, ac vineas, et cætera quæ in jus proprium ac dominium canonici, et monachi, sanctimoniales feminæ habent et habere noscuntur, nullus hominum vel feminarum invadere, rapere aut tollere præsumat, nec aliquid inde usurpare; neque per vim, neque per vicariam, neque per districtionem ibi ullam hospitalitatem accipiat, nisi per missionem vel donum episcoporum vel canonicorum et abbatum, ad quos proprie eadem res pertinuerit, acquirere potuerint. Insuper eas villas et mansos, terras et vineas, sive ecclesias, quæ a fidelibus Dei collatæ esse videntur in opus canonicorum, ut commune inde viverent, quæ veraciter scire potest in hoc opus data esse noscuntur, nullius persona hominum ausus sit habere vel retinere, neque per vicariam, neque per fevum, neque per bajuliam, neque per ullam vocem, sine propria voluntate episcopi et canonicorum, vel abbatum, canonicorum, aut quos eas res pertinere noscuntur, cum voluntate canonicorum suorum, nisi quantum præscripti canonici cum præscriptis senioribus communiter voluerint.

Statuimus autem inter vos de contentionibus terrarum, et de debitoribus et fidejussoribus, Dei auctoritate et nostra, ut nemo ex eis vindictam sumat donec ante sui proprii episcopi et potestatis cujus ditionis fuerit præsentiam veniens, causam suam exponat, ut alicujus eorum judicio terminetur atque definiatur. Episcopus autem et princeps regionis ipsius, quibus eadem res pertinuerit ad distringendum, noceat resistenti, et adjuvet obedientem. Nullus etiam Christianorum ullam substantiam villani non apprehendat, nisi tantum corpus suum per forisfacturam quam ipse per se faciat, et non distringat eum nisi per directum. Caballarium autem nemo apprehendat, ut redut (5) faciat neque faciat, neque substantiam ejus tollat, nisi tantum per directum. Rapinas et prædas ex quibuslibet Christianorum nemo virorum aut mulierum faciat. Præcipimus etiam ut equas nemo rapiat, nisi homo desuper inventus fuerit armatus. Aleses vero nemo incendat. Furi prænotato et publico, latronique atque prædoni in Christianis nemo auxilium præbeat, neque ad illud agendum eum conducat, se sciente, usque ad satisfactionem veniant. Negotiatores et oratores qui ferunt sportas, nemo substantiam eorum apprehendat.

Hanc autem institutionem prædictam monemus pariter et obsecramus ut omnes homines et feminæ in prædictis comitatibus sive episcopatibus degentes firmiter teneant atque intente custodiant secundum suum posse. Quod si quis eorumdem hominum vel feminarum prædictam pacem ac institutionem præsumptuose infregerit, et infra xi dies non emendaverit, noverit se tandiu extraneum a Christianorum consortio et a liminibus sanctæ Dei Ecclesiæ segregatum donec ei cui damnum pertulerit duplum restituat, et potestati illius terræ in qua illud actum fuerit xl solidos emendet; et episcopo ejusdem terræ emendet, manu propria jurando super altare sedis, aut super quo liberavit, quo episcopus jusserit, quia amplius emendare non debeat pro trans-

(5) Vox corrupta.

gressione excommunicationis; aut emendet ei xl nocenti aut innocenti malum ingerat, nisi cum ipso solidos sine sacramento. Dicimus iterum ut hæc termino malefactor damnum intulerit. Hoc excominstitutio ab omnibus firmiter teneatur sicut superius scriptum est, præter eos qui de suo alode vel fevo sive bajulia institutores exstiterint. Quam institutionem quicunque transgressus fuerit, obedire nolens supradictis institutionibus, presbyter ei missam non cantet, neque ullum sacrum officium, neque communicet eum, vel sepeliat, se sciente. Si autem quislibet hominum vel feminarum ab hac die et deinceps ausu temerario hujus nostræ institutionis violator exstiterit, anathematis vinculo feriatur, et a sancta Dei Ecclesia procul pellatur, et ab omnium cœtu Christianorum tandiu separetur donec ad satisfactionem indubitanter veniat.

IV.

Excerpta concilii apud sanctum Ægidium habiti anno 1056.

Ex concilio apud sanctum Ægidium peracto, ubi facta est synodalis collatio Patrum, episcoporum videlicet Gallicanorum xxii; quorum unanimiter consensus et par votum hoc definivit quod hic titulatum memorandum mandamus, cum personis suppositis. Ii sunt: Raimbaldus Arelatensis, Laudegarius Viennensis, cum legatis Narbonensis primæ præsulis vice fungentibus, Froterius Nemausensis, Ugo Ucceticensis, Wilelmus Albiensis, Bernardus Lutevensis, Geraldus Vivariensis, Petrus Vasensis, Udalricus Tricastrinensis, Franco Vendacensis, Clemens Cavillonensis, Petrus Aquensis, Pontius Massiliensis, Deodatus Telonensis, Gaucelinus Forojuliensis, Andreas Nicensis, Durandus Vincensis, Bertrandus Regensis, Ugo Senaciensis, Pontius Glandensis, Ugo Dignensis. Hi omnes collecti in unum tale sancitum dederunt decretum.

1. Canonicam promulgantes sententiam, ut loca canonicorum, ac monachorum cœnobia, vel villas sacris ordinibus ecclesiarum designatas nullius conditionis persona invadere tentet ab hodie usque in perpetuum nec hospitalitatis causa, nec ingenio malæ insitæ consuetudinis, nisi cum necessitas coegerit, quantum ad usum naturæ pertinuerit, sine destructione loci.

2. Ecclesias autem quæ intra castellum aut civitatem fundatæ fuerint, aut in villis vel in agris, illæ videlicet in quibus ædificium ad debellandum non habetur, vel cum quibus seditio non exercetur, nec malefactorum excursus ad reparanda damna civilia vel communia fieri comprobatur, hanc pari consensu volunt et definiunt habere potestatem ut nemo infra terminum xxx dextrorum circa ecclesias positum quidquam rapere præsumat, nec ulli personæ

municant sub anathemate in perpetuum.

3. Militibus autem majoribus vel minoribus hoc præcipiunt, ut ab hodie usque in nativitatem sancti Joannis nullus arma ferre præsumat quacunque de causa, nisi sui solutione episcopi.

Data pridie Non. Septembris.

V.

Concilium Trojanum habitum ab Urbano II anno 1093.

Anno Dominicæ Incarnationis 1023, indictione I, hebdomada Quadragesimæ prima, vi Idus Martii, convenit Trojæ in Apulia concilium episcoporum fere LXXV, abbatum XII. Secundo itaque die, cum de quibusdam infra consanguinitatis lineam copulatis actum fuisset, tandem consentientibus omnibus hoc super eis capitulum promulgatum est.

1. Episcopi quorum diœcesani sunt eos usque in Pentecosten trina advocatione conveniant. Tunc si duo viri (4), vel tres, consanguinitatem jurejurando firmaverint, vel ipsimet forte confessi fuerint, conjugia dissolvantur. Si vero neutrum contigerit, episcopi eos per baptismum Christi, per fidem Christi, per Christi judicium, in vera obedientia obtestentur quatenus palam faciant utrum se, sicut fama est, consanguineos recognoscant. Si negaverint, sibi ipsis relinquendi sunt, ita tamen ut si aliud in conscientia habeant, se a liminibus Ecclesiæ, a corpore et sanguine Domini, a fidelium communione noverint segregatos, atque infames effectos, donec ab incesti facinore desinant. Si se judicio episcoporum segregaverint, si juvenes sunt, alia matrimonia contrahere non prohibeantur.

2. Si quis treviam Dei fregerit, usque tertio ad satisfactionem ab episcopo moneatur. Quod si nec tertio satisfacere consenserit, episcopus, vel cum metropolitani consilio, aut cum duobus aut uno vicinorum episcoporum, in rebellem anathematis sententiam dicat, et per scripturam episcopis circumquaque denuntiet. Sic excommunicatum episcoporum nullus in communionem suscipiat; imo, scriptura suscepta, sententiam quisque confirmet. Si quis aliter præsumpserit, ordinis sui periculo subjacebit. Responsum est ab omnibus: Fiat.

VI.

Synodale decretum de pace, quæ vulgo TREVIA DEI *dicitur (5), constitutum a Willelmo seniore, rege Anglorum ac duce Northmannorum, et episcopis Northmanniæ, apud Cadomum an. 1042 (6).*

(MANSI *Concil.* t. XIX, col. 597 ex BESSIN., *Concil. prov. Rothom.*)

Fratres in Domino charissimi, in pace quæ vulgo dicitur trevia Dei, et quæ die Mercurii sole occi-

---

(4) Ap. Gratian., 35, q. 6., cap. *Si duo*.
(5) Caroli Magni stirpe ad occasum inclinante, comites, sui provinciarum rectores eas sibi tanquam privatas facultates in patrimonium asciscere cœperunt. Translatio regni ad Hugonem illorum conatus plurimum adjuvit: provinciæ non amplius ex ante-

riorum legum auctoritate directæ; sed quisque res magis ex commodo quam ex æquo ordinare gestiebat.
Vicino

(6) Sic restituitur titulus ex ms. S. Michaelis, quocum cætera sunt collata, simul et cum Bigot.

dente incipit, et die Lunæ sole nascente finit, hæc quæ dicam vobis promptissima mente dehinc in antea debetis observare. Nullus homo, nec femina hominem aut feminam unquam assaliat, nec vulneret, nec occidat, nec castellum, nec burgum, nec villam in hoc spatio quater dierum et quinque noctium assaliat, nec deprædetur, nec capiat, nec ardeat ullo ingenio, aut violentia, aut aliqua fraude. Quod si aliquis, quod absit, illam non tenendo quæ præcipimus infregerit : si non xxx annorum pœnitentiam in exsilio fecerit, et antequam ab episcopatu nostro exeat, quidquid fecit contra pacem, emendaverit, a Domino Deo sit excommunicatus, et a tota Christianitate sit separatus. Quicunque vero illi aliqua in re communicaverit, aut consilium sive adjutorium dederit, aut ullum colloquium, nisi ut ad pœnitentiam veniat, et ut dictum est, ab hoc episcopatu exeat habuerit, similiter sit excommunicatus, donec ad emendationem venerit. Quod si ille sanctæ pacis violator miserrimus, priusquam accepta pœnitentia xxx annorum exsul moriatur, nullus Christianorum præsumat illum visitare, aut corpus a loco in quo jacuerit tollere, nec quidquam ex substantiæ suæ bonis accipere.

Præterea, fratres, hanc pacem et treviam Dei, de terris ac de bestiis, insuper de rebus omnibus quæ haberi possunt, tenebitis inter vos. Quod si quis aut aliquam bestiam, aut etiam obolum sive vestimentum in ista pace tulerit alieni, sit excommunicatus donec ad emendationem veniat. Quod si ad emendationem voluerit venire, primum reddat quod rapuit, aut tantum quanti erat pretii quod abstulit. Dehinc vii annis pœniteat infra episcopatum. Si autem moriatur priusquam satisfaciat et pœnitentiam sumat, non sepeliatur, nec a loco quo obiit moveatur, nisi pro illo parentes ejus satisfecerint ei, cui injuriam fecit. Cæterum in hac pace nullus nisi rex aut comes hujus patriæ caballicationem aut hostilitatem faciat : et quicunque in caballicatione aut hostilitate regis fuerit, in hoc

Vicino vicinum invidere, rixas movere, pugnas invicem committere in morem devenit. Magnatum exemplo privatorum pugnæ et bella quasi domestica ; faida quam vocitabant ante quasi intermortua revixit, et quo semel quis quempiam occidisset, propinqui cædem ulcisci, et in vindictam ipsum interfectorem vel quemvis ex ejus genere impune occidere cœperunt. Ad tollendum tam grave malum, quoniam non poterat statim curari, hac arte itum est. Quidam dies assignati sunt quibus quies esset ab hujusmodi bellis, nec alium quivis persequi auderet, sed singuli publica quiete securi fruerentur : et has inducias treugam Dei seu treviam Domini vocitarunt, de qua passim apud auctores illius temporis. Trevia illa decretis conciliorum, et summorum pontificum litteris celebrata est et approbata ; qui vero hanc induciarum legem temere violare ausi essent, capitis

(7) *Judicii ferrum portet*. In Pontificali ante 1000 an. scripto, quod in Gemmeticensi bibliotheca asservatur, ritus judicii per ferrum candens ita se habet. *Ferrum proferatur, quod a culpato coram omnibus accipiatur, et per mensuram novem pedum portetur ; manus sigilletur, sub sigillo servetur, et post tres noctes aperiatur : et si mundus est, Deo gratuletur ;*

episcopatu nihil plus quam sibi ac suis equis necessaria ad victum accipiant. Mercatores autem, et omnes homines qui ab aliis regionibus per vos transierint, pacem habeant a vobis.

Hanc etiam Dei treviam ab initio Adventus Domini usque ad octavas Epiphaniæ, et a Capite Jejunii usque ad octavas Paschæ, et a diebus Rogationum inchoantibus usque ad octavas Pentecostes per omnes dies tenebitis. Presbyteris autem præcipitur ut in festivitatibus ac diebus Dominicis omnes illos qui hanc pacem observaverint, pro illis preces agendo, benedicant ; illos vero qui infregerint, aut qui infractoribus consenserint, maledicant. Si quis autem se pacem nescienter dixerit infregisse, prius sacramentum faciat, calidumque (7) judicii ferrum portet.

VII.

Germanicum incerti loci concilium quo Trevæ Dei pia et sancta institutio stabilita est, anno circiter 1041 celebratum.

(Mansi, *Concil.* t. XIX, col. 593, ex ms. Talverœ.)

In nomine Dei Patris omnipotentis, et Filii, et Spiritus sancti. Raginbaldus Arelatensis archiepiscopus, cum Benedicto Avenionensi, et Nitardo Nicensi episcopis, necnon et venerabili abbate domno (8) Odilone una cum omnibus episcopis, et abbatibus, et cuncto clero per universam Galliam habitantibus, omnibus archiepiscopis, episcopis, presbyteris, et cuncto clero per totam Italiam commorantibus, gratia vobis et pax a Deo Patre omnipotente, qui est, et qui erat, et qui venturus est.

Rogamus vos, et obsecramus omnes, qui timetis Deum, et creditis in eum, et ipsius sanguine redempti estis, ut caveatis et provideatis vos ad salutem animarum et corporum, et sequamini vestigia Dei, pacem habentes ad invicem, ut cum ipso mereamini pacem, et tranquillitatem perpetuam possidere. Recipite ergo, et tenete pacem, et illam trevam Dei, quam et nos, divina inspirante misericordia de cœlo nobis transmissam jam accepimus et firmiter tenemus, ita constitutam, et dispositam, videlicet ut ab

aut exsilii pœna vel excommunicatione plectebantur: imo apud scriptores illius ævi legitur plurimos ipso Deo vindice prostratos. Non eodem tempore ubique suscepta fuit. Anno 997 Dagbertus Bituricensis archiep. chartam de treuga et pace a Widone Aniciensi aliisque episcopis factam cum Theobaldo Viennensi archiep. confirmavit. Anno 1033 per Arelatensem et Lugdunensem provincias, adeoque per universam Burgundiam, editum fuit ab episcopis decretum de reformanda pace seu treuga Dei, quod universi promptis animis acceperunt. Ex Glabro Radulfo l. iv, c. 5, an. 1041, treuga Dei, auctore in primis Odone Cluniacensi abbate, denuo statuta est, teste Hugone Flaviniacensi abbate. Hanc Austrasii probavere, ac tandem Neustrasii in conciliis cadomi habitis an. 1043 et 1061.

si autem sanies crudescens in vestigio ferri inveniatur, culpabilis et immundus reputetur.

(8) Hugo, Flaviniacensis abbas trevam auctore S. Odilone in primis firmatam fuisse anno 1041 disertis verbis asserit in Chronico, eamque non solum humana auctoritate, sed etiam divinis terroribus confirmatam. Martene.

hora vespertina diei Mercurii inter omnes Christianos amicos et inimicos, vicinos et extraneos, sit firma pax et stabilis treuva usque in secundam feriam, id est die Lunæ ad ortum solis, ut istis quatuor diebus ac noctibus omni hora securi sint, et faciant quidquid erit opportunum ab omni timore inimicorum absoluti, et in tranquillitate pacis, et istius treuvæ confirmati. Quicunque hanc pacem, et treuvam Dei observaverint, ac firmiter tenuerint, sint absoluti a Deo Patre omnipotente, et Filio ejus Jesu Christo, et Spiritu sancto, de sancta Maria cum choris virginum, et de S. Michaele cum choris angelorum, et de S. Petro principe apostolorum cum omnibus sanctis, et fidelibus cunctis nunc et semper, et per omnia sæcula sæculorum. Qui vero treuvam promissam habuerint, et se sciente infringere voluerint, sint excommunicati a Deo Patre omnipotente, et Filio ejus Jesu Christo, et Spiritu sancto, et de omnibus sanctis Dei, sint excommunicati, maledicti, et detestati hic et in perpetuum, et sint damnati sicut Dathan, et Abiron, et sicut Judas, qui tradidit Dominum, et sint dimersi in profundum inferni, sicut Pharao in medio maris, si ad emendationem non venerint, sicut constitutum est. Videlicet si quis in ipsis diebus treuvæ Dei, homicidium fecerit, exsul factus, atque a propria patria ejectus Jerusalem tendens, longinquum illic patiatur exsilium. Si vero in aliis quibuslibet rebus supradictam treuvam Dei et pacem fregerit, examinatus per decreta legum sæcularium, juxta modum culparum cogatur persolvere, et per sanctorum canonum regulas duplicata pœnitentia judicabitur. Quod ideo dignum ducimus, ut si promissionem illic factam in aliquo corrumpere præsumpserimus, mundano, et spiritali judicio dupliciter condemnemur. Credimus namque istam causam a Deo nobis cœlitus inspiratam divina opitulatione, quia apud nos, ut credimus, nihil boni agebatur, quando a Deo populo suo transmissa est. Dominica certa dies non celebrabatur, sed cuncta servilia opera in ea fiebant. Promisimus itaque Deo ac devovimus quatriduum, ut supra diximus, ut feria v propter ascensionem, feria vi propter Christi passionem, sabbatum pro veneratione sepulturæ, et ut Dominica resurrectio inviolabiliter celebraretur, ab omnibus rurale opus in ea omnino non fieret, inimicus inimicum non formidaret, secundum auctoritatem a Deo collatam, et ab apostolis traditam. Omnes, qui hanc pacem, et Dei treuvam amaverint, benedicimus, et absolvimus, sicut superius dictum est. Illos autem, qui contradicunt, excommunicamus, maledicimus, et anathematizamus, et a liminibus sanctæ matris Ecclesiæ eliminamus. Cum autem evenerit cuiquam vindicare in eos qui hanc chartam et Dei treuvam irrumpere præsumpserint, vindicantes nulli culpæ habeantur obnoxii, sed sicut cultores causæ Dei ab omnibus christianis exeant, et redeant benedicti. Si vero residuis diebus aliquid sublatum fuerit, et in diebus treuvæ obviaverit, omnino non teneatur, ne occasio inimico data videatur. Præterea rogamus vos, fratres, ut in quacunque die apud vos prædicta pax et treuva constituta fuerit, ipsum diem devote recolatis in nomine sanctæ Trinitatis. Latrones quoscunque de vestra regione ejiciatis, et abominemini, maledicatis, et excommunicetis ex parte omnium sanctorum qui supra scripti sunt. Decimas vero vestras et primitias de laboribus vestris Deo offeratis. De bonis vestris ad ecclesias deportetis pro salute vivorum et defunctorum, ut Deus vos liberet ab omnibus malis in hac vita, et post hanc vitam perducat vos ad regna cœlorum, qui cum Deo Patre, et Spiritu sancto vivit et regnat Deus in sæcula sæculorum. Amen.

RHYTHMUS SATYRICUS
DE TEMPORIBUS ROBERTI REGIS

(MABILL., *Analect.* nov. edit., p. 366.)

Hos rhythmos ex ms. codice Belvacensi eruit venerabilis vir Godefridus Hurmannus, canonicus Belvacensis. Landricus, qui præcipuus scenæ artifex, est filius Bodonis, comitis Nivernensis, dominus Dunensis, contra quem *Fulco Nerra* graves gessit discordias. Landricus *vir iniquus, dolo et omni malitia repletus* dicitur in capite 7 De gestis consulum Andegavensium. Qui mores recte huic loco quadrant. Idem hic dictus *Achitophel, Crassus, Architriclinus, el Eglon.* Adversarius ejus Odo, Campaniæ comes, *Lapis in Sion* appellatus. *Nabuzardan,* ipsiusmet fautor, videtur esse Hugo Belvacensis, qui *inter ipsum regem Robertum ejusque conjugem nequam semen odii sparsit, suique gratia præmii reginam ei fecerat odiosam, tantam a rege gratiam consecutus, ut comes palatii haberetur,* ex iisdem gestis in tomo X Spicilegii, pag. 466. Adalbero, episcopus Laudunensis, alio nomine *Ascelinus, vetulus traditor et falsus episcopus Lauduni* dictus, quod *Carolum* ducem Lotharingium, cujus consiliarius erat, cujus in verba juraverat, die Cœnæ Dominicæ, anno 990, Hugoni, regi Francorum, portis Lauduni nocte patefactis, tradidit. Is antea Lotharii regis favore anno 977 Roriconi in sedem Laudunensem successerat. Vixit ad annum circiter 1030. Quo tempore *Widonem* clericum, Beroldi Suessionensis episcopi nepotem, sibi successorem contra præscripta canonum allegit : qua de re Geraldi Cameracensis antistitis graves epistolæ exstant, tum ad ipsum Adalberonem, tum ad Ebalum metropolitanum, tum ad Beroldum Suessionensem. Forsan is est Wido cui gratiam sive apud regem, sive apud reginam Constantiam Landricus præripuisse hic perhibetur. Idem ipse e ericus est dictus, ob idque, nempe quod regia gratia cecidisset, *tristis.* Hinc missi legati Calam, et Cala Worehias et Parisios, ubi rex versabatur, ut gratiam resarciret. Idem Landricus *Henrico tollit feminam*, id est Constantiam reginam ejus matrem, quæ Henrico adversabatur. Constantia petit Vasconiam : cum interim Acnitophel seu Landricus Bertam, ob consanguinitatis et affinitatis vinculum a Roberto Gregorii V judicio antea separatam, in regium torum (quod aliunde incognitum) reduxit, atque Roberti filios Hugonem monachum, Henricum æditutum, Robertum episcopum fieri machinabatur, Pruvini ipse promissione ob malas artes a Berta delusus. Is mihi videtur hujus ænigmaticæ satyræ sensus; qui si quibusdam minus arridet, alium afferant, per me licet, meliorem. Certe quod Landricus Robertum regem facere episcopum meditabatur, non de alio quam de Roberto Roberti regis filio interpretari vix cætera sinunt : cum id in ipsum patrem agitare longe esset a Landrici animo, qui Bertam ei reconciliaverat. Hugo *Absalon* dici videtur ob decoram formam et cæsariem, qui Landrici consilia sprevérit. *Lapis ille in Sion, qui Landricum spiritualiter contrivit*, non alius, ut jam dixi, quam Odo Campaniæ comes, Landrici adversarius et debellator, ex lib. De ge stis consulum Andegavensium, cap. 8. Nec mirum, quod Constantiam reginam, Odonis sororem, Landricus, Odonis æmulus, ex aula deturbare sategit, idque tandem re vera perfecit. Cæterum Berta in Roberti amores redire meditabatur, teste Odoranno, cum Robertus iter Romanum aggressus est. At diversum videtur fuisse istud factum, quod rhythmi hujus auctor hoc loco commemorat, cum tempus et aliæ circumstantiæ non conveniant.

Orbis magni monarchiam dolus Landrici nititur
Per energiæ studium solemniter evertere.
Est lapis unus in Sion, quem dicunt petram scan-
[dali.
Quæ cecidit super caput Achitophel jam septies
Sed cum cadit lapis semel, cadit vi septenaria :
Contritum spiritualiter Burgundionem vidimus.
Achitophel Burgundia ætati nostræ reddidit ,
Multum crinitus Absalon cujus sprevit consilium.
Intrat sæpe palatia versipellis regalia ,
Occultat nasum pellibus, pectus subdendo fraudibus.
Jam Catilina nequior amicis præbet osculum ;
Sed prætendit decipulas sapore fellis ebrias.
Alter Jugurtha loquitur, non ex fide, sed de fide,
Pro veris amicitiis reddens inimicitias.
Ad regum pergens solium, Ceges salutat, non amat :
Sed est quasi tugurium alto cucumerario.
Non est auditus in Thevan, nec inventus in Corba-
[nan,
Prior risus in vultibus, amicis ignorantibus.
Sed didicit episcopus, quod tristis fuit clericus :
Itur a Chela Worchias, a Worchiis Parisius.
Crassi risus commotio est regni perturbatio :
It juxta sæpem mingere qui reges scit seducere.
Statum subvertit principum, hostis Francorum pro-
[cerum,
Diffusis currens ratibus, sicut Crassus vulpennius.
Non percipit Adalbero, Achitophel cur rideat :
Vulpes portat in pectore, qui suis nescit parcere.
Dolis armatus justifer [*f.*, furcifer] Henrico tollit fe-
[minam,

A Prius Widoni gratiam, timens sponsæ prudentiam.
Uxor petit Vasconiam, Achitophel malitiam ,
Dum perjurandi sarcinam totam conturbat patriam.
Honoris fundit terminum, intrans Regis palatium,
Henricus sit æditutus, dicit Bodonis filius.
Fiat rex Hugo monachus, rex Robertus episcopus ;
Habens hic vitam simplicem, alter vocis dulcedi-
[nem.
Obscura fraudum legio regnat Landrici stomacho,
Cujus munit sententias Nabuzardan auctoritas.
Cachinnis ostendit dolum, respectus et periculum :
Acuta sunt novacula perfidiæ duritia.
Promissionis scissio præsentatus in subdolo,
Verborum sub membraculo in mendoso volutabro.
Saliva mista fraudibus ejus versatur fraudibus :
B Sermones cum periculis ejus versantur syllabis.
Herodiadis nuptias renovavit illicitas :
Incesta propter basia spereat Pruvini mœnia.
Architriclinus impius gavisus est pro mœnibus :
Potentiorem fieri se credidit pro nuptiis.
Dormivit rex in lectulo, Landrici pontificio :
Dormit Bertæ promissio, irascitur Burgundio.
Eglon noster novissimus, cujus ut non turpissimus :
Multis est fastus dapibus, non placet Pruvinensibus.
Secundum lunam patitur, spe varia confringitur :
Pruvinum nunquam perdidit, quod habere non po-
[tuit.
Plumbi scribatur lamina, ne transeat memoria :
Ut posteri sint providi, si post mortem surrexerit.
C Achitophel prosperitas est Europæ captivitas,
Qui pejor fit quotidie, periturus tardissime.

RHYTHMI VETERES.

I
RHYTHMUS MILITUM MUTINENSIUM.

II
RHYTHMUS DE LUDOVICO II IMP. PER ADELGISUM CAPTO

PRÆCEDIT

L. A. MURATORII
DISSERTATIO DE RHYTHMICA VETERUM POESI
(*Antiq. Ital.* III, 664.)

Non minus quam *Italica lingua* originem suam barbaricis temporibus debet *Italica poesis*, cujus tamen fundamenta altius sunt nobis investiganda. Aristoteles in principio poetices inquirens unde ortum poesis habuerit, statuit eam ex amore *imitationis* prodiisse, qui hominibus insitus est, atque ex amore *harmoniæ* et *rhythmi*. Præcipue vero ait: Κατὰ φύσιν δ' ὄντος ἡμῖν τοῦ μιμεῖσθαι, καὶ τῆς ἁρμονίας, καὶ τοῦ ῥυθμοῦ (τὰ γὰρ μέτρα ὅτι μόρια τῶν ῥυθμῶν, ἐστὶ φανερόν) ἐξ ἀρχῆς οἱ πεφυκότες πρὸς αὐτὰ μάλιστα κατὰ μικρὸν προάγοντες, ἐγέννησαν τὴν ποίησιν ἐκ τῶν αὐτοσχεδιασμάτων quæ Latine ita sonant: *Cum ergo secundum naturam sit in nobis ipsum imitari, et harmonia et rhythmus* (nam metra particulas esse rhythmorum manifestum est) *a principio qui natura maxime ad hæc apti erant, paulatim promoventes, genuerunt poesim, extemporanee versificantes.* Mirum quantum ad hæc verba hæserint, certarint, ingeniumque suum torserint Aristotelicæ poetices interpretes, præsertim Itali, quod nempe vim vocis *rhythmi* assequi satis non possent, et *harmoniæ* vocem hic aliter, aliter ille explicarent. At germanus Philosophi sensus est, nos ex institutione naturæ delectari non solum *imitatione*, sed etiam *harmonia*, hoc est modulatione et musica harmonica, sive ea ex cantu aut voce animantium nascatur, sive ex sonitu instrumentorum musicorum; atque insuper *rhythmo*, id est ordine et collocatione verborum ita conjunctorum, aut desinentium, ut voces etiam sine cantu, ac tantummodo pronuntiatæ, consonantiam, ac quamdam, ut ita dicam, melodiam reddant, et delectabili jucundaque sensatione auditorum aures feriant. *Metri* autem nomine significatur oratio, quarumdam legum inventione et constitutione ita ligata et fabricata, ut certo pedum numero constet, et in ipsis pedibus exacte ratio habeatur syllabarum longarum et brevium. *Metra* autem versus poetarum ideo appellati sunt, quod μέτρον idem sit ac *mensura*. In versibus vero ad leges poeticas constructis et vinctis ita mensura temporis servatur, ut eadem semper recurrat in ejusdem generis versibus, sive longis pedibus illi, sive brevibus, sive mistis constent. Scribit autem Quinctilianus Institution. Oratorian. lib. IX, cap. 4, *longam syllabam esse duorum temporum, brevem unius, etiam pueri sciunt.* Proinde in periodis rhetorum occulta arte elaboratis concentus quidam auditur, eaque de causa tum Tullius, tum idem Quinctilianus *rhythmum* in oratione procurandum jubent, non autem *metrum*. Præcessit autem Aristoteles, scribens Rhetoric. lib. III, cap. 8 : Ῥυθμὸν δεῖ ἔχειν τὸν λόγον, μέτρον δὲ μή : id est, *rhythmum oportet habere orationem, non vero metrum.* Alioquin, ut ille addit, *poema erit.* Ad quem locum Cicero respiciens, ubi de ipso Aristotele loquitur, ait : *Is igitur versum in oratione vetat esse, numerum jubet.* Vertit ille μέτρον *versum*, ῥυθμὸν vero *numerum*, unde *numerosa oratio* dicta etiam fuit. Inde ergo exorta est poesis, uti Philosophus recte monuit, quod primo quidam populi (sive Hebræi, sive Græci, sive quisquis alius, hoc enim nihil moror) cum in sacrificiis, aut in nuptiis, conviviis, victoriis aliisve tripudii et lætitiæ publicæ vel privatæ temporibus, harmoniæ operam darent, tibiis aut fidibus utentes, sensim vocem et cantum jungere sono tibiæ aut citharæ cœperunt. Quam in rem compositionem quamdam dictionum et pedum adhibebant, in quorum structura *rhythmus*, sive concentus audiebatur, cum in uno commate vocum ac pedum connexio alteri subsequenti commati responderet. Sed tunc nulla, aut certe exigua cura fuit brevitatis aut longitudinis syllabarum, cum satis foret ita construere brevem illam orationem, et statuere aliqualem pedum numerum atque mensuram, ut ad aurium judicium inde exsurgeret aliquid modulationis atque concentus. *Versus* appellari cœpta

RHYTHMI VETERES.

est ejusmodi brevis orationis structura, quam non meditatio, sed extemporanea vis ingenii effundebat, ut nostris quoque temporibus ab iis rusticis præstatur, qui ex tempore versus faciunt. Hæc poeseos fuere primordia. Cum vero delectatio inde in auditorum aures animumque non modica flueret, rem imperfectam sensim docti et egregii viri perfecerunt, invectis nempe nonnullis legibus, quibus deinceps versus construerentur, et adhibita in illis castigatiore mensura pedum, ita ut rigide etiam temporis ratio et uniformitas servaretur in usu syllabarum brevium atque longarum. Priores versus *rhythmici* appellati sunt, *metrici* vero secundi. Atque hinc intelligimus cur sanctus Augustinus, lib. III, cap. 2, de musica scripserit : *Quocirca omne metrum rhythmus; non omnis rhythmus etiam metrum est.* Exempli enim gratia in Virgilii aut Homeri versibus hexametris non solum *rhythmus*, seu melodicum quidquam auditur, sed etiam *metrum*, hoc est accurata observatio temporis, deprehenditur, cum sive brevibus, sive longis pedibus versum poeta efformet, atque in singulis hexametris semper viginti duo tempora vocis occurrant. Eadem est proportio in reliquis versuum generibus apud meliores poetas. At in versibus rhythmicis ita quidem ex copulatione verborum ac pedum etiam numero sæpius observato concentus aliquis enascitur, ut audienti voluptas creetur ; sed ibi aut parum aut nihil sollicitus est artifex brevibusne an longis pedibus utatur : legemque respuit et compedes quos sibi præstantes poetæ jam diu posuerunt. Dicis causa, penultima hexametri pes dactylum exigit, hoc est tres syllabas, quarum prima longa sit, reliquæ duæ breves, uti *carmina, turgidus*. Verum Quinctiliano monente lib. IX, cap. 4, *rhythmo indifferens est dactylusne ille priores habeat breves , an sequentes;* ac propterea idem est rhythmum conficienti adhibere tribrachum, e tribus brevibus compositum, ut *macula, canimus;* an anapæstum ex duabus brevibus et longa conflatum, ut *rutilans, Erato;* aut creticum ex longa, brevi et longa contextum, ut *Achates, fulgidis*. Sonum istæ quoque voces reddunt similem aut proximum dactylo ; et qui aures tantum judices habet, nihil aut parum discriminis deprehendit inter sonum istorum pedum, qui tamen apud metricos poetas diversus plane censetur. Qua olim arte, quave pulsatione vocis antiqui Græci et Latini distinguerent verborum præcipue dissyllaborum brevitatem ac longitudinem, incompertum mihi fateor. Frustra enim intenta aure nunc quæro, cur vox *mala*, sive res *malæ*, diversam temporis rationem habeat a *mala*, id est *poma*, aut *gena*, cum utriusque vocis sonus idem mihi sit, alius autem secundum prosodiæ leges habeatur.

Itaque duplex poeseos genus olim exsurrexit ; alterum antiquius, sed ignobile ac plebeium ; alterum nobile, et a doctis tantummodo viris excultum. Illud *rhythmicum*, illud *metricum* appellatum est. Sed quod potissimum est animadvertendum, quanquam metrica poesis primas arripuerit, omniumque meliorum suffragio et usu probata, laudibus ubique ornaretur, attamen rhythmica poesis non propterea defecit apud Græcos atque Latinos. Cum enim vulgus indoctum et rustica gens poetam interdum agere vellet, neque legibus metri addiscendis par esset, quales poterat, versus efformare perrexit, hoc est rhythmo contenta, metrum contempsit. *Metrum*, inquam, hoc est rigidas prosodiæ leges, quas perfecta poesis sequitur. Cæteroqui latiore significatione *metri* quoque nomine donatos interdum video rhythmicos versus, quod et in iis aliqua *mensura* pedum et temporis observaretur. Primi autem rhythmicos versus, atque adeo poesim invexere apud Latinos rustici, quibus tamen præiverant Græci. Mos enim eorum fuit post messem sese exhilarare, conviciis alternis sese ferientes, et versibus rhythmicis certantes, qui *Fescennini* etiam appellati sunt. Rem describit Horatius lib. primo, epistola prima, et *Agricolis priscis* eorum originem tribuit, ac tandem ait :

Fescennina per hunc inventa [an potius *invecta?*]
                         [*licentia morem,*
Versibus alternis opprobria rustica fudit.

Par est Tibulli sententia lib. II, elegia secunda.
Agricola assiduo primum lassatus aratro
   Cantavit certo rustica verba pede.

Livius quoque initio lib. VII, Annal. de ludionibus Etruscis loquens, ait : *Imitari deinde eos juventus simul inconditis, inter se jocularia fundentes, versibus cœpere.* Versus *inconditos* Livius appellat eorum versus, quod et facit Vergilius in ecloga secunda, atque in lib. II Georgicor., ubi *incomptos* dicit rusticorum versus, quod nempe rudes forent, neque certa prosodiæ ratione incederent. Ejusmodi versus infra ab eodem Horatio appellatur *horridus*, id est rudis et incomptus. Neque dispar fortasse fuit *Saturnius*, nam Saturni tempore illud versuum genus in usu fuisse credebatur.

. . . . *Sic horridus ille*
Defluxit numerus Saturnius. . . . . .

Numerus Latina vox *rhythmum* Græcum exprimit. Pergit scribere Horatius :

. . . . *Et grave virus*
Munditiæ pepulere. Sed in longum tamen ævum
Manserunt, hodieque manent vestigia ruris.

Hoc est, quamvis a Græcis didicerimus *metri* regulas, et pro rudibus rusticorum *rhythmis* castigatos nunc politosque versus conficiamus, attamen rhythmica poesis perduravit semper, et adhuc apud vulgus viget. Horatii interpretes in hunc locum verba Servii proferunt, qui ad lib. II Georgicor. *versus incomptos* a Virgilio memoratos explicans, *carminibus*, ait, *Saturnio metro compositis, quæ ad rhythmum solum vulgares componere consueverunt.* Quare conjicere hinc possumus eosdem fuisse olim *Saturnios* et *Fescenninos* versus. Obstat tamen Asconius, qui commemoratur *senarius hypercatalectus*, qui et *Saturnius dicitur :* næc enim indicare possunt versum illum non rhythmicum, sed metricum fuisse. Attamen Livius iterum audiatur, qui poesi paulatim nitorem accessisse scribens libro eodem septimo ait : *Non sicut ante Fescennino versu similem, incompositum temere, ac rudem, alternis jaciebant.* Quibus ille verbis describit primos Latinorum versus; *incompositos*, videlicet ex tempore et improviso effusos, atque procusos sine exacta ordinis ac temporis observatione, quam in metris ad prosodiæ leges compositis sentimus, ideoque impolitos ac rudes. Cum vero in nimiam dicacitatem ac satyram ejusmodi Fescennini seu joculares versus ruerent, legibus Romanis eorum licentia compressa est, ita ut fas tantummodo fuerit per eos mordere in nuptiis atque triumphis. Vide Ferrarium lib. vi De veter. acclamationib., capite decimo, qui rem illustrat atque exempla profert. Inclinante autem Romanorum imperio, oblectatum fuisse populum hujusmodi quoque rhythmis, satis prodit Vopiscus in Aureliano, cujus verba multis illustravit Salmasius. Tum vero sub Augustis Christianis, sed potissimum sub regibus barbaris, multus rhythmorum usus fuit, non ad maledicentiam aut vituperationem, sed ad honesta quævis argumenta, ac præcipue ad laudes Dei atque sanctorum, sive etiam viventium. Quamvis enim nullo unquam tempore *Metrica* poesis defecerit, suosque poetas, vincta oratione utentes, neque omnes contemnendos, singula sæcula ostendere potuerint, attamen cum bonis litteris magnum vulnus inflictum fuisset, et ignorantia plerosque tunc hominum teneret, prosodiæ legibus pauci studebant, eratque iis levius negotium sese exercere in rhythmis, quod nempe id genus lucubratiunculæ minus curæ atque laboris exigeret. Proinde videas medii ævi scriptores tum *rhythmica*, tum *metrica* opuscula commemorare atque distinguere. Sanctus Bonifacius Moguntinus episcopus circiter annum Christi 740, epistol. 4 scribit : *Obsecro ut mihi Aldhelmi episcopi aliqua opuscula, seu prosarum seu metrorum, aut rhythmicorum dirigere digneris.* Litterariæ Historiæ scriptores commemorant Aldhelmi istius librum *De Metrorum generibus*, sive *De arte metrica*. Ita Alvarus Hispanus scriptor circiter annum 847, in Vita sancti Eulogii, hæc habet verba : *Epistolatim invicem egimus, et rhythmicis versibus nos laudibus mulcebamus.* Ekkehardus in Vita beati Notkeri Balbuli, apud Goldastum, tomo primo, pag. 257, Rer. Alamann., cap. 16, hæc scribit : *Sequentias, quas idem Pater sanctus fecerat, destinavit per bajulum urbis Romæ papæ Nicolao et Liutwardo Vercellensi episcopo, tunc tempore Karoli Magni imperatoris* (id est Caroli Crassi circiter annum 883). *Qui venerandus apostolicæ sedis pontifex omnia quæ beatus vir Notkerus dictaverat, canonizavit videlicet hymnos, sequentias, tropos, litanias, omnesque cantilenas rhythmice, metrice, vel prosaice, quas fecerat*, etc. Porro idem Ekkehardus, seu alter, cap. 1 De casib. S. Galli, agens de Salomone abbate et episcopo Constantiensi, hæc scribit:

Scholas prætériit, ostium aperuit, et intravit. Erat utique jus illorum, sicut hodie quidem est, quoniam exleges quidem sunt, ut hospites intrantes capiant; captos, usquedum se redimant, teneant. Vide quam vetustus sit abusus qui in Ticinensi gymnasio perdurare adhuc dicitur: *Spupillare* appellant. Post multa discipuli illi, *medii rhythmice*, *cæteri vero metrice effantur :*

Quid tibi fecimus tale, ut nobis facias male?
Appellamus regem, qui nostram fecimus legem.

At alter versificator inquit :

Non nobis pia spes fuerat, cum sis novus hospes,
Ut vetus in pejus transvertere tute velis jus.

Sic Hermannus Contractus apud Pezium in præfatione ad Thesaur. Anecdotor. Rhythmicum hunc versum habet :

Carmen oro pange metro, seu canore rhythmico.

Ordericus quoque Vitalis sæculo xii *rhythmicos* versus laudat; et circiter annum 1145, Silvester Giraldus Britannus in Speculo Ecclesiæ lib. iv, cap. 16, de quodam Golia hæc tradit : *Litteratus affatim, sed nec bene morigeratus, nec disciplinis informatus, in papam et curiam Romanam carmina famosa pluries et plurima, tam metrica quam rhythmica, non minus impudenter quam imprudenter evomuit.* Quæ omnia satis indicant quanto olim in usu fuerit rhythmica poesis, neque ab ea interdum abhorruisse doctos etiam viros. Qua ratione vero a metris rhythmi differrent, Beda sæculo viii, in lib. De metris ita explicuit : *Videtur autem rhythmus metris esse consimilis. Est autem verborum modulata compositio, non metrica ratione, sed numero syllabarum ad judicium aurium examinata, ut sunt carmina vulgarium poetarum. Et quidem rhythmus sine metro esse potest; metrum vero sine rhythmo esse non potest. Quod liquidius ita definitur : Metrum est ratio cum modulatione; rhythmus modulatio sine ratione.* Isidorus quoque lib. primo, cap. 38, Origin. rhythmos a metris distinguit.

Age vero quis rhythmorum cursus fuerit, videamus. Paucis gressibus plerique iter suum conficiebant, distichorum, epigrammatum, odarum, aut hymnorum, cursum imitati, hoc est exigua aut certe mediocri versuum serie contenti. Sed neque defuere qui ultra hasce metas progrediebantur, prout materies, aut artificis consilium exigebat. Rhythmopœios autem si dixero omni versuum genere usos olim fuisse, quibus poetica disciplina est oblectata, fortasse non immerito dicam. Imo veri videtur simile lyricam poesim e rhythmorum artificibus tantam varietatem carminum primo didicisse, eamque paulatim metro adjuncto perfecisse. Dithyrambica enim poesis primis temporibus instituta, ex rhythmis varii generis. Proclo etiam teste, composita est; atque ut illinc tragœdia et comœdia ortum traxisse creditur, ita et lyrica credenda est. In hoc etiam consentire videtur scholiastes Aristophanis. Sed hæc missa facio. Illud tantummodo animadvertendum, Anacreontem, etsi inter lyricos Græcos suavitate et gratia excellat, attamen magna licentia ferri in versibus suis, usque adeo ut ad rhythmicam libertatem accedat. Accedit quod quæ verba Horatii supra mihi commemorata sunt, de dithyrambis illius ætate efformatis dicta fuere lib. IV, ode 2. Inquit enim :

> Seu per audaces nova dithyrambos
> Verba devolvit, numerisque fertur
> Lege solutis.

Spartianus quosdam versus affert Adriani Augusti, videlicet :

> Ego nolo Florus esse,
> Ambulare per tabernas,
> Latitare per popinas,
> Culices pati rotundos.

Vix dubito quin inter rhythmicos ii sint referendi, ut et alii quos idem Augustus moriens effudisse dicitur. In iis certe exactam metri rationem minime deprehendas. Attamen, ut verum fatear, rhythmi ipsi ita efformabantur, ut sæpe aliquam metrorum speciem exhiberent. Nam si verum est quod Quinctilianus tradit lib. IX, cap. 4, Institution. oratoriar.: *Metrici quidem pedes adeo reperiuntur in oratione, ut in ea frequenter non sentientibus nobis omnium generum excidant versus. Et contra nihil est prosa scriptum, quod non redigi possit in quædam versiculorum genera.* Quanto ergo facilius idem in rhythmis occurrat? Auctor vero est Leo Allatius in Diatriba de Simeon. usum rhythmorum apud Græcos quoque recentiores perdurasse. *Politicos versus* ii appellabant, qui, ut ipse scribit, *Iambicis et Anacreonticis ut plurimum constant : ita tamen ut nulla quantitatis syllabarum (quod accuratissime veteres observabant) ratio habeatur; tantum earum numerus, declinationesque accentuum attendantur.* Quæ ratio fingendorum carminum non nunc primum in ea natione, sed multis ab hinc sæculis in usu fuisse comperitur, ut videmus in Photii patriarchæ, Christophori primi a secretis, Pselli, etc., versibus. Vossius quoque lib. primo, cap. 8, Institut. poetic. animadvertit rhythmum, non metrum, inesse in versibus politicis Constantini Manassis, Tietzæ, et similium. Tum subdit : *Nec dubium quin antiquiores sint versus, in quibus solum rhythmus est.* Addit etiam : *Poetarum aliqui solo erant rhythmo contenti; nec alio a vulgari sermone discrepabant. Alii rhythmum animabant sermone poetico. Alii rhythmum metrum superaddebant.* Quod ipse didicit a Beda in libro De arte metrica. Sunt ejus verba connexa cum iis quæ nuper attuli : *Plerumque tamen casu quodam invenies etiam rationem in rhythmo, non artificii moderatione servatam, sed sono et ipsa modulatione ducente, quem vulgares poetæ necesse est rustice docti faciant docte. Quo modo et ad instar iambici metri pulcherrime factus est hymnus ille præclarus*

> Rex æterne Domine
> Rerum creator omnium,

> Qui eras ante sæcula
> Semper cum Patre Filius.

Et alii Ambrosiani non pauci. Item ad formam metri trochaici canunt hymnum de die judicii per alphabetum :

> Apparebit repentina dies
> Magna Domini, fur obscura
> Velut nocte improvisos occupans.

Hæc Beda. Nisi excidissent innumeri ex hisce rhythmis (neque enim par eorum cura habita est atque metrorum) ingentem in iis versibus varietatem nunc deprehenderemus. Equidem e ms. codice Ambrosianæ bibliothecæ descriptum dedi Antiphonarium Benchorensis monasterii, atque edidi tomo IV Anecdotor. Latinorum. Ejus ætas ad sæculum Christianæ æræ octavum referenda videtur. Complures ibi occurrunt hymni, quos omnes in rhythmicorum censum conjiciendos parum custodita metri ratio persuadet.

Præcipue vero in rhythmis frequens usus fuit versus *trochaici catalectici*, uti illum Terentianus Maurus appellat in lib. De litter. et metr. Imo reliquit et ille ex iis non paucos a se lucubratos. Exemplum ex eo proferamus.

> Syllabas, quæ ritæ metro congruunt heroico,
> Captus ut meus ferebat, disputatas attuli, etc.
> Est celer phaselus ille, quem videtis hospites.

Ejusmodi versu dicteria præsertim efferebantur, ut est decantatum illud millium. in Julium Cæsarem, dum triumphum Gallicum duceret :

> Gallias Cæsar subegit : Nicomedes Cæsarem :
> Ecce Cæsar nunc triumphat, qui subegit Gallias :
> Nicomedes non triumphat, qui subegit Cæsarem.

Alterum exemplum Suetonius suppeditat, versus nempe in eumdem Cæsarem tunc depromptos :

> Urbani servate uxores. Mœchum calvum adducimus.
> Aurum in Gallia effutuisti; hic sumsisti mutuum.

Utrobique idem habes metrum, et dactylum in fine, et quindecim syllabas singulis in versibus; sed non eamdem brevium et longarum observationem. Quindecim, inquam, syllabas : paritatem enim syllabarum rhythmopœii veteres fere semper curabant, cum et ejusmodi versus canerentur ad musicos modos. Imo et saltatio addebatur, et quædam digitorum percussio, ut Cicero, Quinctilianus et alii innuunt. Id quoque a Judæis antea factum videtur. Neque enim tantummodo apud Romanos dicteria per rhythmos jactata in usu fuere, sed etiam apud Judæos, et longe antea, quam a Romanis usurparentur. Vide lib. primum, cap. XVIII, vers. 6, Regum. Cum reverteretur, percusso Philisthæo, David, mulieres cantantes, chorosque ducentes in occursum. Saul regis, præcinebant dicentes : *Percussit Saul mille, et David decem millia.* Male habuit regem aculeatus rhythmus, cujus voces antiquissimus interpres ita vertit, ut versum trochaicum inde concecerit, quales erant complures e veterum rhythmis. Idque ea ratione factum, quod in Hebraico scomma illud duobus versiculis octosyllabis effertur hoc modo :

חכה שאול באלפיו
Icchà Saùl balafaju,
ודוד ברבבתיו
Vedavìd berivvodaju.

Atque hic mature animadvertas velim, in ejusmodi versiculorum fine syllabas consonas, quas *rime* Italice appellamus. Casune, an arte factum, judicent alii. De his infra sermo erit. Itaque sicuti cantilenæ nostræ certis pedibus constant in singulis strophis, ut idem sit in omnibus musicus concentus, ita et veterum rhythmi processere. Eumdem vero morem retinuere Christiani barbaricis temporibus, cum hymnos componebant; quod etiam e Benchorensibus nuper memoratis liquebit. Exempli gratia hos tantum commemoro, unum versum in duos versiculos dividens :

In prophetis inveniris
Nostro natus sæculo.
Ante sæcla tu fuisti
Factor primi sæculi, etc.
Cum jubet parvos necari,
Turba fecit martyrum.
Fertur infans occulendus,
Nili flumen quo fluit.

Allatius quoque prælaudatus animadvertit in versibus Græcorum *politicis, in quibus,* ut ipse scribit, *syllabas quindecim nunquam excedunt; et si quæ ultra videntur, eas per aphæresin, sive synalœphen, decurtant et absumunt.* Ejusdem autem metri sunt *Planctus rhythmicus* super morte Constantini monachi Luxoviensis a *Gudino monacho* compositus, et *Adelmanni Scholastici Rhythmi alphabetici* de viris illustribus sui temporis, quos sæculo XI compositos Mabillonius V. cl. inter vetera Analecta edidit. Vide pariter inter Opera sancti Fulberti rhythmos, versibus minime distinctis editos. Floruit ille quoque sæculo XI. Similem etiam rhythmum Landulphus senior historicus Mediolanensis exhibuit, a me evulgatum tomo IV Rer. Italicar. Mihi de ipso infra sermo recurret. Alterum quoque vide a me publici juris factum in fine Paralipomen. Anonymi Salernitani, part. II tomi II Rer. Italicarum. Sed supra cæteros rhythmos ii fortassis æstimandi, utpote antiquissimi, atque ad historiam perutiles, quorum primum, Veronæ encomia complexum, suis Analectis Mabillonius idem adjunxit. Alterum in Mediolani laudem fabricatum edidi ego in eadem part. II tomi II Rer. Italicar. Uterque Veronensi rhythmopœio natalem suum debet, aut saltem debet vitam, qua nunc fruitur, cum ex codicibus Veronensibus ambo deprompti cura tandem nostra in lucem emerserint. Et sane hoc præcipue titulo, tam Mabillonio quam mihi spes futura erat, nos gratiam inituros clarissimi viri marchionis Scipionis Maffeii Veronis, qui tum patriam suam, tum antiquam eruditionem summa cum laude illustrare pergit.

Sed quod mirere, vix aliud ille in consilio nostro reperit, nisi argumentum iræ atque censuræ. Quid amico viro hic minime probatum fuerit, quidve ille scripserit in Dissertatione, quam de versib. rhythmicis anno 1727 edidit, amice referam.

Moleste fert ille primo ejusmodi rhythmos a nobis fuisse productos, quales in mss. codicibus deprehendimus, hoc est erroribus scatentes. Deinde nos arguit quod non versibus distinctis, sed continuata oratione ad instar prosæ, servato duntaxat stropharum ordine utrumque rhythmum prelo subjecerimus : *Si fatti monumenti,* scribit ille, *non vanno stampati come le iscrizioni, o come i vecchi strumenti, senza mutar lettera, essendo che altro è un' originale d'antico notaio, dove più cose insegnano anche gli errori; ed altro è un' istoria, o componimento tramandatoci da' copisti, i quali dalla mente, e dallo scritto dell' autore abbiano deviato scioccamente. In questo caso egli è necessario usar lucerna critica, e conoscere ed emendare, ove possiam farlo con sicurezza.* Tum rhythmum a Mabillonio editum rursus ipse exerit, singulos versus distinguens; et errores, quoscumque potest adhibita emendatione tollit. *Criticam* viri doctissimi *lucernam* hercle ego et probo et commendo, quod est ad castigandos defæcandosque eosdem rhythmos : sed nemo forlassis erit qui homini plaudat insurgenti, non dicam, in me (hoc enim nihil refert) sed in Mabillonium, tam bene de litteris et de republica litteraria meritum, ac summa veneratione apud omnes dignum. Cum ex uno antiquissimo ms. aliquod veterum monumentum describitur et evulgatur, rite semper munere suo fungitur editor, si quidquid codex ms. habet, fideliter exprimit, exceptis crassioribus quibusdam sphalmatis, quæ uti in omnium oculos incurrunt, ita veniam dant cuncti, ut, ne monito quidem lectore, auferantur. Nunquam lectorem fallo, dum ego non fallar in intelligenda recteque reddenda antiqui illius codicis scriptura. Deinde vero liberum cuicunque critico lectori est, innuere meliores lectiones, castigare depravata, supplere quæ desunt. Imo secus agere periculosum videatur, et præcipue cum de carminibus veterum agitur, quorum similes rhythmi sunt : delicatum enim artificium illorum est, neque nimium in iis castigandis audendum, nisi de medela adhibita lector moneatur, cui meditanti forsitan melior in mentem venire possit. Si locus futuras esset regulæ quam nunc primum procudit amicus Maffeius, miseros jam appellare liceret quosvis eruditos, qui monumenta veterum tenebris, nostro potissimum sæculo, eripuerunt, neque lucernam criticam ad singula accenderunt. Atque mea in primis deploranda fortuna foret, qui in Rerum Italicarum Collectionem tot historias intuli nunquam antea editas, easque dedi quales e mss. accepi, vitiis videlicet veterum librariorum sæpe fœdatas. Sed aliud certe eruditi orbis judicium erit. Mabillonio, mihi cæterisque anecdotorum editoribus unum plerumque consilium fuit, ac futurum est, nempe in litteratorum commodum quæ latebant in mss. luce donare, non autem subsistere ad omnia, expendenda meditatione rigida, atque expurganda, suscepta veluti anatome exquisita vitiosi ac inordinati corporis. Est hoc hominum majori otio fruentium; imo omnium esse potest, qui beneficio per nos delato uti deinde velint. Quamobrem morosus plane sit, qui celeberrimum illum virum meque simul increpandos sibi sumat, quod rhythmos, quales in unico vetustissimo codice invenimus, versibus etiam indistinctis, quemadmodum reapse illos codex suppeditavit, ab interitu atque oblivione vindicaverimus, etiamsi omnes inde errores per nos non fuerint sublati. Sed quid plura? Censorem nostrum ad judicem egregium sisto, cujus calculo constabit quam levi fundamento nitatur novitia hujusmodi censura. Is autem non alius est quam eruditissimus ipse Maffeius, qui primum editis Florentiæ anno 1721, Cassiodorii Complexionibus, epistolam suam addidit, antea quoque evulgatam tomo V Italiæ Sacræ, Venetæ editionis, in qua rhythmum ipsum *De laudibus Veronæ* a Mabillonio editum, non semel, sed bis, æneis typis tradidit, atque iisdem plane verbis quæ apud Mabillonium leguntur, et nulla facta versuum distinctione, nullaque adhibita critica lucerna; cum tamen in eodem libro ipse rhythmum sepulcralem *Pacifico archidiacono* positum, ac ejusdem metri, mihi quoque rursus infra edendum in hoc opere, dissertatione XLIII, *De litterarum statu*, ordinatis versibus protulisset. Cur, amabo, quod ipsi Maffeio fas ac laudandum anno 1721 credebatur, post sex annos nefas et culpandum visum fuit? En ut suis ipse armis contra se pugnat. Si quid ergo video, non quod ille adversus Mabillonium meque excogitavit, sed hoc unum ex illius nuperrime ad inventa sententia consequi tantummodo potest; scilicet, lectoribus injectam suspicionem fuisse, eamque vix unquam delendam, si quando aliquid novi ex antiquis codicibus ipse proferet, nos non accepturos illud quale in membranis erat, sed quale *lucernæ criticæ* doctissimi viri visum fuerit; atque adeo certos nos in posterum esse non posse, multis ne in locis veterum verba ac mentem, an Maffeii (veteres loquentes, prout ipse melius censuit, inducentis) sensa habeamus. Quæ ergo illi fides in posterum habenda?

Has ego legitimas germanæ criticæ regulas reor. Scilicet in veterum monumentis primum edendis, et præcipue si ex aliquo singulari antiquissimo ms. illa depromantur, eoque magis si carmina sunt, nihil opus esse discedere a lectione codicis: imo rem poscere, ut quantum fieri possit, eadem lectio retineatur, exclusis tantum apertissimis librarii mendis, quæ tamen distinguere omnium est. Si quid vero gravius editori immutare, delere, supplere animus est, id clanculum facere, lectoribusque minime consciis, nequaquam licet. Neque enim ad ejusmodi licentiam purgandam, satis esset dicere. Felicissimas conjecturas, opportunaque remedia ad mentem auctorum, et ad metri leges adhibui. Nam ut ut ingenii acumine quisquam abundet, quam laudem procul dubio agnosco et ego in clarissimo Maffeio, attamen liberum semper lectori judicium servandum erit, ut perspicere possit rectene an secus criticus vir medicas manus intulerit antiquis codicibus veterumque lucubrationibus. Et profecto quanticunque sint critici in emendandis veterum libris, ii non raro nobis propinant non auctorum verba, sed meditamenta ac divinationes suas, quæ tamen veteres ne somniarunt quidem. In rhythmo Mabillonii cura edito ita se habebat hic versus:

Ab Oriente habet primum martyrem Stephanum.

Ita illum e conjectura sua restituit Maffeius.

Ab Oriente habes primum protomartyrem Stephanum.

Si auctori illud *primum* adhibitum fuisset non adverbii, sed adjectivi loco (quod sane merito opinari licet, alioquin is *primo* non *primum* dixisset), rideret ille, puto, nunc videns in ejusmodi emendatione se coactum appellare *primum martyrem* non semel, sed bis *Stephanum*. Cur ergo non liceat et mihi versum illum leviori additamento restituere, ac scribere?

Ab Oriente habes primum nam martyrem Stephanum.

Quando luxata ossa reponenda hic sumimus, satius est curam complere quam nova inferre vulnera. Duobus enim versiculis constant horum rhythmorum versus, quorum primus octo, alter septem syllabis expeditur, dummodo legibus communibus illius rhythmi pareatur. Si *protomartyrem Stephanum* legimus, ultra metas excurret syllabarum numerus: æquius ergo suppleatur scribendo *nam martyrem Stephanum*. Sed quid hic aio? Cæcutiamus necesse est in barbaricorum temporum scriptis emendandis, ac non raro fallemur, quoties librariorum incuriæ ac ignorantiæ tribuemus vitia quæ ipsis indoctis auctoribus sunt tribuenda. Metri leges, hoc est syllabarum numerum, in versibus hisce rhythmicis neglectas cernimus. Quis certos nos facit deliquisse librarium potius quam eorum auctorem? Aspice illic alios versus enormes:

Præcursorem Baptistam Joannem et martyrem Na-
[*zarium.*
Mammum, Andronicum et Probum cum quadraginta
[*martyribus.*
Temporibus principum, regum desiderii et Adel-
[*chis.*

Cæteros omitto. Similem habemus in epitaphio Pacifici archidiaconi, quod tamen ex marmore expressit idem marchio Maffeius:

Septimo vicesimo ætatis anno Cæsaris Lotharii.

Scribendum autem monet clarissimus marchio in Mabillonio *Adelchiis* [an melius *Adelchii?*] ut et alibi *Baptismium* et *Ravennia*; dactylum enim, aut Creticum, aut anapæstum in fine exigunt id genus rhythmi. Ita sane. Sed adhuc incertum est an vulgares eorum temporum rhythmopœii tam religiose hisce legibus constringi se sinerent. Quid factum fuerit in syllabarum observatione nuper vidimus.

Vopiscus etiam in Aureliano militarem rhythmum refert, hisce verbis conceptum :

Mille, mille, mille, mille, mille decollavimus.
Unus homo mille, mille, mille decollavimus.
Mille, mille, mille vivat, qui mille occidit.
Tantum vini habet [f. *bibit*] *nemo, quantum fudit san-*
[*guinis.*

Ita scribendos eos versus puto, e quibus tertius, uti videtur, contra leges clauditur verbo *occidit.* At hexametri quoque interdum non dactylo, sed spondæo clauduntur apud meliores poetas.

Quod est ad rhythmum *De laudibus Mediolani* a me editum, doctissimus censor conqueritur quod prave descriptus fuerit ex pervetusto codice Veronensi : quibus verbis tacite imperitiam objicere videtur doctissimo viro Bartholomæo Campagnolæ, capituli canonicorum Veronensium cancellario, et nunc in eadem urbe archipresbytero ecclesiæ sanctæ Cæciliæ, a quo opusculum descriptum atque ad me missum fuit. Sed mirum quei vir, alioqui perspicacissimus non ante secum reputaverit an præcipitis judicis notam incurrere posset, quando codice ms. minime inspecto sibi de re ignota ferendum erat judicium. Atqui erroribus abundat rhythmus. Non abnuo : sed quid inde apud cautum judicem consequitur? Non minora vitia in Mabilloniano rhythmo occurrunt, incomparabilem tamen virum certe nemo neget, antiquæ scripturæ peritissimum. At, regerit Maffeius, *paucissimorum nunc est intelligere veterum characteres*, quos ille *antico corsivo* appellat. Sed quid si inter hosce paucissimos locus Campagnolæ ipsi negandus non esset? Liberum est nunc, ut puto, Maffeio ipsi (quod olim non licuit) sub oculos habere eumdem codicem, qua parte rhythmum a me editum complectitur. Tum prudentius judicabit tribuendane sint antiquissimo librario, ne dicam rhythmi ipsius auctori, an solertissimo Campagnolæ, quæ aut corrupta, aut obscura in hocce rhythmo adhuc deprehenduntur. Et ego rhythmum eumdem exactissime describendum, iisdemque plane characterum formis ex ms. exprimendum curavi, ita ut propriis veluti oculis codicem ipsum inspexerim : ac manu tetigi nihil ab ejusdem codicis fide discrepasse exemplum olim ad me missum ab accuratissimo ipso Campagnola. Quidquid in editione a me facta dissidet a codice, immutatum emendatumve a me uno fuit. Indulgetur enim (id repeto, atque id etiam præcipit clarissimus Maffeius) describenti veterum monumenta e codicibus (quorum pauci librariorum erroribus carent) patentia inde tollere menda, ea tamen tantum, quæ recte conjicere possumus ex amanuensium oscitantia processisse. Reliquum ego dimisi, ingentis operis mole ad alia sollicitatus atque intentus. Neque vero majora audere fas putassem insciis lectoribus. Nunc etiam animadverto nihil opus fuisse scribere *quæstu* pro *quæstum* ; sed ultra non vacat, levibus hisce controversiis seu tricis insistere.

Unum tantummodo adjiciam, nempe cogi nos credere amicum Maffeium ingenti prurigine censoriæ virgæ adhibendæ, cum hæc scripsit, agitatum fuisse. Neque enim hisce contentus, et extra semitam proreptus, invasit etiam frustulum Vitæ sancti Geminiani episcopi Mutinensis, quam ex altero Veronensi codice excerptam protuli in eadem parte II tomi II Rer. Italicarum, ejus auctorem arbitratus, *circiter annum Christi 910 floruisse.* Mihi profecto si eadem libido insideret, sique par pari reddere animus foret, non deessent, quæ in censoris doctissimi libris æquiori censuræ paterent. Verum amicitiæ leges minime oblitus, clypeo tantum, non ense hic utar. Ille ergo scribit fragmentum nuper memoratum Vitæ sancti Geminiani desumptum fuisse e *Lectionario circiter sæculum* XIV *scripto.* Ut lubet : rariores etiam gemmas interdum servarunt nobis sæculi ejus codices, videlicet et ipsi ab antiquioribus descripti. Addit : *Poco conto si può farne, mentre interpolazioni molto inette hanno le Vite in tal Lezionario : e così tra l'altre quella di san Zenone.* Quod in Vita sancti Zenonis interpolationes occurrant, deducere velle, reliquas etiam Vitas codicis illius interpolationibus scatere, non probabunt, ut puto, eruditi. Quod plus est, nullam in prælaudata S. Geminiani Vita interpolationem quisquam ostendet. Cur ergo hæc Maffeius? Pergit ille : *L'autor della giunta fu menzione dell' antica scorreria degli Ungheri ; ma non mostra esser vissuto a tempo di quella, bensì d'alcun' altra delle fatte da quella gente.* Atqui certum apud omnes eruditos futurum est, eamdem Vitam, una cum lacinia a me edita, ante medium sæculum x fuisse litteris consignatam. Mihi persuaseram, additamentum illud luce hucusque caruisse, quod in Vita a cl. P. Bollando edita ad diem XXXI Januarii ipsum desiderari animadvertissem. Sed hæc scribens, nunc deprehendo, ab eodem Bollando in calce tomi II Addendis ad eam diem *ex codice ms. Bodecensi* fragmentum idem fuisse jam diu productum, quanquam ea diversitate ut me neutiquam pœniteat illud ipsum rursus evulgasse. Jam ergo habemus non uni codici Veronensi fragmentum illud acceptum esse referendum. Ibi vero scriptum est : *Sed quia tanti Patris domni Geminiani, prout potuimus, Vitam stylo transegimus, libet quoque de situ urbis in qua resedit episcopus, aliquid enucleare veracius.* Palam hæc produnt non ab aliena manu, sed ab ipso auctore Vitæ adjecta fuisse, quæ ad situm Mutinensis urbis pertinent. Quonam autem tempore idem auctor floruerit, evidentissime ex aliis ejus verbis colligitur, ubi de *Hungarorum sævissima ac pene omnibus metuenda gente* is loquitur, *quam*, inquit, *in nostris tribulationibus compertam habemus.* Deinde subdit, eos *a parte aquilonari Italiam ingressos, Forojuliensi vastata marchia, Veronam usque transiliisse, et universam regionem depopulatos, cuncta firmissima urbium mœnia, cunctaque murata, nullo resistente invasisse oppida.* Denique scribit : *Itaque lues illa (quam utinam nesciremus!) non dico certaminis, sed insoliti funeris*, etc., *tandem ad Mutinense devenit* *episcopium*, etc.

Nemo non videt hæc scripta fuisse ab homine qui non tantum viderat, sed etiam expertus fuerat, quanta rabie Italiam dilaniaret, aut paucos ante annos dilaniasset immanis Hungarorum populus, e Scythia in Pannoniam, quam sibi subjecit antea, hoc est circiter annum Christi 889 illapsus. Prima eorum impressio in Italiam, teste Hermanno Contracto et Continuatore Annalium Fuldensium, aliisque, illiganda videtur anno 900. Annalista Saxo, ab Eccardo editus, Reginonem secutus, aut eamdem, aut alteram irruptionem describit ad annum 901 his verbis : *Langobardiam quoque ingressi, cædibus incendia miscent; cumque incolæ terræ conglobati resistere conarentur, plurimi episcopi et comites cum innumerabili hominum multitudine sagittarum ictibus trucidantur. Liutwardus Vercellensis episcopus assumptis thesauris fugiens, incidit super eos, moxque interficitur.* En quousque anno illo aut præcedenti penetrarit ferocissima gens. Illorum autem irruptio in Mutinensem agrum, et vastatio celeberrimi Nonantulani monasterii per eos facta, in eosdem annos conjicienda videtur, ut Pagius recte monuit. Tum subsequentibus annis nova ab iis vulnera inflicta fuere Italiæ; nam post profligatum Christianorum exercitum, quem in eos Berengarius I, Italiæ rex, adduxerat, *non erat* (ut Liutprandus Ticinensis tradit lib. II, cap. 6, Histor.) *qui eorum præsentiam, nisi munitissimis forte præstolaretur in locis.* Teste eodem Liutprando, quo anno Ludovicus III imperator a Berengario captus temeratæ fidei pœnas dedit, hoc est, aut anno 902, aut serius, ut alibi ostendit, *Hungarorum rabies totam per Italiam nullis resistentibus dilatatur.* Richardus Cluniacensis, et ex eo Bonfinius, tradunt, Hungaros exinde fere quotannis populandi causa, ut quidquid remanserat eraderent, repetere Italiam consuevisse. Anno Christi 905 Sigonius scribit barbaros eosdem *novam incursionem* fecisse. Tum anno 921 et subsequenti ex eorum gladiis et sagittis Italia sanguine maduit. Anno autem 924 adeo illorum potentia ac rabies est aucta, ut præclarissimam regni sedem Ticinum ad deditionem compulerint et incendio absumpserint. Iidem an. 937 Alamanniam, Galliam et Burgundiam pervagati, *per Italiam* ad sua regna redierunt. Auctor quoque est Lupus Protospata eos anno 920. Italiam vexasse, tum an. 936, 940 et 947 in Apuliam irruisse, Capuam obsedisse, ac innumera iis regionibus intulisse mala. Habetur etiam nota marginalis in ms. codice bibliothecæ Casanatensis Romæ, ubi legitur Cyclus Paschalis Dionysii Exigui, hisce verbis concepta : *Hoc anno* (id est anno Christi 922) *venerunt Hungari in Apuliam quarto die stante mensis Februarii.* Sed clades ejusmodi nihil ad Langobardiam spectare videntur, cum non terrestri itinere, sed navigio adhibito illuc Hungari penetrasse potuerint. Post mortem quoque Hugonis Italiæ regis iidem

A Hungari in Italiæ sinum irruerunt, sed muneribus a Berengario marchione, postea rege, placati abscessere. Baronius et Pagius actum hoc anno 949 putant. Sed hoc antea contigisse ex Liutprando historico fortasse colligas; Denique Frodoardus in Chronico ad. an. 951 tradit Hungaros *ex Italia in Aquitaniam* fuisse progressos. Fortassis et anno 954 Hungaros e Gallia fugientes Italia vidit; at ultra non legimus immitissimam gentem irrupisse in hasce regiones : eam quippe bellicosi Germanorum populi, multis cædibus illatis, sese intra limites suos continere tandem edocuit. Tota ergo periodus ærumnarum, quas ab Hungaris Italia sustinuit, inter annum 900 et 950 revera concluditur. Cum ergo exploratum sit, ut supra vidimus, scriptorem Vitæ sancti Geminiani

B eadem ipsa tempestate floruisse, peto ego an censuræ alicui justæ locus fuerit, quod scripserim, auctorem illius CIRCITER *annum Christi* 910 floruisse? At inquit amicus Maffeius : *non ostendit is auctor, se vixisse, cum Hungari anno* 900 *aut* 902 *impressionem in Mutinenses fecere, sed quidem fervente una e reliquis incursionibus ab ea gente factis.* Et quid tum? Nonne satis mihi est si is vixit dum Hungari in Italia palantes excursabant? Sed cur vivere is non etiam antea potuit? Conjecturis hic uterque agimus. Neget ille, si potis est potuisse florere scriptorem illum vel ipso anno 900. Si accidisse id potuit, satis illud mihi est, nec est cur meæ conjecturam suam Maffeius anteferat. Ac præcipuæ cum clarissimus Bollandus ad ea verba *quam in nostris tribulatio-*

C *nibus crudelissimam experti sumus* (ita enim ille Bodecensi codice usus eum aliter locum recitat) hanc notam apposuerit : *Hæc esse videtur Hungarorum incursio, quam memorat Liutprandus Histor. lib.* II, *cap.* 4, 5, 6, *sub initium sæculi decimi.* Eoque magis id mihi licuit scribere, quandoquidem non ad annum 900 conjeci scriptam sancti Geminiani Vitam, sed quidem *ad annum* 910; quem præterea ne certo quidem designavi, nam addidi CIRCITER, lectori ea ratione innuens serius etiam statui posse scriptoris ætatem. Sed ego, si plura adderem, neque temporis, neque alienæ patientiæ me curam habere proderem. Ergo satius est interruptum iter repetere.

D Ut autem luculentius pateat imperitiam veteris scripturæ Campagnolæ supra memorato minime objiciendam fuisse, atque in veteres auctores Latinæ linguæ parum gnaros, et in librarios fœdissime cespitantes, rejiciendos esse errores quibus antiqua opuscula scatent, juvat hic adjicere alterum rhythmum ejusdem metri, nunquam antea editum, atque excerptum ex vetustissimo codice Veronensi per Campagnolam eumdem. Nullum ego inde vitium, quanquam in oculos multa incurrant, sustuli. Primæ stropharum litteræ acrostichon exhibent, nempe GAIDHADLUS, qui parochus Veronensi in urbe fuisse videtur, atque ipsius rhythmi auctor :

Gratia excelsa Regi referamus pariter,
Qui nos in unum congregavit, te laudamus, Domine.

Ut possimus invenire requiem in seculum.
Ad alta sede postulemus summo Dei Filio,
   Ut suo mittere dignetur angelum perspicuum
   Ad expugnandum expellendum hostis antiquissimus.
Invidus ille temptator fallax atque perditus
   Semper cupit discordare concordantes fratribus.
   Ut possit gratiam mereri ante nequam Principem.
Dominus atque Salvator, quod suum redemit sanguinem,
   In sua semper potestate reservare animas,
   Ut nec unus præter eum potestatem habeat.
Honor illi et potestas in æternum permanet,
   Qui nos Pastorem super gregem vocare dignatus est,
   Ut salvas oves consignemus ante ejus oculos,
Almus ille speculator sacerdos in populo
   Semper adstat, superadstat supra gregem, pugnat contra impios,
   Ut nec una possit oves rapere de gregibus.
Divina Templa coeuntes suspiremus pariter,
   Populorum gregi obsecrantes pro nostra facinora,
   Ut ipse pius Miserator donet indulgentiam.
Libare Deo studeamus hostiam pro fratribus,
   Ut ante eum mereatur portare manipulos,
   Atque de talentum lucrum consignemus geminum.
Vigilemus et oremus unusquisque pro alio,
   Ut possimus invenire requiem in seculum,
   Atque vitam possidere, quam misit Dominus.
Summo Regi postulemus pro cunctorum scelere,
   Et de nostra mereamur invenire veniam
   Per eum qui semper vivit et regnat in secula.

Te deposco, dulce frater, qui canis hunc versiculum
Ut requiras principales litteras per ordinem.
Sic invenit ejus nomen, qui hunc exposuerat.

Tot errores hic offendis. Num culpandus ego, qui hæc evulgo? Num Campagnola, qui hæc fideliter descripsit? Ab æquis certe lectoribus non hanc mihi mercedem polliceor. Atque hactenus trochaicum versum in rhythmis servatum, neglecta tamen præsodiæ ratione, animadvertimus. Dicendum nunc restat rhythmorum auctores temporibus barbaricis ad aliorum quoque Versuum imitationem se contulisse. Sanctus Bonifacius episcopus Moguntinus et martyr circiter annum 740, hæc in epistola 65 scribebat: *Tertium carmen, non pedum mensura elucubratum, sed octonis syllabis in uno quolibet versu compositis, una eademque littera, comparibus linearum tramitibus aptata, cursu calamo perarante caraxatum* [id est exaratum] *tibi, sagacissime sator, transmittens dicavi.* Rhythmum a se compositum hisce verbis designat, cujus etiam exemplum præbet in epistola præcedenti, ubi leguntur hi versus:

   Pro me quæro oramina
   Precum: paudet præcipua, etc.

Sed et ipsum hexametrum imitati sunt rhythmopœii, tanta tamen asperitatis facie interdum, ut nisi qui prævia rei cognitione rhythmos ibi quærit, miserum indoctæ gentis conatum in æmulando nobili metro, animadvertat, rhythmi hujus exempla si petis, vide inscriptionem VII Christianam, pag. 1061 Thesauri Gruteriani veteris editionis, uti et in tomo IV Italiæ Sac. in episcopis Vercellensibus epitaphium Flaviani episcopi, qui circiter annum Christi 540 sedisse in Vercellensi cathedra censetur. Verum antiquius, et omnium lucidissimum exemplum informis hujus poeseos aspicias velim in poemate Commodiani, rudis poetæ Christiani, quod a Rigaltio olim editum, in Bibliothecam Patrum tom. XXVII subinde illatum fuit. Floruisse is creditur ineunte sæculo Christianæ æræ quarto: imo sunt qui ad sæculum tertium ejus ætatem referendam arbitrati sunt. Non aliis ille versibus, *Instructiones* suas acrostichas exsequitur quam hexametris, sed nullis metri legibus servatis; quod paucorum exemplo palam fiet. Ita ille Instructione XV:

Hercules, quod monstrum Aventini montis elisit,
Evandri, qui solitus erat armenta furari,
Rustica mens hominum indocilis quoque pro laude
Cum gratias agere vellent, absenti Tonanti, etc.

Pergit ille hac methodo, quippe vulgaris homo, ad vulgi captum versibus hisce utilissima documenta claudit. Certum est ejusmodi licentia deinde usos, et quidem diutissime, fuisse poetas cum vulgo facientes. Atque hic exempla duo se mihi offerunt, spectantia ad Langobardici regni tempora. Alterum est epitaphium positum circiter annum 722 in celebratissimi monasterii Bobiensis templo, Liutprando A Ital. Sacr. in episcop. Bobiensib. illud evulgavit. rege regnante, sancto Cumiano episcopo Scotorum, Ego cum ex marmore ipso diligentius olim descripqui illic finem vivendi fecit. Ughellius tomo quarto pserim, rursus lectoribus exhibeo:

Epitaphium sancti Cumiani episcopi in tabula marmorea Bobii inscriptum.

✠ HIC SACRA BEATI MEMBRA CV
    MIANI SOLVVNTVR,
CVJVS CÆLVM PENETRANS ANIMA CVM
    ANGELIS GAVDET.
ISTE FVIT MAGNVS DIGNITA
    TE, GENERE, FORMA.
HVNC MISIT SCOTHIA FINES AD
    ITALICOS SENEM.
LOCATVR EBOVIO D̅N̅I̅ CONS
    TRICTVS AMORE,
VBI VENERANDI DOGMA COLVM
    BANI SERVANDO,
VIGILANS, JEJVNANS, INDEFES
    SVS SIDVLE ORANS,
OLIMPIADIS QVATTVOR
    VNIVSQVE CIRCVLO ANNI
SIC VIXIT FELICITER, VT FELIX
    MODO CREDATVR
MITIS, PRVDENS, PIVS, FRATRIBVS
    PACEFICVS CVNCTIS.
HVIC ÆTATIS ANNI FVERVNT
    NOVIES DENI,
LVSTRVM QVOQVE VNVM MENSES
    QVE QVATTVOR SIMVL.
AT PATER EGREGIE POTENS
    INTERCESSOR EXISTE.
PRO GLORIOSISSIMO LIVTPRANDO
    REGE, QVI TVVM
PRÆTIOSO LAPIDE TYMBVM
    DECORAVIT DEVOTVS
SIT VT MANIFESTVM ALMVM VBI
    TEGITVR CORPVS.
D̅P̅. (1) EST HIC D̅M̅S̅ CVMIANVS
    E̅P̅S̅ XIIII. K̅L̅. S̅P̅T̅B̅S̅. FECIT
    IOHANNES MAGISTER.

Refert etiam P. Romualdus a Sancta Maria, ordinis Eremitar. excalceator. Sancti Augustini in sua Papia Flavia, part. prima, pag. 131, epitaphium Theodatæ, illius nempe cui originem suam debet vetustissimum æque ac nobile monasterium Ticinense sacrarum virginum; nunc appellatum *della Posterla*, cujus est mentio apud Paulum Diaconum. Dignum erat frustulum illud Langobardicæ eruditionis, scriptum sub initium sæculi octavi, quod accuratius ex lapide expressum ad nos deferretur. Primos tantum versus ego indicabo.

CÆLICOLA (2) SIC DEMVM EJVS PROSAPIAM TEXAM.
MATER VIXIT VIRGINVM PER ANNOS NIMIVM PLURES,
IN GREGE DOMINICO PASCENS OVICVLAS CHRISTI,
QVAS FOVENS DOCVIT, ARGVIT, CORREXIT, AMAVIT, etc.

Vide etiam epitaphium hexametris et pentametris hujus generis versibus efformatum, sed a librario mire deformatum, in Vita sancti Felicis archiepiscopi Ravennatis apud Agnellum, tomo II Rer. Italicar., pag. 164. Illud autem circiter annum 716 compositum fuit. Neque his charitibus caruit urbs ipsa æterna. Turrigius part. II, p. 559, De crypt. Vatican. epitaphium refert Elisabetæ puellæ, *deposita* VI *Kal. Sept.*, *indict.* V; quæ formula ad remota sæcula spectat.

(1) Hoc est: *Depositus est hic domnus Cumianus episcopus* XIV *Kalendas Septembris*, etc.
(2) Fortassis *cælicam*.

OCCE PVELLE JACET TVMVLO CORPVS ELISABETE,
QVOD MANET IN SANCTA AVLA BETISSTE JOHANNIS.
LDEBRANDVS EJVS (3) GENITA, THEODORAQVE MAMMA.
BIS ANNOS ABVIT SENIS, ET MENSIBVS DECEM
DVCTA JOHANNES VESTRA, PAVLEQVE JURE SVB ALMA, etc.

Sed præ cæteris id genus rhythmis, dignum est quod legatur epitaphium Thomæ, qui Honorio I papæ circiter annum 636 suam operam contulit ad tollendum schisma Aquileiensis Ecclesiæ. Exhibetur illud ab immortalis nominis cardinali Baronio in appendice ad tom. XII Annal. inter addenda Annalibus ecclesiasticis ad annum 638 quæ causa, ut puto, fuit, cur nunquam satis commendandus alter sanctæ Romanæ Ecclesiæ cardinalis Henricus Norisius monumentum hoc minime animadverterit, cum in Dissertatione de Synodo V, § 6, egit de tempore sublati ejusdem schismatis. Ita se habent primi versus, ad hexametrorum formam confecti.

QVIS MIHI TRIBVAT, VT FLETVS CESSENT IMMENSI,
ET LVCTVS ANIMÆ DET LOCVM VERA DICENTI :
LICET IN LACRYMIS SINGVLTVS VERBA ERVMPANT,
DE TE CERTISSIME TVVS DISCIPVLVS LOQVOR.
TE GENEROSITAS, MINISTER CHRISTI, PARENTVM,
TE MVNDA ACTIO, THOMAS, MONSTRABAT HONESTVM.
TECVM VIRGINITAS AB INCVNABVLIS VIXIT, etc.

Neque his versibus incompositis caruerunt ipsa ethnicorum tempora, eorumque vulgus. Cujus rei exemplum, nondum, ut opinor, editum proferre nunc juvat. E schedis ms. eminentissimi S. R. E. cardinalis Dominici Passionei, subsequens carmen descripsi. Jacet in villa Salsulæ comitatus Urbini, in vetusto lapide exaratum, barbariem sane et linguæ et characterum præferens.

```
         D.        M
     B         M.
  C. ARRIVS       VICTORINVS
         MARITVS
       VTTIDIE TITIANENI
```
TV DVM ESSES AD SVPEROS NEMO MIHI FVIT FORMOSIOR VLLA
QVÆ PROSTRATA JACES INDIGNA CIRCVMDATA TERRÆ
QVÆ CARVISTI VIAM LVCI SECVTA ES.
SIC MERITO TALES VERSVS DESCRIPSERIM IN TE
NON STVDIO SED MENTE DATA ET COGENTE DOLORE.
HÆC MIHI TITIANE PRIMVM IN CONNVBIO JVNCTA EST
   HÆC PRIMA DOLORIS DVLCIOR IN ME FVIT.
VT MEI TE REPELLAT ET SVBITOM ESTVM RAPTA RELIQVIT IN ÆVVM
QVEM FRVI NON LICVIT ANNIS PERVLTIMO FATO.
ACERVA A MATRE (an MORTE?) RAPTA ES VT PARVVLVS ACNVS
SICVT ILLE MISER RAPTVS NOVITVR ARIS
ET ME TAM PVERVM CITO FECISTI DOLENTEM.
PARENTES MISERI MECVM PATIVNTVR IN ÆVO
DOLOREM VT ROSA VERE NOVO CRATA EST IN TEMPORE PARVO
SIC FVIT INFELIX HÆC MIHI CRATISSIMA CONJVNX
    VIXIT   ANIS XVII. MESIBVS VIII. DIEB. . . . .
    . . . . . FELIX LAPID. . . . . .

His adjunge epitaphium Christianum Catervii, quem emendatius cap. 10, num. 505, Inscription. Antiqui sanctum Tolentinates venerantur, a Mabillonio in Itinerar. Italic. evulgatum, ac deinde a Fabretto quar. editum in hæc verba :

QVOS PARIBVS MERITIS JVNXIT MATRIMONIO DVLCI
OMNIPOTENS DOMINVS, TVMVLVS CVSTODIT IN ÆVVM.
CATERVI, SEVERINA TIBI CONJVNCTA LÆTATVR,
SVRGATIS PARITER CHRISTO PRÆSTANTE BEATI.

Infra :

QVOS DEI SACERDVS PROBIANVS LAVIT ET VNXIT.

(3) Fortasse pro *genitor*.

Et diu quidem ejusmodi plebeiorum versuum usus perduravit; idque indicabit inscriptio circiter annum Christi 1014 Romæ posita, atque edita a cl. V. Marco Antonio Boldetto in egregio opere De cœmeter. martyr., lib. II, cap. 5.

PETROCIO REQVIESCVNT HIC SEPVLTAQVE MEMBRA.
REC E BONVS SAPIENSQVE FVIT; NAM GENERE MAGNO
ERAT, FORMOSVSQVE, PRÆCLARVS, LARGVS AMICIS.
GRATIA SEMPER TVNC FVERAT ILLI, COLLOQVIA DIGNA,
OMNIBVS AMABILISQVE, BENIGNVS, PRONTVS, ET AVDAX,
REGNA DILIGENS CELESTIA, SEMPER AMATOR
ILLEQVE MITIS NVTRITOR, PAVPERVMQVE DEFENSOR.
OMNES VOS QVI LEGITIS, QVESO, DICITE CVNCTI:
CLEMENTISSIME DEVS, MISERERE FAMVLO TVO
VIRGO DEI GENITRIX, CVM OMNIBVS SANTIS MISERERE PETROCCIO.
OBIIT IN PACE TEMP. D. BEN. OCTAVI PP. IN MEN. JAN.
DIES XVIII.

Sed et Fabretus cap. 3, pag. 146, Inscription. antiquar. hanc refert:
NOME. FVIT. NOMEN. HÆSIT NASCENTI COSVCCIA
VTRAQVE. HOC. TITVLO. NOMINA SIGNIFICO.
VIXI. PAROM. DVLCISQ. FVI. DVM. VIXI PARENTI
HOC. TITVLO. TEGEOR. DEBITA. PERSOLVI.
QVIQ. LEGIS. TITVLVM. SENTIS. QVAM. VIXERIM. PARVM
HOC. PETO. NVNC. DICAS. SIT. TIBI. TERRA. LEVIS.

Vide et alias similes, imo plus adversantibus Musis conceptas apud eumdem Fabrettum cap. 4, p. 329, 418, 419 et 421. Vide etiam epitaphium Boni consulis et ducis Neapolis, qui sæculo Christi nono floruit, tomo II Rer. Italicar, pag. 342. Atque hactenus de rhythmis hexametris et pentametris.

Hisce nunc subjungendi endecasyllabi, dodecasyllabi, heptasyllabi, etc., qui in usu fuere apud veteres. Quod et lubentius facio, cum inde potissimum exempla suorum carminum derivarit Italicæ vulgaris linguæ poesis. Quod antequam ostendam, juvat alterum rhythmicæ, imo et metricæ poeseos ritum vetustissimum in medium afferre. Sunt qui credant vel ipsis olim Romanis et Græcis gratam fuisse consonantium syllabarum modulationem (nunc *rima* appellamus, conversa voce *rhythmus* in *rima*) in fine præcipue versuum quæsitam, ita ut postrema versus aut membri syllaba postremæ subsequentis responderet. Poetis ipsis hujusmodi verborum collocatio, sive figura, placuisse fertur. Certe placuit oratoribus, dum tamen parce adhiberetur. Ὁμοιοτέλευτον Græci figuram hanc appellarunt: *Similiter cadens* idem Latinis fuit. Pervulgati sunt duo Tullii versus a Quinctiliano memorati libro undecimo cap. primo, quos tamen multi eo quoque vivente irrisere :

Cedant arma togæ. Concedant laurea linguæ.
O fortunatam natam me consule Romam!

Varro quoque in τάφῳ Μενίππου :
Neque orthophallica attulit psalteria,
Quibus sonant in Græcia dicteria,
Qui fabularum collocant exordia.

Hic exodia scribendum reor. Imo et vetustissimus Ennius hisce delectatus videtur. Hos enim illius versus refert Cicero in Tuscul. I :

Hæc omnia vidi inflammari,

Priamo vi vitam evitari [an potius *evirari*?]
Jovis aram sanguine turpari.

Hosce etiam (alienosne, an suos, ignoro,) idem Cicero in eadem Tusculana commemorat :

Cœlum nitescere, arbores frondescere,
Vites lætificæ pampinis pubescere,
Rami baccarum ubertate incurvescere.

Similes autem antiquorum versus in eam sententiam Stilianum induxerunt, de arte versificandi scribentem, ut sibi persuaderet, rhythmos (nunc *le rime*) meliori ipso Latinorum sæculo usurpatos fuisse. Nam, ut is scribit, Virgilius lib. VI, vers. 165 Æneidos habet :

Ære ciere viros, Martemque accendere cantu.

Et Ovidius
Quot cœlum stellas, tot habet tua Roma puellas.

Et Propertius :
Non non humani sunt partus talia dona.
Ista deum menses non peperere bona.

Ita Horatius, De arte poetica :
Non satis est pulchra esse poemata : dulcia sunto,
Et quæcunque volent, animum auditoris agunto.

Ita et Ausonius in Idyl. II :
Vel tria potanti, vel ter tria multiplicanti.

Sed versificatoribus antiquis vix fieri potuit quin ejusmodi versus interdum exciderint, etiam nil tale cogitantibus : ac proinde minime me iis opponam, qui hæc potius casu quam arte nata, sive consulto facta, censeant. Attamen cum oratoribus non displicuisse dixerim ὁμοιοτέλευτον, non est præfracte negandum quin et poetæ eadem figura delectari quandoque potuerint. Ac præcipue rustici et vulgares, quorum auribus gratior accidere potuit vocum consonantia. Nisi tot rhythmi et carmina plebeiorum poetarum ævi illius periissent, fortasse plures versus ex Latio ipso petitos similiter cadentes haberemus. Paria quoque apud Græcos occurrunt, ut in Anthologia, et alibi visitur. Sunt etiam qui Hebræos putant in poesi sua quæsivisse paria aurium oblectamenta, sive in mediis versibus, sive in eorum clausulis : tquod potissimum a clarissimo Huetio affirmatum video. Et sane id persentias in rhythmo Hebraico, quem in Davidis laudem cecinere mulieres, et ego supra attuli. Sed et clarissimus vir P. Martinaceus monachus Benedictinus congregationis Sancti Mauri in Prolegomenis ad divinam Bibliothecam sancti Hieronymi, prolatis exemplis ostendit in cantico Deuteronomii, atque in Threnis Jeremiæ rhythmos occurrere, hoc est in fine commatum parem vocis desinentiam. Verum controversiam de Hebræorum poesi aliis dimitto; fortassis et in aliqua ejusdem loca similitudo vocum casu, non arte irrepsit. Præsertim vero barbaricis sæculis mos fuit lenocinium hoc suis tum rhythmis, tum metris adjungere. Quod, uti conjicio, præstitere indocti, ut his saltem phaleris pensarent quantitatem pedum a se neglectam : docti autem, ut similiter cadentes versus facilius a populo memoria retinerentur. Et primo quidem levem hanc modulationis umbram statuerunt in una versus syllaba postrema, cui consona foret postrema subsequentis, aut subsequentium versuum. Quandoque etiam alterni versus sibi respondebant. Quod si in dactylum desinebat versus, nonnulli consuevere postremis duabus syllabis pares in succedentibus versibus collocare. Denique eo res deducta est, ut in fine versus geminæ integræ syllabæ, si longæ forent, litteris ac sonitu responderent versibus subsequentibus : tres vero syllabæ pari modo responderent, si penultima versus brevis esset, ut est in dactylo. Quem morem accepere, et adhuc retinent vulgaris linguæ nostræ poetæ.

Versus autem in quibus hoc postremum ὁμοιοτέλευτον, sive *similiter cadens*, occurrebat, præcedenti sane gratius, in aures hominum incurrens, *Leonici* olim appellabantur. Cur sic fuerint appellati ignoravit Scaliger Poetic. lib. II, cap. 29. Stephanus Guazzius a cauda leonis ita nuncupatos inepte censuit. Renatus Moreau, medicus parisiensis, in Commentar. ad Scholam Salernitan. et du Cangius in Glossar. Latino, eos arbitrantur *sic forte nuncupatos quod inventi fuerint a quodam Leone poeta, qui circa tempora Ludovici VII vel Philippi Augusti, regum Franciæ, vixit*. Addit idem du Cangius hanc etiam fuisse sententiam Stephani Paschasii lib. VII, cap. 2, Disquisition. Francicar. qui perelegantes quosdam hujus Leonis poetæ versus produxit. In eamdem quoque opinionem concessit doctissimus Papebrochius in Act. Sanctor. ad diem I Junii, in Vita sanctorum Gratiani et Felini, arbitratus duntaxat, *ad summam perfectionem* adductos fuisse eos versus a Leone Gallico poeta sæculo duodecimo. Et profecto Ægidius Parisiensis apud du Chesnium tomo quinto Scriptor. Franc., pag. 323, inter alios poetas sui temporis, hoc est ab anno 1191 ad 1198 commemorat :

Nec minus in sacris melico sermone Leonem Ludentem historiis.

Idem autem ille est qui du Cangio ac Papebrochio laudatur, ut proinde non recte veluti diversos poetas hosce putarit Polycarpus Leyserus in Histor. poetar. medii ævi, num. 79 et 95. Doctissimus quondam amicus meus D. Gaspar Berettus Benedictinus, sæpius mihi hoc in opere laudatus, de Leoninis versibus verba fecit in Prolegomen. ad tabulam chorographicam quam edidi tomo X Rerum Italicar. Ibi num. 62, pag. 117, censet, *Leoninos versus in Italia vix post Northmannorum adventum componi cœpisse*, hoc est sæculo Christi undecimo. Atque adeo tum ille, tum Papebrochius, Eccardus, et alii, inscriptiones quasdam, antiquorum sæculorum creditas, nonnisi post annum Christianæ æræ millesimum confectas statuerunt, quod Leoninis versibus constarent. Quæ mea in hanc rem sententia sit, denique lector accipiat. Primo certum statuo versuum quos *Leoninos* antiqui nuncuparunt, nos *versi rimati* appellamus, originem seu inventionem nequaquam tribuendam esse Leoni illi, seu Leonio poetæ Parisiensi et monacho Benedictino monasterii Sancti Victoris, qui circiter annum Christi 1091 floruit. uti censuerunt du Cangius, Jacobus Perizonius, et alii. Præcesserant enim, qui hujusmodi versibus luserant, sive rhythmos, sive metra componentes. Deinde an istam saltem versificandi rationem ille perfecerit, incertum adhuc esse contendo. Sed, si quidem gloriam aliquam in illum conferre velimus, opinari fas erit aut ab eo elucubratum fuisse poema tam concinnum et elegans, verborumque sibi invicem respondentium concentu sonorum, ut unus in admiratione populi esset ; aut ita eos versus contexuisse, ut, quanquam longum opus confecerit, in clausulis tamen versuum perpetuum ordinem, ac *similiter cadens* duarum syllabarum servaverit quod fortasse nemo ante eum plene fuerat ausus. Nam, ut præfatus sum, plerique veterum in una syllaba, consonante cum altera, concentum suorum rhythmorum aut metrorum collocarunt. Plerique etiam non in fine geminorum versuum, sed in ipso versu (cujus primum membrum subsequenti respondebat) hanc aurium oblectationem conquisiere. Quæ omnia exemplis confirmatum eo.

Sub finem sæculi a Christo nato sexti floruit sanctus Columbanus, celeberrimus ille Bobiensis cœnobii institutor. Inter ejus Opera legitur rhythmus *De vanitate vitæ*, ubi plerosque versus ὁμοιοτελεύτους cernimus. Exempli causa :

Differentibus vitam mors incerta surripit :
Omnes superbos, vagos mœror mortis corripit, etc.
Plerique perpessi sunt pœnarum incendia,
Voluntatis lubricæ nolentes dispendia, etc.

Reliquos omitto. Qui sane si Columbanum auctorem habent, antiquissimam præbent versuum similiter cadentium formam. Sic inter Opera Bedæ leguntur versus *De computi regulis*, in queis Leoninum concentum audis. Priores accipito :

Adventum Domini non est celebrare Decembri
Post ternas Nonas, neque quintas ante Kalendas, etc.

Sed et sanctus Bonifacius Moguntinus episcopus et martyr, supra mihi laudatus, in epistola prima, circiter annum 780 conscripta, rhythmum effudit, consonis vocibus distinctum :

Vale, frater florentibus
Juventutis cum viribus
Ut florens cum Domino
In sempiterno solio, etc.

Tum in epistola 69 carmina quatuor ejusdem referuntur, geminis versibus simili sono respondentibus, sed ita ut, quanquam fere semper dactylus versum claudat, duæ tantum postremæ syllabæ similes sint. Specimen profero :

Summum satorem solia
Sedet qui per æthralia,
Alti olympi arcibus
Obvallatus minacibus, etc.

Ita vero, me Deus amet, cuiquam dubitatio succurret, num tanta vetustas ejusmodi carminibus sit tribuenda. Verum dubitandi finis erit si *Antiphonarium Benchorense*, a me, ut supra dixi, evulgatum consulet, quod certe sæculo septimo, aut summum octavo, in usu fuit celebris illius monasterii in Hibernia siti, ac deinde in Bobiensem bibliothecam, denique in Ambrosianam translatum est. Occurrit ibi *hymnus sancti Comgilli* in strophas sectus, quarum singulæ a littera alphabeti initium sumunt, earumque singuli versus in eamdem syllabam desinunt :

Recordemur justitiæ

Nostri patroni fulgidæ,
Comgilli sancti nomine,
Refulgentis in opere, etc.

Secundæ strophæ versus quilibet in *a* desinit :

Audite pantes ta erga
Allati ad angelica
Athletæ Dei abdita
A juventute florida, etc.

Eodem ordine reliqui procedunt. Sed et ibi leguntur *versiculi familiæ Benchuir*, ex quibus multi perfectam præferunt eorum formam, qui serius *Leonini* appellati sunt. Experimentum capiat lector :

Vere regalis aula,
Variis gemmis ornata,
Gregisque Christi cauta,
Patre summo servata.
Virgo valde fecunda,
Hæc et mater intacta,
Læta ac tremebunda,
Verbo Dei subacta.

Hæc adeo aperta sunt, ut quisque jam intelligere possit, antiquos rhythmopœios atque poetas non exspectasse tempora Leonis Parisiensis poetæ, ut ab eo edocerentur efformare versus simili concentu cadentes ; neque nimia facilitate censenda esse carmina composita tantummodo post annum Christi millesimum, si qua occurrunt modulo hocce constructa. Refert cardinalis Baronius in Annalibus ad annum Christi 808 versus incolumes adhuc Romæ asservatos in templo Cruciferorum, quod Belisarius Justiniano I imperante condidisse dicitur. Illos autem doctissimus cardinalis eadem ipsa tempestate confectos ac marmore inscriptos arbitratur. Lectori et ego inspiciendos exhibeo :

HANC VIR PATRICIVS VILISARIVS VRBIS AMICVS
OB CVLPÆ VENIAM CONDIDIT ECCLESIAM.
HANC IDCIRCO PEDEM SACRAM QVI PONIS IN ÆDEM,
VT MISERETVR EVM, SÆPE PRECARE DEVM.

Hæc si quisquam rejiciat post sæculum x, adversari ego nolim. Attamen sunt quæ suadeant ipso sæculo Christianæ æræ sexto inscriptionem fuisse positam. Vix enim post multa sæcula rogandus fuerat populus ut precibus repetitis Belisario misericordiam a Deo impetraret. Sed alterum, qualecunque sit, etiam antiquius similiter cadentium vocum exemplum habemus. Sanctus Augustinus circiter annum 393 elucubravit *psalmum contra partem Donati*, qui nihil aliud est quam rhythmus. Singuli versus e duobus versiculis octo syllabis constant. Sunt ibi qui plures syllabas præferunt, sed fortassis emendandi sunt. Intuere hunc psalmum inter Opera Augustini in primis paginis tom. IX editionis novissimæ. De eo ipse hæc scribit lib. primo Retractat., cap. 20 : *Psalmum qui ab imperitis et idiotis cantaretur, per Latinas litteras feci. Tales autem abecedarios appellant.* Ejus generis est rhythmus *de Mediolano*, quem supra innui, uti et alter Adelmanni Scholastici antea memoratus. *Alphabeticum* illum Mabillonius appellavit, *Abecedarium* vero Augustinus. Similem quoque infra dabo, ex Verenensi codice expressum de captura *Ludovici II Augusti*. Præterea mihi est rhythmus *in sanctum Zenonem*, a supra laudato Campagnola ad me missus, atque ex eodem antiquissimo codice excerptus, in quo laudes Mediolani jam supra editæ legebantur. Et istud abecedarium est. En ejus initium :

Audiant principes, audiant populi, etc.

Illic habetur :

Kasta permanserat imperii filia, etc.
Rogat te imperium, ad se te convocat, etc.

Ibi *imperium* pro *imperatore*. At rursum audi Augustinum eumdem de illo psalmo loquentem : *Ideo autem non aliquo carminis genere id fieri volui, ne me necessitas metrica ad aliqua verba quæ vulgo minus sunt usitata, compelleret.* Quare tum ex his, tum ex supra allatis verbis intelligimus rhythmos olim confectos, ut *ab imperitis atque idiotis canerentur.* In eum quoque finem compositi fuere, qui mihi nuper memorati sunt *de laudibus Mediolani, de Ludovico II*, etc. Erant enim iis quoque temporibus, quales nostris, qui carmina rudia, ac præcipue rhythmos aut solatii causa domi, aut in plateis populo congregato lucri obtentu canebant. Ejusmodi cantilenas saltem semidocti intelligebant: nondum enim quisquam ausus fuerat vulgari sermone uti ad carmina aut ad rhythmos; aut si utebantur, ex iis ne fragmentum quidem ad nos pervenit. Redeo ad psalmum Augustinianum. Ibi singulorum versuum clausulæ in *e* desinunt: quod et in aliis rhythmis observatum vidi. Occurrunt et plurimæ voces consonæ in ARE et ORE, etc., quas tamen casu potius

A quam certo quærendæ ejusmodi euphoniæ consilio coiisse puto. Saltem constat vel sæculo Christianæ æræ quarto Africanæ plebi in rhythmis placuisse aliquam verborum, ut ita dicam, consonantiam, quam subsecuta sæcula amplificarunt et diligentius exornarunt. Præcesserat etiam Commodianus mihi supra memoratus in postremo carmine suo, ubi singulos versus in *o* desinere sentias.

Benchorensibus rhythmis, aliisque sæculo octavo compositis cum vocibus consonantibus, quos nuper retuli, addo epitaphium Lantfridi abbatis Burensis in Bajoaria, quod Mabillonius in Analectis publici juris fecit. Is floruit sub Pippino et Carolo Magno, Francorum regibus, et circiter annum Christi 790 excessisse e vivis videtur.

B
EN LANTFRID DOMNVS, PRIMIS NATALIBVS ORTVS,
DEBITA SOLVIT HVMO, QVÆ SIBI DEBET HOMO.
ÆTATIS FLORE SPONSI CVRRENS IN ODORE,
PLVRIBVS EXEMPLVM PRÆBVIT IPSE BONVM etc.

Eodem concentu pergunt reliqui versus: qui si revera tunc fuere conditi, uti veri videtur simile, confirmant quæ dixi de ingeniis hujusmodi musica delectatis ipso sæculo Christi octavo. Alterum exemplum præbent portæ æreæ basilicæ Parisiensis Sandionysianæ, circiter ea tempora fabricatæ. Auctor ibi suum nomen inscriptum voluit, hoc est, *Airadus monachus*, geminis versiculis incisis, quos ad annum 780 attulit idem Mabillonius in Annalibus Benedictinis:

HOC OPVS AIRADVS CÆLESTI MVNERE FRETVS,
OFFERT ECCE TIBI, DIONYSI, PECTORE MITI.

Porro quantum subsequenti sæculo nono in deliciis foret apud quosdam poetas conquisita ista consonantium vocum harmonia in texendis versibus, longe pluribus exemplis ostendere possum. Vetu-

C
stissimum musivum in æde sacra Sanctæ Mariæ Novæ adhuc visitur Romæ, teste Ciampinio part., II, cap. 28, Veter. Monumentor. Ibi hi duo versus:

ARBOR SACRA CRVCIS FIT MVNDO SEMITA LVCIS,
QVAM QVI PORTAVIT, NOS CHRISTVS AD ASTRA LEVAVIT.

Uti Anastasius tradit, ejus templi simulque et operis tessellati auctor fuit Leo IV, papa, anno Christi 848, aut Nicolaus I, papa circiter annum 860. Quæ si certa sunt, jam tenemus in ipsa Urbe ferme ante novem sæcula in usu fuisse consonam vocum harmoniam in versibus. Si eodem sæculo, quo Ludovicus Pius Augustus e vivis excessit (hoc autem contigit anno Christi 840) compositum fuisset epitaphium, ejus tumulo Metensi in urbe appositum, quod tomo II, pag. 320, Scriptor. Francicor. du Chesnii, et in Annalibus cardinalis Baronii legitur, luculentum alterum haberemus homotoniæ in versibus tunc adamatæ testimonium. Quatuor tantum versiculos inde excerptos offero.

IMPERII FVLMEN, FRANCORVM NOBILE CVLMEN,
EXCITVS E SECVLO CONDITVR HOC TVMVLO,
REX LVDOVICVS, PIETATIS TANTVS AMICVS,
QVOD PIVS A POPVLO DICITVR ET TITVLO, etc.

D
Drogoni quoque archiepiscopo Metensi, ejusdem Ludovici Pii fratri, alterum epitaphium positum fuit, ab eodem du Chesnio editum, cujus en primos versus:

CONDITVR HOC BVSTO PRÆSVL DROGO MARMORE SCVLPTO:
SPIRITVS IN REQVIE LÆTVS OVAT ABRAHÆ, etc.

Præterea in Laureshamensi monasterio sepulcrum adhuc visitur Tassilonis Bajoariæ ducis, quem Carolus Magnus e solio dejecit, cum hisce versibus:

CONDITVR HAC FOVEA, QVEM PIE CHRISTE BEA,
TASSILO DVX PRIMVM, POST REX, MONACHVS SED AD IMVM.
IDIBVS IN TERNIS DECESSERAT ILLE DECEMBRIS.

Sed quia dubitare licet ne longe serius additi fuerint tumulis ejusmodi versus, certiora apponamus. Gaspar Barthius, vir spectatissimæ eruditionis, lib. XXXII Adversarior. Erinfredi monachi carmen rhythmicum ex ms. codice profert. Hic autem *vixit anno 806, ut Vita ejus testatur.* En duas tantum illius carminis strophas :

Felicitatis regula
  Hac fine semper constitit.
  Ad puncta cum venit sua,
  In se voluta corruit.
Quæcunque vita protulit
  Ambigua, læta, tristia.
Quocunque se spes extulit
  Infida, dura, credula, etc.

Sed præcipue sæculo illo ac duobus subsequentibus multis curæ fuit in singulis versibus concentum vocum similium inserere, divisis quodammodo in duo membra versibus, postremæ quorum syllabæ invicem sibi respondebant. Evulgavit sæpe laudatus Mabillonius in Annalibus Benedictinis ad annum 827 versus in vetustissimo codice Altivillarensis circiter ea tempora scriptos, e quibus quæ nunc aiebam, leviori negotio intelliges :

Ebo, Remense decus, præsul, pastorque coruscus,
Doctor evangelicus, præcelsi Regis amicus,
Hunc in amore Dei, Petrique in honore beati,
Librum jussit agi, plenus spiraminis alti, etc.

Hic præter commata versus cujuscunque consona, etiam finis unius versus consonat cum fine alterius, unica tamen syllaba. Ita in musivo adhuc superstite Basilicæ Ambrosianæ Mediolanensis, quod circiter annum 835 compositum fuisse, neque immerito, Puricellius censet, tetrastichon istud legitur :

MARTINVS MORITVR, SED VITÆ DONA MERETVR :
TRISTATVR MVNDVS, ADJVBILATQVE POLVS.
MORS SVA DIGNA BONO FERTVR CELEBRATA PATRONO,
SPIRITVS AMBROSII DVM FAMVLATVR IBI.

Milonis quoque Elnonensis monachi versus pari concentu elaboratos anno Christi 855 refert idem Mabillonius in Annalibus Benedictinis ad annum 872. Vide etiam formulas XIV et XV tomi II Capitular. Baluzii, pag. 565. Non eæ quidem sunt formulæ, sed rhythmi duo, summam barbariem spirantes, atque, ut opinor, ab indoctis librariis mirum in modum deformati. [Supra vero commemoravi Notkerum Balbulum, cœnobitam Sancti Galli, qui sub finem sæculi noni, atque initium decimi, Sequentiarum librum edidit, ab antiquis laudatum, et a clariss. viro P. Pezio part. prima tomi primi Thesaur. Anecdotor. novissim. editum. Ejusmodi Sequentiæ (quas hymnos potius appellare placeat) rhythmica licentia compositæ sunt sub variis metris. Unam ex iis seligo :

Sancti merita.
Benedicti inclyta.
Verendæ sanctitatis,
Ac monachorum præsulis,
Pro posse
Atque nosse.
Organa nostra concrepent.
Nursia felix
Tulit natum genitrix :
Domina mundi Roma fovit alitrix.
Hic ergo præventus optimo
Sancti Spiritus dono, etc.

Anno 912 finem vivendi fecit idem Notkerus, cujus epitaphium metricum Mabillonio debemus in Annalibus Benedictinis editum his verbis :

ECCE DECVS PATRIÆ, NOTKERVS, DOGMA SOPHIÆ,
VT MORTALIS HOMO, CONDITVR HOC TVMVLO
IDIBVS OCTONIS HIC CARNE SOLVTVS APRILIS,
COELIS INVEHITVR, CARMINE SVSCIPITVR.

Plura ejusmodi nullus dubito quin haberemus, scripta longe etiam ante Notkerum, nisi tempus, cui tot pretiosa succubuere, levia hæc quoque nobis invidisset. Unum illud San-Gallense cœnobium celeberrimum, in quo Notkerus vixit, alia suppeditare hic potest ab Henrico Canisio edita, ac deinde in Bibliothecam Patrum illata. Illic hymnum legas ab Hartmanno monacho compositum (floruit ille circiter annum 870) cujus hi sunt primi versus :

Cum natus esset Dominus,
Turbatur rex incredulus
Magi tulerunt munera,
Quos stella duxit prævia

Eodem ordine consonantium vocum procedunt reliqui. Sunt ibi et alii hymni, aliaque poemata eamdem verborum texturam præferentia, aut eodem sæculo IX aut X composita ; ita ut jam abundet, unde eorum opinio male consuta nobis videatur, qui ubi aliquid Leonini concentus audiunt, illud continuo ad sæculum XI et subsequentia pertinere sibi persuadeant. Edidit quoque Canisius carmen Salomonis episcopi Constantiensis, qui currente anno 895 florebat.

Eximie antistes, has accipe, Dado, salutes,
Conscriptas tristi a Salomone tibi, etc.

In reliquis idem est artificium. Hisce junge inscriptionem positam Emmæ Francorum reginæ anno 954, quam profert Mabillonius nuper laudatus. Ejus primos tantum versus exhibeo :

SANGVINE CÆSAREO JACET HIC EXCELSA PROPAGO,
FRANCORVM POPVLO PRODITA DE KAROLO etc.

Quod si plura id genus epitaphia cupis, adi ejusdem Mabillonii Analecta. Consule etiam Annales Treverenses Broweri, qui multa affert sæculis octavo, nono et decimo composita. Eodem autem sæculo decimo floruit Frodoardus Remensis, qui in carmine de Vita Sancti Columbani multos interserit versus, eodem artificio elaboratos : quod et præstitit Rosvitha, incomparabilis ejusdem sæculi sanctimonialis, in carmine de gestis Oddonis. En duos tantum illius versus :

Postquam Rex regum, qui solus regnat in ævum,
Per se cunctorum transmutans tempora regum, etc.

Finem vivendi fecit anno Christi 993 sanctus Gebehardus Constantiensis episcopus, eique tunc positum fuit epitaphium, a Canisio et Surio relatum.

DEBITA PARS TERRÆ FALLENTIA TEMPORA SPERNE,
ET MEMORARE VIÆ, QVAM TESTATVR CINIS ISTE.
GENTIS HONOR NOSTRÆ JACET HIC, GENTIS DOLOR ATQVE ;
PRÆFUIT HUIC URBI, CUNCTO SED PROFUIT ORBI, etc.

Adelmanni Scholastici *Rhythmum alphabeticum*, a prælaudato Mabillonio inter Analecta editum, supra memoravi. Is ad sæculum xi spectat, compositusque fuit circiter annum 1035. Tres versus stropham conficiunt, ac singulorum finis simili syllaba constat, uti e prima stropha constabit:

Armonicæ facultatis adspirante gratia,
Refero viros illustres, litterarum lumina,
Quos recenti recordatur mens dolore saucia, etc.

Consonas quoque voces in fine rhythmorum invenias, quos sanctus Fulbertus ante Adelmannum elucubravit. Similem rhythmum circiter annum Christi 1075 Landulphus Senior, historicus Mediolanensis, procudit in fine libri primi Historiæ a me editæ tomo IV Rer. Italicar. Accipe priorem stropham :

Jesu Christe, splendor Patris, via, veritas et vita,
Omnium Redemptor pie, cunctorum æquitas,
Universos qui te quærunt tua replet charitas.

In primo versu legendum est *vita et veritas*. Eodem metro cæteri procedunt. Sed et idem Landulphus lib. III, cap. 16, refert *cantilenam*, hoc est rhythmum, *super statum regis Alberti*, in quo describendo non semel peccavit antiquus Librarius. Vix dubito quin ejusmodi rhythmus confectus fuerit quo tempore ex regno Italiæ excidit Adelbertus, Berengarii II filius, Italiæ rex, id est circiter annum 962. Hos tibi animadverte versus, in ejus contemptum more veterum Romanorum Mediolani cantitatos :

Te, Alberte, decet nemus,
Et Ottonem manet decus,
Pro infamia Walperti
Te decet alga regni.
Pro regina nunc Latina
Utere jam nunc marina.
Pro regali sceptro nostro
Fruere jam navis rostro, etc.

Landulpho synchronus fuit Benzo, pseudoepiscopus Albensis; qui præcipue hisce rhythmis delectatus est in lutulento Panegyrico Henrici IV Germaniæ regis, tomo primo Scriptorum Rer. Germanicar. Menkenii. Et sane eodem sæculo XI ita homines capiebantur harmonia ejusmodi versuum consonantium, ut pauci numerarentur Musis addicti, qui carmina sua hocce, ut putabant, ornamento destituta vellent. Cujus consuetudinis testem luculentum dabo Othlonum, Monachum Sant-Emmeramensem, cujus Opera evulgavit supra laudatus P. Pezius part. II tomi III Thesaur. Anecdotor. Novissim. Florebat monachus iste anno Christi 1050 et post se carmina complura reliquit, in quibus plurimos versus consonantes invenias. Is autem in carmine *De doctrina spirituali* in hæc verba loquitur :

Porro quod interdum subjungo CONSONA VERBA,
Quæ NVNC MVLTORVM *nimius desiderat* VSVS,
Hoc quoque verborum plus ordine convenienti.
Insuper ANTIQVA *de* CONSVETVDINE *feci.*

Ut vides, *consona verba* apud veteres appellabantur quæ nunc nobis *rime* dicuntur; atque ejusmodi poeseos currente sæculo XI *antiqua* erat *consuetudo*. Quare nil mirum si subsequenti sæculo XII familiare in Italia quoque idem studium fuerit Musarum cultoribus. Vide Donizonem, qui anno 1115 poema contexuit *de Vita comitissæ Mathildis*. Animadverte quibus versibus Guilielmus Apulus librum quintum *de Northmannis* concludat. Vide etiam anonymum, qui circiter annum 1127 poema struxit *de excidio urbis Comensis* : uti et Radulphum Cadomensem, cui *Gesta Tancredi principis* debemus, circiter eadem tempora metro ac prosa conscripta : denique Godefridi Viterbiensis *Pantheon*, et Gaufredi Malaterræ *Historiam Siculam*, quæ omnia complectitur Collectio mea Rerum Italicarum, præcipue tomo V. Legas quoque velim rhythmos quosdam, a venerabili Petro Cluniacensi abbate circiter annum Christi 1136 compositos, in quibus eumdem vocum concentum invenias. Prætereo innumera alia cum metra, tum rhythmos, eodem artificio elaborata, mihique e monumentis sæculi IX, X et subsequentium collecta, ne nimius sim.

Nihil tamen dissimulandum. Pleraque ex his carminibus, rhythmicis aut metricis, eo tantum artificio constant, ut unica syllaba in medio versu adhibita sonum reddat similem syllabæ claudenti, aut par tantum syllaba duorum versuum finem occupet. Cum vero, ut supra innui, singulari fortassis appellatione *Leonini* versus ii dicerentur in quibus geminæ syllabæ longæ, aut tres, si penultima brevis foret, sono æquali sibi responderent in medio et fine versus, aut in fine duorum versuum : dubitatio adhuc superesse potest sitne hujus artificii inventio aut perfectio tribuenda Leoni Parisiensi poetæ, qui circiter annum 1190 floruit. Verum quonam justo titulo in Leonem hunc transferenda sit ejusmodi gloria non video, quando tot alii mihi occurrunt qui ante eum metra aut rhythmos pari condidere artificio. Nam quod est ad singulares versus consonis vocibus contextos, in iis pangendis Leonem plurimi præcessere. Et primo quidem Italia ipsa nobis continuo exhibet magistrum Moysen Bergomensem, auctorem carminis De laudibus Bergomi, a me editi tomo V Rer. Italicarum. Scribebat ille circiter annum Christi 1120, atque is sane in fine versuum consectatus est duarum syllabarum perennem concentum. Ita suum exorditur poema :

Alme Deus rector, qui mundi frena gubernas,
Nec sinis absque modo sedes fluitare supernas, etc.

Eodem pede procedunt reliqui versus. Sed et antiquiores sunt quos in honorem sancti Lulli episcopi Moguntini Wilielmus Malmesburiensis lib. primo De gest. reg. Angl. circiter annum 1127 scribebat se a pueritia audisse; videlicet :

Antistes Lullus, quo non est sanctior ullus :
Pollens divina, tribuente Deo, medicina,
Occurrit morbis, ut totus prædicat orbis.

Vetustissimus quoque versus est, quo usi sunt non pauci e Germanicis imperatoribus in suis sigillis. Exemplum dabo petitum ex autographo diplomate quod in suo tabulario asservat capitulum canonicorum Lucensium.

Diploma Conradi I Augusti, quo privilegia confirmat canonicis Lucensibus, anno 1038.

In nomine sanctæ et individuæ Trinitatis. Chuonradus, divina favente clementia, Romanorum imperator Augustus. Quia decet imperialis magnificentia loca sancta dilate atque venerari, et omnibus Christianis de animabus suis curam atque sollicitudinem gerere, ideo dignum duximus modo in præsenti sanctissimi Martini episcopi locum Lucæ situm in aliquo locupletare, ut et ipsis, pro quibus donatum est, ad refrigerium, et nobis ad remedium proficiat sempiternum. Quapropter considerantes nos hoc, et in animo volventes, prece et admonitione dilectæ conjugis nostræ, simulque consortis nostri regni Gislæ, confirmamus prædicto sancto Loco, sicuti olim Ugo, Lotharius, atque primus Otto, et secundus, ac tertius, nec non Heinricus, precessores nostri reges et imperatores pro remedio animarum Adelberti marchionis et Bertæ comitissæ, nec non et suarum, dederunt beato Martino pontifici, ecclesiæque suæ sitæ Lucæ, suisque fidelibus, etc.

Signum domni Chuonradi serenissimi imperatoris Augusti.

Kadelohus cancellarius vice Herimanni archiepiscopi et archicancellarii recognovit.

Datum vii Kalendas Martii, anno Dominicæ incarnationis 1038, indictione vi, anno domni Chuonradi regni xiv, imperii xiii.

Actum ad Viam Venariam in comitatu Lucensi, feliciter. Amen.

Non in medio, sed in extremo latere membranæ pendet bulla plumbea, in cujus antiqua parte visuntur imagines duorum virorum, altera quarum manu tenet pomum, altera sceptrum, et inter illas leguntur hæ litteræ

H
E.
N
R.
I.
C.
V.
S.
REX

In circuitu vero CONRADVS DI GRA IMPR AVGVSTVS. In postica effigies Romæ sculpta visitur cum hoc Versu :

ROMA CAPVT MVNDI
REGIT ORBIS FRENA ROTVNDI.

Sed et Robertus abbas Sancti Remigii, qui Historiam Hierosolymitanam circiter annum 1110 litteris consignavit, editam tomo primo Gestor. Dei per Franc. similibus versibus prosam suam interspersit, quorum pars in margine, pars in ipso textu legitur. Nonnullos profero :

Nec leviter tactus Raynalaus, apostata factus,
Abjurando Deum, se probat esse reum.
Quid faceret Turcus, populusque per omnia spurcus ?
Ni sua terga daret, quo venerat et remearet.

Ita et Gaufredus Malaterra, qui circiter annum 1099 Historiam Siculam scripsit, editam tomo V Rer. Italicar., pares versus nobis exhibet lib. iii, cap. 23. Hos paucos audi :

Nec nimis hoc culpo, quamvis hic talia sculpo.
Nec prohibens vito; cum fiat juncta marito,
Diligat et juste fœdus servando venuste.
Nam quos lex jungit, sententia nulla repungit, etc.

Sed et tumulo Beatricis ducissæ Tusciæ, anno 1076 vita functæ Pisis, positum fuit hoc Epitaphium :

QVAMVIS PECCATRIX SVM DONNA VOCATA BEATRIX
IN TVMVLO MISSA JACEO QVÆ COMITISSA.

Ita carmen in Ivonem Dionysianum aobatem, anno 1094 interfectum, edidit clarissimus Mabillonius, in quo prior versuum pars subsequenti respondet. Paucos tantum seligo :

Qui nondum norat, sub quale caribde laborat
Occultans illa fiat damnata favilla :
Et ceu scintillæ stipularum corruat ille, etc.

Pariter in ejus epitaphio legitur:

IVO GRAVIS SORTE, CRVDELITER OBRVTE MORTE,
QVEM TEGIT HÆC PETRA, FELIX HABEARIS IN ÆTHRA, etc.

Ad hæc in dissertatione XXXVII, *De hospital.*, evulgavi fundationem brephotrophii factam Mediolani a Datheo archipresbytero anno Christi 787. Duo versus in illius ædis pavimento inscripti leguntur:

SANCTE MEMENTO DEVS, QVIA CONDIDIT ISTE DATHEVS
HANC AVLAM MISERIS AVXILIO PVERIS.

Præstare non possum anno eodem 787 hosce versiculos fuisse illic scriptos: attamen verba illa *iste Datheus viventem illum indicare videntur.* Quod ubi statuas, jam tenes, quantam antiquitatem præferant versus, quos nunc *Leoninos* appellamus. Ita antiquissimi erunt, sed temporis nota carentes, versus in musivo scripti, quos Panvinius legebat in claustro monasterii Lateranensis excesos jam atque cadentes:

CANONICAM FORMAM SVMENTES, DICITE NORMAM,
QVAM PROMISISTIS, HOC CLAVSTRVM QVANDO PETISTIS.

Reliqua eodem concentu continuantur.

Pluribus congerendis tempero. Ad alteram versificandi rationem quod attinet, videlicet statuendi consona verba in fine geminorum versuum, neque hic desiderantur exempla longe ante Leonis Parisiensis ætatem. Profecto circiter annum 1055, hoc est centum annis et ultra priusquam Leo ille nomen suum Parnasso daret, versus in Italia conficiebat celebratissimus vir sanctus Petrus Damiani, postea Ostiensis episcopus. Atque ex eo habemus multa carmina, hymnos et rhythmos varii metri, eaque fere cuncta consonis vocibus contexta. Sed potissimum considerandus nobis est ejus *rhythmus super Salutatione angelica*, num. 63, in quo perfecti Leonini versus occurrunt.

Ave, David filia, sancta mundo nata
Virgo prudens, sobria, Joseph desponsata,
Ad salutem omnium in exemplum data,
Supernorum civium consors jam probata.
Maria, miseriæ per te terminatur,
Et misericordia per te revocatur, etc.

Audi et ejus carmen 64, ad eamdem sanctissimam Virginem:

O miseratrix - o dominatrix - præcipe dictu,
Ne devastemur - ne lapidemur - grandinis ictu, etc.

Hæc videant qui contendunt majores nostros a provincialibus didicisse usum consonantium vocum. Mabillonius quoque in Annalibus Benedictinis epitaphium prodidit, adhuc marmore insculptum, Alberti abbatis Miciacensis, qui anno 1036 naturæ debitum solvit, non absimili vocum collocatione distinctum:

HIC JACET ALBERTVS, QVONDAM REGALIA SPERNENS,
PRVDENS ATQVE PIVS, TANTVM COELESTIA CERNENS,
MVNDI DIVITIAS CVM REGALI DITIONE
GEMETICA PRIMAS SPREVIT PRO RELLIGIONE, etc.

Florebat anno 1095 Baldricus Andecavensis abbas, cujus carmina edidit du Chesnius tom. IV Scriptor. Franc. In his quædam concentum vocum in fine versuum exhibent. Primi epigrammatis bini versus sunt hi:

In rotulo multi cum sollicitudine quadam
Dicendi seriem semper metantur ab Adam, etc.

Ita in carminibus de morte Mathildis abbatissæ Condomensis anno 1012 compositis, et a supra laudato Mabillonio tomo quinto Annal. Benedictinor. evulgatis, idem concentus occurrit:

Si lacrymæ cuiquam cœlestia regna pararent,
Defunctum quemquam si carmina nostra juvarent, etc.

Floruit eodem sæculo Christi undecimo Gualdo Corbeiensis monachus, qui Vitam sancti Anscharii episcopi Hammaburgensis metro contexuit, editam a Lambecio. Is in præfatione lusit versibus eadem finali consonantia distinctis. En exordium:

Dulce tuis, Alberte, decus, jubar ignivaporum,
Ecclesiæ turris, regni diadema decorum,
Gloria pontificum, regum venerabile numen,
Quod tibi mater init Corbeia, sume volumen, etc.

Vide etiam epitaphium beati Lanfranci, archiepiscopi Cantuariensis celeberrimi, a sancto Anselmo itidem archiepiscopo circiter annum 1089 compositum. En primos versus:

ARCHIEPISCOPI NON DIVITIAS NEC HONORES
LANFRANCVS SVBIIT, SED CVRAS ATQVE LABORES.
NATVS IN ITALIA, PAPIENSI DE REGIONE,
CIVIBVS EGREGIIS, ET HONESTA CONDITIONE, etc.

Rhythmos quoque Petri abbatis Cluniacensis nuper memoratos vide. Inter cæteros unum commemoro *De resurrectione Domini*, in quo hi versus:

Lumen clarum - tenebrarum - sedibus resplenduit,
Dum salvare - recreare - quod creavit voluit:
Hinc Creator, - ne peccator - moreretur, moritur.

Cujus morte - nova sorte - vita nobis oritur, etc.

Est ibi et alius rhythmus similis *in honorem Matris Domini*, sub nomine *prosæ* editus. Hæc autem circiter annum Christi 1130 scripta fuere. Ita Joannes Severanus in libro *Memorie sacre di Roma*, pag. 514, inscriptionem refert anno 1128, positam Joanni de Crema cardinali in titulo Sancti Chrysogoni, cujus ecce verba :

O BONE SALVATOR
NOSTRÆ SALVTIS AMATOR,
FILI CHRISTE DEI,
PARCE REDEMPTOR EI,

Et apud Canisium Antiquar. Lection. tom. III part.

HOC PIVS ANTISTES, CLERI LVX, OTTO PARAVIT,
ECCLESIÆQVE PATER, RES, MORES AMPLIFICAVIT.

Si referenda inscriptio est ad Ottonem Capuanum episcopum, quem sub finem sæculi noni floruisse Ughellius opinatur, iterum confirmatam vides hujusmodi versuum antiquitatem. Ita Mabillonio teste in

QVORVM MVNERE SVM TALI VESTITVS HONORE,
DIGNI REDDANTVR DIVINO SEMPER AMORE.

Ita in fine Chronici Centulensis apud Dacherium in Spicilegio Hariulphus ejus Historiæ auctor, anno 1188 carmen subjunxit, cujus en primos tantummodo versus :

Toto corde meo te, Centula mater, amavi,
Traditus a puero, mea sub te colla ligavi, etc.

Reliqui eodem vocum contextu procedunt. Consule etiam, si lubet, Wilielmum Malmesburiensem, qui carmen profert in Æthelstani regis honorem conditum, longe antea quam Leo Parisiensis nasceretur. Illius specimen habeto :

Regia progenies produxit nobile stemma,
Cum tenebris nostris illuxit splendida gemma, etc.

Vide etiam Radevicum lib. II, cap. 2, De Gest. Friderici I, uti et Henrici Huntindoniensis Histor. Librum quintum, et Scholam Salernitanam, et Godefridum Viterbiensem, et carmen a me evulgatum in Chronico Casauriensi, part. II tomi II Rer. Italicar. pag. 785, uti et præfationem cl. viri P. Pezii in Thesaur. Anecdotorum. Sed in primis recole quæ antea protuli e vetustissimo Antiphonario Benchorensi; nihil enim ibi desideratur ad Leoninæ cantilenæ metrum absolutum. Antiquitatem insuper artificii hujus longe majorem, quam vulgo credatur, confirmabit hymnus Hartmanni, monachi San-Gallensis, tomo XXVII Bibliothec. Patrum, pag. 517. Jam prædixi floruisse illum anno 870.

Tribus signis,
Deo dignis,
Dies ista colitur.
Tria signa
Laude digna,
Cœtus hic persequitur.
Stella Magos

A II, poviss. editionis, carmina leguntur Metelli Tegerseensis monachi, qui anno saltem 1160 floruit, hoc est, ante Leonem, sive Leoninum Gallum. ibi Rhythmici versus complures. Paucos audi :

Laudabunt alii clarum genus ; ac mihi lene
Christi jugum dat verba Camœnæ.
Sydereæ patriæ cives abolere studebat,
Per quos pacem rebus habebat.
Vivebat scintilla tamen, frigente favilla,
Tandem mota procul micat illa, etc.

Sed longe ante hæc tempora compositi videntur non absimiles duo versus, qui Capuæ adhuc leguntur :

B Annalib. Benedictin. ad annum 707 in theca argento contecta ubi collocatæ videntur anno Christi 946 reliquiæ sancti Hidulfi episcopi, hi versus legebantur :

Duxit vagos
Ad præsepe Domini, etc.

Eumdem concentum vocum cæteræ strophæ reddunt. Alia monumenta veterum ejusdem generis prætereo, dicturus tandem me vix assequi posse cur Leo Parisiensis poeta, qui circiter annum Christi 1190 floruisse dicitur, Leoninos versus excogitassse credatur, quando tot longe antiquiores habemus qui rhythmos et metra condidere eodem ipso consonarum vocum artificio ac tinnitu. Certe a sententia Papebrochii discedendum, qui ad diem XIX Maii in Vita sanctæ Pudentianæ et Praxedis versus rhythmicos in ecclesia Sanctæ Pudentianæ rejicit ad tempora Innocentii

C II papæ, circiter annum 1130, hanc rationem subjiciens : *Nam Leoninorum versuum initium nemo eruditus fecerit sæculo* XII *antiquius*. Alia erit in posterum, ut opinor, eruditorum opinio.

Atque hæc de rhythmica veterum poesi. Nunc ad originem poeseos Italicæ vulgaris me converto. Nullus dubitandi locus est quin poesis a vulgarium linguarum poetis adhibita, nativitatem suam debeat antiquorum rhythmicæ. Neque enim vulgares linguæ, Italica videlicet, Gallica, Hispanica, etc., in contexendis versibus spectant ullam syllabarum quantitatem, sive prosodiam : quod ab antiquis Græcis et Latinis factum est. Et quamvis Italica lingua duo verborum genera præferat, brevia nempe et longa, attamen hæc vocum quantitas in penultimis tantum

D syllabis sistit, si verba sint trisyllaba, etc.; ac præterea nulla harum brevium aut longarum ratio habetur, nisi quantum exigat vocum collocatio ad uberiorem aurium voluptatem in versu audiendo. Recentiorum ergo carmina nihil aliud sunt quam *rhythmi*; et quemadmodum plurimi ex antiquis rhythmis numerum tantummodo pedum seu syllaba rum, non vero temporis observationem quærebant; satque artifici in iis conficiendis erat demulcere auditorum aures quodam concentu, erumpente ex una dispositione ac paritate pedum in singulis versibus, idem quoque a vulgarium linguarum poetis factum fuit. Quare cum primum Itali, Galli, etc., condere versus cœperunt, propria vulgari lingua utentes, hosce appellarunt *rhythmos*, quæ vox apud Italos, Gallos, Anglos aliosque populos, levi mutatione facta, appellata fuit, et adhuc appellatur *rima*. Non me fugit per vocem hanc *rima* non a recentioribus tantum, sed et a quibusdam antiquis Italicæ linguæ scriptoribus significari ὁμοιοτέλευτον, seu *similiter cadens*, quo potissimum suos versus vulgares quoque poetæ ornare consueverunt. Verum ex institutione sua *rhythmus*, seu *rima*, cœptus est nominari integer versus vulgaris, seu carmen, atque poema, ad imitationem rhythmorum Latinorum lucubratum, de quibus hactenus egimus. Hac de causa Petrarcha cecinit:

Voi, ch' ascoltate in Rime sparse il suono.

Nam, ut supra ex Othlono vidimus, *similiter cadens* olim appellabatur *consonum verbum*, seu *consonantia vocum*, ut Antonius de Tempo testatur. Scriptoris hujus librum adhuc luce carentem, et in bibliotheca Estensi ac Ambrosiana asservatum, ego jam dudum memoravi lib. primo, cap. 3, De perfect. poesi Italic., cujus hic titulus: *Summa artis rhythmici vulgaris dictaminis, composita ab Antonio de Tempo, judice, cive Paduano, ad illustrem principem Albertum de la Scala. Anno Domini* 1332. Ac proinde is carmina Petrarchæ sua lucubratione præcessit. Is ergo rhythmorum vulgarium septem genera enumerat, *soneium, ballatam, cantionem extensam*, etc. Ex quo vides carminibus ipsis nomen *rhythmi* inditum fuisse. Rursus ille scribit in rubr. 1: *Rhythmus vulgaris est genus quoddam dictaminis*, etc. *Litteralis rhythmus* (id est Latinus) *secundum grammaticos est consonans paritas syllabarum, certo numero comprehensarum. Et eadem dispositio cadit in quolibet vulgari rhythmo, præcipue in motu confecto*, etc. Infra subdit: *Quilibet rhythmus habeat saltem unam consonantiam cum dictione, quæ habeat diversum significatum*, etc. Sunt ibi tamen et alia loca in quibus *rhythmi* vox idem significare videtur ac nobis *rima*. Sed quandonam, et apud quos nata Italica poesis? Omnium eruditorum calculo jam firmatum est, primos in Italia Siculos vulgarem linguam, Italicam nimirum, usurpasse ad condendos versus. Quæ omnium vetustissima poemata Italicæ linguæ supersunt, Siculis poetis tribuuntur. Insuper Petrarcha in Triumph. Amor., cap. 4, Italicos poetas recensens, commemorat *i Siciliani*,

Che fur gia primi, e quivi eran da sezzo.

Unde vero Siculi hauserint versuum ac poematum vulgarium formam, usumque consonantium vocum, antea disputatum est inter Italicos eruditos. Joannes Marius Crescimbenius, cui supra cæteros lucem suam debet historia Italicæ poeseos, in Comment. tom. prim., cap. 2, veluti rem *evidentissimam* statuit, Siculos a provincialibus poetis, quorum Vitas Nostradamus scriptas reliquit, utpote qui antea floruere, universam poeseos œconomiam fuisse mutuatos. Et revera provincialium carmina fere omnia complectitur pretiosus Estensis bibliothecæ codex manu exaratus anno 1254, eosque novimus scripsisse versus ab anno 1110 usque ad eumdem annum, cum contra Italicorum poetarum vestigium vix post annum Christi 1200 nunc inveniamus, atque eorum præterea pauculi versus, incompti omnino ac rudes, nascentis poeseos infantiam prodant. Clarissimus autem Fontaninius in lib. primo De eloquent. Italic., cap. 7 et sequent., ostendit, Brunetti Latini auctoritate fretus, vulgarem. Provincialium seu Francorum linguam anno 1260 fuisse *la più dilettevole e la più comune, che tutti gli altri linguaggi*; ac propterea illius sententia est non solum ex ea lingua Italos derivasse artem rhythmorum vulgarium, sed etiam *che la lingua Provenzale in realtà fù madre in gran parte dell' Italiana dopo il secolo undecimo*. Equidem suspicor Fontaninium neminem tam enormi sententiæ consentientem habiturum, quanquam et Varchius censuerit, Provincialium linguam *matrem magna ex parte fuisse* Italicæ post annum 1200. Neque enim tam sero emersit, statumque accepit Italica lingua: imo hæc a Provincialibus nonnisi pauca vocabula accepit, uti jam palam factum est supra in Dissertatione XXXII *de Origine Linguæ Italicæ*. Et quanquam multas voces ex Francorum aut Provincialium lingua in Italicam migrasse daremus, non propterea jura matris illi tribuenda forent. Huetius ipse, vir spectatissimæ eruditionis, licet Gallus, in lib. De origin. fabular. Romanens., nostros ridet quod nimia liberalitate multas linguæ nostræ voces Provincialibus veluti acceptas referant, quas tamen cum illi tum non Latio debemus. Exempla et ego attuli in notis ad carmina Italica Petrarchæ. Denique eos etiam improbavit Dantes Aligerius in Convivio, qui Provincialium linguam Italicæ præferebant. Cæterum quod est ad Italicorum poesim, non abs re Marius Equicola, Petrus Bembus, Speronius, Sansovinus, atque, ut alios omittam, prælaudati Crescimbenius et Fontaninius arbitrati sunt, originem istius a Provincialium imitatione esse omnino arcessendam. Liceat tamen et mihi addere: id quidem veri simile, minime vero certum esse. Jam produxi lib. primo, cap. 3, *Della perfetta poesia*, verba Petrarchæ, quæ rursus hic consideranda veniunt. In præfatione ad epistolas suas familiares de libris a se compositis ille agens, rhythmos etiam vulgari lingua a se lucubratos hisce verbis describit: *Pars mulcendis vulgi auribus intenta, suis et ipsa legibus utebatur. Quod genus apud Siculos (ut fama est) non multis ante sæculis renatum, brevi per omnem Italiam ac longius manavit: apud Græcorum olim ac Latinorum vetustissimos celebratum; siquidem et Romanos vulgares rhythmico tantum carmine uti solitos accepimus.* Hæc Petrarcha circiter annum Christi 1360 scribebat : quæ Ludovico Castelvetro Mutinensi in Additament. ad lib. primum Pros. Bembi jam diu animadversa, persuaserunt, immerito obtrudi Provinciales poetas tanquam parentes aut magistros Italicæ poeseos. Et ea quidem sibi opposuit Crescimbenius ; sed quamvis multa commentatus fuerit, nemini hactenus videatur debilitata nedum confossa Castelvetri sententia. Nam quod nulla Siculorum carmina vulgaria habeamus ante annum 1200 scripta, nequaquam inferendum est nulla reapse composita ante annum illum fuisse. Quot enim et quanta nobis eripuerit tempus, is tantum ignorat qui hospes in eruditione prorsus est, ut omittam, plura condi potuisse quæ litteris minime fuerint consignata.

Perspectissimum vero Petrarcha habuit, utpote per annos complures in Provincia versatus, quot poetas ea regio tulerat, quoque tempore ii floruere. Nihilo tamen secius, non ab iis Siculos didicisse artem rhythmorum scribit, sed potius a Latinis et Græcis, apud quorum vulgus in usu olim fuisse Rhythmos ipse Petrarcha acceperat. Cur nos affirmemus, quod is longe propior Provincialium poetis, et inter patres Italicæ poeseos numeratus, ignoravit? Ac præcipue cum Leonardus Arretinus in Vita Dantis scripserit ex ipsius Dantis verbo : *Rhythmorum vulgarium Italicorum* artem circiter annos centum quinquaginta ante eumdem Aligerium originem habuisse. Epocha ista in eos ipsos annos convenit, quibus et Provincialium poetarum primi floruere. Quid? quod et idem Crescimbenius part. II, libri II Commentar. auctor est, Tusciæ non defuisse vulgares poetas anno etiam 1200. Cum vero Etruscis, Petrarcha teste, præiverint Siculi, reliquum est ut quo tempore Provincialium poesis vigebat, Siculorum quoque poesis usitata apud vulgares fuerit : ac proinde veritate niti, quod Petrarcha ait, videlicet rhythmorum artem *apud Siculos non multis ante sæculis* (duobus saltem) *renatam fuisse.* Neque injuria subdit ille, Siculos e Græcis atque Latinis id genus poeseos didicisse, cum antea conspexerimus familiares fuisse cum Græcis tum Latinis rhythmos, ac præterea vocum consonarum usum, quas nunc *rime* nuncupamus, sera antiquitate commendari. Apud ipsos Siculos, sæculo duodecimo decurrente, ejusmodi versus a Latinis poetis excultos, paucis ostendam. Rogerio I inclyto Siciliæ et Calabriæ comiti, qui anno 1101 naturæ debitum solvit, tumulus hac epigraphe ornatus Mileti positus fuit, Roccho Pirro teste in Chronolog. reg. Siciliæ :

LINQVENS TERRENAS, MIGRAVIT DVX AD AMOENAS
ROGERIVS SEDES, NAM COELI DETINET ÆDES.

Par est epitaphium Raynaldi comitis, anno 1126 rebus humanis exempti, apud eumdem Pirrum in Notitia Catanens. Ecclesiæ. Ita Guilielmi I regis sepulcro, anno 1170 inscriptio hæc incisa est :

HIC TVA ROGERI DVX QVONDAM TEMPORE PATRIS
OSSA TENET TVMVLVS, TVMVLO CONTERMINA MATRIS,
VNDECIES CENTVM DECIES SEX, BIS MAGIS ANNO,
MIGRANS POST CHRISTVM NATVM SVB HERODE TYRANNO, etc.

Reliqui versus eodem rhythmo procedunt. Similis est inscriptio anno 1183 posita Margaritæ reginæ :

HIC REGINA JACES REGALIBVS EDITA CVNIS,
MARGARITA, TIBI NOMEN QVOD MORIBVS VNIS, etc.

Nihil ergo opus fuit Siculis Provincialium disciplinæ sese tradere, ut artem contexendi versus ὁμοιοτελεύτους edocerentur.

Atque hic addendum est non Latinos tantum et Græcos rhythmici carminis exempla Siculis præbuisse, ut Petrarcha erudite animadvertit, sed alios quoque populos in hac arte eisdem et reliquis Italis facem ministrare potuisse. Nam ultra duo sæcula sub Saracenorum Arabum jugo Sicilia gemuit ad annum usque 1060, quo Messana eis erepta est. Anno autem 1091 integra insula in principum Northmannorum ditionem venit. Atqui certum est Arabes quoque delectatos rhythmicis versibus, quos in morem nostrorum consonantibus verbis terminabant. Sunt apud eos antiquissima carmina quæ adhuc fidem rei faciunt. Idque vel ipsius Maumetis temporibus familiare fuit; nam testante Marraccio in Prodromo, ubi de Alcorano agit, cap. 2, impii illius libri signa, sive versiculi, *in rhythmum desinunt,* qui ut plurimum consonans est, vocali affecta, cum una ex tribus quiescentibus præcedente, ut *una, ina, ano,* etc. Usque adeo id certum est, ut eruditissimi Huetii in libr. De origin. fabular. Romanens. sententia fuerit, *nos ab Arabum populo accepisse artem rhythmandi,* hoc est, consonantium verborum usum in versibus, ex quo videlicet nefanda gens meliorem Hispaniæ partem jugo suo premere cœpit : quod ineunte sæculo octavo contigit. Eadem quoque sæculo nono sedem fixit in Sicilia atque Calabria. Innumera dixi adhuc existere Arabicæ gentis carmina; idque etiam Derbelotius nos docuit. Imo Spanhemius auctor est poetis illis non inventione tantum, sed et numero poematum ac versuum copia ab eis scriptorum, quemlibet alium populum longe concedere. Et profecto mihi perquam verisimile videtur nos posse non temere Arabum populo acceptam referre artem rhythmicam, sive usum consonantium vocum in fine versuum, quando cruditi testantur antiquissimum esse apud eam gentem rhythmandi morem, quem adhuc retinent, et celebre fuit olim eorum nomen e litterarum studiis, multumque commercii eis erat cum Europæis, ac præcipue Italis. Fortassis et ab eis accepimus varias versuum formas, quas describit Agapitus a Valle Flemmarum ordin. Minor. in libello De arte metrica Arabum. Præter alios ejus gentis libros in hanc rem celebris est tractatus *Bader Aladini Damamiani principis poetarum* apud Arabes, qui accurate de usu *rhythmorum* scripsit. Antiquis vero sæculis post abactum ex Italia Græcorum imperium, Arabum doctrina tanto Italis in honore fuit, ut ii præcipue litterarum magistri censerentur; quod et commemorandum mihi erit infra in Dissertatione XLIV *de litterarum fortuna*. Addo non levem nobis suspicandi causam præberi, Arabes a vetustissimo populo Judaico rhythmorum artem et usum edoctos fuisse. Supra vidimus dicterium mulierum Hebræarum in Saul causa victoriæ a David relatæ. Ibi consonantia vocum. Hac de re disputatio proxime præteritis annis viguit inter doctissimum virum Blasium Garofolum, ac alios eruditos. Quod novi, Augustinus Eugubinus, Meibomius, Ludovicus Capellus, Clericus, Huetius, et alii sensere, Judæos ab antiquissimis sæculis concentum hunc verborum usurpasse in suis carminibus, hymnis, et canticis. Quid ? quod Fourmontius V. cl, Parisiis anno 1714 dissertationem edidit in eadem urbe typis impressam tom. VI *Mémoires de l'Académ. des Inscriptions*. Ibi pag. 160 multa eruditione ostendit, in poeticis libris Veteris Testamenti ejusmodi concentum in fine versuum occurrere. Exemplis parco.

Quæ ubi statuamus jam patet consonantium vocum usum in versibus, supra quam vulgo creditur, longe antiquissimum esse, utpote qui a Judæis in Syros et Arabes fluxisse videtur. Deinde ex Arabum gente veri videtur simile ipsos Occidentis populos artem hanc didicisse, nisi eamdem a populis septentrionalibus antea didicerint. Nam et ad illos in hisce investigandis oculos convertamus oportet. Certe post Arabes imperium Siciliæ arripuere comites, duces ac reges Northmanni : gens nempe e gelido Septentrione olim in Galliam, ac demum in Magnam Britanniam, Apuliam atque Siciliam effusa, dominatione iis in locis fortissime constabilita. Ad annum usque 1094 Northmannorum regum potentia ac sedes apud Siculos perduravit. Ab hoc autem populo ediscere etiam licuit Siculis, quando consentire nolimus, ab Arabica gente eos accepisse vulgarium carminum artem. Rhythmorum profecto vulgari lingua conditorum apud gentes septentrionales, antiquior est usus quam Provincialium et Italorum. Ostendunt Germani Evangelia *rhythmis Theotiscis* e Latino reddita per Otfridum monachum circiter annum 880; quæ cantica brevibus versiculis in voces consonantes desinentibus constant. Alia quoque ejusdem generis poemata ille procudit, quæ adhuc mss. servantur in antiquissimis codicibus Cæsareæ Vindobonensis bibliothecæ ac Vaticanæ, imo typis etiam æneis a Joanne Schiltero tradita prostant. Sunt et alia apud Danos, Suecos cæterosque Germanos ejus generis vetustissima carmina. Georgius itidem Hickesius, inter Britannos summæ vir eruditionis, in Thesaur. linguar. veter. septentrional. quanquam scribat, in antiquissimis Anglo-Saxonum pseudo-rhythmos, hoc est *le rime*, minime reperiri : attamen cap. 24 Grammaticæ Anglo-Saxon. specimina affert carminum, quæ ipse *semi-Saxonica* appellat, ubi *similiter cadens* occurrit, quale a nobis in fine versuum usurpatur. Usserius quoque cap. 17, pag. 450, Antiquitat. Britann. eccles., ex Vita beati Albei hæc affert : *Inde sanctus Patricius, archipontifex et patronus totius Hiberniæ, versum sequentem Scotica lingua, quasi quoddam oraculum legis vigorem habens, cantavit. Quem versum familia Sancti Albei et familia Sancti Declani noluerunt prose vel rhythmice, seu metrice in Latinum vertere aus ; sed majoris auctoritatis ei conciliandæ gratia, illum proprio et genuino, quo pronuntiatum et compositum est a sancto Patricio, idiomate, pro dignitate proferemus in medium. Ita Scotice canitur ille versus :*

   Ailbe umal, Patric Munan, mo gach rath
   Theclan Patric Naudeisi, ag theclan go brath

Ad hæc Mabillonius tom. III. Annal. Benedictinor., pag. 684, producit rhythmum Teutonica lingua confectum, in quo eumdem vocum concentum invenies. Hæc profecto, ultra quam multi sint opinati, rhythmorum vulgarium antiquitatem oppido seram evincunt. Franci ipsi, antequam Provincialium poetarum celebrata cohors emergeret, ejusmodi versus elucubrasse videntur. Bulæus in Histor. Univers. Paris, refert epitaphium Gallicis rhythmis Frodoardo Remensi historico positum, qui anno 965 finem vivendi fecit. Duos tantum versus delibatos inde accipe :

**VEQVIT CASTE CLERC, BON MOINE, MEILLEV ABBÉ,
ET D'AGAPIT LY ROMAIN FVT AVBÉ, etc**

Idem Mabillonius in Act. Sanctor. Benedictin., Sæculo v, hos versus *non longe ab illis temporibus scriptos* et ipse arbitratur. Apud eos sit fides. En ergo unde alteram normam vulgarium rhythmorum haurire potuerint Siculi, ex Northmannis videlicet Siciliæ ipsi imperantibus, aut ex aliis Germaniæ populis, antequam poetæ in Provincia famam suis carminibus sibi quæererent. Francorum autem ac Germanorum, adde et Britannorum mores et linguam Northmanni probe edocti, hunc etiam poeseos usum in Siciliam invexisse non immerito credantur. Quantopere vero ejusmodi rhythmis oblectatus fuerit circiter annum Christi 1100 Gaufredus Malaterra, patria Northmannus, sed *noviter factus Siculus*, supra innui.

Ad vulgarium Italicorum carminum formam quod attinet, ne hanc quidem necesse fuit ut Siculi cæterique Italici a Provincialibus poetis mutuarentur. Crescimbenius lib. primo Histor. vulgar. poeseos scripserat : *Egli è chiara cosa, che l'endecasillabó volgare venne in Italia della Provenza.* Verum ipse, re diligentius inspecta, ab ejusmodi opinione discessit in Commentar. lib. primo, cap. quinto, ubi diserte fatetur se quoque agnoscere Italicorum versus ex imitatione Latinorum processisse. Id vero ante illum erudite adnotarat noster Castelvetrus et Jacobus Mazzonius lib. II, cap. 35, in Apolog. Comœd. Dantis. Addo ego non e metris tantum perfectisque Latinorum versibus derivari potuisse Italicorum formam, sed etiam ex incomptis rudibusque eorum rhythmis. Jam supra ostendi, et nullo negotio luculentius ostendere rursus possem, rhythmos Latinos fuisse compositos tetrasyllabos, pentasyllabos, etc., eosque longe ante tempora poetarum Provincialium. Sed jam satis superque Dissertatio ista excrevit. Quare unum persequar, versum videlicet hendecasyllabum, quo potissimum Italica poesis delectatur, præterquam quod apud Græcos et Latinos occurrit, a rhythmopœiis etiam ac metricis poetis excultum fuisse, dum barbarica tempora fluerent. Inter Opera Walafridi Strabonis, cujus est fama celebris inter scriptores sæculi noni, legitur ejusdem pia oratio, e qua nonnullos versus decerpo :

O rerum Sator omnium tremende,
Dum pœnas crucis innocens luisti;
In quo nil nisi repperis ruinam, etc.

In his non tantum pedes, sed et numerum habes hendecasyllabi Italici : quod et contingit in Horatiano illo :

Jam satis terris nivis, atque diræ, etc.

Et quoniam poesis nostra pro spondæo dactylum adhibere potest in fine hujusmodi versuum, qui tunc propterea evadunt dodecasyllabi, ejusdem tamen temporis atque hendecasyllabi, *sdruccioli* Italice a nobis appellati (quorum inventum nescio cur Varchius in Herculano tribuerit Sannazario), eorumdem versuum specimen ex ipsius Walafridi carminibus exero :

Legistis, meminit vestra sagacitas
At multis egomet sordibus obsitus,
Donari veniam credo sagaciter, etc.

Sane in hisce antiquorum hendecasyllabis raro deprehendas collocationem accentuum (*posature* nos dicimus) in versibus Italicis facilem atque patentem. Attamen cum primi poetæ vulgares versibus paucarum syllabarum præcipue operam darent, ac postea versum conquirerent cui aliquid majestatis ex plurium syllabarum cursu accederet, nullum aptiorem invenire quam hendecasyllabum, sive is ex duobus brevioribus versibus confletur, sive alio ordine coalescat; illius autem exemplum apud rhythmorum scriptores obvium habuere. Atque hic publici juris factum volo rhythmum hactenus luce carentem, cujus mentionem feci in Dissertatione I *de exteris gentibus*. Eum descripsi ego e vetustissimo codice ms. capituli canonicorum Mutinensium. Tum quæ præcedunt, tum antiquitas codicis, satis indicant ipsum fuisse compositum sub initium sæculi decimi a Christo nato : quo tempore, ut ibi præfatus sum, Hungari tot impressiones in Italiam, et præsertim in Mutinenses fecere. Dodecasyllabi sunt versus, sed, temporis ratione computata, pares hendecasyllabis. Inter ipsos autem quosdam sentias ita contextos, ut familiarem in iis texturam ac sonum nostrorum versuum deprehendas. Ad hæc singuli versus aliquid Leonini præferunt, cum in unam eamdemque vocalem ac pari concentu desinant. Tu experimentum facito.

RHYTHMUS

Canendus militibus Mutinensis urbis custodibus circiter annum 925.

O tu qui servas armis ista mœnia,
Noli dormire, moneo, sed vigila.
Dum Hector vigil exstitit in Troja,
Non eam cepit fraudulenta Græcia.
Prima quiete dormiente Troja,
Laxavit Sinon fallax claustra perfida.
Per funem lapsa occultata agmina
Invadunt urbem et incendunt Pergama
Vigili voce avis anser candida
Fugavit Gallos ex arce Romulea;
Pro qua virtute facta est argentea,
Et a Romanis adorata ut dea.
Nos adoremus celsa Christi numina,

Illi canora demus nostra jubila.
Illius magna fisi sub custodia,
Hæc vigilantes jubilemus carmina.
   Divina, mundi rex Christe, custodia
Sub tua serva hæc castra vigilia.
Tu muros tuis sis inexpugnabilis,
Sis inimicis hostis tu terribilis.
Te vigilante, nulla nocet fortia,
Qui cuncta fugas procul arma bellica.
Tu cinge hæc nostra, Christe, munimina,
Defendens ea tua forti lancea,
Sancta Maria, Mater Christi splendida,
Hæc cum Joanne, Theotocos, impetra :

Quorum hic sancta veneramur pignora,
Et quibus ista sunt sacrata numina (4).
Quo duce victrix est in bello dextera,
Et sine ipso nihil valent jacula.
Fortis juventus, virtus audax bellica,
Vestra per muros audiantur carmina
Et sit in armis alterna vigilia,
Ne fraus hostilis hæc invadat mœnia.
Resultet echo comes : Eia, vigila.
Per muros eia dicat echo : Vigila.

Dissertationi huic postremam manum imponam, colophone addito non vulgaris pretii, rhythmo nempe historico evulgato, quem ex eodem ipso codice vetustissimo capituli canonicorum Veronensium, unde alter *De laudibus Mediolani* depromptus est, descriptum ad me misit supra laudatus Bartholomæus Campagnola, multis titulis de me bene meritus. Anno Christi 871 Italiam totam, imo et reliquum Francorum imperium, concussit detestandum facinus Aldegisi principis Beneventani, qui Ludovicum II Augustum, quanquam tot beneficiis in ipsos Beneventanos collatis illustrem, utpote qui Saracenicæ gentis cornua fregerat, ejusque acinaces ex eorum jugulo averterat, ausus est seditione commota comprehendere, et in custodiam tradere. Sunt qui hominem excusant, culpamque in ipsum Augustum ejusque conjugem rejiciunt, ut ex Erchemperto, ex Annalibus Bertinianis et ex Anonymo Salernitano, a me edito part. II tomi II Rer. Italicarum, sudlucere potest. Et revera cum Adelgiso nihil intentare contra Ludovici [vitam animus fuerit, sed timorem tantummodo ac vim ei inferre, ut ex urbe et regione Beneventana excederet, excogitare liceat non defuisse aliquam justæ iræ causam, aut ansam principi Beneventano. Attamen vix nemo fuit qui non horruerit, audiens tot opprobriis oneratum ac dolose captum, ut idem Erchempertus scribit, *Augustum sanctissimum virum, salvatorem scilicet Beneventanæ provinciæ, Beneventi infra mœnia degentem ac secure quiescentem.* Hanc tamen sanctitatem infra in eodem Ludovico minime agnoscit laudatus Erchempertus. Hoc ergo facinus auctor rhythmi alphabetici seu abecedarii, nunc evulgandi, describit synchronus profecto, ut res et narratio ipsa suadet, sed simul sermonis Latini imperitissimus. Ego rhythmum ipsum, qualis in ms. codice Veronensi habetur, accuratissime descriptum, ne una quidem littera immutata, lectori sistere decrevi, distinctis duntaxat versibus, in ms. indiscretis, ut hoc onere clarissimum marchionem Maffeium levem. Sed et ille hic etiam inspiciat velim quot erroribus abundet frustulum istud antiquitatis, partim auctori, partim vetusto librario tribuendis.

(4) An *mœnia?*

RHYTHMUS

De Ludovico II imperatore per Adelchim, seu Adelgisum, Beneventi principem, capto, compositus anno 871 aut 872.

Audite, omnes fines terræ, (5) errore cum tristitia,
Quale scelus fuid factum Benevento civitas.
Lhudujcum comprenderunt sancto, pio Augusto (6).
Beneventani se adunarunt ad unum consilium.
Adalferio (7) loquebatur, et dicebant principi :
Si nos eum vivum dimitemus, certe nos peribimus.
Celus (8) magnum præparavit in istam provintiam :
Regnum (9) nostrum nobis tollit : nos habet pro nihilum.
Plures (10) mala nobis fecit. Rectum est, ut moriad (11).
Deposuerunt sancto (12) pio de suo Palatio ;
Adelferio illum ducebat usque ad Prætorium :
Ille vero gaude (13) visum tamquam ad martirium.
Exierunt (14) Sado et Saducto (15) inoviabant imperio.
Et ipse sancte pius incipiebat dicere :

(5) Legendum puto *horrore.*
(6) Si legibus Maffeii amici parendum est, *Augustio* scribendum erit. Sed iis legibus veteres rigide se obstrinxisse minime videntur.
(7) *Adalferius,* unus e primatibus Beneventanis.
(8) Pro *scelus,* ut puto.
(9) Vide Annales Bertinianos, et Anonymum Salernitanum.
(10) *Flures,* scribe *plura.*
(11) Id est *moriat,* cum bona Prisciani venia.

(12) Pro *sanctum pium,* id est Ludovicum Augustum, quem et Erchempertus *sanctissimum* appellat.
(13) Forte, *gaudens ibat.*
(14) *Sado,* seu *Sadoan, Sugdan,* princeps Saracenorum tunc Beneventi captivus. Narrat etiam Anonymus Salernitanus ejus consilio ad hoc facinus usum esse Adelgisum.
(15) *Saducto inoviabant.* Quid hic scribendum sit, majori otio fruentibus divinandum relinquo. Num *qui obviabant imperio.*

Tamquam ad latronem venistis cum gladiis et fustibus
Fuit jam namque tempus, vos allevavit (16) in omnibus ;
   Modo vero surrexistis adversus me consilium.
   Nescio pro (17) quid causam vultis me occidere.
Generacio crudelis (18) veni interficere,
   Ecclesie que sanctis Dei venio diligere,
   Sanguine veni vindicare, quod super terram fusus est.
Kalidus ille, temtator (19) ratum adque nomine
   Coronam imperii sibi in caput ponet (20) et dicebat populo :
   Ecce sumus imperator : possum (21) vobis regere.
Leto animo habebat (22) de illo quo fecerat.
   A Demonio (23) vexatur, ad terram ceciderat.
   Exierunt multæ turmæ videre mirabilia.
Magnus Dominus (24) Jesus Christus judicavit judicium.
   Multa gens paganorum exit in (25) Calabria,
   Super (26) Salerno pervenerunt possidere Civitas.
Juratum (27) est ad sancte Dei reliquie
   Ipse regnum defendendum, et alium requirere.

(16) Pro *allevavi*. Beneficia innuit in Beneventanos collata.

(17) Elegantiæ Tullianæ. Scribe *pro qua causa*.

(18) Veni illum interficere, qui huc venit, ut ecclesias sanctas Dei e Saracenorum jugo eriperet. Hostium tuorum sanguinem, qui super terram fusus est, veni vindicare.

(19) Quis *tentator* iste? Num Adelgisus, an Seodan, aut alius quisquam? Noctem faciunt verba illa *ratum adque* [pro *atque*] *nomine*.

(20) Pro *ponit*.

(21) Latine volens efferre Italicum *vi posso regere*, ignoravit, an illud *vi* accusativo responderet potius quam dativo.

(22) Pro *abibat*, ut puto, lætus de illo, quod fecerat.

(23) Et hic incertum, fueritne Adelchis princeps, an Seodan, vexatus a dæmonio.

(24) Scriberem *domnus*, ut mensura prioris versiculi rectius procederet. Sed leges syllabarum video alibi neglectas. Scribendum quoque foret *judicat judicium*.

(25) Pro *e* Calabria.

(26) Exeunte supra memorato anno 871 Salernum obsidione pressum est a Saracenis, quam solvere demum coacti sunt, regresso adversus illos Ludovico Augusto. Pro *possidere* scriberem *obsidere*.

(27) Stropha hæc spectans ad litteram i supra desideratur. Nescio an suo loco sit restituenda. Videtur autem hic innui sacramentum quo sese obstrinxit Ludovicus, se vindictam aliquam ex calumnia, quam tunc patiebatur, nunquam exacturum, ut scribit Regino. Cæterum manca est hæc stropha, et aliæ integræ fortasse desiderantur : neque enim rhythmus per reliquias alphabeti litteras progreditur.

CARMEN DE JOSEPH PATRIARCHA

(Edidit D. Ozanam, *Documents inédits pour servir à l'histoire de l'Italie*, etc., p. 46, ex cod. Vatic. n. 3325.)

Joseph, Deo amabilis
Patri dulcis et habilis,
Puer formose indolis
Et gratie multiplicis !...
  Hinc ipsi nova somnia
Celi promebant sidera,
Ad futuri indicia,
Ipsi quasi supplicia...
Intentus est auspicio

Ac si Dei negotio ;
Fraternus livor invido
Advertit sed hoc animo
  Joseph domi residens,
Rei private providens,
Jubetur mox invisere
Cunctane gerant prospere...
  Nec mora : ut conspiciunt,
« En Somniator, aiunt :

Necem ferte, ut pareat
An juvarit quod somniat... »
  ...Culpam vitant sceleris,
Ne criminentur sanguinis,
Sumpto pondo numismatis,
Sic vendunt Agarenicis...

  Segardus hoc dictamen fecit.

SÆCULI XI MONUMENTA LITURGICA

SEQUENTIÆ
AD SÆCULUM USQUE XI COMPOSITÆ

(DANIEL, *Thesaurus hymnologicus*, t. II, p. 49, ex codice Monacensi 6.)

I. *De Assumptione B. V.*
Ave, Dei genitrix Summi, Virgo semper Maria, etc.

II. *De sancta Trinitate* (1).

1. Benedicta semper sit sancta Trinitas, deitas scilicet unica, coæqualis gloria :

2. Pater, Filius, sanctus Spiritus tria sunt nomina, omnia eadem substantia.

3. Deus genitor, Deus genitus : in utroque sacer Spiritus deitate socius.

4. Non tres tamen dii sunt, Deus verus unus : sic Pater, Dominus Filius, Spiritusque sanctus.

5. Proprietas in personis unitas est in essentia :

6. Majestas par et potestas, decus, honor æque per omnia.

7. Sidera maria continens, arva simul et universa condita.

8. Quem tremunt impia tartara, colit quoque quem et abyssus infima

(1) Non recte agimus si hanc sequentiam festo S. Trinitatis propriam fuisse ac primum in eodem esse cantatum arbitramur; non enim satis liquet ex quonam tempore hæc festivitas in Romana Ecclesia sancita sit et omnibus præcepta. Etenim quanquam Benedictus XIV in libro de festis censet solemnitatem illam a Joanne XXII anno 1334 constitutam esse, illa tamen neque in Missal. Venet. an. 1469 edito, nec in Missali ord. Minorum, an. 1482 Romæ edito, ullum illius festivitatis exstat vestigium. Missale Eremit. S. Augustini, quod Venetiis an. 1497 in lucem prodiit, hæc jubet : « In prima Dominica post Pentecosten fit officium sanctæ et individuæ Trinitatis cum memoria Dominicæ. Missam require in fine libri ad votivas missas. » In Germania vero decimo jam sæculo indicia hujus festi prima inveniri dicuntur et postea in omnibus diœcesibus illam festivitatem celebratam esse, ita tamen ut apud nonnullos (Magdeb. Halberst. Mind. e. a.) feria secunda post octavam Pentecostes perageretur. Si quærimus cur hoc festum omnino ac præcipue Romæ tam sero receptum sit, causa posita nobis videtur esse in natura Ecclesiæ veteris et imprimis Romanæ, quæ diebus festis non tam dogmata ob mentis et animi oculos recolenda proponit, quam historias sacras quasi corporis auribus et oculis præbet percipiendas. Quo factum est ut omnia festa in quibus dogmata docentur, veluti Trinitatis, Corporis Christi, Conceptionis Mariæ non in ipsa ecclesiæ metropoli inventa sed eo aliunde invecta sint. Præterea id quoque spectandum est quod omnes Dominicæ quasi pro Trinitatis festis habebantur, quare etiam in iis vetustissima in illa decantabatur Præfatio de Trinitate. Item missam votivam et officium votivum de Trinitate habemus haud modicæ antiquitatis, ad quod prosa supra scripta pertinere videtur. Postea hæc in ipso Trinit. festo legebatur, sed non, ut ait Adelphus, per universum orbem : nam aliæ quoque præter illam usurpabantur. Auctor hujus sequentiæ plerumque et nuper a Rambachio Notkerus appellatur, sed res est valde incerta, quippe in cod. Monac. 5 hanc una cum duobus aliis carminibus postea esse adjectam, certo certius est. Multa in hac prosa legi quæ ex Symbolo S. Athanasii sint traducta, non est quod moneamus. — 1. Ita Introitus missæ de Tr.: *Benedicta sit sancta Trinitas et indivisa unitas.* Scriptura a nobis recepta est codd. 5. 6. in reliquis libris *deitas scilicet unitas.* Symb. Ath.: *æqualis gloria, coæterna majestas.* — 2. Pm. *sed una eadem. Nomen,* vox in doctrina de Trinitate solemnis. Ad.: *Quomodo hoc debet intelligi, ostenditur per illud vulgare dictum : Nix, glacies et aqua tria nomina, res tamen una. Sunt res distinctæ, attamen confluunt in unam naturam aquaticam.* — 3. Pm. Md. Rbch. *socia.* — 4. Symb. Ath.: *Et tamen non tres dii, sed unus est Deus.* M. 5. *vere unus,* fortasse ita poeta scripsit. Ad. *filiusque sp. sct.* M. 16. *fil. sp. sct.* Lud. *spiritus Dominus.* Cl.: *Post hunc versum aliqui libri* (e. g. Pm.) *continuo hunc habent : Ipse tamen Filius Deus verus a Patre, præclarus itaque spiritus ab utroque emanat* (vel in in Pm. *emanans*). Sapit glossa dissidium illud inter Orientalem et Occidentalem Ecclesiam, utrum Spiritus a Patre et Filio procedat necne. — 5, 6. M. 16. Md. Pm. Pm. Torr. Lud. Rbch. *est.* M. 16. *honor quoque.* Pm. *trinitas est in personis.* Præf. de Trin.: — — *in personis proprietas, et in essentia unitas et in majestate adoretur æqualitas.* — 7. M. 10. *similiter et.* Pm. *continet.* — 8. Jac. II, 19. Ad.: *In toto universo triplex est locus qui cognoscit deum trinum et unum. Summus, sicut cœlum : medius, sicut terra : infimus sicut tartarus. Primus est bonus, quia ibi est summa lætitia. Secundus medio modo se habet, quia ibi est spes et timor. Sed tertius est pessimus, quia ibi est summa tristitia.* — 9. M. 5. 16. Nb. Pl. Torr. Ad. Lud. Cl. *laudant.* M. 10. *adorant angeli.* Ex libris Clichtovæi nonnulli *pluralitas angelica.* Apud Torr. octava stropha sequitur nonam. — 10. 11. Exhibuimus locum uti exstabat in Codd. 5. 6. Reliqui : *Et nos voce præcelsa* (nunc) *omnes modulemur organica cantica dulci melodia : Eia et Eia nunc simul jubilemus altithrono Domino laudes in excelsis,* ita tamen ut in singulis aliquantisper discrepent. M. 10. 12. 16. Nb. Md. Pm. Lud. Cl. om. *nunc.* M. 16. *in excelso.* Cl. notat singulos libros propter scriptionem *Altithroni,* etc, *Cantica organica* vel sunt simpliciter musica, ut apud Lucret. *an.* 133 : *saltus organicus Heliconis,* vel ea quæ organorum strepitu recitantur. — 12. Ita M. 5. 6. 10. 12. 13. Reliqui. *o. ad. tr. o. ven. un.* Pm. *o admiranda tr.* 18. M. 12. Pm. prorsus omittunt.

SEQUENTIÆ.

9. Nunc omnis vox atque lingua fateatur nunc laude debita,

10. Quem laudat sol atque luna, dignitas adorat angelica.

11. Nunc omnes jubilemus altithrono Domino laudes in excelsis :

12. Eia et Eia omnes simul modulemur organica cantica dulci melodia.

13. O veneranda unitas,

14. O adoranda Trinitas :

15. Per te sumus creati, vera æternitas :

16. Per te sumus redempti, summa tu charitas.

17. Populum cunctum tu protege, salva libera, eripe et emunda.

18. Te adoramus Omnipotens, tibi canimus, tua laus et gloria.

19. Per infinita sæcula sæculorum.

III. *In Octava Pentecostes.*

Benedicto gratias Deo nos referamus, etc.

IV. *Sabbato Septuagesimæ* (2).

1. Cantemus cuncti melodum nunc Alleluia.

2. In laudibus æterni Regis hæc plebs resultet Alleluia.

3. Hoc denique cœlestis chori cantent in altum Alleluia.

4. Hoc beatorum per prata paradisiaca psallat concentus Alleluia.

5. Quin et astrorum micantia luminaria jubilent altum Alleluia.

6. Nubium cursus, ventorum volatus, fulgurum coruscatio et tonitruum sonitus dulce consonent simul Alleluia.

7. Fluctus et undæ, imber et procellæ, tempestas et serenitas, cauma, gelu, nix, pruinæ, saltus, nemora pangant Alleluia.

8. Hinc variæ volucres Creatorem laudibus concinite cum Allelui

(2) Præclarissimum carmen, ad normam psalmi centesimi quadragesimi octavi confectum, in Missalibus ac Sequentiariis satis est rarum. Descripsimus ex codd. Mon. 6 et 11, neque ab his libris abhorret codex biblioth. Palat. Vindob. n. 1485, fol. 50, a, b, qui Wolfio sacrum dithyrambum suppeditavit. Invenit præterea vir doctus in libro liturgico parvulorum usui accommodato qui prodiit Basileæ 1516, atque in alio Hymnario pervetusto. Ut videtur uterque liber clausulam 21 sive finem: *Laus Trinitati æternæ All. All. All. All. All. All.* Cantabatur autem alleluiatica quam vocant sequentia, Sabbato Septuagesimæ priusquam Alleluia deponebatur vel sepeliebatur.

(3) In cod. 5 secunda manu adjectum est carmen. In margine adnotatur : « In cœnobium istud transtulerat mortalium rex invictissimus regum Arnolfus sanctissimi thesaurum corpus Dionysii. » De famosa ista controversia quam de corpore S. Dionysii habebant inter se monachi S. Emmerani Ratisbonenses et claustrum S. Dionysii apud Lutetiam, adeas Raderum Bavar. Sanct. I, 119 sq. Hanc ossum sacrorum translationem vel, ut rectius dicam, hoc sacrum furtum cantat prosa sæculi xi ex cod. Mon. Emmerac. E. CXIII.) cujus fragmentum legitur apud Wolfium, p. 466 :

Audite fideles populi causam rumoris maximi,
Quæ sub temporibus modernis Noricis contigit terris.

9. Ast illic respondeant voces altæ diversarum bestiarum Alleluia.

10. Istinc montium celsi vertices sonent Alleluia.

11. Hinc vallium profunditates saltent Alleluia.

12. Tu quoque maris jubilans abysse dic Alleluia.

13. Nec non terrarum molis immensitates : Alleluia.

14. Nunc omne genus humanum laudans exsultet : Alleluia.

15. Et creatori grates frequentans consonet : Alleluia.

16. Hoc denique nomen audire jugiter delectatur : Alleluia.

17. Hoc etiam carmen cœleste comprobat ipse Christus : Alleluia.

18. Nunc vos socii cantate lætantes : Alleluia.

19. Et vos pueruli respondete semper Alleluia.

20. Nunc omnes canite simul Alleluia domino, Alleluia Christo Pneumatique Alleluia.

21. Laus Trinitati æternæ in baptismo Domini quæ clarificatur. Hinc canamus : Alleluia.

V. *Sabbato in Albis.*

Carmen suo dilecto, etc.

VI. *De Inventione S. Stephani.*

Christi Domini militis martyrisque fortissimi prælia, etc.

VII. *In octava Ascensionis.*

Christus hunc diem jucundum, etc.

VIII. *De S. Bartholomæo* (Pr.)

Diem festum Bartholomæi Christi amici, fratres, excolite, etc.

IX. *De Nativitate Mariæ.*

Ecce sollemni hoc die canamus festa, etc.

X. *Dominica post Ascensionem.*

En regnator cœlestium, terrenorum, etc.

XI. *In Natali S. Dionysii et sociorum* (3).

Exsultemus in ista, fratres, sollemnitate, gaudeat

Beatissimus namque Dionysius, Athenis quondam
[*episcopus,*
Quem sanctus Clemens direxit in Galliam propter
[*prædicandi gratiam,*
Ibidemque martyrio coronatus comperitur et tumu-
[*latus.*
Hic idem sub tempore jam contiguo inde translatus
[*est Norico,*
In Emmerami beati cœnobium, satis celebre et fa-
[*mosum.*
Sed hoc quali perpetratum constet modo, vobis brevi-
[*ter nunciabo.*
Imperator fuit quidam eximius, nomine etiam Ar-
[*nolfus*
Ex illius prosapia gloriosi pontificis quondam Arnolfi,
Clarissimam tenens carnis originem ejusdemque se-
[*quens virtutem.*
Ille ergo invitatus confinia petiit occidentalia,
Commissurus bellum contra quasdam gentes jam
[*Gallica regna prementes,*
Quas incolæ non ipsius provinciæ per se valebant
[*superare.*
Cumque per Omnipotentis auxilium ita vim delere
[*hostium,*
Ut de exercitu eorum immenso non restaret unicus homo
Cum tanti triumphi gloria reversus venit ad urbem
[*Parisius.*
Qua tum per dies aliquot resedisset et de diversis tra-
[*ctavisset*

pariter omnis ecclesia, etc. — Sed non minus Radaspona beata quæ nutu supero translata nunc ossa habet eadem, etc.

XII. *De S. Jacobo ap. (Pr.) (4).*
Gaude Christi sponsa, virgo mater Ecclesia, etc.

XIII. *In octava Nativitatis Domini.*
Gaude, Maria virgo Dei genitrix, quæ promissis Gabrielis spe devota credidisti, etc.

XIV. *In octava Paschali (Pr.).*
Hæc est sancta sollemnitas sollemnitatum, etc.

XV. *Feria sexta in Albis.*
Is qui prius habitum mortis induit, etc.

XVI. *In octava Epiphaniæ.*
Iste dies celebris constat, etc.

XVII. *Dominica post octavam Paschæ.*
Judicem nos inspicientem, crypta cordis rimantem, etc.

XVIII. *Eadem die.*
Læta mente canamus Domino nostro, etc.

XIX. *De S. Nicolao.*
Laude condignissimus dies annua reddit gaudia præsentia, etc.

XX. *Feria quinta in Albis.*
Laudes Domino concinat orbis ubique totus qui gratis est liberatus, etc.

XXI. *De S. Emmeramo.*
Laudes Domino nostro nostra concinat harmonia ac patris venerandi, etc.

XXII. *Dominica post octavam Paschæ.*
Laus tibi sit, o fidelis Deus, etc.

XXIII. *De uno martyre.*
Miles inclyte fortissimi regis Christi nos adjuva, etc.

XXIV. *In Nativitate Domini ad galli cantum (5).*
1. Nato canunt omnia Domino pie agmina
2. Syllabatim neumata perstringendo organica.
3. Hæc dies sacrata in qua nova sunt gaudia mundo plene dedita.
4. Hac nocte præcelsa intonuit et gloria in voce angelica.
5. Fulserunt immania nocte media pastoribus lumina.
6. Dum fovent sua pecora subito divina præipiunt monita :
7. Est immensa in cœlo gloria, pax et in terra :
8. Natus alma virgine qui exstat ante sæcula.
9. Sic ergo cœli caterva altissime jubila
10. Ut tanto canore tremat alta poli machina.
11. Confracta sunt imperia hostis crudelissima.
12. Humana concrepant cuncta deum natum in terra.
13. Pax in terra reddita, nunc lætentur omnia nati per exordia.
14. Sonet et per omnia hac in die gloria voce clara reddita.
15. Solus qui tuetur omnia,
16. Solus qui gubernat omnia,
17. Ipse sua pietate salvet omnia pacata regna.

XXV. *De S. Cruce (M. 11.)*
Nunc crucis alma canta gaudia, etc.

XXVI. *De S. Trinitate.*
Prompta mente canamus Trinitati individuæ, etc.

XXVII. *Dominica post Ascensionem.*
Quam mira sunt, Deus, tua portenta, etc.

XXVIII. *De S. Benedicto.*
Qui Benedicto cupitis huc festivi currite, etc.

XXIX. *In Translatione S. Quirini.*
Romana stirpe Quirinus procreatus, etc.

XXX. *De Assumptione B. V. (M. 11.)*
Salve porta perpetuæ lucis fulgida, etc.

XXXI. *De S. Mauritio (M. 11.)*
Sancti belli celebremus triumphum, etc.

XXXII. *De virginibus.*
Scalam ad cœlos subrectam tormentis cinctam etc.

XXXIII. *Diebus Dominicis.*
Stans a longe qui plurima perpetravit facinora etc.

XXXIV. *In Decollatione S. Joannis.*
Summum præconem Christi collaudemus læti etc.

XXXV. *De martyribus.*
Turbam bellicosam quam Dei non verentes servi etc.

Cœpit hoc etiam secreta tractare omnimodisque ex-
  [plorare,
Qualiter valeret corpus sanctissimi obtinere Dionysii.
Ad hæc multi respondentes multa eaque varia dabant
  [consilia;
Sed postremo quidam . . . . .

(4) Nihil in hoc carmine legitur de Hispanico Jacobi itinere vel de ossibus ejus Compostellam translatis. Ultimæ strophæ mentionem injiciunt S. Christophori M. quem commemorare solebant ac solent catholici homines ipsa hac apostoli festivitate.

(5) Reperitur prosa in cod. Mon. 6 et cod. bibl. Palat. Vindob. n. 1845. fol. 47 a, ex quo communicavit lectoribus Wolfius. Exstat quoque apud Clichtovæum. In Missalibus nusquam investigavi carmen.

HYMNORUM ECCLESIASTICORUM
COLLECTIO ANTIQUA

(Edidit D. OZANAM in libro cui titulus : *Documents inédits pour servir à l'histoire littéraire de l'Italie.* — Paris, 1850.)

HYMNUS I SANCTI NICOLAI.

Debitas laudes Domino canentes,
Mente devota celebremus omnes
Hunc diem sacrum, Nicolaus in quo
    Ethera scandit;
Qui Dei legem meditando digne,
Pervigil, celi capiendo regna,
Hoste devicto, nitidus refulsit
    Sanctus in orbe.
Namque, cum pastor bonitate dignus
Myrensis clare peteretur urbis,
Celitus tandem meruit vocari
    Rector opimus.
Presul effectus, populis benignus,
Extitit dulcis, placidusque clemens :
Omnibus prestat pietatis usu
    Commoda digna.
Gratia Christi salubri repletus,
Demonum cultum penitus repellit :
Per viam lucis, tenebris repulsis,
    Currere monstrat.
Predicat cunctis famulare Christo
Allevat tristes famis ex pavore,
Commoda prestans, triticum ministrans,
    Nil minuendo.
Fluctibus mersis precibus vocatus,
Affuit presens, mitigansque fluctus,

HYMNUS II EJUSDEM SANCTI NICOLAI.

Solemne tempus vertitur
Quo pontifex Nicolaus,
Carnis deponens sarcinam,
Liber transcendit ethera.
    Claro satus hic germine,
Ornavit stemma moribus.
Sanctis mandatis obsequens,
Presul sacratur celitus.
    Auro patris infamiam
Stuprum redemit virginum :
Verbis, doctrina profluens,
Ritum destruxit demonum.
    Sumpti mensuram tritici
Ministris supplet regiis :
Plebi frumentum dividens,
Dempsit famis penuriam.
    Oppressi naute fluctibus
Ejus virtutem postulant :
Procelle mox sevissime
Turbo sedatur imminens.

A

Providus, monstrans olei liquore
    Temnere flammas.
Terret Augustum pater almus, inquam,
Solvat ut frustra miseros revinctos :
Mortis atrocis monitis beatis
    Vincula tergit (sic).
Sicque devotis pietatis acta
Sepius gestans famulando Christo,
Etheris regnum meruitque sacrum
    Scandere clarus.
Plaudet insignis tua plebs, Beate :
Grecia gaudet redimita festis,
Quod tuis sanctis meritis maligni
    Crimina quassat.

B

Protege plebem tibi precinentem,
Hostis aversi quatiendo fraudes,
Quatenus mundi mereamur atri
    Temnere fluctus.
Quesumus, Sancte nimium beate,
Posce pro nobis Dominum rogando,
Quo suam veram mereamur omnes
    Cernere lucem.
Gloria Patri resonemus omnes,
Et tibi, Christe, genite superne
Cum quibus sanctus simul et creator
    Spiritus regnat.

Presens objurgat consulem,
Augustum terret somnio,
Statim resolvi precipit
Ligatos frustra vinculis.
    Omnis devota Grecia
Magnis plaudet tripudiis,
Alumni quod et presulis
Decore splendet nobili.
    Almaque nitens laurea
Donis pollet charismatum,
Suis prestans supplicibus
Pura quod mente flagitant.
    Oramus ergo cernui
Omnes, pater sanctissime,
Quo semper patrociniis
Tuis fruamur affatim.
    Nostris curva sub gressibus
Tyranni colla perfidi,
Ne mundi nos inlecebris
Cogat servire subdolis.
    Occursus nullus ultima

Perturbet nostra, quesumus;
Nec pars adversa spiritum
Eternis tradat ignibus.
    Sed Christo laudis gloriam,
Patri, sanctoque Flamini
Jugem canamus liberi
Per infinita secula.

HYMNUS I SANCTI SYLVESTRI PAPÆ.

Sylvestri almi presulis
Urbis Rome egregie
Triumphum ore consono
Decantet Christi populus.
    Quem immanis indolibus,
Truculentus pro Domino
Prefectus tunc Tarquinius
Lacessivit carceribus.
    Sed persistens immobilis,
Vicit athleta nobilis,
Per cujus nequam exitum
Hic pontifex eligitur.
    Hujus castis affatibus

Constantinus tunc Augustus.
Hortatus Christo credere,
Renatus est baptismate.
Quem ut linivit chrismate,
A morbo elephantie
Est emundatus illico,
Virtute sancti Spiritus.

HYMNUS II EJUSDEM SANCTI SYLVESTRI.

Voce jocunda resonemus omnes,
Laudibus sanctis studium ferentes,
Urbis romane modulando patrem
    Laude Sylvestrum.
Hic pius pastor gregis atque tutor,
Lux fuit cecis, baculusque claudis,
Ac signa fecit paradisiaca
    Plurima terris.
Qui viam cunctis rectissimam (sic) monstravit,
Percusso regi reddit sanitatem,
Unde cernentes meruere cordis
    Cernere lumen.
Summa virtutum viguit per ipsum
Claritas, cunctum radiando mundum :
Ac sicca corda rigavit fidele (sic)
    Christi lavacro.
Animas multas conjunxit angelorum
Ecclesie, cetumque Dominique templum
Ac decemcordo reboare nablo,
    Noctem (sic) diemque.
Gloria Patri resonemus omnes,
Et tibi, sancte Genite superne,
Cum quibus sanctus simul et creator
    Spiritus regnet.

HYMNUS III EJUSDEM SANCTI SYLVESTRI.

Christe, rex regum, gubernator magne,
Patris immensi soboles perennis,
Supplicum vota pariterque odas
    Suscipe clemens.
Tu probra mundi noxiaque tergens,
Insuper miro radians splendore,
Tribue clemens bonitatis dona
    Preclara celi.
E quibus summis veneramur almum,
Urbs magna nobis decus hoc concessit,
Gens Romanorum patris mundi tota
    Cuncta per orbem.
Qui postquam sanctis est profusus undis,
Sanctis imbutus litterisque doctus,
Spiritu fervens Domino jubante (sic)
    Cumula semper (1).
Te recte parchus pater sanctus, inquam,
« Stulte hac nocte animam efflabis :
Quare non cessas poena cruciare
    Christi cultores ? »
Statimque pastor sanctitate dignus
Romani tandem populi electus,
Tyranni seva latitans secessit
    Suo cum clero.

Dehinc contra incommodes
Judeorum philosophos
De celesti mysterio
Bellans vicit intrepidus.
Nam draconis pestiferi
Sevitiam compescuit,
Et populos innumeros
Advexit celi Domino.
Nosque a culpis nexibus
Eruit suis precibus,
Qui pro Tonantis gloria
Ejus canamus annua.
Deo patri. . . .

Exhorrens Augustus iam immane scelus,
Letas remisit cum matresque natis,
Omnibus donis sua pietate
    Commoda vite.
Gratia Christi vere inspiratus,
Petrus cum Paulo monuit piscina
Aquarum unda medendioue sibi
    Salus requirat.
Presul vocatur populi benignus,
Placidus, clemens extititque regis,
Illico sanctis monstravit loquoris (sic)
    Virtute Christi.
Predicat Christo famulare plebem,
Allevans merens dudum exortando,
Commoda prestans jugiter fideles,
    Semper orando.
Sicque devotus veritatis facta
Crebrius donans, famulando poli
Vite et regnum meruit beatum
    Scandere clarus.
Gaudet insignis sua plebs sacrata
Romana plaudet renovata undis,
Quos tuis sanctis meritis antiquis
    Fraudem devastat.
Faveto omnes tibi servientes,
Hostis maligni quatiendo fraudes,
Quatenus cuncti mereamur veram
    Cernere lucem.
Poscimus, alme nimium beate,
Pro nobis ora Dominum rogando
Ut mundi mala valeamus omnes
    Pellere procul.
Sit tibi laus, Trinitas immensa,
In quo exultat nunc celi caterva,
Nobis ut dones gratiamque veram
    Semper in evum.

HYMNUS SANCTI SEVERINI ABBATIS (2).

Canticum laudis Domino canentes,
Hunc diem festum celebremus omnes,
Quo Severinus penetravit almus
    Celsa polorum.
Quis stylo dives modulansque plectro,
Cuncta signorum replicare possit,
Que potens Christus studiis opimis
    Contulit ejus ?
nclitus vates nimiumque felix,
Sepius cui Deus intimabat
Tunc ad oppressi populi salutem
    Multa futura.
Voce presaga laqueos latronum

---

(1) Locus corruptus, ut alii bene multi.

(2) Vide Bolland. ad diem VIII Jan.

Atque predonum machinas retexens,
Valde tutabat monitis suocrnis
 Oppida fessa.
Dulce solamen miseris ministrans,
Horridam pestem famis amputavit;
Barbara plures feritate victor
 Solvit ab hoste.
Magne confessor, humilis magister,
Tu quidem normam monachis dedisti,
Calle demonstrans sobrio sequaces
 Scandere celum.
In tuis sanctis manibus refulsit
Celitus lumen, refluensque crevit
Ad tuos haustus olei liquamen,
 Fontis ad instar.
Condolens cunctos inopes fovebat,
Languidos sanans, relevabat egros ;
Omnis accedens salubrem medelam
 Sumpsit ab illo.
Taque Sylvinum loculo jacentem,

HYMNUS SANCTI MARCI MARTYRIS (3).

Festum beati martyris
Odis colamus consonis,
Quem misit orbi provida
Regis superna gratia.
 Hunc in quaternis vultibus
Propheta quondam prescius
Vidit leonis inclita
Mysteriarchis (sic) formula.
 Missus superno munere
Terra in Alexandrie,

HYMNUS II EJUSDEM SANCTI MARCI.

Jam nunc per omne iux refulget seculum,
Lux illa, Patris lucet que de solio,
Que fons, origo, splendor lucis auree,
Habensque semper lumen indeficiens,
Celum serenat, arcens mundi tenebras.
 Hujus sacrato lucis de vibramine
Suscepit almum radium sub pectore
Marcus, beatus doctor evangelicus,
Factus lucerna, amore tanti luminis,
Ardens fugavit seculi caliginem.
 Septem columnis una de candidulis,
Aureis septem unum de candelabris,
Cingitque totum mundum claro sidere ;
Ecclesiarum nititur sub calmine,
Sustentat alte fundamenta fabrice.
 Quantum quod olim viderat Ezechiel,
Propheta sanctus, animal lectissimum,
Vidit Johannes, ceu Christi recubitor
Leonis hoc et typici sub specie,
Clamore multo per deserta frendere.
 Sic, a beato Petro missus, adiit
Aquileiensem dudum famosissimam
Urbem; sacrati verbi pullulantia
Disseminavit sata; quo centuplicis

(3) Vide Bolland. ad diem xxv Aprilis.

A Fratribus coram precibus peractis,
Morte devicta, redire fecisti ad
 Gaudia vit
Cereos flamma fidei cremante
Arguit sanctus pater infideles :
Nosque (sic) flammescunt Deitatis igne
 Algida corda.
Cujus ad funus veniens sacratum,
Mutus accepit modulos loquele,
Cecus exultat procul ambulantes
 Cernere notos.
Neapolis, gaude redimita festis,
Plaude celestem retinens patronum,
Quem tibi summum decus et juvamen
 Prestitit auctor.

B Hujus o clemens meriti Creator,
Gloriam nobis veniamque confer,
Quo tui cultus super astra semper
 Luce fruamur.

Doctis refulsit incolis
Evangelista nobilis.
 Spargendo plebi lucida
Verbo salutis spermata,
Pro Regis alti nomine
Fit laureatus sanguine :
 Cujus sacratis artubus
Salutis auctor omnium ,
Christus moderno tempore
Compsit solum Germanie.
 Letare felix Augia,
Honore tanto predita ;

Fructus ad alta vexit felix horrea
Christi dicavit mox ibi ecclesiam,
C Nam fundamentum fidei fortissimum
Fixerat unum petram super lympidam,
Qua flumen undans nec ventorum fulmina
Quassare possunt, torrentes nec pluvie.
 Deinde rursus cum corona remeans
Athleta Christi, compta pulchris liliis,
Mixtumque palmis, lauro atque rosulis
Portabat gaudens diadema vertice,
Ingressus urbem Romam Christo comite.
 His ita gestis, pergit Alexandriam :
Sancto repletus spiritu letissimo,
Fines per omnes jugiter Memphiticos
Patris tremendi predicabat unicum
Venisse mundi pro salute Filium.
 Turba crudelis Christi circa militem
D Tumens parabat tormentorum spicula.
Vinxit catenis, transfixit aculeis,
Dilaniando flagris sancta viscera,
Carceris umbras misit ad phantasticas.
 Primus superni nominis notitiam
Dedit in urbem Marcus Alexandriam :
Christi dicavit mox ibi Basilicam,
Quam expiavit pretioso sanguine

Tuum fovens carum solo
Habes patronumque polo.
 Te, Marce, voto supplici
Culpis rogamus perditi,
Tuis benigne servulis
Laxa malum peccaminis.
 Sit Trinitati gloria,
Et laus honoris maxima,
Que dat coronam martyri
Nunc et per omne seculum.
 Amen.

Vallavit almæ fidei munimine.
Gloria Patri, decus et imperium !
Sit, Nate, semper tibi super sidera
Honor, potestas, Sanctoque Spiritui
Sit Trinitatis virtus individue
Per infinita seculorum secula!

HYMNUS SANCTI FLAVIANI CONFESSORIS.

Alme confessor, summi Regis presul,
Audique vocis famuli tuorum,
　Te flagitantes.
Fides preclarus, candidus in vita
Predicator verus quam spirans illi dedit
　Spiritus sacer.
O bone pastor, Flaviane sacer,
Protege plebe tibique commissa,
　Athletas Dei.
Hostesque tuos undique confligunt :
Nos sine viri vernuloque tuos
　Adjuva, Pater.
Ereticorum tu sprevisti dogmas
Et confutasti uticeque probat (4),
　O Pater sancte.
Gaudium intrat Dominique tuis
Commissa tibi oves representa,
　Fidelis serve.
Pro Christo passus filium fuisti :
Ibi in carne vitamque finisti,
　Celos receptos.
Aprutiense decoravi tellus :
Noluit Dominus propria frustrare
　Nobis patrono.
Qui quondam erat, manet urbis presul :
Nobis coruscat miracula sepulchris
　Deo juvante.
Sit laus illi, decus atque virtus,
Qui supra celi residensque throno
　Trinus et unus. Amen.

HYMNUS SANCTI JUVENALIS, NARNIENSIS EPISCOPI. (5)

I.

Clarescat terris Juvenalis gloria ;
Celorum sanctis qui exultat cetibus,
Sacratis cujus meritis Narni civitas
　Tuta refulget.
Protulit istum Africa divinitus,
Virum prudentem moribus mitissimum,
Scripture sacre cultorem egregium,
　Mente decorum.
Divina tamen noluit Providentia
Fertilem esse illum sine fructibus :
Romam coegit properare celitus
　Remige Christo.
Ecce matrona pulchra Philadelphia
Tunc Juvenalis (sic) suscepit hospitio,
Anxia semper fratrum, Christi gloria,
　Nomen adimplens.
Hec ut cognovit hospitis clementiam,
Summissa prece romano Pontifici

(4) Textus corruptus....

A　Eum sacrari postulat episcopum
　Narni ferendum.
Ibidem nephandorum idola.
Colebant cives Jovis ac Mercurii,
Martis, Saturni, et Minerve, Veneri,
　Lumine capti.
Ingressus cumque Christi patet famulus,
Urbis errore jam decepte devio,
Clarum ostendit veritatis pervium
　Iter Olympi.
Stravit culturam idolorum sordidam :
Fractis lapillis, Christi jussu solido,
Abrahe multos excitavit filios,
　Ore venusto.
Te, Juvenalis, te summissis precibus

B　Omnes oramus, ut pro nobis Dominum
Christum exores, quo nos omnes liberet
　Morte secunda.
Gloria Patri resonemus omnes, etc.

II.

Verba cum vite civibus diffunderet,
Sacerdos quondam demonum sacrilegus
Victime gustu (sic) hortatus ut sumeret
　Ore vel ipse :
Quod Juvenalis, presul Christi maximus,
Constanti vultu et mente purissima
Renuit nephas, ut Christi discipulus
　Valde beatus.
Iratus inde judex ipse concite
Cultrum, quod carnes dabat sacrificiis,
C　Dentibus sanctis audet intus serere
　Arte nephanda.
Divino plenus Juvenalis spiritu,
Impiam nollens degustare victimam,
Corpori Christi pura servans labia,
　Sorde malorum.
Furore judex accensus multiplici,
Presulis ore evulsit cum gladium,
Impetu ipso sibi necat gutture (sic)
　Vulnere mortis.
Civium magno (sic) pars viso miraculo,
Unda poposcit Christi tunc baptismatis
Lavari, sancti ac sequi episcopi
　Jussa beati.
D　Istis receptis ovilis (sic) dominicis,
Martyris aram Valentini adiens,
Sacras ut ibi immolaret hostias
　Omnipotentis,
Calicem ejus christallinum, sanguinem (sic)
Plenum, dum cunctis porrigebat populis,
Sacra creverunt decenter libamina
　Celitus aucta.
Te Juvenalis, etc.
Gloria Patri, etc.

III.

Christi athlete ut ederet certamina,
Obsidione tenebatur civitas

(5) Vide Bolland. ad diem IV Maii.

Tempore multo nec valebat erip
  Peste recepta.
Precibus Christo tunc magnis cum lacrymis
Presulis miris Juvenalis maximi,
Glutivit terra inimicos civium
  Ore patenti.
Victor ut auxit [exit] superborum hostium,
Civium turba a parvo ac maximo,
Christi secuta presulem mirabilem
  Signa ferentem.
Sic unus hostis interemptus gladio
Proprio ruit, ut multi baptismate
Surgere possent : sic consumptis omnibus.
  Omnia surgunt.
Nec suis tantum subvenire studuit
Ovili (sic) pastor, sed nautis in pelago
Naufragis, vento et procellis maximis
  Morte propinquis.

HYMNUS SANCTI APOLLINARIS.
Festa sacrata presulis
Apollinaris martyris,
Anni recursa orbita,
  Celebrare jocundum est.
A Petro missus principe,
Ravennam urbem adiit :
Virtus quidem prenuntia
  Ante ingressum patuit.
Jam Hirenei filio,
Dudum orbato lumine,
Nubem squamosam detegens,
  Clara refulsit visio.
Tecla, matrona nobilis,
Conjux tribuni militis,
Per annos curva plurimos,
  Gressus resumpsit pristinos.
Nec Tecle diu gratia
Signorum fama latuit.
Fertur ad aures tyranni
Saturnini tunc judicis;
Seva cujus rapacitas
Grassata circa martyrem,
Telis profusum gravibus
  Seminecem expositum (sic).
Extemplo Boniphatius,
Civis Classis obmutuit.
Indita verba labiis
  Loquendi usum meruit.
Inter eadem famina
Perrexit ad Emiliam;
Signis ditatus optimis,
  Salutem egris reddidit.
Rufi domum (sic) patricii
Filia morbo languida,
Morte preventa subita.
  Pestem excludit luridam.
Deo Patri sit gloria.

HYMNUS SANCTI JUSTI MARTYRIS (6)
Adest sacra festivitas,
In qua tulit discrimina
Justus namque celicola,
  Propter superna premia.
Fervebat ultrix sanctio
Nequissimorum principum,
Mutis sacellis sordidas
  Cogens cremare victimas.
Pregestinis 2 in finibus

HYMNUS SANCTI CLEMENTIS.
Clementis festum celebratur hodie,
Venite plebes et mirate principem,
Adseclam Petri domini apostoli
Romane sedis totius antistitem,
Quem sibi Christus consecravit martyrem.
Hic habitando in urbe Romulea
Annuntiando Jesum Christum Dominum
Illuminavit Theodora et Sisinnium,
Dum visum Petrum in sopore prospicit:
Sicque Clemente baptizatus credidit.
Hic predicando Christi evangelium,
Trajani jussu ductus ad exilium
Trans Pontum mare in preruptam heremum,

A Signis excelsis Juvenalis claruit,
Cunctipotentis fuisse discipulus.
Gladio suo qui Saulem superat
  Dedit amorem.
Sanguinem (sic) Christi exaucto in calicem,
Ipsum auctorem famulatur omnium,
Turbas qui pavit plurimas in heremo
  Pane pusillo.
Faucibus amplis terra hostes sorbuit,
Dathan ut olim Abiron ut legimus
Domino semper fuisse obnoxios
  More superbos
Turbine venti, procellosis nubibus
Nauta, quod prece Juvenalis liberat (sic),
Magistrum sequens, qui clientes eruit
B Peste marina.
Te Juvenalis, etc.
Gloria Patri, etc.

Martyr refulsit inclytus
A flore pueritie
Justus nomine et opere.
  Magnatius tunc impius
Famam salutis audiens,
Tetro retrusit carcere
Nervis attritum martyrem.
  Sistens athleta fortiter,
Minas tyranni respuens,
Almis canebat vocibus
Grates perenni judici.
  Mutans dedit sententiam
Demens dehinc Magnatius,
Ridens jussit sub pondere
Colla sacrata premere.
  Nam lineo subtemine
Massa revinctum plumbea
Restrinxit almos humeros,
Mersit profundo fluminis.
  Cujus sacrum corpusculum
Equor reddidit littori :
Sebastianus presbyter
Istud sepulchro tradidit.
  Gloria Patri, etc.

Ibi peregit insigne miraculum.
  Aquarum venas ex abysso eduxit,
Et satiavit sitientes incolas,
C Qui per metalla excidebant marmora,
Pro Christi nomine portantes supplicia.
  Ob hoc crescente emula invidia,
Profundo maris mergitur cum anchora,
Ibi limatur sepulcrali camera.
Hunc ad receptum astat nunc ecclesia:
Ibi fideles congruunt per secula
  Qui cursus (sic) anni tectus aqua valida,
Alto in mari mergi nudos flagitat
Cujus recurrens annua festivitas,
Recedens mare ad tria millia,

---

(6) Vide Martyrologium Romanum Baronii ad d. 11 Nov.

Per vii dies vias præbet fulgidas.
Tuis sequaces approbatis, seculum
Discamus omnes moribus contemnere,
Irem domare, fluxa carnis spernere.
Nulla tenacis blandimenta corporis,
Usu polorum perfruamur gaudiis.
psum rogemus Verbum Patris unicum,
Et obsecremus almum Sanctum Spiritum,

Ut mundi procul auferat jactantiam,
Virtutum nobis donet habundantiam,
Propter quod eterne evadamus tartara.
Gloria Domino per immensa secula
Sit tibi, Nate, decus et imperium,
Amor, potestas Sanctoque Spiritui,
Sit Trinitati salus individua
Per infinita secula.

IN SEQUENS SACRAMENTARIUM VETUS

MONITUM

(D. Joan. Bened. MITTARELLI et D. Anselm. COSTADONI, *Annal. Camaldul.*, Venet. 1756, t. II, Append. p. 397.)

Publici-juris facimus vetustum sacramentarium, quod olim ad usum fuit monachorum seu eremitarum ecclesiæ Sanctissimæ Trinitatis in monte Suavicinio, imo, si audimus constantem popularem traditionem, quæ fere semper pedisequa aliquo saltem modo est veritatis, usus eo fuit sanctus Dominicus Loricatus, cui dono datum est a sancto ejus magistro Petro Damiano. Ab immemoriali propterea sacram venerationem obtinuit apud populum Frontalis-Castri siti in diœcesi San-Severinate, et haud longe a monasterio Suaviniensi, in cujus castri parochiali ecclesia religiosissime etiamnum custoditur.

Character hujus ms. Sacramentarii Sæculum XI refert, quo vixere uterque tam Dominicus, quam Petrus Damianus; nihilque in contrarium offerri potest, quod ad posteriora tempora revocare cogat. Clarissimus vir Octavius Turcius canonicus Pyranus, qui Vitam sancti Dominici Loricati septem ab hinc fannis typis vulgavit, quique Sacramentarium hocce ad superstitionem usque observavit, doctasque suas adnotationes, quæ inferius habentur, nobis edendas tradidit anno 1752, quo amicissimum virum visitavimus codicisque antiquitatem una simul examinavimus, constantissime idem sentit. Idipsum domnus Gabriel Guastuccius pereruditus Classensis monachus, qui nobiscum tunc aderat, et ante nos præsul doctissimus noster domnus Maurus Sartius qui pluries in conspectu positum diligenter perpendit.

Idem Turcius in suis præviis observationibus, quas statim habes, putat codicem hunc pertinuisse prius ad celebre monasterium Classense Sancti Apollinaris extra urbem Ravennam, vel ad aliquem locum Classensi subjectum, eo quod in litaniis *in ordine ad dandam pœnitentiam* invocetur sanctus *Apollinaris*, cujus titulo et sacro corpore gaudet Classensis basilica; nominentur insuper in iis sanctus Severus, sanctus Vitalis, sanctus Guido, Ravennates dumes. Verum æquissimam illius animadversionem non improbantes, superaddimus, ipsum exscribi potuisse ex simili codice, qui ad usum foret cœnobii et eremi Sanctæ Crucis Fontis-Avellanæ, cui præsidebat sanctus Petrus Damianus, cum in vetustis ritualibus et libris liturgicis hujus monasterii litaniæ legantur fere similes, et ibi quoque reperiantur nomina sanctorum Apollinaris, Severi, et Vitalis, Guidone tamen excepto; quinimo in aliquo ex ipsis codicibus officium cum hymnis propriis habeatur sancti Apollinaris. Petrus Damianus patria Ravennas, Classensis etiam monasterii ad tempus accola, inter cujus cœnobii monachos et avellanenses maxima intercessit necessitudo et communicatio, sanctorum suorum Ravennatum cultum introduxerat penes suos Avellanenses, ea speciali etiam observatione prosequentes sanctum Apollinarem, qui jamdudum, eo nimirum tempore, quo Avellanensis monasterii crepundia emergebant, non longe a Catria, ubi fundata Avellanensis eremus, conspiciendum se præbuerat sancto Romualdo parenti nostro, ut in ejus Vita narrat idem Damianus. Guidoni Pomposiano abbati locum dederit in litaniis Sacramentarii nostri Damianus, quia ipse ante Avellanensem præfecturam, per biennium, tempore regiminis ejusdem præsulis Pomposianos monachos instruxerat; hunc proinde nuperrime inter cœlites relatum inseri curaverit liturgico missali.

Sacramentarius Codex Suavicinius obseratur tegumentis duplicis laminæ anaglypho opere cælatæ ex argento inaurato, intra quam locutur tabula eburnea, gyro parvo ebenco circumdata. Supervacaneum foret huic loco observare evangeliaria, sacramentaria, missalia aliosque codices pro usu altaris consuevisse ornari nobilissimis et pretiosis coopertimentis. Id alii præstitere, et erudite præstat etiam canonicus noster Turcius. Egimus ea de re insuper in observationibus ad antiquam nostram tabulam eburneam, et in brevi recordationis Boni abbatis Pisani, quod prostat in Appendice hujus II voluminis, legitur: *Textum Evangeliorum unum valde optime scriptum cum tabule de argento valde bone.* In ms. Rerum catologo anni 1317 die 28 Aprilis confecto juxta constitutionem congregationis nostræ et præceptum Bonaventuræ præsidis generalis, domnus Bartholus abbas monasterii Sanctorum Justi et Clementis, prope Volaterras, inter cætera monasterii sui cimelia, adnotavit *unum tetraevangelium cum tabulis argenteis ponderis librarum decem et novem, et unciarum octo.* Ea pariter vigebat consuetudo recludendi inter laminas argenteas tabellas ebore sculptas. In museolo hujus nostri monasterii tabulam eburneam sæculi XIII asservamus, in qua cælata est imago sanctissimi Salvatoris, et ad oram duorum laterum prostant imagines sanctorum martyrum Gervasii et Protasii, cujus ectypon transmisimus ad Cl. V. Antonium-Franciscum Gorium inserendum pretioso suo thesauro veterum operum eburneorum.

Sed ipsas laminas et tabellas Sacramentarii nostri describamus. Plures parvi orbes in utraque lamina sunt descripti; et quidem in primo laminæ unius reperitur imago angeli, ut denotant alæ litteræque appositæ Μιχαήλ, *Michael*. In altero e regione primi visitur similis imago cum litteris O Aρχάγγελος ΓΑΒοuήλ, *archangelus Gabriel*. Uterque angelus manus elevant versus aram, quæ locatur in orbe medio inter orbes laterales. Super ipsam aram collocatur codex gemmis dives, qui refert sacrum Evangeliorum librum, sub quo procidit stratum, et sub strato pulvinar deponitur, visum a parte tantum lateris lævi. Pone pulvinar extolluntur arundo cum pugna ex una, ex altera vero parte, lancea : notissima passionis Dominicæ instrumenta. Post codicem subrigitur crux duplex nuncupata Hierosolymitana, Patriarchalis, Apostolica, et communiter Græca. Morem hujus symbolicæ aræ habemus penes Græcos sequioris ætatis, similemque aram conspeximus in musivo cathedralis Trocellanæ, et etiam in tabula lignea inaurata sæculi XIV, quæ asservatur in sacrario canonicorum basilicæ majoris Tarvisii. Aliqua tamen in his diversitas notatur ab antiquioribus symbolicis aris remotioris ætatis, ut videre licet apud Ciaconium et Ciampinium in musivis Sanctæ Mariæ majoris de Urbe, et Sanctæ Mariæ in Cosmedin Ravennæ, quæ spectant ad V et VI sæculum. De cultu evangelicorum librorum super aras ad instar libri a Joanne apostolo visi egimus alio loco.

In quarto et quinto orbibus ad medietatem laminæ exstant imagines sancti Petri apostoli et sancti coapostoli Pauli cum litteris Α. ΠΕΤΡΟ^ς Α. ΠΑΥΛΟC. Demum ad oram laminæ inferiorem tres aliæ cælantur orbes, ex uno latere sanctus Marcus Α. ΜΑΡΚΟC, ex alio sanctus Lucas Α. ΛΟ8ΚΑC; in medio angelus, stans et nudum globum sinistra tenens, dextera autem premens aliquid, quod clare non apparet ob laminæ corrosionem, appositis litteris Ο ΑΡχάγγελος ΓΑΒριήλ, archangelus Gabriel. Repetitionem protome et litterarum archangeli Gabrielis, et omissionem imaginis ac litterarum archangeli Raphaelis deputamus errori artificis, remque credimus carere mysterio.

In tabula eburnea a præfata lamina argentea comprehensa cælatur imago sancti Georgii Ο ΑΓΙΟC ΓΕΟΡΓΙΟC, qui crucem dextera tenet, sinistram autem extollit pallio coopertam, ut consuevere artifices exprimere in aliis imaginibus antiquis et inferioris ævi, tum Græcis, tum Latinis, et manus pallio obvoluta indicabat vel preces ad Deum fusas, vel quid humili veneratione receptum.

Tegumentum alterum, quo Sacramentarius codex ex parte subjecta clauditur, similem eburneam tabulam retinet in qua conspicitur sanctus Theodorus cum litteris Ο ΑΓΙΟC ΘΕΟΔωΡΟΣ, cujus manus eriguntur, sed nullo mysterio, nisi artificis arbitrio. Qui artifex cum Græcus esset, duos sibi proposuit ex Græcis sanctos, qui majorem apud eam ecclesiam cultum obtinerent, ideoque frequentiores sunt eorum imagines in picturis et cælaturis græcanicis.

In orbe superiori a dextra parte hujus secundæ laminæ visitur sanctus Matthæus cum litteris, Ο ΜΑΘΘΟC, a sinistra autem sanctus Joannes apostolus et evangelista, appellatus hic Theologus Ο Ιωάννης ΘΕΟλογος. Illustrari hinc potest dissertatio Christophori Augusti Heumanni edita Isinaci anno 1715, *De titulo Theologi Joanni prophetæ tributo*.

Comprehenditur inter hos duos orbes in quadrangulo imago sancti Michaelis globum nudum læva, hastam dextera tenentis. Orbes medii sanctum Jacobum, Ο ΙΑΚΩΒΟC, et sanctum Andream, Α. ΑΝΔΡΕΑC, et duo postremi ad infimam oram; sanctum Bartholomæum, Ο ΒΑΡΘΟλημηος, exhibent et sanctum Simonem, Ο CIMων, recipientes in medio alterum orbem, cum imagine sancti Nicolai magni, Ο ΝΙΚΟΛΑΟC, qui atque apud Græcos summa veneratione colitur. Nil præterea in his imaginibus peculiari animadversione dignum, si excipiatur quod apostolis, evangelistis, confessoribus et martyribus præponitur consueta signa (A) Α. ΑΓΙΟC, nimirum SANCTUS, quæ tamen in his tegumentis denegatur archangelis.

Artificium operis totum Græcanicum est, quod constat ex ipsis litteris Græcis; temporibus enim mediis et sequioribus musiva, picturæ, cælaturæ, cæteraque id genus Græcorum erant opera, cum artes in Italia miserandum in modum vel periissent, vel rudes admodum forent. Musiva ducalis basilicæ Marcianæ Venetiarum, alia cathedralis ecclesiæ Torcellanæ, et plurima Romana ære impressa græcitatem olent, imo græcissima sunt. Refloruere postea artes in Italia sæculo XV. Quare ante hoc sæculum fabrefactæ fuere laminæ hactenus a nobis explicatæ; imo si examini subjiciatur forma characterum græcorum in duabus eburneis tabellis, qui oblongi potius sunt quam rotundi, ad sæculum antecedens XIV, vel ad finem XIII possunt hæc tegumenta referri, cum characteres græci anteriorum sæculorum ad majorem rotunditatem et extensionem forent expressi. Sed jam ad alteram Cl. V. Turcii præfationem accedamus.

VETUS SACRAMENTARIUM

Nunc primum editum ex codice membranaceo sæculi XI et observationibus ac notis illustratum a Cl. V. Octavio TURCIO, canonico perinsignis collegiatæ ecclesiæ Pyrensis.

OCTAVII TURCII OBSERVATIONES PRÆVIÆ.

Jam tum, humanissime lector, cum animum ad illustrandum contuli Acta beati Dominici Loricati, quæ, ut in votis erat, jam sunt absoluta ac typis etiam vulgata, unum illud spectavi quam maxime, ut ea omnia, quæ illorum decori, beati viri gloriæ, atque eruditionis amatoribus usui esse possent simul congererem. Ut primum igitur perlatum mihi est in Sanctæ Annæ castri Frontalis San-Severinatis diœcesis parochiali ecclesia missalem librum servari, ipsumque sub episcopalibus signis clausum concurrentium populorum cultui quotannis exhiberi, qui ad usum fuerat olim sanctissimi viri Petri Damiani, ac ab eodem postmodum beato Dominico Loricato ad usum Suaviciniensis monasterii seu eui dono datus, juxta veterem continuatamque incolarum traditionem, episcoporum etiam San-Severinatum litteris firmatam, me operæ pretium facturum censui, si tam venerabile vetustatis monumentum e tenebris eruerem, illiusque exemplar ad sacræ liturgiæ incrementum vulgandum curarem. Consilia hæc mea probavit Dionysius Pieraugustinus, felicis memoriæ episcopus, præclarissimus, meque insuper ad opus exsequendum incitavit. Litteris exinde datis parocho Frontalis mandavit præsul apprime humanissimus, ut fractis signis codicem mihimet traderet exscribendum; prout incunctanter fecit, qui hic idem est quem tuis oculis subjicio, additis quibusdam meis animadversionibus, quas opportune inserendas judicavi.

Vix autem sacrum codicem e custodia protuli

cum primo intuitu ex ipsismet tegumentis unum esse deprehendi ex iis sacris diptychis, quæ docti viri veterumque rerum studiosi, si forte reperiant, uti pretiosissimos thesauros deosculantur, ac magnum quid se reperiisse putant: Diptychon siquidem generatim loquendo nihil aliud est quam *duæ plicatiles tabellæ aptæ ad recipiendas sculpturas seu scripturas*, ut belle definit cl. Negelein in sua dissertatione *De diptycho consulari et ecclesiastico* (§ 5, p. 5), suamque etymologiam ab eadem Græca voce, quæ *duplex* sonat, ducere tradit in altera sua dissertatione super diptychis eruditissimus Joannes Andreas Schmidt (p. 5). Kusterus (*De· diptych.*) itidem censet quemlibet librum gemma comperimenta diptychon posse vocari, quamvis interior ejus pars pluribus constet foliis seu tabellis, et hujusmodi nomenclaturam pendere magis dicit ab hoc duplici tegumento quam a numero paginarum seu tabellarum, quæ ibi continentur. Pretiosiora diptycha erant aurea, argentea, eburnea, et cedrina, et hæc quidem varia. Omissis illis quæ ad rem non faciunt, quæque a laudatis viris Negelein et Schmidt recensentur, illa tantum memorare juvat, quæ sacra et ecclesiastica appellabantur. Hæc sacras præferebant imagines, variaque sanctissimæ religionis nostræ symbola, concludebantque libros sacros et divinos: Erat enim priscis illis temporibus erga sacros codices, et missales libros præsertim ac evangeliaria maximus cultus et reverentia. In capitulari Caroli Magni, ex consilio Aquisgranensi decretum fuit *ut missales libros scriberent cum omni diligentia perfectæ ætatis viri*. Quod observat cardinalis Bona (*Rerum liturg.* lib. I, c. 25, n. 10). Hoc præsertim studio detinebantur monachi, exscribendo sacros libros, et operam præterea dabant, ut extrinsecus etiam libros illos, quanto poterant ornatu ditarent. Idem honor Evangeliorum libris præstabatur, ideoque in antiquo Fontanellensi Chronico statutum legimus : *Quatuor evangelia in membrano purpureo ex auro scribere jussit Romana littera* (c.16).

Hujusmodi membranis purpureis argenteis litteris exaratum lectionarium cum tegumento eburneo refert Cangius in suo Glossario (t. II, p. 513). In bibliotheca itidem Vaticana codex asservatur, qui Evangelia continet sanctorum Lucæ et Joannis, coopertis diptycho eburneo, cujus una tantum medietas superest, ubi insculpti apparent Christus Dominus, cum geminis sibi assistentibus angelis, et sancti tres Magi cum Herode loquentes, natoque Domino munera offerentes, ut par epistolam monuit cardinalis Quirinus dominum de Boze (epist. 24); diptycho pariter eburneo opertas fuisse epistolas sancti Pauli ad divi Maximini coenobium apud Treviros servatas refert Wiltemius in Appendice ad Diptychon Leodiense. Hinc credimus morem in Ecclesia viguisse ubique receptum sacros libros vel codices, ad divinum cultum designatos, uti sunt missalia, evangelia et alia hujusmodi, variis ornamentis auro vel argento convestiendi, ipsasque librorum paginas extrinsecus inaurandi. Sacramentarius codex noster Suavicinniensis duobus tegumentis argenteis affabre elaboratis cooperitur, in quibus depictæ conspiciuntur plures imagines angelorum, apostolorum, evangelistarum et sanctorum Græcæ Ecclesiæ, cum lemmatibus pariter Græcis.

Liber est membranaceus et omnino integer, characterem clarum et prægrandem exhibens. Paginas habet, una et altera tantum aliquantulum corrosis, perpolitas, nec usu ullove vitio consumptas aut foedatas. Quæ omnia antiquissimi erga illum cultus habitæque non vulgaris diligentiæ sunt indicia. Numerantur in eo paginæ 126 in quibus continentur præfationes, missarum orationes, canon ad consecrationem aliquæque preces; dignus propterea, ut inter nobiliora diptycha recenseatur.

Nunc ad tempora, queis forte sacer hic codex scriptus fuit, transeo. Antiquitati undecimi sæculi.

quo vixit sanctus Petrus Damianus, omnia conveniunt. Propinquiora vero tempora habeo ab invocatione facta in litaniis, quæ leguntur in ordine *ad dandam poenitentiam*, sancti Widonis, quem non alium puto, nisi celeberrimum Pomposianum abbatem, cujus precibus sanctus Petrus Damianus, cum adhuc in Avellanensi coenobio degeret alumnus, ad illius monasterii se contulit coenobitas instruendos. De Widonis glorificatione fidem facit ipsemet sanctus Petrus in epistola ad Henricum archiepiscopum Ravennatem, ubi memorat *Romaldum*, sive *Romualdum Camerinensem, amicum Rombihonensem*, seu ut melius legit Philippus Bonarota (*Dit. sacro*, p. 28), *Rambonensem, Widonem Pomposianum, Firmanum Firmensem* aliosque plures sanctorum fastis ascriptos, more illorum temporum. Cum autem certum sit sanctum Widonem ad Deum evolasse in suburbanis Parmæ, anno Domini 1046, ut ex ejus Vita ab anonymo coævo conscripta et relata a Mabillonio in Actis sanctorum ordinis sancti Benedicti (Sæc. VI, p. 509), ecce tempus propitium, quando liber noster scriptus est, post annum scilicet 1046, quo diem supremum obiit sanctus Guido, et ante annum 1060, quo juxta meam hypothesim, quam sequuntur Annalium Camaldulensium scriptores, vita cessit sanctus Dominicus Loricatus, cui a Damiano liber datus dono est. Quod si, uti rationi consonum, non sit credendum sanctum Widonem ipso suo emortuali anno sanctorum fastis fuisse ascriptum, imo vero nonnihil temporis intercessisse, eadem ratione qua ab obitu sancti Romualdi quinque anni ad ipsius glorificationem intercesserunt, teste ipso Damiano; quod si insuper conjicere liceat monasterium eremi Suavicinii montis circa annum 1049 fuisse constructum, ibique sanctum Dominicum Loricatum priorem ab eodem Damiano eremi fundatæ designatum, post hujus eremi constructionem, et non antea beatus Dominicus libri nostri missalis possessionem assecutus est putandus, circa annum 1050.

Certum insuper est hunc sacramentorum librum totum esse monasticum, et ad monachos Benedictini ordinis spectare, tum ab ipsa missa sancti Benedicti et a peculiari ejus transitu præfatione, tum a geminis orationibus *in ordine ad induendum monachum*, ubi secunda oratione legitur : *Precamur te, Domina, ut intercedente beato Benedicto confessore tuo, huic famulo tuo cui habitum sanctæ religionis imponimus*, etc. Idipsum constat ex litaniis *in ordine ad dandam poenitentiam*, in quibus invocantur plures sancti monachi Benedictini; atque ab illorum et ab invocatione præsertim sancti Apollinaris, cujus sacrum corpus in Classensi basilica requiescit, qui cæteris martyribus, post sanctum Clementem papam præfertur, vel ipsimet Classensi Ravennati monasterio, vel alteri ejusdem ordinis et Classensi subjecto, hujus libri usum non dubitaverim ascribere. Tale fuit olim judicium Petri Pollidorii viri eruditissimi cui accedit opinio præclarissimi præsulis Auximani, et Cingulani Pompeii Compagnonii. Argumenti fidem adauget missa quam habemus *in dedicatione ecclesiæ* post festum diem sancto Marco sacrum, et ante natalitia sancti Joannis Baptistæ. Porro dedicatio basilicæ Classensis Sancti Apollinaris celebratur quotannis septima die mensis Maii, ideoque prope dixerim librum hunc missalem ad Classense coenobium spectasse, et a monachis Classensibus primum sancto Petro Damiano, ab hoc vero sancto Dominico Loricato dono datum.

Sacramentarii hujus initium sumitur a præfatione communi, et procedit ad totam missam, *in honorem omnium sanctorum pro vivis et defunctis*. Quæ præcedunt, quæque subsequuntur missæ, præfationes et preces diverso charactere scriptæ nihil aliud sunt quam geminæ appendices; eruditorum tamen judicio et Sartii præsertim Camaldulensis doctissimi præsulis harum rerum peritissimi, quorum oculis autographum ipsum subjecimus, eodem undecimo sæculo scriptæ.

Habet quælibet missa tres tantum orationes ; prima quæ dicitur *Collecta*, altera quæ vocatur *secreta*, postrema quæ *postcommunionem* appellatur. Collectarum, quibus in missa utimur, primum auctorem fuisse Gelasium norunt omnes rerum ecclesiasticarum scriptores, et antiqua monumenta evincunt, ut scribit Franciscus Pagius in Breviario Romanorum pontificum sub Gelasio (num. 13). Non habemus hic neque introitum, neque gradualia, sed nec epistolas, nec evangelia, non denique offertoria et versiculos post communionem. Quamobrem suspicari non immerito possum hunc sacramentarium librum missis duntaxat inserviisse solemnioribus, in quibus celebrans olim recitabat tres illas hic prostantes orationes, præfationem et canonem, et reliqua ministri cantabant. Duos siquidem sacramentarios libros ecclesias in missæ sacrificio olim usurpasse dicendum; alterum plenarium dictum, quem Leo IV tenendum esse præcepit in qualibet ecclesia (hom. 13, *De cura pastorali*) : *Missale plenarium*, inquit, *et lectionarium, et antiphonarium unaquæque ecclesia habeat;* et forte illud est missale plenarium, quo nunc sacerdotes utuntur ad privatas missas celebrandas, plenarium ideo appellatum, quia quidquid in lectionariis et antiphonariis libris seorsim continetur, collectum ibi est, et plene reperitur; et alterum ejusdem generis cum nostro, pro solemnibus tantum missis assignatum, ultra quem etiam lectionarium, in quo epistolæ et evangelia, et antiphonarium, ubi introitus, gradualia, offertoria et versiculi post communionem continerentur, essent comparanda.

Ut autem hujus vetusti moris veritas magis clarescat, memoria repetendum est, sanctum Gregorium Magnum ex his psalmis, quos Cœlestinus papa alternatim ante missam cantandos decreverat, aliquos selegisse versiculos pro introitu et responsoriis, alios pro offertorio et communione, aliosque in unum congessisse librum, quem antiphonarium nuncupavit. Gregorianum propterea dictum, et a piæ memoriæ cardinali Thomasio typis vulgatum. Quia vero nonnullæ ex illis antiphonis, quæ post epistolam dicuntur, in eminentiori loco cantari solebant, ad quem per gradus cantores ascendebant, vocatæ sunt graduales, ut sentit cardinalis Bona (lib. II, cap. 3, n. 4) contra quosdam, qui censent sic appellatos a gradibus altaris.

Olim pariter tam epistolæ, quam evangelia cantabantur semper in ambone seu pulpito, et evangelia quidem altiori loco, epistola inferiori ex præscripto Romani ordinis. Libri vero, ubi epistolæ et evangelia continebantur, lectionaria sunt appellati, quorum unum titulo *comitis* jussu Damasi compaginavit Hieronymus.

Lectionaria alio nomine passionaria vocabantur, in quibus acta etiam sanctorum et eorum martyria erant scripta. Libri in quibus exaratæ erant epistolæ canonicæ, epistolaria dicebantur; ex iis unum Desiderius abbas Casinensis, inde summus pontifex Victor III, ornatum voluit *gemmis tabellis, argentea una, aurea altera*, ut in Chronico Casinensi legitur (lib. III, cap. 5). Erat et liber evangeliorum evangeliarium vocatum, erga quem is fuit apud fideles cultus et honor, ut testibus Baronio et Bona, quoties generalia concilia habebantur, sub regali solio in medio Patrum assessorum poneretur.

Reliquæ preces, quæ in missæ sacrificio dicuntur, et hic desiderantur, velut *Kyrie eleison*, *Gloria in excelsis*, *Symbolum apostolicum*, aliæque orationes ante canonem et ante communionem, scriptæ forte erant in illis tabellis, quæ juxta morem hodiernum in altari sunt positæ ante oculos celebrantis, quasque episcopi, aliique episcopalia jura habentes legunt modo ex libro, quem vulgo canonem vocant.

Tandem animadverto missalem hunc librum in pluribus convenire cum sacramentario sancti Gregorii quamvis frequentes varietates observentur juxta undecimi sæculi usum. Quidquid vero nota dignum in missali reperi, suis infra locis breviter appono.

VETUS SACRAMENTARIUM

Nunc primum editum.

In Dei nomine. Amen. *Hæc est copia publica cujusdam perantiqui Missalis charta membranacea manuscripti paginarum centum viginti sex*, *longitudinis unciarum tredecim, latitudinis novem cum dimidio, cooperti in fronte et in suis fibulis ex serico gausapine viridis coloris cum tegumentis ex laminis argenteis auro linitis et concinne relevatis cum quibusdam parvulis imaginibus figuræ orbiculatæ hinc inde dispositis, circum quas quidam Græci characteres apparent, in quorum medio conspiciuntur quædam aliæ imagines ex ebore pariter relevatæ et sculptæ, ebeno circumductæ prout apparent delineatæ in sequenti et altero folio apposito, in principio et in fine præsentis copiæ, in interiori vero tegumentorum parte ex tela serica omnino integra coopertis coloris pariter viridis, tenoris sequentis videlicet.*

(1) IN FESTIVITATE SANCTI STEPHANI PROTOMARTYRIS.

✠ Æterne Deus. Beati Stephani Levitæ simul et martyris natalitia recolentes, quod fidei, quod sacræ militiæ, quod dispensationis et castitatis egre-

---

(1) Harum trium præfationum in hac priori Appendice scriptarum mentio fit in ms. Consuetudinibus Sancti Germani a Pratis, sub quarum fine hæc leguntur apud Martene (*De antiq. monach. rit.* lib. II, cap. 4, n. 29) : « Sequitur videre, quando dicatur præfatio in vigilia Natalis Domini, in die ad tres missas, in Natali sancti Stephani, sancti Joannis evangelistæ, nec non sanctorum Innocentium. »

Nostra pro sancto Stephano est omnino singularis, non enim repetitur in aliis sacramentorum libris a Thomasio editis, nec in Gregoriano Pamelii, non denique in libris de antiqua Ecclesiæ disciplina a Martene editis.

Altera sancti Joannis reperitur in libris sacramentorum studio Menardi et Pamelii vulgatis (t. III, col. 10, p. 534), quorum auxilio nostræ præfationis defectus supplentur.

Præfatio in die sanctorum Innocentium habetur sola sine missa vel sine oratione in corpore nostri missalis libri. Notandum est hujus festivæ diei institutionem excedere tertium sæculum. Origenes enim, qui hoc sæculo floruit, sermonem habet de

gæ, et prædicationis mirabilisque cons..... ejus confessionis ac patientiæ..... exempla veneranda proposuit, et ideo Nativitatem Filii tui merito præ cæteris, passionis suæ festivitate prosequitur, cujus gloriæ sempiternæ primus martyr occurrit per quem.

IN FESTIVITATE SANCTI JOANNIS EVANGELISTÆ.

✠ Æterne Deus. Beati apostoli tui et evangelistæ Joannis veneranda natalitia recensentes, quod Domini nostri Jesu Christi vocatione suscepta terrenum respuit patrem, ut posset invenire cœlestem, adeptus est in regno cœlorum sedem apostolici culminis, qui tantum retia carnalia contempserat genitoris, quique ab Unigenito sic familiariter ut dilectus et immensæ gratiæ muneribus approbatus ut eum idem Dominus in cruce jam positus..... suæ matri Virgini filium..... garet. Qu...., beatæ Genitricis integritati probati dilectione discipuli virginitas deserviret; nam et in Cœnæ mysticæ sacrosancto convivio super ipsum vitæ fontem æternum scilicet pectus recubuerat Salvatoris, de quo perenniter manantia cœlestis hauriens fluenta doctrinæ tam profundis ac mysticis revelationibus est imbutus ut omnem transgrediens creaturam excelsa mente conspiceret, et evangelica voce proferret, quod *In principio erat Verbum, et Verbum erat apud Deum, et Deus erat Verbum*. Et ideo cum angelis.

IN NATIVITATE INNOCENTIUM.

✠ Æterne Deus. Et in pretiosis mortibus parvulorum, quos propter nostri Salvatoris infantiam bestiali sævitia Herodes funeste occidit. In...... sola magis gratia quam voluntas, et clara est prius confessio quam loquela, ante passio quam membra idonea passione. Existunt testes Christi, qui ejus nondum fuerant agnitores; quæ pro suo nomine trucidatis meritum gloriæ perire non patitur, sed proprio cruore perfusis, et salus regenerationis adhibetur, et imputatur corona martyrii. Et ideo cum angelis et archangelis.

(2) Per omnia sæcula sæculorum. Amen. Dominus vobiscum. Et cum spiritu tuo. Sursum corda. Habemus ad Dominum. Gratias agamus Domino Deo nostro. Dignum et justum est. Dignum et justum est, æquum et salutare, nos tibi semper et ubique gratias agere, Domine sancte, Pater omnipotens, æterne Deus, per Christum Dominum nostrum, per quem majestatem tuam laudant angeli, adorant dominationes, tremunt potestates, cœli cœlorumque virtutes ac beata Seraphim socia exsultatione concelebrant, cum quibus et nostras voces ut admitti jubeas deprecamur supplici confessione dicentes.

sanctis Innocentibus (hom. 3 *in Matth.*), sicut et sanctus Augustinus, ut scribit Baronius in suis notis ad Martyrologium. Refert Martene hunc solemnem diem festum in concilio Basileensi fuisse vetitum ob multos, qui tunc irrepserant abusus, et præsertim, quia variis in locis a pueris puerilibus lusibus celebrabatur. Cum autem in hac prævia Appendice sola sanctorum Innocentium præfatio habeatur sine missa, inferri quodammodo potest circa medium sæculum xi inter Benedictinos monachos festi hujus excrevisse propagationem. Missalis liber Mozarabicus habet missam de sanctis Innocentibus. Videantur inter opera ven. viri cardinalis Thomasii ordo divini officii Gothici Mozarabum (t. I, cap. 35) et tractatus Liturgiæ Hispanicæ antiquæ a Pinio exaratus (cap. 20, § 4).

Ab hac præfatione conjici nequit dies, quo festivus a monachis celebrabatur, an ante, an forte post Epiphaniam. Ante colebatur a Græcis ex eorum menologio apud Canisium (t. III, fol. 941), nempe die 29 Decembris. In libello Orationum Gothico-Hispanicarum apud Thomasium (t. I, p. 165) hic festivus dies apponitur post Epiphaniam : *In die allisionis infantium*; qui postremus mos congruentior videtur, cum Innocentium stragem præcesserit Magorum adoratio, quæ recolitur in Epiphania. Videantur, quæ eruditissime congessit in suis notis ad dictum libellum Cl. V. Joseph Blanchinius.

(2) Incipit missalis liber a præfatione communi. Peculiares enim et solemnioribus assignatæ festivis diebus habentur suis locis in propriis missis. Præfationum institutio tribuitur a quibusdam sancto Gelasio I. Sed cardinalis Bona (lib. II, cap. 10) concedit quidem plures præfationes fuisse additas, attamen contendit et pluribus probat earumdem usum ab ipsis Ecclesiæ primordiis, et ab apostolis vel ab apostolicis viris esse repetendum. Olim præfationes pro temporum, festorumque dierum varietate erant multæ et diversæ; tot quippe habebantur præfationes, quodsfesti dies, ut notat idem cardinalis (*ibid.*, cap. 10, n. 14). Habemus Pelagii II epistolam ad episcopos Germaniæ et Galliarum (*apud Baronium*), qui pontificem rogaverant, ut ordinem præfationum eis mitteret, quem sancta Romana Ecclesia tunc servabat, quibus respondens numerat novem duntaxat præfationes tenendas, et sunt : *Unam in Albis paschalibus, alteram de Ascensione Domini, tertiam de Pentecoste, quartam de Natali Domini, quintam de Apparitione, sextam de Apostolis, septimam de Trinitate, octavam de Cruce, nonam de Jejunio et Quadragesima*. Attamen cardinalis Bona (ut supra n. 35) existimat epistolam illam Pelagio per errorem fuisse tributam, multaque argumenta refert dignissima in sententiam suam. Demum concludit : « Quod si mea suspicio æquo lectori non placet, hoc saltem negare non poterit usum Romanæ Ecclesiæ, de quo Pelagius testatur, post ejus decessum antiquatum fuisse; ejusque decretum de novem præfationibus nullibi receptum, nec exsecutioni demandatum, nisi sæculis x et xi. Evidens enim est in libris antiquis sacramentorum, qui Romanæ Ecclesiæ titulum præseferunt, plures reperiri præfationes; vixque ulla missa est, cui propria et peculiaris non assignetur. Quo vero tempore tot præfationes desierint, non liquet; nisi quod in missalibus scriptis post annum 1200, illæ novem duntaxat reperiuntur a Pelagio numeratæ, duabus tantum additis; una communis antiquissima, quæ Gelasii vel Gregorii esse creditur, altera de beata Virgine, ab Urbano II instituta, et hæ undecim sunt, quibus omnes Ecclesiæ ritui Romano adhærentes hodie utuntur. » Quod vero sæculo x vel xi Pelagii II decretum fuerit exsecutioni mandatum, ex nostro missali libro contrarium potius deducitur. Leguntur enim hic in variis missis 27 præfationes, et inter has non reperitur præfatio de Cruce, illa de Jejunio in Quadragesima. Præfatio de Apostolis legitur peculiaris in festo die sanctorum apostolorum Petri et Pauli. Refert tandem Martene (*De antiq. monach. ritibus* lib. II, cap. 4, n. 34) numerum præfationum contractum fuisse in concilio Westmonasteriensi.

Sanctus, sanctus, sanctus, Dominus Deus Sabaoth. Pleni sunt cœli et terra gloria tua. Hosanna in excelsis. Benedictus qui venit in nomine Domini. Hosanna in excelsis.

(3) Te igitur, clementissime Pater, per Jesum Christum Filium tuum Dominum nostrum, supplices rogamus et petimus uti accepta habeas et bene✝dicas hæc do✝na, hæc mu✝nera, hæc sancta ✝ sacrificia illibata, imprimis quæ tibi offerimus pro Ecclesia tua sancta catholica, quam pacificare, custodire, adunare et regere digneris toto orbe terrarum, una cum famulo tuo papa nostro et antistite nostro, et omnibus orthodoxis catholicæ atque apostolicæ fidei cultoribus.

Memento, Domine, famulorum famularumque tuarum, illorum et omnium circumstantium, quorum tibi fides cognita est et nota devotio. Pro quibus tibi offerimus vel qui tibi offerunt hoc sacrificium laudis, pro se suisque omnibus. Pro redemptione animarum suarum, pro spe salutis et incolumitatis suæ tibi reddunt vota sua æterno Deo vivo et vero.

Communicantes et memoriam venerantes imprimis gloriosæ semper virginis Mariæ genitricis Dei et Domini nostri Jesu Christi, sed et beatorum apostolorum ac martyrum tuorum Petri, Pauli, Andreæ, Jacobi, Joannis, Thomæ, Jacobi, Philippi, Bartholomæi, Matthæi, Simonis, et Thaddæi, Lini, Cleti, Clementis, Sixti, Cornelii, Cypriani, Laurentii, Grisogoni, Joannis et Pauli, Cosmæ et Damiani, et omnium sanctorum tuorum, quorum meritis precibusque concedas ut in omnibus protectionis tuæ muniamur auxilio. Per eumdem Christum Dominum nostrum.

Hanc igitur oblationem servitutis nostræ, sed et cunctæ familiæ tuæ, quæsumus, Domine, ut placatus accipias, diesque nostros in tua pace disponas, atque ab æterna damnatione nos eripi, et in electorum tuorum jubeas grege munerari, per Christum Dominum nostrum.

Quam oblationem tu, Deus, in omnibus, quæsumus, bene✝dictam, ascri✝ptam, ra✝tam, ratio✝nabilem, acceptabilemque facere digneris, ut nobis cor✝pus et san✝guis fiat dilectissimi Filii tui Domini nostri Jesu Christi.

Qui pridie quam pateretur accepit panem in sanctas ac venerabiles manus suas, et elevatis oculis in cœlum ad te Deum Patrem omnipotentem, tibi gratias agens, bene✝dixit, fregit et dedit discipulis suis dicens: *Accipite et manducate ex hoc omnes : Hoc est enim corpus meum.*

Simili modo postea quam cœnatum est, accipiens et hunc præclarum calicem in sanctas ac venerabiles manus suas, item tibi gratias agens, bene✝dixit, deditque discipulis suis dicens : *Accipite et bibite ex eo omnes : Hic est enim calix sanguinis mei novi et æterni testamenti, mysterium fidei, qui pro vobis et pro multis effundetur in remissionem peccatorum.*

Hæc quotiescunque feceritis, in mei memoriam facietis.

Unde et memores, Domine, nos tui servi, sed et plebs tua sancta ejusdem Christi Filii tui Domini nostri, tam beatæ passionis, nec non et ab inferis resurrectionis, sed et in cœlis gloriosæ ascensionis offerimus præclaræ majestati tuæ de tuis donis ac datis, ho✝stiam puram, ho✝stiam sanctam, ho✝stiam immaculatam, panem ✝ sanctum vitæ æternæ, et calicem ✝ salutis perpetuæ.

Supra quæ propitio ac sereno vultu respicere digneris, et accepta habere, sicuti accepta habere dignatus es munera pueri tui justi Abel, et sacrificium patriarchæ nostri Abrahæ, et quod tibi obtulit summus sacerdos tuus Melchisedech, sanctum sacrificium, immaculatam hostiam.

Supplices te rogamus, omnipotens Deus, jube hæc perferri per manus sancti angeli tui in sublime altare tuum, in conspectu divinæ majestatis tuæ, ut quotquot ex hac altaris participatione sacrosanctum Filii tui corpus et sanguinem sumpserimus, omni benedictione cœlesti et gratia repleamur. Per.

Memento etiam, Domine, famulorum famularumque tuarum, illorum qui nos præcesserunt cum signo fidei et dormiunt in somno pacis. Ipsis, Domine, et omnibus in Christo quiescentibus locum refrigerii, lucis et pacis, ut indulgeas deprecamur. Per eumdem.

(4) Nobis quoque peccatoribus famulis tuis de

---

(3) De auctore canonis a multis multa dicuntur quos recenset Pagius (num. 15) sub Gelasio I. Adelmus episcopus (*De laud. virg.* cap. 23) illum tribuit sancto Gregorio Magno. At Gregorius ipse (epist. 64, lib. vii) scribit a scholastico fuisse compositum. Quisquis sit scholasticus iste, illud pro certo tenendum est antiquiorem fuisse Gelasio, qui canonis auctor non fuit. Polydorus Virgilius (lib. v, cap. 10, *De invent. rer.*) scribit a multis pontificibus compactum fuisse, sed perperam; quamvis enim aliqui nonnulla verba canoni addiderint, ut papa sanctus Leo, *sanctum sacrificium, immaculatam hostiam*; sanctus Gregorius Magnus, *Diesque nostros in tua pace disponas, atque ab æterna damnatione eripi et in electorum tuorum jubeas grege numerari,* ex Libro Pontificali et ex Beda (*Histor. Eccles.* lib. II, cap. 10), idque asserit etiam Joannes diaconus in Gregorii Vita, illum tamen, ut ait Vigilius papa, in epistola ad Eunucium, « ex apostolica traditione suscepimus, » et idipsum repetit sacrum concilium Tridentinum (sess. 2, cap. 4), docendo ex ipsis Domini verbis, ex apostolorum traditionibus et ex summorum pontificum constitutionibus esse compositum. Post sanctum Gregorium Magnum nil in canone vel additum, vel immutatum fuisse a Romanis pontificibus animadvertit laudatus Bona (cap. 11).

Perpauca notis digna habemus in canone nostri missalis, cum simillimus pene sit illi quomodo utimur. Proprium nomen summi pontificis et antistitis non præscribitur, sed duntaxat dicitur, *una cum famulo tuo papa nostro et antistite nostro.* Forte monachi, quorum usui serviebat hic liber, aliqua peculiari rubrica instructi papæ et episcopi nomen pronuntiaverint; est enim antiquissimi ritus apostolici memoria pontificis et episcopi in canone, et habetur in omnibus ms. sacramentorum libris, Græcorumque liturgiis. Ita Bona (cap. 11).

(4) Post orationem pro defunctis alia habetur oratio, quæ incipit : *Nobis quoque peccatoribus.* In

multitudine miserationum tuarum sperantibus partem aliquam et societatem donare digneris cum tuis sanctis apostolis et martyribus Joanne, Stephano, Matthia, Barnaba, Ignatio, Alexandro, Marcellino Petro, Felicitate, Perpetua, Agatha, Lucia, Agnete, Cœcilia, Anastasia, et cum omnibus sanctis tuis, intra quorum nos consortium, non æstimator meriti, sed veniæ, quæsumus, largitor admitte. Per Christum Dominum nostrum.

Per quem hæc omnia, Domine, semper bona creas, sancti†ficas, vivi†ficas, bene†dicis et præstas nobis, per ipsum et cum ipso, et in ipso, est tibi Deo Patri omnipotenti in unitate Spiritus sancti omnis honor et gloria.

Per omnia sæcula sæculorum. Amen. Oremus. Præceptis salutaribus moniti, et divina institutione formati audemus dicere :

Pater noster, qui es in cœlis, sanctificetur nomen tuum. Adveniat regnum tuum; Fiat voluntas tua sicut in cœlo et in terra. Panem nostrum quotidianum da nobis hodie. Et dimitte nobis debita nostra sicut et nos dimittimus debitoribus nostris. Et ne nos inducas in tentationem. Sed libera nos a malo.

(3) *Sequitur oratio.* Libera nos, quæsumus, Domine, ab omnibus malis præteritis, præsentibus et futuris, et intercedente pro nobis beata et gloriosa semperque virgine Dei genitrice Maria, et electis archangelis tuis, Michael, Gabriel, Raphael, beatoque Joanne Baptista præcursore tuo et sanctis apostolis tuis Petro et Paulo, atque Andrea cum omnibus sanctis, da propitius pacem in diebus nostris, ut ope misericordiæ tuæ adjuti, et a peccato simus semper liberi et ab omni perturbatione securi. Per

Dominum nostrum Jesum Christum Filium tuum, qui tecum vivit et regnat in unitate Spiritus sancti Deus. Per omnia sæcula sæculorum. Amen. Pax Domini sit semper vobiscum. Et cum spiritu tuo.

Agnus Dei, qui tol., etc.

(6) MISSA IN NOCTE SANCTA.

Deus, qui hanc sacratissimam noctem veri luminis fecisti illustratione clarescere, da, quæsumus, ut cujus lucis mysteria in terra cognovimus ejus quoque gaudiis perfruamur in cœlo. Qui tecum v vit.

Secreta. Accepta tibi sit, Domine, quæsumus hodiernæ festivitatis oblatio, ut tua gratia largiente per hæc sacrosancta commercia in illius inveniamur forma in quo tecum est nostra substantia. Qui tecum.

Postcommunio. Da nobis, quæsumus, Domine Deus noster, ut qui nativitatem Domini nostri Jesu Christi nos frequentare gaudemus, dignis conversationibus ad ejus mereamur pervenire consortium. Qui tecum.

IN DIE SANCTO NATALIS DOMINI.

(7) Concede, quæsumus, omnipotens Deus, ut nos Unigeniti tui nova per carnem nativitas liberet, quos sub peccati jugo vetusta servitus tenet. Per eumdem.

Secreta. Oblata, Domine, munera, nova Unigeniti tui nativitate sanctifica, nosque a peccatorum nostrorum maculis emunda. Per eumdem.

Præfatio. Vere dignum et justum est, æquum et salutare, nos tibi semper et ubique gratias agere, Domine sancte, Pater omnipotens, æterne Deus, quia per incarnati Verbi mysterium nova mentis nostræ oculis lux tuæ claritatis infulsit, ut dum visibiliter Deum cognoscimus, per hunc in invisi-

hac aliquot sancti recensentur, quorum in principio canonis mentio facta non fuit. Ii sunt ex diversis ordinibus electi; ex diaconis, Stephanus; ex apostolis, Matthias; ex discipulis, Barnabas; ex episcopis, Ignatius; ex summis pontificibus, Alexander; ex presbyteris, Marcellinus; ex clericis minoribus, Petrus; ex conjugatis Felicitas et Perpetua. Cumque nullæ nominarentur ex virginibus, Gregorius Magnus, Agatham, Luciam, Agnetem, Cœciliam et Anastasiam huic parti canonis adjunxit, ut scribit Adhelmus, cap. 26. Adderem ego ex patriarchis selectum fuisse Joannem Baptistam.

(5) Post orationem Dominicam sequitur oratio : « Libera nos, » etc., in qua post invocationem beatæ Virginis Mariæ habentur nomina archangelorum Michaelis, Gabrielis, Raphaelis, et insuper Joannis Baptistæ, quæ in canone, quomodo Ecclesia Romana utitur, desiderantur. Priscis tamen temporibus, ut refert cardinalis Bona (lib. II, cap. 15, § 2) addebantur nomina plurium sanctorum ad libitum sacerdotum, testibus Micrologo (cap. 13), et Honorio Augustodunense (lib. I, cap. 109). Exstat etiam missalis liber ms. in Bibliotheca Vaticano-Palatina (n. 485), ubi post illa verba « Petro et Paulo atque Andrea, » subjungitur (hic nominat quotquot sanctos voluerit). In aliis mss. sacramentorum libris addita leguntur nomina patronorum illius Ecclesiæ ad quam codex special.

(6) Sancto Telesphoro hujus *in nocte sancta* missæ ubique celebrandæ constitutio tribuitur, et decretum refertur a Gratiano (*De consecr.* dist. 1) Verum ea Telesphori decretalis suppositia est,

idque clare evincitur, quia pervigilium et pernoctatio, imo et ipse festus dies Natalis Domini multis post hujus Romani pontificis annis sub Julio I die 25 Decembris affixus fuit celebrandus, ut probat Florentinius (exerci. 2) in notis ad Martyrologium Hieronymianum, et Pagius in suo Breviario (num. 1, 11) sub Telesphoro et sub Julio I, qui Nicephori sententiam refellit scribentis Justinum imp. festum Natalis diem per totum orbem statuisse recolendum, cum sciamus longe ante Justinum in Occidente et in Oriente institutum fuisse vel die 25 Decembris, vel 6 Januarii, et Justinianum anno 557, non Justinum diei 25 Decembris consignasse ubique celebrandum.

(7) Duas tantum missas habemus festivo die Natalis Domini, altera *in nocte sancta*, altera *ipso die.* Desideratur *missa in aurora.* Non est sane credendum a monachis Benedictinis eo die hanc omissam. Docet nos Cl. V. Joseph Blanchinius (t. I, p. 168), in suis notis adorationes antiquas Gothico-Hispanicas, unam tantum missam esse assignatam in Missali Gothico, et in Sacramentario, et in Lectionario Gallicano edito a Mabillonio, itemque in Missali Mozarabico et in Ambrosiano apud Pamelium. In Gelasiano tamen et in Novo Ambrosiano tres missæ assignantur. Idcirco cum noster sacramentorum liber Gregorianum sequatur, et in Gregoriano tres missæ reperiantur, non alia sane ratione credendum hic missam in aurora deficere, nisi quia noster missalis liber solemnes tantum contineat missas; adeoque prætermittatur missa in aurora, ut minus solemnis, et quæ non cantabatur.

bilium amore rapiamur. Et ideo cum angelis et archangelis, cum thronis et dominationibus, cumque omni militia coelestis exercitus hymnum gloriae tuae canimus sine fine dicentes :

Infra actionem. Communicantes, et diem sacratissimum celebrantes, quae beatae Mariae intemerata virginitas huic mundo edidit Salvatorem, sed et memoriam venerantes ejusdem gloriosae semper virginis Mariae genitricis Dei et Domini nostri Jesu Christi, sed et beatorum.

Postcommunio. Praesta, quaesumus, omnipotens Deus, ut natus hodie Salvator mundi, sicut divinae nobis generationis est auctor, ita et immortalitatis sit ipse largitor. Qui tecum vivit.

IN FEST. SANCTI STEPHANI LEVITAE.

Da nobis, quaesumus, Domine, imitari quod colimus, ut discamus et inimicos diligere, quia ejus natalitia celebramus, qui novit etiam pro persecutoribus exorare. Per Dominum.

Secreta. Suscipe, Domine, munera pro tuorum commemoratione sanctorum, ut quod illos passio gloriosos, nos devotio reddat innocuos. Per.

Communio. Auxilientur nobis, Domine, sumpta mysteria, et intercedente beato Stephano martyre tuo sempiterna protectione confirment. Per.

IN FEST. SANCTI JOANNIS EVANGELISTAE.

Ecclesiam tuam, Domine, benignus illustra, ut beati Joannis evangelistae illuminata doctrinis ad dona perveniat sempiterna. Per.

Secreta. Suscipe munera, Domine, quae in ejus solemnitate tibi deferimus, cujus nos confidimus patrocinio liberari. Per.

Communio. Refecti cibo potuque coelesti, Deus noster, te supplices deprecamur, ut in cujus haec commemoratione percepimus, ejus muniamur, et precibus. Per.

IN OCTAVA DOMINI.

Deus, qui nobis nati Salvatoris diem celebrare concedis octavum, fac nos, quaesumus, ejus perpetua divinitate muniri, cujus sumus carnali commercio reparati. Per.

Secreta. Praesta, quaesumus, Domine, ut per haec munera, quae Domini nostri Jesu Christi arcanae nativitatis mysterio gerimus, purificatae mentis intelligentiam consequamur. Per.

Communio. Praesta, quaesumus, Domine, ut quod Salvatoris nostri iterata solemnitate percepimus perpetuae nobis redemptionis conferat medicinam. Per.

IN EPIPHANIA DOMINI.

Deus, qui hodierna die Unigenitum tuum gentibus stella duce revelasti, concede propitius, ut qui jam te ex fide cognovimus, usque ad contemplandam speciem tuae celsitudinis perducamur. Per.

Secreta. Ecclesiae tuae, quaesumus, Domine dona propitius intuere, quibus jam non aurum, thus et myrrha profertur, sed quod eisdem muneribus declaratur, immolatur et sumitur. Per.

Praefatio. † Aeterne Deus, quia cum unigenitus Filius tuus in substantia nostrae mortalitatis apparuit, nova nos immortalitatis suae luce reparavit. Et ideo.

Infra actionem. Communicantes et diem sacratissimum celebrantes, quo Unigenitus tuus in tua tecum gloria coaeternus, in veritate carnis nostrae visibiliter corporalis apparuit, sed et memoriam, etc.

Communio. Praesta, quaesumus, Domine Deus noster, ut quae solemni celebramus officio purificatae mentis intelligentia consequamur. Per.

(8) BENEDICTIO SUPER CEREOS IN PURIFICATIONE SANCTAE MARIAE.

Exaudi, quaesumus, Domine, plebem tuam, et quae extrinsecus annua tribuis devotione venerari, interius assequi gratiae tuae luce concede. Per.

Dominus vobiscum. Et cum. Sursum corda. Gratias agamus Domino Deo nostro. ✠ Aeterne Deus, creator coeli et terrae, Rex regum, et Dominus dominantium, nos supplices tuos ad te clamantes clementer exaudire digneris, quia omnia ex nihilo creasti, et jussu tuo opera apum hunc liquorem ad perfectionem cerei evenire fecisti, et hodierna die petitionem justi Simeonis implesti. Te humiliter deprecamur, ut has candelas ad usum hominum, et sanitatem corporum et animarum quicumque tuus fidelis pro benedictione suis gestaverit in manibus sive in terra, sive in aquis per invocationem tui sanctissimi nominis, et intercessionem sanctae Mariae Filii tui genitricis, cujus purgationem hodie celebramus mentibus devotis, atque omnium sanctorum tuorum prece, et meritis bene†dicere, et sancti†ficare tua pietate digneris, ut haec plebs tua, qui hos cereos honorifice in manibus portat, teque psallendo laudes decantat, tu exaudias eorum voces de coelo sancto tuo, et de sede majestatis tuae; propitiusque sis omnibus clamantibus ad te, quos pretioso Christi Filii tui sanguine dignatus es redimere, qui tecum vivit.

Oremus. Praeceptis salutaribus moniti, etc. Pater noster qui es in coelis, etc.

Alia oratio. Bene†dic, Domine, Jesu Christe, hanc creaturam cerei supplicationibus nostris, et infunde

---

(8) Cerei benedictio in die Purificationis Mariae posterior valde est temporibus sancti Gregorii Magni. Non enim ejus meminit neque Amalarius, neque Walfridus, neque supposititius Alcuinus, qui tamen meminit cereorum benedictorum, quos pontifex maximus distribuebat! Multo minus in Gelasiano, in Gregoriano, in Gellonensi aliisque sacramentorum libris de hac benedictione agitur. In quodam antiquo Turonensis Ecclesiae missali libro circa x saeculum scripto, unica tantum oratio repetitur, *ad luminaria benedicenda*, et in alio peran:iq o monasterii sancti Theodorici unica pariter oratio *ad benedicendos cereos*; quas orationes refert Martene (t. III *Antiq. ecc. discip.* lib. IV, n. 5), cum aliquibus ritibus sane antiquis ad cereos benedicendos. Nihil de ipsa insuper in antiquo libello orationum Gothico-Hispanicarum alias memorato.

ei per virtutem sanctæ Cru☩cis benedictionem cœlestem, ut qui eam ad expellendas tenebras humano generi tribuisti talem signaculo cru☩cis tuæ fortitudinem et benedictionem accipiat, ut in quibuscunque locis accensa sive posita fuerit, discedat et contremiscat diabolus et fugiat pallidus cum omnibus ministris suis de habitationibus, nec præsumat amplius illudere servientibus Deo. Proinde te quæsumus, Domine, ut mittas sanctum angelum tuum Raphaelem, qui evulsit a Sara et Tobia dæmonem mortiferum eos infestantem, conterat illum, et perdat de cunctis habitationibus colentium Deum, de domibus, de angulis, de lectulis, de refectoribus, de universis locis in quibuscunque Deo famulantes habitant, quiescunt, dormiunt, vigilant, ambulant et consistunt, nec valeat ille malignus amplius inquietare illos, quos sancti chrismatis tui unctione fecisti esse munitos. Benedico hos cereos in nomine Dei ☩ Patris omnipotentis, et Filii ☩ ejus unigeniti, et Spīritus ☩ sancti paracleti, ut sit ubique diaboli effugatio, atque omnium contubernalium suorum exterminatio, auxiliante eadem sancta et individua Trinitate, quæ in Unitatis essentia semper permanet in sæcula sæculorum. Amen.

Sacerdos primitus accendat cereum et cæteris tribuat, et post accensionem dicat hanc orationem: Omnipotens sempiterne Deus, qui Unigenitum tuum hodierna die ulnis sancti Simeonis in templo tuo sancto suscipiendum præsentasti, te supplices deprecamur, ut hos cereos tuos quos famuli tui omni magnificentia suscipientes gestare cupimus luce accensos, bene ☩ dicere et sancti ☩ ficare digneris, atque lumine supernæ bene ☩ dictionis accendere, quatenus eos tibi Domino Deo nostro offerendo digni, et sancto igne tuæ dulcedinis charitatis accensi, in templo sancto gloriæ tuæ repræsentari mereamur. Per

MISSA IN DIE SANCTO.

Omnipotens sempiterne Deus, majestatem tuam supplices exoramus, ut sicut unigenitus Filius tuus hodierna die cum nostræ carnis substantia in tem-

plo est præsentatus, ita nos facias purificatis tibi mentibus præsentari. Per. eumdem.

Secreta. Exaudi, Domine, preces nostras, et ut digna sint munera, quæ oculis tuæ majestatis offerimus, subsidium nobis tuæ pietatis impende. Per.

Communio. Quæsumus, Domine Deus noster, ut sacrosancta mysteria, quæ pro reparationis nostræ munimine contulisti, intercedente beata Virgine Maria, et præsens nobis remedium esse facias et futurum. Per.

(9) IN CATHEDRA SANCTI PETRI.

Deus qui beato apostolo tuo Petro collatis clavibus regni cœlestis, animas ligandi atque solvendi pontificium tradidisti, concede intercessionis ejus auxilio a peccatorum nostrorum nexibus liberemur. Per.

Secreta. Ecclesiæ tuæ, quæsumus, Domine, preces et hostias beati Petri apostoli commendet oratio, ut quod pro illius gloria celebramus, nobis prosit ad veniam. Per.

Communio. Sancta tua nos, Domine, quæsumus, sumptæ vivificent, et intercedente beato Petro apostolo tuo, misericordiæ sempiternæ præparent expiatos. Per.

(10) IN FEST. SANCTI BENEDICTI

Omnipotens sempiterne Deus, qui per gloriosa beati Benedicti abbatis exempla humilitatis triumphale nobis iter ostendisti, da, quæsumus, ut viam tibi placitæ obedientiæ, per quam venerabilis Pater Benedictus illæsus antecedebat, nos præclaris ejus meritis adjuti sine errore subsequamur. Per

Secreta. Paternis intercessionibus magnifici pastoris Benedicti, quæsumus familiæ tuæ, omnipotens Deus, commendetur oblatio, cujus vitalibus decoratur exemplis. Per.

Communio. Perceptis, Domine Deus noster, sacramentis salutaribus humilitate deprecamur, intercedente beato Benedicto abbate, quæ pro illius venerando agimus obitu, nobis proficiant ad salutem. Per.

(11) IN ANNUNTIATIONE SANCTÆ MARIÆ.

Deus, qui hodierna die Verbum tuum beatæ Vir-

---

(9) Cathedræ Sancti Petri festus dies recolitur in nostro missali post festivum Purificationis beatæ Mariæ virginis, ideoque mense februario; quod apertissime ostendit neque temporibus sancti Petri Damiani in Ordinario Romano cathedræ Romanæ festum diem, qui Januario mense recolitur, fuisse descriptum. imo penes me est antiquum breviarium membranaceum sæculo XIV scriptum ubi Sancti Petri Cathedra non habetur XV Kalendas Februarii. Putandum tamen non est haberi hic festum diem de sola Cathedra Antiochena, qui mense Februario celebratur, eo vel maxime quia de Romana nulla fit memoria in libris sacramentorum Gelasii et Gregorii. Menardus enim, et quidem sano consilio, putat hac die de utraque Cathedra memoriam recoli ab Ecclesia, quod revera auctoritate nostri missalis libri probatur, ubi missa habetur in cathedra Sancti Petri sine expressione, an illa Romana sit vel Antiochena. Ad hanc sententiam confirmandam multum conferunt doctissimæ notæ Patris Blanchini ad libellum orationum Gothico-Hispanarum, in quo habetur mense Februario, VIII Kal. Martii,

Cathedra Sancti Petri, ut in nostro, et tamen hymnus, qui ibi legitur, aperte demonstrat festum illum diem esse statutum ad utramque cathedram recolendam, cum dicatur:

Adest dies, quo Romulea
In urbe consecratus es:

Opportune subdit vir ille doctissimus (tom. I, p. 172): « En Romanæ cathedræ cum Antiochena commemoratio VII Kal. Martii. » Etiam Pinius (num. 444) de Cathedra Sancti Petri agit, et quidam luculenter in suo tractatu chronologico *De liturgia antiqua Hispanica.*

(10) Ab hac sancti Benedicti abbatis missa liquet, ut jam dixi, hunc missalem librum ad usum fuisse monachorum ordinis sancti Benedicti, et præcipue a prima et a secunda oratione, quibus Deus exoratur, ut paternis *intercessionibus magnifici pastoris* Benedicti *oblatio monasticæ familiæ commendetur.* In ejus transitu habetur propria præfatio exarata in postrema Appendice.

(11) Festas dies Annuntiationis beatæ Mariæ

gimus arvo coadunare voluisti, fac nos ita peragere, ut tibi placere valeamus. Per eumdem.

Secreta. In mentibus nostris, Domine, veræ fidei sacramentum confirma, ut quod conceptum de Virgine Deum verum et hominem confitemur, per ejus salutiferæ resurrectionis potentiam ad æternam mereamus pervenire lætitiam. Per eumdem.

Communio. Gratiam tuam, Domine, mentibus nostris infunde, ut qui angelo nuntiante Christi Filii tui incarnationem cognovimus, per passionem ejus et crucem ad resurrectionis gloriam perducamur. Per eumdem.

PRIMA DOMINICA IN QUADRAGESIMA.

Deus, qui Ecclesiam tuam annua quadragesimæ observatione purificas, præsta familiæ tuæ, ut quod a te obtinere abstinendo nititur, hoc bonis operibus exsequatur. Per.

Secreta. Sacrificium quadragesimalis initii solemniter immolamus, te, Domine, deprecantes, ut cum epularum restrictione carnalium a noxiis quoque voluptatibus temperemus. Per.

Communio. Tui nos sacramenti libatio sancta restauret, et a vetustate purgatos in ministerii salutaris faciat transire consortium. Per.

(12) INCIPIT BENEDICTIO PALMÆ ET OLIVÆ.

Auge fidem in te sperantium, Deus, et suppl'cum preces clementer exaudi, et veniat super nos multiplex misericordia tua. Benedicantur et hi palmites olivarum, et sicut in figura Ecclesiæ multiplicasti Noe egrediente de arca, et Moysen exeunte de Ægypto cum filiis Israel, ita nos portantes palmas aut ramos olivarum bonis actibus occurramus obviam Christo, et per ipsum in gaudium introeamus æternum. Per.

Alia oratio. Deus, qui dispersa congregas et congregata conservas, qui populis in obviam Jesu ramis portantibus benedixisti, bene†dic etiam et hos ramos palmæ et olivæ, quos tui famuli ad nominis tui benedictionem fideliter suscipiunt, ut quocunque loco introducti fuerint, tuam benedictionem consequantur, ut omni adversa valetudine effugata, dextera tua protegat, quos redemit. Per eumdem.

Lectio. Dicite, filiæ Sion.

Secundum Matthæum. In illo tempore cum appropinquasset.

Item oratio. Domine sancte, Pater omnipotens, æterne Deus, qui jussisti in creatura tua arboreis virgultis olivas producere ad concinnandas altaris iuminaria, ita supplici prece deposcimus ut hos ramos palmæ et olivæ bene†dicere et sancti†ficare digneris, ut famuli tui, in manibus gestantes, sint sanctificati anima et corpore, et tua benedictione repleantur dicentes : Benedictus qui venit in nomine Domini. Hosanna in excelsis.

Tunc dicitur. Dominus vobiscum. Et cum spiritu tuo. Sursum corda. Habemus ad Dominum. Gratias agamus Domino Deo nostro. Dignum, etc. (†) Æterne Deus. Te inter cætera mirabilium tuorum laudare et benedicere, qui Lamech semen justum dedisti; Noe revelasti per ipsum aquas diluvii futura cognoscens, cujus arca ad nostram salvationem columba spiritualis olivæ fructuosum surculum detulit, quam ad se revertentem Noe gaudens cum spiritali fructu libenter suscepit. De cujus rami unctione Jacob electus titulum erigit, votum vovit, et oleum desuper fudit. Hæc est inditio rami illius manantia de cœlis gratia, seu et populi vasa replentes. Hæc est gratia, quæ et viduam benedixit in oleo. Hæc est inditio rami illius plantati secus decursus aquarum, cujus folium non defluit. Per quod quotidie lavacrum baptismatis ab Ecclesia procreatur, et nostra delentur peccata. Hæc est tua plantatio bona valde, et tu es vita et resurrectio mortuorum. Qui quatriduanum Lazarum suscitasti, et nisi eum proprio nomine vocasses,

habetur hic mense Martio. De ejus antiquitate testem habemus divum August num (*De Trin.* l. IV, c. 5). In concilio Toletano habito anno 656 de illo pariter agitur tanquam jam diu instituto, et ab omnibus Ecclesiis universe recepto. Eadem Toletana Ecclesia, quæ hunc festum diem celebrat octo dies ante Natalitia Domini nostri Jesu Christi, renovat iterum ejus memoriam ad diem 25 Martii, ut monet Bollandus (t. III). Quem morem aliæ postmodum Ecclesiæ sunt imitatæ. Rodulphus Glaber, undecimi sæculi scriptor, narrat habita fuisse plura concilia ad definiendum tempus festi Annuntiationis beatæ Virginis extra Quadragesimam; et inter P. P. multæ coortæ sunt difficultates, multaque dissidia. In vetustissimo Kalendario Romano a Martene edito (*Anecd.* t. V) ordo habetur ad festum diem hunc celebrandum hebdomada una ante Natalitia Domini, et hic mos, ait, servatur etiam nunc in Ecclesia Mediolanensi. Idipsum affirmat Blanchinius, dicens a prædicta Mediolanensi Ecclesia recoli quarta Dominica Adventus sub titulo *de Incarnatione verbi*, seu de Annuntiatione Mariæ. Novissimus ordo Romanus utramque festum agit, alterum 25 Martii sub titulo: *Annuntiatio Mariæ*; alterum 18 Decembris sub titulo: *Exspectatio partus.* In hoc nostro Sacramentario Codice habemus utramque missam, primam mense Martio, alteram in Appendice postrema, sed sine titulo; attamen quod sit de partus Virginis exspectatione ab ipsa oratione ostenditur.

(12) Benedictio palmæ et olivæ non est institutionis Gregorianæ. De ejus origine non conveniunt Martene et Meratus. Primus affirmat (*Antiq. Eccl. disciplin.* c. 20) nullam apud auctores ante octavum et nonum sæculum memoriam haberi de benedictione palmarum. Alter in suis notis ad Thesaurum sac. rituum Gavanti (t. I, p. 1003) eam sententiam refellere nititur. At Cl. V. Joseph Blanchinius (t. I, p. 202) utramque sententiam conciliat dicens : Sextam Dominicam Quadragesimæ dictam fuisse in ramis Palmarum, diu antequam is benedicendi ritus haberetur. Sed ante sæculum VIII nulla suppetunt documenta, quæ comprobent benedictionem palmarum fuisse divo Gregorio cœvam vel etiam vetustiorem; quare sic concludit : « Ut complectar brevi, quidquid Cl. Meratus prolixa confutatione reponit Edmundo Martenio, fixum ratumque esse volo. » Auctoritates omnes, quæ ante VIII sæculum adversus scriptorem aliquem proferuntur, id unum astruere nomen Dominicæ in ramis palmarum esse antiquissimum, at ipse ritum benedictionis, de quo est controversia, jam tum institutum minime persuadet.

Orationes quæ in sequenti missa habentur, sunt eædem ac illæ, quas Meratus affert ex libro Sacramentorum Ottoboniano præter orationem super populum, quæ hic desideratur.

cuncti resurrexissent a mortuis. Propterea et turba cum ramis palmarum obviantes clamabant: Hosanna, benedictus qui venit in nomine Domini Rex Israel. Quapropter, quæsumus clementiam tuam, ut nos famulos tuos, qui hujus rei gratiam et fidem veritatis percipimus, eruas et exuas de ore inferni, et adjutorium gratiæ tuæ nobis tribuere digneris, ut juste et pie sancteque viventes cum electis facias habere consortium. Per quem hæc, Domine, semper bona creas, sancti✝ficas, vivi✝ficas, bene✝dicis et nobis servis tuis largiter præstas. Per omnia sæcula sæculorum. Amen.

Alia oratio. Deus, qui Filium tuum Dominum nostrum Jesum Christum pro nostra salute in hunc mundum misisti, ut se humiliaret ad nos, et revocaret ad te, qui etiam dum Hierusalem veniret, et adimpleret Scripturas, credentium populorum turba fidelissima devotionis suæ vestimenta cum ramis palmarum in via sternebant, præsta quæsumus, ut illi fidei viam præparemus, de qua remoto lapide offensionis et petra scandali, frondeat opere justitiæ ramos, ut ejus vestigia consequi mereamur. Per.

Hæc est alia oratio. Petimus te, sancte Pater omnipotens, æterne Deus, ut respicere digneris super hanc creaturam olivæ et palmæ, quæ ex ligni materia prodire jussisti, quam columba rediens ad arcam proprio protulit ore bene✝dicere et sancti✝ficare digneris, ut quicunque ex ea sumpserint, accipiat sibi ad perfectionem animæ et corporis, fiatque, Domine, nostræ salutis remedium, tuæ gratiæ sacramentum. Per.

INCIPIT MISSA IN DIE.

Omnipotens sempiterne Deus, qui humano generi ad imitandum humilitatis exemplum Salvatorem nostrum carnem sumere, et crucem subire voluisti, concede propitius, ut et patientiæ ipsius habere documenta et resurrectionis consortia mereamur. Per.

Secreta. Concede quæsumus, Domine, ut oculis tuæ majestatis munus oblatum et gratiam nobis tuæ devotionis obtineat et effectum beatæ perennitatis acquirat. Per.

Præfatio. (✝) Æterne Deus, per quem nobis indulgentia largitur, et pax per omne sæculum prædicatur. Traditur cunctis credentibus disciplina, ut sanctificatos nos possit dies venturus excipere. Et ideo cum angelis.

Communio. Per hujus, Domine, operationem mysterii, et vitia nostra purgentur et justa desideria compleantur. Per.

FERIA V, IN CŒNA DOMINI.

Deus a quo et Judas reatus sui pœnam, et confessione tua latro præmium sumpsit, concede nobis tuæ propitiationis effectum, ut sicut in passione sua Jesus Christus Dominus noster diversa utrisque intulit stipendia meritorum, ita nobis ablato vetustatis errore resurrectionis suæ gratiam largiatur. Qui tecum vivit.

Secreta. Ipse tibi, quæsumus, Domine sancte, Pater omnipotens, sacrificium nostrum reddat acceptum, qui discipulis suis in sui commemoratione hoc fieri hodierna traditione monstravit. Qui tecum.

Infra actionem. Communicantes et diem sacratissimum celebrantes, quo Dominus noster Jesus Christus pro nobis est traditus, sed et memoriam venerantes.

Communio. Refecti salutaribus alimentis, quæsumus, Domine, Deus noster, ut quod tempore nostræ mortalitatis exsequimur, immortalitatis tuæ munere consequamur. Per.

IN PARASCEVEN.

Oremus, dilectissimi nobis, pro Ecclesia sancta Dei, ut eam Deus et Dominus noster pacificare et custodire dignetur toto orbe terrarum, subjiciens ei principatus et potestates, detque nobis quietam et tranquillam vitam degentibus glorificare Deum Patrem omnipotentem.

Oremus. Flectamus genua. Omnipotens sempiterne Deus, qui gloriam tuam omnibus in Christo gentibus revelasti, custodi opera misericordiæ tuæ, ut Ecclesia, toto orbe diffusa, stabili fide in confessione tui nominis perseveret. Per eumdem.

Oremus et pro beatissimo papa nostro N. ut Deus et Dominus noster qui elegit eum in ordine episcopatus salvum atque incolumem custodiat Ecclesiæ sanctæ suæ ad regendum populum sanctum Dei.

Oremus. Flectamus. Omnipotens sempiterne Deus, cujus judicio universa fundantur, respice propitius ad preces nostras et electum nobis antistitem tua pietate conserva, ut Christiana plebs, quæ tali gubernatur auctore, sub tanto pontifice credulitatis suæ meritis augeatur. Per.

Oremus et pro omnibus episcopis, presbyteris, diaconibus, subdiaconibus, acolythis, exorcistis, lectoribus, ostiariis, confessoribus, virginibus, viduis, orphanis, et pro omni populo sancto Dei.

Oremus. Flectamus. Omnipotens sempiterne Deus, cujus Spiritu totum corpus Ecclesiæ sanctificatur et regitur, exaudi nos pro universis ordinibus supplicantes, ut gratiæ tuæ munere ab omnibus tibi gradibus fideliter serviatur. Per.

Oremus et pro Christianissimo imperatore nostro N. ut Deus et Dominus noster subditas illi faciat omnes barbaras nationes ad nostram perpetuam pacem.

Oremus. Flectamus. Omnipotens sempiterne Deus, in cujus manus sunt omnes potestates, et omnia jura regnorum, respice ad Romanum benignus imperium, ut gentes, quæ in sua feritate confidunt, potentiæ tuæ dextera comprimantur. Per.

Oremus et pro catechumenis nostris, ut Deus et Dominus noster aperiat aures præcordium ipsorum, januamque misericordiæ, ut per lavacrum regenerationis accepta remissione omnium peccatorum, et ipsi inveniantur in Christo Jesu Domino nostro.

Oremus. Flectamus. Omnipotens sempiterne Deus, qui Ecclesiam tuam nova semper prole fecundas, auge fidem et intellectum catechumenis nostris, ut renati fonte baptismatis adoptionis tuæ filiis aggregentur. Per.

Oremus, dilectissimi nobis, Deum patrem omnipotentem, ut cunctis mundum purget erroribus, morbos auferat, famem depellat, aperiat carceres, vincula dissolvat, peregrinantibus reditum, infirmantibus sanitatem, navigantibus portum salutis indulgeat.

Oremus. Flectamus. Omnipotens sempiterne Deus mœstorum consolatio, laborantium fortitudo perveniant ad te preces nostras, de quacunque tribulatione clamantium, ut omnes sibi in necessitatibus suis misericordiam tuam gaudeant adfuisse. Per.

Oremus et pro hæreticis et schismaticis, ut Deus et Dominus noster eruat eos ob erroribus universis, et ad sanctam matrem Ecclesiam catholicam et apostolicam revocare dignetur.

Oremus. Flectamus. Omnipotens sempiterne Deus; qui salvas omnes, et neminem vis perire, respice ad animas diabolica fraude deceptas, ut omni hæretica pravitate deposita, errantium corda resipiscant, et ad veritatis tuæ redeant unitatem. Per.

Oremus et pro perfidis Judæis, ut Deus et Dominus noster auferat velamen de cordibus eorum, ut et ipsi cognoscant te Jesum Christum Dominum nostrum.

Hic non dicatur Flectamus. Omnipotens sempiterne Deus qui etiam perfidiam Judaicam a tua misericordia non repellis, exaudi preces nostras quas pro illius populi obcæcatione deferimus, ut agnita veritatis tuæ luce, quæ Christus est, a suis tenebris eruantur. Per.

Oremus et pro paganis, ut Deus auferat iniquitatem de cordibus eorum, et relictis idolis suis convertantur ad Dominum vivum et verum, et unicum Filium ejus Jesum Christum, Deum et Dominum nostrum, cum quo vivit et regnat cum Spiritu sancto Deus per omnia sæcula sæculorum.

Oremus. Flectamus. Omnipotens sempiterne Deus, qui non mortem peccatorum sed vitam semper inquiris, suscipe orationem nostram, et libera eos ab idolorum cultura, et aggrega Ecclesiæ tuæ sanctæ ad laudem et gloriam nominis tui. Per.

(13) BENEDICTIO THYMIAMATIS IN SABBATO SANCTO.

Æternam et justissimam pietatem tuam deprecor, Domine sancte, Pater omnipotens, æterne Deus, ut bene✝dicere digneris hanc speciem thymiamatis, vel cujuslibet speciei, ut sit incensum majestatis tuæ in odorem suavitatis acceptum, et a te, Domine, benedicatur, ita ubicunque odor pervenerit, extricetur et effugetur omne genus dæmoniorum,

sicut fumus jecoris piscis, quem Raphael archangelus tuus Tobiæ famulo tuo docuit accendi ad sanctam liberationem. Descendat super hanc speciem incensi plena bene✝dictio, ut sit tibi acceptum; sicut ille, de quo David propheta tuus cecinit dicens : Dirigatur oratio mea, sicut incensum in conspectu suo. Sit nobis odor consolationis ac suavitatis et gratiæ, ut fumus ejus effuget omnes phantasias mentis et corporis, ut simus, Apostoli tui voce, boni odoris Deo, effugiat a facie hujus incensi omnis dæmonum incursus, sicut pulvis a facie venti, et sicut fumus a facie ignis. Præsta hoc, piissime Pater, per Unigenitum tuum, cum quo vivis et regnas cum Spiritu sancto Deus in sæcula sæculorum. Amen.

BENEDICTIO IGNIS NOVI.

Omnipotens sempiterne, æterne Deus Creator omnium rerum, te humiliter deprecamur, ut hunc ignem novum, cœlo terræ largitum, sancti✝ficare et bene✝dicere digneris, et sicut in adventu tuo elementa contagione peccatorum polluta purgare polliceris; ita et hic ignis novus tabernaculis fidelium tuorum habendus purgationem perfectam obtineat, et obstaculis invictus contra omnem nequitiam maligni spiritus perficiatur. Per.

Lect. I. In principio creavit.

Oratio. Deus, qui mirabiliter creasti hominem et mirabilia redemisti, da nobis, quæsumus, contra oblectamenta peccati mentis ratione persistere, ut mereamur ad gaudia æterna pervenire. Per.

Lect. II. Factum est in vigilia. *Resp.* Cantemus Domino.

Oratio. Deus cujus antiqua miracula in præsenti quoque sæculo coruscare sentimus, præsta, quæsumus, ut sicut priorem populum ab Ægyptiis liberasti, hoc ad salutem gentium, per aquas baptismatis opereris. Per.

Lect. Apprehendent septem mulieres. *Resp.* Vinea facta est.

Oratio. Deus, qui nos ad celebrandum paschale sacramentum utriusque Testamenti paginis instruis, da nobis intelligere misericordiam tuam, et ea perceptione præsentium munerum firma sit exspectatio futurorum. Per.

Lect. Hæc est hæreditas. *Resp.* Attende cœlum.

Oratio. Deus, qui Ecclesiam tuam semper gentium vocatione multiplicas, concede propitius, ut quos aqua baptismatis abluis, continua protectione tuearis. Per.

Resp. Sicut cervus.

Oratio. Concede, quæsumus, omnipotens Deus, ut qui festa paschalia agimus cœlestibus desideriis accensi, fonte vitæ satiemur. Per.

---

(13) Benedictio thymiamatis apud Martene habetur, sed est posterior sancti Gregorii temporibus, nec reperitur in ullo alio antiquo sacramentario libro xi sæculi. In Missali Mozarabum adest hæc rubrica : *Deinde benedicat quinque grana thuris infigenda cereo.* Quem ritum notat in margine Blanchinius initium sumpsisse sæculo x. At in ea missa nulla fit mentio de benedictione thymiamatis, neque thuris comburendi.

14) Ad missam dicitur Gloria in excelsis Deo.

Deus, qui hanc sacratissimam noctem gloria Dominicæ resurrectionis illustras, conserva in nova familiæ tuæ progenie adoptionis spiritum, quem dedisti, ut corpore et mente renovati, purum tibi exhibeant servitutem. Per eumdem.

Secreta. Suscipe, Domine, quæsumus, preces populi tui cum oblationibus hostiarum, ut paschalibus initiata mysteriis ad æternitatis nobis medelam te operante proficiant. Per.

Præfatio. (✠) Æquum et salutare, te quidem, Domine, omni tempore, sed in hac potissimum nocte gloriosius prædicare, cum pascha nostrum immolatus est Christus. Ipse enim verus est Agnus, qui abstulit peccata mundi, qui mortem nostram moriendo destruxit, et vitam resurgendo reparavit. Et ideo.

Infra actionem. Communicantes et noctem sacratissimam celebrantes resurrectionis Domini nostri Jesu Christi secundum carnem, sed et memoriam venerantes imprimis gloriosæ semper virginis Mariæ genitricis ejusdem Dei et Domini nostri Jesu Christi, sed et beatorum apostolorum.

Hanc igitur oblationem servitutis nostræ, sed et cunctæ familiæ tuæ, quæsumus, Domine, quam tibi offerimus pro his quoque quos regenerare dignatus es ex aqua et Spiritu sancto tribuens eis remissionem omnium peccatorum, quæsumus, Domine, ut placatus accipias. Per.

Postcommunio. Spiritum nobis, Domine, tuæ charitatis infunde, ut quos sacramentis paschalibus satiasti, tua facias pietate concordes. Per... in unitate ejusdem Spiritus sancti Deus.

IN DIE DOMINICÆ SANCTÆ PASCHÆ.

Deus, qui hodierna die per Unigenitum tuum æternitatis nobis aditum devicta morte reserasti, vota nostra, quæ præveniendo aspiras, etiam adjuvando prosequere. Per eumdem.

Secreta. Suscipe, Domine, preces populi tui cum oblationibus hostiarum, ut paschalibus initiata my-

Asteriis, ad æternitatis nobis medelam te operante proficiant. Per.

(✠) Æquum et salutare. Te quidem; *require retro.*

Communicantes; *require in nocte sancta.*
Hanc igitur; *similiter.*

Postcommunio. Spiritum nobis Domine tuæ charitatis infunde, ut quos sacramentis paschalibus satiasti, tua facias pietate concordes. Per.

FERIA II, IN PASCHA.

Deus, qui solemnitate paschali mundo remedia contulisti, populum tuum cœlesti dono prosequere, ut et perfectam libertatem consequi mereatur, et ad vitam proficiat sempiternam. Per.

Secreta. Paschales hostias recensentes, quæsumus, Domine, ut quod frequentamus actu, comprehendamus affectu. Per.

Postcommunio. Impleatur in nobis, quæsumus, Domine, sacramenti paschalis sancta libatio, nosque de terrenis affectibus ad cœlestem transferat institutum. Per.

FERIA III, IN PASCHA.

Deus, qui Ecclesiam tuam novo semper fetu multiplicas, concede famulis tuis ut sacramentum vivendo teneant, quod fide perceperunt. Per.

Secreta. Suscipe, Domine, fidelium preces cum oblationibus hostiarum, ut per hæc piæ devotionis officia, ad cœlestem gloriam transeamus. Per.

Postcommunio. Concede, quæsumus, omnipotens Deus, ut paschalis perceptio sacramenti, continua in nostris mentibus perseveret. Per.

IN OCTAVA PASCHÆ.

Præsta, quæsumus, omnipotens Deus, ut qui paschalia festa peregimus hæc te largiente moribus et vita teneamus. Per.

Secreta. Suscipe munera, quæsumus, Domine, exsultantis Ecclesiæ; et cui causam tanti gaudii præstitisti, perpetuum fructum concede lætitiæ. Per.

Postcommunio. Quæsumus, Domine Deus noster, ut sacrosancta mysteria quæ pro reparationis nostræ

---

(14) Duo in hac missa sunt potissimum advertenda. Primum, post benedictionem thuris et novi ignis præcipitur cantus hymni angelici *Gloria in excelsis Deo*. Ea fuit olim erga hymnum hunc reverentia, ut solis episcopis infra annum concederetur ipsius recitatio in missa; cæteris vero sacerdotibus die tantum solemni Paschæ, qui mos usque ad xı sæculum, et præcise ad annum 1040 creditur continuatus. Secundum, missa, quam hic habemus in privilegio Paschæ Resurrectionis Domini, celebrabatur nocte, ut liquet ex precibus. Non immerito igitur solemnis hic dies inter polyliturgicos est rejiciendus, sicut Natalitius Christi Domini; dies polyliturgici ii sunt in quibus ab unico sacerdote plures celebrantur missæ, quorum duos habemus in nostro missali libro; diem nempe Natalem Domini et diem Resurrectionis. Varia sunt in ecclesiasticis historiis exempla de hoc antiquissimo ritu. Cantum est ab Emeritense concilio (can. 19) sub Vitaliano pontifice post medium vıı sæculum, *ut presbyter qui plures sub suo regimine habet ecclesias, in singulis die dominico sacrum faciat*. Salegunstadiense celebratum anno 1022 (cap. 5) præfixit numerum missarum, et decrevit ne quis præsumat celebrare nisi tres duntaxat missas. Et apud cardinalem Bonam (lib. 1, c. 18; 11, 5) exempla colliguntur sanctorum qui plures unoquoque die sacrum faciebant, ibique inducitur sanctæ Romanæ Ecclesiæ consuetudo bis terque uno die sacrificium offerendi certis quibusdam festivis diebus. Concilium Oxoniense tempore Honorii III mandavit unam tantum missam eodem die dicendam, exceptis diebus Natalis et Resurrectionis Domini, et in exsequiis ac sepultura mortuorum. In regno Valentiæ et aliis Hispaniæ regionibus sacerdotes bis et ter celebrabant de Commemorationis omnium Defunctorum, sive ex privilegio, sive ex consuetudine. SS. D. N. Benedictus XIV. P. M. sua decretali novissime edita hujusmodi consuetudinem confirmat et ampliat. His ergo fixus rationibus inter polyliturgicos dies, sicut Natalem Domini, ita festum Resurrectionis Domini recensere non ambigo. At si quis dicat, ut quidam asserere non dubitant, non ab uno sacerdote, sed a pluribus sacrificium offerri illis festivis diebus, quibus duæ missæ adnotatæ leguntur, legat, quæso, cardinalem Bonam in suis liturgicis libris (n. 8) qui summa eruditione hanc opinionem refellit.

munimine contulisti, et præsens nobis remedium esse facias et futurum. Per.

(15) IN NATALI SANCTI MARCI EVANGELISTÆ.

Deus, qui hanc diem, gloriosi beati Marci evangelistæ tui martyrio consecrasti, præsta, quæsumus ut ipse apud te pro nobis existat præcipuus suffragator, qui Unigeniti tui fieri meruit evangelicus prædicator. Qui tecum.

Secreta. Suscipe, quæsumus, Domine, dignanter oblata, et beati Marci evangelistæ suffragantibus meritis ad nostræ salutis auxilium provenire concede. Per.

Postcommunio. Cœlestibus, Domine, refecti muneribus supplices deprecamur, ut beati Marci evangelistæ et martyris tui protegamur auxiliis, cujus devotis mentibus celebramus triumphum. Per.

IN DIE ASCENSIONIS DOMINI.

Concede, quæsumus, omnipotens Deus, ut qui hodierna die Unigenitum tuum redemptorem nostrum ad cœlos ascendisse credimus, ipsi quoque mente in cœlestibus habitemus. Per eumdem Dominum nostrum.

Secreta. Suscipe, Domine, munera, quæ pro Filii tui gloriosa ascensione deferimus, et concede propitius, ut a præsentibus periculis liberemur, et ad vitam perveniamus æternam. Per eumdem.

Præfatio. (†) Æterne Deus, per Christum Dominum nostrum. Qui post resurrectionem omnibus discipulis suis manifestus apparuit, et ipsis cernentibus est elevatus in cœlum, ut nos divinitatis suæ tribueret esse participes. Et ideo.

Communicantes et diem sacratissimum celebrantes, quo Dominus noster unigenitus Filius tuus unitam sibi fragilitatis nostræ substantiam in gloriæ tuæ dextera collocavit. Se det memoriam.

Communio. Præsta nobis, quæsumus, omnipotens et misericors Deus, ut quæ visibilibus mysteriis sumenda percepimus, invisibili consequamur effectu. Per.

SABBATO SANCTO IN PENTECOSTEN.

Lect. Tentavit Deus. *Resp.* Cantemus Deo.

Oratio. Deus qui in Abrahæ famuli tui opere humano generi obedientiæ exempla præbuisti, concede nobis ex nostræ voluntatis pravitatem frangere, et tuorum præceptorum rectitudinem in omnibus adimplere. Per.

Lect. Scripsit Moyses. *Resp.* Attende cœlum.

Oratio. Deus, qui nobis per prophetarum ora præcepisti temporalia relinquere, atque ad æterna festinare, da famulis tuis, ut quæ a te jussa cognovimus, implere cœlesti inspiratione valeamus. Per.

Lect. Apprehendent septem mulieres. *Resp.* Sicut cervus.

Oratio. Deus incommutabilis virtus, lumen æternum, respice propitius ad totius Ecclesiæ tuæ mirabile sacramentum, et opus salutis humanæ perpetuæ dispositionis effectu tranquillius operare, totusque mundus experiatur et videat dejecta erigi, inveterata novari, et per ipsum redire omnia in integrum, a quo sumpsere principium. Per.

Oratio. Præsta, quæsumus, omnipotens Deus, ut claritatis tuæ splendor effulgeat, et lux tuæ lucis corda eorum, qui per gratiam tuam renati sunt, sancti Spiritus illustratione confirmet. Per.

Secreta. Munera, Domine, quæsumus, oblata sanctifica, et corda nostra sancti Spiritus illustratione emunda. Per.

Communicantes et diem sacratissimum Pentecosten celebrantes, quo Spiritus sanctus apostolis in variis linguis apparuit. Sed et memoriam.

Hanc igitur oblationem servitutis nostræ, sed et cunctæ familiæ tuæ, quam tibi offerimus pro his quoque quos regenerare dignatus es ex aqua et Spiritu sancto tribuens eis remissionem omnium peccatorum, quæsumus, Domine, ut placatus accipias, diesque nostros.

Communio. Sancti Spiritus, Domine, corda nostra mundet infusio, et sui roris aspersione fecundet. In unitate.

IN DIE SANCTO PENTECOSTES.

Deus, qui hodierna die corda fidelium sancti Spiritus illustratione docuisti, da nobis in eodem spiritu rec a sapere, et de ejus semper consolatione gaudere. Per.

Secreta. Munera, quæsumus, Domine, oblata sanctifica et corda nostra sancti Spiritus illustratione emunda. Per.

Præfatio. (†) Æterne Deus per Christum Dominum nostrum, qui ascendens super omnes cœlos, sedensque ad dexteram tuam, promissum Spiritum sanctum hodierna die in filios adoptionis effudit, quapropter profusis gaudiis totus in orbe terrarum mundus exsultat, sed et supernæ virtutes, atque angelicæ potestates hymnum gloriæ concinunt sine fine dicentes.

Communicantes, *ut supra.*

Hanc igitur. *Ut supra.*

Communio. Sancti Spiritus, Domine, tuorum. *Reliqua in vigilia.*

IN DEDICATIONE TEMPLI.

Deus, qui nobis per singulos annos hujus sancti

---

(15) In prima hujus missæ oratione sanctus Marcus martyrii gloria decoratur contra quosdam, qui ipsum e numero martyrum expungunt, quamvis Gelasius papa clare illum martyrem vocet. Eorum opinio his rationibus præcipue nititur, quia videlicet neque Eusebius, qui illius acta scripsit (lib. II, c. 14, 15; lib. III, cap. ult.), neque Isidorus vocent illum martyrem, neque martyrium dicant fuisse passum; ideoque Marcus (idem dic de Luca), in canone missæ non est ascriptus, cum dubium sit an occubuerit martyr. In canone enim locum habent sancti martyres, confessoribus semper exclusis, teste Bona (lib. II, c. 12, n. 11). Attamen tanta est in Ecclesia Gelasii auctoritas ut omnem suspicionem tollat, cum dicat: *In Ægyptum directus verbum puritatis prædicavit, et gloriose consummavit martyrium.* Auctoritati Gelasii altera accedit nostri Sacramentarii, in quo sæculo XI appellatur martyr. Testimonio Pinii sæculo V vel VI legitur in fragmento Kalendarii Mozarabum VI *Id. Febr. sancti Marci evangelistæ et martyris.*

templi tui consecrationis reparas diem, et sacris mysteriis repræsentas incolumes, exaudi preces populi tui et præsta ut quisquis hoc templum beneficia petiturus ingreditur, cuncta se impetrasse lætetur. Per.

Secreta. Annue, quæsumus, Domine, precibus nostris ut quicunque infra templi hujus, cujus anniversarium dedicationis diem celebramus, ambitum continemur, plena tibi atque perfecta corporis et animæ devotionis placeamus, ut dum hæc præsentia vota reddimus, ad æterna præmia te adjuvante venire mereamur. Per.

Postcommunio. Deus, qui Ecclesiam tuam sponsam vocare dignatus es, ut quæ haberet gratiam per Dei devotionem, haberet etiam ex nomine pietatem, da ut omnis hæc plebs, nomini tuo serviens, hujus vocabuli consortio digna esse mereatur, et Ecclesia tua in templo, cujus anniversarius dies celebratur, tibi collecta te timeat, te diligat, te sequatur, ut dum jugiter per vestigia tua graditur, ad cœlestia promissa te ducente pervenire mereatur. Per.

(16) IN NATIVITATE SANCTI JOANNIS BAPTISTÆ.

Deus, qui præsentem diem honorabilem nobis in beati Joannis nativitate fecisti, da populis tuis spiritualium gratiam gaudiorum, et omnium fidelium mentes dirige in viam salutis æternæ. Per.

Secreta. Tua, Domine, muneribus altaria cumulamus, illius nativitatem honore debito celebrantes, qui Salvatorem mundi et cecinit adfuturum, et adesse monstravit Dominum nostrum Jesum Christum.

Præfatio. (†) Æterne Deus, in die festivitatis hodiernæ, qua beatus Joannes Baptista exortus est. Qui vocem Matris Domini nondum editus sensit, et adhuc clausus utero adventus salutis humanæ prophetica exsultatione gestavit; qui et genitricis sterilitatem conceptus abstulit, et patris linguam natus absolvit, solusque omnium prophetarum, Redemptorem mundi, quem prænuntiavit, ostendit, et ut sacræ purificationis effectum, aquarum naturam conceperit, sanctificandis Jordanis fluentiis ipso baptismo baptismatis lavit Auctorem. Et ideo cum.

Postcommunio. Sumat Ecclesia tua, Deus, beati Joannis Baptistæ generatione lætitiam, per quem suæ regenerationis cognovit auctorem Jesum Christum Filium tuum.

IN NATIVITATE APOSTOLORUM PETRI ET PAULI.

Deus qui hodiernam diem apostolorum tuorum Petri et Pauli martyrio consecrasti, da Ecclesiæ tuæ eorum in omnibus sequi præceptum, per quos religionis sumpsit exordium. Per.

Secreta. Hostias Domine, quas nomini tuo consecrandas offerimus, apostolica persequatur oratio, per quam nos expiari tribuis et defendi. Per.

Præfatio. (†) Æquum et salutare, te, Domine, suppliciter exorare, ut gregem tuum, pastor æterne non deseras, sed per beatos apostolos tuos continua protectione custodias, ut iisdem rectoribus gubernetur quos operis tui vicarios eidem contulisti præesse pastores. Et ideo cum.

Communio. Quos cœlesti, Domine, alimento satiasti, apostolicis intercessionibus ab omni adversitate custodi. Per.

IN NATIVITATE SANCTI LAURENTII.

Da nobis, quæsumus omnipotens Deus, vitiorum nostrorum flammas exstinguere, qui beato Laurentio tribuisti tormentorum suorum incendia superare. Per.

Secreta. Accipe, quæsumus, Domine, munera dignanter oblata, et beati Laurentii suffragantibus meritis ad nostræ salutis auxilium pervenire concede. Per.

Postcommunio. Sacro munere satiati supplices te, Domine, deprecamur, ut quod debitæ servitutis celebramus officio, salvationis tuæ sentiamus augmentum. Per.

(17) IN DIE ASSUMPTIONIS SANCTÆ MARIÆ.

Veneranda nobis, Domine, hujus est diei festivitatis, in qua sancta Dei genitrix mortem subiit temporalem, nec tamen mortis nexibus deprimi potuit, quæ Filium tuum Dominum nostrum de se genuit incarnatum. Qui tecum.

---

(16) Missa hæc cum sua præfatione est ritus Ambrosiani, sed aliquantulum immutata. Affert P. Blanchinius præfationem Ambrosianam his verbis : « Æterne Deus, et in die festivitatis hodiernæ, quo beatus Baptista Joannes exortus est, exsultare, qui vocem Matris Domini nondum editus sensit, et adhuc clausus utero adventus salutis humanæ prophetica exsultatione gestivit, qui et genitricis sterilitatem conceptus abstersit, et patris linguam natus absolvit, solusque omnium prophetarum Redemptorem mundi, quem nuntiavit, ostendit, » etc. Quæ in Ambrosiana sequuntur, in nostra prætermittuntur; quæ vero continuantur in nostro Sacramentario, ex Gregoriano desumuntur, nimirum, *et ut sacræ purificationis effectum aquarum natura conciperet, sanctificandis Jordanis fluentis, ipsum baptismo baptismatis lavit Auctorem. Et ideo*, etc.

(17) Variæ sunt opiniones circa tempus, quo ante sæculum xi festus dies beatæ Virginis in cœlum assumptæ celebraretur, quas refert Martene. Mabillonius in Liturgia Gallicana (t. ii) scribit celebratum fuisse die 18 Januarii, idque auctoritate vetustissimorum martyrologiorum probat, inter quæ affert Hieronymianum Florentinii, ubi habetur : xv *Kal. Februarii, depositio sanctæ et gloriosæ beatæ Mariæ matris D. N. J. C.*, ibique disertissime de hoc festo die loquitur ac 15 Augusti translato lege Mauritii imp. quod auctoritate Nicephori probat. Dictum Nicephori ita accipiendum est (lib. xvii, cap. 28) ut festus ab Ecclesia jam institutus per Orientem a Mauritio sanctione edita propagatus fuerit, quare Martene iis non assentitur, qui ad sæculum viii retrahunt institutionem hujus festivi diei. Legatur et Pagius in suo Breviario (num 26) sub Sergio.

In hac missa notis dignæ sunt prima et ultima orationes, in quibus beatæ Virginis obitus, ejusque in cœlum assumptio memorantur, ad reprimendam hæreticorum Collyridianorum temeritatem asserentem beatam Virginem divina natura præditam mortis corruptionem effugisse. Sancta Romana Ecclesia constanter agnovit in ipsa humanam duntaxat naturam, eamque corpus habuisse mortale, et revera esse mortuam. Quapropter plurima martyrologia sub die 18 Januarii illius dormitionem annuntiant. Vide Baronium in notis ad martyrologium ad diem 15 Augusti.

Secreta. Oblatis, Domine, placare muneribus, et intercedente beata semper virgine Maria cum omnibus sanctis tuis a cunctis nos defende periculis. Per.

Secreta. Subveniat, Domine, plebi tuæ Dei Genitricis oratio, quam et si pro conditione carnis migrasse cognoscimus, in cœlesti gloria apud te pro nobis orare sentiamus. Per.

Præfatio. (†) Æterne Deus, et te in veneratione sacrarum virginum exultantibus animis laudare, benedicere et prædicare, inter quas intemerata Dei genitrix virgo Maria, cujus assumptionis diem celebramus, gloriosa effulsit. Quæ et Unigenitum tuum sancti Spiritus ob umbratione concepit, et virginitatis gloria permanente, huic mundo lumen æternum effudit Jesum Christum Dominum nostrum. Quem laudant angeli.

Postcommunio. Mensæ cœlestis participes effecti imploramus clementiam tuam, Domine Deus noster, ut qui festa Dei Genitricis colimus, a malis imminentibus ejus intercessionibus liberamur. Per eumdem.

(18) IN NATIVITATE SANCTÆ MARIÆ.

Supplicationem servorum tuorum, Deus, miserator exaudi, ut qui in nativitate Dei Genitricis et Virginis congregamur, ejus intercessionibus complacatus, a te de instantibus periculis eruamur. Per.

Secreta. Unigeniti tui, Domine, nobis succurrat humanitas, ut qui, natus de Virgine, Matris integritatem non minuit, sed sacravit, in nativitatis ejus solemniis a nostris nos piaculis exuens oblatam nostram sibi faciat acceptam. Per.

Postcommunio. Sumptis, Domine, sacramentis, intercedente beata et gloriosa semper virgine Dei genitrice Maria ad redemptionis æternæ proficiamus augmentum. Per.

(18) Validum argumentum ab hac missa habemus contra illos qui hunc festivum diem institutum autumant sæculo XIII ab Innocentio IV. De ejus antiquitate luculenter disserit card. Baronius in suis notis ad martyrologium ad diem 8 septemb. Quo vero certo tempore fuerit institutum, non liquet. Ex ecclesiasticis historiis compertum habemus Gallicanam Ecclesiam temporibus Caroli Magni et Ludovici Pii hunc festum diem nescisse ex concilio Moguntino habito anno 813, ideoque post sæculum IX ejus institutio vel propagatio est referenda; et ex nostro missali libro, in quo missa, et in postrema Appendice etiam præfatio exarata sunt, suspicari possumus circa XI sæculum fuisse festivum hunc diem propagatum.

(19) Festus dies sancti Michaelis archangeli refertur ad III Kal. Octobris, qua die de dedicatione ecclesiæ ipsius in monte Gargano universaliter agitur. In meo membranaceo breviario sæculo XIV scripto legitur: *III Kal. Octobris dedicatio basilicæ Sancti Michaelis duplex.* Cardinalis Baronius in suis notis ad martyrologium animadvertit VIII Idus Maii agi de apparitione sancti Michaelis, hic de dedicatione ecclesiæ, quæ facta videtur hoc die quo omnium angelorum solemnis memoria consuevit antiquitus in Ecclesia celebrari. Et revera in nostro Sacramentario libro duæ hujus missæ orationes diriguntur ad omnes angelos, oratio postrema ad omnes

(19) IN FEST. SANCTI MICHAELIS ARCHANGELI.

Deus, qui miro ordine angelorum ministeria hominumque dispensas, concede propitius ut a quibus tibi ministrantibus in cœlis semper assistitur, ab his in terra nostra vita muniatur. Per.

Secreta. Hostias tibi, Domine, laudis offerimus suppliciter deprecantes, ut eosdem angelico pro nobis interveniente suffragio, et placatus accipias et ad salutem nostram pervenire concedas. Per.

Præfatio. (†) Æterne Deus, sancti Michaelis archangeli merita prædicantes, quamvis enim nobis sit omnis angelica veneranda sublimitas, quæ in majestatis tuæ assistit conspectu, illa tamen est propensius honoranda, quæ in ejus dignitate ordinis cœlestis militiæ meruit principatum. Per Christum.

Communio. Repleti, Domine, benedictione cœlesti, suppliciter imploramus, ut quod fragili celebramus officio, sanctorum archangelorum nobis prodesse sentiamus auxilio. Per.

(20) IN FESTIVITATE OMNIUM SANCTORUM.

Omnipotens sempiterne Deus, qui nos omnium sanctorum tuorum merita sub una tribuisti celebritate venerari, quæsumus, ut desideratam nobis tuæ propitiationis abundantiam multiplicatis intercessionibus largiaris. Per.

Secreta. Munera tibi, Domine, nostræ devotionis offerimus, quæ et pro cunctorum tibi grata sint honore justorum, et nobis salutaria te miserante reddantur. Per.

Communio. Da, quæsumus, Domine, fidelibus populis omnium semper sanctorum veneratione lætari, et eorum perpetua supplicatione muniri. Per.

(21) EODEM DIE SANCTI CÆSARII.

Deus, qui nos beati martyris tui Cæsarii annua

archangelos, præfatio sanctum duntaxat Michaelem angelorum principem respicit; ideoque ritus ille antiquus a Baronio enuntiatus hic servatur, et in hoc festo die singulorum angelorum solemnis memoria recolitur.

(20) Omnium Sanctorum festivus dies posterior est sancti Gregorii temporibus, qui Romæ jussu Bon facii IV initium sumpsit, deinde communis cæteris etiam Ecclesiis evasit præcepto Gregorii IV. Ita Baronius (*not. ad Martyrol.*) ex Chronico Sigeberti sub anno 835, ubi habetur Ludovicum Pium, monente Gregorio IV, aliisque episcopis assentientibus, statuisse ut in Galliis et in Germania festivus omnium Sanctorum dies Kalendis Novembris haberetur; non enim ante Ludovicum Pium illorum memoria recolebatur, ut patet ex concilio Moguntino sub Carolo Magno in quo nulla de hoc festo die mentio. Propriam præfationem habemus hic in postrema Appendice.

(21) Hac ipsa die alteram habemus missam de sancto Cæsario martyre; etiam in Martyrologio Romano ejus passionis memoria recolitur Kalendis Novembris, ut et in meo Breviario alias memorato Kalendis Novembris legitur: *Festivitas Omnium Sanctorum et sancti Cæsarii martyris*. Multa de sancto Cæsario in suis notis ad Martyrologium refert Baronius, quibus peculiaris erga illum Benedictini ordinis cultus elucet. Habet siquidem sanctus

solemnitate lætificas, concede propitius ut cujus natalitia colimus, etiam actiones imitemur. Per.

Secreta. Hostias tibi, Domine, beati Cæsarii martyris tui dicatas, meritis benignus assume, et ad perpetuum nobis tribue pervenire subsidium. Per.

Communio. Omnipotens Deus, ut qui cœlestia alimenta percepimus, intercedente beato Cæsario martyre tuo per hæc, contra omnia adversa muniamur. Per.

(22) IN FEST. SANCTI MARTINI EPISCOPI.

Deus, qui conspicis quia ex nulla nostra virtute subsistimus, concede propitius ut intercessione beati Martini confessoris tui contra omnia adversa muniamur. Per.

Secreta. Da, misericors Deus, ut hæc nos salutaris oblatio et a propriis reatibus indesinenter expediat, et ab omnibus tueantur adversis. Per.

Communio. Præsta, quæsumus, Domine Deus noster, ut quorum festivitate votiva sunt sacramenta, eorum salutaria nobis intercessione reddantur. Per.

IN FEST. SANCTI ANDREÆ.

Majestatem tuam, Domine, suppliciter exoramus, u* sicut Ecclesiæ tuæ beatus Andreas apostolus extitit prædicator et rector, ita apud te sit pro nobis perpetuus intercessor. Per.

Secreta. Sacrificium nostrum tibi, Domine, quæsumus beati Andreæ precatio sancta concilict, ut cujus honore solemniter exhibetur, meritis efficiatur acceptum. Per.

Communio. Sumpsimus, Domine, divina mysteria beati Andreæ festivitate lætantes, quæ sicut tuis sanctis ad gloriam, ita nobis, quæsumus, ad veniam prodesse perficias. Per.

(23) IN FEST. SANCTI NICOLAI EPISCOPI ET CONFESSORIS.

Omnipotens sempiterne Deus, qui hodierna die beatissimum confessorum tuum atque pontificem Nicolaum, ætherea regna penetrare fecisti; da, quæsumus, supplicibus tuis digne illius solemnia celebrare, ut per ejus venerandam festivitatem salutem consequamur et pacem. Per.

Secreta. Munera tibi, Domine, dicata sanctifica, et, intercedente beato Nicolao confessore tuo atque pontifice, per eadem nos placatus intende. Per.

Communio. Protege, quæsumus, Domine, plebem tuam, beati Nicolai præsulis patrocinio confidentem, et quam divinis recreas sacramentis, fac eam jugiter tuis inhærere mandatis. Per.

(24) MISSA DE SANCTA TRINITATE.

Omnipotens sempiterne Deus, qui dedisti famulis tuis in confessione veræ fidei æternæ Trinitatis gloriam agnoscere, et in potentia majestatis adorare Unitatem, quæsumus ut ejusdem fidei firmitate ab omnibus semper muniamur adversis. Per.

Secreta. Sanctifica, quæsumus, Domine Deus, per tui nominis invocationem hujus oblationis hostiam, et per eam nosmetipsos tibi perfice munus æternum. Per.

Præfatio. Æterne Deus, qui cum unigenito Filio tuo et Spiritu sancto unus es Deus, unus es Dominus; non in unius singularitate personæ, sed in unius Trinitatis substantia. Quod enim de tua gloria revelante te, credimus, hoc de Filio tuo, hoc de

---

Cæsarius scriptorem suorum actorum Albericum diaconum Casinensis cœnobii, teste Petro diacono, libro De viris illustribus (cap. 11). Gelasius II pont. max., antea monachus Casinensis, ipsius acta versibus exornavit. Romæ antiqua Sancti Cæsarii ecclesia celeberrima erat, una ex viginti duabus abbatiis quas notatas vidit idem Baronius, in antiquo rituali libro, qui exstat in Vaticana Bibliotheca, in codice ms. *Liber censuum* nuncupato, cujus ecclesiæ titulo modo exornantur sanctæ Romanæ Ecclesiæ cardinales. Sancti Cæsarii corpus ad sanctæ Crucis in Jerusalem in agro Sessoriano monachorum Benedictino-Cisterciensium hodie quiescit. His ergo fisus argumentis, conjicio monachos Benedictinos ad præcipuam erga sanctum Cæsarium allectos fuisse venerationem; ideoque in hoc nostro Sacramentario tam insignis ipsius memoria recolitur, ut duæ forte missæ hac ipsa die solemniter cantarentur.

(22) En alium, quem Benedictinus ordo præcipuo cultu fuit prosecutus, sanctum scilicet Martinum episcopum Turonensem, cujus missa habetur in sacramentorum libris, etiam Gelasiano et Gregoriano. Ipsemet sanctus Benedictus oratorium in monte Casino erexit in illius honorem. Sancti Martini festivus dies post ejus obitum statim celebrari cœpit, ideoque solus e confessoribus proprium in vetustissimis breviariis officium habet, quia ipsi primo publicus ab Ecclesia cultus est tributus, ut observat Bona (lib. II, cap. 12, n. 19). In postrema Appendice propria præfatione distinguitur.

(23) Sancti Nicolai solemnis memoria haberi cœpit post illius sacri corporis translationem Barium, quæ contigit anno 897, ut scribit Sigebertus. Ante hæc tempora vix Nicolai exstat memoria in ms. sacramentorum libris, vel in Gregoriano ordine, sed neque in meo Breviario membranaceo legitur. Ejus autem festivus Dies institutus fuit sæculo XI, ut scribit Gavantus in Actis sancti Alexii auctoritate Zonaræ (*Com. in rub. Brev.* § 7, cap. 2).

(24) Ante primam Dominicam Adventus habemus hic missam de SS. Trinitate, quod est valde notandum. Opportune legi debet decretum Alexandri II, quo sic cautum est: *Festivitas sanctissimæ Trinitatis secundum consuetudinem diversarum Ecclesiarum, a quibusdam consuevit in octavis Pentecostes, ab aliis Dominica prima Adventus Domini celebrari. Ecclesia siquidem Romana in usu non habet, quod in aliquo tempore hujusmodi celebret specialiter festivitatem, cum singulis diebus Gloria Patri,* etc., *similiter dicantur ad laudem pertinentia Trinitatis.* Micrologus scribit (cap. 6) ab aliquibus Ecclesiis hunc festivum diem propria auctoritate fuisse celebratum. Quod redarguit; asserit etiam fuisse missam ab Alcuino compositam, præfationem a Pelagio approbatam. Rupertus de hoc festo die loquitur tanquam jamdiu instituto et ubique recepto. Ipsius memoria non reperitur nec in missis Mozarabum, neque in libello Orationum Gothicarum. Ecclesia Antissiodorensis anno 1217 celebrabat hoc ipso die, nempe ultima Dominica post Pentecosten, festum de SS. Trinitate, ut legitur in statutis ejus Ecclesiæ cap. LIX apud Labbeum (*Bibl. nov.*, tom. II, p. 498). Monachos Cistercienses singulis Dominicis diebus post nonam olim cantasse missam de Trinitate asserit cardinalis Bona (lib. I, cap. 8, n. 10).

Spiritu sancto, sine differentia discretionis sentimus, ut in confessione veræ sempiternæque deitatis, et in personis proprietas, et in essentia unitas, et in majestate adoretur æqualitas. Quem laudant angeli, venerantur archangeli, throni, dominationes, principatus et potestates, virtutes cœlorum adorant; quem cherubim et seraphim non cessant clamare dicentes

Postcommunio. Domine Deus, Pater omnipotens, nos famulos tuos, tuæ majestati subjectos, per unicum Filium tuum in virtute Spiritus sancti benedic semper, et protege ; ut ab omni hoste securi in tua jugiter laude lætemur. Per eumdem, etc., in unitate

DOMINICA PRIMA DE ADVENTU.

Excita, quæsumus, Domine, potentiam tuam et veni, ut ab imminentibus peccatorum nostrorum periculis te mereamur protegente eripi, te liberante salvari. Qui vivis.

Secreta. Hæc sacra nos potenti virtute mundatos, ad suum faciant puriores venire principium. Per.

Communio. Suscipiamus, Domine, misericordiam tuam in medio templi tui, ut reparationis nostræ ventura solemnia congruis honoribus præcedamus. Per.

(25) MISSA IN HONORE OMNIUM SANCTORUM.

Concede, quæsumus, omnipotens Deus, ut intercessio nos sanctæ Dei genitricis virginis Mariæ, sanctorum omnium apostolorum, martyrum, confessorum atque virginum, et omnium electorum tuorum ubique lætificet, ut dum eorum merita recolimus, patrocinia sentiamus. Per.

Secreta. Oblatis, quæsumus, Domine, placare muneribus, et intercedente beata semper virgine Maria cum omnibus sanctis tuis a cunctis nos defende periculis. Per.

Communio. Sumpsimus, Domine, beatæ Mariæ semper virginis et omnium sanctorum tuorum commemorationem facientes sacramenta cœlestia, præsta, quæsumus, ut quod temporaliter gerimus, æternis gaudiis consequamur. Per.

MISSA PRO CONGREGATIONE.

Omnipotens sempiterne Deus, qui facis mirabilia magna solus, protende, super famulos tuos et super cunctas congregationes illis commissas, spiritum gratiæ salutaris, et ut in veritate tibi complaceant, perpetuum eis rorem tuæ benedictionis infunde. Per.

Secreta. Hostias, Domine, amulorum tuorum placatus intende, et quas in honore nominis tui devota mente celebrant, perficere sibi sentiant ad medelam. Per.

(25) Quæ sequuntur missæ votivæ appellatæ, omnes reperiuntur in libris sacramentorum editis a Menardo et a Pamelio in Gregoriano, et a cl. præsule Angelo Rota. — Hæc est prima votiva missa in hoc Sacramentario. Ne quis tamen putet hanc esse duplicatam, cum alia habeatur Kalendis Novembris ; hæc enim respicit solemnitatem Omnium

Communio. Quod cœlesti recreas munere, perpetuo, Domine, comitare præsidio, et quos fovere non desinis, dignos fieri sempiterna redemptione concede. Per.

MISSA PRO PACE.

Deus, a quo sancta desideria, recta consilia et justa sunt opera, da servis tuis illam, quam mundus dare non potest pacem, ut et corda nostra mandatis tuis dedita, et hostium sublata formidine, tempora sint tua protectione tranquilla. Per.

Secreta. Deus, qui credentes in te populos nullis sinis concuti terroribus, dignare preces et hostias dicatæ tibi plebis suscipere, ut pax tua pietate concessa, Christianorum fines ab omni hoste faciat esse securos. Per.

Communio. Deus auctor pacis et amator, quem nosse vivere, cui servire regnare est, protege ab omnibus impugnationibus supplices tuos, ut qui in defensione tua confidimus, nullius hostilitatis arma timeamus. Per.

MISSA PRO ITER AGENTIBUS.

Adesto, Domine, supplicationibus nostris, et viam famulorum tuorum in salutis tuæ prosperitate dispone, ut inter omnes viæ hujus varietates tuo semper protegantur auxilio. Per.

Secreta. Propitiare, Domine, supplicationibus nostris, et has oblationes, quas tibi offerimus pro famulis tuis ill., benignus assume, et viam illorum præcedente gratia tua dirigas, et subsequente comitari digneris, ut de actu atque incolumitate eorum secundum misericordiæ tuæ præsidia gaudeamus. Per.

Postcommunio. Tua nos, Domine, sperantes in te, quæ sumpsimus sacramenta custodiant, et famulos tuos contra omnes ubique tueantur incursus. Per.

MISSA PRO FAMILIARIBUS.

Omnipotens sempiterne Deus, miserere famulis tuis ill., et dirige eos secundum tuam clementiam in viam salutis æternæ, ut te donante tibi placita cupiant, et tota virtute perficiant. Per.

Secreta. Proficiant, quæsumus, Domine, hæc, quæ tuæ supplices offerimus majestati, ad salutem famulorum tuorum ill., ut tua providentia eorum vita inter adversa et prospera ubique dirigatur. Per.

Communio. Sumentes, Domine, perpetuæ sacramenta salutis, tuam deprecamur clementiam, ut per ea famulos tuos ab omni adversitate protegas. Per.

MISSA VOTIVA.

Deus, qui justificas impium et non vis mortem peccatoris, majestatem tuam suppliciter deprecamur,

Sanctorum sub una celebritate; votiva vero est in honorem omnium Sanctorum ad implorandum ipsorum patrocinium. Infra pariter altera habetur missa inter votivas, cujus titulus est : *In honorem omnium Sanctorum pro vivis et defunctis*, cum unica oratione, et reliquæ duæ forte desumendæ sunt ex præsenti missa, quæ prima habetur inter votivas.

ut famulum (*os*) tuum (*os*) de tua misericordia confidentem (*es*) cœlesti protegas benignus auxilio, et assidua eum (*os*) protectione conserves, ut tibi jugiter famuletur (*entur*), et nullis tentationibus a te separetur (*entur*). Per.

Præfatio. Deus, cui proprium est, etc.; suscipe, clementissime Pater, hostiam placationis et laudis, quam ego indignus famulus tuus sacerdos tibi offerre præsumo ad honorem et gloriam nominis tui pro incolumitate famuli (*orum*) tui (*tuorum*) ill., ut omnium delictorum suorum veniam consequatur (*antur*). Per.

Postcommunio. Purificent nos, quæsumus, Domine, sacramenta sancta quæ sumpsimus, et famulum (*os*) ill. ab omni culpa liberum (*os*) esse concede, ut qui conscientiæ suæ reatu constringitur (*guntur*), de cœlestis remedii plenitudine glorietur (*entur*). Per.

MISSA PRO INFIRMO.

Omnipotens sempiterne Deus, salus æterna credentium, exaudi nos pro famulo (*is*) tuo (*is*), pro quo (*quibus*) misericordiæ tuæ imploramus auxilium, ut reddita sibi sanitate gratiarum tibi in Ecclesia tua referat (*ant*) actionem (*es*). Per.

Secreta. Deus, sub cujus moderamine vitæ nostræ momenta decurrunt, suscipe preces et hostias famuli tui, pro quo misericordiam tuam ægrotante imploramus, ut de cujus periculo metuimus, de ejus salute lætemur. Per.

Communio. Deus infirmitatis humanæ singulare præsidium auxilii tui super infirmum (*os*) famulum (*os*) tuum (*os*) ostende virtutem, ut ope misericordiæ tuæ adjutus (*ti*) Ecclesiæ tuæ sanctæ præsentari mereatur (*antur*). Per.

MISSA PRO SEIPSO.

Suppliciter te, Deus, Pater omnipotens, qui es creator omnium rerum, deprecor, ut dum me famulum tuum coram omnipotentia majestatis tuæ graviter deliquisse confiteor, manum misericordiæ tuæ mihi porrigas, quatenus, dum hanc oblationem tuæ pietatis offero, quod nequiter commisi, clementissime digneris absolvere. Per.

Secreta. Deus misericordiæ, Deus pietatis, Deus indulgentiæ, indulge, quæso, et miserere mei, et hoc sacrificium, quod pietati tuæ humiliter offero, benigne digneris suscipere, et peccata, quæ labentibus vitiis contraxi, pius et propitius ac miseratus indulgeas, ut locum pœnitentiæ ac plurima lacrymarum concessa venia a te merear accipere. Per.

Postcommunio. Deus charitatis et pacis, qui pro salute generis humani crucis patibulum suscepisti, et sanguinem tuum pro redemptione nostra fudisti, preces meas placatus et benignus suscipe et misericordiam tuam mihi concede, ut cum animam meam

(26) Expletis missis votivis, sequitur missa sancti Urbani papæ et martyris in nostro Sacramentario, quod non est mirandum; peculiari siquidem cultu monasticus ordo sanctum pontificem prosequebatur. Videantur quæ hac super re dicat Martene (*De*

de corpore exire jusseris, pars iniqua in me non habeat potestatem, sed angelus tuus pacis inter sanctos et electos tuos me collocet, ubi lux permanet indeficiens et vita perpetua. Qui vivis et regnas.

MISSA PRO OMNIBUS.

Pietate tua, quæsumus, Domine, nostrorum omnium solve vincula delictorum, et intercedente beata et gloriosa semper virgine Dei genitrice Maria cum omnibus sanctis tuis, domnum papam, pontifices et abbatem nostrum, reges et principes nostros, et omnem populum Christianum, nosque famulos tuos, atque locum istum cum omnibus habitantibus in eo in omni sanctitate custodi, omnesque affinitate ac familiaritate, sive orationis commendatione nobis conjunctos a vitiis purga, virtutibus illustra, pacem et salutem nobis tribue, hostes visibiles et invisibiles remove, carnalia desideria repelle, aerem salubrem indulge, inimicis nostris charitatem largire, nec non qui suas eleemosynas nobis largiti sunt, delicta clementer ignosce, et omnibus fidelibus vivis et defunctis in terra viventium vitam pariter et requiem æternam concede. Per eumdem.

Secreta. Deus, qui singulari corporis tui hostia totius mundi solvisti delicta, hac oblatione placatus maculas scelerum nostrorum absterge, et omnium fidelium Christianorum vivorum ac mortuorum peccata dimitte, eisque præmia æterna concede. Qui vivis.

Communio. Sumpta, quæsumus, Domine, cœlestia sacramenta omnia crimina nostra detergant, omnem que pravitatem et infirmitatem, seu hosticam rabiem, nec non et subitaneam mortem, meritis et intercessione sanctæ Dei Genitricis et Virginis Mariæ, atque omnium sanctorum a nobis procul repellant, et omnibus fidelibus vivis et defunctis prosint ad veniam, pro quorum tibi sunt oblata salute. Per.

IN SANCTI URBANI.

Da, quæsumus omnipotens Deus, ut qui beati Urbani martyris tui atque pontificis solemnia colimus, ejus apertæ intercessionibus adjuvemur. Per.

Secreta. Hæc hostia, Domine, quæsumus, emundet nostra delicta, et ad sacrificium celebrandum subditorum tibi corpora mentesque sanctificet. Per.

Communio. Refecti participatione muneris sacri, quæsumus, Domine Deus noster, ut cujus exsequimur cultum, sentiamus effectum. Per.

IN NAT. UNIUS APOSTOLI.

Quæsumus, omnipotens Deus, ut beatus ill. apostolus tuum pro nobis imploret auxilium, ut a nostris reatibus absoluti, a cunctis etiam periculis eruamur. Per.

Secreta. (26) Sacrandum tibi, Domine, munus offerimus, quo beati ill. apostoli tui solemnia recolentes

antiq. eccl. ritib. lib. IV, cap. 32, n. 12 et cap. 27). In nostro agro Pyrano adest nobile templum ad Æsinantis fluvii ripas, sancto Urbano sacrum, cui a sæculo XI adnexum erat insigne monasterium ordinis sancti Benedicti, nunc tandem vetustate collapsum.

purificationem quoque nostris mentibus imploramus. Per.

Communio. Perceptis, Domine, sacramentis suppliciter exoramus ut intercedente ill. apostolo tuo, quae pro illius veneranda gerimus solemnitate, nobis proficiant ad medelam. Per.

IN NAT. PLURIMORUM APOSTOLORUM.

Deus, qui nos annua apostolorum tuorum ill. solemnitate laetificas, praesta, quaesumus, ut quorum gaudemus meritis, instruamur exemplis. Per.

Secreta. Munera, Domine, quae pro apostolorum tuorum ill. solemnitate deferimus, propitius suscipe, et mala omnia, quae meremur averte. Per.

Communio. Quaesumus, Domine, repleti mysteriis, ut quorum solemnia celebramus, eorum orationibus adjuvemur. Per.

IN NATALI UNIUS MARTYRIS.

Votivos nos, Domine, quaesumus ill. martyris tui Natalis semper excipiat, qui et jucunditatem nobis suae glorificationis infundat, et tibi nos reddat acceptos. Per.

Secreta. Praesentia munera, quaesumus, Domine, ita serena pietate intuere, ut sancti Spiritus perfundantur benedictione et nostris cordibus eam dilectionem validam infundant, per quam sanctus martyr ill. omnia corporis tormenta devicit. Per.

Communio. Sumentes, Domine, coelestis dona mysterii, quaesumus, ut beati ill. martyris tui adjuvemur meritis, cujus solemnitatem debita veneratione celebramus. Per.

IN NAT. PLURIMORUM MARTYRUM.

Omnipotens sempiterne Deus, qui per gloriosa bella certaminis ad immortales triumphos beatos martyres tuos ill. transtulisti, da cordibus nostris dignam pro eorum commemoratione laetitiam, ut quorum gaudemus meritis, proficiamus exemplis. Per.

Secreta. Munera tibi, Domine, nostrae devotionis offerimus, quae et pro tuorum tibi grata sint honore justorum et nobis salutaria te miserante reddantur. Per.

Communio. Praesta nobis, Domine, quaesumus, intercedentibus sanctis tuis ill. ut quae ore contingimus, pura mente capiamus. Per.

IN NAT. PONTIFICUM.

Da, quaesumus, omnipotens Deus, ut beati ill. confessoris tui atque pontificis veneranda solemnitas et devotionem nobis augeat et salutem. Per.

Secreta. Sacris altaribus, Domine, hostias superpositas, quaesumus ut sanctus ill. pontifex atque confessor in salutem nobis provenire deposcat. Per.

Communio. Praesta, quaesumus, omnipotens Deus, ut de perceptis muneribus gratias exhibentes, intercedente beato ill. confessore tuo atque pontifice beneficia potiora sumamus. Per.

IN NAT. CONFESSORUM QUI NON FUERUNT PONTIFICES.

Adesto, Domine, supplicationibus nostris, quas in sancti ill. confessoris tui commemoratione deferimus, ut qui nostrae justitiae fiduciam non habemus, ejus, qui tibi placuit, precibus adjuvemur. Per.

Secreta. Hostias tibi, Domine, pro commemoratione sancti ill. confessoris tui offerimus, quem a tui corporis unitate nulla tentatio separavit. Per.

Communio. Ut nobis, Domine, tua sacrificia dent salutem, beatus ill. confessor tuus quaesumus precator accedat. Per.

IN NATALI VIRGINUM.

Deus, qui nos beatae ill. virginis martyrisque tuae annua solemnitate laetificas, concede propitius ut ejus adjuvemur meritis, cujus castitatis irradiamur exemplis. Per.

Secreta. Offerimus, Domine, preces et munera in honore sanctae ill. virginis martyrisque tuae gaudentes, praesta quaesumus ut et convenienter haec agere et remedium sempiternum valeamus acquirere. Per.

Communio. Adjuvent nos, quaesumus, Domine, haec mysteria sancta quae sumpsimus, et beatae ill. virginis martyrisque tuae intercessio veneranda. Per.

INCIPIT ORDO AD MONACHUM FACIENDUM.
Projiciat se novitius ante altare.

Pater noster. Miserere mei. *Capitulum.* Ostende nobis, Domine. Esto ei, Domine. Mitte ei, Domine. Domine, exaudi.

Oratio. Deus, indulgentiae Pater, qui te veritati tuae discretionis temperans indulsisti, ne filius portaret iniquitatem patris, et qui mira dispensatione etiam malis bene utens tuae dignationis gratiam per eos frequenter operaris, quaesumus clementiam tuam, ut huic famulo tuo, ill. non obsistat quod per habitum religionis per nos tanta ac tali re indignos accepit, sed ministerium, quod exterius per nos exhibetur, tu interius per donum sancti Spiritus exsequaris. Per.

Alia oratio. Deus, qui per coaeternum Filium tuum cuncta creasti, quique mundum in peccatis inveteratum per mysterium sanctae Incarnationis ejus renovare dignatus es, te supplices exoramus, ut ejusdem Domini nostri gratia super hunc famulum tuum, abrenuntiationem saeculi profitentem, clementer respicere digneris, per quam in spiritu suae mentis renovatus, veterem hominem cum suis actibus exuat, et novum hominem, qui secundum Deum creatus est, induere mereatur. Per.

Benedictio cucullae. Domine Jesu Christe, qui tegumen nostrae mortalitatis induere dignatus es, obsecramus immensam tuae largitatis abundantiam,

---

De ipso et de templo longiori calamo in Antiquitatibus Vallis Sancti Clementis et in Dissertatione de episcopis Camerinensibus sub episcopo Hugone scribo. Agunt de eo etiam Camaldulensium Annalium scriptores (t. I et in hoc II).

ut hoc genus vestimenti, quod sancti Patres ad innocentiæ vel humilitatis indicium abrenuntiantes ferre sanxerunt, ita bene†dicere digneris, ut hic famulus tuus, qui hoc usus fuerit, te induere mereatur. Per.

Item alia oratio. Deus, æternorum bonorum virtutum dator, et omnium benedictionum largus infusor, te subnixis precibus deprecamur, ut hanc vestem bene†dicere et sancti†ficare digneris, qua famulus tuus ill. pro indicatione castimoniæ induere vult, ut inter reliquos homines tibi cognoscatur esse devotus. Per Christum.

Tunc exuat cum veste laica ita dicendo : Exuat te Dominus veterem hominem cum actibus suis.

Induens vestem monachicam dicat : Induat te Dominus novum hominem, qui secundum Deum creatus est in justitia et sanctitate veritatis.

Benedictio vestimenti. Deus, qui vestimentum salutare et indumentum æternæ jucunditatis tuis fidelibus promisisti, clementiam tuam suppliciter exoramus, ut hæc indumenta humilitatem cordis et contemptum mundi significantia, quibus famulo tuo ill. visibiliter est in formando proposito, propitius bene†dicas, et beatæ castitatis habitum, quem te inspirante suscepit, te protegente custodiat. Per.

AD INDUENDUM VESTEM MONACHICAM.

Accipe vestem hanc sanctam atque monachicam, quam ante tribunal Domini nostri Jesu Christi sine macula perferas, per virtutem et misericordiam ejusdem, qui cum æterno Patre et Spiritu sancto vivit et regnat per infinita sæcula sæculorum. Amen.

Dominator Domine, Deus salutaris noster, custodi hunc famulum tuum, ill. sub hoc jugo usque in finem, et dignum eum fac cum his qui tibi bene placuerunt, indue eum sanctificationis stola, accinge lumbos ejus sobrietate, ostende illum creatorem in omni abstinentia, perfice illum in donis gratiæ spiritualis, ad gloriam potentiæ tuæ laudabilis, quia tu es Deus noster, qui vis omnes homines salvos fieri. Qui vivit.

Oratio. Te invocamus, Domine sancte, Pater omnipotens, æterne Deus, super hunc famulum ill. qui tibi vovit servire pura mente mundoque corde, ut eum sociare digneris inter illa centum quadraginta quatuor millia infantium, qui virgines permanserunt, et se cum mulieribus non coinquinaverunt, in quorum ore dolus inventus non est, ita et hunc famulum tuum ill. facias permanere per immaculatum Filium tuum Dominum nostrum, cum quo vivis et regnas Deus per omnia sæcula sæculorum. Amen.

AD CLERICUM FACIENDUM.

Oratio. Oremus, dilectissimi fratres, Dominum nostrum Jesum Christum super hunc famulum tuum N., qui ad deponendam comam capitis sui pro amore Christi festinat, ut donet ei Spiritum sanctum, qui habitum religionis in eum perpetuo custodiat, et a mundi impedimento vel sæculari desiderio ejus corda custodiat, et sicut mutatus erit in vultu, ita manus dexteræ tuæ in eum virtute perfectionis boni operis tribuat in actum, et ab omni cæcitate spirituali oculos aperiat, ac lumen æternitatis gratiæ concedat. Per.

Dum tondis eum dicis antiphonam. Tu es, Domine, qui restitues hæreditatem meam mihi. Dominus pars hæreditatem meam (sic). Gloria Patri.

Item alia antiphona. Hæc est generatio quærentium Dominum, quærentium faciem Dei Jacob. Hic accipiet benedictionem a Domino.

Postquam tonsuratus est. Oratio. Omnipotens sempiterne Deus, propitiare peccatis nostris et ab omni servitute sæculari habitum super hunc famulum tuum N., dum ignominiam deponit, tua semper in eum perfruetur gratia, et sicut similitudinem coronæ tuæ ornatum gestare fecimus in capite, sic tua virtute et hæreditatem subsequi mereatur in corde. Per.

Alia oratio. Præsta, quæsumus, omnipotens Deus, ut famulum tuum N., quem hodie capiti comam suam pro divino amore deposuimus, ut in tua dilectione perpetua maneat, et eum sine macula in sempiterno custodias. Per.

(27) AD BARBAM TONDENDAM.

Deus, cujus Spiritu creatura omnis adulta congaudet, exaudi preces nostras super hunc famulum

---

(27) In ordine ad initiandum monachum ritum habemus *ad barbam tondendam.* Priscis temporibus viri sæculares barbam prælongam portabant et nutriebant, eratque proinde sigaum vanitatis 'barba prolixa et oblonga. Monachi ad respuendam omnem sæculi vanitatem tironibus suis barbam tondebant. Vide quæ de hoc more dicant Annalium Camaldulensium scriptores (t. I, p. 380). Sic tamen monachi imberbes apparebant ut nulla in eorum vultibus notaretur mollities, quæ sane nimia fuisset, si novaculæ adhibuissent. Forcipibus igitur barbam tondebant. Addimus sanctum Albertinum priorem Fontis-Avellanæ, in antiquissima icone in ejus monasterii templo depictum, barba carere. Antiqua pariter imago sancti Petri Damiani, labente sæculo XIII, coloribus expressa in tabula principis aræ Sancti Exsuperantii Cinguli, ubi monachi Avellanenses diu vixerunt, hirsutam et brevem barbam exhibet, similem illis, quæ sæpe forcipibus detruncantur. Morem istum barbæ radendæ sæculo XI apud nonnullas Ecclesias locum obtinuisse; sed non æque ab omnibus fuisse receptum probat quoddam monumentum genuinum apud Papebrochium in Actis sanctorum, qui in Exegesi episcoporum Mediolanensium exhibet imaginem Heriberti præsulis Mediolanensis, circa annum 1046, barbatum præferentem episcopum pallio ornatum. Probat etiam vir ille doctissimus Romanos pontifices hujus disciplinæ radendæ barbæ non usque adeo tenaces fuisse quin pro arbitrio recedendum sibi ab illa ducerent. In altero hujus libri tegumento eboreo sculptus conspicitur sanctus Theodorus, et quidem barbatus; sanctus Theodorus ex Græcis erat, qui contra Latinorum morem barbam non tondebant. Thomassinius (lib. II, c. 41, n. 1) animadvertit hoc ipso sæculo XI concilium Bituricense habitum anno 1031 statuisse, canone 7, ut *tonsuram ecclesiasticam habeant (clerici), hoc est barbam ra-*

tuum, N., juvenili ætate decorem, lætantem, et primis auspiciis attundentem, exaudi, ut, omnibus protectionis tuæ munitus, auxilio cœlestem benedictionem accipiat et præsentis vitæ præsidiis gaudeat et æternis. Per.

(28) INCIPIT AD POENITENTIAM DANDAM.

Apprehende manum ejus dexteram et dic : Suscepimus, Deus, misericordiam tuam *usque* dextera tua. Gloria Patri,

Capit. Salvum fac servum tuum. Deus meus. Mitte ei, Domine, auxilium. Et de Sion. Domine, exaudi orationem. Et clamor. Exsurge, Domine, adjuva. Et libera nos. Dominus vobiscum. Et cum Spiritu.

Oratio. Exaudi, quæsumus, Domine, supplicum preces, et confitentium tibi famulorum tuorum parce peccatis, ut pariter nobis indulgentiam tribuas benignus et pacem. Per.

Alia oratio. Præveniat hunc famulum tuum, quæsumus, Domine, tua misericordia, et omnes iniquitates ejus celeri indulgentia deleantur. Per.

Item alia oratio. Precamur clementiam tuam, Domine, quæsumus, et magnam misericordiam tuæ majestatis, ut famulo tuo N., peccata et facinora confitenti veniam relaxare et præteritorum criminum culpas donare digneris, qui humeris tuis ovem perditam reduxisti ad caulas, qui publicani precibus et confessione placatus es, tu etiam huic famulo tuo placare, Domine, tu hujus preces benignus suscipe, remitte ei, Domine, omnia crimina et peccata, et da ei pro suppliciis veniam, pro morte vitam, ut qui ad tantam spem cœlestis apicis est devolutus, de tua misericordia confidens, ad æterna gaudia te protegente perveniat. Per.

TUNC INCIPIUNT LITANIÆ CUM VII PSALMIS.

Kyrie, eleison. Christe, eleison.
Pater de cœlis Deus, miserere nobis.
Fili redemptor mundi Deus, mis. nob.
Spiritus sancte Deus, mis. nob.
Sancta Trinitas unus Deus, mis. nob.
Sancta Maria, ora pro nobis.
Sancte Michael, or.
Sancte Gabriel, or.
Sancte Raphael, or.
Sancte Joannes Baptista, or.
Sancte Petre, or.
Sancte Paule, or.
Sancte Andrea, or.
Sancte Joannes evangelista, or.
Sancte Thoma, or.
Sancte Jacobe, or.
Sancte Philippe, or.
Sancte Bartholomæe, or.
Sancte Matthæe evangelista, or.
Sancte Matthia, or.
Sancte Barnaba, or.
Sancte Marce evangelista, or.
Sancte Luca evangelista, or.
Sancte Stephane, or.
Sancte Clemens, or.
Sancte Apollinaris, or.
Sancte Vitalis, or.
Sancte Laurenti, or.
Sancte Vincenti, or.
Sancte Felix, or.
Sancte Fortunate, or.
Sancte Corneli, or.
Sancte Cypriane, or.
Sancte Sebastiane, or.
Sancte Cosmas, or.
Sancte Damiane, or.
Sancte Blasi, or.
Sancte Silvester, or.
Sancte Martine, or.
Sancte Ambrosi, or.
Sancte Augustine, or.
Sancte Hieronyme, or.
Sancte Severe, or.
Sancte Nicolae, or.
Sancte Leo, or.
Sancte Benedicte, or.
Sancte Maure, or.
Sancte Placide, or.
Sancte Philiberte, or.
Sancte Columbane, or.
Sancte Majole, or.
Sancte Galle, or.
Sancte Wido, or.
Sancta Felicitas, or.
Sancta Perpetua, or.

---

sam, *et coronam in capite.* Item Coyacense anno 1050 canone 5, *semper coronas aperias habeant et barbas radant.* Gregorius VII, qui hoc ipso XI sæculo floruit, cum præfecto Sardiniæ insulæ causam assignat cur episcopo Caralitano jusserit barbam radere, rescribit : *Ut scilicet ecclesiæ Occidentalis moribus antiquissimis se accommodet.*

Et hortatur præfectum, ut clerum universum compellat rasitare barbas, contumaces bonis spoliet, Ecclesiæque fisco adjudicet. Sanctus Carolus Borromens (*Act. Eccl. Mediol.*, p. 1061) præcipit clericis observandum barbæ radendæ institutum, a Patribus in concilio Carthaginensi IV firmatum. Quid igitur mirum, si hoc sæculo XI quando barbæ prolixæ vanitas excreverat, monachi sæculi pompis contradicentes barbam deponerent?

(28) Ritus iste *ad dandam pœnitentiam* vulgatissimus est apud antiquos monachos. Sciendum est morem apud illos fuisse ut quisquis, ad Deum conversus e sæculo, monasterium ingrederetur, deberet prius suæ conscientiæ maculas monasterii priori vel abbati detegere, et singillatim confiteri omnia peccata sua, recepturus pœnitentiam ad præscriptum sacrorum canonum. Apud Carthusianos, juxta antiquas eorum leges, monachi conscientiæ manifestationem faciebant, non solum quando monastici habitum suscipiebant, verum etiam quoties prior novus eligebatur. Ea tamen sacramentalis confessio videtur non fuisse. De hac re consule quæ eruditissime animadvertit præsul Sartius, mei amantissimus, in observatione VIII ad caput 4, p. 43, Vitæ sancti Joannis Laudensis. Hujus dandæ pœnitentiæ ritus non erat privatus, sed publicus.

Sancta Agatha, or.
Sancta Agnes, or.
Sancta Caecilia, or.
Sancta Lucia, or.
Sancta Justina, or.
Sancta Anastasia, or.
Sancta Savina, or.
Sancta Columba, or.
Sancta Barbara, or.
Omnes sancti, or.
Propitius esto, parce.
Ab omni malo, libera.
Ad insidiis diaboli, lib.
A periculo mortis, lib.
A persecutione inimici, lib.
A peccatis multis, lib.
Ab omni tentatione, lib.
Ab omni cogitatione iniqua, lib.
Ab omni iniquitate, lib.
Ab omni immunditia, lib.
A subitanea morte, lib.
A gehenna ignis, lib.
Misericors Deus, te rogamus.
Redemptor mundi, te rog.
Peccatores, te rog.
Ut pacem nobis dones, te rog.
Ut veniam delictorum nostrorum nobis dones, te rog.
Ut veniam poenitentiae nobis dones, te rog.
Ut compunctionem cordis nobis dones, te rog.
Ut fontem lacrymarum nobis dones, te rog.
Ut mentis constantiam nobis dones, te rog.
Ut remissionem peccatorum nobis dones, te rog.
Ut ad vitam aeternam nos perducere digneris, te rog.
Ut nos exaudire digneris, te rog.
Fili Dei, te rogamus audi nos (bis).
Agnus Dei, qui tollis peccata mundi, parce.
Agnus Dei, qui tollis peccata mundi, exaudi.
Agnus Dei, qui tollis peccata mundi, miserere.
Christe audi nos (bis).
Kyrie eleison (ter). Pater noster.

Capit. Ego dixi, Domine, sana. Fiat, Domine, misericordia tua. Quemadmodum. Domine, averte faciem tuam. Et omnis iniquitas. Converte nos, Deus salutaris. Et averte iram. Domine, exaudi orationem. Et clamor meus. Exsurge, Domine, adjuva. Et libera nos. Dominus vobiscum. Et cum spiritu tuo.

Oratio. Exaudi, Domine, preces nostras, et convertenti tibi famulo tuo parce peccatis, ut quem conscientiae suae reatus accusat, indulgentia tuae miserationis absolvat. Per.

Alia oratio. Deus qui omnium confitentium tibi corda purificas, et accusantem suam conscientiam ab omni vinculo iniquitatis absolvis, da indulgentiam famulo tuo, et medicinam tribue vulnerato, ut exclusa dominatione peccati, liberis tibi mentibus famuletur. Per

Alia oratio. Praesta, Domine, quaesumus, huic famulo tuo ill. dignae poenitentiae fructum, ut Ecclesiae tuae sanctae, a cujus integritate peccando discessit, ad ejus mysterium veniam consequendo reddatur innocens. Per.

INCIPIT POENITENTIUM VERA CREDULITAS.

Credis in Deum Patrem omnipotentem et Filium et Spiritum sanctum? ℟. Credo.

Credis quod istae tres personae, quomodo diximus, Pater et Filius et Spiritus sanctus tres sint, et unus Deus? ℟. Credo.

Credis quod ista carne in qua nunc es, in ipsa habebis resurgere, et recipere sive bona, sive mala, quae egisti? ℟. Credo.

Vis dimittere illis qui in te peccaverunt, dicente Domino: Si non remiseritis hominibus peccata eorum, nec Pater vester dimittet vobis peccata vestra? ℟. Dimitto.

Si de criminalibus peccatis peccasti, hoc est superbia, sacrilegium, homicidium, adulterium, furtum, rapina, vel alia quae dinumerare longum es, sanctus ergo Paulus et Augustinus et alii sancti Patres computaverunt fieri pro his largas eleemosynas, et longo tempore jejunium. Clerici v ann.; diaconi vii; presbyteri x; monachi vii; episcopi xii. Si in consuetudine fuerit, addatur poenitentia.

Tunc cantetur oremus. Omnipotens sempiterne Deus, qui secundum magnam misericordiam tuam peccata poenitentium deles, et in te sperantibus celeri pietate succurris, famulo tuo ill., quaesumus, remissionem omnium peccatorum tribue, et vota placatus assume, renova in eo, piissime Pater, quidquid terrena fragilitate corruptum est, quidquid diabolica immissione violatum, miserere, Domine, gemituum ejus, miserere lacrymarum, ut de moerore in gaudium per tuam misericordiam transferatur. Per.

Secreta. Deus omnipotens, Deus misericors, Deus clemens, qui indulgentiam tuam nulla temporum lege concludis, suscipe preces et hostias, quas tibi pro indulgentia famuli tui ill. deferimus, ut et peccatorum ei veniam misericors largiaris, et cordis ejus recta desideria implere digneris. Per.

Postcommunio. Deus, qui misericordiae tuae petenti auxilio et prospera tribuis, et adversa depellis, universa obstacula, quae famulo tuo ill. adversantur, expurga, et remotis tentationibus universis indefessa tibi gratiarum actione laudare mereatur. Per.

(29) MISSA IN DIE DEPOSITIONIS.

Deus, cui proprium est misereri semper et parturae, verum etiam die tricesima, septima, tertia, et anniversaria obitus eorumdem. Hic non habemus nisi missas *in die depositionis*, *in tricesima* et *in anniversaria* cum propriis praefationibus, tam die depositionis, quam anniversaria. Muratorius (*Antiq. medii aevi* t. IV, disser. 55). *multis*

---

(29) Apostolicae traditionis est sacrificium pro defunctis offerre (BONA, lib. II, c. 15, n. 4) et Aetii error fuit negare sacrificium offerendum esse pro ipsis, ut scribit Epiphanius (Haeres. 75). Ritus deinde invaluit sacrum faciendi pro defunctis non tantum eorum die emortuali et sepul-

cere, te supplices deprecamur pro anima famuli tui ill. quam hodie de hoc sæculo migrare jussisti, ut non tradas eam in manus inimici, et ne obliviscaris in finem, sed jubeas eam a sanctis angelis suscipi et ad patriam paradisi perduci, ut qui in te speravit et credidit, non pœnas inferni sustineat, sed gaudia æterna possideat. Per.

Secreta. Propitiare, quæsumus, Domine, animæ famuli tui ill. pro qua tibi hostiam immolamus, majestatem tuam suppliciter deprecantes, ut per hæc piæ placationis officia pervenire mereatur ad requiem sempiternam. Per.

Præfatio. Æterne Deus, qui benignitate gratuita peccatoribus largiens veniam, præparasti mortuis vitam, ne diutius teneret in pœna quos misericordia liberasset ex culpa. Tibi ergo, Domine, supplices preces effundimus, tibi famuli tui ill. animam et spiritum commendamus, ut receptus inter agmina sanctorum, loca nesciat inferorum. Nihil illi noceat, Domine, quidquid attrahente carnis fragilitate commisit, aut quod humanæ cupiditatis consuetudine pergravatus actu, verbo vel cogitatione peccavit, sed securus vestigia Salvatoris patiatur infinita dulcedine et præsentia veritatis. Redemptionem quoque corporis sui commonitus fiducialiter exspectare, quidquid habuit prius in fide, consequatur in munere. Per Christum.

Postcommunio. Præsta, quæsumus, Domine, ut anima famuli tui ill., quæ hodie de hoc sæculo migravit, his sacrificiis purificata, et a peccatis omnibus expedita, indulgentiam pariter et vitam capiat sempiternam. Per.

Deinde sequatur. Kyrie eleison. Christe eleison. Kyrie, etc. Dominus vobiscum.

Oratio. Tibi, Domine, commendamus animam famuli tui ill. ut defunctus a sæculo tibi vivat, et si qua fragilitatem mundanæ conversationis peccata admisit, tu venia misericordissimæ pietatis absterge. Per.

Alia oratio. Fac, quæsumus, Domine, hanc cum servo tuo ill. misericordiam ut factorum suorum in pœnis non recipiat vicem, qui tuam in votis tenuit voluntatem, ut sicut eum vera fides junxit fidelium turmis, ita eum illic tua miseratio societ angelicis choris. Per.

Alia oratio. Non intres in judicium cum servo tuo, Domine, quoniam nullus apud te justificabitur homo, nisi per te omnium peccatorum tribuatur remissio. Non ergo eum tua, quæsumus, judicialis sententia premat, quem tibi vera supplicatio fidei Christianæ commendat, sed gratia tua illi succurrente mereatur evadere judicium ultionis, qui, dum adviveret, insignitus est signaculo sanctæ Trinitatis. Per.

Item alia oratio. Deus, vitæ dator et humanorum corporum reparator, qui te a peccatoribus exorari voluisti, exaudi preces, quas speciali devotione pro anima famuli tui ill. tibi lacrymabiliter fundimus, ut liberare eam ab infernorum cruciatibus, et collocare inter agmina sanctorum tuorum digneris, veste quoque cœlesti, et stolam immortalitatis indui, et paradisi amœnitate confoveri. Per.

Alia oratio. Deus, qui humanarum animarum æternus amator es, animam famuli tui ill. quam vera, dum in corpore maneret, tenuit fides; ab omni cruciatu inferorum redde extorrem, ut segregatam ab infernalibus claustris, sanctorum mereatur adunare consortiis. Per.

Item alia oratio. Delicta juventutis et ignorantias famuli tui ill. ne memineris, Domine, sed secundum magnam misericordiam tuam memor esto illius in vita claritatis tuæ, aperiantur ei cœli, lætentur angeli, in regnum tuum, Domine, servum tuum suscipe.

ABSOLUTIO SUPER SEPULCRUM.

In ea potestate vel auctoritate fidentes, quam Dominus noster Jesus Christus beato Petro apostolo tribuit dicens : Quodcunque ligaveris super terram, erit ligatum et in cœlis, et quodcunque solveris super terram, erit solutum et in cœlis : Et cæteris dixit discipulis : Quorum remiseritis peccata, remittuntur eis. Quantum nobis permissum est, ab omni vinculo peccatorum absolvimus te, ut quidquid suadente diabolo voluntate aut operatione commisisti, quantum Deo adjuvante possumus, tantum tibi indulgemus, ut fracta de collo tuo omnium delictorum catena liber et absolutus venias ante tribunal Domini nostri Jesu Christi in vita æterna, recepturus ab ipso hæreditatem cœlestis regni et sine fine gaudendi in sæcula sæculorum. Amen.

Dehinc pro omnibus in Christo quiescentibus in eodem cœmeterio, Psal. cum antiph. Dele, Domine, iniquitates eorum. *Psal.* Miserere mei, Deus, secundum. Pater noster. Et ne nos. A porta inferi. Erue, Domine, animas eorum. Dominus vobiscum.

Oratio. Deus, cujus miseratione animæ fidelium requiescunt, famulis et famulabus tuis, vel omnibus hic in Christo quiescentibus, da propitius veniam peccatorum, ut a cunctis reatibus absoluti sine fine lætentur. Per.

Requiescant in pace. Amen.

MISSA IN TRICESIMO.

Quæsumus, Domine, famulo tuo ill. cujus tricesimum (*vel septimum, vel tertium*) obitus sui diem commemoramus, sanctorum atque electorum tuorum largiaris consortium, et rorem misericordiæ tuæ perennis infundas. Per.

Secreta. Adesto, Domine, supplicationibus nostris, et hanc oblationem, quam tibi offerimus ob diem depositionis tricesimi (*vel septimi, vel tertii*),

---

probat exemplis antiquitatem ritus anniversariorum emortualium dierum pro defunctis. Desideratur hic missa pro commemoratione fidelium defunctorum die secunda Novembris, quæ fuit instituta a sancto Odilone abbate Cluniacensi anno duntaxat 1040. Qui ritus in universam Ecclesiam pontificum auctoritate fuit postea propagatus, ut adnotat Baronius (*Not. ad Martyrol. die 2 Nov.*).

pro anima famuli tui ill. placatus ac benignus assume. Per.

Postcommunio. Omnipotens sempiterne Deus, collocare digneris animam famuli tui ill., cujus depositionis diem tricesimum (*vel septimum vel tertium*) celebramus, in sinibus Abrahæ, Isaac et Jacob, ut cum dies agnitionis tuæ advenerit, inter sanctos electos tuos eum resuscitari præcipias. Per.

MISSA IN ANNIVERSARIO.

Præsta, quæsumus, Domine, ut anima famuli tui ill., cujus anniversarium depositionis diem commemoramus, indulgentiam pariter et requiem capiat sempiternam. Per.

Secreta. Propitiare, Domine supplicationibus nostris pro anima famuli tui ill., cujus hodie annua dies agitur, pro qua tibi offerimus sacrificium laudis, ut eam sanctorum tuorum sociare consortio digneris. Per.

Præfatio. (†) Per Christum Dominum nostrum, per quem salus mundi, per quem vita hominum, per quem resurrectio mortuorum, per ipsum te, Domine, suppliciter deprecamur, ut animæ famuli tui ill., cujus diem anniversarium celebramus, indulgentiam largiri digneris perpetuam, atque a contagiis mortalitatis exutam, in æternæ salvationis partem restituas cum angelis. Et ideo.

Communio. Suscipe, Domine, preces nostras pro anima famuli tui ill., cujus diem anniversarium hodie celebramus, ut si quæ ei maculæ de terrenis contagiis adhæserunt, remissionis tuæ misericordia deleantur. Per.

MISSA PRO EPISCOPO.

Deus, qui inter apostolicos sacerdotes famulum tuum ill., pontificali fecisti dignitate vigere, præsta, quæsumus, ut eorum quoque perpetuo aggregetur consortio. Per.

Secreta. Suscipe, Domine, quæsumus, pro anima famuli tui episcopi, quas offerimus hostias, ut cui in hoc sæculo sacerdotale donasti meritum, dones et præmium. Per.

Communio. Propitiare, Domine, supplicationibus nostris et animam famuli tui episcopi ill., in vivorum regione æternis gaudiis jubeas sociari. Per.

MISSA PRO ABBATE.

Deus qui famulum tuum sacerdotalem atque abbatem sanctificasti vocatione misericordiæ, et assumpsisti consummatione felici, suscipe propitius preces nostras et præsta ut et ille tecum sit meritis, et a nobis non recedat exemplis. Per.

Secreta. Concede, quæsumus, omnipotens Deus, ut anima servi tui abbatis atque sacerdotis, cui regiminis et sacerdotii donasti meritum, hæc sancta mysteria, quæ tibi fideliter ministravit, etc. Per.

Communio. Prosit, quæsumus, Domine, animæ famuli tui abbatis atque sacerdotis misericordiæ tuæ implorata clementia, ut ejus in quo superavit et credidit, æternum capiat te miserante consortium. Per.

MISSA PRO SACERDOTE.

Deus, cujus misericordiæ non est numerus, suscipe pro anima famuli ill., sacerdotis preces nostras, et lucem ei lætitiæ in regione sanctorum tuorum societatem concede. Per.

Secreta. Hostias tibi, Domine, laudis offerimus pro anima famuli tui sacerdotis, ut eam in numero fidelium tuorum lux æterna possideat. Per.

Communio. Ilis sacrificiis, quæsumus, Domine Deus, purgata anima famuli tui sacerdotis ad indulgentiam et refrigerium sempiternum pervenire mereatur. Per.

MISSA PRO OMNIBUS DEFUNCTIS.

Inclina, Domine, aurem tuam ad preces nostras, quibus misericordiam tuam suppliciter deprecamur, ut animam (*as*) famuli (*lorum*) tui (*tuorum*) ill., quam (*as*) de hoc sæculo migrare jussisti, in pacis ac lucis regione constituas, et sanctorum tuorum jubeas esse consortem (*es*). Per.

Secreta. Annue nobis, Domine, ut animæ (*abus*) famuli (*lorum*) tui (*tuorum*) ill., hæc prosit oblatio, quam immolando totius mundi tribuisti relaxari delicta. Per.

Communio. Prosit, quæsumus, Domine, animæ (*abus*) famuli (*lorum*) tui (*tuorum*) ill., divina celebratio sacramenti, ut ejus, in quo speravit (*verunt*) et credidit (*derunt*) æternitatis capiat (*ant*) te miserante consortium. Per.

ALIA MISSA PRO DEFUNCTIS.

Omnipotens sempiterne Deus, cui nunquam sine spe misericordiæ supplicatur, propitiare animabus famulorum tuorum, ut qui de hac vita tui nominis confessione decesserunt, sanctorum numero facias aggregari. Per.

Secreta. Propitiare, Domine quæsumus, animabus famulorum tuorum, pro quibus tibi hostias placationis offerimus, et quia in hac luce cum fide manserunt catholica, in futura vita eis retributio condonetur. Per.

Communio. Præsta, quæsumus, omnipotens Deus, ut animas famulorum tuorum ab angelis lucis susceptas in præparatis habitaculis deduci facias beatorum. Per.

MISSA PRO DEFUNCTIS FRATRIBUS.

Deus, veniæ largitor et humanæ salutis amator, quæsumus clementiam tuam, ut nostræ congregationis fratres, qui ex hoc sæculo transierunt, beata Maria semper virgine intercedente cum omnibus sanctis, ad perpetuæ beatitudinis consortium pervenire concedas. Per.

Secreta. Deus, cujus misericordiæ non est numerus, suscipe propitius preces humilitatis nostræ, et animus quibus tui nominis dedisti confessionem per hæc sacramenta salutis cunctorum remissionem tribue peccatorum. Per.

Communio. Deus, vita viventium, spes morientium, salus omnium in te sperantium, præsta propitius ut hujus animæ congregationis a nostræ mortalitatis tenebris absolutæ, beata Maria semper virgine intercedente, in perpetua cum omnibus sanctis tuis luce lætentur. Per.

MISSA PRO DEFUNCTA FEMINA.

Quæsumus, Domine Deus omnipotens, pro tua pietate miserere animabus famularum tuarum, et a contagiis mortalitatis exutas in æternæ salvationis partem restitue. Per.

Secreta. His sacrificiis, Domine, quæsumus, animæ famularum tuarum ill., a peccatis omnibus exuantur, sine quibus a culpa nemo liber exstitit, ut per hæc piæ placationis officia perpetuam misericordiam consequantur. Per.

Postcommunio. Inveniant, quæsumus, Domine, animæ famularum tuarum ill., lucis æternæ consortium, cujus perpetuam gratiam consecutæ sunt sacramentum. Per.

MISSA PLURIMORUM DEFUNCTORUM.

Fidelium Deus omnium conditor et redemptor, animabus famulorum famularumque tuarum remissionem cunctorum tribue peccatorum, ut indulgentiam, quam semper optaverunt, piis supplicationibus consequantur. Per.

Secreta. Hostias, quæsumus, Domine, quas tibi pro animabus famulorum famularumque tuarum ill., offerimus, propitiatus intende, ut quibus fidei Christianæ meritum contulisti, dones et præmium. Per.

Postcommunio. Animabus, quæsumus, Domine, famulorum famularumque tuarum ill., oratio proficiat supplicantium, ut eas et a peccatis exuas, et tuæ redemptionis facias esse participes. Per.

MISSA IN HONOREM OMNIUM SANCTORUM PRO VIVIS ET DEFUNCTIS.

Sanctorum tuorum intercessionibus, quæsumus, Domine, gratia tua nos protege, et famulis vel famulabus tuis, quorum commemorationem agimus, et quorum eleemosynas recepimus, seu etiam his qui nobis familiaritate et consanguinitate juncti sunt, misericordiam tuam ubique protende, ut ab omni impugnatione defensi tua opitulatione salventur. Et animas famulorum famularumque tuarum omnium videlicet fidelium catholicorum orthodoxorum, quorum commemorationem agimus, et quorum corpora in hoc monasterio et in cunctis cœmeteriis fidelium requiescunt, remissionem cunctorum tribue peccatorum. Per.

(30) IN TRANSLATIONE SANCTI MARCI.

Deus, qui nobis per ministerium beati Marci evangelistæ et martyris tui veritatem Evangelii patefieri voluisti, concede, quæsumus, ut quod ab illius ore didicimus, gratia tua adjuti operari valeamus. Per.

Secreta. Hæc nos oblatio, Deus, intercedente beato Marco evangelista tuo, mundet et renovet, gubernet et protegat, et ad cœlestis patriæ regna perducat, Per.

Communio. Sumptis, Domine, donis cœlestis mysterii humiliter deprecamur, ut intercedente beato Marco evangelista et martyre tuo, et temporalis vitæ nos facias pace gaudere, et æternæ reperire subsidium. Per.

APPENDIX.

Custodi, frater, vestem hanc sanctam quam ante tribunal Domini nostri Jesu Christi sine macula proferas per virtutem et misericordiam ejusdem, qui cum cœterno Patre et Spiritu sancto vivit et regnat.

Precamur te, Domine, ut intercedente beato Benedicto confessore tuo, huic famulo tuo, cui habitum sanctæ religionis imponimus, indulgentiam tribuas suorum omnium peccatorum, opus ejus in bonum perficias, misericordiam tuam et gratiam ei concedas, fide, spe et charitate eum repleas, mentem ei ad cœlestia desideria erigas, ab omni adversitate eum defendas, et ad bonam perseverantiam eum perducas. Per.

IN CIRCUMCISIONE DOMINI NOSTRI JESU CHRISTI.

(†) Per Christum Dominum nostrum. Cujus hodie circumcisionis diem et nativitatis octavum celebrantes, tua, Domine, mirabilia veneramur, quia quæ peperit, et Virgo, et Mater est, qui natus est et Deus est, merito cœli locuti sunt, angeli gratulati, pastores lætati, magi mutati, reges turbati, parvuli gloriosa passione coronati. Et ideo cum angelis.

IN TRANSITU SANCTI BENEDICTI.

(†) Æterne Deus. Et gloriam tuam profusis precibus exorare, ut qui beati Benedicti confessoris tui

---

(30) Ab missa, quæ est in translatione sancti Marci, initium habet postrema hujus sacramentarii Appendix. Sancti evangelistæ Marci corporis translatio recolitur die 31 Januarii, et habetur in Martyrologio Romano et in aliis ecclesiasticis tabulis. Augustinus Calmet (*Histor. univers.* t. IV, cap. 54) opinionem affert illorum, qui contendunt divi Marci corpus Venetias translatum sub Leone Armeno circa annum 815. Illud pro certo habendum anno 870 hanc translationem jam contigisse, et Venetiis custoditum fuisse ejus sacrum corpus. Ita Bernardus monachus apud Mabillonium (*Act. SS.* t. IV, cap. 54). Baronius meminit hujus festivæ translationis sub anno 820 (n. 22) et circa hæc tempora factam contendit. Bollandiani huic adhærent opinioni in titulo De cultu sancti Marci, qui pariter referunt historiam hujus translationis ex codice ms. bibliothecæ Vaticanæ, relato etiam a Baronio in suis notis ad Martyrologium, ex quo codice translatio illa refertur ad annum 820. Sabellicus stat pro anno 834, regnante Venetiis Justiniano duce. Platina hujus translationis meminit sub pontificatu Gregorii III qui sedere cœpit anno 823, et in pontificatu vixit annis sex decim. Sed cum Justinianus fuerit dux Venetus annis tantum duobus, necessario hæc translatio figenda est vel ad iv, vel adv annum Gregorii, et consequenter ad annum 831 vel 832. Antonius Pagius in criticis notis (ad an. 820, n. 9), Antonius Sandinus in sua Historia Apostolica (*de S. Marco*), et novissime eruditissimus senator Venetus Flaminius Cornelius in elaboratissimo opere (*Dec.* xiii, p. 1) De Venetis Ecclesiis, agunt de hac translatione.

Hujus festi propagatio in monachos Benedictinos rejicienda est ad tempora sancti Petri Damiani, quando Appendix huic missali libro facta est, quique etiam sermones habuit (t. II, p. 31, etc.) in festivo ejus die (t. II n. 31, etc.), ubi de eadem translatione verba facit.

veneramur festi, te opitulante ejus sanctitatis imitari valeamus exempla, et cujus meritis nequaquam possumus coæquari, ejus precibus mereamur adjuvari per Christum.

IN ANNUNTIATIONE DOMINICA.

(†) Æterne Deus. Qui per beatæ Mariæ Virginis partum Ecclesiæ tuæ tribuisti mirabile mysterium, et inenarrabile sacramentum, in qua manet intacta castitas, pudor integer, firma constantia, quæ lætatur, quod Virgo concepit, quod cœli Dominum castis portavit visceribus, quod Virgo edidit partum. O admiranda divinæ dispensationis operatio, quæ virum non cognovit et mater est, et post filium Virgo est! Duobus enim gavisa est muneribus, miratur quod Virgo peperit, lætatur quod Redemptorem mundi edidit Jesum Christum Dominum nostrum. Quem laudant angeli atque archangeli, cherubim quoque ac seraphim, qui non cessant clamare quotidie una voce dicentes: Sanctus, sanctus.

IN NATIVITATE SANCTÆ MARIÆ VIRGINIS.

(†) Æquum et salutare, nos tibi in omnium sanctorum tuorum provectu gratias agere, Domine sancte, Pater omnipotens, æterne Deus, et præcipue pro meritis beatæ Dei genitricis Mariæ gratia plenæ, tuam omnipotentiam laudare, benedicere et prædicare. Quem laudant angeli *ut supra*.

IN SOLEMNITATE OMNIUM SANCTORUM.

(†) Æterne Deus. Clementiam tuam suppliciter obsecrantes, ut eum exsultantibus sanctis in cœlestis regni cubilibus gaudia nostra conjungas. Et quos virtutis imitatione non possumus sequi, debitæ venerationis contingamus affectu, per Christum Dominum nostrum. Per quem.

IN FESTIVITATE SANCTI MARTINI EPISCOPI.

(†) Æterne Deus. Cujus munere beatus Martinus confessor pariter et sacerdos, et bonorum operum incrementis excrevit, et variis virtutum donis exuberavit et miraculis coruscavit. Quodque verbis edocuit, operum exhibitione complevit, et documento simul et exemplo subditis ad cœlestia regna ducatum præbuit. Unde tuam clementiam petimus, ut ejus qui tibi placuit, exemplis ad bene agendum conformemur, meritis muniamur, intercessionibus adjuvemur, qualiter ad cœleste regnum, illo interveniente, et te opitulante pervenire mereamur. Per Christum Dominum nostrum.

Deus, qui nos redemptionis nostræ annua exspectatione lætificas, præsta ut Unigenitum tuum, quem Redemptorem læti suscepimus, venientem quoque Judicem securi videamus Dominum nostrum.

Da nobis, quæsumus, omnipotens Deus, ut sicut adoranda Filii tui Natalitia prævenimus, sic ejus munera capiamus sempiterna gaudentes. Qui tecum.

(†) Æterne Deus, per Christum Dominum nostrum. Cujus hodie faciem in confessionem prævenimus, et voce supplici exoramus, ut superventuræ noctis officiis nos ita pervigiles reddat, ut sinceris mentibus ejus percipere mereamur Natale venturum. In quo invisibilis ex substantia tua visibili per carnem apparuit in nostra, tecumque uno non tempore genitus, non natura inferior ad nos venit ex tempore, natus Jesus Christus Dominus noster. Per quem majestatem.

(31) Domine labia mea aperies. Salvum fac servum tuum. Mitte ei, Domine. auxilium de sancto. Domine, custodiat te ab omni malo. Dominus custodiat introitum tuum et exitum tuum. Et auferat a te spiritum elationis. Amen.

« Quam quidem copiam ego Nicolaus Giomi Sancto-Severinas publicus Dei gratia apostolica, imperialique auctoritatibus notarius in archivo Romanæ curiæ descriptus fideliter per alium mihi fidum extrahere et copiare feci ex suprascripto perantiquo missali ad usum olim beati Petri cardinalis Damiani inservienti, et ab eodem dono tradito devoto illius discipulo beato Dominico Loricato, mihi ad hujusmodi effectum tradito et postea restituto. Quod quidem Missale custoditur in priorali parochiali ecclesia Sanctæ Annæ Castri Frontalis Sancti Severini diœcesis, ac publicæ venerationi exponitur et asservatur in reliquiario figuræ orbicularis cærulei ac diversi coloris ornamento interius depicto, similique forma exterius in parte posteriori decorato; in anteriori vero vitreis repagulis simul annexis ac plumbo colligatis clauso, incisisque ex ligno pluribus frondibus ac floribus inauratis circumdato, prout id totum clare constat ex authenticis R. P. D. Alexandri Calvi, olim de Organis, episcopi Sancto Severini, et successive ex aliis R. P. D. Dionysii Pieragostini episcopi pariter Sancto-Severini, sub quorum sigillis asservatum manebat. Cum qui quidem Missali facta per me collatione, in omnibus et per omnia concordare inveni etiam quoad formam aliquarum litterarum Græcarum. Salvo semper, etc. Ideo ad fidem hic me scripsi, subscripsi et publicavi, meoque solito signo, quo utor, munivi requisitus.

« Apyri hac die decima quinta mensis Maii anni 1746.

« Loco † signi notariatus. »

---

(31) Hebdomadarius Lector in mensa ad præscriptum Regulæ divi Benedicti (cap. 38) debebat post missas et communionem die Dominico petere suprascriptis versiculis ab omnibus ut pro se orarent, et iter repetito: *Domine, labia mea aperies*, accipere benedictionem. Qui mos apud monachos servatur adhuc, ut scribit sæpe laudatus cardinalis Bona (lib. 1, c. 3, n. 3), usuque ipso patet.

EXCERPTA

EX VETERIBUS LITURGICIS CODICIBUS FONTAVELLANENSIBUS

DUPLICI SACRAMENTARIO

ET

BREVIARIO QUINGENTORUM ET IIS AMPLIUS ANNORUM

(Annal. Camaldul. ubi supra pag. 575.)

ADMONITIO

Illustrabunt vetus Sacramentarium Suaviciniense, quod mox protulimus, hæc excerpta, quæ paucis abhinc annis collegerunt ex tribus codicibus abbatiæ Avellanensis, atque ad nos perhumaniter transmiserunt monachi ejusdem loci. Primus codex, qui est missalis, seu sacramentarius antiquus liber, scriptus et ad usum fuit ascetarum Fontavellanensis eremi vel ante sæculum XIV, cum in eo memoretur prior loci, qui prioratus titulus perduravit ad tempora Joannis XXII Romani pontificis. Is enim circa annum 1323 Ubaldum primum abbatem dedit Avellanensibus, et eremum abbatiæ honore decoravit. Incipit hic sacramentarius liber ab ordine servando feria IV in capite jejunii, et in hebdomada majori Quadragesimæ. Sequitur ordo missæ ab episcopo vel a presbytero celebrandæ. Inde habentur orationes propriæ in natalitiis sanctorum, demum missæ quædam, quarum olim recitatio vigebat. Ejus sententiæ sumus ipsum pro Avellanensibus potissimum exaratum fuisse; non ignobile documentum petimus ab octava sancti Andreæ apostoli, quæ præscribitur, scimus etenim eorum ecclesiam dicatam fuisse tam in honorem sanctæ crucis, quam etiam sancti Andreæ apostoli. Verum cum Avellanenses in pluribus locis et urbibus monasteria et ecclesias obtinerent, quorum monachi ritus et disciplinam sequebantur præcipuæ eremi, orationes Sacramentario etiam inspersæ leguntur, quæ usu veniebant in cæteris diœcesibus, et non in Eugubina, in cujus territorio exsurgebat Avellanensis. Orationes seu collectæ omnes, quæ habentur in missali sine assignatione tamen diei, sunt hæ, hoc pariter ordine distributæ: In Natali sancti Ambrosii episcopi, sanctæ Luciæ virginis et martyris; sancti Thomæ apostoli, sancti Anastasii martyris, sancti Projecti martyris, sanctæ Brigidæ virginis. Orationes in die Purificationis beatæ Mariæ virginis, et benedictio cereorum. In Natali sancti Blasii martyris, sancti Benedicti abbatis, et in festo Annuntiationis beatæ Virginis Mariæ. In natalitio die sanctæ Euphemiæ martyris; in alio, sanctorum Laurenti et Pergentini fratrum. Horum martyrum orationes, nisi pro Avellanensibus confectæ erant pro iis monasteriis Avellanensi subjectis, quæ erant in Arretino territorio et in illo Civitatis-Castelli constituta, apud quæ cultus vigebat eorumdem martyrum. Exstat sermo Petri Damiani in honorem ipsorum sanctorum martyrum.

Sequuntur orationes in Natali sancti Bonifacii martyris, Moguntini scilicet, cum sociis Heobano et Adhelario; sanctorum Albini, Paulini, et Niceti episcopi cum nongentis octoginta novem sociis, in vigilia et festo die sancti Joannis Baptistæ; in privilegio pariter et natalitiis sanctorum apostolorum Petri et Pauli; sanctæ Mustiolæ; sanctorum VII fratrum, sancti Paterniani. Hic sanctus episcopus A patronus erat urbis Fanensis, in qua ejusque territorio monasteria et ecclesiæ erant Avellanensium ascetarum. In Natali sanctæ Margaritæ virginis; sanctorum Quirini et Jolittæ martyrum, sanctorum martyrum Ermacoræ et Fortunati, sanctæ Praxedis virginis, sanctæ Mariæ Magdalenæ; sancti Apollinaris martyris et pontificis; sanctæ Christinæ martyris, sancti Jacobi apostoli, sancti Christophori martyris; sanctorum Nazarii et Celsi martyrum, sanctarum virginum Floræ et Lucillæ. Cultus earum præcipuus Arretii; et in ipsarum natalitia die sermones habuit Damianus, actaque et translationem scripsit. Orationes in Inventione sancti Stephani; in Festo sancti Donati episcopi et martyris; in Vigilia et in Assumptione beatæ Mariæ virginis, et in Natali sancti Magni martyris. Is Trani, in Apulia, alibique colebatur, ubi erant cœnobitæ Avellanenses. Collectæ in dedicatione basilicæ sancti Floridi: patronus erat sanctus Floridus urbis Tiphernatis B seu Civitatis-Castelli, et ex Innocentii II ac Honorii III, Romanorum pontificum privilegiis innotescit Avellanenses monasteria et ecclesias possedisse in urbe et territorio Civitatis-Castelli: *In comitatu Castellano castrum Montis-Majoris,* ait Innocentius, *et monasterium Sanctæ Crucis in eodem castro cum ecclesiis et villis.* Et Honorius: *Ecclesiam Sancti Cassiani, et Sancti Fortunati cum capellis et earum pertinentiis, Ecclesiam Sanctæ Crucis de Monte Majore, et Sancti Ægidii de Castello, Sanctæ Crucis de Citèrna, Sancti Petri de Agilone cum capellis et earum pertinentiis, et quidquid habetis in toto comitatu Castellano.* Pariter habentur orationes in Natali sancti Symphoriani martyris, sancti Bartholomæi apostoli, sancti Rufi martyris; in die decollationis sancti Joannis Baptistæ; sanctæ Felicitatis martyris; sanctorum confessorum Floridi et Amantii (festum hoc occurrebat VI Kalendas Octobris) et Omnium Sanctorum. Succedunt aliæ missæ, aliæque C collectæ, ac missæ pro defunctis. In oratione pro defuncto sacerdote imploratur intercessio sancti Floridi confessoris. Subsequuntur aliæ missæ ac preces ad Deum pro variis necessitatibus, et de num liturgia pro defunctis.

Alterum sacramentarium, quod videtur antiquius primo, mentionem facit abbatis. Forte usui fuit monachorum et parochorum ecclesiæ Sancti Blasii de Fabriano, quæ sæculo XIII subjiciebatur monasterio Sancti Victoris de Clusis; nunc vero abbatia est sui juris, cui unitæ fuere aliæ duæ Sancti Romualdi Vallis Castri et Sancti Urbani ad Æsinantem; nam in confessione prævia ad missam nominatur post sanctos apostolos Petrum et Paulum sanctus Blasius. Similiter in canone ante consecrationem post sanctos Cosmam et Damianum. Ad *Nobis quoque peccatoribus* post sanctam Anastasiam nomen apponitur sanctæ Scholasticæ; ad orationem vero *Libera* nos nomina sancti Apollinaris, sancti Laurentii et sancti Benedicti adjiciuntur nominibus archangelorum et apostolorum. Sacramentarium hocce continet ordinem ad catechumenum faciendum, ordinem baptismatis ad succurrendum, ordinem ad pœnitentiam dandam, ordinem ad visitandum infirmum, et demum ordinem ad sepulturam defunctorum. Ordo quoque in eo habetur ad sacram liturgiam peragendam; adsunt et missæ quædam ac orationes pro variis necessitatibus, aliæ de communibus, aliæ demum pro variis generibus defunctorum.

Tertium denique est breviarium, cujus titulus: *Incipit officium breviarii secundum ordinem eremi Sanctæ Crucis Fontis Avellanæ*. Incipit ab Adventu Domini. Leguntur hymni antiqui in die Nativitatis Dominicæ, in Natali sancti Andreæ apostoli, sancti Benedicti abbatis, in festivo die Inventionis sanctæ Crucis, in aliis festis apostolorum Petri et Pauli, sanctæ Mariæ Magdalenæ, Assumptionis beatæ Mariæ Virginis et sancti Martini. Orationes propriæ habentur de sancto Ambrosio, Zenone, Syro, Blasio, Gregorio ac Æmygdio. Is celebratur potissimum in urbe Asculana. Ecclesia Sancti Hilarii, alia Sanctæ Crucis in ea urbe erant juris Avellanensium monachorum. De sancto Apollinare, quem summa religione coluerunt semper Avellanenses, officium integrum proprium legitur. Postremo in calce breviarii reperitur officium beatæ Mariæ Virginis. Sed excerpta ipsa in medium afferamus, iis nimirum omnibus prætermissis, quæ exstant in editis missalibus et in breviariis.

EXCERPTA EX PRIMO CODICE AVELLANENSI.

FERIA QUARTA. CAPUT JEJUNII.
Collecta ad sanctam Anastasiam.

In primis vero benedictio cineris.
Omnipotens sempiterne Deus, etc. *Hæc prima oratio est eadem quæ habetur in editis.*

Alia oratio. Concede nobis, Domine, præsidia militiæ Christianæ sanctis inchoare jejuniis, ut contra spirituales nequitias pugnaturi continentiæ muniamur auxiliis. Per.

Alia. Deus indulgentiæ, Deus pietatis et misericordiæ, qui Ninivitis, cinere et cilicio indutis, et misericordiam tuam clamantibus subvenisti, exaudi nos propitius clamantes ad te, et hanc creaturam cineris, quo peccatores, indulgentiam tuæ sanctæ misericordiæ implorantes, utuntur, benedicere, et sanctificationis tuæ gratiam infundere digneris, ut quicunque istius pulveris exustione aspersus fuerit, indulgentiam et remissionem omnium peccatorum a te prius Deus, mereatur accipere. Per.

Ana oratio. Deus qui humiliatione etc. *Hæc pariter oratio est eadem, quæ in editis, alia vero, quæ in iisdem subsequitur, in nostro missali ms. desideratur.*

Sequitur antiphona. Immutemur habitu. *Interim ponendi sunt cineres super capita hominum.* Memento, homo, quia pulvis es, et in pulverem reverteris. *His finitis dicat cantor* Miserere omnium.

AD MISSAM.
Statio ad sanctam Sabinam.

Oratio. Præsta, Domine, etc, *ut in editis etiam quoad secretam et communionem, cum hoc tamen, quod in ms. una tantum oratio ponitur.*

DOMINICA IN RAMIS PALMARUM.
Secunda hora diei mediante conveniunt in ecclesiam. Itaque, fratribus tertiam cantantibus, induunt se ministri in vestiario, unus ad crucem, duo ad candelabra, alter ad aquam benedictam, subdiaconus ad thuribulum in tunica, diaconus in dalmatica, sacerdos in cappa. Finita tertia, ubi cantor imposuerit antiphonam: Collegerunt, ministri transeunt per chorum sequente conventu, cantando antiphonam usque ad locum palmarum, ubi antiphona et versus Unus autem finito, et repetito Ne forte, subdiaconus versus super titulum ad orientem incipit lectionem Dicite filiæ Sion. Qua finita cantetur R. Christus factus est. Deinde diaconus versus ad aquilonem incipiat Evangelium: Cum appropinquasset. Quo finito benedicuntur palmæ et olivæ a sacerdote ad orientem verso:

Dominus vobiscum. — Oremus. Auge fidem, etc. *Hic ponuntur omnes orationes ut in editis, præter illam longiorem quæ incipit:* Deus qui miro dispensationis ordine, etc.

Tunc rami benedicti aspergantur aqua benedicta cum antiphona: Asperges me, Domine. Postea projicitur aqua super conventum ordinate venientem et super populum.

Oratio. Deus qui Filium tuum, etc.

Post hæc incipit cantor antiphonam: Pueri Hebreorum, et alias. Interim ministri accipiunt ramos de manu sacerdotis, postea osculatur conventus manum ejus. Deinde dantur populo repetendo antiphonam, donec omnes accipiant. Quo completo, incipit cantor antiphonam: Cum appropinquaret. Et cum omni veneratione quasi ipsum Dominum comitantes, procedunt ad ecclesiam. Ibique ante ostium ecclesiæ finita antiphona, intrant duo fratres in ecclesiam et cantent: Gloria, laus et honor tibi. Et post fines binorum versuum repetunt de foris: Gloria, laus. Percantatis versibus intrant in ecclesiam cantando R. Ingrediente, sonando omnibus signis.

Demum ministri præparent se ad missam; et officiales duo cappis induuntur in choro. Ad tractus induantur alii duo, et quatuor cantent, duo et duo.

FERIA QUINTA IN CŒNA DOMINI.
Hora nona excutitur ignis de crystallano vel silice, ita ut ex ipso possit accendi candela; et benedicit sacerdos ignem apud nos, indutus stola tantum et pluviali, et aqua benedicta: Asperges. Apud quosdam diaconus benedicit.

Oratio. Deus, qui per Filium tuum, angularem

scilicet lapidem, charitatis fidelibus tuis ignem contulisti, productum e silice nostris profuturum usibus, novum hunc ignem sanctifica, et concede nobis ita per hæc festa paschalia cœlestibus desideriis inflammari ut ad perpetuæ claritatis puris mentibus valeamus festa pertingere. Per.

Alia oratio. Domine Deus, Pater omnipotens, lumen indeficiens, et sancte conditor omnium luminum, bene†dic hoc lumen, quod a te sanctificatum atque benedictum est, qui illuminasti omnem mundum, ut ab eo lumine accendamur, et illuminemur igne claritatis tuæ, et sicut ignem illuminasti Moysi, ita illumines corda et sensus nostros, ut ad vitam æternam pervenire mereamur. Per.

Alia oratio. Veniat, quæsumus, omnipotens Deus, super hoc incensum larga tuæ benedictionis infusio, et hunc nocturnum splendorem invisibilis regnator accende, ut non solum sacrificium, quod hac nocte litatum est arcana luminis tui admistione refulgeat, sed in quocunque loco ex hujus sanctificationis mysterio fuerit deportatum, expulsa diabolicæ fraudis nequitia, virtus tuæ majestatis assistat. Per.

De quo igne novo lampas una servetur accensa usque in Sabbatum sanctum ad illuminandum cereum, qui eodem die benedicendus est ordine quo in Sacramentario continetur. Hoc expleto, omni lumine decorata ecclesia, ingrediantur ad missam, quæ pro præsentis sacrificii recenti institutione devotissime decantetur. In hac enim die sacrificium corporis sacri, et divi muneris sacri sanguinis ab ipso Domino celebrationis sumpsit initium. Hac die in toto orbe sacrum chrisma conficitur. Hac die etiam pœnitentibus per indulgentiam subvenitur.

Dum autem cantatur nona, præparent se ad missam festive sacerdos, diaconus in dalmatica, subdiaconus in tunica, ceroferarii quoque et qui thuribulum deferat. Et cantator in choro, indutus cappa, missam solemniter incipiat, quæ pro præsentis sacrificii recenti institutione devotissime decantetur. In qua iteratur responsum; et cantetur Credo in unum Deum, Gloria in excelsis Deo.

Ubi chrisma conficitur, cantatur.

MISSA AD S. JOANNEM IN LATERANO.

Oratio, etc. *Ut in nostris editis usque ad consecrationem corporis et sanguinis inclusive. Post* Agnus Dei, *sacerdos dividat oblatas, et omnes, qui possunt communicent. Tantæ hac die consecrentur hostiæ ut ex ipsis possint ipso et sequenti die sufficienter habere ad communicandum. Notandum autem quod de corpore Domini integræ oblatæ servandæ sunt usque mane die Parasceve, de quibus communicant. Sanguis vero Domini ipso die penitus absumatur. Interim vero communicant, dicitur :* Agnus Dei; *et* Communio : Dominus Jesus, *absque osculo.*

Postea incipitur antiphona ad vesperum Calicem salutaris, *cum psalmis, qui suaviter cantentur.* ℣ Christus factus est. Antiphona Cœnantibus *autem accepit. Post* Magnificat, *finita antiphona sequitur oratio ad complendum*

Refecti vitalibus alimentis, quæsumus, Domine Deus noster, ut quod tempore mortalitatis nostræ exsequimur, immortalitatis munere consequamur. Per.

Postquam diaconus dicit Benedicamus Domino. *In plurimis Ecclesiis,* Ite, missa est *dicitur, quia et* Gloria in excelsis *dicunt, quod nos non dicimus.*

FERIA SEXTA IN PARASCEVEN.

Dum cantatur nona induunt sacerdos et ministri casulas nigris, si habentur, faciuntque ibidem in vestiario confessionem, et tunc non accenduntur candelæ circa altare, et mittant parvulum linteum, mundissimum tamen, super altare. Postquam vero sacerdos cum ministris venerit coram altari, statim diaconus accedit ad legendum, pronuntians in lectione nomen prophetæ, sic : Lectio Oseæ prophetæ. *Qua finita dicant tractum in choro, etc., ut in editis usque ad totam ultimam orationem :* Omnipotens sempiterne Deus.

Finitis orationibus prior facit sermonem ad populum de pace, et omnes discordantes Ecclesiæ suæ filios ad concordiam revocare summopere studeat, ut digni sacramento reconciliationis humanæ esse valeant. His transactis accedant ad crucem discooperiendam, sicut in ordine habetur. Qua discooperta et adorata, veniat sacerdos cum ministris ante altare. Diaconus sit indutus casula sua, sicut mos est ei ministranti; subdiaconus autem indutus sua. Factaque confessione ante altare, deferat diaconus corporalem ad altare et extendat. Et in sacrario in loco convenienti præparet diaconus calicem cum vino non consecrato, imposito super patenam diligenter et reverenter corpore Domini, id est integris oblatis, quæ servatæ sunt de corpore Domini pridie; et desuper corporale plicatum componat, quia dignum est, ut corpus Domini, in quo est tota salus nostra et redemptio, summa reverentia tractetur. Procedant vero ad eum duo ceroferarii in albis, et tertius cum thuribulo fumigante; et subdiaconus portans ampullam aquæ. Deferat autem diaconus calicem cum corpore Domini dicens apud se :

Hoc corpus, quod pro vobis tradetur, hic calix Novi Testamenti est in meo sanguine, dicit Dominus. Hoc facite, quotiescunque sumitis, in meam commemorationem.

Tenente autem diacono calicem, sacerdos misceat aquam; quibus oblatis inclinet sacerdos ante altare dicens : In spiritu humilitatis, et in animo contrito suscipiamur, Domine, a te, etc. *Post hæc levans se incipit mediocri voce :* Oremus, præceptis salutaribus moniti; Pater noster. *Et finiat totum, respondente choro :* Sed libera nos a malo. *Postea dicat sub silentio :* Libera nos, quæsumus, Domine; *sicut mos est, et cum dixerit :* Per omnia sæcula sæculorum; Amen, Pax Domini *non dicatur, neque per oscula detur; sed sumat de sancta, et ponat in calicem, nihil dicens. Sanctificatur autem vinum non consecratum per corpus Domini immissum, et communicent omnes cum silentio fratres. Communicatis omnibus* dicant vesperas plane; psalmos de feria. Postea: Magnificat, deinde Pater noster. Miserere mei, Deus. Christus factus est.

Sabbati vero die sancto, dum cantatur nona, induunt se ministri cultioribus vestibus, diaconus dalmatica, subdiaconus tunica ad thuribulum, duo ad candelabra in albis. Et finita nona diaconus benedicat cereum.

Exsultet jam angelica turba coelorum, etc. Ut in editis usque ad verba Et antistite nostro. Excepto quod in nos non adest accensio lampadarum. Post ergo praedicta verba antistite nostro haec immediate sequuntur, videlicet:

Et serenissimo imperatore nostro N. ejusque nobilissima prole vel cuncto exercitu ejus, et omnibus circumstantibus, quiete temporum concessa in his Paschalibus gaudiis conservare digneris. Hunc ergo cereum, Domine, quem tibi offert famulus tuus N. acceptum esse digneris, ut haec per multos annos laetus et gaudens tibi Domino vota persolvat, et usque ad optatam perveniat senectutem. Unde bene†dico te, creatura cerae, per De†um vivum, per De†um sanctum, per Deum, qui te ex omnibus agri floribus congregari praecepit, et in conspectu suae claritatis ignem accendere jussit, ut ubicunque ex te positum fuerit, sit locus iste munitus, protectus atque defensus ab omni ira divina et ab omni infestatione inimici, per virtutem et nomen Domini nostri Jesu Christi, qui vixit et regnat cum Deo Patre in unitate Spiritus sancti in saecula sempiterna. Amen.

Cereo benedicto, ascendit lector ad ambonem pronuntians: Lectio libri Genesis. In principio creavit. Lectio prima. Legens plane et aperte ad intelligendum. Ad singulas lectiones singulae orationes habentur, quarum primam domnus prior dicit, indutus cappa et stola; sequentes alii sacerdotes. Ad nullam harum orationum dicitur Dominus vobiscum, sed tantum Oremus.

Oratio. Deus qui mirabiliter, etc., ut in editis usque ad totam duodecimam lectionem, postquam haec subjiciuntur, tractus: Sicut cervus.

Oratio. Omnipotens sempiterne Deus, respice propitius ad devotionem populi renascentis, qui sicut cervus aquarum expetit fontem, et concede propitius, ut fidei ipsius sitis baptismatis mysterio animam corpusque sanctificet. Per.

Ad ultimam lectionem sacerdos egrediens ex choro cum ministris optimis vestimentis induitur, si tamen baptismum non est celebraturus; tunc enim vilioribus utitur usque ad missam. His itaque peractis cantores duo cappis induti litaniam ternam faciant, quae pro tempore protrahatur. Qua finita conventus in choro exspectans, sedeat. Ministri autem reversi in sacrario usque dum campanae sanctae fuerint; quibus cessantibus fit processio per claustrum, et cantatur antiphona: Cum descendisset Dominus ad inferna. Usquequo redeant in chorum. Ubi finita antiphona sacerdos ante basim altaris consistens mediocri voce incipit

Jam Christus Dominus resurrexit, choro respondente Deo gratias. Hoc fit tertio. His dictis, cantor incipit alta voce: Alleluia, Alleluia, Alleluia. Deinde Kyrie eleison. Quo finito sacerdos devotissime incipiat: Gloria in excelsis Deo. Post orationem epistola, post epistolam Alleluia. Deinde tractus: Laudate Dominum. Quo finito, diaconus incipit Evangelium, ante quod non portetur lumen, sed tantum incensum. ...... Postea sacerdos dicit Credo in unum Deum. Deinde: Dominus vobiscum, et Oremus. Offertorium, nec Agnus Dei, nec communio cantatur; osculum tamen secundum usum nostrae Ecclesiae datur. Data pace cum sacerdos et ministri communicaverint: Alleluia in choro imponitur cum psalmo: Laudate Dominum, omnes gentes, ad neophytos. Quo finito cum Gloria, Alleluia repetitur, et sine neumate finitur. Postea prior, si missam non celebraverit, incipiat antiphonam Vespere autem Sabbati; cum psalmo Magnificat anima. Et finita antiphona, et communicatis fratribus, tandem oratione de missa vesperae finiuntur. Et ideo apud quosdam non incongrue a diacono Benedicamus Domino dicitur; sed apud nos quoties Gloria in excelsis Deo canitur, etiam ite Missa est a diacono dicitur.

IN SABBATI SANCTI NOCTE AD MISSAM.

Oratio. Deus, qui hanc sacratissimam noctem, etc., ut in editis quoad hanc orationem, secretam, praefationem, communicantes, hanc igitur, et communionem; quae omnia tantum habentur in enuntiato missali mss.

INCIPIT ORDO QUALITER EPISCOPUS VEL PRESBYTER AD MISSAM SE DEBEAT PRAEPARARE.

In primis cantent tres psalmos per se vel a circumstantibus clericis, id est psalmum: Quam Dilecta; ps. Benedixisti; ps. Inclina, et preces........ Sequuntur capitulum: Exsurge, Fiat, Deus convertens, Ostende nobis, Ab occultis, Non intres, Sacerdotes tui.

Deinde cum exuerit tunicam dicit: Exue me, Domine, veterem hominem cum actibus suis, et indue me novum hominem, qui secundum Deum creatus est in justitia et sanctitate veritatis.

Ad amictum: Scinde, Domine, saccum meum et da laetitiam cordis mei. Amen.

Ad albam: Indue me, Domine, loricam justitiae et galeam salutis. Amen.

Ad cingulum: Praecinge, Domine, lumbos mentis meae et circumcide vitia cordis mei. Amen.

Ad stolam: Stola justitiae circumda, Domine, cervicem meam, et ab omni corruptione peccati purifica mentem meam.

Ad casulam: Indue me, Domine, sacerdotali justitia, ut induci merear in tabernacula sempiterna.

Dum intrat ad altare dicat: Introibo ad altare Dei, ad Deum: psal. Judica me, Deus.

Cum pervenerit ad altare humiliter inclinato vultu dicat confessionem hanc totam per ordinem: Kyrie. Christe. Pater noster, qui es. Adjutorium nostrum. Qui fecit coelum et terram. Confitemini Domino.

quoniam bonus, quoniam in sæculum misericordia ejus. Et ego miser infelix, confiteor Deo omnipotenti Patri, et Filio, et Spiritui sancto, et omnibus angelis et sanctis ejus, et tibi, frater, quia peccavi nimis mea culpa, mea culpa, mea culpa, in cogitatione, locutione, delectatione, consensu et opere : ideo deprecor omnes sanctos Dei et te, frater, orare et intercedere pro me peccatore Dominum nostrum Jesum Christum.

Misereatur tui omnipotens Deus, et dimittat tibi omnia peccata tua ; liberet te ab omni malo, salvet et confirmet te in omni opere bono, et perducat te Christus Filius Dei in vitam æternam. Amen.

Indulgentiam et remissionem omnium peccatorum nostrorum, et spatium veræ, fructuosæ pœnitentiæ tribuat nobis omnipotens Dominus.

℣. Deus tu convertens vivificabis nos.
℟. Et plebs lætabitur in te.
℣. Ostende nobis, Domine, misericordiam tuam.
℟. Et salutare tuum da nobis.
℣. Non intres in judicio.
℟. Quia non justificabitur.
℣. Propitius esto.
℟. Nequando dicant.
℣. Domine, exaudi orationem meam.
℟. Et clamor meus ad te veniat.
℣. Dominus vobiscum.
℟. Et cum spiritu tuo.

Oratio. Aufer a nobis, Domine, quæsumus, intervenientibus istis et omnibus sanctis tuis, cunctas iniquitates nostras, ut ad Sancta sanctorum puris mentibus mereamur introire. Per Dominum.

Quando osculatur altare dicit: Oramus te, Domine Deus noster omnipotens, ut per merita sanctorum, quorum reliquiæ hic sunt, indulgere nobis digneris omnia peccata nostra.

Deinde cum Evangelium osculatur : Pax Christi, quam nobis per Evangelium suum tradidit, confirmet et conservet corda et corpora nostra in vitam æternam. Amen.

Ante Evangelium cum posuerit incensum in thuribulum dicit, vel antequam diaconus se inclinet : Odorem cœlestis inspirationis suæ accendat in nobis Dominus, et impleat corda nostra ad audienda et implenda sui Evangelii præcepta. Qui vivit.

Alia oratio. In nomine Patris, et Filii, et Spritus sancti. Incensum istud, etc. Dirigatur, Domine, etc.

Cum autem diaconus petierit benedictionem : Dominus sit in corde tuo et in labiis tuis, ut competenter nunties Evangelium pacis.

Perlecto autem Evangelio dicat : Pax tibi.

Quando autem osculatur Evangelium dicit : Per istos sermones sancti Evangelii Filii sui Domini nostri Jesu Christi, indulgeat Dominus universa delicta nostra.

Antequam oblationem accipiat humillime dicat : Ante oculos tuos, Deus, reus conscientiæ testis assisto, rogare non audeo, quod impetrare non mereor; tu enim scis, Domine, quæ aguntur in nobis, erubescimus confiteri quod non timemus admittere ; verbis tuis tantum obsequimur, corde mentimur, et quod velle nos dicimus, nolle nostris actibus approbamus; sed parce, Domine, confitentibus, ignosce peccantibus, miserere te rogantibus, et quia omnis sensus in sacramentis tuis infirmus est, et apud te non habent verba sine crimine, præsta, Domine, ut ex nobis indignis et peccatoribus verba non suscipias, per temetipsum veniam largiaris, qui vivis et dominaris.

Dum abluit manus postquam perlectum est evangelium : Largire sensibus nostris, omnipotens Pater, ut sicut hic abluuntur inquinamenta manuum, sic a te mundentur interius pollutiones mentium, et crescat in nobis augmentum sanctarum virtutum.

Antequam ad sacramenta accedat, inclinet se ante altare dicens : Facturus ego peccator memoriam salutaris hostiæ totius mundi, cum illius dignitatem, et meam intueor fœditatem, conscientia torqueor peccatorum, verum quia tu multum misericors es, imploro, ut digneris mihi dare spiritum contribulatum, quod tibi gratum revelasti sacrificium, ut eo purificatus vitali hostiæ pias manus admoveam, quæ omnia peccata mea aboleat, et ea in perpetuum vitandi cautelam infundat, omnibusque, pro quibus tibi offertur salutis commercia largiatur. Per. Amen.

Quando quis offert oblationem presbytero, dicat : In spiritu humilitatis et in animo contrito, ubi Domino Creatori meo hostiam offero pro remissione omnium peccatorum meorum, et cunctorum fidelium vivorum atque mortuorum.

Sacerdos oblationem accipiens dicat : Suscipe, sancta Trinitas, hanc oblationem, quam tibi offert famulus tuus, et præsta ut in conspectu tuum tibi placens ascendat.

Alia. Suscipe, sancta Trinitas, quam tibi offero, pro animabus famulorum famularumque tuarum, ut requiem æternam illi dones inter sanctos et electos tuos, ut in illorum consortio, vita perfruamur æterna. Per.

Presbyter, vel diaconus calicem offert, dicat : Domine Jesu Christe, qui in cruce passionis tuæ de latere tuo sanguinem et aquam, unde Ecclesiam consecrares, manare voluisti, suscipe hoc sacrificium altari tuo superpositum, et concede, clementissime, ut pro redemptione nostra et totius mundi in conspectum divinæ majestatis tuæ cum odore suavitatis ascendat.

Cum superposita oblata [f., *offert*] *dicat :* Acceptum tibi sit omnipotenti Deo sacrificium istud super altare tuum positum.

Tunc calix super altare ponitur : Offerimus tibi, Domine, calicem salutaris, deprecamur clementiam tuam, ut in conspectu divinæ majestatis tuæ sacrificium nostrum cum odore suavitatis ascendat.

Tunc devota manu benedicat oblationem et calicem dicens : Veni, sanctificator omnipotens æterne Deus, bene✝dic et sanctifica hoc sacrificium tibi præparatum.

Alia. In nomine Patris et Filii et Spiritus sancti, sit hoc sacrificium immaculatum, et a te Deo vivo et vero adunatum, et consecratum et benedictum.

Super oblata: Sanctificata, quæsumus, Domine, hanc obla✝tionem, ut nobis Unigeniti tui corpus fiat.

Super calicem dicat: Sanctifica, quæsumus, Domine, hunc cali✝cem, ut nobis Filii tui sanguis fiat.

Cum incensum posuerit in thuribulo dicat: Per intercessionem sancti Gabrielis archangeli, etc.; *ut in nostris editis. In mss. tamen deest conclusio.*

Hic incensum super sacrificium faciat vel in circuitu dicat: Incensum istud. *Require retro.*

Cum incensum offertur singulis dicit: Accendat in nobis Dominus ignem amoris, et flammam æternæ charitatis.

Postea vertat se ad circumstantes dicat: Orate, fratres, pro me, ut meum et vestrum impleatur officium.

Dicant respondentes: Orent pro te omnes sancti et electi Dei. Exaudiat te Dominus orantem pro nostra omniumque salute. Memor sit Dominus omnis sacrificii tui et holocaustum tuum pingue fiat.

Postea dicat hos psalmos: Ad te, Domine, levavi. Psalmum, Miserere mei, Deus; psal. Domine, refugium factus; psal. Qui habitat in adjutorio. Salvum fac servum tuum. Fiat, Domine, misericordia tua super nos. Exsurge, Domine.

Oratio. Gaudeant, Domine, quæsumus, famuli tui beneficiis impetratis, et quibus fiduciam sperandæ salutis tribuisti, optatæ misericordiæ tribue benignus effectum. Per.

Per omnia sæcula sæculorum, etc., *ut in nostris editis, tum quoad omnes præfationes communem et particulares, cum quoad canonem usque ad nomina Joannis et Pauli, Cosmæ et Damiani, post quæ sequuntur hæc verba:* nec non et illorum, quorum hodie solemnitatis in conspectu gloriæ tuæ celebratur triumphus. *Quæ sequuntur in ms. missali communia sunt editis usque ad totam orationem:* Libera nos quæsumus, etc.

Oratio. Fiat commistio et consecratio Corporis et Sanguinis Domini nostri Jesu Christi accipientibus in vitam æternam. Amen.

Agnus Dei, qui tollis peccata mundi miserere nobis. *Tribus vicibus.*

Ad pacem osculando altare: Domine Jesu Christe, etc., *ut in editis usque ad totam tertiam orationem.*

Quando corpus Domini in manibus accipit, dicat: Panem cœlestem accipiam et nomen Domini invocabo. Domine, non sum dignus, ut intres sub tectum meum; sed tantum dic verbo, et sanabitur puer meus.

Quando communicat: Corpus Domini nostri Jesu Christi custodiat animam meam in vitam æternam.

Ad sonitum patenæ hanc fratres orationem dicant: Hujus sacramenti susceptio fiat nobis, Domine, omnium peccatorum nostrorum remissio, per Christum.

Cætera sunt eadem, quæ in editis usque ad totam orationem: Placeat tibi, sancta Trinitas, *in quam terminatur Missa enuntiati missalis ms. ubi non fit mentio, neque de Ite Missa est, etc., neque de benedictione, neque de Evangelio, ut apud nos. Similiter nusquam in canone fit mentio de genuflexionibus.*

MISSÆ IN NATALITIIS SANCTORUM.

IN NATALI SANCTI AMBROSII.

Oratio. — Sancti Ambrosii nos, Domine, jugiter prosequatur oratio, ut quod petitio nostra non impetrat, ipso pro nobis interveniente præstetur. Per.

Secreta. Hæc in nobis sacrificia, Deus, intercedente beatissimo confessore tuo Ambrosio et actione permaneant, et operatione firmentur. Per.

Communio. Hæc nos communio, Domine, purget a crimine, et intercedente beato Ambrosio confessore tuo atque pontifice cœlestibus remediis faciat esse consortes. Per.

IN OCTAVA SANCTI ANDREÆ.

Oratio. Protegat nos, Domine, sæpius beati Andreæ apostoli tui repetita solemnitas, ut cujus patrocinia sine intermissione recolimus, perpetuari defensionem sentiamus. Per.

Secreta. Indulgentiam nobis præbeant hæc munera, quæsumus, Domine, largiorem, quæ tibi pro venerandis sancti Andreæ suffragiis offeruntur. Per.

Communio. Adjuvet familiam tuam, Domine, supplicando venerandus Andreas apostolus, et pius interventor efficiatur, qui tui nominis exstitit prædicator et rector. Per.

IN NATALI SANCTÆ LUCIÆ VIRGINIS.

Oratio et secreta eædem quæ in editis.

Communio. Læti, Domine, sumpsimus sacramenta cœlestia, intercedente pro nobis beata Lucia martyre, ad vitam nobis proficiant sempiternam. Per.

IN NATALI SANCTI THOMÆ APOSTOLI.

Oratio et secreta ut in editis.

Communio. Beati apostoli tui Thomæ, Domine, quæsumus, intercessione nos adjuva, pro cujus solemnitate percepimus tua sancta lætantes. Per.

IN NATALI SANCTI ANASTASII MARTYRIS.

Oratio. Votivos nos, Domine, quæsumus beati Anastasii martyris tui natalis semper excipiat, qui et jucunditatem nobis suæ glorificationis infundat; et tibi nos reddat acceptos. Per.

Secreta. Præsentia munera, quæsumus, Domine, ea serena pietate intuere ut sancti Spiritus perfundantur benedictione, et in nostris cordibus eam dilectionem validam infundant, per quam sanctus martyr omnia corporis tormenta devicit. Per.

Communio. Sumpsimus, Domine, sancti Anastasii martyris tui solemnitate cœlestia sacramenta, cujus suffragiis, quæsumus, largiaris, ut quod temporaliter gerimus, æternis gaudiis consequamur. Per.

IN NATALI SANCTI PROJECTI.

Oratio. Beati martyris tui Projecti nos, quæsumus, Domine, interventio gloriosa commendet, ut quod nostris actibus non meremur, ejus precibus consequamur. Per.

Secreta. Suscipe, Domine, propitius orationem nostram cum oblationibus hostiarum superimpositis, et martyris Projecti deprecatione pietati tuæ perfice benignus acceptas, et illam, quæ in eo flagravit fortis dilectio, in nobis aspira benignus. Per.

Communio. Votiva, Domine, pro beati martyris tui Projecti passione dona percepimus, quæsumus, ut ejus præcibus, et præsentis vitæ nobis pariter et æternæ tribuas conferre subsidium. Per.

IN NATALI SANCTÆ BRIGIDÆ VIRGINIS.

Oratio. Omnipotens sempiterne Deus, qui prudentium lampadibus oleo bonæ conscientiæ ornatis, lumen tuæ claritatis infundis, concede propitius, ut beatæ Brigidæ virginis tuæ, cujus natalitia colimus, a fatuarum consortio ejus intercessionibus liberemur. Per.

Secreta. Hostias, quæsumus, Domine, pacificas, quas tuæ majestati solemniter offerimus, sanctæ Brigidæ virginis tuæ meritis sanctifica, ut et vincula peccatorum nostrorum absolvant, et tuæ nobis famulis tuis misericordiæ dona multiplicent. Per.

Communio. Divinis, quæsumus, Domine, redempti mysteriis, ut beatæ Brigidæ virginis tuæ suffragiis sublevemur, et a præsentis vitæ adversitatibus liberemur, et æternæ beatudinis præmia consequamur. Per.

PURIFICATIO SANCTÆ MARIÆ.

Collecta ad sanctum Adrianum. In primis cantetur tertia; postea benedicantur candelæ, deinde dicit sacerdos.

Oremus. Exaudi, quæsumus Domine, plebem tuam, quæ extrinsecus annua tribuis devotione venerari, interius assequi gratiæ tuæ luce concede.

Per omnia sæcula sæculorum. Amen. Dominus vobiscum. Et cum spiritu tuo. Sursum corda. Habemus ad Dominum, Gratias agamus Domino Deo nostro. Dignum et justum est.

Præfatio. Vere dignum et justum est, æquum et salutare nos tibi semper et ubique gratias agere, Domine sancte, Pater omnipotens, æterne Deus, Creator cœli et terræ, Rex regum, et Dominus dominantium, nos supplices tuos, ad te clamantes et exorantes, clementer exaudire dignare. Qui omnia ex nihilo creasti, et jussu tuo per opera apum hunc liquorem ad perfectionem cerei venire fecisti, et qui hodierna die petitionem justi Simeonis implesti, te humiliter deprecamur, ut has candelas ad usum hominum et ad sanitatem corporum et animarum, sive in terra, sive in aquis accensæ fuerint per invocationem tui sanctissimi nominis et per intercessionem sanctæ Mariæ genitricis Filii tui, cujus hodie festa devote celebrantur, ac per preces om-

nium sanctorum tuorum bene✝dicere et sancti✝ficare digneris, ut hujus plebis tuæ, quæ illa honorifice in manibus portat, teque cantando laudat, exaudias voces de cœlo sancto tuo et de sede majestatis tuæ, propitiusque sis omnibus clamantibus ad te, quos redemisti pretioso sanguine, Filii tui, qui tecum vivit et regnat Deus in unitate Spiritus sancti, per omnia sæcula sæculorum. Amen. Oremus. Præceptis salutaribus moniti et divina institutione formati, audemus dicere: Pater noster, qui es in cœlis, *usque* Et ne nos inducas in tentationem. Sed libera nos a malo.

Hic mutat vocem quasi legens: Oremus. Benedic, Domine Jesu Christe, hanc creaturam cerei supplicationibus nostris, et infunde ei per virtutum sanctæ crucis bene✝dictionem cœlestem, ut qui eam ad repellenda tenebras humano generi tribuisti, talem signaculo crucis tuæ fortitudinem et bene✝dictionem accipiat, ut in quibuscunque locis accensa sive posita fuerit, discedat diabolus et contremiscat, et fugiat pallidus cum omnibus ministris suis de habitationibus illis, nec præsumat amplius inquietare vel illudere servientibus Deo. Proinde supplices, quæsumus te, Domine, ut emittas sanctum angelum tuum Raphaelem, qui evulsit et repulit a Sara et Tobia dæmonium mortiferum, eos infestantem, et conterat illum et perdat de cunctis habitationibus colentium Deum, de basilicis, de domibus, de angulis, de lectibus, de refectoriis, de universis locis, in quibuscunque Deo famulantes habitant et requiescunt, dormiunt, vigilant, ambulant, et consistunt; nec valeat ille malignus amplius inquietare vel pavores mittere super illos, quos sancti chrismatis tui unctione fecisti esse munitos. Bene✝dico, dico, cera, in nomine Dei Patris omnipotentis, et Filii ejus unigeniti, et Spiritus sancti paracleti, ut sis ubique diaboli effugato, atque omnium contubernalium suorum exterminatio, adjuvante eadem sancta et individua Trinitate, quæ in Unitatis essentia, vivit et conregnat in sæcula sæculorum. Amen.

Finita benedictione sacerdos accipiat aquam benedictam, et aspergat super candelas, et sumat de cereis et accendat. Cum cœperint accendi, cantor inchoet hanc antiphonam, Lumen ad revelationem gentium. *Psalmus:* Nunc. *Repetita antiphona per omnes versus ejusdem psalmi.* Gloria Patri. Sicut erat; *usque dum accendantur omnes candelæ. Accensis vero dicant hanc orationem.*

Oratio. Omnipotens sempiterne Deus, qui hodierna die Unigenitum tuum ulnis sancti Simeonis in templo sancto tuo suscipiendum præsentasti, te supplices deprecamur, ut hos cereos tuos, quos nos fideles tui omni magnificentia suscipientes gestare cupimus luce accensos, bene✝dicere et sancti✝ficare, atque lumine supernæ benedictionis accendere digneris, quatenus eos tibi Domino Deo nostro offerentes, digni et sancto igne tuæ dulcissimæ charitatis succensi in templo sancto gloriæ tuæ repræsentari mereamur. Per eumdem.

Finita oratione pergant ad sanctam Mariam canendo antiphonam: Ave, Maria, gratia plena, Dei genitrix virgo. Adorna thalamum tuum, Sion, et suscipe.

Oratio. Perfice in nobis, Domine, quæsumus, gratiam tuam, qui justi Simeonis exspectationem implesti, ut, sicut ille mortem non vidit, priusquam Christum Dominum videre mereretur, ita et nos vitam obtineamus æternam. Per eumdem.

IN FESTO SANCTI BLASII.

Oratio. Deus qui præsentem diem honorabilem nobis in beati Blasii martyris tui solemnitate fecisti, da populis tuis spiritualium munus gaudiorum, et omnium fidelium mentes dirige in viam salutis æternæ. Per.

Secreta. Hostias, Domine, quas nomini tuo consecrandas offerimus, sancti Blasii martyris tui prosequatur oratio, per quam nos expiari tribuas quæsumus et defendi. Per.

Communio. Beati Blasii martyris tui, quæsumus, Domine, intercessione nos adjuva, pro cujus solemnitate percepimus tua sancta lætantes commercia. Per.

IN FESTO SANCTI BENEDICTI.

Oratio. Deus, qui beatum Benedictum comessorem tuum in terris vita laudabili decorasti, et in cœlis æterna gloria sublimasti, ejus quæsumus suffragantibus meritis vita nostra apud te commendetur. Per.

Secreta. Benedictio tua, Domine, beati Benedicti confessoris intercessione super has hostias descendat, quæ et benedictionem nobis clementer operetur, et beatæ immortalitatis dona conciliet. Per.

Communio. Beati Benedicti confessoris tui, Domine, precibus confidentes, quæsumus, clementiam tuam, ut per ea, quæ sumpsimus, æterna remedia capiamus. Per.

IN ANNUNTIATIONE SANCTÆ MARIÆ.

Deus, qui hodierna die Verbum tuum beatæ Virginis alvo coadunari voluisti, fac nos ita peragere, ut tibi placere valeamus. Per eumdem.

Secreta ut in editis.

Communio. Adesto, Domine, populo tuo, ut quæ sumpsit fideliter, et mente sibi et corpore beatæ Mariæ semper virginis intercessione custodiat. Per.

IN FESTO SANCTÆ EUPHEMIÆ.

Oratio. Concede nobis, omnipotens Deus, sanctæ martyris tuæ Euphemiæ et exsultare meritis, et beneficia referre suffragiis. Per.

Secreta. Muneribus nostris, Domine, te magnificantes, quæsumus, ut in sanctæ nobis solemnitatibus Euphemiæ gaudia superna concilies et patrocinia sempiterna largiaris. Per.

Communio. Sanctæ martyris tuæ Euphemiæ nos, Domine, grata comitetur oratio, et tuam nobis indulgentiam poscere non desistat. Per.

IN FESTO SS. LAURENTINI ET PERGENTINI.

Oratio. Tuorum nos, Domine, precibus tuere sanctorum, ut festa martyrum tuorum Laurentini et Pergentini sine cessatione venerantes, et fidei muniamur auxilio et magnifico proficiamus exemplo. Per.

Secreta. Martyrum tuorum Laurentini et Pergentini, Domine, festa venerantes munera nomini tuo dicata offerimus, præsta, quæsumus, ut illis reverentiam deferentes nobis veniam impetremus. Per.

Communio. Protege, Domine, plebem tuam, et festivitatem martyrum tuorum Laurentini et Pergentini, quam nobis tradidisti, assidue debitam tibi solvi precibus concede sanctorum. Per.

IN FESTO SANCTI BONIFACII CUM SOCIIS SUIS.

Deus, qui beatum Bonifacium pontificem constantiæ in passione roborasti, quique illi ad prædicandum gentibus gloriam tuam Heobanem et Adhelarium sociare dignatus es, etc.

IN FESTO SANCTORUM ALBINI, PAULINI ET NICETÆ, CUM NONGENTIS OCTOGINTA NOVEM.

Oratio. Propitiare, Domine, supplicationibus nostris, et sanctorum martyrum tuorum Albini, Paulini et Nicetæ episcopi cum nongentis octoginta novem, qui passi sunt propter nomen tuum, eorum suffragantibus meritis, preces nostras dignanter exaudi, ut dimittantur nobis peccata nostra, et tecum vivere in æternum mereamur. Per.

Secreta. Suscipe, Domine, propitius, orationes nostras cum oblationibus hostiarum, et martyrum tuorum, quorum notabilia gloriosa celebramus, deprecationem pietatis tuæ perfice benigno affectu; et illam, quæ in eis flagravit fortis dilectio, in nobis respirare benignus concede. Per.

Communio. Sanctorum tuorum, Domine, quorum festa celebramus, intercessione opem misericordiæ nobis tribue, ut qui coronam martyrii tui non meremur, saltem a venia non repellamur. Per.

IN VIGILIA SANCTI JOANNIS BAPTISTÆ.

Oratio, ut in editis.

Secreta. Munera populi tui, quæsumus, Domine, propitiatus intende, et beati Joannis Baptistæ, cujus nos tribuis oræire solemnia, fac gaudere suffragiis. Per.

Missa mane primo.

Oratio. Concede, quæsumus, omnipotens Deus, ut qui beati Joannis Baptistæ solemnia colimus, ejus apud te intercessionibus muniamur. Per.

Secreta. Munera, quæsumus, Domine, etc., *ut in editis.*

Communio. Præsta, quæsumus, omnipotens Deus, ut qui cœlestia alimenta percepimus, intercedente beato Joanne Baptista, per hæc contra adversa omnia muniamur. Per.

Alia ad Vesperas. Deus, qui nos annua beati Joannis Baptistæ solemnia frequentare concedis, præsta, quæsumus, ut et devotis eadem mentibus celebremus, et ejus patrocinio promerente plene capiamus securitatis augmentum. Per.

IN VIGILIA APOSTOLORUM PETRI ET PAULI.

Oratio. Deus, qui nobis beatorum apostolorum

tuorum Petri et Pauli natalitia gloriosa præire concedis, tribue, quæsumus, eorum nos semper et beneficiis præveniri et orationibus adjuvari. Per.

Secreta, ut in editis.

Communio. Deus, qui ecclesiam tuam ; apostoli tui Petri fide et nomine consecrasti, quique beatum illi Paulum ad prædicandum gentibus gloriam tuam sociare dignatus es, concede ut omnes, qui ad apostolorum tuorum solemnia convenerunt, spirituali remuneratione ditentur. Per.

IN FESTO APOSTOLORUM PETRI ET PAULI.

Oratio. Omnipotens sempiterne Deus, qui Ecclesiam tuam in apostolica soliditate fundatam ab infernarum eruis terrore portarum, præsta in tua veritate persistens, nulla recipiat consortia perfidorum. Per.

Secreta. Familiam tuam, Domine, propitius intuere, et apostolicis defende præsidiis, ut eorum precibus gubernetur, quibus nititur te constituente principibus. Per.

Communio. Exaudi nos, Deus salutaris noster, et apostolorum tuorum nos tuere præsidiis, quorum donasti fideles esse doctrinis. Per.

Ad Vesperum.

Oratio. Præsta, quæsumus, omnipotens Deus, ut qui jugiter apostolica defensione munimur, nec succumbamus vitiis, nec opprimamur adversis. Per.

IN OCTAVA SANCTI JOANNIS BAPTISTÆ.

Oratio. Præsta, quæsumus, omnipotens Deus, ut Ecclesia tua, quæ iterato nativitatem præcursoris Filii tui Domini nostri Jesu Christi Joannis Baptistæ in octavo veneratur, eo ipso pro ea apud misericordiam tuam præveniente, a peccatis omnibus te miserante liberari mereamur. Per.

Secreta. Sancti Joannis Baptistæ honorabilem nativitatem muneribus, o piissime Domine, geminatis in octavo Ecclesia tua die devotissime consequitur, præsta solita clementia tua ut ipso pro ea interveniente id munus salutare sibi penes se fieri mereatur. Per.

Communio. Munera tua, quæ in honorem nominis tui in solemnitate iterata Joannis Baptistæ præcursoris Filii tui Domini nostri Jesu Christi sumpta sunt, quæsumus, omnipotens Deus, præstent auxilium Ecclesiæ tuæ, ut expiata ab omni immissione insidiatoris te benedicat, tibi serviat, et, te protegente, ab omnibus malis semper sit libera. Per.

IN FESTO SANCTÆ MUSTIOLÆ.

Oratio. Crescat in nobis, Domine, semper sanctæ jucunditatis effectus, ut beatæ Mustiolæ martyris tuæ veneranda festivitas augeatur. Per.

Secreta. Sanctæ Mustiolæ martyris tuæ, Domine, festa celebrantes, preces offerimus, hostiam immolamus, præsta, quæsumus, ut cum præsidio temporali et vitam nobis præbeant, et incrementa perpetua. Per.

Communio. Deus virtutum cœlestium, quæsumus ut sacrificia, pro sanctæ Mustiolæ martyris tuæ passione delata, desideriorum nos temporalium doceant habere contemptum, et amare dona cœlestium gaudiorum. Per.

IN OCTAVA APOSTOLORUM PETRI ET PAULI.

Oratio et secreta ut in editis.

Communio. Beatorum apostolorum tuorum, Domine, Petri et Pauli desiderata solemnia recensentes, præsta, quæsumus, ut eorum supplicationibus mundemur, quorum regimur principatu. Per.

IN FESTO SANCTORUM SEPTEM FRATRUM.

Oratio. Præsta, quæsumus, omnipotens Deus, ut qui gloriosos martyres Januarium, Felicem, Philippum, Silvanum, Alexandrum, Vitalem atque Martialem, fortes in sua confessione cognovimus, etc., *ut in editis, etiam quoad secretam et postcommunionem.*

IN FESTO SANCTI PATERNIANI.

Oratio. Deus, qui per angelum tuum Raphaelem iter ostendisti beato Paterniano, et obitum demonstrasti, exaudi preces quas in ejus tibi solemnitate deferimus, etc., *ut in editis, in secunda missa confessoris pontificis.*

IN FESTO SANCTÆ MARGARITÆ.

Oratio. Deus, qui beatam Margaritam virginem hodierna die ad cœlos per martyrii palmam venire fecisti, concede propitius ut, ejus exempla sequentes, ad te pervenire mereamur. Per.

Secreta. Hæc victima, Domine, quæsumus, pro beatæ virginis Margaritæ martyrio oblata, et mentium nobis puritatem, et corporum obtineat sanctitatem. Per.

Communio. Hujus, Domine, sacramenti perceptione et beatæ Margaritæ virginis intercessione, et tu in nobis manere dignare, et nos in te vicissim manere concede. Per.

IN FESTO SANCTORUM QUIRICI ET JULITTÆ.

Oratio. Deus, qui sanctorum tuorum Quirici et Julittæ cordibus flammam tuæ dilectionis accendis, da cordibus nostris eamdem fidei charitatisque virtutem, ut quorum gaudemus triumphis, provocemur exemplis. Per.

Secreta. Illa nos veritas, Domine, semper illuminet, quæ sanctorum tuorum cordibus flammam tuæ dilectionis accendit. Per

Communio. Deus, qui sanctis tuis martyribus Quirico et Julittæ vincendi solatium, et immensam vincentibus gloriam æternam concedis, et laceratas carnes eorum, tanquam odorem bonum suavitatis assumis, tribue, quæsumus, ut sicut eis coronam martyrii præstitisti, ita nobis peccatorum nostrorum veniam largiaris. Per.

IN FESTO SANCTORUM ERMAGORÆ ET FORTUNATI.

Oratio. Intervenientibus, Domine, sanctis martyribus tuis Ermagora et Fortunato, Ecclesiæ tuæ voces placatus admitte, ut, destructis adversitatibus universis, secura tibi serviat libertate. Per.

Secreta. Munera humilitatis nostræ, Domine, pro sanctorum martyrum tuorum Ermagoræ et Fortunati gloriosa passione et solemnitate offerentes, quæsumus, propitius respicere dignare, et ipsorum intercessione tam ad profectum vitæ quam animæ salutaria nobis consueta miseratione pervenire concede. Per.

Communio. Sumentes, Domine, coelestia dona, mysterii, quæsumus ut sanctorum martyrum tuorum Ermagoræ et Fortunati adjuvemur meritis, quorum solemnitatem debita veneratione celebramus. Per.

IN FESTO SANCTÆ PRAXEDIS VIRGINIS ET MARTYRIS.

Oratio. Deus, qui inter cætera potentiæ tuæ miracula etiam in sexu fragili victoriam castitatis et martyrii contulisti, da, quæsumus, ut beatæ et sanctæ martyris tuæ Praxedis adjuvemur meritis, cujus beatitudinis irradiamur exemplis. Per.

Secreta. Accipe, Domine, munera quæ in beatæ martyris tuæ Praxedis solemnitate deferimus, quia ad tua præconia recurrit et laudem, quod talis est orta mortalis assumpta. Per.

Communio. Hæc in nobis, Domine, gratia tua, quæsumus, semper exerceat, ut et divinis instauret nostra corda mysteriis, et sanctæ martyris tuæ Praxedis commemoratione lætificet. Per.

IN FESTO SANCTÆ MARIÆ MAGDALENÆ.

Oratio et secreta ut in editis.

Communio. Vivifica, Domine, animam et spiritum nostrum peccati vulnere sauciatum, intercedente beata Maria Magdalena, qui ejus precibus tua invicta virtute quatriduanum Lazarum resuscitasti de monumento. Qui vivis.

IN FESTO SANCTI APOLLINARIS.

Oratio ut in editis.

Secreta. Respice, Domine, super has hostias nostras quas nomini tuo sacrandas offerimus, et beati Apollinaris martyris tui atque pontificis prosequatur oratio, per quam nos expiari facias et defendi. Per.

Communio. Præsta nobis, quæsumus, Domine, ut tua sancta quæ sumpsimus, præsidia mentis et corporis......; et, intervenientibus beati Apollinaris meritis, ab omnibus absolve peccatis. Per.

IN FESTO SANCTÆ CHRISTINÆ.

Oratio. Crescat in nobis, Domine, semper sanctæ jucunditatis effectus, ut beatæ Christinæ martyris tuæ veneranda festivitas augeatur. Per.

Secreta. Sanctæ Christinæ martyris tuæ, Domine, preces offerimus, hostiam immolamus, præsta, quæsumus, ut cum præsidio temporali, et vitam nobis præbeant; et incrementa perpetua. Per.

Communio. Deus virtutum cœlestium, quæsumus ut sacrificia pro sanctæ Christinæ martyris tuæ passione delata, desideriorum nos temporalium doceant habere contemptum, et dona habere faciant cœlestium gaudiorum. Per.

IN VIGILIA SANCTI JACOBI APOSTOLI.

Oratio. Concede nobis, omnipotens Deus, venturam beati apostoli tui Jacobi solemnitatem congruo prævenire honore, et venientem digna celebrare devotione. Per.

Secreta. Accepta tibi sit, Domine, nostræ devotionis oblatio, et ad sancti Jacobi apostoli tui venturam puriores faciat nos venire festivitatem. Per.

Communio. Præsta nobis, æterne Salvator, beati Jacobi apostoli tui nos ubique pia protegi oratione, cujus natalitia per hæc sancta quæ sumpsimus, votivo prævenimus obsequio. Per.

IN FESTO SANCTI CHRISTOPHORI.

Oratio, ut in editis.

Secreta. Hujus tibi precibus, Domine, quæsumus, grata hæc reddatur oblatio, pro cujus est festivitate immolanda. Per.

Communio. Repleti sumus, Domine, munere solemnitatis optatæ, qua beati Christophori martyris tui et celebritate vivamus et precibus. Per.

IN FESTO NAZARII et CELSI.

Oratio, ut in editis.

Secreta. Sanctorum martyrum tuorum, Domine, Nazarii et Celsi intercessione placatus, præsta, quæsumus, ut quæ temporali celebramus actione, perpetua salvatione capiamus. Per.

Communio. Exaudi, Domine, preces nostras, et populus tuus, qui sub tantis sanctorum martyrum tuorum Nazarii et Celsi patrociniis est constitutus, et a suis offensionibus liberetur, et ab omnibus tueatur adversis. Per.

IN NATALI SANCTARUM VIRGINUM FLORÆ ET LUCILLÆ.

Oratio. Da nobis, Domine Deus noster, in sanctarum martyrum tuarum Floræ et Lucillæ incessabili veneratione lætari, ut quod digna mente non possumus celebrare, humilibus saltem frequentemus obsequiis. Per.

Secreta. Offerimus, Domine, preces et munera in honorem sanctarum virginum tuarum Floræ et Lucillæ gaudentes, præsta, quæsumus, ut et convenienter hæc agere mereamur, et remedium sempiternum valeamus acquirere. Per.

Communio. Sacramentis, Domine, muniamur acceptis, et sanctorum tuarum virginum Floræ et Lucillæ intercessione contra omnes nequitias irruentes armis cœlestibus protegamur. Per.

IN INVENTIONE SANCTI STEPHANI PROTOMARTYRIS.

Oratio. Deus, qui es sanctorum tuorum splendor mirabilis, qui hodierna die corpora sanctorum tuorum Stephani, Nicodemi, Gamalielis atque Abibon inventione gloriosa revelasti, da nobis in æterna lætitia de eorum societate gaudere. Per.

Secreta ut in editis plurimorum martyrum tempore Paschali.

Communio. Sumpsimus, Domine, sanctorum tuorum Stephani, Nicodemi, Gamalielis atque Abibon solemnia celebrantes sacramenta cœlestia; præsta, quæsumus, ut quod temporaliter gerimus, æternis gaudiis consequamur. Per.

BENEDICTIO UVÆ.

Bene✝dic, Domine, et hos fructus novos uvæ, quos tu Domine rore cœli et inundantia pluviarum et temporum serenitate atque tranquillitate ad maturitatem perducere dignatus es, et dedisti eam ad usus nostros, cum gratiarum actione percipere in nomine Domini Jesu Christi, per quem hæc omnia, Domine, semper bona creas. Per.

IN FESTO SANCTI DONATI EPISCOPI ET MARTYRIS.

Oratio. Deus, qui in beati Donati martyris tui

atque pontificis manibus poculi fragmenta restaurare dignatus es, supplicantium preces benignus exaudi, ut quod fiducia non habet meritorum, ejus nobis intercessione donetur. Per.

Secreta Deus, qui in beati Donati episcopi et martyris tui manibus poculi fragmenta restaurare dignatus es, munera plebis tuæ propitiatus intende, ut ejus nobis fiat supplicatio salutaris pro cujus solemnitate hodiernam diem celebramus. Per.

Communio. Omnipotens et misericors Deus, etc.; *ut in editis.*

IN VIGILIA ASSUMPTIONIS SANCTÆ MARIÆ.

Oratio, ut in editis.

Secreta. Magna, quæsumus, Domine, apud clementiam tuam pro nobis interveniat Dei Genitricis oratio, quam idcirco de præsenti sæculo transtulisti, ut pro peccatis nostris fiducialiter intercedat. Per eumdem.

Communio. Concede, quæsumus, omnipotens Deus, ad beatæ Mariæ semper virginis gaudia æterna pertingere, de cujus nos veneranda assumptione tribuis annua solemnitate gaudere. Per eumdem.

IN ASSUMPTIONE SANCTÆ MARIÆ.

Oratio. Veneranda nobis, Domine, hujus diei festivitas opem conferat salutem, in qua sancta Dei genitrix mortem subiit temporalem, nec tamen mortis nexibus deprimi potuit, quæ Filium tuum Dominum nostrum de se genuit incarnatum. Qui tecum.

Secreta. Subveniat, Domine, quæsumus, etc., *ut in editis, etiam quoad postcommunionem.*

IN OCTAVA SANCTI LAURENTII.

Oratio. Beati Laurentii nos faciat, Domine, passio veneranda lætantes, et ut eum sufficienter recolamus, dignus efficiat. Per.

Secreta. Beati Laurentii martyris nos, Domine, precibus protege, cujus honorabilem passionem muneribus geminatis exsequamur, quæ licet propriis sit memoranda principiis, indesinenter tamen permanet gloriosa. Per.

Communio. Solemne nobis intercessio beati Laurentii martyris, quæsumus, Domine, præstet auxilium ut cœlestis mensæ participatio, quam sumpsimus, tribuat Ecclesiæ tuæ recensitam lætitiam. Per.

IN FESTO SANCTI MAGNI.

Oratio. Adesto Domine, supplicationibus nostris, et intercedente beato martyre tuo Magno, ab hostium nos defende propitiatus incursu. Per.

Secreta. Præsta nobis, quæsumus, omnipotens Deus, ut nostræ humilitatis oblatio, et pro tuorum tibi grata sit honore sanctorum, et nos corpore pariter et mente purificet. Per.

Communio. Tua sancta sumentes, quæsumus, Domine, ut beati Magni nos faveant beata præsidia. Per.

IN DEDICATIONE BASILICÆ SANCTI FLORIDI.

Oratio et secreta, ut in editis in dedicatione ecclesiæ.

Communio. Deus, qui Ecclesiam tuam sponsam vocare dignatus es, ut quæ haberet gratiam, per Dei devotionem haberet etiam ex nomine pietatem; da, ut omnis hæc plebs nomini tuo serviens, hujus vocabuli consortio digna esse mereatur, et ecclesia tua in templo, cujus anniversarius dies celebratur, tibi collecta, te timeat, te diligat, te sequatur, ut dum jugiter per vestigia tua gradatur, ad cœlestia promissa, te ducente, pervenire mereatur. Per.

IN FESTO SANCTI SYMPHORIANI

Oratio. Beati martyris tui Symphoriani, Domine, nos tuere præsidiis, ut cujus solemnitatem annua devotione recolimus, ejus intercessionibus ab omnibus adversitatibus eruamur. Per.

Secreta. Suscipe, Domine quæsumus, propitius orationem nostram cum oblationibus hostiarum super impositis, et martyris tui Symphoriani deprecatione pietati tuæ perfice benignus acceptus, et illum, qui in eum flagravit, fervorem, in nobis aspira benignus, ut in tua dilectione permanentes, et in tua fide inveniamur stabiles, et in moribus concordes et in opere efficaces. Per.

Communio. Sacro munere satiati, quæsumus, omnipotens Deus, ut interveniente beato Symphoriano martyre tuo omnes nos sanctorum tuorum jubeas nos ascisci collegio. Per.

IN FESTO SANCTI BARTHOLOMÆI APOSTOLI.

Oratio et secreta ut in editis.

Communio. Protege, Domine, populum tuum, et apostoli tui Bartholomæi patrocinio confidentem perpetua defensione conserva. Per.

IN FESTO SANCTI RUFI MARTYRIS.

Oratio. Adesto supplicationibus nostris, ut beati Rufi intercessionibus confidentes, nec minis terreamur adversantium nec ullo conturbemur incursu. Per.

Secreta. Oblatis, quæsumus, Domine, placare muneribus, et intercedente beato Rufo martyre tuo, a cunctis nos defende periculis. Per.

Communio. Cœlestibus refecti sacramentis et gaudiis, supplices te rogamus, Domine, ut quorum gloriamur triumphis, protegamur auxiliis. Per.

IN FESTO SANCTI JOANNIS BAPTISTÆ.

Oratio ut in editis.

Secreta. Munera tibi, Domine, pro sancti martyris tui Joannis Baptistæ passione deferimus, quia dum finitur in terris, factus est cœlesti sede perpetuus, et quæsumus ut ejus obtentu nobis proficiat ad salutem. Per.

Communio. Conferat nobis, Domine, sancti Joannis Baptistæ utraque solemnitas, ut et magnifica sacramenta, quæ sumpsimus, sanctificata veneremur, et in nobis potius edita gaudeamus. Per.

IN FESTO SANCTÆ FELICITATIS.

Oratio. Præsta, quæsumus, omnipotens Deus, ut beatæ Felicitatis martyris tuæ solemnia recensentes meritis ipsius protegamur et precibus. Per.

Secreta. Vota populi tui, Domine, propitiatus intende, et quorum nos tribuis solemnia celebrare, fac gaudere suffragiis. Per.

Communio. Supplices te rogamus, omnipotens Deus, ut intervenientibus sanctis tuis, et tua in nobis dona multiplices, et tempora nostra disponas. Per.

IN NATALI SANCTI BARTHOLOMÆI.

Oratio. Exaudi, Domine, populum tuum cum sancti Bartholomæi apostoli tui patrocinio supplicantem, ut tuo semper auxilio secura tibi possit devotione servire. Per.

Secreta. Sacrificium nostrum tibi, Domine, quæsumus, beati apostoli tui Bartholomæi precatio sancta conciliet, ut, cujus honore solemniter exhibetur, meritis efficiatur acceptum. Per.

Communio. Sumpsimus, Domine, divina mysteria beati Bartholomæi apostoli commemoratione lætantes, quæ sicut tuis sanctis ad gloriam, ita nobis, quæsumus, ad veniam prodesse perficias. Per.

IN FESTO SANCTORUM CONFESSORUM FLORIDI ET AMANTII.

Oratio. Propitiare, quæsumus, Domine, nobis famulis tuis per horum sanctorum confessorum tuorum Floridi et Amantii, qui in præsenti venerantur Ecclesia, merita gloriosa, ut per eorum piam intercessionem ab omnibus semper protegamur adversis. Per.

Secreta. Suscipiat clementia tua, Domine, quæsumus, de manibus nostris munus oblatum, et per horum sanctorum confessorum tuorum Floridi et Amantii orationes ab omnibus nos emundet peccatis. Per.

Communio. Divina libantes mysteria, quæ pro horum sanctorum confessorum tuorum Floridi et Amantii veneratione tuæ obtulimus majestati, præsta, quæsumus, Domine, ut per ea veniam mereamur peccatorum, et cœlestis gratiæ donis reficiamur. Per.

IN HONOREM OMNIUM SANCTORUM.

Oratio. Concede, quæsumus, omnipotens Deus, ut intercessio nos sanctæ Dei genitricis semper virginis Mariæ, et omnium cœlestium virtutum, sanctorumque omnium apostolorum, martyrum, confessorumque, atque virginum, et omnium electorum ubique lætificet, ut dum eorum merita recolimus, patrocinia sentiamus. Per.

Secreta. Oblatis, Domine, placare muneribus, et intercedente beata Maria cum omnibus sanctis tuis a cunctis nos defende periculis. Per.

Communio. Sumpsimus, Domine, beatæ Mariæ semper virginis, et omnium sanctorum tuorum commemorationem recolentes sacramenta cœlestia, præsta, quæsumus, ut quod temporaliter gerimus, æternis gaudiis consequamur. Per.

IN HONOREM OMNIUM SANCTORUM QUORUM RELIQUIÆ IN ECCLESIA SUNT.

Oratio. Concede, quæsumus, omnipotens Deus, ut sancta Dei genitrix Maria, sanctique tui apostoli, martyres, confessores, virgines, atque omnes sancti, quorum in ista continentur ecclesia patrocinia, nos ubique adjuvent, quatenus hic in illorum præsenti suffragio, tranquilla pace in tua laude lætemur. Per.

Secreta. Munera tuæ, misericors Deus, majestati oblata benigno, quæsumus, suscipe intuitu, ut eorum nobis precibus fiant salutaria, quorum sacratissimæ in hac basilica reliquiæ reconduntur. Per.

Communio. Divina libantes mysteria, quæsumus, Domine, ut beatæ Mariæ semper virginis, et eorum nos ubique intercessio protegat, quorum hic sacra gaudemus præsentia. Per.

IN FESTO SANCTORUM OMNIUM.

Oratio. Deus, qui nos beatæ Mariæ semper virginis et beatorum apostolorum, martyrum, confessorum, virginum, atque omnium simul sanctorum continua lætificas commemoratione, præsta, quæsumus, ut quos quotidiano veneramur officio, etiam pia conversatione sequamur exemplo. Per.

Secreta ut in editis.

Communio. Præsta nobis, Domine, quæsumus, intercedentibus beatæ Mariæ semper virginis et omnium sanctorum tuorum meritis, ut quæ ore contingimus, pura mente capiamus. Per.

PRO SALUTE VIVORUM ET MORTUORUM.

Oratio. Pietate tua, quæsumus, Domine, omnium nostrorum solve vincula delictorum, et intercedente beata Maria semper virgine cum omnibus sanctis pontificem nostrum et omnem congregationem illi commissam, et nos famulos tuos ac famulas, atque locum istum omni sanctitate custodi, omnesque affinitate et familiaritate nobis junctos, et omnes Christianos a vitiis purga, virtutibus illustra, pacem et salutem nobis tribue, hostes visibiles et invisibiles remove, inimicis nostris charitatem largire, et omnibus fidelibus vivis et defunctis in terra viventium vitam et requiem æternam concede. Per.

Secreta. Deus, qui per singularis corporis tui hostiam totius mundi solvisti delicta, hac oblatione placatus, maculas peccatorum nostrorum absterge, et omnium Christianorum fidelium vivorum atque mortuorum peccata dimitte, eisque præmia æterna concede. Per.

Communio. Sumpta, quæsumus, Domine, sacramenta omnia vitia famuli tui pontificis nostri et nostra detergant, omnemque pravitatem et infirmitatem, seu etiam hostium rabiem atque subitam mortem meritis beatæ Mariæ virginis et omnium sanctorum a nobis procul repellant, et omnibus fidelibus vivis et defunctis prosint ad veniam pro quorum tibi sunt oblata salute. Per.

MISSA AD POSTULANDAM GRATIAM SPIRITUS SANCTI.

Deus, cui omne cor patet, etc., *ut in editis quoad tres orationes.*

Lectio libri sap'entiæ. Spiritus disciplinæ effugiet fictum, etc., *usque* habet vocis.

MISSA PRO EPISCOPO VIVO.

Oratio eadem, quæ in editis pro papa.

Secreta. In tamulo tuo pontifice nostro, quæsumus, Domine, bonos mores placatus institue; tu in eo, quod tibi placitum sit, dignanter infunde, ut et dignus sit, et tua valeat beneficia promereri. Per.

Communio. Hæc, quæsumus, Domine, etc., *ut in editis.*

ALIA MISSA PRO SEMETIPSO SACERDOTE.

Oratio. Suppliciter te, piissime Deus, Pater omnipotens, qui es creator omnium rerum, deprecor, ut, dum me famulum tuum coram omnipotentia majestatis tuæ graviter deliquisse confiteor, per intercessionem beatæ Mariæ semper virginis et omnium sanctorum tuorum manum misericordiæ tuæ mihi porrigas, quatenus dum hanc oblationem tuæ pietatis offero, quod nequiter admisi, clementissime digneris me absolvere. Per.

Secreta. Deus misericordiæ, Deus pietatis, Deus indulgentiæ, indulge, quæso, et miserere mei servi tui, et sacrificium quod pietatis tuæ gratiæ humiliter offero, benigne digneris suscipere, et peccata, quæ labentibus vitiis contraxi, beatæ Mariæ semper virginis, et omnium sanctorum tuorum pius ac propitius et misericors indulgeas, et locum pœnitentiæ ac lacrymarum flumina concede, ut veniam merear accipere delictorum. Per.

Communio. Deus, qui vivorum es Salvator omnium, qui non vis mortem peccatorum, nec lætaris in perditione morientium, te suppliciter deprecor, ut concedas mihi veniam peccatorum meorum, et admissa defleam, et postmodum flenda, non admittam: ut cum mihi extrema dies fluisque vitæ advenerit, emundatum delictis omnibus me angelus sanctitatis suscipiat. Per.

MISSA PRO AMICO VIVENTE.

Oratio. Deus qui justificas impium, et non vis mortem peccatorum, majestatem tuam suppliciter deprecamur, ut famulum tuum, N. de tua misericordia confidentem, cœlesti protegas benignus auxilio, et assidua protectione conserves, ut tibi jugiter famuletur et nullis tentationibus a te separetur. Per.

Secreta. Hujus, Domine, quæsumus, virtute mysterii et a propriis nos munda delictis, et famulum tuum N. ab omnibus absolve peccatis. Per.

Communio. Purificent nos, Domine, quæsumus, sacramenta quæ sumpsimus, et famulum tuum N. ab omni culpa liberum esse concede, et qui conscientiæ reatu constringitur, cœlestis remedii plenitudine glorietur. Per.

PRO AMICIS VIVENTIBUS.

Oratio. Omnipotens sempiterne Deus, miserere famulis tuis, et dirige eos secundum tuam clementiam in viam salutis æternæ, ut te donante tibi placita cupiant, et tota virtute perficiant. Per.

Secreta. Proficiat, quæsumus, Domine, hæc oblatio, quam tuæ supplices offerimus majestati, ad salutem famulorum tuorum, ut providentia tua eorum vita inter adversa et prospera ubique dirigatur. Per.

Communio. Sumentes, Domine, perpetuæ sacramenta salutis tuam deprecamur clementiam, ut per ea famulum tuum N. ab omni adversitate protegas. Per.

ALIA PRO AMICIS.

Oratio. Deus, qui charitatis dona per gratiam sancti Spiritus tuorum cordibus infudisti, da famulis tuis N. pro quibus tuam deprecamur clementiam, salutem mentis et corporis, ut te tota virtute diligant, et quæ tibi placita sunt tota devotione perficiant. Per.

Secreta. Miserere, quæsumus, Domine, famulis tuis, pro quibus hoc sacrificium laudis tuæ offerimus majestati, ut per hæc sacramenta supernæ benedictionis gratiam obtineant, et gloriam æternæ beatitudinis acquirant. Per.

Communio. Divina libantes mysteria, quæsumus, Domine, ut hæc salutaria sacramenta illis proficiant ad prosperitatem et pacem, pro quorum dilectione, hæc tuæ obtulimus majestati. Per.

Alia. Deus, qui supplicum tuorum vota per charitatis officia suscipere dignaris, da famulis tuis in tua proficere dilectione, ut et tibi secura mente deserviant, et in tua pace semper assistere mereantur. Per.

MISSA PRO PECCATIS.

Oratio. Exsultatio divina, pietas paterna, majestas immensa, te supplex tremensque deprecor pro famula tua N. ut des ei mentem puram, charitatemque perfectam, in actibus sinceritatem, in corde puritatem, in opere virtutem, in moribus disciplinam, ut quod nos, licet indigni, ante conspectum majestatis tuæ fideliter devoteque pro ipsa clementiæ tuæ offerimus, pietatis tuæ gratia obtinendo cognoscat. Per.

Secreta. Indulge, Domine, supplicanti mihi famulo tuo, da indulgentiam poscendi, ut secure tibi Domino Deo nostro victimam pro famula tua N. offerre valeam, ut pro delictis suis veniam obtineat, et per te pariter sancta munera consecuta ad salutem æternæ gratiæ cum tuo adjutorio possit pervenire. Per.

Communio. Confirma hoc, Deus, quod operatus es in nobis, et custodi gratiam, quam nobis conferre dignatus es, tuorum intercessione sanctorum; et donum tuæ misericordiæ famulæ tuæ conferre dignare. Per.

MISSA ALIA PRO PECCATIS.

Oratio. Deus misericordiæ, Deus indulgentiæ, indulge quæso, et miserere famulo tuo N. ut delictorum, quæ tibi ex ore aperuit, nulla in eo macula reservetur interius, sed per pœnitentiæ luctum ad tua mereatur pervenire promissa. Per.

Lectio Ezechielis prophetæ. Convertimini ad me, etc., *usque dicit Dominus.*

Sequentia sancti Evangelii secundum Matthæum. In illo tempore: Discumbente Jesu, etc., *usque* peccatores in pœnitentiam.

Secreta. Respice, quæsumus, Domine, ad preces

famuli tui in qui tibi mente et corde se peccasse graviter confitetur; et præsta, ut per oblationem tui corporis et sanguinis, quam tibi pro ipso offerimus veniam impetrare valeamus. Per.

Communio. Refecti, quæsumus, Domine, datis tuis, te supplices exoramus, ut converso fratre nostro ad viam justitiæ, fontem lacrymarum in eum concutias, et ne ultra lugenda committat, cum paterna pietate custodi. Per.

PRO CONFITENTIBUS PECCATA SUA.

Oratio. Exaudi, quæsumus, Domine, supplicum preces, etc., *ut in litaniis editis.*

Secreta. Hostias tibi, Domine, placationis offerimus, ut delicta nostra miseratus absolvas et pacem nobis concedas. Per.

Communio. Præsta nobis, æterne Salvator, ut percipientes hoc munere veniam peccatorum de tuis semper beneficiis gloriemur.

MISSA PRO PECCATIS.

Oratio. Deus, qui peccantium non vis animas perire, sed culpas; contine pœnam quam meremur, et quam precamur super nos effunde clementiam tuam, ut de mœrore gaudium tuæ misericordiæ consequi mereamur. Per.

Secreta. Subveniat nobis, Domine, quæsumus, sacrificii præsentis oblatio, quæ nos et ab universis erroribus potenter absolvat, et a totius eripiat perditionis incursu. Per.

Communio. Exaudi, Domine, gemitum populi tui ne plus apud te valeat offensio delinquentium, quam misericordia tua indulta fletibus supplicantium. Per.

PRO REMISSIONE PECCATORUM.

Oratio et secreta, ut in editis.

Communio. Quos munere cœlesti reficis, Domine, divino tuere præsidio, ut tuis mysteriis perfruentes nullis subdamur adversis, et a cunctis iniquitatibus nostris exue nos omnipotens Deus; et in tua fac pace gaudere. Per.

MISSA PRO MALIS COGITATIONIBUS.

Oratio et secreta, ut in editis.

Communio. Per hoc sacrificium, quæsumus, Domine, quod tuæ obtulimus majestati, ab omnibus cor famuli tui emunda tentationibus. Per.

MISSA PRO PETITIONE LACRYMARUM.

Oratio et Postcommunio, ut in editis.

Secreta. Hæc sacrificia, quæsumus, Domine, quæ tuæ pietati obtulimus, nobis proficiant ad nostrorum veniam peccatorum, et miserationis tuæ semper tribuant solatium. Per.

MISSA PRO TRIBULATIONE

Oratio. Ineffabilem misericordiam tuam, quæsumus, Domine, nobis clementer ostende, ut simul nos a peccatis exuas et a pœnis quas pro his meremur eripias. Per.

Secreta. Purificet nos, Domine, quæsumus, muneris præsentis oblatio, et dignos sacra participatione perficiat. Per.

Communio. Præsta, Domine, quæsumus, ut a terrenis affectibus expiati ad superni plenitudinem sacramenti, cujus libavimus sancta, tendamus. Per.

ALIA MISSA

Oratio. Deus, qui contritorum non despicis gemitum, et mœrentium non spernis affectum, adesto precibus nostris, quas pietati tuæ pro tribulatione nostra offerimus, implorantes ut nos clementer suscipias, et solo bonitatis tuæ intuitu tribuas, ut quidquid contra nos diabolicæ atque humanæ moliuntur adversitates, ad nihilum redigas, et consilio misericordiæ tuæ allidas, quatenus nullis adversitatibus læsi, sed ab omni tribulatione et angustia liberati, gratias tibi in Ecclesia tua referamus. Per.

Secreta. Deus, qui tribulatos corde sanas, ad hanc propitius hostiam dignanter attende, et qua totius mundi voluisti laxari delicta, pro tribulatione nostra clementer assume, nostraque cuncta discrimina solve, tribulationem attende, miserias pelle, angustias et pressuras amove, ut exuti ab omnibus, quæ patimur, malis, in tuis semper delectemur exsultare beneficiis. Per.

Communio. Dimitte, quæsumus, Domine, peccata nostra, et tribue nobis misericordiam tuam, orisque nostri alloquio deprecatus nostram humilitatem attende, vincula solve, delicta dele, tribulationem inspice, adversitatem repelle, effectumque petitionis nostræ jugiter clementer exaudi. Per.

MISSA IN TEMPORE BELLI.

Oratio. Omnipotens et misericors Deus a bellorum nos, quæsumus, turbine fac quietos, quia bona nobis præstabis, si pacem dederis et mentis et corporis. Per.

Secreta. Sacrificium, etc., *ut in editis.*

Communio. Sacrosancti corporis et sanguinis Domini nostri Jesu Christi refectione confortati, supplices te rogamus, omnipotens Deus, ut hoc remedio singulari ab omnium peccatorum nos cogitatione purifices, et a periculorum munias incursione cunctorum. Per eumdem.

MISSA PRO PERSEQUENTIBUS

Oratio. Hostium nostrorum, quæsumus, Domine Deus, elide superbiam; et per intercessionem beatæ Mariæ Virginis, et omnium sanctorum dexteræ tuæ virtute prosterne. Per.

Secreta. Hujus, Domine, quæsumus, virtute mysterii per intercessionem beatæ Mariæ Virginis et omnium sanctorum a nostris mundemur occultis, et ab inimicorum liberamur insidiis. Per.

Communio. Vivificet, quæsumus, Domine, propitiatio tui sancta mysterii, et per merita beatæ Mariæ Virginis, et sanctorum omnium pariter nobis expiationem tribuat et munimen. Per.

MISSA IN TEMPORE MORTALITATIS.

Oratio et secreta ut in editis.

Communio. Sacramenta nos, quæsumus, Domine, tua sancta sumentes, et ab omni propitius iniquitate et periculo defende. Per.

MISSA PRO ITER AGENTIBUS.
Oratio et secreta ut in editis.

Communio. Deus infinitæ misericordiæ et majestatis immensæ, quem nec spatia locorum, nec intervalla temporum, ab his, quos tueris, abjungunt, adesto famulis tuis in te ubique fidentibus, et per omnem, quam ituri sunt viam, dux eis et comes esse dignare; nihil eis adversitatis noceat, nil difficultatis obsistat, cuncta eis salubria, cuncta sint prospera, ut sub ope dexteræ tuæ quidquid justo expetierint desiderio celeri consequantur effectu. Per.

MISSA IN DIE DEPOSITIONIS DEFUNCTI, III, vel VII, vel XXX.
Oratio ut in editis die tertio.

Secreta. Adesto, Domine, supplicationibus nostris, et hanc oblationem, quam tibi offerimus pro anima famuli tui N. in die depositionis ejus tertio (*vel septimo vel tricesimo*), placidus ac benignus assume. Per

Communio. Omnipotens sempiterne Deus, collocare dignare animas famulorum famularumque tuarum, illorum quorum diem celebramus depositionis, in sinibus Abraham, Isaac et Jacob, ut cum dies agnitionis tuæ advenerit, inter sanctos tuos et electos resuscitari præcipias. Per.

MISSA PRO UNO SACERDOTE DEFUNCTO.
Oratio. Beati Floridi confessoris tui, quæsumus, Domine, intercessione nos protege, et animam famuli tui sacerdotis sanctorum tuorum junge consortiis. Per.

Secreta. Suscipe, quæsumus, Domine, hostias placationis et laudis quas tibi in honorem beati Floridi confessoris tui consecrandas deferimus, et pro requie famuli tui sacerdotis N. tibi suppliciter immolamus. Per.

Communio. Ascendant ad te, Domine, preces nostræ, et animam famuli tui sacerdotis N. gaudia æterna suscipiant, et quem fecisti adoptionis participem, jubeas hæreditatis tuæ esse consortem. Per.

MISSA PRO DIACONIBUS DEFUNCTIS.
Oratio. Adesto, Domine, supplicationibus nostris, et animæ famulorum tuorum diaconorum, et omnium clericorum tuæ propitiationis abundantiam et indulgentiam consequantur, et lucis perpetuæ tribuas eis mansionem. Per.

Secreta. Exaudi nos, sancte Pater omnipotens, æterne Deus, ut his sacris muneribus placatus animas omnium famulorum tuorum diaconorum redemptio sempiterna possideat. Per.

Communio. Omnipotens æterne Deus, suscipe propitius preces nostras pro animabus famulorum tuorum diaconorum, ut in lucis regione eas in sanctorum tuorum numero facias aggregari. Per

MISSA PRO SUBDIACONIBUS.
Oratio. Deus, cui proprium est misereri semper et parcere, etc., *ut in editis.*

Secreta. Offerimus tibi, Domine, hostias placationis et laudis, ut perpetuæ misericordiæ largitate animas famulorum tuorum subdiaconorum in lucis æternæ perficias regione gaudere. Per.

Communio. His sacrificiis, quæsumus, omnipotens Deus, purgentur animæ et spiritus famulorum tuorum subdiaconorum, ut ad indulgentiam et refrigerium sempiternum pervenire mereantur. Per.

MISSA PRO UNO DEFUNCTO.
Oratio. Omnipotens sempiterne Deus, cui numquam sine spe misericordiæ supplicatur, propitiare animæ famuli tui, ut qui de hac vita in tui nominis confessione discessit, sanctorum tuorum numero facias aggregari. Per.

Secreta. Propitiare, quæsumus, Domine, animæ famuli tui N., pro quo tibi hostias placationis offerimus, et, quia in hac luce in fide mansit catholica, in futura vita ei retributio cœlestis gaudii condonetur. Per.

Communio. Præsta, quæsumus, omnipotens Deus, ut anima famuli tui N. ab angelis lucis suscepta in præparata habitacula deduci facias beatorum. Per.

MISSA PRO PLURIBUS DEFUNCTIS.
Oratio. Deus, cujus misericordiæ non est numerus, suscipe propitius pro animabus famulorum tuorum preces nostras, et lucis eis lætitiam atque in regione sanctorum tuorum societatem concede. Per.

Secreta. Pro requie, Domine, animarum famulorum tuorum N. suscipe hostiam, quam tu Deo Patri pro nobis obtulisti benignam, ut qui causa hominum descendisti de cœlis, te redeunte mereantur numerari in consortio sanctorum, qui cum Deo Patre et Spiritu sancto vivis et regnas in sæcula sæculorum.

Communio. Hæc nos communio, Domine, purget a crimine, et animabus famulorum tuorum cœlestis gaudii tribuat consortium, ut ante thronum gloriæ tuæ segregatæ cum dextris, nihil commune habeant cum sinistris. Per.

MISSA PLURIMORUM DEFUNCTORUM.
Oratio. Deus, cui proprium est semper misereri, et preces exaudire supplicantium, propitiare animabus famulorum tuorum N., ut te miserante a peccatorum vinculis absoluti, ad æternæ beatitudinis requiem pervenire mereantur. Per.

Secreta. Suscipe, clementissime Pater, pro commemoratione famulorum tuorum N. hostiam placationis et laudis, ut sacrificii præsentis oblatio ad refrigerium animarum eorum te miserante perveniat. Per.

Communio. Absolve, quæsumus, Domine, animas famulorum tuorum N. ab omnium vinculo delictorum, ut in resurrectionis gloria inter sanctos tuos resuscitati respirent. Per.

MISSA PRO FEMINA DEFUNCTA.
Oratio. Omnipotens sempiterne Deus, conditor et redemptor animarum, qui animabus sanctorum tuorum æternæ beatitudinis præmium contulisti, præsta, quæsumus, ut anima famulæ tuæ N. quam de hoc sæculo migrare jussisti, cujus commemorationem agimus, sanctorum consortio perfrui mereatur. Per.

Secreta. Pro anima famulæ tuæ N. hostiam, Domine, quæsumus, suscipe benignus oblatam, ut per hoc singulare officium vinculis horrendæ mortis exuta vitam mereatur æternam. Per.

Communio. Inclina, quæsumus, aurem tuam supplicationibus nostris, et animæ famulæ tuæ perpetuæ lucis tribue mansionem. Per.

MISSA PRO DEFUNCTIS FEMINIS.

Oratio et secreta ut in editis pro una defuncta.

Communio. Inveniant, quæsumus, Domine, animæ famularum tuarum lucis æternæ consortium, cujus perpetuæ gratiæ consecutæ sunt sacramentum, per resurgentem e mortuis Jesum Christum Dominum nostrum, qui tecum vivit et regnat Deus, in unitate Spiritus sancti per omnia sæcula sæculorum.

MISSA IN HONOREM SANCTÆ TRINITATIS.

Benedicta sit sancta Trinitas atque indivisa unitas; confitebimur ei, quia fecit nobiscum misericordiam suam.

Psal. Benedicamus Patrem et Filium. ȥ. Benedictus es, Deus, qui intueris abyssos, et sedes super cherubim. ℣. Benedicite Deum, cœli cœlorum, quia fecit nobiscum misericordiam suam. Alleluia. ℣. Benedictus es, Domine Deus patrum nostrorum, et laudabilis in sæcula.

Offertorium et communio, ut in editis.

IN HONOREM SANCTÆ CRUCIS.

Nos autem gloriari oportet in cruce Domini nostri Jesu Christi, in quo est salus, vita et resurrectio nostra, per quem salvati et liberati sumus.

Psal. Deus misereatur. ȥ. Christus factus est pro nobis obediens usque ad mortem, mortem autem crucis. ℣. Propter quod et Deus exaltavit illum, et dedit illi nomen, quod est super omne nomen. Alleluia. ℣. Nos autem gloriari oportet in cruce Domini nostri Jesu Christi.

Offertorium et communio, ut in editis.

IN HONOREM SANCTÆ MARIÆ.

Vultum tuum deprecabuntur, etc. *Psal.* Eructavit. ȥ. Diffusa est gratia, etc. ℣. Propter veritatem, etc. Alleluia. ℣. Specie tua et pulchritudine tua, etc.

Offertorium. Adducentur Regi virgines post eam, proximæ ejus afferentur tibi.

Communio. Regina mundi dignissima, Virgo Maria perpetua, intercede pro nostra pace et salute, quæ genuisti Christum Dominum sine virili semine.

IN SANCTI MICHAELIS.

Benedicite Dominum, omnes angeli ejus, potentes virtute, qui facitis verbum ejus, ad audiendam vocem sermonum ejus.

Psal. Benedic, anima mea. ȥ. Benedicite Dominum omnes angeli ejus, potentes virtute, qui facitis verbum ejus.

℣. Benedic, anima mea, Dominum, et omnia interiora mea nomen sanctum ejus. Alleluia.

℣. Concussum est mare, et contremuit terra, ubi archangelus Michael descendebat de cœlo.

Offertorium. Stetit angelus super aram templi habens thuribulum aureum in manu sua, et data sunt ei incensa multa, et ascendit fumus aromatum in conspectu Dei. Alleluia.

Communio. Benedicite, omnes angeli Domini, Dominum, hymnum dicite, et superexaltate eum in sæcula.

IN HONOREM SANCTI SPIRITUS.

Charitas Dei diffusa est in cordibus nostris. Alleluia, per inhabitantem Spiritum ejus in nobis. Alleluia, Alleluia.

Psal. Domine Deus. ȥ. Beata gens cujus est Dominus Deus eorum, populus quem elegit Dominus Deus in hæreditatem sibi.

℣. Verbo Domini cœli firmati sunt, et Spiritu oris ejus virtus eorum. Alleluia.

℣. Veni, sancte Spiritus, reple tuorum corda fidelium, et tui amoris in eis ignem accende.

Offertorium. Emitte Spiritum tuum, et creabuntur, et renovabis faciem terræ; sit gloria Domini in sæcula. Alleluia.

Communio. Spiritus sanctus docebit vos, Alleluia, quæcunque dixero vobis. Alleluia.

Sequentia.

Sancti Spiritus adsit nobis gratia,
Quæ corda nostra sibi faciat habitacula?
Expulsis inde cunctis vitiis spiritualibus.
Spiritus almæ illustrator omnium,
Horridas nostræ mentis purga tenebras.
Amator sancte sensatorum semper cogitatuum,
Infunde unctionem tuam, clemens, nostris sensibus.
Tu purificator omnium flagitiorum Spiritus,
Purifica nostros oculos interioris hominis,
Ut videri supremus Genitor possit a nobis
Mundi cordis quem soli cernere possunt oculi.
Prophetas tu inspirasti, ut præconia Christi præcinuissent inclyta.
Apostolos confortasti, ut tropæum Christi per totum mundum veherent.
Quando machinam per Verbum suum fecit Deus cœli, terræ, maria,
Tu super aquas facturus eos nomen tuum expandisti, Spiritus.
Tu animabus vivificandis aquas fecundas.
Tu aspirando das spiritales esse homines.
Tu divisum per linguas mundum et ritus adunasti,
Idololatras ad cultum Dei revocans, magistrorum optime.
Ergo nos supplicantes tibi exaudi propitius, sancte Spiritus,
Sine quo preces omnes cassæ creduntur et indignæ Dei auribus,
Tu qui omnium sæculorum sancte.
Qui nominis docuisti instincte complectendo, Spiritus,
Ipse hodie apostolos Christi
Donans munere insolito et cunctis inauditis sæculis, Hunc diem gloriosum fecisti.

MISSA PRO PECCATIS.

Misereris omnium, etc, *ut in editis usque ad* Alleluia.

Graduale. Alleluia. ℣. Domine, exaudi orationem meam, et clamor meus ad te veniat.

Offertorium. Miserere mei, Deus, secundum magnam misericordiam tuam. Dele, Deus, iniquitatem meam.

Communio. Inclina aurem tuam, accelera ut eruas nos.

IN FESTO PLURIMORUM MARTYRUM.

Sapientiam sanctorum narrent populi, et laudes eorum enuntiet Ecclesia, nomina autem eorum vivent in sæculum sæculi.

Psal. Magnus. ℞. Justorum animæ in manu Dei sunt, et non tanget illos tormentum malitiæ. Visi sunt oculis insipientium mori, illi autem sunt in pace. Alleluia. Sancti tui, Domine, florebunt sicut lilium, sicut odor balsami erunt ante te.

Offertorium. Exsultabunt sancti in gloria, lætabuntur in cubilibus suis, exsultationes Dei in faucibus eorum.

Communio. Ego vos elegi de mundo ut eatis et fructum afferatis.

IN FESTO CONFESSORUM.

Sacerdotes tui, Domine, induantur, etc., *ut in editis.*

Psal. Memento. ℞. Sacerdotes ejus induant salutari, et sancti ejus exsultatione exsultabunt. Illuc producam cornu David, paravi lucernam Christo meo. Alleluia. Sancti tui, Domine.

Offertorium. Exsultabunt sancti in gloria.

Communio. Justorum animæ in manu Dei sunt, et non tanget illos tormentum malitiæ. Visi sunt oculis insipientium mori, illi autem sunt in pace.

OFFICIUM DE VIRGINIBUS.

Vultum tuum. *Psal.* Eructavit. ℞. Propter veritatem et mansuetudinem, etc. Audi, filia, et vide, etc. Specie tua, etc.

Offertorium. Diffusa est gratia in labiis tuis; propterea benedixit te Deus in æternum et in sæculum sæculi.

Communio. Dilexisti justitiam, et odisti iniquitatem; propterea unxit te Deus, Deus tuus.

Sequentia sancti Evangelii secundum Marcum. In illo tempore dixit Jesus discipulis suis: Videte, vigilate et orate, etc., *usque ad* omnibus dico: Vigilate *inclusive.*

OFFICIUM SANCTÆ MARIÆ.

Salve, sancta parens, enixa puerpera regem, qui cœlum terramque regit in sæcula sæculorum.

Psal. Virgo Dei Genitrix, quem totus non capit orbis, in tua se clausit viscera factus homo. ℞. Benedicta et venerabilis es, Virgo Maria, quæ sine tactu pudoris inventa es Mater Salvatoris. Virgo, Dei Genitrix, quem totus non capit orbis, in tua se clausit viscera factus homo. Alleluia. ℣. Post partum Virgo inviolata permansisti: Dei Genitrix, intercede pro nobis.

Sequentia.

Hac clara die turma festiva dat præconia,
Mariam concrepando symphonia nectarea.
Mundi Domina, quæ est sola castissima virginum
Regina.
Salutis causa, vitæ porta, atque cœli referta gratia.
Nam ad illam sic nuntia olim sunt facta angelica:
Ave, Maria, gratia Dei plena per sæcula.
Mulierum pia agmina intra semper benedicta
Virgo et gravida Mater intacta, prole gloriosa:
Cui contra Maria hæc reddit famina:
In me quomodo tua fient nuntia?
Viri novi nullam certe copulam,
Ex quo atque nata sum incorrupta.
Diva missus ita reddit affata:
Flatu sacro plena fies, Maria.
Nova offerens gaudia sancto plena nati per exordia.
Intra tui uteri claustra regnat, qui gubernat æthera
Omnia, qui dat tempora pacifica.
Sequentia sancti Evangelii secundum Lucam. In illo tempore repleta est Elisabeth, etc., *usque ad* salutari meo *inclusive.*

Offertorium. Ave, Maria.

Communio. Beata viscera Mariæ, quæ portaverunt æterni Patris Filium.

EXCERPTA EX SECUNDO CODICE AVELLANENSI

MISSA PRO TRIBULATIONE.

Salus populi ego sum, dixit Dominus; de quacunque tribulatione clamaverint ad me, exaudiam eos et ero illorum Dominus in perpetuum. *Psal.* Attendite, popule. Gloria.

Oratio. Omnipotens sempiterne Deus, mœstorum consolatio, laborantium fortitudo, perveniant ad te preces de quacunque tribulatione clamantium, ut omnes sibi in necessitatibus suis misericordiam tuam gaudeant adfuisse. Per.

Lectio libri Sapientiæ. Miserere nostri, Deus, etc., *usque ad verba* ut enarrent mirabilia tua, Domine, Deus noster.

Graduale. Propitius esto, Domine, peccatis nostris, nequando dicant gentes: Ubi est Deus eorum?

℣. Adjuva nos Deus salutaris noster, et propter honorem nominis tui, Domine, libera nos. Alleluia. *Psal.* Domine, exaudi orationem meam, et clamor meus ad te veniat.

Sequentia sancti Evangelii secundum Lucam. In

illo tempore dixit Jesus discipulis suis : Quoniam oportet semper orare, etc., *usque ad* vindictam illorum *inclusive*.

Offertorium. Si ambulavero in medio tribulationis, vivificabis me, Domine, et super iram inimicorum meorum extendes manum tuam, et salvum me fecit dextera tua.

Secreta. Has tibi, Domine, offerimus hostias pro salute nostra et pro omnibus angustiis nobis ingruentibus, quatenus corpora et animas nostras Spiritus sancti gratia liberare atque illuminare digneris. Per.

Communio. Amen dico vobis, quidquid orantes petitis, credite quia accipietis, et fiet vobis.

Ad communionem. Da nobis, Domine, quæsumus, de tribulatione lætitiam, ut qui diu pro peccatis nostris affligimur, intercedentibus omnibus sanctis tuis, in tua misericordia respiremus. Per.

ALIA MISSA PRO TRIBULATIONE.

Salus populi ego sum, dicit Dominus.

Oratio. Deus, Pater orphanorum, judexque viduarum, lacrymas Ecclesiæ tuæ miseratus intende, illamque tua misericorditer eripiat majestas, quam nulla terrena defendit potestas. Per.

Lectio Jeremiæ prophetæ. Si iniquitates nostrae contenderunt, etc., *usque ad* nos, Domine, Deus noster.

Graduale. Propitius esto, Domine, adjuva nos, Deus. Alleluia. Domine, exaudi.

Evangelium. Quoniam oportet.

Offertorium. Si ambulavero.

Secreta. Hæc hostia, Domine, quam pro infidelium bellis offerimus, tibi sit accepta, ut per hanc, quod devote poscimus, te adjuvante consequamur. Per.

Communio. Amen, dico vobis.

Ad communionem. Deprime, quæsumus, Domine Deus, jura tyrannorum tibi adversantium, ut discant te fore protectorem Ecclesiæ tuæ tuo pretioso sanguine redemptæ. Per.

INCIPIT ORDO AD CATHECUMENUM FACIENDUM.

Interroga primo de nomine ejus, hoc est, quo nomine vult vocari, et dicto sancti nomine.

Quare venisti ad Ecclesiam ? ℟. Christianus fieri.
Quid petis? ℟. Fidem.
Fides quid tibi præparat? ℟. Vitam æternam.
Abrenuntias Satanæ? ℟. Abrenuntio et omnibus pompis ejus; abrenuntio et omnibus operibus ejus.
Credis in Deum Patrem omnipotentem, Creatorem cœli et terræ? ℟. Credo.
Credis et in Jesum Christum Filium ejus unicum Dominum nostrum, natum et passum? ℟. Credo.
Credis et in Spiritum sanctum, sanctam Ecclesiam catholicam, sanctorum communionem, remissionem peccatorum, carnis resurrectionem, vitam æternam? ℟. Credo.

Deinde insufflet in faciem ejus tribus vicibus sacerdos, dicendo: Exi ab eo, immunde spiritus, da honorem Jesu Christo Filio ejus et Spiritui sancto paraclito.

Deinde signat eum in fronte, dicens: Signum sanctæ † crucis Domini nostri Jesu Christi in fronte tua pono.

Deinde et in pectore signet, dicens: Signum salutis † Domini nostri Jesu Christi in pectus tuum pono. Accipe signum † crucis Christi tam in corde, quam in fronte. Sume fidem cœlestium præceptorum ; talis esto moribus, ut templum Dei esse possis. Gaudeas ingressus in Ecclesiam Dei evasisse te laqueos mortis, lætus agnosce idola, respue simulacra, cole Deum Patrem omnipotentem et Jesum Christum Filium ejus, qui cum eo et Spiritu sancto vivit et regnat Deus in æterna sæcula sæculorum. Amen.

Alia oratio. Omnipotens sempiterne Deus, etc.
Alia : Preces nostras, etc. *Alia* : Deus, qui humani generis, etc.
Alia oratio : Exorcismus salis, etc., *ut in Rituali Romano*.

Bene†dic, omnipotens Deus, hanc creaturam salis benedictione cœlesti in nomine Domini † Jesu Christi et in virtute Spiritus sancti, ad effugandum inimicum, quam tu, Domine, sanctificando † sanctifices, benedicendo bene†dicas, fiatque omnibus accipientibus perfecta medicina, permanens in visceribus sumentium in nomine Domini † Jesu Christi qui venturus est in Spiritu sancto judicare.

Tunc accipiat de ipso sale, et ponatur in ore infantis : Accipe sal sapientiæ, propitiatus sit in vitam æternam. Amen.

Dominus vobiscum. ℟. Et cum.
Oratio. Deus patrum nostrorum, etc. *ut in Rituali edito*.

Deinde apprehendat dexteram, et introducat eum in ecclesiam, sic dicendo : Ingredere in templum Domini, ut habeas partem cum Christo.

INCIPIT ORDO AD SYMBOLUM FACIENDUM.

Deus Abraham, etc., *ut in edito Rituali*.
Adjuratio contra dæmonem : Ergo, maledicte diabole, etc., *ut supra in Ritualibus, cum hoc tantum discrimine, quod in ms. non ponitur conclusio*.
Adjuratio super feminam. Deus cœli, etc. *ut in editis, absque tamen conclusione*.
Adjuratio super masculum. Deus, immortale præsidium, etc., *ut in editis*.
Alia adjuratio communis. Ergo, audi, maledicte, etc., *ut in editis*.

Exorcismus. Exorcizo te, immunde spiritus, in nomine Patris et Filii et Spiritus sancti, ut exeas et recedas ab hoc famulo Dei; ipse tibi imperet, maledicte damnate, qui pedibus super mare ambulavit, et Petro mergenti dexteram porrexit. Ergo exorcizo te, immunde spiritus, per † Patrem, et Fi†lium, et Spiritum † sanctum, ut exeas et recedas ab hoc famulo Dei : ipse enim tibi imperat, maledicte damnate, qui cæco nato oculos aperuit, et quatriduanum Lazarum de monumento suscitavit. Ergo sit, etc.

Dominus vobiscum. Et cum spiritu tuo.

Oratio. Æterna, etc., *ut in editis.*

Lectio. Hæc dicit dominus. Omnes sitientes, etc., *usque ad* in crassitudine animæ vestræ.

Graduale. Venite, filii, audite me, timorem Domini docebo vos. ў. Accedite ad eum, et illuminamini, et facies vestræ non confundentur.

Sequentia sancti Evangelii secundum Matthæum. In illo tempore oblati sunt Jesu parvuli, etc., *usque ad* abiit inde.

Et tunc dicatur : Pater noster, *et* Credo in Deum. *Et alius homo levet eum, non ille qui tenet, dicendo similiter :* Pater noster, *et* Credo in Deum.

INCIPIT ORDO BAPTISMI AD SUCCURRENDUM.

Medelam tuam deprecor, Domine sancte, Pater omnipotens, æterne Deus, qui tribuisti humanis infirmitatibus erigere famulum tuum ægritudinis langore depressum, et omnem sensum ejus dignare tuis visitationibus refovere, quatenus gratia baptismi tui possit cum gaudio sanitatem accipere. Expelle itaque ab eo cunctam contrariæ valetudinis tutelam, ut ad gratiam tuam gratanter occurrat ; releva quem redimere dignatus es, ut baptismi sit in illo palma, non mortis, et gloriosum semper bajulet quod accepit signaculum sanctæ † crucis.

Conjuratio. Nec te lateat, etc., *ut in editis, præter conclusionem* in nomine Domini Jesu Christi.

Initium sancti Evangelii secundum Matthæum. Liber generationis Jesu Christi Filii Abraham. Abraham autem genuit Isaac, Isaac autem genuit Jacob, Jacob autem genuit Judam et fratres ejus. Ex ea generatione nata est Virgo Maria Mater Domini nostri Jesu Christi.

Initium sancti Evangelii secundum Lucam. Fuit in diebus Herodis, etc., *usque ad* sine querela.

Sequentia sancti Evangelii secundum Marcum. Initium Evangelii Jesu Christi, etc., *usque ad* omnis caro salutare Dei.

Initium sancti Evangelii secundum Joannem. In principio erat Verbum et Verbum erat apud Deum, et Deus erat Verbum. Hoc erat in principio apud Deum. Omnia per ipsum facta sunt et sine ipso factum est nihil, etc. *Et sic totum dicatur.*

BENEDICTIO AQUÆ AD BAPTIZANDUM INFIRMUM.

In primis dicantur litaniæ. Deinde sequitur hæc oratio.

Exaudi nos, omnipotens Deus, et hujus aquæ substantiæ immisce virtutem, ut abluendi per eam sanitatem simul et vitam mereamur æternam. Per.

Exorcismus aquæ.

Exorcizo te, creatura aquæ, in nomine † Dei Patris omnipotentis, et in nomine Jesu Christi Filii ejus †, et in virtute Spiritus sancti †, ut omnis virtus adversarii, et omnis incursio Satanæ, omneque phantasma eradicare, et explantare et effugare ab hac creatura aquæ, ut sit fons aquæ salientis in vitam æternam, ut qui ex ea baptizatus fuerit, fiat templum Dei vivi, et Spiritus sanctus habitet in eo in remissionem omnium peccatorum. In nomine Domini Jesu Christi, qui venturus est, exorcizo te, creatura aquæ, per Deum † vivum, per Deum † sanctum, per Deum totius creaturæ, qui te in principio separavit ab arida, et in quatuor fluminibus exire jussit, totam terram irrigare præcepit, qui pedibus supra mare ambulavit, et a Joanne in Jordane baptizatus est ; qui te una cum sanguine suo produxit, et discipulis suis in te baptizare jussit dicens : Ite, baptizate omnes gentes, in nomine Patris et Filii et Spiritus sancti. Unde adjuro te, aqua, per Deum † vivum, ut efficiaris aqua sancta †, aqua benedicta †, aqua quæ abluas sordes, et mundes peccata, ut, cum descenderis in te infans Christi, fias fons aquæ salientis in vitam æternam. In nomine Domini Jesu Christi, in vitam æternam. Amen.

(Ad marginem codicis adest hæc rubrica : deinde sacerdos mittat cereum accensum in fontem, dicens : Descendat in hanc plenitudinem fontis virtus Spiritus sancti. *Post hoc aspergat fontem chrismate, dicens :* Infusio Chrismatis, salutis et aquæ, sit in nomine Domini nostri Jesu Christi in vitam æternam. Amen.

Deinde sufflet in aqua tribus vicibus et mittat chrisma in modum crucis. †; deinde tangat et nares et aures de sputo, dicens ad aurem illius sinistram : Ephphetha, quod est adaperire ; tu autem, diabole, effugare ; appropinquabit enim judicium Dei.

Postea vero tangat ei pectus, et inter scapulas de oleo exorcizato cum pollice crucem faciendo; et vocato nomine ejus dicat :

Abrenuntias Satanæ ? ₨. Abrenuntio. Et omnibus operibus ejus ? ₨. Abrenuntio. Et omnibus pompis ejus ? ₨. Abrenuntio. *(In margine adnotatur :* Exi, immunde spiritus, da honorem Deo vivo et vero. Exi, immunde spiritus, da locum Spiritui sancto.)

Interroget : Credis in Deum Patrem ? etc, *ut supra, usque ad ultimum responsum* Credo.

Et interroget eum tribus vicibus ita dicendo : Vis baptizari ? ₨. Volo *(ter).*

Et ego te baptizo in nomine Patris, *et merge,* et Filii, *et merge,* et Spiritus sancti, *et merge.*

Baptizato autem infante, faciat presbyter signum crucis de chrismate cum pollice in vertice ejus cum invocatione sanctæ Trinitatis, dicens : In nomine Patris et Filii et Spiritus sancti ; *et dicat hanc orationem :*

Deus omnipotens et Pater Domini nostri Jesu Christi, qui te regeneravit ex aqua et Spiritu sancto, quique dedit tibi remissionem omnium peccatorum, ipse te liniat chrismate salutis in Christo Jesu Domino nostro. Pax tibi in vitam æternam. Amen.

INCIPIT ORDO AD POENITENTIAM DANDAM.

In primis dicit sacerdos : Domine Deus omnipotens, propitius esto mihi peccatori, ut digne possim tibi gratias agere, qui me indignum et peccatorem ad ministerium tuum vocare dignatus es, et me exiguum et humilem constituisti intercedere ad

Dominum nostrum Jesum Christum pro peccantibus. Ideoque, dominator Domine, qui omnes homines vis salvos fieri, et ad agnitionem veritatis venire, qui non vis mortem peccatorum, sed ut convertantur et vivant, suscipe orationem meam, quam facio ante conspectum tuum pro me peccatore et pro aliis, qui ad pœnitentiam ad me veniunt, Salvator.

Interrogat : Credis in Deum Patrem omnipotentem, et Filium, et Spiritum sanctum ? ℞. Credo.

Credis quod in ista carne, in qua nunc es, resurgere habes in die judicii, et recipere quod gessisti sive bonum, sive malum ? ℞. Credo.

Vis dimittere illis, qui in te peccaverunt, dicente Domino : Si non remiseritis peccata hominibus ; nec Pater vester dimittet vobis peccata vestra ? ℞. Volo.

Dicat : In manus tuas, Domine, commendo spiritum meum. *Tribus vicibus capitulum* suscepimus, Deus, misericordiam tuam *usque* dextera tua. *Psal :* Magnus Dominus. Gloria. Kyrie, Christe, Kyrie, Pater noster. Et ne. *Capitulum* convertere, Deus, aliquantulum. Et deprecare. Salvos fac servos et ancillas tuas, Deus meus. Nihil proficiat inimicus. Et filius iniquitatis. Mitte ei, Deus, auxilium de sancto. Et de Sion. Domine, exaudi orationem meam. Et clamor meus. Dominus vobiscum. Et cum.

Oratio. Suscipere digneris, Domine sancte, Pater omnipotens, æterne Deus, hunc famulum tuum, qui viam erroris dimittere cupit, et ad viam veritatis currere desiderat : præsta, quæso, Domine, ut sicut eum ex aqua et Spiritu sancto dono tuæ gratiæ regenerare dignatus es, ita concede propitius, ut per veram sanctamque confessionem sanctæ Ecclesiæ tuæ aggregari mereatur. Per.

Alia. Exaudi, Domine, preces nostras, et confitenti tibi parce peccatis, ut quem conscientiæ suæ reatus accusat, indulgentiæ tuæ miseratio absolvat. Per.

Alia. Præveniat huic famulo tuo, quæsumus, Domine, misericordia tua, ut omnes iniquitates ejus celeri indulgentia deleantur. Per.

Deinde septem psalmos cum lectione. Capitulum. Converte nos, Deus, salutaris noster. Et averte. Fiat, Deus, misericordia tua. Sicut speravimus. Domine, exaudi orationem : Et clamor meus. Dominus vobiscum.

Oratio. Precor, Domine, clementiam tuam, et misericordiam majestatis tuæ, ut huic famulo tuo peccata et facinora confitenti veniam relaxes, et præteritorum criminum culpas dimittere digneris ; qui humeris tuis ovem perditam reduxisti ad caulas, et qui publicani precibus et confessione placatus es, tu etiam huic famulo tuo placare, Domine, tu hujus preces benignus suscipe, remitte ei omnia crimina et peccata, et da ei pro suppliciis veniam, pro mœrore lætitiam, pro morte vitam ; et qui ad tantam spem cœlestis apicis devolutus est, de tua misericordia confidens ad æterna gaudia te protegente perveniat. Per.

Alia oratio. Majestatem tuam, Domine sancte, Pater omnipotens, æterne Deus qui non mortem vis peccatorum, sed vitam semper inquiris, te suppliciter exoramus, respice flentem famulum tuum ad te prostratum, ejusque planctum in gaudium tuæ miserationis converte ; scinde delictorum saccum, et indue eum lætitiam salutarem, ut post longam peregrinationis famem de sanctis altaribus satietur, ingressus cubiculum Regis in ipsius aula benedicat nomen gloriæ tuæ. Per Dominum nostrum.

Benedictio. Benedicat tibi Dominus omnipotens, et custodiat te. Ostendat Dominus faciem tuam tibi, et misereatur tui. Convertat Dominus vultum suum, et det tibi pacem.

Alia benedictio. Benedicat tibi Dominus Deus omnipotens, et custodiat te, et per abundantiam sancti Spiritus cor tuum corroboret, mentem tuam sanctificet, vitam amplificet, castimoniam decoret ; atque sensus tuos in bonis operibus informet, prospera tribuat, pacem concedat, salutem conferat, quietem nutriat, charitatem foveat, et ab omnibus diabolicis et humanis insidiis sua te semper protectione defendat, ut quidquid ab eo postulaveris, clementer concedat, auferat omnia mala, quæ gessisti, et tribuat tibi gratiam, quam semper rogasti. Qui vivis.

Deinde admoneat eum, et dicat : Pater noster, et Credo in Deum. *Deinde faciat eum sacerdos confiteri et accusare de peccatis suis.*

Confiteor Deo omnipotenti, et beatæ Mariæ perpetuæ Virgini, et beato Michaeli archangelo, et sanctis apostolis Petro et Paulo, et beato Blasio martyri tuo et omnibus sanctis, et vobis Patribus, mea culpa, mea culpa, mea culpa ; quia peccavi in cogitatione, locutione, delectatione, consensu, verbis et opere, in adulterio, in perjurio, in homicidio, in falso testimonio, in sacrilegio, in furto, in rapina, in concupiscentia, in avaritia, mea culpa, mea culpa, mea culpa. Peccavi in quinque sensibus corporis mei, visu, auditu, gustu, odoratu et tactu, mea culpa. Peccavi in octo principalibus vitiis, et in septem criminalibus peccatis, et in omnibus vitiis meis malis, quibuscunque miser homo peccare potest. Unde precor beatam Virginem Mariam, et beatum Michaelem archangelum, et sanctos apostolos Petrum et Paulum, et beatum Blasium martyrem tuum, et omnes sanctos et sanctas Dei, et vos, Patres, orare pro me peccatore Dominum nostrum Jesum Christum. Et unde volo recipere pœnitentiam pro vita et morte.

Absolutio. Nos ex parte Dei omnipotentis et beatæ Mariæ perpetuæ Virginis et beati Michaelis archangeli, et beatorum apostolorum Petri et Pauli, et beati Blasii martyris, et omnium sanctorum ac sanctarum, ex officio nostro damus, et confirmamus vobis verum judicium, et veram pœnitentiam de omnibus peccatis vestris, sicut sancti Patres præcipiunt, et justa justitia est, et ab hac hora in antea state sub jugo pœnitentiæ, et sub fructu pœnitentiæ; et si morte præoccupati fueritis, et non potestis accedere ad sacerdotem, et ad aliam pœnitentiam, per istam pœnitentiam faciat Dominus pervenire animas vestras ad vitam æternam. Amen.

Quando sacerdos imponit pœnitentiam.

Nos vobis imponimus pœnitentiam de omnibus peccatis vestris, quæ volentes aut nolentes commisistis, unde confessi estis, vel quæ in vos nescienter sunt abscondita, ut redimatis ea per orationem, et sacrificium, et jejunium atque eleemosynam, et usque ad terminum vitæ vestræ in ipsa pœnitentia permaneatis, et si morte præoccupati fueritis, per istam pœnitentiam faciat Dominus pervenire animas vestras ad vitam æternam. Amen.

Absolutio. Intercedente beata Maria semper Virgine cum omnibus sanctis, misereatur vestri omnipotens Deus, et dimittat vobis omnia peccata vestra, præterita, præsentia. Liberet vos ab omni opere malo, salvet et confirmet vos in omni opere bono, et perducat vos cum angelis et archangelis ad vitam sempiternam. Amen. Indulgentiam et remissionem et absolutionem omnium peccatorum vestrorum, gratiam sancti Spiritus tribuat vobis omnipotens, pius et misericors Dominus. Amen.

Capitulum. Salvos fac servos tuos et ancillas tuas, Deus meus, sperantes in te. Mitte eis, Domine, auxilium de sancto. Et de Sion. Exsurge, Domine, adjuva nos. Et libera. Domine, exaudi orationem. Et clamor meus. Dominus vobiscum. Et cum spiritu.

Oratio. Omnipotens sempiterne Deus, qui dedisti famulis et famulabus tuis in confessione veræ fidei æternæ Trinitatis gloriam agnoscere, etc.

Absolutio. Omnipotens sempiterne Deus qui habet potestatem dimittendi peccata hominum, et sanctus Petrus apostolus cui dedit Christus potestatem ligandi atque solvendi, et aliis discipulis suis, dicens : Quorum remiseritis peccata, remittuntur eis in æternum : ipse quoque Deus absolvat vos ab omnibus peccatis vestris, et pro istis peccatis non reddatis rationem in judicii. Et si transieritis de isto sæculo, absolvat vos omnipotens Deus, Jesus Christus Dominus noster. Qui cum Patre et Spiritu sancto vivit. Respiciat ad vos Deus, et det vobis angelum, qui vos ubique custodiat, mentes regat, opera confirmet, votum perficiat, vitam dirigat, præterita indulgeat, præsentia emendet, futura meditetur in vos. Ipse vos benedicat de cœlis, qui proprio sanguine suo vos redemit in terris. Qui cum Patre et Spiritu sancto, etc.

Benedictio. Benedicat te Deus Pater, qui in principio Verbo cuncta creavit. Amen. Benedicat te Dei Filius, qui de sede paterna descendit pro nostra salute in terris. Amen. Benedicat te Spiritus sanctus,

qui in specie columbæ in fluenta Jordanis super Christum requievit. Amen. Ipse vos in Trinitate et unitate sanctificet, quem omnes homines venturum exspectant Judicem. Per. Bene † dictio Dei omnipotentis, Patris † et Filii † et Spiritus sancti † custodiat corpus tuum, animam tuam et spiritum tuum, hic et in perpetua sæcula sæculorum. Amen.

INCIPIT ORDO AD VISITANDUM INFIRMUM.

Primum dicatur : Pax huic domui. Amen. Dominus vobiscum. ℟. Et cum spiritu tuo.

Respice, Domine, propitius super hunc famulum tuum, et opem ferre digneris super lectum doloris ejus. Impone manum tuam super manus ejus et impera ægritudini ejus, ne meam peccatoris manum spernat infirmitas, sed ad vocationem nominis tui vereatur et fugiat, et hic famulus tuus languore indulto ad sanitatem refectus, resurgat, et præsentetur Ecclesiæ tuæ, ut referat gratias nomini sancto tuo.

Sana me, Domine, quoniam conturbata sunt omnia ossa mea, et anima mea turbata est valde. Et tu, Domine, usquequo ? Convertere, et eripe animam meam. Domine, ne in ira.

Antiphona. Erat quidam regulus, cujus filius infirmabatur Capharnaum. Hic, cum audisset quia Jesus veniret in Galilæam, rogabat eum, ut sanaret filium ejus. *Psal.* Beati quorum. *Antiphona.* Domine, puer meus jacet paralyticus in domo, et male torquetur : Amen dico tibi, ego veniam, et curabo eum. *Psal.* Domine, ne in ira tua.

Alia antiphona. Cor contritum et humiliatum Deus non spernit, sed propter magnam misericordiam tuam miserere mei, Deus. *Psal.* Miserere mei.

Alia antiphona. Domine, descende, ut sanes filium meum, priusquam moriatur. Ait ei Jesus : Vade, filius tuus vivit. *Psal.* Domine, exaudi orationem meam.

Alia antiphona. Domine, non sum dignus ut intres sub tectum meum, sed tantum dic verbo, et sanabitur puer meus. *Psal.* De profundis.

Alia antiphona. Cum sol autem occidisset, omnes qui habebant infirmos variis languoribus, ducebant illos ad Jesum et sanabantur. *Psal.* Domine, exaudi orationem. Kyrie eleison, Christe eleison, Kyrie eleison. Pater noster. Et ne nos.

Capitulum. Ostende nobis, Domine, misericordiam tuam. ℟. Et salutare. Salvum fac servum tuum, ℟. Deus meus, sperantem in te. Esto ei, Domine, turris fortitudinis. ℟. A facie inimici. Mitte ei, Domine, auxilium de sancto. ℟. Et de Sion. Nihil proficiat inimicus in eo. ℟. Et filius iniquitatis. Domine, exaudi orationem. ℟. Et clamor. Dominus vobiscum. ℟. Et cum spiritu tuo.

Oratio. Deus, qui famulo tuo Ezechiæ ter quinos annos ad vitam donasti, ita et hunc famulum tuum a lecto ægritudinis tua potentia erigas ad salutem. Per.

Oratio. Respice, Domine, famulum tuum in infirmitate sui corporis laborantem, et animam ejus refove, quam creasti, ut castigationibus emendatus, continuo se sentiat medicina salvum.

Alia Oratio. Deus, qui facturæ tuæ pio semper dominaris affectu, inclina aurem tuam supplicationibus nostris, et famulum tuum ex adversa corporis valetudine laborantem placatus respice, et visita eum in salutari tuo, ac cœlestis gratiæ præsta medicinam.

Oratio. Deus qui humano generi et salutis remedium, et vitæ æternæ munera contulisti, conserva famulo tuo tuarum dona virtutum, et concede ut medelam tuam non solum in corpore, sed etiam in anima sentiat. Per.

Alia oratio. Virtutum cœlestium Deus, qui ab humanis corporibus omnem languorem et omnem infirmitatem præcepti tui potestate depellis, adesto propitius huic famulo, ut, infirmitatibus fugatis et viribus receptis, nomen tuum instaurata protinus sanitate benedicat. Per.

Alia oratio. Domine sancte, Pater omnipotens, æterne Deus, qui fragilitatem nostræ conditionis infusa virtutis tuæ dignatione confirmas, ut salutaribus remediis pietatis tuæ et corpora nostra et membra vegetentur, super hunc famulum tuum propitius intende, ut omni necessitate corporea infirmitatis exclusa, gratia in eo pristinæ sanitatis perfecta reparetur.

Oratio. Exaudi, Domine, preces nostras, et confitentium tibi parce peccatis, ut quem conscientiæ reatus accusat, indulgentia tuæ propitiationis absolvat. Per.

Alia oratio. Deus, humani generis benignissime conditor, qui hominem invidia diaboli ab æternitate dejectum unici Filii tui sanguine redemisti, vivifica hunc famulum tuum, quem tibi nullatenus mori desideras, et qui non derelinquis, devium, assume correctum; moveant pietatem tuam, quæsumus, Domine, hujus famuli tui lacrymosa suspiria, tu ejus medere vulneribus, tu jacenti manum porrige salutarem, ne Ecclesia tua aliqua sui corporis portione vastetur, ne grex tuus detrimenta sustineat, ne de familiæ tuæ damno inimicus exsultet, ne renatum lavacro salutari mors secunda possideat. Tibi ergo preces supplices effundimus, tu parce confitenti, ut sic in hac mortalitate sua peccata defleat, qualiter in tremendi judicii die sententiam damnationis æternæ evadat, et nesciat quod terret in tenebris, quod stridet in flammis, atque ab erroris via ad iter reversus justitiæ nequaquam ultra vulneribus saucietur, sed integrum sit ei et perpetuum, et quod gratia tua contulit, et quod misericordia reformavit. Per eumdem.

Hic sacerdos interroget infirmum, si vult accipere unctionem. Cum responderit: Volo, *tunc faciat ei confessionem. Sacerdos ungat eum, visum et cæteros sensus, dicendo:* Deus, in nomine tuo, Deus in adjutorium. *Psal.* Beati immaculati. Per istam unctionem, et suam piissimam misericordiam indulgeat tibi Dominus quidquid peccasti per visum. Per istam unctionem, etc., peccasti per auditum. Per istam unctionem, etc., peccasti per gustum. Per istam unctionem, etc., peccasti per odoratum. Per istam unctionem, etc., peccasti per tactum. Per istam unctionem, etc., peccasti per ardorem libidinis. Per istam unctionem, etc., peccasti per incessum pedum.

Deinde lavet sacerdos manus suas et dicat :

Salvum fac servum tuum, Deus meus. Esto ei, Domine, turris. A facie inimici. Mitte ei, Domine, auxilium de sancto. Et de Sion. Nihil proficiat inimicus. Et filius iniquitatis. Domine, exaudi orationem. Et clamor. Dominus vobiscum. Et cum spiritu.

Oratio. Omnipotens sempiterne Deus, qui per beatum Jacobum apostolum tuum nos docuisti: Infirmatur quis in vobis? inducat presbyteros Ecclesiæ, et orent super eum, ungentes eum oleo in nomine Domini, et oratio ejus fidei salvabit infirmum, et allevabit eum Dominus, et si in peccatis sit, dimittentur ei, te supplices exoramus, ut hic famulus tuus per mysterium nostræ unctionis donum tuæ sanctæ pietatis, peccatorum suorum veniam consequi, et ad vitam æternam venire mereatur. Per.

Alia oratio. Deus misericors, Deus clemens, qui secundum multitudinem miserationum tuarum peccata pœnitentium deles, et præteritorum criminum culpas venia remissionis evacuas, respice super hunc famulum tuum, et remissionem sibi omnium peccatorum suorum tota cordis confessione poscentem deprecatus exaudi; renova in eo, piissime Pater, quidquid terrena fragilitate corruptum est, vel quidquid diabolica fraude violatum est, et in unitate corporis Ecclesiæ tuæ, percepta remissione, restitue; miserere, Domine, gemitum ejus lacrymarum, et non habentem fiduciam nisi in tua misericordia ad sacramentum reconciliationis admitte. Per.

His expletis orationibus, sacerdos communicet infirmum, dicens : Corpus Domini nostri Jesu Christi mundet te ab omni peccato, et conservet animam tuam in vitam æternam. Amen.

Post datum corpus dicit capitulum : Salvum fac servum tuum, Deus meus. Mitte ei, Domine. Et de Sion. Domine, exaudi orationem. Et clamor. Dominus vobiscum. Et cum spiritu.

Oratio. Domine sancte Pater omnipotens, æterne Deus, te fideliter deprecamur pro famulo tuo fratre nostro, percipiente Eucharistiam sacrosanctam Filii tui Domini nostri Jesu Christi corporis et sanguinis; tam corpori quam animæ sit salus. Per eumdem Dominum.

Igitur, ut mox viderit eum ad exitum appropinquare, communicet eum, etiam si comederit, quia communio erit ei adjutorium.

LITANIÆ.

Christe, audi nos. *(ter.)*
Sancte Abel, ora pro eo.
Sancte Isaac, or.
Sancte Henoch, or.

Sancte Abraham, or.
Sancte Jacobe, or.
Sancte Elia, or.
Sancte Isaia, or.
Sancte Jeremia, or.
Sancte Ezechiel, or.
Sancte Daniel, or.
Sancte Osee, or.
Sancte Joel, or.
Sancte Abdia, or.
Sancte Habacuc, or.
Sancte Jona, or.
Sancte Nahum, or.
Sancte David, or.
Sancte Sophonia, or.
Sancte Joannes Baptista, or.
Omnes sancti patriarchæ et prophetæ, orate pro eo.
Kyrie eleison, Christe eleison, Kyrie eleison.
Pater noster. Et ne nos.

Capitulum. Ego dixi: Domine, miserere mei. Sana animam meam, quia peccavi tibi.

Requiem æternam dona ei, Domine. Et lux perpetua luceat ei.

Ne intres in judicium cum servo tuo. Quia non justificabitur.

Domine, libera animam ejus. Misericors et miserator.

Delicta juventutis et ignorantias, Ne memineris, Domine.

Ne perdas cum impiis, Deus, Et cum viris sanguinum.

Complaceat tibi, Deus, ut eripias. Domine, in auxilium ejus respice.

Domine exaudi orationem. Et clamor meus ad te.
Dominus vobiscum.
Et cum spiritu tuo.

Oratio. Deus, cui soli competit medicinam præparare post mortem, tribue, quæsumus, ut anima famuli tui terrenis exuta contagiis, in tuæ redemptionis sorte numeretur. Per.

Finita oratione inchoet: Passio Domini secundum Matthæum. In illo tempore dixit Jesus discipulis suis: Scitis quia post biduum Pascha fiet, etc.

Aliæ litaniæ.

Christe, audi nos. (ter.)
Sancta Maria, ora pro eo.
Sancte Stephane, or.
Sancte Laurenti, or.
Sancte Clemens, or.
Sancte Xiste, or.
Sancte Corneli, or.
Sancte Cypriane, or.
Sancte Sylvester, or.
Sancte Georgi, or.
Sancte Benedicte, or.
Sancte Chrysogone, or.
Sancte Cosma, or.
Sancte Damiane, or.
Sancte Vitalis, or.

Sancte Gervasi, or
Sancte Nazari, or.
Sancte Celse, or.
Sancte Vite, or.
Sancte Modeste, or.
Sancte Cassiane, or.
Kyrie eleison, Christe eleison, Kyrie eleison.

Aliæ litaniæ.

Christe, audi nós. (ter.)
Sancte Hyppolite, or.
Sancte Sebastiane, or.
Sancte Pancrati, or.
Sancte Domnine, or.
Sancte Anthime, or.
Sancte Alexander, or.
Sancte Faustine, or.
Sancte Jovite, or.
Sancte Donate, or.
Sancte Victor, or.
Sancte Nabor, or.
Sancte Felix, or.
Sancte Fortunate, or
Sancte Urbane, or.
Sancte Eleutheri, or.
Sancte Anastasi, or.
Sancte Gregori, or.
Sancte Maure, or.
Sancte Isidore, or.
Sancte Saturnine, or.
Sancte Floriane, or.
Omnes sancti martyres, orate pro eo.

Kyrie eleison, Christe, Kyrie. Pater noster. Et ne nos. *Capitulum ut supra.*

Oratio. Deus, qui vitam justis tribuis post mortem, et cui non pereunt moriendo fidelium corpora, sed mutantur in melius, te supplices deprecamur, ut suscipi jubeas animam famuli tui in requiem æternam, et in congregatione justorum. Per.

Aliæ litaniæ.

Christe, audi nos. (ter.)
Sancta Maria, ora pro eo.
Sancte Ambrosi, or.
Sancte Hilari, or.
Sancte Severe, or
Sancte Barbatiane, or.
Sancte Leo, or.
Sancte Valeriane, or.
Sancte Marcelline, or.
Sancte Antonine, or.
Sancte Joannes Chrysostome, or.
Sancte Eusebi, or.
Sancte Benedicte, or.
Sancte Syre, or.
Sancte Martine, or.
Sancte Augustine, or.
Sancte Columbane, or.
Sancte Geminiane, or.
Sancte Marine, or.
Sancte Justine, or.

Sancte Tiburti, or.
Sancte Gaudenti, or.
Sancte Paule, or.
Sancte Machari, or.
Sancte Savine, or.
Omnes sancti confessores, orate pro eo.
Kyrie eleison, Christe eleison, Kyrie eleison. Pater noster. Et ne nos.

Oratio. Deus, fidelium conditor et redemptor, animæ famuli tui remissionem omnium tribue peccatorum, ut indulgentiam, quam semper optavit, consequatur et requiem. Per.

Incipiunt aliæ litaniæ.
Christe audi nos. (*ter.*)
Pater de cœli Deus, miserere ei.
Fili redemptor mundi Deus, mis.
Spiritus sancte Deus, mis.
Sancta Trinitas et unus Deus, mis.
Sancta Maria, ora p o eo.
Sancte Michael, or.
Sancte Gabriel, or.
Sancte Raphael, or.
Omnes sancti angeli et archangeli, orate pro eo.
Sancte Petre, or.
Sancte Paule, or.
Sancte Andrea, or.
Sancte Joannes, or.
Sancte Jacobe, or.
Sancte Philippe, or.
Sancte Bartholomæe, or.
Sancte Matthæe, or.
Sancte Thoma, or.
Sancte Simon, or.
Sancte Thaddæe, or.
Sancte Mathia, or.
Sancte Barnaba, or.
Sancte Cleopha, or.
Sancte Timothee, or.
Sancte Marce, or.
Omnes sancti apostoli et evangelistæ, orate pro eo.
Kyrie eleison, Christe eleison, Kyrie eleison. Pater noster. Et ne nos.

Oratio. Oramus, omnipotens Deus, ut animam famuli tui clementer suscipias, qui ad tuum sanctum imperium sui reliquit corporis domicilium, dumque te jubente ad terram revertitur, animam quam regenerare dignatus es baptismo, aggregari præcipias justorum consortiis. Per.

Aliæ litaniæ.
Christe audi nos. (*ter.*)
Sancta Susanna, ora pro eo.
Sancta Felicitas, or.
Sancta Euphemia, or.
Sancta Cæcilia, or.
Sancta Perpetua, or.
Sancta Scholastica, or.
Sancta Columba, or.
Sancta Anna, or.
Sancta Elisabeth, or.

Sancta Agatha, or.
Sancta Agnes, or.
Sancta Lucia, or.
Sancta Christina, or.
Sancta Anastasia, or.
Sancta Eugenia, or.
Sancta Innocentia, or.
Omnes sanctæ virgines, orate pro eo.
Omnes sancti et sanctæ Dei, orate pro eo.
Kyrie eleison, Christe eleison, Kyrie eleison. Pater noster. Et ne nos.

Oratio. Deus, cui proprium est misereri semper et parcere, suscipe deprecationem nostram pro famulo tuo, et quem delictorum catena constringit, miseratio tuæ pietatis absolvat. Per.

Aliæ litaniæ.
Christe audi nos. (*ter.*)
Sancta Maria, intercede pro eo.
Sancta Dei Genitrix, int.
Sancta Mater Domini, int.
Sancta chorus cherubim, int.
Sancte chorus seraphim, int.
Sancte chorus angelorum, int.
Sancte chorus patriarcharum, int.
Sancte chorus apostolorum, int.
Sancte chorus martyrum, int.
Sancte chorus doctorum, int.
Sancte chorus sacerdotum, int.
Sancte chorus levitarum, int.
Sancte chorus monachorum, int.
Sancte chorus innocentum, int.
Sancte chorus virginum, int.
Omnis chorus omnium sanctorum, nt.
Fili Dei, miserere ei. (*bis.*)
Redemptor mundi, mis.
Ut veniam ei dones, te rogamus.
Ut vitam ei dones, te rog.
Ut sanctum paradisum ei dones, te rog.
Ut locum refrigerii ei dones, te rog.
Ut ei parcas, te rog.
Ut ei indulgeas, te rog.
Ut misericordiæ et indulgentiæ locum ei dones, te rog.
Ut peccatorum ejus non recorderis, te rog.

Aliæ litaniæ.
Christe, audi nos. (*ter.*)
Propitius esto, parce ei, Domine.
Propitius esto, libera eum, Domine.
Ab ira tua, lib.
A pœna inferni, lib.
A damnatione æterna, lib.
A potestate diaboli, lib.
A pœnarum locis, lib.
A morte secunda, lib.
A gehenna ignis, lib.
A locis obscuris, lib.
Ab omni angustia, lib.
A peccatorum ultione, lib.
A supplicio tormentorum, lib.

Ab omni malo, lib.

Kyrie eleison, Christe eleison, Kyrie eleison. Pater noster. Et ne nos.

Oratio. Omnipotens sempiterne Deus, conservator animarum, qui quos diligis, corripis, et quos recipis, pie ad emendationem coerces, te invocamus, Domine, ut medelam tuam conferre digneris animæ famuli tui, qui in corpore membrarum debilitationem, vim laboris, stimulas sustinet infirmitatis : da ei, quæsumus, gratiam tuam piam esse, ut in hora exitus illius de corpore absque peccati macula tibi datori proprio per manus sanctorum repræsentari mereatur anima ejus. Per.

Incipit commendatio animæ, antequam egrediatur de corpore.

Subvenite, sancti Dei. Suscipiat te Christus.

Proficiscere, anima Christiana, de hoc mundo, in nomine Dei Patris † omnipotentis, qui te creavit, in nomine Jesu Christi † Filii Dei vivi, qui pro te passus est, in nomine Spiritus sancti †, qui in te effusus est. Adjuvet sancta Trinitas per intercessionem sanctorum angelorum, et archangelorum, thronorum et dominationum, principatuum et potestatum, et omnium virtutum, cherubim, seraphim, et omnis humani generis, quidquid a Deo susceptum est, patriarcharum et prophetarum, apostolorum et martyrum, confessorum et virginum, sacerdotum et levitarum, et omnium Ecclesiæ catholicæ graduum, monachorum et anachoretarum. Hodie factus sit in pace locus tuus, et habitatio tua in Jerusalem cœlestem. Per Dominum.

Suscipiat te sanctus Michael archangelus, qui militiæ cœlestis meruit principatum. Obvient tibi sancti angeli Dei, et perducant te in civitatem sanctam Jerusalem. Suscipiat te beatus Petrus apostolus, cui a Deo claves regni cœlorum traditæ sunt. Adjuvet te sanctus Paulus, qui dignus fuit esse vas electionis Dei. Intercedat pro te sanctus Joannes electus Dei apostolus, cui revelata sunt secreta cœlestia. Orent pro te omnes sancti et electi Dei apostoli, quibus a Domino data est potestas ligandi atque solvendi. Egredere in nomine † Patris, et † Filii, et † Spiritus sancti, qui te illuminet in vitam æternam, et resuscitet te in prima resurrectione, in novissimo die. Domine, sancte Pater, suscipe animam servi tui in pace, et ejus omnia peccata dimitte, Salvator mundi. Qui vivis et regnas in unitate Spiritus sancti Deus. Per.

Suscipe, Domine, animam famuli tui in bono.

Libera, Domine, animam servi tui ex omnibus periculis infernorum, et de laqueis pœnarum, et de omnibus tribulationibus malis.

Libera, Domine, animam famuli tui, sicut liberasti Noe in diluvio.

Libera, Domine, animam famuli tui, sicut liberasti Eliam et Henoch de communi morte mundi.

Libera, Domine, animam servi tui, sicut liberasti Abraham per fidem et credulitatem.

Libera, Domine, animam servi tui, sicut liberasti Loth de Sodomis et de flamma ignis.

Libera, Domine, animam servi tui, sicut liberasti David de manu Saul regis et Goliath, et de omnibus vinculis ejus.

Libera, Domine, animam servi tui, sicut liberasti tres pueros de camino ignis ardentis et de manibus iniqui regis.

Libera, Domine, animam servi tui, sicut liberasti Suzannam de falso crimine.

Libera, Domine, animam servi tui, sicut liberasti humanum genus per passionem Domini nostri Jesu Christi.

Libera, Domine, animam famuli tui, sicut liberasti Petrum et Paulum de carceribus.

Libera, Domine animam servi tui, sicut liberasti Theclam de medio spectaculo.

Sic liberare digneris, Domine, animam hominis istius, et tecum habitare in bonis cœlestibus concede. Per.

Oratio. Pio recordationis affectu, fratres charissimi, commemorationem facimus chari nostri, quem Dominus de laqueo tentationis hujus sæculi assumpsit, obsecrantes misericordiam Dei nostri, ut ipse ei tribuere dignetur placitam et quietam mansionem et remittat omnes lubricæ temeritatis offensas; ut, concessa venia plena indulgentiæ, quidquid in hoc sæculo proprio reatu deliquit, totum ineffabili pietate ac benignitate sua deleat et abstergat; Quod ipse præstare dignetur, qui cum Patre et Spiritu sancto vivit et regnat.

Oratio. Deus, cui omnia vivunt, et cui non pereunt corpora nostra, sed mutantur in melius, te supplices deprecamur, ut famulum tuum suscipi jubeas per manus sanctorum angelorum tuorum deducendum in sinu amici tui Abrahæ patriarchæ, resuscitandumque in novissimo magni judicii die; et quidquid vitiorum fallente diabolo contraxit, tu, pius et misericors, ablue indulgendo.

Oratio. Suscipe, Domine, animam servi tui, quam de ergastulo hujus sæculi vocare dignatus es et libera eam de principibus tenebrarum, et de locis pœnarum, ut absoluta omnium vinculo peccatorum, quietis ac lucis æternæ beatitudine perfruatur, et inter sanctos tuos in resurrectionis gloria resuscitari mereatur. Per.

Oratio. Commendamus tibi, Domine, animam famuli tui fratris nostri, precamurque, ut propter quam ad terram tua pietate descendere dignatus es, patriarcharum tuorum in sinibus insinuari non renuas miseratus. Qui vivis et regnas.

Oratio. Migrantem in tuo nomine de hac instabili et tam incerta in sempiternam vitam illam ac lætitiam suscitare eum, Domine, in bonis cœlestibus digneris. Per.

Ad corpus lavandum.

Oratio. Suscipe, Domine, animam servi tui revertentem ad te, vestem cœlestem indue eam, et lava eam sancto fonte vitæ æternæ, ut inter gaudentes gaudeat, et inter sapientes sapiat, et inter martyres consedeat, et inter patriarchas proficiat, et inter prophetas et apostolos sequi Christum studeat, et inter angelos et archangelos claritatem Dei videat, et inter paradisi rutilos lapides gaudium possideat, et ministeriorum Dei notitiam agnoscat, et inter cherubim et seraphim claritatem Dei inveniat, et inter viginti quatuor seniores cantica canticorum cantantes audiat, et inter lavantes stolas suas in fonte luminis vestem suam lavet, et inter pulsantes pulset, et portas Jerusalem apertas inveniat, et inter videntes Dominum facie ad faciem videat, et inter cantantes canticum novum cantet, et inter audientes cœlestem sonitum audiat. Per omnia.

Alia oratio. Suscipe, Domine, animam famuli tui ad te revertentem, de Ægypti partibus proficiscentem, et mitte angelos tuos sanctos obviam ei, et viam justitiæ, et repelle ab ea omnes principes tenebrarum; agnosce, Domine, creaturam tuam non ex diis alienis creatam, sed a te solo Deo vivo et vero, quia non est alius Deus præter te, Domine, et non est secundum opera tua. Lætifica, Domine, animam famuli tui, et ne memineris iniquitatum ejus quas suscitavit furor mali desiderii; licet enim peccavit, tamen Patrem, et Filium, et Spiritum sanctum non negavit, sed credidit, et zelum Dei habuit, et Deum, qui fecit omnia, adoravit. Qui vivit et regnat.

Oratio. Deus, ante cujus conspectum defertur omne quod geritur; qui cum sis institutor, et de suppliciis es moderator, quæsumus pro famulo tuo, ut des ei partem cum sanctis tuis, et hæreditatem cum electis tuis. Per omnia sæcula.

Oratio. Suscipe, Domine, animam servi tui in bonum habitaculum, cujus corpusculum lavandi peragimus officium, et da ei requiem in regno æterno, id est in Jerusalem cœlestem, et in sinibus patriarcharum tuorum, id est Abrahæ, Isaac et Jacob, collocare digneris, ut habeat partem in beata et prima resurrectione; corpus ejus suscipe, et cum benedictis ad dexteram Dei Patris venientibus veniat, et inter possidentes vitam æternam possideat. Per.

Incipiunt capitula, sive orationes, post corpus lavatum.

Pater noster. Et ne nos.

Capitulum. In memoria æterna erit justus. Ab auditu.

Ne intres in judicium cum servo tuo, Domine, Quia non justificabitur.

Ne tradas bestiis animas confitentes tibi, Et animas pauperum.

Requiem æternam dona ei Domine, Et lux perpetua.

Domine exaudi. Et clamor.

Dominus vobiscum. Et cum.

Oratio. Deus, vitæ dator, et humanorum corporum reparator, qui te a peccatoribus exorari voluisti, exaudi preces, quas speciali devotione pro anima famuli tui tibi lacrymabiliter fundimus, et liberare eum ab inferorum cruciatibus, et collocare inter agmina sanctorum tuorum digneris; veste quoque cœlesti et stola immortalitatis indui, et paradisi amœnitate confoveri jubeas. Per.

Alia oratio. Deus, qui humanarum animarum æternus amator es, animam famuli tui, quam vera, dum in corpore vixit, tenuit fides, ab omni cruciatu infernorum redde extorrem, ut segregata ab infernalibus claustris sanctorum mereatur adunari consortiis. Per Dominum nostrum Jesum Christum.

Alia oratio. Deus, apud quem mortuorum spiritus vivunt, et in quo electorum animæ, deposito carnis onere, plena felicitate lætantur, præsta, supplicantibus nobis, ut animam famuli tui, quæ temporalis hujus sæculi caruit visu, æterno illius lucis solatio potiatur, non eam tormentum mortis attingat, non dolor horrendæ visionis afficiat, non pœnalis timor excruciet, non reorum pessima catena constringat, sed, concessa sibi delictorum omnium venia, optatæ quietis consequatur gaudia repromissa.

Finitis omnibus orationibus, ponatur corpus in feretro, et aspergatur aqua sancta, et incensetur et cantent. Subvenite, sancti Dei. Suscipiat te, Deus, in nomine tuo. Beati immaculati. *Et sic vadant ad ecclesiam. Cum venerint ad introitum ecclesiæ, dicitur:* Subvenite, sancti Dei. *Et sic detur incensum et aqua sancta, et sonentur omnia signa, et ponatur feretrum in pavimento, et cantent invitatorium:* Regem, etc., *ut in editis, exclusive, usque ad responsorium secundæ lectionis primi nocturni, cujus verba hæc sunt:* Qui resuscitasti puellam infra domum, et juvenem extra portam, tu ei, Domine. Lectio Manus tuæ, etc., *exclusive, usque ad responsorium sequentis lectionis.* Responde. *Quod sic effertur:* Subvenite, sancti Dei, etc., *ut in editis, quando deducitur cadaver de domo.* Homo natus de muliere, etc., *ut in editis, usque ad responsorium sequentis lectionis.* Quis mihi, *ubi legitur:* Ne intres in judicium cum servo tuo, Domine. *In tertio nocturno:* Complaceat, etc., *usque ad totam lectionem.* Pelli meæ, *cujus responsorium est:* Libera me, Domine, de vi inferni, qui portas æreas confregisti, et visitasti infernum, et dedisti eis lumen, ut viderent te qui erant in pœnis tenebrarum, clamantes et dicentes: Advenisti, Redemptor noster. Qui erant. Lectio: Vir fortissimus Judas. ℟. Redemptor meus vivit, et in novissimo die resurgam, et renovabuntur denuo ossa mea, et in carne videbo Dominum meum. Lauda, anima mea, Dominum; laudabo Dominum in vita mea. Et in carne. Requiem æternam. Et in carne.

In Laudibus: Exsultabunt, etc., *ut in editis, usque ad quartam antiphonam exclusive. Antiphona:* Recogitabo omnes annos meos in amaritudine animæ. *Psal. ut in editis et usque ad antiphonam* Benedictus, *post quam legitur:* Omne quod dat, etc. Benedictus. *Ad Vesperas antiphona:* Placebo Domino, etc., *usque ad psalmum:* Confitebor, *inclusive ut in editis.*

Deinde sequitur: Requiem æternam. Et lux. *Antiphona:* Audivi vocem de cœlo dicentem mihi:

Beati mortui, qui in Domino moriuntur. Magnificat. *Psal.* De profundis. *Psal.* Lauda. *Psal.* Voce. *Psal.* Ad Dominum. Pater noster. Et ne nos.

Oratio. Deus, cui proprium est. *Alia oratio.* Inclina, Domine.

Deinde sacerdos stet juxta feretrum. Interim sonentur omnia signa, quousque omnes conveniant, et accipiant candelas, et cantor stet apud feretrum et dicat. Deinde dicat sacerdos orationem. Ne intres, etc. *ut in editis.* ℟. Qui Lazarum suscitasti. *Interim, dum cantatur, incenset altare, deinde corpus, et cantor dicat :* Kyrie, Christe, Kyrie; *et sacerdos dicat orationem :* Fac, quæsumus, *ut in editis.* Subvenite. *Et sacerdos incenset altare, et corpus, et cantor dica', et sacerdos dicat orationem :* Inclina, Domine, etc. ℟. Libera me, Domine, etc. Dies illa, dies iræ, etc. *Deinde :* Plangent super se omnes tribus terræ. Tremens factus sum ego, etc. Vix justus salvabitur, et ego, miser, ubi apparebo? Quid ego, miserrimus, quid dicam vel quid faciam, dum nil boni perferam ante tantum Judicem? Nunc, Christe, te deprecor, miserere, peto. Qui venisti redimere, perpetim veni salvare. Requiem æternam, etc. Et lux, etc. Libera me, Domine. Memento mei, Deus, quia ventus est vita mea, nec aspiciat me visus hominis. Et non avertetur oculus meus ut videat bona. Quapropter non parcam ori meo, loquar in amaritudine animæ meæ. Nec aspiciat, etc. *Deinde incensetur altare et corpus.*

Hoc facto elevetur corpus defuncti de ecclesia, et vadant primitus minores cum cruce et incenso, et aqua sancta, deinde fratres canendo : In paradisum deducant, etc. In exitu Israel, etc. *Et sonent omnia signa, quousque claudatur monumentum.* Aperite mihi portas justitiæ, ingressus in eas confitebor Domino. *Psal.* Confitemini. *Antiphona :* Ingrediar in locum tabernaculi admirabilis usque ad domum Dei. *Psal.* Sicut cervus. *Antiphona.* Hæc requies mea in sæculum sæculi, hic habitabo, quoniam elegi eam. *Psal.* Memento. *Antiphona.* De terra plasmasti me, carne induisti me. Redemptor meus Domine, resuscita me in novissimo die. *Psal.* Domine, exaudi orationem meam. *Antiphona.* Non intres in judicium cum servo tuo, Domine. *Psal.* Domine exaudi orationem meam. (*bis.*) *Antiphona.* Omnis spiritus laudet Dominum. *Psal.* Laudate Dominum. *Antiphona.* Requiem æternam dona ei, Domine, et lux perpetua luceat ei.

Ad Benedictus. Omne quod dat mihi Pater, etc.

Oratio. Absolve, Domine, animam ejus ab omni vinculo delictorum, ut in resurrectionis gloria inter sanctos et electos tuos resuscitatus respiret.

Et sacerdos incenset monumentum, et aspergat aqua sancta, et dicat has orationes, dum alii canunt psalmum.

Oratio. Oremus, fratres charissimi, pro spiritu chari nostri, quem Dominus de tentationibus hujus sæculi liberare dignatus est, cujus corpusculum hodie sepulturæ traditur, ut eum pietas Domini in sinu Abrahæ, Isaac et Jacob collocare dignetur, ut cum dies judicii advenerit, inter sanctos et electos suos eum in parte dextera collocandum resuscitari faciat. Præstante Domino nostro Jesu Christo. Qui cum Patre et Spiritu sancto, etc.

Alia oratio Obsecramus misericordiam tuam, omnipotens Deus, qui hominem ad imaginem tuam creare dignatus es, ut spiritum et animam famuli tui, quem hodierna die rebus humanis exutum ad te accersiri jussisti, blande misericorditerque suscipias. Non ei dominentur umbræ mortis, nec tegat eum chaos et caligo tenebrarum, sed exutus omnium criminum labe, in sinu Abrahæ collocatus, locum lucis, et refrigerii se adeptum gaudeat, ut cum dies judicii advenerit, cum sanctis et electis tuis eum resuscitari jubeas. Per.

Oratio. Deus, cui omnia vivunt, et cui non pereunt corpora nostra, sed mutantur in melius, te supplices deprecamur, ut quidquid anima famuli tui vitiorum, tuæque voluntati contrarium, fallente diabolo, et propria voluntate atque fragilitate contraxit, tu pius et misericors abluens indulgendo, eam suscipi jubeas per manus sanctorum tuorum, deducendamque in sinu patriarcharum tuorum Abrahæ scilicet amici tui, et Isaac electi tui, et Jacob dilecti tui, quo abfuit dolor et tristitia et suspirium, fidelium quoque animæ felici jucunditate lætantur, et in novissimo magni judicii die, inter sanctos et electos tuos eam facias perpetuæ gloriæ percipere portionem, quam oculus non vidit, nec auris audivit, nec in cor hominis ascendit, quam præparasti diligentibus te.

Oratio. Temeritatis est, ut homo hominem, mortalis mortalem, cinis cinerem tibi, Domino Deo nostro, audeat commendare. Sed quia terra suscipit terram, et pulvis convertitur in pulverem, donec omnis caro in suam redigatur originem, inde, Deus, tuam, piissime Pater, lacrymabiliter quæsumus pietatem, ut hujus famuli tui animam, quam de hujus mundi voragine coenulenta ducis ad patriam, Abrahæ amici tui sinu recipias, et refrigerii rore perfundas, sitque ab æstuanti gehennæ truci incendio segregatus, et beatæ requiei te donante conjunctus; et si quæ illi sunt, Domine, dignæ cruciatibus culpæ, tu eas gratia mitissimæ lenitatis indulge, nec pro peccatis recipiat vicem, sed indulgentiæ tuæ piam sentiat bonitatem. Cumque finito mundi termino supernum cunctis illuxerit regnum, novus homo sanctorum omnium coetibus aggregatus, cum electis tuis resurgat in parte dextera collocandus. Per.

Alia oratio. Te, Domine sancte, Pater omnipotens, æterne Deus, suppliciter deprecamur pro spiritu famuli tui, quem a caligine hujus sæculi ad te accersiri præcepisti, ut digneris, Domine, dare ei locum lucidum, locum refrigerii et quietis; liceat ei transire portas infernorum et pœnas tenebrarum, maneatque in mansionibus sanctorum, et in luce sancta, quam olim Abrahæ promisisti et semini ejus. Nullam læsionem sustineat spiritus ejus, sed, cum magnus dies ille resurrectionis ac remunerationis advenerit, resuscitare cum digneris, Domine, una cum sanctis et electis tuis, dones ei delicta atque peccata usque ad novissimum quadrantem, tecumque immortalitatis vitam et regnum consequatur. Per.

Oratio. Viri vulneris novitate percussi et quodammodo sauciati misericordiam tuam, mundi Redemptor, flebiliter imploramus, ut chari nostri animam ad te datorem proprium revertentem blande leniterque suscipias, ut si quas illo ex carnali commoratione maculas contraxit, pietate indulgeas, oblivioni in perpetuum tradas, atque hanc eamdem laudem tibi cum cæteris reddituræ, ad corpus quandoque reversura, sanctorum tuorum cœtibus aggregari præcipias.

Oratio. Deus, qui et justis supplicationibus semper præsto es, qui pia vota dignaris intueri, da famulo tuo, cujus depositionis officia præstamus, cum sanctis et electis tuis beati muneris portionem. Per.

Oratio. Debitum humani corporis sepeliendi officium fidelium more complentes, Deum, cui omnia vivunt, fideliter deprecamur ut hoc corpus chari nostri a nobis in infirmitate sepultum in ordine sanctorum resuscitet et ejus spiritum sanctis ac fidelibus aggregari jubeat, cum quibus inenarrabiliter gloria et perenni felicitate perfrui mereatur. Per.

Hic finis, et corpore tumulato dicat sacerdos: Dicite Pater noster. Et ne nos ind. *Capitulum.* A porta inferi, Erue, Domine, animam ejus. Dominus vobiscum. Et cum.

Oratio. Tibi, Domine, etc. *ut in editis. Deinde dicat:* Dele, Domine. Miserere. Pater noster. Et ne nos. A porta. Erue, Domine, animam ejus. Dominus vobiscum. Et cum.

Oratio. Deus in cujus miseratione animæ fidelium requiescunt, famulis et famulabus tuis omnibus hic et ubique in Christo quiescentibus, da propitius veniam peccatorum, ut a cunctis reatibus sine fine lætentur. Per.

Benedictio. Benedictio Dei Patris † omnipotentis et Filii † et Spiritus sancti † descendat super hoc corpus. Amen. *Tunc incipiat hos psalmos septem pœnitentiales:* Domine, ne in furore, *et cæteros.* Pater noster. Et ne nos. *Capitulum.* A porta inferi. Erue, Domine. Dominus vobiscum. Et cum Spiritu.

Oratio. Absolve, Domine, animas famulorum famularumque tuorum, fratrum nostrorum et omnium fidelium defunctorum ab omni vinculo delictorum, ut in resurrectionis gloria inter sanctos tuos resuscitati respirent. Per.

INCIPIT ORDO QUALITER SACERDOS PRÆPARET SE AD MISSAM.

Ad manus lavandas. Psal. Quam amabilia. *Psal.* Benedixi. *Psal.* Inclina, Domine. *Psal.* Fundamenta. *Psal.* Judica me, Domine. *Psal.* Credidi. Kyrie eleison, Christe eleison, Kyrie eleison. Pater noster. *Capitulum.* Exsurge, Domine. Et libera. Deus, tu conversus vivificabis nos. Et plebs tua. Ostende nobis, Domine, misericordiam. Et salutare. Propitius esto, Domine. Propter. Non intres in judicium. Quia non. Domine, exaudi orationem meam. Et clamor meus. Dominus vobiscum. Et cum.

Oratio. Aures tuæ pietatis, mitissime Deus, inclina precibus meis, et gratia sancti Spiritus illumina cor meum, ut tuis mysteriis digne ministrare, teque æterna charitate diligere merear. Per.

Alia oratio. Largire sensibus nostris, quæsumus, omnipotens Deus Pater, ut sicut exterius abluuntur inquinamenta manuum, sic a te mundentur pollutiones mentium, et crescat in nobis augmentum sanctarum virtutum. Per.

Ad amictum. Pone, Domine, galeam salutis in capite meo ad expugnandas et superandas omnes diabolicas potestates. Per.

Ad albam. Indue me, Domine, vestimento salutis, et indumento justitiæ et lætitiæ, et tunica justitiæ circumda me.

Ad cingulum. Præcinge, Domine, lumbos mentis meæ, Pater clementissime, et circumcide vitia cordis mei.

Ad manipulum. Da mihi, Domine, sensum rectum, et vocem puram, ut adimplere possim laudem tuam.

Ad stolam. Stolam justitiæ circumda, Domine, cervicem meum, et ab omni corruptione purifica mentem meam.

Ad casulam. Indue me, Domine, loricam fidei, et galeam salutis, in Christo Jesu Domino nostro.

Quando ingreditur ad altare, dicit. Adjutorium nostrum in nomine Domini. Qui. Ego miser et infelix, confiteor Deo omnipotenti et beatæ Mariæ perpetuæ Virgini, et beato Michaeli archangelo et sanctis apostolis Petro et Paulo, et omnibus sanctis, et tibi, Pater, mea culpa, mea culpa, mea culpa, quia peccavi in cogitatione, suggestione, delectatione, consensu, verbis et opere, et omnibus vitiis meis malis; unde precor beatam Virginem Mariam, et beatum Michaelem archangelum, et sanctos apostolos Petrum et Paulum, et beatum N. et omnes sanctos, et te, Pater, orare pro me peccatore Dominum nostrum Jesum Christum.

Misereatur vestri omnipotens Deus, et dimittat vobis omnia vestra peccata præterita et præsentia, et de futuris vos custodiat, liberet vos ab omni opere malo, salvet et confirmet vos in omni opere bono, et perducat vos cum angelis suis ad vitam æternam. Amen.

Indulgentiam et remissionem et absolutionem omnium peccatorum, et spatium vere pœnitentiæ, et gratiam sancti Spiritus tribuat vobis omnipotens et misericors Dominus. Amen.

Capitulum. Deus, tu conversus. Et plebs. Ostende nobis. Et salutare. Propitius esto, Domine, peccatis. Propter nomen. Ab occultis meis. Et ab alienis. Domine, exaudi. Et clamor. Dominus vobiscum. Et cum.

Oratio. Aufer a nobis, quæsumus, Domine, omnes

iniquitates nostras, ut ad sancta sanctorum puris mereamur mentibus introire. Per.

Quando sacerdos est ad altare, dicat: Oramus te, Domine, ut per merita sanctorum tuorum, quorum reliquiæ hic sunt, eorum intercessionibus, omnipotens Deus, indulgere digneris mihi omnia peccata mea. Per.

Dum cantatur epistola et graduale et alleluia, sacerdos dicat hanc orationem: Suscipe confessionem meam, una spes salutis meæ, Domine Deus meus. Gula, ebrietate, fornicatione, libidine, tristitia, avaritia, ira, acedia, somnolentia, negligentia, cupiditate, invidia, malitia, odio, detractione, perjurio, falsitate, mendacio, vana gloria, levitate, ac superbia perditus sum, et omnino cogitatione, locutione, actione, atque omnibus sensibus exstinctus sum. O Domine, qui justificas impios et vivificas mortuos, justifica me et ressuscita me, Domine Deus meus. Per Jesum Christum Filium tuum Dominum nostrum, qui tecum vivit et regnat, etc.

Maria beatissima, Mater Dei et hominis gloriosa, inter omnes mulieres benedicta, cœli et terræ Domina, super omnes angelos et archangelos exaltata, tu dignare pro me peccatore preces effundere, cujus oratio non potest ab eo qui ex te natus est, despici, nec quid aliquatenus a Filio tuo et Creatore contemni. O singularis et nova puerpera, adoro virginalis uteri tui conceptum. Adoro partum ex intemeratæ Virginis flore progenitum. Adoro ex te virginitatis tuæ signaculum ineffabiliter prodeuntem. Adoro in cunabilis pueriliter vagientem. Adoro ubera materna sugentem. Ora pro me misero, beata Dei Genitrix, ut qui ex te verum hominem est dignatus induere, in mente mea non dedignetur invisibiliter habitare. Tibi etiam, piissima domina, turpitudinem corporis et animæ meæ confiteri non erubesco, quia in peccatis conceptus et in peccatis nutritus, et in peccatis post baptisma usque ad hanc horam cum omnibus peccatoribus conversatus animam meam in carne positam pollui, templum corporis mei de omni genere fornicationis et pollutionis et immunditiæ coinquinavi. Peccavi ego miser et infelix in negligentia et in transgressione sanctæ legis et omnium mandatorum Filii Dei, et officii sacerdotalis et obedientiæ mihi commissæ, et omnium actuum eorum. Non est iniquitas super meam iniquitatem, super omnes peccatores sæpius et gravius cecidi, plus omnibus hominibus carnalibus vitiis sive spiritualibus ab infantia mea indesinenter peccavi. Propterea mente et corpore pollutus, non sum dignus tractare vel suscipere corpus Filii tui. Nunc ergo, Mater misericordiæ, ora pro me peccatore ad eumdem Filium tuum Dominum nostrum, qui passus est pro nobis, quem tu gloriosa et benedicta genuisti Deum et hominem pro redemptione omnium peccatorum.

Ad benedictionem Evangelii, diaconus petat benedictionem dicens: Benedic, jube. ⸫ Dominus sit in corde tuo, ut digne et competenter pronunties

Evangelium pacis. *Demum osculetur Evangelium, et dicat:* Pax Christi, quam nobis per Evangelium suum tradidit, confirmet et conservet corda et corpora nostra in vitam æternam. Amen. *Quando mittitur incensum in thuribulum dicit:* Ab ipso benedicaris pro cujus amore cremaris. *Deinde incensetur evangelium, quo lecto evangelium osculetur dicendo:* Per istos sanctos sermones Evangelii Dominus noster Jesus Christus indulgeat mihi omnia peccata mea. Amen.

Ad corporale benedictio. In tuo conspectu, Domine, hæc nostra munera tibi placita sint, ut nos tibi placere possimus.

Quando oblata super altare ponit: Tibi, Domine, Creatori meo hostiam offero pro remissione omnium peccatorum meorum, et cunctorum fidelium tuorum viventium et mortuorum.

Quando aqua mittitur in calicem, dicat sacerdos: Ex latere Christi sanguis et aqua exiisse perhibetur, et ideo pariter commiscentur, ut misericors Deus ad medelam animarum nostrarum sanctificare dignetur.

Quando calix ponitur super altare, dicat: Offerimus tibi, Domine, calicem salutaris, humiliter implorantes clementiam tuam, ut ante conspectum divinæ majestatis tuæ cum odore suavitatis ascendat.

Sequitur cum cruce super utrosque: Oblatum tibi, Domine, munus, sanctifica, ut nobis unigeniti tui Filii Domini nostri Jesu Christi corpus et sanguis fiat.

Sequitur: Veni, Sanctificator, omnipotens æterne Deus, benedic hoc sacrificium tibi præparatum.

Sequitur: In nomine Domini nostri Jesu Christi sit hoc sacrificium immaculatum, et a te Deo vivo et vero adunatum et benedictum in sæcula sæculorum. Amen.

Quando incensum ponitur in thuribulum dicat: Per intercessionem, etc., *ut in editis.*

Cum incensat oblata et calicem, dicat ista cum tribus crucibus super utrosque, et reqyrando tribus vicibus dicat: Domine Deus noster, qui suscepisti munera Abel, Noe, Aaron, Samuel et omnium sanctorum tuorum, sic et de manu peccatorum nostrorum suscipere digneris incensum istud in conspectu tuo, in odorem suavitatis, in remissionem peccatorum nostrorum. Per Christum.

Cum incensat oblata et calicem dicat: Incensum istud, etc., *ut in editis. Sacerdos humiliter inclinet se ante altare et dicat:* Suscipe, sancta Trinitas, hanc oblationem, quam tibi offert famulus tuus, et præsta ut in conspectum tuum tibi placens ascendat.

Sequitur: Suscipe, sancta Trinitas, hanc oblationem, quam tibi offero pro me peccatore, et pro famulis et famulabus tuis, qui se commendaverunt in nostris orationibus, et pro omni populo Christiano, vivis atque defunctis, ut mihi et illis proficiat ad medelam, et ad vitam æternam.

Deinde erigat se sacerdos, et vertat se ad fratres dicens: Orate, fratres charissimi, pro me, ut meum ac vestrum sacrificium acceptum sit in conspectu Domini.

Et illi respondeant : Suscipiat Dominus sacrificium de manibus tuis ad laudem et gloriam nominis sui, ad utilitatem quoque nostrarum animarum, totiusque Ecclesiæ suæ sanctæ.

In Nativitate Domini præfatio : Dignum et justum est, æquum et salutare, *usque* æterne Deus.

Sic in præfationibus Quadragesimæ, Resurrectionis et Pentecostes.

Præfatio mortuorum. Per quem salus mundi, per quem vita luminum, per quem resurrectio mortuorum : per ipsum te, Domine, suppliciter deprecamur, ut animæ famuli tui et animabus famulorum famularumque tuarum indulgentiam largire digneris perpetuam, atque a contagiis mortalitatis exutas in æternæ salvationis partem restituas. Per quem.

Alia præfatio. Dignum et justum est, æquum et salutare. Qui nobis in Christo, unigenito Filio tuo, Domino nostro, spem beatæ resurrectionis concessisti, præsta, quæsumus, ut animæ, pro quibus hoc sacrificium redemptionis nostræ tuæ offerimus majestati, ad beatæ resurrectionis quietem te miserante cum sanctis tuis pervenire mereantur. Per eumdem Christum Dominum nostrum. Per quem.

Alia præfatio. Dignum et justum est, æquum et salutare. Qui es fons vitæ, origo luminis, et auctor totius bonitatis, cujus omnipotentia deprecanda est, misericordia adoranda, pietas amplectenda, majestatem tuam humili tuo servo, et animabus omnium fidelium Christianorum, intercedente beata et gloriosa Dei genitrice Maria cum omnibus sanctis tuis, remissionem omnium tribuas peccatorum, et ad vitam perducas feliciter sempiternam. Per Christum Dominum nostrum. Per quem.

Antequam dicat Te igitur, *dicat :* Aperi, Domine, os meum ad benedicendum nomen tuum sanctum, mundaque cor meum ab omnibus variis et nequissimis cogitationibus, ut exaudiri merear deprecans pro populo tuo, quem elegisti tibi, præstante Domino nostro Jesu Christo. Qui cum Patre.

Te igitur, *et cætera hujus orationis, ut in editis. Hic debet sacerdos recordari nomina vivorum.* Memento, Domine, etc. *usque ad* Libera nos, quæsumus, Domine. *In* communicantes *additur post* Damiani *nomen* Blasii, *et in* Nobis quoque peccatoribus, *post* Anastasia *additur* Scholastica.

Libera nos, quæsumus, Domine, ab omnibus malis præteritis, præsentibus et futuris, et intercedentibus pro nobis beata et gloriosa semperque Virgine Maria, et electis archangelis tuis Michaele, Gabriele, Raphaele, beatoque Joanne Baptista, et beatis apostolis tuis Petro et Paulo, atque Andrea, et Joanne, sanctoque Apollinare, et Laurentio, et Benedicto cum omnibus sanctis tuis : *Hic signat se cum patena :* da propitius pacem in diebus nostris; ut ope misericordiæ tuæ adjuti et a peccato simus semper liberi, et ab omni perturbatione securi. Per Dominum nostrum Jesum, etc. Per omnia sæcula sæculorum. ℟. Amen.

Pax Domini sit semper vobiscum. Et cum Agnus Dei. (*ter.*)

Cum corpus in sanguinem mittit, dicat sacerdos orationem : Fiat hæc consecratio et commistio corporis et sanguinis Domini nostri Jesu Christi omnibus accipientibus nobis salus in vitam æternam. Amen.

Deinde osculetur altare, et dicat orationem : Domine Jesu Christe, qui dixisti apostolis tuis, Pacem meam do vobis, ne respicias peccata mea, sed devotionem fidemque Ecclesiæ tuæ, eamque secundum voluntatem tuam purificare et adunare digneris. Qui visis.

Deinde faciat pacem, dicendo : Habete vinculum charitatis et pacis, ut apti sitis sacrosanctis mysteriis, et pax Christi et Ecclesiæ semper abundet in cordibus vestris.

Antequam accipiat corpus et sanguinem, inclinet se sacerdos ante altare, et lacrymabiliter dicat hanc orationem : Domine sancte Pater, omnipotens Deus, da mihi hoc corpus et sanguinem Domini nostri Jesu Christi ita sumere, ut merear per hoc remissionem peccatorum accipere, et tuo sancto Spiritu repleri, quia tu es Deus, et præter te non est alius, cujus gloriosum nomen permanet in sæcula sæculorum. Amen.

Alia oratio. Domine Jesu Christe, Fili Dei vivi, pastor bone, gloriosissime conditor mundi, qui ex voluntate Patris, cooperante Spiritu sancto, per mortem tuam vivificasti mundum, libera me per hoc sacrosanctum corpus et sanguinem tuum a cunctis iniquitatibus, et universis malis meis, et fac me tuis sanctis obedire mandatis, et a te nunquam in perpetuum permittas separari, et perceptio tui corporis et sanguinis, quæ indignus sumere præsumo, non mihi veniat in judicium et condemnationem, sed pro tua pietate prosit mihi ad tutamentum mentis et corporis per te, Jesu Christe, qui cum Patre et Spiritu sancto vivis et regnas in sæcula sæculorum. Amen.

Tunc sacerdos dicat tribus vicibus : Domine, non sum dignus ut intres sub tectum meum.

Postea dicat tribus vicibus : Corpus Domini nostri Jesu Christi conservet animam meam in vitam æternam. Amen.

Post acceptum corpus et sanguinem, ad perfundendum dicat hanc orationem : Communicatio et confirmatio corporis et sanguinis tui, Domine Jesu Christe, prosit mihi in remissionem omnium peccatorum meorum, et conservet me et perducat ad vitam æternam. Amen.

Ad replicandum corporale et reponendum. Corpus tuum, Domine, quod sumpsi, et calix, quem potavi, adhæreant semper visceribus meis, ut in me non remaneat ulla macula, in quem pura et sancta introierunt sacramenta.

Finita missa dicit sacerdos istam orationem : Placeat tibi, sancta Trinitas, obsequium servitutis meæ, quod oculis tuæ majestatis indignus obtuli : sit tibi placens, mihique et omnibus pro quibus illud obtuli, sit te miserante propitiabile.

Finita missa dicit sacerdos: Meritis et intercessionibus istorum misereatur nostri omnipotens Deus.

Cum exuit se sacerdos, dicat hos psalmos: Benedicite, sacerdotes Domini, Dominum. Laudate Dominum in sanctis ejus. Kyrie eleison, Christe, Kyrie. Pater noster. Et ne nos. *Capitulum.* Confiteantur tibi, Domine, omnia opera tua. Et sancti tui benedicant tibi. Exsultabunt sancti in gloria. Et lætabuntur in cubilibus suis. Exsultent justi in conspectu Dei. Et lætentur in lætitia. Sacerdotes tui, Domine, induantur justitiam. Et sancti tui exsultent. Domine, exaudi. Et clamor. Dominus vobiscum. Et cum spiritu.

Oratio. Deus, qui tribus pueris mitigasti flammas ignium, concede propitius per interventum et merita omnium sanctorum tuorum, ut nos famulos tuos non exurat flamma vitiorum. Per.

MISSA IN HONOREM SANCTÆ TRINITATIS DIE DOMINICO.

Benedicta sit, etc., *ut in editis. Psal.* Benedicamus Patrem et Filium cum sancto Spiritu. *Oratio.* Omnipotens sempiterne Deus, etc. *Graduale.* Benedictus es, Domine, qui intueris abyssos, et sedes super Cherubim. Benedicite Deum cœli cœlorum, quia fecit nobiscum misericordiam suam. *Alleluia.* Benedictus es, Domine Deus patrum nostrorum, et laudabilis in sæcula.

Sequentia sancti Evangelii secundum Joannem. In illo tempore dixit Jesus. Cum venerit Paracletus, *usque* ego dixi vobis. *Offertorium, communio et postcommunio ut in editis.*

Alia oratio. Domine Deus, Pater omnipotens, nos famulos tuos tuæ majestati subjectos per unicum Filium tuum in virtute sancti Spiritus benedic semper et protege, ut ab omni hoste securi in tua jugiter laude lætemur. Per eumdem.

MISSA FERIÆ SECUNDÆ IN SANCTORUM ANGELORUM HONORE.

Benedicite Dominum, etc. *Oratio.* Perpetuum nobis, Domine, tuæ miserationis præsta subsidium, quibus et angelica præstitisti suffragia non deesse. Per. Lectio libri Apocalypsis Joannis apostoli. In diebus illis dixit mihi angelus : Scribe beati, etc., *usque* Deum adora. *Graduale.* Benedicite Dominum, omnes angeli ejus, potentes virtute, qui facitis verbum ejus. Benedic, anima mea, Domino, et omnia interiora mea sanctum nomen ejus. *Alleluia.* Laudate Dominum, omnes angeli ejus, laudate eum, omnes virtutes ejus. Sequentia sancti Evangelii secundum Joannem. In illo tempore ascendit Dominus Hierosolymam, *usque* detinebatur infirmitate. *Offertorium, et secreta* ut in editis. *Communio.* Benedicite, omnes angeli Domini, Dominum, hymnum dicite et superexaltate eum in sæcula. *Postcommunio,* ut in editis.

MISSA DE SAPIENTIA.

Lætetur cor quærentium Dominum, quærite Dominum et confirmamini, quærite faciem ejus semper. *Psal.* Confitemini Domino et invocate. *Oratio.* Deus qui per coæternam tibi sapientiam, hominem, cum non esset, condidisti perditumque misericorditer reformasti, præsta, quæsumus, ut eadem pectora nostra inspirante te tota mente amemus, et ad te toto corde curramus. Per. Lectio epistolæ beati Jacobi apostoli. Charissimi, si quis vestrum indiget, etc., *usque* in humilitate sua. *Graduale.* Domine Dominus noster, quam admirabile est nomen tuum in universa terra. Quoniam elevata est magnificentia tua super cœlos, *Alleluia.* Lauda anima mea Dominum, Laudabo Dominum in vita mea, psallam Deo meo, quandiu ero. Sequentia sancti Evangelii secundum Joannem. In illo tempore. Sublevatis Dominus Jesus, etc., *usque ad* Jesum Christum. *Offertorium.* Meditabor in mandatis tuis, quæ dilexi nimis, et levabo manus meas ad mandata tua, quæ dilexi. *Secreta.* Sanctificetur, quæsumus, Domine Deus, hujus oblationis munus tua cooperante sapientia, ut tibi placere possit ad laudem, et nobis proficere ad salutem. Per. *Communio.* Domine, memorabor justitiæ tuæ solius, Deus docuisti me a juventute mea, et usque in senectam et senium, Deus, ne derelinquas me. *Postcommunio.* Infunde quæsumus, Domine Deus, per hæc sacramenta, quæ sumpsimus, tuæ lumen cordibus nostris sapientiæ, ut et te veraciter agnoscamus, et fideliter amemus. Per.

MISSA DE CHARITATE FERIA IV.

Charitas Dei diffusa est in cordibus nostris, alleluia, per inhabitantem Spiritum ejus in nobis, alleluia, alleluia. Domine Deus salutis meæ. *Oratio.* Deus, qui diligentibus te bona invisibilia præparasti, infunde cordibus nostris tui amoris affectum, ut te in omnibus et super omnia diligentes, promissiones tuas, quæ omne desiderium superant, consequamur. Lectio epistolæ beati Pauli apostoli ad Corinthios. Fratres, charitas patiens est, etc., *usque* nunquam excidit. *Graduale.* Lætatus sum in his quæ dicta sunt mihi, in domum Domini ibimus. Fiat pax in virtute tua, et abundantia in turribus tuis. *Alleluia.* Attendite, popule meus, legem meam, inclinate aurem vestram in verba oris mei. Sequentia sancti Evangelii secundum Joannem. In illo tempore, dixit Jesus discipulis suis : Filioli, adhuc modicum, etc., *usque* ad invicem. *Offertorium.* Benedictus es, Domine, doce me justificationes tuas, in labiis meis pronuntiavi. *Secreta.* Deus qui nos ad imaginem tuam sacramentis revocas et præceptis, perfice gressus nostros in semitis tuis, ut charitatis donum, quam fecisti a nobis operari, per hæc quæ offerimus sacrificia, veraciter facias apprehendi. Per. *Communio.* Domine, memorabor justitiæ tuæ solius ; Deus, docuisti me a juventute mea, et usque in senectam et senium, Deus, ne derelinquas me. *Ad postcommunionem.* Spiritum in nobis, Domine, tuæ charitatis infunde, ut quos uno pane cœlesti satiasti, tua facias pietate concordes. Per.

MISSA AD POSTULANDAM GRATIAM SPIRITUS SANCTI.

Oratio. Deus patrum nostrorum da nobis Spiritum, qui flammam infundat in cordibus nostris. *Psal.* Benedicite omnia opera. *Lectio.* In diebus illis dixit Salomon : Deus patrum nostrorum, etc., *usque* ancillæ tuæ. *Graduale.* Respice, Domine, in testamentum tuum, et animas pauperum tuorum ne obliviscaris in finem. Exsurge, Domine, et judica causam tuam, memor esto opprobrii servorum tuorum. *Alleluia.* Veni, sancte Spiritus, reple tuorum corda fidelium, et tui amoris ignem accende. Sequentia sancti Evangelii secundum Matthæum. In illo tempore, respondens Dominus Jesus dixit: Confiteor, etc., *usque* Filius revelare. *Offertorium.* Justitiæ Domini rectæ, lætificantes corda, et dulciores super mel et favum ; nam et servus tuus custodit eas. *Secreta.* Hæc oblatio, Domine Deus, cordis nostri maculas emundet, ut sancti Spiritus digna efficiatur habitatio. Per. *Communio.* Gustate et videte quoniam suavis est Dominus, beatus vir, qui sperat in eo. *Ad communionem.* Concede nos, quæsumus, omnipotens Deus, Spiritum sanctum votis promereri sedulis, quatenus ejus gratia ab omnibus liberemur tentationibus, et peccatorum nostrorum indulgentiam mereamur accipere. Per.

FERIA VI IN HONOREM S. CRUCIS.

Nos autem, etc., *ut in editis, usque ad alleluia.* Alleluia. Nos autem gloriari oportet in cruce Domini nostri Jesu Christi. Sequentia sancti Evangelii secundum Matthæum. In illo tempore, assumpsit Jesus, etc. *Communio.* Redemptor mundi signo crucis ab omni nos adversitate custodi, qui salvasti Petrum in mari, miserere nobis. *Postcommunio.* Refecti cibo potuque cœlesti, quæsumus, omnipotens Deus, ut ab hostium defendas formidine, quos pretioso Filii tui sanguine redemisti. Per eumdem.

SABBATO MISSA IN HONOREM SANCTÆ MARIÆ.

Salve, sancta parens, etc. Virgo Dei genitrix, quem totus non capit orbis, in tua se clausit viscera factus homo. *Oratio.* Concede nos, etc. Alleluia. Post partum virgo inviolata permansisti, alleluia. Sequentia sancti Evangelii secundum Lucam. In illo tempore : Extollens, etc.

In alia missa sanctæ Mariæ oratio.

Deus, qui violatæ naturæ per virginale decus adhibes medicinam, fac nos beatæ Mariæ Virginis precibus et fermentum conceptum pravitatis abjicere, et in novitatis azymam de vetustate transire.

MISSA PRO CONGREGATIONE.

Oratio. Omnipotens sempiterne Deus, qui facis mirabilia solus, prætende super famulos tuos, et super cunctas congregationes illis commissas spiritum gratiæ salutaris, et ut in veritate tibi complaceant, perpetuum eis rorem tuæ benedictionis infunde. Per. *Secreta et Communio prout in editis.*

MISSA PRO PETITIONE LACRYMARUM.

Oratio. Omnipotens, etc., *ut in editis.*

Postcommunio. Corpore et sanguine tuo, Domine, satiati, quæsumus ut pro nostris peccatis semper A compunctionem cordis, luctum et flumina lacrymarum largiaris, quatenus cœlestem in futuro consolationem mereamur. Per.

MISSA PRO TRIBULATIONE.

Omnipotens sempiterne Deus, mœstorum consolatio, laborantium fortitudo, perveniant ad te preces de quacunque tribulatione clamantium, ut omnes sibi in necessitatibus suis misericordiam tuam gaudeant affuisse. Per. *Secreta.* Has tibi, Domine, hostias offerimus pro salute nostra, et pro omnibus angustiis nobis imminentibus, quatenus corpora et animas nostras Spiritus sancti gratia liberare atque illuminare digneris. *Ad communionem.* Da nobis, quæsumus, de tribulatione lætitiam, ut qui diu pro peccatis nostris affligimur, intercedentibus omnibus sanctis tuis, in tua misericordia respiremus. Per.

MISSA PRO ITER AGENTIBUS.

Oratio, Secreta et Postcommunio eædem quæ in editis. Additur. Prosperum iter faciat nobis Deus, angelus Domini bonus comitetur nobiscum, et bene disponat itinera nostra Deus noster. Exsurgat. Gloria. Prosperum. *Oratio.* Deus qui diligentibus te misericordiam tuam semper impendis, et a servientibus tibi in nulla es regione longinquus, dirige viam famulorum tuorum in voluntate tua, ut te protectore, te duce, per justitiæ semitas sine offensione gradiantur. Per.

Lectio Genesis. In diebus illis profectus est Israel *usque* revertentem.

Angelus Domini bonus comitetur vobiscum, et bene disponat itinera vestra. Prosperum iter faciat vobis Deus Salutaris noster. Alleluia. Prosperum iter faciat nostrum Deus Salutaris noster. Alleluia.

In illo tempore dixit Jesus discipulis suis *usque* illi civitati. *Offertorium.* Angelus Domini bonus comitetur vobiscum, et bene disponat iter vestrum, alleluia. *Communio.* Sicut præcessit Tobiam Raphael archangelus ad præparandam viam, ita comitetur vobiscum, et bene disponat itinera vestra. *Postcommunio.* Dirige, quæsumus, Domine, viam famulorum tuorum in voluntate tua, nosque propitius exaudi supplicantes, ut habeant iter prosperum, et in te cor directum. Per.

MISSA PRO TENTATIONE CARNIS.

Ure, etc., *ut in editis usque ad totam secretam. Ad Communionem.* Domine adjutor et protector, adjuva nos, et refloreat caro nostra vigore pudicitiæ, et sanctimoniæ novitate, ereptamque de manu tartari in resurrectionis gaudio jubeas repræsentari. Per.

MISSA PRO IMMUNDIS COGITATIONIBUS.

Omnipotens, etc., *ut in editis. Secreta.* Per hoc, quæsumus, Domine, sacrificium, quod tuæ obtulimus majestati, ab omnibus corda nostra emunda tentationibus. Per.

MISSA PRO PECCATIS.

Si iniquitates observaveris, Domine, Domine, quis sustinebit ? Quia apud te propitiatio est, Deus noster. *Psal.* De profundis clamavi ad te, Domine. *Oratio.* Parce, Domine, parce peccatis nostris, et quamvis incessabiliter delinquentibus continua pœna debeatur, præsta, quæsumus, ut quod ad perpetuum meretur exitium, transeat ad correctionis auxilium. Per. Lectio Epistolæ beati Pauli apostoli ad Corinthios. Fratres, condelector, etc., *usque ad* Christum Dominum nostrum. *Graduale.* Ab occultis meis munda me, Domine, et ab alienis parce servo tuo. Si mei non fuerint dominati, tunc immaculatus ero, et emundabor a delicto maximo, *Alleluia*. De profundis clamavi ad te, Domine, Domine exaudi orationem meam. Fiant aures tuæ intendentes in orationem servi tui. Sequentia sancti Evangelii secundum Marcum. In illo tempore dixit Jesus discipulis suis: Habete fidem Dei, *usque ad* peccata vestra. *Offertorium.* Miserere mihi, et secundum magnum misericordiam tuam dele iniquitatem meam. *Secreta.* Hæc hostia, Domine, quæsumus, Ecclesiam tuam ab occultis reatibus semper expediat et a manifestis convenienter expurget. Per. *Communio.* Ab occultis meis munda me, Domine, et ab alienis parce servo tuo. *Ad Communionem.* Præsta nobis, æterne Salvator, ut percipientes hoc munere veniam peccatorum, deinceps peccata vitemus. Per.

MISSA PRO TRIBULATIONE ECCLESIÆ.

Deus pater orphanorum judexque viduarum, lacrymas Ecclesiæ tuæ miseratus intende, illamque tua misericorditer eripiat majestas, quam nulla terrena defendit potestas. Per. *Secreta.* Hæc hostia, Domine, quam pro infidelium telis, offerimus, tibi sit accepta, ut per hæc, quod devote poscimus, te adjuvante consequamur. Per. *Postcommunio.* Deprime, quæsumus, omnipotens, jura tyrannorum tibi adversantium, ut discant te fore protectorem Ecclesiæ tuæ tuo pretioso sanguine redemptæ. Per.

MISSA PRO SERENITATE.

Oratio. Ad te nos, Domine, etc., *Ad Communionem.* Plebs tua, Domine, capiat sacræ benedictionis augmentum, et copiosis beneficiorum tuorum sublevetur auxiliis, quæ tantis intercessorum deprecationibus adjuvatur. Per.

MISSA PRO POENITENTIBUS.

Justus es, Domine, et, rectum judicium tuum; fac cum servo tuo secundum misericordiam tuam. *Psal.* Beati immaculati in via. *Oratio.* Deus, qui justificas impium et non vis mortem peccatorum, majestatem tuam suppliciter deprecamur, ut famulum tuum de tua misericordia confidentem, cœlesti protegas benignus auxilio, et assidua protectione conserves, ut tibi jugiter famuletur, et nullis tentationibus a te separetur. Per Dominum. Lectio Epistolæ beati Pauli apostoli ad Romanos. Fratres, sicut per unius hominis, etc., *usque* Domino nostro. *Graduale.* Salvum fac servum tuum, Domine Deus misericors, sperantem in te. Auribus percipe, Domine, orationem meam, et clamor meus ad te perveniat. Sequentia sancti Evangelii secundum Lucam. In illo tempore: Erant appropinquantes, etc., *usque* pœnitentiam agente. *Offertorium.* De profundis clamavi ad te, Domine, Domine, exaudi orationem meam. *Secreta.* Suscipe munera, quæsumus, Domine, quæ tibi pro famulo tuo de tua largitate deferimus, ut hæc sacrosancta mysteria, gratiæ tuæ operante virtute, et præsentis vitæ cum conversatione sanctificent, et ad gaudia æterna perducant. Per. *Communio.* Dico vobis, gaudium est coram angelis Dei super uno peccatore pœnitentiam agente. *Ad communionem.* Purificent nos, Domine, tua sancta, quæ sumpsimus, et famulum tuum ab omni culpa liberum esse concede, ut qui conscientiæ suæ reatu constringitur, de cœlestis remedii plenitudine glorietur. Per.

MISSA PRO SEMETIPSO SACERDOTE.

Suppliciter te, piissime Deus, Pater omnipotens, qui es creator omnium rerum, deprecor, ut dum me famulum tuum coram omnipotentia majestatis tuæ graviter deliquisse confiteor, per intercessionem beatæ Mariæ semper virginis et omnium sanctorum tuorum, manum misericordiæ tuæ mihi porrigas, quatenus, dum hanc oblationem tuæ pietati offero, quod nequiter admisi; clementissime me digneris absolvere. Per Dominum. *Secreta.* Deus misericordiæ, Deus pietatis, Deus indulgentiæ indulge, quæso, et miserere mei servi tui et sacrificium quod pietatis tuæ gratia humiliter offero, benigne digneris suscipere, et peccata quæ labentibus vitiis contraxi, interventu beatæ Mariæ semper virginis, et omnium sanctorum tuorum, pius ac propitius et misericors indulgeas, et locum pœnitentiæ ac lacrymarum flumina concede, ut veniam meorum merear recipere delictorum. Per Dominum. *Postcommunio.* Misericors et miserator Domine, qui parcendo sustentas, et ignoscendo sanctificas, da mihi per hæc sancta, quæ sumpsi, purificationem mentis et corporis, et intercessione beatæ Mariæ semper virginis, et omnium sanctorum tuorum, merear absolutionem culparum. Per.

ALIA MISSA PRO SEMETIPSO SACERDOTE.

Introitus. Deus, in nomine tuo salvum me fac, et in virtute tua judica me. Deus, exaudi orationem meam. *Psal.* Auribus percipe. *Oratio.* Omnipotens sempiterne Deus, etc., *eadem quæ in editis legitur in postcommunione.* Lectio Epistolæ beati Pauli apostoli ad Timotheum. Charissime, fidelis sermo *usque* sæcula sæculorum. Amen. *Graduale.* Ego dixi: Domine, miserere mei, sana animam meam, quia peccavi tibi. Beatus qui intelligit super egenum et pauperem, in die mala liberabit eum Dominus. *Alleluia*. Domine, Deus salutis meæ, in die clamavi et nocte coram te. Sequentia sancti Evangelii secundum Marcum. In illo tempore: Venit ad Jesum leprosus, etc., *usque* in testimonium illis. *Offertorium.* Domine, exaudi orationem meam, et in auxilium meum respice. Confundantur et revereantur inimici mei, qui quærunt animam meam ut auferant eam. *Secreta.* Placare, quæsumus, Domine, humilitatis meæ precibus, et ubi nulla suppetunt suffragia meritorum, tuis mihi succurre præsidiis. Per. *Communio.* Ab occultis meis munda me, Domine, et ab alienis parce servo tuo. *Postcommunio.*

Sumpsimus, Domine, Deus salutis nostræ sacramenta cœlestia, præsta, quæsumus, ut eorum participatio mihi famulo tuo ad perpetuam proficiat salutem. Per.

IN VIGILIA UNIUS APOSTOLI.

Ego autem, etc. *Oratio.* Deus, qui nos beati apostoli tui N. natalitia gloriosa præire concedis, tribue nobis, quæsumus, ejus semper et beneficiis præveniri, et orationibus adjuvari. Per. Lectio libri Sapientiæ. Beatus vir, etc., *usque* Ecclesia sanctorum. *Graduale et versus ut in editis.* Sequentia sancti Evangelii secundum Joannem. In illo tempore : Dixit Jesus discipulis suis : Ego sum vitis vera, etc., *usque* impleatur. *Offertorium ut in editis. Secreta.* Muneribus nostris, quæsumus, Domine, beati apostoli tui N. festa prævenimus, cujus meritis pro nobis tibi grata reddantur. Per. *Ad postcommunionem.* Sumptis, Domine, cœlestibus sacramentis, majestatem tuam suppliciter deprecamur, ut, intercedente beato apostolo tuo N., quod temporaliter gerimus, ad vitam capiamus æternam. Per.

MISSA IN NATALI PLURIMORUM APOSTOLORUM.

Intret. *Oratio.* Concede, quæsumus, omnipotens Deus, ut sicut apostolorum NN. gloriosa natalitia prævenimus, sic ac tua beneficia promerenda majestatem tuam pro nobis ipsi præveniant. Per. Lectio Epistolæ beati Pauli apostoli ad Ephesios. Fratres, unicuique vestrum, etc., *usque* plenitudine Christi. *Graduale.* Vindica, Domine, sanguinem sanctorum tuorum, qui effusus est. Posuerunt mortalia servorum tuorum escas volatilibus cœli, carnes sanctorum tuorum bestiis terræ. Sequentia sancti Evangelii secundum Matthæum. In illo tempore : Circuibat Jesus, etc., *usque* gratis date. *Offertorium.* Exsultabunt sancti in gloria, lætabuntur in cubilibus suis, exaltationes Dei in faucibus eorum. *Secreta.* Muneribus nostris apostolorum tuorum, Domine, festa præimus, humiliter implorantes, ut, quæ conscientiæ nostræ præpediuntur obstaculis, illorum meritis tibi grata reddantur. Per. *Communio.* Justorum animæ in manu Dei sunt, et non tanget illos tormentum malitiæ. Visi sunt oculis, etc. *Ad postcommunionem.* Sumptis, Domine, cœlestibus sacramentis, majestatem tuam suppliciter deprecamur, ut, intercedentibus beatis apostolis tuis NN., quod temporaliter gerimus, ad vitam capiamus æternam. Per.

MISSA IN VIGILIA UNIUSCUJUSQUE VOLUERIS.

Ego autem sicut oliva fructificavi in domo Domini, speravi in misericordia Dei mei, et exspectabo nomen tuum, quoniam bonum est ante conspectum sanctorum tuorum. *Psal.* Quid gloriaris? *Oratio.* Concede nobis, quæsumus, omnipotens Deus, venturam beati N. solemnitatem congruo prævenire honore, et venientem digna celebrare veneratione. Per. Lectio libri Sapientiæ. Benedictio Domini, etc., *usque* corona gloriæ. *Graduale.* Justus ut palma florebit, sicut cedrus Libani multiplicabitur. Ad annuntiandam mane misericordiam tuam, et veritatem tuam per noctem. *Evangelium.* Ego sum vitis. *Offertorium require retro. Secreta.* Accepta tibi sit, Domine, nostræ devotionis oblatio, ut ad sancti N. puriores nos faciat venire festivitatem. Per. *Communio.* Magna est gloria in salutari tuo. *Ad postcommunionem.* Præsta nobis, Deus æterne largitor, ejus ubique pia protegi devotione, cujus natalitia per hæc sancta, quæ sumpsimus, votivo prævenimus obsequio. Per.

MISSA IN NATALI UNIUS MARTYRIS.

Lætabitur, etc., *ut in editis. Oratio.* Votivos nos, quæsumus, beati N. martyris tui natalis semper excipiat, qui et jucunditatem nobis suæ glorificationis infundat, et tibi nos reddat acceptos. Per. Lectio libri Sapientiæ. Justum deduxit Dominus, etc., *usque* Deus noster. *Graduale.* Posuisti, Domine, super caput ejus coronam de lapide pretioso. Desiderium animæ ejus tribuisti ei, et voluntate labiorum ejus non fraudasti eum. *Alleluia.* Lætabitur justus in Domino, et sperabit in eo, et laudabuntur omnes recti corde. Sequentia sancti Evangelii secundum Lucam. In illo tempore : Dixit Jesus discipulis suis : Si quis, etc., *usque* esse discipulus. *Offertorium, secreta, communio et postcommunio, ut in editis.*

MISSA UNIUS MARTYRIS NON PONTIFICIS.

Justus non conturbabitur, quia Dominus firmat manus ejus, tota die miseretur et commodat, et semen ejus in benedictione erit, in æternum conservabitur. *Psal.* Noli æmulari. *Oratio.* Deus, qui nos N. martyris et intercessione lætificas, concede propitius, ut qui ejus beneficia poscimus, dono tuæ gratiæ consequamur. Per. Lectio libri Sapientiæ. Beatus vir, etc., *usque* Deus noster. Posuisti, Domine. Desiderium. *Alleluia.* Posuisti. Sequentia sancti Evangelii secundum Lucam. In illo tempore: Dixit Dominus Jesus discipulis suis : Si quis vult, *usque* regnum Dei. *Offertorium.* In virtute tua, Domine, lætabitur justus, etc., *usque* Domine. *Secreta.* Munera, Domine, oblata sanctifica, et intercedente beato N. martyre tuo, nos per hæc a peccatorum nostrorum maculis emunda. Per. *Communio.* Magna est gloria ejus in salutari. *Ad postcommunionem.* Sumpsimus, Domine, in sancti martyris tui N. solemnitate cœlestia sacramenta, ejus, quæsumus, intercessione largiaris, ut quod temporaliter gerimus, æternis gaudiis consequamur. Per.

MISSA IN NATALI PLURIMORUM MARTYRUM.

Sapientiam sanctorum, etc. *Psal.* Gaudete, justi. *Oratio.* Beatorum martyrum tuorum N. N. natalitia veneranda, quæsumus, Domine, Ecclesia tua devota suscipiat, et fiat magnæ glorificationis amore devotior. Per. Lectio libri Sapientiæ. Lingua sapientium, etc., *usque* a Domino. *Graduale.* Exsultabunt sancti in gloria, lætabuntur in cubilibus suis. Cantate Domino canticum novum, laus ejus in Ecclesia sanctorum. *Alleluia.* Sancti tui, Domine, florebunt sicut lilium, et sicut odor balsami erunt ante te. Sequentia sancti Evangelii secundum Matthæum. In illo tempore : Videns Jesus, etc., *usque* in cœlis. *Offertorium.* Mirabilis Deus, etc. *Secreta.* Munera tibi, Domine, etc. *Postcommunio.* Protege, Domine, plebem tuam, et quam in martyrum tuorum assidue tribuis festivitate devotam, tibi semper placitam fieri precibus concede justorum. Per.

MISSA ALIA IN NATALI PLURIUM MARTYRUM.

Intret, etc. *Oratio.* Deus, qui nos. Lectio libri Sapientiæ. Reddet Deus mercedem laborum, *usque* Domine Deus noster. Alia lectio Epistolæ beati Pauli apostoli ad Hebræos. Fratres, sancti per fidem, *usque* Domino nostro. Vindica, Domine, sanguinem sanctorum tuorum, qui effusus est. Posuerunt mortalia servorum tuorum escas volatilibus cœli, carnes sanctorum tuorum bestiis terræ. *Alleluia.* Hæc est vera fraternitas, quæ vincit mundi crimina, Christum secuta est, inclyta tenens regna cœlestia. Sequentia sancti Evangelii secundum Lucam, *ut in editis in prima missa. Offertorium.* Lætamini. *Secreta.* Munera. *Communio.* Justorum animæ. *Postcommunio.* Præsta nobis, etc.

MISSA IN NATALI CONFESSORIS.

Sacerdotes, etc. *Oratio.* Da, quæsumus. Lectio *Epistolæ eadem quæ in communi doctorum. Graduale.* Ecce sacerdos. *Alleluia.* Inveni David. *Evangelium secundæ missæ. Offertorium primæ missæ editarum. Secreta.* Sacris altaribus, Domine, hostias superpositas, quæsumus, ut sanctus tuus N. pontifex atque confessor in salutem nobis provenire deposcat. *Communio secundæ missæ. Postcommunio.* Beati confessoris tui N., Domine, suffragiis exoratus percepta sacramenti tui nos virtute defende. Per.

MISSA PRO JUNIORIBUS CONFESSORIBUS, QUI NON SUNT PONTIFICES.

Introitus, et oratio de communi abbatum. Lectio libri Sapientiæ. Benedictio Domini, *usque* gloriæ. *Graduale.* Os justi, *usque* gressus ejus. *Alleluia.* Amavit. *Evangelium.* Vigilate. *Offertorium.* Desiderium. *Secreta.* Hostias tibi, Domine, pro commemoratione sancti N. confessoris tui offerimus, quem a tui corporis unitate nulla tentatio separavit. Per. *Communio et postcommunio ex editis in communi doctorum.*

MISSA IN NATALI CONFESSORIS.

Statuit. *Psal.* Misericordias tuas in æternum, etc. *Oratio.* Adesto. *Epistola ut in editis in prima missa confessoris pontificis. Graduale.* Inveni David. *Alleluia.* Domine, quinque talenta. *Evangelium.* Homo peregre. *Offertorium.* Veritas. *Secreta.* Donis cœlestibus da, quæsumus, Domine, libera nos mente inservire, et munera, quæ deferimus, interveniente beato N. confessore tuo, medelam nobis operentur et gloriam. Per. *Communio.* Domine, quinque talenta. *Postcommunio.* Repleti alimonia cœlesti, quæsumus, Domine, ut, intercedente beato N. confessore tuo, misericordiæ tuæ gratiam consequi mereamur. Per.

MISSA IN NATALI VIRGINIS.

Loquebar. *Oratio.* Præsta, quæsumus, omnipotens Deus, ut beatæ N. martyris tuæ solemnia recensentes meritis ipsius protegamur et precibus. Per. *Epistola.* Fratres, qui gloriatur. *Graduale.* Dilexisti. *Alleluia.* Diffusa. *Evangelium.* Simile. *Offertorium.* Offerentur regi. *Secreta.* Vota populi tui, quæsumus, Domine, propitiatus intende, et cujus nos tribuis solemnia celebrare, fac gaudere suffragiis. Per. *Communio.* Quinque prudentes. *Postcommunio.* Supplices te rogamus, omnipotens Deus, ut interveniente beata N. martyre tua, et tua in nobis dona multiplices, et tempora nostra disponas. Per.

ALIA MISSA DE VIRGINIBUS.

Introitus, psalmus et oratio, ut in editis in prima unius virginis. Lectio libri Sapientiæ. Sapientia vincit malitiam, *usque* disciplina Dei. *Graduale.* Specie tua. *Alleluia.* O quam pulchra est casta generatio cum claritate. *Evangelium ut in editis unius martyris non virginis. Offertorium.* Filiæ regum. *Secreta, communio et postcommunio, ut in editis in secunda unius virginis.*

MISSA IN DIE DEPOSITIONIS.

Rogamus te, Domine Deus noster, ut suscipias animam hujus defuncti, pro quo sanguinem tuum fudisti. Recordare, Domine, quia pulvis sumus, et homo sicut fenum, et flos agri. *Psal.* Et sicut in Adam omnes moriuntur, ita et in Christo omnes vivificabuntur. *Oratio.* Deus, cui proprium est misereri, etc. Lectio Epistolæ beati Pauli apostoli ad Thessalonicenses. Fratres, de temporibus et momentis, etc. *usque* mortuus est pro nobis. *Graduale.* Qui Lazarum resuscitasti a monumento fetidum, tu ei, Domine, dona requiem et locum indulgentiæ. Requiem æternam dona ei, Domine, et lux perpetua luceat ei. *Tractus.* Absolve, Domine, etc. Sequentia sancti Evangelii secundum Joannem. In illo tempore : Dixit Jesus discipulis suis. Nemo potest venire, *usque* pro mundi vita. *Offertorium.* Subvenite, sancti Dei. *Secreta.* Propitiare, Domine. *Præfatio.* Æterne Deus, qui benignitate gratuita peccatoribus largiens veniam, præparasti mortuis vitam, ne diutius severitas teneret in pœna, quos misericordia liberasset ex culpa. Tibi ergo supplices preces effundimus, tibi famuli tui corpus et animam commendamus, ut receptus inter agmina beatorum, loca nesciat infernorum. Nihil illi noceat, Domine, quidquid attrahente carnis fragilitate commisit, aut quod humanæ cupiditatis consuetudine prægravatus actu, verbo vel cogitatione peccavit, sed secutus vestigia Salvatoris potiatur infinita dulcedine, et præsentia veritatis redemptionem quoque corporis sui promitus fiducialiter exspectare, quidquid habuit prius in fide, consequatur in munere. Per Christum Dominum nostrum. *Communio, ut in editis. Postcommunio, ut in die obitus.*

ALIA MISSA PRO DEFUNCTIS.

Requiem, etc. *Oratio.* Adesto, Domine, quæsumus, animabus famulorum famularumque tuarum, quibus in depositionis suæ die officium commemorationis impendimus, ut si qua eis sæcularis macula inhæsit, aut vitium mundiale infecit, dono tuæ pietatis indulgéas et abstergas. Per. *Secreta.* Hæc munera, quæsumus, Domine, quæ tibi pro animabus famulorum famularumque tuarum offerimus, quorum obitus sui diem commemoramus, placatus intende, ut remediis purgatæ cœlestibus in tua pietate requiescant. *Ad communionem.* Propitiare, Domine, supplicationibus nostris et animas famulorum famularumque tuarum in gremio patriarchæ nostri Abrahæ collocare dignare, ut resurrectionis diem cum refrigerio tuæ beatitudinis exspectent. Per.

ALIA MISSA PRO DEFUNCTIS.

Oratio. Quæsumus, Domine, *ut in editis. Secreta.* Adesto, quæsumus, Domine, supplicationibus nostris, et hanc oblationem, quam tibi offerimus ob diem depositionis pro animabus famulorum famularumque tuarum placatus ac benignus assume. Per. *Ad communionem. Oratio.* Omnipotens sempiterne Deus, collocare dignare animas famulorum famularumque tuarum quorum diem obitus sui commemoramus, in sinu Abrahæ, Isaac et Jacob, ut cum dies agnitionis tuæ advenerit, inter sanctos et electos tuos eos resuscitari præcipias. Per. *Alia oratio.* Deus cui soli adjacet medecinam præstare post mortem, tribue, quæsumus, ut animæ famulorum famularumque tuarum terrenis exutæ contagiis in tui redemptionis munere glorientur. Per.

MISSA IN ANNIVERSARIO.

Oratio. Deus indulgentiarum, etc., *usque ad communionem. Postcommunio.* Suscipe, Domine, preces nostras pro animabus famulorum famularumque tuarum, quorum diem anniversarium hodie celebramus, ut si quæ eis maculæ de terrenis contagiis adhæserunt, remissionis tuæ misericordia deleantur. Per.

ALIA MISSA IN ANNIVERSARIO.

Oratio. Præsta, quæsumus. *Secreta.* Munera, Domine, oblata sanctifica, et animabus famulorum famularumque tuarum a peccatorum suorum maculis emunda et perpetuæ vitæ fac eas esse participes. Per. *Postcommunio.* Inclina, Domine, precibus nostris aures tuæ pietatis, et animabus famulorum famularumque tuarum, quorum anniversarium hodie commemoramus, remissionem omnium tribue peccatorum, ut usque ad resurrectionis diem in lucis amœnitate requiescant. Per.

MISSA PRO EPISCOPIS ET CLERICIS.

Oratio. Concede, quæsumus, omnipotens Deus, animabus famulorum tuorum episcoporum, sacerdotum et diaconorum, et omnium clericorum felicitatis æternæ consortium, quibus donasti sacri altaris tui consequi mysterium. *Secreta.* Propitiare, Domine, supplicationibus nostris, et animabus famulorum tuorum episcoporum, sacerdotum et omnium clericorum, pro quibus tibi offerimus sacrificium laudis, ut eas sanctorum tuorum consortio sociare digneris. Per. *Communio.* Corporis sacri et pretiosi sanguinis tui repleti libamine, quæsumus, omnipotens Deus, ut per hæc sancta animæ famulorum tuorum episcoporum, sacerdotum, diaconorum et omnium clericorum æternæ beatitudinis gloriam consequantur. Per.

MISSA PRO EPISCOPIS.

Oratio. Præsta, quæsumus, Domine, ut animæ famulorum tuorum episcoporum, quos in hoc sæculo commorantes sacris muneribus decorasti, in cœlesti sede gloriosæ semper exsultent. Per. *Secreta.* Hæc oblatio, Domine, quæsumus ut animas famulorum tuorum episcoporum ab omnibus vitiis conditionis humanæ absolvat. Per. *Postcommunio.* Præsta, quæsumus, omnipotens Deus, ut animas famulorum tuorum episcoporum in congregatione justorum æternæ beatitudinis jubeas esse consortes. Per.

MISSA PRO SACERDOTE.

Oratio. Deus, qui inter apostolicos, etc. *Secreta.* Suscipe, quæsumus, Domine, pro animabus famulorum tuorum sacerdotum, quas offerimus, hostias, ut quibus in hoc sæculo sacerdotale donasti mysterium, dones et præmium. *Postcommunio.* Propitiare, Domine, supplicationibus nostris et animas famulorum tuorum sacerdotum in vivorum regione æternis gaudiis sociare digneris. Per.

MISSA PRO DIACONIBUS.

Oratio. Adesto, Domine, supplicationibus nostris, et animæ famulorum tuorum diaconorum et omnium clericorum tuæ propitiationis abundantiam, et indulgentiam consequantur, et lucis perpetuæ tribuas eis mansionem. Per. *Secreta.* Hostias tibi, Domine, laudis offerimus pro animabus famulorum tuorum diaconorum et omnium clericorum, ut eos in numero fidelium tuorum lux æterna possideat. Per. *Postcommunio.* Omnipotens sempiterne Deus, suscipe propitius preces nostras pro animabus famulorum tuorum diaconorum et omnium clericorum, et locum lucis in sanctorum tuorum regione concede. Per.

MISSA COMMUNIS PRO DEFUNCTIS.

Oratio. Omnipotens sempiterne Deus, cui nunquam sine spe misericordiæ supplicatur, propitiare animabus famulorum famularumque tuarum, ut qui de hac vita in tui nominis confessione discesserunt, sanctorum tuorum numero facias aggregari. Per. *Secreta.* Propitiare, Domine, quæsumus, animabus famulorum famularumque tuarum, pro quibus tibi placationis hostias offerimus, ut quia in hac vita cum fide manserunt catholica, in futura eis retributio condonetur æterna. Per. *Postcommunio.* Præsta, quæsumus, omnipotens Deus, ut animas famulorum famularumque tuarum ab angelis lucis susceptas in præparata habitacula deduci facias beatorum. Per.

MISSA PRO CONGREGATIONE.

Oratio. Deus veniæ largitor, etc. *Ad communionem.* Deus, vita viventium, spes morientium, salus omnium in te sperantium, præsta propitius ut animæ nostræ congregationis ab hujus mortalitatis tenebris absolutæ, beata Maria semper virgine intercedente, in perpetua cum omnibus sanctis tuis luce lætentur. Per.

MISSA PRO EO QUI PRÆVENTUS MORTE POENITENTIAM ACCIPERE VOLUIT, ET NON POTUIT.

Oratio. Omnipotens sempiterne Deus, in cujus humana conditio potestate consistit, animas famulorum famularumque tuarum ab omnibus, quæsumus, absolve peccatis, et pœnitentiæ fructum, quem voluntas eorum optavit, præventi mortalitate non perdant. Per. *Secreta.* Statisfaciat tibi, Domine, pro animabus famulorum famularumque tuarum sacrificii præsentis oblatio, ut peccatorum veniam, quam quæsiverunt, inveniant, et quod officio linguæ implere non potuerunt, desideratæ pœnitentiæ compensatione percipiant. Per. *Ad communionem.* Deus, a quo speratur humani commodi omne quod bonum est, tribue, per hæc sancta quæ sumpsimus, ut, sicut animabus famulorum famularumque tuarum pœnitentiæ fructum velle donasti, sic indulgentiam tribuas miseratus optatam. Per.

MISSA GENERALIS.

Oratio. Sanctorum tuorum intercessionibus, quæsumus, Domine, gratia tua nos protege, et famulis et famulabus tuis, quorum commemorationem agimus, et quorum eleemosynas recepimus, seu etiam iis qui nobis familiaritate vel consanguinitate juncti sunt, misericordiam tuam ubique prætende, ut ab impugnationibus defensi tua opitulatione salventur, et animas famulorum famularumque tuarum, omnium videlicet fidelium catholicorum orthodoxorum, quorum commemorationem agimus, et quorum corpora in hoc et in cunctis cœmeteriis fidelium requiescunt, et quorum nomina super sanctum altare tuum scripta adesse videntur, electorum tuorum jungere digneris consortio. Per. *Secreta.* Propitiare, Domine, supplicationibus nostris, et has oblationes, quas pro incolumitate famulorum famularumque tuarum, et pro animabus omnium fidelium defunctorum orthodoxorum, et quorum nomina super sanctum altare tuum scripta adesse videntur, nomini tuo consecrandas, deferimus, benignus assume, ut sacrificii præsentis oblatio ad refrigerium animarum eorum te miserante proveniat. Per. *Ad communionem.* Purificet nos, quæsumus, Domine, divini sacramenti perceptio, et gloriosa sanctorum tuorum oratio, et animabus famulorum famularumque tuarum, quorum commemorationem agimus,

remissionem cunctorum tribue peccatorum. Per.

MISSA COMMUNIS VIVORUM ET MORTUORUM.

Oratio. Pietate tua, quæsumus, Domine, nostrorum solve vincula omnium delictorum, et intercedente beata et gloriosa semper Virgine Dei genitrice Maria, cum omnibus sanctis tuis, domnum apostolicum, pontifices, priores et abbates nostros, et omnes congregationes illis commissas, reges et principes nostros, et omnem populum Christianum, et nos famulos tuos atque loca nostra in omni sanctitate custodi, omnesque consanguinitate, affinitate atque familiaritate nobis conjunctos a vitiis purga, virtutibus illustra, pacem et salutem nobis tribue, hostes visibiles et invisibiles remove, carnalia desideria repelle, aerem salubrem indulge, a mala et improvisa morte nos eripe, inimicis nostris charitatem largire, et omnibus fidelibus vivis et defunctis in terra viventium vitam æternam concede. Per. *Secreta.* Deus, qui singularis corporis hostia totius mundi solvisti delicta, hac oblatione placatus maculas scelerum nostrorum absterge, et omnium Christianorum fidelium vivorum et mortuorum peccata dimitte, eisque præmia æterna concede, Salvator mundi. *Ad communionem.* Sumpta, quæsumus, Domine, cœlestia sacramenta omnia crimina nostra detergant, omnemque pravitatem et infirmitatem, seu etiam hosticam rabiem, atque subitaneam mortem, meritis beatæ Mariæ semper Virginis, et omnium sanctorum tuorum, a nobis procul repellant, et omnibus fidelibus vivis et defunctis prosint ad veniam, pro quorum, quarumque tibi sunt oblata salute. Per.

MISSA PRO BENEFACTORIBUS.

Oratio. Deus, qui charitatis dona per gratiam sancti Spiritus tuorum cordibus fidelium infudisti, da famulis et famulabus tuis, de quibus deprecamur tuam clementiam, salutem mentis et corporis, ut te tota virtute diligant, et quæ tibi sunt placita, tota dilectione perficiant. Per. *Secreta.* Miserere, quæsumus, Domine, famulis et famulabus tuis, pro quibus hoc sacrificium laudis tuæ offerimus majestati, ut per hæc sancta supernæ benedictionis gratiam obtineant, et gloriam æternæ beatitudinis acquirant. Per. *Ad communionem.* Divina libantes mysteria, quæsumus, Domine, ut hæc salutaria sacramenta illis proficiant ad prosperitatem et pacem, pro quorum dilectione ea tuæ obtulimus majestati. Per.

INCIPIT

OFFICIUM BREVIARII SECUNDUM ORDINEM EREMI SANCTÆ CRUCIS FONTIS AVELLANÆ.

Dominica prima Adventus. *Ad vesperas Sabbato lectio:* Ecce dies veniunt, etc., *usque in* terra. ℟. Missus est Gabriel. ℣. Dabit ei. *Hymnus,* etc., *usque ad totam orationem, ut in editis. Hic dimittitur usque ad octavam Epiphaniæ antiphona de Cruce, et dicitur hæc antiphona beatæ Mariæ:* Missus est Gabriel angelus ad Mariam virginem desponsatam Joseph. ℣.

Diffusa est gratia. ℟. Propterea. *Oratio.* Deus qui de beatæ, etc. *Invitatorium.* Ecce veniet rex, occurramus obviam Salvatori nostro. *Lectiones omnes hujus breviarii miræ sunt brevitatis. Quatuor primi nocturni hujus Dominicæ comprehendunt primam et secundam nostras usque ad responsum. Quod argumento est hunc codicem scriptum tempore quo mona-*

stica disciplina exsulabat a nostro monasterio quondam sanctissimo.

℟. *Primum, secundum et tertium primi nocturni eadem, quæ in editis nostris. Quartum :* Ave, Maria gratia plena, *usque* dixit ei.

℟. *Primum secundi nocturni est secundum editorum. Secundum vero :* Audite verbum Domini, omnes gentes, etc., *usque* clamate. *Tertium.* Ecce Virgo, etc., *usque* in æternum. *Quartum :* Alieni non transibunt, *usque* et condenso.

Reliqua responsoria alia etiam sunt a nostris, quæ non referuntur, ne nimis concrescat volumen. Post antiphonam ad Benedictus *habetur, antiphona Virginis.* Ave, Maria, gratia plena, Dominus tecum, benedicta tu in mulieribus, alleluia. ℣. Diffusa. *Oratio,* Deus, qui de beatæ Mariæ.

Ad primam, antiphona, Alleluia. *Ista lectio dicitur omnibus diebus Dominicis et festivis usque ad Nativitatem, et a Septuagesima usque ad Pascha.* Domine, miserere nostri, etc.

Ad sextam ; Conscientias nostras, etc. *Ad nonam, oratio.* Propitius esto, Domine, omnibus exspectantibus te in veritate, ut in adventu Filii tui Domini nostri placitis tibi actibus præsentemur. Per. *Cætera infra hebdomadam sunt ritus a nostro diversi, quæ longum esset exscribere.*

Dominica secunda invitatorium. Surgite, vigilemus, venite, adoremus, quia nescimus horam, quando veniet Dominus.

Invitatorium tertiæ Dominicæ. Ecce veniet Rex, etc.

Quartæ autem invitatorium. Ecce advenit plenitudo temporis in quo misit Deus Filium suum natum de Virgine, factum sub lege.

IN VIGILIA NATIVITATIS DOMINI.

Antiphonæ, ut in editis ; psalmi vero : Laudate, pueri. Qui confidunt. In convertendo. Memento. *Lectio.* Propter hoc sciet populus meus nomen meum in die illa, quia ego ipse, qui loquebar, ecce adsum. ℟. Verbum caro factum est, et habitavit in nobis. Et vidimus gloriam ejus, gloriam quasi Unigeniti a Patre, plenum gratiæ et veritatis. ℣. In principio erat Verbum, et Verbum erat apud Deum. Et Deus erat Verbum. Et vidimus. Gloria.

Hymnus.

Deus redemptor gentium,
Ostende partum Virginis
Miretur omne sæculum,
Talis decet partus Dominum.

Non ex virili semine
Sed mystico spiramine.
Verbum Dei factum caro
Fructusque ventris floruit.

Alvus tumescit Virginis,
Claustrum pudoris permanet,
Vexilla virtutum micant,
Versatur in templo Deus.

Procedens de thalamo suo,
Pudoris aula regia,
Geminæ gigas substantiæ
Alacris ut currat viam.

Egressus ejus a Patre,
Regressus ejus ad Patrem,
Excursus usque ad inferos,
Recursus ad sedem Dei.

Æqualis æterno Patri
Carnis tropæo attingere,
Infirma nostri corporis
Virtute firmans perpeti.

Præsepe jam fulget tuum,
Lumenque nos spirat novum,
Quod nulla nos interpolet,
Fideque jugi luceat.

Laus honor, etc.

℣. Tecum principium in die virtutis tuæ. *Antiphona ad* Magnificat *et oratio ut in editis. Ad honorem sanctæ Mariæ antiphona.* Ecce Maria genuit, etc., *usque* mundi, cum alleluia. *Post finitas laudes sequens rubrica :* Hæc antiphona dicatur ad laudes ad honorem sanctæ Mariæ usque ad octavam Epiphaniæ. *Antiphona.* Virgo verbo concepit, virgo permansit, Virgo peperit Regem omnium regum. *Post vesperas diei Nativitatis Domini hæc habentur. Hæc antiphona dicitur usque ad octavam Epiphaniæ.* Nesciens Mater Virgo virum peperit sine dolore. Salvatorem sæculorum ipsum regem angelorum sola virgo lactabat ubere de cœlo pleno.

IN VIGILIA EPIPHANIÆ.

Inter præcipua quæ ponuntur in officio hujus diei hæc sunt. Ad Magnificat *antiphona.* Christo datus est principatus et honor regni ; omnis populus, tribus et linguæ servient ei in æternum. Alleluia.

Oratio. Corda nostra, quæsumus, Domine, venturæ festivitatis splendor illuminet, quo mundi hujus tenebris carere valeamus, et pervenire ad patriam claritatis æternæ. Per eumdem.

In die ipso Epiphaniæ ad sextam ponitur hæc oratio.

Deus illuminator omnium gentium, da populis tuis perpetua pace gaudere, et illud lumen splendidum infunde cordibus nostris, quod trium magorum mentibus aspirasti. Per Dominum nostrum.

Ad nonam oratio. Deus, qui hunc diem electionis gentium primitus consecrasti, et per luminis tui stellam manifestum te nobis ostendisti, tribue, quæsumus, ut nova cœlorum mirabilis claritas in nostris semper oriatur.

Pro oratione secundi nocturni infra octavam habetur sequens oratio.

Præsta, quæsumus, omnipotens Deus, ut Salvatoris mundi stella duce manifestata nativitas mentibus nostris reveletur semper et crescat. Per eumdem.

DOMINICA PRIMA POST OCTAVAM EPIPHANIÆ.

Post lectionem, etc., usque ad symbolum apostolorum inclusive, ut in editis hæc sequuntur : Confitemini Domino, quoniam bonus. ℟. Quoniam in sæculum misericordia ejus.

Confessio. Confiteor Deo et omnibus sanctis et vobis, Patres, mea culpa, quia peccavi nimis per superbiam in cogitatione, suggestione, consensu, verbis et opere. Deprecor vos, orate, pro misero peccatore.

Absolutio. Misereatur vestri omnipotens Deus, et dimittat vobis omnia peccata vestra præterita, præsentia et futura, liberet vos ab omni malo, conservet et confirmet et corroboret vos in omni opere bono, et perducat vos ad vitam æternam. Amen.

Capitulum. Converte nos, Deus salutaris noster. Et averte iram tuam a nobis. Dignare, Domine, die isto. Sine peccato nos custodire. Fiat, Domine, misericordia tua super nos. Sicut speravimus in te. Sacerdotes tui induantur justitiam. Et sancti tui exsultent. Mitte eis, Domine, auxilium de sancto. Et de Sion tuere eos. Domine, exaudi orationem meam. Et clamor meus ad te veniat. *Symbolum.* Quicunque vult salvus esse. *Capitulum.* Benedicat nos Deus, Deus noster, benedicat nos Deus, et metuant eum omnes fines terræ. Dominus vobiscum. Et cum spiritu tuo. *Oratio eadem quæ habetur in editis in festo Trinitatis.*

Post lectionem : Sancta Maria, *legitur hæc rubrica: Privatis diebus dicatur hic ter :* Deus in adjutorium meum intende, *cum* Gloria.

Ad completorium omnia, *ut in editis, usque* qui fecit cœlum et terram. *Capitulum.* Confitemini Domino quoniam bonus. Quoniam in sæculum misericordia ejus. *Confessio et absolutio ut supra.* Converte nos Deus, etc., *usque ad symbolum.* *Capitulum.* Benedictus es, Domine patrum nostrorum. Et laudabilis et gloriosus in sæcula. Benedicamus Patrem et Filium cum sancto Spiritu. Laudemus et superexaltemus eum in sæcula. Benedictus es in firmamento cœli. Et laudabilis et gloriosus in sæcula. Benedicat nos omnipotens Deus. Amen. Dignare, Domine, nocte ista. Sine peccato nos custodire. Fiat, Domine, misericordia tua super nos. Sicut speravimus in te. Sacerdotes tui induantur justitiam. Et sancti tui exsultent. Mitte eis, Domine, auxilium de sancto. Et de Sion tuere eos. Domine, exaudi orationem meam. Et clamor meus ad te veniat. Domine Deus virtutum, converte nos. Et ostende faciem tuam, et salvi erimus.

Oratio. Visita, etc., *postquam sequuntur aliæ duæ.*

Illumina, quæsumus, Domine, tenebras nostras, et totius noctis insidias tuo a nobis repelle propitius auxilio.

Veritas tua, quæsumus, Domine, semper maneat in cordibus nostris, et per virtutem sanctæ crucis omnis falsitas inimici destruatur. Per.

Post Laudes feriæ secundæ post primam Dominicam supradictam leguntur infra scripta. Hæc capitula dicantur omni tempore diebus ferialibus ad laudes, ad tertiam, et ad vesperum, cum Miserere mei, Deus. *Ad vigilias vero ad sextam, et nonam dicuntur sine* Miserere mei, Deus. Kyrie eleison, Christe, eleison, Kyrie eleison. Pater noster. Et ne nos. *Capitulum.* Ego dixi : Domine, miserere mei. Sana animam meam, quia peccavi tibi. Convertere, Domine, aliquantulum. Et deprecare super servos tuos.

Fiat, Domine, misericordia tua super nos. Sicut speravimus in te. Sacerdotes tui induantur justitiam. Et sancti tui exsultent. Mitte eis, Domine, auxilium de sancto. Et de Sion tuere eos. Domine, exaudi orationem meam. Et clamor meus ad te veniat. *Psal.* Miserere. *Capitulum.* Domine Deus virtutum, converte nos. Ostende faciem tuam, et salvi erimus. Dominus vobiscum. Et cum.

Oratio. Matutina supplicum vota, Domine, propitius intuere, et occulta cordis nostri remedio tuæ clarifica pietatis, ut desideria tenebrosa non teneant, quos lux cœlestis gratiæ reparavit Jesus Christus Filius, etc.

Suffragia sanctorum, quæ dicuntur omni tempore exceptis festis Nativitatis Domini, Resurrectionis, Ascensionis, et Pentecostes et octavis earum. Antiphona de cruce: Nos autem gloriari oportet in cruce Domini nostri Jesu Christi. Omnis terra, etc.

Oratio. Adesto nobis, quæsumus, Domine, et quos sanctæ crucis lætari facis honore, ejus quoque perpetuis defende subsidiis. Per.

Antiphona de beata Maria. Mater et innupta virgo gloriosa, Regina mundi, intercede pro nobis ad Dominum Deum nostrum. Diffusa, etc. *Oratio* Famulorum.

Antiphona de sancto Michaeli. Michael archangele, veni in adjutorium populi Dei. In conspectu angelorum. *Oratio.* Deus qui miro ordine.

Antiphona de sancto Benedicto. Fuit vir vitæ venerabilis gratia Benedictus et nomine. Os justi. *Oratio.* Intercessio.

Antiphona de sancto Joanne Baptista. Inter natos mulierum non surrexit major Joanne Baptista. Justus ut palma. *Oratio.* Beati Joannis Baptistæ nos, quæsumus, Domine, præclara comitetur oratio, quem venturum esse prædixit, poscat nobis favere placatum Christum Dominum nostrum.

Antiphona. Petrus, etc. *Oratio.* Præsta, quæsumus, omnipotens Deus, ut nullis nos permittas perturbationibus concuti, quos in apostolicæ confessionis petra solidasti. Per.

Antiphona et oratio de pace, ut in editis.

Antiphona de omnibus sanctis. Justi fulgebunt sicut sol in regno Patris mei, dicit Dominus. Mirabilis Deus. In sanctis ejus. *Oratio.* Deus, qui nos concedis beatæ Mariæ semper virginis, et omnium sanctorum tuorum commemorationem agere, da nobis in æterna beatitudine de eorum societate gaudere. Per.

Ad tertiam ponitur sequens oratio. Porrige dexteram tuam, quæsumus, Domine, plebi tuæ misericordiam postulanti per quam et errores declinet humanos, et solatia vitæ immortalis accipiat, et sempiterna gaudia comprehendat. Per.

Ad sextam oratio. Exaudi nos, Deus salutaris noster, et dies nostros in tua pace dispone, ut a cunctis perturbationibus liberati tranquilla tibi servitute famulemur. Per.

Ad nonam oratio. Da, quæsumus, Domine,

populo tuo Spiritum veritatis et pacis, ut te et tota mente cognoscat, et quæ tibi sunt placita, toto corde sectetur.

Ad vesperas oratio. Oriatur, Domine, nascentibus tenebris, aurora justitiæ in cordibus nostris, ut peracto die suppliciter gratias agentes, etiam mane dignanter respicias vota solventes. Per.

Supradicta suffragia ad laudes dicuntur. Ad vesperum autem dicuntur sequentia omni tempore tam diebus ferialibus quam festivis.

Antiphona. Salva nos, Christe Salvator, per virtutem sanctæ crucis. Qui salvasti Petrum in mari, miserere nobis. Omnis terra. *Oratio.* Perpetua nos, etc.

Antiphona. Sancta Maria Dei Virgo, semper intercede pro nobis ad Dominum Deum nostrum. Diffusa. *Oratio.* Concede, misericors Deus, fragilitati nostræ, etc.

Antiphona. Michael, etc. *Oratio.* Perpetuum nobis, Domine, tuæ miserationis præsta subsidium, quibus et angelica præstitisti suffragia non deesse. Per.

Suffragia S. P. Benedicti, ut in editis.

Antiphona et versiculus pro sancto Joanne Baptista, ut in laudibus.

Oratio. Omnipotens sempiterne Deus, da cordibus illam tuarum rectitudinem semitarum, quam beatus Joannes Baptista in deserto vox clamantis edocuit. Per.

Antiphona. Gloriosi principes. *Oratio.* Apostolicis nos, quæsumus, Domine, beatorum Petri et Pauli attolle præsidiis, ut quanto fragiliores sumus, tanto validioribus auxiliis foveamur. Per.

Antiphona pro pace, ut in laudibus.

Antiphona. Sancti Dei omnes, orare et intercedere dignemini pro nostra omniumque salute. Lætamini in Domino. *Oratio.* Omnipotens Deus, nos famulos tuos dexteræ potentiæ tuæ a cunctis protege periculis, et, beata Maria semper Virgine intercedente cum omnibus sanctis tuis, fac nos præsenti gaudere prosperitate et æterna. Per Dominum.

FERIA QUARTA IN CAPITE JEJUNII.

Pro benedictione cinerum legitur tantum oratio Deus, qui non mortem, etc. *Postea sequitur hæc rubrica. Tunc aspergantur aqua sancta, incensari non debent. Mox sacerdos incipiat ponere cinerem supra singulorum fratrum capita in modum crucis dicendo :* Recordare, homo, etc. *Et ille qui accipit, dicat :* Hujus cineris aspersio sit mihi, Domine, ad remedium salutare.

Post laudes feriæ quartæ majoris hebdomadæ habentur sequentia. Hic exstinguuntur omnia lumina. Ad Benedictus antiphona. Traditor. *His dictis vadant duo ante altare, et dicant sonora voce :* Kyrie eleison, Christe eleison. Domine, miserere. *Et similiter respondeant cæteri alii ; et qui sunt ante altare dicant :* Christus Deus factus est obediens usque ad mortem. *Cæteri respondeant :* Kyrie eleison, Christe eleison, Domine, miserere. *Et illi ante altare dicant :* Jesu Domine qui passurus advenisti propter nos. *Et cæteri respondeant :* Kyrie eleison. Christe eleison, Domine. *Et illi.* Qui prophetice promisisti : ero mors tua, o mors. *Et cæteri :* Kyrie eleison, Christe eleison, Domine, miserere. *Et illi :* Vita in ligno moritur, et mors morte evacuatur. *Et cæteri :* Kyrie eleison, Christe eleison, Domine. *Et illi :* Christus Dominus factus est obediens usque ad mortem. *Et cæteri :* Mortem autem crucis. Pater noster. *Capitulum.* Ego dixi : Domine, sana. Convertere, Domine. Et deprecare. Fiat, Domine. Sicut speravimus in te. Sacerdotes. Et sancti. Mitte eis, Domine. Et de Sion. Domine, exaudi. Et clamor. *Psal.* Miserere. *Capitulum.* Domine Deus virtutum. Et ostende, *sine Dominus vobiscum. Sed sub silentio dicitur.* Oremus. Respice, quæsumus, Domine.

Hæ preces recitantur post tertiam, vesperas et laudes trium dierum hebdomadæ majoris, videlicet feria quinta, in Parasceve, et in Sabbato sancto. Post antiphonam ad Benedictus *laudum Sabbati sancti hæc habentur : Hic dicatur :* Kyrie eleison, *et versus, et capitulum et oratio, ut in laudibus cœnæ Domini. Prima vero, tertia, sexta et nona sicut eadem die. In hac die ante horam tertiam discooperiantur cruces et tabulæ, quæ per totam Passionem fuerant velatæ. Et inter tertiam, et sextam horam altare honorifice exornetur. Ad vesperum antiphona, et dicitur hæc antiphona ad vesperum per totam hebdomadam usque in sabbatum.* Crucifixus surrexit tertia die de sepulcro, alleluia, alleluia. *Psal.* Laudate, pueri. *Psal.* Laudate, omnes gentes. *Psal.* Ecce quam bonum ! *Psal.* Lauda, Jerusalem. *Lectio.* Si consurrexistis. ℟. Angelus Domini. ℣. Jesum quæritis. *Hymnus.* Ad cœnam. ℣. Pascha nostra immolatus est Christus. *Ad Magnificat antiphona.* Vespere autem.

Oratio. Deus qui hanc sacratissimam noctem gloria Dominicæ resurrectionis illustras, conserva in nova familiæ tuæ progenie adoptionis spiritum, qui dedisti, ut corpore et mente renovati puram tibi exhibeant servitutem. Per eumdem.

Antiphona de cruce usque ad octavam. Crucifixum in carne laudemus, et sepultum propter nos glorificemus. Resurgentem de morte, venite, adoremus, alleluia, alleluia, alleluia.

Antiphona sanctæ Mariæ usque in octavam Pentecostes. Regina cœli. Diffusa est. Propterea.

Oratio. Deus, qui violatæ naturæ per virginale decus adhibes medicinam, fac nos beatæ Mariæ semper virginis precibus et fermentum conceptæ pravitatis penitus abjicere, et in novitatis azyma de vetustate transire. Per.

DOMINICA RESURRECTIONIS.

Incipiunt vigiliæ more canonicorum, scilicet : Domine, labia mea aperies.

Ad sextam hujus diei habetur sequens oratio. Præsta, quæsumus, omnipotens Deus, ut qui resurrectionis Dominicæ solemnia colimus, ereptionis nostræ suscipere lætitiam mereamur. Per.

Ad Magnificat antiphona. Post passionem Domini

factus est conventus, quia non est inventum corpus in monumento, lapis sustinuit perpetuam vitam, monumentum reddidit coelestem margaritam, alleluia.

Per totum officium de Tempore nihil reperitur in codice animadversione dignum, praeterquam quod officium de Trinitate ponitur post Dominicam XXIV Pentecostes.

IN NATALI SANCTI ANDREAE APOSTOLI.

Invitatorium. Christum regem adoremus Dominum, qui martyrio crucis beatum glorificavit apostolum.

Hymnus ad matutinum.

Andreae festum colitur,
Lux clara piis oritur,
Per quem tenebras deserunt
Ad verum lumen redeunt,
    Egaeas in apostolum
    Minaci frendet spiritu,
Per quem Achaiae populum
Cernit ire post Dominum.
Nescit minas pavescere,
Nequit tormentis cedere
Flammantis ardor fidei
Non sentit vim supplicii.
    Crucis vinctus patibulo
    Laetus pendebat biduo.
In ipsa morte positus
Vitae manat eloquium.
Luce delapsa coelitus
Repente circumfunditur,
    Qui sic obire meruit,
    Lucis Auctorem petiit.
Sit Patri laus ingenito,
Sit Decus Unigenito,
Sit utriusque parili
Majestas summa flamini. Amen

Hymnus ad vesperas.

Captator olim piscium,
Jam nunc piscator hominum
Tuis Andreas retibus
Mundi nos rape fluctibus
    Germanus Petri corpore
    Nec mortis dispar ordine
Quos una caro genuit
Crux coelo fratres edidit.
    O germen vere nobile
    O par corona gloriae
Ecclesiae Patres pii
Crucis sunt aeque filii.
Ad Jesum fratri praevius
Judex vitae strenuus
Et nobis esto miseris
Beati dux itineris.
Sit Patri laus ingenito, etc.

IN NATALI SANCTI AMBROSII CONFESSORIS.

Oratio. Omnipotens sempiterne Deus, qui per os beati pontificis Ambrosii eloquiorum tuorum nobis abdita reserasti, concede nobis aurem pectoris ejus accommodare doctrinis, ut ad illam ejus interventu pervenire patriam mereamur, quam ipse totis desideriis anhelavit. Per.

IN NATALI SANCTI ZENONIS.

Oratio. Deus, qui hunc diem venerabilem in beati Zenonis confessoris tui atque pontificis devotione celebrare concedis, conserva in nobis misericordiam tuam, et precibus nostris pius et clemens adesse dignare, ut sicut beato Zenoni sacerdoti gratiam tribuisti, ita et nobis largiri digneris Per.

IN NATALI SANCTI SYRI.

Oratio. Deus, qui es tuorum antistitum potentissimus illustrator, tribue, quaesumus, ut, beatissimi sacerdotis et confessoris tui Syri magnificis exemplis informati, saeculi hujus caliginem sine periculo transeamus. Per.

IN PURIFICATIONE BEATAE MARIAE VIRGINIS.

Ad Vesperum. Antiphona. Tecum principium. *Psal.* Dixit Dominus. *Antiphona.* Redemptionem. *Psal.* Confitebor. *Antiphona.* Exortum est. *Psal.* Beatus vir. *Antiphona.* De fructu. *Psal.* Memento.

Oratio. Perfice in nobis, quaesumus, Domine, gratiam tuam quam justi Simeonis implesti, ut sicut ille mortem non vidit, priusquam Christum Dominum videre mereretur, ita et nos vitam obtineamus aeternam. Per.

Post tertiam hujus diei leguntur sequentia pro benedictione candelarum. Post haec benedicantur candelae, et dicat sacerdos sonora voce: Dominus vobiscum. Exaudi, etc.

Oratio. Omnipotens sempiterne Deus, qui per Verbum tuum, lumen videlicet verum, illuminas omnem hominem venientem in hunc mundum, tuae visitationis gratia inexstinguibiliter corda nostra perlustra, et has candelas luci visibili aptas coelesti benedictione † sanctifica, ut ob reverentiam praesentis solemnitatis et memoriam beatae Mariae semper virginis Filium ac Dominum suum auctorem et observatorem legis in templo offerentis a famulis tuis oblatae fuerint ac nomini tuo devote dedicatae, offerentes eas tuae benedictionis semper possideant claritatem. Per eumdem.

Alia oratio. Omnipotens sempiterne Deus, qui hodierna die, *ut in editis.*

Alia oratio. Benedic †, Domine Jesu Christe, hanc creaturam cerae supplicationibus nostris, et infunde ei per crucis sanctae tuae virtutem benedictionem † coelestem, ut qui eam ad repellendas tenebras humano generi tribuisti, taliter signaculo crucis tuae fortitudinem et benedictionem accipiat, ut in quibuscunque locis accensa sive posita fuerit, discedat et contremiscat diabolus, et fugiat pavidus cum omnibus ministris suis de habitationibus illis, nec praesumat amplius inquietare vel illudere servientes Deo. Proinde supplices, te, quaesumus, Domine, ut emittas sanctum angelum tuum Raphaelem, qui evulsit et repulsit a Sara et Tobia daemonem mortiferum infestantem, ut conterat illum et perdat de cunctis habitationibus colentium Dominum, de basilicis, de domibus, de angulis, de lectis, de refecto riis, et de universis locis in quibus Deo famulantes habitant, requiescunt, dormiunt, vigilant, ambulant et consistunt. Nec valeat amplius inquietare, vel pavores immittere super illos quos sancti chrismatis tui unctione fecisti esse munitos. Benedico † te, cera, in nomine Domini nostri Jesu Christi et sanctæ Trinitatis, ut sis exterminatio diaboli et omnium contubernalium ejus. Per eumdem Dominum nostrum, qui vivit et regnat.

Tunc aspergantur aqua benedicta et incensentur, et decantetur antiphona : Lumen ad revelationem gentium, etc., *excepto cantico :* Nunc dimittis, *cujus loco dicitur :* Deus misereatur.

Oratio ad sextam. Beatæ Mariæ semper virginis, quæsumus, Domine, adsit nobis ubique oratio, et quam devoto plebs tua veneratur obsequio, suffragari sibi pio experiatur auxilio. Per.

Oratio ad nonam. Adjuvet nos, quæsumus, Domine, sanctæ Mariæ semper virginis intercessio veneranda, et a peccatorum vinculis absolutos in tua faciat pace gaudere. Per.

IN NATALI SANCTI BLASII EPISCOPI ET MARTYRIS.

Oratio. Deus, qui beatum Blasium martyrem tuum atque pontificem pontificatus officio et fidei munere sublimasti, tribue supplicibus tuis, ut quidquid peccati contagione contractum est in nobis, ipso intercedente solvatur. Per.

IN NATALI SANCTI GREGORII PAPÆ ET CONFESSORIS.

Oratio. Deus, qui per beatum Gregorium confessorem tuum atque pontificem cœlestis eloquii nobis dulcedinem propinasti, familiæ tuæ concede propitius et servare quod docuit, et subsequi quo processit.

IN NATALI SANCTI BENEDICTI.

Hymnus.

Gemma cœlestis pretiosa,
Regis norma justorum,
Via monachorum,
Nos ab immundi
Benedicte, mundi
Subtrahe cœno.

Tu solum spernens,
Cor in astra figens,
Cogis hæredes
Fieri parentes,
Vas Deo plenum
Reparare fructum
Promeruisti.

Magnus in parvis,
Eremita imberbis
Vincis ætatem,
Superas laborem
Arcta districtæ
Rudimenta vitæ
Fervidus imples.

Strage saxorum
Puerum peremptum
Mox ut orasti,
Preces suscitasti,

Spiritus carni,
Caro sanitati
Redditur æque.

Jure sub blandæ
Specie columbæ
Nesciam fellis
Animam sororis
Summa stellati
Penetrare cœli
Culmina cernis.

Ipse post clarum
Referens triumphum
Celsa devicto
Petis astra mundo,
Luce flammantem
Radiante callem
Pallia sternunt.

Laus honor Patri,
Parilique Proli
Una majestas,
Eadem potestas,
Cum quibus sanctus
Simul implet omnem
Spiritus orbem. Amen.

Hymni ad nocturnum et ad laudes iidem qui in officio parvo beati Benedicti.

Oratio. Omnipotens sempiterne Deus, qui per gloriosa beati Benedicti abbatis exempla humilitatis triumphale nobis iter ostendisti, da, quæsumus, ut viam tibi placitæ obedientiæ, per quam ille venerabilis Pater illæsus antecedebat, nos præclaris ejus meritis adjuti sine errore subsequamur. Per.

Oratio ad sextam. Sancti Benedicti confessoris tui atque abbatis nos, Domine, supplicationibus tribue foveri, ut cujus venerabilem solemnitatem obsequiis celebramus, ejus intercessionibus et meritis commendemur. Per.

Oratio ad nonam. Deus, qui nos beati Benedicti confessoris tui voluisti magisteriis erudiri, ejus meritis dignare nos ab omni inimici fraude protegi. Per.

IN INVENTIONE SANCTÆ CRUCIS.

Hymnus ad vesperum.

Crux mundi salus perditi
Perempti vita sæculi,
Quam victa tremunt tartara,
Cœli verentur agmina.

In te dum vita moritur,
Mortis catena solvitur,
Ægypti jugo liberi
Vere sunt lucis filii.

Te ponit Judex omnium,
Cum judicatur solium
Jam tunc hædos ab ovibus
Segregat in latronibus.

Tu mundi ludis principem
Dum punis impassibilem,
Reos offerre solita,
Quæ nunc das, aufert spolia.

In te mactatur victima

Quæ mundi purgat crimina,
Tibi talentum creditur,
Adæ quod solvit debitum.
　Nos vitæ signo protege,
Quo rex triumphat gloriæ.
Per te ad regnum perveha
Quos servitute liberat.
　Sit Patri laus ingenito,
Sit decus Unigenito,
Sit utriusque parili
Majestas summa Flamini. Amen.
　　Hymnus ad laudes.
　Crux mundi benedictio,
Spes et certa redemptio,
Olim gehennæ bajula,
Nunc clara cœli janua.
　In te levatur hostia
Ad seque traxit omnia
Quam mundi princeps impetit,
Suumque nihil invenit.
　Quæ legis antiquius
Vetus cassat chirographum,
Antiqua perit servitus,
Vera libertas redditur.
　Odoris tui copia
Cuncta vincit aromata
Tui dulcedo nectaris
Replet arcana pectoris.
　Per Crucem, Christe, quæsumus
Ad vitæ transfer præmium
Quos ligni fixus stipite
Dignatus es redimere,
Sit laus Patri ingenito, etc.
IN NATALI APOSTOLORUM PETRI ET PAULI.
　　Hymnus.
Felix per omnes festum mundi cardine
Apostolorum præpollet alacriter,
Petri beati, Pauli sacratissimi,
Quos Christus almo consecravit sanguine
Ecclesiarum deputavit principes.
Hi sunt olivæ duæ coram Domine
Et candelabra luce radiantia,
Præclara cœli duo luminaria.
Fortia solvunt peccatorum vincula
Portas Olympi reserant fidelibus.
　Habent supernas potestatem
Claudere sermone sedes,
Pandere splendentia lumina poli,
Super alta sidera linguæ
Eorum claves cœli factæ sunt
Larvas repellunt ultra mundi limites.
　Petrus beatus catenarum laqueos
Christo jubente rupit mirabiliter,
Custos ovilis, et doctor Ecclesiæ,
Pastorque gregis, conservator ovium
Arcet luporum truculentam rabiem.
　Quodcunque vinclis super terram strinxeris,
Erit in astris religatum fortiter;
Et quod resolvis in terris arbitrio,

Erit solutum super cœli radios.
In fine mundi judex eris sæculi.
　Non impar Paulus huic doctor gentium,
Electionis templum sacratissimum,
In morte compar, in corona particeps,
Ambo lucernæ, et decus Ecclesiæ
In orbe claro coruscant vibramine.
　O Roma felix, quæ tantorum principum
Et purpurata pretioso sanguine
Excellis omnem mundi pulchritudinem
Non laude tua, sed sanctorum meritis
Quos cruentatis jugulasti gladiis.
　Vos ergo modo gloriosi principes,
Petre beate, Paule mundi lilium,
Cœlestis aulæ triumphales milites,
Precibus almis vestris nos ab omnibus
Munite malis, ferte super æthera.
　Gloria Deo per immensa sæcula
Sit tibi, Nate, decus et imperium, etc.
　　IN NATALI EORUMDEM.
Invitatorium, ut in editis. Antiphona. In plateis ponebantur infirmi in lectulis, ut veniente Petro. *Et cæteræ antiphonæ primi et secundi nocturni quæ ponuntur de historia Actuum apostolorum. Antiphona ad cantica.* Significavit Dominus Petro, qua morte clarificaturus esset Deum, alleluia. *Responsorium duodecimæ lectionis.* Cum esset Petrus in cruce, venit turba multa, maledicebat Cæsarem, et fecerunt planctum magnum ante crucem. Petrus exhortabatur eos de cruce dicens : Nolite flere, sed gaudete mecum, quia vado parare vobis locum. Gratias tibi ago, Pastor bone, quia oves quas tradidisti mihi, compatiuntur mecum in sempiternum, et cum hoc dixisset, ait : Nolite, etc.
　　IN NATALI SANCTÆ MARIÆ MAGDALENÆ.
　　　Ad vesperas hymnus.
　Nardi Maria pistici
Sumpsit libram mox optimi
Unxit beatos Domini
Sedes rigando lacrymis.
Honor, decus, etc.
　Invitatorium. Æternum, trinumque Deum laudemus et unum, qui sibi Mariam transvexit in æthera sancta.
　　　Hymnus.
　Consonis Christum veneremur odis
Hunc diem celebrando festum,
Nunc Magdalenæ Mariæ
Per orbem congratulantes.
　Quæ caput quondam Domini
Perunxit, ac pedes lavit,
Lacrymis rigando crine detersit
Capitis, supplexque corde gemendo.
　Indeque confestim totius reatus
Contulit Christus veniam
Precanti Simoni dignum
Paradigma pandens ore benigno.
　Hæc tulit myrrham erepta sub luce,
Ad perungendum Dominum sepulcro,

Quem resurgentem meruit
Beata primo videre.
Quam procul post hæc, tribuente
Christo, credimus cœli penetrasse
Culmen hujus obtentu.
Miserere nobis, Conditor orbis.
Gloriam Patri pariter canamus
Gloriam Proli, Flaminique
Pio semper omni
Resonemus omnes tempore secli.

Antiphona. Cum discubuisset in domo Simonis Dominus Jesus, mundi gloria, mulier quædam, quæ erat peccatrix, nardi odoriferi exhibuit unguenta. *Antiphona.* Secus pedes Domini astans incessante, ore sacrato ejus vestigia osculatur, lacrymis plena. *Antiphona.* Irrigabat igitur dominicos Jesu pedes, fracto quoque alabastro præcipuis odoribus, flagrabat domus omnis, atque capillorum officio detergebat. *Antiphona.* Simon autem intra se, inquit : Si esset propheta, sciret profecto quæ et qualis esset quæ tangit eum, quia peccatrix est. *Antiphona.* Et conversus Dominus dixit : Postquam veni in domum tuam, non cessavit crine fuso hæc meos osculari pedes. *Antiphona.* Quoniam multum dilexeras, scito dimissa tibi peccamina, et fide, qua polles, sacra in pace remitto. ℟. Lætetur omne sæculum in solemnitate sanctæ Mariæ. Quam Jesus æterno amore dilexit plurimum. ℣. Hæc Maria fuit illa, Domino gratissima, quæ unguento pretioso pedes unxit illius. Quam. ℟. Optimam partem elegit sibi Maria. Quæ non auferetur ab ea in æternum. ℣. Diligens Dominum ex corde perfectissimo cœlorum obtinuit dignitatem. Quæ. ℟. Potissima, intercede a Domino, collata gaudens potenter polo. Obtine ut nos perenniter divinis tecum gaudiis perfruamur. ℣. Quia tua reposcimus merita deletis facinoribus. Obtine. ℟. Quis Magdalena sceleratior esse Maria, quæ ivit ad omne malum. Quæ nomine plena reatus peccatrix vocitata, fuit quasi nomine culpæ. ℣. Dum tamen ipsa Deum lacrymis commovit obortis cordis ab affectu, meruit peccamine solvi. Quæ nomine. *Antiphona.* Satagebat igitur Martha, soror Mariæ Magdalenæ, circa ministeria, quæ sedens secus pedes Domini audiebat verba oris ejus. *Antiphona.* Non est, Martha inquit, tibi curæ, quod soror mea reliquit me solam ministrare ; jube illi, ut me adjuvet. *Antiphona.* Et respondens dixit statim illi Dominus : Unum exstat certe necessarium. Hæc optimam sibi partem elegit, quæ non auferetur. *Antiphona.* Cumque Pharisæus Dominum prandere rogasset, corporeis fruitur dapibus dans spirituales. *Antiphona.* Ecce soror Lazari pia nunc, sed tunc scelerata attulit unguentum pretiosi pondus odoris. *Antiphona.* Maxima spes veniæ populo succurre roganti, ut scelerum veniam mereantur per te habere. ℟. O felix sacrorum lacrymis rigatio pedum, per quam promeruit Maria dici, et esse ejus dilecta. Et quo pascuntur æthere sancti. ℣. Angelico pollet decore hæc et hi per Christum. Et. ℟. Beata Maria,

A quæ piarum undis lacrymarum tersisti tuorum maculas criminum. Assidue te exorare deposcimus pro nostris excessibus. ℣. Summis cœlorum civibus glomerata, jamque æterna immortalitate induta. Assidue. ℟. Venit Maria Magdalene annuntians discipulis : Quia vidi Dominum. Cujus petimus precibus adjuvari apud te, Redemptor clementissime. ℣. Quia ergo in paradiso mulier propinavit viro mortem, a sepulcro mulier viris annuntiat vitam. Cujus. ℟. Rex immense Deus, terrarum conditor orbis, accipe præsentis cleri pia vota precantis. ℣. Ut valeat semper laudes tibi promere dignas. Accipe.

Antiphona ad cantica. O mundi lampas et margarita præfulgida, quæ resurrectionem Christi nuntiando apostolorum apostola fieri meruisti, Maria Magdalena, semper esto pia exoratrix pro nobis ad Deum, qui te elegit. ℟. Flagrans Jesum muneribus intimis Maria præcordiis affatum perunxit sacrata unguento vestigia. Unde meruit suorum delictorum veniam. ℣. Peccaminum nostrorum sordes piissimis diluat interventionibus divino fonte. Unde. ℟. Maria stans ad monumentum plorans vidit duos angelos in albis sedentes. Ubi positum fuerat corpus Jesu. ℣. Cum ergo fleret, inclinavit se, et prospexit in monumento. Ubi. ℟. Discipulis Christi, quæ gaudia celsa tulisti, cum nimium tristes fuerunt de morte Magistri. Lætitiam nobis vitæ cœlestis adjunge. ℣. Ut sibi conformes, cujus pietate sanata es, sorte beatorum fieri mereamur in unum. Lætitiam. ℟. O mirum et magnum miraculum, quia peccatrix femina audebat Redemptorem mundi tangere, lacrymando et capillis tergendo, crimina sua abluebat. Ideo dimissa sunt ei peccata multa, quoniam dilexit multum. ℣. Vidit Maria Dominum, et credidit, et cum gaudio suscepit illum gaudens et flens, quia cognovit se peccatricem. Ideo. *In laudibus antiphona.* In diebus illis : Mulier, quæ erat in civitate peccatrix, ut cognovit quod Jesus accubuisset in domo Simonis leprosi, attulit alabastrum unguenti. *Hæc autem antiphona tantum legitur ad laudes.*

Hymnus.
Fidelium devotio depromat
Hymnum Domino, qui
Mariæ Magdalenæ
Sedem dedit in æthere.

In qua quid esset pietas,
Ejus ostendit bonitas,
Quid donet pœnitentia
Patefecit clementia.

Quæ prius enim scelera
Commisit innumera,
Accepta pace veniæ
Regno potitur gloriæ.

Maria tersis crinibus
Procumbens Christi pedibus
Dum rigat cum lacrymis,
Se lavat sorde criminis.

Hinc consecuta plurimum

Amoris erga Dominum,
In cœlorum palatio
Perenni gaudet præmio.
  Rogamus ergo, Domina,
Nostra deleto crimina,
Tuisque sanctis precibus
Nos junge cœli civibus.
  Patri, Nato cum Flamine
Sit laus æterno tempore;
Qui est summa Deitas
In Unitate Trinitas. Amen.

Ad Benedictus antiphona. Sancta Maria, pio conjuncta Jesu, osculando pedes ipsius et pie rigando, terge crimina nostra, cum jugiter orando pro nobis.

IN NATALI SANCTI APOLLINARIS EPISCOPI ET MARTYRIS.

Ad Magnificat antiphona. Surge, accipe Spiritum sanctum, simulque pontificatum, et perge ad urbem, quæ vocatur Ravenna. *Commemoratio Magdelenæ antiphona.* O veneranda Dei sedes, spes inclyta nostri. O validi fructus celeberrima vinea Christi, drachma reperta, sed ovis de morte reducta. Valde precare Deum pro nobis, valde precamur. *Antiphona.* Dicebat beatus Petrus apostolus Judæis: Nam et ego Hebræus sum, sed propter charitatem fratrum adveni. *Antiphona.* Multitudo autem Hebræorum agentes pœnitentiam baptizabantur, credentes Jesum Christum vere esse Filium Dei. *Antiphona.* Beatus Petrus apostolus administranti sibi aiebat: Quid sedes nobiscum? Ecce eruditus es de omnibus, quæ fecit Jesus. *Antiphona.* Ait beatus Petrus Apollinari discipulo suo: Eruditus es in omnibus prædicare Ravennæ Jesum Filium Dei. *Antiphona.* Mittat Christus Dominus angelum suum, qui præparet iter suum, et quæ postulaveris, annuat tibi. *Antiphona.* Ortus ab Antiochia beatus Apollinaris Ravennam missus est prædicare baptismum pœnitentiæ in remissionem peccatorum. ℟. Ait beatus Petrus Apollinari discipulo suo: Quid sedes nobiscum? Ecce eruditus es de omnibus quæ fecit Jesus. ℣. Surge, accipe Spiritum [sanctum] simulque pontificatum, et perge ad urbem quæ vocatur Ravenna. Ecce. ℟. Beatus Petrus apostolus dixit discipulo suo Apollinari: Surge, perge Ravennam, multitudo populi ibi moratur, prædica eis baptismum pœnitentiæ, in nomine Jesu. ℣. Ecce eruditus es de omnibus quæ fecit Jesus. Surge. ℟. Deus, qui non localiter, sed ubique es, tu intromitte cognitionem Filii tui Domini nostri in istam civitatem. ℣. Ut cognoscentes Jesum Filium tuum, cum magno affectu locus mihi prædicationis tribuatur. Tu. ℟. Deus, qui cooperaris cum Petro magistro meo, operare et mecum. Ut cognoscant omnes te solum Deum in æternum. ℣. Deus qui non localiter, sed ubique. Ut cognoscant.

In secundo nocturno antiphona. Cum pervenisset beatus Apollinaris ad urbem Ravennam, faciens signum crucis, susceptus est in domum militis Irenæi. *Antiphona* Deus qui operaris cum Petro magistro meo, operare et mecum ut clarificetur nomen tuum. *Antiphona.* Ingressus beatus Apollinaris domum tribuni dixit: Requiescat in vobis pax Domini, et Dei nostri Jesu Christi. *Antiphona.* Requiescat in vobis pax Domini nostri Jesu Christi, per quam infirmam tribuni conjugem beatus sanavit Apollinaris. *Antiphona.* Virtus alia non est, quam Domini nostri Jesu Christi, per quem beatus Apollinaris Tauri filium cæcum illum inavit. *Antiphona.* Nuntiatum est hoc Cæsari a paganis quod quidam ab Antiochia introduxisset nomen Jesu in urbem Ravennam, et multitudo magna obediret illi, et domus Rufi patricii. ℟. Ait ad eum tribunus: Bene advenisti, medice. Cui beatus Apollinaris respondit: Requiescat in vobis pax Domini nostri Jesu Christi. ℣. Cumque ingressus fuisset domum tribuni, officiosissime susceptus est, et dixit: Requiescat. ℟. Aperi, Domine, continuo os muti ut tuum confiteantur nomen. Qui es vivens in sæcula. ℣. Illico solutum est vinculum linguæ ejus, et clamabat. Qui. ℟. Domine Jesu Christe, Deus meus, qui magistro meo apostolo tuo Petro dedisti locum impetrandi apud te, quæ desiderat. Tu suscita hanc puellam, quæ tua est creatura, et non est alius Deus præter te. ℣. Tunc apprehendens manum mulieris ait: Domine Deus meus. Tu. ℟. Jam me perducto in capitolium vicarii securus esto, quia manibus meis thura non ponam dæmoniis, sed Domino meo Jesu Christo incensum offero. ℣. Dominum Jesum Christum Deum vivum esse confiteor, et alium præter eum esse non dico. Sed.

Ad cantica antiphona. Sanctissime Apollinaris colloquens angelorum, quas offerimus tibi orationes, et preces suscipe omnium, et redde Salvatori pro nobis hymnum, ut salvos nos faciat. ℟. Exuite eum, et cædentes dicite: Respice et immola diis; ille autem respondens dixit: Christianus sum, fac quod vis. ℣. Unus est Dominus Deus invisibilis, per quem dæmonia ejiciuntur. Christianus. ℟. Iste est sacerdos Domini qui in mandatis ejus meditatur die ac nocte. Iste directus est ab apostolo Petro Ravennam prædicare baptismum pœnitentiæ. ℣. Beatus vir, qui non abiit in consilio impiorum. Iste. ℟. Servivi sicut bonus miles Christo, certavi bonum certamen. Placui Deo, qui me probavit, et dedit mihi Dominus coronam vitæ. ℣. Bonum certamen certavi, cursum consummavi, fidem servavi. Placui. ℟. Pulchra facie, et alacri vultu, beate Apollinaris, ecce oves tuæ ad te devota mente concurrunt, quas Domino acquisisti. Deprecare, precor pastor bone, pro eis Jesum Christum. ℣. Ut digni efficiamur promissionibus ejus. Deprecare. *In laudibus antiphona.* Audi, Judex, quod dico viriliter: Jesus erat Deus, et est in æternum manens in corpore mundo, pati autem carne pro omnibus voluit.

Hæc tantum antiphona ad laudes hujus officii habetur.

Ad Benedictus antiphona. Prægravatus pondere ferri, exsul ab urbe mittitur, et post triennium ad suam sanctam urbem Ravennam regreditur, A quem videntes Christiani cum gaudio susceperunt. *Ad primam antiphona.* Angelus Domini beatum Apollinarem in carcere visitavit, videntibus custodibus cibavit, et confortavit. *Ad tertiam antiphona.* Suspensus in equuleo clamabat beatus Apollinaris: Dominum Jesum Christum Deum verum esse confiteor. *Ad sextam antiphona.* Custos et protector noster, Domine Jesu Christe, quem beatus Apollinaris praedixit, benedicimus, hymnum dicimus tibi Deo nostro. *Oratio.* Salutarem nobis dedit hodierna die beati Apollinaris sacerdotis et martyris tui in tua, Domine, virtute confessio laetitiam, praesta quaesumus, ut conversationis ejus imitatione praedicanda, et intercessione tibi placita jugiter gloriemur. *Ad nonam antiphona.* Sancte Apollinaris, sacerdos et martyr Christi, deprecare pro plebe tua, quam ex gentibus acquisisti, nos autem populus tuus et oves gregis tui, intercede pro nobis Filio Dei. *Oratio.* Terribilis Deus, et invicta fortitudo ac nimis pavenda potestas, largire nobis beati Apollinaris martyris et sacerdotis tui precibus stipendia salutis aeternae, ut casta pectora bajulantes laudes tuae clementiae referamus, ejus solemnia celebrantes. *Ad Magnificat antiphona.* Accipe Spiritum sanctum, simul pontificatum. Surge, perge Ravennam, multitudo populi ibi moratur. Praedica eis Jesum, quod vere sit Filius Dei.

IN NATALI SANCTI AEMYGDII EPISCOPI ET MARTYRIS.

Ad Magnificat antiphona. O Aemygdi martyr gloriose, quos in Christo genuisti filios tuos sanguinem fundendo, tua, quaesumus, oratio commendet nos indesinenter Deo. *Antiphona ad Benedictus.* Sancte Dei praesul et martyr Aemygdi, qui, occidentalis Franciae oriundus Romam veniens, disponente Deo, a Romano pontifice destinatus es praedicator ad Esculanam urbem, pro nobis apud Deum intercede, quos verbis et miraculis ad agnitionem Christiani nominis fecisti venire.

IN VIGILIA ASSUMPTIONIS SANCTAE MARIAE VIRGINIS.

Ad vesperas antiphona. Maria Virgo, semper laetare, quae meruisti Christum portare coeli et terrae conditorem, quia de tuo utero protulisti mundi Salvatorem. *Psalmi de Feria.*

Hymnus.
Gaudium mundi nova stella coeli,
Procreans solem, pariens parentem,
Da manum lapsis, fer opem caducis,
 Virgo Maria.
Te Deo factam liquet esse scalam.
Quatenus summa petit altus ima,
Nos ad excelsa remeari coeli
 Culmina dona.
Te beatorum chorus angelorum,
Te prophetarum et apostolorum
Ordo praelatam sibi cernit unam
 Post Deitatem.
Aula coelestis speciosa regis,
Fulta septenis Sophiae columnis,

Quem nequit totus cohibere mundus,
 Claudis in alvo.
Quem tremunt coeli, metuunt abyssi,
Laudat occasus, veneratur ortus
 Stringis in ulnis.
Lacte nutritus cibo angelorum,
Fertur innuptae gremio puellae,
Qui sua late ditione terrae
 Pondera librat.
Sit decus summum sine fine Christo,
Virgo quem sancta genuit Maria,
Qui Patri compar, Flaminique sancto
Regnat in aevum. Amen.

IN ASSUMPTIONE SANCTAE MARIAE VIRGINIS.

Invitatorium. Odor tuus, sancta Dei Genitrix, sicut odor balsami: Quasi lilium, ita flores, Dei genitrix Virgo.

Hymnus.
Terrena cuncta jubilent,
Astra laudibus intonent,
Virginis ante thalamum
Carmen alternent dramatum.
 Haec Virgo, Verbo gravida,
Fit paradisi janua.
Quae Deum mundo reddidit,
Coelum nobis aperuit.
 Felix ista puerpera
Evae lege liberrima
Concepit sine coitu,
Emisit absque gemitu.
 Dives Mariae gremium,
Mundi gestavit pretium,
Quo gloriemur redimi
Soluto jugo debiti.
 Quam Patris implet Filius,
Sanctus obumbrat Spiritus,
Coelum fiunt castissima
Sacrae puellae viscera.
 Laus tibi, Rex altissime
Qui natus es de Virgine
Sit laus et ineffabili
Patri, sanctoque Flamini.

Hymnus ad laudes.
Aurora velut fulgida
Ad coeli meat culmina.
Et sol Maria splendida.
Tanquam luna pulcherrima.
 Regina mundi hodie
Thronum conscendit gloriae.
Illum enixa Filium,
Qui est ante luciferum.
 Assumpta super angelos,
Excedis archangelos,
Cuncta sanctorum merita
Transcendit una femina.
 Quem foverat in gremio
Locarat in praesepio,
Nunc Regem super omnia
Patris videt in gloria.

Pro nobis Virgo virginum
Tuum deposce Filium,
Per quam nostra susceperat
Et sua nobis præbuerat.
Laus tibi, Rex altissime, etc.

IN OCTAVA SANCTÆ MARIÆ VIRGINIS.

Antiphona ad *Magnificat*. Sub tuum præsidium confugimus, Dei Genitrix ; nostram deprecationem ne despicias in necessitatibus, sed a periculis libera nos semper, Virgo gloriosa. *Ultima antiphona primi Nocturni.* In prole mater, in partu virgo, gaude et lætare Virgo, mater Domini

IN NATALI SANCTI MARTINI.

Ad vesperas hymnus.

Rex Christe, Martini decus
Hic laus tua, tu illius,
Tu nos in hoc te colere
Quando ipsum in te tribue.

Qui das per orbis cardines
Quod gemma fulget præsulum,
Da, quos premunt culpæ graves,
Solvat per ingens meritum.

En pauper hic et modicus
Polum dives ingreditur.
Cœli cohortes obviant,
Linguæ, tribus, gentes ovant.

Ut vita fulget transitus
Cœli et arvo splendidus,
Gaudere cunctis pium est,
Cunctis salus sit hæc dies.

Martine par apostolis,
Festum colentes tu fove,
Qui vivere discipulis vis,
Et mori non respuis.

Fac nunc, quod olim gesseras,
Nunc præsules clarifica,
Auge decus Ecclesiæ
Fraudes relide Satanæ.

Qui ter chaos evisceras,
Mersos reatu suscita,
Diviseras ut chlamidem,
Nos indue justitiam.

Ut specialis gloriæ
Quondam recorderis tuæ,
Monastico nunc ordini
Jam pene lapso subveni.

Sit Trinitati gloria,
Martinus ut confessus est ;
Cujus fidem per opera,
In nos et ipse roboret. Amen.

IN DEDICATIONE ECCLESIÆ.

Ad vesperas hymnus.

Christe, cunctorum dominator alme,
Patris æterni genitus ab ore
Supplicum vota, pariterque hymnum
    Cerne benignus.

Cerne quod puro, Deus, in honore
Plebs tua supplex resonat in aula,
Annua cujus redeunt colenda

Tempore festa.
Hæc domus rite tibi dedicata
Noscitur, in qua populus sacratum
Corpus assumit, bibit, et beati
    Sanguinis haustum.

Hinc sacrosancti latices veternas
Diluunt culpas, perimuntque noxas,
Chrismate vero genus ut creetur
    Christicolarum.

Hic salus ægris, medicina fessis,
Lumen orbatis, veniaque nostris
Fertur offensis, timor atque mœror
    Pellitur omnis.

Dæmonis sæva perit hic rapina,
Pervicax monstrum pavet, et retenta
Corpora linquens fugit in remotas
    Ocius umbras.

Hic locus nempe vocitatur
Aula Regis æterni, niveique cœli,
Portaque vitæ patriam petentes
    Accipit omnes.

Turbo quam nullus quatit, aut vagantes
Diruunt venti, penetrantque nimbi,
Non tetris lædit piceus tenebris
    Tartarus horrens.

Quæsumus ergo, Deus, ut sereno
Annuas vultu famulos videre,
Qui tui summos celebrant amore
    Gaudia templi.

Nulla nos vitæ cruciant molesta,
Sint dies læti, placidæque noctes,
Nullus ex nobis pereunte mundo
    Sentiat ignes.

Hic dies, in quo tibi consecratam
Conspicis aram tribuat perenne
Gaudium nobis, vigeatque longo
    Temporis usu.

Gloriam summo resonemus Patri
Gloriam Nato, pariterque sancto
Spiritui dulci modulemur hymno
    Esse per ævum. Amen.

In calce supradicti breviarii legitur officium beatæ Mariæ.

INCIPIT OFFICIUM BEATÆ MARIÆ VIRGINIS SECUNDUM CONSUETUDINEM MONACHORUM MONASTERII SANCTÆ CRUCIS FONTIS AVELLANÆ.

Ad matutinum. Domine, labia mea aperies, etc. *usque ad lectiones. Lectio prima.* Sancta Maria, Virgo virginum, mater et filia Regis regum, omnium tuum nobis impende solatium, ut cœlestis regni mereamur habere præmium, cum electis Dei regnare in perpetuum. ℟. Ut apud nos. *Lectio secunda.* Sancta Maria, piarum piissima, intercede pro nobis, sanctarum sanctissima, ut per te sumat nostra precamina, qui pro nobis natus regnat super æthera, ut tua pietate deleat nostra peccamina. ℟. Felix namque, etc. *Lectio tertia.* Sancta Dei Genitrix, quæ digne meruisti concipere quem totus orbis nequit comprehendere, quæsumus ut tuo interventu culpas nostras abluas, quo perennem sedem g.oriœ per te redempti mereamur scandere, ubi manes cum eodem Filio tuo sine tempore. ℟. Beata es, etc. *Hymnus.* Te Deum laudamus. *Versiculus.* Dominus vobiscum. Sequentia sancti Evangelii secundum Lucam. In illo tempore: Loquente Jesu ad turbas, etc. ℟. Amen. Te decet laus, etc. *Ad Benedictus antiphona.* Quæ est ista, quæ descendit sicut aurora consurgens, pulchra ut luna, electa ut sol, terribilis ut castrorum acies ordinata? Kyrie eleison, etc. Pater noster. ℣. Benedicamus Patrem et Filium cum sancto Spiritu. ℟. Laudemus et superexaltemus eum in sæcula. ℣. Post partum, Virgo, inviolata permansisti. ℟. Dei Genitrix, intercede pro nobis. ℣. Mirabilis Deus. ℟. In sanctis suis. ℣. Dominus vobiscum. ℟. Et cum.

Oratio. Deus cujus munere Trinitatem in personis, et Unitatem in divina substantia confitemur, concedo propitius, ut hac fideli lorica muniti a cunctis etiam mereamur adversitatibus liberari.

Alia oratio. Deus, qui Filium tuum ad nos per Virginem dignatus es mittere, da nobis ad te suffragantibus ejusdem beatæ Mariæ precibus jugiter festinare.

Alia oratio. Auxilium tuum nobis, Domine, p.acatus impende, et intercedente beata Dei genitrice Maria cum omnibus sanctis tuis, fac nos ab omni adversitate liberari, et æterna lætitia gaudere. Per Dominum, etc.

Suffragia ad matutinum. Antiphona. Inter natos mulierum. ℣. Justus ut palma. ℟. Sicut cedrus. *Oratio.* Beati Joannis Baptistæ, nos, quæsumus, Domine, etc. *Antiphona.* Petrus apostolus. ℣. In omnem. ℟. Et in fines. *Oratio.* Præsta, quæsumus, omnipotens Deus, ut nullis nos, etc. *Antiphona.* Da pacem. ℣. Fiat pax. ℟. Et abundantia. *Oratio.* Deus, a quo sancta desideria, etc. *Antiphona.* Justi fulgebunt. ℣. Mirabilis Deus. ℟. In sanctis suis. *Oratio.* Deus qui nos concedis, etc.

Ad primam hymnus. Beata Dei Genitrix, etc., *ex Operibus S. Petri Damiani. Antiphona.* Ex te, Maria virgo. *Psal.* Beatus vir qui non abiit. *Psal.* Quare fremuerunt. *Psal.* Domine, ne in ira tua. *Antiphona.* Ex te, Maria virgo, processit Deus et homo, lapis abscissus est de te Christo virgine sanctus, quem propheta Daniel prædixerat. *Lectio.* Et sic in Sion, etc. ℟. Benedicta tu in mulieribus, etc. ℣. Ave Maria, gratia plena, etc. *Oratio.* Beatæ et gloriosæ, etc.

Alia oratio. Tribue, quæsumus, omnipotens Deus, sanctos et sanctas tuas jugiter orare pro nobis, et eos clementer audiri. Per Dominum, etc.

Ad tertiam hymnus. Maria, decus omnium, etc. *Antiphona.* Per te, Maria virgo. *Psalmi ut apud nos. Antiphona.* Per te, Maria virgo, impleta sunt prophetarum omnium præconia, quæ dicta sunt, virgo concepisti, virgo genuisti. *Lectio.* Hæreditavi in populo, etc. ℟. Specie tua, ℣. Benedicta tu.

Ad sextam hymnus. Maria, templum Domini, etc. *Antiphona et psalmi ut apud nos. Lectio.* Quasi cedrus. ℟. Adjuvabit. ℣. Sicut myrrha. *Oratio.* Deus qui nobis sanctæ Trinitatis mysterium revelasti, tribue, quæsumus, ut qui jam te ex fide cognovimus, per boni operis augmenta crescamus.

Alia oratio. Concede nos, quæsumus, omnipotens Deus, beatæ Mariæ semper virginis precibus sublevari, per cujus ineffabilem partum procurasti salutis humanæ remedium.

Alia oratio. Omnium sanctorum tuorum, Domine, supplicatione placatus, veniam nobis tribue, et remedia sempiterna concede.

Ad nonam hymnus. O singularis Domina, etc. *Antiphona, psalmi, et lectio ut apud nos.* ℟. Elegit eam Deus, etc. ℣. Speciosa facta es. *Oratio.* Deus qui virginalem.

Alia oratio. Porrige nobis, Deus, dexteram tuam, et per intercessionem beatæ Mariæ semper virginis et omnium sanctorum tuorum auxilium nobis supernæ virtutis impende.

Ad vesperas antiphona. Ante torum. *Psal.* Dixit. *Antiphona.* Aquæ multæ. *Psalmus.* Lætatus sum. *Antiphona.* Surge, aquilo, et veni, auster, perfla hortum meum, et fluent aromata illius. *Psal.* Nisi Dominus. *Antiphona.* Revertere, revertere. *Psal.* Memento, Domine. *Antiphona.* In prole Mater, in partu Virgo, gaude et lætare, Virgo, mater Domini. *Psal.* Lauda Jerusalem. *Lectio.* Ego quasi vitis, etc. ℟. Exaltata es sancta Dei Genitrix. *Hymnus.* Sidus Mariæ splendidum, etc. *Ad Magnificat.* Maria virgo, non est tibi similis nata in mundo in mulieribus, florens ut rosa, olens sicut lilium, ora pro nobis apud tuum Filium. Kyrie. Pater. ℟. Benedicamus Patrem et Filium, etc. ℣. Post partum, etc. ℣. Mirabilis.

Oratio. Omnipotens sempiterne Deus, qui in Trinitate colendus, et in Unitate es adorandus, te supplices exoramus ut mundes propitius cor nostrum a vitiis et repleas nos jugiter spiritualibus donis

Alia oratio. Deus, qui vitiatæ stirpis originem per virginalis uteri reparas dignitatem, concede propitius, ut quos proprii reatus moles gravat, intercessio beatæ Dei genitricis attollat.

Alia oratio. Ut tibi, Domine, placere possimus, beatæ Mariæ semper virginis et omnium sanctorum precibus et meritis adjuvemur.

Suffragia ad vesperas. Inter natos, etc. Justus, sicut cedrus. *Oratio.* Omnipotens sempiterne Deus, da cordibus nostris illam tuarum rectitudinem semitarum, quas beatus Joannes Baptista in deserto vox clamantis edocuit. *Antiphona.* Gloriosi principes. *Oratio.* Apostolicis nos, quæsumus, Domine, beatorum Petri et Pauli attolle præsidiis, ut quanto fragiliores sumus, tanto validioribus auxiliis foveamur. *Antiphona.* De pace, *ut supra.*

Ad completorium. Deus in adjutorium. *Psal.* Usquequo, Domine. *Psal.* Sæpe expugnaverunt. *Psal.* Domine non est exaltatum.

Hymnus

Enixa est puerpera,

Quem Gabriel prædixerat,
Quem matris alvo gestiens.
Clausus Joannes senserat.
Gloria tibi, Domine.

℣. Ecce ancilla Domini. *Canticum.* Nunc dimittis. *Antiphona.* Ecce completa sunt. *Oratio.* Deus qui salutis, etc.

MICROLOGUS
DE ECCLESIASTICIS OBSERVATIONIBUS

OPUSCULUM

ante annos sexcentos conscriptum ab homine antiquitatis ecclesiasticæ studiosissimo

OPERA

JACOBI PAMELII BRUGENSIS

S. THEOLOGIÆ LICENTIATI

In lucem primum editum et jam secundo ad manuscripta exemplaria ab eodem recognitum.

(*Bibliotheca Patrum* XVIII, 469.)

JACOBUS PAMELIUS BRUGENSIS LECTORI CANDIDO S.

Dum totus sum in conquirendis undequaque libris Rabani Mauri, archiepiscopi Moguntini, viri citra dubitationem omnem eruditissimi ac in sacrarum litterarum expositione versatissimi (quippe qui exactissimum in universa Biblia sacra commentarium e veterum theologorum monumentis collegerit) ad nos missus est e bibliotheca Septem Fontium, Rabani titulo, Micrologus de ecclesiasticis observationibus. Quem ubi primum inspexi, ac ex ipsis capitum titulis totius operis argumentum didici, mirum quantopere eo thesauro invento sim gavisus, præsertim quod spes certa effulgeret, posse me suo jam tandem auctori librum illum asserere, quem alibi incerto auctore citatum reperissem, ut qui non ignorarem scripsisse Rabanum de divinis officiis. Verum dum paulo post penitus codicem introspicio, et mentionem in illo fieri video Gregorii papæ septimi, atque episcoporum Amalarii Trevirensis et Anselmi Lucensis, qui sæculis aliquot Rabano sunt posteriores, illius non esse certo deprehendi. Neque tamen id me deterruit ab editione semel animo concepta; quin potius, quod tibi, Lector, gratum illum fore mihi persuaderem, e blattis ac tineis jam tandem aliquando eruendum suscepi: hoc ipso quoque munusculo litterario conciliare me posse ratus studiosorum animos, ut si quid penes se habeant Rabani, quo meum hoc institutum tam pium promovere queant, communicare non graventur; quod ut faciant, ad unum omnes etiam atque etiam rogo atque adeo obtestor.

Accessit et alia occasio quæ me velis remisque, quod aiunt, in hanc impulit sententiam. Synodus novissima Tridentina Patres quosdam certo numero delegit, qui ad evitandam illam (quam calumniantur nostri sæculi Aristarchi) rituum ecclesiasticorum discrepantiam, Breviarium ac Missale componerent, quæ suis numeris absoluta, toto Christiano orbi observanda auctoritate apostolica proponerent. Hos cum non dubitarem ad ritum veterem Ecclesiæ Romanæ omnia redintegraturos, atque ad eam rem non parum conducere posse nostrum Micrologum, ego illum primo quoque tempore evulgandum tenui, utpote e quo resarciri posse tantum non existimarem, quidquid a primæva illa Romani ordinis institutione variatum esset. Quam quidem ad rem cum multum etiam Amalarium, Walafridum, Strabum, ac Honorii Gemmam conferre, fatendum sit, tamen hujus mihi auctoritas non negligenda, imo cæteris etiam esse præponenda videtur: propter eam, quam longo harum rerum usu et non Amalarii tantum, qui inter hos facile principem locum obtinet, verum longe etiam antiquiorum, quorum apud omnes sancta debet esse auctoritas, diligenti lectione sibi acquisivit rerum ecclesiasticarum singularem peritiam.

Hi sunt, Magni Gregorii Sacramentarius et Antiphonarius, atque Hieronymi Lectionarius, quem *Comitem* inscripsit, Quos in divinis officiis constituendis sibi ob oculos semper posuit, et sicut ad Cynosuram nautæ, ita ad hos semper sibi respiciendum esse putavit. Eos, cum ad ecclesiastica officia recte constituenda plurimum obtineant momenti, nos propediem in lucem proferemus, et, Deo approbante, cum omnibus communicabimus. E quibus, mea quidem sententia, rectius pristinæ integritati omnia restitui possint, quam e Missalibus aut Breviariis quæ hodie circumferuntur: quæ quanquam Ordinis Romani nunc novi, nunc antiqui præ se titulum ferant, non per omnia tamen cum illo consentire auctores citati, ac noster hic manifestum faciunt. Exemplis quod dico comprobari poterat, tum de evangelio ad Dominicam Adventus primam, ac Dominicarum vagantium intercalatione post Pentecosten, tum de observata ad amussim evangeliorum cum orationibus concordia, quam præscripsit divus Gregorius.

Verum hoc loco iis supersedendum putavi, ne cuiquam prolixitate nimia molestus sim, neve censoris mihi munus arrogare videar. Si quis ejus rei sit curiosior, consulat vicesimum unum, tricesimum primum, quadragesimum primum, ac postrema duo Micrologi capita. Hoc unum dicere non verebor, minus novitatis ortum iri in cæteris per orbem Ecclesiis, si ritum illum veterem Romanum sequantur Patres, quam si recentiorem hunc nulla sui parte immutatum retineant. Ad illum enim quam proxime accedunt omnes pene totius orbis Romanæ Ecclesiæ, ac nostra quoque Brugensis, nunc cathedralis, jam inde vero ab annis septingentis canonicorum collegio insignis.

Hunc vero non multis ab hinc sæculis, si qua historiæ habenda fides, e sacello pontificio mutuati sunt Patres instituti Franciscani, ac postmodum soli fere Romani in usum receperunt. Testatum id reliquit ante annos prope ducentos circa annum Domini 1380 Radulphus de Rivo, Tungrensis decanus, in libro (quem penes me manuscriptum habeo) De canonum observantia. Apud illum propositionis vicesimæ secundæ hic est titulus : « Ordo sanctæ Romanæ Ecclesiæ, non ex usu Fratrum Minorum, sed ex sacris canonibus, Scripturis authenticis, libris antiquis, generalique et proportionali locorum consuetudine, colligatur. » Quod cum multis argumentis e re ipsa petitis, collatione rituum inter se facta, sparsim toto opere asseruisset, hoc loco idipsum duplici ratione historica late deducit, nos vero in summam contraximus. Harum prior, quod ipse Romæ didicisset, in sacello pontificio apud Lateranum, non tam plene solere fieri officia ecclesiastica atque in aliis collegiatis Urbis ecclesiis, imo id capellare officium (ita vocat) brevius fieri consuetum, ac sæpius a pontificibus variatum, atque id esse quod Fratres Minores observandum susceperunt, quippe cujus ordinarium ipse Romæ viderit a tempore Innocentii papæ collectum.

Altera, quod Nicolaus papa tertius sub annum Domini 1277 remotis a reliquis quoque Urbis ecclesiis libris antiquioribus, Breviaria ac libros Missales ordinis Fratrum Minorum in usum introduxerit, ac per omnes Urbis ecclesias observari mandaverit, usque adeo ut ætate sua Romæ libros omnes Radulphus novos repererit. Sed hæc satis scopum ; illud vero ad institutum nostrum propius pertinet, quod habet ille. « Aliæ autem nationes, inquit, orbis Romani libros et officia sua habent e directo ab ipsis ecclesiis Romanis et non a capella papæ, sicut ex libris et tractatibus Amalarii, Walafridi, Micrologi, Gemmæ, et cæterorum de officio divino scribentium, colligitur evidenter. »

Quæ verba eo libentius huc adduximus, quod Micrologi nostri argumentum paucis explicent, quem tanti fecit ille, ut præ reliquis, ejus potissimum auctoritate nitatur, ac integras aliquando paginas in suum opus ex illo transcripsit . unde quædam etiam loca restituimus, ut hinc etiam innotescat non a me primum, sed jam olim ab illo in pretio habitum Micrologum, nec mirum cuiquam videatur quod sine auctoris nomine emittere illum in lucem non sim veritus, quippe quod etiam id ætatis ignoratum sit a viro antiquitatis ipsius perscrutatore vigilantissimo.

Ego vero (ut ad illum nostra redeat oratio) quisquis tandem hujus libri sit auctor, humilitatis ergo prætermisisse suum nomen arbitror, uti ab aliis multis factum reperimus. Nam quod quidam Bernoldo Constantiensi ascribant, ex conjectura est, eo quod Romanum Ordinem ab illo descriptum testetur Trithemius : nec temporis ratio satis convenit. Ab aliis Joannis Micrologus inscribitur, sed quis ille Joannes fuerit, nescio. Vixisse autem constat auctorem ætate Gregorii septimi pontificis, quem Romanæ sedi suo tempore præsedisse non obscure subindicat, quanquam jam defunctum, cum hæc scriberet, familiarem quoque fuisse se significat Anselmo Lucensi qui fuit Gregorii septimi cooperator indefessus, quorum uterque floruit, atque adeo et auctor noster, circa annum Domini millesimum octogesimum, ante annos prope quingentos. Qua ætate cum observata adhuc fuerit quibusdam in locis communio Eucharistiæ sub utraque specie, non est quod miretur quisquam si quid alicubi in Micrologo scriptum repererit de ejus generis communione. Quanquam tamen satis colligi detur ex capite decimo septimo jam tum usitatam fuisse communionem infirmorum sub altera, panis nempe specie duntaxat. Verum de his alias fortasse latius, uti etiam de missis tum publicis tum privatis, quas utrasque agnoscit non uno in loco Micrologus.

Quidquid præterea ille continet animadversione dignum, ad calcem paginæ adnotatum reperies. Cæterum si quis me auctorem agere dicat in publicando Micrologo, quem jam pridem viderit ab aliis editum, hoc illi respondeo, non nisi mera illa esse fragmenta, hunc vero nostrum 40 capitibus auctiorem : illa de missa rite celebranda duntaxat, nostrum de cæteris quoque totius anni officiis pertractare. Quare cum tibi, Lector, satisfactum abunde existimem, ne præfationis modum excedere velim, vela orationis contraham : tu, quidquid id est, æqui, quæso, bonique consulas. Certe si placere intellexero, etiam alios aliquot ejusdem argumenti libellos, non visos hactenus, propediem in lucem proferre est animus. Tu interea vale ac fruere.

DE AUCTORE MICROLOGI.

I.

Ex Magistro Sacri palatii.

Nonnulli putant auctorem hujus libri fuisse Guidonem Aretinum, monachum S. Benedicti, insignem musicum, qui notas illas musicas *ut, re, mi, fa, sol, la*, primus excogitavit, et librum de musica, Micrologum nuncupatum, ediderit, ad cujus finem ita peroravit : *Explicit Micrologus Guidonis, suæ ætatis anno tricesimo quarto, Joanne vicesimo Romanam gubernante Ecclesiam.* Hæc ille, de quo plura tomo XI Annal. anno Domini 1022, et in Apparatu sacro Possevini. At cum scriptor hujus Micrologi de observationibus ecclesiasticis, cap. 14, 17, 24, 25, 43, diserte asserat se post tempora sancti Gregorii septimi Romani pontificis hunc commentarium elucubrasse, equidem Guido ille Aretinus, qui tempore Joannis vicesimi, qui Benedicto octavo successit, tricesimum quartum agebat annum, si hujus libri est auctor, oportuit ipsum plus quam nonagenarium hoc opus scripsisse : nam Joannes vicesimus obiit anno Domini 1035. Sanctus Gregorius autem septimus 1085, secundum veriorem annalium chronologiam. Illud autem extra controversiam est *librum illum Micrologum ab Guidone de musica conscriptum ad Thedalebum, episcopum Aretinum, longe* diversum esse ab isto, quod hic ponitur, Micrologo. Cæterum auctorem hujus Micrologi tempore sancti Gregorii septimi vixisse, idem capit. 14 affirmat his verbis : *Nam et illi sedi apostolicæ nostro tempore talem gubernatorem, reverendæ, inquam, memoriæ Gregorium papam, imposuit*, etc.

II

Ex P. Theophilo Raynaudo S. J. in Erotematis de bonis et malis libris.

Bernoni abbati Augiensi suppositus est liber *Micrologus*, is enim est libri titulus, non autem, ut aliqui commenti sunt, cognomentum auctoris, quem fingunt vocatum Joannem Micrologum. Ejus ergo libri auctorem Claudius Expensus tractatu De missa publica et privata, qui habetur in calce operis ab eo conscripti De adoratione Eucharistiæ, ait fuisse Bernonem Augiensem, sub cujus nomine enm librum prodiisse ait Parisiis anno 1518, titulo libri *De officio missæ*, quem inter Bernonis Opera numerat Trithemius. Non potest tamen verisimiliter Bernoni tribui Micrologus, quandoquidem Berno libro De rebus ad missæ officium pertinentibus testatur se interfuisse coronationi Henrici primi per Benedictum octavum, anno 1014, auctor autem Micrologi cap. 54 testatur se scribere post obitum Gregor.i septimi, qui excessit e vivis anno 1085 ; atque ita oporteret fateri Bernonem plus quam decrepitum scriptioni Micrologi dedisse operam. Est qui scribat auctorem Micrologi fuisse Guidonem, abbatem S. Crucis Avellani, prope Aretium, qui cantum figuratum et solemnes illas notas *ut, re, mi, fa sol, la*, excogitavit. Nam Domnizo presbyter, carmine De gestis comitissæ Macthildis, agens de Thebaldo, Aretino episcopo, sic canit :

Micrologum librum sibi dictat Guido, peritus
Musicus et monachus, nec non eremita beandus.

Hic tamen Micrologus longe diversus est ab eo opere *De ecclesiasticis observationibus*, aut, *Officio missæ* ; nam cardinalis Baronius anno 1022 recitans præfationem ejus ad prædictum Thebaldum, monstrat fuisse librum De musica, qui ibidem scriptus refertur anno ætatis Guidonis 34, sub Joanne Romano pontifice, nempe Joanne XX, qui est sublatus e vivis anno 1035. Ex qua temporum collatione in idem prope incommodum revolvimur, in quod se conjecisse vidimus, qui id opus ascripsere Bernoni. Nam si Guido tempore Joannis XX agebat ætatis annum 34, ut testatur vetus codex Micrologi musici (cui id opus ascriptum esse refert Baronius) auctor autem Micrologi de ecclesiasticis observationibus scripsit post Gregorium septimum, quem notavimus obiisse anno 1085, necesse erit Guidonem plusquam nonagenarium scripsisse hoc opus de ecclesiasticis observationibus. An in Guidone præcessit quod sæculum proximum in Martino Navarro expertum est, ut scilicet 90 eoque amplius annos natus, adhuc scriptioni daret operam ?

MICROLOGUS

DE ECCLESIASTICIS OBSERVATIONIBUS

CAPITA SEQUENTIS OPUSCULI.

Cap. I. De introitu missæ.
Cap. II. De *Gloria in Excelsis*, et *Dominus vobiscum*.
Cap. III. De prima oratione in missa.
Cap. IV. De numero orationum.
Cap. V. De authenticis orationibus.
Cap. VI. De conclusione orationum
Cap. VII. De conclusione seu confirmatione orationum.
Cap. VIII. De epistola ad missam legenda.
Cap. IX. De evangelio legendo.
Cap. X. De oblatione in altari componenda.
Cap. XI. Quid super oblationem sit dicendum.
Cap. XII. Quid auctum sit in Canone.
Cap. XIII. Quid superfluum sit in Canone.
Cap. XIV. De signis super oblationem.
Cap. XV. De acceptione oblationis in manus.
Cap. XVI. De commemoratione Dominicæ passionis.
Cap. XVII. De commemoratione mortuorum, et reliquis observantiis, usque ad finem Canonis.
Cap. XVIII. De panis fractione et communicatione.
Cap. XIX. De vitanda intinctione.
Cap. XX. Repetitio a superioribus.
Cap. XXI. De benedictione post missam.
Cap. XXII. Quid agat sacerdos post missam.
Cap. XXIII. Brevis descriptio celebrandæ missæ.
Cap. XXIV. De vernali jejunio.
Cap. XXV. De æstivali jejunio.
Cap. XXVI. De autumnali jejunio.
Cap. XXVII. De hiemali jejunio.
Cap. XXVIII. De officiis eorumdem jejuniorum.
Cap. XXIX. De vacantibus Dominicis.
Cap. XXX. De Adventu Domini.
Cap. XXXI. De evangelio, *Cum appropinquaret*.
Cap. XXXII. De historia, *Clama*.
Cap. XXXIII. De septem diebus ante Natale Domini.
Cap. XXXIV. De Natali Domini.
Cap. XXXV. De secunda vespera sancti Stephani.
Cap. XXXVI. De Innocentibus.
Cap. XXXVII. De officio, *Dum medium silentium*.
Cap. XXXVIII. De eodem officio, in alia Dominica repetendo.
Cap. XXXIX. De octava Domini.
Cap. XL. De Epiphania.
Cap. XLI. De Dominicis post Epiphaniam.
Cap. XLII. De duobus festis in unum diem concurrentibus.
Cap. XLIII. De martyribus Rom. pontificibus.
Cap. XLIV. De festis sanctorum.
Cap. XLV. De priori vespera Dominicarum.
Cap. XLVI. De aqua aspersionis, *Gloria in excelsis Ite missa est*, *Credo in unum*.
Cap. XLVII. De Septuagesima.
Cap. XLVIII. De festis infra Septuagesimam vel Quinquagesimam concurrentibus.
Cap. XLIX. De Capite Jejunii.
Cap. L. De Quadragesima.
Cap. LI. De oratione super populum.
Cap. LII. De diebus Dominicæ passionis.
Cap. LIII. De Sabbato sancto.
Cap. LIV. De Paschali observatione.
Cap. LV. De festis infra Paschale tempus.
Cap. LVI. De Pascha annotino.
Cap. LVII. De Litaniis.
Cap. LVIII. De hebdomada Pentecostes.
Cap. LIX. De octava Pentecostes.
Cap. LX. De officio S. Trinitatis.
Cap. LXI. De concordia et ordine officiorum.
Cap. LXII. De Dominicali officio non facile prætermittendo.

Cap. I. — *De introitu missæ.*

Presbyter, cum se parat ad missam, juxta Romanam consuetudinem decantat hos psalmos : *Quam dilecta, Benedixisti, Inclina, Domine, Credidi* (*Psal.* LXXXIII, LXXXIV, LXXXV, CXV); deinde Κύριε ἐλέησον, *Pater noster*, cum precibus et oratione pro peccatis, videlicet ut intus et exterius summo sacerdoti placere valeat, quem cum sacratissima oblatione sibi omnibusque Christianis placare desiderat. Paratus autem intrat ad altare, et facit confessionem, quia scriptum est : *Sapiens accusator est sui in principio* (*Prov.* XII) ; et antiquæ legis sacerdotes primum pro se, deinde pro populo offerre soliti erant (*Hebr.* VII, *Lev.* XVI). Interim cantatur antiphona ad Introitum, quæ ab introitu sacerdotis ad altare hoc nomen meruit habere (1). Hanc ad Introitum dici Cœlestinus papa, in ordine quadragesimus quintus, instituit, cum usque ad ejus tempora ante sacrificium Epistola tantum Pauli et evangelium legeretur. Litaniæ quæ sequuntur propter ipsa Græca verba a Græcis assumptæ creduntur.

Cap. II. — *De Gloria in excelsis, et Dominus vobiscum.*

In omni festo quod plenum habet officium, excepto intra Adventum Domini, et Septuagesimam, et natali Innocentium, tam presbyter quam episcopus *Gloria in excelsis* dicunt. Quod etiam nunquam post meridiem legitur dicendum, nisi in Cœna Domini (2), ubi chrisma conficitur, et in Sabbatis Paschæ et Pentecostes. Deinde versus ad populum, dicit : *Dominus vobiscum.* Respondetur : *Et cum spiritu tuo.* Notandum ex his verbis plures esse debere respondentes et unum salutantem. Sicut enim inepte responderetur, *Et cum spiritu vestro*, cum unus esset salutator, sic incongrue salutatur per, *Dominus vobiscum*, cum unus tantum adsit vel nullus. Hoc utique beatissimi Patres apostolici, Anacletus, qui a beato Petro quintus, et Soter, in ordine decimus tertius, decretis suis firmavere, ut sacerdos semper vel tertius esset, dum missas celebraret. Zacharias autem, vir apostolicus, in ordine nonagesimus tertius, constituit ne sacerdotes ad celebranda missarum solemnia cum baculo intrarent, nec velato capite altari astarent. Sancti quoque Patres in Aurelianensi concilio, capitulo tertio, constituerunt ut ad salutationes sacerdotis non solum clerici et Deo dicati, sed et omnis plebs consona voce respondeat.

Cap. III. — *De prima in missa oratione.*

Sequitur oratio quam Collectam dicunt, eo quod sacerdos, qui legatione fungitur pro populo ad Dominum (*II Cor.* V), omnium petitiones ea oratione colligat atque concludat. Illæ tamen orationes specialius Collectæ vocari videntur, quæ apud Romanos super collectam populi fiunt, dum colligitur, ut procedat de una ecclesia in aliam, ad stationem faciendam; ut in Capite Jejunii illa oratio : *Concede quæ-*

sumus, apud Sanctam Anastasiam supra collectam populi dicitur, qui stationem apud Sanctam Sabinam celebraturus est.

Cap. IV. — *De numero orationum in missa.*

Juxta Romanum Ordinem nonnisi unam orationem ante lectionem dicere debemus, ut Amalarius in prologo libri sui De officiis, se ab ipsis Romanis didicisse fatetur. Hoc utique et institutio officiorum exigere videtur, ut, sicut ad unam missam, unam tantum lectionem et evangelium legimus, item unum introitum, imo unum officium cantamus, nihilominus et unam orationem dicamus. Sed hoc jam pauci observant; imo plures in tantum orationes multiplicant, ut auditores suos sibi ingratos efficiant, et populum Dei potius avertant quam ad sacrificandum illiciant. Hoc autem sapientioribus multum displicet, qui etsi aliquando antiquam traditionem, aliis morigerando, excedunt, in ipsa tamen sua excessione modum tenere et aliquam rationem attendere solent. Unde et in missa, etsi non semper una tantum oratione sint contenti, septenarium tamen numerum in orationibus raro excedunt : quem utique numerum nec Dominica oratio excedit, quæ cum solis septem petitionibus omnia corpori et animæ necessaria comprehendit. Hoc autem summopere solent observare, ut in missa aut unam, aut tres, aut quinque, aut septem orationes dicant. Unam propter Romanam traditionem; tres, quia Dominus ante passionem suam ter orasse legitur; quinque, propter quinquepartitam ejus passionem, in cujus commemoratione hæc eadem celebramus officia; septem, quia et apostoli septem petitiones Dominicæ orationis ad consecrationem eorumdem mysteriorum frequentasse leguntur. In Nativitate tamen Domini ad missam in mane, Romani orationem de sancta Anastasia adjiciunt, quia stationem in ecclesia ejusdem martyris ad eamdem missam agunt. Et nos quoque illos in illa adjectione imitamur, licet non eamdem adjectionis occasionem habere videamur. Rarissime quidem diligentiores officiorum observatores, alios in orationibus numeros admittunt, nisi et quos nos supra competenti mysterio insignibus notavimus.

Cap. V. — *De authenticis orationibus.*

Alias quoque orationes, nisi antiquas et Gregorianas, difficillime admittunt, utpote quas in antiquioribus et emendatioribus Sacramentariis maxime inveniunt. Nam octavum Africanæ provinciæ concilium, cui sanctus Augustinus, imo ducenti et quatuordecim sancti Patres interfuerunt, capitulo duodecimo ita constituit (*Concil. Milevitanum*, can. 12) : *Nullæ preces, vel orationes, vel missæ, vel præfationes, vel commendationes, vel manus impositiones dicantur, nisi in concilio fuerint probatæ.* Item tertium Carthaginense concilium, cui item sanctus Augustinus interfuit, capitulo vicesimo tertio : *Nullus ad altare Patrem pro Filio, vel Filium pro Patre nominet, sed semper orationem ad Patrem dirigat, nec qualibet ora-*

---

(1) Sic etiam Amalarius c. 5 lib. III.
(2) Vide hac de re plura supra apud Damianum in tractatu inscripto, *Dominus vobiscum.*

tione utatur nisi probata. Oratio quidem ad Patrem dirigenda est, juxta Domini præceptum, qui discipulos suos ita instruxit, cum eum interrogarent, qualiter orare deberent : *Cum stabitis*, inquit, *ad orandum, dicite : Pater noster, qui es in cœlis* (*Matth.* xi), etc.

CAP. VI. — *De conclusione orationum.*

Concludimus autem orationes, *Per Dominum nostrum*, videlicet Patrem orando per Filium, juxta ejusdem Filii præceptum, qui in Evangelio ita præcepit : *Usque modo non petistis quidquam Patrem in nomine meo ; petite, et accipietis* (*Joan.* xvi). Qui et effectum nostris petitionibus, si per ipsum rogaverimus, promittit, dicens : *Quodcunque petieritis Patrem in nomine meo, dabit vobis* (*Joan.* xvi). Unde et orationes plurimas, vel pene omnes, satis congrue ita concludimus : *Per Dominum nostrum*. Paucissimæ enim [autem] inveniuntur quæ pro competentia sensus alia conclusione finiantur. Ut illa : *Præsta, quæsumus, omnipotens Deus, ut natus Salvator*, etc. *Qui tecum vivit et regnat.* Item et illa : *Deus, cujus Filius in alta cœlorum*, etc. *Dominum nostrum Jesum Christum, qui tecum vivit*, etc. In qualibet autem conclusione commemorationem sanctæ Trinitatis observare solemus, juxta quod in emendatioribus Sacramentariis expressum invenimus. [Adeo enim sancti Patres invocationem sanctæ Trinitatis in orationibus sive benedictionibus observabant, ut nec in ipsis sacramentis aliquid ratum censerent, quorum confectioni invocatio sanctæ Trinitatis defuisset, ut in sacris Paulianistarum, quorum et baptismum sive ordinationes in conversis iteranda censuerunt (*Concil. Nicæn.*, can. 19, et vi *Synodus*, can. 97.] Sciendum autem in illa usitata conclusione, *Per Dominum nostrum*, quod Romanus Ordo et antiquissima exemplaria nomen Dei interponunt, ubi dicitur : *Qui tecum vivit et regnat Deus*; quod tamen moderni post nomen Spiritus sancti subjungere solent. Et hæc utique consuetudo etiam apud Romanos usquequaque adeo invaluit, ut antiquæ traditionis exsecutio jam non sine scandalo locum habere possit, quod juxta Apostolum (*Rom.* xiv) et Evangelium (*Matth.* viii) in tam levibus causis summo studio devitare debemus.

CAP. VII. — *Iterum de conclusione seu confirmatione orationum.*

Secundum Romanam auctoritatem nullam orationem *Per eum qui venturus est* concludimus, nisi sit exorcismus, in quo diabolus per divinum judicium, ut a creatura Dei discedat, exorcizatur sive adjuratur. Nam in aliis orationibus, quas *Per Dominum nostrum* concludimus, Patrem, ut nobis per amorem Filii sui subveniat, imploramus. In exorcismo autem diabolum per Dei judicium, ut aufugiat, increpamus. Omnes autem astantes, juxta antiquam sanctorum Patrum traditionem, in signum confirmationis *Amen* subjungere debent, ut communem orationem, quam sacerdos pro omnibus Domino libavit, confirment. Unde et in ipsa secreta *Per omnia sæcula sæculorum* altius dicit, ut præmissa oratio per *Amen* a populo possit confirmari.

CAP. VIII. — *De Epistola ad missam legenda.*

Solis subdiaconibus inter inferiores gradus Romana auctoritas concedit ut, sacris vestibus induti, Epistolam legant ad missam. Quod tamen non ex eorum consecratione, sed potius ex ecclesiastica concessione meruerunt obtinere. Unde et rationabilius esse videtur ut ipse sacerdos sibi Epistolam legat, quam ut aliquem nondum ordinatum sibi asciscat ad legendum. Nam beatus Hormisda, a sancto Petro quinquagesimus tertius papa, capitulo tertio, illum deponit, quicunque non ordinatus, officium ordinati usurpaverit, quod utique non ex consecratione, nec ex ecclesiastica consuetudine unquam promeruit. Canones etiam alios, nisi ad hoc ordinatos, in ecclesia legere, vel in publico [pulpito] psallere, vel *Alleluia* dicere, vel alicubi exorcizare, in diversis conciliis prohibuere. Nihil autem obstat quin sacerdos in missa inferiorum ordinum officia, si necesse fuerit, expleat; quem et omnes inferiores obtinere constat, qui et in missa sacris vestibus est indutus, sine quibus ad altare juxta Romanum ministrare non debemus. Unde et congruentius ipse sibi officium subdiaconi repræsentat, quam quemlibet inordinatum, nec sacris vestibus indutum, hoc explere permittat.

CAP. IX. — *De evangelio in qua parte sit legendum.*

Diaconi quoque officium in missa nihilominus et ipse convenientius explebit, quam alius qui sacris vestibus non fuerit indutus. Nam etiam diaconus tempore oblationis et lectionis alba indutus esse debet, juxta quadragesimum primum Carthaginensis concilii quarti capitulum, cui sanctus Augustinus, imo ducenti septem et decem sancti Patres interfuerunt. Juxta decretum Anastasii papæ non sedetur donec [pro dum] evangelium legitur; quæ reverentia, ut aiunt, et apostolicæ lectioni apud Græcos exhibetur. Diaconus cum legit evangelium, juxta Romanum Ordinem, in ambone (3), vertitur ad meridiem, ubi et masculi conveniunt; non ad aquilonem, ubi feminæ consistunt. Ad principalem enim sexum merito vertitur, cui, ut Apostolus instituit, infirmior sexus domi instituendus committitur. Quod autem presbyteri ad legendum evangelium non se ad meridiem vertiunt, hoc ideo inolevisse credimus, quia nec Ordo illis injunxit, ut in ambonem ad legendum sicut diacones ascenderent, ubi necessario ad masculos potius quam ad feminas se vertere deberent. Nam juxta ecclesiasticam consuetudinem ad altare legunt, ubi nulla diversitas auditorum approximat, quæ legentes magis in hanc partem quam in aliam converti exigat. Nusquam ibi feminæ, sed soli religiosi ad dexteram et ad sinistram permittuntur stare. Ad sinistrum vero cornu altaris habent librum, cum legunt evangelium, vel cum sacrificant, ut in dextra parte sint expeditiores ad suscipiendas oblationes, sive ad conficienda

(3) *Ambone* vocat quod *vulvitum* prius dixit.

altaris sacramenta. Unde ad aquilonem magis quam ad meridiem versi videntur, cum annuntiant evangelium. Hinc itaque [utique] illa usurpatio emersisse videtur, ut etiam diaconi in ambone, contra Romanum Ordinem, se vertant ad aquilonem, potiusque se ad partem feminarum quam masculorum vertere non vereantur. Quæ usurpatio jam adeo inolevit, ut apud plerosque quasi pro ordine teneatur. Sed quia certissime contra ordinem est et inhonesta, a diligentioribus ordinis servatoribus merito refutatur. Ordo quoque præcipit ut, qui lecturus est evangelium, crucem sibi faciat in fronte, videlicet, juxta Augustinum, in sede ipsius verecundiæ, ut, eliminata omni verecundia, cum Apostolo (*Rom.* 1) non erubescat de Evangelio Christi, qui se in fine de illo erubiturum prædixit, quicunque eum hic, vel verba ejus coram hominibus erubuerit. Faciat etiam sibi in pectore crucem, ne aliqua suggestio diaboli eum impediat, qui puro corde Evangelium Dei annuntiare valeat. Presbyter cum legit evangelium, Romano more planetam in dexterum levat humerum, ut expeditum se terrenis affectibus esse demonstret ad evangelizandum. Eadem quoque ratione et diaconi, cum legunt, planetam tantum in sinistro humero ponere videntur. Item Romanus Ordo præcipit ut incensum semper præcedat evangelium, cum ad altare sive in ambonem portatur; non autem concedit ut oblatio in altari thurificetur; quod et Amalarius in prologo libri sui De officiis, Romanos devitare fatetur, quamvis modo a pluribus, imo pene ab omnibus usurpetur.

Cap. X. — *De oblatione in altari componenda.*

Finito evangelio, statim est offerendum, dum et offerenda canitur, quæ nomen de oblatione mutuavit. Nam ordine præpostero deinceps offertur, postquam in altari proposita oblatione sacerdos populum hortatur ad orandum. Sanctus Alexander papa, quintus a beato Petro, constituit ut panis tantum et vinum aqua mistum in sacrificio Domini offeratur, quia de latere Domini sanguis et aqua simul profluxerunt; unde sanctus Cyprianus (*epist. ad Cæcil de sacram. calicis*) : « In calice, inquit, Dominico aqua vino deesse non debet, ne populus, qui per aquam juxta Apocalypsin significatur, a Christo separatus esse videatur. » Ita autem juxta Romanum ordinem in altari componenda sunt, ut oblata [*i. e.* hostia] in corporali posita, calix ad dextrum latus oblatæ ponatur, quasi sanguinem Domini suscepturus, quem de latere Dominico profluxisse credimus. Nam oblatam sive panem in verum Christi corpus, sicut et vinum in sanguinem Dominicum converti non dubitamus. Solent autem presbyteri, dum sine ministris offerunt, deposita oblata in altari patenam abscondere sub corporali, et fortasse ideo quia juxta Ordinem acolythus debet eam tenere involutam inter sacrificandum. Cooperitur quoque calix non tam causa mysterii quam cautelæ, usque dum finito Canone dicitur : Oremus, *Præceptis salutaribus moniti.* Discooperitur tamen, dum legitur, ubi dicitur : *Accipiens et hunc præclarum calicem.* Et ibi : *Per ipsum, et cum ipso,* et hoc fortasse ideo quia cautius levatur sine operimento quam coopertus.

Cap. XI. — *Quid super oblatione sit dicendum.*

Composita autem oblatione in altari, dicit sacerdos hanc orationem juxta Gallicanum Ordinem : *Veni, sanctificator omnipotens, æterne Deus, benedic hoc sacrificium tuo nomini præparatum. Per Christum Dominum nostrum.* Deinde ante altare inclinatus, dicat hanc orationem, non ex aliquo ordine, sed ex ecclesiastica consuetudine : *Suscipe, sancta Trinitas, hanc oblationem, quam tibi offerimus in memoriam Passionis, Resurrectionis, Ascensionis,* etc. Quæ utique oratio a diligentioribus ordinis et comprobatæ consuetudinis observatoribus, tam pro defunctis quam pro vivis sola frequentatur, qui etsi multoties plurimorum consuetudini cedant, superflua tamen summopere devitant. Romanus tamen Ordo nullam orationem instituit post offerendam ante secretam. Erectus autem presbyter populum hortatur ad orandum, et ipse post finitam secretam, præfationem orditur in Canonem, in qua supernorum civium ordines merito connumerantur, quia eisdem mysteriis quæ ibi conficiuntur, juxta attestationem sanctorum Patrum, interesse creduntur. Unde et angelicus hymnus, id est, *Sanctus, sanctus, sanctus,* subsequitur, quem beatus Sixtus papa, in ordine octavus, constituit ut ante sacrificium diceretur. Hunc autem hymnum et ipse sacerdos cum aliis necessario debet dicere, ne seipsum sua prece videatur privasse, qui et suas voces et aliorum angelicis laudibus admitti deprecatus est in præfatione. Juxta Romanum Ordinem nunquam missam [missas] absque lumine celebramus : non utique ad depellendas tenebras, cum sit clara dies, sed potius in typum illius luminis cujus sacramenta ibi conficimus, sine quo et in meridie palpabimus ut in nocte.

Cap. XII. — *Quid auctum sit in Canone.*

Orationem quam Canonem, sive Actionem, propter regularem sacramentorum confectionem Romano more appellamus, quis composuerit, aperte non legimus, nisi quod S. Gregorius quemdam scholasticum illam composuisse testatur. Multa tamen eidem Canoni a sanctis Patribus inserta leguimus, sicut a sancto Alexandrino papa, in ordine quinto, ipsius Dominicæ passionis commemoratio interseri jubetur. Item sanctus Gregorius papa primus : *Diesque nostros in tua pace disponas,* usque *Per Christum Dominum nostrum.* Et magnus Leo : *Sanctum sacrificium, immaculatam hostiam,* in Canone addiderunt. Item [idem] quoque Gregorius Dominicam orationem se Canoni adjecisse in Registro suo asserit (*Registr.* lib. vii, ep. 63, *ad Joannem Syracusanum*), ubi quibusdam inde murmurantibus, humili responsione satisfecit, inconveniens esse asserens ut oratio quam scholasticus composuit super oblationem diceretur, et illa prætermitteretur quam ipsi apostoli ex institutione Dominica in confectione eorumdem sacramentorum usitasse crederentur [creduntur]. In summis quoque festivitatibus quædam Canoni in illo loco, ubi dicitur *Communicantes*, vel *Hanc igitur oblationem*, interponimus, quæ tamen ex antiquioribus et emendatioribus Sacramentariis interponenda esse didicimus, videlicet in Nativitate Domini, in Epiphania, in Cœna, in Pascha, in Ascensione, in Pentecoste. [Hujusmodi interpositiones efficiunt ut illud, *Communicantes*, apertius per se, quasi in catholica communione manentes, intelligamus, quam ad subsequentium sanctorum communionem ipsum referamus.] Nimis autem temerarium videtur ut nos aliqua Canoni ad nostrum libitum adjiciamus, nisi quæ a sanctis Patribus adjecta, vel adjicienda esse cognovimus; præcipue cum inter ipsos sanctos Patres nulli aliquid adjecisse legantur, nisi qui et apostolica auctoritate præditi hoc facere potuerunt. Optimum ergo videtur ut in hac causa terminos nostrorum patrum non excedamus, nec nos apostolicæ auctoritatis reos efficiamus, si, quod soli apostolicæ auctoritati competit, Canonem nostris interpositionibus augmentare præsumamus.

Cap. XIII. — *Quid superfluum sit in Canone.*

Interponere enim solent quidam ibi suas orationes ubi dicitur : *Memento, Domine, famulorum famularumque*, et ante commemorationem defunctorum. Item post nomen domini papæ sive proprii episcopi, adjiciunt : *Et omnibus orthodoxis atque catholicæ et apostolicæ fidei cultoribus*, sed superfluo. Nam Ordo statim in sequenti versu, ubi dicitur : *Memento, Domine, famulorum famularumque*, nobis concedit ut omnium vivorum commemoremus, quoscunque voluerimus. Item post pauca addunt : *Pro quibus tibi offerimus*, cum in antiquioribus et veracioribus Sacramentariis, non nisi sub tertia persona offerentes ibi [scripti] reperiantur. Item ibi : *Unde et memores, Domine, nos tui servi*, Nativitatem Domini commemorant, cum juxta Apostolum in ejusmodi sacrificio non Nativitatem Domini, sed mortem ejus annuntiare debeamus. Unde et sanctus Ambrosius, in libris Sacramentorum : « Quotiescunque, inquit, offertur sacrificium, mors Domini, resurrectio Domini, ascensio Domini significatur. » Quod et sanctus Augustinus sua attestatione confirmat. Quapropter et nos ibi tantum passionis, resurrectionis et ascensionis passionem, resurrectionem et ascensionem] commemoramus. Hæc ergo omnia quæ nos adjectiva notavimus, ille procul dubio superflua et eradenda judicabit, quicunque antiquiores et emendatiores Sacramentarios diligenter inspexerit. Sciendum est autem quod Romana auctoritas nomina vivorum fidelium internumerare permittit, ubi dicitur : *Memento, Domine, famulorum famularumque;* similiter et defunctorum, ubi iterum dicitur : *Memento etiam* et eorum nomina. Aliorum vero sanctorum nomina annumerare non debemus, nisi quos in Canone invenimus antiquitus descriptos, excepto post, *Pater noster*, in illa oratione ubi juxta ordinem quantum-

(4) Gregorium VII.

libet [quorumlibet] sanctorum nomina internumerare possumus. Et hoc etiam notandum quod personæ prælatorum et subjectorum in Canone distinguuntur. Ubi enim domini apostolici sive episcopi nostri nomen assumimus, de prælatis agere videmur. De subjectis vero statim in sequenti versu, ubi dicimus : *Memento, Domine, famulorum famularumque tuarum.* Item illud : *Hanc igitur oblationem servitutis nostræ* de prælatis sonat. Nam quod sequitur : *Sed et cunctæ familiæ tuæ*, subjectos videtur intimare. Item : *Unde et memores, Domine, nos servi tui*, de prælatis, et illud : *Sed et plebs tua sancta*, de subjectis agere non dubitatur.

Cap. XIV. — *De signis super oblationem.*

De signis autem quæ super oblationem a diversis diverse fiunt, nos ab apostolica sede potissimum formam sumere decrevimus, unde totius Christianæ religionis ordinem et originem suscepimus. Nam et illi sedi nostro tempore talem Deus gubernatorem, reverendæ, inquam, memoriæ Gregorium (4) papam imposuit, qui sub decem suis antecessoribus, a puero Romæ nutritus et eruditus, omnes apostolicas traditiones diligentissime investigavit, et investigatas studiosissime in actum referre curavit. Hunc ergo doctorem religione et auctoritate præcipuum, imo apostolicam traditionem per ipsum in consecrandis mysteriis potissimum imitari decrevimus. Sicut nos ipsi per ipsum et per episcopos qui eum imitati sunt, accepimus, imparem numerum semper in dispensatione signorum super oblationem observamus, videlicet unam crucem, vel tres, vel quinque faciendo, et hoc utique non sine certi causa mysterii. Nam in una et tribus, unum et trinum Deum intimamus. In quinque autem quinquepartitam Domini passionem significamus. Merito autem impar numerus in ecclesiasticis officiis frequentatur, quia nunquam in duo æqualia unitate impediente dividitur, sicut unitas sanctæ Ecclesiæ nullatenus eam in duo secari patitur. In primis ubi dicitur : *Hæc dona, hæc munera, hæc sancta sacrificia*, tres tantum cruces super panem et vinum communiter facimus, nec unquam panem a calice separamus in consignatione, nisi ubi separatim nominantur in Canone. Ita autem illa communiter signamus, ut erecta pars crucis, tantum super panem, transversa autem super calicem protendatur. Nam erecta pars crucis corpus Dominicum sustinuit; transversa autem ipsius brachia distendit. Unde et Calix congrue sub brachio ejus collocatur, quasi de latere Dominico sanguinem Domini suscepturus. Cum dicimus : *Hanc igitur oblationem*, usque ad altare inclinamur, ad exemplar Christi, qui se humiliavit pro nobis usque ad mortem crucis. Erecti autem cum dicimus : *Benedictam, ascriptam, ratam*, tres cruces super utrumque simul facimus. Non enim hic sola oblata signanda est, ut quidam faciunt, sed utrumque signatur in oblatione. Nam sequitur, *ut nobis fiat corpus et sanguis*, subauditur, hæc oblatio. Et hoc cum dicitur, quarta crux super panem, et quinta super calicem separatim imponitur. Congrue autem prius tres tantum cruces super utrumque fecimus [facimus], licet quinque voces ad signa facienda æquipollentes haberemus, id est, *Benedictam, ascriptam, ratam, rationabilem, acceptabilem*, videlicet ut quinarium numerum non excederemus, et quintam crucem super calicem quasi quinti vulneris indicem, unde sanguis profluxit, competenter faceremus.

CAP. XV. — *De acceptione oblationis in manus.*

Deinde panis in manus accipitur, et antequam reponatur in altare, benedicitur. Item et calix elevatus ante depositionem benedicitur. Nam et ipse Dominus in Evangelio utrumque legitur benedixisse antequam dimitteret e manibus. Accepta enim in manibus benedixit, postea discipulis dedit (*Matth.* xxvi). Item, ubi dicitur : *Hostiam puram, hostiam sanctam, hostiam immaculatam*, tres cruces super utrumque simul facimus, quia et utrumque simul in eisdem verbis intelligimus. Quartam autem crucem super panem, et quintam super calicem separatim infigimus, iterum sanguinem Dominicum de latere Dominico profluentem designantes.

CAP. XVI. — *De commemoratione Dominicæ passionis.*

Notandum autem per totum Canonem Dominicæ passionis commemorationem potissimum actitari, juxta Domini præceptum in Evangelio : *Hæc*, inquit, *quotiescunque feceritis, in mei memoriam facietis* (*Matth.* xxvi; *Luc.* xxii); et illud Apostoli : *Quotiescunque hoc sumpseritis, mortem Domini annuntiabitis* (*I Cor.* x). Unde et ipse sacerdos per totum Canonem in expansione manuum non tam mentis devotionem quam Christi extensionem in cruce designat, juxta illud : *Expandi manus meas tota die.* (*Isa.* LXV). Non ergo digiti sunt contrahendi semper, ut quidam præ nimia cautela faciunt. Male enim cauti sumus, si Christum imitari summopere non studemus. Congruum ergo est ut manus expandamus infra Canonem, hoc tamen observato ne quid digitis tangamus præter Domini corpus. Notandum quoque in ipso Canone quinquies, per Christum Dominum nostrum, haberi; et in ipsa quinaria conclusione non incongrue quinariam Domini vulnerationem intimari. Presbyter autem manus raro remittere solet, nisi cum necessario propositam oblationem benedicere debet. Presbyter et humiliationem Domini usque ad crucem, ut prædiximus, nobis indicat, cum se usque ad altare inclinat, dicendo : *Hanc ergo oblationem.* Statim enim in sequentibus narratio de Dominica passione ordinatur, cujus typus usque ad *Supplices te rogamus*, observatur. Ibi videlicet sacerdos se juxta altare inclinans, Christum in cruce inclinato capite spiritum tradidisse significat.

CAP. XVII. — *De commemoratione mortuorum et reliquis observantiis usque in finem Canonis.*

Post mortem Christi in cruce commemoratio mortuorum subsequitur, quia nec aliorum mortuorum [defunctorum] commemoratio agenda est, nisi qui in Christi morte redempti sunt, et in Christo hanc vitam finierunt. Cum autem sacerdos vocem exaltat, dicens : *Nobis quoque peccatoribus*, centurionem illum designat qui visa morte Christi vocem exaltavit, dicendo : *Vere Filius Dei erat iste.* Tres vero cruces super corpus et sanguinem communiter facit, cum dicit : *Sanctificas, vivificas, benedicis*, in honorem sanctæ Trinitatis. Postea cum corpore Dominico quatuor cruces super calicem facimus, dicendo : *Per ipsum et cum ipso et in ipso*, et quintam in latere calicis, videlicet iterum vulnus Domini lateris significando. Unde et calicem ex eodem latere cum oblata tangimus juxta Romanum Ordinem. Multi tamen tres tantum cruces super calicem et duas in latere ejus faciunt; sed videtur incongruum, cum Christus nullum vulnus in latere habuerit nisi unum. Sed reverendæ memoriæ Gregorius papa fecit, ut prædiximus, quod beatus Anselmus Lucensis episcopus ita ab eo se didicisse testatus est, et hoc ita semper observavit, nobisque itidem observandum firmissime inculcavit. Cum dicimus : *Per omnia sæcula sæculorum*, corpus cum calice levamus, et statim in altari deposita cooperimus : Quia et Joseph corpus Dominicum de cruce levavit, et in sepulcro depositum lapide cooperuit. Hucusque calix pro cautela coopertus videbatur, deinceps autem magis pro mysterio cooperitur, quia sicut Christus tres dies in sepulcro fuit coopertus, ita et nos corpus Domini et calicem cooperimus, usquedum tres articulos orationis compleamus, quippe præfationem Dominicæ orationis, et ipsam Dominicam orationem, et illam quæ sequitur, quæ embolis Dominicæ orationis nuncupatur. Juxta Romanum Ordinem cum dicitur : *Et ab omni perturbatione securi*, accipit archidiaconus a subdiacono patenam nudam, quam acolythus tenuit involutam, osculatam dat uni ex diaconibus tenendam, ad confractionem in ea faciendam. Unde sacerdos sine ministro sacrificans ad eumdem locum eam de subcorporali absconditam resumit, et osculatam in altari deponit, ut hostiam in ea confringat. Cum autem dicit : *Per Dominum nostrum*, rumpit hostiam ex dextro latere juxta Ordinem, ad designandam Dominici lateris percussionem. Deinde majorem partem in duo confringit, ut tres portiones de corpore Dominico efficere possit. Nam unam in calicem, faciendo crucem, mittere debet, cum dicit : *Pax Domini sit semper vobiscum*, ad designandum corporis et animæ conjunctionem in resurrectione Christi. Alteram vero ipse presbyter necessario sumit, ante calicis participationem, juxta Dominicam institutionem. Tertiam autem communicaturis sive infirmis necessario dimittit, nec hoc utique sine certi causa mysterii. Tripliciter enim corpus Domini intelligitur : unum quod resurrexit a mortuis, quod significat particula in sanguinem missa; aliud, quod adhuc vivit in terra, significatum per particulam a sacerdote consumptam; tertium, quod jam requiescit in Christo, quod et a tertia particula in altari servata apte figuratur, quam viaticum morientium appellare solemus.

Cap. XVIII. — *De panis fractione et communicatione.*

Post immissionem autem panis in calicem, juxta Romanum Ordinem, dicit sacerdos sub silentio : *Fiat commistio et consecratio corporis et sanguinis Domini nostri Jesu Christi.* Beatus Innocentius papa, in ordine quadragesimus quintus, constituit pacem dari post confectionem sacramentorum. Cum pacem damus, dicere solemus : *Pax tecum.* Responsio : *Et cum spiritu tuo.* Congrue autem pax datur ante communionem, quia judicium sibi manducat et bibit quicunque non prius fratri suo repacificatus, communicare præsumpserit. Sergius papa, in ordine octogesimus sextus, constituit ut in tempore confractionis Dominici corporis *Agnus Dei* a clero et populo decantetur. Videlicet ut ille nobis propitietur, cujus corpus ibi confringi videmus et credimus. Facta autem confractione, debent omnes communicare, interim cum et antiphona cantatur, quæ de communione nomen mutuavit, cui et psalmus subjungendus est cum *Gloria Patri*, si necesse fuerit. Sciendum autem eamdem Antiphonam semper eumdem psalmum cum Introitu habere, si non habet proprium ex quo sumpta videatur. Orationem quam inclinati dicimus, antequam communicemus, non ex ordine, sed ex religiosorum traditione habemus, scilicet hanc : *Domine Jesu Christe, qui ex voluntate Patris.* Item et illud : *Corpus et sanguis Domini nostri Jesu Christi*, quod dicimus cum aliis Eucharistiam distribuimus. Sunt et aliæ multæ orationes quas quidem ad pacem et communionem privatam frequentant : sed diligentiores antiquiorum traditionum observatores nos in hujusmodi privatis orationibus brevitati studere docuerunt, potiusque publicis precibus in officio missæ occupari voluerunt. Nam beatus Innocentius papa, scribens sancto Augustino et Aurelio episcopis, asserit quod nos plus communibus et publicis quam singularibus et privatis orationibus proficere poterimus.

Cap. XIX. — *De vitanda intinctione.*

Non est autem authenticum quod quidam corpus Domini intingunt, et intinctum pro complemento communionis populo distribuunt. Nam Ordo Romanus contradicit, quia et in Parasceve vinum non consecratum, cum Dominica oratione et Dominici corporis immissione jubet consecrare (5), ut populus plene possit communicare. Quod utique superfluo præciperet, si intinctum Dominicum a priori die corpus servaretur, et ita intinctum populo ad communicandum sufficere videretur. Julius quoque papa, in ordine trigesimus sextus, episcopis Ægypti scribens, hujusmodi intinctionem penitus prohibet, et seorsum panem, et seorsum calicem, juxta Dominicam institutionem, sumenda docet. Unde et beatus † Gelasius papa in ordine quinquagesimus unus [quadragesimus nonus] scribens quibusdam episcopis, excommunicari illos præcepit, quicunque

(5) Ordo Romanus non *consecrare,* sed *sanctificare* habet, et proprie ad rem ; nam vinum in Parasceve non consecratur, sed sanctificatur injectu corporis sumpto corpore Domin.co, a calicis participatione se abstinerent (6). Nam et ipse in eodem decreto asserit : « Hujusmodi sacramentorum divisio sine grandi sacrilegio provenire non poterit. » Postquam omnes communicaverint, dicit sacerdos hanc orationem sub silentio, juxta Romanum Ordinem : *Quod ore sumpsimus.* Qua finita, sequitur oratio sive orationes post communionem dicendæ, quæ eodem numero et ordine orationibus ante lectionem, sive pro secreta ante præfationem dictis, debent respondere. Quæ utique orationes non pro his qui communicaturi sunt, sed qui jam communicaverunt, juxta proprietatem sui nominis agunt. Ergo et ante ipsas communicare non negligant, quicunque earumdem orationum benedictione foveri desiderant. His ita finitis, subsequitur : *Benedicamus Domino,* vel : *Ite missa est* : si tamen aliquod festum fuerit, quod *Gloria in excelsis* habere debuerit. Respondent omnes : *Deo gratias,* juxta Apostolum, pro collatis beneficiis gratias agentes.

Cap. XX. — *Repetitio a superioribus missæ.*

Ut autem a superioribus aliquantulum repetamus, postquam sacerdos resurrectionem Domini per conjunctionem corporis et sanguinis Domini denotaverit, subsequenter etiam pacem populo offerre debet, sicut et Christus post resurrectionem discipulis suis pacem obtulit, dicens : *Pax vobis.* Fractio oblationis, illam nobis fractionem panis insinuat, quam Dominus post resurrectionem suam coram discipulis fecit. Communicatio populi typum illius convivii gerit, quod non semel Dominus post resurrectionem suam cum discipulis iniisse legitur (*Luc.* xxiv.). Hos etiam post ultimum convivium ab eis discessurus in cœlum, benedixit, sicut et sacerdos populum cum oratione post communionem benedicit ; videlicet jam cito discessurus ab eo, cui tamen prius, ut ipse discedat, per *Ite missa est* denuntiat, in figuram angelorum, qui discipulis, discedente Domino ab eis, dixerunt : *Viri Galilæi, quid statis aspicientes in cœlum?* et reliqua (*Act.* 1.) Quo audito, discipuli adorantes Dominum, reversi sunt in Hierusalem cum gaudio magno, sicut et populus, relata Deo gratiarum actione, ad propria cum gaudio revertitur.

Cap. XXI. — *De benedictione post missam.*

Prius tamen ab episcopo benedicitur, si adest ; sin autem, a presbytero qui missas celebravit, quamvis beatus Damasus papa hoc presbyteris non licere dicat, ubi de vana chorepiscoporum superstitione tractat, si tamen nos mendositas exemplaris non fefellit. Sed magnus Leo papa et beatus Gelasius papa, ejus successores, in ecclesiasticis officiis apprime eruditi, in decretis suis, ubi diligentissime quid presbyteris liceat, quidve non liceat, describunt, nullatenus illis benedictionem nisi episcopo præsente, interdicunt. Beatus quoque Hieronymus, sanctæ Romanæ Ecclesiæ cardinalis presbyter, qui

Domini.

(6) Quæ sit vera mens Gelasii verborum, habes in Algero, c. 8.

sub beato Damaso et post ipsum usque ad Sixtum successorem ejus, ecclesiasticis institutis studiosissime invigilavit : ipse, inquam, Rustico Narbonensi episcopo de ecclesiasticis ordinibus scribens, presbyteros a benedictione super populum non prohibendos esse asserit : « Si, inquit, presbyter Christum consecrat, cum in altario Dei sacramenta benedicit, benedicere populum non debet, qui Christum meruit consecrare? » Et post pauca : « Hoc in ecclesiis tuis [suis] presbyteri faciant, quod Romæ, sive quod in Oriente, quod in Africa, quod in Hispania, quod in Britannia, quod in Gallia, quod in omnibus locis ubi humilitas perseverat. Ex his ergo conjicere possumus beatum Damasum papam hujusmodi benedictionem presbyteris illicitam, aut penitus non dixisse, aut si dixit, ecclesiasticam tamen consuetudinem in hoc prævaluisse, præcipue cum ipsius verba ita possint intelligi ut presbyteros doceret quod eis quasi ex proprio officio usurpare non liceret, quod [quid] eis ab episcopali auctoritate concedi posse non ignorarent. Sic enim confirmatio neophytorum penitus separata est ab officio presbyterorum : quam tamen sanctus Gregorius papa primus quibusdam presbyteris concessisse legitur, scribens Januario Calaritano episcopo : « Item et susceptionem, pœnitentium non ex sua consecratione, sed ex episcoporum concessione presbyteri habere meruerunt. Quod illum non latebit, quicunque ordinem consecrationis eorum, sive statuta sanctorum Patrum, diligenter inspexerit. » Agathense quoque concilium capitulo quadragesimo quarto benedictionem super populum presbyteris prohibere videtur, sed hanc prohibitionem de episcopali tantum benedictione factam interpretantur; quæ utique benedictio juxta decimum octavum Toletani concilii capitulum (7), et attestationem S. Augustini ad Paulinum episcopum, ante communionem populo a solis episcopis debet [solet] impendi. Si quis vero hoc de hac ipsa benedictione de qua agimus dictum putaverit, sententia tamen provincialis concilii tam generali ecclesiasticæ consuetudini præjudicare non poterit. Ideo autem hujusmodi benedictio fortasse antiquitus presbyteris interdicta est quia et ad episcopale officium pertinere videbatur, et ecclesiastico conventui nondum adeo necessaria reputabatur. Nam soli communicantes confectioni sacramentorum antiquitus intererant : quibus et oratio post communionem, quæ pro solis communicantibus instituta est, pro benedictione potuit satisfacere. Apud modernos autem, cum jam populus communicare cessaret, nec tamen a divinis mysteriis se subtraheret, necessario permissum est ut a presbytero benediceretur, ne tam benedictione quam communione privatus discederet videretur. Sive autem ea occasione sive alia hoc presbyteris permitteretur ab episcopis, adeo tamen in usum jam usquequaque devenit, ut nequaquam absque gravi scandalo a presbyteris in populo intermitti [prætermitti] possit, nisi forte apostolica sedes generaliter et synodaliter prohibere voluerit.

CAP. XXII. — *Quid sacerdos agat post missam?*

Finitis omnibus osculatur sacerdos [presbyter] altare, dicens : *Placeat tibi, sancta Trinitas.* Deinde sacris vestibus se exuens, cantat hymnum trium puerorum, juxta quod patres in Toletano concilio IV decreverunt cap. 14, videlicet ut examinationi subjaceret quicunque sacerdos eumdem hymnum post missam dicere negligeret. Psalmum quoque : *Laudate Dominum in sanctis ejus* in gratiarum actionem subjungens, cum *Pater noster*, et versibus ad hoc competentibus, concludit eam cum oratione illa : *Deus qui tribus pueris.* Sciendum autem juxta decreta pontificum quod presbytero non licet coram episcopo, nisi eo jubente, vel sacrificare, vel populum benedicere, vel salutare, vel exhortari. Unde cum legit evangelium coram episcopo, benedictionem petit ab eo. Item cum vult sacrificare, inclinat se episcopo pro concessione, qui etiam cum populo inclinatur, pro ultima benedictione.

CAP. XXIII. — *Brevis descriptio celebrandæ missæ.*

Presbyter cum se parat ad missam, in primis cantat psalmos : Quam dilecta, Benedixisti, Incline, Credidi propter. *Deinde* Kyrie eleison, Pater noster, Et ne nos inducas, Vers. Ego dixi, Domine. Convertere, Domine, Fiat misericordia, Sacerdotes, Protector noster aspice, Domine, exaudi. *Oratio.* Aufer a nobis, Domine, iniquitates nostras et peccata nostra, ut mereamur puris mentibus introire. *Alia :* Actiones nostras quæsumus, Domine, et aspirando præveni, et adjuvando prosequere, ut cuncta nostra operatio per te semper incipiat, et per te cœpta finiatur, Per Dominum nostrum, etc. *Paratus autem, venit ad altare, dicens :* Antiph. Introibo ad altare Dei. *Psalm.* Judica me, Deus, et discerne. *Et facit confessionem.* Confiteor Deo omnipotenti, istis sanctis et omnibus sanctis et tibi, frater, quia peccavi in cogitatione, in locutione, in opere, in pollutione mentis et corporis. Ideo precor te, ora pro me.

Misereatur tui omnipotens Deus, et dimittat tibi omnia peccata tua, liberet te ab omni malo, et confirmet te in omni opere bono, et perducat nos pariter Jesus Christus Filius Dei vivi in vitam æternam. Amen. Indulgentiam et remissionem omnium peccatorum nostrorum tribuat nobis omnipotens et misericors Dominus. Amen.

Cum sacerdos accipit oblationem, dicit : Acceptabile sit omnipotenti Deo sacrificium nostrum. *Deinde calice in altari ad dexteram oblatæ deposito dicit :* Veni, sanctificator omnipotens, æterne Deus, benedic hoc sacrificium tuo nomini præparatum. Per Christum, etc. *Et inclinatus ante altare, dicit :* Suscipe, sancta Trinitas, hanc oblationem, quam tibi offerimus in memoriam passionis, resurrectio-

---

(7) Hodie exstat hic canon num. 30. Citat tamen eum Gratianus titulo c. 44.

nis, ascensionis Domini nostri Jesu Christi, et in honorem sanctæ Dei Genitricis Mariæ, S. Petri, et S. Pauli, et istorum atque omnium sanctorum tuorum, ut illis proficiat ad honorem, nobis autem ad salutem, et illi pro nobis dignentur intercedere, quorum memoriam agimus in terris. Per Christum, etc. Deinde, *Orate*. Sequitur secreta.

Canon juxta Romanam auctoritatem est iste : Te igitur, clementissime Pater, per Jesum Christum Filium tuum Dominum nostrum supplices rogamus et petimus uti accepta habeas et benedicas (*hic signat sacerdos oblationem et calicem tribus vicibus, sub una cruce*) hæc dona, hæc munera, hæc sancta sacrificia illibata. In primis quæ tibi offerimus pro Ecclesia tua sancta catholica, quam pacificare, custodire, adunare et regere digneris toto orbe terrarum, una cum famulo tuo papa nostro. N et antistite nostro.

Memento, Domine, famulorum famularumque tuarum (*hic nomina vivorum memorentur, si volueris, sed non Dominica*) et omnium circumastantium, quorum tibi fides cognita est, et nota devotio, qui tibi offerunt hoc sacrificium laudis pro se suisque omnibus, pro redemptione animarum suarum, pro spe salutis atque incolumitatis suæ tibi reddunt vota sua æterno Deo vivo et vero. Communicantes et memoriam venerantes in primis gloriosæ semper virginis Mariæ Genitricis Dei et Domini nostri Jesu Christi, sed et beatorum apostolorum ac martyrum tuorum, Petri, Pauli, Andreæ, Jacobi, Joannis, Thomæ, Jacobi, Philippi, Bartholomæi, Matthæi, Simonis et Thaddæi, Lini, Cleti, Clementis, Sixti, Cornelii, Cypriani, Laurentii, Chrysogoni, Joannis et Pauli, Cosmæ et Damiani, et omnium sanctorum tuorum, quorum meritis precibusque concedas ut in omnibus protectionis tuæ muniamur auxilio. Per Christum Dominum nostrum. *Hic inclinatur usque ad altare, dicens :* Hanc igitur oblationem servitutis nostræ, sed et cunctæ familiæ tuæ, quæsumus, Domine, ut placatus accipias, diesque nostros in tua pace disponas, atque ab æterna damnatione nos eripias, et in electorum tuorum jubeas grege numerari. Per Christum Dominum nostrum. *Erectus autem cum tribus crucibus benedicit :* Quam oblationem tu, Deus, in omnibus quæsumus benedictam, ascriptam, ratam, rationabilem acceptabilemque facere digneris.*Hic separatim signat oblatam et calicem.* Ut nobis corpus et sanguis fiat dilectissimi Filii tui Domini nostri Jesu Christi. Qui pridie quam pateretur, accepit panem in sanctas ac venerabiles manus suas, elevatis oculis in cœlum ad te Deum Patrem suum omnipotentem; tibi gratias agens, benedixit, fregit, dedit discipulis suis, dicens: «Accipite et manducate ex hoc omnes : Hoc est enim corpus meum.» Simili modo postquam cœnatum est, accipiens et hunc præclarum calicem in sanctas ac venerabiles manus suas, item tibi gratias agens, benedixit, dedit discipulis suis, dicens : « Accipite et bibite ex hoc omnes : Hic est enim calix sanguinis mei novi et æterni testamenti, mysterium fidei, qui pro vobis et pro multis effundetur in remissionem peccatorum. Hæc quotiescunque feceritis, in mei memoriam facietis. » Unde et memores nos, Domine, servi tui, sed et plebs tua sancta, Christi Filii tui Domini Dei nostri tam beatæ passionis, necnon et ab inferis resurrectionis, sed et in cœlum gloriosæ ascensionis, offerimus præclaræ majestati tuæ de tuis donis ac datis. *Hic tres cruces super utrumque simul facit, et quartam super oblationem, et quintam super calicem.* Hostiam puram, hostiam sanctam, hostiam immaculatam, panem sanctum vitæ æternæ et calicem salutis perpetuæ. Super quæ propitio ac sereno vultu respicere digneris, et accepta habere, veluti accepta habere dignatus es munera pueri tui justi Abel, et sacrificium patriarchæ nostri Abrahæ, et quod tibi obtulit summus sacerdos tuus Melchisedech, sanctum sacrificium, immaculatam hostiam. *Hic inclinat se juxta altare, dicens :* Supplices te rogamus, omnipotens Deus, jube hæc perferri per manus sancti angeli tui in sublime altare tuum, in conspectum divinæ majestatis tuæ. *Hic erigit se dicens :* Ut quotquot ex hac altaris participatione sacrosanctum Filii tui corpus et sanguinem sumpserimus, omni benedictione cœlesti et gratia repleamur. Per Christum Dominum nostrum. *Hic duæ orationes dicuntur :* Memento etiam, Domine, et eorum nomina qui nos præcesserunt cum signo fidei, et dormiunt in somno pacis. *Et recitantur nomina.* Ipsis, Domine, et omnibus in Christo quiescentibus locum refrigerii lucis et pacis ut indulgeas, deprecamur, Per Christum Dominum nostrum. Nobis quoque peccatoribus famulis tuis de multitudine miserationum tuarum sperantibus partem aliquam et societatem donare digneris, cum tuis sanctis apostolis et martyribus, cum Joanne, Stephano, Mathia, Barnaba, Ignatio, Alexandro, Marcellino, Petro, Felicitate, Perpetua, Agatha, Lucia, Agnete, Cecilia, Anastasia, et cum omnibus sanctis tuis, inter quorum nos consortium, non æstimator meriti, sed veniæ, quæsumus largitor, admitte. Per Christum Dominum nostrum. Per quem hæc omnia, Domine, semper bona creas (*hic tres cruces super utrumque simul facit*), sanctificas, vivificas, benedicis, et præstas nobis (*hic cum oblata quatuor cruces facit super calicem, et quintam in latere ipsius*), per ipsum, et cum ipso, et in ipso est tibi Deo Patri omnipotenti in unitate Spiritus sancti, omnis honor et gloria. *Hic elevat oblatam cum calice, dicens :* Per omnia sæcula sæculorum. *Responsio :* Amen. *Et deponat oblatam, dicens :* Oremus. Præceptis salutaribus moniti, et divina institutione formati, audemus dicere : Pater noster, qui es in cœlis, *usque*, libera nos a malo. Libera nos, Domine, ab omnibus malis, præteritis, præsentibus et futuris. Et intercedentibus beata gloriosa semper Virgine Maria, et beatis apostolis tuis Petro et Paulo atque Andrea (*hic nominat quotquot sanctos voluerit*), cum omnibus sanctis, da propitius pacem in diebus nostris, ut ope misericordiæ tuæ adjuti, et a peccato simus semper liberi (*hic patenam accipiat, et osculatam deponat*) et ab omni perturbatione securi. *Hic corpus super patena in tria dividat, dicens* : Per Dominum nostrum Jesum Christum, *usque*, per omnia sæcula sæculorum. *Respon.* Amen. *Hic etiam tertiam partem in calicem mittat, dicens* : Pax Domini sit semper vobiscum. *Respon.* Et cum spiritu tuo. *Et subjungit orationem istam* : Fiat commistio et consecratio corporis et sanguinis Domini nostri Jesu Christi accipientibus nobis in vitam æternam. Amen. *Et osculato altari dat pacem astanti, ita dicens* : Pax tecum. *Respon.* Et cum spiritu tuo : *Inclinatus autem dicit antequam communicet* : Domine Jesu Christe, qui voluntate Patris, cooperante Spiritu sancto, per mortem propriam mundum vivificasti, libera me per hoc sacrosanctum corpus et sanguinem tuum ab omnibus iniquitatibus meis, et fac me tuis inhærere mandatis, et a te nunquam in perpetuum separari. Qui cum Patre, etc. *Cum distribuit eucharistiam, dicit* : Corpus et sanguis Domini nostri Jesu Christi proficiat tibi in vitam æternam. Amen. *Postquam omnes communicaverunt, dicit* : Quod ore sumpsimus, [pura] mente capiamus, et de munere temporali fiat nobis remedium sempiternum. *Finita missa, dicit* : Placeat tibi, sancta Trinitas, obsequium servitutis meæ, et præsta ut hoc sacrificium, quod oculis tuæ majestatis ego indigne obtuli, mihi et omnibus pro quibus illud obtuli, te miserante, sit propitiabile, Per Christum, etc. *Exuens se vestibus sacris dicit. Psalm.* Benedicite omnia, Laudate Dominum in sanctis, Kyrie eleison, Pater noster. Confiteantur tibi, Domine, omnia opera tua. Exsultabunt sancti in gloria. Exsultent justi in conspectu. Non nobis, Domine, non nobis. Domine, exaudi orationem. Deus, qui tribus pueris. Actiones nostras.

Cap. XXIV. — *De jejunio vernali.*

Gregorius papa septimus cum apostolicæ sedi præsideret, constituit ut jejunium quod dicitur Martii in prima hebdomada Quadragesimæ omni anno celebretur, sicut et sancti Patres illud instituisse leguntur. Nam sanctus Gregorius papa primus, tam in Sacramentario quam in Graduali libro, sive Antiphonario officia ejusdem jejunii primæ Quadragesimali hebdomadæ ascripsit. Item sanctus Hieronymus in libro Comitis lectiones et Evangelia de eodem Jejunio eidem hebdomadæ injunxit. Ipsa etiam vacans Dominica, quam sanctus Gregorius in Quadragesima secundam esse voluit, evidentissime insinuat quod jejunium Martii nihilominus omni anno ipsam in prima hebdomada præcedere debeat. Non enim eadem Dominica proprie vacans diceretur, si non Sabbatum xi lectionum e vestigio subsequeretur, quod proprium est omnium Dominicarum vacantium, quæ cum proprio careant officio, ex præcedenti hebdomada inofficientur, si tamen necesse fuerit ut assumantur. Unde et hæc Dominica de qua agimus ex quarta feria præcedenti jejunii officium mutuavit. Necessarium est ergo ut illud illam præcedat, cum non aliunde nisi ex ejus præcessione eadem Dominica nomen et officium obtineat. Sed et Junior Gregorius papa, scribens de ordinatione [ordine] sancti Bonifacii archiepiscopi ad Moguntiacenses, præcepit ut ordinatio quæ jejunio Martii ascribitur, in ingressu Quadragesimæ cum eodem jejunio semper celebretur. Beatissimus quoque Leo papa primus, in sermone de jejunio septimi mensis, vernum jejunium in Quadragesima, æstivum in Pentecoste, autumnale in septimo mense celebrandum esse denuntiavit. Item beatus Gelasius papa in decretalibus suis, capitulo 11, constituit, ut ordinationes presbyterorum et diaconorum, non nisi certis temporibus fiant, quippe in jejunio quarti et septimi et decimi mensis, id est Junii, Septembris atque Decembris, necnon in quadragesimalis initii jejunio, quod procul dubio Martii intelligitur. Videsne ergo quam aperte idem jejunium cum ordinatione sua primæ Quadragesimali hebdomadæ ascribatur, cum tam signanter Quadragesimalis initii jejunium cognominetur ? Hoc autem initium Quadragesimæ, non a capite jejunii, sed a subsequenti Dominica est computandum. Nam quamvis a capite jejunii pro quodam complemento Quadragesimalis abstinentiæ incipiamus, a subsequenti tamen Dominica, juxta assertionem sancti Ambrosii et sancti Gregorii et aliorum sanctorum Patrum, Quadragesimam proprie exordimur. Nullum autem commoveat quod tempore Henrici secundi imperatoris duodecim episcopi, Moguntiæ congregati, aliter de hoc jejunio statuisse leguntur. Cum enim apud ipsos non modica varietas de hujusmodi jejuniis accideret, eo quod antiquam sanctorum Patrum traditionem in hac re minus attenderent, pro hujusmodi confusione corrigenda hanc sibi regulam proposuerunt, ut deinceps in prima quarta feria Martii, et in secunda Junii, et in tertia Septembris, omni anno jejunarent. Sed hæc regula apostolicæ auctoritati præjudicare nec debet nec potest, præsertim cum evidentissime statutis sanctorum Patrum videatur repugnare. Si enim prædictam regulam annuatim observamus, multoties non solum in Quadragesima, sed etiam ante Quadragesimam jejunabimus. Cum et statuta apostolicorum virorum, et institutio officiorum, ut prælibatum est, illud infra Quadragesimam, imo in prima Quadragesima septimana, semper celebrare decernant. Indubitanter ergo refutare debemus quidquid tam evidenter apostolicæ auctoritati contraire videmus, unde totius Christianæ religionis et ordinis exordium et formam accepimus. Nec mireris hoc jejunium potius Martio quam Februario ascribi; quamvis in Februario cum ipsa Quadragesima nonnunquam occurrat. Semper enim idem jejunium aut Kalendaria aliquando aut lunationem Martii, aut utrumque simul incurrit : Februarii autem Kalendaria aliquando, lunationem vero nunquam attingit. Ergo multo congruentius Martio ascribitur, quem nunquam relinquit, quam Februario, quem multoties penitus non attingit. Observatur sane hoc jejunium cum ipsa Quadragesima secundum lunationem, sicut et Pascha. Unde non incongrue ipsum Martio propter lunationem ascribitur, quamvis in Februario occurrat. Sicut et Pascha Aprili semper ascribitur, quamvis sæpe in Martio contingat. Nec hoc utique probabili exemplo carebit, si sacrorum ordinum dispensatio nonnunquam fiat in Februario, dum hoc egerit quadragesimalis initii præmintatio [ratio]. Nam reverendissimi Patres nostri, sanctitate et apostolica auctoritate præcipui, videlicet Simplicius, Gelasius, Symmachus, Felix, in Februario ordinationes fecisse leguntur, cum jam sancta Romana Ecclesia jejunia Quatuor Temporum in ordinatione observare decreverit, hocque aliis quoque Ecclesiis ita observandum promulgaverit. Ergo absque omni dubio observare debemus. Unde tam certa præcepta et exempla sanctorum Patrum apostolica auctoritate præditorum sufficienter habemus, præsertim cum et facilius observetur quod provida antiquitas et auctoritas instituit, quam quod inconsiderata novitas et infirmitas adinvenit. Nulli enim dubium est quin facilius sit omni anno idem jejunium Martii in eadem hebdomada cum eisdem officiis inconfuse celebrare, quam de hebdomada in hebdomadam non sine confusione officiorum, ut multi solent, illud annuatim mutare.

CAP. XXV. — *De jejunio æstivali.*

Gregorius papa septimus apostolicæ sedi præsidens, constituit ut æstivale jejunium infra octavam Pentecostes annuatim celebraretur. Quod quidem sapientioribus reverentia sedis apostolicæ facile persuasit, simplicioribus autem nonnulla dubitatio super hujus statuti promulgatione remansit. Nam non parum a consuetudine eorum discrepat, quam a quibusdam scriptis non adeo authenticis mutuaverant, id est a Moguntiacensi concilio, tempore Henrici secundi imperatoris facto; hoc enim hanc regulam jejuniis quatuor temporum præfixit (can. 5), ut in prima quarta feria Martii, in secunda Junii, in tertia Septembris, omni anno jejunetur. Præterea et hoc attendunt, quod in quibusdam Sacramentariis inveniunt, quod et in primo Sabbato Martii, in secundo Junii, in tertio Septembris, jejunare debeamus. Illo etiam non minus observato, ut de uno Sabbato xiv lectionum usque in aliud, juxta Amalarium, quatuordecim hebdomadæ computentur. Si igitur, inquiunt, juxta statutum domini apostolici infra Pentecosten annuatim jejunaveris, non semper secundam quartam feriam vel secundum Sabbatum Junii observare poteris. Sed cur more Pharisæorum liquamus culicem, glutientes camelum? Cur, inquam, hujusmodi scripta prævaricari plus vereamur quam sedis apostolicæ decretum, præsertim cum ob eorum adinvicem repugnantiam se observare non permittant? Si enim juxta Moguntiacense concilium in prima quarta feria Martii, in secunda Junii, in tertia Septembris omni anno jejunatur, primum Sabbatum Martii, secundum Junii, tertium Septembris annuatim observare nequibis, nec juxta Amalarium quatuordecim hebdomadas eisdem jejuniis internumerare valebis: quod illum non latebit, quicunque diligenter interjacentes hebdomadas singulis annis dinumerabit. Nunquam sane hujusmodi regulæ simul observari poterunt, nisi eo anno, cum Kalendæ Septembris in tertia vel in quarta feria occurrunt. Sed in hac causa Amalarius non adeo notandus est, qui non tam aliquam consuetudinem instituere quam de instituta competentem aliquam figuram elicere consuevit. Cur autem ista replicamus, cum etiamsi prædictæ regulæ sibi annuatim convenirent, auctoritati tamen sedis apostolicæ nullatenus præjudicare possent, cui omnes per omnia absque omni hæsitatione de ejus obedire, cui nunquam debitam exhibemus obedientiam, si ejus statuta potius judicare quam implere curamus? Hoc est enim privilegium obedientiæ de sententia sui præceptoris non judicare, in iis duntaxat rebus quas canonicis Scripturis contraire non videmus, imo statim exsequi quod jubetur. Nam quicunque facere noluerit nisi quod prius sua ratione probaverit esse faciendum, non tam præceptori suo quam propriæ voluntatis arbitrio satisfecisse judicabitur. Hanc ergo puram obedientiam cum omnibus spiritualibus nostris præceptoribus certissime debeamus, maxime tamen apostolicæ sedi ex intimo corde debemus quæ totius Christianæ religionis caput est et origo. Sed quia hæc ratio simplicioribus fortasse non sufficit, operæ pretium videtur de superiori statuto latius tractare, et quam rationale [rationabile], quam canonicum, quippe sanctis Patribus quam consonum reperiatur, elucidare. Beatissimus Leo papa I, in ordine quadragesimus septimus, cujus auctoritate congregatum et confirmatum est sanctum Chalcedonense concilium, in libro sermonum quarti mensis jejunium non nisi hebdomada Pentecostes celebrandum esse denuntiavit. Nec hoc tantum in uno sermone, sed in pluribus, quos de Pentecoste in diversis annis fecisse legitur; quod illum subterfugere non poterit, quicunque eumdem librum diligenter perlegerit. Ibi enim evidentissime docebitur ex apostolica traditione hujus jejunii observantiam descendere, nec diversam sed continuam [divisam, sed contiguam], post diem Pentecostes celebrari debere. Sed ne aliquis cum hoc de quadragesimali jejunio, quod post Pentecosten agitur, non de jejunio quarti mensis, præcepisse putaret subsequenter decernendo admonet ut infra eamdem hebdomadam quarta et sexta feria jejunetur, et in Sabbato apud Sanctum Petrum vigiliæ celebrentur, quem denuntiationis modum pene in omnibus suis sermonibus obtinuit, cum jejunia Quatuor Temporum denuntiaret. Nam illa Quadragesima post Pentecosten non omnibus ut hoc jejunium, sed solis poenitentibus observanda imponitur. Nec in hoc tantum triduo infra Pentecosten, sed in omnibus triduis, vel etiam diebus sex hebdomadarum custodiri jubetur. Præterea idem vir apostolicus in sermone de jejunio septimi mensis: « Jejunium, inquit, vernum in Quadragesima, æstivum in Pentecoste, autumnale in septimo mense celebremus. » Ubi evidentissime indicavit jejunium quarti mensis non nisi in hebdomada Pentecostes esse celebrandum. Si enim istud in Junio mense, sicut autumnale in Septembri, semper jejunandum decerneretur, non minus Junium quam Septembrem nominare posset. Ergo juxta sententiam hujus apostolici, sicut autumnale semper in Septembri, ita æstivum in Pentecoste semper debemus celebrare. Sanctus quoque Gregorius papa primus, a quo omnia ecclesiastica officia pene habemus, beato Leoni optime concordat, qui et in Sacramentario et in diurnali Antiphonario eidem jejunio nullas orationes vel cantus ascribit, nisi infra Pentecosten dicendos. Liber etiam Comitis sive Lectionarius, quem sanctus Hieronymus compaginavit, eidem jejunio lectiones ad festivitatem Spiritus sancti pertinentes attribuit. Sicut igitur jejunium Decembris de Adventu Domini, et jejunium Martii de Quadragesima, sua mutuaverunt officia, sic etiam illorum mensium jejunia nunquam alio tempore celebrantur, nisi eo ipso unde et officium habere videantur. Denique jejunium Martii, et ante statutum nostri papæ Gregorii, cum aliquando ante Quadragesimam juxta Moguntiacense concilium eveniret, propter quadragesimale tamen officium usque ad Quadragesimam differebatur. Incongruum enim esset ut ejusdem jejunii lectiones specialiter Quadragesimam intimantes, et orationes super populum, extra Quadragesimam dicerentur. Eadem igitur ratione et æstivum jejunium infra Pentecosten observamus competenter, propter officia de eadem solemnitate mutuata. Qui enim illud extra Pentecosten observant, magnam officiorum confusionem faciunt, cum quadragesimales cantus et orationes lectionibus de Pentecoste associent. Concordiam quippe officiorum Pentecostes dissipant, quam sancti Patres maxime in hujusmodi officiis obtinere studebant; et cum extra Pentecosten de hoc jejunio nullum inveniant officium, ipsi sibi officia componere, imo confundere temerario ausu præsumunt. Non mireris autem quod hoc jejunium Junio potius quam Maio ascriptum reperiri malunt, quamvis juxta superiorem tractatum et in Maio sæpius celebratur: ipsa enim Pentecoste, cum qua hoc jejunium semper observatur, in Maio sæpius quam in Junio celebratur, quæ tamen, juxta computationem lunæ, Junio semper ascribitur. Nam hoc festum, sicut et Pascha, non juxta rationem mensium, sed lunationum, annuatim observatur. Et illud quidem Aprili, hoc autem Junio propter observationem lunationum eorumdem mensium semper ascribitur, quamvis eosdem menses multoties anticipent, sicut et ipsæ lunationes. Eadem igitur ratione et hoc jejunium Junio ascribimus, quod et cum Pentecoste sub eadem lunatione annuatim observare debemus. Hoc sane jejunium semper lunationem Junii, sæpe etiam et Kalendaria ejus observat, nunquam autem lunationem Maii, nec semper Kalendaria ejus attingit. Semper utique aut Kalendaria, aut lunationem Junii possidet, Maii autem sæpenumero nec Kalendaria, nec lunationem obtinet. Quare et Junio competentius attitulatur, quem nunquam dimittit, quam Maio quem multoties omnino prætermittit. Has igitur rationes quicunque, deposito contentionis studio, fideliter considerare voluerit, procul dubio dominum apostolicum de jejunio verno sive æstivo, non tam suum quam sanctorum Patrum instituisse judicabit, et idem ipsum authenticis rationibus confirmatum, generaliter observandum esse non dubitabit.

Cap. XXVI. — *De autumnali jejunio.*

Jejunium autumnale juxta statuta sanctorum Patrum Leonis, Gelasii et reliquorum, in septimo mense debemus celebrare; quod tamen nec institutio officiorum nec suppositio vacantis Dominicæ, nec statuta sanctorum Patrum, alicui septimanæ tam specialiter ut reliqua jejunia videntur assignasse. Est autem ecclesiastica consuetudo ut in tertio Sabbato Septembris jejunetur, quæ utique consuetudo et nobis debet sufficere, præsertim cum apostolicis institutis nusquam videatur contraire.

Cap. XXVII. — *De hiemali jejunio.*

Jejunium hiemale, juxta traditionem sanctæ Romanæ Ecclesiæ, semper in tertia hebdomada de Adventu Domini debet celebrari, sicut et sancti Patres instituerunt; qui ejusdem jejunii officia eidem hebdomadæ indiderunt, et sequentem Dominicam vacantem vocaverunt, nec ad hoc ullo speciali statuto indigemus, in quo sanctorum vestigia non excedimus.

Cap. XXVIII. — *De officiis eorumdem jejuniorum.*

De annua transmutatione officiorum in vernali jejunio, unde hactenus multum frustra laboravimus, non necesse est ut deinceps laboremus, cum juxta antiquam institutionem omnia hujus jejunii officia suo loco et ordine, sicut instituta sunt, observare debeamus. In æstivo autem jejunio illum ordinem officiorum competenter annuatim observamus, quem et majores nostri in eodem jejunio tenuerunt, cum illud infra Pentecosten aliquando observarent, videlicet ut in quarta et sexta feria cantetur et legatur quod in eadem hebdomada eisdem feriis ascriptum reperitur. In Sabbato autem cum officio quod ibi habetur, hæ lectiones legantur: Lectio : *Diligite justitiam*, *Audi Jacob*, *Exsultate*, *Effundam*; ad missam, *Justificati*; quæ utique omnes festivitati Spiritus sancti optime conveniunt. Evangelium *Egressus Jesus*, sicut etiam in antiquis Breviariis ordinatum reperimus. Et hoc utique observandum est ne in quarta feria vel sabbato quadragesimalia offertoria, id est *Meditabar*, *Domine Deus salutis*, dicamus, sed in honorem Spiritus sancti, *Alleluia* tum offertorium, *Emitte spiritum*, pro utroque cantemus. Nec Gradualia, sed, *Alleluia* (8) prædictis

---

(8) Videtur deesse verbum. hoc enim *Alleluia* cantatur post lectionem iv.

lectionibus subjungere debemus : *Spiritus Domini, Paraclitus, Emitte. Veni Sancte Spiritus.* In autumnali autem jejunio omnia, ut instituta sunt, observamus. In quarta feria antiphona *Exsultate;* graduale, *Quis sicut;* graduale, *Tribulationes;* offertorium, *Meditabar;* communio, *Comedite :* cum lectionibus, *Ecce dies veniunt, Congregatus est;* evangelium, *Respondens unus.* In sexta feria antiphona : *Lætetur cor;* graduale, *Convertere ;* offertorium, *Benedic;* communio, *Aufer a me;* lectio : *Convertere;* evangelium, *Rogabat Jesum.* Quæ omnia adinvicem magnam habent concordiam. In Sabbato antiphona : *Venite, adoremus;* offertorium : *Domine Deus salutis;* communio : *Mense septimo;* lectiones : *Decimo die, Quinto decimo, Domine Deus noster, Factum est;* evangelium : *Arborem fici;* gradualia vero eadem quæ et in jejunio vernali. Quæ etsi apud diversos diverse assumuntur, in quamplurimis tamen libris ita reperiuntur : *Protector, Propitius, Dirigatur, Salvum fac populum,* quæ et in autumnali jejunio ut in vernali ordinantur, nisi quod in autumnali graduale *Protector,* post graduale *Propitius* canitur. Et hoc utique concordia officiorum exigere videtur. Nam in vernali prima lectio *Respice, Domine, de sanctuario, et benedic populo tuo,* optime congruit graduali *Protector noster,* a quo et subsequens oratio initiatur *Protector.* Secundæ autem lectioni graduale *Propitius* non incongrue adaptatur. Nam quod in lectione de corporali liberatione populo Israel promittitur, hoc sancta Ecclesia in graduali spiritualiter nobis adimpleri supplicat, ne gentes dæmonum nobis prævaleant, sicut nec gentes paganorum illis prævaluerunt. In autumnali autem graduale *Propitius* præponitur, quia et hoc magis primæ lectioni convenit, quæ nobis diem propitiationis, et ut Deus nobis propitietur, præscribit. Secundæ vero lectioni graduale *Protector* magis competit, qua filios Israel septem diebus sub protectione umbraculorum annuatim solemnizare præcepit. Tertium autem graduale *Dirigatur* tertiæ lectioni in utroque jejunio optime congruit, quia et in vernali Jonathas, et in Septembri Michæas orationes suas ad Dominum pro populo Dei dirigunt. Similiter quartum graduale quartæ lectioni competit utique. Nam in vernali pro salute populi postulatur quæ in autumnali promittitur populo, si tamen a veritate non discesserit. Satis ergo congruum videtur ut et nos eorum librorum traditionem sequamur, qui eadem gradualia vernali et autumn. li jejunio pariter ascribunt. Nam cum lectionibus utriusque jejunii magnam habent concordiam, ut prælibavimus, quam potissimum in dispositione officiorum nos attendere sancti Patres docuerunt. In hiemali jejunio, quod in proximo Sabbato ante vigiliam Nativitatis Dominicæ semper est observandum, nihil in officiis variatur. Et notandum omnes apostolicos, a beato Petro usque ad Simplicium papam, ordinationes tantum in jejunio Decembris celebrasse, ut in Romano Pontificali legitur. Unde et istud jejunium non immerito plenius quam reliqua suum habet officium. Nam reliqua aliunde nunc ex toto, nunc ex magna parte per suas ferias inofficiantur. In omni jejunio Quatuor Temporum, nisi infra Pentecosten, genua flectimus. In quarta quidem feria ad priorem tantum orationem sine salutatione prolatam. Nam secunda sine genuflexione cum salutatione profertur. Oratio autem in sexta feria cum salutatione et genuflexione recitatur. In Sabbato autem omnes orationes genuflexio sine salutatione præcedit, præter illam de camino quæ salutationem sine genuflexione exigit. Ad illam nempe genua flectere prætermittimus, more trium puerorum, qui statuam adorare noluerunt cum gentilibus. Ordo etiam præcipit ut infra hymnum eorumdem puerorum non sedeamus, ne, illis in camino laborantibus, nos inertiæ sessionis dediti esse videamur. Hoc autem Sabbatum quamvis sex lectiones tantum habeat, dicitur tamen xii lectionum, eo quod antiquitus eædem lectiones bis legebantur, Græce videlicet et Latine. Sciendum autem S. Callistum papam et martyrem hujusmodi jejunia quater in anno celebrari constituisse, quæ prius ter tantum in anno celebrata sunt, Sicut idem apostolicus ad Benedictum episcopum scribens (epistola decretali prima) testatur.

CAP. XXIX. — *De vacantibus Dominicis.*

Quatuor Dominicæ quæ hujusmodi jejunia proxime subsequuntur, in libro Sacramentorum vacantes prætitulantur, eo quod propriis careant officiis. Unde et ex præcedentibus quartis feriis jejuniorum Romano more inofficiantur, ut illæ duæ quæ vernale jejunium subsequuntur et hiemale. Illa autem post æstivale jejunium non cum quarta feria, sed multo convenientius cum officio Pentecostes suppletur, eo quod sit octava ejus. Post jejunium etiam autumnale, quidam ex quarta feria Dominicam sequentem inofficiant, ut paucitati Dominicalium officiorum in æstate hoc supplemento subveniant. Sed Romani hujusmodi penuriam repetitione Dominicalium officiorum supplent. Unde et prædictam compilationem [completionem] ex quarta feria, quasi non necessariam, ibi prætermittere solent. Hæ autem Dominicæ antiquitus ab officio vacabant, quia celebratio ordinationum, juxta decreta sanctorum Patrum, tam sero fiebat in Sabbato, ut potius Dominicæ quam Sabbato ascriberetur. Nam beatissimus Leo papa primus usque in mane Dominicæ diei ordinationes rite celebrari posse testatus est, continuato tamen Sabbati jejunio : imo ipsas leviticas ordinationes et sacerdotales nunquam nisi in Dominica jussit celebrari, Dioscoro scribens episcopo : « Consecrandis, inquit, nunquam benedictio detur, nisi in Dominica quæ a Sabbati vespera initiatur. » Item beatus Gelasius papa, successor ejus, omnibus episcopis scribens, decrevit ut in Sabbatis Quatuor Temporum ordinationes circa vesperam celebrarentur. Unde et Romanus Ordo in Quadragesima in Sabbato ordinationum orationem super populum interdicit, ad quam antiqui non solum capita, sed et genua flectetant, quod Nicæni canones in Dominica fieri penitus vetant. Sanctus quoque Gregorius dies ordinationum suis homiliis insignivit ut Dominicas. Videlicet hæc duo evangelia : *Anno quinto decimo* et *Arborem fici* exponens ad populum. Item sanctus Leo papa illud evangelium : *Assumpsit Jesus,* de jejunio vernali exposuit, quasi Dominicæ diei satisfaciens, infra quam ipse semper ordinationes fieri constituit.

CAP. XXX. — *De Adventu Domini.*

Ab Adventu Domini usque ad Nativitatem ejus, *Te Deum laudamus*, *Gloria in excelsis Deo*, *Ite missa est*, dimittimus, quia major gloria Novi Testamenti quam Veteris, cujus typum infra Adventum Domini observamus. Aliquando [aliquanto] etiam festivius Natale Domini suscipimus, si hujusmodi glorificationes aliquandiu suppressas quasi de novo illa die incipimus. Quidam infra Adventum Domini casulis pro dalmaticis utuntur. Quidam solito more vestiuntur, eo quod missam ad tertiam et *Alleluia*, sicut et tota æstate dicunt. In nativitate tamen apostolorum sive dedicatione ecclesiæ prædictas glorificationes non omittimus. Hinc usque post octavam Pentecostes solitam mentionem sanctæ crucis ad vesperam sive ad matutinas, et in feria sexta, et de sancta Trinitate Dominicis diebus reticere solemus. Nam quod quidam illo brevissimo spatio quod Purificationem sanctæ Mariæ et Septuagesimam aliquando disjungit, mentionem sanctæ crucis resumunt, non adeo congruum videtur, cum illo tempore de infantia Christi potius quam passione cantetur atque legatur.

CAP. XXXI. — *De evangelio* : Cum appropinquaret.

In Dominica prima de Adventu Domini quidam legunt evangelium : *Erunt signa*, eo quod sanctus Gregorius in libro Homiliarum illud in primis posuerit. Sed parum attendunt quia idem apostolicus in eodem libro hujusmodi ordinem non attendit, in quo plura evangelia penitus non tetigit : insuper et quæ exposuit, multoties posteriora prioribus anteponere consuevit. Alii initium Marci evangelistæ legunt, sed quia inusitatum est, pauci assentiuntur. Nos autem ex antiqua traditione *Cum appropinquaret* legimus, non utique sedi apostolicæ, si aliter jusserit, [f. add. contraria] prædicantes, sed interim auctoritatem sanctorum Patrum sectantes. Nam et sanctus Hieronymus in libro Comitis ita ordinavit, cujus libri ordinem et sanctus Gregorius diligentissime observavit, sive dum lectionibus et evangeliis missales orationes in Sacramentario adaptaret, sive dum antiphonas ex eisdem evangeliis quam plurimis diebus in Antiphonario articularet. Ipsum quoque evangelium : *Cum appropinquaret*, etsi de itinere Domini ad passionem agere historialiter videatur, non tamen istius adventus omnino obliviscitur, cum pueri Hebræorum in laudem ejus illud Psalmistæ in altum proclament : *Benedictus qui venit in nomine Domini* (Psal. CXVII). Quod auctor Antiphonarii de hoc adventu procul dubio intellexit, cum inde responsorium in historiam Dominicæ nativitatis composuerit [composuit].

CAP. XXXII. — *De historia* : Clama.

Quidam historiam : *Clama*, a quarta feria hiemalis jejunii omni anno incipiunt, etiamsi adhuc duodecim dies usque ad Nativitatem Domini remaneant. Æstimant enim hanc historiam pro eodem jejunio esse institutam, sed falluntur. Si enim Romana auctoritas illam ad hoc institueret, ante Dominicam vacantem, id est *Canite tuba*, hanc quoque sicut diurnalia ejusdem jejunii officia collocaret. Nam hoc in omnibus hujusmodi jejuniis observatur, ut officia eorum semper Dominicam vacantem præcedant, quæ etiam post ista semper observatur, juxta statuta sanctorum Patrum, aut penitus prætermittitur. Nec utique aliqua Dominica vacans proprie dicitur, nisi quæ hujusmodi jejunii officia indivise sequitur, a quibus et ipsa inofficiatur, si necesse fuerit, ut observetur. Præterea si eadem historia pro jejunio instituta esset, superfluo secundam, tertiam, quartam, quintam feriam eodem modo ut sextam, inofficiatas haberet, cum tamen nihil ad illas prædictum jejunium pertineat. Patet ergo hanc historiam non pro jejunio, sed potius ad hoc esse institutam, ut proxima hebdomada ante Nativitatem Domini, sicut et ante Pascha, tanto plus in officiis habeat [habeatur], quanto vicinior Dominicæ solemnitati existat. Nam et Antiphonarius hoc innuere videtur, qui historiam : *Canite tuba*, proximam Dominicam ante Nativitatem vocat, et hanc, id est *Clama*, infra hebdomadam ejusdem Dominicæ canendam subsequenter innuit [insinuat], singulis feriis singulas matutinales laudes attribuens. Sunt autem ita descriptæ ut eo anno observentur; cum Nativitas Domini in Dominicam, et vigilia in Sabbatum occurrit, quod et antiphona : *Nolite timere*, in quarta feria præcedenti descripta, et antiphona : *Exspectetur*, de cantico Sabbati vigiliæ ascripta, demonstrant. Unde et ipsum Sabbatum speciali matutinali laude insigniri non necesse habuit. Nam omni anno aut ejusdem vigiliæ officium obtinebit, aut alterius feriæ quam eadem vigilia eo anno occupaverit; illo non negligenter observato, ut Sabbatum semper de vigilia ferialem psalmum et canticum antiphona possideat.

CAP. XXXIII. *De septem diebus ante Natale Domini.*

Sciendum itaque est quod prædicta officia non sunt jejunii, sed Dominicæ, et quinque feriarum ac vigiliæ, unde et annuatim eadem officia ab octava die quæ Nativitatem Domini præcedit, congrue incipimus, ut totam illam septimanam statutis officiis celebrem habeamus, nec tamen aliquem diem præter sanctorum institutionem huic celebritati ex nostra parte applicemus. Et hoc quoque non otiose notandum, quia hujus septimanæ officia, etsi specialiter pro jejunio, ut probatum est, non sint instituta, nunquam tamen illud omnino relinquunt, nisi eo anno, dum Nativitas canonica occurrit. Tunc enim vigilia in Sabbato evenit, et hoc jejunium extra hanc septimanam in præcedenti Sabbato celebrari compellit. Nam officium vigiliæ et jejunii simul una die competenter nequeunt observari. In omnibus autem aliis annis idem jejunium aut ex integro aut ex aliqua parte prædictæ septimanæ includitur, et per legitimas ejus ferias celebratur. Unde et antiphonæ de evangeliis hujus jejunii, quamvis cum ipso multoties anticipentur, merito tamen in quarta et sexta feria et Sabbato ejusdem septimanæ describuntur, quia easdem ferias idem jejunium adeo frequentat, ut vix uno anno illas ex integro derelinquat. Hoc quoque providendum quod vigilia cum in Dominica evenerit, sex sibi responsoria de Dominicali historia cum Dominicalibus psalmis assumat : tria vero ultima et matutinales laudes cum ferialibus psalmis Sabbato concedat. Ad missam omnia de vigilia, sed festive cum *Alleluia, Veni Domine.*

CAP. XXXIV. — *De Natali Domini.* — *Cur in missa prima non* Ite missa est, *sed* Benedicamus Domino, *decantetur.*

In Natali Domini finito nono responsorio, evangelium : *Liber generationis* legitur. Deinde : *Te Deum laudamus* cum pulsatione signorum dicitur : sicque finitis nocturnalibus vigiliis, missa : *Dominus dixit,* ante matutinales laudes cum *Benedicamus Domino,* non cum : *Ite missa est* completur, ne populo quasi licentiam abeundi infra matutinales laudes dedisse videamur, quas statim post missam, iterum concrepantibus signis, incipere solemus.

CAP. XXXV. — *De secunda vespera sancti Stephani.*

Omnes authentici antiphonarii secundam vesperam sancto Stephano concedunt ex integro, unde et reliquis festivitatibus per annum hoc exemplo secundam vesperam ex toto concedimus, etiamsi major festivitas subsequatur. Non enim congruum est ut psalmos vespertinales tantummodo præcedenti festo, reliqua vero subsequenti, tribuamus. Nam sancti Patres nullum nobis inde exemplum reliquerunt, qui potissimum nos concordiam officiorum singulari diligentia servare docuerunt. Summa tamen festivitas, si aliqua minorem subsequitur, secundam vesperam prioris festi ex toto sibi non incongrue vindicabit, ut octava Domini secundam vesperam sancti Silvestri. Vesperam quidem de quolibet festo uniformiter perficimus, deinde alterius festi, si necesse fuerit, post : *Benedicamus Domino,* memoriam facimus, ut de sancto Stephano et de sancto Joanne observamus.

CAP. XXXVI. — *De Innocentibus.*

In Nativitate Innocentium *Gloria in excelsis* et *Alleluia* secundum ordinem reticemus. Item : *Te Deum laudamus,* et : *Ite missa est,* quæ cum *Gloria in excelsis* Romano more solent admitti vel prætermitti. Hæc, inquam, omnia omittuntur, nisi Dominica fuerit. *Gloria Patri* vero nunquam dimittimus, nisi de Passione Domini. Merito autem passio sanctorum Innocentium minus festive quam aliorum sanctorum celebratur, quia licet martyrio coronati, nondum tamen ad gloriam, sed ad infernalem pœnam (9) discesserunt. Nam ante descensum Christi ad inferos, nullus sanctorum ad illam gloriam pervenit ad quam Christus antiquos sanctos perduxit et deinceps suos sequaces perducere non desinit. Sed quia ipsi in resurrectione Dominica cum reliquis sanctis liberari et conglorificari meruerunt, convenientissime et ipsi juxta ordinem solitam gloriam in officiis cum reliquis sanctis obtinebunt, si natalis eorum usque ad diem resurrectionis, id est Dominicam, pervenerit. Octavam quoque eorum eodem modo ut aliorum sanctorum celebramus, quia jam transacta die resurrectionis, non dubitamus eos gloriari cum aliis sanctis.

CAP. XXXVII.—*De officio,* Dum medium silentium.

Si Nativitas Domini vel aliqua subsequentium solemnitatum in Dominica evenerit, officium : *Dum medium silentium* post natalem Innocentium ad privatos dies congrue servatur, sicut et in aliis Dominicis agimus, si aliquando celebrius in iis festum habuerimus : unde etiam idem officium Romano more repetitur si quando ab octava Domini usque ad Epiphaniam Dominica evenerit. Omnis enim Dominica a Nativitate Domini usque ad Epiphaniam, ex antiqua traditione illud obtinebit, quæ tamen celebriori festo occupata non fuerit : nam cum hoc officium de Nativitate Domini agat, convenientissime illis Dominicis adaptatur quæ et reliqua officia de eadem solemnitate solent obtinere. Non enim illi sunt audiendi qui hoc officium, eo quod de Nativitate agat, nunquam post octavam Domini dicendum existimant, cum tamen ipsi vigiliam Epiphaniæ de Nativitate Domini ex integro inofficiare soleant et debeant. Ipsi quoque si Dominica in octava sancti Stephani vel aliorum evenerit, Dominicam de octava inofficiant, dum tamen ecclesiastica solemnitas non pro octava S. Stephani, sed pro octava Domini agatur. Hoc autem sancti Patres in dispositione officiorum summopere procuraverunt ut officium semper instanti celebritati concordaret, ne clerus aliud quam populus in ecclesiasticis celebritatibus observaret. Præterea omnes Dominicæ solemnitates sibi invicem affines hoc habent privilegium ut observatio earum adinvicem continuetur, ut, Resurrectionis usque ad Ascensionem, et Ascensionis usque ad Pentecosten commemoramus, et omnes Dominicas iis solemnitatibus interpositas de eisdem inofficiamus. Sic quoque et Nativitatis Dominicæ usque ad Epiphaniam memoriam agimus, nisi in quantum festis sanctorum vel octavis eorum satisfacere cogimur. Eodem quoque modo infra hunc terminum occurrentes Dominicæ officium de Nativitate possidebunt.

---

(9) Infernalem pœnam rite intellige carcerem limbi Patrum, seu sinum Abrahæ, quo ante Christi mortem Innocentes martyres descenderunt, unde tamen Christi morte in cœlum recepti sunt.

Cap. XXXVIII. — *De eodem officio in alia Dominica repetendo.*

Quamvis autem duæ Dominicæ multoties eveniant eo tempore, nunquam tamen ambas Dominicali officio occupari festa sanctorum permittent, nisi eo tantum anno, dum vigilia Epiphaniæ in Dominica evenerit. Unde et sanctus Gregorius satis competenter unum Dominicale officium eo tempore ordinavit, eo quod et ibi una tantum Dominica omni pene anno occurrat quæ hujusmodi officio indigeat. Nec hoc utique sanctus Gregorius vel post Epiphaniam, vel post Pentecosten servare curavit, ut tot officia semper haberemus quot Dominicæ possent evenire. Nam optime prævidit hujusmodi inæqualitatem repetitione officiorum facile emendari posse. Unde et nos, cum vigilia Epiphaniæ in Dominica occurrit, prioris Dominicæ officium pleniter repetimus. Sic et in Dominicis post Epiphaniam et post Pentecosten, quoties necesse fuerit, juxta Romanam consuetudinem facere debemus. Sicut enim historias Dominicarum in quantum tempori sufficit, repetimus, nihilominus et officia earum repetere possumus. Nam et Dominicale officium alii Dominicæ, quæ ejusdem observantiæ est, non competentius [incompetentius] adhibebitur quam singulis privatis diebus qui Dominicarum officia dum recipiunt ex festivis ferialia efficiunt: hoc tamen non tam ex ecclesiastici conventus necessitate, quam ex propria devotione usquequaque usitamus. Non ergo magis incongruum videatur, si idem officium in alia Dominica, ut ecclesiastico conventui satisfiat, repetatur.

Cap. XXXIX. — *De octava Domini.*

In octava Domini, juxta Romanam auctoritatem, non officium : *Puer natus est*, sed : *Vultum tuum*, ut in Graduali libro habetur, cum *Alleluia, Post partum virgo*, cantamus, et orationem Gregorianam : *Deus qui salutis æternæ*, non illam : *Deus qui nos Nativit.*, dicimus. Et notandum hujus octavæ officium evidentissime de sancta Maria agere. Unde et Romani ea die ad Sanctam Mariam stationem faciunt, nec immerito; nuper enim, cum Nativitatem Domini celebraremus, nullum tam speciale officium Matri ejus attribuere potuimus. Unde non incongrue illam specialius in octava Domini veneramur, ne solemnitate Filii sui expers esse videatur, quam tamen in eadem solemnitate post Dominum maxime honorandam esse non dubitamus. Matutinales quoque laudes hujus octavæ de sancta Maria agunt expressissime. Unde et illa responsoria de Nativitate Domini, quæ de sancta Maria commemorant, huic diei congrue attitulantur, ne a Gregoriano ejusdem diei officio discrepemus in aliquo. Apte autem omnia in hunc modum ordinari possunt. Ad vesperam antiph.: *Tecum principium*, cum reliquis. Responsorium : *Congratulamini.* Hymnus : *A solis.* In evangelio antiph. : *Magnum hæreditatis.* Invitatorium: *Christus natus est.* Antiph. : *Dominus dixit.* Antiph. : *In sole.* Antiph. : *Elevamini.* Resp. : *Descendit.* Respons. :

(10) Vide eadem de re Guil. Durandum.

O magnum. Responsorium : *Sancta et immaculata.* Antiph. : *Speciosus.* Antiph. : *Rex omnis.* Antiphona: *Suscepimus.* Responsorium. : *Beata et veneranda.* Responsorium: *Congratulamini.* Responsorium: *Continet in gremio.* Antiph. : *Homo natus.* Antiph. : *Exsultabunt.* Antiph. : *Notum fecit.* Responsorium : *Confirmatum est.* Responsorium : *Nesciens mater.* Responsorium : *Verbum caro.* Matutinales laudes : *O admirabile*, per ordinem. Eædem antiphonæ in secunda vespera super psalmos de Nativitate Domini leguntur. In evangelio antiphona : *Qui de terra est.* In Dominica autem post Nativitatem Domini ita ordinabitur. Invitatorium : *Christus natus est.* Psalmi Dominicales, cum tribus antiphonis de Nativitate Domini. Responsorium : *Descendit.* Responsorium : *Quem vidistis.* Respons. : *O magnum.* In II noct. Responsorium : *Continet in gremio.* Responsorium : *Confirmatum est.* Responsorium : *Hic qui advenit.* In tertio nocturno responsorium : *Ecce Agnus Dei.* Respons. : *Benedictus.* Respons. : *O regem.* Matutinales laudes : *Quem vidistis.* In evangelio : *Dum medium.* Notandum autem in octava Domini nocturnalem cantum de sancta Maria multum agere, quia et diurnale officium in honorem ejus videtur institutum. In Dominicali autem nocte non tam de sancta Maria quam de Nativitate Domini agimus, quia et in diurnali officio specialiter de Nativitate Domini commemoramus. Est autem traditio sanctorum Patrum ut in hujusmodi festivitatibus officio missæ reliqua concordent officia.

Cap. XL. — *De Epiphania.*

Si vigilia Epiphaniæ in Dominicam evenerit, in nocte, ut prædictum est, canimus. In die quoque officium ; *Dum medium* ut in priori Dominica pleniter observamus. Si autem in alia die occurrit, idem quidem officium, sed cum lectione : *Scimus*, et evangelio : *Defuncto Herode*, unde et communio : *Tolle puerum* sumpta est, cantamus : quia hoc officium ante usum hujus vigiliæ ibi cantabatur, utpote Dominica ejusdem hebdomadæ; sicut et : *Vocem jucunditatis* canitur in vigilia Ascensionis, et assumitur communio de ejusdem diei evangelio. In Epiphania ad nocturnas, juxta Romanum Ordinem, invitatorium reticemus : ut a dolosa invitatione Herodis discrepemus : ab antiphona : *Afferte* ea nocte incipitur. Antiphona : *Fluminis* cum psalmo in tertiam nocturnam differtur, quia major laudatio quam *Alleluia* sonat (10), sub gratia est, cujus typum tertia nocturna gerit, quam ante legem vel sub lege, quod præcedentes nocturnæ significant. Unde et omnes historiæ quæ sibi *Alleluia* vindicant, plus *Alleluia* in tertia nocturna frequentant. Si Epiphania in Dominicam evenerit, nihil in ea die de officio Dominicæ tangimus. Quod tamen infra octavam ejus ideo observare solemus, ut lectiones et evangelia ferialia quæ de Baptismo Domini sonant, eo tempore recitentur, cum et festum de Baptismo Domini agitur.

Cap. XLI. — *De Dominicis post Epiphaniam.*

Si autem per interjacentes dies ab Epiphania usque in octavam ejus Dominica evenerit, necessario eo die ecclesiastico conventui cum Dominicali officio satisfacimus, quem non pro Epiphania, sed pro Dominica convenisse scimus. Dominicales quoque psalmi cum cantu de Epiphania sunt recitandi. Sic enim omnem Dominicam Dominicis solemnitatibus interpositam, nec tamen celebriori officio occupatam, de eisdem inofficiare solemus. Privatos quoque dies solemnitatibus intervenientes ita observamus, ut invitatorium et unam antiphonam super ferialem nocturnam, item vers., responsorium, et matutinales laudes et cætera de festo dicamus. Juxta Romanum enim Ordinem ferialem nocturnam nunquam dimittimus, cum tria tantum responsoria dicimus, nisi in hebdomada Paschæ et Pentecostes. Primæ ergo Dominicæ officium infra hanc octavam omni rite observatur, etiamsi propter pluralitatem hebdomadarum usque ad Septuagesimam, repetendum videatur, sicut et alia duo officia : *Omnis terra, Adorate,* cum multoties sex occurrant hebdomadæ his officiis inofficiandæ. Cum autem una tantum Dominica inter Epiphaniam et Septuagesimam accidit, duo officia, nullo ecclesiastico conventu fieri hoc exigente, in unam hebdomadam conjungere debebit, quicumque nullum eo anno ex statutis officiis pretermittere voluerit. Non ergo minus competenter idem officium aliquando in alia Dominica repetimus, cum nullum celebrius officium habuerimus unde ecclesiastico conventui rite satisfacere valeamus. Ipsi quoque privati dies Romano more officium prioris Dominicæ recipiunt, si non aliunde competenter inofficiari possunt, tamen et aquæ benedictæ aspersionem, juxta decretum sancti Alexandri papæ, et : *Credo in unum,* non dimittimus.

Cap. XLII. — *De duobus festis in unum diem concurrentibus.*

Cum duæ festivitates novem lectionum in unum diem concurrunt, quarum utraque plenum per se exigit officium, celebriorem ex integro observamus, alterius vero postea tantum memoriam agimus. Si autem utraque pleniter observanda videtur, aut in ipsa die ambabus singula officia persolvantur, juxta quod et sanctus Gregorius in Sacramentario et in Graduali libro aliquoties uni diei bina ascripsit [ascribit] officia, aut una earum in sequentem diem differatur, sicut sanctus Gregorius papa festum sancti Pauli post festum sancti Petri voluit observare. Nam illam usurpationem quæ ex duobus officiis in una die observandis, unum incomposite compingit, sanctorum Patrum auctoritas non admittit (quæ semper nos in officiis concordiam custodire præmonuit), videlicet ut unam nocturnam de uno festo, reliquas de alio observemus. Eo enim pacto si utrique festo satisfacere niteremur, neutrum debita officiorum reverentia celebrasse convinceremur. Ut autem duorum festorum officia in uno die separatim comp.eantur, vel unum eorum in alium diem differatur : non tam generali totius Ecclesiæ observationi, quam privatæ religiosorum vacationi adjacere videtur, qui nullum de statis officiis prætermittere volunt.

Cap. XLIII. — *De martyribus Romanis pontificibus.*

Gregorius, hujus nominis papa septimus apostolicæ sedi præsidens, constituit ut sanctorum omnium Romanorum pontificum et martyrum festivitates solemniter ubique cum pleno officio celebrentur. Nam cum quælibet ecclesia sui patroni, etiamsi confessor fuerit, festum solemniter observet, quanto magis eorum qui totius Ecclesiæ non tam patroni quam Patres exstiterunt, quam etiam usque ad martyrium verbis et exemplis instituere non destiterunt? Nota autem sanctum Gregorium papam primum in Graduali libro de his martyribus sicut de confessoribus pontificalia instituisse officia, ut de sancto Marcello, antiph.: *Statuit,* et de S. Felice antiph. : *Sacerdotes,* et hoc utique satis congrue propter excellentiam dignitatis apostolicæ. Hoc etiam attendendo majores nostri de eisdem sanctis confessorum officia ad cursum diei et noctis leguntur observasse, quæ et pontificis dignitatem eodem modo insinuant, nec tamen in aliquo eorum martyrio præjudicant. Idem et de sancto Apollinare observandum esse Gradualis liber demonstrat. Et de iis quidem sanctis hymnus, invitatorium, versus: *Gloria et honore, Posuisti, Domine, Magna est gloria ejus,* cantantur, ut de martyribus; reliqua vero per ordinem et de confessoribus. Quidam autem moderni, minus concordiam officiorum attendentes, de illis omnem cantum ut de martyribus observant, præter ad Missam ; asserentes congruum esse ut, nocte de martyrio eorum, ad missam autem, de sacerdotali eorum dignitate agatur. Sed convenientior videtur superiorum observatio. Nam missa in quolibet festo reliqua solet informare officia.

Cap. XLIV. — *De octavis sanctorum.*

Juxta Romanam auctoritatem nullorum sanctorum octavas observare solemus, nisi unde certam aliquam traditionem a sanctis Patribus habemus. Eorum quoque quorum octavas celebramus, nullam quotidianam mentionem per interjacentes dies agimus, quia nullam auctoritatem inde habemus, exceptis de S. Maria et de S. Petro, quorum memoriam et alio tempore non cessamus frequentare. In festo cujuslibet sancti trium responsoriorum, nocturnam [nocturnas] non dimittimus; sancto tamen invitatorium, responsorium et matutinales laudes, et alia usque ad finem missæ concedimus; reliqua de ferialibus. Nam juxta Romanam consuetudinem nullius sancti trium responsoriorum mentionem facimus, post missam, sive illa canatur ad tertiam, sive ad sextam. Imo cum ipsa missa mentionem sancti finimus. In festo autem novem lectionum omnia usque ad secundam vesperam de festo agimus.

Cap. XLV. — *De priori vespera Dominicali.*

Post octavam Epiphaniæ, sive privata dies sit, sive Dominica, leguntur Epistolæ Pauli usque ad Septuagesimam. Prior vespera cujuslibet Dominicæ crastinam exigit orationem, quia capitulum ante *Magnificat* sequenti ascribitur Dominicæ, sicut in dominica de Adventu Domini, et Quadragesimæ, sive passionis Dominicæ comprobatur, quod et in aliis solemnitatibus pene usquequaque frequentatur. Hoc utique et responsoria et antiphonæ indicant, quæ de crastina historia ad priorem vesperam solent anticipari. Aliquando tamen ultima antiphona de evangelio prioris Dominicæ ad vesperam prædictam reservatur, ut in Dominicis post Epiphaniam et Pascha, quæ tamen adeo concordant, ut antiphona præcedentis Dominicæ orationi subsequentis optime conveniat.

Cap. XLVI. — *De aqua aspersionis,* Gloria in excelsis, Ite missa est, *et Credo.*

Alexander papa, a beato Petro quintus, constituit ut sal et aqua benedicerentur ad conspergendum populum, et habitacula eorum; quod et nos in omni Dominica juxta canones sequimur. Symmachus papa, in ordine quinquagesimus constituit ut in Dominicis diebus et natalitiis martyrum hymnus *Gloria in excelsis* dicatur, quod et nos observamus in omni Dominica et in festis novem lectionum, excepto infra Adventum Domini, et a Septuagesima usque in Pascha: in iis tamen diebus natalia apostolorum et festa sanctæ Mariæ juxta Romanam consuetudinem *Gloria in excelsis* recipiunt. Semper autem cum *Gloria in excelsis* etiam *Te Deum* et *Ite missa est* recitamus, nisi de Nativitate Domini in nocte et in Cœna Domini, et in vigilia Paschæ et Pentecostes. Congrue autem et in festivis diebus *Ite missa est* dicitur, quia tunc generalis conventus celebrari solet, qui per hujusmodi denuntiationem licentiam discedendi accipere solet. Ad quotidiana autem missarum solemnia non generaliter ab omnibus, sed a religiosis conveniunt, qui plus spiritualibus negotiis quam sæcularibus invigilant, qui et reliqua, dum licet, officia quotidie frequentant. Ergo convenienter illis post missam, ut non statim discedant, sed ut Dominum benedicant, denuntiatur. Huic assertioni et ecclesiastica consuetudo videtur astipulari, quia cum *Ite missa est* dicimus, ad populum vertimur, quem discedere jubemus; cum autem *Benedicamus Domino* dicimus, non ad populum, sed ad altare, id est ad Dominum, vertimur, nosque ipsos non ad discedendum, sed ad benedicendum Domino adhortamur. Sciendum tamen quod *Ite missa est* infra Adventum Domini et Septuagesimam non recitetur; non quasi eo tempore nullus fiat conventus qui sit dimittendus, sed potius pro tristitia temporis insinuanda. Sic et *Gloria in excelsis* dimittitur. *Credo in unum*, juxta canones, in omni Dominica et in omnibus Dominicis solemnitatibus, item in festis sanctæ Mariæ et apostolorum, et sanctæ crucis, et Omnium Sanctorum, et dedicationis, debet cantari, nec immerito; nam et de iis singulis in eodem symbolo aliqua reperitur commemoratio. Hoc quoque notandum quod cum *Gloria in excelsis* semper dalmaticæ et subdiaconalia resumuntur.

Cap. XLVII. — *De Septuagesima.*

In Septuagesima Heptateuchum incipiunt. Unde et Alexander papa secundus constituit ut responsoria de eadem historia in eadem Dominica incipiantur, quæ et in sequenti Dominica repetantur. *Alleluia* etiam in Sabbato ad vesperam jussit dimitti ante Septuagesimam. Ab hinc usque in Cœnam Domini, *Te Deum, Gloria in excelsis, Ite missa est.* Item dalmaticæ et subdiaconalia antiquo more dimittuntur. In bissextili anno nativitatem sancti Matthiæ apostoli colimus in illa die quæ vigiliam ejus proxime sequitur, non in alia, quæ propter bissextum eo anno in eodem Kalendario iteratur.

Cap. XLVIII. — *De festis infra Septuagesimam vel Quinquagesimam occurrentibus.*

Si Purificatio sanctæ Mariæ infra Septuagesimam evenerit, nihil in ea juxta Romanam consuetudinem præter *Alleluia* de solita glorificatione mutamus. Sergius papa, a beato Petro octogesimus sextus, constituit ut diebus Annuntiationis Domini, et Dormitionis et Nativitatis sanctæ Mariæ, et sancti Simeonis, quod Græci ὑπαντή vocant, Litania exeat a Sancto Adriano, et ad Sanctam Mariam populus occurrat. Ὑπαντή autem nuncupatur *obviatio*, quia venerabiles personæ Simeon et Anna eo die obviarunt Domino, dum præsentaretur in templo. Item Cathedram sancti Petri etiam infra Septuagesimam et Annuntiationem S. Mariæ infra Quadragesimam solemnissime cum dalmaticis et *Gloria in excelsis* Romano more celebramus. Sciendum autem quod Laodicense concilium, cap. 51, constituit ut natalitia martyrum in Quadragesima non celebrentur, sed eorum commemoratio fiat in diebus Sabbatorum, vel Dominicorum. Quod hic soli martyres nominantur, hoc ideo quia nondum apud antiquos memoria confessorum adeo celebris fuit. Sancti quoque Patres in Toletano concilio de Annuntiatione S. Mariæ constituerunt ut de Quadragesima in 15 Kalendas Januarii transferretur, ubi annuatim solemniter et convenienter ante Natale Domini posset celebrari; ut puta cum omnia illius temporis officia de eadem resonent Annuntiatione, ut in Ambrosiana observatur ecclesia. Sed nos, magis sanctæ Romanæ Ecclesiæ morem gerentes, infra Quadragesimam illam celebramus, sicut et aliorum quorumdam sanctorum. Synodaliter autem legitur statutum ut eadem Annuntiatio, si in triduo ante Pascha occurrat, in Sabbato ante Palmas anticipetur; qui dies et proprio officio caret, et per totum annum venerationi S. Mariæ solet obsecundare; quæ anticipatio et omni necessaria videretur anno, dum eadem festivitas idem Sabbatum subsequitur, eo quod duæ subsequentes septimanæ propriis officiis in tantum sunt occupatæ, ut tantæ solemnitati digne nequeant deservire. Sed nos nihil in hac editione temere canonizatum deprehendimus. Cum autem festivitates novem lectionum in Quadragesima agimus, omnia de festo, die ac nocte, et missam de ipso ad tertiam festive dicimus. De Quadragesima vero post *Benedicamus* antiphonam ferialem cum precibus et oratione, et hoc ad matutinum et vesperum tantum, missam quoque de Quadragesima ad Nonam cum genuflexione.

CAP. XLIX. — *De Capite Jejunii.*

In Capite Jejunii missam dicimus ad Nonam, et omnia facimus ut in Quadragesima. Cum enim illi quatuor dies pro complemento Quadragesimalis jejunii recipiantur, necessario Quadragesimalem observantiam obtinebunt, videlicet ut tandem [non nisi] post vesperam jejunium solvatur, sicut in canonibus præcipitur, quod tamen alio tempore statim post Nonam solvitur, cum et missa ad Sextam celebratur. In hoc enim Quadragesimale jejunium ab aliis differt diebus, quod in aliis post Nonam, in hoc autem post vesperam reficere debemus. Nec juxta canones Quadragesimaliter jejunare censemur, si ante vesperam reficimur. Ergo in his quatuor diebus similiter jejunare debemus, si cum iis Quadragesimale jejunium adimplere volumus. Unde et missa in iis diebus non ad Sextam, sed ad Nonam merito celebratur. Est enim ecclesiastica consuetudo ut ad Nonam reficiatur, cum ad Sextam missam celebramus; ad vesperam autem, cum ad Nonam sacrificamus ; ut ergo et in iis diebus usque ad vesperam jejunemus, canonicum est, ut et missam ad Nonam differamus. Sciendum autem non solum modernos, ut quidam putant, sed et antiquos a Capite Jejunii incœpisse, cum et S. Gregorius ibi Quadragesimalia officia videatur initiasse. Sic enim in Gregorianis Sacramentariis sive Gradualibus libris evidentissime declaratur. Subsequens tamen Dominica proprie initium Quadragesimæ dicitur; unde et XLII dies usque in Pascha computantur; quibus cum sex Dominicas subtrahimus, non nisi triginta sex in abstinentia observamus. Ergo a Capite Jejunii necessario incipimus, si cum Domino jejunium quadraginta dierum complere volumus. Exinde etiam orationem super populum juxta Gregorii institutionem exordimur, quam nunquam dicimus nisi cum et quadragesimaliter jejunare debemus.

CAP. L. — *De Quadragesima.*

In Quadragesimali dicitur præfatio : *Qui corporali jejunio*, juxta statutum Pelagii papæ, non minus in Dominicis quam in earum feriis. A Dominica tamen Palmarum, eo quod ibi passiones legere incipimus, præfationem de cruce dicimus usque in Cœnam Domini, videlicet per illos quinque dies quinquepartitam Domini passionem intimantes, ipsamque hebdomadam quam sancti Patres Majorem vocant, eadem præfatione adornantes : nam et convenientissime eo tempore dicitur cum de passione Domini tam specialiter agitur. In prima hebdomada Quadragesimæ celebrandum est jejunium vernale, sicut et sancti Patres, Leo Magnus, Gelasius, Gregorius papa primus, et secundus, et septimus, constituisse leguntur. Tractum : *Domine, non secundum*, quem in Quadragesima frequentamus, non tam ex Romano Ordine quam ex nostra consuetudine usurpamus. Melchiades papa, a B. Petro tricesimus tertius, constituit ut nullus in Dominica, nec in quinta feria jejunaret. Unde sanctus Gregorius in dispositione officiorum quintam feriam infra Quadragesimam vacantem dimisit, ut quia festiva erat, sicut Dominica, etiam officio Dominicali honoraretur. Sed quia eadem feria jejuniis postmodum applicata est, ut reliquæ, Gregorius Junior statuit [Greg. Junior ut reliquas statuit] esse solemnem officiis undecunque collectis, et maxime ex æstivalibus Dominicis, unde et antiphonæ ex Dominicalibus evangeliis quintis feriis adhuc ascriptæ reperiuntur, ut in evangelio : *Homo quidam erat dives*, et : *Ibat Jesus*; et in hebdomada quoque Pentecostes quinta feria officio Dominicæ inofficiatur. Sabbata ante Quadragesimam et ante Palmas Dominicarum suarum officia recipiunt, nec immerito, cum quilibet dies privati de suis Dominicis soleant inofficiari. Ad omnes horas quadragesimales genua flectimus. Item ad missam, etiamsi salutatio præcedat orationem, nisi alia oratio sine salutatione præcesserit : tunc enim ad priorem tantum genua flectimus, excepto in quarta feria post Palmas, ubi ad utrasque juxta Romanum Ordinem genua flectimus.

CAP. LI. — *De oratione super populum.*

Orationem super populum in Quadragesima ideo frequentamus quia cum majorem conflictum in jejuniis et orationibus contra spiritales nequitias sumimus, necessario nos instantius Deo commendare debemus. Nam oratio post communionem pro solis communicantibus solet orare. Populus autem, etsi quotidie in Quadragesima conveniat, non tamen quotidie, ut deberet, communicat. Ne ergo populus ita oratione ut communione careret, adjecta est oratio super populum, in qua non de communicatione, sed de populi protectione specialiter oratur. In Dominicis tamen diebus non dicitur, quia genuflexio vitatur, quæ huic orationi a populo antiquitus persolvebatur ; vel potius ideo quia omnes, juxta attestationem sancti Ambrosii, in Dominicis diebus communicare deberent, quibus et oratio post communionem pro benedictione sufficere posset. Sciendum est autem, juxta antiquos Patres, quod soli communicantes divinis mysteriis interesse consueverunt, unde et ante oblationem juxta canones jubebantur exire catechumeni et pœnitentes, videlicet qui [ut qui] nondum se paraverunt ad communicandum. Hoc quoque ipsa sacramentorum innuit confectio, in qua sacerdos non pro sola sua oblatione et communicatione, sed et aliorum rogat, et maxime in oratione post communionem, pro solis communicantibus orare videtur. Nec proprie communio dici potest, nisi pluries de eodem sacrificio participent. Apud Græcos etiam ut legitur, excommunicandus est, qui usque ad tertiam Dominicam non communicaverit. Beatissimi quoque Patres nostri Ambrosius et Augustinus ad quotidianam nos hortantur communionem. Sed quia hoc modo nec ab omnibus presbyteris in Quadragesima, nedum a laicis, observatur, congrue adjecta est oratio super populum, ut vel eo tempore ultima benedictione populus non careret, dum tamen communicare non soleret. Hinc quoque et illa consuetudo apud modernos, quæ non fuit apud antiquos, inolevisse videtur, ut et in aliis temporibus etiam presbyteri post finem missæ benedicant, ne populum ita benedictione ut communione privatum discedere permittant.

CAP. LII. — *De diebus Dominicæ passionis.*

A Dominica de passione Domini, non dicitur usque in Pascha *Gloria Patri* ad responsoria vel ad introitus, vel ad psalmum *Venite*, ad quem etiam repetitio invitatorii solet mutari, id est ut ad primum versum a medio, ad secundum autem a principio repetatur, et sic usque in finem alternetur. In psalmis ad tertiam nocturnam, legitur homilia de evangelio : *Cum appropinquaret.* Juxta Ordinem non dimittitur salutatio ad passiones, nisi in Parasceve, ubi et sacerdotale officium [a sacerdote officium] reticetur, sed *Gloria tibi, Domine*, non subjungimus. Sciendum autem si quando infra passionem Domini de aliquo sancto agimus, *Gloria Patri* non omittimus. In feria secunda et tertia post Palmas, duæ lectiones leguntur continuatam ad missam, ut in Nativitate Domini. Item in Sabbato post mediam Quadragesimam, et in quarta feria post Palmas, duæ lectiones leguntur, et singulæ accipiunt [singulas recipiunt] genuflexiones, nec immerito : nam et Apostolus in eadem die in antiphona ad introitum omnia cœlestia et terrestria et infernalia ad genuflexionem pro passione Domini hortatur, quæ in hac die consilio Judæorum facta legitur; quod enim in hac die Judæi consiliati sunt, hoc in Parasceve peractum est. Sicut ergo Parasceve plus quam aliæ feriæ sextæ in genuflexionibus celebris habetur, sic et in hac quarta feria plus quam in aliis genuflectere merito debemus. Cum enim omnes quartas ferias pro passione Domini servemus, quis negat illam nobis maxime observandam quæ nobis eamdem specialius passionem annuatim repræsentat? Juxta Romanum quoque Ordinem orationes cum genuflexionibus in quarta feria dicere debemus, quas et in Parasceve ante salutationem crucis sancta Ecclesia solet observare. Præterea hæc hebdomada juxta Romanum Ordinem [Romanam auctoritatem] Major appellatur, eo quod ex sanctissimo Dominicæ passionis sacramento insignior cæteris habeatur. Jure ergo eamdem et lectionibus et genuflexionibus sive in aliis observationibus celebriorem quam alias habemus. Juxta Romanum ordinem in Cœna Domini, in Parasceve et Sabbato sancto, ad matutinales laudes post *Benedictus*, sub silentio dicendum, *Kyrie eleison* preces et orationes. In Cœna Domini, *Gloria Patri*, et *Gloria in excelsis* reticetur, nisi ubi chrisma consecratur : diaconi tamen dalmaticis et subdiaconi subdiaconalibus utuntur. In qua die sub anathemate interdicitur ne quis solvat Quadragesimale jejunium, ut Priscillanistæ faciunt. Sic enim sancti Patres nostri in Laodicensi et in Toletano concilio constituisse leguntur. Hinc B. Leo in sermone de Quadragesima : « Qui, inquit, in Quadragesima unum diem prætermittit, totam Quadragesimam violavit, præcipue illam diem [illa præcipue die] quæ cum finis sit Quadragesimæ, magis est observanda quam alia, quia omnis laus in fine canitur quam maxime. » In Parasceve officium a lectione; non ab oratione, juxta ordinem incipitur. Nam oratio finis esse solet potius officiorum quam principium, ut in ipsa missa patet, et in singularibus cursibus. In eadem die ante singulas orationes, præter illam de Judæis, *Flectamus genua*, dicimus, statimque *Levate;* postea orationem subjungimus, Romano more, sicut et in aliis diebus continuamus.

CAP. LIII. — *De Sabbato sancto.*

In Sabbato sancto Zosimus papa cereum magnum benedici constituit, qui et ante benedictionem illuminandus est, et in octavis Paschæ populo distribuendus ad subfumigandum rebus eorum, quem diaconus accepta benedictione ab aliquo sacerdote debet benedicere. Duodecim lectiones juxta Romanum Ordinem legendæ sunt absque titulis, ante baptismum. Post baptismum presbyteri demum possunt missam, si necesse fuerit, privatim celebrare, quia jam renati sunt, de quibus specialiter in missa agere debemus; nec postea a lectionibus quas jam audivimus, sed a litania incipere solemus.

CAP. LIV. — *De Paschali observatione.*

Juxta Romanam auctoritatem, agnus in Pascha benedicitur, non ad altare, sed ad communem mensam: *Credo in unum*, et alia hujusmodi, quotidie usque in octavam dicimus, ut in die sancto. Versum Gradualis : *Benedictus qui venit*, in quinta feria ; *Lapidem* in sexta feria congrue dicimus, in qua Dominus a Judæis reprobatus est. In Sabbato infra octavas Paschæ antiphona : *Cum esset sero*, ad vesperam cantatur, eo quod idem evangelium apud antiquos usque ad *Thomas autem*, in eodem Sabbato legebatur, sicut adhuc Breviaria evangeliorum testantur. Ad hanc vesperam feriales psalmi dicuntur cum *Alleluia*, et in nocte Dominica nocturna et novem lectiones juxta Romanum Ordinem. Et sic deinceps feriales psalmos ad vesperam et ad nocturnam cum *Alleluia* dicimus, nisi festum occurrat novem lectionum. Semper tamen ad Matutinas *Dominus regnavit* recitamus. Sed quia quamplures omnes dies hinc usque in octavam Pentecostes cum tribus psalmis et lectionibus observare volunt, operæ pretium videtur ut ad auctoritatem sedis apostolicæ recurramus, et inde quid nobis faciendum sit exploremus, unde totius Christianæ religionis formam accepimus. Gregorius papa in apostolica sede constitutus, in hac causa [al., de hoc] tale statutum promulgavit : « A die, inquit, Resurrectionis, usque in Sabbatum, in Albis, et a die Pentecostes usque in Sabbatum ejusdem hebdomadæ, tres psalmos tantum ad Nocturnas, tresque lectiones antiquo more cantamus et legimus. Omnibus aliis diebus per totum annum, si festivitas est, novem psalmos et novem lectiones et Respons. dicimus; aliis autem diebus duodecim psalmos et tres lectiones recitamus. In diebus Dominicis octoidecim psalmos, excepto die Paschæ, et die Pentecostes, et novem lectiones dicimus. Hoc etiam usquequaque juxta Romanum Ordinem ita fieri statuimus, ut supra notavimus. In octava Paschæ historiam : *Dignus es, Domine*, et Apocalypsin juxta ordinem incipimus. »

CAP. LV. — *De festis infra paschale tempus.*

Ab octava Paschæ usque in Pentecosten, in festo trium responsoriorum, unum *Alleluia* tantum; novem vero lectionum, duo *Alleluia* ad missam cantamus; sive de resurrectione, sive de alio festo. Et cum duo *Alleluia* dicimus, non primum, sed secundum repetimus. Præfationem quoque usque in Ascensionem Domini non omittimus, quia die et nocte Paschale officium celebramus. Incongruum enim esset ut sola præfatio ferialiter, et omnia alia paschaliter observarentur. In nativitate tamen apostolorum Philippi et Jacobi præfationem de apostolis dicimus, sicut et de cruce in Inventione ipsius. Hoc tempore nullius festi vigiliam jejunare vel observare jubemur, nisi Ascensionis et Pentecostes. Hoc quoque congrue in omnibus vigiliis observatur, ut Nona de futuro festo peragatur, si tamen post missam differtur, videlicet ut postquam de festo post missam incipimus, nullam deinceps cum nona dissonantiam officiorum faciamus; quam maxime sancti Patres in dispositione eorumdem devitare studuerunt. Sciendum autem quod antiqui de sanctis communiter in Paschalibus cantare solebant, unde et adhuc de uno quæ ad plures pertinent, cantantur, ut *Alleluia, Gaudete*; et offertorium : *Confitebuntur*; et Responsorium : *In servis suis*. Et hoc ideo quia universali resurrectione, cujus typus eo tempore agitur, communis est lætitia et festivitas justorum. Ideo etiam invenitur in Martyrologiis sive in Sacramentariis festivitas sanctorum Jacobi et Philippi, et omnium apostolorum. Eusebius papa a beato Petro tricesimus secundus, constituit ut omnes Christiani Inventionem sanctæ crucis v Nonas Maii solemniter celebrarent. Unde et nos illam cum pleno officio observare debemus, quod non incongrue ita ordinare possumus. Antiphona : *Helena*. Invitatorium : *Alleluia, Regem crucifixum*. In 1 nocturno, antiphona : *Adoremus*. Antiphona : *Adoramus*. Antiphona : *Tuam crucem*. Psal.: *Domine Deus noster* [*Domini est terra*]. *Conserva me, Domine in virtute*. Vers. : *Omnis terra*. Responsorium : *Hoc signum crucis*. Responsorium : *Agnus Dei Christus*. Responsorium : *Ecce vicit leo*. In secundo nocturno antiphonæ : *Crucem sanctam*. *Per signum crucis*, *Nos autem*. Psalmi : *Domini est terra*, *Magnus Dominus*, *Jubilate*. Versus : *Dicite in nationibus*, *Dominus regnavit a ligno*. Responsorium : *Dignus es, Domine*. Responsorium : *Audivi*. Responsor. : *Dulce lignum*. In tertio nocturno antiphona : *Salvator mundi*. Antiphona : *Salva nos*. Antiphona : *O magnum*. Psalmi : *Cantate*, prim. : *Dominus regnavit*, *exsultet*, *Cantate*, secund. vers. : *Mihi autem absit gloriari*. Respons. : *Bonum est confiteri Domino*. Respons. : *Dicant nunc*. Respons. : *O crux benedicta*. Ad Laudes matutinales, Antiphona : *Helena Constantini*. Antiphona : *Tunc præcepit*. Antiph. : *Helena sancta*. Antiphona : *Cumque ascend*. Antiphona : *Orabat Judas*. In evangelio antiph. : *Cum orasset Judas*. De sancto autem Alexandro et sociis ejus post *Benedicamus* commemorare solemus. Exaltatio autem sanctæ crucis non adeo generaliter et solemniter celebratur, et hoc fortasse ideo quia nullum inde tam speciale statutum ut de inventione reperitur.

CAP. LVI. — *De Pascha annotino.*

Romani annotinum Pascha quasi anniversarium Pascha dicunt, quia antiquitus apud illos, qui in priori Pascha baptizati erant, in sequenti anno eadem die ad ecclesiam convenere, suæque regenerationis anniversarium diem cum oblationibus solemniter celebraverunt. Cujus diei hoc erat officium : *Resurrexi*, per totum. Lectio, *Vidi ostium*. Evang. : *Erat homo ex Pharisæis*, cum orationibus ad hoc competentibus; quæ omnia apertissime de gratia regeneratorum agere videntur. Sed quamvis hujusmodi anniversarius a paucis uspiam observetur, authentici tamen libri ipsum observari debere innuunt, qui nobis lectionem et evangelium sub titulo Paschæ annotini annuatim præscribunt. Si enim quilibet suum natalem, quoad æternam mortem natus est, observat, quanto magis illum observare deberet, quo ad æternam vitam regeneratus est?

CAP. LVII. — *De Litaniis.*

Major Litania a beato Gregorio papa primo pro pestilentia ipsius temporis instituta est, qui et Joanni episcopo Ravennati scribens, diem Litaniæ tempus cineris et cilicii appellat. Triduanæ autem Litaniæ ante Ascensionem Domini non Romanæ, sed Gallicanæ sunt; quia [quas] illas sanctus Mammertus Viennensis episcopus instituisse legitur; quas sancti Patres non equitando, non vestibus pretiosis utendo, sed in cinere et cilicio, sicut et majorem Litaniam, observari statuerunt. In quarum ultima die, id est in vigilia Ascensionis Domini, canitur officium : *Vocem jucunditatis*; offertorium : *Viri Galilæi*; communio : *Pater cum essem*.

CAP. LVIII. — *De hebdomada Pentecostes.*

Jejunium æstivale semper infra Pentecosten est celebrandum. Nam orationes et lectiones de eodem jejunio agunt de Spiritu sancto [festo sancti Spiritus]. Sicut ergo jejunium vernale semper infra Quadragesimam est celebrandum, eo quod Quadragesimalia habeat officia, ita et istud infra festum Spiritus sancti, unde habet officia, apte celebratur. Sic enim sancti Patres de utroque jejunio constituisse leguntur. In jejunio Pentecostes genua non flectimus, juxta romanum Ordinem. Quidam etiam ad missam jejunii nec *Gloria in excelsis* prætermittunt, sed incongrue, cum eadem missa de tertia mutetur ad sextam. Sunt enim tres horæ in die ex Dominica passione ad celebranda mysteria consecratæ, videlicet, tertia, in qua linguis Judæorum; sexta, in qua manibus gentilium crucifixus est; nona, in qua emisit spiritum. Inter quas hora tertia in festivis diebus maxime observatur, ea fortasse ratione quia inter reliquas passionis horas, tempori Dominicæ resurrectionis sive nativitatis propinquior esse videatur. Sexta vero vel nona jejuniorum officiis deputantur. Excepto autem in Cœna Domini, in Sabbato sancto Paschæ et Pentecostes, nunquam alicui missæ *Gloria in excelsis* ascribitur, nisi illi quam et festive ad Tertiam celebrare debemus. Ergo non incongrue et missis hujus jejunii *Gloria in excelsis* subtrahimus, quas non festive ad Tertiam, sed ad S xtam observare solemus. Quidam autem satis apte in hoc jejunio duas missas cantant, unam ad Tertiam solemniter, cum *Gloria in excelsis*, ut festo Spiritus sancti satisfaciant; alteram post Sextam pro jejunio; sicut festo S. Thomæ satisfaciunt in jejunio hiemali, et festo sancti Matthæi in jejunio autumnali: item sancto Marco in Litania majore, et annuntiationi sanctæ Mariæ in Quadragesima, videlicet ut prior missa festo, secunda vero satisfaciat jejunio. Ad quam [quod] etiam non gradualia, ut antiquitus, sed *Alleluia* cantamus.

CAP. LIX. — *De octavis Pentecostes.*

Sequitur Dominica vacans, cui attitulatur lectio *Vidi ostium;* orationem vero, id est deprecationem, ex Quadragesima, et Evangelium de Pascha annotino mutuavit: officium autem de ipso die Pentecostes, eo quod octava ejus sit, competenter accipit. Ad Nocturnam, novem lectiones juxta Romanum Ordinem dicimus, licet totidem responsoria de Spiritu sancto in antiquis Antiphonariis non inveniamus. Et hoc fortasse ideo quia Romani non singulis lectionibus singula semper subjungunt responsoria, nam tertium sive nonum multoties prætermittunt. Nos tamen prædictis novem lectionibus totidem responsoria alleluiata, undecunque collecta, Gregoriano more subnectimus, id est communiones pro responsoriis accipientes, ut in aliquibus libris reperitur. In crastinum autem de libris Regum ad nocturnam legimus et canimus, et officium ad missam: *Domine, in tua,* nisi aliquod celebrare festum habeamus [festum celebrare debeamus]. Ipsum etiam officium in sequenti Dominica Romano more possumus repetere, si tamen eo anno usque in Adventum Domini plures hebdomadæ fuerint. Sin autem, officio: *Domine, in tua,* solæ feriæ sufficiant [sufficiunt], sicut cuilibet Dominicali officio feriæ sufficiunt, cujus Dominicam aliquod celebrare officium occupaverit.

CAP. LX. — *De officio sanctæ Trinitatis.*

Quidam autem officium de sancta Trinitate in octava Pentecostes instituunt, licet non sit alleluiatum, quod et per totam subsequentem hebdomadam observandum putant, sed non est authenticum. Nam quidam Leodicensis Stephanus idem officium, sicut et historiam de inventione sancti Stephani, composuisse asseritur; quæ utraque ab apostolica sede respuuntur: Unde piæ memoriæ Alexander papa de hac re inquisitus, respondit juxta Romanum Ordinem nullum diem specialiter ascribi debere solemnitati Sanctæ Trinitatis, sicut nec sanctæ unitatis, præcipue cum in omni Dominica, imo quotidie, utriusque memoria celebretur. Sciendum autem quemdam Albinum magistrum Caroli imp. rogatu sancti Bonifacii archiepiscopi, ut aiunt, missales orationes de Sancta Trinitate composuisse, et in secunda feria de sapientia, in tertia de Spiritu sancto, in quarta de charitate, in quinta de angelis, in sexta de cruce, in Sabbato de sancta Maria. Et hoc ideo ut presbyteri illius temporis nuper ad fidem conversi, nondum ecclesiasticis officiis instructi, nondum etiam librorum copia præditi, vel aliquid haberent cum quo officium suum qualibet die possent explere. Unde et adhuc quidam easdem orationes quotidie, etiam cum † proprio [propria] abundent officio [officia], nolunt prætermittere. In singulis quoque hebdomadibus, sexta feria de cruce, et Sabbato de sancta Maria pene usquequaque servatur, non tam ex auctoritate quam ex devotione. Sicut igitur hujusmodi observationes nulli magis hebdomadæ quam alii ascribuntur, ita nihilominus et illa de sancta Trinitate. Incongruum ergo videtur unam Dominicam cum orationibus Albini, et cantu Stephani de sancta Trinitate celebrari, cum omnes Dominicæ authenticis abundent officiis, quæ non minus nobis intimant honorem sanctæ Trinitatis. Præfationem autem de sancta Trinitate, quam in diebus Dominicis frequentamus, non ex Albino, sed ex Romana auctoritate suscepimus. Nam hæc est una ex illis novem quas solas Pelagius papa, antecessor Gregorii, constituit observari. Fecit tamen idem Albinus in sancta Ecclesia non contemnendum opus, nam Gregorianas orationes in libris Sacramentorum collegisse asseritur, paucis aliis adjectis, quas tamen sub obelo notandas esse indicavit. Deinde alias orationes sive præfationes, etsi non Gregorianas, ecclesiasticæ tamen celebritati idoneas collegit, sicut prologus testatur quem post Gregorianas orationes in medio ejusdem libri collocavit.

CAP. LXI. — *De concordia et ordine officiorum.*

Sciendum autem quod sanctus Gregorius ita ecclesiastica ordinavit officia, ut prima oratio in missa, officio, lectioni et evangelio semper concordet, sicut in omnibus solemnitatibus deprehendi potest. Sed hanc concordiam in æstivalibus Dominicis illi maxime confundunt, qui vacantium Dominicarum orationes incongrue assumunt. Verbi gratia, ut illam orationem: *Deprecationem,* etsi in octava Pentecostes post jejunium Quatuor Temporum legitime ponatur, multoties tamen et inter Dominicas in *tertio* loco reperitur; et hoc ideo quia et prædictum jejunium in secunda hebdomada post Pentecosten aliquando, licet incongrue, celebretur. Qui ergo prædictam orationem tertio Dominicali officio applicaverit, concordiam officiorum usque in adventum Domini secundum ordinem disturbabit. Eodem modo et ille peccabit, si quis post jejunium autumnale orationi vacantis Dominicæ, sive illi orationi : *Absolve*, quæ jejunium præcedit aliquid [aliquod] ex Dominicalibus officiis adaptaverit. Iis ergo præmissis, ita Missales orationes singulis officiis feriatim copulentur, ut illa oratio : *Omnipotens sempiterne Deus, qui abundantia pietatis*, illi evangelio : *Duo homines*, societur, quæ ad invicem adeo concordant, ut devotio publicani in ipsa oratione exprimi videatur. Item illa secreta : *Deus qui legalium † differentia sacrificiorum* [*differentiam hostiarum*], semper jungenda est illi offertorio : *Sicut in holocausto*. Nam quamvis et aliæ hujusmodi orationes suis officiis indubitanter concordent, in prædictis tamen evidentior concordia notatur : quam qui diligenter observaverit, nec antea, nec postea concordiam officiorum disturbabit, si per ordinem officiis orationes viritim sociare voluerit.

Cap. LXII. — *De Dominicali officio non facile prætermittendo.*

Juxta Romanam consuetudinem, in omni Dominica ecclesiastico conventui cum officio Dominicæ [Dominicali] satisfacimus, nisi aliqua multum celebris festivitas in ipsa die occurrat, ut festum Joannis Baptistæ, vel sancti Petri apostoli : pro quibus non minus quam pro Dominica populus solet congregari, quas et in aliis diebus solemnissime celebraremus. Item cum plures sint [sunt] Dominicæ quam officia, non ut quidam differimus, sed quoties necesse fuit, aliqua repetimus, illo duntaxat observato ut ultimum officium in proxima tantum hebdomada ante Adventum Domini cantetur. Est enim præparatio Domini Adventus, qui semper in quinta Dominica ante Natale Domini debet initiari, videlicet ut sicut antiqui Patres per quinque ætatum curricula, sive per quinque libros Moysis, de Adventu Christi edocti sunt, nihilominus et nos per quinque Dominicas de Adventu ejus instruamur, ut juxta evangelium ejusdem diei, de quinque panibus cum quinque millibus hominum saturari mereamur.

Explicit Μικρόλογος.

SÆCULI XI
MONUMENTA DIPLOMATICA

IMPERATORUM GERMANIÆ

NECNON

FRANCORUM REGUM

DIPLOMATA ET CONSTITUTIONES ECCLESIASTICÆ

RADULFUS III

COGNOMENTO PIUS, BURGUNDIONUM REX.
(An. 994-1032.)

RADULFI DIPLOMATA

I.

Confirmat quæ monasterio S. Andreæ Viennensis donaverat Conradus pater ejus.
(Anno 994.)
[Edidit Achery, *Spicil.* t. III, p. 580.]

In nomine Domini Dei æterni, Radulfus rex. Si locus sanctorum more præcedentium regum catholicorum aliquid compendii, unde vita inibi Deo famulantium sustentetur, conferre studemus, non solum in hac vita diutius cum prosperitate regnaturos, verum in perenni a Deo recompensationem recipere confidimus. Quocirca noverit sanctæ Dei Ecclesiæ nostrorumque fidelium universitas, præsentium scilicet ac futurorum, quia venerabilis abbas Haimoinus de monasterio Sancti Andreæ apostoli, in civitate Vigenna siti, cum monachis sibi commissis, ante præsentiam nostram præceptum patris nostri deferens, postulavit ut res quæ in ipso ad præfatum monasterium a se jamdudum restauratum delegatæ erant pro animæ matris nostræ Mathildis reginæ remedio ac suæ, nostræ auctoritatis præcepto ad sustentationem Deo ibi servientium corroborare dignaremur. Sunt autem res ipsæ in pago Vigenni sitæ, in villa Vitrosco ecclesia cum appendiciis suis, et quidquid in ipsa villa, vel in Arelo pater noster et mater nostra de Teudowino acquisierunt, et in Arcas mansum unum, et in Masiano colonica una. Nos vero non solum in hoc ei assensum præbentes, sed insuper per consilium dilectæ conjugis nostræ Agildrudis reginæ, ac fratris nostri Burchardi Lugdunensis archiepiscopi, quamdam villam Crisinclacus nominatam cum familiis utriusque sexus et ætatis, et rebus omnibus ad ipsam respicientibus, quæ ex multo tempore de præfato monasterio ablata fuit, pro remedio animæ patris nostri, sicut ipse in fine obitus sui reddidit, sancto Andreæ sanctoque Maximo reddimus et concedimus, et per hoc nostræ auctoritatis præceptum sancimus, ut deinceps nullus dux, marchio, comes, vel quælibet grandis aut parva regni nostri persona de supra nominatis rebus nullum teloneum, vel aliquam fonctionem exigere præsumat, sed ad subsidia monachorum in prælibato monasterio Deo servientium, omnium hominum inquietudine remota, cuncto permaneant tempore.

Si quis autem hujus nostri præcepti violator exstiterit, sciat se compositurum auri optimi libras xxx, medietatem cameræ palatii nostri, et medietatem monachis supradictis. Ut autem verius a nobis factum credatur, et ab omnibus diligentius succedentibus temporibus observetur, manus illud nostræ subscriptione roborantes, sigilli nostri impressione adnotari jussimus: et ad confirmationem prælibatam confirmandam addimus ecclesiam de Masclatis cum appendiciis suis ad prædictorum monachorum subsidia.

Signum domni Radulfi nobilissimi regis.

Paldolfus cancellarius, recognovi.

Data II Idus Januarii, anno Incarnationis Domini 994, indict. v, anno vero domni Radulfi regis primo.

Actum Vigennæ in Dei nomine feliciter. Amen.

II.

Amizoni, archiepiscopo Tarantasiensi, comitatum ejusdem urbis donat.

(Anno 996.)

[MURATORI, *Antiq. Ital.*, I, 415.]

In nomine sanctæ et individuæ Trinitatis, RODULPHUS, æterni judicis misericordia rex.

Dum in primordio Christianæ religionis constituti sunt reges, Ecclesiarum sollicitudinem curamque pontificum Deo famulantium considerantes, augmentando terrarum donis pontificatus quamplures ad summam duxerint dignitatem, nos quidem, exempla priorum perpendentes ac molem nostrorum peccaminum, ne ira districti judicis pavidi damnemur, archiepiscopatum Hibernis incursionibus penitus depopulatum, quem Amizo, prout vires appetunt, ordinatum vestivit, comitatu donamus, ac, hujus auctoritate nostri præcepti, hunc autem juste et legaliter esse datum firmamus, ut sicut prædictorum malignæ incursioni sæpissime decidit furore, ita nostri juvaminis sublevetur honore. Hoc autem omni consideratione cordi committimus, Dominumque Christum Jesum fixis genibus imploramus, quo, his peractis ad cœlestis patriæ valeamus deportari regnum, ac potestatem sanctæ Dei Ecclesiæ Tarentasiæ integrum conferimus comitatum, quo beatissimorum apostolorum principis jam dictum comitatum Deo deferimus, ut in omnibus eamdem ipse prædictus archiepiscopus potestatem habeat regimen sive ordinationis suorum tantis temporibus episcopo committere. Quicunque igitur istius nostræ donationis seriem temerario ausu temerare præsumpserit, omnibus Dei maledictionibus subjaceat, sanctorumque apostolorum omnium nodis et nexibus irretitus, anathemate perpetuo damnetur. Et hæc nostra auctoritas firma, stabilis maneat semper; insuperque sentiat se compositurum centum libras optimi auri, medietatem cameræ nostræ, et medietatem archiepiscopo, vel successoribus suis. Verum ut hoc credatis melius, præsens præceptum firmavimus, nostroque sigillo insigniri jussimus.

Signum domini serenissimi regis Rodulphi.

Anselmus regis cancellarius hoc scripsit præceptum anno Domini Incarnationis nongentesimo nonagesimo sexto, indictione vero decima, regni autem Rodulphi tertio.

Actum in Agauno, feliciter.

III.

Ecclesiam S. Nicolai de Poliniaco S. Odiloni ac monasterio Cluniacensi concedit.

(Anno 1029.)

[Dom MARTENE, *Thesaur Anecd.*, I, 147, ex archivis Cameræ Computorum Divionensis.]

In nomine sanctæ et individuæ Trinitatis, RADULFUS, Dei gratia Burgundiorum rex.

Sicut certum est quia Dei potentis non . . . . . quippe sine quo potestas non est, ita quoque liquet quod potentum opera interrogabit. Et ob hoc nobis summopere curandum est ut cum vel prodesse, vel obesse, ipso disponente, possumus, nostrum posse sub ejus nutu penitus subigentes, et honori sanctæ ejus Ecclesiæ proficiat, certatim faciamus. Itaque priscæ seriem consuetudinis, regalemque Christianæ religionis morem considerantes totis nisibus totoque mentis affectu imitari cupimus, et quod ipsi duxerunt ad ecclesiasticæ celsitudinis curam, nos spiritualibus armis, et clypeo Dominicæ protectionis defendi eamdem curæ sollicitudinem subintremus, sicut qui Deo famulantibus placabiles misericorditer exstiterunt. Quapropter cunctis, tam regibus, quam reliquarum dignitatum, personis, præsentibus vel futuris, notum sit quod petiit a nobis quidam fidelis noster Reinaldus comes, filius Othonis cognomento Willelmi, viri illustrissimi, quatenus Cluniacensi cœnobio in honore primorum cœli, Petri videlicet et Pauli constructo, cui præest reverendus Pater Odilo, concederemus per hoc nostræ auctoritatis præceptum ecclesiam sive monasterium in honore Dei et Salvatoris Jesu Christi, ejusdemque Genitricis Mariæ, sanctique Petri apostoli, necnon et sancti Nicolai confessoris almi consecratum, ad habitandum ibi Cluniacenses monachos, qui tam pro nostra quam omnium salute Deo assidue preces et vota persolvant. Concedimus ergo jam dicto cœnobio præfatum locum, situm in episcopatu Vesuntionensi juxta Polliniacum, in loco qui recte Vallis vocatur constitutum, cum terra et decimis, seu omnibus sibi pertinentibus, et a bonæ memoriæ Othone, cognomento Willelmo, sive Reinaldo ejus filio, vel ab aliquo possessore ibi collatis seu conferendis, et cunctis ibi undecumque in regno nostro acquisitis, vel in perpetuum acquirendis. Ad præsens quoque quatuor ferreas caldarias, situsque earum in salinis, et vineas quæ quondam fuerunt Beatricis, et omnia quæ Cluniacenses monachi in prædicto burgo acquisierint. In burgo etiam Giosonensi, quod quia ibi acquisierunt, vel præterea acquirere potuerunt, villam denique Glenonem, cum ecclesia et decimis, cum servis et ancillis, cum vineis, silvulis, pratis, ruribus, campis, pascuis, omni omnino terra culta videlicet et inculta, cum cunctis ubicunque positis ad eamdem villulam pertinentibus. Villam quoque Mediolanum, ecclesiamque, cum decimis et omnibus suis pertinentiis; maximeque æternam consuetudinem in silva Maydunensi : villam quoque Vesanensem, cum ecclesia et decimis, et cunctis ad eamdem villam pertinentibus, locum etiam qui dicitur Mutua, et omnia ad se pertinentia. Sed et Guntherium Popilianensem, cum omnibus quæ ipse visus est habere, tam in alodis quam in beneficiis comitum, et cuncta omnino possessione ejus, piscariam quoque Guiricensem, cum omni terra ad eam pertinenti. Præfati igitur Reinaldi comitis, vel aliorum fidelium nostrorum obtemperantes petitioni, cum consensu conjugis Yrmengardis, concedimus, sicut dictum est, Cluniacensi cœnobio omnia superius memorata, ac velut jam diximus deinceps acquirenda, ad tenendum et jure perpetuo possidendum, sine cujuslibet personæ, vel nobis succedentis in regno, vel alterius cujuscunque ordinis seu dignitatis contradictione, vel ulla ab aliquo ibi retenta consuetudine. Et hoc ut a nobis verius credatur, et a posteris nostris non frangatur, propria manu nostra roboravimus, et sigilli nostri impressione insigniri jussimus.

Signum domni Radulfi regis.

Actum Logis, anno Incarnationis 1029, regnante Radulfo rege anno xxxv.

HENRICUS I FRANCORUM REX

(An. 1031-1060.)

DIPLOMATA

I.

Pro monasterio S. Salvii apud Monsterolum. — Henricus avi sui Hugonis patrisque Roberti donationes eidem loco factas confirmat.

(Anno 1042.)

[Dom Mabill. Annal. Bened., t. IV, Append., p. 735, ex chartario S. Salvii.]

In nomine sanctæ et individuæ Trinitatis, ego Heinricus gratia Dei Francorum rex, etc.

Unde loco S. Wingaloei Monsteroli sito a pluribus collata, præcepto nostro auctoritatis firmamus et sigilli nostri impressione signare præcipimus. In primis ea quæ a nostra liberalitate vel patris mei Roberti, vel avi mei Hugonis prædicto loco concessa sunt, scilicet molendinos duos cervisiæ usibus deservientes, a me alterum cum quinque accolis, et alterum ab avo meo prædicto Hugone cum decimo pontis denario, et duabus ecclesiis in memoria sancti Judoci sacratis, quarum una est infra munitionem, alia super fluvium..... cum piscatoria aquæ ab Atimacho usque...... Addimus præterea firmando ea quæ pater meus contulit, tres ecclesias, unam scilicet in honore sancti Petri, aliam in honore sancti Wingaloei, tertiam in honore sancti Salvii sacratas; et transitum novæ villæ.... Inculcamus præterea corroborando ea quæ a primis fundatoribus loci sunt collata, scilicet a Hilgodo comite, qui prædictum sanctum nuper a partibus Britanniæ propter metum piratarum deportatum hospitio cum liberalitate et munificentia tempore Ludovici imperatoris filii Caroli Calvi suscipiens, dedit illi, in primis atrium publicum, sepulturam scilicet advenarum et peregrinorum, deinde novem mansos subtus Firmitatem.... His addimus nostra auctoritate ea quæ contulerunt Herlewinus comes, Raynerus, Hato, Scylaldus, Wenerannus, Clarboldus, Aldonus comes, Anscerus, Saleco, Arnulfus comes, Balduinus comes, Gonfridus, Benzelinus, Alfridus, Hagano, Antgerus clericus, Balduinus marchisus, Ingerannus comes, Rodulfus, Landricus-Largus, Hato, Framericus, Hugo, Walterus, Herleboldus, quorum primus Herlewinus comes dedit in villa Sguira ecclesiam unam in honore sancti Vedasti, et villam quæ Longum pratum dicitur, cum silva et arabili terra et pratis. Dedit denique villam Silviniacum, etc.

Actum Monsteroli publice anno incarnati Verbi millesimo quadragesimo secundo, et regni Henrici regis undecimo. Ego Balduinus cancellarius regis relegendo subscripsi (1).

II.
Placitum pro cœnobio Sancti Medardi adversus Rotbertum Codiciacensem.

(Anno 1047.)

[Dom. MABILL., *De re diplom.*, lib. VI, p. 604, ex chartario S. Medardi.]

Eo usque inolitum humanitatis vitium videmus profusum, ut principale quod est naturæ suis quodammodo nebulis obfuscet, et abjectâ puritate simplicitatis, girum laboris delectabiliter sub jugo cui se sponte supposuit, portet. Unde necessario testimoniis eget simplicitas rara fulciri, quoniam nequit aliter humanæ malitiæ multiplicata versutia vinci. Hac ex causa Raynoldi abbatis Sancti Medardi et Rotberti de Codiciaco altercatio longa in præsentiam usque Henrici invictissimi regis Francorum perducta, ejus est in justo judicio et regali auctoritate finita. De pluribus quæ tyrannica vi facere injuste valebat in abbatia, regeque jubente res eadem ratio finitæ altercationis his conclusa et firmata est litteris ad testimonium veritatis, ne ultra prædictus miles vel ejus posteritas in aliquo submurmuret, quemadmodum sæpissime super ecclesias insatiabilis cupido mortalium facere solet. Notum sit ergo omnibus sanctæ Dei Ecclesiæ filiis et fidelibus, tam futuris quam præsentibus, quoniam Rainaldus gratia Dei constitutus abbas cœnobii quod præter mœnia Suessionicæ urbis fundatum est in honore sancti Medardi, magna necessitate compulsus Henricum regem adiit in abbatia Sancti Stephani, in loco qui dicitur Codiciacus, coram episcopis et abbatibus ac nobilibus multis qui infra notati sunt astipulandæ causa veritatis; et supra Robertum pro custumis quamplurimis, contra jus et fas in eadem abbatia scilicet ab ipso levatis, querimonias intulit auribus piissimi regis, adfuit ille regia coactus præceptione, et quæ injuste præsumpserat et levaverat, licet diu frustra nitens defendere, tandem tam jussu potentissimi principis quam præsentium ratione firmissima nobilium victus, id solum quod infra subscripsimus, in abbatia sibi deberi, de præteritis pœnitens compulsus annuit. Si abbati aut ministris ejus de hominibus forensibus, sicuti de ledis aut aliis tortitudinibus, quidpiam potentum aut vicinorum aliquid fecerit injustum, et abbas aut ministri ejus per se poterunt habere et recipere rectum, in hoc non Rotbertus neque posteri ejus nihil clamandum habebunt. Si autem abbati aut ministri ejus ad obtinendam justitiam defecerit virtus, et ob hoc ipse Rotbertus aut posteri ejus ab abbate aut ministris ipsius moniti fuerint et invitati ad faciendam defensionem; si per eos justitiam receperint, tunc ex justitia, quam vulgo vocant Legem, tertiam tantum habebunt partem. Quia igitur de justis et injustis custumis ad hanc solam multorum testimoniis recognoscens est adductus; idoneorum testium nomina inferius signavimus, ne (quod posthac nunquam fieri credimus) ad amplius requirendum vel ipse respirare audeat, vel suorum aliquis posterorum. Et ne ulterius fieret, jussu regis in præsentiarum omnes episcopi qui subscripti sunt, anathematizaverunt, quod rex propria manu firmavit, atque sigillo regiæ auctoritatis consignari fecit.

Signum Widonis Remorum archiepiscopi. Signum Beraldi Suessonum episcopi. Signum Walteri Meldensium episcopi. Signum Gibuini Laudunensis episcopi. Signum Drogonis Belvacensium episcopi. Signum Rogeri Catalaunensis episcopi. Signum Frolandi Silvanectensis episcopi. Signum Rainaldi comitis. Signum Guidonis filii ejus. Signum Drogonis. Signum Godefridi. Sancti Quintini militis. Signum Balduini. Signum Walteri Albani. Signum Willermi fratris ejus. Signum Widonis vicecomitis. Signum Guidonis de Cerchia. Signum Wazelini de Chasneyo. Signum Widonis marescalci. Signum Drogonis præpositi. Signum Odardi. Signum Odelini Camerarii. Signum Gunzelini. Signum Fulconis. Signum Evraldi filii Hesselini. Signum Gerardi. Signum Vivieni. Signum Aeilberti: Signum Henrici regis Francorum invictissimi.

Descripta vice Rainoldi cancellarii jubente Rainaldo abbate, anno incarnati Verbi millesimo quadragesimo septimo (2), indictione quinta decima, regni vero Henrici regis nono decimo.

III.
Henricus I rex Francorum canonicis Carnotensibus liberum concedit fiscum Unigradum.

(Anno 1048.)

[*Gall. Christ.* t. VIII, p. 500]

In nomine sanctæ et individuæ Trinitatis, Patrum sceptra tenente. Ego Wido Pontivorum comes, etc. Sig. Agnetis meæ filiæ.

---

(1) *Sequitur in chartulario* charta Widonis comitis Pontivi concedentis cœnobio sanctorum confess. Salvii et Wingaloei omnes bannos et omnes de quibuscunque forfacturis justitias, quas antecessores sui tenuerunt, etc., an. MC Romanæ sedis præsidente domno Raynero, cognominato Paschasio, Remensis ecclesiæ archiepiscopatum tenente Manasse, sanctæ Ambianis ecclesiæ Perrevino [*l.* Gervino] pontifice, Normanno hujus loci abbate, Philippo rege cum filio Ludovico anno XL. Franco-

(2) In chartario scriptum erat, *anno incarnati Verbi millesimo quadragesimo nono;* at reponendum *septimo,* si indictio hic recte scripta est, ducto calculo Henrici regni ab ejus coronatione, anno 1027 facta. Confer placitum Philippi regis contra Albericum Cauciacensem. Hic extra ordinem signum Henrici regis positum est, quod primum esse debuerat.

videlicet, et Filii, et Spiritus sancti, ego HENRICUS Francorum rex Dei gratia.

Si erga cultum sanctorum et utilitatem ecclesiarum antiquorum institutio nos voluit esse devotos, quanto magis erga singularem memoriam nostræ salvationis, videlicet Dei Genitricis, quam post Deum credimus et confidimus non solum nostræ salutis amminiculum, sed et plenum effectum ! Unde pro acquisitione æternæ felicitatis admodum sollicitus, circumspexi si circa me aliquid haberem, quod ejus famulatui et promerendæ gratiæ impendere possem: et hoc mihi aliquantisper cogitanti ad memoriam rediit canonicorum Carnotensis ecclesiæ, quam sæpius inculcaverant, petitio, per quam a diversis exhibitionibus et exactione illa, quæ vulgari nomine Vicaria vocatur, illum fiscum, cui Unigradus [al. Ingreium] vocabulum est, liberum et quietum deinceps esse concederem. Ego vero petitionis ipsorum exaggerando cumulum, universa concedo quæcunque quælibet terra præfati fisci mihi et meis hactenus persolvere consueverat, quatenus in eo habitantes tutius vivere, et idcirco quæcunque ab eis usibus canonicorum debentur, plenius valeant reddere, exceptis quatuor sextariis vini de unoquoque arpenno, quos mihi advocationis gratia retinui, quatinus si in posterum quis ei fisco injuriam inferre tentaverit, rege auxiliante superno, me advocatum sibi sentiat esse infestum. Et ut nostræ liberalitatis munificentia omnibus sanctæ matris Ecclesiæ fidelibus et nostris esset nota, summo studio et diligentia præcipimus exarari et sigilli nostri impressione signari : quatenus quod manu propria signo crucis impresso statuimus esse ratum, per curricula succedentium temporum maneat inconvulsum. Et si quis hujus conventionis esse tentaverit violator, quod absit, iram Dei incurrat, atque nostra nostrorumque auctoritate convictus abscedat, et pro illicita præsumptione auri libras centum regali fisco persolvat.

Actum publice Parisius anno Verbi incarn. 1048, indictione prima, regnante Henrico rege XVIII anno, XV Kalendas Maii.

IV.

Privilegium pro monasterio Sancti Theodorici prope Remos. — Adjutus rex ab Alberto abbate in expugnatione Castri-Novi, ejus monasterium a jugo advocatorum et vexationibus archidiaconorum absolvit.

(Circa an. 1050.)

[Dom MARTENE, *Ampl. Collect.*, I, 422, ex ms. S. Theodorici.]

In nomine sanctæ et individuæ Trinitatis. Ego (3) HENRICUS, gratia Dei Francorum rex, successoribus meis regibus pacem et salutem

Omnis quicunque alicui in aliquo dignitatis genere succedit, ejus imitator esse debet in omni honestatis proposito, cujus officio se mancipavit libenter succedendo. Neque enim locum officii vel sedem celsitudinis usurpando appetere debet, qui ejus effectum vindicare non audet. Unde nos liberalitatem et munificentiam regum et imperatorum, quibus cum officio tum dignitate, Dei gratia præveniente, successimus, pro posse exsequentes, erga loca sanctorum et congregationes fidelium divinæ majestati famulantium, ita liberales et devoti cultores esse cupimus, ut ab eorum excellentia et largitate desides et degeneres esse non videamur. Et licet hoc in commune omnibus ecclesiis debuerimus, ut eis amminiculari et subvenire dignum judicaremus, illorum tamen necessitudini propensius debemus debito et ratione condescendere, quos in servitio nostro insudasse, et in fidelitate nostra contigit vehementius elaborasse. Notum siquidem est omnibus pene regni Gallorum incolis quantum laborem impenderimus in captione castri quod Novum vocatur. Ad quam strenue et viriliter peragendam, magnum solamen nobis præbuit locus S. Bartholomei (4), Alberto ejus loci tunc temporis abbate, diligenter et constanter adeo insistente, ut etiam a meis sæpe monitus essem, ut ei bonam vicem redderem, et dignam remunerationem pro merito conferrem. Qua persuasionis inductione meorum provocatus, deliberavi quærere quid prædicto loco et abbati possem exhibere pro sui beneficii et laboris remuneratione. Sed cum comperissem ab abbate et habitatoribus loci advocationem abbatiæ, quam quidem castellani tenuerant, sibi et suis fuisse infestam, eo quod multas injurias publice et privatim per eam perpessi fuerant, consilio et astipulatione meorum, jam dictam advocationem cum beneficio ad eam pertinente, prædicto omnino concessimus loco.

Deinde nostræ serenitati suggesserunt quod ab archidiacono, qui procurator et provisor ejusdem loci ad utilitatem esse debuerat, multa sub obtentu canonicæ institutionis patiebantur adversa. Pro quibus sæpius apud archiepiscopum proclamantes sæcularibus negotiis archiepiscopo sæpius intento, pacem secundum quod voluerant, et sibi necesse fuerat, non obtinuerunt. Hac necessitate coacti, nobis intimaverunt quid patiebantur adversi. Huic compatiens conquestioni, amicabiliter aggressus sum archiepiscopum cum ecclesiæ ministerialibus, petens ut quod contra canonum statuta et apostolicæ sedis decreta perspicue injuriosum erat, omnino prætermitterent, et quidquid malorum exigi poterat sub specie boni, causa nostri amoris et petitionis omnino frustrarent. Et hujus petitionis conditionem postquam ab illis non voluntarie obtinui, sub impressione nostri sigilli scriptam, et manibus fidelium nostrorum corroboratam, prædictæ ecclesiæ publice contulimus, et per assensum cunctorum qui affuerunt contradidimus. Petimus ergo successores

---

(3) Aliquam hujus diplomatis partem edidit Mabillonius in Annalibus Benedictinis, tom. IV: integrum hic damus.

(4) Locus S. Bartholomæi est monasterium S. Theoderici prope Remos, cujus ille apostolus primarius patronus hactenus agnoscitur.

nostros ut quidquid pro salute animarum suarum statuerint, et velint esse in perpetuum, ita hoc nostrum statutum per curricula temporum, per eos contra episcoporum alumnos servetur inconvulsum. Hoc autem nostræ auctoritatis præceptum, ne alicujus temeritas contra fas et jura violare præsumeret, in consessu episcoporum nostrorum firmavimus, et per eorum excommunicationem corroboravimus, et præsentia (5) papæ ad hoc idem faciendum præsentari jussimus. Conventionem denique quam archiepiscopus et archidiaconus nobiscum firmaverunt et pacti sunt, scripto nostri præcepti inserere placuit ne quis in posterum emergeret, qui inde aliquid addere vel minuere, seu commutare aliquando posset.

V.

Privilegium Henrici 1 Francorum regis pro Casæ-Dei monasterio.

(An. 1052.)

[*Gall. Chr.* II, 1031.]

In nomine Domini, etc.

Notum esse volumus . . . . quod nostram adiens mansuetudinem venerabilis vir et Deo dignus Robertus Brivatensis canonicus et thesaurarius, a domino Rencone . . . . . Arvernorum episcopo missus et per litteras commendatus, innotuit se quamdam ecclesiam in pago Avernensi in eremo sitam, et adeo honoribus ampliatam, Casam-Dei nominatam, ad culmen et honorem abbatiæ promovere velle, nostræ liberalitatis jussu ct potestate, et episcopi sui permissione. Agentes itaque consilium commune cum proceribus et primoribus palatii nostri, decrevimus ejus annuere precibus, et tam pro nostro [*f.*, nostra], quam patrum nostrorum indulgentia, per præceptum nostræ firmitatis authorisamus, et abbatiam fieri jussimus et permisimus, etc.

Omittimus plurima de hac nova abbatia ecclesiæ Claromontensi subjecta, cum onere persolvendi pro censu libram incensi in festo Assumptionis B. Mariæ. Reliqua quæ continent catalogum possessionum nascentis monasterii descripsimus.

Dona etiam pro Dei amore et timore ecclesiæ prædictæ concessa, auctoritate nostræ potestatis signavimus, et sigillo regio confirmavimus, scilicet in eadem villa ecclesiam quamdam in honorem SS. martyrum Vitalis et Agricolæ consecratam. In territorio Brivatensi ecclesiam unam in honorem S. Andreæ de Comps. cum omnibus ad eam pertinentibus. In vico Tuniaco ecclesiam S. Germani martyris, cum ipso vico et omnibus ad eum pertinentibus. In territorio Fornoliensi ecclesiam cum ipsa villa et omnibus ad eam pertinentibus. Ecclesiam de Bello-pomerio cum ipsa villa et omnibus ad eam pertinentibus. Capellam de Castello-Bullionis. In vico Luziliacó tres ecclesias cum ipso vico et omnibus ad eum pertinentibus. In villa S. Domnini duas ecclesias et medietatem ipsius villæ. In castro de Monte-Vasconum capellam. In villa S. Victoris duas ecclesias : in territorio Rocensi ecclesiam S. Desiderii ep. et mart. In territorio Lugdunensi, in villa quæ dicitur Sociacus, ecclesiam S. Mariæ cum ipsa villa et omnibus ad eam pertinentibus, et etiam perplura prædia villarum, terrarum cultarum et incultarum, silvarum, vinearum, aquarum et pascuorum. Quisquis autem aliquam controversiam vel calumniam huic donationi inferre præsumpserit . . . . petitio illius irrita nostro præcepto fiat; et episcopi compatriotæ plenam vindictam faciant. Habeat autem prædicta ecclesiam licentia adaugendi et accrescendi jussu nostræ majestatis. Et quidquid rectores ejus in quascumque partes nostri salvo jure ecclesiastico acquisierint, tam in villis quam in prædiis, aut aliquibus bonis, firmitate nostræ majestatis signavimus; et tam futura acquirenda, quam præterita et acquisita bona tradidimus et authorisavimus, etc.

Hoc autem præceptum, ut validiori astipulatione nitatur, annulo nostro subterfirmavimus, et Arvernensi episcopo et cæteris nostri regni auctoritate episcopis mandavimus.

Actum Vitriaco palatio publice obtentu dom. et venerabilis Hugonis Nivernensis episcopi, mense Septembri, luna xi, ab Incarn. Dom. an. 1052, anno regni domini ac invictissimi Henrici regis xxi.

Subscribunt huic præcepto præsules qui sequuntur: Aymo Bituricensis archiepiscopus : Renco Arvernensis ep. Hugo Nivernensis : Mainardus Senonensis archiep. Arnulfus Turon. Isambardus Aurelian. episcopus : Enzelinus Paris. Agobertus Carnot. Heribertus Autissiod. Helmuinus Augustod. Guido Cabilon.

Ex principibus et optimatibus Robertus Burgundionum dux regis frater : Odo ejusdem regis frater : Guillelmus, Aquitanorum dux : Guillelmus, Normanorum dux : comites Guillelmus, Rodulfus, Theobaldus Rainaldus, Seguinus. Sciolus scripsit ad vicem Balduini regis cancellarii xii Kal. Octobris.

Eodem fere tempore Leo papa idem monasterium sub tuitione S. Sedis apostolicæ suscepit, diplomate dato vi nonas Maii, pontificatus sui anno iv, Indict. v, postea vero tot hujusmodi diplomatibus sive pontificiis sive regiis, etc., donata fuit abbatia Casæ-Dei, ut ex illis facile amplum volumen colligi posset, sed ab illis commemorandis abstinemus. Primi benefactores fuerunt Stephanus de Mercorio, Gerardus de Turlanda, Willelmus de Baffia, sed præsertim Guido dictus Guillelmus vii Aquitaniæ dux.

VI.

Charta pro monasterio S. Victoris Nivernensis. — Erepta e laicorum manu abbatia S. Victoris Nivernensis restauratur.

(Anno 1055.)

[D. MARTENE, *Ampl. Collect.*, t. I, p. 434, ex archivis S. Victoris Massiliensis.]

In nomine sanctæ et individuæ Trinitatis, HENRICUS, Dei gratia Francorum rex.

Siant omnes posteri, quæ ad instaurationem sanctæ Ecclesiæ catholicæ pertinere noscuntur, sine

---

(5) Haud dubium Leonis papæ IV, quando Remos accessit, et in ecclesia S. Remigii, quam consecraverat, concilium celebravit.

dubio regii culminis statum magnum præparare comprobatur, et non solum statum regni in præsenti corroborat, sed etiam in futuro æternæ retributionis præmium sibi conciliat. Quapropter notificamus omnibus sanctæ Dei Ecclesiæ filiis, tam præsentibus quam futuris, quod majestatis nostræ præsentiam quidam clericus nomine Belinus adiit, rogans ut privilegio nostræ auctoritatis confirmaremus quoddam donum sibi a Nivernensi comite Willelmo et quibusdam aliis Nivernensibus primoribus factum, scilicet in suburbio Nivernensi quamdam ecclesiam in honore S. Victoris consecratam, antiquissimam videlicet, et ex primis supradictæ urbis abbatiam primis temporibus locupletem, pluribus dotatam, augmentatam, et ditatam, postmodum vero mundo jam in maligno posito, partim pastorali in curia desolative destitutam, partim pessimorum Christianorum barbarie dirutam, et, ut verius fatear, usquequaque sub impiorum manibus incurvatam et humiliatam. Hanc ex regali dominio, ut multa alia emancipatam, et comiti Nivernensi beneficiario jure a prædecessoribus nostris regibus traditam, quidam Frotmundus post comitem habebat, militibus dispertiverat, majus dederat, minus sibi dederat, minus sibi retinuerat. Sic itaque ecclesia desolata et ad nihilum redacta, pene destruc.... esse ecclesiam nimirum a fundamentis eversa. Deus autem omnipotens martyris honorem et ecclesiæ nomen non minui volens, quemdam clericum præelegit, qui ab ipsis cunabulis in ecclesia illius amorem exarsit, ibi in pueritia, ibi in adolescentia, et usque ad perfectam ætatem Deo sub clericali professione militavit, captivatam ecclesiam, quam unice post Deum diligebat, quoad potuit, adjuvit et auxit, atque ut eam oriens ex alto visitare dignaretur, interminative oravit et exoravit. Hic assensu Hugonis episcopi et Willelmi comitis supra taxatum Frotmundum adiit, et ut captivatam ecclesiam a captivis captivata a captivitate redimeret oravit, et liberalitatem libere derogatam restauraret admonuit, admonendo desudavit, de Dei misericordia quod quæsierat impetravit.

Igitur jam dictus Frotmundus amore charitatis intrinsecus tactus, utpote viri venerabilis verbis accensus, comitem adiit, et ei quod ab ipso habere videbatur, scilicet Sancti Victoris ecclesiam dereliquit. Comes vero ardorem viri venerabilis adimplendum adjudicavit, hunc advocavit, atque ecclesiam pro Dei amore et timore, et prædecessorum nostrorum regum animarum requie dono dedit, nihil pro excambio accepit. Non multo post supradictus comes auctoritatis nostræ magnitudinem cum jam dicto sacerdote adiit, et auribus nostris factum istud intimavit, rogans ac multa prece cum sacerdote exposcens, ut pro animæ meæ requie parentumque nostrorum donum istud auctorisaremus. . . . . ma-

jestatis confirmaremus. Quorum petitioni libenter acquievimus, et donum sicut erat astipulavimus; statuimus quoque ut ad pristinum statum ecclesia illa revertatur, et abbatia restituatur, res atque ecclesiæ dispertitæ et a pluribus subtractæ supradictæ ecclesiæ. . . . . uantur nostra auctorita e, et nulli sit fas ex ipsius bonis aliquid ulterius diripere vel auferre. Sancientes sancimus ut quisquis ecclesiam illam ex nostro beneficio augmentare voluerit, aut aliquid ex antiquitus ereptis bonis restituere, disponente Deo, seu ex propriis. . . . . liberam habeat in omnibus potestatem per nostræ auctoritatis gratiam. Placuit etiam ut nullus archiepiscopus, nullus episcopus, nullus in sancta ecclesia præpositus, nullus dux, nullus comes aut vicecomes, nullæ sæculares personæ, potentes vel impotentes, aliquid sæculare in ecclesia illius. . . . . abbas igitur ab omni venalitate Deo dignus ibi instituatur, nullius potentis gratia aut voluntate, sed fratrum Deo inibi deservientium electione, non sæculari stemmate generosus inquiratur, non qui sæcularibus delectabitur, non qui a sæcularibus sæculariter obligetur, quia [sicut B. Gregorius] ait, qui invitatus renuit, quæsitus refugit, sacris est altaribus promovendus; sic qui ultro se importune ingesserit, et sibi abbatiam quæsierit, nullo modo ad hoc honoris digni sunt. Ecclesia illa ab omni sæculari jugo libera permaneat, nullum. . . . . pastorem inibi instituere præsumat, nullus recipiatur nisi quem elegerit fraternitas de Dei misericordia unanimis et provida. Habeat itaque jam dicta abbatia (6) liberam acquirendi vel commutandi facultatem. . . . . habet aut habuerit, quidquid salvo ecclesiastico jure acquisierit, salva nostra et ecclesiæ matris condigna reverentia inconvulsum, firmum, et stabile permaneat. Si quis vero ingerens se. . . . . abbas loci illius ad regal. . . . . plenam vindictam recepturum se non discredat; versipellis autem nihil super hoc proficiat, sed fisco regio centum libras auri persolvat. . . . . munificentiæ auctoritatis semper in Dei nomine obtineat firmitatis vigorem, manu propria subter eam firmamus, et annuli nostri impressione roboramus.

Ego Balduinus cancellarius relegendo subscripsi.

Actum est Carisiaco palatio, astante exercitu, anno XXII regni Heinrici regis, Kalendas Maias, luna X, indictione VI.

VII.

Charta de libertate data cuidam Ainardo.

(Anno 1056.)

[D. MARTEN., *Thesaur. Anecd.*, I, 183, ex autographo.]

In nomine sanctæ et individuæ Trinitatis, ego HENRICUS Dei gratia Francorum rex.

Notum fieri volo omnibus meis fidelibus, tam præsentibus quam et futuris, quod Gausbertus clericus de Sancta Maura per absolutionem Gauffridi gerim subscribente, Hugone III Nivernensi episcopo.

---

(6) Hanc Nivernensem S. Victoris ecclesiam Willelmus, Nivernensium comes, anno 1085 subjecit monasterio Beatæ Mariæ de charitate ad Li-

PATROL. CLI.

comitis, annuentibus Aremburge matre sua, Hugone fratre suo, Jachelina sorore sua, postulavit ut concederem pro remedio animæ Willelmi fratris sui nuper defuncti, cuidam suo homini nomine Ainardo, donum libertatis, quod ita et feci more regio, excusso scilicet de palmo denario; eo itaque tenore ut pateant ei ut libero viæ quadrati orbis. Et si quis contra hanc libertatem assurgere tentaverit, regi coactus centum libras auri exsolvat; suaque reclamatio irrita in perpetuum maneat. Et ut firma et stabilis permaneat, eam meo sigillo insignire feci.

Actum Turonis XIV Kal. Februarii, anno incarnati Verbi millesimo quinquagesimo sexto, regnique Henrici regis vicesimo sexto.

Ego Balduinus cancellarius relegendo subscripsi.

VIII.

Henrici Francorum regis diploma quo abrogat injustam consuetudinem. — Ne portæ civitatis Aurelianensis tempore vindemiæ claudantur nec custodes adhibeantur

(Anno 1058.)
[Achery, *Spicil.* tom. III, p. 401.]

In Christi nomine ego HENRICUS, gratia Dei Francorum rex.

Notum volo fieri cunctis fidelibus sanctæ Dei Ecclesiæ, tam præsentibus quam futuris, qualiter Isembardus Aurelianensis episcopus, cum clero et populo sibi commisso, nostram serenitatem adiit, conquestionem faciens super quadam injusta consuetudine quæ videbatur esse in ea urbe, videlicet de custodia portarum, quæ custodiebantur et claudebantur civibus tempore vindemiæ, et de impia exactione, vini quas faciebant ibi ministri nostri; obnixe et humiliter deprecans, ut illam impiam et injustam consuetudinem sanctæ Dei Ecclesiæ, et illi, clero et populo, pro amore Dei et pro remedio animæ nostræ et parentum nostrorum in perpetuum perdonarem. Cujus petitioni benigne annuens perdonavi Deo, sibi et clero et populo supradictam consuetudinem et exactionem perpetualiter. Ita ut nulli amplius ibi custodes habeantur, nec portæ sicut solitum erat illo tempore toto claudantur, nec vinum cuilibet tollatur, nec exigatur. Sed omnibus sit liber ingressus, et egressus, et unicuique res sua jure civili et æquitate servetur. Hæc autem perdonatio ut firma et stabilis in perpetuum permaneret, hoc testamentum nostræ auctoritatis inde fieri volumus, subterque sigillo et annulo nostro firmavimus.

Signum Isembardi Aurelianensis episcopi, S. Henrici regis, S. Gervasii Remensis archiepiscopi, S. Hugonis Bardulfi, S. Hugonis buticularii, S. Henrici de Ferrariis, S. Malberti præpositi, S. Hervei viarii, S. Herberti subviarii, S. Gisleberti pincernæ, S. Jordanis cellarii. Balduinus cancellarius subscripsit.

Datum Aureliæ publice VI Nonas Octobris, anno ab Incarnatione Domini millesimo quinquagesimo septimo, Henrici vero regis vicesimo septimo.

IX.

Charta Henrici regis pro monasterio Sancti Petri.
(Anno 1058.)
[*Gall. Chr.* VIII, 501.]

HENRICUS gratia Dei Francorum rex.

Cum regalis solium dignitatis multiplex virtutum cultus exornet, liberalitas tamen et munificentia inter has præcipuum locum tenet. Notum sit ergo omnibus, quod quidam meus fidelis Albertus nomine, filius Ribaldi nobilissimi viri, nostræ serenitatis adiit præsentiam, obnixe postulans, ut regali pietate nostræ munificentiæ assentando, suis precibus aurem inclinare dignaremur, videlicet ut quamdam ecclesiam, quam pater ejus fidelis noster Ribaldus in honore B. Germani Altissiodorensis episcopi, in Bruerolensi vico pro salute animæ suæ construxerat, sancto Petro apostolo, in cœnobio suburbii Carnotinæ urbis, atque ex rebus quas ex nostro beneficio possidere videbatur præfatam ecclesiam, tam ipse quam ejus fideles pro Dei amore clementia locupletare liberaliter quivissent. Cujus justam petitionem judicantes cum episcopo Agoberto, in cujus diœcesi ecclesia est, nec non et optimatibus nostris dignum duximus pro nostra salute et integritate regni nostri assensum præbere. Damus itaque ei licentiam ut præfatam ecclesiam ex nostro beneficio quod possidet, amplificet, et quidquid ei conferre voluerit, ita sit liberum ab omni judiciaria potestate solutum, ut idem fidelis noster Albertus hactenus a nobis tenuit, etc. Placuit etiam nostræ pietati huic operi addere de rebus quas ipse Albertus dedit præfatæ ecclesiæ, etc. Ego Albertus nobilissimi Ribaldi filius cupiens cœlestium paneisci consortium, favente charissima conjuge Adelaisa, liberam ab omni calumnia hominum ecclesiam de Bruerolensi vico, quam pater meus in honore sancti Germani episcopi construxit, cum atrio, sepultura et decima ecclesiæ quæ in manu nostra esse videtur, sancto Petro Carnotensi concedo, ut monachi eamdem ecclesiam teneant, altare quoque ejusdem ecclesiæ quod ab episcopo Carnotensi in feudo tenueram. Huic largitioni meæ dominus Agobertus episcopus, cum consensu canonicorum qui cum ipso erant Drocis in curia regis, addidit petitione Landrici abbatis et nostra flexus. Item censum ipsius vici cum decima mercati concedo, etc. Similiter monachis Sancti Petri concedo liberum transitum per totam terram, ut nulla unquam consuetudo ab eis requiratur de piscibus, de corvis, seu de rebus omnibus quæ monachorum esse ostenduntur. Possem addere, quæ mei fideles loco prædicto contulerunt, sed quia alias scriptum est, corroborare hanc chartam sigillo regis cum nominibus optimatum festino, etc.

Signum Radulfi comitis, sig. Walterii comitis filii Radulfi, sig. Hugonis comitis, sig. Alberti, signum

Theudonis fratris ejus, sig. Guarini fratris ejusdem, sig. Frederici, sig. Balduini, sig. Simonis, sig. Agoberti episcopi, sig. Hugonis decani, sig. Guillelmi præpositi, signum Sigonis, signum Ascelini, sig. Gencelini decani.

X.

Henricus I rex inducit canonicos regulares in ecclesiam S. Martini a Campis, a se restauratam.

(Anno 1060.)

[*Gall. Chr.* VII, 32.]

In nomine sanctæ et individuæ Trinitatis, etc.

Igitur ego HENRICUS, Dei gratia rex Francorum, sedula cogitatione recolens qualiter decorem domus Domini et locum habitantium [*al.*, habitationis] ejus dilexi, omnibus tam præsentibus quam futuris notum fieri volui. Porro ante Parisiacæ urbis portam in honore confessoris Christi Martini abbatia fuisse dignoscebatur, quam tyrannica rabie (quasi non fuerit) omnino deletam, ab integro ampliorem restitui, ecclesiam, quæ diu sterilis amissa prole fleverat, quærens reddere secundam cœlesti Sponso; religiosorum consilio virorum, canonicos regulari conversatione ibidem Deo famulantes attitulavi, ut sine sollicitudine magis divinis quam sæculi curis vacantes valeant vivere, de facultatibus dotem faciens ecclesiæ ob remedium patris mei matrisque meæ animarum, atque pro mei conjugisque meæ et prolis salute et pace hæc illis largior possidenda perpetuo jure : altare in primis ejusdem basilicæ omni clarificatum libertate, et terras quas circa eamdem ecclesiam prius habebam, et quas ibidem Ansoldus cum nepotibus suis Milone scilicet et Warino mihi dedit, concedente Hugone comite propter præfati Milonis reconciliationem, qui tunc reus magni criminis erat adversum me ; sed precibus Ymberti præsulis accepta terræ cultura a supradictis militibus, commissum illud (unde centum libras justo judicio exsolveret), dimisi; Has ego [*al.*, ergo] terras circa muros ecclesiæ sitas eidem ecclesiæ concedo, ea videlicet libertate ut nullus in eis aliquam redhibitionem exigere præsumat : apud Parisios vero molendinum unum : in villa quæ dicitur Alberti villare, terram quam ibi habebam : Noisiacum vero super Maternam situm, cum omnibus redditibus et redhibitionibus terræ, silvæ, vinearum atque pratorum : in territorio autem Meldensi villam nomine Ancthum cum omnibus redditibus et redhibitionibus terræ, silvæ, vinearum, atque pratorum : de redditibus quidem passionis, vieriæ silvæ atque liegii [*al.*, leigii] omnem decimam. Item in pago Parisiensi Bongeias cum omnibus redditibus et redhibitionibus libere sibi adjacentibus. Sed et in pago Laudunensi Disiaci (excepto altari) dimidium cum præfatis possessionibus habeant, teneant, regant atque possideant. Illud ergo prætermitti nullatenus volo, quia præfatam ecclesiam ea firmitate munio, quatenus in perpetuum regio jure ab omnibus fore concedatur libera, tam videlicet intra ambitum munitionis ejus, quam extra in procinctu illius, in teloneis, in fredis, in justitiis, in omnibus quæcunque jus nostri exigit fisci, nemo unquam illam inquietare audeat. Canonici etiam hanc potestatem habeant, ut, abbate obeunte, assensu fratrum, boni testimonii virum, nemine perturbante, restituant Verum etiam ut ea fisca firmamento teneantur stabili, hanc chartam in qua, me præcipiente, hæc omnia scripta sunt, sigillo meo subterfirmavi. Ego ipse rex Henricus et regina pariter, et Philippus filius meus cum fratribus suis manu firmatam corroboravimus. Quam quidem Mainardus Senonum archiepiscopus cum Ymberto Parisiorum præsule, aliique quam plurimi, tam pontifices quam laici principes confirmarunt et corroborarunt omnibus supra memoratis faventes. Si quis autem posthac privilegium hoc violare præsumpserit, primum sacrilegii sive tantæ auctoritatis negligentiæ reus duro anathemate feriatur, deinde nefandæ præsumptionis irritus gravi census detrimento damnetur. Anno regni supra dicti regis XXVII.

(7) Actum anno ab Incarnatione Domini 1060, indict. XV, Parisiis publice.

Signum Henrici regis. S. Philippi regis. S. Annæ reginæ. S. Mainardi archiepiscopi Senonensis. S. Gervasii Remensis archiepiscopi. S. Ymberti episcopi Parisiensis. S. Odolrici archidiaconi Parisiensis. S. Balduini cancellarii. S. Voizelini capellani. S. Richardi capellani. S. Radulfi comitis. S. Thetbaldi de Montemorenci. S. Rainaldi camerarii. S. Albrici conestabularii. S. Willelmi seniscalci. S. Hugonis buticularii. S. Roberti coci. S. Radulfi Belvacensis. S. Yvonis subcamerarii. S. Walteri filii Berneri S. Amalrici Rufi. S. Willelmi fratris Baldrici. S Widonis Ambianensis episcopi. S. Walteri Meldensis episcopi. S. Elinandi Laudunensis episcopi. S Frollandi Silvanectensis episcopi. S. Trecensis episcopi. S. Roberti filii comitis Balduini. S. Widonis Ponthivensis comitis. S. Baldrici. S. Engenulfi. S. Amalrici de Monteforti. S. Stephani præpositi. S. Framerici coci.

XI.

Henricus rex ecclesias SS. Stephani, Juliani, Severini, et Bacchi canonicis Parisiensibus tradit.

(An. inc.)

[*Gall. Chr.* VII, 31.]

In nomine sanctæ et individuæ Trinitatis, HENRIcus, gratia Dei Francorum rex.

Noverit posteritas omnium S. matris Ecclesiæ fidelium et nostrorum, quod quidam Imbertus Parisiacensis Ecclesiæ episcopus, nostræ serenitati adierit præsentiam, rogans et obnixe postulans u quasdam ecclesias in suburbio Parisiacensi, nostra potestati et antecessorum nostrorum antiquitu

---

(7) Annus XXVII regni Henrici et annus Christi 1060 non conveniunt, error est præterea in indictione quæ non XV ut in charta, sed XIII anno 106(numerabatur.

mancipatas, S. Stephani scilicet, Juliani martyris, Severini solitarii, nec non et sancti Bachii, quarum quædam olim abbatiarum dignitate sublimatæ, et ideo receptaculum et stationem congregationi canonicorum præbentes S. Mariæ, sed propter regni perturbationem rebus concessis spoliatæ solitudini vacantes, parvum aut nullum antiquæ possessionis retinuerant statum, prædictæ congregationi concederemus. Sed quia apud nos pro suis meritis prædictus episcopus erat magnus, ejus voluntati nolentes aliquid derogare, concessimus ejus petitioni prædicta loca regali præcepto et liberalitate, eo pacto et conditione, ut quandiu Giraldus clericus earum possessor vixerit, sine inquietudine per assensum canonicorum totius congregationis teneat, et post ejus excessum usibus canonicorum sine reclamatione mancipetur; et ibi pro remedio animæ meæ vel parentum meorum canonici aggregentur, qui pro statu et incolumitate regni nostri exorantes ad utrumque sufficiant, scilicet et ad stationem more solito reddendam ecclesiæ, et ad serviendum canonice valeant communiter degere.

XII.
Henricus rex abbatiolam S. Germani in Laia Ecclesiæ Parisiensi concedit.
(An. inc.)
[*Gall. Chr.* VII, 31.]

Cum vere gaudia immortalitatis sanctorum procul dubio neque aliis virtutum acquirantur obsequiis, et exhibitionibus eleemosynarum ad profectum perveniatur animarum; cumque regiæ dignitatis semper requirat officium sanctæ matris Ecclesiæ, si quod imminet, exterminare periculum, ipsiusque longeque propagare beneficium defunctorum patrum pietate collatum, nullomodo æterni vitare supplicii speramus incendium, si in quantum nostræ permittitur facultati, divinum cessamus explere ministerium. His igitur accensis monitis ego Henricus princeps licet non idoneus in regnum Francorum, Deo volente, constitutus, tam domini Imberti Parisiorum præsulis acquievi petitionibus, quam Christicolis omnibus tam futuris quam præsentibus reverentiam Christianæ religionis debita nec non condigna veneratione colentibus. Sanctæ matris supradictæ feliciter a cunabulis educatis uberibus innotescere de revi, ut abbatiolam quamdam in silva quæ Lea dicitur, patris mei Rodberti clementia in honore S. Germani fabricatam, S. Parisiacensi Ecclesiæ concederem. Quod, quia dignum videbatur annuens, ore aque corde benigno suscipiens, cum consensu ac voluntate episcoporum atque abbatum, seu omnium comitumque militum meorum S. Dei Genitrici cum omnibus quæ ad eam pertinent, ipsam abbatiolam contuli, ut quandiu loci illius præsides vivent, teneant, regant, nulloque nostrorum successorum auferente possideant, videlicet terram Filiolicurti et in pago Pinciaco altare Aureæ vallis et in pago Valcasino altare Treci, in pago Belvacensi altare Borreti, et ecclesiam S. Marinæ in insula Parisii, item præfato præsuli quæ ad ecclesiam ipsam non pertinent in suburbio Parisii quatuor arpennos vinearum. Sed ut nostræ clementiæ donum nostris futurisque temporibus firmum habeatur, placuit nobis quatenus exinde præceptum fieri juberemus, videlicet ut nec nostris, nec reliquis post futurisque temporibus, aliquis hominum quodlibet ei impedimentum de iisdem rebus inferre præsumat. Et ut hæc nostri præcepti auctoritas firmior habeatur, manu nostra subter firmavimus, et sigilli nostri impressione signavimus.

CHUONRADUS II IMP.
HUJUS NOMINIS INTER REGES SECUNDUS, INTER AUGUSTOS PRIMUS, COGNOMINE SALICUS

(An. 1024-1039.)

CHUONRADI II CONSTITUTIONES

(D. PERTZ *Monumenta Germaniæ historica,* Leg. tom. II, p. 38.)

I.
EDICTUM DE MANCIPIIS ECCLESIARUM (1).
(Circa an. 1031.)

CHUONRADUS, Dei gratia Romanorum imperator Augustus, BERENHARDO duci, SIGIFRIDO comiti, BERNHARDO marchioni, salutem et gratiam.

Quamvis pro totius rei publicæ longe lateque procuranda utilitate, jugem debeamus sollicitudinem gerere, tamen ut pro ecclesiarum Dei statu sollertius invigilemus, nos obligatiores esse non ignoramus. Unde, quia sanctæ Fardensis ecclesiæ mancipia ceu bruta animalia pro quantulocunque pretio

(1) Prodit jam prima vice ex tabulario regio Hannoverano, ubi inter chartas episcopatus Verdensis authenticum sigillo imperiali insignitum asservatur

Apographum ejus exstat in Copiario Verdensi, ubi tamen Chuonradi loco *Heinricus* scribitur.

hactenus venundata fuisse audivimus, non solum illam nefariam consuetudinem admiramur, verum etiam ut rem Deo hominibusque detestabilem exsecramur, maxime cum secundum canonicam auctoritatem nullius ecclesiæ, prædia vel mancipia, pro alia aliqua vicissitudine, nisi prædia pro prædiis, mancipia pro mancipiis, pro æque bonis vel melioribus debeant mutuari. Idcirco autem hujuscemodi morem sanctorum Patrum traditionibus repugnantem ulterius ibidem exerceri, nostra imperiali potestate interdicimus, et vobis quibus harum provinciarum regimen commisimus, sub Dei nostræque gratiæ obtentu imperamus, ut ubicunque, vel inter vestros vel alios ejusdem ecclesiæ mancipia ita vendita inveniantur, illius loci episcopo vestro juvamine reddantur, ea scilicet ratione, ut episcopus emptori tantum quantum pro eis dedit, restituat, et suæ ecclesiæ mancipia recipiat. Sin vero aliqua persona his parere noluerit, vestra judiciaria potestate eam distringite, donec huic nostro justissimo edicto vel coacta obediat. Ad evidentissimum itaque signum omnibus nostræ imaginis proponi præcepimus sigillum.

(L. S.)

II.
CAPITULA DE BENEFICIIS (2).
(An. 1037, Maii.)

Hæc sunt capitula quæ [1] Conradus fecit in Roncalia [2] de beneficiis. Constituit enim ut

1. Si post mortem domini vassallus vel post mortem vassalli heredes ejus per annum et diem steterint, quod dominum vel heredem ejus[3] non adierint fidelitatem pollicendo, si tale sit beneficium, ut fidelitas præstanda sit investituram petendo [4], ipsum perdat (3).

2. Ut liceat dominis omnes alienationes feudi factas, nulla obstante præscriptione, revocare.

3. Similiter in ostandiciis [5] petendis (4).

4. Item si clericus, habens beneficium a rege datum, non solum personæ sed ecclesiæ datum [6], ipsum per [7] suam culpam perdat [8], vivente eo et honorem ecclesiasticum habente, ad regem pertineat, post morte[9] vero ejus ad successorem revertatur.

III.
EDICTUM DE BENEFICIIS (5).
(An. 1037, Mai 28.)

In nomine sanctæ [9] et individuæ Trinitatis, Chuonradus Dei gratia [10] Romanorum imperator Augustus. Omnibus sanctæ Dei Ecclesiæ nostrisque fidelibus, præsentibus [11] scilicet et futuris, notum esse volumus, quod nos ad reconciliandos animos seniorum et militum, ut ad invicem semper [12] inveniantur concordes, et ut fideliter et perseveranter nobis et suis senioribus serviant devote, præcipimus et firmiter statuimus, ut nullus miles episcoporum, abbatum, abbatissarum, aut marchionum vel comitum, vel omnium qui beneficium de nostris publicis bonis [13] aut de ecclesiarum prædiis [14] nunc tenet aut tenuerit vel hactenus injuste perdidit [15], tam de nostris majoribus walvassoribus [16], quam et eorum militibus, sine certa et convicta culpa suum beneficium perdat, nisi secundum constitutionem [17] antecessorum nostrorum et judicium [18] parium suorum. Si [19] contentio fuerit [20] inter seniores et milites [21], quamvis pares adjudicaverint illum suo beneficio carere debere, si ille dixerit hoc injuste vel odio factum esse, ipse suum beneficium teneat, donec senior et [22] ille quem culpat, cum paribus suis ante præsentiam nostram veniant, et [23] ibi causa juste finiatur [24]. Si autem pares [25] culpati in judicio senioribus [26] defecerint, ille qui culpatur suum beneficium teneat, donec ipse cum suo seniore et paribus [27] ante nostram præsentiam veniant. Senior autem [28] aut miles qui culpatur, qui ad nos venire decreverit, sex hebdomadas antequam iter incipiat, ei cum quo litigaverit [29] innotescat [30]. Hoc autem

VARIÆ LECTIONES.

[1] que rex coradus 5. *Ed. Spang.* [2] ictalia *corr.* runcalia 5. [3] deest 2. [4] i. p. desunt 6. [5] hostendiciis 5. hostandiciis 6. [6] deest 5. [7] propter 6. [8] v. eo p. *H.* [9] domini *V. Vn. Cas.* [10] ch. gloriosissimus imp. Cr. [11] tam p. quam et f. *L. V. Vn.* [12] *deest* Cr. [13] beneficiis *Herold*, [14] præsidiis *V. II.* [15] perdiderit *V. V II Cas.* [16] walvasoribus Cr. vavassoribus *L. V. V II.* vavasoribus *Cas.* vassalloribus *Vn.* [17] consuetudinem *L. V. Vn. Cas.* [18] judicium Cr. [19] Et si *L. V. Vn. Cas.* [20] emerserit *V. Vn. Cas.* [21] seniorem et militem *L. V. Vn. Cas.* [22] d. suus senior vel ille qui culpatur *V II.* [23] et illa e. ibi. juste *V II.* [24] terminetur (L) *V. V II Vn.* [25] p. ejus c. *L. V. Vn.* [26] seniorem defuerint *L.* [27] *hæc ultima vox codicis Florentini.* [28] vero *L. V. V II Vn. Cas.* [29] litigavit *L. V. Vn. Cas.* [30] intimet *V II*

NOTÆ.

(2) Habentur in libris Feudorum l. II, c. 40, commentario involuta, quem inde discretum in notis textui subjectis exhibemus. Capitula ex inscriptione tituli ad Chuonradum II referenda, mense Maio anni 1057, cum imperator, episcopis Vercellensi, Cremonensi et Placentino captis, expeditionem contra Heribertum archiepiscopum Mediolanensem instauraturus, exercitum congregaret, in campis Roncaliæ promulgata fuisse, haud absimile videri potest.
Textum qualis in codice 2) Halensi, mbr., in fol., sæc. XIV, collatis 5) Gottingensi, olim Schwarziano, in fol., sæc. XIV, et 0) bibliothecæ publicæ Francofurtanæ, mbr., in fol., sæc. XIV habetur, proponimus.

(3) Sicut et antiquitus consuetudo fuit, sed non Mediolanensium. Præterea ut *Feud.*

(4) Ostandicie dicuntur adjutorium quod faciunt Romanis cum rege in hostem pergentibus vassalli qui cum eis non vadunt, verbi gratia in Lombardia de Mediolano (a) duodecimum denarium, in Teutonica tertiam partem fructuum solummodo ejus anni quo hostem faciunt. *Feud.*

(5) Veluti episcopus vel abbas. *Feud* esse videtur, in Lombardia Mediolanensis duodecimum denarium, duodecimam facultatum partem, Germanice den zwölften *Pfennig* solvere, Teutones solummodo tertiam fructuum anni.

(a) *Medio XII denarium 2; medio XII den. 5, 6. Ita et 7 et 8 legere videntur. De mediolan. XII de roncalia tertiam editio 1 apud Sprang. De modio XII denar. Reindap. Sp. De modio XII denarios ed. Sprang. — Senten ia* de majoribus walvassoribus observetur [31]. De minoribus vero in regno aut ante seniores aut ante nostrum missum eorum causa finiatur. Praecipimus etiam ut cum aliquis miles, sive de majoribus sive de minoribus, de hoc saeculo migraverit, filius ejus beneficium habeat [32]. Si vero filium [33] non habuerit, et abiaticum [34] ex masculo filio reliquerit, pari modo beneficium habeat [35]; servato usu majorum walvassorum in dandis equis et armis su's senioribus. Si forte abiaticum ex filio non reliquerit, et fratrem legitimum ex parte patris habuerit, si [36] seniorem offensum habuit, et ipsi vult satisfacere et miles ejus effici, beneficium quod patri sui [37] fuit habeat [38]. Insuper etiam omnibus modis prohibemus, ut nullus senior de beneficio suorum militum cambium aut precariam aut libellum sine eorum consensu facere praesumat. Illa vero bona quae [39] tenet proprietario jure, aut per praecepta aut per rectum libellum sive per precariam, nemo injuste eos disvestire audeat. Fodrum de castellis [40] quod nostri antecessores habuerunt, habere volumus, illud vero quod non habuerunt [41] nullo modo exigimus. Si quis hanc jussionem infregerit [42], auri libras centum componat, medietatem camerae nostrae, et medietatem illi cui damnum illatum est [43].

Signum [44] domni Chuonradi serenissimi Romanorum imperatoris augusti.

Kadolohus cancellarius vice Herimanni archicancellarii recognovi.

Datum v Kalendas Junii, indictione 5, anno Dominicae Incarnationis 1037 [45], anno autem Chuonradi regis 13, imperatoris 11. Actum in obsidione Mediolani feliciter. Amen.

IV.
RESCRIPTUM DE LEGE ROMANA (7).
(An. 1038.)

Imperator CHUONRADUS [46] Augustus [47] Romanis judicibus [48].

Audita [49] controversia quae hactenus inter vos et Langobardos judices [50] versabatur, nulloque termino quiescebat, sancimus ut quaecunque admodum [51] negotia mota [52] fuerint [53], tam inter Romanae urbis menia quam etiam de foris in Romanis pertinentiis, actore Langobardo [54] vel reo [55], a vobis duntaxat Romanis legibus terminentur, nulloque tempore reviviscant [56].

VARIAE LECTIONES.

[31] teneatur *L.* [32] filios e. b. tenere *L. V. V. Vn. E. Cas.* [33] filios *L. V. Vn. E. Cas.* [34] abiaticos *L. Cas.* abbiaticos *V. Vn.* corr. abbiaticum. *Glos. Cas.* id est nepotes. [35] habeant *L. V. Cas.* [36] et *L. V. Vn. Cas.* [37] p. sui vel fratris *Cas.* [38] habeat servato usu majorum valvassorum in dandis equis et armis suis senioribus *Her.* [39] Ille vero qui *V II.* [40] de castellis deest *L. V. Vn. Cas.* de usque volumus desunt *V II* quorum loco Chuonradi rescriptum infra editum habetur. [41] habuerunt usque habuerunt desunt *V.* [42] preterierit *V. Vn. Cas.* [43] est reliqua desunt in *Halensi.* illatum. At si quis aurum non habuerit, nostra sentencia feriatur ut nobis placuerit *L. V. Vn. E.* [44] reliqua extant in uno *Crem.* [45] ita corrigendum; codex Cremon.: MXXXVIII. [46] Choradus *Cas.* Conradus *S. V II.* [47] deest *V II.* [48] i. salutem *V II.* [49] Auditi *V II.* [50] et l. i. deest in *Cas.* [51] amodo *V II.* [52] deest *V II.* [53] m. f. desunt in *Cas.* [54] deest *Cas.* vel r. l. *V II.* [55] deest *Cas.* [56] reviviscant *S.*

NOTAE

(6) Optima legis hujus editio exstat in Muratorii Antiquitatibus Italicis, t. I, p. 609 fol.; t. II, p. 287, edit. Aretinae, ex pervetusta membrana in archivo capituli canonicorum Cremonensium desumpta; quam hic cum codicibus saeculi xi Florentino, Londinensi, Vindobonensi, altero Vindobonensi, n. 59, Veronensi, Casinensi saeculi xi exeuntis, n. 328 signato, et Estensi apud Muratorium collatam repetimus. Ad quos cum libri de Feudis, posteriorum codices saeculorum, ne proxime quidem accedant, lectiones codicis inter eos primum facile locum obtinentis, Halensis scilicet saec. XIV, adnotandas haud existimavi.

(7) In codice Casinensi, n. 328, membr., saec. xi exeuntis, legum Langobardorum libros III exhibentis, in tenera membrana rescriptum inveni, quod antea ex codice Lipsiensi cl. Senkenberg in Methodo jurisprudentiae, append. III, § 17, pag. 109, publici juris fecerat. Reperitur quoque in codice bibliothecae Caesareae Vindobonensis inter mss. Juris civilis, n. 39, indeque a b. m. Pirsnero exscriptum est.

CHUONRADI II IMP. DIPLOMATA.

Chuonradi II privilegium pro abbatia Vuischbiki.
(Anno 1025.)
[ERHARD, *Cod. diplom. Hist. Westphal.*, p. 87.]

C. In nomine sanctae et individuae Trinitatis, Chuonradus, divina favente clementia, rex.

Notum sit omnibus fidelibus nostris, tam praesentibus quam futuris, qualiter quaedam venerabilis abbatissa, nomine Abug, antecessorum nostrorum regum scilicet vel imperatorum scripta, suae ecclesiae, quae est in Vuischbiki collocata, tradita, in nostram praesentiam contulit, eademque ex nostra regali potestate confirmari ac corroborari quam humillime rogitavit. Cujus petitioni ita ut dignum est assensum prebentes, ob amorem Dei nostraeque remedium animae scilicet et per interventum Sigeberti sanctae Mindensis ecclesiae venerandi praesulis nec non et Berinhardi ducis caeterorumque nostrorum fidelium, jam dictam abbatissam una cum congregatione sibi subiecta omnibusque illuc rite pertinentibus, in nostrum mundiburdium ac defensionem ex integro suscepimus. Præcipientes igitur jubemus ut nullus judex publicus neque aliquis ex judiciaria potestate homines prædictæ ecclesiæ liberos seu colonos, litos aut servos, in aliquo negocio distringere presumat, nisi tantum advocatus loci illius, habeantque sanctimoniales illæ liberam potestatem per successionem temporis inter se sive aliunde abbatissam eligendi, nullius sæculari dominio subjectæ, excepto nostro, qui earum defensor, Deo annuente, esse volumus.

Hæc sunt prædia quæ pertinent ad supra dictam ecclesiam Vischiki. In illo loco vi mansi pleni. Insuper etiam in his locis ita nominatis. Vuendredesa I. Vuigbaldeshusun IIII mansi. Benneshusun I mansus. Haddeshusun I mansus. Tiadanhusun I mansus. Hainanhusun II mansi. Et in aliis locis ad ministerium ecclesiæ Vischiki XXVIIII mansi in pago Tilithi in comitatu Herimanni comitis, iterumque in pago Merstem in comitatu ejusdem comitis VIII mansi, et in pago Laginga VI mansi in comitatu Dodican, in pago Westfala in comitatu Heinrici comitis X et VIII mansi, et in comitatu Hrodwerkes VI m usi. Et in villa quæ vocatur Hramnesberg II mansi, Fiahtthorpe I mansus, in Anion IIII mansi, et in comitatu Wirinhardi curtem nomine Thuliberh V mansi. In Tundirin VII mansi. In Hartingehusun villa integra. Et ut hæc nostra confirmatio stabilis et inconvulsa permaneat, hanc nostri præcepti paginam inde conscriptam manu propria roborantes sigilli nostri impressione insigniri jussimus.

Signum domni Chuonradi (L. M.) *gloriosissimi regis.*

Odalricus cancellarius vice Aribonis archicapellani recognovi.

Data II Id. Januar., indictione VIII, anno Dominicæ Incarnationis 1052, anno autem domni Chuonradi secundi regnantis 1°. Actum Corbeiæ.

II.

Chuonradi II privilegium pro monasterio Corbeiensi, petente Truchtmaro abbate.

(Anno 1025.)

[ERHARD, *ubi supra.*]

C. In nomine sanctæ et individuæ Trinitatis, Chuonradus, divina favente clementia, rex.

Notum sit omnibus Christi nostrique fidelibus præsentibus scilicet atque futuris, qualiter venerabilis abbas nomine Truchtmarus nostram adiit excellentiam, suppliciter orans ut nostra magnifica munificentia prospiceremus monasterio cui præesse videretur, quod est constructum super fluvium Wisera in loco qui dicitur Nova Corbeia in honorem Dei et sancti Stephani protomartyris, ubi et beati Viti martyris pretiosa pignora servari noscuntur. Cujus petitioni rationabili propter divinum amorem et venerationem beatorum martyrum assensum præbentes, hos apices serenitatis nostræ circa ipsum monasterium fieri jussimus, per quos decernimus atque jubemus, præcipue ut potestatem monachi, si necessitas venerit, habeant, abbatem eligendi de fratribus suis, et ut nullus episcopus aut judex publicus vel quilibet ex judiciaria potestate, nisi solus illius loci provisor et advocatus prædicti monasterii, in ecclesias aut loca vel agros seu reliquas possessiones præfati monasterii quas moderno tempore juste et rationabiliter possidere videtur, ad causas audiendas vel freda exigenda aut mansiones vel paratas faciendas aut fidejussores tollendos, aut ullas redhibitiones vel illicitas occasiones requirendas, aut homines ipsius monasterii tam ingenuos quam et servos vel litos injuste distringendos ullo unquam tempore audeat ingredi, vel ea quæ supra memorata sunt penitus exigere aut actitare præsumat. Sed et de dominicatis mansis vel nunc habitis vel post acquirendis, a reddendis decimis plenam idem monasterium habeat immunitatem, et sicut hactenus fuit, ut dentur ad portam in susceptionem hospitum et peregrinorum; in quibuslibet episcopiis, pagis vel territoriis, vel omnibus quæ ibidem propter divinum amorem et illius sancti loci venerationem collata fuerint, ut liceat ibidem Deo famulantibus sub nostræ immunitatis tuitione quieto ordine vivere ac residere, et melius illos dilectet omni tempore pro nobis et conjuge nostra atque stabilitate regni a Deo nobis collati, Domini misericordiam attentius exorare. Insuper etiam decimas vel decimales ecclesias in quibusque episcopiis ita teneant atque disponant, sicut sub antecessoribus nostris regibus videlicet et imperatoribus tenere per præcepta visi sunt atque disponere. Episcopis vero quibus servitium et mansionatica debent tempore circuitus sui, secundum scripta sua singulis annis persolvant. Et ut hæc auctoritas concessionis atque confirmationis nostræ firmior habeatur et per futura tempora a cunctis fidelibus sanctæ Dei Ecclesiæ nostrisque præsentibus et futuris melius credatur, diligentiusque observetur, manu propria subter eam firmavimus et sigilli nostri impressione assigniri jussimus.

Signum domni Chuonraai (L. M.) *regis invictissimi.*

Odalricus cancellarius vice Aribonis archicapellani recognovi.

Data XI Kal., Febr., indictione VIII, anno Dominicæ Incarnationis 1025, anno vero domni Chuonradi secundi regnantis I.

Actum Goslare.

III.

Chuonradi II Italiæ regis diploma, quo confirmat jura monasterio Lucensi Sancti Pontiani.

(Anno 1025.)

[MURATORI, *Antiq. Ital.* I, 93.]

In nomine sanctæ et individuæ Trinitatis, CHUONRADUS, divina favente clementia, rex, etc., qualiter domnus Ambrosius venerabilis abbas nostram supplex adiit celsitudinem, deprecans ut pro Dei amore suaque supplicatione monasterium quod restauravit quædam matrona Willa vocata, mater vero Hugonis inclyti marchionis, pro sua anima et pro animabus omnium Christianorum fidelium, Deo favente, foris murum Lucensis urbis, in honore sanctorum apostolorum Philippi et Jacobi, et sancti Pontiani martyris Christi, cujus gloriosum corpus ibider requiescit, etc.

Signum domni Chuonradi regis invictissimi.

Hugo cancellarius vice Aribonis archicancellarii recognovi.

Hiatus Sigilli cerei deperditi.

Data IX Kalendas Maii, indictione VIII, anno Dominicae Incarnationis 1025, anno autem Domni Chuonradi secundi regnantis primo.

Actum est in Augusta civitate.

IV.

Chuonradi I Romanorum imperatoris diploma, quo Guidoni II Farfensi abbati, ejusque monasterio bona ac jura quaecunque confirmat.

(Anno 1027.)

[MURATORI, Rer. Ital. Script. II; II, 561.]

In nomine sanctae et individuae Trinitatis, CHUONRADUS divus Romanorum imperator Augustus.

Comperiat omnium solertia qualiter Guido venerabilis abbas monasterii Sanctae Mariae in comitatu Sabinensi constructi, in loco qui dicitur Acutianus, nostram adiens praesentiam, ostendit nobis nostrorum antecessorum regum vel imperatorum praecepta eidem monasterio facta, atque suppliciter postulans. . . . . . eadem praecepta nostra imperiali ac praeceptali auctoritate confirmaremus. Nos vero ejus justis postulationibus assentientes, confirmamus jam dicto monasterio quidquid in superioribus continetur praeceptis, prout juste et legaliter possumus, videlicet quidquid habere videtur in eodem territorio Sabinensi, id est. . . . . . in comitatu Hortano. . . . . . in comitatu Viturbiensi, cellam Sanctae Mariae juxta fluvium Minionem. . . . . . in comitatu Spoletano. . . . . . in comitatu Assisio. . . . . . in comitatu Ausimano. . . . . . in comitatu Senogalliensi. . . . . . in comitatu Camerino. . . . . . in comitatu Firmano. . . . . . in comitatu Asculano . . . . . . in comitatu Aprutiensi. . . . . . in comitatu Pinnensi. . . . . . in comitatu Balbensi. . . . . . in comitatu Marsicano. . . . . . . Infra urbem Romam ecclesiam Sanctae Mariae, et Sancti Benedicti cum cryptis et muris, et cum introitu et exitu illarum, et campo de Agonis. In civitate Tyburtina . . . . in comitatu Reatino. . . . . . in Amiterno, in comitatu Furconine. . . . . . omnia quae in integrum ad praedictum monasterium pertinere videntur juste et legaliter, aut ab aliis hominibus Deum timentibus acquisierit, aut ab his qui modo de rebus Ecclesiae injuste tenent, et quae in civitate Romana, aut in aliqua parte nostri regni Italici habere videtur, aut acquisierit, per hoc nostrum praeceptum eidem sancto loco confirmamus una cum terris, vineis. . . . . . atque pro Dei amore, nostraque animae salute eidem monasterio miserantibus per hoc nostrum praeceptum perdonamus, ut nullus eorum, aut suorum hominum deinceps freda, aut tributum donet, vel mansiones faciat invite, aut fidejussor sine suo velle existat, aut in aliquo donet portonaticum aut ripaticum, vel herbaticum, aut glandaticum, vel pontonaticum, tam de monachis quam clericis, quamque de hominibus super terras eorum residentibus, tam ingenuis quam libellariis, quam et servis. Ac eos sub nostra tuitione recipimus. Praecipientes ergo jubemus ut nullus dux, marchio, episcopus, comes, vicecomes, vel aliquis noster missus discurrens, sculdasius, gastaldius, nullaque nostri imperii magna parvaque persona, praedicti monasterii vel monachos aut aliquem fidelem inquietare, molestare, aut de his, quae supra scripta sunt, sine legali judicio divestire praesumat . . . . . et quidquid de praedicti monasterii possessionibus fiscus noster sperare potuerit, totum nos pro aeternae remunerationis praemio praedicto monasterio concedimus. . . . .

Signum domni Chuonradi serenissimi imperatoris Augusti.

Hugo cancellarius vice domni Haribonis archicancellarii recognovit.

Data V Kalend. Martii, anno Dominicae Incarnationis 1027, anno vero domni Chuonradi regnantis tertio, imperii quoque primo.

Actum Romae feliciter.

V.

Chuonradi II Italiae regis ac primi inter Augustos praeceptum per quod monasterio sanctimonialium Lucensium Domini Salvatoris omnia illarum jura ac privilegia confirmat.

(Anno 1027.)

[MURATORI, ubi supra, Antiq. Ital. II, 95.]

In nomine omnipotentis Dei, Chuonradus, aeterni munere Largitoris, rex.

Si aliquid locis divino cultui mancipatis largitatis nostrae munere conferimus, vel collata confirmamus, ad aeternae retributionis praemia nobis prodesse nequaquam diffidimus. Omnium igitur sanctae Dei Ecclesiae nostrorum praesentium atque futurorum notitiae pateat qualiter interventu dilectae conjugis nostrae Giskae, per hanc nostri praecepti paginam, prout juste et legaliter possumus, confirmamus et corroboramus monasterio Domini Salvatoris, quod est infra muros urbis Lucae constructum, et ejusdem loci abbatissae, quae vocatur Alperga, cunctisque monachabus Domino ibi famulantibus . . . . . . ejus res et proprietates tam quas nunc habet quam imposterum habuerit, cum terris cultis et incultis, vineis, pratis, pascuis, silvis, piscationibus, servis et ancillis, aquis aquarumque decursibus, molendinis, omnemque substantiam, quam locus idem videtur habere. Statuimus etiam ut abhinc in posterum quidquid praefato monasterio per dationem religiosorum virorum, seu devotarum feminarum collatum exstiterit, sub nostri confirmatione praecepti. Volumus etiam ut praedictum monasterium nostris et futuris temporibus una cum omnibus rebus atque familiis immune consistat ab omni publica functione et redhibitione. Et si quando abbatissa obierit, de eisdem ipsis eligant, quam bonæ vitæ invenerint. Præcipimus autem ut nullus judex publicus, vel ex judiciaria potestate aliqua infra illud monasterium seu ecclesias, villas aut reliquas possessiones quas nunc habet, vel in antea acquisierit, mansionaticum exigere, aut fidejussores tollere, aut homines ipsius monasterii, tam ingenuos quam servos, injuste distringere, aut inconsuetas occasiones requirendo eum ingredi præsumat. Sed liceat memoratæ abbatissæ, seu et his quæ post eam ejusdem monasterii regimen habuerint, cum ancillis Dei ibi degentibus tranquille vivere, et monasticæ conversationis propositum, quiete servare, ac pro salute nostra seu regni stabilitate Dei misericordiam implorare. Si quis igitur hujus præcepti, quod non credimus, violator exstiterit, auri optimi libras mille se compositurum agnoscat, medietatem cameræ nostræ, et medietatem prædictæ Alpergæ abbatissæ sibique succedentibus. Quod, ut verius credatur et diligentius observetur, manu propria roborantes sigillo nostro jussimus insigniri.

Signum domni Chuonradi serenissimi regis.

Locus s'gilli † cerei deperditi.

Hugo cancellarius vice domni Ariboni archiepiscopi et archicancellarii recognovit.

Datum anno Dominicæ Incarnationis 1027, indictione IX, regni vero domni Chuonradi secundi regnantis II.

Actum Veronæ.

VI.

Chuonradi Augusti I diploma, quo omnia jura ac bona confirmat Guinizoni abbati monasterii Sancti Salvatoris in Amiate Clusinæ diœceseos.

- (Anno 1027.)
[MURATORI, *Antiq. Ital.*, V, 449.]

In nomine sanctæ et individuæ Trinitatis, CHUONRADUS, divina favente clementia, imperator Augustus. Dignum est ut, qui prudenter Dei obsequia ordinare procurant, et, hoc ad stabilitatem nostram, corroboratione confirmaremus exposcunt, ut tanto libentius obaudiant quanto Deo placita intelligimus et prudentia, Deo protegente, bono studio ad effectum perducere procuravimus. Igitur omnium fidelium sanctæ Dei Ecclesiæ ac nostrorum, præsentium scilicet et futurorum, comperiat solertia quia, dum nos dilecto fideli nostro Guinizoni abbati Cœnobii Domini et Salvatoris in monte Amiate constructum ad regendum commiserimus, et ibidem neglecta Dei obsequia et procurationem Deo ibidem famulantium, prædecessorum suorum incuria, multis modis reperisset, studiosius decertavit congregationem monachorum Deo ibidem servientium regulariter corrigere, et solummodo divinis obsequiis deditos ad sufficientiam suorum largiremus, quatenus prælati jam fati monasterii Domini Salvatoris, qui per tempora fuerint, ac successores illius abbates vel præpositi cum subiectis monachis, victum ibidem Deo servientium in futurum sufficienter habere mereantur. Ob amorem Dei, remediumque animæ nostræ, ac successorum nostrorum regum aut imperatorum, conferimus eis ad sufficientiam suorum cellam Sancti Benedicti in Bucino, curtem et plebem Sanctæ Mariæ in Lamule, curtem Sancti Stephani in Monticolo cum castro Montelatronis, curtem de Mustra cum castro Montenegro, curtem de Laminiana, cum Castro Montepenzutulo, sicut Ubertus ad manum suam detinuit, curtem Sancti Miniati, curtem Sancti Quirici in Piscinule, et Sancti Simeonis, et Sancti Peregrini, et curtem Sanctæ Mariæ de Offena cum rocca, quæ vocatur Sanine, curtem de Palea, et Sancti Sebastiani, curtem Sancti Stephani in Tutona, curtem Sancti Clementis in Titiniano cum terris, et angariales, curtem de Mussona cum terra de Redula majore et minore, et Bitena, et Canneta, et Herminula, med etatem de curte Sancti Lazari cum sua ecclesia, curtem de Feroniano, curtem de Citiliano, et curtem Sancti Salvatoris in Vigugnano, curtem Sancti Severi super Latum, et curticellam de Bisenzo, curtem Sancti Joannis in Vafriano, et Sancti Satenrani, curtem Sancti Columbani, et curtem Sancti Salvatoris in villa Racana, cellam Sanctæ Mariæ in Valeriano, curticella in Cartutule cum terra et vinea quæ est prope fluvio Varano, curtem Sancti Salvatoris in Campagnatico, curtem Sancti Petri in Cervaria, et curtem Sancti Stephani in Viniano, curtem Sancti Severi in Paterna cum campo Albiniono, curticella quæ nominatur Croscule, et Curticella in Cursiniano cum omnibus pertinentiis et adjacentiis suis, cellam Sancti Petri in Latera, et cellam Sancti Petri in Garmarita cum Sancto Anastasio, cellam Sancti Savini, et Sanctæ Restitutæ, et Sancti Petri, et Sancti Stephani in Terquino, cellam Sanctæ Mariæ in Corgnitu per loca designata. De una parte ripa cum Petra, quæ divisa est a ripa. De alia parte via publica, quæ venit per portam, et terra Azonis filii Benzi, cum suis consortibus. De quarta vero parte est terra, filii Alonis. Ea videlicet ratione ut ab hac in futurum prædicta sancta congregatio his omnibus denominatis cellulis et curtibus cum suis omnibus pertinentiis et adjacentiis, tantummodo suis utilitatibus habentes, victum vestitumque regulariter sumentes ab ulla dilatione, solummodo divinis die noctuque persistant obsequiis, ac pro stabilitate totius imperii, nobis a Deo commissi studeant exorare. Sed quod bono studio, bonaque voluntate fecimus, perennem habeat stabilitatem, petiit pietatem nostram ut eamdem ordinationem nostra confirmaremus conscriptione, sicut et fecimus. Denique etiam concedimus prædicto monasterio omnes decimas, frea et judiciaria, vel omnem compositionem et exhibitionem publicam ex omnibus manentibus desuper memoratis cellulis et curtibus ob remedium animæ nostræ, successorumque nostrorum regum vel imperatorum, qui per tempora fuerint, ad portam ipsius monasterii conferendam semper ad usus peregrinorum sustendandos, in alimoniam et augmentum animæ nostræ, propter offensiones malorum ac pravorum hominum, quæ sufferre minime sustentare potuerant. Quapropter eidem sancto loco hoc nostrum præceptum fieri jussimus, per quod præcipimus, ut ab hac in futurum eadem sancta congregatio cum omni quietudine absque ullo publico repetita, ac rectoris loci ipsius subtracta easdem cellulas et curtes in suis utilitatibus ac necessitatibus habeant, et ordinent, faciant, et disponant, quatenus exinde sufficientiam habentes in divinis obsequiis, et nobis eorum famulatio perficiat sempiternale remedium. Si qua vero, quod futurum minime credimus, magna parvaque persona contra hoc nostrum, etc.

Signum domni Chuonradi invictissimi imperatoris Augusti.

Hugo cancellarius vice domini Aribonis archiepiscopi et archicancellarii recognovit.

Data anno Dominicæ Incarnationis 1027, regni vero domni Chuonradi secundi regnantis III, imperii ejus primo, indictione x.

Data in civitate Leonlana, Nonis Aprilis.

VII.

Chuonradi imp. privilegium pro Ecclesia Padernbornensi.

(Anno 1027.)

[ERHARD, *Cod. diplom. Westph.*, p. 89.]

In nomine sanctæ et individuæ Trinitatis, CHUONRADUS, divina gratia, Romanorum imperator Augustus.

Perpendimus atque consideravimus animas nostras peccatorum maculis offuscatas hoc multum posse juvare, nos ad divini honoris et gloriæ majestatem Ecclesias Christi sublimare, ædificare, et de nostris rebus ditare, pariterque novimus ad nostræ imperialis potentiæ dignitatem pertinere, eis qui nobis domi vel militiæ bene servierint condignam servitutis remunerationem exhibere. Proinde noverint Christi nostrique fideles universi, qualiter nos, per interventum dilectissimæ conjugis nostræ Gislæ, nec non filii nostri Heinrici regis et Brunonis Augustensis episcopi et Herimanni marchionis et Egilhardi fratris sui, ad divinam gratiam et gloriam, pro remedio nostræ animæ, Paderbrunnensi Ecclesiæ in honorem sanctæ Mariæ Dei Genitricis et sancti Chyliani martyris et sancti Liborii confessoris consecratæ, ejusque provisori Meinwerco, qui nobis sæpe et multum frequenter et fideliter servivit, quamdam curtem nomine Ervitte ad nostrum imperiale jus pertinentem, in pago Engere, in comitatu autem Marcwardi sitam, perpetualiter habendam tradidimus, cum mancipiis utriusque sexus omnibus ad hanc jure pertinentibus, cum cæteris quoque universis appendiciis, scilicet arcis, ædificiis, terris cultis et incultis, pratis, pascuis, silvis, venationibus, viis et inviis, exitibus et reditibus, aquis aquarumve decursibus, piscationibus, molendinis, quæsitis et inquirendis, cum banno et mercato etiam quod apud eamdem curtem solet haberi, et cum omni utilitate quæ inde poterit pervenire. Et ut hæc nostræ traditionis auctoritas firma omni permaneat ævo, hanc paginam inde conscriptam manu propria roborantes jussimus insigniri sigillo.

Signum domni Chuonradi invictissimi Romanorum imperatoris Augusti. (L. M.)

Odalricus cancellarius recognovit.

Data VII Idus Aprilis, indictione X, anno Dominicæ Incarnationis 1027, anno autem domni Chuonradi II regnantis III, imperii vero I.

Actum Romæ.

VIII.

Chuonradi privilegium pro monasterio Corbeiæ Novæ.

(Anno 1028.)

[ERHARD, *Cod. diplom. Westph.*, pag. 90.]

In nomine sanctæ et individuæ Trinitatis. Chuonradus, divina favente clementia, Romanorum imperator Augustus.

Si piis petitionibus fidelium nostrorum, maxime quas pro Ecclesiis sibi commissis auribus nostris infuderint, benignum præbuerimus auditum, hoc procul dubio et ad præsentis imperii nostri statum, et ad æternæ beatitudinis præmium profuturum credimus. Unde omnium fidelium nostrorum tam præsentium quam et futurorum noverit solers industria, quia adiens excellentiam nostri culminis, Druthmarus venerabilis novæ Corbeiæ abbas, curtem quamdam Godeleveshem nuncupatam anteriori tempore eidem monasterio questus est injuste fore sublatam. Detulit præterea secum Arnolfi divi progenitoris nostri imperiale decretum, cui ejusdem curtis inerat concambia, inter eumdem imperatorem atque Bovonem prædicti monasterii Patrem peracta Cujus suggestioni fidem accommodantes, matronam quamdam Alvered vocatam, quæ ipsam curtem velut hæreditario jure tunc temporis possedit, ad palatium nostrum evocari præcepimus. Quæ, dum prolata refellere nequivisset, præfatam curtem cum omnibus appendiciis, adnitentibus sibi filio Osdago patronoque suo comite Fritherichlo, prædicto venerabili abbati absque ulla controversia reddidit, atque hanc Hiddi monasterii advocatus jussu nostre recepit. Post vero abbas clementia nostra provocatus eidem matronæ sæpedictam curtem alteramque Gimundun vocatam ac familias quasdam in villa Brumerinchthorp ea conditione beneficiavit, ut si quid post obitum ejus in iisdem possessionibus reperiatur, abbatis arbitrio disponatur. Filio vero ejus curtem nomine Imminghusun eo pacto concessit quatenus dum vivat hanc teneat, nisi hunc munificentia nostra alicubi prius promoveri contingat. Post vero in jus monasterii redeat. Et ut hujus restitutionis auctoritas firmior perpetim credatur manu propria subtus roboratam sigilli nostri impressione jussimus insigniri.

Testes, Hunfridus archiepiscopus; Meinwercus episcopus; Godehardus episcopus; Sigifridus episcopus; Odalricus cancellarius; Asculfus; Sigibertus; Bernhardus dux; Adalbero dux; Ernastus dux; Liudulfus comes et privignus imperatoris; Hiddi; Amulungus comes, et frater ejus Ecbertus; Wigger; Gerlo; Uffo; Tiammo; Poppo; Bern; Thiathard; Brun; Gebo.

Signum domni Chuonradi invictissimi Romanorum (L. M.) *imperatoris Augusti.*

Odalricus cancellarius vice Aribonis archicancellarii recognovit.

Data Kal. Jul., indictione XI, anno Dominicæ Incarnationis 1028, anno autem domni Chuonradi II regnantis IV, imperii vero I.

Actum Magdeburch feliciter. Amen.

IX.

Chuonradi privilegium pro Ecclesia S. Gorgonii.
(Anno 1028.)
[ERHARD, *Cod. diplom. Westph.*, p. 90.]

C. In nomine sanctæ et individuæ Trinitatis, CHUONRADUS, clementia divina favente, Romanorum imperator Augustus.

Noverit omnium sanctæ Dei Ecclesiæ fidelium nostrorumque præsentium scilicet ac futurorum industria, qualiter nos ob interventum ac petitionem dilectæ conjugis nostræ Gislæ imperatricis Augustæ, et amantissimæ nostræ prolis Heinrici regis, nec non Brunonis Augustensis venerabilis episcopi, fideli nostro Sigiberto Mindensi episcopo et ecclesiæ cui ipse, Deo donante, præsidet, in honore sancti Petri principis apostolorum et sancti Gorgonii martyris Christi constructæ, quamdam silvam sitam singulariter in proprietate prædiorum ejusdem Mindensis Ecclesiæ, et in pago Entergowi, in comitatu vero Bernhardi ducis, cum consensu et collaudatione præfati ducis B. et sui fratris Delmari, cæterorumque civium in eadem silva usque modo communionem venandi habentium, in silvis, campis et paludibus, inter flumina Ossembeke et Alerbeke, usque in medium flumen Wermonon, et inde usque ad Northsulerecampon, ad cortem pertinens Sulegon nominatam forestari concessimus et banni nostri districtu circumvallavimus, ea videlicet ratione ut nemo ulterius in eodem foresto absque prælibati episcopi suorumque successorum licentia potestatem habeat venandi, sagittandi, retia aut laqueos ponendi, aut ullo ingenio feras decipiendi, quæ merito sub jure banni contineantur. Si quis autem hujus nostri imperialis præcepti temerarius violator exstiterit, sciat se episcopo et suo advocato banni nostri summam compositurum. Et ut hoc verius credatur diligentiusque per futura annorum curricula observetur, hanc chartam inde conscriptam subtusque manu propria roboratam sigilli nostri impressione jussimus insigniri.

Signum domni Chuonradi invictissimi Romanorum imperatoris (L. M.) *Augusti.*

Odalricus cancellarius vice Aribonis archicapellani recognovit.

Data III Kal. Apr., indictione XII, anno Dominicæ Incarnationis 1028, anno autem domni Chuonradi secundi regnantis V, imperii vero I.

Actum Ratispone.

X.

Chuonradi præceptum pro monasterio S. Chiliani.
(Anno 1030.)
[ERHARD, *Cod. diplom. Westph.*, p. 91.]

C. In nomine sanctæ et individuæ Trinitatis, CHUONRADUS, divina favente clementia, Romanorum imperator Augustus.

Notum sit omnibus Christi fidelibus præsentibus scilicet atque futuris, qualiter nos ob interventum ac petitionem nostræ dilectæ conjugis Gislæ imperatricis videlicet Augustæ, et amantissimæ nostræ prolis Heinrici regis, nec non Meinwerchi Paterbrunensis Ecclesiæ episcopi, quoddam Berenhardi comitis prædium, Badperch dictum, cum mansis decem circa eumdem montem adjacentibus, in pago Nichterga et in comitatu Haholdi comitis situm, quod ideo hæreditario jure in nostram potestatem successit, quia idem ipse B. comes spurius erat, quod vulgo Wanburtich dicunt, ad Paterbrunne præscripti episcopi monasterium in honore sanctæ Mariæ et sancti Chiliani martyris sanctique Liborii confessoris consecratum tradidimus, cum mancipiis utriusque sexus, villis, areis, ædificiis, agris, terris cultis et incultis, viis et inviis, pratis, pascuis, silvis, venationibus, aquis aquarumve decursibus piscationibus, molendinis, exitibus et reditibus quæsitis et inquirendis, nec non cum omnibus appendiciis ad idem prædium jure pertinentibus, ea videlicet ratione ut in præscripti monasterii potestate perpetualiter existat. Et ut hæc nostra traditio stabilis et inconvulsa omni permaneat ævo, hanc paginam inde conscriptam propriaque manu subtus roboratam sigilli nostri impressione jussimus insigniri.

Signum domni Chuonradi Romanorum imperatori (L. M.) *invictissimi.*

Odalricus cancellarius vice Aribonis archicapellani recognovi.

Data Kal. Junii, anno Dominicæ Incarnationis 1030, indictione XIII, anno domni Chuonradi regnantis VI, imperii vero IV.

Actum Mersiburch feliciter. Amen.

XI.

Pro Ecclesia Paderbornensi.
(Anno 1031.)
[ERHARD, *Cod. diplom. Westph.*, p. 91.]

C. In nomine sanctæ et individuæ Trinitatis CHUONRADUS, divina disponente gratia, Romanorum imperator Augustus.

Omnium Dei nostrique fidelium universitati notum esse volumus, qualiter nos, propter amorem cœlestis patriæ atque ob interventum ac petitionem dilectæ conjugis nostræ Gislæ imperatricis Augustæ, nec non chari filii nostri Heinrici regis, et propter juge devotumque nobis servitium Meginwerchi sanctæ Paderbrunnensis sedis venerabilis episcopi, ecclesiæ cui ipse, Deo donante, præsidet, in honore sanctæ Dei genitricis Mariæ beatique Chyliani martyris, nec non confessoris Christi Liborii constructæ, illa prædia quæ habuerunt Bernhart et soror ejus Hazecha in locis Alflaan et Etlinun sita, in pago Paderga, in comitatu Amulungi, cum aliis omnibus illuc pertinentibus, et cum omni utilitate quæ vel scribi aut nominari ullo modo valet, cum mancipiis utriusque sexus, cum areis, ædificiis, agris, campis, terris cultis et incultis, pratis, pascuis, silvis, venationibus, aquis aquarumve decursibus, piscationibus, molis, molendinis, viis et inviis, exitibus et reditibus, quæsitis et inquirendis, perpetualiter habenda donavimus, ea ratione ut præfatus episcopus suique successores de eisdem prædiis nobis imperiali jure hæreditatis liberam dehinc habeant potestatem quidquid sibi placuerit faciendi, ad utilitatem tamen ecclesiæ suæ omnium contradictione remota. Et ut hæc nostræ traditionis auctoritas stabilis et inconvulsa omni permaneat ævo, hanc paginam inde conscriptam manu propria roborantes, sigillo nostro insigniri jussimus.

Signum domni Chuonradi invictissimi Romanorum (L. M.) *imperatoris Augusti.*

Odalricus cancellarius vice Aribonis archicapellani recognovit.

Data xiii Kal. Febr., indictione xiv, anno Dominicæ Incarnationis 1031, anno vero domni Chuonradi II regnantis vii; imperii autem iv.

Actum Altstete.

XII.
Pro Ecclesia Paderbornensi.
(Anno 1031.)
[ERHARD, *Cod. diplom. Westph.*, p. 92.]

C. In nomine sanctæ et individuæ Trinitatis. CHUONRADUS, Dei ordinante clementia, Romanorum imperator Augustus.

Omnium Dei nostrique fidelium universitati notum esse volumus, qualiter nos, divinæ mercedis ob intuitum, nec non per interventum dilectissimæ contectalis nostræ Gislæ imperatricis Augustæ simul etiam dilecti filii nostri regis Heinrici, et juge servitium Meginwerchi Patherburnensis Ecclesiæ episcopi sæpissime nobis fideliter impensum, eidem ecclesiæ in honore sanctæ Dei genitricis Mariæ ac sancti Chyliani martyris et sancti Liborii episcopi et confessoris constructæ, prædium Bennanhusun, Ualabroch, Dadanbroch, situm in pagis Wetiga et Tilithi in comitatu Widukindi, cum omnibus ad ipsum prædium jure ac legaliter pertinentibus, cum mancipiis utriusque sexus, cum areis, ædificiis, agris, campis, terris cultis et incultis, pratis, pascuis, silvis, venationibus, aquis aquarumve decursibus, piscationibus, molis, molendinis, viis et inviis, exitibus et reditibus, quæsitis et inquirendis, seu cum omni utilitate, quæ vel scribi aut nominari ullo modo potest, in proprietatem condonavimus, et de nostro jure ac dominio in ejusdem Ecclesiæ jus ac dominium omnino transfudimus, ea videlicet ratione, ut prænominatus episcopus ejusque successores de eodem prædio liberam posthac potestatem habeant tenendi, commutandi vel quidquid sibi utilitatis Ecclesiæ placuerit faciendi, omnium hominum contradictione remota. Et, ut nostræ traditionis auctoritas stabilis et inconvulsa per antiqua sæculorum curricula permaneat, hanc paginam inde conscriptam manu propria roborantes, sigilli nostri impressione jussimus sigillari.

Signum domni Chuonradi invictissimi Romanorum imperatoris (L. M.) *Augusti.*

Odalricus cancellarius vice Aribonis archicapellani recognovi.

Data xi Kal. Martii, indict. xiv, anno Dominicæ Incarnationis 1031, anno vero domni Chuonradi II regnantis vii, imperii autem iv.

Actum Goslare

XIII.
Pro Ecclesia Paderbornensi.
(Anno 1031.)
[ERHARD, *Cod. diplom. Westph.*, p. 93.]

In nomine sanctæ et individuæ Trinitatis, CHUONRADUS, divina favente clementia, Romanorum imperator Augustus.

Si ulli ex nostris pontificibus sui fidelis servitii non immemores aliquid ex iis quæ nostri juris deputantur benigno animo impendimus, eum postea in nostro oramine et servimine promptiorem et multo studiosiorem existere procul dubio credimus. Quapropter omnibus Christi nostrique amatoribus præsentibus scilicet ac futuris perspicuum esse volumus, qualiter Wicilo nostram adiit serenitatem, humiliter rogans ut prædium Sannanabiki dictum, in istis villis Hornan. Frodinctorp. Vinesbiki Rafseti. Knechtahusen. Buckinhusen. Bennanhusen Seuni. Berchem. Homan. Holthusen. situm, sua uxorisque suæ Odæ filiæque suæ Ceciliæ nec non Gerburch filiique ejus Odonis petitione ac collaudatione, ad nostram imperialem manum recipere curaremus, prædium Zurici quod nostræ fuit proprietatis illorum econtra subjugantes ditioni. Horum igitur desiderio primatum nostrorum satisfacientes consilio, id quod illorum jus quod nostri erat juris amicabiliter remisimus. Transactis autem ita viis omnibus, prædictum prædium Sannanabiki, quod tunc nostræ judicabatur esse proprietatis, in comitatu Widukini in pago Wetiga situm, cum omnibus utilitatibus ad idem pertinentibus, areis, ædificiis, agris, terris cultis et incultis, pratis, pascuis, campis, silvis, venatibus, aquis aquarumve decursibus, piscationibus, molis, molendinis, viis et inviis, exitibus et reditibus, quæsitis et inquirendis; ob amabilem conjugis nostræ Gislæ imperatricis Augustæ interventum, et ob minime denegandam dilectissimæ prolis nostræ Heinrici regis petitionem, nec non Hecimanni marchionis, Meinwerco venerabilis vitæ episcopo suæque ecclesiæ *in sanctissimæ Dei genitricis Mariæ et pretiosissimi* martyris Chyliani nec non gloriosissimi confessoris Liborii honorem constructæ, eo tenore in proprium tradidimus, ut ipse suique successores de eodem liberam deinceps habeant potestatem tenendi, tradendi, vendendi, commutandi, vel quidquid placuerit sibi faciendi, ad utilitatem tamen prædictorum sanctorum Ecclesiæ. Recordati sumus namque non in hoc tantum, sed in aliis sibi adhuc, Deo volente, a nobis tradendis prædiis, quod summ assiduum servitium devotius et cæteris nostris pontificibus frequentius, non quasi uno, sed fere in omni tempore certum habuimus. Et ut hæc nostræ traditionis auctoritas stabilis et inconvulsa per labentia temporum curricula observetur, hoc præceptum inde conscriptum subtus manu propria confirmavimus et corroboravimus ac sigilli nostri impressione diligentius insigniri præcepimus.

Signum domni Chuonradi invictissimi Romanorum imperatoris Augusti. (L. M.)

Odalricus cancellarius recognovit.

Data III Non. Augusti, indictióne XIV, anno Dominicæ Incarnationis 1031, anno autem domni Chuonradi II regnantis VII, imperii vero V.

Actum Immeteshusum.

XIV.

Chuonradus I imperator Hubaldo Cremonensi episcopo jura varia, et comitatum ipsius civitatis confirmat.

(Anno 1031.)

[MURATORI, *Antiq. Ital.* II, 75.]

In nomine sanctæ et individuæ Trinitatis, Chuonradus, divina favente clementia, Romanorum imperator Augustus.

Si sancta ac venerabilia loca sublimare ac defensare studuerimus ad regni nostri statum hoc pertinere procul dubio non ambigimus. Quapropter nostrorum fidelium præsentium scilicet ac futurorum noscat universitas, Hubaldum, sanctæ Cremonensis Ecclesiæ venerabilem antistitem, interventu dilectissimæ conjugis nostræ Gislæ imperatricis, nostram humiliter adiisse clementiam, postulans ut pro Deo et animæ nostræ remedio præcepta a decessoribus nostris suæ Ecclesiæ concessa confirmaremus ac roboraremus. Cujus dignis petitionibus annuentes, prout juste et legaliter possumus, ea firmamus et corroboramus. Ita ut quidquid curaturæ, telonei, portatici, seu ripatici, et comitatum infra prænominatam civitatem, seu extra per quinque milliariorum spatia, sicut in ejusdem Ecclesiæ præceptis continetur, teneat, habeat, firmiterque possideat tam ipse quam et sui successores. Præterea alias consuetudines, quas sui antecessores ad illam potestatem pertinentes, et angarias quondam habuerunt, et fotrum de ipsa civitate, quod ad nostrum servitium colligi usus fuit, et porcos Arimannorum, et albergarias; similiter præcipimus ut ipse, suique successores perpetuis temporibus exigant. Præcipimus itaque atque jubemus ut nullus dux, comes, etc.

Signum domini Chuonradi serenissimi imperatoris Augusti.

Bruno cancellarius ad vicem Aribonis Magontini archiepiscopi et archicancellarii recognovi.

Datum III Kalendas Martii, anno Dominicæ Incarnationis 1031, indictione XIV, anno autem domni Chuonradi vi regnantis, imperantis vero IV.

Actum Goslare feliciter. Amen.

XV.

Chuonradus II rex, imperator I, Hubaldo Cremonensi episcopo, ejusque Ecclesiæ, omnia privilegia et bona confirmat.

(Anno 1031.)

[MURATORI, *Antiq. Ital.* I, 417.]

In nomine sanctæ et individuæ Trinitatis, CHUONRADUS, divina favente clementia, Romanorum imperator Augustus.

Si sancta et venerabilia loca, etc. Quocirca omnium sanctæ Dei Ecclesiæ fidelium, nostrorumque præsentium scilicet ac futurorum noverit universitas Hubaldum, venerabilem Sanctæ Cremonensis Ecclesiæ antistitem, obtentu dilectæ imperii nostri consortis Gislæ imperatricis gratissimæ, celsitudinis nostræ clementiam obnixe humiliterque postulasse quatenus pro Dei amore, nostræque imperii salute, nostra imperiali auctoritate præcepta a decessoribus nostris regibus, atque imperatoribus, maxime Berengario, Rodulpho, nec non divæ memoriæ Ottonibus, ac Henrico, magnificis imperatoribus Augustis, suæ Ecclesiæ concessa confirmaremus et roboraremus. Cujus dignis petitionibus annuentes, prout juste et legaliter, etc., confirmamus et corroboramus eidem sanctæ Cremonensi Ecclesiæ quidquid curaturæ, telonei, atque portatici, seu ripatici, aliquo ingenio de jam fata Cremonensi civitate ad publicam functionem pertinuit tam de parte ipsius civitatis comitatus, quam de parte cortis Sexpilas, nec non ripas et piscarias a Vulpariolo usque ad caput Abduæ cum molendinis et molatura eorum, scilicet per unumquemque molendinum grani modios Cremonenses quinque, atque cum uniuscujusque navis solito censu, per unamquamque navim videlicet salis orales quatuor, sicut continetur in notitiis ante præsentiam Cessonis diaconi, et domni Ottonis imperatoris missi, et Heriberti cancellarii, Cremonæ in placito residentium factis, et auctoritate ac jussione prælibati domni Ottonis imperatoris legaliter roboratis; et patificturæ denaris quatuor, seu cum persolutione omnium navium, et cum curatura omnium negotiorum, qui fiunt in prædicta ripa tam ab incolis civitatis quam ab aliis aliunde ad negotium venientibus, seu cum omnibus Ecclesiæ rectitudinibus ac consuetudinibus. Districtionem vero civitatis intus et extra per quinque milliariorum spatia, etc. Si quis igitur, etc.

Signum domini Chuonradi serenissimi imperatoris Augusti.

Bruno cancellarius ad vicem Aribonis Magontini archiepiscopi et archicancellarii recognovi.

Datum III Kalendas Martii, anno Dominicæ Incarnationis 1031, indictione xiv, anno autem domni Chuonradi II regnantis sexto, imperii vero iv. Actum Goslare feliciter. Amen.

XVI.
Litteræ Chuonradi I imperatoris ad cives Cremonenses, ut episcopo Cremonensi de quibusdam querelis satisfaciant.

(Circiter annum 1031.)

[Muratori, *Antiq. Ital.* VI, 53.]

Chuonradus, gratia Dei Romanorum imperator Augustus, omnibus civibus Cremonensibus salutem. Volumus et firmiter jubemus ut pecuniam, quam promisistis vestro seniori episcopo pro scaccho et incendio et præda quam fecistis super illius castella, adimpleatis, si de nostra gratia curatis. Terram vero Ecclesiæ, sicut Landulfus episcopus tempore domni imperatoris Henrici tenuit, volumus, ut iste vester senior similiter quiete teneat. De silvis autem Ecclesiæ quæ in circuitu sunt, unde illi quotidie contrarium facitis, et utimini contra ejus voluntatem, jubemus, ut non vos amplius intromittatis, si talem censum ei non dederit, sicut Mediolanum et Papia atque Placentia. Estae tum, neque illius pares, contra voluntatem vestri senioris, nullo modo teneatis, si unquam gratiam nostram habere cupitis. Homicidas et latrones, qui infra civitatem sunt, de quibus episcopus legem et justitiam facere vult, per rectam fidem ante præsentiam ejus conducatis, et eos legaliter judicare adjuvetis.

XVII.
Pro Ecclesia Paderbornensi.

(Anno 1032.)

[Erhard, *Cod. diplom. Westph.*, p. 92.]

In nomine sanctæ et individuæ Trinitatis, Chuonradus, divina favente clementia, Romanorum imperator Augustus.

Noverit omnium Dei nostrique fidelium præsentium scilicet ac futurorum industria, qualiter nos fideli nostro Meginwerco Paderburnensi episcopo et Ecclesiæ cui ipse, Deo donante, præsidet, ob interventum et petitionem dilectæ conjugis nostræ Gislæ imperatricis Augustæ et amantissimæ nostræ prolis Heinrici regia et Egilberti Frisingensis Ecclesiæ venerabilis episcopi, nec non ob suum frequens et devotum servitium, quamdam nostræ proprietatis curtem Gardenebiki nominatam, situm in pago Lacnii in comitatu Herimanni comitis, cum omni sua integritate, vel quidquid prædii habuimus in villis Hwmadal, Moldaggane, Liudulveshusun, situm in eodem pago et in comitatu prænominati H. comitis, cum omnibus ad idem pertinentibus, cum areis, ædificiis, mancipiis utriusque sexus inibi habitantibus, agris, terris cultis et incultis, pratis, pascuis, campis, silvis, venationibus, aquis aquarumve decursibus, piscationibus, molis, molendinis, viis et inviis, exitibus et reditibus, quæsitis et inquirendis, seu cum omni utilitate quæ aut scribi aut nominari potest, in proprium tradidimus et de nostro jure ac dominio in suum jus atque dominium omnino transfundimus, eo quoque tenore, ut prædictus fidelis noster M. episcopus, sive longe sive prope sit, nos suæ servitutis non immemores esse recognoscat, et ut ipse suique successores de supra nominatis prædiis liberam deinceps potestatem habeant tenendi, tradendi, vendendi, commutandi, vel quidquid placuerit faciendi ad usum tamen prænominatæ suæ Ecclesiæ in honore sancti Liborii constructæ et consecratæ. Et, ut hæc nostræ traditionis auctoritas stabilis et inconvulsa omni tempore persereret, hoc præceptum inde conscriptum subtusque manu propria roboratum sigilli nostri impressione insigniri jussimus.

Signum domni Chuonradi invictissimi Romanorum imperatoris Augusti. (L. M.)

Odalricus cancellarius ad vicem Bardonis archiepiscopi recognovit.

Data xv Kal. Febr., indictione xv, anno Dominicæ Incarnationis 1032; anno autem domni Chuonradi II regnantis viii, imperii vero v.

Actum Hiltiwardeshusun feliciter. Amen.

XVIII.
Pro Ecclesia Paderbornensi.

(Anno 1032.)

[Erhard, *Cod. diplom. Westph.*, p. 94.]

C. In nomine sanctæ et individuæ Trinitatis, Chuonradus, divina favente clementia, Romanorum imperator Augustus.

Quia nos, divina disponente clementia, cæteris supereminemus mortalibus, oportet ut cujus munere præcellimus, ejus quoque voluntati omnibus modis parere studeamus. Quapropter omnibus Christi nostrisque fidelibus præsentibus scilicet ac futuris notum esse volumus, qualiter nos ob interventum ac petitionem dilectæ conjugis nostræ Gislæ imperatricis Augustæ et filii nostri Heinrici regis, et Egilberti Frisingensis Ecclesiæ episcopi, fideli nostro Meginvercho Bodrebrunnensi venerabili episcopo, et ecclesiæ in honore sanctæ Dei genitricis Mariæ et sancti Chyliani martyris et sancti Liborii confessoris constructæ et consecratæ, cui ipse, Deo donante, præsidet, omnem potestatem comitatus, quam Herimahnus comes in istis tribus pagis, Auga, Netega, Hessiga habet, cum omni jure ad eumdem comitatum juste ac legaliter pertinente, et omnia prædia in eisdem pagis ad nostras manus habita et postmodum acquirenda, cum omnibus ad eadem merito aspicientibus, cum areis, ædificiis, mancipiis, agris, terris cultis et incultis, pratis, pascuis, campis, silvis, venationibus, aquis aquarumve decursibus, piscationibus, molis, molendinis, viis et inviis, exitibus et reditibus, quæsitis et inquirendis, seu cum omni utilitate quæ ullo modo inde provenire poterit, per hoc nostrum imperiale præceptum in proprium donavimus atque largiti sumus, omnium hominum contradictione remota, eo quoque tenore ut prædictus fidelis noster M. episcopus, sive longe sive prope sit, nos suæ servitutis non immemores esse recognoscat, et ut ipse suique successores de eisdem prædiis liberam deinceps potestatem habeant tenendi, tradendi, vendendi, commutandi, vel quidquid placuerit faciendi, ad usum tamen prænominatæ Ecclesiæ. Hæc vero donationis auctoritas ut in Dei nomine pleniores obtineat firmitates, manu propria subtus eam firmavimus, sigilloque nostro insigniri jussimus.

Signum domni Chuonradi invictissimi Romanorum imperatoris (L. M.) Augusti.

Odalricus cancellarius ad vicem Bardonis archiepiscopi recognovit.

Data xv Kal. Feb., indictione xv, anno Dominicæ Incarnationis 1032, anno autem domni Chuonradi II regnantis vIII, imperii vero v.

Actum Fritislare feliciter. Amen.

XIX.

Pro Ecclesia Paderbornensi.

(Anno 1032.)

[ECHARD, *Cod. diplom. Westpn.*, p. 95.]

C. In nomine sanctæ et individuæ Trinitatis, CHUONRADUS, divina favente clementia, Romanorum imperator Augustus.

Sicut nos ex promptis et assiduis servitiis fidelium nostrorum gaudemus, ita quoque dignum et justum esse nobis videtur ut eos de condignis suis præmiis gaudere faciamus. Quapropter comperiat omnium Dei nostrique fidelium præsentium scilicet ac futurorum industria, qualiter nos ob interventum ac petitionem dilectæ conjugis nostræ Gislæ imperatricis Augustæ, et charissimi filii nostri Heinrici regis, fideli nostro Meginwercho venerabili episcopo et ecclesiæ cui ipse, Deo donante, præsidet, in honore sanctæ Dei genitricis Mariæ et sancti Chyliani martyris sanctique Liborii egregii confessoris constructæ, sex mancipia, quorum hæc sunt nomina : Thiethardus pbr., Liuza, Heregrim, Ethilier, Athaluuard, Wichurch, cum omnibus suis substantiis per hoc nostrum imperiale præceptum perpetualiter in proprium tradidimus et de nostro jure ac dominio in suum jus atque dominium omnino transfudimus atque largiti sumus, eo quoque tenore, ut prædictus fidelis noster Meginwerchus episcopus suique successores de eisdem mancipiis liberam deinceps potestatem habeant vendendi, tradendi, commutandi, vel quidquid sibi placuerit faciendi, ad usum tamen suæ Ecclesiæ Bodrabrunnensi nominatæ. Et ut hæc nostra traditionis auctoritas plenas in Dei nomine habeat firmitates, hanc chartam inde conscriptam subtusque manu propria roboratam, sigillo nostro insigniri jussimus.

Signum domni Chuonradi invictissimi Romanorum imperatoris (L. M) Augusti.

Odalricus cancellarius vice Bardonis archiepiscopi recognovit.

Data xii Kal. Sept., indictione xv, anno Dominicæ Incarnationis 1031; anno autem domni Chuonradi secundi regnantis vIII, imperii vero vI.

Actum Magadeburc.

XX.

Chuonradi imp. privilegium pro monasterio S. Martini.

(Anno 1033.)

[ERHARD. *Cod. diplom. Westph.*, p. 96.]

C. In nomine sanctæ et individuæ Trinitatis, CHUONRADUS, divina favente clementia, Romanorum imperator Augustus.

Si in monasteriis construendis studium habuerimus aut aliis in idem conspirantibus votum præbuerimus assensum, non solum ad temporalis, verum etiam ad æterni regni commodum hoc nobis profuturum esse non ambigimus. Quapropter notum sit omnibus Christianæ religionis, præsentibus scilicet atque futuris, qualiter nos ob interventum ac petitionem dilectæ conjugis nostræ Gislæ imperatricis videlicet Augustæ, et amantissimæ nostræ prolis Heinrici regis, nec non Aribonis Mogontinensis Ecclesiæ archiepiscopi et Piligrimi Coloniensis Ecclesiæ archiepiscopi, simul etiam cum consensu omnium nostrorum fidelium qui tunc temporis ibi adfuerunt, Sigeberto Mindunensis Ecclesiæ episcopo, inibi construendi monasterii in honore sancti Martini licentiam concessimus. Insuper omnium noverit indus ria qualiter ejusdem sedis episcopus curtiferum I in quo idem monasterium et claustrum cœmeteriumque sunt constructa, et curtifera vi ex utraque parte monasterii, et salice telluris III mansos cum sui juris prædio, id est mansis xii de monasterii Sancti Petri proprietate in istius Sancti Martini monasterii jus ac potestatem commutaverat. In loco enim Hildiwardingahusun dicto et in aliis villis ad eumdem locum jure pertinentibus vii pro commutatione dedit mansos, et in Chizzindorf ii mansos; in Lohe i m.; in Westirbracha i m. Et in his iv locis xxv mancipia. Fratribus autem ad idem sæpedictum monasterium Deo servientibus in utilitatem tradidit quoddam prædium Cheminim dictum, quod ob interventum nostræ dilectæ conjugis G. nostræque prolis H. regis de nostro jure in suum jus atque potestatem suscepit. Insuper etiam ad Rotherisdorfa vini decimationem, quam de nobis acquisivit, in eorumdem fratrum u um concessit. Aliud autem in eodem loco vinetum suis in utilitatem decrevit successoribus, ea videlicet ratione, ut in vini decimatione nullam injustitiam aut molestiam inferant fratribus, et quando de illo bibant vino hoc intendant, quia prius ad omnem episcopatum suum tantum non habuerunt vini quantum scyphus capere potest, ideoque frequentiores sint ad Deum intercessores nostri dilectæque conjugis nostræ G. et prolis nostræ H. regis, quorum petitione hæc ipsa vineta S. prælibatæ sedis episcopo in proprietatem tradidimus. Quin etiam idem episcopus ad præscriptum Sancti Martini monasterium alia quæ sui juris erant loca tradidit, id est Egisberun, Wolgatingahusun, in Diotanhusun I mansum et utilitatem silvæ, et tale prædium quale habuit ad Nianburg. Insuper etiam ad Ubhusen III m; in Loha I m; in pago etiam Lainga in villis Triburin, Stocheim, Helingaburstalla, Holinbeke, VI m; in pago quoque Marstem in villa quæ dicitur Brunhildisfort II m, et in Hupida I m, et in Oribe II m, et in Volkeressun II m, in pago Cizide; in villa Herisivroda II m; in Munnere I m, cum utilitate salis. Item in Munnere curtiferum I cum utilitate salis ; in Bodukun I m; in Boddure I m; in Hemezungahusum I m; in Helan v m; in Uanebeke I m; in Fridegerssun I m; in Nisinnn II m, in Lierbeke I m; ad Folchardesdorf utilitatem silvæ cum tribus curtiferis, in Hervide I m; in Hemminchurun IV m; in Uvoluaradingahusun curtiferum I cum utilitate silvæ. In Eildissun curtiferum I cum utilitate silvæ; in Haddenhusun dimidium mansum; in Ekishusun II m; in Nitalstete I m; in Rodun I m; in Holzhusun III m; in Lippeke curtiferum I cum utilitate silvæ. In Rethere dimidium m; in Sueverdun IV m, et salicæ telluris II m, et dimid.; in Honredere VI m, et dimid.; in Eddorunhusun II m; in Morsilen unum mansum; in Nitalstete x m; cum omni utilitate illuc pertinenti; in Welucn IV m; ad hæc prænotata loca omnia prædia quæ tunc temporis sub suo jure habuit aut postea acquisivit, vel etiam justo concambio horum prædictorum locorum commutatione, vel alia juris ordinatione, recepit præter illa quæ ad alia delegaverat monasteria, ad præfatum Sancti M. monasterium, cum mancipiis, villis, areis, ædificiis, agris, terris cultis et incultis, viis et inviis, exitibus et reditibus, quæsitis et inquirendis, pratis, pascuis, silvis, venationibus, aquis aquarumve decursibus, piscationibus, molendinis et utilitate silvarum, nec non cum omnibus appendiciis quæ dici aut nominari possunt, tradidit perpetualiter i' i existenda. Sed ut idem monasterium in majori securitate esset positum, et ut bona illuc data minus ab ejus successoribus vel ab aliis dissiparentur, in mundiburdio monasterii Sancti Petri collocavit, et ut per singulos annos eidem monasterio censum, id est v solidos, solvas, decrevit. Quin etiam constituit ut semper in festivitate sancti M. ejusdem sedis episcopus cum fratribus monasterii Sancti P. ad prædictum monasterium veniat ut solemnia missarum celebret et alia ostendendo charitatem adimpleat. At si aliquid aliud ipsum adesse impediat, fratres ibi conveniant et eadem simul faciant, ut hoc modo concordia et amicitia inter i'los solidetur. Et per hanc mutuæ charitatis exhibitionem in Dei servitio unanimes coaptentur. Ad hæc notum sit omnibus, qualiter id ipsum Sancti M. monasterium et fratres inibi Deo servientes sub nostra imperiali filiique nostri H. aliorumque nostrorum successorum tuitione defendi volumus, sic scilicet ut nullus ejus successor potestatem habeat, bona ejusdem monasterii aliquo modo destruere aut aliquid de bonis eisdem auferre, quia præscriptus episcopus S. idem monasterium a fundamento ædificare cœpit et nulla alia prædia illuc tradidit, nisi quæ de nostro dono in suum jus acquisivit aut per se absque ulla contradictione proprietatis jure tenuit. Idcirco si quis ejusdem destructor est monasterii aut prædictorum dissipator bonorum, vere sciat quia eidem monasterio fratribusque ibidem Deo servientibus in nobis nostrisque successoribus certum est inde refugium. Et, ut hoc nostræ concessionis præceptum per omne tempus stabile permaneat et inconvulsum, hanc paginam inde conscriptam subtusque manu propria corroboratam, sigilli nostri impressione jussimus insigniri.

Signum domni *Chuonradi Romanorum imperatoris* (L. M.) *invictissimi*.

Burchardus cancellarius vice Pardonis archicapellani recognovit.

Data VI Non. Jul., anno Dominicæ Incarnationis 1033, indictione I; anno autem domni Chuonradi II regnantis IX, imperantis vero VI.

Actum Mersiburch feliciter. Amen.

XXI.
Chuonradi præceptum pro Ecclesia Paderbornensi.
(Anno 1033.)

[ERHARD, *Cod. diplom. Westph.*, p. 98.]

† C. In nomine sanctæ et individuæ Trinitatis, CHUONRADUS, divina favente clementia, Romanorum imperator Augustus.

Notum sit omnibus Christi nostrique fidelibus, præsentibus ac futuris, qualiter antecessor noster beatæ memoriæ Heinricus imperator, cujus semper animus in Dei Ecclesiis meliorandis et amplificandis invigilavit, Paderbrunnensis paupertatem miseratus Ecclesiæ, multa ei bona tam in prædiis quam in aliis facultatibus larga manu pro Dei amore dilectique sibi præsulis Meginwerci assiduo et devotissimo obsequio contulit. Inter quæ etiam comitatum Duodconis quondam comitis eidem Ecclesiæ imperiali munificentia legitime donavit, tradidit, delegavit. Illo autem antecessore nostro defuncto, nos qui loco illius in regnum surreximus, per suggestionem Magontini præsulis, eumdem comitatum a præfata Ecclesia tulimus, et in jus Magontinæ Ecclesiæ, rudes adhuc in regno, injusto persuasi consilio irrationabiliter transtulimus et transmutavimus. Imperiali autem nostra potestate, Dei gratia, magis magisque in regno confirmata et corroborata, Meginwerceus præsul imperatorum devotissimus servitor et amator, Marthæ sedulus satagens obsequiis, non cessavit, non quievit supplicando, serviendo, quoadusque nos, omnipotentis Dei in cujus manu corda sunt regum commoniti instinctu, dilectæque conjugis nostræ Gislæ nec non Heinrici filii nostri magnifici regis interventu, Ecclesiæ suæ scilicet Paderbrunnensi, totum Bernhardi comitis quondam comitatum, qui situs est in locis Hesse, Nitergo, Netgo, Ohteresgo, legitima traditione reddidimus, restituimus, redonavimus. Præcaventes autem nos et præcogitantes, ne aliqua postmodum inter ipsas Ecclesias de hac re controversia fieret et discordia, Magontinæ Ecclesiæ comitatum, qui situs est in Cluvinga propter pacis confirmationem imperiali nostro jure concesimus, et hoc nostra parte ita est compactum sicque definitum, ut neutra Ecclesiarum illarum aliquod de praedictis rebus sibi inquisitis aliquomodo patiatur detrimentum. Si quis autem, diabolica suasione seductus, hanc nostram traditionem in aliquo infringerit, sciat se odium Dei sanctorumque ejus habiturum, et M. lib. auri puri compositurum, medietatem camerae nostrae, et medietatem praedictae Paderbrunnensis Ecclesiae rectori. Quod ut verius credatur et diligentissime ab omnibus in perpetuum servetur, praeceptum hoc inde conscriptum manu propria subtus firmavimus et sigillo nostro insigniri jussimus.

Signum domni *Chuonradi* Romanorum imperatoris (L. M.) *invictissimi*.

Burchardus cancellarius vice Bardonis archicapellani recognovit.

Datum iv Non. Aug., indictione i, anno Dominicae Incarnationis 1033; anno autem domni Chuonradi secundi regnantis ix, imperantis vii.

Actum Lintburg feliciter. Amen.

XXII.

Chuonradi I imperatoris privilegium confirmatorium omnium jurium monasterii Ticinensis Sancti Petri, quod appellatur in Coelo Aureo.

(Anno 1033.)

[MURATORI, *Antiq. Ital.*, 1, 595.]

In nomine sanctae et individuae Trinitatis, CHUONRADUS, divina favente clementia, imperator Augustus. Si circa loca Deo dicata munificentiam nostrae benignitatis largimur, credimus hoc ad regnorum statum nostrorum, nostraeque animae salutem proficere. Idcirco noverit omnium fidelium sanctae Dei Ecclesiae, tam praesentium quam futurorum, universitas, Gislam nostram charissimam conjugem, nostram adiisse imperialem clementiam, quatenus pro Dei amore, nostraeque animae remedio, coenobio Sancti Petri, quod dicitur Coelum Aureum, subvenire, et nostra praeceptali auctoritate confirmare et corroborare omnes cortes et proprietates quas pridem per quodvis ingenium dignoscitur possedisse, terras et cortes quae usque modo vassallorum dicebantur, Munesengo et villa atque castellum, quod Sancti Petri dicitur, et abbatem nomine Alpisum, qui modo ei praeest, ex omnibus investire dignaremur. Cujus petitionibus aures libentissime accommodantes, nostraeque animae consulentes, pro Dei amore praedicto venerabili loco atque abbati concedimus, donamus, modisque omnibus corroboramus omnes res et proprietates, possessiones, omnesque illas cortes quas quisque usque modo beneficiali ordine detinuit, et quae vassallorum dicebantur, et quascunque idem coenobium longo tempore dignoscitur possedisse, a Liudprando ipsius loci fundatore concessas. Id est inter caeteras res cortem illam quae Alpe Plana dicitur, cunctasque res ad eamdem cortem pertinentes, vel aspicientes in quibuscunque locis, cum territoriis et finibus per praeceptum Liudprandi regis; per singula loca denuntiatis, vel earumdem rerum decimas quae quocunque modo inibi laboratae fiunt; et ecclesiam quae in honore sancti Augustini non longe a Januensi civitate constructa est ab ipso Liudprando, praedicti coenobii fundatore; alias quoque cortes, quae Lardiriacus et Villarasca dicuntur, et mansa quae in Rovorri jacent, et corte Cressiani, Turine, Gerentiano, et in Cartiano ecclesiam unam Sanctae Julianae cum omni honore. Possessiones etiam quas habere videtur in Laudensi comitatu et Pergamensi, videlicet Amfenengo cum corte quae Flumbo dicitur, cum omnibus ad eam pertinentibus, et casale Sancti Petri, et casale Aribaldi, et castellum Aichardi in comitatu Parmensi, et quod casale Sindesi dicitur, cum omnibus rebus vel earum pertinentiis. Illas etiam terras quae in Luciano et Spariano, et in Rosioni possidet, cum omnibus circumquaque adjacentibus; et ad eadem loca respicientibus. Confirmamus insuper praelibato coenobio atque abbati cortem Pavonem, nec non et illam quae in Robboreto dicitur Corte Regia, et ecclesiam Sanctae Mariae de Tergui, cum omnibus pertinentiis et adjacentiis suis, molendinis, piscationibus suis, aquis aquarumque decursibus, cultis et incultis rebus, ubicunque locorum ad easdem cortes pertinentibus: et omnia quae in monte Farrato, et quae in comitatu Vercellensi et Yporegiensi, et quae in Novariensi ad eumdem locum pertinent, et quae in Caselle et in Ponte Corioni, et in Solariolo idem coenobium possidere visum est. Cortem etiam quae Dianae dicitur, in comitatu Albinganensi, et ea omnia quae infra ipsam civitatem et extra ad ipsum monasterium pertinere videntur. Portum etiam Rosariolum longo tempore ab ipso Monasterio tentum, omnemque terram in campania Papiensis urbis jacentem, justeque inibi pertinentem, et decimas. Donamus etiam et corroboramus eidem venerabili loco terras quas in partibus Tusciae videtur habere per diversos comitatus et loca. Duas etiam corticellas, Maliacem scilicet et Calavadum cum Sussello, et Leuco, atque Capella, quae est in honore Sanctae Dei Genitricis Mariae, quae dicitur Primasca, quae constructa est in valle Belizona; et illas terras quae habere visum est in Belingno et in Liventina, cum omnibus suis pertinentiis. Cortem insuper quae Vergonto dicitur, et Piscariam quae est in Tauxa.

Statuimus insuper, et modis omnibus censemus, praecipimus ac jubemus, et juxta nostrorum antecessorum regum vel imperatorum auctoritate firmiter edicimus, ut nullus archiepiscopus, nullus episcopus, nullus marchio, vel comes, aut vicecomes, aut gastaldio, sive cujuscunque ministerialis, nullaque judiciaria potestas, vel reipublicae minister, in praedictis cortibus, praediis, possessionibus, seu in aliquibus locis praefato venerabili loco pertinentibus, placitum tenere, vel districtum facere, sive fodrum, aut aliquam functionem publicam, vel redditum, a supradictorum locorum habitatoribus, vel pertinentibus exigere vel tollere, remota omni occasione, praesumat. Inter caetera tamen hoc specialiter statuendum censuimus ut cortem praedictam quae

Maliace dicitur, vel quidquid sæpe dictum monasterium in valle Luvana, et in valle Agno habere videtur, præcipue tueamur, quoniam hæc loca inter cætera majora et fortiora infortunia atque molestias sustinuerunt. Ideoque præcipimus et quibuscunque interminationibus valemus, jubere decernimus, ut nullus unquam potestas, minister, vel missus, aut famulus, prædictorum locorum habitatoribus seu pertinentibus aliquam deinceps molestiam inferre præsumat, nullam districtionem eis facere, vel fodrum ab eis tollere, aut eorum arbores succidere, vel aliquod eorum suppellectilis vel peculii invadere, aut de eorum possessionibus aliquid potestative rapere aliqua temeraria præsumptione audeat. Si quis vero aliquam querelam super aliquem eorum habet, non per se vindicare, aut per aliquem legem requirere, nisi per nos aut abbatem ipsius monasterii præsumat, vel per nostrum aut ipsius abbatis missum. Hac igitur nostra præceptali auctoritate omnes prædictas cortes et loca, cum rebus et familiis, portibus et mercato, districtionibus, molendinis et piscationibus, aquis aquarumque decursibus, cunctisque rebus mobilibus et immobilibus ad jam scriptas cortes et loca in integrum aspicientibus, divinorum memores præceptorum, jam dicto cœnobio ejusdemque loci abbati, vel cuicunque pro tempore inibi præsidenti, confirmamus et corroboramus. Omnes insuper illos carpentarios, quos ipse sanctus locus per præcepti possidet paginam tempore antecessoris nostri Liudprandi regis in valle quæ dicitur Antelamo, vel eos qui sunt in Besozolo, cum filiis filiabusque, agnationeque cuncta eorum, ut tempore opportuno inibi deserviant ipsi et posteri eorum absque ulla retractatione perpetualiter; et vada ad piscandum quæ sunt in Ticino, in Rivo Poloni, Morasca, seu vadum quod dicitur Landemarii, Costam, Teveredum, et aliud quod dicitur Sextemascum, cum illo medio quod ad Sepem dicitur, et illud quod Aunella dicitur, seu etiam illa vada quæ sunt in Pado habentia priorem terminum a loco qui nominatur Popula Pagana, et contingentia usque ad locum qui dicitur Caput Asi, ex utraque parte Padi, cum insulis positis juxta prædictam piscationem, vel quidquid ab antiquo tempore per antiquorum regum seu imperatorum donationem obtinuit, vel Padus invasit, aut in futurum irruperit, eidem sancto loco contradimus.

Volumus etiam et concedimus, ut molendina quæ in Caterona, seu in aliquibus fluminibus prædictum monasterium possidet, habeat tam abbas quamque et monachi potestatem levandi atque deponendi, quousque vel quoquo modo eorum decreverit voluntas, et aquæductus qui Bauga Liudprandi dicebatur, in eorum sit potestate ad irrigandos hortos ipsius monasterii. Sintque omnes res ipsius monasterii, abbas quoque et monachi, hominesque libellarii et servi sub nostra imperiali defensione munitæ atque defensæ. Et si necessitas fuerit de rebus ipsius monasterii per inquisitionem circumquaque manentium bonorum hominum, sicut de nostris imperialibus rebus rei veritas approbetur; et juxta definitionem antecessoris nostri Liudprandi regis, liceat cœnobio de propria congregatione abbatem eligere, ita ut super eos nulla unquam introducatur persona. Statuimus etiam ut nullus reipublicæ minister, necque aliquis ex judiciaria potestate in cunctis prædicti monasterii cortibus, vel vicis, liberos ac servos deinceps inquietare, aut ad placitum trahere, aut in aliquibus finibus ejus placitum tenere, aut aliquem pignorare vel detrahere præsumat. Et quidquid pars publica sperare poterit, eidem monasterio sancto secundum concessionem et confirmationem Liudprandi regis, aliorumque regum vel imperatorum, solemni et perpetua stabilitate firmamus. Et quandocunque necessitas imminet, naves ipsius monasterii per Ticini et Padi portum, quamque per quodlibet aliud discurrant absque alicujus impedimento, vel telonei exactione. Secundum hæc etiam regalia scripta sancimus, et modis omnibus interdicimus cunctis sub nostra potestate degentibus, ut nullam potestatem deinceps exerceant in prædictis locis ad nostram mercedem monachis delegatis, vel abbatem in aliquo conturbent, sed liceat ipsi abbati suisque successoribus sub regula sancti Benedicti degere, et quotidie Deo laudes pro animæ nostræ remedio, regnique nostri statu inibi offerre, et omnem congregationem sibi commissam assiduis alimentis pascere et enutrire perpetualiter. Volumus etiam, modisque omnibus interdicimus, ut nulla præpotens parvaque persona prædictum cœnobium proprietario jure, aut beneficiali ordine, aut præceptali auctoritate nitatur invadere. Præcipientes itaque jubemus tam præsentibus quam et futuris, et parti prædicti cœnobii, quæ supra a nobis concessa et confirmata sunt, quolibet tempore nullus præsumat inferre molestiam aut contrarietatem, sed sub omni integritate, sicuti a nobis concessa sunt ad utilitatem ipsius monasterii sine aliqua diminoratione permaneant. Si quis igitur aliquando diabolica fraude deceptus contra dictam auctoritatem et hanc nostram concessionem et confirmationem aliquid agere tentaverit, et jam dictum sanctum locum ex prædictis rebus fatigare conatus fuerit, sciat se compositurum auri puri libras mille, medietatem cameræ nostræ et medietatem prædicti monasterii vel ejus abbati. Quod ut verius credatur, diligentiusque ab omnibus custodiatur, manu propria roborantes, sigilli nostri impressione inferius jussimus insigniri.

Signum domini Chuonradi Romanorum invictissimi imperatoris Augusti.

XXIII.

Chuonradi I imp. privilegium pro Ecclesia Bremensi.
(Anno 1035, Oct. 16.)
[LAPPENBERG, *Hamburgische Urkundenbuch*, p. 69.]

In nomine sanctæ et individuæ Trinitatis, CHUONRADUS, divina favente clementia, Romanorum imperator Augustus.

Omnibus divini nostrique nominis amatoribus tam futuris quam præsentibus perspicuum esse cupimus qualiter nos ob minime denegandam petitionem dilectissimæ conjugis nostræ Gislæ, imperatricis Augustæ, nec non ob amabilem interventum charissimæ prolis nostræ, Heinrici regis, Becelino, sanctæ Bremensis Ecclesiæ venerabili nobisque amabili archiepiscopo, mercatum in eodem loco cum teloneo, nomismatibus, nec non omnibus utilitatibus ad mercatum pertinentibus, habere concessimus. Ea videlicet lege ut bis in anno omnes qui illuc causa mercandi veniant, una vice septem dies ante Pentecosten, secunda vice similiter septem dies ante festivitatem sancti Willehadi ibidem corporaliter requiescentis, annualem mercatum illic habeant. Bannum autem nostrum super omnes hos illuc venientes, ut illic eundo et redeundo habeant pacem, facimus, eumdemque bannum nostrum prædicto archiepiscopo, ob suum fidele servitium, ea ratione concedimus ut si in hoc statuto tempore ex illuc venientibus aliqua temeritas evenerit, inde justitiam faciendi, neque dux, neque comes, neque aliquis hominum, præter ipsum et suos successores, licentiam habeant. Et ut hæc nostra concessio stabilis et inconvulsa omni permaneat ævo, hanc paginam inde conscribi eamque sigilli nostri impressione præcepimus insigniri.

S'gnum domni Chuonradi, Romanorum imperatoris invictissimi. (S.)

Burchardus cancellarius vice Barthonis archicapellani recognovit.

Data xvii Kalendas Novembris, anno Dominicæ Incarnationis 1035, indictione iii, anno autem domini Chuonradi II regni xi, imperii vero ix.

Actum Magedeburch.

XXIV.

Confirmatio omnium jurium ac privilegiorum facta a Chuonrado imperatore Ecclesiæ Mantuanæ.

(Anno 1037.)

[Muratori, *Antiq. Ital.*, I, 611.

In nomine sanctæ et individuæ Trinitatis, Chuonradus, divina favente clementia, Romanorum imperator Augustus.

Si in sacratis omnipotenti Deo locis a quibuslibet desolatis augmentum recuperationis pio favore largimur, id nobis et ad imperii nostri stabilimentum, atque ad æternæ remunerationis emolumentum credimus absque dubio profuturum. Quapropter agnoscat omnis Christianitas quod Bruno venerabilis præsul, atque Cadelous dilectus noster episcopus, et fidelis cancellarius, nostræ magnitudini significarunt quod pro peccatis Mantuanæ sedis Ecclesiæ cum præceptis et chartarum firmitatibus, quarum scriptionibus res et familias sibi collatas hactenus meruit obtinere, combusta videatur, flagitans ut ad restaurationem hoc nostræ miserationis præceptum Hitulfo episcopo ejusdem Mantuanæ ecclesiæ concedere dignaremur. Cujus precibus libenter acquiescentes, et quoniam dignum est, ne res Ecclesiarum Dei a quibuslibet deprædentur, aut ab earum ditione contra legem auferantur decrevimus ita fieri.

Concedentes igitur confirmamus Mantuano episcopatui omnes res quas sine lege potestative vel cum virtute perditas habere videtur, seu quas usquo modo de donis regum seu imperatorum prædecessorum nostrorum habuit, videlicet monasterium quod factum est in honore sanctorum Memoris, Probi, et Ruffini, ubi Reginzo venerabilis abbas præesse dignoscitur, cum omnibus adjacentiis, cum aqua quæ dicitur Mulenelios, cum suis decursibus de loco illo unde aqua originem sumit, ipsum fontem usque in Mincii amnem ex utraque lectuli parte duodecim pedes, sicut monasterium semper tenuit, cum omnibus pertinentiis ejusdem monasterii: cum curtibus etiam in Veronensi, Vicentino, Mantuano, Brixiano, Placentino, Mutinensi, atque Cremonensi comitatibus sitis, quæ ita nominantur, Bagniolo, Colonia, et in circuitu fluminis, quod nominatur Caput Alponis, Puliana, Alonte, Lonigo, atque Sablone, seu in Gardinensi judiciaria, cum servis et ancillis, atque cum omnibus ibidem pertinentibus; et omnes alias res ejusdem monasterioli, quæ sunt in prædictis comitatibus, vel infra nostrum Italicum regnum, seu cæterorum hominum concessionibus, etc. (*ut in diplomate Henrici III pro eadem ecclesia, ad an.* 1045, *infra*). Concedimus autem eidem Hitulfo episcopo advocatos quoscunque elegerit tam de suis quam de alienis liberis hominibus, qui ejusdem rerum utilitates episcopi exerceant; ita ut ab omni reipublicæ functione sint absoluti: nil ab eis quisquam publicus minister exigere præsumat, ut securius ac diligentius causas ipsius Ecclesiæ perficere possint, sive per pugnam, sive per legale judicium. Stabilimus etiam ut de omnibus rebus et prædiis ipsius Ecclesiæ, sicut de nostris domnicatis, per vicinos inquisitio fiat, etc., *ut in supradicto diplomate*.

Signum domni Chuonradi invictissimi Romanorum imperatoris Augusti.

Chadelous cancellarius vice Herimanni archicancellarii recognovi.

Dat. pridie Kalendas Aprilis, anno Dominicæ Incarnationis 1037, indictione v, anno autem domini Chuonradi II regni xiii, imperii x.

Actum in Canedulo juxta flumen Padi feliciter. Amen.

XXV.

Chuonradi I imperatoris diploma, quo monasterium Tarvisinum Sancti Theonesti martyris sub sua protectione recipit, ejusque jura confirmat.

(Anno 1037.)

[Muratori, *Antiq. Ital.* II, 877.

In nomine sanctæ et individuæ Trinitatis, Chuonradus, divina favente clementia, Romanorum imperator Augustus.

Quidquid enim temporalis commodi ob divini nominis amorem locis divino cultui mancipatis conferimus, hoc nobis procul dubio ad perpetuæ remunerationis lucra capessenda prodesse omnino confidimus. Idcirco omnium sanctæ Dei Ecclesiæ, nostrorumque fidelium, præsentium scilicet ac futurorum, noverit industria : quia nostra dilectissima conjugalis Gisla nostram deprecata est serenitatem, ut nos ob amorem Dei et beatæ Virginis Mariæ, sanctique Christi confessoris Zenonis, pariterque Michaelis abbatis, atque monachorum in ejusdem Sancti Zenonis cœnobio Deo servientium, monasteriolum sancti Theonisti martyris Christi Tarvisio situm, pertinentem ad prædicti Sancti Zenonis monasterium, una cum monachis inibi degentibus et ecclesiis atque familia, vel omnibus rebus, sub nostræ auctoritatis præcepto recipere et confirmare dignaremur. Cujus piæ petitioni aures nostræ majestatis inclinantes, idem monasterium una cum monachis et familia, seu rebus ad eum juste pertinentibus sub nostra defensione suscepimus, atque in futuro habere decrevimus. Concedimus etiam illis annualiter ad ecclesiam Sancti Laurentii martyris Christi in Pendia mercatum publicum habere, et telonaticum inde ad ecclesiæ vel suos usus suscipere. Præcipientes ergo jubemus, atque per hanc nostri præcepti paginam omnibus interdicimus, ut nullus judex publicus, aut quislibet ex judiciaria potestate ab hinc in futurum in ipsas ecclesias Sancti Theonisti, et Sancti Laurentii, sive reliquas possessiones ad causas audiendas vel freda exigenda, sive mansiones, seu paratas faciendas, aut illicitas occasiones requirendas, aut homines supra terram prædicti monasterioli commanentes distringendos nostris et futuris temporibus ingredi audeat, aut ea quæ supra memorata sunt, penitus exigere præsumat, sed liceat ipsis monachis quiete vivere et Deo vacare, atque pro nostra seu conjugis nostræ vel prole, sive totius imperii nostri stabilitate, cum tranquillitate Dei misericordiam implorare. Si quis vero, etc.

Signum domni Chuonradi serenissimi Romanorum imperatoris Augusti. — Locus † sigilli cerei deperditi.

Kadelohus cancellarius vice Herimanni archicancellarii recognovi.

Datum II Idus Julii, anno Dominicæ Incarnationis 1037, indictione v, anno autem domni Chuonradi secundi regni xiii, imperii xi.

Actum Veronæ ad Sanctum Zenonem, feliciter. Amen.

XXVI.

Chuonradi II regis, imperatoris primi, præceptum quo omnia prædia cujusdam Adami, qui Henricum diaconum cardinalem Cremonensis Ecclesiæ injuste occiderat, eidem Ecclesiæ ad reparationem damni concedit.

(Circa annum 1037.)

[MURATORI, *Antiq. Ital.*, II, 527.]

In nomine sanctæ et individuæ Trinitatis, CHUONRADUS, divina favente clementia, Romanorum imperator Augustus.

Si sanctæ Dei Ecclesiæ, etc. In veritate namque comperimus quod quidam Cremonensis vir, Adam nomine, superbiæ spiritu inflatus, et diabolica audacia concitatus, quemdam diaconum, Henricum nomine, sanctæ Cremonensis Ecclesiæ cardinalem, et utilissimum famulum, et quem nos cum omnibus suis rebus mobilibus et immobilibus sub nostræ potestatis tuitione recepimus, nostræ majestatis reverentiam vilipendens, innocentem occiderat, ejus morte ecclesiæ, cujus erat famulus in omnibus commodus, tanta damna conferens quanta extimare non sufficimus. Quapropter omnibus, etc., notum esse volumus quod interventu dilectæ conjugis nostræ Gislæ imperatricis, ut Ecclesia ex parte recuperaret damna morte sui famuli sibi illata, et tanti facinoris contagio nequaquam in consuetudinem prorumpat, omnia prædia quæ præfatus Adam infra civitatem Cremonam, et extra per totius episcopatus spatia habere videtur, et omnem rem mobilem et immobilem, quam possederat, prælibatæ sanctæ Cremonensi Ecclesiæ, per hujus nostri præcepti paginam, proprietario jure habenda et detinenda concedimus, et in jus ac dominium prænominatæ Ecclesiæ nostra imperiali auctoritate transfundimus : ea videlicet ratione, ut tam Hubaldus dilectus fidelis noster, ejusdem Ecclesiæ venerabilis episcopus, quam successores sui, de prædictis omnibus rebus prædicti homicidæ quidquid eis recte visum fuerit ad utilitatem Ecclesiæ perpetualiter faciant. Insuper etiam imperiali censura jubemus ut nullus dux, marchio, comes, vicecomes, judex, sculdascio, seu magna parvaque regni nostri persona, de prædictis omnibus prætaxati homicidæ sanctam Cremonensem Ecclesiam atque Hubaldum ejusdem sedis antistitem, ejusque successores disvestire, aut inquietare aliquo ingenio aut occasione præsumat. Si quis vero, etc.

Signum domni Chuonradi serenissimi imperatoris Augusti.

Reliqua desiderantur.

XXVII.

Chuonradi primi Augusti diploma per quod monasterio Segusino S. Justi bona collata ab Alrico episcopo, et Maginfredo marchione, confirmantur.

(Anno 1037.)

[MURATORI, *Antiq. Ital.*, I, 547.]

In nomine sanctæ et individuæ Trinitatis CHUONRADUS, Romanorum imperator Augustus, divina favente misericordia.

Si divino intrinsecus tacti spiramine almæ sanctæ matri Ecclesiæ, Christoque digne servientes, mundialis hujus temporis auxilia præbentes, nostræ Romanæ reipublicæ ad profectum, atque ad augmentum utriusque vitæ, non exiguum fore minime ambigimus : et si piis nostrorum fidelium precibus Cæsareas aures clementer inclinamus, fideliores atque ad publicum nec non privatum obsequium promptiores eos ohnixe credimus. Quapropter cunctorum castæ matris Ecclesiæ fidelium devotio, animadvertat qualiter nostra imperialis majestas interventu domini Popponis archipræsulis, nec non Bertæ comitissæ, virtutum moribus expolitæ, dignis petitionibus tacta concedimus, atque per hanc nostri præcepti paginam corroborantes omnia prædia cunctasque res illas quas olim Alricus venerabilis episcopus, atque Mainfredus marchio eximius, nec non Berta illustris comitissa obtulit sanctæ ecclesiæ apud Segusiam, ad honorem sanctæ et individuæ Trinitatis, atque sub nomine Matris et Virginis, Petrique apostolorum principis, et Pauli, omniumque sanctorum dedicatæ, ubi conditum est sanctissimi Justi martyris corpus, atque sancti Mauri, ob remedium suarum animarum omniumque Christianorum, ad usum et sumptum congregationis ejus monasterii, quam præsentialiter regit atque gubernat domnus Bertramus, miræ devotionis abbas. Censemus ergo, atque per hanc nostri præcepti paginam corroborantes jubemus ut prædictus abbas, suique successores, cunctaque congregatio, secundum regulam beati Benedicti in eodem monasterio degens, omnia prædia a supradictis episcopo, marchione et comitissa Deo et sanctis suis collata, habeat, teneat firmiterque possideat, et secundum quod ei recte et juste visum fuerit, ordinent atque disponant, eo videlicet ordine quo præfati Alricus episcopus, et Maginfredus marchio, seu Berta comitissa, pro suarum animarum omniumque Christianorum remedio, disponere decreverunt, nostra nostrorumque successorum contradictione et molestia procul penitus remota : scilicet tertia parte ejusdem civitatis Segusiæ, seu ejus territorii, excepto castro quod infra ipsam civitatem positum est; seu tertia parte de tota valle Segusiæ, tam in montibus quam in planitiebus, sicut detinent montes qui vocati sunt Genevii et Cinisii, usque in territorium et finem de villa quæ vocatur Vaga, in locis et fundis Sesana Ulei, et Bardonesca Salebertani, Exilio, Caput montis Gallionis Medianæ, Matingo, Foresto, Bozoleto, Sancto Georgio, Canusso, Brusiolo, Burbono, Villare Fulcardi, Sancta Agatha : cum casis, capellis, universisque rebus, omnibusque adjacentiis et pertinentiis eorum. Insuper cortes duas integras Almesii et Rubiana cum appendiciis et pertinentiis earum : nec non Vigodone, et curtem de Volveria cum omnibus suis pertinentiis, Petra Oriola cum capella, omnibusque appendiciis et pertinentiis suis, cum piscationibus, pascuis, rupibus, ruinis, a ripa Sturiæ usque ad littus maris; mansum unum in Carisione, et alium in Genecula, cum eorum pertinentiis; mansos duos in Ferruciaso, cum duabus capellis, una cum dote, et tertia parte de decimal, et duobus molendinis curtæ Mauce cum omnibus suis pertinentiis. Insuper lacus de Aviliania, et vivarium vocatum Vuangery, cum adjacentiis suis, cunctaque superius denominata cum sediminibus, vineis, areisque suarum, terris arabilibus, capellis, pratis, gerbis, pascuis, silvis majoribus ac minoribus, cum areis suarum, molendinis, piscationibus, alpibus, ripis, ruinis, ac paludibus, cultis et incultis, divisis ac indivisis, una cum accessionibus, seu finibus, terminibus, et usibus aquarum, aquarumque decursibus. Imperantes itaque præcipimus, et omnino interdicimus, ut nullus dux, archiepiscopus, episcopus, marchio, comes, vicecomes, sculdadius, gastaldio, aut aliqua nostri imperii magna, parvaque persona, prædictum abbatem, suique successores, ipsamque congregationem de thesauro ecclesiæ, et de omnibus suis rebus mobilibus et immobilibus, famulis, et de rebus quæ ibi sunt, vel conferendæ erunt, inquietare, molestari, disvestire, aut fotrum tollere, seu legem facere, aut placitum tenere, nisi abbas ejusdem loci, aut suum missus præsumat, seu in domibus eorum aliquam inferre violentiam audeat. Si quis igitur præsumptor temerarius, diabolico avaritiæ stimulo percussus, huic nostræ auctoritatis præcepto resistere, aut eum aliquatenus infringere tentaverit, noverit se compositurum auri purissimi libras centum, talenta majora, scilicet medietatem cameræ nostræ, et medietatem prædictæ ecclesiæ. Quod ut verius credatur, diligentiusque ab omnibus observetur, manu propria roborantes, sigilli nostri impressione inferius insigniri jussimus.

Signum domini Chuonradi invictissimi Romanorum imperatoris Augusti.

Poppo archiepiscopus Treverensis intervenit.

Kadelous cancellarius vice Hermanni archicapellani recognovit.

Datum iv Kalendas Januarii, anno Dominicæ Incarnationis millesimo trigesimo octavo, indictione sexta, anno autem domini Chuonradi regni decimo quarto, imperii undecimo.

Actum Parmæ feliciter. Amen.

XXVIII.

Chuonradi I imperatoris diploma, quo parthenoni Sancti Xysti in urbe Placentina posito omnia privilegia illius et jura confirmat.

(Anno 1038.)

[MURATORI, *Antiq. Ital.*, I, 561.

In nomine sanctæ et individuæ Trinitatis, CHUONRADUS, divina favente clementia, Romanorum imperator Augustus.

Cunctorum liquido fidelium sanctæ Dei Ecclesiæ, nostrorumque præsentium scilicet ac futurorum noverit industria, quod nos ob interventum ac petitionem Gislæ imperatricis, nostræ scilicet dilectæ contectalis, nostrique imperii consortis, et Heinrici regis nostræ amantissimæ prolis, et nostri fidelis episcopi et cancellarii, per hanc præceptalem paginam abbatiæ Sancti Sixti, cui præest Adeleida venerabilis abbatissa, concedimus, confirmamus, et corroboramus illa omnia quæ habentur, et scripta sunt in illo præcepto, quod nostri antecessores imperatores, videlicet Karlomannus et Ludovicus, precibus et interventu Angilbergæ ejusdem Karlomanni sororis et Ludovici uxoris, eidem Placentino cœnobio fecerunt et confirmaverunt, scilicet liberam et privatam potestatem agricolis et pinsionariis prælibati monasterii concesserunt, et sicut intra urbem Placentinam, vel circum vias publicas ad ipsius monasterii fines dilatandos, vel quandoque muniendos dederunt, et veluti universos aquæductus in ipso comitatu Placentino ad profectum jam dicti monasterii adjecerunt, ita concedimus, confirmamus et corroboramus, eo scilicet ordine, ut prædictum monasterium habeat, teneat, atque dominetur; et nullus ejusdem loci agricolas et pinsionarios inquietare præsumat. Cui insuper nostra præceptaria auctoritate liceat, cum voluerit, sicut supradictum est, ad profectum monasterii stratas Placentinæ urbis perfodere intus et foris, et aquæductus aut veteres reformare, aut novellos instituere, aut quos voluerit in alteram partem transmutare sine omni publicæ partis contradictione; sed ita scilicet pontibus aut aliis instrumentis ipsæ viæ parentur, ut euntes et redeuntes transire possint. Si quis igitur huic nostro præcepto contraire aut obviare voluerit, sciat se compositurum auri probati libras centum, medietatem Cameræ nostræ, et medietatem præfato monasterio. Quod ut verius credatur et diligentius ab omnibus observetur, manu propria roborantes, præsentem paginam sigilli nostri impressione jussimus insigniri.

Signum domni Chuonradi Romanorum imperatoris Augusti.

Kadelous cancellarius vice Herimanni archiepiscopi et archicancellarii recognovit.

Locus ✠ sigilli.

Datum XIII Kalend. Aprilis, anno Dominicæ Incarnationis 1038, indictione sexta, anno domni Chuonradi regni XIV, imperii XIII.

Actum juxta Perusium in monasterio Sancti Petri, feliciter. Amen.

XXIX.

Chuonradi I imperatoris diploma quo omnia jura et bona confirmat monasterio Sancti Vincentii ad Vulturnum.

(Anno 1038.)

[MURATORI, *Rer. Ital. Script.*, I, II, 508.

In nomine sanctæ et individuæ Trinitatis, CHUONRADUS, divina favente clementia, Romanorum imperator Augustus.

Omnium sanctæ Dei Ecclesiæ fidelium nostrorum, præsentium scilicet ac futurorum, universitas noverit quod Hilarius abbas cœnobii Christi martyris Vincentii, siti in territorio Beneventano super fluvium Vulturnum, nostram adiens celsitudinem, detulit præcepta præcessorum nostrorum imperatorum et regum, per quæ contulerunt ex suis rebus in præfatum monasterium, ac confirmaverunt res et possessiones ibi a principibus, ducibus reliquisque fidelibus collatas. Unde præfatus abbas nos exoravit ut eadem præcepta ac legales scriptiones, nec non prædia per diversos fines regni Italici conjacentia eidem cœnobio collata per nostræ confirmationis præceptum in præfatum locum concederemus, et confirmaremus. Cujus petitionibus faventes, ob interventum Gislæ imperatricis nostræ dilectæ contectalis, ac regis Henrici nostri amantissimi filii, per hanc præceptalem confirmationem, prout juste et legaliter possumus, concedimus, et confirmamus, ac penitus corroboramus in prædicto monasterio omnia præcepta præcessorum nostrorum imperatorum et regum, videlicet Desiderii, Karoli, Lodoici, atque Lotharii, atque imperatoris Henrici; veruntamen omnes res et possessiones per diversos fines regni Italici positas per eadem præcepta, vel quaslibet legales scriptiones a principibus, ducibus reliquisque fidelibus ibidem collatas, nec non monasteria et cellas inferius nominatas. Primitus videlicet declarantes ipsas hæreditates, quæ circumdant ipsum monasterium per has quoque fines; incipientes itaque a fluvio qui dicitur Sangro, etc. Præcipientes itaque jubemus ut nullus rex, dux, princeps, marchio, etc. Si quis igitur, etc.

Signum domni Chuonradi Romanorum imperatoris Augusti.

Kadelous cancellarius vice Hermanni archicancellarii recognovi.

Datum III Kal. Junii, anno Dominicæ Incarnationis 1038, indictione VI, anno domni Chuonradi regni XIV, imperii XIII.

Actum in vetere Capua feliciter. Amen.

XXX.

Chuonradi I Augusti præceptum, quo Ingoni episcopo Mutinensi comitatum ejusdem urbis et agri cum suis juribus largitur.

(Anno 1038.)

[MURATORI, *Antiq. Ital.*, I, 445.

In nomine sanctæ et individuæ Trinitatis, CHUONRADUS, superna disponente clementia, imperator...

Si..... retributionis..... ditatur, quisquis locis Deo dicatis sua concesserit, aut in merito prosperabitur, qui conlata ut sincere a cultoribus Ecclesiarum Dei sua auctoritate corroboraverit. Quapropter omnium sanctæ Dei Ecclesiæ nostrorumque, præsentium scilicet ac futurorum, noverit solertia, quatenus Wido sanctæ Taurinensis Ecclesiæ episcopus, nosterque fidelis, nostram adiit celsitudinem, flagitans uti pro Dei amore animæque nostræ remedio omnia sanctæ Mutinensis ecclesiæ in honore sancti Geminiani confessoris Christi, dicatæ, cui Dei auctoritate Ingo venerabilis episcopus deservit, a prædecessoribus nostris, tam regibus quam imperatoribus, atque religiosis viris collata, nostra imperiali censura confirmare et corroborare dignaremur. Cujus digne petitioni assensum præbentes, ejusdemque beatissimi Geminiani episcopi et Christi confessoris implorandam assidue opem considerantes, hoc præceptum fieri jussimus: per quod tam cultis quam incultis seu in præinsertis locis omne comitatu ejusdem civitatis cum omnibus mobilibus et immobilibus ad se pertinentibus. Et concedimus quidquid ad nostrum jus pertinere videtur, terris scilicet, et omnem districtum, atque domos publicas, murumque ipsius civitatis cum fisco, et teloneo integro, seu cum omni jure civili intus et extra per circuitum usque in omnibus finibus suis. Cohærentiæ vero hujus comitatus sunt. Prima usque in finem.... Secunda usque in Bolonia. Tertia etiam usque..... tua. Quarta scilicet ad initium comitatus Lucensis. Cortes etiam ipsius comitatus et territoria, castella, villas, mansos, necnon utriusque sexus familias, servos et ancillas, herimannos, et herimannuas, domos quoque, possessiones, piscationes, foresta, pascua montibus seu planitiebus, aquationes, aquarumque cursus seu decursus, paludes, cuncta habita et tenta atque possessa ad partem ipsius..... salis a prædicto Ingoni episcopo, vel a quolibet prædecessore ejus; atque omnia aliquo inscriptionis titulo seu investitura hactenus donata, collata, atque tradita prædictæ sanctæ Mutinensis ecclesiæ a quibuscunque hominibus vel potestatibus, donamus, concedimus, confirmamus, modisque omnibus corroboramus, una cum campis, vineis, pratis, pascuis, jerbis, silvis, frascariis, buscariis, montibus, collibus, vallibus, planitiebus, ripis, rupinis, aquis, aquarumque decursibus, molendinis, piscationibus, omnia cum omnibus rebus quæ dici vel nominari possunt, ad prædictam episcopii sedem in integrum pertinentibus. Et per hoc nostræ confirmationis præceptum de nostro et regni jure et dominio in præfatæ sanctæ Mutinensis Ecclesiæ jus et dominium omnino transfudimus, ac delegamus prædictum districtum præfati comitatus et teloneum, seu mercatum, cum omni functione regali, seu domos, muros, terrasque, et utriusque sexus servos et ancillas, et omnia quæ vocata sunt publica, fiscalia, vel comitalia aut vice comitalia, quæ posita esse videntur et constructa in prædicto comitatu Mutinensi tam intus quam extra per circuitum usque in prædictis finibus. Ea videlicet ratione, quatenus dominus Ingo venerabilis episcopus, qui eidem Ecclesiæ præsidere videtur, suique successores potestatem illic habeant per se aut per suos missos judicandi, distringendi, placitum..... tenendi, vel quidquid eorum utilitas decreverit, faciendi ad augmentum et honorem prædictæ Mutinensis Ecclesiæ, et ita faciendi, omnique modo judicandi et distringendi, veluti in nostram aut marchionum vel comitum fuisset præsentiam, ab hinc remota omni nostra nostrorumque successorum, omniumque hominum contradictione, minoratione aut molestatione. Igitur quicunque infra prædictam urbem, vel supradictum comitatum, vel in ejus provincia in integrum, seu in præfatis cortibus et castellis, habitator exstiterit, aut castellaverit, nec non vassali ejusdem comitatus non in præsentia alienorum comitum, et marchionum vel missorum nostrorum, eorum lites aliter agere, vel ullo modo diffinire liceat, nisi ante Ingonem reverentissimum præsulem, suosque successores, seu eorumque legatos decrevimus, sicut supra concessum habemus. Et quidquid ante eorum præsentiam finitum atque judicatum fuerit, perpetua stabilitate permaneat. Præcipientes itaque jubemus ut deinceps nullus dux, marchio, comes, vicecomes, sculdascio, gastaldius, aut ullus reipublicæ procurator, seu alia quælibet magna parvaque persona nostrorum regnorum prædictam sanctam Dei sedem ejusque vicarios disvestire, molestare aut inquietare, mansionaticum facere, teloneum, districtum, placitum, aut aliam quamlibet functionem exigere, seu de prædictis rebus facere violentiam audeat. Si quis igitur hoc nostræ corroborationis præceptum infringere, aut quodam temerario ausu tentaverit aut attenuare, sciat se compositurum auri optimi libras ducentum, centum medietatem cameræ nostræ, et medietatem prætaxato episcopo, suisque successoribus. Quod ut verius credatur diligentiusque ab omnibus observetur, manu propria roborantis annuli nostri impressione insigniri jussimus.

Signum domni Chuonradi invictissimi imperatoris.

Kadelous cancellarius vice domni Herimanni archicancellarii recognovit.

Locus [sigilli cerei.

Datum xvii Kalendas Aprilis, anno Dominicæ Incarnationis 1038, indictione vii, anno autem domni Chuonradi regni xiv, imperii xii.

Actum Coloniæ, feliciter.

XXXI.

Chuonradi imp. præceptum pro Ecclesia Hamburgensi.

(Anno 1038, Dec. 10.)

[LAPPENBERG, *Hamburgische Urkund.*, p. 70.

In nomine sanctæ et individuæ Trinitatis, CHUONRADUS, divina favente clementia, Romanorum imperator Augustus.

Sollicitudo imperialis potentiæ, quæ nos post excessum divæ memoriæ regum et imperatorum, divinæ dispositionis cuncta regentis non ignara, respexit, monet et instigat ecclesiis Dei in regno nostro circumquaque constructis, tanto vigilantius prudentia nostræ curam impendere, quanto constat in nostri ordinis promotione cœlestis gratiæ beneficia nos indulgentius percepisse. Ex hoc enim lucri potissimum præmium apud conditorem omnium Deum procul dubio promereri confidimus, si venerabilia loca opportuno tempore ad meliorem fuerint statum, Deo juvante nostraque potentia cooperante, perducta. Quapropter noverint omnes nostri Christique fideles qualiter nos pro remedio animæ nostræ, et ob interventum dilectæ contectalis nostræ Gislæ, imperatricis Augustæ, necnon charissimæ prolis nostræ, Heinrici, regis Burgundionum, Beceline, viro venerabili, Hammaburgensi archipræsuli, suisque successoribus licentiam dedimus construendi mercatum in loco Heslingoa nuncupato, in pago Eilangoa, eo scilicet tenore ut advocatus ejusdem ecclesiæ iis diebus, quibus annualis mercatus inibi celebrari et confluentia populi maxime solet fieri, videlicet in festivitate sancti Viti martyris, potestatem habeant banno nostro constringendi omnes, qui illuc convenerint, ad omnem justitiam faciendam. Teloneum autem, et quidquid ad nostrum imperiale jus pertinet, ob amorem prædicti martyris, cui idem locus est consecratus, eidem ecclesiæ et sanctimonialibus ibidem degentibus libere utendum pro nostra perpetua memoria imperiali largitione concedimus.

Addidimus etiam pro voto et petitione ejusdem venerabilis viri, quoniam fidelem eum in omni negotio nostro comperimus, ut potestatem habeat, siquidem rei necessitas exposcat vel utilitas, in loco Stadum nominato, in prædio ecclesiastico mercatum ex integro construendi, bannum et teloneum, necnon etiam monetam, et quidquid inde regius reipublicæ fiscus obtinere poterit, prælibatæ Hammaburgensi conferimus sedi. Homines vero qui in prædicto prædio quoquo modo sibi habitacula faciant, sub banno et constrictione advocati episcopalis, nec alicujus alterius, manere decernimus.

Et hæc benevolentiæ nostræ traditio stabilis et inconvulsa omni permaneat tempore, hanc chartam conscribi manuque propria roboratam sigilli nostri impressione jussimus insigniri.

Signum domni Chuonradi, invictissimi imperatoris Augusti.

Theodoricus cancellarius vice Bardonis archicapellani recognovit.

Data iv Idus Decembris, indictione vii, anno Dominicæ Incarnationis 1038, anno autem domini Chuonradi II regni xv, imperii vero xiii.

Actum Nerestein feliciter. Amen.

XXXII.

Chuonradi I imperatoris diploma quo Ingoni episcopo Mutinensi omnia jura ac privilegia Mutinensis Ecclesiæ confirmat, eumque Mutinæ comitem constituit.

(Anno 1038.)

[MURATORI, Antiq. Ital., VI, 41.]

In nomine sanctæ et individuæ Trinitatis, CHUONRADUS, superna disponente clementia, imperator. Si........ retributionis.... ditatur, quisquis locis Deo dicatis sua concesserit, aut in merito prosperabitur, qui collata ut sincere a cultoribus Ecclesiarum Dei sua auctoritate corroboraverit. Quapropter omnium sanctæ Dei Ecclesiæ nostrorumque, præsentium scilicet ac futurorum, noverit solertia quatenus Wido sanctæ Taurinensis Ecclesiæ episcopus, nosterque fidelis, nostram adiit celsitudinem, flagitans uti pro Dei amore, animæque nostræ remedio, omnia sanctæ Mutinensis ecclesiæ, in honore sancti Geminiani confessoris Christi dicatæ, cui Dei auctoritate Ingo venerabilis episcopus deservit, a prædecessoribus nostris tam regibus quam imperatoribus, atque a religiosis viris collata, nostra imperiali censura confirmare et corroborare dignaremur. Cujus digne petitioni assensum præbentes, ejusdemque beatissimi Geminiani episcopi et Christi confessoris implorandam assidue opem considerantes, hoc præceptum fieri jussimus: per quod tam cultis quam incultis, seu in præinsertis locis omni comitatu eidem civitatis, cum omnibus rebus mobilibus et immobilibus ad se pertinentibus, et concedimus quidquid ad nostrum jus pertinere videtur, terras scilicet et omnem districtum, atque domos publicas, murumque ipsius civitatis, cum fisco et telonco integro, seu cum omni jure civili intus et extra per circuitum usque in omnibus finibus suis. Cohærentiæ vero hujus comitatus sunt. Prima usque in finem....... Secunda autem usque in Bolonia. Tertia etiam usque....... Mantua. Quarta scilicet ad initium comitatus Lucensis. Cortes etiam ipsius comitatus et territoria, castella, villas, mansos, necnon utriusque sexus familias, servos et ancillas, herimannos et herimannas, domos quoque, possessiones, piscationes, foresta, pascua montibus seu planitiebus, aquationes aquarumque cursus seu decursus, paludes, cuncta habita et tenta atque possessa ad partem ipsius...... salis a prædicto Ingone episcopo, vel a quolibet prædecessore ejus; atque omnia aliquo inscriptionis titulo, seu investitura hactenus donata, collata, atque tradita prædictæ sanctæ Mutinensis ecclesiæ a quibuscunque hominibus vel potestatibus, donamus, concedimus, confirmamus modisque omnibus corroboramus, una cum campis, vineis, pratis, pascuis, jerbis, silvis, frascariis, buscariis, montibus, collibus, vallibus, planitiebus, ripis, rupinis, aquis aquarumque decursibus, molendinis, piscationibus, omnia cum omnibus rebus quæ dici vel nominari possunt, ad prædictam episcopii sedem in integrum pertinentibus. Et per hoc nostræ confirmationis præceptum, de nostro et regni jure et dominio in præfatæ sanctæ Mutinensis ecclesiæ jus et dominium omnino transfundimus, ac diligamus prædictum districtum præfati comitatus, et teloneum seu mercatum, cum omni functione regali, seu domos, muros, terrasque, et utriusque sexus servos et ancillas, et omnia quæ vocata sunt publica, fiscalia, vel comitalia, aut vicecomitalia, quæ posita esse videntur in prædicto comitatu Mutinensi, tam intus quam extra per circuitum usque in prædictis finibus. Ea videlicet ratione quatenus domnus Ingo venerabilis episcopus, qui eidem ecclesiæ præsidere videtur, suique successores, potestatem illic habeant per se aut per suos missos judicandi, distringendi, placitum tenendi, vel quidquid eorum utilitas decreverit, faciendi, ad augmentum et honorem prædictæ Mutinensis ecclesiæ, et ita faciendi, omnique modo judicandi, et distringendi, veluti in nostra, aut marchionum, vel comitum fuisset præsentia, ab hinc remota omni nostra nostrorumque successorum, omniumque hominum contradictione, minoratione ac molestatione.

Igitur quicunque infra prædictam urbem, vel supradictum comitatum, vel in ejus provincia in integrum seu in præfatis cortibus et castellis habitator exstiterit, aut castellaverit, necnon vassalli ejusdem comitatus non in præsentia alienorum comitum, et marchionum, vel missorum nostrorum eorum lites aliter agere, vel ullo modo diffinire liceat, nisi ante Ingonem reverentissimum præsulem, suosque successores, seu eorumque legatos decrevimus, sicut supra concessum habemus; et quidquid ante eorum præsentiam finitum atque judicatum fuerit, perpetua stabilitate permaneat. Præcipientes itaque jubemus ut deinceps nullus dux, marchio, comes aut vicecomes, sculdassio, gastaldius, aut ullus reipublicæ procurator, seu alia quælibet magna parvaque persona nostrorum regnorum, prædictam sanctam Dei sedem ejusque vicarios disvestire, molestare aut inquietare, mansionaticum facere, teloneum, districtum, placitum, aut aliam quamlibet functionem exigere, seu de prædictis rebus facere violentiam audeat. Si quis igitur hoc nostræ corroborationis præceptum infringere, aut quodam temerario ausu tentaverit aut attenuare, sciat se compositurum auri optimi libras cc, medietatem Cameræ nostræ, et medietatem prætaxato episcopo, suisque successoribus.

Quod ut verius credatur, diligentiusque ab omnibus observetur, manu propria roborantes, annuli nostri impressione insigniri jussimus.

Signum Domni Chuonradi invictissimi Imperatoris.

Locus sigilli † cerei deperditi.

Kadelous cancellarius vice domini Herimanni archicancellarii recognovit.

Datum xvii Kalendas Aprilis, anno Dominicæ Incarnationis 1038, indictione vii, anno autem domni Chuonradi regni xiv, imperii xii.

Actum Coloniæ feliciter.

HENRICUS III IMP.

HUJUS NOMINIS INTER REGES TERTIUS, INTER AUGUSTOS SECUNDUS, COGNOMINE *NIGER*.

(An. 1939-1056.)

HENRICI III IMP. CONSTITUTIONES

(PERTZ, *Monumenta Germaniæ historica*, Leg. tom. II, p. 41.)

I.

CONSTITUTIO DE JURAMENTO CALUMNIÆ (1).

(An. 1047, Apr. 3.)

HEINRICUS [1] divina pietate secundus Romanorum imperator augustus, omnibus.

In legibus [2] cautum est, ut nemo clericorum jurare præsumat (l. 25, § 1, C. *de episc.*), alibi vero repperitur scriptum (Julian. 122, 1), ut omnes principales personæ in primo litis exordio subeant jusjurandum calumpniæ; nonnullis legisperitis venit in dubium utrum clerici jusjurandum calumpniæ præstare debeant, aut alii personæ hoc officium liceat delegare. Quia enim illud constitutionis edictum ubi clerici jurare prohibentur (l. 25, § 1, C. *de episc.*), a Theodosio [3] augusto Tauro præfecto prætorio de Constantinopolitanis clericis promulgatum fuisse videtur, idcirco ad alios clericos pertinere non creditur. Ut ergo ista dubietas omnibus penitus auferatur, illam divi constitutionem Theodosii [4] ita interpretari decernimus, ut ad omnium ecclesiarum clericos generaliter pertinere judicetur. Nam cum divus Justinianus jure decreverit [5], ut canones [6] Patrum vim legum habere oporteat (Julian, 119, 1) et in nullis Patrum canonibus repperitur [7] ut clerici jurare audeant, dignum est ut totus clericalis ordo a præstando jurejurando immunis esse procul du io censeatur. Quapropter nos, utriusque videlicet divinæ et humanæ legis intentione, decernimus et imperiali auctoritate inretractabiliter diffinimus, ut non episcopus, non presbiter, non cujuscumque ordinis clericus, non abbas, non aliquis monachus vel sanctimonialis, in quacumque controversia, sive criminali sive civili, jusjurandum compelletur qualibet ratione subire, sed suis idoneis advocatis hoc officium liceat delegare.

II.

CONVENTUS TURICENSIS (2).

(An. 1054, Febr.)

Constitutio de conjugiis.

HEINRICUS divina pietate secundus Romanorum imperator Augustus, omnibus.

Quoniam nobis divinæ pietatis [8] providentia in-

VARIÆ LECTIONES.

Cod. Lond. versus præmittit : Rex Heinricus patriæ pater atque maritus. Ne jurent clerici lex præcipit ista secundi Regis Heinrici. [2] aug. Quoniam in omnibus l. *V II*. [3] Marco augusto est constitutum propterea de Const. *VII*. Marco augusto constitutum est, propterea quia de Const. edd. [4] *in marg.* V. alii Marci. — Marci constitutionem V *II. et edd.* [5] jurare decreverat, *V II*. [6] *in marg.* Vn. ut in Nov. h. c. in primo capite (i. e. Jul. 119, c. 1. Nov. 131 c. 1. BLUME). [7] invenitur V *II*. [8] p. est L.

NOTÆ.

(1) Hanc constitutionem edimus ope codicum sæculi xi Londinensis, Vindobonensis et Vindobonensis II (*Juris civilis* n. 59), tum Veronensis sæc. xi aut xii ineuntis, et Estensis apud Muratorium pag. 178. Occurrit et in Collectione decretalium Bernardi Papiensis a papa quodam Honorio II (vel potius Victore II) laudata, ibique die iii (alii codd. iv) mensis Aprilis, a d. iii (alii iv) Nonas April. Arimini edita fuisse dicitur.

(2) Leges in eo conventu promulgatas, tum generales tum Langobardicas, ope codicum Londinensis, Vindobonensis, Vindobonensis II (*Juris civilis*

perialis officii curam commissam credimus, nos quoque erga ea quæ ad Christianas religiones et ad cultum justitiæ pertinent, jugiter sollicitare debemus. Quapropter cum Turegi [9] universali conventu nostrorum fidelium Italicorum [10] sederemus, orta quæstione de illicitis conjugiis, consilio nostrorum principum, archiepiscoporum, episcoporum [11], marchionum, comitum, ac judicio judicum, seu consensu omnium judicantium hujusmodi sententiam diffinivimus. Omnia scilicet quæ sancti canones vel sacræ leges nostrorum prædecessorum inde statuunt [12], summa auctoritate confirmavimus, et inde [13] etiam nostro imperiali jure addidimus, ut quicumque seu in legitima ætate sive infra legitimam [14] ætatem uxorem duxerit vel desponsaverit [15], si morte præventus fuerit, nulli propinquorum suorum liceat viduam vel desponsatam illius uxorem ducere. Quod si quis hoc fecerit, tam mulier quam vir ex hac lege exheredati sint, omniumque bonorum eorum [16] medietas ad fiscum deveniat, altera vero medietas propinquis parentibus legitimis hereditario jure deveniat. Et quicumque ex hujusmodi conjugio natus fuerit, ipse quoque, sicut et parentes sui, ex hac lege exheredatus sit.

Constitutio de contemptoribus imperatoris.

HEINRICUS divina pietate secundus Romanorum imperator Augustus, omnibus.

Decet [17] imperialem solertiam contemptorem suæ præsentiæ capitali damnare sententia.

Constitutio Langobardica de venefitiis.

HEINRICUS divina pietate secundus Romanorum imperator Augustus, omnibus Langobardis [18].

Decet imperialem sollertiam ita rei pubicæ curam agere, ut [19] sic sollicitetur erga præsentia, quatinus ea quoque diligenter provideat quæ posteris sint utilia ac profutura. Id autem tunc satis competenter agitur, cum bonis virtuiis præmium, impiis autem digna ultio, sibi ad vindictam aliis ad exemplum, recompensetur [20]. Set quoniam omnia quæ mundus

A habet, humanum genus excellit [21], de ejus salute tanto præcipue curandum est, quanto manifestius constat [22], quod omnipotens quoque Deus pro redemptione ejus unigenitum suum ab æterna sede divinitatis suæ in terram misit. Quapropter quoniam plerosque, pro dolor! veneficio [23] ac diverso furtivæ mortis genere perire audivimus, super hoc dum Turegi [24] universali conventu Langobardorum sederemus, hujusmodi legem cum episcoporum, marchionum, comitum, aliorumque multorum nostrorum fidelium consensu et auctoritate probari sancimus. Quicumque veneficio seu quolibet modo furtivæ mortis aliquem peremerit aut inde consentiens fuerit, mortis sententiam incurrat, omniumque suarum rerum mobilium seu immobilium facultatem amittat.

B Ita tamen, ut pretium decem librarum auri [25] pro legitimo widrigild propinquis perempti primum [26] inde detur. Reliqui rursus medietas eisdem [27] propinquis deveniat, altera autem pars ad fiscum accedat. Si quis vero prædicti criminis aut de facto aut de consensu accusatus, negare voluerit, aut per duellum si liber est, si vero servus per judicium, se defendat, aut similem sententiam incidat. Ad hoc [28] autem volumus, nostraque imperiali [29] auctoritate sancimus, ut quicumque hominibus prædicti reatus noxiis refugium aut subsidium aliquod præbuerit, omnis ejus possessio in publicum perveniat, ipse vero nostram omniumque nostrorum indignationem incurrat, nisi se defenderit ut diximus [30].

C III.
CONSTITUTIONIS DE BENEFICIIS AMITTENDIS FRAGMENTA (3).

(1039-1056).

Constitutio Heinrici de causis amittendi feudi.

Imperator augustus Heinricus secundus. De militum beneficiis, quoniam dubias variasque causas in regno nostro esse cognovimus, ideoque ad rei publicæ statum [31] quædam statuimus. Si quis ergo

VARIÆ LECTIONES.

[9] in regi *V.* tu regni. *Vn.* in regni *edd. et codex bibl. Brancaccianæ Neapol. legum Langobb.* [10] i. principum *V II.* [11] deest *V II.* [12] instituunt *V II.* [13] et si super est etiam *V II.* [14] scil. legaliter glossa *V.* [15] reliqua exciderunt in Londinensi. [16] ita codices nostri; editi econtra : e. amittent facultatem et medietas propinquis parentibus hereditario jure et altera medietas ad fiscum deveniat. [17] Hæc Heroldus ita effert : Omnem decoris ac solertiæ imperialis ac præsentiæ contemptorem, capitali damnare sententia convenit. Lex tamen deest in codice Vindobonensi II. [18] longobardis *L. V. Vn.* [19] et sic sollicitari erga præsenciam *V II.* [20] recompensat *V II.* [21] excedat *V II.* [22] c. esse q. *V II.* [23] beneficio *V II. ita et infra.* [24] tu regi *V.* tu regi corr. in regni *Vn.* [25] deest *L.* [26] præmium *L.* [27] ejusdem *L.?* [28] adhuc *V II.* [29] deest *L.* [30] ita *L. V. Vn. E.* — nisi se defenderit ut diximus *desunt in V II.* [31] Hic vox una vel plures exciderunt.

NOTÆ.

n. 39) Veronensis, Estensis apud Muratorium proponimus, addita lege contra contemptores imperatoris, quæ nonnisi in codicibus Vindobonensi et Veronensi exstat.

(3) Fragmentum utrumque a Jacobo de Ardizone in Summa juris Feudorum servatum indeque in librum Jacobi Alvaroti super Feudis transcriptum, tum a Cujacio libro v Feudorum, c. 2, 3, insertum, ope editionum Coloniensis a. 1563, in 8°, et Lugdunensis a. 1555, in fol. et editionis Spangenbergianæ iterum proponimus. Fragmentum primo loco positum Heinrico III deberi, ex inscriptione sequi videtur, nec dicendi ratio adversatur, præter tamen

vocem *dominus* cujus vice *senior* eo tempore plurimum adhibebatur. Glossatorum sententias textui insertas, inde rursus depromere conatus sum. Fragmentum alterum, ab iisdem glossatoribus servatum, atque a Cujacio libro v Feud., c. 3, insertum adhibitis editionibus supra laudatis et textu qualem Spangenbergius ex Cujacio accepit, addimus. Cujus quidem de auctore plurimum dubitatur; nos, ponderatis iis quæ viri doctissimi de re disputarunt (Cf. EICHHORNS *Deutsche Staats-und Rechtsgeschichte*, ed. IV, 1835, t. II, p. 280. Dieck *Litterärgeschichte des Longobardischen Lehnrechts*, 1828, p. 168. LASPEYRES *über die Libri Feudorum* 1830, p. 224-297),

dominum suum interfecerit, vel vulneraverit, ipsum dominum suamve dominam obsederit,. vel eum [32] cucurbitaverit, vel contra ea quæ in fidelitate nominantur fecerit [33], vel his supradictis consilium dederit, parium laudatione beneficium amittat. Si vero de supradictis se defendere voluerit, testibus a parte domini deficientibus, cum tribus paribus se expurget; si autem pares habere non potuerit, cum duodecim prepinquioribus parentibus se defendat (4). Si quis autem suorum parium, idoneus tamen, exinde se veritatem scire dixerit, et per pugnam eum fatigare voluerit, ut per pugnam se defendat edicimus [34]. Si quis autem fuit [35] qui domino non servierit, parium laudatione beneficium [36] amittat (5). Sed si hoc defendere voluerit [37], duos vel unum saltem parem ostendat, et cum his se servisse juret, et si pares paremve habere nequiverit, cum tribus vel duobus propinquioribus parentibus se intra annum servire [38] juret (6). Si autem concorditer cum domino suo se habuerit dominum [39] sæpe videndo, tunc edicimus [40], ut probet per testes servitium fecisse, et per se non stetisse. Si autem aliqua inter dominum et vasallum discordia fuerit, vel si domicilia in longinquum habuerint [41], vasallus domino se repræsentando servitium promittat, et [42] si necesse fuerit, hoc probet [43] jurejurando, saltem ad finem controversiæ vasallo a paribus dato. Si quidem intra annum servierit, quod levissimum fuerit, et dominus aliud servitium imposuerit quod vasallus neglexerit, unde damnum domino illatum fuerit, usque ad fruges feudatarius [44] parium existimatione [45] damnum resarciat. De aliis vero culpis unde beneficium non amittitur, parium laudatione defendat se, ut supra, vel emendet [46].

Alia constitutio Heinrici de vasallo qui unum ex dominis refutavit.

Imperator Heinricus. Si contigerit, feudum incuria aut fidelis [47] neglectu consortibus applicari, nullum [48] ex eo levamen detrusus excipiat, ne senioris sui contemptus illusus fiat, ob quem feudum jure dimiserat. Sane qui aliter fecerint quam quod mens saluberrimæ nostræ constitutionis exposcit, beneficio se carituros esse cognoscant; ita ut eis amplius sperare non liceat; seniori danda licentia, tam [49] ab ipsis eorumque posteris quam ceteris detentatoribus prædictum beneficium vendicandi.

VARIÆ LECTIONES.

[31] eam *Ard. Alv.* [33] deest *Alv.* [34] dicimus *Ard. Alv.* [35] fecerit quod *Alv.* [36] h. non amittat *Alv.* [37] ita *Ard. Alv.* noluerit *Sp.* [38] ita *Ard Alv.* serviisse *Sp.* [39] domino *Alv.* [40] ita correxi. dicimus *Ard. Alv. Sp.* [41] habuerit *Alv.* [42] ut *Ard. Alv.* [43] prohare *Ard. Alv.* [44] scilicet *Alv.* [45] estimatione *Alv.* [46] emendat *Ard. Alv.* [47] n. f. *Sp.* [48] nullus *Ard. Alv.* [49] deest *Alv.*

NOTÆ.

ratione vocis *senior*, quæ inde ab antiquis temporibus usque ad Chuonradum II obtinet, et ultima vice anno 1136 in constitutione Lotharii III occurrit, Eichornio accedimus vocem *feudum* sæculo XI insolitam, quæque ut hic cum *beneficio* alternans primo in constitutionibus Lotharii III occurrit, fortasse Jacobo de Ardizone deberi, opinati.

(4) Usu vero curiali solus defendat. *Feud*
(5) Curiali tamen usu id redimere potest pro medietate quantum voluerit. *Feud.*
(6) Usu tamen curiali solus jurare conceditur. Qualiter autem juret, an solus an cum aliis, nihil interest, dum tamen servitia nominet. *Feud.*

HENRICI III IMP. DIPLOMATA.

1.

Privilegium pro monasterio Corbeiensi et parthenone Herifordensi.

(Anno 1039.)
[ERHARD, cod. diplom. Westph., p. 102.]

C. In nomine sanctæ et individuæ Trinitatis. HEINRICUS, divina favente clementia, rex.
Si petitiones servorum Dei justas et rationabiles ad effectum perduxerimus, et ad hanc vitam felicius transigendam, et ad perpetuam facilius promerendam procul dubio nobis pro futurum speramus. Quapropter notum esse volumus, quoniam venerabilis abbas Truchtmarus adiit excellentiam nostram suppliciter orans, ut nostra munificentia prospiceremus monasteriis sibi commissis, quorum unum est nova Corbeia nuncupatum, ubi et ille regulari constitutione abbas exstitit, et alterum est sanctimonialium Herifort dictum, et propriæ abbatissæ cujus nomen Gotesdiu, subjectum, sed juxta consuetudinem qua ancillarum Dei congregationibus procurari solent præpositi, ex ecclesiastico ordine, jam dicto abbati commendavimus, ut tam in disciplina abbatissam loci juvet, quam in cunctis negotiis quæ famulæ Christi (pro sexu et) professione sua exsequi non possent, ipsarum provisor et patronus existeret. Is ergo petiit celsitudinem nostram (recordari) quod piæ memoriæ antecessor noster Ludovicus imperator ambo hæc monasteria construi jussit ad normam videlicet præcipuorum in Gallia monasteriorum, novam scilicet Corbeiam ad similitudinem antiquæ Corbeiæ, Herifordense vero cœnobium ad exemplum monasterii sanctimonialium in Suessionense civitate constructi, et ut in eleemosynam suam ac totius generis sui institutionum earumdem perfectio com-

p.eretur, ecclesiam juris sui quæ vocatur Meppia, cum decimis et possessionibus aliisque ad eam pertinentibus, et ecclesiam Eresburc, quam Carolus primo construens in Saxonia decimis dotavit circumquaque habitantium per duas Saxonicas rastas, præfatus Ludovicus ad novam tradidit Corbeiam. Ad Herifordensis autem monasterii adjumentum dedit in episcopatu Asnabruggensi Ecclesiam Buginithi cum subjectis sibi ecclesiis, in parochia vero Minigernafordensi Ecclesiam Reni cum his quæ ad eam pertinent ecclesiis, ita sane, ut decimarum aliorumque reddituum proventus omnes præfatis cederent monasteriis, et ab his vicissim procurarentur subjectæ plebes in baptismate, in eucharistia, in sepultura, in confessione peccatorum audienda, et presbyteri qui principales ex his Ecclesiis tenerent, archipresbyterorum officio fungerentur, ad omnia facienda quæ solent fieri ab archipresbyteris episcoporum. Cum autem ipsi episcopi circationes suas ibi agere deberent, ad eorum mansionatica daretur quod in capitularibus antecessorum nostrorum præscriptum habetur. Ille igitur rata esse volens cætera omnia, tantum expensas ad ministerium episcopi propter ægritudinem et senectutem ejus qui tunc fuit Gauzberti augere debuit, quod juxta petitionem primi ejusdem loci abbatis Warini ita moderari placuit, ut descripto quantum satis sit ad servitium episcopi hoc nullo modo subtrahatur, et episcopus vicissim ampliora non quærat, nec cum pluribus veniat quam ut eis sufficere possint. In quibus satis esse consensit præfatus episcopus coram antecessore nostro Ludovico et archiepiscopo Rabano, cæterisque cum eo in synodo agentibus, id est ut dentur ad singulas ecclesias porci IV valentes singuli denarios XII, aut VIII arietes tantumdem valentes, porcelli IV, aucæ IV, pulli VIII, situlæ XX de medone, de mellita cervisia XX, de non mellita. . . . , panes CXX, de avena modi C, manipuli DC, sitque in potestate episcopi utrum hæc per singulas ecclesias ad unum mansionaticum an ad duo velit habere. Ne autem in summa debiti his plus minus compleretur, hoc auctoritatis suæ decrevit atque jussit. Iis etiam adjungere placuit liberam utrique loco concessionem eligendæ de propria congregatione in regimen sui per futura semper tempora congruæ personæ quod et nos confirmamus et corroboramus, et ut omnis hinc dubietas tollatur, manu propria corroborantes, sigilli nostri impressione ea signari jussimus.

Signum domni Heinrici tertii (L. M.) regis invictissimi.

Theodericus cancellarius vice Bardonis archicapellani recognovit.

Data III Non. Sept., indictione VII, anno Dominicæ Incarnationis 1039; anno autem domni Heinrici tertii ordinationis XII, regni vero I.

Actum Goslare feliciter. Amen.

II.
Privilegium pro Ecclesia Paderbornensi.
(Anno 1039.)
[Erhard, *ubi supra*, p. 105.

C. In nomine sanctæ et individuæ Trinitatis, Heinricus, divina favente clementia, rex.

Quoniam divinæ dispositionis providentia ad regendam totius reipublicæ monarchiam suæ immensæ pietatis magnificentia nos provexit, ante omnia autem hoc laborare debemus, ut qui coronam terreni regni concessit, post emensum hujus vitæ spatium, ea etiam coronari permittat, quæ non auferatur in æternum. Quod potissimum fieri posse decernimus, si loca ecclesiasticis obsequiis deputata nostra auctoritate corroborentur, ut, omni exteriore inquietudine remota, in tranquillitate permaneant, quatenus eorum precibus adjuvemur, qui ibi die noctuque orationibus in Dei servitio vacare debentur, et quod per nos utpote conscientia trepidi quærere non præsumimus, sanctæ Dei Ecclesiæ servientium pia intercessione impetremus. Quapropter universitati fidelium nostrorum patere volumus, qualiter Ruodolfus sanctæ Paterbrunnensis Ecclesiæ venerabilis episcopus, pro Ecclesiæ suæ honore, imo maxima utilitate, piæ intentionis devotione nos suppliciter aditurus exoravit, ut Ecclesia cui ipse pastorali cura præsidet, nostra regali auctoritate corroboraretur. Cujus petitioni, quia rationabilis videtur, gratuito assentientes, quidquid eadem Ecclesia per justitiam obtinere debet antecessorum nostrorum regum vel imperatorum vel nostra oblatione cæterisque fidelibus ibi collatum, in rebus, territoriis, vel in comitatibus ac districtu, vel quibuscunque utensilibus, ac quidquid Megenwercus episcopus, antecessor scilicet prælibati Ruodolfi episcopi, de sua hæreditate ibi contulit, vel aliunde per commutationem aut precariam legaliter acquisivit, denuo stabili dono concedimus et regali auctoritate confirmamus. Si quis autem nostræ confirmationis edictum ulterius aliqua præsumptione infringere tentaverit, centum librarum auri ad nostrum pondus compositione multetur, ut dimidium cameræ nostræ persolvat, reliquum vero eidem Ecclesiæ quam temerarie inquietare præsumpsit. Et ut hæc confirmatio per successiones temporum stabilis et inconvulsa permaneat, hanc regalis præcepti paginam inde conscribi ac manu propria confirmantes sigillo nostro jussimus insigniri.

Signum domni Heinrici tertii (L. M.) regis invictissimi.

Theodericus cancellarius vice Pardonis archicancellarii recognovit.

Data XIII Kal. Oct., indict. VIII, anno Dominicæ Incarnationis 1039; anno autem domni Heinrici tertii XII, regni I.

Actum Bothtfelht feliciter. Amen.

III.
Privilegium pro monasterio Corbeiensi et parthenone Herifordensi.
(Anno 1040.)
[ERHARD, *ubi supra*, p. 103.]

C. In nomine sanctæ et individuæ Trinitatis, HEINRICUS, divina favente clementia, rex. Si locis divino cultui mancipatis aliquam munificentia nostra adjicit immunitatem, unde commorantes inibi securius et commodius vitæ cœlestis quietudini valeant inservire, existimamus hinc præsentibus uti felicius ac mansuris perfrui beatius. Quocirca noverit omnium Christi nostrique fidelium cautela, tam præsentium quam succedentium, qualiter nos pro remedio animæ nostræ parentumque nostrorum, nec non pro petitione Herevortensis Ecclesiæ abbatissæ Gotesdie nominatæ nostri dilectæ traditionem Ludovici imperatoris quam tradidit ad monasteria quorum unum est monachorum nova Corbeia nuncupatum, aliud est sanctimonialium Herivorti nominatum, quæ piæ memoriæ genitor illius Ludovicus imperator ad normam præcipuorum in Gallia monasteriorum construxit, Corbiense videlicet ad similitudinem antiquæ Corbeiæ, Herivortense vero ad Suessionis similitudinem, abbati Corbeiensi commendavimus, ut juxta consuetudinem, qua ancillarum Dei congregationibus procurari solent, præpositi ex Ecclesiastico ordine, tam in disciplina quam in cunctis negotiis quæ famulæ Christi pro sexu et professione sua exsequi non possent, ipsarum provisor et patronus existeret. Pro eleemosyna autem generis sui tradidit cellam quæ vocatur Meppia, cum decimis et possessionibus undique ad eam pertinentibus, et ecclesiam Heresburc circumquaque per duas saxonicas rastas, ad novam Corbeiam. Ad Herivortense vero monasterium in episcopatu Asnabrugensi Ecclesiam Buinidi cum subjectis sibi ecclesiis, in parochia Mimiernevordi ecclesiam Reni cum his quæ ad eam pertinent ecclesiis, ita sane ut decimarum aliorumque redituum proventus omnes præfatis cederent monasteriis, et ab ipsis vicissim et procurarentur subjectæ plebes, in baptismate, in eucharistia, in sepulturis, in confessione peccatorum audienda, et presbyteri qui principales ecclesias tenerent archipresbyterorum officio fungerentur, ad agenda omnia quæ solent fieri ab archipresbyteris episcoporum. Et cum ipsi episcopi circationes suas ibi agere deberent, ad eorum mansionatica daretur ut in capitularibus antecessorum nostrorum præscriptum habetur, videlicet quantum satis sit eis dari, et episcopi non plus quærant, nec cum pluribus veniant quam ut eis sufficere possint. Ne autem in summa debiti episcoporum servitii plus exigeretur quam opus sit, statuerunt prædictarum ecclesiarum episcopi cum consensu synodali coram antecessore nostro Ottone imperatore et archiepiscopo Rabano cæterisque cum eo in synodo agentibus, ut dentur ad singulas ecclesias porci IV, valentes singuli denarios XII, aut arietes VIII tantumdem valentes,

A porcelli IV, aucæ IV, pulli VIII, situlæ XX de medone, de mellicia cervisia XX, de non mellita LX, panes CXX, de avena modi c, manipuli DC, essetque in potestate episcoporum, utrum hæc per singulas ecclesias ad unum mansionaticum an ad duo vellent habere. Statuit ergo præfatus antecessor noster Otto imperator liberam utrique loco concessionem et potestatem eligendæ de propria congregatione in regimen sui per futura semper tempora congruæ personæ, et ut nullus judex publicus licentiam in homines ad præfatum monasterium Herivortense pertinentes ullam judiciariam habeat exercere potestatem; sed omnis eorum res coram advocato ipsorum definiatur, quam constitutionem antecessorum nostrorum justam et rationabilem nos quoque prædicto monasterio Herivortensi præcepto nostro regali confirmamus atque corroboramus. Et ut hæc confirmationis nostræ auctoritas stabilis et inconvulsa omni permaneat ævo, hanc paginam inde conscriptam manu propria, ut infra videtur, corroborantes, sigilli nostri impressione jussimus insigniri.

Signum domni Heinrici tertii (L. M.) regis invictissimi.

Eberhardus cancellarius vice Bardonis archicancellarii recognovit.

Data XI Kal. Januar., indictione VIII, anno Dominicæ Incarnationis 1040; anno autem domni Henrici III ordinationis ejus XIII, regni vero II

Actum Herivorte feliciter. Amen.

IV.
Decretum Henrici regis III quo interdicit Walderico abbati monasterii Cremonensis Sancti Laurentii alienationem et precarias bonorum ipsius cœnobii absque consensu episcopi Cremonensis.
(Anno 1040.)
[MURATORI, *Antiq. Ital.*, VI, 217.]

In nomine sanctæ et individuæ Trinitatis, HEINRICUS, divina favente misericordia, Francorum et Longobardorum rex.

Si sanctorum Dei Ecclesiarum, etc. Quapropter notum sit omnibus nostris fidelibus, tam præsentibus quam futuris, quod vir venerabilis Hubaldus, sanctæ Cremonensis Ecclesiæ episcopus, et per omnia vir fidelissimus, modestiæ nostræ retulit, quod quædam abbatia, suo episcopio subdita, et in honore sancti Laurentii dedicata et infra civitatem suam sita, a quodam abbate, Walderico nomine, diminueretur in beneficio dando, et malas inscriptiones faciendo, scilicet injustas precarias, commutationes ac libellarias; et hac occasione victualia fratrum subtrahebantur, et famulorum beneficia minuebantur; et sic orationes et eleemosynæ, quæ pro anima illius qui eam construxit, et pro animabus omnium Christianorum fieri debebant, diminui videbantur. Cujus rei causa dolore cordis tacti intrinsecus, quod inde fieret, cogitare cœpimus. Divina namque gratia inspirante, et dilectissimi nostri consanguinei Herimanni Coloniensis archiepiscopi, atque Brunonis similiter nostri charissimi consobrini Werzeburgensis episcopi, nec non Kadeloi episcopi atque cancellarii nostri, consilio saluberrimo interveniente, nostræ regalis auctoritatis præceptum, quod inviolabile perpetualiter teneatur, fieri præcepimus. Ea videlicet ratione ut tam præsens abbas quam futuri nullam potestatem deinceps habeant de rebus ad prædictam abbatiam pertinentibus diminuere, nec in beneficium dando, nec commutationes seu precarias atque libellarias faciendo, sine licentia prædicti Hubaldi episcopi et successorum ejus qui pro tempore fuerint. Si quis vero abbas contra hanc nostram auctoritatem fecerit, irrita et vacua et sine robore permaneant, et abbas proprio honore et dignitate privetur, et illi qui investituram aut aliquod scriptum suscipere præsumpserit, sciant se composituros auri optimi libras centum, medietatem cameræ nostræ, et medietatem abbatiæ, cui damnum inferre tentaverit. Quod ut verius credatur, etc.

Signum domni Heinrici gloriosissimi et invictissimi regis.

Kadeolus episcopus et cancellarius, vice domni Herimanni archiepiscopi et archicancellarii recognovi.

Datum XVI Kalendas Februarii, indictione VII, anno 1040, anno vero domni Heinrici. . . .

Actum Augustæ feliciter. Amen.

V.

Diploma Heinrici III regis Romanorum Popponi abbati concessum. — Omnes monasterii possessiones et immunitates confirmat.

(Anno 1040.)
[MARTENE, *Ampl. Collect.*, III, 59.]

In nomine sanctæ et individuæ Trinitatis, HEINRICUS, divina favente clementia, rex.

Sublimitas regalis prudentiæ Deo servientium paci ac quieti omnimodis debet prospicere. Unde comperiat omnium fidelium nostrorum tam præsentium quam futurorum industria, quod monasterii Stabulai sub nostra ditione siti (7) consecrationi præsentes, id est obtinente apud nostram celsitudinem abbatis ejusdem loci, scilicet Popponis reverentia, petente eodem abbate, juxta antiquorum regum Sigiberti, Childerici, Clodovei, Dagoberti, qui constructores fuere præfati loci, necnon et imperatorum Caroli, Ludovici, Ottonum trium, Heinrici, sed et serenissimæ memoriæ Chuonradi imperatoris genitoris nostri sancita, appendentium vel traditarum rerum illi ecclesiæ a tempore sancti Remagli per succedentia tempora ratam præceptionem firmavimus regali auctoritate nostra. Est igitur nostra dignatione sancitum, ut quidquid prædecessorum suorum temporibus illi loco fuit traditum aut condonatum, sed quod eidem abbati imperator Heinricus ob suæ animæ mercedem de Hasbanio reddidit beneficium, sive quod a divæ memoriæ

---

(7) Hinc patet consecrationem Stabulensis ecclesiæ factam fuisse anno 1040, sub S. Poppone abbate, qui disciplinam in monasterio restituit,

genitore nostro ipsi fuit restitutum a comite Hermanno ex hærede mortuo per aliquanta tempora injuste detentum, Scaletin videlicet et Palisiol cum omnibus appenditiis suis, et quidquid ad ipsum locum emit, sextam scilicet de Amblava et Tumbis a comite Godefrido de Zingeis, vel quod de bono ecclesiæ concambium Wendengias, et Corworonnon abbatis Sancti Maximini data villa Astebronna loco concambii sine aliqua infractura maneat inconvulsum. Quoniam vero prædecessores nostri reges vel imperatores suæ auctoritatis firmitate ipsi loco sancivere, ut advocatus ejusdem ecclesiæ in cortibus ad locum respicientibus non præsumat mansuras aut paraturas facere, redibitiones, freda exigere, aut placitum tenere, aut parafredos sibi sumere sine permissu abbatis et voluntate eadem, et nos ipsi abbati firmando corroboramus, bannique nostri impositione ne deinceps quisquam hæc audeat infringere vigoramus, et quidquid sane acquisivit aut acquisitum reperit in quibuslibet rebus ecclesiæ roboratur nostræ auctoritatis rata præceptione, habens emunitatem ab omni advocatorum infestatione. Et quoniam monachis alterius cœnobii, id est Malmundarii, sancita antiquorum regum vel imperatorum non suffecerunt, et sub duobus abbatibus rescindere eadem monasteria laboraverunt, quod a temporibus sancti Remagli adhuc manet inconvulsum, propter hæc, inquam, ut ne qua deinceps inter eos controversia fiat, quod evenisse temporibus domni imperatoris Ottonis secundi constat, statuimus secundum mansuetudinis nostræ edictum, ut unius abbatis regimini sicut jugiter permansit utrumque subjectum cœnobium. Et ut hæc nostræ concessionis ac confirmationis de omnibus his plenior habeatur auctoritas, manu propria hoc præceptum subter firmavimus, sigillique nostri impressione insigniri jussimus.

Signum domni Heinrici regis invictissimi.

Theodericus cancellarius vice Bardonis archicapellani recognovi.

Data Non. Junii, indictione VIII, anno Dominicæ Incarnationis millesimo quadragesimo, anno autem domni Heinrici regis III ordinationis XIII, regni II.

Actum Stabulai feliciter. Amen.

VI.

Privilegium pro parthenone S. Mariæ Mimigardefordensi.

(Anno 1040.)
[ERHARD, *Cod. diplom. Westph.*, p. 107.]

C. In nomine sanctæ et individuæ Trinitatis, HEINRICUS, divina favente clementia, rex.

Omnium fidelium nostrorum tam præsentium quam et futurorum solers noverit industria, qualiter nos divina admonitione compuncti, nec non fidelissimo ac frequentissimo servitio Heremanni Mimiædificia etiam collapsa atque adeo ecclesiam restauravit, quod amplius patet ex narratione ipsius dedicationis (MARTENE, *Ampl. Collect.*, II, 60).

gartewrtensis Ecclesiæ venerabilis episcopi non parumper incitati, quamdam curtem nostræ proprietatis Harvia dictam, in pago Livegowe et in comitatu Dietbaldi comitis sitam, pro reme i\ animæ dilectissimi genitoris nostri Chuonradi videlicet imperatoris Augusti, et pro pia recordatione animæ conjugis nostræ Chunehildis reginæ simulque pro stabilitate vitæ nostræ nostræque matris Gisilæ imperatricis Augustæ, atque pro desiderio divinæ retributionis, ad hanc ecclesiam, quam prædictus Heremannus episcopus in Mimigartewrtensi loco a fundamento incœpit, eamque ad finem perductam, nobis astantibus, in honorem sanctæ Dei Genitricis Mariæ honorifice consecravit, cum omnibus suis pertinentiis, hoc est utriusque sexus mancipiis, areis, ædificiis, terris cultis et incultis, agris, pratis, pascuis, campis, silvis, venationibus, aquis aquarumque decursibus, molis, molendinis, piscationibus, exitibus et reditibus, viis et inviis, quæsitis et inquirendis, seu cum omni utilitate quæ scribi aut dici poterit. Eo tenore in proprium dedimus atque tradidimus, ut ejusdem ecclesiæ abbatissa cæteræque moniales Dei sanctæque genitricis Mariæ servitium abhinc die noctuque in commemorationem nostri parentumque nostrorum copiosius possint adimplere. Firmissime autem in eadem facienda traditione hoc excepimus, ut neque præsens Heremannus episcopus, neque futuri successores sui deinceps præfatam curtem ullam potestatem habeant de eadem ecclesia retrahendi vel in suos usus vindicandi, nisi eo concambie aut ea restitutione, quæ ejusdem ecclesiæ abbatissæ omnibusque suis monialibus aut ex vicinitate aut ex utilitatis magnitudine commodior vel utilior esse videatur. Et ut hæc nostræ traditionis atque largitionis auctoritas nunc et per succedentia temporum curricula stabilis et inconvulsa permaneat, hanc paginam inde conscribi eamque manu nostra, ut subtus videtur, corroborantes, sigilli nostri impressione præcepimus insigniri.

Signum domni Heinrici tertii (L. M.) *regis invictissimi.*

Eberhardus cancellarius vice Bardonis archicancellarii recognovi.

Acta IV Kal. Januar., indictione IX, anno Dominicæ Incarnationis 1041, anno autem domni Heinrici III ordinationis ejus XIII, regni vero II.

Actum Mimigartewrte. Amen.

VII.

Diploma Heinrici II imperatoris de permutatione facta inter abbatium Sancti Maximini Trevirensem et Stabulensem.

(Circa an. 1042.)

[MARTENE, *Ampl. Collect.*, II, 64.]

In nomine sanctæ et individuæ Trinitatis, HEINRICUS, divina favente clementia, imperator.

Sublimitas imperialis prudentiæ Deo servientium paci ac quieti omnimodis debet prospicere, ut si

(8) Suggerus, seu *Suiggerus*, sive *Suidigerus*, S. Heinrici imperatoris cancellarius, Bambergensis episcopus electus dicitur anno 1042, quadriennioque

quando aut necessitas exigit, aut utilitas exposcit, de villis aut rebus ecclesiarum præstariam aut concambium facere, quibus auctoribus id agatur oportet litteris adnotare, ut postquam ejus rei auctores vel astipulatores contigerit obiisse, si quis succedentium id velit infringere vel demutare, ipsa litteralis commendationis auctoritas in medium prolata, et præcipue si sublimitate imperiali est confirmata, habeatur pro teste, ad infirmanda molimina partis adversæ. Quapropter notum sit Christi fidelibus et nostris, tam præsentibus quam futuris, quale concambium factum sit de bono Sancti Remacli apud Wendengias, quod olim pertinens ad abbatiam Sancti Maximini pro Astenebruno, inter alias commutationes datum fuerat cœnobio Stabulensi, et sancitum et corroboratum imperiali auctoritate patris mei divæ memoriæ Chuonradi Cæsaris, villa quædam Inkesengias vocata, erat de episcopatu Bavenbergensi, pertinens ad præbendam sancti Georgii. Quæ quoniam longe distabat a præfata urbe, visum est ejus loci præposito nomine Luitpaldo cum consensu domni sui (8) Sugeri episcopi alias eam concambire, petiitque a venerabili Poppone abbate monasterii Stabulai, ut hanc villam, quoniam abbatiæ suæ vicina erat, acciperet sibi, et bonum de Wendagiis loco suo propinquius pro denominata villa traderet sibi, et ut æquum ex utraque parte concambium fieret, duos adhuc mansos apud Andernacum et Nonam de Buobardio adjiceret. Pro hoc igitur apud Trajectum in curia nostra a supradicto venerabili abbate interpellati habendum possidendum ulterius ecclesiæ sancti Remacli firmando corroboravimus, bannique nostri impositione, ne deinceps quisquam aut tollere aut usurpare sibi audeat, vel injustitiam aut violentiam facere publice vigoravimus. Atque ut hujus nostræ confirmationis et concessionis de hoc concambio plenior imo certior habeatur auctoritas, manu propria hoc descriptionis præceptum subter adnotavimus.

Signum domni Heinrici secundi imperatoris invictissimi.

VIII.

Privilegium pro monasterio S. Petri Mindensi.

(Anno 1043.)

[ERHARD, *Cod. diplom. Westph.*, 110.]

In nomine sanctæ et individuæ Trinitatis, HEINRICUS, divina favente clementia, rex.

Si in monasteriis construendis studium habuerimus aut aliis nostris fidelibus idem volentibus assensum præbuerimus, non solum ad temporalis, verum etiam ad æterni regni commodum hoc nobis profuturum esse non ambigimus. Quapropter notum sit omnibus Christianæ religionis cultoribus præsentibus videlicet et futuris, qualiter Bruno Mindensis episcopus nos adiit, et monasterium ex propriis hæreditatis suæ bonis, in insula quadam Wisare

post ad summum pontificatum evectus, Clemens II appellatus.

fluminis juxta Mindun posita, et sub potestate sancti Petri apostoli constituta, in honore sancti Mauricii martyris sociorumque ejus et aliorum sanctorum, et pro nostri patris Chuonradi imperatoris memoria, qui eumdem pontificali dignitate sublimavit, et pro nostra sospitate et regni nostri stabilitate, et pro se suisque antecessoribus sive successoribus suisque etiam parentibus, a nobis licentiam construere impetravit, quo in loco vitam monachorum constituere, eisdemque abbatem se licenter ordinare nos postulavit. Et quia ullam in hac re novitatem incipere vel nos aliquid exinde postulare antea non praesumpsit, quam monasteriis suis quae invenit aliquod supplementum adderet, locumque hunc sub nostram defensionem suscipere nos rogavit. Cujus petitioni quia justa ac religiosa fuerat, nequaquam contrarii, ob interventum videlicet familiarium nostrorum Herimanni Coloniensis archiepiscopi et Hunfridi Magdeburgensis episcopi, simul etiam cum consensu caeterorum nostrorum fidelium qui tunc temporis praesentes adfuerunt, praefatum monasterium construere et monasticam vitam abbatemque inibi constituere illi permisimus. Quod cum merito ejus desiderio permitteremus, eo tamen majori fiducia voto ipsius consensimus, quia, sicut praediximus, idem episcopus in primis sedis suae primatem ecclesiam fratrumque suorum prandium ibidem Deo sanctoque Petro famulantium de haereditariis suis bonis benigne adauxit. Et duo monasteria, sanctae Mariae videlicet et sancti Martini, ab antecessore suo Sigeberto episcopo incoepta, iste alterum eorumdem quod est sanctae Mariae et opere et consecratione consummavit, alterum sancti Martini vero ex parte devote augmentaverat, aliaque monasteria quae in episcopatu ejus sub suo jure erant, et prandia ibi Deo servientium fideli charitate supplevit, quatenus votum suum in hoc quoque monasterio eo majori fiducia postmodum expedire posset, quo ecclesiis suis quas invenit utilitatibus antea prodesset. Ad idem vero monasterium ex propriae haereditatis suae bonis sive et ex aliis quaecumque acquirere potuit collationibus octoginta mansos cum mancipiis, villis, areis, aedificiis, agris, terris cultis et incultis, viis et inviis, exitibus et reditibus, quaesitis et inquirendis, pratis, pascuis, silvis, aquis aquarumque decursibus, piscationibus, molendinis et utilitate silvarum. Nec non cum omnibus appendiciis quae dici aut nominari possunt, tradidit perpetualiter ibi permanenda, exceptis his quae vel ipse, Deo opitulante, postea acquirere poterit, vel collatione fidelium huic provenire possint ecclesiae; quin etiam triginta mansos et octoginta aratra decimationum de monasterii Sancti Petri bonis ad supplementum eidem monasterio condonavit. Constituit quoque ut per singulos annos in festivitate sancti Mauricii ejusdem sedis episcopus cum fratribus monasterii Sancti Petri ad supradictum monasterium veniat ac missarum solemnia celebret ibique prandendo charitatem adimpleat. Et si episcopum adesse aliquid impediat, fratres tamen ibi eadem charitatis vocatione conveniant, ut per hanc concordiam et dilectionem in Dei servitio devotiores coadunentur. Atque ut eadem ecclesia cum bonis suis nunc ab ipso ei collatis vel postmodum conferendis ab ejus successoribus vel ab aliis magis secura consisteret, in mundiburdium Sancti Petri et tuitionem nostram et sub potestatem episcopi loci illius collocavit. Idcirco notum sit omnibus qualiter id ipsum monasterium ejusdemque abbatem et fratres inibi manentes sub nostra regali sive imperiali successorumque nostrorum tuitione defendi voluimus, sic scilicet ut nullus ejusdem episcopi successor potestatem habeat bona ejusdem monasterii aliquo modo destruere aut minuere. Quare si vel ille vel alius aliquis hujus destructor et monasterii bonorumque suorum dissipator vere sciat, quia abbati fratribusque ibidem Deo servientibus in nobis nostrisque successoribus certum est inde refugium. Et ut hoc nostrae concessionis praeceptum per omne tempus stabile permaneat et inconvulsum, hanc paginam inde conscriptam subtusque manu propria corroboratam sigilli nostri impressione jussimus insigniri.

Datum decimo Kalendas Februarii, anno Dominicae Incarnationis 1043, indictione xi, anno autem domni Heinrici ordinationis xv, regni vero iv.

Actum Goslare in Dei nomine feliciter Amen.

Adelgerus cancellarius vice Bardonis archicapellani recognovit.

IX.

Privilegium pro monasterio Herifordensi.

(Anno 1044.)

[ERHARD, *Cod. diplom.*, 111.]

C. In nomine sanctae et individuae Trinitatis. HEINRICUS, divina favente clementia, rex.

Si regiae liberalitatis munificentia locis Deo dicatis quiddam conferimus, et ad temporalem vitam et aeternam nobis profuturum esse liquido consulimus. Quapropter omnium Christi nostrique fidelium tam futurorum quam praesentium solertia noverit, qualiter nos praecipue pro amore divino et animae nostrae remedio, tum ob interventum dilectae contectalis nostrae Agnetis reginae, quasdam res ab antecessoribus nostris regibus vel imperatoribus monasterio Herivordensi in honorem sanctae Dei genitricis perpetuae virginis Mariae constructo, et beatae Bosinne corporaliter inibi quiescenti, duas scilicet curtes Overanherli et Liutwinesdorf, in usum sanctimonialium Deo ibidem famulantium datas, nostrae auctoritatis renovare scriptis et confirmare voluimus; sitas in pago Angeresguwe et in comitatu Witechindi comitis, cum omnibus suis appendiciis, hoc est utriusque sexus mancipiis, areis, aedificiis, terris cultis et incultis, pratis, pascuis, aquis aquarumque decursibus, molis, molendinis, piscationibus, silvis, venationibus, exitibus et reditibus, viis et inviis, quaesitis et inquirendis, cum omni utilitate quae ullo modo inde poterit provenire. Ea videlicet ratione, ut prædicta loca in usum sanctimonialium inibi omnium remota contradictione perpetualiter teneantur, uuili in beneficium præstanda. Illud etiam cum antecessorum nostrorum traditione et astipulatione benigne concedimus et confirmamus, ut sanctimoniales inibi Deo famulantes arbitrium et potestatem habeant eligendi abbatissam, cum quælibet earum locum morte intercidente mutaverit, et ut nulla judiciaria persona in his quæ eamdem ecclesiam continere videatur, vel exactor, vel publicus judex causas agere vel freda exigere, seu ad mansiones vel ad quodlibet ministerium compellere præsumat, nisi advocatus quem ejusdem loci elegerit abbatissa, locorum quidem horum homines a cæterorum omnium districtu sint liberi. Et ut hæc regiæ nostræ traditionis et confirmationis auctoritas stabilis et inconvulsa omni ævo permaneat, hanc chartam inde conscriptam manu propria, ut infra videtur, corroborantes sigilli nostri jussimus impressione signiri.

Signum domni Heinrici tertii (*L. M.*) *regis invictissimi.* † CR. †

Theodericus cancellarius vice Bardonis archicancellarii recognovit.

Data VII Kal. Oct., anno Dominicæ Incarnationis 1044, indictione XII; anno autem domni Heinrici tertii ordinationis ejus XVII, regni vero VI.

Actum Aquisgrani in Dei nomine feliciter. Amen.

X.

Confirmatio privilegiorum et jurium Mantuanæ Ecclesiæ facta ab Henrico III, Germaniæ et Italiæ rege.

(Anno 1045.)
[MURATORI, *Antiq. Ital.* VI, 415.]

In nomine sanctæ et individuæ Trinitatis. HEINRICUS, divina favente clementia, rex.

Si in sacratis omnipotenti Deo locis a quibuslibet desolatis recuperationis augmentum pio favore largimur, id nobis et ad imperii nostri stabilimentum atque ad æternæ remunerationis emolumentum credimus profuturum. Quapropter omnium sanctæ Dei Ecclesiæ, nostrorumque fidelium, præsentium scilicet ac futurorum, noverit universitas quod Marcianus sanctæ Mantuanæ sedis episcopus, nostram adiit clementiam, postulans ut pro Dei amore nostræque animæ remedio ad confirmationem vel restaurationem omnium suorum bonorum nostræ auctoritatis præceptum suæ Ecclesiæ concedere dignaremur. Cujus precibus inclinati, per interventum quoque Herimanni nostri dilectissimi archiepiscopi et archicancellarii, et Brunonis nostri amantissimi episcopi, libenter acquiescentes : et quoniam dignum est, ne res Ecclesiarum Dei a quibuslibet deprædentur, ut ab earum ditione, quod nequam est auferantur, decrevimus eidem Mantuano episcopatui omnes res quas modo de donis regum seu imperatorum prædecessorum nostrorum, vel alio quolibet modo tenet, vel quas sine lege potestative, vel cum virtute per- ditas habere videtur. Videlicet monasterium quod factum est in honore sanctorum Memoris, Probi et Ruffini, cum omnibus suis adjacentiis, scilicet cum aqua, quæ dicitur Mulinelles, cum suis decursibus de illo loco, unde eadem aqua originem sumit, usque in Mincii amnem, et ex utraque lectuli parte duodecim pedes, cum omnibus pertinentiis ejusdem monasterii, cum curtibus etiam in Veronensi Vicentino, Mantuano, Brisiano, Placentino, Mutinensi, atque Cremonensi comitatibus sitis, quæ ita nominantur, Bagnolo, Colonia, et in circuitu fluminis, quod dicitur Capud Alponis, Puliana, Alonte, Leonigo, atque Sablone; seu in Gardinensi Judiciaria, cum servis et ancillis ibidem pertinentibus, et omnes alias res ejusdem monasterii, quæ sunt in prædictis comitatibus, vel infra nostrum Italicum regnum, seu quas cæterorum hominum concessionibus, traditionibus, offensionibus, comparationibus, commutationibus, libellorum quoque vel qualicunque regalium chartarum conscriptionibus, seu pheothecariis vel emphiteoticis ipse sanctus locus obtinuit. Confirmamus itaque sibi plebem Mantuanæ civitatis cum plebe Sasselli, quæ est in Porto, plebem de Suave, plebem Mauri, plebem Sancti Metri, plebem de Octavo, plebem de Riverso, plebem de Goti, de Volta, de Bonago, de Corte de Cauriana, de Calziago, de Gussenago, de Capite Tartari, de Margareja, de Ludolo, quæ est in Scorzarolio, de Turiselle, de Saviola, de Castillione Mantuano, de Beneficio, de Bigarello, de Sancto Georgio, de Ponterioli, de Barbasio, de Carisedolo, de Sancto Cassiano, de Sancto Martino de casale Barbasi, de Sancto Laurentio in casale, de Gubernule de Septingenti, de Sermite, de Sancta Maria de Baniolo, de Castellucchio, de Campedello, de Radaldescho : itemque plebem in Flumine novo, plebem de Pletule, cum omnibus aliis plebibus et capellis, cum terris cultis et incultis, cum silvis et venationibus, decimis, seu curtibus, mansis etiam vestitis atque absentibus, campis, pratis, pascuis, et cum omnibus insulis, quæ sunt in flumine Padi, de Zara usque in Burana, et usque in Vizanum, sicut Padus antiquitus decurrebat : cum piscationibus, caretis, paludibus, molendinis, aquis, aquarumque decursibus, ripis, omnia omnino in integrum quæcunque dici vel nominari possint, unde eadem sancta Mantuanensis Ecclesia investita fuisse dignoscitur, quocunque ordine vel qualibet legitima auctoritate. Insuper renovamus scriptum sancti Cassiani abbatiæ, a paganis devastatæ, per hos fines terminatæ, de Agritia Majore usque in viam, quæ vulgo dicitur Viscovilis, usque in Agritiam Minorem; inde decurrit terminatio usque in Verenscula; inde derivatur per fossas Paluti in lacum Mantuæ, inde Fissaro, et per Fissarum usque in Agritiam Majorem, ubi terminationis exordium sumpsit, cum omnibus pertinentiis et adjacentiis, quæ ad ipsam abbatiam pertinere videntur, quatenus idem Marcianus præsul, ejusque successores hæc omnia ad utilitatem sui episcopii absque alicujus impedimento et contradictionis molestia perpetualiter valeant possidere. Verum etiam confirmamus eidem Ecclesiæ omne teloneum, ripas, et ripaticum, et fixuras palorum ripæ Mantuanæ civitatis et porti, et totam publicam functionem, atque insulam reveris et curtem Regalem, nec non et insulam, quæ dicitur Suzaria, etc.

Signum (✠) domni Heinrici tertii regis invictissimi.

Adelberius cancellarius vice Herimanni archicancellarii recognovi.

Data anno Dominicæ Incarnationis 1045, indictione XIII, anno vero domni Heinrici tertii ordinationis ejus XV, regnantis vero VI.

Actum Augustæ feliciter. Amen.

XI.

Heinricus II imperator Cremonensi Ecclesiæ restituenda decernit eidem ablata a Gerardo nepote Heriberti archiepiscopi Mediolanensis.

(Circiter annum 1046.)

[Murat., *Antiq. Ital.* VI, 217.]

In nomine Domini Dei æterni. HEINRICUS, divina favente clementia, imperator Augustus.

Si sanctarum Dei Ecclesiarum pastoribus ea, quæ digne a nostris fidelibus apud nostram majestatem postulantur, impendimus, id ad æternæ remunerationis meritum nobis proficere non dubitamus. Quocirca omnium fidelium sanctæ Dei Ecclesiæ, nostrorumque, præsentium scilicet ac futurorum, noverit industria eo quod Hubaldus venerabilis sanctæ Cremonensis Ecclesiæ episcopus, dilectusque fidelis noster, per domnum Herimannum reverentissimum Coloniensem archiepiscopum, et dulcissimum consobrinum nostrum, nostræ regiæ humiliter retulit potestati, qualiter suam Ecclesiam pene desolatam multisque calamitatibus et miseriis invenisset attritam. Imperatoris namque divæ memoriæ Chuonradi imperatoris Augusti genitoris nostri tempore domnus Landulfus prænominatæ Ecclesiæ et parti Romani imperii per omnia semper fidelissimus, gravi infirmitate correptus, in ipsa infirmitate longam protraxit vitam. In cujus longa ægritudine sua Ecclesia non modicam passa est jacturam, maxime a Girardo, Heriberti Mediolanensis archiepiscopi nepote, qui audacia patrui sui, qui omne regnum Italicum ad suum disponebat nutum, superbe levatus, quidquid sibi placitum erat, justum aut injustum, potestative operabatur in regno. Invasit itaque cortem et plebem de Arciaco contra voluntatem et sine permissione multum diuque ægrotantis episcopi. Qui cum liquisset infima, et migrasset ad superos, successit ei Hubaldus episcopus, noster in omnibus fidelissimus. Cui cum necesse esset ad episcopalem consecrationem accedere, ab archiepiscopo ut consecraretur impetrare nequaquam valuit, nisi plebem et cortem quam injuste et potestative invaserat, nepoti suo concederet. Cumque in longum pro hac intentione ejus protelaretur consecratio, non sponte sed coacte concessit, quod petierat, consecrationem non aliter consecutus: Quia vero multum moleste ferebat quod inde fecerat, apud genitoris nostri excellentiam multoties conquestus est se hoc sponte non fecisse. Cui cum prædictam cortem et plebem restituere vellet, sæpe et sæpissime per suas litteras illi mandatum est ut eas ad partem episcopii habendas relinqueret. Quod nunquam impetrare valuit, sed diabolico instinctu, cui a cunabulis, sicut omnibus tam Italicis quam Teutonicis patet, deservierat, ejus legationem vilipendens, superius dicta detinuit, et alia multo majora ad genitoris dedecus et vilitatem, invadere non formidavit, scilicet plebem de Misiano cum omni integritate sua, et decimam de castro Aganello ad prædictam plebem de Arciaco pertinentem, et decimam de Mauringo, ad plebem de Fornovo attinentem, nec non et mediatatem de castro Cortegano, ad abbatiam Sancti Laurentii pertinentem. Eo autem in regno veniente cum comperisset quod archiepiscopus violata fidelitate quam illi fecerat, regnum sibi invadere moliretur, Girardo instigante et ei omnino suffragante, omnia prædicta, sicut reo majestatis et proscriptione digno, juste ei abstulit et episcopo restituit. Sed genitore nostro de regno recedente, iterum omnia invadere non timuit, spreta ejus reverentia et timore. Nos vero episcopatus diminutioni et miseriæ condolentes, et paternum dedecus considerantes, hæc omnia episcopio æternaliter habenda concedimus, et insuper per præcepti nostri auctoritatem retinenda instituimus, ea videlicet ratione ut nullus archiepiscopus, episcopus, dux, marchio, comes, vicecomes, seu magna parvaque regni nostri persona ecclesiam eamdem disvestire audeat. Si quis vero, etc.

Ego Ramundus notarius hujus exempli exemplar vidi et legi.

XII.

Heinrici III regis, imperatoris II, diploma quo omnia bona confirmat monasterio Veronensi Sancti Zenonis.

(Anno 1047.)

[MURATORI, *Antiq. Ital.* VI, 221.]

In nomine sanctæ et individuæ Trinitatis. HEINRICUS, divina favente clementia, Romanorum imperator Augustus.

Imperialem sublimitatem condecet, etc.; qualiter Walterus sanctæ Veronensis Ecclesiæ episcopus una cum Alberico, abbate monasterii Sancti Zenonis martyris, nostram clementiam suppliciter exorando adiit, ob amorem Dei omnipotentis, beatique Zenonis reverentiam, etc. Nos vero, justis eorum petitionibus consentientes, pro remedio animæ nostræ, et ob interventum dilectissimæ conjugis nostræ imperatricis Agnetis, prædicto monasterio concedendo confirmamus, etc. Id est in eodem territorio Veronensi monasterium constructum in honore sancti Petri, quod dicitur Mauritica, cum decimis ac terminis eorum cernentibus a fine Fissaro usque in Fossatum Mantuanum, ex uno latere ab Agricia usque fine Finale, et pertingens in Agricia usque *Trivularia*, de uno capite Castellionem, Silvatico, castellum etiam in Vallepicta cum decimis et appendiciis suis;

et castellum Mauriatica cum ecclesia in honore sanctorum Firmi et Rustici, cum decimis, placitis, districtis, et omnibus suis pertinentiis, sicuti a bonæ memoriæ Karolo piissimo imperatore concessum et oblatum est monasterio Sancti Zenonis; castellum Herbetum cum cunctis pertinentiis suis et adjacentiis; castellum Trebunciolum; et castellum Vicoaderis; capellam Sancti Laurentii sitam in ripa Padi, quæ dicitur Ostilia, cum decimis et omnibus pertinentiis suis; Campolane, campum Palliarium, et Novoletum, et in Gajo jugias trecentas; loco Casale-Orci; villa quæ dicitur Aspo; Castellum Romanianum, cum facticiis Sancti Zenonis, et montem qui dicitur Alferia; in Lisino ubi dicitur Melario, campos duos; in Clariano campos tres; in Crodano campos duos; in Laupha campum unum; castellum Sancti Viti cum pertinentiis suis; Paronam, Cassianum, cella Sancti Petri infra civitatem Veronam cum pertinentiis suis; in Cavi cellam Sancti Andreæ cum pertinentiis suis; in Venti capellam Sancti Viti cum pertinentiis suis; in Puviniaca curticellam unam, et curte in Rivariola cum omnibus pertinentiis suis; et in Pualo campos tres; nec non et cum omnibus rebus ad præfatum monasterium pertinentibus, cum ecclesiis, castellis, vicis, colonibus, mancipiis, comendaticiis, facticiis, etc. Admonemus etiam abbatem qui præest, ejusque successoribus interdicimus, ne res stipendiarias alendis monachis dedicatas, de sinu monasterii rapiant, et sæcularibus in beneficium tribuant, quia pia religio reclamat, si servi Dei tabescunt inopia, et qui non debent, eorum ditescunt copia. Si quis abbas incaute aut temerarie quod sancimus perfregerit, quod injuste tribuit, juste auferat, et membrum fractum corpori Dominico consolidet; ut si male facta purgare voluerit, et nequiverit, superstes ejus nostra ei nostrorum successorum sententia roboratus emendet, quod suus antecessor amisit. Denique præcipiendo sancimus, ut nullus dux, marchio, episcopus, comes, vicecomes, etc. Si quis vero contra hos nostros regales apices insurgere, aut in aliquo violare tentaverit, infra dictionem regni nostri consistens, sciat se libras triginta auri probatissimi exsoluturum, medietatem prædicti monasterii, et medietatem palatii nostri. Et hoc nostrum præceptum in Dei nomine, ut pleniorem obtineat firmitatem, etc.

Signum domni Heinrici tertii regis invictissimi, secundi Romanorum imperatoris Augusti.

Heinricus cancellarius vice Herimanni archicancellarii recognovi.

Data viii Idus Maii, anno Dominicæ Incarnationis 1047, indictione xv, anno autem domni Heinrici tertii, ordinationis ejus xviii, regnantis viii, secundi imperantis primo.

Actum Folerni in Dei nomine feliciter. Amen.

XIII.

Henricus III rex, et imperator II canonicis Patavinis eorumque Ecclesiæ privilegia renovat.

(Anno 1047.)
[MURATORI, *Antiq. Ital.* I, 1001.]

In nomine sanctæ et individuæ Trinitatis. HEINRICUS divina favente clementia Romanorum imperator Augustus.

Si sacris et venerabilibus locis, etc. Quapropter omnium fidelium sanctæ Dei Ecclesiæ, nostrorumque præsentium scilicet ac futurorum comperiat industria, Arnaldum sanctæ Pataviensis Ecclesiæ venerabilem episcopum, nec non et Bernardum nostrum capellanum, ejusdemque ecclesiæ archidiaconum, nostram humiliter exorasse clementiam, quatenus pro Dei omnipotentis amore, et remedio animæ nostræ, nec non et rogatu Heinrici nostri dilectissimi cancellarii omnia præcepta quæ ab antecessoribus nostris, seu instrumenta chartarum, quæ a fidelibus viris sanctæ Pataviensis Ecclesiæ nuper collata sunt, nostra auctoritate corroborare dignaremur. Quorum precibus tam pro Dei amore quam pro ejusdem Ecclesiæ veneratione libenter assensum præbentes, omnia quæ per præcepta aliorum regum vel imperatorum, nec non quæ per chartarum instrumenta eidem Ecclesiæ dudum a fidelibus viris oblata sunt, per hanc nostram auctoritatem præfatæ Pataviensis Ecclesiæ confirmamus. Nec non statuimus ut canonici ejusdem Ecclesiæ servientes nunc et successores illorum liberam habeant cum consensu episcopi, qui pro tempore fuerit, potestatem de omnibus, quæ illis juste et legaliter pertinere visa sunt, aut visa fuerint, inter se, ut consuetudo fuit, dividendi, omni potestatum contradictione remota : videlicet de decimis civitatis per omnia, cum titulis atque cum villis suis ad eamdem civitatem pertinentibus. In primis villa quæ dicitur Limena, et villa quæ dicitur Arzere, et Autikeria, et Turre et Noenta, et villa quæ dicitur Bergomi, et Roncalia, et Ronco Liuteri, et villa quæ dicitur Casale, et altera quæ dicitur Publitiano, et villa quæ nominatur Albignaseca et Masserata, etc. Concedimus etiam eidem Ecclesiæ ut nullus dux, marchio, comes, vicecomes, sculdassio, gastaldio, decanus vel quislibet publicæ partis minister, etc.

Signum domni Heinrici invictissimi Romanorum imperatoris Augusti.

Heinricus cancellarius vice Herimanni archicancellarii recognovi et subscripsi.

Data v Idus Maii, anno Dominicæ Incarnationis 1047, indictione xv, anno autem domni Heinrici tertii, ordinationis ejus xviii, regnantis viii, sed et imperantis primo.

Actum Tridentino in Dei nomine feliciter. Amen.

XIV.

Henrici III regis, inter imperatores secundi, diploma, quo canonicis Taurinensibus Sancti Salvatoris jura ac bona omnia confirmat.

(Anno 1047.)

[MURATORI, *Antiq. Ital.* V, 195.]

In nomine sanctæ et individuæ Trinitatis. HEINRICUS, divina favente clementia, Romanorum imperator Augustus.

Omnium sanctæ Dei Ecclesiæ nostrorumque fidelium, tam futurorum quam præsentium, noverit universitas qualiter nos pro amore divino animæque nostræ remedio canonicis Taurinensis Ecclesiæ per hoc nostræ confirmationis præceptum, prout juste et legaliter possumus, concedimus et confirmamus, stabilimus in canonica et claustra in Domini Salvatoris honorem constructo infra Taurinensem civitatem, nec non et canonicis ibidem pro tempore militantibus, omnia a beatæ memoriæ Regumiro ejusdem sedis episcopo institutore ejusdem canonicæ Domini Salvatoris collata, et quæ per præcepta regum et imperatorum vel per firmitates succedentium episcoporum, seu quæque collatione religiosorum hominum ibidem collata sunt vel conferenda : ecclesias scilicet intra eamdem civitatem Taurini, unam in honorem sanctorum apostolorum Philippi et Jacobi, aliam in honorem sanctorum apostolorum Simonis et Judæ, tertiam in honorem sancti Stephani martyris, quartam in honorem sancti Martiniani, quintam in honorem sancti Eusebii, sextam in honorem sancti Martini. Castrum etiam super portam ejusdem civitatis quæ dicitur Turrianica, et omnem decimam tam intus quam foris ejus civitatis, cum molendinis et piscationibus in ipso fluvio Turia. Insuper etiam omnes res ejusdem canonicæ tam intus quam foris, cum suis solariis, casis, hortis, accessibus, terris, servis et ancillis, omnibusque præfatæ canonicæ pertinentibus. Largimur etiam omnes decimas indomnicatas ejusdem sedis episcopi, et decimas Beneficiorum omnium fidelium ejusdem episcopi. Ecclesiam quoque cardinalem in honorem sancti Maximi in Quinceto, et ecclesiam Sancti Stephani in Maliasco, ecclesiam Sanctæ Mariæ, ecclesiam Sancti Petri, ecclesiam Sancti Laurentii, cum omni decima prædictæ villæ : cortem in Alpiniano cum castro et capella Sancti Petri infra ipsum castrum sita : altera vero trans Turiam flumen Sanctæ Mariæ, cum molendinis, piscationibus, et omnibus appendiciis ad eumdem aspicientibus : cortem in Lifiniasco, cum castro et capella Sancti Mauritii in eodem castro, cum omnibus ad se pertinentibus : ecclesiam Sancti Victoris et Coronæ, cum omni decima in Marcomeda, et cum terris ac mansis ad prædictam canonicam pertinentibus ; ecclesiam Sancti Macharii in Vilasco cum terris et decimis ejusdem villæ. Plebem vero in durione Sanctæ Mariæ, cum omni decima ad eum pertinente in planitiis, casis, terris, vineis, et capellam Sancti Solutoris in monte Pharrato : ecclesiam Sancti Viti in villa quæ dicitur Arsitias, cum corte tota, et decima, et portibus, piscationibus, omnibusque sibi adjacentibus : ecclesiam Sancti Georgii cum monte, ubi exstat in Villaparso, cum omni decima ejusdem villæ, et mansis eidem canonicæ pertinentibus : decimam in Malavasio cum duabus ecclesiis, unam in honorem Sanctæ Mariæ, alteram in honorem Sancti Martini, et omnem decimam in Valleplana, et in Vallesurda, et in Milionico, et inde Ligadino, cum terris et vineis ad præfatam canonicam pertinentibus : cortem in Saxinas cum ecclesia in honore Sancti Joannis cum omni decima, molendinis, silvis, buscaliis, palariis, et omnibus appendiciis ; omnemque decimam ejusdem cortis : cortem in Martiriasco cum capella Sancti Martini, cum silvis, buscaliis, et omnibus appendiciis suis : cortem in Pavatiano cum omnibus suis pertinentiis ; capellam in Romaniano in honorem sancti Remigii : cortem in Pavariolo cum castro et capella in eodem castro in honore sancti Secundi, cum omnibus suis pertinentiis : cortem in Audisello, et Mandego, cum suis pertinentiis : cortem in Patiano cum castro, et duabus capellis : cortem in Balbiano cum capella una : cortem in Aliniano, cum castro, et capella in eodem castro in honore sancti Remigii : capellam, mansos, vineas, atque casas in Orsenasco ; cortem in Santena, cum castro et capella in eodem castro in honore sancti Pauli, cum omni sua decima ejusdem cortis ; cortem in Bulgare, et partem in castro cum portibus, molendinis, piscationibus, silvis, et omnibus sibi pertinentibus : medietatem cortis Buriadis, cum medietate capellæ in honore sancti Michaelis : cortem in Scandaltico, cum plebe in honore sancti Dalmatii, et capellis quatuor in eadem corte, unam in honorem sancti Michaelis, aliam sancti Joannis, tertiam sancti Andreæ, quartam sancti Martini, cum omni decima, et molendinis, silvis, pascuis, pratis communibus et privatis, omnibusque ad prædictam canocicam pertinentibus : capellam in Polengaria in honore sancti Remigii, cum omnibus ad eam pertinentibus in Sablone, cum mansis quinque, et medietate decima ejusdem villæ, una cum terris, castris, capellis, vineis, campis, pratis, pascuis, silvis, molendinis, portibus, ripatiis, aquis, aquarumque decursibus, piscationibus, servis et ancillis, aldionibus, decimis, fictis, reditibus, paludibus communibus et incommunibus, ripis, rupinis, cultis et incultis, mobilibus et immobilibus, ad jus præfatæ canonicæ, canonicorumque usus et sumptus, qui pro tempore fuerint, pertinentibus vel aspicientibus in integrum, nostræ confirmationis auctoritate, et quæ collata sunt, et conferenda, concedimus, largimur, ac stabilimus, omnium hominum controversia remota et procul abdicata.

Insuper quoque per hanc nostri præcepti paginam præcipimus atque jubemus ut nemo episcopus, etiam judex publicus, aut missus discurrens, aut marchio, comes, sculderius, gastaldus, vel cujuslibet potestatis magna, parvaque persona has prælibatæ canonicæ res audeat invadere, diripere, vel quocunque molimine de potestate canonicorum, ibidem Domino militantium, ausu nefario auferre, nec in beneficium cuiquam dare præter voluntatem prædictorum canonicorum, neque ad causas judiciario more, ut aliqua supraposita, aut violentia faciendum ullo unquam tempore ingredi audeat. Sed liceat eos cum omnibus rebus ac familiis suis sub nostra consistere tuitione, atque immunitatis defensione. Si vero querimoniæ adversus jam dictos canonicos tam de liberis hominibus, quam de servis, seu de rebus ortæ fuerint, jubemus ut ante præpositum et canonicos ejusdem ecclesiæ finiantur, et ad finem usque deducantur. Si quis igitur contra hanc nostri præcepti paginam, nostræque jussionis auctoritatem aliquid agere aliquando tentaverit, aut ex his quæ supra scripta sunt, quidpiam violare præsumpserit, sciat se auri optimi libras ducentas compositurum, medietatem cameræ nostræ, et medietatem parti prædictorum canonicorum, nostræque insuper incidisse majestatis offensam. Et ut hoc nostræ immunitatis præceptum inviolabilem et inconvulsam obtineat firmitatem, manu propria subtus illud firmavimus, et annuli nostri impressione assignari jussimus.

Signum domni Heinrici Romanorum imperatoris invictissimi.

Heinricus cancellarius vice Hermianni archicancellarii recognovi.

Acta Kalendis Maii, anno Dominicæ Incarnationis millesimo quadragesimo septimo, indictione xv, anno autem domni Heinrici seu ordinationis ejus decimo octavo, imperantis vero primo.

Actum Mantuæ, in Dei nomine feliciter.

XV.

Præceptum Heinrici imperatoris de libertate et rebus monasterii Casauriensis.

(Anno 1047.)

[MURATORI, *Rer. Ital. Script.* II, II, 357.]

In nomine sanctæ et individuæ Trinitatis. HEINRICUS, divina favente clementia, Romanorum imperator Augustus.

Si servorum Dei petitionibus assensum præbuerimus, ad spem divinæ remunerationis nobis profuturum esse non diffidimus. Quapropter omnium Christi nostrique fidelium tam futurorum quam præsentium, noverit industria qualiter nos pro amore divino animæque nostræ remedio, tam ob petitionem venerabilis Adelberti monachi, quam et germani sui Guimarii, de Ecclesia Sanctæ Trinitatis, et sancti Quirici martyris, in vocabulo Placentro, in comitatu Balbense, ubi Finianus dicitur: concedimus eis ad habendum et possidendum ipsum prædictum locum, tam ipsis, quam et abbati ipsorum. Ut nullus dux, marchio, episcopus, comes aut vicecomes, aut magna parvaque persona aliquam molestiam seu invasionem facere præsumat. Insuper concedimus eis prædictum locum Finianus cum introitu et exitu suo, quod est a capite; fine Serra de Barbarano, pede fine ipso Rigo de Placentri, de uno lato fine ipso valle de Fuge, ex alio latere serra de Corviano, cum ipsa furca cum omni pertinentia sua : et sunt in supradictis istis modiorum de terra quatuorcenti, et si amplius inventum fuerit, ad ipsam jam dictam ecclesiam pertineat, cum terris, vineis, aquis, aquarumque decursibus, piscationibus, molendinis, cultis et incultis, omnia et in omnibus, et quidquid de prædicti monasterii possessionibus fiscus noster sperare potuerit ipsi pro æternæ remunerationis præmio concedimus. Et ut nullus mallaturam persolvat advocato ejus, etc., *ut in superioribus privilegiis.*

Signum domni Heinrici secundi Romanorum invictissimi imperatoris Augusti.

Heinricus cancellarius vice Herimanni archicancellarii recognovi.

Data Kalendas Januarii, anno Dominicæ Incarnationis millesimo quadragesimo septimo, indictione decima quinta; anno autem domini Heinrici tertii ordinationis ejus decimo octavo, regnantis quidem octavo secundi, imperantis primo.

Actum ad Columna civitatem in Dei nomine feliciter. Amen.

XVI.

Præceptum Heinrici imperatoris de libertate et rebus monasterii Casauriensis.

In nomine sanctæ et individuæ Trinitatis, HEINRICUS divina favente clementia Romanorum imperator Augustus.

Si servorum Dei petitionibus assensum præbuerimus ad spem divinæ remunerationis nobis profuturum esse non diffidimus. Quapropter omnium Christi nostrique fidelium, tam futurorum quam præsentium, noverit industria qualiter nos pro amore divino animæque nostræ remedio, tum ob petitionem venerabilis abbatis Dominici dicti monasterii Sanctæ Trinitatis, et B. Clementis martyris inibi quiescentis in comitatu quidem Pinnensi, in insula, quæ Casa-Aurea vocatur, juxta præcepta prædecessorum nostrorum regum ac imperatorum quidquid juste et legaliter visum est habere, imperiali nostra auctoritate decrevimus corroborare, et confirmare quodcunque videlicet idem monasterium videtur obtinere infra urbem Romanam, etc., *ut supra in aliis privilegiis.*

Signum domni Heinrici imperatoris secundi Romanorum invictissimi imperatoris Augusti.

Heinricus cancellarius vice Herimanni archicancellarii recognovi.

Data tertio Idus Martii, anno Dominicæ Incarnationis millesimo quadragesimo septimo, indictione decima quinta, anno autem domni Heinrici tertii ordinationis ejus decimo octavo, regnantis quidem octavo secundi, imperantis primo.

Actum ad Sanctum Flavianum in Dei nomine feliciter. Amen.

XVII.

Heinricus, inter imperatores secundus, Bernardo Patavino episcopo jus cudendæ pecuniæ elargitur.

(Anno 1049.)

[MURATORI, *Antiq. Ital.* II, 711.]

In nomine sanctæ et individuæ Trinitatis. HEINRICUS, divina favente clementia, Romanorum imperator Augustus.

Si sacris et venerabilibus locis proficua dona concedimus, animæ nostræ profuturum nullo modo ambigimus. Quapropter omnibus Christi nostrique fidelibus tam futuris quam et præsentibus, notum fieri volumus qualiter nos ob interventum nostri tori regnique consortis, scilicet Agnetis imperatricis Augustæ, nec non ob devotum servitium Dei, et petitionem Bernhardi Pataviensis episcopi licentiam et potestatem monetam faciendi in civitate Pataviensi, secundum pondus Veronensis monetæ, sibi suæque Ecclesiæ perpetualiter concedimus atque permittimus. Et ut certior auctoritas hujus nostræ concessionis videatur, in una superficie denariorum nostri nominis et imaginis impressionem; in altera vero ejusdem civitatis figuram imprimi jussimus. Et quoniam secundum imperialem auctoritatem nostrorum antecessorum regum vel imperatorum pro animæ nostræ remedio sanctæ Dei Ecclesiæ prælibatum donum conditione stabili tradimus, volumus firmiterque præcipimus ut nulla major minorve persona Ecclesiam Dei suumque provisorem, Bernhardum videlicet episcopum, ejusque successores hac nostræ benignitatis dono destituere atque molestare præsumat. Quod ut verius credatur ab omnibus, et per succedentis temporis ævum ab omnibus diligentius observetur, hoc nostræ donationis præceptum manu propria corroborantes, sigilli nostri impressione inferius jussimus insigniri.

Signum domni Heinrici tertii regis invictissimi, secundi Romanorum imperatoris Augusti.

Herimannus Coloniensis archiepiscopus atque archicancellarius recognovi.

Data xvi Kalendas Maii, anno Dominicæ Incarnationis millesimo quadragesimo nono, indictione secunda, anno domni Henrici iii regis, imperatoris secundi, ordinationis ejus xx, regni quidem x, Imperii autem iii, in nomine Domini.

Actum Goslariæ feliciter. Amen.

XVIII.

Privilegium pro Ecclesia Bremensi.

(Anno 1049.)

[LAPPENBERG, *Hamburg Urkund*, 874.]

In nomine sanctæ et individuæ Trinitatis. HEINRICUS, divina favente clementia, Romanorum imperator Augustus.

Quoniam ex debito procurandi regni universis Ecclesiis Romani imperii paternam sollicitudinem debemus impendere, volumus unamquamque, quantum ex divinæ gratiæ nobis conceditur munere, sublimare et nostrorum beneficiorum donis in melius promovere. Unde quidem omnes Christi nostrique tam futuri quam præsentes noverint fideles, qualiter nos ob petitionem nostri tori ac regni consortis, scilicet Agnetis, imperatricis Augustæ, et ob devotum famulatum nostri fidelis et dilecti Adelberti, Bremensis Ecclesiæ archiepiscopi, cum consensu Berenhardi ducis et Udonis comitis et aliorum cohæredum, ad ejusdem ecclesiæ altare, in honore sanctæ Mariæ, Genitricis Dei perpetuæque virginis, ac sancti Petri, apostolorum principis, unum forestum cum legitimo banni jure traddidimus in pago Lara vel Steiringa, scilicet in ducatu Berenhardi ducis, et infra terminos quos subtus nominatim dicimus, situm, incipiens enim a ponte, qui vulgari lingua Buribrue dicitur, et sic descendens juxta Huntam fluvium usque in alveum fluvii Aldena dicti et inde per decursum, ubi Aldena Wiseram influit, et inde a concursu istorum fluviorum sursum per crepidinem Wisere usque ad illum locum ubi Bremensis archiepiscopatus et Mindunensis episcopii concurrunt termini, et rursus per terminum eorumdem episcopiorum versus occidentem usque ad prænominatum pontem. Ea videlicet conditione et ratione ut nullus absque licentia præfati archiepiscopi successorumque suorum, ullum genus ferarum, quod jure banni interdicitur lege qualibet, venatoriæ artis industria in eodem foresto præsumat capere vel decipere. Quisquis autem contra istam nostri imperialis præcepti conditionem infra præfinitum ejusdem foresti venetur terminum, eamdem erga archiepiscopum emendationis habeat legem, quæ omnibus legaliter constituta est, qui in nostro contra vetitum venantur foresto.

Et ut istud nostræ auctoritatis donum stabile per omne maneat ævum, hoc cyrographum inde conscriptum manu propria corroborantes, sigilli nostri impressione jussimus insigniri.

Signum domni Heinrici tertii regis invictissimi, secundi Romanorum imperatoris Augusti.

Uvinitherius cancellarius, vice Pardonis archicancellarii, recognovi.

Data... Kal. Junii, anno Dominicæ Incarnationis 1049, indictione ii, anno autem domni Heinrici tertii regis, imperatoris secundi, ordinationis ejus xxi, regni quidem x, imperii autem iii. In nomine Domini.

Actum Mindo feliciter. Amen.

XIX.

Heinrici inter imperatores secundi diploma quo duos advocatos cum variis juribus ac privilegiis concedit monasterio Veronensi Sancti Zenonis.

(Anno 1050.)

[MURATORI, *Antiq. Ital.* V, 291.]

In nomine sanctæ et individuæ Trinitatis. HEINRICUS, divina favente clementia, Romanorum imperator Augustus.

Imperialem sublimitatem condecet ut quanto cæteris dignitatibus excelsior colitur, tanto justis petitionibus Deo servientium benignior nec non clementior inveniatur. Quapropter notum esse vo-

!umus omnibus sanctæ Dei Ecclesiæ nostrisque fidelibus, tam futuris quam præsentibus, qualiter abbas Michael monasterii Sancti Zenonis martyris, nostram clementiam suppliciter exorando adiit, ob amorem Dei omnipotentis, beatique Zenonis martyris reverentiam multum nos deprecans, quod de rebus ecclesiæ Sancti Zenonis monasterii, quas nostra ei concessit pietas, ab invasoribus non modicum patitur dispendium. Unde deprecatus est ut ex nostris fidelibus duos ei concederemus advocatos, Berifredum videlicet et David, qui causam monasterii procurent advocationis gratia. Nos vero, justis ejus petitionibus consentientes, pro remedio animæ nostræ et ob interventum dilectissimæ conjugis nostræ imperatricis Agnetis, et propter incrementum filii nostri Heinrici quarti regis, prædicto monasterio concedendo confirmamus, ac serenitatis nostræ litteras censuimus fieri : quibus præcipimus ut memorati vassalli nostri in quibuslibet comitatibus seu pagis advocati illius existant de rebus supradictæ ecclesiæ, castris, arimannis, seu famulis, et in quibuscunque necessitas postulaverit, nullusque eis ad hoc exercendum opus aliquid contradicere præsumat. Sed sic huic rei studeant, ne per aliquam injuriam jam dictæ ecclesiæ minuentur facultates. Jubemus quoque ut ubi necessitas postulaverit, et utilitas dictaverit, ut in illorum bonis, ac possessionibus, arimannis, vel famulis, neque dux, neque marchio, neque comes, aut aliqua major vel minor persona nullo modo potestatem habeat placitandi, aut aliquod districtum habendi, vel notitias aut chartas faciendi, excepto prænominatis advocatis Michaelis abbatis, suorumque successorum. Concedimus potestatem placitandi, et notitias vel chartas faciendi in omnibus rebus, ac possessionibus Sancti Zenonis monasterii, eo tantum videlicet ordine, ut jam supradicti advocati de omni generali placito, semel in anno facto, tertiam portionem in beneficia suæ militiæ consequantur, excepto de Paróna, et Cassano, et Villa. Si ultra hoc beneficium aliqua importunitate monasterium quovis ingenio molestare, aut inquietare temptaverint, tamen abbas nostræ auctoritatis robore fretus, indubitanter habeat potestatem illis auferre dominium pariter cum beneficio, et aliis fidelibus provida dispensatione concedere ; et insuper de importunitate minime refrenata, quinquaginta libras auri sciant se composituros, medietatem, etc.

Signum domni Henrici tertii regis invictissimi, secundi Romanorum imperatoris Augusti.

Gunterius cancellarius, vice Herimanni archicancellarii recognovit.

Data III Idus Novembris, anno Dominicæ Incarnationis 1050, indictione IV, anno domni Heinrici tertii regis, imperatoris autem secundi, ordinationis ejus XXIV, regni quidem XIII, imperii vero IV.

Actum Veronæ in Dei nomine feliciter.

XX.

Henrici III diploma pro Sancto Maximino. — Interventu Leonis papæ IX restituit monasterio curtem Prichinas, pluresque villas confirmat ad usus fratrum.

(Anno 1051.)

[MARTENE, Ampl. Collect. 1, 425, ex chartario Trevirensis S. Maximini.]

In nomine sanctæ et individuæ Trinitatis. HEINRICUS, divina favente clementia, Romanorum imperator Augustus.

Si locis Deo dicatis, quibus beneficia non conferimus, saltem prius ab aliis tradita, et injuste subtracta, vel ablata restituerimus, divinitus nos procul dubio remunerari confidimus. Quapropter fidelium nostrorum tam præsentium scilicet quam et futurorum industria noverit, qualiter nos ob amorem Dei et interventum spiritualis patris nostri domni videlicet Leonis (9) S. R. E. summi pontificis, et universalis papæ reddimus cœnobitis S. Maximini, qui in suburbio Trevirorum corporaliter quiescit, curtem quamdam vocabulo Prichina, in pago Cinridke sitam, cum omnibus appenditiis et cum omni utilitate, quæ vel scribi vel nominari poterit, quam nos cuidam Anshelmoni Theodericum abbatem injuste pro beneficio præstare jussimus, modo autem justitia dictante eamdem curtem cum omnibus in quibuscunque locis ad eam juste et legaliter pertinentibus vel aspicientibus rebus, S. Joanni (10) sanctoque Maximio et fratribus eis famulantibus, reddidimus, firmavimus, et in æternum Deo auctore stabilivimus, ea videlicet ratione, ut nec præfatus Theodericus abbas, nec aliquis successorum suorum alicui unquam præstare vel vendere præsumant, sed fratres iidem, inde consolati, sagimen habeant, femoralia etiam (11) mantelas, ac mensalia (12) ad usus necessarios inde percipiant, hospites suscipiant, et peregrinorum ac pauperum usibus fideliter inde deserviant. Statuimus etiam, et hac nostra imperiali auctoritate ad præbendam eorumdem fratrum corroborare decrevimus ecclesias, villas et possessiones, quas sub temporibus regum et imperatorum Dagoberti, Pippini, Caroli, aliorumque prædecessorum nostrorum ad nostra usque tempora, ad peculiaritatem illorum pertinere videbantur, ut ex his victum atque habitum consequantur, hoc est Apula, etc. (enumerat XLIX villas), et in civitate Metensi, et circumcirca domos et agros, vineas, areolas, Brisanga, Weinareskiricha, Crufta, Seranna, et ecclesia in

---

(9) Hujus nominis noni, qui ex episcopo Tullensi factus summus pontifex, post adeptam papatus possessionem, natale solum adiit, Henricum imperatorem convenit in Saxonia commorantem, inde Coloniam veniens, in Galliis Remis concilium celebravit, ac deinde in Germaniam reversus Treviros invisere potuit.

(10) Quippe basilica monasterii primarium patronum agnoscit S. Joannem evangelistam.
(11) Mantela hic idem videtur esse ac mantellus, vestimenti genus, Gallice *manteau*.
(12) Mensalia erant supertunicalia, quibus veteres ad mensam utebantur ad parcendum magis pretiosis vestibus.

Steinsicla et Diedenhoium. Hæc igitur loca et omnes sancti Maximini ecclesias cum decimis, dote et dotalibus, cum cunctis salicis decimationibus, quas in usus peregrinorum, ac pauperum, et Lo pitum constituimus, ad peculiaritatem fratrum Deo ibi famulantium more prædecessorum nostrorum regum et imperatorum tali modo et ea ratione delegamus et corroboramus, ut sicut Heinricus decessor noster divæ memoriæ Augustus instituit, postquam de eadem abbatia ea quæ ad expeditionem, sive ad regale servitium pertinebant, abstulit, nullus imperator, nullus rex, nullus abbas de eisdem locis, et ecclesiis alicui de his qui liberi dicuntur homines, sive alterius ecclesiæ vel domini famulo vel ministro quidquam beneficiare vel ab eorum jure distrahere præsumat, sed liceat inde abbatibus luminaria ecclesiæ restaurare, ædificia recuperare, et necessaria fratribus fideliter ministrare. Et ut hoc præceptum inde conscriptum firmum semper et stabile permaneat, non solum hoc manu nostra firmatum sigilli nostri impressione insigniri jussimus, verum etiam ut apostolicæ defensionis auxilium, si quis eis hæc infringere voluerit, habere valeant prædicti patris nostri, domni videlicet Leonis sanctissimi papæ privilegium inde conscriptum eidem venerabili loco obtinere meruimus.

Signum domni Heinrici III, regis invictissimi, II Romanorum imperatoris Augusti.

Winnitherius cancellarius vice Bardonis archicancellarii et archiepiscopi recognovi.

Data xii Kal. Februarii, anno Dominicæ Incarnationis 1051, anno autem domni Heinrici tertii regis, secundi imperatoris, regni xix, imperii vero v.

Actum Treviris in Dei nomine feliciter. Amen.

XXI.

Privilegium domni Heinrici ter.ii regis seu imperatoris super Clotteno. —Confirmat monasterio Brunwillarensi donationem factam a Richeza regina Poloniæ.

(Anno 1051.)

[MARTENE, *Ampliss. Collect* I, 427, ex ms. Brunwillar.]

In nomine sanctæ et individuæ Trinitatis. HEINRICUS, divina favente clementia, Romanorum imperator Augustus.

Si locis Deo dicatis, quibus beneficia non conferimus, saltem ab aliis fidelibus Christi tradita confirmaverimus, divinitus nos procul dubio remunerari confidimus. Quapropter fidelium nostrorum, tam præsentium scilicet quam futurorum, magnitudo comperiat, qualiter quædam domina venerabilis Richeza nomine, regina quondam Poloniæ, prædium suum Clotteno dictum, aliis locis subternotatis, id est Comenheim, Elre, Brembe, Asche, Masbrech, Wernus, Tanclach, Wilre, et Pulego, Chucomo, Chundedo, Merle, et Ryle, Erichriche, Lutzenrodo, Dreise, et Ottingin, cum mansis et mancipiis, et cum omni integritate ipsius, in villis, in areis, in mansionibus, in vineis, in arpennis, in silvis et in agris, in pratis, in aquis aquarumque decursibus, et in pascuis, viis et inviis, terris cultis et incultis, exitibus et reditibus, quæsitis et inquirendis, et cum omnibus appendiciis suis, absque ulla sui diminutione, pro remedio animæ suæ fratrisque sui beatæ memoriæ Ottonis ducis, aliorumque parentum suorum in monasterio Brunwilrensi sepultorum libere et integre Deo sanctoque Nicolao ad prædictum monasterium per manum Heinrici Palatini comitis filii patrui sui, sub cujus tunc mundiburdio manebat, contradidit, terminum etiam et bannum ejusdem prædii, sicut ipsa prius habuit a fluvio Andrida usque ad fluvium Elza ita constituit, ut nullus ibi aliquam potestatem habeat, nisi abbas ejusdem loci et villicus ejus quem constituat. Quasdam etiam arpennas, id est vineas quibusdam servientibus suis beneficiaverit, id est Ruperto præposito duas, Weringero de Satevelt duas, Sigebodoni de Odendorff duas, Sigifrido pincernæ tres, Epponi de Aldendorff duas, et cameras juxta dominicam curtem, Alberto fratri Winboldi duas, Embriconi de Geldestorp duas, Ansfrido clerico suo xiii mansos cum mancipiis suis ad Lutzenrode, et vinum quod dicitur Srozwin, in Clotteno Ernestoni fratri suo duos mansos cum mancipiis, in Dreise Wolferum etiam tradidit illuc cum sua possessione, ea videlicet conditione, ut quandiu vivant, ecclesiæ bona sive beneficia habeant; post mortem vero illorum nullus hæredum suorum quidquam de his sibi quasi jure hæreditario vindicet aut possideat, sed in jus et dominium S. Nicolai et abbatis ipsius, ac fratrum sibi servientium redeant, ut quod abbas utilius sibi ac fratribus inde judicaverit, faciat atque disponat. Homines etiam quos dedit S. Nicolao ita tradidit, ut nullus extraneas, nisi forte liberas vel ex potestate S. Petri Coloniæ ducat uxores. Si autem alienas acceperint uxores, omnis hæreditas eorum et universa quæ possident, ad S. Nicolai cedant monasterium, et nullus hæredum suorum in his quidquam habeat. Si vero ex potestate S. Petri Coloniæ uxores duxerint, filii eorum iterum accipiant uxores ex potestate S. Nicolai; quod si non fecerint, omnis hæreditas eorum et omnia quæ possident, ad S. Nicolai et abbatis redeant dominium. Eadem vero rogante, abbas Tegeno prædicti monasterii idem et prædium permisit, cui beneficium postquam ipse illud in suum redegerat dominium, cui statim curtem Caneda et familiam quinque libras ibi solventem, quod fuit Ellonis beneficium ad Gewere tradidit vi arpennas Clotteno, quæ fuerunt Siconis comitis beneficium, et duas mansiunculas quas Wecelmus habuit, et in quibus habitavit. Tradidit etiam castrum suum Chucomo Heinrico palatino comiti filio patrui sui, ea scilicet conditione, ut quandiu viveret, super ipsum Clotteno defensor et advocatus existeret; post obitum vero suum, si ipse hæredibus careret, proximus hæres dominæ Richezæ reginæ advocatiam super cadem bonâ haberet; si vero et ipsi hæredes defuerint, Coloniensis archiepiscopus eamdem advocatiam tribuat cuicunque abbas et fratres petierint. Siconi vero comiti, qui eamdem advocationem a palatino comite, prædicta regina Richeza petente , suscepit tale servitium tribus tantum temporibus anni sibique succedentibus advocatis constituit , scilicet ut ad unumquodque placitum detur advocato modius unus tritici et unus siliginis, et quinque solidi levis monetæ valentis, et tantum uni detur, quantum ad istud servitium conveniat, modii quinque avenæ, id est ad duo placita modii decem avenæ. In natali vero sancti Joannis Baptistæ in prato quod vocatur Summunt, pabulum ei detur in gramine, addito uno modio avenæ. At si villicus vel de ædificiis vel de agricultura placitam ibidem habuerit, nullam inde partem vel justitiam quærat advocatus, similiter et de placito, quod vocatur Ludine. Hanc autem traditionem cum moneta et marcatu per manum Heinrici palatini comitis, sub cujus tunc mundiburdio manebat, in præsentia nostra et Hermanni sanctæ Coloniensis Ecclesiæ venerabilis ac pii archiepiscopi, multorumque princi¸um regni fecit, quam abbas Tegeno ejusdem monasterii, et Sico præfatus comes et advocatus ibidem susceperunt, nostram imperialem flagitantes clementiam ; ut eadem bona Deo sanctoque Nicolao confirmaremus, et ut navibus et bonis abbatis et fratrum et familiæ de Clotteno et Mesenich per alveum Rheni sive Mosellæ , quotiescunque necessitas poposcerit, liberum assensum et descensum sine aliqua exactione telonei traderemus; quorum petitioni annuentes, chartam hanc inde conscribi , manuque propria, ut subtus videtur, corroborantes, sigilli nostri impressione jussimus insigniri; quam si quis infringere tentaverit, ad primum iram Dei sanctique Petri, simulque omnium sanctorum incurrat.

Signum domni Heinrici tertii regis invictissimi, secundi Romanorum imperatoris Augusti.

Wintherus cancellarius vice Bardonis archicancellarii recognovit.

Data xv Kal. Augusti, indictione iv, anno Dominicæ Incarnationis 1051, anno autem domni Heinrici tertii regis secundi imperatoris , ordinationis ejus xxiv, regni vero xiii, imperii quinto.

Actum Comphingin feliciter. Amen. Cujus rei testes sunt Hermannus Coloniensis archiepiscopus , Heinricus comes palatinus, Sico comes, Starchri comes, Gerardus, Berengerus, Gozwinus, Rutgerus, Embrico. Eppo, Winboldus, Ansfridus.

XXII.

Diploma Heinrici III, pro Brunwillarensi monasterio. — De fundationis monasterii confirmatione per Hermannum Coloniensem archiepiscopum et Richezam reginam Poloniæ, deque jure advocatorum.

(Anno 1051.)

[Marten., *Ampl. Collect.* I, 430.]

In nomine sanctæ et individuæ Trinitatis. Heinricus, divina favente clementia, Romanorum imperator Augustus.

Notum esse volumus præsentibus et futuris quod charissimus noster Hermannus, sanctæ Coloniensis Ecclesiæ venerabilis ac pius archiepiscopus, nec non soror ejusdem domna Richeza , Poloniæ quondam regina, ad nostram accedentes præsentiam , abbatiam in loco qui Brunwylre dicitur, a suis parentibus, domno Ernfrido scilicet comite Palatino et sua conjuge domna Mathilde primum fundatam; dehinc post decessum eorum ad ipsos jure hæreditario devolutam, ipsum etiam prædium Brunwylre cum omnibus appendiciis suis , sicut ab ipsis devote Deo sanctoque Nicolao traditum , ac pia dispensatione primum fuerat constitutum, sibi in jus hæreditarium legibus postularunt. Quibus in mea præsentia placito indicto, legibus discussis, filii parentum hæreditatem justitia dictante per sententiam principum obtinuerunt. Qui mox timore et amore Dei commoniti, pro se suorumque parentum, fratrum ac sororum in gremio ejusdem ecclesiæ sepultorum, æterna memoria dictum prædium Brunwilre cum omnibus appendiciis suis, et cum omni integritate, scilicet in agris, in pratis, aquis, pascuis, silvis Deo ac sancto Nicolao et fratribus ibidem Deo servientibus perpetuo possidendum, secundum diffinitionem ac liberam parentum suorum traditionem pari devotione contulerunt. Terminum etiam et bannum ipsius prædii prædicto monasterio, sicut eorum progenitores habuisse noscuntur designantes, a via quæ dicitur Jacobs-wech, usque ad viam Hespath, rursumque a via Hespath ad viam-regiam, et a via-regia per cursum rivuli qui dicitur Visbach usque trans fluvium qui dicitur Arnese, ita constituerunt, ut nullus ibidem aliquid juris vel potestatis habeat, præter abbatem ipsius loci et villicum ejus quemcunque statuerit. Pro abundanti quoque cautela, beato Petro sanctæ Coloniensis Ecclesiæ summo patrono idem monasterium dictumque prædium in proprietatem absque omni exceptione in manus Christiani Coloniensis advocati rata ac perpetua donatione tradiderunt, quatenus idem locus ab omni præsentium et futurorum, tam pontificum quam regum, seu imperatoris liber dominatu , lætius tam pro nostra quam pro illorum salute vacaret. Verum quia plerumque accidit servos Dei aut perfidorum violentiis opprimi, injuriis seu damnis fatigari, cauto deliberationis moderamine constituerunt, ut Coloniensis archiepiscopus de consilio ac voluntate abbatis, dictæ ecclesiæ advocatum præficiat, dummodo abbas idoneum velit; post quem qui secundus dicitur advocatus nullo modo subrogetur. De servitio etiam quod exhibendum erit hujusmodi advocato sic ordinaverunt, scilicet ut tribus anni temporibus, quibus legitima placita observanda erunt, cum xx equis advocatus in locum veniat, et prima nocte qua venerit sequentique die servitium ei abbas tribuat, ut tantis sufficiat; dehinc mane scilicet tertia die prandium solummodo accipiat et recedat. Ipse quoque advocatus caveat, ne super statutum sibi servilium superfluum aliquid exigat vel requirat. Si vero plures secum adduxerit, in abbatis erit arbitrio ipsis aliquid aut nihil dare. Familia quoque ejusdem Ecclesiæ observet placitum advocati tribus anni temporibus, et non amplius. Quoties vero abbas vel suus villicus apud *Brunwilre*, vel quolibet in loco infra terminos abbatiæ placitum habere voluerit, quod vulgariter *Buding* dicitur ; id suæ sit potestatis, nihilque in tali placito advocatus requirat, aut sibi vindicare præsumat. Hujus igitur constitutionis paginam, quæ ad instantiam supra memorati Coloniensis archiepiscopi, et suæ sororis dominæ Richezæ reginæ, in nostra primorumque regni præsentia, juste et rationabiliter ordinata est, ut rata et inconvulsa in perpetuum permaneat, manu propria, ut subtus videtur, corroborantes, nostri sigilli impressione jussimus insigniri : quam si quis infringere tentaverit, Dei omnipotentis sanctique Petri et omnium sanctorum incurrat iram, et ut violator nostræ constitutionis perdat advocatiam illam, sciatque se compositurum auri purissimi libras centum, nostræ cameræ medietatem, archiepiscopo alteram medietatem.

Signum, etc., ut supra.

XXIII.

Diploma Heinrici III pro S. Maximino. — *Adversus advocatos, quorum juri et privilegiis limites ponit.*
[Martene, *Ampl. Collect.* II, 432 ; ex ms. S. Maximini.]

In nomine sanctæ et individuæ Trinitatis. Heinricus, divina favente clementia, Romanorum imperator Augustus.

Si ecclesiis vel cœnobiis divino cultui mancipatis alicujus patrocinii vel defensionis solatium adversus insolentiam perfidorum præbuerimus, divinitus nos remunerari procul dubio credimus. Quapropter omnium sanctæ Dei Ecclesiæ fidelium, tam præsentium quam futurorum comperiat sagacitas, qualiter nos ob remedium animæ nostræ et progenitorum nostrorum, interventu etiam charissimæ contectalis nostræ Agnetis imperatricis augustæ, nostrique filii dilectissimi Heinrici IV (13) regis, crebram et importunam querimoniam Theoderici abbatis cœnobii S. Maximini benigne suscepimus, et coram fidelibus nostris diligenter discussimus, de multis scilicet oppressionibus quas familia S. Maximini patiebatur a comitibus et advocatis, adeo etiam ut videretur destituta antiquis legibus, et non quasi regalis abbatiæ familia, sed ut propria advocatorum ancilla esset in servitutem redacta.

Unde nostrorum consilio amicorum præcipiendo decrevimus, et coram legatis nostris Bertollo scilicet comite de Strumburg, et Dragebodone ministro nostro, et aliis nuntiis nostris, et coram præsenti abbate Theoderico, et comite Giselberto tunc temporis advocato, majores et antiquiores de familia Sancti Maximini convocarentur, et sacramento constricti confirmarent, quibus legibus temporibus Heinrici ducis senioris et Heinrici ducis junioris familia illa subjaceret, qualiter placita et judicia fierent, ut ipsi et posteri eorum eodem jure eademque lege exinde perfruerentur. Electi sunt ergo qui hanc legem et justitiam facerent inter abbatem et advocatum, secundum jura priorum et antecessorum suorum, super reliquias sanctorum confirmarent, et postea Treviri in præsentia episcoporum Eberardi Trevirensis, Liutbaldi Moguntiacensis, Adalberonis Mettensis, et Deoderici Virdunensis episcopi, et aliorum principum nostrorum juxta petitionem prædicti abbatis sacramento corroborarent. Confirmatum itaque est eorum sacramento, quia advocatus familiæ illius, nisi ter in anno in abbatia placitare non debeat. Quidquid autem illis placitis quisque reus vaticaverit, arbitrio abbatis et suorum præpositorum, et villicorum secundum culpam et posse uniuscujusque hominis cedat, et duæ partes abbati, tertia advocato cedat. Et si aliquis forte culpam furti vel seditionis inciderit, et abbas ob rebellionem temeritatis advocatum accerserit, ex eodem vadio abbati duæ partes, advocato tertia proveniat : ita tamen si advocatus a regia manu bannum susceperit, aliter in abbatia placitare non præsumat. Servientes vero qui præbendarii, et qui fratribus infra claustrum serviunt, vel qui foris ad curtes dagescalci dicuntur, nulli advocato neque (14) hunnoni subjaceant, sed tantum abbati ejusque præpositis quibuscunque culpis respondeant. Advocatus qui bannum a regia manu susceperit, proxima die post festum S. Maximini super prædia et mancipia eorum qui (15) scaramanni dicuntur, illa sola die, si jejunium, vel celebre festum, aut Dominicus dies non fuerit, placitabit ; sin autem jejunus, prima sonante, placitum intrabit, et usque ad horam nonam illud tenebit, postea vero nullum diutius ibi stare cogere poterit ; et quidquid ibi acquisierit, duæ partes abbatis, tertia ejus erit nullumque alium post se ponere præsumet qui vocetur postadvocatus. Eadem vero die abbas ipsi advocato servitium dabit duos modios panis (16), frizkingas IV et unam amam vini. Si ecclesiæ homo interfectus fuerit, et abbas aut villicus ejus ab homicida wiregildum exigere poterit, totum sui juris erit : sin autem advocatum necesse fuerit accersire, tertia pars cedet ei potestativa. Per abbatiam placitare hospitia vel servitia a rusticis exigere, petitionibus

---

(13) Anno 1054 Henricus, Henrici III imperatoris filius, Aquis in regem Romanorum inunctus est, teste Sigeberto in Chron.
(14) Hunnones erant quoddam magistratuum genus.
(15) Scaramanni erant servientes seu ministri

judicum.
(16) Friskingam seu friscingam alii vitulum, alii porcum adultum, alii porcellum seu fetum porci aut ovis, alii pernam interpretantur ; qua de voce vide Cangium.

gravare, et pecora eorum aut palefridos tollere et redditus ab ipsis extorquere, tam comitibus quam advocatis omnimodis imperiali auctoritate interdicimus. Et ut nostræ præceptionis de his omnibus firma servetur auctoritas, manu propria subterfirmavimus et sigilli nostri impressione insigniri jussimus.

Signum domni Heinrici tertii Romanorum imperatoris Augusti.

Gebehardus (17) episcopus et cancellarius vice Wezelonis archiepiscopi et archicancellarii recognovi.

XXIV.

Heinrici III. regis, et II imperatoris, diploma, quo clerum Volaterranum a jure comitum eximit, et Ecclesiæ Volaterranæ omnia illius jura ac privilegia confirmat.

(Anno 1052.)
[MURATORI, Antiq. Ital., III, 641.]

In nomine sanctæ et individuæ Trinitatis. HEINRICUS, divinæ pietatis ordinatione secundus Romanorum Augustus.

Ea conditione curam nostri officii nobis divinitus commissam credimus, quatenus in cunctis negotiis divini timoris zelum semper præ oculis habentes sic sollicitemur de mundani regni dispositione, ut ante Regem regum securi veniamus in reddenda ratione. Quapropter cum omnium subjectorum nos oportet curam agere, ecclesiarum tamen præcipue quarum salva incolumitate dum divino cultui debitum solvitur, Christianæ religionis integritas conservatur. Quocirca omnibus sanctæ Dei Ecclesiæ, nostrisque fidelibus, notum esse volumus tam præsentibus quam futuris, qualiter Wido, sanctæ Volterrensis Ecclesiæ episcopus, nostram clementiam adiit, super comitem reliquosque publici juris ministros miserabilem querimoniam agens, quod sub occasione exigendi juris, clericos et famulos Ecclesiæ, aliosque super terram Ecclesiæ stantes graviter affligendo inquietant, et dignitatem sanctæ Ecclesiæ indecentissime inhonestant. Ejus itaque miserabili querimoniæ aurem nostræ pietatis adhibentes, de Ecclesiæ liberatione statuimus, ne perfidia iniquorum hominum ulterius eam sub qualibet occasione lacerandos permitteremus. Interventu itaque Agnetis nostræ dilectæ contectalis, et Opizonis nostri cancellarii, concedimus prædicto episcopo, suisque successoribus clericos et famulos, aliosque super terram suæ Ecclesiæ inhabitantes in sua potestate, ut liceat eum ante se causam agere, et per duellium qualibet legali sententia litem definire, omnium hominum remota contradictione. Præterea omnia quæ Adelmus bonæ memoriæ cum uxore sua per chartulam oblationis Volterrensi Ecclesiæ contulit, scilicet castellum de Pulliciano, cum monasterio Sancti Sepulcri, aliisque pertinentiis, et castellum de Monteacutulo, cum suis pertinentiis, et suam por-

(17) Scilicet Eichstadiensis qui tum erat regi a cancellis et consiliis, quique defuncto Leone papa IX

tionem de Rocca de Cori, cum suis pertinentiis, et eam portionem quam prædictus episcopus de castello de Montegabro acquisivit, seu quidquid prædicta ecclesia in castello de Casallia tenebat, et judicatum quod Ugo Cunizonis filius prædictæ ecclesiæ fecit, et omnia quæ Deo annuente eadem ecclesia juste et legaliter admodum acquireret, nostra præceptali auctoritate dictæ ecclesiæ confirmando stabilimus, eo videlicet ordine ut nullus dux, marchio, comes seu quælibet magna parvaque persona prædictam ecclesiam vel episcopos per tempora Deo dante ibidem ordinatos de omnibus quæ supra leguntur, disvestire seu molestare præsumat. Si quis igitur hujus nostræ donationis et confirmationis præceptum violare præsumpserit, componat auri optimi libras centum, medietatem cameræ nostræ, et medietatem jam dictæ ecclesiæ, suisque rectoribus. Quod ut verius credatur, diligentiusque ab omnibus observetur, manu propria roborantes, sigillo nostro hoc præceptum insigniri jussimus.

Signum domni Heinrici secundi Romanorum imperatoris Augusti.

Opizo cancellarius vice Herimanni archiepiscopi et archicancellarii.

Actum xv Kalendas Julii, anno Dominicæ Incarnationis 1052, anno autem domni Heinrici tertii regis secundi imperatoris, ordinationis ejus XXIV, imperii VI.

Actum Turengo, feliciter. Amen.

Sequuntur signa notariorum qui descripserunt ex authentico.

XXV.

Heinricus inter reges tertius, inter Augustos secundus, bona ac jura cuncta suo præcepto confirmat Ecclesiæ Vercellensi, ejusque episcopo Gregorio.

(Anno 1054.)
[MURATORI, Antiq. Ital., VI, 319.]

In nomine sanctæ et individuæ Trinitatis. HEINRICUS, divina favente clementia, Romanorum imperator Augustus.

Quia nullus extra Ecclesiam salvus potest fieri, consequens est ut unusquisque fideliter laborans in agro Dei sine intermissione incumbat incremento ecclesiasticæ rei. Certum est enim quia sicut exaltatur mater omnium viventium, ita crescunt merces omnium sibi servientium. Quapropter universorum ejusdem fidelium, tam præsentium quam futurorum noverit charitas, quod nos ecclesiasticis profectibus incumbentes, ac dilectissimæ nostræ conjugis impetratricis, seu charissimi nostri filii regis Heinrici precibus pietatis aures accommodantes, per præsentis præcepti stabile firmamentum sanctæ Vercellensi Ecclesiæ confirmamus omnia bona quiete tenenda ac pacifice in æternum fruenda, quæ sancto Eusebio olim collata sunt a nostris prædecessoribus regibus vel imperatoribus, seu quibuscunque fidelibus. Sed ut mentes fidelium plenius gaudeant, et prædones subrogatus est summus pontifex, Victor II, dictus anno 1055.

cautius se custodiant, Vercellensem comitatum, et S.nctæ Agathæ cum districto et telonio, ac universa publica functione vel exactione, aut redhibitione confirmamus Eusebianæ ecclesiæ. Burielam insuper cum omni sua integritate, id est Vernade, Clavasa, Bedolium, Galienicum, Ponderianum, Muliariam, Andurnum, Cisidulam, Coracodio, in Monte, Cerisdianam, cum omni sua integritate, Sextegnum, Rovisindam, Monte Cutimali, Pedrorium, curtem quoque Vercellensis civitatis cum omnibus ad eam pertinentibus, Carcuellam in Ondevico, curtem Causanam, curtem Cavalli, abbatiam Sancti Michaelis de Laucedio, Firminianam, curtem Regiam, quam Hortum nominant, cum tota silva Mialda et Fulgitio, et cum omnibus curtis et villis cum valle Elivi ; Pontem etiam Notingum, quem Notingus episcopus quidem Vercellensis Ecclesiæ mirabiliter super eum equitando legaliter recepit : Languscum, curtem de Antimiano cum omnibus suis pertinentils, aquam de Sicida, aquam de Servo, aquam de Hellero cum utrisque ripis a loco ubi nascuntur usque in Padum, aquam Padi cum utrisque ripis a Liomia usque ad plebem Maroæ, aquam de Duria cum utrisque ripis a Petra grossa usque in Padum: Consado, Matascum, Caudelle, Trevere, Clevoli, Sulzatum, Silva-salva, castellum Quirini, curtem Torcelli. Hæc omnia Vercellensis Ecclesia in æternum habeat, cum omnibus publicis districtis, intratis, teloneis...... communibus, venationibus, portibus, molendinis, montibus et vallibus, alpibus, ædificiis, mancipiis utriusque sexus, aquis, vineis, capellis, pratis, pascuis, silvis, aquis aquarumque decursibus, cultis et incultis. Et insuper speciali edicto sancimus ut in omnibus supra nominatis terris nullus mortalium mercatum præsumat insistere, aut districtum vel teloneum aut fodrum, seu aliquam publicam functionem ac redhibitionem exigere, neque piscationem aut venationem exercere, nisi ad profectum vel ad proprium jus ipsius ecclesiæ. Quicunque ergo huic nostræ confirmationi contraierit, nostræ majestatis reus erit. Insuper mille libras auri se compositurum noverit, medietatem imperiali cameræ, et medietatem ecclesiæ cui molestiam intulerit. Quod ut firmius habeatur et diligentius ab omnibus observetur, hoc præceptum ex nostra jussione factum, nostris manibus subter confirmavimus, et sigilli nostri impressione inferius insigniri jussimus, et Gregorio nostro fidelissimo, Deo dispensante, episcopo, Sancti Eusebii vicario, ad perpetuam pacem suæ Ecclesiæ conservandam contulimus.

Signum domni Heinrici tertii (✠) regis invictissimi.
Guntherius cancellarius vice Herimanni archicancellarii recognovit.
Data xv Kalendas Decembris, indictione vii, anno Dominicæ Incarnationis millesimo quinquagesimo quarto, anno autem domni Heinrici tertii regis, secundi imperatoris, ordinationis ejus xxvi, regni vero xvii, imperii viii.

Actum Maguntiæ, in Dei nomine feliciter. Amen.

XXVI.

Heinricus III rex, imperator II, Arimannis Mantuanis jura ac immunitates confirmat.

(Anno 1055.)

[Muratori, *Antiq. Ital.* IV, 15.]

In nomine sanctæ et individuæ Trinitatis. Heinricus, divina favente clementia, Romanorum imperator Augustus.

Si petitionibus fidelium nostrorum justis et rationabilibus annuimus, et necessitates injustas, violentasque oppressiones secundum imperialis excellentiæ debitum sublevamus, a Deo omnium bonorum recompensatore, meritam retributionem feliciter adepturos fore speramus. Quare omnium sanctæ Dei Ecclesiæ, nostrorumque fidelium tam futurorum quam præsentium industria noverit qualiter Mantuani cives nostram adierunt clementiam, suas miserias et diuturnas oppressiones conquerentes. Nos vero magnis eorum necessitatibus compatientes, ob interventum dilectissimæ conjugis nostræ imperatricis Agnetis, et propter incrementum filii nostri charissimi, Heinrici videlicet quarti regis, nostra imperiali auctoritate omnes superstitiosas exactiones et importunas violentias funditus deinceps illis abolendas, et radicitus exstirpandas, nio is omnibus decernimus et confirmamus. Statuentes etiam ut nulla magna parvaque persona prædictos cives, videlicet eremannos, in Mantua civitate habitantes, de suis personis, sive de illorum servis et ancillis, vel de liberis hominibus, in eorum residentibus terra, vel de eremania, et communibus rebus, ai prædictam civitatem pertinentibus, ex utraque parte fluminis Mincii sitis, sive de beneficiis, libellariis, precariis, seu etiam de omnibus eorum rebus mobilibus et immobilibus juste conquisitis, et juste conquerendis inquietare, molestare, disvestire sine legali judicio præsumat. Præcipimus quoque ut liceat omnibus prædictis civibus secure ire et redire ad mercata omnia sive per terram sive per aquam, quandocunque voluerint, ita videlicet ut non dent ripaticum nec teloneum in Ravenna, in Argenta, in Ferraria, in Summo Lacu, et eam consuetudinem bonam et justam habeant, quam quælibet nostri imperii civitas obtinet. Quicunque autem hujus nostræ concessionis et confirmationis violator exstiterit, centum libras auri optimi componat, medietatem nostræ cameræ imperiali, et medietatem prædictis civibus. Et ut hæc nostræ confirmationis auctoritas stabilis atque firma permaneat, hanc chartam inde conscriptam manu propria, ut infra videtur, corroborantes, sigilli nostri impressione jussimus insigniri.

Signum domni Heinrici tertii regis invictissimi Romanorum imperatoris Augusti.

Guntherius cancellarius vice Herimanni archicancellarii recognovit.
Dat. iii Nonas Novembris anno Dominicæ Incar-

nationis 1055, indictione VIII, anno autem domni Heinrici tertii regis, imperatoris autem secundi, ordinationis ejus XXVII, regni quidem XVII, imperii vero IX.

Actum Guaresallæ [*leg.* Guarstallæ] in Dei nomine feliciter. Amen.

XXVII.

Heinricus rex III, imperator II, canonicis Ecclesiæ Cremonensis omnia illorum bona confirmat.

(Anno 1055.)

[MURATORI, *Antiq. Ital.* II, 75.]

In nomine sanctæ et individuæ Trinitatis. HEINRICUS, divina favente clementia, Romanorum imperator Augustus.

Si illis qui ad loca sacra destinati divinis officiis inserviunt, nostræ imperialis munificentiæ benivolentiam in suis petitionibus clementer ac benigne demonstramus, a Deo omnium rerum inspectore meritam et condignam retributionem nos recipere speramus. Unde omnium sanctæ Dei Ecclesiæ nostrorumque fidelium, tam futurorum quam præsentium, diligens industria noverit qualiter pro remedio animæ nostræ, et ob interventum conjugis nostræ dilectissimæ imperatricis Agnetis, nec non propter incrementum filii nostri charissimi Heinrici quarti videlicet regis, canonicorum sanctæ Cremonensis ecclesiæ in honorem beatissimæ Dei Genitricis Mariæ constructæ necessitatibus providentes illis confirmamus, ac nostra imperiali auctoritate corroboramus terras suas, quas præfatæ canonicæ præsules eidem ecclesiæ vi et injuste tulerant, videlicet Butaningum, Castrumvetus, Insulam, Raduldiscum, Casanovam, Butalianum, Fontanellam, capellam Sancti Salvatoris cum suis pertinentiis, nec non et cæteras terras quas canonici prædicti nunc vel in futuro juste ac legaliter detinere videntur, cum districtu, cum porcis et vervecibus, cum operibus, et omnibus scuftis. Præterea sancimus atque præcipimus ut nullus episcopus, comes, procurator aut decanus de ipsa canonica fodrum aut aliquam dationem illis tollere, aut aliquomodo sine legali judicio molestare vel disvestire præsumat. Si quis vero contra hujus nostræ confirmationis auctoritatem temerarius violator exstiterit, centum libras auri optimi componat, medietatem cameræ nostræ imperiali, et medietatem prædictis canonicis. Quod ut verius credatur, diligentiusque ab omnibus observetur, hanc chartam inde conscriptam manu propria subter corroborantes, sigilli nostri impressione jussimus insigniri.

Signum domni Heinrici tertii regis invictissimi, secundi Romanorum imperatoris Augusti.

Guntherius cancellarius vice Herimanni archicancellarii recognovit.

Data Idus Octobris, anno Dominicæ Incarnationis 1055, indictione VIII, anno autem domni Heinrici tertii regis, imperatoris autem secundi, ordinationis ejus XXVII, regni quidem XVII, imperii vero IX.

Actum Mantuæ in Dei nomine feliciter. Amen.

XXVIII.

Henrici III, Germaniæ ac Italiæ regis, et imperatoris II, privilegium concessum Ferrariensi populo.

(Anno 1055.)

[MURATORI, *Antiq. Ital.* V, 755.]

In nomine sanctæ et individuæ Trinitatis. HEINRICUS, divina favente clementia, Romanorum imperator Augustus.

Noverint omnes sanctæ Dei Ecclesiæ, nostrique fideles, tam futuri quam præsentes, qualiter pro remedio animæ nostræ, et ob interventum conjugis nostræ imperatricis Agnetis, et propter interventum dilectissimi filii nostri Henrici quarti regis, universo populo Ferrariensi nobis supplicanti pro fideli ac devoto eorum servitio omnes curtenses a datione in placito, quæ Tertiæ dicuntur, tutos esse permittimus. Villanos etiam infra totam civitatem Ferrariæ, vel ubicunque in eorum terra habitant, ad publicum placitum non venire, sed dominis ets pro illis respondere concedimus. Naves suas et caballos ad P. officium persolvere non cogantur, nisi cum nos in regnum Italicum veniremus, vel noster missus. Præterea si quis ad placitum vocatur, et debitum suum sponte confitetur, a pœna Tertiarum solutus sit. Similiter etiam et viduas a Tertiis in placito solvimus. Bannus autem illorum secundum antiquum modum centum et octo denarii sit. Ripaticum non dent, nisi Papiæ, duodecim denarios ejusdem monetæ. Cremone autem si forte quisquam negotiatorum moratus fuerit, et alibi aliquod negotium de sale fecerit, duo oralia persolvat. De piscibus pro unaquaque vegete duos denarios Mediolanenses tribuat. Ravennæ duos monetæ Venetiæ. Venetiæ vero duodecim ejusdem monetæ. Et præter hæc prænominata loca omnem mercatum Italicum absque qualibet exactione secure frequentent. Secundum etiam quod lex jubet, in placito induciæ illis concedantur, nisi cum nos aut noster missus in regnum Italicum venerimus. Generale placitum in anno bis custodiant, et hoc solvendo modo tribus diebus et unaquaque die tres porcos centumque panes, unam libram piperis, et alteram zinamomi, tresque sextarios mellis; hisque tribus diebus tantummodo unam vegetem vini : quarta vero die unum verrem ac quinquaginta panes placitanti tribuant. Fotrum autem nobis aut nostro misso ad Italiam venienti plenissime persolvant; hæc enim omnia, quæ præscripta, nec non concessa sunt, illa exceptione stabilimus et confirmamus ad cætera tempora; nisi cum nos aut noster missus in regno Italico steterimus. Si quis autem hujus nostræ concessionis et confirmationis violator exstiterit, centum libras auri optimi componat, medietatem cameræ nostræ, et medietatem prædicto Ferrariensi populo. Et ut hæc nostræ confirmationis auctoritas stabilis ac firma permaneat, hanc chartam inde conscriptam manu propria, ut infra videtur, corroborantes, sigilli nostri impressione jussimus insigniri.

Signum domni Heinrici tertii regis invictissimi, secundi Romanorum imperatoris.

Gunterius cancellarius vice Herimani archicancellarii recognovit.

Data vIII Kalendas Septembris, anno Dominicæ Incarnationis 1053, indictione VIII, anno autem domni Heinrici tertii regis, imperatoris autem secundi, ordinationis ejus XXVII, regni quidem XVII, imperii vero IX.

Actum ad Pontem in Dei nomine feliciter. Amen.

XXIX.

Præceptum domni Heinrici III imperatoris Augusti pro monasterio Prumiensi. — Confirmat ipsius privilegia et possessiones.

(Anno 1056.)

[MARTEN. Ampl. Collect. III, 445, ex chartario Prumiensi.]

In nomine sanctæ et individuæ Trinitatis. HEINRICUS, divina favente clementia, rex.

Si erga loca divinis cultibus mancipata curam et diligentiam adhibemus, parentum ac decessorum nostrorum instituta non solum firmamus, verumetiam augmentare satagimus, id nobis in æternæ remunerationis retributione profuturum veraciter confidimus. Quapropter omnibus sanctæ Dei Ecclesiæ nostrisque fidelibus, præsentibus videlicet atque futuris, cognitum esse volumus quoniam inclytus ac venerabilis Robertus abbas Prumiensis monasterii, quod divæ memoriæ Pippinus quondam rex Francorum suggestu et consensu Bertradæ Augustæ conjugis suæ, in honore Domini nostri Jesu Christi ejusque sanctissimæ Genitricis Mariæ, in juris sui proprietate a fundamentis construxit, una cum collegio monachorum sub eo regulariter degentium, adiit serenitatis nostræ clementiam, deprecans ut monumenta et auctoritates augustorum ab ipso, scilicet Pippino et infra, quæ super tenore ac statu præfati monasterii suis præceptis et edictis roboraverunt, eadem nos innovare et regali auctoritate firmare denuo dignaremur. Quorum petitionibus libentissime annuentes, præpositique sui constantiam in divinis excubiis indefessam fore cognoscentes, decrevimus ita fieri, et jussimus hoc præsens muniminis nostri conscribi præceptum, per quod cognoscant omnes Dei fideles et nostri tam futuri quam præsentes, quoniam quidquid de statu prædicti loci cunctorumque ad illum pertinentium, universi decessores nostri serenissimi Augusti utiliter perfecteque sanxerunt, id pro remedio nostri patris Heinrici secundi Romanorum imperatoris Augusti, nec non ob interventum nostræ charissimæ matris, scilicet Agnetis imperatricis Augustæ, inconvulsum ac stabile modis omnibus cunctas per successiones manere decernimus. Igitur secundum præceptum et edictum præclarissimi præfati regis Pippini, omniumque successorum ejus augustorum auctoritate, privilegium sit monachis prædicti cœnobii eligendi sibi abbatem more solito de ipsa congregatione, nec aliunde recipiendi rectorem vi vel potestate alicujus personæ; sed in eadem electione vigeat cum nostro consensu atque consilio seniorum de ipsa congregatione sapientiorum probitas ac humilis suggestio. Volumus præterea, sicque decernimus, ut res, villæ, cellæ, atque possessiones, in quibuscunque sitæ sint provinciis, et præfato subditæ debent servire loco, sub defensione nostræ tuitionis atque mundiburdo ab omni exactione ac discussione cujuspiam immunes et intactæ semper consistant. Nullus in eis comes sive aliqua judiciaria potestas, eorumque aliquis qui rempublicam administrare debent, locum habeat tenendi audientiam vel placitum, ab eis exigendi freda, parafredos, conjectos, vehiculos, alicujusmodi requirendi bannum vel heribannum tam a servientibus et colonis, qui per eadem passim resident territoria, quam etiam a liberis et de hisdem beneficia habentibus, quia sic censuit de eis Carolus Pippini filius imperator maximus, omnesque post eum usque ad hæc tempora reges et augusti. Et ut abbas suos advocatos habeat licentiam statuendi, sine regis præsentia, in cujuscunque comitis mallum voluerit. Quidquid vero jus fisci de supradictis rebus ad regios usus ministrorumque ejus exigere poterit, ad luminaria ejusdem ecclesiæ, ac recreationes indigentium, sicut ab eis est concessum, et in sempiternum concedimus. De teloneis quoque cunctis etiam occasionibus, exactionibus, quemadmodum constat præfinitum a supradictis regibus, præcipiendo decernimus, ne quis exigere præsumat ab eorum ministris et missis, qui ob diversas causas ac necessitates discurrunt per diversa loca, sed neque ab ullo de tota familia S. Salvatoris in nullo mercato regni nostri, portuque navali, vel naulus vel teloneus requiratur, sintque semper et ubique ab hujusmodi exactoribus et exactione immunes et securi, quocunque locorum ditionis nostræ potuerint pervenire. Placuit etiam illud interserere, ut si aliquid minus reperitur de imperialibus edictis, regalibusque præceptis, vel instrumentis chartarum, per quæ loco supradicto et nobilium filiis res vel prædia legaliter sint collata, quod tum crematione incendii facti per irruptionem paganorum, seu aliqua negligentia, vel nimia vetustate deperisse probatur; nullus contra locum illum ejusque privilegia aliquas repetitiones vel occasiones propter hujusmodi rem movere deinceps præsumat; sed quodcunque illi loco secundum legem a quocunque collatum est, hactenus sine repetitione possedit, jugiter absque contradictione alicujus possideat, et si aliqua exinde per pravitatem pravorum hominum sunt educta sive subtracta, repetendi ea liberam habeat facultatem. Inter hæc liberales quoque donationes, quas decessores nostri reges loco eidem contulerunt, reperitur hoc ab eis esse concessum, quatenus si rectores ejus utile judicaverint, mercatum statuant in quocunque potestatis suæ loco voluerint, propriique numismatis percussuram, monetam videlicet faciendi ibidem, ex regia haberent auctoritate licentiam. Quod et nos, si sic abbas necessarium duxerit, libenter annuimus, et auctoritate nostra roboramus, sitque locus ille praeclarissimus sub tutamine, et emunitate nostrae defensionis, sicuti fuisse probatur sub omnium qui ante nos fuerunt regum tuitione. Et quia rex coelestis ejusdem loci peculiariter non dedignatur esse possessor, cum totus ejus sit orbis ipsiusque plenitudo, rex terrenus in quantum valet, ad vicem hujus infatigabilis studeat esse defensor, quatenus milites Christi inibi degentes pro nobis cunctisque ad nos pertinentibus, atque regni nostri statu, cuncta etiam in toto orbe diffusa Ecclesia, continuas preces debitasque Deo laudes die nocteque persolvere alacriter certent. Et ut haec liberalitatis nostrae institutio firmiorem in Dei nomine per omnia futura tempora obtineat stabilitatem, manu nostra subtus eam firmavimus, sigilloque nostri impressione jussimus insigniri.

Signum domni Heinrici quarti regis.

Winiterius cancellarius vice Luitboldi archicancellarii, archiepiscopi recognovi.

Data nonas Decembris, anno Dominicae Incarnationis 1056, indictione ix, anno autem domni Heinrici IV regis ordinat. iii, regni 1.

Actum Coloniae in Dei nomine feliciter. Amen.

HEINRICUS IV IMP.

HUJUS NOMINIS INTER REGES QUARTUS, INTER AUGUSTOS TERTIUS

(An. 1056-1106.)

HEINRICI IV. IMP. CONSTITUTIONES

(PERTZ, *Monum. Germ. hist.*, Leg. t. II, p. 49.)

I.

CONVENTUS OPPENHEIMENSIS (1).

(An. 1076, Oct.)

Promisso Heinrici regis, quam fecit Hildebrando papae, qui et Gregorius.

Consilio fidelium nostrorum admonitus, sedi apostolicae et tibi Gregorio papae debitam in omnibus servare obedientiam promitto [1], et quaecunque ejusdem sedis vel tui honoris imminuto per nos orta videtur, devota satisfactione emendare curabo. Quia vero graviora quaedam de nobis jactantur, quae in eamdem sedem et tuam reverentiam statuerim, ea congruo tempore [2] vel innocentiae suffragio, vel opitulante Deo, expurgabo, vel tum demum pro his competentem poenitentiam libenter amplectar. Condecet autem et sanctitatem tuam, ea quae de te vulgata scandalum ecclesiae pariunt, non dissimulare, sed remoto a publica conscientia et hoc scrupulo, universalem tuam ecclesiae quam regni tranquillitatem per tuam sapientiam stabiliri.

Edictum generale.

II. Dei gratia rex, archiepiscopis, episcopis, marchionibus, comitibus, et cujuscunque dignitatis ordini, bonae suae voluntatis gloriosam dignationem. Quia mansuetudini nostrae contra sedem apostolicam ejusque venerandum praesulem domnum Gregorium papam ab aliquibus subreptum esse fidelium nostrorum suggestione recognovimus, placuit nobis priorem sententiam salubri consilio mutare, et more antecessorum progenitorumque nostrorum eidem sacrosanctae sedi et qui ei praeesse dignoscitur, domno Gregorio papae, per omnia debitam servare obedientiam, et si quid in eum gravius praesumptum est, competenti satisfactione componere. Volumus autem, ut et vos serenitatis nostrae exemplo admoniti, solemnem beato Petro ejusque vicario satisfactionem exhibere non dubitetis [3], et quicunque ejus banno se astrictos intelligunt, ab ipso videlicet domno papa Gregorio solemniter absolvi elaborent.

II.

CONVENTUS TRICINENSIS (2).

In concilio Heinrici imperatoris III.

Quoniam sanctam Dei ecclesiam a paganorum persecutionibus, Deo juvante, cessisse cognoscimus,

VARIAE LECTIONES.

[1] p. s. o. 2. [2] temporis 1. recusetis 2.

NOTAE.

(1) Promissio regis de obedientia papae praestanda et edictum de cassata in Gregorium VII sententia conventui Oppenheimensi ascribenda esse videntur. Servantur in 1) codice epistolari Udalrici Babenbergensis n. 145 et 155 atque 2) in codice regio Hannoverano fol. 53 et 54; edictum quoque Tegnagelli Collectioni p. 342 insertum est.

(2) Acta haec, in membrana saeculi xi archivi cathedralis ecclesiae Parmensis ab Irenaeo Affo reperta, edidit Canciani, t. V, p. 45, 46; unde ea, distinctione meliori instituta, proponimus. Aetas eorum cum incerta sit, ea expeditioni Heinrici Italicae anni 1081, qua Romanum iter aggressurus, cum episcopis caeterisque Langobardiae primoribus de rebus eorum tractavit (NORBERTI, *Vita Bennonis*, c. 22), potissimum ascribenda censuimus.

nimis dolendum est, eamdem horum qui Christiano censentur nomine attenuari oppugnationibus. Res itaque ecclesiarum antecessorum nostrorum opera opulentissime congestas, eorumdemque solertia integerrime conservatas, jam nunc iniquorum nostrorum hominum opera fraude et astucia attenuatas, fore omnino conspicimus dissipatas. Ad devastationes itaque ecclesiarum utuntur libellariis extra legem scriptis, precariis, commutationibus, in detrimento rerum ecclesiasticarum factis. Quorum ut cesset insolens impetus, decrevit sancta synodus cui interfuit tertius rex Heinricus : De [4] rebus ecclesiarum libellaria penitus nulla fieri, jussum est antiquitus, et nos id ipsum sub anathemate interdicimus. De hæresi simoniaca; quæ quoniam increvit inepta, sancta decrevit [5] synodus, nullum episcopum aut ecclesiarum consecrationem aut clericatus vel ordinem aut diaconatum, aut [6] presbyteratum, aut commendationes altarium, aut traditiones ecclesiarum, aut abbatias, aut præposituras vendere; quisquis conduxerit aut vendiderit, anathema sit. Fiat.

De præcepto et firma fidelitate Heinrici regis contra deprædatores ac seachatores regni ejus.

Ab hac hora in antea adjuvabo Heinricum regem qui nunc regnat in Italia, et nuntios ejus, et comites quos ipse ad hoc elegerit ad justitiam et legem faciendam, dependens secundum rectum judicium et de cæteris rebus quas facere lex prohibet; de beneficiis autem secundum rectum judicium comparium. Furtum, schacum, vel rapinam, aut prædam, me sciente vel mea sponte non faciam ultra sex solidos in anno. Incendium, vel saltum ad castella et ad domos, non faciam. Si forte evenerit ut faciam, infra unum mensem idipsum si potero reddam; si vero idipsum reddere non potero, secundum hoc quod valuerit restituam, si accipere voluerit is cui damnum illatum fuerit. Si per meam culpam inemendatum remanserit infra unum mensem, juxta quod lex præcipit emendabo, si legaliter invitatus fuero. Hos vero homines qui hoc juramento facere noluerint, aut factum violaverint [7], Heinricum regem, aut suum certum nuntium aut episcopum aut comitem qui me ad hoc invitaverit per rectam fidem adjuvabo devastare, secundum præceptum regis aut sui certi nuntii. De me ipso quidem unicuique secundum rectum judicium justitiam faciam de ipsis rebus quæ ad legem pertinent; de beneficiis vero secundum rectum judicium comparium, si per legem admonitus fuero. Hæc omnia per decem annos observabo, excepto si in expeditione aut in hostem iero per præceptum regis, vel super inimicum ipsius, aut super illum qui hoc jurare noluerit aut factum violaverit, salva fidelitate et præcepto Heinrici regis.

III.

CONVENTUS MOGUNTINUS.

(An. 1084, Nov. 29.)

Litteræ imperatoris quibus principes ad conventum invitat.

Heinricus Dei gratia Romanorum imperator augustus R. [8] Babenbergensi ecclesiæ episcopo gratiam et omne bonum. Notum est tibi, quanto periculo tota fluctuat ecclesia, quantus error in omni surgit Saxonia, quantaque desolatione nobilis illa Metensis penitus destruitur ecclesia, et non solum ibi, sed et in diversis partibus ecclesia nostri dividitur imperii. Igitur consilio nostrorum fidelium statuimus fieri Moguntiæ colloquium in dominico die ante proximum sancti Andreæ festum. Huic colloquio omnes regni principes nostri fideles intersint [9], et præterea omnes, quorum nobis utilis declaratur aut fides aut consilii providentia. Ad quod venire te quam intime rogamus, quia nullatenus tam ardua negotia regni et divisio ecclesiæ condonari poterit, sine tua maxima sapientia et consilio egregio et fide, quæ hactenus nobis frequenter in necessitatibus et hujusmodi controversiis regni, prout nos voluimus et res exegerat, præsto fuit. Ad quod colloquium omnes Saxones nostri fideles venient, rogantes summopere, nos in Saxoniam venire, et hos novos errores componere. Metenses autem e contrario Metim clamant nos transire, quatenus illic tandem pax et securitas reddatur ecclesiæ. Nos quoque, invitante archiepiscopo, Coloniæ nativitatem Domini celebraturi sumus, et idcirco statuimus, hoc colloquium ante fieri, ut hujusmodi dissensiones regni prius componeremus, quam nos in remotiora transiremus loca. Sed idcirco prædictam expeditionem distulimus, quatenus communi omnium nostrorum consilio, quæ nobis agenda sint, considerentur. Ergo rogamus te per eam, qua compater nobis effectus es, dilectionem, ne te corporis ægritudo vel quælibet alia res impediat, quin ad præfatum colloquium tempore statuto venias, et ibi juxta magnam sapientiam et solitam fidem tuam de nostra et regni utilitate, quæ necessaria sunt, nobiscum disponas.

VARIÆ LECTIONES.

[4] *ita distinxi; Canciani habet :* Heinricus de — fieri. Jussum — interdicimus de hæresi, etc. [5] *ita supplevi; Canciani dec. . . . .* [6] d. a. *ita explevi lacunam apud Canc.* [7] violaverit *Canc.* [8] i. e. Roberto. [9] intersunt c. Vindobon. et Goldastus.

HENRICUS IV. IMP.

IV.
SYNODUS MOGUNTINA (3).
(An. 1085, vere.)

Constitutio pacis Dei in synodo Coloniensi, a. 1085, d. 20 aprilis promulgata.

SIGIWINUS sanctæ Coloniensis ecclesiæ solo nomine episcopus, FRITHERICO confratri et coepiscopo (4), voluntariam tam devotissimi oraminis quam serviminis sui exhibitionem.

Cum nostris temporibus ultra modum tribulationibus variisque angustiis sancta æcclesia in suis membris affligeretur, adeo ut tranquillitas et pax ex integro desperaretur, compatiendo tot pressuris totque periculis, subvenire illi, Deo propitiante, tractavimus; et hoc tandem illi remedium consilio nostrorum fidelium providimus, ut pacem quam peccatis nostris exigentibus continuare non potuimus, intermissis saltem diebus quantum nostri juris fuit aliquatenus recuperaremus. Fecimus enim hoc et profecimus. Convocatis igitur parrochianis nostris ad legitime condictum concilium, quod Coloniæ in sancti Petri matricæ æcclesia anno Dominicæ Incarnationis 1085, indictione 6, 12 Kalend. Maii habitum est, ordinatis aliis, quod de his facere disposuimus, in publico recitari fecimus. Quod postquam ab omnibus aliquamdiu diverso modo tractatum est et retractatum, Deo mediante in unum tandem conventum est, et tam clero quam populo pari voto consentientibus, quo modo et quibus per annum spaciis observari debeat edocuimus. Videlicet ut a primo die adventus Domini usque ad exactum epyphaniæ, et ab intrante septuagesima usque in octavas pentecostes, et per totam illam diem, et per annum omni die dominica feriaque sexta, et in sabbato, addita quatuor temporum feria, omniumque apostolorum vigilia cum die subsecuta, insuper indifferenter omni die canonice ad jejunandum vel feriandum statuta vel statuenda, hoc pacis decretum teneatur; ut itinerantibus domique manentibus securitatis et quietis tutissima sit traditio, ut cedes et incendia, predas et assultus nemo faciat, nemo fuste et gladio aut aliquo armorum genere quemquam ledat, et ut nemo quavis culpa faicosus ab adventu Domini usque in octavas æpiphaniæ et a septuagesima usque in octavas pentecostes tollere præsumat arma, scutum, gladium, aut lanceam, vel cujuscumque prorsus arma

A *Henrici IV imperatoris constitutio pacis Dei in synodo Moguntina a. 1805 promulgata.*

Cum nostris temporibus ultra modum tribulationibus sancta Ecclesia affligeretur, compatiendo tot pressuris totque periculis, subvenire illi, Deo propitiante, tractavimus, ut pacem quam peccatis nostris exigentibus continuare non potuimus, intermissis saltem diebus aliquatenus confirmaremus. Anno dominice incarnationis 1085, indictione 8, Deo mediante tam clero quam populo pari consentientibus voto, constitutum est, ut a primo die adventus Domini usque ad exactum diem epiphaniæ, et ab intrante septuagesima usque in octavas pentecostes et per totam illam diem, omnique feria quinta, sexta, sabbato, dominica die, usque ad ortum solis secundæ feriæ, addita feria [10] quatuor temporum, omnique apostolorum vigilia cum die sequenti, insuper omni die canonice ad jejunandum vel feriandum statuta vel statuenda, hoc pacis decretum teneatur, quatenus iterantium domique manentium securitatis sit tutissima traditio, ut cedes et incendia, predas et assultus nemo faciat, nemo fuste aut gladio aut aliquo armorum genere quemquam ledat, et nemo quamvis culpa faicosus ab adventu Domini usque in octavas epiphanie, et a septuagesima usque in octavas pentecostes tollere arma presumat, scutum, vel gladium vel lanceam vel cujuscunque prorsus armaturæ sarcinam. Similiter in reliquis diebus, idem dominicis quinta et sexta feria, sabbato omnique vigilia apostolorum cum die subsequenti, et omni die ad jejunandum sive feriandum canonice statuta vel statuenda, non licet arma ferre nisi longe euntibus, ea tamen conditione ut nulli quolibet modo lesionem inferat. Si necesse fuerit alicui infra spacium condictæ pacis in alium locum quo pax ista non observetur ire, arma ferat, ita tamen ne alicui noceat, nisi impugnetur, ut se defendat, reversus autem iterum arma deponat. Si contigerit ut castellum obsideatur, per dies qui infra pacem comprehensi sunt ab impugnatione cessent, nisi ab obsessis impugnentur [11] et repugnare cogantur.

Et ne hæc pacis statuta traditio a quavis persona inpune violetur, ab omnibus dicta est sententia. Si

VARIÆ LECTIONES.

[10] Feria IIII. quatuor *codex*. [11] impugnetur *cod*.

NOTÆ.

(3) Heinricus III imperator, testibus Annalibus Sangallensibus et Babenbergensibus, Hermanno Contracto et Lamberto Aschafnaburgensi, in conventu Constantiæ, habito anno 1043, pacem hactenus inauditam tam in tota Suevia quam in aliis regni sui provinciis per edictum regiæ censuræ confirmavit. Cujus tenor cum hodie lateat, eo magis gratulandum est de constitutione Heinrici IV, eadem de re, annalista Babenbergensi teste, in synodo Moguntiacensi, primis anni 1085 mensibus promulgata. Reperimus eam a. 1833 in codice bibl. reg. Babenbergensis S. Ambrosii libros De officiis ministrorum continente sæculo duodecimo exaratam, ejusque e latere constitutionem cujus ad normam exacta est, scilicet synodi Coloniensis sub Sigowino archiepiscopo habitæ, ex codice sæculi XII, olim Abdinghofensi, jam vero viri clarissimi D. Meyer capitularis Paderbornensis, denuo descriptam collocavimus. Formulam juramenti, quæ in codice Babenbergensi desideratur, æstate præterita Lugduni Batavorum ex codice olim Werthinensi sæculi XI exscripsimus, in quo et sæculo XIII iterum descripta habetur.

(4) Monasteriensi qui a. 1804 obiit. Schaten. 1, 612.

turæ sarcinam. In reliquis vero diebus, id est in dominicis et 6 feriis, omnique apostolorum vigilia cum die subsecuta, et omni die ad jejunandum vel feriandum statuta vel statuenda, arma illis ferre licebit, ea tamen conditione ut nulli quolibet modo lesionem inferant. Si necesse fuerit alicui intra spacium conditæ pacis, id est ab adventu Domini usque ad octavas epiphaniæ et a septuagesima usque in octavas pentecostes, exire de nostro episcopatu in alium quo ista pax non tenetur, arma ferat, ita tamen ne alicui noceat, nisi si inpugnetur ut se defendat. Reversus autem in episcopatum nostrum, statim arma deponat. Si contigerit ut debeat obsideri castellum aliquod, per dies qui infra pacem comprehensi sunt ab impugnatione cessent, nisi ab obsessis impugnentur, et repugnare cogantur. Et ne hæc pacis statuta traditio a quavis persona temere et impune violetur, hujusmodi violatoribus in commune ab omnibus est dictata sententia. Si liber vel nobilis eam violaverit, id est homicidium fecerit aut aliquem vulneraverit, vel quolibet alio modo defectaverit, absque omni sumptuum aut amicorum interventione a finibus confinium suorum expellatur, totumque prædium ejus heredes sui tollant, et si beneficium habuit, dominus ad quem pertinet illud recipiat. Si vero heredes aliquod illi, postquam expulsus fuerit, sustentaculum vel solatium impendisse inventi fuerint et convicti, prædium illis auferatur et regiæ ditioni mancipetur. Quod si se purgare de objectis voluerint, cum duodecim qui eque nobiles vel eque liberi fuerint jurent. Si servus occiderit hominem, decolletur. Si vulneraverit, manu puniatur. Si alio modo vel pugno sive fuste vel lapide percutiendo defectaverit, detondeatur et excorietur. Si autem cui imputabitur se innocentem probare voluerit, judicio aquæ frigidæ se expurget, ita tamen ut ipse et nullus alius pro eo in aquam mittatur. Si autem timens vindictam quæ in eum dictata est aufugerit, perpetuæ excommunicationi subjacebit, et in quocumque loco auditus fuerit, mittantur illuc litteræ, per quas denuncietur omnibus quod excommunicatus est, et quod cum eo communicare nulli licitum est. Non debet truncatio manuum in pueris fieri qui nondum duodecim annorum etatem impleverint, sed in illis qui ab etate id est a duodecim annis ad majorem pervenerunt. Pueri tamen si pugnaverint, verberibus castigentur, et a pugnando deterreantur. Non ledit pacem si quis delinquentem servum suum, vel discipulum vel quolibet modo sibi subditum scopis vel fustibus cedi jusserit. Excipitur etiam ab hac pacis constitutione, si domnus rex publice expeditionem fieri jusserit, propter appetendos regni inimicos, vel concilium sibi habere placuerit propter dijudicandos justiciæ adversarios. Non violatur pax, si interim dux vel alii comites, vel advocati, vel qui vice illorum funguntur, placita habuerint, et secundum quod lex

liber vel nobilis eam violaverit, idem si homicidium fecerit aut aliquem vulneraverit, aut alio quolibet modo defectaverit, absque [12] omni sumptuum aut amicorum interventione, finibus confinium suorum expellatur, totumque predium ejus heredes sui tollant, et si beneficium habuerit, dominus ad quem pertinet illud accipiat. Si vero heredes sui aliquid illi, postquam expulsus fuerit, subsidium et sustentaculum impendisse inventi fuerint et convicti, predium illis auferatur, et regiæ dignitati mancipetur. Quod si se de objectis purgare voluerit, cum 12, qui eque nobiles, ac liberi, fuerint jurent.[13] Si servus occiderit hominem, decolletur; si vulneraverit, manu dextra truncetur; si alio modo vel pugno, vel lapide sive fuste vel quolibet modo percutiendo defectaverit, verberetur et decapilletur. Si autem cui imputatur se innocentem probare voluerit, judicio aquæ frigidæ se expurget, ita tamen ut ipse et nemo alius pro eo in aquam mittatur. Si autem timens judicium quod in eum dictatum est aufugerit, perpetuæ excommunicationi subjaceat, et in quocunque loco auditus fuerit, mittantur illuc litere, quibus denuntietur illum excommunicatum esse et quod cum eo nulli communicare liceat. Non debet truncatio manuum in pueris fieri qui nondum etatem duodecim annorum impleverint; si qui hanc transgressi sunt, pueri, tantum verberibus castigentur. Non infringit pacem, si quis delinquentem servum vel discipulum vel quolibet modo sibi subjectum scopis vel fustibus cedi jusserit. Excipitur etiam ab hac pacis constitutione, si dominus imperator publice expeditionem fieri jusserit propter appetendos regni inimicos, vel concilium sibi habere placuerit, propter dijudicandos justicie adversarios. Non violatur pax, si interim dux aut alii comites vel advocati vel qui vicem illorum funguntur placita habuerint, et secundum quod lex habet in fures et predones et alios nocentes judicia exercuerint. Securitatis gratia omnibus precipue faicosis hujus dominice pacis statuta est tradicio, sed non ut post expletam pacem rapere et predari per villas et per domos audeant, quia que in illos antequam ista pax statueretur lex et sententia dictata est diligentissime tenebitur, ut ab iniquitate proibeantur, quia predatores et grassatores ab hac divina pace et ab omni prorsus excipiuntur. Si quis huic pie constitutioni contraire nititur, ut nec pacem Deo promittere nec etiam observare voluerit, missam illi nullus presbiterorum cantare presumat, et nullam salutis curam inpendat; si infirmetur nullus Christianorum eum visitare presumat, et viatico etiam in fine, nisi resipiscat, careat. Si quis autem illam sive in presenti tempore sive in perpetuum apud posteros nostros violare presumpserit, a nobis irrecuperabiliter excommunicatus est. Non magis in comitum vel tribunorum sive quorumlibet potentum quam in totius populi communiter potestate

VARIÆ LECTIONES.

[11] absque *c*. [13] jurent *c*.

habet in fures, et prædones, et alios nocentes judicia exercuerint. Securitatis gratia omnibus præcipue faicosis hujus dominicæ pacis statuta traditio est, sed non ut post expletam pacem rapere et prædari per villas et per domos audeant, quia quæ in illos antequam ista pax statueretur lex et sententia dictata est legitime tenebitur, ut ab iniquitate prohibeantur, quia prædatores et grassatores ab hac divina et ab omni prorsus pace excipiuntur. Si quis huic piæ institutioni contraire nititur, ut nec pacem cum aliis Deo promittere nec etiam observare voluerit, missam illi nullus presbiterorum in nostro episcopatu cantare præsumat, et nullam salutis curam impendat, et si infirmatur, nullus eum Christianorum visitare audeat, et viatico etiam in fine, si non resipiscit, careat. Summa vero Deo promissæ pacis, et communiter collaudatæ, ista erit, ut solummodo non nostris temporibus, sed in perpetuum apud posteros nostros observetur, quia si quis eam irritare, vel destruere, aut violare præsumpserit, sive hoc tempore seu qui post multos annos circa finem seculi nasciturus erit, a nobis irrecuperabiliter excommunicatus est. Non magis in comitum, aut tribunorum, vel potentum, quam in totius communiter populi potestate et arbitrio constabit, ut vindictas superius dictatas violatoribus sanctæ pacis inferant; et hoc diligentissime caveant, ne in puniendis amiciciam, vel odium, vel aliud quod justitiæ contrarium sit exerceant, ne si abscondi possunt delicta aliquorum abscondant, sed potius in publicum deferant. Nullus pro redimendis qui in culpa deprehensi fuerint pecuniam accipiat, nec favore quopiam culpabiles adjuvare contendat, quia qui fecerit, intolerabile animæ suæ judicium incurrit; ac per omnes fideles meminisse oportet non homini sed solo Deo hanc pacem promissam fuisse, et tanto tenacius firmiusque observandam esse. Quocirca universos obsecramus in Christo ut ista pacis necessaria taxatio inviolabiliter custodiatur, ut si quis eam deinceps violare præsumpserit, omnino a sanctæ æcclesiæ filiis sequestretur, et banno excommunicationis irrecuperabilis et anathemate mansuræ perditionis dampnetur. In æcclesiis vero et æcclesiarum cimeteriis honor et reverentia Deo præbeatur, ut si illuc confugerit raptor, vel fur, minime interficiatur, vel capiatur, sed tam diu inibi obsideatur, donec fame urgente ad deditionem cogatur. Si aliqua persona reo arma, victum, vel fugam moliri præsumpserit, æqualem poenam sicut reus sustinebit. Clericos vero et omnes sub hoc ordine vitam degentes, banno nostro interdicimus laicali vindicta puniri, sed manifesto crimine deprehensi, episcopo ipsorum præsententur. Unde laici decollentur, inde clerici degradentur; unde laici detruncentur, inde clerici ab officiis suspendantur; et cum consensu laicorum crebris jejuniis et verberibus usque ad satisfactionem affligantur.

A constare sanximus, ut vindictas supra memoratas, violatoribus sancte pacis inferant; et hoc diligentissime caveant, ne in puniendo amiciciam vel odium, vel aliud quod justitiæ contrarium sit exerceant, ne delicta aliquorum abscondant sed potius in publicum proferant. Nullus pro redimendis qui in culpa deprehensi fuerant pecuniam accipiat. Mercatores in itinere quo negotiantur, rustici dum rusticali operi, arando, fodiendo, metendo, et aliis hujusmodi operam dant, omni die pacem habeant. Mulieres autem et omnes sacris ordinibus adtitulati perpetua pace fruantur; in ecclesiis vero et ecclesiarum cimiteriis honor et reverentia Deo prebeatur, ut si illuc confugerit raptor vel fur, minime capiatur, sed tamdiu ibi obsideatur, donec fame cogente ad deditionem cogatur. Si aliquis defensionem reo, arma, victum, vel fugam moliri presumpserit, equali penæ sicut reus subjacebit. Banno etiam nostro interdicimus, ne aliquis sacri ordinis hujus sanctæ pacis transgressor convictus, laicali vindicta puniatur, sed episcopo presentetur. Unde laici decollentur, inde clerici degradentur; unde laici detruncentur, inde clerici ab officiis suspendantur; et consensu laicorum crebris jejuniis et verberibus usque ad satisfactionem affligantur. Amen.

Juramentum pacis Dei.

Ab adventu Domini usque ad proximam diem lunæ post æpyphaniam, item a septuagesima usque ad octavam pentecostes, item in omnibus vigiliis et ferialibus festis, et tribus diebus in omni septimana, scilicet a vespera quintæ feriæ usque ad diluculum secundæ feriæ, pax sit ubique, ita ut nemo ledat inimicum suum. Qui occiderit, capitalem subeat sententiam, Qui vulneraverit, manum perdat. Qui pugno percusserit, si nobilis est, libra componat. Si liber aut ministerialis, decem solidis; si servus, cute et capillis. Omnis domus, omnis area pacem infra septa sua habeat firmam. Nullus invadat, nullus effringat, nullus infra positos temere inquirere aut violenter opprimere præsumat. Qui præsumpserit,

† *Juramentum pacis Dei.*

Ab adventu Domini usque ad proximam diem lunæ post epiphaniam, item a septuagesima usque ad octavam pentecostes, ut in omnibus vigiliis et ferialibus festis et tribus diebus in omni septimana, scilicet a vespera quintæ feriæ usque ad diluculum secundæ feriæ, pax sit ubique, ita ut nemo ledat inimicum suum. Qui occiderit, capitalem subeat sentenciam. Qui vulneraverit, manum perdat. Qui pugno percusserit, si nobilis est, libra componat. Si liber, aut ministerialis, decem solidis. Si servus, cute et capillis. Omnis domus, omnis area, pacem infra septa sua habeat firmam. Nullus invadat, nullus effringat, nullus infra positos temere inquirere, aut violenter opprimere præsumat. Qui præsumpserit, cujuscumque sit conditionis, capite plectatur. Si fugiens aliquis inimicum, vel suum vel cujuslibet septum intraverit, securus inibi sit. Qui vel hastam vel quidlibet armorum ultra sepem post eum immiserit, manum perdat. Cuicumque vero violatio hujus pacis imposita fuerit et ipse negaverit, si ingenuus est aut liber, duodecim probatis se expurget. Si servus, tam lito quam ministerialis, judicio aquæ frigidæ, ita scilicet ut ipsemet in aquam mittatur. Si furtum acciderit, aut rapina, aut bellum patriæ ingruerit, et clamor more patriæ exortus fuerit, armati omnes insequantur, et in eundo et redeundo pacem unusquisque habeat. Qui vero absque inevitabili necessitate se subtraxerit, si principum terræ aliquis est, decem libras, si nobilis quinque, si liber aut ministerialis duas, si lito aut servus quinque sol:dos persolvat, aut cutem et capillos perdat. Qui excommunicatum vel quibuslibet sceleribus dampnatum sciens receperit, et contra leges vel divinas vel humanas defenderit, sententiam damnati defensor subeat. Viatori hospitium nemo deneget. Necessaria si habet, æquo sibi precio vendat; si non habet, a vicinis qui habent eadem conventione acquirat. Si hospitium negaverit et necessaria vendere vel acquirere neglexerit, magistrum villæ viator appellat, qui convocatis civibus suis rogata negantem ad præsens decapillatum excoriet. Viator si importunus exstiterit, et violentiam in hospitio exercuerit, vicinos suos hospes convocet, injuriam denunciet, quorum consilio satisfactionem exigat et recipiat. Quibus si viator non acquieverit, ut raptor dampnetur. Viator si necesse habuerit, duos in agro manipulos, aut si multum tres, equis suis tollat, quos in eodem agro, aut in proxima villa depascat. Pascua pratorum, et poma, nullus prohibeat. Fugitivum servum nullus prohibeat. Qui defenderit, pœnam fugitivi subeat. Qui convicia in alium dixerit, si miles, baculis multetur, si rusticus scopis excorietur.

Hic finis juramenti. Quæ vero sequuntur, ore omnium laudata et in manus episcoporum promissa, et banno roborata sunt. In omni pacis tempore prædicto, nullus arma ferat, nisi illa quam præscripsimus necessitas exigat.

V.
CURIA MOGUNTINA (5).
(An. 1100, Dec. 25.)

HEINRICUS Dei gratia imperator augustus, Tegrinsensi abbati gratiam et omne bonum.

Comperto nuper apud nos domini apostolici C. obitu, principes qui nobiscum erant, consuluerunt,

A cujuscumque sit condicionis, capite plectatur. Si fugiens aliquis inimicum, vel suum vel cujuslibet septum intraverit, securus inibi sit. Qui vel hastam vel quidlibet armorum ultra sepem post eum immiserit, manum perdat. Cuicumque vero violacio hujus pacis inposita fuerit et ipse negaverit, si ingenuus est sive liber est, duodecim probatis se expurget; si servus, tam leto quam ministerialis, judicio aquæ frigidæ, ita scilicet ut ipse mox in aquam mittatur. Si furtum acciderit aut rapina, aut bellum patriæ ingruerit, et clamor more patriæ exortus fuerit, armati omnes insequantur, et in eundo et redeundo unusquisque pacem habeat. Qui vero absque inevitab:li necessitate se subtraxerit, si principum terræ aliquis est decem libras, si nobilis quinque, si B liber aut ministerialis duas, si servus aut lito quinque solidos persolvat, aut cutem et capillos perdat. Qui excommunicatum vel quibuslibet sceleribus dampnatum sciens receperit et contra leges vel divinas vel humanas deffenderit [14], sentenciam damnati defensor subeat. Viatori nemo hospicium deneget, necessaria si habet, æquo sibi præcio vendat; si non habet, a vicinis qui habent eadem convencione aquirat. Si hospicium negaverit et necessaria vendere vel aquirere neglexerit, magistrum villæ viator appellet, qui convocatis civibus [15] suis quesita negantem ad præsens decapillatum excoriet. Viator vero si importunus exstiterit et violenciam in hospicio exercuerit, vicinos suos hospes convocet, injuriam denunciet, quorum consilio satisfactionem exigat et C recipiat. Quibus si viator non aquieverit, ut raptor dampnetur. Fugitivum servum nullus defendat. Qui defenderit, penam fugitivi subeat. Viator si necesse habuerit, duos in agro manipulos, aut si [16] multum tres, equis suis tollat, quos in eodem agro aut in proxima villa depascat. Pascua pratorum nullus prohibeat. Qui convicia in alium dixerit, si miles, baculis multetur, si rusticus scopis verberetur.

Hic finis juramenti. Quæ vero sequuntur, ore [17] omnium laudata [18], per manus episcoporum promissa, et banno roborata [19] sunt. In [20] omni pacis tempore prædicto nullus arma ferat, nisi illa quam præsens rerum necessitas [21] exigat./

ut universis principibus curiam generalem in natali Domini apud Moguntiam indiceremus, quatenus eorum communi consilio Romana sedes ordinetur, et reformandæ unitatis ecclesiasticæ, quæ longo jam D tempore miserabiliter scissa est, ratio capiatur. Qua de re monendo, rogando et præcipiendo debitam a te nobis fidem diligentissime convenimus, ut, sicut

VARIÆ LECTIONES.

[14] deffenderet corr. deffenderit codex. [15] vicibus codex; at copia sec. XIII. civibus. [16] vox obscura. [17] deest in c. [18] hic finis copiæ sæculi XIII. [19] robrata cod. [20] vox obscurior. [21] ita legi videtur, at legendum ut in juramento anni 1081.

NOTÆ.

(5) Litteras ad eam invitatorias B. Pez in Codice Dipl. II, p. 47, ex codice Tegernseensi vulgavit, sed Heinrico VI et anno 1191 perperam ascripsit, cum nonnisi ad Heinricum IV et annum 1100, quo ad finem vergente Clemens III papa defunctus est, pertinere posse videantur. Imperatorem eo anno natalem Domini Moguntiæ celebrasse ex Dodechino discimus.

Deum et pacem, Christianam dilectionem quoque et gratiam nostram curas, ad prædictam curiam venire nulla dissimules occasione, nulla prætermittas occupatione. Pro certo moveris, quod hunc laborem nulli principum remittemus, nullius in hoc negligentiam æquo animo sufferemus.

VI
CURIA MOGUNTINA (6).
(An. 1103, Jan. 6.)
Constitutio pacis generalis.

Anno ab incarnatione Domini 1103 Heinricus imperator Mogontiæ pacem sua manu firmavit et instituit, et archiepiscopi et episcopi propriis manibus firmaverunt. Filius regis juravit et primates totius regni, duces, marchiones, comites et alii quam multi. Dux Welfo et dux Pertolfus et dux Fridericus juraverunt eandem pacem usque ad Pentecosten et inde per quatuor annos. Juraverunt, dico, pacem æcclesiis, clericis, monachis, laicis, mercatoribus, mulieribus ne vi rapiantur, Judæis.

Juramentum tale est:

Nullus alicujus domum hostiliter invadat, nec incendio devastet, nullus aliquem capiat propter pecuniam, nec vulneret, nec percutiat, nec interficiat. Et si quis hoc fecerit, oculos vel manum amittat. Si quis eum defenderit, eandem pœnam patiatur. Si in castrum fugerit, per tres dies obsessum a conjuratoribus disperdatur. Si quis effugerit hoc judicium, beneficium si habet, dominus suus sibi auferat, patrimonium cognati sui illi auferant. Si quis furtum fecerit valens quinque solidos vel plus, oculos vel manum amittat. Si furtum commiserit valens minus quinque solidos, capillos amittat et virgis cedatur et furtum reddat; et si ter tale furtum fecerit, vel rapinam tercia vice, oculos vel manum amittat. Si in via occurrerit tibi inimicus tuus, si possis illi nocere, noceas; si fugerit in domum vel in curtem alicujus, illesus maneat.

Hoc juramento utuntur amici regis pro scuto, inimicis vero nequaquam prodest.

Constitutio pacis provincialis.

Talis pax jurata est a duce Friderico et a multis comitibus, episcopo Augustensi et Eistetensi episcopo et utriusque prioribus consentientibus. Clerici et ecclesiæ et cimiteria et dotes æcclesiarum pacem habeant, similiter omnes homines pacem habeant in domibus, et in quolibet ædificio, et in curiis etiam infra legitimas areas domuum quas hovestete vulgo vocamus, sive sint septæ seu nulla sepe sint circumdatæ. Mulieres nullius violentiam paciantur. Mercatores et agricolæ pacem habeant; nullus omnino pro sola causa pecuniæ capiatur. Si quis prædictam pacem infregerit, manum perdere debet. Si quis inculpatus fuerit pro furto vel pro aliqua culpa istius corruptæ pacis, ille in quo pax corrupta est vadat ad parrochiam accusati et dicat populo: *Ille N. in hac re corrupit pacem...*[11] me. Et det sibi inducias per quatuordecim dies. Si non habuerit justiciam infra quatuordecim dies, secundo inducietur sibi per quatuordecim dies, et tercio det sibi inducias per quatuordecim dies; et si inculpatus ad satisfactionem non venerit, reus sit corruptæ pacis. Hæc pax hinc usque pascha et a proximo pascha usque ad sequens pascha permanere debet.

Si quis minus quam sexaginta denarii valeant furetur, depiletur et virgis excorietur, et in utraque maxilla ferro usque ad dentes uratur. Si quis sexaginta denarios vel plus quam sexaginta denarii valeant furetur, manus ei abcidatur. Hanc pacem unusquisque ante proximum festum sanctæ Mariæ debet jurare, vel cum juramento septem veracium suæ condicionis virorum debet se expurgare, quod ipse non audierit ab aliquo hanc pacem esse juratam; qui hoc non fecerit manum perdat. Si quis corruperit istam pacem, et aufugerit et latere voluerit donec ista pax transierit, si quandoque reversus fuerit, eandem penam paciatur, quam modo pati deberet. Si quis noluerit jurare dicens: *Nulli noceo, nec quisquam nocet mihi!* et qui sciens corruptorem pacis paverit vel receperit vel tutatus fuerit, vel pro pecunia vel aliquo modo aufugere eum permiserit, eandem penam quam violator pacis subire debet. Si quis corruptor pacis aufugerit, dux vel comes vel advocatus, vel quilibet rector sub cujus regimine prius fuerat, prædia violatoris pacis auferat et obtineat tam diu quam diu corruptor pacis vivat, et post corruptoris pacis mortem hereditatem heredes ejus assequantur. Dominus autem a quo beneficia violator pacis obtinuit, beneficia auferat. Si corruptor pacis se in aliqua municione absconderit, ille in quo pax fuit corrupta, faciat apud populum proclamationem, et persequatur reum per unum diem et per noctem, et cum populo municionem obsideat per tres dies et per tres noctes; et si municio expugnari non potest infra tres dies, dux vel comes cum majoribus ad destruendum castellum advocetur. Si quis cum laqueis vel cum pedica, quam vulgo druch dicimus, silvestria animalia

VARIÆ LECTIONES.

[11] in?

NOTÆ.

(6) Annales Augustani in cod. bibl. regiæ Monacensis, Heinricum anno 1103 Mogontiæ commorantem, in Epiphania regnum per quadriennium cum juramento pacificari constituisse, cunctisque gratia sua carentibus commissa dimisisse tradunt. Constitutionis ejus textum jam deperditum ope documentorum mox subsequentium supplere conamur, quæ in codice bibl. regiæ Monacensis, olim Augustano, Isidorum De ortu et obitu Patrum Veteris et Novi Testamenti continente s. IX, manu s. XII ineuntis, marginibus ascripta invenimus. Exhibent notitias tum de pace in universo regno statuta, tum de pace inter principes nonnullos Sueviæ et Franconiæ inita. Appendicis loco subjicimus pacem in episcopatu Constantiensi a Gebehardo episcopo constitutam

scilicet cervos, hinulos, capreas, capreolos [23], lepores et cetera ceperit, dominus suus omnia quæ habet ei auferat, possessor vero terræ in qua fera capta fuerit, manum eidem vel dimidiam libram denariorum pro manu auferat. Excipiuntur advocatio. . . . .
Constitutio pacis in diocesi Constantiensi.

Domnus Constantiensis episcopus in magno conventu abbatum, clericorum, laicorum, in præsent a apostolici legati, qui etiam illo in tempore, ut c e litur, Dei providentia supervenerat, hæc subsequentia omnibus astipulantibus et collaudantibus statuit. Convenit enim, ut pacem usque in pentecostem faceret, ut quisquis huic paci concordaret et firmam custodiret, hac gratia donaretur: In quecunque monasterio sui episcopatus clericorum, monachorum, in conventu cantabuntur septem missæ, duodecim pauperes ter pascentur, preterea singuli presbyteri singulas missas, ceteri litterati singuli quinquaginta psalmos, conversi quinquaginta paternoster. Defunctis vero fiet quidquid illis qui communionem fraternitatis eorum acceperunt. Insuper universi sacerdotes totius episcopatus singuli tres missas cantabunt. Illis vero qui interim obierint, singuli singulas missas, pascentque singuli singulos pauperes. Preterea pœnitentibus septem annorum duo anni ab episcopo condonabuntur. Hæc de publica pace statuta sunt 12 Kalend. Novembris; quam qui servaverit hanc gratiam habebit. Ab hac vero die quicunque deliquerit in ecclesiis eorumque appendiciis, in sacerdotibus sive in quibusque ordinatis personis, in monachis et conversis, vel in quibuscunque ad judicium episcopi pertinentibus, de communi consensu decretum est, ut vivus et defunctus nisi resipuerit communione careat. Presbyter, qui talibus sciens communicaverit, ab officio suo inter-

A dictum se sciat, nullamque communionem inter ceteros fratres usque ad dignam satisfactionem habeat.

VII.
CONVENTUS RATISPONENSIS. (7).
(An. 1104, Jan., Feb., Mart.)
Ex concilio Ratisponensi, cui interfuit Heinricus IV. imperator cum multis optimatibus.

Statutum est, ut ad placitum cujuslibet advocati [24] pertinentes semel in anno quando præceptum fuerit, omnes certis in locis conveniant; ibique [25] in servitium suum plus non exigant nisi duos modios tritici, et duos porcos, tres cados vini et [26] medonis, decem cados cervisiæ, et quinque modios avenæ [27]. Ut autem ea quæ ad usus fratrum pertinent minus B distrahantur, hæc subscripta in usus advocatorum sunt deputata: videlicet tertia pars bannorum, et satisfactio temeritatum, ita tamen, ut si qua dispendia res fratrum patiuntur, primo eis sua restituantur. Werigelda fratrum sunt [28], et mancipium pro mancipio. Preterea si prælati æcclesiæ aliqua necessitate cogente damnum sibi vel rebus suis [29] illatum salvo ordine suo recuperare non valuerint, ipsos advocatos in competentem locum advocent; ubi causas querimoniæ diligenter discutiant, nichilque ibi ab eis vel ab eorum colonis quasi sub justitia exigant, sed cum caritate hoc quod eis impensum fuerit accipiant.

Hæc autem acta sunt in civitate Ratisbona, anno C dominicæ incarnationis 1104, indict. 12, præsidente papa Paschali 11°, præsente [30] autem Heinrico imperatore III°, multis hoc tam æcclesiæ quam regni principibus conlaudantibus et confirmantibus; quorum nomina [31] scripta sunt in majori privilegio.

VARIÆ LECTIONES.

[23] col. reolos [24] magnatum ecclesiarum p. *Altah.* [25] i. advocati p. *Altah.* [26] vel *Altah.* [27] a. in pabulum triginta equorum *reliqua* desunt in *Altha.* [28] sicut *Meich.* [29] sibi *cod.* [30] regnante *M.* [31] n. in libro traditionum continentur M.

NOTÆ.

(7) Statutum de advocatis ecclesiarum in conventu Ratisponensi primis anni 1104 mensibus editum, atque in codice bibliothecæ regiæ Monacensis olim Augustano, jam vero inter codices Latinos n. 2 asservato, fol. 89¹, manu sæculi XII exaratum anno 1833 inveni. Præcedunt ibi hæc verba: *Ex concilio Affricano. Visum est universis, ab imperatoribus postulandum propter afflictionem pauperum,* quorum molestiis sine intermissione fatigatur Ecclesia, ut defensores eis adversus potentias divitum cum episcoporum provisione deligerentur. Primæ constitutionis lineæ in codice Altahensi an. 1260 ab Hermanno abbate conscripto servantur, atque vulgatæ sunt in Monumentis Boicis t. XI, p. 26, n. 10; alteram editionem ex libro Frisingensi dedit Meichelbeck Hist. Frising. t. I, p. 11, n. 1272.

HENRICI IV IMP. DIPLOMATA

I.
Privilegium pro ecclesia Hamburgensi.
(Anno 1057, Apr. 25.)
[LAPPENBERG, *Hamburg. Urkund.*; p. 79.]

In nomine sanctæ et individuæ Trinitatis. HEINRICUS, divina favente clementia, rex.

Si loca divinis cultibus mancipata, more antecessorum nostrorum, regum et imperatorum, ditare et sublimare curamus, æternam retributionem nobis inde futuram liquido credimus. Quocirca omnium Christi nostrorumque fidelium tam futurorum quam præsentium noverit industria qualiter nos, pro remedio beatæ memoriæ patris nostri Heinrici tertii regis, secundi Romanorum imperatoris Augusti, et ob interventum dilectæ matris nostræ Agnetis, imperatricis Augustæ, nec non ob petitionem et devotum ac fidele servitium Adalberti, venerabilis Hamaburgensis Ecclesiæ archiepiscopi, quæ est constructa in honorem Sancti Salvatoris et sanctissimæ ejus genitricis Mariæ virginis, quemdam nostri juris comitatum, scilicet in pagis Hunesga et Fivilga, cum eodem jure omnique utilitate, quam antecessores nostri habuerunt vel ullo modo in futurum inde poterit provenire, ad usum ejusdem Ecclesiæ in proprium tradidimus et condonavimus.

Insuper etiam eidem archiepiscopo licentiam et potestatem concessimus in eodem comitatu duos mercatus constituendi, unum videlicet in Wincheim, et alterum in Gerleviswert, cum monetis et teloneis, tam in aqua quam in terra et in omni districtione quæ ad forum et regiam pertinet potestatem, ita quidem ut nullus judex aut exactor vel ulla alia persona, præter libitum prædicti archiepiscopi, regiam nostram traditionem invadere aut irritam facere presumat.

Hanc autem traditionem tali ratione firmavimus, ut præfatus archiepiscopus et successores illius de prænominatis rebus liberam deinceps potestatem habeant tenendi, vel quidquid illis ad usum Ecclesiæ prenominatæ placuerit inde faciendi. Et ut hæc nostra regalis traditio stabilis et inconvulsa omni permaneat ævo, hanc chartam inde conscriptam manu propria, ut infra videtur, roborantes, sigilli nostri impressione jussimus insigniri.

Data vii Kalendas Maii, anno Dominicæ Incarnationis 1057, indictione x, anno autem domni Heinrici IV regis ordinationis tertio, regni primo.

Actum Werede, In Dei nomine feliciter. Amen.

II.
Privilegium pro ecclesia S. Petri Mindonensi.
(Anno 1059.)
[ERHARD, *Cod. diplom. Westph.*, p. 117.]

In nomine sanctæ et individuæ Trinitatis, HEINRICUS, divina favente clementia, rex.

Omnibus Christi nostrique fidelibus tam futuris quam præsentibus notum esse volumus, qualiter Egilbertus episcopus sanctæ Mindonensis Ecclesiæ in honore sancti Petri apostolorum principis constructæ in nostram attulit præsentiam piissimi nostri genitoris Heinrici imperatoris Augusti cæterorumque antecessorum nostrorum regum vel imperatorum scripta, in quibus continebatur, qualiter ipsius præfatæ Ecclesiæ res cum omnibus in ipsis rebus consistentibus in illorum receperunt mundiburdium ac defensionem, precatusque est serenitatem nostram, ut hoc ipsum a nostræ imperialis potestatis consensu fieri non recusaremus. Nos autem ob amorem Dei nostræque animæ remedium nec non pro regnorum nostrorum stabilitate, prædecessorum nostrorum et paternos mores sequentes et ejus benignitati assentientes, ita fieri decrevimus, præcipientes ut nullus judex publicus vel quilibet ex judiciaria potestate in ecclesias aut loca vel agros seu reliquas possessiones jam dictæ Ecclesiæ, quas nunc infra ditionem regni nostri legibus possidet, vel quæ deinceps in jura ejus divina pietas voluerit augeri; ad causas audiendas vel freda exigenda, mansiones vel paradas faciendas, aut fidejussores tollendos, aut homines ipsius Ecclesiæ, francos liberos et ecclesiasticos litones maalmam vel servos cujuslibet conditionis seu colonos contra rationem distringendos nec ullas redhibitiones vel illicitas occasiones requirendas ullo unquam tempore ingredi audeat aut bannum sive heribannum seu ea quæ supra memorata sunt ab illis penitus exigere præsumat. Hominibus quoque eidem æcclesiæ famulantibus prædictum mundiburdium constituimus, ut etiam coram nulla judiciaria potestate examinentur, nisi coram episcopo et advocatis ejus, quos ejusdem Ecclesiæ episcopus elegerit. Insuper etiam bannum nostrum et monetam teloneumque sive macellum publicum ibi construi licere, et quidquid ad nostram potestatem pertinere videbatur, eidem Ecclesiæ donavimus, quidquid vero fiscus exinde sperare potuerit, pro æterna remuneratione prædictæ Ecclesiæ ad stipendia pauperum et luminaria concinnanda concessimus; et per se episcopus cum omnibus rebus suis nostro fideliter pareat imperio, et sub nostra constet defensione, uti cæteræ regnorum nostrorum ecclesiæ et episcopi, quatenus ipsum fratresque ejusdem loci pro nobis dominum melius et jugiter orare delectet. Concessimus quoque eisdem fratribus licentiam eligendi inter se pastorem dignum et idoneum, salvo tamen regis sive imperatoris consensu. Et ut hæc nostra regalis confirmatio stabilis et inconvulsa omni permaneat ævo, hanc chartam inde conscribi manuque propria corroborantes sigilli nostri impressione jussimus insigniri.

Signum domni Heinrici quarti regis. (L. M.)

Gebehardus cancellarius vice Liutpaldi archicancellarii recognovi.

Data est vi Kal. Aug., anno Dominicæ Incarnationis 1059, indictione xii, anno autem ordinationis domni H, quarti regis vi, regni vero iii.

Actum Polide in Dei nomine feliciter. Amen.

III.
Privilegium pro Ecclesia Paderbornensi.
(Anno 1064.)
[ERHARD, *Cod. diplom. Westph.*, p. 118.]

In nomine sanctæ et individuæ Trinitatis, HEINRICUS, divina favente clementia, rex.

Quantum regiæ liberalitatis est ad usus Ecclesiæ res vel hæreditates donare, tantum regiæ dignitatis et benevolentiæ esse consistit donata perpetua pace stabilique jure confirmare, ne quibus gaudet bene partis, unquam doleat pejus amissis. Unde omnibus Christi nostrisque fidelibus, tam futuris quam præsentibus, notum esse volumus, qualiter nos x mansos in villa Ersten dicta, in pago Engeren, in comitatu autem Osolt comitis sitos, quos dilectissima mater nostra Agnes imperatrix Augusta ob remedium animæ suæ et animæ patris nostri piæ memoriæ Heinrici imperatoris Augusti, nec non ob longævam vitam nostram vitæque tranquilla tempora, fratribus Podelbrunnen Deo in Ecclesia Sanctæ Mariæ Sanctique Liborii confessoris servientibus, cum omnibus appendiciis, hoc est utriusque sexus mancipiis, agris, pratis, pascuis, silvis, venationibus, molis, molendinis, terris cultis et incultis, viis et inviis, exitibus et reditibus, quæsitis et inquirendis, in proprium tradidit; nos, inquam, eidem sanctæ Dei congregationi perpetualiter confirmavimus, et in æternum contradictione remota omnium possidendos concessimus, ea videlicet ratione ut prædicti fratres liberam inde potestatem habeant tenendi, in melius commutandi, vel quidquid ad communem illorum utilitatem voluerint faciendi. Et ut hæc nostra regalis confirmatio sive traditio stabilis et inconvulsa omni permaneat tempore, hanc chartam inde conscribi, manuque propria corroborantes, sigilli nostri impressione jussimus insigniri.

Signum domni Heinrici quarti regis. (L. M.)

Sigehardus cancellarius vice Sigefridi archicancellarii recognovi.

Data xiii Kal. Augusti.

IV.

Diploma Henrici IV regis Romanorum pro monasterio Stabulensi. — Confirmat antiquorum regum privilegia, advocatorum oppressiones vetat, jubetque ut duobus monasteriis, Stabulensi et Malmundario, unicus sit abbas.

(Anno 1065.)

[Martene, Ampl. Collect. II, 70.]

In nomine sanctæ et individuæ Trinitatis, Heinricus, divina favente clementia, rex.

Sublimitas regalis prudentiæ Deo servientium paci ac quieti omnimodis debet prospicere. Unde comperiat omnium fidelium nostrorum tam futurorum quam præsentium industria, quod, monasterii Stabulsi sub nostra ditione siti providentes utilitati, id obtinente apud nostram celsitudinem abbatis ejusdem loci, scilicet Theoderici, reverentia, petente eodem abbate juxta antiquorum regum Sigiberti, Hilderici, Clodovei, Dagoberti, qui constructores fuerunt præfati loci, nec non et imperatorum Caroli, Ludovici, Ottonum trium, Heinrici, sed et serenissimæ memoriæ Chuonradi imperatoris avi nostri, nec non genitoris nostri piæ memoriæ Heinrici imperatoris Augusti sancita appendentium vel traditarum rerum illi ecclesiæ, a tempore sancti Remagli per succedentia tempora; ratam præceptionem firmavimus regali auctoritate nostra. Est igitur nostra dignatione sancitum ut, quidquid prædecessorum suorum temporibus illi loco fuit traditum aut condonatum, seu quod prædecessori suo abbati, videlicet Popponi, imperator Heinricus ob suæ animæ mercedem de Hasbanio reddidit beneficium, sive quod a divæ memoriæ avo nostro ipsi fuit restitutum a comite Herimanno, ex hærede mortuo, per aliquanta tempora injuste detentum, Scaletin videlicet et Palisiol, cum omnibus appendiciis suis, et quidquid ad ipsum locum emit, sextam scilicet de Amblava et Tumbis, a comite Gotfrido de Eingeis, vel quod de bono ecclesiæ concambiavit Wendegias, et Corvuoroimon abbatis S. Maximini, data villa Astebromma loco concambii, sine aliqua infractura maneat inconvulsum. Quoniam vero prædecessores nostri reges vel imperatores suæ auctoritatis firmitate ipsi loco sanciverunt ut advocatus ejusdem ecclesiæ in curtibus ad locum respicientibus non præsumat mansuras aut paraturas facere, redhibitiones vel freda exigere, aut placitum tenere, aut parefredos sumere sibi, sine permissu abbatis vel voluntate, eadem et nos ipsi abbati firmando corroboramus, bannique nostri impositione ne deinceps quisquam hæc audeat infringere vigoramus, et quidquid sane acquisivit aut acquisitum reperit in quibuslibet rebus ecclesiæ, roboratur nostræ auctoritatis rata præceptione, habens immunitatem ab omni advocatorum infestatione. Et quoniam monachis alterius cœnobii, id est Malmundarii, sancita antiquorum regum vel imperatorum non suffecerunt, et sub duobus abbatibus rescindere eadem monasteria laboraverunt, quod a temporibus sancti Remagli adhuc manet inconvulsum, propter hæc, inquam, ut ne qua deinceps inter eos controversia fiat, quod evenisse temporibus domni imperatoris Ottonis secundi constat, statuimus, secundum edictum nostrum, ut sub unius abbatis regimine, sicut jugiter permansit, utrumque sit subjectum cœnobium. Et ut hæc nostræ concessionis ac confirmationis de omnibus his plenior habeatur auctoritas, manu propria hoc præceptum subter firmavimus, sigillique nostri impressione insigniri jussimus.

Signum domni Heinrici quarti regis.

Sigehardus cancellarius vice Sigefridi archicancellarii recognovi.

Data anno Dominicæ Incarnationis 1115, indictione iii, anno autem ordinationis Heinrici quarti xii, regni vero nono.

Actum Treviris in Dei nomine feliciter. Amen.

V.

Privilegium pro Ecclesia Osnabrugensi.

(Anno 1078.)

[Erhard, Cod. dipl. Westph. e mss. Henseleri.]

In nomine sanctæ et individuæ Trinitatis, Heinricus, divina favente clementia, rex.

Justitia est qua suum cuique jus tribuimus, qua via si incesserimus viam regiam sub duce magno Jesu in terram promissionis ingredimur. At si forte fragilitate humana rectis gressibus aliquando exorbitaverimus, legibus ecclesiasticis salubriter admonemur; ut ad viam revertamur justitiæ, emendemus in melius quod per negligentiam aut malitiose peccavimus. Quam ob rem in omne tempus notum esse volumus, quatinus fidelis noster Benno secundus, venerabilis sanctæ Osnebruggensis Ecclesiæ episcopus, nostræ celsitudinis clementiam adiit, cœpiscoporum suorum frequentia stipatus, ac veterem super Ecclesiæ suæ decimis querimoniam lacrymabiliter in aures nostras effudit. Idem vero cum per omnem vitam suam a nobis optime meruisset, tum ea de causa dignior erat audiri quod in omnibus necessitatibus nostris fideliter nobis et irremotus comes adhæsit. Talis autem ejusdem fidelis nostri proclamatio fuit quod antecessor noster vir divæ et imperialis memoriæ Carolus ecclesiam sibi commissam a primis fundamentis condiderat et decimas in episcopio circumquaque terminatas eidem ecclesiæ in dotem contulerat, eo quod in prædiis aut regalibus redditibus donaria ad manus in primitiis fidei et novellæ plantationis tempore illis in partibus nulla habebat. Quas donationes juste a præfato principe eidem ecclesiæ datas et manuscripto regio sub impressione annuli ex more confirmatas, ad multum tempus aiebat ecclesiæ mansisse, usque dum bellicis perturbationibus pars earumdem decimarum sub Ludovico secundo per manus Copponis ab eadem scinderetur. Ea de causa cum per episcopos ejusdem civitatis actio et discussio in audientia principum atque antecessorum nostrorum regum et imperatorum sæpius haberetur, dijudicata est justior pars episcoporum, injustior adversariorum. Equidem præfatus Coppo primus usurpator earumdem decimarum cum totum occasione bellorum injusta dominatione suos in usus raperet, partem Warino fratri suo germano Corbeiensi abbati, partem abbatissæ Adelæ Herefordensi germanæ suæ concessit. Itaque episcopi causam hanc in curia agentes manifestis comprobationibus evicerunt decimas ad sese legitima donatione redire debere. Ventilata est res in conciliis quatuor, primo Romæ sub papa Stephano, secundo Triburiæ sub Arnolfo imperatore, tertio Bunnæ, quarto Ingelinheim. Ut in omnibus possessio decimarum communi sententia episcopis adjudicaretur. In ultimo etiam præsentibus fere omnibus Teutonicarum partium episcopis, mediantibus legatis Romanis, sub Joanne papa, cum xxx librarum auri compositione restitueretur. Verum ut semper dominatur iniquitas injustis, res superius emendata et correcta rursus corrupta est. Hujuscemodi vero causam cum fidelis noster præfatus Osnebruggensis Ecclesiæ episcopus ad aures nostras sæpius referret atque emendari et corrigi postularet, nos, et ætatis imbecillitate detenti et adversariorum ejus precibus exorati, multo tempore facere neglexímus. Tandem assiduis ejus et coepiscoporum suorum jus suum agnoscentium admonitionibus devicti, locum et diem statuimus, ad quem episcopus et adversarii ejus cum manuscriptis utrinque venirent. Aderant xx aut plures episcopi, tum principes regni atque aliorum fidelium nostrorum numerosa multitudo. Lecta sunt in auribus omnium amborum chirographa, dicta atque acta sunt diligentius omnia. Acclamatum est ab omnibus justas esse partes episcopi, adversariorum injustas, atque ut eidem episcopo suæque Ecclesiæ justitiam faceremus studiosius omnes instabant. Quam ob rem injustum putantes æquitatem negligere et justitiæ diutius obniti, petitioni fidelium nostrorum et consiliis acquievimus. Proinde auctoritate hujus præcepti nostri statuentes statuimus, ut eædem decimæ ad dominium episcopi ejusque dispositionem, uti Carolus instituit, revertantur. Neque sit advocatus aliquis aut alia major vel minor persona, qui episcopos ejusdem civitatis hac in re amplius inquietare audeat, sed episcopi easdem decimas quieto ordine et pace perpetua teneant, possideant, disponant, ea spe et in divinæ pietatis confidentia, ut hæc decimarum justa restitutio animabus parentum nostrorum, id est avi, aviæ, matrisque nostræ imperatricis A. et chari patris nostri H. imperatoris Augusti, fiat peccatorum remissio et negligentiæ quam ipse in hac causa commisit apud Deum fiat oblivio, et ut in singulis diebus et in anniversario eorum qui in bello contra Saxones corruerunt ibidem memoria fiat et specialis oratio animæ Sigfridi, in eodem bello occisi, ordinetur et fiat; ita ut sibi quotidie specialis missa et omni III feria communiter a fratribus in choro una missa pro omnibus interfectis nostris et omnibus fidelibus decantetur, et ad cursus horarum ps. i. Prebenda quoque detur ei clerico, qui hæc quæ Sigfrido debent diligenter observet. Convenimus etiam cum episcopo collaudatione clericorum suorum pro salute corporis et animæ nostræ omni hebdomada xxx missæ pro vivis et defunctis ibidem decantentur. Post obitum autem nostrum specialiter pro animæ nostræ et parentum nostrorum remedio missæ et totidem psalteria ibidem decantentur nunc et in omne tempus futurum. Talia enim optantes credimus apud misericordem Deum et nostram deleri negligentiam et antecessorum delicta redimi, qui hac in causa negligenter et malitiose egerunt. Et ut hujus præcepti nostri auctoritas omni ævo maneat stabilis et inconvulsa, chartam hanc scribi præcepimus et manu nostra, ut est consuetudo regum et imperatorum, corroboravimus et sigillo nostro signari jussimus.

Signum domni Heinrici regis quarti invictissimi. (L. M.)

Gebehardus cancellarius vice Sigefridi archiepiscopi recognovit.

Data vi Kal. Febr., indict. ii, anno Dominicæ Incarnationis 1078; anno autem regni domni Heinrici regis quarti xxiii.

Actum Moguntiæ feliciter. Amen.

VI.
Privilegium pro Ecclesia Osnabrugensi.
(Anno 1079.)
[ERHARD, *Cod. diplom. Westph.*, e mss. Henseleri.]

In nomine sanctæ et individuæ Trinitatis, HEINRICUS, divina favente clementia, rex.

Si querimonias sacerdotum, quas nobis de necessitatibus Ecclesiarum sibi commissarum obtulerunt, attenterimus, et justitiam misericorditer illis impendendo ad finem perduxerimus, præsentis scilicet et æternæ felicitatis præmia exinde mercari liquido confidimus. Idcirco notum esse volumus omnibus sanctæ Dei Ecclesiæ nostrisque fidelibus, præsentibus scilicet et futuris, qualiter fidelis noster Osnenbruggensis episcopus secundus Benno, in nostro s rvitio longo tempore devotissimus, serenitatis nostræ clementiam adiit, Apostoli præceptum sequens, arguendo, increpando, obsecrando et juventutem nostram incusando, querimoniam faciens, se suosque antecessores nostrorum antecessorum, scilicet avi nostri Khunradi et chari patris nostri bonæ memoriæ Heinrici imperatorum, forsitan in hac causa ignoranter delinquentium temporibus, multas injurias et varias oppressiones de potentibus illius regionis, maxime autem a Corbeiense abbate et Herifurdense abbatissa illorumque fautoribus, in decimarum direptione, ad suam Ecclesiam debite pertinentium, jam diu miserabiliter sustinuisse. Cujus proclamationi, quamvis sæpius iteratæ, diutius quam felicius assentire renuentes, ætatis teneritate ac quorumdam consiliariorum nostrorum tunc temporis juventuti nostræ providentium dissuasione ad hæc determinanda variis occasionibus præfixis nos excusavimus. Sed tandem crebris et infinitis etiam pro Christianitatis miserabili defectu querimoniis et multorum clericorum et laicorum jus suum agnoscentium rogatu et consilio devicti Wormaciam eidem episcopo suisque adversariis, ubi principibus nostris pro cæteris regni negotijs convenire statutum est, ut et ipsi venirent præcepimus. Ibi vero x episcopis, x abbatibus cæterisque quamplurimis clericis ac laicis præsentibus utriusque partis scripta episcopus et sui adversarii in medium proferebant. Episcopi vero, scriptis lectis et intellectis, Osnebruggensem ecclesiam, Adriani papæ consilio et consensu a magno et illustri viro Carolo primitus in provincia Westfala fundatam, et a venerabili Egilfrido Leodicensi episcopo consecratam, et quia sibi tunc temporis prædia vel alia in illa regione non erant donaria, unde episcopus vel clerici ibi Deo militantes sustentarentur, decimis cunctorum infra terminos ejusdem episcopatus degentium et noviter ad Christianitatem conversorum consecrationis ejus die dotatam, et pos ea nu apostolicorum virorum privilegiis, scilicet Leonis, Paschalis Eugenii et Gregorii, stabilitam esse, et omnem homimem eisdem privilegiis ante nos relectis, qui hæc sancita aliquo modo irritaverit, anathematizatum constare, absque ulla ambiguitate didicimus. Ex albatis autem scripto quod attulit regali auctoritate confirmato, juniorem Ludovicum quamdam cellam Corbeiensi ecclesiæ, nomine Meppiam, Herifurdensi autem ecclesiam, nomine Bunede, cum decimis sibi pertinentibus in episcopatu Osnebr concessisse intelleximus. Ad hæc infringenda et adnihilanda ejusdem junioris Ludovici charlam ipsius propria manu roboratam et sigillo ejus assignatam episcopus in palam proferebat, in qua idem Ludovicus avi patrisque sui statuta super eisdem decimis præfatæ Osnabruggensi ecclesiæ stabilivit et in earumdem decimarum traditionibus quiddam derogasse, ut abbatis scripta referunt, denegavit. Abbate autem et abbatissa propter hoc solum quod ibi videbatur fictitium aliquid quo inniti possent non habentibus episcopus plurimorum antecessorum nostrorum regum et imperatorum, scilicet Arnolfi filiique ejus Ludovici, Heinrici primi, trium Ottonum chartas ipsorum manibus roboratas et sigillis assignatas, ecclesiæ suæ easdem decimas stabilientes præsentavit legendas. Ibi vero utrorumque sententiis auditis et subtiliter dijudicatis, archiepiscopi, episcopi cum omni clero, duces et comites, etiam ipsis prius faventes, petitionibus episcopi consentire debere justitia exigente unanimi concordia omnes affirmabant. Promisit etiam nobis præfatus episcopus, decano cæterisque ejusdem Ecclesiæ clericis astipulantibus, dum locus maneret integer et indestructus, pro vita nostra statuque regni dum viveremus, post obitum autem pro nostri et chari patris nostri Heinrici imperatoris Augusti, matrisque nostræ Agnetis imperatricis, avi, aviæque animarum remedio, xxx missas totidemque psalteria per singulas hebomadas ibidem devote decantari et ad omnes cursus horarum psalmum unum. Insuper statutum est ut in ævum omni tertia feria communitera fratribus in choro pro anima Sigefridi chari servientis nostri cæterorumque qui pro nostro honore defendendo in publico bello corruerunt, specialis missa decantetur: Quapropter Domini nostri Jesu Christi et beati Petri principis apostolorum et pretiosissimorum martyrum Crispini et Crispiniani, nec non pro veneratione Caroli imperatoris Augusti magni et pacifici et ejusdem ecclesiæ fundatoris, devotissimi et cæterorum antecessorum nostrorum eamdem ecclesiam suis scriptis et præceptis roborantium, nec non avi patrisque nostri atque nostra cæterorumque videlicet regum qui in eamdem Ecclesiam justitiam sibi denegando peccaverunt animarum remedio et liberatione, et ejusdem episcopi, sedula et diuturna proclamatione, nostræ immunitatis et libertatis præceptum super eisdem decimis episcopo suæque Ecclesiæ stabiliendis fieri decrevimus. Præcipientes ergo jubemus ut sicut reliquæ in regno nostro sanctæ Dei Ecclesiæ ab antecessorum nostrorum regum et imperatorum præceptis et scriptis stabilitæ consistunt, ita et hæc Osnebr. Ecclesia per hoc nostrum præceptum, Domino opitulante, stabilita consistat. Concedimus etiam eidem episcopo et licentiam damus, imo præcipimus, secundum Caroli institutionem decimas cunctorum infra sui episcopatus terminos habitantium, quibus jam diu injuste caruit; in suam episcopalem potestatem recipere, nemine contradicente. Sed liceat præfato episcopo easdem decimas cæterasque res suæ Ecclesiæ quas modo possidet vel deinceps acquisierit quieto ordine possidere, suasque Ecclesias, sicuti cæterorum jus est episcoporum, corrigere et earum causas absque ulla contradictione disponere. Sicque firmiter stabilitum est ut cuncti ejus successores hæc eadem a nobis sancita pari modo sortiantur. Et ut hæc auctoritas nostra firmiorem in Dei nomine habeat stabilitatem, manu nostra propria ut subtus videtur hanc chartam roborantes sigillo nostro jussimus assignari.

Signum domni regis Heinrici quarti invictissimi. (L. M.)

Gebehardus cancellarius vice Sigefridi archicancellarii recognovi.

Data III Kal. April., indict. II, anno Dominicæ Incarnat. 1079; anno autem regni domni regis Heinrici quarti XXIII.

Actum Ratisponæ in Dei nomine feliciter. Amen.

- VII.

Confirmatio privilegiorum et jurium episcopo Patavino, ejusque Ecclesiæ facta ab Henrico IV rege.

(Anno 1079.)

[MURATORI, Antiq. Ital., II, 73.]

In nomine sanctæ et individuæ Trinitatis, HENRIcus, divina favente clementia, rex.

Quoniam regiæ vel imperatoriæ dignitatis officium esse constat, ut ecclesiæ Deo et sanctis dicatæ, ob divini cultus augmentum, novis semper privilegiis contra omnes infestantium incursiones muniantur, idcirco notum esse volumus omnibus fidelibus nostris, tam præsentibus quam futuris, qualiter vir venerabilis D. Paduanæ Ecelesiæ episcopus serenitatis nostræ clementiam adiens postulavit, ut eidem ecclesiæ sibi commissæ, in honore Sanctæ Dei genitricis Mariæ constructæ, immunitatis et libertatis præceptum fieri decerneremus, per quod res et proprietates, quæ suo episcopio subdi videntur, vel subdi jure debentur, firmius et plenius habere valuissent. Cujus petitioni ob amorem Domini nostri Jesu Christi assensum præbentes, ita fieri decrevimus, et hoc præceptum inde conscribi jussimus, firmiter præcipientes, ut præsulis jam dicti sedes sancta perpetuo per hoc nostrum præceptum, Deo opitulante, constat firmiter stabilita. Confirmamus etiam per hanc nostri præcepti paginam et firmiter corroboramus omnia præcepta et mundiburdia imperatorum sive regum, quæ eadem ecclesia habere videtur. Stabilimus etiam per hoc præceptum quidquid eadem ecclesia habere videtur, vel quidquid ei jure habere debetur. Nominatim flumen, quod vocatur Retrone a vado Silicis usque ad locum quod intrat in flumen, quod vocatur Brenta, inde usque ad fossam, quæ vocatur Baiba, et fossam cum flumine, quæ est a capella Sancti Michaelis usque ad portum de Ponte de Fossumba; ita ut nulli liceat molendinum ædificare in prædictis aquis et prænominatis locis, vel clusam, vel piscariam, vel aliquod ædificium, vel obstaculum facere sine licencia ejusdem episcopi, vel successorum suorum a parte prædicti episcopii. Nominatim quoque Ladrum cum pratis et omnibus adjacentibus suis, et pontem, qui dicitur Vicentinus, cum arcubus et molendinis omnibus, quæ habere videtur prædictum episcopium, vel quæ ei jure debentur. Nominatim quoque ripaticum, teloneum, portus, mercata omnia prædicta in omnibus quæcunque in finibus Paduæ continentur. Nominatim insuper septem libras monetæ Venetiarum, quas in nostro adventu in regnum Italia cum Sacenses una causa, quia episcopus Paduæ est comes Sacensis, et præcepto Patris nostri dicunt se nobis debere. Hæc omnia per hanc nostri præcepti paginam corroboramus atque firmamus, firmiter præcipientes, ut deinceps nullus princeps, nullus judex publicus, nullus dux, nulla alia judiciaria potestas aut comes, vel missi dominici, nulla magna vel parva persona hoc nostrum præceptum infringere præsumat. Si qua vero persona magna vel parva hujus nostri præcepti instituta vel concessa in aliquo infringere, seu personis aut bonis prænominati episcopii, sive prædicto episcopo suisque successoribus aliquam vim intulerit, componet centum libras auri, medietatem cameræ nostræ, medietatem prædicto episcopo, etc.

Signum domni Henrici regis quarti invictissimi.

Burchardus cancellarius vice S... archicancellarii recognovi.

Data X Kalend. Augusti, indict. II, anno Dominicæ Incarnationis 1079, anno autem regni domni regis Henrici quarti XXIII.

Actum Ratisponæ in Dei nomine feliciter, Amen.

- VIII.

Henrici IV Germaniæ ac Italiæ regis privilegium Petro abbati concessum pro monasterio Sancti Eugenii in comitatu Senensi.

(Anno 1081.)

[MURATORI, Antiq. Ital., VI, 197.]

In nomine sanctæ et individuæ Trinitatis, HEINRICUS, divina favente clementia, quartus rex. Quidquid sanctis locis religiosisque viris inibi Deo sanctisque ejus famulantibus, pro more et traditione antecessorum nostrorum, firmanda concesserimus, ad æternæ retributionis beatitudinem nobis provenire speramus. Igitur omnium sanctæ Dei Ecclesiæ, nostrorumque fidelium, præsentium scilicet ac futurorum, comperiat solertia qualiter abbas Petrus cum monachis in cœnobio Sancti Eugenii, quod est situm in comitatu Senensi, nomine Pilosianus. . . . . . . nobis indicavit, quod famis ac nuditatis indigentia ibidem Deo servire non possent, eo quod curtes, terrasque, quas antecessores nostri ad sumptum eorum contulerant, pravi homines abstulissent. Nos . . . . , in nostram deveniant dominationem ac proprietatem res et prædia, quæ a præcessoribus nostris ibidem collata, sunt confirmata et corroborata, confirmare et corroborare statuimus, ea videlicet ratione ut cum omni quiete et tranquillitate teneant, firmissime possideant absque ulla contradictione personæ, hoc est ecclesiam Sancti Petri, quæ dicitur Campus, cum omnibus appendiciis suis et curte de Untione, ecclesiam Sancti Savini cum corticella in Andrina et in Citinella et in Vagina et in Poagia, ecclesiam Sancti Petri in Arganello cum appendiciis suis in Tudina, in Grigi, ecclesiam Sancti Michaelis in Veronulla, cum pertinentiis earum, et in Sicali, ecclesiam Sanctæ Cæciliæ in Meudina, ecclesiam Sancti Angeli in Lucinula, in Certina et in Calcina, et curte Vescona, in Taverna, et in Arbiola, ecclesiam Sanctæ Agnetis, ecclesiam Sancti Petri in Monte Sinderi, et curte delle Stine, cum ipso castello, ecclesiam Sancti Anastasii in Haniaria, et curte quæ est in plebe de Sancto Petro in Vallé, ecclesiam Sancti Angeli, quæ est in Vajano, ecclesiam Sancti Angeli in Certano, ecclesiam Sancti Petri in Baruntulo, cum ipso Pojo in Cerialta, ecclesiam Sancti Pauli in burgo de Sena, ecclesiam Sancti Miniati, ecclesiam Sancti Angeli, et medietatem ecclesiæ Sancti Romuli cum omnibus pertinentiis et usibus earum, et locum Sancti Augustini, in quo castrum ædificatum est, et terra de Cursiniano, et duos mansos in Campriano, et ecclesiam Sancti Pauli in castello de Origia cum suis pertinentiis, et ecclesiam Sancti Eugenii cum suis appendiciis in Poliano, et terram in Saturniano, et curtem de Serdille, partemque castelli de Barcula, et partem de castello Leciniano, nec non partes ecclesiarum et terræ, et tertiam partem ecclesiæ Sancti Petri in Malenino, ac duas partes ecclesiæ Sanctæ Mariæ in Malenina cum suis pertinentiis. Insuper concedimus illis, et omnino annuimus ut monasterii suprascripti incolæ decimationes de mansis, terris, vineis, et de omnibus rebus ad prædictum monasterium pertinentibus, sicut hactenus prædecessores eorum . . . . . . Præcessoribus nostris imperatoribus usi sunt habere, per hunc nostræ auctoritatis præceptum deinceps habeant, et quiete possideant. Jubemus etiam firmiter, ut hæc nostra confirmatio in futurum stabilis et inconvulsa permaneat. Et ut nullus episcopus, dux, marchio, comes, vicecomes, nullaque magna vel parva persona illos prædictos cœnobitas inquietare, molestare, vel ullam injuriam de prænominatis rebus injuste injuriam inferre præsumat. Si quis vero hoc nostræ auctoritatis præceptum violare tentaverit, sciat se compositurum auri optimi centum libras, medietatem nostræ cameræ, medietatem abbati et fratribus ejus. Et ut verius credatur, diligentiusque ab omnibus observetur, manu propria roborantes, sigillo nostro jussimus insigniri.

Signum domni Heinrici quarti regis invictissimi.
Burchardus episcopus et cancellarius recognovi.

Anno Dominicæ Incarnationis millesimo octogesimo primo, indictione IV, secundo Nonas Junii, anno autem domni Heinrici XXVII, regni vero XXV.
Actum Romæ in Christi nomine feliciter. Amen.

IX.

Concordia inter Henricum IV regem, et populum Pisanum, ubi pacta inter eos inita recensentur.

(Anno 1081.)

[MURATORI, *Antiq. Ital.*, V. 19.]

In nomine sanctæ et individuæ Trinitatis, HENRICUS, divina favente clementia, rex.

Notum sit omnibus Christi fidelibus, tam futuris quam præsentibus, qualiter nos consilio nostrorum principum, fidelibus nostris Pisanæ urbis civibus, quod rogaverunt concessimus. Siquidem annuimus et firmiter statuimus, quemquam hominum nisi communi consensu eorum, nec rasas apprehendere, nec dissipare, nec sigillare infra civitatem Pisæ, neque in burgis, si foras civitatis ipsi habuerint enimenta, nec muros suprascriptæ civitatis destruere, nec optatecare, neque suprascriptam civitatem igne cremare, nec foderare jubebimus. Et si offensionem miserimus aliquam super aliquem hominem sive de terra, sive de aliquo crimine, cum duodecim sacramentalibus absque pugna, excepto de vita, aut moribus, aut honore nostro, si approbare voluerit ille, quibus consilium cum eo invenerit. Nec bannum tollemus, nisi per legem. Nec homo capietur a nobis de suprascripta civitate vel burgis, nisi per legem facere prohibuerit, et allodium in civitate vel foris non habuerit. Nec hominibus præparatis ad navigandum iter prohibemus, nisi studiose hoc fecerint propter querimoniam de eis factam. Et si culpaverimus aliquem eorum, qui ob hoc se præpararet, ut justitiam possit evitare, permittemus cum sacramento suo se defendere. Et si aliquis eorum in itinere fuerit, mulierem ejus in districtionem non mittemus. Et detenimento, quod aliquis tenuerit per beneficium, quod a nobis tenuerit, eum non disvestiemus nisi per legem. Et consuetudines, quas habent de Mari, sic eis observabimus, sicut illorum est consuetudo. Et illum, super quem reclamatio venerit de terra, si guarentem habere potuerit, vel possessionem jurare voluerit, per pugnam fatigari non sinemus. Et hominibus de alia civitate, aut de alio castello, vel de alia villa, vel de alio signoratico, legem non faciemus de Pisanis hominibus, nisi illi de suprascriptis locis, vel eorum seniores, qui offensionem fecerint, legem faciant prius Pisanis hominibus. Fodrum de castellis Pisani comitatus non tollemus, nisi quomodo fuit consuetudo tempore Ugonis marchionis. Hominibus in villis habitantibus de eorum comitatu fodrum non tollemus. Nec aliquam consuetudinem superimponemus, nisi quantum tres meliores homines ppt (*sic*) seniores per villam et castella juraverint, quod eorum consuetudo fuit tempore suprascripti Ugonis. Qui si jurare noluerint, jurare constringemus. Castaldionem, vel aliquem nostrum missum in suprascripta civitate vel comitatu eorum, ad placitum faciendum eis superesse non sinemus de alio comitatu. Puellis, nec viduis maritum interdicemus in comitatu Pisano. Nec pretium inde invite tollemus, nec invite alicui conjugabimus. Mercatum. i... calciam in villis comitatus eorum fieri non sinemus, nisi secundum consuetudinem temporum Ugonis, sacramentis, sicut supradictum est, diffinitam. Albergariam in proprietate alicujus absque voluntate illius, cujus proprietas est, non faciemus. In suprascripta civitate, vel prope eam usque ad medium milliarium, terras, quæ fuere pascua vel paludes, sitas ante prædia illorum, vel ecclesiarum, et communia pascua, non tamen occasione pascuum occupata, eis non tollemus, nec laborare faciemus; et per eos laborare non contendemus, vel per nos aliquis, usque ad illos fines, quos laudaverint homines ab eis electi ad hoc officium, qui jurejurando affirment se bona fide æstimaturos et terminaturos illas terras quæ fuere pascua vel paludes, et illas demonstraturos, quod erant pascua, quæ ad culturam debeant remanere. Et nullo amore vel odio propterea missuros illos, si noluerint, ad sacramenta distringemus. Et quod ipsi laudaverint esse, in alium statum transmutare per bonam fidem prohibebimus. Qui si discordaverint in eligendis prædictis hominibus, non eligemus, et jurare destringemus. In Roma, et ab ipsa Roma usque Papiam nullum ripaticum dabunt in eis mercatis et locis, ubi ipsi soliti sunt ire per suos, aut se jam ad mercandum ivisse possunt ratione probare. Et illi negociatores, qui ad Pisam ire voluerint, non prohibebuntur. Nec marchionem aliquem in Tuscia mittemus sine laudatione hominum duodecim electorum in colloquio facto sonantibus campanis. A fauce Arni usque ad Ripaltam eos euntes et revertentes per Arnum prædari, aut assaltum facere non permittemus, nisi fortasse per meritum. Aldium, quod est in ripa Arni ex utraque parte a mare usque ad Orticariam, non sinemus impediri. Ultra muros antiquos civitatis, quod est ab antiquis muris usque ad Arnum, ad communem utilitatem liberabimus. Nec domum in prædictis terminis elevari usque ad triginta sex brachia interdici permittemus. Et ut hoc firmum et inconvulsum sit, hanc chartam scribi jussimus, quam nostra manu, ut infra videtur, corroboratam sigilli nostri impressione fecimus insigniri. Junximus etiam, ut si aliqua navis fuerit retenta a Gajeta usque ad Luni, nullus audeat deprædare, neque invadere bona ipsorum Pisanorum. Si quis autem hujus præcepti nostri violator exstiterit, sciat se ducentas libras auri optimi compositurum, medietatem nostræ cameræ, et medietatem illi contra quem fuerit injuria.

Signum domni Henrici Romanorum regis invictissimi.
Burchardus cancellarius vice..... archicancellari recognovi.

Datum anno Dominicæ Incarnationis millesimo octagesimo primo, indictione IV, anno autem ordinationis domni Heinrici quarti regis XXIV, regni XXX. Actum feliciter in Christi nomine.

X.

Henrici inter reges quarti inter Augustos tertii diploma, quo jura omnia ac privilegia Farfensi cœnobio confirmat et auget.

(Anno 1084.)
[MURATORI, *Rer. Ital. Scrip.*, II, II, 605.]

HENRICUS, divina favente clementia, Romanorum imperator Augustus.

Cum petitionibus servorum Dei rationalibus divini cultus amore favemus, et his opportuna beneficia largimur, præmium æternæ remunerationis rependi non diffidimus. Quocirca omnium sanctæ Dei Ecclesiæ, nostrorumque fidelium, præsentium videlicet ac futurorum, comperiat solertia qualiter Berardus venerabilis abbas monasterii Sanctæ Dei genitricis semper virginis Mariæ, quod in ducatu Spoletino situm est, et in comitatu Sabinensi constructum in loco qui dicitur Acutianus, nostram adiens præsentiam, ostendit nobis nostrorum antecessorum, regum, vel imperatorum præcepta eidem monasterio facta, aureis sigillis bullata scilicet Caroli imperatoris Ludovici, et Lotharii, nec non et Ludovici, alterius, in quibus continebatur, quomodo ipsi, et antecessores eorum Liutprandus scilicet ac Rathgisius, Haistulphus, Desiderius, Longobardorum reges, nec non et imperatorum parentum nostrorum, scilicet Chuonradi avi nostri, et bonæ memoriæ patris nostri Heinrici prædictum monasterium, propter divinum amorem, et reverentiam sanctæ Dei genitricis semper virginis Mariæ dominæ nostræ, sub sua semper tuitione tenuissent. Ob firmitatem tamen rei postulavit prædictus abbas ut eorumdem imperatorum præcepta nostra autoritate confirmaremus, et immunitatis præceptum suo monasterio dare juberemus.

Nos vero ejus justis postulationibus assentientes, confirmamus eidem monasterio quidquid futuris temporibus per instrumenta chartarum vindicare contigerit, prout juste et legaliter possumus, videlicet quæcunque habere videtur in territorio Sabinensi, id est ecclesiam Sancti Benedicti cum omnibus suis pertinentiis, et castellum de Arci cum tota integritate sua, et castellum, nomine Tribucum, in integrum, et alveum Pharphæ totum in integrum, ecclesiam Sancti Angeli in Tancia cum gualdo, et omnibus suis pertinentiis, sicuti Hildebrandus dux per sua confirmavit præcepta, castellum de Bucciniano totum in integrum, castrum Pharphæ cum totis subjacentiis sibi pertinentibus castelli quod vocatur Capud Pharphæ, et Sancti Angeli cognomine, et castelli Cerreti mali, et Scandriliæ, et Petræ Dæmonum, et Roccæ Salici sistorum quinque totam medietatem, cum Podii Majani medietate, et toto gualdo ejus, castellum Vulpinianum, castellum de Marciliano, castellum de Terraniano, podium de Catino, castellum de Cufi, et castellum de Furano, curtem de Lori, ecclesiam Sanctæ Helenæ. In civitate Ortana ecclesiam Sancti Theodori; in Viterbio ecclesiam Sanctæ Mariæ, ecclesiam Sancti Valentini in Burgo; in territorio Tuscano, cellam Sanctæ Mariæ in Minione cum gualdo, et monte Garberti, et ripa Albella, et marino portu, ecclesiam Sancti Laurentii..... flumine ecclesiam Sanctæ Severæ, medietatem civitatis Vetulæ, et portus, quem dedit Rainerius comes filius Saxonis comitis pro remedio animæ suæ prædicto cœnobio Sanctæ Mariæ, et qui filius ejus Saxo ante præsentiam nostram refutavit, et per chartam ipsi monasterio confirmavit irrevocabili sua et hæredum suorum sub centum librarum denariorum pœna Papiensium, ecclesiam Sancti Petri extra muros civitatis Cornetanæ, et quidquid infra ipsam civitatem vel foris habere videtur, ecclesiam Sancti Peregrini, ecclesiam Sancti Angeli sub ripa in comitatu Senensi, curtem Leoninam in comitatu Narniensi, monasterium Sancti Angeli, et collem Sancti Antimi, et Sanctæ Mariæ, et Sancti Joannis infra civitatem Interamnensem, ecclesiam Sancti Salvatoris, et Sancti Siri, ecclesiam Sanctæ Mariæ in Mediano cum medietate ipsius castelli in comitatu Perusino, cellam Sanctæ Mariæ in Diruta in comitatu Assisio, ecclesiam Sancti Bartholomæi, et Sancti Joannis in Satriano, et Sancti Benedicti.

In comitatu Spoletino, ecclesiam Sancti Marci, et Sancti Salvatoris, et Sancti Pauli, et Sancti Martini, in comitatu Ausimano, curtem de monte Polisco; in comitatu Senogalliensi, curtem de Lozano; in comitatu Camerino curtem de Sala bona, et de Trevenano, et de Sancti Abundii, et Sancti Viti; et in castello Petroso, curtem Sanctæ Antiæ, et de castello Albocavallo, duas partes, sicut Octavianus per chartas in ipso monasterio dedit. In comitatu Firmano monasterium Sanctæ Mariæ, et Sanctæ Victoriæ, quod positum est in Mantenano monte, cum castellis, collis, villis, et curtem de Plotersano cum castello, curtem de Curestano cum castello, Sanctam Mariam in casule cum castello de Area antiqua, et castellum de Tariano, et portionem de Morta, castellum de Aganello cum molendinis, Sanctam Mariam in Strata, Sanctam Mariam in Pontana, Sanctam Mariam in Clenti, cum castellis, et ecclesiis, et molendinis, et aquam deducere, ubi necesse fuerit. Item contra flumen Clentis curtem Sancti Silvestri intra civitatem Firmanam, et alibi curtem Sancti Sabini, et curtem quæ vocatur in Præterio cum omnibus suis pertinentiis, curtem Sancti Martini cum medietate collis Bonelli, et medietatem de Morra, et quartam partem ex alio, et castellum de Cubeta, et portionem de Rose, et curtem de Moliano, in qua est ecclesia Sanctæ Victoriæ, et portionem de insula de Verano; in Troliano, terras, ac vineas cum littore maris, et portu, et medietatem castelli de monte Alberti, curtem de filiis Rodsimundi cum castello, et ecclesiis, curtem de Talasano, et medietatem castelli de Lurotu, monasterium Sancti Salvatoris in Cantalupo, et Sancti Benedicti de Ripa; in comitatu Asculano, juxta flumen Asum, monasterium Sancti Salvatoris cum castello Furciæ, Calliano, et Cimbriano, castrum Ophidæ, Iscelam, Beneventulum, Sanctum Valentinum, montem Aguscanum, insulam Sancti Elisei, medietatem de Porche, quintam partem de Ripa, Contenanum, Asinanum, montem Cosi, Spinetulum, Avilanum, Dullianum, medietatem podii Sancti Emindii, castellum de Curru, monasterium Sancti Laurentii in Polesio cum castello Rotello, octavam partem Postmontis, collem Marii, podium, montem Prandonis, montem Cretaceum, Scurcula, medietatem de foce de Tronto, curtem de Mozano Sessu pasile; in comitatu Aprutiensi curtem de Moliano, curtem de Surnaria, ecclesiam S. Petri in Pedoniano; in comitatu Pinnensi curtem, quæ dicitur in monte Peditto, cum castello ibi ædificato, curtem aliam prope se, curtem Sanctæ Mariæ in Catilini, curtem Sanctæ Luciæ in Ciciliano, ecclesiam Sancti Clementis, et Sancti Eliæ; in comitatu Teatino, monasterium Sancti Stephani, quod ponitur in Lucania, et Pharam filiorum Guarnesii et podium Hortonellæ, Sanctum Clementem sicut Attus comes per concambium pro portione de Atlissa dedit; in comitatu Balbensi curtem Sanctæ Mariæ in Griano, et Sancti Angeli, et Sancti Laurentii, et Sancti Joannis, et Sorzano, et ecclesiam Sancti Peregrin, et Sanctam Mariam in Forfone, et Sanctam Mariam in Sarzana in Samnii partibus super Vulturnum flumen, monasterium Sancti Vincentii (8) cum castellis, et omnibus suis pertinentiis, quod sanctus Thomas Pharphensi monasterio a duce Gisulfo per præceptum acquisivit; in comitatu Morsicano curtem Sancti Leucii, et curtem de Transaquas, et Sanctæ Mariæ in Apinianici, et curtem Sancti Adriani; in Amiternensi castellum, quod vocatur prætorium, ecclesiam Sanctæ Mariæ in Loriano cum servis, et ancillis suis, curtem de castello Colle Monte, cum ecclesia Sanctæ Mariæ in Casali; curtem de Vallantis, ecclesiam Sancti Salvatoris, et Sancti Sebastiani, curtem Sancti Martini, monasterium puellarum Sancti Georgii, et ecclesiam Sancti Michaelis archangeli, et ecclesiam Sancti Jacobi, et Sancti Georgii, et aquam de Manicone, ecclesiam Sancti Salvatoris cum terra de Acupicta, et ecclesiam Sancti Leopardi, et Sancti Gregorii, et Sanctæ Agathæ, et Sancti Eliæ, et Sancti Joannis, ecclesiam in Asera, et ecclesiam alteram Sancti Joannis in Tazano, et ecclesiam Sancti Justini, castellum, quod vocatur Lunianum, et Asprum, et podium Sancti Maximi; item, ecclesiam Sancti Petri in Pinsile; in Interocrino territorio, curtem Canate; in territorio Carzulano, ecclesiam Sancti Vincentii, et Sancti Thomæ apostoli; castrum vetus de Ophiano, et castellum de monte Liano, et monasterium Sancti Joannis, ecclesiam Sanctæ Agnetis, curtem de Territa et Narnate in Tore, curtem Sanctæ Mariæ in Corneto; in civitate Tiburtina ecclesiam Sanctæ Mariæ, cognomento Sancti Adriani; in urbe Roma cellam Sanctæ Mariæ, et ecclesiam Sancti Benedicti in loco, qui dicitur Scorticlarii, ecclesiam Sanctæ Mariæ in Formello, quam Leo IX papa misericorditer contulit; in territorio Collinensi ecclesiam Sancti Andreæ, et ecclesiam Sancti Blasii, et Sancti Sebastiani, et Sanctæ Mariæ juxta castellum extra portam, ecclesiam Sanctæ Justinæ, et ecclesiam Sanctæ Christinæ; in Pisia civitate ecclesiam Sancti Petri, et alibi ecclesiam Sancti Thomæ.

Insuper et per istud nostrum præceptum confirmamus terram Sanctæ Mariæ, juxta Pisiam petiam 1 in loco, ubi dicitur a la Revoluta, aliam petiam juxta flumen Arnum, ubi dicitur Plaja de Plutiniano, et in Gomphio terram modiorum xxiv; in territorio quæsierant, ut sibi jus assererent in eximium Vulturnense cœnobium.

---

(8) Vide infra hoc idem repetitum anno 1118, in diplomate Henrici V Augusti. Nunquam antea Farfenses monachi hoc impetrarant, et ne forte quidem

Reatino Repastum castrum; in comitatu Firmano, curtem Sancti Salvatoris sub muro civitatis Firmanæ, et curtem Sancti Gervasii, et curtem Sancti Sigismundi, et terram de Paratinis, curtem Sancti Angeli de Villa magna, curtem Sancti Desiderii, et curtem de Cupresseto, et curtem Sancti Angeli in Niviano, et curtem Sancti Venantii, et curtem de Columelli, et curtem Sanctæ Felicitatis, terram de Raviliano, et curtem Sancti Venantii, et de Solario, et curtem Sanctæ Mariæ in Motiano, et curtem de Caminatis in loco qui vocatur Murrum, curtem de Brezzano in loco qui vocatur Serranianus, castellum filiorum Guinizonis, curtem Sanctæ Mariæ matris Domini, curtem Sancti Maroti, et curtem de Valle, curtem Sanctæ Mariæ in Ortatiano, et curtem Sancti Salvatoris in Memoriis, curtem de Blotenano, curtem Sancti Antimi, et curtem de monte Falcone, et curtem Sanctæ Mariæ in Murra, curtem Sancti Angeli inter duas terras, et aliam curtem Sancti Angeli in Murgiano, curtem Sancti Angeli in Antiano, item curtem de monasterio Lumerto cum ecclesiis duabus, id est Sanctæ Mariæ et Sancti Benedicti cum omnibus earum pertinentiis.

Hæc autem supradicta omnia, quæ ad prædictum monasterium pertinere videntur, seu et in futurum ab aliis hominibus juste et legaliter ei acciderint, nec non et ea quæ injuste ab aliquibus possidentur, aut in urbe Roma, vel in cæteris totius regni nostri Italici partibus habere dignoscitur, per hoc nostrum præceptum eidem sancto loco confirmamus, et per bannum, et per jussionem nostram, nostrorumque antecessorum regum, vel imperatorum auctoritate, una cum terris, vineis, monasteriis sibi subjectis, ecclesiis, castellis, curtibus, domibus, villis, capellis, aquis, aquarum decursibus, piscationibus, molendinis, mercatis, cultis vel incultis, colonis, aldiis, aldiabus, manentibus, omnibusque supra terram ipsius monasterii residentibus, servis, ancillis, omnique familia utriusque sexus, cunctisque animalibus. Atque pro Dei amore nostræque animæ salute, eidem monasterio ministrantibus perdonamus, ut nullus eorum, aut suorum hominum deinceps freda, seu tributa undecunque exigenda, aut mansiones, vel paratas faciendas, vel fidejussores tollendos, aut homines ejusdem monasterii, tam ingenuos quam servos, libellarios, sive clericos, vel chartularios, aut offertos, omnesque sub ditione hujus monasterii commanentes, distringendos, vel ad publicas excubias compellendos, aut ullas redhibitiones, aut quaslibet occasiones requirendas, nostris vel futuri temporis diebus, ingredi audeat, aut in aliquo loco det portonaticum, aut ripaticum, aut glandaticum, vel herbaticum, vel pontonaticum, tam de monachis quam de monachabus, quam clericis, quam de omnibus supra terras eorum residentibus. Confirmamus eidem monasterio privilegia Romanorum pontificum Adriani et Pauli et eorum successorum, simul cum omnibus rebus sibi collatis a diversis hominibus, commutationes, donationes, seu et omnia quæ per instrumenta chartarum, ut diximus, illi largita, aut largienda sunt monasterio, cum omnibus suis pertinentiis. De teloneis vero mercatorum, et pontium, decimas ad portam monasterii dare jubemus. Præcipientes ergo jubemus ut nullus archiepiscopus, episcopus, dux, marchio, comes, vicecomes, vel aliquis missus noster discurrens, sculdasius, castaldius, nullaque imperii nostri magna parvaque persona prædicti monasterii abbatem, vel monachos, seu aliquem fidelem inquietare, molestare, aut, de his quæ suprascripta sunt, sine legali judicio disvestire præsumat, aut aliquam minorationem facere tentet.

Unde monemus fidelitatem vestram, ut cum jam fatus abbas, vel monachi, aut advocatus ejusdem monasterii in vestra ministeria justitias requirendas venerit, duces, seu comites, qui pro tempore fuerint, in quorum ducatu vel comitatu præfatum cœnobium aliquid possidere dignoscitur, defensores, atque adjutores existant in omnibus, tam præfato abbati quam successoribus ejus, ut nullius potestatis personam vim aut invasionem aliam inferre permittant in his, quæ ad memoratam ecclesiam pertinent. Et nullus ausus sit recipere sub sua jussione, aut tuitione ejusdem monasterii fugitivos, vel malo animo discedentes. Precarias vero, et commutationes injuste factas, vel injuste acquisitas, volumus irritas, et absque pœna obligationis solutas, offertosque prædicti monasterii nolumus in sæculo vagari, sed ubicunque inventi fuerint, liceat abbati, qui pro tempore fuerit, vel etiam monachis ad monasterium revocare, et si opus fuerit, dux, aut comes ejusdem temporis eos ad monasterium reverti faciant. Si vero de qualibet causa a parte ipsius monas erii orta fuerit intentio, non per viles personas, sed per nobiliores homines et veraciores, sicut ad præsentiam nostram, rei veritas inquiratur et finiatur. Nulla denique mallatura ab advocato ipsius monasterii penitus requiratur, nec etiam bannus noster pro qualibet causa a parte memorati monasterii aliquando exigatur, sed liceat abbati et successoribus ejus res et possessiones jam dicti monasterii sub immunitatis atque tuitionis ordine possidere. Et si fodrum, vel aliquid de ejusdem monasterii possessionibus fiscus noster sperare potuerit, totum pro æternæ remunerationis præmio ipsi monasterio concedimus in alimoniam pauperum, et stipendia monachorum ibidem Deo militantium, ut nostris, futurisque temporibus proficiat in augmentis, quatenus memoratos Dei servos liberius pro nobis, et stabilitate nostri imperii, Domini clementiam exorare delectet. Et quandocunque abbas ejusdem monasterii de hac luce migraverit, ipsis inter se monachis unanimiter consentientibus, secundum regulam sancti Benedicti, sicut eorum edocet ordo, et rectum est, quem digniorem sibi invenerint licentiam habeant eligendi abbatem. Si quis igitur hujus nostræ confirmationis præcepti quandoque violator exstiterit, vel quidpiam eorum, quæ fieri prohibuimus, contra prænominatum monasterium facere tentaverit, sciat se secundum constitutionem Domini, et genitoris nostri Henrici imperatoris Augusti, aliorumque imperatorum, qui hujus monasterii roboraverunt præcepta, et per hanc nostram præceptionem mille libras auri purissimi esse compositurum, medietatem cameræ nostræ, et medietatem prædicto monasterio, ipsumque regentibus.

Datum anno Dominicæ Incarnationis 1084, anno autem Domni Henrici IV regis tertii Romanorum imperatoris Augusti ordinationis xxx, regni xxviii, imperii primo.

XI.

Confirmatio omnium bonorum et jurium facta monasterio S. Zenonis Veronensis ab Henrico quarto rege, imperatore tertio.

(Anno 1084.)

[MURATORI, *Antiq. Ital.*, I, 759.]

In nomine sanctæ et in individuæ Trinitatis, Heinricus divina favente clementia Romanorum imperator Augustus. Imperialem sublimitatem condecet, ut quanto cæteris dignitatibus excelsior colitur, tanto justis petitionibus Deo servientium benignior nec non clementior inveniatur. Quapropter notum esse volumus omnibus sanctæ Dei Ecclesiæ, nostrsique fidelibus, tam futuris quamque præsentibus, qualiter domnus Sigebodus, sanctæ Veronensis Ecclesiæ episcopus, una cum Werinherio abbate monasterii Sancti Zenonis confessoris, nostram clementiam suppliciter exorando adiit, ut ob amorem Dei omnipotentis, beatique Zenonis reverentiam, multum nos deprecans, ut omnes proprietates et possessiones monasterii prædicti, etc., eidem cœnobio corroboraremus. Nos vero justis eorum petitionibus consentientes pro remedio animæ nostræ, et ob interventum dilectissimæ conjugis nostræ Berthæ, atque ob interventum charissimi filii nostri Chuonradi, prædicto monasterio concedendo confirmamus, etc., id est in judiciaria Gardense castellum, quod nominatur Pasturingo, quod monasterio Sancti Zenonis bonæ memoriæ Arduinus comes et filius ejus Eriprandus pro remedio animarum suarum per chartam offersionis contulerunt, etc. Nec non et castellum, quod vocatur Insula Nonense, quod ad ipsum monasterium per offersionem, donationem, atque comparationem devenit, cum omni reddituu et districtu, vel fodrum, quod nunc habere videtur. Donamus insuper atque concedimus eidem monasterio Sancti Zenonis liberos homines, quos vulgo Arimannos vocant, habitantes in castello Sancti Viti, et in ejus territorio, nec non et Herimannos habitantes in vico Sancti Zenonis ab ecclesia Sancti Martini in aquario usque ad clivum, cum omni debito, districtu, actione, atque placitu. Seu quidquid a bonæ memoriæ Otberto, atque Adalberio Veronensium episcopis concessum fuit, id est furtum, adulterium, atque ripaticum a præfata ecclesia usque ad clivum, nec non et cum omnibus rebus ad præfatum monasterium pertinentibus, cum ecclesiis, et castellis, vicis, colonis, mancipiis, commendatitiis, factitiis, etc.

Quapropter jubemus atque decernimus ut quantumcunque memorata ecclesia Sancti Zenonis, etc., juste et legaliter habere dignoscitur, etc., securiter teneat, etc. Nullum censum, neque thelonaticum, vel de silvis capulum persolvere cogatur. Nullus infra eorum villas aut castella ingredi, placitum tenere, aut eorum liberos, sive famulos distringere vel pignorare, neque hospitari, seu aliquam functionem aut exactionem exigere audeat. Si quis vero, etc.

Signum domni Heinrici tertii Romanorum imperatoris Augusti.

Burchardus cancellarius vice Sigewini archicancellarii recognovi.

Data xv Kalendas Julii, anno Dominicæ Incarnationis 1084, indictione vi, anno autem domni Heinrici tertii Romanorum imperatoris, regni xxix, imperii vero i.

Actum Veronæ in Christi nomine. Amen.

Locus sigilli cerei ✠ exstantis cum imperatore sedente, et manu dextra globum, sinistra hastam tenente, cum epigraphe HEINCUS DI GRATIA TERCIUS............ TOR AUG.

XII.

Diploma Henrici III imperatoris Rodulfo abbati Stabulensi concessum. — Confirmat omnes monasterii possessiones, immunitates et commutationes, advocatorum jura limitat, et Malmundariensium audaciam compescit.

(Anno 1089.)

[MARTENE, *Ampl. Collect.*, II, 75.]

In nomine sanctæ et individuæ Trinitatis. Respectu divinæ miserationis electus tertius HEINRICUS, gratia Dei, Romanorum imperator Augustus et patricius.

Quoniam comperimus auctoritate sanctæ Scripturæ omnem hominem de bonis exemplum accipere debere, dignum et justum fatemur, id magis imperialem celsitudinem sollicitius decere servare; debet enim auctoritas tantæ sublimitatis aliquando revolvere qualiter res ecclesiarum Dei sitæ sint, et quæ a præcedentibus regibus vel imperatoribus in eis servientibus tradita sint, et ab eis tradita vel concessa auctoritatis suæ renovare ac roborare litteris. Unde noverit numerositas fidelium nostrorum, tam præsentium quam futurorum, illustrem virum abbatem Rodulphum de monasteriis, Stabulaus sive Malmundarium cognominatis, quæ utraque quondam corporaliter vivens sanctus Remaclus sumptu et auxilio Sigiberti regis, infra forestem nostram in saltu Arduennæ, fabricavit et consecravit; in quorum etiam principali, id est Stabulaus, corpore tenus sibi quiescere complacuit, nos cum monachis suis adisse, et scripta vitæ ipsius agli confessoris Christi Remacli, nec non et præcepta regum Sigiberti, Hildrici, Theoderici, qui petitione ejus et admonitione constructores fuerunt ipsorum locorum, et sancita imperatorum Caroli, Ludovici, trium Ottonum, sed et serenissimæ memoriæ Heinrici imperatoris genitoris nostri detulisse et postulasse nostram celsitudinem, ut omnia appendentia, vel tradita ipsis ecclesiis, a tempore sancti Remacli per succedentia tempora, nostræ imperialis præceptionis firmaremus auctoritate. Est igitur nostra dignatione sancitum ut quidquid prædecessorum suorum temporibus in illis locis fuit traditum aut condonatum, seu quod abbati Popponi imperator Heinricus, ob suæ animæ mercedem in Hasbanio reddidit beneficium, sive quod a divæ memoriæ avo nostro ipsi fuit restitutum a comite Iicrimanno, ex hærede mortuo per aliquanta tempora injuste detentum, Scalentin videlicet et Palisiol cum omnibus appendiciis suis, nec non et decimas ecclesiarum, quas prædecessoribus ipsius prædecessores nostri imperatores dederunt, et confirmaverunt, et quidquid ad ipsa loca emit, sextam videlicet de Amblava et Tumbis a comite Godefrido de Engeis, vel quod de bono ecclesiæ concambiavit Wendengias et Corworo mon. abbatis Sancti Maximini data villa, Asteleburna loco concambii, seu quod ab Hathelino (9) episcopo Bantbergensi et ejus præposito Liupoldo concambiavit, prædiolum scilicet Lukesenges pro Wendengus et duobus mansis apud Andernaicum, et pro nova de Buobarde, sine aliqua infractura maneat inconvulsum. Quoniam vero prædecessores nostri reges vel imperatores suæ auctoritatis firmitate ipsis locis sanciverunt ut advocatus ipsorum monasteriorum in cortibus, ad ipsa loca respicientibus, non præsumat mansuras aut paraturas facere, redhibitiones vel freda exigere, aut placitum tenere, aut parefredos sumere sibi sine permissu abbatis vel voluntate, eadem et nos ipsi abbati et ejus successoribus firmando corroboramus, bannique nostri impositione ne deinceps quisquam hæc audeat infringere vigoramus, et quidquid sane acquisitum reperit in quibuslibet rebus Ecclesiæ, roboratur nostræ præceptionis auctoritate, habens emunitatem ab omni advocatorum infestatione. Et quoniam monachis Malmundarii constitutis, sancita antiquorum regum vel imperatorum non suffecerunt, sed sub duobus abbatibus rescindere eadem monasteria laboraverunt, quod a temporibus sancti Remacli adhuc manet inconvulsum, propter hoc, inquam, ne aliqua deinceps inter eos controversia fiat, quod evenisse temporibus domni imperatoris Ottonis secundi constat, quodque infra annos pueritiæ nostræ per nos quorumdam non sano depravatos consilio per quinquennium et eo amplius tempore contigit evenisse, sed apud curiam nostram Leggiæ celebratam in Pascha anno videlicet 1071 Incarnationis Dominicæ, ipsi sancto Remaclo nobis præsentialiter (10) oblato causa expetendæ justitiæ, qui utrorumque cœnobiorum fundator illic per miracula, quæ Deus omnipotens per eum nobis et fidelibus nostris præsentibus dignatus est ostendere, claruit esse veracissime quod a nobis erat discissum injuste; fatemur nos juste sibi redditum perpetualiter redintegrasse. Et ideo statuimus firmissime, secundum nostrum imperiale edictum, ut sub unius abbatis regimine, sicut jugiter permansit, utrumque sit deinceps subjectum cœnobium. Et ut hæc nostræ concessionis ac renovationis atque confirmationis de omnibus his plenior habeatur auctoritas, manu propria hoc præceptum subterfirmavimus, et sigilli nostri impressione insigniri jussimus.

Signum domni Heinrici tertii Romanorum imperatoris Augusti.

Humbertus cancellarius vice Ruothardi archicancellarii recognovi.

Data est x Kalend. Decembris, anno ab Incarnatione Domini 1089, indictione xii; anno autem domni Heinrici tertii Romanorum imperatoris Augusti, regni quidem xxxvi, imperii vero vi.

Actum Magontiæ in Christi nomine feliciter. Amen.

XIII.

Heinrici regis quarti, imperatoris tertii, diploma, quo nonnulla castella confirmat monasterio Veronensi S. Zenonis.

(Anno 1090.)

[MURATORI, *Antiq. Ital.*, V, 623.]

In nomine sanctæ et individuæ Trinitatis, HEINRICUS, divina favente clementia, Romanorum imperator Augustus.

Imperialem sublimitatem condecet, etc. Hac ergo justa et æqua consideratione propter Domini timorem, et animæ nostræ, vel parentum nostrorum remedium monasterio beati Zenonis per hanc præsentem nostræ munificentiæ auctoritatem perpetuo confirmamus, modisque omnibus corroboramus, id est in judiciaria Gardense castellum, quod nominatur Pastoringo, quod monasterio Sancti Zenonis bonæ memoriæ Arduinus comes, et filius ejus Eriprandus pro remedio animarum suarum per chartam offersionis contulerunt cum omnibus pertinentiis suis, etc., nec non et castellum quod vocatur Insula Nonense, quod ad ipsum monasterium per offersionem, donationem, atque comparationem devenit, cum omni redditu, et districtu, et fodru, etc. Placuit etiam nostræ serenitati ob æternam remunerationem statuendo. . . . . ut castrum, quod dicitur Capavum, quod a puero Uberto pro remedio animæ suæ, suorumque parentum, monasterio Sancti Zenonis judicatum, atque traditum esse cognoscitur; cum omnibus rebus jam dicti castri pertinentibus, seu famulis, facticiis, cum omni debita districtione. Quod denique confirmamus etiam dicto monasterio Sancti Zenonis ad suorum præbenda monachorum eleemosynam proprietamus cum omnibus suis pertinentiis, districtis, etc. Si quis igitur dux, marchio, etc.

---

(9) Hathelinus desideratur in serie episcoporum Bambergensium apud Bucelinum, collocandus inter Hermannum anno 1075, a Gregorio septimo exauctoratum et Rupertum qui anno 1089 præfuisse reperitur.

(10) Quomodo id factum fuerit fusius descriptum habes in libello De triumpho S. Remacli, quem edidit Chapeavilla ad calcem tom. II.

Signum domni Heinrici tertii invictissimi imperatoris Augusti. Locus † sigilli Cerei deperditi.

Ego Ogerius Dei gratia Hiporiensis episcopus et cancellarius vice Herimanni cancellarii recognovi.

. . . . . . Dominicae Incarnationis millesimo nonagesimo, vi indictione, regnante Heinrico imperatore III regni ejus xxiv, imperii autem viii. Hoc actum est iv. Id. Aprilis Veronae. In Dei nomine feliciter. Amen.

XIV.

Donatio Castri Novi, Campitelli, et Scorciaroli facta Cononi episcopo Mantuano, ejusque ecclesiae, ab Heinrico rege IV, imperatore III.

(Anno 1093.)

[MURATORI, *Antiq. Ital.*, V, 645.]

In nomine sanctae et individuae Trinitatis. HEINRICUS imperator semper Augustus.

Quoniam opportunum nobis, et utile valde statui ac decori regni et imperii nostri evidenter esse cognoscimus sanis nostrorum fidelium consiliis, in his maxime quae ad curam et honorem nostri regiminis pertinent, diligenter condescendere, si quid forte occurrit, quod honorem nostrum non minuat, et sanctam sublimet Ecclesiam, eorum nullatenus debemus salutaria consilia contemnere. Dicit namque Sapientia : Omnia fac cum consilio, et postea non poenitebis (*Eccli.* xxxii, 24). Est quoque, juxta Psalmistam, regis honor judicium et justitiam diligere, et in veritate posse dicere cum Psalmista : Domine, dilexi decorem domus tuae (*Psal.* xxv, 8). Ut igitur per honorem et amplificationem donorum Dei, cujus servitio vacare debemus incessanter ex dilectione, si salvari cupimus et aeternam consequi gloriam, nostrorum sane fidelium consilia piis auribus exaudientes, et ad dignam et humilem, et laudabilem petitionem Cononis Mantuani episcopi clementer respicientes, Castrum Novum, et Campitellum, atque Scorciarolum cum omnibus eorum pertinentiis intus et foris, salva nostra regali justitia, per hanc nostram praeceptalem paginam habenda perenniter atque possidenda sine molestia jure proprietario Mantuanae Ecclesiae concessimus. Si quis igitur dux, marchio, comes, vicecomes, aut alia quaelibet persona, cujuscumque conditionis fuerit, hanc nostram praeceptalem paginam violare praesumpserit, mille libras auri puri compositurus banno nostro subjacebit, medietatem nostrae camerae, et medietatem praedictae Ecclesiae. Ut autem inviolabiliter ab omnibus observetur, imagine nostri sigilli insigniri diligenter jussimus.

Signum domni Heinrici imperatoris Augusti.

Datum anno Dominicae Incarnat. 1093, regnante domno Heinrico Romanorum imperatore Augusto xxxix, imperante vero ix, indictione vero v.

Auctum Mantuae feliciter.

XV.

Heinrici regis IV imperatoris III diploma confirmatorium quorumlibet jurium Ticinensis Ecclesiae.

(Anno 1093.)

[MURATORI, *Antiq. Ital.*, VI, 527.]

. . . . interventu quoque marchionis Wilielmi, Arduinus. . . . . civium Papiensium majorum et minorum, Papiensi Ecclesiae beatissimi Syri gloriosi confessoris, cujus pio interventu nostrum viget imperium. . . . . . . leguntur per hanc praeceptalem paginam jure perenni donamus atque concedimus, nominatim videlicet Brementensem abbatiam cum omnibus quae ad illam pertinent, castris, curtibus, villis, capellis, silvis, terris, cultis et incultis, pascuis, paludibus, aquis, aquarumque decursibus, piscationibus, molendinis, districtis, teloneis, albergariis, placitis invest. . . . . . . conditionibus, ac familiis, cellis quoque nominatim hic notatis : Sanctum Petrum in Novalesio, campum Merleti, Sanctum Andream in Taurino, Babianum, serram Sancti Petri, cellam Cavalariae, Sanctum Petrum in Pagno, Polentiam, Sanctum Petrum ad Wascum, Sanctam Mariam in Polexi, cellam de Supunigo, cellam de Laumello, Sanctam Agatham in Balsula, Rometam, castella etiam Castagnetum, Gunzove, Sanctum Salvatorem, Cano . . . . . . Tanetum, Palaciolum, Cisalum, seu caeteras cellas . . . . curtes et omnes res ad praedictam abbatiam et cellas pertinentes. . . . . . in integrum. Si quis igitur dux, marchio, comes, vicecomes, aut quaelibet alia persona hanc praeceptalem paginam violare praesumpserit, mille libras auri optimi compositurus banno nostro subjacebit, medietatem nostrae camerae, et medietatem praedictae Papiensi Ecclesiae. Quod ut verius credatur, et ab omnibus inviolabiliter observetur, impressione nostri sigilli jussimus insigniri.

Signum domni Heinrici Romanorum imperatoris invictissimi atque piissimi in virtute Dei.

Ego Oglerius, Dei gratia, Hiporiensis episcopus et cancellarius, vice Herimanni Coloniensis archiepiscopi archicancellarii recognovi.

Anno Dominicae Incarnationis millesimo nonagesimo tertio, indictione prima, regnante Heinrico xxxix, imperante autem ix, mense Maio.

Actum est Papiae feliciter.

XVI.

Decretum Heinrici imperatoris tertii promulgatum in placito Patavii habito pro tutela quorumdam bonorum, ad monachos Sanctae Justinae Patavinae spectantium.

(Anno 1095.)

[MURATORI, *Antiq. Ital.*, II, 943.]

Dum in Dei nomine in civitate Patavi in Broilo juxta episcopalem domum in judicio residebat domnus Heinricus, Dei gratia, tertius Romanorum imperator Augustus, adesset cum eo Walbrunus Veronensis episcopus ac cancellarius, Bruchardus, et Walnerius marchiones, Bonefacius comes, Manfredus comes, Hisnardus, Aldecherius, Aichardus,

Ugo, Gumbertus Judices, Peregrinus de Verona, Ubertus de Fontanaviva, Cono, Gumbertus de Talsano, Odelricus de Salvazano, Ucho de Casale, Baronzello, et Cono Patuaro, Bernardus Almenardo, Odo de Justinus judex, et reliqui plures. Ibique in eorum veniens præsentia Joannes presbyter et monachus, prior monasterii Sanctæ Justinæ, cum cæteris monachis ejusdem monasterii, insimul cum ingelero advocato suprascripti monasterii, retulerunt et cœperunt dicere, ac postulare mercedem. « Petimus ad vos, domne imperator, ut vos, propter Deum ac vestram mercedem, mittatis bandum super nos, et super illas res quas res Litulfus de Cararia hic in vestra præsentia nobis refudavit, scilicet curtem quæ vocatur Montesilice, cum omnibus rebus ad ipsam curtem pertinentibus, et super illas res, quas Milo et Heinricus germani similiter hic in vestra præsentia nobis refudaverunt, scilicet villa, quæ dicitur Lignaria, et villa quæ dicitur Ronchi, cum omnibus pertinentiis suis, et villa, quæ dicitur Tribano, et Caput Silvæ. » Tunc cum prædictus domnus imperator taliter audisset mercedem, per judicum consilium, qui ibi aderant, et per fustem, quem in sua tenebat manu, misit bandum super prædictos monachos et super eorum advocatum, et super prædictum monasterium, et super prædictas omnes illas res, quæ superius leguntur in integrum, ut nullus quislibet homo prædictum monasterium de prædictis rebus inquietare aut molestare, vel devestire audeat. Qui vero hoc fecerit, sciat se compositurum auri optimi libras centum, medietatem cameræ domni imperatoris, et medietatem ad prædictum monasterium Sanctæ Justinæ. Et insuper misit bandum, ut nullus episcopus, nullusque abbas prædictas res audeat in beneficium alicui dare vel per titulum pignoris alicui obligare, vel quodcunque ingenium a manibus fratrum auferre. Qui vero hoc fecerit, sciat se compositurum pari publicæ auri optimi libras centum. Finita et causa, et notitia pro securitate suprascriptum monasterium Sanctæ Justinæ fieri admonuerunt.

Quidem et ego Joannes notarius ex jussione domni imperatoris, et judicum admonitione scripsi, anno ab Incarnatione Domini nostri Jesu Christi millesimo nonagesimo quinto, secundo Kalendas Junii, indictione tertia.

☩ Ego Heinricus Dei gratia tertius Romanorum imperator Augustus subscripsi.
☩ Ego Wilbrunus cancellarius ex jussione domni imperatoris manu mea subscripsi.
☩ Ego Isnardus judex subscripsi.
☩ Ego Aldegerius judex interfui.
☩ Ego Ugo judex interfui.
☩ Ego Gumbertus judex interfui.
☩ Ego Agichardus judex interfui.
☩ Ego Peregrinus judex interfui.

ANGLORUM REGUM
QUI SÆCULO XI FLORUERE
LEGES ECCLESIASTICÆ ET DIPLOMATA

ÆTHELREDUS II
(Anno 979-1016.)

LEGES ECCLESIASTICÆ ÆTHELREDI
(Mansi, Concil. tom. XIX, col. 319.)

Quatuor partes habentur in Jornalensi manuscripto. Tres priores nil conferunt in rem Ecclesiæ, quartæ vero sunt hæc capitula.

TITULI CAPITULORUM.

I. De denario sanctæ Ecclesiæ dando, et de decimatione thaynorum.
II. De jejunio, et feriatione trium dierum ante festum sancti Michaelis.
III. Quid regi et populo omni die sit cantandum.
IV. De consuetudinibus sanctæ Dei Ecclesiæ reddendis.
V. Ne quis vendatur extra patriam.
VI. De roboria.
VII. De eleemosynis, et rectitudinibus ecclesiæ.

HÆC INSTITUERUNT REX ÆTHELREDUS ET SAPIENTES EJUS APUD HABAM
CAPITULA.

I. In primis ut unus Deus super omnia diligatur et honoretur, et ut omnes regi suo pareant sicut antecessores sui melius fecerunt, et cum eo pariter defendant regnum suum. Et constituerunt in primis Dei misericordiam et auxilium invocare jejuniis, eleemosynis, confessione et abstinentia, et malefactis, et injustitia abstinere. Et ut detur de omni carruca denarius, vel denarium valens, et omnis qui familiam habet, efficiat ut omnis hirmannus suus det unum denarium. Quod si non habeat, det dominus ejus pro eo. Et omnis thaynus detenet [*f.* decimet] totum quod habet.

II. Et instituimus ut omnis Christianus qui aetatem habet jejunet tribus diebus, jejunet in pane et aqua, et bis [*lege* herbis] crudis, ante festum sancti Michaelis. Et omnis homo ad confessionem vadat, et nudis pedibus ad ecclesiam, et peccatis omnibus abrenuntiet emendando et cessando. Et eat omnis presbyter cum populo suo ad processionem tribus diebus nudis pedibus, et super hoc cantet omnis presbyter triginta missas, et omnis diaconus, et clericus triginta psalmos, et apparetur tribus diebus corrodium uniuscujusque sine carne in cibo et potu, sicut idem comedere deberet, et dividatur hoc totum pauperibus. Et sit omnis servus liber ab opere illis tribus diebus quo melius jejunare possit; operetur sibimet quod vult. Hi sunt illi tres dies : dies Lunae, dies Martis, et dies Mercurii proximi ante festum sancti Michaelis. Si quis jejunium suum infringat, servus corio suo componat, reddat liber pauper triginta denarios, et regis thaynus centum viginti solidos, et dividatur haec pecunia pauperibus. Et sciat omnis presbyter, et tungravius, et decimales homines, ut haec eleemosyna, et jejunium proveniat, sicut in sanctis jurare poterunt.

III. Et praecipimus, ut in omni congregratione cantetur quotidie communiter pro rege, et omni populo suo una missa ad matutinalem missam, quae inscripta est : *Contra paganos*, et ad singulas horas decantet totus conventus extensis membris in terra psalmum : *Domine, quid multiplicati sunt* (*Psal.* III), et collectam contra paganos, et hoc fiat quamdiu necessitas ista nobis est in manibus. Et in omni coenobio vel conventu monachorum celebret omnis presbyter sigillatim triginta missas pro rege et omni populo, et omnis monachus dicat triginta Psalteria.

IV. Et praecipimus ut omnis homo super dilectionem Dei et omnium sanctorum det cyrisceattum, et rectam decimam suam, sicut in diebus antecessorum nostrorum fecit, quando melius fecit; hoc est sicut aratrum peragrabit, decimam acram : et omnis consuetudo reddatur super amicitiam Dei ad matrem ecclesiam cui adjacet, et nemo auferat Deo quod ad Deum pertinet, et praedecessores nostri concesserunt.

V. Et prohibemus, ne quis extra patriam vendatur; si quis hoc praesumat, sit praeter benedictionem Dei et omnium sanctorum, et praeter omnem Christianitatem, nisi poeniteat et emendet, sicut episcopus suus edocebit.

VI. Et prohibemus omnem roboriam omni homini. Et sit omnis homo jure publico dignus, pauper et dives, et reddatur omnis roboria; si quis aliquam fecerit, emendet sicut prius et postea fecit. Et si quis praepositus eam fecerit, dupliciter emendet quod alii judicaretur.

VII. Et reddatur pecunia eleemosynae hic ad festum sancti Michaelis, si alicubi retro sit per plenam vitam, et omnibus annis deinceps reddantur Dei rectitudines in omnibus rebus quae supra dictae sunt, per amicitiam Dei et sanctorum omnium, ut Deus omnipotens misericordiam nobis faciat, et de hostibus triumphum nobis et pacem indulgeat, quae sedulo deprecentur, ut misericordiam ejus consequamur hic, et in futuro requiem sine fine. Amen.

De officio judicis.

Omnis judex justus misericordiam et judicium liberet in omnibus, ut in primis per rectam scientiam dicat emendationem secundum culpam, et eam tum admensuret propter indulgentiam. Quaedam culpae reputantur a nobis judicibus secundum rectum emendandae; quaedam per Dei misericordiam condonandae. Judicia debent esse sine omni Haderunga quod non parcatur dimitti alicui, vel egeno, amico, vel inimico, jus publicum rectori, et nihil injustius est quam susceptio munerum pro judicio subvertendo, quia munera excitant corda sapientum, et subvertunt verba justorum (*Deut.* XVI). Dominus Jesus dixit : *In quo judicio judicaveritis, judicabimini* (*Matth.* VII). Timeat omnis judex, et diligat judicem suum, ne in die judicii mutus fiat, et humiliatus ante oculos Judicis cuncta videntis. Qui innocentem opprimit, et dimittit noxium, pro pecunia, vel amicitia, vel odio, vel quacunque factione, opprimetur ab omnipotenti Judice. Et nullus dominus stultos aut improbos judices constituat, quia stultus per ignorantiam, improbus per cupiditatem, vitat quam didicit veritatem. Gravius enim lacerantur pauperes a pravis judicibus quam a cruentis hostibus. Nullus hostis acerbior, nulla pestis efficacior quam familiaris inimicus. Potest aliquoties homo fuga vel defensione vitare pravos judices. Non ita possunt judices, quoties adversus subditos malis desideriis inflammantur. Saepe etiam boni judices habent malos vicarios, et ministros nefandos, quorum ipsi domini constringuntur, si non eos coerceant, et a rapacitate cohibeant, quia Dominus et minister saeculorum ait : *Non solum male agentes, sed omnes consentientes, digni sunt aeterna morte* (*Rom.* 1). Saepe etiam pravi judices judicium pervertunt, vel respectant, et non finiunt causam, donec voluntas eorum impleatur. Et quando judicant, non opera, sed munera considerant impii judices, juxta verbum Sapientum : *Sicut rapaces lupi vespere nil residuant usque mane* (*Sap.* III), id est de praesenti solum vita cogitant, de futura nihil considerant. Malorum praepositorum mos est ut quidquid possunt auferant, et vix necessarium parum quid relinquant sustentationum. Iracundus judex non potest accedere rectam judicii satisfactionem; nam per furoris excæcationem non perspicit rectitudinis claritatem. Justum judicium est, ubi non persona consideratur. Scriptum est : *Non attendas personam hominis in judicio, nec pro aliquo facies ut a vero declines, et injuste judices. Susceptio muneris est dimissio veritatis.*

PRIVILEGIUM REGIS ÆTHELREDI

PRO ECCLESIA CANTUARIENSI

Quo ejectionem clericorum de monasterio Christi Cantuariensi et inductionem monachorum gratulatur et confirmat villas eidem plurimas, et amplissima privilegia concedit.

(MANSI, *Concil.* tom. XIX, col. 321, ex ms. Cottoniano, *Claudius* A. 3.)

In nomine Domini Dei omnipotentis. Ego ÆTHELREDUS, Dei gratia gentis Anglicæ rex, et monarcha etiam aliarum insularum circumjacentium.

Notum facio Anglicis Christianis quod venerandus archiepiscopus Ælfricus, ex episcopali sua sapientia, cura me circa præcepta Dei sæpius occupatum reddidit; ego etiam Dei instinctu, quidquid divinæ illius doctrinæ et prædicationis mihi necessarium fuerit sedulo addiscere volo. Et hanc disciplinam intelligo per hominum malitiam et injustitiam nimis late perditam et abolitam esse.

In intellectu meo etiam video et plane perspicio hanc disciplinam per presbyterorum incuriam longe lateque negligenter corruptam, ac Dei servitium omissum et frigescens esse vehementer doleo. Dixi etiam consiliariis meis, qui mihi de rebus divinis et mundanis consilium dant, quod Deus illis intellectum dederit in animi mei exaltationem. Tunc illi inquiebant, Deo opitulante, melius fore, si presbyteros ab ecclesiis Christi propter manifesta illorum scelera et crimina expellerem, et in ecclesiis Christi monastici ordinis homines constituerem, qui pro me et gente mea ibidem rite Deo preces et gratias funderent. Hoc idem ego effeci; in ecclesiis Christi monachos constitui ad eorum exemplum quos S. Augustinus huc attulit quod ille scilicet in ecclesiis Christi ex S. Gregorii præcepto, et magni regis Æthelberti consilio et auxilio, eos sanctos monachos ibidem collocaret, quos secum in terram hanc attulerat. Et cum monachi postmodum ob sanctam eorum conversationem episcopi facti sunt, terræ eorum ecclesiasticæ florebant. Monachos etiam hos ibidem habitantes, congregatos esse in æternum hoc privilegio confirmo, et nominatim describo illorum urbes, quæ antiquitus et a me Anglorum rege, ac ab aliis fidelibus hominibus, hactenus ad illorum sacram sedem concessæ sunt.

Prima est Eastrige, quam regionem ad ecclesias Christi pro anima mea, tam in terris quam in littore maris, perpetuo concedo. Tum Joccham, Bosingtun, Edesham et Apeldra, Berwic parvula, et Swyrdhlincas Præostatum, Gravanea, Wylan, Ciart, Fernleah. In Suffexia Peccingas. In occidentali Cantio Meapham, Culingas. In Suthria prope Londinum Wealawyroth itidem ultra Thamissin. Hrisebyrgan ad marginem Cilternæ, ad urbem ecclesiæ Christi prope adjacens. In Essexia Laelling. In orientali Anglia Hædleh, et vicinia Illaleh. In Tancta regione aliquæ terræ.

Sit imposterum hoc antedictum monasterium ab omni terreno servitio liberum cum omnibus villis ad id pertinentibus, hoc est in campis, et in pascuis, et in pratis, et in silvis, et in mariscis salsis, et in piscationibus, et in venationibus, et in aucupationibus, exceptis his tribus, scilicet expeditione, pontium refectione, et arcium reparatione. Si quis bene moratus homo hoc privilegium meum beneficiis augeat, Deus omnipotens habitationem ejus in cœlestibus mansionibus, cum omnibus sanctis cumulet. Si autem aliquis malus homo a diabolo inflammatus sit, ut hoc meum privilegium diminuat, vel parvi faciat, sit socius Judæ proditoris Christi, laceretur canum infernalium dentibus inter terribilia gehennæ supplicia cum omnibus diabolis absque ullo fine, nisi illud ante obitum suum rite emendaverit quod contra Dominum suum impie deliquerat. Siquidem satius est hominem a peccatis cavere quam ea laboriose emendare. Obsecro et adjuro vos, omnes mei legitimi successores, reges et episcopi et senatores, gentisque dominatores, ne sitis ecclesiæ Christi prædones, sed ut sitis seduli custodes patrimonii Christi, et monachorum illorum, qui ibi Deo serviunt, ut in perpetuum requie, vita æterna et gaudio fruamini cum omnibus ejus sanctis semper in æternum. Amen.

Ego Æthelredus Angliæ, hoc ecclesiæ Christi privilegium ex auctoritate Christi confirmo.

Ego Ælfricus, Ecclesiæ Christi archiepiscopus, boni regis munificentiam signo crucis in æternum corroboro.

Ego Wulfstanus, Londinensium episcopus, domini mei nobili dono semper consentio.

Ego Ælfheah, Wintoniensium episcopus, hoc antedicti regis scriptum meis viribus confirmo.

Ego Ordbyrhtus episcopus idem hoc cum Dei benedictione feci.

Ego Æthelricus episcopus hoc idem feci.
Ego Athulfus episcopus hoc idem feci.
Ego Godwinus episcopus omne hoc idem feci.
Ego Lyfing episcopus domini mei voluntatem et bonitatem in æternum confirmo.

Ego Wulfricus abbas verus testis.
Ego Ælswardus abbas similiter.
Ego Wulfosar abbas.
Ego Ælflige abbas.

CANUTUS REX

HUJUS NOMINIS INTER REGES DANIÆ SECUNDUS, INTER ANGLOS PRIMUS

(An 1014-1036.)

LEGES ECCLESIASTICÆ CANUTI REGIS

(Mansi, Concil. tom. XIX, col. 555, Ex ms. Cottoniano Nero A, 1, collato cum legg. nost. Anglo-Saxon.)

Hoc est consilium quod Cnutus, totius Angliæ et Danorum et Norwegorum rex, cum sapientum suorum consilio sancivit, in laudem Dei, et sibi ipsi in ornamentum regium, et ad utilitatem populi; et hoc erat sacris natalibus Domini nostri Wintoniæ.

I. *De Deo, religione et rege debite colendis.*

Hoc est primum igitur ut super omnia alia unum Deum semper diligere, et unum Christianismum unanimiter conservare, et regem Cnutum et justa fidelitate venerari velint.

II. *De pace Dei, regis et ecclesiarum.*

Et Dei ecclesias salutent ac protegant, et crebro frequentent in salutem animæ, et nobisipsis ad utilitatem. Quælibet ecclesia jure est in propria Christi pace, et quilibet Christianus multum laborare debet ut pace illam magna in veneratione habeat. Pax enim divina, et quam proxime regis præ omni alia pace obtinenda, et sedulo conservanda est. Tunc valde justum est ut Dei ecclesiastica pax intra parietes, et pax Christiani regis manu data semper consistat immobilis. Et si quis alterutram violet, perdat patriam et vitam, nisi rex ei condonare velit. Et si unquam aliquis homo posthæc Dei ecclesiasticam pacem adeo violaverit ut intra ecclesiæ parietes homicida fieret, tunc istud est inexpiabile, et persequantur (eum) omnes qui Dei amici sunt, nisi fieret, ut inde erumperet, et ad adeo magnum asylum confugerit ut rex ipsi eapropter vitam condonaret post plenariam compensationem, tam apud Deum quam apud homines. Et hoc est primum ut propriam æstimationem capitis Christo et regi det, et hoc modo seipsum exlegem restituat ad compensationem. Et si tunc ad compensationem res rediit, et eam rex toleret, tunc solvatur ecclesiastica pax illi ecclesiæ per regis plenariam pacis violationem, et ecclesiæ reconciliationem consequatur, sicuti decet, et deinde tam cognati quam viri occisi compensationem plene solvat, et apud Deum saltem intercedat.

III. *De multa pro dignitate ecclesiæ conferenda.*

Et si ulla ecclesiæ pax sine interfectione sit vio- lata, sedulo compensetur pro ratione ejus quod factum est, sive sit per pugnam, sive per rapinam, sive per aliud quid compensanda est ecclesiæ prius pacis violatio pro ratione ejus quod factum est, et pro ratione dignitatis ecclesiæ. Non sunt omnes ecclesiæ æquali modo terreno honore dignæ, licet eamdem habeant ecclesiasticam consecrationem. Violatio pacis primariæ ecclesiæ est eadem ac compensatio rerum pro regis pace, hoc est quinque libris, secundum Anglorum leges, et in terra Cantii pro violatione pacis v libris regi, et III archiepiscopo, et mediocris ecclesiæ cxx solidis, et idem est pro regis multa; et tunc adhuc minoris, ubi parvum est ministerium, et cœmeterium tamen LX solidis, et templi campestris, ubi cœmeterium non est, xxx solidis.

IV. *De reverentia sacerdotibus præstanda.*

Omnes Christianos quam maxime decet sanctuarium et ordines et consecratam Dei domum semper diligentissime frequentare et protegere, et quemlibet ordinem venerari juxta dignitatem. Intelligat enim quicunque, velit vel possit, magnum et præclarum esse quod sacerdos agendum habet pro salute populi, si Domino suo debite placeat. Magnum (quid) est exorcismus, et præclarum est consecratio, quæ diabolum dispellit, et profugum reddit, quoties baptismus peragitur, vel S. eucharistia consecratur. Et sancti angeli ibi circumfunduntur, et res illas custodiunt; et per Dei potentiam sacerdotem adjuvant, quoties Christo debite serviunt. Et hoc toties faciunt, quoties sedulo intimo pectore invocat Christum; et pro populi necessitate diligenter intercedit, et illi propter Dei timorem pro ordinis dignitate cum ratione sunt cognoscendi.

V. *De purgatione ordinatorum.*

Et si contingat ut quis accusationibus et imperitiis sacerdotem, qui regulariter vivit, oneret atque ille ipse conscius sit innocentiæ, celebret missam, si audet, et purget solus seipsum per solam eucharistiam a simplici accusatione; et triplicem accusationem purget, si audeat etiam in S. eucharistia cum duobus ejusdem cum eo ordinis. Si quis diaconum accuset, qui regulariter vivit, simplici accusatione, sumat duos ejusdem secundum ordinis, et purget se cum illis. Et si accusetur triplici accusatione, sumat sex ejusdem ordinis (et ipse sit septimus) et purget se illis. Si plebeius sacerdos accusationibus oneretur quod regularem vitam non degat, purget se sicut diaconus qui regularem vitam agit. Et si quis amicis destitutum altaris ministrum accusationibus oneret, qui non habet sacramentales, eat ad offam exsecratam, et ibi fiat, sicuti Deus voluerit, nisi se per S. eucharistiam purgare possit. Et si quis sacris initiatum inimicitiæ accuset, et dicat quod homicidii auctor sit, vel consiliarius, purget se per cognatos suos, qui inimicitiam tolerare vel emendare debent. Et si sit cognatis destitutus purget se per socios, vel jejunium suscipiat, si audeat, et ea ad offam exsecratam, et ibi fiat, sicuti Deus judicaverit. Et nullus templi monachus unquam jure inimicitiæ compensationem petere, nec inimicitiæ compensationem solvere tenetur, deponat cognationis leges, cum transit ad leges regulares. Et, si presbyter unquam fuerit falsus testis, vel perjurus, vel furti conscius, aut consiliarius fuerit, tunc sit sanctificata ecclesia exclusus, et perdat ubique tam societatem quam amicitiam, et cujuslibet venerationem, nisi apud Deum et apud homines majori modo compenset, prouti episcopus eum instruxerit, et inveniat sibi fidejussorem, quod imposterum semper a simili (crimine) cessaturus sit. Et, si cum purgare velit, purget pro facti modo, sive triplici sive simplici purgatione pro facti modo.

VI. *Exhortatio ad ecclesiasticos, ut sancte vivant.*

Et volumus ut cujuslibet ordinis viri diligenter se submittant singuli juri quod ad eos pertinet, et præsertim Dei ministri, episcopi et abbates, monachi et moniales, canonici et vestales ad rectum inclinent, et regulariter vivant, et die ac nocte, sæpe et crebro Christum invocent, et pro omni populo Christiano diligenter intercedant. Et omnes Dei ministros rogamus et docemus, et præsertim sacerdotes, ut Deo obediant, et castitatem ament, et caveant sibi ipsis ab ira Dei, et ab æstuante incendio quod furit in inferno. Diligentissime sciant quod omnino non debeant coitus causa cum femina communicare. Et si quis ab eo abstinere et castitatem servare velit, habeat Dei misericordiam, et quoad terrenam venerationem sit jure thani dignus. Et quilibet Christianus ex timore Domini sui injustum coitum sedulo evitet, et leges ecclesiasticas juste observet.

VII. *De conjugiis prohibitis.*

Docemus etiam et rogamus, et in Dei nomine imperamus ne aliquis Christianus infra sextum cognationis gradum in propria affinitate unquam uxorem ducat, neque cognati sui viduam, cui eadem vicinia cognatus erat, neque cognatam uxoris suæ, quam antea habuerat ipse, neque susceptricem suam, neque consecratam vestalem, neque repudiatam aliquis Christianus unquam uxorem ducat, neque aliquam meretricem unquam sectetur, neque plures una uxore habeat, et ea sit legitime nupta uxor, sed habitet cum illa sola, quandiu ipsa vixerit. Ita semper (facere) debet qui Dei leges juste curare, et ab inferni incendio animam suam custodire velit.

VIII. *De decimis reddendis.*

Et persolvantur Dei jura quovis anno juste diligenter, hoc est arationis eleemosyna decimo quinto die a Paschate, et fetnum decimæ ad Pentecosten, et terræ primitiæ ad festum Omnium Sanctorum; et si quis tunc decimas persolvere nolit, prouti diximus, hoc est decimas agri, eodem modo ac aratrum progressum fecit; tunc conveniant regis præpositus et episcopi, et fundi dominus et ecclesiæ presbyter, et sumant invito illo decimam partem pro ecclesia ad quam pertinet, et assignent ei nonam partem; et dividatur octava pars in duo, et capiat terræ dominus dimidium, et dimidium episcopus, sive sit regis, sive thani minister.

IX. *De nummo Romano.*

Et denarius Petri ad festum Petri (solvatur) et si quis eum usque post illum diem retinuerit, det episcopo illum denarium, et addat xxx et regi centum viginti solidos.

X. *De primitiis seminum.*

Et seminum primitiæ ad Martini festum, et si quis easque post illum diem retinuerit, det eas episcopo, et compenset undecies et regi cxx solidos.

XI. *De decimis ad ecclesiam thani pertinentibus.*

Si quis tunc thanus sit, qui in possessione sua ecclesiam habeat, in qua sit cœmeterium, tradat tunc tertiam partem propriarum decimarum ecclesiæ suæ. Et si quis ecclesiam habeat in qua non est cœmeterium, det ex ix partibus presbytero suo id quod velit, et quilibet ecclesiæ census primario tradatur templo, ex omnibus ingenuorum focis.

XII. *De pecunia pro lucernis.*

Et nummus candelaris ter quotannis (solvatur) primo vigilia Paschatis, cera valoris dimidii oboli pro qualibet hyda, et deinde ad omnium sanctorum festum tot etiam, et postea ad Purificationem beatæ Mariæ similiter.

XIII. *De pecunia quæ dicitur symbolum animæ, et de sepultura.*

Et æquissimum est ut pecunia sepulcralis semper solvatur ad apertum sepulcrum, et si quis aliquod corpus ex sua parochia alibi humaverit, solvatur nihilominus pecunia sepulcralis illi ecclesiæ ad quam illud pertinet.

XIV. *De Dei juribus, festis, et jejuniis conservandis.*

Et omnia Dei jura præserventur diligenter prouti necessarium est; festa et jejunia debito modo celebrentur; et fiat quolibet die Dominico festi celebratio a die Saturni hora pomeridiana, usque ad diei Lunæ auroram, et quilibet alius dies festus, prouti indictus fuerit.

XV. *De die Dominico.*

Et die Solis mercaturam etiam severissime prohibemus, et omnem conventum populi, nisi pro maxima necessitate sit, et venationem, et ab omnibus mundanis operibus in hoc sancto die sedulo cessandum est.

XVI. *De jejuniis.*

Et ut quodlibet injunctum jejunium cum omni diligentia observetur, sive sit jejunium Quatuor Temporum, sive sit jejunium Quadragesimale, sive sit aliud quodcunque jejunium, et quolibet festo B. Mariæ, et festo cujuscunque apostoli jejunetur, excepto festo Philippi et Jacobi, (quia) non injungimus aliquod jejunium ante festum Paschatis, et quolibet die Veneris (sit) jejunium, nisi sit festum, et non necesse est jejunare a Paschate usque ad Pentecosten, nisi injunctum sit, vel ipse omnino velit jejunare, uti etiam a Natali Domini usque ad octavam Epiphaniæ, hic est septem dies post duodecimum diem festum.

XVII. *De temporibus justitiæ.*

Et prohibemus ordalium ac juramenta festis diebus, et diebus Quatuor Temporum, et diebus Quadragesimalibus, et justis diebus jejunalibus, et ab Adventu Domini usquedum octavus dies supra duodecimum diem præteriit, et a Septuagesima usque ad decimum quintum diem supra Pascha. Et sancti Edweardi festum sapientes elegerunt, ut festum celebraretur per omnem Angliam, (h. e. xiv die Martii, xv Kal. Aprilis, et sancti Dunstani festum, xiv Kal. Junii, hoc est xxx die in Maio. Et his sanctis temporibus, prouti justum est, inter omnes Christianos pax et concordia sit, et omnis fraus dissipetur. Et si quis alicui fidejussionem vel compensationem pro rebus terrenis debuerit, reddat ei sedulo ante vel post.

XVIII. *Pia exhortatio ad confessionem et pœnitentiam.*

Rogamus etiam per Dei amorem ut quilibet Christianus intelligat sedulo proprium suum commodum. Ante omnia tempus aliquod exspectare debemus, cum quod, quandiu potuimus, paruerimus diligenter voluntati Dei, nobis gratius erit quam omne quod in toto orbe est. Sed tunc simplicem mercedem habere debemus ejus quod in vita antea fecimus. Voce illius tunc, qui promeruerunt inferni multam. Sed agendum, quam diligentissime a peccatis revertamur, et singuli delicta nostra confessario nostra sedulo confiteamur, ut semper abstineamus, ac sedulo compensemus. Et singuli nostrum aliis injungamus quod volumus ut nobis injungatur. Hæc est lex justa, et Deo valde grata, et is erit felicissimus qui legem hanc servaverit. Namque Deus omnipotens nos omnes creavit, et deinde magno pretio, hoc est propria vita quam pro nobis omnibus tradidit, redemit.

XIX. *Ad eucharistiam et probitatem.*

Et quilibet Christianus faciat quod ipsum oportet; incumbat Christianissimo suo diligenter, et præparet se etiam ad communionem S. Eucharistiæ saltem ter in anno cuilibet qui propriam necessitatem intelligere velit necesse est, et verbum ac factum erga quemlibet amicum ordinet cum justitia, et jusjurandum ac fœdus caute servet; et quodlibet injustum diligenter ex hac terra ejiciatur, quantum fieri potest, et diligatur Dei justitia abhinc sedulo verbis et factis. Tunc nobis omnibus Dei misericordia propinquior erit.

XX. *Ad fidelitatem erga dominos.*

Agendum faciamus etiam sedulo, sicut docemus, simus semper domino nostro obsequentes et fideles, et perpetuo omnibus viribus cultum ipsius tueamur, et voluntatem ejus operemur. Omne namque, quod unquam pro vero Domino fideliter fecerimus, omne illud nobis ipsis facimus ad majorem utilitatem. Illi namque certe Deus gratiosus est, qui domino suo vere obsequens est. Magna etiam cuilibet domino est utilitas ut famulos suos juste gubernet.

XXI. *Ad Deum ex intimis colendum et fidem.*

Et omnes Christianos quam diligentissime docemus, ut interiore corde Deum semper diligant, et verum Christianissimum libenter servent, et ecclesiasticos doctores sedulo audiant, et Dei doctrinam ac leges contemplentur ac perscrutentur sæpe et crebro propriam suam utilitatem.

XXII. *Ut Orationem Dominicam et Symbolum calleant.*

Docemus etiam ut quilibet Christianus discat, ut saltem possit veram fidem recte intelligere, et *Pater noster* ac *Credo* discat, quoniam uno quilibet Christianus Deum implorare, et altero veram fidem ostendere debet. Christus ipse orabat prius *Pater noster*, et hanc orationem discipulos suos docebat (*Matth.* vi). Et in oratione hac ecclesiastica sunt septem petitiones, hanc si quis ex animo oraverit, nuntium semper mittit ad Deum ipsum pro quolibet commodo quod ipsi necessarium est, sive in hac vita, sive in futura. Sed quomodo quis unquam ex animo ad Deum orare potest, nisi internam habet charitatem, et veram in Deum fidem, quoniam ille deinceps non obit mortem in Christianorum communione, nec in consecrato cœmeterio quiescit, neque in vita sua S. eucharistiam percipit, neque bonus est Christianus, qui hoc discere nolit; neque ille debite alium suscipere potest ad baptisma, vel ad confirmationem, nisi hæc discat, ut bene illa norit.

XXIII. *Ut exitialia fugiant.*

Docemus etiam, ut exitialia peccata et diabolica facta quam diligentissime a quolibet evitentur, et compensentur libentissime, juxta confessarii consilium, si quis per diaboli instigationem in peccata fuerit lapsus.

XXIV. *Et inter hæc stuprum.*

Docemus etiam ut homines a turpi stupro, et ab illicito concubitu, et ab omni adulterio moneantur semper se abstinere.

XXV. *Ut caveant sibi de tremendo judicio.*

Docemus etiam ut quilibet homo diligenter Dei timorem in animo suo habeat, et die ac nocte caveat a peccatis, diem judicii timeat, et ab inferno abhorreat, et semper finem dierum astare sibi arbitretur.

XXVI. *Ut episcopi et sacerdotes fide obeant officia.*

Episcopi sint præcones et doctores legum Dei, et explicent ac exemplo suo doceant libenter ecclesiastica officia, attendat his quicunque velit. Quoniam inutilis pastor invenietur gregi, qui nolit gregem, quem tueri debet, clamore defendere, si alias possit, cum aliquod damnum gregi nocere incipit. Nullum est damnum adeo malum ac diabolus ipse, qui semper hoc unum meditatur, quomodo animabus hominum maxime nocere possit. Tum oportet pastores esse valde vigiles, et diligenter clamantes, qui ab hoc latrone publico populum tueri debent. Hi sunt episcopi et presbyteri, qui ecclesiasticum gregem defendere et tueri debent per sapientes doctrinas, ne furiosus lycanthropus eum nimium discerpat, aut multos ex ecclesiastico grege mordeat. Et si quis maxime curet, ut Dei nuntiis obediat, idem est ac si Deo ipsi obediat. Semper sit nomen Dei benedictum, et sit laus ei, ac honor et gloria in omnes sæculi ætates. Amen.

Hoc est sæculare consilium quod ex consultatione cum sapientibus meis volo ut observetur per totam Angliam.

I. *De justitia efferenda* (Ll. Sax. 1).

Hoc igitur est primum, quod volo, ut justæ leges sanciantur, et quælibet injustitia sedulo damnetur, et ut sarculetur et eradicetur quodlibet injustum, quam diligentissime possit de hac terra, et promoveatur Dei justitia, ac in posterum omnes, tam pauperes quam divites, jure publico fruantur, et justum illis judicium reddatur.

II. *De misericordia exhibenda in judicio* (Ll. Sax. 2).

Docemus etiam quod, licet quis delinquat, et ipse profunde pœniteat, tunc adhibeatur moderatio (in pœna irroganda), prouti coram Deo decens et coram mundo tolerabile est. Et meminerit diligentissime, qui judicio præsidet, ejus quod ipse habere gessit, cum hoc modo dicit : *Et dimitte nobis debita nostra, sicut et nos dimittimus* (Matth. vi). Et prohibemus ne Christianus ante omnia saltem levis rei causa ad mortem tradatur; sed potius mitis pœna statuatur in populi commodum, neque perdatur, pro re parva, Dei manuum operatio, et proprium ejus pretium, quod caro redemit.

III. *De Christiano non vendendo extra regnum* (Ll. Sax. 3).

Prohibemus etiam ne Christianus quisquam procul de terra vendatur, neque ad gentilismum saltem perducatur, sed diligenter foveatur, ne anima perdatur quam Christus propria sua vita redemit.

IV. *De sagis, sortilegis, etc., ejiciendis* (Ll. Sax. 4).

Prohibemus etiam ut terram circumquaque diligenter mundare incipiant, et a nefandis actionibus ubique abstineant. Et si sagæ, vel harioli, sicarii, vel meretrices alicubi in regione deprehendantur, educantur sedulo ex terra illa, vel in terra pereant omnino, nisi cessent a factis malis, et majori modo compensent. Præcipimus etiam ut profugi et exleges Dei ac hominum, ex patria exterminentur, nisi se submittant et quam diligentissime emendent. Et fures ac latrones publici brevi pereant, nisi cessent (a maleficis).

V. *De gentilium superstitionibus abolendis* (Ll. Sax. 5).

Prohibemus etiam serio ethnicismum. Ethnicismus est cum quis idola adorat, deos gentiles, et solem vel lunam, ignem vel fluvium, torrens vel saxa, vel alicujus generis arborum ligna, vel (cum quis) veneficium amat, vel vicariatum committit ullo modo, vel sortilegio, vel teda vel aliquo phantasmate aliquid perficit.

VI. *De homicidis pejerantibus, et mœchantibus* (Ll. Sax. 6).

Homicidæ et perjuri ordinum violatores et adulteri submittant se et emendent, vel scienter in peccatis moriantur.

VII. *Quod peccatum turpius sit in diebus et locis sacris, et majores magis sunt plectendi* (Ll. Sax. 35).

Injustum non est ullo tempore permissum ; attamen diebus festis, et in jejuniis, et in locis sanctis diligentissime ab eo cavendum est. Et semper quo quis est potentior vel majoris ordinis, eo magis coram Deo et mundo injustum emendare debet. Et ecclesiastica compensatio semper diligenter inquirenda est ex scriptis, et mundana compensatio inquirenda est ex mundana lege.

VIII. *De ministrum altaris occidente* (Ll. Sax. 36).

Si quis altaris ministrum occiderit, sit exlex apud Deum et apud homines, nisi per exsilium et apud cognatos etiam magis compenset, vel purget se capitali purgatione, ei intra xxx dies incipiat compensationem ubique tam apud Deum quam apud homines (solvendo) omnia quæ habet.

IX. *Ut rex sit ordinatis et alienigenis patronus* (Ll. Sax. 37).

Si quis sacris initiatum vel extraum aliquo modo seducat ad ea quæ concernunt pecuniam vel vitam, tunc rex ei sit loco cognati, et loco patroni, nisi is alium dominum habuerit, et compensetur regi, prout decet, vel factum illud quam maxime vindicetur, regem Christianum quam maxime decet, Dei injuriam quam severissime ulcisci pro eo quod factum est.

X. *De ministro altaris homicida*, etc. (Ll. Sax. 38).

Si minister altaris homicida fiat, vel alias magnum nefas perpetraverit, tunc perdat deinde tam ordinem quam honorem, et peregrinetur quam procul papa ei præscripserit, et illud libenter emendet, et si se purgare velit, purget se triplo, et nisi intra xxx dies compensationem incœperit apud Deum et apud homines, tunc sit exlex.

XI. *De ordinatum vinciente aut verberante* (Ll. Sax. 39).

Si quis sacris initiatum vinciat vel verberet, vel admodum convicietur, compenset ei prout justum est, et episcopo aræ expiandæ multam pro ordinis modo, et domino vel regi pro plena violatione pacis, vel purget seipsum plena excusatione.

XII. *De ordinato capitis reo* (Ll. Sax. 40).

Si quis sacris initiatus capitale crimen commiserit, apprehendatur, et sistatur coram curia episcopali pro illo quod factum est.

XIII. *De reo confessarium petente* (Ll. Sax. 41).

Si quis capitalis criminis reus sedulo confiteri velit, non negetur illud ipsi unquam, et si quis ei negaverit, compenset hoc apud regem cxx solidis, vel purget se sumens quinque homines, et ipse sit sextus.

XIV. *De die dominica et festis observandis* (Ll. Sax. 42).

Si apprehendi potest, non occidatur unquam diei Solis festo aliquis occidendus homo, nisi fugiat vel pugnet, sed apprehendatur et teneatur usque dies festus præteriit. Si liber homo die festo laboret, tunc compenset hoc obstricti colli multa, et saltem apud Deum diligenter compenset, prouti docetur. Servus si laboret, vapulet, vel pretium verberum pro ratione ejus quod factum est (luat); si dominus servos suos die festo cogat ad laborandum perdat servum, et sit in posterum liber, et dominus solvat violatæ legis pœnam apud Danos, multam apud Anglos, pro ratione ejus quod factum est, vel purget se.

XV. *De jejunium violante* (Ll. Sax. 43).

Si liber homo verum jejunium dissolvat, solvat violatæ legis pœnam apud Danos, multam apud Anglos pro ratione ejus quod factum est. Malum est tempore veri jejunii ante prandium edere, et adhuc pejus, seipsum carne defœdare. Si servus hoc fecerit, vapulet, vel pretium verberum pro ratione ejus quod factum est (luat).

XVI. *Ut Quadragesima et festa non temerentur* (Ll. Sax. 44).

Si quis publice Quadragesimam dissolvat per dimicationem, vel per patrimonium, vel per rapinam vel per aliquod nefandum facinus, duplo hoc compensetur, uti in magno festo, pro ratione ejus quod factum est. Et si quis (hoc) neget, triplici purgatione se purget.

XVII. *De ecclesiæ debita vi detinente* (Ll. Sax. 45).

Si quis vi ecclesiasticis judiciis se opposuerit, solvat violatæ legis pœnam apud Danos, multam apud Anglos, vel purget se sumens undecim, et ipse sit duodecimus. Si aliquem vulneret, compenset hoc, et solvat plenam multam domino, et ab episcopo manum redimat, vel eam perdat. Si aliquem occiderit, sit exlex; et persequantur eum cum clamore omnes illi qui justitiam volunt. Si ipse auctor fuerit quod sit occisus, pro eo quod ille justitiæ se opposuerit, et hoc confirmetur, jaceat inultus.

XVIII. *De sacrum ordinem violante* (Ll. Sax 46).

Si quis sacrum ordinem violaverit, emendet hoc pro dignitate ordinis, sive per æstimationem capitis, sive per multam, sive per violatæ legis pœnam, sive per omnem possessionem.

XIX. *De adulterio* (Ll. Sax. 47).

Si quis adulterium commiserit, emendet per hoc quod factum est. Malum adulterium est, quod uxoratus homo cum soluta coeat, et multo pejus cum alterius uxore, vel cum sacris initiata votis.

XX. *De incestuosis* (Ll. Sax. 48).

Si quis incestum commiserit, compenset hoc pro dignitate cognationis, sive per capitis æstimationem, sive per multam, sive per totam possessionem. Non est eadem ratio cum sorore ac cum remotiore cognata coire.

XXI. *De viduam violante* (Ll. Sax. 49).

Si quis viduam vi violaverit, compenset hoc per capitis æstimationem. Si quis puellam vi stupraverit compensat hoc per capitis æstimationem.

XXII. *De uxoris adulteræ pœna gravi* (Ll. Sax. 50.)

Si marito vivo uxor cum alio concubuerit, et illud manifestum fieret, fiat ipsa in posterum infamia mundi, et habeat verus maritus omnia quæ (illa) possidebat, ac perdat illa utrumque, tam nasum quam aures. Et si accusatio sit, et purgatio fracta sit, tunc episcopus potestatem (in eam) habeat, et severissime judicet.

XXIII. *De uxorato fornicante, aut concubinam habente* (Ll. Sax. 51).

Si vir uxoratus coeat cum propria sua ancilla, amittat eam, et pro ipsa compenset apud Deum et apud homines. Et si quis legitimam uxorem habeat, et concubinam etiam, huic nullus presbyter aliquos faciat ritus qui Christianis fieri debent, nisi cessaverit, et quam maxime emendet, prouti episcopus eum edocuerit, et postea abstineat ab iisdem.

XXIV. *Ut alienigenæ libidinosi ejiciantur* (Ll. Sax. 52).

Si alienigenæ concubitus suos reformare nolint, ex regione cum possessionibus et peccatis suis exterminentur.

XXV. *Ut homicida in purgatione cadens episcopo tradatur* (Ll. Sax. 53).

Si homicidium manifestum fiat, quod quis sit trucidatus, tradatur cognatis (homicida), et si accusatio sit et purgatio male succedat, judicet episcopus.

XXVI. *De eo qui excommunicatum vel ut exlegatum custodierit* (Ll. Sax. 64).

Si quis Dei fugitivum retineat injuste, tradat eum ad justitiam, et compenset illi ad quem pertinet, ac emendet regi per capitis æstimationem. Si quis excommunicatum vel exlegem habuerit, et custodierit, luat vitam et omnem suam possessionem.

XXVII. *De misericordia exhibenda* (Ll. Sax. 65).

Et si quis diligenter ab injustitia deinde reverti velit ad justitiam, misericordiam consequatur ex timore Dei, quam optime et diligentissime fieri possit.

Pii regis pia peroratio (Ll. Sax. Epilog.).

Nunc diligenter rogo, et in Dei nomine oro quemlibet ut ex intimo corde ad Dominum suum convertatur, et sæpe ac crebro contempletur quam diligentissime id quod ei est faciendum, et quod omittendum. Nos omnes maxime decet Deum diligere, et Dei legibus obsequi, et ecclesiasticis doctoribus sedulo obedire, quoniam ii nos producent ad judicium, cum Deus judicabit quemlibet pro factis suis. Et beatus est pastor, qui gregem ad Dei regnum, et ad cœleste gaudium lætum ducere potest propter facta sua. Bene etiam est gregi illi, qui pastorem sequitur eum qui illum a diabolis eripuit, et Deo acquisivit. Agedum, omnes, unanimi corde diligenter Domino nostro placeamus cum eo quod justum est, et in posterum semper caveamus diligenter ab incalescente incendio, quod prævalet in inferno faciant nunc etiam doctores et ecclesiastici præcones, prouti justum, et cuilibet necessarium est, exponant sæpe ecclesiasticas necessitates, et omnis qui discretus est audiat eas diligenter, ac doctrinas ecclesiasticas in mente retineat quam firmissime, in propriam sui utilitatem, et semper quilibet homo in honorem Domini sui præstet Deo suo id quod potest, verbo et facto, hilariter semper. Tunc nobis omnibus Dei misericordia paratior erit. Semper sit nomen Dei in æternum benedictum, ac gloria ei, et laus et veneratio sit semper in sæculum sæculi. Deus omnipotens sit nobis omnibus misericors, prouti ipsi placuerit, et conservet nos semper ad æternitatem. Fiat. Amen.

CANUTI REGIS

EPISTOLA AD ANGLORUM PROCERES MISSA ROMA ANNO REGNI EJUS XV, DOMINI 1031.

Refert quanta benignitate a Joanne papa, Conrado imperatore, et Rodulpho rege amplexus est. Se Romam transeuntibus impetrasse privilegia: vitæque suæ institutum correcturum vovet. Monet ut declinent injustitiam et fisco nil indebite ferant. Ad Ecclesiam pertinentia sedulo quæque reddi jubet.

CNUTO, rex totius Angliæ, et Danamarchiæ, et Norwegiæ, et partis Suavorum, AILNOTHO [*al.*, EGELNOTHO] metropolitano, et ALFRICO Eboracensi, omnibusque episcopis et primatibus, et toti genti Anglorum, tam nobilibus quam plebeiis, salutem.

(1) Notifico vobis me noviter iisse Romam oratum pro redemptione peccaminum meorum, et pro salute regnorum, quique meo subjacent regimini populorum. Hanc quidem profectionem Deo jam olim devoveram, sed, pro negotiis regni et causis impedientibus, hucusque non poteram perficere. Nunc autem ipsi Deo meo omnipotenti valde humiliter gratias ago quod concessit in vita mea Petrum et Paulum beatos apostolos, et omne sanctuarium, quod intra urbem Romam aut extra addiscere potui, expetere, et, secundum desiderium meum, præsentialiter venerari et adorare. Et ideo hoc maxime patravi, quia a sapientibus didici sanctum Petrum apostolum magnam potestatem accepisse a Domino ligandi atque solvendi, clavigerum esse regni cœlestis, et ideo specialiter ejus patrocinium apud Deum expetere valde utile duxi.

Sit autem vobis notum quia magna congregatio nobilium, in ipsa solemnitate paschali, ibi cum domino papa Joanne et imperatore Cunrado erat, scilicet omnes principes gentium, a monte Gargano usque ad istud proximum mare, qui omnes me et honorifice suscepere, et magnificis donis honoravere. Maxime autem ab imperatore donis variis et muneribus pretiosis honoratus sum, tam in vasis aureis et argenteis quam in palliis et vestibus valde pretiosis. Locutus sum igitur cum ipso imperatore et domino papa, et principibus qui ibi erant, de necessitatibus totius populi mei, tam Angli quam Dani, ut eis concederetur lex æquior et pax securior in via Romam adeundi, et ne tot clausuris per viam arcerentur, et propter injustum telonium fatigarentur. Annuitque postulatis imperator, et Rodulphus rex, qui maxime ipsarum clausurarum dominator, cunctique principes edictis firmarunt, ut homines mei, tam mercatores quam alii orandi gratia viatores, absque omni angaria clausurarum et teloneariorum, firma pace Romam eant et redeant.

Conquestus sum iterum coram domino papa, et mihi valde displicere dixi quod mei archiepiscopi in tantum angariabantur immensitate pecuniarum quæ ab eis expetebantur, dum pro pallio accipiendo secundum morem apostolicam sedem expeterent; decretumque est ne id deinceps fiat. Cuncta enim quæ a domino papa, et ab imperatore, et a rege Rodulpho cæterisque principibus, per quorum terras nobis transitus est ad Romam, pro meæ gentis utilitate postulabam, libenter annuerunt, et concessa etiam sacramento firmaverunt, sub testimonio quatuor archiepiscoporum et viginti episcoporum, et innumeræ multitudinis ducum et nobilium quæ aderat. Quapropter Deo omnipotenti gratias magnificas reddo, quia omnia quæ desideraveram, prout mente decreveram, prospere perfeci, votisque meis ad velle satisfeci.

(1) Malm. Gest. reg. lib. II, cap. 11.

Nunc itaque sit notum quia ipsi Deo supplex devovi vitam meam amodo in omnibus justificare, et regna mihi subdita populosque juste et pie regere, æquumque judicium per omnia observare, et si quid per meæ juventutis intemperantiam aut negligentiam hactenus, præter id quod justum erat, est actum, totum Deo auxiliante dispono emendare. Idcirco obtestor et præcipio meis consiliariis, quibus regni consilia credidi, ne ullo modo, aut propter meum timorem, aut alicujus potentis personæ favorem, aliquam injustitiam amodo consentiant vel faciant pullulare in omni regno meo. Præcipio etiam omnibus vicecomitibus et præpositis universi regni mei, sicut meam volunt habere amicitiam, aut suam salutem, ut nulli homini, nec diviti, nec pauperi, vim injustam inferant, sed omnibus, tam nobilibus quam ignobilibus, sit fas justa lege potiundi, a qua nec propter favorem regium, nec propter alicujus potentis personam, nec propter mihi congerendam pecuniam, ullo modo devient, quia nulla mihi necessitas est ut iniqua exactione pecunia mihi congeratur. Ego itaque notum vobis fieri volo quod, eadem via qua exivi regrediens, Danamarchiam vado, pacem et firmum pactum, omnium Danorum consilio, compositurus cum eis gentibus quæ nos et vita et regno privare, si eis esset possibile, volebant; sed non potuerunt, Deo scilicet virtutem eorum destruente, qui nos sua benignitate in regno et honore conservet, omniumque inimicorum nostrorum potentiam annihilet. Composita denique pace cum gentibus quæ in circuitu nostro sunt, dispositoque et pacato omni regno nostro hic in oriente, ita ut a nulla parte bellum aut inimicitias aliquorum timere habeamus, quam citius hac æstate apparatum navigii habere potero, in Angliam venire dispono.

Hanc autem epistolam jam præmisi, ut de mea prosperitate omnis populus regni mei lætificetur; quia, ut vos ipsi scitis, nunquam memetipsum, nec meum laborem abstinui, nec adhuc abstinebo, impendere pro omnis populi mei necessaria utilitate. Nunc igitur obtestor omnes episcopos meos, et regni mei præpositos, per fidem quam mihi debetis et Deo, quatenus faciatis ut, antequam in Angliam veniam, omnium debita, quæ secundum legem antiquam debemus, sint persoluta, scilicet eleemosyna pro aratris, et decimæ animalium ipso anno procreatorum, et denarii, quos Romam ad sanctum Petrum debetis, sive ex urbibus, sive ex villis, et mediante Augusto decimæ frugum, et in festivitate sancti Martini primitiæ seminum, ad ecclesiam sub cujus parochia quisque degit, quæ Anglice Curcscet [*al.*, Chireseth] nominatur. Hæc et alia si cum venero non erunt persoluta, regia exactione secundum leges, in quem culpa cadit, districte absque venia comparabit.

CANUTI REGIS DIPLOMATA

I.

Ecclesiam Salvatoris in Dorobernia omnium Ecclesiarum regni Angligeni matrem et dominam confirmat.

(Anno 1018.)

[LABBE, *Concil.*, t. IX, col. 817, e vetusto codice Cantuariensi.]

Ego denique imperator KNUTO, a Christo Rege regum regiminis Anglici in insula potitus, audiens beneficia prædecessorum meorum regum, scilicet regalia privilegia, similiter cernens libertatem monasteriorum intra Cantiam positorum, archipræsulisque piissimi Livingi admonitionem, placuit cordi amborum præsentem chartulam corroborare, videlicet ecclesia Salvatoris, in Dorobernia sita, omnium ecclesiarum regni Angligeni mater et domina, cum omnibus ad illam pertinentibus, sit libera; nec quisquam hominum in ea et rebus suis, aliquid juris vel consuetudinis, præter archiepiscopum et monachos ibidem Deo famulantes, exigat vel obtineat. In sempiternum hoc nostrum decretum inviolabile tempore meo et successorum meorum, pro spe salutis æternæ, stabile perseveret, his testibus quorum signa subtus adnotantur.

Ego Knuto gubernator Anglici orbis propria manu confirmo.

Ego Levingus metropolitanus archipræsul libenter annuo.

Ego Emma regina signo crucis confirmo.

Ego Wolstanus Eboracensis consolidavi.

Ealdelmus episcopus gratum habens.

Ego Algarius episcopus concedo.

Ego Leofricus episcopus confirmo.

Ego Haldenne princeps regis pro viribus assensum præbeo.

Et ego Turkillus dux concedo.

Facta est autem ista concessio anno Dominicæ Incarnationis 1018.

II.

Charta Canuti regis pro cœnobio S. Benedicti Hulmensi in agro Suffolciensi.

(*Monasticon Anglicanum*, I.)

Christo omnipotenti, qui est omnium regum Rex, omnino persolvendæ sunt gratiarum actiones pro omnibus indebitis beneficiis quibus hominibus, sua sola pietate intercedente, suffragatur, nullis nostris promerentibus meritis. Ne ergo simus ingrati beneficiorum tantorum ejus, cumque magno opere studendum est nostrum ut aliquod conferamus ei *cujus* sunt omnia, et qui nobis non habita contulit, habere, cuique non possumus dare nisi propria, et de suo proprio tribuit nobis mercari, et in usus proprios uti, quæ minime proprio usu potuimus habere, nisi ejus tribueret gratia, scilicet regni cœlorum cœlicolorum contubernium.

Ejus quippe largiflua bonitate, regia dignitate subthronizatus, ego Knut rex Angligenæ nationis, pro nanciscendo ejus immensitatis misericordiæ dono, concedo sibi de suo proprio quæ mihi gratuito concessit, villam noto nomine, cognominatam Borninga, cum pascuis, silvis atque confinibus sibi rite subter jacentibus, scilicet Ludham cum pertinentiis, Retheshirth cum suis pertinentiis. Est denique nostrum donum a Christo nobis collatum, cui dantes fenoratum exposcimus ut rursum suæ largitionis donationem excipere dignetur a nobis omni intentionis affectu oblatam, quatenus possimus per sua sibi data consequi, quæ a nobis non possunt possideri nisi a se collata. Si quisquam, quod absit! a diaboli incitatione fuerit inflatus, ut Deo omnium rerum possidenti suum tentaverit, quod nobis sibi concessit tribuere, abstrahere vi vel fraude qualibet, utinam remaneat nobis ad gratiam ejus quæ concessimus, et sit ei ad interitum æternæ damnationis, qui pravæ mentis, aut nisi hoc alio transferre conatur, nisi plenitudo satisfactionis ejus subveniat.

Ego Knut rex, hanc donationem Christo contuli pro consequendo præmia cœlestis hæreditatis.

Ego Elgifu regina, hanc regiam donationem augendo confirmavi.

Ego Wlstanus archiepiscopus corroboravi.
Ego Ætheluthus archiepiscopus confirmavi.
Ego Godwinus episcopus corroboravi.
Ego Ælwinus episcopus assensum dedi.
Ego Alfwinus episcopus consignavi.
Ego Ethericus episcopus conclusi.
Ego Ælswius episcopus corroboravi.
Ego Huc dux.
Ego Godwin. dux.
Ego Ulf dux.
Ego Eglaf dux.
Ego Hacun dux.
Ego Leofwine dux.
Ego Godric dux.
Ego Brithwaldus episcopus consensi.
Ego Brihtwiz abbas.
Ego Leofric.
Ego Ælfward.
Ego Æthelstan.

III.

Charta Canuti regis de corporis S. Mildredæ, cum tota terra sua, in abbatiam S Augustini Cantuariæ translatione.

(*Monastic. Anglic.*, I.)

Ego Cnud, per Dei misericordiam basileus, Agelnoto archiepiscopo, et omnibus episcopis, et abbatibus, et comitibus, vicecomitibus, et omnibus fidelibus totius Angliæ salutem et amicitiam.

Notum sit vobis omnibus me dedisse sancto Augustino patrono meo corpus sanctæ Mildredæ gloriosæ virginis cum tota terra sua infra insulam Thaneti et extra, cum omnibus consuetudinibus ad suam Ecclesiam pertinentibus. Hæc omnia ita libera et quieta reddo Deo et abbati Ælstano et fratribus loci, sicut ego unquam melius habui tam in terra quam in mari et in littore, ut habeant et possideant in perpetuum. Et qui hanc donationem meam infringere vel irritam facere tentaverit, a Deo omnipotente et omni sancta Ecclesia excommunicatus sit. Amen.

IV.

S. Canuti regis privilegium pro ecclesia S. Eadmundi.

[*Monasticon Anglicanum*, 1, 287.]

In nomine poliarchis Jesu Christi Salvatoris mundi totiusque creaturæ Creatoris, cujus divino dominatui quæque dominationes debito servitio subnixe deserviunt, cujus etiam omnipotentatui universi potentatus obsecundari examussim præproperant, quia bonitas ejus bonitatis est incomprehensibilis, et miseratio interminabilis, dapsilitas bonitatis ineffabilis, longanimitas quoque super pravorum nequitias quantitatis prolixitate cujuslibet longior, qui quotidianis admonitionibus religiosam conversationem ducentes monet ut piæ sectando justitiæ culturam, non eam deserendo linquant, quin potius perseverabili instantia in ejus cultura ut permaneant paterno affectu hortatur, qui nihilominus eadem affectione mandat peccatoribus ut resipiscant a suis iniquitatibus convertentes, quia eorum exsecratur mortem.

Ejus amoris stimulo et fide suffultus, cujus largiflua miseratione ego Cnut, rex totius Albionis insulæ aliarumque nationum plurimarum, in cathedra regali promotus, cum consilio et decreto archiepiscoporum, episcoporum, abbatum, comitum, aliorumque omnium meorum fidelium elegi sanciendum, atque perpeti stabilimento ab omnibus confirmandum, ut monasterium quod Badricelmorde nuncupatur, sit per omne ævum monachorum gregibus deputatum ad inhabitandum, et ab omni dominatione omnium episcoporum comitatus illius funditus liberum, ut in eo domino servientes monachi sine ulla inquietudine pro statu regni Dominum prævaleant præcari. Placuit etiam mihi hanc optionis electionem roborare privilegio isto, in quo videre præcepi libertatis donum quod jam olim Eadmundus rex occidentalium Saxonum largitus est suo æquivoco pro nanciscenda ejus gratia et mercede æterna, scilicet Eadmundo regi et martyri, quod bonæ voluntatis voto augere cupimus, quatenus ejus promereri precibus mereæ portionem ejus beatitudinis post hujus cursum vitæ.

Tali libertate concedo fundo frui illi, in quo idem sanctus pausat ut quoties populus universus persolvit censum Danis, vel ad naves, seu ad arma, persolvant inhabitantes in ipso fundo eadem ad usus quos elegerint fratres illius loci. Sitque nobis remedio hoc, mihi quippe æque reginæ meæ Alfgifæ, ac filiis nostris omnibusque qui pridem ei hoc contulerunt. Huic libertati concedo additamentum, scilicet maritimos pisces qui mihi contingere debent annualiter per telonei lucrum, et piscationem quam Ulfkitel habuit in villa et omnia jura quarumcunque causarum in villis quæ monasterio adjacent et quæ adjiciendæ sunt per gratiam Dei. Dedi quoque reginæ meæ assensum, concedens ei pro sua eleemosyna dare quatuor millia anguillarum cum muneribus quæ pertinent ad illas pro annuali censu in villa quæ cognominatur Lacinga-hythe.

Si quislibet, quod absit! istam libertatem quoquolibet conatu nititur servitutis jugo subigere, vel prava intentione transmutare, ut rursus clericos in eo collocet, sit addictus captivitati æternæ, careus sempiterna libertate et mancipatus servitio diaboli ejusque consortio sit inextricabilibus habenis constrictus, nisi satisfactio ejus erratui subveniat quod prorsus optamus.

Ego Cnut, rex gentis Anglorum aliarumque nihilominus hoc privilegium jussi componere et compositum cum signo Dominicæ crucis confirmando impressi.

Ego Alfgifa regina omni a.acritate mentis hoc confirmavi.
Ego Wistanus archiepiscopus consensi.
Ego Adelnodus archiepiscopus confirmavi.
Ego Godwinus episcopus corroboravi.
Ego Alfwinus episcopus assensum dedi.
Ego Alffinus episcopus consignavi.
Ego Athericus episcopus conclusi.
Ego Alfwius episcopus roboravi.
Ego Brihtwaldus episcopus.
Ego Iric dux.
Ego Godwinus dux.
Ego Ulf dux.
Ego Eglaf dux.
Ego Hacun dux.
Ego Leofwinus dux.
Ego Godricus dux.
Ego Oslacus miles.
Ego Thored miles.
Ego Thurkil miles.
Ego Thrym miles.
Ego Brosor miles.
Ego Alfricus miles.
Ego Alfwynus miles.
Ego Leofricus abbas.
Ego Alfwardus abbas.
Ego Athelstanus abbas.
Ego Alffius abbas.
Ego Leofwinus abbas.
Ego Wulfredus abbas.
Ego Ofkytelus abbas.

(2) Malm. Gest. reg., lib. II, c. 11.

Ego Alfwinus.
Ego Alfricus.
Ego Alfricus.
Ego Leoffius.
Ego Leofricus.

V.

Charta regis Canuti, qua omnes causas insulæ Glastoniæ, tam ecclesiasticas quam sæculares, abbatis supponit judicio, cæteris exclusis potestatibus.

(2) Regnante in perpetuum Domino, qui sua ineffabili potentia omnia disponit atque gubernat, vicesque temporum hominumque mirabiliter discernens, terminumque incertum, prout vult, æquanimiter imponens, et de secretis naturæ mysteriis misericorditer docet, ut de fugitivis, et sine dubio transitoriis, mansura regna Dei suffragio adipiscenda sint.

Quapropter ego Cnuto rex Anglorum, cæterarumque gentium in circuitu persistentium gubernator et rector, cum consilio et decreto archipræsulis nostri Edelnothi, simulque cunctorum Dei sacerdotum, et consensu optimatum meorum, ob amorem cœlestis regni, et indulgentiam criminum meorum, et relaxationem peccaminum fratris mei regis Edmundi, concedo ecclesiæ Sanctæ Dei genitricis Mariæ Glastoniæ jura et consuetudines in omni regno meo, et omnes forisfacturas omnium terrarum suarum, et sint terræ ejus sibi liberæ, et solutæ ab omni calumnia et inquietatione, sicuti meæ mihi habentur.

Verum illud præcipue ex omnipotentis Patris, et Filii, et Spiritus sancti auctoritate, et perpetuæ Virginis interdictione prohibeo, et universis regni mei præpositis et primatibus super suam salutem præcipio, ut nullus omnino illam insulam intrare audeat, cujuscunque ordinis, aut dignitatis sit; sed omnia, tam in ecclesiasticis quam in sæcularibus causis, tantummodo abbatis judicium, et conventus expectent, sicuti prædecessores mei sanxerunt, et privilegiis confirmaverunt, Cenwines Ines, Cuthredus, Ailredus, Alfredus, Edwardus, Æthelredus, Alstanus, et gloriosissimus Edmundus, et incomparabilis Edgarus.

Si quis autem quovis deinceps tempore sub aliqua occasione interrumpere atque irritum facere hujus privilegii testamentum nisus fuerit, sit a consortio piorum ultimi examinis ventilabro dispertitus. Si quis vero benevola intentione hæc facere, probare, et defensare studuerit, beatissimæ Dei genitricis Mariæ et omnium sanctorum intercessione, amplificet Deus portionem ejus in terra viventium. Scripta est hujus privilegii donatio, et promulgata in Lignea basilica sub præsentia regis Cnutonis, anno ab Incarn. Dominica 1032, indict.....

MACCABÆUS

REX SCOTORUM

MACCABÆI LEGES ECCLESIASTICÆ

E sæcularibus suis depromptæ

(MANSI, *Concil.* t. XIX, ex Hectore Boetio, *Hist.* lib. XII, qui has refert ad annum 1050.)

Christo initiatum ad profanum judicem non vocato; vocatum comparentemve non judicato, sed ad sacros antistites remittito.

Decimam partem terræ nascentium pastoribus ecclesiarum libere conferto, Deumque semper votis et oblationibus consuetis adorato.

Qui pontificis auctoritatem annum totum exsecratum contempserit, neque se interim reconciliarit, hostis reipublicæ habetor; qu. vero duos annos in ea contumacia perseveravit, fortunis omnibus multator.

Si quis quempiam, cujus ipse sumptibus aut victu non alitur quotidiano, ad ecclesiam, seu ad publicum conventum, seu ad forum nundinasve comitatus ut assecla fuerit, capitis reus esto.

S. EDWARDUS III

REX ANGLORUM, CONFESSOR

(An. 1041-1066.)

S. EDWARDI LEGES ECCLESIASTICÆ

E sæcularibus suis depromptæ (1)

(Apud MANSI, *Concil.* tom. XIX, col 713, ex Collectione Wilkins.)

TITULI LEGUM ECCLESIASTICARUM.

I. *De clericis et possessionibus eorum.*
II. *De temporibus et diebus pacis regis.*
III. *De justitia sanctæ ecclesiæ.*
IV. *De universis tenentibus de ecclesia.*
V. *De reis ad ecclesiam fugientibus.*
VI. *De fractione pacis ecclesiæ.*
VII. *De decimis ecclesiæ reddendis, de ovibus et porcellis.*
VIII. *De apibus, et aliis multis minutis decimis.*
IX. *De his qui ad judicium ferri vel aquæ judicati sunt per justitiam regis.*
X. *De denario sancti Petri, quod Anglice dicitur Romescot.*
XI. *Quid sit danegeldum, et qua occasione sit constitutum.*
XII. *De multimoda pace regis, etc. Item de manbota archiepiscopi, episcopi, etc.*
XIII. *De thesauris in terra absconditis et inventis.*
XIV. *Quid sit regis officium, et de Carolo et Pippino fratre* [leg., *filio*] *ejus exemplum.*
XV. *De baronibus qui suas habent curias et consuetudines.*
XVI. *De sacha.*
XVII. *De soca.*
XVIII. *De thol.*
XIX. *De theam.*
XX. *De infangthefe.*
XXI. *De Judæis.*
XXII. *Decretum regis de usurariis.*

---

(1) Pseudonymas has leges esse contendit Hickes Dissert. epistol., fol. 55, et nullas ab Edwardo rege leges fuisse conditas cuilibet constat; idcirco cum Angli per aliquot principum suorum post conquestum regna totis viribus adlaborasse dicuntur leges Edwardi Confessoris renovare, de legibus Anglo-Saxonicorum et Danorum regum ab Edwardo mutatis et correctis intelligendum est. Huic collectioni legum post tempora Wilhelmi I quædam accesserunt; nam cum de Tanegeldo cap. 12 agitur, mentio fit Wilelmi Rufi. WILKINS.

Incipiunt Leges sancti Edwardi regis quas in Anglia tenuit, quas Willelmus hæres et cognatus suus postea confirmavit.

PRÆFATIO.

Post acquisitionem Angliæ Willelmus rex, quarto anno regni sui, consilio baronum suorum, fecit submoneri per universos Angliæ consulatus, Anglos nobiles, sapientes et sua lege eruditos, ut eorum leges, et jura, et consuetudines, ab ipsis audiret. Electi igitur de singulis totius patriæ comitatibus viri duodecim, jurejurando primum coram rege confirmaverunt ut, quoad possent, recto tramite incedentes, nec ad dextram nec ad sinistram divertentes, legum suarum et consuetudinum sancita patefacerent, nihil prætermittentes, nihil addentes, nihil prævaricando mutantes. A legibus igitur sanctæ matris Ecclesiæ sumentes exordium, quoniam per eam rex et regnum solidum subsistendi habent fundamentum, leges, libertates, et pacem ipsius concionati sunt, dicentes :

LEGES ECCLESIASTICÆ.

I. Omnis clericus, et etiam scholaris, et omnes eorum res et possessiones, ubicunque fuerint, pacem Dei et sanctæ Ecclesiæ habeant.

II. Ab Adventu Domini usque ad octavas Epiphaniæ pax Dei et sanctæ Ecclesiæ per omne regnum. Similiter a Septuagesima usque ad octavas Paschæ. Item ab Ascensione Domini usque ad octavas Pentecostes. Item omnibus diebus Quatuor Temporum. Item omnibus Sabbatis ab hora nona, et tota die sequenti, usque ad diem Lunæ. Item vigiliis sanctæ Mariæ, sancti Michaelis, sancti Joannis Baptistæ, apostolorum omnium, et sanctorum quorum solemnitates a sacerdotibus Dominicis annuntiantur diebus, et Omnium Sanctorum in Kalendis Novembris, semper ab hora nona vigiliarum, et subsequente solemnitate. Item in parochiis, in quibus dedicationis dies observatur. Item in parochiis Ecclesiarum, ubi propria festivitas sancti celebratur. Et si quis devote ad celebrationem sancti adveniat, pacem habeat eundo, et subsistendo et redeundo. Item in omnibus Christianis ad ecclesiam causa orationis euntibus pax in eundo et redeundo sit eis. Similiter ad dedicationes, ad synodos, ad capitula venientibus, sive submoniti sint, sive per se quid agendum habuerint, sit summa pax. Etiam si excommunicatus aliquis absolvendi causa ad episcopum confugerit, absolutus, eundo et redeundo pacem Dei et sanctæ Ecclesiæ habeat. Quod si aliquis ei forisfecerit, episcopus inde justitiam faciat. Verumtamen si quis arrogans pro episcopi justitia emendare noluerit, episcopus regi notum faciat. Rex autem constringat malefactorem, ut emendet cui forisfecerit, scilicet primum episcopo, deinde sibi ; et sic erunt duo gladii, et gladius gladium juvabit.

III. Ubicunque regis justitia, vel cujuscunque sit, placita tenuerit, si missus episcopi veniens illuc apparuerit causam sanctæ Ecclesiæ, ipsa primitus terminetur. Justum est enim ut ubique Deus præ cæteris honoretur.

IV. Quicunque de ecclesia aliquid tenuerit, vel in fundo ecclesiæ mansionem habuerit, extra curiam ecclesiasticam coactus non placitabit, quamvis forisfecerit, nisi, quod absit ! in curia ecclesiastica rectum defecerit.

V. Ubicunque reus vel noxius ad ecclesiam, præsidii causa confugerit, ex quo atrium ecclesiæ tenuerit, a nemine insequente nullatenus apprehendatur, nisi per pontificem vel ministros ejus. Quod si fugiendo, domum sacerdotis, vel curiam ejus intravit, eamdem securitatem et pacem habeat quam et apud ecclesiam, dum tamen domus sacerdotis et curia ejus, in fundo ecclesiæ consistant. Hic si latro vel raptor est, quod male cepit, si ad manum est, reddat ; et si illud penitus exstirpaverit, et de suo proprio unde reddet habuerit, in integrum ei cui damnum intulit restituat. Quod si more solito latro taliter egerit, et forte fortuito ad ecclesiam et sacerdotum domos frequenter evaserit, ablatione restituta, provinciam foris juret, nec redeat, et si forte reditum fecerit, nullus eum hospitari præsumat, nisi a rege data licentia.

VI. Si quis vero sanctæ pacem ecclesiæ violenter infregerit, episcoporum est justitia. Quod si nocens sententiam eorum diffugiendo vel arroganter contemnendo despexerit, clamor de eo deferatur ad regem post quadraginta dies ; et regis justitia mittet eum per vadimonium, et plegios, si habere poterit, usque dum Deo primitus, regi et ecclesiæ postea satisfaciat. Qui si infra triginta et unum dies, sive per amicos aut notos, sive per justitiam regis inveniri non poterit, ut legabit eum rex verbo oris sui. Si vero postea repertus fuerit, et retineri possit, vivus reddetur, vel caput ejus, si se defenderit ; lupinum enim gerit caput a die ut legationis suæ, quod Anglice *Wulfesheofod* dicitur. Et hæc est lex communis et generalis de omnibus ut legatis.

VII. De omni annona, decima garba Deo debita est, et ideo reddenda. Et si quis gregem equarum habuerit, pullum reddat decimum ; qui unam tantum vel duas habuerit, de singulis pullis singulos denarios. Similiter qui vaccas plures habuerit, decimum vitulum ; qui unam vel duas de vitulis singulis obolos singulos. Et qui caseum fecerit, det Deo decimum ; si vero non fecerit, lac decimo die. Similiter agnum decimum, vellus decimum, caseum decimum, butyrum decimum, porcellum decimum.

VIII. De apibus vero similiter decima commodi, quin etiam de bosco, de prato, de aquis, et molendinis, parchis, vivariis, piscariis, virgultis, hortis, et negotiationibus, et omnibus rebus quas dederit Dominus decima pars ei reddenda est, qui novem partes simul cum decima largitur. Qui eam detinuerit, per justitiam episcopi et regis, si necesse fuerit, ad redditionem arguatur. Hæc enim beatus Augustinus prædicavit et docuit, et hæc concessa sunt a rege, et baronibus et populo. Sed postea instinctu diaboli multi eam detinuerunt, et sacerdotes locupletes negligentes non curabant inire laborem ad persequendas eas, eo quod sufficienter habebant suae necessaria vitae. Multis enim in locis modo sunt tres vel quatuor ecclesiae, ubi tunc temporis una tantum erat, et sic cœperunt minui.

IX. De illo quo judicium fieri debet, veniat illuc minister episcopi cum clericis suis, et similiter justitia regis cum legalibus hominibus provinciae illius, qui videant et audiant, ut aeque omnia fiant, et quos Dominus per misericordiam suam, non per merita salvari voluerit, quieti sint et libere recedant; et quos iniquitas culpae, non Dominus damnaverit, justitia regis de ipsis justitiam faciat. Barones vero qui suam habent curiam de suis hominibus, videant ut sic de eis agant, quatenus erga Deum reatum non incurrant, et regem non offendant; et, si placitum de hominibus aliorum baronum oritur in curiis suis, adsit ad placitum regis justitia, quoniam absque ea placitum finiri non licet. Si qui barones judicia non habent in Hundredo, ubi placitum habitum fuerit, ad propinquiorem ecclesiam, ubi judicium regis erit, determinandum est, salvo jure baronum illorum.

X. Omnis qui habuerit triginta denariatus vivae pecuniae in domo sua, de suo proprio, Anglorum lege, dabit denarium sancti Petri, et lege Danorum, dimidiam marcam. Iste vero denarius debet submoneri in solemnitate apostolorum Petri et Pauli, et colligi ad festivitatem quae dicitur Ad vincula, ita ut ultra illum diem non detineatur. Si quispiam detinuerit, ad justitiam regis clamor deferatur, quoniam denarius hic eleemosyna regis est; justitia vero faciat denarium reddere, et forisfacturam episcopi et regis. Quod si quis plures domos habuerit, de illa ubi residens fuerit in festo apostolorum Petri et Pauli denarium reddat.

XI (2). Danegeldi redditio propter piratas primitus statuta est; patriam enim infestantes, vastationi ejus pro posse suo insistebant. Ad eorum quidem insolentiam reprimendam, statutum est danegeldum annuatim reddi, scilicet duodecim denarios de unaquaque hida totius patriae, ad conducendos eos qui piratarum irruptioni resistendo obviarent. De hoc quoque danegeldo libera et quieta erat omnis Ecclesia; et etiam omnis terra quae in proprio dominio ecclesiae erat, ubicunque jacebat, nihil prorsus in hac tali redditione persolvens, quia magis in Ecclesiae confidebant orationibus quam in armorum defensionibus. Hanc itaque tenuit Anglorum Ecclesia libertatem usque ad tempora Wilielmi regis Junioris, qui Rufus vocabatur, donec eodem a baronibus Angliae auxilium requirente, ad Northmanniam retinendam de Roberto fratre suo, cognomento Curtehose, Hierusalem proficiscente, concessum est ei; non lege

statutum tamen, neque firmatum, sed hac necessitatis causa, ex unaquaque hida sibi dari quatuor solidos, ecclesia non excepta. Dum vero collectio census fieret, proclamabat sancta Ecclesia, suam reposcens libertatem; sed nihil profecit.

XII. Pax regis multiplex est. Illa enim data manu sua, quam Angli vocant *cynninger honde scalde grith*; alia die, cum primum coronatus est, quae dies tenet octo; in Natali Domini, dies octo; in Paschate, dies octo; in Pentecoste, dies octo, etc. *Infra.* Mambote vero (id est compensatio Domino persolvenda pro homine suo occiso) Anglorum lege, regi, et archiepiscopo, tres marcas de hominibus eorum propriis; sed episcopo ejusdem comitatus, et consuli, et dapifero regis, viginti solidos; baronibus autem aliis, decem solidos, etc.

XIII. Thesauri de terra regis sunt, nisi in ecclesia vel in cœmeterio inveniantur. Et, licet ibi inveniatur, aurum regis est, et medietas argenti, et medietas ecclesiae, ubi inventum fuerit, quaecunque ipsa fuerit, vel dives, vel pauper.

XIV. Rex autem, qui vicarius summi Regis est, ad hoc est constitutus ut regnum terrenum, et populum Domini, et super omnia sanctam veneretur Ecclesiam ejus, et regat, et ab injuriosis defendat et maleficos ab ea evellat et destruat et penitus disperdat. Quod nisi fecerit, nec nomen regis in eo constabit; verum, testante papa Joanne, nomen regis perdit. Cui Pippinus et Carolus filius ejus, necdum reges, sed principes, sub rege Francorum stulto scripserunt, quaerentes si ita permanere deberent Francorum reges, solo regio nomine contenti. A quo responsum est: Illos decet vocari reges qui vigilantes defendunt regum Ecclesiam Dei, et populum ejus imitari regem Psalmographum dicentem: *Non habitabit in medio domus meae qui facit superbiam (Psal. c).* (3)

XV. Archiepiscopi, episcopi, comites, barones, et omnes qui habent sacham, et socam, thol, theam et infangthefe; etiam milites suos et proprios servientes, scilicet dapiferos, pincernas, camerarios, coquos, pistores sub suo friborgo habeant; et item isti suos armigeros, vel alios sibi servientes sub suo friborgo. Quod si cui foris facerent, et clamor vicinorum de iis assurgeret, ipsi tenerent eos rectitudini in curia sua; illi dico qui haberent sacham, et socam, thol, et theam, et infangthefe.

XVI. Sacha est quod si quilibet aliquem nominatim de aliquo calumniatus fuerit, et ille negaverit, forisfactura probationis vel negationis, si evenerit, sua erit.

XVII. Soca est, quod si aliquis quaerit aliquid in terra sua, etiam furtum, sua est justitia, si inventum fuerit, annon.

XVIII. Thol (quod nos dicimus telonium) est,

---

(2) Videtur hoc caput additum esse tempore Henrici II.
(3) Quae praeterea sequuntur apud Lambardum in hoc capite de officio regis, et de jure et appendiciis coronae regni Britanniae, cum epistola Eleutherii papae ad Lucium regem, non habentur aut in nostro manuscripto, aut in Hovedeno.

scilicet quod habeat libertatem vendendi et emendi in terra sua.

XIX. Theam, quod si quispiam aliquid interciet super aliquem, et interciatus non poterit warrantum suum habere, erit forisfactura sua, et justitia similiter de calumniatore, si defecerit.

XX. Omnis enim qui habet sacha et socha, thol et theam, et infangthefe, prædictas videlicet consuetudines, justitia cognoscentis latronis sua est, de homine suo, si captus fuerit super terram suam. illi vero qui non habent has consuetudines, coram justitia regia rectum faciant in hundredis, vel in wapentachiis, vel in scyris.

XXI. Sciendum quoque quod omnes Judæi, ubicunque in regno sunt, sub tutela et defensione regis ligea debent esse; nec quilibet eorum alicui diviti se potest subdere sine regis licentia. Judæi enim, et omnia sua regis sunt. Quod si quispiam detinuerit eos, vel pecuniam eorum, perquirat rex, si vult, tanquam suum proprium.

XXII. Usurarios quoque defendit rex Edwardus, ne remaneret aliquis in toto regno suo. Et si quis inde convictus esset quod fœnus exigeret, omni substantia propria careret, et postea pro exlege haberetur. Hoc autem asserebat ille rex, seu audisse in curia regis Francorum, dum ibidem moraretur, quod usura summa radix omnium vitiorum est.

LEGES ALIÆ EDWARDI REGIS

Northmannico idiomate conscriptæ

(*Vide in Guillelmo Conquestore, ad an.* 1087, *Patrologiæ tom. CXLVII.*)

S. EDWARDI REGIS DIPLOMATA

DATA

In conventu Westmonasteriensi, habito in Natali Domini, anno gratiæ 1066, indictione III regni ejusdem regis XXV atque ultimo, præsentibus Edwardo rege, Edgitha regina, Stigando archiepiscopo Cantuariæ, Eldredo archiepiscopo Eboraci, cæterisque Angliæ episcopis, abbatibus, capellanis regis, comitibus, ministris, seu thainis regiis, et militibus, qui in chartarum sequentium subscriptionibus nominantur. In hoc conventu actum fuit de dotatione, privilegiis, celebri asylo, etc., ecclesiæ Sancti Petri Westmonasterii, jam ab integro reædificatæ et dedicatæ, multisque diplomatibus amplissime munitæ, prout liquet tribus chartis prædicti regis Edwardi, et epistolis Leonis papæ IX et Nicolai II quæ sequuntur.

(MANSI, *Concil.*, t. XIX, col. 1049.)

I

Charta regis Edwardi confessoris, ecclesiæ Sancti Petri Westmonasteriensi confecta, in qua epistola Leonis papæ IX ad eumdem regem recitatur; sed præter multa intermedia (dotationem sine dubio continentia) desideratur chartæ exordium (quod harangiam vocant) et conclusio.

EDWARDUS, Dei gratia, Anglorum rex, etc.

Scire vos volo quoniam tempore avorum meorum patrisque mei, multa et gravia bellorum pericula afflixerunt gentem Anglorum et ipsos, tam a suis quam ab extraneis concitata, adeo ut pene periclitata sit hæreditaria regum successio, magnumque interstitium inter fratrem meum Edmundum, qui patre meo mortuo successit, meque habitum sit, invadentibus regnum Swegeno et Cnutho filio ejus, regibus Danorum, ac filiis ipsius Cnuthi, Haroldo et Herde-Cnutho, a quibus et alter meus frater Alfredus crudeliter est occisus, solusque, sicut Joas occisionem Athaliæ, sic ego crudelitatem eorum evasi. Tandem respectu misericordiæ Dei, post plures annos, ego Edwardus ad paternum solium reaccessi, et eo potitus sine ullo bellorum labore, sicut amabilis Deo Salomon, tanta pace et rerum opulentia abundavi ut nullus antecedentium regum similis mei fuerit in gloria et divitiis. Sed gratia Dei, non me, ut assolet, ex opulentia et superbia contemptus invasit, imo cœpi cogitare cujus dono et auxilio ad regni culmen evasi quoniam Dei est regnum et cui vult dare illud; et quia *mundus transit,* et *concupiscentia ejus* (*I Joan.* 11); qui autem totum se subdit Deo, feliciter regnat et perpetualiter dives est. Itaque deliberavi me ire ad limina sublimium apostolorum Petri et Pauli, et ibi gratias agere pro collatis beneficiis, et exorare ut eam pacem firmaret Deus perpetuam mihi et posteris meis. Præparavi ergo et denumeravi expensas necessarias itineri, et honorabilia dona quæ ferrem sanctis apostolis. Sed gravius super re mœror habebat optimates meos, utpote memores malorum quæ sub aliis regibus pertulerant, ne tanto domino, et pro patriæ rege absente, regnum noviter sedatum aliqua turbaretur hostilitate, et metuentes id quod sanctus Ezechias, ne si forte in via aut ægritudine, aut alio incommodo deficerem, hæreditariis regibus carerent, maxime quia nullum habebam filium. Itaque communi habito concilio, rogabant me ut ab intentione desisterem, pollicentes se satisfacturos Deo pro voto meo, tam in missarum et orationum oblatione quam in larga eleemosynarum distributione. Sed cum obnixe contradicerem, tandem utrisque placuit ut mitterentur legati duo ab utraque parte, Eldredus (Wigornensis post Eboracensis) et Hermanus (Sireburnensis) episcopi, et abbates Wlfricus Elfwynus, qui apostolo meam voluntatem et votum, et illorum petitionem indicarent, et secundum ejus sententiam, quam mihi mandaret, promisi me omnia facturum. Factum est ergo quod voluimus. Et venientes Romam legati nostri ex voluntate Dei invenerunt collectam synodum in eadem urbe, cumque exposuissent meam voluntatem, et suam petitionem coram ducentis et quinquaginta episcopis, et alia multitudine sanctorum Patrum, tunc apostolicus ex consilio sanctæ synodi hanc epistolam scripsit:

Leo *episcopus servus servorum Dei, dilecto filio suo* Edwardo *Anglorum regi, salutem et apostolicam benedictionem.*

« Quoniam voluntatem, » etc. Vide in Leone IX, *Patrologiæ tom.* CXLIII.

Hæc et alia apostolica mandata cum referrent nobis legati, interea revelavit beatus Petrus cuidam probabilis vitæ monacho incluso, nomine Wulfino, voluntatem suam esse, ut restruerem locum qui dicitur Westmonasterium, quod a tempore S. Augustini primi Anglorum episcopi institutum multaque veterum regum munificentia honoratum, propter vetustatem et frequentes bellorum tumultus pene videbatur destructum. Cumque mihi hanc visionem meisque retulisset, et apostolicæ litteræ æqualia præcepta detulissent, contuli voluntatem meam cum voluntate Dei, et cum totius regni electione, et dedi me ad restructionem ejusdem loci. Itaque decimari præcepi omnem substantiam meam, tam in auro et argento quam in pecudibus et omni genere possessionum, et destruens veterem, novam a fundamento basilicam construxi, et constructam dedicari feci quinto Kalendas Januarii; in qua collocavi ipsa die reliquias quas Martinus papa, et Leo qui eum consecravit, dederunt Alfredo regi, et quas ipse a Carlemanno, rege Francorum, dari sibi impetravit, cujus filiam pater ejus Ethelwlfus rex, post mortem primæ conjugis, duxerat in uxorem, quæque ab ipso ad successorem ejus Ethelstanum, deinde ad Edgarum, ad ultimum ad nos pervenerunt, scilicet duas partes crucis Domini, et partem unius clavi, partemque tunicæ ejus inconsutilis, et de vestimentis sanctæ Mariæ, et reliquias apostolorum Petri et Pauli, Andreæ, Bartholomæi, Barnabæ, et aliorum plurimorum sanctorum, et quinque capsas aliis sanctorum reliquiis plenas, et statui, ut quicunque reus majestatis regiæ, vel cujuslibet alterius offensæ, ad locum in quo pausant istæ reliquiæ confugerit, ejus rei et membrorum ac vitæ impunitatem consequatur.

II.

Pro eadem ecclesia S. Petri Westmonasteriensi.

Desideratur exordium. Sciant omnes futuræ generationes me pro voti mei absolutione, peccatorumque meorum omnium remissione, pro animabus regum, tam successorum quam prædecessorum meorum, et omnium parentum meorum, et pro pace et stabilitate regni mei, et prosperitate totius Anglorum populi, loco illi, id est Westmonasterio, omnimodam libertatem, quantum ad potestatem terrenam concessisse. Et quod illi de ecclesiastica hoc regia libertate statuo. Ejus igitur amoris stimulo et fide plenissima ac devotissima suffultus, cujus largiflua miseratione in cathedra regali promotus sum, cum concilio et decreto archiepiscoporum, episcoporum, comitum, aliorumque meorum optimatum, prospiciens, hoc ipsi ecclesiæ et habitantibus in ea, sive pertinentibus ad eam, utile fore, non solum in præsenti, sed in futurum, elegi sanciendum, atque perpeti stabilimento ab omnibus confirmandum, ut pro Christi honore et amore, et pro reverentia summi apostolorum principis Petri, cujus patrocinio meipsum commisi, et pro devotione ac veneratione sanctarum reliquiarum, quas eidem loco contuli, beatorum videlicet apostolorum, martyrum, confessorum, et virginum, ut omnipotens Deus per illorum suffragia sanctorum, depulsis cunctis adversitatibus, cum pacis et honoris sui stabilitate, ac perpetuæ tranquillitatis sublimatione, locum illum custodiat, disponat, et protegat, et pro magnifica dignitate sive regali excellentia ipsius ecclesiæ, et pro quiete monachorum ibidem Deo famulantium, tantus honor eidem ecclesiæ habeatur in perpetuum et observetur, ut neque nos, neque successores nostri, nec quilibet episcopus, nec quicunque de judiciaria potestate, in ipsam sanctam basilicam, vel in manentes in ipsa, vel in homines qui cum suis terris vel qualibuscunque substantiis ad ipsam tradere vel devovere se voluerint, nisi per voluntatem abbatis, et suorum monachorum, ullam unquam habeant potestatem. Et sit hæc sancta mater Ecclesia peculiaris patroni nostri domini et magni apostoli ter beati Petri, libera et absoluta ab omni invasione vel inquietudine omnium hominum, cujuscunque potestatis esse videantur. Præterea aliud constituo, atque in perpetuum confirmo, ut quisque fugitivorum de quocunque loco, pro quacunque causa, cujuscunque conditionis sit, ipsum sanctum locum, vel procinctum ejus, fugiens intraverit, immunis sit omnino, ac plenam libertatem consequatur.

Si quis vero hanc nostram donationem augere et amplificare voluerit, augeat Deus dies ejus prosperos hic et in futurum. Si autem evenerit ut aliquis aut regum succedentium, vel alicujus personæ homo, quod non optamus, diabolica temeritate fuerit elatus vel seductus, quatenus hoc nostrum statutum infringere vel minuere, aut in aliud mutare velit; sciat se perpetuo anathemate damnatum, nisi tamen satisfactione emendaverit. Si autem emendatione fuerit indignus, ipse quidem cum Juda proditore, gehennæ ignibus cremabitur, sed hæc charta nihilominus in sua libertate permanebit, quandiu Christiani nominis timor et amor in hac nostra gente perseverarint.

Ad ultimum, chartam istam conscribi et sigillari jussi, et ipsam manu mea signo sanctæ crucis impressi, et idoneos testes adnotari præcepi ad corroborandam. Itaque propriam donationis libertatem ego Edwardus, Deo largiente, Anglorum rex, signum venerandæ crucis impressi.

Ego Editha regina huic donationi regiæ consentiens subscripsi.

Ego Stigandus archiepiscopus consensi et subscripsi.

Ego Wlfinus episcopus consensi et subscripsi.
Ego Leofricus episcopus consensi et subscripsi.
Ego Hermannus episcopus consensi et subscripsi.
Ego Walterus episcopus consensi et subscripsi.
Ego Giso episcopus consensi et subscripsi.
Ego Wulstanus episcopus consensi et subscripsi.
Ego Siwardus episcopus consensi et subscripsi.
Ego Edwynus abbas consensi et subscripsi.
Ego Agelsius abbas consensi et subscripsi.
Ego Alswinus abbas consensi et subscripsi.
Ego Leofricus abbas consensi et subscripsi.
Ego Agelwrus abbas consensi et subscripsi.
Ego Valdwynus abbas consensi et subscripsi.
Ego Wulwoldus abbas consensi et subscripsi.
Ego Reynbaldus cancellarius.
Ego Haroldus dux.
Ego Edwynus dux.
Ego Leofdwinus dux
Ego Guden dux.
Ego Ergarus minister.
Ego Kendus minister.
Ego Wygodus minister.
Ego Radulphus minister.
Ego Robertus minister.
Ego Ednothus minister.
Ego Agelnodus, Wulfricus, Sywardus, Godricus.

Acta apud Westmonasterium quinto Kalendas Januarii, die sanctorum Innocentium, anno Dominicæ Incarnationis millesimo sexagesimo sexto, indictione tertia, anno regni serenissimi Edwardi regis vicesimo quinto (4). Swyergarius notarius ad vicem Reynbaldi regiæ dignitatis cancellarii hanc chartam scripsi et subscripsi. In Dei nomine feliciter. Amen.

III.

Pro eadem ecclesia Sancti Petri Westmonasteriensi. — Habentur in hac charta epistola regis Edwardi confessoris ad papam Nicolaum II pro confirmatione privilegiorum ecclesiæ Westmonasterii, et epistola Nicolai papæ II ad regem Edwardum confessorem, qua vetita annuit, et plura insuper privilegia.

In nomine sanctæ et individuæ Trinitatis. Propter eos qui justitiam Dei contemnunt, et suam volunt constituere, quoniam justitiæ Dei non sunt subjecti (Rom. x), procurandum est iis qui ecclesiarum Dei privilegia constituunt, ut multiplices chartas et multitudinem testium atque maledictionum congerant; quibus, etsi non semper, tamen aliquoties pessimorum hominum impia protervia, et perniciosa præsumptio, totius proteratur, retundatur ac reverberetur, nec non fortissimo defensionis robore funditus eradicetur. Quapropter ego Edwardus, Dei gratia, Anglorum rex, notum facio omnibus futuris post me sæculi generationibus quoniam præcepto Leonis papæ, pro pœnitentia et remissione peccatorum meorum, renovavi et melioravi basilicam eam Petri quæ sita est prope mœnia principalis Anglorum urbis Londoniarum, et ab occidentali ora ejusdem urbis dicitur Westmonasterium, quæ ædificata quidem fuerat antiquitus sub Mellito, London primo episcopo, socio et contemporaneo sancti Augustini primi Cantuariæ archiepiscopi, et per ipsum beatum Petrum, angelico famulante servitio, sanctæ crucis impressione et sacri chrismatis permistione dedicata; sed per frequentes incursiones barbarorum, et maxime Danorum, qui, patre meo Æthelredo vivente, irruptionem in Angliam fecerant, et eo mortuo, cum fratre meo Edmundo dimidium regni sub amicitiarum pacationem tenuerant, fratremque alium Alfredum miserabiliter interemptum enecaverant, neglecta penitus et destructa videbatur.

Cum ergo renovassem eam, et multa privilegia regiæ potestatis et apostolicæ auctoritatis per beatum Leonem papam in ea constituissem defuncto ipso Leone, et confirmato in ejus loco Nicolao, placuit mihi renovare, meliorare et confirmare consuetudines et donationes pecuniarum quas antecessores mei reges sancto Petro instituerant, propter devotionem summam quam habuit semper Anglorum gens erga eum et ejus vicarios. Itaque, propter hoc negotium et alia quamplura, legatos misi Romam, episcoporum unum Aldredum, et duos electos ad ordinandos episcopos, Glisonem scilicet et Walterum, ut a domino papa sacrarentur. Venientes autem Romam, ab apostolico Nicolao honore quo decebat suscepti, invenerunt ibi ad synodum congregatam multitudinem magnam episcoporum, abbatum, monachorum, et clericorum, cæterorumque fidelium; cumque audiente synodo suæ legationis causam perorarent, hujus summam epistolæ domino papæ obtulerunt.

Summo universalis Ecclesiæ Patri NICOLAO EDWARDUS gratia Dei Anglorum rex debitam subjectionem et omnimodum servitium.

Glorificamus Deum, qui curam habet suæ electæ

---

(4) Pagius vult legendum anno XXIV.

Ecclesiæ, quoniam in loco boni prædecessoris vos optimum successorem constituit. Quapropter justum judicamus apud vos, velut ad solidam petram, accurrere [acuere], et probare omnes bonas intentiones nostras, et vestram notitiam atque societatem in bono habere, quatenus eas donationes et privilegia quæ obtinuimus apud prædecessorem vestrum, renovetis et augeatis nobis, videlicet ut quod ille injunxit nobis sub nomine obedientiæ ac pœnitentiæ, propter votum quod voveram ire Romam, et in remissionem omnium peccatorum meorum, construere cœnobium monachorum in honorem apostoli Petri, ratum faciatis, et privilegia possessionum et dignitatum ejusdem loci confirmetis, renovetis, atque augeatis, et in perpetuum immutabilia stare decernatis. Ego quoque pro modulo meo augeo et confirmo donationes et consuetudines pecuniarum, quas habet sanctus Petrus in Anglia, et ipsas pecunias collectas, cum regalibus donis mitto vobis, ut oretis pro me, et pro pace regni mei, et continuam ac solemnem memoriam haberi instituatis totius gentis Anglorum, coram corporibus sanctorum apostolorum. Valete.

Iis igitur litteris a summo pontifice susceptis, cum feliciter ad votum suum omnibus peractis a Roma redirent, consulente sancta synodo, transmissam a domino papa mihi detulerunt epistolam.

« NICOLAUS *episcopus, servus servorum Dei, gloriosissimo ac piissimo, omnique honore dignissimo, spirituali quoque filio nostro,* EDWARDO *Anglorum regi, visitationem omnimodam, salutem mellifluam, et benedictionem apostolicam.*

« Omnipotenti Deo referimus grates, » etc. *Vide in Nicolao II ad an.* 1061, *Patrologiæ tom.* CXLIII.

Hanc igitur epistolam apostolici privilegii placuit inserere huic nostræ confirmationi, ut, secundum quod sancto Leoni prius placuerat mihique præceperat concordanti, ad hoc successore ejus Nicolao et eadem aut majora mihi præcipiente, sciant omnes futuræ generationes, me pro voti prædicti absolutione, peccatorumque meorum omnium remissione, et æternæ vitæ remuneratione, et pro animabus regum, tam successorum quam prædecessorum meorum, et omnium parentum meorum, et pro pace et stabilitate regni mei, et prosperitate totius Anglorum populi, loco illi omnimodam libertatem, quantum ad potestatem terrenam, concessisse, et quod illi de ecclesiastica, hoc regia libertate statuo. Ejus igitur amoris stimulo et fide plenissima ac devotissima suffultus, cujus largiflua miseratione in cathedra regali promotus sum, cum concilio et decreto archiepiscoporum, episcoporum, comitum, aliorumque omnium optimatum, prospiciens, hoc ipsi ecclesiæ ac habitantibus in ea, sive pertinentibus ad eam, utile fore non solum in præsenti, sed in futuro elegi sanciendum, atque perpeti stabilimento ab omnibus confirmandum, ut pro Christi honore et amore, et pro reverentia summi apostolorum principis Petri, cujus patrocinio meipsum commisi, et pro devotione et veneratione sanctarum reliquiarum, quas eidem loco contuli, beatorum videlicet apostolorum, martyrum, confessorum, et virginum, ut omnipotens Deus per istorum suffragia sanctorum, depulsis cunctis adversitatibus, cum pacis et honoris sui stabilitate, ac perpetuæ tranquillitatis sublimatione, locum illum custodiat, disponat, ac protegat, et pro magnifica dignitate sive regali excellentia ipsius ecclesiæ, et pro quiete monachorum ibidem Deo famulantium, tantus honor eidem ecclesiæ habeatur in perpetuum et observetur, ut neque nos, neque successores nostri, neque quilibet episcopus, nec quicunque de judiciaria potestate, in ipsam sacram basilicam, vel in manentes in ipsa, vel in homines, qui cum suis terris, vel qualibuscunque substantiis ad ipsam tradere, vel devovere se voluerint, nisi per voluntatem abbatis et suorum monachorum ullam unquam habeat potestatem ; sed sit hæc sancta mater ecclesia peculiaris patroni nostri domini et magni apostoli ter B. Petri, libera et absoluta ab omni invasione vel inquietudine omnium hominum, cujuscunque ordinis vel potestatis esse videantur. Præterea aliud constituo atque in perpetuo confirmo ut quisquis fugitivorum, de quocunque loco, pro quacunque, causa cujuscunque conditionis sit, ipsum sanctum locum vel procinctum ejus fugiens intraverit, immunis omnino hanc plenam libertatem consequatur.

Et infra. Hanc igitur chartam meæ donationis et libertatis, in die dedicationis prædictæ ecclesiæ recitari jussi coram episcopis, abbatibus, comitibus, et omnibus optimatibus Angliæ, omnique populo audiente et vidente et secundum apostolici Leonis ejusque successoris Nicolai constitutum, excommunicari feci eos qui decretum nostrum infringerent, vel infringi permitterent, quantum in ipsis esset. Quisquis autem successorum meorum hanc donationis libertatem firmiter atque inviolabiliter custodierit, æterna coronetur claritate, cœlestisque regni plena perfruatur felicitate.

Si quis vero, quod absit, eam destruere voluerit, vel hujus nostri decreti contradictor, convulsor, et temerator exstiterit, cum Juda traditore æterno anathemati subjaceat, nisi Deo et beato suo apostolo Petro digna pœnitentia satisfecerit.

Ut ergo hæc auctoritas nostris et futuris temporibus circa ipsum sanctum locum perenniter firma et inviolata permaneat, vel per omnia tempora illæsa custodiatur atque conservetur, et ab omnibus optimatibus nostris, et judicibus publicis et privatis, melius ac certius credatur, manus nostræ subscriptione subter eam decrevimus roborare, et idoneos testes adnotare, atque sigillo nostro jussimus sigillari.

Ego Edwardus, Dei gratia, Anglorum rex, hoc privilegium jussi componere, et compositum cum signo Dominicæ crucis confirmando impressi.

Ego Edgida regina omni alacritate mentis hoc corroboravi.

Ego Stigandus, sanctæ metropolis Ecclesiæ Cantuariæ episcopus, confirmavi.

Ego Eldredus, archiepiscopus Eboracensis Ecclesiæ, consignavi.

Ego Wilielmus episcopus Londoniensis Ecclesiæ, ad omnia superscripta consentiens, subscripsi.

Ego Hermannus episcopus consensi et subscripsi.

Ego Wulsuvinus episcopus consensi et subscripsi.

Ego Walterus episcopus consensi et subscripsi.

Ego Leofricus episcopus consensi et subscripsi.

Ego Giro episcopus consensi et subscripsi.

Ego Wultanus episcopus consensi et subscripsi.

Ego Siwardus episcopus consensi et subscripsi.

Ego Goduvicius episcopus consensi et subscripsi.

Ego Agelsius episcopus consensi et subscripsi.

Ego Eduvinus abbas consensi et subscripsi.

Ego Agelwius abbas consensi et subscripsi.

Ego Leofricus abbas consensi et subscripsi.

Ego Baldewinus abbas consensi et subscripsi.

Ego Wulfuvoldus abbas consensi et subscripsi.

Ego Edmundus abbas consensi et subscripsi.

Ego Reynbaldus regis cancell. relegi et sigillavi.

Ego Osbernus regis capellanus.

Ego Petrus regis capellanus.

Ego Rodbertus capellanus.

Ego Haroldus dux.

Ego Eduvinus comes.

Ego Gud comes.

Ego Leoffewinus comes.

Ego Markerus comes.

Ego Esgarus minister.

Ego Condius minister.

Ego Radulphus minister.

Ego Rodbertus minister.

Ego Agelnodus minister.

Ego Wygodus minister.

Ego Adnothus minister.

Ego Wulfricus miles.

Ego Sywardus miles.

Ego Godricus miles.

Ego Colo miles.

Ego Wulsuvardus miles.

Omnes consentientes suscripsimus stabilita apud Westmonasterium, quinto Kal. Januarii, die sanctorum Innocentium, anno Dominicæ Incarnationis millesimo sexagesimo sexto, indictione tertia, anno regni Edwardi nobilissimi et clementissimi regis vigesimo quinto.

Ego Alfgeatus notarius, ad vicem Reynbaldi regiæ dignitatis cancellarii, hoc privilegium scripsi et subscripsi. In Dei nomine feliciter. Amen.

ANNO MXXXVIII

SANCTUS STEPHANUS

HUNGARORUM REX PRIMUS.

SANCTI STEPHANI VITA

AUCTORE CARTHUITO AUT CARTHUITIO EPISCOPO.

(Apud Bolland. *Acta sanctorum*, Septemb. t. I, die 2, p. 563, ex editione Cracoviensi, collata cum ms. Corsendoncano et editione Surii.)

ADMONITIO PRÆVIA.

1. Varia de hac S. Stephani Vita variorum sunt judicia. Auctor nomen et dignitatem suam statim declarat in præfatione his verbis: « Domino suo Calamanno regi præcellentissimo Carthuitus episcopus, » etc. Verum non addit cujus civitatis fuerit episcopus, neque aliunde id certo constat; quod non mirabimur, modo consideremus paucos ex episcopis Hungariæ istius temporis nobis esse cognitos. Tempus scrɪptæ Vitæ colligitur ex rege Calamanno, aut Colomanno, ut alias vocatur; scriptam enim fuisse ad Colomannum S. Ladislai successorem, omnes olim existimarunt, atque istud satis certum puto, etiamsi nuper se opponere voluerit Godefredus Schwartzius scriptor heterodoxus, qui anno 1740 libellum edidit sub titulo: « Initia religionis Christianæ inter Hungaros Ecclesiæ Orientali asserta. »

Hic scriptor, cum gloriam conversæ Hungariæ Latinis ereptam vellet, omnem movit lapidem, ut verisimile faceret Hungaros primo ad fidem adductos esse a Græcis; cumque Vita S. *Stephani* regis cum illo asserto cohærere non posset, omnem auctoritatem prædictæ Vitæ ablatam voluit. Hac de causa contendit, Vitam serius exaratam esse, idque ratiunculis quibusdam ostendere nititur. Singula ejus asserta excutiam diligenter.

2. De tempore Vitæ conscriptæ, et de rege ad quem scripta, Schwartius, pag. 57, sic loquitur: « Tertio, quemadmodum nullius loci episcopum chartaceus noster Chartuitius se dicit, ita Colomanno regi legendam suam inscribens, insigni iterum hallucinatione, cui regi, auctor non prodidit, vel certe editor Surius monstrum utrinque aluit.

Colomannus enim Hungarorum rex, anno 1115 vita functus, intelligi nequit. Decrepitum siquidem in epistola ad regem scriptor se vocat; coævus hinc Ladislao fuisset, cujus auspiciis anno 1084, vel præcedente, Stephani regis corpus elevatum colendumque publice fuit expositum. Si coævus erat, absurde de Ladislao ad Colomannum, successorem illius proximum, scripsit : *Ladislaus rex, qui tunc ad reipublicæ gubernacula sedebat :* absurdiusque multo de rebus sua ætate gestis dixisset : *Lapidum acervos effecerunt, qui postea longo illic tempore permanserunt ; paucisque interjectis : Mira quidem res et nostris temporibus stupenda.* Denique quam hodie Transilvaniam vocamus, veteribus Hungaris, etiam in Latinis scripturis, dicebatur *Erdely,* Andreæ II temporibus *Ultrasilvania,* Bela demum IV regnante, *Transilvania.* Sed legendarius noster *Transilvaniam* jam vocat. Quarto, si recentioris ætatis scriptor noster est, quod Timon agnoscit, pluraque id pronuntiata indicare fatetur, atque adeo si Colomannus, non ille antiquior Hungariæ, sed Haliciæ rex, Belæ VI germanus, est intelligendus, cui legenda nostra inscripta sit, plus quam duobus sæculis ab ætate S. Stephani distabat. » Hactenus ille de tempore conscriptæ Vitæ.

3. Verum rationes suas exposuit Schwartzius stylo longe acerbiori quam solidiori, pluraque peccat contra rectam rationem in oppugnando Carthuitio, quam hic videatur pecc.sse in scribenda Vita. Vidit ille hallucinationes, monstra, absurda, ubi nihil hallucinationis, nihil monstri, nihil absurdi. Episcopum se nominat Carthuitius, nec addit cujus civitatis; regem vocat Colomannum, nec adjungit cujus regni ; si id est hallucinari, aut monstra producere judice Schwartzio, rectius ut judicare discat, legat scriptores præstantissimos, antiquos et neotericos, et cum invenerit id ipsum a plurimis factitatum, errorem modestius corrigat. Nos interim expendamus an alia sint meliora. Intelligi non potest Colomannus S. Ladislai successor, si critico nostro credimus, quia sic decrepitus Carthuitius deluisset coævus esse Ladislao. Coævum fuisse Ladislao Carthuitium prorsus existimamus. Supponamus etiam eumdem adfuisse corporis elevationi sub Ladislao factæ, quod est incertum, quid inde orietur mali ? An auctor non nisi absurde scribere potuit, *Ladislaus rex, qui tunc ad reipublicæ gubernaculi sedebat,* quia Ladislao convixerat ? Id sane mihi minime apparet. Quin potius judicium illius requiro qui id male additum existimat; neque enim soli Colomanno scribebat Carthuitius, sed posteris etiam, qui Vitam erant lecturi, quique non omnes scituri erant, Ladislaum eo tempore regnas e. Nihilo plus piaculi in verbis illis, quæ *absurdius* scripta vult Schwartzius : *Lapidum acervos effecerunt, qui postea longo illic tempore permanserunt.* Cur, obsecro, istud recte scribere non poterat Carthuitius viginti annis post rem peractam ? An lapides ibi non manserunt longo tempore, si vel solo decennio permanserint ?

4. Nihil rursum absurdi est in verbis Carthuitii, quæ subjungit : *Mira quidem res, et nostris, temporibus stupenda.* Poterat id apte scribere Carthu.tius, etiamsi Vitam scripsisset eodem die quo miraculum fuerat peractum. Equidem non inepte me dicturum existimo, si iisdem fere vocibus Schwartzio respondero : *Mira quidem res, et nostris temporibus stupenda,* virum, qui eruditus videri desiderat, sperare potuisse se hujusmodi ratiunculis persuasurum orbi erudito, Vitam S. Stephani serius esse conscriptam, quam hactenus passim fuit creditum. Quin imo posteriora illa Carthuitii verba, insinuant miraculum mortui resuscitati de quo illa pronuntiat ipsius tempore contigisse. Accipe verba ex Vita num. 37 : « Mira quidem res et nostris stupenda temporibus ; non prius orare mulier destitit quam filium, quem defunctum collocaverat (*apud sepulcrum sancti,*) viventem accepit. » Non opponit auctor tempus quo scribebat tempori quo factum erat miraculum, sed tempus suum tempori primævæ Ecclesiæ, quo minus rara erat mortuorum resuscitatio; aitque rem esse cum per se miram, tum etiam plane stupendam, quod contigisset suo tempore, quo mortuorum resuscitatio erat rarissima. Insinuat igitur Carthuitius miraculum istud quod factum est post corpus elevatum sub Ladislao, suo tempore contigisse, adeoque ex his verbis recte colligitur, Vitam esse scriptam ad Colomannum Ladislai successorem.

5. Quod demum objicit Schwartzius de Transilvania, quæ veteribus *Erdely* dicebatur, etiam apud scriptores Latinos, quæque aliquando *Ultrasilvania* legitur nominata ; id solum proferri debuerat, cum sul cum speciem aliquam difficultatis habeat, licet difficultas revera non sit magna. In Vita, n. 22, sic legitur : « Veredarium quemdam infra diem et noctem ad Albam Transilvanam præcepit festinare. » Verum Surius ubique dictionem immutans, edidit, *ad Albam Transilvaniæ,* atque illa mutatione occasionem dedit objectioni. Nam scriptor revera *Transilvaniam* non vocavit ; sed *Albam* cognominavit *Transilvanam* ad distinctionem alterius, videlicet Allæ regalis. Itaque, si nomen *Transilvaniæ* nondum usitatum erat tempore Colomanni, Carthuitius Albam Juliam cognominare potuit *Transilvaniam,* quia sita erat trans silvas, quæ ipsi tandem provinciæ nomen dederunt. Deinde, si scriptor *Transilvaniam* revera nominasset, sicuti male edidit. Surius, ex hac voce colligi non posset ipsius ætas posterior ; nam provincia illa, quæ *Erdely* etiamnum vernacule dicitur, ab aliis scriptoribus Latinis cœpta est dici *Transilvania,* ab aliis *Ultrasilvania.* Nomen deductum est a densis silvis quibus cingitur. Quis modo, nisi temere, definiat a quo scriptore primo usurpatum fuerit nomen *Transilvania ?* Aliquis certo primus fuit. Cur igitur non æque Carthuitius, ac alius quislibet, primum uti potuisset ea voce, si omnino usus fuisset ?

6. Porro sicut allatæ rationes non probant juniorem esse Carthuitium, sic aliæ prorsus persuadent eumdem scripsisse ad Colomannum Hungariæ regem. Primam rationem jam dedi n. 4. Alteram desumo ex verbis Surii a Schwartzio item adductis, « *rex Ladislaus, qui tunc ad reipublicæ gubernacula sedebat,* » pro quibus legitur in ms., « *rex Ladislaus, qui tunc rempublicam administrabat,* » etc. Addidisset haud dubie *Hungarorum,* aut quid simile, si scripsisset ad alium regem quam Hungarorum. Verum quia episcopus erat Hungariæ et ad regem Hungariæ scribebat, *rempublicam* solum vocat, intelligens Hungaricam. At sic apte loqui non poterat de Colomanno, Haliciæ regem, qui Hungaricam rempublicam non administrabat. Præterea Colomannus ille, seu dux, seu rex, Haliciensis in Russia Nigra, paucis solum annis pacifice regnavit, ita ut verisimile non sit Vitam ad eum fuisse conscriptam, præsertim cum multa contineat quæ innuant scriptam esse in Hu: garia; nihil vero habeat ex quo colligi possit compositam esse post Colomannum Hungariæ regem ; nullam enim memorat personam, quæ vixit post Colomannum ; nullum enarrat factum, quod contigit post ipsum. Verum elevationem corporis sub Ladislao factam, patrataque eo tempore miracula, sic refert cum adjunctis variis, ut inde colligi possit, vel rei gestæ præsentem fuisse, vel certe eo tempore vixisse scriptorem. Jam vero Vitam hanc esse scriptam ante Colomanni Haliciæ regis tempora, alio argumento sic ostendo. Colomannus Andreæ II Hungariæ regis filius, ac deinde Haliciæ rex, necdum natus erat ineunte sæculo xiii. Ad hunc igitur scribere non potuit Carthuitius, nisi multis annis post canonizationem S. Ladislai, quæ facta est anno 1192, secundum antiquæ Vitæ auctorem, vel anno 1198, si exactus sit calculus Bonfinii : videri hæc possunt tomo V Junii, pag. 319. Verumtamen Carthuitius,

n. 53, præclaro quidem elogio ornat Ladislaum ; at sanctum non vocat, nec ullo modo ei attribuit aliquid quo insinuat eo tempore fuisse canonizatum, aut cultum ut sanctum. Præterea, S. Henricus imperator solemni canonizatione sanctis ascriptus erat ante medium sæculi xii, ut apud nos ostensum est tom. III Julii, pag. 715 et 716, nec tamen Henricum sanctitatis titulo laudavit Carthuitius num. 13, sed solum pietatis. At nec Ladislaum, nec Henricum nominasset auctor sine mentione sanctitatis, si post canonizationem eorum scripsisset, cum sanctitatem aliorum omnium qui ante Colomannum Hungariæ regem eo donati erant titulo, non reliquerit indictam, ubi de illis meminit, nam aut sanctos vocat, aut beatos, aut quadam circumlocutione sanctitatem indicat. Manifestum igitur id est indicium, Carthuitium scripsisse diu ante Colomannum Haliciæ regem ; nec alium quærendum esse Colomannum, cui Vita fuerit inscripta, quam Colomannum Hungariæ regem et S. Ladislai successorem.

7. Ex dictis statui debet epocha Vitæ conscriptæ sub initium sæculi xii, cum Colomannus regnum adeptus sit anno 1095 ; obierit autem anno 1114, si credimus chronotaxi Joannis de Thwrocz, quam hic excutere non est necesse. Decrepitum se dicit auctor in epistola ad regem, ita ut jam natus esse potuerit anno 1058, quo obiit S. Stephanus. Suppar igitur fuit sancto, et multa potuisset dicere de gestis ipsius ex iis qui fuerant præsentes, si juvenis conscribendam suscepisset hanc Vitam. Joannes Thuroczius mox laudatus in Chronica Hungarorum cap. 27, verisimiliter Vitam hanc laudat hisce verbis : « Geycha vero divino præmonitus oraculo, anno Dominicæ Incarnationis nongentesimo sexagesimo nono, quemadmodum in Legenda sancti Stephani regis scriptum est, genuit sanctum Stephanum regem. » Ranzanus ejusdem meminit, multaque ex ea refert in epitome rerum Hungaricarum indice 8. Verum Schwartzius, pag. 59 aliam Vitam designatam a Thuroczio dicit, quia « Legenda Chartuitiana nativitatis annum nullum designat. » Respondeo Vitam citari a Thuroczio non pro anno natali, quem ipse addidit, et quidem minus recte ; sed solum p o patris nomine, et divino oraculo, quo præmonitum dicit ex Vita Carthuitiana. Monet eodem loco scriptor ille se non omnia scripturum quæ de Stephano et Emerico ejus filio in Vitis eorum relata sunt. Verum, « Nos ea, inquit, quæ ab aliis scriptoribus prætermissa sunt, breviter ac summatim scribere intendimus. »

8. Porro, quamvis de ætate Carthuitii non videatur dubitandum, Vita tamen S. Stephani ab eo scripta, non caret erroribus, seu nævis aliquot, atque hi a Surio editore aucti sunt, dum Gisela sancti conjux apud ipsum *filia* vocatur Henrici imperatoris, cujus filia non fuit, sed soror, sicuti revera nominatur in ms. et in editione vetustiore. Error item est in anno emortuali, qui tam in ms. quam apud Surium, dicitur 1034, sed hic etiam error facile irrepere potuit vitio transcribentium, qui non raro numeros corrumpunt. Erratum quoque videtur in nomine ducis Poloniæ, quem narrat coronam regiam petiisse a pontifice. Verum errores isti duo posteriores (nam primus certo ejus error non est) tales sunt, ut auctoritatem Actorum non multum minuant, præsertim cum multa in iis relata ex scriptoribus synchronis confirmentur, et alia non pauca ex iisdem fiant verisimilia. Hinc mihi non displicet judicium Bailleti de hisce Actis, nam in Tabula critica ad 2 Septembris Gallice habet quæ reddo Latine : « Vita ejus, conscripta per episcopum Hungarum, nomine Carthuitium, et dedicata regi Colomanno, non est immunis ab erroribus. Aliunde tamen satis auctoritatis habet, licet auctor absfuerit a tempore sancti. » Recte cætera. At quod ait abfuisse a tempore sancti nimiam insinuat distantiam, cum tantum sexaginta aut septuaginta annis post mortem ipsius scripserit. Idem fere fuit aliorum scriptorum judicium de auctoritate hujus Vitæ, et merito.

INCIPIT VITA.

PRÆFATIO.

1. Domino suo Calamanno (1) regi præcellentissimo Carthuitus episcopus, officium spirituale per misericordiam Dei consecutus, post istius vitæ terminum felix illud euge sempiternum. Incepturus opus, domine mi, rex inclyte, quod mihi vestro regali præcepto, de bona vita regis Stephani potentialiter injunxistis, diu rebellem ingenioli mei perpessus sum inscitiam, ob hoc præsertim quod Priscianus (2) auctor grammaticæ medullitus mihi notus olim, longe digressus faciem suam, quasi caligine quadam circumfluam, mihi decrepito jam facit obscurissimam. Verumtamen parte ex alia, dum vestræ dignitatis intuitus reverentiam, incerta gravaret meditatione, tandem omnium virtutum lux et gemma pudicitatem anxiæ mentis obtulit obedientia, cujus forti præsidio deficere in me videns vires, inchoandi operis recepit fiducia (3). Sed quoniam sæpe fiducialiter acta res invidiæ fomitem generat, precor flexis genibus vestræ triumphalis excellentiæ sublimitatem, ut manibus regalis defensionis hoc suscipiatis opusculum, ne male sonantium positio dictionum, vel confusi ordinis enormitas, vestrum, cum legeritis, offendat oculum. Quod maticos, passim norunt eruditi. Significat illa allegoria Carthuitius leges grammaticales sibi olim quidem notas fuisse, sed per ætatem paulatim oblivioni datas. Attamen pro tempore quo florebat hic auctor, mediocriter Latine scripsit : sed menda quædam hinc inde irrepserunt manuscripto, maxime sub finem.

(1) *Calamanno*, apud Surium *Colomanno*, uti nomen ipsius hoc tempore solet exprimi. Hungaricum nomen *Kalman* initio expressum fuisse *Calamannus*, admodum verisimile est. At postea usurpatum est nomen *Colomannus*, aut *Colomanus*, quod jam olim erat usitatum apud Latinos. Colomannus fuit Hungariæ rex, et successor S. Ladislai. Hoc ipsum, quod nomen regis *Calamannus* scribitur, signum est vetustatis, cum posteriores scripserint *Colomannus*.

(2) Priscianum numerari inter præcipuos gram-

(3) Cum phrasis non sit omnino perfecta, suspicor auctorem scripsisse, *recepio* vel *recipi fiduciam*.

si aliquod indignum occurrerit offendiculum, malo codicem ut ignis comminuat incendium quam, ut livor ad plenum perveniat oculum. Igitur, quia boni quidquid est ex Conditoris misericordia manat, ex ipsius dono sermo ceptus talia personat (4).

CAPUT PRIMUM.

Sancti pater, natales visionibus præviis illustrati, baptismus, regni initia et cura religionis propagandæ, victoria de rebellibus, et hinc monasterium S. Martini ex voto fundatum.

2. Omne datum optimum et omne donum perfectum desursum est, descendens a Patre luminum (Jac. i, 17). Hujus Patris datum optimum, et donum perfectum in omnes large proveniens, quia nullum spernit, sed omnes homines vult salvos fieri et ad agnitionem veritatis pervenire (I Tim. II, 4), ad Hungaros usque, quos Christianorum flagellum (5) quondam fuisse constat, diffusum est. Quod qualiter et quando factum sit, styli officio memoriæ commendare congruum duximus. Ea siquidem tempestate qua gens præfata Dei Ecclesiam depopulabatur, erat in ea princeps quidam, quartus ab illo, qui ingressionis Hungarorum in Pannonia dux primitus fuit, (nomen Geysa (6),) severus quidem et crudelis, veluti potentialiter agens, in suos, misericors autem et liberalis in alios, et præcipue Christianos, ritu paganismo licet adhuc quidem obvolutus ; tamen appropinquante spiritualis fulgore charismatis, cum omnibus circumquaque positarum provinciarum vicinis de pace cœpit attente tractare, ut jam in illo posset agnosci, cujus filius desideraret fieri, secundum dictum Salvatoris nostri, dicentis in Evangelio : *Beati pacifici, quoniam filii Dei vocabuntur* (Matth. v, 9). Statuit insuper præceptum cunctis Christianis, ducatum suum intrare volentibus, hospitalitatis et securitatis gratiam exhiberi (7). Clericis et monachis potestatem concessit suam præsentiam adeundi, quibus voluntarium libenter aditum præbens orthodoxæ fidei semen, pectoris in horto satum, delectabatur germen emittere.

3. Quid plura ? Adest tempus cœlitus dispositum : credidit ipse cum familiaribus suis, et baptizatus est, et omnes ditioni suæ subditos se pollicens Christiano nomine mancipaturum. Cumque nimirum esset sollicitus de rebellibus domandis, et ritibus sacrilegis destruendis, et episcopatibus secundum æstimationem suam, ad profectum Ecclesiæ sanctæ statuendis, mirabili visione (8) nocte consolatus est eum Dominus. Fecit astare sibi juvenem delectabilem aspectu, qui dixit ei : Pax tibi, Christi electe; jubeo te de sollicitudine tua fore securum. Non tibi concessum est quod meditaris, quia manus pollutas humano sanguine gestas. De te filius nasciturus egredietur, cui hæc omnia disponenda divinæ providentiæ consilio commendabit Dominus. Hic erit unus ex regibus electis a Domino, corona vitæ sæcularis commutaturus æternam. Verumtamen virum spirituali legatione tibi transmittendum, honorificabiliter suscipito, susceptum venerabiliter habeto, exhortationibus ejus non fictum cordis fidelis assensum præbeto. Expergefactus princeps visione stupidus, prius secum, post cum Christi fidelibus et suis pertractans, Deo gratias pavimento manibus expansis, adhærens, humiliter egit, se principatumque suum cum filio nascituro custodiæ illius qui non dormit neque dormitat (Psal. cxx, 4) lacrymis fusis commendavit.

4. Dum miratur ergo de viro divinitus prædicto, nuntiatur ei beatum Adalbertum, Bohemiensis Ecclesiæ pontificem, ad se venturum esse propter conversionem ipsius et fidei non fictæ profectum, Domino Deo laudis hostiam oblaturum. Oritur lætitia novis Christi militibus inenarrabilis : dux obviam tironi Christi (9) cum fidelibus quibusque procedit, ferri. Et quia bona omnia ad nos ex divina misericordia proficiscuntur, ipsius munere sic libet opusculum præsens auspicari. » Vides hic, lector, sic immutatam dictionem, ut idem ubique sit sensus. Idem passim in Vita factum ; nec opus est illas mutationes verborum notare deinceps, nisi simul mutata sit sententia. Solas igitur mutationes sententiarum inferius assignabo, ex ms. vero ipsas vocum mutationes diligenter observabo, nisi sint menda clarissima, uti varia occurrunt circa finem Vitæ.

(5) Uti Attila vocari voluit *flagellum Dei*, ita Hungari revera fuerunt flagellum Christianorum, quemadmodum satis colligi potest ex dictis in Commentario num. 52.

(6) In ms. *nomine Geysa.* Porro de ingressione Hungarorum in Pannoniam, seu in hodiernam Hungariam, primisque eorum ducibus, egi in Commentario § 5. De Geysa vero plura § 7 et sequentibus.

(7) Vox *exhiberi* non est in ms., nec est omnino necessaria. Præceptum hoc Geysæ verosimiliter datum esse tempore Ottonis I, post pacem cum eo initam, et circa annum 972, dixi ibidem n. 80.

(8) Non esse, cur hanc visionem commode intellectam pro fictitia necessario habeamus, ostendi in Comm. § 10.

---

(4) Præfatio aut dedicatio hæc omissa est in ms. Corsendoncano. Surius eam expressit mutato stylo, eademque libertate, qua dictionem totius Vitæ immutavit. Accipe, studiose lector, præfationem Surianam pro specimine totius Vitæ immutatæ : « Domino suo Colomanno, regi excellentissimo, Chartuitius episcopus, spiritale ministerium Dei benignitate adeptus post hujus vitæ terminum, illud euge precatur sempiternum. Aggredior nunc opus, serenissime rex, jussu tuo mihi demandatum, a quo hactenus ingenioli mei imperitia abhorrui, ob id præsertim quod Priscianus grammaticus, mihi olim sat bene perspectus et cognitus, procul a me digressus, jam decrepito mihi, tanquam caligine quadam septus, faciem exhibet obscurissimam. Sed cum alia ex parte dignitatis tuæ attenderem auctoritatem, vicit tandem anxiæ mentis dubitationem omnem, virtutum omnium lux et gemina, obedientia, cujus forti præsidio fretus, tametsi mihi vires cernerem haudquaquam suppetere, operis inchoandi fiduciam concepi. Cum sint autem plerumque invidiæ obnoxia, quæ bona animi fiducia geruntur, supplex oro regiam sublimitatem tuam, uti opusculi hujus suscipere ne gravetur patrocinium, nec offendatur parum commoda dictione, aut ordinis et rerum gestarum confusione. Quod si occurrat quidpiam quod fœdam habeat offensionem, malim codicem ignibus absumi quam livoris materiam cuipiam of-

honorabiliter eum suscipit, et ut per visum monitus est, modis omnibus obedientiæ filium se fore monstravit. Igitur, jubente principe, fit ubique congregatio indomitæ [gentis (10)] et per sanctum episcopum fuit (11), et per suas exhortationes continue convertuntur et baptizantur alumni patriæ, statuuntur in multis locis ecclesiæ ; lux quippe, quæ illuminat omnem hominem, tenebris expulsis, in Hungaria cœpit enitere, et impleta sunt in ea verba prophetiæ dicentis : *Gentium populus, qui ambulat* (12) *in tenebris, vidit lucem magnam* (*Isa*. IX, 2). Lux lucis invisibilis Christus est, quem tunc gentes videre meruerunt, quando revocatæ de tenebris, ipsum verum Deum et hominem esse verum perfecte crediderunt (13). Nec hoc silentio prætereundum est quod, ut omnis ambiguitas tolleretur de medio, ne forte prædictæ visionis solius viri parum videretur inesse fidei, uxorem ejus, jam appropinquantem partui, tali voluit visione divina gratia consolari. Apparuit namque illi beatus levita et protomartyr Stephanus, levitici habitus ornatus insignibus, qui eam alloqui taliter cœpit : Confide in Domino, mulier, et certa esto quia filium paries, cui primo in hac gente corona debetur et regnum, meumque nomen illi reponas (14). Cui cum admirans mulier responderet : Quis es, domine, vel quo nomine nuncuparis ? Ego sum, inquit, Stephanus protomartyr, qui primus pro Christi nomine martyrium pertuli. Quo dicto, disparuit.

5. Nascitur interea prædictus a Domino filius principi, quem, secundum prophetam, antequam in utero conciperetur, Dominus novit ; et cui, antequam nasceretur, per protomartyrem suum nomen indidit. Hunc Deo dilectus Adalbertus episcopus chrismali baptismate secundum credulitatis suæ veritatem intinxit. Nomen sibi impositum est Stephanus, quod alienum a consilio Dei fuisse non credimus. *Stephanus* quippe Græce *corona* sonat Latine. Ipsum quidem et in hoc sæculo coronare Deus voluit ad regni potentiam, et in futuro corona beatitudinis semper manentis redimere decrevit, ad percipiendam vitæ jugis indeficientem gloriam. Strigoniensi (15) vero oppido nativitatis exordium habuit, et puer (16) adhuc scientiæ grammaticæ artis ad plene imbutus est. Crevit infans, diligenti nutritus educatu ; qui, transacta pueritia, postquam gradum adolescentiæ primum ascendit, et, convocatis pa'er suus Hungariæ primatibus, cum ordine sequenti (17), per communis consilium colloquii filium suum Stephanum post se regnaturum populo præfecit, et ad hoc corroborandum a singulis sacramentum exegit.

6. Post hæc plenus dierum anno Dominicæ Incarnationis nongentesimo nonagesimo septimo (18) sæculi nequam ærumnas cœlesti mutavit gaudio. Et eodem anno beatus episcopus Adalbertus, causa prædicandi verbum Dei, Prussiam ingressus, ibi palma martyrii coronatus est. Post obitum vero patris Stephanus, adhuc adolescens, favore principum et plebis in patris solium laudab.liter profectus [m actus], et ardentiori animo cœpit veritatis propagator existere, quia, quamvis adolescentiæ annis floreret, non tamen cor in ore, sed os in corde habebat. Scripturarum divinarum, quibus apprime flagrabat, non immemor, judicium et justitiam in oculis proponebat, et juxta illud Salomonis : *Audiens sapientiam sapientior erit, et intelligens gubernacula possidebit* (*Prov*. 1, 5). In omnibus itaque mandatis Dei fidelis dispensator existens, ap:d se cœpit meditari qualiter subjectum sibi populum unius Dei cultui mancipuret. Sed quia perpendebat id absque vicinarum gentium consideratione (19) minime fieri posse, pacem cum exterarum provinciarum populis habens (20), et fideliter institutam roboravit fidem, ut eo securius, quod in mente tractabat, et in novella plantatione Christianitatis expellere sufficeret. Sed adversarius totius bonitatis, invidiæ p'enus et malitiæ, diabolus, ut sancti Christi tironis propositum disturbaret, intestina bella contra eum commovit, quoniam ejus instinctu plebs gentilis, Christianæ fidei jugo colla submittere renuens, cum principibus suis, a dominio (21) ipsius se subtrahere moliebantur.

7. Cœperunt enim urbes ejus desolare, prædia

---

roni *Christi* ; nam Adalbertus minus proprie vocatur *tiro Christi*, cum esset episcopus.

(10) Vox *gentis* deerat in editione, atque ideo uncis inclusam addidi ex ms.

(11) Phrasis est mendosa in editione æque ac in ms. Surius habet : *Per sanctum episcopum fiunt conciones* ; atque ita legendum putem

(12) Surius *ambulabat*, ut revera habetur Isaiæ IX.

(13) Cœptam esse Hungarorum conversionem ante adventum Adalberti, jam insinuavit auctor num. 3, et nos ostendimus in Commentario § 7. Attamen imperfecta fuit prima illa conversio, et ne per Adalbertum quidem satis perfecte conversi sunt Hungari, ut dictum § 10.

(14) Ne hanc quidem visionem incredibilem esse, sed aliunde potius firmari, ostendi contra criminationes Schwartzii in Commentario § 10.

(15) Strigonium, vulgo *Gran*, urbs est archiepiscopali dignitate a S. Stephano deinde ornata, caque etiamnum gaudet. Sita est ad Danubium et satis nota.

(16) Mirandum quidem videtur, tantam linguæ Latinæ curam eo tempore fuisse principi Hungarorum ; nec tamen dubitandum, quin Stephanus Latino sermone puer sit imbutus, cum multa filio suo præcepta, multaque diplomata Latine dederit.

(17) Surius : « Pater ejus convocavit Hungariæ proceres, et reliquos ordines. » Unum cum primatibus ordinem convocatum ait biographus, plures perperam proceribus adjunxit Surius.

(18) De hoc anno emortuali Geysæ, uti et S. Adalberti, consentiunt scriptores. De morte ultimisque gestis Geysæ plura sunt dicta § 12. Stephanum tunc fuisse tredecim circiter aut quatuordecim annorum, dictum est num. 122.

(19) Surius habet, *confœderatione*, quo sensu auctor intelligendus.

(20) Surius, *pacem fecit*, aberrans a mente Carthuitii, opinor ; nam existimo hunc tantum voluisse, St phanum roborasse pacem a patre cum vicinis initam.

(21) In editione, quam alias sequor, legitur *divi-*

vastare, possessiones deprædari, servos cædere, et, ut cætera sileam, ipsi insultare. Cumque declinare de via sua perversa nollent, nec furor eorum satiaretur, dux ipse confidens de æterna virtute ad superandam hostium rabiem cum multitudine exercitus sui sub vexillo Deo dilecti pontificis Martini sanctique martyris Georgii processit. Illis forte diebus urbem, quæ vulgo Vesprini nuncupatur, obsederunt, et hæc ad convicia ejus commoventes, scilicet, ut ibi [forte ubi] ducalis conversatio habebatur, et ibi considerent quo facilior ingressus ad alia præsidia occupanda inveniretur. Ipse vero, divina præeunte clementia, adversus eos consurrexit, et hic in fide, illi vero tantum in armis confidentes, utrinque decertaverunt. Tandem hostibus victis, et ex parte cæsis et ex parte captis et alligatis, dux victor cum suis victoriæ dona reportavit. Quapropter de possessionibus eorum, tam in agris quam in villis, sapienter dijudicavit, non sicut quondam Saul, qui devicto Amalech de spoliis ejus, domino prohibente, meliora elegerat ; sed, quoniam Pannonia beati pontificis Martini nativitate gloriatur, cujus etiam patrocinantibus meritis Vir Christo fidelis, ut jam dictum est, de hostibus victoriam deportaverat, nihil de rebus eorum ad opus sui reservans, merito cum theophilis consilio (22), juxta fundum sancti præsulis in loco, qui Sacer Modus (23) dicitur, ubi sanctus Martinus, dum adhuc in Pannonia degeret, orationis sibi locum assignaverat, in titulo ipsius monasterium construere cœpit, possessionibus et redditibus cunctos sufficienter ditavit, et ipsius suffragio simile fecit episcopis, constituens ex omnibus eorum facultatibus tam strictas decimas dari ut si cui decem liberos habere contingeret, decimam prolem Sancti Martini cœnobio daret.

CAPUT II.
Cura promovendæ religionis, et multorum accessus in Hungariam, constructum monasterium, erecti episcopatus, missus Romam legatus qui coronam regiam multaque privilegia a pontifice obtinet, nuptiæ cum Gisela ac pia utriusque opera.

8. Devictis ergo hostibus, Christi miles gaudio spirituali [*in ms.* speciali] repletus, totius ingenii consilium evangelici decrevit seminis fore receptaculum, eleemosynis et orationibus vacans, frequenter pavimento sanctæ domus adhærens, lacrymis effusis perfectionem propositi sui Deo commisit, volenti ut, qui sine ipso nihil agere valeret, opitulante dispositionis ipsius expletione, bonum quod cogitaverat cum inceptione virtutum ad finem perducere posset. Ad hoc ergo incipiendum et consummandum, quoniam fidelium Christi consultum habebat necessarium, nuntiis et litteris in omnes partes suum divulgavit desiderium. Inde multi presbyteri et clerici, Spiritus Paracleti compuncti visitatione, relictis sedibus propriis, elegerunt pro Domino peregrinari. Abbates et monachi, nil proprium habere cupientes, sub tam religiosi principis moderamine regulariter vivere deliberaverunt. Inter quos vitæ regularis Pater Astricus cum suis discipulis advenit, quorum unus, nomine Bonifacius (24), in loco Patris abbas deinde constitutus, dum a beato rege causa prædicationis in inferiores Hungariæ partes esset missus, in verticem percussus gladio, licet postea superviveret, non est privatus martyrio. Venerunt et alii duo de terra Poloniensi (25), eremiticam vitam causa contemplationis eligentes, quorum unus, Andreas nomine, per confessionis meritum angelicis choris est associatus, testibus miraculorum signis per ipsum a Domino factis ; alter Benedictus pro Christo sanguine fuso misericorditer laureatus.

9. Astricus abbas cum suis honorifice susceptus, ad radicem Montis Ferrei cœnobium sub titulo sancti Patris Benedicti construxit, et ibi usque hodie congregatio monasterialis disciplina regulari pollens, temporalium sustentatione copiarum ex donativis sancti ducis superabundans, non est alicujus agens, nisi ut suos et aliorum pedes secundum Evangelium quotidianis precibus et lacrymis lavet. Cum his Dei servus princeps Christianissimus, aliquando comiter cum omnibus, aliquando singillatim cum unoquoque eorum, colloquium habens, in tam divinis conspectibus se probabilem reddidit ut

---

no. At cum clarum sit mendum, ex ms. vocem *dominio* substitui.

(22) Surius, « ex Dei amantium consilio. » Auctor fortasse scripsit, *inito cum theophilis*, id est Deum amantibus, *consilio*.

(23) *Sacer Modus* etiam est in ms., at rectius apud Surium *Sacer Mons*; nam ita vocatur monasterium S. Martini ibi fundatum, de quo fuse egi in Comm. § 15, ubi videbit lector monasterium istud jam cœptum construi ante hanc victoriam.

(24) De gestis hujus Bonifacii martyris plura apud alios scriptores non invenio, quam hic leguntur ; nam breviter de eo Bonfinius pag. 174. Inchofer mortem ipsius refert ad annum 1007, ac triennio ante missum ait a rege in inferiorem Hungariam ; utrumque tempus ex sola, opinor, conjectura determinans. Addit : « De hoc Bonifacio nihil se offert in martyrologiis, et aliis historiis ecclesiasticis, unde ipsum sibi vendicare sola queat Hungaria. » Deinde, inquit, an fortasse idem non sit cum S. Bonifacio martyre, S. Romualdi discipulo, qui in Martyrologio Romano habetur die 19 Junii, aitque sine dubio diversum esse ; quod satis videtur certum, cum alter episcopus esset, et coronatus sit in Russia ; hic vero abbas et in Hungaria occisus. Hic tamen cum illo confunditur in libello, anno 1692 Tyrnaviæ edito, cui titulus : « Hungaricæ sanctitatis indicia : » ibi enim, pag. 127, texitur breve elogium Bonifacii abbatis S. Martini, qui in adjecta icone dicitur « a Prussis occisus circa annum 1007, » sed sine verisimilitudine.

(25) In ms., *Polonæ*. Bonfinius, pag. 174, de hisce scribit sequentia : « Item ex ea Dalmatiæ parte, quam Polianam dicunt, (*advenerunt*) eremitæ duo ; quorum alter Andreas, Benedictus alter dictus est. Andreas vitæ sanctitate miracula edidit. Benedictus, cum pro Christo sanguinem effuderit, inter divos martyres annumeratus. » Ita Bonfinii Historia, si mendum non irrepserit. At cum constet sanctos illos Polonos fuisse, non Dalmatas, suspicor Bonfinium scripsisse « ex ea Sarmatiæ parte, quam Po-

omnes militiæ suæ comites ad veri Dei culturam converteret. Quos vero alienæ sectatores viæ reperit, minis terroribusque subjugavit, ipsosque secundum ecclesiasticam doctrinam instituens, jugum et legem disciplinæ suppositis (26) cervicibus adhibuit, omnesque immunditias malorum prorsus destruxit.

10. Post hæc provincias in decem partitus episcopatus, Strigoniensem ecclesiam metropolim et magistram cæterarum fore constituit. Cognoscens vero prudens dux prædicti Astrici religionem, pontificalis ipsum dignitatis infula decoravit, electione canonica sublimavit, et ei Colocensis episcopatus dignitatem (27) contulit. Quarto post patris obitum anno (28), divina componente clementia, eumdem Astricum præsulem, qui alio nomine Anastasius dictus est, ad limina sanctorum apostolorum misit, ut a successore sancti Petri principis apostolorum postularet quod [in ms. qui] novellæ Christianitati exortæ in partibus Pannoniæ largam benedictionem porrigeret, Strigoniensem ecclesiam in metropolim suæ subscriptionis auctoritate sanciret, et reliquos episcopatus sua benedictione muniret, regio etiam dignaretur ipsum diademate roborare, ut, eo fultus honore, cœpta per Dei gratiam posset solidius stabilire.

11. Eodem forte tempore Myscha Polonorum dux Christianam amplexus fidem cum suis, missis ad Romanæ sedis antistitem nuntiis, apostolica fulciri benedictione ac regio postulaverat diademate redimiri; cujus petitionem annuens papa, coronam egregii operis parari jam fecerat, quam illi cum benedictione et regni gloria mittere decreverat. Sed quia novit Dominus qui sunt ejus (II Tim. II, 19), qui duobus per apostolos in apostolatus ordinem sorte electum Matthiam prætulit, et apostolicum fecit supplere numerum (Act. I, 26), illa corona ipsum decoravit, postmodum eumdem felicius decoraturus æterna. Præfixa itaque die, qua parata jam corona prædicto Polonorum duci jam mittenda fuerat, nocte, quæ præcedebat, papæ per visum Domini nuntius astitit, cui et dixit: Crastina die, prima diei hora, ignotæ gentis (29) nuntios ad te venturos esse cognoveris, qui suo duci coronam a te regiam cum benedictionis apostolicæ munere flagitabunt. Coronam ergo, quam præparari fecisti, eorum duci, prout petierint, cures sine contradictione (30) largiri; sibi enim eam cum regni gloria pro vitæ suæ meritis scito deberi.

12. Juxta ergo hujus visionis modum præscripta sequentis diei hora præsul Astricus ad papam pervenit, qui officium injunctum sibi prudenter exsequens, et sancti ducis gesta referens ordine ab apostolica sedeque (31) promptissimus insignia postulavit, indicans eum dignum tali honore et dignitate [al., dignitati mendose] qui plures gentes (32) per Dei adjutorium sibi subjugasset, et multos infideles per suam potentiam ad Dominum convertisset. Quibus auditis, valde gavisus Romanus pontifex, cuncta, prout fuerant postulata, benigne concessit, c.u-

loniam dicunt. » Plura de SS. Andrea (alias Zoerardo, qui et Andreas Suirardus in Officio Polonico dictus legitur) et Benedicto videri possunt apud nos tom. IV Julii a pag. 526, ubi eorum gesta diligenter examinata sunt, Vitaque edita.

(26) In ms. mendose suprapositis. Regem fortissime egisse contra adversantes legi Christianæ, intelligitur ex Gestis in bello Transilvanico et legibus infra dandis.

(27) In ms. hic legitur, verosimiliter mendose, licet phrasis utcunque possit intelligi: « Et ei Colocem secundum episcopatus dignitatem contulit. » Colocia civitas, deinde archiepiscopali dignitate ornata, nunc vulgo Colocza, sita est ad Danubium in comitatu Bachiensi.

(28) Id est ipso anno millesimo.

(29) Silvester II in litteris suis, num. 185, similiter dicit de ignota nobis gente. Attamen non poterant Hungari eo tempore Romæ prorsus esse ignoti. Itaque tanto magis miranda hæc phrasis, tantoque magis credendum hanc a Carthuitio desumptam esse ex litteris Silvestri, qui eo duntaxat sensu Hungaros ignotam gentem dixisse videtur, quod nullos eatenus legatos ab iis accepisset.

(30) Contractione legitur in editione, quam alias sequor. At in ms. contradictione, quam vocem, ut certe meliorem, hic ex ms. desumpsi.

(31) Illud que hic redundat. In ms. legitur qui, quod referri potest ad voces sancti ducis, ita ut sensus esse videatur, sancti ducis gesta referens,.. qui.. postulavit. Sensus etiam clarus erit, si omittatur que aut qui, prout locum intellexit Surius.

(32) Hic locus consideratione dignus est, cum nullibi legamus Stephanum ante annum 1000 aliud bellum gessisse, quam contra Cupam ducem Sinitgiensem, aliosque rebelles subditos Cupæ adhærentes. Verumtamen in litteris ipsius regis pro abbatia S. Martini, datis in Comment., num. 150, rex ipse insinuat aliud quoque bellum sibi gerendum fuisse; nam hæc ejus verba: « Ingruente namque bello tempestate, quia [al., qua] inter Theutonicos et Hungaros seditio magna excreverat, præcipueque cum civilis belli ruina urgeret, » etc. Mox iterum ait ibidem: « Si de hostibus interioribus et exterioribus ejus (S. Martini) meritis victor existerem, » etc. Uterque locus insinuat bella externa initio regni gesta. Ditmarus etiam, prout editus est a Leibnitio, et in codice nostro ms., sub initium lb. VIII insinuat, aliquid belli S. Stephano fuisse cum Boleslao II Bohemiæ duce. Nam facta prius mentione Boleslai, subjicit sequentia verba: « De præfati ducis infortunio res quædam narranda restat. Habuit hic quamdam urbem, in confinio regni sui et Hungariorum sitam, cujus erat custos Prochnii [apud Leibn. Prochui] senior, avunculus regis Pannonici, a suis sedibus ab ipso, ut antea, nunc expulsus. Qui cum uxorem suam a captivitate non posset absolvere, gratuito munere nepotis sui, quamvis inimici, eam recepit. Nunquam audivi quemquam victis tantum parcere, et ideo in civitate prædicta, sicut et in multis, sedulo [ibid. mendose sedulum] Deus ei victoriam concessit. » Clarum est, hæc dici de Stephano: nam mox pergit de Geisa: « Hujus pater, » etc. Verum res ipsa cum aliorum scriptorum silentio, tum ipsorum verborum obscuritate, et quia relata est extra ordinem temporis, minus est clara. Suspicari tamen possumus, initio principatus S. Stephani bellum illud fuisse, et illud ipsum ab eodem insinuari verbis mox datis. Quidquid sit, victoriam Stephano tum in hoc, tum in multis aliis, obtigisse testatur Ditmarus.

cem insuper anteferendam regi, velut in signum apostolatus, misit (33) : Ego, inquiens, sum apostolicus, ille vero merito Christi apostolus, per quem sibi tantum populum Christus convertit. Quapropter dispositionem ejusdem, prout divina gratia ipsum instruit, Ecclesias Dei simul cum populis vitaque jure ordinandas relinquimus (34). Impetratis ergo omnibus, prout petiit, præsul Astricus lætus ad propria remeavit, secum ferens propter quod incœptum iter prospere peregerat.

13. Benedictionis ergo apostolicæ litteris cum corona et cruce simul allatis, præsulibus cum clero, comitibus cum populo laudes congruas acclamantibus, dilectus Deo Stephanus rex unctione chrismali perunctus, diademate regalis dignitatis feliciter coronatur. Post acceptum regalis excellentiæ signum, qualis vitæ vir (35) et discretionis fuerit, cum episcopis et primatibus, Hungariæ statutum a se decretum (36) manifestum fecit. In quo scilicet uniuscujusque culpæ contrarium dictavit antidotum, et ut pacis, per quam Christus orbem coadunavit, se fore (37) probaret filium, quod nullus alium hostiliter invaderet, nemo vicinum sine judicii examinatione læderet, viduas et orphanos nullus opprimeret, subscriptione fœderis non pereuntis posteris suis reliquit stabilitum. Ad consortium vero præcipue causa sobolis propagandæ, sororem (38) Romanæ dignitatis Augusti, videlicet [*ms.*, scilicet] Henrici, qui ob mansuetudinem morum Pius est appellatus, Gyslam nomine (39), sibi in matrimonio [*ms.*, matrimonio *sine* in] sociavit, quam unctione chrismali perunctam, gestantem coronam regni sociam esse constituit. Quæ qualis erga Dei cultum orandum (40) exstiterit, quam (41) frequens et benedicta circa Dei servientium congregationes apparuerit, multarum ecclesiarum cruces, vel vasa vel paramenta, opere mirifico facta vel contexta, usque hodie testantur. Præ cunctis tamen domus episcopatus Vesprimensis, quam ipsa a fundamento cœptam, omnibus sufficientiis ad servitium Dei in auro et argento vestimentisque multiplicibus nobiliter adornavit.

14. Ipse vero Rex episcopia nuper incœpta, tam videlicet archiepiscopalem quam omnes episcopales ecclesias, amplissimam singulis assignans diœcesim, et unicuique semper præficiens idoneum præsulem, simul et abbatis prædiis, curtis, et familiis, et reddituris, regaliter disposuit, crucibus et vasis aliisque supellectilibus, ad ministerium Dei pertinentibus, secundum quod unicuique opus fuit, sufficienter decoravit ; et singulis annis, quoad vixit (42), munera et oblationes semper augebat, ne aliquid extrinsecus quærerent qui officio sanctuarii præerant. Monachorum vitam et conversationem, nunc per alios, nunc per seipsum, explorando diligenter examinabat, torpentes arguens, vigiles sub dilectione constituens, canonicorum ministerium episcoporum providentiæ sub testimonio Christi et Ecclesiæ commendabat, secundum Apostolum, omnibus omnia factus, ut omnes lucrifaceret (*I Cor.* ix, 22).

15. Eodem tempore in monasterio Sancti Martini erat monachus quidam, Sebastianus nomine, cujus probabilis vita, et devota in Dei servitio religio habebatur : hunc rex venerabilis miro amore cœpit diligere, quia quanto quis religiosior tanto ei erat acceptior. Illum ergo ob vitæ merita pontificali honore dignum judicans, regendo Strigoniensi archiepiscopatui eum præfecit. Et quoniam flagellat Deus omnem filium quem recipit, prædictum Sebastianum, ad probandam ipsius patientiam, corporalium oculorum lumine (43) ad tempus privavit. Sed ne novellus in fide grex absque pastoris regimine a recti tramitis proposito deviaret, per consensum Romani pontificis sæpe dictum Astricum Colocensem episcopum in illius locum substituit. Evolutis deinde trium annorum circulis, Sebastianus, ex Dei misericordia recepto lumine, rursum per apostolici consilium suæ sedi restitutus est, et Astricus ad suam Ecclesiam, videlicet Colocensem, cum pallio rediit.

CAPUT III.

Pietas in beatam Virginem, structa ornataque donis. Et privilegiis ecclesia Albæ regalis, fundationes piæ Hierosolymis, Romæ, Constantinopoli; misericordia et liberalitas regis, ejusdemque mirabilia.

16. Erat interea rex idem fidelis in omnibus actibus suis, Deo perfecte deditus per votum et oblationem, semetipsum cum regno suo sub tutela per-

---

(33) In ms. legitur, *veluti signum apostolatus:* Surius ceu *apostolatus insigne.* In editione, quam recudo, habetur, *apostolitatus*, quod correxi ex ms.

(34) Mendosa hic est editio, et ms. editio habet, prout locum reddidi ; ms. *vitiaque* nihilo melius. Surius vero locum recte expressit hoc modo : « Ecclesias Dei una cum populis nostra vice ei ordinandas relinquimus. »

(35) In editione legitur *vix* mendose. Idcirco vocem mutuatus sum ex ms., ubi *vir* recte habetur.

(36) Loquitur de legibus per Stephanum latis.

(37) In ms. *forte*, minus recte, et mox *qui* pro *quod*.

(38) *Sororem* habet hæc editio æque ac ms. Surius *filiam* perperam edidit. At error ille Surii est, non Carthuitii, cui eum attribuerunt aliqui, quod solam vidissent Surii editionem.

(39) *Gyslam* rursus habet editio cum ms. *Giselam* edidit Surius, prout eam passim vocant neoterici.

(40) Surius hic rectius *ornandum*, uti auctorem scripsisse opinor.

(41) In ms. *quasi* pro *quam*; mox *benedica* pro *benedicta* et *Deo* pro *Dei*, hoc modo : « Quasi frequens et benedica circa Deo servientium congregationes, » etc. Rursum paulo post *minus recte* in ms. *usque die* pro *usque hodie*.

(42) Hæ duæ voces ex ms. sunt desumptæ, nam in edito mendose habetur *quo advitrix*.

(43) Post hanc vocem additur *eum* in edito, quod redundat, nec est in ms.

petuæ Virginis Dei genitricis Mariæ precibus assiduis conferens, cujus gloria et honor tam celebris inter Hungaros habetur quod etiam festivitas Assumptionis ejusdem Virginis, sine additamento proprii nominis, ipsorum lingua dies Dominæ vocitetur. Et ut majorem defensionis misericordiam consequi valeret, in ipsa regalis sedis civitate, quæ dicitur Alba, sub laude et titulo ejusdem Virginis perpetuæ famosam et grandem basilicam opere mirifico, celaturis in chori pariete distinctis, pavimento tabulis marmoreis strato, construere cœpit ; quam qui videt, veritati testimonium perhibet verborum nostrorum, innumerabilia palliorum [et] paramentorum ibi esse genera, tabulas circa altaria plures auro purissimo fabricatas, lapidum [*al.*, *mendose*, lapidis] series pretiosissimorum in se continentes, ciborium arte mirabili supra mensam Christi erectum, cameram omni genere vasorum crystallinorum [*al.*, crystallorum], onychinorum, aureorum, argenteorum pleniter refertam.

17. Tanta venustate suprascriptam ecclesiam in propriam capellam rex sibi retinens, tali eam libertate dotavit ut nullus episcoporum in ea juris quidquam haberet ; in die etiam absolutionis et consecrationis chrismatis, cuicunque episcopo vel injungeret rex ibi præsens, vel illuc mitteret absens, pœnitentes in ea absolveret, et chrisma consecraret; divina quoque Missarum solemnia, si regem ibi esse præsentem contingeret, ille tantum [*al.*, tamen] celebraret episcopus, cui rex, consentiente cum fratribus præposito, celebrare juberet. In regis autem absentia, absque præpositi et fratrum licentia, episcopus vel missas celebrandi, vel cujuslibet episcopalis officii exercendi, sibi licentiam non usurparet. Præterea eumdem ecclesiæ populum instituit esse tam liberum , ut nihil decimarum cuidam episcopo dare deberet, sed præposito soli et fratribus, prout ab eo institutum est, servitium exhiberet (44).

18. Deinde servus Dei, quæ tunc acquirere poterat, omnia Christo, quæ ex ipsius dono fluxerant, conferre studuit, et [Surius ut] qui eum gloria et honore mundi præsentis dignum fecerat, cœlestis patriæ civibus clementer associare dignaretur. Legimus in prophetiis de apostolis scriptum quod *In omnem terram exivit sonus eorum, et in fines orbis terræ verba eorum* (Psal. xviii, 5). Hoc non solum de duodecim, sed de omnibus a Deo missis ad evangelizandum dictum esse probatur, quorum fide, verbis et moribus incrementum parit Ecclesia. De quibus iste Christianissimus rex non minimus fuisse

comprobatur, qui bonæ voluntatis et operis famam, quam in ædificandis ecclesiis in amplitudine proprii juris (45) exercuerat, in longe positas terras et urbes famosissimas disperserat. Construxit enim in ipsa conversationis Christi secundum humanitatem civitate Hierusalem monachorum cœnobium, quod prædiis ditavit et vineis, ad victum quotidianum copiam ministrantibus. In capite quoque mundi, Romæ, sub titulo protomartyris Stephani duodecim [*in ms.* duodecimam] canonicorum congregationem, cunctis pertinentiis abundante [*al.*, abundantem] statuit, et materiam in circuitu lapide muratam, cum domibus (46), et hospitiis Hungarorum, orationis causa beati principis apostolorum Petri limina quærentium, condidit. Ipsam quoque regiam urbem Constantinopolim beneficiorum munere non privavit, quam ecclesia mirifici [*al.*, *mendose* mirifice] operis cum necessariis omnibus suis donavit. Merito ergo infra terminos suæ dominationis nomen adeptus est Apostoli, et quamvis super se evangelizandum non assumpsit officium prædicatorum , tamen dux et magister ejus, tutaminis et sustentationis instituit solatium.

19. Inter omnia supernæ miserationis beneficia, beato regi divinitus concessa, præ omnibus sunt illa miranda, scriptis commendanda, quæ locum primum obtinent ad æternæ vitæ gaudia promerenda, misericordia scilicet et veritas. In omnibus enim factis suis felicibus illud intendebat esse præcipuum, quod ex Evangelio fideli pectoris contemplatus est vi super veritatis ipsius testimonii (47) dicentis : *Beati misericordes, quoniam ipsi misericordiam consequentur* (*Matth.* v, 7), et in alio loco : *Date, et dabitur vobis* (*Luc.* vi, 38). Tantis igitur miserationibus, et pietatis brachiis Christi pauperes, imo Christum ipsum, amplexatus est, quod nullus unquam hospes et peregrinus ab eo sine benignitatis alicujus solamine tristis abscessit. Ad revelationem egenorum quotidianas expensas indeficienter fieri constituit, nocturnas vigilias in lavandis Christi fidelium pedibus, et in abscondendis in sinu pauperum eleemosynis, agiliter et hilariter transigere solebat, egenum Christum in membris suis consolari deliberans temporaliter, ut ipse vitæ cœlestis cameram cunctis delectamentis refertam inveniens, jucundari mereretur æternaliter.

20. Quadam vero nocte spirituali monitu tactus, nemine sciente, solus plenum homo Dei gerens sacculum, Christi pusillum gregem (*Luc.* xii, 32) solito more perrexit visitare ; statimque pauperes distribuendæ cœlestis thesauri pecuniæ disturbantes

---

(44) Hæc omnia de ecclesia Albensi eodem fere modo narravit Bonfinius.

(45) Id est in propria ditione, eaque amplissima. Surius, *in propriæ ditionis amplitudine*.

(46) In ms. minus recte : « Et maceriam circuitu lapide muratam domibus, » etc. Mox etiam ibidem pro *quærentium* mendose legitur *quærendum*.

(47) Hic locus mendose editus est, et diversus

quidem in ms., nec tamen correctior. Surius sensum reddidit integrum , sed verba mutavit. Levi correctione emendabitur, si pro *testimonii* legamus *testimonio*. In ms. eadem vox corrigenda, legendumque *testimonium* ; nam ibi habetur, « fideli pectoris contemplatus est visu, » ac deinde « per veritatis ipsius testimonii, » lege *testimonium*.

initium, viri Dei meritis evulsione barbæ præbuerunt testimonium. Ob hoc gaudio perfusus maximo miles Christi, se contulit ad beatissimam Creatoris [*in ms.* mendose Creatorem] omnium Genitricem, prostratus terræ gratias agens, sic exclamavit : Regina cœlestis et mea, quem tu Regem statuisti milites tui sic honoraverunt. Si ab aliquo adversario mihi fuisset hoc illatum, meam injuriam per tuum ulciscerer adminiculum. Sciens ergo, Domina, hanc æternam mihi tribui felicitatem, nimis exsulto, gratias agens Salvatoris verbis consolatoriis, quibus discipulos suos consolatus est, dicens : *Capillus de capite vestro non peribit* (*Luc.* xxi, 18). His dictis, se vir Dei cœlesti gratia percipiens visitatum, et spirituali chrismate perfusum, cordis januas opem credentibus [*forte* petentibus] nunquam claudere decrevit, sed per se deinceps, et per alios, præcipue tamen per Christi servos et familiares, clericos scilicet et monachos, cœlitus sibi datas facultates in æternis thesauris per manus pauperum fecit collocari.

21. Hujus rei testimonium quamplures exhibent, sed ex his unus in æternum cum ipso cœlestis vitæ particeps, monachus ex sæculari nobilitate conversus, et eremita, beatus Guntherus, qui hac liberalitate charitativi principis illectus, sæpius eum de terra Bohemicorum visitare [*adde cum Surio* solebat]. Quoties enim [*in ms.* etiam] curiam ipsius adventus sui fulgore perlustravit, cura regni sub manu sua posita, peregrinis et indigenis, viduis et orphanis, cœnobiis et ecclesiis re distributa, quam continebat [*in ms.* consentiebat], in brevi fuit examinata (48). Ad nutum etiam ejusdem servi Dei rex Deo devotus monasterium, quod Beel nuncupatur, incipiens, hominibus ditavit ; ubi monachus Gerardus de Venetia veniens, vitam contemplativam agere cœpit, qui constitutione divina pontifex electus, post obitum sancti regis, instante disturbatione (49) Christianitatis, lapidatus, per donum gratiæ spiritualis dignus effectus est consortio martyrum.

22. Nec hoc prætereundum æstimo quod in viro Dei quanti meriti post obitum foret, divina virtus in vita sua demonstrare voluit. Quippe quoties alicujus hominis infirmitas auribus suis diffamata fuit, sibi pro medicina, quam tunc in præsenti poterat habere, particulam panis, pomi (50), vel herbæ re- dolentis, mandans, ut sanus surgeret, transmisit, et Dei propitiatione verbum ipsius comitante, statim sospitatem recepit. Post gloriosam ad cœlos Ascensionem, et mirabilem in Patris dextera confessionem [*lege* consessionem] Salvator noster paucis corporaliter apparuisse perhibetur, per visionem vero multos consolatus, futurorum eos præscios esse docuit ; quod et huic sancto Regi contigit. Quadam namque nocte repente per revelationem quamdam [*in ms. mendose* quidam] expergefactus, veredarium quemdam infra diem et noctem ad Albam transilvanam (51) præcepit festinare, et omnes in rure manentes ad munitiones civitatum, quam citissime posset, congregare. Prædixit enim superventuros Christianorum hostes, videlicet, cui tunc Hungaris inimicabantur, Bessos, et possessiones eorum deprædaturos. Vix nuntius mandata regis complevit, et ecce Bessorum inopinata calamitas incendiis et rapinis cuncta devastavit, per revelationem Dei, meritis beati viri concessam, animabus omnium salvatis per receptacula munitionum.

CAPUT IV.

Bellum a Conrado imperatore illatum mira Dei providentia cito finitum, crebra sancti oratio et raptus, insigne severitatis exemplum, morbus regis et obitus filiorum, virtutes variæ.

23. Accidit post hoc, defuncto beati regis amico, Romanæ dignitatis Augusto Henrico Pio (52), Conradum imperatoriæ dignitatis coronam per Germanorum electionem assumere : qui destructa pacis tranquillitate totius Theotoniæ (53) manu coadunata, Pannoniæ terminos hostiliter conatus est invadere. Contra quem rex consultum [*in ms.* consilium] habens episcoporum et principum, ad tuendam patriam armatos totius Hungariæ extraxit. Prius tamen recolens, se nihil posse sine Christi suffragio, manus et cor levans ad æthera, dominæ suæ perpetuæ Virgini, Dei Genitrici, matri suas injurias commendans, talem erupit in vocem : Si placet tibi, Domina mundi, tuæ partem hæreditatis ab inimicis (54) devastari, et novellam plantationem Christianitatis aboleri, non meæ, precor, imputetur desidiæ, sed potius dispositioni voluntatis tuæ. Si pastoris culpa quid meretur, ipse luat, insontibus parce, precor, omnibus. His dictis, quasi consolatus ab ipsa, fiducialiter adversus hostes iter arripuit.

---

(48) Surius legit *exinanita*, nam ita hic sensum expressit : « Tum ille rebus, quas in aula invenisset, in peregrinos, egenos, viduas, pupillos, cœnobia et ecclesias erogatis, brevi illam exinaniebat. » Quod vero dicitur de cura regni Gunthero tradita, intelligendum puto de cura eleemosynarum per regnum distribuendarum ; id enim innuunt sequentia verba ex Surio jam data.

(49) Vox *disturbatione* substituta est ex ms. ; nam in edito mendose legitur *distributione*.

(50) *Pomi* omittitur in ms., sed etiam est apud Surium. Mirabilia id genus non sunt fide indigna, nam hisce sanctitatis famam *in Vita* adeptus est Stephanus, licet eam non minus mereretur operibus sanctis.

(51) Alias *Alba Julia* dicitur, Hungaris vero *Giula Feywar*, Germanis *Weissemburg*. Erat eo tempore metropolis civilis totius Transilvaniæ, et etiamnum est inter præcipuas urbes illius principatus.

(52) Obiit S. Henricus imperator, et electus est Conradus, cognomento *Salicus*, anno 1024 ; at non statim ortum est bellum inter Conradum et Stephanum, sed primum fuere quædam simultates, culpa Bavarorum enatæ, ac deinde, anno 1030, Conradus aperto bello aggressus est Stephanum, paxque instaurata anno sequenti.

(53) In ms. *Teutoniæ*. Intelligit auctor Germaniam, aut totum imperium.

(54) In ms. additur, *regis*, legiturque *regis ab inimicis*.

Altera mox die nuntius ad unumquemque ducem Germanorum, et in castra Theotonicorum [*ms.* Teutonicorum] ab imperatore (55) venit, qui eis redeundi mandatum detulit. Regredientibus (56) adversariis, vir sanctus respectu miserationis Dei se visitatum intelligit, Christo suique (57) Genitrici terræ prostratus gratias egit ; cujus se cum regni provisione tutamini precibus assiduis commendavit. Imperator vero, suorum tam repentina perterritus defectione, sciscitans qualiter res facta fuerit, cum nuntium reversionis eorum non suum fuisse veraciter sciret, per consilium divinitatis, ad corroborandam regis fidelissimi spem, factam non dubitavit, super dehinc ab invasione regni ejus timore Judicis æterni retentus, abstinuit.

24. Idem quoque rex, beata sollicitudine regalium dispositione occupatus, tempus diurnum colloquiis et consiliis transignans, per noctis silentium vigiliis et orationibus instare, comtemplationi vacare, lacrymas fundere, Deum alloqui precibus, operam dedit, justique Judicis moderationem super quotidianas judiciorum discussiones misericorditer descendere flagitabat. Quod cum sedulo spiritualis desiderii frequentaret officio, nocte quadam, templo Dei longe remoto, (descenderat quippe cum illo suo magno et nobili comitatu, fixis tentoriis in campestris amplitudinis loco,) cæteris sopore depressis, surgens a lecto cubiculum cordis ingressus, genibus flexis, solo labiorum motu æternæ miserationis januam gemitibus et lacrymis pulsabat. Cumque diutius deprecationibus insisteret, Domini sui regis æterni ministris ad suscipiendas preces ejus convenientibus, papilio super eum extensus a terra levatus tam diu pendere cœpit in aere, donec vir Dei ad reversus a contemplatione, spiritum relaxavit ab oratione. Quod licet invisibiliter illi soli, qui res novit, antequam fiant, suique secreti consciis angelis fuisset cognitum, cuidam tamen magnæ simplicitatis et innocentiæ [*in ms.* innocenti] viro, qui tunc simili forsitan instabat operi, est manifestatum ; quem rex sanctus, arcani simul sui conscium esse per Spiritum sanctum edoctus, ad se vocatum blandis prius sermonibus, quid vidisset sciscitabatur. Postea ne cui patefaceret, quoadusque ipse viveret, interminatus est.

25. Fama nominis sui in auribus multarum gentium sæcularium diffusa, et judiciis oris (58) sui celebri laude ubique innotescentibus, sexaginta viri Bessorum, quorum superius mentionem habuimus, cum universo apparatu suo, videlicet auri et argenti copiositate, multaque varietate ornamentorum, curribus onustis de partibus Hungariæ (59) egressi, ad regem venire volentes, terminis Pannoniorum appropinquaverunt. At multi servorum, quorum cereus est animus flecti in vitium, malignitatis suæ face succensi [*al.*, succensæ, *mendose*], obviam illis exierunt, quosdam gladio percusserunt, omniaque, quæ eorum fuerant, auferentes, vacuos et semiviventes reliquerunt. Illi vero regi quid actum, quidve perpessi sunt reservantes, iter quod cœperant peregerunt, et ad eum properantes genibus ejus se advolverunt. Quibus visis : Quæ causa, inquit, malorum ? Mi domine, referunt, nos servi tui nihil mali machinantes , ad audiendam judiciorum tuorum [tuorum *non est in ms.*] veniebamus disciplinam, et quorumdam manibus, quam nobiscum ferebamus, pecunia absque delicto omnium nostrum ablata est. Insuper apprehensos aliquos ceciderunt, et vita vix comite venimus, ut nuntiaremus tibi. Rex, ut erat prudentioris animi, non vultu, non verbis minatus est eis [eis *abest a ms.*]; sed sustinens, ut scribitur, prudens spiritum (60) reservat in posterum, misit ocius ad illum, sub quo militabant, tribunum, et die constituto omnes perditionis viros jussit conspectibus suis præsentari. Factum est, ut imperaverat, et ad discutiendum in præsentia sui constituti sunt. Quos alloquens : Cur, inquit, legem præceptorum Dei transgredientes, non intellexistis misericordiam, et viros innocentiæ condemnastis ? Sicut fecistis, ita faciet Dominus vobis coram me hodie ; transgressores enim legis feriendi sunt. Accepta sententia, educti sunt, et per omnem regni ingressum duo et duo suspendio perierunt (61) ; quod ob terrorem incutiendum reliquis, zelo eum justitiæ fecisse credendum est, ut, quia regnum omnibus hospitibus potens asylum esse volebat, sic liber omnibus introitus esset ut nullus ingredientem quemlibet in aliquo læderet, vel molestare præsumeret ; quod et factum est. Nam, quoad vixit nullus cuilibet hospiti quidquam molestiæ inferre præsumpsit.

26. In beato quoque rege constat apostolicum illud impletum, quod legitur : *Quoniam per multas tribulationes oportet intrare in regnum cœlorum* (Act. XIV, 21) ; et in libro Sapientiæ : Quos diligit Deus, castigat, et pater flagellat omnem filium,

---

(55) Id est quasi missus ab imperatore ; nisi revera illum miserit Conradus, idque postea fateri noluerit.
(56) Ms. *Egredientibus*, nimirum regno Hungarico *adversariis*.
(57) In ms. rectius *suæque Genitrici* pro *ejusque Genitrici*.
(58) Vox *oris* substituta est ex ms. ; nam in editione mendose legitur *ori*. Ita mox alia duo menda corrigam ex ms. : Meldensi substituendo *sexaginta* pro *sexaginti*, et *habuimus*, pro *hujus*, uti etiam legit Surius.

(59) Rectius *Bulgarorum*.
(60) In ms. *spiritu* minus recte. Dat auctor, opinor, sensum verborum illorum , quæ habentur Prov. XXIX, ỹ. 11 : *Totum spiritum suum profert stultus ; sapiens differt, et reservat in posterum.*
(61) Idem habet ms. Millicense, in quo hæc solum de hoc facto subduntur : « Per hoc denique volens intelligi, ut quicunque non acquiesceret judicio justitiæ, quod a Domino proposuerat, sic fieret illi. Audierunt habitatores terræ judicium, quod judicasset rex, et timuerunt. »

quem recipit (*Prov.* III, 11) ; *Hebr.* XII, 6). Multis enim modis correctioni divinæ succubuit , tribus annis infirmitate continet laborem (62). Postquam inde propitiationis Dei medicamine convaluit, tamen judicio æterni persecreti consilii, quamdam examinationem in filiorum suorum obitu sibi sensit immittere [*in ms.* mittere] verbera, quos in ipsis infantiæ gradibus infantes, qui dedit, abstulit (63). De quorum morte mæstitiam obortam genitor propter amorem filii superstitis, bonæ indolis pueri Emerici compescuit, solatium quem quasi jam unicum caro diligens affectu, precibus Christo quotidianis, et ejus genitrici Virgini perpetuæ commendavit. Hunc sibi fore superstitem, hunc regni hæredem, votis omnibus desideravit, et ut efficax fieret ad tenenda tanti regiminis gubernacula virorum documentis orthodoxorum, usu lectionis quotidianæ, fecit auditum utrumque (64) præbere. Ipse quoque paternæ dilectionis ardore compunctus, libellum (65) sibi de institutione morum composuit, in quo fideliter, et diligenter verbis eum admonitionis spiritualis [*ms.* specialis] alloquitur, instruens qualiter ante omnia debeat observare fidem catholicam, confirmare statum ecclesiasticum, honorem impendere dignitati pontificum, principes et milites diligere, judicium observare, patientiam in omnibus actibus habere, hospites benigne recipere, benignius [*al.*, benignus] nutrire, sine consilio nihil agere, majores suos semper ante oculos ad exemplum statuere, orationis officium frequentare, pietatem et misericordiam cum cæteris virtutibus possidere.

27. Talibus et his similibus disciplinis institutus juvenis præclarus, ad nutum dispositionis æternæ, cui cuncta subjacent, obediendo 1031 Dominicæ Incarnationis anno vitam hanc exitialem commutavit, sempiterno [*al.*; mensose sempiternam] supernorum civium adjunctus contubernio, cujus animam ipsa transitus sui hora cuidam episcopo Græcorum (65 *), sanctæ conversationis viro, revelatum est deferri per angelos ad cœli palatia. Verum quia pro sanctitatis suæ meritis, summo ab omnibus diligebatur affectu, ortus est ingens luctus omnium, sed maxime principum, inter quos pater desolatus grave traxit [*ms.*, contraxit] suspirium ; videns enim se solum sine spe posteritatis derelictum, pietatis affe-

(62) Locus videtur mendosus, legendumque *continua laborans,* uti in apographo ad marginem erat scriptum, et hunc sensum dedit Surius.
(63) Phrasim hanc obscuriorem et forsan mendosam clarius sic expressit Surius : « Qua (*infirmitate*) cum tandem divinæ misericordiæ medicina esset liberatus, in obitu filiorum suorum, quos adhuc infantes mors rapuit, æterni Judicis flagella persensit. »
(64) Id est, auditum corporis et animi.
(65) Libellum istum, seu Monita S. Stephani habes infra. Ex eorum collatione cum brevi compendio, quod sequitur, colligere poterit studiosus lector quam exacte Carthuitius secutus sit monumenta quibus usus est ad Vitam hanc conscribendam.
(65 *) Idem latius refertur in Vita S. Emerici,
PATROL. CLI.

ctum [*forte* affectu] doluit, sciens vero scriptum : *Non est sapientia, non est prudentia, non est consilium contra Dominum* (*Prov.* XXI, 30) : « Neminem propter obitum charorum nimium debere contristari, » deposito mœrore (66 *), se contulit totum ad quærendam largitatem misericordiæ divinæ, cœnobiorum et Ecclesiæ ministris, monachis et clericis diversis eleemosynarum donis consolatus [*forte* consolatis], expensam totius sumptus, quam tunc habere poterat, peregrinis, viduis, et orphanis erogat. Exterarum etiam monasteria provinciarum munificentiæ regiæ donis innumeris per nuntios suos sæpe visitavit.

28. Gravedinem morum (65 *), quam in juventute receperat, usque ad finem vitæ tenuit. Vix unquam ad risum labia movit, recolens scriptum : *Risus dolore miscetur, et extrema gaudii luctus occupat* (*Prov.* XIV, 13) ; semper sic apparens ac si ante Christi tribunal staret, interioris (67) oculis ejus præsentiam vultu sereno conspiciens, Christum in ore, Christum in corde, Christum in cunctis actibus se [*se abest ms.*] gestare demonstravit. Diem ultimum semper ante oculos cordis statuens, toto mentis desiderio, inter patriæ cœlestis cives, quasi quodam [*al.*, quondam] angelicæ conversationis habitu cupiebat habitare. Cunctis Deo placitarum virtutum generibus adornatus in sanctitate et justitia, coram ipso omnibus diebus vitæ suæ conversari decrevit, ut in eo jam ceu quædam futuræ glorificationis species clarescere videretur.

CAPUT V.

Morbus, et in eo detecta conspiratio quorumdam; beatus obitus, sepultura; decreta corporis elevatio, ac mirabilia in apertione sepulcri facta.

29. Post non multum temporis ægrotationem incurrit, qua postmodum corpore excessit, longaque languoris molestia ingravescente, in pedibus stare nequibat. Videntes autem quatuor nobilissimi palatinorum diu graviterque laborantem (nam ipsi in perfidia cordis adhuc errantes consilium iniquitatis duxerunt, occasumque ejus in mortem conati sunt tractare), jam die advesperascente, antequam in domo lucerna accenderetur, unus eorum audacter sub obscuro ingressus est, et ad jugulandum regem ensem nudatum sub chlamide tegebat. Dum pedem ubi episcopus ille dicitur *Eusebius Cæsareæ Palæstinæ metropolitanus.* Additur ibidem, factum Hungaris innotuisse ex relatione cujusdam canonici Cæsariensis, qui istud Constantinopoli, ubi legatus erat, narravit. Erant eo tempore episcopi Cæsareæ et aliis Palæstinæ locis, iique communicabant cum Ecclesia Romana, sed minus noti sunt. Cum autem res magis spectet ad Emericum quam ad Stephanum, magis discuti poterit ad IV Novembris, quo Emerici memoria Martyrologio Romano est ascripta.

(66) Luctum non fuisse nimis diuturnum, nedum morbum ex eo contractum, ut volebant alii, probavi alias.
(66 *) Gravitatem morum intelligit.
(67) *Interioris,* id est *mentis* oculis.

39

inhiberet ubi rex quiescebat, revera cœlesti impulsu gladius corruit, percussusque terram (68) tinnitum reddidit. Statim rex audiens causam requisivit, cum quid fuerat præsciebat. Ille vero anxius corruit, consilium furoris sui recognovit, doluit, accessit, procubuit, vestigia amplexatus est, se deliquisse confessus, sibi indulgeri precatus est. Veniam quærenti, non avertit faciem, facile dimisit. Denique jussu regis homicidæ illi inventi sunt, et adversus eos judicio [forte judicia] locutus, digna eos mulctavit sententia.

30. Tandem per misericordiam Dei dignus centuplicari retributionis bravio, tactus febri, cum sibi diem transitus imminere non ambigeret, accersitis episcopis et primis palatii de Christi nomine gloriantibus, primum cum eis tractavit de substituendo pro se rege. Deinde paterne monuit illos catholicam fidem observare quam acceperant, amare justitiam, vincula supernæ charitatis diligere, et charitati operam dare, humilitatis studio invigilare, præ [ms. pro] omnibus vero novellæ Christianitatis plantationi [al., plantationem] custodiam adhibere. His dictis, manus et oculos levans ad sidera, sic exclamavit : Regina cœli, reparatrix inclyta mundi, tuo patrocinio sanctam Ecclesiam, cum episcopis et clero, regnum cum priniatibus et populo sub tuis precibus committo : quibus ultimum valedicens, manibus tuis animam meam commendo.

31. Instabat tunc solemnitas præcipua, celebris angelis et hominibus, dies Assumptionis Mariæ, in cujus gaudio dissolutio sui corporis fieret, misericordiæ spem majoris [ms. majorem] se sperans habiturum precibus (69) ; hæc spiritualibus postulavit suspiriis, et lacrymis obtinuit. Aderat ergo felix illa dies, per ejus obitum felicior mox futura, circumstabat cum clero paternitas episcoporum, cum manu ministrorum principalis chorus comitum. Ubi rex dilectus in medio jacens, accepta unctione spiritalis sacramenti, sanctam animam, corporis et sanguinis Domini nostri Jesu Christi viatico recreatam, anno Dominicæ Incarnationis millesimo tricesimo quarto (70), in manus perpetuæ Virginis et sanctorum angelorum, æternæ quietis beatitudini inferendam tradidit. Factus est planctus maximus suorum, gaudium angelorum ; sed hic planctus postea versus est in lætitiam (71) sempiternam, tam nascentium quam et viventium populorum.

32. Ad exsequias funeris ejus ex omnibus Pannoniæ plagis concurritur, corpus ad sedem regalem, Albam videlicet civitatem, deducitur. Et quoniam ecclesia Beatissimæ Virginis, ab ipso constructa, nondum erat dedicata, merito consilio statutum (72) pontifices, prius basilicam sanctificare, deinde corpus terræ commendare. Perfecta dedicationis solemnitate, corpus sanctum in medio domus sarcophago candidi marmoris imponitur, ubi per annos plures, Dominus per ipsius merita multis incommoda patientibus, febricitantibus, afflictionem et miseriam suam proclamantibus, judiciumque portantibus, beneficia præstitit innumera (73). Sæpe per noctem melodia, cantantibus angelis, a multis audiebatur; frequenter odoris suavissimi dulcedo per latera templi dispergebatur. Qui (74) cum ita corpus beatum in loco eodem quadraginta quinque annis miræ dispositionis secreto, qui in sanctis suis prædicatur mirabilis, gravedine pressum, et in pulverem redactum. Et hoc tempore prædestinato declarari dignus, et in resurrectionis die gloriosus renovari meretur, hoc cor suum resipuit, quid designet oculis spiritualibus [ms. supernaturalibus] delectat intendere, quod [ms. qui] sine præordinationis die affectu divino factum non æstimamus. For-

---

(68) Rectius diceretur, *percussaque terra*, sed et alia minus Latina habet auctor, nec omnia tamen illa notanda duxi, modo sensus intelligatur.

(69) Vox *precibus* omissa est in ms., nec est necessaria. Ibidem mox pro *spiritualibus* legitur *specialibus*.

(70) Obiisse sanctum anno 1038 constat. Qua in urbe obierit, apud antiquos nullibi dicitur. Attamen, cum mox dicat corpus Albam Regalem esse translatum, videtur insinuare ibi non esse defunctum.

(71) Ob miracula secuta, opinor, et gloriam sancti.

(72) Forte *statuere*. De Alba Regali variis locis actum, de hujus quoque ecclesiæ constructione non pauca videri possunt § 25.

(73) In ms. aliqua hic omissa ; nam hæc solum ibi leguntur : « Ubi per annos plures Dominus per ipsius merita multis incommoda patientibus beneficia præstitit innumera. »

(74) Phrasis hic maxime mendosa est tam in editione quam in ms., licet in vocibus subinde dissentiant. Scriptum haud dubie fuit usque ad finem hujus numeri hoc fere modo ; quo loquum expressit Surius : « Jacuit in eo loco sacrum corpus annis quadraginta quinque occulta quadam omnipotentis Dei dispositione, qui est mirabilis in sanctis suis (*Psal.* LXVII, 36), marmoris pondere pressum et in pulverem redactum, ut tempore præfinito dignus declararetur, et in resurrectionis die gloriosus renovaretur. Id vero quid significet, quando sine divina ordinatione et divino affectu factum minime putamus, libet oculis interioribus speculari. Fortassis nonnihil terreni pulveris, divinæ examinationis igne purgandum, in illo remanserat, sive quo reges, magna potentia fulti, vitam præsentem vix, aut ne vix quidem transigere possunt. » Sensum a Surio recte datum existimo, at auctori philosophanti minime assentior ; nam quod corpus, excepta dextera, ut videbimus, in pulverem sit redactum, quodque per annos quadraginta quinque publico cultu caruerit, non præbet idoneam rationem judicandi, post mortem sancti aliquid in ejus anima fuisse ignibus piacularibus expiandum ; cum plerorumque sanctorum corpora in pulverem redigantur secundum ordinarias naturæ leges, multique ex illis longiori tempore sine publica veneratione fuerint, neque tamen inde inferri possit, aliquid in ipsis superfuisse terreni pulveris post felicem obitum. Tanto autem magis ab hac suspicione abstinere debuerat auctor quanto clariora sunt sanctitatis indicia, quæ præmiserat de miraculis, melodia cœlesti atque odore suavissimo.

sitan quædam [ms. quemdam] in ipso, terreni pulveris aspersione, igne divinæ examinationis [ms. excommunicationis] purificandam remanserat, sine qua [ms. quo] regnantes, quasi quodam jure potentiale vitam præsentem vix aut nullatenus ducere queant.

33. Interjectis (75) itaque quadraginta quinque annis, cum (76) ad præstanda per eum mortalibus misericordiæ suæ beneficia, Sancti sui jam vellet Deus merita declarare, Romanæ sedis institutione, apostolicis litteris sancitum est ut eorum corpora elevari deberent, qui in Pannonia Christianæ fidei jacentes [al., mendose jacentes] semina, sua eam prædicatione, vel institutione ad Dominum convertissent. Adveniente vero tempore declarationis ejus, et laudibus gratiæ ejus, quam per ipsum gens Hungarica promeruit, in mundo divulgandæ, rex Ladislaus (77), qui tunc rempublicam administrabat, universa morum honestate præclarus habitus, et virtutum fulgore conspicuus, laudibus et servitio Dei perfecte deditus, Spiritus Paracleti perlustratione tactus, habito consilio cum episcopis et primatibus, et totius Pannoniæ sapientibus, triduanum cunctis indixit jejunium, ut quod communi Catholicorum utilitati, Spiritus sancti donis animarum et corporum salutem operantibus, videtur fore proficuum communi cunctorum deprecatione, jejuniis et eleemosynis fundata, per manifestationem signorum deberet esse quærendum.

34. Sed ut ostenderet Dominus quantæ misericordiæ rex sanctus fuerit, adhuc mortali vivens in corpore, quam jam cum Christo regnasse [forte regnans] demonstrabat, ad hoc præ cæteris operibus approbare (78), cum triduo ejus corpus totis viribus elevare satagerent, nulla de loco suo potuit arte moveri. Quo namque tempore, exigentibus culpis, inter prædictum regem Ladislaum et fratrem (79) ejus Salomonem gravis orta seditio fuerat, ob quam Salomon captus in carcere tenebatur. Cum ergo pro elevando corpore frustra conaretur, quædam inclusa juxta ecclesiam Sancti Salvatoris sumtui

(75) Legebatur *interjectiones*, quod ut clare mendosum correxi. Plura sequuntur menda in ms., et nonnulla etiam in editione. Priora negligam; alia vero, ubi clara sunt, corrigam, sed monito lectore.

(76) Illud *cum* supplevi ex Surio.

(77) De S. Ladislao rege apud nos actum est tom. V Junii, pag. 315 et sequentibus. De eo in Vita antiqua ibidem, pag. 319 : « Nam anno Domini millesimo centesimo nonagesimo secundo sanctum corpus ejus canonizatum est. » Ad quem locum sic Papebrochius : « Phrasis hæc est illius temporis, inde sumpta quod canonizationis decretum sequi soleret corporis de terra elevatio. » Eadem de causa elevatum fuisse corpus S. Stephani, atque adeo formali canonizatione sanctis ascriptum esse, pluribus probavi in Comment. § 38.

(78) In ms. *approbatur*; at ne sic quidem sensus est perfectus. Surius videtur sententiam recte expressisse, sic habens : « Sed ut ostenderet Dominus quanta misericordia rex adhuc manens in corpore præditus fuerit, quam etiam jam cum Christo re-

(80), nomine Charitas, cujus vitæ celebris tunc temporis opinio ferebatur, revelatione sibi cœlitus facta, regi mandavit eos incassum niti et non posse transferre sancti regis pignora, donec Salomoni a carcerari absoluto custodia, libera indulgentia præberetur. Illo itaque e carcere producto, et triduano iterato jejunio, cum ad transferendas reliquias sacras tertia die ventum fuisset, lapis ingens superpositus tumbæ, tanta facilitate sublatus est, ac si nihil ante ponderis habuisset.

CAPUT VI.

Elevatio corporis et miracula, mira dextera inventio et integritas.

35. Completo ergo tertiæ diei vespertinali officio, cunctis divinæ miserationis beneficia per beati viri meritum præstolantibus, subito [al., subdito mendose] plebem suam Christo visitante, miraculorum insignia per amplitudinem domus sanctæ funduntur cœlitus, quorum pluralitas, quoniam ipsa nocte numerum excesserat (81), illud evangelicum hic libet introducere quod Salvator Joanni, per nuntios sciscitanti an ipse sit qui venturus est responsum mandaverat : Cæci vident (82) et claudi ambulant, surdi audiunt, leprosi mundantur, mali corriguntur, paralytici curantur : quorum tamen aliqua, quod cuncta non possumus, innotescere satagemus. Juvenis quidam omnibus membris dissolutus, annis XII paralysim passus, manuum et pedum carebat officio, qui parentum adjumento vectus illuc, recepta totius corporis sospitate, signorum fecit initium, atque ad altare haud segniter currens, omnium Christo laudes clamantium augmentavit gaudium.

36. Alius quoque puer septennis, a nativitate contractis nervis genibus et manibus, reportabatur (83) ; quem fide pleni parentes, beati viri suffragio conferentes, prostrati juxta sepulcrum secum posuerunt, gratiam petituri, quam mox consecuti, contractionem nervorum in illo distendi mirabantur, et consolidatis genibus et plantis, omnes eum incedentem (84) videntes, Christi nomen in beati viri

gnans præ cæteris operibus se approbare declararet, » etc.

(79) Salomon non erat frater Ladislai, sed patruelis. Forsan latiori sensu vocatur frater, nisi error irrepserit vitio transcribentium, aut ipse Carthuitius in eo erraverit. De carcere Salomonis causaque carceris actum est in Comm., num. 459, ubi etiam hæc ipsius liberatio confirmatur.

(80) Quid velit vox illa *sumtui*, plane ignoro, nisi forsan sit nomen loci. Bonfinius idem narrans, vocem istam omisit, uti et Surius.

(81) Editum erat mendose *messerat*, quod correxi ex Surio.

(82) Indicat auctor verba Christi Matth. XI, ÿ. 5 : *Cæci vident, claudi ambulant, leprosi mundantur, surdi audiunt, mortui resurgunt, pauperes evangelizantur.* At ipsa verba exacte non dedit, quia non omnia congruebant, quantum existimo.

(83) *Reportabatur*, id est *ferebatur.* Surius sensum mutavit, dum edidit, *genibus et manibus reptabat.*

(84) Alias mendose *incedentas*, quod correxi ex Surio.

meritis, laudabili clamore glorificaverunt. Quem rex Deo devotus, præ nimio gaudio lacrymatus, manibus a terra levatum, ad altare portavit, ubi nimio (85) laudis prolato, gratias Deo pro beneficiis præstitis in sanitate pueri, cum omnibus qui aderant favorabiliter egit. Sic totam noctem Deus pro famuli sui veneratione (86) multorum fulgore signorum mirabiliter perlustravit ; populus vero vigiliis et orationibus intentus miraculum unumquodque laudum clamoribus manifestum facere non cessabat.

57. His inserendum videtur et illud quod non solum ibi præsentes, sed longe quoque positi, suffragantibus ejus meritis, celebrem consecuti sunt salutis effectum. Nam cum elevationis ipsius undique cœpisset fama celebrescere ; variis obsessi languoribus ex omnibus Hungariæ finibus ad sanctum tumulum, quo quique poterant modo, festinare cœperunt. Sed cum aliis præcedentibus, alii graviori debilitate prohibiti, simul pervenire nequirent, simili tamen misericordia in via innumeri sanati sunt. Unde in permansuram (87) beneficiis sancti regis memoriam, quamplures per eum sanati, redditi in eodem, ubi sanati sunt, itineris loco, grandes aggregaverunt acervos lapidum, qui longo ibi tempore post multum [*forte* postmodum] fuerunt. Sed et mulier quædam, cum inter hæc filius ejus exhalasset spiritum, qui sibi fuerat unicus, exanimati corpus juxta regis tumulum deposuit, Dei et sancti ejus super eo imploratura solamen. Mira quidem res, et nostris stupenda temporibus, non prius orare mulier destitit quam filium, quem defunctum collocaverat, viventem accepit.

58. Mane facto, die post Assumptionem sanctissimæ virginis Mariæ quinto, convenientibus in ecclesiam cum rege principibus, cum clero pontificibus, primum missa pro defunctis celebrata est ; deinde sublata tabula marmorea, quæ pavimento præminebat. Postquam perventum est ad tumbam, tanta fragrantia suave redolentis odoris in apparitione ipsius omnes qui aderant circumdedit, quod in medium paradisi deliciarum donum se raptos opinarentur. Ipsa quoque tumba plena fuit aqua parum rubenti, quasi oleo permista, in qua, velut in balsamo liquefacto, quieverunt ossa pretiosa. Quibus in mundissimo linteamine collectis, in ipso liquore diutissime est quæsitus annulus, qui beati viri dexteræ (88) fuerat impositus. Quo non invento, cœperunt quidam jussu regis aquam in caldaria argentea et dolia effundere, [ut (89)] evacuato sarcophago certior fieret annuli inventio. Sed mirum in modum, quanto magis liquor effundebatur, tanto plus eo crescente tumba replebatur. Quo viso miraculo, haustam aquam loco suo restituerunt : nec tamen, ea refusa, magis ob hoc tumba repleta fuit.

59. Tunc, cooperto sepulcro, laudes et gratias divinæ pietati proclamantes, cum de invento thesauro beatissimæ Matris Dei genitricis et perpetuæ virginis altare reparaverunt, interim Deus, qui est mirabilis in sanctis suis (*Psal.* LXVII, 36), effusis suis largitatis beneficiis, petentibus miraculorum suorum signis se præsentem esse notificavit (90) in tantum, ut tempus illud Dominicæ conversationis inter homines videretur revolutum, de quo legitur : Omnes (91), qui habebant infirmos variis languoribus, ducebant illos ad Jesum et curabantur. Hæc omnia virtus divina non solum ipsa die, sed post tempore (92) multo, per merita famuli sui dignata est operari, quod etiam de aliis regionibus, audita beneficiorum Dei fama, pro recuperanda sanitate, diversarum valetudinum (93) morbis laborantes, ad suffragia beati viri cum magno desiderio convolarent. Comitissa vero quædam nobilitatis eximiæ, matrona, nomine Mathide (94), tribus continuis annis viscerum dolore gravata, jam morti proxima fuit. Quæ a suis in feretro delata, mox ipsa die qua sancti viri tumulum attigit paulatim se meliorari sensit, ac in brevi vitæ prioris sospitate recepta, magnalia Dei per famuli sui merita in se remunerata divulgavit.

40. Cætera vero miraculorum Dei prodigia, pro dilectione famuli sui cœlitus ostensa, non ideo quod fastidiam, non scripta dereliqui, sed quia non solum mihi placuit Dominus, qui super bonos et malos solem suum clarescere facit (*Matth.* v, 45), beneficiorum ipsius multiplicitate [*lege* multiplicitatem] cunctorum proficio (95) consulentem, innumeris sapientibus quos Hungaria fovet et amplectitur, stylo declarandam commendavi. Illud vero in fine codicis tantum adhærere decrevi, quoniam miro pietatis Dei munere diu quæsitus et non inventus annulus, cum ipsa beati viri dextera, post translationis ejus terminum est manifestatus. Monachus quidam, nomine Mercurius, qui in ordine clericatus thesauri perpetuæ Virginis custos fuerat, et jam sublatum.

(85) Legendum opinor, *hymno laudis prolato.*
(86) In ms. legitur, *per famuli sui venerationem.*
(87) Editum erat *per mensuram*, sed mendum correxi ex Surio, qui sensum recte expressit.
(88) Editum erat *dextera*, at in Surio *dexteræ*. Annulus autem dexteræ fuit impositus tempore sepulturæ. Quæsitus ille est sine dextera, quod hæc crederetur corrupta cum reliquo corpore.
(89) Ut appositum est ex Surio ad sensum explendum.
(90) Alias mendose, *notificabit.*
(91) Indicat locum Luc. IV, 40, in fine paululum mutatum.
(92) Editum erat *temporis* ; at mendum ex Surio

(93) In ms. *invaletudinum* ; sed idem est sensus.
(94) Apud Surium *Mathildis*, uti etiam habet Bonfinius in Commentario laudatus num. 446.
(95) Forte legendum *proficuo*, id est utilitati, commodo. Tota periodus hæc utcunque luxata est. Illam Surius expressit hoc modo : « Alia miracula cælitus perpetrata non idcirco prætermisi, quod ea fastidiam, sed cum non mihi uni placuit Dominus, qui solem suum oriri facit super bonos et malos, tantam beneficiorum ejus copiam, omnium utilitati consulere cupiens, innumeris sapientibus viris, quos Hungaria fovet et complectitur, stylo prosequendam relinquo. »

(96) per amorem cœlestis patriæ sæculo renuntiaverat, ipsa hora qua tumulus apertus fuerat, ne quid sanctarum reliquiarum raperet, redargutione regali procul inde est remotus. Cui tristi vultu in choro residenti juvenis quidam, albis vestitus, pannum involutum tradidit, dicens : Hunc tibi commendo servandum, cum tempus fuerit, manifestandum. Post completionem officii sacri monachus in angulis domus pannum expendit, integramque Dei viri manum cum annulo, mirifici operis cernens, expavit, atque secum, nemine sciente, ad monasterium, quod suo regimini commendatum fuerat, tempus a juvene sibi prædictum, a Christo præstolaturus, deportavit, ibi diu solus abscondíti in agro thesauri custodiam et excubias decrevit. Post fundatores ipsius cœnobii conscios (97) fecit, ad ultimum appropinquante tempore rei declarandæ, regis ad notitiam perduxit. Qui mox, adunatis episcopis et Hungariæ primis, multis a Christo miraculorum in beneficiorum (98) erogatis, elevare viri Dei dexteræ diem statuit celebritatis.

41. Quid est, fratres, quod cæteris membris dissolutis et in pulvere carne redacta, penitus defunctis, solaque dextera manus ossibus, cute cum nervis adhærente, suæ servavit Deus integritatis (99)? Non [ms. nil] aliud arbitror, nisi divini consilii profunditate in hujus excellentia sancti voluisse declarari dissolutionis (100) opus, et eleemosynæ A cunctos virtutum gradus ascendere. Unde [ms. Verum] Veritas ait in Evangelio : *Beati misericordes, quoniam ipsi misericordiam consequentur* (*Matth.* v, 7). Et item : *Date, et dabitur vobis* (*Luc.* vi, 38). Item in alio loco : *Sicut aqua extinguit ignem, ita eleemosyna extinguit peccatum* (*Eccli.* iii, 33). Merito ergo [ms. vero] beati Viri dextera fuit aliena putredinis, quæ semper pietatis flore reviviscens, in alendis pauperibus numquam vacua fuit donis erogationis, subvenit in necessitate positis, liberavit oppressos a jugo captivitatis, vestes et hospitalitates præbuit peregrinis, viduarum et orphanorum miserias et indigentias suas esse computavit, cœnam (101), et mandatum Dominicum in lavandis egenorum pedibus quotidie renovavit. Eleemosynam non B de rapina, vel aliorum damno, sed de propriis facultatibus, confluere fecit. Ut domos Dei divites efficeret, sibi voluntatem [ms. facultatem] habendi subtraxit, sicque cunctis ad nutum dignitatis proficiens, carnem suam cum vitiis et concupiscentiis crucifixit (*Gal.* v, 24). Inde est corporis et dexteræ delectabilis et miranda veneratio, inde dulcis et felix æternæ vitæ retributio, inde desiderabilis supernorum civium cohabitatio, ubi irradiat [ms. radiat] semper lucens et indeficiens splendor unius summæque deitatis, Patris et Filii et Spiritus sancti, per infinita sæcula sæculorum. Amen.

(96) In ms. legitur *ecclesiæ*, sed mendose, in editione vero *etiam* unica voce, quam in duas divisi, ut habet Surius, cum sic sensus sit perfectior.
(97) In ms. *consocios*. Utraque hæc vox requirit ut ante legatur *fundatores*, ubi editum erat *fundatoribus*; simile mendum mox correctum ex Surio, et pro *temporis*, uti male erat editum, positum *tempore*.
(98) Hic rursum æque omnia sunt mendosa. Pro *in beneficiorum*, legendum suspicor interim *beneficiis*, et mox pro *elevare*, *elevandæ*. Audi Surium : « Is vero, mox accitis episcopis et Hungariæ primariis viris, cum multa interim Christus miraculorum beneficia exhiberet, celebrem præfixit diem beati regis dexteræ elevandæ. »
(99) Phrasis hæc luxata est in editione æque ac in ms., uti pluribus locis jam observavi circa finem hujus Vitæ. Surius eam exhibet integram, sive quod C talem in suo ms. invenerit, sive quod menda correxerit. Verba ipsius accipe. « Sed quid sibi vult, fratres mei, quod, cæteris membris resolutis et carne in pulverem redacta, solam dextram manum cum ejus cute, ossibus et nervis, Deus integram conservavit? »
(100) Vox hæc iterum luxata videtur, nisi dissolutio captivorum intelligatur aut dissolutio sumatur pro remissione. Alias legendum est, *distributionis, pietatis misericordiæ*, aut quid simile, uti consequentia insinuant.
(101) Vox *cœnam* in ms. jungitur cum sequentibus, uti posui. Per mandatum Dominicum mox intelligit verba Christi Joan. xiii, 14 : *Si ergo ego lavi pedes vestros Dominus et magister, et vos debetis alter alterius lavare pedes*, etc. Hæc cum in ultima cœna discipulis suis mandaverit Dominus, sanctusque factitaverit, cœnam et mandatum Domini renovatum dicit auctor.

MONITA

Quibus Stephanus filium Emericum instruxit, ut regnum recte pieque administraret

Quanquam incertum sit an S. Stephanus se regno abdicare voluerit in gratiam filii Emerici, id tamen certum est, eum filio suo regnum destinasse, ac nihil prætermisisse quo eum erudiret ad rectam piamque ejusdem regni administrationem. Documenta filio data, quæ brevissimo compendio commemoravit Carthuitius num. 26, luculentum piæ illius curæ præbent testimonium ; simulque ostendunt qualis fuerit Stephanus ipse, cum verisimile non sit illum neglexisse ea quæ filio diligenter inculcavit. Monita illa a variis edita sunt, atque apud Werboczium quidem in Opere tripartito tom. II, a pag. 1 sub hoc titulo : *Sancti Stephani primi regis Ungariæ decretorum liber primus ad sanctum Emericum ducem*. Accensentur enim decretis seu legibus regni Hungariæ, quamvis proprie leges non sint, sed monita regibus data ad regnum præclare administrandum. Illa autem huc transferam ex editione memorata, prout divisa sunt in præfationem et decem capita ; lectionesque variantes dabo ad marginem ex editione Joannis Sambuci, qui eadem dedit post Bonfinii aliorumque Opera. Si quæ vero obscuriora videbuntur, in notis breviter explicare conabor.

PRÆFATIO

In qua rex hortatur ducem ad capessenda paterna monita et præcepta (102).

In nomine sanctæ Trinitatis et individuæ Unitatis.

Cum cuncta Dei nutu condita, suaque evidentissima præordinatione disposita, tam in amplitudine cœli quam in istis amplissimis [*al.*, aptissimis] terrarum climatibus , ratione intelligentiæ funcitus sentiam vigere atque subsistere : cumque affatim universa hujus vitæ utilitati dignitatique gratia Dei concessa, scilicet regna, consulatus, ducatus, comitatus, pontificatus, cæterasque dignitates , partim divinis præceptis atque institutis, partim legalibus, partim juridicis [*al.*, juridicialibus sive juris ictionibus] , partim civilibus ac nobiliorum ætateque provectorum consiliis, suasionibus, regi, defendi, dividi, coadunari videam ; et cum omnes ordines ubique terrarum, cujuscunque sint dignitatis, non solum satellitibus, amicis, servis, præcipere, consulere [*al.*, consiliari sive consulere], suadere, sed etiam filiis pro certo sciam ; tunc me non piget [*al.*, ne pigeat], fili amabilissime, hac vita comite, tibi documenta, præcepta, consilia et suasiones parare [*al.*, proponere], quibus tuæ vitæ mores, tibique subjectorum exornes, quando, summa concedente Potentia, post me regnabis.

Te autem studiose, adhibita audientia , patris præcepta, juxta divinæ sapientiæ suasum, concedet observare, dicentis per os Salomonis : *Audi, fili mi, patris tui disciplinam, et ne dimittas legem matris tuæ* (*Prov.* I, 8), ut addatur gratia capiti tuo, et multiplicentur tibi anni vitæ tuæ. Ex hac ergo sententia animadvertere poteris, si ea quæ paterna pietate tibi præcipio contempseris (quod absit !) quod amplius [*al.*, quod jam amplius] amicus Dei et hominum non eris. Audi vero inobedientium [*al.*, mendose inobedientiam] prævaricatorum præcepti casum et præcipitium. Adam quidem, quem Dominus conditor totiusque creaturæ plasmator, ad suam formavit similitudinem (*Gen.* I, 26), eumque universalis fecit hæredem dignitatis, vinculum fregit præceptorum, statimque dignitatum sublimitatem, ac mansionem paradisi perdidit (*Gen.* III). Antiquus quoque populus a Deo electus et dilectus, quia legamina [*al.*, ligamina] mandatorum, digitis Dei condita, disjecit, idcirco diversis interiit modis : partem quidem terra deglutivit (*Num.* XVII, 55), partem quoque exterminator mortificavit, et pars invicem se interfecit. Filius quoque Solomonis , abjiciens pacifica verba patris, ac superbia elatus,

A minatus est populo percussiones frameæ pro mastigiis patris [*al.*, patris *omittitur*], idcirco multa mala passus est in regno, et ad ultimum dejectus est (*III Reg.* XI, 11). Hoc tibi ne accidat, obedi, fili, mihi ; puer es, deliciarum [*al.*, divitiarum] vernula, pulvinaris accola, totus educatusque in deliciis cunctis , expeditionum , laboris [*al.*, totius expeditionum laboris], atque diversarum gentium incursionis expers, in quibus ego jam fere totam meam contrivi ætatem. Jam tempus adest, in quo tibi non semper pulvinarium mollities [*al.*, pulvinar mollitiei], quæ te hebetem et delicatum reddant, adhibendæ sunt, quod est dissipatio virtutum et vitiorum fomentum, atque contemptio mandatorum : sed interdum asperitas tribuenda est, quæ tuam intelligentiam ad ea, quæ præcipio, reddant attentam. His itaque præfatis, redeamus ad propositum.

CAP. I. *De observanda catholica fide*. Quoniam ad regalis dignitatis ordinem non oportet nisi fideles et catholica fide imbutos accedere , idcirco sanctæ fidei in nostris mandatis primum damus locum. Imprimis præcipio, consulo, suadeo, fili charissime, si regalem cupis honestare coronam [*al.*, curiam], ut fidem catholicam et apostolicam, tali diligentia et custodia conserves, ut omnibus tibi a Deo subjectis exemplum præbeas, cunctique ecclesiastici viri [*al.*, filii] merito te verum Christianæ professionis nominent virum, sine qua, pro certo scias, Christianus non diceris, vel Ecclesiæ filius. Qui enim false credunt, vel fidem in bonis non implent et ornant operibus (quia fides sine opere moritur) nec hic honeste regnant, nec in æterno regno vel corona participant [*al.*, participantur]. Si vero scutum [*al.*, statum] retines fidei, habes etiam galeam salutis. His quidem armamentis contra invisibiles et visibiles legitime dimicare poteris inimicos. Nam ait Apostolus : Non coronabitur, nisi qui legitime certaverit (*II Tim.* II, 5). Fides ergo, de qua loquor, hæc est : ut Patrem Deum omnipotentem, factorem totius creaturæ [*al.*, facturæ], et unigenitum ejus Filium, Dominum nostrum Jesum, de Maria virgine, angelo annuntiante, natum, et pro totius mundi salute in crucis patibulo passum, et Spiritum sanctum, qui per prophetas et apostolos et evangelistas locutus est, unam deitatem perfectam, indissolubilem, incontaminatam esse firmiter credas, et sine omni ambiguitate teneas. Hæc est fides catholica, quam (sicut [*al.*, sic] Athanasius dicit) nisi quis fideliter firmiterque crediderit, salvus esse non poterit. Si aliquando infra tuam inveniantur quæ verisimiliter regis est, cujus verba sequuntur.

---

(102). Hic præfationis titulus apud Sambucum omittitur, et certo non est S. Stephani ; omissa ibidem similiter invocatio sanctissimæ Trinitatis,

potentiam, (quod absit !) qui hanc collationem sanctæ Trinitatis dividere, vel minuere, sive augere conabuntur [*al.*, conantur], hos ipsos scias esse hæresiarchæ servos, et non sanctæ Ecclesiæ filios. Tales vero nec nutrias, nec defendas, ne tu etiam videaris amicus et fautor [*al.*, inimicus et ultor]. Hujusmodi enim viri, sanctæ fidei filios omnino reddunt morbosos, et istam novellam sanctæ Ecclesiæ plebem miserabiliter destruunt, ac etiam dissipabunt. Hoc ne fiat, principaliter cura (102 *).

CAP. II. *De Ecclesia, et continendo ecclesiastico statu.* In regali quidem palatio post fidem Ecclesia secundum tenet locum, a Capite nostro, scilicet Christo, prius seminata ; deinde per ejus membra, utique apostolos, sanctosque Patres transplantata, et firmiter ædificata, atque per totum orbem diffusa. Et quamvis semper novam pariat [*al.*, habeat] prolem, in certis tamen locis quasi antiqua habetur. Hæc autem, fili charissime, in nostra monarchia adhuc quasi juvenis, et novella prædicatur ; atque, idcirco cautioribus evidentioribusque eget custodibus ; ne bonum, quod divina clementia per suam immensam clementiam [*al.*, misericordiam] nobis concessit immeritis, per tuam desidiam et pigritiam atque negligentiam destruatur, et annihiletur. Nam qui minuit, aut fœdat sanctæ Ecclesiæ dignitatem, ille Christi corpus mutilare nititur. Ipse enim Dominus dixit Petro, quem custodem magistrumque eidem posuit sanctæ Ecclesiæ : *Tu es Petrus, et super hanc petram ædificabo Ecclesiam meam* (*Matth.* XVI, 18). Se ipsum quidem nominabat petram (103) :

(102 *) Disputant nunc eruditi an Symbolum quod supra laudatur nomine S. Athanasii, ab hoc sancto Patre sit compositum. At ea disputatio necdum nota erat S. Stephani tempore.

(103) Pauca hic observanda. S. Stephani verba, *seipsum quidem nominabat petram*, probabiliter referri possunt ad S. Petrum; parum tamen interest hocne an alio modo locum intellexerit. S. Augustinus lib. I Retract., cap. 21, scribit, se aliquando per *petram* intellexisse *Christum*, aliquando *Petrum*, subdens : « Harum autem duarum sententiarum quæ sit probabilior eligat lector. » Hæc summi doctoris verba ostendunt dubitationem in qua erat de genuina loci intelligentia. Eadem quoque verba evincunt S. Augustinum agnovisse non Christum modo esse petram Ecclesiæ, sed Petrum quoque ejusdem Ecclesiæ petram esse; Christo nimirum subordinatam : nam nisi id agnovisset, non reliquisset liberum unicuique ut locum vel de Christo vel de Petro intelligeret. Patet id etiam ex versiculo S. Ambrosii, quem ibidem recitat : *Hoc (gallo) ipsa Petra Ecclesiæ canente culpam diluit.* Naturalem expositionem de Petro, quem *petram* dicebat, primo amplexus erat sanctus doctor, ut ait. Deinde tamen ad aliam dilapsus est ex sola, opinor, ignorantia linguæ Hebraicæ et Syriacæ. Ostendunt eam ignorantiam ipsa sancti doctoris verba : nam pro expositione de Christo hanc solam ibidem allegat rationem : « Non enim dictum est illi (*Petro :*) Tu es Petra, sed Tu es Petrus. » Verum Christus Syriace locutus est, ususque bis eadem voce *Cepha* aut *Kepha*, voxque eadem repetitur in Evangelio Hebraice Matthæi, quod edidit Munsterus, ac si Latine diceretur ; *Tu es Petra, et super hanc petram* ; uti jam ostenderunt multi interpretes catholici, et

verum [*al.*, verum *omittitur*] non ligneam vel lapideam super se ædificatam Ecclesiam dixit, sed populum acquisitionis, gentem electam (*I Petr.* II, 9), d'vinam, gregem fide doctum [*al.*, doctam, etc. *mendose*], baptismate lotum, chrismate unctum, sanctam super se ædificatam Ecclesiam dixit, et appellat. Si quis infelix hujus sanctæ Ecclesiæ membra vel parvulos scandalizat, juxta Evangelii præceptum, dignus est ut mola suspendatur asinaria in collo ejus, et demergatur in profundum maris (*Matth.* XVIII, 6), id est dejiciatur de potestatis dignitate, et maneat extra Ecclesiam justorum, in illa mundiali miseria, sicut ethnicus et publicanus. Ac per hoc, fili mi, ferventi studio debes invigilare in sancta Ecclesia de die in diem, ut potius capiat augmentum, quam detrimentum patiatur. Inde etiam [*al.*, quidem] imprimis reges Augusti dicebantur, quia augebant Ecclesiam. Hoc et tu facias, ut tua corona laudabilior, et vita beatior et prolixior habeatur.

CAP. III. *Episcopi nomenclatura, et de impendendo honore pontificibus.* Regium solium ornat ordo pontificum ; ac per hoc in regali dignitate tertium possident locum pontifices. Charissime fili, seniores illos ita custodias, sicut oculorum pupillas. Si illorum benevolentiam habebis [*al.*, habes], neminem adversariorum timebis. Illis quidem te observantibus, eris securus in omnibus, illorum precatio commendabit te omnipotenti Deo. Illos enim Deus humani [*al.*, divini] generis constituit custodes, fecitque speculatores animarum, ac totius ecclesiasticæ di-

admiserunt hæretici varii. Corruit igitur tota ratio S. Augustini, qui haud dubie vulgarem loci expositionem solum secutus fuisset, relicta prorsus alia, si scivisset eamdem vocem Syriace bis fuisse repetitam. Hæc paucis observanda duxi, quia loco illo abusus est Schwartzius. — Magis frivolum, imo plane ridiculum est, quod idem scriptor heterodoxus ex verbis S. Stephani inferre voluerit, ipsum per Ecclesiam in petra ædificatam intelligere « gentem electam et divinam, non hierarchiam sub uno visibili capite, cum membris suis visibilibus florentem, potentem, splendidam et dominantem. » Quippe S. Stephanus unice hic docet per Ecclesiam hic non intelligi domum aliquam, aut ædificium aliquod ex lignis et lapidibus constructum, quod alias etiam *Ecclesia* vocatur sensu multum diverso ; sed per Ecclesiam a Christo designari omnium fidelium cœtum, qui revera est populus acquisitionis, gens electa et divina (*I Petr.* II, 9), grex fide doctus, baptismate lotus, chrismate unctus. Huic cœtui custodem magistrumque Christus *posuit* S. Petrum, teste S. Stephano. Itaque sanctus rex non modo verbis suis non adversatur ordini hierarchico Ecclesiæ, sed illum clare astruit, dum asserit Petrum a Christo statutum esse *custodem magistrumque Ecclesiæ*, et quidem Ecclesiæ eidem, quæ, ut ante ait, « a Capite nostro, scilicet Christo, prius seminata, deinde per ejus membra, utique apostolos sanctosque Patres, transplantata, et firmiter ædificata, atque per totum orbem diffusa. » Ecclesiæ per totum orbem diffusæ *custodem magistrumque* positum esse Petrum asserit. Hierarchiam igitur Ecclesiæ sub visibili capite clarissimis verbis agnoscit. Hæc breviter de hisce dicta sunt, ut pateat quam frivolis ratiunculis heterodoxi verba S. Stephani ad falsa

gnitatis, ac divini Sacramenti dispensatores [*al.*, dispositores] et datores. Sine enim illis non constituuntur reges nec principatus [*al.*, principantur]. Per illorum interventum delicta delentur hominum. Si illos perfecte amas, te ipsum sine dubio sanas, tuumque regnum honorifice gubernas. In manus enim illorum posita est potestas ligandi nos in peccatis, et a peccatis solvendi. Testamentum enim [*al.*, vero] sempiternum statuit illis Deus, eosque segregavit ab hominibus, et sui nominis atque sanctitatis fecit participes, et ab hominibus [*al.*, ab humano die] interdixit reprehendendos esse, per David deificum regem : *Nolite tangere christos meos* (*Psal.* civ, 15), etc. Ille autem [*al.*, enim] tangit christos Dei, qui contra divinum atque canonum institutum sacri ordinis viros falsis criminibus fœdat atque in publicum protrahit. Quod te omnino, fili mi, agere prohibeo, si vis beatus vivere, et tuum regnum honestare. Quia in his rebus imprimis offenditur Deus. Si accidente casu culpa reprehensione digna super aliquem horum, de quibus sermo est, ceciderit, (quod absit !) corripe eum ter, quater, inter te et ipsum solum, juxta præceptum Evangelii (*Matth.* xviii, 15). Si tunc secrete renuerit audire monita, adhibenda tibi sunt publica, secundum hæc : Si te non audierit, dic Ecclesiæ (*Ibid.*, 17). Nam si tu hunc ordinem servabis, gloriosam tuam penitus exaltabis coronam.

Cap. IV. *De merito honore principum et baronum.* Quartus decor reginiinis est fidelitas, fortitudo, agilitas, comitas, confidentia principum [*al.*, principum abest, et mox nobilium], baronum, comitum, militum, nobilium. Illi enim sunt regni propugnatores [*al.*, propugnaculum], defensores imbecillium, expugnatores adversariorum, augmentatores monarchiarum. Illi tibi, fili mi, sint patres et fratres. Ex his vero neminem in servitutem redigas, vel servum nomines; illi tibi militent, non serviant, eorum omnibus sine ira et superbia atque invidia pacifice, humiliter, mansuete dominare, memoria retinens semper, quod omnes homines unius sunt conditionis : et quod nil elevat, nisi humilitas ; et nihil dejicit, nisi superbia et invidia. Si eris pacificus, tunc diceris rex et regis filius, atque amaberis a cunctis militibus. Si iracundus, superbus, invidus, impacificus, ac [*al.*, ac *abest*] super comites et principes cervicem erexeris, sine dubio fortitudo militum, hebetudo erit regalium dignitatum, et alienis tradent regnum tuum. Hoc timens, cum regula virtutum dirige vitam comitum, ut tua dilectione angulati, semper regali dignitate adhæreant inoffensi, et ut tuum regnum per omnia sit pacificum.

Cap. V. *De servanda virtute patientiæ, et tribuendo judicio.* Patientiæ et judicii observatio quinta regalis coronæ est ornatio. David rex atque propheta dixit : *Deus, judicium tuum regi da* (*Psal.* cxxi, 2). Et idem alibi : *Honor regis judicium diligit* (*Psal.* xcviii, 4). De patientia Paulus apostolus loquitur : *Patientes estote ad omnes* (*I Thess.* v, 4). Et Dominus in Evangelio · In patientia vestra possidebitis animas vestras (*Luc.* xxi, 19). Ad hoc tende, fili mi : si vis regni habere honorem, dilige judicium : si animam tuam possidere vis, esto patiens. Quotiescunque, fili charissime, vel causa digna judicari ad te venerit, vel aliquis capitalis sententiæ reus, noli impatienter portare, vel cum juramento firmare illum punire ; quod instabile et fragile debet esse, quia stulta vota frangenda sunt ; vel per te ipsum dijudicare, ne tua regalis dignitas usurpatione inferiorum negotiorum fœdetur, sed potius hujusmodi negotium ad judices mitte, quibus hoc commissum est, quod ipsi secundum suam hoc discernant legem. Time esse judex, gaude vero rex esse et nominari. Reges patientes regnant, impatientes vero tyrannizant. Quando autem aliquid quod tuæ convenit ad judicandum dignitati, tibi venerit, cum patientia et misericordia, sive miserantia, hoc judica, ut tua corona laudabilis sit et decora (103 *).

Cap. VI. *De acceptione exterorum et nutrimento hospitum.* In hospitibus et adventitiis viris tanta inest utilitas, ut digne sexto in regalis dignitatis loco possit haberi. Unde imprimis Romanum crevit imperium, Romanique reges sublimati fuerunt, et gloriosi, nisi quod multi nobiles et sapientes ex diversis illuc confluebant partibus ? Roma vero usque hodie esset ancilla, nisi Æneades ipsam fecisset liberam. Sicut enim ex diversis partibus provinciarum veniunt hospites, ita diversas linguas ut consuetudines, diversaque documenta et arma secum ducunt, quæ omnia regiam ornant et magnificant aulam, et perterritant exterorum arrogantiam. Nam unius linguæ, uniusque moris [*al.*, mortalis] regnum, imbecille et fragile est. Propterea jubeo te, fili mi, ut bona voluntate illos nutrias, et honeste teneas, ut tecum libentius degant, quam alicubi [*al.*, alibi] habitent. Si enim tu destruere quod ego ædificavi, aut dissipare quod congregavi studueris, sine dubio maximum detrimentum tuum patietur regnum. Quod ne fiat, tuum quotidie auge regnum, ut tua corona ab omnibus augusta [*al.*, abest augusta] habeatur (104).

Cap. VII. *De magnitudine consilii.* In tribunalibus

---

sua dogmata conentur pertrahere, licet ex omnibus ipsius gestis abunde discere possint se a primorum Hungarorum fide longe recessisse. Cæterum quod de etymologia *Augusti* hic dicitur, mere accommodatitium est : nam imperatores dicti sunt *Augusti* ab imperatore Augusto, sicuti *Cæsares* dicuntur a Julio Cæsare.

(103 *) Hoc loco editio Sambuci ab illis verbis :

Time esse judex, varia habet menda, uti studiosus lector facile advertet. Illa igitur singula notanda non censui.

(104) Quæ de multorum hospitum adventu in urbem Romanam dicuntur, videri possunt apud Livium, lib. i, ubi narratur quibus artibus usus sit Romulus, supra Æneades dictus, ut Romam multitudine populi impleret.

regum consilium sibi septimum vindicat locum. Consilio enim constituuntur reges, gubernantur regna, defenditur patria, componuntur prælia, sumitur victoria, propelluntur inimici, appellantur amici, civitates construuntur, et castra adversariorum destruuntur. Quando vero consiliis inest utilitas. Nam [*al.*, jam] a stultis, et arrogantibus, ac mediocribus (ut mihi videtur) non valent componi viri, sed a majoribus et melioribus, sapientioribusque ac honestissimis senioribus, exprimi debent et poliri. Idcirco, fili mi, cum juvenibus et minus sapientibus noli consiliari, aut de illis consilium quærere [*al.*, quære]; sed a senioribus, quibus illud negotium propter ætatem et sapientiam sit aptum. Nam consilia regum in præcordiis sapientum debent claudi, non ventositate stultorum propagari. Si enim gradieris cum sapientibus, sapiens efficieris: si versaris cum stultis, sociaberis illis, fatente Spiritu sancto per Salomonem : *Qui cum sapientibus graditur, sapientum erit amicus nec stultorum erit similis* (Prov. xiii, 20). Et David psallit : *Cum sancto sanctus eris, et cum viro innocente innocens eris, et cum electo electus eris, et cum perverso perverteris* (Psal. xvii, 26, 27). Ad hoc quidquid negotii unicuique conveniat ætati, in hoc se exerceat [*al.*, exerceant], scilicet juvenes in armis, senatores in consiliis, omnino tamen juvenes non sunt expellendi a consiliis. Quoties vero cum illis consilium inibis, etiamsi habile, tamen semper ad majores deferas [*al.*, differas], ut omnes actus tuos norma sapientiæ mensures.

CAP. VIII. *Quod majores imitari debeant, et filii obedire parentibus.* Imitatio [*al.*, executio] majorum in regali dignitate octavum possidet locum. Regale ornamentum scito esse maximum, sequi antecessores reges, et honestos imitari parentes. Qui enim antecessorum decreta spernit patrum, nec divinas procurat leges, peribit. Patres enim idcirco sunt patres, ut nutriant filios, ideoque sunt filii, ut obediant patribus. Qui patri suo resistit, inimicus Dei existit [*al.*, consistit]. Omnes enim inobedientes, Deo sunt resistentes. Spiritus enim inobedientiæ dispergit flores coronæ. Inobedientia enim totius regni est pestilentia. Propterea, fili charissime, edicta patris tui semper tibi sint promptuosa, ut prosperitas tua ubique regalibus dirigatur habenis. Mores quidem meos, quos regali vides convenire dignitati, sine vinculo totius ambiguitatis sequere. Grave enim tibi est hujus climatis tenere regnum, nisi imitator consuetudinis ante regnantium exstiteris regum. Quis Græcus regeret Latinos Græcis moribus ? aut quis Latinus Græcos Latinis regeret moribus ? nullus. Idcirco consuetudines sequere meas, ut inter tuos habearis præcipuus, et inter alienos laudabilis.

CAP. IX. *Orandum esse et quomodo.* Observatio orationis maxima acquisitio est regalis salutis, et ideo nonum [*f. add.* obtinet locum]; et nonaria regiæ dignitatis canit regula. Continua oratio est peccatorum ablutio [*al.*, abolitio] et remissio. Tu autem, fili mi, quotiescunque ad templum Dei curris, ut Deum adores, cum Salomone filio regis, et ipse rex semper dicas : *Emitte, Domine, sapientiam de sede magnitudinis tuæ, ut mecum sit, et mecum laboret, ut sciam quid acceptum sit coram te omni tempore* (Sap. ix, 10). Et iterum : *Domine Pater et Deus vitæ meæ, ne derelinquas me in cogitatu maligno, extollentiam oculorum meorum ne dederis mihi, et desiderium malignum averte a me, Domine ; aufer a me concupiscentiam, et animo irreverenti et infrunito* [*al.*, infrenato] *ne tradas me* (Eccli. xxiii, 4-6), *Domine*. Hac itaque oratione antiqui utebantur reges. Tu quoque hac eadem utere, ut Deus cuncta vita a te auferre dignetur, ut invictissimus rex a cunctis nomineris. Ora etiam, ut desidiam et hebetudinem a te depellat, et supplementum omnium tibi tribuat virtutum, quibus visibiles et invisibiles vincas inimicos, ut securus et expeditus ab omni incursione adversariorum, cum omnibus tibi subjectis, cursum ætatis tuæ vitæ cum pace possis finire.

CAP. X. *De pietate et misericordia, cæterisque virtutibus.* Modus virtutum ornat coronam regum, et in præceptis ponitur decimus : nam Dominus virtutum ipse est Rex regum. Sicut ergo sui exercitus cœlestis plenitudo in denis consistit choris (104*), sic tuæ vitæ conversatio in decem persistat mandatis. Oportet regem esse pium, misericordem, et cæteris virtutibus imbutum et ornatum. Rex enim impietate et crudelitate fœdatus, incassum sibi vendicat nomen regis, quia tyrannus est dicendus. Ob hoc ergo [*al.*, ego], fili mi amabilissime, dulcedo cordis mei, spes futuræ sobolis, precor, jubeo, ut per omnia et in omnibus pietate fultus, non solum parentelæ et cognationi, vel principibus, sive ducibus, sive divitibus, seu vicinis et incolis sis propitius ; verum etiam extraneis et cunctis ad te venientibus. Nam opus pietatis ad summam te ducit beatitudinem. Sis misericors omnibus vim patientibus, semper illud Domini in tuis præcordiis habens exemplum : *Misericordiam volo, et non sacrificium* (Matth. ix, 13). Patiens esto ad omnes, non tantum potentes, sed etiam potestate carentes. Sis denique fortis, ne te prosperitas nimis elevet, aut adversitas dejiciat. Sis quoque humilis, ut Deus te altum faciat, hic et in futuro. Sis vero modestus, et ultra modum neminem punias vel damnes. Sis virtutibus, sed etiam arte regnandi. Digna sane hæc sunt quæ principum animis alte insculpta maneant. Nunc similiter dabo leges, quas idem rex subditis suis præscripsit, ut ex omnibus pateat qualis quantusque fuerit, quantumque apostolo ac legislatori suo Christiana debeat Hungaria.

(104*) Quod supra dicitur cœlestis exercitus plenitudo *in denis horis consistere*, mirum apparet, cum novem tantum angelorum chori enumerentur : at suspicor sanctum per chorum decimum intelligere omnes homines cœlesti gloria exaltatos. Habes hic, lector, Monita sancti regis, quæ luculenter ostendunt quantus fuerit, non modo Christianis

mitis, ut nunquam justitiæ repugnes. Sis honestus A regalem componunt coronam, sine quibus valet ut nunquam alicui spontaneum inferas dedecus. Sis nullus hic regnare, nec ad æternum pertingere regnum. pudicus, ut cunctos libidinis fetores, sicut stimulum mortis, evites. Hæc omnia superius libata

S. STEPHANI LEGES.

Carthuitius n. 13 breviter agit de legibus quas condidit « S. Stephanus cum episcopis et primatibus Hungariæ, et in quo, inquit, uniuscujusque culpæ contrarium dictavit antidotum. » Sane leges hæ tales sunt quales congruebant rudi populo, qui disciplinam Christianam partim amplexus erat, partim aversabatur, et verisimile est hisce legibus non exiguum robur additum esse prædicationibus episcoporum aliorumque ecclesiasticorum qui populum instruebant. Naturale enim est ut oriatur desiderium cognoscendi illud quod quis non audet prætermittere. Quo anno hæ leges primum latæ sint, et an omnes simul sint decretæ, non invenio. Omnes tamen simul promulgatæ sunt in concilio aliquo episcoporum et procerum Hungariæ, et de hac promulgatione sic habet editio in Opere tripartito : « Explicit decretum sancti Stephani regis, promulgatum Strigonii (al., Tulnæ) anno 1035. » Peterfius, leges quasdam ex h ceeditur us, de earum promulgatione sic loquitur : « Quæ (præceptiones et monita) vim tabularum postea obtinuerunt, et anno Domini 1016. Tolnæ vel Strigonii promulgatæ sunt. »

Inchofer ad annum 1016 de conditis a Stephano legibus ita scribit : « Stephanus rex pro ordinando regno salutares hoc anno procerum suorum utriusque status interventu leges condit. Hæ quinquaginta quinque capitibus continentur, ita digestæ a quibusdam, ut in secundum librum Decretorum, quæ Stephano regi ascribuntur, conjiciantur. In qua re tamen nec ordo nec temporis ratio servata est : nam quæ in primo libro habentur, non decreta proprie, sed monita sunt ad Emericum filium instruendum composita seorsim, et posterius edita ; ipsa vero decreta falso a quibusdam notantur anno trigesimo quinto regni condita, quorum non pauca longe antea usu viguisse constat, etsi quædam, ad politicum regimen spectantia, serius deinde sint addita. Præstat in hac re manuscripti codicis fidem sequi, qui leges a Stephano sancitas in hunc annum refert : neque enim verisimile est, Stephanum tot annis pie feliciterque regnantem, sub extremum vitæ tempus curis et ægritudinibus implicatum, voluisse regnum lege formare, antea vero tanto temporis spatio sine lege curam traducere. » Hæ rationes admodum verisimiliter persuadent plerasque leges multo citius conditas et promulgatas esse, quam aliqui voluerunt, alias autem tractu temporis adjectos. An vero universarum promulgatio facta sit anno 1035 an citius, certo definiri nequit.

Subjicit Inchofer : « Quod porro ad hæc decreta spectat, nonnulla ex iis reges posteri correxerunt, aliqua sustulerunt, pleraque confirmarunt. » Qualia sint Stephani decreta, et cur deinde eorum aliqua correcta fuerint aut abrogata, explicatur in præfatione ad Decreta Colomani regis, ad Seraphinum archiepiscopum Strigoniensem scripta, apud laudatum Werboczium tom. II, pag. 28, his verbis : « Nam quis ambigat a sancto Patre nostro Stephano, viro quippe apostolico, legem populo nostro datam, in quibusdam hausteriorem, in quibusdam vero tolerabiliorem, in his quoque intensius] vindicantem, atque in aliis remissius indulgentem ; nec quemquam tamen absque disciplinæ verbere dimittentem, cum prædestinationis tempus nullum adhuc verum adduxisset fidei sponsorem : nec hoc quidem præter divinæ dispensationis respectum credi nefas est. Nam cum tempore prædicti regis universum regnum ejus barbaricis inservierit cultibus, ac rudis coactusque Christianus contra commonitorem sanctæ fidei stimulum adhuc recalcitraret, adhuc contra pœnitentialia ultricis virgæ verbera remorderet, operæ pretium fuit, ut sanctæ disciplinæ coactio infidelibus quidem ad conversionem fidei, sed conversis fieret ad justitiam pœnitentiæ. At Christianissimus rex noster Colomanus, columbinæ gratiæ simplicitate, cum omni virtutum discretione præditus, postquam vidit adultam fidem perfectæ religionis robur accepisse, legalis vinculum catenæ cogitavit relaxare prudenter, etc.

Porro dubitari nequit quin rex prudentissimus in condendis legibus tantum se accommodaverit antiquis Hungarorum moribus, quantum fieri poterat sine læsione religionis catholicæ et virtutum Christianarum. Satis id ipse insinuat in præfatione his verbis : « Quoniam unaquæque gens propriis regitur legibus. » Et supra ad filium, cap. 8 : « Grave enim tibi est, hujus climatis tenere regnum, nisi imitator consuetudinis ante regnantium exstiteris regum. Quis Græcus regeret Latinos Græcis moribus ? aut quis Latinus Græcos Latinis regeret moribus ? Nullus. » Prudenti hac cautione opus erat, ut leges facilius et suavius usu reciperentur, atque ex ea factum existimo ut pro criminibus quibusdam gravioribus non tam graves a Stephano decretæ sint pœnæ, quam posteriores reges pro iis deinde statuerint ; nimirum quod Hungari aut nullas pro iis pœnas olim dedissent, aut solum leviores, quodque crimina ipsa non tam gravia iisdem apparerent ante fidem susceptam. Placuit, opinor, Stephano consilium Apostoli, qui se uniuscujusque capacitati attemperabat, sic scribens I ad Corinth., cap. 3 : *Et ergo, fratres, non potui vobis loqui quasi spiritualibus, sed quasi carnalibus. Tanquam parvulis in Christo, lac vobis potum dedi, non escam : nondum enim poteratis.* His e præmonitis, leges ipsas subjungo ex laudato Opere tripartito, notatis lectionibus variantibus ex Sambuco, ubi videbitur operæ pretium. Titulus hic præfigitur : *Sancti Stephani regis decretorum liber secundus.*

PRÆFATIO. *Ratio legum notarum exponitur.* Regnante divina clementia, Opus regalis dignitatis alimonia catholicæ fidei effectum ampliaus solidius [*al.*, amplius ac solidius], alterius dignitatis solet operibus adesse [*al.*, esse] : et quoniam unaquæque gens propriis regitur [*al.*, agitur] legibus, idcirco nos quoque Dei nutu nostram gubernando monarchiam, antiquos et modernos imitantes augustos, decretali meditatione nostra statuimus genti nostræ [*al.*, quæ], quemadmodum honestam et inoffensam ducerent vitam, ut sicut divinis legibus sunt ditati, similiter etiam secularibus sint addicti, ut quantum boni in divinis ampliantur, tantum mali et rei in istis vilitentur. Quæ autem decrevimus, in sequentibus subnotavimus (105).

CAP. I. *De statu ecclesiastico et veneratione domus Dei.* Quisquis fastu superbiæ elatus, domum Dei ducit contemptibilem, et possessiones Deo consecratas, atque ad honorem Dei sub regia immunitatis defensione constitutas, inhoneste tractarit, vel infringere præsumpserit, quasi invasor et violator domus Dei excommunicetur. Decet enim ut indignationem ipsius domini regis sentiat, cujus benevolentiæ contemptor et constitutionis prævaricator exstitit. Nihilominus tamen rex suæ concessionis immunitatem ab hominibus ditioni suæ subjectis illæsam conservari præcipiat; assensum vero non præbeat improvide affirmantibus non debere esse res Dominicas, id est Domino dominantium traditas. Itaque sub defensione regis sit, et sicuti suæ propriæ hæreditati, magisque, advertat. Quia quanto Deus excellentior est homine, tanto præstantior est divina causa mortalium possessione. Quocirca decipitur quisquis plus in propriis quam in Dominicis rebus gloriatur : quarum [*al.*, *additur* divinarum rerum] defensor, et custos divinitatis [*lege* divinitus] constitutus, diligenti cura non solum eas servare, sed etiam multiplicare debet, magisque illa, quæ diximus præstantiora, quam sua, defendere oportet, et augmentare. Si quis igitur insanus, importunitate improbitateque sua regem a recto proposito pervertere tentaverit, nullisque remediis mitigari posse visus fuerit, licet obsequiis aliquibus et transitoriis sit necessarius, abjiciendus ab eo projiciendusque est, juxta illud Evangelium : Si pes, manus, aut oculus tuus scandalizat te, erue eum, et projice abs te (*Matth.* XVIII, 8) (105*).

CAP. II. *De potestate episcoporum super res ecclesiasticas.* Ut episcopi habeant potestatem res ecclesiasticas providere, regere et gubernare, atque dispensare secundum canonum auctoritatem, volumus, ut laici (106) eorum ministerio obediant, ad regendas ecclesias, viduas et orphanos defensandum, et ut obedientes sint eis ad eorum Christianitatem servandam, consentientesque sint comites et judices præsulibus suis ad justitias faciendas, juxta præcepta legis divinæ, nullatenus per aliquorum mendacia, vel falsum testimonium, neque per perjurium, aut per præmium lex justa in aliquo depravetur.

CAP. III. *Quales debeant esse accusatores et testes,* etc. Testes autem, et accusatores sine aliqua sint infamia, uxores et filios habentes, et omnino Christum prædicantes. Testimonium laici adversus clericum nemo recipiat; nemo etiam quemlibet clericum in publico, nisi in ecclesia examinare [*al.*, excommunicare] præsumat.

CAP. IV. *De assiduo et gravi labore sacerdotum.* Scitote, fratres cuncti, quod supra omnes laborant sacerdotes, unusquisque enim vestrum suum fert laborem proprium ; illi [*al.*, ille, *uti et infra*] vero et suum, et singulorum. Ideo sicut illi pro omnibus vobis, ita et vos omnes pro eis summopere laborare debetis, in tantum, ut si necessitas fuerit, animas vestras pro eis ponatis.

CAP. V. (107) *De concessione regali propriarum rerum.* Decrevimus regali nostra potentia ut unusquisque habeat facultatem sua dividendi, tribuendi uxori, filiis, filiabusque atque parentibus, sive Ecclesiæ, nec post ejus obitum quis hoc destruere audeat.

CAP. VI. *Regalia et fisci res sint intactæ.* Volumus quidem, ut sicut cæteris facultatem dedimus dominandi suarum rerum, ita etiam res, milites, servi, et quidquid ad nostram regalem dignitatem pertinet, permanere debeat immobile, et a nemine quid inde rapiatur, aut subtrahatur, nec quisquam in his prædictis sibi favorem acquirere audeat.

CAP. VII. *De observatione Dominicæ diei* , etc. Si quis igitur presbyter, vel comes, sive aliqua alia persona fidelis, die Dominica invenerit quemlibet laborantem, abigatur. Si vero cum bobus, tollatur sibi bos, et civibus ad manducandum detur. Si autem cum equis, tollatur equus, quem dominus bove redimat, si velit ; et idem bos manducetur, ut dictum est. Si qui aliis instrumentis, tollantur instrumenta, et vestimenta : quæ si velit, cum cute redimat.

CAP. VIII. *Ut eodem die Dominico,* etc. A sacerdotibus vero et comitibus commendetur omnibus villicis, ita ut ipsorum jussu, omnes concurrant die Dominica ad ecclesiam, majores et minores, viri et mulieres, exceptis illis qui ignes custodiunt [*al.*, custodiant]. Si quis vero obstinatus remanebit, vapulet et depiletur (108).

CAP. IX. *Diebus quatuor temporum carnes non comedantur.* Si quis Quatuor Temporum jejunia, cunctis cognita, carnem manducans, violaverit, per spatium unius hebdomadæ inclusus jejunet.

---

(105) Sensus hujus præfatio nis initio obscurior est, quia varie interpungi potest. Mihi legendum et interpungendum videtur, ut phrasim dedi, licet aliter interpunxerint alii. Sensus est: Opus regis, quod alendo catholicam fidem solidius promovet, solet aliis, operantibus ad eum dem finem, adesse seu succurrere.

(105*) Totum hoc caput, uti et sequens, desumptum est ex concilio Moguntino anni 847, sub Rabano, ubi hoc est canon sextus, sequens vero septimus, uti videri potest apud Labbeum tom. VIII,
col. 44. Ex eo corrigitur mendum illud supra, u'i *divinitatis* in omnibus legitur pro *divinitus*, ut est apud Labbeum.

(106) Rectius in Moguntino verba superiora, *ut laici*, etc., sic leguntur : *Et ut laici in eorum ministerio obediant episcopis.*

(107) Titulus ad marginem positus clarius sic exponi potest : *De concessione tribuendi res suas.*

(108) In alia editione pœna sic exprimitur : *Propter illorum negligentiam vapulent et depilentur.*

CAP. X. *Sexta feria carnes non edantur.* Si quis in sexta feria, ab omni Christianitate observata, carnem manducaverit, per unam hebdomadam inclusus jejunet [*alias* lucæ (*aut* tenebris) inclusus jejunet.]

CAP. XI. *De his, qui sine confessione moriuntur.* Si quis tam obstinatus est (quod absit ab omni Christiano) ut nolit confiteri sua facinora, secundum suasum presbyteri, hic sine omni divino officio et eleemosynis jaceat, quemadmodum infideles. Si autem parentes et proximi neglexerint vocare presbyteros, et ita subjaceat absque confessione morti, ditetur orationibus, et consoletur eleemosynis ; sed parentes luant negligentiam jejuniis, secundum arbitrium presbyterorum. Qui vero subitanea periclitantur morte, cum omni ecclesiastico sepeliantur honore. Nam occulta et divina judicia nobis sunt incognita.

CAP. XII. *De observanda Christianitate.* Si quis observatione Christianitatis neglecta, et negligentiæ stoliditate elatus, quid in eam commiserit, juxta qualitatem offensionis ab episcopo per disciplinas [*al.*, disciplinam] canonum judicetur. Si vero rebellitate instinctus, renuerit sibi impositam pœnam [*al.*, impositum æque] sufferre, iterum [*al.*, item] eodem judicio restringatur, etiam usque septies. Tandem, si per omnia resistens et abnuens invenietur, regali judicio, scilicet defensori Christianitatis, tradatur.

CAP. XIII. *De homicidis, et primo casuali.* Si quis autem casu occiderit aliquem, duodecim pensas auri persolvat, et sicut canones mandant, jejunet. Si vero liber alicujus occiderit servum, reddat alium servum, vel pretio componat: et secundum canones jejunet (109).

CAP. XIV. *De his qui suas occidunt uxores.* Si quis comitum obduratus corde, negligens animam (quod procul sit a cordibus fidelitatem observantium [*al.*, observantibus]) uxoris homicidio polluetur, secundum decretum regalis senatus, cum quinquaginta juvencis, parentibus mulieris reconcilietur, et secundum mandata canonum jejunet. Si autem miles alicujus virtutis [*al.*, vir ubertatis] in eadem culpam inciderit, juxta eumdem senatum, solvat parentibus decem juvencos, jejunetque, ut dictum est. Si vero vulgaris in eodem crimine invenietur, cum quinque juvencis cognatis concilietur, et subdatur prædictis jejuniis (110).

CAP. XV. *De perjuriis.* Si quis valentium [*al.*, melius fallentium], fide commaculatus, corde pollutus, juramento confractus, perjurio addictus invenietur, perdita manu [*al.*, perditas manus] perjurium luat, aut quinquaginta juvencis manum redimat. Si vero vulgaris perjurus exstiterit, manu amputatus punietur, aut duodecim juvencis redimetur, et jejunet, ut canones mandant.

CAP. XVI. *De homicidiis voluntariis.* Si quis accensus ira, ac superbia elatus, spontaneum commiserit homicidium, sciat se secundum senatus nostri decretum, centum et decem daturum auri pensas. Ex quibus quinquaginta ad fiscum regis deferantur, aliæ vero quinquaginta parentibus dentur, decem autem arbitris et mediatoribus condonentur. Ipse quidem homicida secundum institutionem canonum jejunet (111).

CAP. XVII. *De libertate servorum.* Si quis misericordia ductus, proprios servos et ancillas libertate donaverit cum testimonio: decrevimus, ut post obitum ejus, nemo invidia tactus in servitutem eos audeat inducere. Si autem libertatem promiserit, et morte impediente testatus non fuerit, habeat mulier ipsius vidua et filii potestatem eamdem libertatem testari, et agape facere pro animæ redemptione sui mariti, qualitercunque velit (112).

CAP. XVIII. *De conventu ad ecclesiam, et de his, qui murmurant hora missæ* etc. Si qui ad ecclesiam venientes ad audiendum divinum officium, ibidem hora solemnitatis missarum inter se murmurant, et cæteros inquietant, exponentes fabulas otiosas, et non intendentes ad divinas lectiones cum ecclesiastico nutrimento : si majores sunt, increpati cum dedecore expellantur de ecclesia : si vero minores et vulgares, in atrio ecclesiæ, pro tanta temeritate, coram omnibus ligentur, et corripiantur flagellis.

CAP. XIX. *De non recipiendis servis ... in testimonium contra dominos,* etc. Ut gens monarchiæ hujus ab omni incursu et accusatione servorum et ancillarum remota et quieta maneat, secundum regalis [*al.*, regale] decretum concilii penitus interdictum est ut nullius causa culpæ, aliquam servilem personam, contra dominos vel dominas in accusationem et testimonium recipiant.

CAP. XX. *Liberum nemo in servitutem redigat.* Quoniam igitur Deo dignum est et hominibus optimum unumquemque in suæ industriæ libertate vitæ cursum ducere, secundum regale decretum statutum est, ut nemo comitum vel militum posthac aliquam liberam personam servituti subdere audeat. Quod si elationis [*al.*, elevationis] audacia suæ stimulatus præsumpserit, sciat se totidem ex proprio compositurum : quæ compositio inter regem et comitem [*al.*, comites] dividatur, et cætera. Sed si quis hactenus in servitute retentus, pro libertate sua tuenda [*al.*, emenda] judicium regale faciens, securus exstiterit, tantummodo libertate fruatur, et ille, a quo in servitute tenebatur, nil reddat.

---

(109) Pensa auri est nummus, de cujus valore nihil satis certo probatum inveni.

(110) Levis hæc est pœna pro crimine tam enormi ; sed vide dicta in monito prævio : quæ item observata volui pro variis legibus sequentibus.

(111) Observat editor hanc legem esse antiquatam.

(112) Hæc lex mendose admodum apud Sambucum edita est. *Agape facere* hic videtur significare, opus charitatis exercere.

Cap. XXI. *De his, qui alterius milites aut servitores avocant.* Volumus ut unusquisque senior (seu dominus) suum habeat militem (id est servientem) nec aliquis alter illi suadeat antiquum deserere seniorem, et ad se venire. Inde enim litigium habet initium.

Cap. XXII. *De recipiendis hospitibus.* Si quis hospitem cum benevolentia accipit, et nutrimentum sibi honeste impendit, quandiu secundum propositum nutritur, non deserat suum nutritorem ; et nec ad aliquem alium suam deferat hospitalitatem.

Cap. XXIII. *De his qui flagellantur sua quærentes.* Si cujus miles vel servus ad alium fugerit, et is, cujus miles vel servus fuga est elapsus, suum miserit legatum ad reducendum eum [*al.*, eos], et is legatus ibidem a quocunque percussus ac flagellatus exstiterit, decrevimus nostrorum primatum conventu, ut ille percussor decem solvat juvencos.

Cap. XXIV. *De viduis et orphanis.* Volumus quidem, ut viduæ et orphani sint nostræ [*al.*, nunc] legis participes, tali tenore, ut si quæ vidua cum filiis et filiabus remanserit, atque nutrire eos, et manere cum illis, quandiu vixerit, promiserit ; habeat potestatem a nobis sibi concessam id faciendi, et a nemine iterum cogatur in conjugium. Si enim, mutato voto, iterum nubere voluerit, et orphanos deserere, de rebus orphanorum nihil omnino sibi vendicet, nisi tantum sibi congrua vestimenta accipiat. Si autem vidua sine prole remanserit, et se innuptam in sua viduitate permanere promiserit, volumus ut potestatem habeat omnium bonorum suorum, et quidquid inde facere velit, faciat. Et post obitum ejus, eadem bona ad sui redeant parentes mariti, si parentes [*al.*, præsentes] habet : sin autem non, rex sit hæres.

Cap. XXV. *De raptu puellarum.* Si quis militum impudicitia fœdatus, puellam aliquam, sine concessione parentum sibi in uxorem rapuerit, decernimus puellam parentibus reddi, etiamsi ab illo aliqua vis sibi illata sit, et raptor decem solvat juvencos pro raptu, licet postea reconcilietur parentibus puellæ. Si vero pauper quis, aut vulgaris hoc aggrediatur agere, componatur raptum [*Legendum opinor, componat raptum*] quinque bobus.

Cap. XXVI. *De liberis fornicantibus cum ancillis alterius domini.* Ut liberi suam custodiant libertatem incontaminatam, volumus illis ponere cautionem, ne cum alienis fornicentur ancillis. Si quis autem improvidus hanc cautionem transgrediens, fornicaretur [*al.*, fornicatur] cum ancilla alterius, sciat se reum esse criminis, et pro eodem crimine

(113) Hæc lex caute intelligenda est de matrimonio gentilium, cujus vinculum solvi potest, si uxor convertatur, et vir ideo discedat secundum Apostolum 1 Cor. vii, 15. : non vero de matrimonio Christianorum valide contracto et consummato, quod solvi sic nequit, ut ante conjugis mortem ad aliud matrimonium valide procedatur. Hæc paucis observata

imprimis decalvari et depilari [*al.*, pro eodem crimine decoriari]. Si vero secundo cum eadem fornicatus fuerit, iterum decalvetur [*al.*, decorietur] et depiletur. Si autem tertio, sit servus pariter cum ancilla, aut redimat se. Si autem ancilla conceperit de eo, et parere non poterit, sed in partu morietur, componat eamdem cum alia ancilla. Servus quoque alicujus, si cum ancilla alterius fornicatur, decalvetur [*al.*, decorietur] et depiletur : et si ancilla de eo conceperit, et in partu moriatur, servus venundetur, ac dimidia pars pretii seniori ancillæ detur : altera pars vero seniori servi semper remaneat.

Cap. XXVII. *De his qui petunt alienas ancillas in uxores.* Ut nemo eorum, qui libero nomine censentur, facere cuiquam injuriam audeat, terrorem et cautionem imposuimus. Quia in hoc regali concilio decretum est, ut si quis liber connubium ancillæ alterius, sciente domino ancillæ, elegerit, perdita suæ libertatis industria, perpetuus efficiatur servus.

Cap. XXVIII. *Qui extra regnum a suis aufugiunt uxoribus.* Ut genus utriusque sexus, certa lege, et absque injuriis maneat et vigeat, in hoc regali decreto statutum est, ut si quis protervitate præditus, propter abominationem uxoris effugerit, uxor cuncta, quæ in potestate mariti habebantur, possideat, dum velit exspectare virum ; et [*al.*, ut] nemo in aliud conjugium eam cogere præsumat. Sed [*al.*, et] si sponte nubere velit, liceat sibi, sumptis congruis vestimentis, et dimissis cæteris bonis, ad connubium ire. Et si vir, hoc audito, redierit, ne liceat sibi aliam ducere, propter suam culpam [*al.*, præter suam], nisi cum licentia episcopi (113).

Cap. XXIX. *De furto mulierum maritatarum.* Cum igitur cunctis horrendum, et omnibus abominabile sit, virilem sexum repertum fecisse furtum, et magis magisque sexum femineum : secundum regalem senatum decretum est, ut si aliqua mulier maritata furtum commiserit, a marito redimatur : et si secundo in eamdem culpam inciderit, similiter redimatur : si vero tertio, venundetur.

Cap. XXX. *De incendiis mansionum.* Si quis per inimicitias alterius ædificia cremaverit igne, decrevimus, ut ædificia restituat, et quicquid supellectilis arsum fuerit, persolvat, et insuper sedecim juvencis, qui valent sexaginta solidos.

Cap. XXXI. *De strigibus.* Si qua striga (114) inventa fuerit, secundum judicialem legem ducatur [*al.*, ducant] ad ecclesiam, et commendetur sacerdoti ad jejunandum, fidemque discendum : post jejunium vero domum redeat. Si secundum in eodem crimine invenietur, simili jejunio subjaceat : post

oportuit : at plura de hisce dabunt theologi et canonistæ. Fieri etiam potest ut menda quædam in verba legis irrepserint.

(114) Vox *strigæ*, alias *strix*, hic designat veneficam aut maleficam. Hisce majora deinde supplicia statuta sunt, uti et pro aliis criminibus.

jejunium vero in modum crucis in pectore et in fronte, atque inter scapulas, incensa clavi ecclesiastica, domum redeat. Si vero tertio, judicibus tradatur.

CAP. XXXII. *De maleficis et sortilegis.* Ut creatura Dei ab omnium laesione malignorum remota, et a nullo detrimentum sui passura maneat, nisi a Deo, a quo [*al.*, *additur et*] augmentatur : secundum decretum senatus statuimus ad magni cautionem terroris, veneficis et maleficis [*al.*, veneficiis et maleficiis], ut nulla persona, maleficio aut veneficio quemquam hominum subvertere a statu mentis, aut interficere audeat. Ast si quis, vel quae, posthac haec praesumpserit, tradatur in manus maleficio laesi, aut in manus parentum ejus, secundum eorum velle, ad judicandum. Si vero sortilegio utentes invenirentur [*al.*, *abest* invenirentur], ut faciunt in cinere, et his similibus, ab episcopis flagellis emendentur.

CAP. XXXIII. *De invasione domorum, de pugna ibidem secuta.* Volumus ut firma pax, et unanimitas sit inter majores et minores, secundum apostolum : Omnes unanimes estote (*I Petr.* III, 8), nec alium aliquis invadere audeat. Nam si quis comitum, post diffinitionem hujus communis concilii tam contumax exstiterit, ut alium domi quaerat ad perdendum eum, atque suas dissipare res ; et si dominus domi est, et si secum pugnaverit, vel interfecerit, luat secundum legem de evaginatione gladii confectam. Si autem idem comes ibidem occubuerit, sine compositione jaceat. Si vero miles quis curiam, vel turrim, vel domum alterius invaserit militis, decem juvencis componat invasionem. Si vero ille non supervenerit, sed suos milites miserit, centum juvencis componat invasionem. Si vulgaris quidem alterius sui similis mansiunculas invaserit, quinque juvencis solvat invasionem.

CAP. XXXIV. *De aedificatione et dote ecclesiae a villis compositae.* Decem villae ecclesiam aedificent, quam duabus mansionibus (115), totidemque mancipiis dotent, equo et jumento, sex bobus, et duabus vaccis, triginta quatuor minutis bestiis. Vestimenta vero et corporalia et coopertoria rex provideat, presbyterum et libros episcopi.

CAP. XXXV. *De donationibus regum, et propriae rei possessione.* Consensimus igitur petitioni totius senatus, ut unusquisque dominetur propriorum, similiter et donorum regis, dum vivit : excepto quod ad episcopatum pertinet et comitatum, ac post ejus vitam filii simili dominio succedant, nec pro nullius causa reatus detrimentum bonorum suorum patiatur quis, nisi consiliatus mortem regis, aut traditionem regni fecerit, vel in aliam fugerit provinciam. Tunc vero bona illius in regiam veniant potestatem, ipse vero subjaceat sententiae, filiis innocentibus remanentibus.

CAP. XXXVI. *De servo interfecto ab altero servo.* Si alicujus servus servum alterius occidit, senior homicidae medietatem servi componat seniori interfecti, si potest : sin autem non, peracta una quadragesima (116), venundetur servus, et pretium dividatur.

CAP. XXXVII. *De redemptione homicidae servi.* Servum liberi homicidam, se seniori placuerit, cum centum et decem juvencis redimat, aut tradat (117).

CAP. XXXVIII. *De vindicta nitentium acquirere libertatem alienis servis.* Si quis alienis servis libertatem acquirere niteretur, quot servi erunt, totidem mancipia solvat. Ex quibus duae partes regi, tertia seniori servorum detur. Rex autem ex sua parte tertiam tribuat comiti.

CAP. XXXIX. *De furto servi semel commisso.* Si quis servorum semel furtum commiserit, reddat furtum, et redimat nasum quinque juvencis, si potest : si autem non, abscindatur (118).

CAP. XL. *De poena furtum 2 et 3 committentis.* Si furtum abscissus naso commiserit, redimat aures quinque juvencis, si potest, si autem non, abscindantur. Si tertio commiserit furtum, careat vita.

CAP. XLI. *De furto liberorum, etc.* Si quis liberorum furtum commiserit, hac decrevimus legem componere [*al.*, *comparere*], ut semel redimat se, si potest : sin autem non, venundetur. Si idem venundatus furtum commiserit, legibus servorum subjaceat. Si secundo, simili legi subjaceat. Si vero tertio, dispendio vitae dijudicetur.

CAP. XLII. *Comites, quod regis est, apud se non detineat.* Si quis comitum partem regis defraudaverit, reddat fraudem, et duplo, componat (119).

CAP. XLIII. *De contemptu... justi judicii comitis.* Si quis militum judicium a suo comite recte judicatum spernens, ad regem appellaverit, cupiens comitem suum reddere injustum, sit debitor decem pensarum auri suo comiti.

CAP. XLIV. *De restituenda re militibus, etc.* Si quis comitum, inventa aliqua occasione, quid injuste militi abstulerit, reddat, et insuper ex proprio tantumdem solvat.

CAP. XLV. *Promissum cadit in debitum.* Si quis autem militum, suum spontaneum donum dicens

---

(115) Pro *mansionibus* apud Pertersium legitur *mansis*, et apud Sambucum mendose *mensis*. Designantur villae seu praedia rustica.

(116) Non satis patet quid velint illa verba *peracta una quadragesima.* Suspicor tamen designari poenam servi per quadraginta dies continuandam, sive jejunium fuerit, seu aliud supplicium pro arbitrio domini.

(117) Non additur poena : opinor, quia illa infligi poterat a domino pro arbitrio.

(118) Graviora pro furto servorum et liberorum supplicia deinde statuit S. Ladislaus lib. II, cap. 12, et sequentibus, et locis aliis.

(119) Lex haec, cujus sane poena levior est, quam pro simili crimine passim infligitur, non exacte exponitur in titulo ad marginem dato.

sibi vi ablatum, mendax exstiterit, et hoc careat, et insuper tantumdem solvat (120).

CAP. XLVI. *De his qui hominem gladio occiderint.* Si quis hominem gladio occiderit, eodem juguletur gladio (121).

CAP. XLVII. *De debilitatione membrorum gladio facta.* Si quis autem gladio evaginato alium quemlibet debilitaverit, vel in oculo, vel in pede, vel in manu, consimile sui corporis damnum patiatur.

CAP. XLVIII. *De eo qui gladio percussus vulnus accepit.* Si quis vero gladio vulneravit aliquem, et vulneratus de eodem vulnere sanus et incolumis evaserit, homicidii compositionem vulneris illator componat.

CAP. XLIX. *De gladii evaginatione sine vulnere.* Si quis furore repletus evaginaverit gladium, et tamen non læserit, pro sola evaginatione medium homicidii compositum solvat (122).

CAP. L. *De testimonio servorum.. curiæ præpositorum.* Si quis servorum curiæ regali vel comitis præficitur, ejus testimonium inter comites recipiatur, si servus seniorem, vel serviens suum comitem interfecerit (123).

CAP. LI. *De conspiratione contra regem et reginam.* Si quis in regem aut regnum conspiraverit, refugium nullum habeat ad ecclesiam. Si quis contra regis salutem aut dignitatem quolibet modo aliquid conspiraverit, aut conspirare aliquid tentaverit, seu tentanti scienter consenserit, anathematizetur, et omnium fidelium communione privetur. Vel si quis hujusmodi aliquem noverit, et probare valens non indicaverit, prædictæ subjaceat damnationi (124).

CAP. LII. *De decimatione.* Si cui Deus decem dederit in anno, decimam Deo det. Et si quis decimam suam abscondit, novem solvat. Et si quis decimationem episcopo separatam furatus fuerit, dijudicetur ut fur, ac hujusmodi compositio tota pertineat ad episcopum.

CAP. LIII. *De calumniatoribus aulæ.* Si quis versutus alicui comitum, vel alteri personæ fideli dixerit. Audivi regem ad perditionem tui loqui, et hic inventus fuerit, pereat.

CAP. LIV. *De his, qui mendacia inter duos aulæ familiares astruunt.* Si quis inter duos comites mendacia protulerit, tacereque eos deprecatus fuerit, ut astutia diaboli ab invicem eos separaret, solvat duas compositiones fallaciæ linguæ pro reatu mendacii. Si uni soli adulatus fuerit, privetur lingua.

CAP. LV. *De furto Uduornicorum, id est, libertinorum.* Si quis illorum, cui vulgo Uduornic vocantur, furtum commiserit, lege liberorum dijudicetur. Testimonium autem ejus inter ipsos non recipiatur [al., recipiant] (125).

(120) Titulus ad marginem positus non satis explicat finem hujus legis, quin potius est pœna mentientium aut calumniantium.

(121) Ad hanc et sequentes leges refertur caput 55, ex quo intelligimus, hasce verisimiliter prius esse compositas.

(122) In editione Sambuci pœna sic habetur : « Homicidii compositum solvat, » omissa voce *medium.*

(123) Ad hæc editor : « Quod officiales dominorum et nobilium in ferendo testimonio nobilibus æquiparentur, hinc manavit. »

(124) In titulo ad marginem pro *et reginam* legeretur rectius *et regnum*, uti patet ex ipsa lege, et consentit editio Sambuci.

(125) Vox *Uduornie* apud Sambucum scribitur *Udwornyck.* Pro interpretatione ad marginem notatur, *libertinus nobilis prædialis.* Hisce tandem additur : *Explicit Decretum sancti Stephani regis, promulgatum Strigonii* (al., *Tulnæ*) *anno* 1035. Verum de anno promulgationis non certo constare jam ante monui.

SANCTI STEPHANI
PRIVILEGIUM
PROTOABBATIÆ S. MARTINI PANNONIÆ CONCESSUM

(Anno 1001.)

(*Acta sanctorum Bolland.* Septembr. t. I, p. 494.)

In nomine Domini Dei summi. STEPHANUS, superna [al., divina] providente clementia, Hungarorum rex.

Credimus et vere scimus, si locis divino cultui mancipatis, potestates atque honores adaugmentaverimus, id non solum laude humana prædicandum, verum divina mercede remunerandum. Quocirca omnium sanctæ Ecclesiæ Dei fidelium, nostrorumque, præsentium ac futurorum solers comperiat intentio quod nos interventu, consilio et consensu domini Anastasii abbatis de [al., *de omittitur*] monasterio S. Martini, in monte supra Pannoniam sito, a genitore nostro incœpto, quod nos per Dei subsidium, ob animæ nostræ remedium, pro stabilitate regni nostri ad fidem perduximus, talem concessimus libertatem qualem detinet monasterium S. Benedicti in monte Cassino, quia propter orationes sanctas fratrum ejusdem monasterii, conciliante domino Anastasio præscripto abbate, et jugiter adjuvante, confortati et laureati sumus ; singulare namque suffragium, quod per merita B. Martini in pueritia mea expertus sum, memoriæ posterorum tradere curavi.

Ingruente namque bellorum tempestate, quia [*al.*, qua] inter Theutonicos et Hungaros seditio maxima excreverat, præcipueque cum civilis belli ruina urgeret, volente comitatu quodam Symigiensi [*al.*, nomine Simigensi] paterna me sede repellere, quid fluctuanti animo consilii darem, quaque me verterem tanta tactus verecundia, astantibus ducibus, videlicet Pagzano [*al.*, Poznano], Contio [*al.*, Cincio], Orzio [*al.*, Orthio], donno quoque dominico [*al.*, dominoque meo] archiepiscopo, votum vovi S. Martino quod, si de hostibus interioribus, et [*al.*, aut] exterioribus ejus meritis victor existerem, supranominati comitatus decimationem de omnibus negotiis, prædiis, terris, vineis, segetibus, vectigalibus vinoque hospitum, quod in prædiis eorum cresceret, ne parochiano episcopo pertinere videretur, sed magis abbati ejusdem monasterii, sub testimonio præfatorum ducum multorumque comitum, absque ulla mora subjugarem. Dumque post cogitatum victoria potirer, quod animo revolveram operis efficacia complere studui. Necdum enim [*al.*, etiam] episcopatibus et abbatiæ præter ipsum locum in regno Ungarico fuerant [*al.*, sitæ erant]. Quod si, vos fideles, licuit mihi, quo volui loco, episcopatus et abbatias statuere, an non licuit cuipiam loco, quod volui, ut facerem ?

Et ne adhuc ecclesia S. Michaelis vacua esse videretur, vel episcopus parochianus injurias, querimoniasque in collectione decimationis pateretur, ei curtem, quæ vocatur Cortou [*al.*, Corten], cum omnibus eidem [*al.*, cum hominibus eodem] pertinentibus tradidi. Quod si ipse contra mea statuta quid inique agere, vel acquirere voluerit, ante Deum judicem vivorum et mortuorum in die judicii se contendere mecum sciat. Adhuc autem subjungens dico ; sit autem id ipsum monasterium ab omni inquietudine semotum, habeantque monachi post transitum sui cujusque abbatis alium abbatem securiter eligendi auctoritatem, a quocunque velint episcopo consecrandi cum, sitque illis licitum ordines recipere in quovis loco, et a quocunque, etc. Signum domini Stephani inclyti regis. Dominicus archiepiscopus vicecancellarius fecit anno Dominicæ Incarnationis 1001, indictione xv Anno Stephani primi regis secundo(126).

(126) Pauca de hisce litteris veniunt observanda. Primo episcopus parochianus, de quo hic fit mentio, est episcopus Vespriniensis, atque ecclesia cathedralis Vespriniensis dicata est S. Michaeli. Itaque falluntur scriptores nonnulli, qui crediderunt pro ecclesia S. Michaelis hic memorata substituendam esse S. Martini ecclesiam, nam refert S. Stephanus, quid concesserit ecclesiæ Vespriniensi pro damno quod alias pateretur ex privilegio abbatiæ S. Martini concesso. Secundo Dominicus archiepiscopus, qui memoratur apud Raynaldum in hisce litteris, in aliis editionibus non exprimitur nominatim. Et sane non novi ullum archiepiscopum illo tempore fuisse in Hungaria, qui vocabatur Dominicus : nisi forsan primus archiepiscopus Strigoniensis eo fuerit nomine, quod magis examinabo § 24. Obscurum igitur est, quis ille fuerit, imo non omnino certum, an illa lectio sit recta.

Hisce breviter observatis, inquirendus est locus monasterii. Situm dicitur « in monte supra Pannoniam. » Carthuitius, num. 7, constructum ait, « juxta fundum sancti præsulis in loco, qui Sacer Modus [*lege* sacer mons] dicitur, ubi sanctus Martinus, dum adhuc in Pannonia degeret, orationis sibi locum assignaverat. » Hæc verba satis indicant, locum non longe abfuisse Sabaria urbe Pannoniæ deinde destructa, ubi natus est S. Martinus. Eoque tanto magis miror hallucinationem Mabillonii, qui tom. IV Annalium Benedictinorum, pag. 115, hoc S. Martini monasterium cum coenobio Breunoviensi in Bohemia confundit, erroremque hunc, pag. 143, repetit, Astrictum vocans Breunoviensem S. Martini abbatem ; quin et pag. 470 ait, Breunoviense monasterium distare « ab urbe Praga viginti stadiis, » ita ut velit S. Martini monasterium, quod S. Stephanus perfecit, in media fuisse Bohemia. Hujusmodi errores, in quos subinde labuntur viri eruditi, notandos credimus, ne adoptentur ab aliis, prout sæpissime contingere experimur. Gotardus Arthus in Chronologia Pannoniæ, pag. 9, solum ait : « Ad hæc S. Martini coenobium in altissimo monte locabat. » Inchofer etiam ad annum 999 constructionem quidem monasterii hujus narrat, sed locum distinctius non exponit, uti et alii fecerunt plurimi.

Veruntamen ad hoc S. Martini coenobium oppidum excrevit egregie munitum, quod Tartarorum innumeræ multitudini restitit, dum illi totam fere interceperant Hungariam. Quippe Bonfinius decade 2, lib. viii, ubi totius Hungariæ vastationem, urbisque Strigoniensis miserrimam cladem narraverat, pag. 500, hæc subjungit : « Arx Strigoniensis, cui Simeon præfectus cum valido præsidio tunc præerat, hostem tentata deterruit. Qua dimissa, ad Albam Regalem barbarus properavit, ... sed hæc eum frustrata fuit opinio : nam inter paludes sita, nulla vi et arte capi potuit. Mox ad divi Martini coenobium festinatum, unde re infecta abiere. Hæc igitur tria loca tantum, excidii Tartarici experta fuisse testatur. » Idem tamen oppidum facili negotio a Turcis interceptum est, anno 1574, uti narrat Isthuanfus, lib. xxviii Historiarum, pag. 636, verbis hisce ad propositum nostrum conducentibus : « Redacta in potestatem Tata, arx divo Martino sacra, hostibus obvia erat, opuleuto monachorum Benedictinorum collegio insignis, quod olim divus Stephanus, primus rex Pannoniæ, in edito et amoeno ac longum exporrecto colle, ante DC. (*fere*) annos e spoliis et manubiis devicti ad eum locum Cuppani perduellis sui... condiderat, et Sacrum Pannoniæ Montem nominaverat. Ea arx Paulo Baroniano abbati parebat : militari auteta præsidio... Joannes Zadorius præerat, » etc. Subdit arcis deditionem, quæ huc minus spectat. Eamdem refert Martinus Zeillerus in Topographia Hungariæ Germanice scripta, pag. 174, addens arcem a Christianis post triennium receptam, ac deinde retentam. Porro arx S. Martini sita est in Javarinensi comitatu non longe Javarino distans versus Albam Regalem, a qua multo longius est dissita. Tata abest paucis milliaribus ; sic certe passim notatam invenio in tabulis geographicis Hungariæ ; dictaque Zeilleri et Isthuanfi hisce recte congruunt.

ANNO MXLVIII

ANDREÆ HUNGARIÆ REGIS

CONSTITUTIONES ECCLESIASTICÆ

(MANSI, *Concil.* XIX, col. 631.)

I. Ut quicunque Ungarus, seu peregrinus in Ungaria deposito Scythico gentili et ethnico ritu; ad veram Jesu Christi fidem illico non rediret, ac sacram legem a divo rege Stephano traditam non reciperet, capite et bonis multaretur. Civitates, oppida, villæ, templa demolita dirutaque reficerentur.

II. Pontifices, et collegia sacerdotum pristino more observarentur, et illis parerent.

III. Ritus omnes Christiani revocarentur.

IV. Profanas et Scythicas cæremonias falsosque deos abrogarent, et simulacra demolirentur.

V. Si quis Deo, sanctisque ejus, et sacerdotibus malediceret, aut in eos mali quid' patraret, Dei primum, tum vindictam suam incursurum se sciret.

VI. Quicunque sacris addictum, aut etiam profanum hominem occidisset, peccatum more veteri expiaret, omnes demum a cædibus, latrociniis, ac cæteris injuriis, et vi abstinerent.

VII. Qui vero constitutionem hanc contemneret, et ei animo reluctaretur, capitis et omnium rerum reus esset, edixit.

ANNO MXXXIX

BRACILAI DUCIS BOHEMIÆ

LEGES

Pro morum reformatione ad tumulum S. Adalberti latæ (1)

(MANSI, *Concil.* XIX, 589.)

« Extendite, fratres, simul vestras ad Deum dextras, et ad meos attendite sermones, quos volo ut vestræ fidei sacramento confirmetis, hoc meum maximum et primum sit decretum, ut vestra connubia, quæ hactenus habuistis ut lupanaria, amodo juxta canonum scita sint legitima, sint privata, sint insolubilia, ut una vir conjuge, conjux uno viro contenti vivant. Si autem conjux virum, aut vir conjugem spreverit, et rixa inter eos usque ad dissidium efferbuerit, qui ex his in priorem copulam redire noluerit, nolo ut, secundum nostræ terræ ritum, in servitudinem redigatur, sed per hujus decreti angariam redigatur in Ungariam, qualiscunque sit persona, nec liceat ut pretio se redimat, aut in hanc terram redeat, ne contagio unius oviculæ totum serpat per ovile. » Severus episcopus dixit : « Quicunque aliter fecerit, anathema sit. Eadem sententia sint plectendæ virgines, et viduæ, et adulteræ, quæ nomen bonum amisisse, ac per scortum concepisse noscuntur. » Tunc dux subjungens ait : « Si vero mulier proclamaverit pari vice non amari, sed inclementer a viro affligi, detur inter eos judicium Dei, et qui inventus fuerit reus, pœnas solvat. Similiter de his qui homicidiis infamantur, archipresbyter comiti illius civitatis nomina eorum ascribat, et comes eos conveniat, et si sunt rebelles, in carcerem redigat, donec aut pœnitentiam dignam agant, aut si negant, ignito ferro, sive adjurata

---

(1) Bracilio, Bohemiæ dux, occupata armis Gnesna, Polonorum metropoli, nihil habuit antiquins quam ut pretiosum ex ea spolium, lipsana scilicet S. Adalberti martyris, referret. Sed sacrum tumulum reserare tentantes Bohemi, subito stupore obriguere: quod intelligens Severus, Pragæ episcopus, per quietem noctis a S. Adalberto admonitus, mane sequentis diei pro concione principem et populum admonuit, siquidem vellent sibi habere civem Adalbertum, morum reformationem sponderent. Quare Bracilio suo et populi nomine hæc decreta tulit, et pro concione promulgavit.

aqua examinentur. Fratricidas autem et parricidas, sive sacerdotum interfectores et hujusmodi capitalium criminum reos archipresbyter assignet comiti, vel duci, qui per manum et ventrem ferratos, de regno ejiciat, ut instar Cain jugi et profugi circumeant terram. Tabernam quoque, quæ est radix omnium malorum, et parari et paratam comparari prohibemus. Et qui fuerit hujus decreti violator tabernarius, in foro ad palum suspensus, et usque ad præconis fastidium cæsus, depiletur; res tamen ejus non infiscentur, sed potus tantum in terram projiciatur, ne quis eo polluatur; potatores autem deprehensi non prius de carcere exeant, quam in fiscum ducis unusquisque tercentos nummos componat. Fora vero Dominicis diebus fieri interdicimus, quæ imo maxime in his celebrant regionibus, ut cæteris diebus suis vacent operibus. Si quis autem Dominicis diebus vel festis publice ad ecclesiam feriari indictis, in servili opere inventus fuerit, ipsum opus, et quod in opere inventum fuerit, archipresbyter tollat, et tercentos nummos in fiscum ducis componat. Et qui in agris, vel silvis sepeliunt mortuos, ab hujusmodi archipresbyter bovem tollat, et tercentos nummos in fiscum ducis solvant; mortuum tamen in polyandrio fidelium condemnat denuo. Hæc sunt quæ Deus odit, hæc sunt quæ S. Adalbertus pertæsus, non suas deseruit oves, et ad exteras maluit ire docturus gentes.» Severus episcopus dixit : « Ista ducis deliberatio justa sit anathemate firma.»

APPENDIX AD SÆCULUM IX

ANNO DOMINI DCCCLX

ANGILBERTUS PUSTERLA

ARCHIEPISCOPUS MEDIOLANENSIS

NOTITIA HISTORICA IN ANGILBERTUM

(UGHELLI, *Italia sacra*, IV, 79.

Angilbertus Pusterla Angilberto, hujus nominis primo, successit an. 827. Hic ille Angilbertus est quem tantæ dignitatis corrupit felicitas, cum aliquandiu moderatione antea usus prudenter Mediolanensem administrasset Ecclesiam. Suffultus enim, ut quidam narrant, Magni Caroli privilegiis et gratiis, charusque Ludovico Pio imperatori Lotharioque ejusdem filio, a Romana Ecclesia ita defecit, ut per inauditam superbiam cum Romano pontifice de potestate deque dignitate decertare non verecundaretur. Pessimum exemplum ita ad successores pertransiit, ut per ducentos ipsos annos ea contumacia illos abduxerit infeceritque. Cæterum hic Angilbertus confirmationem omnium privilegiorum, a Carolo olim Magno suæ Ecclesiæ concessorum a Ludovico Pio obtinuit; exstatque ejusdem epistola ad eumdem imperatorem de rerum ecclesiasticarum statu, quem illius jussu, adjuncto sibi Andrea patriarcha Aquileiensi collega, recognoverat. S. Caloceri reliquias transtulit. Plura donaria Ambrosianæ basilicæ ejusque monachis dilargitus est, quibus Gaudentium abbatem præfecerat, quos ideo pluribus aliis immunitatibus atque favoribus firmavit, ut in ipsius diplomate videre est, cui momentum addidit Lotharii imperatoris auctoritas. Illud nos ex authentico exemplari eruimus sacræ Romanæ Rotæ oblatum, cum inter Ambrosianum clerum monachosque gravis lis de jurisdictione exæstuasset.

RESCRIPTUM

Consultationis seu exhortationis episcoporum ad dominum Hludouvicum imperatorem

(BALUZ., *Capitul.* II, 351.)

Domino gloriosissimo regi HLUDOUVICO pax et vita et victoria ministretur a Deo Patre et Domino nostro Jesu Christo.

Nos quidem in Dei nomine ANGILBERTUS archiepiscopus et ANDREAS patriarcha una cum JOSEPH archicapellano, cum ad hanc synodum in urbe regia Ticino congregatam venissemus, replicavimus eis piam vestram exhortationem, qua viva voce ad nos usi fuistis, flagrantes Spiritus sancti munere, et ultra quam hujus ætatis teneritudo capere potuisse videretur, totius modestiæ et gravitatis atque sapore sapientiæ conditam protulimus, etiam et coram eis relegi fecimus commonitorium a vestra nobis magnificentia traditum. Quibus auditis, omnes unanimiter pro vestra indole omnipotenti Deo dignissime gratias egerunt quia populo suo tam piissimum tamque sanctissimum principem dedit, qui cuncta ordinabiliter disponere cupit.

CAP. I. Et quoniam religiosa sollicitudo vestra primum de conversatione episcoporum, presbyterorum et cæterorum clericorum quærere studuit, nos quoque, quo regulariter melius fieri potuit, eumdem ordinem servamus. Episcopum quidem ita conversari debere pronuntiamus ut ejus vita recte vivendi sit norma. Presbyteros vero et clericos ita vivere oportet ut subditæ plebi exemplo suæ conversationi proficiant. Et quidam coepiscoporum nostrorum, qui bonæ conversationis sibi conscii sunt, palam fateri recusabant, ne sui ipsorum laudatores viderentur. Qui vero negligentiam suam recognoscunt, more humani ingenii se ipsos accusare verebantur. Juxta commonitionem tamen vestram diligentius perscrutantes, quosdam quales desideratis, qualesque populi Dei pastores et rectores esse decet, invenimus. Quorumdam vero negligentiam vel erga clericorum suorum custodiam vel erga plebium sollicitudinem reperimus; quibus ut aliquantulum emendandi spatium tribuatis, humiliter petimus. Qui si cito delicta non correxerint, severiori sententiæ subjacebunt.

CAP. II. Cæterum si quilibet laicorum vel clericorum contra episcopum vel alicujus ordinis clericum aliquid queritur, noverint nos paratos et legitimam præbere audientiam, et si quid perperam gessisse probati fuerint, debita animadversione puniri.

CAP. III. Doctrina vero et prædicatio in populum, partim episcoporum et reliquorum sacerdotum, partim vero populi negligentia, non sicut necessarium est procuratur. Et sacerdotum quidem incuria nullatenus est excusanda. Quidam vero laici et maxime potentes ac nobiles, quos studiosius ad prædicationem venire oportebat, juxta domos suas basilicas habent; in quibus divinum audientes officium, ad majores ecclesias rarius venire consueverunt (1). Et dum soli afflicti et pauperes veniunt, quid aliud quam ut mala patienter ferant illis prædicandum est? Si autem divites, qui pauperibus injuriam facere soliti sunt, venire non renuerint, admoneri utique possent ut eleemosynis peccata sua redimerent et a fluxu rerum temporalium se abstinerent. Admonendi sunt igitur potentes ut ad majores ecclesias, ubi prædicationem audire possint, conveniant, et quantum dono omnipotentis Dei divitiis et honoribus cæteros antecedunt, tanto ad audiendum præcepta conditoris sui alacrius festinent.

CAP. IV. Quidam autem comites et vassi dominici presbyteros et clericos nostros cæteros, quod nec episcopis facere licet, absque nostra licentia recipiunt. Insuper etiam ubicunque ordinatos, et quosdam de quibus dubium est utrum consecrati sunt,

(1) Vide notas ad Salvian., pag. 419 extrema (*Patrolog.* t. LIII).

in parochiis nostris absque nostra examinatione missas celebrare faciunt. Quod ne ulterius fiat, omnimodis est inhibendum. Quare in ordinandis plebium rationibus civium instituta [presbyteris canonum inst.] servantur, et pestiferæ ambitionis vitium radicitus exstirpetur, et neque ob quorumdam propinquitatem, neque pro alicujus familiaritatis gratia, neque, quod maxime detestandum, propter pecuniarum acceptionem, indignus quilibet ordinetur. Et primum quidem ipsius loci presbyteri vel cæteri clerici idoneum sibi rectorem eligant. Deinde populi qui ad eamdem plebem aspicit sequatur assensus. Si autem in ipsa plebe talis inveniri non potuerit qui illud opus competenter peragere possit, tunc episcopus de suis, quem idoneum judicaverit, inibi constituat.

CAP. V. Sane removenda quorumdam laicorum procacitas, qui hoc solo obtentu quod ad electionis consortium admittuntur, archipresbyteris suis dominari præsumunt, et quos tanquam patres venerari debuerant, velut subditos contemnunt. Hi igitur intra proprii juris terminos sunt redigendi. Et si extraordinariam dominationem in Ecclesiis exercere præsumpserint, regia sunt disciplina coercendi. Ipsi vero qui ad gubernandas plebes legitime provecti sunt, nullatenus a suis episcopis repellantur, nisi aut in alicujus criminis reatum inciderint aut easdem plebes male tractaverint.

CAP. VI. Tollenda est enim prava omnino consuetudo quæ in quibusdam locis oriri cœpit, quia nonnulli archipresbyteri vel aliorum titulorum custodes, fruges vel alios ecclesiarum reditus ad proprias domos abducunt. Quidam vero aliorum possessiones conducunt, ut in eis quæ ab ecclesiis suis male subtraxerunt recondant. Nonnulli autem laicorum in tantum eorum nequitiæ se complices faciunt, ut quæ hujusmodi transgressores ab ecclesia subripuerunt, ipsi in suis domibus abscondant. Tales ergo primum a suis episcopis corripiantur. Quod si se citius corrigere noluerint, tanquam qui ecclesiasticas res sacrilega temeritate tractaverunt, synodali sententia feriantur. Laicos vero qui post hanc denuntiationem socios se hujus expilationis præbuerint, tanquam furti reos, judiciaria coarctabit auctoritas.

CAP. VII. De restauratione ecclesiarum illud capitulum sufficit quod genitor vester in capitulare suo constituit. Sed ut servetur, vestra indiget admonitione.

CAP. VIII. Similiter et de xenodochiis, sicut in eodem capitulari continetur, observandum est.

CAP. IX. De monasteriis autem virorum seu feminarum, quæ secundum regulam sancti Benedicti vel secundum canonicam auctoritatem disposita esse debent, quia inspiratio omnipotentis Dei, ut credimus, cor vestri moderaminis incitavit, ipsi gratias referimus. Nam quod jam maxima ex parte ordinem suum amiserint, omnibus est manifestum. Quæ ut ad pristinum statum reducantur, in domini ac genitoris vestri ac vestra gloriosa dispositione consistit.

Cap. X. Ea quidem monasteria quæ adhuc statum suum retinent, unumquemque episcoporum in cuius parochia constituta sunt providere oportet utrum ordinem suum teneant. Quod si aliter invenerit, una cum rectore monasterii corrigere debebit. Quod si rectoris monasterii principaliter culpa fuerit, et se suosque subditos ad episcopi sui admonitionem corrigere dissimulaverit, synodica debet auctoritate percelli.

Cap. XI. Quidam autem episcopi et rectores monasteriorum res ecclesiarum suarum subtractas et aliis personis largitas esse queruntur, et ideo ecclesiasticas utilitates nequaquam se implere posse dicunt: quæ ut restituantur, vestram regiam majestatem imploramus. Quia si hi qui eas pro animarum suarum remedio ecclesiis contulerunt, præmium merentur, sine dubio damnatione digni sunt qui eas subtrahere moliuntur.

Cap. XII. In sacris canonibus præfixum est ut decimæ juxta episcopi dispositionem distribuantur. Quidam autem laici, qui vel in propriis vel in beneficiis suas habent basilicas, contempta episcopi dispositione, non ad ecclesias ubi baptismum et prædicationem, manus impositionem, et alia Christi sacramenta percipiunt, decimas suas dant, sed vel propriis basilicis vel suis clericis pro suo libitu tribuunt. Quod omnimodis divinæ legi et sacris canonibus constat esse contrarium. Unde vestram potestatem ut eos corrigatis expetimus.

Cap. XIII. Sacra docet auctoritas ut publice peccantes publicæ pœnitentiæ subjiciantur. Inveniuntur autem quidam qui incesta matrimonia contraxerunt et vel proximis suis vel Deo sacris mulieribus copulati sunt. Quidam etiam publicæ possunt pœnitentiæ subjugari. Petimus ut comitum vestrorum auxilio fulciantur.

Cap. XIV. Quosdam ministros comitum propter frequentia placita pauperiorem populum nimis affligere comperimus. Unde majestatem vestram obsecramus ut capitulare avi vestri de hac re observari præcipiatis.

Cap. XV. De comitibus vero, de quorum vita et actibus a nobis quærere voluit sublimitas vestra, quosdam tales esse scimus quales Dei ministros et vestræ reipublicæ provisores esse decet. Nonnulli autem, ut se suosque ministros corrigant, vestra admonitione indigent. Quibus tamen ut aliquantulum emendandi spatium tribuatis, exprescimus. Qui si se citius corrigere noluerint, regia sunt auctoritate reprimendi.

Cap. XVI. Statuimus etiam ne episcopi, quando pro confirmando populum parochias circumeunt, archipresbyteros suos gravent, et hujusmodi dispensa contenti sint, panes centum, friskingas quatuor, vini sextaria quinquaginta, pullos septem, ova quinquaginta, agnum unum, porcellum unum, annonam ad caballos modios sex, fenum corr. tres. [forte, feni corbes tres]; mel, oleum, cera, quod sufficit.

Cap. XVII. Petimus etiam ut emunitates progenitorum vestrorum ita conservari præcipiatis, sicut a glorioso genitore vestro in suo capitulare constitutum est.

Cap. XVIII. Per singulas parochias eas festivitates populus observare studeat quas proprius episcopus venerari prædicaverit, ita ut neque illas negligant quas sacerdotes monuerint, neque inani superstitione eas celebrare præsumant quæ nequaquam sunt observandæ.

Cap. XIX. Si vero aliqui inventi fuerint qui sacerdotibus obtemperare noluerint, per ministros reipublicæ distringantur, et satisfactionem pœnitentiæ quam presbyteri imposuerint subire cogantur.

ANGILBERTI PRIVILEGIUM

Pro Ambrosiana basilica

(Ughelli, *Italia sacra*, tom. IV, pag. 79.)

In nomine Domini, Angelbertus, beatæ Mediolanensis Ecclesiæ humilis archiepiscopus.

Cumque, Domino juvante, gererem sollicitudinem de meæ parochiæ monasteriis, et ea ad tramitem sanctæ conversationis corrigendo atque construendo, prout valui, perduxissem, verti me ad monasterium beatissimi Ambrosii, ubi ejus corpus quiescit, quatenus, necessitate cogente, ibidem abbatem ordinare debuissem. Cumque pro hoc diutius, quem abbatem illius constituere debuissem (quia ibi non reperiebatur talis, eo quod ob negligentiam ordo regularis valde inerat corruptus), pro hoc diutius cœpissem cogitare, cum meis sacerdotibus divinam clementiam postulando: tunc Domino favente, consulentibus etiam sacerdotibus nostris, abstuli Gaudentium abbatem monasterii Sancti Vincentii (quem etiam ego ibi abbatem jam dudum ordinaveram) et in præfato monasterio Sancti Ambrosii abbatem constitui. Nunc autem, ut ipsi monachi valeant Deo deservire, et ei jugiter laudum gratias referre, exclusi ab indigentia, tam ob stabilitatem regum nostrorum, invictissimorum imperatorum, Ludovici et Lotharii, quam ob pacem immaculatæ matris Ecclesiæ, per hoc præceptum confirmo ecclesiam et altare quod inibi noviter mirifice ædificavi ob nimium amorem confessoris Christi Ambrosii, in tutela et omni custodia suprataxati Gaudentii abbatis, et in ejus ditione perenniter suisque successoribus permaneat sine fine, et itaque omnes possessiones atque res ipsius monasterii, diversis in locis constitutas, quarum vocabula hæc sunt, Oleoductus, Campelione, Ceresiolæ Gratem, Lucum, Sinterani, Casteniade, et Catenadam, seu omnes res quas nunc possidere videntur, vel abhinc, Domino largiente, eidem venerabili Ecclesiæ Deum timentium liberalitate quoquove modo fuerint additæ, excepta curte Dubbini, quam nos juxta commutationem commutare volumus. Placuit nobis ob Dei et beati Ambrosii amorem per consensum sacerdotum nostrorum constituere per hanc nostram institutionem, ut neque nos, neque alios successorum nostrorum jam prædicto abbati Gaudentio, aut successoribus ejus, de supradictis rebus ullam contra rationem ingerat molestiam, vel in rebus diminutionem, eo videlicet modo ut sub nostra nostrorumque succedentium consistentes ordinatione, atque dispositione Patrum, nobisque etiam prout decet parendo liceat eisdem perfrui, et quietam sub sancta degentes regula ducere vitam. Statuentes etiam per hoc nostræ auctoritatis muni-

(2) Hic misere a transcribentibus veterem membranam monachi luxati sunt characteres temporum, præsertim in numero indictionis; quæ si forte scripta originaliter fuit VIII non XIII, ut habeatur annus

Amen, ut cujuscunque ordinis homo, tactus superno amore, inibi suis cum rebus voluerit sacræ normæ sua submittere colla, ex nostra amplissima largitate sine ullo obstaculo habeat facultatem. Verum etiam et hoc concedimus ut quocunque tempore abbas ipsius monasterii de hoc sæculo migraverit, de ipsis sibimet eligant pastorem, si talis inibi persona reperta fuerit, qui juxta regulam eosdem, et vita fultus regulariter quiverit regere, ex nostra tranquillissima concessione habeant facultatem. Et ut hoc præceptum meæ concessionis inconvulsum et inviolatum perpetuo permaneat, Ambrosium notarium sanctæ nostræ Mediolanensis Ecclesiæ scribere jussimus, et propria manu subter confirmavimus, anno domnorum nostrorum, confirmantium hoc, Ludovici et Hlotarii imperatorum decimo octavo, et decimo sexto Kal. Martii, indict. decima tertia (2).

Angelbertus, indignus archiepiscopus in hoc præcepto subscripsi.

Adoaldus Penio.

Deusdedit.

Ermaldus.

Et alii quamplures, sacerdotes, et diaconi, subdiaconi, notarii subscripserunt.

Christi 829, erratum nihilominus, sed levius, fuerit in annis imperatorum, qui fuissent XVII et XIV. PAPEBROCHIUS.

ANNO DOMINI DCCCLXXVII

ANDREAS BERGOMAS PRESBYTER

ANDREÆ CHRONICON

(Edidit Pertz, *Monumenta Germaniæ historica*, Script. t. III, p. 231.)

ADMONITIO

Liber ex codice sæculi IX a viro quodam docto, qui se Hermannum Philomuson vocari voluit, in Menkenii SS. t. I, 89 sqq. editus, atque a Muratorio in Antiqq., t. I, repetitus, jam ope codicis Vadiani in bibliotheca civitatis Sangallensis, numero AC 23 signati (1) membranacei in-4° sæc. IX, quem in

NOTÆ.

(1) Codicem eumdem esse, quo Philomusos usus est, nemini dubium erit qui ingenium superioris ævi editorum novit; et lacunæ editionis prioris editorem ea, quæ veritati adversari viderentur, omittenda censuisse comprobant. Codici Cl. Greith referente, hæc insunt:

« 1. *Admonitiones S. Basilii episc. de virtutibus animæ characteribus scriptæ carolinis minusculis sæc. X, quibus ad finem adjunguntur veteres aliquot hymni in Epiphaniam, S. Laurentium mart. et S. Gallum confessorem una cum neumis musicalibus. Sequitur.*

« 2. *Vita Sci. Findani confessoris,* ab H. Canisio publici juris facta, in qua linguæ Iricæ antiquæ scrutatoribus commemorandi sunt aliquot loci ex libro II *De miraculis S. Fintani* e. g., c. 1.

« *Findanus cum recludi voluisset et instantibus precibus pro hoc Domini voluntatem scire laboraret* vox hujuscemodi ad eum delapsa est . *licet tibi a isket clui o Deo tre in abbatiam* , *et cap. 4. Dia anathes et in dabdane;*

« *Tale oraculum aure percepit propria lingua prolatum :* obsecra xpm *et patriciæ nom. civitatis.* Ataich crist ocus patriç artmache. Farna sciltam nakisel teilebruchir tart doit teilco il farkysel. *et ex hoc edacitatis vitium minime sensit.*

« 3. *Fragmentum ex Actibus apostolorum,* 321 folia integra continens, sæcul. X.

« 4. *Admonitio S. Pauli qualiter demonstraverat ei Dominus videre bonum et malum. Quæ nonnisi est visio de gaudiis beatorum et de pœnis inferni characteribus scripta carolinis majusculis sæc. X,* 13 contin. folia.

« 5. *Liber magni Aurelii Cassiodori senatoris De*

usum nostrum v. cl. atque reverendissimus Carolus Greith summa cum diligentia vertit, prima vice sanus integerque prodit; sanus qualem auctor edere poterat, sermone Langobardis per totam Italiam proprio usus imo fere abusus; integer, quantum ex codice unico conjicere licet, cum media in pagina stylus scribendi finem dederit. Opus tribus partibus litterarum forma et atramento diversis constare, diversis igitur temporibus exaratum esse cl. Greith monuit; prior pars in obitu Bernardi regis desinit, secunda usque ad annum 876 pertingit, tertia paucis lineis constat. Auctor non solum nomen suum et ordinem, sed et aevum ipse prodidit, dum se funeri Ludovici II. imperatoris adfuisse et corpus ejus feretro impositum inde a fluvio Olio usque ad Adduam, igitur per fines dioeceseos Bergomensis, comitatum fuisse scribit. Unde recte cum Bergomatem dixeris (2), et ab Andrea vel Agnello Ravennate diversum. Primum operis caput ad verbum fere ex Pauli historia Langobardorum fluxit; quae proxime sequuntur auctor *in quantum per seriem litterarum seu per antiquos homines potuit veraciter scire* (3) addidit, eaque ad genuinos saeculi octavi nonique fontes trutinanda patet; ultima quae ipse expertus calamo commisit, magnam sibi fidem rite conciliant.

ANDREAE BERGOMATIS CHRONICON.

1. [1] Narsis patritius Romanorum bella sustinuit [2], et eos semper defendit. Invidia Romani contra eum pertulit, ad Justinianum (4) imperatorem acusaverunt; qui et ipse augustus et Sophia, uxor ejus, mandans ei, quia eunuchus erat, ut ad se veniret et lana in genitio per pensione dividere. Narsis vero patritius sic ei mandans, non tantum [3] se lana dividere, sed etiam talem telam orditurum, quale ipsa dum viveret deponere non possit. Legatos Narsis ad Langobardos mittens et pomorum genera vel reliqua dignitate transmittens, ut animos eorum amabilis facerent, quatenus in Italia venirent et plena eas absque pugna perciperent. Langobardi mox ut audiunt, gavisi sunt gaudio. Pannonia vero amicis suis Avarorum gens comendaverunt; quam [4] possessam habebant per annos 42, cum uxoribus et natis [et omnia quae habebant exientes de Panonia mense Aprile, per indictione prima, alia die post pasca Domini qui fuit Kalendis Aprilis, cum jam Domini incarnatione anni quingenti sexaginta octo essent evoluti. Igitur Langobardi introierunt Italia per Forojulanorum terminum. Alboin nepoti sui Gisolfi Forojuli concessit et reliquos nobiles Langobardos. Ilis diebus Langobardi Italia invaserunt, Vincentiam Veronamque et reliquas Venetiarum civitates cepit, et per tres annos Ticino possedit (5). Interim Alboin invasit omnia usque ad Tuscia preter Romam et Ravennam. Ticinensis vero per tres annos se continentes, per obsides quas dederunt (6), jam videntes suorum fortia circa se subjugata, Langubardi se tradiderunt. Pauca vero de multa dicam. Rex Alboin postquam in Italia tres annos et sex menses regnavit, insidiae suae conjuge interemptus est. Langobardi ex communi consilio Cleb nobilissimum in urbe Ticinensium sibi regem constituerunt; regnavit anno uno mensibus sex; a puero de suo obsequio gladio jugulatus est. Post cujus mortem Langobardi per annos decem regem non habuerunt, sed sub [5] potestatem ducibus fuerunt. Post autem annos decem elegerunt Autari, Clefoni filius. Autari vero duxit uxorem Teudelinda nomine, filia Garibaldi Bajoariorum rex sancta et nobilissima; ipsa edificavit ecclesia sancti Johanni sita Moditia. Rex Autari apud Ticinum, venenum ut tradunt accepto, moritur, postquam sex regnaverat annos. Langobardi ex communi consilio suae regine Teudelindae licentiam tribuerunt, quali ipsa suo sociare voluisset conjugio, tali et illi regem constituissent. Quid multa? Accepit Agilulf ducem Taurinensium; et regnavit annos viginti quinque, et mortuus est. Et regnavit pro eo filio suo Adalovald annos decem, de regno ejectus est. Ejus regnum successit Arioald, et regnavit annos duodecim, et mortuus est. Regnavit pro eo Bothari, qui edictum Langubardorum conposuit; reliqua ejus dignitatem et fortia, et bella quas gessit, nonne haec scripta sunt in coronica Langubardorum ut supra. Regnavit Rothari annos sexdecim, et mortuus est; Rodoaldi filio suo regnum reliquid. Rodoald vero dum uxore cujusdam stuprasset, ab eodem interfectus est, postquam quinque regnaverat annis septemque diebus. Huic successit in regno Aripert; regnavit annis novem, et mortuus est. Reliquid regnum duobus filii sui, Pertarit et Gudiperti. Inter ipsis fratres malis hominibus [6] discordia facientes in tantum, ut alterium regnum invaderent. Grimoald Beneventanorum suorum ducem per fraudulenter missum eorum mandatum veniens, Gudiperto gladio interemit, expleto anno post mortem patris et sex

VARIAE LECTIONES.

[1] *Capitum divisionem, cujus in codice vestigia haud comparent, instituendam censui.* [2] sustituit c. [3] tam c. [4] q c. [5] su c. [6] hominibus c.

NOTAE

anima, a capit. 5-18 mancus.
(6. *Fragmentum chronici Langobardorum ab Andrea presbytero conscri. ti. 8 folia vel 16 paginas continet, quarum singula 28 lineas complectitur, membrana crassa scripturam refert Langobardicam saec. IX, ut ex facsimili litteris apposito videre est atque ex conjunctione litterarum e et r, e et s, r et i, nec non ex abbreviaturis syllabarum, initialium forma, etc.,* satis liquet.)
(2) C. 14.
(3) C. 2.
(4) Justinum.
(5) I. e. obsederunt.
(6) Loco *obsidentibus*, apud Paulum II, 27, Andreas noster perperam *obsidibus* legisse videtur.

mensibus. Pertarit fuga aripuit, Grimoald regnum accepit. Multa quidem ejus historiole continent, sed pauca in hac adbreviationem conscribam. Hic in edicto Langubardorum novem [7] conposuit capitula; regnavit annos novem, et mortuus est. Reliquid regnum Garibaldi, filio suo. Pertarit vero, unde jam diximus, qui fuga lapsus erat, egressus de Galia navem ascendit, ad Britaniam insolam ad regnum Saxonum transmeare; et dum pelago navigasset, divinus nuncius eidem ad ripam clamans, et dixit: *Revertere, Pertarit, in terra tua, quia tertia die est hodie, quod Grimoald defunctus est.* Quid plura? Reversus est, et gratanter a Langubardis susceptus, et ad regna gubernacula cum constituerunt mense tertio post mortem Grimoaldi. Regnavit Pertarit annos decem et septem, et mortuus est. Cuniperti, suum filium, regnum reliquid. Multa quidem ejus istoriole scripta invenimus. Contra Halahis tirrannum fatigatione sustentus; sed Cunipert triumphum victoriæ cum exultatione Dei, Italia regnavit post mortem patris annos duodecim. In campo Coronate, ubi bellum contra Alahis gessit, in honore beati Georgii martyris monasterium construxit. Reliquid regnum Liutperti filio suo. Surrexit contra eum Aripert, et vivum comprehendit, et non post multos dies in balneo vita privavit. Regnavit Aripert annos 12, in flumen Ticinum ab aquis negatus est. Ansprand ejus regnum aripuit; regnavit menses tres. Reliquid regnum Liutprandi, filio suo. Fuit autem Liutprand multe sapientie, clemens, pudicus, orator, pervigil, elemosinis largus: legem quidem Langubardorum ampliavit, et [8] in edicti corpore conscribere jussit. Regnavit annis triginta et uno septemque mensibus, et mortuus est.

2. Hæc autem superscripta summationem cui incredibile apparet, relegat [9] tota historia Langubardorum (7); omnia hæc ibi veraciter invenit, in quantum hic scripta sunt; et plures multa illuc invenitur de nobilitatem eorum vel victoriæ, et de bella quas gesserunt. Hanc autem adbreviationem superscripta, in quantum potui, exerpsi [10] ego Andreas, licet indignus, presbyter de historiæ Langubardorum; et quorum hic super continent eorum historiæ minime ad nostram pervenit notitiam, sed in quantum per seriem litterarum seu per antiquos homines potui veraciter scire, hic scrivere delectatus sum.

3. Defuncto itaque Liutprand, Ratchis electus a Langubardis rex elevatus est; regnavit annos quinque, et posuit in edicto capituli octo. Hoc quoque defuncto, Aistolfi, germano suo, regnum reliquid.

Eorumque factis retinere non possumus; sed quantum audivimus, audaces uterque fuerunt, et suorum tempore Langubardi a nulla gens terruerunt. Regnavit annos octo, et posuit in edicto capitula tredecim, et mortuus est. Desiderii regnum reliquid. Qui cum regnasset annos tres, suus filius, Adelchis nomine, ex consensu Langubardorum sub se regem constituit; sub quorum tempore in aliquantum pax fuit. Quidam et etiam filiam suam, Berterad nomine, Karoli, Pipini filius, Francorum rex, conjugio sociavit; alia vero filia, Liupergam nomine, sociavit Taxiloni Bajoariorum rex; et pax firmissima ex utraque partis firmaverunt, sed minime conservaverunt. Causa autem discordiæ ista fuit. Habebat Carolus suus germanus major se Karlemannus nomine, ferebundus et pessimus; contra Carolum iracundus surrexit, eum jurare fecit, ut ipsam Berterad ultra non haberet conjuge. Quid multa? Remisit eam Ticino, unde dudum eam duxerat. Mater vero eorum hæc separatio audiens, Carlemanni filii sui blasphemiam intulit, oculorum cecitate perculsus est, cum periculo vita finivit.

4. His temporibus (an. 755) ecclesiæ Romanæ Leo (8) papa regebat, et oppressiones a Langubardis multa patiebat; ex sede propria exiens Francia, repedavit cum multis sapientissimis ars litterarum, maxime cantores. Francorum gens hæc audiens, magno gavisi sunt gaudio. Karolus (9) cum suis obviam ejus adventum pedibus venerunt, et obtinum consedere locum fecerunt, civitatem quæ dicitur Metis [11]. Qui ibidem per annos tres resedentes, tanta quidem dignitate cantores ibi fecerunt, ut per totam Franciam Italiamque pene multæ civitates ornamentum ecclesiæ usque hodie consonant. Papa vero probata gens Francorum astuti et nobiles, consilium eorum dedit, ut super Langubardos venirent, Italiam possiderent; ipse vero ad suam sede Romane ecclesie remeavit.

5. Karulus siquidem vero, adnitentibus suis, oblitus est tantorum benignitatis, quod ei Desiderius rex tribuit. Congregata multorum Francorum exercitum, ex jussu apostolici sacramenta irrita facta sunt; Italia contra Langobardos veniens, divino judicio terror in Langubardus inruit, absque grave pugna Italiam invasit, anno Desiderii 18, et Adelchis 15, indictione 12, cum jam 205 anni essent evoluti, postquam Langubardi Italiæ ingressi sunt. Desiderio vero eodem tempore mortuus est. Adelchis, ejus filius, navium præparans, ultra mare egressus est (an. 774). Tantaque tribulatio fuit in Italia; alii gladio interempti, alii fame perculsi aliis bestiis

---

VARIÆ LECTIONES.

[7] alia *et aliqua* Pauli codices. [8] et i. e. c. c. i. *non leguntur apud Paulum.* [9] relega *c.* [10] ante ego vox de deleta est. [11] meties *c.*

NOTÆ.

(7) Pauli Diaconi, unde verbatim excerpta sunt.
(8) Stephanus III. De sequentibus cf. Pauli hist. episcoporum Mettensium Mon. Germ. II, 268; tum monachum Engolismensem I, 170, 171, et monachum Sangallensem II, 733.
(9) Pippinus.

occisi, ut vix pauci remanerent in vicos vel in civitates.

6. Forojulianorum dux tunc temporis (an. 774) Rotcausus præerat, et in Vincentia Gaidus; qui auditu Francorum devastatione et ejus adventum quod in Forojuli properarent, congregatisque ut poterant, obviam eorum ad ponte qui dicitur Liquentia exierant, et ibidem magna strages de Francis fecerunt. Karolus vero hæc audiens, mandans eorum fidelitatis fidem suscepturos et honoraturos, Rotcausus et Gaidus ducibus cum nobilis Forojulianorum consilio inito, ut viriliter se contendissent. Erat quidem ex ipsis, cui jam munera Caroli excecaverat cor, tale dedit consilio : Quid faciemus? Quomodo eorum resistere possumus? Capud non habemus. Regem confortationis nostræ jam devictus est. Eamus eorum fidelitate; bene nobis erit. Quid dicam? Ut oblatat, fecerunt. Et tamen eorum Carolus servavit honorem.

7. Igitur subjugata et ordinata Italia, ad Romam perrexit (an. 781); ibidem palatium construxit; deinde terra pacificata et sacramenta data, Pipinus suus filius regendum Italia concessit; ipse vero Karolus post aliquantum tempus Francia reversus est, obsides quoque ducentes secum quicquid Italia majores nati et nobiliores erant. Post non multum tempus ab eodem Carolus meruerunt, et honorati sunt ab ipso, ad suam reversi sunt patria. Pipinus vero vivente patre defunctus est (an. 810). Reliquid filium, Bernardum nomine, cui Karolus Italia concessit; qui cum esset penuriæ famis Italia præoccupata, subito ut Bernardo regnum accepit, dignitatem ubertatemque advenit, et sic fuit dum ipse regnavit. Karolus autem qui cum sex annos in Francia, et postquam in Italia ingressus est 41 annos regnasset, defunctus est in pace senesque ætatis et plenus dierum (an. 814), qui per eum nomen Francorum longe lateque percrebuit, sicut est nunc usque ad hodiernum diem. Reliquid sedem suam in Francia Hludovici, filio suo. Iste incipit vocare imperator ex Francorum genus.

8. Conjux vero ejusdem Hludowici, Hermengarda nomine, inimicitia contra Bernardo, Langubardorum regem, orta est, mandans ei, quasi pacis gratia ad se venire. Ille ab ipsis nobiles legatarii sacramenta fidem suscepit, Francia iturus est. Qui mox ut illa potuit, sicut audivimus, nesciente imperatore, oculi Bernardi evulsit; ab ipso dolore defunctus est (an. 818), postquam quinque regnaverat annos, duo sub Carolo, tres sub Hludowicus.

9. Erat [12] quidem Hludowicus imperator multæ sapientiæ, consilio prudens, misericors et pacis amator; habebat tranquillitas magna ex omniumque parte pacis gratia; diligebat lectores, cantores, et cunctis servientibus Deo ministrantibus ecclesiæ. Habuit filios tres, id est Lothario et Hludowicus de Ermengarda, et Carolus de Juditta quæ post morto Ermengardi in conjugio suscepit. Quidam prædicto imperator Hludowicus suum filium Lothario sub se sedem imperialis constituit, vivente patre.

10. Habuit Lotharius filius, Hludowicus nomine, cui avius suus Hludowicus Italiam concessit, Hludowici filii sui Bajoaria, Caroli Aquitania. Honor autem major, id est imperialis, crescebat cottidie Lotharii; cui inimici homines consilium dederunt, quatenus Judittam, nuvercam suam, genitori suo tollerent et in Italia abducerent; sicuti fecerunt. In civitate Dartonensis in custodia miserunt. Quis potest dicere furore, quam pater ejus vehementer iratus fuisset ? sed totam fortia Lotharius ad se retentam habebat.

11. Igitur non post multos dies dum se recognoscens Lotharius, quod malum egisset consilium, nubercam suam remittens genitori suo, et ira inflammatus contra illos qui ei tam pravum consilium dederunt, alios occidit, alios in exilio misit. Tunc temporis ecclesiæ Mediolanensis Angelbertus archiepiscopus regebat. Volebat imperator dicere, quod ille in ipso consilium fuisset, et venientes nobiles eum in gratia miserunt; sed dum ante imperatore ducerent, ille vero tantum caput inclinavit et verba salutatoria dixit; ad pedes vero noluit venire propter reverentiæ honorem ecclesiarum. Tunc imperator dixit : Sic contenis te, quasi sanctus Ambrosius sis ! Archiepiscopus respondit : Nec ego sanctus Ambrosius, nec tu dominus Deus. Imperator vero subjunxit ei : Ite ad genitorem meum, cujus odium me fecistis habere; reducite me ad pristinam gratiam ! Ille autem hæc audiens, perrexit in Franciam. Hludowicus imperator honorifice eum suscepit. Dum ad mensam uterque reficerent, causa exurgens imperator et dixit : Bone archiepiscope, quid debet facere homo de inimicum suum? Ille respondit : Dominus dixit in evangelio : Diligite inimicos vestros, et benefacite his qui vos oderunt (Matth. v, 44). Imperator dixit : Et si hæc non fecero? Archiepiscopus respondit : Si non feceris, non habebis vitam æternam, si in ipso odio mortuus fueris. Imperator vero iratus dixit : Si me vindicabo de adversario meo, non habebo vitam æternam ? et statim subjunxit : Vide Angelbertus, quomodo hæc verba defendas ! Et constituto posito usque in mane. Mane autem facto, coligit imperator sapientes, prout si subito poterant, conflictum habentes de hac verba contra archiepiscopus. Archiepiscopus eorum præsentia dixit : Scitis, quia sumus omnes fratres in Christo ? Illi autem respondentes dixerunt : Scimus quia unum patrem vocamus in cœlis. Ille autem dixit : Ergo si scitis, quod fratres sumus, sive liber et servus, sive pater et filius. Apostolus Johannes dixit : Qui odit fratrem suum, omicida est, et omnis omicida non habet vitam eternam in se manentem (I Joan. III, 15). Si ergo

VARIÆ LECTIONES.

[12] Hinc alia manus, charactere crassiore quidem majoreque præcedentibus sed Langobardico. GREITH.

odiosus omicida reputabitur, quomodo vitam eternam possessurus erit? Illi autem convicti, ad hæc verba consenserunt. Imperator vero manum in terra ponens, veniam petivit, et gratiam filii sui reddidit. Imperavit ipse tam solus quam simul cum filio annos 27, et ipso Lothario sub eodem patre annos 21. Inditione tertia (*an.* 840) sic fuit sol obscuratus in hoc mundo, et stellas in celo apparebant, 3 Nonas Magias, ora nona, in lætanias [13] *Domini*, quasi a media ora. Facta est tribulatio magna. Cumque hoc populus intenderent, multi extimabant, quod jam amplius hoc seculum non staret; sed dum hæc angustia contemplarent, refulsit sol et quasi tremidus in antea umbraculam fugire cepit. Ipsa vero nocte sequenti prope matutino facta est lux quasi in die. Hæc signa in celo conperta, doctores in suorum monitiones dixerunt : *Estote, fratres, parati ; quia adimpletum est quod in evangelio Dominus dixit ! « Cum hæc signa videritis, scitote, quia prope est dies Domini magnus et manifestus!* (*Luc.* xxi, 31.) » Sequenti autem mense Junio Illudowicus imperator defunctus est, suosque dies finivit in pace.

12. Post cujus mortem discordia inter ipsis tres germanis surrexit, Hludowicus et Carolus ex una parte, Lotharius ex altera. Cumque nulla parte locum dantes, jungentes se ubi nuncupatur Funtanense, acies hinc et inde ex utraque partis constructe, facta est strages magna, maxime nobiles Aquitanorum (*an.* 841). Tantique (10) ibi viri fortes per contentiones malas et improvidentia debellati sunt, quanti potuissent per bonam concordiam et salubre consilium multa milia sternere contradictorum paganorum; unde sic discipata est nobilitas Aquitanorum, quæ etiam Nortemanni eorum possedant terræ, nec est qui eorum fortia resistat. Imperavit Lotharius post mortem patris sui tam solus quam simul cum Illudowicus filio suo annos 15, et mortuus est (*an.* 855). Reliquid tres filios, id est jam dicto Hludowico, qui sub eo imperavit in Italia annos sex, Lothario in Francia, Karolus in Provintia. Sed Carolus non post multos dies defunctus est. (*an.* 863) Lotharius ex sede propria exiens, in Italia veniens pacis gratiæ videndum germanum suum, ubi cum ipso locutus est finibus Beneventana pago Venosiana ; sed dum iret et reverteret, multa devastantes pauperorum domibus, blasphemia multa incurrit. Revertentes autem, in itinere via egrotare cepit, subito in civitate Placentina defunctus est (*an.* 869), et ibi corpus ejus conditum; suisque hominibus a multis simili modo contigerunt.

13. Paucos quidem sane dum per gestis filiorum regum selem apices conponam, animus meus ad reliquis factis percurrit. Multa fatigatio Langobardi et oppressio a Sclavorum gens sustinuit, usque dum imperator Forojulianorum Ebherardo principem constituit. Eo defuncto, Unhroch filio suo principatum suscepit. De Burgundia vero surrexit quidam dictus Hupert nomine, qui aliquanto tempore domno imperatori Hludowici se fidelissimus esse dicebat; postmodum cum Burgundionibus adjunctus, suorum fines rebellare disponebat, oblitus est tantorum beneficiorum quæ ei imperator tribuit, et sacramenta quas dederat irrita fecit. Domnus Hludovicus hæc audiens, Cunrath cum reliquis fidelibus suis dirixit; et eodem Hupert in campo comprehendit et occidit; et multi quidem da ejus pars interempti sunt (*an.* 864). Igitur antequam hæc rebellatio facta fuisset, tanta quidem nivem Italia cecidit, ut per centum dies in planis locis teneret; et fuit gelus gravissimus, multa semina mortua fuerunt, vitæ [14] pene omnibus in planis locis siccaverunt, et vinum intra vascula glaciavit, ut ætiam per foramen spinarum nihil exibat, donec rumperetur ipsa glacia cum fuste ab ante ipsa spina. Hoc fuit tempus domni Hludowici imperatoris anno 10, indictione octava (*an.* 859). His itaque sub brevitate rei veritas transcurris, adventum primi ordinis, sicut cepimus, exsequamur. At vero domnus Hludowicus augustus multa quidem oppressionem a Sarracinorum gens in finibus Beneventanis sustinuit, et eorum semper resistit (*an.* 860); Amelmasser eorum princeps cum multi Sarracini ibi consistentibus occidit (*an.* 867); reliqui in castro qui dicitur Bari se fortiter munierunt, ubi domnus imperator per quinque annos eos cum Franci et Langobardi et ceteris nacionum suorum fidelium possidens [15], simul etiam cum sua juge [16] Angelberga nomine et multi eorum similiter. Circa hæc tempora in Vulgarorum gens divina aspiracio accensa est, quatenus christiani fierent et Christum dominum colerent, quoniam tantus amor caritatis in eorum regem pervenit, ut per se ipse ad æcclesiam beati Petri Roma venisset, et ibi dona obtulit, et a domno papa Nicholaus catholica fide munitus, divinitatis scientiæ instructus, baptizatus et fide sancta confirmatus, recepit doctores ab eodem domno apostolico, suam reversus est patriam.

14. Igitur dum domnus Hludowicus cum suis Bari custodirent, nuncii venerunt de finibus Calabriæ dicentes : *Domine imperator, vestri esse volumus, et per vestram defensionem salvi fore confidimus. Gens Sarracinorum venerunt, terra nostra dissipaverunt, civitates desolaverunt, æcclesias suffuderunt ; tantum ad vos petimus, ut des nos caput confortacionis, qui nos adjuvent et confortent. Sacramenta vobis damus, tributa solvimus.* Tunc domnus imperator misericordia motus, non gaudens cupiditatis eorum promissa, sed de illorum dolens mallitia, elegit strenuis

---

VARIÆ LECTIONES.

[13] latanias *c.* [14] *i. e.* vites. [15] *i. e.* obsidens. [16] *i. e.* conjuge.

NOTÆ.

(10) Ex Paulo Diac VI, 25.

et nobilissimis viris, Hotone de finibus Bergomensis, Oschis et Gariardus episcopis, et confortavit eos domnus imperator et dixit: *Ite in pace fideles Christi, angelus Domini bonus comitetur vobiscum, ut et ego videam vos et labores quam vobis inpono merear!* Tunc simul cum ipsis missis perrexerunt, et unde egerunt firmitatis sacramenta receperunt, et adunantes secum magis ac magis fideles populus. Cumque venerunt in quendam valle, ubi ipsis Sarracini, fidentes absque ullo timore, annonam metentes, simul cum captivi quas habebant, tunc christiani inruentes super illos, et Sarracini quanti ibi invenerunt occiderunt, et captivi liberaverunt. Ut hæc audivit eorum principe, Cincimo nomine, de civitate Amantea (11) obviam eorum exiit, præparatus viriliter. Et exinde Franci comperti sunt, et jungentes se hii ex una parte et illi ex altera, facta est strages magna Sarracinorum, qui fuga petiens; christiani vero post eos, interficientes usque ad portam civitatis. Oto vero et prædicti episcopi et suorum secutores triumphatores reversi sunt ad domno imperatore. Imperator vero magnum gavisus est gaudium, honorem dignitatis eorum tribuit.

15. Cincimo vero de suis et patriæ suæ adjutorium colligentes multitudo Sarracini, iter pergentes, Bari secum euntes, multa dispendia adjutorium soldani. Erat eorum nunciatum, quod christiani celebrarent magnum diem festum, sicut erat hoc est nativitas Domini nostri Jesu Christi, dicentes: *Deum suum colunt die illa; neque pugnaturi neque arma levaturi sunt. Eamus super illos, comprehendamus eos omnes in simplicitate sua!* Hoc consilium domno imperatori nunciatum est. Tunc moniti, ut gallotinnio [17] matutinis et summo diluculo episcopis et sacerdotibus missarum sollemnia celebrarent, et populus communionem vel benedictionem acciperent, sicuti et fecerunt. Et exierunt querentes Sarracini, et illis querentes Franci juncti sunt in loco . . . . . Factus est sonitus magnus clangore buccine, innita [18] equorum, strepitus populorum. Cumque prope se conjungerent, fideles Christi oraverunt dicentes: *Domine Jesu Christe, tu dixisti: Qui manducat carnem meam et bibit sanguinem meum, in me manet et ego in eum (Joan. VI, 17); ergo si tu nobiscum, quid contra nos?* Statim commissum est prælium. Cumque forti intencione pugnantes, arma celestis confortavit christianos; pagani vero terga vertentes fugire ceperunt. Christiani autem post eos cedentes, non cessabant, donec multitudo paganorum interficerent, et stipendia quicquid soldani pergebat tullerint. Soldanus hæc audiens, metus magnus tristare cepit. Sequenti mense Februario (*an*. 871), quinto expleto anno quod Bari possessas habebat, domnus imperator comprehendit soldanus, et reliqui Sarracini ibi consistentibus interemit, anno 21, indictione 4. Sarracini vero in suorum terra hæc audiens, elegentes se fortissimi viri, sicut audivimus viginti millia hominum, dicentes: *Grandis ignominiam de uccisorum nostrorum consonant; eamus illuc!* Cumque navigio præpararent, ascenderunt et navigaverunt, et exierunt in finibus Beneventana. Tunc dixerunt per suorum audaciæ elationis: *Quid nobis fiducie habere debamus in navibus nostris? Dissipemus eas, quia Franci adversum nos nihil possunt; et sic prævaluerint, adversum nos, sine ullo metu in regnum nostrum pergere possunt!* Et dictis factis, Franci querere ceperunt. Nunciatum id est domno imperatori, qui statim mittens principibus suis Hunroch, Agefrid et Boso, cum electa manu Francorum et Langobardorum vel ceterorum nationes. Jungentes se in loco ad sanctum Martinum, ad strada scilicet prope Capua ad Vulturno, acies hinc et inde, utraque partis forti intentiones pugnantes, Dei adjuvante misericordia Sarracini devicti et debellati sunt multitudo innumerabiles; quia quod gladius non interemit, in fluvio Vulturno negati sunt, reliqui fuga vis [19] evaderunt, Sic Dei judicio complacuit; qui venerant exaltati, facti sunt humiliati.

16. Ad hæc victoria patrata, domnus imperator in Beneventi palatio sedebat. Tunc Adelchis principatum Beneventanorum regebat, cui imperator se et omnia credebat, et dilectione caritatis inter se diliebat [20]. Anticus hostis, qui semper contra dilectionem inimicitiam querit, exsurgentes per malos homines, inter se occulte dicentes: *Quid grabati [21] sumus sub potestatem Francorum?* Taliter Beneventani per fraudem uno consilio ingerunt, ut rederent [22] malum pro bonum; quatenus ubicumque fidelissimi imperatoris invenissent, ibi custodirent, et ad imperatorem non dimississent redirent. Erant enim Franci separati per castellas vel civitates, fidentes absque ullo terrore, credentes fide Beneventanorum. Fuit autem iste contrarius discessionis dies 55; Idus Augusti (*Aug*. 13) usque ad quintodecimum Kalendas Octobres indictione 5. Sed Deus, qui domno imperatore ad regni gubernacula imperialis ordinaverat, cum ipso erat, sicut legitur: *Cor regis in manu Dei est (Prov. XXI, 1).* Et taliter fideles suos ad eum venire fecit. Cælestis timor autem super Beneventanos inruit; vix illorum fuit, ut pacifice potuissent illos dimitterent. Qui letabundi a domno imperatore reversi sunt. Eodem anno evoluto, multa signa monstrata sunt. Vinum quomodo vindemiatum et intra vascula [23] misso, statim turbulentus, qui dicitur versio, fuit. In ipsa pascha Domini per arbores vel folia et reliqua loca parebat quasi terra pluvisset, sequenti autem (*an*. 872) 4 Nonas

---

VARIÆ LECTIONES.

[17] *i. e.* gallicinio. [18] *i. e.* hinnitus. [19] *i. e.* vix. [20] *i. e.* diligebat. Antiquus. [21] *i. e.* gravati. [22] *i. e.* redderent. [23] uescula *c.*

NOTÆ.

(11) In Calabria.

Magi pruina cecidit, multæ vites in planis locis seu in vallibus palmites cum uva siccaverunt, similiter et silves [24] tenerrimum cum sua folia aride factæ sunt. Sequenti autem mense Augusto multarum locustarum advenit de Vicentina partibus in finibus Bresiana [25], deinde in Cremonensis finibus; inde vero perrexerunt in Laudensis partibus, sive etiam in Mediolanensis. Erant enim unates pergentibus, sicut Salamon dixit : *Locustas regem non habent, set per turmas ascendunt* (*Prov.* xxx, 27). Devastaverunt enim multas granas minutas, id est milio vel panico. Completi anno centesimo ex eo [26] Francorum gens Italia ingressi sunt (*an.* 873), anno domni Hludovici imperatoris 23, et mens. 4, indictione 6 finita. Ingrediente 7 indictione, hoc est anni [27] incarnationis domini nostri Jesu Christi octogenti septuaginta tres transacti, imperator vero veniens de finibus Beneventana post multa victoria super Sarracini facta.

17. Igitur post annum, hoc est indictione 8 (*an.* 875), stella cometis in cælo comparuit, similitudo radientibus longinque caude per totum mense Junium, mane et vespere. Deinde in mense Julio Sarracini venerunt (*Jun.* 13), et civitate Cummaclo (12-13), igne cremaverunt. Sequenti autem mense Augusto Hludowicus imperator defunctus est, pridie Idus Augusti (*Aug.* 12), in finibus Bresiana. Antonius vero, Bresciane episcopus, tulit corpus ejus, et posuit eum in sepulchro in ecclesia sanctæ Mariæ, ubi corpus sancti Filastrici quiescit. Anspertus Mediolanensis archiepiscopus mandans ei per archidiaconum suum, ut reddat corpus illud; ille autem noluit. Tunc mandans Garibaldi Bergomensis episcopus et Benedicti Cremonensis episcopus cum suorum sacerdotes et cuncto clero venire, sicut ipse archiepiscopus faciebat. Episcopis vero ita fecerunt et illuc perrexerunt; trahentes eum a terra et mirifice condientes, dies quinto post transitum in pharetro posuerunt, cum omni honore, hymnis Deo psallentibus, in Mediolanum perduxerunt. Veritatem in Christo loquor : ibi fui et partem aliquam portavi, et cum portantibus ambulavi a flumine qui dicitur Oleo usque ad flumen Adua (14). Adductus igitur in civitate cum magno honore et lacrimabili fletu, in ecclesia beati Ambrosii confessoris sepelierunt die septimane suæ (*an.* 875). Qui imperavit annos 52, id [28] est vivente patre annos 12 [29], post mortem patris [30] annos 20.

18. Post cujus obitum magna tribulatio in Italia advenit. Colligentes se majores nati in civitate Ticino simul cum Angelberga suorum regina mense Septembri indictione nona, et pravum agentes consilium, quatenus ad duo mandarent regnum, id est Karoli in Francia et Hludovico in Bajoaria; sicut et fecerunt. Tunc Karolus veniens, nesciens de Hludovico. Hludovicus nesciebat quod Karolus venisset, misit filium suum Karolum nomine, propter distantiam homines ceperunt Karoleto nominare. Karolo rex veniens Papiam, Karolito in finibus Mediolanensis. Cuique cum de patruum suum compertum fuisset quod esset in Papia, ceperunt homines qui se Carlito conjunxerunt multa malitia facere; hoc est Beringherio cum reliqua multitudo statim venerunt in finibus Bergomensis, residente in monasterio Fara per æbdomada una, domibus devastantes, adulteria vel incendia facientes. Tunc multi Bergomensis relinquentes domos suas plena vino et anona, tantum cum uxuribus et paramentum in civitate vel in montibus perrexerunt. Karolus rex hæc audiens, statim præ ipsis malefactores cum multitudo populorum perrexit de finibus Bergomensis in Bresiana, inde in Verona, inde vero in Mantua. Karlito perrexit in Bajoaria. Tunc Karloman, germanus ejus, obviam veniens Karoli rex barbani [31] (15) sui, ad fluvium qui dicitur Brenta, et pacificis verbis se ad invicem salutaverunt, et pactum usque in mensem Madio firmaverunt. Carlomannus ivit in Bajoaria. Karolus rex perrexit ad Romam, et ad ecclesiam beati Petri dona obtulit ab apostolico Johanne unctus, et honore imperii coronatus (*Dec.* 25), in Papia reversus est, mense Januario, suprascripta indictione nona [32].

19. Cumque idem Karolus imperator de Roma reversus in Papia sederet (*an.* 876), audivit quod Karlomannus, Hludovici filius, contra eum veniret; cumque exercitum suum adunare vellet et cum eo bellum gerere (*an.* 877), quidam de suis, in quorum fidelitatem maxime confidebat, ab eo defecti, ad Carlemannum se conjungebat. Quod ille videns, fugam iniit et Galliam repedavit, statimque in ipso itinere mortuus est (*Oct.* 6). Carlomannus vero regnum Italie disponens, post non multum tempus ad patrem [33] in Bajoariam reversus est (*Dec.*). Inter hæc Hludovicus rex. . . .

VARIÆ LECTIONES.

[24] *i. e. silvæ.* [25] *i. e. Brixianis.* [26] *i. e. quo.* ? [27] añ *c.* ? [28] *id* — XX. *in margine addita sunt.* [29] *ita correxit;* VI ::: *aut* XI ::: *c.* [30] *matris c.* [31] *ita correxit;* barbam. [32] *hinc manus tertia.* [33] *ad patrem minime.*

NOTÆ.

(12-13) Comacchio.
(14) Scilicet per fines episcopatus Bergomensis, unde Andream Bergomensem presbyterum fuisse efficitur.
(15) *I. e.* patrui.

ANNO DOMINI DCCCXCII

PETRUS BIBLIOTHECARIUS

HISTORIA FRANCORUM
ABBREVIATA
(PERTZ, *Monumenta Germ. hist.* Script. 1, p. 416.)

ADMONITIO

Historiam hanc, Chesnio, qui eam primum tomo III SS. Francicorum p. 540 edidit, testante, Gabriel Naudæus Romæ ex codice quodam exscripsit. De auctore operis nemini constat; codicis Annalium Fuldensium tertii, Vindobonensis scilicet n. 600, ad verbum fere vestigia legens, nihil sibi proprium continet excepta hac anni 749 *Pipinus remansit in regno una cum fratre Griphone, et rem regni optime gesserunt* et alia anni 878 sententia *Slavi Dalmatæ Soavi* (Sorabi) *Bohemi idem sunt*. Temporum præterea computatione perturbata, nullius jam auctoritatis haberi poterit. Bouqueti sententiam, auctorem circa sæculi noni exitum vixisse, inde quod una cum Annalibus Fuldensibus opus suum deponere coactus sit, ortam, ideoque nihil ei tribuendum esse censeo.

Arinulfus Metensis civitatis antistes genuit Anchisum, Anchisus Pipinum regem, qui post mortem Wolfaldi ducis Austriæ partem regebat, regnumque Francorum obtinuit cum regibus Huludavico, Hildeberto et Dagoberto; moritur anno 2 Anastasii imperatoris, ab Incarnatione Domini 715.

Carolus, Pipini filius ex Alberda uxore, tenuit regnum Francorum annis 27.

Plidrudis, Carli noverca, publica custodia servari jubet. Hic divino auxilio liberatus, primum contra Ratpodum regem Fresonum bellum gerit, suo exercitu non incolumi, anno 716.

Carlus Rangifridum et Hilpricum regem Parisios usque terga vertentes persequitur die palmarum. Hoc tempore Wilfridus episcopus ordinatur, Bonifacii sibi nomen tradidit; mittitur a Gregorio papa in Franciam, ut prædicaret verbum Dei.

Anno 717 Rangifridus et Hilpricus rex Coloniensium finem et regiones contiguas Rheno vastant; arreptus a Plidruda muneribus revertuntur.

Anno 718 Rangifridus et Hilpricus Eudone duce Aquitanorum a Carlo rursus superati, Carlus thesaurum Plidrudæ novercæ accepit, et regem constituit Hotharium. Sarracenos Galliam devastantes pluribus prœliis Carlus vicit et fugavit.

Carlus Pannonicos, Alamannos pacificos habuit.

Carlus anno regni sui 27 moritur Parisiis, apud sanctum Dionysium sepelitur, et fuit damnatus; testis est Higmarus in prologo in Vita beati Remigii.

Sanctus Eucharius Aurelianensis episcopus in monasterio sancti Trudonis requiescit; hic in oratione vidit Carlum in inferno.

Sanctus Eucharius post orationem sanctum Bonifacium et Phulradum abbatem Sancti Dionysii et capellanum regis Pipini vocavit, et quæcumque de Carlo viderat exposuit, signumque dedit, ut iret ad sepulcrum, quod illic minime Carli corpus inveniretur. Illi sepulcrum aperuerunt, ex quo exivit draco, et totum est inventum denigratum.

Pipinus et Carlomannus filii Carli regnum dividunt anno 741.

Carlomannus post præclara facinora Romam venit anno 747, et in Casino monte monachus efficitur.

Pipinus remansit in regno una cum fratre Griphone, et rem regni optime gesserunt.

Anno 751 Pipinus legatos Romam misit ad Zachariam pontificem maximum, ut qui ex antiqua stirpe Merovingiorum fuerit, regnaret in Gallia; exaudit pontifex, et mandat Gallis, ut in eorum regem haberent Pipinum.

Anno 753 Stephanus pontifex auxilium contra Haistulphum regem Longobardorum petiit a Pipino, a quo venerabiliter susceptus est; apud Parisios duos Pipini filios Carlmannum et Carlum unxit reges. Carlmannus decessit Lugduni, is qui fuerat monachus, anno 754, et Pipinus in Italia Haistulphum superavit, et ut redderet bona ecclesiæ Stephano pontifici maximo coegit, et eum Papiæ inclusit. Stephanus Romam revertitur.

Anno 755 Haistulphus sacramenta mentitus Romam obsedit, et omnia quæ circa urbem erant discerpsit.

Anno 756 Pipinus iterum Haistulphum vicit.

Anno 757 Haistulphus moritur in venatione. Constantinus imperator inter cetera munera etiam organum mittit.

Tascilo fuit nepos Pipini.

Anno 770 Berta regina filiam Desiderii regis Longobardorum Carlo filio suo conjugio sociandum de Italia abduxit.

Anno 771 Carlmannus decessit 2 Non. Decembris, cujus uxor et filii Italiam veniunt.

Carlus pro defensione sancti Petri ad Hadrianum pontificem Romam venit, victo Desiderio.

Anno 778 Carlus in Hispania Pampilonem destruxit.

Anno 781 Pipinus, filius Carli, Romæ baptisatur ab Hadriano pontifice. Hoc anno signum crucis in vestimentis hominum visum est, et sanguis e cœlo in terram fluxit.

Anno 786 Carlus Beneventum expugnat victo Grimualdo, filio Aragisi Beneventanorum ducis. Hernodrudis, filia regis, a Constantino imperatore desponsatur.

Anno 787 Græcorum exercitus a Francis, Longobardis et Beneventanis superatur.

Anno 796 moritur Adrianus, cui successit Leo pontifex.

Anno 797 Constantinopolitanus imperator excœcatus est.

Anno 801 in die natalis Domini ante confessionem beati Petri Leo coronam Carlo imposuit; tunc populus Romanus clamavit: *Carlo Augusto a Deo coronato magno et pacifero imperatori Romanorum vita et victoria!* Inde more antiquorum principum adoratus. Hoc anno 2 Kalend. Maii terræ motus fuit per totam Italiam, ut urbes ruerent, et tectum basilicæ sancti Pauli Romæ cum trabibus decideret.

Anno 806 Herena imperatrix de Constantinopoli misit legatum nomine Leonem de pace conficienda inter Græcos et Francos.

Boemii Sclavi alio nomine appellati sunt.

Carlus junior, filius imperatoris, sororem habuit Henrodrud, quæ decessit anno 811, 8 Idus Junii.

Hoc tempore Niciforus imperator Græcorum erat, qui post multas victorias et res prospere gestas a Vulgaris occisus anno 814; cui statim successit Michael, qui legatos Carli ad Niciforum missos benigne Constantinopoli audivit, ac suos ad Carlum misit. Hoc anno fuit eclypsis.

Anno 815 Carlus 5 Kalend. Febr. decessit, anno suæ ætatis 71, regni Francorum 47, subactæ Italiæ 44, ex quo Augustus appellatur 14; cui successit Huludovicus filius ejus, qui legationes ad genitorem missas et inde ad se audivit; et Romæ quidam in necem Leonis papæ conspirantes interficiuntur anno 816.

Anno 817, 8 Kalend. Junii, moritur Leo pontifex, cui successit Stephanus diaconus.

Anno 818, Non. Febr. eclypsis facta; nocte vero cometes apparuit. Moritur Stephanus pontifex 8 Idus Febr., cui successit Paschalis presbyter. Imperator vero filium suum Hlotharium coronavit, et locum in imperio sibi constituit. Bernhardus, rex Langobardorum, imperatori se tradidit. Leo, imperator Romanorum in Græcia, ad Huludovicum misit de pace.

Anno 819 eclypsis maxima.

Anno 820 Pipinus, Huludovici filius, Vascones vicit.

Anno 823 imperator Huludovicus pœnitentiam suorum delictorum fecit. Hulotharius Italiam venit; Pipinus ejus frater cum uxore in Aquitaniam missus est.

Anno 824 Hlutharius a Paschale coronatur, et a populo Romano Augustus appellatur. Liudevithus dolo Alvidemilii, avunculi Bornæ ducis Dalmatarum, interficitur, et multa prodigia fuerunt.

Anno 825 moritur Paschalis pontifex, cui successit Eugenius.

Anno 827 abbas sancti Dionysii Romam mittit, et annuente Eugenio ossa Sebastiani martyris transportantur, et collocantur apud Suessonam civitatem in templo sancti Medardi.

Anno 828 corpora sanctorum martyrum Marcellini et Petri in Galliam transferuntur. Eugenius pontifex moritur; cui successit Valentinus diaconus, cui deinde successit Gregorius presbyter sancti Marci.

Anno 833 imperator cum exercitu contra Hlotharium filium venit, Pipinum regno privat; eclypsis solis 2 Non. Maii, Lunæ vero 13 Kalend. Maii.

Sequenti anno imperator a suis desertus, a filiis captus, cum quibus erat Gregorius pontifex.

Sequenti anno consilio episcoporum pœnitentia ab imperatore efficitur.

Anno 838 Ticinum in Italia fertur 3 Kal. Januarii tremuisse; cometes in signo Libræ 3 Idus April. per tres noctes apparuit: primores in Italia moriuntur, suorum præcipui Lantlıberdus et Hugus.

Sequenti anno 15 Kal. Februar. terræmotus apud sanctum Nazarium. Pipinus filius, rex Aquitanorum, mense Novembris moritur.

Anno 840 impera'or Hludavico Hluthario filio et Carlo minimo filio regnum Francorum dividit; Hluthario suam dignitatem reliquit. Cometes apparuit in signo Arietis; cœlum noctu in serenitate erubuit, igniculi similes stellis per cœlum discurrebant.

Imperator moritur 12 Kalend. Julii in quadam insula Rheni fluvii; in templo Sancti Arinulphi sepelitur. Hludatharium filium suscipiunt Franci; ejus fratres, id est Hludavicus et Carlus, contra eum venientes confregit; inde in Carlum exercitum direxit. Hludavicus vero manu valida Francos, Alamannos, Saxones, Thuringios sibi confirmat pace.

Anno 843 atrox bellum inter imperatorem et fratres; eclypsis lunæ fuit 3 Kal. April.

Sequenti anno dividuntur regna inter fratres et imperatorem; moritur Gregorius pontifex, cui successit Sergius. Mauri Beneventum occupant.

Anno 845 Hrabanus monachus laudes crucis carmine composuit, et Sergio transmisit.

Anno 847 Mauri, cum urbem Romæ expugnare non possent, templum sancti Petri vastaverunt.

Anno 856 16 Kalend. Novemb. igniculi instar spiculorum occidentem versus per acrem vagabantur, alma adoperta erat; advenientes templum non introibant. Pontifex Thyrrenum petiit, quæritans Carlmannum privare, qui paralysi morbo oppressus erat, neque verbum loqui poterat. — 4 Kal. Novemb., hora nona officii, eclypsis solaris maxima, ut stellæ apparerent, et luna Idus Octobris ultima hora noctis. Boum pestilentia in Germania, quam clades hominum secuta est. Slavi, Dalmatæ, Soavi (17), Bohemi idem sunt. Carlmannus 11 Kal. April. obiit anno 881.

quare Hlutharius imperator omnia relinquens, monachus efficitur in Prumiensi monasterio, et 3 Kalend. Octobris moritur. Primores regni Hlutharium, Hlutharii filium, annuente Hludovico, rege Orientis, constituunt sibi dominum.

Imperator Hlutharius reliquit tres filios, Huludovicum, Hludatharium et Carlum, qui pacem inierunt cum Carlo et Huludovico patruis anno 867. Quo anno hybernum tempus asperum, et nix sanguinolenta de cœlo decidit.

Carlus, frater (16) Hludatharii imperatoris, filium habuit Carlamannum; hoc tempore Nicolaus pontifex erat.

Ruodolphus, monachus et poeta historicus, in Germania floruit, et moritur 8 Idus Mart. anno 866.

Anno 870 Hludavicus rex ægrotat, ut de eo desperarent medici; qui sentiens, pene omnia bona sua pauperibus distribuit, et se a Deo curari maluit.

Carlus frater regnum Hludatharii invasit, et sibi ab episcopo Metensi diademate caput ornari jussit, et se Augustum effecit propter ægrotationem fratris.

Anno sequenti ægrotatione liberatur Hludavicus rex.

Anno 876 Hludavicus moritur, sepultus Mediolano in sancto Ambrosio. Carlus hoc sentiens Italiam petiit, et thesauros imperatoris sustulit.

Anno 878 mense Januarii Lanthbertus, Widhonis filius, et Adalberthus, Bonifacii filius, valida manu Romam venerunt, Joannem pontificem vinculis redegerunt, primorus populi Romani coegit, ut Carlomannus pro Cæsare haberetur; quo peracto Joannes pontifex thesauros Petri Lateranum sustulit et transtulit, inde templum Petri clausit; cujus ara prius

Sequenti anno, 4 Kal. Januar., ante gallicinium Magonciæ terræmotus magnus, et 15 Kal. Septemb. Hludovicus moritur, cujus corpus in monasterio sancti Nazarii juxta corpus patris sepelitur.

Arinulphus, Carlmanni filius, rex in Alamannia creatur, invito parvo (18) Carlo. Carlus anno 888, 5 Non. Januarii moritur.

Anno 892 bellum atrox inter Arinulphum regem christianum et Sigiphridum et Godophridum, reges Nortmannorum et Danorum paganos, adeo ut cæsis regibus et pene totus exercitus fuerit, et unus tantummodo christianus fuerit inventus interemptus.

Sequenti anno Itali ad regem pergunt, ut Italiam de manibus tyrannorum liberaret; rex hoc pollicetur.

Anno 894 Arinulphus rex Italiam venit cum exercitu, mox Pergamum expugnat, regulos in fidelitatem junxit, inde revertitur.

Hoc etiam anno Romæ Formosus pontifex moritur, cui successit Stephanus. Græci cum Hunis pacem ineunt. Leo, imperator Græcorum, Lazarium legatum ad imperatorem Italum mittit.

Anno 898 Arinulphus moritur, cui successit Huludavicus filius parvulus.

(16) *Carlus frater* Chesn. Quæ hoc anno de pace a filiis Hlotharii cum patruis inita referuntur, ex ann. Fuldensibus a. 868 derivata esse, nix quæ eo anno sanguinolenta cecidit, satis indicat.
(17) Legendum *Sorabi*.
(18) l. e, *patruo*.

APPENDIX AD SÆCULUM X

ANNO DOMINI DCCCCXVI

PANEGYRICUS BERENGARII IMPERATORIS
AUCTORE ANONYMO

(Edidit Pertz *Monumenta Germaniæ historica*, Script. tom. IV, pag. 189.)

ADMONITIO PRÆVIA

Berengarius I rex et imperator, genere Francus, natione Longobardus, fortasse a comite Unruocho, quem annis 802, 806, 811 Caroli Magni negotia gerentem conspicimus (1), descendit. Patrem habuit Eberhardum comitem, ducem Forojulianum (2); cui Gisla, filia Ludovici Pii et Judithæ (3), Unruochum, Berengarium, Adalhardum et Rodulfum filios, filias Ingeltrudam, Juditham et Heilwigam peperit. Testa-

(1) Mon. Germ. Legg. I, 90, 157; Einhardi Vita Caroli c. 33; Annales a. 811.
(2) Regino, a. 888.
(3) Agnellus Vitæ pontiff. Ravenat.; in Vita Geor-

mento instituto (4), Eberhardus filio natu majori res suas in Longobardia et Alemannia sitas, Berengario et reliquis liberis patrimonium in Ribuaria et Gallia Belgica dividendum reliquit. Gisla mater coenobium Cisonium in dioecesi Tornacensi construxit. Eberhardo anno 868 defuncto, Unruochus (5) in ducatu Forojuliano suffectus, anno 887, quo Caroli III imperatoris propinquus laudatur (6), superfuit, et paulo post vita cessit. Successor in ducatu Berengarius, anno sequenti regnum Longobardorum et varios post casus, anno 916, Romani etiam imperii coronam suscepit.

Cujus in laudes carmen intra annos 916 et 924 compositum (7), auctorem habet Longobardum, qui ætate quidem provectus (8), sed amore Berengarii et exemplo Homeri, Statii et, cujus eclogas æque ac Æneidem legit, Virgilii incitatus, præclara regis facta usque ad coronationem Romanam metro celebranda sibi proposuit. Qua in re vir Græcarum æque atque Latinarum litterarum peritus, temporis ordinem in universum quidem secutus est; sed studio suo in regem satisfactum iri judicavit, si præcipuas tantum ejus expeditiones, omnibus quæcunque in laudem ejus minus cadere viderentur prætermissis, caneret. At in iis quoque, quibus auctorem interfuisse patet, diligentiam scribendi desideres, cum, communi cum Liudprando errore, duas Arnulfi expeditiones Italicas plus anno discretas pro una eademque habeat, et utrique Widonem superstitem scribat. Quæ tamen non obstant quin, in tanta scriptorum sæculo decimo ineunte inopia, carmine res scitu dignissimas præbente, sermone vivido, imaginum magna quidem parte Virgilio, Statio et Juvenali depromptarum vi et versibus classicos Romanorum auctores imitantibus delecteris.

Liber medio ævo in scriniis bibliothecarum Italarum delituisse videtur. Codex unicus qui supersit, manu sæculi undecimi in membrana exaratus, sæculo decimo septimo Patavii in bibliotheca S. Joannis in Viridario a Nicolao Heinsio repertus et ab eo in editione Claudiani anno 1650 laudatus, anno 1654 opera Lucæ Langermanni Hamburgensis exscriptus et ab Adriano Valesio publici juris factus est. Valesii editio, adjuncto Adalberonis episcopi Laudunensis carmine ad Rotbertum regem, Parisiis, anno 1663, in-8° prodiit, præfatione et commentario amplo instructa (9). Valesii textum Leibnitius tomo I SS. Brunsvicensium insertum paucis adnotationibus ornavit. Utriusque Valesii et Leibnitii notas Muratorius Valesii textum secutus tomo II SS. Ital., p. 371 sqq., servavit. Denique Bouquetus carmen t. VIII, p. 106 sqq., collectionis suæ recepit, partim Valesii, partim suis notis illustratum. Qua ratione cum errores complures primæ editionis reliquas perrepsissent, sæculo xviii exeunte Jacobus Morellius, bibliothecæ Venetæ D. Marci, cui codex Patavinus illatus fuerat (10), præfectus, librum a nepote suo, V. Cl. Bettio, jam Morellii successore, cum editis conferri curavit, et emendationes in Bibliotheca sua Manuscripta indicavit; glossas etiam nonnullas, tam interlineares quam marginales, quarum pars ipsi poetæ tribuenda est (11), adjecit. Quo factum est ut nobis jam editionem anterioribus emendatiorem proponere concedatur.

INCIPIT LIBER PRIMUS

ΑΡΚΕΤΑΙ ΠΡΟΛΟΓΟC.

Quæ largita suis tempora prisca viris.
Contulit hæc magno labyrinthea fabula Homero,
Æneisque tibi, docte poeta Maro.
5 Atria tunc divum resonabant carmine vatum;
Respuet en musam quæque proseucha (12)
[tuam.
Pierio flagrabat eis sed munere sanguis;
Prosequitur gressum nulla Thalia tuum.
Hinc metuo, rapidas ex te nigrescere flammas,
10 Auribus ut nitidis vilia verba dabis.
« Quid (13) vanis toties agitas hæc tempora
[dictis,
« Carmina quæ profers si igne voranda times?
« Desine; nunc etenim nullus tua carmina curat;
« Hæc faciunt ubi, hæc quoque rure viri.
15 « Quid tibi præterea duros tolerasse labores
« Profuit, ac longas accelerasse vias?

A
« Endromidos (14) te cura magis victusque
[fatigat;
« Hinc fugito nugas, quas memorare paras. »
Irrita sæpe mihi cumulas quæ murmura, codex,
20 Non poterunt votis addere claustra meis.
Seria cuncta cadant, opto, et labor omnis
[abesto,
Dum capiti summo xenia parva dabo.
Nonne vides, tacitis habeant ut sæcla triumphis,
Quos agitat toto orbe colendus homo?
25 Tu licet exustus vacuas solvaris in auras,
Pars melior summi scribet amore viri.
Supplice sed voto Christum rogitemus ovantes,
Quo faveat cœptis Patris ab arce meis.
Haud moveor plausu populi vel munere circi;
B 30 Sat mihi pauca viri ponere facta pii.
Christe, poli convexa pio qui numine torques,
Da, queat ut famulus farier apta tuus!
Non hederam sperare vales laurumve, libelle,

---

gii apud Murator. SS. II, 185, ubi tamen Eccardo monente *Evrardo* emendandum erit; et chartæ Gislæ, quæ Carolum II regem *suum, si dicere audeat, germanum* vocat.

(4) Dachery Spicil. XII, 490. Datum est imperante Ludovico Augusto anno regni ejus xxiv, ubi tamen xix legendum erit, qui annus inde a die vi Aprilis anni 868 currit. Nam vidua ejus Gisla jam a. 869, d. 15 Aprilis in Gallia *seniorem suum dulcis memoriæ* et *viduitatem suam et habitus mutationem* memorat.

(5) Andreæ presb. Bergom. chron. Mon. Germ. SS. III, 235, 237.

(6) Ann. Fuldenses.
(7) Coronato Berengario et superstite. IV, 208.
(8) Nec dives, quod certe mirum fuisset in poeta; V prolog., v. 17.
(9) Usus sum exemplari Bibliothecæ Regiæ universalis Gottingensis, cui P. Burmannus manu sua glossas aliquas et lectiones ab Heins'o in Claudiano enotatas ascripsit.
(10) Ubi eum a. 1821 evolvi, sed iterum cum editis conferre abstinui.
(11) E. g. I, 261.
(12) I. e. precatio.
(13) Liber respondet.
(14) I. e. vestis.

ΑΡΚΕΤΑΙ ΤΟ ΠΑΝΗΓΥΡΙΚΟΝ ΒΕΡΕΝΓΑΡΙΟΥ
ΤΟΥ ΑΝΙΚΗΤΟΥ ΚΑΙΣΑΡΟΣ

Græcia quæsitis cecinit si regna loquelis,
Moribus insulsos et religione tyrannos
Tolleret ut quosdam immerito super astra
    [beandos,
Quos Lachesis nigro satius damnavit Averno;
5 Roma suos vario vexit si figmine post hæc
Augustos ad tecta poli radiata, perenni
Vibratu simul hos Stygio sorbente barathro :
Induperatorem pigeat laudare nitentem
Christicolas quid enim, cœlum reserantibus
    [undis (15),
10 Quodque replet Domini mundum spiramine
    [totum ?
Ergo Berengarium genesi factisque legendum
Rite canam, frenare dedit cui celsa potestas
Italiæ populos bello glebaque superbos.
Stirpe recensita generis, quo stemmate pollet
15 Scire vacat; nam cuncta nequit mea ferre
    [Thalia.
Francigenam fateor Karolum prænomine Ma-
    [gnum,
Quem tellus axi tremuit subjecta rigenti,
Quamque petens linquensque luit Sol aureus
    [undas (16),
Et quam torret equis totiens invectus anhelis,
20 Prodit avis atavisque illo de sanguine rector
Ausoniæ; Karoli sed enim nutritus alumni
Rite sub imperio, simili qui nomine Romam
Postremus Francis regnando coegit habenis (17).
Ille virum cernens belli sub imagine lætum
25 Et ratione pium regnique beamine dignum,
Egregii fidum lateris delegit amicum,
Fascibus imperiique aptum si bella ministrum
Forte ruunt. Italus princeps, exercitus armis,
Præduros Martis didicit sic ferre labores.
30 Venerat ecce dies (17*) primi cum fata pa-
    [rentis
Posceret atra lues regem, totosque per artus
Febris iit. Moriens primos compellat amicos.
Ultima Brengario referunt dixisse propinquo :
Subdere colla tibi merito deberet Eous
35 *Et licet occiduas cernit quos mersus in undas*
Phœbus, uterque etiam mundi quos despicit axis;
Attamen Hesperiæ proceres pro viribus ardent
Rite subesse tibi, tanto quia digna labore
Cuncta geris. Penes imperii te gloria nostri,
40 *Atque tuis stabit Romana potentia fatis!*
Hæc fans, ætherias ductor concessit in auras,
Supremumque gemens regnorum liquit habenas.
Ille quidem sic astra subit; miseranda cupido
Sed populos persuasit agens, qui limite lato

45 Unius imperio soliti concurrere, plures
Ut mirentur abhinc diversa per arva tyrannos,
Et sibi quæque legat proprium gens, omnibus
    [idem
Dum perstaret amor. Raperet ne gaudia Rhenus
Aut Araris spectata diu, glomerantur in unum
50 Ausonii proceres, ac talia nuntia regi
Ire jubent : *Hæc terra satis terræque coloni*
Fluminaque antiquos subterlabentia muros
Nota tibi. Nec te revocet fera Gallia, digno
Quin potiare solo, trux aut Germania, quando
55 *Sceptrigeri hoc potius dudum coluere propinqui,*
Et genitor cunctis dilexit carius arvis.
His motus, gressum precibus contendit ad ur-
    [bem
Irriguam cursim Ticini abeuntibus undis.
Sustulit hic postquam regale insigne coronam,
60 Non alias raptim cupidus pervadere terras,
Quod multos juvenum letho dimersit acerbo,
Lætitia resonant, plausu et fora cuncta resul-
    [tant,
Templa sacrata virum trepidant matrumque
    [choreis,
Orgia et innuptæ concinnant clara puellæ,
65 Dantque choros molles; et tympana dextera
    [pulsat,
Atque lyræ graciles extenso pollice chordas
Percurrit, septemque modos modulatur avenis.
Rura colunt alii, sulcant gravia arva juvenci,
Tondent prata greges, pendentque in rupe ca-
    [pellæ.
70 Omnibus una quies, et pax erat omnibus una.
Non (18) secus ac longa ventorum pace solu-
    [tum
Æquor, et imbelli recubant ubi litora sumno,
Silvarumque comas et abacto flamine nubes
Mulcet iners æstas : tunc stagna lacusque so-
    [nori
75 Detumuere, tacent exhausti solibus amnes.
Invidia tumidus, nec passus talia, Wido
Perfurit, ac nimios profundit pectore questus :
Otia, quæ Latium foveant, piget usque fateri!
Nam video florere viros rebusque supinos
80 *Fertilibus, solioque ducem considere celso,*
Quem legere sibi. Montes superare profundos
Vis foret ulla mihi! Forsan perfringere fœdus
Et faciles juvenum possem subvertere mentes
Præcipuum Tyrrhena colunt qui rura! Volentes
85 *Subicient mihi colla, reor. Minus aptus in armis ?*
Quid? Potuit Paris egregias turbare Mycenas.
Excire atque nefanda feros in prælia Atridas.
Quid refert (19), *quantus sedeat Rodulfus* (20)
    [*in aula,*

---

(15) Scil. *baptismatis.* — odis *edd.*
(16) Ruit s. a. undis *edd.*
(17) Caroli III.
(17*) An. 888, Jan. 13.

(18) V. 71-75 *ex Statii Thebaid. III, v.* 255 *sqq*
(19) Referam *edd.*
(20) Rex Burgundiæ Transjuranæ.

An qualis referam Francis dominetur in arvis
90 Oddo, mei similes dudum notique sodales?
Solus egon' donis sæclis privabor opimi
Et taciti metam solus devolvar ad ævi?
Non, donec puras animus depascitur auras,
Vel si me rapidus Mavors perstrinxerit armis,
95 Provolvens juvenum fusos in sanguine patres!
Talibus irarum dictis fundebat habenas,
Mente coquens bilem; jacto (21) velut aspera
[saxo
Cominus erigitur serpens, cui subter inanes
Longa sitis latebras, totosque agitata per artus,
100 Convocat in fauces et squamea colla venenum,
Jamque legit socios aptos furialibus ausis.
Fama volans regis nitidas cum perculit aures,
Conatus agitare satis Widonen iniquos,
Fortuna servante modum, quatit ille tremendum
105 Regali de more caput, cœlique tuetur
Convexa, atque sacris ita fatibus ora resolvit:
Tu cœli terræque sator, qui fulmina (22) torques,
Annorumque vices dimensaque tempora noctis
Quatuor et mundi partes, quantum arctus ab
[austro
110 Et quantum occasus roseo consistat ab ortu,
Metiris, subeat geminos ut phosphorus ortus,
Præcedens nunc Solis equos pellensque tenebras,
Noctis agat præ se gelidos aliquando jugales:
Testis adesto pius, noxamque remitte cruoris,
115 Si manus hæc mortis tulerit dispendia Gallis,
Debita jure mihi raptum ire volentibus arva
Infandum! Cui tanta viro concessa potestas,
Me regnis privare? Sedet si, conditor orbis,
Pro culpis abolere viros, nil vota retardent,
120 Sed per cuncta ruant fastus discrimina, quando
Ferrea jam scindit morituris stamina Clotho,
Ac miseris diri capitis discriminat angues
Alecto, crudele nefas! Acheronte sub imo.
Nox subit interea variis distincta figuris,
125 Cum pater egregius tecto sese intulit alto
Post epulas, ubi membra toro laxavit honoro.
Annua vix toto rutilarunt sidera mundo
Pace sub hac. En fraudis agit tentamina prædo,
Qua secuit quondam aerias rex Pœnus (23)
[aceto
130 Imperii cupidus cautes. Ubi constitit oris
Italiæ, nunc ille minis, aliquando rogatu,
Sollicitat juvenum hoc fluxas sermone catervas:
Quisquis avet solidis protendere legimus ævum,
Et fasces mutare ducis, quæ tendimus ultro
135 Rite fruens donis, nostros glomerare maniplos
Ne cunctetur ovans. Cuiquam si forte videtur
Futile quod ferimus, robur quia ponit in armis
Brengarii, stimulis olim quia motus iniquis
Finibus absentes Gallos quæsivit Etruscis: (24)
140 Quantus in arma feror, patriis vel quantus ab oris

Ausoniam subeo, liceat deferre tyranno,
Atque una caris veniat funaendus in agris!
Quis placuere vices, ac dulce movere potentes,
Colla jugo posuere truci; male fida recessit
145 Sed penitus Tyrrhena manus, hostesque pro-
[tervos
Exultans in regna tulit. Proh sæva nocentum
Consilia! Princeps aberat, pacemque parabat
Imperio, Veronæ Atesis qua culta salubris
Irrigat. Ecce gradu celeri petit alta minister
150 Tecta ducis, sudore madens. Fortissime rector,
Inquit, adesto tuis! Saltu super ardua montis
Sese injecit ovans cœtus sat in arma superbus,
Cui nisi præduros gladiis inferre maniplos
Institeris, quid opus Latio quæ dicere victo
155 Damna ferent? Infensus ad hæc ita reddidit
[olli
Rex: Jubeo, juvenis, tantum desiste moveri!
Non caput hoc dum vita regit diffusa per artus,
Hæc tellus cedet superata, pudetque fateri
Res Latii victas! Ait, accirique sodales
160 Imperat. Excurrunt vastos excita per agros
Agmina, amor quibus est pacis, quis gloria
[curæ
Natorum dulcisque domus, vitamque perosi
Adveniunt placido glomerati pectora regi.
Exacuunt justas subitis rumoribus iras.
165 Undique collecti postquam venere manipli,
Ingenti fremitu pariter ducis ante tribunal
Bella cient. Liquidas tandem se reddit ad auras
Terribilis ductor, quando latus omne sub armis
Ferrea suta terunt, humeros et pectora late
170 Flammeus orbis habet, capiti tremit aerea cassis,
Et gemino dextra rutilant hastilia ferro,
Ensis in ore etiam præclara refulget iaspis
Pulcher honos regumque decus, fortissima pubes,
In mediis orsus, rabidi commercia Martis
175 Præsto. Manus capulo sit parta animusque la-
[bori,
Ut decet egregios! Regnum quia tollere pessum
Wido velit, certum est sociis atque arva vocatis
Partiri, et gremiis juvenum subducere pactas.
Si foret huic animus mecum confligere solo,
180 Et partis (25) differre nefas, quod fluctuat armis
Mersurum populos? Ait, et spumantis habenas
Implet equi, præcepsque petit confinia belli,
Qua manus hostilis Latium pessumdabat armis.
Hic cœlo ut pepulit gelidas aurora tenebras
185 Rorantes excussa comas multumque sequenti
Sole rubens, galeaque viri clusere minaci
Ora, tubæque sonant, vocisque resultat imago,
Partitæque vices tolluntur in æquora gentes.
Qualis (26) ubi, audito venantum murmure, ti-
[gris
190 Horruit in maculas, somnosque excussit inertes,

---

(21) Jacto — v. 100, ex Stat. Theb. II, v. 412 sqq.
(22) Ita edd., flumina c.
(23) Annibal.
(24) Cf. Ann. Fuld., a. 883

(25) Ita c., i. e. paratis, ideo suis. — Pactis Val.
e. coni.
(26) V. 189-194, ductor in ex Statii Theb. II,
v. 128 sqq.

APPEND. AD SÆC. X.

Bella cupit, laxatque genas, et temperat ungues,
Mox ruit in turmas, natisque alimenta cruentis
Spirantem fert ore virum : sic excitus ira
Ductor, in adversos inicit ferus arma maniplos.
495 Undique consurgunt acies, et pulvere cœlum
Conditur, horrendisque sonat clamoribus æther.
Hic alius rapido dejectus in æquore cursu
Proteritur, pedibusque simul calcatus equo-
[rum ;
Atque alius volucri trajectus tempora telo ,
200 Cornipedis tergo pronus ruit ; illius ense
Dejectum (27) longe caput a cervice cucurrit ,
Hic jacet exanimis , fuso super arma cerebro.
Ille manu caret , hic gressu ; nec visibus iste
Integer obruitur. Campi sudore madescunt ,
205 Sanguine manat humus. Crudescens undique B
[campo
Mars turmale furit, Wido si fulminis (28) instar
Labitur in turmas: Libycus velut agmina campis
Læta boum cum forte leo procul aggere cernit
Attollens cervice jubas sitiensque cruoris ,
210 In mediam erecto contendit pectore turbam.
Hinc fremit Ausoniæ ductor, furit inde minister
Wido necis, propria nimium virtute superbus.
Invicti valeat verum quis ferre tyranni
Pondera virtutis ? Demum dare terga coacti
215 Illius effugiunt comites. Clamoribus ultro
Palantes sequitur : Quæ vos æmentia cepit (29),
Montibus ut septi gladios vitare velitis ,
O socii ? Haud quondam hæc patriis promissa C
[dabatis
Ædibus , Hesperiæ quævis prædulcia natis
220 Spondentes. Revocate gradum ! Quid dextera
[possit
Hæc, hodie cernetis, io ? Ne fidite cursu,
Lecta manus ! Frustra sed enim compellat aba-
[ctos
Fulminei virtute ducis. Desertus amicis,
Stat (30) rationis inops , utrumne inglorius ar-
[mis
225 Abscedat, redivivo (31) animam servare duello,
Redditus an pulcram properet per vulnera mor-
[tem
Hostibus. Hæc secum subito dum mente retra-
[ctat, D
Unus adest comitum ac rapidis ca.caribus ur-
[gens
Jam torpentis equi latera : Hospes inclite, Gallis,
230 Inquit, abi. Penitus nostri cessere manipli.

Nec mirum credas hominem sævire per agmen,
Pulvereos Libyes potiusque haud (32) monstra
[per agros.
Vidi equidem, geminos uno cum sterneret ictu
Ille viros. Pudet heu fari ; quæ funera victis
235 Intulerit. Discede, precor, melioribus ausis
Servandus ! Tandem socium perculsus amore
Discedit, seseque suis mærentibus addit (33).
Nox (34) ruit interea, curas hominumque la-
[bores
Composuit, nigroque polos involvit amictu ,
240 Omnibus illa quidem mitis, sed turbida pulso.
Volvitur irarum furiis actique laboris,
Non tamen absque via mentisque vigore pro-
[fundæ.
Namque (35) sub occiduas versæ jam noctis ha-
[benas
Astrorumque abitus, ubi primum maxima Thetis
245 Impulit eoo cunctantem Hyperiona ponto,
Doctiloquos agit ille viros ad limen ovantis
Hesterna nece victoris, ne luce carentes
Prohibeat (36) mandare solo. Jam calle per-
[acto
Postquam introgressi, et coram data copia
[fandi ,
250 Incipiunt : Suprema dedit superare potestas;
Cui, ductor, fera bella, animum submitte rogatu.
Nam petimus³ liceat socios mandare sepulcris
Æthere privatos, malis ne membra ferinis
Facta Deo pereant, campove relicta fatiscant.
255 Hoc fortis Wido, hoc populus miseratus amicos.
Nec adeo fractæ vires animique labascunt,
Prœlia quin superent ac spes in nostra cadendi
Jura solum. — Juvenes, vitio labescitis omnes
Gentis, ad hæc victor, fandi quia copia vobis
260 Semper , et ore magis robur quam pectore ;
[verum
Plus dixisse egisse (37), minus taxatur hones-
[tum (38).
Tollite membra tamen, mitto quia lumine cassis
Quod restat potius. Miseret tot mille jacentum
Unius ob noxam, luteo quis corpore mundi
265 Arcana tribuit flatum ratione Creator.
Illa quidem videat Deus. At vos, æthera testor !
Aut Italis Galli celeres abscedite terris,
Aut bello fractas iterum densete (39) catervas (40).
Hæc ubi dicta, viri gressum vertere frequentes
270 Ad socios ; tolluntque citi sua funera campo,
Sandapilis, reditura tubis ut cuncta ciebit
Nuntius ætheria præcurrens arce Tonantem.

(27) Desectum ed.
(28) Fluminis c. apud Heinsium.
(29) Cf. Virg. Æn. IX, 604.
(30) Ita correxi. Sat. edd.
(31) Glossa interlinearis, quam notavit Heinsius : renascenti post casum, Burmannus recidivo legendum conjicit.
(32) Sententia est : Nec credas, hominem mirum sævire per agmen, sed (et haud) potius monstra, Libyæ per agros pulv. Valesius miserum... agmen... potius quam monstra.... corrigit.

(33) Cf. Liudpr. Antap. I, 18.
(34) V. 238-240 paucis mutatis ex Statii Theb., v. 414-416.
(35) 243-245 ex Statii Theb. III, v. 55-55.
(36) Glossa : Pro communis syllaba est modo.
(37) Plus dixisse quam egisse : vox quam voci egisse superscripta est.
(38) Glossa in marg. : Hic versus cujusdam sapientis est Francigenæ.
(39) Ita c.
(40) Cf. Virg. Æn. XII, v. 264.

EXPLICIT LIBER I

INCIPIT LIBER SECUNDUS.

Fluctuat interea Wido, creoroque retractat,
Milite quo bellum moveat, quæ pectora sollers
Protendat ferro. Placuit sententia demum,
Sollicitet patria populos tellure quietos,
5 Unanimes quo bella ferant viresque reducant
Effætas, paribusque solum potiantur habenis.
Summe Deus, qui cuncta foves, qui cuncta
  [creasti,
Qui regis imperio cælum, mare, sidera, terras,
Qui facis astra micent et signa micantia cur-
  rant,
10 Te precor, intende, et mihimet succurre ro-
  [ganti
Ac sensus infunde meos, commercia belli
Illectosque duces vili subnectere chartæ
Quo valeam! Prior arma rapit jam Gallicus he-
  [ros (41)
Aeries ducibus montes superantibus auctus,
15 Anscherio cum fratre simul, qui jure protervo
Quingentos acuunt propria de gente ministros,
Instructos animo et gladiis, nec viribus infra.
Gauslinus ter centum equites fera bella volen-
  [tes
Præcelerare jubet; pariter contendit Ubertus
20 Bis centum pro laude viros; eadem omnibus
  [arma
Et cultus similis, patriæque in pectore vires.
Arma (42) legens inimica iterum Tyrrhena ju-
  [ventus,
Inclyta gens dudum, terræque marisque duello
Apta satis, modo sed malefida et degener,
  [ultro
25 Bella cupit; pariterque cohors Camerina su-
  [perbit
Munere natorum, subigitque in bella sodales
Mille. Sua virtute, magis sed prole supinus —
Post monstrata fides — centeno milite lætus
Pauper adhuc Albricus abit, jam jamque re-
  [sultat
30 Spe Camerina (43). Utinam dives sine morte
  sodalis!
Quid, furibunde, ruis, sociis ad crimina lectis,
Ragineri? Non consilio nec viribus ullis,
Vincitur, æthereo causas qui pensat Olympo,
Quique Berengario Latium concessit avitum.

35 Collectos etiam ducit Wilelmus amicos
Ter centum, lorica habiles galeaque minaces,
Nec jaculo segnes. Totidem propellit Ubaldus
  (44)
Consimili fervore. Vacat non denique vulgus,
Instabili motum studio modicisque magistris,
40 Profari, quandoque manent hi forte labores
Doctiloquos; mihimet summam tetigisse duelli
  (45)
Sufficiat. Veniunt etiam, discrimina campo
Qui nuper tulerant, numero ter mille, magistris
Conserti pariter stupido restantibus arvo
45 Infandum. Foret his satius cecidisse duello,
Quam miseros vidisse dies. Nam dispare fato
Disperiere. Jubet tandem (46) Lamberticus
  [horror (47)
Præcipuum (48) truncare; siti perit alter in
  [arvis;
Ungrorum cupit infaustas differre sagittas
50 Tertius, alta poli scandit supremaque ponti
Tristis, ut almificis sese sustollere sceptris
Forte queat. Hominum pro mens ignara futuri!
Nunc acies glomerant, bellum numeroque mi-
  [nantur
Lætantes, timidisque etiam brevis addita virtus
55 Per medios Wido incedens gratatur amicis,
Exsultatque (49) animis, et spe jam præcipit
  [hostem:
Qualis ubi abruptis fugit præsepia vinclis
Tandem liber equus, campoque potitus aperto,
Aut ille in pastus armentaque tendit equarum,
60 Aut assuetus aquæ perfundi flumine noto
Emicat, arrectisque fremit cervicibus alte
Luxurians, luduntque jubæ per colla, per armos.
Senserat horrisonos tandem sævire furores
Armipotens Latii decus, et spes inclyta belli
65 Arma ciet, primisque virum regnique ministris,
Ocius accitas cogant in prælia turmas,
Imperat, ac latas vacuent habitantibus urbes.
Jussio torva means Italo jam perfurit arvo,
Conveniunt nocuo rursus decernere ferro,
70 Quis pia jura placent notas exinde (50) per
  [urbes
Læta novare, nefas ardet! Sic præpete motu
Comit equos artusque terit (51) thorace ju-
  [ventus.

---

(41) *Wido.*
(42) *Cf. Liudp. Antap. 1,* 17.
(43) *Glossa :* Nam Camerinam marchiam postea tenuit. Certum est quod Albericus interfecit compatrem suum Widonem in ponte, cupidus honoris; ideoque optat iste pervenisse eum ad culmen honoris sine nece amici.
(44) *Cf. Liudpr. Antap. I,* 21.
(45) *Glossa :* Distat autem duellium et duellum; nam duellium est spatium quo bellum præparatur, duellum dicitur ipse conflictus. Alii dicunt quod duellum sit proprie conflictus duorum.
(46) *Glossa :* Vacat *tandem* et est versus de iis qui tibicines vocantur, quibus datur aliquid ad solam metri sustentationem. Est autem tibicen proprie furca apposita ad sustentationem ruentium parietum; unde Juvenalis ait, de incommodis urbis loquens : « Nos urbem incolimus tenui tibicine fultam. » (*Sat.* 3, *v.* 193.)
(47) I, e *Lambertus, Widonis filius.*
(48) *Glossa :* Magenifredum significat; *cf. Liudpr. Antapod. 1,* 38.
(49) *V.* 56 — 62. *ex Virg. Æn. XI, v.* 491.—497.
(50) Excide *c.*
(51) *Cf.* l. 169.

Nec mora, Walfredus (52) ter mille resumit amicos.
His manus in capulo, primis ac fervor ab armis
Hostilem turbare globum; nec fortior alter,
Hostica quem pubes bello vereatur euntem,
Ausona cui faveat. Pariter tria fulmina belli
Supponidæ (53) cocunt, regi sociabat amato
Quos, tunc fida satis, conjunx, peritura venenis
Sed, postquam hausura est inimica hortamina
                                        [Circes.
Hos mille et quingenti equites comitantur
                                        [euntes,
Obtectu Chalybum pectus de more metallo
Gentis, et umbrati nitidis a vertice cristis.
Teutonico ritu sexcentos urguet ovantes
Leuto viros; etiam simili strepit agmine frater
Bernardus. Stimulant longis calcaribus armos
Alipedum cuncti, et cludunt latera ardua parmis.
Germanus sic bella gerit. Nec segnis abibat
Albricus, Tiberine, tuas non sanguine lymphas
Quis fraude infecit, quingentaque robora belli
Educit patriis horrentia viribus, atque
Francigenis olim duris exercita ludis.
Jamque moræ impatiens glomerat Bonifacus
                                        [amicos;
Alter ab adverso ac paribus circumdatus armis
Berardus numero ter centum. Maxima vulgi
Pars Italo vibrant omnes de more sarissas (54),
Orbe latusque tegunt clypei pro Marte sini-
                                        [strum.
Advolat Azo ferox (55), subigens in bella so-
                                        [dales;
Vicinoque suas cogens ab limite turmas
Olricus (56), Latium Hadriacis qua clauditur
                                        [undis,
Ac labor est sævis gladios prætendere Iberis
                                        (57).
Farier illectos studio Mavortis utrimque
Pontifices vereor. Strictis ingentia dictis
Prætereo, Rheni licitum nec fœdera (58) paucis
Effari; hinc alio libitum transmittere cursus.
Ut tandem collecta bonus videt agmina ductor,
Assilit in medium nitidis cernendus in armis,
Talia dicta ferens: *Nostri munimina regni,
O proceres, prohibere minas Widonis iniquas
Sitne pium, sapitis, dudum qui funera campo
Experti. Mavult igitur quia tendere fastus
Nunc etiam, rebus finem quam ponere fessis,
Arma referre citi, et caram defendite terram,
Me duce, quem dudum precibus sustollere fasces
Hortati.* Dixitque. Diu cessare duellum
Turba fremens queritur, subito concussa tu-
                                        [multu,
Vix labara opperiens. Ferus (59) omni in pe-
                                        [ctore sævit
Mortis amor cædisque. Nihil flagrantibus obstat.
Præcipitant redimuntque moras. Sic litora
                                        [vento
Incipiente fremunt, fugitur cum portus; ubique
Vela fluunt, laxi jactantur ubique rudentes,
Jamque natant remi, natat omnis in æquore
                                        [summo
Anchora; jam dulcis medii de gurgite ponti
Respicitur tellus, comitesque a puppe relicti.
Campus erat dudum studio damnatus iniquo;
Huc ambæ tendunt acies squalentibus armis.
Sed (60) jam bella vocant. Alias nunc suggere
                                        [vires,
Qui pensas tacita mundum ratione Creator.
Fatalem populis ultro poscentibus horam
Admovet atra dies, Stygiisque emissa tenebris
Mors fruitur cælo, bellatoremque volando
Campum operit, nigroque viros invitat hiatu
Arma ciens, aboletque domos, connubia, natos.
Pellitur et patriæ et, qui mente novissimus exit,
Lucis amor, animusque ultra thoracas anhelus
Conatur, galeæque tremunt horrore comarum.
Quid mirum caluisse viros? Flammantur in
                                        [hostem
Cornipedes, niveoque rigant sola pinguia nimbo.
Jamque ruunt, primusque virum concurrere
                                        [pulvis
Incipit, ac spatiis utrimque æqualibus acti
Adventant, mediumque vident decrescere cam-
                                        [pum.
Pulcher adhuc belli vultus: stant vertice coni,
Plena armenta viris, nullus sine præside vector.
At postquam rabies et vitæ prodiga virtus
Emisere animos, sternuntque ruuntque vicissim
Ictibus innumeris. Haud tanta cadentibus hædis
Acriam Rhodopen solida nive verberat arctos.
Interea Widonem (61) adit Walfredus ovantem
Cædibus, haud regem, sed enim qui nuper ab
                                        [arvis
Sequanicis illectus erat. Capit eminus ipsum
Hasta viri valido nimium contorta lacerto,

(52) A. 896, *marchio Forojulanus. Ann. Fuld.*
(53) *Glossa:* Supponidæ patronymicum est a patre et, per metaplasmum systolen, corripitur *po* syllaba, vel per licentiam, quæ est in propriis. Tres autem fuerunt filii Subponis in prælio, Adalgisus, Wifredus et Boso. — *Soror eorum Berengario nupserat, pater in chron. Casauriensi Picenicomes audit; cf.* Vales. p. 120.
(54) *Cf. Stat. Theb. VII, v.* 269.
(55) *Estensis stirpis cum fuisse, jam* Valesius *conjecit; cf. v.* 99. 100.
(56) Liudpr. Antap. II, 57 sqq.
(57) *Glossa*: Iberi dicuntur Hispani ab Ibero flumine, a quo una Hispania Iberia dicta est. Nam Hispani per Hadriaticum mare furtim ad Liguriam, quæ pars est Italiæ, navigantes, maximam inferunt vastitatem; ideoque dixit: « Qua labor est sævis gladios prætendere Iberis. » — *Sed Iberi hic Hungari esse videntur, ex Iberia* (i. e. *Asia*) *profecti. Valesius Abaris legere maluit.*
(58) *Fœdus cum Arnulfo ictum mense Nov. anni* 888, *cf. Ann. Fuld.*
(59) *Ferus — v.* 124 *ex Statii Theb. VII, v.* 157 —144.
(60) V, 127, 129 — 145; *ex Statii Theb. VIII, v.* 354, 356 — 359, 346 — 352, 356 — 358, 363, 364, 367 — 369 *ad verbum fere exscripti.*
(61) Widonem *ed. c.* ?

Extremo galeæ primoque in margine parmæ
Semita qua lucet; clauso spiraminis haustu
Ilicet oppetiit. Moriens telluris alumnæ
155 Infelix caræque domus reminiscitur, atque
Damna modo Latiis quia venit adeptus in arvis.
Hinc acies sequitur cæso ductore; furitque
Ascherium sternens heros Atesinus (62) et
 [Othum (63);
Comminus hunc stantem, metit hunc a poplite
 [sectum
160 Cuspide transmissa. His socios demitteret um-
 [bris
Innumeros, ni Rhodanicus succurrere du-
 [ctor (64)
Admonitus, fessis subito adforet ultor amicis.
Ut lupus in campis pecudes cum vidit apertis,
Non ductor gregis ipse comes, non horrida
 [terret
165 Turba canum; ruit, ac toto desævit in arvo:
Haud aliter dirum Wido se tollit in æquor.
Hic celsum quod cernit equo turbare sodales
Erardum indignans, uno duo corpora ferro
Cornipedemque equitemque fodit. Ruit ille
 [cruentem
170 In dominum, lapsisque manu quærentis ha-
 [benis,
In vultu galeam clypeumque in corpore calcat,
Saucius extremo donec cum sanguine frenos
Respuit, et iuncta domino cervice recumbit.
Otgarii (65) comites rabido clamore vocantis,
175 Ora ferit framea; pereunt conamina vocis
Intercepta cruore. Milo verum arma cadenti
Dum rapit, infelix Itala deprenditur hasta,
Ac moriens linquit clypeum hostilemque suum-
 [que.
Auxilio collecta subit tandem Ausona pubes.
180 Bellum ingens oritur. Multum hinc illincque
 [cruoris
Funditur, et totis sternuntur corpora campis.
Nam varium virtutis (66) opus. Nunc turba re-
 [cedit,
Nunc premit, ac vicibus tellurem amittit et au-
 [fert.
Ut ventis nimbisque minax cum solvit habenas
185 Aer (67), alterno profligens turbine mundum
Stat cæli diversa acies: nunc fortior austri,
Nunc aquilonis hiems, donec pugnante procella
Aut nimiis hic vicit aquis, aut ille sereno.
Hic videt Anscherius fratrem quia vulnere labi
190 Albrici, ingemit, ac rapido conamine telum
Contorquens, clamore gravi: Sator ætheris,
 [inquit,

Sic genus omne tuum propriis discriminet arvis,
Ut fratres Italo torvus discernis in agro!
His dictis, volat ingenti stridore per auras
195 Cuspis in adversum; clypeo sed pulsa rigenti
Alipedi vadit mortem latura superbo.
Hic mortem Albricus caperet, nisi proxima
 [virtus
Tolleret hunc juvenum sociis et redderet armis.
Milibus (68) in mediis vadens: Quid inertia
 [bello
200 Pectora, Ubertus ait, duris prætenditis armis
O Itali? Potius vobis sacra pocula cordi,
Sæpius et stomachum nitidis laxare saginis,
Elatasque domos rutilo farcire metallo!
Non eadem Gallos similis vel cura remordet,
205 Vicinas quibus est studium devincere terras,
Depressumque larem spoliis hinc inde coactis
Sustentare! Miser voces dum tollit inertes,
Hasta subit latebras animi scrutata superbi
Wifredi librata manu super horrida fantis:
210 Infelix Galle, Ausonios ne dicere pigros
Fas tibi, ut fallor, digitis impacta monebit
Hasta meis! Visu ille truci dum prospicit
 [hostem,
Labitur, et carpit moribundus dentibus herbas.
Hæ diversa in parte vices utrumque cade-
 [bant.
215 Sævior at miseris instat regnator Etruscis
Hesperiæ, timidumque vocat Widona per agmen,
Nil vulgare legens, sed quæ dignissima vita
Funera, præcipuos annis animisque cruento
Fert gladio: innumeris (69) veluti leo forte po-
 [titus
220 Cædibus, imbelles vitulos mollesque juvencas
Transmittit; magno furor est in sanguine
 [mergi
Nec nisi regnantis cervice recumbere tauri.
Wifredum sed enim sonipes male fidus in armis
Rumpentem frenos diversa per agmina raptat
225 Jam liber, sic fessa manus. Venit hasta per
 [armos
Principis, et lævum juveni transverberat in-
 [guen,
Labentemque affigit equo. Fugit ille perempto
Consertus domino, nec jam arma aut frena te-
 [nentem
Portat adhuc equitem. Fratris jam membra
 [regebat
230 Arduinus equo, læva (70) marcentia colla
Sustentans dextraque latus. Singultibus artum
Exhaurit thoraca dolor, nec vincla coercent
Undantem fletu galeam; cum multa gementi

---

(62) Aut Walfredus, aut, ut Valesio placet, Berengarius.
(63) I. e. Ottonem.
(64) Wido.
(65) Osharii Langermann in cod. legit.
(66) V. 180-186, paucis mutatis ex Statii Theb. VIII, v. 382-388.

(67) Et adjecit Leibn. Juppiter a. Stat.
(68) Millibus ed.
(69) Innumeris — 220 ex Stat. Theb. VIII, v. 554-557.
(70) Læva — v. 237 ex Stat. Theb. II, v. 596 — 603, 606, 607.

Valde gravis curvas perfringit lancea costas,
235 Exit et in fratrem, cognataque pectora telo
Conserit. Ille oculos etiamnum in luce natantes
Sistit, et adspecta germani morte, resolvit.
Procubuere pares fatis — miserabile votum
Mortis — et alterna clauserunt lumina dextra.
240 Ac (71) velut Edoni boreæ cum spiritus alto
Insonat Ægæo, sequiturque ad litora fluctus,
Qua venti incubuere, fugam dant nubila cælo:
Sic regi, quacumque viam secat, agmina ce-
    [dunt,
Conversæque ruunt acies, cadit obvia pubes.
245 Ut vidit socios regi dare terga sequaci
Ildeprandus, abit clamans: *Perstate sodales,*
Quid fugitis? Spectate, virum si pellere ferro
Forte queam! Similes artus natura creatrix
Huic dedit, ac similis sustenta viscera sanguis.
250 *Num sacra riguit Styge? Num penetrabile plantis*
Hunc modo tergus obit? Mortali urgemur ab
    [hoste (72),
Haud legione, pium Domino quæ servit ad usum.
Sic ait, et toto connixus corpore telum
Effundens, femur ingenti ferit eminus ictu
255 Ductoris Latii. Satis hoc; et tollere gressum
Pone citus facti cogente timore parabat;
Protinus intorquens jaculum sed ductor in ho-
    [stis

Os, terebrat faciem, quartis (73) sine lege la-
    [bellis
Increpitans: *Secreta tibi committere nullus*
260 *Audebit, Tyrrhene, dehinc, quod apertus abunde*
Hac illacque fluis. Sint hæc monumenta mino-
    [rem
Te frustra voluisse meis illædere telis!
Ille quidem evasit socios circumdatus armis;
Sed victor animi tota succensus in ira
265 Innumeram ferro plebem ceu letifer annus (74)
Aut jubar adversi grave sideris immolat: *Ite,*
Vociferans, vestroque duci narrate, Latinos
Dividat an recte vobis mea lancea campos!
Tyrrheni proceres iterum hinc atque inde pu-
    [dore
270 Collecti statuunt gressum, firmantque vicissim
Undique sese armis, oriturque miserrima cædes
Amborum, et ferrum ferro sonat; undique mi-
    [stis
Inter se stridunt mucronibus. Instat utrimque
Densa acies, rursusque novo respersa cruore
275 Arva madent, ruit Hesperias dum Phœbus in
    [undas.
Quis modus ulterior, vel quæ discretio belli,
Ni finem daret ætherea sator orbis ab aula?
Nocte instante solo tandem spississque tenebris
Concedunt mæsti et trucibus dirimuntur ab
    [armis (75).

EXPLICIT LIBER II.

INCIPIT LIBER TERTIUS.

Tanta per Ausonios defervere prœlia campos,
Non modo finitimis, longe sed fama remotis
Dum canit, Arnulfi Germanica jura (75*) pre-
    [mentis (76),
Brengario sed enim regum per stemmata juncti,
5 Tendit ad imperium solito magis hispida plu-
    [mis,
Amplectens una populum sævumque tyran-
    [num (77)
Gutture profuso. Coquit ille in pectore curas,
Moxque vocans genitum: *Duros, Sinbalde (78),*
    [*maniplos,*
10 *Inquit, age, et rapidis Italos pete cursibus agros,*
Rex ubi Brengarius audentes ardua Gallos
Insequitur bellis; tamen hos per vulnera dicas
Aut montis subito, mirum, succrescere partu, —
Tot veniant. Tantumne potis perferre dolorem,
Nostra ut progenies propria vexetur in aula?
15 *Nec tibi bella dari vereor, si junctus amico*

Iveris. At muris dicas servare superbos
Forte animam, neque velle tuis famularier armis;
Esto, vices mutabo dehinc, et mœnia scindam
Ausoniæ, rutilam donec veniatur ad aulam
20 *Clavigeri (79), et totos Araris vacuabo furores.*
Paret ovans patri, simili succensus amore,
Mox Sinbaldus, et electo comitante ministro,
Ingrediens Latium, quosdam præmittit, amico
Pacificum referant sese qui tollere gressum.
25 Consimili fervore subit pater obvius olli
Brengarius, celsas nimium qua tollit in ar-
    [ces (80)
Se regnum ac subitis (81) Rhenos discriminat
    [oris.
Hic ubi congressu dextras junxere decoro,
Rex inquit prior: *O juvenum fortissime, no-*
    [*stros*
30 *Cur velis penetrare locos, cunctatio (82) nulla est.*
Nuntia vera satis. Solum rogitare necesse,

(71) V. 238-244 ruunt acies *ex Virg. Æn. XII,*
v. 365-369.
(72) Cf. *Virg. Æn. X,* 375.
(73) I. e., quadris, quatuor jam labiis, *scilicet*
cuspide divisis, ut Valesius explicat.
(74) V. 264. 265 *ex Stat. Theb. VII,* v. 709,
710.
(75) Cf. *Liudpr. Ant. I,* 19.
(75*) *Anno* 891.

(76) *Ita c. rura ed.*
(77) Widonem.
(78) Zwentebaldum Liudprandus. Centebaldum
effert. cf. Ant. I, 20, 21.
(79) *Summi pontificis, Wido, d.* 21 Febr. a. 891,
imperialem benedictionem acceperat.
(80) Alpes.
(81) I. e., *præcipitibus?*
(82) *Id. e.,* percunctatio.

Incolumem quia te nostris conspectibus offers,
Si fruitur pater optatis tuus optime rebus.
Inquit at ille°: *Valet genitor, commune levamen,*
35 *Teque valere cupit, pacatis fœdere campis*
Mansuro Latii. Celeres idcirco subegit
Nos petere Ausonias collecto milite terras.
Intereaˆloca tuta petit dux Gallicus, atqui,
Non geminis obstare sua virtute tyrannis
40 *Posse videns.* Illi fremitu, miserabile, clusos (83)
Irritant, hinc inde solum peragrando Latinum.
Verum ubi cuncta silere vident hostilibus ausis,
It monitu regis patrias Sinbaldus ad oras.
Quod solus queat hostilem superare furorem.
45 Tertia vix lunæ se cornua luce replerant (84),
Hic lætus patriam postquam concessit ad aulam,
En Wido agmen agens, iterum renovare furores
Accelerat; contra ductor depellere pestem,
Instruit arma pius, tantosque recidere fastus.
50 Nec latet Arnulfum, rursus succrescere bellum
Hesperia. Widonem etiam num milite fretum,
Affore, cervicesque procaci adtollere fastu,
Audiit; ac solio, quo forte sedebat, eburno
Exsilit; ingentique domum clamore replevit:
55 *Fortia jussa cito scribæ sulcate papyris,*
Actutum populos cogant quæ adstare jubenti,
Quam varios linguis, tam duros pectore et armis,
Namque juvat Latio clarum me visere amicum,
Quem totiens Rhodanus vexat properante Lemano
60 *Milite. Quo fugient ergo? Cœlumne subibunt,*
An latebras terræ quærent liquidive profundi?
Oderit Hesperiæ, faxo, dux nomen amatœ
Improbus, extremis terræ vel postus in oris.
Talibus infessus metuenda mole catervas
65 Præstruit, irarumque graves emittit habenas:
Eridanus veluti, nivibus fervore solutis,
Præruptum exit in arva fluens, camposque per omnes
Cum stabulis armenta ruit, radicitus alnos
Litoreas fluctu undarum labente resorbens.
70 Jamque solum tenet Ausonium dux ille verendus (84*),
Cum Widonis abit rancore soluta superbo.
Fama in castra rei. Sociis exemplo vocatis,
Tunc ait: *O proceres, quid opus depromere verbis,*
Quo res imperii vergantur pondere belli?
75 *Collectis quando Hister adest hinc inde fluentis*
Excidio nostri. Moneo, servate secundis,
Rebus eo vosmet, tantis ac parcite bellis,
Abscedat donec proprios Arnulfus ad agros.
Pingue solum interea regum dum lustrat uterque,
80 Pergami adveniunt urbem, quam detinet ultro
Munitam jaculis nimium sudibusque præustis,
Natura tribuente locum satis arcibus aptum,
Ambrosius, pesti miser heu! devotus iniquæ.
Qui regum infelix postquam defertur ad aures,
85 Obsidione jubent densa circumdare muros,
Ne capiat socium quemquam exteriusve remittat,
Dispersi donec populi tot luce sequenti
Conveniant, captumque locis emittere firmis
Vi certent, ausit rursus ne talia quisquam.
90 Postea cum primum stellas aurora fugaret (85),
Urbis ad excidium properat Germana juventus,
Undique luctifico sonitu complusa tubarum,
H.c fossas implent alii muroque propinquant,
Pars scalis etiam tendunt conscendere turres.
95 Urget enim utrorumque nimis præsentia regum,
Mœnia quod retinent carum pro munere dantum
Omne genus contra telorum effundere cives
Prædurisque parant hostes detrudere contis,
Nec possunt obstare tamen; tot milibus acti
100 Deficiunt. Verum cadit hic cum fragmine muri,
Ille ruit fossus jaculo; sine viribus alter
Stat rationis inops. Reclusis undique portis,
Urbs patet, hostili jam jam confusa tumultu.
Ecce verenda prius nullo sub honore tenentur
105 Atria; nam scissis pereunt velamina vittis
Virginis, impulsusque sacer fugit ipse minister,
Quorumdam stringunt ambas quia vincula palmas,
Oscula quæ solitæ sacris sentire litatis.
Ambrosius, auctor sceleris fomesque malorum,
110 Ut tandem videt immites dominarier hostes
Arcibus, adscensu celeri petit ardua turris,
Nil sibi sub tanto fidens superesse periclo,
Ædibus ingenuis quondam jam (86) Marte refertis.
Pellitur inde tamen, victis accinctus et armis,
115 Arnulfo manibus trahitur post terga revinctis.
Ille calens ira, testatur cuncta creantem,
Arboris hunc ramis subito demittier altæ.
Proh genus invisum leti, suspendere ventis
Debita membra solo! Mortalibus altera rerum
120 Pars datur, ac membris prohibetur gleba caducis.
Hinc igitur juvenum solvuntur frigore mentes;
Urbibus excedunt, laxisque repagula portis
Disscindunt, hostesque feros in mœnia linquunt (87).
Sed quia non illis prædo tutacula terris
125 Obtinuit, subito Etruscas procinctus ad oras
Vertit iter (87*), regum imperio Romana petentum
Atria; ne summa forsan quia mansit in aula,

Marte resertis; lenissimo remedio adhibito jam inserui.
(87) *Hic Arnulfi reditus in Germaniam et secundæ profectio omittuntur.*
(87*) *Anno 895, Octobr.*

(83) *Intra mœnia Ticini.*
(84) *Cf. Virg. Æn. III, v. 645.*
(84*) *Cf. Virg. Æn. V, v. 42.*
(85) *Anno 894.*
(86) *Vox hic exciderat; codex habet:* Ingenuis quondam morto Marte, Vales. ingeniis quorumdam

Haud latuisse queat Gallus se dicere, postquam
Fluctivagas Rheni Arnulfus remearit'ad undas.
150 Fugerat hic Romana vafer sed culmina tandem,
Ne lepidos caperent liquid (88) foedata tyrannos:
Hi tamen accitis hostilia crimina pandunt
Signiferis, vexilla jubentque educere ca-
    [stris (88*),
Viribus ac totis causas insistere portas,
155 Vi saltem reserantis adire ut limina caelum
Principis ecclesiae liceat, ne frivola tantos
Propellant figmenta viros et vota retardent
Praesenti promissa loco templisque dicatis.
Talibus imperiis taliqué hortamine regum
160 Induvias rapiunt cuncti Mavortis anheli,
Commissas avidi ferro proscindere portas.
Jam quia parta sibi speculantur nigra Quirites,
Undique dissutis reserant penetralibus Urbem,
Admittuntque duces veneranda ad delubra mites.
165 Ilic ubi perfectis nituere altaria votis,
Ardet inexpletum ductor proferre furorem
Barbarus. Infrenes animos sic ira fatigat.
Quid faciat, quo se vertat, quae moenia visat,
Ignorat rationis inops. Nam summa tenebat,
150 Spes ubi pestiferis restabat postera Gallis.
At ductor Latii socium sine more tyrannum
Ut videt ingruere, placido sic pectore coepit:
Desine, rex venerande; satis virtute peractum,
Nec decet ulterius socios deducere Rhenos.
155 *Nam si itidem Wido victis spem ponit in armis,*
Adventat tumidus, dextra hac, sine, posco do-
    [mandus,
Te dominante viris antiquo foedere junctis.
Mitior his dictis, patitur, repedare volentes
Barbaricos proceres diverso ab limite lectos,
160 Germaniae princeps metuendus et arbiter aulae.

Vix proprios tetigit fines rex ille verendus:
Legirupis en Wido (89) tubis rediviva resumit
Agmina, item vetitos cupiens pervadere campos.
Saevior ipse etiam regni pater hostibus arma
165 Molitur, tantos avidus (90) finire labores.
Interea sors (91) lecta Dei, circumdata saccis,
Vota facit, vultum lacrimis altaria circum
Suffusa, has imo referebat pectore voces:
O rerum genitor, cunctis metuenda potestas,
170 *Imperio qui bella regis pacemque perenni,*
Da tantos cessare dolos; da criminis auctor
Veloci pereat leto; da tempora nostro
Longa duci, quando gemina fert laude coronam,
Virtutis merito, et generis quod stemmate pollet.
175 Audiit ista sator, totum qui curvat Olympum;
Mortis adesse diem cogit fera bella moventi,
Sic tamen ut proprio compohat lumina lecto.
Ultima lux instat, nec jam spes ulla diei,

Cum vocat hic natum tanto pro funere mae-
    [stum,
180 Haec monita fractis promens memoranda lo-
    [quelis:
Nate, vides, quam dura premant dispendia vi-
    [tam,
Quae Pater ille hominum vetiti pro crimine pomi
Intulit, et rupto macularit foedere massam.
Nec ultra patriis poteris tutarier armis,
185 *Namque rapit natura diem somnumque reducit,*
Percipe verba tamen positi sub fine parentis,
Et ratione vales quacunque, adsciscere forti
Brengario. Hunc etenim fato meliore sequetur
Hesperia, et nostris etiam dominabitur arvis.
190 Nec plura effatus, medio sermone resistit,
Et vitam pariter moriens et famina linquit
Laetantur populi, mortis cecidisse ministrum,
Et curis solvunt animos ac Marte lacertos:
Ut (92) cum sole malo tristique rosaria pallent,
195 Usta noto; si clara dies zephyrique refecit
Aura polum, redit omnis honos, emissaque lu-
    [cent
Germina, et informes ornat sua gloria virgas.

Pars quoque magna virum properant, Wi-
    [done sepulto,
Orantes veniam Latii ductoris ad aulam,
200 Dum Widone satum, invalido comitante mini-
    [stro (93),
Deficiunt, duplici nimium discrimine maestum,
Morte patris simul ac notis abeuntibus armis.
At recolens praecepta patris, jubet ire sodalem,
Qui pacem petat ac regem summissus adoret:
205 Ne memor esse velit genitoris bella gerentis,
Sed legat in regnum sociali foedere amicum,
Militiaeque etiam Mavors si quando ministrum
Bella ciet. Dux interea venerabilis aevo
ert pietatis opem venientibus ultro maniplis,
210 Nec Gallos abicit, nec crimina ponit Etruscis,
Praetendit solito verum pia viscera cunctis.
Nuntius in medio demum ut Lamberticus ad-
    [stat,
Et quae sit fortuna viro pacisque voluntas
Edocet, ipse pater mitis sic pectore reddit:
215 *Aequa referre malis nimium sacra jura recusant,*
Namque poli sensum (94) demissum traximus arce,
Cujus egeni prona et terram spectantia. Mundi
Principio indulsit communis conditor illis
Tantum animam; nobis animum quoque mutuus
    [ut nos
220 *Affectus petere auxilium et praestare juberet.*
Nec genitus gignentis habet pro crimine noxam,
Veridico cecinit quondam velut ore propheta
    [(Ezech. xviii, 20).

(88) *I. e., nquit,* — siquidem *Vales.*
(88*) *Anno* 896.
(89) *Wido jam ante primum Arnulfi reditum in Germaniam, a.* 894, *obierat.*
(90) *Avidos corr.* avidus *c.*
(91) *I. e.,* clerus.

(92) *V.* 194-197 *ex Statii Theb. VII, v.* 223-226.
(93) *Sc. Lamberti matre Ageltruda, filii tutrice.* Vales.
(94) Sensum — v. 220 *ex Juvenal. Sat.* 15, v. 146-150.

Quapropter veniat, noster dicendus amicus
Hac ratione, fide violet ne jura protervus,
225 *In levi cumulans genitoris pectore technam.*
Sin tenet ille donum juvenili mente resumtum,
Colligat arma cito, patrique simillimus ultro
Exercens studium, faxit per bella periclum.
Percipit hæc hilaris postquam juvenilis alum-
[nus,
230 *Procidit, et supplex regi, veneratur amorem,*
Quo tellus, pelagus servant atque astra tteno-
[rem,
Ne pontus liquidis arvum subvertat habenis
Aut ignita poli mergantur sidera lymphis.
Hinc remeans, juveni defert sua nuntia voti,
235 *Ordine cuncta monens. Tandem rex optimus*
[atque
Lambertus properant, ubi fertilis unda Ticini.
Alluit egregiam fluvii cognomine dictam
Urbem, in qua soliti regem spectare Latini.
Mutua verba serunt, postquam promittit uter-
[que
240 *Mansurum fœdus, roseis dum vecta quadri-*
[gis (95)
Fluctibus Oceani perfunditur orbita Phœbi,
Aut tellus immota manet, nec pondere cedit,
Undique pulcra tuens vertentem sidera mun-
[dum,
Si tot vita virum posset durare per annos.
245 *O juvenale decus, si mens non læva fuisset!*
Sæpe datas volvit pacis rescindere dextras
Fraudibus inventis. Sed enim ratione sagaci
Deprendis, pater almæ (96), dolos ac murmura
[temnis.
Tertia mox tamen hunc Latio produxerat
[æstas (96*)
250 *Ubere telluris potientem pace sequestra :*
Ecce dies instat juvenilibus æmula factis,
Mortis acerba ferens. Studio jam vadit in altos
Venandi lucos, cupiens sibi mittier aprum,
Informem aut rapidis occurrere motibus ur-
[sum.
255 *Avia sed postquam nimio clamore fatigant*
Præcipites socii, ipse uno comitante ministro
Dum sternacis equi foderet calcaribus armos,
Implicitus cecidit sibimet sub pectore collum,
Abrumpens teneram colliso gutture vitam.

A 260 Bucina triste canens disjunctos usque sodales
Convocat, ac domini letum crudele resignat.
Hoc sonitu nemus omne tremit, fugiuntque vo-
[lucres
Elapsæ pennis, possessaque lustra relinquit
Omne pecus. Tanto sonitu glomeratur utrim-
[que
265 Lecta manus comitum, disrupto et gutture mu-
[tum
Flebilibus juvenem vocitat clamoribus. Ille
Nititur infelix fractas proferre loquelas;
Succidit in mediis equidem conatibus æger,
Ulterius nec lingua valet, nec verba sequun-
[tur (97).
B 270 Haud (98) segnes socii crates et molle feretrum
Arbuteis texunt virgis ac vimine querno,
Exstructosque toros obtentu frondis inumbrant.
Hic juvenem agresti sublimem in stramine po-
[nunt.
Qualem virgineo demessum pollice florem
275 Seu mollis violæ seu languentis hyacinthi,
Cui neque fulgor adhuc needum sua forma re-
[cessit.
Non jam mater alit tellus viresque ministrat.
Talibus expostum studiis ad templa reportant,
Ut condant digno juvenilia membra sepulcro.
280 Hic ubi ductoris replevit nuntius auris
Brengarii, Widone satum cecidisse coactum
Cornipedis tergo, trahit has de pectore voces:
C *Heu mortis metuenda lues, quæ dulcibus annis*
Inseritur, tristesque negat componere soles!
285 *Dignior hic genitore foret, compluribus ille*
Vixerit ac Latium quamvis turbaverit annis.
Undique tota cohors regni concurrit in unum
Vociferans : *Pie rex, nostri miserere laboris,*
Ne geminis posthac cogamur adesse tyrannis,
290 *Cum solus placeas rebus superesse Latinis.*
Ut Phœbo roseis arvum laxante quadrigis
Vere novo, gaudent pecudes fœtuque gravantur,
Humor adest herbis ac vastis semina sulcis,
Gratus aer pennis, æquorque meabile nautis;
295 Cuncta nitent; succedit enim natura creatrix,
Et rebus proprias certo dat tempore formas :
Haud secus Italiæ gestit sub principe tellus,
Impacatus ubi ab superis cum prole recessit
Guido ferus, fastusque odii moriendo resolvit.

EXPLICIT LIBER III.

INCIPIT LIBER QUARTUS.

Quarta (99) igitur Latio vixdum deferbuit
[æstas (99*),
Hac ratione iterum solito sublata veneno
Bellua, Tyrrhenis fundens fera sibila ab oris,

Sollicitat Rhodani gentem; cui moribus auctor
5 Temnendus Ludovicus erat, sed stirpe legen-
[dus,
Brengario genesi conjunctus quippe superba,

(95) *Cf. Virg. Æn. VI, v. 535.*
(96) *Berengari.*
(96*) *Anno 898.*
(97) *Cf. Virg. Æn. XII, v. 912, 913.*

(98) *V. 270-277, ex Virg. Æn. XI, v. 64-71.*
(99) *Inde ab a. 896, quo Lambertum Berengario reconciliatum nostro auctore credimus.*
(99*) *Anno 900, Octobr.*

Hic dudum Ausonium cupidus regnasse per
[arvum;
Sed vetuit fortuna. Modo quia nuntia votis
Accipit, extemplo sociis ad tecta vocatis
10 Regia : Quæ totiens, inquit, volvistis, amici,
En volvenda dies ultro attulit! Este parati,
Prædulcesque petamus agros! Nam rure voca-
[mur
Vicino Italiæ. Vires huc forte superbas
Dum tulero, propriis discedet ductor ab oris.
15 O miser inque dies miser, invictumne lacessas?
Num te fama ducis totum vulgata per orbem
Præterit? O Genitor rerum, compesce furores!
Nescio namque, mali quid mens præsagat
[eunti.
Jamque valens modicum invalidos Provincia
[alumnos
20 Legat in Ausonios inimico nomine campos.
Nec victor decus et Latii, spes unica regni,
Tunc Veneti servare solum de nomine dictum
Quartanam patiens poterat, nec tendere bellum
Hostibus, immodicas animo sed decoquit iras :
25 Ut caveis cum forte leo vinclisque tenetur,
Non artus (100) agitare valet, non promovere
[vires,
At duro premitur tantum sub lege magistro;
Forte aliqua partos valeat si rumpere nodos,
Atque diu desueta cruor madefecerit ora,
30 Ipse lacer custos iras prior imbuet, inde
Obvia turba virum morsus satiabit amaros.
Interea Ludovicus ovat, regnumque fatigat
Fastibus, ac tantos sibimet blanditur honores,
Hoste velut necto (101) spoliis potiatur opimis.
35 Infaustus Veronæ etiam contendit ad arcem
(101 *).
More pii regis tamen, ut subsedit apertis
Mœnibus, antiquos sociis disterminat agros,
Nil veritus; metuenda nimis quia sustulit ipsum
Fama, Berengarium leti dispendia passum
40 Ah Latium, quis te tantis defenderet armis?
Ergo pius Genitor rerum, servato magistrum,
Ne pereant uno Latialia gaudia leto!
Convaluit quia regnator tamen, undique lecti
Conveniunt proceres læti, vexillaque castris
45 Proripiunt, celeresque Atesis ad mœnia ten-
[dunt,
Hæc obiter comi reserantes famina regi :
Te petimus, pietatis honor, nec parva precatu
Credimus hæc ; urbem propriis si ceperis armis,
Membra viros sine curtari, qui fœdera regni
50 Proturbant toties, damnum pietatis iniquæ
Ne patiamur! Ad hæc : Animis advertite, du-
[ctor,
O proceres, inquit monitus, et crimina capto

Ne conferte viro, generis quia sanguine pollet,
Et forsan facinus maturis deseret annis.
55 Testetur pia jura poli, et dimissus abito.
Hoc satis. Hi contra celeres cum murmure
[gressus
Intendunt, rabidas acuentes pectoris iras;
Nil moti dictis, potius fera murmura rodunt,
Non se posse malum posthac dimittere inultum.
60 Talibus adveniunt urbem, muroque propin-
[quant (102).
Ilicet admissi penetrant miserabile templum,
Quo Ludovicus erat, subito rapiuntque ligant-
[que,
Et pulchros adimunt oculos. Securus in aula
Forte sedebat enim, idcirco pia munera lucis
65 Perdidit, obsessus tenebris quoque solis in
[ortu.
Tu ponens etiam eurtum femorale Johannes,
Alta tenes turris, si forte resumere vitam
Sis potis; hinc traheris tamen ad discrimina
[mortis,
Et miser in patria nudus truncaris arena.
70 Nuntius at postquam sociorum allabitur aures,
Prælatum juvenem communi lumine cassum,
Consilii fugiunt inopes, passimque recedunt :
Flante velut zephyro liquescunt aeros auræ
Vere novo, gremium solvunt cum rura coactum
75 Frigore brumali crebris boreæque pruinis.
Nec removere viros cessat de parte superbos.
Fortis Adalbertus (102*) juvenilibus obsitus
[annis,
Apenninicolas fausto (103) qui nomine turmas
Elicit, egregio cupidus servire magistro.
80 Emicuit subito in mediis lux alma tenebris,
Et rediit pax grata piis, procul agmine tristi
Exempto, patriæque duce ac genitore recepto.
Qui licet effusos toto egerit orbe triumphos,
Cluserat imperii necdum diademate vultum,
85 Romana steterat rutilus nec vestibus aula
Induperatorum solito de more parentum.
Cur? Nisi quod vicisse dolos virtute decebat,
Ad summum transire gradum, nisi sæpe voca-
[tum?
Summus erat pastor tunc temporis Urbe Johan-
[nes,
90 Officio affatim clarus sophiaque repletus,
Atque diu talem merito servatus ad usum.
Quatenus huic prohibebat opes vicina Cha-
[rybdis,
Purpura quas dederat majorum sponte beato,
Limina qui reserat castis rutilantia, Petro,
95 Dona duci mittit sacris advecta ministris,
Quo memor extremi tribuat sua jura diei
Romanis, fovet Ausonias quo numine terras,

---

(100) Artes ed. c.?
(101) I. e. necato; metri causa, ut Brengarius,
partus, postus, etc.
(101 *) Anno 905.
(102) Mense Julio.

(102*) Eporegiæ marchio, Berengarii gener. Liudpr.
Antapod. II, 33.
(103) E vocibus Adal et bert potentiam et splendorem indicantibus composito.

Imperii sumpturus eo pro munere sertum,
Solus et occiduo cæsar vocitandus in orbe.
100 Talibus evictus precibus, jubet agmina regni,
Quiscum bella tulit, quiscum sacra muner.
 [pacis,
Affore, quæ tanti gressum comitentur honoris.
Jamque iter emensus postquam confinia Romæ
Attigit (103*), ire jubet celeres ad templa
 [sodales,
105 Vicinum qui se referant. Sonat ecce Sabura
Vocibus elatis populi : *Properate faventes!*
Rex venit, Ausoniis dudum exspectatus ab oris,
Qui minuet solita nostros pietate labores!
Fervere tunc videas Urbem et procedere portis,
110 Quot Roma gremio gentes circumdat avito.
Interea princeps collem (104) qui prominet Urbi
Præteriens, ubi se prato committit amœno (105),
Singula quæque modis incendunt æthera miris
Agmina. Namque prius patrio canit ore senatus,
115 Præfigens sudibus rictus sine carne ferarum
 [(106),
Indicio, devicta cadent temtamina posthac,
Si qua hostes animo cupient agitare ferino.
Dædaleis Graius sequitur laudare loquellis;
Stoicus hic noster cluibus (107) quia pollet
 [Athenis
120 Et sollers iter in Samia bene callet arena.
Cetera turba pium nativa voce tyrannum
Prosequitur, totaque docet tellure magistrum.
Hic etiam juvenes nitida respergine creti —
Alter apostolici nam frater (108), consulis (109)
 [alter
125 Natus erat — pedibus defigunt oscula regis.
Hinc ubi præsul erat, gressum comitantur he-
 [rilem
Vestibuli ante fores, graduum (110) qua per-
 [vius usus
Advehit ornatam cupidos intrare per aulam.
Ille quidem sacro fulgens residebat amictu,
130 Altarisque subibat ovans hinc inde minister.
Quid referam populos istinc illincque coactos,
Undantesque gradus. cum rex ad templa sub-
 [iret,
Evectus pastoris equo (111)? Mox quippe sa-
 [cerdos
Ipse futurus erat, titulo res digna perenni,
135 Advenit ut tandem, lecto comitante ministro,

Atque pedes sensim gradibus conatur ab imis,
Undique turba premit, cui vix obstare satelles
Voce valet nutuque minans. Erat omnibus ardor
Cernere præsentem, cupiunt quem sæcula,
 [regem.
140 Ter quoque sacra pius gradibus vestigia fixit,
Majestate manus cogens cessare tumultus
Undantis populi. Postquam conscenderat omnem
Adscensum, aureolo præsul surgens cliothe-
 [dro (112)
Oscula figit ovans, dextramque receptat ami-
 [cam.
145 Hinc adeunt aulam, pariter tibi, Petre, dicatam,
Janitor ætherei pandis qui limina templi.
Ante fores stant ambo domus, dum vota facessit
Rex, etenim se cuncta loco vovet ultro daturum,
Quæ prius almifici sacris cessere tyranni.
150 Ilicet his verbis volvuntur cardine postes,
Extollitque sacer laudes per templa minister.
Utpote Silvestrum videat properare magistrum,
Constantinum etiam typico baptismate lautum.
Nec minus his decus orbis inest rerumque po-
 [testas,
155 Tempora ni pejora forent impulsaque cessim
Jam tumulo piscatoris (113) sacra purpura
 [regis
Sternitur, et Christus lacrimis pulsatur obortis.
Templa petit ductor posthæc, ubi fercula dono
Pastoris digesta nitent. Setina (114) propinant,
160 Ac, decet ut regem, variant tuceta (115) mi-
 [nistri.
Mox croceis mundum lampas phœbea quadrigis,
Luce Deus qua factus homo processit ab antro
Tumbali, perflat. Populus concurrit ab Urbe,
Cernere vestitum trabea imperiique corona
165 Augustum (115*). Replicata calent spectacula
 [totis
Ædibus, auratis splendent altaria pannis,
Cum princeps nitidus Tyrio procedit in ostro,
Tegmina vestitus crurum rutilante metallo (116),
Quale decus terræ soliti gestare magistri.
170 Advenit et Domini pastor præpostus ovili,
Officio lætus, quamvis resonaret utrimque
Clamor : *Ades præsul! Totiens quid gaudia*
 [*differs*
Innumeris optata modis? Per vincla magistri
Te petimus, depone moras, et suffice votis!

(103*) Anno 916, mense Martio.
(104) *Montem Malum;* cf. Leg. II, pag. 68, 193, 218, 553.
(105) *Prato Neronis.*
(106) *Glossa ap. Valesium :* capita draconum cælata in ligno.
(107) *Glossa : cluo* Græcum est idem quod *ausculto.* Est autem polysemus sermo. Nam cluis nobilis et pugnax et auscultans dicitur et defensor.
(108) *Petrus;* cf. Liudpr. Antap. III, 43. Benedicti chron. c. 29.
(109) *Qui in glossa* Theophylactus *dicitur.*
(110) *S. Petri.*
(111) *Glossa :* Talis est mos Romanus ut qui debet promoveri ad dignitatem imperii, præsulis equo de-

vehatur in Urbem.
(112) *Glossa :* Cliophedrum Græce dicitur *sella plectilis,* quæ vulgo *valdestolum* vocatur.
(113) *B. Petri.*
(114) *Setten, Satten ingentia vasa lignea hodieque* vocant Germani, qualia sunt in quibus lac atque etiam aqua servatur. LEIBN.
(115) *Glossa interpretatur,* regales epulas. Sed notat Valesius, Persio luceta crassa dici, et in glossis Isidori tucetum esse bubulam conditam apud Gallos Alpinos; ita significatio a re plebeia ad regalem transivit. LBN.
(115*) *Martii 24.*
(116) *Glossa exponit :* Ocreas aureo colore respersas.

175 Talibus aræ adeunt gestis apsida sacratæ
Lumina terrarum. Modicum post en diadema
Cæsar habet capiti gemmis auroque levatum,
Unguine nectarei simul est respersus olivi;
Cælicolis qui mos olim succrevit Hebræis,
180 Lege sacra solitis reges atque unguere vates,
Venturus quod Christus erat dux atque sa-
[cerdos,
Omnia quem propter cælo reparentur et arvo.
Jam sacræ resonant ædes fremituque resultant
Clamantis populi: *Valeat tuus aurea princeps*
185 *Roma diu, imperiumque gravi sub pondere pres-*
[*sum*
Erigat, et supera sternat virtute rebelles!
Perstrepuere nimis; sed facta silentia tandem.
Lectitat augusti concessos munere pagos
Præsulis obsequio gradibus stans lector in altis,
190 Cæsare quo norint omnes data munera, prædo
Ulterius paveat sacras sibi sumere terras.

Dona tulit perpulcra plus tunc denique templo,
Baltea lata ducum, gestamina cara parentum,
Gemmis ac rutilo nimium pretiosa metallo,
195 Ac vestes etiam signis auroque rigentes,
Distinctum variis simul ac diadema figuris.
Quid referam, quantis replerit mœnia donis.
Nonne maris paucas videor contingere guttas,
Syrtibus atque manu sumptas includere arenas,
200 Quando brevi tantos cludo sermone triumphos?
Doctiloquum, credo, labor iste gravaret Ho-
[merum,
Officio et genuit tali quem Mantua dignum.
Nec temtabo meis ultra fastidia dictis,
O juvenes, inferre, calet quis pectore sanguis,
205 Et plectro meliore movet præcordia Clio.
Mille mihi satis est metris tetigisse labores;
Mævius atque licet videar, vos este Marones,
Et post imperii diadema resumite laudes!

ANNO DOMINI DCCCCLXVIII

SANCTA MATHILDIS

REGINA

SANCTÆ MATHILDIS VITA ANTIQUIOR

(Edit D. Rud. Kœpke Ph. D., apud PERTZ *Monumenta Germaniæ historica*, Script. tom. X, pag. 575.

PRÆFATIO EDITORIS

Quod vehementer optant qui antiquis patriæ temporibus illustrandis operam impendunt, rarissime vero optantibus contingit, ut in bibliothecis perscrutandis codicibusque evolvendis novum aperiant fontem, inque librum quempiam incidant oblivione obrutum, qui rebus obscuris vel novam lucem afferat vel notas affirmet et comprobet, id inopinanti mihi evenit in libello sæculi decimi, ex quo novi aliquid proferri posse vix aliquis exspectaverit. Antiquior enim quædam sanctæ Mathildis Vita jam luci datur, quam, dum codicem chronici Polidensis in usum Monumentorum Germaniæ Pertzio flagitante Gottinga huc transmissum, in fontes inquisiturus evolvebam, ἕρμαιον quasi in via inveni. Est hæc vita fundamentum longioris illius Vitæ Mathildis quam temporibus Heinrici II compositam in Monumentis Germaniæ habent lectores (1). Sed mirum sane est, neque posterioris hujus Vitæ scriptor vel uno verbo auctorem suum indicavit, neque, quod equidem sciam, antiquioris Vitæ memoria servata est in codicibus aliis aut in amplis chronicis quæ ex sexcentis libris conflata sunt, aut in librorum catalogis, ita ut vel levissima libelli vestigia periisse videantur. Eo major habenda est gratia fortunæ fautrici quæ hoc apographum tanto naufragio eripuit. De fide hujus Vitæ nemo qui vel obiter eam inspexit dubitare potest. Omnes enim scrupulos animo eximet præfatio ad Ottonem imperatorem scripta, a quo jussus opus agressus est auctor, quemque eorum quæ scripsit judicem fecit (2). Sine dubio Otto ille hujus nominis est tertius (3). Itaque postquam

NOTÆ.

(1) IV, 282 sqq. (*Patrologiæ* tom. CXXXV.)
(2) Prolog. *Nos autem gloriosissimi Ottonis imperatoris jussu — perscripsimus. — Te, hujus operis, imperator Otto, judicem facimus.*
(3) Verba in prologo ad Ottonem scripta: *Omnis eloquentiæ præsul, quem non solum magni extollit sublimitas imperii, imo etiam philosophiæ favet auctoritas, expleto judicio cujusdam dicentis beatum regimen fore si sapientiæ studiosos rectores esse contigisset,* ad unum Gerberti clarissimi philosophi discipulum scribi poterant. Accedunt verba c. 4: *O Germania — regem feliciter serviendo dilige, eumque, quan-*

tum poteris, juvare conare, *princepsque ne desit ab illo genere optare ne cesses, ne despoliata gradibus honorum omnibus prioris redeas ad statum servitutis,* quæ auctorem veritum esse probant ne alia domus ad imperii fastigium eveheretur. Qui metus ex gravibus turbis post Ottonis II mortem de imperii successione exortis originem ducere poterat, cui altera illa accedebat sollicitudo, quod Otto III juvenis liberis careret. Quotiescunque denique auctor in narratione Ottonis II mentionem fecit, hunc eundem esse Ottonem ad quem librum miserit, minime innuit.

imperator factus est Otto, id est inter annos 996 et 1002, scripta est Vita, decem circiter annis ante posteriorem Vitam, quam ante annum 1012 compositam esse scimus. Quis fuerit auctor, ubi vixerit, frustra quæris; eo clarius ex libello patet, eum inter eruditos non esse habendum. Nam, ut ipse fatetur (4), ita *rustice* tam incompto et barbaro sermone scripsit, ut verborum constructio rarius tantum ad justum finem perducta sit. Cum itaque obscurior sit totus libellus, hunc sibi sumpsit auctor posterior, ut eum paulo limatiorem politioremque redderet, quod ab aliis in aliis Vitis factum esse inter omnes constat. Antiquioris Vitæ primæ tantum lineæ servatæ sunt, sæpius tamen verba nonnulla ex illa recurrunt (5). Unum vero quod haud minimi est momenti, recisum est caput ultimum, in quo Ottonis I fata extrema leguntur, quæ ex Widukindo minime petita, cum illo optime conciunnt. Mira vero in hoc capite est auctoris sententia, qui viginti quinque circiter annis post Ottonis I mortem tam severam censuram in eum exercet, ut eum non legitime sed tumultuante milite coronam imperialem adeptum esse dicat. Fontes quibus hæc aliaque debeat silentio præteriit, neque omnia narravit quæ in promptu habebat, *quia sufficere, si tantum excellentia notarentur*, credidit (6). In reliquis probata tantum a se scripta esse confirmat. Quæ duobus tribusve verbis ille indicavit, auctor posterior longius exposuit, narrationem sententiis exornavit, loquentesque induxit homines; denique adjecit omnia quæ ad Heinricum ducem, filium Heinrici I, avum Heinrici II, spectant, quæ de summo matris erga eum amore deque contentione ejus cum Ottone I fratre scripsit. In antiquiore enim Vita uno tantum loco Heinrici leviter facta est mentio (7). Minime dixerim ab auctore posteriore hæc omnia esse inventa; ex alio fonte petita add itaque sunt, ut Heinricus II, religiosissimus rex, ob tam sanctam aviam clariore gloriæ fulgore splendere videretur.

Jam de codice ex quo hæc desumpta sunt, pauca dicenda sunt. Est hic codex Gottingensis 5°, apograph., chart., 4°, sæc. xiv, qui continet *Chronicon in usum cœnobii Polidensis ab o. c.* — 1182. (8) Est hoc apographum codicis cujusdam Cantabrigensis, qui hodie fato infelici nescio quo desideratur, ita ut in hoc uno apographo Gottingensi tota posita sit auctoritas, Examinavit ipsum codicem Langbainius, qui vir doctus natione Anglus obiit a. 1657, cujus sententiam in primis apographi foliis ita servavit scriba : « Langbainius in adversariis n. 1. 12. p. 469 recenset msc. Cantabrig. G. 85, quod est cod. fol. membr. antiq. his verbis . *Titulus hujus codicis a tergo ex manu recenti sic habet :* « *Chronologia vetus ante annos 500 composita ;* » *dixerim potius ante 400 composita et ante 500 scripta, vel etiam chronicon Polidense: nam fuisse olim librum monasterii vel ecclesiæ Polidensis, quæ in agro Brunsuicensi est, multa sunt quæ evincunt:* — — *Totus hic cod. folia numerat* 110, *estque manu proba exaratus et bene antiqua, orthographia nonnunquam a vulgo recepta variat. In ipso chronico eclipses luminarium plerumque asterisco miniato notantur. Scriptus dicitur cod. hic circa a. D.* 1300 *et fuisse ex libris ecclesiæ Polidensis. Utrumque colligo ex tabula chronologica f.* 25. *Habet passim lacinias membranaceas reliquo operi insertas et ex eadem aut non multo minus antiqua manu scriptas.* Tabula chronologica quam laudat est catalogus pontificum et imperatorum, in quo etiam brevissima quædam adnotata sunt de *ecclesia nostri Poledhe* ad annos 1225, 1240, 1298, 1390. Extrema ad annum 1421 scripta sunt. Quæ etsi non omnia eadem manu adnotata fuisse videntur, tamen orthographia probatur codicem sæc. xiv fuisse exaratum. In hoc chronico cum primum mentio facta esset Mathildis reginæ f. 64ᵇ hæc leguntur verba : *Cujus Vitam conscriptam verte folium et invenies.* Ipsa sequitur quam nunc edituri sumus Vita f. 65-69. Etsi apographum satis bene confectum videtur esse, tamen haud pauca insunt menda, quæ sive in ipso erant codice, sive ex verbis haud accurate lectis nata sunt, ideoque in medendis his locis ad conjecturam confugiendum erat. Capita nos instituimus, sed singuli articuli in apographo servati sæpius cum capitibus Vitæ posterioris consentiunt, ita ut in illis antiqua capita servata esse facile credas. Hæc habuimus de Vita antiquiore Mathildis; reliqua de chronico Polidensi suo loco proponentur.

Scribebam Berolini mense Decemb. 1849   R. KÖPKE.

INCIPIT PROLOGUS IN VITA MATHILDIS REGINÆ

Dum plerique mortalium studio seculari inaniter dediti, perhennem sui nominis memoriam seu humani mercedem favoris [inde quærentes, vitas clarorum sapienter populares propagando ad aures philosophico fabulose illustrarent stilo virorum, nos autem, gloriosissimi Ottonis inperatoris jussu, non philosophando sed vera dicendo laudabilem dignissimorum sui vitam parentum, sibi exemplo aliisque posteris mox futuram, licet rustice, perscripsimus. Et quamvis hujus rei nos minime familiares, scribendo quid proferre, agnoscamus, inperiali tamen obtemperantes dignitati, magnas aridum cogenti undas inpellentes¹ rivum, non virium audacia, sed prona devotione materiam disertis merito reservandam scriptoribus inprudenter occupavimus. Nam tantorum latere virtutes temeritate silentii, nefas putavimus. Ergo, omnis eloquentiæ præsul — quem non solum magni extollit

A sublimitas inperii, imo etiam philosophiæ favet auctoritas, expleto judicio cujusdam dicentis, beatum regimen fore si sapientiæ studiosos rectores esse contigisset, ita fit, ut non virtutibus ex dignitate, sed ex virtute dignitatibus honor accedat — igitur te hujus operis, imperator Otto, judicem facimus, ut, quæ forte a nobis prætermissa vel viciose dicta fuerint, sapientium industriam addere vel mutare commendes, et quia tantam materiæ seriem nos impossibile est ad extremam producere manum, a te, quasi quodam solis splendore, clarius clarescat » opus. Plura vero ex his quæ comperta sunt nobis omisimus, quia sufficere si tantum excellentia notarentur credidimus; simul ne legentibus superflua fastidium ingererent feci-

B mus. Hæc autem qui lecturi sunt, fidem dictis adhibeant petimus, nec me quicquam nisi probata scripsisse arbitrentur.

VARIÆ LECTIONES.

¹ cod. *falso* inpellenti. ² cod. in. *inserit.*

NOTÆ.

(4) Prolog.
(5) Cf. Vitæ posterioris c. 1, 2, 3, 4, 15, 18, cum antiquioris Vitæ capitibus 1, 2, 3, 4, 9, 12.
(6) Prolog.
(7) Cap. 6.
(8) Archiv. vi, 200.

INCIPIT TEXTUS EJUSDEM VITÆ

1. Temporibus quondam regis Francorum Conradi, dux in tota Germania princeps extiterat nomine Otto, genere secundum seculi dignitatem nobilissimus, opibus pollens, et cunctos honore præcellens, quia virtutibus erat præditus, cujus coniugium veneranda matrona Haduwich subierat moribus non dissimilis. His filiæ procreantur et tres filii, quos propria parentes educabant nobilitate. Sed divina providentia, ad bonum dirigens, ad bonum cuncta quæ disponit, horum unum nomine Heinricum majori sustulit excellentia, qui, quamvis ætate minimus, morum tamen probitate inter ceteros primus enituit. Nam a primævo ætatis flore liberius data vivendi potestate, omnibus unde sanciri [3] potest ingenium vitam sapienter instituit, cunctos obsequens diligensque cum quibus erat, nemini adversus, nulli se præponens, mœstos consolando, miseros juvando et laudem sine invidia et pares inveniebat amicos. Hic licet debito veneraretur honore, specialiter tamen omnibus carus suæ mansuetudinis humilitatisque provocante gratia diligentius honorabatur. Cum autem pueritia transacta, virile robur intraret, ejusque tractaret parentes cujus feminæ thalamum genere probitateque non disparem adiret, illorum interea pervenit ad aures, quandam monasterio Herevordensi pulcherrimam fuisse puellam nomine Machtildam, literalis studio disciplinæ erudiendam activa atque contemplativa unde quæritur vita, cujus generositas haud minus futuri claruit sponsi. Nam Widekindi ducis Saxoniæ originem traxit a stirpe, qui quondam dæmonum captus errore, prædicatorum pro inopia idola adorans, christianos constanter persequebatur. Illo autem tempore Karolus Magnus arcem tenens imperii, vir christianissimus, armis strenuus, lege eruditus, totusque in fide catholicus, et erga Dei cultores benivolus ac devotus, contra eundem Widikindum bella cum exercitu init, defendendæ causa fidei, ut semper contra paganos solebat. Cumque simul convenissent, utrisque placuit principibus, ut ipsi singuli invicem dimicaturi consurgerent, et cui sors victoriam contulisset, ipsi totus exercitus sine dubio pareret. Quibus congressis ac diu multumque concertantibus, tandem Dominus lacrimis pulsatus christianorum, fideli suo bellatori de hoste concessit triumphum, ut fides meruit.

2. (An. 785.) Tunc tanta mentis mutatio Widikindi invasit pertinaciam, ut se voluntarius cum familia sua omnique paganorum exercitu tam potestati regis quam fidei submitteret catholicæ, quem inperator benigne suscipiens, baptizari fecit a sancto Bonifacio episcopo (9), ipse eum levans de sacro fonte. Ille vero, relicto errore, credulus ad cognitionem veritatis pœnitendo sponte pervenit, et sicut prius persecutor destructorque pertinax fuit ecclesiæ, deinde christianissimus ecclesiarum et Dei extitit cultor, ita ut ipse [4] singulas totis [5] viribus studendo construeret cellulas, quas plurimis sanctorum reliquiis nec non ceteris perfectas relinquebat utilitatibus, quarum una multis adhuc nota remanet Aggerinensis dicta (10), et eadem quæ modo retulimus adhuc aliqua ibidem supersunt. Ab hujus quoque posteris, postquam christianæ se submiserunt religioni, prædictæ pater puellæ prodiit nomine Tiedericus, cui nobilissima juncta erat uxor Reinhalda, Fresorum Danorumque genere progrediens. Hanc eandem, ut diximus, virginem, Herevordensi quæ inerat monasterio, non inter sanctimoniales numeranda, sed ad quæque utilia libris operibusque nutrienda cum sui matre genitoris, quæ in viduitate bonis eo usque profecerat actibus, ut princeps et abbatissa constitueretur sanctimonialium, nobilitas simul et probitatis favor prodidit. Nam aviti ac paterni in ea eluxit specimen decoris pulchra facie, amabilis in infantia, operibus industria [6], moribus modesta, humilis et larga, et, ut in id ætatis puella, tantis implicanda erat laudibus divina favente clementia, ut nihil esset supra.

3. Quod dux Otto dum comperisset, Thitmarum comitem, pueri Heinrici magistrum, virginem videre, pulcra laudabilisque ut esset, ut ferebatur, præmisit. Ille autem herili congruam videns matrimonio, spemque futuram populi fore, reversus, cuncta quæ resciverat narravit. (An. 909.) Quo pater audito, eundem iterum una cum filio suo Heinrico ceterosque illuc direxit satellites, qui, percepto ducis mandato, prædictum adierunt cœnobium. Et primum quidem ceu ignotos se simulando oratorium pauci petebant, puellamque in ipso templo modesti ac venusti vultus aspiciebant. Urbem igitur egressi, regalique rursum instructi ornatu, magna ingredientes comitante caterva, abbatissam adeundo virginem, cujus causa venerant, præsentari compellantes implorabant. Quæ procedens, niveas genas permixtas [7] ignis rubore, candida veluti lilia rubentibus rosis intermixta, tales dabat ore colores. Quam Heinricus ut vidit, remque ex integro presensit, fixit in virgine vultum, in tau-

---

VARIÆ LECTIONES.

[3] *cod.* sciri. [4] ipsas *c.* [5] totas *cod.* [6] industrie *cod.* [7] permixta *cod.*

NOTÆ.

(9) Auctorem vehementer errare nemo non videt.
(10) Enger prope Herford.

tum [8] ejus succensus amore, ut nulla desponsationis interesset mora; sed sequenti die primo mane, ceteris parentum ignorantibus, sola ava ejus conscia, quæ ibi erat abbatissa, non cimbalis seu organis proludentibus, sed clam lectis principum manipulis, toto inde Saxonum in patriam ducebatur honore, donec Walehusen parabatur, ut nobilissimos regesque jam futuros decuit, nuptiale convivium. Ibi tandem licito perfruuntur amore, eandemque civitatem et cuncta ad hanc pertinentia in dotem illi tradidit.

4. Præfatus vero dux Otto, pater Heinrici, tres post hæc vivens annos, mortem subiit (*An.* 912). Principes quoque regni consilio ineuntes tractabant quis heroum principatum teneret. At ipsi prioris non inmemores gratiæ, ipsum illum filium elegere ducem, nam et armis Saxonum erat fortissimus, qui plus solito caritatis amore populos placando sibi conjunxit, ita ut eum regem optarent. Post non longum tempus Conradum Francorum regem hominem exuisse contigit (*An.* 918); bello seu pace fieret, ignoramus; sceptrum Heinrico successit, totaque regni facultas. His, ut diximus, dispositis, Saxones rege ditati tali potiuntur honore, quibus nunquam tantæ primatus subesse solebant causæ. O Germania! aliarum prius jugo depressa gentium, sed sublimata modo imperiali decore, regem fideliter serviendo dilige, eumque quantum poteris juvare conare, principesque ne desit ab illo genere optare ne cesses, ne despoliata gradibus honorum omnibus, prioris redeas ad statum servitutis. Memoratus igitur Heinricus qui regnum susceperat, jam magis gradus adscendens superiores, quæque regna per circulum bello potens suo subjugaverat dominatui, scilicet Selavos, Danos, Bawarios, Behemos ceterasque gentium nationes, quæ Saxonico nunquam subesse videbantur imperio. Quid mirum toties inimicos superando tantæ adquisisse triumphum victoriæ, cum summo triumphatori regique cœlesti agens semper gratiarum actiones, ecclesias multis reparari fecisset inpensis? Pauperibus largus, viduis patrocinabatur et obpressis; suis condigna [9] donans militibus, ceteros pietate et pace modesta regebat.

5. Nuptam ergo felicem Machtildam terreno principi, cum sibi secularis accessisset potestas, plus Dei ad obsequium [10] inclinavit voluntas quàm mundi gloria ad elationem; subdita semper Deo, monita sectans sacerdotum, plus participata Christo quam sociata conjugio. Nocturno autem tempore regi se aliquo modo occulte subripiens, ecclesiam orationibus instando magis sponsi diligebat thalamo. Sin aliquando rex deerat, quis credat qualiter se orationibus diffunderet, qualiter se tanquam præsentis Christi pedibus alligaret a primo galli cantu donec aurora crastina primos extulit ortus, quæ non solum voce sed etiam perfectis Christum amabat operibus. Si quis pro culpa criminali, ut assolet, adductus ad tribunal, a rege deputabatur interfici, sanctissima regina cruciato condolens, blandimentis usque adeo mulcebat animum principis, donec in ipsa ira regis unde processerat sors mortis, inde procederet vox salutis [11].

6. Natorum quoque nec prætereunda sublimitas, qui utriusque sexus omnes sublimati, summo decorantur honore. Quorum Otto maximus natu, nomen ab avo trahens, cæteris mitior moribusque modestior, populo corde tenus acceptus, regni coronam post patris mortem cum regno capessit, cui ab Anglis Saxonibus regalis conjux adducta est nomine Edith, membris decora, sed probitate præcellentissima. Heinricus autem ortu secundus, Bawariis dux præponitur præclarus. Brunonem vero minimum, virum sapientem, dignum, sacerdotalem, Coloniæ archiepiscopum constituere. Nam soror eorum nomine Gerburch, Gisilberto principi Belgicorum tradita fuerat. Prædictus itaque rex ejusque dignissima conjux magis ac magis in Dei ferventes amore, Christicolarum curam gerendo, cunctis per circuitum monasteriis infinita, quot annis vivebant, dispensabant munera, et quo per semet ipsos iter deerat, missis pecuniis larga aderant manu. Hæc studiose peragentes, ipsis quoque cœnobia construentibus divino animum indulgebant monitu. Qui dum principibus militum suæ mentis affectum confabulando intimarent, illi statim regi suggesserunt dicentes sanctimoniales in Winedhusen intra sepem cœnobii clausas Quedilingaburch posse transferri; nam in eodem monasterio principum filiæ transigunt vitam, quas ibi manere multorum, pro penuria displicuit parentibus.

7. His ergo sermonibus ita dispositis, rex solito more venandi Botfelden adiit, ibique gravi pestis occupatus est vexatione. Sed cum morbo gravescente solutionem corporis imminere sentiret, inde viam ad Erpesford direxit, quo cunctos illius ditioni subditos adesse præcipiens, de regni statu consilium habere cœpit. Venerat et abbatissa (11) jussu regis, quæ prædicto præerat cœnobio, quam rex ejusque compar, prioris non inmemores desiderii, prædictas Dei familias in Quindiligeburg transvehi postulabant. Hanc eorum illa petitionem gratanter accipiens, et pluribus principibus id suadentibus, ut rex ordinaverat, perfici debere annuit. Finito autem concilio, cum populus domum rediret, rex paucis comitantibus Jemelevum (12) adiens, præsentem Deo jubente vitam finivit (*an.* 936, *Jul.* 2). Cujus ad exsequias infinitus populorum frequens confluxit nu-

VARIÆ LECTIONES.

[8] in *repetit cod.* [9] condigne *cod.* [10] eam *addit cod.* [11] sabatis *cod.*

NOTÆ.

(11) Diemot (12) Memleben

merus, quibus lamentando sequentibus corpus Quidilingaburg usque transvectum, honorifice, ut æquum erat, sepelierunt. Tunc regina immobilis suum velle cupiens impleri, puellarum catervam illuc transferri admonuit, quod abbatissa primum firmiter negando prohibuit. Sed quid plura? Regina filio auxiliante, scilicet Ottone rege, aliisque principibus, voti compos effecta, eandem dehinc cellam magna mentis intentione cuncta quibus opus erat ministrando componebat.

8. Factum est autem post venerandi mortem Heinrici regis, Ottone, filio ejus seniore, regni thronum insidente, prædicta regina in viduitate tantæ probitatis perstitit, ut vix eam pauci utriusque sexus possent imitari. Prudentis enim erat consilii, mitissima bonis, dura superbis, elemosinis larga, orationibus intenta, cunctis pia indigentibus, eloquio blanda, caritate erga Deum et proximum atque continentia permansit pura. Sed omnium malorum excitator, invidus hostis aderat aliquos de principibus stimulando, qui regi cæterisque suis dicebant filiis, hanc plurimam pecuniarum observasse multitudinem quam repræsentare debuisset. At illi, ut poscit amor insaciatus habendi, qui non parcit propriis pignoribus, reconditos thesaurorum cumulos, quos illa ecclesiis egenisque pro Christi nomine erogabat, illam proferre cogentes, huc illucque studiose quærentes, exploratores discurrere per latera montium et ima collium saltusque silvarum jusserunt, ea perscrutando loca, per quæ reginam pecunias per monasteria transmittere putabant, et si quos aliquid preciosi ferentes invenerunt — nam ipsa Deo dilecta quæ remanserant occulte ad manum Christi offerre satagebat — servos contumeliis affectos, quæ portabantur vi rapientes, vacuos remiserunt. Quin et regni partem, quæ in dotem ei contigerat, relinquere, monasterium petere, sacrum velamen suscipere, his aliisque quam pluribus injuriæ compellebant stimulis. Quæ cum per tanta affligeretur, sacræ non immemor Scripturæ, quæ dicit: *Quia per multas tribulationes oportet nos introire in regnum Dei* (Act. XIV, 21), dotales dimittendo urbes patrimoniumque requirens, Aggeriensem cellam in occidentali regione adiit. Ibi nec minus consuetis perstabat in bonis operibus. Flagella vero multa super Ottonem, regem venerunt veluti matrem ulciscendo, retroversis victoriæ triumphis aliisque rerum secundis.¹² Nam grata sancti Spiritus requievit in Machtilda matre regis, et plurimam in Christo possedit dilectionem.

9. Videns autem rex, quia nichil, ut prius, prosperis proficiebat, contristatus usque ad mortem timuit. Ingressa autem bonæ memoriæ regina Edith: *Ne contristetur*, ait, *dominus meus rex, divinis enim correptus flagellis, quia matrem optimam de regno pepulisti quasi incognitam. Revocetur itaque sanctissima, regnumque, ut convenit, possideat prima*. Audiens hæc princeps, primum stupore, deinde repletus gaudio maximo, episcopos, præsides cæterosque honestos misit satellites dignissimam sui revocandi gratia matrem, se suaque impendens omnia, et ad quascunque conditiones luendi voluisset gratanter consentire, suæ tantum utendi causa gratiæ fatetur. Læta ergo genitrix filii accipiens mandata, priora quasi obliviscendo, omni cum festinatione perfectionem itineris complens, Grona pervenit; cui rex una cum conjuge obviam progrediens, pedibusque ejus prostratus, quidquid fecerat contrarium secundum matris placitum permutare promisit. At illa decoras lacrimas infusa per genas, filium amplectendo deosculabatur, suis id exigentibus peccatis contigisse testata. Nec mora, pacis ad reconciliationem satisfactione percepta, dotalem regni partem concessit. His igitur caritatis vinculis diu subsistentibus, contigit piam Edith reginam perpetuo victuram præsentem vitam excessisse (12*). (An. 946, Jan. 26).

10. Rex vero provectæ jam ætatis ecclesias cellulasque simul cum matre construi fecit, pacem statuens, recte judicans, paternam in cunctis imitando pietatem. (An. 950, Nov. 22.) Interea ad aures Ottonis regis fama pervolat Lodewigum (15), famosum regem Latinorum, obiisse, ejusque nobilissimam conjugem Adelheidam a quodam Berengario multis injuriis affligi regnum auferendo, ut ille sibi Italiam usurparet dominandam. Otto igitur rex, principum suasus consilio, rebus rite præparatis comitatus sociis Latium adiens, reginam inde triumphali ereptam victoria, honorifice in suam transvexit patriam (An. 951.) Quibus legitime matrimonio copulatis (14) regnumque providentibus filii nascuntur utriusque sexus pulcherrimi. Puellam quoque ab ava Machtild dictam rex tradidit in contubernium sanctimonalium in Quidilingaburgensi cœnobio, suæ implendo optimæ matris voluntatem. Puerum vero Ottonem, patris nomine vocatum, primævo adhuc ætatis flore, genitore multum post vivente, in regem præordinaverunt (An. 961, Mai. 26), de quo beata Machtildis spiritu prophetiæ ante prædixerat. Nam quotiescunque regalis generabatur progenies, idque ad aures ejus pervenit, *Deo gratias* inquit. (An. 955.) Hujus autem pueri nativitatem nuncio dicente cum

VARIÆ LECTIONES.

¹² prosperis *glossa in codice apposita.*

NOTÆ.

(12*) De tempore quo obierit Edith cf. Jahrbücher des Deutschen Reichs I, 2, p. 103.

(13) Imo Lotharium. In eumdem errorem incidit Widukindus III, 7; auctor Vitæ recentioris regem recte nominat Lotharium.

(14) Non in patria, sed in Italia, celebratæ sunt nuptiæ; cf. Widukind. III, 10.

audisset, genu in terram flexo, catervam Deo illic servientium convocans, imnidicis Deum laudare jussit signaque ecclesiæ consonari, natum cœlesti regi commendando parvulum, et ejus vitæ optans prosperitatem inquit : *Hic cæteris illustrior fama nobis aliquid præbiturus est insigne parentibus.*

11. Nunc jam revertamur ad ejusdem bene gesta Machtildis, quæ si per singula transcurreremus, inmensum legentibus edidissemus volumen, neque enim omnia comprehendi possunt, nec omnia latere patimur. Nam ejus animus Deo magis ac magis intentus, et de virtute proficiens in virtutem, monasteria augendo Palithi clericorum instituit catervam. Postea Quidlingaburgh in valle, ea disponente, alia succrevit fratrum congregatio, et in monte cœnobium sanctimonialium. Sed et aliud in propinquo loco Gerendod (15), plura quoque cœnobia construxit; quæ non solum per monasteria, ut diximus, Deo servientibus, sed cunctis extiterat pia indigentibus. Nam præter cotidianam pauperum refectionem, his in die collecta multitudine, quos regalibus refovebat cibis, semper diebus sabbatorum balneo parato pauperes et peregrinos recreari fecit, aliquando ipsa ingrediens, aliquando vero populum devitando suos intromittens sequaces, membra mulierum singula diluebat. Egredientibus inde non solum escas præbebat solitas, sed etiam vestium ministrabat adjumenta. Itaque non minus erat misericordiæ usus, quam de plebe indigentium concursus, nec deerant qui peterent, nec deficiebat quod donaret. Cum autem ipsa pransura erat, ter supra mensam cotidie omnigenorum allatis ferculorum deliciis, monasterio si aderat, nullum gustabat cibum priusquam christicolis omnia divisit; sin vero cœnobio abfuit, languidis hospitibus sibique servientibus hæc similiter jejuna porrexit. Illud nec prætereundum, ut quibuscunque erat locis, ignis non deficiebat per noctem, non solum in tectis sed e iam nudo sub aere omnibus ad utilitatem illic commorantibus. Moris quoque soliti hæc sancta habebat femina, quotiesccunque longum seu breve pergeret iter, candelas secum, singulis ut divideret oratoriis, et cibaria juxta currum deferre ¹³, ut indigentes per viam reficeret vel ægrotos. Si, quando currum insidenti somnus irrepserat, ut fortasse quæ noctis vigilias sæpe exsomnis orando ducebat, indigentium quisquam obvius factus fuisset, sanctimonialis autem ante eam sedens nomine Ricburg, quæ ipsius in ministerium præelecta erat; si incaute aut ipsa dormitans, seu librum inspiciendo legeret, curam neglexit pauperis ¹⁴, eam non excitaret, regina statim expergefacta, salutiferis caram sequacem verbis increpans, currum stare jussit, et cum qui transierat revocando procurabat pauperem. Quid plura? Virginalem propemodum, benefactis illis promerentibus, adquisierat palmam, nisi tantum secularibus vestium floresceret ornamentis. Nullus enim dies, nulla ferme hora eam a bonis ocio torpentem inveniebat operibus, festis quoque diebus lectioni vacans se occupabat aut ipsa legendo aut ab aliis audiendo, cotidianis vero diebus, quibus operari licet, orationi aut psalmodiæ incumbens, ut semper solebat, manuum tamen instabat operibus. Si quando per totum diem diversis populorum circumclusa sermonibus, ut his evenit qui regno præsident terreno, hora saltem refectionis stans ante mensam aliquid opus faciebat, priusquam ¹⁵ escam gustaret, illud memorans ac dicens : *Qui non vult operari, non manducet* (*II Thess.* III, 10).

12. His actibus beatis occupatam in tantum divina provexit clementia, ut etiam Domino largiente miraculorum inclaruisset luce. Nam in Quidilingaburg civitate die quadam stans supra montis verticem, pauperum in valle vescentem conspexit turmam, minitrumque interrogavit, si panis pauperibus datus esset cum ceteris alimentis, et ille respondens dixit : *Minime.* Hinc quasi in dispensatorem irata, subito pane erepto, signo crucis manu impresso, Domini invocato nomine, ut ad omnia solebat, de alto projecit cacumine, qui per saxa volutatus et sæpen, incolumis cujusdam pauperis pervenit in sinum, quod qui aderant videntes mirati sunt, divina id contigisse testantes virtute. Fulgebat et alio in cadem civitate miraculo. Nam cum in ecclesia Deo holocaustum offerret devotissime ¹⁶, quædam cervula domestica intra claustrum edomita, occulte ampullam, vas quoque vini, ut sæpe in monasteriis assolet, subripiendo devoravit, quam præsentes obstupefacti feram cædendo, minando, manibus plaudendo requirere non valebant, donec digna Deo regina ori bestiæ manu porrecta blandis verbis dixisset : *Redde ; nostrum est, quod tulisti.* Illa dicto citius hanc quam hauserat revomuit ampullam. Quis dubitet supernum dominatorem ejus meritis feralem in humanum vertisse sensum? Plurima vero in ea operatus est Dominus, quæ si per ¹⁷ singula notari possent, miranda viderentur; sed intrinsecus magis enituit virtutibus, quam forinsecus miraculorum signis.

13. Interea regem Ottonem papa (16) Romam vocante, imperialem, ut credimus, Dei jussu accipere coronam, Italiam adipiscendi gratia petiit (*An.* 960), quam prius regina Adelheid in dotem possederat. Filio igitur suo Ottoni regno tradito, ipse fortium pectorum viros secum tollendo ivit una cum conjuge,

---

VARIÆ LECTIONES.

¹³ deferri *cod.* ¹⁴ excidisse videtur et; perplexa est verborum constructio. ¹⁵ ita legendum; cod. quam. ¹⁶ devotissima *cod.* ¹⁷ super *cod.*

NOTÆ.

(15) Ann. Quedlinburg. ad 1014, et Thietmarus, II, 13 monasterii conditorem fuisse Geronem marchionem tradunt, neque alias, quod sciam de hac fundatione Mathildis legitur.

(16) Joanne XII.

et Christo duce excellentissimus victor Latium expugnavit, Berengariumque, qui regnum Latinorum usurpaverat, armis premens, captivum cum tota familia in Bawariorum regionem ducere jussit. Deinde augustus sancti Petri ad cathedram cum uxore coronatus (*An.* 964), Romanum tenens imperium, per Ausonias urbes summa potestate regnabat. His certe diebus quibus rex primum adiverat Italiam (*An.* 962, *Febr.* 2), ipsa ejus genitrix spe timoreque correpta, assiduis Deum pro filio interpellabat precibus, quo interim pro nati victoria singulari sacrificio fortissimum placaret bellatorem.

14. Hæc animo sententia tractanti sedit in imo. Construxit etiam in Northusen cœnobium, congregans sororum catervam pro sua suorumque salute animarum et corporum, sui quoque nepotis Ottonis junioris consensu. Quod a fundamento construens, illius maximam semper maternæ gerebat curam inpendendo, omne quicquid erat necessarium, dum in vita viveret præsenti. Cumque inperator devicto Latio in patriam reversus esset, Coloniam urbem petens (17), ubi frater ejus Bruno archiepiscopus præsidebat, matrem illuc cum rege filio pariter et pulchra virgine (18) obviam sibi vocari præcepit. Venit et regina Gerburg, soror ejus, et tota regalis utriusque sexus progenies, amore se invicem videndi congregata, divina, ut confidimus, ita disponente clementia; nam post hæc simul se non videbant, nec ulterius temporaliter videbantur. Sed et illa inclita mater Machtildis regina, tantorum felix procerum partu, primum a cæsare, deinde ab omnibus posteris honorifice suscepta, suos complexa lætatur vidisse nepotes, et maxime filium incolumem tali augustum venisse in gloria exultat Deo gratias agendo. Cui cuncta quæ de monasterio interea fecerat ordine exposuit, vel quali angeretur timore, opus inceptum non posse perficere, orbatam sui post mortem relinquendo catervam, seque jam ætate maturam intulit, et aliorum curam ideo non gessisse, quia prius incepta [18] nondum perfecta erant. Cui rex caritate Dei et proximi successus, congratulando ejus meritis scire se dixit extitisse victorem, et ne tantos sibi fingeret metus, animum maternum dictis leniendo, se superstite suisque posteris jurando promisit eidem cœnobio nunquam deesse omnis subsidii solamen. Talibus dominam permulcens sermonibus, transeuntes in Saxonum regionem ad eandem Northusen devenerunt civitatem, et ad præfatum monasterium quicquid mater vel filius rex dederant addens, et ipse possessiones casta manu propria subsignata firmiter in perpetuum tradidit. Inde alias populum regendo peragrans urbes, aliquod tempus in his morabatur regionibus (*An.* 966). Romam denuo [19] petiit, filio simul assumto.

15. Adpropinquabat autem hora, cum Dominus electæ suæ famulæ Machtildi temporalium laborum mercedem reddere destinaverat. Ægrotans igitur per anni circulum, casas et castella peragrabat, infirmitatem prout potuit occultans. Northusen adiit, et Richurga fideli sua coram præsentata, quam præfato cœnobio abbatissam præesse fecerat, speratæ causa fidei pauperculam bene procurandi catervam, ait ad illam : *Sentio me morbo crescente jam recessuram, et vellem hoc loco sepeliri, ut filii mei erga vos major esset procuratio ; sed scio* [20] *hoc nullo modo consentiri, nam dominus noster Quidilingaburg requiescit Henricus. Quo ergo spes vestra tendenda est, quo animus dirigendus ? ad Deum namque.* Plurima vero dans eis salutifera monita, deinde Quidilingaburg pervenit, ibi tandem nimia clade correpta, infirmata est usque ad obitum. Videns autem extremum inminere sibi diem, divini memor verbi, ubi dicitur : *Vende omnia quæ habes et da pauperibus, et veni, sequere me* (*Matth.* IX, 21), omnem continuo divitiarum habundantiam quæ restabat, episcopis, presbiteris atque indigentibus erogari et inter monasteria dividi præcepit, una tantum sibi relicta qua tegebatur veste, aliis duobus palliis, uno coccineo et alio lineo, quæ ad sepulturam sibi servari jussit. Cumque frequentes confluerent populi divites et pauperes, nec quisquam indonatus abiret, adfuit et Willehelmus Mogontinus archiepiscopus, filius Ottonis imperatoris. Ostium domus turbata mente ingrediens, ubi infirma jacebat domina, lacrimisque perfusus deflevit ituram ; et si rationem ullam dolor admitteret, gaudere potius deberet, nam illa justorum gregi, ut speramus, in pace conjuncta quiescit. Quem ut vidit dolentem, ingemuit : *Tibi,* inquiens, *commendo animam meam, commendo et destitutam Northusensem catervam, non solum a te procurandi, verum etiam imperatorem pro eis admonendi causa* [21], *quia neque adhuc opere profecto maximam inde præ ceteris curam gero cœnobiis.* Qui omnia quæ petierat inpleturum se promisit. Præter hæc multa filio Ottoni mandata dedit portanda, sed in vanum quia ille regem ultra non vidit, nam modicum post vivens, mortem subiit (*An.* 968 *Mart.* 2). Cujus exitum digna illa Christi famula vaticinando, quasi bene conscia, cum abiret, prædixit dicens : *Estne nobis aliquid quod Wilhelmo dari possit episcopo ?* Cui cum responderetur nichil esse, ait illa : *Ubi sunt pallia, quæ nostræ sepulturæ jussimus observanda ? Dentur hæc, nam ille ad suum iter magis his opus habet. In nobis autem inplebitur, quod ore vulgi dicitur :* « *Parentes nuptialem vestem inveniunt et lugubrem.* » Circum-

VARIÆ LECTIONES.

[18] i. n. *desunt in* c. *sed supplenda*. [19] decus c. [20] sciens c. [21] excidit in cod.

NOTÆ.

(17) Vitæ Ottonis I tabulas 293 sqq. ap. Bohmer.   (18) Mathilda filia.

stantes autem nescierunt ad quid hoc dixerat, putabant enim eum Mogonciam iturum. Sed nichil horum inperfectum præteriit, quæ sancta prophetaverat femina, neque de transitu episcopi, neque de vestium oblatione. Nam cum defuncta feretro inponeretur, venerunt nuncii filiæ ejus reginæ Gerburgis pallium ferentes auro intextum, quod suum dominique sui regis Henrici sepulcrum aptum erat ad cooperiendum. Quodam igitur die sabbati, quem semper bonis amaverat operibus, extremis supervenientibus, neptulam suam, inperatoris filiam, cœnobii abbatissam ad se vocans, salutiferis insistendo monitis, piam et humilem, prudentem et cautam sibi commisso gregi studiose providere docuit; monasterium raro egredi, sacris mentem indulgere scripturis, et quæ legeret alias [22] docere, quicquid vero alias monendo instimularet, ipsa prius omnibus relinquens exemplum bonis inpleret operibus. Quin etiam computarium, in quo erant nomina procerum scripta defunctorum, in manum ipsius dans, animam illi commendavit Heinrici nec non et suam, sed et omnium quorum ipsa memoriam recolebat fidelium. Novissime quoque Ricburg abbatissa Northusensis mœsta processit, reginæ pedes flens amplectendo: *Cui nos*, ait, *spes nostri omnium et solamen, desolatas relinquis?* At illa, oculis elevatis et manibus expansis: *Summo*, inquit, *vos commendo pastori. Credo enim filium meum prioris haud inmemorem promissionis, dicentis, se superstite suisque posteris eidem nunquam solamen deesse cœnobio; sin autem, vos ab hominibus relictæ, quia Deus in se sperantes non deserit, primum quærite regnum Dei, et omnia adjicientur vobis* (*Luc.* XII, 31). Deinde ad circumstantes conversa dixit: *Bene agite, ciliciumque mihi subponite, me sursum versa, ut spiritus redeat ad Deum, caro vero redigatur in pulverem.* His itaque omnibus juxta divinum ordinem dispositis, plena dierum et perfecta ætate, exemplum boni operis posteris relinquens, soboles suas atque ex eis videns nepotes usque in quartam generationem (19), Mactildis regina Deo et angelis spiritum reddidit, migravitque ad Dominum 2 Idus Marcii in Quidilingaburg civitate (*An.* 968, *Mart.* 14), ibique in basilica sancti Servacii episcopi et confessoris honorifice tradita sepulturæ, juxta sepulcrum domini sui Heinrici requiescit.

16. Post cujus excessum legati scripta ferentes in Italiam ingressi sunt, ubi filius ejus Otto inperator rem publicam gubernabat Latio, vir omni pietate merito prædicandus, si ei vel diadema non legitime sed tumultuante milite inpositum repudiare (20), vel armis abstinere licuisset. Sed magnum inperium nec sine armis potuit teneri. Non tamen illum opes regni, nec inperii dignitas, non diadema, non purpura, Christi a famulatu divellere poterant. Huic palacium insidenti legati, ut diximus, introgressi, quo rex alto sedebat solio, et coram data copia fandi, epistolas aperiendo matrem ipsius obisse nunciarunt. Qua ille voce percepta totus excussus, facie pallidus, lacrimis obortis uberrime flevit, materno illum excitante amore. Deinde omnia se inpleturum quæ genitrix petierat affirmabat. Perfecit vero statim et aliqua Northusensi cœnobio tradita parte matrimonii materni in occidentali regione. Misit et illuc privilegium a Romano papa datum, ut ipsa domina prius postulaverat. Sed aliquod in Ausonia [23] tempus morabatur, donec filio suo Ottoni juniori de partibus Græciæ, augusti de palatio, regalis fuisset data conjux præclara dicta nomine Theophanu cum innumeris thesaurorum divitiis (21) (*An.* 972, *Apr.* 14). Et cum fecisset ambos imperiali decorari nomine (22), tunc demum conjuge simul comitante filioque pariter cum uxore, patriam Saxonum revisit (23). Paschali vero tempore ad urbem Quidilingaburg venit (*An.* 973, *Mart.* 23), ubi patris fuerat ac matris sepulcrum, ibique honorifice susceptus, omni populo ei [24] obviam congregato, sacratissimos illic permanebat dies. Inde jam egressus Mimilevum ægrotus pervenit (24) (*Mai.* 6), ibique die quadam oratorium inductus et vespertinas laudes audiens, ut semper ecclesias Deique servitium diligebat, angelis suscipientibus emisit spiritum (*Mai.* 7). Igitur post ejus exitum Otto junior, filius ejus excellentissimus, regnum Latinorum possedit et Saxonum, quem paternæ avitæque non imparem credimus virtutis præstante domino nostro Jesu Christo, qui vivit et regnat in omnia secula. Amen.

VARIÆ LECTIONES

[22] alios *c.* [23] Italia *glossa in cod.* [24] in *c.*

NOTÆ.

(19) Otto dux Sueviæ, filius Liudolfi, natus est 954. Cf. Cont. Reg.
(20) Hoc falsum esse constat; bella quæ coronationem sequebantur ad hanc ipsam falso retulit auctor.
(21) Cf. Annales Hildesh. ad a. 972.
(22) Ottonem II, a. 967, imperatorem coronatum esse constat, Theophaniam a papa Joanne XIII imperialem accepisse coronam soli habent Ann. Lobienses 972, M. G. H.
(23) In Germaniam redierat a. 972, in Saxoniam venit a. 973.
(24) Cf. Widukind. III, 75.

EPISTOLA INEDITA MATHILDIS
SUEVÆ
SORORIS GISLÆ IMPERATRICIS ET AVIÆ MATHILDIS TOSCANÆ

DATA ANNO 1027 AUT 1028

AD

MISEGONEM II
POLONIÆ REGEM
(Præfationis loco ad codicem Liturgicum Carolino-Alcuineum)

ET COMMENTARIUS CRITICO-HISTORICO-EXEGETICUS
IN EAM EPISTOLAM
SIVE
VINDICIÆ QUATUOR PRIMORUM POLONIÆ LATINO-CHRISTIANAE REGUM

AUCTORE

PHIL. ANT. DETHIERO
PHILOSOPH. DOCTORE ET SOC. ANTIQUITATUM THURING. SAXON. SODAL AB EPIST.

(Cum tab. ær. inc. et stemmatogr. Mathildina.)

[250 Exemplaribus impressa.]

(*Berolini apud Behrium*, 1842. — *Typis Hœnelianis.*)

PRÆFATIO

Quem publici juris nunc facio codicem, is olim non parvi momenti fuisse videtur, quum inter Slavos illinc, hinc Germanos; inter Christianos Græco-Slavonicos ab Oriente, ab Occidente Christianos Latinos, de imperio mundi certamen pervicacissimum atque asperrimum armis dubiis, modo secundis, modo adversis, sed semper luctuosis atque funestis pugnaretur.

Discrimen illud cruentissimum inter gentes ac religiones per tot sæcula raro dormiens sedatumque, nostris temporibus in dies crescit; discordia jam jam eruptura, atque bellis futura genitrix, omnium fere animos conflagratione sua rapit.

In edendo hoc apud Polonos monumento studii ritus latini in sæculo undecimo, quid facilius ac obtemperare vel adulari his illisve? Quid e contra difficilius ac servare eam animæ tranquillitatem, sine qua recti quid consistere nequit?

Verum enimvero id scribenti non soli præcavendum sed legenti non minus. Veritatem puram — utinam sine errore! — nihilque nisi veritatem historicam quæsivit libelli auctor. Quæ veritas rarissime ubicunque placere potest: attamen optimo cuique sæpissime. Quodsi minor paginarum numerus lectori displicet, scriptor quidem non « sublimi tanget sidera vertice, » sed uterque laude digni esse videntur.

Scribebam Berolini mense Januario anni MDCCCXLII.

CAP. I. — *Modus historiam tractandi.*

Inter omnes qui historiæ student, jam satis constat, quæ in priore medii ævi parte sit monumentorum cœvorum raritas; neminem fugit eo obscuriorem esse historiam populorum tunc viventium, quo longius hi abessent a luce christianæ fidei, quippe quæ tanquam fax non corda modo sed et artes liberales illuminat et fallaces ignorantiæ tenebras fugat. Aurora quoque christiana, proh dolor! nubibus sanguine rubris obducta, nonnisi raris radiis coruscans, terras, viros, facinora non illustrat, sed omnia hic splendentia illic horrentia vix oculis perspicacissimis dignoscenda præbet. Sæpissime harioli conjectura eget.

Adde tamen aliud maximum, mea quidem sententia, veritatis in historia cognoscendæ impedimentum: nempe omnes fere, qui historias scripserunt, re ipsa nolente volente, pro aris et focis sibi dimicandum esse censuerunt; qua re fit, ut idem facinus, prout hinc aut illinc tradatur, sibi dissimilius sit, quam color niger albo. Ἄλλο γλαῦξ, ἄλλο κορώνη φθέγγεται. Tolle, rabula, manus profanas a Sanctuario historiæ, quam Deus ipse, ille omnium rerum moderator sapientissimus sic esse voluit; quam vel impune nemo unquam læsit, se Deo sapientiorem putans; non impune dico, quippe quæ non in libris modo, sed in vita ipsa vindex gravis, acer, immo cruentus semper extitit; eo cruentior etiam quo tardior. Ne quis mihi objiciat, nostris temporibus eos qui rebus præsint publicis hanc profanationem historiæ, hanc pestem fovere, neque cuiquam licere memori esse Taciti verbis « Sine ira et studio : » — « Nos, Nos, consules, desumus! » Eo magis etiam Historia indignatur, scriptores ea, quæ in sua manu sunt, falso studio, aut ira sæpe ficta, deformare vel inquinare, legentiumque tempore et judicio abuti.

Licet exempla minime rara sint, tamen unum tibi offeram in Micesiao II (vel Misegone) Polonorum rege, quem ab indigenis et germanis tam diversimodo descriptum invenies, ut nihil fere de eo proferri queat, cujus rei autorem non habeas.

Optimi quique nunc in historia investiganda ad monumenta ipsa recurrunt, diplomata coæva ex archivis publicis ac privatis formica seduliores ad lucem producunt; hos acervos monumentorum undique collatorum alii explorant, componunt cum chronicis et traditionibus, et quæ in his cum diplomatibus non consentiunt, tanquam suspecta, corrupta aut conficta respuunt. Cujus Rei optimum exemplum habemus in libro celeberrimo : Ranke, Jahrbücher der Sachsischen Kaiser. Videant tamen, ne ex Scylla in Charibdin abeant. Sæpe enim in traditione modicillum quoddam spurcum est et tale esse facile probatur; num ideo tota illa traditio abjicienda est? Si exempli gratia lex quædam Romulea esse dicitur, et celeberrimus Niebuhrius Romulum regem in mythos abducit, an continuo eam legem non extitisse demonstratum est?.

Nos in hac dissertatione sæpe tentabimus, rejicientes quidem suspecta, conservare tamen eam partem traditionis quæ vera videtur. Cur periculum fecerimus in primis regibus Christianæ Poloniæ, caput sequens declarabit.

CAP. II.— *Liber liturgicus manuscriptus Caroli Magni et Alcuini describitur.*

Cum ante hos aliquot annos, jussu venerabilis præpositi Fischeri, perlustrarem bibliothecam ecclesiæ catholicæ Sanctæ Hedwigis Berolinensis, quæ maximam partem constat ex libris Monasterii S. Mariæ de Nova-Cella (Neuenzelle apud Francofurtum ad Viadrum), a rege defuncto Friderico Wilhelmo tertio sæcularisati; inveni librum manuscriptum membranaceum, foliorum octoginta trium, formæ quadratæ. Catalogus illorum librorum negligenter conscriptus hæcce de hoc libro continet verba : « Ein lateinisches Manscript auf Pergament, dem « Ansehn nach sehr alt, ohne Titel, mit gothischer « Schrift, nach der Meinung des Abts Optatus Paul « ein Chorgebetbuch. »

Quum diligentius inspicerem, statim vidi codicem majoris esse pretii.

In folio, ut nunc se habet, primo, legitur manu recentissima a fronte : « Ex bibliotheca Dñi Abbatis Monasterii B. V. Mariæ de Nova-Cella. » Folio primo verso et folio secundo a fronte legitur hymnus in archangelos S. Michaelem, Gabrielem, et Raphaelem, et in margine hymni Alleluia cum notulis cantandis. Scriptus esse videtur hic hymnus a manu recentiori quam quæ in reliqua libri parte sunt. Nam litteræ paullo inclinatæ sunt, licet in notulis lineæ desint et Gregoriana *neumata*, quæ dicunt, esse videantur, cujus exemplum supra, in figura 2, habes ad versum : « *Per quem letabunda perornatur machina mundi tota.* »

Folium secundum versum et folium tertium a fronte, continent epistolam dedicatoriam, quæ incipit cum verbis : « *Domno M.* » et de qua in hac dissertatione uberius agemus.

Folium tertium versum implet (v. Fig. 1.)) imago picta principis cujusdam coronati, purpurati, solio insidentis, sinistra sceptrum gestantis, dextera vero accipientis librum, quem manibus velatis femina quædam offert. Suprascriptos legimus minio pictos, litteris majusculis, hosce geminos versus Leoninos, i. e : Hexametros, quorum prius hemistichon eundem in fine sonum habet, quem posterius, id est, ut linguis vernaculis dicunt, rimam (*Reim*).

« *Hunc librum Regi Mahthilt donat Misegoni;*
« *Quam genuit clarus Suævorum Dux Herimannus.* »

Folio tandem quarto recto verus est libri titulus, minio pictus, litteris majusculis : « In Christi no« mine incipit liber officiorum quem *Romanum or« dinem* appellant. » In margine minusculis rubrica additur : « *De natale Dñi.* »

Sequitur litteris majusculis cum initiali maxima ornatissimaque (v. Fig. 3.) : « Sacratissima hujus « Dici Nativitas ideo dicitur ! quod in ea natus est « Christus. » et cet.Folio quinto verso exponitur dies festus : « *de circumcisione Domini;* » et sic in sequentibus omnes dies solemnes anni Christiani a Nativitate Domini usque ad festivitatem omnium Sanctorum (fol. 42) recensentur et ritus explicantur.

Folio 42 verso incipit *ordo ad visitandum infirmum;* folio 43 verso *ordo defunctorum;* folio 46 *de gradibus ecclesiasticis;* folio 48 *qualiter episcopus ordinetur in Romana ecclesia;* folio 53 ad 74 *incipit brevis expositio missæ;* fol. 74 *de Symbolo;* fol 76 verso ad fol. 83 ex alio quodam libro transcripta *de sacris ordinibus et de vestibus sacerdotalibus.*

Liber hic liturgicus maximam partem non ignotus est. Vulgo eum Pseudo-Alcuineum nominant. Typis jam exaratus est, licet mendose, in collectione Hittorpiana, et alibi. At desunt tamen multa in editis quæ manuscriptus noster intacta offert. Quantum attinet ad autorem maximæ hujus libri liturgici partis, demonstrare posse mihi videor, Carolum magnum et Alcuinum alteris curis eum composuisse. Sed de hac re alio loco agemus.

A Constat igitur hucusque librum nostrum manuscriptum esse exemplar ordinis liturgici ecclesiæ Romanæ, a Mathilde quadam, filia cujusdam Hermanni Ducis Suevorum, donatum regi cuidam Misegoni.

Relegamus ad epistolam dedicatoriam nostri exemplaris, quæ nunc fortasse melius intelligi poterit. Eameam ipsam hic typis expressam, verbotenus, cum mendis orthographicis et interpunctione intacta :

Cap. III. — *Epistola dedicatoria Mathildis Suevæ ad Misegonem regem.*

1 Domno M. (1) virtutis veræ cultori verissimo . regique invictissimo·
2 M.(1) suppremum in Christo gaudium: ac felicem super hoste triumphum·
3 Quoniam tibi divina gratia regium nomen pariter et honorem concessit.
4 arteque regnandi ad id necessaria honestissime ditavit! felici incepto
5 ut audivi. ipsi divinitati regni tui primitias devoto pectore consecrasti·
6 Quis enim prædecessorum tuorum tantas erexit æcclesias? Quis in lau-
7 dem dei totidem coadunavit linguas? cum in propria et in latina
8 Deum digne venerari posses. in hoc tibi non satis. grecam superaddere
9 maluisti· Hæc et hujusmodi studia te si in finem perseveraveris. bea-
10 tissimum prædicant. teque non adeo humano quam divino judicio
11 electum, ad regendum populum sanctum Dei veracissime testantur.
12 qui in judicio providus. in bonitate conspicuus. in universa morum
13 honestate præclarus haberis . viduis ut vir. orphanis ut pater. egenis
14 et pauperibus incorruptus defensor ab omnibus comprobaris. non
15 considerando personam pauperis. vel venerando vultum potentis.
16 sed libra justitiæ quæ proponuntur cuncta examinas · Christi
17 procul dubio militem cum beato Sebastiano sub regalis vestitus cultu
18 ducis absconditum. Deo tantum ut restituas animas diabolica frau-
19 de deceptas . qui talentum tibi commissum reportare centuplica-
20 tum vehementer anhelas . auditurus beatam vocem qua dicitur · Euge
21 serve bone et fidelis . et cætera · Paternis nempe exemplis ammo-
22 nitus totus pene versaris in cœlestibus. qui in illa mundi parte
23 quam regis . quasi quidam fons et origo sanctæ catholicæ et aposto-
24 licæ extitit fidei. Nam quos sancti prædicatores corrigere non poterant
25 verbo! ille insecutus est ferro. compellens ad cænam dominicam barbaras
26 ac ferocissimas nationes. Hunc autem librum ideo tibi direxi. nequid
27 in divinis officiis incognitum fore tuæ regiæ dignitati. sciens te spi-
28 ritali prærogativa preditum. procul dubio habere acceptum. In quo
29 quid significent varietates quæ per diversa tempora in eisdem recoluntur
30 officiis. curiosus lector facile reperiet · Deus omnipotens cujus con-
31 stitutione regali diademate coronatus es . ipse tibi spacium vitæ
32 palmamque victoriæ largiendo. cunctis efficiat hostibus fortiorem ·
33 Ad velle vale ·

Cap. IV.—*De litterarum forma et interpunctione Msti.*

Litterarum forma est nitidissima. In majusculis, quadratæ et rectilineæ latinæ, mixtæ sunt cum rotundioribus gothicis —(exempla talium litterarum in tabulæ fig. 4. dedi.) — quod obtinet in litteris D, M, N, Q, A, C, U, L, R, E, H, I, T. et P. Rotundioris tantum formæ B, F, K, X, Y et Z.

B Minuscularum autem formas offert liber eas quas fig. 5. incidendas curavi.

Siglæ quam plurimæ occurrunt; formas aliquot earum in fig. 6 habes, de quibus agam capite XXXII.

Ista litterarum mixtione, majuscularum formæ quadratæ, cum rotundis, præsertim utebantur sæculo undecimo post Christum natum; quamvis exempla sæculi præcedentis et insequentis, ea tamen rariora,

(1) M. esse pro *Misegoni* ex versibus figuræ jam apparet.

occurrunt. Neque id mirum; sensim sensimque formæ mutantur, et veteris moris semper aliquid remanet et conservatur.

De interpunctione notandum, semper punctum inferiori loco positum nostram significare virgulam; virgulam vero directam paulo tamen ad dexteram inclinatam, suprapositam tali puncto (!) esse nostrum semicolon. Solo punctum superiori loco positum est colon nostrum. Quodsi infra hoc punctum virgula curvata additur (') maximam indicat interpunctionem nostro puncto comparandum. Interrogandi signum fere vulgare est.

CAP. V.— *Syntaxis singularis exemplum.*

Jam colligenda esse videntur, quæ de Misegone hic dicuntur, ad personam ejus definiendam. Laus ejus tanta est, ut adulatoris quiddam perpluat. At ne sic quidem omnia conservari possunt pro Misegone, modo accuratius passus epistolæ inde a versu 21 ad 26 examinetur. Mira enim sed non inaudita vocum est Syntaxis; modo secunda verbi persona (regis), modo tertia occurrit (extitit), uno eodemque tenore. Neque tamen primo obtutu alia inesse videtur persona ac Misego. Dum ea volutarem, et nullo modo quadrare intelligerem, tandem mihi visus sum hujus singularis rei causam videre in audacissima structura quam grammatici Synesin nominant. Qua Synesi in versu 22do Pronomen relativum *qui* antecedens habet *Patrem* ex adjectivo *Paternis* supplendum; qua sola ratione omnia optime intelliguntur et quadrant. Fortasse *paternis* pro *patris* positum est a correctore, qui non vidit post octo voces sequens relativum *qui*. Sic in Cicerone Brut. 29 : ad *senatoriam* sententiam, *cujus* ille erat princeps in Liv. II. 53. *Veiens* bellum exortum; *quibus* in Cæs. bell. Gall. I. 40. *servili* tumultu, *quos* cf. ib. Herzog.

Habemus igitur Misegonem quendam regem, cujus *pater* in Misegonis regno *quasi quidam* fons Christianæ extitit fidei, et barbaras gentes ferro ad cœnam dominicam compulerit.

CAP. VI.—*De Misegone III, Polonorum duce.*

Reges Misegones non occurrunt, nisi apud gentem Lechiticam. Dominis orthographia variat; *Mieszko, Meszko, Miseco, Misego, Mesico, Misacho, Miczces-*

(2) *Kadlubek* ed. ad calc. editionis Dlugosz Lips. vol. II. col. 640. *commentator ejusd.* ib. col. 641. *Dlugosz,* etc.
(3) Ibid.
(4) Dlugosz ed. Lips. vol. 1. col. 89. A. (Rœpellius errat paginas pro columnis citans.)
(5) *Rœpellius* Gesch. Polens Hamb. 1840. I. pag. 622. talem opinionem ortam esse censet ex male intellecto loco Constantini Porphyrog. d. adm. imp. (op. ed. Meurs. p. 127); Dobnerum (et Dobrowskium) jam demonstrasse in liac re nulla fide dignos esse Hagecium Chron. Boh. p. 37. b. ed. 1541. fol. et Stredowskium in Moravia sacra (passim). Idem Rœpellius recte monet, servos (vel captivos) Christianos quosdam jam exstitisse in Polonia. Attamen multi recentiores putant, jam Christianam fidem in Polonia notam et propagatam fuisse ante adventum Dambrowkæ; inter quos celeberrimi Stransky, Piasczki,

laus, Miska immo et *Miscio* invenitur. Tres fuerunt omnino in Polonia principes hujus nominis; quorum tertius, cognomine Senex, hic nullo modo intelligi posse vel inde apparet, quod neque unquam rex nominatus sit, cujus rei certissima testimonia apud omnes scriptores exstant; neque pater ejus fons Christianæ fidei in Polonia nuncupari possit; neque tandem ipse Misego III ulla laude dignus fuerit. Nam pater, antequam e vita discesserat, dividit regnum inter filios quinque, et Miesco secundogenitus Dux factus est a. 1139 regionis occidentalis (Gnesen, Posen, Kalisch et Pommeraniæ). Gubernacula quidem totius Poloniæ regenda accepit anno 1173, sed sub vero Ducis tantum titulo. Denique expulsus anno 1178, restitutus anno 1199, iterum ejectus anno 1200, ultimo loco restitutus anno 1202, tandem defunctus anno 1205, singulare imbecillitatis dedit exemplum.

CAP. VII.— *Misego I e fontibus Polonorum.*

Primus autem Misego, natus quidem anno 931, sed lumen terræ non vidisse, cæcus enim extitisse, ideoque causam nominis eousque inauditi fuisse, a gentis illius scriptoribus traditur. Proceres enim ratos principem, oculorum lumine privatum, rempublicam gubernare non posse, et sic fore causam turbationum, quæ polonice Mieszko, germanice Mischung, latine mixtio sonant, hoc ei indidisse nomen (2); Septimo vero ætatis anno divinitus per miraculum lumen oculorum nactum esse (3), Patri Zemomislao, mortuo anno 964, successisse Misegonem (4); jam tunc aliquot inter Polonos, eosque non humili loco natos, Deum verum Christianorum coluisse (5); nec tamen moram fuisse, quin omnes fere Slavorum gentes idolorum cultui renuntiarent; cui rei occasionem dedisse (ut alibi, sic apud Polonos,) fœminam quandam Christianam; Misegonem enim ducem (quem sæpe regem nominant), ut tum, more gentis, licebat, uxoribus pluribus, (septem, numero diebus hebdomadæ æquato, nominantur) usum esse, et nocturnales variasse vices; posteritate tamen caruisse; Christianum igitur quendam principi autorem fuisse, ut, repudiatis pellicibus, unam, eamque Christianum duceret uxorem; quare fore ut Deus ejus vota non irrita redderet; placuisse consi-

Dobrowsky, Naruscewicz, Lelewel, Bandtkie et Friese. Fugit Rœpellium illius ævi (immo et hodiernus) mos, quo Christiani Latini Græcos vel Slavos, Græci vero vel Slavi Latinos dominare solebant non. Christianos sed paganos. Pugnabatur acerrime a mare Adriatico usque ad Balticum jam tum inter ecclesiam latinam et græcam. Ibi florebant non modo mere græcæ et mere latinæ, sed etiam mixtæ, ut ita dicam, ecclesiæ; id est Slavonica ecclesia Constantinopolitano Patriarchæ obnoxia, et Slavonica papæ obnoxia. Quibus omnibus Christianis et Latini puri et Græci puri, prout tempus ferebat, nomen paganorum indiderunt, et quos povo baptismate ad Christi fidem convertendos arbitrabantur. Qua de re optime egit Wenceslaus Alexander *Maciejowski* in libro : « Essai historique sur l'église chrétienne des deux Rites chez les Slaves, traduit du Polonais par Sauvé. Leipz. Hinrichs 1840. »

lium Principi; misisse procos ad Boleslaum fratricidam, Bohemiæ ducem, qui ejus filiam, Dambrowkam formosissimam et Christianæ fidei amantissimam, nomine ipsorum Ducis peterent in matrimonium; cui Dombrowkæ non collibuisse nuptias inire, priusquam Poloni cum Duce Christianam suscepissent fidem; Misegonem igitur, annuentibus « baronis » vix miraculo motis, « *cum universa gente Lechitica* » antea baptizatum, dehinc anno 966 duxisse Dambrowkam (6); omnia denique idola, jussu ducis fracta templaque combusta esse in tota ejus ditione, Dominico Lætare ante Nonas Martias anni insequentis; ita ut, miro modo, primo ictu, primo, ut ita dicam, oculorum principis nutu, ne minimo quidem vestigio relicto evanuerit idololatria; ab ipso Misegone (vel Dambrowka) illico post sacrum ejus baptisma, omnes ecclesias et episcopatus Poloniæ esse ordinatas, geminas metropoles Gnesciniæ et Cracoviæ institutas, et his jure Metropolitico subjectos septem episcopos tum constitutos, Posnaniensem, Smogorzoviensem (postea Wratislaviensem), Kruszwiciensem (Wladislaviensem vel Leslaviensem), Plocensem, Culmensem, Lubucensem et Caminiecensem; ut de ecclesiis et monasteriis taceam. Nominant episcopos et Cardinalem Ægidium episcopum Tusculanum, legatum apostolicum Johannis XIII (7), qui missus a summo Pontifice confirmasset episcopatus, eisque terminos posuisset, (cujus rei privilegia incendiis deleta esse,) decima jam omnium frugum ecclesiis Misegonem assignasse, et Poloniæ « *Baronitatem* » in ecclesiis construendis fundandisque (8) mores Principum æmulatam.

CAP. VIII. — *De eodem Misegone I secundum fontes Germanos.*

Hæc vel talia ab autoribus Polonis memorantur de Misegone I; sed quum nemo eorum illis temporibus vixerit, et omnes sint saltem sæculis aliquot recentiores, eos traditione vaga fultos vel cœco patriæ et ritus Romani amore ductos, suo quemque modo partem veritatis tacuisse, eamque deformasse, vel etiam pannum adfuisse censuerim.

Scriptores Germani hujus temporis, vel certe non ita multo post viventes, aliter depingunt Misegonem primum, et eo majore digni fide videntur, quod cum iis unus alterve Polonorum antiquissimus Annalista consentiunt.

Narrant igitur *Regem* Miskam duabus vicibus prœlio superatum fuisse a Wichmanno quodam, (Ottonis Magni propinquo quidem, sed, ob jurgia cum eodem, e Germania exule,) copias barbaras (Pomeranas vel alias) tum ducente (9). Ab ipso Gerone, orientalium Marchione Lusizi et Selpuli, *Miseconem* cum sibi subjectis, imperiali subditum esse ditioni anno 963, Thietmarus memorat (10). Sagacissimus Rœpellius recte monet tunc temporis debellatam esse Slavorum gentem a Germanis, non finium modo imperii promovendorum causa sed et religionis Christianæ propagandæ (11). Secundo igitur post devictum Miseconem anno iidem ferunt, Dubrawkam, Boleslai, fratris S. Wenceslai, filiam, (aut hujus Martyris sororem, ut habet Boguphalus [12], ei nupsisse anno 965; neque prius Miseconem cum parte Polonorum aqua baptismatis ablutum fuisse, quam anno insequenti; Jordanum quoque, primum Christianorum in hac regione antistitem, multum cum Polonis sudasse, dum eos ad supernæ cultum vineæ sedulus verbo et opere invitaret (13); eundem Jordanum anno 968 esse ordinatum Posnaniensem, sive omnium Polonorum episcopum, et suffraganeum sedis archiepiscopalis Magdeburgicæ, ab Ottone Magno eo ipso tempore erectæ et fundatæ (14), qua ecclesiastica et politica cum Ottonibus societate, supradictum inimicum Ottonis Wichmannum, et quibus præesset barbaris paganis, hostes nactum esse Miseconem; acriter pugnatum, barbaros fugatos et Wichmannum cecidisse (15). Degente autem Ottone Magno in Italia, inter Marchionem Udonem et Miseconem bellum ortum esse; superbiam enim victoris Udonis ne humilissimis quidem Miseconis artibus vinci potuisse (16); prœlio igitur cruentissimo germanos devictos pœnam superbiæ luisse, et Marchionem cum patre Ditmari solos vix fuga evasisse justam vindictam (17); insequenti anno in Quedlinburgensi conventu adfuisse Ottonem, eoque confluxisse imperatoris edicto Polonorum Miseconem et Bohemorum Bolizlavum (II) duces (18), compositam litem, et ditatos muneribus reversos esse ad sua lætantes; mox, defuncto Ottone magno, eosdem

(6) *Gallus* p. 31; *Kadlubek* II. col. 740. et auctores sæculi decimi quarti : *Chronica Polonor.* (Stenzel script. rer. Siles. I. p. 9.) *Brev. chron. Siles.* (ib. p. 33.) *Chronic. princ. Polon.* p. 47. Eadem miro modo ornata *Dlugosz* ed. Lips. I. col. 89 sq. et qui cum seculi sunt : *Michow* p. 22. *Kromer*, cet. tandem *Stredowsky* Moravia sacra p. 136 et *Balbinus* in epit. I. c. 7.
(7) Male *Rœpellius* Joh. III. pro decimo tertio habet, Lipsiense exemplar *Dlugoszii* secutus.
(8) *Chronica Polon.* (l. l.) p. 9; commentator Kadlubekii (l. l.) col. 641, qui nihilominus col. 644 eadem de Boleslao narrat; *Dlugosz* ipse col. 95 sq. Math. a Mechovia chron. p. 22 et 25; *Cromer*, *Bielski* cet.
(9) *Widukind* III. c. 66 et 69. ap. Meibom I. p. 660.
(10) *Thietmar* ed. Wagner p. 27.
(11) *Rœpell* Gesch. Polens 1840. vol. I. p. 95.

(12) *Chronica Batzkonis*; *Paprocki* catalogus archiep. Gnesn.; *Wostokow* vita S. Wenceslai. cf. *Thietmar* p. 97. et *Maciejowski* p. 135 et 237.
(13) *Thietmar* (ib.) p. 97. cum quo consentiunt Poloni : *Boguphalus* (Sommersberg script. rer. Silesiac. p. 27. *Brevis Chronica* Cracoviæ (ib.) p. 79 ; *Annal. Posnaniens.* (l. l.) p. 81. aliæ *Annales* (lb) p. 94. et *Annal. Cracov.* majores (in edit. Dantiska Kadlubekii) p. 34. quos omnes laudat *Rœpell.* l. c.
(14) *Buguphal* (Sommersb. p. 27.) *Annal. Hildesh.*; *Annal. Weissemb.*; *Lamb. Schaffn.*; *Annal. Altahenses.*
(15) *Widukind* p. 660.
(16) *Thietmar* p. 116.
(17) *Vita S. Adalberti* (Canisii lection. antiq. ed. Bisnage.)
(18) *Thietmar* p. 37.

Duces ex partibus stetisse Henrici Rixosi, ducis Bavariæ (19), qui, ut frater patruelis novi regis Ottonis secundi, secutus patris exemplum, quem constat cum fratre Ottone Magno sæpe conflixisse, bellum civile movit, regnum affectans, et cognomine Rixosi dignus (20), affinitatem enim quandam intercessisse inter hos tres duces conjiciunt quidam, efficientes Boleslaum II. (fratrem Dambrowkæ) uxorem habuisse Emmam Burgundicam, sororem Giselæ uxoris Henrici Rixosi (21); Henricum autem devictum ab Ottone secundo, custodiæ episcopi Ultrajectini esse mandatum; mortuo tamen Ottone II. ad arma ruisse secunda vice, patruelis filio parvulo, Ottoni tertio, imperium erepturum; ad eum Quedlinburgi degentem, Miseconem et Mistui et Bolizlavum duces cum ceteris ineffabilibus confluxisse, auxilium sibi deinceps *ut regi et domino juramentis affirmantes* (22). Henricum tamen paulo post armis spretis in pacem rediisse cum Ottone, secutos esse duces, et Miseconem *se regi Ottoni dedisse* (23); defuncta vero jam tum Dubrawka (a. 977) (24) Miseconem aliam duxisse uxorem, Odam filiam marchionis Dietrici, monialem et idcirco non sine maxima cleri nota (25), sed Deo hanc affinitatem volente; quum enim interim pagani Albim et Viadrum habitantes Christianos e sua regione expulissent, sæpius eum socium extitisse Imperatoris vel Marchionum, et contra paganos pugnasse (26), denique senem mortuum esse anno 992, octavo Calendas Junias (25 Mai) (27).

CAP. IX. — *Num Miseco primus rex potuerit nominari, et numquid sit Misego noster.*

Neque Polodi neque Germani veritatem puram dixisse videntur; illi nullo modo, neque unquam Poloniam imperio Romanorum Germanico obstrictam fuisse; hi eam feudali ligamine obnoxiam ubique ostendunt (28).

Certe constat, Miseconem unum tantummodo Polonorum Posnaniensem instituisse episcopum; Polonos plerumque invitos, neque omnes Christianam fidem cum Duce accepisse; finitimos barbaros et paganos paratos fuisse ad pugnandum pro idolis et ad Christianis bellum inferendum. Egebat igitur Misego non minus auxilio Imperatoris, quam hic illius. Quid multa? Societas quædam inita est majoris cum minore, vaga quidem sed intima, quam Ottones minus superbia imperatoriæ dignitatis turbare gestibant, quam Udo, aut alii marchiones (29).

Quam ob rem Widukindo simpliciter amicus Imperatoris nominatur (lll. c. 69). Cæterum de dignitate Misegonis utrum, Rexne fuerit, an Dux, multa dicuntur. Plerumque Germani fontes eum ducem, sed quidam etiam regem nominant (30). Principes barbarorum sæpe in medio ævo admodum negligenter vel duces vel reguli vel reges nominantur, sæpissime tamen cum quadam hinc deprimendi illinc extollendi arrogantia. Optima latinitate Dux etiam male sonaret; nam sensus feudalis, quo Dux Domini jussu hereditario modo feudo præest, omnino latinis alienus est, et in undecimo nostræ æræ seculo nondum tota sua vi invaluit. Mihi ea disputatio de lana caprina esse videtur. Hic eam rem tetigisse sufficiat; quippe quam infra (Cap. XXXIV) uberius tractabimus. Utcunque erit, nemo infitias ibit, hunc Misegonem fuisse primum in Polonia principem Christianum, sensu ecclesiæ latinæ, neque igitur patrem ejus fontem Christianæ fidei nominari posse a femina ecclesiæ latinæ fautrice.

Sequitur, id quod in codice nostro de patre Miseconis dicitur, nullo modo de Zemomislao intelligi posse; neque igitur filium ejus Miseconem I esse nostri manuscripti Misegonem.

Superest Misego secundus, cujus Patrem Bolizlavum revera fontem quendam fidei Christianæ in hac regione fuisse, ordine docebimus.

CAP. X. — *De Bolizlavo I patre Miseconis II. Totius Poloniæ imperium obtinet; imperatori auxilia subministrat.*

De Bolizlavo I et apud Polonos et apud Germanos scriptores, magis inter se convenientia traduntur, neque omnino discrepantia habent Ruthenorum scriptores. Qua re, quæ constant, duce potissimum Rœpellio (31), carptim narranda, neque tamen ea in quibus discrepant autores, prætereunda censemus.

Dambrowka Bohema Misegoni anno 967 filium pepererat, cui avunculi (avique?) materni nomen impositum est Bolizlavus, quod significat plurimum famosus (32). Hic patre adhuc vivente et septemdecim tantum annos natus, derelicta prima uxore,

---

(19) *Lambert. Schaffnab.* ad a. 974. *Annal. Altahenses.* ad. a. 974. (*Staindel. Aventin* p. 477.
(20) Nescio quo errore *Joh. Dav. Kœlerus* in Stemmatographia Augusta Saxonica patri non filio cognomen apposuerit *Rixosi.* Certe ille tam multus in testibus afferendis et sedulus scriptor, nullum adjecit hujus rei autorem, licet et pater et filius hoc cognomine dignissimi esse videantur.
(21) *Palacky* Gesch. v. Böhmen I. S. 250. *Rœvell* l. p. 99.
(22) *Thietmar* p. 65.
(23) Id. p. 69.
(24) *Annal. Saxo* ad. a. 977; *Cosmas* Chronic., *Dobrowsky* et *Pelzel* scr. rer. Bohem. I. p. 53.
(25) *Thietmar* p. 98; *Annal. Sax.* ad a. 987. *Dobner* vero ad *Hagec.* III. p. 297 annum 983 ponit.
(26) *Annal. Hildesh.* ad a. 985. (*Leibn.* scr. r. Brunsw. l. 720.) « *Misaco ad supplementum cum magno exercitu venit.* » Id. ad a. 986. « Otto Rex adhuc puerulus cum magno exercitu Saxonum venit in Slaviam, ibique venit ad eum Misaco cum multitudine nimia, obtulitque ei camelum et alia xenia multa, *et seipsum etiam subdidit potestati illius.* » Id. ad a. 991. Otto.... cum supplemento Misaconis Brannanburg obsedit, et vicit.
(27) *Annal. Hildesh.* ad a. 992; *Thietmar* p. 99.
(28) Ipcissimis verbis *Chronic. Polonico-Selesiacæ* (Stenzel l. l.) p. 9. Iste Mesico Posnani recognovit ipse se *imperii feudalem.*
(29) *Thietmar* p. 116.
(30) *Widukind* (ap. Meibom l.) p. 660; III. c. 66. in ed. Pertz. Mon. p. 463.
(31) *Rœpell* Gesch. Polens I p. 105. sqq.
(32) *Dlugosz* (l. l.) col. 97.

filia Marchionis [Misniæ Rigdagi (33), consobrinam Juditham, filiam Geisæ regis Hungariæ et Adelheidæ materteræ ipsius, duxit uxorem (34). Notum est Adelheidam illam simul cum fratre (Misegone I.) baptizatam fuisse, et nubendo Geisæ Hungarorum principi anno 968 primam Christianæ (latinæ?) fidei semina si non in eam regionem, saltem ad stirpem Magiaricum attulisse (35). Tandem ex Juditha Bolizlavo natus erat filius anno 990, cui Bezprim vel Ottonis nomen inditum est (36); alii vero eum fuisse Misegonem (II) narrant, avo exultante quod et nepotem vidisset, antequam e vita cederet (37).

Mortuum patrem anno 992 excepit Bolizlavus I, cujus regnum quatuor et triginta annorum vel gloriosissimum in Polonorum Annalibus extitit (38).

Tenellas et fidei et potestatis primitias, a patre acceptas, auxit Bolizlavus, fines regni a Sala flumine usque ad Borysthenem; a Danubio usque ad mare Balticum promovendo; monasteria, ecclesias et episcopatus fundando, atque gladio contemtores evangelii (ritusque latini?) adeundo. Nemen ejus tantum inter Polonos, quantum Caroli Magni in Occidente, ut maxima quæque ab eo incepta, facta, perfecta finxerint (39). Virtutibus quoque et vitiis illi simillimus erat. Pater Misego moriens autor fuisse dicitur regni inter filios dividendi, Bolizlavum primogenitem et quos Oda pepererat, Mieceslaum Sdantopolcum et Bolizlavum alterum, quæ patris voluntas vana fuit. Certe non ultra tertium annum fratribus germanis Bolizlavi contigit, ut regno fruerentur, quippe quos cum noverca, vel tum, vel antea, expulit (40). Quo tempore Ottoni III Imperatori auxiliarios tantum misit milites, ut pugnarent contra gentiles Slavos Havellanos, needum ad imperium nec ad Christum reversos (41), seu quod ipsi immineret bellum a Wladimiro Russorum principe (42), seu quod nondum imperium totius Poloniæ obtinuisset. Anno vero 995 domi nullum amplius timens bellum civile, ipse cum magno aderat exercitu; neque dubitari potest, quin Bolizlavo magna pars victoriæ debeatur (43).

CAP. XI. — *Bolizlavus I Pommeranos et fortasse Porussos superat.*

In qua rebellione Slavi gentiles Havellani, etsi fontes et monumenta tacent, quin proximis Pomeranis et aliis barbaris, si non sociis aut fœderatis, auxiliariis tamen usi sint, nullus dubito. Nam Normanni quoque tunc temporis (a. 994.) non modo littora Saxoniæ et Frisiæ depopulati sunt, sed etiam Albim et Weseram fluvios navibus ascendentes, licet Marte infenso, pugnaverunt (44).

Non mirum igitur a Bolizlavo illico post subactos Havellanos hostes et imperii et fidei, in ipsorum sedibus ferro esse petitos. Pomeranos certe continuo in suam redegit potestatem, et Reimberum quendam Colbergi episcopum constituit (45). De Porussis proximis — Gedaniam (Danzig) nominant — non satis liquet. Porussos vero trans Vistulam colentes, etiam tum victos esse multo minus constat, ut securius hic suspendeatur sententia. Si Helmoldus, cujus testimonium in hac re maximi pretii est, de Porussis tantum dixisset, crediderim tunc Porussos (omnes) esse subactos; at quum et Russos adjungat, quibus notum est, Wladimiro magno senescente tantummodo (i. e. viginti fere annos post hæc) a Polonis esse bellum illatum; id non concesserim. Adde quod in vita S. Adalberti urbs Gedania regna Boleslai *dirimere* dicitur, quod, quæso, quomodo intelligi potest, si ea urbs in ditione Polonorum fuisset. Ipsum S. Adalberti martyrium docet vel minimam Bolizlavi apud eosdem fuisse auctoritatem. Nam si jam devicti fuissent Porussi vel in potestatem Polonorum redacti; episcopum quemdam Porussorum constituisset Bolizlavus, eodem quo Pommeranorum modo.

CAP. XII. — *S. Adalberti vita et mors.*

Res ipsa monere videtur, ut de S. Adalberto uberius agamus. Texte Dlugoszo, Bolizlavus Bohemus jam anno 973 aut 974, sorore Dambrowka id suadente, in arce Pragensi, cathedram latinam episcopalem fundaverat. Ad quam primus episcopus Ditmarus, vir religiosus et monasticam vitam ducens, natione Saxo, in Slavonica tamen lingua aliquantulum eruditus, eadem Ducissa Poloniæ dirigente, promotus erat (46). Anno autem 981 Ditmarus, gravi morbo afflictus, se damnatum fore, quod et ipse dissolutius vixisset, et populos Bohemus ultro in desideriis et voluptatibus suis immersus esset, omnibus assistentibus inter moriendum declaraverat. Adfuit et Adalbertus, Bohemus natione et lingua,

(33) *Thietmar* p. 99. de qua apud Dlugoszium et ceteros nullum verbum.
(34) *Dlugosz* (l. l.) col. 107.
(35) Ib. col. 98. *Clodowæus non erat primus in Gallia Christianus.* cf. (*Schwartz*) Gabriel de Juxta Hornada, initia religionis inter Hungaros, Francofurti et Lipsiæ 1748. et *Maciejowski* I. c. p. 194.
(36) *Thietmar* ib. p. 99.
(37) *Dlugosz* col. 110.
(38) *Thietmar* et *Annal. Hildesh.* ut supra vidimus. Contra *Dlugosz* et qui eum secuti sunt, *Miechow. Cremer* cet. mortis Miseconis annum 999 esse tradunt.
(39) *Gallus* l. c. *Dlugosz.*
(40) *Thietmar* p. 99. Manuscriptus liber vetus ap. *Dobnerum* ad Hagecium IV. p. 409.
(41) *Annal. Hildesh.* (Pertz V. p. 69).

(42) *Annal. Hildesh.* ad a. 992.
(43) *Annal. Hildesh.* ad a. 995. (Pertz V. p. 91).
(44) *Mascov.* de Ottone III. p. 158.
(45) *Helmold* l. l. c. 15 : « Eodem quoque tempore Boleslaus, Polonorum Christianissimus Rex, « confœderatus cum Ottone III, omnem Slaviam, « quæ est ultra Oderam, tributis subjecit; sed et « *Russiam* et *Prussos*. »
Ræpellius I. p. 106. Nota 3 laudat autorem vitæ S. Adalberti (Canisii lect. ant. ed. Basnage III. p. 56), ubi hæc leguntur : « Ipse vero (S. Adalbertus) « adiit urbem Gedanie, quam ducis latissima regna « *dirimentem* maris confinia tangunt. »
Kannegiesser Gesch. v. Pommern I. p. 295-308.
(46) *Dlugosz* I. col. 102.

de nobilibus parentibus orsus, qui, paulo post Pragensis episcopus acclamatione cleri et populi electus est (47). Verbis prædecessoris correptus, omnibus deliciosis cibis et vestibus abjectis, noctu cilicio carnem amiciens, caput vero cinere aspergens, in alium hominem ex milite « delicato » mutatus, omnia quæ habebat, in egenos, pupillos et viduas erogavit (48). Sed in populo tam barbaro ritus Slavonico-græci amantissimo, nil verbis nil exemplis proficiebat Adalbertus, principiis Occidentis imbutus; pluribus nempe, ut aiunt, uxoribus Bohemi Christiani abutebantur; gentiles et sacrilegos ritus practicabant; subditos proprios, filios filiasque Christi charactere insignitos, Judæis in servitutem vendebant; fora diebus Dominicis frequentabant; sepulturas in profanis eligebant locis, et in contemptu habebant omnem correctionem ab episcopo adhibitam. Qua re ductus cathedram anno 989 deseruit vir sanctus, et, Hierosolymam invisurus, Romam petiit. Qua tamen in urbe mansit cum fratre — in Christo ut quidam volunt (49) — Gaudentio monasticam vitam colens (50). Bohemi propter Adalberti discessum in rabiem versi, in quinque fratres ejus, et germanis et latinis faventes, genusque et patriam, Lubic oppidum, se vertunt, incelas trucidant, et oppidum exurunt (51). Instante Moguntino archiepiscopo, cujus suffraganeus tunc erat Pragensis, et monente Pontifice maximo, Pragam cum Gaudentio et aliis viris piis anno 994 revertitur; sed iterum sedem relinquit et Hungariam petit, verbum Dei (id est ritum latinum) ibi promoturus. Anno insequenti in Poloniam meare se accingit ad Bolizlavum I, apud quem jam alius, qui supererat; frater degebat; magno honore exceptus (52), et Cracoviæ aliquamdiu moratus, lingua Bohemica, quam incolæ, ejusdem originis et Bohemis tum subditi, satis intelligebant, verbum Dei; id est liturgiam latinam, docebat et officium exsolvebat. Dehinc Gnesneniam pergens, ibi fratrem reliquit Gaudentium, ut quidam volunt (53); alii enim Gaudentium fidelem in omnibus rebus socium fuisse S. Adalberti tradunt (54).

Porussis veram fidem prædicaturus, nave a Bolizlavo donatus et 30 militibus stipatus, primum urbem Gedaniæ (Danzig) petivit, ubi magnus numerus barbarorum sacra baptismatis unda ab eo lavatus est. Deinde, eadem quidem nave sed relicto præsi-

(47) Ibid, col. 105. sq.
(48) Ibid. col. 106.
(49) Vogt Gesch. Preussens.
(50) Dlugosz col. 110.
(51) Ibid. col. 113. sq.
(52) Ibid. col. 113. sq.
(53) Vita S. Adalberti in Act. Sanctor. 23. Apr. p. 185. — Dlugosz col. 118. (qui jam Adalbertum et Gaudentium archiepiscopos Gnesnenses facit).
(54) Vogt l. l.
(55) Rœpell. l. c. p. 108. Dlugosz col. 119. sq.
(56) Dlugosz col. 125. seq. Rœpell. aurum habet, nescio ex quo loco effoderit. — Chron. Saxo. ad a. 996 : « duce emente. »
(57) Dlugosz col. 128. sq.
(58) ibid. col. 127.
(59) Adelboldus p. 440. qui « nepos » habet, eo,

dio, orientalem adiit Porussiam, ubi post repulsas plurimas, sacrum Germanorum lucum profanans, ab idolorum sacerdote septem vulneribus affectus tandem diem obiit supremum prope Tenkitten, quod inter urbes Fischhausen et Pillau situm est, decimo Calendas Maias anni 997. Socii capti quidem, sed remissi (55). Corpus vero S. Martyris Bolizlavus I a Porussis emisse traditur. Addunt barbaros tantum argenti (56) pondus postulasse, quanti esset Sancti corpus, et miraculo perleve id inventum (57). Corpus in Poloniam ingenti ecclesiasticorum et secularium multitudine stipatum relatum est, atque in urbe Gnesnensi maxima pompa depositum et honorificentissime sepultum. Ibi mox miraculorum operatione reliquiæ martyris apud omnes Christianos celebratæ sunt (58).

Cap. XIII. — Chrobatia a Bolizlavo I suoacta.

Bolizlavo Pio, Bohemorum duce, mortuo anno 999, filius Bolizlavus, cognomine Rufus, consobrinus (59) nostri Bolizlavi Polonici ei succedit. Bolizlavus noster maternæ forsan in regno Bohemico hæreditatis vindicandæ causa et capturus fructum seminis a Sancto Adalberto ibi sparsi, invadit Chrobatiam, capit Cracoviam regionis caput; in potestatem suam redigit Silesiæ maximam partem, Moraviam, denique Slowakiam, Cracoviam novam regni sedem in medio finium constituturus suarum (60).

Fama Polonorum principis mox totam pervolat terram. Ejus affinitatem maximi tunc temporis petunt reges. Sororem Sigridam in matrimonium dat Suenoni, Danorum regi, qui Britanniam cepit, et cui genuit filium, Canutum Magnum, Danorum, Normanorum et Anglo-Saxonum regem (61).

Filia Bolizlavi, cujus nomen non memoratur, nubit Suatopluko, privigno Wladimiri Magni, regis Russorum nuperrime primi Normannorum in Russia ad fidem Christianam ritu Græco conversi (62).

Cap. XIV. — Otto III Gnesenam venit. Archiepiscopi et episcopi ordinantur.

Otto III Imperator ea tempestate in Italia degens, miratus tantam et Sancti Adalberti et Bolizlavi famam gloriamque, cupiditate flagrat vel Adalberti (63), vel Bolizlavi (64) vel utriusque invisendi (65).

Sub finem anni 999 Roma profectus (66) media ut videtur, sensu, quo nostrum « neveu » et « nièce » latinitate medii ævi nepos et neptis dicebantur. Nam Boleslaus Sævus (fratricida) erat utriusque Boleslai avus; Poloni per matrem Dambrowkam, Bohemi per patrem Boleslaum Pudicum.
(60) Kadlubeck I. p. 99. — Chron. Polon. (l. l.) I. p. 10. — Cosmas p. 66. — Dobner ad Hagec. IV. p. 456.
(61) Vet. Schol. Adami Brem. 22. — Thietmar l. VIII. Dahlmann Gesch. v. Dänem. I. S. 89 et 100. Rœpell. l. p. 110.
(62) Gallus etc. Thietmar p. 239. 244. 265.
(63) Boguchwal (Sommersburg scr. rer. Siles. II. p. 25.) et Germani fontes.
(64) Poloni quidam scriptores.
(65) Gallus p. 38. Kadlubeck I. p. 93, Dlugosz etc.
(66) Rœpell. I. p. 110.

hieme in Poloniam advenit. Summis honoribus a Bolizlavo afficitur, et donis pretiosissimis honoratur (67). Cum Bolizlavo ille, aut cum illo Bolizlavus, aut tandem per utrosque Summus Pontifex, rem ecclesasticam Poloniæ sic ordinat, ut, invitis Magdeburgensi et Posnaniensi episcopis (68), nova sedes archiepiscopalis constitueretur Gnesenæ (69), cum suffraganeis novis Cracoviensi (70), Breslaviensi (71) atque nuperrime constituto Colbergiano (72). De episcopis Mazoviensi (Plocensi) et Lubuczensi non satis constat, utrum a Bolizlavo, an eo mortuo constituti sint (73).

Neque contempserim, ut Rœpellius aliique fecerunt (74), eos, qui Bolizlavum tunc etiam ab imperatore regio nomine (75), regiis insignibus, id est corona, lancea et gladio, esse honoratum (76) ferunt, et ab eodem imperatore Rixam, filiam sororis Mathildæ et Henrici, comitis Palatini Rheni, licet parvulam non in matrimonium ductam, sed desponsatam fuisse conjiciunt (77) Misegoni, Bolizlavi filio.

CAP. XV. — *Bolizlavus I Bohemiam occupat, Misniæque Marcam.*

Quibus rebus peractis, longa pace frui non valens, nova bella minus honesta Bolizlavus I parat. Mense Januario anni 1002 e vita decessit Imperator Otto III, qui Bolizlavo et Polonis, dum regnaret, amicissimus videbatur, nulla prole relicta; et Henricus Sanctus, Dux Bavariæ, ultimus e mascula stirpe Henrici Rixosi et Giselæ Burgundicæ a magna parte principum ecclesiasticorum et secularium rex Germaniæ electus est; adversantibus tamen potentissimis æmulis, Hermanno, Duce Suevorum, de quo infra, et Eccardo Misniæ Marchione, qui in itinere faciendo Poledæ 2do Calendas Maias interfectus est (78). Nec mora; motibus civilibus turbatam Germaniam Bolizlavus cum exercitu ingenti adit, urbem Budissin capit, invadit Misniæ marcam, a marchione privatam; transit Albim, capit oppidum Strehlen, Misniam ipsam; omnem denique regionem ad Elsteram usque (79). Nihilominus Nono Calendas Augustas Merseburgum venit (80), ibique cum Henrico II in comitiis imperii pacem hac lege componit, ut Guncelinus quidem, frater Eccardi interfecti Bolizlavoque fide et nescio qua propinquitate conjunctus (81), Misniæ fieret Marchio; omnes vero terras Transalbinas, Liutizi et Mielzini regiones, quorum caput Budissin quodammodo erat, Bolizlavo cederet (82). Neque tamen hoc fœdere belli portæ satis arctis compagibus clausæ erant. Nam insidiis petitus, quum se domum reciperet Bolizlavus, iratus illico cum Henrico, Schweinfurtensi Marggravio, inivit societatem. Is electionem Henrici regis omnibus modis curaverat, spe ducatum Bavariæ per novum regem acquirendi ductus. Quum vero Rex Henrico Lucemburgensi, uxoris fratri, Bavariam traderet; spe frustratus Henricus Schweinfurtensis ad arma ruit, ut bellum civile movendo vi eriperet id quod sibi denegatum fuisset. Socius ejus et eam rebellionem fovens Bolizlavus, non tam regem debellaturus quam Germaniæ sibi provinciam rapturus, totam Bohemiam in suam potestatem redigere parat. Neque in ea re minus astutia quam vi et crudelitate usus est. Dux enim ejus regionis Bolizlavus III, cognomine Rufus, tyrannidis superbia, Bohemos, tribus, quos regnavit, annis, sibi tam infensos reddiderat, ut anno 1002 ducatu ejiceretur. Frater ejus Wladiwoy (83) Bohemis magis acceptus, dux creatur Ratisbonæ a rege Henrico (84).

Qui dux quum ineunti anno insequenti e vita cederet, Udalricus et Jaromirus, qui fratris Bolizlavi Rufi iram fuga in Germaniam vitaverant, a Bohemis vocantur, sed frustra. Ipse Bolizlavus I Chobry jam mense Januario cum ingenti Polonorum exercitu aderat Pragæ; ibi restituit consobrinum Bo-

---

(67) *Thietmar* p. 90. sq. — *Chron. Quedl.* (Pertz V. p. 77.) ad a. 1000. *Gallus* p. 41—43. — *Dlugosz* I. col. 129. 130. 134.
(68) *Annal. Saxo* ad. a. — *Chron. Saxo* ad a. 996. *Mascov.* de Ottone III. p. 175. sq. et adn. 12. 40. — *Thietmar* l. IV. p. 557.
(69) *Thietmar* p. 92. *Chron. Saxo* (Leibn. access. hist. p. 205). *Chron. princ. Poloniæ* (Stenzel scr. Siles. 1.) *Vita S. Stanislai* (Bandtkie M. Galli chronicon) p. 522
(70) *Thietmar* p. 92. — *Chron. Saxo*. — *Annal. Svxo vita S. Stanislai* ib. *Chron. Princ. Pol.* ib.
(71) *Thietmar* p. 92. *Vita S. Stanislai* ib. — *Chron. princ.* Polon ib.
(72) ibid.
(73) *Boguphalus* l. I. II. p. 25. — Litteræ papæ Gregorii Magni a. 1075. — *Friese* Poln. Kirchengesch. I. p. 130—132. *Chronogr. Saxo* ad a. 996. — *Thietmar* l. IV. p. 557. Annal. Altahenses ad. a. 1000; « Otto Imperator causa orationis ad Adalbertum episcopum et Martyrem Sclaviam intravit, ibique synodo coadunata Episcopia VII. disposuit, et Gaudentium Monachum, fratrem Adalberti, archiepiscopum ordinari jussit. » *Annal. Hildesh.* et *Lamb. Schafn.* ad. a. 1000.
(74) *Rœpell.* l. p. 115.

(75) *Dlugosz* I. col. 131. c. — *Dubrav.* — *Kranzius. Neugebauer* hist. Polon. l. III. c. 53. — *Ludewig* de auspicio regio cap. II. p. 77.
(76) *Comment. Kadlubek.* et *Dlugosz* I. col. 131. sq. et 134. *Nengebauer* l. c. cf. *Ademar, Caban.* ap. Lab. II. 169.
(77) *Dlugosz* I. col. 133.
(78) *Mascov.* de rebus Henrici II. p. 192. sq.
(79) *Thietmar* p. 113. sq. *Rœpell.* p. 144.
(80) *Annal. Quedl.* (Pertz V.) p. 78. — *Adelboldi* episcopi vita Heinrici. (Leibn. scr. rer. Brunsv. 1.) p. 433.
(81) *Thietmar* p. 120. *Kreysig* Beiträge zur Sächsischen Gesch.
(82) *Thietmar* p. 120.
(83) *Thietmar* p. 122. 123. Hunc *Rœpellius* l. c. I. p. 116, *Polonum quendam*, nescio quo, fultus testimonio, facit. — *Adelboldus* c. XIV. p. 434. eum *Sclavum quemdam* Blademarium nominat. *Hübuerns* certe in tabulis genealogicis T. I. No. 105. Wladiwoium recenset inter quinque filios Boleslai Pudici, cum quo sentire videtur *Palacky* hist. Boh. p. 252. Ipsum non inspexi; sed mendum inesse videtur in verbis Rœpellii qui illum affert dicentem Wladiwoium esse fratrem Boleslai *Chobry*
(84) *Adelbold* l. c.

lizlavum Rufum, prorsus nihili faciens Bohemos, et, quum ab urbe Posen abesset non amplius quam regemve Germaniæ. Sub specie se id tantum voluisse, in patriam revertitur Polonus. Interea recuperata dignitate abutebatur Bolizlavus Rufus; plus justo sæviebat in sui infortunii autores. Quod Bohemi ægre ferentes eundem Polonum vocant, qui excœcato consobrino, sibimet ipsi eum ducatum, sub finem jam Februarii, capit, et Pragam secundam sui regni sedem constituere gestit (85). At Deo aliter placuit.

CAP. XVI. *Bolizlavus I e Bohemia ejicitur. Lusatia amissa, sed recuperata. Pax facta.*

Germaniæ imminebat maxima a Polonis pernicies. Superbia elatus, Bolizlavus Chobri, quas Rex Henricus sibi cessurus erat, captas provincias spernit, majora desiderans. Auxilia mittit Schweinfurtensi Henrico, et, Guncelinum sibi favere ratus, ipse Misniæ Marchionatum mense Maio invadit; spe tamen sua frustratus, devastat eas regiones, et incolarum ingentem multitudinem in captivitatem rapit (86).

Tandem Henricus rex, devicto interea Schweinfurtensi marchione, et capto ejus castello Crusna (Creussen infra urbem Baireuth), sub finem hiemis (mense Februario) anni 1004 Thuringos et Saxones ducit contra Polonos; sed frigore et nive impeditus exercitus, terris Mizlaviæ hinc inde vastatis, ipso mense Februario revertitur, et Marchionibus Albinis custodia finium mandatur a Rege (87). Vix ex Italia redux Henricus, ipsa illius anni æstate renovat bellum. Simul ac in fines Bohemiæ exercitus Germanorum venerat, Bohemi a Polonis deficiunt, et, recepto ipsorum Duce Jaromiro, mense Augusto Bolizlavum fugant. Henricus Rex, Praga relicta, mense Septembri Budissin occupat (88). Hiems intercepit quidem bellum; et anno tamen insequenti « Rex Henricus ira permanente contra Bolizlavum, reparato agmine, Poloniam ipsam accelerans, fugientem insequitur, suam quasi injuriam defensurus (89). » Viadrum transit prope Crossen oppidum; et, quum ab urbe Posen abesset non amplius quam decem millia passuum, pax quædam inita esse dicitur, cujus conditiones non bonas (90) fuisse, vel ex eo conjici potest quod Thietmarus, secretarius Henrici, nullas posteritati reliquit (91). Fortasse induciæ tantummodo factæ sunt. Certe Rex Henricus cum exercitu reversus est in Germaniam; et Bolizlavus per aliquot annos cum finitumis Slavis fœdus contra Germanos inire nisus est. Quibus de rebus a Luticiis et a Bohemorum duce Jaromiro certior factus Henricus, pacem vel inducias ruptum ad Bolizlavum misisse dicitur comitem Hermannum; idque inconsideratius quam promptius. Nam trans Rhenum eodem tempore Balduinus Barbatus, comes Flandriæ debellandus erat. Qua re factum est, ut utrobique regi res male cederent. Bolizlavus enim anno 1007, multitudine armatorum stipatus, Albim adit, omnem eam regionem Lusizi, Zara (Sorau) et Selpuli (Furstenwalde) in suam redegit potestatem, urbemque Budissin aliquantisper obsessam recuperavit (92). Simul in Germania bellum civile urit, non modo inter regem et proceres, sed et inter singulos marchiones. Guncelinus enim Misniæ marchio et socius Bolizlavi, armis petit Hermannum, Lusatiæ marchionem (93). Tandem anno 1010 in solemni principum Germaniæ conventu, Merseburgi habito, Guncelinum Marchionatu privat Henricus Rex, et coadunatis Misniæ et Lusatiæ marchionatibus, unum Hermannum, adversarium Guncelini, præfecit (94). At rem miram! Bolizlavus astutus, de filia eidem Hermanno tunc, vel paulo post in matrimonium danda egisse videtur.

Duobus annis insequentibus, bellum quidem renovatum; sed in priori Rex morbo afflictus est, et exercitus ejus oppidum Glogau frustra obsedit, pagos Diedesi (Crossen et Glogau) et Cilenzi (in Silesiæ parte ad montem Zobtenberg) populatus, reversus est (95). In posteriori multo minus etiam perfecit, nam exercitus Germanus vix Albim transit : e contra Bolizlavus Dalmantiæ (Meissen et ut alibi; et novus Fabius Cunctator exercitum Germanorum fame et asperitate locorum ad dimidiam partem jam reductum (Thietmaro teste), nunc forte aggredi se accingebat. Cæterum Thietmari verba hæc sunt : (Henricus) « non longius quam duo miliaria ab urbe Posnani, rogatus a suis primatibus, « consedit. Exercitus autem in colligendis frugibus « cæterisque rebus necessariis divisus, magnum ab « insidiantibus inimicis sustinuit damnum. interim « per fidos intercessores regis gratiam Bolizlavus « peciit, et exaudiri mox promeruit. Tagino archiepiscopus cum aliis familiaribus regis ad civi- « tatem predictam a Bolizlavo rogatus venit, et cum « juramentis ac emendacionibus condignis firma « pacis fœdera apud eundem pepigit. Lati inde re- « vertuntur nostri, quia itineris longitudine et nimia « fame etiam intermixta belli asperitate magnum « sufferebant laborem. » lib. VI. c. 20. Pertz V. p. 813. lin. 19—27.

---

(85) *Thietmar* p. 125. *Adelbold* l. c. p. 435 et 440. *Gallus* p. 36. *Kadlubeck* l. p. 99. *Brevis Chronica Cracov.* ad. a. 1001. — *Chronic. Polon.* (Stenzel) p. 10. *Chron. princ. Polon.* (ib.) p. 48. — *Dlugosz.* — *Dobner* ad *Hagec.* IV. p. 482. sq. p. 499 sq. — *Palacky* hist. Boh. I. 256.
(86) *Thietmar* p. 125. 128 sq. — *Adelbold* p. 436. — *Dobner* ad *Hagec.* IV. pag. 507.
(87) *Thietmar* p. 130. 136 sq. *Adelbold* p. 437.
(88) *Thietmar* p. 142—145. *Annal. Quedl.* (Pertz V.) 79. a. 1004. — *Dobner* ad *Hagec.* V. p. 8.
(89) *Chronogr. Saxo* a. 1005.
(90) *Chronic. Quedl.* (Pertz V.) p. 79 : « Rex a quamvis dolens assumpta non bona pace cum l. - « crymis revertitur. »
(91) *Thietmar* p. 148—53. expeditionem uberius describens, nullas tamen pacis conditiones affert. Qua ex Rœpellius (p. 122.) bonas eas fuisse conjicit. Male. Nam si Bolizlavus ipse pacem petivisset et in conspectum regis venisset, ut se traderet, id crediderim. Contrarium autem factum est. Henricus enim Taginonem, episcopum Magdeburgensem, misit ad Bolizlavum, qui pacem proponeret. Consulto Bolizlavus certamen hucusque nullum commiserat, ut alibi; (continued)
(92) *Chron. Quedl.* ad a. 1007. *Thietmar* p. 157. *Rœpe* l. I. p. 123.
(93) *Rœpell.* l. p. 124.
(94) *Thietmar* p. 170—171. *Rœpell.* p. 125.
(95) *Thietmar* p. 179. *Chron. Quedl.* ad. a. 1010.

Strehlen) terminos occupavit, oppidum Libusuam expugnavit, et cum ingenti numero captivorum domum reversus est (96).

Tandem Bolizlavus ipse pacem a rege Henrico sibi expetivit. Bellum enim contra Wladimirium, principem Russorum, parabat; satis caute nunquam Bolizlavus una plures hostes debellavit. Misegonem igitur filium mittit Magdeburgum, ad regem, pacis ineundæ causa (97). Si Dlugoszius nullum alium habuit in hac re fontem, hæc Misegonis legatio eum haud dubie movit, ut matrimonium Misegonis cum Rixa Palatina eo anno celebratum esse narraret (98). Bolizlavus ipse, postquam obsides sibi dati fuerant a rege Henrico, ad eum venit Merseburgum, et terris subactis sibi a Rege concessis teste Thietmaro: « eidem se dedit » (99) (Num ob has terras, ut Reges Angliæ ob Normanniæ ducatum se Francorum regibus quodammodo dederunt?) Qua re ad fidem perducta, Henricus Rex in Italiam secundo profectus est (100), et licet a rege jussus, nullos tamen Bolizlavus ei dedit aut misit auxiliarios (101).

Cap. XVII. — *Bellum contra Wladimirum, Russorum principem magnum.*

Parabat enim ipse Bolizlavus, ut diximus, bellum contra Wladimirum (102), cupidus liberandi filiam generumque Suatopulkonem et episcopum (latinum) Reinberum. Wladimirus enim vitricus, patruusque ac pater Suatopulkonis, eundem adoptaverat quidem, sed, quum hic non unus filiorum magni principis, sed ipse et solus princeps esse jure hæreditatis paternæ niteretur, et fortasse ecclesiæ quoque latinæ studeret, a Wladimiro victus atque in vincla conjectus est. Bolizlavus igitur cum agmine Germanorum, Polonorum et Petzenegorum Russiam invadit, terras vastat; sed, lite exorta inter suos et Petzenegos, his trucidatis, domum se recepit cum suis (103).

Naruszewicz expeditionem contra Porussos factam esse putat anno 1014 (104). Equidem censeo, id omnino alienum esse a rebus, quæ a Bolizlavo hoc anno actæ sunt. Namque parasse magnam confœderationem omnium Slavonicæ gentis nationum contra imperium traditur. Misego enim a patre eam ob rem missus est ad Udalricum, Bohemiæ ducem, qui Jaromirum fratrem in ducatu exceperat. Boliemus vero, imperio fidelis, Misegonem dolo cepit, atque Henrico, qui tum in Italia imperator coronabatur, tradidit (105). Bellum igitur simul Porussis infe-

(96) *Thietmar* p. 184. *Chronogr. Saxo.* (Leibn. acc. hist., *Chron. Quedl.* ad. a. 1012.
(97) *Thietmar* p. 190. *Chron. Quedl.* ad. a. 1013.
(98) *Dlugosz* l. col. 161.
(99) *Thietmar* p. 191. « manibus applicatis miles efficitur. » *Chron. Quedl.* ad. a. 1013.
(100) *Thietmar* p. 192.
(101) Id. ibid.
(102) Certe hoc anno (1013) Porussis bellum illatum esse a Bolizlavo pessima est conjectura Luc. Davidis l. p. 96—98.
(103) *Rœpell.* p. 146. secutus *Thietmarum* p. 192 et 245.
(104) *Naruszewicz* T. IV.

rendo sibi tertium parasset Bolizlavus inimicum uno eodemque tempore; et Porussi insequenti anno, quum et Germani et Russi confœderati, Poloniam invaderent, occasione certe usi forent, libertatis sibi vindicandæ, Polonos debellando. Neque anno 1015, quo Dlugoszius (106) Porussos a Bolizlavo petitos esse censet, eadem de causa id fieri potuisse affirmaverim.

Cap. XVIII. — *Bolizlavi bellum contra Imperatorem et Russos, fœdere junctos. Pax cum Imperatore facta.*

Quatuor sequentibus annis imminentia maxima pericula suam in rem feliciter vertit Bolizlavus, magna patrando facinora.

Etenim, Ardoino in Italia mortuo, Imperator omnibus copiis Bolizlavum adire poterat; ut de morte Wladimiri taceam, qua in Russia Suatoplukoni, generi Bolizlavi, a fratre Germano minore Jaroslao bellum instabat. Bolizlavus, licet Paschali tempore vocatus ab Imperatore Merseburgum, maluit securus domi nuptias celebrare filiæ cum Hermanno, Misniæ Marchione Lusitiæque, emtis principum germanicæ Merseburgi convocatorum calculis. Revera Misego, captivus Bolizlavi filius, patri redditus est, postquam multa, nescimus quæ, pollicitus erat (107). Imperator vero, tardius sibi os litum esse intelligens, et omnia quæ speraverat irrita esse videns (108), illico exercitum conscribit; Saxones, Bohemi, Bavari, sed omnes singuli, contra Polonos ducti; octavo Idus Julias Viadrus quidem transmeatur (109), sed Imperator cum suo agmine a ceteris copiis seclusas, suorum de salute formidans, terga dedit, atque a Polonis in itinere misere lacessitus est (110). Anno igitur proximo (1016) Imperator Burgundicis et aliis rebus se dedit, ut hæc omnia composita essent, antequam contra Bolizlavum, hostem et virtute et artibus et locorum situ potentissimum, novam, eamque magnam expeditionem susciperet. Interim ad Bolizlavum confugit gener Suatopluko, victus anno 1016 a fratre Jaroslao prope Liubitsch in ripa Borysthenis (111).

Ineunte anno 1017, tametsi hinc Imperator, illinc Jaroslaus, fœdere conjuncti Poloniæ imminebant, tamen Bolizlavus omnes pacis propositiones rejecit, seque loco, Scicciani (Scitzch prope Glogau) tum manebat — cessurum pacis faciendæ causa negavit (112). Imperator igitur exercitum ducit per Luticiam, et accersitis Bohemis, oppidum Glogau adit

(105) *Annal. Quedl.* ad. a. 1014. *Thietmar* p. 206.
(106) *Dlugosz* col. 161 sq.
(107) *Thietmar* p. 207. *Annal. Quedl.* ad. a. 104. *Annal. Hildesh.* (Leibn. scr. rer. Brunsw. I.) p. 723.
(108) *Annal. Quedl.* ad a. 1015. *Annal. Hildesh.* (Pertz monum. V.) p. 94. ad a. 1015.
(109) *Thietmar* p. 210.
(110) *Thietmar* p. 214—216. *Annal. Quedl.* ad a. 1015.
(111) *Nestor* (versio Germanica Scereri) p. 420.
(112) *Thietmar* p. 231.

pridie Nonas Augusti.¹Qua re fieri poterat, ut, patris jussu, Misego Bohemiam, præsidiis privatam, devastaret, et incolarum multitudinem in servitutem raperet. Frustra Germani oppidum Nemzi (Nimmtsch juxta fluvium Lohe inter Reichenbach et Ohlau) obsidunt, cujus præsidia inter obsidendum a Polonis augentur. Tandem Imperator misere diminutum exercitum domum reducit, confessus, Bolizlavum nec arte nec virtute vinci posse. Poloni victoria elati, Albim transmeant, et omnia usque Muldam populantur (113).

Cap. XIX. — *Kiovia capta a Bolizlavo et urbes Tscherwenicæ occupatæ.*

Neque Jaroslaus, Russorum princeps, facta in Poloniam incursione quidquam profecit aliud, nisi quod proximo anno, pace inter Imperatorem et Bolizlavum Budissini (in Polonia ipsa) composita, et Oda, filia Eccardi I, Misniæ marchionis, in matrimonium ducta, a victore cum ingenti agmine peteretur. Russi, ad Bugum flumen, clade accepta, terga dant. Poloni victores Suatopulkonem reducunt Koviam, atque in solium collocant (114). Bolizlavum ipsum gladio, quem ab Ottone III acceperat, portam auream percussisse tradunt (115), sic, jactantem, se in eadem nocte sororem « regis » Jaroslai, Peredslavam, sibi dari prohibitam, corrupturum (116). Id « veteri fornicatori » (117) licuit. Cepit enim decem e regia stirpe fœminas, Jaroslai novercam — (Annam fortasse Constantinopolitanam?) — uxorem, et octo sorores (118). Ensis ab incisione illa nomen *Sczczerbca* accepisse dicitur, et sancte a Polonis ad coronandos reges Cracoviæ conservatus est (119). Quum vero Poloni Kioviæ victis nullo modo parcerent (120), mox et Suatopulko et Russi, id ægre ferentes, mucrone singulos perimunt. Bolizlavus igitur, sibi et suis consulens, ut sicariis se extraheret, domum iter vertit (121), spoliis onustus, duas sorores Jaroslai et multos captivos secum trahens. In itinere urbes, quas nominant Tscherwenicas — Chelm, Przemysl cet. — capit, Poloniæque adjungit (122).

Cap. XX. — *Bolizlavi I coronatio secundum quosdam, et mors. Posse Bolizlavum I quendam fontem etc. nominari.*

Fuit hoc bellum ultimum sed gloriossissimum armis Polonorum sub Bolizlavo I. Septimo anno post (1025) e vita decessit decimo quinto ante Calendas Julias (123), postquam, ut quidam volunt (124), Rex coronatus et unctus fuerat. Nuntius de ea re ad summum Pontificem antea missus, captus esse dicitur ab excubiis vel speculatoribus imperatoris Henrici, sed per miraculum liberatus (125). Addere tantum lubet Bolizlavum fundasse Abbatias in Meseritz, in Tiniec aliasque; et monasterium in Ostrow (126).

Uberius autem de Bolizlavo egimus, non modo ut luce clarius sit, eum fuisse patrem Misegonis nostri libri manuscripti, et posse revera fontem quendam fidei Christianæ in Polonia nuncupari tot pontificatus latinos fundando (127), sed quo facilius possit disquisitio fieri de emolumento, quod ex nostra Mathildis epistola, obscurior pars ejus vitæ capere possit.

Cap. XXI. — *Misego II e Polonorum fontibus.*

De Polizlavi filio, Misegone II, ex diametro opposita apud scriptores feruntur.

Poloni ipsi inter se dissident. Omnes narrant, eum unicum Bolizlavi filium fuisse. *Gallus,* « eum militem, » ait, « probum fuisse, multaque gesta mi« litaria, quæ longum esset dicere, perpetrasse;
« hunc etiam propter patris invidiam vicinis omni« bus extitisse odiosum, nec, sicut pater ejus, vita
« vel moribus vel diviciis copiosum; dici etiam a'
« Bohemicis in colloquio per tradicionem captum,
« et gentilia, ne gignere posset, corrigiis astrictum,
« quia Rex Boleslaus pater ejus similem eis injuriam
« fecisset, quando eorum ducem suumque avuncu« lum excœcasset. De captione quidem eum exivisse,
« sed uxorem ulterius non cognovisse (128). » Alii eum pacis amantem neque tamen ignavum fuisse (129); alii, eum, nimium verbis uxoris credulum, per desidiam amisisse provincias a patre occupa-

(113) Thietmar p. 235—39. Annal. Quedl. ad a. 1017. Annal. Hildesh. ad a. 1017.
(114) Nestor l. c.
(115) Gallus p. 46. Kadlubek p. 99. Boguphal II. p. 25. Chronic. Polon. p. 10. Chronic. princ. Polon. p. 50.
(116) Thietmar p. 265. Gallus p. 46.
(117) Thietmar p. 265.
(118) Id. ibid.
(119) Nacuszewicz hist. narod. polsk IV. p. 138.
(120) Thietmar p. 265. Pertz V. p. 871. 7; *Adam. Bremens.* c. 66. Licet Kiowia, caput Russiæ, quodammodo opulenta esset, tamen cum Thietmaro Rœpellius errare videtur quadringentas ibi *tunc* fuisse ecclesias narrans. (l. c. I. p. 148). Nam anno 980 Wladimirus fidem christianam confessus, primus — Normannorum certe — ecclesiam ibi fundavit, vel etiam templa aliquot in ecclesias christ'anas transformavit; at, qui, quæso, in viginti octo annorum spatio quadringentæ ibi ecclesiæ ædificatæ esse possunt? Neque is numerus attingi ullo modo poterit, etiamsi antea privatim ibi ædificatas esse quasdam Christianorum ecclesias concederem.

(121) Strahl. Gesch. d. russ. Staats. I. p. 156 et 157.
(122) Rœpell. I. p. 149.
(123) Annal. Polon. vetustiss. (Sommersb. II.) p. 81. — Chron. brev. Siles. (Stenzel l. c. p. 34. — Annal. Cracov. maj. (l. l.) ad a. — Boguphal (l. l.) p. 25. Cosmas p. 90. Dombrowsky (scr. rer. Boh. I.) p. 85. — Solus Dlugosz habet tertio Nonas Apriles).
(124) Annal. Corbej. (Pertz Mon. V. p. 5.) ad a. 1025. Annal. Quedl. (ib. p. 90.) Wippo vita Conradi (Struve rer. Germ. scr. III. p. 470. Brevis Chronicon l. c. Rœpell. I. 162. Otto Friesing (Gottfr. Viterbiens. anno 1020. id factum esse vult; et Lambert Schaffnab. ad a. 1077. Boleslaum II Audacem primum regem Poloniæ constitutum esse vult).
(125) Vita S. Romualdi (Acta Sanctor. 7. Febr.) p. 114.
(126) Annal. Altahenses. ad a. 1010.
(127) Thietmar p. 152.
(128) Gallus p. 84. quem secutum est Chronicon. princ. Polon. (Stenzel l. l.).
(129) Kadlubek col. 651. quo usi sunt autor Chron. Polonor. (Stenzel l. l.), et Dlugoszius col. 187. B

tas (130); alii tandem uberius narrant, eum in magnatum conventu electum, et illico cum uxore unctum et coronatum fuisse (131) « filium suum, « jam ætatis annum septimum agentem, litteris ap- « plicasse et viros graves doctores adolescenti ad- « hibuisse; *hunc autem ex principum Poloniæ san- « guine primum deprehendi, qui doctrinam littera- « rum dolabro amplius nobilitaverit.* Cæteros enim « constare principes Poloniæ in discenda litterarum « scientia nusquam exercitatos fuisse (132). » Unus Dlugoszius, pèjori fonte (vel male intellecto) usus, subjungit : « in ipso autem regnandi initio appa- « ruisse eum tardum ingenio, hebetem animo, mo- « ribus quoque incultum, consilio ineptum, actione « levem, ad res graves parum idoneum; eundem « abjectis prudentibus, ævo et natura grandævis « consiliariis, juvenum se, et levium hominum per- « mississe consiliis (133). » Quo magis mirabitur lector eundem Dlugoszium narrantem cum aliis : « Misegonem primo regni anno, Russos, Præsidia « Polonorum in arcibus obsidione prementes adiis- « se, et eorum insolentiam depressisse, principalio- « res etiam Russorum cepisse, et captivos Craco- « viam misisse tanquam obsides (134). » Interim Bretislaum, filium ducis Bohemorum Udalrici ex agresti fœmina Bozena, adolescentem ferocem et impigrum (135). Moraviam anno 1028 invasisse, arces præsidiis Polonicis instructas obsidione cin- xisse et cepisse (136), tandem a Misegone ductum quidem esse exercitum in Moraviam; sed alienatos Moravos subigere non valentem, ultum tantummodo esse defectionem, suburbanas comburendo civitates, omnia vastando, et prædam multam pecoris aliorum- que spoliorum secum domum vehendo (137). Malum exemplum defectionis imitatos esse præfectos pro- vinciarum ad Albim a Bohemiæ finibus usque ad mare sitarum (138). Pomeranos vero, idem tentan- tes, a magno Misegonis exercitu petitos esse atque superatos, socias vires jungentibus tribus filiis Regis Hungariæ Sancti Stephani, Andrea, Bela Leventa- que; filiam quoque dedisse in matrimonium huic Belæ Misegonem, universumque censum Pomera- nicum ad tenendum statum ducalem sibi assignasse (139); cujus rei, secundum alios, certamen singulare inter Belam tyrannumque Pommeranum causam fuisse (140). Anno insequente (1033) Misegonem otio et quiete marcescere, quam armis occupari ma- luisse, in luxum insuper et carnales illecebras, *« ut aliquorum haberet assertio,* » diffluens, jus matrimo- niale, regiumque nomen, pellicum contagione fœ- dasse (141), « famam fuscam, et truncam sibi fecisse « apud proprios et exteros tenacitatis et suapte in- « natæ, et a consorte regina Rikscha nutritæ, ob- « scuritatem (142). » — « Grave itaque proceribus « visum esse pondus, Misegonem regia quidem di- « gnitate splendere, sed morum et virtutum regia- « rum non habere « *lampadem* » et ex muliebri « pendere arbitrio (143); » tandem in dementiam incidisse (144), atque post tres menses mortuum esse, sepultumque Posnaniæ anno 1034 (145).

Cap. XXII. — *Quid Rœpellius de Misegone ex Polo- norum fontibus censeat.*

Rœpellius ea omnia, quæ Poloni de Misegone II narrant, spernit, eosque nil veri de hoc rege scire censet (146). Qua in re judex nimis severus est. Si Misegonem plurimis Polonorum, neque dum viveret, neque post obitum, placuisse dixisset; ideoque Polonos scriptores alia tacuisse, alia addidisse, plu- rima vero alio traxisse; veritati proximum fuisse concederem Rœpellium. At sibi non sufficit, omnem fidem Polonis in hoc rege negasse, addit quoque Germanos fontes, præsertim Thietmarum, nunquam peccare, neque errore, neque culpa; immo nullam rem unquam tacere (147). Nemo certe inficias ibit, Thietmarum facile primum locum inter historiæ scriptores sui ævi obtinere; at infra videbimus, eum non « *sine ira et studio* » narrasse. Germanis fere idem accidit, quod Polonis; sed, ut fit, in rebus secundis verbosiores sumus, quam in rebus adversis. Rœpellius igitur ex Germanis potissimum fontibus, monumentis atque autoribus hæcce de Misegone II tradit (148).

Cap. XXIII. — *Misego II e Germanorum fontibus.*

Bolizlavum Chrobry tres filios habuisse, Bezprim,

---

(130) *Boguphal* (Sommersb. II.) p. 25. quem ver- botenus transcripsit *commentator* Kadlubekii col. 653. cf. *vitam sancti Stanislai* (Bandkie M. Galli. chron. p. 323.
(131) *Dlugosz* col. 180. *Miechow. Stanisl. Sarni- cius* Annal. Polon. (ed. Dlugosz Lips. II.) col. 1050 D.
(132) Sic *Dlugosz* col. 181. D. sq. — similia *Miechow* II. c. 13. p. 57. eadem *Cromer* habet, sed negat *Sarnicius* (col. 1054. C.), sic tamen ut magis de Casimiro, quam de Misegone id intellexisse vi- deantur.
(133) *Dlugosz* col. 182. A; *Miechow* II. p. 35.
(134) *Dlugosz* col. 181. B et C; *Sarnicius* col. 1051. A.
(135) *Sarnicius* l. l., *Dlugosz* 182. C. qui addit : Bretislaum eos, qui Polonis in Bohemia faverent, persecutum esse, et tributum negasse; eamque rem Misegonem *silentio transisse;* qua re factum esse, ut Bohemus altiora ausus sit. (col. 183. A. B.) at

quid facilius est, quam silentio transire, quæ non facta sunt?
(136) *Dlugosz* l. l. col. 183. B. C. D. (a. 1028); *Sarnicius* col. 1051. B.
(137) *Dlugosz* col. 184. A. B. (a. 1029).
(138) Id. ibid. B. G. D. et col. 185. (a. 1030 et 31); *Sarnicius* col. 1051. C.
(139) *Dlugosz* col. 186. (a. 1032); *Sarnicius* col. 1051. D.
(140) *Dlugosz* col. 186. D. sq., qui addit : « *aliis placet.* »
(141) *Dlugosz* col. 187. B.
(142) Id. ibid. D. — *Miechow* II. p. 35.
(143) *Dlugosz* ibid.
(144) *Annal. Cracov. Majores* (l. l.) ad. a. 1025, quas secuti *Dlugosz* col. 188. C. et *Miechow.* II. p. 36.
(145) *Dlugosz* ib. C. D.
(146) *Rœpell.* Gesch. von Polen I. p. 122.
(147) Id. p. 122. admot. 35.
(148) Id. p. 164—173.

(qui et Otto). Misegonem et Dobremium (149); Misegonem privasse fratres regni parte, et regium nomen forte arripuisse (150) anno 1025; exulasse Ottonem ad avunculum S^m Stephanum, Hungariæ regem (151); quem sibi, non sororis filio, Slowakiam et partem Moraviæ occupasse; quæ nihili ferisse e tyrannum s Poloniæ, sed potius cum magno suorum exercitu marcas devastasse (152), a novo Germanorum imperatore Conrado e verbis et minis, s forte regiam ob dignitatem usurpatam lacessitum (153). Proximo anno (1029) imperatorem ingenti cum Germanorum agmine, ultum Polonorum devastationes, eorum fines invasisse, sed oppido Budissin frustra obsesso, copias domum reduxisse (154), dum Bretislaus, filius Ducis Bohemorum, totam Moraviam, et Polonis et Hungaris, eriperet (155), ejusque defensionem inde ab anno 1029 curæ daret castellano cuidam Boheme, in castello Gradez (prope Troppau) (156). Neque hanc provinciam amissam flocci fecisse Misegonem; sed anno 1030, mortuo Ditmaro, Lusatiæ Marchione, dum Imperator Hungaris bellum inferret, Regem Polonorum cum ingenti exercitu, duce Udone, filio Marchionis defuncti, Albim transisse, totamque regionem ferro atque igne devastasse, et 10,000 captivorum in Poloniam abduxisse (157).

Quibus rebus adductum Imperatorem, ut, pace cum Hungaris inita, bellum pararet, et marcas ulturus, et Poloniam Ottoni Polono restituturus; Ottonem cum copiis suis hinc, illinc Imperatorem cum Saxonibus adiisse Poloniam; neque Russos Poloniæ prædandæ defuisse; Misegonem et bellum civile et contra Germanos Russosque sustinere non valentem, præoptavisse pacem ab Imperatore emere, Lusatiam atque omnem prædam reddendo (158), nihil tamen ea re lucratum esse; Jaroslaum enim regem Russorum, Bugum flumen transmeasse, urbes Tscherwenicas et oppidum Belz cepisse; Misegonem ipsum a fratre superatum ad Udalricum Bohemum confugisse (159), Ottonem autem Imperatoris gratiam emisse reddendo, regiam coronam et insignia (160). Anno autem insequenti (1032) Ottonem a Polonis interfectum esse ob tyrannidem, et Misegonem revocatum, se Nonis Julliis Merseburgi dedisse Imperatori (161). Quæ tum sibi reddita fuerint vel non reddita, obscurius a scriptoribus narrantur (162). E fontibus Polonis Rœpellius addit, Pommeranos rebellantes, superatos esse, Belæque generi Pommeraniæ tributum concessum esse a Misegone (163); sed ea omnia suspecta esse, Rœpellius monet (164), defunctum denique esse Misegonem anno 1034.

(149) Thietmar p. 99. p. 247. Annal. Hildesh. ad a. 1031.
(150) Annal. Saxo ad a. 1030. — Monumenta reginæ Richzæ ap. Tölnerum cod. diplomat. Palat. p. 25—32.
(151) Wippo et alii, sed in Ruzziam, vel Rukhiam eum fugisse dicunt, quod Palacky hist. Boh. I. 269. in Hungariam trahit, quia in Annal. Hildesh. a. 1031. (Pertz mon. V.) p. 98. Emmericus fil. S. Steph. dux Ruizorum nominetur, neque insula Rugia hoc nomine indicari posset. (cf. cap. XXXIX.)
(152) Annal. Hildesh. ad a. 1028. — Vita Meinwerci cap. 100. (Leibn. scr. rer. Brunsw. I. p. 558).
(153) Wippo p. 470.
(154) Annal. Hildesh. ad a. 1029. Annal. Saxo (Eccard. corp. hist. med. ævi I. p. 460); Chronogr. Saxo ad a. 1029. (Leibn. acc. hist. I. 241).
(155) Dobner ad Hagec. V. p. 156 sq.; Palacky p. 271. Moraviam a. 1028. captam esse e diplomate quodam conjiciendum censet, quod Rœpellius negat. — Anno 1029 Dux quidam de Polonia aderat Olmuziæ testis in diplomate Bretislavi, v. Roczek cod. dipl. Moraviæ I. p. 111. — Num Otto an Dobremir? (v. Rœpell).
(156) Rœpellius adnot. 8. p. 107. diplomata quædam affert.
(157) Annal. Saxo et Chronogr. Saxo ad a. 1030.
(158) Annal. Altahens. ad a. 1031; Annal. Hildesh. Wippo 438.
(159) Nestoris Annal. Schereri p. 125 ad a. 1031; Karamsin hist. de Russie II. p. 19. Annal. Altah. ad a. 1031.
(160) Annal. Hildesh. ad a. 1031; Vita Meinwerci c. 108. p. 568; Wippo l. l. p. 477; Annal. Saxo et Chronogr. Saxo ad a. 1031.
(161) Annal. Hildesh. ad a. 1032; Wippo l. l. p. 477. Annal. Altah. ad a. 1032.
(162) Wippo l. l. narrat in tres partes divisam esse Poloniam. — Annal. Hildesh. tradunt Imperatorem possessiones Misegonis divisisse inter eum et patruelem Theodoricum (Wettinensem); Misegonem tamen postea solum iterum sibi recuperasse omnia. — Annal. Saxo omnino eadem habet, ut Chronograph. Saxo, qui de recuperatione tacet. — Hahn deutsche Reichs- und Kaisershistorie II. p. 242. hanc divisionem intelligendam esse de Marcis Slavo-Germanicis, inter Viadrum atque Albim sitis, (patruelem dici Theodoricum, quia ejus pater fortasse frater esset Odæ, uxoris Boleslai I.) — Dobner ad Hagec. V. p. 190 sq. et Moraviam cum Silesia ibi intelligi vult. — Joh. Schulz (Polon. nunq. tributaria) et qui eum secuti sunt Naruszewicz IV. p. 156. 164-69. et Bandtkie I. p. 174. arbitrantur annalistas Germanorum confudisse Misegonem Polonicum cum æquali, Misecone Obotritorum; Ottonemque Polonum, cum Udone, filio Mistewoi et patre Godeschalci. Quod negat Rœpellius, quia nullus Chronographus illius temporis de Misegone quodam Slavorum Septentrionalium mentionem faciat, et Udonis res gestæ ab Adamo Bremensi et Helmoldo traditæ nullo modo conveniant cum iis, quæ de Ottone Polono dicuntur.

(163) Naruszewicz IV. p. 175. Rœpellius in nota 13 (pag. 171) monet Dlugoszium primum p. 186. ad a. 1052 eam de Pommeranis habere mentionem. — Throwz. chron. Hungar. II. c. 58. (Schwandtner scr. rer. Hungar. I. p. 126 sq., ex antiquo Chronico, non post annum 1358 scripto, eadem fere narrare, in singulare tamen proelium a Pommerania tyranno vocatum esse Misegonem ejusque filios; Belam vero inisse id certamen, et victoriam reportasse. — Cromerus eum usufructum Pommeraniæ in administrationem mutavit, et Bandtkie dzieje I. p. 186. eamdem in sententiam it.

(164) Primo enim loco Throwz filios expeditioni interfuisse narrat, et notum esse, Casimirum vel post patris mortem immaturum fuisse, et secundo loco fugam filiorum patrualis S. Stephani ob conjurationem eorum contra regem paulo ante ejus obitum factam esse tradit. Rœpellius autem, « Stephanum, » ait mortuum esse 17mo Calendas Septembres anni 1033. (Engel hist. Hungar. I. p. 133. sq.) Misegonem vero jam anno 1034 e vita migrasse,

Cap. XXIV. — *De Rixa et Casimiro, et quæ de aliis Misegonis II filiis narrantur.*

Res ipsa monere videtur, ut, quæ ab iisdem de uxore Misegonis II et de ejus prole tradantur, obiter tangamus, ne quid desit in judicio vero de hoc scriptorum chamæleonte.

Est vetus quædam traditio de pellice vel alia Misegonis uxore cum Rixa non confundenda (165). Duo quoque nomina conservantur, alterum Judithæ (166), alterum Rixæ (167); ut missa faciam, quæ errore quorumdam, vel ex usu illorum temporum, de sorore Ottonis III (168), pro sororis vel fratris filia (169), narrantur : desponsatam esse unam alteramve jam ab Ottone III, cum Gnesenæ esset anno 1000 (170), ductam vero anno 1013, et genuisse Casimirum anno 1015 (171).

Misegonis primogenito, seu e Rixa, seu ex alia femina, avi Bolizlavi nomen datum esse (172), secundo autem Casimiri; filiam quamdam Misegonis nupsisse Belæ, jam supra monuimus.

Vix patre mortuo, inter fratres de regno litem exortam esse (173); matrem Rixam regnasse pro Casimiro, ut multi volunt, parvulo (174), vel immaturo (175), ut alii tamen volunt, viginti jam annos nato (176); sed nimis favisse Germanis (177), quos secum duxerat, certe Polonis displicuisse (178), hinc eam expulsam esse (179), mox quoque filium (180); hunc primo Hungariam petiisse (181), ut alii vero volunt, filium simul cum matre anno 1036 exulasse (182), utrosque in Germaniam confugisse (183); matrem geminas Poloniæ coronas abstulisse et thesaurum regium exhausisse (184); prædia in Germania emisse (185), filium jam in patriæ monasteriis litteris, idque primum inter Poloniæ principes (186), imbutum (187), ibi eamlem vitam monasticam coluisse (188), et, ut quibusdam placet, in Galliam, primo Parisios, annis 1038 — 40 ivisse, dehinc ad S^{tum} Romualdum in Italia, vota monastica in monasterio Clugnacensi professurus (189); interea fratrem Boleslaum regnasse, sed

neque igitur eos Hungaros posse videri auxilio fuisse Misegoni.

(*Nos Dlugoszium* I. col. 198. c. consultavimus qui eos jam exulasse dicit antequam S. Stephanus moriretur.) v. infra.

(165) Apud *Kadlubekium* ipsum l. l. col. 651 mira ea est narratio, et, si veritas subest, ut suspicor, eam, qui narravit, non satis intellexit. Nam ibi plura de pellice, matre (Casimiri ut male vult Kadlubek) in pariundo mortua; de noverca ejusdem filii, de hujus novercæ consiliis eam prolem necandi, « ne *non sua soboles Regni tandem successione potiatur* », leguntur. Quæ, mea quidem sententia, nullo modo intelligi possunt, nisi illum filium, de quo agitur, alium esse statuas, quam Casimirum, filium Rixæ, fortasse Boleslaum, quem primogenitum Misegon is alii nominant. Certe in eam sententiam facit ipsa hæc, ut a Kadlubekio narratur, traditio; subjungit enim : « *noverca proscribitur* » quod de Rixa intelligi debere quisque videt.

Monach. Brunwilerensis paullo diversa narrat (Leibn. Script. rer. Brunsw. I. p. 313 sq.) ob talem pellicem vivente adhuc Misegone Rixam cum filio Casimiro e Polonia aufugisse. — Quam traditionem confirmare videtur diploma Richzæ apud *Miræum I*, p. 1131 : « Richeza, regina Poloniæ, regno extorris, « se ipsam tradit in ancillam ecclesiæ S. Ursulæ « c. a. 1030. » Eadem Rœpellius laudat, potius spernit, quia in textu diplomatis sola vox *Richeza* sine titulo : « regina quondam Poloniæ, » quod alibi in omnibus ejus diplomatibus invenitur. At non videt Rœpellius, ea ipsa re veritatem diplomatis ostendi : « Regina quondam Poloniæ » dicendum erat post mortem mariti, non dum vixerit, licet exul; solium enim recuperare poterat, ut quoque factum est. E contra talis regina recte *regno ex orris* dicitur. Eadem *Gelenius* habet de Col... magnitudine p. 304, qui « consilio, ait, piisque monitis *Piligrimi* Præsulis, Richezam se sanctis undecim millibus Virginibus mancipasse et obligasse, ita, ut vectigalis carum annua 20 librarum ceræ pensitatione se redimere teneretur. »

(166) *Vita S. Stanislai* p. 525; *Annal. Cracov.* a. 1025; *Chronic. Polon.* (Stenzel) I. p. 9; *Chron. princ. Polon.* ibid. p. 36.

(167) *Gallus* p. 84; *Kadlubek* l. p. 106; *Boguphal.* (Sommersb.) II. p. 25.

(168) *Gallus* p. 84; *Kadlubeck* I. p. 106; *Boguphal.* ibid.; *Vita S. Stanisl.* p. 325; *Annal. Cracov.* ad a. 1025; *Chron. Polon.* (Stenzel) I. p. 9; *Chron.*

Princ. Pol. p. 36; *Annal. Altahenses*, ad a. 1058. (Staindel).

(169) Germani tantum, sed, quod ad Rixam attinet, certissimi. *Thietmar* p. 100; *Chronogr. Saxo* ad a. 1034: *Narratio Monachi Brunwiler* (Leibn. I.) p. 313 sq.; diplomata apud *Tölnerum* cod. dipl. Palatin. pag. 27—29.

(170) *Boguphal.* p. 25; *Vita S. Stanislai* p. 325 (jam tum nupsisse) — *Dlugosz* col. 161; *Cromer* 3; *Wippo*, et *Crantz* Vandal. II. 36.

(171) *Chron. princ. Polon.* p. 36; — *Dlugosz ib.* *Tölner* hist. Palat. p. 260. A.

(172) *Dlugosz* col. 187 C. qui eum tamen ab ipsa Rixa genitum, post aliquot menses, patre adhuc vivente, mortuum esse narrat.

(173) Commentator Kadlubekii col. 653.
(174) *Kadlubek* c. 651.
(175) Id. ibid.
(176) *Chron. princ. Polon.* p. 57.
(177) *Dlugosz* col. 189. C.; — *Miechow* II. cap. 13. p. 36.
(178) *Kadlubek* c. 650; *Dlugosz* col. 189 D.; 190 A.; et 191 A.; — *Miechow* II. c. 13. p. 57.
(179) *Gallus* p. 80; *Kadlubek* col. 651; *Chronogr. Saxo* ad a. 1034.
(180) *Gallus* p. 87—88; *Kadlubek* col. 650.
(181) *Gallus* ib.; — *Dlugosz* col. 192 : « ut quorumdam opinio. »
(182) *Vita S. Stanislai* p. 325. — *Boguphal* p. 25. *Narratio etc. Chronogr. Saxo* ad a. 1034; *Commentator Kadlubekii* col. 653; *Dlugosz* col. 191 B. D.; 192 A; *Miechow* II. c. 13. p. 37; *Sarnicius* col. 1052 C; *Annal. Altahens.* ad a. 1055 : « per Nobiles pellitur. »
(183) *Commentat.* Kadlubek col. 653. *Miechow* II. c. 13. p. 37.
(184) *Dlugosz* 192 A.; *Miechow* ib.; *Sarnicius* ib. D.; Manuscript. *Browilerense* ap. *Tölner* hist. palatina p. 261-A.; ibid. B. *Miechow* ib.
(185) *Dlugos.*
(186) *Miechow* l. l.
(187) *Kadlubek* col. 652; sed hoc fortasse de Bole l[a]o intelligendum e t (cf annot. 1.)
(188) *Commentator* Kadlubekii col. 653.
(189) *Boguphal.* p. 25; *vita S. Stanislai* p. 354 sq.; *Gallus* l. c.; *Chron. Polon.* l. c.; *Chron. princ. Polon. commentator* Kadlubekii l. c.; *Dlugoz* 192 C.; *Miechow* l. c.; *Sarnicius* col. 1053 B. *Galli* cod. Gnesn[e]nsis sæc. 14^{ti} vel 15^{ti}, quo *Bandtkie* usus est, pannum Clugnacensem non habere monet *Ra-*

propter sævitiam male vitam terminasse, ideoque non inter Poloniæ principes relatum esse (190). Sic non modo bella civilia anno 1037 orta esse (191), quippe a Christianis gentiles (192), rustici a magnatibus, a liberis servi (193), a gente gens deficeret (194), divina ac humana omnia miscerentur, et, juxta vulgo tritum sermonem, gamma betam persequeretur; sed etiam ab hostibus externis Poloniam misere vastatam esse (195); Bretislaum enim, qui patri in ducatu Bohemiæ anno 1037 successerat, Wratislaviam et Posnaniam cepisse anno 1038 — 1039, omnia vastando, immo vel templum Gnesenæ despoliasse atque abstulisse cum multis aliis rebus ingentem crucem auream trecentarum librarum, corpora quoque Sanctorum Adalberti, Gaudentii et quinque sociorum transportasse Pragam, cum multitudine captivorum (196); Jaroslaum similia anno 1038 ab Oriente fecisse (197); denique anno 1037 Maslaum quendam, subpincernam Misegonis (198), fultum Porussis, Jaczwingis (Lithuanicis), Pomeranis (199), gentili et servorum in Polonia factione (200) regem vel principem Mazoviæ extitisse (201).

pellius, tamen ex Heilbergensi codice, qui est anni 1426, *Lengnichium* id in editione principi edidisse; neque in vetustioribus codicibus hanc interpolationem defuisse censet : *Chronicam* enim *Princ. Polon.*, quæ in his rebus *Gallum* maximam partem excriberet, et jam anno 1584 scripta esset, hanc habere narrationem, sicut *Chron. Polon.* scriptam initio sæculi 14ti quæ tamen ex alio fonte hausisset, quam *Gallus* vel *vita Sti Stanislai* vel *Boguphalus*; cæterum non modo alium papam a his nominari, sed etiam alias conditiones dispensationis afferri, quam historiam forte natam esse e verbis *Galli* p. 98 : « qui « (Casimirus) monasterio parvulus a parentibus est « oblatus, ibi sacris litteris liberaliter eruditus, » cujus rei et *Kadlubekium* mentionem facere. Denique omnem eam rem fictam esse, vidisse jam *Mabillon.* Annal. Benedict. tom. IV. ad a. 1034 et 1059 et fusius demonstrasse *Naruszewicz* l. I. IV. p. 193—310. *Ræpell.* I. p. 180. Nota 7.

(190) *Boguphalus* ib.; *Commentator* Kadlubek. 653.

(191) *Gallus* p. 89—91; *Vita Sti Stanislai* l. l. p. 323—24; *Annal. Hildesh.* ad a. 1034; *Chronogr. Sax.* ad a. 1034; *Kadlubek.* col. 652; *Miechow* II. c. 13. p. 37.

(192) *Dlugosz* c. 194 A.; *Sarnicius* col. 1052 D.

(193) *Dlugosz* c. 193 D.; *Sarnicius* ib.

(194) *Dlugosz* c. 193 C.; et 194 A.

(195) *Commentator* Kadlubekii l. c.; *Dlugosz* col. 193 A.

(196) *Chronogr. Saxo* ad a. 1034; *Gallus* p. 90; *Brevis. Chronic. Cracov.* (Sommersberg. II) p. 79 ad a. 1038; *Cosmas* (l. l.) p. 106 sq.; *Dlugosz* col. 193 A. B. D. et 196 C. D. (qui tamen Gaudentium pro Adalberto allatum esse vult, cum quo, qui eum seculi sunt :) *Miechow* II. c. 15, p. 37 et 38, aliique.

(197) *Dlugosz* col. 200 B.; *Miechow* ib. p. 38.

(198) *Dlugosz.* col. 194 C.; *Miechow* ib. p. 37.

(199) *Gallus* p. 92—96; *Boguphal.* p. 26; *Chron. princ. Pol.* p. 58; *Chron. Pol.* p. 11; *Kadlubek* : Maritimi, Getæ Daci (Dani?), Rutheni (Lithuanici?).

(200) *Dlugosz* 220 B.; *Miechow* p. 40.

(201) *Dlugosz* col. 194 D., 264 C.

(202) *Commentator* Kadlubekii col. 653; *Dlugosz* 205 sq. et 213; *Sarnicius* 1053 B.

Sic infortunium patriæ anno 1040 meliora docuisse Polonos, eosque per legatos a summo Pontifice Benedicto IX (202) veniam impetrasse Casimiri e monasterio Clugnacensi in solium Poloniæ reducendi (203), atque ob eam gratiam denariuni pro unoquoque capite in annum Sto Petro promissum esse (204), seu, ut singularis traditio a Kadlubekio servata vult, Casimirum e monasterio Polono vocatum esse (205). Plurimi tamen narrant, eum auxiliariis Germanis stipatum jussu Imperatoris, qui et coronas reddidisset (206), in patriam reductum (207), ibique anno 1041 coronatum (208). Deinde, pace cum Jaroslao composita, ejus sororem Mariam (vel Dobrogneivam) a Casimiro in matrimonium ductam esse eodem anno (209), postquam hæc ritum Græcum abdicasset (210); Casimirum autem anno 1042 et 1043 duobus cruentissimis prœliis devixisse Mazlaum (211), auxiliantibus Russis (212); victum quoque non sine derisione a Getis (Porussis) patibulo affixum esse (213), et Getas se Polonis dedisse. Neque aliter nisi per gratiam et expeditiones ter repetitas Imperatoris Henrici III. provincias recuperatas esse, quas Bretislaus occupaverat (214),

(203) *Commentator* Kadl. ib.; *Dlugosz* 211; *Miechow* p. 58. sq.

(204) *Commentator* Kadl. ib.; *Dlugosz* 211 C.; *Miechow* p. 59.

(205) *Kadlubek* col. 632 B.

(206) *Dlugosz* 214 D., 215 A.; *Miechow* p. 59; *Sarnicius* 1053 B.

Chronica Polon. p. 10, et *Chron. princ. Polon.* p. 58, eum ab Imperatore ipso coronatum fuisse volunt; cf. *Wippo* p. 27; *Gallus* p. 91. sq.; *Vita S. Stanislai* p. 556; *Tölner* hist. palatin. p. 261 G.

(207) *Gallus* p. 92; *Vita S. Stanislai* p. 536; *Boguphal.* p. 26; *Commentator* Kadl. col. 653; *Dlugosz* 214 C., 215 A.; *Miechow* p. 59; *Sarnicius* 1053 B. *Chronic. Pol.* et *Chron. princ. Polon.* « cum matre » dicunt, cui rei obesse *narrationem Brunwil. Rœpellius* monet. I. p. 181. (annot.) 8.

(208) *Dlugosz* 216 D.; *Miechow* p. 40.

(209) *Nestor* et alii fontes Russorum ap. *Karamsin.* II. p. 25; *Dlugosz* 218 A.; *Miechow* p. 40; *Sarnicius* 1053 D.; *Annal. Saxo* ad a 1039 omnes: « filiam principis Russiæ. »
Gallus p. 92 : « nobilem de Russia. »
Vita S. Stanislai p. 536 : « de Russiæ principibus nobiliorem. »
Boguphalus p. 26 : « fil. principis Russiæ Romani. »
Annal. Cracov. Maj. ad a. 1025 : « uxor de Russia. »
Chron. Pol. p. 11. simpliciter : « Dobrogneiva »; addit tamen : « de Russia. » *Chron. Princ. Polon.* p. 58.

(210) *Dlugosz* 218 B.; *Miechow* p. 40. (*Sarnicius* non habet.)

(211) *Chron. Polon.* p. 11. (cf. *Chron. Princ. Polon.* p. 59) *Dlugosz* 221 B., 223 C. — 226; *Miechow* p. 40—41.

(212) *Nestor* ad a. 1047; alii.

(213) *Boguphal.* l. c.; *Chron. Polon.* ib.; *Chron. princ. Polon.* ib.; *Commentat.* Kadl. l. c.; *Dlugosz* 226 D.; *Miechow* p. 41; *Sarnicius* 1054 A.

(214) *Annal. Saxo* ad a. 1049; *Cosmas* l. l. ad a. 1051; *Dlugosz* 221 sq., *Miechow* p. 59. — *Stenzel* Gesch. d. fradk. Kaiser I. p. 78 sq.

sed tributarias Bohemis mansisse (215). Rixam fundasse monasteria S⁺¹ Kiliani in Saalfeld (216), et a fundamentis noviter extruxisse Brunwilerense S⁺¹ Petri et Nicolai, erexisse etiam capellam in Clotten (217), defunctam tandem esse anno 1065 Saalfeldiæ (218), et sepultam Coloniæ (219). Finem regni Casimiri felicem fuisse, fundasse vel restituisse monasteria Tiniec (220) et Lubusense (Leubus) ad Oderam in Silesia (221). Hungaros anno 1048 rebellantes revocasse duos fratres Andream et Leventham (222), hos promisisse paganismum (ritum Slavonico-græcum?) se toleraturos (223), Andream qui.dem catholicum extitisse, Leventham vero idololatram (Græcum?) (224); Belam eodem vocatum esse a fratre anno 1050 (225). Casimirum, quod Andreæ regis novi Hungariæ partes enixius promovisset, Imperatorem hostem nacturum fuisse, ni per legatos ejus indignationem deprecando sedasset (226), denique translato vel reducto (227) episcopatu Byczynensi (v. Smogorzoniensi) Wratislaviam anno 1052 (228), defunctum esse Casimirum anno 1058, et sepultum in Posnaniensi cathedrali ecclesia (229).

Cap. XXV. — *Ad Misegonem II revera scriptum esse nostrum librum anno, ut videtur,* 1027.

Licet ea, quæ de Misegone II attuli, diversissima et inter se pugnantia sint, tamen lectori suspicionem injecisse glorior, posse illa maximam partem inter se conciliari. Id tentare operæ pretium quidem est; at melius infra fiet, postquam et nostram epistolam illuc pertinere demonstravimus investigando et a quo scripta sit. Satis tamen perspicuum est, huncce Misegonem secundum dici posse, ut habet nostra epistola linea 4⁺ᵃ, *initio regni felicem fuisse*. Nam, etiamsi de magno ecclesiarum fundata um numero proprie illic agi videtur, absurdum foret, si eum tanquam felicem prædicaret Mathildis, post cladem acceptam vel provinciam ab hostibus captam, vel tandem post marcas Germanicas devastatas et Germanos in servitutem abductos. Majus obstaculum in illo magno ecclesiarum numero inesse videtur, si initio regni epistolam scriptam esse statuimus. Fuge tamen credere illud tanti esse. Patre vivente et rebus bellicis occupato, poterat Misego et pia ejus uxor *beata* Rixa, cujus frater Hermannus cognomine Pius archiepiscopus Coloniensis fuit, et cujus sex sorores monasticam amplexæ erant vitam (230), plurimas jam erexisse. Cæterum id ipsum, pro fide et pietate Christiana, studium in Misegone et in Rixa præcipua videtur causa eorum infortunii. Sed de hac re infra.

Nihil igitur obstat, quo minus hunc librum initio regni Misegonis II circiter anno 1027 post Christum natum, conscriptum esse statuamus.

Cap. XXVI. — *De Mathildis patre Hermanno. Nunquid Hermannus primus, tertiusve, an quartus?*

Superest ut de Mathildi, filia Hermanni ducis Suævorum, videamus.

Talem nullibi in monumentis occurrere satis certam et expressam libri genealogici demonstrant. Quamvis hæc quæstio jam a duobus celeberrimis Kœlero et Pestero tractata est, eam tamen, quia multa obscurius ibi exponuntur vel etiam missa relinquuntur, hic repetendam censeo.

Ut tres apud Polonos Misegones, sic quatuor Hermanni, Suævorum duces, celebrantur. Liber noster manuscriptus nil addit præter cum *clarum* fuisse. Videamus igitur, de quo hoc potissimum dici possit.

Hermannum primum, quem quidam generis indagatores e stirpe Franconica esse conjiciunt (sed nullo satis certo testimonio), patruelem fuisse affirmant regis Conradi primi. Is igitur, Burchardo primo, duce Suevorum a. 925 defuncto, Thietbergam ejus viduam, in matrimonium ducendo, Ducatui Suevorum ab anno 926 ad annum 949 præfuit. Ex Thietberga tres genuit filias, quarum una, nomine Ida, nubendo Luitholfo, filio primogenito Otto.is Magni et Editæ Anglicanæ, causa fuit ducatus in maritum transferendi. De duabus ejus sororibus monumenta tacent. Cæterum filias natas circiter anno 930 post sæculum adhuc vixisse et libri nostri conscribendi autores extitisse nemo sanus efficiet (231).

---

(215) *Boehmer* Regesta ad a. 1158. — *Cosmas* ad a. 1054 Nota 5. (cf. ad a. 1095. p. 198, ad a. 1099, ad a. 1100.
(216) *Dlugosz* 214 B.; *Miechow* p. 37.
(217) Iidem ibid. *Tolner* hist. palat. p. 262 D., et p. 164 A.
(218) 12 Cal. Apr. *Narratio* p. 323. *Gelenius* de admiranda sacra Colonia 1645 p. 677 et p. 313. *Miechow* p. 57.
(219) Iidem.
Testament. ej. ap. Martene et Durand vet. Monum. 1. p. 424—30.
Gelenii vita ac vindiciæ Richezæ, et a. adm. Col. p. 513.
(220) *Gallus* p. 98; *Chron. Pol.* 11; *Chron. princ. Pol.* 58; *Dlugosz* 228 sq. *Sarnicius* 1054 C.
(221) *Chronic. princ. Pol.* p. 99 (quod peccare errore sæculi [1154] suspicatur *Rœpell.* p. 186 not.)
Dlugosz 228 sq.
(222) *Dlugosz* 233 D. *Engel* Gesch. d. Ungar. Reich. I. 145 sq. *Stenzel* Gesch. d. fränk. Kaiser 1.

(223) *Dlugosz* 234 B.; *Engel* l. l. *Stenzel* l. l.
(224) *Dlugosz* 235 A.; *Engel* l. l. *Stenzel* l. l.
(225) *Dlugosz* 236 B.; *Engel* l. l. *Stenzel* l. l.
(226) *Hermann Contr.* ad. a. 1050. cf. ad a. 1052. *Dlugosz* 237 C.
(227) *Stenzel* scr. rer. Siles. I. p. 157.
(228) *Dlugosz* 239 D.
(229) *Boguphalus* p. 26. *Gallus* l. l. *Chron. Polon.* 11. *Chron. princ. Polon.* 58. *Dlugosz* 247 A.
In *Annal. Cracov. maj.* l. l. an us mortis 1058 ponitur, haud dubie errore scribentis.
In *Vita S. Stanislai* p. 336 legitur 1057; sed in cod. Heilbergensi Galli passus ille ex Vita S. Stanislai sumptus hab. 1058. v. *Rœpell.* I. p. 187. Nr. 20.
(230) *Tölner* his or. Palatina cap. IX. p. 249. Fuerant eæ 1 *Theophania,* abbatissa Essensis; 2 *Adelheidis,* abbatissa Nivellensis; 3 *Heilewigis,* abbatissa in Nuss; 4 *Mathildis,* abbatissa in Dedikirchen et Vileca; 5 Beata *Ida,* abbatissa Coloniensis; *Sophia,* abbatissa Moguntinensis et Gandersheimensis.
(231) Jo Dav. *Kœleri* Fata Ducatus Alem..nniæ et Suevicæ. Lips. 1557. 4⁺ᵒ.

Hermannus autem secundus pater fuit Hermanni tertii (232), et per filiam Giselam (imperatricem) avus Hermanni quarti. De quibus agemus ὕστερον πρότερον, ὁμηρικῶς.

Hermannus igitur quartus, ab Ernesto I, e gente Austriaca-Babenbergensi satus (233) dux erat Suevorum ab anno 1030 (234), et peste absumptus est in Italia anno 1038 (235), vix 24 annos natus (236), e: matrimonio cum filia Maginfredi, Italiæ Marchionis, aliquot ante annos initio (a. 1036) (237). Is neque clarus dici potest, neque filiam habere potuit, quæ jam anno 1027 nostrum librum scripsisset. Præterea nulli ejus liberi memorantur, et post ejus mortem, ducis Suevorum honor ad Franconicam transit stirpem, et Henricus (III), Conradi (II) Imperatoris et ejusdem Giselæ filius, anno 1038 dux creatus est Suevorum.

Hermannus vero tertius multo etiam minus pater nostræ Mathildis fuisse potest. Regnavit ille filius Hermanni II ab anno 1004 (238) ad annum 1012 (239), quo anno defunctus est, idque nullo matrimonio inito et ἄπαις.

CAP. XXVII. — *De Hermanno II Suevorum duce ejusque uxore Gerberga.*

Apparet jam ex iis, nullum relinqui Hermannum, Suevorum Ducem, patrem nostræ Mathildis, nisi Hermannum secundum.

Qui septem per annos Dux Suevis præfuit ab anno 997 (240) ad annum 1004 (241). De genere ejus sub judice lis est, aliis affirmantibus, eum filium esse Ottonis, Sueviæ et Bavariæ Ducis, nepotem Luitholfi Sueviæ Ducis, atque Ottonis Magni pronepotem (242); aliis vero eum nepotem esse Udonis comitis Francorum et fratris Hermanni I, Suevorum Ducis (243); aliis tandem obscuri eum generis esse (244).

Genus igitur ipsius non satis liquet, at uxoris tamen Gerbergæ eo magis celebratur (245). Illis vero temporibus, quo in dignitatibus apud viros jus hereditarium nondum satis firmum erat, eo major erat fœminarum et potentia, et ambitio et hereditaria arrogantia; ita, ut per uxores fere sæpius ac per patrem dignitates et honores assequerentur viri vel generosissimi.

Gerberga igitur gloriabatur se originem trahere a Carolo Magno atque ab Henrico Aucupe. Etenim non modo pater Conradus, Burgundiæ rex, e Carolino sanguine oriundus erat (246), sed mater Mathildis patre usa est Carolo IV, cognomine Ultramarino, Francorum rege e stirpe Carolingica, cujus uxor Gerberga (247) filia erat Henrici Aucupis ex Mathilde (248). Hinc consanguinitate ac propinquitate conjuncti erant Hermannus II ejusque uxor Gerberga cum inclitissimis tunc temporis principibus. Frater Gerbergæ erat Rodulphus III, ultimus Burgundiæ ex hac stirpe Rex (249); per Giselam sororem, matertera erat imperatoris Henrici (quem nominant secundum) (250), ut taceam de tribus aliis sororibus non minus celebratis, Bertha, uxore regis Francorum beati Roberti (251), Emma uxore Bolizlavi II, Bohemiæ ducis (252) et Mathilde, uxore Balduini III, Flandriæ comitis (253).

Licet Sueviæ Ducatus, ut tunc erat, magnitudine facile superabat regnum Bavariæ hodiernum, lacum enim Bregentinum undique pari latitudine circumdabat, et Ducatus Alsatiæ huic junctus erat; caput vero omnium terrarum Hermanni erat urbs Argentina (254); tamen ambitione ad majora ferebatur Hermannus, Ottone tertio defuncto, spe inflammatus, in imperio Romano succedendi (255). Misere Germaniam per octo menses turbavit, et, licet avuncu-

(232) *Herm. Contr.* ad a. 997. (Pistor I. p. 269 sq.)
(233) *Chron. Austr.* ap. Freher I.
(234) *Chron. vet. Duc. Brunswicensium; Wippo* p. 436; *Otto Frising.* chron. I. VI. c. 28: *Hepidanus* ad a. 1030.
(235) *Wippo* p. 442; *Herm. Contr.* ad a. 1038; *Chron. Austr.* ap. Freher I.; *Otto Frising.* chron. VI. c. 31. p. 134. *Annal. Hildesh.* ad a. 1038; *Annal. Altahens.* ad a. 1038.
(236) Nam nuptiæ Giselæ cum Ernesto factæ initæ sunt circiter anno 1012, et Hermannus secundus ex hoc matrimonio originem duxit.
(237) *Herm. Contr.* ad a. 1036.
(238) Quo anno pater defunctus est (cf. c. XXVII. n. 2.)
(239) *Herm. Contr.* ad a. 1012.
(240) *Hermann. Contr.* ad a. 997.
(241) *Herm. Contr.* ad a. 1004. *Annal. Saxo* ad a. 1004. *Thietmar* I. VI. p. 378.
(242) Id vulgo fit.
(243) *Conrad. Ursperg.* ad a. 957. (p. 156.) *Continuator Reginonis* ad a. 949. (Pistor I. p. 108.)
Eccard. hist. geneal. vet. Landr. Thuring.
(244) *Adelboldi* vit. S. Henr. (v. No. 16.)
Mascov. comm. d. reb. Imperatorum Rom. Germ. a Conr. I. ad obit. Henr. III. lib. IV. p. 108; Jo. Dav. *Kœler*. Fata ducatus Alemanniæ et Sueviæ p. 14.
(245) *Herm. Contr.* ad a. 997.

(246) *Wippo* p. 428. versus ejus a *Chifletio* vindic. Histor. c. 3., a *Blondellio* in pleniori assert. genealog. Francon. T. II. p. 230; ab *Eccardo* l. c. cap. 1. § 5. aliter, sed optime a *Kœlero* in fam. Francon. p. 26 sqq. explicantur.
V. *Heineccii* diatribe genealogica de Domus Prusso-Brandeburgica p. 8.; *Berno* in dedicatione opp.
(247) *Auctor vitæ* Adalberonis II Metensis episcopi (in Labbei bibl. MS. T. I. sect. V. p. 674.
(248) *Kœler* de familia Augusta Saxonica; id. de familia Aug. Franconica.
(249) *Kœler* de fam. Aug. Franconica.
Cod. antiq. membranaceus ap. *Heineccium* diatribe genealogica de Domus Prussico-Brandenburg. e stirpe Carolingica. originibus p. 8.
(250) *Mascov.* de pactis Henrici II imperatoris cum Rudolpho rege super successione in regno Burgundiæ.
(251) Ib.
(252) *Rœpell*; alii.
(253) *Kœler* l. l.
(254) *Thietmar* p. 369 et 359; *Spruner* Atlas histor. geogr.
(255) *Adelboldus* vita Henr. II. c. 5. : Remanet contentio inter Henricum, Ducem gloriosissimum, et Hermannum, virum potentissimum, sed brevis et cito finem habitura. Erat namque alter alteri dissimilis auctoritate et sapientia, facultate et corporis elegantia. »
Thietmar l. V. p. 367 et 359.

fas, Henrico Bavaro regnum negavit (256). Ultimus gladium deposuit, et secundo post pacem compositam (257) anno defunctus est.

CAP. XXVIII. — *De Hermanni II filiabus. De Gisela Imperatrice, et de N. uxore Adalberonis.*

Poterat itaque haud dubie clarus nominari Hermannus II, et potissimum a filia, de qua nunc inquiramus.

Præter filium, Hermannum tertium, de quo jam diximus, tres habuit filias (258).

Unam monumenta aperte nominant, eaque fuit celeberrima Gisela, quæ primo nupsisse putatur Brunoni, Saxoniæ marchioni (259), qui fortasse ex alia uxore (Gisela Werlensi?) procreavit Ludolphum (260; secundo loco nupsit Gisela Ernesto I., fratri Alberti victoriosi, Austriæ marchionis (261), quem anno 1012 post fratris mortem, ducem constituit Suevorum (262), et qui in venando cæsus est anno 1015 (263) atque Wircebourgi sepultus (264). Reliquit filios parvulos geminos Ernestum II, post patrem ab anno 1015 (265) ad annum 1030 (266) Suevorum ducem, sæpe rebellem et in prœlio occisum; atque Hermannum IV Ducem ab anno 1030 ad a. 1038, quem peste corruptum esse jam supra memoravimus. — Ernestus I vix erat defunctus, quum Gisela novas nuptias et ob propinquitatem illicitas (267) texeret cum Conrado Salico (268), cui genuit duas filias immatura morte abreptas (269) atque Henricum III. Denique e vita cessit anno 1043 quarto post mariti Conradi mortem (270), atque apud Spiram sepulta est.

Secunda filia Hermanni II et Gerbergæ, cujus nomen non extat, Adalberoni de Murzthal nupsit, cui Ducatum Carinthiæ attulit (271).

(256) *Mascov.* de reb. Henrici II. p. 192 sq.
(257) 1 Oct. 1002; *Mascov.* ibid.
(258) *Herm. Contr.* ad a. 997.
(259) *Chron. vet. Duc. Brunsvic.* (Mader ant. Brunsw. p. 6. 7. Leibn. II. p. 15.) quod tamen tempora confundit Brunoni eam post Ernestum nupsisse tradens.
Chron. rhytm. Brunsw. Duc. (Leibn. III. p. 27. 28.)
Botho in Chronico pictorato (ib.) p. 320.
Chronic. Francon. MS. Mabillonii ad a 1024 (in Felleri monum. varior trimestr II. p. 82).
(260) Ex *Eccardi* conjectura, cui *Kœlerus* assentit *chron. vat. Duc. Brunsw.* ib. — Donatio anni 1054 ap. Eccard. p 279 « frater Henrici III » nominatur in *confirmatione* Henrici IV, « patruus » in *diplomate* Conradi II (anni 1028) ap. Schaten Annal. Paderborn. « privignus » — idem confirmant Annal. Hildesh (I.) 729. Annal. Saxo ad a. 1038.
(261) *Chron. vet. Duc. Brunsw.* ib. *Otto Frising.* I. IV. c. 28.
(262) *Herm. Contr.* ad a. 1012.
(263) Id ad a. 1015.
(264) *Thietmar* VII. p. 403.
(265) *Herm. C.* ad a. 1015; *Otto Frising* VI. c. 28.
(266) *Wippo* p. 431, 434, 436, 457; *Hepidanus* ad a. 1030.
(267) *Thietmar* p. 415. a. 1016; *Glaber* chron. IV. in exordio.
(268) *Herm. Contr.* ad a. 1015; *Chron. vet. Duc. Brunsw.* l. c.

CAP. XXIX. — *De Mathilde Gerbergæ (et Hermanni II) filia*

Tertiæ tandem filiæ Mathildis nostræ nomen et fatum occultum mansit, et nisi per conjecturam, quamvis certissimam *Kœleri* Peslerique (272) in lucem prodiit. At, mirabile dictu! Hæc, hæc ea est Mathildis, per quam allodia Mathildis marchionissæ Thusciæ hæreditatis jure ad imperatores Germanos pertinere dicebantur (275).

Prænomina in familiis vel hodie ita conservari solent, ut avi vel aviæ paternæ vel maternæ nomen in nepote vel nepte repetatur. Is mos in medio ævo tam certa regula fuit, ut, avo vel avia superstitibus, si quando non obtinet, ejus rei causa singularis quædam sit. Sic Mathildis uxor Henrici Aucupis filium genuit Gerbergam; hæc Mathildem Burgundicam; hæc Gerbergam Suevam; et mirum foret, ni inter tres Gerbergæ filias una nomen Mathildis haberet. Quod et testimonio auctoris vitæ Adalberonis II. Metensium præsulis confirmatur (274). Hæc Mathildis nostra nomen matris non in filia Beatrice conservavit, quod Gerberga Sueva haud dubie jam defuncta erat, quum Beatrix nasceretur; at ipsius Mathildis nomen a nepte Mathilde Thusca quidem acceptum sed nulla prole relicta evanuit.

CAP. XXX. — *Mathildis prior maritus Conradus, Carinthiæ Dux; ejus filii.*

Bis Mathildis nupsit: primum Conrado, qui in secundo gradu sibi consanguineus erat (275), et, post patris mortem per aliquot annos Carinthiæ dux et Veronæ marchio, defunctus est anno 1012 (276). Is Conradus, sepultus Wormatiæ (277) erat e familia ducali Franconica Wormatiensi (278). Frater ejus natu major Henricus, Dux Franconiæ ab anno 982 ad 989, pater fuit Conradi Salici (279). Secun

(269) (*Beatricem et Mathildam*) *Chron. Quedl.* ad a. 1025 et *Wippo* p. 439.
(270) *Herm. Contr.* ad a. 1043. (Urstis. p. 524).
(271) *Pesler* Series Ducum Carinthiæ. Infra in Mathilde docebimus, ejus marito Conrado, Duce Carinthiæ, mortuo, sororem Mathildis Adalberoni nubendo, occasionem dedisse in hunc ducatum illum transferendi.
(272) *Kœler* de fam. Aug. franconica.
Pesler Series ducum Carinthiæ p. 16—22.
(273) *Origines Guelphicæ* I. p. 443 sq.
(274) *Labbei* bibl. MS Tom. 1. sect. V. p. 674. « Dominus Otto Dux, pater ipsius venerabilis Con« radi (Carinthiæ) ducis, nobis consedens, natus « ex filia magni Ottonis est (Luitgarda); cujus (Luit« gardæ) soror Gerbirga (uxor Ludovici IV.) dedit « filiam suam (Mathildem) Conrado Burgundionum « regi. Ex Conradi autem filia (Gerberga Sueva) « nata est domina *Mathildis*, hujus Conradi assiden« tes uxor. » Adde *Thietmar* V. p. 567 et *Adelbold.* p. 432, qui illum Conradum « generum Hermanni II. » nominant.
(275) *Herm. Contr.* ad a. 1012; *Chron. Quedl.* ad a. 1012; *Guillmannus* de vera origine et stemmate Conr. II. p. 21.; — *Diploma* anni 1054 ap. eundem et apud Shannat. hist. episc. Wormat. probat. n. 56.
(277) *Diploma* a. 1054 (ibid.).
(278) *Diploma* a. 1054; *Kœler.* d. fam. Francon.
(279) *Diploma* a. 1054; *Wippo* p. 425.

dum habuit fratrem papam Brunonem (280), tiara apostolica ornatum inde ab anno 996 ad 999. Tertius tandem frater natu minor erat Wilhelmus, qui sedem episcopalem Argentoratensem occupavit ab anno 1028 ad annum 1057 (281). Patre usus est Ottone, Carinthiæ Duce atque Marchione Veronæ anno 995 (282), matre vero Juditha Wormatiæ sepulta (283); avo Conrado sapiente, Duce Lotharingiæ Carinthiæque, defuncto anno 955, et Wormatiæ sepulto (284), qui nepos esse putatur Conradi I, Franconici Germanorum regis (285); avia denique ejus erat Luitgardis, quæ soror Ludolfi, Suevorum Ducis, ab Ottone Magno sata erat (286).

Huic ergo Conrado Carentano nati sunt e nostra Mathilde duo filii, Conradus (287) et Bruno, uterque parvuli, cum pater e vita cederet. Qua re factum est, ut avunculus eorum Adalbero (288) Dux Carinthiæ crearetur. Bruno junior sedem episcopalem Wurzeburgensem occupavit duodecim per annos (1033—45)(289). Qui in Hungaria ædificio corruente letaliter læsus, paulo post mortuus est (290). Conradus vero vi nisus patris dignitatem adipisci, Adalberino sæpe (291) bellum intulit. Neque tamen prius ducatu Carentanorum potitus est, quam avunculus ejus ab Imperatore Conrado II depositus erat anno 1035 vel 1036 (292). Abreptus est regio, quem dicunt, morbo anno 1039, quarto post ducatum adeptum (293), nulla prole relicta (294).

Qui minor Conradus, mortuo imperatore Henrico II, regnum in Germania, simili, quo ejus avus Hermannus II, modo admissus erat (295).

(280) *Herm. Contr.* ad a. 1012; *Wippo* ib.
(281) *Wippo* ibid.
(282) *Diploma* Ottonis III ap. Lazium de migratione gentium VI. p. 205. — *Megiser* Annal. Carinthiæ VII. c. 1. ad a. 987. — *Anonymus* Leobiens. chron. I. ad a. 987 (Pezi Script. Austr. I. 760). — *Adelbold.* c. 17 (Leibn. I. p. 434). *Thietmar* I. V. p. 370. *Annal. Saxo* ad a. 1002.
Annum mortis non constare, monet *Pesler* l. l.
(283) *Diploma* a. 1034 l. l.; *Auctor. vit.* Adalberi II. l. l. *Wippo* p. 425.
(284) *Thietmar* ib. (l. V.). *Annal. Saxo* ad a. 1002. *Diploma* a. 1034 l. l.
(285) Nullo certo testimonio (cf. *Kœler* de fam. Francon.) *Hübner* tab. geneal.
(286) *Thietmar* l. l. *Annal. Saxo* ad a. 1002; *auct. vit. Adalberonis II*, l. c. p. 674.
(287) *Herm. Contr.* ad a. 1012; *Wippo* p. 425.
(288) *Herm. Contr.* ad a. 1012; *Wippo* p. 463.
(289) *Herm. Contr.* ad a. 1034; *Annal. Hildesh.* ad a. 1034; *Pesler* l. l. p. 19.
(290) *Herm. Contr.* ad a. 1045; *Chronicon Würceburg.* Baluzian. ad a. 1045; *Epitaph.* in Reinhardi Chron. Vurceburg.
(291) *Herm. Contr.* ad a. 1019.
(292) *Wippo* p. 462, 424, 455; *Herm. Contr.* ad a. 1035 et 1036. *Annal. Hildesh.* ad a. 1036; *Annal. Altahenses* ad a. 1035.
(293) *Herm. Contr.* ad a. 1039; *Otto Frising.* VI. c. 31. p. 134; *Annal. Hildesh.* ad a. 1039; *Annal. Altah.* ad a. 1039.
(294) Quod *Pesler* l. l. p. 19. ad liquidum perduxit; nam vulgo (etiam *Stenzel* Gesch. d. fränk. Kaiser) Bruno episcopus Würceburgensis non ejus frater sed filius fuisse putatur. In *Hermanno Con-*

CAP. XXXI. — *Mathildis secundus maritus Fridericus II. Lo haring, Dux, ejus filia Beatrix et neptis Mathildis marchionissa.*

Hanc Mathildem auctorem esse M^{ti} *nostri.*

Mathildis secundas iniit nuptias cum Friderico II, Lotharingiæ superioris Duce, qui defunctus est circiter anno 1027 (296), et cui genuit filiam Beatricem. E cujus matrimonio cum Bonifacio marchione Thusciæ (297) nata est Mathildis, Marchionissa celeberrima. Multa extant exempla pietatis, quæ inter Mathildem nostram et Conradum Salicum intercedebat (298). Annus, quo mortua sit, non liquet; at ultra annum 1034 non vixisse posse videtur, ut apparet e diplomate Conradi II Imperatoris (299). Sepulta est Wormatiæ, in æde S. Petri, ante altare S. Crucis, in familiæ monumento, una cum priore marito (300). Vidua igitur fuisse videtur, cum hunc librum aut scriberet, aut conscribi juberet; cujus rei testis quodammodo ejus habitus est in nostra figura picta. Caput enim velatum est sanctimonialium more; fortasse tum ipsa in monasterio vixit. Dixi quodammodo; quod temporibus antiquissimis habitus ille in feminis, dum maritus viveret, etiam reperitur; cf. Bilder (anni 1230?) zum Zaechs. Land- und Lehn-Recht in Teutsche Denkmaeler v. Batt, Babo, Eitenbenz, Mone u. Weber. Liefr. I. Heidelberg 1820. tab. I. fig. 3. et Farbentafel fig. 19. Facile nos fallit usus posterior, quo status quidam indicatur; ita ut antiquioribus temporibus, quo inter omnes nulla distinctione obtinebat, idem falso locum habere censeamus.

fracto ad a. 1034 Conradus æque ac Bruno *patrueles* Imperatoris Conradi II. nominantur.
(295) *Wippo* p. 425; *Herm. Contr.* ad a. 1024.
(296) *Wippo* p. 434: « Chuno Dux Wormatiensis, « patruelis Imperatoris, nec fidus imperatori, nec « tamen multum noxius illi, interim quietus mane-« bat. Fridericus, Dux Lotharingorum *vitricus* præ-« dicti Chunonis, imperatori inimicando morte pro-« pria præventus est. »
(297) *Origines Guelphicæ* I. p. 461 et 431 — 434. Jo. Dav. *Kœler* dissert. de donatione Mathildina Pontifici Romano facta Altorf. 1715.—Joan. Friedr. *Joachim* jus aug. magn. Brit. regis Brunsw. Luneb. Electoris in terram Mathildinam. Lips. 1733. *idem* de spurio Mathildino dono. Hal. 1736. 4.
(298) *Diploma* a. 1034 l. c. alia.
(299) Hoc enim anno Imperator Conradus eam inter defunctos suæ familiæ recenset in diplomate sæpe laudato, quod tamen ad omnibus rerum editoribus in his rebus vario modo sonat. Nescio quæ ea sit celeberrimorum virorum in his transcribendis vel agendis levitas.
Shannat. (in prob. hist. ep. Wormat. No. 56) hæc habet; « Pro remedio parentum nostrorum *defunctorum* (*defunctorum* omittit Peslerus) *patrui nostri* (*nostri* omittit Peslerus et pro *patrui* Kœlerus in fam. francon. *avunculi* habet, secutus, ut videtur, Guillimannum) Ducis Chuonradi (Chunradi Pesler), ejusque conjugis dignæ memoriæ Mathildis. » Annus, quo datum sit abest ap. Shannatum; sed is finis diplomatis integer legitur apud Kœlerum de fam. Franconica. p. 55; et apud Guillimannum de vera orig. et stemm. Conr. II.
(300) *Guillimannus* l. l. p. 21.

Hancce igitur Mathildem, filiam Hermanni II et Gerbergæ, uxorem Conradi Carentani et aviam Mathildis marchionissæ nostram esse debere. Mathildem, nunc unusquisque videt, sed jam Peslerus hæc ita esse censebat anno 1740, quum libellum suum inscriptum « Series Ducem Carinthiæ » ederet. Eundem enim nostrum librum tunc inspexisse videtur (301). His omnibus absolutis Pertzii Monumentorum vol. V. quum percurrerem, tabulam antiquissimam ibi offendi genealogicam (p. 215) Steynveltensem secundam; quæ Gepæ Burgundicæ, (uxori Hermanni II Suevi) filias adscribit Mathildim et Gislam, ut Mathildis prima nominetur. Qua ex re conjicio, Mathildim natum majorem fuisse; certe enim Gislam reginam imo Imperatricem, quam matrem regis Henrici jam nominat, non secundo loco posuisset. (cf. C. XXIX.)

CAP. XXXII. — *Librum nostrum non manu Mathildis propria scriptum, sed plurium Franco-Gallorum amanuensium opus videri.*

Non a re mihi visum est inquirere, utrum, ipsane Mathildis exemplar nostrum scripserit, an ejus jussu ab aliis exaratus sit liber et picta imago. Non desunt exempla in illius ævi fœminis magni litterarum studii. Plurima ejus rei exempla habebis infra in cap. XXXVIII. Quis ignorat Rhoswithæ in omni scribendi genere merita? Quis illud celeberrimum opus Mathildis Flandrensis reginæ Angliæ, Bajocassis in ecclesia cathedrali conservatum , aulæa , quibus mariti sui Wilhelmi Normanni, egregia, quum Anglia potiretur, facinora posteritati et acu picta et acu descripta reliquit (302)?

Diligentius igitur inquirenti mihi, quædam in litteris formandis diversitas inesse visa est, ita, ut non ab una persona sed a pluribus liber descriptus esse videatur. Præterea folio XI, verso in media pagina finit proposito abrupta, quæ folio insequenti continuatur. A folio secundo usque ad folium undecimum litteræ sunt nitidiores et magis ad formam circuli pictæ, item pinguiores in medio, quam folio duodecimo et sequentibus, ubi litteras offendimus longiores et in superiori parte pinguiores. Dein post folium XI versum siglæ quamplurimæ occurrunt, quorum pars raro, pars aliter, pars nunquam antea invenitur. Exempla in tabula fig. 6, apponam, quo lector facilius de ea re judicet. Quæ sub lit. A. dedi, sunt ant. fol. XI vers.; sub B. vero post.

Ni vererer, me nimiæ sagacitatis accusatum iri a lectore; Amanuenses, natione Franco-Gallos, descripsisse hoc Carolinum exemplar liturgicum affirmarem. Nam menda orthographica multa insunt, quæ licet singula alibi occurrunt, tamen facillime a Gallo-Francorum linguam latinam pronuntiandi more proficiscuntur. En hujus rei exempla aliquot.

Deest littera *h* aut abundat, ut ebdomada, actenus, scola, vel habundat, Israhelitici, hostiarii et sexcenta alia (Fol. XVIII legitur: *hebraice* a correctore, ni fallor, casu, antiq issima spiritus aspri forma renascitur.) Fol. 67 legitur « in cœlom rap'tur » qua in re singularem Gallofrancorum pronuntiandi modum nemo nisi rei ignarus, non agnoscit, quo *um* sonat *om*. A correctoris manu littera *u* suprascripta est. Solœcismi et barbarismi hujus generis multi insunt, sicut : « Demus inde comparationem (Donnons-*en* une comparaison) *y* quod habet Symbolum nondum editum fol. 75. vel : « pastoribus affatus est. » Sed tales solœcismi ab auctoribus (Alcuino vel Carolo Magno) esse possunt; nam in edita parte : « *inde* dignum est » (il *en* est digne) occurrit.

Quibus rebus ductus Mathildim Germanam non sua ipsius manu hunc librum scripsisse, saltem non totum verisimillimum censeo.

CAP. XXXIII. — *Bolizlavus I, ut um ante, an post S. Adalberti martyrium, Porussos subegerit? Pars minima subacta est; tempus dubium manet* (302*.)

Postquam ad liquidum perduximus omnia quæ ad personam, quæ, et ad quam litteræ scriptæ sint, pertineant; nunc quid emolumenti inde capere possit historia illius temporis, periculum facturus sum.

Supra vidimus omnes scriptores affirmantes, expeditionem a Bolizlavo I, Polenorum rege, contra Porussos factam esse. Neque tamen inter se conveniunt de tempore, quo subacti sint, neque de modo, neque utrum pars eorum, an omnes.

Nostra igitur epistola a versu 24 ad 26 videri potest, ad hanc rem dijudicandam cujusdam esse momenti. « Nam, » ait, « quos Sancti prædicatores non « corrigere poterant, verbo ille (Bolizlavus) insecutus « est ferro, compellens ad cœnam dominicam bar« baras ac ferocissimas nationes. » Unusquisque Adalbertum unum esse e Sanctis illis prædicatoribus continuo putabit.—At, inquam, cur *barbaras ac ferocissimas nationes* plurali numero dictum est Pomerani inquies, alii populi significari possunt. — At cur *corrigere* subjungit? cur *ad cœnam dominicam* verbis expressis? Scio, posse et illa verba audaciori modo trahi eo, ut significent sacrum Baptisma paganis invitis administratum esse : ad quem sensum notum illud « *compelle intrare* » aliquid facere videtur; videtur,

---

(301) Christ. *Pesler* prof. in acad. Viadrina (Francofurti ad Viadrum). Series ducum Carinthiæ. Sec. IX — XIV. Witeberg. 1740. in-4° p. 18 : « Ipsa, ait, « Mathildis, originem prodit in versu epistolæ ad « Miseconem Poloniæ regem adjecto, in quo se fi« liam Hermanni, clari Suevorum ducis appellat. » Et in annotatione leguntur hæcce : « Epistola ad « Miseconem æque ac versus extat in codice quo« dam membranaceo, quem benevolentiæ generosis« simi Domini de Wolffersdorff acceptum fero :
Hunc librum regi Mahtild donat Misecóni

Quam genuit clarus Suevorum dux Herimannus. » Nova-Cella non longe abest ab illa academia. At nullam orthographiæ sic mutandæ causam invenio in nominibus. Licet syllaba *go* in « Misegoni » paullo obscurior sit, tamen et sic facillime legi potest.

(302) *Montfaucon.* Monuments de la monarchie française.
Thierry hist. de la conq. de l'Angl. par les Normands.
Dibdin bibliographical. Tour.
(302*.) Cf. cap. XI seq. et cap. XXIV.

aio; nam ecclesia id plerumque hæreticis, rarissime paganis adhibet, aut adhibuit.

Nemo inficias ibit in epistola nostra dicendum fuisse : « ad sacrum baptisma compellens » vel tale quid, atque, ut nunc res se habet, multo simplicius ea verba ad ipsos Polonos et alios eorum sceptro submissos populos referri, qui jussu principum Poloniæ Misegonis I et Bolizlavi I baptizati erant ritu Romano, neque eo secius magnam partem aut ritui Slavonico-græco, aut secreto gentilitati vel moribus gentilium favebant; quorum numerus parvus fuisse requit, ut post sub Misegone II et sub Casimiro I apparuit. Scimus Bohemos, licet Christianos, antiquo paganorum aut Græcorum more vixisse; atque hac depravatione episcoporum suum sanctum Adalbertum impulisse ut relinqueret sedem episcopalem Pragensem, terram quæsiturus, ubi gladius principis, recenter ad merum latinum ritum conversi, ut in Hungaria et Polonia, episcopo auxilio foret. — Nolebant igitur, simili modo, Poloni, nuperrime conversi, in Christianorum ecclesiis adesse, eorumque ritus ecclesiasticos, severasque leges pœnitentiales sequi; nolebant relinquere antiquos mores religioni Græcæ, immo paganæ mixtos et obnoxios. Verbis prædicatorum non corrigebantur. Hinc ferro ad cœnam Dominicam, id est ad missam latinam eos compulit Bolizlavus. Dentes abscindebantur, Thietmaro teste (303), ei qui, post Septuagesimam, carnem manducasset. Quis nescit qua pia fraude ecclesia uti debuit, ut Saturnalia aliaque festa rebus Christianis applicando, sensim sensimque animas paganorum et mores ab idololatria atque a falsorum deorum cultu ad verum Deum verteret? Quis nescit quam longa fuerit arborum si non adoratio, at veneratio tamen, apud populos in hodiernis Porussorum terris habitantes, per sæcula aliquot, postquam ad Christi fidem conversi erant? Sæpe miraculosis Sanctorum imaginibus, quas viri, revera sancti, pia fraude in his arboribus incluserant, memoria adorationis arborum ipsarum sensim sensimque evanuit. Quis nescit, Hussitis in Bohemia calicem concessum esse ab ecclesia Romana contra usum generalem? Tantum vero abest, ut illis temporibus « cœna dominica » alio sensu adhiberetur, quam simplicis-

(303) *Thietmar* p. 247-248. (l. VIII. c. 2. Pertz V. 864. p. 18.)
(304) Aristoteles, Πολιτικῶν A. ed. Bekkeri, p. 1252, col. 2, v. 20. πᾶσα γὰρ οἰκία βασιλεύεται ὑπὸ τοῦ πρεσβυτάτου,
Totidem fere verbis antiquum poëma Slavonicum :
wsak ot suéi celedi voievodi.
quisque in sua familia regnat
v. Rukopis Krelodworsky, wydan od Wacława Hanky, w. Praze 1835, p. 51.

Vox græca βασιλεύς nata esse videtur e voce βας bonus, dominus, et Θευς i. e. Θεὸς propitius, ita, ut βασιλεύς fere idem sit, quod Germanum : Gnadiger Herr. Βας enim extare videtur in comparativo germanico hesser (best); tum in voce abverbiali fürbass, denique in voce provinciali Rhenana et Batava Bass,

simo, ut potius verba orationis dominicæ : « Panem quotidianum da nobis hodie » in nostro libro adhuc trahantur et sic explicentur. Legimus enim fol. 70, verso : « Illud quod dicitur « *hodie* » non possumus generaliter referre ad corpus et sanguinem Domini, quia sunt tales, qui non possunt *quotidie communicare, aut aliqua discordia contra proximum commaculati, aut nocturnali coinquinati pollutione*. Homines sunt, non possunt esse semper parati. »

Quod si quis nihilhominus Porussos his verbis indicatos esse vult, id alio sensu esse deberet eorumdem verborum. Modo mihi exemplum afferat, quo « *ad cœnam dominicam compellere* » tali sensu adhibitum sit. Tunc facilius foret convincere lectores, post Adalberti inter Porussos martyrium, huic nationi bellum illatum esse a Bolizlavo. Quam rem demonstrare nunc omnino despero. Plurimi quidem autores narrant, a Bolizlavo Porussos subactos esse, sed totidem verbis. Immo alia est traditio, qua sancti Adalberti corpus, æquato argenti pondere apud Porussos illico post ejus martyrium emptum foret a Bolizlavo. Nimis prodigus fuisset ille Rex, si vindex *subactis populis* pro corpore delicti tantum argenti solveret. Restat igitur, ut partem Porussorum vel minimam ad occidentem (nam de Gedania ipsa non constat), ad occidentem, inquam, versus, a Bolizlavo fortasse annis 996 vel 998 subactam esse statuamus, i. e. vel ante Adalberti mortem, ut Rœpellius censet, vel continuo post.

Utcunque erit, si Porussorum pars tunc ad Christianam conversa est fidem, certe, non ita multo post sub Misegone I omnes fere deseruerunt verbum Dei.

CAP. XXXIV. — *Bolizlavus I jam rex nominari poterat, antequam ab Ottone III inviseretur. In regia dignitate usus et abusus omnium populorum.*

Incunabula omnium populorum nobis ostendunt patremfamilias esse sacerdotem, legislatorem et judicem, vel, ut uno verbo dicam, regem familiæ; jure naturali in infantes, abusu (nonnisi humano) in adultos. Ipse despota omne jus, omnem libertatem sibi soli habet, et ceteri — femina, liberi (servi), — nullius juris sunt; omni enim libertate carent. Paterfamilias τὸ πολιτικὸν ζῶον absorbet (304). Ejus id e. Meister artis cujusdam peritus, sodalis cujusdam collegii opificum vel patronus opificum. Hinc imperator Petrus I sive Magnus, postquam in Hollandia architecturam navalem doctus erat, sibi nomen Peter Bas (id est Meister Peter) indidit. Extare etiam videtur in voce germanica *die Base*, quæ hic materteram vel amitam, illic, (ut apud Lutherum) sororem patruelem vel consobrinam significare creditur, proprie tamen nil significat, nisi « *bonam*, » « *amatam*. » Unde Latinorum amita. *Ramshorn* lat. Synonymick. ep. 1833, tom. II, p. 612. Zusätze No. 104; « *Amita, Mandschu : Amou Muhme; Vash Ama. Mutter; daher auch Amme* » — « *la bonne* » addi debet. Sequitur lingua germanica *Muhme* et *Base* jure quodam confundi. — Monet me amicus, doctissimus Bethmann, posse vocem βασιλεύς a Baak per basal derivatam esse; certe in Phrygium lingua regem βάλην audi etc. Calculum adjicere huic sen-

voluntas suprema lex est; neque gratia vel pietate, nisi ex arbitrio ejus limitatur (305). Sub Trajano tandem lege cautum est, ne patriæ potestati piet.s deesset (306) : ab ea in familiis regia potentia nomen patris præcipue Senatoribus datum, et cognomen Regis in quibusdam Sabinorum familiis Romanis conservatum est, quod obtinuisse in Pomponi's, in Pinariis, in Calpurniis et Mamerciis Plutarchus tradit (307).

Aucta familia et in plures divisa, sæpe singulos patresfamilias nanciscitur, quorum certum consanguinitatis nexum plerumque obliviscuntur, nullis quippe tabulis genealogicis conservatis. In vicinia, licet plerumque σποράδην, habitantes aut circumvagantes, constituunt viciniam, gentem, gentilitatem, græce κώμην, germanis pagum (Gau), Bohemis Okolina, Ungaris Gespanschaften (id est Gesippenschaften?) (308), Russis Berh, Polonis Opole (309), et sic apud omnes populos easdem invenimus vicinias vel gentes. Regem quendam majorem, patriarcham vel seniorem (Seigneur) inter patre familias i. e. regulos habent, cujus potentia nulla in re differt a cæterorum patrum familiarum (sic φυλοβασιλεῖς apud Græ-

tentiæ non morare, si τὸ Basal revera in dialecto vel lingua quadam repertum foret pro regia dignitate. Nunc hæreo inter utrasque sententias.

Vox Germana *König* ab antiquo *Kön*, ut Rhenani hodie pro Kühn dicunt, originem trahens, *audacem*, non potentem a *können* significat, ut bellicum ejus conditionem exprimere videatur, et idem fere sit quod Dux, Dux belli vel *voievoda*, quo poeta Slavonicus supra citatus usus est, et quod *vora, boia*, id est bellum, et *vod*, id est ducere derivatum est; et perillustris vir Thierry in libro « Dix ans d'études historiques » (II No. 111, p. 178) recte monet, konning, nil nisi ducem significare in antiquis vocibus Oberkoning; Unterkoning, Halfkoning, Seekoning; Heereskoning, Folkeskoning, etc. A chunne (genere) Phillips.

(305) Aristoteles. Ethic. Nicomach. VIII. c. 12. ed. Bekker p. 160. col. 2, vers. 27. Ἐν Πέρσαις δ'ὁ τοῦ πατρὸς τυραννικῇ χρῶνται πάρ ὡς δούλοις τοῖς υἱέσιν; De Judæis Flav. Joseph, Antiq. Hebræor. XVI. c. 8. Καὶ γὰρ ἔξῆν, παρούσης μὲν ἐξουσίας ὡς βασιλεῖ, παρούσης δὲ ὡς πατρὶ τοὺς ἀδικοῦντας ἐπεξιέναι (υἱούς);

Athenienses et Spartani similem habebant morem, v. Plutarch. Solon c. 13. Πολλοὶ δὲ καὶ παῖδας ἰδίους ἠνάγκαζον τὸ πωλεῖν· οὐδεὶς γὰρ νόμος ἐκώλυε.

Romanorum antiquæ legis meminit Dio. Halic. Antiq. l. H. c. XXVI. 20. Ὁ δὲ τῶν Ῥωμαίων νομοθέτης ἅπασαν, ὡς εἰπεῖν, ἔδωκεν ἐξουσίαν πατρὶ καθ' υἱοῦ, καὶ παρὰ πάντα τὸν τοῦ βίου χρόνον, ἐάν τε μαστιγοῦν, ἐάν τε ἀποκτιννύναι προαιρῆται.... μείζονα δὲ ἐξουσίαν πατρὶ κατὰ παιδὸς, ἢ δεσπότῃ κατὰ δούλου. Romæ vero patres tenacissimi erant in conservanda hac tyrannica, ne dicam lege neque usu, sed abusu (humano tantum!); quo factum est, ut gloriarentur « nullos esse alios homines, qui talem in liberos haberent potestatem, qualem ipsi » Justinian. Institut. lib. I, Tit. IX, lex 1, § 2.

Attamen hic tyrannicus mos non invaluit; nisi in populis dominandi avidis. Alii æquius patriam potestatem a primordiis instituerunt. Sic Bohemi et multi Slavonorum populi patriam potestatem quidem in Staressina, quem vocant, habent, sed omnia quæ ad rem domesticam pertinent, cum adultis in consilio statuuntur, et pater in provecta ætate eligit inter filios, fratres, fratrumve filios optimum, ut in patria potestate sibi succedat; et, si quis Staress-

cos), potestas autem sola est convocandi conventum in ἐστίχκοίνη gentis (310), et præsidendi patribusfamilias, ubi de rebus communibus (publicis) agitur; eosque ducendi belli tempore et sacra communia (publica) faciendi (311)... denique moderandi tribunal, e patribus compositum; quod lites judicat. Singuli igitur patres nihil, vel modicum quoddam libertatis amittunt; neque ulla morum (l. e. legum) mutatio fieri potest, nisi in eorum conventu. Apud Tragicos non modo de rege, sed etiam de patribus adhibitum ἄναξ, ut in Œdipo rege etc.

Conglomeratæ in curias vel φρατρίας et in majus reipublicæ corpus, aut ad tempus, aut pro omni tempore, urbes nascuntur cum rege potentiore. Sic olim singulæ Græcorum aliorumque populorum urbes singulos reges nactæ sunt, quales Homerus offert (312). Romanorum primi reges tales fuerunt.

Coaluere urbes vel viciniæ, tyrannorum, populorum, aut utriusque ambitione vana dominandi, vel barbara cupiditate prædam agendi, præsertim bello, ut fit, humano abusu in rempublicam majorem : et hæc sensim sensimque, nulla sibi meta posita, nisi tardam vindicem Dei manum, conflata sunt in remsina male rem domesticam dirigit, familia in conventu eum exauctorat, novumque Staressimam eligit. Palacky Gesch. v. Böhmen I, 469 sq. Wuk Stefanowie Sterbiches Wörterbuch. — Hodie apud Caschemirensis, simul ac filius major natus uxorem ducit, patri in patria potestate non modo succedit sed etiam hæres fit omnium quæ ille possederat, ea tamen lege, ut quibus pater egeat, omnia sibi det.

(306) *Cujacius* commentar. in *Papiniani* quæstiones l. XI, lex ultim. *Cassagnac*, Hist. des classes ouvrières, p. 56. Ann. I.

(307) *Plutarch.* Numa cap. XI. Ῥήγας γένεσθαι παρωνύμιον, ὅπερ ἐστὶ βασιλέας.

Neque rarum esse potest, ut quis esset « atavis editus regibus. »

(308) Ut voluit Buttmannus; attamen radix *pan* et *supan* proprior esse videtur.

(309) *Aristot.* Πολιτικῶν Α. ed. Bekkeri p. 1252, col. 2, v. 15. Ἡ δ'ἐκ πλειόνων οἰκιῶν κοινωνία πρώτη, χρήσεως ἕνεκεν μὴ ἐφημέρου, κώμη· μάλιστα δὲ κατὰ φύσιν ἔοικεν ἡ κώμη ἀποικία οἰκίας εἶναι, οὓς καλοῦσί τινες ὁμογάλακτας παῖδάς τε καὶ παίδων παῖδας : ὥστε καὶ αἱ ἀποικίαι διὰ τὴν συγγένειαν βασιλεύονται ὑπὸ τοῦ πρεσβυτάτου.

Palacky Gesch. Böhmens II, 40.

Prawda ruskaja § 3, 4, Hist. de Russie par Esneaux et Chénéchaud. To. I, p. 174. *Stra'l* Gesch. d. Russ. Staats I, p. 415.

Ræpell. Gesch. Polens I, p. 87, et excursus ejus de Opole p. 614—517.

Zakonik Srbskyi. Cara Stefana Dusana § 19, § 72, et *Kucharski* Najdawniejsze pomniki prawodawstwa słowianskiejo Warszawa 1858.

(310) *K. H. Lachmann* die Spartan, Staatsverfassung. Breslau 1836, p. 156 sq., qui laudat *Wachsmuth* Hell. Alterth. P. I. c. I, p. 245 sq. v. *Hüllmann* Ursprünge der Römischen Verfassung, in quo libro sagacissimo celeberrimus autor in eo tantum mihi peccare videtur, quod omnia aliunde vi illata esse vult.

(311) Hinc regibus exactis Romæ sacerdos quidam factus est nomine regis sacrorum Cic. or. pro Domo 14, 38; et Athenis ἄρχων βασιλεύς.

(312) *Aristoteles* ibid. v. 19. διὸ καὶ τὸ πρῶτον ἐβασίλευοντο αἱ πόλεις καὶ νῦν ἔτι τὰ ἔθνη.

publicam justo majorem, et per illam gloriæ militaris pestem, contra jus et fas, in maxima regna, in stupenda et horrenda monstra, ut regnum Persarum, Macedonicum et imperium Romanum.

Quo majus regnum factum est, eo majore cæco honore et potentia, ne dicam potestate, necessario rex, vel qui præest, gaudet; totidem sensim sensimque patresfamilias amittunt. Tandem libertas singulorum, si qua restat, sola est assentandi atque acclamationes in senatu proferendi (313). Raro fiunt quælam quandoque per eos leges ; sed in his notatur tantum, quot vocibus Imperatori salus acclamata sit (314). Ipse prætor fit Imperatoris, « *villicus*, » et senatus deliberat utrum, « Rhombusne concidatur, an testa alia paretur » (315). Quo major respublica, eo minor publica res. Servorum etc. tamen conditio in familia laxatur, invito plerumque domino.

Tituli Ducis, Regis, Imperatoris cet., quo utuntur, qui magnæ vel parvæ præsunt reipublicæ, per se idem fere significant, sed usu vel abusu distinguendi sunt. Sæpe etiam, qui majori præest re publicæ, fastu tumens nomen *regis superioris* sibi arrogat, vel *magni regis*, vel *magni ducis* vel *magni Chagani* cet. Neque tum semper in provinciis vectigalibus atque in regnis subactis regium nomen evanescit. Hinc in Oriente Ægyptiorum (316), Babyloniorum (317), Persarum (318), Arsacidarum et Parthorum (319), reges se principes principum, βασιλεῖς βασιλέων, vocari superbiebant, immo Sesostris βασιλεύς βασιλέων καὶ δεσπότης δεσποτῶν (320) fuit. Ipsi Macedones et Romani vel socios vel tributarios reges minime aspernabantur (321), ut Taciti verbis utar, « veteri et jampridem recepta Populi Romani « consuetudine, ut haberent instrumenta servitutis « et reges (322). » Idem sæpe usu venit Imperatoribus Orientis vel Occidentis (323). Neque is mos omnino alienus erat antiquis Germanis ; Attila enim talis erat rex regum.

Sic regibus Francorum Merovingicis, reges populorum Germanorum devictos in Duces mutandi mos invaluit. Sic Alemannorum, Thuringorum etc. reges Duces tributarii regum facti sunt Francorum. Neque tamen minus titulus rex regum postea sæpe Francorum principibus inditus est (524).

Carolus Magnus ipse rex erat unctus cum fratre, sub patre rege vel imperatore Francorum non Romanorum (325) ; et postea, seu patris titulum imitans, seu novo ritu imperator factus, reges filios, aliosque, submissos habebat (326). Wittechindus quoque Saxonum rex, id est duodecim in singulis pagis subregulorum summus rex, sive ducum summus belli dux (327), nonnisi post innumerabiles clades, tandem dux a Carolo Magno factus est, ut tamen nescias, auctusne an dignitate diminutus fuerit.

Ludovicus Pius imperator filiorum non regio tantum nomine, sed et potestate nullis certis limitibus coercita, miserum exemplum posteritati reliquit. Sub successoribus ejus, reges Francorum, Lotharingiæ, Burgundiæ, Bavariæ et Germaniæ potentiores sæpe erant Imperatoribus. In Germania Ottones renovaverunt Merovingorum usum, et auxerunt arrogantiam monstruosæ imperatoriæ dignitatis. Regium honorem sibi solis convenire, ceteris vero omnibus abnegandum esse contendebant. Omnes reges semel victi, ex nova eorum sententia, regia dignitate carebant eo ipso facto. E tam singulari doctrina illud paradoxon natum est, ut princeps *Dux* nominaretur, terra vero *regnum* ab uno eodemque scriptore et in eadem fere linea (328) ; immo in Chronographo Saxone, Miseco *Dux* . . . simul et *Rex* nominatur (529). Non videbant continuo sequi e tali doctrina,

---

(313) « *Vel cum offensione principis.* » ut ait Tacitus.
(314) Ut factum est in Senatus-Consulto Romano, quum Codicis Theodosiani exemplar ab Oriente missum esset in Occidentem.
(315) Juvenal. IV, 77 et 130.
(316) Βασιλεύς βασιλέων Ὀσιμανδίας εἰμί. *Diodor. Sicul.* l. c. 47.
(317) Daniel c. II, v. 37 de Nebukadnezare, qui omnibus fere Asiæ regibus imperabat cf. Ezech. XXVI, 7.
(318) Sic *Artaxerxes* Mnemon se *regum regem* vocat in epistola ad Esdram c. VII, v. 17. Nam tum Persarum in obsequio erant reges Armeniæ, Cypri, Cariæ aliarumque.
(319) Ezech. Spanheim de præstantia... numism. d's. VIII, c. 2. — *Ammian. Marcellin.* XXVII, c. 5, ubi Sapor Rex regum. — *Visconti* Iconogr. grecque (passim). — *Sueton.* Calig. V. 4.
(320) Diodor. Sicul. l. c. 55.
(321) Exemplum habes in rege Sidonum. *Q. Curt.* 4, l. n. 18, aliisque.
(322) Tacitus Agricola 14.
(323) Reges Thraciæ, Bosphori, Armeniæ, Judææ etc. Reges Gothonum aliique.
(324) « Dominus rex Francorum, terrestrium Rex Regum » *Matthæus Paris* a. 754.
Hugo, Francorum regis frater, ab *Anna Commena* (p. 288.) βασιλεύς βασιλέων vocatur.
(325) *Baron* Annal. a. 752, n. 6. Pagi crit. ad a. 762. n. 2. Edmund *Martene* de antiq. eccles. ritibus III, c. 10. *Anastas.* Steph. 2. — *Cod. Carolin.* ep. n. 6. — Sigill.
(326) Regem Longobardorum; filios autem, Carolum, Pipinum Ludovicum et Lotharium, nepotem denique Pipini filium, Bernhardum, infelicem Italiæ regem.
(327) Wittechindus *Rex* nominatur a plerisque : *Thietmar* I, p. 226 : « e Witichindi Regis tribu exortum. « *Chronic. Episc. Mindens.* (Pistor. § 17) » Wedekindus, rex Mindensium et Angariorum. *Chron. Andegav.* (ap. Labbeum bibl. Ms. I.) ad. 784 « Witikindus rex Alborum et Saxonum. » *Auct. de fundatione* etc. (ap. Lebin. I, p. 260) « Rex Angarorum W. »
Magnus Dux nominatur a *Wittechindo* Corbei. I, 638.
Simpliciter *Dux* a Beda hist. gent. Angl. « Electum belli ducem; » a *Sigeberto Gemblac.* ad an. 785; a Matth. *Paris* in vit. Offæ, p. 978, in Capitulariis Baluzii I, p. 194.
Tandem : « unus ex primoribus *Westphalorum* » vocatur in Annal. *Laurish.* ad a. 777.
Cf. *Krantz.* Saxonia II, c. 22.
(328) *Thietmar* I. IV, p. 560. *Dux* (Misego I) jam senescens et febricitans, ab exsilio in patriam transit; relinquens *Regnum* suimet plurimis dividendum.
(329) *Chronogr. Saxo* ad a. 1030. Miseco (II) *Dux* . . . . talis ergo est *Rex* v. infr. cap. XLVII.

ducem illum, suo tempore victorem, regiam dignitatem jure revendicare. Si igitur Miseco I, victus a Gerone, miles Ottonis factus est, *eo sensu, ut necessario ducis nomen pro regio subiret*; Bolizlavus, sæpius victor et omni nexu absolutus, nomen regium sibi jure assumere poterat, invitis Germaniæ scriptoribus. Numquid ideo imperatorio honore carebat Henricus IV, Romanorum imperator, quod ab Anna Comnena 'Ρήξ tantum 'Αλαμανίας nominatus est (330)?

Is qui nulli extraneo obnoxius regit suos, eum titulum sibi assumere potest, quem sui agnoscunt. Sic multi principes, quorum ditio angustioribus clausa erat limitibus quam Polonia, ne regis quidem nomine contenti fuerunt, et imperatoris honores sibi arrogaverunt. Inter Visigothorum In Hispaniæ reges, qui ne quartam quidem Hispaniæ hodiernæ partem gubernabant, vocati sunt Hispaniæ Imperatores; Sancius Magnus (331), Alphonsus VI (332), Alphonsus VII (333), Alphonsus VIII (334), Ferdinandus III (335), Alphonsus IX (336), et Alphonsus X. (337). *Edgar* Anglus titulum assumsit : « Basileus Anglorum, et Imperator Regum gentium » (338). In Gallia Pippinus et Imperatoris titulo usus esse videtur, et Carolus magnus eum secutus, antequam Romæ coronaretur (339). In Germania Ludovicus Bavarus, Imperator a Rhabano Mauro nominabatur (340). In Dania Haraldus se Cæsarem appellavit (341), ut imperatores Brasiliæ Maroccanos, aliosque missos faciam (342).

CAP. XXXV. — *Nomina principum apud populos Slavonicos.*

Res monere videtur, ut accuratius de populorum Slavonicorum usu in titulis principum inquiramus. Qui eodem fere modo, quo Saxones prisci, aliique

---

(330) *Anna Comnena* ed. Bonn. V, p. 232 et sæpius.
(331) *Alberic. Chronic.* ad a. 1031 cf. *leg. Visig.* l. 12, tit. II, § 13, qua Sisebuto (612—20) Imperatoris nomen tribuitur.
(332) In Synodo.
(333) *Rodericus* Tolet. archipresb. l. VII, c. 7. Cf. *Chifflet* vindic. Hisp.
(334) et (335) *Dufresne* lex. lat. inf. s. v. Imperator.
(336) et (337) *Mabillon* de re diplom. l. V.
(338) *Dufresne* v. Basileus; et *Selden* de tit. hon. 1, 2, § 5.
(339) Diploma et sigillum ejus ap. Zylles, defens. abb. S. Maximini. Cf. *Maciejowski*, Essai historique sur l'Eglise chez les Slaves. Leipzig 1840, p. 12, et litteras Carol. Magni ap. Alcuinum, in quibus titulum Regis Francorum et *Imperatoris Longobardorum* fert. Ob eam causam hucusque viri docti et litteras et liturgiam spurias esse censuerunt, arbitrantes ab « ignaro » quodam monacho, qui nesciret Alcuinum in nota ad Saxon. p. 204 Romæ coronaretur Imperator Romanorum hæc conscripta esse. Sed non viderunt viri docti neminem tam ignarum exstitisse, qui pro trito « Romanorum imperator » scriberet Longobardorum imperator.
(340) *Rhab. Maur.* ep. ad Noting. Veronensem.
(341) *Steph.* in nota ad Saxon. p. 204.
(342) *Otto* d. tit. imp. rat. Russ. Hal. Magd. 1724 57.

---

pæne omnes, in viciniis, dubium, democratiæne an aristocratiæ proximi, a quodam electo vel designato principe, in vicis regebantur, cujus jura minima erant (343). In belli autem temporibus ducem supremum sequebatur omnis gens. Ille vero eorum moderator nulli alii principi obnoxius erat; summo igitur principis honore fruebatur, et eo honore, quem regium esse usus ubique obtinuit (344).

(Francus?) Samo Bohemorum *rex* creatus est anno 623 (345).

Swatopluk in magno regno Moravorum anno 875 *imperatoria* erat dignitate (346).

Græci Slavonicos principes βασιλεῖς nominant (347).

Imperatores Romani iis latinum regis titulum non negasse, cum multa sunt testimonia, tum unum præcipuum marmoris elegantissimi, Vespasiano imperante, Plautio Silvano dicati (348). At non modo agnoscebant regium honorem, sed etiam stipendia annua *regi* Roxolanorum pendebat Hadrianus (349). Russorum principes *reges* nominantur ab Adamo Bremensi, a Luitprando, a Thietmaro, in vita S. Mariani, et a Sigiberto Gemblacensi (350). Bolizlavus Bohemus a Widukindo (III. 69. ad a. 967) rex vocatur, sub quo multi subreguli (II. c. 3.). Ab eodem alii Slavorum reges et subreguli asseruntur (III. 66.; III, 68. cet.).

Tituli Slavonici principum (parvorum vel magnorum) etiam apud populos Slavos mutati sunt, sæpe fortuna, sæpe ex industria. Sub medii ævi finem Russorum princeps vocabatur *Czar*, Polonorum *Krol*, Bohemorum *Kral*, Slavonicorum *Krail*; quo factum, ut in oratione dominica regnum nominatum sit a Russis *Zrathie*, a Polonis *Krolestwo*, a Bohemis *Kralowstwii*, a Slavonicis *Krailestwu* (351). Licet

---

(343) tab. *Peutingerana* ap. *Buat*, Hist. anc. des peuples de l'Europe. XI. p. 145.
(344) *Ræpell*, l. I. l. I. cap. 2.
(345) *Fredegarii* chron. (ap. Ruinart, Gregor. Turonensis opera ed. Luteciæ Parisior. 1699, p. 626-627).
Palacky, Jahrbücher des Böhmischen Museums. 1830. S. 387. sq.
Ræpell, l. 1. p. 32. de *Buat*, Hist. anc. des peuples de l'Europe, tom. XII. p. 114. sq.
(346) *Palacky*, Gesch. v. Böhmen. I. p. 140. *Ræpell*. p. 40.
(347) *Procopius*, ed. Dindorf II. p. 205. Οὗτω γοῦν πολλῶν ἐκ τοῦ βασιλείου αἵματος ἡγουμένων σφίσιν ἥμειναν μὲν τὰ Σκλαβηνῶν ἔθνη ἐφεξῆς ἅπαντα.
(348) *Gruter* corp. Inscr. p. 638. « Ignotos ante, « aut infensos P. R. *Reges*, signa Romana adoraturos, in ripam quam tuebatur, produxit. Regibus « *Bastarnarum* et *Roxolanorum*, filios Dacorum « fratrum captos, aut hostibus ereptos remisit. Ab « aliquis eorum opsides accepit, per quos pacem « Provinciæ et confirmavit et protulit. *Scytharum* « quoque regem Acheronensi, qua est ultra Borysthenem, opsidione summoto. »
(349) *Spartianus*, Hadrian. c. 6.
(350) *Adam. Brem.* l. 1. 1.; *Luitprand.* V. c. 6.; *Thietmar.* VII. fin.; *Boland.* ad IX. Febr. p. 569; *Sigeb. Gemblac.* ad a. 1075.
(351) *Herberstain*, comm. rer. Moscov. p. IX.; *Everard Otto*, de titulo Imperatoris Russorum, Hal. Magd. 1724. p. 26 sq. Turcis omnes Christianorum

hæc in oratione Dominica magnam antiquitatem olere videantur, tamen facillimum erit, demonstrare eosdem non semper iisdem usos esse titulis.

Russi sane Czaris nomine usi sunt: falso tamen illud a Cæsare originem trahere, et Wladimirus Monomachus ab imperatore Constantinopolitano accepisse eum honorem a quibusdam dicitur (352). Wlodomirus Magnus quoque non Czaris nomen ab iisdem accepit, ut quidam volunt (353), sed Βασιλέως. Johannes III Basiliewitch, qui libertatem vindicavit sibi et Russis, se magnum ducem nominavit (354). Filius autem ejus Basilius Czaris nomen semper fere sibi indidit; ut dubium sit, utrum tale quid jam antea factum sit, an a devictis Tataris et in suam ditionem redactis, apud quos Czaris nomen in usu erat, assumptum sit nomen. Imperator Maximilianus ob simultates inter se et Polonos, ut Russos amicos vel socios haberet, non cunctatus est, et latino Cæsaris titulo Basilium honoravit, errore, ut videtur, eorum populorum Slavonicorum, qui Czaris nomen aut abjecerant aut ignorabant, et reges suos Krol, Kral vel Krail tunc certe nominabant (355). In successore ejusdem Johanne IV., cognomine Terribili, jactantia quædam in titulis assumendis apparet, atque Cæsaris imperatorisve nomen et insignia affectata. Quadruplicem Czarem se dixit (Russorum, Casani, Astracani, Siberiæ) et dominum Karthalinicorum et Grusinicorum Czarium, etc. (356). Idem imagini suæ pictæ, editæ anno 1551, versus sequentes inscribi jussit:

Russorum Rex et Dominus sum, jure paterni
Sanguinis; Imperii titulos a nemine quavis
Mercatus prece vel pretio : nec legibus ullis
Subditus alterius, sed Christo credulus uni
Emendicatos aliis aspernor honores (357).

In sæculo sequenti legati Belgiæ Michaelem, satorem augustæ domus Imperialis hodiernæ, quadruplicem Keyser (Imperatorem) fecerunt (358).

Illud vero nomen non Russorum modo aut Tatarorum, neque medii ævi tantum, sed antiquissimum in Oriente regnum nomen fuisse facile demonstrari potest. Occurit enim in nominibus Nebukadne Czar, Nabopala-Czar, Tiglatphile-Czar, Baltha-Czar cet. (359). Occurrit in versione bibliorum Slavonica, a multis Hieronymo, ab aliis veresimilius S. Methodio, Slavorum (in Moravia et Bohemia) apostolo, tributa. Legitur in hac versione Czar David, Czar Salomo ; et passus « Non habemus Regem nisi Cæsarem, » per Czar et Kessar exprimitur (360). Extat monumentum Slavonicum in Kalbensteinberg prope Weissenburg (Nordgau), quod publici juris fecit M. Jo. Alex. Dœderlein, tabula quædam picta Sancti Pheodori Ducis cum inscriptionibus Slavonicis litteris Cyrilli; cujus originem ipse Russicam esse, et anonymus in epistola latina, ejusdem temporis esse conjicit cum Menologio Græco (id est anni fere 984, non, ut Baronius voluerat, anni 885) (361). Mihi vero, ut Baronio, sæculo uno antiquius videtur Menologium. Nam nulla inest figura junior quam Leo philosophus ejusque uxor. Idem de tabula hac censeo. Milites quidem, quibus stipatus princeps est, simillimi sunt Normannis, quos Mathildis Flandrica in tapete Normannica Bojocassensi expressit. Architectura quoque est Byzantina (arcus enim non acuminatus est in portis), et turrium tecta Orientem olent (nam ventre magno utrimque arcus leviter acuminatus infra extenditur), ita, ut hucusque omnia Russis conveniant, vel Slavonico populo, qui non multum abesset a Constantinopoli. At forma radiata coronæ imperatoriæ illud omnino vetat. Notum est, nullas extare Imperatorum Orientis imagines, in quibus corona radiata sit, certe nullas post sæculum quartum æræ christianæ, nisi in feminis (362). Nam imago Constantini VI. a Leone papa Romæ facta a re aliena est.

In Germania tamen talis corona occurrit sæculo nono, decimo et undecimo; et simillima quidem est corona antiqua imperatorum. Norimbergæ conservata, quæ Caroli Magni esse dicitur, sed Conradi nomen addito in semicirculo superiori inscriptum fert (363). Talis est omnino, excepto superiori semicirculo, una coronæ figura, quam expressit Doederlein p. 80, quamque imperator Licinius fert, jubens, virgis et fustibus cædi Theodorum; in ceteris vero ejusdem figuris vulgaris radiata corona regum vel imperatorum Germaniæ repræsentatur. Apparet igitur, illam tabulam a populo Slavonico, Germaniæ limitropho, factam esse. Quod si in memoriam revocamus, gentes Slavonicas Sorabos qui non diversi erant a Serbis, cet. eas ipsas, ubi tabula nunc extat, regiones olim tenuisse(364); vel saltem magnum Moraviæ regnum non multum abfuisse, ubi sanctus Methodius archiepiscopus Welehradi (Hradish) sedens , septem episcopos Slavonicos subditos in

reges Kral dicuntur. Zingari vel in Hispania hodierna reginam nominant Krali.

(352) Genealogia ex Annal. Russ. composita, ap Cholin, Coloniæ.
(353) Anonymus Florentinus de reb. Moscoviticis c. 8.
(354) Otto, l. l. p. 21.
(355) Idem, ibid.
(356) Adam Olearius, Iter Moscov. p. 25.
(357) Sigismundus, comment. rer. Moscovitic. p. 13.
(358) Aizema I. 10. p. 1045. Alter Russen Keyser........ Keyser tot Casan, Astracan ende Sibirien.
(359) Hæc est celeberrimi Strahlii, autoris his:.

Russorum, opinio, quam mecum communicavit, cum eum Bonnæ viserem.
(360) Otto, l. l. p. 25.
(361) M. Jo. Alex. Doederlein. Slavonisch-Russisches Heiligthum mitten in Deutschland. Nürnberg 1724. 4.
(362) Ultima corona radiata in viris est Constantini II. ap. Bandurium, v. Malliot (et Martin) Recherches sur les costumes des anciens peuples, Paris 1804. 4to. vol. I. pl. LV. No. 4.
(363) Quam coronam expressam habes in libro: Wahl-und Kroenungs Diarium Kaiser Franz I. Frcft. 1746. fol.
(364) Spruner Atlas no. 12.

ecclesia mixta habebat; non temere eam tabulam monumentum ecclesiæ Slavonicæ antiquæ in illis regionibus esse efficiemus (365), similis imago « priscæ » matris Dei reperta est in urbe Oblau (prope Breslau) cum litteris Cyrillicis (366). Atqui in ea tabula Cæsar Augustus Licinius I semper nominatur *Czar Likin*. Adde populos Slavonicos Imperii orientis urbem Constantinopolin semper *Czaragrad* (367) vocare (id est urbem regiam, vel imperatoriam). In autoribus Byzantinis Theophane et Nicephoro Bulgarorum principes *Xeres* nominantur, quod idem esse ac *Czares* recte monuit Bualius (368). Reges Serviæ sæculo decimo quarto Tzaris nomine fruebantur; sic in legibus Serviæ Duschan *Tzar* semper legitur (369).

E contra Russi plerum alio titulo in medio ævo usi sunt, neque eo soli. Russorum enim principes ipsorum lingua *Knies* (Duces), superiores, *Weliki Knies*, id e. magni principes vel duces nominabantur; si non majori, certe eodem jure, quo duces Austriæ *Archiduces*, vel Florentini *Marni-Duces*.

Knies enim idem est ac *Chan* vel *Kanis* vel *Chagan*, et regem denotat, ut *Magnus-Chan* in Crimea idem sit, quod *Veliki Knies* in Russia. *Khan* autem Tartaris vel *Chagan*, vel *Canis*, vel *Cacanus* significat dominum, regem, imperatorem (370). Ipsa voce *Chagan* vel *Cacan* et Russi et Hungari usi esse feruntur (371).

Quid de Polonis dicam?

Czarisne an Chaganis an alio titulo priscos Polonos usos esse dicam? Nullum superest hujus rei certum monumentum. Sunt, qui dicant *Krol* vel *Kral*, ut Bohemi id efferunt, derivatum esse a Karolo magno, sed, ni fallor, mera etymologica conjectura, pro qua aliam verisimiliorem in radice *Kri*, judicis naturam exprimentem, deprehendere mihi videor, eo verisimiliorem quod apud Slavos τῷ *Kriwa* summa dignitas certa sacerdotalis et judiciaria indicabatur. Alia quoque Poloni utuntur voce, scilicet τῷ Ksiaze, quod Kjonje sonat et cum Germanorum *Konig* quamdam similitudinem habere videtur. Tandem *Wudz* apud eosdem *Dux* audit. Compositum vocabulum *Woiewoda* idem esse quod *Belli-Dux*, jam supra memoravimus. Ut nunc res sunt, certi quiddam statui nequit. Sed utcunque erit, illud quidem extra omnem dubitationem versatur, quod omnes hæ voces nullo modo *Ducem feudalem* significant, si dignitas, quam demonstravimus, principum Poloniæ iis expresssa fuit. Romanorum temporibus haud dubie latina voce *Rex* illa dignitas exprimebatur.

Studio augendi regiam potentiam ductus, Bolizlavus, latinum titulum *Rex* fortasse aptissimum judicavit, quippe Polonis inauditum, quo monarchiam minus populo obnoxiam in familia hæreditariam redderet (372). Quem in finem alia multa fecisse Bolizlavum capita sequentia docebunt.

CAP. XXXVI. — *Bolizlavi regia corona, lancea, vel sceptro, gladioque donatus ab Ottone III, « amicus populi Romani » nominatur*

Jure igitur Bolizlavus I regio honore frui jam poterat. Agnovisse tantum Imperator Otto III videtur ea quæ impedire non poterat, quo sibi jus approbandi aut improbandi, immo dandi aut negandi, quodammodo conservabat vel creabat. Ne hilum quidem amplius tunc ab Imperatoribus fieri poterat.

Otto itaque, a nemine rogatus, ex Italia, sub specie corpus sancti Adalberti invisendi ut quidam Poloni volant (373), remotam Poloniam incultamque — terram hunc temporis Hyperboræam — media petit hieme. Excipitur quam honorificentissime a Bolizlavo, et, quasi gratum animum Polono demonstaturus, suam ipsius regiam coronam, regiam lanceam sceptrumve atque regium gladium hospiti donat. Simul Bolizlavum « *amicum et socium populi Romani* » prædicat (374).

Quam formulam latinam antiquissimam, Polonis historicis medii ævi ex Romanorum historia haud facile notam, sapere ingenium Ottonis III, qui ob inaudita eousque in litteris humanioribus et in antiquitate studia cognomine « Mirabilia Mundi » ce-

---

(365) Amicus meus Hloudow, in antiquitatibus Russorum ecclesiasticis maxime versatus, in aliam sententiam it. Plurima enim, ait, coronarum radiatarum exempla non in rebus profanis sed ecclesiasticis occurri; textum quoque linguam Russicam recentiorem sapere.
(366) *Maciejowsky*, essai hist. d. l'église chrétienne des deux Rites p. 151.
(367) *Herberstain* comment. rer. Moscov. p. XI.
(368) *De Buat*, Hist. anc. des peuples de l'Europe, tom. XII. p. 247 sq., qui citat *Theophanem* p. 289 (ed. Bonn. p. 667. 15.) ubi legitur τοὺς ἀπὸ σειρᾶς καταγομένους; et *Nicephorum* p. 77. v. 14, τοὺς μὲν ἐκ Σηρᾶς τὴν ἐπ' αὐτοὺς κεκτημένους κτείνουσιν; ubi Goar male τοὺς μὲν ἐκ σειρᾶς « reponendum » censet.
(369) Vincent. *Belvacensis* l. 32. c. 32; *Pachymeres* III. c. 25, V. c. 4. X. c. 25. — *Du Fresne* gloss. med. græc. v. κάνης, κνέζης; id lat. v. Caganus; *Annal. Bertiniani* ad a. 839.
(371) Gregor. Turonensis, Paul. Warnefried:

« Caganus Hungarorum Rex; » et *Annal. Francorum Bertiniani* ad a. 839 : « Misit etiam cum iis quosdam, qui se, id est, gentem suam *Rhos* vocari dicebant, quos *Rex* illorum, *Chaganus* vocabulo, ad se amicitiæ, sicut asserebant, causa direxerat. » Cf. *Roger* de destructione Hungarorum 35.
(372) Hunc sensum præbere videtur Bolizlavi *Epitaphium* ap. Christoph. *Harthnoch*. de rep. Polonor. II. § 8.
« Tu possedisti, velut athleta Christi,
« Regnum Slavorum, Gothorum seu Polonorum,
« Cæsar præcellens a te *Ducalia* pellens » cet.
(373) V. cap. XIV. No. 1, 2 et 3.
Kadlubeck (I. p. 95).
« Quasi beato Martino Adalberto votivam exhibiturus reverentiam. »
(374) *Gallus* p. 41—42; *Dlugosz* col. 151; *Miechow*. l. II. c. 4. § 27; *Cromer* hist. Polon. II c. 4; *Guagnin* l. p. 71; *Ludewig*. de auspicio regio. c. II. p. 77; *Epitaph*. ejus cap. XXXV. No. 24.
Cf. cap. XIV. n. 12 et 13.

lebrabatur, jam recte ipse Rœpellius vidit (375). Attamen illud tantum de integra formula : « *amicus et socius populi Romani* » intelligendum. Nam vox « amicus et socius » Ottonum quoque temporibus politica, ut ita dicam, significatione adhibitum est de iis populis, qui ne minimo quidem servitutis jugo obnoxii imperio (vel Francorum regno) erant. Sic a Widukindo primi Saxones, Francorum amici et socii contra Thuringos nominantur (376). Sequitur et ex hac re regiam Bolizlavi dignitatem ab Imperatore (Ottone III) esse approbatam. Thietmarus ipse, quamvis iram vix in pectore claudit, si eum attentius legeris, tibi prodere videbitur invitus hujus rei veritatem. Nonagies fere de Bolizlavo I mentionem facit ; et sexagies quidem sexies eum simpliciter Bolizlavum nullo epitheto apposito nominat ; decies decem et quidem bis ad a. 1018 Pertz V. p. 861. lin. 2 et 9, bis simpliciter, Miseconis filium, semel Polenum, ter Seniorem (Seigneur) : at rem miram! semel (ad a. 1004 eum) vocat *ducem adulterinum* (Pertz p. 808. lin. 15) bis (ad a. 1004) leonem rugientem, semel « arrogantem » (p. 807. l. 35), semel inflatum superbiæ magnanimitate (p. 808. 4), semel (ad a. 1012) superbum triumphatorem (p. 529 l. 52), semel (ad a. 1003) Polenorum rectorem (p. 799. l. 4). Jam ad a. 1002 eum patri (Miseconi) longe inferiorem esse dicit, quibus rebus nil aliud indicatur quam eum Imperatoribus minus obnoxium fuisse. Ad a. 1016 Thietmarus Cesarem carpit, quod, licet Bolizlavum *ad servitutem suam* pace tantum concessa, promptum et fidelem habere potuisset, id tamen neglexerit (p. 845. lin. 37). Ad a. 1018 Thietmarus ait Bolizlavum eodem loco habuisse Imperatorem Germanicum ac Imperatorem Constantinopolitanum (p. 871 lin. 11). Passus vero Thietmari qui ad nostram rem maxime facere videtur, est in libri quinti capite sexto (377) ubi mutatas esse vices a Bolizlavo dicit, sic, ut pro servitute Polenorum principis erga imperium vel Duces et marchiones Saxoniæ, servitutem horum erga Bolizlavum natam esse deploret. « Hoc, » ait, « animadvertentes nostri, verbis credidere phaleratis, et inhoneste quasi ad dominum, ad eumdem profecti, honorem innatum supplicatione et injusta servitute mutabant. Quam inique comparandi sunt antecessores nostri et contemporales! « Vivente egregio Hodone (Marchione) pater istius, « Miseco domum, qua eum esse sciebat, crusinatus « crusina est vestis Slavorum pellicea) intrare, vel « eo assurgente nunquam presumpsit sedere. Deus « indulgeat imperatori, quod tributarium faciens dominum, ad hoc unquam *elevavit* ut, oblita sui « Genitoris regula, semper sibi prepositos auderet « in subjectionem paulatim detrahere, vilissimoque « pecunie transeuntis inescatos amo (hamo) *in servitutis libertatisque* detrimentum capere. »

Gladius ab Ottone donatus, quem Poloni « *Szcrzerbec* » nominabant, semper tanquam res sancta asservatus est. Litteris inscriptis suam originem Ottoniensem tradere et sæculum undecimum redolere narrant (378). Imperatorem semper ensifer secutus est ; ut pictura docet antiqua libri Manuscripti Domnizonis, quæ Ottonem sistit Magnum corpora Sanctorum quorundam, Attoni Marchioni Thusciæ donantem (379).

CAP. XXXVII.— *Corona in pictura nostra est ipsius coronæ Ottonum exemplar. Corona Longobardorum nova forma in sigillis Ottonum.*

Examinanti mihi sedulo formam vestimentorum picturæ libri nostri, (v. fig. 1.) corona, qua Misego Rex ornatus est, singularem quandam similitudinem habere visa est cum formis coronarum, quæ in sigillis Ottonum occurrunt.

Præcaveant autem, necesse est, ii, qui has res sphragisticas investigant, ne quibusdam figuris, ut in editis diplomatibus exhibentur, nimiam fidem adhibeant. Nam non modo artifex, illis temporibus rudissimam formam imagini in pila vel sphragide dedit, sed sigilla ceræ impressa plerumque pessime conservata sunt, neque satis exacte recognosci possunt, nisi a viris, in his rebus maxime versis. Dehinc nostris plerumque temporibus ii, qui talia sigilla æri incidunt, ex suo, ut fit, arbitrio addunt, quæ nuncupant ornamenta, vel alia spernunt.

Quæ feruntur *Conradi* primi regis sigilla, aut radiatam simplicem duplamve tribus crucibus ornatam (380), aut diadema (id est circulum) tribus trifoliis (quæ lilia nominant) (381) præbent. Cujus liliati diadematis exemplar optime conservatum offert figura picta Regis cujusdam Anglorum in codice Manuscripto Saxonico Psalterii, exarato in sæculo undecimo, et inscripto Tiberius C. VI (382).

Henricus Rex in sigillis coronam fert aut simili modo liliatam (383), aut radiatam (384), aut denique diadema simplex cum cruce in medio capite elevata, quæ quomodo annexa sit, dignosci nequit (385).

In *Ottonis* Magni sigillis distinguenda sunt Ottonis *Germaniæ regis* (ante a. 962.) a sigillis Ottonis imperatoris ; illa aut diadema habent (386) aut coronam iliatam (387) in utroque vexillum regium dextra fertur. *Imperatoris* vero Ottonis sigilla novam præbent formam (388). (v. fig. 9. tab. nostr. Dextra innixus est Imperator sceptro cuidam, si non antiquo (389),

(375) *Rœpell* l. l. p. 111.
(376) *Widnking* Res gest. Saxon. I. cap. 9, 10 et 11. (Pertz. V. p. 418.)
(377) *Thietmar* lib. V. c. 6 Pertz V. p. 193. l. 27—34.
(378) *Naruscewicz* hist. narod. polsk. IV. p. 158.
(379) *Origines Guelphicæ*. T. I. Tab. III. ad p. 407.
(380) Sig. anni 916, in *Monumentis Boicis* vol. XI.
(381) Sig. ap. *Shannat*.
(382) *Strutt*, Horda Angel. Cynnan I. fig. XIX.
(383) *Erath*, cod. diplom. Quedlinburgensis, Sig. anni 955.
(384) *Gotz* Kaisersiegel.
(385) Sig. ap. *Shannat*.
(386) *Erath*, l. l. sig. a. 961.
(387) *Zylles*, defensio abbatiæ Sancti Maximini p. 15 et 18. sig. a. 955.
(388) *Orig. Guelph*. (sig. a. 970) tom. V. p. 7.
(389) Militum leviter armatorum sub fine Imperii

Carolingico tamen, quod hastam vel lanceam nominant (390), cujus superior pars simplex globulus est, et quod sensim sensimque diminuendo in mucronem infra finit. Læva magnum globum cruce ornatum fert, figuram orbis terræ christiani. Corona fere cassis hemisphærica esse videtur, et tribus globulis paullo elevatis ornata est. Globuli illi in corona, quid significent, optime demonstrat figura picta in codice Domnizonis (v. fig. 7. tab. nostr.), in qua Otto Magnus fert coronam tribus clavis longioribus ornatam, quorum capita illi globuli sunt (391). Corona aurea Longobardorum, quam ferream dicunt, et quæ Modœtiæ conservatur (v. fig. 8. nost. tab.), interiori parte ferrea ex lamina clavi Passionis simili modo, quo lancea Burgundica confecta esse dicitur (392). Quum autem tribus clavis redemptor noster cruci affixus sit, hæc omnia exterius significanda, ut mihi persuasum habeo, censuerunt Ottones, et novam caronarum formam confici jussisse videntur.

Est in *Ottonis II* sigillis quædam diversitas, sed non satis constat, quantum debeatur ignorantiæ eorum, qui, æri figuras inciserunt. Sigillum quoddam apud Zyllesium singularem pileum offert (393). Id quod Shannatus edidit, pileum quidem sed formæ paululum diversæ præbet, tres globuli vero hic melius dignoscuntur (394). Ejusdem anni et eundem typum melius et fidelius expressum videmus apud Erathium (395) (v. fig. 10, tab. nost.), ubi tandem clarior illorum globulorum figura exstat, ut in alio typo Originum Guelphicarum atque Erathii (396) (v. fig. 11). Qua de causa figuram Zyllesii et Heineccii male expressam arbitramur (397). Quam Gœtzius radiatam affert, ea est fortasse antiqua Germaniæ regum. Ne quid prætereamus, apud Muratorium sigillum occurrit Ottonis II, ubi caput nullo diademate ornatum est (398).

Quorum utriusque Ottonum exstant celeberrima nondum edita signa statuaria e lapide sculpta in ecclesiæ cathedralis Magdeburgicæ choro (v. fig. 12 et 13), Patris Imperatoria insignia, filii regia, non antiquitatem modo signorum demonstrant, sed patre vivente eadem facta esse. Singularis corona cassidem acuminatum circumdat. De ipsis alio loco uberius agam. Militaris enim et Germanicus talis est habitus. De quo Widukind (l. II, 56) : « Habitus patrius, et qui nunquam sit peregrino usus. » Hic sufficit monstrasse, magnam diversitatem in capitis tegumentis vel coronis, intercedere tunc temporis, fere eodem modo, quo nunc vestimentorum forma mutatur in annum.

In *Ottonis III* sigillis videmus novam coronam, liliis tribus ornatam (399), aut etiam hemisphricum pileum tribus liliis ornatum; quarta vero in summitate cernitur (400). In unico exemplo (v. fig. 14) anni 996 corona illa cum tribus globulis occurrit (401).

Tandem *Henrici II* (402), *Conradi II* (403), et *Henrici III* (404) exstant nonnulla sigilla, in quibus illi globuli coronis affixi appareant. Postea nullum in coronis Imperatorum (Germaniæ) reperi globulorum exemplum. Neque in sigillis aliorum populorum ullum offendi exemplar coronæ tribus illis globulis ornatæ.

Hinc affirmare posse mihi videor, eam coronam, quam Misego II in nostra picta gestat figura, esse ipsam illam, qua Otto III Bolizlavum, patrem Misegonis, honoraverit. Addam in nostro codice, figuram optime conservatum esse, ut accuratissimam earum coronarum formam hujus rei curiosis præbeat. Videmus enim non modo tres globulos aureos in superiori coronæ parte eminentes; sed tres alii globuli cæruleo colore, fronti laterali coronæ infixi, colorem ferri notare videntur; quæ res in sigillis male expressa, aut facile per longum temporis spatium trita, in iis, quæ supersunt exemplaribus, evanescere poterat. Ad nostram rem facere videtur locus Martini Galli, in quo traditio antiqua de clavo sancto, quem Otto III Bolizlavo dedisset, male intellecta conservatur (405). Reges Poloni igitur eodem fere modo coronarum formam a regibus (vel imperatoribus) Germaniæ mutuati sunt, quo Russorum reges formam coronæ Imperatorum Orientis. Byzantini enim hemisphærica unionibus repleta et in acumine cruce ornata utebantur corona, ex qua hinc illinc vitæ pendebant unionibus vel gemmis similiter ornatæ (406). Russorum magni Duces inde a Wladimiro magno eandem gestabant (v. fig. 15), vitis tamen postea amotis (407).

Romani (e *Boissardo* et *Montfaucone*) in *Malliot*, Recherches sur les costumes. Vol. I. tab. LXXIX. 7 et 8.

(390) Figura Caroli II. (Calvi) regis in tabula picta Bibliæ codicis regii (ap. *Montfaucon*, Monuments de la monarchie française, et *Malliot*, Recherches sur les costumes, etc., vol. III. tab. XIV.); eadem *Lotharii I. Imperatoris*, ibid.
(391) Codex Vaticanus Domnizonis in *Origg.* Guelph. tab. III. ad p. 405.
(392) *Muratori*, Script. Rer. Italicar. l. I. p. 460.
(393) *Zylles*, l. c. p. 25. *Heineccius* de sigillis V. 6. sig. a. 974.
(394) *Shannat*, l. c.; *Struve*, Corp. hist. germ. No. 14.
(395) *Erath*, l. c. sig. a. 974.
(396) *Origg.* Guelph. V. p. 6. sig. a. 963.
(397) *Zilles*, p. 21. sig. a. 963; *Heineccius*, V. 5.
(398) *Muratori*, V. p. 255

(399) *Erath* sig. a 985; *Shannat* ib.; ap. *Erathium* exstat alius typus plumbo impressus anni 999.
(400) Sig. a. 990. ap. *Zylles* p. 28 · *Heineccium* V. 8.
(401) *Heineccius* V. 7.
(402) *Erath*, sig. a 1005 « Rex, » id. sig. a. 1021 « Imperator. »
(403) *Zylles* sig. a. 1026. *Erath* sig. a. 1036.
(404) *Shannat* l. c.; *Struve* corp. hist. germanicæ No. 18; *Mader* IV. No. 15. in nummo archiepiscopi Pelegrini Coloniensis.
(405) Mart. *Gallus* p. 61.
(406) Numm. aureus in Gazophylacio regis Galliæ Nicephori II et Basilii ap. *Khell* suppl. p. 505. Nt m. aur. Constantini VI et Romani Lecapeni ap. *Bandurium*, imp. Or. II. 783; vel sexcentæ aliæ in nummis et codicibus occurrunt.
(407) Numm. argent. Bladimirii edit. in An. nal. Societatis Moscov. III. 2. n. 2.

CAP. XXXVIII.—*Nova in regem unctio per archiepiscopum Gnesnensem facta esse videtur, apostolico id probante; filii una; et tributum Sancto Petro datum.*

Nihilominus Bolizlavus I., antequam e vita decessit anno 1025, coronatus est; et supra jam vidimus, id ne a Rœpellio quidem negari (408). At, inquies, si jam ipse regia erat dignitate; si ultro ab Ottone corona regia, gladio et sceptro insignitus erat : secunda vel tertia coronatione non egebat. — Nunc aliquid dicere videris. Attamen cavendum, ne specie quadam illudamur. Non rara sunt coronationis repetitæ exempla; quæ tanto sæpius occurrunt, quo magis ea dignitas, ne vel hinc vel illinc in discrimen vocetur, verendum est. Sic Pipinus, pater Caroli Magni, in Campo Martio a Francis electus, et clupeo elevatus (409), certe jam Rex erat Francorum; attamen ea electione contentus non erat. Ne Zachariæ quidem, summi Pontificis per litteras approbatio sibi sufficiebat (410); a Sancto Bonifacio Suessionibus novo ritu rex coronatus atque unctus est. Neque illud sibi satis visum est. Nam, quum Stephanus II., Papa, in Francorum regno Pipinum inviseret, tertio loco ipse Pipinus (ut videtur imperator) una cum uxore Bertha, et filii reges coronati et uncti sunt (411).

Filius vero Carolus Magnus insuper vel quatuor vicibus coronatus est (412).

Duabus igitur potissimum rebus ductus, hanc iterasse coronationem videtur Bolizlavus; altera, ut, antequam moriretur, præcaveret defectiones; altera, ut, ritu novo potentiam et honorem, regiæ dignitati insitas, augendo, filios suos fortiores redderet contra imperatores, et contra, quam nominant, Szlachtam (id est milites, vel cives, vel nobiles) libertatis amantissimam.

Bolizlavus suis ipsissimis oculis bis viderat, quam abusivam significationem et Imperator et Germani adjicerent suæ præsentiæ in conventu principum Germaniæ; nunquam fere fecit, quæ ab Imperatore ipsi tanquam militi imperarentur; et tali conventui adfuisse pudebat regem (413).

Simili modo, dum pater vivebat, Misego bis vel ter comitiis Germanicis invitus plerumque adfuit, et homagium quoddam iterare coactus fuit (414). Ob id ipsum unctio Archiepiscopi Polonorum, cum summi Pontificis approbatione et assistentibus omnibus omnium populorum recenter subactorum magnatibus facienda erat. Nostra epistola dedicatoria significare videtur, Misegonem, jam patre adhuc inter vivos degente, regem factum fuisse nomine tantum, non omine. Nam linea tertia legimus; « Quoniam tibi divina gratia regium *nomen* pariter et *honorem* concessit. »

Notum est, Stephanum, Hungariæ principem, a Summo Pontifice coronam accepisse. Nullam igitur causam reperio, cur talem coronam ab Apostolico Benedicto VIII. aut Joanne XX. negatam regi Polonorum esse dixerim; modo eam rogaverit. Occasionem oblatam, regnum Poloniæ immediate cathedræ Sancti Petri obligandi, non repudiasset Summus Pontifex.

Vetus quædam apud Polonos est traditio, id ipsum factum esse (415). Adde eam fuisse occasionem simplicissimam, tributum Sancti Petri in Polonia instituendi : quæ res, neque antea, neque postea, facta esse potest; non antea, propter Christianorum solitudinem et conversionem recentem ad ritum latinum, aut ad Christum; non postea quod historia Casimiri ex monasterio Cluniacensi remissi, impositique eam ob rem tributi, a plurimis falsissima putatur (416). Neque etiam dubitari potest, quin illud tributum, a patre antequam moriretur, Polonis impositum, in hominibus, magnam partem ore christianis, corde gentilibus, aut Græco-Slavonicis, odium eam in religionem auxerit (417). Quum ergo hæc traditio miro congruat modo cum Chronographorum germanorum notitia, mihi quidem a veritate remota esse non videtur.

Adde, omnes incertitudines apud posteriores scriptores facile nasci potuisse, quum viderent tot tradi coronationes, unam autem tantummodo veram esse posse censerent. Coronationis ab Imperatore

---

Ejusdem Wladimirii vexillum, conservatum Grusini prope Novogorodam, in quo ejus imago picta, edita ibid. II. p. 107, teste Strahl Gesch. Russl. l. p. 365 (Nam in exemplari Berolinensis bibliothecæ regiæ deest). Idem Strahlius magnos duces has coronas aut hos pileos (κολσυνα) ne in ecclesia quidem deposuisse (teste Wosskres chron. 1. 205) monet.

(408) Cap. XX. N° 2.
(409) *Annal. Bertiniani* ad a. 750. « Pipinus *secundum morem Francorum* electus est ad regem. »
(410) *Annal. Fuldens*, Annal. *Loiseliani* et *Laurishamenses*.
(411) Cap. XXXIV. N° 19.
(412) Primum patre vivente, anno 755, a Stephano papa;
2° Mortuo patre electus est Francorum more et coronatus. *Auctor. incert. Chronici ap. Du Chesne* l. p. 550 : « Pipinus rex moritur, et filius Carolus et « Carolomannus eliguntur in regno. »
Annal. Laurisham. ad a. 708 : « Carolus et Carolomannus consensu omnium Francorum Reges « creati. »
Eginhardus vit. Caroli magni c. 3 : « Franci, facto

« solemniter generali conventu; ambos sibi reges « constituunt, ea conditione, etc. »
3° Fratre Carolomanno regno abdicente vel mortuo, electus quoque est rex illius regni, coronatus et unctus, tumultuario tamen, ut videtur, modo,
Annal. Metens. ad a. 771 : « Et primates, qui fuerunt » Caroli Manni, « unxerunt dominum Carlum « super se in Regem. »
4° Rex (vel Imperator?) Longobardorum creatus est.
5° Imperator Romanorum a Summo Pontifice et Populo Romano.
(413) V. Cap. XV. 3. 5; Cap. XVI. N°. 14 et 16; et Cap. XVIII. No. 1.
(414) V. Cap. XVI. No. 12. Cap. XVIII. N°. 1.
(415) *Petri Damiani* vita S. Romualdi § 48. Struve corp. histor. german. I. 267. Annot. 42.
(416) *Roepell, Mabillon, Naruscewicz*, v. supra.
(417) « Richenzam avaram novasque rationes co- « gendæ pecuniæ exquirentem. » *Cromer* III. p. 57. *Miechov*. II. c. 13.

factæ monumentum conservabant gladium Poloni, ac ideo eam potissimum veram esse arbitrabantur. Corona vero uno alterove modo perisse poterat.

CAP. XXXIX. — *Misego II., regia dignitate inter Polonos erat, invitis Germaniæ scriptoribus. Literis vel Græcis imbutus, ut omnis Theophanonis Imperatricis prosapia etc.*

Utrum ea coronatio continuo post patris mortem iterata sit, ut Polonorum scriptores habent, nec ne, non constat. Fieri id poterat. Certe aut semel ante, vel post mortem, aut bis a Pontifice archiepiscopo Gnesnensi coronatus et magnatum voce agnitus vel electus est. Nostra enim præfatio non modo linea decima « Teque, » ait, « non adeo *humano* quam *divino* judicio *electum;* » sed etiam linea trigesima : « Deus omnipotens, *cujus constitutione regali diademate coronatus es* » (418). Hinc Rixa vidua in omnibus diplomatibus « Regina quondam Poloniæ » nuncupatur. Vide igitur, qua fide in his rebus digni sint historiæ scriptores, qui nihilominus Misegonem secundum, *Ducem* tantummodo vocant.

Eadem nostra præfatio aliam, eamque incognitam hucusque rem nos docet. Eruditionem quandam tum in omnibus scholis incepisse, satis notum est. Carolus Magnus quidem studium linguæ græcæ monasteriis imposuit; sed post mortem ejus hæc disciplina neglecta est, si Monte-Cassinenses in Italia excipis, ubi teste biographo S. Adalberti, sacerdotes Græci habitabant. Non rara exempla studii linguarum erant. Sic Bruno papa tribus vel quatuor linguis utebatur, Teutonica, Latina, Gallica et, ut videtur, Italiana (419). Mathildis vero nos docet, non modo linguam latinam in Germania et Polonia propagatam fuisse, sed etiam in lingua græca, plures jam haud indoctos extitisse homines; immo Poloniæ regem, regem populorum Slavorum, illam callere. Ne tamen id mirum censeas. Nam causa, ut mihi videtur, femina quædam fuit, et ob id ipsum major in moribus et litteris promovendis : neque tamen ultra familiam suam et circulum, in quo quædam ejus esset auctoritas.

Theophano, origine græca, nubendo Ottoni II., et maritum et liberos hanc linguam docuerit arrogantia tunc græca, necesse est. Hinc ea in Ottone III. ejusque magistro Gerberto (Sylvestro II.) eruditio. Per filias Adelheidem, abbatissam Quedlinburgensem, et Sophiam, abbatissam Gandersheimensem, inter sanctimoniales illorum monasteriorum una alterave in his linguis edocta esse debet. Tertia filia, Mathildis nomine, nupta Henrico, comiti Palatino (Rheni), mater extitit non modo sex filiarum, quæ abbatissæ celeberrimorum occidentalis Germaniæ monasteriorum fuerunt, inter quas una *Theophanonis* aviæ nomen accepit (420); sed etiam Rixæ, uxoris Misegonis nostri. Quæ *Rixa* causa fuisse videtur, cur Misego lingua græca eruditus erat.

Neque enim eam linguam antiqua Slavonicorum populorum cum ecclesia græca connectione conservatam in Polonia crediderim, licet in Bohemia monasteria quædam essent, in quibus lingua græcam edocebantur.

Cæterum ipsa Mathildis epistola, id quo minus ita intelligatur vetat. Ait enim : « græcam *superaddere* maluisti. »

Quæ dixi de Monasteriis Quedlinburgensi et Gandersheimensi, et de magna eruditione sanctimonialium, quæ ibi Deum colebant; hujus rei testimonium est, quod juventutem regiam et principum instituebant. Sic Beatrix, filia Imperatoris Conradi II., his sanctimonialibus ad educandum et erudiendum tradita, jam septimo vel octavo ætatis anno miraculum eruditionis extitit (421).

CAP. XL. — *Russos anno 1026 clade affectos fuisse, demonstratur.*

Quæ a Polonis scriptoribus narrantur, Russos post mortem strenuissimi Bolizlavi obsidione cinxisse castella, in quibus Polonorum præsidia a Bolizlavo posita erant, cur inscitias eant, non video. Otto (vel Bezprim), qui, ut constat, cœlum et terram contra fratrem Misegonem excitavit, jam tum bellum movebat ; quia aut privatus erat a parte, quam pater sibi more antiquissimo, qua rex superior non nisi belli tempore fiebat, destinaverat, aut invita patris extrema voluntate regnum affectabat. Hoc trahi possunt, quæ a quibusdam narrantur de Ottone in Ruzziam fugiente (422); quæ occasio fuit Jaroslao

---

(418) *Tolner* hist. Palat. codex diplomaticus l. c.
(419) Ejus *Elogium sepulcrale* in Basilica S. Petri (Leibn. T. 1. script. rer. Brunswicar. p. 576.)
« Lingua Teutonicus, Wangiæ doctus in urbe,
« Usus Francisca, vulgari et voce Latina
« Instituit populos eloquio triplici. »
(420) *Tolner* l. c. p. 257.
Theophania monialis anno 989. abbatissa monasterii Essendis; quo collapso, aliud ibidem monasterium ab ipsis fundamentis novo et eleganti opere erigendum curavit a. 1051. Mortis annus non constat, sed ibidem sepulta est.
(421) Auctor coævus *Chronic. Quedlinb.* (Leibn. script. r. Brunsw. T. II. p. 296) ad a. 1025. « Italiam iturus (Conradus et Gisela) filiam unicam,
« Adelheidæ abbatissæ nutriendam transmittunt.
« Mox quoque, percepto Dominæ Beatricis adventu,
« præfata Imperialis abbatissa Trobiki (Drübke)
« cum suis occurrens, læta Quedlingeburgensem
« metropolim secum duxit. Quo vero honore, ut
« regiam decuit prolem, quove caritatis affectu,
« quave diligentia ab ipsa et sanctimonialibus in
« loco præmemorato consistentibus, omnibusque
« sibi subditis, suscipiatur, ac postmodum nutriatur, vel qua morum verborum actuumque indole,
« per singula ætatis incrementa proficerit, scire
« aut facundia in dicendo nulla suppetit. Qua nam« que laude proferam, quod inter prima... » (Reliqua in cod. exciderunt), cf. Pertz V. p. 90.
(422) *Roepellius* censet illam Ruzziam esse, nescit ipse, quam partem Hungariæ. Nam testimonium *Wipponis* aliorumque (v. cap. XXIII. No. 5.) rejicere non audet.
Solent autem germani scriptores antiqui pro Russia, dicere Rucia vel Ruzzia.
Helmoldus chron. Slavor. 1. « Littus australe Slavorum incolunt nationes, quorum ab Oriente primi sunt *Ruzi*, deinde Poloni. »
Adam. Brem. de situ Daniæ No. 221. *Ruzziæ* regnum Polonis connexum memorat.
Thietmar. quoque (p. 192) Ruciam pro Russiam habet.

Russisve, ut Polonos ejicere conarentur e terris, quas Wladimirus (pater) olim possederat.

In hac expeditione Misego antiquam gloriam paternam facile assequi et conservare poterat. Nam ceteri hostes nondum satis parati erant, ut Polonos debellarent. Imperator Henricus fere eodem, quo Bolizlavus tempore, mortuus erat, et Conradus, in ejus locum suffectus, nondum civiles, quæ novam sequebantur electionem, motus sedaverat. Neque Russi ipsi magna vi Polonos repellere valebant, bello maximo inter fratres principes flagrante. Cujus tam remoti belli inter Polonos Russosque testimonium quoddam afferre videntur epistolæ Mathildicæ verba in verso quarto et quinto, ubi eum dicit *felici inceptu* regnare. Hoc urgeo, id non valere posse de excursionibus in marcas. Nam non modo Mathildis germanica et christiana erat, sed etiam soror uxoris novi Germaniæ regis, Conradi II., cum quo arctissime juncta erat. Quæ in marcis devastationes, felices dici res ab ea nequibant. Optime etiam addit Mathildis : « *ut audivi*, » quo remotas per magnum spatium res indicat.

Qua re omnem hunc locum a Polonis ita tradi arbitror, ut revera factum est. Præterea ipse Roepellius alio loco concedit, fuisse antiqua inter Polonos monumenta nunc deperdita, quibus Dlugoszius vel ceteri usi sint (423).

CAP. XLI. — *A Misegone II. paganos jam, aliosque, Ecclesiæ Latinæ Regique renitentes, defecisse.*

Felici successu fere omnibus in rebus gavisus erat Bolizlavus I. Potentiam regiam in bellis perpetuis auxerat, augendo provincias et cumulando dignitates. Proceres autem et cives, ut fit, tantum perdiderant, quantum rex lucratus erat. Simile quid rusticis acciderat. Pagani vero et Slavi, sive Græco-Christiani infelicissimos se sentiebant, non modo qui exulaverant aut in silvis habitabant, verum etiam ii, qui inviti vel obiter ad christianam catholicamve latinam fidem conversi erant; eo magis etiam, quod solvendum esset tributum ecclesiæ; denique quod ferrea disciplina pœnitentiali premerentur.

Propagationem Christianæ religionis alio modo post, alio ante Constantinum Magnum factam esse constat. Primis temporibus hæc propagatio lenta erat et pacifica. Tantum vero abfuit, ut Christiani paganos vi compellerent, ut potius ipsi Martyres Christi fierent. Post Constantinum vices mutatæ; templa paganorum vi clausa; pagani persecutione affecti, gentiles — abusu ambitionis regnum plorando — ferro non minus quam verbo Christi adoratores sunt facti. Inde a temporibus Caroli Magni introductio religionis Christianæ in terras paganas fere semper subito et tumultuarie fiebat, ita tamen, ut nescias, utrum Christiani Muhamedanos, an hi illos novum morem docuerint.

Primis temporibus reluctationes maximæ, sæpe cruentæ, et centies iteratæ. Post rariores renitebantur pagani; attamen nunquam in terris, recenter ad Christum conversis, defuerunt pagani, qui adversarentur. Sic in ea Slaviæ parte, quæ hodie Brandenburgica est, plus quater Christiani trucidati aut ejecti et ecclesiæ combustæ. Sic in Hungaria supra vidimus Belam vocari, ut rex fieret, potissimum a factione pagana aut Græca (424). Sic in Bohemia non solum nobilium factiones sed etiam paganorum mores partim severiores, partim laxiores ac Christianorum, impulerunt Sanctum Adalbertum, ut sedem episcopalem relinqueret, quod Bohemiæ Duces, dissimiles Bolizlavo Polono, vindices canonum ecclesiasticorum haud se constituerent. Sic in Carinthia rustici religionem veram confitebantur, licet manibus pedibus magnates longum per tempus oppugnabant, christianismum tanquam religionem pauperum et rusticorum irridentes et contemnentes; contrario, ut fit, modo, quo in Imperio Romano nobilissimi quique priores ad Christum conversi, spernentes antiquum Deorum atque idolorum cultum, cui rustici in *pagis* tenacissimi adhærebant, *paganismum* eum nominaverant.

Itaque Slavi pagani (vel recenter conversi) litterarum studium et omnes artes liberales abhorrebant. Parentes Russi putabant, litterarum cognitionem esse diabolicam artem; scholæ desertæ manebant, ni jussu regis liberi in scholas vi rapti fuissent (425). Accedit, quod scholarum magistri, viri ecclesiastici, plerumque in ecclesiis aut monasteriis habitabant.

Si hæc in Russia facta sunt, nihil obstat, quo minus similia in Polonia accidisse statuamus, ubi teste Mathildi nostra: « *ferro Christiani ad cœnum Dominicam compellebantur,* » ubi Jordanus, primus Polonorum episcopus « multum *sudasse,* » dicitur a Thietmaro, « dum eos ad supernæ cultum vineæ sedulus *verbo et opere* invitaret (426). » Adde notitiam ejusdem Thietmari de barbaro modo puniendi eos, qui contra leges ecclesiæ peccarent. Ait enim : « In hujus sponsi (Bolizlavi I.) regno sunt multæ « consuetudines variæ et quamvis diræ, tam sunt « interdum laudabiles. Populus enim suus more « bovis est pascendus, et tardi ritu asini castigan- « dus, et *sine pœna gravi non potest cum salute prin- « cipis tractari* » (id est Princeps damnatus est, et salutem animæ amittit, nisi tali pœna gravi peccatores ecclesiasticos castigat). « Si quis, » pergit ille, « in hoc alienis abuti uxoribus, vel sic fornicari « præsumit, hanc vindictæ prosequentis pœnam « protinus sentit. In pontem mercati is ductus *per « follem testiculi clavo affigitur, et novacula prope*

---

(423) *Roepell* I. p. 174 Annot. No. 13. alibi.
(424) V. Cap. XXIV. No. 58. sqq.
(425) *Karamsin* hist. d. Russie tome I.
Esneaux et *Chénéchaud* hist. d. Russie I. p. 121.
« Cette nouveauté parut si effrayante, qu'il fallait
« y traîner de force les enfants des dames de dis- « tinction, qui croyaient leurs enfants perdus, l'écri- « ture passant alors pour la plus dangereuse inven- « tion de la sorcellerie. »
(426) *Thietmar.* p. 97.

« *posita* hic moriendi,» (antiquo more?) « sive de his absolvendi » (per presbyterum christiano more?) « dura electio sibi datur. Et, quicunque post septuagesimam carnem manducasse invenitur, *abscissis dentibus* graviter punitur. Lex namque divina in « his regionibus noviter exorta potestate tali melius « quam jejunio ab episcopis constituto corroboratur. « Sunt etiam illi mores alii ab his multo inferiores, « qui nec Deo placent, nec *indigenis, nil nisi ad* « *terrorem prosunt*; quos in superioribus ex quadam « parte comprehendi (427). »

Tacet igitur Thietmarus leges pœnitentiales quasdam terribiliores his, quas, licet diras, laudabiles censet. Laudat nostra quoque Mathildis Bolizlavum ob similia, et laudando patrem, filium Misegonem, impellit, ut in his rebus æmulus patris existat, ut « *restituat Deo animas diabolica fraude deceptas* » (428).

Non a re erit monuisse lectorem, ne severam disciplinam ecclesiasticam illius ævi cum laxa disciplina nostri temporis confundat. Lubet e nostro libro hic nonnulla addere ex capite pœnitentiali, quo illa in lectoris memoriam revocetur.

Singula peccata presbytero confitetur peccator, et inter ea quæ presbyter faciat, hæc habet, fol. 17. « Et quotiens dederis consilium peccanti, simul « quoque da ei pœnitentiam, *statim* quantum debeat « jejunare et redimere peccata sua, ne forte oblivi-« scaris, quantum eum oporteat abstinere. Tibi « enim necesse est (foret), ut iterum ab eo exquires « peccata, quia ille forsitan erubescat, iterum pec-« cata sua confiteri. » — Fol. 18. inter pœnitentiarum genera hæc recensentur : « *Decernunt* (pres-« byteri) *justa, proponunt supplicia, vincula, tor-« turæ, flagella, exilia, amputationes membrorum, « amissiones rerum, mortes diversi generis......* Fit « etiam ecclesiasticus vigor, correptio, excommu-« nicatio, de ecclesia exclusio, leges pœnitentiæ, « anathematizatio; *constituuntur judices, insistunt « officia, mittuntur ultores, ut hoc corrigant; et au-« ferri non possunt de ecclesia.* »

Fol. 19. Peccator humiliter deprecationem presbyteri implorans, « *totum se in terram prosternat.* »

Fugo credere, has esse illas diras a Thietmaro non indicatas leges; immo in omni ecclesia valebant. Quæ Thietmarus silenda præoptavit crudeliores etiam et omnino immanes fuisse apparet; quippe quæ neque Deo neque indigenis placerent.

Misego II, igitur ecclesiæ fautor haud dubie patrem imitans, et ab uxore Rixa semper excitatus, vindex gravis legum ecclesiæ latinæ extitit; ipse litterarum amantissimus, ut liberi invitis parentibus in monasteriis erudirentur maximæ curæ habuisse videtur. Odium indigenarum ingravescebat; deficere et a Christo sive ab ecclesia latina, et a rege parati, præsto erant primam arripere occasionem Christianis sive catholicis latinis par pari referendi. Quam occasionem et hostes regni et domesticum dissidium ab Ottone, Misegonis fratre, concitatum, ut supra memoravimus (429), obtulit.

CAP. XLII. — *Uxor quædam Juditha Misegoni II genuisse videtur filium (primogenitum) Bolizlavum juniorem, paganorum sive Slavonico-Græcæ ecclesiæ fautorem.*

Quæ traditiones singulæ de Misegonis II pellice, de Juditha quadam, de Bolizlavo filio primogenito narrant, ea a plurimis quidem scriptoribus aut ignorantur, aut rejiciuntur, aut confunduntur cum aliis (430); nos autem componendo verissima esse reperimus.

Patrem, Bolizlavum magnum, vidimus in amore sibi plus justo indulsisse, antiquo Slavorum populorum, aliorum, more; filius igitur Misego cur non « *antiquum fornicatorem* » imitaretur, ut in aliis, sic in hac re? Quidam vel plurimis eum usum esse pellicibus tradiderunt. Nil igitur obstare videtur, quo, minus unam, nomine fortasse Juditham — nam id nomen tanquam uxoris in quibusdam invenitur — eum habuisse statuamus, ex eaque natum esse filium primogenitum, cui ab avo celeberrimo Bolizlavo nomen inditum sit. Hinc Rixæ filius non avi Bolizlavi, sed novum Casimiri nomen accepisse videtur. Nullam enim aliam causam vides, morem tunc temporis non sequendi. Nos juris civilis legibus et ecclesiatici canonibus imbuti, distinguimus filium matris familias a servæ vel pellicis filio. Hic mos, ut hodie in Oriente, sic olim Slavis ignotus erat, et novus religionis christianæ canon eo tardior solus viguit, quo et sacerdotes ipsi incontinentius sibi in re venerea indulgebant. Disciplina enim clericalis laxior, necdum a Gregorio Magno reformata erat. Quin secundum Romanum ordinem, ut et noster habet liber liturgicus, episcopus fieri poterat is, qui neque conjugem habuit viduam, neque rem habuit cum ancilla Deo sacrata, neque cum quadrupedibus, neque tandem cum masculo (431).

Concubinatum autem in ipsa veteri ecclesia, ut de Slavorum moribus taceam, non fuisse prohibitum, sed *extra matrimonium* omnino licitum testatur concilii Toletani primi can. 17, his verbis conceptus : « *Is qui non habet uxorem, et pro uxore concubinam habet, a Communione non repellatur, tantum ut*

---

(427) Id. p. 247 sq.
(428) Cap. III. vers. 18.
(429) V. Cap. XXIV.
(430) Cf. Cap. XXIV.
(431) Fol. 48, nostri Msti « Tunc pontifex eum, « (qui episcopus ordinandus est) inquirit de quatuor « capitulis canonicis, hoc est de Arsanoquita (ἄρσενοκοίτῃ pæderastia), pro ancillo Deo sacrata, pro « quadrupedibus, aut si conjugem habuit ex alio

« viro, quod grece dicitur δευτερογαμία). »
Concil. Toletan. IV. cap. 18 (a. 633). (Gregor. IX. Papæ decretales distinct. 41. cap. 5. Qui in aliquo) « qui secundæ uxoris conjunctionem sortiti sunt, « aut numerosa conjugia frequentaverunt, qui vi-« duam, vel a marito relictam duxerunt, aut cor-« ruptores maritum fuerunt, qui concubinas, aut « fornicarias (ad fornicationes) habuerunt, etc. » (vol. I. p. 480.)

« unius uxoris aut concubinæ, ut ei placuerit, sit « conjunctione con'entus » (432).

Poterat igitur antequam matrimonium iniret cum Rixa, e concubina Bolizlavum juniorem procreasse Misego II. Novercales artes a secunda femina structas esse primogenito, vetus est apud Kadlubekium conservata, sed male intellecta traditio (433). In ea re nil alienum a hominum natura video. Immo id illis temporibus, ut aliis factum est. Vidimus Ludolphum, Ottonis Magni ex Editha primogenitum, ab Adelheide noverca, quæ ipsius filium Ottonem (II.) regno destinabat, malis omnibus affectum.

Qui igitur Bolizlavus junior, ut ferunt, novercæ, id est Rixæ, ereptus, monasterio erudiendus et educandus est traditus. Nihilo secius tamen animus eum ad paganismum seu ecclesiam Græco-Slavonicam tulisse videtur. Cujus rei exemplum exstat in Godescalco, Venedorum rege, qui, licet puer in monasterio educatus, tamen dux suæ gentis paganæ contra Christianos evasit; donec melior causa in eo victoriam reportaret. Potest quoque Bolizlavus huic paganorum cet. factioni favisse, qua fretus regiam dignitatem adipisceretur.

Hic itaque Bolizlavus junior, patre vivente, cum fratre adhuc parvulo adfuisse videtur bello Pomerano. Sæpe tunc liberi principum, licet parvuli, tamen toto corpore cataphractati bellis interfuerunt, aut bellicis in rebus exercebantur. Non modo Carolus, filius Caroli Magni, in bello contra Saxones, militum more armatus admodum puer exemplum fortitudinis dedit; sed ipse Carolus Magnus decimo tertio ætatis anno, cum obviam fieret papæ Stephano II., equo vehebatur a capite ad imos pedes ferro circumdatus, gentis suæ bellicosæ vivum et graphicum exemplar. Poterat igitur Pomeranorum rebellis dux Bolizlavum, fratrem Casimirum ad certamen singulare provocare; neque tamen magnæ fuisset prudentiæ, illud concedere. Quare factum est, ut Bela Hungarus, eorum partes suscipiens, victor evaserit. Quod Roepellius monet de anachronismo mortis S^{ti} Stephani, id minimi pretii esse dixerim. Poterant enim ante mortem S^{ti} Stephani exulasse. Neque id negant scriptores (434).

CAP. XLIII. — *Misego II infelix, non quod imbellis erat, sed quod multos una undique hostes habebat. Regno expulsus Pragæ misere eunuchus fit. Subita valetudo et mors* (434 *.)

Misego Rex a plerisque Polonorum scriptoribus imbellis fuisse traditur. Optimi vero id negant. Cujus rei testimonia sunt omnia, quæ una sustinuit bella. Ob eam ipsam rem infelicior erat patre, qui singulos hostes devicerat. Adde odium paganorum jam jam in rebellionem erupturum; adde fratris (Ottonis) ambitionem indefessam. Quid mirum, si virtus Polonis defuit?

Otto, ejus frater, Hungaros, ut videtur, secundo loco excitavit, qui sibi ipsis non Ottoni Provinciam abripuerunt Slowakiam. Bohemi eadem faciendo cum marchionibus suam quisque Poloniæ partem recuperare nisi sunt. Proxima tuendo in marcis, longinqua in Moravia Misegoni negligenda erant, Conradus tandem Rex et Otto simul invadentes reliquas Polonorum terras, ille per Marcas, hic per Bohemiam iter facientes, Misegoni II et Poloniæ exitum parabant. Conradus post cessionem Lusatiæ a Misegone facta, arma deponit; at nihilo tamen secius fraternæ flagrabant iræ. Otto factione pagana, seu Græco-Slavonica, ut videtur, fultus, regno potitus est. Frater Misego ejectus Pragam pergit, hospitalitatem Bretislai petitam. Sed a duce contumeliis omnibus affectum ferunt. Ulturus quæ a Bolizlavo Magno, patre Misegonis, in Bolizlavum Rufum, Bohemiæ Ducem, patrata fuerant, Bretislaus cum « per *traditionem cepit, et genitalia ejus, ne gignere posset, corrigiis astrinxit* (435). »

Quæ causa mihi fuisse videtur ejus mortis immaturæ. Fratre enim Ottone à Christianorum latinorum factione, quæ tum in illa Poloniæ parte jam potentior fuisse videtur, necato; Misego regnum quidem recuperavit; at, non ita multo post, morbo gravi afflictus, et, per aliquot menses plerumque amens, defunctus est.

Illum modum genitalia astringendi, amputandive antiquissimum, veteribus Indis (436), Ægyptiis (437), Romanisque (438) ac Germanis (439) notum, inter Slavos Christianos tum adhuc invaluisse jam Thietmarus tradidit (440).

CAP. XLIV. — *Rixa potest bis ex Polonia exulasse et prior quidem cum filio Casimiro, posterior autem filium præcessisse.*

Nemo hucusque Rixæ fata investigans, quæstionem movit, quæ fuisset sors hujus Reginæ ejusque filii Casimiri, quum Misego II. e Regno Poloniæ ejiceretur. Mihi quidem Rixa in Polonia mansisse minime videtur. Nam si hanc, Christianorum fautricem in monasteriis refugium invenisse statuere vis, moneo, ne te fugiat, monasteria ipsa, ecclesias, presbyteros, in maximo discrimine fuisse. Incertam de mariti reditu, cum filio in Germaniam iter fecisse, veresimillimum est. « Barbaros Slavorum pertæsa ritus,

---

(432) *Laurent. Surius* collectio concilior. universal. T. I. p. 522.
(433) Cf. cap. XXIV. Annot. 1.
(434) *Dlugosz.* l. l.
(434 *) Cf. cap. XXI.—XXV.
(435) *Gallus* p. 84. cf. supra. Cap. XXI. init.
(436) *Manu* 8. 372.
Cf. v. *Bohlen das alte Indien.* Königsb. 1830. t. II. p. 7.
(437) *Diodor.* Sic. l. 78.

(438) *Horat.* l. Sat. 2. v. 45.
Leonis Novella 32.
(439) Lex Salic. Em. Tit. XXXI. c. 18 et 19; Lex Rip. Tit. VI.; Lex Anglor. et Werin. Tit. V. c. 3-7; Lex Frision. Tit. XX. et Addit. II.; Lex Sax. l. 15. — Lex Alem. L. LXV. c. 28. et tanquam pœna furti in templo apud Frisiones gentiles inter Laubacham et Wescrum incolentes, lex. Fris. Add. XII.
(440) *Thietmar* l. c. p. 247. (v. cap. præcedens.)

venit ad Imperatorem Conradum, » ut ait Monachus Brunwillerensis (441). Poterat igitur Rixa cum filio Coloniam adire, ubi tunc frater ejus nondum archiepiscopus (in qua re Monachus ille honorem postea assecutum jam exprimit), sed tunc forsan ecclesiæ cathedralis canonicus; ubi soror Beata Ida, abbatissa monasterii Sanctæ Mariæ in Capitolio erat; ea ejus patria, eæ Parentum sedes : nam castrum Tomberg quo hanc lucem primum vidit, non longe aberat (442). Non procul ab urbe Colonia quinque alias sorores abbatissas habebat. Ibi igitur in monasterio Sanctæ Ursulæ ob aliam reginam fundato optimum refugium inveniebat, et invenisse diploma testatur (443).

Postquam autem maritus Poloniam reversus, solium regium recuperaverat, nihil impedivit, quo minus Rixa filium eodem reduceret.

Mortuo autem marito, Rixa, ecclesiæ latinæ id est Germanicæ amantissima, per breve spatium tutrix filii Casimiri, odium inveteratum indigenarum, quos et ipsa oderat, prior in se solam vertit. Exulavit igitur secundo loco sola ad fratrem nunc archiepiscopum Coloniensem. Et hac quidem vice filius eam mox secutus esse videtur.

Sic omnes traditiones optime quadrant; neque ulla in hac re superesse videtur difficultas.

Cap. XLV. — *Bolizlavus junior paganis seu Græco-Slavonicis innisus, ejecto fratre Casimiro, Rex Polonorum fit; sed mox a Christianis Latinis occiditur. Polonia divisa; Christiani Latini Casimirum revocant, Græci aut pagani breve per spatium Maslao utuntur rege.*

Mortuo Misegone, factio paganorum secunda vice caput tollit, et, Regina Rixa e regno pulsa, Bolizlavum juniorem primogenitum, sed ex alia uxore vel pellice, ducem nacta, aperte quæ velit demonstrat; expellitur Casimirus rex, monasteria, ecclesiæ combusta, sacerdotes trucidati, et Christiani ferro petiti. Bolizlavus regia in Polonos dignitate fruitur, antiquam fortasse libertatem populo vel proceribus reddidit, et, cum ceteris rebus latinis, latinum « regis » nomen abjecisse videtur. Certe a plerisque scriptoribus non inter Polonorum reges numeratur, sive quod regium nomen non assumserit, sive quod a christiana latina fide defecisset. Non profuit tamen ea, quæcunque fuerit dignitas Bolizlavo; nam Christiani latini in illo civili tumultu certe mox victores maximæ Poloniæ partis evaserunt. Bolizlavus occisus et Polonia divisa est, in meridionalem (christianamve) partem et in septentrionalem (paganamve) ita ut illæ simultates inter ecclesias Latinam et Græcam veris paganis tantum profuerint. Hæc Maslaum quendam, subpincernam Misegonis II., principem vel regem proclamat; illa vero, id est latina pars aliquamdiu vastata et bello civili et a Bohemis, tandem revocat Casimirum. Qui, in Poloniam redux

(441) Ap. *Tölnerum* in hist. Palat. p. 261 A.
(442) *Tomberg* prope Rheinbach in antiquo Ducatu Juliacensi.
V. *Spruner* Histor. Atlas N°. 13. et patris mei dignæ memoriæ Joh. Peter *Dethier* Beiträge zur

et fœdere junctus Conrado Imperatori Russorumque regi Jaroslao, post bellum cruentissimum et iteratum victor evadit Maslai; Poloniam, si non totam, ut eam avus Bolizlavus I. constituerat, saltem, ut antea fuerat, sibi subdidit,

Cap. XLVI. — *Crudelitas Polonorum tunc temporis eadem, quæ cæterorum populorum. Russi, Bohemi, Hungari, Dani, Normanni, Germani. — Origo vocis Sklave.*

Plurimi Germaniæ scriptores criminose dicunt, immo criminationibus onerant Polonos tunc temporis eorumque reges, barbaros eos esse deprædatores facientes. « Miseco, » ait Chronographus Saxo, « Dux Polonorum » falsus christianus, homicida, tyrannus......... Talis est ergo Rex Mesecho, hæc viarum suarum abhominanda simplicitas, hæc innocentiæ dampnanda puritas, hæc justitia, hæc fides falsissima ejus christianitatis. Si ergo Rex, quare prædo? si simplex, quare apostrophus? si fidelis, quare apostata ac tyrannus? Quid tibi, cruenta belua, regale ornamentum in corona et lancea deaurata? quæ consentio Christi cum Belial? Quæ te tumide vexat vesania, ut in regnum Romanæ virtutis temere duceres arma? Quod, quam tibi sit periculosum, tum sero percipies, cum tui imbelles plurima multitudine armati, nostris bella scientibus immo et facientibus, ut digni sunt, conterentur (444).

Quæ convicia si componimus cum summa laude Mathildis, risum tenere non possumus, et humanam naturam deploramus, quæ raro veritate contenta, ubique superlativa quærit. Cæterum diceres Chronographum Saxonem respondere præfationi Mathildinæ. Si quo unquam in viro, certe in hoc Misegone aurea mediocritas optima est.

Quantum attinet ad illas Polonorum deprædationes et incursiones; proh dolor ! verissima dixit Chronographus : at, quid de asino faciamus, qui asinum fricat? Omnes populi tunc eodem bibebant poculo. Paratur bellum a gente, gloriæ et divitiarum cupida; invaduntur fines populorum proximorum; aurum, argentum, pecudes, res pretiosæ capiuntur, domus comburuntur, viri armati vel armis apti cæduntur, feminæ violantur et in servitutem rapiuntur cum masculis, qui nondum arma ferre valent; tandem ea terræ pars, quæ intacta mansit, tributum pollicetur. Abeunt prædatores, dividuntur spolia, ne dicam rapinæ; et his onusti milites domum reduces, caput ad sidera tollunt, atque familia et divitiis aucti, generosæ stirpis origo fiunt; donec ipsi a fortioribus aut felicioribus finitimis similia tolerant. Τοιοῦθ' ὁ τλήμων πόλεμος ἐνεργάζεται.

Sic *Russi* omnes finitimos populos et Græcorum imperium sæpe deprædati sunt, incolasque in servitutem sub hasta vendiderunt.

Sic *Bohemos* vidimus cum Bretislao Poloniam

Gesch. d. Kreises Bergheim. Köln 1833. p. 21.
(443) Vide supra. cap. XXIV. N°. 1. (ap. Miræum).
(444) *Chronogr. Saxo* ad a. 1030.
Cf. *Annal. Saxo.* ad a. 1030.

vastantes igni et ferro, immo spoliantes Christiani Christianorum ecclesias.

Sic *Hungari* depopulati sunt sæpe Germaniam, et populis Slavonicis pessime usi sunt (445).

Sic *Dani* in Britannia singulis fere annis omnia spoliaverunt.

Sic *Normannos* in omnibus Europæ terris populabundos quis nescit?

Neque is mos nostris temporibus alienus est.

Longum est enumerare, quas Germani tunc temporis et medii ævi Slavorum populis injurias, contumelias perfidiasque intulerint.

Sic Saxonum nomen, Widukindo teste, a cultellis, quibus trucidaverunt Thuringos nobiles ad concilium vocatos, originem trahit (446). Sic Henricus auceps latrones colligens in suburbano Merseburgiensi locavit terris et domibus sibi concessis, ea conditione, ut latrocinia tantum in Slavos exercerent (447). Lex Saxonum medii ævi (Sachsenspiegel) officium militibus imponit marcarum, ut per sex hebdomadas in annum Slavos quoquo modo adeant, et figura huic legi adpicta, ne sensus lectorem fugiat, pacificos, sedentesque tres Slavos, Bohemum, Polonum et Venedum, exprimit, quos miles Saxo, a capite ad pedes cataphractatus, vulnerat ac trucidat (448). Sic Gero triginta nobiliores Slavorum ad se vocat sub specie hospitii, et vinulentos trucidat (449).

Historia ordinum equestrium Teutonicorum et Livonicorum innumerabilia offert deprædationum exempla. Quo factum est, ut ad hunc usque diem Germani male audiant apud omnes Slavonicas nationes. Vox eorum *Niemcz*, id est Germanus, eamdem originariam habet significationem, quæ græca vox βάρβαρος. Slavonicus enim est, qui *loquitur*; *Niemcz* vero hebetus, qui loqui nescit. Cum igitur inter convicia, quibus nationes se invicem onerant, Italis « il tedesche barbaro » idem fere sit ac munculosus, sine ulla ingenii dote; Gallis, plumbeus (plump) vorax et crapulæ deditus, aut (si fortuna favet) ægri somniis; et Anglis nugigerulus : Slavonicæ gentes odium inveteratum vix in pectore claudunt (450); quippe quibus Germanus et Diabolus omnino idem est (451).

Tantum vero abest, ut Slavorum populi a Germanis humaniori modo tractati fuerint, ut potius a magno numero Slavorum in servitutem raptorum atque a diro modo eos laboribus et miseriis cruciandi, servus, id est mancipium, in omnibus fere hodiernis linguis denominationem Sklave, esclave etc. acceperit. Cujus infortunii gentium Slavorum testimonium involuntarium exstat apud Thietmarum qui certe Polonis nullo modo favebat, quos tardi ritu asini castigandos ait. Is ecclesiam suam ab Ottone divisam deplorans: « Nunc, » ait, « omnia nostram prius ecclesiam respicientia d.visa sunt miserabiliter. Slavonicæ ritu familiæ, quæ accusata venundando dispergitur » (452). Cæterum maximæ ignorantiæ foret, si quis negaret, veteres Germanos Cæsaris, Taciti, aliorum, et præsertim, ut in legibus, quas dicunt barbarorum, id. e. Saxonum, Thuringorum, Frisionum, Alemannorum, Bajuvariorum, Francor. Ripuar. et Saliorum, Burgun lionum, Longobardorum, Ostrogothorum, Visigotho um et Anglosaxonum occurrunt, barbaros esse.

CAP. XLVII. — *Cur Mathildis hunc librum ad Misegonem miserit.*

Regum Germaniæ multum intererat, latinam propagare ubique et confirmare ecclesiam. Per eam totam suæ imperatoriæ ditioni subdere terræ orbem, aut saltem quam plurimas Græco imperatori eripere provincias nitebantur (453). Hinc illi toties repetiti conatus, latinos episcopos in Kiovia et Rus-ia instituendi. Bolizlavus ipse, novo ritu fretus, imperatoris æmulus et in hac re fuerat, licet frustra.

Quum igitur Mathildis nostra soror esset Giselæ imperatricis; forte monita a Conrado rege, librum Carolinum liturgicum Ordinis Romani, splendidissimo exemplari confici, eumdem figuris quoque pictis atque epistola adulatoria ornari jussit.

Additum quoque eamdem ob causam symbolum apostolicum latinum cum expositione ejusdem inde a folio 75 recto ad folium 76 versum. Ibi statim initio illum, quem diximus, finem demonstrat his verbis : « Symbolum grece latine conlatio sive si« gnum vel indicium. Indicium, quia ibi indicatur « fides sanctæ » trinitatis, qualiter debeatur credi pater ingenitus. filius genitus. « spiritus sanctus *ab utroque procedens*. »

---

(445) *Nestor* II. p. 116-117 (ed. Scholœzer.) *Roepell*. p. 31.
(446) *Widukind* I. 7. Pertz V. p. 418: « Fuerunt autem et qui hoc a facinore nomen illis (Saxonibus) inditum tradant. Cultelli enim nostra lingua *Sahs* dicuntur, ideoque Saxones nuncupatos, qui cultellis tantam multitudinem fudissent. »
(447) *Widukind* II. c. 3. (Pertz V. p. 438).
(448) Teutsche Denkmäler, herausgegeben von Batt, v. Babo, Eitenbenz, Mone und Weber. 1. Liefr. Bilder zum Saechs. Land-und Lehnrecht. Taf. I. fig. 13.
(449) *Widukind* II. 647.
(450) Ipsissimis *Merkel.i* verbis in libro: « Die Letten » ed. Lips. 1800. p. 56.
Keine Nation wird von der andern so nachtheilig beurtheilet, als die Teutsche. Es ist bekannt-lich nicht lange (und geschieht vielleicht noch), dass der Italiäner sich unter dem Teutschen einen schläfrigen, talentlosen; der Franzose einen plumpen, ungesitteten ; — der Engländer einen pedantischen Menschen vorstellte. Der Russe belegt jeden faselnden, affektirten Thor mit dem Niemcz, und der Lette und Esthe bezeichnet damit alles Hochmüthige, Geizige, Boshafte, mit einem Worte alles Gehässige. »
(451) *Maciejowsky* l: c.
(452) *Thietmar* p. 545.
(453) *Chronicon Mindense* (Meibom rer. germ. scriptor. I. p. 555 : Et sic in persona Caroli (Magni) dominium mundi ad Teutonicos pervenit; nam *ipsi* *habent regimen ratione Ecclesiæ*. Unde imperium *non est apud Græcos*, licet ibi largo nomine appelletur Imperator, *quia extra ecclesiam Imperium non est*.

Vidisti, benevole lector, multas posse servari traditiones, falsa quædam iis semper adhærere, et eorum, qui historias scribunt, esse, ut sedulo comparent diversas traditiones; spernant autem ea tantum, quæ non modo in parte peccant, sed in omni suo tenore. Quin et in hac re modus tenendus esse videtur. Fieri enim potest, ut monumenta hucusque incognita forte fortuna in lucem prodeant, et demonstrent vera esse ea, quæ antea falsa videbantur.

Cæterum, germane lector, tibi gratulor, si æquo animo totum hunc commentarium perlegeris, neque eos imitaris, qui, satis rustici, omnem patriæ amorem nulla alia in re situm esse arbitrantur, quam in onerando conviciis alias nationes.

Arduum tamen meum laborem ne spernas, si forte a parte quadam minus absolutus sit; præstigiatoris artes fuge quærere.

Restat, ut cum Mathilde dicam: Ad velle vale!

EPIMETRUM

Quum jam in eo essem, ut prœlis absolutus hic libellus publici fieret juris, bibliopola meus attulit mihi volumen I. libri inscripti : « *Wspomnienia Wielkopolski*, » editi ab illustrissimo et in antiquitatibus Polonorum doctissimo comite Edwardo ab *Raczynsky*, Posnaniæ 1842. Quo in volumine inest apographus nostræ epistolæ in Probationibus No. 1. p. I. sq., et figura picta p. 8, cum parva annotatione p. 7, qua monet, Misegonem hunc esse Polonorum regem, Miesconem secundum; codicem enim videri sæculi undecimi, in quo nullus rex hujus nominis, nisi apud Polonus Miesco, filius Bolizlavi Chobry, extiterit (454).

Codicem commendaram ejus fratri, nunc regis Porussorum in Portugalia legato, quem honoris causa nomino. Doleo, quod neque comes Raczynsky de mea, neque ego de illius editione, quicquam resciveram. Omnia enim, quæ nunc a me eduntur, lubentissime concessissem comiti celeberrimo, quo duce et moderatore certamen litterarium facilius incundum erat.

Magis quoque dolendum, quod, quum reliqua pars illius libri ab omnibus eruditis merito laudanda sit, illa minima pars libri doctissimi non ab omni numero absoluta sit.

Sic libri auctoritate fieri potest, ut errores, quibus epistola nostra in illo libro scatet, lectorem prætereant, atque in alios libros transeant. Quod ne fiat, menda illa hic apponere lubet.

In figura graphice cum coloribus expressa p. 8 illa I monendum est, quod, qui lithographiam, quam nominant, fecit, litterarum formas ex arbitrio suo mutavit, ita, ut ex his formis de tempore, quo codex exaratus sit, statui quicquam nequeat. Adde, quod in fine primi versus desunt, non modo littera *o*, sed etiam syllaba « *ni* », quæ suprascripta est.

Figuræ forma in vestimentis satis fideliter expressa, sed in ore Mathildis, Regis, atque in corona, aliis denique multis in rebus, toto cœlo aberrat a figura codicis, quam nunc summo studio ipse aeri incidendau et coloribus quam fidelissimis imitandam curabam.

In epistola ipsa hæc deprehenditur lectionis va-

(454) En verba ipsa :
p. 7. Nota
Widzielismy w skarbcu Kosciola Katolickiego w Berlinie rekopism z czasow, jak sie zdaje, Mieczyslawa II. Jest to Ksiazka do pacierza darowana niegdys Mieczyslawowi przez Matylde Ksiezne Swenonow. Znajduje sie na pierwszej stronnicy tego rękopismu w zerunek Mieczyslawa na tronie siedzącego z takim napisem.

Hunc librum etc.
to jest :
Te Ksiazke Królowi Mieczyslawowi dala Matylda, która zrodzil dostojnij Swewów Ksiaze Herimannus. Lubo ani w tych wierszach, ani w samem przypisaniu wyrazonego niema tytulu Króla polskiego zwazaiac przeciez, ze pismo tego manukryptu, oczywiscie jest z XI. wieku, ze w owym czasie innego Mieczyslawa Króla w Europie niebylo, jak

rietas :

v. 1. « *Domino* » habet comes ab Raczynsky; codex vero : *Domno*.
M. supplet *M* (*iesconi*) pro *Misegoni*.
v. 2. « *supremum* » habet pro « *suppremum* codicis. post *in Christo* addit : « *sit* »; male; latini enim potius salutem *dare* dicunt, neque ullum verbum in hac propositione adhibere solent.
« *super hostem* »; in codice *super hoste*.
v. 3. « *regium nomen pariter concessit* » Codex : « *regium nomen pariter et honorem concessit.* »
v. 6. *pre decessorum;* codex : *pr a e decessorum*, idque non *e* cum cauda τοῦ *a*, sed litteris distinctis.
com. ab R.: « *ecclesias?* (sic) » habet; Codex minime sic; sed a *ecclesias*, expressis separatim litteris *a* atque *e*.
v. 7. « *linguas cum* » codex : « *linguas? Cum.* »
v. 8. « *Graecam* (sic), » immo non sic in codice, sed *Grecam*, quæ littera *e* caret cauda τοῦ *a*.
v. 17. « *Sebastiano* »; codex : « Sebastiano.»
v. 22. « *totus pene versaris in..... qui* » codex : « *totus pene versaris in caelestibus. qui.* »
v. 25. « *coenam* »; codex : « *caenam* (sic) *a* et *e* distinctis. « *barbaras et ferocissimas*, » codex : « *barbaras a c ferocissimas*. »
v. 27. « *sciens spiritali* »; codex : « *scientes spiritali.* »
v. 28. « *praeditum* »; codex : « *preditum* »; sine cauda.
v. 30. « *dominus* »; pro *Deus*; in codice : « *Ds̄*. »
v. 31. « *coronatus est* »; codex : « *coronatus es.* »
v. 32 « *cunctis hostibus fortiorem* »; codex : « *cunctis efficiat hostibus fortiorem.* »

Cæterum interpungendi ratio illius temporis ab editore non, ut debebat, servata est. Punctum quidem, infra positum, eodem, quo codex, modo virgulam denotat, et sic plurimis in locis deprehenditur : octies tamen virgula recentioris ævi posita. Atqui punctum verum nunquam, in codice, superius positum est. Quo fit, ut lector nesciat, utrum, novamne, an antiquam interpunctionem habeat.

syn Chrobrego, ze autor mówi o zwyciestwach przez ojca Mieczyslawa nad oddalonemi narodami odniesionych; wnosic nalezy, ze ten rekopism ila naszego Mieczyslawa byl pisanym. Przypisanie to owego rekopismu, umieszczamy w Koncu tego dziela w zbiorze dokumentow pod liczba I. Tu zas wspomniona dopiero Kladziemy rycine.

In Probationibus No. 1 epistola ipsa legitur, hisce præmissis :

Przypisanie Ksiazki do nabozenstwa Mieczyslawowi II. Królowi Polskiemu przez Matylda córke Herimanna Ksiazecia Swewów. Ksiazka ta, czyli rekopism znajduje sie w Berlinie w tamecznym Kosciele Katolickim.

In fine subjuncta sunt hæcce :

Zastanowienia jest godne swiadectwo rekopismu, ze Mieczyslaw IIgi jezyk lacinski posiadal. Jest to dowód starannego jak na ów wiek wychowania

STEMMATOGRAPHIA MATHILDINA.

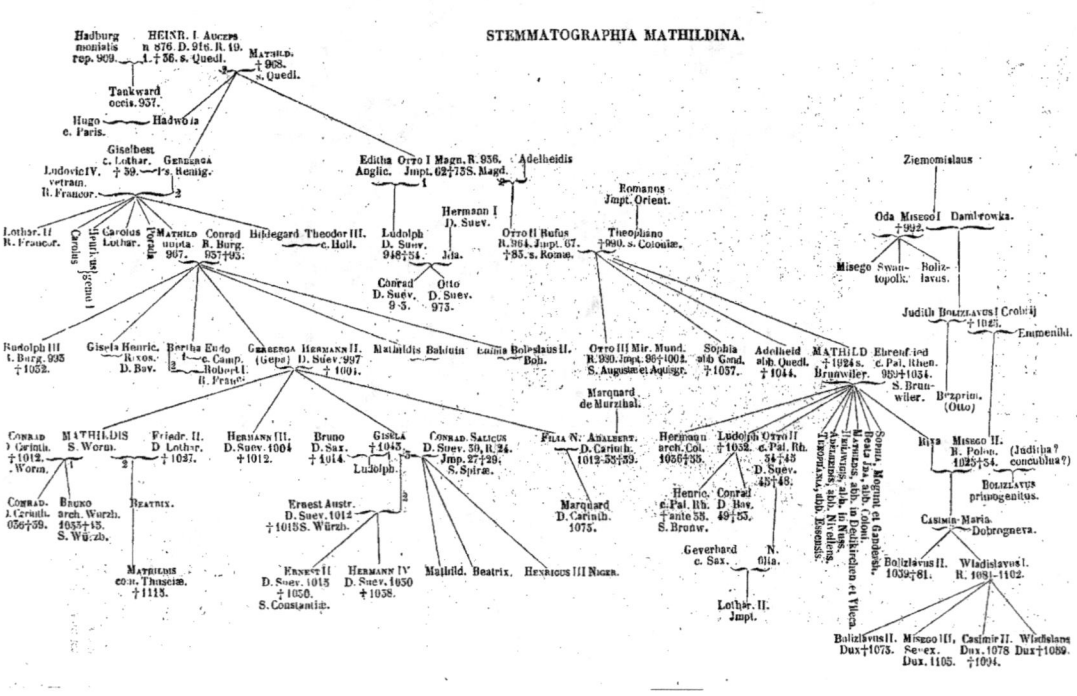

ANNO DOMINI DCCCCXC.

JOANNES SMERA POLOVECIUS

NOTITIA HISTORICA

Cave, *Scriptorum ecclesiasticorum historia litteraria*, p. 509.

Joannes Smera Polovecius, natione Russus, Wladimiri regis medicus et rhetor, claruit anno 990. Inter scriptores ecclesiasticos locum habet, non quod plura post se reliquit opuscula, exstat enim non nisi epistola unica, sed ob singularem rei novitatem. Wladimirus supremus Russorum princeps, religione gentilis. Helenam, sive, ut alii vocant, Annam, Basilii et Constantini imperatorum Orientis sororem, in uxorem duxit. Qua occasione religionem Christianam amplexus est, et Russi in Graecorum ritus transferunt. Ante vero quam haec fierent, Wladimirus, idolorum cultui adhuc deditus, in varias quae tum vigebant religiones inquirere coepit, missis undequaque hanc in rem exploratoribus. Instantibus Mahumetanis, illorum cultum velut foedum turpemque contemptui habuit. In Graecorum religionem propendebat. Quo vero tutius procederet, misit Joannem nostrum qui varias regiones peragraret, seque de omnibus certiorem faceret. Peragrata itaque Pannonia, Servia, Bulgaria, Mysia, magnoque Graecorum imperio, Antiochia, Hierosolymis, tandem devenit in Egyptum, et Alexandriae diu commoratus est, sacro lavacro ibi initiatus. Ex hac urbe litteras ad Wladimirum dedit, quibus eum de variis religionis cultoribus certiorem reddidit. In Graecorum mores et instituta acrius invehitur, eorumque ruinam et exitium ob idololatriam, hypocrisin, superbiam, crudelitatem aliaque vitia praedicit; ultimamque gentem Judaicam ad doctrinam Christi convertendam. Claudit litteras his Wladimirum verbis. *Ideoque, o rex, non licet tibi suscipere mores et religionem Graecam. Sin vero eam susceperis, ego ad te nunquam proficiscar, sed hic obdormiens judicium Filii Dei exspectabo.* Scripsit hanc epistolam lingua Bulgarica, in tabulis aereis, litteris ferreis. Tabulae in monasterio Salvatoris Praemisliensi, non procul a veteri Sambore, delituerunt ad annum usque 1567, quo Andreas Kolodynsky, Russorum diaconus, eas in sermonem Russicum et Polonicum transtulit. Ex Polonico, an. 1677, Latine vertit Benedictus Wissowatius. Versionem ejus in lucem protulit Sandius *in Append. ad Hist. Eccl.*, p. 61. Exinde Andreas Wengerscius *in Append. ad Hist. Eccles. provinc. Sclavon.*, p. 499. Non parvam huic epistolae lucem affundunt Miechowita *Hist. Polon.* lib. II, cap. 3, fol. 990. Cromerus *De Orig. et rebus gestis Polon.* lib. III, p. 31, ut alios mittam.

SMERAE POLOVECII
EPISTOLA
AD WLADIMIRUM RUSSORUM REGEM

(Sandius, *Append. ad Historiam ecclesiasticam*, p. 61.)

APOGRAPHUM EPISTOLAE

Quam scripsit explorator seu nuntius Wladimiri, supremi Russorum principis, Alexandria Aegyptiaca, circa annum 990, tempore quo Russia nondum baptismum suscepisset; quae translata est ex scriptis antiquae doctrinae Russorum, per Andream Kolodynsky a Witepsko, in hodiernum scriptum, e lingua Bulgarica, e tabulis aereis inventis in monasterio Salvatoris, terrae Praemissiensis, non procul a veteri Sambore, ubi celebris dux Leo situs est, anno 1567. Postea vero idem Andreas transtulit eam e Bulgarico scripto in Polonicam linguam. Dictam epistolam ex ms. codice Polonico I Ryniovicii Trembecii a se verbotenus latine redditam meam communicavit Benedictus Wissowatius, filius Andreae Wissowatii, ut sequitur:

Potentissime rex Wladimire, inclyte heros, domine mi chare, hereditarie dominator regionum Slavonicarum, post aedificationem turris propagatarum e generatione Japhet, Deus vivus omnipotens et solus sapiens regnat te sicut ipse scit, in potentia et potestate, ad multos annos.

Hodie scias a me, rex, fletus mihi semper oboritur cum suspirio, quod me ablegaveris in regiones

Græcas, a communione charitatis tuæ et terrarum Russicarum, propter explorationem religionis ac morum: quas ob res hic sæpenumero parum abfuit quin perirem: nullusque mihi nunc hinc in terram tuam patet introitus. Qua de re magnificentia tua sic intelligat. Transivi deserta per cacumina cum molestia, Pannoniam itidem transivi, et Danubium trajeci cum magna ærumna. Postea Serbiam, Bulgariam, Mysiam, et magnum celebre imperium Græcorum, cum quinque regnis ejus, fuique Antiochiæ, postea Hierosolymæ. Hierosolyma autem veni huc Alexandriam. Hic vero vidi ubique synagogas sumptuose fabricatas, in quibus homines morum aspidum et basiliscorum. Præterea vero vidi etiam non paucos Christianorum conventus, apud quos jam nulla idola sunt, tantum mensa et scamna. Hi autem homines sunt theologi (in Polonico est *Bogomowey*, i. e. *de Deo loquentes*) honesti, super omnia diligentes pacem, plane velut angeli Dei. Conveniunt autem ad doctrinas quotidie ex mandato Dei, et ad preces antelucano tempore, rursus vero post occasum solis, aliquando autem tertia et nona hora diei. Hos autem hic homines ubique nominant sanctum Dei novum Israeliticum populum, seu Israelem. Sequuntur autem hic hanc doctrinam et reges aliqui cum suis doctoribus, et ego ipse semper eos doctrinæ causa accedo. Et jam sum apud eos regenitus aqua et Spiritu, in nomine Patris Dei omnipotentis, et Filii ejus Christi, et sancti Spiritus, ex eodem Deo procedentis; qua de re librum eorum cognominatum Evangelia, cum doctrinis apostolorum, tibi, rex, mitto, ut percipias. Sed de hoc etiam sciat vestra potestas: vidi in Cæsaris ditione, quod illis probis, piis hominibus, injuria magna fiat; quoniam Græci existentes sermone callidi, et arrogantes, ex mendacio possunt facere rem justam, imitantes in hoc quasdam doctrinas, et instituta Romana, attrahentes sua astutia homines simplices ad suas synagogas et ecclesias.... (*hic deest vocula, quæ in Polonico exemplari legi nequit*), ipsi dicunt esse Deum unicum, omnipotentem; Filium autem Dei unigenitum Jesum Nazarenum, ejusdem Spiritu sancto post quædam tempora, e Davidis generatione, secundum antiqua ejus promissa, in casta Virgine Maria conceptum et natum, cujus solium durabit usque in æternum, quoniam est jure vocatus Filius Dei, et Servator, Deus fortis, Pater futuri sæculi; præterea vero ut rex et judex a Deo Israelis est toti mundo manifestatus, sicut hoc mihi a magistro, dudum pro certo notum est. Ecce autem Græci deserentes Dei omnipotentis præceptum, et propriam suam explicationem, Cæsar ac patriarchæ cum cætero suo senatu nominari se etiam novum Israelem mandant; jubent etiam illos fratres suos pauperes, ipsi existentes vividi, invitos sibi servire, et censum dare. Præterea vero prohibent illis uxores ducere, victuque secundum voluntatem suam cum benedictione frui; sic etiam et artes liberales, et arma, quia est

affirmatus, quod apud Christianos posset servari honeste, etiamsi absque necessitate urgente, caventes sibi ab invidia, et interna exacerbatione. Illi autem hoc in sua potestate retinent, ideo ut in isto interdicto habeant magnum populum in servitute sua. Denique post mortem suam jubent imagines suas adorari, et imponunt nominum suorum denominationes cum signo domuum, ut in æternum sint memorabiles et celebres; in illas autem prædictas domos jubent eos ad preces ire cum thure ac candelis, et cum omnigena escuentis sacrificiis, nominantes hoc seu vocantes bonam reverentiam; quod eis in dies electos fundantes, in perpetuum privilegio muniverunt. Verumtamen scio quod ultima generatio ab hoc omni magnopere liberabitur, cum animadvertent quod in illis coactis ecclesiis, præter voluntatem Dei omnipotentis, valde voracitate inquinentur. Quoniam post adorationem idolorum supplaudunt pedibus, plaudunt manibus, efferentes voces suas ad cantum, sicut musica varia; gerentes se absque pudore, quod non licet dicere nec scribere. In illis autem diebus quosdam donant, sicut dignum est, gratia; alios vero post hæc festa puniunt velut legem transgredientes. Propterea quidam Christiani in secessu, in sepulcris, et inter montes atque in silvis et hiatibus terræ convenientes, ob servitutem iniquitatis, vaticinantur, dicentes: Peribunt arrogantes Græci ipsi in igne æterno. Denique et hi, qui ab eis morum ansam habent, etiam sunt inhonesti, infames, mendaces, abominandi. Dictum autem est mihi, rex domine mi, te tuamque generationem talem fore, et dicunt de talibus hominibus præsentibus hodie, quod oculi eorum et corda sint obcæcata. Ideo ultima generatio eorum judicabit eos, vocans eos canes, fabularum fictores, a Deo deficientes et aberrantes a veritate; attamen et illi judicantes ipsi multum exitii haud evadent, propter fœdam discordiam, et iniquitatem suæ superbiæ. Quidam vero humilis cordis, ab omnipotente Deo, propter Filium ejus, opera Spiritus sancti, omnia scripta legis investigabunt sibi in salutem. Sed via eorum angusta erit eis: et scrutabar hoc perlustrata doctrina aspiciens ab initio mundi, num erit bene talibus et validis, sapientum dictorum hominibus Græcis opulentis, cum aliis generationibus hominum, morum eorum, et intellexi quod brevi tempore videbunt omnigenam ignominiam, interitum suum. Idola autem eorum externis linguis in proverbium ibunt, quoniam non consistent adversus iram Dei vivi, cum sint surda et muta. Præterea vero dicebant aliqui Christianorum et Judaicæ gentis, quod et ipse cum eis ex quibusdam scriptis intellexi, quod ultima generatio Slavonica iniet se cum magno zelo, applicabunt se ad laudandum et profitendum unicum Deum Israelis, Creatorem visibilium et invisibilium rerum, qui liberavit populum suum credentem a peccatis eorum, obedientia Filii, opera Spiritus ejus sancti. Cum quibus et ultima gens Judaica agnoscentes cum aliis linguis doctrinam Christi sui unigeniti ejus, laudantes et benedicentes salutem adipiscuntur, quoniam voluntati Dei sui obedient. Illo autem tempore possibile erit talibus accipere omnem honorem et potentiam omnigenam, per doctrinam et modum prout in antiquiori scriptura exstat. Ideoque, o rex, non licet tibi suscipere mores et religionem Græcam; sin vero eam susceperis, ego ad te nunquam proficiscar, sed hic obdor-

A miens judicium Filii Dei exspectabo. Hæc scripsi ferreis litteris, excudens in XII tabulis æreis, Alexandriæ Ægyptiacæ 5587, Pharaon 1179, Alexandri celebris regni ejus anno v, indict. 1, luna vII, ldib. xiv. Hoc tibi fideliter significo medicus et rhetor tuus.

— Iwaniec Smera Polowlanin (1).

(1) Alii habent, *Joannes Smera Polowiec*, quod idem est.

FORMULES INÉDITES

PUBLIÉES D'APRÈS UN MANUSCRIT DE LA BIBLIOTHÈQUE DE STRASBOURG

PAR M. EUGÈNE DE ROZIÈRE

CHEF DU CABINET DU MINISTRE DE L'INSTRUCTION PUBLIQUE ET DES CULTES

MDCCCLI

Il est impossible de bien comprendre l'esprit d'une législation et de juger avec certitude de ses effets, si l'on ne joint à l'étude des lois, qui posent les principes, l'étude des actes, qui les développent et les mettent en action. La manière dont une disposition législative est appliquée dans les actes en révèle fréquemment le sens jusque là demeuré obscur. Les actes sont pour la loi un commentaire vivant et agissant ; on peut dire que c'est *la loi prise sur le fait*. Aussi la nécessité d'unir la pratique à la théorie, et de compléter l'une par l'autre, est-elle reconnue par tous ceux qui s'occupent sérieusement de la science du droit. Cette nécessité apparaît même dans l'étude de nos lois modernes, généralement si formelles et si explicites ; à plus forte raison doit-elle se produire dans l'étude des lois anciennes, rédigées à une époque de barbarie, où le droit était établi moins par des textes légaux que par une série de coutumes et d'usages traditionnels.

Les actes seuls peuvent nous aider à constater ces usages ; et sous ce rapport on doit assimiler les formules aux actes proprement dits. Les formules étaient des modèles, dressés en général d'après des actes véritables, et destinés à servir de guide aux praticiens. Il suffirait la plupart du temps d'y ajouter la date et les noms des parties pour reconstituer les actes eux-mêmes. Leur utilité pour l'explication de notre ancien droit a été proclamée par tous les savants qui ont écrit sur cette matière, et je crois superflu de reproduire ici des considérations que Bignon, Lindenbrog, Baluze et leurs successeurs me paraissent avoir épuisées.

Il n'est pas étonnant que le mouvement scientifique de notre siècle, qui a remis en honneur l'étude historique du droit, ait rendu aux formulaires des temps mérovingiens et carlovingiens la même importance qu'aux autres monuments de la législation barbare. On a dû rechercher les manuscrits de formules avec le même empressement que ceux des lois germaniques et des capitulaires. Un double intérêt s'attachait à cette recherche : il fallait d'abord retrouver les sources des publications faites jusqu'à ce jour, afin de rétablir d'après les originaux les textes dénaturés par des éditeurs négligents ou systématiques : cette première partie de la tâche est remplie, et M. Pardessus a consigné le résultat de ses recherches sur ce sujet dans un article publié par la *Bibliothèque de l'École des Chartes* et plein d'utiles renseignements (1). Il fallait ensuite explorer les manuscrits qui n'avaient point encore été consultés, dans l'espoir d'y découvrir des formules inédites et d'obtenir ainsi, soit des connaissances nouvelles, soit la confirmation de celles qui sont acquises ; je me suis efforcé d'accomplir cette seconde partie, et plus d'une fois le succès a répondu à mes espérances. Grâce à l'obligeance de plusieurs savants bibliothécaires, français et étrangers, qui m'ont permis de visiter les dépôts confiés à leurs soins, ou qui m'ont fait l'honneur d'entrer

(1) Première série, tom. IV, pag. 1 et suiv.

en correspondance avec moi, j'ai pu recueillir un assez grand nombre de formules inédites. Mon intention est de les réunir en un seul corps avec celles qui ont été antérieurement publiées, et dont j'ai revu le texte sur les originaux. Mais, en attendant que j'aie terminé ce travail, qui demande une longue préparation, j'ai cru me rendre utile aux personnes curieuses de nos antiquités juridiques par la publication anticipée de quelques-uns des textes que j'ai rassemblés.

Je donne aujourd'hui quelques extraits d'un manuscrit qui appartient à la bibliothèque municipale de Strasbourg. Ce manuscrit est in-4°, en parchemin, d'une écriture du neuvième siècle ; les rubriques sont tracées à l'encre rouge et généralement assez soignées. Il était au seizième siècle la propriété de Beatus Rhenanus, qui légua sa bibliothèque à la ville de Schelestadt. Les autorités locales ne prirent aucun soin de cette précieuse collection ; les manuscrits furent entassés dans un lieu humide, où ils demeurèrent abandonnés pendant plus de deux cents ans. En 1813, le manuscrit dont je parle passa entre les mains de M. Bodman, de Mayence, d'une manière qu'on ne saurait trop sévèrement qualifier ; on lit en effet au bas d'un des feuillets la note suivante, écrite au crayon : *Præsens codex spectavit olim ad Beatum Rhenanum, ex cujus bibliotheca eum mihi dono dedit D. Armbruster, maire, cum essem Schlestadii, 1813, ... Bodman.* Si cette déclaration est fausse, M. Bodman a dérobé le manuscrit dans un dépôt, où il était admis à titre de confiance ; si elle est vraie, le maire a manqué gravement à ses devoirs en aliénant une propriété publique commise à sa garde. Des mains de M. Bodman, le manuscrit passa dans celles de M. le conseiller Buchler, à la mort duquel il fut acheté par M. Jung pour la ville de Strasbourg (2). Il a beaucoup souffert du temps et de l'humidité ; les premiers et les derniers feuillets sont détruits, et la reliure elle-même a complétement disparu. Dans son état actuel, il se compose de soixante-sept feuillets, dont quatre ou cinq sont tellement rongés qu'on n'y peut plus lire que la moitié des lignes. Les vingt premiers contiennent la seconde moitié de la *Lex Ripuariorum*, dont la première partie occupait sans doute le commencement du manuscrit. Le fol. 21 est rempli par un fragment d'office religieux portant pour titre : *Incipit versus in dominicis diebus*. Au fol. 22 commencent les rubriques de la *Lex Alamannorum*, et au fol. 25 le texte de cette loi, qui s'étend jusqu'au 1° du fol. 53 inclusivement. Les derniers feuillets sont occupés par des formules, au nombre de vingt, dont trois répondent aux n°s 32, 33 et 34 du livre II de Marculfe, les dix-sept autres sont inédites. Je ne crois pas que ce manuscrit ait servi aux savants qui ont édité la loi des Ripuaires et celle des Allemands ; mais assurément le nombre de pièces inédites qu'il renferme prouve suffisamment qu'il est demeuré inconnu à ceux qui ont publié des recueils de formules.

J'ai collationné le texte du manuscrit de Strasbourg avec un manuscrit de la bibliothèque de Saint-Gall ; ces deux manuscrits, sans être identiques, présentent cependant dans certaines parties une telle analogie, qu'ils paraissent dériver d'une source commune. Je me réserve de faire plus tard connaître en détail celui de Saint-Gall ; je me suis borné à relever ici les variantes qu'il présente dans les textes communs aux deux manuscrits.

I.

La première formule offre le modèle d'une donation entre-vifs, sans aucune restriction ni réserve, faite conjointement par deux époux en faveur d'un monastère.

CARTA TRADITIONIS, QUAM VIR ET UXOR EJUS FACIUNT DE AMBORUM REBUS (3) SUIS SINE ALIQUO CENSU.

Dum enim propago humani generis ab exortu creationis suæ usque in præsens augmentis succedentibus crescit, non hoc nisi ex [tre] me (4) condicionis statu accepit. Quod semel a Domino diffinitum (5), nulla mutabilitate minuitur. Et ideo (6) legislator divinæ auctoritatis Moyses de hac insolubili A diffinitione discripsit (7) : *Propter hoc reliquid homo patrem et matrem, et adherebit uxori suæ, et erunt duo in carne una.* Ideoque nos, in nomine sanctæ Trinitatis, ille vir et conjux mea illa : constat nos legali hoc et indissolubili vinculo divino, ut credimus, nutu coadunatos (8), et res quasdam nobis tam de paternico quam de maternico hereditario jure provenisse nec non et de quodammodo justo contracto (9), quas nobis in æterna beatitudine credimus ambobus proficere, si (10) easdem pro remedio animarum nostrarum ad loca sanctorum delegare contendimus ; quod ita et facere decrevimus. Et ideo potestativa (11) tradimus atque transfundimus

---

(2) J'ai puisé ces détails dans des lettres adressées en 1839 et 1843 à M. Pardessus par M. Jung, bibliothécaire de la ville de Strasbourg, et par M. Dorlan, bibliothécaire de la vill de Schelestadt. C'est ce dernier qui a sauvé ce qui restait encore du legs de Beatus Rhenanus et rétabli l'ordre dans ces richesses si longtemps négligées.
(3) S. G. ajoute *generaliter de omnibus*.
(4) S. G. *ex prime*.
(5) S. G. ajoute *usque in finem*.
(6) S. G. ajoute *primus*.
(7) S. G. ajoute *dicens*.
(8) S. G. *adunatus*.
(9) On trouve ici, comme dans beaucoup d'autres formules, la distinction entre les *propres* et les *acquêts*.
(10) S. G. *sed*.
(11) S. G. ajoute *manu*. — L'expression *potestativa manu tradere*, qui se retrouve dans d'autres formules, signifiait donner une chose dont on est plein et

omnes res nostras (12), quas in presenti habere visi sumus, ad monasterium quod vocatur illud, ubi ille abba (13) et pastor sancto gregi preesse videtur, et quod est constructum in honore sancti illius ; et hoc est, quod tradimus, in loco nuncupante illo, in pago cujus vocabulum est illud. Omnes res (14), quas ibidem habere visi sumus, id est tam terris quam domibus, ædificiis (15), mancipiis, pratis, pascuis, vineis, silvis, aquis aquarumve decursibus, egressus et regressus, cultis et incultis, mobilibus et immobilibus, peculiis utriusque sexus, peccoribus cum pastoribus, seu quicquid dici aut nominari potest et presens nostra videtur esse possessio, omnia et ex integro tradimus ad supradicta loca sanctorum ; ita ut ab hodierna (16) rectore seu actores (17) prefati monastærii easdem res (18) habeant, teneant atque possideant, vel quicquid exinde facere pro opportunitate ipsius monastærii facere decreverint, libera in omnibus perfruatur potestate faciendi (19). Si quis vero, quod evenire non credimus, si nos ipsi aut quislibet heredum vel proheredum nostrorum vel qualiscumque persona istam traditionem, quam nos pari consensu facere decrevimus, destruere voluerit, nullatenus valeat perficere quod inchoavit, et pro temeretate sua persolvat ad ipsum monasterium aliud tantum quantum repetit, et insuper sit culpabilis in erarium regis auri tantum, argenti tantum, et nihilhominus hec traditio omni tempore firma et inconvulsa permaneat cum stipulatione subnixa (20).

Actum in illo loco, publice (21), presentibus quorum hic signacula continentur. Sig. illius, sig. illius, qui pari consensu istam traditionem firmaverunt. Sig. festium septem vel amplius (22).

Ego itaque ille, anno illo illius (23) reg is Franchorum, mense illo, die illa, quod facit ipse mensis (24), sub comite illo (25), scripsi et subscripsi feliciter. Amen.

II.

La formule qui suit est divisée en deux paragraphes, elle contient en effet deux actes parfaitement distincts. Le premier est une donation entre-vifs, faite conjointement par deux époux en faveur d'un monastère; cette donation, conçue à peu près dans les mêmes termes que la précédente, en diffère par la réserve de l'usufruit stipulée par les donateurs, et l'établissement d'une redevance payable par eux pendant toute la durée de cette jouissance. Le second n'est en réalité que l'acceptation de la donation et de ses clauses par l'abbé du couvent donataire; mais la forme de *précaire*, dont ces deux actes sont revêtus, demande quelques explications.

On sait que les précaires étaient des concessions de terres faites par les églises pour un temps et à des conditions que les lois canoniques avaient pris soin de régler. Quand l'usage des donations pieuses fut devenu général, un grand nombre de donateurs, voulant conserver l'usufruit des biens dont ils abandonnaient la propriété aux églises, employèrent la forme usitée pour les précaires. Par un premier acte ils faisaient à la communauté, qu'ils voulaient enrichir, une donation pure et simple; par un acte postérieur cette communauté leur rétrocédait la jouissance des biens qu'elle avait reçus d'eux. Cette routine prit un tel empire, qu'on rédigeait un acte de rétrocession, comme on peut le voir ici, dans le cas même où le donateur avait stipulé dans l'acte de donation la réserve expresse de l'usufruit.

§ I. — CARTA TRADITIONIS, QUAM VIR ET UXOR EJUS FACIUNT DE OMNIBUS (26) REBUS SUIS ET CUM CENSU PROSOLVENDUM DIEBUS VITE SUE.

Auctoris simul et redemptoris nostri verba de conexione (27) viri ac mulieris audivimus in Evangelio dicentes : *Quod ergo Deus conjunxit, homo non separet.* Ideoque ego ille et conjux mea illa : dum non est incognitum, sed omnimodis divulgatum, qualiter nobis hereditario jure, paternico simul et maternico, cum quolibet justo contracto provenit hereditas, quod nos, ut credimus, per divinam inspirationem (28) conpuncti, pro animarum nostrarum redemptione ad loca sanctorum delegare contendimus; et hoc est, quod tradimus, in locis deno-

---

libre propriétaire, et dont on peut par conséquent transférer au donataire la pleine et libre propriété.
(12) S. G. *meas*.
(13) S. G. *abbas*.
(14) S. G. ajoute *meas*.
(15) S. G. *hedificiis*.
(16) S. G. ajoute *die*.
(17) Il faut entendre par *rector* l'abbé du monastere, et par *actores* ceux qui étaient chargés d'administrer ses biens ou de défendre ses droits, et qu'on nomma plus tard *advocati*, avoués.
(18) S. G. ajoute *sibi*.
(19) Ce dernier mot manque dans S. G.
(20) Ces clauses pénales, qui étaient d'usage dans les actes de donation, sont validées par un texte formel de la Loi des Allemands (tit. I, § 2) : *Si aliqua persona, aut ipse qui dedit vel aliquis de heredibus ejus, postea ipsas res de ipsa ecclesia abstrahere voluerit, vel aliquis homo aut qualiscumque persona hoc præsumpserit facere, et effectum quem inchoavit non obtineat, et Dei judicium incurrat et excommunicationem sanctæ Ecclesiæ; et multam illam* QUAM CARTA CONTINET *persolvat, et res illas ex integro reddat, et fredum in publico solvat, sicut lex habet.* On voit que le montant de l'amende était laissé à l'arbitrage des parties; si elles avaient négligé de le fixer, le juge était probablement chargé de le faire.
— Quant aux mots *cum stipulatione subnixa*, voy. pour leur explication l'ouvrage de M. Pardessus sur la *Loi salique*, p. 644.
(21) S. G. *puplice*.
(22) La nécessité de rédiger un écrit, et d'appeler au moins six ou sept témoins pour la confection des actes de cette nature, était imposée par la Loi des Allemands (tit. I, § 1) : *Si quis illud ad ecclesiam tradere voluerit.... per cartam..... firmitatem faciat,* ET TESTES SEX VEL SEPTEM ADHIBEAT, *et nomina eorum ipsa carta contineat.*
(23) Ce mot manque dans S. G.
(24) Ce membre de phrase manque dans S. G.
(25) Cette mention manque dans S. G. — On peut voir par la plupart des diplômes publiés dans le *Codex diplomaticus Alemanniæ* de Neugart, que l'usage était dans le pays des Allemands d'indiquer à la fin des actes, outre le nom du souverain régnant, celui du comte chargé de l'administration locale.
(26) S. G. *eorum*.
(27) S. G. *conneæu*.
(28) S. G. *divina inspiracione*.

APPEND. AD SÆC. X.

minatis vel in loco denominato illo (29), in pago cujus vocabulum est illud. Omnes res nostras, quas in presenti (30) habere visi sumus, id est casa curte (31) clausa, cum terris et domibus, ædificiis, mancipiis, pratis, pascuis, silvis, vineis, aquis aquarumve decursibus, seu quicquid dici aut nominari potest, omnia ex integro tradimus atque transfundimus ad monasterium illud, quod est constructum in honore sanctorum illorum, ubi ille abbas regulariter preesse videtur; in ea videlicet ratione, ut, quamdiu simul vixerimus, vel qui de nobis alio superstis fuerit, supradictas (32) sub usu fructuario habeamus, censumque annis singulis (33) prosolvamus, id est tantum et tantum, et interim de supradictis rebus non habemus facultatem minuendi aut alienandi, nisi quantum ad usum pertinet eas incolendi et in usu habendi, et post obitum nostrum statim sine alicujus contradictione vel aliqua diminutione ad supradicta loca sanctorum res supradicte revertantur perpetualiter possidendi. Si quis vero, quod evenire non credo, si nos ipsi aut quislibet (34) persona, istam traditionem destruere voluerit, nequeat inchoatum suum nulla occasione perficere, et pro vi, quam locis sanctorum inferre conebatur, restituat ibidem duplum quantum malo ordine abstrahere voluit, et in re publica prosolvat auri tantum, argenti tantum, et insuper hec traditio perennis temporibus firma valeat perdurare cum testibus subordinatis.

Actum in illo loco, publice, presentibus quorum hic signacula subnotantur. Sig. illorum, qui istam traditionem pari consensu firmaverunt.

§ II. — PRECARIA (35).

Domino venerabili et in Christo patri illi abbati (36) monasterii cujus vocabulum est illud (37). Dum constat (38) qualiter vos legitimo conjugio (39) primitus conexi ille [et] illa, multisque incognitum non sit ambobus vobis tam de paternico quam de maternico seu etiam (40) justo contracto res vobis quasdam hereditario jure provenisse, que site sunt in pago nuncupante, in villa denominata illa, quas vos animo concordi cum terris et domibus, edificiis, mancipiis, pratis, pascuis, silvis, vel omnibus cultis et incultis, cum universis adjacentiis, quas enumerare perlongum est, tradidistis et cartam (41) confirmastis ad loca sanctorum, ubi nos auctore Deo vilicationem fungimur; sed postea fuit vestra petitio, nostra quoque non rennuit voluntas, ut superius denominatas res notras, vel quas cartula traditionis vestræ plenius commemorat, vobis sub usu fructuario dies vitæ vestræ (42) prestaremus, quod ita et fecimus; in ea ratione videlicet, ut, quamdiu vixeritis, easdem res habeatis, censumque annis singulis prosolvatis, id est tantum et tantum (43), [et interim] (44) nihil minuendi aut alienandi non habeatis facultatem, sed post obitum vestrum ipse res in omnibus meliorate ad supradictum monasterium revertantur perpetualiter possidendi. Nullusque, neque nos nec quilibet successorum nostrorum, hanc precariam, quam nos emisimus, nullatenus valeat destruere; sed perennis (45) temporibus stabilis et firma perduret, prout tempus dictaverit et convenientia in ea discripta finita fuerit. Et ut firmior per tempora conservetur, manu nostra fratrumque nostrorum subtus firmitatem inseruimus.

Sig. illius abbatis, qui hanc precariam fieri jussit. Sig. fratrum septem vel amplius.

III.

La formule suivante est la reproduction presque littérale de celle qui précède ; l'espèce seule est différente. On y voit de même une donation entre-vifs faite à un monastère, sous réserve d'usufruit, et suivie d'un acte de rétrocession. La donation n'émane à la vérité que du mari et non des deux conjoints ; mais l'usufruit est également stipulé au

(29) Ce membre de phrase manque dans S. G.
(30) S. G. ajoute *ibidem*.
(31) S. G. *cum curte*.
(32) S. G. ajoute *res*.
(33) S. G. ajoute *exinde*.
(34) S. G. *quelibet*.
(35) Les actes de précaire doivent, pour être complets, contenir deux parties : la première, nommée proprement *précaire*, est la demande ou la prière adressée par le futur concessionnaire ; la seconde, nommée *prestaire*, est la réponse du concédant. Dans notre espèce l'acte de donation qui précède tient évidemment lieu de *précaire* ; la concession ou rétrocession, qui en est la conséquence, aurait dû être intitulée *prestaire*. Mais l'ignorance des praticiens confondait souvent les appellations, et donnait indistinctement le nom de *précaire* à la réponse comme à la demande. Nous trouvons ici un exemple de cette confusion, qui se reproduit dans la plupart des formules suivantes.
(36) S. G. *patre abbate*.
(37) L'ignorance ou la négligence du copiste lui f. it ici commettre un contre-sens. On pourrait croire en effet, d'après la forme grammaticale de cette première phrase, que l'acte est adressé à l'abbé du couvent, tandis qu'en réalité il émane de lui.
(38) S. G. *consisteret*.
(39) Ce mot manque dans S. G.

(40) S. G. ajoute *quodam*.
(41) S. G. *carta*.
(42) Ce mot manque dans S. G.
(43) Le mot *census* désigne évidemment ici une redevance privée. L'établissement de ces sortes de redevances dépendant uniquement de la volonté des parties, leur nature et leur taux devaient varier à l'infini. Tantôt elles constituaient réellement un prix de ferme ou un canon emphytéotique ; tantôt elles représentaient l'intérêt d'une somme d'argent prêtée. Quelquefois elles étaient purement honorifiques, et constataient la vassalité du débiteur à l'égard du créancier ; souvent aussi elles avaient pour but de prévenir une interversion de titres, et donnaient au nu-propriétaire une garantie contre les usurpations de l'usufruitier. La redevance établie dans cette formule appartient à cette dernière classe. Les clauses de cette nature, dans le cas d'une donation suivie de la rétrocession de l'usufruit devaient être fréquentes, car la Loi des Allemands (tit. II) leur a consacré une disposition spéciale : *Si quis liber res suas ad ecclesiam Dei dederit,... et posthæc a pastore ecclesiæ per beneficium susceperit ad victualem necessitatem conquirendum diebus vitæ suæ,... quod spopondit persolvat ad ecclesiam.* CENSUM *de illa terra*.
(44) Suppléés d'après S. G.
(45) S. G. *per omnis*.

profit de la femme, si elle survit à son époux. Les observations que j'ai faites au sujet de la formule précédente sont donc en général applicables à celle-ci.

§ I. CARTA TRADITIONIS, QUAM VIR FACIT DE REBUS SUIS, ET VULT UT UXOR EJUS HABEAT POST SE; AUT QUAM UXOR FACIT DE REBUS SUIS, ET VULT UT VIR EJUS HABEAT POST SE (46).

In Dei nomine, perpetrandum est uniquique (47) quod sapientia Dei per Salomonem dixit: *Redemptio animæ viri proprie divicie ejus.* — Redemptoris quoque verba dicentis: *Date elemosinam, et ecce omnia munda sunt vobis.* Ideoque ego ille, his ammonitionibus conpunctus simul et confisus, dono, donatum pro remedio animæ meæ (48), quod in perpetuum esse volo, et hoc est, quod dono, in pago nuncupante illo, [in villa] (49) cujus vocabulum est illud, omnem partionem meam, quæ ibidem sit (50), id est tam terris quam domibus, edificiis, manciplis, pratis, pascuis, silvis, aquis aquarumve decursibus, cum omnibus adjacentiis suis, ad basilicam, quæ est constructa in honore sancti illius, ubi ille servus Dei rector esse videtur; in ea ratione videlicet, ut, quamdiu vixero, easdem res habeam, censumque annis singulis solvam; et si uxor mea (51) mei supervixerit, eo quod filiorum procreatio minima visa est processisse (52), ipsas res dies vitæ suæ habeat, et supradictum censum solvat; et post discessum ejus sine aliqua marritione ad supradictam traditionem revertantur perpetualiter. Nullusque, neque ego aut quilibet heredum vel proheredum occasio aut qualiscumque persona, presentem traditionem per nullius ingenii subtilitatem valeat corrumpere; sed perenni vigore stabilis debeat perdurare. Et ut certior habeatur, et nullis temporibus subventuris (53) destruatur, si quis eam destruere voluerit (54), pœnam inscriptam in rebus publicis (55) prosolvat, id est auri tantum, argenti tantum, et nihilhominus presens cartula cum omnibus in ea continentibus usque in evum inconcussa permaneat cum stipulatione (56) subnixa.

Actum in illo loco (57), publice (58), presentibus qui subscribuntur vel reliquo populo. Sig. illius, qui istam traditionem fieri et firmare rogavit.

§ II. — PRECARIA.

Dum enim quisque pro remedio animæ suæ sua propria ex justis laboribus largiri decreverit, ex divina inspiratione sibi procul dubio sciat hoc pervenisse. Ideoque, tu vir ille (59), complacuit tibi ut res tuas, quas in presenti habere visus fuisti, in villa quæ vocatur illa, in pago nuncupante illo, traderes ad loca sanctorum illorum, ad monasterium quod nominatur illud, ubi nos, auctore Deo, præsidemus; sed postea te postulante quatenus illas res sub usu fructuario tibi cederemus, non negavimus huic postulationis, sed sicut postulaveras ita fecimus, id est ut quamdiu vixeris, illas res sub usu fructuario habeas, censumque annis singulis inde prosolvas, et si uxor tua te supervixerit, supradictas res tempus vitæ suæ habeat, similemque censum ex eisdem rebus annuis temporibus reddat; quæ statim post istam diffinicionem statu[t]am cum omni integritate, sicut cartula traditionis tuæ cum earundem rerum continet, quam apud nos retinemus, in omnibus meliorate sine alicujus contradictione ad nos successoresque nostros revertantur sub perpetuitate (60) retinendi. Nullusque, [nec ego] (61) nec quislibet successorum nostrorum, hanc precariam ullis temporibus ausu temerario audeat destruere (62), sed quicquid nostris statutis diffinitum est (63), inconvulsum valeat perdurare, quatenus reliquos fideles delectet sine aliquo typo vel occasione (64) contenciosa proprias res ad ecclesiam Dei contradere ad pauperum Christi inopiam sublevandam.

Actum in ipso monasterio, coram ipso (65) abbate vel fratribus seu reliquis (66) fidelibus. Sig. ipsius abbatis, qui istam precariam fieri decrevit (67).

IV.

Cette formule ne diffère des deux précédentes que par l'extension aux enfants du donateur des réserves stipulées par celui-ci à son profit.

§ I. — CARTA TRADITIONIS, QUAM FACIT HOMO, ET VULT UT INFANTES EJUS HABEANT POST SE CUM CENSU.

Ego, in Dei nomine, ille. Conplacuit mihi in animo meo ut aliquid de rebus meis pro remedio animæ meæ condonare deberem, quod ita et feci; et hoc est, quod trado, in pagello denominato illo, [in loco] (68) cujus vocabulum est illud. Illas omnes res meas, quas mihi ibidem pater meus moriens (69) dereliquid, [quas ibidem contra fratres meos] (70)

(46) Cette rubrique montre que la formule pouvait servir de modèle à une donation faite par la femme aussi bien qu'à une donation faite par le mari.
(47) Ce mot manque dans S. G.
(48) Ces quatre derniers mots manquent dans S. G.
(49) Suppléés d'après S. G.
(50) S. G. *que me ibidem contingit.*
(51) S. G. ajoute *maritus meus.*
(52) Cette mention, qu'on trouve également dans d'autres formules, montre que l'entière liberté des donateurs dépendait de l'absence d'enfants, et prouve par cela même que le principe de la réserve était connu et pratiqué. Le titre 4 de la Loi des Ripuaires me paraît formel à cet égard : *Si quis procreationem filiorum vel filiarum* NON *habuerit,* OMNEM *facultatem suam,... sive vir mulieri, vel mulier viro, seu cuicumquelibet... licentiam habeat,* etc.

(53) S. G. *superventuris.*
(54) Ce mot manque dans S. G.
(55) S. G. *puplicis.*
(56) S. G. *stibulacione.*
(57) Ce mot manque dans S. G.
(58) S. G. *puplice.*
(59) S. G. ajoute : *fidelissima conjux illa.*
(60) S. G. *perpetualiter.*
(61) Suppléés d'après S. G.
(62) S. G. *construere.*
(63) S. G. *diffinicione.*
(64) S. G. *quasi in.*
(65) S. G. *præsente.*
(66) S. G. ajoute *secularibus.*
(67) S. G. *decreverit.*
(68) Suppléés d'après S. G.
(69) Manque dans S. G.
(70) Suppléés d'après S. G.

vel quas ibidem contra heredem (71) meum il-lum (72) mihi partiendo sors legitima contulit, vel quæ ego postea quibuslibet justis laboribus augmentare potui, cum omni integritate, id est curte clausa cum edificiis, mancipiis (73), casatis, terris cultis et incultis, pratis, silvis (74), aquis, farinariis, hæc, ut præfatus sum, cum omnibus adjacentiis vel adpendiciis trado ad ecclesiam quæ constructa est in honore sancti illius, ad monasterium quod dicitur illud, ubi ille abbas gregi Dei regulariter præsidere cognoscitur; in ea ratione videlicet, ut, quamdiu mihi vita comitatur in corpore, superius denominatas res in beneficium a vobis accipiam sub usu fructuario, debitumque censum [singulis] (75) annis vobis successoribusque vestris prosolvam, id est tantum, filiusque meus ipse (76) res habeat diebus vitæ suæ tantummodo, et supradictum censum prosolvat; et si infantes mei me (77) supervixerint, dies vitæ suæ easdem res habeant tantummodo, et eundem censum (78) prosolvant; et si mihi Deus filium de legitima uxore dederit, easdem res habeat diebus (79) vitæ suæ tantummodo; post quorum obitum ipse res in omnibus meliorate redeant partibus vestris (80) in perpetuum retinende. Et si mihi filiorum procreatio de legitimo conjugio evenerit, ipsi easdem res post obitum meum retineant, et cum supradicto censu prosolvant tempus vitæ suæ; sin autem minime, post obitum meum sine cujuslibet tergiversatione jure auctoritatis vestræ retinende revertantur ipse res in perpetuum (81). Si quis vero, quod futurum esse non credo, si ego ipse aut quislibet persona istius traditionis firmitatem corrumpere voluerit, obviante ei ordine veritatis, nullatenus fallatiam suam valeat (82) perficere, et pro ausu temerario prosolvat ad prefatum monasterium duplum tantum quantum malo ordine cupiditate præventus abstrahere voluerit, et insuper regie potestati sit culpabilis auri tantum, et nihilhominus presens cartula cum omnibus in se continentibus inviolata permaneat cum testibus subordinatis.

Actum in illo loco, publice, his qui subnotantur [presentibus] vel reliqua innumera multitudine populi.

§ II. — PRECARIA (83).

Ego, in Dei nomine, ille abbas una cum connissis fratribus nostris. Dum non sit incognitum qualiter tu ille, exortatione divina suggerente, omnes res tuas, quas in pago denominato, in villa nuncupante (84), habere videbaris, quas tibi ibidem pater tuus moriens dereliquid, vel quas proprio labore ibidem lucrare potuisti, vel quas ibidem contra fratrem (85) vel contra coheredem tuum (86) illum (87) justa tibi portio (88) contulit, cum curte clausa et edificiis ortisque pomiferis, singularibus (89) mancipiis, his nominibus (90) illis, casatis, terris, pratis, silvis, cultis et incultis, seu cum omnibus adjacentiis, adpendiciis, ad eam pertinentibus, quod enumerare perlongum est, cum omni integritate tradidisti ad monasterium illud (91), ad basilica que construeta noscitur in honore sancti illius, ubi nos, auctore Deo, pastoralem curam gerimus; sed postea, te postulante, congruum visum est nobis (92) ipsas res tibi cedere sub usu fructuario habendas (93), censumque exinde prosolvere annuis temporibus non negl[eg]as (94), id est tantum; et si tibi Deus filium de legitima uxore dederit, easdem res habeat dies vitæ suæ tantum modo, et censum supradictum neglegere non presumat, similiterque filii tui (95), quas (96) in presenti habere visus fuisti (97), faciunt (98) dies vitæ suæ; post quorum (99) obitum omnes res supradicte revertantur ad nos successoresque nostros perpetualiter; quod si tibi [procreacio] (100) filiorum minime oborta fuerit, statim post obitum tuum sine alicujus prejudiciaria contentione ad actores seu ad defensores supradicte ecclesiæ revertantur in perpetuum. Nec quilibet, aut nos ipsi vel successores nostri, hæc statuta valeat ausu temerario inordinanter destruhere (101), sed, prout tempus in presenti precaria poposcerit, inconvulsum valeat perdurare, quam nos cum consensu fratrum nostrorum roborare decrevimus.

Actum in illo loco, sub presentia illorum et cæterorum, quos enumerare libitum non est. Sig. ipsius abbatis, qui hanc precariam fieri decrevit.

V, VI, VII, VIII, IX.

Rien n'est plus propre que les cinq formules sui-

---

(71) S. G. coheredem.
(72) Manque dans S. G.
(73) S. G. ajoute pratis, pascuis.
(74) Ces deux derniers mots manquent dans S. G.
(75) Suppléé d'après S. G.
(76) S. G. ipsas.
(77) Manque dans S. G.
(78) Manque dans S. G.
(79) S. G. dies.
(80) S. G. ajoute vobis successoribusque vestris.
(81) Cette clause prouve à la fois que le principe de la réserve existait, mais qu'il était encore mal défini et singulièrement restreint. Dans S. G. la négligence du copiste a, par suite de l'omission d'un grand nombre de mots, rendu ces deux membres de phrase incompréhensibles.
(82) Manque dans S. G.
(83) Cette rubrique manque dans S. G.

(84) S. G. in pagis denominatis, in villis nuncupatis.
(85) S. G. fratres tuos.
(86) S. G. heredes tuos.
(87) Manque dans S. G.
(88) S. G. porcione.
(89) S. G. singularis.
(90) S. G. nominatis.
(91) S. G. vel.
(92) Manque dans S. G.
(93) S. G. habeas.
(94) Restitué d'après S. G.
(95) S. G. filius tuus.
(96) S. G. quem.
(97) S. G. es.
(98) S. G. faciat.
(99) S. G. cujus.
(100) Suppléé d'après S. G.
(101) S. G. distruere.

vantés à faire comprendre la variété infinie de situations que devait produire la liberté des contrats; rien ne montre mieux en même temps comment un grand nombre de conventions de natures diverses étaient revêtues de la forme usitée pour les précaires. En effet, ces cinq formules ne diffèrent pas extérieurement de celles qui précèdent. Le copiste s'est même dispensé de reproduire la majeure partie des actes de donation ainsi que les actes de rétrocession ou de prestaire; il s'est borné à transcrire les diverses conditions mises par les donateurs à leurs libéralités.

Dans le cinquième, on voit le donateur réserver non-seulement pour lui-même et pour ses enfants, mais encore pour toute sa descendance, la jouissance des biens dont il aliène la nue-propriété. Les seuls avantages obtenus par le donataire sont donc la perception d'un cens annuel et l'espoir de réunir l'usufruit à la propriété, si la descendance du donateur venait à s'éteindre. Il est permis de croire que dans les contrats de ce genre, sous l'apparence et la forme d'une aliénation, les parties avaient surtout pour but la création des liens de vassalité.

QUOD OMNIS POSTERITAS HABERE DEBET.

.... In ea ratione ut, quamdiu mihi vita comis fuerit, superius denominatas res habere mihi liceat et cum censu singulis annis prosolvere (102), infantesque mei post obitum meum similiter faciant omnisque posteritas, quæ de ipsis fuerit procreata (103) usque in sempiternum. Quod si evenerit ut ipse res sine herede remaneant, sine meæ posteritatis legitima procreatione, quod plerumque contingit, nullus de heredibus vel [pro]heredibus (104) ceteris se ibidem possit (105) adjungere, sed ubi cum censu (106) prosolvebatur (107), illuc jam redeat in perpetuum. Si quis vero....

La sixième et la septième nous paraissent offrir des modèles de contrat pignoratif; le donateur et le donataire ne sont probablement rien autre chose qu'un emprunteur et un prêteur, le prix stipulé pour le rachat équivaut sans doute à la somme antérieurement prêtée, et le cens annuel en représente l'intérêt.

QUOD HOMO (108) PER SEMETIPSUM REDIMERE VOLUERIT.

...Sub ea videlicet convenientia presentem traditionem statuo (109) : si ego ipse infra annos tantos res suprascriptas redimere voluero, cum tantis et tantis solidis redimam, et in proprietatem meam, sicut jamdudum fuerant, reducam sine alicujus prejudicio; et interim cum censu suprascripto ipsas res habeam. Si quis vero (110)...

QUOD INFANTES EJUS REDIMERE POST OBITUM EJUS DEBENT (111).

.....In ea ratione scilicet ut res ipsas dies vitæ meæ habeam, censumque prosolvam; et si infantes mei post obitum meum easdem res redimere voluerint, habeant licentiam eas redimendi cum tanto et tanto et in proprietatem sui juris revocandi. Si quis vero, et cetera.

La huitième est une aliénation véritable moyennant une pension alimentaire. L'acte de prestaire ne devait pas dans ce cas, comme dans les précédents, contenir une rétrocession de l'immeuble de la part du donataire au donateur, mais seulement une promesse de fournir les aliments stipulés. Il faudrait d'ailleurs connaître la valeur relative de l'immeuble et de la pension alimentaire pour décider si cette convention était en réalité une donation ou une vente.

QUOD HOMO TRADIT CONTRA VICTUM ET VESTITUM (112).

... In ea ratione videlicet ut ab hodierna die easdem res habeatis sub jure dominii vestri actores defensoresque prefati monasterii usque in simpiternum, et quantum ad victum et vestimentum (113) pertinet in alimoniis et tegumentis necessitates meas procuretis dies (114) vitæ meæ. Si quis vero, et cetera.

La neuvième contient une donation de la nue-propriété avec réserve de l'usufruit, et met au nombre des causes d'extinction de cet usufruit le cas où le donateur irait vivre dans le couvent donataire.

QUANDO IN EA RATIONE DAT RES SUAS, UT EUM LICEAT CONVERSARE IN MONASTERIO (115).

... In ea ratione, quamdiu voluero, ipsas res libere mihi uti (116) cum censu (117) liceat, id est tantum; et si aliquando sæculum relinquere voluero, tunc locum conversationis monachilis vitæ, sicut regularis edocet industria, inter vos me habere liceat, resque supradictæ ad jus dominii vestri revertantur in perpetuum. Si quis vero (118)...

X (119).

Les actes de vente sont fréquents dans les formulaires des deux premières races. Celui qu'on va lire ne diffère sous aucun rapport essentiel de ceux qui sont contenus dans les recueils de Marculfe, de Sirmond ou de Lindenbrog.

VENDICIO.

Ego, in Dei nomine, filius quondam illius. Dum non est incognitum qualiter inter me et illum abbatem monasterii illius, quod est constructum in honore sancti illius, convenit ut ei seu rectoribus ipsius monasterii aliquam partem de hereditate mea tradidissem, quod ita et vendidi; et hoc est quod vendidi, in pago nuncupante illo, unum wanc (120), qui ab occidentali parte ipsius rivi,

(102) S. G. persolvere.
(103) S. G. procreatura.
(104) Restitué d'après S. G.
(105) S. G. præsumpsit.
(106) S. G. ubicumque censum.
(107) S. G. prosolvatur.
(108) S. G. quomodo.
(109) S. G. statuto isti.
(110) S. G. ajoute qualis volueris.
(111) Cette rubrique seule se trouve dans S. G.; le copiste a omis de transcrire le texte même de la formule.

(112) Cette rubrique manque dans S. G.
(113) S. G. vestitum.
(114) S. G. diebus.
(115) Cette rubrique manque dans S. G.
(116) Manque dans S. G.
(117) S. G. cum consensu.
(118) S. G. ajoute qualis.
(119) Cette formule ne se trouve pas dans S. G.
(120) Wanc signifie campus, ager. Voyez le Trésor de la langue allemande de Graff, t. I, col. 894, et la Grammaire allemande de Grimm, t. III, p. 393.

qui in illum lacum defluet, adjacere videtur, et omnem silvam ibidem adherentem usque ad illam viam publicam et usque ad lacum et usque ad sursum in eccha (121) cum omni integritate sua; et accepi a predicto abbate et ab advocatis seu rectoribus ipsius monasterii precium argenti libram unam et unum caballum et unum palleum centum solidos valentem (122); et ob hoc presentem cartam venditionis propter firmitatis studium fieri decrevimus (123), ut neque nos nec quislibet heredum vel successorum nostrorum hanc venditionem valeat evertere aut destruere, sed omni tempore firma debet perdurare cum stipulatione subnixa.

XI (124).

Cette formule offre la plus grande analogie avec celle que nous avons publiée sous le n° IV; c'est de même une donation faite à un monastère, avec réserve de la jouissance tant au profit du donateur qu'au profit de ses descendants et sous la condition d'un cens annuel; cette convention est, comme la plupart des précédentes, rédigée dans la forme usitée pour les précaires.

Nous ferons seulement remarquer : 1° que la donation est faite par une femme veuve; 2° que les biens donnés par elle lui provenaient de son fils prédécédé; 3° que les petits-enfants de la donatrice, qui doivent à sa mort conserver la jouissance de ces biens, sont soumis au payement d'un cens plus considérable que celui qu'elle acquitte elle-même; 4° qu'un certain nombre d'esclaves, appartenant probablement à l'immeuble donné, sont exceptés de la donation; 5° qu'au lieu d'un seul acte de rétrocession ou prestaire, il en existe deux, l'un pour la garantie de la donatrice, l'autre pour la garantie de chacun de ses petits-enfants.

§ Ier. CARTA DONATIONIS, QUAM FACIT MULIER PRO ABSENTIBUS (125) VIRIS AC FILIIS EJUS AD MONASTERIUM.

In Dei nomine, perpetrandum est uniquique quod evangelica vox ammonet dicens : *Date elemosinam, et ecce omnia munda sunt vobis*. Ideoque ego illa cogitavi vitam futuram æternam retributionem, trado atque transfundo omnia quecumque in his duobus villis, his nominibus, illa, illa, ad monasterium quod est constructum in honore sanctæ Mariæ semper virginis, ubi ille abbas preesse videtur, quæ mihi ille filius meus manu potestativa tradidit, quecumque in supradictis villis habere visus fuit, id est tam terris quam domibus, edificiis, mancipiis, pratis, pascuis, aquis aquarumve decursibus, cultis et incultis, cum omnibus adjacentiis vel adpendiciis et cum omni integritate; hæc omnia ego ad supradenominatum trado atque transfundo pro animabus filiorum meorum, illius, illius, et pro anima viri mei illius et pro salute animæ, exceptis mancipiis, illis, illis; reliqua omnia ex integro tradidi, in ea videlicet ratione ut, quamdiu vixero, supradictas res habeam, censumque ex eis annis singulis prosolvam, id est quatuor solidos; et si filii illi filii mei me supervixerint, quorum unus dicitur ille, alter ille, tunc ille habeat hoc, quod in illa villa tradidi, tantum dies vitæ suæ in beneficium, et solidos quinque solvat annis singulis ad supradictum monasterium; ille vero alter hoc teneat, quod in illa villa tradidi, eodem tenore quo frater ejus per omnia; post meum vero et illorum discessum cum omni integritate sine alicujus contradictione ad supradictum monasterium revertantur perpetualiter possidende.

§ II. PRECARIA.

Ego, in Dei nomine, ille abbas monasterii quod vocatur illud. Dum pluribus notum sit qualiter tu illa omnia, quecumque in illa villa et in illa ex traditione filii tui illius habere potuisti, hæc sine aliqua diminutione cum omni integritate sua ad monasterium quod vocatur illud, exceptis mancipiis, his nominibus illis et illis, reliqua omnia, ut diximus, quecumque dici aut nominari possunt, pro anima viri tui illius et pro animabus filiorum illorum illius et illius et pro salute animæ tuæ donasti ad monasterium tradidisti; sed postea fuit tua petitio, nostra quoque non negavit voluntas, ut tibi easdem res in beneficium cederemus dies vitæ tuæ, in ea ratione ut, quamdiu vixeris, supradictas res habeas, et censum ex eis annis singulis solvas, hoc est quatuor solidos; post tuum vero discessum, si te nepotes tui, id est filii [filii] tui ille et ille supervixerint, easdem res habeant dies vitæ suæ tantum, et censum exinde solvant, id est ille habeat illam villam et quinque solidos annis singulis ad supradictum monasterium pro censum solvat, [et ille] illam villam eodem tenore quo frater ejus similiter faciat; post illorum vero discessum, statim cum omni integritate res supradenominatæ ad supradictum monasterium revertantur perpetualiter possidende. Nullusque et cetera.

---

(121) *Eccha*, paraît être la même chose que *Erva*, qui signifie proprement *coin*, et par dérivation un *point saillant*, la *cime d'une montagne*, etc., etc. Voy. Graff, t. 1, col. 112.

(122) On remarquera que le prix consiste à la fois en argent et en marchandises; mais celles-ci ne sont en quelque sorte que l'accessoire et n'enlèvent pas à l'acte le caractère d'un *contrat de vente*.

(123) La loi des Allemands ne contient aucune prescription sur la forme des contrats de vente. La loi des Ripuaires (tit. 59 et 60), et la loi des Bavarois (tit. XV, ch. 12) laissent aux parties le choix de dresser un acte écrit ou d'appeler des témoins; mais il nous semble que ces lois ont voulu indiquer les meilleurs moyens de preuve plutôt qu'imposer une condition de validité. Nous pensons que le consentement, le payement du prix et la tradition étaient comme on le voit dans la formule XIX du liv. II de Marculfe, les seules conditions requises pour la validité de la vente, et qu'en l'absence de toute preuve écrite ou testimoniale, l'existence du contrat pouvait être établie par l'*aveu* ou le *serment*. Il faut cependant ajouter que l'usage de rédiger un acte se répandit en proportion de l'influence qu'acquérait chaque jour la preuve écrite.

(124) Cette formule ne se trouve pas dans S. G.

(125) Le mot *absentibus* est évidemment pris ici pour *defunctis*, ainsi que le prouve la suite de la formule.

§ III. PRECARIA FILIORUM.

Ego, in Dei nomine, ille abbas de monasterio quod vocatur illud, quod est constructum in honore sanctæ Mariæ semper virginis. Dum plurimis non est incognitum, te etiam illum non latet, qualiter avia tua illa tradidit omnia quæcumque habere visa fuit in illis locis, exceptis his mancipiis illis, illis, ad supradictum monasterium pro remedio animæ viri ejus illius et animabus filiorum ejus illius et illius et pro salute animæ suæ; sed postea ejus petitio fuit, nostra quoque non renuit voluntas, ut post illius discessum in beneficium cederimus, et non negavimus huic postulationi, sed sicut postulavit ita fecimus, in ea videlicet ratione ut post illius discessu habeas supradictas res dies vitæ tuæ tantum, et censum solvas annis singulis, hoc est quinque solidos; post tuum vero transitum, antedicto res revertantur perpetualiter possidende.

XII (126).

Il s'agit ici du renouvellement ou plutôt de la prolongation d'une convention antérieure : un père avait donné son bien à un monastère avec réserve de la jouissance tant à son profit qu'au profit de son fils; celui-ci demande à son tour et obtient que cette jouissance soit continuée à ses enfants. Les renouvellements de cette nature devaient être facilement accordés, soit lorsque le cens annuel était assez élevé pour constituer un prix de ferme ou canon emphytéotique, soit lorsque la convention primitive n'était en réalité qu'un contrat pignoratif, soit enfin lorsque le monastère y trouvait un avantage, comme dans notre espèce, pour l'augmentation du cens.

PRECARIA (127).

Domino venerabile et in Christo patre abbate monasterii quod vocatur illud (128). Dum constet quod ille quondam omnia quæcumque in illo loco [habebat] tradidit ad monasterium quod vocatur illud, ad ecclesiam sancti illius, et petivit ut filii ejus, usque ad obitum suum, post eum haberent ipsas res, et cum sensu prosolverent, id est tantum et tantum; nunc postulavit illius filius ille ut supradicta res infantibus ejus cederetur post ipsius illius obitum dies vitæ illorum, quod nos ita concessimus, in ea ratione ut ipse ille ipsum censum annis singulis istam convenientiam majorem faciat, id est tantum et tantum, friskingas tantum sive escas in anno fiat sive

A non fiat (129), solidos tantum et tantum panes, et hoc ad Nativitatem Domini faciat duci ad illam curtem nostram, et infantes ejus post obitum ejus hoc omnia fatiant dies vitæ suæ tantum, si ipsas res habere voluerint; post quorum obitum sine alicujus contradictione supradicte res in omnibus meliorate ad nos successoresque nostros revertantur perpetualiter possidende. Nullus hoc valeat inrumpere, sed, prout tempus dictaverit, inconvulsa valeat perdurare cum stipulatione subnixa.

Actum in ipso monasterio, sub presentia fratrum. Sig. ipsius abbatis, qui hanc precariam fieri decrevit. Sig. fratrum septem vel amplius.

XIII (130).

Les chartes et les formules d'affranchissement sont également communes, et cette matière ne présente, pour ainsi dire, aucune obscurité. La formule qui suit n'ajoute donc rien aux connaissances acquises; elle offre seulement un nouveau modèle d'affranchissement par acte privé.

INGENUITAS.

Ego, in Dei nomine. Conplacuit mihi in animo ut vernaculum juris mei, nomine illum, ad ecclesiam sancti illius (131), quod est constructa in villâ quod dicitur illa, in pago nuncupante cujus vocabulum est illud, ingenuum relaxarem pro remedio animæ meæ vel pro æterna retributione, quod ita et feci (132); in ea videlicet ratione ut, quamdiu vixeris, a[d] prefatam æcclesiam in cera tramissa valente sive [ar]gento vel in alia qualibet pecunia annis singul[is pro]solvas, similiterque nati tui, qui ex te nati sunt [vel pro]creati fu[erint], fatiant, et in eadem ingenuitate p[erma]neant, quam tibi concessi, perennis temporibus : [mundel]purdium vero vel defensionem de ipsa ecclesi[a habea]tis (133). Si quis vero, quod fieri non credo, si ego ipse [aut] ullus heredum meorum vos inquietare ve. contra hanc ingenuitatem a me factam venire temptaverit aut eam inrumpere voluerit, in erarium regis multa conponat, id est auri uncias tres, argenti pondera quinque, coactus exsolvat, et quod repetit per nullius ingenium vindicare non valeat; sed presens epistola ingenuitatis firma et stabilis debet perdurare.

---

(126) Cette formule ne se trouve pas dans S. G.
(127) Des deux parties qui devaient composer cette formule, le copiste n'a transcrit que la seconde, à laquelle il a donné le titre de *Precaria*, au lieu du titre de *Prestaria*, qu'elle devrait porter.
(128) La forme grammaticale de cette première phrase atteste l'ignorance du copiste, et ne convient pas au début d'un acte de *prestaire*; elle ferait croire en effet que la concession est faite à l'abbé du monastère, tandis qu'elle émane de lui.
(129) La redevance d'un certain nombre de porcs (*friskingas*) n'était ordinairement stipulée que pour les années où avait lieu la récolte des glands (*escas*), comme on peut le voir dans la soixante-deuxième des chartes ou formules publiées par Goldast. Ici la condition est plus dure, et la redevance est exigible chaque année, que la récolte des glands ait lieu ou non.
(130) Cette formule ne se trouve pas dans S. G.—

A partir de cet endroit, les feuillets du manuscrit de Strasbourg ont été gravement endommagés; un assez grand nombre de syllabes et même de mots ont disparu; j'ai essayé de les restituer, mais en ayant soin de mettre mes conjectures entre crochets.
(131) Ces mots indiquent que l'affranchissement avait eu lieu dans une église.
(132) Il faut remarquer que la première partie de cette formule est rédigée en forme de *charte*, tandis que la suite est rédigée en forme d'*épître* adressée directement à la personne affranchie.
(133) On sait que les affranchis devaient toujours être placés sous le *mundeburdium* de quelqu'un, et que la désignation en appartenait au maître. Mais il était habituel que dans le cas d'affranchissement semblable à celui dont cette formule offre le modèle, le *mundeburdium* fût dévolu à l'église devant laquelle l'affranchissement avait lieu.

Actum in villa illa, publice, presentibus quorum hic signacula subter continentur. Sig. illius, qui hanc ingenuitatem fieri et firmare rogavit. Sig. testium quatuor vel amplius.

Anno regnante regis illius, [m]ense illo, sub die illa.

Nomen cancelarii.

XIV (134).

Cette formule offre le modèle d'un jugement rendu par un comte et réformé par des *missi dominici*.

NOTICIA.

[Not]um sit omnibus, tam presentibus quam et futu[ris, qua]liter ille comis, placito habito, divestivit illum [de prop]rio alode propter crimen incesti (135). Postquam autem [ille et] ille comis, missi dominici, in illas partes convenissent [ad jussionem] domni imperatoris explendam et justa judicia [ordin]anda, reclamavit se predictus ille quod injusto judicio propriis rebus caruisset et eum predictus [comes malo] ordine propriis rebus disvestisset. Tunc predicti mis[si jusse]runt homines ter hoc testimoniare quod ver[itatem super] predicta scirent (136). Tunc illi, sacramento facto [et fide] data, dixerunt quod legibus hoc factum fuisset (137). Tunc predicti missi judicaverunt ejus jussione imper[atoris], quod pro tali incesto non debuisset proprias res perdere (138), et reddiderunt ei predictas res pro proprio.

Hi sunt autem, qui hoc testificantur.

XV (139).

Il ne s'agit pas dans cette formule, comme on pourrait le croire au premier abord, d'un affranchissement, mais seulement d'une transaction : un homme illustre, fils d'un comte, réclamait comme esclaves un certain nombre de personnes ; un tiers se présente au tribunal du *missus*, devant lequel la revendication avait été portée, et obtient le désistement du demandeur moyennant l'abandon qu'il lui fait d'une pièce de terre et des constructions qui la couvrent. A la suite de cette transaction, deux actes durent être dressés : l'un émanant du demandeur et garantissant les défendeurs contre toute réclamation ultérieure de sa part ; l'autre émanant du tiers qui avait obtenu la transaction et garantissant au demandeur la propriété de la pièce de terre pour laquelle il s'était désisté. C'est ce second acte dont la formule qui suit offre le modèle.

[*Sine rubrica.*]

Nos vero, in Dei nomine, ille. Dum pluribus [non est incognitum] qualiter inluster vir ille, filius illius quondam comitis, aliquem hominem, nomine illo, cum sororibus suis, his nominibus, [in suum ser]vicium quesivit a parte patres eorum, no[mine illo, nos] consideravimus cum consilio parentum vel [eorum, qui] presentes fuerunt in mallo publico coram [misso imper]iali, illo videlicet abbate et illo judice, et feci[mus firmi]tatis pactum, et dedimus hobam unam in [loco, qui] vocatur ille, quam ille ipse habuit, cum omni in[strumento et] ædificio in eadem posito, quatenus ipsa progeni[es no]minata ingenua valeat permanere a parte [inlustris] illius atque secura (140) ; et cartam securitatis habeo accep[tam (141), et] pactum habeo firmitatis firmitatum, insuper [etiam] triginta solidos acceptas (142) ; ipsam hobam superius nomi[nat]am ipso illi tradimus atque donamus, ut ab hac die presente habeat, teneat atque possideat, ut quicquid exinde facere voluerit liberam in omnibus habeat potestatem faciendi. Si quis vero.....

Le manuscrit de Strasbourg présente encore deux formules inédites, intitulées l'une et l'autre *Libellum dotis* ; mais les feuillets qui les contiennent n'ont été tellement altérés, qu'à peine la moitié en est-elle demeurée lisible. D'un autre côté, ces deux formules se retrouvent dans le manuscrit de Saint-Gall. J'ai préféré dès lors en réserver la publication pour le moment où je ferai connaître en détail ce second manuscrit.

---

(134) Cette formule ne se trouve pas dans S. G. — Mais Pithou, dans son *Glossarium ad libros Capitularium*, v° *Reclamare*, a transcrit un fragment de formule presque entièrement semblable, qu'il dit avoir tiré *ex codice quodam pervetusto*, sans autre désignation.

(135) Le crime d'inceste est en effet puni de la peine de la confiscation par le tit. 39 de la loi des Allemands, le tit. 69 de la loi des Ripuaires et le tit. 1er du Capitulaire de l'année 756.

(136) Les personnes appelées ici en témoignage sont évidemment des *témoins* proprement dits et non des *conjurateurs*.

(137) Ces mots font certainement allusion aux passages de la loi des Allemands et de la loi des Ripuaires que j'ai cités plus haut.

(138) Il faudrait connaître les circonstances du procès, pour apprécier la décision des *missi dominici*; ils avaient probablement reconnu que le fait incriminé ne présentait pas les caractères d'un inceste.

(139) Cette formule ne se trouve pas dans S. G.

(140) La transaction ne pouvait pas en effet garantir les défendeurs d'une manière générale, elle les mettait seulement à l'abri de toute revendication ultérieure de la part du demandeur.

(141) L'acte désigné par les mots *cartam securitatis* est celui qui avait dû être rédigé par le demandeur pour la garantie des défendeurs. L'expression *securitas* est générique : elle s'applique aux actes de *quittance*, aux *transactions*, aux simples *déclarations*, qui ont pour but de mettre une personne à l'abri des réclamations qu'une autre pourrait lui intenter.

(142) Il paraît que la pièce de terre abandonnée au demandeur était plus que suffisante pour le désintéresser, puisqu'à son désistement il joint comme appoint une somme de trente sous.

FORMULES INEDITES

PUBLIÉES D'APRÈS UN MANUSCRIT DE LA BIBLIOTHÈQUE DE SAINT-GALL,

PAR EUGÈNE DE ROZIÈRE

PROFESSEUR AUXILIAIRE A L'ÉCOLE DES CHARTES.

MCCCLIII.

Il y a deux ans, j'ai publié une série de formules inédites, tirées d'un manuscrit de la bibliothèque de Strasbourg (143). J'y ai joint des variantes fournies par un manuscrit de la bibliothèque de Saint-Gall, et j'ai promis de faire connaître ultérieurement ce second manuscrit. Je viens aujourd'hui remplir ma promesse, à l'exécution de laquelle j'étais du reste plus intéressé que le public.

Le manuscrit dont il s'agit appartient à la bibliothèque capitulaire de Saint-Gall, et y porte le n° 550. Il est de format in-12, et contient 121 feuillets, ou 242 pages, de parchemin. L'écriture me paraît de la fin du IX° siècle; les rubriques, formées d'un mélange de lettres capitales et onciales, sont tracées à l'encre rouge. Quoiqu'il faille assurément pardonner beaucoup à l'ignorance des auteurs et à la grossièreté des copistes de cette époque, je dois avouer qu'il existe peu de textes où le langage et l'orthographe soient aussi corrompus; les mots défigurés, les désinences méconnues, les membres de phrases tronqués s'y rencontrent en si grand nombre, que le sens en devient souvent difficile, quelquefois même impossible à comprendre.

Les matières assez diverses que ce manuscrit renferme sont rangées dans l'ordre suivant :

1° *Fragmentum artis grammaticæ* (pag. 1-2).

2° *Passio sancti ac beatissimi Georgii martyris*, commençant par ces mots : *In illo tempore erat rex paganorum nomine Decianus*, etc. (pag. 5-29).

3° *Passio sanctorum Felicis et Regulæ* (pag. 29-57).

4° *Historia de inventione sancti Michaelis ecclesiæ archangeli*, commençant par ces mots : *Memoriam beati Michaelis archangeli toto orbi venerandam*, etc. (pag. 57-56).

5° FORMULÆ CARTARUM, TRADITIONUM ET EPISTOLARUM (pag. 56-161).

6° *Cumeani Scoti liber pœnitentiarum*.

Le formulaire compris entre les pages 56 et 161 fait seul l'objet de mon travail. Il comprend quatre-vingt-cinq formules, dont les deux premières répondent aux n°˙ 7 et 8 du livre II de Marculfe; deux autres ont été publiées dans les *Analecta* de Mabillon (p. 418, édition in-fol.); j'en ai moi-même imprimé douze d'après le manuscrit de Strasbourg; les soixante-neuf dernières me paraissent inédites.

Rien ne fait connaître l'auteur de cette collection. Une note écrite au siècle dernier sur la marge du manuscrit l'attribue à Ison, moine de Saint-Gall, et M. Pertz, trompé sans doute par cette note, a reproduit dans ses *Archives* la même assertion (144). On sait en effet qu'Ison, chargé tour à tour de diriger les écoles de Saint-Gall et celles de Grandfel, avait composé des formules à l'usage de ses élèves (145). Mais il y a une telle distance entre la latinité correcte de la *Vie de saint Otmar* (146) et le style barbare de notre formulaire, qu'il me semble impossible d'attribuer ces deux ouvrages au même auteur. Les formules d'Ison, qui paraissent perdues pour nous, ont d'ailleurs été connues de nos devanciers; Goldast les a eues entre les mains, et en a publié cinq (147), que Baluze a reproduites d'après lui (148); or le recueil dont il s'agit ne contient aucune de ces cinq formules, et cette raison suffit pour écarter l'opinion de M. Pertz.

Si l'auteur doit rester inconnu, il est du moins permis de former des conjectures sur le temps et le lieu où il a vécu. Plusieurs formules fournissent à cet égard des renseignements positifs. — Ainsi, parmi les nombreuses et grossières fautes d'orthographe que j'ai déjà signalées, il en est dont le retour fréquent, et pour ainsi dire systématique, semble attester l'origine allemande de l'ouvrage, par exemple la substitution

---

(143) Paris, 1855, in-8°; chez Durand.
(144) *Archiv der Gesellschaft für ältere deutsche Geschichts-Kunde*, tom. VII, pag. 800.
(145) *Histoire littéraire de la France*, V, 401.
(146) *De Miraculis S. Otmari libri duo* (ap. Pertz, *Monumenta*, II, 47).
(147) *Rerum Alamannicarum Scriptores*, II, 4 (édit. de 1661).
(148) *Capitularia*, II, 586 et sqq.

la lettre *p* à la lettre *b*, de la lettre *t* à la lettre *d*, de la lettre *f* à lettre *v*; on trouve en effet *puplice* pour *publiae*, *supscripcio* pour *subscriptio*, *inpuendum* pour *imbuendum*, *subtitus* pour *subditus*, *tricto* pour *dricto*, *fasallo* pour *vasallo*, etc...

La présomption qui résulte de ce système orthographique est d'ailleurs confirmée par des passages nombreux et décisifs. Les formules 27 et 29 contiennent, l'un un modèle de jugement, l'autre un modèle de constitution de douaire, rédigés tous deux *secundum legem Alamannorum*; les formules 3, 5, 21, 24 27 et 30 mentionnent les signatures de *sept* témoins, nombre exigé par le titre 1er de la loi des Allemands, et même la formule 24 ajoute à la mention des signatures cette seconde mention : *signa aliorum Alamannorum*; dans la formule 63, il est question des dommages causés à un monastère par les dissensions excitées *inter Alamannos et Alsacenses*; enfin, dans la formule 41, un abbé prie un de ses confrères de lui envoyer une semence, qu'il n'a pu trouver *in tota Francia*, expression qui sert en général à désigner le royaume de France orientale, dont le pays des Allemands faisait partie (149).

Je dois ici faire observer que les formules contenues dans le manuscrit de Saint-Gall ne forment pas un tout homogène, et qu'elles paraissent appartenir à deux collections séparées. Il existe en effet entre les pages 121 et 122 du manuscrit une solution de continuité, qui ne tient pas seulement à la perte de quelques feuillets. Les pages 122 et suivantes diffèrent par la nature du parchemin et par le caractère de l'écriture de celles qui précèdent : cette différence semble indiquer qu'on a réuni dans une même reliure les fragments de deux ouvrages distincts, et le soupçon se change en certitude si l'on considère les noms d'hommes et de lieux conservés par les copistes. Dans cinq formules, qui appartiennent au premier fragment, il est question de l'abbaye, des moines et des abbés de Reichnau : l'abbaye est désignée par les noms de ses patrons, la sainte Vierge, saint Pierre et saint Paul; les moines reçoivent l'épithète d'*insulanenses*, qui rappelle la situation géographique de leur couvent; enfin, les abbés mentionnés sont Pierre et le célèbre Walafrid Strabon. Dans cinq autres formules, qui appartiennent au second fragment, il est question du monastère de Morbach et de ses abbés Amico et Sindbert. Ne doit-on pas en conclure que le manuscrit de Saint-Gall renferme deux formulaires distincts, dont l'un avait été rédigé à Reichnau, l'autre à Morbach? Ces deux abbayes étaient du reste situées dans le pays des Allemands, et cette circonstance vient appuyer les conjectures que j'ai précédemment exposées.

Il reste à fixer, au moins approximativement, l'époque où ces deux recueils furent composés. Plusieurs des noms propres déjà cités peuvent à cet égard servir de renseignements : on sait en effet que Pierre fut élu abbé de Reichnau en 781 et Walafrid Strabon en 842, qu'Amico fut élu abbé de Morbach en 774 et que Sindbert gouverna le même monastère de 779 à 809. Ce n'est pas tout : deux formules offrent des modèles de requêtes adressées à Charlemagne; une troisième est datée du règne de Louis le Germanique. On trouve enfin dans le premier fragment une lettre adressée par les religieux de Reichnau au pape Grégoire III, qui régna de 731 à 741, et dans le second fragment une lettre de saint Prudence, qui occupa le siége épiscopal de Troyes depuis 847 jusqu'en 861. Ces observations suffisent pour montrer que les deux recueils sont contemporains, et qu'ils ont été rédigés pendant la période de la domination carlovingienne.

Je n'ai pas l'intention de publier les formules inédites du manuscrit de Saint-Gall dans l'ordre où ce manuscrit les présente. J'ai cru me rendre plus utile au lecteur en les disposant avec une certaine méthode. Je les ai donc partagées en deux classes : la première comprend toutes celles qui offrent des modèles d'actes juridiques; la seconde renferme principalement des lettres échangées entres des évêques et des abbés, ou même de simples particuliers.

(149) Voy., dans l'*Annuaire de la Société de l'histoire de France* pour 1849, une savante dissertation de M. Guérard sur *le nom de France et les différents pays auxquels il fut appliqué*.

PREMIÈRE PARTIE.

I.

Je place cette formule la première, parce qu'elle est la seule qui se rapporte au droit public. Elle offre le modèle des ordres expédiés par le souverain pour le logement de ses envoyés. On sait que l'obligation de recevoir les délégués de l'empereur et de leur fournir tout ce qui était nécessaire à leur nourriture et à leur voyage était chez les Romains une des formes de l'impôt. Cette institution fut maintenue par les conquérants germaniques, et nous trouvons dans les Capitulaires et dans les recueils de formules de nombreuses preuves de son application. (Cf. du Cange, V° *Mansio, Tractoria*.)

AD PRINCIPEM (150).

Cognoscas, ille, ut, cum iste homo ille at te venerit, ut facias dare illi et illa et mansionem ei et suis et hominibus. Cave ne inde neglegens appareas. Vale bene.

(150) Le mot *princeps* est pris ici dans son sens le plus large, et signifie le comte ou le duc de la province.

II et III.

Les deux formules suivantes offrent des modèles d'affranchissements, le premier devant l'Eglise, le second par acte privé.

On fait généralement remonter à Constantin l'introduction des affranchissements devant l'Eglise. Il est vrai que Sozomène (liv. 1, c. 9) mentionne trois constitutions de ce prince sur cette matière, et que deux d'entre elles ont été insérées dans les codes de Théodose et de Justinien. Cependant il me paraît probable que les chrétiens affranchissaient leurs esclaves devant les ministres de leur religion longtemps avant la conversion de Constantin; mais ce mode d'affranchissement était sans doute alors considéré comme un *mode privé*, et ne conférait pas aux affranchis la qualité de citoyen romain. Les constitutions de Constantin eurent pour but de le transformer *en mode public* ou *solennel*, en assimilant le prêtre au magistrat. Quoi qu'il en soit, c'est à Constantin que la tradition des siècles barbares a rapporté l'origine de cette institution, comme on le voit par la formule cinquante sixième de l'*Appendix ad Marculfum*. L'Eglise en conserva précieusement l'usage après la chute de l'Empire, et nous trouvons dans les lois des Ripuaires (tit. 58), des Allemands (tit. 17 et 18), des Lombards (II, 35, et III, 9), la preuve qu'elle fut admise et pratiquée chez les différentes nations germaniques.

Quant aux affranchissements *per cartam* ou *per epistolam*, c'est-à-dire par acte privé, ils ne conféraient, d'après le droit romain, qu'une liberté restreinte. Mais cette distinction avait disparu dans les Etats germaniques; l'affranchi *per cartam* pouvait jouir d'une liberté parfaite et recevoir, aussi bien que ceux qui avaient été affranchis devant les églises, le titre de *civis romanus*. La condition de l'affranchi dépendait moins du mode d'affranchissement que des restrictions que le maître y apportait.

DE INGENUITATE AD ECCLESIAM.

Ego, in Dei nomine, ille, tractans pro Dei intuitu vel animæ meæ remedium ut servum juris mei, nomine illo, ingenuitatem concederem, quod ita feci, et circa sacra sancta altaria illum duci precepi, ut ab hodierno die ingenuus permaneat, tamquam si ab ingenuis parentibus fuisset procreatus, sibi vivat, sibi laboret atque laboratum suum omni tempore possideat, mundburdium vel defensionem ad ipsam ecclesiam pertineat, et ibidem annis singulis trimissa valente in cera aut quicquid potuerit solvat (151). Si quis vero, quod fieri esse non credo, si ego ipse aut ullus heredum vel proheredum meorum, qui contra hanc ingenuitatem a me factam venire temptaverint aut eam inrumpere voluerint, sociante fisco multa componat, id est auri uncias duo, argenti pondere quinque coactus exsolvat, et quod repetit per nullius ingenium evindicare non valeat; sed hec presens epistula ingenuitatis omni tempore firma et stabilis debeat perdurare.

Actum in villa illa, puplice, presentibus querum hic signacula continentur.

Signum illius, qui hanc cartam fieri rogavit.

(151) C'était à l'église, dans laquelle l'affranchissement avait lieu, qu'appartenaient de plein droit le *mundeburdium* de l'affranchi et tous les avantages qui en découlaient. Cf. *Lex Ripuar.*, tit. 58, et *Lex Alaman.*, tit. 17.

(152) Le nombre de *sept* témoins, qui se retrouve dans plusieurs des formules suivantes, était exigé

A Sig. testium septem vel amplius (152). Tempora regis vel nomen ejus, nomen cancellarii cum supscriptione, et mense et die, in quo facta fuerit (153).

CARTA AD INGENUIS RELAXANDUM EXTRA ECCLESIAM.

In Dei nomine, ego ille talis. Mihi sumpsit consilium, pro Dei amore et animæ meæ remedium, ut vernaculum juris mei, nomine illo, ingenuum relaxare debueram et ab jugo servitutis absolvere, pro eo quod semper circa me fideliter in omnibus deserviret; et propter divinam vocem dicentem: *Sive servus, sive liber, omnes in Christo unum sumus* (154). Propterea ego tibi integram ingenuitatem concedam, ut sis ingenuus, sicut reliqui [in]genui, qui sub tale titulum relaxantur, tibi vivas, tili laboras atque laboratum tuum possideas, portas apertas cives romani vias, discendendi partibus quas libet pergas, mundpurtium vel defensionem ubi ipse elegere volueras pertineas, nullum debitum obsequias, sed in integro ingenuitate vivas. Si quis vero, quod fieri non credo, si ego ipse aut ulus heredum vel proheredum meorum, qui contra hanc ingenuitatem agere aut infrangere voluerit, inprimitus enim iram Dei et sanctorum ejus incurrat et pena inferni experire pertimescat, et insuper sociante fisco auri libras tres, argenti pondera quinque coactus exsolvat, et hec ingenuita[s] a me facta omni tempore firma et inviolata permaneat cum stipulatione subnixa.

Actum in villa illa, que dicitur illa.

Signum qui hanc ingenuitatem fieri et firmare rogavit, et sig. aliorum septem.

IV, V, VI.

Une femme libre, en s'unissant à un esclave, perdait son ingénuité, et appartenait, ainsi que ses enfants, au maître de son mari. La loi salique (tit. 44, § 7), la loi des Allemands (tit. 18), la troisième capitulaire de 819 (§ 3) ne laissent aucun doute sur la coutume suivie à cet égard par les peuples germaniques. Mais il dépendait du maître de renoncer à l'exercice de ce droit, en permettant à la femme de conserver son ingénuité et de la transmettre à ses enfants. Les concessions de cette nature, dont les trois formules suivantes offrent le modèle, devaient même être assez communes, si l'on en juge par le nombre d'exemples qu'on en rencontre. (Cf. *Form. Marc.* II, 29; *Bign.*, 10; *Andegav.*, 58.)

CARTA DE INGENUA FEMINA CONJUGATA A SERVO.

Ego, in Dei nomine, ille et ille. Dum cognitum est quod servus meus, nomine illo, filiam aut parentem tuam aut neptam aut consobrinam tuam, nomine illa, accepisset uxorem, propterea ego cantatem epistolam et firmitatem pro hanc concopulacionem emitto, ut pro hanc causam ad jugum servitutis declinare non debeat, neque ipsa neque

par la loi des Allemands (tit. 1er).

(153) Le titre 45 de la loi des Allemands déclarait nuls les actes qui ne portaient point la date du jour et de l'année.

(154) Epist. prim. B. Pauli ad Corinth., cap. XII, ỹ. 1.

geniti ejus, qui ex ea nati fuerint, sed habeant licentiam libertatis; debitum tuum quod tibi debuunt pro id ubi manum reddant secundum placito vel legem (155); et si exire voluerint, ut ipsa supernominata femina aut infantes ejus, quicquid de eorum laboratum eis legitimum optinet, cum ipso procedant sine ulla contradictione (156). Si quis vero ullus adest de egentibus nostris, heredum vel proheredum meorum, aut quislibet ulla amposita persona, qui contra hanc firmitatem istam venire temptaverit, aut eos inservire voluerit, partibus fisce multa componat, id est auri tantum, argenti tantum coactus exsolvat, et quod repetit evindicare non valeat; sed hec presens epistula omni tempore debeat esse conservata cum stipulatione subnixa.

Actum in villa illa, publice, presentibus quorum hic signacula continentur.

Sig. hominis illius, cujus servus fuerit, qui hanc epistolam fieri rogavit.

EPISTOLA CONCULCATURA (157).

In Christo sorore illa, ego ille. Quia hominibus non est incognitum qualiter tu servo meo, nomine illo, accepisti maritus, quod et ita fecisti; et ego tibi de præsenti talem epistula emitto conculcaturia, quod nullum periculum exinde non habetis de tuas ingenuitates, nisi sub integra ingenuitate debeas permanere. Si quis vero, quod fieri non credo, si ego ipse aut quislibet de heredibus meis vel quislibet......

ITEM ALIA.

Ego, in Dei nomine, ille. Dum non habetur incognitum qualiter homo servus meus, nomine ille, feminam ingenuam, cujus vocabulum est illa, in conjugio sociavit; sed illorum fuit petitio et mea voluntas decrevit ut eis cartulam conculcationis pro mercede facere deberem, quod et ita fæci. Ideoque talem firmitatem per hanc cartulam facimus adque manu confirmamus, ut, si, Deo volente, agnatio ex illis procreata fuerit, sub integra ingenuitate omni tempore vite seu permaneat (158); et nec ipse ego nec heredes mei ullunquam tempore eos in servitio revocemus, sed pro mercede nostra, sicut diximus, sibi vivent, sibi laborant, seu mundebordo cui voluerint pro defensione elegant.

Facti epistolam conculcationis, anno XIII regnante.....

VII et VIII.

Il s'agit, dans ces deux formules, de la *dot*, dans le sens germanique, c'est-à-dire de la donation faite à la femme par le mari avant le mariage. Le texte s'en rencontre également dans le manuscrit de Strasbourg, mais avec beaucoup de mutilations.

LIBELLUM DOTIS.

Domino patri (159) illi, ego ille. Dum cognitum est quod ego sororam tuam aut neptam tuam per (160) conventu parentorum nostrorum ex utraque partem accepissem uxorem, propterea ego tibi talem epistolam dotis (161) emitte in has litterulas scribere præcipio secundum legem Alamannorum (162), vel habere nostrum quod esse dinoscitur, hoc est curti clausa cum spurima (163) et alias officinas (164) quantum sunt, mancipas tantos, boves aut vaccas tantos, borcos (165) et birbices (166) quantum sunt, callidarias vel ferramentum si sunt, campo arativo ilihes tantos, pratas segaturias tantas et carradas tantas. Quod supperius diximus aut donamus, dum vivis, sub usufructuario habeas, teneas atque possideas cum stipulacione subnixa; post tuum vero discessum ad me, si vivo, aut infantes meos, si Dominus donare voluerit, si sunt, ad illos revertantur; et si illi non sunt, ad meos proximos heredes ipse dotis, quam tibi dedi, revertant

---

(155) Le sens de ce membre de phrase est obscur; peut-être, au lieu de MANUM, faut-il lire MANENT, et entendre par ces mots *pro id ubi manent* la redevance payée par ceux qui habitaient sur la terre d'autrui. Quant aux expressions *secundum placito vel legem*, elles montrent que cette redevance était dans certains cas convenue entre les parties, dans d'autres fixée par la coutume.

(156) Comme les esclaves étaient attachés à la terre de leur maître, et n'avaient pas la permission d'en *sortir*, on caractérisait la condition d'une personne libre en disant qu'elle avait *la faculté de sortir*. C'est ainsi qu'on lit dans la loi des Allemands (tit. 18, § 3), au sujet des enfants nés d'une femme libre et d'un esclave : *Ipsi servi et ancillæ permaneant*, POTESTATEM EXEUNDI NON HABEANT. Le droit de conserver et d'emporter avec soi le produit de son travail est aussi un des signes de la liberté, parce que l'esclave acquiert exclusivement pour son maître.

(157) Les expressions *epistola conculcaturia* ou *conculcatoria*, *epistola* ou *carta conculcationis*, sont presque toujours employées dans les recueils de formules pour désigner les actes de la nature de celui-ci. Bignon, dans ses notes sur les *Formul. Bign.*, n° 10, avoue qu'il ne peut expliquer le sens propre de ce mot, et propose de lire *conciliatoria*; mais le mot *conculcatoria* se trouve dans un trop grand nombre de manuscrits d'âge et de pays différents pour que la correction de Bignon puisse être admise. Du Cange, dans son Glossaire, fait dériver *conciliatoria* du verbe *conculcare*, parce que *conculcato et irrito facto ob agnationem, quæ inter eos intercedebat, matrimonio mulierem libertati suæ reddit*. Mais cette explication est contraire au sens de l'acte lui-même, et les auteurs du *Nouveau Traité de diplomatique* (I, 262) l'ont relevée avec raison; en effet, les actes intitulés *conculcaturia* n'ont pas pour but de rompre le mariage, mais seulement d'en modifier les conséquences rigoureuses.

(158) Il paraît résulter de cette phrase que, dans l'espèce, la liberté n'était point accordée à la femme, mais seulement aux enfants à naître du mariage.

(159) Strasb., *Domino et patri*.
(160) Strasb., *pro*.
(161) Manque dans Strash.
(162) La loi des Allemands n'a pas de disposition expresse qui oblige le mari à doter sa femme avant le mariage; mais le titre 56 de cette loi fixe la quotité de la dot, pour les cas où elle n'aurait point été stipulée, et montre par cela même sa nécessité.
(163) Ce mot ne se trouve pas dans le Glossaire de du Cange. Peut-être signifie-t-il le lieu où, dans une exploitation agricole, on déposait le fumier.
(164) Strasb., *officias*.
(165) Strasb., *porcos*.
(166) Strasb., *berbices*.

secundum legem. Si quis vero, quod fieri non credimus, si ego ipse aut ullus heredum vel proheredum meorum, qui contra hanc libellum dotis agere aut venire voluerit, partibus fisce (167) multa conponat, id est auri tantum, argenti pondera tanta coactus exsolvat, et quod repetit per nulliusque ingenuis (168) evindicare non valeat; sed hec epistola dotis omni tempore firma et stabilis permaneat.

Signum illius, qui istam dotem donavit atque firmare rogavit.

LIBELLUM DOTIS.

Quia per dispositionem Domini nostri Jesu Christi et consensu amicorum nostrorum ego ille te ita filiam illius in legitimum conjugium suscepi, idcirco tibi dotem legitimam decretum do manu potestativa in pago nuncupante illo, in villa que vocatur illa, curtem clausam cum ceteris edificiis, cum terra salice (169), id est jurnales tantos, prata ad carradas tantes (170) et hobas tantas, cum agris, pratis, silvis, pascuis, aquis aquarumve decursibus, ut a die presente habeas, teneas atque possideas ; in ea videlicet racione, ut, quamdiu vixeris, easdem res sub usu fructuario habeas; post obitum vero tuum ipse res in meam revertantur potestatem vel ad meos heredes legitimos, si me supervixeris. Si quis vero, quod futurum esse non credo, si ego ipse aut ullus heredum vel proximorum meorum, hanc donationem dotis legaliter a me factam infringere voluerit, ad partes fisci multa conponat, id est auri libras tantas, argenti libras tantas, et insuper tibi aliud tantum quantum repetit coactus exsolvat (171); hec vero donatio firma et stabilis permaneat cum stibulacione subnixa.

Actum in villa illa, anno Ludowici invictissimi regis, in menses illo, die Jovis, indictione III, coram comite illo et frequentia populi testibusque subnotatis (172).

Sig. illius, qui hanc donationem dotis fieri rogavit. Sig. ceterorum testium.

Ego itaque ille notavi diem et annum, scripsi et subscripsi feliciter, amen.

IX.

Cette formule et les huit autres, qui la suivent immédiatement, se rapportent aux actes de donation. Les premières sont de simples préambules; les deux dernières offrent des modèles complets.

PROLOGUS.

Dum unusquisque pro modulo quantitatis sue propria largitate decreverit, ille bene tribuit, qui, quamvis parum, nihil tamen extra datum dimiserit. Ideo in Dei...

PROLOGUS.

Ille bene possidet, qui sibi in secula ista conparat premia sempiterna. Propterea ego...

XI.
PROLOGUS.

Domino sacra sancta basilica Sanctæ Marie, semper virginis seu Sancti Petri apostoli ceterorumque sanctorum (173), que est constructa in loco nuncupante illo. Dum non est incognitum........

XII.
PROLOGUS.

In Dei nomine, perpetrandum unicuique quod evangelica vox ammonet dicens : *Date elemosinam et ecce omnia munda sunt* (174). Hujus ergo salutiferi precepti ammonicione, conpunctus, dono donatum........

XIII.
PROLOGUS.

Ego, in Dei nomine, talis. Mihi decrevit voluntas in animo meo, ut aliquam porcionem de rebus ad ecclesiam sancti illius tradere debuissem, quod ita et tradidi........

XIV.
PROLOGUS.

Ego tamen hujus rei exemplum elegi donare ad oratorium, cujus vocabulum illud [ubi] turma monachorum, Christo propicio, non modica esse videtur, omnes res meas, que mihi legitimo jure contingere videntur, ut ex eo augmentacione victus et vestitus habeat........

XV.
INDICULUM REGALE.

Illi rex Francorum, viris inlustribus, illo duce, illo comite. Illut nobis ad eterna retributionem vel stabilitatem regni nostri credimus, in Dei nomine, pertinere, si pe[ti]tionibus sacerdotum vel oportunitatem loca sanctorum aut ecclesiarum, in quo meis fuerint auribus prolati, effecti mancipamus. Dum ante hos dies paginola aliqua nostra (175)... in loco nuncupante........

XVI.

CARTA DENOMINATIONIS (176) AD ECCLESIAM DE TERRA MANCIPIIS AUT QUISLIBET.

In Dei nomine, ego ille. Recordatus innumerabi-

---

(167) Strasb., *fisci*.
(168) Strasb., *nullius ingenii*.
(169) Cf., au sujet de la *terre salique*, l'ouvrage de M. Pardessus sur la *Loi salique*, p. 705 et suiv.
(170) Strasb., ajoute : *mancipia nominata tantos*.
(171) Strasb., *restituat*.
(172) Le souverain désigné dans cette date me paraît être Louis le Germanique; le diplôme sur lequel la formule a été rédigée appartenait donc aux années 840, 855 ou 870, les trois seules qui, pendant le règne de ce prince, correspondent à la troisième indiction.

(173) Le monastère désigné ici me paraît être celui de Reichnau, qui avait été fondé sous l'invocation de la sainte Vierge, de saint Pierre et de saint Paul.
(174) Évang. sec. Luc., cap. XI, ŷ. 41.
(175) Ces derniers mots, bien que tronqués, semblent indiquer qu'il ne s'agit pas d'une donation actuelle, mais de la confirmation d'une donation antérieure.
(176) Le mot *denominatio*, qui signifie simplement ici une *donation*, a exprimé plus tard la reconnaissance officielle faite par le vassal des biens

lia peccatorum meorum, dono ad ecclesiam illius sancti, dono quod in perpetuum esse donatum volo, pro remedium animæ meæ vel eterne retribucione, hoc est quod diximus; a die presente de meo jure ad ecclesiam sancti illius vel ejus rectoris trado in dominacionem, habeant, teneant atque possideant, quidquid exinde facere voluerint liberam ac firmissimam habeant potestatem faciendi, cum stibulacione subnixa. Si quis vero, quod fieri non credo, si ego ipse aut ullus heredum vel proheredum meorum, qui contra hanc donacionem a me factam venire præsumpserit, sociante fisco restitutionem [cum] multa conponat, id est auri libras duo, argenti pondera quinque coactus exsolvat, et duplum ad ipsam ecclesiam restituat, et quod repetit per nullius ingenium evindicare non valeat.

XVII.
CARTA TRADITIONIS.

In Dei nomine, ego ille talis. Mihi decrevit voluntas ut aliquid de rebus meis illo homini tradidissem, quod ita et tradidi; [a] die presente de meo jure in tua trado dominacione, habendi sive commodandi, vendendi vel quicquid exinde facere pro utilitate tua volueris, liberam atque firmissimam habeas potestatem faciendi. Et [si] ullus est de agentibus nostris aut heredum vel postheredum meorum quislibet aut ulla opposita persona, qui contra hanc tradicionem a me factam agere aut venire aut ullam calumniam generare voluerit, partibus fisce multa conponat, id est auri libras duo, argenti pondera quinque coactus exsolvat, et quod repetit per nulliusque ingeniis evindicare non valeat; sed hoc presens epistula omni tempore firma et stabilis permaneat cum stibulacione subnixa.

Actum in villa, publice, presentibus quorum hic signacula continentur.

Sig. qui hanc cartam fieri rogavit.

XVIII.

Ce te formule, semblable pour le fond à toutes les formules de vente qu'on connaît, est rédigée avec plus d'intelligence que la plupart des documents de cette nature. L'auteur ne s'est pas borné à copier servilement la charte qui lui servait de modèle; il a voulu donner à son œuvre un caractère de généralité, et l'approprier aux différentes applications du contrat de vente.

CARTA VINDITIONIS.

In Dei nomine, ego ille venditor et ille emptor. Costat me tibi vindidisse, quod et ita vendidi, terram aut mancipium juris mei; si mancipius est, nomine illo; si terra est, in loco nuncupante ubi est, in pago illo aut in villa aut in sito illo, terra tantum quantum; si mansura est, cum adpenditiis ejus; et accepimus a te precium adtaxatum inter auro et argento et cavallos et boves et alium precium tanter et tanter; hoc, quod ego, homo ille, a die presente in tua trado dominacione, habendi, vindendi, sive commodandi, seu pro animæ salute

donandi vel quicquid exinde facere volueris, in omnibus [liberam] ac firmissimam habeas potestatem facere.

XIX.

La réflexion que j'ai faite sur la rédaction de la formule qui précède est également applicable à celle-ci.

CARTA CUMCAMBIO.

Dominis fratribus in societate illo et illo. Sic et inter nos conplacuit atque convenit ut aliquid de rebus nostris in concambio confirmare debuerimus, quod et ita fecimus, aut quicquid fuerit accepimus, hoc est aut mancipia aut terra; a te mancipium hoc, nomine illo, et dedi alium mancipium in concambio isto, nomine illo, vexatum; et si terra fuerit, dedimus tibi terram istam in concambio tanter et tanter, in loco nuncupante, in sito illo aut in pagello, et accepimus a te alteram terram, in loco nuncupante, in sito illo aut in pago illo, tanter et tanter. Quicquid ego tibi dedi, teneas, habeas atque possidas licentiam absque ulla contradicto unde commutare seu pro anima salutem donare, ut nec ego ipse nec ullus heredum meorum tibi hoc contradicere nec minuare possit; quicquid exinde facere volueris liberam ac firmissam habeas potestatem faciendi. Si quis vero, quod fieri non credo, si ego ipse aut ullus heredum vel proheredum meorum, qui contra literulas concambitairas a me factas venire præsumpserit aut infrangere voluerit, sociante fisco multum conponat, id est auri tantum, argenti tantum coactus exso[l]vat.

XX.

Les mots carta post cartam, qui servent de rubrique à cette formule, sont synonymes de precaria. On devait, en effet, dans les contrats de précaire, rédiger deux originaux, dont l'un contenait les stipulations du concédant, l'autre les engagements du concessionnaire. Il n'est donc pas étonnant que le second de ces actes ait été nommé carta post cartam, puisqu'il devait être précédé par le premier. Je ferai seulement remarquer que cette expression n'a été signalée ni dans le Glossaire de Du Cange ni dans le Nouveau Traité de diplomatique.

CARTA POST CARTAM.

In nomine Dei summi. Dum cognitum est quod ex facultatibus ex spontanea voluntate pro animæ meæ salutem ad ecclesiam illius tradidi, rogo subtitus vel per vestram consolacionem abbatem illum et fratres ejus ut ipsas res, dum advivo, mihi precariam prestare jubetis, et post meum discessum ad infantes meos, si voluerint, sub usufructario; singulis annis per festivitatem sancti Remedii confessoris, quod in kalendas octobris, censum pro eo solvo, hoc est tantum vel quantum; et si de ipso censo, quod diximus, negligens apparuero in festivitate sancti Remedii anno primo, in secundo vero anno neglegens fuero, reddo duplum, et si in tercio anno de ipso censo per ipsam festivitatem sancti illius neglegens aparuero, ipsas res, quod per cartam firmitate ad ecclesiam illam

qu'il tenait de son seigneur; c'est ce qu'on appelait le *dénombrement*. Cf. du Cange, v° *Denominatio, Denominare.*

dedi, in omnibus admelioratas ibidem revertantur partibus meis in omnibus conservata. Si qui[s] vero, quod fieri non credo, si ego ipse, abbas aut alius qui post eum venit, qui contra hanc precariam a me factam infrangere voluerit, solvat in publico auri uncias tres, argenti pondera quinque coactus exsolvat; et quod justum repetit non prævaleat evindicare; sed hoc præsens præcaria ista omni tempore sit conservata.

Sig. abbatis, qui hanc præcariam fieri atque firmare rogavit.

Sig. præposito et decano et cancelario et camerario et portario et seniorium fratrum inter totos.

Sig. de ipsa familia ecclesiastica laicorum septem consentientes.

Sig. aliorum Alamannorum, ubi ipsa tradicio adesse videntur.

Ego enim cancellarius anno vel die mensis quod fuerat scripsi et subscripsi.

XXI.

La formule qui suit offre un modèle de jugement, et mérite à plusieurs égards de fixer l'attention. On y voit figurer un comite, des rachimbourgs et des juges; ces dernie. s, distincts des autres membres du tribunal, me paraissent être les vicomtes ou vicaires, qui jouissaient probablement du droit de siéger avec le comte, lorsqu'ils se trouvaient présents au chef-lieu du *pagus*. On y voit aussi des témoins proprement dits, choisis parmi les habitants du voisinage, et des fidéjusseurs ou cautions, destinés sans doute à garantir l'exécution du jugement par la partie condamnée. Enfin l'expédition du jugement est souscrite par sept témoins, conformément au principe de la loi des Allemands, qui s'appliquait à tous les actes écrits.

EVINDICATE JUDICIO VIRO INLUSTRO.

Vir inluster comis ille. [Cum] in pago illo resedissem, in villa illa, cum judicibus et reginburgis et aliis populis multis ad discendum judicium, ad præsentem nostram veniens homo iste, nomine illo, [repetebat] ei, [dum diceret quod] per malo ordine res suas tulisset. Et nos hanc causam per vicinos eorum diligenter adquisivimus, per fidejussores positos et sacramentum jurata. Et ipsi dixerunt nobis innotuisset causam. Et ille alter expressus judicio non potuit denegare et nullam potuit reddere racionem, et per suum vuadium ad nostram presentiam cum revestivit. Et cum se recognovisset in omnibus exuatum, definito judicio, iste alter, qui contra illum habuit racionem, secundum legem Alamannorum vestitu manu in palacio nostro reversus est in propria. Et si illa causa, que ante nos fuit dijudicata et judicibus nostris vel reginburgis nostris vel judicibus constitutis et aliis pagensis plurimis ibidem sistentibus, hoc sunt illi et illi, qui hoc inquietant, solvant in publico solidos sexaginta et duplam repetitionem apud quem habuit racionem, et quod iterum repetit non prevaleat evindicare.

Sig. testium septem ibidem adsistentium, ubi istum judicium fuit definitum.

Sig. comitis illius et judicibus, quorum ista continentia definita sint.

XXII.

Cette formule et les trois suivantes, sans offrir, comme celle qui précède, des modèles de jugements, se rapportent cependant à l'administration de la justice. Ce sont des requêtes adressées au roi dans des causes qui étaient probablement de la compétence du tribunal du palais.

INDICULUM AD REGEM.

Viro gloriosissimo a Deo decorato illo, gratia Dei regi Francorum et Langobardorum Romanorumque, ille peccator vocatus abba, una cum congregatione Sancti Petri et Sancti Leudegarii oratorum vestrorum salutem vobis obtamus in Domino perennem (177). Subplicamus clementia vestra ut non dedignetis audire necessitatem nostram. Innotiscimus celsitudine vestra de hoc quod nobis nisum habetis ad Dei servitium et mercede vestra providentia habere, unde et nos infra pago de justitias nostris consequi minime possimus, vobis celare non ausi sumus. Nam ante hos annos, cum aliqua turbatio fuit inter Alamannos et Alsacenses, multi de illa mancipia, qui juræ sancti illius debentur, de parte illa et de proprio servilio evaserit, et modo se aliqui ingenuas esse dicunt, et aliquas nobis contendunt illi comis, et alii homines per alios comitatos dicunt se ipsos in vestro beneficio habere. Unde subplicamus vobis ut illi aut cui vobis placet jubeatis commendare ut nostram justitiam consequi valeamus. Nam et ille episcopus infra valle Recianorum uno locello de suo proprio in sua elemosinam ad monasterium nostrum delicavit; unde modo ille episcopus unam basilicam et unam castelonem montanico seu et alia compendia nobis violenter abstulit, et exinde jussionem vestra subplicamus.

XXIII.

AD REGEM.

Domino gloriosissimo adque excellentissimo Karolo regi, Amico pecator vocatus abba una cum fratribus in cenobio Morbacheinse degentibus in Christo Jhesu optat salutem (178). De cetero autem suggerimus celsitudine vestre eo quod comis vester, nomine ille, nos de rebus aliquis expoliavit adque devestivit, videlicet unde nos, Domino protegente, per avio vestro atque genitori vestro et per vos per vestram pietatem usque in præsens tempus vestiti esse videbamur. Qua ex re subpliciter exoramus sublimitatem vestram ut exinde taliter pietas vestra jubeat agere;

---

(177) La requête, dont cette formule offre le modèle, est adressée par un abbé de Morbach à Charlemagne. Ce prince est en effet le seul des souverains carlovingiens qui ait porté les titres réunis de *roi des Francs et des Lombards*. (Cf. Heumann, *Commentarii de re diplomatica*, tom. I.) Quant à l'abbaye de Morbach, elle fut d'abord fondée sous l'invocation de la Sainte Vierge, de saint Pierre, de saint Paul et de saint Michel. On joignit bientôt aux noms de ces saints patrons celui de saint Léger, parce que le comte Eberhard, premier bienfaiteur du monastère, était proche parent de l'illustre évêque.

(178) Amico fut élu abbé de Morbach en 774. (Cf. Mabillon, *Annales O. S. B.*, t. II, pag. 200.)

quatenus optima potestas vestra, Domino inspirante, secundum justitiam ineffabili modo agere consuevit.

XXIV.
[*Sine rubrica.*]

Gloriosissimo et nobis valde karissimo ac summo honore nominando illi glorioso regi, fidelis famulus vester ille fidelem et devotissimum servicium. Confidentes in vestram nobilissimam prudentiam, destinavimus ad vestram clementiam has litteras, obsecrantes ut erga filium illum per nostro amore sic agatis, sicuti in vos confidimus, videlicet ut res sponsæ suæ absque alicujus subtractione habere liceat, quousque ipse de hac expedicione a nobis absolutus ad vestram presentiam venire possit. Vos enim scitis ad quantum necessitatem pergimus; ideo tam ipsum quamque et omnes fideles nostros dimittere non utile judicamus; mox autem inde reversus fuerit, cum ad vos dirigimus. Ideo humiliter obsecramus ut interim ipsas res quiete teneat, et post quicquid lex dictaverit in vestra presentia facere studebit. Optamus vos in Domino semper bene valere.

XXV.
[*Sine rubrica.*]

Clementissimo ac serenissimo regi illi plurimo augusticæ dignitatis stemate comptissimo, ille sancte illius ecclesie humilis antestis cunctorumque famulorum Dei famulus presentis ac future beatitudinis salutem in Christo Jhesu cernmus. Elegantissime vestræ perspicue sublimitatis atque excellentissime noverit claritudo sophye quod mei cujusdam parasiti, illius videlicet, filius, illo nomine, puellam quendam, vocabulo scilicet illam, legaliter suscepit in sponsam. Cujus itaque res aliquantulas, regni vestri sitas in dicione, quidam auferre nituntur injuste. Quocirca vestre augustissime serenitatis subpliciter flagito clementiam, ut ob amorem beati Christi sancti illius, cujus vestre saluti jugiter imploro suffragium, in prædictis rebus adquirendis prefato illi vestrum ferre dignemini presidium. Universorum igitur Dominus, cujus omnes regnant protegente nomine regis, vestrum continuo regnum juvamine sublimare vestrisque planctis cunctos naviter dignetur inimicus subjicere.

XXVI.

Cette formule n'est pas à proprement parler une requête, mais seulement une recommandation adressée à un évêque ou à un abbé, qui jouissait probablement du droit de rendre la justice sur les terres de son église.

ITEM ALIUM.

Venerabili in Christo fratri seu dulcissimo amico nostro illo et illo, donum Dei episcopus, Deus scit, tuus verus amicus. Cognosce, dulcissime, ut tu stare facias aput nostro fasallo illo aput recta ratione de illa causa sancto ille, quod ipse dixerit, qualiter vel nos nostro tricto recipiamus. Taliter exinde agite, qualiter nos confidamus de vestra bona charitate.

DEUXIÈME PARTIE.

XXVII.

La formule, par laquelle je commence cette seconde partie, est une lettre des moines de Reichnau au pape Grégoire III. L'abbaye de Reichnau ayant été fondée en 724, et Grégoire III ayant régné de 731 à 741, cette lettre doit être postérieure de bien peu d'années à l'érection même du monastère. En effet, le fondateur de Reichnau, saint Pirminius, n'ayant pas voulu commencer son œuvre sans avoir obtenu l'autorisation spéciale du Saint-Siége, il était naturel que les moines s'empressassent de faire connaître au souverain pontife le succès de leur nouvel établissement (179).

[*Sine rubrica*].

Summo romanæ ecclesiæ pontifici et sanctissimo excellentissimo sedis custodi egregio pape illi, humillima et devotissima fidelium oratorium congregatio ab insula, que ab incolis Alamannæ Augia vocitatur, prosperum in Domino optat provectum et vitam perpetuam. Nisi quia inextinguibilis vere caritatis nos ardor sepius inflammat nec non totius ecclesie orthodoxorum suasio accendit, nullatenus, pater, nec scriptis ausi fuissemus nec dictis per aliquem, quamvis inlustrissimum, tante quid et tali indicare nobilitati. Ideo post tantam, immo et tam probatissima rumoris laudem, ausi sumus et missum et scriptam beatitudine vestre dirigere. Locus etiam iste, pater venerande, quem nomine prædiximus, principatum per has partes terre obtinet; Sancte Marie semper virgini Petroque principi apostolorum consecratus (180), regularis vitæ normam ducencium partem non minimam conglomerat, quorum spiritalis doctrinæ cumulus totum quoque vicinatum circumquaque nostrum doctrinis longissimis pascit. Igitur hereno (181) ab Alpibus Eois Occidentem versus nimio currentem fragore eundem loci habitum per mare unaisonum circumluens, insulam omni ornatu novorum edificiorum comptam media reddit; fons autem prædictus, in visu cœpta via percurrens, mare, quod dicitur Orcarium, inluit (182). Inde sanctissime et beatissime virginis Marie matris Domini clarescente sanctitate, necnon

---

(179) Cf. sur la fondation de l'abbaye de Reichnau, Mabillon, *Annales O. S. B.*, cap. xx, lib. 65.

(180) L'abbaye de Reichnau était en effet consacrée à la sainte Vierge et à saint Pierre. Cf. Mabillon, *Annales O. S. B.*, lib. xx, cap. 65.

(181) Ce mot est certainement corrompu : il s'agit ici du *Rhin*, dont les eaux environnent l'île où était bâtie Reichnau, et il faut corriger *e Rheno*.

(182) Cette description a quelques traits de ressemblance avec celle que Walafrid Strabon a donnée des mêmes lieux :

superne domus clavigeri, videlicet Petri, pastoris ecclesiæ jubare inlucescente, audacia nobis talis inerevit, ut nos tanti et in tantum infirmi tam benignissime nobilitati scripta vel missum dirigere decreverimus. Quippe . . . . sanctissimi omonimi vestri Gregorii (183) cœlestium ru[di] mentorum exempla sacra, cujus vicem admodum jure iteratis, insuper dierum longitudine Cœphin Christi discipulorum probatissima virtutum beatitudinem sequentem, ob id etiam divine vos pietate devotissima committimus prece, ut die[s] adhuc in posterum vestros ob edificacionem et unitatem (184) commissi divinitus populi quadruplicent, et vitam perenni . . . .

XXVIII.

Cette formule et les trois suivantes se rapportent à l'usage constamment observé par l'Église de prier pour les morts. On sait qu'au viii° siècle commencèrent à se former, entre les Églises épiscopales, les chapitres des chanoines et les monastères d'hommes ou de femmes, des associations spirituelles, dont le but était de soulager par des prières communes les défunts de chaque maison. Les associés se faisaient connaître par des lettres désignées sous les noms de *brefs* ou *encycliques* les membres qu'ils avaient perdus, et qui devaient être inscrits sur l'*obituaire* (185). Nous voyons dans un ancien document recueilli par Goldast, qu'une association de cette nature existait entre les monastères de Saint-Gall, de Morbach et de Reichnau (186).

INDICULUM AD EPISCOPUM.

Domino reverentissimo illo episcopo, Sinbertus gracia Dei vocatus episcopus atque abba de monasterio Morbac (187) una cum fratribus eternam in Christo Jhesu Domino nostro salutem. De cetero compereat beatitudo vestra eo quod frater vester, nomine ille, kalendas illas de ac luce migravit, ut credimus, ad Christum. Qua de causa subplices exoramus sanctitatem vestram ut pro ejus anima de psalmis seu missis vigiliisque taliter agatis, ut optima contineat consuetudo vestra. Et ut as apices inantea remeare faciatis postulamus.

XXIX.

[*Sine rubrica*].

Venerabilibus in Christo fratribus nostris in cenubiis degentibus, ac si indignus abbas exiguus servorum Dei salutem vobis in Domino distinemus. De cetero agnoscatis quod frater noster, nomine ille, kalendas de ac luce migravit. Qua ex re subplices exoramus almitatem vestram ut de eo faciatis sic[ut] A vestre consuetudo bona est, et istum apicem inantea remeare faciatis.

XXX.

PRO DEFUNCTO FRATRE.

Domino reverentissimo illo abbati, ille abbas in Domino salutem. De cetero innotescimus beatitudine vestre eo quod frater vester, nomine ille, illis kalendis de ac luce migravit. Qua de causa exoramus sanctitatem vestram ut pro ejus anime de psalmis seu missis vigilisque taliter agatis, quatenus obtime contineat consuetudo vestra.

XXXI.

[*Sine rubrica*.]

Venerabili vereque felici abbati illi et omnibus fratribus sub regula sancti Benedicti secum commorantibus, ille exiguus et peccator in Salvatore mundi præopto salutem. Noverit quidem prona benivolentia vestra quia ego, in quantum vires parvitatis meæ suppetunt, in missarum celebracionibus et psalmodiis seu et ceteris supplicacionibus pro vobis divinam deposco clementiam, quatenus vos eadem clementia hic ad meam et ad multorum consolacionem longevis conservet temporibus, novissime ad gaudia paradisi perducat. Vestrorum enim fratrum nomina, que sparsim actenus haberem, peto ut pleniter una cum fratribus abere merear, quia nostrorum fratrum nomina jam multo tempore habuistis. Deprecor scilicet vos omnes patres et abbatem ut commendetis me vestræ sanctæ congregacioni, et ut me familiariter habeat perficite, maxime in sacris oracionibus; et quando dies obitus mei vobis notus fuerit, misericordissime de me facere dignemini, sicut Jacobus apostolus ammonet : *Orate pro invicem, ut salvemini* (188); quia, sicut opt me nostis, omni humane consilio destitutus sum præter vos, et tales pro Dei amore aliquod refrigerium et auxilium mihi faciunt. Quicquid enim mihi indigno injunxeratis, paratus sum ad exequenda, quantum vires divina gratia mihi attribuit, et utinam tam utiliter quam libenter ! Nomina fratrum defunctorum libenti animo suscipite, et preces consuetudinarias facite, et ad vicina monasteria dirigite. Sancta Trinitas vos custodiat in evum.

XXXII.

Les églises et les monastères étaient au moyen âge un lieu d'asile, où se réfugiaient tous ceux qui avaient encouru la disgrâce de leurs supérieurs, et qui redoutaient leur justice ou leur vengeance. Les

---

Rhenus ab Ausoniis quo ducitur Alpibus æquor
Miscet in occiduis diffusus partibus; ingens
Illius in medio suspenditur insula fluctu,
Augia nomen habens. . . . .
Hæc solet egregias monachorum gignere turbas.

(183) Ces mots prouvent que le pontife auquel est adressée la lettre des moines de Réichnau ne peut être que Grégoire III, successeur de Grégoire II, et qui régna de 731 à 741. C'est en effet le seul pape du nom de Grégoire qui ait succédé à son homonyme.

(184) Le manuscrit présente ici une lacune de plusieurs feuillets.

(185) Cf. Mabillon, *Analecta*, pag. 169 (édit. in-fol.). Voyez aussi un bon travail de M. Delisle, intitulé *Des monuments paléographiques concernant l'usage de prier pour les morts*, et inséré dans la *Bibl. de l'École des chartes*, t. III, (2e série).

(186) *Rerum Alamannicarum scriptores*, tom. II, pag. 140 (édit. de 1661).

(187) Sindbert fut à la fois évêque d'Augsbourg et ab.é de Morbach. Bucelin et le P. Lecointe ont prétendu qu'il fut seulement évêque; mais la suscription même de cette formule montre qu'il réunissait les deux dignités, et nous trouvons dans Mabillon (*Annales O. S. B.*, tom. II, pag. 229) la preuve qu'il gouverna le monastère de Morbach pendant trente années, de 779 à 809.

(188) Epist. cathol. B. Jacobi, cap. v, § 16.

évêques et les abbés intercédaient alors en faveur des fugitifs, et obtenaient le plus souvent la remise ou du moins la modération du châtiment. On trouve dans les quatre formules qui suivent des exemples de cette intercession.

INDICULUM AD EPISCOPUM.

Domno atque venerabili illo episcopo, gratia Dei omnipotentis vocatus abba una cum fratribus in Christo Jhesu salutem. De cœtero autem innotescimus afinitati vestræ eo quod homo vester, nomine illo, ad nos veniebat dicens se valde negligenter habuisse factum contra vos et per ipsam negligentiam incurrisse in vestram offensionem. Qua de causa imploramus sanctitatem vestram ut pro nostra parvitate atque deprecationem excusatus de jam præfato offensione coram vobis aperere valeat. Sic exinde agere dignetis, quatenus de optima benevolentia vestra ineffabili modo confidimus. Optamus ut in Christo valeatis.

XXXIII.
[Sine rubrica.]

Viro inlustro illo cente[na]rio, Sindbertus episcopus in Domino salutem. De cetero cognoscas quia tuus veniebat ad nos, dicens se in offensionem tuam incurrisse propter aliquas culpas. Qua ex re rogamus te ut nihil exinde malefacias, sed excusatus tecum permaneat. Age taliter exinde, sicut valde bene de te confido. Valete in Domino.

XXXIV.
INDICULUM HOMINEM EXCUSARE.

In Christo venerabile ille abba, ego ille in omnibus amicus vesterque. Inprimis salutamus vobis, et pro vobis, in quantum valemus, in orationem pro vobis sumus, et pro vestra caritatem et congregationem, et nos taliter in vos confidimus. Cognoscite isto homo vester, nomine illo, ad patrono vestro sancto illo venit, et nobis dixit quod culpas commiserat; nos una cum consilio fratres nostros quorum penitentia videamus. Propter has litteras cognoscatis, ut de illa jam dicta pauperrima mercede habeatis. Salutamus vobis.

XXXV.
INDICULUM UBICUMQUE VOLUERIS.

Desiderantissimo patri illo abba cum omni congregacione sancti illius, ille bene cupiens vester salutem. Provenit namque ad nos ille cum literis commendatitiis, quem nos libenti animo suscepimus ad salvandum; et in illum locum constituendo, ubi sine detrimento suam animam salvare potuisset. Sed dictum est mihi ut tu voluntatem habeas iterum recipi eum, in pace et concordiam. Propter et alias litteras ad nos direxi, ut si tua et illius voluntas sit promta, sciatis me benivolum erga caritatem vestram et alacri animo cupientem vestram in Domino concordiam. Optime...

XXXVI.
Les deux formules suivantes offrent, comme les

(189) Cette condition est insérée textuellement dans l'association formée entre les abbayes de Reichnau et de Saint Gall. Cf. Goldast, *Rerum Ala-*

précédentes, des modèles d'intercession, mais d'une nature particulière; il s'agit ici de moines expulsés de leur couvent. Le cas était prévu dans la plupart des associations spirituelles formées entre monastères. On devait accueillir réciproquement les religieux qui avaient encouru la disgrâce de leurs abbés, et les garder jusqu'au jour de la réconciliation (189).

[Sine rubrica.]

Venerabili in Christo patri illi cunctisque vestro regimini subjectis fratribus, nos fratres de illo loco sancti illi obtamus salutem. Omnium quippe causarum accedentium, que variis contingere solent eventibus, utportet ut nos utrinque mutuis consolemur affectionibus; ac ideo plus de vobis possumus impetrare, sicut et vos de nobis. Unde evenire solet ut hi, qui in aliqua parte et nostros offenderint, respectum ad vos habeant, sicut presens frater ad nos ille, qui tam diu pro suis peccatis, sicut ipse fatetur, sui loci commoditate jus[s]us est carere. Qua ex causa pater ipsius fratris lacrimabiliter pietatem sancti illi nostramque intercessionem ad vos postulavit, quatenus apud [vos] congrue reconciliaretur. De qua re supliciter postulamus ut illum dignamini suscipere vestroque magnifico gregi restituere errantem diu ovem non dubitetis; non tamen credimus a vestra dignitate rejiciendum, sed pro nostro amore benigna caritate suscipiendum. Pro illi facile, sicut in vos obtime confidimus. Valete, dulcissimi patris et fratris in Domino, amen.

XXXVII.
ITEM ALIUM.

Domino viro et in Christo vel a nobis cum summa dilectione venerabiliter amplectando dulcissime fratri nostro, ille et ille abba, si non opera vel nostrorum servus servorum Dei ultimus, Deus scit, et tuus verax in omnibus amicus, in Christo nomine, ile episcopus. Presentes fratres nostros et amicus tuus, id sunt illi et il i, qui ibi incircum sunt, qualiter precabat pro te pro illas culpas, que contra illum habet commissas, ut nullam inquietudinem pro id facias, si gratia et amicitia sua vellis habere, in tantum ut tu ad ipsum revertere facias; et si tantum induratus est cor tuum, ut in monasterium suum habitare non vellis, postea absolvea[t] te de ipsa obedientia quod ad illum es colligatus, et donec tibi consilium et suas litteras ad alium abbatem aut quemlibet hominem pergas, ut absque peccatum sis ubi es; denique ut alium non facias ut ab ipso isto suo misso illo ad eum venire facias. Salutamus illos fratres vel monachos, si ad plescito isto verba quod hic invenis scripta.

XXXVIII.

Les formules qui suivent reproduisent évidemment de simples correspondances, et n'offrent pas le genre d'intérêt qu'on a coutume de chercher dans les formulaires; mais on y trouve de curieux détails sur les denrées, les étoffes, les moyens de communication, l'état du commerce et de l'agriculture, et

mannicarum Scriptores, tome II, page 143 (édition de 1661).

généralement sur les habitudes de la vie intérieure dans les monastères.

INDICULUM AD ABBATEM.

Venerabili viro et omni caritatis amore diligendo illo Dei annuente gratia abbati, ille dono et misericordia Dei largiente abbas perennem in Deo Patre salutem. Cognoscat fraternitas vestra in Christo oracionis nostri studium die noctuque pro vobis indesinenter actum, petentes ut et hujus vite ita feliciter in Domino peragatis cursum, quatenus valeatis æterne venire felicitatis premium. Deinde ammonentes ut nostri memores esse dignemini in Christo, et librum *De civitate Dei* obnixe flagitamus preset nobis caritas pectoris vestri; per nuncium et portatorem istorum apicum pervenire faciat jussio vestra, et hoc vulgare proverbium secundum hujus rusticitatis linguam accipias et scias:

« Sit salus atque decus tecum pietate paterna,
« Sit tibi pacificum tempus et omne bonum. »

XXXIX.
AD ABBATEM.

Ille exiguus, illi abbati et amicorum meorum karissimo copiosa in Christo salutem. Recepi vestre dulcedinis litterulas, quas presens lator detulerat, et intellexi queque continebant. Sed mittam vobis, cum citius potero, illum communem fidelem, per quem condicionem emtionis pelliciarum et alia, que voluero, remandabo. Gratulor enim modo certus de tua sospitate, quam actenus ignorans multo tedio sicut pro unanimo amico adfectus sum. Queso tamen tuam dulcedinem caritatem ut frequentius scriptis et missis mutuo nos visitemur, et non sejungant longa terrarum spacia, quos Christi nectit amor. Et rogo ut istoriam dictis nomen *De bello Gregorum et Troianorum*, quam penes te novimus, transscribi jubeas et per memoratum et communem fidelem, cum ad vos misero, nobis remittalis, quia nusquam illam inter nostros invenire possimus. Vale in Domino, dulcissime frater, m[e]i semper per te tuosque benigne memor et diligentem te dilige, et Deus pacis te custodiat ubique.

XL.
[*Sine rubrica.*]

Domino venerabili illi abbati et fratribus Insulanensibus (190), ille Dei dono abbas salutem. Sciat inmensa paternitas vestra quod ubique in vestro solacio confido, vel uti daret hoc sedulo in actu tam divinis quam forasticis rebus. Misi autem libros vestros ad proprium sinum applicandos, pro quibus gratias inmensas refero caritati vestræ vel tibi. Et pro omni benivolentia erga me inpensa posco ut, si ullo modo fieri valeat, post festivitatem sancti illius jubeatis illum medicum ad me venire, quia adjutorio ejus indigeo. Sed et domno illi gratias referte pro fraterculo meo illo, quia, ut a referentibus audivi, A bene procurat cum scolastico pedagogio amicaliter docendo. Bene valete memores mei.

XLI.
[*Sine rubrica.*]

Dulcissimo in Christo patri illi archiepiscopo, ille non merito abbas summam in Domino salutem optat. Misse per illum peripateticum littere vestræ prius fundamenta quedam in nobis gaudio nostri de sanitatis vestræ indicio conceptorum letetur, sed per illum fidelem vestrum, nostrum autem amicum, viva voce energius quedam similitudo eorundem fabricam gaudiorum non mediocriter erexit: pro vestris enim prosperis non minus quam nostris hilarescimus. Ut jussistis, scutarium et cerevisæ confectorem, ceteraque, [quæ] potuerimus ad servicium vestrum, per missum nostrum cum illo directuri: ad subitum enim nequivimus ea, que inperastis, invenire, quia incommodatis temporis mali, que et vobis nonnihil officit, nobis obsistit in plurimis.

Ergo salutetur vestro prudentius ore,
Antistes nostræ pars preciosa animæ.
Felices ille quibus est hec gratia plebes
Ut tantos habeant lucis in arce duces!
State simul fortes, pugnate viriliter, ut dum
Regnetis semper quos alitis gregibus.
Esto mei memores, sum vestri; debeo vobis
Et voveo totum quicquid amore...
Valete.

XLII.
[*Sine rubrica.*]

Familiari nostro domno illi, ille vester eternam in Christo. Suscepta epistola vestra nuper nobis transmissa, in apertis gavisi sumus, in topicis vero acumen ingenii laudavimus, obtantes communi colloquio hec exponi quandoque. Interim cum Dei amminiculo sospitatem nostram dinoscite vestramque nobis demum intimate; dies est enim obtabilis, quo vestri vestrorumque salutem audire meremur. Dum flagitamus largam benivolentiam vestram, ut, si ullo modo fieri valeat, cum gerulo presentis pittacioli Matheum vitrearium nobis transmittatis, quatenus ad basilicam Sancti Viti martyr (191) summe fenestre exemplar ostentet infantulis nostris, statimque post ebdomade unius cursum remeare poterit. Super fraterculo autem nostro illo obnixe deposcimus ut liceat eum beato illi commendari destinare cum altero infantulo, que eum in suis procuret, et quando qualiterve transmitti debeat remandate. De mellis vero opulentia, qua vos adjuvari poposcitis, scitote nos gratias rara quam vos plura extendere velle: mittite nuncium vestrum, qui decem siclas mellis perferat vobis. Bene valete semper memores nostri.

XLIII.
[*Sine rubrica.*]

Domno vere venerabili patrique karissimo illi

---

(190) On désignait ainsi les moines de Reichnau à cause de la situation de leur couvent. Cf. Mabillon, *Annales O. S. B.*, tom. II, pag. 375 et 485.

(191) Plusieurs monastères ont été mis sous l'invocation de saint Vite; peut-être s'agit-il ici de celui de Corvey (*Corbeia nova*), qui possédait les reliques du saint martyr.

abbati, ille exiguus et peccator eternam in Domino optat salutem. Diu multumque hujus mundi notissimis perturbationibus agitatus, vicem debitam vestris beneficiis per condignas graciarum acciones rependere mutuis distuli, quoniam et ipse angustie, quibus tunc tenebar, cum vestris adprime solaciis sublevarer, hactenus me premebant, et necessitas paupertatis pocius placare inimicos quam amicos cogebat sedare. Nunc vero, Domino tandem laboribus nostris aliquod prestante levamen, nolui diucius, ne ingratus viderer, debitum salutacionis me munus obmittere, quo intelligeret prudentia vestre dilectionis ardorem in nostri cordis arula sopitum pocius quam extinctum. Igitur dignamini me tam fidelem vobis reputare quam vestra meruit sanctitudo : quicquid in me vivum est, non dubitetis vestris me velle mancipare serviciis. Misi vestre karissime paternitati parvas e[ulo]gias, id est manutergium et pectinem, non quo hec digna vestris conspectibus judicarem, sed quo conprobarem melius esse parvo quam nullo pignore dilectionem mutuam demonstrare. Bene vos in Domino semper opto valere et nostri in oracionibus sacris memores esse : talem me reputate qualem me vobis debitorem fecistis, quia talis vobiscum qualem amicissimum amicissimo esse oportet.

XLIV.
[*Sine rubrica.*]

Ille sanctæ illæ ecclesiæ humilis contistes, probeatissimo ac prestantissimo dignissime fratri viro illi abbati cunctisque fratribus Domino vobiscum militantibus presentis futureque felicitatis salutem. Sanctitatis vestre epistolam relegentes, admodum fuimus gavisi, quia textus ipsius vestram nobis ostendit sospitatem atque benivolentiam. Quod vero significastis de pellibus, antea omnino fuit intimandum, eo quod multo carius tempore hiemis quam estatis emantur. Attamen transmisimus modo vestre largissime caritati vigenti et quinque pelles, plura largituri, si Deus vitam locumque nobis concesserit. Denique precamur ut fratrem illum, mox quo facultas adriserit, nobis, sicut polliciti estis, admittite ne differatis. Valete, fratres omnes, nostra invicem salutando, et ut nostri inter precum suarum vota meminerit humiliter exposco.

XLV.
INDICULUM AD ABBATEM.

Mella geris tecum firmato gluttine septa;
Dulcia que dederis quis cupis, ast mihi non.

Probatissimo ac divini cultus ingenio adprime decenter decorato illi insignissimo illi abbati, quanquam immeritus episcopus, quas lingua explicare non sufficit, salutes obtat. Cum enim assiduis vestris accumuler, eo longus dignas nequeo de tante caritatis ardore rependere grates; sed quia debitas persolvere deficio, jam quas habes in ara cordis sensus perquirens repererit, omni aviditate rependere

(192) Il faut évidemment corriger *qerulum*.

cupio. Nunc vero de presentibus, que nuper direxistis, muneribus immensas copiosasque gratias reffero, que me ita ad vestrum provocaverunt servitium, ut nulli, excepto seniore, me amplius quam vobis delectet servire, et si aliquid nostre parvitati vestra sagacitas injungere decreverit, devotum in omnibus, favente Domino, reperiet. Equum namque, quem dudum jam direxistis, licet sit bonus ad opus, tamen quod optavimus non adeo utilis habet. Quapropter dignitatem petimus vestram ut omni industria optimum deinceps invenire studeatis, ut ad opus, quod elegi, sit aptius, et nobis quandoque ad equitandum utilitatem possit prestare. Per regulum (192) itaque scedule hujus quicquid de ac causa vestra invenerit voluntas remandare curate. Vestris, sacratissime, denique committo precibus, quas pro vobis, licet peccatis obstantibus inutiles, ad mundi regnatorem me fundere absque difficultate scitote. Valeat sanctissima vestra religio per innumeros annos.

XLVI.
[*Sine rubrica.*]

Reverentissimo ac vere beatissimo patri, quem gratia sedulo caritatis amplector, illi insigni abbatum abbati, ille licet inmeritus episcopus presentia futuraque perenniter gaudia optat. Quia literis significare studuistis totis vos ardere præcordiis ut vinculo caritatis nostræ vestræ adnecteretur dilectioni, maxima interius exteriusque leticia exilaratus utique sum, et ut sator rerum id fieri permittat totis exopto gemitibus. Eulogie namque, quas destinare vestra decrevit sanctitas, magne atque adeo gratissime fuerunt, que etiam si modice forent, a nobis pro magnis, quia a vobis directe, utique susciperentur. Sed quod deinceps præ pare vos plurima vellem, si familiaritate perfrui nobis licet, et nostra scedula personuit, vestra me adeo concussit, quis ego sum qui talibus tantisque patribus parvitatis me denegare familiaritatem, cum pocius vestre caritatis indigeam solacium, quorum precibus me sublevari denique non ambigo. De beneficio namque per nuncium nuper missum nos promisisse asseritis : profecto nihil mandavimus, sed puer juvenili adhuc sensu depressus talia non jussus promisit, que ex nostro non suscepit imperio. Precibus sanctissimis vestris me inmanitate sceleris languidum committere fidens de vestra caritate præsumo ; meas namque pro vobis licet viles ad Dominum fundere procul dubio cernuo abhinc poplite non cessabo. Munuscula vestræ licet modica dirigimus dignitati, que vestra sublimitatis pro magno suscipere non recuset ; nisi enim vobis injunctum partibus gratia instauret iter, majora utique destinarentur. Mittimus namque baniles quatuor olei, ad calciamenta conficienda hyrcinas pelles sex, libras argenti tres. Faciat vos rerum sator rectis presentem transigere gressibus vitam et futuram cum sanctis eternaliter perfrui. Bene in Christo valete.

XLVII.
[*Sine rubrica.*]

Vir ille exiguus, illo Strabi (193) suo salutem. Frater ille remeans a vobis, auctore Deo, ad nos usque inlesus pervenit, et munera, que misistis, valde nobis grata adtulit. Sed inpetrato ex parte pro quo venerat negocio, et non potui illum amplius tenere, quia festinabat ante hiemem proprium intrare solum et ea que deferet vobis monstrare. Sed quia non potui vobis que volueram et que vestris dignum dextram presentanda conspectibus mittere, cum citius manibus nostris ea Dominus commodaverit, vestri ut potero per illum memorabor. Ceterum nolens memoratum fratrem vacuum ad vos reverti, missi per illum vobis tapete unum oblemum, cujus sessione pociora vos melius delectet expectare. Et salutate omnes fratres nostros, monachos videlicet cenobii vestri, et ut mei in illorum sacris orationibus et sacrificiorum oblationibus memores esse dignentur precibus quibus valetis admonete. Licet enim aliqui propinquorum meorum inter eos conversati illis devotissimi exstiterint, non minus procul dubio in eorum utilitatibus, auctore Deo, vita comite, profecturus, si voluerint, pro viribus spondemus esse; teraque his licet litteris non mandamus, fratri nostri vobis dicenda more posuimus. Vale, amicorum meorum dulcissime, et omnes qui tecum sunt plurimum in Domino; et cum locum citius inveneris, cristallum pietas majoris quam modo miseras et cornua bicina mittere nobis, ut et nos tibi, si volueris, quæ nostra regio abundat indesinenter mittam.

XLVIII.
[*Sine rubrica.*]

Ille, suo illo eternam. Posco fraternum pectus vestrum uti nostri nostrorumque in presenti quadragesima vestris oracionibus conjungendo instantius memoriam faciatis, vel uti et nos pro vobis et pro omnibus vestris agere cupimus cum omnibus nostris. Et quia nos tenus venire distulistis, remandate quando iterum mansio bis jam vobis parata tercio paranda sit; equanimemque virum queris, qui una die id precipis, quod die altero interdicis: namque si tam rabula apes, ut tu is (194), fuissem, aculeum quandoque vel avolando senssises. Ceterum obnixe deposcimus ut, si ulla facultas sit, pro semine poryi nos adjuvetis, quia in tota Francia nec ad conparandum aliquid hujusmodi aud invenimus. Ad ultimum... Straboni... gratias refero pro munusculo suo, quo solent stolidi in domo vagari. Optime vale in eucharia Dei.

XLIX.
[*Sine rubrica.*]

Karissimo preceptori domno illo abbati, ille abbas cum fratribus eternam in Christo salutem. Gracias denique referi ideo paternitati vestræ, quod non solum divino verum et corporali solamine nos sedulo sublevatis, et pro asumendo amminuculo indeficiendo permaneatis, sicuti nuperrime fecistis; illum medicum nobis transmisistis, qui tanto studio et affectu infirmitatibus nostris conpassus est, ut obtime sent remus quod a vestra benivolentia nobis destinatus est. Quapropter, ut sciatis qualem apud nos optinuit gratiam, petimus ut nostra ex parte primo fratribus dein et ipsi inmensas gratias referetis pro communi labore et salute. Ceterum, mi domine pater, si vestræ mentis sit aliqua vicinitate ire ad videndum domnum conseniorem nostrum, ne transmeatis nos, quia tam ego quam omnes fratres nostri valde cupimus uti, vel ad unum momentum, conloquio vestro. Et ne phobi adventum impediat; Bahchus apud nos hoc anno obiit cum Cerere; tantum facilis palma restat; vel ad hoc venite, ut discatis qualiter eam obtime domitare valeatis. Sancta et inconcussa caritas conservet vos nostri memorando semper, amen.

L.
[*Sine rubrica.*]

Sacro viro studiis sacratissimis intento illo reverentissimo abbati, ille infimus ministrorum Christi famulis interminabilem in Domino opto beatitudinem. Multimodas graciarum laudes vestre refero sanctitati pro munere quod misistis. Magnum etenim quoddam vestra benigna caritas de vilitate meæ personæ sentire voluit, cui in regna altera munus deferri jussit. Littere siquidem prudenciæ vestræ in illo kalende per horam nonam diei ad me pervenerunt, et senior meus in illis kalendis in istis partibus iter arripiebat. De vasis vero, quæ petistis, mox sollicitus fui cujus generis esse deberent, ferrea, testia an lapidea; interrogavi namque cuidam artifici nostro quæ essent et ubi invenire potuissent; qui dixit ea ex petra nigra fieri venis subrubeis intermixtis, que vulgo apud nos *lapidee* vocantur, et ad Sanctum Mauricium inveniuntur; est enim illuc ab eo loco ubi tunc eramus iter trium dierum, et idcirco nullatenus ea adquirere potui. Si vero significaveritis que vel quod esse debeant, cum spacium habuero, jussionem vestram juxta virium possibilitatem in his atque aliis rebus libentissimo implebo. Opto vos in Domino diu feliciter valere, sanctissime pater.

LI.
[*Sine rubrica.*]

Ille superne largitatis munere humilis antistes, illi fratri karissimo multimodeque cultu sophiæ simul et decore sanctitatis abbati comptissimo presentis ac futuram copiam felicitatis in Domino. Multifariis igitur pro vestre conspicua devocionis beneficiis plurimas nos sepius referre gratias oportet. Verumtamen vestræ copiosissime commodum

---

(193) Le personnage désigné ici me paraît être le célèbre Walafrid Strabon, abbé de Reichnau. Il est encore question de lui dans la formule suivante.

(194) Le manuscrit donne *tuis* en un seul mot; mais il faut, je crois, lire *tu is* pour *tu es*.

putavimus intimare benivolentie, quod fratrem vestrum nimis flagrantem desiderio nobiscum retinere nequivimus : vestra plurimum frui desiderabat presentia. Quocirca vestram subpliciter gratissimam poscimus fraternitatem, ut ab amore Dei ejusque confessoris Ambrosii vestra summa cum gratia ad nos cum quam tocius remittere dignemini, quatenus quod deest operi bene cepto perficiatur ab ipso. Nos igitur semper et ubique sumus vestre dumtaxat amantissime caritati congrue nempe vicissitudinem reddere, si quid vestre benignitati largissime placuerit nobis injungere. Valete nostri semper memor in oracione, o dignissime frater.

LII.
[*Sine rubrica.*]

Viro egregio atque prudenti illi reverentissimo, illo in Domino salutem. Obsecro caritatem vestram ut illum puerum nepotem illi episcopi ad studium discendi acrius incitetis. Poterat namque illum alibi ad erudiendum ubicumque vellet dirigere, sed meo maximo ortatu vestris eum disciplinis tradidit inbuendum. Quapropter peto, ut deinceps adhibito studio nostram etiam sibi apud vos sentiat prodesse peticionem; et ubicumque peragitis, vobiscum eum ire permittite; mercedem vero vestri laboris, quanta esse in presenti potest, ego rependam. Noveritis etiam quia ille hominem ipsius pueri apud illum episcopum excusatum habeo; ideoque peto ut ipsum, cui molestus extitit in vestram venire faciatis presentiam, [ad] concordiam eos reducite, verumtamen reatus sui penitenciam gerat, juxta quod vobis visum fuerit.

LIII.
[*Sine rubrica.*]

Petrus (195) divino fretus auxilio humilis ille, illi dilecto fratri multimodam in Domino opto salutem. Cum vestra denique, karissime, sospitate tam missi praesentiam quam vestri dulcissimi intimamur apices, immensa per omnia jocundantes sumus repleti leticia, insuper quod et vestrum studium ac pium erga puerulum, quem in Domino accepistis, sincero sentiamus diligi affectu. Ea igitur karissimeque a nobis indaganda vestra requirit industria quid in filosofica doctrina prius quidve sequens ad eundem inpuendum indolem manifeste ponerem indiciis. Immo dubium non est vos per omnia, ut sapiens architectus, fundamenta prius ponere, hac deinde fabricam in altum ex diversis lapidibus attolli. Cum ea qui incrementum dat mensura hedificio credimus operari. Vestri igitur arbitrii omnia ordinanda sanctimus, quid prius de divinis libris vel postmodum de gentilium fabulis didicenda sint. Ut pio magistro mellifluo patri petimus ut cura incumbat non modica in tantum ut puerulus ipse nostrique amoris unicus in bonis documentis sumat incremen-

tum, qualiter Deum agnosci ac timere valeat et ejus adsequi mandata concupiscat, et ut omnis vestra laudabilis docma in eundem in evum floreat, et omnibus manifesta per eum ubique fiat, necnon etiam de geminato talento premium ab eo, qui dedit, recipiatis, et a nobis dignum per omnia obsequium capiatis. Parva igitur munera karissime vestre diximus almitati. Rogamus denique ut ea, que missa sunt, caritate sumantur. Vere quidem plura mitti decrevimus, sed ne itinera ablata fuissent timuimus. Cum itaque nos, ut jussum est, citius obsequium pii augusti properamus, vestram presentiam requiri non omittimus, et ea, que desunt, subpleri in omnibus, ut dignum est, satagemus. De fratre videlicet illo, de quo mandastis ut alienus de loco isto fieret, usque dum nos hic veniamus, rogamus ut pene vos maneat; cum, Deo auxiliante, venti fuerimus, et istum auferimus et exceptorem nobiscum deducimus. In omnibus, ut per vos fidimus, agitis; vale, vir Dei, vale et meinento mei.

LIV.
[*Sine rubrica.*]

Carissimo abbati Illi [et] omnibus suis, sincellites ille mansuram in Salvatore salutem. Non vos latere suspicor quod manente domno imperatore illo novissime apud illam villam non longe a vobis consistente, provocante vestrae religionis fama, vestrum mihi libuit adire coenobium illucque perveni. Et visa benignissima vestra sanctitate, placuit ut me, quamvis sceleribus squalidum, vestri vestrorumque commendare [m] oracionibus, quod et vos et vestri, sicut caritatis pleni, benignissimo suscepistis affectu. Pro qua munera, quia vobis condignam remuneracionem reddidere nequeo, maximas tamen devotasque grates, quantum quivero, referre non differam; et nunc vobis lego triginta solidos argenti, flagitoque pronus et sumissus posco et aclinis postulo ut in vestra solertissima permaneat oracione illa ejus memoria nostri, et ego, quamtum potero, incontaminatam vobiscum observabo amicitia. Et ni leudes nostri et equi fierent fessi ob nimitatem itineris, quod nos hoc anno Romam eundo Romaque redeundo peregrimus, nullo modo omittere vobiscum colloqui pacemque cum meis patribus, qui sub vestra paternitate degunt, mutuam habere. De quorum salubritate et salubri prosperitate et de vestra queso rescribas, ni grave fuerint calamum linguere tinctumque in vitulino campo ovinoque trahere....

Premia perpetui sumpturi maxima regni,
   Est qui vita suis, Dominum colite.
Me precor et vestris precibus; mandate Tonanti
   Vobiscum ut partem regna poli capiam.
Kere kyri agapite.

LV.
INDICULUM AD ABBATEM (196).

Ille exiguus levita, illo salutem. Cum amicos

---

(195) Pierre fut élu abbé de Reichnau en 781. Cf. Mabillon, *Annales O. S. B.*, t. II, pag. 260.
(196) Ce document est extrêmement curieux par les renseignements qu'il donne sur la situation politique. Bien qu'il ne soit peut-être pas possible de déterminer les événements auxquels il fait allusion,

caritate visitamus, debitum mansure mercedis implemus; cum autem de [e]orum sospitate perquiremus, per missionum nostrarum effectus curamus; cum illorum bona videre et audire desideramus, participes maxime caritatis incunctanter efficitur, si autem, quod absit, sinistre oppinionis de amicorum societate fama percrebuerit, secundum apostolum : *Quis infirmatur, et ego non infirmor, qui scandalizatur, et ego non uror*. Qua pro causa hoc totum scribere commodum duximus, quatenus, quantum ad dominorum vel amicorum vestrorum causam exspectant, in futuro maximam adibeatis cautelam, ne forte, quod Deus non paciatur, electio domni imperatoris in vestra causa frustretur. Misimus etiam vasallum nostrum illum amicabilem, caritatemque precamur ut benigne suscipiatis et erga illum, ubicumque indiguerit, agatis, et locum, ubi nostri caballi esse infra vestram potestatem vel quicquid habere debeant, demonstretis, quatenus in via nos de his certum reddere valeat, et efficere apud mansionarios domni imperatoris, qui in villa, quem Domo vocant, propter injunctum nobis officium mansionem congruam presenti nostri homini tribuat, qualiter, cum ad nos venerit, non nos pro hoc sollicitum reddat. Cum enim hec omnia vestra caritas impleverit, remittito, queso, nobis presentem nostrum missum, intimantes quicquid exinde vestra bonitas fecerit. De novis causis nihil ad presens mandare possimus, nisi quia Ella extra palacium et mihi de ejus servicio usquequaque injunctum est, et ille dudum vester come recepit suam alode; videtur mihi ejus recuperacione infans adhuc, tamen est comendatus attoniti comiti, et quoniam rex missos suos patri suo illo kalendarum marciarum direxit, tria capitula rogans : primo ut liceret ei hominis, quos hinc adduxit, secum abere et ipsis infra nostrum regnum suis proprietatibus, quousque simul cum fratre veniens eos domni imperatoris obtutibus presentaret; secundo ut terminos sibi a domno imperatore concessos nec idem imperator vel etiam exercitus ejus insidiando invaderet, usque ad memoratum fratris et sui ad patrem adventum ; tertio absolveret illum, quatenus liceret ei instanti quadragesima pro communi salute decertaretur : unde responsum. Nos autem, si eorum relatum conperimus, vestre caritati significare curavimus, ut et vos pro communi caritate et debita fide Domini misericordiam indefesse implorari faciatis, quatenus Dominus rerum, si fieri ullo modo potest, concordiam et ecclesiæ suæ unitatem misericorditer largire dignetur. Deus te custodiat semper, ammantissime frater et pater, in omnibus memoremus.

LVI.

[AD] ABBATEM.

Patri et domino abbati illi carissimo, ille humilis A non adhuc monachus eternæ felicitatis implorat salutem. Quod actenus paternitati vestræ minime scripsi et quid circa me ageretur evidentius non significavi, difficultates et non voluntates causa exstitit; si enim oportunitas sineret, obtarem creberrime vobis conloqui et hoc posse daretur difficultatem longi itineris perpeti. Siquidem valde doleo quod cum monacho vestro, quem ad illum episcopum misistis, nec loqui neque ab illo sciscitari desiderabilem sospitatis vestræ prosperitatem valui. Scitis enim quia post obitum bonæ beatæque memoriæ domni et patris nostri venerabilis illius abbatis minime ad vos, quemadmodum volui, mittere potui, ut ejus memoriam in vestris sacris oracionibus jure ac pie recordare dignaremini : unde modo, licet sero, vestræ benignitati tres argenti libras mitto, ut his susceptis refectionem, prout potestis, fratribus preparetis, et quod defuerit ex nostro, vos, ut suppliciter peto, adimpleatis ex vestro. Ut vere ipse confisus est et nos obtime confidimus, memoriam sui crebro habere dignentur fratres vice sua et nostra exortari deprecarique dignemini. Ille etiam nobilis vasallus illius, qui ei ceteris amabilior extitit, vos valde salutat et precatur ipse una mecum (licet habeatis eum incognitum , tamen et habebitis et habetis semper devotum), ut nihilominus sui dignemini habere memoriam. Ego equidem ille paratus sum vobis in his, que apud nos melius inveniuntur, venerabiliter atque amicabiliter obediens obsequi, ita tamen ut abbas prepotens pauperis non obliviscatur : vos namque ea quæ in divinis cultis apta sunt, penes vos et in regionem vestram habetis, ex quibus nobis solacium prebere potestis, ut sacris lineis induti, quando, licet indigni, ad sacrosanctum altare accedimus, memoriam vestri habentes, sicut et vos nostri, propensius oracioni incumbamus, pro salubritate vestra Domini misericordiam exorantes. Est etiam aliud valde precipuum, quod [si] nostre parvitati, sicut promittere dignati estis, inpendere studueritis, maximam et eternam vobis apud Deum proinde adquiretis mercedem, scilicet ut libros domni illius, quos in *Epistolicum* et in *Machabæorum gesta* conposuit, nobis transcriptos mittatis ; et si quilibet penes nos fuerint, quibus indi[g]eatis, nos vobis similiter transscriptos, si tamen ita vultis, devotissime mittemus. Deus omnipotens vos incolumem pro nobis orantem et pro vobis feliciter conservare dignetur.

LVII.

INDICULUM AD ABBATEM.

Reverendissimo domino patrique egregio illi, cunctorum servorum Dei ultimus vesterque jam olim alumnus ille indignus in roseo Christi sanguine preopto salutem. Reminisci conlibeat almitati vestre jamdudum peticionis meæ, quam non solum ore, sed ex corde, sed ipso corpore prostrato, plenissime

---

on reconnait cependant qu'il s'agit d'une des phases de la lutte engagée contre Louis le Débonnaire par ses enfants.

vobis ostendi. Nam quod tunc præsentialiter egi, nunc iterum, absens corpore, sed præsens spiritu, eadem subpliciter per vitarium meum illum omnimodis repeto, quatenus mihi annuere dignemini, si hæc voluntas mea penes vos impleri queat, nec ne. Sed scitote quia plerisque in locis ab ipsis etiam archimandritis oppida sua sursum (197), ut seculo derelicto saltim nudus sub monachico conversacione degerem apud illos. At ego horum nulli actenus adsensum præbui, neque facturus sum, Domino mihi sospitatem concedente, quoad usque responsione vestra recrear, vel, quod absit, dejiciar. Sitio enim valde auditui a vobis veniente, quoniam, ut scriptum est, *vulneratus caritate vestra ego sum et ideo amore langueto* (198). Maria prius peccatrix humiliter ad pedes Jhesu accessit, lacrimis rigavit, capillis tersit osculata vestigia ejus ; propter quod meruit audire Domino dicente : *Dimissa sunt ei peccata multa, quoniam dilexit multum* (199). Ideo in hac parte exemplo uti mihi necesse est pocius quam illius Pharisei, qui arroganter ipsum fontem misericordie Dominum reprehendit dicens : *Hic, si esset propheta, sciret utique que et qualis est mulier, que tangit eum, quia peccatrix est* (200). Nam vos, qui huic mundo exuti et digni estis effecti ut nardo spicato capud perungueatis Domini, oportunum vobis cogitandum est ut illud dictum Domini conservetur a vobis : *Estote ergo misericordes, sicut et pater vester misericors est* (201), *qui solem suum oriri facit super bonos et malos et pluit super justos et injustos* (202). At vos, qui instar astrorum Dei rutilans inlu[mi]nantes terram, sicut ait Dominus : *Vos estis lux mundi* (203), considerate quia non solum in montibus et campis, silvis et pratis amœnibus, sed in palustribus et cloacis radiant locis. Apostolus quoque in inferioribus condescendens Christi membris pariter conpaciens dicit : *In domo divitis non solum aurea et argentea, sed et lignea et fictilia sunt vasa, et aliud quidem vas in honore, aliud in contumeliam* (204). Ipse quoque alias inseri nos ortatur in bonam olivam (205); nam quia oleaster inutilis sum, idcirco inseri cupio in bonam olivam. Omissis jam omnibus arboribus frugistris, adeo vos et adloquar de ulmo et salice, quia cum ipse fructum non ferant, portant tamen fructum simul cum vite. Sed quia queritati estis multitudinem inopia sustentari non posse, confido in Deum, quia ipse vos instigante receptus fuero a vobis. Non ero vobis inplacabilis neque nimium oneri. Non enim paupertatem vel calamitatem perorresco mundi, sed fugere conabo. ab eo, ac Deum veraciter quero, sicut ait Dominus Christus : *Petite et accipietis, querite et invenietis, pulsate et aperietur vobis; omnis enim qui petit accipit, et qui querit invenit, et pulsanti aperietur* (206), *et non dabit illi eo quod amicus ejus sit, propter inprobitatem tamen ejus surget et dabit ei quicquid necessarium habuerit* (207). Magnopere cupio in hac parte imitari prophetam dicentem : *A finibus terre ad te clamavi, Domine, dum anxiaretur cor meum* (208). Almitatem vestram mundo et mihi minimo succurrentem divina pietatis calce tenus custodire dignetur.

LVIII.

INDICULUM AD AMICUM FIDELEM.

Domno reverentissimo atque carissimo seu ab omnibus ortodoxis amplectando, multiplici scientie variarumque virtutum gracia insigniter decorato, illo, qui in omnibus profunda solercia hac summa vigilantia necessaria que animabus et utilia sapienter discernis, ego ille exiguus advena proprio præsuli sincerissimam in Domino Deo eterno salutem. Age jam, o meus carissime frater, ego te sapientie dapibus impleri cupio, ut te palmitem vitis electe celestis expurget colonus, cum divinis fontis imbribus fueris inroratus ; nosque una adque eadem paradisi amœnitas recipere exopt[am]us, ut in regni celestis libertate gaudere cum sanctis in eterna beatitudine, ubi nulla est vere bea[ti]tudinis formidanda corruptio, per caritatem solam Christi Jhesu ad ista venire valeamus. Ante omnia debemus ad istam caritatem contendere, ut post seculum regnare cum Christo possemus sine fine in eterna beatitudine. Propter quod obsecro ut hujus epistole verba firmiter et indubitanter teneas, quia *levis et infidelis similis est fluctibus maris et arundine omni vento agitato* (209). Pro hoc suadeo tibi ; si vis terrarum spatio divisi sinus adque sequestramur in vallo (210) et celi inequali climate dirimemus, pari tamen tribulacionum depremiamur face. Propter quod diligentissime deprecor vos uti nos orationum mutua vicissitudine jugiter muniamur, nos reminiscentes sermonis Domini, que dixit sicut senserit : *Et vobis dico, vel tres super terram de omni re quecumque petierint, fiat illis a patre* (211), *et reliqua.* Optata valere in Christo, cujus iste celestem sophiam satis amplector : ego ille epigraphus curavi tibi carrexere

---

(197) Il faut probablement corriger *suasus sum.*
(198) Cantic. canticor., cap. II, § 5 ; cap. IV, § 9.
(199) Evang. sec. Lucam, cap. VII, v. 47.
(200) Ibidem, cap. VII, v. 39.
(201) Ibidem, cap. VI, v. 36.
(202) Evang. sec. Matthæum, cap. V, v. 45.
(203) Ibidem, cap. V, v. 14.
(204) Epist. secund. B. Pauli ad Timoth., cap. II, v. 20.

(205) Epist. B. Pauli ad Roman., cap. XI, v. 17 et 20.
(206) Evang. sec. Matthæum, cap. VII, v. 7 et 8.
(207) Evang. sec. Lucam, cap. XI, v. 8.
(208) Psalm. LX, v. 3.
(209) Epist. S. Jacobi, I, v. 6. — Evang. sec. Matthæum, cap. XI, v. 7.
(210) Peut-être faut-il corriger ce passage en lisant *intervallo.*
(211) Evang. sec Joannem. cap. XVI, v. 23.

de agia crafa adque de inclitis viris catholicis adque de religionis. Salutamus te obnixe et per portatorem aliqua exemiola tibi mandavimus.

LIX.
INDICULUM ABBATISSA AD ABBATEM.

Domno Dei famulo et a nobis cum maxima veneratione plurimum diligendo domno illo abbati, exigua omnium famularum Christi et vestra in omnibus bene cupiens vel omnes in Christo sorores servientes vestras plurimum in Domino almitatem vestram amabiliter et dulciter salutare præsumimus usque ad gaudium sempiternum. Cognuscatis, carissimi, quod in istis sanctis diebus omnis congregatio psalterium per omnes dies canens pro vita et stabilitate vestra, ut Dominus eam conservare dignetur annis multis, et consolacionem vestram. Et nos pro grande fiducia ad vestros diregimus; deprecamur vobis sub[p]liciter ut jubeatis nobis consolare quantitate de hoc, ut aliquid de te h[abe]am ad sancto illo, quia exinde grande necessitatem habebimus. Amabiliter, dulcissime domno et pater, annis multis de vestra gaudere mereamur prosperitate et felicitate.

LX.
INDICULUM AD ABBATEM VEL EPISCOPUM.

Religionis culmine conspicue titulo decorato domno abbati vel episcopo illo, ego ille famulus vester in omnibus proprius servus vel omnes in Christo servientes vestri plurimi in Domino almitatem vestram salutare presumimus usque ad gaudium sempiternum. Cognuscatis, piissime domni, quale necessitate: propter hoc vobis deprecamur subpliciter ut jubeatis consolari de hac necessitate, quia nobis necessarium est. Benignissimi domini, agite taliter, ut vobis permaneat mercis et oratio sempiterna.

LXI.
ITEM ALIUM INDICULUM.

Religionis culmine conspicuæ titulo decorato illi abba, ego ultima verculana (212) vestra plurimum vobis in Domino amabiliter et dulciter salutare presumo usque ad gaudium sempiternum, et deprecor subpliciter ut jubeatis me infirma in vestris sacris orationibus memorare, quia ego, quamvis debida et fragilis, pro vobis in oratione adsisto. Cognoscatis, piissimi domini, in quam grande paupertate et penuria remansi pro obitum seniores meos, qui me in hunc monasterio venire fecerit. Proinde ergo suggestiuncula parvitatis meæ ad clemenciam vestram destinare presumo; deprecor vobis subpliciter ut mihi consolare dignetis, unde luminaria faciam pro animas eorum, qui me in isto monasterio reciperunt, vel quicquid Dominus inspirare jubeat, quia mihi omnia necessaria sunt. Ego juxta Deo et sancto illo toto adjutorio et consolacionem per vos spero, dulcissime domne et pater.

(212) Corrigez *vernacula*.

LXII.
[*Sine rubrica.*]

Memorabili atque excellentissimo viro mitissimo placida bonitate necnon honestate et morum dignitate cum omni mansuetudine repleto et Christi famulatu insaciabili illi, ille inequali comparacione bonitatum vestrarum juvenili etate florens, tamen fidelis et bene devotus vester perpetualiter existit, salutem optabilem et perseverantem mandat in Domino. Epistola reverentie dignitatisve vestræ usque ad vilitatem personæ meæ pervenit, quam tota nisu perlegens, in imo cordis recludi volens, eam sepius iterando in tenuem locum memorie mee recondere, quia dulcedinem mellis in fauces meas portavit, magistrali compositione suffulta et maxima piissima ammonicione mentem parvitatis confortavit et exemplo senili juventutem meam edificavit. Quapropter cognoscat sagacissima prudentia vestra me non parva angustia coortari, quia in quibus verbis eidem dulcedini occurram non invenio et ut sponsionem convenientem sibi congruo sermone perfungat, ita dumtaxat ut opacam benignitatem vestram humillima laude amplectar et plenitudini opusculi mei honestissime et oportune metam inponam, ut favore paternitatis vestre commoda et inreprehensibilis donetur. De cetero cognovit almitas vestræ me in presentia vilissimis vestibus induceri et nil pargamenis uti, nisi mihi excellentia vestra consueta ope subveniat atque a parte largissima manu his, in quibus inops et pauper videor, frequentari congruo tempore et frui congratuler. Et, ut ita dicam, Domnus vero noster juventutem meam despicit et illam castigare contempnit, necnon mores abhominabitur et me ceu quotdam inmundicie respuit, et adjutorem se mihi labenti porrigere differt; sed jam summos gradus dignitatis in me vult habere, hac stultos sensus diucius projicit, querit a me quod non habeo et quod desiderat adhuc non subsistit. Antequam mihi Deus annuerit et aliorum exemplariis instructus vir perfectus et placabilis efficiar, idcirco obnixe peto ut citissime huc veniatis et serenissimus vester vultus appareat, qui jam terribilis et odibilis mihi videbatur, moderno quippe, destructa lege veteri, oblitis omnibus; carus et serenus judicat. Et hoc pro certo scitote quod in vobis maxime confidens et de his omnibus judicem elegi, et vestro eru[di]tissimo judicio me confirmari apud Dominum studete.

Altithronus, qui regnat in ante polorum
Det vobis requiem vitam donetque perennem.
Ast faciat magnum vos scandere limen Olimphi,
Livido mortiferaque procul tunc tartara pellat.
Grandis enim vobis mercesque futura manebit,
In oleis quoniam magnum meruistis in arvis.
Semper enim rectum exercente vocaberis insons.
Omnipotens Deus, indigno concedito servo,
Dona mihi quod posco, quidem qui es conditor orbis
Augi salutiferamque supradicto sanitatem,
Nec illum tangit, Christo duce, morbus iniquus;

Dumque caduca manet vita, dum flatus anelet,
Eternam concede domum, qui regnas ubique

LXIII.

J'ai réuni sous ce numéro et les suivants un certain nombre de formules incomplètes, et dans lesquelles on trouve seulement des modèles de phrases initiales ou finales.

INDICULUM AD REGEM.

Domino excellentissimo atque proexcellentissimo viro inlustro illo regi generis Franchorum, cui Dominus curam regiminis dilatavit, ego servus vester et omnium fidelium vestrorum subjectus peto clementiam vestram, quasi ad pedes vestros jaceam. Quando istas literolas ad vos venerint, quicquid de necessitate vobis innotuerint, benigno animo eas dignetis audire et secundum vestram misericordiam nobis renunciare. Deus omnipotens rex omnium regum faciat regnum vestrum esse incomutatum et omnium fidelium vestrorum in salute suæ prosperitatis disponat stabilitatem regni vestri eam fiat.

LXIV.

INDICULUM AD REGEM.

Domina gloriosissime adque præcellentissime filie illa regina, ille servus servorum Dei. Postquam excellentie vestre sollicitudo regia est ubi gubernatione laudabilis ad a[ug]mentum glorie sue vigilancione se debet et providam exibere, ut quos consilio regit exterius perire interius non permittat, ut post hujus quod geritis temporalis regni fastigia ad eterna, Deo auctore, gaudia possitis, regine, pertingere sempiterna...

LXV.

INDICULUM AD ABBATEM.

Domino venerabili atque honorabili illi abbati, ille donum Dei vocatus sic eternam in Domino salutem. Nostra humilitas sanctitatem tuam deprecat ut illam rem, qui apellabatur illa, per isto presente legatum nostro nobis transmittere non dedicnemini, videlicet ad rem faciendam; et cumque perexpletum fuerit, statim ad vos salvum remeare curremus. Valete in Domino semper.

LXVI.

[*Sine rubrica.*]

Amabile adque præ ceteris patribus spiritalibus a nobis dilectus ille abba, ille servus servorum ultimus et vester fidelis in omnibus in Domino. Idcirco, domne adque vir beatissimus pater ille, ille quamvis ego indignus peccator monachus proprius fedelis et mi[ni]ster salutem in Domino dirigimus. De cetero rogamus....

LXVII.

ITEM ALIUM.

Domine mihi et Christo meritisque venerando illo, ego ille, ac si indignus peccator et exiguus omnium vestrorum salutem tibi amabilem presumsi mittere in Domino. Precor summam trinitatem inseparabilem ut te conservet ubique. De cetero rogamus..... Vale in Domino, vir virtutum, decus amicorum tuorum, ubique ovans, edocatus in Ihesu redemptore omnium.

LXVIII.

[*Sine rubrica.*]

Dilecto mihi fratri nostro illo præposito sanctæ con[gre]gationis illi monasterii, ego ultimus clientulus et servus vester salutem vobis amabilem præsumi mittere in Domino nostro Ihesu Christo, et prece quod caritas et amicitia vel jussio sit vestra super me, sicut inchoasti et semper egisti, ut ita in antea tua bona dilectio et caritas permaneat; et in quantum est sensus aut intellectus, Deo adjuvante, nobiscum corde et sensu in semper ero tecum communis in tua voluntate. Iterum atque iterum salutamus vos usque ad gaudium.

LXIX.

INDICULUM DE FRATRE AD FRATREM.

Dilecto adque valde amabili illo in Christo fratri, ille exiguus eternam in Domino salutem. De cetero rogamus diligentiam vestram ut, quando hæc epistula ad præsentiam caritatis vestræ pervenerit, ut illam causam nobis transmittere non dedignemini. Vale sospis adque incolomis per multa curricula annorum

Afin de mieux faire connaître le manuscrit et de permettre au lecteur d'en rétablir l'ordonnance, je présente ici un tableau où l'on trouvera le numéro d'ordre et la rubrique de chaque formule, le lieu où sont imprimées celles qui étaient déjà connues, et le rang que les inédites occupent dans mon édition.

	[FORMULÆ AUGIENSES.]		
1	Interdonationes inter viros et femin. de eorum rebus.	Marc. II, 7.	»
2	Item alia sine aliqua minuatione.	Marc. II, 8.	»
3	Carta traditionis, quam vir et uxor ejus faciunt de amborum rebus, generaliter de omnibus suis, sine aliquo censu.	Strasb. I.	»
4	Carta tradicionis, quam vir et uxor ejus faciunt de eorum rebus suis et cum censu prosolvere diebus vitæ suæ.	Strasb. II, § 1.	»
5	Precariam.	Strasb. II, § 2.	»
6	Carta tradicionis, quam vir fecit de rebus suis et vult ut uxor ejus habeat post se, aut quam uxor facit de rebus suis et vult ut vir ejus habeat post se.	Strasb. III, § 1.	»
7	Precariam.	Strasb. III, § 2.	»
8	Carta tradicionis, quam facit homo et vult ut infantes ejus habeant post se cum censu.	Strasb. IV, § 1.	»
9	[Sine rubrica].	Strasb. IV, § 2.	»
10	Quod omnis posteritas habere debet.	Strasb. V.	»
11	Quomodo per semetipsum redimere voluerit.	Strasb. VI.	»
12	Quod infantes ejus redimere post obitum ejus debent (213).	Strasb. VII.	»
13	[Sine rubrica].	Strasb. VIII.	»
14	[Sine rubrica].	Strasb. IX.	»
15	Prologus.	»	IX.
16	Prologus.	»	X.
17	Prologus.	»	XI.
18	Prologus.	»	XII.
19	Prologus.	»	XIII.
20	Prologus.	»	XIV.
21	De ingenuitate ad ecclesiam.	»	II.
22	Carta tradicionis.	»	XVII.
23	Carta denominationis ad ecclesiam de terra aut mancipiis aut quislibet.	»	XVI.
24	Carta post cartam.	»	XX.
25	Carta cumcambio.	»	XIX.
26	Carta vinditionis.	»	XVIII.
27	Evindicate judicio viro in lustro.	»	XXI.
28	Carta de ingenua femina conjugata a servo.	»	IV.
29	Libellum dotis.	»	VII.
30	Carta ad ingenuis relaxandum extra ecclesiam.	»	III.
31	Indiculum ad regem.	»	XLIII.
32	Libellum dotis.	»	VIII.
33	Indiculum ad abbatem.	»	LVII.
34	[Sine rubrica].	»	XXXI.
35	[Sine rubrica].	»	L.
36	[Sine rubrica].	»	LIII.
37	[Sine rubrica].	»	XXIV.
38	[Sine rubrica].	»	XXV.
39	Indiculum ad abbatem.	»	LV.
40	[Sine rubrica].	»	XLVIII.
41	Indiculum ad abbatem.	»	XXXVIII.
42	[Sine rubrica].	»	XLIX.
43	[Sine rubrica].	»	XLVII.
44	[Sine rubrica].	»	XLVI.
45	[Sine rubrica].	»	XLII.
46	Indiculum ad abbatem.	»	XLV.
47	[Ad] abbatem.	»	LVI.
48	[Sine rubrica].	»	XXXVI.
49	Ad abbatem.	»	XXXIX.
50	[Sine rubrica].	»	LI.
51	[Sine rubrica].	»	XLIV.
52	[Sine rubrica].	»	LII.
53	[Sine rubrica].	»	LIV.
54	[Sine rubrica].	»	XL.
55	[Sine rubrica].	»	XLIII.
56	[Sine rubrica].	»	XLI.
57	[Sine rubrica].	»	XLII.
58	[Sine rubrica].	»	XVII.

(213) Le copiste a omis de transcrire le texte de cette formule et n'a donné que la rubrique.

FORMULÆ MURBACENSES.

59	Indiculum ad episcopum.	»	XXXII.
60	Indiculum ad abbatem.	»	LXV.
61	Ad principem.	»	I.
62	Ad regem.	»	XXIII.
63	Indiculum ad regem.	»	XXII
64	Indiculum de fratre ad fratrem.	»	LXIX.
65	Pro defuncto fratre.	»	XXX.
66	[Sine rubrica].	»	LXVIII.
67	Indiculum ad abbatem vel episcopum.	»	LX.
68	[Sine rubrica].	»	XXXIII.
69	Ad abbatissam.	Anal., p. 418.	»
70	Indiculum ad episcopum (214).	»	XXVIII.
71	Indiculum abbatissa ad abbatem.	»	LIX.
72	Item alium indiculum.	»	LXI.
73	Indiculum hominem excusare.	»	XXXIV.
74	Item alium.	»	XXXVII.
75	Item alium.	»	XXVI.
76	Epistola conculcatura.	»	V.
77	Item alia.	»	VI.
78	Indiculum [ad] amicum fidelem.	»	LVIII.
79	Item alium.	»	LXVII.
80	Indiculum ad regem.	»	LXIV.
81	[Sine rubrica].	»	XXIX.
82	[Sine rubrica].	»	LXVI.
83	Indiculum ubicumque volueris.	»	XXXV.
84	Indiculum regale.	»	XV.
85	[Sine rubrica].	Anal., p. 418.	»

(214) Mabillon a donné la suscription de cette formule, mais le texte même est inédit.

ORDO RERUM
QUÆ IN HOC TOMO CONTINENTUR.

B. URBANUS II PAPA.
VITA B. URBANI II. 9
Monitum. *ibid.*
Vita. *ibid.*
I. — Urbani nomen, patria et parentes. *ibid.*
II. — Urbanus Remis educatus sub S. Runone. 12
III. — Urbanus an Remensis canonicus et archidiaconus. Ejus amor in Ecclesiam Remensem. 15
IV.-V. — Urbanus cogitat de secessu e sæculo. Fit monachus Cluniaci. Romam a Gregorio VII accersitur. Qua occasione. 17
VI. — An Cavæ moratus sit Urbanus. 20
VII. — Urbanus fit episcopus Ostiensis. *ibid.*
VIII. — Fit papæ consiliarius. 21
IX. — De Wiberto antipapa. 22
X. — Urbanus scribit Simonis epitaphium. *ibid.*
XI. — Wiberto in Vaticana basilica intronizato, concilium indicitur. Odo ab Henrico capitur. *ibid.*
XII. — De pace agitur; Odo liberatur. 23
XIII. — Henricus a Guiberto coronatur; excommunicatur. 24

XIV. — Odo legatus in Germania. Gebehardum episcopum Constantiensem ordinat. *ibid.*
XV. — Odo colloquio in Saxonia interest. 25
XVI. — Convocat concilium Quindeliburgense. *ibid.*
XVII. — Gregorius VII moritur. 26
XVIII. — Odo Cluniaco transit. Nantuæ corpus S. Maximi elevat. — S. Hugonis miraculum. 27
XIX. — Desiderius pontificatum recusat. Odo nominatur, sed absque effectu. 28
XX. — Odo Victorem III consecrat. 29
XXI. — Odonis defensio contra Hugonem Lugdunensem. *ibid.*
XXII. — Victoris III mors. A quo vicarius et successor designatur Odo. 30
XXIII. — Urbani II electio. Litteras ea de re scribit, ex quibus aliquot supersunt. 51
XXIV. — Urbanum omnes amant. 32
XXV. — Particularis ejus electionis descriptio ex chronico Casinensi. 33
XXVI. — Pontifex Casini miraculo sanatur. Inde assumit Joannem diaconum. 34

XXVII. — Bantinum monasterium dedicat et privilegio donat; quod violatum denuo armatur. 35
XXVIII. — De falso instrumento dedicationis Cavæ. 36
XXIX. — Urbani iter in Siciliam. 37
XXX. — Anselmo archiepiscopo Mediolanensi mittit pallium, etc. 38
XXXI. — Ecclesia Cremonæ dotatur. 39
XXXII. — De rebus Hispanicis. Turbæ in Ecclesia Iriensi. Concilii Fusselliensis tempus. — Primatus Ecclesiæ Toletanæ restitutus. ibid.
XXXIII. — Artaldus Helenensis ab Urbano consecratur. 42
XXXIV. — Privilegium Cluniacense. 43
XXXV. — Magalonæ episcopi speciali jure pontifici Romano subjecti. 44
XXXVI. — Guidonem epistol. Viennensibus commendat. ibid.
XXXVII. — Benedicto episcopo Nannetensi privilegia concedit. ibid.
XXXVIII. — Romæ hiemem transigit in magnis angustiis. 45
XXXIX. — Rerum in Germania et Henrici status. — B. Sianislai translatio. ibid.
XL. — Epistola decretalis ad Pibonem. 47
XL (bis). — Urbanus Romæ moratur. ibid.
XLI. — Privilegium S. Victoris Massiliensis. 48
XLII. — De rebus Germanicis. ibid.
XLIII. — Schismaticorum furor; mors Bonizonis episcopi. 50
XLIV. — Mathildis Welphoni nubit. 51
XLV. — Gebehardi episcopi zelus. ibid.
XLVI. — Fiscanni exemptio firmatur. 52
XLVII. — Monachos Becci apud Pontissaram urbem tuetur. 52
XLVIII. — Privilegium S. Pontii Tomeriarum. 55
XLIX. — Urbanus scribit de restauranda Tarraconensi urbe. ibid.
L. — Joannes diaconus fit cancellarius ibid.
LI. — Rainaldi archiepiscopi Remensis iter Romam. 54
LII. — Pax cum Græcis inita. ibid.
LIII. — De pace agitur inter Roberti Guiscardi filios ab Urbani legato composita. 55
LIV. — Concilium Melphitanum. Ejus canones. Alia statuta. — In hac synodo Rogerius fit sanctæ sedis ligius, et mitra Petro abbati datur. 56
LV. — Urbanus Bari transfert ossa S. Nicolai et Eliam episcopum consecrat. 59
LVI. — An tunc concilium Trojæ habitum sit. 60
LVII. — Urbanus ecclesiam Brundusii consecrat. 61
LVIII. — Rhegium invisit. ibid.
LIX. — Episcopum Melitæ ordinat Urbanus. ibid.
LX. — S. Bruno Urbanum comitatur. 62
LXI. — Donatio facta Casinensi monasterio. ibid.
LXII. — An Urbanus Farfæ abbatis electioni interfuerit. ibid.
LXIII. — Concilium Santonense. 63
LXIV. — Privilegium pro Ecclesia Remensi et pro monasterio Balmæ. ibid.
LXV. — Dalmatii archiepiscopi Narbonensis iter Romam. ibid.
LXVI. — Varia negotia Raynerio legato commendat Urbanus. 64
LXVII. — Tarraconensem provinciam Narbonensi archiepiscopo commendat. 65
LXVIII. — Privilegium monasterii S. Joannis de Pinna. 66
LXIX. — Urbani decretum de libertate nuptiarum. 67
LXX. — Epistola pro monasterio Padolironensi. ibid.
LXXI. — Thiemo Satisburgensis archiepiscopus ordinatur. ibid.
LXXII. — Privilegia varia. ibid.
LXXIII. — Decretum Rustico abbati Vallumbrosæ, etc., inscriptum. An aliud pro limitibus diœcesis Baionæ. 69
LXXIV. — Privilegium Majoris-Monasterii. ibid.
LXXV. — Concilium Tolosæ. 70
LXXVI. Tarraconensis urbs Romano pontifici data. 71
LXXVII. — Urbanus Bantinum monasterium protegit. ibid.
LXXVIII. — De filio Jordani principis Capuani, Excommunicatur Cenomannorum comes. 72
LXXIX. — Schismatici ob catholicorum mortem insolescunt. Iis respondet Stephanus episcopus Halberstatensis. ibid.
LXXX. — Henrici expeditio in Italiam. Bononiensium et aliarum Longobardiæ civitatum militiæ. — Pœnitentia militibus in justo bello permissa. 73
LXXXI. — Brunonis discipulis Carthusia restituitur. Ipse cum aliis in Calabriam secedit. Recusat archiepiscopatum Rhegiensem. Ejus apud pontificem auctoritas. 74
LXXXII. — Urbanus Campaniam invisit. — Privilegium S. Basoli. 76
LXXXIII. — S. Anselmo scribit pro Fulcone episcopo Bellovacensi. — Anselmi responsio. ibid.
LXXXIV. — Confirmat privilegia Ecclesiæ Ravellensis. Episcoporum ordinationes. Ex his forte Berengarius Venusii. An Guitmundus Aversæ. 77
LXXXV. — Mors Adalberonis episcopi Wirzburgensis. 78
LXXXVI. — Canonicorum regularium Arosiensium institutio. 79
LXXXVII - VIII. — Erectio abbatiæ Tanniaci. ibid.
LXXXIX. — Henriciani Romæ prævalent. Mantuam capiunt. ibid.
XC. — Urbanus in Campania versatur. Willelmus abbas Hirsaugiensis nuntius. Privilegium Ecclesiæ Cataniensis. 80
XCI. — Concilium Beneventi. Ejus canones, annus. Ibi asserta Ecclesiæ monopolis libertas. Bulla Casinensis de corpore sancti Benedicti. Privilegium S. Crucis Pictav. Privilegium Crispiniense. 81
XCII. — Siciliæ ecclesiæ restauratæ. 82
XCIII. — Episcopatus a Rogerio instituti. Troini sedes Messanam translata. 83
XCIV. — Monasteria reparata. Privileg. monast. Lipar. S. Angeli Militens, Privilegium generale Rog. rii. 84
XCV. — Ecclesiæ Corsicæ episcopo Pisano subjectæ. 85
XCVI. — Restitutio Tarraconensis metropolis. ibid.
XCVII. — Concilium Legionense de causa episcopatus Iriensis et de officiis ecclesiasticis. ibid.
XCVIII. — Virorum sanctorum in Germania obitus. Res ibi turbatæ. 86
XCIX. — Novum in Germania religionis genus. 87
C. — Paviliacensis monasterii restauratio. 88
CI. — Urbani litteræ pro S. Cypriano Pictavensi. ibid.
CII. — Ivonis Carnotent ordinatio. Quo anno facta. 89
CIII. — Flandriæ cleri libertas vindicata. 92
CIV — Gervinus in sede Ambianensi firmatur. ibid.
CV. — Urbanus extra Urbem festum Natalis Domini celebrat. 93
CVI. — Mathildis victoria in imperatorem relata. ibid.
CVII. — Urbani pars prævalet. 94
CVIII. — Ericus rex Danorum Urbani opem implorat. Lundensis metropolis erectio. ibid.
CIX. — Metropolis Pisanæ erectio. 95
CX. — Privilegium S. Sophiæ Beneventinæ. Aliud monachorum Silvaniaci. ibid.
CXI. — Pontifex Tarraconis reparationes urget. Privilegi m S. Laurentii Aversæ. 96
CXII. — Fulco, abbas Divensis, ad Urbanum confugit. ibid.
CXIII. — Concilium Stampense in causa Ivonis. Parisiense pro S. Cornelio Compendiensi. Remense pro clero Flandrensi. Suessionense adversus Roscellinum. 97
CXIV. — Urbanus Philippi regis adulterinas nuptias detestatur. Iis resistit Ivo, et alii. A quo celebratæ. 98
CXV. — Dedicatio ecclesiæ Cavensis. 100
CXVI. — Rescriptura pro Carthusia Calabrensi. 101
CXVII. — Urbani judicium de Ecclesia Credonensi. Materam venit. 102
CXVIII. — Atrebatensis Ecclesia a Cameracensi separatur. 103
CXIX. — Constantienses pseudoepiscopum rejiciunt. 104
CXX. — Hugoni Lugdunensi reddita apostolica legatio. 105
CXXI. — Guibertus in Longobardia. Romæ an Urbanus concesserit privileg. Figiaci. Privileg. Cavense. ibid.
CXXII. — Fulco Bellovacensis episcopus in sede confirmatus. 106
CXXIII. — Concilium Trojanum. Canones. 107
CXXIV. — Urbanus concedit privilegium ecclesiæ S. Pauli Narbonensis. ibid.
CXXV. — Conradus imperatoris patris sui partes deserit. 108
CXXVI. — Lotharingi Urbano addicti. ibid.
CXXVII-VIII. — Conradus fit rex Longobardiæ. 109
CXXIX. — Welpho pater fit miles. Conventus Ulmæ. ibid.
CXXX. — Monasteria in Alemannia condita. ibid.
CXXXI. — Concilium Remis de restaurando Atrebatensi. 110
CXXXII. — Res coram pontifice agitur episc. 111
CXXXIII. — Lambertus eligitur. Archiepiscopus Remensis differt consecrationem. ibid.
CXXXIV. — Gervinus in episcopio Ambianensi firmatus. 113
CXXXV. — Dolensis episcopus pallium impetrat. ibid.

CXXXVI. — Radulfus episcopus Turonum contra Dolenses. Pallium obtinet. 114
CXXXVII. — Pausensis monasterii dedicatio. ibid.
CXXXVIII. — Urbanus collectas fieri rogat. Concilium Burdigalense. 115
CXXXIX. — Privilegia pro monasteriis novo Pictaviensi, S. Quintiniano Bellovacensi, Burguliensi et Ecclesia Syracusana. ibid.
CXL. — Christiani in Hispania prævalent. Rescriptum pro sancto Saturnino. 116
CXLI. — Decretalis ad Dominicum patriarcham Gradensem. Privilegium Lirinense. ibid.
CXLII. — Anselmi archiepiscopi Mediolanensis mors. Arnulfus ei succedit. 117
CXLIII. — Anselmus fit episcopus Cantuariæ. Cum rege dissidet. 118
CXLIV. — Urbanus Romæ degit. 119
CXLV. — Guibertinorum insidiæ. 120
CXLVI. — Atrebatensis et Cameracensis Ecclesiæ divisio firmata. 120
CXLVII. — Lambertus electus Atrebatensis Romam advenit. Ab Urbano consecratur, ac privilegium obtinet. Variæ ea de re litteræ. ibid.
CXLVIII. — Dolensis, et cæteri episcopi Britanniæ metropoli Turonum restituuntur. 122
CXLIX. — Lambertus Atrebat. inthronizatur. 123
CL. — Goffridi Vindocinensis expensæ pro Romana Ecclesia. Urbani angustiæ. ibid.
CLI. — Privilegium Vindocinense. 124
CLII. — Goffridus ab Urbano fit presbyter. S. Priscæ ecclesia. 125
CLIII. — Episcopi Ravellensis ordinatio. ibid.
CLIV. — Urbani pars in Germania prævalet. ibid.
CLV. — Synodus Constantiæ. 126
CLVI. — Clades in Germania. Multi convertuntur. ibid.
CLVII. — Fulconem episcopum Bellovaci Urbanus protegit. 127
CLVIII. — Lis inter archiepiscopum Viennæ et episcopum Gratianopolis. 128
CLIX. — Fulco comes Andegavensis absolutus in conventu apud Florentium. Privilegium Montis-Belli. 129
CLX. — Philippi regis adulterinæ nuptiæ. Concilium Remense. Professio Lamberti Atrebatensis. Confirmata divisio Atrebatensis Ecclesiæ a Cameracensi. 130
CLXI. — Concilium Ostionense seu Æduense. Excommunicatur Philippus rex. Privilegium Atrebatense. Archiepiscopi Turonensis causa cum monachis Majoris Monasterii, et lis pro pago Salmoriacensi. 132
CLXII. — Turbæ occasione Philippi regis. 134
CLXIII. — Urbanus cum rege moderate agit. 135
CLXIV. — Litteræ Urbani ad comitem Tolosanum pro Moissiaco et cœmeterio beatæ Mariæ Deauratæ. 136
CLXV. — Bilionensium canonicorum repressa temeritas. 137
CLXVI. — Urbanus in Tuscia prævalet. Henricus in Longobardia. Placentina synodus indicta. 138
CLXVII. — Urbanus Bononiam venit. ibid.
CLXVIII. — Urbanus synodum Guastellensem celebrat. Canusii a Mathilde excipitur. ibid.
CLXIX. — Urbanus Cremonæ. Privilegium dat S. Ægidio et Parthenoni Cremonensi. 139
CLXX. — Concilium Placentiæ. ibid.
CLXXI. — Quo tempore habitum sit Placentiæ concilium et qui ei adfuerint. 140
CLXXII. — Quid in eodem concilio tractatum. De divortio Praxedis Augustæ. Excommunicatur Philippus rex. Expeditiones sacræ. 141
CLXXIII. — Hæreses proscriptæ. 142
CLXXIV. — Augia episcopo Constantiensi subjecta. ibid.
CLXXV. — Canones de Ecclesiæ disciplina. ibid.
CLXXVI. — Præfatio de B. Maria. 143
CLXXVII. — Confirmatum S. Ægidii privilegium. Item Cluniacense. Lis de pago Salmoriacensi. 144
CLXXVIII. — Urbanus synodo absoluta varia concedit privilegia. Hirsaugiense, etc. Epistola ad Noviomenses. Duæ pro Atrebatensi Ecclesia. Una pro lite Salmoriacensi. Privilegium Magalonense. Privilegium Cluniacense. ibid.
CLXXIX. — Richerus episcopus Virduni Urbano paret. 146
CLXXX. — Urbanus a Conrado rege excipitur Cremonæ. ibid.
CLXXXI. — Welpho in Mathildem movet. Conradus Rogerii comitis filiam uxorem ducit. 147
CLXXXII. — Petrus rex Aragonum sedi apostolicæ addictissimus. ibid.
CLXXXIII. — Privilegium S. Leonis Tullensis canonici regulares primo abbates obtinent. 148

CLXXXIV. — Urbanus Mediolani privilegium Ecclesiæ Carcassonensi dat. Epist. de lite Salmoriacensi. Humbaldus episcopus Autissiodori consecratur. Arnulfus Mediolanensis. Heriembaldi translatio. ibid.
CLXXXV. — Urbanus Comi dedicat ecclesiam et Astæ. Fructuariensis monasterii privilegium confirmat; item Pinariolensis. 150
CLXXXVI. — Anglicanæ turbæ ob S. Anselmum. Conventus Rochingamiæ. Anselmus Hugonem Lugdunensem archiepiscopum consuluit. Accipit pallium. Papæ scribit. 151
CLXXXVII. — Anglia pacata, Herbertus sedi Thetfordensi restituitur. Privilegia pro monasteriis S. Ivonis, Belli. 153
CLXXXVIII. — Urbanus transit in Gallias. 154
CLXXXIX. — Anicii festum Assumptionis celebrat. Ecclesiæ Valentiæ dedicatio. ibid.
CXC. — Anicii indicit concilium apud Clarummontem. 155
CXCI. — Varias regiones peragrat Urbanus. Festive ubique susceptus. 156
CXCII. — Ecclesiam Casæ Dei dedicat. Privilegia concedit. Item Blasiliensi parthenoni. ibid.
CXCIII. — An abbatiam Rotmanensem adierit Urbanus 157
CXCIV. — An Nemauso transierit. Apud S. Ægidium versatur. Privilegium Casæ Dei. 158
CXCV. — Tarascone locum monasterii benedicit. ibid.
CXCVI. — Avenione dat privilegium S. Ægidio. ibid.
CXCVII. — Tricastri privilegia dat canonicis S. Rufi. 159
CXCVIII. — Monasterii et ordinis Antonii origo. ibid.
CXCIX. — Urbanus Matiscone concedit privilegia. 160
CC. — Cluniaci dat privilegium episcopo Matisconensi Altare dedicat. ibid.
CCI. — An Remis concilium celebraverit. Doleusem ecclesiam dedicat. 161
CCII. — Silviniaci corpus S. Majoli transfert. Privilegium dat apud Monticulum. 162
CCIII. — Clarummontem advenit Urbanus. 163
CCIV. — Simul et alii episcopi, etc., apud Clarum montem conveniunt. ibid.
CCV. — Eorum numerus. 164
CCVI. — Sedes et nomina nonnullorum. Ministri papæ. 165
CCVII. — Concilium inchoatur. 166
CCVIII. — Durandi episcopi Claromontani mors et exsequiæ. ibid.
CCIX. — Quid in concilio Claromontano gestum. Cur diverse a diversis canones referuntur. 169
CCX. — Canonum Claromontani concilii collectiones. 170
CCXI. — Quid in eis statutum. De beneficiis. De investituris. De treugis. ibid.
CCXII. — Canon de redemptione altarium. Ejus occasione turbæ excitantur. Goffridus Vindocinensis abbas indicatur. 171
CCXIII. — Canonis de redemptione altarium appendix. 174
CCXIV. — Alia decreta. ibid.
CCXV. — Quæ causæ in synodo Claromontana tractatæ. Primatus Lugdunensis. ibid.
CCXVI. — Lis de Salmoriacensi pago. 175
CCXVII. — De Dolensi archiepiscopatu. ibid.
CCXVIII. — De privilegiis Majoris Monasterii. ibid.
CCXIX. — Alia item privilegia asserta. Vindocinense. Atrebatense. 176
CCXX. — Schisma in Cameracensi ecclesia compressum. 177
CCXXI. — Gervinus episcopus Ambianensis abbatia Centulæ privatur. 178
CCXXII. — Unio monasteriorum Figiacensis et Conchensis firmata. ibid.
CCXXIII. — Anianæ abbatis præsumptio repressa. 179
CCXXIV. — Variæ aliæ causæ minoris momenti. ibid.
CCXXV. — Expeditio sacra ibi decreta. Orationes pontificis. Episcopus Podii exercitum dux eligitur. 180
CCXXVI. — Urbani in promulganda hac expeditione magnanimitas. Pœnitentiæ loco instituta profectio ad expeditionem. Preces eadem occasione institutæ. 182
CCXXVII. — Urbani apologia in his expeditionibus promulgandis. 184
CCXXVII (bis). — Claromonti Urbanus privilegia, etc., ecclesiis dat. S. Dionysio Novigentino, Molismo. Epistola ad Gratianopolitanos. Acta contra Anianenses. ibid.
CCXXVIII. — Scribit ad Cameracenses, ad Ecolismenses. 185
CCXXIX. — Decretum de primatu Lugdunensi. ibid.
CCXXX. — Urbanus Celsinianam ecclesiam dedicat. ibid.

CCXXXI. — Privato privilegium dat Cluniaco. Alterum Compostellæ. 186
CCXXXII. — S. Flori ecclesiam dedicat, et privilegium dat. Privilegium pro Marciniaco. Piperacum fit abbatia. Mors Joannis episcopi Portuensis apud S. Florum. *ibid.*
CCXXXIII. — Urbanus pontifex Auriliaco transit. Mauricii Burdini fortuna. 187
CCXXXIV. — Urbani gesta apud Lemovicas. S. Martialis dedicatio. 188
CCXXXV. — Urbanus hoc anno Arelatum non adiit. Episcopi Wirceburgensis reconciliatio. 189
CCXXXVI. — Urbanus varia dat diplomata. Monasterio Angeriaco subjicit Bessacum. S. Eparchium Figiacum tuetur. Ecclesias S. Martiali restitui curat. 190
CCXXXVI (*bis*). — Privilegium Tutelense. *ibid.*
CCXXXVII. — Humbaldus episcopus Lemovicensis deponitur. *ibid.*
CCXXXVIII. — Carroli altare consecrat. 191
CCXXXIX. — Pictavis celebrat festum S. Hilarii, etc. Benedicit monasterium novum. 191
CCXL. — Andegavos a Milone ducitur. Ibi cruciatam prædicat. 192
CCXLI. — Manassem Remensem electum confirmat. Lis Trenorchii dilata. 193
CCXLII. — Dedicat Urbanus basilicam S. Nicolai. Transfert corpus Goffridi comitis. Scribit monachis S. Vitoni. *ibid.*
CCXLIII. — Eclipsis. Monasterii Rotæ confirmatio. Ejus loci abbas Robertus de Arbrisello. 195
CCXLIV. — Urbanus pontifex S. Maurum invisit. *ibid.*
CCXLV. — An Canone Goffredum Barbatum liberavit. *ibid.*
CCXLVI. — Sabloli bullam dat pro S. Nicolao. 196
CCXLVII. — Cenomannis tribus diebus moratur Urbanus pontifex. *ibid.*
CCXLVIII. — Vindocini dies undecim commoratur. Professionem episcopo factam irritam facit. Consecrat altare Crucifixi. *ibid.*
CCXLIX. — Concilium Rothomagense. 197
CCL. — Jarentonis abbatis in Angliam legatio. *ibid.*
CCLI. — Turonos Urbanus pontifex advenit. Scribit pro Manassæ archiepiscopo Remensi. Publice prædicat. Majoris monasterii basilicam dedicat. Statuta pro S. Martino. 198
CCLII. — Concilium Turonense. Ibi ordinatus Marbodus Redonensis episcopus. Giannafoliensis monasterii S. Mauri re titutio. Cormaricum S. Martino assertum. Quinam concilio interfuerint. Primatus Lugdunensis episcopi confirmatus. An Philippus rex ibi absolutus. Eblo excommunicatus. Privilegium Bainsonense. Privilegium Tetrorchiense. Lis Tetrorchieuses inter et canonicos Andegavenses composita. Rotæ fundatio confirmata. Privilegium S. Vincentii Metis. 199
CCLIII. — Concilii Turonensis finis. Solemnis processio. 202
CCLIV. — Privilegium Corbeiæ. Episcopi Strasburgensis reconciliatio. Epistola ad episcopos Franciæ. Concilii Arelatensis judicium. *ibid.*
CCLV. — Pictavis papa privilegium S. Martini firmat. Placitum pro lite canonicos S. Hilarii inter et monachos Monasterii Novi. Privilegium Anglense. 203
CCLVI. — Apud S. Maxentium dat privilegium Giannafoliense. *ibid.*
CCLVII. — Angeriaco transit Urbanus pontifex et privilegia concedit. 204
CCLVIII-IX. — Apud Santonas celebrat Pascha. Privilegium S. Martialis. Privilegium S. Albini. Ecclesiæ Remensis usus confirmat. Maledicitur Eblo invasor. S. Eutropii altare consecrat. *ibid.*
CCLX. — An Inculismam adierit Urbanus. 206
CCLXI. — Burdigalæ dedicat majorem ecclesiam. *ibid.*
CCLXII. — Neraci dedicat ecclesiam monasterii S. Thomæ. *ibid.*
CCLXIII. — Leiraci monasterii Montis Alti confirmat Cluniaco. *ibid.*
CCLXIV. — Tolosæ dat privilegium Moyssiaco. Privilegium S. Orientii. *ibid.*
CCLXV. — Tolosæ dat privilegium Belliloci. Dedicat ecclesiam S. Saturnini. Lis canonicos Tolosæ inter et Clusinos. 207
CCLXVI. — Carcassonam adit Urbanus pontifex. 208
CCLXVII. — Adit tum Tomerias. Privilegium Pampilonæ. 209
CCLXVIII. — Magalonam consecrat Urbanus. *ibid.*
CCLXIX. — Apud Montempessulanum agit de electione episcopi Parisiensis. 210
CCLXX. — Nemausi concilium celebrat Urbanus. Ecclesiam cathedralem consecrat. Lis episcopum Tolosæ inter et canonicos S. Saturnini. Privilegia S. Saturnini confirmata. Figiacenses inter et Conchenses controversia. Raymundi cessio facta S. Ægidio. Rivipullensis monasterii jura servata. Primatus Lugdunensi episcopo assertus. Guibertus abbas Antissiodorensis depositus. Anselli Bellovacensis electi causa suspensa. An Philippus rex ibi depositus. Monachi vindicati. Privilegium S. Martini a Campis. 210
CCLXXI. — Urbanus apud S. Ægidium. Ejus præceptum pro Figiaco. Privilegium Rivipullense. Privilegium Balneolense. 215
CCLXXII. — Avenione aliud datum ab Urbano privilegium. Item pro S. Ægidio. Item pro monasterio S. Andreæ. Avenionis ecclesia canonicis regularibus data. 215
{CCLXXIII. — An pontifex Arelatem adierit. *ibid.*
CCLXXIV. — Montismajoris privilegium Cabellione datum. 217
CCLXXV. — Apiæ ecclesiam S. Eusebii consecrat Urbanus. 217
CCLXXVI. — An Massiliam inviserit. 218
CCLXXVII. — Crucesignatorum profectio. *ibid.*
CCLXXVIII. — Urbanus in Italiam reversus. *ibid.*
CCLXXIX. — Cremonæ privilegium dat S. Basolo. 219
CCLXXX. — Latini episcopi Græcis in Calabria substituti. *ibid.*
CCLXXXI. — Lucæ Urbanum crucesignati invisunt. *ibid.*
CCLXXXII. — Urbano obviat Mathildis. 220
CCLXXXIII. — Henrici miserabilis status. *ibid.*
CCLXXXIV. — Urbanus concilium Laterani celebrat. 221
CCLXXXV. — Dalmberti episcopi Senonensis ordinatio dilata. 222
CCLXXXVI. — Gerardus episcopus Morinorum sedem dimittit. *ibid.*
CCLXXXVII. — Pontificis affectus in monachos, quos ad dignitates evehit. *ibid.*
CCLXXXVIII. — Concilium Santonense. 224
CCLXXXIX. — Giannafolium Casino confirmatum. 225
CCXC. — Urbanus Capuam, etc., invisit. *ibid.*
CCXCI. — Expeditionem prædicat Theatæ. *ibid.*
CCXCII. — Crucesignati ex omni gente in Orientem solvunt. 226
CCXCIII-IV. — Romæ pro crucesignatis scribit Urbanus Alexio imperatori. Privilegia Cisinii auget. 227
CCXCV. — Cluniacum protegit Urbanus. *ibid.*
CCXCVI. — Privilegium ecclesiæ Arvernensis. 228
CCXCVII. — Bona Theatinæ Ecclesiæ confirmata. *ibid.*
CCXCVIII. — Philippus rex absolutus. *ibid.*
CCXCIX. — S. Orientii jura tuetur. *ibid.*
CCC. — Udalrici mors. *ibid.*
CCCI. — Narbonensis Ecclesiæ jura confirmata. *ibid.*
CCCII. — Privilegium Ecclesiæ Verulensis. 229
CCCIII. — Robertus abbas Remigianus ab Urbano confirmatus. *ibid.*
CCCIV. — Concilium Gerundense. 230
CCCV. — Baldricus fit episcopus Noviomi et Tornaci. 251
CCCVI. — Urbanus Romæ degit, fugiente Guiberto. 252
CCCVII. — Gebehardus ex abbate custos S. Sepulcri. *ibid.*
CCCVIII. — Daimbertus Senonensis metropolitanus consecratur. 233
CCCIX. — Rescriptum pro S. Andreæ Viennensis monachis. *ibid.*
CCCX. — Monasterium S. Vigoris subjectum S. Benigno. *ibid.*
CCCXI. — Litteræ pro S. Michaele ad Mosam. *ibid.*
CCCXII. — Ordinis Cistercii initia. 234
CCCXIII. — Privilegium Urgellense. *ibid.*
CCCXIV. — Anselmi iter Romam. Secedit in solitudinem. *ibid.*
CCCXV. — Rogerium ducem adit pontifex. 256
CCCXVI. — Beneventum se recipit. *ibid.*
CCCXVII. — Anselmus sedem dimittere non permittitur. 257
CCCXVIII. — Urbani cum Rogerio congressus. 258
CCCXIX. — Primatus Ecclesiæ Salerni datus. *ibid.*
CCCXX. — Rescriptum pro sancto Brunone. *ibid.*
CCCXXI. — Crucesignati Antiochiam capiunt. 239
CCCXXII. — Schismaticorum Romæ conventus. 240
CCCXXIII. — Concilium Barense hoc anno celebratum. 241
CCCXXIV. — Barensis synodi acta. 242
CCCXXV. — Privilegium Ecclesiæ Agrigentinæ. 243
CCCXXVI. — Concilium Burdigalæ. *ibid.*
CCCXXVII. — Urbanus Benevento transit. *ibid.*
CCCXXVIII. — Romæ scribit pro Vindocinensibus. 245
CCCXXIX. — Romæ Goffridus loquitur de epis. opo

Andegavensi. 245
CCCXXX. — Philippus rex iterum interdictus. 246
CCCXXXI. — Privilegium S. Cucuphatis. *ibid.*
CCCXXXII. — Rex Angliæ inducias obtinet. *ibid.*
CCCXXXIII. — Honores Anselmo delati. 247
CCCXXXIV. — Anselmi cum pontifice colloquia. 248
CCCXXXV. — Schismaticorum in An-elmum reverentia. *ibid.*
CCCXXXVI. — Urbanus Romæ synodum indicit. 249
CCCXXXVII. — Concilium Romanum. *ibid.*
CCCXXXVIII. — Anselmus Roma exit. 255
CCCXXXIX. — Privilegium Psalmodiense. *ibid.*
CCCXL. — Archidiaconatus Salmoriacensis Hugoni Gratianopolitano asseritur. 256
CCCXLI. — Rescriptum pro Corbiniaco. *ibid.*
CCCXLII. — Adalbertus abbas Schaffusæ. 257
CCCXLIII. — Magalonensis Ecclesiæ jura vindicata. *ibid.*
CCCXLIV. — Cœmeterium S. Vincentio Cenomannis assertum. 257
CCCXLV. — Urbani obitus Romæ. 258
Appendix ad Vitam Urbani II papæ. 265
Historia translationis reliquiarum S. Maximi apud Nantuacum. *ibid.*
Ex historia ecclesiæ Sancti Jacobi de Compostella. 267
Promotio Petri Cardinensis monasterii monachi in Compostellanum episcopum. *ibid.*
De prælatione Didaci Gelmiridæ. *ibid.*
De Dalmachio Cluniacensi monacho. 269
Dissolutio Dalmatii episcopi et prælatio secunda Didaci Gelmiridæ. *ibid.*
Seniotio Didaci primi ab episcopatu. *ibid.*
Ex Domnizone de Vita Mathildis ducatricis. 271
Privilegium ecclesiæ Matisconensis. *ibid.*
Notitia de consecratione Dominici altaris Carrofensis monasterii. *ibid.*
Textus de dedicatione ecclesiæ sancti Majoris nostri Monasterii. 273
Synodus habita anno 1096. 275
Excerpta ex libro Domnizonis de Vita Mathildis. 279
Donatio Arsini de Aihione. *ibid.*
Epistola Roberti abbatis S. Remigii ad Lambertum Atrebatensem. *ibid.*
Epistola Manasse archiepiscopi Remensis ad Mosinos. *ibid.*
Excerptum ex libro Fulconis comitis Andegavensis. *ibid.*
Notitia diplomatica in epistolas Urbani II papæ. 281

B. URBANI II EPISTOLÆ ET PRIVILEGIA. 283

I. — Epistola Urbani papæ II ad Salzburgensem aliosque episcopos. — Eos de sua in summum pontificem electione certos facit, hortaturque ut viriliter pro Ecclesia certent. *ibid.*
II. — Epistola Urbani II papæ ad Hugonem abbatem Cluniacensem. — Pontificatum sibi delatum nuntiat. Rogat ut ad se veniat. 284
III. — Urbani II papæ epistola ad episcopos, clerum et populum Viennensis provinciæ. — De Viennensi archiepiscopo eligendo, cum hæc metropolis jam diu pastore esset destituta. 285
IV. — Urbani II papæ epistola ad Lanfrancum Cantuariensem archiepiscopum. — De Ecclesiæ angustiis ac de suscepto pontificatu. 286
V. — Primatus Ecclesiæ Toletanæ in Hispaniis restituitur. 288
VI. — Urbani II epistola ad Ildefonsum Galleciæ regem. — Toletanam Ecclesiam Sarracenis ereptam gratulatur. Commendat Bernardum, archiepiscopum Toletanum, a sese pallio donatum, primatemque in totis Hispaniarum regnis constitutum. 289
VII. — Urbanus II archiepiscopos Hispaniæ monet de restitutione primatus Toletani. 290
VIII. — Urbani II epistola ad Hugonem abbatem Cluniacensem de primatu collato Ecclesiæ Toletanæ. 291
IX. — Urbanus II monasterii Cluniacensis possessiones et privilegia confirmat, et Hugoni abbati mitræ, dalmaticæ chirothecarum, sandaliorum usum concedit. *ibid.*
X. — Urbani II papæ epistola ad Gothofredum Magalonensem episcopum. — Substantionensis comitatus et Magalonensis episcopatus investituram de manu ejus recipit. Quapropter eam Ecclesiam et comitatum sub speciali Romanæ Ecclesiæ protectione ponit, et curam percipiendi censum annuum unius unciæ auri de prædicto comitatu ei demandat. 293
XI. — Epistola Urbani II ad Pistoriensem et Rusticum Vallis Umbrosæ abbates. — De Wezelone Moguntino archiepiscopo ob simoniam deposito. 294
XII. — Urbani II papæ privilegium pro abbatia S. Joannis de Vineis. 295
XIII. — Urbanus II monasterio S. Victoris Massiliensi bullam tribuit. 296
XIV. — Urbani II epistola ad Gaufridum Constantiensem episcopum. — Perfugam e monasterio Schafhusensi tertio revocari mandat, et parere recusantem anathemati tradit. *ibid.*
XV. — Urbani II epistola ex synodo Romana scripta ad Gebehardum Constantiæ episcopum canonica, qua eidem legationem apostolicam, et procurationem Ecclesiarum in Saxonia, Alemannia defert et confirmat. 297
XVI. — Urbani II epistola ad episcopos Germaniæ. Illis indicat pro excommunicatis qui homines habendi sint. 299
XVII. — Urbani papæ II bulla pro canonicis regularibus S. Augustini in cœnobio S. Joannis Ricipollensis a Berengario præsule institutis. *ibid.*
XVIII. — Urbani II papæ privilegium pro monasterio Jesu Nazareni. 301
XIX. — Urbanus II Frotardo, abbati S. Pontii Tomeriarum privilegium concedit quo locum a cujuscunque episcopi jurisdictione eximit aliisque compluribus prærogativis exornat. 302
XX. — Epistola Urbani II papæ ad proceres provinciæ Tarraconensis de restauratione ecclesiæ Tarraconensis. *ibid.*
XXI. — Urbanus II monasterio SS. Aniani et Laurentii bullam tribuit. 304
XXII. — Urbani privilegium pro clericis et laicis Vellitrensibus. *ibid.*
XXIII. — Urbani II epistola ad Anselmum abbatem Beccensem. — Ut episcopo rerum ecclesiasticarum imperitiori adsit. Ut non differat sedem apostolicam visitare, et ad eam mittere quæ Hubertus subdiaconus ejus legatus collegerat ex censu B. Petri. 305
XXIV. — Urbani II epistola ad Pibonem Tullensem episcopum. 306
XXV. — Urbanus II monasterii Cavensis possessiones confirmat. 50
XXVI. — Urbani II epistola ad Eliam episcopum Barensem. — De reliquiarum sancti Nicolai translatione, et Barensis ecclesiæ dignitate et juribus. *ibid.*
XXVII. — Urbani II epistola ad Raynaldum archiepiscopum Remensem. — Illi pallium tribuit ac totius Secundæ Belgicæ provinciæ primatum jusque consecrandi Francorum reges asserit. 309
XXVIII. — Urbanus II monasterii Balmensis apud Sequanos possessiones, petente Hugone, archiepiscopo Vesontionensi confirmat. 311
XXIX. — Urbani II epistola ad Raynerium cardinalem presbyterum. — Multa mandat ad res Hispanicas spectantia. 313
XXX. — Urbani II epistola ad Raynerium S. R. Ecclesiæ presbyterum et legatum. — Illum inter episcopum Barcinonensem (Bertrannum) et abbatem S. Pontii Tomeriensem (Frotardum) judicem constituit. 314
XXXI. — Urbani II epistola ad Frotardum Tomeriensem abbatem. — Hortatur ut de illatis archiepiscopo Narbonensi injuriis satisfaciat. 315
XXXII. — Urbani II epistola ad Raymundum comitem, Aymericum vicecomitem, clerum, populumque Narbonensem. 516
XXXIII. — Urbani II papæ epistola ad clerum et plebem Viennensem. — Archiepiscopum Viennensem commendat, et præcipit ut ea restituantur quæ de bonis Ecclesiæ Viennensis Ataldus præpositus dissipaverat. *ibid.*
XXXIV. — Urbani papæ II epistola ad suffraganeos Ecclesiæ Arelatensis. — Illis significat extorta ex Guibilano episcopo juramenta irrita a se facta esse; quem qui ceperint, eos infames declarat. 317
XXXV. — Urbani II bulla pro canonicis Pistoriensibus. *ibid.*
XXXVI. — Urbanus II monasterii Raitenbuchensis, a Welfone, Bavariæ duce ejusque conjuge Jutta conditi, protectionem suscipit. 319
XXXVII. — Privilegium Urbani papæ II pro canonicis Sancti Antonini, diœcesis Ruthenensis. *ibid.*
XXXVIII. — Privilegium Urbani papæ II pro Ecclesia Gratianopolitana. 320
XXXIX. — Urbanus II monasterii S. Theotfredi Calmiliacensis bona confirmat. 322
XL. — Privilegium Urbani II pro Vallumbrosanis. *ibid.*
XLI. — Urbanus II Majoris Monasterii tutelam suscipit possessionesque ejus confirmat. 324
XLII. — Urbanus II Burchardo S. Basoli abbati bullam tribuit. *ibid.*

XLIII. — Urbanus II Ecclesiæ Ravellensis libertatem ac possessiones, petente Ursone episcopo, confirmat. 525

XLIV. — Urbani II epistola ad clerum et plebem Carnotensem. — De Gaufredi episcopi depositione, et Ivonis consecrati in ejus locum subrogatione. *ibid.*

XLV. — Urbani II papæ epistola ad Richerium, archiepiscopum Senonensem.— Ivonem, episcopum Carnotensem, illi commendat. Gaufredum, si invadere episcopatum tentaverit, anathematizatum declarat. 326

XLVI.— Urbani II epistola ad Altmannum Pataviensem episcopum. 527

XLVII. — Urbani II epistola ad Lanzonem et Rodulfum abbates, et Adalberonem primicerium. — Confirmat electionem Metensis episcopi ab eis factam. *ibid.*

XLVIII. — Urbanus II parthenonis S. Crucis Pictaviensis possessiones confirmat. 528

XLIX. — Urbani II epistola ad Romualdum Monopolitanæ Ecclesiæ episcopum. — Ex concilii Beneventani sententia episcopatum Monopolitanum non Ecclesiæ Brundusinæ sed Romanæ sedi subjectum declarat. 528

L. — Urbanus II monasterium S. Bartholomæi in Lipara insula tuendum suscipit et ejus bona confirmat. 529

LI. — Urbanus II Corsicam insulam, sub Gregorio VII in pristinam Ecclesiæ Romanæ ditionem redactam, Daimberto, episcopo Pisano et ejus successoribus committit. 530

LII. — Urbani II epistola ad Berengarium Ausonensem episcopum. — Eum constituit Tarraconensem archiepiscopum. 531

LIII. — Litteræ Urbani papæ II ad Vallis-Umbrosæ et Camalduli priores, ne a communione Pisani episcopi se alienent. 533

LIV. — Urbanus II Guillelmum, archiepiscopum Rothomagensem, ad restituendum monasterium S. Austrebertæ Pavillacense excitat, atque universis qui eidem cœnobio aliquid conferant, quartam pœnitentiarum ab episcopo aut presbytero injunctarum partem relaxat. 535

LV. — Urbani II epistola ad clerum et populum Ambianensem. — Significat se Gervinum episcopum sanxisse. *ibid.*

LVI. — Urbani II epistola ad prælatos laicorum communem vitam agentium. 536

LVII. — Urbani II epistola ad Gebhardum, episcopum Constantiensem, Welfonem et Bertholdum, duces et B. comitem. — Illos hortatur ut abbatem monasterii S. Salvatoris Schafhusensis tueantur contra Tutonem, donatum monasterio prædium auferre conantem. *ibid.*

LVIII. — Confirmatio erectionis canonicæ S. Mariæ in Rettenbach, quæ sub apostolicæ sedis protectione recipitur; confirmatisque bonis omnibus ad eam spectantibus, nonnulla eidem conceduntur privilegia. 537

LIX. — Bulla Urbani II papæ pro Cataniensi cœnobio. 339

LX. — Urbanus II monasterium S. Sophiæ Beneventanum tuendum suscipit et ejus possessiones juraque confirmat. 541

LXI. — Urbani II papæ privilegium pro monasterio Reinhardsbornensi. 542

LXII. — Urbanus II monachorum Silvaniacensium possessiones confirmat, licet, inquit, congregatio vestra et locus adhuc nobis incognitus sit. 544

LXIII. — Urbanus II Ecclesiæ Pisanæ, ob civium erga Romanam Ecclesiam merita, episcopatus Corsicanos subjicit, petente Mathilda comitissa. *ibid.*

LXIV. — Urbani II epistola ad Berengarium Tarraconensem archiepiscopum. — Monet ne in erigenda ecclesia Tarraconensi negligenter agat, utque primati, archiepiscopo Toletano, nunc suo in Hispania universa et in Narbonensi provincia constituto vicario, obediat. 546

LXV. — Urbanus II Guarino, monasterii S. Laurentii Aversani abbati, mitræ et annuli usum concedit. *ibid.*

LXVI. — Urbani II epistola ad Petrum abbatem Cavensem. — De privilegiis ejusdem monasterio concessis. 547

LXVII — Urbanus II S. Brunoni, Carthusianorum fundatori, et Lanino asserit locum a Rogerio comite concessum et a Theodoro, episcopo Scyllacino confirmatum. 553

LXVIII. — Urbani II epistola ad Raynaldum archiepiscopum Remensem et suffraganeos ejus.— Illos reprehendit quod a rege et uxore dimitti et alteram duci passi sint. 554

LXIX. — Urbani II epistola ad Goffridum, abbatem S. Albini Andegavensem, et Bernonem, abbatem S. Trinitatis Vindocinensis. — Illos hortatur ut suam de eorum controversia sententiam observent. 555

LXX. — Urbani II epistola ad Robertum Flandriæ co

mitem. — Ut a vexandis clericis abstineat. 556

LXXI. — Urbani II epistola ad clerum et populum Atrebatensem. — Ut excusso jugo Cameracensis episcopi, episcopum eligant a metropolitano consecrandum. *ibid.*

LXXII. — Urbani II epistola ad Raynaldum Remensem archiepiscopum. — Mandat ut, quem clerus populusque Atrebatensis elegerint, episcopum consecret. 557

LXXIII. — Urbani II epistola ad Guinnondum episcopum Aversanum. — Id quod de Richardo, filio Burrelli, fecerit, probat. *ibid.*

LXXIV. — Urbani II epistola ad Anselmum Mediolanensem archiepiscopum. — De reconciliatione lapsorum. 558

LXXV. — Guernerio Merseburgensi conceditur ut clericus qui lapide jacto puerum interemerat, suscepta sempiterna pœnitentia, in suo ordine permaneat. *ibid.*

LXXVI. — Urbani II epistola ad Albertum episcopum Metensem. — Ut in sacerdotem quemdam dignitatem Simoniace adeptum mansuetudine utatur. 558

LXXVII. — Urbani papæ II epistola ad universos episcopos Britanniæ. — Dolensi episcopo concedit pallium, salvo jure Turonensis ecclesiæ. 559

LXXVIII. — Urbani papæ II epistola ad principes et populum Dolensis ecclesiæ.— Ut ablata Dolensi ecclesiæ bona restituant. *ibid.*

LXXIX. — Urbanus II canonicorum Sancti Pauli Narbonensis propositum vitam regularem profitendi confirmat. 560

LXXX. — Urbani II epistola ad Raynaldum archiepiscopum Remensem. — Iterum mandat ut Ecclesiæ Atrebatensi episcopum præficiendum curet. 561

LXXXI. — Urbani II epistola ad clerum et populum Atrebatensem. — Quæ superiore epistola Raynaldo archiepiscopo, eadem illis scribit. 562

LXXXII. — Urbani II epistola ad clerum et populum Ambianensem. — Illos jubet Gerewino episcopo, de Simonia purgato, obedire *ibid.*

LXXXIII. — Epistola Urbani papæ II ad omnes fideles. — De ecclesia Sanctæ Mariæ Casinensis monasterii a se consecrata et privilegio munita. 563

LXXXIV. — Urbanus II statuit ut qui diebus certis monasterium S. Mariæ adierint, peccatorum absolutione fruantur. 565

LXXXV. — Urbani II epistola ad Raynaldum Remensem archiepiscopum. — Illum vituperat quod electum Atrebatensem nondum consecraverit. 566

LXXXVI. — Urbani II epistola ad Lambertum Atrebatensem episcopum. — Illi gratulatur ac de superioribus ad Raynaldum litteris significat. *ibid.*

LXXXVII. — Urbani II papæ epistola ad Geraldum abbatem Monasterii Novi Pictaviensis. — Adjudicatam canonicis in concilio Santonensi ecclesiam S. Nicolai secus muros urbis Pictaviensis confirmat monasterio Novo ejusdem urbis. 567

LXXXVIII. — Urbani II papæ epistola ad Raynaldum abbatem S. Cypriani Pictaviensis. — Quidquid juris et canonicæ potestatis acquisierat in ecclesiam Sanctæ Crucis apud Englam, eidem concedit, et apostolica auctoritate confirmat. 568

LXXXIX. — Urbani II papæ epistola ad episcopos et abbates Aquitaniæ, Guasconiæ et inferioris Burgundiæ. — Ut ad comparandam apostolicæ sedis libertatem pecuniarum subsidia corrogari faciant, et ad se transmitti per manus Raynaldi abbatis S. Cypriani Pictaviensis. *ibid.*

XC. — Urbani II papæ epistola ad Raynaldum abbatem S. Cypriani Pictaviensis. — Curam ei demandat colligendæ pecuniæ in subsidium Romanæ Ecclesiæ. 569

XCI. — Urbanus II canonicis regularibus S. Quintini Bellovacensis bullam tribuit. 570

XCII. — Item monasterio Burguliensi. *ibid.*

XCIII. — Syracusana Ecclesia, a Rogerio comite ejectis Agarenis, confirmatur, indicta pœna excommunicationis contra eam quomodolibet perturbantes. 570

XCIV. — Urbanus II congregationi monasterii Vindocinensis scribit relatum sibi esse episcopum Carnotensem (Ivonem) a Gaufrido, eorum abbate, in consecratione professionem extorsisse. Hanc professionem rescindit, ac, ne abbas monasterii eorum deinceps episcopo professionem faciat præcipit. 572

XCV. — Urbani II epistola ad Raynaldum archiepiscopum Remensem. — Monet ne Cameracensibus Ecclesiam Atrebatensem ad se vindicantibus aurem præbeat. *ibid.*

XCVI.— Urbanus papa super Arragonum regem, qui neptem suam cuidam militi se daturum sub fidei promissione firmaverat, canonicum profert capitulum. 573

XCVII. — Urbani II epistola ad abbatem S. Joannis de Pinna. — Præcipit ne decimas quasdam canonicis ecclesiæ S. Saturnini Tolosanæ auferat. *ibid.*

XCVIII. — Urbani papæ epistola ad Villelmum archiepiscopum Rothomagensem et canonicos S. Mellonis de Ponte Isaræ et habitatores ejusdem castri. — Præcipit ne prohibeant monachos Beccenses pulsare signa sua ad horas secundum ordinem suum. 574
XCIX. — Bulla Urbani II papæ, qua donationem a Mathilda comitissa factam monasterio S. Blasii confirmat. ibid.
C. — Urbani II epistola ad Saxones catholicos. — Nuntiat se Halberstadensem electum consecrasse, neglecto Moguntino metropolitano ob schisma. 575
CI. — Urbanus II omnibus per Saxoniam Ecclesiæ catholicæ filiis significat Herrandum episcopum Halberstadensem consecratum a se esse. Cui ut obediant præcipit. Omnes ab invasoris fidelitate solvit. 576
CII. — Urbani II epistola ad clerum et popu'um Halberstadensem. — Laudat quod episcopo in schisma delapso alium loco ejus elegerint, quam electionem approbat. 576
CIII. — Urbani II epistola ad Fulconem episcopum Belvacensem. — Multa et gravia recenset capitula quibus accusabatur. Præcipit ut purgandi sui causa aut ad Raynaldum archiepiscopum Remensem aut ad sese accedat. 578
CIV. — Urbani II papæ epistola ad clerum populumque Bellovacensem. — Castellanum Odoni militi a sese assertam nuntiat. 579
CV. — Urbanus II monasterii Vindocinensis jura et possessiones confirmat. 580
CVI. — Urbani II epistola ad Lambertum Atrebatensem episcopum, sive privilegium Atrebatensis Ecclesiæ. ibid.
CVII. — Urbani II epistola ad Alardum Atrebatensem, Bernardum Obstreyandensem archidiaconum, etc. — Hortatur ut Lamberto episcopo Atrebatensi deinceps obediant. 582
CVIII. — Urbani II epistola ad Aloldum S. Vedasti, Richardum Marcianensem, Albertum Hasnoniensem, Hamericum Aquicinctensem, abbates, et S. Ragenfredis et Strumensem abbatissas. — Illos parere Lamberto episcopo Atrebatensi jubet. ibid.
CIX. — Urbani II epistola ad Raynaldum archiepiscopum Remensem et ejus suffraganeos. — Lambertum episcopum Atrebatensem illis commendat. 583
CX. — Urbani II epistola ad Guillelmum Pictaviensium comitem. — Hortatur ut ablata monasterio Vindocinensi reddat. 584
CXI. — Urbanus II Amato, legato apostolicæ sedis, aliisque duobus episcopis injungit ut Guillelmum (comitem Pictaviensem) pro excommunicato habeant, nisi intra tempus a se præfinitum bona Vindocinensibus monachis ablata restituere faciat. ibid.
CXII. — Urbani II epistola ad Rotbertum, Flandrensium comitem. — Illi Ecclesiam et episcopum Atrebatensem commendat. 585
CXIII. — Urbani papæ II sententia de subjectione Dolensis Ecclesiæ ad Turonensem. ibid.
CXIV. — Urbani papæ II epistola ad universos episcopos per Britanniam constitutos. — Confirmat sententias aliorum summorum pontificum, præcipitque eis ut Turonensi archiepiscopo tanquam metropolitano pareant. 587
CXV. — Urbani II epistola ad Raynaldum Remensem archiepiscopum. — Quod Fulconem Belvacensem episcopum coram se purgatum a crimine iterum purgari voluerit, queritur. 588
CXVI. — Urbani II epistola ad Hugonem archiepiscopum Lugdunensem. ibid.
CXVII. — Urbani II epistola ad Hugonem Gratianopolitanum episcopum. — Illi de superioribus ad Hugonem Lugdunensem epistolis significat. 599
CXVIII. — Urbani II privilegium pro canonicis Pistoriensibus. ibid.
CXIX. — Urbani II epistola ad Durannum Arvernorum episcopum. Mandat ut a canonicis Biliomensibus cœnobium B. Lupi restitui monachis Cluniacensibus jubeat. 592
CXX. — Urbani II epistola ad Guillelmum, comitem Tolosanum. — Illum de expulsis abbatibus Moissiacensi et Lesatensi objurgat. ibid.
CXXI. — Urbani II epistola ad Guillelmum (Geraldum?) episcopum Caturcensem. — Mandat ut, expulso Hunaldo Ausquilinum in monasterium Moissiacense reducat. 593
CXXII. — Urbani II epistola ad Godefridum Lucanum episcopum. — Quod non sint homicidæ existimandi qui excommunicatos zelo ecclesiæ occiderint. 594
CXXIII. — Urbani II epistola ad Cyriacum, episcopum Januensem. — Qui jurejurando propinquitatem firmare debeant. ibid.
CXXIV. — Urbani II epistola ad Rogerium ducem et Boamundum fratres. — Monachos ab invasoribus defendit. ibid.

CXXV. — Epistola Urbani II ad Beringerum abbatem S. Laurentii Leodiensis, Simoniacorum et Wibertistarum insectatorem, ab Henrico imperatore et Oberto episcopo expulsum. 595
CXXVI. — Bulla Urbani papæ II pro monasterio S. Petri de Puteolis Lucanæ diœcesis. 598
CXXVII. — Urbani II bullæ pro monasterio S. Ægidii, confirmatæ in concilio Placentino. 599
CXXVIII. — Urbanus II pontifex monasterium D. Georgii in Nigra Silva in suam protectionem recipit atque insignes ei libertates concedit. 400
CXXIX. — Monasterium Hirsaugiense Spirensis diœcesis sub protectione sedis apostolicæ recipitur, bonaque omnia eidem confirmantur. 402
CXXX. — Urbani II epistola ad clerum et populum Noviomensem. — Remandat ipsis cum gratia suæ plenitudine Radbodum episcopum, qui Placentino concilio interfuerat, et confirmat privilegia Ecclesiæ Noviomensi a prædecessoribus suis concessa. 404
CXXXI. — Bulla Urbani II pro abbatia S. Petri in Nigra Silva. ibid.
CXXXII. — Urbani II epistola ad Rotbertum Flandrensium comitem, et ejus optimates. — Hortatur ut Lambertum, episcopum Atrebatensem, in recuperandis Ecclesiæ possessionibus adjuvet. 406
CXXXIII. — Urbani II epistola ad Guslcherum episcopum Cameracensem. — Hortatur ne Ecclesiæ Atrebatensis jura lædat. ibid.
CXXXIV. — Urbani II epistola ad Guidonem Viennensem archiepiscopum. ibid.
CXXXV. — Urbanus papa II translationem Aucensis episcopatus parochiarumque divisionem in Fusellensi concilio factam confirmat. 407
CXXXVI. — Bulla Urbani II pro confirmatione vitæ canonicæ in Ecclesia Magalonensi institutæ. 408
CXXXVII. — Privilegium pro monasterio Cluniacensi. 410
CXXXVIII. — Privilegium Urbani papæ II pro ecclesia S. Petri de Guastalla. 412
CXXXIX. — Urbani II papæ ad Richardum sanctæ Romanæ Ecclesiæ cardinalem epistola. 414
CXL. — Urbani II decretum quo statuit ut Ecclesia Arausicana post Guillelmi episcopi mortem conjungatur cum Tricastinensi Ecclesia. 416
CXLI. — Privilegium apostolicum Urbani II papæ pro monasterio S. Abundii Comensis. 417
CXLII. — Litteræ apostolicæ Urbani II, quibus instituta a Petro Carcassonensi episcopo clericorum regularium normam in ecclesia S. Nazarii et aliis confirmat. 418
CXLIII. — Urbani II ecclesiæ S. Petri Standalmontensis, a Mathilde comitissa B. Petro traditæ, protectionem suscipit et bona confirmat, ea lege ut clerici quotannis denarium aureum, aut quarto quoque anno bisantium, palatio Lateranensi persolvant. 419
CXLIV. — Urbani II papæ epistola ad Salmoriacenses, tam clericos quam laicos. 420
CXLV. — Urbani II privilegium pro Ecclesia Vesontionsi. 421
CXLVI. — Urbani II epistola ad Lambertum Atrebatensem episcopum. 422
CXLVII. — Urbani II papæ privilegium pro monasterio monialium S. Petri Blaziliensis. ibid.
CXLVIII. — Caturcensis ecclesiæ canonici confirmantur in professione vitæ regularis, quam recens professi erant. 423
CXLIX. — Privilegium pro monasterio Casæ-Dei. 424
CL. — Urbanus universos per Gothiam et Provinciam fideles hortatur ut conferant ad ecclesiam S. Nicolai construendam in prædio a Stephania comitissa monasterio S. Victoris Massiliensi per ipsum apud Tarasconem tributo. 425
CLI. — Bulla Urbani II papæ pro monasterio S. Ægidii. ibid.
CLII. — Urbanus II papa confirmat regularem disciplinam canonicorum S. Avenionensis ecclesiæ, qui cum bonis omnibus ad canonicam ipsam spectantibus sub protectione sedis apostolicæ suscipiuntur. 426
CLIII. — Privilegium ab Urbani II ecclesiæ S. Ruffi concessum salva in omnibus Avenionensis episcopi canonica reverentia. 427
CLIV. — Urbani II papæ privilegium pro Ecclesia Matisconensi. 428
CLV. — Urbani II epistola ad Guarnerium de Castellione — Illi sub excommunicationis pœna præcipit ut Lambertum, episcopum Atrebatensem, in itinere ad synodum capitum dimittat. 429
CLVI. — Urbani II epistola ad archiepiscopum Senonensem. — Mandat, commoneat Guarnerium ut episcopum

Atrebatensem dimittat. 450

CLVII. — Privilegium pro monasterio Silviniacensi. *ibid.*

CLVIII. — Definitio quæ fuit inter Gothofredum Magalonensem episcopum et Petrum Anianensem abbatem in concilio Claromontano. 431

CLIX. — Bulla confirmationis privilegiorum monasterii Celsiniacensis. 432

CLX. — Urbani II papæ epistola ad canonicos Engolismenses, qua præposituræ de Juliaco attributionem ipsis ab Ademaro factam confirmat. 433

CLXI. — Urbanus II papa monasterii Aubechiensis possessiones et jura confirmat. 434

CLXII. — Confirmatio S. Dionysii de Nogento, per domnum Urbanum II papam facta. 435

CLXIII. — Urbani II papæ epistola ad Guigonem comitem. 436

CLXIV. — Urbani synodica ad clerum populumque Cænieracensem. 437

CLXV. — Urbani II decretum de primatu Lugdunensi. 438

CLXVI. — Privilegium pro ecclesia S. Jacobi Compostellana. 440

CLXVII. — Urbani II epistola ad Hugonem Cluniacensem abbatem. — Cluniacensibus monachis facultatem tribuit altaria et decimas retinendi quæ pretio comparassent et decimas e manu laicorum retrahendi si secundum æquum fieri possit. 441

CLXVIII. — Diploma Urbani papæ, quo privilegia et bona omnia prioratus Marciniacensis confirmat. 442

CLXIX. — Urbani II papæ epistola ad Ademarum Engolismensem episcopum. — Ut monachos S. Eparchii per excommunicationis censuram obedire compellat abbati S. Joannis Angeriacensis. 443

CLXX. — Bulla Urbani II papæ pro monasterio Tutelensi. 444

CLXXI. — Urbani II epistola ad suffraganeos Ecclesiæ Remensis. — Illos hortatur ut Manassi, in locum Raynaldi archiepiscopi demortui suffecto, obediant. 445

CLXXII. — Clerum, ordinem, milites et plebem Remensem hortatur ut Manassi electo archiepiscopo fidem præstent. *ibid.*

CLXXIII. Manassi electo archiepiscopo Remensi gratulatur. Monet caveat prorsus et vigilet ne regiæ superbiæ qualibet inconstantia subjiciatur. Adjutorium pollicetur. 447

CLXXIV. — Urbani II epistola ad Philippum Catalanensem episcopum. — Commendat ei et fratri ejus Hugoni comiti Campaniæ monachos S. Vitoni Virdunensis, ab ecclesia S. Nicolai in Silva Lugolli per parochianos ejus ejectos. *ibid.*

CLXXV. — Privilegium ab Urbano II monasterio S. Nicolai concessum, salva episcopi Andegavensis canonica reverentia. *ibid.*

CLXXVI. — Urbani II epistola ad suffraganeos Ecclesiæ Remensis. 449

CLXXVII. — Urbani II epistola ad clerum Turonensem. — Privilegia Turonensis Ecclesiæ confirmat. *ibid.*

CLXXVIII. — Urbani II epistola ad monachos S. Petri Bainsonensis. — Bainsonensem ecclesiam a parentibus suis Cluniacensi cœnobio donatam, auctoritate sedis apostolicæ munit, et Suessionensis Ecclesiæ jura determinat. 450

CLXXIX. — Urbanus II papa Trenorciensis monasterii bona juraque omnia in tutelam apostolicæ sedis recipit. 451

CLXXX. — Privilegium pro monasterio S. Vincentii Metensi. 452

CLXXXI. — Urbanus II confirmat abbatiæ S. Bertini ordinis S. Benedicti Audomaropoli omnia altaria sua atque possessiones. 453

CLXXXII. — Privilegium Urbani II pro Marbacensi ecclesia. 455

CLXXXIII. — Urbanus II monasterii Corbeiensis privilegia confirmat. 456

CLXXXIV. — Gerardo, novo abbati monasterii S. Mauri Glannafoliensis amplissimum privilegium concedit. *ibid.*

CLXXXV. — In concilio Turonensi controversiam inter canonicos S. Martini et monachos Cormeriacenses composuit Urbanus, sententia secundum canonicos lata ; qua statuit ut abbates Cormeriacenses baculum pastoralem de sepulcro S. Martini, communi decani et capituli jussu sumant. *ibid.*

CLXXXVI. — Urbani II epistola ad canonicos S. Martini Turonensis. — Contra Simoniacos. 457

CLXXXVI (bis). — Urbani II papæ privilegium pro S. Martini Turonensis canonicis. 459

CLXXXVII. — Urbani II epistola ad Richerium Senonensem et cæteros Francorum episcopos. — De rege excommunicato non absolvendo. 460

CLXXXVIII. — Bulla Urbani papæ II pro monasterio Novo Pictaviensi. — Monasterium Novum, cujus ecclesiam dedicaverat, sub sedis apostolicæ protectione suscipit, illudque Cluniacensi monasterio subjicit. 461

CLXXXIX. — Bulla pro monasterio Sancti Martialis Lemovicensis. 462

CXC. — Urbani II papæ epistola ad Raimundum Ausciensem archiepiscopum. — Adversus clericos qui cœmeterium S. Orientii violaverant. 464

CXCI. — Urbanus II monasterii S. Albini Andegavensis possessiones confirmat. 465

CXCII. — Refert quæ in conventu apud S Hilarium habito statuta sint occasione controversiarum quæ inter canonicos S. Hilarii et monachos monasterii Novi Pictaviensis in prioratu S. Nicolai degentes exoriæ fuerant. 466

CXCIII. — Urbani II papæ epistola ad Ansculphum Angeriacensem abbatem. — Burlacensem ei ecclesiam, dono episcopi Belvacensis acquisitam, et astipulatione regis Francorum munitam confirmat. *ibid.*

CXCIV. — Urbanus II monasterio Cluniacensi collem S. Michaelis de Monte Alto asserit. *ibid.*

CXCV. — Urbani II Ecclesiæ Pampilonensis privilegia, petente Petro de Roda episcopo confirmat. 466

CXCVI. — Bulla confirmationis privilegiorum monasterii Moyssiacensis. *ibid.*

CXCVII. — Epistola Urbani II papæ ad Hugonem abbatem Cluniacensem. 467

CXCVIII. — Urbani papæ II diploma de donatione abbatiæ Belli-Loci. 468

CXCIX. — In concilio apud Nemausum, abolito Gregorii VII præcepto, Urbanus monasteria Figiacense et Conchense uniri vetat. Utrumque monasterium gubernari a proprio abbate jubet. 469

CC. — Bulla Urbani II papæ pro S. Martino de Campis. 470

CCI. — Urbanus Burgensem Ecclesiam Romanæ immediate subjicit, illam ab aliarum metropoleon absolvens obedientia. 471

CCII. — Urbanus II papa confirmat bona monasterii Rivipollensis, cui nonnulla immunitatis ac exemptionis privilegia conceduntur. 472

CCII (bis). — Urbani II papæ privilegium pro monasterio Balneolensi. 474

CCIII. — Privilegium monasterii Juviniacensis. 476

CCIV. — Privilegium pro monasterio S. Ægidii. 477

CCV. — Bulla pro ecclesia Sancti Saturnini Tolosæ. 478

CCVI. — Urbanus monasterii S. Andreæ Avenionensis privilegia et possessiones confirmat. 480

CCVII. — Epistola Urbani papæ ad Colomanum Hungariæ regem, adversus Guibertum antipapam, vel Clementem III. *ibid.*

CCVIII. — Urbani II P. M. epistola ad Gebehardum episcopum Constantiensem, ut a Reitenbuchensibus quemdam monachum Scafusensibus monachis restituendum curet. 482

CCIX. — Ejusdem papæ epistola ad Odalricum, seu Udalricum, præpositum Reitenbuchensem. — De eadem re. *ibid.*

CCX. — Epistola Urbani II papæ ad Bononienses. — Eorum fidem laudat. Omnibus qui bello Hierosolymitano interfuerint, peccatorum veniam proponit. 483

CCXI. — Urbani II papæ bulla, qua monialibus Cremonensibus Sancti Joannis Evangelistæ, omnia illarum jura confirmat. 484

CCXII. — Urbani II epistola ad Alexium Constantinopolitanum imperatorem. — De expeditione in terram sanctam, et de cruce suscipienda. 485

CCXIII. — Urbani epistola ad Gerardum Tarvannensem. — Canonum contemptores excommunicandos esse. *ibid.*

CCXIV. — Urbanus monasterii Cluniacensis libertates et privilegia confirmat augetque. *ibid.*

CCXV. — Urbani II papæ epistola ad clerum et populum Tranensis Ecclesiæ. 488

CCXVI. — Urbani II epistola ad Hugonem archiepiscopum Lugdunensem. *ibid.*

CCXVII. — Urbanus Petro Aragonensium et Pampilonensium regi cæterisque earum regionum fidelibus ecclesiam Pampilonensem commendat. 489

CCXVIII. Urbanus Oderisio, cardinali Ecclesiæ Romanæ et abbati monasterii Casinensis, a sese consecrato, monasterium Glannafoliense, monachis Fossatensibus adjudicatum restituit. *ibid.*

PATROL. CLI. 47

CCXIX. — Urbanus II papa sacrum Casinense cœnobium ejusdemque bona ab omni jurisdictione liberum sub sanctæ Romanæ Ecclesiæ protectione confirmat, cæterisque per Occidentem monasteriis præferendum esse declarat. 492.

CCXX. — Privilegium Urbani II papæ ad S. Hugonem pro immunitate cellarum Cluniacensium et interdicto, ac libertate convocandi apud Cluniacum quem voluerit antistitem ad chrisma conficiendum et oleum benedicendum. 493

CCXXI. — Urbanus II Ecclesiæ Arvernensis privilegia et possessiones confirmat, statuitque ut ejus Ecclesiæ antistes in ordinatione metropolitani Bituricensis primum locum obtineat. 494

CCXXII. — Urbani II papæ epistola ad Raimundum Auscensem archiepiscopum. — Adversus clericos, qui cœmeterium S. Orientii violaverant. 494

CCXXIII. — Salmoriaci pagus Ecclesiæ Gratianopolitanæ asseritur. ibid.

CCXXIV. — Urbani II papæ epistola ad Bertrandum Narbonensem archiepiscopum. Ecclesiæ Narbonensis privilegia corroborat. 495

CCXXV. Urbani II papæ epistola ad Petrum Goffredi Aquensem archiepiscopum — Mandat ut Narbonensi archiepiscopo, tanquam primati, reverentiam exhibeat. 496

CCXXVI. — Urbani II epistola ad Hugonem Lugdunensem archiepiscopum. — Ut Aquensem archiepiscopum primati suo Narbonensi archiepiscopo obedire compellat. ibid.

CCXXVII. — Privilegium pro Ecclesia Verulana. ibid.

CCXXVIII. — Urbanus II ecclesiæ S. Mariæ Buronensis protectionem suscipit; bona confirmat, privilegia constituit, imposito fratribus bizantii aurei censu annuo. 498

CCXXIX. — Urbani II epistola ad Manassem Remensem archiepiscopum. 499

CCXXX. — Urbani II papæ epistola ad Bernardum Bononiensem episcopum. — Commendat fratres quosdam ab hæreticis invite ordinatos. 500

CCXXXI. — Jarentoni, abbati S. Benigni Divionensis, Urbanus asserit monasterium S. Vigoris Bajocense, ab Odone episcopo donatum. ibid.

CCXXXII. — Urbani epistola ad Udalricum, abbatem monasterii S. Michaelis ad Mosam. — Concedit ut circa ecclesiam novam cœmeterium constituat. ibid.

CCXXXIII. — Urbani II papæ bulla pro monasterio Wiblingensi. 501

CCXXXIV. — Bulla Urbani II pro Ecclesia Urgellensi. 502

CCXXXV. — Urbanus Landulfo, præposito ecclesiæ S. Ambrosii Mediolanensis, asserit altaris majoris oblationes et cæterorum altarium quæ intra parietes ecclesiæ B. Ambrosii statuta sunt vel statuentur. 504

CCXXXVI. — Bulla Urbani II papæ pro monasterio Jesu Nazareni (Montis Aragonensis). ibid.

CCXXXVII. — Urbani epistola ad Petrum Oscensem episcopum. — Oscensem Ecclesiam caput Jacensis Ecclesiæ constituit. ibid.

CCXXXVIII. — Urbanus Willelmo regi Anglorum scribit ut res Anselmi (archiepiscopi Cantuariensis) liberas in regno suo faciat ac de suis omnibus illum revestiat. 506

CCXXXIX. — Urbani II epistola ad Rogerium comitem Siciliæ. — De privilegio monarchiæ Siciliæ. ibid.

CCXL. — Alphano archiepiscopo Salernitano ejusque successoribus Acherontinæ et Cousentinæ provinciarum primatum asserit, petente Rogerio duce. 507

CCXLI. — Urbanus II Brunonis et Lanuini (eremitarum) possessiones concessas a Rogerio comite et Joanne episcopo Scyllacensi, confirmat. 509

CCXLII. — Urbanus, consecrato Gerlando episcopo, fines restitutæ ecclesiæ Agrigentinæ confirmat. 510

CCXLIII. — Urbani II epistola ad fratres S. Huberti Andaginensis. 511

CCXLIV. — Urbani II epistola ad Leodienses pro Theoderico abbate. ibid.

CCXLV. — Urbani II rescriptum pro Casinensi monasterio. 512

CCXLVI. — Bulla Urbani II papæ pro monasterio Sancti Cucuphatis. 513

CCXLVII. — Urbani II bulla pro Casinensi monasterio. ibid.

CCXLVIII. — Urbani II epistola ad Manassem Remensem archiepiscopum. 517

CCXLIX. — Bulla pro abbate Majoris Monasterii Turonensis. 518

CCL. — Urbani II epistola ad episcopum Magdeburgensem. — Ne vacillet, sed rectæ causæ insistat, hortatur. 518

CCLI. — Urbanus II Hartmannum, abbatem Gottwicensem, Gebehardo, Constantiensi episcopo, in apostolica legatione adjutorem constituit. 519

CCLII. — Urbanus II monasterii Gottwicensis privilegia, rogante Hartmanno abbate, confirmat. ibid.

CCLIII. — Privilegium immunitatis Schafhusano in Hirsaugia monasterio concessum. ibid.

CCLIV. — Urbani II epistola ad Rodulfum comitem. — Pro immunitate ecclesiastica. 521

CCLV. — Urbani II epistola ad Hugonem Lugdunensem archiepiscopum. ibid.

CCLVI. — Urbani II epistola ad Ebredunensem, Vapincensem et Diensem episcopos. — Antequam reconcilientur, fidelitatem excommunicatis nullus servare cogitur. ibid.

CCLVII. — Urbani II epistola ad Hugonem, episcopum Gratianopolitanum. — Extraordinaria pollutio in naturalibus non impedit matrimonium. 522

CCLVIII. — Urbani II papæ epistola ad Hugonem Cluniacensem abbatem. — S. Bertini monasterium ei juxta consuetudines Cluniacenses informandum concedit. ibid.

CCLIX. — Privilegium Urbani II papæ Raginero, abbati monasterii S. Petri Crispiniensis Romæ concessum. ibid.

CCLX. — Urbanus II cœnobium Generense in Guasconia in jus et proprietatem apostolicæ sedis recipit et privilegio communit sub annuo censu II unciarum auri. 523

CCLXI. — Urbani II papæ privilegium pro monasterio Latiniacensi. 525

CCLXII. — Urbani II epistola ad Rotgerium Suessionensem episcopum. — Ut in parochianis ecclesiis canonici regulares ordinentur. 524

CCLXIII. — Urbani papæ epistola ad Bernardum archiepiscopum Toletanum. 525

CCLXIV. — Bulla Urbani II papæ ad Petrum episcopum Jaccensem. ibid.

CCLXV. — Urbani II papæ privilegium pro Ecclesia Jaccensi. 526

CCLXVI — Urbanus Petronium, episcopum Leginensem, ex matre non legitima editum, ab hujus peccati vinculo absolvit. 527

CCLXVII. — Urbanus II papa committit Mathildi comitissæ restitutionem ecclesiæ Sancti Floriani, faciendam ab episcopo Mantuano ad favorem monasterii Sancti Benedicti de Pado'yrone. ibid.

CCLXVIII. — Urbani II epistola ad clerum populumque Salernitanum. — Pro immunitate ecclesiastica. 528

CCLXIX. — Urbani II epistola ad Godinum, antistitem Uritanum. — Mandat ut sedem episcopalem, in urbem Uriam quondam translatam, Brundisio urbi reddat. ibid.

CCLXX. — Urbani epistola ad Vitalem presbyterum (Brixiensem). — In dignitate servanda Simoniacis misericordia potest impendi, si eos vita commendat. ibid.

CCLXXI. — Ad eumdem. — Filii vel filiæ ante, vel post compaternitatem geniti legitime conjungi possunt. 529

CCLXXII. — Ad eumdem. — Uxor simul cum viro filium alicujus in baptismate non suscipiat. ibid.

CCLXXIII. — Ad Lucium, præpositum Sancti Juventii. — De valore baptismi aliorumque sacramentorum a criminosis sacerdotibus collatorum. ibid.

CCLXXIV. — Urbanus ecclesiæ S. Trinitatis, in loco qui Pons Guinizeli dicitur, privilegia instituit, ea lege ut clerici Mediolanensis monetæ nummos sex quatuor annis Lateranensi palatio persolvant. 533

CCLXXV. — Urbanus papa in epistola ad populum S. Vincentii Vulturnensis juxta Capuam. 534

CCLXXVI. — Urbanus II permittit ut Jordani principis filia, infantula Rainaldo, Rodelfi filio, invitis matre et parentela, desponsata, alii viro nuptum detur. ibid.

CCLXXVII. — Aliud Urbani II decretum. 535

CCLXXVIII. — Aliud Urbani II decretum. ibid.

CCLXXIX. — Urbanus II canonicis regularibus quibusdam scribit de canonicorum disciplina restituenda. ibid.

CCLXXX. — Urbani epistola ad Bernardum Toletanum archiepiscopum. — Cum Ricardo Massiliensi episcopo sit adempta legatia, ipse invigilet omnibus; archiepiscopus Compostellanus vinculis solutus, suo restituatur officio. Moneat cui committendam legationem putet. 536

CCLXXXI. — Urbani II papæ epistola ad Galonem, S. Quintini Bellovacensis præpositum. — Confirmat donationem terræ de Alnella factam a Guillelmo Parisiensi episcopo. 537

CCLXXXII. — Urbanus mittit litteras in gratiam monachorum S. Andreæ Viennensis, quos et eorum bajulos in tantum vexaverat Guido, ejusdem urbis archiepiscopus, ut etiam ex his nonnullos in carcere retinere'. ibid.

CCLXXXIII. — Urbanus Ivoni Carnotensi et Ramnulfo Santonensi episcopis scribit in gratiam monachorum Vindocinensium, quos ab omni episcoporum subjectione immunes esse declarat. *ibid.*
CCLXXXIV. — Monasterii Vindocinensis libertas confirmatur. 537
CCLXXXV. — Urbani epistola ad archiepiscopos et episcopos Franciæ. — Philippum regem, qui dimissa uxore sese adulteræ addixerat, gaudet ad cor rediisse. 538
CCLXXXVI. — Urbani epistola ad Hugonem, Cluniacensem abbatem. — Illi significat in Romana nuper synodo se decrevisse ut monast rium S. Germani Antissiodorense, ab abbate in concilio Nemausensi sibi refutatum, ei committeretur. *ibid.*
CCLXXXVII. — Bulla Urbani II qua Barbastrensis sedes constituitur. 539
CCLXXXVIII. — Urbani epistola ad Ingelrannum Laudunensem episcopum. — Hortatur ut fratribus B. Remigii altare Corbiniacense restituat. 539
CCLXXXIX. — Urbanus II confirmat monasterium Blaubeurense in diœcesi Constantiensi, ac donationes omnes eidem ab Adelaide patruisque factas. 540
CCXC. — Urbani II papæ bulla, qua monasterium S. Blasii in sedis apostolicæ protectionem recipit. 541
CCXCI. — Bulla Urbani II pro monasterio S. Saturnini in pago Urgellensi. 542
CCXCII. — Urbani epistola ad Hugonem, archiepiscopum Lugdunensem. — Nuntiat tandem primatum ejus a Daimberto, archiepiscopo Senonensi, agnitum Romæ esse. 543
CCXCIII. — Urbanus in monasterio Casalis S. Petri cam semper disciplinæ regularis institutionem conservari jubet, quam juxta Vallumbrosanorum fratrum consuetudinem Andreas, monasterii conditor, stabilierat. 544
CCXCIV. — Monasterii S. Crucis possessiones, rogante Amato, archiepiscopo Burdigalensi, confirmat. 545
CCXCV. — Urbani epistola ad Hugonem archiepiscopum Lugdunensem. — De Roberto abbate Cisterciensi ex eremo revocando. *ibid.*
CCXCVI. — Urbani II epistola pro Joanne archidiacono Atrebatensi. *ibid.*
CCXCVII. — Urbanus monasterii Psalmodiensis libertatem confirmat, ne ullam dominationem Massilienses ibi habeant. *ibid.*
CCXCVIII. — Urbani II papæ epistola ad canonicos S. Andreæ Burdegalensis. — Notum facit eorum controversiam cum clericis S. Severini ita definitam fuisse in concilio Romano, ut ecclesia S. Andreæ proprium habeat cœmeterium in perpetuum. *ibid.*
CCXCIX. — Epistola Urbani II papæ ad Petrum præpositum et canonicos ecclesiæ Ruthenensis. 546
CCC. — Urbani epistola ad Alfanum, Salernitanum archiepiscopum. 547
CCCI. — Bulla Urbani II papæ qua beatissimi legislatoris et monachorum patriarchæ Benedicti corpus Casini quiescere, ex ejusdem S. Patris revelatione, et signo restitutæ salutis, declarat. 549
CCCII. — Urbanus Petro Hispaniarum regi ejusque successoribus, rite substituendis concedit ut ecclesias villarum, tam earum quas in Saracenorum terris capere potuerint, quam earum quas ip i in regno ædificare fecerint, per quæ voluerint monasteria, sedibus duntaxat episcopalibus exceptis, distribuant; regni proceribus eamdem licentiam concedens, ut ecclesias quas in Saracenorum terris jure belli acquisierint, vel in propriis hæreditatibus fundaverint, sibi suisque hæredibus cum primitiis et decimis propriarum duntaxat hæreditatum retinendi, vel quarumlibet capellarum vel monasteriorum ditioni subdant. 550
CCCIII. — Urbanus clero et populo Lemovicensi præcipit ut Humbaldo episcopo de Simonia purgato, a seque in integrum restituto, obediant. 551
CCCIV. — Clero et populo Lemovicensi Humbaldum episcopum iterum commendat. 552
EPISTOLÆ DIVERSORUM AD URBANUM II. 554
I. — Epistola Boamundi principis Antiochiæ, Raymundi comitis Sancti Ægidii, Godefridi ducis Lotharingiæ, Roberti comitis Normanniæ, Roberti comitis Flandrensis, et Eustachii comitis Boloniæ, ad Urbanum papam. *ibid.*
II. — Theodorici abbatis et filiorum ecclesiæ B. Huberti Andaginensis libellus supplex ad Urbanum papam contra Viredum intrusum. 555
III. — Epistola monialium Blasiliæ in Arvernis ad Urbanum papam II. 557
In sequentes Urbani sermones admonitio. 559
URBANI II PAPÆ SERMONES. 561

I. — Sermo post consecrationem ecclesiæ Cluniacensis. 561
II. — Oratio ad Ivonem consecratum. 563
III. — Orationes in concilio Claromontano habitæ. 563
EPITAPHIUM SIMONIS COMITIS CRESPEIENSIS. 581
B. Urbani epitaphium duplex. 583

SÆCULI XI AUCTORES ANNI INCERTI ET SCRIPTA ΑΔΕΣΠΟΤΑ.
VALCANDUS MEDIANI MONASTERII MONACHUS.
Notitia in Valcandum. *ibid.*
VITA S. HILDULFI episcopi Trevirensis et fundatoris Mediani monasterii. 587
CAP. I. — S. Hildulfi primordia. *ibid.*
CAP. II. — Fit clericus nec multo post monachus. 588
CAP. III. — Treviensi sedi præficitur. 589
CAP. IV. — Ejus in episcopatu virtutes. 590
CAP. V. — Corpus S. Maximini transfert. 591
CAP. VI. — Episcopatum dimittit. 592
CAP. VII. — Favente Tullensi episcopo in Vosagum secedit. 593
CAP. VIII. — Medianum monasterium condit. 594
CAP. IX. — Congregatis discipulis abbatem præfecit Leubaldum. *ibid.*
CAP. X. — Spinulum Joannem et Benignum viros pios recipit. 595
CAP. XI. — Ab Erardo episcopo visitatur. *ibid.*
CAP. XII. — Otiliæ Eticonis ducis filiæ visum et baptismum confert. 596
CAP. XIII. — De Begonis donis et pio obitu S. Spinuli. *ibid.*
CAP. XIV. — Ad cujus tumulum fiunt miracula. 597
CAP. XV. — Quæ cessare imperat S. Hildulfus ne fratrum tranquillitas turbetur. *ibid.*
CAP. XVI. — Donationes factæ monasterio, S. Hildulfi mortificatio, sibi fuga consulit. 598
CAP. XVII. — Defuncto abbate Leutbaldo, resumit curam pastoralem in monachos. 599
CAP. XVIII — S. Erardus ipsi valedicit. *ibid.*
CAP. XIX. — Ejus disciplinæ se subdit vir illustris Theudoaldus. 600
CAP. XX. — S. Hildulfi obitus et sepultura. 601
CAP. XXI. — De felici obitu sanctorum Joannis et Benigni. 602
CAP. XXII. — Ad eorum tumulum sanctimonialis manus arida sanatur. 604
CAP. XXIII. — Mulier cæca illuminatur. *ibid.*
CAP. XXIV. — *ibid.*
DE SUCCESSORIBUS S. HILDULPHI IN MONASTERIO MEDIANENSI. 605
VITA SANCTI DEODATI. *ibid.*
De sancto Deodato primum episcopo Nivernensi, dein abbate Vallis Galilææ in Vosago Commentarius prævius. *ibid.*
Incipit Vita. 611
CAP. I. — Ortus, episcopatus Nivernensis, vita solitaria. *ibid.*
CAP. II. — Discessus in vallem Galilæam. Ecclesia et monasterium constructum, ac privilegiis munitum. 617
CAP. III. — Mutua charitas SS. Deodati et Hildulphi; illius obitus et sepultura et hujus successio. 623
CAP. IV. — Veneratio SS. Deodati et Bildulfi in tumulis et corporibus. Elevatio eorumdem. Vita approbata. 629
GUDINUS LUXOVIENSIS.
PLANCTUS RHYTHMICUS. 635
WIDO MONACHUS.
WIDONIS EPISTOLA AD HERIBERTUM. 637
RAYMUNDUS ARNALLI.
EPISTOLA AD ABBATEM SUUM. 639
Monitum. 639
Epistola. 641
ALWALO.
EPISTOLA AD L. PONTIFICEM. *ibid.*
ANSELLUS SCHOLASTICUS.
Notitia. 642
VISIO ANSELLI SCHOLASTICI. *ibid.*
De musicis opusculis sequentibus monitum. 651
BERNELINI MUSICA. 655
ANONYMI I MUSICA. 674
ANONYMI II MUSICA. 681
ANONYMI III FRAGMENTUM MUSICES. 685
MENSURA MONOCHORDI BOETII. 687

OTKERI MENSURA QUADRIPARTITÆ FIGURÆ. 691
MONOCHORDUM ENCHERIADIS. 693

A. CIVIS SPIRENSIS.

EPISTOLA AD HERIBERTUM COLONIENSEM ARCHIEPISCOPUM adversus præproperas peccatorum absolutiones. *ibid.*

MONACHUS QUIDAM.

EPISTOLA AD ODERICUM ABBATEM MONASTERII VINDOCINENSIS. 697

CONGREGATIO S. ALBINI ANDEGAVENSIS.

EPISTOLA AD P. PAPÆ NEPOTEM. — Conqueritur de injustitia legati apostolici in causa ecclesiæ S. Clementis de Credonio. *ibid.*

ANONYMUS FISCANNENSIS.

LIBELLUS DE REVELATIONE, etc., FISCANNENSIS MONASTERII. 699
Admonitio prævia. *ibid.*
Incipit Prologus. 701
Incipit Tractatus. *ibid.*
CAP. I. — Hic explicit quare sanctorum basilicæ ædificantur. 704
CAP. II. — Quomodo vallem Fiscannensem suo nomini consecrandam elegit Deus. 704
CAP. III. — De duce Ansegiso. *ibid.*
CAP. IV. — De contractis canibus et equis. 705
CAP. V. — De B. Vaningo et quomodo fuit a febre correptus. 707
CAP. VI. — De Fiscannensi ecclesia primo per regem Lotharium fundata, et ditissimis prædiis dotata. 708
CAP. VII. Quomodo rex Lotharius ipsius templi curam Childemarcæ et pluribus virginibus commisit, administrantibus SS. Audoeno et Wandregesillo. 709
CAP. VIII. — Quomodo B. Leodegario linguam abscinderat Ebroinus, et postea divinitus recuperavit. *ibid.*
CAP. IX. — De barbarorum irruptione, templique vastatione, sacrarumque virginum expulsione et interfectione. 711
CAP. X. — De renovatione ecclesiæ Fiscannensis sub duce Guillelmo. 713
CAP. XI. — De tecto quod mare attulit de Constantiensi provincia, et duobus lignis quæ defuerunt. 714
CAP. XII. — De angelo et cultello, et vestigiis remanentibus in eodem lapide de quo ascendit angelus. 715
CAP. XIII. — Quomodo dux et pontifices admirabantur angelum tam subito evanescere. *ibid.*
CAP. XIV. — Quomodo dux Richardus existens in quadam sublimi fenestra sui palatii, petiit quænam scilicet ibi esset ecclesia. 716
CAP. XV. — Quare dux Richardus in reædificatione ecclesiæ Fiscannensis posuit manu propria lapidem, supra quem angelus ascenderat, in fundamento ecclesiæ. *ibid.*
CAP. XVI. — Quoddam admirabile miraculum de corpore et sanguine Domini nostri Jesu Christi. 717
CAP. XVII. — Quomodo dux Richardus ejicere fecit canonicos ab ipsa ecclesia : et ibidem monachos introduxit. 718
CAP. XVIII. — Quomodo dux Richardus in lecto ægritudinis jacens filium suum Richardum hæredem sibi constituit, et ecclesiam Fiscannensem commendavit. 719
CAP. XIX. — Quomodo Richardus II fecit appropriare usui monachorum Fiscannensem ecclesiam. 720
CAP. XX. — De libertate Fiscannensis ecclesiæ monasteri, vel quomodo dux absolvit ab omni episcoporum jugo. 722
CAP. XXI. — Quomodo Guillelmus abbas perrexit jussu ducis, et quomodo privilegia a domino papa obtinuit. *ibid.*

MONACHI ARULENSES.

LIBELLUS SUPPLEX ad Patres in concilio apud S. Tiberium anno 1050 congregatos, adversus bonorum monasterii invasores. 723
SERMO DE S. MARCULFO abbate Nantensi confessore. 725
OPUSCULUM DE SEPTEM ARTIBUS. 729
FORMA EXCOMMUNICATIONIS. — Hæc est excommunicatio in qua fuit sanctus Theutbaldus, Viennensis archiepiscopus, et Isarnus Gratianopolitanus episcopus. 731
DYPTICHA ECCLESIÆ ARELATENSIS. 734
NOMINA EPISCOPORUM GRATIANOPOLITANÆ ECCLESIÆ. 735

NOMINA ANTISTITUM MATISCENSIS ECCLESIÆ. 757
MONUMENTA QUÆDAM DE TREUGA DOMINI.
Monitum. *ibid.*
I. — Concilium Tulugiense habitum sub Guifredo archiepiscopo Narbonensi. 759
II. — Synodus Helenensis sub Oliba episcopo Ausonensi. 742
III. — Concilium Narbonense habitum anno 1054. 745
IV. — Excerpta concilii apud S. Ægidium habiti anno 1056. 747
V. — Concilium Trojanum habitum ab Urbano II anno 1095. 748
VI. Synodale decretum de pace, quæ vulgo TREVIA DEI dicitur, constitutum a Willelmo seniore, rege Anglorum ac duce Northmannorum, et episcopis Northmanniæ, apud Cadomum anno 1042. *ibid.*
VII. — Germanicum incerti loci concilium quo Treva Dei pia et sancta institutio stabilita est, anno circiter 1041 celebratum. 750
RHYTHMUS SATYRICUS de temporibus Roberti regis. 751
RHYTHMI VETERES. — I. Rhythmus militum Mutinensium. — II. Rhythmus de Ludovico II imp. per Adelgisum capto. 753
Præcedit L. A. Muratorii dissertatio de rhythmica veterum poesi. *ibid.*
Incipit Rhythmus militum Mutinensium. 801
Incipit Rhythmus de Ludovico. 803
CARMEN DE JOSEPH PATRIARCHA. 805

SÆCULI XI MONUMENTA LITURGICA.

SEQUENTIÆ ad sæculum usque XI compositæ. 807
HYMNORUM COLLECTIO ANTIQUA. 813
Hymnus I sancti Nicolai. 813
Hymnus II ejusdem sancti Nicolai. *ibid.*
Hymnus I sancti Sylvestri papæ. 814
Hymnus II ejusdem sancti Sylvestri. 815
Hymnus III ejusdem sancti Sylvestri. *ibid.*
Hymnus sancti Severini abbatis. 816
Hymnus I sancti Marci martyris. 817
Hymnus II ejusdem, sancti Marii. *ibid.*
Hymnus sancti Flaviani confessoris. 819
Hymnus sancti Juvenalis, Narniensis episcopi. *ibid.*
Hymnus sancti Apollinaris. 821
Hymnus sancti Justi martyris. *ibid.*
Hymnus sancti Clementis. *ibid.*
SACRAMENTARIUM VETUS.
Monitum. 823
Octavii Turcii observationes præviæ. 825
Excerpta ex veteribus liturgicis codicibus Fontavellanensibus. — Admonitio. 877
Excerpta ex primo codice Avellanensi. 879
Excerpta ex secundo codice Avellanensi. 909
In ipit officium Breviarii secundum ordinem eremi Sanctæ Crucis Fontis Avellanæ. 949
Incipit officium B. Mariæ Virginis secundum consuetudinem monachorum monasterii Sanctæ Crucis Fontis Avellanæ. 970
MICROLOGUS, de ecclesiasticis observationibus opusculum. 973
Jacobus Pamelius Brugensis lectori. *ibid.*
De auctore Micrologi. 975
CAP. I. — De introitu missæ. 979
CAP. II. — De Gloria in Excelsis, et Dominus vobiscum. *ibid.*
CAP. III. — De prima oratione in missa. *ibid.*
CAP. IV. — De numero orationum in missa. 980
CAP. V. — De authenticis orationibus. *ibid.*
CAP. VI. — De conclusione orationum. 981
CAP. VII. — Iterum de conclusione seu confirmatione orationum. *ibid.*
CAP. VIII. — De epistola ad missam legenda. 982
CAP. IX. — De evangelio legendo. *ibid.*
CAP. X. — De oblatione in altari componenda. 983
CAP. XI. — Quid super oblationem sit dicendum. 984
CAP. XII. — Quid auctum sit in Canone. *ibid.*
CAP. XIII. — Quid superfluum sit in Canone. 985
CAP. XIV. — De signis super oblationem. 986
CAP. XV. — De acceptione oblationis in manus. 987
CAP. XVI. — De commemoratione Dominicæ passionis. *ibid.*
CAP. XVII. — De commemoratione mortuorum, et reliquis observantiis, usque in finem Canonis. *ibid.*
CAP. XVIII. — De panis fractione et communicatione. 989

QUÆ IN HOC TOMO CONTINENTUR.

Cap. XIX. — De vitanda intinctione. 989
Cap. XX. — Repetitio a superioribus missæ. 990
Cap. XXI. — De benedictione post missam. ibid.
Cap. XXII. — Quid agat sacerdos post missam. 992
Cap. XXIII. — Brevis descriptio celebrandæ missæ. ibid.
Cap. XXIV. — De vernali jejunio. 995
Cap. XXV. — De æstivali jejunio. 997
Cap. XXVI. — De autumnali jejunio. 1000
Cap. XXVII. — De hiemali jejunio. ibid
Cap. XXVIII. — De officiis eorumdem jejuniorum. ibid.
Cap. XXIX. — De vacantibus Dominicis. 1002
Cap. XXX. — De Adventu Domini. 1003
Cap. XXXI. — De evangelio, *Cum appropinquaret.* ibid.
Cap. XXXII. — De historia, *Clama.* 1004
Cap. XXXIII. — De septem diebus ante Natale Domini. ibid.
Cap. XXXIV. — De Natali Domini. 1005
Cap. XXXV. — De secunda vespera sancti Stephani. ibid.
Cap. XXXVI. — De Innocentibus. ibid.
Cap. XXXVII. — De officio. *Dum medium silentium.* 1006
Cap. XXXVIII. — De eodem officio, in alia Dominica repetendo. 1007
Cap. XXXIX. — De octava Domini. 1007
Cap. XL. — De Epiphania. 1008
Cap. XLI. — De Dominicis post Epiphaniam. 1009
Cap. XLII. — De duobus festis in unum diem concurrentibus. ibid.
Cap. XLIII. — De martyribus Rom. pontificibus. 1010
Cap. XLIV. — De octavis sanctorum. ibid.
Cap. XLV. — De priori vespera Dominicali. 1011
Cap. XLVI. — De aqua aspersionis, *Gloria in excelsis, Ite missa est, Credo in unum.* ibid.
Cap. XLVII. — De Septuagesima. 1012
Cap. XLVIII. — De festis infra Septuagesimam, vel Quinquagesimam occurrentibus. ibid.
Cap. XLIX. — De Capite Jejunii. 1013
Cap. L. — De Quadragesima. ibid.
Cap. LI. — De oratione super populum. 1014
Cap. LII. — De diebus Dominicæ passionis. 1015
Cap. LIII. — De Sabbato sancto. 1016
Cap. LIV. — De Paschali observatione. ibid.
Cap. LV. — De festis infra Paschale tempus. 1017
Cap. LVI. — De Pascha annotino. 1018
Cap. LVII. — De Litaniis. ibid.
Cap. LVIII. — De hebdomada Pentecostes. ibid.
Cap. LIX. — De octavis Pentecostes. 1019
Cap. LX. — De officio S. Trinitatis. ibid.
Cap. LXI. — De concordia et ordine officiorum. 1020
Cap. LXII. — De Dominicali officio non facile prætermittendo. 1022

SÆCULI XI MONUMENTA DIPLOMATICA.

IMPERATORUM GERMANIÆ ET REGUM FRANCORUM diplomata et constitutiones ecclesiasticæ. 1021
RADULFUS III, BURGUNDIONUM REX.
RADULFI DIPLOMATA. ibid.
I. — Confirmat quæ monasterio S. Andreæ Viennensis donaverat Conradus pater ejus. ibid.
II. — Amizoni, archiepiscopo Tarantasiensi, comitatum ejusdem urbis donat. 1023
III. — Ecclesiam S. Nicolai de Poliniaco S. Odiloni ac monasterio Cluniacensi concedit. 1024
HENRICUS I FRANCORUM REX.
DIPLOMATA. 1025
I. — Pro monasterio S. Salvii apud Monsterolum. — Henricus avi sui Hugonis patrisque Roberti donationes eidem loco factas confirmat. 1025
II. — Placitum pro cœnobio Sancti Medardi adversus Rotbertum Codiciacensem. 1027
III. — Henricus I rex Francorum canonicis Carnotensibus liberam concedit fiscum Unigradum. 1028
IV. — Privilegium pro monasterio Sancti Theodorici prope Remos. — Adjutus rex ab Alberto abbate in expugnatione Castri Novi, ejus monasterium a jugo advocatorum et vexationibus archidiaconorum absolvit. 1029
V. — Privilegium Henrici I Francorum regis pro Casæ Dei monasterio. 1031
VI. — Charta pro monasterio S. Victoris Nivernensis. — Erepta e laicorum manu abbatia S. Victoris Nivernensis restauratur. 1032
VII. — Charta de libertate data cuidam Ainardo. 1034
VIII. — Henrici Francorum regis diploma quo abrogat injustam consuetudinem. Ne portæ civitatis Aurelianensis tempore vindemiæ claudantur; nec custodes adhibeantur. 1035
IX. — Charta Henrici regis pro monasterio Sancti Petri. 1036
X. — Henricus I rex inducit canonicos regulares in ecclesiam S. Martini a Campis, a se restauratam. 1037
XI. — Henricus rex ecclesias SS. Stephani, Juliani, Severini, et Bacchi canonicis Parisiensibus tradit. 1038
XII. — Henricus rex abbatiolam S. Germani in Laia Ecclesiæ Parisiensi concedit. 1039
CHUONRADUS II IMP.
CONSTITUTIONES. 1039
I. — Edictum de mancipiis Ecclesiarum. ibid.
II. — Capitula de beneficiis. 1041
III. — Edictum de beneficiis. 1042
IV. — Rescriptum de lege Romana. 1044
DIPLOMATA. 1045
I. — Chuonradi II privilegium pro abbatia Vuischiki. 1045
II. — Chuonradi II privilegium pro monasterio Corbeiensi petente Truchtmaro abbate. 1045
III. — Chuonradi II Italiæ regis diploma, quo confirmat jura monasterio Lucensi Sancti Pontiani. 1046
IV. — Chuonradi I Romanorum imperatoris diploma, quo Guidoni II Farfensi abbati, ejusque monasterio bona ac jura quæcunque confirmat. 1047
V. — Chuonradi II Italiæ regis ac primi inter Augustos præceptum per quod monasterio sanctimonialium Lucensium Domini Salvatoris omnia illarum jura ac privilegia confirmat. 1048
VI. — Chuonradi Augusti I diploma, quo omnia jura ac bona confirmat Guinizoni abbati monasterii Sancti Salvatoris in Amiate Clusinæ diœceseos. 1049
VII. — Chuonradi imp. privilegium pro Ecclesia Paderbornensi. 1051
VIII. — Chuonradi privilegium pro monasterio Corbeiæ Novæ. 1052
IX. — Chuonradi privilegium pro ecclesia S. Gorgonii. 1053
X. — Chuonradi præceptum pro monasterio S. Chiliani. 1054
XI. — Pro Ecclesia Paderbornensi. ibid.
XII. — Pro Ecclesia Paderbornensi. 1055
XIII. — Pro Ecclesia Paderbornensi. 1056
XIV. — Chuonradus II imperator Hubaldo Cremonensi episcopo jura varia et comitatum ipsius civitatis confirmat. 1057
XV. — Chuonradus II rex, imperator I, Hubaldo Cremonensi episcopo, ejusque Ecclesiæ, omnia privilegia et bona confirmat. 1058
XVI. — Litteræ Chuonradi I imperatoris ad cives Cremonenses, ut episcopo Cremonensi de quibusdam querelis satisfaciant. 1059
XVII. — Pro Ecclesia Paderbornensi. ibid.
XVIII. — Pro Ecclesia Paderbornensi. 1060
XIX. — Pro Ecclesia Paderbornensi. 1061
XX. — Chuonradi imp. privilegium pro monasterio S. Martini. 1062
XXI. — Chuonradi præceptum pro Ecclesia Paderbornensi. 1064
XXII. — Chuonradi I imperatoris privilegium confirmatorium omnium jurium monasterii Ticinensis Sancti Petri, quod appellatur in Cœlo Aureo. 1065
XXIII. — Chuonradi I imp. privilegium pro Ecclesia Bremensi. 1068
XXIV. — Confirmatio omnium jurium ac privilegiorum facta a Chuonrado imperatore Ecclesiæ Mantuanæ. 1069
XXV. — Chuonradi I imperatoris diploma, quo monasterium Tarvisinum Sancti Theonesti martyris sub sua protectione recipit, ejusque jura confirmat. 1070
XXVI. — Chuonradi II regis, imperatoris primi, præceptum quo omnia prædia cujusdam Adami, qui Henricum diaconum cardinalem Cremonensis Ecclesiæ injuste occiderat, eidem Ecclesiæ ad reparationem damni concedit. 1071
XXVII. — Chuonradi primi Augusti diploma per quod monasterio Segusino S. Justi bona collata ab Africo episcopo, et Maginfredo marchione, confirmantur. 1072
XXVIII. — Chuonradi I imperatoris diploma, quo partheuoni Sancti Xysti in urbe Placentina posito omnia privilegia illius et jura confirmat. 1074
XXIX. — Chuonradi I imperatoris diploma quo omnia jura et bona confirmat monasterio Sancti Vincentii ad Vulturnum. 1075
XXX. — Chuonradi I Augusti præceptum, quo Ingoni episcopo Mutinensi comitatum ejusdem urbis et agri cum suis juribus largitur. 1076

XXXI. — Chuonradi I imp. præceptum pro Ecclesia Hamburgensi. 1078
XXXII. — Chuonradi I imperatoris diploma quo Ingoni episcopo Mutinensi omnia jura ac privilegia Mutinensis Ecclesiæ confirmat, eumque Mutinæ comitem constituit. 1079

HEINRICUS III IMP.

CONSTITUTIONES. 1081
I. — Constitutio de Juramento calumniæ. ibid.
II. — Conventus Turicensis. 1082
III. — Constitutionis de beneficiis amittendis fragmenta. 1084
DIPLOMATA. 1085
I. — Privilegium pro monasterio Corbeiensi et parthenone Herifordensi. ibid.
II. — Privilegium pro Ecclesia Paderbornensi. 1088
III. — Privilegium pro monasterio Corbeiensi et parthenone Herifordensi. 1089
IV. — Decretum Heinrici regis III quo interdicit Walderico abbati monasterii Cremonensis Sancti Laurentii alienationem et precarias bonorum ipsius cœnobii absque consensu episcopi Cremonensis. 1090
V. — Diploma Heinrici III regis Romanorum Popponi abbati concessum. — Omnes monasterii possessiones et immunitates confirmat. 1091
VI. — Privilegium pro parthenone S. Mariæ Mimigardefordensi. 1092
VII. — Diploma Heinrici II imperatoris de permutatione facta inter abbatiam Sancti MaximiniTrevirensem et Stabulensem. 1093
VIII. — Privilegium pro monasterio S. Petri Mindensi. 1094
IX. — Privilegium pro monasterio Herifordensi. 1096
X. — Confirmatio privilegiorum et jurium Mantuanæ Ecclesiæ facta ab Henrico III, Germaniæ et Italiæ rege. 1097
XI. — Heinricus I imperator Cremonensi Ecclesiæ restituenda decernit eidem ablata a Gerardo nepote Heriberti archiepiscopi Mediolanensis. 1099
XII. — Heinrici III regis, imperatoris II diploma quo omnia bona confirmat monasterio Veronensi Sancti Zenonis. 1100
XIII. — Heinricus III rex, et imperator II, canonicis Patavinis eorumque Ecclesiæ privilegia renovat. 1102
XIV. — Heinrici III regis, inter imperatores secundi, diploma, quo canonicis Taurinensibus Sancti Salvatoris jura ac bona omnia confirmat. 1103
XV. — Præceptum Heinrici imperatoris de libertate et rebus monasterii Casauriensis. 1105
XVI. — Præceptum Heinrici imperatoris de libertate et rebus monasterii Casauriensis. 1106
XVII. — Heinricus, inter imperatores secundus, Bernardo Patavino episcopo jus cudendæ pecuniæ elargitur. 1107
XVIII. — Privilegium pro Ecclesia Bremensi. ibid.
XIX. — Heinrici inter imperatores secundi diploma quo duos advocatos cum variis juribus ac privilegiis concedit monasterio Veronensi Sancti Zenonis. 1108
XX. — Heinrici III diploma pro Sancto Maximino. — Interventu Leonis papæ IX restituit monasterio curtem Prichinas, pluresque villas confirmat ad usus fratrum. 1110
XXI. — Privilegium domni Heinrici tertii regis seu imperatoris super Clotteno. — Confirmat monasterio Brunwillarensi donationem factam a Richeza regina Poloniæ. 1111
XXII. — Diploma Heinrici III, pro Brunwillarensi monasterio. — De fundationis monasterii confirmatione per Hermannum Coloniensem archiepiscopum et Richezam reginam Poloniæ, deque jure advocatorum. 1113
XXIII. — Diploma Heinrici III pro sancto Maximino. Adversus advocatos, quorum juri et privilegiis limites ponit. 1115
XXIV — Heinricus inter reges tertius, inter Augustos secundus, bona ac jura cuncta suo præcepto confirmat Ecclesiæ Vercellensi, ejusque episcopo Gregorio. 1117
XXV. — Heinrici III regis, et II imperatoris, diploma quo clerum Volaterranum a jure comitum eximit, et Ecclesiæ Volaterranæ omnia illius jura ac privilegia confirmat. 1118
XXVI. — Heinricus III rex, imperator II, Arimannis Mantuanis jura ac immunitates confirmat. 1120
XXVII. — Heinricus rex III, imperator II, canonicis Ecclesiæ Cremonensis omnia illorum bona confirmat. 1121
XXVIII. — Heinrici III, Germaniæ ac Italiæ regis et imperatoris II, privilegium concessum Ferrariensi populo. 1122

XXIX. — Præceptum domni Heinrici III imperatoris Augusti pro monasterio Prumiensi. — Confirmat ipsius privilegia et possessiones. 1123

HEINRICUS IV IMP.

CONSTITUTIONES. 1125
I. — Conventus Oppenheimensis. ibid.
II. — Conventus Ticinensis. 1126
III. — Conventus Moguntinus. 1128
IV. — Synodus Moguntina. 1129
V. — Curia Moguntina. 1133
VI. — Curia Moguntina. 1137
VII. — Conventus Ratisponensis. 1140
DIPLOMATA. 1139
I. — Privilegium pro Ecclesia Hamburgensi. 1139
II. — Privilegium pro Ecclesia S. Petri Mindonensi. 1141
III. — Privilegium pro Ecclesia Paderbornensi. 1142
IV. — Diploma Heinrici IV regis Romanorum pro monasterio Stabulensi. — Confirmat antiquorum regum privilegia, advocatorum oppressiones vetat, jubetque ut duobus monasteriis, Stabulensi et Malmundario, unicus sit abbas. 1143
V. — Privilegium pro Ecclesia Osnabrugensi. 1144
VI. — Privilegium pro Ecclesia Osnabrugensi. 1146
VII. — Confirmatio privilegiorum et jurium episcopo Patavino ejusque Ecclesiæ facta ab Heinrico IV rege. 1149
VIII. — Heinrici IV Germaniæ ac Italiæ regis privilegium Petro abbati concessum pro monasterio Sancti Eugenii in comitatu Senensi. 1150
IX. — Concordia inter Heinricum IV regem, et populum Pisanum, ubi pacta inter eos inita recensentur. 1151
X. — Heinrici inter reges quarti, inter Augustos tertii Diploma, quo jura omnia ac privilegia Farfensi cœnobio confirmat et auget. 1153
XI. — Confirmatio omnium honorum et jurium facta monasterio S. Zenonis Veronensis ab Heinrico quarto rege, imperatore tertio. 1159
XII. — Diploma Heinrici III imperatoris Rodulfo abbati Stabulensi concessum. — Confirmat omnes monasterii possessiones, immunitates et commutationes, advocatorum jura limitat, et Malmundariensium audaciam compescit. 1160
XIII. — Heinrici regis quarti, imperatoris tertii, diploma, quo nonnulla castella confirmat monasterio Veronensi S. Zenonis. 1162
XIV. — Donatio Castri Novi, Campitelli, et Scorciaroli facta Cononi episcopo Mantuano, ejusque ecclesiæ, ab Heinrico rege IV, imperatore III. 1163
XV. — Heinrici regis IV, imperatoris III, diploma confirmatorium quorumlibet jurium Ticinensis Ecclesiæ. 1164
XVI. — Decretum Heinrici imperatoris tertii promulgatum in placito Patavii habito pro tutela quorum tam honorum, ad monachos Sanctæ Justinæ Patavinæ spectantium. ibid.

ANGLORUM REGUM LEGES ECCLESIASTICÆ ET DIPLOMATA.

ÆTHELREDUS II.

LEGES ECCLESIASTICÆ. 1165
I. De denario sanctæ Ecclesiæ dando; et de decimatione thaynorum. 1166
II. De jejunio, et feriatione trium dierum ante festum sancti Michaelis. 1167
III. Quid regi et populo omni die sit cantandum. ibid.
IV. De consuetudinibus sanctæ Dei Ecclesiæ reddendis. ibid.
V. Ne quis vendatur extra patriam. ibid.
VI. De roboria. 1168
VII. De eleemosynis, et rectitudinibus ecclesiæ. ibid.
PRIVILEGIUM regis Æthelredi pro Ecclesia Cantuariensi. 1169

CANUTUS REX.

LEGES ECCLESIASTICÆ. 1171
I. — De Deo, religione et rege debite colendis. ibid.
II. — De pace Dei, regis et ecclesiarum. ibid.
III. — De multa pro dignitate ecclesiæ conferenda. ibid.
IV. — De reverentia sacerdotibus præstanda. 1172
V. — De purgatione ordinatorum. ibid.
VI. — Exhortatio ad ecclesiasticos, ut sancte vivant. 1173
VII. — De conjugiis prohibitis. ibid.
VIII. — De decimis reddendis. 1174
IX. — De nummo Romano. ibid.
X. — De primitiis seminum. ibid.

XI. — De decimis ad ecclesiam thani pertinentibus. *ibid.*
XII. — De pecunia pro lucernis. *ibid.*
XIII. — De pecunia quæ dicitur symbolum animæ, et de sepultura. *ibid.*
XIV. — De Dei juribus, festis et jejuniis conservandis. *ibid.*
XV. — De die Dominico. 1175
XVI. — De jejuniis. *ibid.*
XVII. — De temporibus justitiæ. *ibid.*
XVIII. — Pia exhortatio ad confessionem et pœnitentiam. *ibid.*
XIX. — Ad Eucharistiam et probitatem. 1176
XX. — Ad fidelitatem erga dominos. *ibid.*
XXI. — Ad Deum ex intimis colendum et fidem. *ibid.*
XXII. — Ut Orationem Dominicam et Symbolum caleant. *ibid.*
XXIII. — Ut exitialia fugiant. *ibid.*
XXIV. — Et inter hæc stuprum. 1177
XXV. — Ut caveant sibi de tremendo judicio. *ibid.*
XXVI. — Ut episcopi et sacerdotes fide obeant officia. *ibid.*

INCIPIT SÆCULARE CONSILIUM. 1177
I. — De justitia efferenda. *ibid.*
II. — De misericordia exhibenda in judicio. *ibid.*
III. — De Christiano non vendendo extra regnum. *ibid.*
IV. — De sagis, sortilegis, etc., ejiciendis. 1178
V. — De gentilium superstitionibus abolendis. *ibid.*
VI. — De homicidis pejerantibus et mœchantibus. *ibid.*
VII. — Quod peccatum turpius sit in diebus et locis sacris, et majores magis sunt plectendi. 1178
VIII. — De ministrorum altaris occidente. *ibid.*
IX. — Ut rex sit ordinatis et alienigenis patronus. *ibid.*
X. — De ministro altaris homicida. *ibid.*
XI. — De ordinatum vinciente aut verberante. 1179
XII. — De ordinato capitis reo. *ibid.*
XIII. — De reo confessarium petente. *ibid.*
XIV. — De die Dominica et festis observandis. *ibid.*
XV. — De jejunium violante. *ibid.*
XVI. — Ut Quadragesima et festa non temerentur. *ibid.*
XVII. — De Ecclesiæ debita vi detinente. *ibid.*
XVIII. — De sacrum ordinem violante. 1180
XIX. — De adulterio. *ibid.*
XX. — De incestuosis. *ibid.*
XXI. — De viduam violante. *ibid.*
XXII. — De uxoris adulteræ pœna gravi. *ibid.*
XXIII. — De uxorato fornicante aut concubinam habente. *ibid.*
XXIV. — Ut alienigenæ libidinosi ejiciantur. *ibid.*
XXV. — Ut homicida in purgatione cadens episcopo tradatur. *ibid.*
XXVI. — De eo qui excommunicatum vel ut exlegatum custodierit. *ibid.*
XXVII. — De misericordia exhibenda. *ibid.*
Pii regis pia peroratio. 1181
CANUTI REGIS EPISTOLA ad Anglorum proceres missa Roma anno regni ejus xv, Domini 1031. 1181
CANUTI REGIS DIPLOMATA *ibid.*
I. — De universis in Dorubernia omnium Ecclesiarum regni Angligeni matrem et dominam confirmat. 1183
II. — Charta Canuti pro cœnobio S. Benedicti Hulmensi in agro Suffolciensi. 1184
III. — Charta Canuti regis de corporis S. Mildredæ, cum tota terra sua, in abbatiam S. Augustini Cantuariæ translatione. 1185
IV. — S. Canuti regis privilegium pro ecclesia S. Eadmundi. 1186
V. — Charta regis Canuti, qua omnes causas insulæ Glastoniæ, tam ecclesiasticas quam sæculares, abbatis supponit judicio, cæteris exclusis potestatibus. 1188

MACCABÆUS REX SCOTORUM.
LEGES ECCLESIASTICÆ. 1189

S. EDWARDUS CONFESSOR.
LEGES ECCLESIASTICÆ.
I. — De clericis et possessionibus eorum. 1191
II. — De temporibus et diebus pacis regis. 1191
III. — De justitia sanctæ Ecclesiæ. 1191
IV. — De universis tenentibus de Ecclesia. 1192
V. — De reis ad ecclesiam fugientibus. 1192
VI De fractione pacis Ecclesiæ. 1192

VII. — De decimis ecclesiæ reddendis, de ovibus et porcellis. 1192
VIII. — De apibus, et aliis multis minutis decimis. 1192
IX. — De his qui ad judicium ferri vel aquæ judicanti sunt per justitiam regis. 1193
X. — De denario sancti Petri, quod Anglice dicitur Romescot. 1193
XI. — Quid sit danegeldum, et qua occasione sit constitutum. 1194
XII. — De multimoda pace regis, etc. Item de manbota archiepiscopi, episcopi, etc. 1194
XIII. — De thesauris in terra absconditis et inventis. 1194
XIV. — Quid sit regis officium, et de Carolo et Pippino exemplum. 1194
XV. — De baronibus qui suas habent curias et consuetudines. 1194
XVI. — De sacha. 1194
XVII. — De soca. 1194
XVIII. — De thol. 1194
XIX. — De theam. 1195
XX. — De infangthefe. 1195
XXI. — De Judæis. 1195
XXII — Decretum regis de usurariis. 1196
LEGES ALIÆ. 1195
DIPLOMATA.
I. — Charta regis Edwardi Confessoris, ecclesiæ Sancti Petri Westmonasteriensis confecta, in qua epistola Leonis papæ IX, ad eumdem regem recitatur; sed præter multa intermedia dotationem sine dubio continentia desiderantur chartæ exordium quod harangiam vocant et conclusio. 1195
II. — Pro eadem ecclesia S. Petri Westmonasteriensis. 1198
III. — Pro eadem ecclesia Sancti Petri Westmonasteriensi. — Habentur in hac charta epistola regis Edwardi confessoris ad papam Nicolaum II, pro confirmatione privilegiorum ecclesiæ Westmonasterii et epistola Nicolai papæ II ad regem Edwardum Confessorem, qua petita annuit, et plura insuper privilegia. 1199

STEPHANUS HUNGARORUM REX PRIMUS.
S. Stephani Vita, auctore Carthuitio episcopo. 1207
CAP. I. — Sancti pater, natales visionibus præviis illustrati, baptismus, regni initia et cura religionis propagandæ, victoria de rebellibus, et hinc monasterium S. Martini ex voto fundatum.
CAP. II. — Cura promovendæ religionis, et multorum accessus Hungarium, constructum monasterium, erecti episcopatus, missus Romam legatus qui coronam regiam multaque privilegia a pontifice obtinet, nuptiæ cum Gisela ac pia utriusque opera. 1213
CAP. III. — Pietas in beatam Virginem, structa ornataque donis et privilegiis ecclesia Albæ regalis, fundationes piæ Hierosolymis, Romæ, Constantinopoli; misericordia et liberalitas regis, ejusdemque mirabilia. 1218
CAP. IV. — Bellum a Conrado imperatore illatum mira Dei providentia cito finitum, crebra sancti oratio et raptus, insigne severitatis exemplum, morbus regis et obitus filiorum, virtutes variæ. 1222
CAP. V. — Morbus, et in eo detecta conspiratio quorumdam, beatus obitus, sepultura, d creta corporis elevatio, ac mirabilia in apertione sepulcri facta. 1222
CAP. VI. — Elevatio corporis et miracula, mira dexteræ inventio et integritas. 1230
S. STEPHANI MONITA AD FILIUM. 1235
S. STEPHANI LEGES. 1243
S. STEPHANI PRIVILEGIUM. 1253

ANDREAS HUNGARIÆ REX
CONSTITUTIONES ECCLESIASTICÆ. 1257
BRACILAUS DUX BOHEMIÆ.
LEGES. 1257

APPENDIX AD SÆCULUM IX.
ANGILBERTUS PUSTERLA ARCHIEPISCOPUS MEDIOLANENSIS.
Notitia historica. 1259
RESCRIPTUM CONSULTATIONIS seu exhortationis episcoporum ad domnum Hludovicum imperatorem. 1259
Angilberti privilegium pro Ambrosiana basilica. 1263

ANDREAS BERGOMAS PRESBYTER.
CHRONICON.

PETRUS BIBLIOTHECARIUS.
HISTORIA FRANCORUM. 1279

ORDO RERUM QUÆ IN HOC TOMO CONTINENTUR.

APPENDIX AD SÆCULUM X.
ANONYMUS.
PANEGYRICUS BERENGARII IMPERATORIS. 1283

SANCTA MATHILDIS REGINA.
Vita antiquior. 1511
EPISTOLA MATHILDIS ad Misegonem II Poloniæ regem.
Præfatio. 1527
COMMENTARIUS critico-historico-exegeticus in eam epistolam. 1527
Cap. I. — Modus historiam tractandi. 1527
Cap. II. — Liber lithurgicus manuscriptus Caroli Magni et Alcuini describitur. 1529
Cap. III. — Epistola dedicatoria Mathildis Suevæ ad Misegonem. 1531
Cap. IV. — De litterarum forma et interpunctione manuscripti. 1531
Cap. V. — Syntaxis singularis exemplum. 1533
Cap. VI. — De Misegone III Polonorum duce. 1533
Cap. VII. — Misego I e fontibus Polonorum. 1534
Cap. VIII. — De eodem Misegone I secundum fontes Germanos. 1535
Cap. IX. — Num Misceo primus rex potuerit nominari, et nunquid sit Misego noster. 1537
Cap. X. — De Bolizlavo I patre Miseconis II. Totius Poloniæ imperium obtinet; imperatori auxilia subministrat. 1538
Cap. XI. — Bolizlavus I Pommeranos et fortasse Porussos superat. 1539
Cap. XII. — Adalberti vita et mors. 1540
Cap. XIII. — Chrobatia a Bolizlavo I subacta. 1542
Cap. XIV. — Otto III Gnesnam venit. Archiepiscopi et episcopi ordinantur. 1541
Cap. XV. — Bolizlavus I Bohemian occupat Misniæque Marcam. 1544
Cap. XVI. — Bolizlavus I e Bohemia ejicitur. Lusatia amissa, sed recuperata. Pax facta. 1545
Cap. XVII. — Bellum contra Wladimirum, Russorum principem magnum. 1547
Cap. XVIII. — Bolislavi bellum contra imperatorem et Russos, fœdera junctos. Pax cum imperatore facta. 1548
Cap. XIX. — Kioria capta a Bolizlavo et urbes Tschervenicæ occupatæ. 1549
Cap. XX. — Bolizlavi I coronatio secundum quosdam et mors. Posse Bolizlavum I quemdam fontem, etc., nominari. 1550
Cap. XXI. — Misago II e Polonorum fontibus. 1550
Cap. XXII. — Quid Ripellius de Misegone ex Polonorum fontibus anseat. 1552
Cap. XXIII. — Misego II e Germanorum fontibus. 1552
Cap. XXIV. — De Rixa et Casimiro, et quæ de aliis Misegonis II filiis narrantur. 1555
Cap. XXV. — Ad Misegonem II revera scriptum esse nostrum librum anno, ut videtur, 1027. 1559
Cap. XXVI. — De Mathildi patre Hermanno. Nunquid Hermannus primus, tertiusve, an quartus? 1560
Cap. XXVII. — De Hermanno II Suevorum duce ejusque uxore Gerberga. 1561
Cap. XXVIII. — De Hermanni II filiabus. De Gisela imperatrice et de N. uxore Adalberonis. 1565
Cap. XXIX. — De Mathilde Gerbergæ (et Hermanni II) filia. 1564
Cap. XXX. — Mathildis prior maritus Conradus Carinthiæ dux; ejus filii. 1564

Cap. XXXI. — Mathildis secundus maritus Fridericus II Lotharingiæ dux, ejus filia Beatrix et neptis Mathildis marchionissa. 1566
Cap. XXXII. — Librum nostrum non manu Mathildis propria scriptum, sed plurium Franco-Gallorum amanuensium opus videri. 1566
Cap. XXXIII. — Bolizlavus I, utrum ante, an post S. Adalberti martyrium, Porussos subegerit? Pars minima subacta est; tempus dubium manet. 1568
Cap. XXXIV. — Bolzlavus I jam rex nominari poterat, antequam ab Ottone III invisereiur. In regia dignitate usus et abusus omnium populorum. 1570
Cap. XXXV. — Nomina principum apud populos Slavonicos. 1575
Cap. XXXVI. — Bolizlavi regia corona, lancea, vel sceptro, gladioque donatus ab Ottone III, amicus populi Romani nominatur. 1580
Cap. XXXVII. — Corona in pictura nostra est ipsius coronæ Ottonum exemplar. Corona Longobardorum nova forma in sigilla Ottonum. 1582
Cap. XXXVIII. — Nova in regem unctio per archiepiscopum Gnesnensem facta esse videtur, apostolico id probante; filii una; et tributum Sancto Petro datum. 1585
Cap. XXXIX. — Misego II, regia dignitate inter Polonos erat, invitis Germaniæ scriptoribus, litteris vel Græcis imbutus, ut omnis Theophanonis imperatricis prosapia, etc. 1587
Cap. XL. — Russos anno 1026 clade affectus fuisse, demonstratur. 1588
Cap. XLI. — A Misegone II paganos jam, aliosque Ecclesiæ Latinæ regique renitentes, de ecisse. 1589
Cap. XLII. — Uxor quædam Juditha Misegonis II genuisse videtur filium (primogenitum) Bolizlavum juniorem, paganorum sive Slavonico-Græcæ Ecclesiæ fautorem. 1592
Cap. XLIII. — Misego II infelix, non quod imbellis erat, sed quod multos una undique hostes habebat. Regno expulsus Pragæ misere monachus fuit. Subita valetudo et mors. 1593
Cap. XLIV. — Rixa potest bis ex Polonia exsulasse, et prior quidem cum filio Casimiro, posterior autem illium præcessisse. 1594
Cap. XLV. — Bolizlavus junior paganis seu Græco-Slavonicis innisus, ejecto fratre Casimiro, rex Polonorum fit; sed mox a Christianis Latinis occiditur. Polonia divisa; Christiani Latini Casimirum revocant, Græci aut pagani breve per spatium Maslao utuntur rege. 1595
Cap. XLVI. — Crudelitas Polonorum tunc temporis eadem, quæ cæterorum populorum. Russi, Bohemi, Hungari, Dani, Normanni, Germani. — Origo vocis *Sklave*. 1596
Cap. XLVII. — Cur Mathildis hunc librum ad Misegonem miserit. 1598

JOANNES SMERA POLOVECIUS.
Notitia historica. 1403
EPISTOLA AD WLADIMIRUM RUSSORUM REGEM. 1405

FORMULES INÉDITES publiées d'après un manuscrit de la bibliothèque de Strasbourg, par M. Eugène de Rozière. 1407

FORMULES INÉDITES publiées d'après un manuscrit de la bibliothèque de Saint-Gall, par M. Eugène de Rozière. 1427

FINIS TOMI CENTESIMI QUINQUAGESIMI PRIMI.

Ex typis MIGNE, au Petit-Montrouge.